China
Electric Power
Yearbook

2017 中国电力年鉴

《中国电力年鉴》编辑委员会

中国电力出版社
CHINA ELECTRIC POWER PRESS

本年鉴连续三届荣获中央级年鉴
评 比 一 等 奖

图书在版编目(CIP)数据

2017 中国电力年鉴 /《中国电力年鉴》编辑委员会编. —北京：中国电力出版社，2017.12
ISBN 978-7-5198-1506-6

Ⅰ.①2… Ⅱ.①中… Ⅲ.①电力工业－中国－2017－年鉴 Ⅳ.①F426.61-54

中国版本图书馆 CIP 数据核字（2017）第 303034 号

出版发行：中国电力出版社
地　　址：北京市东城区北京站西街 19 号（邮政编码 100005）
网　　址：http：//www.cepp.sgcc.com.cn
责任编辑：肖　兰　胡顺增（010-63412310）　刘亚南　柳　璐
责任校对：黄　蓓　太兴华　郝军燕
装帧设计：张俊霞　赵姗姗
责任印制：邹树群

印　　刷：北京雅昌艺术印刷有限公司
版　　次：2017 年 12 月第一版
印　　次：2017 年 12 月北京第一次印刷
开　　本：787 毫米×1092 毫米　16 开本
印　　张：54　彩页：24
字　　数：1956 千字
印　　数：0001—2700 册
定　　价：298.00 元

2016年3月30日，中国—捷克经贸合作圆桌会在捷克首都布拉格举行。在中国国家主席习近平（右二）和捷克共和国总统米洛什·泽曼（右一）的共同见证下，国电集团与捷克SWH集团公司副总裁彼得·内恰斯签署了"关于在可再生能源与清洁能源领域开展经济技术合作及中方拟收购捷方若干风电项目的协议"，中广核集团与捷克能源公司签署了"关于在核能及可再生能源领域全面合作的谅解备忘录"。

（国电集团　中广核集团　提供）

2016年6月25日，在中国国家主席习近平（后排左二）和俄罗斯总统普京（后排左一）的共同见证下，国家电网公司董事长舒印彪与俄罗斯电网公司总经理布达尔金在人民大会堂签署了双方设立合资公司开展电网业务的股东协议。

（国家电网公司　提供）

2016年7月19日，国家主席习近平（右一）视察中国电建宁夏电建参建的宁东能源化工基地，详细了解项目建设进展情况。

（中国电建 提供）

2016年8月23日下午，国家主席习近平（左二）在青海省委书记王国生（左三）、省长郝鹏（左一），国家电投黄河水电公司党组书记、董事长谢小平（右一）等陪同下，到太阳能电力公司西宁分公司考察。

（黄河水电公司 提供）

　　2016年10月13日，在中国国家主席习近平（座席左一）和柬埔寨首相洪森（座席左二）的共同见证下，南方电网公司董事长、党组书记李庆奎（前排左一）与柬埔寨皇家集团公司主席陈丰明（前排左二）签署了电网投资合作谅解备忘录。

（南方电网公司　提供）

　　2016年11月18日，中国国家主席习近平（左一）和厄瓜多尔总统科雷亚（左二）共同出席了中国电建承建的厄瓜多尔辛克雷水电站的竣工发电仪式，并共同按下启动按钮。

（中国电建　提供）

2016年3月23日，澜沧江—湄公河合作首次领导人会议在海南三亚举行，中国国务院总理李克强（前排左一）、泰国总理巴育、柬埔寨首相洪森、老挝总理通邢、缅甸副总统赛茂康和越南副总理范平明出席会议。会后，李克强总理与湄公河五国领导人一起参观了澜沧江—湄公河国家合作展，视察了国电集团展台。

（国电集团 提供）

2016年9月8日，在中国国务院总理李克强（座席左二）和老挝总理通伦（座席左三）的共同见证下，中国电建董事长晏志勇和国开行董事长胡怀邦、老挝国家电力公司总经理本恩签署"南欧江第二期贷款协议"。

（中国电建 提供）

G20 2016 CHINA

2016 二十国集团能源部长会议
G20 Energy Ministerial Meeting

2016年6月29~30日 中国·北京 June 29-30, 2016 Beijing, China

　　2016年6月28~30日，由国家能源局主办、中国电建承办的"2016二十国集团能源部长会"在北京雁栖湖会议中心召开。中国国务院副总理张高丽（前排左七）出席开幕式并致辞。

（中国电建 提供）

　　2016年4月18日，全国政协主席俞正声（左一）与加纳总统马哈马（左三）共同出席中国能建所属企业广东火电承建的深能加纳安所固电厂二期工程2×9E燃气联合循环机组投产仪式，并发表重要讲话。

（中国能建 提供）

加快推进全国煤电超低排放和节能改造动员大

2016年1月15日，"加快推进全国煤电超低排放和节能改造动员大会"在北京召开，国家发展改革委员会主任、国家能源局局长努尔·白克力（主席台左三）出席会议。

（国家能源局 提供）

2016年1月19日，广西电网公司成功建成国内首条电动汽车无线供电小型试验车道。

（广西电网公司 提供）

2016年3月1日，北京电力交易中心有限公司成立大会暨揭牌仪式在北京召开。

（国网北京电力 提供）

2016年3月1日，广州电力交易中心揭牌仪式在广州举行，国家发展改革委运行局巡视员许之敏（左一）与南方电网公司董事长、党组书记赵建国（左二）共同揭牌。

（南方电网公司 提供 吴兴波 摄）

2016年3月30日，以"全球能源互联网——以清洁和绿色方式满足全球电力需求"为主题的2016全球能源互联网大会在北京召开。

（国家电网公司 提供）

2016年5月，中国电科院主办的"2016国际电力研究交流组织（IERE）年会暨中国论坛"在北京召开。

（中国电科院 提供）

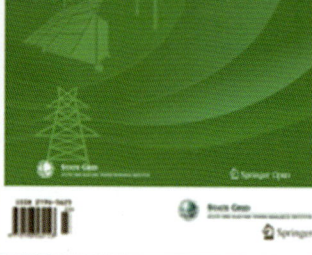

南瑞英文期刊 MPCE
在电力能源领域
影响因子亚洲第一

JOURNAL OF MODERN POWER SYSTEMS AND CLEAN ENERGY
State Grid Electric Power Research Institute, China

2016年6月14日，美国汤森路透公司发布最新期刊引证报告，南瑞集团创办的*Journal of Modern Power Systems and Clean Energy*（MPCE）全英文学术期刊获得了首个影响因子0.975，进入全球排名的Q3区，在电力与能源领域亚洲排名第一。图为MPCE全英文学术期刊。

（南瑞集团 提供）

2016年6月17日，国家发展改革委副主任、国家能源局局长努尔·白克力（左一）到华电西藏水电项目调研。

（中国华电 提供）

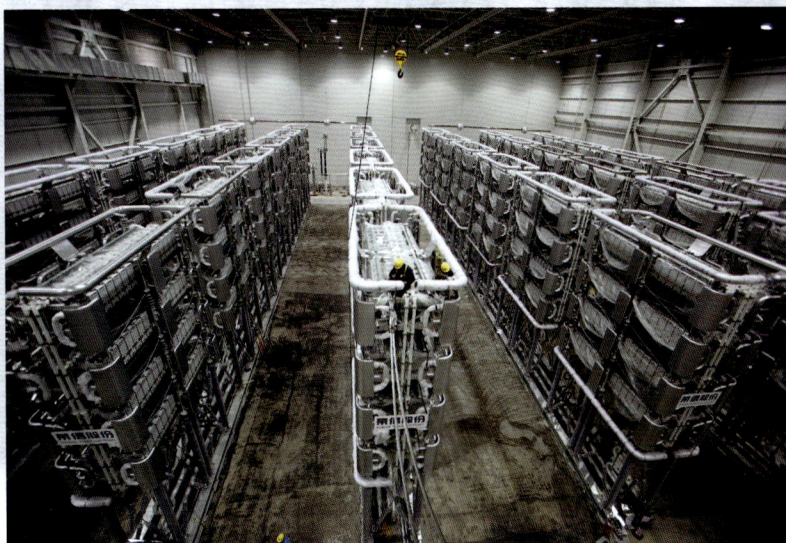

2016年8月29日，世界电压等级最高、容量最大的柔性直流输电工程——鲁西背靠背直流工程建成投运。图为南方电网超高压输电公司鲁西换流站柔性直流阀厅设备安装。

（南方电网公司 提供
李品 摄）

2016年10月30日，2016国际能源变革论坛在苏州开幕。国家电网公司董事长、党组书记舒印彪出席并发表题为《加快电网互联互通 推动能源转型发展》的主题发言。

（国家电网公司 提供）

2016年10月，国网联研院自主研发并授权生产的世界首台200kV高压直流断路器在舟山柔性直流系统直流断路器及阻尼回复装置加装工程投运。

（国网联研院 提供）

2016年12月11日，以"创新协作·互联互通"为主题的2016中国电动汽车充换电服务创新高峰论坛在北京举行。

（国家电网公司 提供）

2016年，国网经研院开展14个直流工程成套设计、32个特高压直流阀厅电气施工图设计、5个工程控制保护联调试验。图为国家能源特高压直流输电工程成套设计研发（实验）中心（公司直流输电实时仿真重点实验室）。

（国网经研院 提供）

2016年，国网辽宁电力科技人员参与国家电网公司特高压工程调试，为特高压工程在辽宁电网落地做好技术储备。

（国网辽宁电力 提供
翁吉伟 摄）

2016年3月27日，中电工程投资建设的越南海阳燃煤电厂举行奠基仪式。
（中电工程 提供）

2016年3月29日，中国电机工程学会理事长郑宝森（座席左二）会见来访的电气和电子工程师学会电力与能源分会（IEEE PES）主席赛义夫·拉赫曼（座席左一）一行，并签署合作协议。
（中国电机工程学会 提供）

2016年5月24日，国务委员王勇在国家安全监管总局局长杨焕宁陪同下到中国电建山东电建三公司承建的约旦项目考察调研。
（中国电建 提供）

2016年8月25日，由中国能建葛洲坝集团承建的厄瓜多尔保特-索普拉多拉水电站三台机组投产发电。

（葛洲坝集团 提供）

2016年9月7日，在大唐集团董事长陈进行（左四）和老挝能源矿产部部长卡玛尼·因提拉（左五）的见证下，中国大唐集团海外投资有限公司与老挝国家电力公司公众公司（EDL-GEN）在EDL总部举行了"912MW北本水电项目合作协议签署仪式"。

（大唐集团 提供）

2016年9月9日零时，由中国电建集团成都院承担机电金结设计、水电八局负责安装的非洲在建最大水电站——埃塞俄比亚吉布3水电站第10号机组完成试运行，顺利移交。

（中国电建 提供）

2016年10月23日12时8分，由中国能建葛洲坝集团承建的被称为巴基斯坦"三峡工程"的N-J水电工程引水隧道左洞全线贯通。

（葛洲坝集团 提供）

2016年11月29日，中国电建海外投资有限公司投资建设的，水电十局、水电十五局承建的老挝南俄5水利水电工程荣获2016年中国建设工程鲁班奖（境外工程）。

（中国电建 提供）

2016年11月29日，中国电建国际公司、水电十一局承建的赞比亚卡里巴北岸水电站扩机工程荣获2016年中国建设工程鲁班奖（境外工程）。

（中国电建 提供）

2016年11月29日，中国电建水电十五局承建的马里费鲁水利水电工程荣获2016年中国建设工程鲁班奖（境外工程）。

（中国电建 提供）

2016年11月29日，中国电建水电八局承建的马来西亚沐若水电站工程荣获2016年中国建设工程鲁班奖（境外工程）。

（中国电建 提供）

2016年12月29日，国家电网公司董事长、党组书记舒印彪（座席左二）与巴基斯坦水电部常务秘书尤努斯达伽（座席左一）共同签署巴基斯坦默拉直流输电项目相关协议。

（国家电网公司 提供）

2016年2月，神华集团白马电厂600M WCFB示范工程荣获教育部科学技术进步奖一等奖。
（神华集团 提供）

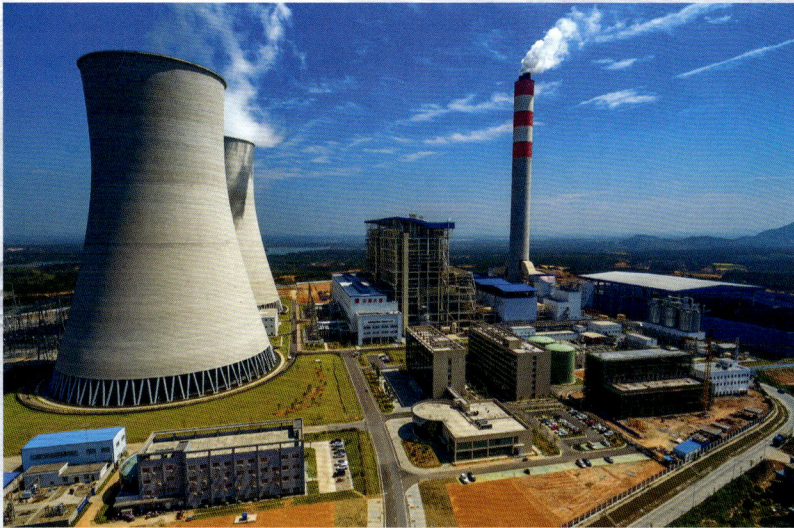

2016年4月27日，大唐集团与法国电力集团共同投资建设的抚州电厂2号机组（1000MW）投产。
（大唐集团 提供）

2016年5月28日，神华集团安庆电厂二期2×1000MW机组扩建工程荣获2016年度中国电力优质工程奖。
（神华集团 提供）

2016年12月31日中午12时，浙江省最大的产业援疆项目——浙能阿克苏纺织工业城热电厂1号机组（350MW）通过168h试运后正式投产发电。

（浙能集团 提供）

安徽铜陵电厂六期"上大压小"扩建工程第二台机组（1000MW）项目全景图。

（中电工程 提供）

神华四川江油煤炭储备发电一体化新建工程全景图。

（中电工程 提供）

2016年1月17日，由中国电建西北院设计，基础局、水电十局、水电七局承建的西藏多布水电站（4×30MW）1号机组顺利完成72h试运行，至此，该电站4台机组全部投产发电。

（中国电建 提供）

2016年3月27日，由中国电建所属成都勘测设计研究院设计、水电七局等单位施工的雅砻江桐子林水电站（总装机容量600MW）最后一台机组投产运行。

（中国电建 提供）

2016年3月30日，中国电建集团设计施工的贵州北盘江董箐水电站（总装机容量880MW）工程荣获第十三届中国土木工程詹天佑奖。

（中国电建 提供）

2016年5月27日，由中国电建所属昆明院设计、水电七局等单位施工的观音岩水电站（5×600MW）最后一台机组投产运行。

（中国电建 提供）

2016年6月7日、9月11日、10月30日、12月18日仙居抽水蓄能电站（1500MW）1~4号机组分别投运。图为仙居抽水蓄能电站地下厂房。

（国家电网公司 提供）

2016年7月21日、8月21日、10月16日、12月8日洪屏抽水蓄能电站（规划装机容量2400MW）1~4号机组分别投运。图为洪屏抽水蓄能电站地下厂房1、2号机组调试。

（国家电网公司 提供）

2016年8月11日，中国电建成都院勘测设计，水电七局、水电九局、水电十四局承建的黄金坪水电站（总装机容量850MW）5号机组完成72h试运行，该电站全部投产发电。

（中国电建 提供）

2016年8月30日，由中国电建水电十四局、水电五局施工建设的广东清远抽水蓄能电站（4×320MW）4号机组正式投入运行，该电站全面投产发电。

（中国电建 提供）

2016年10月23日，公伯峡水电站2号机组（300MW）发电机上机架顺利分解拆吊，标志着2号机组A级检修正式实施。

（黄河水电公司 提供 马金莲 摄）

2016年11月10日，金沙江上游装机容量最大的水电站——叶巴滩水电站（2240MW）获得核准。图为电站效果图。

（华电集团 提供）

2016年12月2日，葛洲坝集团参建的金沙江龙开口水电站工程荣获国家优质工程奖金质奖。

（葛洲坝集团 提供）

"国网阳光扶贫行动"青海玛多县定点扶贫光伏电站工程竣工投运仪式

2016年5月25日，"国网阳光扶贫行动"青海玛多县定点扶贫光伏电站工程竣工投运。

（国网青海电力 提供）

2016年7月21日，由山东电建三公司负责施工的宁德核电站4号机组顺利完成168h及（500+100）h试运行，正式投入商业运行。

（中国电建 提供）

2016年11月25日，在南方电网公司、中国妇女发展基金会和上百名彝族群众的共同见证下，中国第一个由企业、公益组织、地方政府共同开发的光伏扶贫+公益项目"南方电网母亲幸福（光伏）电站"正式竣工并网发电。

（贵州电网公司 提供 唐福德 摄）

2016年12月20日，鲁能新能源公司江苏分公司200MW海上风电项目首批机组并网发电，标志着国家电网公司首个海上风电项目成功建成投产。

（国家电网公司 提供）

2016年1月23日，贵州电网运检公司首次采用载人直升机观测线路冰情，对黔南、黔东南覆冰严重的220kV向郎Ⅱ回等线路进行特巡。

（贵州电网公司 提供）

2016年2月3日，滇西北—广东±800kV特高压直流输电工程开工建设动员大会在广东召开。国家能源局副局长郑栅洁，广东省委常委、常务副省长徐少华，南方电网公司总经理、党组副书记曹志安等出席大会并讲话。

（南方电网公司 提供 李品 摄）

2016年2月15日，国网长春供电公司长春地区北部网架加强工程施工现场。
（国网吉林电力 提供 王浩宇 摄）

2016年2月23日，建设中的±500kV金官换流站。
（云南电网公司 提供）

2016年2月24日，500kV大松改造工程拆卸45号塔施工现场。
（国网黑龙江电力 提供 郑思念 摄）

2016年3月20日，蒙西—天津南工程晋北1000kV特高压变电站首台1000kV变压器完成就位安装，转入抽真空、热油循环及静置阶段，在全线4站中首个完成主变压器安装。
（国网山西电力 提供）

2016年3月24日，晋北—南京±800kV特高压直流输电线路工程495号基塔进行组塔施工。
（国网山西电力 提供）

2016年3月27日，国网湖北电力应急抢修人员在500kV蟠龙Ⅰ回巴东长江大跨越现场，对跨江线缆进行降线开断作业。
（国网湖北电力 提供）

2016年4月3日，淮南—南京—上海特高压交流输变电工程第一阶段（安徽淮南—江苏长江北岸段）经72h试运行后正式投运。这是12条重点输电通道中最先投运的特高压工程，也是江苏省首个特高压交流工程。

（国网江苏电力 提供）

2016年4月11日，安徽板集电厂500kV送出线路工程全线贯通。

（国网安徽电力 提供 郑贤列 摄）

2016年4月，广东电网公司有序推进新一轮农网改造工作。图为珠海斗门局组织人员对白蕉园林小苑的线路进行升级改造。

（广东电网公司 提供）

2016年5月28日，750kV西安南山变电站获2016年度中国电力优质工程奖。

（国网陕西电力 提供）

2016年6月23日，新一轮农网改造升级工程中，施工人员正在西藏日喀则市谢通门县架设线路。

（国网西藏电力 提供 田烨 摄）

2016年6月24日，国网山西电力顺利完成500kV及以上主网输电线路的直升机特巡工作，此次特巡工作历时两个月。

（国网山西电力 提供）

2016年6月28日，三亚供电局输电管理所人员正对220kV文大Ⅰ线开展无人机飞巡工作。

（海南电网公司 提供 刘昌 摄）

2016年7月3日，南方电网公司首个港口岸电项目在广东中山投产。图为岸电系统投入使用前，供电员工反复检查专用电缆。

（南方电网公司 提供 孙嘉彪 摄）

2016年7月6日，国网华北分部完成锡盟—山东特高压工程京津唐送山东电网6000MW大负荷试验。

（国网华北分部 提供 李斌 摄）

2016年7月17日，国产500kV交联聚乙烯海缆型式试验在浙江舟山举行，国家电网公司海洋输电工程技术实验室承担此次试验任务。

（国家电网公司 提供）

2016年7月29日，工作人员在1000kV潍坊特高压工程线路高空附件安装现场进行作业。

（国网山东电力 提供）

2016年8月6日，1000kV特高压济南高青变电站500kV输电线路黄河大跨越铁塔开始组立。

（国网山东电力 提供 徐可 摄）

2016年8月10日，国家电网公司验收检查淮南—南京—上海1000kV特高压交流输变电工程1000kV特高压吴塘线上海练塘变电站段。

（国家电网公司 提供 沈超 摄）

2016年8月19日，中国首次八分裂1250mm²大截面积导线展放试点观摩活动在上海庙—山东±800kV特高压直流输电线路工程河北段举行。

（国网河北电力 提供 程占伟 摄）

2016年8月21日，宁夏首条特高压电力外送通道宁东—浙江±800kV特高压直流输电工程正式投入商业运行。

（国网宁夏电力 提供）

2016年8月24日，灵州—绍兴±800kV特高压直流输电工程投运，浙江"两交两直"特高压骨干网架建成。

（国网浙江电力 提供）

2016年8月31日，施工人员在锡盟—泰州±800kV特高压直流输电工程苏2标段N6997号转角塔上安装绝缘子。

（国家电网公司 提供 丰其生 摄）

2016年9月19日凌晨2时10分，贵阳首座500kV HGIS变电站——席官变电站启动投运，对贵安新区等区域可增加最大日供电量3600万kWh。

（贵州电网公司 提供）

2016年10月20日，国网山西电科院完成晋中1000kV特高压变电站首台解体式特高压变压器现场空负载试验。

（国网山西电力 提供）

2016年10月23日，阳江110kV海陵岛第三回线路顺利带电运行，标志着阳江地区首回110kV海底电缆线路正式投运。图为海底电缆施工现场。

（广东电网公司 提供）

2016年11月3日，南瑞集团提供成套设备的国家电网公司重大科技示范工程——江苏苏州南部电网500kV UPFC项目正式开工。该项目设计容量750MVA，是世界电压等级最高、容量最大的UPFC工程。图为开工仪式。

（南瑞集团 提供）

2016年11月6日，太阳山—六盘山—平凉750kV线路工程（宁7标段）导线架设工作全部完成。图为施工人员走线安装导线间隔棒。

（国家电网公司 提供 毛吉红 摄）

2016年11月12日，新疆伊犁—库车750kV线路工程投运，750kV伊犁—库车输变电工程竣工仪式在750kV伊犁变电站举行。

（国家电网公司 国网新疆电力 提供）

2016年11月13日，酒泉—湖南±800kV特高压直流输电工程重庆段全线贯通。图为红岩共产党员服务队在酒湖线重庆段施工现场。
（国网湖南电力 提供）

2016年11月17日，锡盟—泰州±800kV特高压直流输电线路工程内蒙古段全线贯通。
（国网蒙东电力 提供 马超摄）

2016年11月21日，全球首套高压直流断路器在舟山多端柔性直流输电工程舟定换流站成功安装。
（国家电网公司 提供 张帆 摄）

2016年11月24日，目前世界在运规模最大的特高压变电站——天津南1000kV特高压变电站投运。
（国网天津电力 提供）

2016年11月24日，1000kV蒙西变电站正式投入运行。
（国网交流建设分公司 提供）

2016年11月25日，贵州电网2016年防冰应急演练在六盘水举行。图为220kV融冰线路安装短接线。

（贵州电网公司 提供）

2016年11月，蒙西—天津南1000kV特高压交流输变电工程建成投运。

（国家电网公司 提供）

2016年11月，国网长春供电公司为配合长白快速铁路建设，对横跨铁路的线路实施增高改造。

（国网吉林电力 提供 王春晖 摄）

2016年11月，上海庙—山东特高压工程建设现场。

（国网蒙东电力 提供 陈锌 摄）

2016年12月2日，西藏昌都电网与四川电网联网工程作为国家"十二五"支持藏区发展的重大项目，荣获2016~2017年度国家优质工程奖金质奖。

（国网四川电力 提供）

2016年12月11日，国家风光储输示范工程2016年荣获第四届中国工业大奖。

（国家电网公司 提供 赵秉忠 赵淑伟 摄）

2016年12月15日，在甘肃古浪县大靖镇境内，昌吉—古泉±1100kV特高压直流输电工程甘7标段施工人员启动牵引机。（国网甘肃电力 提供）

2016年12月15日，锡盟—泰州±800kV特高压直流输电工程泰州换流站开展电容器等设备安装。（国家电网公司 提供 杨峻峰 摄）

2016年12月16日，广东电网500kV卧龙输变电工程正式建成投产。（广东电网公司 提供）

2016年12月22日，高栏港神华粤电珠海港煤炭码头"港口岸电"项目举行落成及签约仪式，标志着南方电网首个高压岸电项目即将投入使用。

（广东电网公司 提供）

2016年12月24日，由南瑞集团研制的10MW光伏虚拟同步机在张北国家级风光储输基地成功并网，实现世界最大规模光伏虚拟同步机示范工程挂网运行。图为光伏虚拟同步机产品。

（南瑞集团 提供）

2016年12月26日，蒙西—天津南1000kV特高压交流输变电工程正式投入运行。

（国网蒙东电力 提供 马超 摄）

2016年12月28日11时58分，酒泉—湖南±800kV特高压直流输电工程（甘肃段）全线贯通。

（国网甘肃电力 提供）

2016年12月30日，宁夏与西北第二通道太阳山—六盘山—平凉750kV输变电工程建成投运。

（国网宁夏电力 提供）

2016年3月5日，贵州电网都匀供电局开展"弘扬雷锋精神 共筑南网情深"无偿献血活动。

（贵州电网公司 提供）

2016年4月25日，海南省文昌市会文镇农村电网改造升级工程破土动工，海南"十三五"农村电网改造升级工程正式启动。图为会文供电所立下这一轮农网改造第一根电杆。

（海南电网公司 提供 习霁鸿 摄）

2016年5月4日，中电工程组织团员青年到焦庄户地道战遗址纪念馆参观学习，接受革命传统和爱国主义教育。

（中电工程 提供）

2016年6月24日，国网江苏电力组织员工对盐城阜宁因龙卷风冰雹灾害造成的500kV倒塔进行抢修拆除。

（国网江苏电力 提供）

2016年7月1日，中电工程总部举行"七一"重温入党誓词仪式。

（中电工程 提供）

2016年7月12日，昆明供电局走进"春城热线"听民声解民意。

（云南电网公司 提供）

2016年7月24日，河南省安阳县永冶许家沟抢险救灾复电现场。

（国网河南电力 提供 李刚 摄）

2016年7月26日，贵州电网公司举办"三带三争当 党建好声音"活动，6个先进集体和个人代表先后登台展演，进一步展示各级党组织和广大党员在服务中心、推动发展中的良好精神风貌。

（贵州电网公司 提供）

2016年7月，黑龙江省送变电工程公司党员突击队在榆横—潍坊1000kV特高压交流输变电工程线路工程12标段，抢运在洪水中受损的物资。

（国网黑龙江电力 提供 党京泽 摄）

2016年8月24日，贵州电网公司水城供电局的志愿者来到比德镇黄草村，开展"电亮·同步小康梦"公益帮扶活动，为黄草村的贫困学生、留守儿童送去了文具、书本等学习用品。

（贵州电网公司 提供）

2016年9月28日，浙江省丽水市遂昌县北界镇苏村发生山体滑坡，灾害造成重大人员伤亡和财产损失。国网浙江电力紧急支援，全力以赴确保现场救援用电。

（国网浙江电力 提供）

2016年10月13日，"能建杯"职工男子篮球邀请赛在宜昌基地开赛。

（葛洲坝集团 提供）

2016年10月26日，南涧县宝华镇云华村委会庄家村地质灾害保供电救灾现场。

（云南电网公司 提供）

2016年10月，在人民日报社、国务院扶贫办等联合主办的第四届中国民生发展论坛上，国网四川电力精准扶贫工作荣获"2016民生示范工程"。

（国网四川电力 提供）

2016年11月16日，国网甘肃电力员工向回族群众宣传安全用电知识。

（国网甘肃电力 提供）

2016年11月19日，国网陕西电力拍摄的微电影《四季颂》获第三届全国职工微影视大赛特别金奖。

（国网陕西电力 提供）

2016年11月23日，广东电网公司建成全省首个电动汽车城际快充示范站东莞厚街城际快充站，并同步发布电动汽车快充手机APP——"粤易充"。

（广东电网公司 提供）

2016年12月，为保障元旦正常用电，国网长春供电公司变电运维人员进行特巡，对设备进行检测。

（国网吉林电力 提供 任依楠 摄）

2016年12月，"电网头条"获评"能源行业最具影响力公众号"和"中央企业最具影响力新媒体账号"。

（英大传媒集团公司 提供）

2016年，国网辽宁电力职工开展雪中特巡，为安全供电提供保障。

（国网辽宁电力 提供 李伟 摄）

2016年，国网山西电力积极履行社会责任，为贫困学校献爱心。

（国网山西电力 提供）

《中国电力年鉴》编委会

名誉主任　努尔·白克力

主　　任　刘振亚

副 主 任　（按姓氏笔画排列）

于崇德　马宗林　王树民　王炳华　王　敏　王　琳

乔保平　李庆奎　杨　昆　汪建平　陈进行　赵建国

俞培根　贺　禹　曹培玺　綦成元

编　　委　（按姓氏笔画排列）

丁　扬　于金镒　王文琦　王玉成　王旺旺　王国春

王　欣　王金行　方　正　尹积军　邓贤东　甘　霖

石玉东　田　博　冯树臣　匡尚富　全生明　刘开俊

刘　伟　刘志强　刘克俭　刘宏新　刘启宏　刘劲松

刘国刚　刘建民　刘晓明　孙青松　阳　光　李同智

李　明　李岩峰　李　凯　李晓彤　李恩仪　杨　明

杨爱民　肖世杰　肖创英　肖黎春　吴优福　吴志功

吴春利　何成江　汪际峰　宋　畅　张　野　陈保卫

陈景东　林　野　卓洪树　尚　春　季　军　金戈鸣

周克文　郑声安　孟庆强　赵　亮　赵　焱　侯清国

饶　宏　宫　宇　秦红三　聂　凯　钱朝阳　徐永胜

徐　旭　奚国富　高智溥　唐鑫炳　彭桂云　蒋　斌

童亚辉　谢小平　谢友泉　谢长军　谢明亮　谢秋野

路书军　廖建平　谭洪恩

《2017 中国电力年鉴》

主　　　编　于崇德

常务副主编　游　敏

副　主　编　（按姓氏笔画排列）

王绪祥　王慕文　王增勇　云天宝　叶　春　刘广峰

刘志江　孙盛鹏　李云峰　杨　骏　肖　兰　张　涛[1]

张　涛[2]　陈　坚　赵克宇　谢　清　魏立军

顾　　　问　王信茂

《中国电力年鉴》编辑部

主　　　任　胡顺增

名誉主任　肖　兰

副　主　任　林树新　王永建

秘　　　书　王　艳　刘亚南

---

[1] 时任中国核能电力股份有限公司总经理。

[2] 时任中国广核集团有限公司办公厅主任。

特 约 撰 稿 人（按姓氏笔画排列）

丁一工　马　伟　马钦国　王一格　王大玮　王小茜　王天宇
王生龙　王生贵　王永福　王兴谦　王红亮　王国鹏　王　昕　王　锐
王春磊　王振华　王雅丽　王　媛　王　赞　牛新宇　王公　锐
左　跃　石德禄　龙　云　龙　鹏　申雁冰　田凤廷　付　颖
冯有维　冯祝良　冯颖惠　宁　昕　吉　炜　吕　军　朱　军
朱芳芳　朱连生　乔振宇　任浩明　刘一民　刘之阳　刘日亮
刘　刚　刘伟涛　刘　严　刘　环　刘宝升　刘思革　刘振宗
刘敬华　刘增训　齐振宇　汤日成　安晓滨　许为宁　那文凯
孙目元　孙　健　严艺峥　苏　玲　李青春　李国柱　李　明
李明华　李思明　李　峥　李　峰　李晨飞　李　曼　李　甜
李　然　李　斌　李　鹏　杨丽萍　杨　明　杨　柳　杨　惊
肖　前　肖　蔷　肖　磊　吴大俊　吴立强　吴国健　吴京晶
吴　静　旷路明　何　飞　何远刚　何润生　辛镇瀚　宋胜利
张友富　张文星　张玉泉　张甲雷　张亚迪　张　达　张伟韬
张红宪　张志峰　张　玥　张佳洁　张　建　张　递　张　猛
张　超　陈永平　陈承彪　陈剑锋　陈　哲　陈淑芳　陈懋元
林　晨　尚伟亮　尚　锟　罗旭杰　罗春林　罗路红　周云浩
周　心　周　全　周　辰　周海宏　周海鹰　周德发　庞　智
郑步文　郑洪华　郑雪胜　赵永华　赵红嘎　赵　杨　赵　卓
赵　亮　赵艳玲　赵哲源　赵峻毅　赵　影　郝爱军　郝福川
修　建　侯　勇　姚惠珍　娜日斯　莫　莉　贾宝钦　原增光
柴少磊　徐明慧　徐玲铃　凌　利　栾凤奎　栾松涛　高群策
高　澈　高　璐　郭长林　郭贤珊　郭建勇　郭皓池　浦　雪
黄　纯　黄　勇　黄　荷　黄　铮　黄　辉　黄　婷　曹坤茂
曹爱民　曹瑞光　龚喜勇　崔　昊　程军生　程彦韬　傅光虹
焦　飞　童梅云　甄学宝　雷定演　解红叶　解晓东　蔡靖波
臧家宁　缪莉庆　颜辉轩　薛尚青　魏中华

编　辑　说　明

1.《中国电力年鉴》(简称《年鉴》)于 1993 年创刊,已连续出版 23 期,是一本融史实性、资料性为一体的专业年鉴,也是一本全面实用,文、图、表并茂的综合性大型年刊。其主要服务对象为从事电力科研、生产、建设、经营管理的有关人员,以及与电力相关的政府和企事业单位的有关人员。

2. 本《年鉴》的编纂指导思想为:围绕电力工业改革与发展的主线,全面记载电力工业发展与改革、规划与建设、科技进步、国际合作等各方面的成就和工作。

3. 本《年鉴》是在国家能源局的领导和中国电力企业联合会的支持下,由国家电网公司、中国南方电网有限责任公司、中国华能集团公司、中国大唐集团公司、中国华电集团公司、中国国电集团公司、国家电力投资集团公司等共同组织编写的。《年鉴》编委会由国家能源局、中国电力企业联合会、两大电网公司、五大发电集团公司、两个建设集团公司,以及其他电力相关企业的主要负责人组成,并作为《中国电力年鉴》的领导机构,决定《年鉴》编辑出版的指导思想和主要内容。

4. 本期《年鉴》主要收录了 2016 年中国电力工业各方面所取得的成绩,重点反映了 2016 年电力工业发展和改革、规划与建设、科技创新、国际合作、社会责任等内容。本期《年鉴》在框架结构上做了适当调整,调整的篇目和栏目情况如下:将"电力建设"篇目名称改为"电力发展与改革",取消了"概览"篇目，其必要的内容调整到"电力发展与改革"篇目，并增设"电力改革"和"电力市场"栏目；"科技发展与创新"篇目名称改为"科技创新"；"行业管理"原篇目中"中电联代管学协会"栏目下条目调整至新设立的"学术团体与行业学协会"篇目；"电力论坛"篇目中"电力会议"栏目名称改为"专题会议"，取消"专家观点"栏目；"文化建设"篇目名称更改为"社会责任"，原"社会责任"栏目名称改为"社会责任报告"，增加"电力扶贫"栏目；"科研、教育与学术团体"篇目名称改为"科技、教育与新闻出版"，其中学术团体条目调整到"学术团体与行业学协会"篇目，原"文化建设"篇目中的"新闻出版"栏目调整至"科技、教育与新闻出版"篇目。

5. 本期《年鉴》的框架结构由篇目、栏目、条目 3 个层次组成，设有特载，电力发展与改革，科技创新，国际合作，行业管理，电力论坛，社会责任，学术团体与行业学协会，科研、教育与新闻出版，电力企业，地区电力，大事记，文献，统计资料等篇目。本期《年鉴》仍采用文章和条目两种体裁，以条目为主，并配有具有史料价值的彩图 100 余幅。为方便读者检索和查阅，本《年鉴》正文前有中、英文目录，正文后有内容索引。

6. 本《年鉴》实行文责自负。《年鉴》框架设计及文章类条目均由编委会审定，条目内容、数据、彩图等均由撰稿单位校核及审定。需说明的是，本《年鉴》统计资料及有关全国数据的图表等一般未包括我国台湾省和港澳地区的数据。

目　　录

科技创新

电力论坛

社会责任

地区电力

▓ 大事记

▓ 文　献

统计资料

企业风采

附　录

索　引

Contents

From Editor

Special Contributions

Electric Power Development and Reform

Science & Technology Innovation

International Cooperation

Electricity Industry Management

Electric Power Forums

Social Responsibility

Academic Organizations and Industry Associations

Scientific Research, Education, Press and Publication

Electric Power Enterprises

Regional Electric Power Industry

Key Events

Documents

Statistics

Enterprises

Appendix

Index

彩 图 目 录

党和国家领导人关注电力

2016年3月30日，中国—捷克经贸合作圆桌会在捷克首都布拉格举行。在中国国家主席习近平（右二）和捷克共和国总统米洛什·泽曼（右一）的共同见证下，国电集团与捷克SWH集团公司副总裁彼得·内恰斯签署了"关于在可再生能源与清洁能源领域开展经济技术合作及中方拟收购捷方若干风电项目的协议"，中广核集团与捷克能源公司签署了"关于在核能及可再生能源领域全面合作的谅解备忘录"。

（国电集团　中广核集团　提供）

2016年6月25日，在中国国家主席习近平（后排左二）和俄罗斯总统普京（后排左一）的共同见证下，国家电网公司董事长舒印彪与俄罗斯电网公司总经理布达尔金在人民大会堂签署了双方设立合资公司开展电网业务的股东协议。

（国家电网公司　提供）

2016年7月19日，国家主席习近平（右一）视察中国电建宁夏电建参建的宁东能源化工基地，详细了解项目建设进展情况。

（中国电建　提供）

2016年8月23日下午，国家主席习近平（左二）在青海省委书记王国生（左三）、省长郝鹏（左一）、国家电投黄河水电公司党组书记、董事长谢小平（右一）等陪同下，到太阳能电力公司西宁分公司考察。

（黄河水电公司　提供）

2016年10月13日，在中国国家主席习近平（座席左一）和柬埔寨首相洪森（座席左二）的共同见证下，南方电网公司董事长、党组书记李庆奎（前排左一）与柬埔寨皇家集团公司主席陈丰明（前排左二）签署了电网投资合作谅解备忘录。

（南方电网公司　提供）

2016年11月18日，中国国家主席习近平（左一）和厄瓜多尔总统科雷亚（左二）共同出席了中国电建承建的厄瓜多尔辛克雷水电站的竣工发电仪式，并共同按下启动按钮。

（中国电建　提供）

2016年3月23日，澜沧江—湄公河合作首次领导人会议在海南三亚举行，中国国务院总理李克强（前排左一）、泰国总理巴育、柬埔寨首相洪森、老挝总理通邢、缅甸副总统赛茂康和越南副总理范平明出席会议。会后，李克强总理与湄公河五国领导人一起参观了澜沧江—湄公河国家合作展，视察了国电集团展台。

（国电集团　提供）

2016年9月8日，在中国国务院总理李克强（座席左二）和老挝总理通伦（座席左三）的共同见证下，中国电建董事长晏志勇和国开行董事长胡怀邦、老挝国家电力公司总经理本恩签署"南欧江第二期贷款协议"。

（中国电建　提供）

2016年6月28~30日，由国家能源局主办、中国电建承办的"2016二十国集团能源部长会"在北京雁栖湖会议中心召开。中国国务院副总理张高丽（前排左七）出席开幕式并致辞。

（中国电建　提供）

2016年4月18日，全国政协主席俞正声（左一）与加纳总统马哈马（左三）共同出席中国能建所属企业广东火电承建的深能加纳安所固电厂二期工程2×9E燃气联合循环机组投产仪式，并发表重要讲话。

（中国能建　提供）

重要电力事件

2016年1月15日，"加快推进全国煤电超低排放和节能改造动员大会"在北京召开，国家发展改革委副主任、国家能源局局长努尔·白克力（主席台左三）出席会议。

（国家能源局　提供）

2016年1月19日，广西电网公司成功建成国内首条电动汽车无线供电小型试验车道。

（广西电网公司　提供）

2016年3月1日，北京电力交易中心有限公司成立大会暨揭牌仪式在北京召开。

（国网北京电力　提供）

2016年3月1日，广州电力交易中心揭牌仪式在广州举行，国家发展改革委运行局巡视员许之敏（左一）与南方电网公司董事长、党组书记赵建国（左二）共同揭牌。

（南方电网公司　提供　吴兴波　摄）

2016年3月30日，以"全球能源互联网——以清洁和绿色方式满足全球电力需求"为主题的2016全球能源互联网大会在北京召开。

（国家电网公司　提供）

2016年5月，中国电科院主办的"2016国际电力研究交流组织（IERE）年会暨中国论坛"在北京召开。

（中国电科院　提供）

2016年6月14日，美国汤森路透公司发布最新期刊引证报告，南瑞集团创办的 *Journal of Modern Power Systems and Clean Energy*（MPCE）全英文学术期刊获得了首个影响因子0.975，进入全球排名的Q3区，在电力与能源领域亚洲排名第一。图为MPCE全英文学术期刊。

（南瑞集团　提供）

2016年6月17日，国家发展改革委副主任、国家能源局局长努尔·白克力（左一）到华电西藏水电项目调研。

（中国华电　提供）

2016年8月29日，世界电压等级最高、容量最大的柔性直流输电工程——鲁西背靠背直流工程建成投运。图为南方电网超高压输电公司鲁西换流站柔性直流阀厅设备安装。

（南方电网公司　提供　李品　摄）

2016年10月30日，2016国际能源变革论坛在苏州开幕。国家电网公司董事长、党组书记舒印彪出席并发表题为《加快电网互联互通　推动能源转型发展》的主题发言。

（国家电网公司　提供）

2016年10月，国网联研院自主研发并授权生产的世界首台200kV高压直流断路器在舟山柔性直流系统直流断路器及阻尼回复装置加装工程投运。

（国网联研院　提供）

2016年12月11日，以"创新协作·互联互通"为主题的2016中国电动汽车充换电服务创新高峰论坛在北京举行。

（国家电网公司　提供）

2016年，国网经研院开展14个直流工程成套设计、32个特高压直流阀厅电气施工图设计、5个工程控制保护联调试验。图为国家能源特高压直流输电工程成套设计研发（实验）中心（公司直流输电实时仿真重点实验室）。

（国网经研院　提供）

2016年，国网辽宁电力科技人员参与国家电网公司特高压工程调试，为特高压工程在辽宁电网落地做好技术储备。

（国网辽宁电力　提供　翁吉伟　摄）

国际合作与交流

2016年3月27日，中电工程投资建设的越南海阳燃煤电厂举行奠基仪式。

（中电工程　提供）

2016年3月29日，中国电机工程学会理事长郑宝森（座席左二）会见来访的电气和电子工程师学会电力与能源分会（IEEE PES）主席赛义夫·拉赫曼（座席左一）一行，并签署合作协议。

（中国电机工程学会　提供）

2016年5月24日，国务委员王勇在国家安全监管总局局长杨焕宁陪同下到中国电建山东电建三公司承建的约旦项目考察调研。

（中国电建　提供）

2016年8月25日，由中国能建葛洲坝集团承建的厄瓜多尔保特-索普拉多拉水电站三台机组投产发电。

（葛洲坝集团　提供）

2016年9月7日，在大唐集团董事长陈进行（左四）和老挝能源矿产部部长卡玛尼·因提拉（左五）的见证下，中国大唐集团海外投资有限公司与老挝国家电力公司公众公司（EDL-GEN）在EDL总部举行了"912MW北本水电项目合作协议签署仪式"。

（大唐集团　提供）

2016年9月9日零时，由中国电建集团成都院承担机电金结设计、水电八局负责安装的非洲在建最大水电站——埃塞俄比亚吉布3水电站第10号机组完成试运行，顺利移交。

（中国电建　提供）

2016年10月23日12时8分，由中国能建葛洲坝集团承建的被称为巴基斯坦"三峡工程"的N-J水电工程引水隧道左洞全线贯通。

（葛洲坝集团　提供）

2016年11月29日，中国电建海外投资有限公司投资建设的，水电十局、水电十五局承建的老挝南俄5水利水电工程荣获2016年中国建设工程鲁班奖（境外工程）。

（中国电建　提供）

2016年11月29日，中国电建国际公司、水电十一局承建的赞比亚卡里巴北岸水电站扩机工程荣获2016年中国建设工程鲁班奖（境外工程）。

（中国电建　提供）

2016年11月29日，中国电建水电十五局承建的马里费鲁水利水电工程荣获2016年中国建设工程鲁班奖（境外工程）。

（中国电建　提供）

2016年11月29日，中国电建水电八局承建的马来西亚沐若水电站工程荣获2016年中国建设工程鲁班奖（境外工程）。

（中国电建　提供）

2016年12月29日，国家电网公司董事长、党组书记舒印彪（座席左二）与巴基斯坦水电部常务秘书尤努斯达伽（座席左一）共同签署巴基斯坦默拉直流输电项目相关协议。

（国家电网公司　提供）

发电·火力发电

2016年2月，神华集团白马电厂600MW　CFB示范工程荣获教育部科学技术进步奖一等奖。

（神华集团　提供）

2016年4月27日，大唐集团与法国电力集团共同投资建设的抚州电厂2号机组（1000MW）投产。

（大唐集团　提供）

2016年5月28日，神华集团安庆电厂二期2×1000MW机组扩建工程荣获2016年度中国电力优质工程奖。

（神华集团　提供）

2016年12月31日中午12时，浙江省最大的产业援疆项目——浙能阿克苏纺织工业城热电厂1号机组（350MW）通过168h试运后正式投产发电。

（浙能集团　提供）

安徽铜陵电厂六期"上大压小"扩建工程第二台机组（1000MW）项目全景图。

（中电工程　提供）

神华四川江油煤炭储备发电一体化新建工程全景图。

（中电工程　提供）

发电·水力发电

2016年1月17日，由中国电建西北院设计，基础局、水电十局、水电七局承建的西藏多布水电站（4×30MW）1号机组顺利完成72h试运行，至此，该电站4台机组全部投产发电。

（中国电建　提供）

2016年3月27日，由中国电建所属成都勘测设计研究院设计、水电七局等单位施工的雅砻江桐子林水电站（总装机容量600MW）最后一台机组投产运行。

（中国电建　提供）

2016年3月30日，中国电建集团设计施工的贵州北盘江董箐水电站（总装机容量880MW）工程荣获第十三届中国土木工程詹天佑奖。

（中国电建　提供）

2016年5月27日，由中国电建所属昆明院设计、水电七局等单位施工的观音岩水电站（5×600MW）最后一台机组投产运行。

（中国电建　提供）

2016年6月7日、9月11日、10月30日、12月18日仙居抽水蓄能电站（1500MW）1～4号机组分别投运。图为仙居抽水蓄能电站地下厂房。

（国家电网公司　提供）

2016年7月21日、8月21日、10月16日、12月8日洪屏抽水蓄能电站（规划装机容量2400MW）1～4号机组分别投运。图为洪屏抽水蓄能电站地下厂房1、2号机组调试。

（国家电网公司　提供）

2016年8月11日，中国电建成都院勘测设计，水电七局、水电九局、水电十四局承建的黄金坪水电站（总装机容量850MW）5号机组完成72h试运行，该电站全部投产发电。

（中国电建　提供）

2016年8月30日，由中国电建水电十四局、水电五局施工建设的广东清远抽水蓄能电站（4×320MW）4号机组正式投入运行，该电站全面投产发电。

（中国电建　提供）

2016年10月23日，公伯峡水电站2号机组（300MW）发电机上机架顺利分解拆吊，标志着2号机组A级检修正式实施。

（黄河水电公司　提供　马金莲　摄）

2016年11月10日，金沙江上游装机容量最大的水电站——叶巴滩水电站（2240MW）获得核准。图为电站效果图。

（华电集团　提供）

2016年12月2日，葛洲坝集团参建的金沙江龙开口水电站工程荣获国家优质工程奖金质奖。

（葛洲坝集团　提供）

发电·核能及新能源发电

2016年5月25日，"国网阳光扶贫行动"青海玛多县定点扶贫光伏电站工程竣工投运。

（国网青海电力　提供）

2016年7月21日，由山东电建三公司负责施工的宁德核电站4号机组顺利完成168h及（500＋100）h试运行，正式投入商业运行。

（中国电建　提供）

2016年11月25日，在南方电网公司、中国妇女发展基金会和上百名彝族群众的共同见证下，中国第一个由企业、公益组织、地方政府共同开发的光伏扶贫＋公益项目"南方电网母亲幸福（光伏）电站"正式竣工并网发电。

（贵州电网公司　提供　唐福德　摄）

2016年12月20日，鲁能新能源公司江苏分公司200MW海上风电项目首批机组并网发电，标志着国家电网公司首个海上风电项目成功建成投产。

（国家电网公司　提供）

输变电工程

2016年1月23日，贵州电网运检公司首次采用载人直升机观测线路冰情，对黔南、黔东南覆冰严重的220kV向郎Ⅱ回等线路进行特巡。

（贵州电网公司　提供）

2016年2月3日，滇西北—广东±800kV特高压直流输电工程开工建设动员大会在广州召开。国家能源局副局长郑栅洁，广东省委常委、常务副省长徐少华，南方电网公司总经理、党组副书记曹志安等出席大会并讲话。

（南方电网公司　提供　李品　摄）

2016年2月15日，国网长春供电公司长春地区北部网架加强工程施工现场。

（国网吉林电力　提供　王浩宇　摄）

2016年2月23日，建设中的±500kV金官换流站。

（云南电网公司　提供）

2016年2月24日，500kV大松改造工程拆卸45号塔施工现场。

（国网黑龙江电力　提供　郑思念　摄）

2016年3月20日，蒙西—天津南工程晋北1000kV特高压变电站首台1000kV变压器完成就位安装，转入抽真空、热油循环及静置阶段，在全线4站中首个完成主变压器安装。

（国网山西电力　提供）

2016年3月24日，晋北—南京±800kV特高压直流输电线路工程495号基塔进行组塔施工。

（国网山西电力　提供）

2016年3月27日，国网湖北电力应急抢修人员在500kV蟠龙Ⅰ回巴东长江大跨越现场，对跨江线缆进行降线开断作业。

（国网湖北电力　提供）

2016年4月3日，淮南—南京—上海特高压交流输变电工程第一阶段（安徽淮南—江苏长江北岸段）经72h试运行后正式投运。这是12条重点输电通道中最先投运的特高压工程，也是江苏省首个特高压交流工程。

（国网江苏电力　提供）

2016年4月11日，安徽板集电厂500kV送出线路工程全线贯通。

（国网安徽电力　提供　郑贤列　摄）

2016年4月，广东电网公司有序推进新一轮农网改造工作。图为珠海斗门局组织人员对白蕉园林小苑的线路进行升级改造。

（广东电网公司　提供）

2016年5月28日，750kV西安南山变电站获2016年度中国电力优质工程奖。

（国网陕西电力　提供）

2016年6月23日，新一轮农网改造升级工程中，施工人员正在西藏日喀则市谢通门县架设线路。

（国网西藏电力　提供　田烨　摄）

2016年6月24日，国网山西电力顺利完成500kV及以上主网输电线路的直升机特巡工作，此次特巡工作历时两个月。

（国网山西电力　提供）

2016年6月28日，三亚供电局输电管理所人员正对220kV文大Ⅰ线开展无人机飞巡工作。

（海南电网公司　提供　刘昌　摄）

2016年7月3日，南方电网公司首个港口岸电项目在广东中山投产。图为岸电系统投入使用前，供电员工反复检查专用电缆。

（南方电网公司　提供　孙嘉彪　摄）

2016年7月6日，国网华北分部完成锡盟—山东特高压工程京津唐送山东电网6000MW大负荷试验。

（国网华北分部　提供　李斌　摄）

2016年7月17日，国产500kV交联聚乙烯海缆型式试验在浙江舟山举行，国家电网公司海洋输电工程技术实验室承担此次试验任务。

（国家电网公司　提供）

2016年7月29日，工作人员在1000kV潍坊特高压工程线路高空附件安装现场进行作业。

（国网山东电力　提供）

2016年8月6日，1000kV特高压济南高青变电站500kV输电线路黄河大跨越铁塔开始组立。

（国网山东电力　提供　徐可　摄）

2016年8月10日，国家电网公司验收检查淮南—南京—上海1000kV特高压交流输变电工程1000kV特高压吴塘线上海练塘变电站段。

（国家电网公司　提供　沈超　摄）

2016年8月19日，中国首次八分裂1250mm²大截面积导线展放试点观摩活动在上海庙—山东±800kV特高压直流输电线路工程河北段举行。

（国网河北电力　提供　程占伟　摄）

2016年8月21日，宁夏首条特高压电力外送通道宁东—浙江±800kV特高压直流输电工程正式投入商业运行。

（国网宁夏电力　提供）

2016年8月24日，灵州—绍兴±800kV特高压直流输电工程投运，浙江"两交两直"特高压骨干网架建成。

（国网浙江电力　提供）

2016年8月31日，施工人员在锡盟—泰州±800kV特高压直流输电工程苏2标段N6997号转角塔上安装绝缘子。

（国家电网公司　提供　丰其生　摄）

2016年9月19日凌晨2时10分，贵阳首座500kV HGIS变电站——席官变电站启动投运，对贵安新区等区域可增加最大日供电量3600万kWh。

（贵州电网公司　提供）

2016年10月20日，国网山西电科院完成晋中1000kV特高压变电站首台解体式特高压变压器现场空负载试验。

（国网山西电力　提供）

2016年10月23日，阳江110kV海陵岛第三回线路顺利带电运行，标志着阳江地区首回110kV海底电缆线路正式投运。图为海底电缆施工现场。

（广东电网公司　提供）

2016年11月3日，南瑞集团提供成套设备的国家电网公司重大科技示范工程——江苏苏州南部电网500kV UPFC项目正式开工。该项目设计容量750MVA，是世界电压等级最高、容量最大的UPFC工程。图为开工仪式。

（南瑞集团　提供）

2016年11月6日，太阳山—六盘山—平凉750kV线路工程（宁7标段）导线架设工作全部完成。图为施工人员走线安装导线间隔棒。

（国家电网公司　提供　毛吉红　摄）

2016年11月12日，新疆伊犁—库车750kV线路工程投运，750kV伊犁—库车输变电工程竣工仪式在750kV伊犁变电站举行。

（国家电网公司　国网新疆电力　提供）

2016年11月13日，酒泉—湖南±800kV特高压直流输电工程重庆段全线贯通。图为红岩共产党员服务队在酒湖线重庆段施工现场。

（国网湖南电力　提供）

2016年11月17日，锡盟—泰州±800kV特高压直流输电线路工程内蒙古段全线贯通。

（国网蒙东电力　提供　马超　摄）

2016年11月21日，全球首套高压直流断路器在舟山多端柔性直流输电工程舟定换流站成功安装。

（国家电网公司　提供　张帆　摄）

2016年11月24日，目前世界在运规模最大的特高压变电站——天津南1000kV特高压变电站投运。

（国网天津电力　提供）

2016年11月24日，1000kV蒙西变电站正式投入运行。

（国网交流建设分公司　提供）

2016年11月25日，贵州电网2016年防冰应急演练在六盘水举行。图为220kV融冰线路安装短接线。

（贵州电网公司　提供）

2016年11月，蒙西—天津南1000kV特高压交流输变电工程建成投运。

（国家电网公司　提供）

2016年11月，国网长春供电公司为配合长白快速铁路建设，对横跨铁路的线路实施增高改造。

（国网吉林电力　提供　王春晖　摄）

2016年11月，上海庙—山东特高压工程建设现场。

（国网蒙东电力　提供　陈锌　摄）

2016年12月2日，西藏昌都电网与四川电网联网工程作为国家"十二五"支持藏区发展的重大项目，荣获2016～2017年度国家优质工程奖金质奖。

（国网四川电力　提供）

2016年12月11日，国家风光储输示范工程2016年荣获第四届中国工业大奖。

（国家电网公司　提供　赵秉忠　赵淑伟　摄）

2016年12月15日，在甘肃古浪县大靖镇境内，昌吉—古泉±1100kV特高压直流输电工程甘7标段施工人员启动牵引机。

（国网甘肃电力　提供）

2016年12月15日，锡盟—泰州±800kV特高压直流输电工程泰州换流站开展电容器等设备安装。

（国家电网公司　提供　杨峻峰　摄）

2016年12月16日，广东电网500kV卧龙输变电工程正式建成投产。

（广东电网公司　提供）

2016年12月22日，高栏港神华粤电珠海港煤炭码头"港口岸电"项目举行落成及签约仪式，标志着南方电网首个高压岸电项目即将投入使用。

（广东电网公司　提供）

2016年12月24日，由南瑞集团研制的10MW光伏虚拟同步机在张北国家级风光储输基地成功并网，实现世界最大规模光伏虚拟同步机示范工程挂网运行。图为光伏虚拟同步机产品。

（南瑞集团　提供）

2016年12月26日，蒙西—天津南1000kV特高压交流输变电工程正式投入运行。

（国网蒙东电力　提供　马超　摄）

2016年12月28日11时58分，酒泉—湖南

±800kV 特高压直流输电工程（甘肃段）全线贯通。

（国网甘肃电力　提供）

2016 年 12 月 30 日，宁夏与西北第二通道太阳山—六盘山—平凉 750kV 输变电工程建成投运。

（国网宁夏电力　提供）

党的建设与精神文明建设

2016 年 3 月 5 日，贵州电网都匀供电局开展"弘扬雷锋精神　共筑南网情深"无偿献血活动。

（贵州电网公司　提供）

2016 年 4 月 25 日，海南省文昌市会文镇农村电网改造升级工程破土动工，海南"十三五"农村电网改造升级工程正式启动。图为会文供电所立下这一轮农网改造第一根电杆。

（海南电网公司　提供　习霁鸿　摄）

2016 年 5 月 4 日，中电工程组织团员青年到焦庄户地道战遗址纪念馆参观学习，接受革命传统和爱国主义教育。

（中电工程　提供）

2016 年 6 月 24 日，国网江苏电力组织员工对盐城阜宁因龙卷风冰雹灾害造成的 500kV 倒塔进行抢修拆除。

（国网江苏电力　提供）

2016 年 7 月 1 日，中电工程总部举行"七一"重温入党誓词仪式。

（中电工程　提供）

2016 年 7 月 12 日，昆明供电局走进"春城热线"听民声解民意。

（云南电网公司　提供）

2016 年 7 月 24 日，河南省安阳县永冶许家沟抢险救灾复电现场。

（国网河南电力　提供　李刚　摄）

2016 年 7 月 26 日，贵州电网公司举办"三带三争当　党建好声音"活动，6 个先进集体和个人代表先后登台展演，进一步展示各级党组织和广大党员在服务中心、推动发展中的良好精神风貌。

（贵州电网公司　提供）

2016 年 7 月，黑龙江省送变电工程公司党员突击队在榆横—潍坊 1000kV 特高压交流输变电工程线路工程 12 标段，抢运在洪水中受损的物资。

（国网黑龙江电力　提供　党京泽　摄）

2016 年 8 月 24 日，贵州电网公司水城供电局的志

愿者来到比德镇黄草村，开展"电亮·同步小康梦"公益帮扶活动，为黄草村的贫困学生、留守儿童送去了文具、书本等学习用品。

（贵州电网公司　提供）

2016 年 9 月 28 日，浙江省丽水市遂昌县北界镇苏村发生山体滑坡，灾害造成重大人员伤亡和财产损失。国网浙江电力紧急支援，全力以赴确保现场救援用电。

（国网浙江电力　提供）

2016 年 10 月 13 日，"能建杯"职工男子篮球邀请赛在宜昌基地开赛。

（葛洲坝集团　提供）

2016 年 10 月 26 日，南涧县宝华镇云华村委会庄家村地质灾害保供电救灾现场。

（云南电网公司　提供）

2016 年 10 月，在人民日报社、国务院扶贫办等联合主办的第四届中国民生发展论坛上，国网四川电力精准扶贫工作荣获"2016 民生示范工程"。

（国网四川电力　提供）

2016 年 11 月 16 日，国网甘肃电力员工向回族群众宣传安全用电知识。

（国网甘肃电力　提供）

2016 年 11 月 19 日，国网陕西电力拍摄的微电影《四季颂》获第三届全国职工微影视大赛特别金奖。

（国网陕西电力　提供）

2016 年 11 月 23 日，广东电网公司建成全省首个电动汽车城际快充示范站东莞厚街城际快充站，并同步发布电动汽车快充手机 APP——"粤易充"。

（广东电网公司　提供）

2016 年 12 月，为保障元旦正常用电，国网长春供电公司变电运维人员进行特巡，对设备进行检测。

（国网吉林电力　提供　任依楠　摄）

2016 年 12 月，"电网头条"获评"能源行业最具影响力公众号"和"中央企业最具影响力新媒体账号"。

（英大传媒集团公司　提供）

2016 年，国网辽宁电力职工开展雪中特巡，为安全供电提供保障。

（国网辽宁电力　提供　李伟　摄）

2016 年，国网山西电力积极履行社会责任，为贫困学校献爱心。

（国网山西电力　提供）

特　载

党和国家领导人关注电力

习近平见证中沙签署可再生能源领域合作谅解备忘录

沙特当地时间 2016 年 1 月 19 日，在中共中央总书记、国家主席习近平和沙特国王萨勒曼的见证下，国家发展改革委副主任、国家能源局局长努尔·白克力与沙特阿卜杜拉国王核能及可再生能源城主席哈希姆·亚玛尼在沙特首都利雅得签署了《中国国家能源局与沙特阿卜杜拉国王核能及可再生能源城关于可再生能源合作的谅解备忘录》，旨在共同推进中沙在可再生能源开发和利用方面的互利合作，提升双方合作水平，促进双方能源生产和消费体系向清洁、可持续方向转型。

习近平出席第四届核安全峰会，宣布中国加强核安全举措

美国当地时间 2016 年 3 月 30 日，中共中央总书记、国家主席习近平抵达美国首都华盛顿，应美国总统奥巴马邀请，出席第四届核安全峰会。峰会以"加强国际核安全体系"为主题，共有 52 个国家的领导人或代表，以及国际组织负责人参会。

4 月 1 日，第四届核安全峰会在华盛顿举行。中共中央总书记、国家主席习近平发表题为《加强国际核安全体系，推进全球核安全治理》的重要讲话，围绕构建公平、合作、共赢的国际核安全体系，全面阐述中国政策主张，介绍中国在核安全领域取得的新进展，宣布中国加强本国核安全并积极推进国际合作的举措。

习近平在讲话中指出，中国在海牙举行的第三届核安全峰会上主张构建公平、合作、共赢的国际核安全体系。为此，我们要强化政治投入，凝聚国际共识，构建以合作共赢为核心的新型国际关系，把握标本兼治方向，推进全球安全治理。要强化国家责任，部署实施核安全战略，筑构严密持久防线。要强化国际合作，打造核安全命运共同体，推进协调并进势头。要强化核安全文化，营造共建共享氛围。

习近平指出，海牙峰会以来，中国在核安全领域取得了新进展。中国奉行精益求精的理念，努力探索加强核安全的有效途径，已经将核安全纳入国家总体安全体系，写入国家安全法，明确了对核安全的战略

定位。中国坚持言出必行的原则，忠实履行国际义务和政治承诺。中国心怀合作共赢的愿景，积极推动国际交流合作。

习近平强调，中国将继续加强本国核安全，积极推进国际合作，分享技术和经验，贡献资源和平台。中国将构建核安全能力建设网络，推广减少高浓缩铀合作模式，实施加强放射源安全行动计划，启动应对核恐怖危机技术支持倡议，推广国家核电安全监管体系。只要我们精诚合作，持续加强核安全，核能造福人类的前景必将更加光明。

习近平向第七届清洁能源部长级会议和"创新使命"部长级会议致贺信

美国当地时间 2016 年 6 月 1～2 日，第七届清洁能源部长级会议和"创新使命"部长级会议在美国旧金山举行。中共中央总书记、国家主席习近平致贺信，对会议召开表示热烈祝贺，强调本届会议是联合国气候变化巴黎大会以来在清洁能源领域举行的重要高层论坛，体现了国际社会对清洁能源开发和应用的共同关注。

习近平指出，面向未来，中国将贯彻创新、协调、绿色、开放、共享的发展理念，实施一系列政策措施，大力发展清洁能源，优化产业结构，构建低碳能源体系，发展绿色建筑和低碳交通，建立国家碳排放交易市场等，不断推进绿色低碳发展，促进人与自然相和谐。

习近平在青海考察时指出发展光伏发电产业要突出规范有序

2016 年 8 月 22～24 日，中共中央总书记、国家主席、中央军委主席习近平在青海考察时强调，生态环境保护和生态文明建设，是中国持续发展最为重要的基础。青海最大的价值在生态、最大的责任在生态、最大的潜力也在生态，必须把生态文明建设放在突出位置来抓，尊重自然、顺应自然、保护自然，筑牢国家生态安全屏障，实现经济效益、社会效益、生态效益相统一。

8 月 23 日下午，习近平在西宁市考察了青海省生态环境监测中心和国家电投黄河上游水电开发有限责

任公司太阳能电力公司西宁分公司（简称西宁分公司）。在西宁分公司，习近平了解了企业发展光伏全产业链及科技研发、生产经营等情况，到车间视察太阳能电池生产线，察看成品展示，了解制绒、刻蚀、镀膜、丝网印刷、高温烧结等生产工艺。他对青海依托日照充足、光热资源富集等优势发展清洁能源取得的成绩表示肯定。习近平指出，发展光伏发电产业，要做好规划和布局，加强政策支持和引导，突出规范性和有序性。他希望国有企业带头提高创新能力，努力形成更多更好的创新成果和产品，在创新发展方面发挥更大引领作用。

习近平与厄瓜多尔总统科雷亚
共同按下辛克雷水电站启动键

厄瓜多尔当地时间 2016 年 11 月 18 日，中共中央总书记、国家主席习近平和厄瓜多尔总统科雷亚同出席了中国电力建设集团有限公司承建的辛克雷水电站的竣工仪式。随着两国元首共同按动按钮，这座中国目前在海外已建的最大水电站正式竣工发电，全面建成投产。

两国元首观看了辛克雷水电站的视频，并同项目现场人员连线互动，专程前往现场的厄瓜多尔副总统格拉斯介绍项目完成情况。中国电建副总经理李跃平向两国元首报告了辛克雷电站建设情况。

习近平表达对项目员工慰问。他强调，辛克雷水电站落成，必将有效提升厄瓜多尔防灾抗灾能力和公共基础设施水平。中厄友谊源远流长。近年来，双边友好关系实现了全面发展，并刚刚升级为全面战略伙伴关系。当前，中国和厄瓜多尔深化互利共赢合作恰逢其时。中方愿同厄方深化合作、携手发展，共同谱写两国全面战略伙伴关系新篇章。

辛克雷水电站的落成发电，将满足厄瓜多尔 1/3 的用电需求，让清洁能源的发电比例占到厄全国总需求的 85%。

习近平、李克强对江西丰城发电厂
特别重大事故做出重要指示

2016 年 11 月 24 日 7 时 40 分许，江西宜春市丰城发电厂三期在建项目发生冷却塔施工平台坍塌特别重大事故。事故发生后，正在国外访问的中共中央总书记、国家主席、中央军委主席习近平立即做出重要指示，要求江西省和有关部门组织力量做好救援救治、善后处置等工作，尽快查明原因，深刻汲取教训，严肃追究责任。

中共中央政治局常委、国务院总理李克强做出批

示，要求争分夺秒抢救被困人员，全力以赴救治伤员，尽最大努力减少伤亡。国家安全监管总局要牵头成立国务院工作组抓紧赶赴现场，指导和帮助地方做好搜救、救治等相关工作，查明事故原因并依法问责。要进一步督促地方严格落实各领域安全生产责任，强化监管和防范措施，严防此类重特大事故再次发生。

李克强主持国务院常务会议决定实施
新一轮农村电网改造升级工程

2016 年 2 月 3 日，中共中央政治局常委、国务院总理李克强主持召开国务院常务会议，决定实施新一轮农村电网改造升级工程。

会议指出，结合推进新型城镇化、农业现代化和扶贫搬迁等，实施新一轮农村电网改造升级工程，可以改善农村生产生活条件、带动相关产业发展、拉动有效投资和消费，是一举多得的重要举措。会议决定：一是加快西部及贫困地区农网改造升级，以集中连片的特困地区、革命老区等为重点，着力解决电压不达标、不通动力电等问题。提高接纳分布式新能源发电的能力。二是结合高标准农田建设和推广农业节水灌溉等，推动平原村机井用电全覆盖。对接农产品加工、农村电商发展、农民消费升级的新需求，加大中心村电网改造力度。三是开展西藏、新疆及四川、云南、甘肃、青海四省藏区农网建设攻坚，集中力量加快孤网县城的联网进程。要在继续安排中央预算内投资的基础上，结合电力体制改革拓宽融资渠道，用商业机制吸引社会资本参与农网建设改造。

李克强主持国务院常务会议确定
进一步支持新能源汽车产业的措施

2016 年 2 月 24 日，中共中央政治局常委、国务院总理李克强主持召开国务院常务会议，确定进一步支持新能源汽车产业的措施，以结构优化推动绿色发展。会议强调，推动组建协同攻关、开放共享的动力电池创新平台，在关键材料、电池系统等共性、基础技术研发上集中发力，加快实现动力电池革命性突破。

会议指出，发展新能源汽车，推动产业迈向中高端，有利于保护和改善环境，是培育新动能的重要抓手、发展新经济的重要内容。

会议指出，要坚持市场导向和创新驱动，依托大众创业、万众创新，努力攻克核心技术，打破瓶

颈制约，加速新能源汽车发展步伐。一是加快实现动力电池革命性突破；二是加快充电基础设施建设；三是扩大城市公交、出租车、环卫、物流等领域新能源汽车应用比例；四是提升新能源汽车整车品质；五是完善财政补贴等扶持政策，督促落实不得对新能源汽车限行限购的要求，破除地方保护，打击"骗补"行为。

李克强就实施新一轮农网改造做出重要批示，张高丽出席电视电话会议并讲话

2016年3月25日，国务院召开实施新一轮农村电网改造升级工程电视电话会议。中共中央政治局常委、国务院总理李克强做出重要批示。批示指出：实施新一轮农网改造升级工程，是缩小城乡公共服务差距、惠及亿万农民的重要民生工程，是推进农业现代化、拉动农村消费升级的重要基础，是扩大有效投资、促进经济平稳增长的重要举措，一举多得。各级政府要高度重视，切实加强领导和统筹协调，科学规划，积极创新投融资机制，精心组织好工程实施。电网企业要继续发扬拼搏实干精神，加大资金投入，加强施工管理，全力按时保质完成农网改造升级工程，为促进农业农村发展、全面建成小康社会做出新贡献。

中共中央政治局常委、国务院副总理张高丽出席会议并做重要讲话。张高丽表示，党中央、国务院高度重视农村电网改造升级。习近平总书记强调，要补齐基础设施短板，提高投资有效性和精准性，加快"最后一公里"水电气路等建设，加大对农田水利、农机作业配套设施等建设支持力度。李克强总理专门做出部署和批示，要求切实加强领导和统筹协调，科学规划，加大资金投入，加强施工管理，全力按时保质完成农网改造升级工程。实施新一轮农村电网改造升级，是加快供给侧结构改革、补齐农村基础设施短板的迫切需要，是加快推进城乡基本公共服务均等化的重要内容，是打赢脱贫攻坚战的重要基础，是扩大有效投资、促进经济稳定增长的重要举措。各地区和有关部门单位要切实把思想认识和行动统一到党中央、国务院决策部署上来，扎实做好实施新一轮农村电网改造升级各项工作。

张高丽强调，推进新一轮农村电网改造升级，要加强规划引领，重点编制和实施好县级农村电网改造升级规划，加快落实各项建设条件。要加快推进今明两年的重点工作，确保到2017年底完成小城镇（中心村）电网改造升级，实现平原地区机井通电全覆盖。要落实各项优先支持政策，全力开展西藏、新疆和四川、云南、甘肃、青海四省藏区农村电网建设攻坚，加快贫困地区农村电网改造升级，提高供电服务水平，发挥好对脱贫攻坚的助力作用。要深化电力体制改革，逐步取消代管体制，在县级电网企业建立现代企业制度。要坚持企业为主、政府支持，确保资金到位，落实投资安排，拓宽融资渠道，探索引入社会资本参与农村电网建设改造，保障农村电网改造升级工程顺利推进。

张高丽要求，各级政府一定要高度重视，加强组织领导，搞好统筹协调，不断优化服务，积极支持企业开展工作。有关部门要加强建设管理，确保工程质量，强化监督检查，严格考核评价，把资金用在刀刃上，努力建设农村电网改造升级民生工程，改善设施条件增进农民福祉。

李克强与梅德韦杰夫会晤巩固和发展中俄能源领域战略伙伴关系

俄罗斯当地时间，2016年11月6～8日，应俄罗斯联邦政府总理德·阿·梅德韦杰夫邀请，中共中央政治局常委、国务院总理李克强对俄罗斯联邦进行正式访问，并于11月7日在圣彼得堡举行中俄总理第二十一次定期会晤。李克强还在莫斯科会见俄罗斯联邦总统弗·弗·普京。

两国总理满意地指出中俄全面战略协作伙伴关系进入新阶段以来各主要领域合作取得的积极进展，强调愿继续致力于推动中俄合作向前发展，以保障两国人民的根本利益，提升两国综合国力，维护地区和世界的安全与稳定。

中俄能源合作涵盖能源各领域，具有战略性和全面性。两国总理高度评价中俄能源合作取得的成果，愿继续巩固和发展能源领域的战略伙伴关系。

两国均高度重视适时履行现有政府间关于推进和深化能源合作的义务，将继续落实能源领域双边合作协议。

两国总理表示愿扩大石油领域全面合作，继续推动自俄对华供气合作。深化电力、煤炭、可再生能源以及能源装备和技术、工程服务等领域合作。

基于两国在核能领域积累的合作经验和潜力，两国总理商定将本着利益均衡和互利原则在和平利用核能领域继续开展战略合作。

张高丽出席二十国集团能源部长会议开幕式并致辞

2016年6月29日，二十国集团能源部长会议在

北京开幕，中共中央政治局常委、国务院副总理张高丽出席开幕式并致辞。

张高丽指出，能源是人类生存和发展的重要物质基础，是事关国计民生的战略性资源。当前新一轮能源革命蓬勃兴起，世界能源未来发展将呈现一些新特征，主要是能源供给消费低碳化，天然气和非化石能源有可能成为未来世界的主体能源；能源开发利用智能化，智能微网、能源互联网等新产业新业态将蓬勃发展；能源发展成果共享化，增强发展中国家的能源自主发展能力，所有国家和地区都将从中受益。

张高丽表示，习近平主席提出了能源发展"四个革命、一个合作"的战略思想，就是要推动能源消费革命，抑制不合理能源消费；推动能源供给革命，建立多元供应体系；推动能源技术革命，带动产业升级；推动能源体制革命，打通能源发展快车道；全方位加强国际能源合作，实现开放条件下能源安全。这为中国能源发展指明了方向。中国将大力推进能源结构战略调整，着力增加非化石能源、天然气等清洁能源消费比重；科学合理发展煤电、油气、核电、水电、可再生能源，加快建设现代能源体系；实行能源消费总量和强度双控制度，稳步提高全社会绿色低碳化水平；加大重大能源科技研发力度，全面提升能源创新发展水平；加快推进能源体制改革，建立更加完备的现代能源市场体系。

张高丽表示，要丰富和完善二十国集团能源部长会议各项机制，加强国际能源合作，开创宽领域、深层次、高水平的开放共享新格局。一是打造能源发展经验交流的沟通平台，充分发挥二十国集团涵盖面广、代表性强的特点，加强沟通、增进了解，实现世界能源包容发展。二是打造能源技术创新成果的共享平台，推动世界各国打破地域限制，共同分享在可再生能源、煤炭清洁利用等方面的先进技术。三是打造能源产能合作的发展平台，优势互补、共同发展，增强全球能源供给保障能力。四是打造能源基础设施互联互通的链接平台，共同维护国际能源通道安全，提升区域经济发展和能源服务水平。五是打造全球能源治理的开放平台，推动建立互利共赢、开放包容、公平有序的新型能源治理体系。

马凯为中英核联合研发中心揭牌

英国当地时间2016年11月9日，中英核联合研发与创新中心揭牌仪式在英国首都伦敦举行。中共中央政治局委员、国务院副总理马凯为该中心揭牌，中国国家发展改革委副主任、国家能源局局长努尔·白克力主持揭牌仪式，中国国家原子能机构副主任王毅韧和英国能源与知识产权大臣内维尔-罗尔夫女男爵分别代表双方致辞。中国核工业集团公司总经理钱智民和英国国家核试验室总裁保罗·豪瓦斯在揭牌仪式上报告了双方的核研发实力和中英核研发中心的未来发展模式。

产　业　政　策

国务院办公厅转发《关于"十三五"期间实施新一轮农村电网改造升级工程意见的通知》

2016年2月16日，国务院办公厅转发国家发展改革委《关于"十三五"期间实施新一轮农村电网改造升级工程意见的通知》（国办发〔2016〕9号），提出要积极适应农业生产和农村消费需求，按照统筹规划、协调发展，突出重点、共享均等，电能替代、绿色低碳，创新机制、加强管理的原则，突出重点领域和薄弱环节，实施新一轮农村电网改造升级工程。

通知提出，到2020年，全国农村地区基本实现稳定可靠的供电服务全覆盖，供电能力和服务水平明显提升，农村电网供电可靠率达到99.8%，综合电压合格率达到97.9%，户均配电变压器容量不低于2kVA。东部地区基本实现城乡供电服务均等化，中西部地区城乡供电服务差距大幅缩小，贫困及偏远少数民族地区农村电网基本满足生产生活需要。县级供电企业基本建立现代企业制度。

通知明确了"十三五"期间实施新一轮农村电网改造升级工程的重点任务。一是加快新型小城镇、中心村电网和农业生产供电设施改造升级。到2017年底，完成中心村电网改造升级，实现平原地区机井用电全覆盖。二是稳步推进农村电网投资多元化，探索通过政府和社会资本合作（PPP）等模式，运用商业机制引入社会资本参与农村电网建设改造。三是开展西藏、新疆以及四川、云南、甘肃、青海四省藏区农村电网建设攻坚，到2020年实现孤网县城联网或建成可再生能源局域电网，农牧区基本实现用电全覆盖。四是加快西部及贫困地区农村电网改造升级，特别是国家扶贫开发工作重点县、集中连片特困地区以及革命老区的农村电网改造升级，解决电压不达标、架构不合理、不通动力电等问题，到2020年贫困地区供电服务水平接近本省（区、市）农村平均水平。五是推进东中部地区城乡供电服务均等化进程，逐步提高农村电网信息化、自动化、智能化水平，进一步优化电力供给结构。

通知提出了多渠道筹集资金、加强还贷资金管理、深化电力体制改革等政策措施，要求加强统筹协调、强化规划管理、抓好监督评价，促进"十三五"期间新一轮农村电网改造升级工程顺利实施。

财政部、国家发展改革委提高可再生能源发展基金征收标准

2016年1月5日，财政部、国家发展改革委联合发布《关于提高可再生能源发展基金征收标准等有关问题的通知》（财税〔2016〕4号），自2016年1月1日起，将各省（自治区、直辖市，不含新疆维吾尔自治区、西藏自治区）居民生活和农业生产以外全部销售电量的基金征收标准，由每千瓦时1.5分提高到每千瓦时1.9分。

通知指出，各省（自治区、直辖市）价格主管部门要同幅度调整省级电网和地方独立电网销售电价，确保将提高基金征收标准政策落实到位。此前因电价调整不到位，有关地区居民生活用电和地方独立电网销售电量的基金征收标准低于国家统一标准的，要在履行法定程序后将电价及时调整到位，严格执行国家统一规定的基金征收标准。

通知强调，要切实加强企业自备电厂等基金征收管理。企业自备电厂（含利用余热余压发电、煤矸石发电等资源综合利用和热电联产企业自备电厂）自发自用电量，以及大用户与发电企业直接交易电量，均应纳入基金征收范围，各地不得擅自减免或缓征。对企业自备电厂以前年度欠缴基金，要足额补征。国家电网公司、中国南方电网有限责任公司、内蒙古自治区电力有限责任公司和地方独立电网企业要切实履行基金代征责任，对经营范围内企业自备电厂应缴纳的基金，要及时足额征收。与电网不连接没有电费结算关系的企业自备电厂，由财政部驻所在地财政监察专员办事处直接征收基金。财政部驻各地财政监察专员办事处要切实履行基金征管职责，加强监督检查，确保基金征收到位，并及时上缴中央国库。

国家发展改革委、国家能源局、环境保护部加快推进煤电超低排放和节能改造

2016年1月15日，加快推进煤电超低排放和节能改造动员大会在北京召开。国家发展改革委副主任、国家能源局局长努尔·白克力，环境保护部部长陈吉宁出席会议并讲话，国家发展改革委副秘书长范恒山出席会议。

努尔·白克力指出，加快推进煤电超低排放和节能改造，是保障我国能源安全的必然选择；是推进生态文明建设，建设资源节约型、环境友好型社会的现实需要；是落实"创新、协调、绿色、开放、共享"发展理念、推动能源生产和消费革命的直接体现；是构建清洁低碳、安全高效现代能源体系的重要环节。要更加深刻地认识全面实施煤电节能减排升级改造的重要意义，切实提高使命感、责任感和紧迫感，开拓进取、敢于担当、主动作为。

努尔·白克力强调，要明确目标，形成共识，把对东部地区的要求扩展到全国有条件地区，东部地区的改造任务提前到2017年前完成，中、西部地区也要分别在2018年前、2020年前完成。

努尔·白克力要求，要做好政策支持与创新引领。通过确保各项配套政策落到实处，抓紧完善实施节能低碳调度和发挥先进典型示范引领作用等措施，促进煤电超低排放和节能改造工作顺利开展。同时，要统筹推进，狠抓落实，科学实施改造和关停，确保煤电超低排放和节能改造各项目标顺利实现。各地方政府要切实加强组织领导，明确责任部门和责任人，结合本地实际情况，科学有序推进改造工作；各发电企业是实施超低排放和节能改造工作的责任主体，要抓好分解落实和组织实施；电网企业要按照各省（区、市）的煤电超低排放和节能改造工作实施方案，合理安排系统运行方式和机组检修改造计划；国家能源局各派出机构，要切实加强对煤电超低排放和节能改造工作的监管。

陈吉宁表示，全面实施煤电超低排放和节能改造是一项重要的国家专项行动。面对时间紧、要求高、任务重的客观形势，各地要切实将如期完成改造任务作为完成约束性减排目标的"压舱石"，作为推进环境质量改善的硬任务，毫不动摇地抓紧抓实抓出

成效。

陈吉宁强调，各级环保部门要与发展改革和能源主管部门协调配合好，形成工作合力，加快推进超低排放和节能改造，做到加强工作部署，做好指导服务，落实政策措施，强化监测监管，加强信息公开，严格评价考核。

关于在燃煤电厂推行环境污染第三方治理的指导意见

2015年12月31日，为了在燃煤电厂加快推行和规范环境污染第三方治理工作，国家发展改革委、环境保护部、国家能源局联合发布了《关于在燃煤电厂推行环境污染第三方治理的指导意见》（发改环资〔2015〕3191号）。

意见根据《中共中央国务院关于加快推进生态文明建设的意见》（中发〔2015〕12号）、《国务院办公厅关于推行环境污染第三方治理的意见》（国办发〔2014〕69号）的要求编制，提出了在燃煤电厂推行环境污染第三方治理的总体要求。

意见指出，燃煤电厂承担的责任包括污染治理责任、安全生产责任和经济责任。

意见规定了第三方治理企业的选择要求，规定了燃煤电厂与第三方签订治理合同时，合同中应明确结算价格、经营期限、生产用地、结算时间、协调机制、额外收益（亏损）处理、风险处理与争议处置、争议期运行、资料移交等内容。

意见指出，对实施第三方治理且达到环保要求的燃煤电厂，可给予价格政策、财政政策、融资支持和奖励等政策支持。

财政部、科技部、工业和信息化部、国家发展改革委、国家能源局印发《关于"十三五"新能源汽车充电基础设施奖励政策及加强新能源汽车推广应用的通知》

1月11日，财政部、科技部、工业和信息化部、国家发展改革委、国家能源局联合发布《关于"十三五"新能源汽车充电基础设施奖励政策及加强新能源汽车推广应用的通知》（财建〔2016〕7号），旨在加快推动新能源汽车充电基础设施建设，培育良好的新能源汽车应用环境，2016～2020年，中央财政将继续安排资金对充电基础设施建设、运营给予奖补。

通知规定了奖补对象，中央财政充电基础设施建设运营奖补资金是对充电基础设施配套较为完善、新能源汽车推广应用规模较大的省（区、市）政府的综合奖补。

通知确定了奖补资金使用范围，奖补资金应当专门用于支持充电设施建设运营、改造升级、充换电服务网络运营监控系统建设等相关领域。地方应充分利用财政资金杠杆作用，调动包括政府机关、街道办事处和居委会、充电设施建设和运营企业、物业服务等在内的相关各方积极性，对率先开展充电设施建设运营、改造升级、解决充电难题的单位给予适当奖补，并优先用于支持《国务院办公厅关于加快电动汽车充电基础设施建设的指导意见》确定的相关重点任务。

通知设定了新能源充电设施奖补标准，对于大气污染治理重点省市奖补最高，2016年大气污染治理重点省市推广量3万辆，奖补标准9000万元，超出门槛部分奖补最高封顶1.2亿元。2020年大气污染治理重点省市奖励门槛7万辆，奖补标准1.26亿元。

意见还指出，"互联网＋"智慧能源发展的组织实施，需要加强组织领导、完善政策法规、推动市场改革、开展试点示范、创新产业扶持、共享数据资源、强化创新基础、加强宣传引导。

国土资源部、国家发展改革委、水利部、国家能源局加大对大中型水利水电工程用地政策支持力度

2016年1月8日，国土资源部、国家发展改革委、水利部、国家能源局联合发布《关于加大用地政策支持力度促进大中型水利水电工程建设的意见》（国土资规〔2016〕1号），从加强部门协同、改进用地报批、做好征地补偿安置与耕地占补平衡支持办理先行用地方面，加大大中型水利水电工程建设用地的保障和服务。

意见本着既有效保障水利水电工程建设合理用地需要，又切实落实最严格的耕地保护制度和更好地维护群众权益的原则，提出了四项要求：一是加强部门协同，保障水利水电工程建设用地需求。二是适应水利水电工程用地特点，改进用地报批工作。三是做好水利水电建设征地补偿安置，维护被征地农民权益。四是实行先行用地政策，确保水利水电工程及时开工建设。

国家发展改革委、工业和信息化部、环境保护部、商务部、质检总局印发《电动汽车动力蓄电池回收利用技术政策（2015年版）》

2016年1月5日，国家发展改革委、工业和信息化部、环境保护部、商务部、质检总局联合制定发布了《电动汽车动力蓄电池回收利用技术政策（2015年版）》（2016年第2号公告）。2015年版技术政策根据《节能与新能源汽车产业发展规划（2012—2020）》《国务院办公厅关于加快新能源汽车推广应用的指导意见》（国办发〔2014〕35号）的要求编制，旨在引导电动汽车动力蓄电池有序回收利用，保障人身安全，防止环境污染，促进资源循环利用。

2015年版技术政策规定了动力蓄电池设计和生产、废旧动力蓄电池回收、废旧动力蓄电池利用、促进措施等。

国家发展改革委、国家能源局、工业和信息化部印发《关于推进"互联网＋"智慧能源发展的指导意见》

2016年2月24日，国家发展改革委、国家能源局、工业和信息化部联合印发《关于推进"互联网＋"智慧能源发展的指导意见》（发改能源〔2016〕392号）。

意见按照中央财经领导小组第六次会议和国家能源委员会第一次会议重大决策部署要求，适应和引领经济社会发展新常态，着眼能源产业全局和长远发展需求，以改革创新为核心，以"互联网＋"为手段，以智能化为基础，紧紧围绕构建绿色低碳、安全高效的现代能源体系，促进能源和信息深度融合，推动能源互联网新技术、新模式和新业态发展，推动能源领域供给侧结构性改革，支撑和推进能源革命，为实现中国从能源大国向能源强国转变和经济提质增效升级奠定坚实基础。

意见指出，推进"互联网＋"智慧能源发展的重点任务，一是推动建设智能化能源生产消费基础设施，二是加强多能协同综合能源网络建设，三是推动能源与信息通信基础设施深度融合，四是营造开放共享的能源互联网生态体系，五是发展储能和电动汽车应用新模式，六是发展智慧用能新模式，七是培育绿色能源灵活交易市场模式，八是发展能源大数据服务应用，九是推动能源互联网的关键技术攻关，十是建设国际领先的能源互联网标准体系。

国家发展改革委部署进一步加快推进输配电价改革试点工作

2016年9月19日，为贯彻落实《中共中央国务院关于进一步深化电力体制改革的若干意见》（中发〔2015〕9号）和《中共中央国务院关于推进价格机制改革的若干意见》（中发〔2015〕28号），全面推进输配电价改革试点，加快建立独立的输配电价体系，国家发展改革委发布《关于全面推进输配电价改革试点有关事项的通知》（发改价格〔2016〕2018号）。

通知要求，全面推进输配电价改革试点，加强输配电价重大问题研究，有序推进电价市场化改革，电网公司做好配合工作，确保工作进度。

国家发展改革委等八部门印发《关于推进电能替代的指导意见》

2016年5月16日，国家发展改革委、国家能源局、财政部、环境保护部、住房城乡建设部、工业和信息化部、交通运输部、中国民用航空局联合印发了《关于推进电能替代的指导意见》（发改能源〔2016〕1054号）。

意见从推进电能替代的重要意义、总体要求、重点任务和保障措施四个方面提出了指导性意见，为全面推进电能替代提供了政策依据。

意见提出四个电能替代重点领域。一是北方居民采暖领域，主要针对燃气（热力）管网覆盖范围以外的城区、郊区、农村等还大量使用散烧煤进行采暖的，使用蓄热式电锅炉、蓄热式电暖器、电热膜等多种电采暖设施替代分散燃煤设施。从电采暖的发展方向可以看出，电采暖在整个供暖体系中属于补充供暖方式，未来北方地区居民采暖主要还是依靠热电联产集中供热，特别是背压式热电联产，这是能源利用效率最高的方式。国家发展改革委、国家能源局等印发的《热电联产管理办法》（发改能源〔2016〕617号）中提出，未来将力争实现北方大中型以上城市热电联产集中供热率达到60％以上。因此，发展电采暖，并不是要取代热电联产集中供热，这一点需要各地在供热规划中予以重视。二是生产制造领域，生产制造领域的电能替代需要结合产业特点进行，有条件地区可根据大气污染防治与产业升级需要，在工农业生产中推广电锅炉、电窑炉、电灌溉等。三是交通运输领域，主要针对各类车辆、靠港船舶、机场桥载设备等，使用电能替代燃油。四是电力供应与消费领域，主要是满足电力系统运行本身的需要，如储能设备可提高系统调峰调频能力，促进电力负荷移峰填谷。

意见明确，推进电能替代应坚持"改革创新、规划引领、市场运作、有序推进"四项基本工作原则。

国家发展改革委印发 《可再生能源发电全额 保障性收购管理办法》

2016 年 3 月 24 日，贯彻落实《中共中央国务院关于进一步深化电力体制改革的若干意见》（中发〔2015〕9 号）及相关配套文件要求，根据《可再生能源法》，国家发展改革委印发《可再生能源发电全额保障性收购管理办法》（发改能源〔2016〕625 号）。

该办法旨在通过切实可行的制度安排，彻底解决现实中阻碍中国可再生能源产业健康发展的瓶颈问题。适用于风力发电、太阳能发电、生物质能发电、地热能发电、海洋能发电等非水可再生能源。水力发电参照执行。

办法规定，保障性收购电量由国家能源局会同国家发展改革委经济运行局共同确定，保障性收购电量确定的首要原则就是要保证可再生能源发电项目的合理收益。

办法规定，补偿电价按项目所在地的可再生能源上网标杆电价执行，即当地燃煤脱硫标杆上网电价加上可再生能源附加电价。

办法规定，参与市场交易的可再生能源发电量按照项目所在地的补贴标准享受可再生能源电价补贴。

办法明确了政府各个部门、电网企业、常规发电企业以及可再生能源发电企业的权责划分，提出了一套非常清晰的监督管理和运行机制。

办法明确，电网是实施的责任主体。电网企业不得要求可再生能源项目通过向优先级较低的发电项目支付费用的方式实现优先发电。补偿责任由事实上受益的机组来承担。因并网线路故障和电网非计划检修导致的可再生能源并网发电项目限发电量，由电网承担补偿责任。电网公司不能再拿技术原因作为免责的借口。

国家能源局就建设太阳能 热发电示范项目发出通知

2016 年 9 月 13 日，按照国家能源局《关于组织太阳能热发电示范项目建设的通知》（国能新能〔2015〕355 号）要求，为推动中国太阳能热发电技术产业化发展，国家能源局发布《关于建设太阳能热发电示范项目的通知》（国能新能〔2016〕223 号）。

通知指出，经组织专家对有关地区发展改革委（能源局）推荐的申报项目进行评审，确定第一批太阳能热发电示范项目共 20 个，总计装机容量 134.9 万 kW，分别分布在青海省、甘肃省、河北省、内蒙古自治区、新疆维吾尔自治区。

通知还指出，各省（自治区）发展改革委（能源局）负责指导督促各示范项目建设，各示范项目建设要严格遵守其参加评审时承诺的技术指标要求；各示范项目应在 2016 年 9 月 30 日前完成备案，尽早开工建设；各示范项目原则上应在 2018 年底前建成投产，项目建成后，项目单位应及时向所在省（自治区）发展改革委（能源局）提交竣工验收方案，有关省（自治区）发展改革委（能源局）会同国家能源局相关派出机构指导项目验收，并将项目的验收报告及时报送国家能源局；在示范项目建设过程中，项目单位、施工企业、设备制造企业等相关各方应加强协作，联合攻关，形成集成技术能力并保障示范项目按时建成投产，尽早发挥产业化示范效果；有关电网企业要配合做好示范项目配套电网建设规划，按照示范项目的计划建设进度，及时开展配套电网送出工程建设，并提前研究各示范项目投产后的并网运行方案，确保示范项目发电量全额消纳；为保障太阳能热发电项目的技术先进性和产业化发展，避免盲目投资和低水平重复建设，在"十三五"时期，太阳能热发电项目均应纳入国家能源局组织的国家太阳能热发电示范项目统一管理，且只有纳入示范项目名单的项目才可享受国家电价补贴。

国家能源局关于在能源领域积极推广 政府和社会资本合作模式的通知

2016 年 3 月 31 日，为贯彻落实《国务院关于创新重点领域投融资机制鼓励社会投资的指导意见》（国发〔2014〕60 号）和《国务院办公厅转发财政部　发展改革委　人民银行关于在公共服务领域推广政府和社会资本合作模式指导意见的通知》（国办发〔2015〕42 号），鼓励和引导社会资本投资能源领域，国家能源局发布《关于在能源领域积极推广政府和社会资本合作模式的通知》（国能法改〔2016〕96 号）。

通知提出了在能源领域积极推广政府和社会资本合作模式的重要意义、总体要求和适用范围。

通知指出，要丰富项目储备、规范有序推进项目。

通知指出，要简化 PPP（社会资本合作模式）项目审批、推进能源价格改革、探索创新财政补贴机制、加强金融合作、适时开展第三方评估。

通知还指出，各级能源主管部门要积极探索、大胆尝试，鼓励社会资本投资能源 PPP 项目。对项目实施过程中遇到的难点和问题，要积极研究和协调解决。国家能源局将及时总结各地探索的经验，选择好的做法在全国示范推广，不断创新和提高能源领域政府和社会资本的合作水平。

电力发展与改革

概　况

2016 年电力工业综述

2016 年是中国"十三五"规划开局之年，也是中央提出供给侧结构性改革的攻坚之年。全年国内生产总值实现 74.4 万亿元，比 2015 年增长 6.7%。其中，第一、二、三产业增加值分别同比增长 3.3%、6.1% 和 7.8%；第三产业增加值比重为 51.6%，比 2015 年提高 1.4 个百分点。工业生产平稳增长，规模以上工业增加值比 2015 年增长 6.0%。固定资产投资比 2015 年实际增长 8.6%，增速有较大回落，但仍保持较快增长；基础设施固定资产投资名义增长 17.4%，比固定资产投资快 9.3 个百分点，支撑作用增强。全社会消费品零售总额比 2015 年实际增长 9.6%，全年居民消费价格比 2015 年上涨 2.0%；最终消费对经济增长的贡献率为 64.6%，比 2015 年提高 4.9 个百分点，比资本形成总额贡献率高 22.4 个百分点。外贸进出口总额 24.3 万亿元，比 2015 年下降 0.9%；全年累计顺差 3.35 万亿元。全国能源生产总量 34.6 亿 t 标准煤，比 2015 年下降 4.3%，其中原煤生产 34.6 亿 t，同比下降 9%；能源消费总量 43.6 亿 t 标准煤，比 2015 年增长 1.4%，煤炭消费占能源消费比重为 62%。

电力行业推进实施能源"四个革命、一个合作"发展战略，以五大发展理念为指引，转变发展方式，推进供给侧结构性改革，深化电力市场化改革，加大科技进步和环保工作力度，不断提升"走出去"战略的广度与深度，持续扩大国际合作，有效保障了电力系统安全稳定运行和可靠供应，为经济社会发展和能源转型升级做出了积极贡献。

一、电力投资及新增能力进一步向重点领域倾斜

电源投资负增长，重点建设领域投资增长强劲。2016 年，全国电力工程建设完成投资❶ 8840 亿元，比 2015 年增长 3.1%。其中，主要受全国电力需求增速放缓的影响，加之国家采取有力措施减缓煤电建设节奏，电源投资完成 3408 亿元，创 2010 年以来最低水平，比 2015 年下降 13.4%；电网投资 5431 亿元，投资规模两年扩大，且首次超过 5000 亿元，比 2015 年增长 17.1%，投资增速连续 4 年提高。

在电网投资中，配电网和特高压项目成为重点，全年分别完成投资 3117 亿元和 870 亿元，分别比 2015 年增长 32.8% 和 87.5%，其中中低压配电网投资占电网投资的比重为 42.7%，配电网投资改造力度很大。新一轮农网升级改造工程全面启动，总投资约 1900 亿元，惠及 2416 个县、8.5 万个小城镇和中心村，覆盖 150 万个机井、2.1 亿亩农田，改造后农村用电保障能力将大幅提高。

在电源投资中，除太阳能发电增长外，水电、火电、核电、风电投资均为负增长。其中，国家严控煤电投资建设取得明显效果，通过建立风险预警机制，采取"取消一批、缓核一批、缓建一批"等措施，严控项目建设，规范开工秩序，加大落后产能淘汰力度，有效控制了煤电产能规模，全年取消 1240 万 kW 不具备核准条件的项目，煤电基地配套项目和电网送出规划建设实现按需推进，常规煤电完成投资 973 亿元，比 2015 年下降 8.3%。受近几年水电大规模集中投产、新开工规模较小等因素影响，全年水电投资 617 亿元，投资规模连续 4 年下降，仅为 2012 年最高峰时的 50%，较 2015 年下降 21.8%。随着投产规模逐步扩大，核电投资自 2012 年持续减少，2016 年核电投资完成 504 亿元（仅为 2012 年的 64%），同比下降 10.8%。风电投资 927 亿元，同比下降 22.8%，是近 5 年首次出现下降；从地区上看，风电投资向东、中部地区转移，东、中部地区风电投资比重分别为 35.3% 和 19%，同比分别提高 16.3 个和 6.1 个百分点。太阳能发电完成投资 241 亿元，同比增长 10.42%，连续 3 年持续增长。

新增发电装机中水、火电规模下降明显，非化石能源占比接近 60%。2016 年，全国基建新增发电生产能力 12 143 万 kW，比 2015 年少投产 1041 万 kW。

分类型看，水电新增 1179 万 kW（含抽水蓄能发电 366 万 kW），比 2015 年少投产 196 万 kW，已经连续三年投产规模缩小，仅为 2013 年投产规模的 38.1%；新投产大型水电项目主要有四川大渡河猴子岩 1 台 42.5 万 kW、云南金沙江观音岩 1 台 60 万 kW 和云南金沙江梨园 2 台合计 120 万 kW 机组。2016 年是抽水蓄能发电投产规模最大的一年，全年新增抽水蓄能发电装机容量共计 366 万 kW，其中新投产抽水

---

❶　投资数据为大型电力企业投资数据。

蓄能电站有浙江仙居 4 台合计 150 万 kW、江西洪屏 4 台合计 120 万 kW、广东清远 3 台合计 96 万 kW 机组。火电新增规模大幅缩小，全年火电新增 5048 万 kW，比 2015 年少投产 1630 万 kW（其中常规煤电 3834 万 kW，比 2015 年少投产 1568 万 kW），反映出 2016 年出台的促进煤电有序发展系列政策措施效果明显。全年新投产 100 万 kW 级机组 10 台，分别为国电江苏泰州 1 台、国投安徽亳州 2 台、大唐江西抚州 1 台、神华山东寿光 2 台、华能山东莱芜 1 台、国电湖北汉川三期 1 台、国投广西钦州二期 2 台。核电新投产 7 台机组合计 720 万 kW，比 2015 年多投产 108 万 kW，新增规模连续 5 年扩大；核电新投产机组分别为辽宁红沿河一期、福建宁德一期、福建福清一期、海南昌江、广东阳江各 1 台以及广西防城港 2 台机组。新增并网风电 2024 万 kW，比 2015 年少投产 1115 万 kW，但规模仍高于 2014 年以前各年。风电投产区域逐步向东、中部地区转移，2016 年华北、华中、华东地区风电新增装机容量占全国风电新增装机容量的比例由 2015 年的 33.9% 提升为 54.2%，较前几年明显提高，西北地区新增装机容量占比由 2015 年的 44.5% 下降到 2016 年的 28.9%。国家加速发展光伏发电，启动光伏领跑者计划、光伏扶贫计划和分布式光伏，发展"光伏+"特色产业，启动太阳能热发电第一批示范项目。国内首座规模化储能光热电站——青海德令哈 10MW 塔式熔盐储能光热电站并网发电。全年新增并网太阳能发电 3171 万 kW（其中分布式光伏 424 万 kW），创年度新增规模纪录。在新增发电装机容量中，非化石能源发电装机规模占比为 59.2%，比 2015 年提高 9.5 个百分点。全年退役、关停火电机组容量 571 万 kW。

新增交流 110kV 及以上输电线路长度增速下降，特高压及配电网投产规模不断扩大。2016 年，全国新增交流 110kV 及以上输电线路长度和变电设备容量 56 679km 和 34 585 万 kVA，分别比 2015 年下降 0.8% 和增长 17.5%；新增直流输电线路长度和换流容量分别为 3391km 和 3240 万 kW，全国投产直流工程 4 条，分别为宁东—浙江绍兴 ±800kV 直流工程、±500kV 云南金沙江中游电站送电广西直流输电工程、永仁—富宁 ±500kV 直流输变电工程、云南电网与南方电网主网鲁西背靠背直流异步联网工程。2016 年，1000kV 和 110kV 交流输电线路长度分别比 2015 年多投产 4247km 和 1208km，变电容量多投产 5100 万 kVA 和 2661 万 kVA；±800kV 直流线路长度和换流容量分别多投产 1720km 和 1350 万 kW，而 220～750kV 各电压等级的交流输电项目投产规模均较 2015 年缩小。

系统调峰能力建设加快。2016 年，针对发电供应调节能力严重不足、影响新能源更大规模消纳的情况，加快调峰能力建设，加快核准、加大新开工抽水蓄能电站规模，连续两年抽水蓄能电站投资额占水电投资比重达到 13.6% 左右，全年新开工抽水蓄能电站容量达到 715 万 kW，主要布局在辽宁、江苏、福建、陕西、新疆等核电、火电、新能源发电比重较高地区。组织实施"三北"地区煤电机组调峰能力提升工程，组织开展热电机组储热改造和纯凝机组灵活性改造试点示范，部分项目已经投运，调峰效果有所显现，部分地区冬季风电消纳有所改观。

二、电力供应及输送能力再上新台阶

发电装机容量突破 16 亿 kW，增速趋缓，非化石能源装机比重持续提高。截至 2016 年底，全国全口径发电装机容量 165 051 万 kW，比 2015 年增长 8.2%，增速比 2015 年降低 2.4 个百分点，发电装机容量稳居世界首位。全国人均装机规模 1.19kW，比 2015 年增加 0.08kW。

分类型看，水电装机容量 33 207 万 kW（其中抽水蓄能 2669 万 kW，增长 15.8%），增长 3.9%；火电 106 094 万 kW，增长 5.5%（其中煤电装机容量 94 624 万 kW，增长 5.1%，燃气 7011 万 kW，增长 6.2%）；核电 3364 万 kW，增长 23.8%；并网风电 14 747 万 kW，增长 12.8%；并网太阳能发电 7631 万 kW（其中分布式光伏发电 1032 万 kW），增长 80.9%。截至 2016 年底火电以及水电、风电、太阳能发电等非化石能源发电装机容量均居世界第一位。非化石能源发电装机容量占全国总装机容量的 36.6%，分别比 2015 年和 2010 年提高 1.7 个百分点和 9.5 个百分点，比重持续提高。火电大容量高参数高效机组结构也在优化，全国 100 万 kW 级火电机组达到 96 台，60 万 kW 及以上火电机组容量所占比重达到 43.4%，比 2015 年提高 0.5 个百分点；通过对全国 100 885 万 kW 火电机组统计显示：火电机组平均单机容量 13.19 万 kW，比 2015 年增加 0.30 万 kW。

分区域看，2016 年底，华北、华东、华中区域发电装机容量均超过 3 亿 kW，分别为 38 471 万、31 804 万 kW 和 32 238 万 kW；其中，华北区域装机仍以火电为主，占比为 78.9%，风电装机容量达到 5351 万 kW，在六大区域中最多；华东区域火电装机容量仅次于华北，占比也高达 78.2%，其他类型发电装机基本相当；华中区域水电装机容量最多，占比 43.9%，新能源仅有 1608 万 kW。南方电网区域装机容量接近 3 亿 kW，达到 29 510 万 kW；其中水电装机容量仅次于华中区域，占比为 38.4%。东北和西北区域装机容量分别为 10 100 万 kW 和 22 927 万 kW；其中，西北区域装机增长最快，其新能源发电装机容量占比 31.9%，在六大区域中最高，其中太阳能发电装机容量同比增长 46.0%，对西北区域发电装机容量增长的贡献率为 39.0%。

截至 2016 年底，全国有 15 个省（区、市）的发电装机容量超过 5000 万 kW，其中内蒙古、山东、广东和江苏发电装机容量分别为 11 045 万、10 942 万、10 457 万 kW 和 10 160 万 kW。四川、云南、浙江、新疆超过 8000 万 kW，其中四川和云南发电装机以水电为主，其水电装机容量分别为 7246 万 kW 和 6088 万 kW，分别占本省发电装机容量的 79.6% 和 70.4%。发电装机容量低于 1000 万 kW 的省（区、市）只有海南和西藏；天津、北京装机容量低于 2000 万 kW，分别为 1467 万 kW 和 1103 万 kW。2016 年底，甘肃、宁夏、新疆、青海、内蒙古、河北、黑龙江、吉林、辽宁、西藏、山西、山东、江西、陕西、云南和江苏共 16 个省（区、市）的新能源发电装机容量占当地装机容量比重超过 10%；其中，比重超过全国平均水平 13.6% 的省（区、市），全部分布在"三北"地区，甘肃、宁夏、新疆和青海比重超过 30%。

电网规模稳步增长，跨省（区）输送和中低压配电能力大幅提升。2016 年，随着特高压电网建设项目陆续投产，配电网改造力度加大，输电线路回路长度和变电设备容量规模继续稳步扩大，截至 2016 年底，全国电网 35kV 及以上输电线路回路长度 175.6 万 km，比 2015 年增长 3.5%；变电设备容量 63.0 亿 kVA，比 2015 年增长 10.5%。其中，220kV 及以上线路长度 64.5 万 km，增长 5.9%，变电设备容量 36.9 亿 kVA，增长 9.7%。特高压线路回路长度和变电设备容量分别比 2015 年增长 42.7% 和 66.5%，35～110kV 电压等级的配电设备容量增长 11.8%，均远高于高压和超高压电网增速。

全国电网跨区输送能力进一步提升。已实现了除台湾以外的全国联网，全年跨区输电线路新增西北电网向华东电网送电的宁东—浙江±800kV 特高压直流线路，新增跨区输电能力 800 万 kW。截至 2016 年底，全国跨区输电能力达到 8095 万 kW；其中，交直流联网跨区输电能力 6751 万 kW，跨区点对网送电能力 1344 万 kW；分区域看，华中、西北外送能力分别达到 3670 万 kW 和 2831 万 kW，华北、东北和南方分别为 830 万、500 万 kW 和 264 万 kW。

与周边国家和地区电网联系更加紧密。截至 2016 年底，中国大陆与香港、澳门联网，为香港、澳门特别行政区送电。中国分别与俄罗斯、蒙古国、越南、缅甸和老挝等国实现了跨国输电线路互联和电量交易。在大湄公河次区域，缅甸电厂以 1 回 500kV、2 回 220kV 线路送电中国；中国以 3 回 220kV、3 回 110kV 线路供电越南；中国以 1 回 115kV 线路供电老挝。中国东北电网与俄罗斯远东电网建成了 3 条输电通道；中国新疆通过 35kV、内蒙古西部通过 220kV 和 110kV 输电线路与蒙古国实现一定规模的电力交易。中国与俄罗斯、蒙古国、越南和缅甸等周边国家跨国电力交易能力超过 200 万 kW，电网跨境配置资源能力初步显现。

三、电力生产供应平稳，发电设备利用小时持续下降

全国发电量增速显著回升，非化石能源发电量占比已近 30%。全国全口径发电量 60 228 亿 kWh，比 2015 年增长 4.9%，为近三年最高增长水平，增速比 2015 年提高 3.9 个百分点。

分类型看，水电发电量 11 748 亿 kWh，增长 5.6%；火电 42 273 亿 kWh，增长 2.3%（增速提高 4.0 个百分点）；核电 2132 亿 kWh，增长 24.4%；并网风电 2409 亿 kWh，增长 29.8%；并网太阳能发电 665 亿 kWh，增长 68.5%。2016 年，水电、核电、并网风电和太阳能发电等非化石能源发电量合计比 2015 年增长 12.3%，增速比 2015 年提高 2.1 个百分点；非化石能源发电量占全口径发电量的比重为 29.3%，比重比 2015 年提高 2.1 个百分点。火电发电量占全口径发电量比重不断下滑，占比已经从 2011 年的 82.4% 下降到 71.8%，比 2015 年降低 1.9 个百分点；其中，煤电发电量仅增长 1.2%，占比下降到 65.5%，已经比 2011 年下降 11.2 个百分点；燃气发电量同比增长 12.8%，占比稳步提高，2016 年占比为 3.1%。

分区域看，华北、华东区域发电量及其火电发电量均超过 1 万亿 kWh，其火电发电量占比分别为 91.4% 和 81.9%；华北区域新能源（风电及太阳能发电）发电量 1158 亿 kWh，在各区域中新能源发电量最多；华东区域核电发电量超过 1000 亿 kWh。华中、南方区域发电量超过 1 万亿 kWh，火电发电量均略高于 5000 亿 kWh，水电发电量占比分别为 61.0% 和 39.4%，新能源发电规模较小，分别为 184 亿 kWh 和 308 亿 kWh，南方区域核电发电量 868 亿 kWh，略少于华东区域。西北区域新能源（风电和太阳能）发电量合计占该区域总发电量的比重为 11.5%，是新能源发电量比重最高的区域，合计发电量 820 亿 kWh，已接近水电发电量规模，同比增长 30.9%，对西北区域发电量增速的贡献率为 54.9%。山东、江苏和广东发电量超过 4000 亿 kWh，均为东部用电大省，其中山东达到 4863 亿 kWh，同比增长 5.3%。内蒙古、浙江和四川发电量为 3000 亿～4000 亿 kWh，其中浙江为用电大省，内蒙古和四川是能源输出省（区），其输出电力分别以火电和水电为主。发电量不足 1000

亿 kWh 的省（区、市）主要有黑龙江、上海、吉林、重庆、天津、青海、北京、海南和西藏。

全国发电设备利用小时持续下降，火电设备利用小时为 50 余年来新低。2016 年全国 6000kW 及以上电厂发电设备利用小时 3797h，比 2015 年降低 191h，自 2011 年以来持续下降。分类型看，受供需形势、投产规模、能源转型因素影响，煤电、核电下降幅度较大，其中火电为 4186h，比 2015 年降低 179h，为 1964 年以来的年度最低值，核电 7060h，比 2015 年降低 343h；水电 3619h，比 2015 年增加 29h；风电 1745h，比 2015 年增加 20h；太阳能发电 1129h，比 2015 年降低 96h。

2015 年、2016 年全国分类型发电设备利用小时及变化情况　　　　单位：%

项目	合计	水电	火电 合计	煤电	气电	核电	风电	太阳能发电
发电利用小时	3797	3619	4186	4275	2701	7060	1745	1129
同比变化小时数	−191	29	−179	−193	−20	−343	20	−96

江苏、山东、江西、安徽等 14 个省（区、市）发电设备平均利用小时高于全国平均水平，其中江苏、山东超过 4500h，远高于其他各省（区、市），江西、安徽、河北、天津、海南、陕西、浙江超过 4000h。西藏、青海、甘肃、吉林设备利用小时不足 3000h。全国仅有江苏、北京、西藏、湖北、河北、辽宁和吉林的发电设备平均利用小时同比增加；其他 25 个省（区、市）利用小时同比降低，其中，青海、海南、宁夏下降超过 500h。

跨区跨省送电量增速明显回升。2016 年，受电力消费需求增长和来水较好影响等因素影响，全国跨区送电完成 3777 亿 kWh，比 2015 年增长 7.0%，增速比 2015 年提高 4.2 个百分点。西南、西北和华中区域送出电量较多，三个区域合计送出电量占全国跨区送电量的 74.8%；其中由于来水较好，华中和西南送出电量同比增长 11.6% 和 2.0%；灵绍直流特高压线路投产，带动西北送出同比增长 12.6%。送出电量占各区域发电量的比重超过 10% 的区域有西南和西北区域，其中，西南区域送出电量比重为 28.2%。受入电量占全社会用电量比重超过 10% 的区域为华东区域，西南、华中和华北区域受入电量占比超过 5%。

2016 年，因华中、西南地区来水较好以及新疆送河南、安徽送上海跨省（区、市）输电线路投产的拉动作用，全国跨省输出电量 10 030 亿 kWh，同比增长 5.1%，增速比 2015 年提高 6.1 个百分点。其中，云南送广东超过 1100 亿 kWh，同比增长 16.4%，占全国跨省（区、市）输出电量的 11.0%。输出电量超过 100 亿 kWh 的省份有 18 个，其中，输出电量超过 1000 亿 kWh 的省（区）有内蒙古、四川和云南，合计输出电量占跨省输出电量的 39.6%。云南输出电量占本省发电量比例为各省（区、市）中最高，达 48.2%。与 2015 年相比，云南、宁夏、辽宁输出电量占本省（区）发电量比例同比提高 3.9、3.7、3.6 个百分点，陕西输出电量占本省发电量比例同比回落 4.2 个百分点。

四、电力消费需求增速回升

2016 年，受工业生产恢复、夏季高温天气和 2015 年同期低基数等因素影响，全国全社会用电量 59 747 亿 kWh，比 2015 年增长 4.9%，增速比 2015 年提高 4.0 个百分点，但增速仍连续 3 年低于 5%。全社会用电量自 1996 年突破 1 万亿 kWh 以来，不断加速迈上新台阶。2016 年，全国人均用电量和人均生活用电量为 4321kWh 和 584kWh，分别比 2015 年增加 179kWh 和 54kWh。

分产业看，第一产业用电量 1092 亿 kWh，比 2015 年增长 5.0%；第二产业用电量 42 615 亿 kWh，比 2015 年增长 2.8%，增速比 2015 年提高 3.6 个百分点，下半年第二产业用电恢复，分别拉动三、四季度全社会用电量 3.3、3.9 个百分点，拉动全年全社会用电量 2.1 个百分点，是全社会用电量增速提高的最主要动力。其中，黑色金属冶炼及压延加工业、有色金属冶炼及压延加工业、非金属矿物制品业和化学原料及化学制品业四大高耗能行业合计用电量与 2015 年持平，而装备制造、新兴技术和大众消费品业增长势头良好，反映出制造业产业结构调整和转型升级效果继续显现。第三产业用电量 7970 亿 kWh，增长 11.2%（其中信息传输、计算机服务和软件业增长 15.1%）；城乡居民生活用电量 8071 亿 kWh，增长 10.8%，均拉动全社会用电量 1.4 个百分点，服务业和居民消费对用电增长的稳定作用更加突出。

2016 年，第一、第二、第三产业和城乡居民生活用电量占全社会用电量的比重分别为 1.8%、71.3%、13.3% 和 13.5%。与 2015 年相比，第三产业和城乡居民生活用电量占比均提高 0.7 个百分点；第二产业用电量占比降低 1.5 个百分点，其中四大高能耗行业用电占比降低 1.5 个百分点。

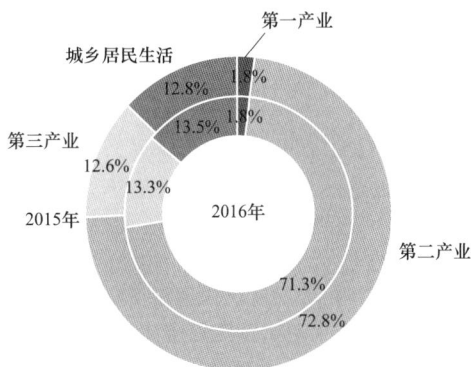

2016 年全国电力消费结构与 2015 年对比情况

分区域看，华北、华东和华中区域全社会用电量超过 1 万亿 kWh（分别为 14 886 亿、14 582 亿 kWh 和 10 456 亿 kWh），三个区域合计用电量占全社会用电比重的 66.8%；南方区域接近 1 万亿 kWh，为 9909 亿 kWh；东北和西北区域分别为 3602 亿 kWh 和 6312 亿 kWh。各区域用电均实现正增长，其中，华东和华中区域受夏季高温影响较大，全社会用电增速高于全国平均水平（分别增长 7.5% 和 5.1%），华东、华北、华中区域分别拉动全社会用电量增长 1.8、1.0、0.9 个百分点，东北区域用电量仅增长 2.7%，在六个区域中增速最低。华中、南方、华东和东北区域第三产业和城乡居民生活用电占比高于全国平均水平，华北和西北区域第二产业用电占比超过 75%。

2016 年，广东、江苏、山东、浙江、河北、河南、内蒙古、新疆、四川和辽宁 10 个省（区）全社会用电量均超过 2000 亿 kWh，合计用电量 35 647 亿 kWh，同比增长 19.4%，比全国全社会用电量增速高 14.5 个百分点，其中四川和辽宁用电量首次超过 2000 亿 kWh。除河北、河南、内蒙古和辽宁外的其他 6 个省（区）的用电量增速均高于全国平均水平；上述 10 省（区）合计用电量占全国全社会用电量的 59.7%，比 2015 年提高 7.2 个百分点；对全国用电量增长的贡献率为 64.5%，比 2015 年回落 41.1 个百分点。西藏、陕西、安徽等 17 个省（区、市）的全社会用电量增速高于全国平均水平，其中西藏（21.4%）和陕西（11.1%）增速超过 10%；青海（−3.1%）、甘肃（−3.1%）和云南（−2.0%）全社会用电量负增长，均为西部省（区）。

根据国家电力调度控制中心数据，2016 年，受 2015 年低基数和夏季气温较常年同期偏高影响，全国电网统调最高用电负荷（即最高发受电电力）比 2015

年增长 7.7%，增速比 2015 年提高 7.4 个百分点。分区域看，各区域统调最高用电负荷增速分别比 2015 年有不同程度的提高，华北、华东、华中、西南和南方电网最大用电负荷均出现在夏季，东北和西北电网最大用电负荷出现在冬季。分月度看，2 月受气温偏暖和春节因素影响用电负荷增速为全年最低月份；7、8 月受夏季高温影响（8 月份全国平均气温较常年同期偏高 1.2℃，为 1961 年以来历史同期最高），带动降温负荷较快增长；进入四季度，受重要生产资料价格上涨带动高耗能行业用电提高，用电负荷较快增长。

五、全国电力进一步宽松，部分地区富余较多

近年来，随着电力供应能力持续增强而消费需求增长总体放缓，全国电力供需总体由紧转松。2016 年，受装机增长持续快于用电增长影响，全国电力供需形势进一步宽松，部分地区相对过剩，仅局部地区在部分时段有少量错峰。

分区域看，华北区域电力供需总体平衡；其中，蒙西和山西电力供应能力富余，迎峰度夏期间高峰时段山东、河北均出现电力缺口，最大电力缺口分别为 203 万、50 万 kW。华东、华中、南方区域电力供需总体宽松；其中，福建、云南供应能力富余，四川汛期电力富余，弃水电量同比增加，三省火电设备利用小时分别仅为 3161、1418h 和 2121h。东北、西北区域电力供应能力富余较多，火电利用小时分别为 4029h 和 4281h。

六、电力生产运行安全可靠

人身伤亡事故增加。根据国家能源局安全生产情况通报，2016 年，全国没有发生重大电力安全事故，没有发生较大电力设备事故，没有发生电力系统水电站大坝垮坝、漫坝以及对社会造成重大影响的事件。全年全国发生电力人身伤亡事故 54 起，死亡 141 人，同比增加 18 起，死亡人数增加 92 人。其中，电力生产人身伤亡事故 41 起，死亡 48 人，同比增加 10 起，死亡人数增加 8 人；电力建设人身伤亡事故 13 起，死亡 93 人，同比增加 8 起，死亡人数增加 84 人，其中，2016 年 11 月 24 日，河北亿能烟塔工程有限公司在江西赣能股份有限公司所属丰城三期发电厂 7 号冷却塔施工过程中，冷却塔施工平台坍塌，造成 73 人死亡。发生自然灾害造成的人身伤亡事故 3 起，死亡（失踪）41 人，同比增加 2 起，死亡（失踪）人数增加 39 人。

电力可靠性有所提高。2016 年，10 万 kW 及以上燃煤发电机组等效可用系数为 92.77%、比 2015 年提高 0.20 个百分点，4 万 kW 及以上水电机组等效可用系数为 92.44%，提高 0.39 个百分点，核电机组等效可用系数为 88.77%，降低 0.3 个百分点。架空线路、变压器、断路器三类主要设施的可用系数分别为99.570%、99.867%、99.958%，变压器、架空线路可用系数分别比2015年下降0.020、0.030个百分点，断路器上升0.005个百分点。直流输电系统合计能量可用率、能量利用率分别为94.67%、54.17%，能量可用率比2015年下降0.55个百分点，能量利用率提高3.57个百分点；总计强迫停运40.5次，比2015年增加12.5次。全国10（6、20）kV供电系统用户平均供电可靠率为99.805%、比2015年下降0.075个百分点，用户平均停电时间17.11h，增加6.61h，用户平均停电次数3.57次，增加1.05次。

七、电力节能减排效果显著

能效水平持续提高。大容量、高参数、节能环保型燃煤发电机组比重稳步提升，电力能效水平持续提高。2016年，全国6000kW及以上火电供电标准煤耗312g/kWh，比2015年降低3g/kWh，燃煤发电机组供电煤耗继续保持世界先进水平；输电线路损失率6.49%，比2015年降低0.15个百分点，处于同类国家先进水平。在电力供需放缓以及脱硫、脱硝等环保设施大规模进行超低排放改造的情况下，6000kW及以上火电厂用电率6.01%，比2015年下降0.03个百分点。

污染物排放持续下降。2016年，全国电力烟尘、二氧化硫和氮氧化物排放量分别约为35万、170万t和155万t，分别比2015年下降12.5%、15.0%和13.9%；单位火电发电量烟尘排放量、二氧化硫排放量和氮氧化物排放量分别为0.08、0.39g/kWh和0.36g/kWh，比2015年分别下降0.01、0.08g/kWh和0.07g/kWh；单位火电发电量二氧化碳排放约822g/kWh，比2005年下降21.6%。截至2016年底，全国已投运火电厂烟气脱硫机组容量约8.8亿kW，占全国燃煤发电机组容量的93.0%，如果考虑具有脱硫作用的循环流化床锅炉，全国脱硫机组占燃煤发电机组比例接近100%；已投运火电厂烟气脱硝机组容量约9.1亿kW，占全国火电机组容量85.8%。全国火电厂单位发电量耗水量1.3kg/kWh，比2015年降低0.1kg/kWh；单位发电量废水排放量0.06kg/kWh，比2015年降低0.01kg/kWh。全国燃煤发电厂粉煤灰产量约5.0亿t，与2015年持平，综合利用率约为72%，比2015年提高2个百分点。

八、电力科技创新水平不断提升，污染物排放持续较大幅度下降

科技创新成果丰硕。2016年，电网科技创新方面，新开工±1100kV准东—皖南特高压直流输电工程，是目前世界上电压等级最高、输送容量最大、输送距离最远、技术水平最先进的特高压输电工程；鲁西背靠背直流工程是目前世界上首次采用中国自主研发的柔性直流与常规直流组合技术模式的背靠背工程，具有电能质量更高、控制更为灵活、配套换流站占地小等优势；世界首个特高压GIL综合管廊工程——苏通GIL综合管廊工程已开工建设；自主研发的世界首个200kV高压直流断路器投入工程应用。电源科技创新方面，核电、超超临界火电等重大电力装备自主研制和示范应用取得积极进展，100万kW二次再热燃煤发电机组示范工程全面投产，机组发电效率超过45%，达到国际先进水平；世界首台60万kW超临界循环流化床锅炉机组投入商业运行。CAP1400通过国际原子能机构通用反应堆安全评审，"华龙一号"首堆示范工程建设有序，核岛安装工程已正式开始，模块化小型核反应堆技术成为世界小堆发展的一个重要里程碑；中国首座拥有完全自主知识产权的浙江仙居抽水蓄能电站，其机组的核心部件及自动控制系统，均由中国完全自主设计开发、制造。低风速风电技术和风机超长柔性叶片应用，实现了发电能力与载荷的最佳匹配，大幅提高了风电机组的技术经济性。

中国电力工业科技创新成果获多项大奖。2016年，"互联电网动态过程安全防御关键技术及应用"荣获国家科学技术进步奖一等奖，另有12个项目分别荣获国家技术发明奖、国家科学技术进步奖二等奖。张家口风光储输示范工程获得中国工业大奖。"多端柔性直流输电关键技术研究、设备研制与示范应用"等5个项目获得中国电力创新奖一等奖。溪洛渡水电站获得菲迪克2016年工程项目杰出奖，小湾水电站拱坝工程获得第二届碾压混凝土坝"国际里程碑工程奖"。

九、电能替代和需求侧管理深入推进

电能替代成效显现。2016年，为确保完成"十三五"期间电能替代散烧煤、燃油1.3亿t标准煤的目标，行业企业按照"成熟领域全覆盖、新兴领域大力推、创新领域抓试点"的工作布局，大力推进电能替代。抓住电动汽车充电基础设施互联互通、居民区与单位建桩、重点区域城际高速公路建设快充网络等关键点，加快推动电动汽车充电基础设施建设，全国累计建成公共充电桩超过15万个，私人充电桩总数超过20万个；在内蒙古、河北、吉林等省（区）大力推动各类可再生能源清洁供热示范工程。据调查统计，国家电网公司、南方电网公司、内蒙古电力（集团）有限责任公司和陕西省地方电力（集团）有限公司共推广电能替代项目4.1万个，完成替代电量1079亿kWh。其中，居民、机关、学校、商业采热和采暖领域替代电量121亿kWh，工业生产领域480亿kWh，农业生产领域56亿kWh，交通运输领域130亿kWh。

积极推进电力需求侧管理。2016年，根据国家

制定的"十三五"能源转型目标要求，结合电力市场化建设、电力供需新形势需要，创新电力需求侧管理工作机制和工作领域，国家、行业企业和社会共同加大推进电力需求侧管理工作力度。政府有关部门总结北京、苏州、唐山、佛山电力需求侧管理城市综合试点经验，持续组织电网企业电力需求侧管理目标考核；部分省（区、市）电力需求侧管理平台基本实现了用电在线监测、产业经济运行分析等方面的数字化、网络化、可视化，加强对参与用电直接交易、执行差别电价的重点企业引导。行业企业积极推进电力需求侧管理工作，截至2016年底，全国已有30家工业企业通过电力需求侧管理评价。国家电网公司、南方电网公司、内蒙古电力（集团）有限责任公司和陕西地方电力（集团）有限公司超额完成年度电力需求侧管理目标任务，共节约电量147亿kWh，电力352万kW，有力保障了电力供需平衡和促进资源优化配置。

十、电力市场化建设有序推进，电价调控发挥积极作用

积极推动电力市场体系和试点建设。2016年，在《关于进一步深化电力体制改革的若干意见》（中发〔2015〕9号）文件及相关配套文件的基础上，国家发展改革委、国家能源局又出台了一系列有关电力市场化建设的政策文件，有序推进电力市场建设，加大电力交易规模，增加交易品种，加快推进输配电价改革，引导加强售电侧管理，推动增量配电试点业务开展，有力地支持和推动了电力市场化体系构建和电力市场交易试点工作。各省级政府主管部门结合各地实际，研究制定电力改革试点方案，重点推进电力改革相关工作，取得较大成效。截至2016年底，已有21个省（区、市）获批电力改革综合试点，9个省（区、市）获批售电侧改革试点，1个区域电网和32个省级电网获批输配电价改革试点，开展首批增量配电业务试点105项，东北区域还开展了电力辅助服务市场专项改革试点。

市场交易中心相继组建，市场化交易在探索中前行。2016年3月，北京、广州两大电力交易中心成立，标志着电力市场建设迈出关键一步。截至2016年底，除海南省外，已挂牌成立31家省级电力交易中心。在中央和地方共同推动下，发用电计划加快放开，发售电企业和电力用户积极参与，各省级市场化电力交易陆续启动，初步统计全年市场化交易电量约1万亿kWh，比2015年增长超过1倍，占全国全社会用电量的比重达到19%左右。

积极发挥电价调控作用。为降低社会企业生产成本，自2016年1月1日起，全国燃煤发电上网电价平均下调3分/kWh，全国一般工商业销售电价平均

下调约3分/kWh，大工业用电价格不做调整。调整了两部制电价用户基本电价计费方式。加大可再生能源支持力度，提高可再生能源基金征收标准，自2016年1月1日起，各省（区、市）（除新疆、西藏外）居民生活和农业生产以外全部销售电量的基金征收标准由1.5分/kWh提高到1.9分/kWh。核定全国统一的太阳能热发电标杆上网电价为1.15元/kWh（含税）。降低2017年1月1日后新建光伏发电和2018年1月1日后新核准建设的陆上风电标杆电价；对非招标的海上风电项目，区分近海风电和潮间带风电两种类型确定上网电价。电价在降成本、调结构、促减排中的调控作用更加突出。

十一、电力企业主营业务收入增长低迷甚至负增长，经营状况不容乐观

电网企业资产增长快于主业收入及利润增长。截至2016年底，国家电网公司、南方电网公司、内蒙古电力（集团）有限责任公司、陕西地方电力（集团）有限公司资产总额合计4.21万亿元，比2015年增长9.4%，主要是受电网投资规模扩大（投资5930亿元，增长11.2%）因素影响；但售电量仅增长2.7%，主要是受用电低速增长、市场交易电量比重快速增加、自备电厂快速扩张挤占市场份额等因素影响，加之售电价格下降，导致主营业务收入仅增长1.0%，全年实现主营业务利润1380亿元，比2015年增长4.9%；企业资产负债率56.8%，比2015年提高0.5个百分点。

发电企业资产增速回落，火电利润大幅下降。截至2016年底，中国华能集团公司等五大发电集团资产总额合计4.16万亿元，比2015年增长3.5%，主要受电源投资负增长影响，资产增速逐年回落。受上游电煤价格迅猛上涨、环保投入持续增加，以及上网标杆电价连续下调、市场交易电量比重快速增加且交易电价大幅下降等多重不利因素交织作用，火电生产经营形势急剧恶化，五大发电集团电力业务尤其是火电业务利润出现"断崖式"下降。2016年，五大发电集团综合业务收入合计9693亿元，比2015年下降4.6%，其中电力业务收入7558亿元，比2015年下降7.3%；全年综合利润总额641亿元，比2015年下降41.7%。其中，电力业务利润总额701亿元，同比下降42.6%（主要是火电业务利润总额为367亿元，创4年来最低，比2015年下降58.4%）；企业资产负债率82.0%，仍处于高位；参与市场交易电量6374亿kWh，比2015年增长69.6%，占同口径总发电量的比重25.6%，比2015年提高10.3个百分点。另据对多家其他大型发电企业调查报告显示，2016年底电力业务合计实现利润同比下降，但下降幅度低于五大发电集团；合计参与市场交易电量比2015年增长

41.7%，占同口径总发电量的比重为 11.7%，比 2015 年提高 2.5 个百分点。

十二、全球能源互联网逐步达成国际共识，国际交流合作取得新成绩

推进构建全球能源互联网。2016 年 3 月，由中国主持与主导的全球能源互联网发展合作组织在北京成立，系统组织开展了全球清洁能源资源、电网现状调研和亚洲、非洲、欧洲、美洲电网互联研究，编制了全球能源互联网发展战略白皮书和技术装备规划，成功发布了系列研究成果，有力支撑了全球能源互联网推动工作，全球能源电网互联理念正在逐步达成国际共识。

国际交流进一步加强。电力企业积极参与国际电力行业交流，先后参与、主导、组织各类国际组织交流活动 60 余场，参加各类境内外国际会议 186 场，境内外国际展览 55 个，对外签署重要协议及备忘录 31 项。截至 2016 年底，电力行业已有数十家机构和企业参加国际组织总数超过 60 个，同时还有近 40 位各类专家、学者在上述组织担任主要职务；国内电力企业共设立海外分支机构或办事处 828 个，遍布世界各地。中国电力企业联合会（简称中电联）牵头成立了中国电力国际产能合作企业联盟，积极搭建电力国际产能合作服务平台。电力行业企业在国际能源事务中的影响力和话语权进一步提升，交流合作进一步深入。

国际合作取得新突破，"一带一路"成为投资亮点。2016 年，中国电力企业与英国、阿根廷、沙特等国家签署一系列核电站项目开发、建设、技术等合作协议，核电"走出去"取得重要成果；签署埃及 EETC 500kV 输电线路项目合同，中埃产能合作首个能源项目正式落地；中国在海外已建的最大水电站——装机容量 150 万 kW 的厄瓜多尔辛克雷水电站正式竣工；中国第一个海外 100 万 kW 级 IPP 火电项目——印尼爪哇 7 号（2×105 万 kW）项目顺利开

工；三峡国际海外投资发电装机容量超过 1000 万 kW，中国电力建设集团有限公司（简称中国电建）海外在建水利水电工程合同金额超过 2000 亿元。大型电力企业对外投资项目、新签对外承包及年底在建合同额均较 2015 年有所增长。"一带一路"建设投资成为投资亮点，中国电力企业已在 52 个"一带一路"沿线国家开展投资业务和项目承包工程，其中大型承包项目 120 个，涉及国家 29 个，合同金额 275 亿美元。

2016 年度全国电力供需情况分析

一、国民经济运行缓中趋稳、稳中向好

根据国家统计局数据，2016 年国民经济运行缓中趋稳、稳中向好，实现了"十三五"良好开局。按可比价格计算，国内生产总值同比增长 6.7%，各季度增速分别为 6.7%、6.7%、6.7% 和 6.8%。2011～2016 年分季度 GDP 增速情况见图 1。

2016 年，工业生产平稳增长，全国规模以上工业增加值按可比价格计算比 2015 年增长 6.0%，其中高技术产业增加值比 2015 年增长 10.8%。投资增速缓中趋稳，固定资产投资（不含农户）比 2015 年名义增长 8.1%（扣除价格因素实际增长 8.8%），房地产开发投资比 2015 年名义增长 6.9%（扣除价格因素实际增长 7.5%）。商品销售平稳较快增长，社会消费品零售总额比 2015 年名义增长 10.4%（扣除价格因素实际增长 9.6%），其中网上零售额比 2015 年增长 26.2%。出口降幅收窄，进口由负转正，进出口总额（以人民币记）比 2015 年下降 0.9%，降幅比 2015 年收窄 6.1 个百分点；其中，出口下降 2.0%，进口增长 0.6%。2015～2016 年分月全国规模以上工业增加值增速情况见图 2，2015～2016 年分月全国固定资产投资增速情况见图 3。

图 1　2011～2016 年分季度 GDP 增速情况

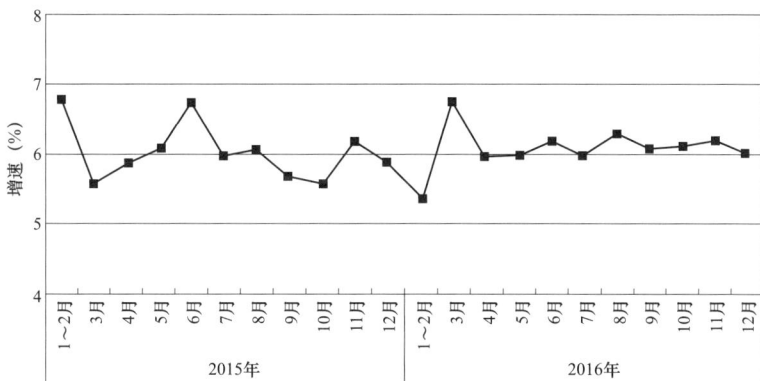

图2 2015～2016年分月全国规模以上工业增加值增速情况

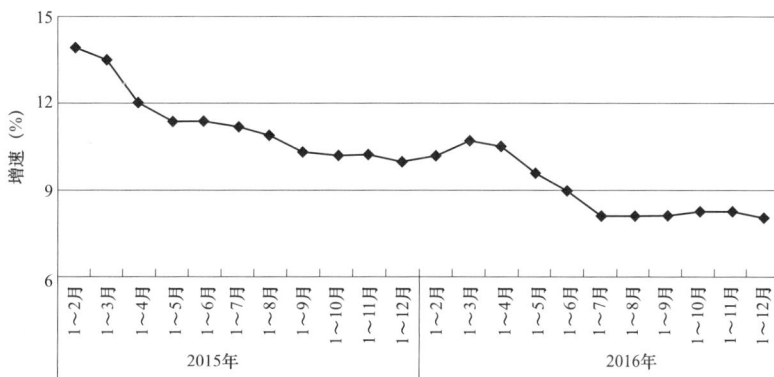

图3 2015～2016年分月全国固定资产投资增速情况

2016年，产业结构优化转型，第三产业增加值占国内生产总值的比重为51.6%，比2015年提高1.4个百分点，高于第二产业11.8个百分点。新动能快速成长，战略性新兴产业增加值比2015年增长10.5%，增速比规模以上工业高4.5个百分点。节能降耗成效突出，全年单位国内生产总值能耗比2015年下降5.0%。

二、电力消费增速同比提高，三、四季度全社会用电量增长较快

根据中国电力企业联合会（简称中电联）年度快报统计，2016年，全国全社会用电量5.92万亿kWh，同比增长5.0%，比2015年提高4.0个百分点。其中，一、二、三、四季度全社会用电量分别增长3.2%（如扣除闰年因素则为2.1%）、2.1%、7.8%和6.5%，三、四季度增速明显超过一、二季度。

三季度全社会用电量增速明显提高的主要原因：一是高温天气显著拉高了用电负荷和电量。根据气象部门监测，三季度全国平均气温为1961年以来历史同期最高值，高温天气导致降温负荷激增，拉高当季全社会用电量增速近4个百分点。二是2015年同期基数偏低。受宏观经济尤其是工业生产明显下滑等因素影响，2015年三季度全社会用电量仅增长0.1%，增速环比回落1.6个百分点。三是实体经济运行显现

稳中趋好的迹象。三季度制造业用电量同比增长3.8%，明显高于一、二季度，与8、9月制造业PMI（采购经理指数）、工业增加值增速、工业企业利润增速等主要指标表现情况总体相匹配。

进入四季度后，空调负荷拉动用电增长明显减弱，且12月气温偏暖影响取暖负荷增长，但当季全社会用电量仍以6.5%增速维持平稳较快增长。除了2015年同期低基数因素外，主要原因是实体经济运行稳中趋好迹象更加明显。在国家推进供给侧结构性改革，以及房地产、汽车市场回暖带动下，建材、黑色和有色金属冶炼等重要生产资料价格总体呈上升态势，市场预期好转，其主要产品产量增速逐步提高。此外，交通运输电气电子设备、通用及专用设备制造业等装备制造，以及文体用品制造、木材加工及家具制品等大众消费品业增速也逐步上升，共同支撑全社会用电量保持较快增长。

综上所述，2016年全社会用电量增速明显提高，超出预期。粗略测算，气温因素、2015年同期低基数、闰年因素等合计拉动全社会用电量增长2个百分点左右，若扣除这些因素，2016年的实际增长水平在3%左右。2011～2016年分季度全社会用电量及其增速情况见图4，2015～2016年分月全社会用电量及其增速情况见图5。

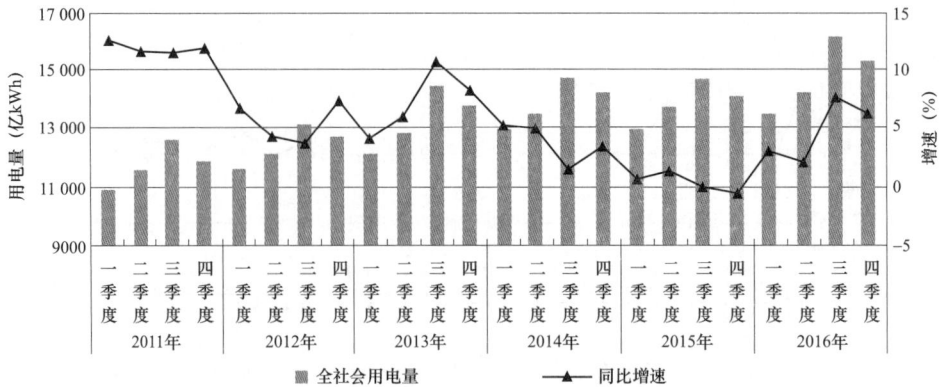

图4 2011～2016年分季度全社会用电量及其增速情况

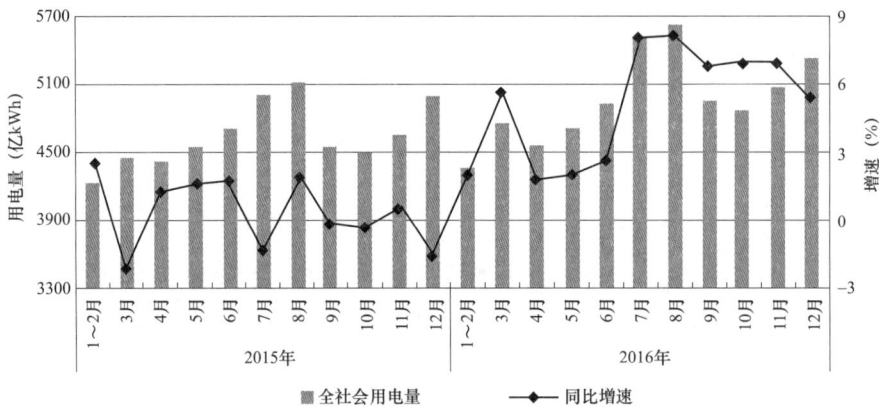

图5 2015～2016年分月全社会用电量及其增速情况

注：图中1～2月用电量为1～2月合计用电量平均值；1～2月增速为1～2月合计用电量增速。

全年电力消费主要特点有：

1. 第二产业及其制造业用电增速逐季上升

2016年，第二产业用电量4.21万亿kWh，同比增长2.9%，比2015年提高3.7个百分点。分季度看，各季度增速分别为0.2%、0.9%、4.6%和5.5%，逐季明显提高，其中四季度增速为2014年以来的季度最高增长水平；第二产业对全年全社会用电量增长贡献率为41.8%，对各季度的贡献率分别为

3.3%、30.2%、41.7%和63.2%，逐季抬升。分地区看，东、中、西部和东北地区全社会用电量增速分别为3.9%、2.3%、1.9%和0.8%，一定程度上说明中国经济发展和产业结构地区性差异仍然明显，东北地区经济增速继续放缓，落后于全国平均水平。2011～2016年全社会及各产业用电量增长情况见图6，2011～2016年分季度第二产业用电量及其增速情况见图7。

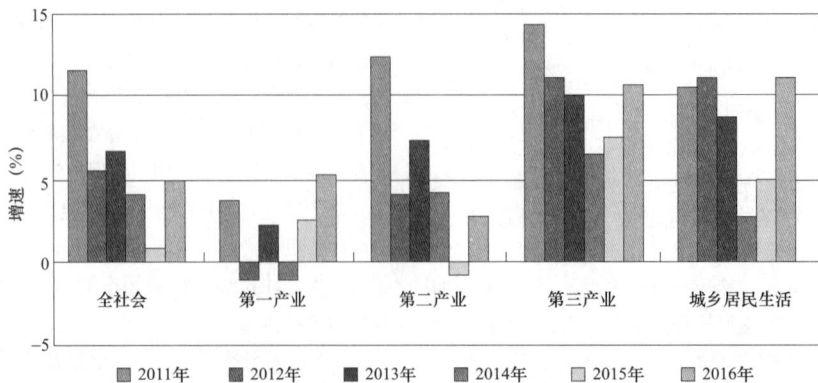

图6 2011～2016年全社会及各产业用电量增长情况

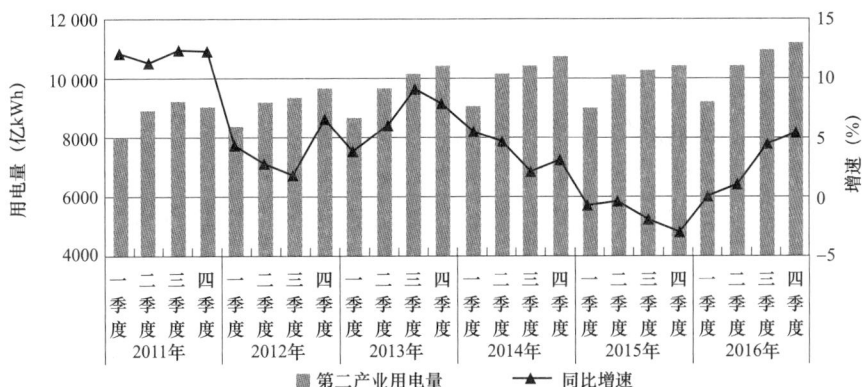

图 7 2011～2016 年分季度第二产业用电量及其增速情况

2016 年，工业用电量 4.14 万亿 kWh，同比增长 2.9%，比 2015 年提高 3.6 个百分点。从轻、重工业看，用电量同比分别增长 4.4% 和 2.6%，轻工业用电形势持续好于重工业，体现消费拉动作用明显；重工业用电形势逐季好转，各季度增速分别为 -0.6%、0.5%、4.5% 和 5.4%。从三大门类看，电力、燃气及水的生产和供应业用电量同比增长 6.1%；采矿业用电量同比下降 3.6%，各季度增速分别为 -6.9%、-6.2%、-3.2% 和 1.8%，降幅逐季收窄，并在四季度转为正增长；制造业用电量同比增长 2.5%，各季度增速分别为 -1.5%、0.7%、3.8% 和 6.6%，逐季上升明显，反映实体经济运行稳中趋好迹象逐步增强。从四大高耗能行业看，化工、建材、黑色金属冶炼和有色金属冶炼合计用电量各季度增速分别为 -5.8%、-1.1%、0.8% 和 5.5%，全年增速为零。在国家推进去产能政策、基建投资快速增长、房地产和汽车市场回暖等综合影响下，二季度以来，建材、黑色和有色金属冶炼等重要生产资料价格总体波动上升，市场预期好转，主要产品产量增速逐步提高，带动用电增速明显回升，拉动第二产业及其制造业用电整体增速逐季提高。化工行业与其他高耗能行业季

度用电走势分化。化工行业用电量同比增长 1.6%，自 2015 年以来一直位于四大高耗能行业用电量之首，但进入 2016 年下半年后用电形势明显下滑，三、四季度同比分别下降 2.3% 和 0.7%，主要是受肥料制造业用电量下半年明显下降影响。建材行业用电量同比增长 2.7%，各季度增速分别为 -4.7%、1.9%、4.0% 和 7.8%，与水泥及平板玻璃产量增速总体回升的态势相吻合。黑色金属冶炼行业用电同比下降 3.7%，各季度增速分别为 -14.0%、-5.1%、-1.6% 和 5.5%，其增速随粗钢产量逐步增加实现由降转升。有色金属冶炼行业用电同比增长 1.1%，各季度增速分别为 -5.7%、-3.0%、3.7% 和 9.7%，其中 12 月增速达到 20.3%，主要是因电解铝产量（12 月电解铝产量增速达到 13.2%，大幅超出 1.3% 的全年增长水平）明显回升拉动用电增速上升，此外，2015 年同期基数低（2015 年 12 月有色金属冶炼行业用电量增速为 -10.7%），也是增速大幅上升的重要原因。综上所述，建材、黑色和有色金属冶炼行业用电增速均呈现逐季明显上升态势，除了受生产和市场因素影响外，2015 年同期基数逐步下降也是重要原因。2015、2016 年制造业及四大高耗能行业用电增速情况见图 8。

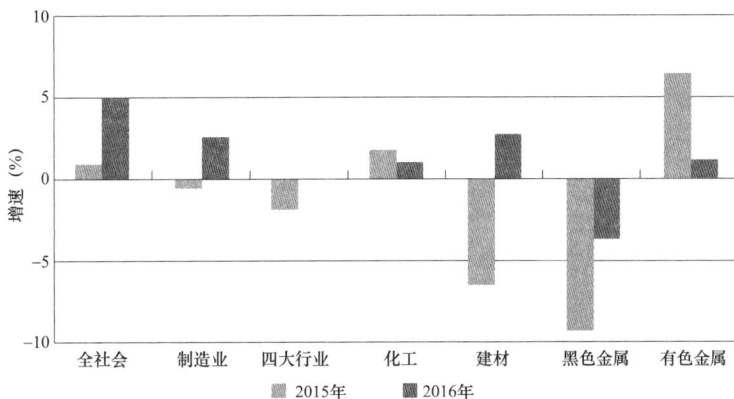

图 8 2015、2016 年制造业及四大高耗能行业用电增速情况

2016年，在制造业20个行业中，用电负增长的黑色金属冶炼行业，以及低速增长的化工、有色金属冶炼行业排在制造业用电增速倒数后三位，建材行业排在倒数第六位。除高耗能行业外，其他大部分制造业保持一定增长水平（交通运输电气电子设备制造8.7%、废气资源和废旧材料回收加工业8.3%、化学纤维制造业7.8%、石油加工炼焦及核燃料加工业7.5%、通用及专用设备制造业7.0%、医药制造业7.0%、金属制品业6.7%、造纸及纸制品业6.5%、木材加工及制品和家具制造业6.3%、橡胶和塑料制品业5.4%、文体用品制造业5.2%、工艺品及其他制造业5.0%，12个行业用电量增速超过全国全社会用电量增速），其中装备制造、新兴技术及大众消费品业增长势头较好，反映出当前制造业中产业结构调整和转型升级效果继续显现。

2. 第三产业及其各行业用电快速增长

与服务业保持较快增长相对应，2016年，第三产业用电量7961亿kWh，同比增长11.2%，比2015年

提高3.8个百分点。分季度看，各季度增速分别为10.9%、7.4%、15.3%和10.4%。分地区看，东、中、西部和东北地区增速分别为10.4%、12.6%、13.0%和9.0%。

分行业看，第三产业各行业用电量均实现较快增长，其中，信息传输计算机服务和软件业用电同比增长15.0%，延续近年快速增长势头；金融、房地产、商务及居民服务业用电增长12.3%，其中房地产业用电量增长13.4%，比2015年提高5.8个百分点；交通运输、仓储、邮政业用电增长11.3%，比2015年提高6.3个百分点，其中城市公共交通用电量增长22.3%，体现城市公共交通电气化取得快速发展，城市电动汽车逐步得到推广，电气化铁路用电量增长12.5%，与近年来中国传统铁路电气化改造，以及高铁和动车快速发展趋势相吻合，综合反映出交通运输业领域电能替代成效明显；商业、住宿和餐饮业用电增长9.5%，其中批发和零售业用电量增长10.2%，比2015年提高6.9个百分点。2011～2016年分季度第三产业用电量及其增速情况见图9。

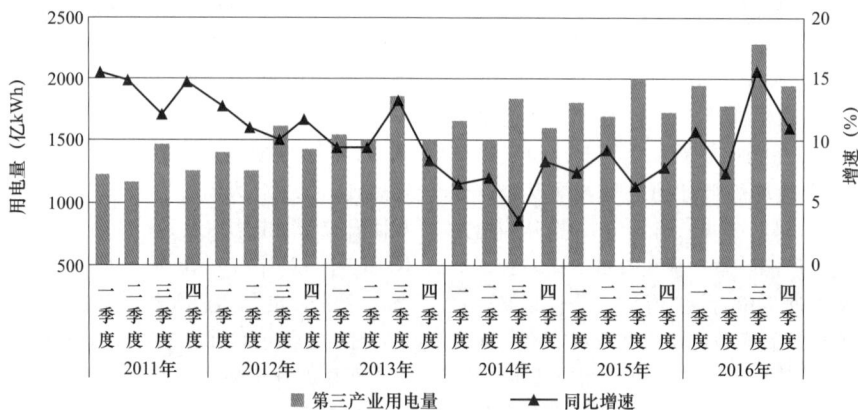

图9 2011～2016年分季度第三产业用电量及其增速情况

3. 城乡居民生活用电量快速增长

2016年，城乡居民生活用电量8054亿kWh，同比增长10.8%，比2015年提高5.8个百分点，受气温因素拉动较大，此外，随着中国城镇化率以及居民电气化水平逐步提高，居民家庭用电量也在稳步增加。分季度看，各季度增速分别为10.8%、4.0%、18.4%和8.4%，其中三季度增速超过2013年同期大范围极端高温天气时的用电增长水平，创10年来城乡居民生活用电量季度增速新高；四季度增速回落较多，12月增速降至4.0%，主要因当月气温明显偏暖，影响取暖负荷增长（据气象部

门监测，当月全国平均气温为历史同期最高值）。分地区看，东、中部地区增速分别为11.5%和13.8%，受年初低温和夏季高温天气影响明显（东、中部地区一季度增速分别为11.5%和14.9%，三季度增速分别为18.7%和23.9%）；西部和东北地区增速分别为8.6%和4.7%。2011～2016年分季度城乡居民生活用电量及其增速情况见图10。

4. 电力消费增长动力持续转换、消费结构继续调整

从用电增长动力看，2016年，第二产业、第三

产业、城乡居民生活用电量分别拉动全社会用电量增长 2.1、1.4、1.4 个百分点；第二产业的四大高耗能行业对全社会用电量增长拉动为零，第二产业对全社会用电量的拉动主要依靠装备制造、新兴技术行业及大众消费品业的较快增长。当前，全社会用电量增长主要动力从前几年的传统高耗能行业，持续向服务业、生活用电、新兴技术行业及大众消费品业转换。

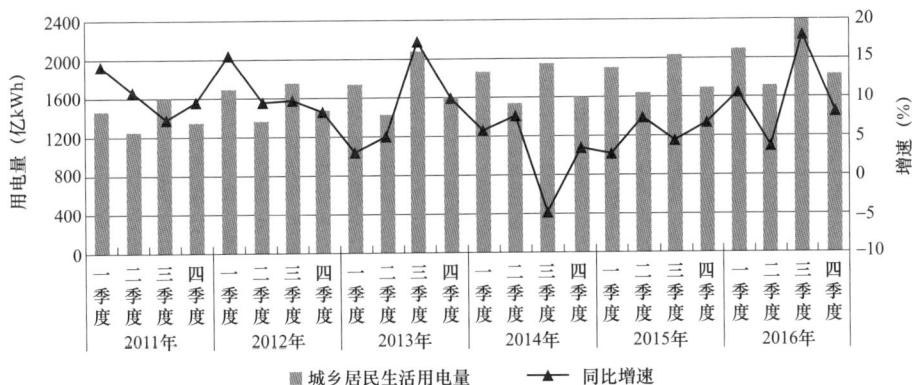

图 10　2011～2016 年分季度城乡居民生活用电量及其增速情况

从电力消费结构看，2016 年，第一、二、三产业及城乡居民生活用电量占全社会用电量的比重分别为 1.8%、71.1%、13.4% 和 13.6%。与 2015 年相比，第三产业和城乡居民生活用电量占比均提高 0.7 个百分点；第二产业占比降低 1.5 个百分点，其中四大高耗能行业占全社会用电量比重降低 1.5 个百分点，可见，第二产业用电占比下降全部因高耗能行业下降所致。2015、2016 年电力消费结构对比情况见图 11。

拉动全国用电量增长 2.9 个百分点，是全年全国用电量增长的主要力量；中、西部地区均拉动 1.0 个百分点；东北地区拉动 0.2 个百分点。从各地区分季度用电走势看，总体均呈现前低后高的趋势，下半年以来各地区用电增速均实现较明显的提高。2016 年各地区分季度全社会用电量增速见表 1，2015、2016 年各地区全社会用电量增速情况见图 12。

表 1　2016 年各地区分季度全社会用电量增速

单位：%

地区	全年	第一季度	第二季度	第三季度	第四季度
全国	5.0	3.2	2.1	7.8	6.5
东部	5.9	4.1	3.1	8.9	6.8
中部	5.4	4.7	2.2	9.1	5.2
西部	3.7	1.0	0.8	5.9	6.7
东北	2.7	1.5	−0.3	3.0	6.5

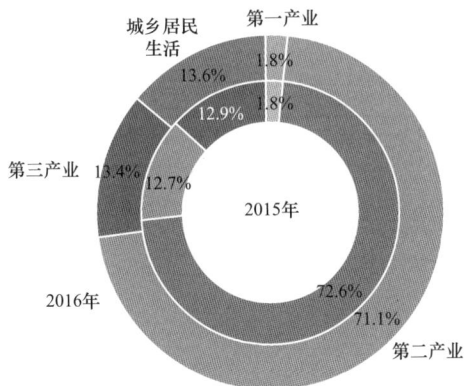

图 11　2015、2016 年电力消费结构对比情况

5. 东、中部地区用电增速领先并呈前低后高走势

2016 年，东、中、西部和东北地区全社会用电量同比分别增长 5.9%、5.4%、3.7% 和 2.7%，比 2015 年分别提高 4.8、5.2、1.9 个百分点和 4.4 个百分点。总体来看，东部地区继续保持相对较快增长，

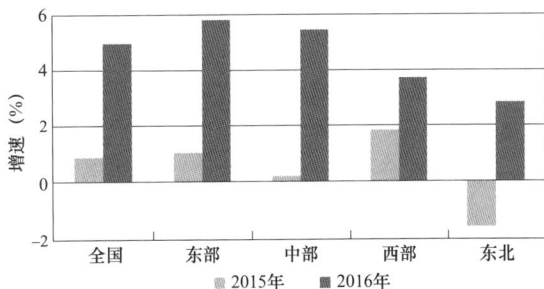

图 12　2015、2016 年各地区
全社会用电量增速情况

具体来看，东部地区多数省（区、市）产业结构调整较早，呈现多元化态势，高耗能产业比重偏小，在通用及专用设备制造业、交通运输电气电子设备制造业，以及信息技术和高科技制造等新兴产业迅速发展带动下，第二产业用电量持续增长，拉动该地区全社会用电增长 2.8 个百分点。中部地区第三产业和居民生活用电保持快速增长，分别拉动该地区用电增长 1.5、2.1 个百分点；该地区四大高耗能行业用电负增长，但区域内交通运输电气电子设备、通用及专用设备、医药、工艺品及其他、食品饮料和烟草等制造业和新兴技术及大众消费品业增长势头较好，因此，第二产业仍拉动该地区用电增长 1.7 个百分点。西部地区高耗能行业比重大，对该地区全社会用电形势影响明显。2016 年下半年以来，由于该地区高耗能行业用电量明显增加，成为全国同期唯一正增长地区，带动其全社会用电量增速从上半年的 0.9% 上升至全年的 3.7%。东北地区受高耗能行业用电下降影响，制造业用电负增长，但该地区交通运输电气电子设备、通用及专用设备、医药、化学纤维、橡胶和塑料等制造业用电增速均超过 6%；该地区全社会用电量增长主要来源于第三产业和居民生活用电增长，分别拉动 1.3、0.7 个百分点。2016 年各地区分行业用电量增速见表 2。

表 2 2016 年各地区分行业用电量增速

单位：%

地区	全社会	第一产业	第二产业	第三产业	城乡居民生活	制造业	四大高耗能行业
全国	5.0	5.3	2.9	11.2	10.8	2.5	0.0
东部	5.9	5.4	3.9	10.4	11.5	3.3	−0.5
中部	5.4	11.0	2.3	12.6	13.8	1.6	−1.4
西部	3.7	1.7	1.9	13.0	8.6	2.3	1.5
东北	2.7	8.8	0.8	9.0	4.7	−0.6	−3.7

分省看，2016 年全国共有 17 个省（区、市）全社会用电量增速超过 5%，其中西藏（21.4%）、新疆（12.0%）、陕西（9.6%）、安徽（9.5%）和浙江（9.0%）等省（区）居前；云南（−2.0%）、甘肃（−3.1%）和青海（−3.1%）等 3 个西部地区省受上半年高耗能行业大幅下拉影响，全社会用电量负增长，但 2016 年下半年高耗能行业用电增速明显回升，3 个省全年降幅分别比 2016 年上半年收窄 5.4、6.1、7.0 个百分点。2016 年分省（区、市）用电量增速从高到低情况见图 13。

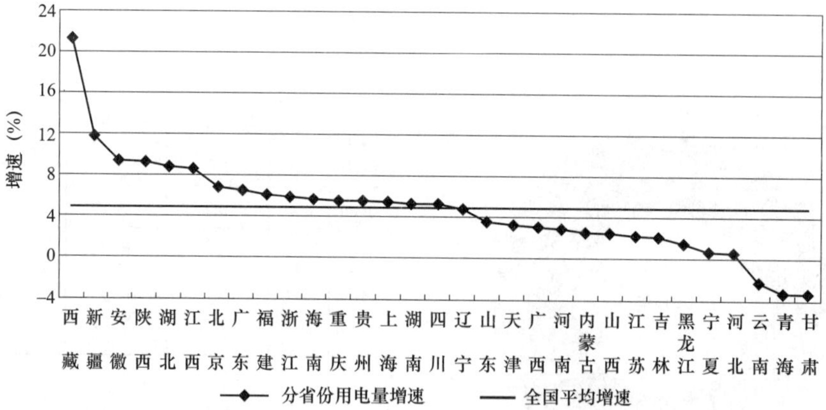

图 13 2016 年分省（区、市）用电量增速从高到低情况

三、发电装机容量快速增长，电力供应能力总体富余

2016 年，全国主要电力企业总计完成投资[1] 8855 亿元，同比增长 3.3%。在国家配电网建设改造行动计划及新一轮农村电网改造升级等政策刺激下，电网投资同比增长 16.9%，其中占电网总投资 58% 的110kV 及以下电网投资同比增长 35.6%。2016 年，全国基建新增 220kV 及以上变电设备容量 24 336 万 kVA，同比多投产 2434 万 kVA，新增 220kV 及以上输电线路长度 34 906km，同比多投产 1658km；新增直流换流容量 2640 万 kW，同比多投产 2390 万 kW。全年共投产 4 条特高压线路，分别是宁东—浙江绍兴

[1] 本报告中的电力投资（含各类型电源投资及电网投资）均为主要电力企业的投资。

特高压直流工程，以及锡盟—山东、淮南—上海、蒙西—天津南特高压交流工程。

2016年，在电力需求增长放缓、发电装机区域性过剩形势下，电力行业控制投资节奏、优化投资结构的效果开始显现。在国家促进燃煤发电（简称煤电）有序发展等一系列政策措施[1]影响下，电源投资同比下降12.9%，前两年煤电投资持续快速增长的态势得到抑制。全国净增发电装机容量1.2亿kW，比2015年减少2186万kW，其中净增非化石能源发电装机容量7200万kW，接近2015年水平，而煤电净增规模同比减少1154万kW。截至2016年底，全国全口径发电装机容量[2]16.5亿kW，同比增长8.2%，比2015年回落2.4个百分点，其中非化石能源发电装机容量6.0亿kW，同比增长13.5%，占总发电装机容量的比重为36.7%，较2015年提高1.7个百分点，电源结构持续优化。

2016年，全国全口径发电量5.99万亿kWh，同比增长5.2%；其中非化石能源发电量1.76万亿kWh，同比增长12.7%，占总发电量的比重为29.4%，较2015年提高2.0个百分点。全国发电设备利用小时3785h[3]，较2015年降低203h。2015～2016年分月发电量及其增速情况见图14，2006～

2016年全国发电设备利用小时见图15。

电力供应的主要特点有：

1. 火电净增装机容量比2015年明显减少，设备利用小时创1964年以来年度新低

2016年，火电投资1174亿元，同比增长0.9%，其中煤电投资1012亿元，同比下降4.7%，扭转了前两年煤电投资持续快速增长的势头；全国净增火电装机容量5338万kW，同比减少1983万kW，其中煤电净增4753万kW，同比减少1154万kW，煤电投资下降和净增规模减小反映国家出台的促进煤电有序发展系列政策措施效果明显。2016年底，全国全口径火电装机容量10.5亿kW，同比增长5.3%。其中煤电9.4亿kW，增长5.3%，气电7008万kW，增长6.1%；火电装机容量占总装机容量比重为64.0%，同比降低1.7个百分点。分省（区、市）看，山东、新疆、广西和广东等4个省（区）火电装机分别净增786万、681万、553万、419万kW，山西、江苏、内蒙古、贵州和安徽等5个省（区）净增均超过300万kW；2016年底，山东、江苏、广东、内蒙古、河南、山西和浙江等7个省（区）火电装机容量均超过5000万kW。2015～2016年分月火电发电量及其增速情况见图16。

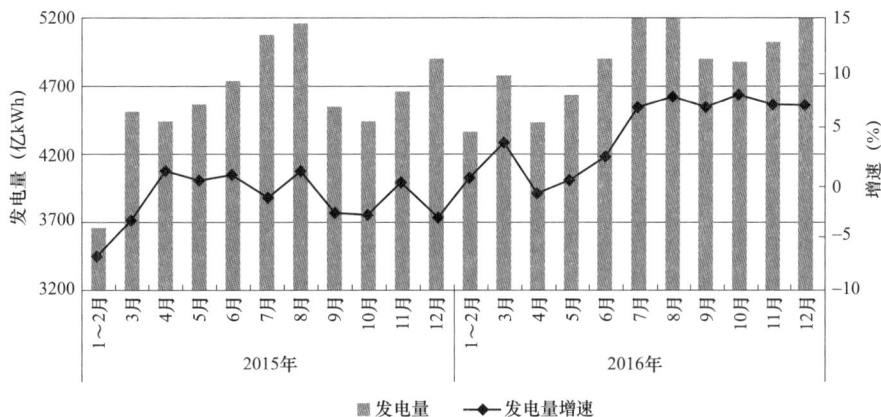

图14　2015～2016年分月发电量及其增速情况
注：图中月度发电量及其增速为国家统计局统计的规模以上数据。

---

[1]　2016年国家有关部门陆续出台了《关于促进我国煤电有序发展的通知》（发改能源〔2016〕565号）、《关于进一步规范电力项目开工建设秩序的通知》（发改能源〔2016〕1698号）、《关于建立煤电规划建设风险预警机制暨发布2019年煤电规划建设风险预警的通知》（国能电力〔2016〕42号）、《关于进一步调控煤电规划建设的通知》（国能电力〔2016〕275号）等文件。

[2]　本报告中的发电指标（装机容量、发电量和利用小时）均为年度快报统计口径，未包含新疆生产建设兵团、陕西地方电力公司供电区域。

[3]　本报告中的发电设备利用小时均为6000kW及以上电厂口径。

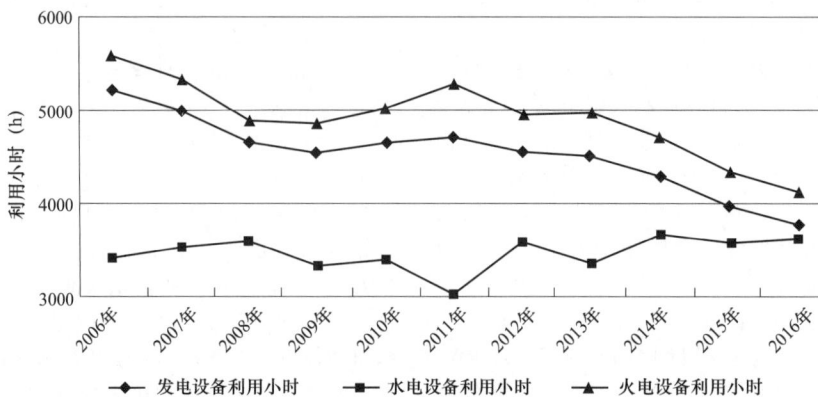

图 15　2006～2016 年全国发电设备利用小时

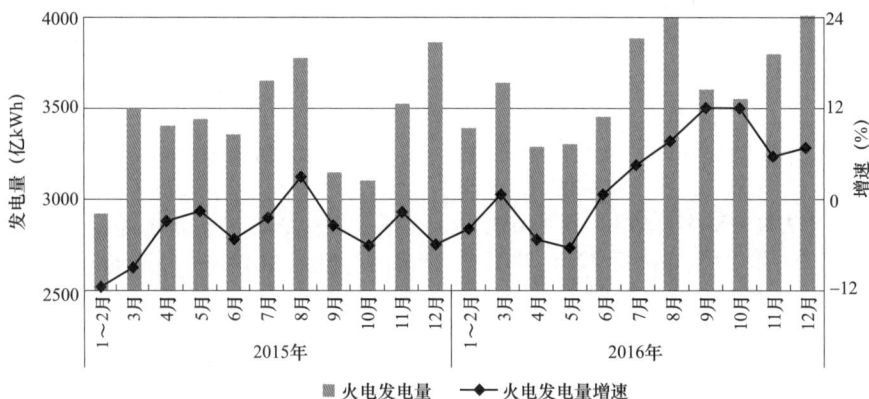

图 16　2015～2016 年分月火电发电量及其增速情况
注：图中月度火电发电量及其增速为国家统计局统计的规模以上数据。

2016 年，全国全口径火电发电量 4.29 万亿 kWh，同比增长 2.4%。自 2013 年以来，首次实现正增长，主要原因是 2016 年下半年电力消费较快增长，以及同期水电发电量明显下降，尤其 9、10 月火电发电量月度增速均超过 10%，拉动火电累计发电量于 9 月实现正增长。分省来看，火电发电情况分化明显，共有 20 个省（区、市）火电发电量实现正增长，较 2015 年增加 8 个；青海、西藏、陕西、贵州、新疆、江西、安徽、江苏和浙江等 9 个省（区）增速超过 5%，其中青海是因为水电发电量大幅减少，其他省（区）主要是电力消费需求较快增长拉动作用［除青海外的其余 8 省（区）用电增速均在 5% 以上］，此外，贵州和陕西也有水电发电量减发的因素。海南（－16.1%）、福建（－17.5%）和四川（－18.6%）等 3 个省火电发电量同比降幅超过 10%，其中海南主要是核电机组新投产，福建主要是水电发电量增加和核电机组新投产，四川则是水

电发电量较快增长。

2016 年，全国火电设备利用小时 4165h，为 1964 年以来的年度最低值，比 2015 年降低 199h。分省（区、市）看，全国共有 13 个省（区）火电设备利用小时高于全国平均水平，其中山东、江苏、河北、宁夏等省（区）分别达到 5187、5093、4974、4904h，云南、四川分别仅为 1922、2121h。与 2015 年相比，北京、河北、西藏等 3 个省（区、市）同比增加；其他 28 个省（区、市）同比降低，降幅超过 500h 的省（区）有海南（降低 1345h）、青海（降低 969h）、福建（降低 711h）、四川（降低 561h）、新疆（降低 524h）和宁夏（降低 518h），海南、福建和四川主要是因为市场份额调整，青海和宁夏主要是受电力消费需求放缓和新投产火电机组影响，新疆则是因为新能源发电快速增长和火电机组新投产。2015、2016 年各省（区、市）火电装机规模及设备利用小时见图 17。

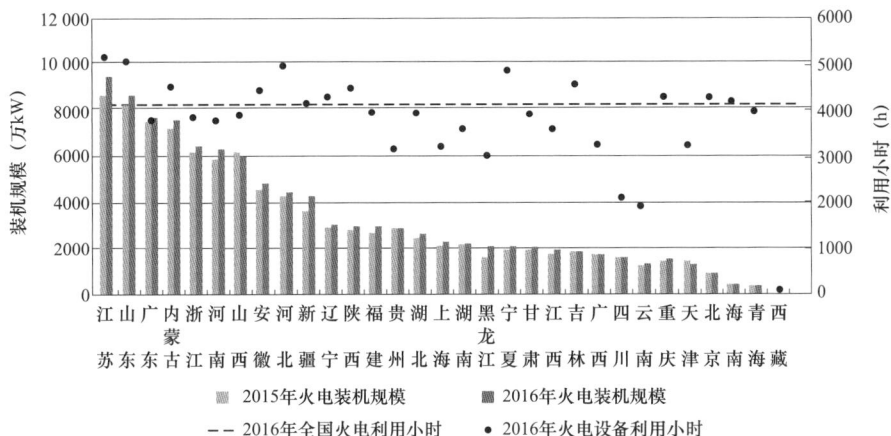

图 17　2015、2016 年各省（区、市）火电装机规模及设备利用小时

2016 年，全国实施煤电超低排放改造超过 2 亿 kW，节能改造超过 1 亿 kW，截至 2016 年年底，累计完成超低排放和节能改造均超过 4 亿 kW。全国 6000kW 及以上电厂火电机组供电标准煤耗 312g/kWh，同比降低 3g/kWh，中国煤电行业能效环保水平处于世界领先。

2. 水电投资连续四年下降，设备利用小时保持较高水平

随着近年一批西南水电工程相继投产，以及水电新开工规模明显萎缩，水电投资已连续 4 年下降。

2016 年，全国水电完成投资 612 亿元，同比下降 22.4%，投资完成额仅为 2012 年（水电投资额最多的一年）的一半。2016 年，全国净增水电装机容量 1259 万 kW，同比减少 210 万 kW，主要是常规水电净增装机容量同比减少 484 万 kW，而抽水蓄能电站净增 366 万 kW，同比增加 274 万 kW。2016 年底，全国全口径水电装机容量 3.3 亿 kW，同比增长 3.9%，其中，抽水蓄能 2669 万 kW，同比增长 15.9%。2015～2016 年分月水电发电量及其增速情况见图 18。

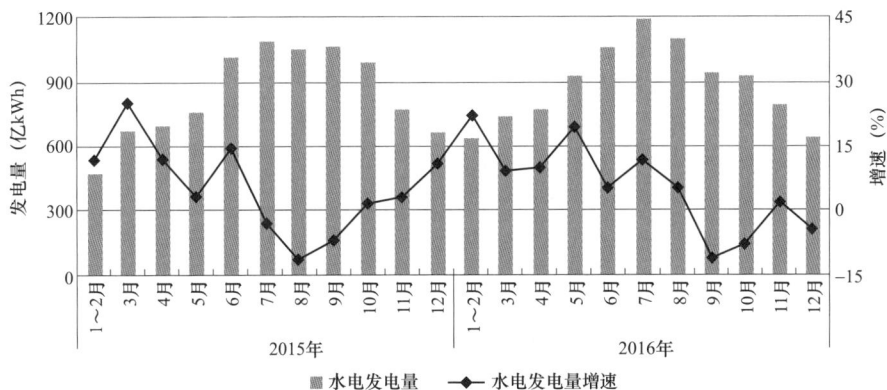

图 18　2015～2016 年分月水电发电量及其增速情况

注：图中月度水电发电量及其增速为国家统计局统计的规模以上数据。

2016 年，全国全口径水电发电量 1.18 万亿 kWh，同比增长 6.2%。受来水变化等影响，全国水电生产呈前高后低特征。2016 年上半年，汛期降水偏早、偏多，水电发电量快速增长；2016 年下半年，因汛期结束偏早、汛后降水不均、部分水电大省降水偏少等影响，水电出力明显下降，9、10 月份全国水电发电量为负增长。分省（区、市）看，在水电装机容量超过 500 万 kW 的省（区、市）中，广东、福建、

浙江、江西、重庆同比分别增长 49.0%、43.6%、19.8%、15.9%、11.1%，四川、湖南、湖北、云南增速在 6%～8%；广西、青海、贵州、甘肃则分别下降 21.2%、18.5%、11.8%、6.7%。

2016 年，全国水电设备利用小时数为 3621h，为近 20 年来的年度第三高水平（2005、2014 年分别为 3664、3669h），同比增加 31h。分省（区、市）看，在水电装机容量超过 500 万 kW 的省

（区、市）中，福建、四川分别达到4776、4234h，湖北、云南、广西分别为3869、3815、3802h，浙江、青海分别仅为2504、2572h。与2015年相比，福建、广东、江西利用小时分别提高1408、754、530h，浙江、湖南、湖北和重庆提高幅度均超过200h；而青海、广西、贵州、甘肃分别降低685、583、525、320h，四川、云南分别降低52、97h，这两省2016年全年弃水电量分别达到141亿、314亿kWh。2016年各省（区、市）水电装机容量及设备利用小时见图19。

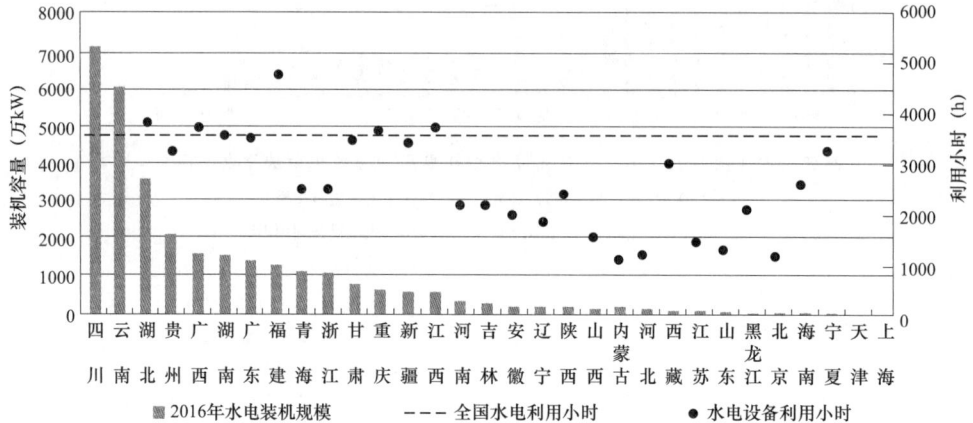

图19 2016年各省（区、市）水电装机容量及设备利用小时

3. 风电投资理性回落，东、中部地区新增装机占半数

2016年，全国风电投资完成896亿元，同比下降25.3%，经过多年持续高速增长后，全国首次出现下降，下降的地区为西部和东北地区，同比分别下降49.7%和46.8%，而东、中部地区同比分别增长35.1%和13.1%，东、中部地区风电投资占比超过全国一半，达到53.9%，比2015年大幅提高22.0个百分点；同时，全年净增并网风电装机容量1743万kW，比2015年减少1684万kW，东、中部净增装机容量占一半，占比较前几年明显提高。全国风电投资和投产减少，但东、中部地区投资和投产占比明显提高，布局进一步得到优化，分析原因：一是在2015年电价调整预期下，风电抢投形成高基数，并在一定程度上透支了2016年投资；二是近年来"三北"地区弃风问题持续突出，国家及时调整风电发展思路，企业投资逐步回归理性，更加重视质量和效益。

2016年底，全国并网风电装机容量1.5亿kW，同比增长13.2%，占总装机容量比重为9.0%，同比提高0.4个百分点，其中甘肃（26.5%）、宁夏（25.6%）、内蒙古（23.1%）、新疆（22.9%）和黑龙江（20.2%）比重超过20%，河北、吉林和辽宁比重超过15%。"三北"地区风电比重较高，因距离负荷中心较远，而当地消纳市场有限，弃风情况仍然突出，甘肃、新疆、吉林等省（区）弃风率超过30%，内蒙古也在20%左右。

2016年，全国并网风电发电量2410亿kWh，同比增长30.1%。风电设备利用小时1742h，同比提高18h，结束了连续两年持续大幅下降趋势。分省（区、市）看，在并网风电装机容量超过500万kW的12个省（区）中，河北（提高269h）、山西（提高239h）、江苏（提高227h）、辽宁（提高149h）、黑龙江（提高146h）和山东（提高74h）等6个省风电设备利用小时同比提高，其中，河北、山西、江苏和山东均位于消纳条件较好的中、东部地区，而辽宁和黑龙江则通过多举措降低弃风率。利用小时同比下降的6个省（区）除吉林外，均属于西部地区，其中，云南、新疆分别下降350、281h，甘肃、宁夏和内蒙古下降幅度在100h以内。12个省（区）中，甘肃、新疆、吉林、宁夏和黑龙江的风电设备利用小时均低于全国平均水平，其中甘肃（1088h）、新疆（1290h）和吉林（1333h）均低于1400h。2016年各省（区、市）风电装机容量及设备利用小时见图20。

4. 并网太阳能发电装机容量及发电量高速增长，设备利用小时比2015年下降

受光伏发电上网电价限期下调等政策影响，一大批太阳能发电项目集中投产，全年净增并网太阳能发电装机容量3479万kW，同比增加1747万kW，在国家相关规划及政策引导下，超半数净增装机位于中、东部各省。2016年底，全国并网太阳能发电装机容量7742万kW（绝大部分为光伏发电），同比增长81.6%，占总装机容量比重为4.7%，同比提高1.9个百分点，其中青海（29.1%）、宁夏（14.3%）、甘肃（14.2%）、西藏（13.9%）和新疆（12.1%）比

重超过 10%，均位于西部地区。西部地区太阳能发电装机比重迅速提高，因当地消纳市场有限，部分省（区、市）弃光问题有所加剧，甘肃、新疆等省（区）

弃光率超过 20%，陕西、青海和宁夏弃光率也达到或超过 10%。2016 年各省（区、市）太阳能发电装机容量及设备利用小时见图 21。

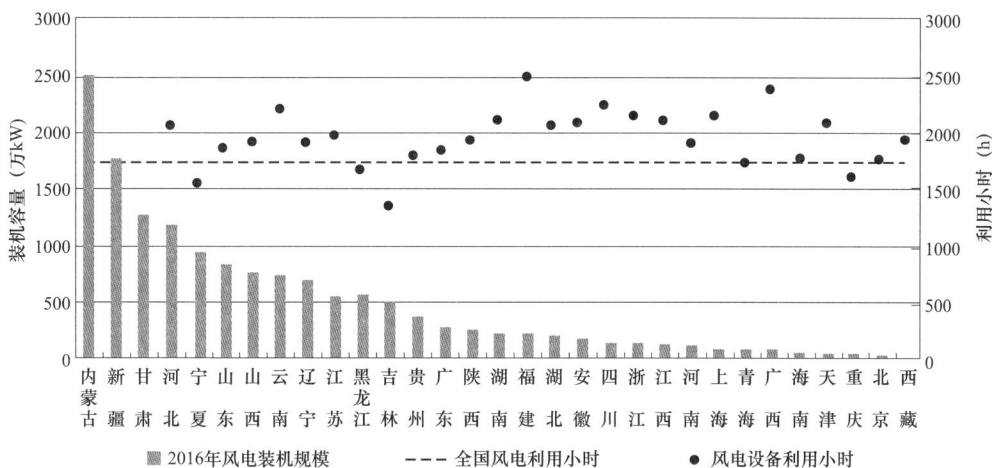

图 20　2016 年各省（区、市）风电装机容量及设备利用小时

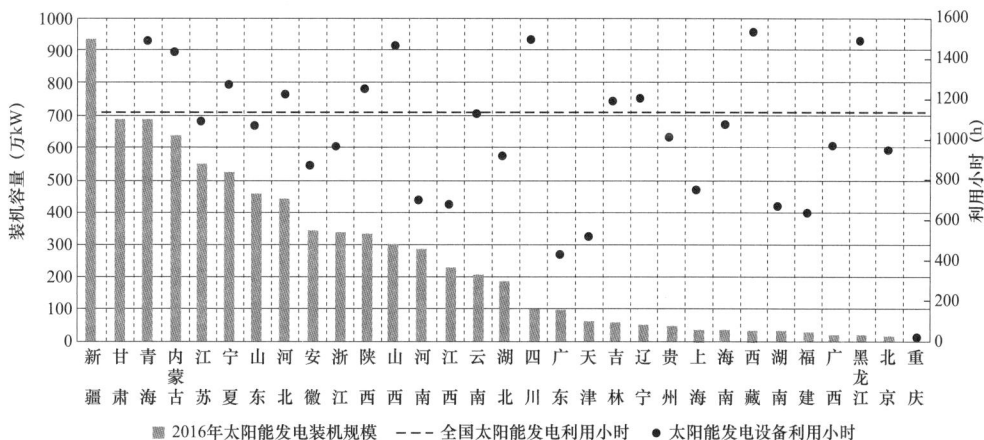

图 21　2016 年各省（区、市）太阳能发电装机容量及设备利用小时

2016 年，全国并网太阳能发电量 662 亿 kWh，同比增长 72.0%。太阳能发电设备利用小时 1125h，同比下降 99h，降幅比 2015 年扩大 88h；并网装机容量超过 500 万 kW 的 6 个省（区）中，仅江苏设备利用小时同比提高 18h，宁夏、新疆和青海下降幅度超过 150h，其中宁夏同比下降 269h。

5. 核电装机及发电量快速增长，设备利用小时持续下降

2016 年，核电投资完成 506 亿元，同比下降 10.5%。全年投产 6 台机组，合计 648 万 kW（广西防城港核电一期工程、广东阳江核电站、福建宁德核电一期工程、海南昌江核电厂、辽宁红沿河核电厂一期工程、福清核电项目各投产 1 台机组）。2016 年底，全国核电装机容量 3364 万 kW，同比增

长 23.8%。

2016 年，全国核电发电量 2132 亿 kWh，同比增长 24.4%。核电设备利用小时 7042h，同比下降 361h，已连续 3 年下降。分省（区、市）看，浙江、江苏、广东和广西核电设备利用小时数均在 7000h 以上，分别为 7661、7562、7515、7184h，福建为 6947h，而海南和辽宁仅分别为 5775、4982h，海南主要是受"大机小网"限制影响，核电机组出力受到控制，辽宁主要是因东北地区电力过剩，加之近两年多台核电机组陆续投产，导致部分核电机组降负荷运行甚至停机备用。与 2015 年相比，除福建、浙江设备利用小时数分别增加 62、22h 外，其余省（区、市）降幅均超过 200h，其中辽宁同比降低 833h，降幅比 2015 年继续扩大。

6. 跨区、跨省送电增速均同比提高

2016 年，全国完成跨区送电量 3611 亿 kWh，同比增长 6.9%，比 2015 年提高 4.1 个百分点，主要是因为电网公司增加西北地区新能源以及西南水电外送量。其中，通过哈郑特高压直流实现疆电外送 323 亿 kWh，同比增长 29.2%，拉动全国跨区送电量增长 2.2 个百分点；通过新投产的宁东—浙江绍兴特高压直流送电 73 亿 kWh，拉动全国跨区送电量增长 2.2 个百分点；通过向上直流、锦苏直流、宾金直流实现西南水电送华东合计 1077 亿 kWh，同比增加 5.7%，拉动全国跨区送电量增长 1.7 个百分点。上述 5 条特高压线路外送电量的增长合计拉动全国跨区送电量增长 6.1 个百分点，可见 2016 年全国跨区送电量的增长绝大部分是通过特高压外送来实现的，特高压在实现大范围资源优化配置，消纳西北新能源以及西南水电方面发挥了重要作用。

2016 年，全国跨省（区、市）送出电量 9618 亿 kWh，同比增长 4.8%，较 2015 年提高 5.9 个百分点。在主要输出省（区）中，辽宁、新疆和河北输出电量同比分别增长 36.6%、25.3% 和 20.5%。主要水电输出省（区）中，广西受来水偏枯影响，送出电量同比下降 25.5%；贵州受来水偏枯，以及 9 月以后电煤供应紧张等因素影响，送出电量同比下降 5.7%；湖北、四川送出电量同比分别增长 5.2% 和 3.9%；云南送出电量则同比增长 16.1%，主要原因是电网公司在超出计划送电规模外，通过市场化交易机制向广东增送云南富余水电。因 2016 年下半年用电需求明显回升，主要输入省（区、市）中，除河北同比下降 2.9% 外，其他省（区、市）均实现正增长，其中浙江（18.2%）、北京（10.8%）和上海（10.2%）输入电量同比增长超过 10%。另外，南方电网"西电东送"电量 1953 亿 kWh，同比增长 3.3%。

近两年，在电力消费需求增长放缓、区域性产能过剩加剧等因素影响下，跨省区送电协调难度加大，国家加大清洁能源基地电力外送协调力度。随着跨区域、大容量、远距离特高压直流输电工程集中投产，电力系统形态及运行特性均发生重大变化，电力系统安全面临新的问题。

7. 全国电煤供需形势由宽松转为偏紧，发电用天然气供应总体平稳

2016 年，全国煤炭市场需求依然较为低迷，但受煤炭去产能政策影响，煤炭产量降幅明显超过消费量降幅，导致电煤供需失衡，迎峰度夏期间煤炭库存明显下降；同时，煤炭运输环节受阻，全国电煤供需形势从宽松逐步转为偏紧、部分地区紧张，电煤价格急剧上涨。11 月上旬，秦皇岛 5500kcal（1kcal＝4.184kJ）市场动力煤价格一度上涨至 700 元/t，比年初价格上涨近一倍。在此形势下，国家有关部门先后启动多级响应机制，加大煤矿先进产能释放，组织部分大型煤炭企业和发电企业签订电煤中长期合同，多措并举，电煤市场趋于稳定，电煤价格高位回稳，但 2016 年底，仍然处于 635 元/t 左右高位。2016 年 CCTD 秦皇岛 5500kcal 市场动力煤周价格见图 22。

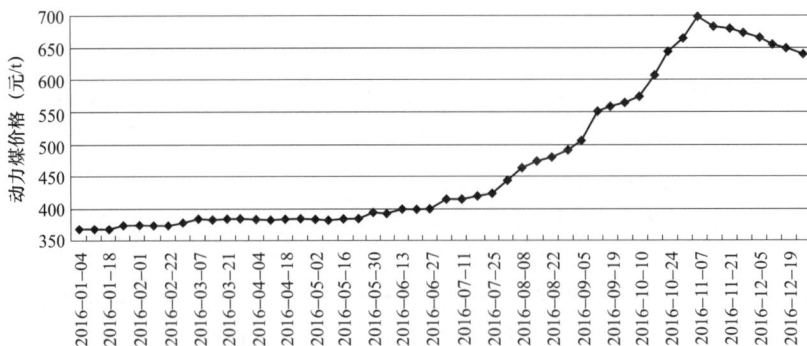

图 22 2016 年 CCTD 秦皇岛 5500kcal 市场动力煤周价格

天然气季节性需求波动大，发电用天然气供应总体平稳。一季度，受气温偏低、2015 年底气价下调刺激需求等因素影响，全国天然气消费增速达到 15.4%，需求明显回升，北京等个别地区部分时段天然气发电供气受到一定影响，但未触及电力供需平衡；二、三季度，进入天然气消费淡季，需求明显回落，个别月份接近零增长，全国天然气发电供气总体有保障；四季度，进入天然气消费旺季，受气温偏暖因素影响，天然气消耗量温和增长，发电用天然气供应总体平稳。

四、全国电力供需形势进一步宽松，部分地区相对过剩

近年来，随着电力供应能力持续增强而消费需求增长总体放缓，全国电力供需总体由紧转松。2016 年，全国电力供需形势进一步宽松，部分地区相对过剩。

华北区域电力供需总体平衡。其中，蒙西和山西电力供应能力富余，迎峰度夏期间高峰时段山东、河北均出现电力缺口，最大电力缺口分别为 203 万、50 万 kW。区域统调最高用电负荷 2.08 亿 kW，同比增长 8.0%；区域发电设备利用小时 4098h，同比降低 111h，其中火电 4649h（煤电为 4695h），同比降低 74h。

东北区域电力供应能力过剩。区域统调最高用电负荷 5657 万 kW，同比增长 4.0%；区域发电设备利用小时数为 3432h，同比降低 1h，其中火电 4029h（煤电为 4016h），同比降低 40h。

华东区域电力供需总体宽松。区域统调最高用电负荷 2.54 亿 kW，同比增长 9.9%；区域发电设备利用小时 4250h，同比降低 71h，其中火电 4326h（煤电 4621h），同比降低 115h。

2016 年各区域用电量及发电量装机容量指标见表 3。

表3　2016 年各区域用电量及发电装机容量指标

区域	全社会用电量增速（%）					净增发电装机容量（万 kW）	2016 年底全口径发电装机容量及增速	
	全年	一季度	二季度	三季度	四季度		装机容量（万 kW）	增速（%）
全国	5.0	3.2	2.1	7.8	6.5	12 456	164 575	8.2
华北	3.7	1.7	2.5	5.4	5.2	2860	35 605	8.7
东北	3.5	3.1	1.5	3.3	5.8	913	13 016	7.5
华东	7.5	5.3	3.8	12.5	7.8	1681	31 804	5.6
华中	5.1	4.0	1.8	9.1	4.9	1904	32 118	6.3
西北	4.9	0.4	2.1	6.6	10.3	2683	22 727	13.4
南方	4.0	3.6	0.1	5.9	6.1	2415	29 304	9.0

华中区域电力供需总体宽松。区域统调最高用电负荷 1.73 亿 kW，同比增长 12.1%；区域发电设备利用小时 3716h，同比降低 129h。其中，水电 3978h，同比增加 91h；火电 3657h（煤电 3619h），同比降低 216h。

西北区域电力供应电力过剩。区域统调最高用电负荷 7653 万 kW，同比增长 4.8%；区域发电设备利用小时 3156h，同比降低 483h，其中火电 4281h（煤电 4332h），同比降低 397h。

南方区域电力供需总体宽松。区域统调最高用电负荷 1.47 亿 kW，同比增长 4.1%；区域发电设备利用小时 3614h，同比降低 237h。其中，水电 3691h，同比降低 161h；火电 3514h（煤电 3547h），是各区域中最低水平，同比降低 46h，低于全国平均水平 651h。2015、2016 年各区域全社会用电量增速情况见图 23。

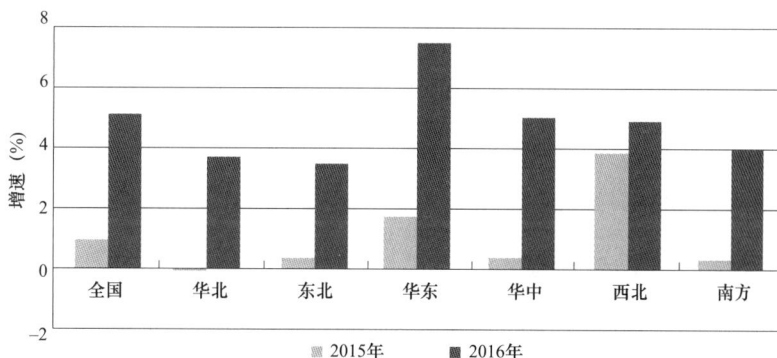

图 23　2015、2016 年各区域全社会用电量增速情况

电 力 改 革

国家发展改革委、国家能源局印发《售电公司准入与退出管理办法》

2016 年 10 月 8 日，为贯彻落实《中共中央国务院关于进一步深化电力体制改革的若干意见》（中发〔2015〕9 号），深入推进售电侧改革，国家发展改革委、国家能源局联合发布《关于印发〈售电公司准入与退出管理办法〉的通知》（发改经体〔2016〕2120 号）。

办法对售电公司准入和退出机制的政策设计，充分体现了准入条件和退出方式差异化、准入程序便利化、信用体系建设协同化的理念，为促进各类市场主体平等竞争营造了良好环境。

国家发展改革委、国家能源局印发《有序放开配电网业务管理办法》

2016 年 10 月 8 日，为贯彻落实《中共中央国务院关于进一步深化电力体制改革的若干意见》（中发〔2015〕9 号），深入推进售电侧改革，国家发展改革委、国家能源局联合发布《关于印发〈有序放开配电网业务管理办法〉的通知》（发改经体〔2016〕2120 号）。

办法明确了增量配电网的内涵；突破了简单按电压等级界定配电网的观念。

办法指出，围绕项目管理做好增量配电网改革实施，一是以规划为引领开展增量配电网项目管理；二是明确项目管理的责任主体和主要环节；三是通过市场化机制确定项目业主；四是将项目核准与获取电力业务许可证相结合。

办法还指出，围绕配电网运营的系列政策设计，一是配电网运营业务的获准；二是配电网运营权和投资收益权可分离；三是增量配电网运营者逐步实现配售分离；四是明确配电业务边界和发电企业的投资边界；五是确立增量配电网相关价格制度。

国家能源局积极推进能源领域供给侧结构性改革

2016 年 2 月 18 日，国家能源局召开全面深化改革领导小组会议，国家发展改革委副主任、国家能源局局长努尔·白克力出席并讲话，国家能源局副局长郑栅洁主持会议。会议的主要任务是落实党中央、国务院关于供给侧结构性改革的决策部署，落实全国能源工作会议关于能源体制改革的工作部署。会上审议通过了《国家能源局 2016 年体制改革工作要点》。

努尔·白克力指出，推进供给侧结构性改革是党中央、国务院做出的重大决策部署，是适应和引领经济发展新常态的重大创新。在能源消费增长减速换挡、结构优化步伐加快、发展动力开始转换的新常态下，做好能源工作，思维要调整，重心要转变。能源发展方式要从粗放式发展向提质增效转变，能源工作方式要从审批项目为主向推进改革和技术创新转变。应对新常态，能源改革势在必行、刻不容缓。破解新常态下能源发展面临的传统能源产能过剩、可再生能源发展瓶颈制约、能源系统整体运行效率不高等突出问题，必须创新能源体制机制，大力推进能源供给侧结构性改革。

努尔·白克力强调，推进能源领域供给侧结构性改革要着重抓好以下七项工作：一是化解煤炭行业过剩产能；二是化解煤电过剩产能；三是着力解决弃水、弃风、弃光问题；四是加快推进电改落地；五是稳步推进石油天然气体制改革；六是加强能源扶贫；七是提高能源系统整体运行效率。

2016 年全国电力改革试点进展

截至 2016 年底，电力改革综合试点已有 21 个省（区、市）获批；售电侧改革试点已有 9 个省（区、市）获批；输配电价改革试点已有 32 个省级电网和 1 个区域电网获批，覆盖至除西藏和香港、澳门、台湾以外的全部省（区、市）。

电力改革试点情况

类别	数量	省（区、市）
电力改革综合试点	21 个	云南、贵州、山西、广西、北京、海南、甘肃、河南、新疆、山东、湖北、四川、辽宁、陕西、安徽、宁夏、上海、内蒙古、湖南、天津、青海

续表

类别	数量	省（区、市）
输配电价改革试点	32个省级电网和1个区域电网	蒙西、安徽、湖北、宁夏、云南、贵州、北京、天津、冀南、冀北、山西、陕西、江西、湖南、四川、重庆、广东、广西、蒙东、辽宁、吉林、黑龙江、上海、江苏、浙江、福建、山东、河南、海南、甘肃、青海、新疆；华北区域电网
售电侧改革试点	9个	重庆、广东、新疆、福建、黑龙江、河北、浙江、吉林、江西
增量配电业务试点	105项	全国

中国首次实现大规模通过跨区输电通道直接交易

2016年1月29日，北京电力交易中心组织山东30家电力用户和陕西、甘肃、青海、宁夏824家发电企业通过银东直流开展了直接交易，达成交易电量90亿kWh，这是北京电力交易中心组建后开展的首次市场化跨区跨省交易，也是中国电力用户首次大规模通过跨区输电通道与发电企业达成的直接交易，是促进形成市场化跨区跨省交易机制的重要探索。

此次参与的为山东省内符合国家产业政策的30家优质电力用户，发电企业涉及482家太阳能发电、272家风电及70家火电企业。此次交易成交电量中超过两成为西北的风电和太阳能发电，使东部用户享受到了西部清洁、经济的电能，用市场化方式促进了能源资源的大范围优化配置。

电 力 规 划

能源发展"十三五"规划（摘要）

前 言 （略）

第一章 发展基础与形势 （略）

第二章 指导方针和目标

一、指导思想 （略）

二、基本原则 （略）

三、政策取向 （略）

四、主要目标

按照"十三五"规划《纲要》总体要求，综合考虑安全、资源、环境、技术、经济等因素，2020年能源发展主要目标是：

——能源消费总量。能源消费总量控制在50亿t标准煤以内，煤炭消费总量控制在41亿t以内。全社会用电量预期为6.8万亿~7.2万亿kWh。

——能源安全保障。能源自给率保持在80%以上，增强能源安全战略保障能力，提升能源利用效率，提高能源清洁替代水平。

——能源供应能力。保持能源供应稳步增长，国内一次能源生产量约40亿t标准煤，其中煤炭39亿t、原油2亿t、天然气2200亿m^3、非化石能源7.5亿t标准煤。发电装机容量20亿kW左右。

——能源消费结构。非化石能源消费比重提高到15%以上，天然气消费比重力争达到10%，煤炭消费比重降低到58%以下。发电用煤占煤炭消费比重提高到55%以上。

——能源系统效率。单位国内生产总值能耗比2015年下降15%，煤电平均供电煤耗下降到每千瓦时310g标准煤以下，电网线损率控制在6.5%以内。

——能源环保低碳。单位国内生产总值二氧化碳排放比2015年下降18%。能源行业环保水平显著提高，燃煤电厂污染物排放显著降低，具备改造条件的煤电机组全部实现超低排放。

——能源普遍服务。能源公共服务水平显著提高，实现基本用能服务便利化，城乡居民人均生活用电水平差距显著缩小。

第三章 主 要 任 务

一、高效智能，着力优化能源系统

以提升能源系统综合效率为目标，优化能源开发布局，加强电力系统调峰能力建设，实施需求侧响应能力提升工程，推动能源生产供应集成优化，构建多能互补、供需协调的智慧能源系统。

优化能源开发布局。根据国家发展战略，结合全国主体功能区规划和大气污染防治要求，充分考虑产业转移与升级、资源环境约束和能源流转成本，全面系统优化能源开发布局。能源资源富集地区合理控制大型能源基地开发规模和建设时序，创新开发利用模式，提高就地消纳比例，根据目标市场落实情况推进外送通道建设。能源消费地区因地制宜发展分布式能源，降低对外来能源调入的依赖。充分发挥市场配置资源的决定性作用和更好发挥政府作用，以供需双方自主衔接为基础，合理优化配置能源资源，处理好清洁能源充分消纳战略与区域间利益平衡的关系，有效化解弃风、弃光、弃水和部分输电通道闲置等资源浪费问题，全面提升能源系统效率。

加强电力系统调峰能力建设。加快大型抽水蓄能电站、龙头水电站、天然气调峰电站等优质调峰电源建设，加大既有热电联产机组、燃煤发电机组调峰灵活性改造力度，改善电力系统调峰性能，减少冗余装机和运行成本，提高可再生能源消纳能力。积极开展储能示范工程建设，推动储能系统与新能源、电力系统协调优化运行。推进电力系统运行模式变革，实施节能低碳调度机制，加快电力现货市场及电力辅助服务市场建设，合理补偿电力调峰成本。

实施能源需求响应能力提升工程。坚持需求侧与供给侧并重，完善市场机制及技术支撑体系，实施"能效电厂""能效储气库"建设工程，逐步完善价格机制，引导电力、天然气用户自主参与调峰、错峰，增强需求响应能力。以智能电网、能源微网、电动汽车和储能等技术为支撑，大力发展分布式能源网络，增强用户参与能源供应和平衡调节的灵活性和适应能力。积极推行合同能源管理、综合节能服务等市场化机制和新型商业模式。

实施多能互补集成优化工程。加强终端供能系统统筹规划和一体化建设，在新城镇、新工业园区、新建大型公用设施（机场、车站、医院、学校等）、商务区和海岛地区等新增用能区域，实施终端一体化集成供能工程，因地制宜推广天然气热电冷三联供、分布式再生能源发电、地热能供暖制冷等供能模式，加强热、电、冷、气等能源生产耦合集成和互补利用。在既有工业园区等用能区域，推进能源综合梯级利用改造，推广应用上述供能模式，加强余热余压、工业副产品、生活垃圾等能源资源回收及综合利用。利用大型综合能源基地风能、太阳能、水能、煤炭、天然气等资源组合优势，推进风光水火储多能互补工程建设运行。

积极推动"互联网＋"智慧能源发展。加快推进能源全领域、全环节智慧化发展，实施能源生产和利用设施智能化改造，推进能源监测、能量计量、调度运行和管理智能化体系建设，提高能源发展可持续自适应能力。加快智能电网发展，积极推进智能变电站、智能调度系统建设，扩大智能电能表等智能计量设施、智能信息系统、智能用能设施应用范围，提高电网与发电侧、需求侧交互响应能力。推进能源与信息、材料、生物等领域新技术深度融合，统筹能源与通信、交通等基础设施建设，构建能源生产、输送、使用和储能体系协调发展、集成互补的能源互联网。

二、节约低碳，推动能源消费革命

坚持节约优先，强化引导和约束机制，抑制不合理能源消费，提升能源消费清洁化水平，逐步构建节约高效、清洁低碳的社会用能模式。

实施能源消费总量和强度"双控"。把能源消费总量和能源消费强度作为经济社会发展重要约束性指标，建立指标分解落实机制。调整产业结构，综合运用经济、法律等手段，切实推进工业、建筑、交通等重点领域节能减排，通过淘汰落后产能、加快传统产业升级改造和培育新动能，提高能源效率。加强重点行业能效管理，推动重点企业能源管理体系建设，提高用能设备能效水平，严格钢铁、电解铝、水泥等高耗能行业产品能耗标准。

开展煤炭消费减量行动。严控煤炭消费总量，京津冀鲁、长三角和珠三角等区域实施减煤量替代，其他重点区域实施等煤量替代。提升能效环保标准，积极推进钢铁、建材、化工等高耗煤行业节能减排改造。全面实施散煤综合治理，逐步推行天然气、电力、洁净型煤及可再生能源等清洁能源替代民用散煤，实施工业燃煤锅炉和窑炉改造提升工程，散煤治理取得明显进展。

拓展天然气消费市场。积极推进天然气价格改革，推动天然气市场建设，探索建立合理气、电价格联动机制，降低天然气综合使用成本，扩大天然气消费规模。稳步推进天然气接收和储运设施公平开放，鼓励大用户直供。合理布局天然气销售网络和服务设施，以民用、发电、交通和工业等领域为着力点，实施天然气消费提升行动。以京津冀及周边地区、长三角、珠三角、东北地区为重点，推进重点城市"煤改气"工程。加快建设天然气分布式能源项目和天然气调峰电站。2020年气电装机规模达到1.1亿kW。

实施电能替代工程。积极推进居民生活、工业与农业生产、交通运输等领域电能替代。推广电锅炉、电窑炉、电采暖等新型用能方式，以京津冀及周边地区为重点，加快推进农村采暖电能替代，在新能源富集地区利用低谷余电实施储能供暖。提高铁路电气化率，适度超前建设电动汽车充电设施，大力发展港口岸电、机场桥电系统，促进交通运输"以电代油"。到2020年电能在终端能源消费中的比重提高到27%

以上。

开展成品油质量升级专项行动。2017 年起全面使用国五标准车用汽柴油，抓紧制定发布国六标准车用汽柴油标准，力争 2019 年全面实施。加快推进普通柴油、船用燃料油质量升级，推广使用生物质燃料等清洁油品，提高煤制燃料战略储备能力。加强车船尾气排放与净化设施改造监管，确保油机协同升级。

创新生产生活用能模式。实施工业节能、绿色建筑、绿色交通等清洁节能行动。健全节能标准体系，大力开发、推广节能高效技术和产品，实现重点用能行业、设备节能标准全覆盖。推行重点用能行业能效"领跑者"制度和对标达标考核制度。积极创建清洁能源示范省（区、市）、绿色能源示范市（县）、智慧能源示范镇（村、岛）和绿色园区（工厂），引导居民科学合理用能，推动形成注重节能的生活方式和社会风尚。

三、多元发展，推动能源供给革命

推动能源供给侧结构性改革，以五大国家综合能源基地为重点优化存量，把推动煤炭等化石能源清洁高效开发利用作为能源转型发展的首要任务，同时大力拓展增量，积极发展非化石能源，加强能源输配网络和储备应急设施建设，加快形成多轮驱动的能源供应体系，着力提高能源供应体系的质量和效率。

着力化解和防范产能过剩。坚持转型升级和淘汰落后相结合，综合运用市场和必要的行政手段，提升存量产能利用效率，从严控制新增产能，支持企业开展产能国际合作，推动市场出清，多措并举促进市场供需平衡。加强市场监测预警，强化政策引导，主动防范风险，促进产业有序健康发展。

——煤炭。严格控制审批新建煤矿项目、新增产能技术改造项目和生产能力核增项目，确需新建煤矿的，实行减量置换。运用市场化手段以及安全、环保、技术、质量等标准，加快淘汰落后产能和不符合产业政策的产能，积极引导安全无保障、资源枯竭、赋存条件差、环境污染重、长期亏损的煤矿产能有序退出，推进企业兼并重组，鼓励煤、电、化等上下游产业一体化经营。实行煤炭产能登记公告制度，严格治理违法违规煤矿项目建设，控制超能力生产。"十三五"期间，停缓建一批在建煤矿项目，14 个大型煤炭基地生产能力达到全国的 95% 以上。

——煤电。优化规划建设时序，加快淘汰落后产能，促进煤电清洁高效发展。建立煤电规划建设风险预警机制，加强煤电利用小时数监测和考核，与新上项目规模挂钩，合理调控建设节奏。"十三五"前两年暂缓核准电力盈余省份中除民生热电和扶贫项目之

外的新建自用煤电项目，采取有力措施提高存量机组利用率，使全国煤电机组平均利用小时数达到合理水平；后三年根据供需形势，按照国家总量控制要求，合理确定新增煤电规模，有序安排项目开工和投产时序。民生热电联产项目以背压式机组为主。提高煤电能耗、环保等准入标准，加快淘汰落后产能，力争关停 2000 万 kW。2020 年煤电装机规模力争控制在 11 亿 kW 以内。

全面实施燃煤机组超低排放与节能改造，推广应用清洁高效煤电技术，严格执行能效环保标准，强化发电厂污染物排放监测。2020 年煤电机组平均供电煤耗控制在 310g/kWh 以下，其中新建机组控制在 300g/kWh 以下，二氧化硫、氮氧化物和烟尘排放浓度分别不高于 35、50、10mg/m³。

——煤炭深加工。按照国家能源战略技术储备和产能储备示范工程的定位，合理控制发展节奏，强化技术创新和市场风险评估，严格落实环保准入条件，有序发展煤炭深加工，稳妥推进煤制燃料、煤制烯烃等升级示范，增强项目竞争力和抗风险能力。严格执行能效、环保、节水和装备自主化等标准，积极探索煤炭深加工与炼油、石化、电力等产业有机融合的创新发展模式，力争实现长期稳定高水平运行。"十三五"期间，煤制油、煤制天然气生产能力达到 1300 万 t 和 170 亿 m³ 左右。

鼓励煤矸石、矿井水、煤矿瓦斯等煤炭资源综合利用，提升煤炭资源附加值和综合利用效率。采用先进煤化工技术，推进低阶煤中低温热解、高铝粉煤灰提取氧化铝等煤炭分质梯级利用示范项目建设。积极推广应用清洁煤技术，大力发展煤炭洗选加工，2020 年原煤入选率达到 75% 以上。

——炼油。加强炼油能力总量控制，淘汰能耗高、污染重的落后产能，适度推进先进产能建设。严格项目准入标准，防止以重油深加工等名义变相增加炼油能力。积极开展试点示范，推进城市炼厂综合治理，加快产业改造升级，延长炼油加工产业链，增加供应适销对路、附加值高的下游产品，提高产业智能制造和清洁高效水平。

推进非化石能源可持续发展。统筹资源、环境和市场条件，超前布局、积极稳妥推进建设周期长、配套要求高的水电和核电项目，实现接续滚动发展。坚持集中开发与分散利用并举，调整优化开发布局，全面协调推进风电开发，推动太阳能多元化利用，因地制宜发展生物质能、地热能、海洋能等新能源，提高可再生能源发展质量和在全社会总发电量中的比重。

——常规水电。坚持生态优先、统筹规划、梯级开发，有序推进流域大型水电基地建设，加快建设龙头水电站，控制中小水电开发。在深入开展环境影响

评价、确保环境可行的前提下,科学安排金沙江、雅砻江、大渡河等大型水电基地建设时序,合理开发黄河上游等水电基地,深入论证西南水电接续基地建设。创新水电开发运营模式,探索建立水电开发收益共享长效机制,保障库区移民合法权益。2020年常规水电规模达到3.4亿kW,"十三五"新开工规模6000万kW以上。

发挥现有水电调节能力和水电外送通道、周边联网通道输电潜力,优化调度运行,促进季节性水电合理消纳。加强四川、云南等弃水问题突出地区水电外送通道建设,扩大水电消纳范围。

——核电。安全高效发展核电,在采用我国和国际最新核安全标准、确保万无一失的前提下,在沿海地区开工建设一批先进三代压水堆核电项目。加快堆型整合步伐,稳妥解决堆型多、堆型杂的问题,逐步向自主三代主力堆型集中。积极开展内陆核电项目前期论证工作,加强厂址保护。深入实施核电重大科技专项,开工建设CAP1400示范工程,建成高温气冷堆示范工程。加快论证并推动大型商用乏燃料后处理厂建设。适时启动智能小型堆、商业快堆、60万kW级高温气冷堆等自主创新示范项目,推进核能综合利用。实施核电专业人才队伍建设行动,加强核安全监督、核电操作人员及设计、建造、工程管理等关键岗位人才培养,完善专业人才梯队建设,建立多元化人才培养渠道。2020年运行核电装机容量力争达到5800万kW,在建核电装机容量达到3000万kW以上。

——风电。坚持统筹规划、集散并举、陆海齐进、有效利用。调整优化风电开发布局,逐步由"三北"地区为主转向中东部地区为主,大力发展分散式风电,稳步建设风电基地,积极开发海上风电。加大中东部地区和南方地区资源勘探开发,优先发展分散式风电,实现低压侧上网就近消纳。稳步推进"三北"地区风电基地建设,统筹本地市场消纳和跨区输送能力,控制开发节奏,将弃风率控制在合理水平。加快完善风电产业服务体系,切实提高产业发展质量和市场竞争力。2020年风电装机规模达到2.1亿kW以上,风电与煤电上网电价基本相当。

——太阳能。坚持技术进步、降低成本、扩大市场、完善体系。优化太阳能开发布局,优先发展分布式光伏发电,扩大"光伏+"多元化利用,促进光伏规模化发展。稳步推进"三北"地区光伏电站建设,积极推动光热发电产业化发展。建立弃光率预警考核机制,有效降低光伏电站弃光率。2020年,太阳能发电规模达到1.1亿kW以上,其中分布式光伏6000万kW、光伏电站4500万kW、光热发电500万kW,

光伏发电力争实现用户侧平价上网。

——生物质能及其他。积极发展生物质液体燃料、气体燃料、固体成型燃料。推动沼气发电、生物质气化发电,合理布局垃圾发电。有序发展生物质直燃发电、生物质耦合发电,因地制宜发展生物质热电联产。加快地热能、海洋能综合开发利用。2020年生物质能发电装机规模达到1500万kW左右,地热能利用规模达到7000万t标准煤以上。

夯实油气资源供应基础。继续加强国内常规油气资源勘探开发,加大页岩气、页岩油、煤层气等非常规油气资源调查评价,积极扩大规模化开发利用,立足国内保障油气战略资源供应安全。

——石油。加强国内勘探开发,促进石油增储稳产。深化精细勘探开发,延缓东部石油基地产量衰减,实现西部鄂尔多斯、塔里木、准噶尔三大石油基地增储稳产。加强海上石油基地开发,积极稳妥推进深水石油勘探开发。支持鄂尔多斯、松辽、渤海湾等地区超低渗油、稠油、致密油等低品位资源和页岩油、油砂等非常规资源勘探开发和综合利用。"十三五"期间,石油新增探明储量50亿t左右,年产量2亿t左右。

——天然气。坚持海陆并进,常非并举。推进鄂尔多斯、四川、塔里木气区持续增产,加大海上气区勘探开发力度。以四川盆地及周缘为重点,加强南方海相页岩气勘探开发,积极推进重庆涪陵、四川长宁—威远、云南昭通、陕西延安等国家级页岩气示范区建设,推动其他潜力区块勘探开发。建设沁水盆地、鄂尔多斯盆地东缘和贵州毕水兴等煤层气产业化基地,加快西北煤层气资源勘查,推进煤矿区瓦斯规模化抽采利用。积极开展天然气水合物勘探,优选一批勘探远景目标区。2020年常规天然气产量达到1700亿m^3,页岩气产量达到300亿m^3,煤层气(煤矿瓦斯)利用量达到160亿m^3。

补齐能源基础设施短板。按照系统安全、流向合理、优化存量、弥补短板的原则,稳步有序推进跨省区电力输送通道建设,完善区域和省级骨干电网,加强配电网建设改造,着力提高电网利用效率。科学规划、整体布局,统筹推进油气管网建设,增强区域间协调互济供给能力和终端覆盖能力。加强能源储备应急体系建设。

——电网。坚持分层分区、结构清晰、安全可控、经济高效的发展原则,充分论证全国同步电网格局,进一步调整完善电网主网架。根据目标市场落实情况,稳步推进跨省区电力输送通道建设,合理确定通道送电规模。有序建设大气污染防治重点输电通道,积极推进大型水电基地外送通道建设,优先解决云南、四川弃水和东北地区窝电问题。探索建立灵活可调节的跨区输电价格形成机制，优化电力资源配置。进一步优化完善区域和省级电网主网架，充分挖掘既有电网输送潜力，示范应用柔性直流输电，加快突破电网平衡和自适应等运行控制技术，着力提升电网利用效率。加大投资力度，全面实施城乡配电网建设改造行动，打造现代配电网，鼓励具备条件地区开展多能互补集成优化的微电网示范应用。"十三五"期间新增跨省区输电能力1.3亿kW左右。

——油气管网。统筹油田开发、原油进口和炼厂建设布局，以长江经济带和沿海地区为重点，加强区域管道互联互通，完善沿海大型原油接卸码头和陆上接转通道，加快完善东北、西北、西南陆上进口通道，提高管输原油供应能力。按照"北油南下、西油东运、就近供应、区域互联"的原则，优化成品油管输流向，鼓励企业间通过油品资源串换等方式，提高管输效率。按照"西气东输、北气南下、海气登陆、就近供应"的原则，统筹规划天然气管网，加快主干管网建设，优化区域性支线管网建设，打通天然气利用"最后一公里"，实现全国主干管网及区域管网互联互通。优化沿海液化天然气（LNG）接收站布局，在环渤海、长三角、东南沿海地区，优先扩大已建LNG接收站储转能力，适度新建LNG接收站。加强油气管网运行维护，提高安全环保水平。2020年，原油、成品油管道总里程分别达到3.2万km和3.3万km，年输油能力分别达到6.5亿t和3亿t；天然气管道总里程达到10万km，干线年输气能力超过4000亿m³。

——储备应急设施。加快石油储备体系建设，全面建成国家石油储备二期工程，启动后续项目前期工作，鼓励商业储备，合理提高石油储备规模。加大储气库建设力度，加快建设沿海LNG和城市储气调峰设施。推进大型煤炭储配基地和煤炭物流园区建设，完善煤炭应急储备体系。

四、创新驱动，推动能源技术革命

深入实施创新驱动发展战略，推动大众创业、万众创新，加快推进能源重大技术研发、重大装备制造与重大示范工程建设，超前部署重点领域核心技术集中攻关，加快推进能源技术革命，实现我国从能源生产消费大国向能源科技装备强国转变。

加强科技创新能力建设。加强能源科技创新体系顶层设计，完善科技创新激励机制，统筹推进基础性、综合性、战略性能源科技研发，提升能源科技整体竞争力，培育更多能源技术优势并加快转化为经济优势。深入推进能源领域国家重大专项工程。整合现有科研力量，建设一批能源创新中心和实验室。进一步激发能源企业、高校及研究机构的创新潜能，推动

大众创业、万众创新，鼓励加强合作，建立一批技术创新联盟，推进技术集成创新。强化企业创新主体地位，健全市场导向机制，加快技术产业化应用，打造若干具有国际竞争力的科技创新型能源企业。依托现有人才计划，强化人才梯队建设，培育一批能源科技领军人才与团队。

推进重点技术与装备研发。坚持战略导向，以增强自主创新能力为着力点，围绕油气资源勘探开发、化石能源清洁高效转化、可再生能源高效开发利用、核能安全利用、智慧能源、先进高效节能等领域，应用推广一批技术成熟、市场有需求、经济合理的技术，示范试验一批有一定技术积累但工艺和市场有待验证的技术，集中攻关一批前景广阔的技术，加速科技创新成果转化应用。加强重点领域能源装备自主创新，重点突破能源装备制造关键技术、材料和零部件等瓶颈，加快形成重大装备自主成套能力，推动可再生能源上游制造业加快智能制造升级，提升全产业链发展质量和效益。

实施科技创新示范工程。发挥我国能源市场空间大、工程实践机会多的优势，加大资金、政策扶持力度，重点在油气勘探开发、煤炭加工转化、高效清洁发电、新能源开发利用、智能电网、先进核电、大规模储能、柔性直流输电、制氢等领域，建设一批创新示范工程，推动先进产能建设，提高能源科技自主创新能力和装备制造国产化水平。

五、公平效能，推动能源体制革命

坚持市场化改革方向，理顺价格体系，还原能源商品属性，充分发挥市场配置资源的决定性作用和更好发挥政府作用，深入推进能源重点领域和关键环节改革，着力破除体制机制障碍，构建公平竞争的能源市场体系，为提高能源效率、推进能源健康可持续发展营造良好制度环境。

完善现代能源市场。加快形成统一开放、竞争有序的现代能源市场体系。放开竞争性领域和环节，实行统一市场准入制度，推动能源投资多元化，积极支持民营经济进入能源领域。健全市场退出机制。加快电力市场建设，培育电力辅助服务市场，建立可再生能源配额制及绿色电力证书交易制度。推进天然气交易中心建设。培育能源期货市场。开展用能权交易试点，推动建设全国统一的碳排放交易市场。健全能源市场监管机制，强化自然垄断业务监管，规范竞争性业务市场秩序。

推进能源价格改革。按照"管住中间、放开两头"的总体思路，推进能源价格改革，建立合理反映能源资源稀缺程度、市场供求关系、生态环境价值和代际补偿成本的能源价格机制，妥善处理和逐步减少交叉补贴，充分发挥价格杠杆调节作用。放开电力、

油气等领域竞争性环节价格，严格监管和规范电力、油气输配环节政府定价，研究建立有效约束电网和油气管网单位投资和成本的输配价格机制，实施峰谷分时价格、季节价格、可中断负荷价格、两部制价格等科学价格制度，完善调峰、调频、备用等辅助服务价格制度，推广落实气、电价格联动机制。研究建立有利于激励降低成本的财政补贴和电价机制，逐步实现风电、光伏发电上网电价市场化。

深化电力体制改革。按照"准许成本加合理收益"的原则，严格成本监管，合理制定输配电价。加快建立相对独立、运行规范的电力交易机构，改革电网企业运营模式。有序放开除公益性调节性以外的发用电计划和配电增量业务，鼓励以混合所有制方式发展配电业务，严格规范和多途径培育售电市场主体。全面放开用户侧分布式电力市场，实现电网公平接入，完善鼓励分布式能源、智能电网和能源微网发展的机制和政策，促进分布式能源发展。积极引导和规范电力市场建设，有效防范干预电力市场竞争、随意压价等不规范行为。

推进油气体制改革。出台油气体制改革方案，逐步扩大改革试点范围。推进油气勘探开发制度改革，有序放开油气勘探开发、进出口及下游环节竞争性业务，研究推动网运分离。实现管网、接收站等基础设施公平开放接入。

加强能源治理能力建设。进一步转变政府职能，深入推进简政放权、放管结合、优化服务改革，加强规划政策引导，健全行业监管体系。适应项目审批权限下放新要求，创新项目管理机制，推动能源建设项目前期工作由政府主导、统一实施，建设项目经充分论证后纳入能源规划，通过招投标等市场机制选择投资主体。

深入推进政企分开，逐步剥离由能源企业行使的管网规划、系统接入、运行调度、标准制定等公共管理职能，由政府部门或委托第三方机构承担。强化能源战略规划研究，组织开展能源发展重大战略问题研究，提升国家能源战略决策能力。

健全能源标准、统计和计量体系，修订和完善能源行业标准，构建国家能源大数据研究平台，综合运用互联网、大数据、云计算等先进手段，加强能源经济形势分析研判和预测预警，显著提高能源数据统计分析和决策支持能力。

六、互利共赢，加强能源国际合作

统筹国内国际两个大局，充分利用两个市场、两种资源，全方位实施能源对外开放与合作战略，抓住"一带一路"建设重大机遇，推动能源基础设施互联互通，加大国际产能合作，积极参与全球能源治理。

推进能源基础设施互联互通。加快推进能源合作项目建设，促进"一带一路"沿线国家和地区能源基础设施互联互通。研究推进跨境输电通道建设，积极开展电网升级改造合作。

加大国际技术装备和产能合作。加强能源技术、装备与工程服务国际合作，深化合作水平，促进重点技术消化、吸收再创新。鼓励以多种方式参与境外重大电力项目，因地制宜参与有关新能源项目投资和建设，有序开展境外电网项目投资、建设和运营。

积极参与全球能源治理。务实参与二十国集团、亚太经合组织、国际能源署、国际可再生能源署、能源宪章等国际平台和机构的重大能源事务及规则制订。加强与东南亚国家联盟、阿拉伯国家联盟、上海合作组织等区域机构的合作，通过基础设施互联互通、市场融合和贸易便利化措施，协同保障区域能源安全。探讨构建全球能源互联网。

七、惠民利民，实现能源共享发展

全面推进能源惠民工程建设，着力完善用能基础设施，精准实施能源扶贫工程，切实提高能源普遍服务水平，实现全民共享能源福利。

完善居民用能基础设施。推进新一轮农村电网改造升级工程，实施城市配电网建设改造行动，强化统一规划，健全技术标准，适度超前建设，促进城乡网源协调发展。统筹电网升级改造与电能替代，满足居民采暖领域电能替代。积极推进棚户区改造配套热电联产机组建设。加快天然气支线管网建设，扩大管网覆盖范围。在天然气管网未覆盖地区推进液化天然气、压缩天然气、液化石油气直供，保障民生用气。推动水电气热计量器具智能化升级改造，加强能源资源精细化管理。积极推进城市地下综合管廊建设，鼓励能源管网与通信、供水等管线统一规划、设计和施工，促进城市空间集约化利用。

精准实施能源扶贫工程。在革命老区、民族地区、边疆地区、集中连片贫困地区，加强能源规划布局，加快推进能源扶贫项目建设。调整完善能源开发收益分配机制，增强贫困地区自我发展"造血功能"。继续强化定点扶贫，加大政府、企业对口支援力度，重点实施光伏、水电、天然气开发利用等扶贫工程。

提高能源普遍服务水平。完善能源设施维修和技术服务站，培育能源专业化服务企业，健全能源资源公平调配和应急响应机制，保障城乡居民基本用能需求，降低居民用能成本，促进能源军民深度融合发展，增强普遍服务能力。提高天然气供给普及率，全面释放天然气民用需求，2020年城镇气化率达到57%，用气人口达到4.7亿。支持居民以屋顶光伏发电等多种形式参与清洁能源生产，增加居民收入，共享能源发展成果。

大力发展农村清洁能源。采取有效措施推进农村地区太阳能、风能、小水电、农林废弃物、养殖场废弃物、地热能等可再生能源开发利用，促进农村清洁用能，加快推进农村采暖电能替代。鼓励分布式光伏发电与设施农业发展相结合，大力推广应用太阳能热水器、小风电等小型能源设施，实现农村能源供应方式多元化，推进绿色能源乡村建设。

第四章 保障措施（略）

可再生能源发展"十三五"规划（摘要）

前 言（略）

一、发展基础和形势（略）
二、指导思想和基本原则（略）
三、发展目标

为实现 2020、2030 年非化石能源占一次能源消费比重分别达到 15％、20％的能源发展战略目标，进一步促进可再生能源开发利用，加快对化石能源的替代进程，改善可再生能源经济性，提出主要指标如下：

（1）可再生能源总量指标。到 2020 年，全部可再生能源年利用量 7.3 亿 t 标准煤。其中，商品化可再生能源利用量 5.8 亿 t 标准煤。

（2）可再生能源发电指标。到 2020 年，全部可再生能源发电装机容量 6.8 亿 kW，发电量 1.9 万亿 kWh，占全部发电量的 27％。

（3）可再生能源供热和燃料利用指标。到 2020 年，各类可再生能源供热和民用燃料总计约替代化石能源 1.5 亿 t 标准煤。

（4）可再生能源经济性指标。到 2020 年，风电项目电价可与当地燃煤发电同平台竞争，光伏项目电价可与电网销售电价相当。

（5）可再生能源并网运行和消纳指标。结合电力市场化改革，到 2020 年，基本解决水电弃水问题，限电地区的风电、太阳能发电年度利用小时数全面达到全额保障性收购的要求。

（6）可再生能源指标考核约束机制指标。建立各省（自治区、直辖市）一次能源消费总量中可再生能源比重及全社会用电量中消纳可再生能源电力比重的指标管理体系。到 2020 年，各发电企业的非水可再生能源发电量与燃煤发电量的比重应显著提高。

四、主要任务

"十三五"时期，要通过不断完善可再生能源扶持政策，创新可再生能源发展方式和优化发展布局，加快促进可再生能源技术进步和成本降低，进一步扩大可再生能源应用规模，提高可再生能源在能源消费中的比重，推动我国能源结构优化升级。

（一）积极稳妥发展水电

积极推进水电发展理念创新，坚持开发与保护、建设与管理并重，不断完善水能资源评价，加快推进水电规划研究论证，统筹水电开发进度与电力市场发展，以西南地区主要河流为重点，积极有序推进大型水电基地建设，合理优化控制中小流域开发，确保水电有序建设、有效消纳。统筹规划，合理布局，加快抽水蓄能电站建设。

（1）积极推进大型水电基地建设。在做好环境保护、移民安置工作和统筹电力市场的基础上，继续做好金沙江中下游、雅砻江、大渡河等水电基地建设工作；适应能源转型发展需要，优化开发黄河上游水电基地。到 2020 年，基本建成长江上游、黄河上游、乌江、南盘江红水河、雅砻江、大渡河六大水电基地，总规模超过 1 亿 kW。积极推进金沙江上游等水电基地开发，着力打造藏东南"西电东送"接续基地。"十三五"期间，新增投产常规水电 4000 万 kW，新开工常规水电 6000 万 kW。

加快推进雅砻江两河口、大渡河双江口等调节性能好的控制性水库建设，加快金沙江中游龙头水库研究论证，积极推进龙盘水电站建设，提高流域水电质量和开发效益。统筹协调水电开发和电网建设，加快推动配套送出工程建设，完善水电市场消纳协调机制，促进水能资源跨区优化配置，着力解决水电弃水问题。

（2）转变观念优化控制中小流域开发。落实生态文明建设要求，统筹全流域、干支流开发与保护工作，按照流域内干流开发优先、支流保护优先的原则，严格控制中小流域、中小水电开发，保留流域必要生境，维护流域生态健康。水能资源丰富、开发潜力大的西部地区重点开发资源集中、环境影响较小的大型河流、重点河段和重大水电基地，严格控制中小水电开发；开发程度较高的东、中部地区原则上不再开发中小水电。弃水严重的四川、云南两省，除水电扶贫工程外，"十三五"暂停小水电和无调节性能的中型水电开发。加强总结中小流域梯级水电站建设管理经验，开展水电开发后评价工作，推行中小流域生态修复。

支持边远缺电离网地区因地制宜、合理适度开发小水电，重点扶持西藏自治区，四川、云南、青海、甘肃四省藏区和少数民族贫困地区小水电扶贫开发工作。"十三五"期间,全国规划新开工小水电 500 万 kW 左右。

(3)加快抽水蓄能发展。坚持"统筹规划、合理布局"的原则,根据各地区核电和新能源开发、区域间电力输送情况及电网安全稳定运行要求,加快抽水蓄能电站建设。抓紧落实规划站点建设条件,加快开工建设一批距离负荷中心近、促进新能源消纳、受端电源支撑的抽水蓄能电站。"十三五"期间新开工抽水蓄能电站约 6000 万 kW,抽水蓄能电站装机容量达到 4000 万 kW。做好抽水蓄能规划滚动调整工作,统筹考虑区域电力系统调峰填谷需要、安全稳定运行要求和站址建设条件,开展部分地区抽水蓄能选点规划启动、调整工作,充分论证系统需求,优选确定规划站点。根据发展需要,适时启动新一轮的全国抽水蓄能规划工作。加强关键技术研究,推动建设海水抽水蓄能电站示范项目。积极推进抽水蓄能电站建设主体多元化,鼓励社会资本投资,加快建立以招标方式确定业主的市场机制。进一步完善抽水蓄能电站运营管理体制和电价形成机制,加快建立抽水蓄能电站辅助服务市场。研究探索抽水蓄能与核能、风能、太阳能等新能源一体化建设运营管理的新模式、新机制。

(4)积极完善水电运行管理机制。研究流域梯级电站水库综合管理体制,建立电站运行协调机制。开展流域综合监测工作,建立流域综合监测平台,构建全流域全过程的实时监测、巡视检查、信息共享、监督管理体系。研究流域梯级联合调度体制机制,统筹考虑综合利用需求,优化水电站运行调度。制定梯级水电站联合优化调度运行规程和技术标准,推动主要流域全面实现梯级联合调度。探索各大流域按照现代企业制度组建统一规范的流域公司,逐步推动建立流域统一电价模式和运营管理机制,充分发挥流域梯级水电开发的整体效益。深化抽水蓄能电站作用、效益形成机制及与新能源电站联合优化运行方案和补偿机制研究,实行区域电网内统一优化调度,建立运行考核机制,确保抽水蓄能电站充分发挥功能效用。

(5)推动水电开发扶贫工作。贯彻落实中央关于发展生产脱贫一批的精神,积极发挥当地资源优势,充分尊重地方和移民意愿,科学谋划,加快推进贫困地区水电重大项目建设,更好地将资源优势转变为经济优势和扶贫优势。进一步完善水电开发移民政策,理顺移民工作体制机制,加强移民社会管理,提升移民安置质量。探索贫困地区水电开发资产收益扶贫制度,建立完善水电开发群众共享利益机制和资源开发收益分配政策,将从发电中提取的资金优先用于本水库移民和库区后续发展,增加贫困地区年度发电指标,提高贫困地区水电工程留成电量比例。研究完善水电开发财政税收政策,探索资产收益扶贫,让当地

和群众从能源资源开发中更多地受益。

(二)全面协调推进风电开发

按照"统筹规划、集散并举、陆海齐进、有效利用"的原则,严格开发建设与市场消纳相统筹,着力推进风电的就地开发和高效利用,积极支持中东部分散风能资源的开发,在消纳市场、送出条件有保障的前提下,有序推进大型风电基地建设,积极稳妥开展海上风电开发建设,完善产业服务体系。到 2020 年底,全国风电并网装机容量确保达到 2.1 亿 kW 以上。

(1)加快开发中东部和南方地区风电。加强中东部和南方地区风能资源勘查,提高低风速风电机组技术和微观选址水平,做好环境保护、水土保持和植被恢复等工作,全面推进中东部和南方地区风能资源的开发利用。结合电网布局和农村电网改造升级,完善分散式风电的技术标准和并网服务体系,考虑资源、土地、交通运输以及施工安装等建设条件,按照"因地制宜、就近接入"的原则,推动分散式风电建设。到 2020 年,中东部和南方地区陆上风电装机规模达到 7000 万 kW,江苏省、河南省、湖北省、湖南省、四川省、贵州省等地区风电装机规模均达到 500 万 kW 以上。

(2)有序建设"三北"大型风电基地。在充分挖掘本地风电消纳能力的基础上,借助"三北"地区已开工建设和明确规划的特高压跨省区输电通道,按照"多能互补、协调运行"的原则,统筹风、光、水、火等各类电源,在落实消纳市场的前提下,最大限度地输送可再生能源,扩大风能资源的配置范围,促进风电消纳。在解决现有弃风问题的基础上,结合电力供需变化趋势,逐步扩大"三北"地区风电开发规模,推动"三北"地区风电规模化开发和高效利用。到 2020 年,"三北"地区风电装机规模确保 1.35 亿 kW 以上,其中本地消纳新增规模约 3500 万 kW。另外,利用跨省跨区通道消纳风电容量 4000 万 kW(含存量项目)。

(3)积极稳妥推进海上风电开发。开展海上风能资源勘测和评价,完善沿海各省(区、市)海上风电发展规划。加快推进已开工海上风电项目建设进度,积极推动后续海上风电项目开工建设,鼓励沿海各省(区、市)和主要开发企业建设海上风电示范项目,带动海上风电产业化进程。完善海上风电开发建设管理政策,加强部门间的协调,规范和精简项目核准手续,完善海上风电价格政策。健全海上风电配套产业服务体系,加强海上风电技术标准、规程规范、设备检测认证、信息监测工作,形成覆盖全产业链的设备制造和开发建设能力。到 2020 年,海上风电开工建设 1000 万 kW,确保建成 500 万 kW。

（4）切实提高风电消纳能力。加强电网规划和建设，有针对性地对重要送出断面、风电汇集站、枢纽变电站进行补强和增容扩建，完善主网架结构，减少因局部电网送出能力或变电容量不足导致的弃风限电问题。充分挖掘电力系统调峰潜力，提升常规煤电机组和供热机组运行灵活性，鼓励通过技术改造提升煤电机组调峰能力，化解冬季供暖期风电与热电的运行矛盾。结合电力体制改革，取消或缩减煤电发电计划，推进燃气机组、燃煤自备电厂参与调峰。优化风电调度运行管理，建立辅助服务市场，加强需求侧管理和用户响应体系建设，提高风电功率预测精度并加大考核力度，在发电计划中留足风电电量空间，合理安排常规电源开机规模和发电计划，将风电纳入电力平衡和开机组合，鼓励风电等可再生能源机组通过参与市场辅助服务和实时电价竞争等方式，逐步提高系统消纳风电的能力。

（三）推动太阳能多元化利用

按照"技术进步、成本降低、扩大市场、完善体系"的原则，促进光伏发电规模化应用及成本降低，推动太阳能热发电产业化发展，继续推进太阳能热利用在城乡应用。到 2020 年底，全国太阳能发电并网装机容量确保实现 1.1 亿 kW 以上。

（1）全面推进分布式光伏和"光伏＋"综合利用工程。继续支持在已建成且具备条件的工业园区、经济开发区等用电集中区域规模化推广屋顶光伏发电系统；积极鼓励在电力负荷大、工商业基础好的中东部城市和工业区周边，按照就近利用的原则建设光伏电站项目；结合土地综合利用，依托农业种植、渔业养殖、林业栽培等，因地制宜创新各类"光伏＋"综合利用商业模式，促进光伏与其他产业有机融合；创新光伏的分布利用模式，在中东部等有条件的地区，开展"人人 1kW 光伏"示范工程，建设光伏小镇和光伏新村。

（2）有序推进大型光伏电站建设。在资源条件好、具备接入电网条件、消纳能力强的中西部地区，在有效解决已有弃光问题的前提下，有序推进光伏电站建设。积极支持在中东部地区，结合环境治理和土地再利用要求，实施光伏"领跑者"计划，促进先进光伏技术和产品应用，加快市场优胜劣汰和光伏上网电价快速下降。在水电资源丰富的地区，利用水电调节能力开展水光互补或联合外送示范。

（3）因地制宜推进太阳能热发电示范工程建设。按照总体规划、分步实施的思路，积极推进太阳能热发电产业进程。太阳能热发电先期发展以示范为主，通过首批太阳能热发电示范工程建设，促进技术进步和规模化发展，带动设备国产化，逐步培育形成产业集成能力。按照先示范后推广的发展原则，及时总结

示范项目建设经验，扩大热发电项目市场规模，推动西部资源条件好、具备消纳条件、生态条件允许地区的太阳能热发电基地建设，充分发挥太阳能热发电的调峰作用，实现与风电、光伏的互补运行。尝试煤电耦合太阳能热发电示范的运行机制。提高太阳能热发电设备技术水平和系统设计能力，提升系统集成能力和产业配套能力，形成我国自主化的太阳能热发电技术和产业体系。到 2020 年，力争建成太阳能热发电项目 500 万 kW。

（4）大力推广太阳能热利用的多元化发展。持续扩大太阳能热利用在城乡的普及应用，积极推进太阳能供暖、制冷技术发展，实现太阳能热水、采暖、制冷系统的规模化利用，促进太阳能与其他能源的互补应用。继续在城镇民用建筑以及广大农村地区普及太阳能热水系统，到 2020 年，太阳能热水系统累计安装面积达到 4.5 亿 m^3。加快太阳能供暖、制冷系统在建筑领域的应用，扩大太阳能热利用技术在工农业生产领域的应用规模。到 2020 年，太阳能热利用集热面积达到 8 亿 m^3。

（5）积极推进光伏扶贫工程。充分利用太阳能资源分布广的特点，重点在前期开展试点的、光照条件好的建档立卡贫困村，以资产收益扶贫和整村推进的方式，建设户用光伏发电系统或村级大型光伏电站，保障 280 万建档立卡无劳动能力贫困户（包括残疾人）每年每户增加收入 3000 元以上；其他光照条件好的贫困地区可按照精准扶贫的要求，因地制宜推进光伏扶贫工程。

（四）加快发展生物质能

按照因地制宜、统筹兼顾、综合利用、提高效率的思路，建立健全资源收集、加工转化、就近利用的分布式生产消费体系，加快生物天然气、生物质能供热等非电利用的产业化发展步伐，提高生物质能利用效率和效益。

（1）加快生物天然气示范和产业化发展。选择有机废弃物资源丰富的种植养殖大县，以县为单位建立产业体系，开展生物天然气示范县建设，推进生物天然气技术进步和工程建设现代化。建立原料收集保障和沼液沼渣有机肥利用体系，建立生物天然气输配体系，形成并入常规天然气管网、车辆加气、发电、锅炉燃料等多元化消费模式。到 2020 年，生物天然气年产量达到 80 亿 m^3，建设 160 个生物天然气示范县。

（2）积极发展生物质能供热。结合用热需求对已投运生物质纯发电项目进行供热改造，提高生物质能利用效率，积极推进生物质热电联产为县城及工业园区供热，形成 20 个以上以生物质热电联产为主的县城供热区域。加快发展技术成熟的生物质成型燃料供

热，推动 20t/h（14MW）以上大型先进低排放生物质成型燃料锅炉供热的应用，污染物排放达到天然气锅炉排放水平，在长三角、珠三角、京津冀鲁等地区工业供热和民用采暖领域推广应用，为工业生产和学校、医院、宾馆、写字楼等公共设施和商业设施提供清洁可再生能源，形成一批生物质清洁供热占优势比重的供热区域。到 2020 年，生物质成型燃料利用量达到 3000 万 t。

（3）稳步发展生物质发电。在做好选址和落实环保措施的前提下，结合新型城镇化建设进程，重点在具备资源条件的地级市及部分县城，稳步发展城镇生活垃圾焚烧发电，到 2020 年，城镇生活垃圾焚烧发电装机容量达到 750 万 kW。根据生物质资源条件，有序发展农林生物质直燃发电和沼气发电，到 2020 年，农林生物质直燃发电装机容量达到 700 万 kW，沼气发电装机容量达到 50 万 kW。到 2020 年，生物质发电总装机容量达到 1500 万 kW，年发电量超过 900 亿 kWh。

（4）推进生物液体燃料产业化发展。稳步扩大燃料乙醇生产和消费。立足国内自有技术力量，积极引进、消化、吸收国外先进经验，大力发展纤维乙醇。结合陈次和重金属污染粮消纳，控制总量发展粮食燃料乙醇。根据资源条件，适度发展木薯、甜高粱等燃料乙醇项目。对生物柴油项目进行升级改造，提升产品质量，满足交通燃料品质需要。加快木质生物质、微藻等非粮原料多联产生物液体燃料技术创新。推进生物质转化合成高品位烯油和生物航空燃料产业化示范应用。到 2020 年，生物液体燃料年利用量达到 600 万 t 以上。

（5）完善促进生物质能发展的政策体系。加强废弃物综合利用，保护生态环境。制定生物天然气、液体燃料优先利用的政策，建立无歧视无障碍并入管网机制，研究建立强制配额机制。完善支持生物质能发展的价格、财税等优惠政策，研究出台生物天然气产品补贴政策，加快生物天然气产业化发展步伐。

（五）加快地热能开发利用

坚持"清洁、高效、可持续"的原则，按照"技术先进、环境友好、经济可行"的总体要求，加快地热能开发利用，加强全过程管理，创新开发利用模式，全面促进地热能资源的合理有效利用。

（1）积极推广地热能热利用。加强地热能开发利用规划与城市总体规划的衔接，将地热供暖纳入城镇基础设施建设，在用地、用电、财税、价格等方面给予地热能开发利用政策扶持。在实施区域集中供暖且地热资源丰富的京津冀豫及毗邻区，在严格控制地下水资源过度开采的前提下，大力推动中深层地热供暖重大项目建设。加大浅层地热能开发利用的推广力度，积极推动技术进步，进一步规范管理，重点在经济发达、夏季制冷需求高的长江经济带地区，特别是苏南地区城市群、重庆、上海、武汉等地区，整体推进浅层地热能重大项目。

（2）有序推进地热发电。综合考虑地质条件、资源潜力及应用方式，在青藏铁路沿线、西藏、四川西部等高温地热资源分布地区，新建若干万千瓦级高温地热发电项目，对西藏羊八井地热电站进行技术升级改造。在东部沿海及油田等中低温地热资源富集地区，因地制宜发展中小型分布式中低温地热发电项目。支持在青藏高原及邻区、京津唐等东部经济发达地区开展深层高温干热岩发电系统关键技术研究和项目示范。

（3）加大地热资源潜力勘察和评价。到 2020 年，基本查清全国地热能资源情况和分布特点，重点在华北地区、长江中下游地区主要城市群及中心城镇开展浅层地热能资源勘探评价，在松辽盆地、河淮盆地、江汉盆地、环鄂尔多斯盆地等未来具有开发前景且勘察程度不高的典型传导型地热区开展中深层地热资源勘察工作，在青藏高原及邻区、东南沿海、河北等典型高温地热系统开展深层地热资源勘察。建立国家地热能资源数据和信息服务体系，完善地热能基础信息数据库，对地热能勘察和开发利用进行系统监测。

（六）推进海洋能发电技术示范应用

结合我国海洋能资源分布及地方区位优势，妥善协调海岸和海岛资源开发利用方案，因地制宜开展海洋能开发利用，使我国海洋能技术和产业迈向国际领先水平。完善海洋能开发利用公共支撑服务平台建设，初步建成山东、浙江、广东、海南等四大重点区域的海洋能示范基地。加强海洋能综合利用技术研发，重点支持百千瓦级波浪能、兆瓦级潮流能示范工程建设，开展小型化、模块化海洋能的能源供给系统研发，争取突破高效转换、高效储能、高可靠设计等瓶颈，形成若干个具备推广应用价值的海洋能综合利用装备产品。开展海岛（礁）海洋能独立电力系统示范工程建设；在浙江、福建等地区启动万千瓦级潮汐能电站建设，为规模化开发海洋能资源奠定基础。

（七）推动储能技术示范应用

配合国家能源战略行动计划，推动储能技术在可再生能源领域的示范应用，实现储能产业在市场规模、应用领域和核心技术等方面的突破。

（1）开展可再生能源领域储能示范应用。结合可再生能源发电、分布式能源、新能源微电网等项目开发和建设，开展综合性储能技术应用示范，通过各种类型储能技术与风电、太阳能等间歇性可再生能源的系统集成和互补利用，提高可再生能源系统的稳定性和电网友好性。重点探索适合可再生能源发展的储能技术类型和开发模式，探索开展储能设施建设的管理体制、激励政策和商业模式。

（2）提升可再生能源领域储能技术的技术经济性。通过示范工程建设培育稳定的可再生能源领域储能市场，重点提升储能系统的安全性、稳定性、可靠性和适用性，逐步完善储能技术标准、检测认证和入网规范，通过下游应用带动上游产品技术创新和成本下降，推动实现储能技术在可再生能源领域的商业化应用。

（八）加强可再生能源产业国际合作

结合经济全球化及国际能源转型趋势，充分发挥我国可再生能源产业比较优势，紧密结合"一带一路"倡议，推进可再生能源产业链全面国际化发展，提升我国可再生能源产业国际竞争水平，积极参与并推动全球能源转型。

（1）加强对话，搭建国际合作交流服务平台。继续加强与重要国际组织及国家间的政策对话和技术合作，充分掌握国际可再生能源发展趋势。整合已有的多边和双边合作机制，建立可再生能源产业国际合作服务和能力建设平台，提供政策对接、规划引领、技术交流、融资互动、风险预警、品牌建设、经验分享等全方位信息和对接服务，有效支撑我国可再生能源产业的国际化发展。

（2）合理布局，参与全球可再生能源市场。紧密结合"一带一路"沿线国家发展规划和建设需求，巩固和深耕传统市场，培养和开拓新兴市场，适时启动一批标志性合作项目，带动可再生能源领域的咨询、设计、承包、装备、运营等企业共同走出去，形成我国企业优势互补、协同国际化发展的良好局面。

（3）提升水平，参与国际标准体系建设。支持企业和相关机构积极参与国际标准的制修订工作，在领先领域主导制修订一批国际标准，提升我国可再生能源产业的技术水平。加大与主要可再生能源市场开展技术标准的交流合作与互认力度，积极运用国际多边互认机制，深度参与国际电工委员会可再生能源认证互认体系（IECRE）合格评定标准、规则的制定、实施和评估，提升我国在国际认证、认可、检测等领域的话语权。

（4）发挥优势，推动全球能源转型发展。充分发挥我国各类援外合作机制的支持条件，共享我国在可再生能源应用领域的政策规划和技术开发经验，为参与全球能源转型的国家，特别是经济技术相对落后的发展中国家，提供能力建设、政策规划等帮助和支持。

五、优化资源配置

充分利用规划、在建和已建输电通道，在科学论证送端电网调峰能力、受端电网可再生能源消纳能力的基础上，尽量提高输送电量中可再生能源电量比例。结合大气污染防治，促进京津冀周边地区可再生能源协同发展，有序推动可再生能源跨省消纳。发挥水电、光热等可再生能源调节能力，促进水电、风电、光伏、光热等可再生能源多能互补和联合外送。

（一）有序推进大型可再生能源基地建设

借助已建的特高压外送输电通道，加快新疆哈密、宁夏宁东等地区配套的可再生能源项目建设，确保2020年前可再生能源项目全部并网发电。结合在建输电通道的建设进度，有序推进甘肃酒泉、内蒙古、山西、新疆准东等可再生能源项目建设，有效扩大消纳范围，最大限度地提高外送可再生能源电量比重。

（二）加强京津冀及周边地区可再生能源协同发展

贯彻落实《大气污染防治行动计划》有关要求，结合"绿色奥运""京津冀一体化"发展战略等，积极推进河北张家口、承德等地区可再生能源基地建设，研究论证并适时推动内蒙古乌兰察布、赤峰等地区可再生能源基地规划建设，加强配套输电通道的规划建设，提高京津冀地区电网协同消纳新能源能力，推广普及可再生能源清洁供暖，实现清洁能源电能替代，显著提高可再生能源在京津冀地区能源消费中的比重。

（三）开展水风光互补基地示范

利用水风光发电出力的互补特性，在不增加弃水的前提下，在西南和西北等水能资源丰富的地区，借助水电站外送通道和灵活调节能力，建设配套的风电和光伏发电项目，协同推进水风光互补示范项目建设。重点推进四川省凉山州风水光互补基地、雅砻江水风光互补基地、金沙江水风光互补基地、贵州省乌江和北盘江流域风水联合运行、青海海南州水风光互补基地等可再生能源基地建设。

（四）论证风光热综合新能源基地规划

在风能、太阳能资源富集地区，统筹考虑送端地区风电、光伏、光热、抽水蓄能等各类资源互补调节能力，研究规划新增外送输电通道，统筹送端资源和受端市场，充分发挥受端调节作用，实现高品质新能源资源在更大范围内的优化配置。研究探索内蒙古阿拉善盟、青海海西州、甘肃金昌武威等地区以可再生能源电量为主的外送方案。

六、创新发展方式

结合电力市场建设和电力体制改革，选择适宜地区开展各类可再生能源示范，探索可再生能源集成技术应用、规模化发展路径及商业运营模式，为加快推动可再生能源利用、替代化石能源消费打下坚实基础。

（一）可再生能源供热示范工程

按照"优先利用、经济高效、多能互补、综合集成"的原则，开展规模化应用的可再生能源供热示范工程。在城镇规划建设过程中，做好区域能源规划与城市发展规划的衔接，树立优先发展可再生能源的理念，将可再生能源供热作为区域能源规划的重要内容。推进建筑领域、工业领域可再生能源供热，启动生物质替代城镇燃料工程，加快供热领域各类可再生能源对化石能源的替代。统筹规划建设和改造热力供应的基础设施，加强配套电网建设与改造，优化设计供热管网，建立可再生能源与传统能源协同互补、梯级利用的综合热能供应体系。到2020年，各类可再生能源供热和民用燃料总计可替代化石能源约1.5亿t标准煤。

（二）区域能源转型示范工程

在继续做好绿色能源示范县、新能源示范城市等工作基础上，支持资源条件好、管理有基础、发展潜力大、示范作用显著的地区，以推进新能源应用、显著提高新能源消费比重为目标，以省级、市级、县级或园区级为单位，开展区域能源转型综合应用示范工程建设，促进新能源技术集成、应用方式和体制机制等多层面的创新，探索建立以可再生能源为主的能源技术应用和综合管理新体系。在"三北"地区开展就近消纳试点，发展与可再生能源配套的高载能工业，探索风电制氢、工业直供电等新型可再生能源开发利用模式。争取到2020年，在一些地区工业、建筑、交通等领域增量或存量的能源消费中，率先实现高比例可再生能源应用。

（三）新能源微电网应用示范工程

为探索建立容纳高比例波动性可再生能源电力的发输（配）储用一体化的局域电力系统，探索电力能源服务的新型商业运营模式和新业态，推动更加具有活力的电力市场化创新发展，最终形成较为完善的新能源微电网技术体系和管理体制，按照"因地制宜、多能互补、技术先进、创新机制"的原则，推进以可再生能源为主、分布式电源多元互补的新能源微电网应用示范工程建设。

七、完善产业体系

逐步完善可再生能源产业体系建设，坚持将科技创新驱动作为促进可再生能源产业持续健康发展的基本动力，不断提高可再生能源利用效率，提升可再生能源使用品质，降低可再生能源项目建设和运行成本，增强可再生能源的技术经济综合竞争力。

（一）加强可再生能源资源勘查工作

根据能源结构调整需要，对重要地区的可再生能源资源量进行调查评价，适时启动河流水能资源开发

后评价工作。全面完成西藏水能资源调查，组织发布四川水力资源复查成果。加大中东部和南方复杂地形区域的低风速风能资源、海域风能资源评价。加大中东部地区分布式光伏、西部和北部地区光热等资源勘查。加强地热能、生物质能、海洋能等新型可再生能源资源勘查工作。及时公布各类可再生能源资源勘查结果，引导和优化项目投资布局。

（二）加快推动可再生能源技术创新

推动可再生能源产业自主创新能力建设，促进技术进步，提高设备效率、性能与可靠性，提升国际竞争力。建设可再生能源综合技术研发平台，建立先进技术公共研发实验室，推动全产业链的原材料、产品制备技术、生产工艺及生产装备国产化水平提升，加快掌握关键技术的研发和设备制造能力。充分发挥企业的研发创新主体作用，加大资金投入，推动产业技术升级，加快推动风电、太阳能发电等可再生能源发电成本的快速下降。

（三）建立可再生能源质量监督管理体系

开展可再生能源电站主体工程及相关设备质量综合评价，定期公开可再生能源电站开发建设和运行安全质量情况。加强可再生能源电站运行数据采集和监控，建立透明公开的覆盖设计、生产、运行全过程的质量监督管理和安全故障预警机制。建立可再生能源行业事故通报机制，及时发布重大事故通报和共性事故的反事故措施。建立政府监管和行业自律相结合的优胜劣汰市场机制，构建公平、公正、开放的招投标市场环境和可再生能源开发建设不良行为负面清单制度。

（四）提高可再生能源运行管理的技术水平

积极推动可再生能源项目的自动化管理水平和技术改造，提高发电能力和对电网的适应性。逐步完善施工、检修、运维等环节的专业化服务，加强后服务市场建设，建立较为完善的产业服务和技术支持体系。大力推动风电、光伏等新能源并网消纳技术研究，重点推动电储能、柔性直流输电等高新技术的示范应用，推动能源结构调整，加强调峰能力建设，挖掘调峰潜力，提高电力系统灵活性。完善电网结构，优化调度运行，加强新能源外送通道的规划建设，提高外送通道利用率，逐步建立可再生能源大规模融入电力系统的新型电力运行机制，实现可再生能源与现有能源系统的深度融合。

（五）完善可再生能源标准检测认证体系

加强可再生能源标准体系的协调发展，形成覆盖资源勘测、工程规划、项目设计、装备制造、检测认证、施工建设、接入电网、运行维护等各环节的可再生能源标准体系。鼓励有关科研院校和企业积极参与可再生能源相关标准的编制修订工作，推进标准体系

与国际接轨。支持检测机构能力建设，加强设备检测和认证平台建设，合理布局可再生能源发电装备产品检测试验中心。提升认证机构业务水平，加快推动可再生能源产业信用体系建设，规范可再生能源发电装备市场秩序。推进认证结果国际互认，为我国可再生能源装备企业参与全球市场提供支持。

（六）提升可再生能源信息化管理水平

建设产业公共服务平台，全面实行可再生能源行业信息化管理，建立和完善全国可再生能源发电项目信息管理平台，全面、系统、及时、准确监测和发布可再生能源发电项目建设和运行信息，为可再生能源行业管理和政策决策提供支撑。充分运用大数据、"互联网＋"等先进理念、技术和资源，建设项目全生命周期信息化管理体系，建设可再生能源发电实证系统、测试系统和数据中心，为产业提供全方位的数据和信息监测服务。

八、保障措施

为落实可再生能源发展的主要任务，实现可再生能源发展目标，采取以下保障措施：

（一）建立可再生能源开发利用目标导向的管理体系

落实《可再生能源法》的要求，按照可再生能源发展规划目标，确定规划期内各地区一次能源消费总量中可再生能源消费比重指标，以及全社会电力消费量中可再生能源电力消费比重指标。抓紧研究有利于可再生能源大规模并网的电力运行机制及技术支撑方案，建立以可再生能源利用指标为导向的能源发展指标考核体系，完善国家及省级间协调机制，按年度分解落实，并对各省（区、市）、电网公司和发电企业可再生能源开发利用情况进行监测，及时向全社会发布并进行考核，以此作为衡量能源转型的基本标准以及推动能源生产和消费革命的重要措施。各级地方政府要按照国家规划要求，制定本地区可再生能源发展规划，并将主要目标和任务纳入地方国民经济和社会发展规划。

（二）贯彻落实可再生能源发电全额保障性收购制度

根据电力体制改革的总体部署，落实可再生能源全额保障性收购制度，按照《可再生能源发电全额保障性收购管理办法》要求，严格执行国家明确的风电、光伏发电的年度保障小时数。加大改革创新力度，推进适应可再生能源特点的电力市场体制机制改革示范，逐步建立新型电力运行机制和电价形成机制，积极探索多部制电价机制。建立煤电调频调峰补偿机制，建立辅助服务市场，激励市场各方提供辅助服务，建立灵活的电力市场机制，实现与常规能源系统的深度融合。

（三）建立可再生能源绿色证书交易机制

根据非化石能源消费比重目标和可再生能源开发利用目标的要求，建立全国统一的可再生能源绿色证书交易机制，进一步完善新能源电力的补贴机制。通过设定燃煤发电机组及售电企业的非水可再生能源配额指标，要求市场主体通过购买绿色证书完成可再生能源配额义务，通过绿色证书市场化交易补偿新能源发电的环境效益和社会效益，逐步将现行差价补贴模式转变为定额补贴与绿色证书收入相结合的新型机制，同时与碳交易市场相对接，降低可再生能源电力的财政资金补贴强度，为最终取消财政资金补贴创造条件。

（四）加强可再生能源监管工作

贯彻落实国务院关于转变职能、简政放权的有关要求，确保权力与责任同步下放、调控与监管同步加强。强化规划、年度计划、部门规章规范性文件和国家标准的指导作用，充分发挥行业监管部门的监管和行业协会的自律作用，打造法规健全、监管闭合、运转高效的管理体制。完善行业信息监测体系，健全产业风险预警防控体系和应急预案机制，完善考核惩罚机制。开展水电流域梯级联合调度运行和综合监测工作，进一步完善新能源项目信息管理，建立覆盖全产业链的信息管理体系，实行重大质量问题和事故报告制度。定期开展可再生能源消纳、补贴资金征收和发放、项目建设进度和工程质量、项目并网接入等专项监管工作。

九、投资估算和环境社会影响分析

（一）投资情况

到2020年，水电新增装机容量约6000万kW，新增投资约5000亿元，新增风电装机容量约8000kW，新增投资约7000亿元，新增各类太阳能发电装机投资约1万亿元。加上生物质发电投资、太阳能热水器、沼气、地热能利用等，"十三五"期间可再生能源新增投资约2.5万亿元。

（二）环境社会影响分析

可再生能源开发利用可替代大量化石能源消耗、减少温室气体和污染物排放、显著增加新的就业岗位，对环境和社会发展起到重要且积极作用。

水电、风电、太阳能发电、太阳能热利用在能源生产过程中不排放污染物和温室气体，而且可显著减少各类化石能源消耗，同时降低煤炭开采的生态破坏和燃煤发电的水资源消耗。农林生物质从生长到最终利用的全生命周期内不增加二氧化碳排放，生物质发电排放的二氧化硫、氮氧化物和烟尘等污染物也远少于燃煤发电。

2020 年，全国可再生能源年利用量折合 7.3 亿 t 标准煤，其中商品化可再生能源利用量 5.8 亿 t 标准煤。届时可再生能源年利用量相当于减少二氧化碳排放量约 14 亿 t，减少二氧化硫排放量约 1000 万 t，减少氮氧化物排放约 430 万 t，减少烟尘排放约 580 万 t，年节约用水约 38 亿 m^3，环境效益显著。

可再生能源产业涉及领域广，可有力带动相关产业发展，可大幅增加新增就业岗位，也是实现脱贫攻坚的重要措施，对宏观经济发展产生积极影响，更是实现经济发展方式转变的重要推动力。2020 年，全国可再生能源部门就业人数超过 1300 万，其中"十三五"时期新增就业人数超过 300 万。

电力发展"十三五"规划 （2016－2020 年）（摘要）

前 言（略）

一、发展基础（略）
二、指导思想、原则和目标
（一）指导思想（略）

（二）基本原则（略）

（三）发展目标

1. 供应能力

为保障全面建成小康社会的电力电量需求，预期 2020 年全社会用电量 6.8 万亿～7.2 万亿 kWh，年均增长 3.6%～4.8%，全国发电装机容量 20 亿 kW，年均增长 5.5%。人均装机突破 1.4kW，人均用电量 5000kWh 左右，接近中等发达国家水平。城乡电气化水平明显提高，电能占终端能源消费比重达到 27%。

考虑到为了避免出现电力短缺影响经济社会发展的情况和电力发展适度超前的原则，在预期 2020 年全社会用电需求的基础上，按照 2000 亿 kWh 预留电力储备，以满足经济社会可能出现加速发展的需要。

2. 电源结构

按照非化石能源消费比重达到 15% 的要求，到 2020 年，非化石能源发电装机容量达到 7.7 亿 kW 左右，比 2015 年增加 2.5 亿 kW 左右，占比约 39%，提高 4 个百分点，发电量占比提到 31%；气电装机容量增加 5000 万 kW，达到 1.1 亿 kW 以上，占比超过 5%；煤电装机容量力争控制在 11 亿 kW 以内，占比降至约 55%。

3. 电网发展

合理布局能源富集地区外送，建设特高压输电和常规输电技术的"西电东送"输电通道，新增规模 1.3 亿 kW，达到 2.7 亿 kW 左右；电网主网架进一步

优化，省间联络线进一步加强，形成规模合理的同步电网。严格控制电网建设成本。全国新增 500kV 及以上交流线路 9.2 万 km，变电容量 9.2 亿 kVA。

基本建成城乡统筹、安全可靠、经济高效、技术先进、环境友好、与小康社会相适应的现代配电网。中心城市（区）智能化建设和应用水平大幅提高，供电可靠率达到 99.99%，综合电压合格率达到 99.97%；城镇地区供电能力及供电安全水平显著提升，供电可靠率达到 99.9%，综合电压合格率达到 98.79%；乡村地区全面解决电网薄弱问题，基本消除"低电压"，供电可靠率达到 99.72%，综合电压合格率达到 97%，户均配电变压器容量不低于 2kVA。为电采暖、港口岸电、充电基础设施等电能替代提供有力支撑。

4. 综合调节能力

抽水蓄能电站装机容量新增约 1700 万 kW，达到 4000 万 kW 左右，单循环调峰气电新增规模 500 万 kW。热电联产机组和常规煤电灵活性改造规模分别达到 1.33 亿 kW 和 8600 万 kW 左右。落实全额保障性收购制度，将弃风、弃光率控制在合理水平。

5. 节能减排

力争淘汰火电落后产能 2000 万 kW 以上。新建燃煤发电机组平均供电煤耗低于 300g/kWh（标准煤），现役燃煤发电机组经改造平均供电煤耗低于 310g/kWh（标准煤）。火电机组二氧化硫和氮氧化物年排放总量均力争下降 50% 以上。30 万 kW 级以上具备条件的燃煤机组全部实现超低排放，煤电机组二氧化碳排放强度下降到 865g/kWh 左右。火电厂废水排放达标率实现 100%。电网综合线损率控制在 6.5% 以内。

6. 民生用电保障

2020 年，电能替代新增用电量约 4500 亿 kWh。力争实现北方大中型以上城市热电联产集中供热率达到 60% 以上，逐步淘汰管网覆盖范围内的燃煤供热小锅炉。完成全国小城镇和中心村农网改造升级、贫困村通动力电，实现平原地区机井用电全覆盖，东部地区基本实现城乡供电服务均等化，中西部地区城乡供电服务差距大幅缩小，贫困及偏远少数民族地区农村电网基本满足生产生活需要。

三、重点任务
（一）积极发展水电，统筹开发与外送

坚持生态优先和移民妥善安置前提下，积极开发水电。以重要流域龙头水电站建设为重点，科学开发西南水电资源。坚持干流开发优先、支流保护优先的原则，积极有序推进大型水电基地建设，严格控制中小流域、中小水电开发。坚持开发与市场消纳相结

合，统筹水电的开发与外送，完善市场化消纳机制，基本解决四川、云南水电消纳问题。强化政策措施，新建项目应提前落实市场空间，防止新弃水现象发生。

继续做好金沙江下游、大渡河、雅砻江等水电基地建设；积极推进金沙江上游等水电基地开发，推动藏东南"西电东送"接续能源基地建设；继续推进雅砻江两河口、大渡河双江口等龙头水电站建设，加快金沙江中游龙头水电站研究论证，积极推动龙盘水电站建设；基本建成长江上游、黄河上游、乌江、南盘江红水河、雅砻江、大渡河六大水电基地。

重点依托西南水电基地开发，建成金沙江中游送电广西、滇西北—广东、四川水电外送、乌东德电站送电两广输电通道，开工建设白鹤滩电站外送工程，积极开展金沙江上游等消纳方案研究。

"十三五"期间，全国常规水电新增投产约4000万kW，开工6000万kW以上，其中小水电规模500万kW左右。到2020年，常规水电装机容量达到3.4亿kW。

（二）大力发展新能源，优化调整开发布局

按照集中开发与分散开发并举、就近消纳为主的原则优化风电布局，统筹开发与市场消纳，有序开发风光电。加快中东部及南方等消纳能力较强地区的风电开发力度，积极稳妥推进海上风电开发。按照分散开发、就近消纳为主的原则布局光伏电站，全面推进分布式光伏和"光伏＋"综合利用工程，积极支持光热发电。

调整"三北"风电消纳困难及弃水严重地区的风电建设节奏，提高风电就近消纳能力，解决弃风限电问题。加大消纳能力较强或负荷中心区风电开发力度，力争中东部及南方区域风电占全国新增规模的一半。在江苏、广东、福建等地因地制宜推进海上风电项目建设。

全面推进分布式光伏发电建设，重点发展屋顶分布式光伏发电系统，实施光伏建筑一体化工程。在中东部地区结合采煤沉陷区治理以及农业、林业、渔业综合利用等适度建设光伏电站项目。推进光热发电试点示范工程。

"十三五"期间，风电新增投产0.79亿kW以上，太阳能发电新增投产0.68亿kW以上。2020年，全国风电装机容量达到2.1亿kW以上，其中海上风电500万kW左右；太阳能发电装机容量达到1.1亿kW以上，其中分布式光伏6000万kW以上、光热发电500万kW。

依托电力外送通道，有序推进"三北"地区可再生能源跨省区消纳4000万kW，存量优先。

（三）鼓励多元化能源利用，因地制宜试点示范

在满足环保要求的条件下，合理建设城市生活垃圾焚烧发电和垃圾填埋气发电项目。积极清洁利用生物质能源，推动沼气发电、生物质发电和分布式生物质气化发电。到2020年，生物质发电装机容量1500万kW左右。

开展燃煤与生物质耦合发电、燃煤与光热耦合发电示范与应用。在东北等粮食主产区布局一批燃煤与农林废弃残余物耦合发电示范项目，在京津冀、长三角、珠三角布局一批燃煤与污泥耦合发电示范项目，在华北、西北布局一批燃煤与光热耦合发电示范项目。

推进"万千瓦级"高温地热发电项目建设。因地制宜发展中小型分布式中低温地热发电项目。开展深层高温干热岩发电系统关键技术研究和项目示范。

开展海洋能等综合技术集成应用示范。在有条件的沿海地区建设海洋能与风电、太阳能等可再生能源互补的海岛微电网示范项目。积极开展示范性潮汐电站建设。

开展风光储输多元化技术综合应用示范。结合风电、光伏等新能源开发，融合储能、微网应用，推动可再生能源电力与储能、智能输电、多元化应用新技术示范，推动多能互补、协同优化的新能源电力综合开发。"十三五"期间，继续推动张家口等可再生能源示范区相关建设。

（四）安全发展核电，推进沿海核电建设

坚持安全发展核电的原则，加大自主核电示范工程建设力度，着力打造核心竞争力，加快推进沿海核电项目建设。建成三门、海阳AP1000自主化依托项目，建设福建福清、广西防城港"华龙一号"示范工程。开工建设CAP1400示范工程等一批新的沿海核电工程。深入开展内陆核电研究论证和前期准备工作。认真做好核电厂址资源保护工作。

"十三五"期间，全国核电投产约3000万kW，开工3000万kW以上，2020年装机容量达到5800万kW。

（五）有序发展天然气发电，大力推进分布式气电建设

充分发挥现有天然气电站调峰能力，推进天然气调峰电站建设，在有条件的华北、华东、南方、西北等地区建设一批天然气调峰电站，新增规模达到500万kW以上。适度建设高参数燃气蒸汽循环热电联产项目，支持利用煤层气、煤制气、高炉煤气等发电。推广应用分布式气电，重点发展热电冷多联供。"十三五"期间，全国气电新增投产5000万kW，2020年达到1.1亿kW以上，其中热电冷多联供1500

万 kW。

（六）加快煤电转型升级，促进清洁有序发展

积极主动适应能源结构调整和电力市场发展，加快煤电结构优化和转型升级，鼓励煤电联营，促进煤电高效、清洁、可持续发展。

严格控制煤电规划建设。坚持市场引导与政府调控并举的原则，通过建立风险预警机制和实施"取消一批、缓核一批、缓建一批"，同时充分发挥电力系统联网效益，采取跨省区电力互济、电量短时互补等措施，多措并举减少新增煤电规模。"十三五"期间，取消和推迟煤电建设项目 1.5 亿 kW 以上。到 2020 年，全国煤电装机规模力争控制在 11 亿 kW 以内。

合理控制煤电基地建设。配合远距离输电通道规划建设，根据受端供需状况合理安排煤电基地开发规模和建设时序，减小受端省份接受外来电力的压力。

因地制宜规划建设热电联产和低热值煤发电项目。在充分利用已有热源且最大限度地发挥其供热能力的基础上，按照"以热定电"的原则规划建设热电联产项目。优先发展背压式热电联产机组，电力富余地区严控抽凝式热电机组。适当发展低热值煤综合利用发电项目。建设一定规模以煤矸石为主的综合利用发电项目。

积极促进煤电转型升级。加快新技术研发和推广应用，提高煤电发电效率及节能环保水平。全面实施燃煤电厂超低排放和节能改造"提速扩围"工程，加大能耗高、污染重煤电机组改造和淘汰力度。"十三五"期间，全国实施煤电超低排放改造约 4.2 亿 kW，实施节能改造约 3.4 亿 kW，力争淘汰落后煤电机组约 2000 万 kW。到 2020 年，全国现役煤电机组平均供电煤耗降至 310g/kWh（标准煤）；具备条件的 30 万 kW 级以上机组全部实现超低排放。

（七）加强调峰能力建设，提升系统灵活性

高度重视电力系统调节能力建设，从负荷侧、电源侧、电网侧多措并举，充分挖掘现有系统调峰能力，加大调峰电源规划建设力度，着力增强系统灵活性、适应性，破解新能源消纳难题。

加快抽水蓄能电站建设。统筹规划、合理布局，在有条件的地区，抓紧建设一批抽水蓄能电站。加强抽水蓄能电站调度运行管理，切实发挥抽水蓄能电站提供备用、增强系统灵活性的作用。"十三五"期间，抽水蓄能电站开工 6000 万 kW 左右，新增投产 1700 万 kW 左右，2020 年装机容量达到 4000 万 kW 左右。

全面推动煤电机组灵活性改造。实施煤电机组调峰能力提升工程，充分借鉴国际火电灵活性相关经验，加快推动北方地区热电机组储热改造和纯凝机组灵活性改造试点示范及推广应用。"十三五"期间，"三北"地区热电机组灵活性改造约 1.33 亿 kW，纯凝机组改造约 8200 万 kW；其他地区纯凝机组改造约 450 万 kW。改造完成后，增加调峰能力 4600 万 kW，其中"三北"地区增加 4500 万 kW。

优化电力调度运行。在确保电力系统安全稳定的前提下，以节能环保低碳为目标，制定科学可行的电力系统调度原则和具体措施，确定各类机组的发电优先序位、用户侧的有序用电序位以及机组的调峰、轮停序位，根据中长期、日前交易电量及负荷预测确定合理开机组合。推行节能低碳电力调度，加强对新能源发电的功率预测和考核，充分发挥电网联络线调剂作用，努力消纳可再生能源，减少能源、资源消耗和污染物排放。

大力提高电力需求侧响应能力。建立健全基于价格激励的负荷侧响应措施，进一步优化推广发电侧和用户侧峰谷电价机制，探索实行可中断负荷电价。完善推广电力需求侧管理，整合系统运行、市场交易和用户用电数据，提高负荷侧大数据分析能力，增强负荷侧响应能力。引导用户错峰用电，减小系统峰谷差。积极推进大容量和分布式储能技术的示范应用与推广。

（八）筹划外送通道，增强资源配置能力

"十三五"期间电力外送统筹送受端需求、受端电源结构及调峰能力，合理确定受电比重和受电结构。跨区送电具有可持续性，满足送端地区长远需要，应参与受端电力市场竞争。输煤输电并举，避免潮流交叉迂回，促进可再生能源消纳，确保电网安全。

在实施水电配套外送输电通道的基础上，重点实施大气污染防治行动 12 条输电通道及酒泉—湖南、准东—安徽、金中—广西输电通道。建成东北（扎鲁特）送电华北（山东）特高压直流输电通道，解决东北电力冗余问题。适时推进陕北（神府、延安）电力外送通道建设。结合受端市场情况，积极推进新疆、呼盟、蒙西（包头、阿拉善、乌兰察布）、陇（东）彬（长）、青海等地区电力外送通道论证。

"十三五"期间，新增"西电东送"输电能力 1.3 亿 kW，2020 年达到 2.7 亿 kW。

（九）优化电网结构，提高系统安全水平

坚持分层分区、结构清晰、安全可控、经济高效原则，按照《电力系统安全稳定导则》的要求，充分论证全国同步电网格局，进一步调整完善区域电网主网架，提升各电压等级电网的协调性，探索大电网之间的柔性互联，加强区域内省间电网互济能力，提高电网运行效率，确保电力系统安全稳定运行和电力可靠供应。

东北地区："十三五"期间，"西电东送""北电南送"的格局随着外送通道建设改变。重点加快扎鲁

特—山东青州特高压直流输电工程建设，2018 年形成 1000 万 kW 电力外送能力；适时启动赤峰（元宝山）—冀北输电通道建设；加强东北主网—高岭背靠背 500kV 电网，确保 300 万 kW 的输电能力；加强蒙东与辽宁、吉林省间断面建设。2020 年东北地区初步形成 1700 万 kW 外送能力，力争实现电力供需基本平衡。

依托扎鲁特外送通道及其配套工程，进一步优化三省一区内部电网结构，主要是蒙东电网围绕扎鲁特换流站建设，逐步形成覆盖呼伦贝尔、兴安、通辽和赤峰 500kV 网架；黑龙江电网重点加强省内东西部网络联系，建设向扎鲁特电力汇集输电工程；吉林电网重点完善中部网架，配套建设水电站、抽水蓄能电站送出工程；辽宁电网结合负荷增长需要加强内部网架。

华北地区："十三五"期间，西电东送格局基本不变，京津冀鲁接受外来电力超过 8000 万 kW。依托在建大气污染防治行动计划交流特高压输电工程，规划建设蒙西—晋中，胜利—锡盟，潍坊经临沂、枣庄—石家庄交流特高压输电工程，初步形成两横两纵的 1000kV 交流特高压网架。建设张北—北京柔性直流工程，增加张北地区风光电外送能力。研究实施蒙西电网与华北主网异步联网及北京西—石家庄交流特高压联络线工程。

结合交流特高压输变电及其配套工程，进一步优化华北地区各省（区、市）电网结构。主要是按照京津冀协同发展战略部署，京津冀地区加强 500kV 电网建设和配电网升级改造，实现首都接受外来电能力 2200 万 kW 以上，满足"电能替代"工程用电需求，确保首都供电安全；山东电网结合特高压交流和直流落点，优化 500kV 网架，提高受电能力；山西电网重点满足规划内电源接入和送出，优化与京津冀电网互联结构；蒙西电网结合外送和本地负荷发展，加强锡盟与蒙西之间的联络，形成完整、坚强的蒙西电网。

西北地区："十三五"期间，重点加大电力外送和可再生能源消纳能力。加快准东、宁东、酒泉和陕北特高压直流外送通道建设；根据市场需求，积极推进新疆第三回、陇彬、青海外送通道研究论证。

继续完善 750kV 主网架，增加电力互济能力。主要是陕西电网建设陕北—关中第二通道，形成陕北"目"字形网架，提高陕北向关中送电能力，为陕北特高压直流外送创造条件；甘肃电网启动河西地区主网加强方案，提高向兰白地区输电能力；青海电网结合新能源建设，适当补强原有网架；宁夏电网形成 750kV 双环网，优化调整 330/220kV 电网，满足上海庙直流接入；新疆电网进一步向南疆延伸，形成

750kV 多环网结构，适时启动南疆与格尔木联网工程。

华东地区："十三五"期间，长三角地区新增外来电力 3800 万 kW。建成淮南经南京—上海 1000kV 特高压交流输电工程，初步形成受端交流特高压网架；建设苏州特高压站—新余、江苏东洲—崇明 500kV 输变电工程，实现上海与苏州电网互联；研究实施适用技术，保证多回大容量直流安全稳定受入；开工建设闽粤联网工程。

结合交直流特高压输变电及其配套工程，进一步优化华东地区各省（市）电网结构。主要是上海电网结合外来电及城市发展，利用已有走廊及站址，做好电网改扩建，同时有效控制短路电流；江苏电网、浙江电网、安徽电网着重完善 500kV 网架，提高负荷密集地区电网安全稳定运行水平并合理控制短路电流；福建电网加强山区 500kV 网架，同时论证推进福建北部向南部新增输电通道。

华中地区："十三五"期间，实现电力外送到电力受入转变，湖南、湖北、江西新增接受外电达到 1600 万 kW。实施渝鄂直流背靠背工程，实现与川渝藏电网异步联网，提高四川水电外送能力及系统安全稳定水平；推进省间电网加强工程，满足外来电增加需要；针对华北、华中联网安全运行薄弱环节，研究采取必要的安全措施；积极研究论证三峡电力留存及外送方案优化调整。

湖北电网围绕陕北（神府、延安）直流、渝鄂背靠背工程，做好相关配套工程论证及建设，进一步优化 500kV 网架，控制关键节点短路电流水平；河南电网做好 500kV 网架优化，适时加强豫南电网；湖南电网研究论证酒湖直流电力消纳，做好配套工程建设，论证黔东电厂改接贵州可行性；江西电网重点优化并加强赣东、赣南电网。

"十三五"期间，川渝藏形成相对独立的同步电网，建成川渝第三条 500kV 输电通道，提高川渝间电网互济能力。四川电网结合第四回特高压直流外送工程加强水电汇集通道建设，同时完善西部水电基地至负荷中心 500kV 输电通道。结合金沙江上游开发，积极推进金上水电外送工程论证和前期工作。研究论证川西电网目标网架，确保涉藏水电开发和消纳。重庆电网进一步加强受端电网建设，满足外来电力增加需要。西藏电网结合电气化铁路规划建设，重点建设藏中电网与昌都联网、拉萨至灵芝铁路供电工程，同时在立足优先保障自身电力供应的前提下，综合技术、经济、国防等多方面因素，推进建设阿里电网与藏区主网互联工程，实现主网覆盖西藏各地区。

南方地区："十三五"期间，稳步推进"西电东送"，形成"八交十一直"输电通道，送电规模达到

4850万kW；进一步加强和优化主网结构，实现云南电网与主网异步联网，建成海南联网Ⅱ回工程，适时启动广东电网直流背靠背工程，形成以送、受端电网为主体，规模适中、结构清晰、定位明确的2～3个同步电网，提高电网安全稳定水平；提高向香港、澳门地区供电能力。

广东电网重点解决多直流连锁故障及短路电流超标问题，推动电网实现东西分区运行；广西电网重点结合云电送桂逐步实现由通道型电网向受端电网转变；云南电网重点加强滇西北、滇西南、滇东北送电通道建设，同时结合乌东德电站接入进一步优化滇中电网结构，增强云南电网运行的灵活性；贵州电网重点加强黔西南、黔西送电通道建设，优化贵阳负荷中心电网结构并进一步增强黔东电网与主网的联络；海南电网重点结合昌江核电及联网Ⅱ回的建设，进一步优化现有220kV电网结构，提高电网抗灾能力。

（十）升级改造配电网，推进智能电网建设

满足用电需求，提高供电质量，着力解决配电网薄弱问题，促进智能互联，提高新能源消纳能力，推动装备提升与科技创新，加快构建现代配电网。有序放开增量配电网业务，鼓励社会资本有序投资、运营增量配电网，促进配电网建设平稳健康发展。

加强城镇配电网建设。强化配电网统一规划，健全标准体系。全面推行模块化设计、规范化选型、标准化建设。中心城市（区）围绕发展定位和高可靠用电需求，高起点、高标准建设配电网，供电质量达到国际先进水平，北京、上海、广州、深圳等超大型城市建成世界一流配电网；城镇地区结合国家新型城镇化进程及发展需要，适度超前建设配电网，满足快速增长的用电需求，全面支撑"京津冀""长江中游""中原""成渝"等城市群以及"丝绸之路经济带"等重点区域发展需要。积极服务新能源、分布式电源、电动汽车充电基础设施等多元化负荷接入需求。做好与城乡发展、土地利用的有效衔接，将管廊专项规划确定入廊的电力管线建设规模、时序纳入配电网规划。

实施新一轮农网改造升级工程。加快新型小乡镇、中心村电网和农业生产供电设施改造升级。结合"农光互补""光伏扶贫"等分布式能源发展模式，建设可再生能源就地消纳的农村配网示范工程。开展西藏、新疆和四川、云南、甘肃、青海四省（区）藏区农村电网建设攻坚。加快西部及贫困地区农村电网改造升级，特别是国家扶贫开发工作重点县、集中连片特困地区以及革命老区的农村电网改造升级，实现贫困地区通动力电。推进东中部地区城乡供电服务均等化进程，逐步提高农村电网信息化、自动化、智能化水平，进一步优化电力供给结构。

推进"互联网＋"智能电网建设。全面提升电力系统的智能化水平，提高电网接纳和优化配置多种能源的能力，满足多元用户供需互动。实现能源生产和消费的综合调配，充分发挥智能电网在现代能源体系中的作用。

提升电源侧智能化水平，加强传统能源和新能源发电的厂站级智能化建设，促进多种能源优化互补。全面建设智能变电站，推广应用在线监测、状态诊断、智能巡检系统，建立电网对山火、冰灾、台风等各类自然灾害的安全预警体系。推进配电自动化建设，根据供电区域类型差异化配置，整体覆盖率达90％，实现配电网可观可控。提升输配电网络的柔性控制能力，示范应用配电侧储能系统及柔性直流输电工程。

构建"互联网＋"电力运营模式，推广双向互动智能计量技术应用。加快电能服务管理平台建设，实现用电信息采集系统全覆盖。全面推广智能调度控制系统，应用大数据、云计算、物联网、移动互联网技术，提升信息平台承载能力和业务应用水平。调动电力企业、装备制造企业、用户等市场主体的积极性，开展智能电网支撑智慧城市创新示范区，合力推动智能电网发展。

（十一）实施电能替代，优化能源消费结构

立足能源清洁化发展和大气污染防治，以电能替代散烧煤、燃油为抓手，不断提高电能占终端能源消费比重、可再生能源占电力消费比重及电煤占煤炭消费比重。综合考虑地区潜力空间、节能环保效益、财政支持能力、电力体制改革和电力市场交易等因素，因地制宜，分步实施，逐步扩大电能替代范围，着力形成节能环保、便捷高效、技术可行、广泛应用的新型电力消费市场。重点在居民采暖、生产制造、交通运输、电力供应与消费四个领域，推广或试点电采暖、地能热泵、工业电锅炉（窑炉）、农业电排灌、船舶岸电、机场桥载设备、电蓄能调峰等。开展差别化试点探索，积极创新，实施一批试点示范项目。

2020年，实现能源终端消费环节电能替代散烧煤、燃油消费总量约1.3亿t标准煤，提高电能占终端能源消费比重。

（十二）加快充电设施建设，促进电动汽车发展

按照"因地制宜、快慢互济、经济合理"的原则，以用户居住地停车位、单位停车场、公交及出租车场站等配建的专用充电设施为主体，以公共建筑物停车场、社会公共停车场、临时停车位等配建的公共充电设施为辅助，以独立占地的城市快充站、换电站和高速公路服务区配建的城际快充站为补充，推动电动汽车充电基础设施体系加快建设。加大停车场与充电基础设施一体化建设支持力度。探索电动汽车充放

电与电力系统互动，改善系统调峰能力。

到 2020 年，新增集中式充换电站超过 1.2 万座，分散式充电桩超过 480 万个，基本建成适度超前、车桩相随、智能高效的充电基础设施体系，满足全国超过 500 万辆电动汽车的充电需求。

（十三）推进集中供热，逐步替代燃煤小锅炉

围绕大气污染防治和提高能源利用效率，健康有序发展以集中供热为前提的热电联产，不断提高我国北方城市集中供热普及率，解决我国北方地区冬季供暖期大气污染严重、区域热电供需矛盾突出、热源结构不合理等问题，保障城市居民和工业园区用热需求。

综合考虑地区电力、热力需求和当地气候、资源、环境条件，统筹协调城市或工业园区的总体规划、供热规划、环境治理规划和电力规划等，按照"统一规划、以热定电、立足存量、结构优化、提高能效、环保优先"的基本原则，在优先利用已有热源且最大限度地发挥其供热能力的基础上，通过配套支持政策重点鼓励发展能效高、污染少的背压式热电联产机组。同时，发展热电联产集中供热与环境保护协调联动，与关停小锅炉和减少用煤量挂钩，提高热电联产供热范围内小锅炉的环保排放标准，加快小锅炉关停。在风能、太阳能、生物质能等可再生能源资源富集区，因地制宜发展风电供暖、太阳能光热电联供、生物质热电联产等新能源供热应用。

到 2020 年，实现北方大中型以上城市热电联产集中供热率达到 60% 以上，形成规划科学、布局合理、利用高效、供热安全的热电联产产业健康发展格局。

（十四）积极发展分布式发电，鼓励能源就近高效利用

加快分布式电源建设。放开用户侧分布式电源建设，推广"自发自用、余量上网、电网调节"的运营模式，鼓励企业、机构、社区和家庭根据自身条件，投资建设屋顶式太阳能、风能等各类分布式电源。鼓励在有条件的产业聚集区、工业园区、商业中心、机场、交通枢纽及数据存储中心和医院等推广建设分布式能源项目，因地制宜发展中小型分布式中低温地热发电、沼气发电和生物质气化发电等项目。支持工业企业加快建设余热、余压、余气、瓦斯发电项目。

（十五）开展电力精准扶贫，切实保障民生用电

围绕新型工业化、城镇化、农业现代化和美丽乡村建设，以满足用电需求、提高供电质量、促进智能化为目标，着力解决乡村及偏远地区供电薄弱问题，加大电力精准扶贫力度，加快建设现代配电服务体系，推进村庄公共照明设施建设，支持经济发展，服务社会民生。

加强老少边穷地区电力供应保障。全面解决农村电网户均供电容量低、安全隐患多、"卡脖子"、"低电压"等问题，加大国家级贫困县、集中连片特殊困难地区以及偏远少数民族地区、革命老区配电网建设与改造力度。

加大电力扶贫力度。坚持因地制宜、整体推进、政府主导、社会支持的原则，充分结合当地资源特点，鼓励电力企业履行社会责任，在贫困地区建设电力项目。支持贫困地区水电开发，适当发展绿色小水电，贫困地区的电力项目优先纳入电力规划。鼓励水电项目留存部分电力电量保障当地用电需要。建立长期可靠的项目运营管理机制和扶贫收益分配管理制度。确保电力扶贫项目与贫困人口精准对应，切实实现"精准扶贫、有效扶贫"。

（十六）加大攻关力度，强化自主创新

应用推广一批相对成熟、有市场需求的新技术，尽快实现产业化。试验示范一批有一定积累，但尚未实现规模化生产的适用技术，进一步验证技术路线和经济性。集中攻关一批前景广阔但核心技术受限的关键技术。鼓励企业增加研发投入，积极参与自主创新。

清洁高效发电技术。全面掌握拥有自主知识产权的超超临界机组设计、制造技术；以高温材料为重点，加快攻关 700℃ 超超临界发电技术；研究开展中间参数等级示范，实现发电效率突破 50%。推进自主产权的 60 万 kW 级超超临界 CFB 发电技术示范。加快整体煤气化联合循环（IGCC）自主化设计制造攻关，在深入评估论证基础上推进大容量 IGCC 国产化示范应用，推进煤基梯级利用发电技术应用。加快燃煤与生物质耦合发电关键技术研究与应用。实践世界最先进的燃煤发电除尘、脱硫、脱硝和节能、节水、节地等技术；研究碳捕捉与封存（CCS）和资源化利用技术，适时开展应用示范。发展智能发电技术，开展发电过程智能化检测、控制技术研究与智能仪表控制系统装备研发，攻关高效燃煤发电机组、大型风力发电机组、重型燃气机组、核电机组等领域先进运行控制技术与示范应用。

先进电网技术与储能技术。开展大容量机电储能、熔盐蓄热储能、高效化学电池储能等多种储能示范应用，大幅降低单位千瓦建设成本，力争接近抽水蓄能电站水平，加快推广应用。继续推进特高压输电、大容量断路器、直流断路器、大容量柔性输电等先进电网技术的研发与应用。推进微电网关键技术研究及示范建设。推进高温超导等前沿技术领域的研究。开展电网防灾减灾技术研究。

电力行业网络与信息安全。建立健全信息技术产

品选型安全审查机制，加强供应链安全管理。推进核心芯片、操作系统、数据库、应用软件等基础软硬件产品的安全可控能力建设。强化密码技术在电力行业网络安全工作中的支撑作用。加强联动协作与信息共享，持续提升电力行业网络安全综合检测预警及感知能力。

"互联网＋"智慧能源。将发电、输配电、负荷、储能融入智能电网体系中，加快研发和应用智能电网、各类能源互联网关键技术装备，实现智能化能源生产消费基础设施、多能协同综合能源网络建设、能源与信息通信基础设施深度融合，建立绿色能源灵活交易机制，形成新型城镇多种能源综合协同、绿色低碳、智慧互动的供能模式。

电力领域其他重点自主创新。积极发展新型煤基发电技术，突破常规煤电效率瓶颈，推进燃料电池发电技术研发应用，研发固体氧化物、熔融碳酸盐燃料电池堆和发电系统集成技术。突破热端部件设计制造技术，掌握高性能复合材料大规模制备技术，建成微型、小型和中型燃气轮机整机试验平台、重型燃气轮机整机发电试验电站。探索机电型冷热电三联供示范系统运用。提高大型先进压水堆核电技术自主化程度，推动高温气冷堆技术优化升级，开展小型智能堆、商用快堆、熔盐堆等先进核能技术研发。加强百万千瓦级水轮发电机组、大容量高水头抽水蓄能机组等重大技术攻关。加快高效太阳能发电技术、大容量风电技术等可再生能源发电技术研发和应用。

（十七）落实"一带一路"倡议，加强电力国际合作

坚持开放包容、分类施策、合作共赢原则，充分利用国际国内两个市场、两种资源，积极推进电力装备、技术、标准和工程服务国际合作，根据需要推动跨境电网互联互通，鼓励电力企业参与境外电力项目建设经营。探讨构建全球能源互联网，推动以清洁和绿色方式满足全球电力需求。

积极开展对外业务。拓展电力装备出口，积极推进高效清洁火电、水电、核电、输变电等大型成套设备出口。积极推动对外电力服务，开展电力升级改造合作，带动电力设计、标准等技术服务国际合作。在控制财务风险的基础上，稳妥推进对外电力投资。

（十八）深化电力体制改革，完善电力市场体系

组建相对独立和规范运行的电力交易机构，建立公平有序的电力市场规则，初步形成功能完善的电力市场。深入推进简政放权。

有序推进电力体制改革。核定输配电价。2017年底前，完成分电压等级核定电网企业准许总收入和输配电价，逐步减少电价交叉补贴。加快建立规则明

晰、水平合理、监管有力、科学透明的独立输配电价体系。建立健全电力市场体系。建立标准统一的电力市场交易技术支持系统，积极培育合格市场主体，完善交易机制，丰富交易品种。2016年启动东北地区辅助服务市场试点，成熟后全面推广。2018年底前，启动现货交易试点；2020年全面启动现货市场，研究风险对冲机制。组建相对独立和规范运行的电力交易机构。建立完善的治理结构、完备的市场规则和健全的制度体系；充分发挥各类市场主体和第三方机构在促进交易机构规范运行中的作用。积极推进交易机构股份制改造和相对独立规范运行，2016年底前完成电力交易机构组建工作。有序放开发用电计划。建立优先购电和优先发电制度，落实优先购电和优先发电的保障措施；切实保障电力电量平衡。逐年减少发电计划，2020年前基本取消优先发电权以外的非调节性发电计划。全面推进配售电侧改革。支持售电主体创新商业模式和服务内容，2018年底前完成售电侧市场竞争主体培育工作，基本形成充分竞争的售电侧市场主体；鼓励社会资本开展增量配电业务；明确增量配电网放开的具体办法；建立市场主体准入退出机制；完善市场主体信用体系；在试点基础上全面推开配售电改革。

深入推进简政放权。总结电力项目核准权限下放后的承接情况、存在问题和实施效果，结合电力体制改革精神，进一步探索创新市场化的电力项目开发和投资管理机制。加强简政放权后续监管，组织开展电力项目简政放权专项监管，重点对核准权限下放后的项目优选、项目核准、项目依法依规建设以及并网运行等工作进行监管，督促国家产业政策和技术标准落实，维护电力项目规划建设秩序。

四、规划实施

（一）加强组织领导

在发展改革委的统筹指导下，国家能源局作为全国电力规划的责任部门，建立健全以国家能源局组织协调、相关职能部门积极配合、各省级政府和重点电力企业细化落实的电力规划实施工作机制，加强对电力重大战略问题的研究和审议，推动规划实施。省级能源主管部门是省级电力规划的责任部门，各省级能源主管部门要切实履行职责，组织协调实施。

（二）细化任务落实

各省（区、市）要将本规划确定的约束性指标、主要任务和重大工程列入本地区能源发展规划和电力发展专项规划，分解落实目标任务，明确进度安排协调和目标考核机制，精心组织实施。各重点电力企业要充分发挥市场主体作用，积极有序推进规划项目前期论证，保障规划顺利实施。

（三）做好评估调整

规划实施年度中每年对规划执行情况进行回顾、梳理、评估，结合实施情况对规划项目进行微调。坚持规划中期评估制度，严格评估程序，委托第三方机构开展评估工作，对规划滚动实施提出建议，及时总结经验、分析问题、制订对策。规划确需调整的，由国家能源局按程序修订后公布。

（四）加强督促检查

国家能源局及其派出监管机构要完善电力规划实施情况监管组织体系，创新监管措施和手段，有效开展监管工作。各派出机构要会同省级能源主管部门，密切跟踪工作进展，掌握目标任务完成情况，定期组织开展监督检查和考核评价，编制并发布规划实施情况监管报告，提出滚动调整建议。建立重大情况报告制度，探索建立规划审计制度，及时发现并纠正实施中存在的问题。国家能源局派出机构与地方能源管理部门要进一步加强沟通协调，实现信息共享。

（五）健全法律法规和标准体系

修订颁布《电力法》，完善《电网调度管理条例》《电力供应与使用条例》《电力设施保护条例》等及其配套管理办法，出台《核电管理条例》，建立规范政府行为和市场行为的电力法制体系。

加强行业管理，强化电力规划管理办法的贯彻实施，研究制定电网无歧视公平接入、跨区送受电、微电网、热电联产、燃气发电、煤电联营、电网备用容量管理、节能低碳调度、高效智能电力系统建设、技术监督等政策。按照市场化改革要求，继续出台电力体制改革配套文件及指导意见。抓紧修订一批电力行业国家标准、定额和规程。落实国家大面积停电事件应急预案，提高电力系统抗灾和应急响应恢复能力。

探索建立电力领域法律法规和标准及时更新机制，充分发挥法制对电力改革和发展的引导、推动、规范和保障作用。

（六）建立协调机制

建立规划统筹协调机制，衔接国家规划与地方规划，协商重大电力项目布局、规模和时序，协调电网与电源项目。建立规划年度对接制度，开展地方电力规划咨询评估，依法开展规划环境影响评价。探索改进电源项目前期管理。加大财政资金支持，建设电力项目信息管理系统，提高项目储备、规划、核准、建设、运营、退役全过程信息化管理能力。加强信息公开，增强信息透明度。

完善运行调控机制，开展风电、光伏投资监测预警，建立弃风（光）率预警考核机制。2017年起，全面开展适应大规模清洁能源发电开发利用的电力节能低碳调度。建立跨省（区）送电中长期协议制度。整合各渠道电力信息数据，加强电力预测分析和预警，规范电力信息报告和发布制度。依托国家电力规划中心等中介机构，加快监测体系建设，为政府决策提供信息支持。建立健全电力行业信用支撑体系，实行黑名单制度。

（七）健全产业政策

研究制订覆盖规划建设、投资运营、信贷金融、装备制造的电力全产业链预警机制。研究燃煤与光热、生物质耦合，风光抽水蓄能耦合等可再生能源利用方式补助方法。结合电力体制改革进程，有序放开上网电价和公益性以外的用电价格。在放开上网电价之前，研究完善燃煤、天然气、水力、核电等上网电价机制，增强弹性，更好反映市场供求关系。完善输配电成本监审和核算制度。探索风（光）电专用电力外送通道运营模式。

支持抽水蓄能电站投资主体多元化。建立龙头电站梯级水库补偿机制，促进水电流域梯级电站联合优化运行。完善新能源发电电价补贴机制，探索市场化交易模式，推动技术进步和成本下降。支持煤电机组灵活性改造。鼓励实施电能替代。建立调峰、调频、调压等辅助服务市场，完善电力调峰成本补偿和价格机制。建立可再生能源全额保障性收购的电力运行监测评估制度。研究促进可再生能源就近消纳和储能发展的价格政策。

采取多种方式，继续安排资金支持城镇配电网、农村电网建设改造和电动汽车充电设施建设。鼓励社会资本参与跨省区输电工程、配电网工程、分布式电源并网工程、储能装置和电动汽车充电基础设施投资和建设。鼓励电力企业参与碳排放权交易。完善电力行业落后产能退出政策。

搭建电力产业新业态融资平台。鼓励风险投资、产业基金以多种形式参与电力产业创新。积极引导社会资本投资。鼓励通过发行专项债券、股权交易、众筹、PPP等方式，加快示范项目建设。加强电力市场化改革领域人才培养。

水电发展"十三五"规划（2016－2020年）（摘要）

前　言（略）

一、规划基础（略）

二、规划原则

（一）指导思想（略）

（二）基本原则（略）

（三）发展目标

全国新开工常规水电和抽水蓄能电站各6000万

kW 左右，新增投产水电 6000 万 kW，2020 年水电总装机容量达到 3.8 亿 kW，其中常规水电 3.4 亿 kW，抽水蓄能 4000 万 kW，年发电量 1.25 万亿 kWh，折合标准煤约 3.75 亿 t，在非化石能源消费中的比重保持在 50% 以上。"西电东送"能力不断扩大，2020 年水电送电规模达到 1 亿 kW。预计 2025 年全国水电装机容量达到 4.7 亿 kW，其中常规水电 3.8 亿 kW，抽水蓄能约 9000 万 kW；年发电量 1.4 万亿 kWh。

三、规划布局

（一）常规水电站

根据我国水能资源具有的明显区域分布特点和开发现状，统筹规划、合理布局西部和东中部水电开发。

西南地区以川、滇、藏为重心，以重大项目为重点，结合受端市场和外送通道建设，积极推进大型水电基地开发。继续做好金沙江中下游、雅砻江、大渡河等水电基地建设工作；积极推进金沙江上游等水电基地建设，建设藏东南"西电东送"接续基地。西北地区适应能源转型发展需要，优化开发黄河上游水电基地。发挥水电的调节作用，实现水电与其他能源的多能互补。加强流域梯级水电站群联合调度运行管理。到 2020 年，西部常规水电装机规模达到 24 000 万 kW，占全国的比例为 70.6%，开发程度达到 44.5%。

东中部地区优化开发剩余水能资源，根据能源转型发展需要，优先挖潜改造现有水电工程，充分发挥水电调节作用，总结流域梯级水电站建设管理经验，开展水电开发后评价工作，推行中小流域生态修复。到 2020 年，常规水电装机规模达到 10 000 万 kW，占全国的比例为 29.4%，开发程度达到 82.7%。

（二）抽水蓄能电站

统筹优化能源、电力布局和电力系统保安、节能、经济运行水平，以电力系统需求为导向，优化抽水蓄能电站区域布局，加快开发建设。

——华北地区。服务新能源大规模发展和核电不断增长需要，抽水蓄能电站重点布局在河北、山东，河北抽水蓄能电站建设兼顾京津冀一体化的电力系统需要。规划 2020 年装机规模 847 万 kW，"十三五"期间开工规模约 1200 万 kW。2025 年，抽水蓄能电站装机规模约 2300 万 kW。

——华东地区。服务核电和新能源大规模发展，以及接受区外电力需要，统筹华东电网抽水蓄能站点布局，抽水蓄能电站重点布局在浙江、福建和安徽。规划 2020 年装机规模 1276 万 kW，"十三五"期间开工规模约 1600 万 kW。2025 年，抽水蓄能电站装机规模约 2400 万 kW。

——华中地区。根据区域内电力系统特点和运行需要，按照区域电网调度需求，合理布局建设抽水蓄能电站，抽水蓄能电站重点布局在城市群和负荷中心附近。规划 2020 年装机规模 679 万 kW，"十三五"期间开工规模约 1300 万 kW。2025 年，抽水蓄能电站装机规模约 1600 万 kW。

——东北地区。服务新能源和核电大规模发展需要，统筹东北电网抽水蓄能站点布局，加快抽水蓄能电站建设。规划 2020 年装机规模 350 万 kW，"十三五"期间开工规模约 1000 万 kW。2025 年，抽水蓄能电站装机规模约 900 万 kW。

——西北地区。服务新能源大规模发展和电力外送需要，重点围绕风电、太阳能等新能源基地及负荷中心合理布局，加快启动抽水蓄能电站建设。"十三五"期间开工规模约 600 万 kW。2025 年，抽水蓄能电站装机规模约 400 万 kW。

——南方地区。服务核电大规模发展和接受区外电力需要，抽水蓄能电站重点布局在广东。规划 2020 年装机规模 788 万 kW，"十三五"期间开工规模约 300 万 kW。2025 年，抽水蓄能电站装机规模约 1400 万 kW。

四、重点任务

（一）水电前期工作

——开展水能资源调查。全面完成西藏水能资源调查，组织发布四川水力资源复查成果。根据能源结构调整的需要，发挥水电运行灵活特点和调节作用，对东中部和西北地区开展优化、挖潜开发的水能资源量进行调查和评价。适时启动河流水能资源开发后评价工作。

——加快河流水电规划。加快推进水电规划研究论证工作，全面完成雅砻江上游等重点河流（河段）水电规划工作。统筹考虑综合利用、生态保护、移民安置、区域发展需要，完成金沙江虎跳峡、长江宜宾至重庆、黄河黑山峡等重点争议河段开发方案综合研究论证工作。

——滚动调整抽水蓄能规划。统筹考虑区域电力系统调峰填谷需要、安全稳定运行要求和站址建设条件，对尚未开展选点规划的地区适时启动规划工作；对部分已有选点规划，经论证有增补、调整站点必要的地区进行滚动调整，充分论证系统需求，分析研究抽水蓄能电站的合理建设规模和布局，优选确定规划站点。根据发展需要，适时启动新一轮的全国抽水蓄能规划工作。

——推进重大项目勘测设计。抓紧推进一批战略性工程、控制性水库、骨干项目的前期工作，重点做好金沙江白鹤滩、龙盘、岗托、黄河茨哈峡等常规水电站，河北抚宁、浙江宁海、辽宁清原等抽水蓄能电站的勘测设计、方案研究等工作，优化工程设计，坚持节约集约用地，合理控制工程造价，提出科学合理的工程建设方案。加快推进项目建设各项准备工作。

（二）大型基地建设

——基本建成六大水电基地。继续推进雅砻江两河口、大渡河双江口等水电站建设，增加"西电东送"规模，开工建设雅砻江卡拉、大渡河金川、黄河玛尔挡等水电站。加强跨省界河水电开发利益协调，继续推进乌东德水电站建设，开工建设金沙江白鹤滩等水电站。加快金沙江中游龙头水库研究论证，积极推动龙盘水电站建设。基本建成长江上游、黄河上游、乌江、南盘江红水河、雅砻江、大渡河六大水电基地，总规模超过1亿kW。

——着力打造藏东南"西电东送"接续能源基地。开工建设金沙江上游叶巴滩、巴塘、拉哇等项目，加快推进金沙江上游旭龙、奔子栏水电站前期工作，力争尽早开工建设，努力打造金沙江上游等"西电东送"接续能源基地。

——配套建设水电基地外送通道。做好电网与电源发展合理衔接，完善水电市场消纳协调机制，按照全国电力统一优化配置原则，落实西南水电消纳市场，着力解决水电弃水问题。加强西南水电基地外送通道规划论证，加快配套送出工程建设，建成投产金中—广西、滇西北—广东、四川水电外送、乌东德送电广东/广西等输电通道，开工建设白鹤滩水电站外送输电通道，积极推进金沙江上游等水电基地外送输电通道论证和建设。

（三）中小流域开发

——控制中小水电开发。落实生态文明建设要求，统筹全流域、干支流开发与保护工作，按照流域内干流开发优先、支流保护优先的原则，严格控制中小流域、中小水电开发，保留流域必要生境，维护流域生态健康。水能资源丰富、开发潜力大的西部地区重点开发资源集中、环境影响较小的大型河流、重点河段和重大水电基地，严格控制中小水电开发；开发程度较高的东、中部地区原则上不再开发中小水电。弃水严重的四川、云南两省，除水电扶贫工程外，"十三五"暂停小水电和无调节性能的中型水电开发。

——支持离网缺电贫困地区小水电开发。支持边远缺电离网地区，因地制宜、合理适度开发小水电，按照"小流域、大生态"的理念，合理布局规划梯级，科学确定开发规模和方式，维持河流基本生态功能。重点扶持西藏自治区、四川、云南、青海、甘肃四省藏区和少数民族贫困地区小水电扶贫开发工作，继续实施绿色能源示范县建设，解决当地居民用电问题。"十三五"期间全国新开工小水电500万kW左右。

（四）抽水蓄能建设

坚持"统筹规划、合理布局"的原则，根据各地区核电和新能源开发、区域间电力输送情况及电网安全稳定运行要求，加快抽水蓄能电站建设。

——加快推进规划站点建设。抓紧落实规划站点建设条件，积极推进开工建设。加快开工建设一批距离负荷中心近、促进新能源消纳、受电端电源支撑的抽水蓄能电站。加强项目建设管理，严格执行基本建设程序，保证工程质量和施工安全，确保工程按期投产。

——研究试点海水抽水蓄能。加强关键技术研究，推动建设海水抽水蓄能电站示范项目，填补我国该项工程空白，掌握规划、设计、施工、运行、材料、环保、装备制造等整套技术，提升海岛多能互补、综合集成能源利用模式。

（五）生态环境保护

——加大大型水电环保力度。统筹水电开发与环境保护，加强水电开发前期研究和环境论证，扎实推进重点河流（河段）水电规划环评工作，严格落实规划环评要求，做到生态优先，合理布局。强化水电项目环境影响评价工作，科学论证项目的环境合理性；研究制定科学有效的环境保护措施，重点落实生态流量保障、水温影响减缓、水生生态保护，以及陆生生态保护等措施，切实保护流域生态。加强流域环境影响及保护措施效果跟踪监测，科学评估项目实施的环境影响和各项环境保护措施的实施效果；积极开展水电规划、水电项目环境影响跟踪评价、后评价工作，总结经验，推动生态友好型水电建设。

——优化小水电改造思路。转变以扩机增容为主的小水电改造传统思路，根据流域生态和工程安全需要，因地制宜实施以安全、环保为目标的小水电技术改造工作，提高电站安全水平，提升机组运行效率，增加下泄生态流量，加强运行监测监管。为切实改善电站上下游生态环境，今后，实施各类扩机增容、增效扩容等小水电改造，按照现行有效的环保标准进行环境论证和项目环评，增加环保措施，加大生态流量。

——实施流域生态修复。试点开展长江中上游、金沙江等流域水电开发生态保护与修复。开展中小流域水电开发后评价，全面总结开发经验教训，统筹考虑干支流水电开发及其生态环境状况，对环境保护、水土流失问题相对突出的流域，实施流域生态修复工作，抓紧启动岷江、凉山州黑水河等河流生态修复试点工作。坚持科学论证、统筹规划，对环境影响较大、具有改造条件的电站，实施生态改造，增加环境保护设施，促进流域生态恢复；对于建设方案不合理、环境破坏严重的电站采取措施逐步淘汰。建立中小水电破坏生态环境惩罚退出机制，落实生态保障责任。

（六）流域综合管理

——开展流域水电综合监测。做好流域综合监测规划，推动开展乌江、大渡河、雅砻江、金沙江下游、黄河等流域水文泥沙、生态环境、地震活动、工程安全、水库移民、工程效益等综合监测。建立流域综合监测平台，构建全流域全过程的实时监测、巡视检查、信息共享、监督管理体系。

——实现梯级联合优化调度。统筹考虑综合利用需求，优化水电站运行调度，提高水能资源利用效率。研究流域梯级联合调度体制机制，统筹发电、防洪、供水、航运、灌溉、生态、安全等要求，制定梯级水电站联合优化调度运行规程和技术标准，推动长江、金沙江、乌江、大渡河、雅砻江、黄河、南盘江红水河等流域全面实现梯级联合调度，充分发挥流域梯级水电开发的整体效益。

（七）水电科技、装备和生态技术研发

——不断加强工程安全风险防控技术研究。巩固大型水电工程安全建设与风险管控技术、复杂地质条件工程勘测与评价技术、高坝工程防震抗震技术、梯级水电站群地震监测技术以及深厚覆盖层坝基、大型地下洞室群、高坝泄洪消能、高陡边坡及滑坡体、鱼类过坝设施等领域的关键技术。开展水电工程失事成因、机理、模式及其预警和应急预案研究，提出影响评价标准。总结锦屏一级、溪洛渡、拉西瓦、大岗山等特高坝工程设计、建设、运行和管理经验，研究高坝工程建设及运行安全风险控制技术。研发水电工程安全风险管理集成成套技术。完善工程安全风险评估体系，研究已建工程除险加固的工程和非工程措施以及综合治理技术，实现水电工程全生命周期安全风险在控、可控。

——持续提高工程建设技术水平。以重大工程为依托，重点开展高寒高海拔高地震烈度复杂地质条件下筑坝技术、高坝工程防震抗震技术、高寒高海拔地区特大型水电工程施工技术、超高坝建筑材料等技术攻关，提升水电勘测设计施工技术水平，服务工程建设。依托茨哈峡水电站研究创新250m级面板堆石坝筑坝技术，依托双江口、两河口水电站研究创新300m级心墙堆石坝筑坝技术，依托乌东德和白鹤滩水电站研究提升强震多发区300m级拱坝及大型地下洞室群关键技术。进一步加强水电行业标准化体系建设，突出强制性和关键性技术标准制修订，加强水电领域技术标准信息化。发挥标准在行业管理中的基础性作用，按水电工程全生命周期理念建立健全水电行业技术标准体系，实现"水电标准化＋"效应。

——进一步增强机电设备制造能力。全面实现高

性能大容量水电机组和高水头大容量抽水蓄能机组成套设备设计和制造的自主化。依托白鹤滩水电站实现百万千瓦级大型水轮发电机组技术突破；依托阳江抽水蓄能电站实现40万kW级、700m级超高水头超大容量抽水蓄能机组设计制造自主化；依托丰宁抽水蓄能电站研发变速抽水蓄能机组；研制50万kW级、1000m以上超高水头大型冲击式水轮发电机组；研究浸没式蒸发冷却、机组柔性启动、水轮机非定常流运行等技术；依托示范项目建设研制海水抽水蓄能机组。

——逐步形成生态保护与修复技术体系。依托双江口、白鹤滩等典型工程，系统开展水电工程分层取水、过鱼、栖息地建设、珍稀特有鱼类人工繁殖驯养、生态调度、高寒地区植被恢复与水土保持等关键技术攻关及其运行效果跟踪调查研究，不断提高水电环境保护技术可行性、有效性和经济性，为建设环境友好型水电工程提供技术支持；探索和完善流域水电开发生态环境监测监控技术、水库消落带和下游河流生态重建与修复技术。

——建设"互联网＋"智能水电站。重点发展与信息技术的融合，推动水电工程设计、建造和管理数字化、网络化、智能化，充分利用物联网、云计算和大数据等技术，研发和建立数字流域和数字水电，促进智能水电站、智能电网、智能能源网友好互动。围绕能源互联网开展技术创新，探索"互联网＋"智能水电站和智能流域，开展建设试点。加强行业信息化管理，推动信息管理平台建设，系统监测项目建设和运行信息，建立项目全过程信息化管理体系，为流域管理和行业监管提供支撑。

（八）体制机制改革

——完善水电管理体制机制。建立与国家相关法规政策、改革路线相衔接、相匹配的水电行业管理体制机制。根据国务院简政放权要求和电力体制改革精神，推进水电建设市场化，鼓励抽水蓄能电站投资主体多元化，落实项目法人的市场主体地位，完善项目法人责任制的水电建设管理体制。转变政府职能，强化行业服务和政府监管。进一步理顺抽水蓄能电站运行管理体制和电价形成机制。总结金沙江水电开发协调工作经验，研究建立西藏水电开发协调机制，促进藏东南水电基地开发。研究流域梯级电站水库综合管理体制，提出已建跨界水电站水库综合管理体制方案。完善大坝运行安全、工程施工安全及工程质量监管体系，强化建设期、过渡期、运行期全过程安全监管，加强大坝安全注册登记和定期检查工作，健全应急管理工作机制，提升水电站安全水平。

——健全水电发展政策体系。适应水电开发新形势，研究出台水力发电对《可再生能源法》的适用性

政策，完善水电发展政策体系。开展龙头水库综合效益共享政策、建立西藏水电发展基金、水电发展促进地方经济社会发展、水电扶贫、界河水电开发利益协调政策措施等方面研究工作，完善相关政策措施。研究促进水电消纳的技术、政策和管理措施。结合电力市场建设，加快推进水电电价市场化改革，逐步完善电价形成机制，基本建立水电消纳市场化机制，促进水电持续健康发展。

——建立电站运行协调机制。统筹流域综合监测和梯级联合优化调度运行，在大渡河、金沙江等流域逐步建立流域开发运行管理协调机制。探索各大流域按照现代企业制度组建统一规范的流域公司，逐步推动建立流域统一电价模式和运营管理机制。完善水电环境保护管理，建立重点流域生态监测系统和信息平台，探索鼓励水电开发的清洁发展机制。加强对已建抽水蓄能电站运行情况和利用状况的分析总结，学习和借鉴国外运行经验，结合电力系统实际，深化抽水蓄能电站作用、效益形成机制研究，以及与新能源电站联合优化运行方案和补偿机制，实行区域电网内统一优化调度，建立运行考核机制，确保抽水蓄能电站充分发挥功能效用。

（九）水电开发扶贫

——优先安排贫困地区水电项目建设。贯彻落实中央关于发展生产脱贫一批的精神，积极发挥当地资源优势，充分尊重地方和移民意愿，科学谋划、加快推进贫困地区水电重大项目建设，加大贫困地区水电项目开发扶持力度，同等条件下优先布局和核准建设贫困地区水电项目，更好地将资源优势转变为经济优势和扶贫优势。

——调整完善资源开发收益分配政策。在加大贫困地区水电开发力度的同时，研究建立针对贫困地区能源资源开发收益分配政策，将从发电中提取的资金优先用于本水库移民和库区后续发展，增加贫困地区年度发电指标，提高贫困地区水电工程留成电量比例，落实和完善水电开发财政税收政策，让当地和群众从能源资源开发中更多地受益。

——探索建立水电开发利益共享机制。探索资产收益扶贫，在不改变用途的情况下，财政专项扶贫资金和其他涉农资金投入水电项目形成的资产，具备条件的可折股量化给贫困村和贫困户，尤其是丧失劳动能力的贫困户。对在贫困地区开发水电占用集体土地的，试行给原住居民集体股权方式进行补偿，探索对贫困人口实行资产收益扶持制度，建立水电开发群众共享利益机制，让贫困人口分享资源开发收益。

（十）水电国际合作

——继续深化与周边国家的合作。依托孟中印缅经济走廊和中巴经济走廊，发挥合作规划的引领作用，深化与孟印缅巴尼等重点国家的合作，积极参与缅甸、巴基斯坦等国家河流规划及其梯级的前期工作，推动项目开工建设。跨界河流合作开发稳步推进，充分利用中国和东南亚区域合作、澜沧江—湄公河合作机制、大湄公河次区域经济合作机制，为我国水电产能"走出去"和加强区域水电互联互通创造条件，促进地区协同发展。

——切实提升水电"走出去"质量。加快我国水电技术、标准、装备"走出去"。加强与亚洲、非洲、南美洲等国家的合作和培训交流，重点开展"一带一路"沿线国家合作。完善政策引导、政府推动、行业自律、有序发展机制，提升企业编队出海能力。发挥政府间合作规划引领作用，通过投资驱动、规划设计、咨询评估、工程建设、运行管理等多种方式参与境外水电开发。加强"走出去"工程项目的安全质量、环境保护、社会责任等引导和管理，加强水电行业技术标准与国际国外标准对接，优势互补、互利共赢的合作机制不断完善，技术服务、投资开发、装备制造等合作领域不断扩大、合作形式不断创新，持续提升我国水电的竞争力和国际影响力。

五、规划保障

——细化任务落实。强化规划对"十三五"期间常规水电站和抽水蓄能电站发展的指导和约束作用，严格基本建设管理程序，防止盲目开发和无序建设，确保布局合理、健康有序。各省（区、市）、各大型企业要根据本规划合理制定本地区、本系统的水电开发规划，做好与全国主体功能区规划、城乡规划、土地利用总体规划、生态功能区划、水资源综合规划、生态环境保护规划等相关规划的衔接，细化落实本规划提出的目标、任务，确保本规划按期完成。

——落实企业责任。水电项目法人是电站建设的责任主体，要按照企业自主决策、自担风险的要求，根据规划加强前期工作管理，保证前期工作质量和进度，有序推进项目开工建设，加强工程建设质量管理，确保生产运营安全。积极开展宣传工作，加强水电开发舆论引导。

——加强政府监管。落实简政放权、放管结合、优化服务的要求，强化规划指导、政策引导、政府服务和行业监管。适应水电发展新形势，不断完善水电开发政策措施；加强中央与地方、部门与部门、政府与企业的协调，形成促进水电开发推动合力；做好水电发展行业服务与管理工作，强化事中事后监管。

——强化督促检查。加强对水电前期工作、移民安置、项目建设、环境保护等跟踪分析，及时掌握规划执行情况；强化目标考核，根据需要适时开展实地检查，督促各项任务和措施落到实处；根据规划实施情况，及时开展中期评估，适时对规划目标和重点任务进行动态调整。

六、规划效果

（一）投资估算

初步测算"十三五"期间水电建设投资需求约5000亿元，其中大中型常规水电约3500亿元，小水电约500亿元，抽水蓄能电站约1000亿元。按20％的资本金比例测算"十三五"期间资本金需求为1000亿元，融资4000亿元。西部的四川省、云南省、西藏自治区是常规水电建设的重点区域，水电建设投资分别达到1800亿、1000亿、300亿元；山东、浙江、安徽、福建、河北等省建设投资规模均超100亿元。预计常规水电单位千瓦投资在1.3万元以上，抽水蓄能单位千瓦投资7000元左右。

（二）综合效益

水电工程除提供大量清洁能源外，还可以通过水库调节作用，合理配置水资源，变水患为水利，减轻洪涝水旱灾害损失及其生态危害。水电具有发电、防洪、供水、航运、灌溉、保护环境、促进移民脱贫致富和地方经济社会发展等综合效益。

"十三五"期间，水电将累计提供5.6万亿kWh的清洁电量，满足我国经济社会发展的用电需要，相应节约16.8亿t标准煤，减少排放二氧化碳35亿t、二氧化硫1250万t、氮氧化物1300万t，对减轻大气污染和控制温室气体排放将起到重要的作用，具有巨大的生态效益。

"十三五"期间，河流防洪能力进一步提高，水资源调配能力进一步增强，水电综合效益发挥进一步显现，对下游河段及河口区域的水环境改善，城市和乡村供水条件改善，河流湿地生态功能维护都有积极作用。初步统计"十三五"新投产水电可新增调节库容约153亿m³，防洪库容约74亿m³，灌溉面积约231万亩，改善航道774余km。

"十三五"期间，抽水蓄能电站新增投产1697万kW，均位于东北、华北、华东、华中和华南等经济中心及新能源大规模发展和核电不断增长区域。抽水蓄能电站作为保障电力系统安全稳定运行的特殊电源及最环保、能量转换效率最高、具经济性大规模开发的储能设施，可提高供电稳定运行水平，优化人民生活质量；并可通过增加风电、太阳能、核电等的利用率及改善火电、核电的运行条件，节约化石能源消耗，减少温室气体排放和污染物，保护生态环境。

"十三五"期间，水电建设将带动水泥、钢材的消费。水电建设和运行期间还将为地方经济社会发展增加大量的税费收入，初步测算，"十三五"期间新投产水电运行期年均税费可达300亿元。此外，电站建设对改善当地基础设施建设、拉动就业、促进城镇化发展都具有积极作用。

风电发展"十三五"规划（摘要）

前　言（略）

一、发展基础和形势（略）
二、指导思想和基本原则（略）
三、发展目标和建设布局

（一）发展目标

总量目标：到2020年底，风电累计并网装机容量确保达到2.1亿kW以上，其中海上风电并网装机容量达到500万kW以上；风电年发电量确保达到4200亿kWh，约占全国总发电量的6％。

消纳利用目标：到2020年，有效解决弃风问题，"三北"地区全面达到最低保障性收购利用小时数的要求。

产业发展目标：风电设备制造水平和研发能力不断提高，3～5家设备制造企业全面达到国际先进水平，市场份额明显提升。

（二）建设布局

根据我国风电开发建设的资源特点和并网运行现状，"十三五"时期风电主要布局原则如下：

1. 加快开发中东部和南方地区陆上风能资源

按照"就近接入、本地消纳"的原则，发挥风能资源分布广泛和应用灵活的特点，在做好环境保护、水土保持和植被恢复工作的基础上，加快中东部和南方地区陆上风能资源规模化开发。结合电网布局和农村电网改造升级，考虑资源、土地、交通运输以及施工安装等建设条件，因地制宜推动接入低压配电网的分散式风电开发建设，推动风电与其他分布式能源融合发展。

到2020年，中东部和南方地区陆上风电新增并网装机容量4200万kW以上，累计并网装机容量达到7000万kW以上。为确保完成非化石能源比重目标，相关省（区、市）制定本地区风电发展规划不应低于规划确定的发展目标。在确保消纳的基础上，鼓励各省（区、市）进一步扩大风电发展规模，鼓励风电占比较低、运行情况良好的地区积极接受外来风电。

2. 有序推进"三北"地区风电就地消纳利用

弃风问题严重的省（区），"十三五"期间重点解决存量风电项目的消纳问题。风电占比较低、运行情况良好的省（区、市），有序新增风电开发和就地消纳规模。

到2020年，"三北"地区在基本解决弃风问题的基础上，通过促进就地消纳和利用现有通道外送，新增风电并网装机容量 3500 万 kW 左右，累计并网容量达到 1.35 亿 kW 左右。相关省（区、市）在风电利用小时数未达到最低保障性收购小时数之前，并网规模不宜突破规划确定的发展目标。

3. 利用跨省跨区输电通道优化资源配置

借助"三北"地区已开工建设和已规划的跨省跨区输电通道，统筹优化风、光、火等各类电源配置方案，有效扩大"三北"地区风电开发规模和消纳市场。

"十三五"期间，有序推进"三北"地区风电跨省区消纳 4000 万 kW（含存量项目）。利用通道送出的风电项目在开工建设之前，需落实消纳市场并明确线路的调度运行方案。

4. 积极稳妥推进海上风电建设

重点推动江苏、浙江、福建、广东等省的海上风电建设，到 2020 年四省海上风电开工建设规模均达到百万千瓦以上。积极推动天津、河北、上海、海南等省（市）的海上风电建设。探索性推进辽宁、山东、广西等省（区）的海上风电项目。到 2020 年，全国海上风电开工建设规模达到 1000 万 kW，力争累计并网容量达到 500 万 kW 以上。

四、重点任务

（一）有效解决风电消纳问题

通过加强电网建设、提高调峰能力、优化调度运行等措施，充分挖掘系统消纳风电能力，促进区域内部统筹消纳以及跨省跨区消纳，切实有效解决风电消纳问题。

合理规划电网结构，补强电网薄弱环节。电网企业要根据《电力发展"十三五"规划》，重点加强风电项目集中地区的配套电网规划和建设，有针对性地对重要送出断面、风电汇集站、枢纽变电站进行补强和增容扩建，逐步完善和加强配电网和主网架结构，有效减少因局部电网送出能力、变电容量不足导致的大面积弃风限电现象。加快推动配套外送风电的重点跨省区特高压输电通道建设，确保按期投产。

充分挖掘系统调峰潜力，提高系统运行灵活性。加快提升常规煤电机组和供热机组运行灵活性，通过技术改造、加强管理和辅助服务政策激励，增大煤电机组调峰深度，尽快明确自备电厂的调峰义务和实施办法，推进燃煤自备电厂参与调峰，重视并推进燃气机组调峰，着力化解冬季供暖期风电与热电联产机组的运行矛盾。加强需求侧管理和响应体系建设，开展和推广可中断负荷试点，不断提升系统就近就地消纳风电的能力。

优化调度运行管理，充分发挥系统接纳风电潜力。修订完善电力调度技术规范，提高风电功率预测精度，推动风电参与电力电量平衡。合理安排常规电源开机规模和发电计划，逐步缩减煤电发电计划，为风电预留充足的电量空间。在保证系统安全的情况下，将风电充分纳入网调、省调的年度运行计划。加强区域内统筹协调，优化省间联络线计划和考核方式，充分利用省间调峰资源，推进区域内风电资源优化配置。充分利用跨省跨区输电通道，通过市场化方式最大限度提高风电外送电量，促进风电跨省跨区消纳。

（二）提升中东部和南方地区风电开发利用水平

重视中东部和南方地区风电发展，将中东部和南方地区作为我国"十三五"期间风电持续规模化开发的重要增量市场。

做好风电发展规划。将风电作为推动中东部和南方地区能源转型和节能减排的重要力量，以及带动当地经济社会发展的重要措施。根据各省（区、市）资源条件、能耗水平和可再生能源发展引导目标，按照"本地开发、就近消纳"的原则编制风电发展规划。落实规划内项目的电网接入、市场消纳、土地使用等建设条件，做好年度开发建设规模的分解工作，确保风电快速有序开发建设。

完善风电开发政策环境。创新风电发展体制机制，因地制宜出台支持政策措施。简化风电项目核准支持性文件，制定风电与林地、土地协调发展的支持性政策，提高风电开发利用效率。建立健全风电项目投资准入政策，保障风电开发建设秩序。鼓励企业自主创新，加快推动技术进步和成本降低，在设备选型、安装台数方面给予企业充分的自主权。

提高风电开发技术水平。加强风能资源勘测和评价，提高微观选址技术水平，针对不同的资源条件，研究采用不同机型、塔筒高度以及控制策略的设计方案，加强设备选型研究，探索同一风电场因地制宜安装不同类型机组的混排方案。在可研设计阶段推广应用主机厂商带方案招投标。推动低风速风电技术进步，因地制宜推进常规风电、低风速风电开发建设。

（三）推动技术自主创新和产业体系建设

不断提高自主创新能力，加强产业服务体系建设，推动产业技术进步，提升风电发展质量，全面建成具有世界先进水平的风电技术研发和设备制造体系。

促进产业技术自主创新。加强大数据、3D 打印等智能制造技术的应用，全面提升风电机组性能和智能化水平。突破 10MW 级大容量风电机组及关键部件的设计制造技术。掌握风电机组的降载优化、智能诊断、故障自恢复技术，掌握基于物联网、云计算和大数据分析的风电场智能化运维技术，掌握风电场多机组、风电场群的协同控制技术。突破近海风电场设计和建设成套关键技术，掌握海上风电机组基础一体化设计技术并开展应用示范。鼓励企业利用新技术，降低运行管理成本，提高存量资产运行效率，增强市场竞争力。

加强公共技术平台建设。建设全国风资源公共服务平台，提供高分辨率的风资源数据。建设近海海上试验风电场，为新型机组开发及优化提供型式试验场地和野外试验条件。建设 10MW 级风电机组传动链地面测试平台，为新型机组开发及性能优化提供检测认证和技术研发的保障，切实提高公共技术平台服务水平。

推进产业服务体系建设。优化咨询服务业，鼓励通过市场竞争提高咨询服务质量。积极发展运行维护、技术改造、电力电量交易等专业化服务，做好市场管理与规则建设。创新运营模式与管理手段，充分共享行业服务资源。建立全国风电技术培训及人才培养基地，为风电从业人员提供技能培训和资质能力鉴定，与企业、高校、研究机构联合开展人才培养，健全产业服务体系。

（四）完善风电行业管理体系

深入落实简政放权的总体要求，继续完善风电行业管理体系，建立保障风电产业持续健康发展的政策体系和管理机制。

加强政府管理和协调。加快建立能源、国土、林业、环保、海洋等政府部门间的协调运行机制，明确政府部门管理职责和审批环节手续流程，为风电项目健康有序开发提供良好的市场环境。完善分散式风电项目管理办法，出台退役风机置换管理办法。

完善海上风电产业政策。开展海上风能资源勘测和评价，完善沿海各省（区、市）海上风电发展规划。加快海上风电项目建设进度，鼓励沿海各省（区、市）和主要开发企业建设海上风电示范项目。规范精简项目核准手续，完善海上风电价格政策。加强标准和规程制定、设备检测认证、信息监测工作，形成覆盖全产业链的成熟的设备制造和建设施工技术标准体系。

全面实现行业信息化管理。结合国家简政放权要求，完善对风电建设期和运行期的事中事后监管，加强对风电工程、设备质量和运行情况的监管。应用大数据、"互联网＋"等信息技术，建立健全风电全生命周期信息监测体系，全面实现风电行业信息化管理。

（五）建立优胜劣汰的市场竞争机制

发挥市场在资源配置中的决定性作用，加快推动政府职能转变，建立公平有序、优胜劣汰的市场竞争环境，促进行业健康发展。

加强政府监管。规范地方政府行为，纠正"资源换产业"等不正当行政干预。规范风电项目投资开发秩序，杜绝企业违规买卖核准文件、擅自变更投资主体等行为，建立企业不良行为记录制度、负面清单等管理制度，形成市场淘汰机制。构建公平、公正、公开的招标采购市场环境，杜绝有失公允的关联交易，及时纠正违反公平原则、扰乱市场秩序的行为。

强化质量监督。建立覆盖设计、生产、运行全过程的质量监督管理机制。充分发挥行业协会的作用，完善风电机组运行质量监测评价体系，定期开展风电机组运行情况综合评价。落实风电场重大事故上报、分析评价及共性故障预警制度，定期发布风电机组运行质量负面清单。充分发挥市场调节作用，有效进行资源整合，鼓励风电设备制造企业兼并重组，提高市场集中度。

完善标准检测认证体系。进一步完善风电标准体系，制定和修订风电机组、风电场、辅助运维设备的测试与评价标准，完善风电机组关键零部件、施工装备、工程技术和风电场运行、维护、安全等标准。加强检测认证能力建设，开展风电机组项目认证，推动检测认证结果与信用建设体系的衔接。

（六）加强国际合作

紧密结合"一带一路"倡议及国际多边、双边合作机制，把握全球风电产业发展大势和国际市场深度合作的窗口期，有序推进我国风电产业国际化发展。

稳步开拓国际风电市场。充分发挥我国风电设备和开发企业的竞争优势，深入对接国际需求，稳步开拓北非、中亚、东欧、南美等新兴市场，巩固和深耕北美、澳洲、欧洲等传统市场，鼓励采取贸易、投资、园区建设、技术合作等多种方式，推动风电产业领域的咨询、设计、总承包、装备、运营等企业整体走出去。提升融资、信保等服务保障，形成多家具有国际竞争力和市场开拓能力的风电设备骨干企业。

加强国际品牌建设。坚持市场导向和商业运作原则，加强质量信用，建立健全风电产品出口规范体系，包括质量监测和安全生产体系、海外投资项目的投资规范管理体系等。严格控制出口风电设备的质量，促进开发企业和设备制造企业加强国际品牌建设，塑造我国风电设备质量优异、服务到位的良好市场形象。

积极参与国际标准体系建设。鼓励国内风电设计、建设、运维和检测认证机构积极参与国际标准制定和修订工作。鼓励与境外企业和相关机构开展技术交流合作，增强技术标准的交流合作与互认，推动我国风电认证的国际采信。积极运用国际多边互认机制，深度参与可再生能源认证互认体系合格评定标准、规则的制定、实施和评估，提升我国在国际认证、认可、检测等领域的话语权。

积极促进国际技术合作。在已建立的政府双边合作关系基础上，进一步深化技术合作，建立新型政府间、民间的双边、多边合作伙伴关系。鼓励开展国家级风电公共实验室国际合作，在大型公共风电数据库建设等方面建立互信与共享。鼓励国内企业设立海外研发分支机构，联合国外机构开展基础科学研究，支持成立企业间风电技术专项国际合作项目。做好国际风电技术合作间的知识产权工作。

（七）发挥金融对风电产业的支持作用

积极促进风电产业与金融体系的融合，提升行业风险防控水平，鼓励企业降低发展成本。

完善保险服务体系，提升风电行业风险防控水平。建立健全风电保险基础数据库与行业信息共享平台，制定风电设备、风电场风险评级标准规范，定期发布行业风险评估报告，推动风电设备和风电场投保费率差异化。建立覆盖风电设备及项目全过程的保险产品体系。创新保险服务模式，鼓励风电设备制造企业联合投保。鼓励保险公司以共保体、设立优先赔付基金的方式开展保险服务，探索成立面向风电设备质量的专业性相互保险组织。推进保险公司积极采信第三方专业机构的评价结果，在全行业推广用保函替代质量保证金。

创新融资模式，降低融资成本。鼓励企业通过多元化的金融手段，积极利用低成本资金降低融资成本。将风电项目纳入国家基础设施建设鼓励目录。鼓励金融机构发行绿色债券，鼓励政策性银行以较低利率等方式加大对风电产业的支持，鼓励商业银行推进项目融资模式。鼓励风电企业利用公开发行上市、绿色债券、资产证券化、融资租赁、供应链金融等金融工具，探索基于互联网和大数据的新兴融资模式。

积极参与碳交易市场，增加风电项目经济收益。充分认识碳交易市场对风电等清洁能源行业的积极作用，重视碳资产管理工作，按照规定积极进行项目注册和碳减排量交易。完善绿色证书交易平台建设，推动实施绿色电力证书交易，并做好与全国碳交易市场的衔接协调。

五、创新发展方式

（一）开展省内风电高比例消纳示范

在蒙西等一批地区，开展规划建设、调度运行、政策机制等方面创新实践，推动以风电为主的新能源消纳示范省（区）建设。制定明确的风电等新能源的利用目标，开展风电高比例消纳示范，着力提高新能源在示范省（区）内能源消费中的比重。推动实施电能替代，加强城市配电网与农村电网建设与改造，提高风电等清洁能源的消纳能力，在示范省（区）内推动建立以清洁能源为主的现代能源体系。

（二）促进区域风电协同消纳

在京津冀周边区域，结合大气污染防治工作以及可再生能源电力消费比重目标，开展区域风电协同消纳机制创新。研究适应大规模风电受入的区域电网加强方案。研究建立灵活的风电跨省跨区交易结算机制和辅助服务共享机制。统筹送受端调峰资源为外送风电调峰，推动张家口、承德、乌兰察布、赤峰、锡盟、包头等地区的风电有序开发和统筹消纳，提高区域内风电消纳水平与比重。

（三）推动风电与水电等可再生能源互补利用

在四川、云南、贵州等地区，发挥风电与水电的季节性、时段性互补特性，开展风电与水电等可再生能源综合互补利用示范，探索风水互补消纳方式，实现风水互补协调运行。借助水电外送通道，重点推进凉山州、雅砻江、金沙江、澜沧江、乌江、北盘江等地区与流域的风（光）水联合运行基地规划建设，优化风电与水电打捆外送方式。结合电力市场化改革，完善丰枯电价、峰谷电价及分时电价机制，鼓励风电与水电共同参与外送电市场化竞价。

（四）拓展风电就地利用方式

在北方地区大力推广风电清洁供暖，统筹电蓄热供暖设施及热力管网的规划建设，优先解决存量风电消纳需求。因地制宜推广风电与地热及低温热源结合的绿色综合供暖系统。开展风电制氢、风电淡化海水等新型就地消纳示范。结合输配电价改革和售电侧改革，积极探索适合分布式风电的市场资源组织形式、盈利模式与经营管理模式。推动风电的分布式发展和应用，探索微电网形式的风电资源利用方式，推进风光储互补的新能源微电网建设。

六、保障措施

（一）完善年度开发方案管理机制

结合简政放权有关要求，鼓励以市场化方式配置风能资源。对风电发展较好、不存在限电问题的地区放开陆上风电年度建设规模指标，对完成海上风电规划的地区放开海上风电年度建设规模指标。结合规划落实、运行消纳等情况，滚动调整风电发展规划。

（二）落实全额保障性收购制度

结合电力体制改革，督促各地按照《可再生能源法》和《可再生能源发电全额保障性收购管理办法》的要求，严格落实可再生能源全额保障性收购制度，确保规划内的风电项目优先发电。在保障电力系统安全稳定运行以外的情况下，若因化石能源发电挤占消纳空间和线路输电容量而导致风电限电，由相应的化石能源发电企业进行补偿。

（三）加强运行消纳情况监管

加强对风电调度运行和消纳情况的监管，完善信息监测体系，定期发布风电运行消纳数据。由国家能源局及派出机构定期开展弃风限电问题专项监管，及时发布监管报告，督促有关部门和企业限期整改。建立风电产业发展预警机制，对弃风限电问题突出、无法完成最低保障性收购小时数的地区，实施一票否决制度，不再新增风电并网规模。

（四）创新价格及补贴机制

结合电力市场化改革，逐步改变目前基于分区域标杆电价的风电定价模式，鼓励风电参与市场竞争，建立市场竞价基础上固定补贴的价格机制，促进风电技术进步和成本下降。适时启动实施可再生能源发电配额考核和绿色电力证书交易制度，逐步建立市场化的补贴机制。

七、规划实施效果

（一）投资估算

"十三五"期间，风电新增装机容量8000万kW以上，其中海上风电新增容量400万kW以上。按照陆上风电投资7800元/kW、海上风电投资16 000元/kW测算，"十三五"期间风电建设总投资将达到7000亿元以上。

（二）环境社会效益

（1）2020年，全国风电年发电量将达到4200亿kWh，约占全国总发电量的6%，为实现非化石能源占一次能源消费比重达到15%的目标提供重要支撑。

（2）按2020年风电发电量测算，相当于每年节约1.5亿t标准煤，减少排放二氧化碳3.8亿t、二氧化硫130万t、氮氧化物110万t，对减轻大气污染和控制温室气体排放起到重要作用。

（3）"十三五"期间，风电带动相关产业发展的能力显著增强，就业规模不断增加，新增就业人数30万人左右。到2020年，风电产业从业人数达到80万人左右。

太阳能发展"十三五"规划（摘要）

前 言（略）

一、发展基础和面临形势（略）

二、指导方针和目标

（一）指导方针（略）

（二）基本原则（略）

（三）发展目标

继续扩大太阳能利用规模，不断提高太阳能在能源结构中的比重，提升太阳能技术水平，降低太阳能利用成本。完善太阳能利用的技术创新和多元化应用体系，为产业健康发展提供良好的市场环境。

1．开发利用目标

到2020年底，太阳能发电装机容量达到1.1亿kW以上，其中，光伏发电装机容量达到1.05亿kW以上，在"十二五"基础上每年保持稳定的发展规模；太阳能热发电装机容量达到500万kW。太阳能热利用集热面积达到8亿m²。到2020年，太阳能年利用量达到1.4亿t标准煤以上。

2．成本目标

光伏发电成本持续降低。到2020年，光伏发电电价水平在2015年基础上下降50%以上，在用电侧实现平价上网目标；太阳能热发电成本低于0.8元/kWh；太阳能供暖、工业供热具有市场竞争力。

3．技术进步目标

先进晶体硅光伏电池产业化转换效率达到23%以上，薄膜光伏电池产业化转换效率显著提高，若干新型光伏电池初步产业化。光伏发电系统效率显著提升，实现智能运维。太阳能热发电效率实现较大提高，形成全产业链集成能力。

三、重点任务

按照"创新驱动、产业升级、降低成本、扩大市场、完善体系"的总体思路，大力推动光伏发电多元化应用，积极推进太阳能热发电产业化发展，加速普及多元化太阳能热利用。

（一）推进分布式光伏和"光伏+"应用

1．大力推进屋顶分布式光伏发电

继续开展分布式光伏发电应用示范区建设，到2020年建成100个分布式光伏应用示范区，园区内80%的新建建筑屋顶、50%的已有建筑屋顶安装光伏发电。在具备开发条件的工业园区、经济开发区、大型工矿企业以及商场学校医院等公共建筑，采取"政府引导、企业自愿、金融支持、社会参与"的方式，统一规划并组织实施屋顶光伏工程。在太阳能资源优良、电网接入消纳条件好的农村地区和小城镇，推进居民屋顶光伏工程，结合新型城镇化建设、旧城镇改造、新农村建设、易地搬迁等统一规划建设屋顶光伏工程，形成若干光伏小镇、光伏新村。

2．拓展"光伏+"综合利用工程

鼓励结合荒山荒地和沿海滩涂综合利用、采煤沉陷区等废弃土地治理、设施农业、渔业养殖等方式，因地制宜开展各类"光伏+"应用工程，促进光伏发电与其他产业有机融合，通过光伏发电为土地增值利用开拓新途径。探索各类提升农业效益的光伏农业融合发展模式，鼓励结合现代高效农业设施建设光伏电站；在水产养殖条件好的地区，鼓励利用坑塘水面建设渔光一体光伏电站；在符合林业管理规范的前提下，在宜林地、灌木林、稀疏林地合理布局林光互补光伏电站；结合中药材种植、植被保护、生态治理工程，合理配建光伏电站。

3. 创新分布式光伏应用模式

结合电力体制改革开展分布式光伏发电市场化交易，鼓励光伏发电项目靠近电力负荷建设，接入中低压配电网实现电力就近消纳。各类配电网企业应为分布式光伏发电接入电网运行提供服务，优先消纳分布式光伏发电量，建设分布式发电并网运行技术支撑系统并组织分布式电力交易。推行分布式光伏发电项目向电力用户市场化售电模式，向电网企业缴纳的输配电价按照促进分布式光伏就近消纳的原则合理确定。

（二）优化光伏电站布局并创新建设方式

1. 合理布局光伏电站

综合考虑太阳能资源、电网接入、消纳市场和土地利用条件及成本等，以全国光伏产业发展目标为导向，安排各省（区、市）光伏发电年度建设规模，合理布局集中式光伏电站。规范光伏项目分配和市场开发秩序，全面通过竞争机制实现项目优化配置，加速推动光伏技术进步。在弃光限电严重地区，严格控制集中式光伏电站建设规模，加快解决已出现的弃光限电问题，采取本地消纳和扩大外送相结合的方式，提高已建成集中式光伏电站的利用率，降低弃光限电比例。

2. 结合电力外送通道建设太阳能发电基地

按照"多能互补、协调发展、扩大消纳、提高效益"的布局思路，在"三北"地区利用现有和规划建设的特高压电力外送通道，按照优先存量、优化增量的原则，有序建设太阳能发电基地，提高电力外送通道中可再生能源比重，有效扩大"三北"地区太阳能发电消纳范围。在青海、内蒙古等太阳能资源好、土地资源丰富地区，研究论证并分阶段建设太阳能发电与其他可再生能源互补的发电基地。在金沙江、雅砻江、澜沧江等西南水能资源富集的地区，依托水电基地和电力外送通道研究并分阶段建设大型风光水互补发电基地。

3. 实施光伏"领跑者"计划

设立达到先进技术水平的"领跑者"光伏产品和系统效率标准，建设采用"领跑者"光伏产品的领跑技术基地，为先进技术及产品提供市场支持，引领光伏技术进步和产业升级。结合采煤沉陷区、荒漠化土地治理，在具备送出条件和消纳市场的地区，统一规划有序建设光伏发电领跑技术基地，采取竞争方式优选投资开发企业，按照"领跑者"技术标准统一组织建设。组织建设达到最先进水平的前沿技术依托基地，加速新技术产业化发展。建立和完善"领跑

者"产品的检测、认证、验收和保障体系，确保"领跑者"基地使用的光伏产品达到先进指标。

（三）开展多种方式光伏扶贫

1. 创新光伏扶贫模式

以主要解决无劳动能力的建档立卡贫困户为目标，因地制宜、分期分批推动多种形式的光伏扶贫工程建设，覆盖已建档立卡280万无劳动能力贫困户，平均每户每年增加3000元的现金收入。确保光伏扶贫关键设备达到先进技术指标且质量可靠，鼓励成立专业化平台公司对光伏扶贫工程实行统一运营和监测，保障光伏扶贫工程长期质量可靠、性能稳定和效益持久。

2. 大力推进分布式光伏扶贫

在中东部土地资源匮乏地区，优先采用村级电站（含户用系统）的光伏扶贫模式，单个户用系统5kW左右，单个村级电站一般不超过300kW。村级扶贫电站优先纳入光伏发电建设规模，优先享受国家可再生能源电价附加补贴。做好农村电网改造升级与分布式光伏扶贫工程的衔接，确保光伏扶贫项目所发电量就近接入、全部消纳。建立村级扶贫电站的建设和后期运营监督管理体系，相关信息纳入国家光伏扶贫信息管理系统监测，鼓励各地区建设统一的运行监控和管理平台，确保电站长期可靠运行和贫困户获得稳定收益。

3. 鼓励建设光伏农业工程

鼓励各地区结合现代农业、特色农业产业发展光伏扶贫。鼓励地方政府按PPP模式，由政府投融资主体与商业化投资企业合资建设光伏农业项目，项目资产归政府投融资主体和商业化投资企业共有，收益按股份分成，政府投融资主体要将所占股份折股量化给符合条件的贫困村、贫困户，代表扶贫对象参与项目投资经营，按月（或季度）向贫困村、贫困户分配资产收益。光伏农业工程要优先使用建档立卡贫困户劳动力，并在发展地方特色农业中起到引领作用。

（四）推进太阳能热发电产业化

1. 组织太阳能热发电示范项目建设

按照"统筹规划、分步实施、技术引领、产业协同"的发展思路，逐步推进太阳能热发电产业进程。在"十三五"前半期，积极推动150万kW左右的太阳能热发电示范项目建设，总结积累建设运行经验，完善管理办法和政策环境，验证国产化设备及材料的可靠性；培育和增强系统集成能力，掌握关键核心技术，形成设备制造产业链，促进产业规模化发展和产品质量提高，带动生产成本降低，初步具备国际市场竞争力。

2. 发挥太阳能热发电调峰作用

逐步推进太阳能热发电产业化商业化进程，发挥

其蓄热储能、出力可控可调等优势，实现网源友好发展，提高电网接纳可再生能源的能力。在青海、新疆、甘肃等可再生能源富集地区，提前做好太阳能热发电布局，探索以太阳能热发电承担系统调峰方式，研究建立太阳能热发电与光伏发电、风电、抽水蓄能等互补利用、发电可控可调的大型混合式可再生能源发电基地，向电网提供清洁、安全、稳定的电能，促进可再生能源高比例应用。

3. 建立完善太阳能热发电产业服务体系

借鉴国外太阳能热发电工程建设经验，结合我国太阳能热发电示范项目的实施，制定太阳能热发电相关设计、设备、施工、运行标准，建立和完善相关工程设计、检测认证及质量管理等产业服务支撑体系。加快建设太阳能热发电产业政策管理体系，研究制定太阳能热发电项目管理办法，保障太阳能热发电产业健康有序发展。

（五）因地制宜推广太阳能供热

1. 进一步推动太阳能热水应用

以市场需求为动力，以小城镇建设、棚户区改造等项目为依托，进一步推动太阳能热水的规模化应用。在太阳能资源适宜地区加大太阳能热水系统推广力度。支持农村和小城镇居民安装使用太阳能热水器，在农村推行太阳能公共浴室工程，扩大太阳能热水器在农村的应用规模。在大中城市的公共建筑、经济适用房、廉租房项目加大力度强制推广太阳能热水系统。在城市新建、改建、扩建的住宅建筑上推动太阳能热水系统与建筑的统筹规划、设计和应用。

2. 因地制宜推广太阳能供暖制冷技术

在东北、华北等集中供暖地区，积极推进太阳能与常规能源融合，采取集中式与分布式结合的方式进行建筑供暖；在集中供暖未覆盖地区，结合当地可再生能源资源，大力推动太阳能、地热能、生物质锅炉等小型可再生能源供热；在需要冷热双供的华东、华中地区以及传统集中供暖未覆盖的长三角、珠三角等地区，重点采用太阳能、地热能供暖制冷技术。鼓励在条件适宜的中小城镇、民用及公共建筑上推广太阳能区域性供暖系统，建设太阳能热水、采暖和制冷的三联供系统。到 2020 年，在适宜区域建设大型区域供热站数量达到 200 座以上，集热面积总量达到 400 万 m^2 以上。结合新农村建设，在全国推广农村建筑太阳能热水、采暖示范项目 300 万户以上。

3. 推进工农业领域太阳能供热

结合工业领域节能减排，在新建工业区（经济开发区）建设和传统工业区改造中，积极推进太阳能供热与常规能源融合，推动工业用能结构的清洁化。在印染、陶瓷、食品加工、农业大棚、养殖场等用热需求大且与太阳能热利用系统供热匹配的行业，充分利用太阳能供热作为常规能源系统的基础热源，提供工业生产用热，推动工业供热的梯级循环利用。结合新能源示范城市和新能源利用产业园区、绿色能源示范县（区）等，建设一批工农业生产太阳能供热，总集热面积达到 2000 万 m^2。

（六）开展新能源微电网应用示范

1. 建设联网型微电网示范工程

在分布式可再生能源渗透率较高或具备多能互补条件的地区建设联网型新能源微电网示范工程。通过储能技术、天然气分布式发电、智能控制和信息化技术的综合应用，探索电力生产和消费的新型商业运营模式和新业态，推动更加具有活力的电力市场化创新发展，形成完善的新能源微电网技术体系和管理体制，逐步提高可再生能源渗透率，探索建设 100% 可再生能源多能互补微能源网。

2. 开展离网型微电网示范

提升能源电子技术配合微电网能源管理及储能技术，高度融合发输供用电环节，在电网未覆盖或供电能力不足的偏远地区、海岛、边防哨所等，充分利用丰富的可再生资源，实现多种能源综合互补利用，建设智能离网型新能源微电网示范工程，替代柴油发电机组和降低供电成本，保护生态环境，改善地区能源结构。

3. 探索微电网电力交易模式

结合电力体制改革的要求，拓展新能源微电网应用空间。以新能源微电网为载体作为独立售电主体，探索微电网内部分布式光伏直供以及微电网与本地新能源发电项目电力直接交易的模式。支持微电网就近向可再生能源电力企业直接购电，探索实现 100% 新能源电力消费微电网。

（七）加快技术创新和产业升级

1. 建立国家级光伏技术创新平台

依托国家重点实验室、国家工程中心等机构，推动建立光伏发电的公共技术创新、产品测试、实证研究三大国家级光伏技术创新平台，形成国际领先、面向全行业的综合性创新支撑平台。公共技术创新平台重点开展新型太阳电池、新型光伏系统及部件、光伏高渗透率并网等领域的前瞻研究和技术攻关。产品测试平台重点建设光伏产业链各环节产品和系统测试平台。实证研究平台重点开展不同地域、气候、电网条件下的光伏系统及部件实证研究，建立国家光伏发电公共监测和评价中心。

2. 实施太阳能产业升级计划

以推动我国太阳能产业化技术及装备升级为目标，推进全产业链的原辅材、产品制造技术、生产工艺及生产装备国产化水平提升。光伏发电重点支持PERC技术、N型单晶等高效率晶体硅电池、新型薄膜电池的产业化以及关键设备研制；太阳能热发电重点突破高效率大容量高温储热、高能效太阳能聚光集热等关键技术，研发高可靠性、全天发电的太阳能热发电系统集成技术及关键设备。

3. 开展前沿技术创新应用示范工程

结合下游应用需求，国家组织太阳能领域新技术示范应用工程。重点针对各类高效率低成本光伏电池、新型光伏电池、新型光伏系统及控制/逆变器等关键部件在不同地域、气候、电网条件下进行示范应用，以及中高温太阳能集中供热在建筑、供暖等领域的示范应用，满足新能源微电网、现代农业、光伏渔业等新兴市场太阳能技术的需求，建立产学研有机结合、技术与应用相互促进、上下游协同推进的技术创新机制。

（八）提升行业管理和产业服务水平

1. 加强行业管理和质量监督

建立政府制定规则、市场主体竞争的光伏电站项目资源配置方式，禁止资源换产业和地方保护等不正当竞争行为，杜绝倒卖项目等投机行为，建立优胜劣汰、充分有效的市场竞争机制。加强太阳能项目质量监督管理，完善工程建设、运行技术岗位资质管理，建立适应市场、权责明确、措施到位、监督有力的太阳能项目建设质量监督体系，发挥政府在质量监督中的作用。科学、公正、规范地开展太阳能项目主体工程及相关设备质量、安全运行等综合评价，建立透明公开的质量监督管理秩序，提高设备产品可靠性和运行安全性，确保工程建设质量。

2. 提升行业信息监测和服务水平

拓展太阳能行业信息监测管理范围，应用大数据、"互联网＋"等现代化信息技术，完善太阳能资源、规划实施、年度规模、前期进展、建设运行等全生命周期信息监测体系建设，及时向社会公开行业发展动态。通过信息化手段，为行业数据查询和补助资金申请提供便利，规范电价附加补助资金管理，提高可再生能源电价附件补贴资金发放效率，提升行业公共服务水平。

3. 加强行业能力建设

鼓励国内科研院所、中介机构、行业组织发挥在行业人才培训、技术咨询、国际交流等方面的作用，建立企业、消费者、政府部门之间的沟通与联系，加强与国际知名研究机构在国际前沿、共性技术联合研发、新产品制造、技术转移、知识产权等领域的合作。加大人才和机构等能力建设的支持力度，培养一批太阳能行业发展所急需的技术和管理人才，鼓励大

学与企业联合培养高级人才，支持企业建立太阳能教学实习基地和博士后流动站，鼓励大学、研究机构和企业从海外吸引高端人才。

（九）深化太阳能国际产业合作

1. 拓展太阳能国际市场和产能合作

在"一带一路"、中巴经济走廊、孟中印缅经济走廊等重点区域加强太阳能产业国际市场规划研究，引导重大国际项目开发建设，巩固欧洲、北美洲和亚洲部分地区等传统太阳能产业投资市场，重点开发东南亚、西亚、拉丁美洲、非洲等新兴市场。加强先进产能和项目开发国际化合作，构建全产业链战略联盟，持续提升太阳能产业国际市场竞争力，实现太阳能产能"优进优出"。

2. 太阳能先进技术研发和装备制造合作

鼓励企业加强国际研发合作，开展太阳能产业前沿、共性技术联合研发，提高我国产业技术研发能力及核心竞争力，共同促进产业技术进步。建立推动国际化的太阳能技术合作交流平台，与相关国家政府及企业合作建设具有创新性的示范工程。推动我国太阳能设备制造"走出去"发展，鼓励企业在境外设立技术研发机构，实现技术和智力资源跨国流动和优化整合。

3. 加强太阳能产品标准和检测国际互认

逐步完善国内太阳能标准体系，积极参与太阳能行业国际标准制定，加大自主知识产权标准体系海外推广，推动检测认证国际互认。依托重点项目的开发建设，持续跟进 IEC 等太阳能标准化工作，加强国际标准差异化研究和国际标准转化工作。参与 IECRE 体系等多边机制下的产品标准检测认证的国际互认组织工作，掌握标准检测认证规则，提升我国在国际认证、检测等领域的话语权。

四、保障措施

（一）完善规划引领和项目配置管理

加强规划和年度建设规模对全国太阳能发展的引导作用，各级地方政府应将太阳能利用纳入能源发展和节能减排等规划。各省级及地方能源主管部门根据国家确定的目标任务，科学编制区域太阳能发展规划并制定年度实施计划，做好农业、林业、土地、建筑等相关领域的衔接和政府间协调工作。全面推行竞争方式配置光伏电站项目，形成以市场竞价为主的定价机制，逐步减少太阳能发电价格补贴需求，不断提高太阳能发电市场竞争力。

（二）建立太阳能产业监测评价体系

针对太阳能发展外部环境和内部因素，合理确定各地区年度建设规模和布局方案，并形成滚动调整机制，实现放管结合、优化服务。按照资源情况、建设

条件、实际运行、消纳市场、政策环境以及本规划各项主要任务完成情况等因素建立太阳能监测评价体系，提出科学合理的评价方法，评判地区太阳能发展环境，作为太阳能产业布局的重要依据。

（三）完善太阳能发电市场机制和配套电网建设

根据电力体制改革系列文件要求，建立适应太阳能发电的电力市场机制，确保太阳能发电优先上网和全额保障性收购。促进分布式光伏发电与电力用户开展直接交易，电网企业作为公共平台收取过网费。将分布式光伏发展纳入城网农网改造规划，结合分布式光伏特点进行智能电网建设升级。做好集中式大型电站和配套电网的同步规划，落实消纳市场和送出方案。电网企业及电力调度机构应按可再生能源全额保障性收购管理规定，保障光伏电站最低保障小时数以内的上网电量按国家核定或竞争确定的上网电价收购；超过最低保障小时数的电量，通过参与电力市场竞争实现全额利用。

（四）加强太阳能产业标准体系建设

紧跟技术创新和产业升级方向，建立健全太阳能产业标准体系和检测认证体系。加强太阳能全产业链检测技术及检测装备研发，整合检测资源，建设太阳能产业主要产品的公共检测平台。完善适合不同环境特点的光伏系统设计安装、电网接入、运行维护等标准，研究制定光伏农业、光伏渔业、建筑光伏等各类光伏创新应用标准，促进光伏与其他产业的融合多赢发展。逐步开展对太阳能热发电主要产品的认证工作，规范太阳能热发电站设计、采购、施工、安装和验收。

（五）创新投融资模式和金融服务

鼓励金融监管机构和金融机构实施促进可再生能源等清洁能源发展的绿色信贷政策，探索售电收益权和项目资产作为抵押的贷款机制。完善分布式光伏发电创新金融支持机制，积极推动银行等金融机构与地方政府合作建立光伏发电项目的投融资服务平台。通过国家出资、企业投资和社会资本参与的形式，探讨建立国家光伏产业投资基金，为光伏产业公共技术平台建设、关键基础理论研究、核心设备国产化、"一带一路"走出去等创新业务提供资金支持和降低融资成本。建立太阳能产业与金融机构之间的常态化交流机制，促进产融协调发展。

五、经济社会与环境效益

（一）环境效益

2020年，太阳能年利用量达到1.4亿t标准煤以上，占非化石能源消费比重的18%以上，"十三五"期间新增太阳能年利用总规模折合7500万t标准煤以上，约占新增非化石能源消费比重的30%以上。

2020年，全国太阳能年利用量相当于减少二氧化碳排放量约3.7亿t以上，减少二氧化硫排放量120万t，减少氮氧化物排放90万t，减少烟尘排放约110万吨，环境效益显著。

（二）经济效益

通过大规模发展太阳能利用产业，有力推动地方经济发展转型。预计"十三五"时期，太阳能产业对我国经济产值的贡献将突破万亿元。其中，太阳能发电产业对我国经济产值的贡献将达到6000亿元，平均每年拉动经济需求1200亿元以上，同步带动电子工业、新材料、高端制造、互联网等产业，太阳能热利用产业对经济产值贡献将达到5000亿元。

（三）社会效益

太阳能利用上下游产业规模日益壮大，带动相关产业发展的能力显著增强，就业容量不断增加，扶贫效果显著。预计到2020年，太阳能产业可提供约700万个就业岗位。

生物质能发展"十三五"规划（摘要）

前　言（略）

一、发展现状和面临形势（略）

二、指导思想和发展目标

（一）指导思想（略）

（二）基本原则（略）

（三）发展目标

到2020年，生物质能基本实现商业化和规模化利用。生物质能年利用量约5800万t标准煤。生物质发电总装机容量达到1500万kW，年发电量900亿kWh，其中农林生物质直燃发电700万kW，城镇生活垃圾焚烧发电750万kW，沼气发电50万kW；生物天然气年利用量80亿m^3；生物液体燃料年利用量600万t；生物质成型燃料利用量3000万t。

三、发展布局和建设重点

（一）大力推动生物天然气规模化发展

到2020年，初步形成一定规模的绿色低碳生物天然气产业，年产量达到80亿m^3，建设160个生物天然气示范县和循环农业示范县。

1. 发展布局

在粮食主产省份以及畜禽养殖集中区等种植养殖大县，按照能源、农业、环保"三位一体"格局，整县推进，建设生物天然气循环经济示范区。

2. 建设重点

推动全国生物天然气示范县建设。以县为单位建立产业体系，选择有机废弃物丰富的种植养殖大县，编制县域生物天然气开发建设规划，立足于整县推进，发展生物天然气和有机肥，建立原料收集保障、生物天然气消费、有机肥利用和环保监管体系，构建县域分布式生产消费模式。

加快生物天然气技术进步和商业化。探索专业化投资建设管理模式，形成技术水平较高、安全环保的新型现代化工业门类。建立县域生物天然气开发建设专营机制。加快关键技术进步和工程现代化，建立健全检测、标准、认证体系。培育和创新商业化模式，提高商业化水平。

推进生物天然气有机肥专业化规模化建设。以生物天然气项目产生的沼渣沼液为原料，建设专业化标准化有机肥项目。优化提升已建有机肥项目，加强关键技术研发与装备制造。创新生物天然气有机肥产供销用模式，促进有机肥大面积推广，减少化肥使用量，促进土壤改良。

建立健全产业体系。创新原料收集保障模式，形成专业化原料收集保障体系。构建生物天然气多元化消费体系，强化与常规天然气衔接并网，加快生物天然气市场化应用。建立生物天然气有机肥利用体系，促进有机肥高效利用。建立健全全过程环保监管体系，保障产业健康发展。

（二）积极发展生物质成型燃料供热

1. 发展布局

在具备资源和市场条件的地区，特别是在大气污染形势严峻、淘汰燃煤锅炉任务较重的京津冀鲁、长三角、珠三角、东北等区域，以及散煤消费较多的农村地区，加快推广生物质成型燃料锅炉供热，为村镇、工业园区及公共和商业设施提供可再生清洁热力。

2. 建设重点

积极推动生物质成型燃料在商业设施与居民采暖中的应用。结合当地关停燃煤锅炉进程，发挥生物质成型燃料锅炉供热面向用户侧布局灵活、负荷响应能力较强的特点，以供热水、供蒸汽、冷热联供等方式，积极推动在城镇商业设施及公共设施中的应用。结合农村散煤治理，在政策支持下，推进生物质成型燃料在农村炊事采暖中的应用。

加快大型先进低排放生物质成型燃料锅炉供热项目建设。发挥成型燃料含硫量低的特点，在工业园区大力推进20t/h以上低排放生物质成型燃料锅炉供热项目建设，污染物排放达到天然气水平，烟尘、二氧化硫、氮氧化物排放量不高于 20、50、200mg/m³，替代燃煤锅炉供热。建成一批以生物质成型燃料供热为主的工业园区。

加强技术进步和标准体系建设。加强大型生物质锅炉低氮燃烧关键技术进步和设备制造，推进设备制造标准化系列化成套化。制定出台生物质供热工程设计、成型燃料产品、成型设备、生物质锅炉等标准。加快制定生物质供热锅炉专用污染物排放标准。加强检测认证体系建设，强化对工程与产品的质量监督。

（三）稳步发展生物质发电

1. 发展布局

在农林资源丰富区域，统筹原料收集及负荷，推进生物质直燃发电全面转向热电联产；在经济较为发达地区合理布局生活垃圾焚烧发电项目，加快西部地区垃圾焚烧发电发展；在秸秆、畜禽养殖废弃物资源比较丰富的乡镇，因地制宜推进沼气发电项目建设。

2. 建设重点

积极发展分布式农林生物质热电联产。农林生物质发电全面转向分布式热电联产，推进新建热电联产项目，对原有纯发电项目进行热电联产改造，为县城、大乡镇供暖及为工业园区供热。加快推进糠醛渣、甘蔗渣等热电联产及产业升级。加强项目运行监管，杜绝掺烧煤炭、骗取补贴的行为。加强对发电规模的调控，对于国家支持政策以外的生物质发电方式，由地方出台支持措施。

稳步发展城镇生活垃圾焚烧发电。在做好环保、选址及社会稳定风险评估的前提下，在人口密集、具备条件的大中城市稳步推进生活垃圾焚烧发电项目建设。鼓励建设垃圾焚烧热电联产项目。加快应用现代垃圾焚烧处理及污染防治技术，提高垃圾焚烧发电环保水平。加强宣传和舆论引导，避免和减少邻避效应。

因地制宜发展沼气发电。结合城镇垃圾填埋场布局，建设垃圾填埋气发电项目；积极推动酿酒、皮革等工业有机废水和城市生活污水处理沼气设施热电联产；结合农村规模化沼气工程建设，新建或改造沼气发电项目。积极推动沼气发电无障碍接入城乡配电网和并网运行。到2020年，沼气发电装机容量达到50万 kW。

（四）加快生物液体燃料示范和推广（略）

四、保障措施

（1）协同推进。将生物质能利用纳入国家能源、环保、农业战略，加强协调、协同推进，充分发挥生物质能综合效益，特别是在支持循环农业、促进县域生态环保方面的作用，推进生物质能开发利用。研究将生物质能纳入绿色消费配额及交易体系。

（2）优先利用。落实国家有关可再生能源优先利用和全额保障性收购的要求，建立生物质能优先利用机制，加强对燃气、石油和电网企业公平开放接纳生物质能产品的监管，确保生物天然气、液体燃料、生物质发电无障碍接入燃气管网、成品油销售网及城乡配电网。

（3）加强规划。将规划作为项目开发建设的主要依据，统筹生物质各类资源和各种利用方式，以省为单位编制生物质能开发利用规划。以县为单位编制生物天然气、生物成型燃料开发利用规划，做好与环保、农业等规划衔接。编制生物质热电联产区域专项规划。在规划指导下，积极推进生物质能新技术和新利用模式的示范建设。

（4）加大扶持。发挥中央和地方合力，完善支持生物质能利用政策措施体系。制定生物质发电全面转向热电联产的产业政策。研究出台生物天然气、生物质成型燃料供热和液体燃料终端补贴政策。积极支持民间资本进入生物质能领域。引导地方出台措施支持现有政策之外的其他生物质发电方式。

（5）加强监管。会同有关部门加强对生物质能项目建设和运行监管，保障产品质量和安全，加强标准认证管理，做好环保监管，建立生物质能行业监测平台和服务体系。加强工程咨询、技术服务等产业能力建设，支撑生物质能产业可持续发展。

五、投资估算和环境社会影响分析

（一）投资估算

到 2020 年，生物质能产业新增投资约 1960 亿元。其中，生物质发电新增投资约 400 亿元，生物天然气新增投资约 1200 亿元，生物质成型燃料供热产业新增投资约 180 亿元，生物液体燃料新增投资约 180 亿元。

（二）环境效益

生物质能产业具备显著的环境效益。预计 2020 年，生物质能合计可替代化石能源总量约 5800 万 t，年减排二氧化碳约 1.5 亿 t，减少粉尘排放约 5200 万 t，减少二氧化硫排放约 140 万 t，减少氮氧化物排放约 44 万 t。

（三）社会效益

"十三五"期间，生物质重点产业将实现规模化发展，成为带动新型城镇化建设、农村经济发展的新型产业。预计到 2020 年，生物质能产业年销售收入约 1200 亿元，提供就业岗位 400 万个，农民收入增加 200 亿元，经济和社会效益明显。

电力规划管理办法（摘要）

第一章　总　则（略）

第二章　组织与职责

第七条　国家能源局是全国电力规划的责任部门，省级能源主管部门是省级电力规划的责任部门，按照"政府主导、机构研究、咨询论证、多方参与、科学决策"的原则，分别组织编制全国和省级电力规划。规划编制主要参与者包括：政府部门、研究机构、电力企业、电力行业相关单位和电力规划、环境保护专家等。

第八条　电力规划研究机构是电力规划研究工作的主要承担单位，受国家能源局、省级能源主管部门委托，开展电力规划专题研究和综合研究。

第九条　电力企业是电力规划的主要实施主体和安全责任主体，应负责提供规划基础数据，积极承担电力规划的研究课题，提出规划建议，支持和配合规划工作，并按审定的全国、省级电力规划编制企业规划。

第十条　电力企业联合会等行业协会、学会、科研机构和高校等相关单位，应积极参与配合电力规划工作，向能源主管部门提出研究建议。

第十一条　建立完善电力规划专家库，聘请专家参与规划研究和论证，提供技术咨询。

第三章　研　究　与　准　备

第十二条　电力规划编制应从全面、深入、专业的研究入手，并以电力规划研究成果为基础。电力规划研究包括电力规划建议、电力规划专题研究和电力规划综合研究三类。

（1）电力规划建议是电力企业立足自身主营业务研究提出的规划建议，以及电力行业协会、学会、科研机构和高校等自主或受托提出的规划建议，是电力规划的关键支撑和基础。

（2）电力规划专题研究是针对影响电力规划的重大问题开展的研究，主要涉及电力需求、结构与布局、系统安全、经济评价、环境评价、科技进步、体制改革等。

（3）电力规划综合研究是在规划建议、规划专题研究的基础上，通过综合比选与平衡衔接，提出全面系统的电力规划研究成果。综合研究是编制电力规划的核心技术支撑。

第十三条　国家能源局和省级能源主管部门应按照能源规划工作总体安排，提前 2 年开展电力规划编制，及时启动专题和综合研究工作。

第十四条　电力规划专题研究和电力规划综合研究，由能源主管部门通过招标或协商等方式，委托电力规划研究机构或有资质的研究机构承担，也可由有关单位及专家根据工作需要，自行选题组织专题研究。研究过程中，能源主管部门应通过专题调研和座谈会议等方式，重点对电力需求、规模与布局、系统安全、电力流向等内容听取地方政府、电力企业和电力用户的意见和建议。

第十五条　重要的规划专题研究完成后，应由能源主管部门组织咨询机构和专家评审，并提出评审意见。规划环境影响评价研究和水资源供应研究应征询环境和水资源主管部门意见。

第十六条　电力规划综合研究报告完成后，由国家能源局或省级能源主管部门组织咨询机构和专家评审，并提出评审意见，作为编制全国和省级电力规划的依据。

第十七条　及时修订完善电力规划研究相关技术标准和报告内容深度规定，不断提高研究水平和报告质量。

第四章　编制与衔接

第十八条　电力规划编制要以电力规划综合研究成果为依据，充分吸收电力规划建议，全面落实国家和地方经济社会发展目标要求，深入分析电力工业现状、面临的形势以及政策、资源和生态环境等约束性因素，提出电力发展的指导思想、基本原则、发展目标、重点任务及保障措施。

第十九条　全国电力规划应重点提出五年规划期内大型水电（含抽水蓄能）、核电规模及项目建设安排（含投产与开工），风电、光伏（光热）等新能源发电建设规模，煤电基地开发规模，跨省跨区电网项目建设安排（含投产与开工），省内 500 千伏及以上电网项目建设安排（含投产与开工），以及省内自用煤电、气电规模。

第二十条　省级电力规划应重点明确所属地区的大中型水电（含抽水蓄能）、煤电、气电、核电等项目建设安排（含投产与开工），进一步明确新能源发电的建设规模和布局，提出 110kV（66kV）及以上电网项目建设安排（含投产和开工）和 35kV 及以下电网建设规模。

第二十一条　电力规划应在建设规模、投产时序、系统接入和消纳市场等方面统筹衔接水电、煤电、气电、核电、新能源发电等各类电源专项规划，形成协调统一的电力规划。

第二十二条　电力规划编制中，应通过联席会议、调研走访、专题讨论等机制和方式，加强电力规划与土地利用、城乡建设、环境保护、水资源利用等相关规划的协调，加强电力规划与交通运输、设备制造、供气供热、城市管网等上下游行业规划的协调，加强规划环境影响评价成果与规划草案完善的互动反馈。

第二十三条　电力规划应与能源发展总体规划衔接一致，按照省级电力规划服从全国电力规划和省级能源发展规划的原则，通过"两上两下"，对全国电力规划和省级电力规划进行衔接，对送电省电力规划和受电省电力规划进行衔接，保证上下级规划和相关省级规划之间有效衔接、协调统一。

"一上"，规划编制工作启动后，各省级能源主管部门研究提出省级电力规划初稿，提交国家能源局。

"一下"，国家能源局组织对省级规划初稿进行汇总平衡后，初步明确全国规划主要目标、总体框架和各省级规划的边界条件，并书面反馈各省级能源主管部门。

"二上"，各省级能源主管部门根据反馈意见编制省级电力规划（含规划环境影响评价），报送国家能源局。

"二下"，国家能源局对各省级电力规划综合衔接平衡，并书面反馈意见，省级能源主管部门按照反馈意见修改完善省级电力规划。

第二十四条　建立健全电力规划指标体系，加强电力规划指标的量化管理，提高规划的指导性和可操作性。

第二十五条　电力规划草案形成后，应广泛征求政府部门、电力企业、其他相关单位和专家意见。电力规划上报审定前，宜委托有资质的中介机构进行咨询并提出咨询意见。研究探索电力规划听证制度。

第五章　审定与发布

第二十六条　全国电力规划一般于五年规划第一年的五月底前由国家能源局报经国家发展改革委审定，由国家能源局公开发布。

第二十七条　省级电力规划一般于五年规划第一年的六月底前由省级能源主管部门编制完成报国家能源局衔接并达成一致后，按程序公开发布。

第六章　实施与调整

第二十八条　电力规划审定发布后，各级能源主管部门及电力企业应全面落实规划明确的各项任务。

第二十九条　已经纳入电力规划或符合规划布局的项目，业主单位可依据审定的规划向国土、城建、环保、水利等部门申请支持性文件；需要核准的，由相应主管部门按程序核准。核电项目相关规定另行制定。

第三十条　未纳入电力规划的重大项目、不符合规划布局的电力项目不予核准。特殊情况下，应先调整规划后再行核准。省级能源主管部门年度核准的新能源发电规模不应超过年度开发方案确定的当年开工规模。需要超过时，应及时调整规划并报告主管部门审定。未经核准的电力项目，不得进入电力市场交易，不得纳入电网准许成本并核定输配电价，不得享受电价补贴、税收减免等扶持政策。

第三十一条 电力企业应按照审定发布的电力规划，制定企业发展规划，积极开展规划项目前期工作，有序推进项目建设，保障规划顺利落实。

第三十二条 各级政府及能源主管部门应重视和支持电力规划的实施，注重电力规划与土地利用规划和城乡建设规划实施的协调，保障电力建设项目厂址、站址和输电走廊用地。

第三十三条 已经纳入电力规划但未按期实施的电源、电网建设项目，项目业主应及时向能源主管部门说明情况。无正当理由不按期实施、并造成严重后果的，能源主管部门应对业主通报批评；属于发电等竞争性领域的，能源主管部门可对无正当理由不按期实施的项目通过招标或协商等方式交由其他投资主体实施。

第三十四条 规划实施过程中，可根据实际情况对电力规划进行适当滚动和调整。电力规划发布2至3年后，国家能源局和省级能源主管部门可根据经济发展情况和规划实施情况对五年规划进行滚动。如遇重大变化，或应电力企业申请，也可由规划编制部门按程序组织对规划具体项目进行调整。

第三十五条 开展电力规划滚动的，应在电力规划执行第2年组织开展专题研究工作，第3年编制滚动规划，并对滚动规划进行评审、审定和发布。

第三十六条 开展电力规划调整的，应委托规划研究机构开展专题研究，经专门机构评估论证后，按程序将新增电力项目纳入规划，或将相关项目调出规划。

第三十七条 全国电力规划滚动调整由国家能源局组织，按程序公开发布（保密内容除外）；省级电力规划滚动调整由省级能源主管部门负责，经与全国规划衔接调整后，按程序公开发布（保密内容除外）。

第三十八条 继续深化行政审批制度改革，逐步推行政府规划指导、企业自主决策的电力项目建设新机制。积极探索电源项目前期工作市场化和业主招标制。

第七章 评 估 与 监 督

第三十九条 国家能源局及派出机构和省级能源主管部门应加强对电力规划实施情况的评估和监督。

第四十条 建立电力规划定期评估机制。规划实施2年后，国家能源局应委托中介机构开展全国电力规划中期评估咨询，省级能源主管部门应委托中介机构开展省级电力规划中期评估咨询，分别形成《电力规划实施中期评估报告》；5年规划结束后，形成《电力规划实施评估报告》。国家能源局派出机构应相应

编制并发布《中期电力规划实施情况监管报告》和《五年期电力规划实施情况监管报告》，作为规划编制和滚动调整的重要参考。

第四十一条 电力规划实施情况评估工作应对电力规划成功的经验进行总结，对暴露的问题进行分析，并提出相关建议。

第四十二条 在规划实施过程中，能源主管部门可定期进行监督检查，发现问题及时纠正。探索建立规划审计制度。

第八章 保 障 措 施

第四十三条 各级能源主管部门应加强对电力规划编制、实施、评估的组织领导，将规划管理工作作为推动电力发展的重要手段。做到五年规划指导年度计划。

第四十四条 健全和完善国家和省级电力规划研究机构和技术支撑体系。国家电力规划研究中心等电力规划研究机构应充分发挥研究力量的支撑作用，与相关协会、学会、科研机构、高校和企业密切协作，构建强有力的规划研究支撑体系。重视电力规划人才储备和培养，加强电力规划模型、软件、平台等技术手段的研发，增强规划编制的技术支撑能力。各省应建立电力规划支撑体系。

第四十五条 建立健全电力规划标准体系，修订完善电力规划技术标准，推动电力规划工作标准化。

第四十六条 加快电力规划信息平台建设，推进电力规划信息共享，为规划研究和编制提供全面、准确、开放的数据支撑。地方政府相关部门、行业协会、电力企业应为信息平台建设提供必要的基础数据和信息。

第四十七条 规划研究、规划编制和信息平台建设及维护经费纳入国家和各级地方政府财政预算。合理确定规划编制经费水平，保障规划编制工作经费需要。

第九章 附 则（略）

省级能源发展规划管理办法（摘要）

第一章 总 则（略）

第二章 规 划 编 制

第六条 编制省级能源发展规划应当做好基础调

研、专题研究、市场分析预测等前期工作，科学测算发展目标，并对需要纳入规划的能源项目进行充分论证。

第七条 省级能源发展规划一般包括以下内容：

（1）发展基础和面临形势。重点分析能源发展现状、主要问题、面临的机遇和挑战等。

（2）指导思想、基本原则和发展目标。其中，发展目标包括定量指标和定性目标，应当与国家能源规划衔接一致。约束性发展目标应当符合国家有关规定。

（3）重点任务。明确能源发展布局、政策导向、科技创新和体制创新等重大行动举措，以及规划期内的能源项目等内容。

能源项目一般应当按照规划期内建成投产、开工建设、开展前期工作等三个类别，在规划正文中专门列出。需经优选明确的能源项目，可以列出备选项目清单。核电、大型水电等建设周期较长的项目，可以增设接续储备项目类别。国家级创新示范、试点试验类能源项目（工程）可以单独列出。

属于国务院及有关部门、省级政府核准权限的能源项目，均应当纳入省级能源发展规划。

各类能源项目应当符合国家能源规划确定的总量规模和有关法规、政策、标准等规定。

（4）保障措施。主要包括保障规划任务顺利实施的政策措施和体制机制等内容。

（5）环境影响评价以及法律、行政法规规定的其他内容。

第八条 省级能源主管部门应当采取多种形式广泛听取社会各方面意见，提高规划编制的透明度和公众参与度。

第三章　规　划　审　批

第九条 省级能源发展规划审批程序包括衔接、预审和批复三个环节。

第十条 省级能源主管部门应当按照国家能源局有关要求上报衔接材料。

国家能源局结合国家能源规划编制工作，组织开展省级能源发展规划衔接平衡等工作，并出具衔接意见。

第十一条 省级能源主管部门提出的能源项目，经衔接达成一致后，属于国务院及有关部门核准权限的，纳入相应的国家能源专项规划，其中重大项目纳入国家能源总体规划。属于省级政府核准权限的，纳入省级能源发展规划。

未列入省级能源发展规划的能源项目，省级政府及有关部门原则上不得核准。

第十二条 省级能源主管部门应当按照衔接意见编制省级能源发展规划初稿，并按照国家能源局有关要求上报预审材料。有关省级能源专项规划可以作为

省级能源发展规划初稿的附件一并上报。

国家能源局组织审核省级能源发展规划初稿，并出具预审意见。预审意见是修改完善省级能源发展规划的重要依据。

第十三条 省级能源主管部门应当按照国家能源局预审意见修改完善省级能源发展规划，经本省（区、市）人民政府同意后，按照国家能源局有关要求上报规划送审稿及相关材料。

国家能源局委托有相关资质的机构或专家对省级能源发展规划开展第三方论证，并按程序进行审批。

省级人民政府或省级能源主管部门应当按照省级能源发展规划审批省级能源专项规划。省级能源专项规划与省级能源发展规划不一致时，以国家能源局批准的省级能源发展规划为准。

第四章　规　划　实　施

第十四条 省级能源发展规划应当在批准后由省级人民政府或省级能源主管部门向社会公布，法律、行政法规另有规定以及涉及国家秘密的内容除外。

未经国家能源局批准的省级能源发展规划不得发布实施。

第十五条 省级能源主管部门应当及时组织推进省级能源发展规划实施，建立健全实施机制，分解落实目标任务，明确实施主体和责任，保障规划顺利实施。

第十六条 省级能源发展规划实施中期，省级能源主管部门应当对规划实施情况开展评估，必要时可以每年或适时开展评估工作。

省级能源发展规划经评估需修订的，应当按程序报国家能源局审批。

第十七条 省级能源发展规划在实施过程中，经论证且经省级政府同意后，可以在已批复规划确定的总量规模和布局范围内，调整属于省级政府核准权限的能源项目，并将论证和调整说明材料报国家能源局备案。

省级能源发展规划拟调整属于国务院及有关部门核准权限的能源项目时，省级能源主管部门应当组织论证并将论证报告及申请调整文件报国家能源局审批。

国家能源总体规划或专项规划调整能源项目时，省级能源发展规划应当同步调整。

第十八条 国家能源局及派出机构应当加强对省级能源发展规划实施情况的监督与监管，每年编制并发布省级能源发展规划实施监管报告，推动规划有效实施。

第五章　附　　则（略）

电 力 市 场

京穗两家电力交易中心揭牌

2016年3月1日，北京、广州电力交易中心成立大会暨揭牌仪式分别在北京和广州举行。

北京电力交易中心依托国家电网公司，以国家电网公司的全资子公司形式组建；广州电力交易中心依托南方电网公司，按照股份制公司模式组建，南方电网公司持股比例66.7%，其他相关企业和第三方机构参股。电力交易中心不以营利为目的，按照政府批准的章程和市场规则，在政府监管下为市场主体提供规范、公开、透明的电力交易服务。

广州电力交易中心是以股份制形式组建、由南方电网控股的电力交易中心，在政府监管下为市场主体提供规范、公开、透明的电力交易服务，主要负责落实国家西电东送战略，落实国家指令性计划、地方政府间框架协议，开展跨区跨省市场化交易，促进省间余缺调剂和清洁能源消纳。

两大电力交易中心的建立标志着中国电力放开竞争性环节、实现市场化交易将进入全面实施阶段，对推动电力市场平稳起步和国家能源战略的实施，促进能源资源大范围优化配置，构建符合中国国情的全国电力市场体系具有重要意义。

2016年2月26日，国家发展改革委、国家能源局发布《关于北京、广州电力交易中心组建方案的复函》（发改经体〔2016〕414号），要求加快推进北京电力交易中心、广州电力交易中心的组建和运营工作，尽早发挥交易中心的平台作用，为实现电力资源在更大范围优化配置提供公平规范的交易服务，并确保相关工作与《中共中央国务院关于进一步深化电力体制改革的若干意见》（中发〔2015〕9号）和电力体制改革配套文件精神相一致。

国家电网公司成立
27家省级电力交易机构

国家电网公司落实《中共中央国务院关于进一步深化电力体制改革的若干意见》（中发〔2015〕9号）和相关改革配套文件要求，开展前期工作，做好沟通汇报，2016年3月1日率先完成全国首家电力交易机构的组建。随后，结合各省实际情况，按照地方政府批复，组建27家省级电力交易机构，其中24家采用全资子公司模式，重庆、山西、湖北3省（市）采用股份制模式。搭建覆盖国家电网公司经营区域的电力市场交易平台。

国家电网公司按照中发9号文关于交易机构相对独立运作的要求，研究交易业务与电网业务分开原则，撤销内部交易中心，厘清交易业务与电网其他业务职责界面，确定交易机构公司化规范运作的管理模式、业务定位，确保市场化交易组织流程的完整性和规范性，实现交易机构公司化相对独立运作。

2016年10月17日，成立由发电企业、电力用户、售电公司、电网企业、交易机构和第三方机构等各方35名代表组成的北京电力交易中心市场管理委员会，审议议事规则，形成各方共同参与、推进市场建设和运营的机制。各省公司配合地方政府有关部门研究组建电力市场管理委员会，国网江苏、陕西、安徽电力配合政府主管部门编制电力市场管理委员会组建方案，并完成组建，分别组织召开第一次会议。

2016年市场交易全部依托交易平台完成，通过交易平台，全年共开展各类交易1200余次，交易电量7907亿kWh，其中，电力直接交易5093亿kWh。参与市场化交易的发电企业和电力用户近11万家次，同比增长12.3倍，达成交易的市场主体近3万家次，同比增长2.5倍。举办交易平台应用培训50期，培训市场主体超6000家。

2016年，国家电网公司经营区域总交易电量完成37713亿kWh，同比增长5.2%。

2016年，省间交易电量完成7744亿kWh，同比增长7.2%。其中，特高压电量1807亿kWh，同比增长17.8%，占省间交易电量的23.3%，大煤电交易电量1867亿kWh，同比下降1.4%，大水电交易电量2670亿kWh，同比增长9.4%，大核电交易电量295亿kWh，同比增长0.4%，其他输电交易电量2468亿kWh，同比增长6.3%。

2016年，国家电网公司经营区域市场交易电量7907亿kWh，同比增长58.8%。其中省间市场交易电量1918亿kWh，省内市场交易电量5989亿kWh。电力直接交易电量5093亿kWh，总规模为2015年的2.6倍，减少电力用户电费支出306亿元。发电权交易电量1220亿kWh，实现节约标煤659万t，分别减少二氧化碳、二氧化硫排放1714万t、6万t。创新交易形式，组织银东直流、锡盟—山东特高压交流的省间电力直接交易，探索以市场化方式促进省间交易开展的有效路径。开展"电力援疆"市场化交易 25 亿 kWh，将和田、喀什等新疆地区电量送往北京、广东等省（直辖市），推动疆电外送。首次通过集中交易方式成功组织省间新能源替代火电发电权交易。

2016 年，省间清洁能源消纳 3628 亿 kWh，占省间交易电量的 46.8%，同比增长 9.8%，相应减少标准煤燃烧 11 610 万 t，减排二氧化碳 28 937 万 t。

（宋 莉 李 竹 庞 博 李国栋 刘永辉
张 显 顾宇桂 李晓光 吕巧珍 张 硕
谢 文 汤洪海 周 琳 徐 亮 严 宇
李增彬）

2016 年全国电力
市场交易情况

（一）国家电网公司经营区域

2016 年，国家电网公司经营区域内消纳清洁能源 11 893 亿 kWh，同比增长 15.2%，减少标准煤燃烧 3.8 亿 t，减排二氧化碳 9.5 亿 t。其中，北京电力交易中心完成省间清洁能源消纳 3628 亿 kWh，同比增长 9.8%，减少标准煤燃烧 1.2 亿 t，减排二氧化碳 2.9 亿 t。京津冀、长三角等负荷中心消纳清洁能源 1793 亿 kWh，减少标准煤燃烧 5736 万 t，减排二氧化碳 1.4 亿 t。

2016 年，国家电网公司经营区域内完成市场交易电量 7907 亿 kWh，同比增长 58.8%，市场交易电量占售电量比例达 22%。其中，北京电力交易中心组织市场化交易近 160 笔，2000 余家市场主体登录平台参与了交易，全年完成省间市场交易电量 1918 亿 kWh，相当于北京、天津两地全年用电量之和。首次组织省间电力直接交易（银东直流送山东），首次组织清洁能源大规模集中外送交易（汛期西南水电外送），首次集中组织省间发电权交易（宁夏新能源替代上海发电权交易）。

2016 年，15 138 家次电力用户通过交易平台参与电力直接交易，通过北京及省级电力交易平台分别实现电力直接交易电量 353 亿、4740 亿 kWh，合计 5093 亿 kWh，总规模为 2015 年的 2.6 倍，平均降低用户购电价格 6 分/kWh，减少电费支出 306 亿元。

（二）南方电网公司经营区域

2016 年，南方电网公司经营区域内累计完成西电东送电量 1952.5 亿 kWh；区域市场化交易电量 134.5 亿 kWh；省内市场化交易电量 1519.07 亿 kWh，占省内总售电量的 18.3%。

1. 西电东送情况

2016 年，南方电网公司经营区域西电东送电量累计完成 1952.5 亿 kWh，超出年度计划 153.7 亿 kWh。

西电东送情况表　单位：亿 kWh

项　　目	年累计	
	电量	比计划
西电东送	1952.5	153.7
其中：广东受西电	1725.1	169.3
云南送出	1100.5	165
贵州送出	441.1	−29.6

2. 区域市场化交易情况

2016 年，区域市场化交易电量 134.5 亿 kWh。

区域市场化交易完成情况表

单位：亿 kWh

项　　目	年累计电量
合计	134.5
云南送广东	134.5
贵州送广东	—

3. 省内市场化交易情况

2016 年，全网省内市场化交易电量 1519.07 亿 kWh。

省内市场化交易完成情况表

地区	交易电量（亿 kWh）	平均输配电价（元/kWh）	用户平均降价幅度（元/kWh）	电厂平均降价幅度（元/kWh）
广东	439.8		0.034	0.034
广西	136.17	—	0.117 3	0.113 5
云南	589.98	0.089	0.153	0.119
贵州	353.12	0.086 7	0.129 2	0.088 6

重 点 工 程

电 源 建 设 工 程

【华能山东莱芜电厂"上大压小"扩建工程】　2016

年 11 月 9 日，华能山东莱芜电厂"上大压小"扩建工程 7 号机组完成 168h 满负荷试运行。至此，该厂两台百万千瓦级超超临界二次再热机组全部投产，标志着华能集团公司首个百万千瓦级超超临界二次再热电厂全面建成投运。7 号机组 168h 满负荷运行期间，各系统汽温参数均达到设计要求，主辅设备运行安全稳定。机组满负荷工况下，经现场实测，二氧化硫、氮氧化物、粉尘排放浓度分别为 10、15、1.5mg/m³，均优于山东省超低排放标准，实现超净排放。

【南京化工园热电联产项目】 2016 年 4 月 8 日，华能南京化工园热电联产项目 1 号机组通过 96h 试运行，正式投产运营。南京化工园项目 1 号机组是国内首台建成投产的 5 万 kW 等级热电联产高参数背压机组，在额定供热工况下，设计的汽轮机进汽参数为 10MPa/565℃，汽缸效率可达到 84.68%，机组发电标准煤耗 138g/kWh，能源利用效率和经济效益显著提升。通过采用低温省煤器+高频电源除尘器+高效脱硫装置+低低温烟气处理系统等技术，锅炉烟尘排放浓度不超过 5mg/m³，二氧化硫排放浓度不超过 35 mg/m³、氮氧化物排放浓度不超过 50 mg/m³，达到燃机电厂排放标准，基本实现工业废水零排放。南京化工园热电项目位于江苏省首个国家级新区江北新区，项目投资 17.19 亿元，计划建设 3 台 480t/h 超高温高压燃煤锅炉和 2 台 5 万 kW 抽背机组，预留扩建条件，以满足化工园玉带片区化工企业的蒸汽需求，是化工园重要的公用基础设施和唯一的热源点。

（王　丰）

【华能渭南热电联产项目开工建设】 2016 年 4 月 25 日，华能渭南热电联产项目在渭南经济技术开发区举行开工典礼，这标志着该项目正式开工建设。该项目由华能集团公司建设，总投资约 37 亿元，其中电厂投资 30 亿元。规划建设 4 台 350MW 供热发电机组，一期工程建设 2×350MW 超临界燃煤间接空冷热电联产机组，同步建设烟气脱硫、脱硝装置。项目采用渭南市污水处理厂、经济技术开发区污水处理厂作为主、备用水源，机组设计年利用 5500h、年发电量约 38.5 亿 kWh、供热 750 万 GJ，年耗煤量约 191.2 万 t，年耗水量约 217 万 m³。拟建设一期工程最大供热面积 1289 万 m²，供热能力 780MW。

【山西神头"上大压小"二期工程】 2016 年 5 月 15 日，山西省首个百万千瓦级燃煤发电项目——山西神头"上大压小"二期 2 台 100 万 kW 超超临界燃煤机组主厂房第一方混凝土顺利浇注，标志着该项目主体工程正式开工。

由中国能建山西省电力勘测设计院设计、安徽电建二公司承建的山西神头"上大压小"二期 2×1000MW 机组工程作为山西省首台百万机组，实现了山西省在电力建设史上百万机组"零"的突破，是山西省"十二五"电力工业发展规划的重点项目。该工程是在一期扩建端进行建设，以"上大压小、煤电联营"方式建设 2 台 100 万 kW 级机组，采用超超临界间接空冷和低氮燃烧技术，安装高效电袋除尘器，同

步建设脱硫脱硝设施。该项目所在地朔州市平鲁区是一个煤炭资源富集区，距年产 2000 万 t 的平朔东露天煤矿直线距离仅 1.3km，坑口电站的资源优势十分明显。

【江苏大唐国际金坛热电联产项目开工建设】 2016 年 9 月 28 日，大唐国际金坛热电联产项目正式开工建设。大唐国际金坛热电联产项目总投资 50 亿元，一期工程投资 25 亿元，建设 2 台 458MW 燃气－蒸汽联合循环热电联产机组。该项目是江苏省"十三五"1370 万 kW 燃机规划投产项目，也是 2016 年江苏省重点项目。

【江西大唐国际抚州发电公司工程】 江西大唐国际抚州发电项目位于抚州市临川区鹏田乡，距离抚州市 27km。一期工程新建 2×1000MW 超超临界燃煤发电机组，由大唐国际发电股份有限公司（股比 51%）和法国电力集团（股比 49%）共同出资建设。

2 号机组于 2016 年 4 月 27 日一次性高质量通过 168h 试运，正式投产发电，标志着抚州发电公司一期 2 台 1000MW 工程全面竣工投产，成为大唐集团"十三五"开局第一台投产的百万机组。

【托克托电厂五期 2×660MW 扩建工程】 托克托电厂五期 2×660MW 扩建项目位于呼和浩特市托克托县新营子镇，距离呼和浩特市 70km。由大唐国际发电股份有限公司、北京能源投资（集团）有限公司、中国大唐集团公司和内蒙古蒙电华能热电股份有限公司分别按 40%、25%、20% 和 15% 的比例共同出资建设。

2016 年 12 月 25 日，9 号机组一次性高质量通过 168h 试运，建设工期仅 19 个月，比计划工期提前 4 个月，创同区域、同类型机组最短纪录。

【大唐华银湖南攸县电厂"上大压小"新建工程】 大唐华银湖南攸县电厂"上大压小"新建工程项目位于湖南省株洲市攸县网岭镇，以煤电一体的方式同步建设 2 台 630MW 超临界燃煤发电机组及年产 30 万 t 的柳树冲煤矿。项目由大唐华银电力股份有限公司与山西晋城无烟煤矿业集团有限责任公司、湖南发展投资集团有限公司矿业公司、株洲市国有资产投资控股集团有限公司按照 38：38：19：5 股比共同出资建设。

1、2 号机组分别于 2016 年 7 月 26 日、11 月 18 日一次性通过 168h 试运，并正式投入商业化运营，作为大唐集团"提高移交水平、创建精品工程"试点项目，实现了高水平精品移交。

【华电安徽芜湖电厂二期工程】 2016 年 4 月 28 日，中国能建安徽电建一公司承建的华电芜湖电厂二期（2×1000MW）工程 3 号机组第一灌混凝土

顺利开浇，标志着工程正式全面开工建设。华电芜湖电厂二期规划建设 2 台 100 万 kW 级超超临界清洁高效燃煤发电机组，被列入安徽省"十三五"重大建设项目库，先行建设一台，投资额为 39.2 亿元。3 号机组计划 2018 年 2 月建成投产。据悉，项目遵循"指标领先、环保超前"的理念，拟采用高参数节能技术，同时采用低低温电除尘、高效脱硫除尘一体化、数字化煤场、烟气深度余热利用等先进技术，能耗指标达到国内领先水平。

【华电句容二期超超临界二次再热燃煤发电项目】 2016 年 5 月 18 日，江苏电建一公司承建的华电句容二期 2 台 100 万 kW 超超临界二次再热燃煤发电项目顺利浇注第一方混凝土，标志着该工程正式开工建设。

华电句容二期项目位于江苏省句容市下蜀镇临港工业园区内，项目规划建设 2 台百万千瓦超超临界、二次再热燃煤发电机组，采用先进的火力发电技术和环保技术，突出"高效、节能、环保、洁净"设计理念，再热蒸汽参数在国电泰州百万千瓦机组的基础上提升至 620℃，发电煤耗和机组效率等经济性指标将再上新台阶，是中国华电集团"十三五"期间重点打造的更先进、更经济、更洁净的百万机组窗口示范项目，也是国家能源局指定的首个二次再热百万千瓦机组国产化试点项目。

【华电重庆奉节电厂一期 2×600MW 机组工程】 华电国际电力股份有限公司奉节发电厂（简称奉节电厂）是华电国际电力股份有限公司的内核电厂，于 2013 年 1 月注册成立，地处渝东北产煤区、位于重庆市奉节县，是"上大压小"新建工程，由华电国际公司全资建设，是中国华电在重庆市开发投资的第一个电源项目。奉节电厂一期工程建设 2×600MW 机组采用国产超临界技术，同步建设全烟气脱硫、脱硝装置，具有"技术先进、绿色环保、节水省地、循环经济"等特点，是重庆"十二五"重大能源项目。2014 年 9 月 28 日，主体工程正式开工，2016 年 12 月 3 日、23 日两台机组分别投产发电。2016 年共完成锅炉酸洗等 20 余项重大里程碑节点，1、2 号机组分别于 12 月 3 日、23 日通过 168h 满负荷试运，正式由基建转入生产。

【华电国际十里泉发电厂"上大压小"扩建 2×660MW 超超临界机组工程】 华电国际十里泉发电厂（简称十里泉电厂）始建于 1977 年 12 月，是华电国际电力股份有限公司的全资发电厂，现有装机容量 146 万 kW。全厂原有 5 台 14 万 kW 机组和 2 台 33 万 kW 机组，总装机容量达 130 万 kW。2007 年以来，十里泉电厂响应国家节能减排号召，推进"上大压

小"扩建工作，关停了 4 台 14 万 kW 机组，开展"上大压小" 2×660MW 超超临界机组工程，项目主机设备采用目前国内最先进的超超临界燃煤发电机组，各项技术指标设计值均处于国内先进水平，是山东省"十二五"期间重点规划建设项目。2016 年 11 月 17 日，第一台机组完成 168h 满负荷试运行，完成再热汽温 620℃攻关任务，成为国内首台高效超超临界供热机组、中国华电首台不加湿式除尘器满足超低排放的新建机组。

【山西华电忻州广宇热电扩建 2×350MW 工程】 华电忻州广宇煤电有限公司（简称忻州广宇公司）二期 2×350MW 项目于 2012 年 2 月启动，同年 10 月取得"路条"，2014 年 7 月 12 日获得国家发展改革委核准，2014 年 9 月开工建设。工程建设 2×350MW 超临界空冷燃煤供热机组，并同步建设湿法脱硫、SCR 脱硝、圆形封闭煤场，大气排放按照山西省超低排放标准建设。2016 年 11 月 21 日和 12 月 20 日，忻州广宇公司二期 3、4 号机组分别通过 168h 试运行，实现双投目标。

【江苏华电通州燃机 2×200MW 级热电联产工程】 江苏华电通州热电有限公司（简称通州热电）成立于 2013 年 1 月 9 日，燃机热电联产项目由华电江苏能源有限公司与江苏省能源投资有限公司按照 65%、35% 的比例投资建设，注册资本为 27 980.4 万元，2013 年 10 月 14 日取得核准。江苏华电通州热电联产一期工程于 2015 年 8 月 28 日正式开工，至 2016 年 12 月 18 日实现机组"双投"。

【国电泰州发电公司二期工程】 2016 年 1 月，国电泰州发电公司二期工程全部建成投产，项目由中国国电集团公司牵头，联合中国电力工程顾问集团、上海交通大学、上海锅炉厂有限公司、上海电气电站设备有限公司等单位合作研发，自主建设，具有完全自主知识产权。其中，3 号机组是世界首台百万千瓦超超临界二次再热燃煤发电机组，发电效率 47.82%，发电煤耗 256.8g/kWh，排放指标远低于国家超低排放限值，是当时世界上发电效率最高、供电煤耗最低、环保指标最优的火力发电机组。

【国电汉川电厂三期扩建工程】 国电汉川电厂是湖北省"十二五"重点电源建设项目，也是国电集团目前在湖北省投资的装机容量最大的火电项目，6 号机组于 2016 年 8 月 18 日通过 168h 满负荷试运，高标准投产，实现了零尾工交接，无泄漏移交生产。试运期间主辅设备运行安全稳定，自动投入率、保护投入率、仪表投入率 100%，汽水品质、汽轮机振动、真空严密性等重要指标优良，脱硫、脱硝、除尘及废

水处理系统同步投运，二氧化硫、氮氧化物、烟尘排放浓度等环保指标均优于超低排放标准，实现超净排放。

【哈密大南湖煤电一体化工程】 国电哈密大南湖煤电一体化 2×660MW 工程是实施国家"十二五"发展规划和新疆维吾尔自治区"疆电外送"战略的首批开工建设项目，也是国家"疆电外送"哈密—郑州±800kV 特高压输电线路首批核准的重要配套电源项目，项目于 2013 年 9 月获得国家发展改革委核准。

该工程是国电集团首个以 EPC 总承包管理模式建设的项目，两台机组分别于 2015 年 12 月 16 日和 2016 年 2 月 2 日完成 168h 试运，移交生产。

【国电廊坊热电联产项目】 国电华北电力有限公司廊坊热电联产项目是国家京津冀大气污染治理、提高能源利用效率的重点工程，是廊坊市经济社会发展重要的电负荷支撑点和市区集中供热唯一的热源点。项目于 2012 年 7 月通过国家发展改革委核准。工程新建 2 台 350MW 超临界燃煤湿冷供热机组，年发电能力 50 亿 kWh，年供热能力 890 万 GJ，可接带供热面积 1600 万 m²。

项目于 2014 年 10 月 25 日开工，1、2 号机组分别于 2016 年 11 月 15 日和 12 月 31 日通过 168h 试运，正式投产。投产当年接带 800 万 m² 供热面积。

【国电织金发电有限公司 2×660MW 机组新建工程】 国电织金发电有限公司 2×660MW 机组新建工程规划容量 4×660MW，分两期建设，本期建设 2×660MW 超临界燃煤发电机组。1、2 号机组分别于 2016 年 1 月 31 日、9 月 13 日完成 168h 试运行，实现高标准投产，脱硫、脱硝、除尘环保设施同步投运。

【国投板集电厂（2×1000MW）2 号机组投运】 2016 年 10 月 17 日，由山东电力工程咨询院有限公司总承包建设的国投板集电厂一期（2×1000MW）2 号机组通过 168h 满负荷试运，正式转入商业运行。这标志着板集电厂一期 2 台 1000MW 机组工程全面竣工投产。国投板集电厂一期项目预计静态投资不超过 58 亿元，系国投新集公司与皖能集团合作开发的煤电一体化项目，也是安徽省首个 1000MW 煤电一体化项目。1 号机组已于 2016 年 8 月 23 日正式投运。

【寿光电厂 1 号机组（1000MW）投运】 2016 年 7 月 31 日，中国能建中国电力工程顾问集团西北电力设计院有限公司主体设计、山东电建三公司承建的神华国华寿光电厂一期 2×1000MW 工程 1 号机组一次通过 168h 试运，正式移交生产。神华国华寿光电厂

一期工程，以"上大压小"方式建设 2 台 1000MW "超低排放"国产超超临界燃煤发电机组，各项排放指标优于国家环保要求且低于天然气发电排放限值标准。该项目于 2014 年 2 月开工，在世界上首次采用汽轮机大平台整体式弹簧机座，在国内首次采用自主化设计的海水高位冷却塔方案。

【天津陈塘庄热电厂燃气-蒸汽联合循环机组投运】 2016 年 4 月 13 日，中国电力工程顾问集团华北电力设计院有限公司设计的天津陈塘庄热电厂煤改气搬迁工程"二拖一"2 号机组完成 168h 试运行，标志着目前国内供热能力最大的燃气-蒸汽联合循环热电联产机组投运。该工程本期建设规模为 4 台 M701F4 型燃机组成的 2 套"二拖一"燃气-蒸汽联合循环发电供热机组。每套"二拖一"机组包括 2 台 M701F4 型燃机组成的燃气轮发电机组、2 台余热锅炉和 1 台蒸汽轮发电机组。每套机组在冬季背压工况下（保证供热量）的发电出力为 83.138 万 kW，对外供热能力为 64.7 万 kW；每套机组在全年平均气温工况下的发电出力为 92.322 万 kW。

【陕西能源赵石畔煤电有限公司雷龙湾电厂工程】 规划建设 2×1000MW 高效超超临界间接空冷燃煤机组，同步建设烟气脱硫、脱硝装置，配套建设 6.0×10⁶ t/a 赵石畔矿井及选煤厂。工程于 2016 年 5 月 28 日开工建设，计划于 2018 年 7 月 28 日竣工投产。

工程采用 EPC 总承包建设模式，由中国电力工程顾问集团西北电力设计院有限公司总承包建设。

【中天合创鄂尔多斯煤炭深加工示范项目热电装置工程】 建设规模为 5×490t/h（BMCR540t/h）超高压煤粉锅炉、1×240t/h（BMCR265t/h）超高压煤粉锅炉、2×135MW 直接空冷抽凝汽轮发电机组、1×30MW 背压发电机组以及配套的烟气脱硫、脱硝、氨区等共用系统。热电装置工程于 2014 年 5 月 1 日开工建设，于 2016 年 12 月 28 日建成投产。

热电装置工程采用 EPC 总承包建设模式，由中国电力工程顾问集团华北电力设计院有限公司负责承包建设。

【华润电力贵州六枝电厂首台燃煤机组投运】 2016 年 8 月 9 日，华润电力六枝电厂首台 660MW 燃煤发电机组及配套环保设施一次性通过 168h 满负荷试运行，标志着华润电力西南地区首个火电项目正式投产运营，进入商业发电模式。华润六枝电厂是国家批准的煤电一体化重点能源建设项目，投产运营后，预计年发电量 72.6 亿 kWh，可满足贵州电网省内电力增长的需求，同时对稳定贵州电网"西

电东送"能力,减轻煤炭铁路运输压力,加强贵州电网规划建设和完善电网结构,促进贵州西部地区社会经济发展,更好地实施国家西部大开发战略目标具有重大意义。

【华润电力曹妃甸电厂二期(2×1000MW)开工】
2016年8月24日,华润电力曹妃甸电厂二期2×1000MW发电项目启动仪式在曹妃甸工业区举行。华润电力曹妃甸电厂由华润电力控股有限公司和唐山市建设投资有限责任公司共同出资建设,规划装机容量4600MW,总投资规模近200亿元。电厂一期2×300MW燃煤供热机组已于2009年投产运营,二期项目是在一期工程的基础上,扩建2×1000MW超临界燃煤发电机组,配套建设2950t/h锅炉及脱硫、脱硝等装置。该项目是"电力生产—海水淡化—浓盐水制盐—盐化工制碱—废弃物资源化利用"循环经济产业链的龙头,已纳入大型海水淡化水进京配套项目。

【新疆哈密潞新国能热电联产工程项目开工建设】 2016年5月27日,哈密潞新国能热电有限公司2×350MW热电联产工程开工庆典仪式在哈密三道岭鸭子泉西厂址隆重举行。三道岭2×350MW热电联产项目由中机国能电力投资集团有限公司与潞安新疆煤化工(集团)有限公司共同投资建设,是新疆"十三五"规划重点项目,也是哈密地区"十三五"规划重点电源建设项目。项目总投资30亿元,装机规模为2台35万kW超临界燃煤空冷供热机组,属煤电一体化热电联产项目。整个工程计划于2016年9月破土开工,2018年6月第一台机组并网发电,12月第二台机组投产。

【洪屏抽水蓄能电站工程】 洪屏抽水蓄能电站是江西省首座周调节抽水蓄能电站,电站规划装机容量240万kW,分两期建设。一期工程于2010年开工建设,2016年如期安全投产,荣获"国家电网公司2016年度水电工程安全文明施工样板工程"称号;二期工程计划2020年开工建设。

洪屏抽水蓄能电站位于江西省靖安县境内,电站装机容量为120万kW,安装4台单机容量30万kW的混流可逆式水泵水轮发电机组,年平均发电量17.43亿kWh,年平均抽水电量22.93亿kWh。工程投资51.88亿元,2010年6月开工,总工期58个月,首台机组2016年7月投产。

1～4号机组分别于2016年7月21日、8月21日、10月16日、12月8日投运。

【仙居抽水蓄能电站工程】 仙居抽水蓄能电站于2010年开工建设,2016年建成投产,实现"一年四投"(一年内4台机组全部投产)目标,采用我国首套完全自主设计、自主生产、自主安装运营的40万

kW级抽水蓄能机组设备,为国内单机容量最大的在运蓄能机组。

仙居抽水蓄能电站位于浙江省仙居县境内,为日调节纯抽水蓄能电站,装机容量为150万kW,安装4台37.5万kW立轴单级混流可逆式水轮发电机组,年平均发电量为25.12亿kWh,年平均抽水电量32.63亿kWh。工程投资58.51亿元,2010年12月开工,总工期60.5个月,2016年6月首台机组投产。

该电站由国网新源控股有限公司等单位投资建设,中国电建所属华东院承担勘测设计任务,水电三局、五局、八局分别承担工程各标段施工任务。

1～4号机组分别于2016年6月7日、9月11日、10月30日、12月18日投运。

【镇安抽水蓄能电站工程】 镇安抽水蓄能电站位于陕西省商洛市镇安县境内,装机容量140万kW,安装4台单机容量35万kW的可逆式水泵水轮机组,设计年平均发电量23.41亿kWh,年抽水电量31.21亿kWh。工程投资88.51亿元,总工期72个月,2016年3月核准,2016年8月开工,计划2023年6月首台机组投产。

【句容抽水蓄能电站工程】 句容抽水蓄能电站位于江苏省句容市,装机容量135万kW,安装6台22.5万kW可逆式水轮发电机组,年抽水电量18亿kWh,发电量13.5亿kWh。工程投资96.06亿元,总工期79个月,2016年5月核准,2016年12月开工,计划2023年1月首台机组投产。

【阜康抽水蓄能电站工程】 阜康抽水蓄能电站位于新疆维吾尔自治区昌吉州阜康市境内,装机容量120万kW,安装4台30万kW可逆式水轮发电机组,设计年抽水电量32.1亿kWh,发电量24.1亿kWh。工程投资83.68亿元,总工期80个月,2016年5月核准,2016年12月开工,计划2024年4月首台机组投产,为国内首个实施EPC总承包的抽水蓄能电站。

【清原抽水蓄能电站工程】 清原抽水蓄能电站位于辽宁省抚顺市清原县境内,装机容量180万kW,安装6台30万kW可逆式水轮发电机组,设计年抽水电量40.15亿kWh,发电量30.11亿kWh。工程投资109.03亿元,总工期84个月,2016年10月核准,2016年12月举办开工仪式,采用EPC总承包模式。

(王 凯 荆岫岩 陈伟勇)

【清远抽水蓄能电站工程】 清远抽水蓄能电站(简称清蓄电站)位于广东省清远市清新区境内,于2016年8月全面投产发电,电站总装机容量128万kW(4×32万kW),最大设计水头502m,年发电量23.316亿kWh,年抽水耗电量30.283亿kWh,年运

行小时1821.6h，是一座周调节的纯抽水蓄能电站，在系统中承担调峰、填谷、调频、调相和事故备用的任务，对保障南方电网安全稳定运行具有重要意义。

清蓄电站前期准备工程于2006年2月启动，土建主体工程于2010年6月开工，首台机组于2012年6月开始安装，2015年11月30日投运，最后一台机组于2016年8月30日投运，项目前期工作历时4年，工程建设历时6年。清蓄电站建设过程中全面落实南方电网公司安风体系建设要求，建立了完备的安全质量管理体系，确保工程质量优良。电站水库蓄水、水道充水、高压设备充电、机组考核试运行等均一次成功，在世界上首次成功开展了抽水蓄能电站四机同时甩负荷试验。

【观音岩水电站工程】 观音岩水电站是金沙江中游规划开发建设的"八级一库"最后一个阶梯电站，是"十三五"期间国家"西电东送"重要的电源点。电站总装机容量300万kW，以发电为主，同时兼有供水、防洪、旅游、改善城市水域景观和取水条件等功能，为国家"西电东送"重要电站。

观音岩水电站建设采用明渠全年导流方式。由中国电建所属昆明院设计、水电七局等单位施工。2016年5月27日19时，电站最后一台机组投产运行。至此，该电站5台机组全面投产发电。

【黄金坪水电站工程】 黄金坪水电站作为国家西部大开发重点工程和国家支持藏区发展重点工程，是大渡河干流水电规划"三库22级"的第11级电站，采用水库大坝和"一站两厂"的混合式开发。电站总装机容量85万kW，年平均发电量38.61亿kWh。

黄金坪水电站由中国电建成都院全程勘测设计并监理，水电七局、水电九局、水电十四局承担泄洪道与引水发电系统施工。

黄金坪水电站于2004年开始前期筹备工作；2011年，项目获国家发展和改革委员会核准，同年12月实现大江截流；2015年5月10日开始下闸蓄水，8月31日首台机组投产发电。2016年8月11日23时30分，黄金坪水电站右岸环保电站5号机组历经72h试运行，机组运行稳定，各项运行参数良好，标志着该水电站6台机组全部投产营运。

【雅砻江桐子林水电站工程】 桐子林水电站位于四川省攀枝花市盐边县境内，是雅砻江水电基地最末一个梯级电站，具有工期短、投资少、见效快、供电质量好、经济指标优越等突出特点，总装机容量为60万kW，水库最大坝高69.50m，坝顶长度440.43m，正常蓄水位为1015m，总库容0.912亿m³，投产发电后将对缓解我国能源供需矛盾紧张、改善用能结构、提高清洁能源利用率等具有重要意义。

该电站由中国电建所属成都勘测设计研究院设计、水电七局等单位施工。2016年3月27日，雅砻江桐子林水电站最后一台机组投产运行。至此，桐子林水电站全面投产发电，雅砻江下游1470万kW的水能资源开发全面完成，成为国家"西电东送"的重要骨干电源点之一。

【春厂坝水电站工程】 位于四川省阿坝州境内，为沃日河梯级开发中的第四级，由中电建水电开发集团有限公司控股子公司四川小金川水电开发有限公司负责开发运营管理。采用引水式开发。电站拦河坝采用混凝土闸坝形式，最大坝高21.5m，引水隧洞长13.059km。电站装机3台，单机容量1.8万kW，总装机容量5.4万kW，总投资7.81亿元，设计年平均发电量2.37亿kWh。该电站于2010年12月30日核准，主体工程于2012年9月动工，2016年7月全部完工。3、1、2号机组分别于2016年8月6日、8月7日和12月27日并网发电。2016年完成发电量0.89亿kWh。

【苏洼龙水电站开工建设】 2016年4月23日，苏洼龙水电站正式开工建设。苏洼龙水电站为金沙江上游水电规划"一库十三级开发方案"中的第十个梯级电站，坝址位于四川省巴塘县和西藏自治区昌都市芒康县的界河上。苏洼龙水电站装机容量120万kW，安装4台30万kW混流式机组，多年平均发电量54.11亿kWh，其水库正常蓄水位2475m，总库容6.96亿m³，最大坝高112m，工程总投资近180亿元。计划于2017年11月大江截流，2021年首台机组发电。

苏洼龙水电站于2015年11月5日通过国家发展改革委核准，是金沙江上游第一个开工建设的大型水电站。

【国电大渡河猴子岩水电项目】 猴子岩水电站位于四川省甘孜藏族自治州康定县境内，部分库区在甘孜州丹巴县和阿坝州小金县境内，是大渡河干流水电规划的第9级电站。电站装机4台425MW混流式机组，总装机容量1700MW，属一等大（1）型工程。

猴子岩水电站于2007年启动项目前期筹建，2011年11月获得国家核准并截流，于2016年11月15日下闸蓄水，2016年12月30日首台机组投产，计划2017年实现全部机组投产发电。

【阳江核电站3号机组具备商业运营条件】 2016年1月1日，中国广核集团阳江核电站3号机组完成所有调试工作，已具备商业运营条件，开始进行上网电量的统计。阳江核电站位于广东省阳江市东风区东平镇。2008年11月12日，国务院核准阳江核电站采用自主品牌的中国改进型百万千瓦级压水堆核电技术，建设6台核电机组。其中，阳江核电站3号机组于2010年11月正式开工建设。

至此，阳江核电站1、2、3号机组均已投入运行，其中，1号机组和2号机组分别于2014年3月

25 日和 2015 年 6 月 5 日进入商业运营阶段。4、5、6 号在建核电机组安全质量状况良好，工程建设、移交接产、工业安全总体稳定，各项指标均处于受控状态。

【防城港核电一期建成投产】　2016 年 1 月 1 日，中国广核集团防城港核电站 1 号机组完成所有调试工作，已具备商业运营条件，开始进行上网电量的统计。防城港核电站位于广西壮族自治区防城港市企沙半岛东面，于 2010 年 7 月获国务院核准建设，是中国西部首座核电站。防城港核电站规划建设 6 台百万千瓦级压水堆核电机组，其中一期工程建设 2 台单机容量为 108 万 kW 的压水堆核电机组，采用中国广核集团自主设计的改进型压水堆技术 CPR1000，二期工程 2 台机组作为中国具有自主知识产权的"华龙一号"（HPR1000）示范机组，采用装机容量为 118 万 kW 的"华龙一号"三代核电技术。

2015 年 10 月 13 日，一期工程 1 号机组首次达到临界状态，10 月 25 日正式并网发电。之后，该机组顺利通过系列性能试验和 168h 试运行考核。一期工程 2 号机组于 2010 年 12 月 28 日正式开工建设，2015 年 12 月 24 日开始热态功能试验，2016 年 7 月 15 日首次并网发电，10 月 1 日具备商业运行条件。2 号机组的正式投运标志着中国西部首核一期工程全面建成。

【福清核电 3 号机组具备商业运行条件】　2016 年 10 月 24 日，经过 168h 试运行考验，中核集团福清核电 3 号机组具备商业运行条件。福清核电工程规划建设 6 台百万千瓦级核电机组，是同期海峡西岸在建的最大核电项目，1～4 号核电机组采用二代改进型压水堆核电技术。5、6 号机组采用具有中国自主知识产权的"华龙一号"三代核电技术。福清核电项目于 2008 年 11 月 21 日正式开工建设，1、2 号机组已分别于 2014 年 11 月和 2015 年投入商业运行。此次具备商业运行条件的 3 号机组于 2010 年 12 月开工建设，2016 年 9 月实现首次并网。

至此，福清核电已有 3 台机组发电投产，装机容量已达到 327 万 kW，日发电能力达 7000 万 kWh 左右。3 台机组正常运行情况下，预计全年可实现上网电量约 200 亿 kWh。

【海南昌江核电厂一期 2 号机组具备商业运行条件】　2016 年 8 月 12 日，由中国能源建设集团广东火电工程有限公司（简称广东火电）承建的海南昌江核电厂一期工程 2 号机组通过 168h 试运行考验，具备商业运行条件。2 号机组的投运标志着海南昌江核电厂一期工程全面建成。海南昌江核电厂位于海南省昌江县海尾镇塘兴村，一期工程是以中国自行设计和建造的第一座标准化商用核电站——秦山核电二期工程

为参考，采用部分满足三代核电设计标准的"二代改进型"压水堆核电技术。一期工程共建造 2 台装机容量均为 65 万 kW 级核电机组，采用先进型压水堆核电技术——中核集团自主研发的具有中国自主知识产权的 CNP650 压水堆核电技术，综合国产化率达到 82% 以上。一期工程 1 号机组和 2 号机组分别于 2010 年 4 月 25 日和 2010 年 11 月 21 日正式开工，1 号机组于 2015 年 11 月 7 日并网发电，2 号机组于 2016 年 6 月 20 日首次并网发电。

【辽宁红沿河核电站一期工程全面建成】　2016 年 9 月 20 日，中国东北第一座核电站及最大的能源投资项目——辽宁红沿河核电站一期工程全面建成。红沿河核电一期工程于 2007 年 8 月开工建设，规划建设 4 台百万千瓦级核电机组，采用中国自主品牌的 CPR1000 核电技术，单台机组装机容量达 111.8 万 kW。红沿河核电一期工程由中国广核集团、国家电力投资集团、大连建设投资集团按照 45%∶45%∶10% 的股比出资建设。一期工程 1 号机组于 2013 年 2 月 17 日并网成功，6 月 6 日正式投产发电，后续机组以每年一台的节奏陆续投入商业运行。2 号机组于 2008 年 3 月 28 日开工建设，2013 年 11 月 23 日首次并网发电，2014 年 5 月 13 日具备商业运营条件。3 号机组于 2009 年 3 月开工建设，2015 年 8 月 16 日具备商业运营条件。4 号机组于 2009 年 8 月 15 日开工建设，2016 年 4 月 1 日首次并网发电。

【国电康保五福堂风电项目】　国电康保五福堂 300MW 风电项目位于河北省张家口市康保县照阳河镇境内，区域面积约为 187km²。该项目于 2015 年 11 月 26 日通过国电集团投资决策批复，2016 年 3 月 9 日通过国电集团开工决策批复。2016 年 5 月开工建设，同年 12 月投产发电。

【龙源广西横县六景一期、二期 95.5MW 风电项目】　龙源广西横县六景一期、二期 95.5MW 风电项目位于广西壮族自治区南宁市横县六景镇内，东距横县县城约 58km，西距南宁约 45km。项目总装机容量 95.5MW，一期安装 24 台联合动力 2MW 风力发电机组，二期安装 19 台金风 2.5MW 风力发电机组，风电场通过一机一变的形式，经过 6 条 35kV 配电线路汇流至一座 110kV 升压站，通过一条 110kV 送出线路送至 220kV 淳周变电站与系统并网，送出线路总长 14.811km。预计项目年上网电量 24 459 万 kWh，年利用小时 2561h。

六景一期项目于 2015 年 3 月正式开工，2016 年 4 月全部投产发电；二期项目于 2015 年 6 月正式开工，2016 年 6 月全部投产发电。

【江苏响水海上风电项目】　江苏响水近海风电场示

范项目位于江苏省响水县外侧海域,离岸距离约10km,风电场涉海面积34.7km²,场区水深8～12m。项目总装机容量202MW,共安装37台单机容量为4MW风电机组和18台单机容量为3MW风电机组,本项目是目前国内一次性建成单体容量最大的海上风电项目。工程动态总投资35.2亿元。

项目于2013年6月获得国家发展改革委正式核准,2014年10月试桩工程正式开始,2015年5月海上主体工程全面开始施工,2016年2月实现首批机组并网发电,2016年10月17日实现主体工程全部并网发电。

【河北水泉风电工程】 河北水泉风电项目是中国电建在河北的大型风电项目之一,位于河北万全县北新屯乡北部、万全县及张北县交界处的坝头地区。该项目于2014年12月19日通过河北省发展和改革委员会核准,2015年4月25日破土动工,2016年7月23日全部机组实现并网发电。该项目装机容量为39MW,包括3MW风电机组13台和110kV升压变电站1座,设计每年平均发电量为1亿kWh。

【新疆哈密雅满苏光伏电站工程】 新疆哈密雅满苏电站位于新疆哈密市东南部山口140km的荒漠戈壁地带。该项目由中国电建甘肃能源公司控股建设,装机容量5万kW,总投资约4亿元,年利用小时1506.3h,正常运行多年平均上网电量7676.31万kWh。项目所在的哈密东南部山口光伏产业园区规划容量为50万kW,以"风光火打捆"的方式通过哈密—郑州±800kV特高压直流线路外送至华中电网。该项目上网电价为0.9元/kWh,确保了投资收益,经济效益和社会效益较好。

新疆哈密雅满苏光伏电站2015年4月10日开工,2015年底一次性通过质量监督、技术监督和涉网设备三大验收,2016年6月8日并网发电。

【四川贡唐岗50MW光伏发电工程】 四川贡唐岗光伏发电项目,位于四川甘孜藏族自治州炉霍县下罗科马乡,平均海拔4200m,是国内海拔最高的光伏发电项目,也是中国电建第一个高海拔光伏项目。该项目装机容量为50MW,于2015年9月8日取得四川省发展改革委企业投资备案通知,2015年10月2日开工建设,2016年5月24日全部并网发电,设计每年平均发电量为7697.5万kWh。

【辽宁西山49.5MW光伏发电工程】 辽宁西山光伏发电项目位于北票市台吉营乡西山村,该项目装机容量49.5MW,于2014年12月31日获得辽宁省发展改革委核准,2015年7月15日开工建设,2016年6月25日实现并网发电,设计每年平均发电量为1亿kWh。

电网建设工程

【淮南—南京—上海1000kV特高压交流输变电工程】 淮南—南京—上海1000kV特高压交流输变电工程(简称淮上工程)是华东特高压主网架的重要组成部分。2014年4月工程获得核准;2016年7月核准调整长江大跨越工程为苏通GIL综合管廊工程;2016年9月工程除苏通GIL综合管廊工程外全部建成投运。

工程新建南京、泰州和苏州变电站,扩建淮南、沪西变电站,跨越淮河和长江,变电容量12GVA,线路全长737.8km,其中706.3km同塔双回路架设,其余同塔四回路架设。

2016年3月10日开始南京、泰州变电站启动调试,12日因调度令暂停,18日再次开始启动调试,22日完成淮南—盱眙—泰州段启动调试项目,26日完成泰吴双回线长江北岸段24h带电考核。4月3日,完成淮南—南京—泰州段72h试运行,转入正式运行。9月11日开始长江南岸—沪西段启动调试,14日完成全部启动调试项目,22日完成72h试运行,转入正式运行。11月19日,完成苏州变电站500kV配套工程启动调试,投入正式运行。

(乔振宇 李 峰)

【锡盟—山东1000kV特高压交流输变电工程】 该工程是落实国家大气污染防治行动计划重点建设的12条输电通道之一,新建锡盟、北京东、济南3座变电站和承德串补站,新增变电容量1500万kVA,新建线路2×730km,锡盟—北京东段加装40%串联补偿装置,工程途经内蒙古、河北、天津和山东四省(市、区)。

工程于2014年7月12日获得国家核准,2014年9月开工建设。2016年3月,完成线路组塔施工;5月,线路全线贯通并完成参数测试,完成变电站电气安装,成立工程启委会并召开第一次会议;6月完成竣工验收,开始系统调试,7月完成系统调试,7月31日工程投入运行。

(张甲雷 乔振宇)

【蒙西—天津南1000kV特高压交流输变电工程】 蒙西—天津南1000kV特高压交流输变电工程是落实国家大气污染防治行动计划重点建设的12条输电通道之一。工程于2015年1月6日获得国家核准,2016年11月建成投运。

工程新建蒙西(鄂尔多斯)、晋北(北岳)、北京西(保定)、天津南(海河)4座变电站,新增变电容量24GVA,新建输电线路2×627.1km,新建2×

7.8km 线路,使天津南站 Ⅱ 入廊坊—泉城双回线。

(乔振宇 李峰)

【灵州—绍兴±800kV 特高压直流输电工程】 灵州—绍兴±800kV 特高压直流输电工程是落实国家大气污染防治行动计划重点建设的 12 条输电通道之一,送端直流系统首次直接接入交流 750kV 电网。工程对促进宁夏煤电资源开发,加快宁夏资源优势向经济优势转化,满足浙江省用电负荷增长需求,改善生态环境质量等具有重要意义。工程于 2014 年 8 月 5 日获得国家核准,11 月 4 日开工建设,2016 年 8 月建成投运。

工程额定电压±800kV,输送容量 800 万 kW,起于宁夏灵州换流站,止于浙江绍兴换流站,线路途经宁夏、陕西、山西、河南、安徽、浙江 6 省(区),全长 1720km。灵州换流站接入宁夏 750kV 电网,绍兴换流站接入浙江 500kV 电网。

(丁一工 尚锟 周海鹰)

【扎鲁特—青州±800kV 特高压直流输电工程】 扎鲁特—青州±800kV 特高压直流输电工程是落实中央全面振兴东北老工业基地战略部署,推动东北电力协调发展的重大工程。工程电压等级±800kV,额定输送功率 1000 万 kW,采用受端分层接入技术。工程的建设对于推动东北、华北地区清洁发展,加快地区能源结构调整、拉动经济增长具有重大作用。工程 2016 年 8 月 16 日获得国家核准,8 月 23 日开工建设,计划 2017 年底建成投运。

工程额定电压±800kV,输送容量 1000 万 kW,起于内蒙古自治区通辽市扎鲁特换流站,止于山东潍坊市青州换流站,线路途经内蒙古、河北、天津、山东 4 省(自治区、直辖市),全长约 1234km。

(黄勇 宋胜利)

【昌吉—古泉±1100kV 特高压直流输电工程】 昌吉—古泉±1100kV 特高压直流输电工程是目前世界上电压等级最高、输送容量最大、输送距离最长、技术水平最先进的特高压直流输电工程,是国家电网公司在特高压输电领域持续创新的重要里程碑,刷新了世界电网技术的新高度,对于全球能源互联网发展具有重大的示范作用,对于促进新疆能源基地的开发与外送,保障华东地区电力安全可靠供应,推动装备制造业转型升级,维护新疆跨越式发展和长治久安具有重要意义。工程 2015 年 12 月 28 日获得国家核准,2016 年 1 月 11 日开工建设,计划 2018 年底建成投运。

工程额定电压±1100kV,输送容量 1200 万 kW,起于新疆昌吉换流站,止于安徽宣城古泉换流站,线路途经新疆、甘肃、宁夏、陕西、河南、安徽 6 省(自治区),全长约 3324km。昌吉换流站接入 750kV

交流电网,受端古泉换流站采用分层接入技术,分别接入安徽 500kV 和 1000kV 交流电网。

(郭贤珊 付颖)

【太阳山—六盘山—平凉 750kV 输变电工程】 该工程是西北 750kV 主网架的重要组成部分,是连接宁夏和甘肃电网的重要电力高速通道,是宁夏与西北主网联系的第二条大动脉。工程建成后,加强宁夏东部、甘肃东部超高压电网的网架结构,满足宁夏、甘肃东部地区电网负荷增长和电源开发需求,也为灵州—绍兴特高压直流工程提供有力支撑,保证西部的清洁煤电远距离输送至东部地区,实现能源资源在更大范围内的优化配置。工程新建 750kV 线路 2×326km,其中 2×158km 同塔双回架设,全线共计铁塔 997 基,导线采用 6×JL/G1A－400/50 钢芯铝绞线,新建六盘山 750kV 变电站 1 座,灵州±800kV 换流站扩建 2 个六盘山间隔,平凉 500kV 变电站扩建 2 个六盘山间隔。

宁夏段。新建六盘山 750kV 变电站,主变压器 1×2100MVA。新建宁夏灵州±800kV 换流站至甘肃平凉 750kV 变电站线路(宁夏段)2×275km,共计 806 基杆塔。2015 年 3 月 25 日,工程获得国家核准,2015 年 6 月 30 日开工建设,2016 年 12 月 30 日,工程建成投运。

甘肃段。扩建平凉 750kV 变电站 2 个 750kV 间隔,新建宁夏灵州±800kV 换流站至甘肃平凉 750kV 变电站线路(甘肃段)2×51km。该工程 2015 年 3 月 25 日获得核准,2015 年 6 月开工,2016 年 12 月 30 日投运。

【果洛网外三县与青海主网联网工程】 该工程是维护民族地区和谐稳定、服务沿线各族人民、增进民族团结、促进藏区经济社会发展的民生工程。工程的建成将实现青海电网的全覆盖,根本解决班玛、玛多、久治三县无电地区通电问题,远期满足玛尔挡水电站送出,服务于果洛藏区经济社会发展。对保护三江源生态环境,完善青海电网网架结构,加快推进青海生态文明建设具有重要意义。

新建西宁—玛尔挡 750kV 线路 332km,玛尔挡—果洛 330kV 线路 54km,110kV 线路 560km;新建果洛 330kV 变电站 1 座,容量 15 万 kVA,110kV 白玉、班玛、久治变电站 3 座,容量 9.45 万 kVA;扩建 330kV 玛多变电站、750kV 西宁变电站各 1 座。2015 年 5 月 18 日获国家核准,5 月 25 日初步设计批复,7 月 22 日开工建设,2016 年 12 月 23 日投运。

【伊犁—库车 750kV 输变电工程】 该工程建设可形成环天山南北坡经济带的 750kV 大环网,逐步提升 750kV 电网送电的可靠性和送电能力,还可将伊犁地区富余电力直接送至南疆,满足南疆经济社会快速发展对电力的需求，优化全疆潮流分布，降低电网损耗。同时为南疆丰富的光伏资源转换，依托坚强电网"打捆外送"提供有力支撑，为南疆地区光伏扶贫工作奠定基础。

伊犁—库车750kV线路工程起自伊犁尼勒克县伊犁750kV变电站，止于阿克苏库车县库车750kV变电站。线路全长353.7km，全线按单回路架设，共有铁塔717基。

伊犁750kV变电站扩建1线1变，库车变电站扩建至伊犁变电站Ⅰ回750kV出线间隔。

该工程2014年6月23日获得核准，2014年12月19日批复初步设计，2014年12月开工，2016年11月12日投运。

【神木750kV输变电工程】 该工程建设是为满足榆林北部地区电源送出的需求，进一步加强榆林地区750kV电网结构，满足陕北±800kV换流站接入，提高陕北能源外送能力。

新建神木750kV变电站，榆横750kV变电站扩建一个750kV出线间隔。

新建神木变电站至榆横变电站Ⅱ回750kV线路100.113km，铁塔共计196基；店塔电厂至榆横线路Ⅱ接神木变电站750kV线路新建单回线路9.38km，铁塔共计19基。

该工程2015年12月17日获得核准，2016年4月批复初步设计。变电站新建工程计划2017年6月开工，线路工程于2016年5月开工，计划2018年6月建成投产。

【陕北风电基地750kV集中送出工程】 该工程将陕北新能源基地风电、光伏电站统一优化汇集送出，对满足陕北新能源基地电力送出、加强陕西750kV主网架和提高陕西电网供电能力有重大意义。

新建定靖—榆横、定靖—富县、富县—西安北双回输电线路2×558km，富县—洛川单回输电线路24.3km，共有铁塔2096基。

新建定靖750kV变电站、富县750kV开关站，扩建榆横、洛川750kV变电站。

该工程2016年1月22日获得核准，4月批复初步设计，8月开工，计划2018年6月投运。

（李　明　李明华　张友富　肖　磊　王生贵
柴少磊　王兴谦　周　辰　马钦国　周海宏）

【北京东特高压变电站配套500kV输变电工程】 该工程是锡盟—山东特高压输变电工程配套下送工程，对治理北京雾霾、优化能源结构，实现清洁能源替代发挥重要作用，能将更大规模的清洁能源输入京津冀地区，使该地区未来成为全球能源互联网战略中的重要节点和示范区域。

北京段。该工程线路起于河北省三河市，止于北京市境内太顺500kV架空线路破口点，路径全长66km。北京段路径长度25.5km，铁塔109基，其中96基为500kV四回路钢管塔。这不仅是首条入京的特高压线路，也是北京市境内的首条500kV同塔四回线路。该工程2015年9月30日获得核准，2015年10月20日开工，2016年6月19日正式投运。

冀北段。该工程线路长度165.118（折单）km，北京东特高压变电站内新扩建4个500kV间隔。工程2015年9月30日获得核准，2015年10月20日开工，2016年6月19日正式投运。

【北联电魏家峁电厂500kV送出工程】 该工程是国家加快推进大气污染防治行动计划的12条重点输电通道之一——蒙西—天津南1000kV特高压输变电工程的重要电源配套工程，承担着北联电魏家峁电厂向华北地区输送清洁能源的重任。工程投运后，成为首个内蒙古电源通过特高压工程实现外送的项目，标志着特高压工程正式发挥效益，为国家防治大气污染和自治区能源转型发挥作用。

北联电魏家峁电厂500kV送出工程位于内蒙古自治区准格尔旗龙口镇魏家峁村，距离呼和浩特市180km。

工程建设任务主要包括蒙西1000kV变电站扩建工程，扩建蒙西1000kV变电站2个出线间隔，在围墙内占地面积2100m²。魏家峁电厂至蒙西变电站500kV线路工程新建魏鄂Ⅰ、Ⅱ线，全线2×1.76km，新建铁塔7基。

该工程于2016年8月开工建设，2016年12月竣工投产。

（李　明　李明华　张友富　肖　磊
张亚迪　王　赞　何远刚　郑步文
陈　哲　周云浩　吴大俊　凌　利）

【浙江舟山220kV直流断路器示范工程】 浙江舟山200kV直流断路器示范工程（简称舟山工程）是国家电网公司"十大创新工程"之一，在2014年投运的舟山多端柔性直流输电工程的基础上，对五座换流站进行改造，在舟定换流站直流场加装2台200kV高压直流断路器，在阀厅桥臂安装阻尼模块；在舟岱、舟衢、舟洋、舟泗四座换流站直流场加装谐振开关，在阀厅桥臂加装阻尼模块。舟山工程2016年2月完成可研评审，5月取得可研批复，6月完成初设评审并取得批复，7月底提前完成全部施工图设计，仅历时半年多时间完成全部工程建设，于12月29日投运，世界首台±200kV高压直流断路器实现工程应用。

【苏州南部电网500kV UPFC示范工程】 江苏苏州南部电网500kV统一潮流控制器（UPFC）示范工程（简称苏南500kV UPFC工程）是国家电网公司

"十大创新工程"之一，是世界上电压等级最高、容量最大的UPFC工程，在世界范围内首次实现500kV电网潮流的灵活、精准控制，并使苏州电网消纳清洁能源的能力提升约120万kW。苏南500kV UPFC工程，站址位于500kV木渎变电站北侧，包括UPFC成套装置新建工程、梅里—木渎500kV双回线路开断环入UPFC成套设备工程、木渎500kV变电站扩建及改造工程、梅里500kV变电站改造工程及系统通信工程，换流器容量为3×25万kVA，其中2组为串联换流器、1组为并联换流器，同时安装3组30万kVA变压器。工程于2016年8月23日获江苏省发展改革委核准，11月3日实现标准化开工，计划于2017年底前建成投运。

（修 建）

【内蒙古上海庙清洁能源电力外送基地开工建设】　2016年7月18日，内蒙古上海庙清洁能源电力外送基地在鄂尔多斯市鄂托克前旗开工建设。这是国家在内蒙古批准建设的第二个现代化大型煤电外送基地。该基地总装机规模1000万kW，投资350亿元，可就地转化煤炭3000多万t，是国家实施"西电东送"战略、推进大气污染防治行动计划的重点工程。

内蒙古上海庙清洁能源电力外送基地可实现将鄂尔多斯丰富的煤炭资源就地转化，依托同时正在建设的上海庙—山东临沂±800kV特高压直流电力外送通道，将产生的电能输送至1200km外的经济大省山东，该项目是山东省的首个特高压直流工程。工程建成投运后，将有效缓解山东的环境污染压力，

预计每年可送电约550亿kWh，减排二氧化碳4950万t、氮氧化物13.1万t、二氧化硫12.4万t、烟尘2万t。

【南方电网西电东送大通道工程】　金中直流工程于2016年5月28日投产，永富直流工程于2016年6月30日按期投产，异步联网鲁西背靠背直流工程常规单元2016年6月30日投产，柔性直流单元2016年8月29日投产。2016年汛前建成投产的金中、永富和鲁西背靠背直流，提高云南电力外送能力530万kW，累计输送电量225亿kWh，有效减少弃水。鲁西换流站背靠背柔性直流为世界首创，积累了国内大容量柔性直流工程新经验。其他在建重点工程在各方共同努力下，进度均受控。其中，滇西北—广东特高压直流工程完成了各项采购工作，换流站三通一平主体完成，土建施工总体完成57.5%，并开展主、辅控楼主体结构、阀厅及防火墙主体结构、设备基础施工，直流线路工程基础开挖完成87%，基础浇制完成85%，铁塔组立完成40%，架线施工完成1%；鲁西背靠背换流站扩建工程建设进展顺利，土建完成85%，工程总体完成60%，预计2017年6月底可按期建成投产。

【古泉换流站主体工程】　昌吉（准东）—古泉（皖南）±1100kV特高压直流输电工程古泉换流站主体工程由中国能建安徽电力建设第一工程有限公司承建，于2016年10月11日正式开工。该工程是目前世界上电压等级最高、输送容量最大、输送距离最远、技术水平最先进的"四最"特高压输电工程。

获 奖 项 目

2016～2017年度国家优质工程奖
电力行业工程项目（第一批）

金 质 奖

序号	工 程 名 称	施工单位（建设、总承包、参建）
1	重庆神华万州电厂2×1050MW新建工程	神华神东电力重庆万州港电有限责任公司 中国能源建设集团天津电力建设有限公司 上海电力建设有限责任公司 重庆电力建设总公司 上海电力建设启动调整试验所 湖北中南勘察基础工程有限公司

续表

序号	工 程 名 称	施工单位（建设、总承包、参建）
2	华能长兴电厂"上大压小"工程	华能国际电力股份有限公司长兴电厂 浙江省二建建设集团有限公司 中国能源建设集团浙江火电建设有限公司 上海电力安装第一工程公司 中国能源建设集团天津电力建设有限公司 上海电力建筑工程公司 中铁十局集团有限公司
3	浙北—福州特高压交流输变电工程	国家电网公司交流建设分公司 国网福建省电力有限公司 国网浙江省电力公司 国家电网公司 甘肃送变电工程公司 山东送变电工程公司 福建省送变电工程有限公司 青海送变电工程公司 吉林省送变电工程公司 北京电力工程公司 江苏省送变电公司 上海送变电工程公司 华东送变电工程公司 安徽送变电工程公司 浙江省送变电工程公司 国网山西送变电工程公司 湖北省送变电工程公司 江西省送变电公司 湖南省送变电工程公司 辽宁省送变电工程公司 河南送变电工程公司
4	西藏昌都电网与四川电网联网输变电工程	国网四川省电力公司 国网四川省电力公司建设管理中心 四川电力送变电建设公司 湖南省送变电工程公司 江西省送变电建设公司 四川蜀能电力有限公司 国网西藏电力建设有限公司 国网山西送变电工程公司 河南送变电工程公司 华东送变电工程公司 青海送变电工程公司 陕西送变电工程公司
5	金沙江龙开口水电站工程	华能龙开口水电有限公司龙开口水电工程建设管理局 中国水利水电第八工程局有限公司 中国葛洲坝集团股份有限公司
6	华能安源电厂"上大压小"新建工程	华能安源发电有限责任公司 浙江省二建建设集团有限公司 河南省第二建设集团有限公司 东北电力烟塔工程有限公司 中国能源建设集团东北电力第三工程有限公司 江西省火电建设公司

序号	工 程 名 称	施工单位（建设、总承包、参建）
7	土耳其阿特拉斯 2×600MW 伊斯肯德伦火电厂（境外工程）	土耳其 ATLAS 能源有限公司 中电投电力工程有限公司 中国航空技术国际控股有限公司 西北电力建设调试施工研究所 中电投远达环保工程有限公司 湖北省工业建筑集团有限公司 湖北省电力建设第二工程公司 湖北省电力建设第一工程公司
8	巴西马托格罗索 500kV 输变电工程（境外工程）	玛特琳莎输电有限责任公司 山东电力建设第一工程公司

国家优质工程奖

序号	工 程 名 称	施工单位（建设、总承包、参建）
1	湖北华润宜昌猇亭"上大压小"热电联产新建工程	华润电力（宜昌）有限公司 中国核工业第二二建设有限公司 湖北省电力建设第二工程公司 中国能源建设集团安徽电力建设第二工程公司 湖南省工业设备安装有限公司 山东三融环保工程有限公司 江西省水电工程局 中冶集团武汉勘察研究院有限公司 湖北方源东力电力科学研究有限公司
2	河南洛阳阳光"上大压小"热电联产扩建工程	华能洛阳热电有限责任公司 河北建设勘察研究院有限公司 河南省第二建设集团有限公司 中国能源建设集团安徽电力建设第二工程公司 中国电力建设集团公司江西省水电工程局 中国能源建设集团东北电力第一工程公司 中国电力建设集团公司河南第二火电建设公司
3	中电投珠海横琴岛多联供燃气能源站 2×390MW 工程	中电投珠海横琴热电有限公司 中国十五冶金建设集团有限公司 中国能源建设集团广东火电工程有限公司 北京振冲工程股份有限公司 北京绿创声学工程股份有限公司 上海三航奔腾建设工程有限公司
4	北京东北热电中心京能燃气热电厂工程	北京京能高安屯燃气热电有限责任公司 中国能源建设集团浙江省火电建设公司 华北电力科学研究院有限责任公司
5	霍林河循环经济示范工程电力项目（2×350MW 超临界火电机组及 300MW 风电工程）	内蒙古霍煤鸿骏铝电有限责任公司扎哈淖尔分公司 中电投电力工程有限公司 吉林协合电力工程有限公司 江西省水电工程局 中国十五冶金建设集团有限公司 中国能源建设集团安徽电力建设第一工程有限公司 山东电力建设第二工程公司 中电投远达环保工程有限公司

序号	工　程　名　称	施工单位（建设、总承包、参建）
6	四川白马 600MW 循环流化床机组发电示范工程	四川白马循环流化床示范电站有限责任公司 四川电力建设三公司 四川省电力工业调整试验所
7	国投哈密电厂一期（2×660MW）工程	国投哈密发电有限公司 国网新疆电力公司电力科学研究院与西北电力建设调试施工研究所联合体 河北省电力建设第一工程公司 中国能源建设集团湖南火电建设有限公司 山东电力建设第二工程公司
8	唐山华润西郊热电厂三期 2×350MW "上大压小" 扩建工程	华润电力唐山丰润有限公司 浙江菲达脱硫工程有限公司 中国能源建设集团安徽电力建设第一工程有限公司 河南省第二建筑工程发展有限公司 湖南省工业设备安装有限公司 华北电力科学研究院有限责任公司
9	新疆华电喀什热电有限 责任公司 2×350MW 热电联产工程	新疆华电喀什热电有限责任公司 河北亿能烟塔工程有限公司 中国华电科工集团有限公司环保公司 中国华电科工集团有限公司华电水务工程有限公司 中国能源建设集团西北电力建设甘肃工程有限公司 中国能源建设集团安徽电力建设第一工程有限公司 河北建设勘察研究院有限公司
10	500kV 美林变电站工程	广西电网有限责任公司电网建设分公司 广西送变电建设公司
11	500kV 桐乡变电站工程	国网浙江省电力公司 浙江省送变电工程公司 浙江康达建筑有限公司
12	湖南星沙 500kV 变电站工程	国网湖南省电力公司经济技术研究院 湖南省送变电工程公司
13	湛江 500kV 东海岛输变电工程	广东电网有限责任公司湛江供电局 广东省输变电工程公司 中国能源建设集团广东火电工程有限公司
14	河南驻马店北 500kV 变电站工程	河南省电力公司建设管理中心 河南送变电工程公司 驻马店华宇电力建筑工程有限公司 郑州市第一建筑工程集团有限公司
15	山西太原南（龙城）500kV 变电站新建工程	国网山西省电力公司建设管理中心 国网山西送变电工程公司
16	静海 500kV 变电站工程	国网天津市电力公司 天津送变电工程公司

续表

序号	工 程 名 称	施工单位（建设、总承包、参建）
17	新疆五彩湾 750kV 变电站工程	国网新疆电力公司 新疆维吾尔自治区送变电工程公司
18	国电宁夏石板泉风电场 99MW 工程	国电电力宁夏新能源开发有限公司 中国能源建设集团江苏省电力建设第三工程有限公司 中国葛洲坝集团电力有限责任公司 中国能源建设集团新疆电力建设公司 山东电力建设第一工程公司
19	华能湖南苏宝顶风电（150MW）新建工程	华能湖南苏宝顶风电有限责任公司 中国能源建设集团湖南火电建设有限公司 中国能源建设集团天津电力建设有限公司 湖南新宇建筑工程有限公司 湘电风能有限公司 长沙市建筑安装工程公司 上海电力建筑工程公司 湖南省第五工程有限公司
20	伊吾天润淖毛湖一、二期 99MW 风电场工程	伊吾天润风电有限公司 新疆电力建设有限公司
21	加蓬大布巴哈 160MW 水电站项目（境外工程）	加蓬石油、能源及水资源部 中国水利水电第十四工程局有限公司
22	土耳其 ICDAS BIGA 2×600MW 电站 2 号机组工程（境外工程）	ICDAS ELEKTRIK ENERJISI URETIM VE YATIRIM A.S 中钢设备有限公司 中国能源建设集团黑龙江省火电第三工程有限公司

2016～2017 年度中国建设工程鲁班奖电力行业工程项目（第一批）

序号	工程名称	承建单位	参建单位
1	西安南（南山）750kV 变电站工程	陕西送变电工程公司	
2	±800kV 特高压直流双龙换流站工程	湖北省送变电工程公司 黑龙江省送变电工程公司 辽宁省送变电工程公司	西北电力建设第四工程有限公司 四川电力送变电建设公司 北京送变电公司
3	扬州北 500kV 变电站	江苏省送变电公司	常嘉建设集团有限公司
4	山东黄河 500kV 变电站	山东送变电工程公司	

2016 年度中国电力优质工程奖获奖项目

序号	工 程 名 称	建 设 单 位	施工单位（总承包）
1	四川白马 600MW 循环流化床机组发电示范工程	四川白马循环流化床机组示范电站有限责任公司	四川电力建设三公司

序号	工 程 名 称	建 设 单 位	施工单位（总承包）
2	华能重庆两江新区 2×467MW 天然气冷热电三联 供新建工程	华能重庆两江燃机发电有限责任公司	重庆电力建设总公司 四川电力建设二公司 中国能源建设集团广东火电工程有限公司 中铁十四局集团有限责任公司
3	重庆神华万州电厂 2×1050MW 新建工程	神华神东电力重庆万州港电有限责任公司	中国能源建设集团天津电力建设有限公司 上海电力建设有限责任公司 重庆电力建设总公司
4	国投哈密电厂 2×660MW 一期工程	国投哈密发电有限公司	中国能源建设集团湖南火电建设有限公司 山东电力建设第二工程公司 河北省电力建设第一工程公司
5	华能安源电厂 2×660MW 超超临界二次再热机组工程	华能安源发电有限责任公司	浙江省二建建设集团有限公司 东北电力烟塔工程有限公司 河南省第二建设集团有限公司 中国能源建设集团东北电力第三工程有限公司 江西省火电建设公司
6	河南新中益 2×660MW 超超临界机组工程	新乡中益发电有限公司	河南省第二建设集团有限公司 河南六建建筑集团有限公司 中铁十九局集团有限公司 河北省电力建设第一工程公司 河南第一火电建设公司
7	华能洛阳 2×350MW 热电联产工程	华能洛阳热电有限责任公司	河南省第二建设集团有限公司 江西省水电工程局 中国能源建设集团安徽电力建设第二工程有限公司 中国能源建设集团东北电力第一工程有限公司 河南第二火电建设公司
8	霍林河循环经济示范项目 2×350MW 超临界火电机组及 300MW 风电工程	内蒙古霍煤鸿骏铝电有限责任公司扎哈淖尔分公司	江西省水电工程局 中国十五冶金建设集团有限公司 山东电力建设第二工程公司 中国能源建设集团安徽电力建设第一工程有限公司 中电投远达环保工程有限公司 吉林协合电力工程有限公司
9	华能长兴电厂 2×660MW "上大压小"工程	华能国际电力股份有限公司长兴电厂	中国能源建设集团浙江火电建设有限公司 上海电力安装第一工程公司 上海宝冶集团有限公司 浙江省二建建设集团有限公司 上海电力建筑工程公司 中国能源建设集团天津电力建设有限公司 中铁十局集团有限公司

序号	工 程 名 称	建 设 单 位	施工单位（总承包）
10	安庆电厂二期 2×1000MW 扩建工程	安徽安庆皖江发电有限责任公司	上海电力建设有限责任公司 中国能源建设集团安徽电力建设第一工程有限公司 中国能源建设集团东北电力第四工程有限公司 中国能源建设集团安徽电力建设第二工程有限公司
11	湖北华润宜昌猇亭 2×350MW "上大压小" 热电联产新建工程	华润电力（宜昌）有限公司	中冶集团武汉勘察研究院有限公司 江西省水电工程局 中国能源建设集团安徽电力建设第二工程有限公司 中国核工业第二二建设有限公司 湖北省电力建设第二工程公司 湖南省工业设备安装有限公司 山东三融环保工程有限公司
12	中电投珠海横琴岛多联供 2×390MW 燃气 能源站工程	中电投珠海横琴热电有限公司	中国十五冶金建设集团有限公司 中国能源建设集团广东火电工程有限公司 中交一航局第一工程有限公司 上海三航奔腾建设工程有限公司 北京振冲工程股份有限公司 北京绿创声学工程股份有限公司
13	福建石狮鸿山热电厂二期 2×1000MW 机组工程	神华福能发电有限责任公司	中国能源建设集团天津电力建设有限公司 福建省第一电力建设公司 湖北省电力建设第二工程公司 福建省第一建筑工程公司 中国核工业第二二建设有限公司 福建省交建集团工程有限公司
14	唐山华润西郊热电厂三期 2×350MW "上大压小" 扩建工程	华润电力唐山丰润有限公司	河南省第二建筑工程发展有限公司 中国能源建设集团安徽电力建设第一工程有限公司 湖南省工业设备安装有限公司 浙江菲达脱硫工程有限公司
15	北京东北热电中心京能 845MW 燃气热电厂工程	北京京能高安屯燃气热电有限责任公司	中国能源建设集团浙江火电建设有限公司
16	云南澜沧江小湾 6×700MW 水电站工程	华能小湾水电工程建设管理局	捌柒葛联营体 中国水利水电四局三局联营体 中国葛洲坝集团股份有限公司 四局八局联营体 中国水利水电第一工程局有限公司 中国水利水电第十四工程局有限公司 中国水利水电第七工程局有限公司 小湾 141 水电工程联营体 中国水利水电第八工程局有限公司 "昆·科·瑞"大坝安全监测工程项目部

序号	工 程 名 称	建 设 单 位	施工单位（总承包）
17	华能哈密东南部烟墩第四风电场 201MW 工程	华能哈密风力发电有限公司	中国能源建设集团湖南火电建设有限公司 中国葛洲坝集团电力有限责任公司
18	伊吾天润淖毛湖 99MW 风电工程	伊吾天润风电有限公司	新疆电力建设有限公司
19	华电新疆发电有限公司苇湖梁电厂达坂城 300MW 风电场工程	新疆华电苇湖梁新能源有限公司	江苏江都建设集团有限公司 合肥建工集团有限公司 新疆苇湖梁发电厂华源电力安装公司
20	国电宁夏石板泉 99MW 风电场工程	国电电力宁夏新能源开发有限公司	山东电力建设第一工程公司 新疆电力建设有限公司 中国葛洲坝集团电力有限责任公司 中国能源建设集团江苏省电力建设第三工程有限公司
21	华能沙帽山一、二期 96MW 风电工程	华能巍山风力发电有限公司	中国水利水电第六工程局有限公司 中铁十九局集团第二工程有限公司 中铁二十二局集团第三工程有限公司
22	华能湖南苏宝顶 150MW 风电场工程	华能湖南苏宝顶风电有限责任公司	中国能源建设集团天津电力建设有限公司 中国能源建设集团湖南火电建设有限公司 湖南新宇建筑工程有限公司
23	国家风光储输示范工程一期风电 100MW、光伏 40MW、储能 20MW 工程	国网新源张家口风光储示范电站有限公司	中国能源建设集团天津电力建设有限公司 北京送变电公司 张家口宏垣电力实业总公司
24	扬州北 500kV 变电站工程	国网江苏省电力公司经济技术研究院	江苏省送变电公司 常嘉建设集团有限公司
25	500kV 桐乡变电站工程	国网浙江省电力公司	浙江省送变电工程公司
26	浙北—福州 1000kV 特高压交流输变电工程	国家电网公司	上海送变电工程公司 华东送变电工程公司 安徽送变电工程公司 浙江省送变电工程公司 江苏省送变电工程公司 福建省送变电工程有限公司 青海送变电工程公司 北京电力工程公司 甘肃送变电工程公司 山东送变电工程公司 吉林省送变电工程公司
27	星沙 500kV 变电站工程	国网湖南省电力公司经济技术研究院	湖南省送变电工程公司

序号	工 程 名 称	建 设 单 位	施工单位（总承包）
28	西藏昌都电网与四川电网联网 500kV 输变电工程	国网四川省电力公司	四川电力送变电建设公司 湖南省送变电工程公司 四川蜀能电力有限公司 江西省送变电建设公司 国网山西送变电工程公司 河南送变电工程公司 西藏电力建设有限公司 青海送变电工程公司 华东送变电工程公司 陕西送变电工程公司
29	新疆五彩湾 750kV 变电站工程	国网新疆电力公司	新疆维吾尔自治区送变电工程公司
30	西安南（南山）750kV 变电站工程	国网陕西省电力公司	陕西送变电工程公司
31	山西运城东（桐乡）500kV 变电站新建工程	国网山西省电力公司建设管理中心	国网山西供电工程承装公司
32	山西太原南（龙城）500kV 变电站工程	国网山西省电力公司建设管理中心	国网山西送变电工程公司
33	驻马店北 500kV 变电站工程	河南省电力公司建设管理中心	河南送变电工程公司 郑州市第一建筑工程集团有限公司 驻马店市华宇电力建筑工程有限公司
34	500kV 美林变电站工程	广西电网有限责任公司电网建设分公司	广西送变电建设公司
35	湛江 500kV 东海岛输变电工程	广东电网有限责任公司湛江供电局	广东省输变电工程公司 中国能源建设集团广东火电工程有限公司
36	500kV 东坡变电站工程	广东电网有限责任公司佛山供电局	广东省输变电工程公司 广东威恒输变电工程有限公司
37	山东黄河 500kV 变电站工程	国网山东省电力公司	山东送变电工程公司
38	静海 500kV 变电站工程	国网天津市电力公司	天津送变电工程公司
中小型工程项目			
1	山西国峰 2×300MW 低热值煤综合利用电厂主厂房建筑安装工程	山西国峰煤电有限责任公司	山西电力建设第三有限公司 中国能源建设集团山西电力建设有限公司 福建龙净环保股份有限公司 河北建设勘察研究院有限公司
2	安徽淮南平圩电厂三期 2×1000MW 机组主厂房建筑安装工程	淮南平圩第三发电有限责任公司	中国能源建设集团安徽电力建设第二工程有限公司 北京博奇电力科技有限公司 上海电力建设有限责任公司 黄山壮大电力工程有限公司

续表

序号	工程名称	建设单位	施工单位（总承包）
3	新疆开都河柳树沟 2×90MW 水电站工程	国电新疆开都河流域水电开发有限公司	中国水电建设集团十五工程局有限公司 中国葛洲坝集团第一工程有限公司 中国葛洲坝集团机电建设有限公司 中国安能建设总公司
4	220kV 谷满变电站工程	云南电网有限责任公司红河供电局	云南天星实业有限公司
5	220kV 耿屯变电站工程	云南电网有限责任公司曲靖供电局	云南省送变电工程公司
6	220kV 三家桥变电站工程	贵州电网有限责任公司铜仁供电局	贵州送变电工程公司
7	拉僧庙化工园区 220kV 输变电工程	内蒙古电力（集团）有限责任公司乌海电业局	内蒙古送变电有限责任公司
境外工程项目			
1	马来西亚沐若 4×236MW 水电站工程	马来西亚沙捞越能源公司	中国水利水电第八工程局有限公司
2	土耳其阿特拉斯 2×600MW 伊斯肯德伦火电厂工程	土耳其 ATLAS 能源有限公司	湖北省电力建设第一工程公司 湖北省电力建设第二工程公司 中电投远达环保工程有限公司
3	巴西马托格罗索 500kV 输变电工程	玛特琳莎输电有限责任公司	山东电力建设第一工程公司

2015～2016 年度中国安装工程优质奖（中国安装之星）电力行业工程项目（第二批）

序号	工程名称	承建单位	参建单位
1	国家风光储输示范工程一期工程	国网新源张家口风光储示范电站有限公司	上海电力设计院有限公司（设计单位） 北京华联电力工程监理公司（监理单位） 中国能源建设集团天津电力建设有限公司 北京送变电公司 张家口宏垣电力实业总公司
2	安徽淮南平圩电厂三期 2×1000MW 燃煤发电机组安装工程	淮南平圩第三发电有限责任公司	中国能源建设集团安徽电力建设第二工程有限公司 上海电力建设有限责任公司 中国电力工程顾问集团华东电力设计院有限公司（设计单位） 广东天安工程监理有限公司（监理单位） 中电投电力工程有限公司（建设单位）
3	山西国峰 2×300MW 低热值煤综合利用电厂主厂房建筑安装工程	山西国峰煤电有限责任公司	中国能源建设集团山西电力建设第三有限公司 中国能源建设集团山西电力建设有限公司 山西和祥建通工程项目管理有限公司（监理单位） 中国能源建设集团山西省电力勘测设计院有限公司（设计单位）

续表

序号	工程名称	承建单位	参　建　单　位
4	新乡中益发电有限公司 2×660MW 超超临界机组工程	河北省电力建设第一工程公司	新乡中益发电有限公司（建设单位）
5	湖北石首桃花山 45MW 风电场工程	荆州天楚风电有限公司	
6	中电投珠海横琴岛多联供 2×390MW 燃气能源站工程	中国能源建设集团广东火电工程有限公司	
7	山西国金一期 2×350MW 煤矸石发电供热工程	中国能源建设集团山西电力建设有限公司	
8	500kV 东坡变电站工程	广东电网有限责任公司佛山供电局	广东省输变电工程公司 中国能源建设集团广东省电力设计研究院有限公司（设计单位） 广东诚誉工程咨询监理有限公司（监理单位）
9	拉僧庙化工园区 220kV 变电站安装工程	内蒙古电力（集团）有限责任公司乌海电业局	内蒙古康远工程建设监理有限责任公司（监理单位） 内蒙古电力勘测设计院有限责任公司（设计单位） 内蒙古送变电有限责任公司
10	220kV 上柏变电站工程	广东能洋电力建设有限公司	广东电网有限责任公司佛山供电局（建设单位） 佛山电力设计院有限公司（设计单位） 江门明浩电力工程监理有限公司（监理单位）
11	110kV 海塘输变电工程	温州电力建设有限公司	国网浙江省电力公司温州供电公司（建设单位）
12	山西太原南（龙城）500kV 变电站工程（安装工程）	国网山西送变电工程公司	国网山西省电力公司建设管理中心（建设单位） 中国能源建设集团江苏省电力设计院有限公司（设计单位） 山西锦通工程项目管理咨询有限公司（监理单位）
13	220kV 耿屯变电站工程	云南省送变电工程公司	云南电网有限责任公司曲靖供电局（建设单位） 云南欣博工程咨询有限公司（设计单位） 昆明先行监理有限责任公司（监理单位）
14	临沂张场 220kV 变电站工程	临沂超越电力建设有限公司	
15	南通牵引站配套 220kV 袁庄输变电工程－变电站电气安装工程	南通送变电工程有限公司	南通通明建设监理有限公司（监理单位）
16	青岛胶南水城 110kV 变电站工程	青岛恒源送变电工程有限公司	国网山东省电力公司青岛市黄岛区供电公司（建设单位） 青岛电力设计院有限公司（设计单位） 山东联诚工程建设监理有限公司（监理单位）
17	聊城仲连 220kV 变电站工程	聊城华昌实业有限责任公司	
18	菏泽园区 110kV 变电站工程	山东天润电气集团有限公司	

序号	工程名称	承建单位	参 建 单 位
19	滨州官庄 220kV 变电站工程	山东滨州东力电气有限责任公司	
20	220kV 湖滨输变电工程—220kV 湖滨变电站—电气安装工程	徐州送变电有限公司	
21	济南广场 110kV 变电站工程	济南鲁源电气集团有限公司	国网济南供电公司（建设单位）
22	莱芜杨庄 110kV 变电站工程	莱芜鲁能开源电力建设有限公司	
23	浙江浙能乐清发电有限责任公司 1 号机组烟气超低排放改造工程	浙江华业电力工程股份有限公司	
24	两岸新能源合作海南航天 50MW 光伏发电实证性研究金太阳示范项目	江苏华能建设工程集团有限公司	
25	元江甘庄 20MW 并网光伏发电项目光伏电站工程电气设备安装工程	河南省安装集团有限责任公司	
26	西安热电有限责任公司过渡锅炉房一期工程	陕西建工安装集团有限公司	西安热电有限责任公司（建设单位）

2016 年度全国工程建设项目优秀设计成果电力行业获奖项目

序号	工 程 名 称	主设计单位
一等奖		
1	浙北—福州 1000kV 特高压交流输变电工程	国网北京经济技术研究院
2	重庆神华万州电厂 2×1050MW 新建工程	中国电力工程顾问集团西南电力设计院有限公司
3	华能安源电厂 2×660MW 超超临界二次再热机组工程	江西省电力设计院
4	云南金沙江龙开口 5×360MW 水电站工程	中国电建集团华东勘测设计研究院有限公司
5	华能长兴电厂 2×660MW "上大压小" 工程	中国能源建设集团浙江省电力设计院有限公司
6	安庆电厂二期 2×1000MW 扩建工程	中国电力工程顾问集团华北电力设计院有限公司
7	西藏昌都电网与四川电网联网 500kV 输变电工程	中国电力工程顾问集团西南电力设计院有限公司
二等奖		
1	唐山华润西郊热电厂三期 2×350MW "上大压小" 扩建工程	河北省电力勘测设计研究院

科技创新

重 点 科 技 项 目

【高压大容量多端柔性直流输电关键技术开发、装备研制及工程应用】 该项目成果获 2016 年中国电力科学技术进步奖一等奖。

项目在多端柔性直流输电关键技术、设备研制、试验能力、设备技术集成和工程应用等方面取得了一系列重大创新成果。

项目获得授权专利 44 项（发明专利 20 项），发表论文 44 篇（SCI 检索 2 篇，EI 检索 22 篇），出版专著 3 部，获得软件著作权 3 项。

依托项目研究成果，在广东南澳风电基地建成了 ±160kV 三端柔性直流输电工程，于 2013 年 12 月 25 日投运。工程经受了强台风、满负荷、三端无功支撑、交流系统故障等特殊工况的考验，运行情况稳定，已成为南澳风电送出的主要通道，风电场未再发生弃风窝电现象，显著提高了南澳风电利用率，提高了运行经济效益。截至 2016 年 5 月 31 日，工程累计输送电量 4.7 亿 kWh。

该项目较原计划建设的南澳 220kV 交流输变电工程节省投资 3 亿元。项目的成功实施和推广应用，推进了柔性直流输电高压大容量换流阀、多端控制保护系统等核心设备的国产化，研发的成套装备销售额累计 10.2 亿元。

该项目促进了世界上风电等新能源并网技术和柔性直流输电技术的发展，促进了国内先进输变电技术和高压大容量电力电子产业的升级，引领了国际多端柔性直流输电技术的发展。

【变电站智能化关键技术、装备及大规模应用】 该项目成果获 2016 年中国电力科学技术进步奖一等奖。

项目团队历时 10 年，在变电站协同控制、运维智能化、装备智能化及高效建设四个方面取得创新与突破。

该项目获行业/省部级科学技术进步奖一等奖 3 项，授权发明专利 90 项、实用新型专利 33 项、软件著作权 21 项，发表 SCI 论文 31 篇、EI 及核心论文 81 篇，出版专著 17 部，编制国标 6 项、行标 4 项、电网公司企业标准 14 项。

"十二五"期间依托项目成果共建成 66～750kV 智能化变电站 3690 座，占中国新建变电站 87%，覆盖 94%省区，国产化率 100%。项目应用实现变电站年平均停电时间降低 31%，运维效率提升 12%，户外站节地 21%，建设周期缩短 40%，增收节支 81.3

亿元人民币，近三年直接经济效益 25.5 亿元。成套技术输出至英国、俄罗斯、澳大利亚等 10 余个国家 340 余座变电站。变电站智能化关键技术、装备的大规模应用，促进了变电站技术升级换代，确立了中国在智能化变电站领域的国际领先地位，成为中国技术走出国门的又一典范。

【互联网融合关键技术在大型能源集团的研究与应用】 该项目是中国大唐集团公司积极落实国家信息化与工业化融合，推动"互联网＋"创新的要求，面对机组利用小时走低、深度调峰、频繁启停、节能环保等电力新常态，深入开发应用"互联网＋"、大数据、云计算等新兴信息技术，建设覆盖全集团、全过程的生产、燃料、资金智能技术平台，通过对实时海量数据的采集、传输、计算、分析和诊断，实现生产、燃料和资金等核心业务的智能化管控，极大提升了运行效率，增加了经济效益，提高了科学决策水平，深入推进了信息化与传统电力工业的有机融合。项目荣获 2016 年度中国电力科学技术一等奖。

【燃煤机组全负荷烟气 SO_3 脱除高效脱硝关键技术研究与应用】 燃煤机组加装 SCR 后，氨逃逸、SO_3 浓度升高带来的空气预热器堵塞已成为一个突出的共性问题，严重影响机组安全、经济、连续运行。为解决加装 SCR 装置后所引起的空气预热器堵塞、烟道腐蚀、硫酸氢铵黏结除尘设备、烟囱蓝羽等问题，优化宽负荷高效脱硝，应对未来严格的 SO_3 排放标准，中国大唐集团科研院开展了以"控制氨逃逸、提高喷氨利用率为基础，SO_3 脱除为核心"的燃煤机组全负荷烟气 SO_3 脱除高效脱硝关键技术研究。项目研究了 SCR 脱硝装置多场优化氨逃逸控制技术，并在大唐集团多台机组成功应用；在国内首次完成大型燃煤机组碱性干粉 SO_3 脱除技术的研发及工程示范项目建设，为国内燃煤机组提供了一条烟气 SO_3 脱除的技术路线和工程实现方法。该项目荣获 2016 年度中国电力科学技术二等奖。

【百万千瓦超超临界二次再热燃煤发电技术】 由国电集团牵头攻关的超超临界二次再热百万千瓦燃煤发电技术，在机组系统设计、装备制造研究等方面取得重大突破，实现了机组系统、参数、结构、材料、控制五大领域的创新，其中 6 项技术是首次成功应用于百万等级火电机组。2016 年 8 月 30 日和 2016 年 9 月 9 日，该项目分别通过国家科技部和国家能源局组织的项目验收。项目成果入选国家"十二五"重大科技成就展，2016 年 6 月 3 日，习近平总书记等党和国家领导人亲临展台指导，对成果给予高度评价。2016 年 6 月 25 日，国电泰州电厂荣获国家能源院授予的"国家节能减排示范电站"称号。依托该项目，共获得专利授权 36 项，其中发明专利 22 项。

【燃煤电厂烟气污染物超低排放关键技术及应用】 由国电集团牵头，历经 10 余年攻关，形成 15 项发明专利，率先发明了燃煤烟尘、SO_2、NO_x 达到燃气发电排放限值的深度减排技术，并首次进行工程示范，实现燃煤电厂多煤种、宽负荷、变工况等复杂条件下三大污染物的超低排放。项目成果荣获 2016 年度中国电力技术发明奖一等奖。

【基于在线测控的锅炉-SCR 脱硝-空气预热器系统协同优化关键技术与应用】 国电集团牵头的脱硝机组空气预热器堵塞的机理研究和脱硝系统内流场和组分浓度场分布特性研究，揭示了锅炉-SCR 脱硝-空气预热器系统运行耦合影响机理，明确了包括预防空气预热器堵塞在内的锅炉-SCR 脱硝-空气预热器系统协同优化技术方向；提出了锅炉与 SCR 脱硝系统协调优化技术；研制了直接抽取式高精度微量氨测量仪和蜂窝催化剂防堵防磨装置；开发了空气预热器蓄热片间飞灰沉积与板结模式的控制技术。获专利 20 项（发明 6 项），形成电力行业标准 2 项、国电集团企业标准 1 项。应用于 24 台机组，典型机组供电煤耗降低 7.4～8.8g/kWh，喷氨量降低 12.28%，喷氨自动投运率 95% 以上，解决了空气预热器堵塞问题。项目成果荣获 2016 年度中国电力科学技术进步奖一等奖。

【低风速兆瓦级风电机组关键技术研究与机组研发】 联合动力以降低低风速地区的风电度电成本为目标，攻克了低风速风电机组整机叶片集成优化设计、基于最优能量捕获的低风速控制技术、先进控制降载荷技术等多项难关。项目从高效率、高可靠性、环境适应性、易维护性四大方面的 20 余个创新方向开展科研攻关，获得专利 20 项（发明专利 14 项、实用新型专利 3 项、软件著作权 3 项）、制定国家标准 2 项。历经 4 年多的研究开发、生产制造、测试验证及优化提升，研制出了适用于低风速区域的 UP1500-97、UP2000-115、UP2000-121 等系列化风电机组。2016 年项目成果荣获中国电力创新一等奖、中国电力科学进步奖三等奖。

【海上风电场建设关键技术】 国电集团作为牵头单位承担了国家"863"计划项目海上风电场建设关键技术研究，攻克了海上风电新型单桩基础设计与施工关键技术，在世界范围内首次提出了"无过渡段"单桩基础施工方案，不仅缩短了施工工期，而且解决了传统单桩过渡段因灌浆材料导致的失效问题，研制的大型扶正导向架，通过沉桩垂直度实时监测与校正成套施工工艺技术，实现了打桩过程中单桩的有效导向和纠偏，垂直度误差小于 2‰，在江苏龙源海上风电场施工过程中更是创造了单桩沉桩误差 0.19‰ 的世界纪录，经中国电机工程学会组织鉴定，该成果达到国际领先水平，荣获 2016 年度中国电力科学进步奖一等奖。

【"数字化风电场"示范项目】 项目研究了风电场场级数字化监控系统、数字化区域（省）监控系统和集团云监控技术，创建了符合集约化管理要求的数字化管控体系。提升风电开发企业的综合技术水平和管理水平，完成了各类风机设备的数据归一化管理和传输标准的制定，研发了机组亚健康诊断算法，开创了机组亚健康三级管理模式，整合了无人机视频检测、振动监测、油液分析和功率预测等风电场辅助服务，为运行维护管理提供了有力的技术支撑。研究成果成功应用到河北区域公司，涵盖的风电装机容量达到 117 万 kW，建成了场级监控、区域级（省级）监控和集团级监控三位一体的数字化管控系统。

【AP1000 三代核电自主化依托项目】 2016 年，国家电投积极推广先进的核电技术，AP1000 自主化依托项目建设扎实推进，三门 1 号、海阳 1 号通过冷试、热试，进入装料前最后测试阶段。海阳核电项目是山东省第一座核电站，也是新中国成立以来山东省单体投资最大的项目。项目规划建设 6 台百万千瓦级核电机组，并预留 2 台扩建场地，一期工程 1、2 机组为 1250MW AP1000 核电机组，3、4 号机组的"两评报告"已经获批，项目申请报告已上报国家发展改革委。

【CAP1400 技术】 2016 年，国家重大科技专项 CAP1400 技术通过 IAEA 安全评审，屏蔽电机主泵试验台具备试验条件，主管道、堆内构件等关键设备研制、关键材料取得实质性进展，CAP1400 示范工程具备开工条件。CAP1400 示范电站是国家电投投资控股，电站位于山东威海市荣成石岛湾，被列为大型先进压水堆国家科技重大专项，建设 2 台 CAP1400 压水堆核电机组。

【溪洛渡水电站获菲迪克工程项目杰出奖】 2016 年 9 月 26 日，中国三峡集团溪洛渡水电站喜获素有国际工程咨询领域"诺贝尔奖"之称的"菲迪克 2016 年工程项目杰出奖"，成为全球 21 个获奖项目中唯一的水电项目，这是继三峡工程之后，中国三峡集团在水电工程建设管理领域再次获得世界认可。溪洛渡水电站为世界第三大水电站，是中国西电东送的骨干工程，是长江流域防洪体系的重要组成部分，它以其卓越的工程技术、丰富的创新成果、透明和廉洁的工程建设、贯彻可持续发展的理念等，受到评委的青睐和国际同行的高度认可。

【三峡巨型水轮发电机组创新研究与国产化实践】 中国三峡集团"三峡巨型水轮发电机组创新研究与国产化实践"获我国工业领域的最高奖项——中国第四届工业大奖表彰奖。三峡工程以"高峡出平湖"的宏伟气势令全世界瞩目，不仅工程总量和装机容量位居世界第一，而且是当今世界技术水平集大成者的水电工程。三峡工程充分发挥国家重大工程对技术创新的带动作用，走出了一条有三峡特色的引进消化吸收再创新的成功路子，实现了中国水电装备技术水平和自主创新能力的新跨越。

【高混凝土坝结构安全关键技术研究与实践】 中国三峡集团参与，在国家科技支撑、国家自然科学基金、部委计划等科技项目的支持下，围绕高混凝土坝基于真实性态的设计理念，以及混凝土配制、施工防裂智能监控和基于反演的全过程仿真等理论体系，开展了20多年的理论研究和应用研究，取得突破性进展，提出了基于大坝真实性态的设计新理念和准则，提出了基于多元胶凝粉体配制低热高抗裂高耐久混凝土、抗高压水劈裂设计、变形体时程动态稳定分析、高拱坝合理体形设计、施工智能监控、基于微裂纹全景定量分析的混凝土损伤评价和混凝土坝全生命期性态仿真和安全评价等新方法，创立了柔性防渗、自反滤防渗技术、基于弹性冲击波的大坝混凝土老化检测新技术和高混凝土坝安全优质高效施工等成套技术，解决了高混凝土坝施工期开裂、运行期高压水劈裂和大坝稳定设计难题。2016年该项目获国家科学进步奖二等奖。

研究成果获得专利30项，其中发明15项，出版专著6部，发表论文121篇（其中，SCI、EI收录48篇）。项目成果被列入13项技术标准，成果获省部级特等奖一项，一等奖4项。成果成功应用于三峡巨型工程和小湾、锦屏一级、溪洛渡、拉西瓦等300m特高坝工程，为这些世界级工程的成功建设做出了重要贡献，为南水北调中线水源工程丹江口大坝的加高和丰满大坝的改建决策提供了重要技术支撑，使我国高拱坝建设技术迈上一个新台阶，处于世界领先水平。

【溪洛渡水电站泄洪洞群建设关键技术】 溪洛渡泄洪洞群是世界泄量最大、流速最高的泄洪洞，最大总泄量约16 700m³/s、最高流速达50m/s，为确保泄洪洞成功建设与安全运行，溪洛渡水电站泄洪洞群建设关键技术项目通过对设计理论、材料性能、施工装备和工艺工法等的全方位研究，提出了特高水头、超大泄量泄洪洞"洞内龙落尾、全断面立体掺气、出口挑流水下对冲消能"新技术，成功解决顺直河道泄洪洞群布置、50m/s级高速水流空化空蚀和河道消能防冲等难题；首次采用"低掺硅粉、低热水泥、高掺粉煤灰"复合胶材配制技术，配制出"高强度、高耐磨、高抗裂、良好施工性"多性能协调最优的抗冲磨混凝土；研制适应大断面、变坡度、多曲线隧洞的精准体型常态混凝土衬砌成套施工装备，研究形成高速水流过流面平整光滑无痕迹混凝土衬砌成套技术及工艺，有效提升体型精度和平整度避免产生高速水流空蚀破坏。项目研究成果在溪洛渡工程全面成功应用，并在白鹤滩、乌东德、长河坝、大岗山等大型泄洪洞工程推广应用，具有巨大的推广价值和广泛应用前景。2016年该项目获中国水力发电科学技术奖一等奖。

【金沙江下游梯级水电站"调控一体化"控制系统研究及工程应用】 中国三峡集团牵头，联合中国水科院等单位，采用产学研相结合的研发模式，以现代自动控制、网络通信、集散控制、可靠性设计、运筹学为理论基础，以保障梯级水电站安全、高效运行及"调控一体化"为目标，取得了一系列创新性成果。提出了梯级水电站"调控一体化"运行模式、控制系统架构及控制方法，首创研制了无主从、开放控制系统软件平台，奠定了"调控一体化"梯级水电站现代控制系统的理论基础；提出了基于集群的高可靠性、高性能远程数据通信系统架构和设计方法，成功解决了远程控制系统中海量小包数据高速竞争传输的可靠性及实时性问题，传输数据完整率和正确率达100%，为梯级水电站远程控制及安全运行奠定了坚实的基础；创建了海量数据处理与面向对象智能报警的模型和方法，开发了面向对象的智能报警平台软件，提高报警效率90%以上，显著提高了海量数据环境下电站事故处理能力；提出了复杂运行边界条件下梯级水电站远程安全运行与控制的理论和方法，实现了远程自动发电控制及梯级联合优化控制；解决了水电站发电运行工况剧烈变化对下游航运安全影响的难题。

该项目获2016年度中国水力发电科学技术奖一等奖。项目主要成果已在溪洛渡水电站、向家坝水电站、三峡水电站、吉林白山等20多个梯级水电站得到应用，运行状况良好，安全高效，对于发挥我国梯级水电站防洪、发电及航运综合效益的实施起到了关键作用，直接经济效益10.23亿元，社会、生态效益巨大，研究成果亦可推广应用于其他流域梯级水电站、调水工程和灌区集中控制与调度自动化系统等建设和运行调度中，具有广阔的推广和应用前景。

【金沙江下游水电站巨型机组地下厂房洞室群建设关键技术】 水电站地下厂房洞室群作为水利水电工程的主要建筑物之一，其建设直接关系到整个工程安全和长期稳定运行。溪洛渡、向家坝水电站地下厂房洞室群规模巨大：地下厂房跨度超过 30m，边墙高度超过 75m，在不到 1km² 的区域内布置有近百条洞室纵横交错。本项目依托溪洛渡、向家坝两电站地下厂房洞室群，围绕相关关键技术问题开展了系统研究，取得重大技术突破：提出了层状岩体近库岸特大洞室群集成化布置技术；形成了大跨度高边墙地下洞室群开挖支护一次成型成套技术；提出了复杂地质条件下厚覆盖层、大断面深竖井无预加固的成套建设技术；构建了大型地下洞室群施工期通风的系统规划、设计和实施方法与技术。2016 年，该项目获中国岩石力学与工程学会科学技术奖二等奖。

项目已获得发明、实用新型专利共 12 项；国家级工法 2 项，省部级工法 9 项；软件著作权 1 项；发表论文 80 余篇；相关技术已写入《水工建筑物地下工程开挖施工技术规范》《地下厂房岩壁吊车梁设计规范》，促进了行业技术发展与进步。项目成果在溪洛渡和向家坝水电站地下洞室群中得到了成功应用，取得了重大的经济效益和社会效益；已在金沙江下游乌东德、白鹤滩巨型电站，溧阳抽水蓄能电站中得到推广应用。

【HVDC 送端系统火电机组频发次同步振荡抑制关键技术研究与应用】 神华集团联合陕西银河中试测控技术公司、荣信公司、华北电力大学、华中科技大学以及上海交通大学，实行产学研用结合，对下属部分电厂机组次同步振荡问题进行了专题研究。经过一年、四个阶段、13 个大类、31 项试验验证，最终成功研制出两套性价比高、安全可靠的 20Mvar、10kV 次同步振荡动态稳定器（简称 SSO-DS）装置。该装置一次试验成功并投入运行，实现了机组次同步振荡幅值小扰动条件下降至 0.028 弧度/s（考核指标为 0.04 弧度/s）以下、大扰动条件下 2s 内降至峰值的 10% 以下（考核指标为 4s 内降至 10% 以下），解决了发电机组严重次同步振荡问题。该项目研究攻克了交直流混联复杂输电系统 HVDC 送端机组多模态频发次同步振荡的产生机理、轴系扭振疲劳损伤评估以及频发次同步振荡抑制策略等一系列难题，形成了一套系统的研究方法与工程方案。项目研究成果填补了国内外在这一方面的技术空白，对我国电源建设和电力工业发展具有重大的现实意义，具有显著的经济、社会效益和推广应用前景，荣获 2016 年度中国电力科学技术奖二等奖。

【特高拱坝施工关键技术与工程应用】 该项目依托构皮滩、拉西瓦、小湾、溪洛渡和锦屏一级等五座世界级特高拱坝工程，以特高拱坝施工为主要研究对象，以安全优质高效施工、混凝土温控与防裂、信息化施工管理、节能环保技术为主要研究内容，开展与施工技术相关的理论研究与探讨，形成完整的特高拱坝施工建造理论方法体系，自主研发了成套的特高拱坝安全优质高效施工集成技术，解决了"无坝不裂"的施工技术世界难题，实现了特高拱坝从经验施工到智能建造、绿色施工的跨越。该项目已在乌东德、白鹤滩等拱坝工程中推广应用，对提升我国水电建设的核心竞争力，推动水电施工技术走出国门，实践"一带一路"倡议具有显著意义。该项目荣获 2016 年中国电力科学技术奖一等奖。

【锦屏二级超深埋特大引水隧洞发电工程关键技术】 项目组依托雅砻江锦屏二级水电站工程，借助国家级科研平台，开展核心技术攻关，取得了一系列创新性成果：创建了超深埋特大隧洞强烈岩爆风险预测与防控集成技术体系；提出了超高压大流量岩溶突涌水灾害预测预警与防治成套技术；建立了超深埋特大隧洞成洞设计方法；创新了长大引水发电系统机电一体化水力设计方法和调控体系。研究成果攻克了强烈岩爆防治、突涌水治理、超深埋隧洞成洞、复杂水力瞬变流调控等技术难题，形成了超深埋特大引水隧洞发电工程关键技术体系，实现了锦屏二级引水隧洞安全高效施工和电站稳定灵活运行，并推广应用于水利水电、矿山、交通等多个工程领域。经鉴定，成果的技术、经济等指标均达到国际领先水平，其多项关键技术填补了国内外空白。该项目荣获 2016 年中国水力发电科学技术奖特等奖。研究成果共获省部级科技进步特等奖 2 项、一等奖 4 项，二等奖 2 项，有力推动了超深埋特大引水隧洞发电工程的理论发展和技术进步，提升了我国水电科技的自主创新能力，对于我国乃至世界地下工程建设具有重要的里程碑意义。

【300m 级特高拱坝安全控制关键技术及实践】 项目创新提出的 300m 级特高拱坝安全控制关键技术已成功运用于溪洛渡、锦屏一级、大岗山等多座特高拱坝的建设中，为这些工程的顺利实施和安全运行提供了有力保障，并取得了良好的经济效益，直接经济效益合计 11.28 亿元，间接经济效益 114.12 亿元。同时，课题的研究还推动了规范修编以及行业技术进步，培养了一批高水平的技术人才，对我国水电清洁能源的发展、生态环境的改善等方面起到了积极的作用，具有良好的社会效益。项目研究填补了 300m 级特高拱坝建设安全控制技术的空白，推动了行业的科技进步，提升了我国水电建设的能力水平，引领了我

99

国水电技术发展的新飞越。该技术对现代拱坝的建设发展，以及对今后类似特高拱坝的设计，均具有突出的借鉴和指导作用，具有广阔的推广应用前景。

【二次再热超超临界百万千瓦机组施工关键技术研究与应用】 项目针对国内首批二次再热百万千瓦机组施工过程中存在的重大和关键技术难题，积极组织开展科技研发和技术攻关。项目组加强产学研技术交流与合作，成功申报多项省级技术创新项目、中电建集团公司重大技术攻关项目立项，针对锅炉复杂网格箱型基础施工、大型箱式立柱、三层双腹叠梁制作与安装、双通道多层受热面串联吊装、汽轮发电机超长轴系对中找正、视觉盲区受热面管排焊接、锅炉复杂壁温测点安装等主要施工过程，大力研发专用装备，积极创新技术方案，取得了丰硕的技术创新成果。相关成果在华能莱芜电厂超超临界二次再热百万千瓦机组中成功应用，提高了施工效率、降低了施工成本，提升了工程安全质量水平，为机组试运移交和投产后的稳定运行打下了坚实基础。同时，总结形成了二次再热百万千瓦机组一整套先进的施工工艺和技术方法体系，引领和推动中国火电工程建设技术水平进入国际领先行列。项目技术创新共取得科技成果64项，其中省（部）级工法4项，发明专利9项，实用新型专利31项，行业级科技进步奖1项，QC成果2项，关键技术成果17项（其中达到国际先进水平以上12项）。

【大型燃煤电站大气污染物近零排放技术研究及工程应用】 中国电力工程顾问集团华北电力设计院有限公司以神华国华三河电厂为依托，深入参与了"大型燃煤电站大气污染物近零排放技术研究及工程应用"。项目围绕燃煤电站烟气多污染物的深度脱除，提出了颗粒物、SO_2、NO_x、SO_3、Hg 等污染物协同治理的超低排放技术路线。针对现有的燃煤污染控制技术缺乏整体协同，对低浓度的细颗粒物（$PM_{2.5}$）、SO_3 和 Hg 脱除效率不足等难题，以颗粒物和硫化物为主线兼顾其他污染物的深度脱除，系统研究揭示了燃煤烟气中主要污染物协同脱除机制，研发了核心装备并展开了大规模工程应用。

该项目获得2016年中国电力创新奖一等奖、2016年中国电力科学技术进步奖一等奖，获得6项授权发明专利。

【柔性直流输电设计技术】 该项目在柔性直流输电系统电压选择原则、损耗计算方法、主回路参数计算方法、设备选型原则、过电压及绝缘配合原则、控制保护策略等方面提出了创新性的设计理念和方法。提出了计算船舶抛锚入土深度的数学模型法和有限元模型法以及确定海缆埋设深度的方法，对工程应用中保

障海缆安全、降低工程投资具有重要意义。

项目研究成果共取得8项发明专利，获得2015年度广州市科技进步奖二等奖、2015年度中国机械工业科学技术一等奖、2016年度中国电力科学技术进步奖一等奖、2015年度中国南方电网公司科技进步特等奖。

项目研究成果在国家"863计划大型风电场柔性直流输电接入技术研究与开发"示范工程项目中应用。

【HVDC送端系统火电机组频发次同步振荡抑制关键技术】 中国电力工程顾问集团华北电力设计院有限公司在继锦界电厂、托克托电厂等远距离串补输电引起的次同步谐振治理技术研究方面取得诸多重大技术突破和成果的基础上，在因高压直流输电引起火电机组频繁发生的次同步振荡治理技术方面取得重大成果，成功解决了国华宝日希拉电厂600MW机组频繁发生的次同步振荡问题，取得良好的经济社会效益。项目共获得6项发明专利和9项实用新型专利，获得中国电机工程学会科技二等奖，在项目成果鉴定中，鉴定委员会认为，该项目研究攻克了交直流混联复杂输电系统HVDC送端机组多模态频发次同步振荡的产生机理、轴系扭振疲劳损伤评估以及频发次同步振荡抑制策略等一系列难题，形成了一套系统的研究方法与工程方案。

【特大型地下电站优质安全高效施工关键技术】 项目依托三峡、溪洛渡、白鹤滩、乌东德已建及在建特大型地下电站，不断探索创新，在特大跨度穹顶精确安全开挖、岩锚梁精细开挖、大仰角超深锚索快速优质施工、大型多机组地下厂房混凝土快速施工、地下洞室钢模台车高效衬砌、深竖井混凝土优质施工方面取得重大突破。

项目获授权发明专利9项、实用新型专利1项、国家级工法1项、省部级工法3项。项目技术成果在三峡地下电站、溪洛渡地下电站、白鹤滩地下电站、乌东德地下电站等特大型工程应用，确保了上述地下电站按期及提前发电，为我国水电清洁能源利用做出巨大贡献。

【三峡升船机平衡重系统制造及安装关键技术】 项目由承担制造安装任务的中国葛洲坝集团机电建设有限公司牵头，联合三峡电力职业学院、中国葛洲坝集团三峡建设工程有限公司等高校及施工单位研究。

项目获得中国水力发电工程学会科技进步奖二等奖，获发明专利1项、软件著作权2项、实用新型专利13项。2016年4月湖北省科学技术厅组织的科技鉴定结论为：该成果总体上达到国际领先水平。

【高水头、大容量水轮发电机组安装技术】 项目

的研究旨在通过对锦屏二级水电站机组安装技术的研究和实践，确保其施工质量，实现合同工期；建立和完善高水头、大容量机组安装施工程序、施工工艺和质量标准；提高国内高水头、大容量机组安装技术水平，创造巨大的经济和社会效益。项目经研究采取重点突破、整体推进、分工协作的研究模式，并将阶段研究成果及时应用于现场施工，将实施结果及时总结、完善和改进。

项目获得发明专利 1 项，实用型专利 7 项；省级及行业协会科技成果 8 项，其中四川省科技进步奖三等奖 1 项，中国水力发电科技进步奖二等奖 1 项，中国电力建设科技进步奖二等奖 1 项，中国能建科技进步奖二等奖 1 项，中国电力建设工法 1 项，四川省级工法 3 项。经四川省科技厅组织业内专家鉴定：总体达到国际先进水平。

【荷电多相射流关键技术研究与工程应用】 该项目成果成功应用于农业工程、市政环保、建筑施工和工业节能等领域，促进了相关行业的科技进步。开发的超低量静电喷洒技术在提高虫害防治及病毒消杀效率的同时大大减少了药剂用量，在我国新疆草原大面积蝗灾治理和大规模卫生防疫（如 SARS）中发挥了重要作用；创制的系列室外环境降温系统应用于北京奥运会、世博会等国家重大活动场馆以及北京首都机场等 100 多个项目中。中国能源建设集团根据该项成果研发出了适用于大型工程建筑施工的混凝土仓面喷雾机。该设备有效地解决了仓面施工的保湿、降温技术难题，为高温季节大规模碾压混凝土连续浇筑施工创造了必要条件，实现了雾滴的远距离输运以及大面积均匀弥散，成为保证大型工程混凝土施工质量的关键温控技术。该技术及装备解决了大型工程建筑施工仓面温控的技术难题，确保了工程质量，在三峡工程等 30 多个水利水电工程中应用。项目授权发明专利 15 项，申请发明专利 9 项，其他知识产权 15 项。

【基于大气污染监测的电力系统污区分级与外绝缘配置优化技术】 项目在综合运用气象信息、大气环境扩散理论分析、计算流体力学等方法预测绝缘子表面积污水平，科学修正电力系统污区分级和外绝缘配置方面取得重要进展。

项目部分技术成果达到国际领先水平，项目申请发明专利 11 项（授权 3 项），授权实用新型专利 5 项，软件著作权 5 项，发表论文 16 篇（SCI/EI 检索 12 篇，中文核心期刊 1 篇），编制标准 2 项（电力行业 1 项，省公司企标 1 项），取得软件著作权 5 件，研制移动式污源特性参数监测装置 1 套，开发电网污区动态分级及预警系统 1 套，均通过权威第三方检测。

【新一代 1000MW 高效一次再热超超临界机组研

发及工程应用】 项目研发过程中解决了多项关键技术问题，国内首次将 1000MW 机组初参数提升至 28MPa/600℃/620℃（并提升机组铭牌出力至 1050MW），对目前 1000MW 等级机组技术路线进行全面升级换代，实现了锅炉、汽轮机以及系统等多个部分的重大技术突破。

项目共获得相关发明专利 6 项，实用新型专利 5 项，发表论文 3 篇，荣获 2016 年度中国施工企业管理协会科技进步奖一等奖。采用此项技术两台机组每年可节约标准煤约 12.6 万 t，电厂节约费用 11 970 万元，同时减少 SO_2 的排放量约 9450t/a，减少 CO_2 排放量 31.5 万 t/a。

【660MW 级二次再热机组控制技术】 该研究成果首次针对 660MW 级二次再热机组，从仪表设置、安装、材质选择及控制策略等各方面全面解决了二次再热机组设计、安装及调试中遇到的新问题，有效地解决了二次再热机组带来的自动化专业各方面的技术难题，为二次再热发电技术工程设计提供参考和指导，推动二次再热技术的运用、发展。

该研究成果获得中国电力建设企业协会 2016 年度电力建设科学技术进步奖一等奖。发表 EI 检索文章一篇（*Research on Steam Temperature Control Strategy of Secondary Reheating Unit*）。

该研究成果成功运用于国内首座二次再热机组——华能安源发电有限责任公司"上大压小"2×660MW 二次再热机组工程，对于电厂的设计、安装及调试起到了指导作用，仅在建设、调试期间就节约成本 1200 万元，减少施工工期 20 天。华能安源 2×660MW 机组已投入商业运行，系统运行稳定，保护、仪表和自动投入率达到 100%，机组煤耗及污染排放远低于国家同容量机组水平，取得了良好的经济技术效益和社会效益。

【燃煤电站烟气协同治理关键技术研究及集群化工程应用】 该项目从燃煤电厂烟气污染物整体协同治理角度出发，通过协调各烟气污染物脱除设备对主、辅污染物的脱除能力，充分提高各烟气治理设备性能，进而提出了"脱硝系统（SCR 及高效汞氧化催化剂）+烟气冷却器+低低温电除尘+湿法脱硫系统+烟气再热器（可选择安装）+烟囱"的烟气污染物协同治理的新技术路线。提出了以低低温电除尘技术和高效除尘深度湿法脱硫技术为核心的烟气污染物高效协同治理技术路线。该技术先后在华能长兴、金陵和玉环电厂进行了成功应用，且均达到了超低排放标准。

【强震区高拱坝施工关键技术研究与应用】

（1）狭窄河谷高陡边坡 GIS 仿真决策高效环保

施工关键技术。首创并成功应用了"先分后挖"的拱坝高陡边坡绿色施工技术；首次应用基于 GIS 的三维可视化仿真技术，模拟仿真分析施工进度；根据枯、汛期流量，采取导流洞分期参与分流、围堰分期形成的导截流技术。该关键技术通过中国水力发电工程学会组织的鉴定，马洪琪院士等专家一致认为 GIS 技术在工程高边坡施工决策中的应用达到国际领先水平。

（2）强震区超高拱坝快速施工关键技术。长时间连续高强度生产预冷混凝土，拌和楼生产能力由 $360m^3/h$ 提高到 $380～400m^3/h$；研制并运用大型缆机智能诱导与防撞预警系统；左岸缆机供料平台防撞缓冲系统提高缆机生产效率，设置辅助吊运设备减少缆机辅助吊运工作量提高缆机生产效率，缆机的单罐吊运能力由原设计的 $9m^3$ 提高到 $9.6～10m^3$，单台缆机的月生产能力可提高 $5000m^3$。基于 GNSS－INS 集成的大型缆机智能诱导与防撞预警关键技术研究及应用通过湖北省科技厅组织的鉴定，李德仁院士

等专家一致认为该研究成果整体达到国际领先水平。

（3）大体积混凝土智能温控系统研制与应用研究。发明了集数据自动采集与自动控制于一体的冷却通水自动测控装置；发明了冷却通水温度流量传感器；研发了大体积混凝土施工智能温控管理系统。

（4）强震区超高拱坝抗震施工关键技术研究。严格控制大坝形体，确保坝体达到设计要求的中厚拱坝形体，提高拱坝抗震性能，高效完成坝体安全监测项目；坝体施工同时高效完成拱坝梁向配筋＋跨缝阻尼器施工。

（5）强震区超高拱坝坝基薄弱岩体灌浆处理关键技术研究。针对坝基辉绿岩脉加固处理难题，首次提出了 CW 系复合灌浆"压力控制"、"灌浆量控制"的双控标准，灌浆效果良好。项目研究获 7 项发明专利授权、20 项实用新型专利授权，"强震区高拱坝施工关键技术研究与应用"成果荣获 2015 年度中国施工企业管理协会科技创新成果奖特等奖。

重 大 奖 项

2016 年度国家科学技术进步奖
电力行业获奖项目（通用项目）

序号	项目名称	主要完成人	主要完成单位
一等奖			
1	互联电网动态过程安全防御关键技术及应用	汤 涌、孙华东、易 俊、宋新立、仲悟之、林伟芳、张剑云、刘文焯、罗剑波、李文锋、何 剑、卜广全、文劲宇、张恒旭、郭为民	中国电力科学研究院、国网河南省电力公司、南京南瑞集团公司、国网新疆电力公司、华中科技大学、山东大学
二等奖			
1	变压器潜伏性缺陷的油中气体检测技术及应用	朱洪斌	江苏省电力试验研究院有限公司
2	250MW 级整体煤气化联合循环发电关键技术及工程应用	许世森、苏文斌、胡建民、毛 巍、任永强、刘振华、赵 平、徐 越、张 旭、高景辉	中国华能集团公司、中国华能集团清洁能源技术研究院有限公司、绿色煤电有限公司、华能（天津）煤气化发电有限公司、西安热工研究院有限公司、华能国际电力股份有限公司、上海锅炉厂有限公司

序号	项目名称	主要完成人	主要完成单位
3	风电机组关键控制技术自主创新与产业化	王维庆、武 钢、王海云、唐 浩、范文慧、李 强、李 健、张龙钦、乔 元、王明江	新疆金风科技股份有限公司、新疆大学、国网新疆电力公司
4	电网大面积污闪事故防治关键技术及工程应用	宿志一、梁曦东、陈 原、范建斌、吕 军、李庆峰、吴光亚、钱之银、周 军、阎 东	中国电力科学研究院、清华大学、华北电力科学研究院有限责任公司、华东电力试验研究院有限公司、国网河南省电力公司、国网山东省电力公司、国网辽宁省电力有限公司
5	新能源发电调度运行关键技术及应用	王伟胜、刘 纯、薛 峰、黄越辉、丁 明、冯双磊、董 存、盛小军、潘 磊、陶 磊	中国电力科学研究院、南京南瑞集团公司、合肥工业大学、国电联合动力技术有限公司、深圳市禾望电气股份有限公司、阳光电源股份有限公司
6	配电网高可靠性供电关键技术及工程应用	王成山、沈浩东、于建成、盛万兴、刘海涛、胡列翔、蒋 菱、赵仰东、刘 洪、王旭东	国网天津市电力公司、中国电力科学研究院、国网浙江省电力公司、国电南瑞科技股份有限公司、天津大学、天津天大求实电力新技术股份有限公司
7	大型汽轮发电机组次同步谐振/振荡的控制与保护技术、装备及应用	吴景龙、郭锡玖、谢小荣、张 涛、李向良、薛惠民、蒋晓荣、毕天姝、梁志福、刘 平	北方联合电力有限责任公司、华北电网有限公司、华北电力大学、北京四方继保自动化股份有限公司、清华大学、华北电力科学研究院有限责任公司、内蒙古上都发电有限责任公司
8	高性能光伏发电系统关键控制技术与产业化应用	张承慧、陈阿莲、张洪亮、宋爱珍、杜春水、曹华斌、段 彬、张光先、勾宪芳、邢相洋	山东大学、山东奥太电气有限公司、中节能太阳能科技股份有限公司
9	大型风电水电机组低频故障诊断关键技术及应用	何 斌、沈润杰、吴启迪、汪宁渤、何 闻、王青华、徐 健、王志鹏、马 明、乔 非	同济大学、国网甘肃省电力公司、浙江大学、上海明华电力技术工程有限公司、上海瑞视仪表电子有限公司
10	高混凝土坝结构安全关键技术研究与实践	贾金生、张国新、周厚贵、陈改新、王民浩、王永祥、王 毅、刘 毅、郑璀莹、涂 劲	中国水利水电科学研究院、华能澜沧江水电股份有限公司、中国葛洲坝集团股份有限公司、水电水利规划设计总院、中国长江三峡集团公司、北京中水科海利工程技术有限公司

2016 年度国家技术发明奖
电力行业获奖项目（通用项目）

	二等奖	
序号	项目名称	主要完成人
1	直流配电系统大容量断路器快速分断技术及应用	荣命哲（西安交通大学） 吴　翊（西安交通大学） 杨　飞（西安交通大学） 纽春萍（西安交通大学） 王小华（西安交通大学） 朱忠建（大全集团有限公司）
2	±800kV 特高压直流输电换流阀关键技术及应用	汤广福（国网智能电网研究院） 查鲲鹏（中电普瑞电力工程有限公司） 邱宇峰（国网智能电网研究院） 崔　翔（华北电力大学） 贺之渊（国网智能电网研究院） 魏晓光（国网智能电网研究院）

第四届中国工业大奖电力
行业获奖企业和项目

第四届中国工业大奖企业和项目

一、企业	（略）
二、项目	国家电网公司：国家风光储输示范工程
	哈尔滨锅炉厂有限责任公司：燃用准东煤超（超）临界锅炉研制及工程应用示范项目

第四届中国工业大奖表彰奖企业和项目

一、企业	国核电力规划设计研究院
	中国华电科工集团有限公司
二、项目	中国长江三峡集团公司：三峡巨型水轮发电机组创新研究与国产化实践

第四届中国工业大奖提名奖企业和项目（排名不分先后）

一、企业	中国电建集团上海能源装备有限公司
二、项目	北京国华电力有限责任公司：燃煤发电机组近零排放工程示范与应用

2016 年度中国电力科学技术进步奖
获奖项目

序号	等级	获奖项目	受奖单位	受奖人
1	一等	特高拱坝关键施工技术研究与工程应用	中国水利水电第八工程局有限公司、中国水利水电第四工程局有限公司、中国水利水电第七工程局有限公司、清华大学、武汉英思工程科技股份有限公司	涂怀健、席　浩、向　建、于永军、林　鹏、彭　华、周政国、李克信、米清文、黄　巍、牛宏力、赵海洋、柳春娜、林恩德、杨　静

序号	等级	获奖项目	受奖单位	受 奖 人
2	一等	跨区交直流协调控制系统开发及示范应用	中国电力科学研究院、国家电网公司华中分部、国网河南省电力公司、国网湖北省电力公司、南京南瑞集团公司、国网四川省电力公司、国网重庆市电力公司、国家电网公司运行分公司、华中科技大学、浙江大学、四川大学	郭剑波、卜广全、赵　兵、陈国平、李明节、张晓明、胡　涛、孙华东、许　涛、易　俊、吴　萍、曾　兵、李　尹、尹正民、李惠军、周　俊、徐式蕴、杜　宁
3	一等	恰希玛核电二期工程的设计研究及创新	上海核工程研究设计院	郑明光、严锦泉、史国宝、孙汉虹、夏志定、任永忠、王　勇、王明弹、陈　松、张琴芳、张淑慧、葛鸿辉、刘　鑫、仇永萍、王　伟
4	一等	智能高压开关设备研制及工程应用	中国电力科学研究院、西安西电开关电气有限公司、河南平高电气股份有限公司、清华大学、西安交通大学、华北电力大学	刘有为、张　猛、钟建英、高文胜、王小华、律方成、肖　燕、王园园、张一茗、刘卫东、荣命哲、王子建、李志远、张希捷、孙银山
5	一等	基于在线测控的锅炉-SCR脱硝-空气预热器系统协同优化关键技术与应用	国电科学技术研究院、国电驻马店热电有限公司、国电电力大同发电有限责任公司、南京电力设备质量性能检验中心、南京国电环保科技有限公司	黄启龙、蔡　培、陈国庆、李文学、刘建民、肖建平、汤光华、杨希刚、李海雯、陈　忠、王科峰、李洪峰、刘星辰、李永生、滕　农
6	一等	大型燃煤电站大气污染物近零排放技术研究及工程应用	中国神华能源股份有限公司、中国神华能源股份有限公司国华电力分公司、三河发电有限责任公司、神华国华（舟山）发电有限责任公司、中国电力工程顾问集团华北电力设计院有限公司、神华国华（北京）电力研究院有限公司、清华大学、北京清新环境技术股份有限公司、福建龙净环保股份有限公司、浙江菲达环保科技股份有限公司、山东神华山大能源环境有限公司	王树民、张　翼、朱江涛、陈寅彪、韩建国、周洪光、姚　强、郝　剑、孙　平、陈振龙、刘　喆、谢占军、魏书洲、卓建坤、陈　璟、张开元、林国鑫、孙永斌、陈招妹
7	一等	新型超高压磁控电抗器关键技术及工程应用	全球能源互联网研究院、国网青海省电力公司、中电普瑞科技有限公司、特变电工沈阳变压器集团有限公司、中国电力科学研究院、西北电网有限公司、华北电力大学	徐桂芝、雷　晰、王宇红、邱宇峰、李　俊、郑　彬、邓占锋、程志国、杨　通、班连庚、崔大伟、张振环、郑　涛、赵国仲、刘　洋
8	一等	我国首座大型海上风电场系统关键技术及工程应用	国网上海市电力公司、上海东海风力发电有限公司、上海电力学院、中交第三航务工程局有限公司、上海勘测设计研究院有限公司、华锐风电科技（集团）股份有限公司、上海交通大学、华东电力试验研究院有限公司	张开华、符　杨、黄国良、陆忠民、金宝年、阮前途、朱开情、魏书荣、唐征歧、黄玲玲、沈志春、林毅峰、张　鹏、李东东
9	一等	基于数据全过程管控与协同的变电站智能化关键技术研究及应用	广东电网有限责任公司、南方电网科学研究院有限责任公司、贵州电网有限责任公司、云南电网有限责任公司、南京南瑞继保电气有限公司、北京四方继保自动化股份有限公司、昆明电讯科技有限责任公司、武汉中元华电科技股份有限公司	陈炯聪、陈　波、徐长宝、曹　敏、马　凯、陈浩敏、高吉普、谭　旻、冯善强、段新辉、王　宇、习　伟、白　彪、胡春潮、许爱东、赵立进、吕　航、朱　建

序号	等级	获奖项目	受奖单位	受奖人
10	一等	互联网融合关键技术在大型能源集团的研究与应用	中国大唐集团公司	陈进行、金耀华、吕庭彦、高智溥、梁永磐、刘全成、刘小平、李云峰、侯君达、蔺殿军、彭 强、李号彩、刘有志、张 健
11	一等	高压大容量多端柔性直流输电关键技术开发、装备研制及工程应用	南方电网科学研究院有限责任公司、广东电网有限责任公司、清华大学、荣信电力电子股份有限公司、南京南瑞继保电气有限公司、西安西电电力系统有限公司、华南理工大学、北京四方继保自动化股份有限公司、中国能源建设集团广东省电力设计研究院有限公司	饶 宏、李立涅、张文峰、余建国、黎小林、李 岩、宋 强、张海涛、谢晔源、苟锐锋、许树楷、郭小龙、刘文华、张松光、黄 莹、周 敏、刘志超、夏成军
12	一等	配用电信息融合关键技术、产品开发及规模化应用	中国电力科学研究院、国电南瑞科技股份有限公司、国网安徽省电力公司、国网山东省电力公司、国网浙江省电力公司、国网湖南省电力公司、国网四川省电力公司、许继电气股份有限公司、国网陕西省电力公司、国网福建省电力有限公司、国网宁夏电力公司、积成电子股份有限公司、北京四方继保自动化股份有限公司	盛万兴、赵江河、张子仲、刘海涛、史常凯、吕广宪、郑 毅、陆一鸣、高 媛、梁 英、吴雪琼、李二霞、刘 鹏、周 炜、房 牧、徐重酉、张 强、王立岩
13	一等	燃煤电站烟气协同治理关键技术研究及集群化工程应用	华能国际电力股份有限公司、中国电力工程顾问集团中南电力设计院有限公司、武汉凯迪电力科技环保有限公司、浙江菲达环保科技股份有限公司、西安交通大学	刘国跃、车卫东、赵 平、王利国、胡玉清、赵 红
14	二等	高安全 RFID 芯片产品研制及其在电力、金融领域的推广应用	北京智芯微电子科技有限公司、中国电力科学研究院、清华大学、国网电力科学研究院	赵东艳、赵 兵、张海峰、张 春、张 喆、杜新纲、王于波、翟 峰、吕英杰、赵西金
15	二等	互感器关口计量与在线校准关键技术及应用	中国电力科学研究院、国网湖北省电力公司电力科学研究院、国网湖北省电力公司咸宁供电公司、国网四川省电力公司电力科学研究院	王 勤、雷 民、周 峰、章述汉、李 鹤、姜春阳、舒开旗、熊前柱、彭洪高、袁建平
16	二等	大型无人直升机多传感器电力线路全自动巡检系统	广东电网有限责任公司、中国测绘科学研究院、北京航空航天大学、武汉大学、中国人民解放军总参谋部第六十研究所、广州粤能电力科技开发有限公司	彭向阳、麦晓明、王 柯、钟 清、杨晓东、郭小龙、郑晓光、饶章权、陈锐民、王 锐
17	二等	含多种分布式电源的海岛微电网关键技术与工程应用	国网浙江省电力公司、国网浙江省电力公司电力科学研究院、天津大学、合肥工业大学、东南大学、中国电力科学研究院、北京四方继保自动化股份有限公司	杨 勇、赵 波、郭 力、丁 明、张雪松、顾 伟、苏 剑、朱承治、乐全明、张 涛
18	二等	大规模电力负荷精准灵活调控关键技术及工程应用	国网江苏省电力公司、国网江苏省电力公司电力科学研究院、南京南瑞集团公司、中国电力科学研究院	李 斌、颜庆国、杨 斌、尹积军、林弘宇、陈 刚、顾国栋、徐 明、王 伟、徐石明、闫华光、董振斌、杨永标、范 洁、陈 霄、陈 楚

续表

序号	等级	获奖项目	受奖单位	受　奖　人
19	二等	南方电网功率振荡的广域监视和防御决策系统研究与应用	中国南方电网电力调度控制中心、清华大学、北京四方继保自动化股份有限公司、南方电网科学研究院有限责任公司	陈亦平、陈　磊、梁寿愚、唐卓尧、侯　君、闵　勇、黄　河、胡　荣、时伯年、李　鹏
20	二等	110～1000kV同塔多回输电线路带电作业关键技术与系列装备及应用	国网湖南省电力公司带电作业中心、中国电力科学研究院、西北电网有限公司、长沙理工大学、国网湖南省电力公司检修公司、湖南太平昌盛电器有限公司	刘　凯、刘夏清、邹德华、胡　毅、彭　勇、邵瑰玮、李青文、曾祥君、曾林平、郭　昊
21	二等	超、特高压交直流输电线路多回并架运行检修关键技术研究及应用	国网电力科学研究院武汉南瑞有限责任公司、国网浙江省电力公司湖州供电公司、国网四川省电力公司电力科学研究院、国网新疆电力公司电力科学研究院、国网黑龙江省电力有限公司、国网内蒙古东部电力有限公司	蔡　炜、邓鹤鸣、楼　平、吴　驰、邓　慰、柯　睿、刘春翔、张广洲、刘　凡、刘　洋
22	二等	能源互联网用±320kV及以下直流海底光电缆关键技术研发与产业化	中天科技海缆有限公司、上海交通大学、上海电缆研究所、中国电力科学研究院	谢书鸿、张建民、吴建东、薛建林、胡　明、杨娟娟、马志金、张　华、王景朝、张洪亮
23	二等	双回共站直流系统技术集成与工程应用	南方电网科学研究院有限责任公司、浙江大学、华中科技大学、重庆大学	黎小林、黄　莹、李　岩、饶　宏、邱　伟、厉天威、李婧靓、袁智勇、项　阳、徐　政
24	二等	220kV及以下海底电缆辅电关键技术与应用	国网浙江省电力公司舟山供电公司、浙江舟山海洋输电研究院有限公司、宁波东方电缆股份有限公司、国网浙江省电力公司电力科学研究院	宣耀伟、俞恩科、陈国志、郑新龙、张　磊、林晓波、叶信红、敬　强、张　健、乐彦杰
25	二等	电网灾害综合监测预警及应急处置关键技术与应用	国网山东省电力公司、山东鲁能软件技术有限公司	蒋　斌、张治取、孙世军、韩　洪、许永刚、丁书耕、张方正、李红梅、孙可奇、杜　军
26	二等	风火打捆能源基地交直流外送协调控制及安全防御系统研究与示范	甘肃省电力公司风电技术中心、中国电力科学研究院、国网电力科学研究院、西安交通大学、华北电力大学	汪宁渤、马世英、徐泰山、周识远、马彦宏、杜正春、刘文颖、罗剑波、宋墩文、周　俊
27	二等	智能配电网自愈控制技术研究与开发	广东电网有限责任公司、南方电网科学研究院有限责任公司、天津大学、湖南大学、北京科锐配电自动化股份有限公司、北京四方继保自动化股份有限公司	董旭柱、黄小耘、王守相、张文峰、彭飞进、于　力、袁钦成、赵永发、黄松波、葛　亮
28	二等	新一代智能变电站关键技术与工程应用	国网北京经济技术研究院、南京南瑞继保电气有限公司、易能乾元（北京）电力科技有限公司、上海思方电气技术有限公司	宋璇坤、李敬如、肖智宏、闫培丽、胡君慧、李　力、韩　柳、辛培哲、刘东伟、方贞泽、刘　颖、李　勇、吕　航、谷松林、张　锐、史京楠、吴聪颖、张祥龙

续表

序号	等级	获奖项目	受奖单位	受 奖 人
29	二等	巨型复杂流域水电站群高效运行控制技术及应用	南京南瑞集团公司、国网新源控股有限公司	吴维宁、刘观标、杨 克、徐 洁、刘凤学、李 华、潘伟峰、刘贵仁、姚贵宇、高 磊
30	二等	强震区大岗山高拱坝智能化建设	国电大渡河大岗山水电开发有限公司、国电大渡河流域水电开发有限公司、中国电建集团成都勘测设计研究院有限公司、长江勘测规划设计研究有限责任公司、力软科技（大连）股份有限公司、武汉英思工程科技股份有限公司、武汉理工大学	林 丹、严 军、姚福海、吕鹏飞、邵敬东、李桂林、马 克、赵连锐、廖 勇、吴 楠
31	二等	强震区 200m 级高混凝土面板坝抗震关键技术研究	中国电建集团西北勘测设计研究院有限公司、中国电建集团成都勘测设计研究院有限公司、中国水利水电科学研究院、水利部交通运输部国家能源局南京水利科学研究院、大连理工大学	白俊光、苗 喆、李学强、余 挺、赵剑明、米占宽、孔宪京、翟迎春、王卫国、张顺高
32	二等	调峰调频水电机组多维度耦合轴系稳定性研究及工程应用	广东电网有限责任公司、广东蓄能发电有限公司、清华大学、河海大学、广东粤电长潭发电有限责任公司	姚 泽、黄青松、刘 石、徐广文、李 玺、胡广恒、曹 斌、吴家声、曾日洋、屈 波
33	二等	燃煤机组全负荷烟气 SO_3 脱除高效脱硝关键技术研究与应用	中国大唐集团科学技术研究院有限公司、内蒙古大唐国际托克托发电有限责任公司、大唐国际发电股份有限公司	高智博、张志刚、郭婷婷、付俊杰、王海刚、胡 冬、方占岭、孟庆庆、王 鹏、王艺霏
34	二等	1000MW 超超临界火电机组 FK6A40 型锅炉给水泵	中国电建集团上海能源装备有限公司	潘国民、缪方明、蔡国建、李丽华、余丽萍、冯荣旗
35	二等	HVDC 送端系统火电机组频发次同步振荡抑制关键技术研究与应用	中国神华能源股份有限公司国华电力分公司、华北电力大学、内蒙古国华呼伦贝尔发电有限公司、华中科技大学、荣信电力电子股份有限公司、陕西银河中试测控技术有限公司、神华国华（北京）电力研究院有限公司、中国电力工程顾问集团华北电力设计院、上海交通大学	宋 畅、肖湘宁、卓 华、孙海顺、黄 立、程时杰、张 剑、薛成勇、杨文超、岳征宇、陈 录、鲁录义、姜建国、王绍德、袁 丁、武云生、侯小平
36	二等	过热器化学清洗技术的研究及工程应用	西安热工研究院有限公司、华能山东发电有限公司、北京国华电力有限责任公司、神华国华（北京）电力研究院有限公司	曹杰玉、龙国军、姚建涛、邓宇强、张广文、丁兴武、李立峰、甘超齐、刘 锋、张祥金
37	二等	620℃ 再热汽温发电技术研究及工程应用	上海电力股份有限公司、淮沪电力有限公司田集第二发电厂、上海电气电站集团、上海明华电力技术工程有限公司、华东电力设计院有限公司	王运丹、戴苏峰、孙惟东、翟德双、李 峰、方 杰、夏 杰、刘德刚、吕晓东、沈丛奇

序号	等级	获奖项目	受奖单位	受 奖 人
38	二等	绿色煤电系统动态仿真技术研发与应用	中国华能集团清洁能源技术研究院有限公司、华能（天津）煤气化发电有限公司	史绍平、闫 姝、王相平、陈新明、张 波、穆延非、方 芳、步新战、王二信
39	二等	低挥发分煤W火焰锅炉低氮燃烧系统及关键设备的研制与工程应用	西安热工研究院有限公司、华能国际电力股份有限公司、河北邯峰发电有限责任公司、广东省韶关粤江发电有限责任公司、西安西热锅炉环保工程有限公司	周虹光、房 凡、孙叶柱、李 辉、周立辉、严万军、魏铜生、白少林、张玉军、黄益群
40	二等	发电厂痕量氯离子测定仪的研制及应用	西安热工研究院有限公司、华能国际电力股份有限公司、华北电力科学研究院有限责任公司	田 利、戴 鑫、王广珠、汪德良、曹杰玉、陈 戎、张龙明、庞胜林、星成霞、张广文
41	二等	大型燃气-蒸汽联合循环机组烟气余热深度回收技术研究及工程示范	北京能源集团有限责任公司、北京源深节能技术有限责任公司、清华大学、北京京能未来燃气热电有限公司、华北电力科学研究院有限责任公司	梅东升、隋晓峰、赵玺灵、关天罡、毛永清、付 林、傅远雄、赵 岩、贾向东、南补连
42	二等	二次再热超超临界百万千瓦机组施工关键技术研究与应用	山东电力建设第一工程公司	王守民、刘永阳、黄正斌、吴传南、彭连勇、薛兆民、李明强、姜利国、孙福梓、陈树义
43	二等	海上升压站关键技术	中国电建集团华东勘测设计研究院有限公司	赵生校、俞华锋、杨建军、戚海峰、杨文斌、贾献林、施朝晖、吕国儿、杨林刚、袁建平
44	二等	核电厂抗震能力提升和抗震裕量分析与应用	中广核工程有限公司	毛 庆、杨春菊、吴应喜、周 鹏、岑 鹏、张庆红、黎鹏飞、卢 智、肖玲梅、熊 猛
45	二等	大型K1类电机带载LOCA鉴定试验装置关键技术研究及应用	中广核研究院有限公司	黄文有、帅剑云、周国丰、张美玲、颜昌彪、杜 林、但光饶、刘 强、唐洪江、吴凤歧

2016 年度中国电力技术发明奖获奖项目及受奖人

序号	等级	获奖项目	受 奖 人
1	一等	燃煤电厂烟气污染物超低排放关键技术及应用	刘建民、薛建明、曹为民、朱法华、王小明、李仁刚
2	二等	兆瓦级直驱风电系统能量高效转换关键技术及应用	黄守道、龙 辛、高 剑、李春林、罗德荣、盛小军
3	三等	垂直升船机金结埋件及设备高精度安装方法与辅助装置	卫书满、张为明、陈 强、吴光富、孙昌忠、罗 琛

续表

序号	等级	获奖项目	受奖人
4	三等	柔性直流输电控制保护技术	田 杰、董云龙、李 钢、曹冬明、胡兆庆、汪楠楠
5	三等	架空输电线路带电作业机器人	郭 锐、张 峰、曹 雷、雍 军、慕世友、傅孟潮
6	三等	特高压盆式绝缘子关键技术及应用	田 浩、袁端鹏、杨保利、钟建英、谭盛武、林生军
7	三等	高温超导电力装置用超导带材和绝缘材料的性能检测技术研究及应用	胡南南、马 仪、瞿体明、杨 鑫、曹昆南、冯 峰

2016 年度水力发电科学技术奖获奖项目

序号	等级	项目名称	受奖单位	主要完成人
1	特等	锦屏一级复杂地质特高拱坝建设关键技术研究与应用	雅砻江流域水电开发有限公司、中国电建集团成都勘测设计研究院有限公司、中国水利水电科学研究院、中国葛洲坝集团第二工程有限公司、葛洲坝集团试验检测有限公司、长江水利委员会长江科学院、中国水利水电第七工程局有限公司、中国葛洲坝集团第五工程有限公司、天津大学、长江水利委员会工程监理中心（湖北）、中国水利水电第十四工程局有限公司	陈云华、周 钟、王继敏、张国新、段绍辉、饶宏玲、杨华全、宁金华、郭绪元、陈秋华、罗作仟、谭恺炎、李光伟、黄丹勇、赵胜利、王国平、潘晓红、刘 毅、胡书红、董 芸、任炳昱、杨建国、何金荣、郑 江、张 敬、祝海霞、肖延亮、周洪波、张 磊、倪迎峰、张公平、周麒雯、李 珍、杨剑锋、秦 明、李正兵、杨友山、杨富平、刘漫远、刘有志、李名川、申满斌、陈志远、蒋学林、张 晨、王新平、陈军琪、吴火兵、周济芳、李小顺
2	特等	高混凝土重力坝加高加固关键技术研究与实践	长江勘测规划设计研究有限责任公司、中国水利水电科学研究院、南水北调中线水源有限责任公司、国家大坝安全工程技术研究中心、中国葛洲坝集团第二工程有限公司、中国水利水电第三工程局有限公司、武大巨成结构股份有限公司、长江水利委员会长江科学院、长江地球物理探测（武汉）有限公司	钮新强、张国新、汤元昌、吴德绪、周厚贵、廖仁强、谭界雄、徐麟祥、刘志明、周剑波、陈志康、王新友、张建清、范五一、郑光俊、程德虎、王鹏禹、肖汉江、任 翔、郭胜山、齐耀华、高作平、丁新中、程 恒、翁建良、王秘学、王从兵、杨 波、张小厅、熊刘斌、刘润泽、简兴昌、施华堂、傅清潭、陈明祥、颜天佑、吕国梁、王 立、蔡加兴、谢 波、姚勇强、郭武山、胡雨新、周利明、崔建华、罗永红、程雪军、周秋景、杨定华、柳雅敏
3	特等	特高拱坝关键施工技术研究与工程应用	中国水利水电第八工程局有限公司、中国水利水电第四工程局有限公司、中国水利水电第七工程局有限公司、清华大学、武汉英思工程科技股份有限公司	涂怀健、席 浩、向 建、于永军、林 鹏、彭 华、周政国、李克信、米清文、黄 巍、牛宏力、赵海洋、柳春娜、林恩德、杨 静、雷永红、常耀华、张建清、王雄武、魏 平、安雪晖、李俊平、张祖义、王裕彪、周 强、李跃兴、施正友、管大刚、李庆斌、张攀峰、田承宇、姜命强、王沁为、曾凡杜、王海东、方林飞、杨承志、刘密为、刘菊红

续表

序号	等级	项目名称	受奖单位	主要完成人
4	一等	巨型贯流式水轮发电机组关键技术研究及杰瑞机组研制	东方电气集团东方电机有限公司	贺建华、赵永智、钱昌燕、孙媛媛、曾明富、石清华、郑小康、付 杰、张少辉、李仲全、向春德、罗远红、余以明、付永贵、周军长
5	一等	黄河"揭河底"冲刷机理及防治研究	黄河水利委员会黄河水利科学研究院、华北水利水电大学、黄河水利委员会山西黄河河务局、黄河水利委员会陕西黄河河务局、河海大学、水利部黄河泥沙重点实验室	江恩慧、李军华、曹永涛、刘雪梅、张 清、万 强、赵连军、郭全明、杨忠理、何鲜峰、潘 丽、肖 洋、张亚丽、范永强、董其华
6	一等	岩石渗流一应力一流变耦合理论研究与工程应用	河海大学、中国电建集团中南勘测设计研究院有限公司、中国电建集团昆明勘测设计研究院有限公司	王环玲、徐卫亚、王如宾、王 伟、赵海斌、邵建富、王文远、邹丽芳、刘志明、何 伟、冯树荣、褚卫江、张久长、孟庆祥、闫 龙
7	一等	溪洛渡水电站泄洪洞群建设关键技术	中国三峡建设管理有限公司、中国电建集团成都勘测设计研究院有限公司、中国水利水电第七工程局有限公司、中国人民武装警察部队水电第三总队、中国水利水电科学研究院、四川大学	樊启祥、肖白云、洪文浩、夏 勇、聂庆华、覃壮恩、范寒冰、许唯临、刘之平、杨 敬、李文伟、孙明伦、彭作为、张卫华、张兴全
8	一等	300m级高面板堆石坝安全性研究及工程应用	水电水利规划设计总院、中国水电工程顾问集团有限公司、华能澜沧江水电股份有限公司、黄河上游水电开发有限公司、云南华电怒江水电开发有限公司、中国电建集团昆明勘测设计研究院有限公司、中国水利水电科学研究院	马洪琪、周建平、杨泽艳、张宗亮、徐泽平、姚栓喜、孔宪京、湛正刚、王富强、艾永平、冯业林、杨存龙、吴云红、邓毅国、马锋玲
9	一等	百兆瓦级抽水蓄能机组静止起动变频器（SFC）关键技术及工程应用	国网新源控股有限公司、南京南瑞继保电气有限公司、安徽响水涧抽水蓄能有限公司、国网新源控股有限公司技术中心	刘为群、高苏杰、魏 伟、石祥建、张亚武、闫 伟、秦 俊、梁少华、常玉红、吴 龙、吴卫东、陈 俊、樊玉林、袁江伟、董 波
10	一等	金沙江下游巨型电站群"调控一体化"控制系统研究及工程应用	中国长江三峡集团公司、北京中水科水电科技开发有限公司、长江勘测规划设计院有限责任公司	程永权、王德宽、宋远超、毛 江、王峥瀛、王桂平、谭 华、龚传利、黄天东、张明君、韩长霖、瞿卫华、杨春霞、王宇庭、陆劲松
11	一等	水电工程施工动态耦合仿真与方案优化关键技术	三峡大学、武汉大学、中国电建集团成都勘测设计研究院有限公司	周宜红、赵春菊、黄建文、胡 超、周华维、刘 全、尹习双、王宇峰、刘 澈、宋 玲、郭红民、周剑夫、潘志国、冯诚诚、王友乐
12	二等	流域大规模水电站群水电协同优化调度关键技术研究及应用	南京南瑞集团公司、河海大学、福建水口发电集团有限公司	刘观标、徐 青、芮 钧、王建平、李晓英、吴正义、李永红、黄春雷、王铭业、姚 峰

续表

序号	等级	项目名称	受奖单位	主要完成人
13	二等	水利水电工程建筑信息模型（HBIM）创新研究与实践	四川省武都水利水电集团有限责任公司、华北水利水电大学、中国水利水电科学研究院、四川省水利水电勘测设计研究院、中国水电基础局有限公司	魏　群、勾承建、杨莉英、李炳奇、刘尚蔚、石子明、高希章、石　峰、赵继伟、侯　炼
14	二等	复杂环境下大直径岩塞进水口关键技术研究与实践	中国电建集团华东勘测设计研究院有限公司、中国水利水电第六工程局有限公司、长江水利委员会长江科学院、长甸改造工程建设处、中水东北勘测设计研究有限责任公司	黄东军、陈炜旻、杨成文、赵　根、郭　松、邬　志、曾仲友、周先平、梁希林、侯　靖
15	二等	高拱坝库盘变形及对大坝工作性态影响研究	水电水利规划设计总院、河海大学、中国电建集团西北勘测设计研究院有限公司、中国水利水电科学研究院、中国电建集团昆明勘测设计研究院有限公司	王民浩、党林才、杜小凯、顾冲时、姚栓喜、张国新、赵二峰、郭立红、周秋景、张　云
16	二等	水电发展"十三五"规划文本及相关研究报告	水电水利规划设计总院、中国电建集团成都勘测设计研究院有限公司、中国电建集团中南勘测设计研究院有限公司、中国电建集团华东勘测设计研究院有限公司、中国电建集团昆明勘测设计研究院有限公司、中国电建集团北京勘测设计研究院有限公司	彭　程、钱钢粮、叶　睿、葛怀凤、刘　岩、吕朝阳、龚　英、向　军、唐修波、吴来群
17	二等	四级配碾压混凝土筑坝设计关键技术研究及工程应用	中国电建集团贵阳勘测设计研究院有限公司、贵州乌江水电开发有限责任公司、长江水利委员会长江科学院、贵州乌江沙沱水电站大坝工程福贵联营体、江南水利水电工程公司沙沱工程项目部	姚元成、郝　鹏、杨兴贵、郭定明、吴祖廷、彭成佳、苏　鹏、张海超、罗洪波、殷德胜
18	二等	经验模态分析法在抽水蓄能机组甩负荷试验的应用与研究	中国电建集团中南勘测设计研究院有限公司、武汉大学、湖南黑麋峰抽水蓄能有限公司	郑建兴、杨建东、曾艳梅、杨桀彬、向　明、伍志军、何银芝、付国锋、张　强、刘　平
19	二等	海上升压站关键技术	中国电建集团华东勘测设计研究院有限公司	赵生校、俞华锋、杨建军、戚海峰、杨文斌、贾献林、施朝晖、吕国儿、杨林刚、袁建平
20	二等	三峡升船机平衡重系统制造及安装关键技术创新与应用	中国葛洲坝集团机电建设有限公司、中国长江三峡集团公司、武汉船舶工业公司、中国葛洲坝集团三峡建设工程有限公司、三峡电力职业学院	张为明、周复明、陈　强、卫书满、路卫兵、李　波、王晓敏、李道霖、刘　云、汪文亮
21	二等	特大型地下电站优质安全高效施工关键技术及应用	中国葛洲坝集团三峡建设工程有限公司	李友华、孙昌忠、万　勇、王伟玲、赵龙飞、曹中升、唐明西、肖传勇、黄应军、汪文亮
22	二等	百米级高坝四级配碾压混凝土施工关键技术研究及应用	中国水利水电第十六工程局有限公司、贵州乌江水电开发有限责任公司沙沱电站建设公司、河海大学、长江水利委员会长江科学院	林文进、吴元东、李同春、陈祖荣、程　井、李家正、纪进旭、郭定明、张发勇、魏建忠

2015 年度能源软科学研究优秀成果奖
电力行业获奖项目

序号	成果名称	成果完成单位	成果完成人
一等奖			
1	2030 年中国能源革命战略研究	国家能源局发展规划司	李福龙、安丰全、韩逾瑾、王世谦、岳　昊、魏新强、宁成浩、向征艰、孙奉昌、杜习超
二等奖			
1	国家能源转型：德、美实践与中国选择	中国社会科学院工业经济研究所	朱　彤、王　蕾
2	中国能源展望 2030	中国能源研究会、中国煤炭工业协会、中石化经济技术研究院、中石油经济技术研究院、水电水利规划设计总院	吴　吟、林卫斌、苏　剑、郝向斌、柯晓明、王海博、郭雁珩、谢丽娜
3	全国“十三五”风电规划和消纳能力研究	水电水利规划设计总院、国网能源研究院、中国南方电网有限责任公司、中国电建集团西北勘测设计研究院有限公司、中国电建集团北京勘测设计研究院有限公司	易跃春、谢宏文、张佳丽、张晋芳、王文玺、辛颂旭、刘　硕、董德兰、王社亮、杨建设
4	构建科学统一电力规划体系研究	电力规划设计总院、国家能源局	徐小东、童光毅、任育之、徐梓铭、杜忠明、刘世宇、凡鹏飞、郑忠锋、施春华
5	我国电动汽车充电基础设施政策体系的顶层设计研究	国家电网公司、国网能源研究院、中国汽车技术研究中心、电力规划设计总院、普天新能源有限责任公司	沈建新、李立理、何　博、武　斌、张　博、饶建业、邵浙海、王　娜、史双龙、龚　媛
6	关于促进智能电网创新发展的政策研究	国家电网公司、国网能源研究院	张　玮、林弘宇、杨　方、王　伟、白翠粉、胡　波、张义斌、邱忠涛、柴玉凤、谢光龙
7	依托“一带一路”深化国际能源合作	国家发展和改革委员会能源研究所	高世宪、朱跃中、杨玉峰、梁　琦、杨　晶、刘建国、安　琪、孙　伟、张思遥
8	生态文明建设背景下我国能源发展转型研究	国家发展和改革委员会能源研究所	王仲颖、张有生、肖新建、李　际、苏　铭、赵勇强、田　磊、杨　光、陶　冶、康晓文
9	新常态下中国水电可持续发展政策研究	四川大学、雅砻江流域水电开发有限公司、国电大渡河流域水电开发有限公司、华电金沙江上游水电开发有限公司、华能西藏雅鲁藏布江水电开发投资有限公司	马光文、黄炜斌、祁宁春、涂扬举、胡贵良、吴世勇、黄　辉、刘　勇、陈　刚、常　江
10	电源投资市场化机制研究	国家电力投资集团公司、国家电投集团科学技术研究院有限公司	赵风云、韩　放、肖　宁、户　平、华志刚、周正道、陈大宇、龚　峋、王海民、范宇峰
11	“一带一路”背景下国际电力合作研究	国家电网公司、国网能源研究院	张　玮、吕世荣、马　莉、徐　杨、高国伟、韩　勇、刘　拓、国　庆、赵　天、赵　杨

序号	成果名称	成果完成单位	成果完成人
12	上海新能源金融创新机制——以分布式光伏为突破口	上海市发展和改革委员会、上海市发展改革研究院	周　强、朱明林、唐忆文、陈　刚、周　阳、戴思元、沈维佳、郑　燕、詹歆晔
13	"十三五"能源发展基本思路及措施研究	电力规划设计总院、中国石油经济技术研究院、中国石化勘探开发研究院、中国煤炭研究中心	陈　铮、苏宏田、杜　伟、付兆辉、朱　超、于雄飞、倪静敏、董　博、初　赓
14	"互联网＋"智慧能源助推中国能源革命战略研究	清华大学、国家发展和改革委员会能源研究所	陈启鑫、苗　韧、高　峰、王　娟、胡　军、周伏秋、郭庆来、冯升波、张　绚、潘崇超
15	新能源接入与智能电网发展研究	国网能源研究院	蒋莉萍、赵庆波、张正陵、谢国辉、李琼慧、张　克、黄碧斌、王彩霞、刘　林、郑漳华

国际合作

战 略 合 作

【努尔·白克力会见世界能源理事会共同主席】
2016年1月8日，国家发展改革委副主任、国家能源局局长努尔·白克力在北京会见了世界能源理事会（WEC）共同主席金英薰。双方就进一步深化中国与世界能源理事会合作有关事宜深入交换了意见。

【努尔·白克力会见俄罗斯能源部部长】　2016年3月11日，国家发展改革委副主任、国家能源局局长努尔·白克力在北京会见俄罗斯联邦政府总理梅德韦杰夫特别代表、俄能源部部长诺瓦克，双方就亚马尔液化天然气项目融资问题进行了探讨，并围绕两国在油气、煤炭等领域合作事宜深入交换了意见。

【努尔·白克力会见美国能源部常务副部长】
2016年6月6日，国家发展改革委副主任、国家能源局局长努尔·白克力在北京会见美国能源部常务副部长佘尔伍德·兰道尔，双方就即将在北京召开的G20能源部长会议、中美清洁能源合作、中美能源政策等议题深入交换了意见。

【努尔·白克力会见ABB集团董事长】　当地时间2016年1月18日，国家发展改革委副主任、国家能源局局长努尔·白克力在瑞士达沃斯会见了ABB集团董事长傅赛。双方就加强能源技术创新合作，尤其是可再生能源并网、电网安全稳定运行、智能电网和微电网发展等领域加强合作，进行了交流。

【努尔·白克力会见法国电力集团董事长】　2016年1月29日，国家发展改革委副主任、国家能源局局长努尔·白克力在北京会见了法国电力集团总裁乐维，双方就中法两国在核能、电力等领域合作，以及在英国合作新建核电项目相关事宜深入交换了意见。

【中缅电力合作委员会第三次会议召开】　当地时间2016年2月2日，中缅电力合作委员会第三次会议在缅甸首都内比都召开，国家能源局副局长刘琦和缅甸电力部部长吴钦貌梭共同主持会议。会后，双方还共同签署了《中缅电力合作协议第三次会议纪要》和《中国国家能源局与缅甸电力部关于电力物资援助的协议》。

【中苏（苏丹）开展全方位能源合作】　当地时间2016年5月23日，国家发展改革委副主任、国家能源局局长努尔·白克力与苏丹财长巴德尔丁在苏丹首都喀土穆共同主持召开中苏政府间能源合作委员会首次会议。

会后，努尔·白克力与巴德尔丁共同签署了中苏政府间能源合作委员会首次会议纪要，中核集团与苏丹水电部签署了在苏丹建造首个和平利用核能项目的框架协议。

【中土能源合作分委会第五次会议举行】　2016年8月22日，中国—土库曼斯坦能源合作分委会第五次会议在北京举行。分委会中方主席、国家发展改革委副主任、国家能源局局长努尔·白克力与分委会土方主席、土库曼斯坦天然气康采恩副总裁比亚希莫夫共同主持会议。

会议期间，努尔·白克力与比亚希莫夫共同签署了《中土能源合作分委会第五次会议纪要》。

【中加签署成立合资核电企业联合声明】　当地时间2016年9月22日，在国务院总理李克强和加拿大总理特鲁多的见证下，中核集团总经理钱智民与加拿大兰万灵集团坎杜能源公司、上海电气集团正式签署了《中国核工业集团公司与坎杜能源公司、上海电气集团股份有限公司关于成立中加合资经营企业的联合声明》，标志着中加两国核能合作取得新的突破。

【中英法三方签署欣克利角核电项目最终协议】
当地时间2016年9月29日，法国电力集团（简称法电集团）总裁让·贝尔纳·莱维，英国商务、能源与产业战略大臣格雷格·克拉克，中国广核集团（简称中广核）董事长贺禹在英国伦敦签署欣克利角C核电项目最终投资协议。这标志着中英关系"黄金时代"的旗舰项目在经历波折后终于实质性启动，同时中国新一代核电技术有望真正出海。中广核与法电集团当日正式签署英国新建核电项目一揽子合作协议，与英国政府同步签署欣克利角C核电项目收入及投资保障等政府性协议，并完成相关公司的股权交割。这意味着欣克利角C项目已经完成所有必需的审批和商务流程。

【中电联与美国爱迪生电力协会签署合作谅解备忘录】　2016年6月3日，中电联理事长刘振亚在北京会见美国爱迪生电力协会主席托马斯·库恩，并签署合作谅解备忘录，以深化合作伙伴关系，促进双方共同发展。

双方一致认为，此次合作谅解备忘录的签署为双方进一步探索各个领域合作奠定了良好基础，双方要在电力领域技术创新、全球能源互联网建设等方面加强沟通合作，共同推动电力行业的可持续发展。

国 际 工 程

【巴基斯坦卡洛特水电站项目】 项目由中国三峡集团投资，位于巴基斯坦旁遮普省吉拉姆河上，装机容量72万kW，预计总投资17.4亿美元，2007年5月取得项目开发意向书，2013年8月29日获得了支持函，2015年4月在习近平总书记见证下举行动土奠基仪式，2016年完成"三通一平"工作。

【中国三峡集团巴基斯坦风电二期项目】 项目由中国三峡集团投资，位于巴基斯坦南部信德省塔塔专区的贾姆皮尔地区，装机容量为99MW，2016年1月12日举行破土动工典礼，2016年8月获得支持函，9月正式开工建设。

【巴西朱比亚、伊利亚水电站项目】 两座水电站皆位于圣保罗州与南马托格罗索州交界的巴拉那河流域，相距约60km。朱比亚水电站装机容量155.1万kW，伊利亚水电站装机容量344.4万kW，2015年11月25日，三峡巴西公司以"最优价"成功中标。2016年1月5日，项目正式完成交割。2016年7月1日，三峡巴西公司正式接管朱比亚电站的运营管理。

【德国稳达海上风电项目】 项目位于欧洲北海德国湾海域，总装机容量28.8万kW，2015年2月全部投入商业运行，是全球第一个获得投资等级信用评级的海上风电，中国三峡集团于2016年6月3日签署股权收购协议，7月19日完成股权交割。

【巴西卡什瑞拉水电站项目】 位于巴西北部阿马帕州的阿拉瓜利河，总装机容量21.9万kW，由三峡巴西公司与葡电巴西联合开发，三峡巴西公司持股50%。2013年8月开工建设，特许经营期直至2046年。2016年4月18日，1号发电机组投产；5月19日，2号机组投产发电；7月1日，3号机组投产发电。

【厄瓜多尔科卡科多·辛克雷水电站项目】 科卡科多·辛克雷水电站位于厄瓜多尔东部的科卡（coca）河流域，电站坝址距首都基多约130km，为引水式电站，共安装机组8台，总装机容量1500MW。合同额19.797亿美元，年发电量88亿kWh。该项目是厄瓜多尔历史上外资投入金额最大，规模最大的水电站项目，同时也是中国电建集团对外承建的最大的F＋EPC水电站工程项目。于2010年7月28日开工建设，2016年4月13日实现首批四台机组并网发电，2016年11月18日，国家主席习近平和厄瓜多尔总统科雷亚在基多出席竣工发电

视频连线活动，并共同按动按钮，项目正式竣工发电。

【埃塞俄比亚阿达玛二期风电项目】 阿达玛二期风电项目合同总金额3.45亿美元，合同工期24个月。项目共102台风机，每台1.5MW，总装机容量153MW，解决了埃塞俄比亚首都20%以上的用电需求，是目前非洲大陆第二大风电项目，也是中国"两优"资金支持的第一个新能源项目和中国第一个技术、标准、设备、资金、承包整体走出去的新能源项目。于2013年7月5日正式开工，该项目的实施得到了埃塞政府和当地民众的大力支持。2016年5月24日，项目收到临时移交证书，正式进入商业运营。

【印度古德洛尔 2×600MW 燃煤电站】 古德洛尔2×600MW燃煤电站是中国电建以EPC总承包模式承建的火电站项目。项目采用超临界技术，以保证较好的机组热耗和效率，达到节能减排的良好效果，同时将极大拉动我国设备出口。项目两台机组分别于2015年9月和2016年4月并网运行，机组各项参数指标优良，机组安装质量得到了业主的高度认可和赞誉。2016年，该项目获得了印度2016年"社会责任铂金奖"和"环境保护金奖"，项目营地获得了"中国海外工程示范营地奖"。

【尼泊尔上马相迪 A 水电站】 上马相迪A水电站总装机容量50MW（2×25MW），由中国电建海投公司采用BOOT模式投资开发，总投资额约1.659亿美元，特许期35年（含建设期）。项目是中国电建在尼泊尔投资的第一个发电项目。2016年9月26日，上马相迪A水电站隆重举行发电仪式，完成了首台机组发电目标。

【老挝南欧江梯级水电项目】 南欧江梯级水电站是中国电建集团通过对老挝南欧江全流域整体规划获得全流域开发权，以BOT模式投资建设的水电站项目。该项目按照"一库七级"模式进行开发，梯级电站总装机容量为1272MW，年平均发电量约50.64亿kWh，项目总投资约28亿美元，特许经营期为29年。2016年4月南欧江流域项目一期实现全部机组发电。

【白俄罗斯维捷布斯克水电站】 维捷布斯克水电站安装4台10MW灯泡贯流式发电机组，总装机容量40MW，是目前白俄罗斯境内最大的水电站项目，素有"白俄三峡"之称。2016年12月1日，首台机组

成功并网发电，进入72h试运行。

【孟加拉国艾萨拉姆2×660MW超临界燃煤电站项目】 艾萨拉姆2×660MW超临界燃煤电站项目是孟加拉国最大单机容量火电机组和最大容量的燃煤电站项目，由中国电建在孟加拉国投资并EPC总承包。该项目将采用中国标准设计，主机设备将全部采用中国制造。2016年10月14日，国家主席习近平对孟加拉国进行国事访问期间，同孟加拉国总理哈西娜共同见证艾萨拉超临界燃煤电站等六个中孟重大合作项目揭牌。

【越南松邦4水电站项目】 松邦4水电站装机2台，总容量156MW。全部工程于2015年1月20日实现竣工移交。2016年6月17日，在越南建设部大会堂举行2015年国家优质工程奖颁奖典礼，越南松邦4水电站项目被越南政府授予国家优质工程奖。

【巴基斯坦必凯（Bhikki）1180MW联合循环电站项目】 项目由中电工程东北院作为设计及勘测咨询方，是中国企业在海外承建的第一个容量最大、效率最高的209HA的H级联合循环电站项目。项目总装机容量为1180MW，采用2+2+1的配置，即2台9HA燃机、2台余热锅炉和1台汽轮机发电机组。2016年12月11日，历经14个月19天，项目实现倒送电。

【迪拜哈翔（HASSYAN）4×600MW（净出力）洁净燃煤电厂项目】 迪拜哈翔（HASSYAN）4×600MW洁净燃煤电厂，每期装机容量为1200MW。中电工程东北院与哈电国际于2016年4月28日签署该项目的勘察设计分包合同。该项目是中国公司在阿联酋的首个电力项目。该电站建成后，将成为中东地区的第一个洁净燃煤电厂，也将成为该地区规模最大、各项指标最先进的燃煤电厂。

【巴基斯坦胡布2×660MW燃煤电站项目】 项目位于巴基斯坦俾路支省，总装机容量2×660MW。项目是"中巴经济走廊"的重点项目，是国家电投中电国际在巴投资的首个燃煤电站项目，也是中国能建目前装机容量最大的海外超临界燃煤电站EPC总承包项目，由"西北院—天津电建联合体"投标并成功中标，于2016年9月完成签约。

中电工程西北院与中能建天津电建双方成立联合体承揽本项目EPC总承包。双方共同创建"设计牵头、强强联合、优势互补、效能最优"的总承包新模式。

【越南沿海电厂一期2×622MW项目】 该项目由中国能建所属的广东电力设计院负责实施，由越南国家电力总公司（EVN）投资建设。项目1、2号机组分别于2016年1月2日和2016年1月18日完成可靠

性运行，并于2016年1月4日和2016年1月18日移交业主商运。2016年1月29日，越南国家验收委员会验收通过。2016年5月11日，业主正式颁发了项目1、2号机组的PAC证书。

【孟加拉沙吉巴扎300MW燃气联合循环发电厂项目】 该项目由中国能建所属的广东火电工程总公司和广东电力设计院组成的联营体负责实施。项目位于孟加拉西北部，是孟加拉国内主力发电项目、孟加拉电力发展委员会重点推动的大型燃机联合循环电站项目，也是该国首批利用中国出口买方信贷实施的电站项目之一。2016年12月26日，项目一次性通过了168h试运行考验。

【巴基斯坦尼鲁姆–杰卢姆水电站项目】 该项目由葛洲坝集团和中国机械设备进出口公司组成联合体中标实施，葛洲坝集团为联营体牵头方。项目位于巴基斯坦克什米尔特区首府地区，距离首都伊斯兰堡约200km。项目为长隧洞引水式水电站，电站总装机4台，装机总容量969MW。永久建筑物主要由混凝土重力坝、溢洪道和左岸沉砂池、引水隧洞、调压井、地下厂房、开关站及附属设施等组成，工期103个月。截至2016年底，项目累计完成营业收入占合同额的88%，主要进行引水隧洞开挖衬砌、大坝首部枢纽混凝土浇筑、厂房及主变压器室混凝土浇筑等工作。

【老挝南涧水电站项目】 该项目由葛洲坝集团中标实施，合同类型为EPC总承包。电站位于老挝中部的南涧河上游河段，距离首都万象约300km。建筑物主要包括面板堆石坝、混凝土重力坝、引水隧洞、连通明渠、调压井、压力钢管、发电厂房和开关站等。装机总容量104MW，合同工期56个月。截至2016年底，项目累计完成营业收入占合同金额的90%。主要进行南坝和北坝工程、溢洪道和引水隧洞衬砌、压力钢管安装、机电供货及安装等工作。

【埃塞俄比亚GD3水电站项目】 该项目以葛洲坝集团名义中标，合同类型为EPC总承包。项目位于埃塞俄比亚首都亚的斯南部约400km，靠近索马里、肯尼亚边境地带。电站装机容量254MW，由3台84.7MW的立轴混流式水轮发电机组组成，工作内容包括坝区建筑物、输水系统建筑物以及发电厂房建筑物。截至2016年底，项目累计完成营收占合同金额的88%。项目引水洞TBM掘进段全线贯通，项目主要进行引水隧洞的衬砌支护和机电安装。

【伊朗鲁德巴水电站项目】 该项目以葛洲坝集团名义中标，合同类型为EPC总承包。项目位于罗瑞斯坦省扎格罗斯山区的鲁德巴河上，距首都德黑兰以南454km。电站安装两台单机225MW立轴混流式水轮发电机组，总装机容量450MW。合同工作内容包括

大坝、导泄流系统、输水系统、地面厂房和开关站等，合同工期72个月。截至2016年底，项目累计完成营业收入占合同金额的99％，其中大坝主体结构和溢洪道开挖及浇筑已完成，机电设备安装完成约88％，施工进度满足要求。

【伊朗羌姆溪水电站项目】 该项目以葛洲坝集团名义中标，合同类型为EPC总承包。项目位于佐赫雷河流域加奇萨兰镇，距首都德黑兰以南900km。电站安装三台单机55MW立轴混流式水轮发电机组和两台5.5MW生态小机组，总装机容量176MW。合同工作内容包括导流洞、大坝、引水系统、地面厂房等，合同工期72个月。截至2016年底，项目累计完成营业收入占合同额的94％，土建开挖和机组埋件已完成，大坝混凝土浇筑完成59％，压力钢管安装已完成约30％，施工进度满足要求。

【厄瓜多尔索普拉多拉水电站项目】 该项目由葛洲坝集团与当地公司组成松散性联营体签署合同。合同类型为土建施工总承包＋机电EPC。项目距离厄瓜多尔首都基多以南600km，工程内容包括导流工程、取水工程、引水工程、地下厂房、尾水工程、开关站操作区、瓜鲁马尔至门德斯道路等，合同工期1438天。截至2016年底，项目主体工程全部完成，三台机组均已投产发电，目前已进入收尾阶段。

【印尼塔卡拉燃煤电站项目】 该项目为葛洲坝集团和当地公司组成联合体中标的EPC总承包项目。项目距离首都雅加达1400km。主要工作内容为2×100MW燃煤电站设计、供货、施工和试运行，合同工期33个月。截至2016年底，项目累计完成营业收入占合同金额的50％。现场主要进行主厂房、锅炉辅机、汽轮机辅机等部位施工。

【卡塔尔大型供水工程E标项目】 该项目由葛洲坝集团与当地公司组成联营体中标，合同类型为PC，合同金额约为39.40亿元人民币。项目位于首都多哈的西南方向30km，主要工作内容包括修建5座50万m³的蓄水池及配套的加压泵站、加氯间等工程的设计复核和施工详图设计、土建、设备采购、安装、调试、维护运行等工作，合同工期36个月。截至2016年底，项目已完成1号里程碑及2号里程碑的60％的工程量。

【国投电力欧洲海上风电项目】 2016年2月19日，国投电力公司收购西班牙雷普索尔公司（Repsol S A，西班牙最大石油公司）下属的全资英国子公司Repsol Nuevas Energias UK Limited（简称RNEUK）100％股权协议正式签署，并于2月25日正式生效。此次收购是国投电力第一次进军欧洲海上风电市场。

行业管理

电 力 监 管

2015 年度全国电力价格情况监管通报

为全面反映全国各地电力价格信息及变化情况，更好地实施成本与价格监管，切实维护好电力市场秩序，国家能源局组织对全国主要电力企业 2015 年度价格情况进行了统计分析，形成本报告。

一、综合厂用电率

2015 年，全国发电企业平均综合厂用电率为 5.90%，同比下降 0.60%。其中，生物质发电最高，为 13.37%，水力发电最低，为 1.71%。

（一）燃煤机组

从全国（不含西藏，下同）看，2015 年燃煤发电平均综合厂用电率为 6.94%，同比下降 0.62%。其中河南最高，为 11.41%，江苏最低，为 4.34%。

从山东、蒙西、江苏、河南、广东五个重点省（区）[重点省（区）选取该类型机组发电量排序前 5 名省（区），下同] 看，2015 年平均综合厂用电率为 6.76%，同比下降 1.72%。其中河南最高，为 11.41%，江苏最低，为 4.34%。详见图 1。

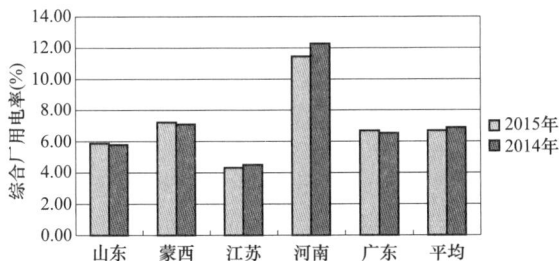

图 1　重点省（区）燃煤机组综合厂用电率

（二）水电机组

从全国看，2015 年水力发电平均综合厂用电率为 1.71%，同比增长 9.62%。其中蒙东最高，为 11.08%，山西最低，为 0.35%。

从四川、湖北、云南、贵州、广西五个重点省（区）看，2015 年平均综合厂用电率为 0.86%，同比下降 14.80%。其中贵州最高，为 1%，湖北最低，为 0.67%。详见图 2。

（三）风电机组

从全国看，2015 年风力发电平均综合厂用电率为

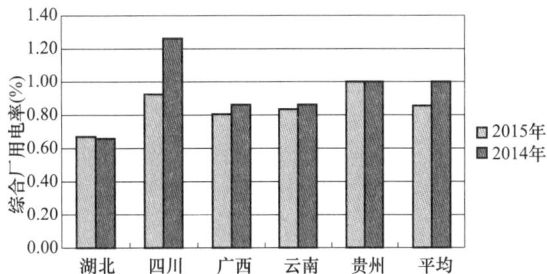

图 2　重点省（区）水电机组综合厂用电率

3.08%，同比增长 21.26%。其中甘肃最高，为 5.87%，陕西最低，为 1.19%。

从蒙东、山东、甘肃、辽宁、新疆五个重点省（区）看，2015 年平均综合厂用电率为 3.39%，同比增长 46.07%。其中甘肃最高，为 5.87%，蒙东最低，为 2.37%。详见图 3。

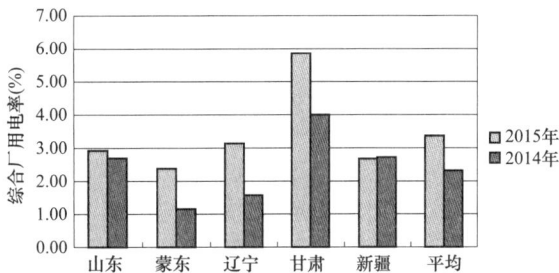

图 3　重点省（区）风电机组综合厂用电率

（四）其他机组

从全国看，2015 年核电、生物质发电平均综合厂用电率分别为 6.38%、13.37%，同比分别增长 8.14%、7.91%；燃气发电、太阳能发电平均综合厂用电率分别为 3.06%、2.43%，同比分别下降 14.29%、0.82%。详见图 4。

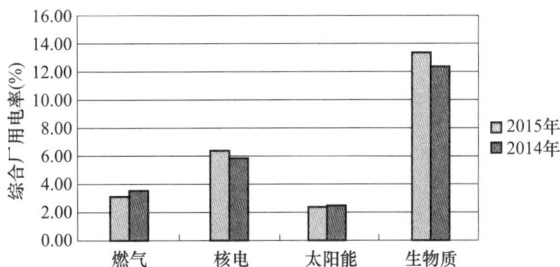

图 4　其他机组综合厂用电率

二、平均上网电价（含税）

2015 年，全国发电企业平均上网电价为 388.25 元/MWh，同比下降 2.61%。其中，太阳能发电最高，为 1056.89 元/MWh，水力发电最低，为 286.93 元/MWh。

（一）燃煤机组

从全国看，2015 年燃煤机组平均上网电价为 384.20 元/MWh，同比下降 4.16%。其中广东最高，为 504.76 元/MWh，蒙西最低，为 157.32 元/MWh。

从山东、蒙西、江苏、河南、广东五个重点省（区）看，2015 年平均上网电价为 376.02 元/MWh，同比下降 4.34%。其中广东最高，为 504.76 元/MWh，蒙西最低，为 157.32 元/MWh。详见图 5。

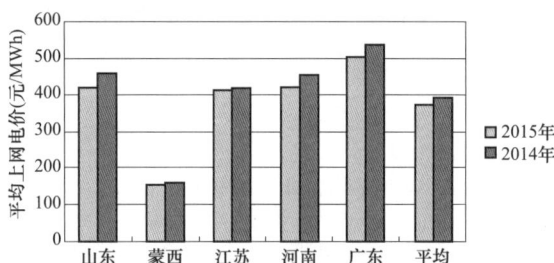

图 5　重点省（区）燃煤机组平均上网电价

（二）水电机组

从全国看，2015 年水电机组平均上网电价为 286.93 元/MWh，同比下降 3.64%。其中浙江最高，为 552.31 元/MWh，甘肃最低，为 239.50 元/MWh。

从四川、湖北、云南、贵州、广西五个重点省（区）看，2015 年平均上网电价为 282.15 元/MWh，同比下降 4.16%，其中四川最高，为 298.14 元/MWh，云南最低，为 252.94 元/MWh。详见图 6。

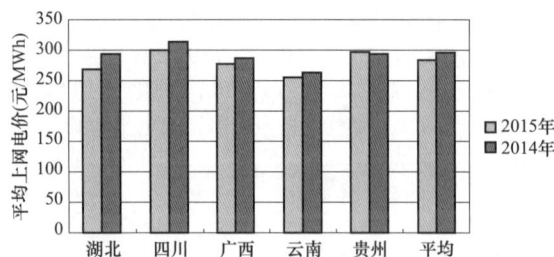

图 6　重点省（区）水电机组平均上网电价

（三）风电机组

从全国看，2015 年风电机组平均上网电价（新能源上网电价含度电补贴，下同）为 594.01 元/MWh，同比下降 0.61%。其中青海最高，为 985.23 元/MWh，河北最低，为 474.19 元/MWh。

从蒙东、山东、甘肃、辽宁、新疆五个重点省

（区）看，2015 年平均上网电价为 580.21 元/MWh，同比下降 0.66%，其中山东最高，为 674.26 元/MWh，甘肃最低，为 529.78 元/MWh。详见图 7。

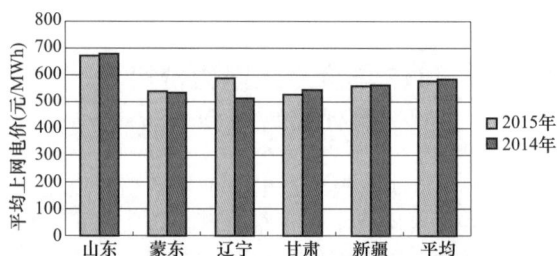

图 7　重点省（区）风电机组平均上网电价

（四）其他机组

从全国看，2015 年燃气发电、太阳能发电平均上网电价分别为 789.82、1056.89 元/MWh，同比分别增长 5.2%、3.99%；核电、生物质发电平均上网电价为 434.03、732.83 元/MWh，同比分别下降 0.83%、0.07%。详见图 8。

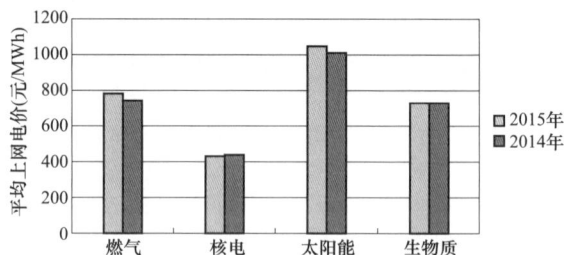

图 8　其他机组平均上网电价

三、线损率

2015 年，电网企业平均线损率为 6.15%，同比下降 0.76%。

从企业看，国家电网公司线损率最高，为 6.78%，内蒙古电力公司最低，为 4.35%。详见表 1。

表 1　　　　　电网企业线损率统计表　　　单位：%

项目	国家电网公司	南方电网公司	内蒙古电力公司	平均
2015 年	6.78	6.72	4.35	6.15
2014 年	6.81	6.94	4.29	6.20
增长额	−0.03	−0.22	0.06	−0.05
增长率	−0.44	−3.17	1.40	−0.76

从各省（区、市）情况看，四川线损率最高，为 9.37%，青海最低，为 2.97%。

四、平均购销差价（不含税）

2015 年，电网企业平均购销差价（含线损）为 216.48 元/MWh，同比增长 4.02%；扣除线损，电网企业平均购销差价为 194.59 元/MWh，同比增长 5.01%。

从企业看，南方电网公司购销差价（含线损）最高，为 229.84 元/MWh，内蒙古电力公司最低，为 116.62 元/MWh。详见表 2。

表 2　　　　　　电网企业平均购销差价（不含税）统计表　　　　　　单位：元/MWh

项　　目		国家电网公司	南方电网公司	内蒙古电力公司	平均
购销差价 （含线损）	2015 年	224.70	229.84	116.62	216.48
	2014 年	210.46	225.97	104.98	208.11
	增长额	14.24	3.87	11.64	8.37
	增长率（%）	6.77	1.71	11.09	4.02
购销差价 （不含线损）	2015 年	203.07	205.15	105.56	194.59
	2014 年	187.71	199.65	91.73	185.32
	增长额	15.36	5.50	13.83	9.27
	增长率（%）	8.18	2.75	15.07	5.01

从各省（区、市）情况看，江西购销差价（含线损）最高，为 251.30 元/MWh，宁夏最低，为 99.82 元/MWh。

五、平均销售电价（含税）

2015 年，电网企业平均销售电价为 643.33 元/MWh，同比下降 0.57%。

从企业看，南方电网公司平均销售电价最高，为 667.27 元/MWh，内蒙古电力公司最低，为 420.77 元/MWh。详见表 3。

表 3　　电网企业平均销售电价统计表

单位：元/MWh

项目	国家电网 公司	南方电网 公司	内蒙古 电力公司	平均
2015 年	646.73	667.27	420.77	643.33
2014 年	650.53	677.42	400.88	647.05
增长额	−3.80	−10.15	19.90	−3.72
增长率（%）	−0.58	−1.50	4.96	−0.57

注　不含政府性基金及附加，含税。

从各省（区、市）情况看，深圳平均销售电价最高，为 807.88 元/MWh，青海最低，为 381.37 元/MWh。

从分类销售电价看，一般工商业及其他用电平均电价最高，为 825.14 元/MWh；大工业用电平均电价为 643.97 元/MWh；居民用电类别平均电价（到户价）为 548.04 元/MWh。详见图 9。

从各省（区、市）居民用电类别平均电价（到户价）水平看，深圳最高，为 714.62 元/MWh，青海

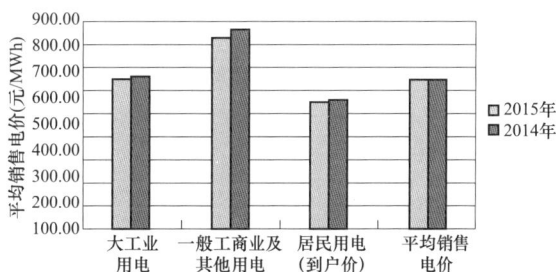

图 9　分类销售电价对比图

注：分类销售电价为国家电网公司和南方电网公司加权平均数。

最低，为 405.80 元/MWh。

六、政府性基金及附加（含税）

2015 年，随销售电价征收的政府性基金及附加全国平均水平为 39.25 元/MWh（电网企业省内售电量口径平均值，下同），同比增长 0.74%。

政府性基金及附加主要有 5 种，即重大水利工程建设基金、农网还贷资金、水库移民后期扶持资金、可再生能源发展基金、城市公用事业附加。

从各省（区、市）情况看，重庆政府性基金及附加平均水平最高，为 65.20 元/MWh，新疆最低，为 9.02 元/MWh。

2015 年 7 月～2016 年 3 月 供电监管报告

按照《国家能源局综合司关于做好 2016～2017 年度供电监管工作的通知》（国能综监管〔2016〕418 号）要求，为切实维护广大电力用户合法权益和社会公共利益，进一步促进供电企业提高供电能

力、供电质量和服务水平，2016 年 7 月～2017 年 3 月，国家能源局组织各派出能源监管机构开展了全国供电监管工作，并选取部分供电企业进行了现场检查。根据现场检查情况和日常供电监管工作，形成本报告。

一、基本情况

此次供电监管坚持专项监管和问题监管相结合，重点从供电质量、供电服务、供电能力、信息公开、市场行为等方面，对省市县各级供电企业及关联企业开展了现场和非现场监管。采用"双随机"抽查方式，在全国 3007 家供电企业中，选取 23 家省级、108 家市级、149 家县级供电企业，共计 280 家供电企业开展了现场检查，占供电企业总数的 9.31％。从监管情况看，各供电企业基本能够落实监管要求，供电能力和供电质量得到持续改善，管理基础进一步夯实，服务内涵更加丰富，服务水平不断提升。

二、上一监管周期发现问题整改情况

针对 2015 年 7 月～2016 年 3 月供电监管报告披露的问题，经有关派出能源监管机构督促，各供电企业能够积极采取有效措施进行整改，具体情况如下。

（1）供电"两率"指标管理不规范的问题。广东潮南供电局、内蒙古鄂尔多斯电业局、国网辽宁营口市老边区供电公司等供电企业规范"两率"基础管理，补充调整配置监测设备，纠正虚假、瞒报、漏报供电质量数据问题。青海尖扎县供电公司、广西水利电业集团融水供电公司加强供电质量管控，电压合格率得到有效提升，青海尖扎县供电公司李家村 1 号公用变压器台区由 88.588％提升为 99.874％。

（2）供电服务管理制度执行不到位的问题。江西婺源县供电公司、陕西地电榆阳区供电分公司、贵州六盘水钟山供电局等供电企业强化服务意识，规范业扩报装、故障抢修、收费、停限电等流程。贵州六盘水钟山供电局 2016 年 7 月～2017 年 3 月故障抢修平均到达现场时间缩减至 38min，最长到达现场时间为 83min，抢修到达现场后恢复供电平均时间为 168min，基本实现了供电服务承诺。

（3）配电网网架较为薄弱、供电能力不足的问题。国网新疆阿勒泰供电公司、新疆生产建设兵团北屯电力工业有限公司、国网河南省电力公司等供电企业结合新一轮农网升级改造，加大建设改造资金投入，推动电网建设和改造进程，配网供电能力持续改善。国网新疆阿勒泰供电公司 2016 年 10kV 北北一线线路停电率同比下降 57％，10kV 北北二线线路停电率同比下降 69％。

（4）供电企业信息公开不达标、不透明的问题。国网湖北省电力公司、广西龙胜水利电业有限公司等供电企业学习和落实《供电企业信息公开实施办法》要求，健全管理制度，完善公开渠道，主动及时公开有关信息。国网山西省电力公司对外服务网站专门开设企业信息公开专栏，公开发布供电"两率"信息 440 余条。

（5）供电市场行为不规范的问题。湖南株洲供电公司在一定程度上消除了市场和服务障碍，株洲地区现有 6 家非关联承试企业承揽用户受电工程试验业务。国网甘肃平凉供电公司、海南乐东供电局等供电企业落实监管要求，履行了资质查验责任。国网江苏无锡供电公司、国网上海市区供电公司等供电企业指导帮助集体企业规范工程管理、招投标等经营行为，促进集体企业依法合规经营。

三、存在问题

（一）部分地区"两率"管理薄弱，供电质量有待提升

部分供电企业"两率"管理不规范，统计数据不真实，个别地区"两率"指标偏低，达不到监管要求。

（二）部分供电企业业务办理不规范，供电服务水平不高

部分供电企业存在用电业务办理和电价政策执行不规范、停限电及催费不合规、故障抢修超时限、服务意识不强等问题。

（三）部分地区供电能力不足，网架结构薄弱

部分地区电网供电能力不足，网架结构比较薄弱，投资改造升级相对滞后，不能满足人民群众日益增长的电力需求。

（四）部分供电企业信息公开不及时、不规范

部分供电企业信息公开工作未得到足够重视，存在工作未开展或开展不及时、不规范、不到位问题。

（五）部分地区用户受电工程管理不规范，存在违法违规行为

部分地区用户受电工程管理不规范，未严格执行规章制度，存在"三指定"、转包、主辅业务界面不清等问题。

四、监管意见

（一）切实做好供电"两率"管理，不断提高供电质量

国网湖北襄阳供电公司、国网河南洛阳供电公司等供电企业要着力加强供电"两率"基础管理，合理设置电压监测点，彻底纠正虚假、瞒报供电质量数据问题。广西藤县水利电业有限公司、云南红河供电局金平分局等供电企业要采取有力措施，切实提升电压质量。

各供电企业要进一步提高配电网的运行维护管理

水平，强化计划管控，加强用户侧用电安全管理，严格执行国家规定的供电质量有关标准和管理要求，夯实供电"两率"基础管理，不断完善监测体系。

（二）确保各项规章制度有效执行，提升供电服务水平

国网甘肃省电力公司、海南海口供电局、国网吉林延边供电公司等供电企业要切实规范业务流程，严格执行用电业务办理流程和时限要求。国网上海市北供电公司、国网陕西地电宁陕县供电分公司等供电企业要严格执行电价及收费政策，规范业务收费行为。

各供电企业应进一步增强服务意识，积极履行主体责任，强化各项管理措施与规章制度的执行落地，严格按照《国家能源局关于印发〈压缩用电报装时间实施方案〉的通知》要求，进一步修订完善用电报装流程办理与档案管理，着力减环节、优流程、压时限、降成本、提效率，不断规范供电服务行为，加强用户投诉举报处理，加大监督与考核力度，让人民群众享受优质、高效、便捷的供电服务。

（三）持续加大电网投资建设力度，切实提升供电能力

国网蒙东通辽供电公司、国网甘肃定西供电公司等供电企业要科学合理地规划电网布局，切实将电网建设资金用实用好，着力提高负荷高峰时期的应急能力，满足人民群众满意用电需求。

各供电企业要以加强电网建设和当前农网升级改造为契机，加快推动电网建设和改造，不断优化主配网结构，从根本上切实解决局部地区存在的电网薄弱、持续供电能力不强、电能质量差等突出问题，确保配电网投资政策落实到位。

（四）高度重视信息公开工作，确保公示信息及时规范

内蒙古电力公司、广西邕宁供电公司、新疆第一师电力有限责任公司等供电企业要认真贯彻《供电企业信息公开实施办法》，确保公开信息的及时、准确、全面和完整。国网黑龙江宝泉岭供电公司、广西大化供电公司等供电企业要认真按照监管要求公示12398能源监管热线标识。

各供电企业要充分认识到供电信息公开工作的重要性和必要性，通过门户网站、营业大厅等多种渠道，及时、准确、规范公开涉及用户利益的有关制度和技术标准、停限电有关信息、电价和收费标准等相关内容，接受行业监管和社会监督，切实保障广大电力用户的知情权、参与权和监督权。

（五）不断规范用户受电工程市场行为，维护用户受电工程市场秩序

广西巴马县水利电业有限公司等供电企业要充分尊重用户自主选择权，公平、无歧视开放用户受电工程市场。国网青海海北供电公司、四川省水电集团要严格执行用户受电工程市场相关法律法规，消除用户受电工程市场障碍。国网甘肃白银供电公司、广东阳江供电局要规范关联企业管理，按照政策要求彻底清理主辅关系，消除转包或违法分包行为。

各供电企业要进一步规范关联企业经营管理，实现人、财、物分离，使关联企业责权清晰，自主经营，清理不正当关联交易以及妨碍市场公平竞争的行为，严格执行资质许可制度和各项规章制度，坚决杜绝违规收费、违规转（分）包和"三指定"行为，确保用户受电工程市场公平开放，营造公平便利营商环境。

2015年全国电力调度交易与市场秩序监管报告

为进一步规范电力调度交易工作，维护电力市场秩序，按照《国家能源局关于印发2015年市场监管重点专项监管工作计划的通知》（国能监管〔2015〕183号）部署，2015年6~7月，国家能源局组织各派出机构开展了全国电力调度交易与市场秩序专项监管。本次监管时间范围为2014年1月1日~2015年6月30日，覆盖了我国境内除西藏外的全部省份（直辖市、自治区），涉及300余家电网企业、发电企业以及电力用户。各派出机构通过对相关数据汇总分析、与电力企业座谈、询问有关人员、调阅资料、调取调度自动化系统（EMS）和"两个细则"（《并网发电厂辅助服务管理实施细则》与《发电厂并网运行管理实施细则》）技术支持系统历史数据以及使用电力系统专业分析工具（PSASP软件）计算等方式，对相关企业进行了检查。在对各派出机构监管情况的汇总、分析、提炼以及与电力企业沟通基础之上，形成《2015年全国电力调度交易市场秩序监管报告》〔国家能源局2016年第10号（总第43号）〕。

一、基本情况

（一）全国电力市场基本情况

截至2014年底，全国全口径发电装机容量13.6亿kW，同比增长8.7%；220kV及以上输电线路回路长度57.6万km，同比增长5.2%，220kV及以上公用变压器设备容量30.3亿kVA，同比增长8.8%；2014年全国发电量5.55万亿kWh，同比增长3.6%，6000kW及以上发电机组平均利用小时数4286h，同比降低235h。

2014年，全国省级及以上统调机组上网电量4.27万亿kWh，江苏、广东以及山东统调机组上网电量位居前三，具体情况见图1。

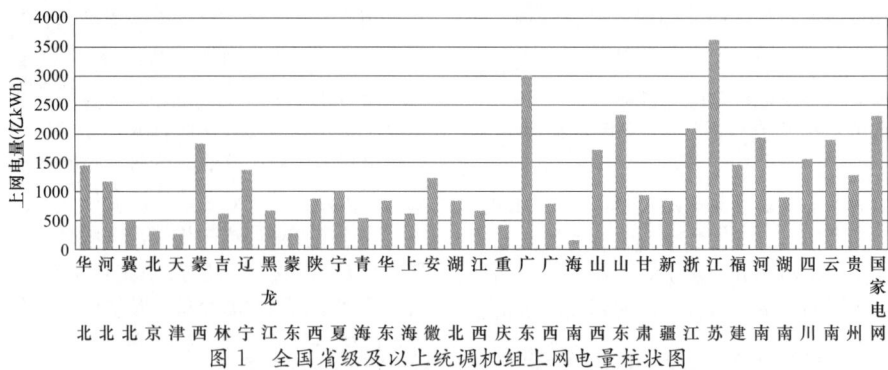

图1　全国省级及以上统调机组上网电量柱状图

2014 年,全国共备案电力交易合同 5030 份;全国 41 家省级及以上电网企业应向发电企业支付合同费用 1.865 1 万亿元,实际支付 1.864 6 万亿元,电费结算率 99.98%。实际电费结算中,承兑汇票占全部实付电费的 5.97%,其中:国家电网系统 6.31%,南方电网系统 0.33%,内蒙古电力(集团)有限责任公司 45.09%。内蒙古电力(集团)有限责任公司(蒙西地区)及国网宁夏、青海、甘肃省电力公司支付给电厂承兑汇票占总电费的比例超过 40%。具体见图2。

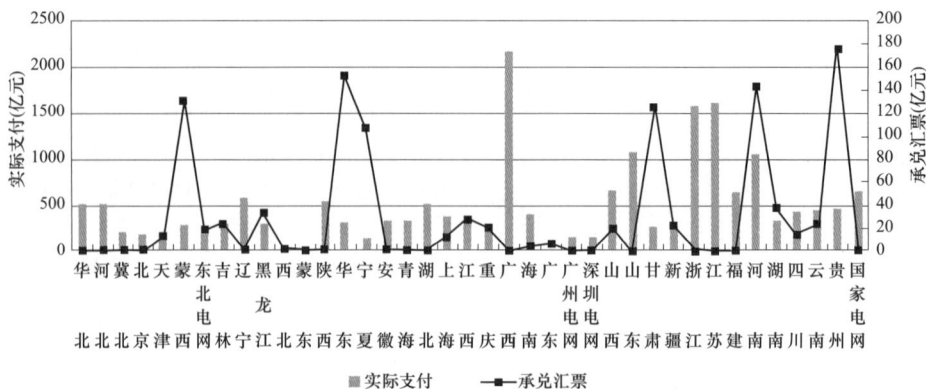

■ 实际支付　━ 承兑汇票

图2　全国省级及以上统调机组上网费用实际支付和承兑汇票支付图

(二)电力调度情况

2014 年,全国范围内电力调度机构总体上能够按照公平、透明的原则安排电力生产,不断优化电网运行方式,披露和公开相关信息,较好地完成了电力生产组织任务,确保了电网安全稳定运行。

2014 年,全国省级及以上新增统调发电装机容量 8403 万 kW(见图3),其中新疆统调、国网统调、浙江统调新增机组居前三。全年形成新增机组调试期电量差额资金约 15.72 亿元。

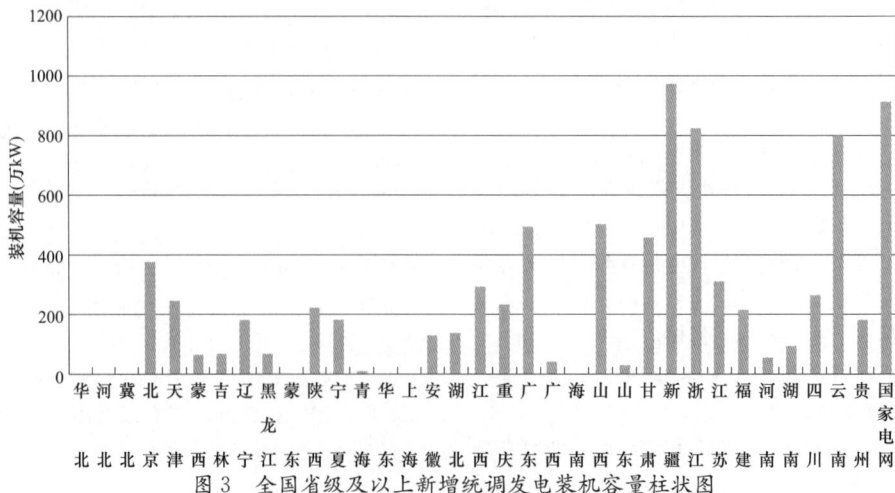

图3　全国省级及以上新增统调发电装机容量柱状图

（三）电力交易及合同执行情况

1. 电力直接交易

2014年，全国电力直接交易合同电量为1516亿 kWh，实际执行1493.2亿 kWh，完成率98.5%，其中蒙西、广东、山西统调机组的实际电力交易电量位居全国前三，分别达到361亿、151.6亿、121亿 kWh。具体情况见图4。

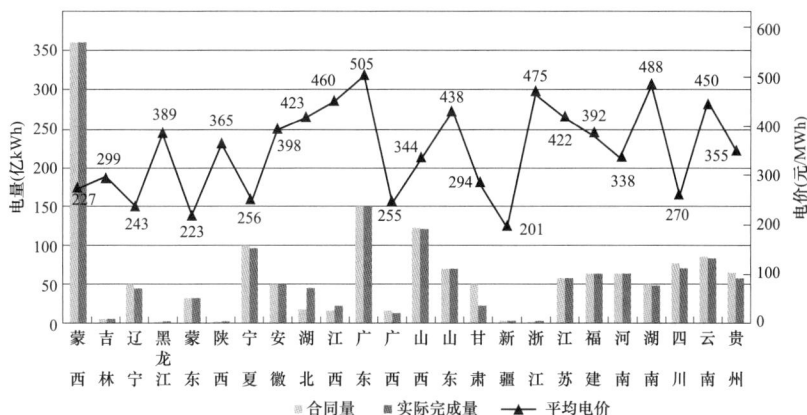

图4　省级及以上统调机组电力直接交易情况

注：部分省（区、市）为价差传导；未出现的省级及以上统调机组费用为0。

2. 跨省区交易

2014年，全国跨省区交易电量达到8842亿 kWh。其中，计划安排和地方政府间协议仍是确定跨省（区）交易电量和交易价格的主要形式。

3. 发电权交易

2014年，全国发电权交易电量1237.5亿 kWh，其中江苏、浙江、辽宁的发电权交易电量位居全国前三，具体见图5。

4. 电力辅助服务交易

2014年度全国省级及以上统调发电企业辅助服务补偿交易费用30.36亿元，华北、山西、陕西位居全国前三，详见图6。

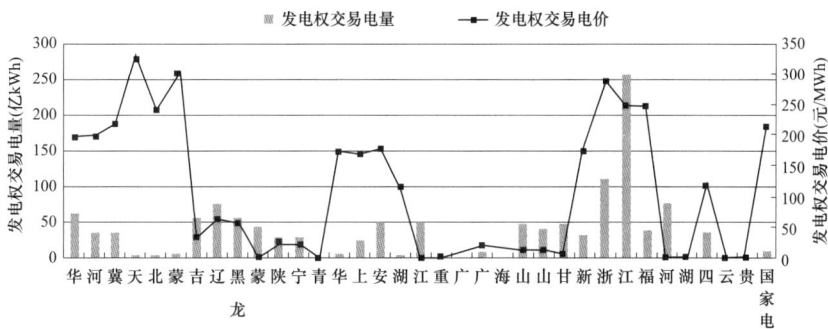

图5　省级及以上统调机组发电权交易情况

注：其中江西、重庆、河南、湖南、贵州未提供电价数据。

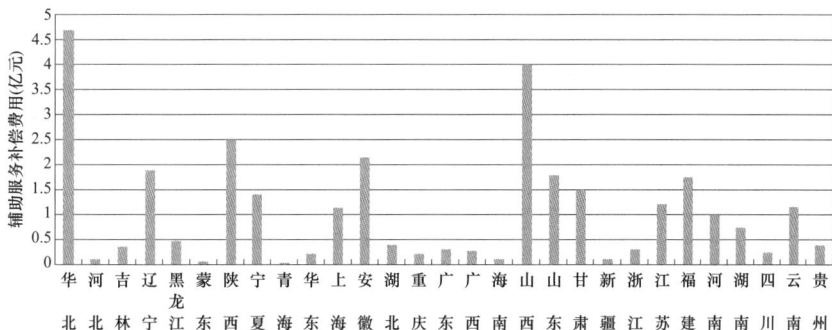

图6　省级及以上统调机组辅助服务补偿费用情况

注：未出现的省级及以上统调机组费用为0。

5. 基数合同执行

2014年全国共有105家电厂年度基数电量计划完成率超过年度计划的3%，部分基数合同完成率相差较大，其中甘肃、云南、黑龙江合同执行率均方差（均方差是差异性的一种表示，均方差越大，表示差异越显著）居全国前列。

二、存在的问题

（一）现有大电网优势发挥不够充分，资源优化配置能力不足

近年来，我国"三北""西南"地区出现较为严重的弃风、弃光、弃水、弃核问题，且日益突出；与此同时，大型、高效燃煤机组调峰任务增多，利用小时逐年下降，开机负荷率也明显降低，主要体现在以下几个方面：

1. 按照行政区划分调度控制区，控制区范围缩小

目前，我国大部分调度独立控制区按行政区划设置；同时，个别长期一体化运行的区域，出现了发电调度运行"化区域为省"的现象，导致出现负荷峰谷互补能力有所降低、备用容量和调频需求增加、电网运行难度增加、资源优化配置能力下降等问题。

2. 按较小控制区安排开机，电力系统旋转备用偏高

当前电力调度普遍采用分调度区独立的原则安排旋转备用，除华东进行区域旋转备用共享尝试外，其他区域普遍没有统一按照区域预留旋转备用，现有大电网互联互济的作用未能充分发挥。在分省备用的情况下，不少省（区、市）实际旋转备用偏高。

有偿调峰等辅助服务缺乏市场定价机制，机组电力的价值难以有效体现。近阶段，新建机组以发电量最大化为目标，长远上看削弱了电网调峰能力，降低了电力系统运行效率。

（二）部分电力调度机构管理不够规范，发电机组并网运行管理严肃性不足

为保证电力系统安全、稳定、经济运行，各有关部门依据法律法规制定了系统的标准、规程、规范性文件，但部分电力调度机构管理不够规范。

1. 部分电力调度机构对合同约定重视不足，年度合同执行率偏差大

部分电力调度机构对电量合同约定重视不足，中长期合同执行偏差大。蒙西、宁夏等地，部分年度合同执行完成率偏差超2%，违反了《国家发展改革委关于加强和改进发电运行调节管理的指导意见》（发改运行〔2014〕985号）和《关于学习贯彻〈国家发展改革委关于加强和改进发电运行调节管理的指导意见〉有关要求的通知》（国能综监管〔2014〕567号）等文件要求。

2. 部分电力调度机构管理不规范，不符合国家相关规定

部分电力调度机构管理不规范，日常工作不严格，存在无协议调度、违规免考核、漏考核行为。

3. 个别调度机构自行出台考核规定，违反国家有关规定

目前，对发电厂的考核应该以国家能源局6个区域局制定的"两个细则"为依据。但个别调度机构违规出台了与"两个细则"不相符的考核规定。

（三）电力直接交易行为存在政府干预、违背交易规则、未按有关政策执行等问题

在电力直接交易总量和覆盖省份不断增长的同时，部分地方出现了有关部门干预交易、电网企业未执行国家核定输配电价、重视电量交易而忽略电力运行特性等问题。

（四）部分跨省区交易不规范，难以充分优化配置资源

除指令性的跨省区送电外，按照国家有关规定，跨省区交易应以市场为导向，以满足各地电力需求和实现资源优化配置为目标，按照市场交易规则组织交易。但部分电网公司未按照国家政策和规则要求的市场原则组织规范、合理的跨省区交易；个别地方政府部门干预市场，影响电能资源合理流动。

（五）部分发电权交易未按规定进行，市场意愿体现不足

个别电力调度交易机构违反发电权交易有关规定，部分省份政府部门干预发电权交易，发电权交易体现市场意愿不足。

（六）部分省（区、市）年度发电计划安排不够合理，存在随意性

2014年，部分地区年度计划电量安排未能体现节能减排发电调度的原则，部分调频调峰电厂未按其功能定位确定电量计划，部分省（区、市）年度发电计划调整存在较大随意性，而且部分地方政府随意调整电力企业之间的部分电费。

（七）部分电网公司未按规定办理新建电源接入电网工作

部分网省公司未落实国家能源局《新建电源接入电网监管暂行办法》（国能监管〔2014〕107号）以及国家能源局派出机构有关文件对于制定制度、公开信息、书面答复、抄送协议的要求，在新建电源接入电网工作中存在超时限办理以及配套送出工程滞后于电源建设进度、影响机组发电等问题。

（八）新建机组进入商业运营审批取消后，电网企业相关流程的管理有待规范

国家能源局取消商业运营行政审批以后，各电网

128

公司对相关流程的管理有待规范。在进入商业运营审核、商业运营电价执行、差额资金分配等方面，电网企业存在管理审核不严、执行较为随意、占用发电企业差额资金等情形，其中，部分电网公司未对差额资金进行分配，累计沉淀近6亿元。

（九）部分电网企业存在价格违规与财务结算不规范等问题

部分电网企业存在电费结算不公平不及时、电费结算比例不均衡、承兑汇票结算不公平等问题。

三、监管意见

（一）科学设置独立控制区，促进资源优化配置

各电力调度机构要严格论证调度范围的设定与变更，按《电网调度管理条例》规定，履行必要的报批报备程序，报电力行政主管部门。

（二）优化电网运行管理，提高系统运行效率

1. 合理安排旋转备用容量留取方案

各有关区域电力调度机构要借鉴华东区域旋转备用共享机制，充分利用现有大电网互联优势，按区域共享原则确定旋转备用容量，进一步优化不同调度范围旋转备用容量。

河南、江苏省电力调度机构要分析旋转备用容量安排偏高的原因，科学安排开机组合，合理确定旋转备用容量，提高发电机组负荷率，减少不必要的资源浪费。

2. 科学调度，促进不同类型发电机组优势互补

东北、辽宁等电力调度机构，应关注并解决弃核问题，优先调度，尽量提高核电机组利用小时数，促进节能减排。

南方区域调度机构要按照调峰调频电厂功能定位原则合理安排鲁布革电站电量。

（三）重视电量合同约定，保障市场各主体公平公正

蒙西、国网宁夏等电力公司要加强电能交易合同管理，强化履约意识，落实与发电企业签订的年度购售电合同电量；加强电力公平调度、新机并网管理和机组运维管理等，平等对待发电企业，保障同类型发电机组年度合同完成水平相当。

（四）规范并网运行管理，强化调度运行管理严肃性

1. 杜绝无协议并网行为

国网辽宁省电力公司要完善并网调度协议签订和管理工作，尽快与相关发电企业签订并网调度协议，杜绝无协议并网行为。

2. 强化并网运行考核工作的严肃性

吉林、青海、江苏、湖南、西北、陕西、宁夏、山西等电力调度机构要严格落实发电厂并网运行管理规定，省级及以上发电机组要纳入并网运行考核范围，加强非计划停运、基本调峰等考核管理工作，对于违规豁免考核费用的，要按照规定追溯考核。

国网上海市、福建省电力公司要完善技术支持系统，提高系统运行的稳定性和统计工作的严肃性。

北京市电力调度机构要加强对调度工作人员培训工作，完善调度记录。

3. 严格落实调度信息披露及报送相关规定

国家电网公司所属各电力公司应按《电力企业信息披露规定》，向调度范围内的发电企业披露输电网结构图等信息，不能以商业机密为由拒绝。

国网华东、上海、安徽、西北、陕西、河北等电力公司要落实《电力企业信息披露规定》《电力调度机构信息报送与披露办法》等规定，加强信息披露网站建设，提高系统运行的可靠性，准确、全面地披露及报送相关信息，提高调度交易工作的透明度。

（五）规范电力直接交易，维护市场秩序

国网新疆电力公司应严格按照交易有关规则组织交易，不断提高交易实施人员实操能力，确保交易公平性。广西电网公司要认真做好交易信息披露工作，组织相关市场主体披露有关信息。云南、湖南、甘肃、河南等省份要严格执行国家核定的输配电价。

（六）坚持市场导向，规范开展跨省跨区电能交易，促进资源优化配置

1. 坚持市场化导向，市场主体自主参与交易

国家电网公司不得以公司计划形式代替市场交易。

国网新疆电力公司不得人为指定外送发电企业。

国网西北、华北分部应优化资源配置，以市场为导向促进清洁能源消纳，自主开展跨省区交易。

2. 尽快分配降价资金

云南电网公司应尽快明确水电降价资金的分配方案。

3. 及时签订和备案跨省区电能交易合同，不得无合同交易

南方、云南、贵州、广东、广西等电网公司要强化合同意识，及时签订西电东送合同。

国家电网公司、国网华东分部及有关省级电力公司应梳理合同签订流程，加快三峡、川电东送、四川水电等年度跨省跨区电能交易合同签订，并及时备案，不得无合同交易。

4. 及时报批跨省输电价格

国家电网公司要规范所属电网企业之间的输电费

用结算行为，做好华北电网与国网北京市、天津市、冀北电力公司跨省输电价格核定的准备工作。

（七）规范开展发电权交易

国网新疆电力公司应将发电权交易中获得的违规收益708.75万元退还相关发电企业，规范开展发电权交易。国网吉林省电力公司要严格执行发电权交易制度。国网甘肃省电力公司应及时组织交易合同签订和备案，调整发电权交易合同中的不合理条款。

（八）规范新建电源接入电网工作

国网山东省电力公司要完善新建电源项目接入电网信息，建立全过程规范管理的信息档案制度；国网福建、山西省电力公司要将新建电源接入电网制度及有关接网协议向能源监管机构备案，国网江苏省电力公司应尽快与发电企业签订接网协议；内蒙古电力（集团）有限责任公司要修订《关于印发内蒙古电力（集团）有限责任公司电源项目并网管理规定（2014年版）的通知》（内电2014〔187〕号）有关条款；贵州电网公司要认真总结送出工程建设滞后原因，加快后续工程建设，确保新建电源项目及时送出。

（九）严格落实新建机组进入商业运营相关规定

广西电网公司、国网山西省电力公司在新建机组未满足进入商业运营条件情况下，不得确认转入商业运营。

（十）落实价格政策和合同约定，及时结算电费

国网陕西省电力公司，云南电网公司要按照《发电企业与电网企业电费结算暂行办法》（电监价财〔2008〕24号）规定，在15个工作日内结算该期上网电量电费，并及时结算拖欠发电企业电费。

海南电网公司及国网山西、宁夏、青海、新疆等电力公司，在使用汇票支付方式时，应平等对待电网企业与发电企业。

贵州电网公司应按照《购售电合同》的约定控制承兑汇票支付比例，未经双方协商一致，承兑汇票支付比例不得超过合同约定。

四、监管建议

（一）各地要按照国家能源局统一制定的市场规则和运营细则来开展市场建设和电力交易

各地按照国家能源局统一制定的市场规则和运营细则来开展市场建设和电力交易，不得自行其是，不得借市场化名义搞优惠电价。

（二）地方政府发电规划和建设要考虑系统调峰需要

各省政府相关部门研究发电机组建设规模时，充分考虑系统调峰需要，配合电力市场建设的推进，合理选择发电机组建设类型，充分发挥灵活性机组调峰作用。

（三）加强协调沟通，按照市场化原则推进直接交易

广西壮族自治区政府相关部门加强沟通协调，明确牵头部门，共同推进电力用户直接交易工作。云南省政府相关部门按照市场化原则推进电力用户直接交易，由市场主体协商交易电量电价。江西省能源局应充分发挥市场的决定性作用，避免对跨省、跨区电力交易的过多干预。

（四）统筹核定华北区域内各电网企业输配电价

建议国家价格主管部门尽快核定京津冀区域电网企业的输配电价，推动各电网企业依据政策进行结算。

（五）公平公正制订年度发电计划

建议湖南、上海、安徽、云南等政府有关部门落实国家发展改革委《关于加强和改进发电运行调节管理的指导意见》（发改运行〔2014〕985号）的要求，科学、公平、规范安排年度发电计划。

冀北等6省（地区）电网企业输配电成本监管报告

为进一步强化电网企业输配电成本监管，规范成本核算及成本管理行为，推进输配电价改革，依据《国家能源局关于印发2015年市场监管重点专项监管工作计划的通知》（国能监管〔2015〕183号），国家能源局于2015年8～10月组织对冀北、黑龙江、陕西、福建、湖南、贵州等6家电网企业开展了输配电成本专项监管，形成《冀北等6省（地区）电网企业输配电成本监管报告》〔国家能源局监管公告2016年第9号（总第42号）〕。

一、基本情况

（一）输配电成本总额

2014年，6家电网企业输配电成本总额合计1030.77亿元，同比增长6.55%，输配电成本总额增长率最高的是国网福建省电力公司，同比增长9.50%，最低的是国网黑龙江省电力公司，同比增长1.17%。6家电网企业输配电成本总额情况详见表1。

表1   6家电网企业输配电成本总额情况表   单位：亿元

年度	冀北	黑龙江	陕西	福建	湖南	贵州	合计
2014	203.11	97.14	130.94	260.86	190.86	147.86	1030.77
2013	188.06	96.02	121.53	238.23	179.04	140.36	963.24
增长率	8.00%	1.17%	7.74%	9.50%	6.60%	5.34%	6.55%

（二）单位输配电成本

2014年，6家电网企业平均单位输配电成本185.67元/MWh，同比增长5.18%，单位输配电成本最高的是国网湖南省电力公司，为189.19元/MWh，最低的是贵州电网公司，为112.18元/MWh。2014年单位输配电成本除了国网黑龙江省电力公司同比下降0.82%外，其余5家电网企业均是增长，其中，增长率最高的是国网冀北电力公司，同比增长8.81%，增长率最低的是贵州电网公司，同比增长1.36%。6家电网企业单位输配电成本情况详见表2。

表2   6家电网企业单位输配电成本情况表   单位：元/MWh

年度	冀北	黑龙江	陕西	福建	湖南	贵州	平均
2014	150.23	146.34	141.27	163.03	189.19	112.18	185.67
2013	138.07	147.55	136.98	153.51	178.24	110.68	176.53
增长率	8.81%	−0.82%	3.13%	6.20%	6.14%	1.36%	5.18%

（三）输配电成本项目构成

2014年，6家电网企业输配电成本构成中折旧费用占比最高，为31.84%，其他成本项目占比依次为职工薪酬25.22%、其他费用15.27%、财务费用7.40%、修理费7.37%、委托运行维护费6.02%、材料费5.45%、输电费1.42%。6家电网企业输配电成本构成情况详见图1。

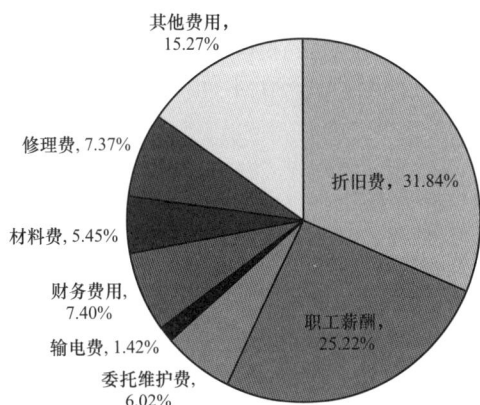

图1 6家电网企业2014年输配电成本构成图

（四）输配电成本主要项目同比变动情况

2014年，6家电网企业输配电成本项目中，材料费、修理费、折旧费同比增长较快，增长率分别为37.15%、16.82%、11.69%，输配环节财务费用同比增长6.04%，职工薪酬、输电费、其他费用小幅增长，增长率分别为1.98%、0.58%、0.13%。

（五）总体评价

总体看来，6家电网企业能够贯彻执行《中华人民共和国会计法》《企业会计准则》和《输配电成本核算办法》等法律法规及文件要求，遵循统一会计科目、信息标准及业务流程、会计核算基本规范。同时，积极采取有效措施，规范财务行为，强化预算管控，加强成本费用的审核与监督，能够按照监管机构要求及时报送财务信息，在财务和成本管理方面取得了一定的成效。

二、存在问题

专项监管发现，6家电网企业在会计政策执行、成本管理、资产管理、企业内控、关联交易、监管信息报送等方面仍存在一些问题。

（一）会计政策执行方面

一是部分企业发生的成本费用未按照《输配电成本核算办法（试行）》规定进行分摊。《输配电成本核算办法（试行）》规定"电网经营企业应当分业务核算，合理划分输配电业务成本与电网企业经营的其他业务成本之间的界限""对于同时经营输配电业务和其他业务的企业，应将发生的需由各项业务共同承担的费用，选择合理的分配方法分别记入输配电成本和其他业务成本"。国网冀北、黑龙江、陕西、福建、湖南省电力公司未将共同费用分摊。

二是达到预定可使用状态的资产未及时转增资产。《企业会计准则》规定，达到预定可使用状态时将在建工程转入固定资产并提取折旧。国网冀北、黑龙江、福建、贵州电网企业部分在建工程完工结算和转资产不及时。

三是会计科目使用不规范。部分核算材料费、修理费、其他费用的会计科目不规范。

（二）成本核算方面

一是将内部发电厂的部分成本费用列入输配电成本。国网湖南省电力公司所属的柘溪、东江、凤滩等内部发电厂武警执勤补助、个别机组折旧维护费本应计入发电成本，但计入输配电成本。仅 2014 年，国网湖南省电力公司支付内部发电厂武警公安消防执勤补助 148 万元，全部计入输配电成本。

二是代维资产成本列入受托单位输配电成本。国网冀北、湖南电力公司受国家电网公司委托代维代运部分电网资产，收取的委托运维费列入本单位收入，为这些电网资产支出的代维代运费用（包括技改、大修产生的成本费用）列入本单位输配电成本，未与共用网络输配电成本进行区分。

三是应资本化的支出列入输配电成本。存在将应资本化的工程项目支出、研发项目支出、固定资产采购支出等费用化的现象。

四是与输配电业务无关的费用列入输配电成本。国网陕西、湖南省电力公司本部及系统内部单位将个别与输配电业务无关的费用列支在输配电成本中。

（三）成本管理方面

一是个别成本项目年底发生额占全年总数的比例较高。国网冀北、黑龙江、福建电力公司个别成本项目年底支出占该项目全年费用的比重较高。如：2013、2014 年，国网福建省电力公司管理咨询费全年费用分别为 8613.38 万、2722.49 万元，当年 12 月支出 7209.39 万、2476.28 万元，占比分别达到 83.70%、90.96%。

二是成本跨期入账。提前列支个别成本，导致当年输配电成本不准确。

三是成本列支依据不充分。个别单位直接列支的成本无合同文件及合法票据。2014 年 11 月，国网陕西省电力公司山阳县供电分公司发生了 4 笔检修费均为 124 市区Ⅰ导线更换工程的民工费，共计 14.62 万元。经查，无工程开竣工报告及工程结算清单，施工合同无具体施工内容及价格明细，无具体签订日期。

（四）固定资产管理方面

一是固定资产卡片信息不完整。国网陕西省电力公司西安、安康供电公司存在固定资产卡片信息中未标注固定资产使用状况，无法区分是自用资产还是对外出租资产，且部分房屋未办理相关权证，房屋权属无法区分。贵州电网公司本部个别固定资产卡片无使用年限及残值率信息。

二是固定资产折旧计提不准确。贵州电网公司遵义供电局镇浥线π接入 110kV 浥水变电站 35kV 线路，资产原值为 101.7 万元，入账时间为 2010 年，折旧年限 17 年，但实际折旧年限不足 5 年，增加了该资产折旧期间每年的输配电成本。贵州平坝乐平 110kV 变电站 35kV 线路资产暂估入账时间为 2012 年 12 月，价值 63.06 万元，2014 年 12 月竣工决算时重新按照此类资产的折旧年限计提折旧，而非按照剩余折旧年限计提折旧，延长了折旧年限两年。

（五）成本控制方面

一是部分省（区、市）配电网投资能力不足。部分电网企业盈利能力弱，累计亏损严重，配网建设投资能力和运维费用不足，难以满足负荷增长需要，低电压现象较为突出。

二是个别电网工程单项工程费用决算超概算或决算编制不规范。国网福建省电力公司浙北—福州特高压工程，变电站的监理费、设备监造费、安装工程费以及线路部分监理费合同金额超工程概算 956.92 万元。国网冀北电力公司部分电网工程单项费用决算编制不规范，承钢 220kV 输变电工程决算报告中建筑部分单项费用决算金额超概算 91%，承德西—承德双回 500kV 线路等 8 个电网工程决算报告中将多项费用归集至一项费用，造成部分单项费用决算额超出概算 5～20 倍不等。

三是合同执行不严，调增工程造价。国网冀北电力公司检修分公司与北京送变电公司以总价承包方式签订 500kV 源霸 1 线紧凑型线路舞动治理工程检修施工合同 2360.10 万元，合同中明确价格不再调整，后河北筑业工程咨询有限公司审定金额为 2725.99 万元。国网冀北电力公司检修分公司根据审计结果与北京送变电公司签订补充合同，增加费用 365.89 万元，从而增加工程造价。

（六）企业内控方面

一是部分单位会计基础管理工作有待提升。国网福建省电力公司机关，泉州、南平供电公司，物资公司存在票据入账不及时、差旅报销不规范不及时、物品领用单填写有遗漏等问题。2013、2014 年国网福建省电力公司"生产成本/输配电成本/其他运营费用/中介费"科目中，农电生产作业风险管控工作规范研究及编制咨询委托等 7 份合同的合同签订时间、发票开具时间、通知付款时间三者接近及部分发票开具时间早于合同签订时间和部分年初提供服务、年底签订合同。

二是往来账款长期挂账，清理不及时。影响资产账目的完整性、准确性。

（七）关联交易方面

关联交易合同不规范。存在缺少合同必备条款、事后追补合同，提前支付工程款等现象。

（八）监管信息报送方面

一是资产变化重大事项报送不及时。2013 年国网陕西省电力公司清算下属电力信息运维有限公司（账面净值 6504.75 万元）未按照《输配电成本监管暂行办法》第八条规定向监管机构专项报告资产变化重大事项。

二是监管信息报送不及时。国网福建省电力公司对监管统计报送工作重要性认识不足，统计报表报送工作未落实到位，报表缺报、漏报问题较为严重。

三是信息报送数据不准确。2014 年国网湖南省电力公司在电力监管统计系统中报送的输配电成本明细表数据与年度财务会计报告数据不符，且差异较大，影响了信息报送质量和监管工作效率。

三、监管意见

（一）整改要求

针对 6 家电网企业检查中存在的问题，提出整改意见。各有关电网企业于 2016 年 6 月底前将整改材料上报国家能源局。同时，要找准问题症结，完善管理制度，建立健全标本兼治的长效机制，坚决杜绝问题的反复与反弹。

1. 规范成本核算行为，严格执行会计准则

一是电网企业要严格执行《企业会计准则》《输配电成本核算办法》等有关规定，进一步完善成本管理制度。

黑龙江、福建、贵州等电网企业要按照《企业会计准则》规定，将达到预定可使用状态的资产及时转资；福建、贵州等电网企业要规范会计科目使用。

二是电网企业要加强会计基础工作管理，严格财务报销制度，进一步规范业务流程和成本核算行为，严格按照分业务核算原则准确核算输配电成本，正确处理资本性支出与费用性支出，确保输配电成本信息真实、准确、完整。

陕西、福建、贵州等电网企业要加强会计基础工作，纠正会计核算不规范，往来款长期挂账、成本列支依据不充分等行为。

2. 严格输配电成本核算，准确归集各类成本

一是要分业务核算，不得将其他业务环节或与输配电业务无关的成本归集在输配电成本科目。共同费用应选择合理的分配方法，合理分摊。

国网湖南省电力公司要将发电环节发生的支出从输配电成本之中剔除；国网黑龙江、陕西等省电力公司要按规定将共同费用在输配电成本和其他业务成本之间进行合理分配；国网陕西、湖南等省电力公司要将与输配电业务无关的业务成本从输配电成本之中剔除。

二是严格区分资本性支出与费用性支出。对于符合资本化条件的固定资产购建支出等，应当及时以资本化。

陕西、贵州等电网企业要将应予资本化的费用进行资本化，不得在输配电成本中直接列支。

三是加强成本归集的时效性，确保输配电成本的真实、准确。严格按照会计政策确认各期成本，避免跨期入账行为，对已完工资产及时进行资本化，杜绝成本提前或推后入账的行为。

冀北、贵州等电网企业要遵循权责发生制原则，避免成本跨期入账。

3. 加强企业内部管控，合理合规列支输配电成本

加强工程项目管理，有效控制工程投资。加强工程施工过程管理，保证工程招标、合同签订、工程施工、项目评审、竣工验收等环节的完整性；提高工程设计、概算、决算编制质量，从各个环节严格控制项目总投资；未经批准不得擅自超概算，严格工程项目决算管理，杜绝随意变更合同。

国网冀北、福建等电力公司要加强工程项目管理，杜绝工程决算超概行为。国网冀北电力公司要严格执行工程合同，避免随意调增工程造价的行为。

4. 加强资产管理，准确界定输配电有效资产范围

加强资产日常管理，探索按功能属性、资产来源、资产用途等对资产进行分类登记，准确区分自有资产与代管资产，生产性资产、福利性资产与投资经营性资产，在用资产与退役资产等不同资产界限；从实际出发，合理确定折旧率等指标，加强对资产的分类折旧管理；准确界定输配电有效资产范围，对已明确不属于输配电有效资产范围的资产需单独进行管理。

陕西、贵州等电网企业要完善固定资产卡片信息；贵州电网公司要严格按照会计准则计提固定资产折旧。

5. 规范关联交易行为，确保交易公允透明

电网企业要深入落实中发 9 号文件精神，遵循市场经济规律，规范推进电力系统集体企业改革改制，关联交易要严格遵守相关法规，规范交易行为，确保关联交易的公允性和透明度；关联企业应主动接受外部监管，规避违规风险。

国网冀北、陕西、福建等电力公司要规范与关联企业的合同签订、合同执行行为。

6. 依法报送监管信息，不得漏报迟报

电网企业要按照《电力监管条例》《电力企业信息报送规定》等要求，及时、准确、完整向电力监管机构报送相关信息。

国网陕西省电力公司要将企业经营中的重大事项

及时向电力监管机构报告，国网福建、湖南等电力公司要高度重视统计报表报送工作，及时准确完整向电力监管机构报送相关信息。

（二）监管建议

1. 抓紧修订完善《输配电成本核算办法（试行）》和配套规范性文件

《输配电成本核算办法（试行）》实施十年来，有力促进了输配电成本监管。但是随着电力体制改革深入推进和电网企业经营发展，其条款内容已经不适应当前监管需要。建议对其进行修订完善，合理设置"生产成本/输配电成本"以下的三级科目，准确定义科目范畴，严格成本归集相关规定，禁止列入与输配电业务无关的成本，增加罚则相关内容。同时，修订完善或制定配套规范性文件，增强核算办法的刚性、权威性和可操作性。此外，输配电成本监管相关法规制度建设，要适应输配电价改革需要，与输配电价定价成本监审相关规定对接互补。

2. 加强法规建设，规范推进改革，从体制机制上消除问题根源

省级电网企业存在关联企业数量多、关联业务量大等情况。建议制定相关法规制度，加强关联企业与关联交易的监管。推进电力市场化改革，加强电网企业输配电成本监审，建立规则明晰、水平合理、监管有力、科学透明的独立输配电价体系。

3. 加强监管力量建设，提高监管能力

随着电力体制改革深入推进，输配电成本监管及其他业务监管的重要性日益突出，监管任务日益繁重。现有监管力量与监管资源，不适应形势发展需要。建议加强监管力量建设，增设监管机构与人员编制，从监管法规建设等方面改进监管资源条件，切实提高监管能力。

锦苏直流等八项典型电网工程投资成效监管报告

为促进电网工程前期科学论证规划，加强对电网工程建设运营的事中事后监管，进一步引导电网企业提升电网工程投资成效和运行实效，按照《国家能源局关于印发2015年市场监管重点专项监管工作计划的通知》（国能监管〔2015〕183号）的要求，2015年国家能源局组织开展锦苏直流等8项典型电网工程投资成效监管工作，形成《锦苏直流等八项典型电网工程投资成效监管报告》［国家能源局2016年第8号（总第41号）］。

一、基本情况

本次工作共选取了锦苏直流等8项典型电网工程

（文中均采用工程简称），其中跨省区联网工程3项、电源送出工程3项、网架加强工程2项。在电网企业报送自查报告及相关工程信息的基础上，国家能源局组织相关派出机构、电力规划设计总院、中国电力企业联合会等有关单位对上述8项工程进行了现场核查，并从造价控制、运行实效、电价成本、工程建设与环境保护等方面对这8项工程自投产后至2015年6月的投资成效情况进行了全面分析。

总的来看，8项工程造价控制均未出现超概算现象，但锦屏送出工程概算突破核准投资，大部分工程决算较概算节余率偏高；8项工程的功能定位均与设计预期基本一致，但西北二通道、酒泉送出、黄坪、祯州工程的输电量低于设计预期；大部分工程的成本费用控制在合理范围内，但现行的成本核算与管理方式不利于输配电价的准确核定；8项工程均如期建成投产，但灰腾梁、锦屏送出、黄坪、高岭扩建工程在获得核准意见前已违规开工建设，锦苏直流、高岭扩建、黄坪、灰腾梁、锦屏送出工程在投产时方取得初步设计批复；大部分工程在建设施工中采取了有效的环保措施，但黄坪、祯州、锦屏送出、高岭扩建、灰腾梁工程未取得环保部门验收合格意见。

二、存在问题

1. 新能源发展与既有电力规划未能有效衔接，一定程度上影响了电网工程利用率

目前，部分地区新能源发展迅猛，快速改变了当地供电格局。有些地区未能充分考虑系统消纳能力，且与既有电力规划缺乏统筹协调，导致弃风弃光与电网设施闲置情况并存，部分既有电网工程利用率偏低。

酒泉送出工程实现了酒泉风电基地一期电力的汇集和送出功能，但由于新能源发电装机增长过快、消纳能力不足，导致弃风弃光情况加剧、新能源外送电量下降，送出工程负荷率偏低。西北二通道、黄坪工程所在地的新能源装机跨越式增长，一定程度满足了地方负荷需求，客观上减少了西北二通道、黄坪工程的输电量，一定程度上影响电网工程利用率。

2. 部分工程受端电力需求低于预期，项目功能未充分发挥

由于近年来国内经济下行压力较大，部分地区出现电力需求明显低于预期的情况，但电网企业在工程建设中未能充分考虑并主动适应电力需求变化，导致部分项目功能发挥不充分。

西北二通道工程与已建成的一通道工程（注：西北二通道工程和已建的一通道工程共同构成了新疆与西北主网联络断面，在其设计和运行阶段均与一通道工程统一研究，两者密不可分，在评价工程输电能力等功能时需将两个通道统一考虑。考虑到2013年的

典型电网工程投资成效监管报告已专门评价了一通道工程，本次监管只选择了西北二通道工程）共同作为新疆与西北主网的联络通道，提高了新疆向西北主网的送电能力，增强了新疆电网的安全保障能力。但由于负荷发展低于预期，加上受电侧青海省当地新能源发展迅速以及送电侧新疆配套电源建设滞后，西北一、二通道工程外送断面最大输送功率不到设计预期的一半，2014 年最大功率利用小时数仅为 970h。祯州、黄坪工程受当地实际用电需求远低于预期影响，2014 年主变压器最大功率利用小时仅为 221、677h。

3. 部分工程未批先建，工程建设管理需进一步规范

灰腾梁、锦屏送出、黄坪、高岭扩建等工程在获得核准意见前已违规开工建设，其中灰腾梁工程于 2013 年 6 月获得核准，但 2010 年 4 月已提前开工建设；锦苏直流、高岭扩建、黄坪、灰腾梁、锦屏送出等工程在投产时才取得初步设计批复，设计批复滞后不符合基本建设程序。一定程度反映出电网企业建设管理不够规范，不利于国家对工程投资方向、建设方案和投资成效实施有效管理。

4. 工程决算节余率偏大，工程造价精细化管理有待加强

从决算较概算的节余率来看，1 项工程控制在 10% 以内，其余 7 项工程节余率均在 10%～20%，其中酒泉送出工程节余率达 20.57%。投资节余的主要原因是工程量偏差较大以及设备材料价格发生变化，工程造价精细化管理有待加强。

5. 成本核算与管理方式不利于输配电价的准确核定，有待进一步规范

目前电网企业的成本核算与管理方式存在以下问题，不利于输配电价的准确核定：一是部分工程投产后短期内即实施技改，增加了电网的运营成本，如祯州工程投产当年增建一座生产综合楼，次年改变接线方式，增加 3 台 220kV 断路器，黄坪工程投产次年增建一座值休楼；二是目前电网工程的运维成本是按照成本属性的方式核算，未分电压等级归集，输配电价核定难度较大，只能通过分摊的方式计算，无法保证其真实性和准确性。

6. 竣工决算和环保验收滞后，基建程序执行不严格

原能源部《电力发、送、变电工程基本建设项目竣工决算报告编制规程（试行）》（能源经〔1992〕960 号）明确要求电网工程投产后 6 个月内应完成竣工决算编制。黄坪、锦屏送出、灰腾梁等工程投产已有 2～3 年，仍未完成竣工决算，在建工程转固定资产完成严重滞后。

按照原环境保护总局 2001 年印发的《建设项目竣工环境保护验收管理办法》（国家环境保护总局令第 13 号）规定，建设单位工程试生产 3 个月内应提交环保验收申请。黄坪、祯州、锦屏送出、高岭扩建、灰腾梁等工程投产已有 2～4 年，至今仍未完成竣工环保验收。

7. 个别工程设备备用水平超过核准规模，造成社会资源浪费

锦苏直流工程在以招投标方式确定了核准规模的备用换流变压器的情况下，又在送受端换流站增放了 3 台备用换流变压器。增加的备用换流变压器由国家电网公司直属产业单位山东电工电气集团有限公司提供，建设期市场价值约 1.4 亿元，工程决算中未含上述资金。从运行实际情况看，这 3 台设备从未挂网运行，造成社会资源浪费，并增加了运行维护成本。

三、监管意见

1. 加强规划衔接，促进网源协调发展

针对新能源发展与电力规划不协调、不适应的问题，建议进一步加强网源等规划的有效衔接，做好电力供应与需求的统筹规划，协调好不同类型电源的建设时序，做好新能源规划与常规能源规划、电网规划与电源规划、国家能源规划与地方能源规划的有效衔接，在新能源有序发展的同时，利用好既有电网设施，促进电网安全稳定运行。

2. 做好电力需求分析，提高负荷预测准确性

电网企业应做好电力需求分析相关工作，提高电力需求预测准确性，根据供需变化及送受端电源建设投产情况，及时提出工程建设规模及投产时机调整方案报原核准部门批复后实施，保障并提升设备利用效率。

3. 强化项目建设管理，严格执行相关管理办法

针对部分项目未批先建、竣工决算和环境保护验收滞后、设备备用水平超出核准规模等问题，电网企业应进一步加强项目管理，规范工程基建程序，严格执行项目核准文件以及竣工决算和环境保护验收相关管理办法。

4. 实行工程投资精细化管理，加强全过程造价控制

针对工程存在投资节余较大的问题，电网企业应进一步加强估、概算编制精度，实行工程投资精细化管理，杜绝出现在建工程形成固定资产滞后情况，提高造价管理水平，做好全过程造价控制。

5. 调整成本核算方式，适应输配电价改革要求

按照输配电价改革要求，遵循"准许成本加合理收

益"的原则，电网企业应加强成本管理、改进成本核算方式，对于输配电成本应分电压等级、分项目进行归并核定，以适应输配成本核算要求。同时，应进一步提升电网技改大修等项目的管理水平，提高企业运营效益。

行 业 服 务

中国电力企业联合会

【综述】

（一）加强行业发展重大问题调查研究，维护行业利益

针对电力系统安全、电力企业经营、新能源发展面临的突出问题，组织电力企业，开展了"电力系统安全运行及政策建议""电力企业经营状况及政策建议""新能源发电情况及发展建议"专题调研，调研报告已报送中央财经领导小组办公室、国务院研究室及有关部门。

围绕新能源发展、需求侧管理、节能减排、工程投资等问题，完成了"非水可再生能源发电配额考核制度对燃煤发电机组影响""论河北和内蒙古的风电开发与京津冀雾霾的关系""工业领域能源消费及需求侧管理政策""电力行业节能标准体系""电力排污许可证'一证式'管理"等专题研究，专题报告已提交有关部门和电力企业参考。

（二）加大建言献策力度，促进行业科学发展

积极向国家有关部门建言献策，反映了火电利用小时持续下降、电力直接交易降价幅度过大、煤电企业利润大幅下滑、部分地区"弃风、弃光、弃水"严重等电力行业面临的突出问题，提出了针对性的建议；针对电煤价格过快上涨问题，组织发电企业共同研讨，形成专题报告报送国家发展改革委；首家提出的增加释放煤炭产量不低于每日 100 万 t 的建议得到采纳，三部委已印发相关文件；提出的加强燃煤机组调峰能力改造的建议，引起高度重视，国家能源局已确定 16 个项目开展提升火电灵活性改造试点。

认真听取企业意见，就《电力法》《碳排放权交易管理条例》向国务院法制办提出了修订意见；就能源发展"十三五"规划、电力发展"十三五"规划、《节能低碳电力调度办法》《排污许可证管理暂行办法》《火电厂污染防治最佳可行技术指南》《钢铁行业实行差别电价和阶梯电价促进供给侧改革有关意见》《实施工业污染源全面达标排放计划》《造纸、火电行业及部分区域流域排污许可证管理工作方案》等，提出修改建议。

（三）做好行业发展趋势分析预测，为政府、企业决策提供参考

定期参加中央财经领导小组办公室、国家发展改革委、财政部、工信部、国家能源局等部门的经济运行分析会，汇报行业发展情况，反映行业共性问题，全年报送月度、季度、年度电力运行情况 70 余份。

逐月编印《全国电力工业统计月报》，按季度编制供需形势分析预测报告，编印《2015 年电力工业统计资料汇编》，为政府、行业、企业全面了解电力工业运行情况提供支撑。召开年度经济形势与电力发展分析预测会，协助电力企业更好地把握、研判宏观经济形势。为全国"两会"电力行业代表委员编制《中国电力工业现状与展望（2016）》，就电力行业热点难点问题提出意见建议。

全面分析总结行业发展情况，编制了《中国电力行业年度发展报告 2016》《中国电力技术经济发展研究报告（2016）》《2016 中国电力造价咨询行业年度发展报告》《中国应对气候变化的政策与行动——2016 年报告（电力行业）》《电力行业信息化年度发展报告 2016》《"十二五"电力行业节能减排绿色发展情况》《"十二五"全国直流输电系统可靠性运行分析及相关专业分析报告》等一系列专题报告，为政府部门和电力企业提供参考。

（四）推动构建全球能源互联网，服务电力企业"走出去"

牵头成立中国电力国际产能合作企业联盟，搭建电力国际产能合作全方位服务平台，现有成员单位 48 家。联盟已纳入国家整体推进国际产能合作协同工作机制与项目对接机制。编写了《中国电力行业对外投资合作发展报告》《"十三五"电力国际产能合作规划研究报告》《2015 中国电力行业"一带一路"双向投资报告》《中国对外投资合作政策法规汇编（2015）》《中国电力行业国际合作发展》等专题报告，编译《电力国际信息参考》24 期，为电力企业把握我国对外投资政策、国际电力发展动态提供参考。

（五）团体标准建设取得突破，电力标准体系不断完善

10月21日批准颁布第一批45项中电联团体标准，包括能源互联网、电动汽车充电设施互联互通、太阳能发电、配电网、能源管理、计量、水电施工和有关产品类技术条件等热点及国家重点支持领域，实现了中电联标准、行业标准、国家标准的有效衔接，标志着中电联团体标准建设工作取得阶段性成果。

（六）发挥第三方作用，稳妥推进电力体制改革

组织开展"中小电力企业改革诉求"专题研究，形成报告送国家有关部门和电力企业；协助国家能源局建立了电力改革专家库；举办电力体制改革配套文件宣贯培训班；作为成员单位，参与北京、广州电力交易中心市场管理委员会组建工作；编辑《电力改革动态》，探索建立理事长、副理事长单位电力改革负责人联席会议机制，为电力企业了解和把握电力改革情况提供服务。

（七）搭建沟通交流平台，推动行业技术进步和成果共享

与中国就业培训技术指导中心、中国能源化学工会全国委员会联合成功举办2016年中国技能大赛——第十届全国电力行业职业技能竞赛装表电工和脱硫脱硝处理工决赛；发布年度电力可靠性指标、全国风电场生产运行指标；开展火电机组能效对标活动；开展中国电力创新奖、全国电力职工技术成果奖等评比表彰活动；举办"创新驱动、智慧共享"为主题的"2016中国电力主题日"活动、中国清洁能源"十二五"总结与"十三五"展望专题活动暨第八届中国国际清洁能源博览会、第十六届中国国际电力设备及技术展览会。为广大会员搭建了沟通交流平台，促进了先进技术和成果的推广应用。

（八）立足会员需要，提高专业服务的针对性和有效性

一是及时出台电力工程计价依据适应"营改增"调整过渡方案，解决企业燃眉之急，编制风力发电检修工程量清单计价与计算规范、电力建设工程估算指标、工程量清单计价与计量规范等一系列定额规范，发布了电力建设工程投资单项价格指数、综合价格指数，为工程建设投资提供可靠依据。二是创新开展电力可靠性专项服务，开展"十二五"全国直流输电系统可靠性运行分析研究。三是编写电力工程质量问题及质量通病清单，分类通报企业，编制2016年全国在建电力工程规模统计报告，对21个国家重点试验示范项目实施了工程质量监督检查，提出整改问题2723项，及时消除了质量隐患。四是完成18个省（市、区）配电网建设改造"十三五"规划咨询论证工作，完成40余个电力项目后评价咨询项目，电网造价咨询首次涉足电压等级±1100kV直流输电工程、海底电缆工程和特高压大跨越工程。五是开展电力行业两化融合标准建设，申报的14家单位获工信部批准为两化融合管理体系贯标试点企业。六是开展电力信息化优秀成果评选，推动电力企业信息化发展。七是继续开展工业领域电力需求侧管理专项行动，组织100多家企业实施需求侧管理，取得积极成效。八是完成《充电桩系列产品认证实施细则》，拓展新兴领域认证工作。九是受理科技新成果、新产品鉴定申请项目200个，鉴定138个。十是提供电力司法鉴定服务50余件，受理电力类司法鉴定委托10件，出具司法鉴定意见3件。十一是《中国电力企业管理》杂志发行量稳中有升，宣传报道水平不断提高。

（九）启动行业协会脱钩改革工作，进一步加强内部管理

根据国家行业协会商会与行政机关脱钩联合工作组安排，中电联及代管的中国电力技术市场协会、中国电力发展促进会、中国电力建设企业协会、中国电力规划设计协会已被列入第二批脱钩试点名单。各协会都制定了与行政机关"五分离"（机构分离、职能分离、资产财务分离、人员管理分离、党建外事分离）脱钩试点实施方案，已由民政部、国资委批复，正在按脱钩改革要求办理具体脱钩事项。

【中电联组织机构】

（一）2016年中电联机构设置及人员变动情况

（1）中电联本部设置职能部门12个，直属单位3个，投资股份制企业1个。12个职能部门为理事会办公厅（新闻宣传中心）、规划发展部（电力统计与数据中心）、国际合作部、人力资源部（机关党委）、财务与资产管理部、会员与企业文化建设部、电力定额管理部（电力工程造价与定额管理总站）、电力工程质量监督管理部（电力工程质量监督总站）、环保与资源节约部（电力行业应对气候变化中心）、标准化管理中心、可靠性管理中心、技能鉴定与教育培训中心（电力行业职业技能鉴定指导中心）。3个直属单位为电力发展研究院（中电联电力建设技术经济咨询中心）、电力评价咨询院（中电联科技开发服务中心、工业领域电力需求侧管理促进中心）、杂志社（《中国电力企业管理》杂志社）。1个投资股份制企业为华凯投资集团有限公司。

（2）人员变动情况：中电联本部2016年底实有职工总数168人，与2015年相比，通过上级任命增加1人，公开招聘增加7人，政策性安置1人，调入3人，企业派驻增加7人，减少企业派驻交流5人，

退休 7 人。

（二）干部配置

（1）中电联第六届理事会领导成员：

理事长：刘振亚

党组书记、常务副理事长：杨昆

专职副理事长、秘书长、党组成员：于崇德

专职副理事长、党组成员、机关党委书记：魏昭峰

专职副理事长、党组成员：王志轩

兼职副理事长（按姓氏笔画排序）：王炳华、王树民、卢纯、乔保平、刘吉臻、李庆奎、陈进行、汪建平、李灼贤、吴国潮、赵建国、贺禹、晏志勇、钱智民、顾军、曹培玺

（2）中电联第六届理事会专职顾问：孙玉才

（3）中电联第六届理事会副秘书长：沈维春、安洪光、许松林、江宇峰

（4）本年度部门（中心）领导干部：

理事会办公厅主任：沈维春（兼）

理事会办公厅副主任：谢清

理事会办公厅主任助理：栾加林

规划发展部主任：安洪光（兼）

规划发展部副主任（部门正职级）：薛静

规划发展部副主任：游敏

规划发展部副主任：张琳

规划发展部主任助理：叶春

国际合作部主任：吴添荣

国际合作部副主任：王军

人力资源部主任：李晓霞

人力资源部副主任、机关党委副书记、机关工会主席：张海涛

财务与资产管理部主任：孙红旗

会员与企业文化建设部主任：李斌

会员与企业文化建设部副主任：王慧

会员与企业文化建设部副主任：白俊文

电力定额管理部主任、电力工程造价与定额管理总站站长：郭玮

电力定额管理部主任助理：董士波

电力工程质量监督管理部主任、电力工程质量监督总站站长：张天文

电力工程质量监督管理部副主任、电力工程质量监督总站副站长：罗勇

环保与资源节约部主任：潘荔

标准化管理中心主任：许松林（兼）

标准化管理中心副主任：刘永东

可靠性管理中心主任：米建华

技能鉴定与教育培训中心主任：张志锋

技能鉴定与教育培训中心副主任：孙建华

电力发展研究院常务副院长、中电联电力建设技术经济咨询中心常务副主任、党总支书记（部门正职级）：黄成刚

电力发展研究院副院长、中电联电力建设技术经济咨询中心副主任：左晓文

电力发展研究院院长助理、中电联电力建设技术经济咨询中心主任助理：张慧翔

电力发展研究院院长助理、中电联电力建设技术经济咨询中心主任助理：张天光

电力发展研究院院长助理、中电联电力建设技术经济咨询中心主任助理：周霞

电力评价咨询院院长、中电联科技开发服务中心主任、党总支副书记：江宇峰

电力评价咨询院副院长、中电联科技开发服务中心副主任、党总支书记（部门正职级）：胡小正

电力评价咨询院总工程师、中电联科技开发服务中心总工程师：尹松

电力评价咨询院院长助理、中电联科技开发服务中心主任助理：郝继红

华凯投资集团有限公司董事长、电力发展研究院副院长、中电联电力建设技术经济咨询中心副主任（部门正职级）：崔照胜

【电力行业发展规划与电力发展课题研究】

（1）参与"十三五"规划研究。跟踪国家能源电力"十三五"规划进展情况，反馈中电联意见建议；开展各区域电力需求与供应相关研究。完成国家能源局《能源发展"十三五"规划（征求意见稿）》《电力发展"十三五"规划（征求意见稿）》《能源体制改革"十三五"规划（征求意见稿）》的回复意见，及时反映行业企业诉求。

（2）完成《煤电、气电及非化石能源发电定位研究》报告，开展各类电源定位研究。收集整理已有研究成果进行，分析近年来各种电源运行情况，对未来各区域电力发展进行平衡分析，促进以电力为中心的能源系统优化。

（3）完成《电力系统安全形势调研报告》《电力企业经营状况及政策建议》。组织开展电力系统安全形势调研和电力企业经营状况调研，提交中电联第二次理事长会议审定，并报送政府主管部门。

（4）完成《非水可再生能源发电配额考核制度对燃煤发电机组影响专题调研报告》。组织开展非水可再生能源发电配额制考核问题调研。组织召开部分发电企业座谈会，了解发电行业基本情况和当前需要关注的主要问题。针对企业普遍反映的国家能源局关于建立燃煤火电机组非水可再生发电配额考核制度的征求意见，与浙能集团、申能集团等合作组织开展相关调研，形成报告报送国家能源局，印发大型电力企

业，共同反映行业企业合理诉求。

（5）开展"雾霾与风电关系"研究。与国家气候中心联系，合作完成《论河北和内蒙古的风电开发与京津冀雾霾的关系》研究，并在经济预测会上权威发布，澄清风电开发对雾霾影响的误导信息，取得了比较好的效果。与国家气候中心签订战略合作协议，建立长期合作关系。

（6）跟踪开展电煤形势调研、汇报等工作。根据华能集团等五大发电集团《关于当前电煤市场变化情况的报告》来文，按照会领导指示，完成《中国电力企业联合会关于当前电煤市场情况的报告》，报送国家发展改革委并抄送国家能源局。多次参加国家发展改革委领导主持召开的有关电煤情况会议，突出反映当前发电企业市场严峻形势，提出了尽快加大释放安全高效先进煤矿的产量，协调解决好煤炭运输环节问题，并尽快控制煤价价格上涨等有关意见建议，多数意见建议得到认可和采纳。

（7）开展中小电力企业改革诉求研究。结合电力体制改革整体要求，编写课题研究工作大纲，召开座谈会邀请专家讲解改革政策。先后赴天保电力、新奥集团等单位开展调研。收集整理课题相关素材，研究提出最终报告，发送有关理事单位。

（8）编制《中国电力行业年度发展报告2016》。研究拟订编制提纲、发文电力企业征集有关资料，协商中电联相关部门，完成报告整体的修改、编辑、审定，按期完成出版、发送等工作。

【电力统计与经济运行分析】

（一）电力统计工作

（1）完成《2015年电力工业统计年度快报》和2016年度各月统计快报、统计月报，由国家能源局发布，为社会、政府、电力行业、电力企业提供决策参考。在此基础上，完成2015年年度电力工业运行情况简报和2016年各月度运行简况，在中电联网站和电力报发布。

（2）完成2015年电力行业统计年报，形成《电力工业统计资料汇编（统计专业本）》《电力工业统计资料汇编（行业服务本）》和《电力工业统计资料提要》，发送统计体系、会员企业、政府部门，为进一步开展电力规划、政策研究、历史对比提供决策研究依据。完成2015年县级供电企业年度数据统计工作，提交能源局。

（3）完成省间电量输入输出情况（逐月报送国家统计局）、五大发电集团效益共享数据等其他定期统计工作。

（4）根据国家统计局国民经济分类修订工作安排，沟通电网公司提前筹备行业用电分类调整工作，作为领导组成员，开展行业用电分类修订工作。

（5）研究电力监管统计工作体系及框架，争取更多工作授权，稳固中电联电力行业统计地位。

（6）赴新疆、云南开展行业统计调研，协调新疆兵团、云南水利、云南统计局与地区电力统计职能部门配合，推进统计工作完善。

（二）经济运行分析

（1）编制完成季度、半年度及年度全国电力供需形势分析预测报告，报送稿上报中央财经领导小组办公室、国家发展改革委、国家能源局等10个国家部委以及理事长、各副理事长单位，详细稿寄送直管会员级以上单位。

（2）召开2016年度、2016年上半年全国电力供需形势分析预测报告新闻发布会，为社会和有关部门了解电力行业形势、出台有关政策，以及企业生产经营决策提供较好参考。

（3）按照国家有关部委要求，每月及时跟踪了解电力工业运行形势相关动态，并及时完成电力工业运行形势分析材料，预计全年上报各种形势分析材料60余份。按要求参加国家发展改革委、中财办、工信部、财政部、国资委、国家能源局等部门组织召开的运行形势分析座谈会，汇报电力行业运行情况，并反映行业困难与诉求。

（4）按照工信部要求，撰写电力行业运行情况汇报材料，经工信部整理印刷后统一报送国务院领导。

（5）每月按时上报电力运行信息及趋势性、苗头性和倾向性问题，全年报送发展改革委运行局信息33条、报送工业和信息化部产业政策司信息55条、报送国家能源局信息35条，成为相关部门以及中办、国办收集了解电力行业信息的重要渠道。

（6）按照工业和信息化部要求，3月中旬组织国家电网、南方电网等13家电网企业以及五大发电集团等11家发电企业召开座谈会，调研电力行业运行情况，以及工业企业开工复工情况，形成《关于2016年一季度电力工业运行情况调研的报告》，提交工信部。

（7）按照国家能源局要求，1月上报《2015年电力形势分析及2016年用电走势预测》，3月上报《当前全国电力工业运行形势分析及今年后续走势预测》，6月上报《上半年全国电力形势分析和下半年走势预测》及《2016年火电供需形势分析预测》，9月上报《今明两年全国电力供需形势分析预测》，12月上报《2017年全国电力供需形势展望》，为预判电力供应、消费、供需形势提供了有效支持。

（8）按照国家发展改革委国民经济综合司通知要求，每月向其报送电力行业运行分析材料。

（9）根据国家发展改革委要求，完成《各行业协会及企业提供产能合作报告》中有关章节内容撰写任务。

【电力国际合作管理与服务】

（一）加强电力行业企业"走出去"服务

（1）积极加强政企连接。参加国家发展改革委举办的重点行业协会推进国际产能合作工作会议和重点行业对外投资形势座谈会，报送中国电力行业近几年国际产能合作和对外投资工作情况，反映了行业企业面临的实际困难并提出了相关意见建议。配合国家发展改革委，向党中央、国务院上报2016年季度经济形势及政策建议。

（2）促进中外电力合作。配合国家发展改革委，促进中国电力企业与韩国、印度的经济合作，重点推动部分电力项目纳入了中韩、中印产能合作项目清单，并就产能合作提出建议。

（3）完成电力行业国际合作统计和分析工作。根据国际合作形势和企业的需求，整理分析电力行业国际情况，编制年度《中国电力行业国际合作发展》白皮书。

（4）举办2016年电力行业国际合作会。会议围绕如何建立电力行业国际合作信息共享平台机制、企业国际合作经验教训分享和进一步做好服务电力企业"走出去"工作等内容展开讨论，并深入研讨了电力行业进一步落实"一带一路"和"国际产能合作"战略的具体措施。

（二）推进区域电力互联

为尽快推进东北亚区域电力互联，中电联、全球能源互联合作与发展组织及能源宪章召开东北亚区域电力互联与合作论坛。论坛邀请来自东北亚各国政府部门、企业、研究机构和相关国际组织代表近80人参会。论坛梳理了近年来各方关于该区域能源电力合作的研究成果，讨论了区域电力联网与合作面临的困难和挑战。

（三）增强国际影响力

（1）推进与各国同业机构及国际组织的交流。接待日本海外电力调查会、能源宪章、国际能源署、美国能源信息署等多家机构来访，并就电力信息和统计、可再生能源发展、电力体制改革等议题进行交流；与美国爱迪生电力协会在北京签署合作备忘录，为双方开展下一步的合作奠定了基础；与国际能源署共同组织"国有企业低碳能源转型研讨会"，为国内企业与国际机构交流国企低碳转型经验搭建平台。

（2）推进专家参与大湄公河次区域电力联网研究，参与次区域电力相关互动。支持专家参与国际技术标准讨论和制定，参加相关国际会议，增强话语权。

（四）积极参与大型国际活动

（1）推进阿斯塔纳世博会工作。作为世博会中国

馆组委会委员单位，推荐报送世博会中国馆专家委员会委员及世博会中国馆能源展示素材意见反馈；参加世博会综合服务商（竞争性磋商）竞标会；派员赴哈萨克斯坦参加世博会第二次国际参展方会议；走访重点电力企业，宣传推广世博会。

（2）组织中国电力企业参加第21届亚太电协大会展会及论文宣讲，并在亚太电协执委会会议暨第42届理事会会议上再次当选亚太电协执委会委员。

（3）会同大唐集团召开2016年"中国-东盟电力合作与发展论坛"，来自东盟各国30多位同行及近300位国内电力同行参加了会议，会议增进了中国与东盟双方的相互了解和认识，为建立长期合作机制、开展进一步合作奠定了基础。

（五）深化电力信息服务

（1）贴近企业需求，做好《电力国际信息参考》。2016年，共编译出版《电力国际信息参考》24期、"应对气候变化专刊"3期，关注国际能源电力发展热点，及时反馈行业国际动态，为会员企业提供了优质的信息服务。

（2）为会员企业提供对外投资合作政策法规信息。编写完成《中国对外投资合作政策法规汇编（2015）》，为企业及时了解国家现行"走出去"相关政策信息提供帮助。

（3）加强英文网站建设。及时更新英文网站栏目信息，为国际同行了解中国电力提供窗口。

（六）做大做强品牌展会

（1）举办2016年中国国际清洁能源博览暨清洁能源峰会。博览会以"中国清洁能源'十二五'总结与'十三五'展望"为主题，来自法国、德国和美国等11个国家和地区的近300家企业参展，展出面积近25 000m²。会议同期还举办了中国清洁电力峰会，超过145位发言和对话嘉宾，会议代表超过1100人。

（2）举办第十六届中国国际电力设备和技术展览会。展会总面积超过40 000m²，有来自澳大利亚、加拿大等25个国家和地区超过1000家企业参展，参观观众达到3万多人次。展会同期举办了电力安全与应急主题活动，第一批中电联团体标准发布、电力节能环保、电力建设质量、电力可靠性等专题会议也同期召开。

（3）举办中国（珠海）绿色创新电力大会暨首届中国电力创新成果展示交易会。会议以"绿色创新、成果转化"为主题，举办了高峰论坛、技术研讨会、展览展示、项目对接会、园区推介会、产业园区参观访谈等活动，展览规模达10 000m²，会议代表达800人次，专业观众约12 000名。

【电力政策研究与电力节能环保】

（1）10月，向国务院法制办反映电力行业对《中

华人民共和国电力法（送审稿）（修订建议稿）》的意见建议，从修订的基本原则、健全电力业务许可制度和电力从业人员资格认证制度、充分发挥行业协会等社会组织的作用三个方面提出了总体意见，并逐章对具体条文提出修改建议。

（2）参与行业重大政策制修订，反映意见诉求。针对国务院相关部委来文（函）征求相关法规政策的意见，组织电力企业共同探讨、统一共识，向国务院法制办、国家发展改革委、环境保护部、工业和信息化部、国家能源局等正式行文10余件，反馈节能减排行业意见；参与编制《关于在燃煤电厂推行环境污染第三方治理的指导意见》《环境污染第三方治理合同范本》《培育环境治理和生态保护市场主体的意见》《火电厂污染防治技术政策》等电力环境管理和技术政策，部分文件已由国家部委发布；编制电力行业参与碳交易框架方案，并向国务院法制办反映意见；开展《常规燃煤发电机组单位产品能源消耗限额》修订工作。

（3）开展节能减排情况调研，把握发展动态。赴辽宁、黑龙江、山西、上海、浙江、贵州、四川、海南等多家火电企业实地调研电力企业排污许可证、环保电价、节能节水等实际情况和问题；开展火电机组启停阶段污染物达标情况调查，共收到258家火电厂反馈的725台火电机组情况；开展火电厂脱硫、脱硝及除尘成本及环保电价执行情况调查，共收到267家电厂反馈情况，为研究工作奠定基础。先后赴国电集团、中国三峡集团、中广核、深能源、浙能、国电投新疆能源化工集团总部和新疆、广东新能源电站现场调研，完成"电力行业新能源发电问题及政策建议"调研报告，并报送国务院有关领导和中央财经领导小组、有关政府部门。

（4）行业重大问题研究，提出政策建议。开展海南省火电厂污染物综合排放标准研究，助推地方排污许可试点工作；开展《环保电价成本效益分析研究》，分析环保电价作用及问题，提出科学补偿火电企业环保改造成本的政策建议；开展《巴黎协定下电力低碳发展相关问题研究》，分析了巴黎协定生效后的新形势和对电力行业影响，剖析了中国电力发展特点和低碳发展主要问题，提出对策建议；开展《"十三五"火电节水措施目标及政策研究》，分析全国火电行业用水情况，归纳节水工作现存问题，从结构调整、管理、技术、市场机制等方面分析节水潜力，提出火电"十三五"火电节水目标；开展《火电行业节水技术政策大纲修订》，建立节水评价指标体系，对火电行业节水技术全面评估，提出火电行业节水技术发展方向和趋势。所承担的《电力行业参与全国碳交易关键问题研究》课题获国家能源局2015年度能源软科

学研究优秀成果奖三等奖。

（5）发挥电力环保节能低碳平台协调与服务作用。召开2016年度大型发电集团公司环保联系会，针对排污许可"一证式"管理、综合排放标准等电力环保重点问题进行深入交流讨论；发挥电力行业碳交易工作组作用，组织电力企业共同研讨电力行业积极参与全国碳市场相关问题。

（6）针对行业热点难点问题开展座谈培训。在北京举办电力体制改革配套文件宣贯培训班，邀请国家发展改革委、国家能源局相关司局政策文件起草人进行权威解读；召开电力行业"十三五"节能形势分析座谈会，与国家节能中心定期交流行业节能形势与存在问题。

【电力可靠性管理与服务】

（1）组织召开2016年电力可靠性指标发布会。会议发布了2015年度电力可靠性指标和"十二五"可靠性趋势情况，通报了电力可靠性管理工作情况，安排了"十三五"时期主要工作。

（2）完成2015年度可靠性数据的采集、分析和发布工作。全面完成了2015年度全国电力可靠性数据的汇总分析，开展"十二五"各专业可靠性趋势分析等基础工作。电力可靠性主要指标、趋势分析及同业对标报告已通过发布会、出版物、网络等多种形式向政府有关部门、电力企业及相关单位机构进行了发布和反馈，实现了电力可靠性数据在全行业、全社会的共享，有效指导了电力企业的生产管理实践。

（3）创新性开展对会员单位的专项服务。在以往对行业普遍服务的基础上，2016年首次为（副）理事长单位提供电力可靠性专项服务试点。试点选取国家电网公司、南方电网公司、华能集团，通过行业对标和对本企业问题系统研究，采用多种边界条件对比，提供集团间和企业内部实名制、实质性的技术分析，并对其可靠性管理工作提出建议，使服务工作更有针对性且更有力度。

（4）开展有针对性的专业研究工作。结合特高压直流输电系统双极停运可能造成区域电网频率大幅振荡的突出问题，组织国家电网公司、南方电网公司相关单位共同参与，编写了《"十二五"全国直流输电系统可靠性运行分析报告》，通过技术研究、历史分析和国际对比，提出技术和管理对策，为电力安全生产工作提供技术服务和支持。

（5）开展可靠性标准建设工作。一是制定《电力行业可靠性管理"十三五"技术标准规划》，有序推进可靠性评价、代码、数据接口和评估规范等可靠性标准的制订工作。二是完成《供电系统用户供电可靠性评价规程（通则、高中压用户、低压用户）》和《中压配电网可靠性评估导则》编制和发布工作。三

是召开第四届电力行业可靠性管理标准化技术委员会第二次会议，审查《电力可靠性管理代码》《发电设备可靠性评价规程》（通则）《发电设备可靠性评价规程》（燃煤机组）送审稿，开展电力设备可靠性技术交流。

【电力行业职业技能鉴定与教育培训管理及服务】

（一）全国电力行业职业技能竞赛工作

与中国就业技术培训指导中心、中国能源化学工会全国委员会联合举办2016年中国技能大赛——第十届全国电力行业职业技能竞赛（装表接电工和脱硫脱硝处理工）决赛。赛后印发《关于表彰2016年中国技能大赛——第十届全国电力行业职业技能竞赛获奖单位和个人的决定》。对分别获得装表接电工、脱硫脱硝处理工决赛第一名的选手——国网河南省电力公司陈锴和中国大唐集团公司闫欢欢，按照程序向中华全国总工会申报“全国‘五一’劳动奖章”荣誉称号。在装表接电工、脱硫脱硝处理工决赛中获得个人成绩前三名的选手——国网河南省电力公司陈锴、国网江苏省电力公司施沩、国网山西省电力公司周婷；中国大唐集团公司闫欢欢、张锐、甘露，由国家人力资源和社会保障部审批后获得“全国技术能手”荣誉称号。

（二）技能鉴定工作

（1）第十三届中华技能大奖候选人、全国技术能手候选人的遴选推荐工作。按照人社部规定，遴选、报送了中华技能大奖候选人2名，全国技术能手候选人3名。经人社部组织评审并发文表彰，中国华能集团公司北方联合电力有限责任公司达拉特发电厂郑桂杰荣获中华技能大奖荣誉称号，国网辽宁省电力有限公司盘锦供电公司姜广敏、中国南方电网贵州电网贵阳供电局卢兴福荣获“全国技术能手”称号。

（2）年度电力行业技术能手评审工作。146人获得“2015～2016年度电力行业技术能手”称号。

（3）全面推动电力行业职业技能鉴定理论知识网络化考试平台建设工作。完成了74个电力行业特有职业（工种）[48个发电专业职业（工种）和26个供用电专业职业（工种）]的技能鉴定理论知识网络化考试试题库修编工作。

（4）2015年度电力行业特有职业（工种）高级技师评审工作。共5863人申报，5763人通过了初审，4643人通过了专家评审委员会评审、上网公示及评审委员会审核批准，获得电力行业高级技师资格，通过率79.19%。

（5）进一步规范电力行业职业技能鉴定质量管理。由电力行业职业技能鉴定指导中心组织成立15个专家督查小组，历时三个月，分别对甘肃省电力行业职业技能鉴定中心等15个电力鉴定中心高级技师鉴定考评工作进行督导检查。12月召开了高级技师鉴定考评督导检查工作总结会议。

（三）教育培训工作

（1）电力行业仿真培训认证工作。开展2016年度电力行业仿真培训基地评估认证工作，7个培训机构被授予资质。完成电力行业仿真培训基地2015年度年检工作和2016年复查评估工作。开展电力行业仿真培训高级指导教师考试认证和复训认证工作，46人通过了考试认证，45名高级指导教师通过了复训认证；开展电力行业仿真培训指导教师考试认证及复训认证工作，133人通过了考试认证，31名指导教师通过了复训认证。

（2）2015年度电力行业人才培训信息统计与分析工作。组织汇集了国家电网公司、南方电网公司及五大发电集团公司等15家大型电力集团企业数据，形成全国电力行业2015年人力资源及教育培训大数据报告。

（3）电力行业职业教育指导与协调管理工作。一是与全国机械职业教育教学指导委员会合作，举办2016年教育部高等职业院校“风光互补发电系统安装与调试技能竞赛”；二是举办全国电力职业教育教学指导委员会2016年全国高等职业院校学生“智能微电网系统安装与调试”等5项电力类专业技能竞赛；三是完成教育部委托的“行业指导职业院校专业改革与实践项目”2个课题项目（电厂热能动力装置专业顶岗实习标准、发电技术类专业企业生产实际教学案例库）的研究和教育部验收工作。

（4）2016年专业技术人才知识更新工程工作。人力资源社会保障部委托，举办开展“国家‘一带一路’布局下能源电力企业走出去战略”高级研修班，来自各省区市能源管理部门及涉及“一带一路”有关电力企业的中高层管理及技术人员86人参加研讨。

【电力工程造价与定额管理及服务】

（一）电力工程计价依据的编制和管理工作

一是完成2016年版电力建设工程估算指标编制工作。二是完成20kV及以下配电网工程计价定额的编制与审查工作。三是完成新版电力建设工程工程量清单计价与计算规范的修编工作。四是开展电网应急抢修工程定额的编制工作。五是完成风力发电检修工程量计算规范的编制。六是全面启动新版电力建设工程概预算定额修订准备工作。

（二）电力工程造价管理工作

（1）定期收集、整理和发布电力建设投资价格指数。定额管理部参照指数测算方法和相关研究成果，结合电力工程建设的实际特点，研究构建、并定期编制和发布年度《电力建设投资价格指数报告》，及时上报了国家政府部门，辅助国家宏观调控政策的制定。

（2）电力工程计价依据"营改增"的调整和宣贯工作。为积极响应国家全面推开营业税改增值税的通知精神，及时发布了"电力工程计价依据适应营业税改增值税调整过渡实施方案"并开展了相关培训和解释工作。并于年底出版了5套实施营改增后新版电力工程定额估价表。

（3）对已发布的各册定额价格水平进行科学调整。跟进工程造价构成要素的市场价格变化，适时调整和发布了"发电工程概、预算定额价格水平调整系数""电网工程概、预算定额价格水平调整系数""电力建筑工程施工机械价差""20kV及以下配电网工程、电网技术改造工程和检修工程预算定额价格水平调整系数"。

（4）定期发布电力建设工程设备、材料信息价格。编制、出版《20kV及以下配网工程设备材料价格信息》《电力工程主要设备、材料信息价格》；另外，还借助于电力工程造价信息网，建立了相关价格信息的发布常态机制，为准确计算工程投资提供了可靠的参考依据。

（5）为各方应用好计价依据提供全面技术支撑。除了大规模宣贯和解释，在各版电力建设工程概预算定额、电网检修技改定额、20kV及以下电力建设工程预算定额的应用过程中，及时以网站、微信、电话、座谈、书面文字等形式对广大用户提出的问题给予解答，科学指导用户对定额、规程、规范的理解，尽量减少定额在实际使用中出现的偏差。

（三）工程造价管理基础及前沿理论课题研究

（1）参与《新费用定额在电力工程造价中应用研究》《国外电力工程计价技术与方法研究》《定额编制规则》等课题的研究工作。

（2）协同电力规划设计总院、水电规划总院、可再生能源定额站联合编制了《中国电力技术经济发展研究报告（2016）》，包括计价依据体系介绍、年度造价分析、造价指数研究、电价分析、政策及热点研究、技术创新对工程造价的影响、发展预测等内容。

（四）行业管理和服务工作

（1）提升执业素质，指导并协助初审机构开展造价人员继续教育工作。为提高电力行业造价、从业人员的业务素质，指导并协助初审机构开展造价员继续教育工作，内容涉及计价依据体系、工程量清单计价规范、工程概预算编制和施工结算等。

（2）完成优秀成果和优秀论文初选及推荐工作。为配合中价协的优秀造价咨询成果及优秀论文评比活动有序开展，提高电力行业造价从业人员研究创新的积极性，开展了电力行业年度的优秀成果和论文的评优活动。共评选出获奖论文120篇，获奖成果55项。

【电力工程质量监督管理与服务】

（1）风电、光伏发电工程质量监督检查大纲颁布实施。国家能源局于4月5日以国能安全〔2016〕102号文正式颁布实施风电、光伏发电工程质量监督检查大纲。两册大纲历时一年时间编制完成。本次颁布的风电大纲包括4部分，光伏发电大纲包括5部分。两册大纲的颁布实施将对进一步规范风电、光伏发电工程质量管控工作，确保工程质量安全发挥积极作用。

（2）编制完成《垃圾发电工程质量监督检查大纲》。根据国家能源局的委托，高效完成了大纲编制、校核、征求意见、修改、定稿等各阶段的任务，报批稿已于6月15日报送国家能源局。

（3）完成电力工程质量监督专业人员管理规章的修订。为落实审计整改意见，进一步规范质量监督专业人员管理，对原有电力工程质量监督人员认证及从业管理系列规章进行了重新修订，废止了部分与当前国家政策不符的内容，形成了统一的《电力工程质量监督专业人员聘用管理办法》。

（4）完成特高压输电工程和国家重点试验示范发电工程的阶段性监督检查。根据质量监督检查大纲规定，完成了所承担工程项目的质量监督检查工作。其中：发电工程完成江西大唐抚州、四川神华天明等16个项目的阶段性监督检查47项次，共发现质量问题1487项；特高压输电工程完成新疆昌吉—安徽古泉±1100kV、滇西北—广东±800kV等6个项目的阶段性监督检查96项次，共发现质量问题2298项。以上问题均已整改闭环。另外，2016年新增质监注册及咨询项目16项，其中发电工程12项，特高压输电工程4项。

（5）启动昌吉—古泉±1100kV特高压直流输电工程质量监督检查。7月27日，组织检查组对昌吉—古泉±1100kV特高压直流输电工程的昌吉换流站新建工程进行了首次质量监督检查，标志该项目质量监督工作正式启动。

（6）编制完成电力工程质量问题及质量通病清单并向电力企业进行通报。结合在电力工程质量监督检查中发现的质量问题，编写了《输变电工程质量问题清单》《发电工程质量问题清单》，分别于1月22日、3月30日召开会议向各企业进行了通报。

（7）举办2016电力建设安全与质量管理交流会。11月3日，2016电力建设安全与质量管理交流会在北京举办，来自各电力企业、各中心站、项目站和检测试验机构的领导和专家共270余人出席了会议。

（8）向各检测试验机构通报了电力工程检测试验管理存在的问题。4月15日，在湖南省长沙市召开会议，通报了近期在电力工程质量监督检查中发现的质量检测试验管理存在的问题。

（9）配合国家能源局开展了工程质量专项监管披露问题整改情况"回头看"检查工作。本次"回头看"检查的总体目标是按照"全覆盖、零容忍、严执法、重实效"的原则，对2015年《电力工程质量专项监管报告》中披露问题整改和监管意见落实情况进行全面检查，以督促有关措施落实到位，确保电力工程建设质量可控、在控。

（10）印发湖北当阳"8·11"电厂管道爆裂事故警示。针对湖北省当阳市马店矸石发电有限责任公司热电项目发生蒸汽管道爆炸事故，发布《湖北当阳"8·11"电厂管道爆裂事故发布警示报告》，详细分析了发生事故的原因，并部署了下一步工作中应重点关注的事项。

（11）开展煤电建设秩序调查并部署落实调控措施。根据国家发展改革委、国家能源局《关于进一步规范电力项目开工建设秩序的通知》（发改能源〔2016〕1698号）和《国家能源局关于进一步调控煤电规划建设的通知》（国能电力〔2016〕275号）要求，开展了煤电建设秩序情况调研，并印发了《关于贯彻落实国家能源局煤电建设调控措施的通知》（质监〔2016〕44号），向各中心站部署了在煤电项目工程质量监督工作中应采取的具体措施，以确保煤电建设调控工作落实到位。

（12）组织完成广东、江苏两省的工程质量联合监督检查。分别于5月25日和6月20日，在广东省云浮市500kV卧龙变电站工程、江苏连云港市500kV南翼变电站工程，开展了跨省区的工程质量联合监督检查，取得了良好的效果。

（13）完成电力工程质量监督专业人员考试。分4批次完成了全国11个专业的工程质量监督专业人员考试。此次考试全部采用机考和综合案例分析相结合的方式，考试过程公平、公正。此次共考核确认中级专业人员439名、初级专业人员761名。

（14）完成2016年上半年全国在建电力工程规模统计。编制了《全国在建电力工程项目名录》。此次统计的范围包括110kV及以上输变电工程、火电工程、核电、风电、光伏、生物质能发电和部分水电工程（不含水利部批准的项目）。

（15）配合能源局完成山东省电力工程质量监督工作调研。调研组先后到国网山东省电力公司、国华寿光电厂基建工地、国家核电山东海阳核电站建设现场，调研了电力工程质量监督工作情况，并和工程各参建单位进行了座谈，探讨了加强和改进工程质量监督工作有关事宜。

【电力行业文化建设与对外宣传服务】

（1）组织召开了"2016年电力企业文化建设工作交流会暨企业文化建设示范单位现场会"，表彰了2015年度电力企业文化优秀成果，交流了电力企业文化建设工作经验和心得体会，参观了企业文化建设示范单位，为电力企业搭建了良好的企业文化学习和交流平台。

（2）完成2016年度电力企业文化优秀成果评选工作。组建了评审专家库，采取网络评审和召开评审会相结合的方式，使评审更加公开、公平、公正。共评选出电力企业文化优秀成果66项，其中一等奖11项、二等奖22项、三等奖33项。

（3）编写《中国电力工业现状与展望（2016）》服务手册，继续做好为电力行业两会代表委员服务工作。服务手册全面梳理和总结了2015年电力行业发展的基本情况和重点问题，分析了行业发展面临的机遇与挑战，展望了未来电力工业发展。引起了行业代表委员们的积极关注，进一步加强了与各会员单位的沟通和联系，产生了良好的社会反响。

（4）在华能北京热电有限公司举办了以"创新驱动　智慧共享"为主题的2016中国电力主题日主会场活动。活动紧贴当前社会大背景和行业发展实际，举办地点放在基层企业，进一步加强了与企业之间的互动。

【党群工作】

（1）抓好理论学习，增强政治定力。按照中央统一部署和国家能源局有关要求，结合中电联实际，制定印发了《中电联开展"两学一做"学习教育实施方案》，在全体党员中开展"学党章党规、学系列讲话、做合格党员"学习教育。制定印发了《中电联党组中心组2016年度学习计划》和《中电联2016年度职工理论学习计划表》，推动学习贯彻党的十八届六中全会精神和习近平总书记出席庆祝中国共产党成立95周年大会、纪念红军长征胜利80周年大会讲话等系列重要讲话精神不断向基层党组织、向党员群众拓展、从集中性教育向经常性教育延伸。发挥党组中心组学习的龙头示范作用，组织召开了四次中电联党组中心组扩大学习会议，党组成员、各支部书记带头讲党课。结合纪念中国共产党成立95周年，组织开展了中电联"两优一先"评选表彰活动，激励广大党员充分发挥先锋模范作用，为促进中电联中心工作和本部建设提供有力的精神动力和思想保证。深入研究第二批行业协会脱钩中电联及代管协会党组织管理体制问题，提出说明和相关建议。圆满完成北京市第十六届区人大代表选举组织工作。

（2）强化党建工作体系，落实党建工作责任。中电联换届以后，及时完成机关党委所属支部换届选举和新设支部选举工作，全部党员纳入支部管理，严格规范党员组织关系和党费管理。认真做好机关党委换届筹备工作，研究提出了中电联机关党委换届工作方案，经中电联党组和国家能源局直属机关党委批准后，正式启动中共中电联机关第六次代表大会筹备工作。各党支部按要求选举出 67 名党代会代表，酝酿推荐了"两委"委员候选人建议人选，经中电联党组审议决定，向国家能源局直属机关党委报送了《关于第六届中共中电联机关委员会和新一届中共中电联机关纪律检查委员会委员候选人预备人选的请示》。适时举办了中电联党务干部培训班，召开了培训学习交流暨党建工作座谈会。按照中央国家机关工委办公室的要求，推广使用"支部工作"APP。制定印发了《中电联 2016 年机关党建工作要点》和《中电联机关党委及所属支部 2016 年抓党建工作职责清单》，完善了中电联党组书记负总责、分管领导分工负责、机关党委推进落实、部门主要负责人"一岗双责"的党建工作责任体系。制订《中共中国电力企业联合会机关委员会议事规则（试行）》，健全机关党委季度例会和议事制度。建立了党建工作考核体系，在部门责任书中制订了党建考核目标，年底结合党建述职完成考核。

（3）严格组织生活，加强党风廉政建设。认真贯彻落实中央关于加强和改进党内政治生活的规范性文件精神，做好年度党组民主生活会和支部组织生活会的组织召开工作。贯彻落实中央纪委六次全会精神以及国家能源局有关廉政工作要求，做好《中国共产党廉洁自律准则》《中国共产党纪律处分条例》《中国共产党党内监督条例》和《中国共产党问责条例》（简称《准则》和《条例》）的学习宣贯工作，监督检查《中电联本部党风廉政建设责任制实施细则》和《中电联贯彻落实中央八项规定实施办法（修订稿）》的执行情况，对违纪情况及时严肃处理。

（4）全力配合国家能源局做好巡视工作，按要求开展自查和整改。完成了 2013 年以来党费收缴情况统计、党费补缴及有关报表上报工作。积极整改存在的问题，上报了自查问题（第一批）整改的情况报告、围绕制度建设巡视整改工作进展情况报告、中电联中共党组织设置情况报告和党员组织关系集中排查情况报告。通过自查整改，中电联党建管理更加严格规范。

（5）发挥群团作用，形成工作合力。认真落实《国家能源局党组关于加强和改进党的群团工作的实施意见》，制订了全年工会工作计划，策划了季度职工文体健身系列活动，积极组织青年职工参加"根在基层"调研实践活动。做好工会福利和劳保相关事项，通过为职工办贴心暖心的好事实事，增强了员工的向心力和凝聚力，促进了和谐本部的建设。

中电联分会

【中电联供电分会】

（1）围绕大局，把握定位，认真履责。按时完成供电分会月、季、年度的工作情况汇报、意见反馈、有关财务报表和相关材料的报送工作，完成供电分会秘书长的调整。配合挂靠单位完成了供电分会和农电分会的整合方案，车辆管理办法的制定和实施、年鉴的起草等工作。

（2）按会员需求，做好基础性服务工作。加强了供电信息网建设，提高了信息更新速度，强化了信息服务功能。8 月 17 日召开了《供电企业管理》评审小组会议，经过小组成员讨论和按标准评审，从 2015 年刊物上发表的文章中评出获奖作品 11 篇，并予以表彰奖励。11 月 24 日召开了部分会员代表座谈会，交流了各单位在企业改革与发展中的工作经验，听取了代表们对如何办好分会的意见和建议。

（3）做好舆论引导和信息宣传工作。利用《供电企业管理》杂志加强行业文化建设传播与交流，完成 6 期杂志的编辑和出版发行工作。

（4）加强自身建设。一是完善内部管理制度；二是坚持部门例会制度，组织专题学习，提高分会人员责任感和使命感；三是采取措施，加强财务管理；四是增强凝聚力，利用不同途径与会员单位加强沟通，了解企业诉求；五是加大执行力度，分会各项工作按照程序运作、注重考评，对重要活动、重要事项采取目标分解、责任到人。从而提高分会管理水平和服务效果。

【中电联火电分会】

加强会员与社会各界的联系，加强与兄弟协会密切合作，协调会员关系，维护会员利益，积极反映企业诉求。与环保节能分会共同举办环保主题征文；与电促会组织了相关清洁能源企业与一流火电企业（高井热电厂）举办清洁能源发展交流活动。

【中电联水电分会】

2016 年 5 月，在向家坝电厂召开了第七次会员大会。选举产生了第七届理事会成员；审议通过了分会会议管理等 5 项工作制度，进一步完善和健全了分会制度体系和管理体系。

【中电联电力试验研究分会】

（1）召开中电联电力试验研究分会 2016 年会长办公会、第四次会员大会暨四届一次理事大会。通过了新修订的《中国电力企业联合会电力试验研究分会工作规则》，选举产生了分会第四届理事会会长、副会长、秘书长、副秘书长和理事，审议通过

《中电联电力试验研究分会第四次会大会暨四届一次理事大会决议》。总结了分会"十二五"以来的工作成绩，部署了2016年的重点工作，审议通过了分会2015年财务执行情况报告，原则上通过2016年财务预算方案。

（2）召开2016年经营工作会议。探讨电科院经营工作面临的形势，以及电改对电科院经营工作带来的影响。交流了经营工作经验与成效，分析当前形势下电科院经营工作存在的困难、问题和发展建议，并针对电改对经营业务的影响、集体企业管理、电源业务拓展等问题进行了深入的交流和研讨。

（3）召开2016年生产工作会议。就电改对技术监督业务的影响、网源协调业务发展等问题开展了深入的交流和讨论，为各会员单位在网源协调业务、电源技术监督服务、配用电业务开展和信息平台建设等方面的工作提供了参考借鉴和经验。

（4）召开2016年联络员工作会。就如何促进管理提升以及办公室工作取得的经验和成果进行了充分交流，并就联络员沟通协调、办公室管理提升进行了专题讨论，提出了进一步加强分会日常管理的措施和建议，进一步加强了各理事单位之间的联系和基层管理。

（5）召开2016年技术交流会。就智能变电站与直流偏磁技术、网源协调技术、输变电设备带电检测技术、金属监督及特高压直流试验技术分别召开了技术交流会。

（6）举办特高压直流输电运行控制技术培训班。10个会员单位的16名技术人员参加培训，邀请业内知名专家讲授了直流输电原理、运行特性、故障案例、直流输电接入系统试验要求等培训课程，并为学员提供了新一代国家电网仿真平台、灵绍特高压直流输电工程等现场实习。

【中电联电力职业安全卫生分会】

（1）做好分会服务工作，加强与政府主管部门的沟通。积极在职业安全卫生方面拓展服务职能，重点支持电网公司、发电集团做好职业安全卫生培训、科研项目开展及职业卫生相关标准的申报等工作，派出专家组参与具体工作指导。

（2）做好年度全国电力职工技术成果奖（职业卫生类）的评审工作。2016年度共有10多家单位33个职业卫生类项目参评，分会分别于7月、9月组织行业专家进行初评、复评，分会严把质量关，推荐的25个项目入围，经举办方终审后共有2个项目获一等奖、6个项目获二等奖，17个项目获三等奖。

（3）参与或主持职业卫生标准的起草修订工作。继续加强与国家职业安全卫生相关行政管理部门之间的沟通联系，积极争取行业参与相关国家或部级标准

的编写任务。参与国家职业卫生标准《职业健康监护技术规范》（GBZ188）的第二次修订；参与起草的安监总局标准《火力发电企业建设项目职业病危害控制效果评价细则》正式发布。

（4）支持会员单位职业安全卫生课题评审。积极支持全国电力环境检测监督总站（山东电力研究院）和吉林省电力科学研究院有限公司在职业卫生课题申报或标准起草、职业危害预评价等职业卫生技术服务方面的工作，派出专家参与课题指导、评审或验收工作。派专家参与了广东电网公司电力科学研究院多个课题的验收和评审工作。

（5）加强会员单位间的沟通联系。分会挂靠单位国家电网公司职业病防治院，积极与各会员单位沟通联系，给予职业卫生工作的专业指导；与各医疗机构加强调查研究，先后派出人员至吉林、北京、天津、山东、上海、江苏等电力医院或职工健康服务中心学习交流，充分了解各单位的专业发展、学科建设、临床科研和为电力职工健康管理、应急保障服务等情况；应国家电网公司人才交流评价中心邀请，按要求做好卫生系列高级职称评审工作。

【中电联电力装备分会】

（1）积极向会员单位提供各类服务。先后组织了对电力机具、电站起重机械、牵张设备、电站高压管道等专业的课题调研。

（2）积极响应会员单位关于安全文明施工主要管理措施需求，编制安全文明施工手册。

（3）积极开展新能源、新设备、新工艺的调研工作，对北京电力设备总厂等进行了实地考察。

（4）根据会员单位要求，编写了工程建设项目涉及的安全、职业健康和环境保护的各类标志、标识，明确了各类标志、标识的标准化配置。

（5）根据装备制造业的管理要求，积极开展了相关的培训工作。组织学习7S管理相关内容以及电力建设施工、勘测设计企业安全生产标准化规范等，旨在鼓励会员单位重视自主知识产权的产品开发，全面提升企业管理水平，并不断提高产品质量和技术装备水平。

（6）配合中电联完成了2016年涉企收费清理情况专项检查工作。

【中电联节能环保分会】

（1）4月12日，中电联节能环保分会2016年年会在山西大同召开。分会会长单位、副会长单位、会员单位及指导委员会的近180名代表参加会议。年会同期召开了分会一届五次会长会议。

（2）开展调研活动。根据电力行业节能环保工作需要，结合会员单位需求，针对节能减排技术的研发与应用推广、电力企业环保达标情况等内容，组织了

11 次调研活动。

（3）贯彻落实国家法规政策。一是根据国家发展改革委要求，有序推进电力行业环保"领跑者"活动。起草了《燃煤电厂环保"领跑者"制度实施方案》，制定了《燃煤电厂大气污染治理环保"领跑者"评选办法》，对缩小燃煤电厂环保设施间技术、经济、管理水平的差距，全面提高燃煤电厂污染控制水平具有重要意义。二是推动燃煤电厂环境污染第三方治理工作。组织研究第三方治理合同范本和负面清单制度，为规范环境污染第三方治理工作、提升行业环境污染治理水平发挥良好作用。

（4）积极参与技术标准规范制修订。对《排污单位自行监测技术指南火力发电厂》《节水型企业　氮肥行业》《取水定额　聚氯乙烯》等 12 项国家标准、《火电厂烟气脱硫工程施工质量验收及评价规程》《脱硫湿磨机石灰石制浆系统性能测试方法》《便携式氨逃逸测量系统技术要求及检测方法》等 5 项行业标准向标准化管理部门反映意见建议 75 条。

（5）积极搭建交流与服务平台。4 月，组织召开了 2016 年电力节能环保技术成果交流会。11 月，在 2016 中国国际电力节能环保技术和装备展览会期间，举办了 2016 年电力行业节能环保论坛暨技术交流会，探讨了中国"十三五"期间电力节能减排趋势，交流了燃煤电厂在新形势下的污染物控制技术及应用、节能低碳技术及应用等，有效发挥电力行业在绿色发展中的作用。

（6）开展专业统计工作。发布了 2015 年度火电厂烟气脱硫、脱硝、除尘产业信息。

（7）加强与会员单位沟通联系。全年向会员单位发送 7 期《电力行业节能环保信息》。

电力论坛

工 作 报 告

【国家能源局 2017 年工作报告(摘要)】

2016 年，全国能源工作深入贯彻党中央治国理政的新理念新思想新战略，坚持稳中求进工作总基调，以推进供给侧结构性改革为主线，大力推进结构优化和产业升级，大力增强创新发展动力，大力拓展国际合作，系统建构了贯彻落实能源革命战略的框架体系，发布实施了"十三五"能源发展系列规划，全力抓好中央巡视整改落实，实现了"十三五"良好开局。一是着力调结构促转型，能源供给质量进一步提高。化解煤炭过剩产能超额完成全年任务，取消 1240万 kW 不具备核准条件的煤电项目。稳步推进煤炭绿色清洁开发利用，煤电节能改造规模超过 2 亿 kW、超低排放改造规模超过 1 亿 kW。加快发展非化石能源，积极推进清洁能源替代，我国已成为水电、风电、太阳能发电装机世界第一大国。二是着力强基础补短板，能源持续发展能力进一步增强。新增输电能力超过 2000 万 kW，全年变(配)电容量、线路长度均同比增长 8%，全年核准抽水蓄能电站 7 座。核电重大专项取得突破性进展，电力体制改革取得关键突破。三是着力推进"放管服"改革，能源行业治理能力进一步提升。全面完成国务院部署的放管服改革任务，市场监管富有成效，安全监管扎实有力。四是着力推进服务型机关建设，能源普遍服务水平进一步提高。实施全国小城镇、中心村农网改造升级和农村机井通电工程，总投资约 1900 亿元，惠及 8.5 万个小城镇和中心村，覆盖 2.1 亿亩农田。实施光伏扶贫，惠及 14 个省约 55 万个建档立卡贫困户，每年每户将增收 3000 元以上。实施贫困村通动力电工程，惠及5.4 万个贫困自然村、1080 万人口。五是着力深化国际合作，能源发展空间进一步拓展。"一带一路"能源合作进展顺利，核电走出去取得重要成果，欣克利角 C 核电项目实质性启动，多层次对话交流务实深入。六是着力强化"四个意识"，深入开展"两学一做"学习教育，加大巡视工作和监督执纪问责力度，强化基层党建工作，全面从严治党进一步深化。

2016 年，预计全国能源消费总量约 43.6 亿 t 标准煤，同比增长 1.4% 左右；非化石能源消费比重达到 13.3%，同比提高 1.3 个百分点；能源生产总量约34.3 亿 t 标准煤，同比下降 5.1% 左右。电力装机容量达到 16.5 亿 kW，装机结构清洁化趋势显著，非化石能源发电装机比重 36.1%，同比提高 2 个百分点；全社会用电量约 6 万亿 kWh，增长 5.0% 左右。

要以"四个革命、一个合作"战略思想为引领，充分认识国内国际能源发展形势，坚持供给侧结构性改革的工作主线不动摇、坚持绿色低碳的战略方向不动摇、坚持节能优先不动摇、坚持化石能源清洁高效利用不动摇、坚持立足国内不动摇、坚持创新开放不动摇，严格控制能源消费总量和强度、着力提高发展质量和效率、着力增强能源安全保障能力、着力调整能源结构、着力优化能源发展布局，全面抓好能源发展"十三五"规划贯彻落实，为全面建成小康社会提供坚实保障。

深入贯彻落实党中央、国务院一系列重大决策部署，坚持稳中求进工作总基调，牢固树立和贯彻落实新发展理念，适应把握引领经济发展新常态，以提高发展质量和效益为中心，以深化供给侧结构性改革为主线，坚定不移地推动能源革命向纵深发展，着力提高供给质量和效益，着力培育创新发展动力，着力提升普遍服务水平，为促进经济平稳健康发展和社会和谐稳定做出新贡献，为党的十九大胜利召开提供安全可靠、坚强有力的服务保障。

能源工作必须始终坚持稳中求进工作总基调，积极扩大能源领域有效投资，重点抓好能源结构调整、能源系统补短板、化石能源绿色高效开发利用、能源消费模式创新、能源惠民利民 5 个方面工作，筑牢"稳"的基础，下足"进"的功夫，为促进经济运行保持在合理区间做出新贡献。必须把推进供给侧结构性改革作为能源发展改革的关键，以钉钉子的精神、抓铁有痕的劲头，继续坚定不移地抓好煤炭去产能，着力防范煤电产能过剩，大力推进新能源科学发展。

2017 年要着力优化能源供给结构：持续化解防范产能过剩，加快淘汰一批灾害严重、资源枯竭、技术装备落后，不具备安全生产条件、不符合煤炭产业政策的煤矿，重点淘汰 30 万 t 以下的落后产能，严控新增产能，通过减量置换，依法依规处置在建手续不全煤矿和涉嫌违规煤矿，有序发展先进产能。规范煤矿生产建设秩序，加大对未批先建、超能力生产等违规行为的治理力度；高度重视煤电过剩问题，进一步加大调控力度，该减速的减速，该刹车的必须刹车，特别是那些高耗能、高污染、未取得合法审批建设手续的项目。凡是开工建设手续不齐备的，一律停止建设。加快煤电结构优化和转型升级，到 2020 年煤电装机规模控制在 11 亿 kW 以内。提升可再生能源消纳能力，加快清洁能源输送通道建设，弃风率超过

20%、弃光率超过 5%的省（区、市），暂停安排新建风电、光伏发电规模；加强电力系统调节能力建设，加快建设抽水蓄能电站，重点推进燃煤电厂灵活性改造试点，新建一批天然气调峰电站。

要持续转变能源消费方式，以提高清洁能源消费比重、发展新模式新业态为重点，推动能源发展迈向高水平供需平衡。2017 年，一次能源消费总量要控制在 44 亿 t 标准煤左右，非化石能源消费比重提高到14.3%左右，天然气消费比重提高到 6.8%左右，煤炭消费比重下降到 60%左右。深入推进电能替代，重点开展居民采暖、交通运输等领域电能替代。推动完善峰谷电价机制，大力推广天然气利用。持续推进油品质量升级，2017 年 1 月 1 日起，全国将全面供应国五标准车用汽、柴油。

积极推动能源技术装备升级，推进油气科技重大专项，实施好核电重大专项，加强关键技术攻关，深化能源装备创新发展。要持续深化能源体制机制改革，推进能源法治建设，深化电力油气体制改革。要全面深化能源国际合作，深入推进"一带一路"能源合作，拓展国际油气合作，大力推动核电"走出去"，积极参与国际能源治理。要高度重视能源领域安全生产工作，开展核电安全专项整治行动，加强电力安全监管，加强油气储运设施安全管理，提升煤矿安全生产水平。要深入实施能源惠民利民工程，推进北方地区冬季清洁取暖，全面推进电网改造升级，积极推进光伏扶贫工程，做好能源领域大气污染防治工作。

深入学习领会习近平总书记系列重要讲话精神，坚持不懈地推进党务队伍业务融合发展，着力提高适应引领经济发展新常态的能力本领，进一步振奋精神改进作风，强化主体责任和监督责任，深入推进全面从严治党，不断强化"四个意识"特别是核心意识、看齐意识，更加自觉坚定地与以习近平同志为核心的党中央保持高度一致。

【国家电网公司 2017 年工作报告(摘要)】

一、2016 年工作回顾

2016 年，面对复杂严峻的经济形势和艰巨的改革发展任务，国家电网公司上下坚决贯彻党中央、国务院决策部署，全面落实三届一次职代会暨 2016 年工作会议精神，忠诚担当、履职尽责，迎难而上、奋力攻坚，推动"两个转变"取得新成效，实现了"十三五"良好开局。国家电网公司连续 12 年、4 个任期获国资委央企绩考核 A 级，排名《财富》世界 500 强第二位、中国企业 500 强第一位。

安全保持良好局面。面对特高压电网"强直弱交"结构性风险加大、新能源大规模接入等挑战，严格落实各级安全责任，制定实施本质安全 30 条措施，组织开展"三查三强化"专项行动，确保了大电网安全稳定运行。华东电网频率协调控制系统投入运行。24 个省级电网负荷创新高，夏季西南到华东三大特高压直流持续满功率运行，电网安全面临严峻考验，国家电网公司全面加强电网运行控制和设备运维，强化风险预警预控，保证了安全可靠供电。圆满完成G20 杭州峰会等重大保电任务。深刻吸取乌克兰电网遭黑客攻击导致大面积停电教训，及时堵塞漏洞，确保了网络信息安全。

电网发展全面提速。认真贯彻国家稳增长调结构惠民生、京津冀协同发展、振兴东北老工业基地等重大部署，优化"十三五"电网发展规划，制定了电网配套行动计划和实施方案。投产"三交一直"工程，在建"三交六直"工程，在建在运线路长度、变电（换流）容量分别超过 3 万 km、3 亿 kVA（kW）。渝鄂背靠背、川渝第三通道等工程加快建设。建成青海果洛 750kV 输变电工程，结束了果洛藏族自治州三个县孤网运行历史。新一轮农网改造升级投资 1718 亿元，与 22 个省（区、市）政府签署战略合作协议，完成 3.6 万个小城镇（中心村）电网改造、78.2 万眼机井通电、2.2 万个自然村新通及改造动力电任务，实现"两年攻坚战"阶段目标。2015 年新增中西部、东部农网工程全面完成。陕西镇安等 5 个抽水蓄能电站和 7 个调相机工程开工建设。江西洪屏、浙江仙居抽水蓄能电站建成投产。新装智能电能表 7476 万只，基本实现用电信息自动采集全覆盖，"多表合一"信息采集累计接入 163 万户。加快建设电动汽车充换电设施，建成"六纵六横两环"高速公路快充网络。车联网平台接入公司 4.4 万个、社会 6.3 万个充电桩，成为国内覆盖面最广、接入数量最多的开放智能充换电服务平台。

各项改革加快落地。坚决贯彻中央改革部署，成立公司深化改革工作领导小组，研究制定实施方案，有序推进 78 项重点任务。规范董事会工作制度，进一步完善法人治理结构。深入研究改革重大问题，在输配电价改革、电力市场交易机构组建、售电侧和增量配电投资业务放开、《电力法》修订等方面促进形成重要共识。安徽、湖北、宁夏省级电网输配电价正式实施，北京、冀北等 5 个省级电网输配电价获得批复。国家级北京电力交易中心和 26 家省级电力交易中心建成并实现相对独立运作，新增注册市场主体超过 5000 家，完成市场化交易电量 7907 亿 kWh，减少用户电费支出 306 亿元，有效释放了改革红利。注销 4 个区域电网公司，总部分部一体化运作取得新进展。完成 217 家县公司"子改分"。国网河北、北京电力"两个集约"试点取得实效。国有企业"三供一业"分离移交改造接收 232 个小区、37.2 万户。强化集体企业规范管理和重组整合，累计压减 1658 户。

经营业绩稳健提升。认真贯彻国务院提质增效工作部署,积极应对量、价、费管理严峻形势和成本刚性增长压力,大力增收节支、挖潜增效,经营业绩位居央企前列。推广电能替代项目4.1万个,替代电量1030亿kWh。加大电费回收力度,收回陈欠电费15.4亿元。实现台区同期线损常态化监测全覆盖。深化电网设备成套化采购和整站招标,集中招标采购金额4689亿元,节约资金449亿元。推进瘦身健体,压减各级法人企业404户,治理亏损企业173户、减亏34亿元,提前一年完成国资委下达的治理目标。加快居民缴费、能源B2B、互联网金融等业务发展,电子商务交易规模突破100亿元。加强资本运作,节能公司控股涪陵电力,平高电气完成股权融资。大力开展人力资源、国际业务等专项审计,重点领域监督进一步加强。积极配合国务院派驻公司监事会开展监督检查,扎实做好25项专题分析和汇报,得到监事会的肯定。

国际业务再创佳绩。连续4年获得国际三大评级机构国家主权级信用评级。首个海外大型绿地输电特许权项目——巴西特里斯皮尔斯水电送出一期顺利投运。巴西美丽山特高压直流输电一期、二期工程加快推进。埃塞俄比亚—肯尼亚±500kV直流输电项目开工建设。巴基斯坦±660kV直流输电项目签署协议。发起成立全球能源互联网发展合作组织,主办2016国际大会和高端论坛,全球能源互联网理念在世界范围形成广泛共识。

科技创新成果丰硕。贯彻全国科技创新大会精神,编制国家电网公司2030年中长期科技规划,发布国家电网公司技术标准战略纲要,实施十大科技创新工程。世界首个200kV高压直流断路器投入工程应用。±500kV柔性直流电网、500kV统一潮流控制器、虚拟同步发电机等示范工程加快建设。一体化"国网云"试点投运,企业级大数据平台基本建成,ERP集中部署第一批推广单位上线应用。在央企率先建成信息安全主动防御体系。"互联电网动态过程安全防御关键技术及应用"获国家科技进步奖一等奖,7项成果获二等奖;"±800kV特高压直流输电换流阀关键技术及应用"获国家技术发明二等奖;张北国家风光储输示范工程获第四届中国工业大奖;向家坝—上海±800kV特高压直流输电示范工程获全国质量奖卓越项目奖。新发布国际标准7项、国家标准60项、行业标准176项,3个项目获中国标准创新贡献奖一等奖。累计拥有专利62 036项,专利拥有量、发明专利申请量连续六年位居央企第一。开展青年创新创意大赛,涌现出一批先进实用成果,激发了"大众创业、万众创新"活力。

社会责任全面彰显。积极服务新能源发展,累计并网风电装机1.32亿kW、太阳能光伏发电装机容量0.72亿kW。发挥特高压电网大范围配置资源优势,外送西南水电1074亿kWh,同比增长7.4%,多措并举缓解"三北"新能源消纳矛盾。全年消纳清洁能源发电11 893亿kWh,同比增长15.2%。落实中央打赢脱贫攻坚战部署,实施"国网阳光扶贫行动",建成湖北第一批19.8MW、青海玛多县10MW扶贫光伏电站。坚持"你用电、我用心",优化业务流程,高压业扩工程接电时间平均缩短10%,95598故障报修直派市县实现全覆盖。深化民主管理,广大职工提出合理化建议24.4万条。在央企首次发布"163"卓越管理白皮书。"国家电网"品牌跃居中国500最具价值品牌榜首。

党的建设全面加强。深入学习党的十八届六中全会和全国国有企业党的建设工作会议精神,贯彻《关于新形势下党内政治生活的若干准则》《中国共产党党内监督条例》(简称《准则》《条例》),强化"两个责任"落实。扎实开展"两学一做"学习教育,在总部(分部)、各单位分别开展"讲规矩、转作风、作表率"和"三亮三比"主题活动,推动学习教育取得实效。将党建工作要求纳入国家电网公司章程,明确了党组织在国家电网公司治理中的法定地位。建设学习型党组织,推进党委(党组)中心组学习规范化制度化,各级领导班子思想政治建设不断加强。扎实开展各单位党委(党组)书记抓党建述职评议考核。国家电网公司有关单位党组清理规范工作有序推进,1.65万个基层党组织完成换届选举,党费收缴使用管理得到规范。落实国家电网公司党风廉政建设约谈和报告工作规定,对4家单位开展内部巡视,查处了一批违规违纪问题。扎实开展贯彻中央八项规定精神常态化监督检查和"四风"问题整治情况"回头看"。深入开展"电网先锋党支部"创建活动,基层党支部战斗堡垒作用进一步发挥。累计建立4095支共产党员服务队,成为中央企业志愿服务品牌。国家电网公司4个党组织荣获全国先进基层党组织,9个单位、24名个人荣获全国"五一"劳动奖状、奖章,56个集体荣获全国工人先锋号,2名职工获得中华技能大奖。国家电网公司评出10名特等劳模、10名"国网工匠"、151名劳模、100个先进集体、230个一流班组(工人先锋号)、200名优秀班组长。

二、坚持改革创新,持续推进"两个转变"再上新台阶(略)

三、2017年重点工作

2017年,国家电网公司工作总的要求是:全面贯彻党的十八大和十八届历次全会精神,深入学习贯彻习近平总书记系列重要讲话精神,落实中央经济工作会议部署，贯彻五大发展理念，坚持稳中求进工作总基调，以供给侧结构性改革为主线，以党的建设为保证，以客户为中心，以队伍建设为根本，在改革上突破，在创新上发力，解难题、补短板、强管理、促发展，实现安全、质量、效率、效益、服务新提升，推动"两个转变"再上新台阶，持续做强做优做大，加快建设"一强三优"现代公司，创建"两个一流"，为全面建成小康社会做出新贡献，以优异成绩迎接党的十九大召开。

重点做好十个方面的工作：一是全力保障安全；二是提升服务水平和市场竞争力；三是全面推进各项改革；四是加快电网发展；五是强化管理提质增效；六是更加严格依法治企；七是加快产业、金融、国际业务发展；八是提高科技创新和信息化水平；九是全面加强党的建设；十是加强队伍建设和企业文化建设。

【南方电网有限责任公司 2017 年工作报告（摘要）】

一、2016 年工作回顾

2016 年，全系统没有发生较大及以上人身事故，没有发生设备和电力安全事故。全网最高统调负荷 1.5 亿 kW，同比增长 4.1%；全年完成售电量 8297 亿 kWh，增长 6.1%；西电东送电量 1953 亿 kWh，增长 3.2%；利润总额 212.8 亿元，增长 10.8%，首次突破 200 亿元。客户年平均停电时间 22.3h，下降 7%；中心城区客户年平均停电时间 4.6h，下降 7.6%；第三方客户满意度测评 79.5 分，同比提高 0.5 分，广东、广西、云南、贵州电网公司及广州、深圳供电局在地方公共服务评价中名列第一；南方电网公司连续 10 年获得国资委经营业绩考核 A 级，获得第四任期业绩优秀企业奖，连续两年被国际三大评级机构授予国家主权级信用等级，在世界 500 强企业排名第 95 位，首次进入前 100 名。

（一）安全生产保持良好局面

落实防范主网 9 大运行风险的 33 项重点工作，如期实现云南电网与主网异步联网运行；有效管控昌江核电投产后海南"大机小网"、西电东送通道长时间满负荷运行等 15 个一般及以上事故风险。深入开展安全监督检查，共发现问题 10 652 项，整改完成率 98%；建立并完善"人巡＋机巡"协同巡检模式，发现并消除紧急及重大缺陷 4089 项，消缺率 100%。由南方电网公司负责整改的 1960 处输配电线路跨越电气化铁路、高速公路、加油站等交叉点隐患已全部完成。39 个地市局完成调控一体化调整。成功应对了"妮姐""莎莉嘉""海马"等强台风侵袭。圆满完成博鳌亚洲论坛和长征七号、长征五号火箭发射等 6 次特级保供电任务。完成了 28 个重要城市保底电网规划。

（二）提质增效取得显著成绩

落实精益管理理念，突出价值创造和经营管控，经营效益持续向好，资产质量稳步提升，财务结构更加优良，南方电网公司提质增效工作多次获得国资委表扬。下大气力增供扩销，持续开展业扩报装受限专项治理，解决存量业扩受限 88.6 万 kVA；落实客户全方位服务"三项机制"，优化简化业扩流程，缩短客户平均接电时间，增供电量 22 亿 kWh。严格输配电成本分项控制，成本费用利润率同比上升 0.4 个百分点。加强现金流统筹调度，全年实现资金运作效益 23.6 亿元，财务费用下降 17.5%。加强物资采购管理，网省两级采购集中度 94.2%。开展了资产产权证明专项清理，推动权证补办 29 项。15 家县级供电企业完成"子改分"，按期完成国资委"瘦身健体"年度任务。扎实做好国家审计整改工作。完成内部审计项目 5663 项，促进增收节支 5.1 亿元。积极配合监事会开展当期监督，按要求做好问题整改。落实"三去一降一补"五大重点任务，深入开展了"10 个专项行动"。

（三）电网发展实现新的突破

完成了南方电网公司"十三五"电网规划、固定资产投资规划和配电网建设改造、农村电网改造升级等专项规划。金中直流、永富直流、鲁西背靠背直流、清蓄电站等 7 项重点工程建成投产。滇西北直流、海南联网二回等在建工程按计划推进。全年完成农网改造投资 324 亿元，同比增长 87.3%，中央预算内投资全部完成；完成 216 个贫困县农网改造投资 214 亿元，实现 66 个贫困村通动力电。对外合作取得新成果，在国家主席习近平的见证下，南方电网公司与柬埔寨皇家集团签署了电力合作谅解备忘录。周边电网送电项目取得新进展。牵头圆满完成中国电力援缅救灾工作，得到国家能源局表扬。

（四）深化改革迈出扎实步伐

承接上级改革部署，结合电力行业和公司实际，研究制定了南方电网公司关于深化改革的 1 号文件、4 个改革实施方案，形成了南方电网公司改革文件框架。编制印发了南方电网公司"十三五"发展规划和 9 个专业领域规划。积极配合各级政府制定完善电力体制改革配套文件和实施方案，配合推进广西、云南、贵州电改综合试点及广东售电侧改革试点工作。云南、贵州输配电价获得批复并得到严格执行；广西输配电价于年底获得批复；广东输配电价改革工作有序开展。相继成立了广州电力交易中心及其市场管理委员会，以及贵州、广东、广西、云南电力交易中心，全年完成跨省区市场化交易电量 135 亿 kWh，同比增长 122%；完成省内市场化交易电量 1519 亿 kWh，占网内售电量的 18.4%。加快实施业扩投资界面延伸和客户资产接收，全网延伸投资 48.4 亿元，接收客户资产 136 亿元，有效解决了服务"最后一公里"问题。积极布局市场化配售电业务，全系统成立了 6 家售电公司，成交市场化交易电量 2.4 亿 kWh，在售电侧改革中发挥了示范作用。大力压减法人层级，管制业务实施"两级法人、四级管理"，竞争性业务法人层级控制在四级以内。研究出台了支持综合能源、金融服务、科技创新、国际化等竞争性业务发展的具体措施；在南方电网公司系统公开选聘了南网能源公司总经理岗位，迈出了市场化选聘高管的第一步。制定了推进职工持股企业改革的指导意见，明确了先规范股权、再分类盘活的"两步走"改革路径。

（五）节能减排取得重要成效

全力实施西电东送战略，推动送、受端政府签订了"十三五"西电东送框架协议；充分发挥资源优化配置大平台作用，千方百计多消纳云南富余水电 165 亿 kWh；针对贵州 2015 年三季度以来缺煤少水、电力供应紧张情况，调减贵州送出电量 59 亿 kWh，利用通道能力增送云南水电，并协调完成"疆电送粤"10 亿 kWh，保证了西电东送年度计划的有效执行。强化节能发电调度管理，优先安排高效、清洁机组发电，全年减少标煤消耗 1117 万 t，减排二氧化碳、二氧化硫分别为 2971 万、16.6 万 t。大力支持新能源有序协调发展，全网风电、光伏发电量同比分别增长 50%、152%，基本全额消纳。继续深挖电网节能潜力，全网综合线损率 6.38%，同比下降 0.3 个百分点；县级供电企业线损首次全部降至 10% 以下。出台了南方电网公司电能替代工作指导意见，开展电能替代项目 362 个，全年新增电量超过 45 亿 kWh。新增电动汽车充电站 73 个，充电桩 1303 台，建成珠三角城际、海南岛环岛东线、京港澳高速电动汽车充电网络，开发应用了电动汽车充电智能服务平台。持续开展节能服务、合同能源管理，连续四年超额完成国家"两个千分之三"的需求侧管理目标。南方电网公司以第一名的成绩获得国资委第四任期节能减排优秀企业奖。

（六）创新驱动取得丰硕成果

南方电网公司牵头制定的 IEEE（电气和电子工程师协会）国际标准《电力用户需求响应效益评价技术导则》已正式发布，实现了南方电网公司制定国际标准"零"的突破；负责或参编国家、行业标准 150余项，有效提升了行业话语权。全年实施国家重大科技项目 11 项，荣获中国电力技术发明奖 1 项、中国电力科技进步奖 14 项（其中一等奖 2 项）、全国电力职工技术成果奖 117 项（其中一等奖 11 项），均创历史最好成绩。全年新增专利 2562 件，累计拥有有效专利突破 8000 件，荣获中国专利优秀奖 2 项。投入

专项经费 5250 万元大力支持职工创新，实施项目 1310 个。按期实现全网企业级信息系统单轨运行目标，新增网络设备、安全设备采购国产化率达到 100%，没有发生 II 级及以上信息安全事件。

（七）队伍建设得到全面加强

南方电网公司选人用人工作总体"满意与基本满意"率 97.2%。建立了南方电网公司系统 40 岁左右优秀处级干部库、30 岁左右优秀年轻干部库。选聘高级技术专家 19 名、高级技能专家 2 名，首次选聘 1名首席技术专家，有 4 人获得"全国技术能手称号"。制定并实施《分、子公司和总部部门主要负责人业绩考核及奖励管理办法》以及安全生产、提质增效、科技创新等三个专项工作考核奖励办法。编制印发《南网总纲》，构建了南方电网公司的价值观体系。

（八）从严治党开辟新的境界

扎实开展以"四讲四有四争先"为主题的"两学一做"学习教育，坚持"一周一学""一月一讲""一季一议"；围绕重点工作实施"书记项目"和"支部行动计划"9155 项，解决问题 12 375 项。将企业党建、党风廉政建设两个指标的考核权重由原来的 12% 提高到 20%。13 家二级子公司已将党建要求纳入南方电网公司章程。加强党管意识形态工作，出台了南方电网公司党组意识形态责任制实施办法；强化品牌运营能力建设，开展了品牌战略研究；南方电网公司在主流媒体、网站刊载报道超 1.2 万篇次，央视报道总时长超 367min；着力为职工排忧解难，建成模范"职工之家"50 个、"职工小家"212 个，解决了 598个基层站所的职工用餐和 789 个站所的值班休息问题。落实离退休人员"两个待遇"，开展了老红军走访慰问等活动。坚决落实中央扶贫工作部署，全年完成扶贫投资 5491 万元、扶贫项目 434 个，帮助 36 973 人实现脱贫；与云南迪庆州、广西东兰县签订了"十三五"精准扶贫对口帮扶协议。

不断强化党员干部党纪党规意识，出台了巡视、问责、"不能腐"机制建设等 12 项管党治党制度。保持惩治腐败高压态势，积极实践"四种形态"，开展谈话 14 342 人次，给予党纪政纪轻处分 293 人、重处分 59 人。对广西、云南、贵州、海南电网开展政治巡视。积极稳妥推进公务用车制度改革，出台了实施方案和相关配套制度，总部带头率先完成车改，公车数量下降 65%，节支率达 20%。

全系统共有 45 个单位和集体荣获全国或省级工人先锋号、"五一"劳动奖状等荣誉，55 名职工荣获全国或省级"五一"劳动奖章等称号。

二、2017 年重点工作

（一）全力确保安全生产局面平稳

一是强化安全风险管控。二是持续提升设备安全

管理水平。三是从源头提升电网防灾能力。四是夯实安全管理基础。

（二）全力确保服务优质到位

一是确保电力有序有效供应。二是提高客户服务水平。三是服务绿色低碳发展。四是加快推进营销创新。

（三）全力确保经营目标实现

一是深入细致挖潜增效。二是持续开展专项行动。三是完善物资和招投标管理体制建设。四是加大国际业务拓展力度。五是切实加强审计工作。

（四）切实优化电网发展

一是强化规划实施。二是加快重点工程建设。三是加快农网改造升级步伐。

（五）切实加强创新驱动实施

一是加大科技创新力度。二是全面推进精益管理。三是大力开展体制机制创新。四是持续提升企业信息化水平。

（六）着力抓好各项改革措施落实

一是积极开展国资国企改革试点工作。二是推动建立完善科学的输配电价机制。三是有序推进电力市场建设。四是积极推进售电侧和增量配电业务放开。五是深入推进职工持股企业改革。

（七）着力抓好管党治党责任落地

一是落实党建重点任务。二是切实加强队伍建设。三是不断深化党风廉政建设和反腐败斗争。

【中国华能集团公司2017年工作报告（摘要）】

一、2016年工作回顾

2016年，华能集团未发生较大及以上安全事故，确保了生产、经营、政治和形象安全。全年发电量6216亿kWh。核准低碳清洁能源项目711万kW，境内外全资及控股电厂装机容量同比增长3.1%。全面贯彻落实党和国家的方针政策，党建工作体制机制逐步完善，"两学一做"学习教育扎实有效，"四个排查"深入开展，党风廉政建设"两个责任"和"一岗双责"进一步落实，企业和职工队伍保持稳定。

（1）安全生产总体平稳。深化依法治安工作，完善安全责任体系，推进安全管理升级。开展安全生产大检查，强化安全风险管控，加强应急能力建设。设备可靠性保持行业领先。煤矿企业落实重大灾害防治措施，强化"三违"整治。基建工程实现零伤亡。加强节能管理和技术改造，推进节能降耗技术集成应用，华能集团综合、煤机、燃机以及100万kW级超超临界等6个主力机型供电煤耗保持行业领先。累计6921万kW机组完成超低排放改造，占煤电装机的59%。

（2）提质增效取得积极成效。经济效益实现预期目标。加强发电企业间合作，及时反映行业困难，争取政策支持，有效缓解了经营压力。加大营销工作力度，一手抓基数电量，一手抓交易电量，圆满完成年度发电量目标。健全燃料管理制度，构建三级管理体系。强化降本节支，严控各项可控成本。加强物资管理，集采率、上网采购率分别同比提高21.3、15.5个百分点。

（3）结构调整稳步推进。华能集团低碳清洁能源装机比重达到29%。优化发展清洁高效煤电。华能集团首个百万千瓦级超超临界二次再热电厂——莱芜电厂全面建成。国际化工作稳步推进。在"一带一路"沿线国家布局项目开发。巴基斯坦萨希瓦尔煤电、柬埔寨桑河二级水电项目建设有序进行。落实国家煤炭产能调整要求。煤炭物流体系初步形成。金融产业开展业务创新，组建成立投资管理公司，供应链金融模式实现突破。科技产业为电力企业提升竞争力提供了技术支撑。

（4）改革创新扎实推进。主动适应电力市场化改革。主动参与地方改革政策制订，国企改革和内部改革有序展开，印发2016年深化改革重点工作安排。优化总部职能管理，推进压减管理层级和法人户数工作。

（5）科技创新迈出新步伐。石岛湾高温气冷堆示范项目建设稳步推进。建成中国首套燃烧前二氧化碳捕集示范装置，并通过科技部技术验收。IGCC发电关键技术、发电机组次同步谐振控制与保护技术、高混凝土坝结构安全关键技术获国家科技进步二等奖。

二、2017年工作思路

全面贯彻党的十八大和十八届三中、四中、五中、六中全会以及中央经济工作会议精神，深入贯彻习近平总书记系列重要讲话精神，深入贯彻稳中求进工作总基调，牢固树立和贯彻落实新发展理念，始终坚持以提高发展质量和效益为中心，以推进供给侧结构性改革为主线，以提升竞争力为总抓手，以深化全面从严治党为重要保障，着力做好提质增效、转型升级、防范风险、深化改革、加强党建各项工作，确保全面完成年度四大绩效目标，确保获得国资委考核A级，确保实现行业领先，加快创建具有国际竞争力的世界一流企业步伐，以优异成绩迎接党的十九大胜利召开。

三、2017年重点工作

（1）强化安全生产，保持安全稳定。

（2）强化经营管理，着力提质增效。

（3）推进结构调整，加快转型升级。

（4）强化资本资金运作，着力防范企业风险。

（5）推进改革创新，增强企业活力。

（6）强化企业管理，提升依法治企水平。

（7）全面从严加强党的建设。

【中国大唐集团公司 2017 年工作报告（摘要）】

一、2016 年工作总结

（一）经营业绩保持较好水平

2016 年，大唐集团实现利润总额 107.46 亿元，净利润 83.68 亿元，归属于母公司净利润 13.63 亿元，经济增加值完成 13.84 亿元，超额完成国资委年度考核目标值和保增长任务。

（二）安全生产不断强化

在系统内开展反事故专项行动和外包工程专项治理等系列安全专项活动，全面建立"四不两直"督查机制，重点对运行、检修、技改、环保改造现场等进行督查，有效稳定安全生产局面。完成 88 台机组超低排放改造，大唐集团累计超低排放机组达到 157 台，容量 6454.5 万 kW，占在役煤电机组容量 67.8%。脱硫、脱硝装置全部实现达标排放，二氧化硫、氮氧化物、烟尘和废水排放绩效明显改善，全面完成年度目标争取值。

（三）结构调整成效显著

全年完成电源投产容量 635.87 万 kW，清洁可再生能源占比达 43.4%。认真落实国家化解煤炭过剩产能政策要求，额吉煤矿完成关闭，退出产能 300 万 t。国际业务稳步发展，老挝北本水电项目获得核准。

（四）创新型企业建设加快推进

互联网融合关键技术在大型能源集团的研究示范达到国内领先水平，获得中国电力科技进步一等奖；大型燃机静止变频启动系统技术国产化示范填补国内空白；主持编制中国电力企业首个 ISO 标准和 IEC 标准，荣获 IEEE 标准协会年度企业卓越贡献奖。2016 年大唐集团新增授权专利 1476 件，累计授权专利 4300 件，均居行业前茅。科技产业板块经营业务稳步发展，实现营业收入 121.19 亿元，实现利润 16.39 亿元。

（五）集团管控能力不断增强

制订国际化、人才强企、创新驱动、文化品牌四个子战略，形成了大唐集团发展战略体系。完成《大唐集团"十三五"发展规划》编制工作。切实加强依法治企，制定发布《"法治大唐"建设实施方案》。全面风险管理和内控体系建设不断优化，审计工作针对性和覆盖率明显提高，开展境外项目审计，提升风险防控能力。

（六）思想政治工作进一步加强

学习宣贯党的十八届六中全会精神和全国国有企业党的建设工作会议精神，从严从实推进"两学一做"学习教育。认真落实中央全面从严治党要求，强化监督执纪问责，推进党风廉政建设和反腐败工作。

着力深化民生工程"六最"项目建设活动和"幸福大唐、温暖同行"主题活动，组织各类送温暖活动 2000 余次，改善职工生产生活条件。

二、当前形势和 2017 年主要目标（略）

三、2017 年重点工作

（1）确保安全稳定，为党的十九大胜利召开营造和谐氛围。

（2）落实"一五八"战略，切实提升发展质量。

（3）加强营运管理，努力完成保增长任务。

（4）完善集团管控体系，全面推进依法从严治企。

（5）推进创新驱动发展，加快创新型企业建设。

（6）全面从严治党，充分发挥国有企业政治优势。

【中国华电集团公司 2017 年工作报告（摘要）】

一、2016 年工作回顾

过去的一年，中国华电面临的外部环境极其复杂严峻，经济下行压力不断加大，电力产能总体过剩，发电利用小时持续下滑，煤炭价格大幅上涨，面对多重困难和挑战，中国华电在党中央、国务院和国资委的正确领导下，团结一致，攻坚克难，加快结构调整，着力提质增效，深化改革创新，加强党的建设，各项工作取得积极成效，实现了"十三五"良好开局。一是结构调整取得积极进展。二是经营管理成效明显。三是安全环保水平稳步提升。四是改革创新不断深化。五是党的建设进一步加强。

二、2017 年重点任务

2017 年是中国全面实施"十三五"规划、推进供给侧结构性改革、落实"三去一降一补"的关键之年，也是中国华电推进转型发展、深化改革创新的重要一年，做好 2017 年的工作意义重大。2017 年中国华电工作总体要求是：认真贯彻落实党的十八大、十八届三中、四中、五中、六中全会、全国国有企业党的建设工作会议、中央经济工作会议、中央企业和地方国资委负责人会议精神，按照中国华电"五个坚持、五个更加注重、五个转型"总体要求，坚持"稳中求进、进中调整"，以提高质量效益为中心，以提升"两低一高"能源供给水平为抓手，着力推进提质增效，着力加快转型升级，着力深化改革创新，着力夯实安全基础，着力防范经营风险，着力加强党的建设，确保全面完成 2017 年各项目标任务，以优异成绩向党的十九大献礼。

重点做好以下六个方面工作：一是拓市场、控成本，打好提质增效攻坚战。全力增产增收，着力降本增效，推进"瘦身健体"，加强财务管理和资本运作。二是优化调整结构布局，加快推进公司转型升级。抓好公司战略规划实施，加大清洁高效能源发展力度，加快"走出去"步伐，稳健发展相关产业。三是全面深化改革创新，增强公司发展动力活力。健全管控体制，完善管理机制，加快推进重点领域改革，深入推进科技创新，加强信息化建设。四是进一步强化责任落实，夯实安全环保基础开展本质安全型企业建设活动，进一步抓好环保工作。五是推进全面风险管理，保障公司持续健康发展。要贯彻中央部署要求，把风险防控放到更加重要的位置来抓，建立健全风险评估、应对、预警、报告、管理监督和考核等机制，构建科学有效的全面风险管理体系，提升公司经营管理能力和风险防控能力。六是坚持党的领导，加强党的建设，为公司转型发展提供坚强保证。深入学习贯彻习总书记系列重要讲话精神，牢固树立"四个意识"，自觉在思想上政治上行动上同以习近平同志为核心的党中央保持高度一致。

【中国国电集团公司2017年工作报告(摘要)】

2016年，国电集团公司在党中央、国务院的坚强领导下，认真落实国资委的各项工作部署，全面加强党对国有企业的领导，坚定不移实施"一五五"战略，深化"双提升"工作，全体干部职工团结一致，努力奋斗，有效应对政策市场环境变化的严峻挑战，生产经营、改革发展和党的建设取得明显成效。2016年，累计完成发电量5052亿kWh，售热量21 636万GJ，煤炭产量5872万t，可控装机容量达到1.43亿kW，实现资产总额8031亿元，营业收入1828亿元，全面完成年度目标和"保增长"任务，为中国经济社会发展做出了积极贡献。

第一，深入学习贯彻十八届六中全会和全国国有企业党建工作会议精神，党的建设进一步加强。国电集团党组把学习贯彻会议精神，特别是习近平总书记重要讲话精神，作为重大的政治任务，连续召开党组会和党组扩大会，集中传达学习，制定工作方案，制定5个方面65条具体措施。国电集团把党建总体要求纳入公司章程，确立了党组织在公司治理中的法定地位。增设党组工作机构，成立党组办公室、党组组织部和党组宣传部，27家二级单位按规定完成了党组改党委工作。修订党建政工年度考核制度，修订党建述评考核制度和经营业绩考核办法，把党建工作由"软指标"变成"硬约束"，建立了国电特色的党建考核工作体系，经验做法在中央企业负责人会议上交流。认真落实中央要求，扎实开展"两学一做"学习教育，联系实际，制定方案，精心组织，从"关键少数"向全体党员拓展。加强基层党组织建设，深入开展"立业一五五、建功十三五"等主题实践活动，深化创先争优，大同第二发电厂党委在建党95周年大会上，荣获中央颁发的"全国先进基层党组织"

称号。

第二，深入贯彻"一五五"战略，坚定不移做强做优主业，发展质量和效益明显提升。2016年，国电集团保持战略定力，加强投资管控，着力优化布局结构，优质资源继续向主业集中。严控火电投资规模，坚决贯彻煤电"三个一批"等政策措施，停缓建项目10个1180万kW。优化风电发展，全年投产300万kW，总装机容量达2583万kW，继续保持世界第一。加快水电重点项目开发，金沙江上游旭龙、奔子栏项目取得重大进展，坚决退出效益不达标的水电项目。电源结构调整成效明显，清洁可再生能源占比达30.3%，60万kW及以上火电机组占比达50.4%。加快低效无效资产处置，完成处置18项。稳健实施"走出去"，加强国际交流合作，积极开展可再生能源与清洁能源领域的合作。

第三，深入推进"双提升"工作，提质增效攻坚战取得阶段性重大进展。在严峻复杂的经营形势下，国电集团认真落实国资委的工作要求，全力以赴开展提质增效工作，加强组织领导，制订工作方案，明确58条具体措施，强化工作推进。坚持以"双提升"为抓手，主动应对市场变化，持续深化对标，抓好关键指标管控，夯实生产运营基础，筑牢营销、燃料和成本资金"三条防线"，实施"新机生效、治亏见效、降本增效"经营策略，存量资产经营水平进一步提高。深入推进安全生产标准化建设，加强设备治理和节能环保改造，供电煤耗308.5g/kWh，同比降低1.9g/kWh，安全环保形势总体平稳，未发生较大及以上安全事故，279家发电企业连续安全生产1000天以上，脱硫、脱硝机组比重都达到100%，超低排放机组超过50%，全面完成规划目标。加快综合产业瘦身健体和转型升级，煤炭产业着力稳产控亏，金融产业优化资金投向，科技环保产业加快推进业务整合，燃料、物资物流产业加快业务转型，服务发电主业，置业公司坚持服务集团，积极履行好行政后勤服务保障职能。实施创新驱动战略，获得中国电力科学技术奖7项，其中科技进步一等奖和技术发明一等奖各1项，电科院围绕发电主业，开展重大科研和技术难题攻关，扎实做好技术支持与服务工作。

第四，按照中央部署，稳妥有序推进改革工作，企业内生动力进一步增强。紧密跟踪国资国企"1+N"改革和电力体制改革动态，制定出台国电集团全面深化改革实施方案，统筹有序推进改革。积极争取董事会授权试点，进一步完善法人治理结构，更加注重发挥专业委员会的辅助决策作用。各位董事特别是外部董事勤勉尽责，依法履职，认真审核重大议案，加强沟通交流，深入基层调研，提出了很多宝贵的意见建议，董事会自身建设进一步加强，决策质量明显提升。认真贯彻中央企业监事会工作会议精神，落实"两个融入"和"五个必须"的工作要求，加强配合监事会工作组织和制度建设，切实抓好问题整改。认真落实国资委的工作部署，深入开展"压缩管理层级、减少法人户数"工作，国电集团所属五、六级企业全部撤销，管理层级控制在四级以内，减少法人户数 27 户。积极推动煤炭去产能工作，制定实施方案，扎实有序推进，关闭煤矿 4 座，涉及产能 69 万 t。制定"三供一业"移交方案。结合中央专项巡视整改，继续深入实施"四个集中管控"，优化管控流程，堵塞管理漏洞，防范国有资产流失。积极应对电力市场化改革，完善市场营销组织体系。加强后备干部队伍建设，实施"英才计划"，建立干部双向挂职交流机制，开展国电集团本部与基层、东部与中西部干部的交流挂职，着力加强青年干部培养，提升干部能力素质。

第五，严格落实"两个责任"，党风廉政建设和反腐败工作进一步加强。国电集团党组坚决贯彻中央纪委六次全会精神，认真履行主体责任，督促"两个责任"落实，制定印发《二级单位落实党风廉政建设"两个责任"考核评价办法》，听取二级单位落实主体责任专题汇报，取得良好效果。国电集团纪检组认真履行监督责任，完善纪检监察组织体系，建立以上级纪委为主的党风廉政建设工作考核评价机制，实现党风廉政建设考核与企业经营目标责任考核、领导班子和领导人员年度考核"双挂钩"。组织开展"一名党员一滴清水"教育活动，深入开展廉洁自律准则和党纪处分条例基层宣讲，积极运用"四种形态"，扎实开展内部巡视，强化监督执纪问责，持续保持反腐高压态势。完成三个批次 9 家二级单位的巡视，提出整改意见 74 条。高度重视审计工作，推进审计全覆盖，全年完成审计项目 1846 个，2013 年以来累计取得直接经济效益 27 亿元，强化审计成果运用，注重源头整改，发挥了重要的监督作用。组织开展"四风"问题整治情况"回头看"，对 16 家分子公司和 24 个基层单位进行了重点检查，巩固了风清气正的良好政治生态。

第六，坚持全心全意依靠职工办企业的方针，努力创建和谐企业。加强企业民主管理，健全完善职代会制度，提高所属单位职代会的建制率和覆盖面。深化职工"首席制"建设，开展标准化班组建设和群众性创新创效活动，举办多工种、多岗位的技能竞赛，为广大职工的职业发展搭建了很好的平台，有效激发了一线职工技术成才、争当首席师的良好氛围。开展"国电楷模"选树活动，推进安全文化建设，有力促进了"家园文化"落地，深入实施"惠民工程"，加大困难帮扶力度，落实劳模待遇，开展丰富多彩的文体活动，职工幸福指数持续提升。加强共青团工作，围绕中心工作，结合青年特点，深入开展"青春建功一五五""青年争当首席师"等主题活动。坚决贯彻中央关于打好扶贫攻坚战的决策部署，制订"十三五"定点扶贫工作规划，设立专项扶贫基金，出资 3 亿元参与设立中央企业扶贫产业投资基金，大力推进内蒙古宁城县、青海曲麻莱县、山西右玉县定点扶贫工作。加强信访维稳和新闻宣传工作，认真履行社会责任，国电品牌价值和影响力进一步增强。

2017 年生产经营形势非常严峻，改革发展任务艰巨繁重。面对新形势、新任务和新挑战，做好 2017 年工作总的指导思想是，深入学习贯彻党的十八大和十八届三中、四中、五中、六中全会精神，习近平总书记系列重要讲话精神和治国理政新理念新思想新战略，牢牢把握"稳中求进、稳中求优"的工作总基调，坚持以五大发展理念为引领，旗帜鲜明地坚持党的领导、加强党的建设，继续坚定不移地实施"一五五"发展战略，继续深化"双提升"工作，全力以赴打好提质增效攻坚战，做强实力，保持定力，激发活力，善于借力，克服阻力，形成合力，确保完成"争A创优"目标和"保增长"任务，以优异的成绩迎接党的十九大胜利召开。

【国家电力投资集团公司 2017 年工作报告(摘要)】
一、2016 年工作回顾

2016 年，在党组和董事会的正确领导下，国家电投深入贯彻落实党的十八大和十八届三中、四中、五中、六中全会精神以及中央企业负责人会议精神，坚持稳中求进工作总基调，坚持新发展理念，立足战略定位，围绕"弯道超车"，沉着应对各种困难和挑战，推进转型发展，各项工作取得新成绩，实现"十三五"良好开局。8 月 23 日，习近平总书记专程视察集团公司在青海的新能源企业，对产业发展给予高度评价并做出重要指示，极大地鼓舞了全体干部职工干事创业的激情。张高丽、汪洋、马凯、杨晶等党和国家领导人分别做出批示，对国家电投推进三代核电自主化和发展经营取得的进展给予充分肯定。

（一）认真履行央企责任，经营业绩跃居上游

全年实现利润 132.1 亿元，净利润 87.6 亿元，归属于母公司净利润 32.6 亿元，利润与净利润分别位居五大发电集团第二、第一位。年末资产总额 8661 亿元，全年发电量 3969 亿 kWh，增长 4.24%，供电煤耗下降 2.6g，存量"两金"占用压降 72%。对纳入"僵尸企业"处置和特困企业治理的 12 家企业实施清产核资，资产质量进一步夯实。成功发行首期 12 亿美元国际债券。国际信用获穆迪、惠誉和标普三大国际评级机构 A 类评级，居同行业最高水平。全年实现"六不发生"安全目标，没有发生质量事故，为稳

定经济效益奠定了基础。

（二）保持战略定力，加快形成创新型、国际化综合能源集团

正式确立"创新型、国际化综合能源集团和现代国有企业"的企业愿景。正式确立做"核电自主化发展引领者、能源革命推动者、一带一路倡议实践者、国企改革先行者"的战略定位。正式确立"十三五""弯道超车"的发展主基调和总目标，以及六大战略举措。着力培育核电、新能源、综合智慧能源及配售电、节能环保、电站服务业、国际化和产业金融七大新动能。

完成对澳大利亚太平洋水电和特拉格风电的并购。正式签署收购巴基斯坦卡拉奇电力公司的协议。南非、土耳其、保加利亚等国核电市场开发取得积极进展。

（三）坚持创新驱动，培育和壮大核心竞争能力

核电技术创新实现新突破。大型先进压水堆重大专项进展顺利，CAP1400反应堆通过国际原子能机构安全评审。NuPAC成为首个通过中美两国政府核安全监管机构行政许可的反应堆保护系统平台。核电关键设计软件自主化技术研究课题通过国家能源局组织的验收。燃料定型组件研制成功。AP1000自主化依托项目三门、海阳核电两个1号机组完成冷试、热试，全球首堆进入装料前最后测试阶段。CAP1700和小型模块化反应堆概念设计顺利完成。担纲重型燃气轮机重大专项。海上核动力平台、低温供热堆概念设计、钍基熔盐堆、铅冷快堆等四代核电技术研发积极推进。光伏制造实现突破，转换效率提高20％。霍林河循环经济示范项目微电网技术成为国内风电消纳的范本。山东院设计的机组效率、能耗指标打破世界纪录。

（四）全面深化内部改革，在重要领域和关键环节取得新成效

围绕解决制约长远发展的体制性、机制性和结构性矛盾，坚持目标导向和问题导向，制定深化改革总体实施方案，统筹协调推进内部改革。主要领域四梁八柱性质的改革主体框架基本确立，治理与管控不断优化，关键领域改革取得进展，专项改革、公车改革任务全面完成。

（五）着力加强党的建设，为改革发展提供坚强保障

深入贯彻落实党的十八届六中全会和全国国有企业党的建设工作会议精神，党中央各项决策部署在集团公司得到强有力的执行。牢固树立政治意识、大局意识、核心意识和看齐意识。扎实开展"两学一做"。充分发挥党组织的领导核心和政治核心作用，全面落实从严管党治党责任，从严加强各级领导班子建设，切实加强基层基础工作，持续推进党风廉政建设和反腐败工作。

二、2017年工作中要重点把握的几个问题

一是坚持以党的领导统领全局。

二是坚持稳中求进的工作总基调。

三是坚持强优势与补短板并重。

四是坚持以深化改革为动力。

三、2017年重点工作安排

（1）以高度的责任感和使命感，组织好重大专项实施。

（2）坚定信心，迎难而上，确保经济效益稳得住。

（3）精耕细作，巩固优势，下好创新发展这盘棋。

（4）推动重点项目突破，拓展跨国经营空间。

（5）全面深化内部改革，大力推进管理创新。

（6）牢固树立红线意识，实现安全清洁发展。

（7）全面加强党的建设，凝聚发展合力。

【中国长江三峡集团公司2017年工作报告（摘要）】

一、2016年工作回顾

2016年，中国三峡集团坚决贯彻落实中央各项决策部署，全面超额完成国资委年度经营业绩考核指标，成功实现"十三五"开门红：可控、在建、权益总装机规模1.18亿kW；完成发电量2626亿kWh；利润总额、归属母公司净利润、成本费用利润率、全员劳动生产率、人均利润、人均上缴利税等指标在央企名列前茅；标普将集团信用评级由"A"调升至"A＋"。

（一）国内重点工程项目建设取得新成果

世界最大的升船机三峡升船机顺利由工程建设转入试运行阶段，拓展了三峡工程的航运效益，促进了中国高端装备制造业发展。乌东德水电站基坑开挖基本完成，具备大坝混凝土浇筑条件。白鹤滩水电站全面完成核准前各项准备工作。溪洛渡、向家坝水电站枢纽建筑物安全稳定运行。其中，溪洛渡水电站荣获菲迪克2016年工程项目杰出奖。浙江长龙山抽水蓄能电站顺利转入主体工程施工阶段。

（二）流域梯级枢纽运行管理创造新纪录

2016年汛期，通过积极实施流域梯级枢纽联合调度，累计拦蓄洪水123亿m³，发挥巨大防洪减灾效益。长江干流四座梯级电站安全稳定运行，年发电量首次突破2000亿kWh，同比增发152亿kWh，其中溪洛渡、向家坝、葛洲坝水电站年发电量均创历史新

纪录。三峡船闸安全高效运行，过闸货运量 1.2 亿 t。加强长江珍稀特有鱼类和植物研究保护，积极实施生态调度。

（三）新能源业务实现新发展

江苏响水海上风电项目全部建成投产，填补国内多项技术空白。成功收购德国梅尔海上风电项目 80% 股权，成为中国首家控股境外已投运海上风电项目的企业。全力推进福建海上风电开发，开工建设福清兴化湾样机试验风场和福建三峡海上风电产业园。成立海上风电研发中心，提升了海上风电核心关键技术研发能力。

（四）国际化经营迈上新台阶

在国家领导人见证下签署多项合作协议，成功并购一批海外优质清洁能源项目，中国三峡集团境外可控、在建、权益总装机容量超过 1500 万 kW，国际业务全年发电 254 亿 kWh，境外资产规模超过 1100 亿元。全年新签国际工程承包合同额 18.2 亿美元，同比增长 192.8%。

（五）资本投资和配售电业务取得新突破

圆满完成溪洛渡、向家坝水电站资产证券化工作，实现水电开发与资本市场有机对接。战略重组湖北能源效益显著。成功发行 15 亿美元债券、60 亿元绿色公司债券和零利息可交换债券。

（六）企业管理水平实现新提升

业务板块化、板块专业化格局基本形成，战略型管控架构基本建立，稳步推进三项制度改革，深化考核制度改革。发布实施"十三五"发展规划和三年滚动规划。建立覆盖投资项目全过程的投资管理体系。

（七）增收节支产生新效益

超额完成大水电电能消纳任务，建立大水电投资控制激励约束新机制。实现对境外非归集账户实时监控。"营改增"税改平稳过渡。"三公"经费同比降低 12.9%。全面清理企业法人户数和层级，加强亏损子企业治理，全年减少亏损子企业 22 户。

（八）质量安全和科技创新工作取得新成绩

中国三峡集团管理范围内没有发生较大及以上生产安全责任事故。电力生产可靠性处于国内行业领先水平。全年没有发生质量事故。承担国家"十三五"重大科技专项 22 项，12 项成果获国家、省部级和行业表彰，新增专利 200 余项。完成国家、行业标准 12 项，发布三峡标准 40 项。

（九）党的建设取得新成效

认真学习贯彻党的十八届六中全会和全国国有企业党的建设工作会议精神，精心组织"两学一做"学习教育，建立党建工作例会制度，开展"四项清理排查"。突出政治巡视，实现二级单位巡视全覆盖。加

强重点领域监督，准确运用"四种形态"，党风廉政建设取得新成效。

分别出资 20 亿元和 16 亿元帮扶云南、四川两省少数民族精准扶贫（分 4 年拨付），得到国务院领导同志充分肯定。会同有关中央企业发起设立中央企业贫困地区产业投资基金，首批投入 6 亿元。注册成立三峡集团公益基金会。全年无偿捐赠资金 16.7 亿元。

二、2017 年重点任务

（1）坚定不移落实改革发展重点任务，努力在重要领域和关键环节取得突破性进展。

（2）坚定不移把质量安全放在首位，努力打造精品工程、典范工程。

（3）坚定不移推进长江流域梯级枢纽联合优化调度，努力实现流域梯级枢纽综合效益最大化。

（4）坚定不移实施海上风电引领者战略，加快实现新能源业务差异化发展。

（5）坚定不移打造中国水电"走出去"升级版，不断增强全球资源配置能力。

（6）坚定不移围绕集团公司发展战略，稳步拓展资本投资业务。

（7）坚定不移树立"双零"理念，进一步夯实可持续发展基础。

（8）坚定不移推进全面从严治党，不断开创党的建设新局面。

【神华集团有限责任公司 2017 年工作报告（摘要）】

一、2016 年工作回顾

2016 年，全年经营业绩筑底回升，四个方面发挥了重要作用：一是成本管控成效显著，全年通过降成本实现增利 76 亿元；二是大物流运输增效明显；三是煤炭下水销售取得优异成绩；四是清洁能源战略显现作用。习近平总书记专门做出重要指示，给予高度肯定。

2016 年，神华集团在生产经营方面主要做了七项工作。

（1）抢抓市场机遇，奋力开拓和巩固市场。

电力销售方面，积极适应电力市场化改革，抢发电量，发电量创近三年最高水平，火电市场占有率达到 104.5%。

（2）各板块协同配置资源，一体化高效运行。

生产运营系统紧扣市场需求，生产指挥中心统筹协调、科学组织，各板块加强协作，全年集团一体化运营基本达到最高负荷。

（3）加强安全管控，安全生产保持总体平稳。

2016 年，针对较为严峻的安全生产形势，神华集团加大安全管控和督查力度，强化安全责任制落实，全年没有发生重大及以上安全生产事故。

（4）加快清洁能源战略落地，产业结构调整优化取得积极进展。

新能源产业快速发展。一是深度参与国际市场；二是全面加强对外合作；三是积极研发储备新技术，与相关新技术公司进行接触；四是加快项目落地，全年 12 个新能源项目获得核准。

（5）加强顶层设计，科技创新、节能减排效果明显。

科技创新方面，一是创新体系更加完善；二是创新项目有序推进；三是创新成果丰硕。

（6）全面深化改革，关键领域工作取得重大突破。

神华集团被列为国有资本投资公司改革试点，目前改革试点方案已上报国务院国资委。

（7）夯实基础管理，经营工作进一步规范和强化。

全面落实从严治党工作要求，强化党组在经营决策中的"把方向、管大局、促落实"作用，增加常务会议议题党组前置性审批环节，规范总经理办公会管理。

二、2017 年生产经营任务

2017 年，重点落实好以下六个方面工作。

（1）坚守安全红线，严防事故发生。

（2）密切关注市场，做好销售工作。

（3）强化协同配合，保持一体化高效运行。

（4）优化资产结构，着力提高经营质量和效益。

（5）抓住试点机遇，全面深化改革。

（6）加强战略管控研究成果应用，推进战略落地。

【中国电力建设集团有限公司 2017 年工作报告（摘要）】

2016 年，中国电建上下深入贯彻"五大发展理念"，认真落实"12358"战略框架，不断创新市场营销方式和商业模式，着力强化经营管理提质增效，生产经营继续保持平稳较快发展势头，全年实现营业收入 3244.23 亿元，同比增长 12.4％；利润总额 121.48 亿元，同比增长 5％；新签合同 5120 亿元，同比增长 15.1％；实现经济增加值 30.5 亿元；年末合同存量 9668.5 亿元，同比增长 18％；资产总额 6032 亿元，资产负债率 81.74％；全员劳动生产率达到 172.8 万元/人年，同比增长 13.75％，主要经营指标增长均高于公司"十三五"规划的年均增长幅度，实现了"十三五"良好开局。股份公司获得"2016 中国创新榜样""最具投资价值上市公司""最具社会责任上市公司奖"等多项荣誉，得到资本市场的广泛好评。

（一）国内市场营销稳中向好，订单效益双双增长

一是高端营销能力持续强化；二是能源电力业务优势持续巩固；三是基础设施市场营销成效显著；四是水环境治理等新兴业务取得较大突破。

（二）国际业务集团化稳步推进，竞争力有效增强

一是国际业务资源整合有效推进；二是重点国别市场和重大项目取得重大进展；三是国际影响力持续彰显。中国电建目前在 113 个国家和地区开展实质性业务，在 89 个国家执行 1207 项合同，在建合同总金额达 6873 亿元人民币。2016 年，中国电建在 ENR 国际工程设计公司 225 强位列第 27 位，在上榜中资企业中排名第一；在 ENR 国际工程承包商 250 强位列第 11 位，在上榜中资企业中排名第二，保持全球最大的电力工程承包商地位。

（三）结构调整扎实推进，产业布局更趋合理

一是投资拉动总承包业务贡献进一步提高。全年投资拉动施工总承包业务达到 804 亿元。二是电力投资业务稳健开展。到 2016 年末，中国电建控股在建电站总装机容量约为 270 万 kW，控股运营电站总装机容量达到 1212.27 万 kW，其中清洁能源占比 87％；三是房地产业务健康发展。房地产板块 2016 年全年累计签约销售合同 233.13 亿元，实现营业收入 163.45 亿元，实现利润 12.19 亿元；四是产融结合大力推行。2017 年末中国电建资金集中度和集中额大幅增加，分别达 75.23％和 700.96 亿元。

（四）体制机制进一步理顺，改革创新红利逐步显现

一是有效强化战略引领；二是全面深化改革持续推进。年内完成了 7 组 16 家子企业的重组整合。"压缩管理层级、减少法人户数"工作有序开展，完成了年内压减 56 户法人机构的目标任务。

（五）精益管理全面加强，企业运行质量不断改善

一是基础管理有效增强。扎实开展"两金"压降，加强债务风险管控，全面推进"营改增"，强化税务管理与税收筹划，加强总对总银企合作，财务资金管理不断取得成效。加强投资与建设项目招标与采购管理，启动"一库一平台"建设，推动公司工程招标与采购纳入国家交易平台体系。创新设备物资集中采购，全年完成设备物资集中采购总额 728.96 亿元，集采率达到 76.5％。信息化建设取得重大进展，集团级业务基本实现了全面信息化。减亏扭亏专项治理工作取得初步成效，2016 年前三季度累计实现减亏 26.41 亿元；二是上市公司规范运作不断强化。股份公司连续四年获评沪市上市公司信息披露 A 类企业；三是人才队伍建设不断推进。实现了职工队伍总量保持负增长；四是企业法治、内控和监督工作不断完善。

（六）安全和质量管理常抓不懈，技术水平稳步提高

一是严抓安全和质量工作不放松。2016 年 8 个项目获国家优质工程金质奖，5 个项目获鲁班奖，13 个项目获国家优质工程奖；二是科技创新工作持续进步。2016 年，中国电建获省级创新型企业授牌 13 家，省级高新技术企业 57 家；14 项科技成果达国际领先水平，24 项科技成果达国际先进水平。

（七）从严治党成效显著，党组织政治保障作用进一步彰显

"两学一做"学习教育扎实开展。各级党组织负责人讲党课 3936 次，覆盖基层党员 182 879 人次；"四个意识"进一步增强；政治核心作用有效发挥；干部队伍建设明显加强。

党建工作持续加强。加强政治理论学习，进　步完善党委理论中心组学习制度，创新学习形式，全年组织党员学习培训 19 期共 3009 人次。结合公司整合实际，及时调整党、工、团基层组织，做到党的基层组织全覆盖，完成工会委员增补和团委换届选举工作。健全完善党委工作制度体系，落实党建工作责任制，进一步规范党费收缴工作。

党风廉政建设扎实推进。以责任目标为抓手，切实落实"一岗双责"要求；开展"四风"问题整治情况"回头看"，组织遏制"四风"与反腐倡廉专项检查，深入推进"八项规定"落到实处。加强对落实"三重一大"决策制度、选人用人、招标采购、作风建设等重点环节的监督。畅通群众反映问题渠道、强化群众监督，确保问题线索零积压，始终保持惩治腐败高压态势。

企业文化建设不断深化。积极履行企业社会责任，组织项目公司开展了产业扶贫、就业扶贫，为地方政府拉动经济发展、增加就业机会做出了积极贡献，提升公司形象和品牌美誉度。支持工会、共青团组织积极履职、发挥作用。开展了"健步走""送温暖""趣味运动会""五四青年植树、素质拓展""主题演讲比赛"及"巾帼建功"等活动，积极深化"职工之家"建设活动，探索打造"全能型"职工之家，关心帮助生活困难职工和离退休职工，企业凝聚力进一步增强。

【中国能源建设集团有限公司 2017 年工作报告（摘要）】

（1）狠抓市场开发，加快业务转型。一是抢抓非电市场机遇。充分发挥中国能建总部、新商业模式工作机构、平台公司的高端经营作用和中国能建的品牌影响力，广泛调动成员企业的积极性，加大关键资源整合力度，加强业务协同和集团化运作，重点推动 PPP 等新商业模式业务内部协同开发；加强与政府高层对接和战略合作，促成前期已有较好基础的重大项目尽快取得实质性突破，不断培育和挖掘新的重大项目，抢占大型基础设施高端市场。二是抢抓电力市场新机遇。在巩固传统电力市场优势的同时，积极开辟新的电力市场增长点，抢抓气电、核电、新能源、煤电节能减排升级改造、检修运维、跨区大电网建设、农网改造等新机遇。三是加快国际业务优先发展。发挥平台公司、龙头企业、骨干企业的带动作用，形成国际经营持续发展的稳固支撑。发挥规划先行、高端切入、全产业链等优势，实施差异化经营策略，着重抢抓"一带一路"、周边基础设施互联互通、国际产能合作等战略机遇，做深做专重点市场。规范海外分支机构，完善国际市场网络布局，提高外派人员开拓市场的能力。精心组织做好中国能建参评 ENR 排名工作，更具体、更有力地策划打造好中国能建国际知名品牌。四是拓展工程总承包市场。更加注重发挥中国能建全产业链和全生命周期服务优势，深度整合设计施工一体化的核心能力，做优做大工程总承包业务。五是抢抓投资并购市场。加强投资拉动，重点推进国内新商业模式业务和投资助推国际工程业务，形成投融资建设一体化的竞争优势。加强投资并购，聚焦重点领域精选项目，投资并购优质控股型项目，促进完善功能、提升技术、扩张规模、抢占市场、转型升级。六是不断加强协同经营。总部强化协同经营管理，加大协同经营激励约束力度；紧盯每一个重点项目，超前开展内部协同，显著提升协同成效。各单位强化协同经营的思想自觉和行为自觉，齐心协力开展协同经营，干好协同项目。优化市场协调，进一步理顺内外部市场关系，禁绝恶性竞争。

（2）狠抓降本增效，提升管理基础。一是加强计划管理。统筹考虑、均衡安排年度计划，强化计划执行分析和经济运行过程监控，关键计划指标要设置严格的时序进度，及早发现和解决倾向性苗头性问题，提高计划执行过程干预的前瞻性、主动性。千方百计开源增收，最大限度节流降本，为完成中国能建计划目标做出应有贡献。二是加强全面预算和财税风险管理。推进全面预算管理体系建设，将对标管理与全面预算管理有机结合，深度推行项目核算制度，精细工程项目预算的事前算赢、事中监控、事后考核管理。针对债务风险管控、资金集中管理、"营改增"等专项工作，加大工作力度，提升财务监督成效，提高财务管理规范化水平。跟进做好"营改增"工作和国家税务总局重点税务稽查配合工作，防止出现重大涉税风险。三是加强降本节支管理。强化精益理念和问题导向，按照"一切成本皆可控"的原则，做精做细成本费用预算安排，加强成本费用管理，确保成本费用占营业收入比重比 2015 年进一步下降。认真分析成

本费用驱动因素，在生产经营各个环节算好成本账、效益账；优化成本分类和费用定额标准，从严从细控制各类开支规模。突出抓好项目成本管理，严防效益跑冒滴漏。按中国能建统一部署做好僵尸企业处置和特困企业专项治理，改善发展基础。四是加强"两金"管理。对"两金"压降要落实最严格的责任和最有力的措施，抓好源头控制、过程管理和考核奖惩。从严设定"两金"压降目标，"两金"增速不得超过营业收入增幅，收入下降的单位"两金"规模不得增长，"两金"规模偏高的单位要明显压缩。积极采取保函替代保证金、应收账款保理、应收账款证券化等方式，盘活和减少"两金"数量。尤其要加强工程项目结算及收款、房地产存货去化工作，提高工程项目的经营创现能力和房地产存货去化速度。五是加强集中采购管理。从"采购管理集中"向"采购管理与采购行为双集中"方向过渡，健全集中采购工作的体制机制，推广集团级货物集中采购。强化采购依法合规管理，发布《采购管理风险控制手册》，严格执行集团级供应商"黑名单"和采购红线禁令等负面清单；加强电子采购平台和能建商城平台开发应用，确保电子采购平台上线采购率、上线招标采购率等指标稳中有升，有效降低采购综合成本，加大专项督导检查和平台监督力度，促进采购行为更加规范、采购成本更加经济。

（3）狠抓项目管理，精细过程管控。一是加强项目策划和履约管理。推行项目管理前期策划制度，重点做好施工方案、成本管理、分包采购管理和变更索赔工作策划。增强诚信履约意识，牢固树立"干好项目是硬公关"理念，以合同为主线，提高风险识别和应对能力，加强项目全过程的规范管理和精细管理，确保项目履约受控、在控。加强变更索赔管理，保证在建项目多创利润。采取有效措施消灭项目亏损，消除效益黑洞；做好被投诉项目的应对处理，维护市场形象。二是加强项目管理目标责任制建设。抓住项目经理负责制这个"牛鼻子"，合理设定项目经理的责权利，创新项目经理的培养、任用机制，完善项目经理监管措施，建立科学的、多维度的项目经理考核评价体系，既要充分调动项目经理及管理团队的积极性，又要确保项目规范实施。三是加强项目分包采购管理。加强项目分包和采购管理的规范化运作，出台项目分包和采购管理禁令，杜绝违法分包、提点挂靠、非法转包等丧失项目履约主导权的做法。建立中国能建内部共享的合格分包商和供应商资源库，坚决封杀列入"黑名单"的不合格分包商和供应商；规范分包和采购合同管理，严禁超结超付，有效管控项目成本、安全、质量等关键点和风险源。四是加强项目管理监督指导。落实项目监管责任，利用专项检查、专项督导、审计、效能监察等手段，指导帮助在建项

目精准查找和有效整改管理短板。有针对性做好新商业模式、国际工程、工程总承包、协同经营等新型项目管理的规律总结、经验推广和模式复制。

（4）狠抓创新驱动，增添发展动能。一是加强科技创新。围绕战略性新兴产业、关键技术和重大项目进行科研攻关，努力突破和掌握一批新的核心关键技术，提升企业核心竞争力，掌握竞争主动权。抓好中国能建"十三五"科技发展规划和信息化规划落地，重点做好现代电网、清洁能源、分布式能源、高端装备应用、非电工程等领域关键技术攻关，助推中国能建转型升级。加强与科研院所的交流与合作，充分利用国家鼓励科技成果转化的政策，挖掘、遴选适合中国能建发展方向的科技成果，以市场化方式抓好科技成果转化，形成新的产业优势。加强信息共享和数据资源利用，充分利用信息化技术，有力助推主营业务和管理提升。二是加强融资创新。要深化产融结合，通过融资创新为实体业务发展提供更有力的金融支持。优化融资结构，利用中国能建总部平台统一融资置换所属单位部分债务，为所属单位提供低成本资金支持和金融服务。高起点、高标准谋划推动中国能建金融业务发展，充分发挥上市公司、财务公司、融资租赁公司等平台作用，综合运用票据、债券、保理、资产证券化、融资租赁等多种方式，拓宽融资渠道、降低融资成本。整合中国能建内部各资金平台，提升内部资金融通规模和效益，尽快实现中国能建资金的全面集中管理。三是加强投资创新。聚焦主业、发挥优势，准确把握国家战略导向和产业发展趋势，加快打造特色明显、梯次合理、持续发展的产业投资板块，积极寻求开发境内外的好项目、大项目，提升产业投资规模和投资效益。积极稳健加快"投资出海"步伐，紧跟对外战略，用好中国资金，创新开发模式，抢抓海外电力、交通、水泥、民爆、绿色环保、基础设施建设等重点行业的投资机遇。优先保证已立项、已决策和在建投资项目的资金需求，做好投产项目的运营管理。要全面加强投资全过程管理，做到科学决策、高效决策、规范决策相互促进。把握投资节奏，防控项目并购、海外投资风险。

（5）狠抓安全生产，落实安全责任。把安全作为重中之重，时时刻刻如履薄冰、如临深渊抓好安全管理，杜绝重大事故。坚持"党政同责、一岗双责、齐抓共管、失职追责"，强化安全生产"红线"意识、责任意识和大局意识，把安全生产责任落实到生产一线，严格安全考核。加强安全管理制度的体系建设和有效执行，严格落实中国能建安全生产"明白卡"的要求。持续加强事故隐患排查治理，强化事故预防，确保隐患治理责任、措施、资金、时限和预案等全面落实到位，严禁在建项目盲目抢工期，杜绝非

法违法、违规违章行为。突出抓好承（分）包单位安全管理，严格对承（分）包单位的安全监督，坚决执行承（分）包队伍"黑名单"制度。统筹抓好安全、质量、环保风险管控及节能减排工作，争创安全、优质、绿色环保的精品工程和名牌产品。

（6）狠抓激励约束，激发发展活力。一是优化业绩考核。建立经营业绩考核目标分档机制，对利润总额、营业收入的考核评分上不封顶、下不保底，对于对标行业优良水平的单位给予评分奖励。采取有效措施鼓励各单位追求高增长，制约消极懈怠。加大对国际经营、非电业务、协同经营等重点经营工作和现金利润、项目管理等管理短板的考核力度。二是强化薪酬激励。完善企业负责人薪酬与经营业绩考核紧密挂钩，与承担风险和履职绩效相匹配的机制。突出薪酬分配的效益导向，健全工资效益同向联动机制，实施差异化的薪酬政策，理顺、激活、管好薪酬分配，为中国能建生产经营重大举措落地提供正向的薪酬激励。探索中长期激励模式，研究细化首次授予限制性股票的解锁条件，让主动分担业绩增长责任和解锁压力的激励对象得到应有激励，让"搭便车"、没有做出应有贡献的激励对象受到应有约束。三是严化制度执行和追责问责。深入推进各项管理制度落地生根、有效执行，严格按制度定责、考责、问责、追责，激励遵章守规者、惩治违章犯规者，使按制度办事蔚然成风。

专 题 会 议

【2017年全国能源工作会议】 2016年12月27日，全国能源工作会议在北京召开。会议深入学习贯彻习近平总书记系列重要讲话精神和治国理政新理念新思想新战略，贯彻落实中央经济工作会议精神，传达学习李克强总理、张高丽副总理关于能源工作的重要批示要求，总结2016年能源发展改革工作，部署2017年主要任务。国家发展改革委党组书记、主任徐绍史出席会议并讲话。国家发展改革委副主任，国家能源局党组书记、局长努尔·白克力在会议上做了题为《稳中求进谋发展 聚焦供给抓改革 以能源事业的新成绩迎接党的十九大胜利召开》的工作报告。

徐绍史指出，一年来，国家能源局及能源系统贯彻新发展理念，主动适应、把握和引领经济发展新常态，以推进供给侧结构性改革为主线，开拓进取、主动作为，各项重点任务有了新进展取得了新成效。一是深谋长远，能源发展的思路举措更加明确；二是调整结构，能源领域供给侧结构性改革初见成效；三是创新驱动，能源发展新动力新动能不断积聚；四是精准发力，能源补短板工程有序实施。与此同时，扎实开展"两学一做"学习教育，深入推进全面从严治党，为能源事业发展提供了坚实保障。

徐绍史强调，2017年是党和国家事业发展中具有重要意义的一年，也是实施"十三五"规划的重要一年，能源工作要坚持稳中求进工作总基调，紧紧围绕推进供给侧结构性改革这条主线，重点做好以下工作：一要坚定不移去产能，不折不扣地将化解煤炭过剩产能一抓到底，高度重视防范化解煤电产能过剩问题；二要全面推进能源生产和消费革命战略，推进非化石能源规模化发展、化石能源清洁高效利用；三要

加快能源领域改革创新步伐，在电力、石油、天然气行业改革实现新的突破，集中力量推进能源关键技术装备创新；四要大力实施能源民生工程，增加清洁民生能源供应，加快推进农村能源生产和消费方式变革，全面开展能源扶贫；五要进一步强化安全责任意识，牢牢守住安全生产底线。同时，要切实履行全面从严治党"两个责任"，持续推进管理理念管理职能管理方式管理作风转变。

国家能源局副局长郑栅洁在总结讲话中指出，各单位要认真贯彻会议精神，细化工作任务，落实工作责任，以"钉钉子"精神抓好各项工作落实。

【全国电力安全生产电视电话会议】 2016年1月14日，国家能源局在北京召开全国电力安全生产电视电话会议，学习贯彻党中央、国务院领导同志关于安全生产工作的重要讲话和批示精神，落实全国安全生产电视电话会议和全国能源工作会议精神，总结2015年工作，部署2016年任务。国家发展改革委副主任、国家能源局局长努尔·白克力在会上强调，各单位要把强化责任摆在最突出、最重要的位置，牢固树立安全发展观念，切实加强管理，确保电力安全生产形势持续稳定。国家安全生产监督管理总局副局长孙华山出席会议并讲话。

【2016年全国电力安全生产委员会扩大会议】 2016年7月12日，国家能源局在北京召开2016年全国电力安全生产委员会扩大会议，传达贯彻落实党中央、国务院关于安全生产工作的总体要求和国家防总全体会议精神，通报2016年上半年电力安全生产工作情况，安排部署近期电力安全生产工作、电力防汛工作和二十国集团峰会保电工作。

【2016 年电力可靠性指标发布会】 2016 年 6 月 24 日,国家能源局和中国电力企业联合会在北京联合召开了 2016 年电力可靠性指标发布会。会议发布了 2015 年度电力可靠性指标及"十二五"期间全国电力可靠性趋势分析,通报了电力可靠性管理工作情况。

中电联党组书记、常务副理事长杨昆,中国机械工业联合会执行副会长杨学桐出席会议并讲话。会议由国家能源局电力安全监管司司长黄学农主持。

【2016 亚太电力与能源国际会议】 2016 年 10 月 25~28 日由 IEEE PES 组织的亚太电力与能源国际会议 APPEEC2016 在陕西西安举行。会议由西安交通大学、IEEE Power and Energy Society 以及陕西省科学技术协会共同举办,旨在为电力能源工程研究及应用人员提供一个交流最新研究成果、了解国际学术前沿、掌握电力能源发展趋势的交流平台。

会议主要围绕电力系统运行与管理、智能电网、能源与能源物联网、先进输电技术、电力系统分析与控制等热点话题展开深入的探讨,是电力能源领域的一次高端会议。

【2016 中国清洁电力峰会暨 2016 中国国际清洁能源博览会】 2016 年 3 月 29 日,2016 中国清洁电力峰会暨第八届中国国际清洁能源博览会在北京中国国际展览中心开幕。中电联党组书记、常务副理事长杨昆及有关电力集团公司负责同志参观博览会并出席开幕式。

本届博览会由中国电力企业联合会主办,以"中国清洁能源'十二五'总结与'十三五'展望"主题推出系列专题活动。并围绕国家政策推动、技术进步、装备发展、清洁发展、节能减排以及社会责任等方面,全面展示我国清洁能源行业"十二五"发展的突出成就;从清洁能源发展目标、机遇与挑战以及我国能源体制改革、"一带一路"清洁能源战略规划、构建能源互联网等方面展望"十三五"期间清洁能源发展。

【APEC 燃料电池国际论坛】 2016 年 1 月 18~19 日,由亚太经合组织(APEC)能源工作组、国家能源局国际合作司和中国国电集团公司共同主办的"APEC 燃料电池国际论坛"在北京召开。论坛主旨是为 APEC 经济体国家和地区从事燃料电池研究的专家、学者和企业家搭建一个国际性交流平台,共同探讨燃料电池产业化路径,针对技术瓶颈提出解决方案,促进燃料电池技术的提升和产业的发展。

本届论坛围绕国内外燃料电池发展趋势、固定式燃料电池发电技术及应用前景、交通通用燃料电池产业及技术和氢能及其基础设施等四大主题,全面总结探讨了国内外燃料电池技术的发展趋势,交流分享了全球顶级燃料电池研究机构和企业的研究成果和实践经验。

【第九届亚洲太阳能论坛】 2016 年 3 月 21 日,国家能源局与亚洲开发银行在北京共同举办第九届"亚洲太阳能论坛"。本届论坛主题是"太阳能产业合作",旨在进一步推进亚洲太阳能产业的区域合作,提升产业竞争力,拓展太阳能的广泛运用。国家发展改革委副主任、国家能源局局长努尔·白克力和亚洲开发银行行长中尾武彦出席论坛开幕式并致辞。国家能源局副局长刘琦主持论坛开幕式。

【2016 全球能源互联网大会】 2016 年 3 月 30~31 日,以"全球能源互联网——以清洁和绿色方式满足全球电力需求"为主题的 2016'全球能源互联网大会在北京举行。

国务院国务委员王勇出席大会开幕式并发表重要讲话,王勇在讲话中指出,能源互联网是推动能源革命的重要战略支撑。习近平主席在联合国发展峰会上倡议,"探讨构建全球能源互联网,推动以清洁和绿色方式满足全球电力需求",这是对传统能源发展观的重大创新,对于推动全球能源变革,加快清洁发展,应对气候变化,实现人类可持续发展具有重大而深远的意义,在国际社会引起了广泛关注和强烈反应。

中国国家电网公司董事长刘振亚致欢迎辞,并做题为"构建全球能源互联网,走向人类可持续发展新时代"的主旨演讲。刘振亚认为,世界能源发展面临资源紧张、环境污染、气候变化三大挑战,根本出路是建立安全、清洁、永续供应的能源保障体系,就是构建全球能源互联网。全球能源互联网是"智能电网＋特高压电网＋清洁能源",是永续供应、绿色低碳、经济高效、开放共享的能源系统,能够以清洁和绿色方式满足全球电力需求,是实现人类可持续发展的必由之路,具有巨大的经济、社会、环境综合效益。

【中国—国际能源署合作 20 周年研讨会】 2016 年 3 月 30 日,中国—国际能源署合作二十周年研讨会在北京举行,国家发展改革委主任、国家能源局局长努尔·白克力,国家发展改革委副主任兼国家统计局局长宁吉喆,国际能源署署长法蒂·比罗出席会议并发表主旨演讲,国家能源局副局长张玉清主持主旨演讲环节。

努尔·白克力回顾了中国与国际能源署在过去二十年中所取得的合作成果,期望中国与国际能源署之间的合作能成为国际能源领域中"互利共赢、深度合作"的典范,并建议国际能源署在自身现代化改革过程中,能够不断提升包容性和代表性,全面反映未来能源趋势和新兴经济体的诉求。宁吉喆在主旨演讲中对双方在能源数据统计领域开展的合作也给予了积极评价。法蒂·比罗在主旨演讲中均做出了积极回应。

会上，国家能源局与国际能源署共同表示，将启动中国国家能源局—国际能源署能源合作中心相关程序。

【电能替代产业发展促进联盟成立大会暨电能替代交流会】 2016 年 11 月 11 日，中国电力企业联合会电能替代产业发展促进联盟在北京举行成立大会，来自国家能源局、环保部、新疆维吾尔自治区经信委、清华大学等部门的领导嘉宾、专家学者见证了联盟成立仪式。会议由中国电力科学研究院党组成员、副院长王继业主持，中电联党组书记、常务副理事长杨昆出席成立大会并致辞。

中电联电能替代产业发展促进联盟是为落实国家发展改革委、国家能源局、财政部等八部委联合印发的《关于推进电能替代的指导意见》，发挥电网企业的桥梁与纽带作用，调动各利益相关方的积极性，协同推进电能替代工作，由中国电力科学研究院牵头筹建。联盟的设立填补了中国电力企业联合会在此领域的空白，同时对中电联其他分会的业务开展提供互补和支撑。

联盟由国内主要能源生产商、能源服务商、设备制造商、设备集成商、科研机构、设计机构、高校、行业协会、投融资机构新闻媒体等组成，政府相关部门参与。联盟第一届理事长由中国电力科学研究院郭剑波院长担任。

联盟旨在推进能源消费革命，防治大气污染，节能减排低碳发展；密切把握电力体制改革新要求，整合能源系统和社会资源，大力推进清洁替代与电能替代战略；促进以电为中心、清洁化为特征的能源结构调整；提高电能在终端能源消费中的比重，助力解决化石能源污染和温室气体排放问题。

联盟将主要围绕电能替代领域细分与潜力挖掘、关键技术和设备研发、技术标准和准入制度完善、商业模式创新、产业结构优化等方向，开展联合攻关、技术交流、政策推动和推广等活动。建立产业上下游、产学研用信息、知识产权等资源共享机制，建立与政府沟通的渠道及人才培养、国际合作的平台，推动标准、评价、质量检测体系的建立，促进成员单位的自身发展，改善电能替代产业的发展环境。

在联盟成立大会上，还同时举办了电能替代交流会。

【2016 第八届中国国际节能减排展览】 2016 年 4 月 6～8 日，由中国低碳产业协会、联合国工业发展组织共同主办的环保展会 2016 第八届中国国际节能减排展览会（简称 CIEE）在北京国家会议中心举行。

本届展览会以"低碳、节能、环保"为主题，紧扣"十三五"发展规划，全面聚焦各种节能环保新产品、新技术，特别包括节电、节水、节煤、废气治理、脱硫脱硝、废水、资源再生等方面的新技术、新产品。与往届 CIEE 不同，2016 年适逢"十三五"开局之年，为了更好地推进"十三五"节能环保产业发展，CIEE 同时举办 2016 全国低碳节能环保新产品推介会、2016 全国大气污染防治高峰论坛。主要围绕国家政策推动、技术进步、装备升级、低碳发展、节能减排以及社会责任等方面，通过活动的展示和推介，让更多客户全面了解到我国节能环保发展的成就和展望未来方向，推动节能环保产业更好、更快、更持续健康发展。

【第六届中国国际储能电站大会（ESSC2016）】 为更好地应对中国储能行业发展所面临的机遇和挑战，2016 年 4 月 24～26 日，由 CDMC 决策者集团主办的第六届中国国际储能电站大会（ESSC2016）在深圳举行。

为了搭建好能源领域多方交流的平台，大会安排了会前专题研讨会、主题演讲、专题互动讨论、案例分析、圆桌讨论、鸡尾酒会、一对一会晤、会后观光等丰富多样的形式和环节。届时，国内以及跨国领军企业专家将围绕储能电站的相关政策与标准、市场趋势与投资建议、技术瓶颈与解决方案、项目示范与经验分享等储能热点话题展开讨论。

围绕国内外储能领域的热点问题，本届展会设立了国家政策解读和行业发展趋势、储能技术在分布式能源和微电网中的应用议题、全球储能市场的发展与前景、新能源汽车与储能发展等四大议题。

【第十届中国新能源国际高峰论坛】 2016 年 4 月 20～21 日，由全国工商联新能源商会主办的第十届中国新能源国际高峰论坛暨全国工商联新能源商会十周年庆典在北京国家会议中心举行。论坛主题为"庆辉煌十年 论创新增长"，论坛分设光伏领袖对话、光热发电、薄膜发电、低碳减排、APEC 光电建筑、新能源汽车、生物质能等专题论坛，同期举办"新能源十周年系列庆典"等活动。

论坛发布的《2016 全球新能源发展报告》显示，中国清洁能源投资额已稳居世界第一。

【2016 国际能源变革论坛】 2016 年 10 月 29～31 日由国家能源局、江苏省人民政府与国际可再生能源署联合主办的 2016 年国际能源变革论坛在江苏苏州举行，国务委员王勇出席开幕式并致辞。国家发展改革委副主任、国家能源局局长努尔·白克力，江苏省省长石泰峰，国际可再生能源署总干事阿德南·阿明出席论坛并分别发言。

本届论坛以"协调、发展、转型"为主题，与会各方围绕全球能源转型关键问题、深化国际能源合作、促进全球能源转型融合创新等议题进行了充分讨论，共商应对之策。论坛设置了主论坛和化石能源清洁低碳发展、未来电力系统转型、可再生能源协同创新发展、未来建筑能源转型、能源互联网、终端能源消费转型、交通能源转型、分布式能源与区域能源转型8个分论坛。

【2016中国国际供电会议】 2016年8月10～13日，2016中国国际供电会议（CICED2016）在陕西西安举行。本届会议由CIRED中国国家委员会（中国电机工程学会、中国电工技术学会、中国可再生能源学会发起成立）、国家电网公司联合主办，中国电机工程学会、西安交通大学承办。会议旨在促进供用电技术的进步，推动能源变革环境下供用电领域新发展。

会议以"能源变革下的供电系统"为主题，旨在促进供用电技术进步，推动能源变革环境下供用电领域发展。会议同期举办2016中国供电技术与设备展览会。

中国电机工程学会理事长郑宝森致开幕辞。中国电工技术学会副理事长兼秘书长裴相精、国家电网公司总经理助理单业才、国际供电会议组织（CIRED）主席西奥多·康纳在开幕式上致辞。中国电机工程学会副理事长兼秘书长谢明亮主持开幕式。

郑宝森回顾了近年来中国在新能源并网、智能配用电、电动汽车及电能替代等方面的成就，表示传统电网向智能电网的全面升级已成必然，应不断加强智能电网领域的国际交流合作，推动能源变革转型，促进能源可持续发展。

与会专家表示，解决能源与环境发展难题，必须走清洁发展道路。目前，全球正经历以化石能源为主向清洁能源为主的转变，新一轮能源变革催生了巨大的电力市场和供电装备市场，相关研究机构和企业应抓住机遇，致力于智能电网和清洁能源领域的相关研究和技术发展，共同推动更可靠、清洁的能源供应。

在主旨报告环节，10位国内外专家分别就配电网技术发展及面临的挑战和转变、间歇性可再生能源发电出力的挑战与策略、配电网智能化技术的研发等议题做报告，共享配电网领域最新科研成果。

【2016中国能源互联网峰会】 2016年8月31日，由国家发展和改革委员会、工业和信息化部、国家能源局指导，中国能源研究会主办的2016'中国能源互联网峰会暨国家能源互联网产业及技术创新联盟成立大会在北京召开。本次峰会以"新产业、新机遇、新发展"为主题，立足国际视野、聚焦中国问题，针对能源互联网新机遇、新格局、新标准、新趋势，以及电网跨国互联互通新发展等主题开展了深入交流，并对能源与信息技术深度融合新机遇、智慧用能新产业、清洁能源交易新发展等专题进行了详细阐述。

会上，中国能源研究会和埃森哲公司联合发布了《中国能源互联网企业高管调研报告》。该报告围绕能源互联网生态圈涉及的各类企业，对近百名现任中国能源生态圈企业高管进行访谈调研，以第一手数据呈现出了企业决策者对这一新兴市场的感知程度、战略调整和现实顾虑，同时揭示了企业在中国能源互联网元年所处的真实定位、期待与挑战。

报告显示，受访高管普遍认为能源互联网将对现有中国能源产业链产生冲击，产业链的变局首先来自需求侧。受访高管对转型创新大多持谨慎态度，对于如何捕捉能源互联网技术带来的协同效应和市场机遇，他们在战略层面上并未做好充足准备。大多数受访企业尚未有效激活并联通各类数字化应用，其中新能源企业反而最需要加强"互联网＋"能力，以便尽快摆脱对政策性补贴的依赖。多数受访高管依然期待市场改革措施细化落实，以增强投资决策的确定性。

中国能源研究会常务副理事长、国家能源局原副局长史玉波在峰会开幕致辞中指出，2016年是"十三五"的开局之年，"十三五"期间要积极构建智慧能源系统，推进能源与信息等领域新技术深度融合，统筹能源与通信、交通等基础设施网络建设，建设"源-网-荷-储"协调发展、集成互补的能源互联网。未来五年，国家能源互联网行业发展预计将维持18.5%的增长率。在中国经济新常态的大背景下，能源互联网产业无疑将成为改革创新发展的强劲引擎之一。

清华大学副校长尤政在致辞中表示，当今世界面临各种前所未有的挑战，能源可持续发展是全球共同面对的重大课题，而我国面临的新能源革命与能源市场化革命的需求更为迫切。近年来，随着新兴能源技术与物联网、大数据、移动互联网等信息技术的不断发展和深度融合，使得能源互联网的发展前景不断清晰，能源互联网越来越被广泛地认为是实现未来能源革命的重要技术支点。

【第七届中国（甘肃）国际新能源博览会】 2016年8月9～12日，由中国贸促会和甘肃省政府共同主办的第七届中国（甘肃）国际新能源博览会在甘肃省酒泉市举行。国家能源局副局长李仰哲出席开幕式并致辞。

本届博览会以"新丝路、新能源、新发展"为主题，旨在推动能源消费、能源供给、能源技术和能源体制"四大革命"，全方位加强"一带一路"国际能源合作。博览会期间在酒泉国际会展中心举办开幕式、"一带一路"新能源合作高峰论坛和三个专业领域分论新能源发展的趋势与对策，为新能源企业搭建一个国际性、交易性、技术性的交流平台。

【第八届中国国际新能源博览会】 2016年10月

20～21 日由中国新能源海外发展联盟、中国产业海外发展协会等单位主办的，以"深耕国际、创新发展"为主题的第八届外洽会暨中国国际新能源博览会在北京展览馆举行。

本届博览会集中展示了太阳能、风能、核能等电力领域龙头企业的国际合作成果，大会同期举办了中国国际太阳能论坛、中国国际风能论坛、中国国际核能论坛、中国国际新能源汽车论坛，围绕新能源革命、国际新能源项目开发、新能源汽车在国际产业中转型升级、中国核电产能寄投融资国际合作等主题展开讨论，并重点突出了"一带一路"光伏市场国际合作与发展、光热产业示范与产业化发展等议题。会议期间还发布了国际新能源优质供应商计划、中国新能源国际化"领跑者"计划。

【2016 中国电力 EPC 论坛】 2016 年 5 月 25 日，由西门子和中国能源建设股份有限公司（中国能建）共同主办的 2016 中国 EPC❶ 峰会在北京举行。

此次峰会的主题为"前瞻聚力，同心致远"。峰会设有电力、油气化工、矿山及工业三个分论坛，与会各方就如何应对日趋复杂的全球市场环境、海外项目融资、先进技术及解决方案应用等议题展开深入探讨。

【第五届国际清洁能源论坛】 2016 年 11 月 29～30 日，在澳门特别行政区政府的支持和全国政协中国经济社会理事会的指导下，国际清洁能源论坛（澳门）联合中国经济发展研究会、中国能源报社共同举办的第五届国际清洁能源论坛在澳门举行。

本届论坛的主题是"清洁低碳、高效节能"，来自海内外的 200 余名政府官员、专家学者及产业界人士汇聚一堂，就清洁能源产业发展的热点、难点，以及新产品、新技术市场发展问题进行了深入交流与探讨。

论坛同期举行了 2016 国际清洁能源论坛主题峰会、《2016 清洁能源蓝皮书》发布会、2016 国际清洁能源学术研讨会、2016 中国碳市场与林业碳汇创新发展论坛、2016 国际清洁能源新技术新产品推介以及 2016 国际清洁能源年度人物、年度企业和年度产品发布、第四届中国能源装备优秀人物、优秀企业和优秀产品揭晓等活动。

【EP China 2016 中国国际电力展】 2016 年 11 月 2～4 日，由中国电力企业联合会主办、香港雅式展览服务有限公司负责海外组织的第十六届中国国际电力设备及技术展览会（EP China 2016）在北京中国国际展览中心举行。

展览会以"开拓、创新、创商机"为主题，同期举办 2016 国际电力自动化设备及技术展览会、2016 中国国际电力节能环保技术和装备展览会及中国国际电力安全与应急管理专题展、2016 年电力行业节能环保论坛暨技术应用交流会、电能质量技术交流论坛（北京）、电力安全与应急管理专题活动主论坛、第八届低压智能配电系统技术论坛（北京站）暨智能配电与能效管理解决方案高峰论坛系列活动、电力建设安全与质量管理专业论坛、电力设备可靠性与安全专业论坛、第七届现代建筑电气技术论坛（北京站）暨建筑电气安全与智能化节能技术论坛等。

【二十国集团能源部长会议】 2016 年 6 月 29～30 日，国家能源局在北京雁栖湖国际会议中心举办二十国集团（G20）能源部长会议。

27 个国家和有关国际组织官员齐聚北京，共同推动世界能源可持续发展。本次能源部长会议以"构建低碳、智能、共享的能源未来"为主题，是 G20 杭州峰会的专业部长会议。国务院副总理张高丽出席了开幕式并致辞。在为期两天的会议中，与会嘉宾围绕国际能源发展的机遇与挑战、能源技术与创新、能源可及性的需求和政策现状等多项议题进行了广泛的讨论，达成了多项共识。

本次部长会议共形成了四项成果，包括一个主文件和三个附属文件。主文件是《2016 年 G20 能源部长会议北京公报》，三个附属文件分别是《加强亚太地区能源可及性：关键挑战与 G20 自愿合作行动计划》《G20 可再生能源自愿行动计划》和《G20 能效引领计划》。

【第六届中国国际储能大会】 2016 年 5 月 24～26 日，由中国化学与物理电源行业协会、中国储能网、北京鉴衡认证中心、赛迪顾问联合主办的第六届中国国际储能大会在深圳会展中心举行。大会主题为"适应经济发展新常态　推动储能应用新发展"。

大会分开幕式专场（电动车和储能用先进电池的国际市场和技术进展、下一代先进电池与材料）、储能电站专场、电池储能、国际储能专场、先进储能技术专场、分布式光伏发电 & 储能标准、微电网专场、电动汽车暨智能充换电专场、储能 & 新能源投融资等九个分专场论坛。

大会期间，主办方发布了《中国储能应用产业研究报告（2016 年）》。该报告着重分析了抽水蓄能、压缩空气、飞轮、超导磁储能、超级电容器、锂离子电池、液流电池、燃料电池、储热等十多种储能技术，并重点研究其在分布式发电、微电网、基站备用电源、新能源汽车、风光发电、电力输配、绿色建

---

❶ EPC，即 Engineering Procurement Construction，设计采购施工总承包。

筑、社区/工业园区及家庭储能等多个领域的应用情况。通过对目前国内外储能市场、技术和政策的系统梳理和深入分析，明确了未来储能市场和技术方向的发展趋势。

【第六届全球智能电网（中国）峰会】 2016 年 6 月 29 日～7 月 1 日，由中国电机工程学会电力系统专委会、国际电工委员会（IEC）、IEEE 标准协会（IEEE-SA）、国际分布式能源联盟（WADE）共同主办，德维斯国际展览（北京）有限公司承办的第六届中国国际智能电网建设技术与设备展览会（CIGEE2016）暨峰会在北京国家会议中心会举办。

本次展会以"未来能源之路——创新与互联"为主题，展会同期举办了第六届全球智能电网（中国）峰会、世界未来能源论坛（WFEF2016）、第六届中国分布式能源及储能峰会、一带一路新能源高峰论坛、2016 中国国际电动汽车及充电产业高峰论坛等活动，与会专家共同探讨智能电网、能源互联网分布式能源发电以及电动汽车充电产业的未来发展方向。

【2016 能源革命与绿色低碳发展高层论坛】 2016 年 11 月 25～26 日在国家能源局的支持下，由中国科学技术协会主办、中国能源研究会承办、中国科协清洁能源学会联合体和神华集团协办的"能源革命与绿色低碳发展高层论坛"在北京举行。中国工程院院士彭苏萍主持会议，国家能源局原局长吴新雄、国家能源局原副局长史玉波等出席会议。

与会专家、学者在大会上就我国能源政策、能源转型与能源体制革命、构建新型能源消费体系、国际能源战略方向及发展路径、新能源与可再生能源发展等做主题演讲，共同探讨我国能源革命与绿色低碳发展之路。

会上还举行了中国能源研究会燃料电池专业委员会的成立仪式，燃料电池专业委员会是中国能源研究会下设的专业委员会，是隶属中国科协的二级学术团体。

【2016 中国地热国际论坛】 2016 年 11 月 17～18 日，第 240 场中国工程科技论坛、2016 年中国地热国际论坛在北京举办。

论坛的主题是"合作、创新、绿色、跨越"。参会院士专家将研讨地热产业发展现状、趋势及挑战，地热产业开发利用规划、战略布局、支持政策，以及相关的关键技术、核心装备的筹划等，助推全球特别是中国地热能高效利用和可持续发展。

国家能源局副局长李仰哲表示，全球能源转型进一步提速，新一轮能源革命正在孕育成长，可再生能源在全球能源体系中的作用发挥越来越大。中国政府高度重视并致力于推动能源转型变革，确立了能源绿色低碳发展目标：到 2020 年，非化石能源占一次能源消费总量的比重达到 15% 左右；到 2030 年，非化石能源占一次能源消费总量的比重达到 20% 左右。地热是一种具有重要竞争力和独特优势的可再生清洁能源。中国地热资源丰富，2016 年中国首次编制了地热产业发展规划，即《国家"十三五"地热能发展规划》，必将促进地热资源的优质高效开发，在我国能源结构转型中发挥不可替代的作用。

论坛透露，中国已建立较完善的地热资源开发利用技术体系，地热直接利用居世界首位。到 2020 年，中国非化石能源将在一次能源消费中占比从 12% 提高到 15%，其中，地热资源是增量主力。届时，中国地热供暖、制冷面积将达 16 亿 m^3，累计实现地热发电装机容量 53 万 kWh，可实现替代标准煤 7210 万 t，减排二氧化碳 1.77 亿 t，对我国调整能源结构、节能减排、改善环境具有重要意义。

【2016 中国能源智库论坛】 2016 年 12 月 11 日，2016 中国能源智库论坛在北京举行。论坛主题为"能源革命与转型升级"，围绕经济新常态与能源革命、能源革命与油气转型升级、能源革命与电力转型升级、能源革命与煤炭转型升级等四个专题展开研讨。

全国政协副主席、全国工商联主席王钦敏出席开幕式。中国能源研究会理事长、全国政协经济委员会副主任吴新雄等出席论坛开幕式并致辞。

【2016 能源大转型高层论坛】 2016 年 12 月 10 日，由国务院发展研究中心主办的 2016 年能源大转型高层论坛在北京举办。国家能源局副局长李仰哲出席论坛并致辞。李仰哲介绍了能源发展"十三五"规划情况，对天然气的发展和应用提出思路，并提出了能源转型需要深化研究的重大问题。

社会责任

社会责任报告

【国家电网公司社会责任报告(摘要)】

2016年，国家电网公司坚决贯彻党中央、国务院决策部署，围绕国家"四个全面"战略布局，坚持创新、协调、绿色、开放、共享五大发展理念，主动适应经济发展新常态，全面履行政治责任、经济责任、社会责任，加快建设电网坚强、资产优良、服务优质、业绩优秀的"一强三优"现代公司，实现了国有资产保值增值，跃居世界500强企业第二位，中国企业500强第一位，连续12年4个任期获国资委经营业绩考核A级，"国家电网"品牌跃居中国500最具价值品牌榜首，经营业绩、综合实力、品牌影响力全面提升，实现了"十三五"良好开局。

一、坚持党的领导，党的建设全面加强

坚决贯彻党的十八届六中全会和全国国有企业党的建设工作会议精神，牢固树立"四个意识"，自觉地在思想上政治上行动上同以习近平同志为核心的党中央保持高度一致。扎实开展"两学一做"学习教育，"讲规矩、转作风、作表率"，将党的建设全面融入公司中心工作，推进"四讲四有"具体化。广泛开展学习型党组织、服务型党组织和"电网先锋党支部"建设。迎峰度夏期间，面对严重暴雨洪涝、台风、龙卷风等自然灾害，灾区就是战场，人民需要就是命令，领导干部深入一线、率先垂范，广大职工挺身而出、忘我奉献，共产党员服务队冲锋在前、抢险救灾，打赢了一场又一场供电保卫战，发挥了央企"脊梁"作用。

二、坚持创新发展，企业"双创"成果丰硕

贯彻全国科技创新大会精神，落实创新驱动发展战略，把创新摆在公司发展全局的核心位置，全面推进技术创新、业务创新、管理创新，激发基层"双创"活力，组建职工技术创新团队超过2万个，开展青年创新创意大赛，涌现出一批先进实用创新成果。荣获国家科学技术进步一等奖1项，二等奖7项。张北国家风光储输示范工程获第四届中国工业大奖。向家坝—上海±800kV特高压直流输电示范工程获全国质量奖卓越项目奖。3个项目获中国标准创新贡献奖一等奖。拥有18个国家级实验室。专利拥有量、发明专利申请量连续五年位居央企第一。大数据、云计算、物联网、移动互联网等新技术在电网发展和供电服务中广泛应用。

三、坚持协调发展，电网发展实现突破

全年电网投资近5000亿元，创历史新高，建设以特高压为骨干网架、各级电网协调发展的坚强智能电网，能源优化配置能力和清洁能源消纳能力大幅提升，有力促进了经济社会发展。纳入国家大气污染防治行动计划的"四交四直"特高压工程全部开工，累计建成投运"六交五直"11项工程，在保障电力供应、改善生态环境等方面发挥了重要作用。加快配电网建设，推进一流城市配电网建设和小城镇（中心村）电网改造升级，基本消除"低电压"问题，供电安全性和可靠性明显提升。大力提升电网智能化水平，建成多端柔性直流等一批具有世界先进水平的智能电网工程。新装智能电能表7千万只，累计达到4亿只，服务客户能力进一步提高。

四、坚持绿色发展，服务生态文明建设

积极支持和服务新能源发展，国家电网公司经营区域新能源并网装机突破2亿kW，风电、太阳能发电装机均居世界第一。依托大电网、大市场，打破省间壁垒，跨省消纳清洁能源超过3500亿kWh，努力解决"弃水、弃风、弃光"问题。积极推进清洁替代和电能替代，加快京津冀重点区域"煤改电"及配套电网改造，促进京津冀大气污染防治。积极支持发展绿色交通，全年新建充电桩2.2万个，建成全国最大的车联网平台，累计接入充电桩超过10万个。

五、坚持开放发展，国际化迈出新步伐

落实"一带一路"建设部署，成立全球能源互联网发展合作组织，加强与周边国家电网互联互通，推动构建全球能源互联网。海外优质资产并购取得新突破，成功收购希腊独立输电运营公司、巴西CPFL公司优质资产。首个海外跨国联网工程±500kV埃塞俄比亚—肯尼亚直流输电项目开工建设。首个海外大型绿地输电特许权项目——巴西特里斯皮尔斯水电项目一期顺利投运。发挥龙头企业的作用，带动我国高端电力装备进入全球80多个国家和地区。国家电网公司"走出去"成为央企"金色名片"。

六、坚持共享发展，改革红利有效释放

落实党中央、国务院关于深化改革决策部署，以供给侧结构性改革为主线，积极做改革的推动者和实践者，让发展成果更多更公平惠及全体人民。国家级北京电力交易中心和26家省级电力交易中心正式成立并实现相对独立运行，形成了多买方—多卖方的电力市场格局，电力市场交易减少客户电费支出近300亿元。积极发展混合所有制，向社会资本放开抽水蓄

能电站、分布式电源并网、电动汽车充换电设施建设。把大电网安全作为重中之重，圆满完成G20杭州峰会、神舟十一号飞船发射等重大保电任务，创造了世界特大型电网最长安全纪录。促进电力普遍服务，全年投资1718亿元，实施新一轮农网改造升级，改善农村生产生活条件。落实中央扶贫攻坚部署，实施"国网阳光扶贫行动"，建成湖北、青海五县区定点扶贫7座共29.8MW光伏电站，为精准扶贫做出贡献。出台援藏、援疆专项工作意见，全方位加强人才、技术、施工、物资和资金帮扶。

七、坚持以人为本，全心全意依靠职工办企业

在全公司大力弘扬劳模精神和工匠精神，尊重职工首创精神，坚持一切从实际出发，广泛听取基层意见和声音，激发全体职工的积极性、主动性、创造性，国家电网公司成为广大职工的共同家园和创新沃土。践行"诚信、责任、创新、奉献"的核心价值观，爱岗敬业、干事创业、积极向上、创先争优，同困难较量、与时间赛跑、向极限挑战，为企业发展献计献策，贡献智慧和力量，涌现出一大批先进典型，展现了特别能担当、特别能战斗、特别能吃苦、特别能奉献的精神风貌。

【中国南方电网有限责任公司社会责任报告（摘要）】

2016年南方电网公司社会责任报告以电力供应、绿色环保、经营效率、社会和谐四大内容为主体，展示了南方电网公司以《南网总纲》为引领，深情履责，彰显"人民电业为人民"的企业宗旨。

1. 电力供应

南方电网公司秉持"主动承担三大责任 全力做好电力供应"的企业使命，以安全运营为底线、坚强电网为基础、创新发展为驱动、可靠供电为目的、精细服务为桥梁，携手客户、政府、承包商、科研机构和员工等利益相关方，共同构建电力供应生态圈，保障安全、可靠、优质的电力供应，把满足人民对电力的需求作为一切工作的出发点和落脚点，为经济社会发展提供坚强的电力保障。

主要行动策略有：深入推进安全生产风险管理体系建设，做好风险预控，努力保障电网稳定运行以及人身安全；搭建统一服务平台，持续开展业扩报装受限专项治理；以减少客户停电时间和提升电能质量为抓手，通过精益管理促进供电可靠性提升；全面加强电网建设质量管理，打造精品工程；优化科技创新体系，鼓励和推动员工创新和科技成果转化。

2016年，南方电网公司重大及以上电力安全事故，重大及以上设备事故0起，第三方客户满意度79.5分，全年中心城区停电时间4.6h，累计拥有有效专利8013件。

2. 绿色环保

南方电网公司追求绿色、低碳发展，充分发挥资源配置大平台作用，带动包括发电公司、承包商、客户、公众等上下游价值链成员开展节能减排，力求通过价值引导作用，与各利益相关方一起共建、共创、共享绿色环保生态圈，在保障自身低能耗、低排放运营的同时，努力带动上下游价值链成员开展节能减排行动，为应对全球气候变化、建设美丽中国做出积极贡献。

主要行动策略有：在能源供给侧实施"清洁替代"，提升水电、风电、光伏等清洁能源上网比重；积极建设绿色电网，实现电网与生态环境的和谐发展；深挖运营全过程节能降耗潜力，最大限度降低能源消耗及废弃物排放；在能源需求侧实施"电能替代"，以电能替代煤炭、燃油等化石能源，提高终端能源使用效率。

2016年，南方电网公司非化石能源发电量占比首次过半，达到50.7%，西电东送电量1953亿kWh，其中清洁能源电量占比81.7%，综合线损率6.38%，同比下降0.34个百分点，开展节能发电调度，减少标煤消耗1117万t，需求侧实现电能替代电量超45亿kWh，助力客户节能10亿kWh。

3. 经营效率

建设"两精两优、国际一流"电网企业，离不开国内外合作伙伴、同行、政府的支持，更离不开公司自身经营管理水平的提升。公司坚持开放、合作的理念，携手员工、同行、合作伙伴、政府、监管机构、公众等利益相关方，坚持依法合规高效运营，打造责任价值链，开展国内外交流合作，共建共享合作共赢生态圈。公司遵循价值思维，推动集约化经营、精益化管理，依靠创新提效，推进管理增效，强化市场扩效，全面提升质量效益和管理水平。公司坚持重诺守信、依法合规经营，不懈打造合作共赢生态圈，努力实现更高质量、更高效率、更可持续的发展。

主要行动策略有：坚持依法合规治企，强化法制理念，加强党风廉政建设和内部审计；以供给侧结构性改革为主线，统筹电力体制改革和国企国资改革；对企业管理的全要素、全流程进行精益管理，消除价值链各个环节的损耗浪费；延伸责任价值链，开展多种形式的国际交流与合作；加快城乡配网建设，服务五省区全面小康社会建设；加强电力交易，确保港澳供电安全。

2016年，南方电网公司售电量8297亿kWh，同比增长6.1%，连续10年荣获国务院国资委年度经营业绩考核A级，连续2年被国际三大评级机构授予国家主权级信用等级，在世界500强排名从113位上升至95位，首次进入前100强。

4. 社会和谐

南方电网公司将和谐作为企业和员工始终追求的理想境界，坚持以人为本，共享发展；践行以人民为中心的发展思想，参与建设和谐新农村；倾情回报社会，致力构建企业与社会长远和谐的关系。

南方电网公司关爱员工成长，积极建设和谐组织；倾情普遍服务，以专业的电力服务能力推动建设和谐社区；投身社会公益，助力建设和谐社会。公司携手员工、社区、公众和政府，共同构建社会和谐生态圈，让南网真情在全社会传递。

主要行动策略有：坚持以人为本，保障员工合法权益，为员工成长搭建平台，共建幸福南网；主动承担电力普遍服务责任，积极推动农网改造升级，服务民族地区发展，关注困难群体用电；发挥自身专业优势投身社会公益，开展精准扶贫、公益捐赠和志愿服务。

2016年，南方电网公司举办各类培训班8148期，培训57.1万人次，员工培训率100%，农网改造升级工程投资324亿元，同比增长87.3%，志愿者服务活动23 616人次，服务群众33万人。

南方电网公司建立了领导层、管理层、执行层三级联动的社会责任组织体系，覆盖公司总部和各分子公司，有组织、有计划地开展社会责任工作，推动社会责任工作更好地纳入战略、融入运营、进入管理。公司社会责任报告连续六年获得中国社科院企业社会责任研究中心五星级评价。开展"社会责任周"活动和"责任南网行"专题调研。完善社会责任示范基地建设，打造与利益相关方常态化的沟通平台，截至2016年底，南方电网公司共建设了"佛电印象园""电莞家""广州电力知识馆"等9家社会责任示范基地，覆盖优质服务、科技创新、民族和谐等多方面的履责实践。

【中国华能集团公司社会责任报告（摘要）】

华能集团2016年可持续发展报告，以"创新、绿色、开放、共享"发展为主题，系统阐述了2016年以来，华能集团坚持以创建具有国际竞争力的世界一流企业为引领，以提高发展质量和效益为中心，以加快转型升级为主导，持续推进华能集团做强做优做大所开展的工作和取得的成效。

华能集团均衡电力、煤炭、交通运输、科技和金融五大产业板块协同发展，积极调整能源结构，大力发展清洁能源，着力推进节能减排，最大限度降低企业生产对环境造成的影响。综合实力巩固提升，2016年发电总装机容量达到16 554万kW，同比增长3.1%，规模居世界第一，综合实力迈上世界先进水平。能源结构转型升级，2016年投产低碳清洁能源装机容量178万kW，占全年投产装机的38.1%。截至

2016年底，低碳清洁能源装机容量达到4797万kW，占比28.98%，比2015年底提高0.2个百分点。节能减排深入推进，综合、煤机、燃机以及百万千瓦级超超临界等6个主力机型供电煤耗保持行业领先，平均供电煤耗302.35g/kWh，较2015年下降3.43g/kWh。截至2016年底，累计完成160台共6921万kW机组超低排放改造，占煤电装机的59%，较2015年提高38个百分点，为全面完成国家"十三五"超低排放改造任务奠定坚实基础。

创新发展是华能集团保持竞争领先，不断发展壮大的活力之源和动力之本。2016年1月，第二十二届全国企业管理现代化创新成果评选结果揭晓，华能集团6项创新成果在此次评选中获国家二等奖。2016年6月，在国家"十二五"科技创新成就展上，华能集团高温气冷堆重大专项得到习近平总书记的充分肯定。2016年7月，华能集团首台百万千瓦超超临界二次再热燃煤发电机组——莱芜电厂6号机组完成各项性能考核试验，机组发电效率48.1%，发电煤耗255.3g/kWh，供电煤耗为266.2g/kWh，创世界火电机组最优，刷新世界纪录。

协调发展是公司实现可持续发展的必然要求。2016年，编制完成《产业发展战略及"十三五"规划》《"十三五"创建世界一流企业总体规划》以及煤电产业、清洁能源、煤炭产业、信息化及"互联网＋"等专项规划。2016年3月，华能集团召开提质增效工作视频会议，提出"抓好电力营销和燃料采购，抓好扭亏减亏，抓好资本运营"三项重点工作。2016年7月9日，华亭煤业公司净石沟煤矿实现连续安全生产4000天，成为华亭煤业第二对安全生产周期超过4000天的矿井。

绿色发展是提升生态文明建设水平的重要举措。2016年，热电联产及超临界、超超临界纯凝煤电装机比重达到80%，同比提升5个百分点。2016年，在运燃煤机组脱硫、脱硝、除尘设施装备率实现100%，主要烟气污染物脱除水平大幅提升；二氧化硫、氮氧化物、烟尘排放绩效同比分别下降29%、22%和42%，污染物排放控制水平进一步提升。

开放发展是企业"走出去"，助力中国"一带一路"倡议的必经之路。2016年，华能集团境外管理装机总容量为1001万kW。2016年8月，《人民日报》"中国品牌在海外"栏目推出"华能的海外发展之路"专版报道。2016年，山东如意巴基斯坦萨希瓦尔煤电项目2×66万kW燃煤电站工程1、2号机组锅炉水压试验一次成功。

共享发展是企业与各利益相关方打造共融生态圈的基础条件。2016年，华能集团捐赠总额57 598万元，其中56 333万元用于精准扶贫，共派出工作队

30 支、挂职干部 77 人、第一书记 20 人，在扶贫一线开展工作。华能集团自 1995 年开始在陕北榆林市开展定点扶贫工作至今，先后帮助榆阳区、靖边县实现脱贫，帮助横山区三分之二的贫困人口摆脱贫困。2016 年 12 月，华能集团达拉特电厂郑桂杰荣获中华技能大奖；玉环电厂郑卫东、景洪水电站刘标胤、辛店电厂常承立 3 人荣获全国技术能手。

【中国大唐集团公司社会责任报告（摘要）】

中国大唐集团 2016 年社会责任报告是大唐集团面向社会发布的第 11 份社会责任报告，该报告获评中国社会科学院企业社会责任研究中心的最高评级——五星级。

报告紧紧把握时代特点和要求，围绕价值创造、结构调整、绿色发展、安全保障、创新驱动、国际合作、共享发展等七个方面，全方位阐述了大唐集团认真贯彻落实新发展理念、推动能源生产与消费革命、引领经济发展新常态的新举措和新成效。

1. 价值创造展现新成绩

坚持价值思维和效益导向，以做强做优做大国有企业、促进实体经济发展为己任，不断通过瘦身健体、提质增效优化资产负债结构，提升各项资产回报，经营业绩保持较好水平。2016 年，大唐集团实现利润总额 107.46 亿元，净利润 83.68 亿元，归属于母公司净利润 13.63 亿元，经济增加值完成 13.84 亿元，超额完成国资委年度考核目标值和稳增长任务，连续五年在国资委业绩考核中保持 A 级。

2. 结构调整取得新成就

认真落实国家能源战略和产业政策，全面实施"一五八"发展战略和"十三五"发展规划，积极调整结构布局，区域结构和电源结构不断优化，全年完成电源投产容量 635.87 万 kW，清洁可再生能源占比达 43.4%。积极推进供给侧结构性改革，认真落实国家化解煤炭过剩产能和严控煤电发展节奏政策要求，安排取消、缓核、缓建煤电项目 11 个，共计 1034 万 kW，退出煤炭产能 300 万 t。

3. 绿色发展引领新未来

大唐集团以"提供清洁电力，点亮美好生活"为企业使命，不断加快理念提升，推动技术进步、强化节能减排，生产管理、机组能效和超低排放水平均迈上新台阶。累计完成超低排放机组 157 台，容量达 6454.5 万 kW。主要污染物全部实现达标排放，排放绩效处于行业先进水平。大力推进节能先进技术应用，全年完成供电煤耗 306.94g/kWh，同比下降 2.34g/kWh，发电厂用电率 3.91%，同比下降 0.04 个百分点。

4. 安全保障夯实新基础

深入贯彻国家安全生产工作部署和要求，坚持以人为本、安全发展，牢固树立"大安全"理念，努力构建安全生产责任体系，严格落实安全管理主体责任，实现了安全管理全覆盖，安全局面保持稳定。圆满完成了"两节""两会"及 G20 杭州峰会等重要节日和重大活动期间的保电、保空气质量任务。

5. 创新驱动实现新突破

努力推进发展动能向全面创新驱动型转换，全面创新能力不断增强，获得中国电力科技进步一等奖 1 项，全年新增授权专利 1476 件，累计授权专利 4300 件，居发电行业前列。软科学研究取得丰硕成果，入选中央企业智库联盟副理事长单位，获得国家级成果一等奖 1 项、行业级以上成果 10 多项。"十三五"期间，大唐集团将以战略为引领，以问题为导向，加快推进科技、管理、文化、商业模式等全面创新，以创新推动质量优化、管理提升、效益更好，真正使创新在企业经营发展中发挥支撑引领作用。

6. 国际合作拓展新空间

作为中央管理的大型国有骨干企业，大唐集团自觉把企业发展融入国家战略，充分发挥发电集团在电源项目规划设计、建设调试、运行维护等方面的特有优势和丰富经验，积极响应国家"一带一路"倡议，加快实施"走出去"战略，国际业务稳步发展。目前，境外资产 120 多亿元，主要分布在缅甸、柬埔寨、印尼、巴基斯坦等 13 个国家和地区。

7. 共享发展开创新局面

大唐集团始终从全产业链"命运共同体"的思维出发，坚持企业利益与公共利益均衡化，坚持供应商、生产者与消费者社会责任一体化，努力与利益各方形成互信认同、开放包容、互相促进的良性关系，让利益各方共享中国大唐改革发展的成果。

报告还增设了"党的领导"专门内容，展现了大唐集团深入贯彻党的十八届六中全会精神和全国国有企业党的建设工作会议精神，将党的建设与企业治理现代化深度融合，扎实推进全面从严治党，加强党员干部队伍建设，提高党建工作科学化水平的生动实践。

【中国华电集团公司社会责任报告（摘要）】

2016 年，中国华电主动适应经济发展新常态，以推进供给侧结构性改革为主线，转变发展观念，加快结构调整，深化改革创新，积极实施国家"一带一路"倡议、绿色能源战略，助力精准扶贫，"中国华电 度度关爱"责任理念深入人心。截至 2016 年底，中国华电清洁能源占总装机容量的 37%，二氧化硫排放绩效同比下降 13%，氮氧化物实时排放绩效同比下降 23%。

全年提供电量 4919 亿 kWh。中国华电落实国有资产保值增值责任，提高国有经济活力、控制力、影响力和抗风险能力，为社会提供清洁低碳、安全可靠的能源供应，积极开拓热力市场，供热规模稳中有增。截至2016年底，中国华电发电装机容量1.43亿kW，供热面积4.61亿㎡，控股煤炭年产能6500万t，全年为社会提供了4919亿kWh电量、2.22亿GJ热量和4593万t煤炭供应，完成销售收入1872亿元，实现利税332亿元，有力促进了国民经济和社会发展。中国华电电力产业结构优化、煤炭产业安全提效、科工产业转型升级、金融产业稳健发展，以电为主、产业协同的发展格局进一步夯实，价值创造能力进一步增强。

新核准电源清洁能源占76%。截至2016年底，中国华电清洁能源占总装机容量的37%，60万kW及以上高效节能环保型煤电机组占煤电装机的49%，脱硫脱硝机组占煤电机组比例达到95%，新投产煤电机组全部实现超低排放，能耗指标和排放指标持续下降，完成供电煤耗303.1g/kWh，同比下降2.1g/kWh，减少排放相当于4.2万亩成年森林一年吸收二氧化碳的总和；二氧化硫排放绩效0.27g/kWh，同比下降13%；氮氧化物实时排放绩效0.3g/kWh，同比下降23%。

全年新核准电源项目中，清洁能源占比达76%。抓住国家推进大型水电基地建设契机，加快水电发展步伐，金沙江上游水电开发实现新突破，流域装机规模最大的叶巴滩水电站获得核准；中国华电首个抽水蓄能电站福建周宁电站开工建设，大古水电站实现大江截流，全年投产水电159万kW。积极布局天然气发电和燃气分布式能源，有序推进新能源开发，全年投产风光电122万kW。为保护美好生态环境、建设"美丽中国"做出了积极贡献。

海外运营、在建及待核准装机超过400万kW。中国华电积极响应国家"一带一路"倡议，大力推进海外业务发展，持续践行海外责任，为打造全球企业公民形象不懈努力。截至2016年底，控股境外在运装机容量92.2万kW，在建装机容量180.3万千瓦，核准待开工装机容量132万千瓦，正在执行的技术服务合同约1000万kW，全年完成国际贸易额1.58亿美元，同比增加11%。越南沿海二期项目顺利开工，印尼巴淡、巴厘岛和柬埔寨额勒赛等项目运营稳定。中国华电积极参与海外社区共建，实现互利共赢。在企业发展中，中国华电坚持以人为本，尊重和保护员工权益，畅通职业发展通道，保障职业健康，建设幸福企业，实现员工与企业共同发展。

助力精准扶贫年度减贫1.2万人。中国华电贯彻落实国家扶贫开发的方针政策，围绕精准扶贫，在西藏、青海、新疆、贵州、云南等省区大力开展扶贫开发，切实帮助贫困地区有效脱贫，提升可持续发展能力。2016年，中国华电投入扶贫资金6452万元，选派挂职干部180人，开展定点扶贫和对口支援项目164个，扶贫项目年度减贫人数1.2万人。积极回馈社会，鼓励志愿服务，开展捐资助学，关爱留守儿童，以项目化模式推进华电"七彩小屋"志愿服务阵地建设，创新形成"结对＋接力"志愿服务长效机制，在一年多时间里，累计在系统所属企业周边的乡村学校、福利院等场所建成31所"华电七彩小屋"，开展爱心捐赠、学业辅导、亲情陪伴、电力科普等志愿服务活动，惠及留守儿童6000余名，直接参与18000余人次。

规划"十三五"末单位电能排放指标降低20%。中国华电董事、总经理、党组副书记温枢刚表示，履行社会责任是企业行稳致远的力量源泉，中国华电将全面贯彻落实党中央、国务院关于经济和能源行业发展的决策部署，按照"五个坚持、五个更加注重、五个转型"的要求，积极响应国家"一带一路"倡议，做稳步"走出去"的生力军；满足用户多样化能源需求，当探索综合能源供给新模式的先行者；大力推进"中国华电·度度关爱"责任品牌实施战略和"4C"责任行动计划，全面塑造责任品牌形象。到"十三五"末，中国华电努力实现"2218"目标，即单位电能排放指标较"十二五"末降低20%，单位电能化石能源消耗降低20g，国际业务收入占比达到10%，净资产收益率不低于8%。

【中国国电集团公司社会责任报告（摘要）】

2016年，国电集团大力实施"一五五"战略，不断深化"双提升"工作，综合价值创造能力不断提升，为经济社会可持续发展做出了积极贡献。

（1）完善工作机制，推动履责工作。将社会责任管理工作与国电集团"一五五"战略相结合，努力打造"效益、绿色、创新、廉洁、幸福"国电，促进企业履责行为融入中心、推动发展。进一步完善了涵盖履责重点、日常运营管理等内容的社会责任指标体系，根据指标变化及时跟进优化。连续9年成功发布了年度社会责任报告。国电集团所属国电电力、龙源电力、平庄能源等企业结合实际相继发布了年度社会责任报告。

（2）打造绿色国电，奉献清洁能源。2016年，国电集团坚持绿色发展，深入推进安全生产标准化建设，加强设备治理和节能环保改造，供电煤耗308.5g/kWh，同比降低1.9g/kWh，安全环保形势总体平稳，未发生较大及以上安全事故，98%发电企业安全生产无事故，279家发电企业连续安全生产1000天以上，脱硫、脱硝机组比重都达到100%，超低排放机组超过50%。

（3）结构持续优化，绩效显著提升。国电集团有效应对政策市场环境变化的严峻挑战,生产经营、改革发展和党的建设取得明显成效,累计完成发电量5052亿 kWh,售热量 21 636 万 GJ,煤炭产量 5872万 t,可控装机容量达到 1.43 亿 kW。清洁可再生能源占比达 30.3%,60 万 kW 及以上火电机组占比50.4%,风电全年投产 300 万 kW,继续保持世界第一。

(4)参与公益事业,助力和谐发展。坚决贯彻中央关于打好扶贫攻坚战的决策部署,制订了"十三五"定点扶贫工作规划,设立了专项扶贫基金,出资3 亿元参与设立由国资委统一管理的中央企业扶贫产业投资基金,大力推进内蒙古宁城县、青海曲麻莱县、山西右玉县定点扶贫工作。大力开展援疆援藏援青工作,高度重视地企合作,支援贫困地区发展,为加快贫困地区脱贫致富进程、推动有关地区经济社会发展做出贡献。2016 年,国电集团援疆投资项目 12个,完成投资额 377 700 万元;援藏投资项目 2 个,完成投资额 28 500 万元;援青投资项目 2 个,完成投资额 64 500 万元。

(5)强化文化管理,加强品牌建设。紧紧围绕企业提质增效中心任务,总结提炼衡丰公司精益管理经验,编撰《精益衡丰》案例故事集,国资委在衡丰公司召开"中央企业精益管理文化现场会"进行推广。开展"以人为本、生命至上"安全文化主题活动,组织安全宣讲、警示教育、知识竞赛 1200余场,创作文化产品 2700 多件,有力促进了安全生产。全面实施国电集团品牌建设战略规划,把品牌建设融入企业发展战略、生产经营管理、科学技术创新、对外交流合作,为推进国电集团品牌建设奠定基础。

【中国长江三峡集团公司社会责任报告(摘要)】

2016 年,中国长江三峡集团公司(简称中国三峡集团)认真贯彻落实党中央、国务院和国资委的一系列决策部署,牢固树立"创新 协调 绿色 开放共享"发展理念,始终恪守"奉献 担当 创新 和谐"核心价值观,以可持续发展为核心,以树立"责任央企"形象、实现经济、社会和环境的综合价值最大化为目标,在发展中始终主动为国担当。始终牢记"央企姓党",以更大责任担当筑就伟大企业,助力国家能源供给侧改革、服务长江经济带战略、响应"一带一路"倡议、落实国家精准扶贫政策等方面勇担央企使命,积极发挥自身资源和业务优势开展社会责任工作,发挥企业在促进经济、社会和环境可持续发展方面的重要作用。

创新,驱动转型发展。中国三峡集团积极响应国家创新驱动战略,不断推进管理创新、科技创新和模式创新,坚决贯彻党中央、国务院决策部署,扎实推进改革发展各项工作,全力以赴打好瘦身健体、提质增效攻坚战,生产经营各项指标再创历史新高,实现国有资产保值增值,为共和国稳增长、促改革、调结构、惠民生、防风险做贡献。截至 2016 年底,中国三峡集团资产规模达 6600 亿元,可控装机规模 6903万 kW。2016 年全年实现发电量 2626 亿 kWh,营业收入 783.1 亿元,利润总额 380.3 亿元,上缴利税225.4 亿元,利润总额在央企中位列第九、发电企业中排名第一。

协调,助力持续发展。中国三峡集团充分发挥三峡工程防洪、发电、航运、补水、生态等综合效益,为长江经济带发展做贡献。2016 年,汛期累计拦蓄洪水 123 亿 m³,长江干流四座梯级电站全年发电量超2060 亿 kWh,世界上最大的升船机三峡升船机成功实现试通航,三峡船闸过闸货运量达 1.2 亿 t,枯水期为长江中下游补水 217.6 亿 m³,积极实施生态调度促进长江四大家鱼繁殖。坚持产业间相互配合、相互促进,溪洛渡水电站荣获"菲迪克 2016 年工程项目杰出奖",乌东德、白鹤滩水电站建设稳步推进,投资建设的首个近海风电项目江苏响水 20 万 kW 海上风电项目全部建成并网发电,成功收购德国梅尔海上风电项目。

绿色,建设生态文明。中国三峡集团秉持"全流域、全生命周期、开放和以科研为导向"的环保理念,大力发展清洁能源,加大生态环境保护力度,加强节能减排。2016 年,环保投入 9.3 亿元。加强珍稀鱼类保护,累计放流 2020 尾大规格中华鲟。完成三峡珍稀特有植物引种 356 种 1.7 万余株,繁育海滨木槿、七叶树、厚朴、青檀、红豆杉等实生苗 1.3 万余株,枫香组培研究获国家发明专利。国内清洁能源发电量 2281.3 亿 kWh,相当于减少燃烧标准煤 7118万 t,减少排放二氧化碳 18 271 万 t。积极参与国内碳交易市场,推进绿色低碳发展,共启动 56 个 CCER 项目,覆盖 18 个省(区、市)。

开放,担当全球责任。中国三峡集团紧紧围绕"走出去"和"一带一路"倡议,推进在欧美清洁能源市场、拉美水电市场以及周边邻国等"三大市场"业务布局。2016 年,中国三峡集团主要领导 5 次随同国家领导人出访,先后 7 次在中外领导人见证下签署重大项目和合作协议 10 余项。在国际资本市场成功发行 15 亿美元债券,成功收购美国杜克能源巴西电力公司,与丝路基金合作开发的巴基斯坦卡洛特水电站主体工程建设全面启动。境外可控、在建、权益总装机规模超过 1500 万 kW,境外资产总额超过 1000亿元,全年实现发电量超过 254 亿 kWh。在建国际投资和国际工程承包项目 100 个,业务覆盖全球 47 个国家和地区。

共享，增进民生福祉。中国三峡集团坚持以人为本，实现共享发展。充分发挥职代会作用，加强民主管理、保障员工权益、重视员工职业健康、强化培训发展、关爱员工生活，全年开展员工培训约17万人次，培训课时398万多课时。聚焦精准扶贫，分别与云南、四川两省签订协议，出资20亿元和16亿元帮扶两省少数民族脱贫攻坚。投入6亿元，会同有关中央企业发起设立中央企业贫困地区产业投资基金。与此同时，积极做好库区移民帮扶、定点扶贫、精准扶贫、对口支援、援疆援藏、赈灾救危等公益活动，2016年累计对外捐赠资金13亿元。

【神华集团有限责任公司社会责任报告（摘要）】

2016年，神华集团实施"1245"清洁能源发展战略，以"供应清洁能源"作为履行社会责任核心主题，通过对安全、环保、创新、员工、公益慈善等核心议题的持续关注和改进，探索走出了一条具有神华特色的"责任实践之路"。履行社会责任工作得到中组部、民政部及社会各界高度认可，神华集团连续三年荣获"全国煤炭工业社会责任报告发布优秀企业""中国工业企业履行社会责任五星级企业"和"中华慈善奖"荣誉称号。

神华集团坚持共享发展，实现企业发展成果惠及利益相关方。2016年，神华集团投入5850万元，参与实施援青、援藏、定点扶贫等工作，采取精准扶贫措施，加快当地基础设施、产业发展、民生事业等援建项目建设。神华公益基金会出资3亿元入股中央企业贫困地区产业投资基金，捐赠支出1.52亿元，持续开展神华爱心行动、神华爱心学校、神华爱心书屋等公益慈善项目，其中，出资5515.98万元，救助白血病儿童200名，先天性心脏病儿童2300名；向四川省、重庆市、贵州省台江县捐赠图书307.1万册，建成1545所神华爱心书屋。

【中国电力建设集团有限公司社会责任报告（摘要）】

《中国电建2016社会责任报告》本着客观、规范、诚信、透明的原则，深入贯彻"事耀民生，业润社会"的社会责任理念，结合国家"十三五"规划和创新、协调、绿色、开放、共享五大发展理念，围绕国资国企改革、供给侧结构性改革、中国制造2025、"一带一路"倡议、京津冀协同发展、精准扶贫等重大时代议题，总结提炼了"凝聚电建力量，建设美丽'丝路'""精准扶贫兴产业，筑路修桥脱困关"两大专题，并从"创新·推动转型升级""协调·持续统筹兼顾""绿色·守护碧水青山""开放·追求合作共赢""共享·打造和谐社会"五个主题，重点阐述2016年中国电建的履责成效。

（一）"凝聚电建力量，建设美丽'丝路'""精准扶贫兴产业，筑路修桥脱困关"两个专题

两个专题从不同视角深度挖掘了中国电建积极响应国家"一带一路""互联互通"倡议及精准扶贫的部署，彰显了央企的责任担当。

1. 凝聚电建力量，建设美丽"丝路"

截至2016年底，中国电建在全球102个国家设有243个驻外机构，在116个国家执行勘测设计咨询、工程承包、装备与贸易供货等合同2156项。

2. 精准扶贫兴产业，筑路修桥脱困关

中国电建国家级定点扶贫县2个；地方或其他方面安排定点扶贫县29个；投入扶贫资金1868.81万元；帮助脱贫人数1443人；选派挂职干部24人。

（二）"创新·推动转型升级""协调·持续统筹兼顾""绿色·守护碧水青山""开放·追求合作共赢""共享·打造和谐社会"五个主题

报告分别从"创新、协调、绿色、开放、共享"五个方面，完整地梳理中国电建2016年的履责实践和绩效，紧扣时代特色，以国家五大发展理念为索引，全面展示了中国电建2016年社会责任工作的全貌，增加了中国电建运营的透明度。

1. 创新·推动转型升级

2016年，中国电建获国家级优质工程奖鲁班奖5项，国家优质工程金质奖8项，国家优质工程奖13项，共计26项；科技研发投入达到883 752.53万元，年度专利申请达到2557项；持续进行供给侧结构性改革，深化企业制度创新，促进企业转型升级。

2. 协调·坚持统筹兼顾

在水利水电领域，中国电建积极探索如何促进产业的信息化和工业化，在"规划先行，高端切入"的理念下，逐步完成了全球电力与可再生能源数据库和规划平台的搭建。中国电建不断创新业务模式，优化资源配置，以自身优势，响应国家号召，助力区域发展。

3. 绿色·守护碧水蓝天

保护生态环境时刻在中国电建每一项工作中被实践着。从工程最初的设计，到施工，到工程投入运营，中国电建不断以一个环境友好型企业要求自己，从方方面面保护生态环境。以水力发电为本，中国电建还大力发展风能、太阳能等其他清洁能源，真正做到与自然和谐相处。2016年，中国电建环保总投资达到27 910.24万元。

4. 开放·追求共赢合作

中国电建积极与政府和行业内企业开展合作，并积极参加行业交流，促进自身成长，形成优势互补。除此之外，为了更好地服务客户，中国电建不断完善

供应链管理体系，努力打造责任供应链。

5.共享·打造和谐社会

人才是企业发展的基石，是企业的立足之本。中国电建秉承以人为本的精神，保障每一位员工的合法权益。通过内容全面的培训课程，不断提高职工综合素质，不断优化人才队伍结构。一直以来，中国电建将公司发展的硕果，持续地惠及给广大人民群众，积极回馈社会，践行自己的责任理念。

中国电建目前共有培训基地 59 个，其中国家示范性培训基地 9 个，平均每年培训 11 万人次。2016年，中国电建用于慈善捐助的总额为 1306 万元。

【中国能源建设集团有限公司社会责任报告（摘要）】

中国能建将履行社会责任作为企业发展战略的重要组成部分，持续完善社会责任管理体系和制度建设，将履行社会责任具体要求纳入公司战略目标管理系统，有效管理企业运营对市场、社会和环境的影响，推动了企业发展和履行社会责任良性循环。2016年，中国能建通过不断创新工作方法，努力成为中央企业履行社会责任的表率。

一是积极维护社会稳定和谐。通过毕业生招聘、成熟人才引进、接收安置复转军人方式全年新增就业 5731 人。承担 33 家二级企业职工家属区"三供一业"分离移交项目 646 个，涉及住户 17 万余户。全年支付离退休人员统筹外补贴费用合计为 7.49 亿元。加大对劳模、困难职工及社会弱势群体的关爱，为所属工程、装备企业共拨付慰问帮扶专项资金 598.4 万元，全年对外捐赠总额 1376.56 万元。二是积极开展援疆援藏援青和扶贫工作。2016 年，在新疆、西藏、青海及四川云南甘肃等省藏区承建工程项目 1047 个，合同总金额 505.17 亿元，当年完成合同额 162.67 亿元，推进地方经济发展，促进地方就业。选派 8 名技术干部赴新疆、西藏挂职。参与定点扶贫工作，所属企业分别向陕西镇巴县和广西西林县投入扶贫建设资金 200 万、158 万元，派驻定点扶贫县挂职干部 4 人，促进了当地贫困群众增收。三是积极推进环保板块业务，年内新增投资 17.23 亿元，扩大污水日处理、重金属土壤固化稳定化修复、再生资源利用等领域的环保业务，目前投运和在建的水处理量达到 240 万 t/日，年垃圾处理量 15.5 万 t，消纳工业固废 100 万 t。四是在"走出去"的过程中积极履行社会责任。印发《中国能源建设集团（股份）有限公司国际工程项目社会责任指引》，这是中国建筑企业发布的首份国际项目社会履责指引。各子企业按照指引要求，在海外工程项目建设过程中，大力推行项目属地化和本地化管理。目前，中国能建海外员工 2 万多人，当地雇员约 13 000 人，属地用工占比已超过 60%。各项目部积极参与当地教育捐赠、医疗服务、赈灾救援、环境保护和社区建设等公益活动，尼日利亚 KDA 项目部为都塞镇当地捐建一所小学，解决了困扰当地多年的儿童上学难问题，葛洲坝集团在厄瓜多尔发生强烈地震后出资出力全面援助当地民众，这些国际履责实践获得了当地政府和民众的认同。

【中国核能电力股份有限公司社会责任报告（摘要）】

中国核电将可持续发展理念融入日常经营管理，不断丰富"魅力核电 美丽中国"的责任理念，完善社会责任工作机制，开展富有特色的社会责任项目，努力成为自觉履行社会责任、推动可持续发展的表率。

中国核电从安全、环境、经济、人文四方面发展核电，奉献更先进的核电技术，培养更多的核电人才，守护核电安全的未来；发挥核电清洁能源优势，建设美丽中国绿色的未来；保障能源供应与安全，拉动国民经济建设，实现核电高效发展的未来；注重人文关怀，真诚回馈社区，营造和谐美好的未来。

中国核电不断完善以社会责任报告、专项报告等相结合的社会责任信息披露机制，丰富信息披露渠道。充分利用互联网及社交移动端，建立适应融媒时代的多元化披露机制。自 2012 年首次发布以来，中国核电已发布 4 期社会责任报告，发布方式追随时代潮流，从倾力安全、给力环境、助力经济、致力人文等层面，客观全面地逐年披露在履行社会责任方面的实践与绩效。2016 年，中国核电荣获"金蜜蜂 2016 优秀企业社会责任报告·领袖企业奖"。

中国核电结合核电运营管理实践并吸取国际先进经验，升版发布《中国核电卓越核安全文化的十大原则》。2016 年 8 月，依据新标准完成对福清核电核安全文化评估。对 2011~2016 年组织实施的核安全文化评估结果进行分析，编制形成《中国核电核安全文化评估结果分析报告》，力求发现中国核电在核安全文化及核电运营管理中存在的共性问题和良好实践，进一步有针对性地推动后续核安全文化建设。

中国核电从组织、制度、程序等层面加强安全管理体系建设并持续改进，不断提升安全质量管理水平。在公司高层领导下，成立安全生产委员会组织机构，各成员公司依据自身实际情况下设分委员会或安全质量处等专设机构，具体履行安全生产管理和安全生产监督的职能。2016 年，中国核电开展"安全规程年"活动，各成员公司梳理规程共计 43 000 余份，进一步提升安全生产规程"严"与"细"的要求；发布《设备可靠性管理办法》《设备分级管理细则》《设备可靠性指标管理细则》和《系统监督与健康评价细则》等标准程序，确保各项安全管理工作有章可循。

签订《核安全政策声明》，为中国核电各级安全管理制度提供总依据。

中国核电始终坚持"常备不懈"的核应急工作方针，从应急组织、应急文件、应急培训、应急演习以及设施设备的管理等方面，不断提高核电厂的应急响应能力。实施24h应急值班，确保核电厂事故发生时能及时获取信息，协调支援。2016年，组织开展系列应急演习，其中单项演习268次，综合应急演习7次，应急能力得到持续改进。

为避免台风过境对核电厂安全造成影响，中国核电实行常态化的防汛抗台工作机制，建立完善的自然灾害应急准备及应急机制。立足防大汛、抗强台、抢大险，积极部署、动员和落实防汛抗台；密切关注雨情水情汛情，做好监测预警；加强巡检巡查，做好排险抢险；严格值班值守，做好信息报送。2016年，防汛期间没有因台风发生工业安全事件及影响机组安全的运行事件。

中国核电秉持"只有建设出高质量的核电站，才能保证核电站稳定运行"的理念，从工程设计、设备制造、施工安装、调试启动等方面加强各环节的安全管控。严格审查和选择承建商，建立宣贯工程质量管理相关程序体系，加强日常安全质量巡检，注重状态报告与经验反馈，为核电站安全奠定质量基础。2016年，开工建设1台机组，顺利推进4台机组；特种作业人员持证上岗率100%，高承压设备重大及以上爆炸事故、危险物（爆炸物品）丢失被盗事件、重大及以上交通事故0起。提高核电站安全运行管理能力，提升人员操作水平，保障设备运行安全。2016年，投产新机组2台，在役机组达到16台，装机容量达到1325.1万kW。

2016年，中国核电发电870.3亿kWh，相当于每年减少标准煤消耗2742.95万t、减排二氧化硫23.32万t。

中国核电大力推进绿色施工，核电工程建设过程定期组织对工程总包商施工期间环境保护的全过程监督检查，对施工期间大气、噪声、水土保持、生活污水、海域环境进行监测，保证施工期的污染源风险可控，减少工程施工对周围环境的影响，实现对厂址所在地环境和动植物的保护。2016年，未发生被环保部门或周边村民投诉的事件。重视生物多样性保护，不断加强与动植物研究机构合作，持续关注核电站周边生态系统的平衡性，努力降低电厂对生态环境的影响。

电 力 扶 贫

【国家电网公司定点扶贫工作】

2016年，国家电网公司贯彻落实党中央、国务院关于打赢脱贫攻坚战的决定，精心实施"国网阳光扶贫行动"，重点推进村村通动力电工程、光伏扶贫项目接网工程、定点扶贫县（区）光伏扶贫工程，继续实施湖北青海五县区（湖北省长阳土家族自治县、秭归县、巴东县、神农架林区，青海省玛多县）定点扶贫工作，助力五县（区）脱贫攻坚。

电力扶贫开发工作组织领导。国家电网公司成立以董事长任组长、总经理和分管副总经理任副组长的"国网阳光扶贫行动"领导小组。先后召开6次专题会议，研究推进扶贫工作。11月17~18日，国家电网公司深入湖北省宜昌市秭归县、长阳土家族自治县等地，考察调研湖北"三县一区"定点扶贫工作，督导光伏扶贫项目进展，与地方政府共同研究探讨深化定点扶贫工作的新举措。总部相关部门10次赴定点扶贫的湖北、青海五县（区）调研，协调解决具体问题。国家电网公司选派5名干部到定点扶贫县任挂职副县长，并从总部选派1名干部到湖北省长阳土家族自治县土地坡村任第一书记。参与发起设立中央企业贫困地区产业投资基金，首期募集资金122亿元，其中公司出资10亿元。

"村村通动力电"工程。2016年投资86.2亿元，完成新通动力电及动力电不足村改造2.2万个（新通动力电6219个，动力电不足改造15 818个），改善农村生产、生活用电条件。根据对安徽、河南、湖北、甘肃部分县的调查分析，通动力电后，每个自然村平均新增加各类企业4个，其中农副产品加工企业2.52个、养殖企业0.87个、工业企业0.29个。人均用电量同比增长95.5kWh，增长率达35.1%。

光伏扶贫项目接网工程建设。安排光伏接网工程项目投资、配套电网建设、并网服务等工作。"十三五"规划投资32亿元，专项用于国家电网公司经营区内建档立卡贫困村光伏扶贫项目接网工程。2016年，国家电网公司投入8051万元，完成光伏扶贫项目接网总容量41.6万kW，项目惠及71 955户，其中户用系统11 238个，容量4.95万kW；村级电站854个，容量9.28万kW；大型集中式电站19座，容量27.4万kW，在建容量有49.5万kW。

定点扶贫光伏工程。2016年，国家电网公司投入

2.7亿元，在湖北、青海五县（区）建成7座总容量29.8MW扶贫光伏电站，电站所得收益全部用于建档立卡贫困村和贫困人口的脱贫。青海省玛多县10MW扶贫光伏电站于5月26日投产，当年累计上网电量1094万kWh，2016年可用于扶贫的收益384万元，可使该县1132户建档立卡贫困户户均增收3392元。湖北6座扶贫光伏电站共19.8MW，2016年底前全部投产发电，预计年产生扶贫收益350万元左右（如前五年考虑地方政府补贴的0.25元/kWh，则年扶贫收益可达800万元左右）。

定点扶贫县专项扶贫。国家电网公司延续多年来对湖北、青海五县（区）定点扶贫工作安排，在推进光伏扶贫的基础上，"十三五"继续安排1.4亿元专项资金，支持五县（区）推进产业扶贫、改善医疗教育条件，其中青海省玛多县投入6000万元；湖北四县（区）投入总计8000万元。2016年，国家电网公司捐赠定点扶贫五县（区）3400万元，围绕"项目精准、对象精准"，重点解决革命老区安全饮水问题，扶持发展带动性强的农产品种植，实施助学扶智和"救急难"等71个项目，惠及9000多建档立卡贫困人口。

（李树国　刘一）

【中国南方电网有限责任公司定点扶贫工作】

2016年，南方电网公司领导多次前往扶贫点调研考察扶贫工作，南方电网公司党组书记、董事长李庆奎，党组副书记、总经理曹志安分别带队到云南维西县、广西东兰县调研精准扶贫工作，与迪庆州人民政府和东兰县人民政府签订精准扶贫对口帮扶框架协议。南方电网公司党组副书记、副总经理史正江和党组成员、副总经理王良友也分别带队到广东揭西县大溪镇井美村和广西东兰县调研精准扶贫工作。全年，南方电网公司共完成电力行业扶贫投资214亿元，其中投入到216个贫困县139亿元。投入定点扶贫资金6695万元，在432个扶贫点投入定点扶贫资金5195万元，开展扶贫项目434个，直接带动帮扶建档立卡贫困人口15.8万人，直接帮助4.18万人实现脱贫；向广东省扶贫济困日捐赠精准扶贫资金1500万元。实现了"十三五"时期精准扶贫良好开局。

一、做好顶层设计，建立扶贫工作三大体系

研究中央定点扶贫工作会议精神，逐步构建科学的扶贫责任、制度和工作体系。责任体系方面：成立了以党组书记李庆奎为组长的扶贫工作领导小组，并设立扶贫工作领导小组办公室，成员包括办公厅、计划部、人事部、财务部、农电部和工会等相关部门负责人。明确了各级党组织负责人是扶贫开发工作的第一责任人，扶贫工作纳入党建责任制考核范畴，同时作为年度党组织负责人述职内容。制度体系方面：研究党中央国务院扶贫工作相关政策，结合公司实际，

按照"1＋N"的思路印发扶贫工作配套制度。"1"，即《南方电网公司关于做好公司供电区域电力行业扶贫和定点扶贫工作的实施意见》；"N"是专业配套制度，包括《公司定点扶贫驻村干部管理办法》《关于全力做好电力行业扶贫工作的通知》《公司扶贫工作管理办法》等。工作体系方面：一是每季度召开南方电网公司扶贫办例会，定期研究推进重点扶贫工作；编制南方电网公司扶贫工作季度数据报表和扶贫地图，及时准确掌握南方电网公司贫困地区农网改造以及定点扶贫工作推进情况；每季度印发扶贫信息简报，展现南方电网公司扶贫工作进展和亮点。二是根据扶贫工作领导小组会议精神，启动了精准扶贫示范村创建工作，通过培育精准扶贫、精准脱贫典型，以点带面，发挥示范带动作用。三是分片区组织召开扶贫工作现场交流会，邀请上一轮优秀扶贫干部到现场发言交流，参会人员通过实地参观和座谈等形式就扶贫工作进行深入交流探讨，切实提高扶贫工作人员业务水平。四是深入推进党建扶贫。发挥南方电网公司的政治和组织优势，通过支部联建等方式帮助对口帮扶村夯实党建基础，提升贫困村党组织的凝聚力和战斗力，发挥其在脱贫攻坚中的核心带头作用。五是滚动修编南方电网公司"十三五"扶贫规划。紧紧围绕贫困地区精准脱贫这一目标，以精准扶贫示范村创建工作为抓手，根据贫困地区每年的形势变化，滚动修编南方电网公司"十三五"扶贫工作规划。

二、发挥行业优势，全力做好电力行业扶贫

南方电网公司省、地、县各级供电单位联系对接216个贫困县的党委政府，针对"一户一法"精准扶贫规划，完善电力行业扶贫总体思路和具体工作措施，并在此基础上印发了《关于全力做好电力行业扶贫工作的通知》，明确低电压治理、贫困村通动力电、保障易地搬迁供电、加快独立供电区电网改造升级等十项重点任务。全年，共完成了14 461个低电压台区改造工作；开展小城镇、中心村农网改造升级项目2315个，惠及300万人；实现了66个贫困自然村通动力电，惠及0.8万人；建成贫困地区机井通电工程项目90个，惠及3万人；投入易地搬迁、生态移民配套电网项目892个，建成1086个易地搬迁点的供电设施，惠及32.14万搬迁人口；投入光伏配套电网建设资金985万元，惠及1万人；累计接收小水电自供区等独立供电区169个，接收客户13.87万户；对全网221万低保五保户实施减免用电政策，全年减免电费1.43亿元。

三、深入开展精准扶贫四项行动，精准脱贫成效明显

根据《公司关于做好供电区域电力行业扶贫和定点扶贫工作的实施意见》要求，协助贫困点发展特色

产业、做好教育扶贫、做好基础设施及做好兜底保障四项行动。特色产业方面：各单位根据对口帮扶贫困村实际，培育发展了养殖、种植、乡村旅游、光伏扶贫电站等产业项目。南方电网公司在对口帮扶的云南维西县，探索扶贫模式，成立了维西县特色农业扶贫开发公司，并每年投入600万元，采取"公司＋基地＋农户（合作社）"的运营方式，搭建农产品采购、加工、销售平台，2016年实现了销售额60余万元，从2015年12月开始，每月实现销售2000只鸡、30头猪，销售额达到25万元。可以预见2017年将会快速发展，为维西县特色农产品销售建立稳定渠道。南方电网公司总部帮扶点广东揭西县大溪镇井美村，建成的屋顶分布式光伏电站，年均收益4万多元，收益用于帮扶贫困户；贵州电网帮扶的贵州黔东南州台江县台盘乡阳芳村，以"合作社＋农户"的形式带动贫困户种植特色红米，并通过电商平台销售，产品远销海外，贫困户增收明显。教育扶贫方面：修建"温暖澡堂""幸福厨房"和"光明学堂"等，帮助贫困地区改善教学环境。关心和帮助扶贫点的贫困家庭子女，针对不同情况的贫困家庭子女需求，开展志愿联谊、"一对一"结对帮扶、就业辅导等多种帮扶行动。全年共帮助12所学校改善教学环境，资助学生2392人。南方电网公司所属广东电网公司、云南电网公司利用自身资源优势，优先录取符合条件的贫困学生到电力学校就读，培养专业技能，学成后优先聘用到当地电力系统工作就业。基础设施建设方面：开展道路硬化、文化广场建设、农田水利修缮等基础设施建设，提高贫困村公共服务水平。南方电网公司在对口帮扶的东兰县，完成14个基础项目建设，其中，村屯道路建设项目10个，新建道路2.9km，硬化道路9.3km，解决了236户1352名群众"行路难"问题；完成人畜饮水建设项目4个，新建760m³蓄水池以及相关配套设施。兜底保障方面：支持引导建档立卡贫困人口参与新型农村医疗保险和基本养老保险，新农合新农保覆盖率达到90%以上，确保了贫困人口病有所医，老有所养，对完全和部分丧失劳动能力的贫困人口，积极与政府部门对接，确保其享受低保和五保政策，基本生活有所保障。

四、选优配强扶贫干部，夯实扶贫工作基础

根据中组部、国务院扶贫办和国资委相关要求，南方电网公司各级单位与所在地区党委组织部联系，沟通协商扶贫干部和贫困村第一书记需求，按照政治素质好、作风扎实、廉洁自律，政策研判能力强，组织、协调和沟通能力强，有吃苦精神，对农村工作有感情，热爱扶贫工作，有丰富的基层群众工作经验的中青年党员作为标准选派挂职干部和第一书记。2016年，南方电网公司在五省区共派出扶贫干部428名，

其中第一书记103名。在2016年国资委系统七一"一先两优"表彰中，南方电网公司派驻广西东兰县长乐镇永模村第一书记龙梅获得"中央企业优秀党务工作者标兵"称号。南方电网公司派驻广西桂平市马皮乡水秀村扶贫干部罗伟因公牺牲，用生命践行"扶贫宣言"，得到了广西壮族自治区党委常委副主席黄世勇的批示肯定，先进事迹被《人民日报·内参》、新华网、人民网、新浪网、广西日报等媒体重要版面刊发报道，被桂平市、贵港市、南方电网公司先后追记表扬立功个人二等功、追授"优秀共产党员"。

五、多管齐下，形成扶贫工作良好氛围

参与广东"630"扶贫济困日活动，捐赠1500万元用于广东省精准扶贫项目；举行"扶贫日"爱心捐款活动，南方电网公司总部共767名员工捐款87 043元，用于广东揭阳市揭西县井美村、广西河池市东兰县坡索村和云南迪庆州维西县永安村爱心助学和访贫慰问。选树典型，加强宣传，唱响南方电网公司"电亮小康梦"扶贫公益品牌。借助南方电网公司报纸、视频新闻、微信公众号等多种媒体平台，通过选树扶贫先进典型等方式，多角度做好宣传工作，全年在省级以上媒体刊发报道46篇次，打造公司"电亮小康梦"扶贫公益品牌，对内营造良好氛围，对外树立企业良好形象。

【中国大唐集团公司精准扶贫工作】

大唐集团始终与党中央保持高度一致，坚持把扶贫开发作为企业履行经济、政治、社会责任的重要抓手，认真践行习近平总书记扶贫攻坚战略思想，发挥优势，创新方式，聚焦项目，精准施策，取得了突出的业绩，赢得了地方政府和广大人民群众的高度评价。

一、注重项目带动，推动红色老区扶贫

革命老区由于历史和地理等原因，一直是扶贫攻坚的重点和难点。产业扶贫、合作开发是中央企业参与扶贫开发的优势。大唐集团把老区面临的经济下滑、环境污染等多个发展难题结合起来，将扶贫工作精准至点和面，通过项目投资带动、产业帮扶、生态改善等多种精准扶贫手段，实现了扶贫资源的综合利用和扶贫效益最大化。

近年来，随着经济发展，革命老区延安的城市热力负荷增长迅猛，过去城市供热的采暖小锅炉已无法适应大规模需求。为此，大唐集团在众多发展项目中优先启动了延安热电项目，该项目投资30.99亿元，建设了2台35万kW超临界燃煤热电机组，关停取代地方3台1.2万kW老小机组和236台小锅炉。该项目可提供1300万m²的清洁热能，对改善延安空气质量、提升城市品质起到了重要作用。同时，针对部分延安老革命后代就业难导致生活困难等问题，大唐

集团在老红军、老八路、老干部和革命烈士直系后代中优选 50 人入职延安热电厂，占到该厂员工总数的五分之一。这是中央企业首次在革命老区开展的"红色招聘"，既吸纳了就业，又在老区培养了技术人才，为红色电厂融入了红色血液。这一先进事迹在中央电视台《新闻联播》《人民日报》等媒体上进行了报道。

大唐集团投资 500 多万元建设的大唐梁家河光伏扶贫项目，也是大唐集团在革命老区实施精准扶贫的重大举措，是延安首个实施精准扶贫的光伏发电示范项目。大唐集团充分利用在电力规划、投资开发、建设管理、运营等方面的先天优势，仅用 52 天，就建成了质量优、造价低、形象好为目标的绿色环保示范项目。该项目为满足地方政府给建档立卡的 43 个精准扶贫户每户每年 3000 元的目标要求，提供了长期有效的资金保障。2016 年 8 月 8 日，国家发展改革委副主任、国家能源局局长努尔·白克力视察该项目时，对该项目的建设给予肯定。

江西赣州是当年中央苏区的核心区域。被列入国务院支持赣南等原中央苏区振兴发展计划的大唐抚州电厂 2 台 100 万 kW 超超临界燃煤发电机组项目，是江西省第一个百万千瓦机组项目，总投资 60 多亿元，该项目已于 2016 年 4 月 27 日全部投产发电，在优化江西省电源结构，保障抚州区域电力需求的同时，每年可向当地政府缴纳 5 亿元左右税款，并可为当地老百姓提供约 1000 人的就业机会。在赣州，大唐集团还开发建设了九龙山风电、安远狮头山风电、寻乌乱罗嶂风电等一批新能源项目，为该县经济社会快速发展提供了清洁电力支撑。

二、坚持电力先行，助力援疆援藏援青

近年来，大唐集团认真贯彻落实国家关于新疆、西藏、四川云南甘肃藏区以及青海扶贫开发工作的方针政策和决策部署，深入戈壁荒滩、雪域高原，克服高原反应以及恶劣的天气、地形条件，建设了一批风电、太阳能发电以及集灌溉、防洪、发电为一体的水利枢纽项目，为当地居民生产生活用电，推动产业扶贫，促进经济发展和社会稳定发挥了重要作用。

在西藏，大唐集团投资建设了波堆水电站、汪排水电站，项目总投资逾 7 亿元，解决了 112 个行政村 11 662 户共 55 887 名藏区同胞生产生活用电问题；带动了当地建筑建材等相关产业发展，项目建成后累计上缴税金 3455 万元；增加了藏族同胞就业机会，2 个项目共接收当地藏族职工 24 名，基本实现了运营本地化。同时，在项目建设中，还帮助建设图书阅览室、太阳能路灯、通信信号塔、光纤、广播电视等基础设施。

在新疆，大唐集团投资建成新疆石门水电工程，该工程是集灌溉、防洪、发电为一体的水利枢纽项目，满足了呼图壁县周边 105.44 万亩农田的灌溉需求，使灌溉面积提高了 82%，每年能为地方带来社会效益约 10 766 万元。同时，投资建设了 16 座光伏电站和 4156 套户用光伏系统，解决了巴音郭楞蒙古自治州和静县、博湖县、和硕县、轮台县、若羌县等五县总计 4574 户无电户、15 800 余人的用电问题。大唐集团在新疆有发电公司 13 家，在这些企业中，新疆籍员工占总人数的 50% 以上。

在青海，大唐集团通过独立户光伏电源系统解决了青海省同德县和共和县 2500 余户无电户、12 000 余人的用电问题。大唐集团在青海建设光伏发电项目的同时，还援建了 9 个基础设施项目，落实建设资金 1534 万元。其中，建设乡村公路里程达 100 公里，解决 10 个行政村 8666 人出行难问题；建设多个人饮工程，解决了 3 个行政村 3235 人、5 万头（只）牲畜饮水困难问题。

三、创新方式方法，大力推进精准扶贫

为了贯彻落实习近平总书记关于更好推进精准扶贫精准脱贫，确保如期实现脱贫攻坚的指示精神，大唐集团把扶贫帮困的重心放在老少边穷地区，坚持把钱花在真正需要帮助的贫困地区和贫困群众身上，坚持雪中送炭，确保困难群众如期实现全面小康。

大唐湖南分公司扶贫工作队在挂钩联系点湘西洗壁村，深入田间地头，深入村民生活，与村民同吃同住同劳动，精准识别贫困户，精确分析致贫原因，建档立卡，对扶贫对象情况进行动态管理，及时公开相关数据，做到了公平、公正，得到了当地群众的一致好评。2016 年，全村精准确定的 90 家贫困户，通过精心帮扶，平均每户盈利可达到 6000 元，基本实现了脱贫。

大唐广西分公司在广西大化县开展定点扶贫工作中，第一时间摸清了大化县贫困村（屯）缺路、缺水、缺电（三缺）情况，通过注重统筹规划，编制了"十三五"时期定点扶贫规划。2016 年，大唐广西分公司投入 30 万元，帮助大化县北景镇安兰村修建弄甲至弄约砂石路 1.4km，直接受益群众 21 户 95 人；投入 10 万元，帮助大化县北景镇安兰村修建弄浪屯集中饮水工程，当地受益群众 34 户 126 人；投入 40 万元在板兰村所在地修建 1000m³ 大型水柜，使街上居民、板兰小学、板兰中学、弄必屯等 2000 多人受益。

大唐云南公司积极创新扶贫方式，注重产业带动，以"公司＋村委会＋合作社＋贫困户"的产业发展模式将首批扶贫专项资金 100 万元全部投入到丰华村特色产业发展中，帮助组建了四名共产党员带头的兰坪县华兴食品有限公司、兰坪县全美养殖农业专业合作社、兰坪黄木芋福养殖农民专业合作社、兰坪县鑫宏生猪养殖农民专业合作社，带动了40户贫困户增收致富。

大唐四川公司注重实际成效，精心做好帮扶工作，2016年，在四川普格县耶底乡建设了手机通信基站，耶底乡、特兹乡、甘天地乡境内4500多名当地彝族群众受益，结束当地没有手机通信的历史，并将首批捐赠的800部电信手机送到村民手中。

大唐新疆呼图壁公司创新帮扶手段，重点关注村民的现实需求，建立了便民服务中心，解决了村民网上购物、充话费、订票、复印材料等问题，同时，便民服务中心在2016年共接待来访群众1500余人次，解决矛盾纠纷28件。

【中国华电集团公司扶贫工作】

中国华电高度重视开展扶贫工作。2016年8月，中国华电成立扶贫工作领导小组，总经理任组长，统筹组织开展扶贫工作；领导小组下设办公室，挂靠战略规划部，具体负责做好扶贫工作。

1. 定点扶贫

启动编制中国华电"十三五"定点扶贫工作计划，布置和指导在新疆、西藏、青海、云南等老少边穷地区的定点扶贫工作。

华电云南公司驻村扶贫工作队自2016年2月进驻挂钩帮扶村——怒江州泸水县秤杆乡自把村后，通过全面的入户调查，认真分析致贫原因，在了解贫困户的基本情况的同时，掌握了村民希望发展养殖业致富脱贫的情况。工作队成员随即对相关资料文献进行查阅，结合当地有效耕地面积较少，养殖业饲料单一，牲畜生长较慢的实际情况，选定了紫花苜蓿、三叶草等7个豆科品种，菊苣、苦荬菜等3个菊科品种，皇竹草、高丹草等8个禾本科品种，在当地进行试验性种植。

这批优质高产牧饲草自4月28日播种以来，已取得出芽率、耐旱性、比较性生长等方面的试验数据，工作队决定通过试验，找出几种适应当地气候、土壤，生长快速、产量高且适应在田间地头、荒山荒坡的优质牧饲草品种进行推广种植，切实担当起华电在滇企业践行推进"精准扶贫、精准脱贫"的社会责任，树立了华电在滇企业的良好形象。

2. 对口支援

中国华电对口支援新疆喀什市和青海都兰县。

支援新疆喀什市，援助地方政府450万元统筹用于当地精准扶贫工作，选派优秀干部在喀什市委、市政府挂职，为当地经济社会建设做好支持、服务。

支援青海都兰县，投入资金462万元用于改善当地教育、医疗设施条件，选派优秀干部到青海省都兰县任副县长，为当地经济社会建设做好支持、服务。

"华电爱心超市"回收衣物献爱心。2016年6月15日，中国华电集团新疆公司设在阿克土村文化站里的"华电爱心超市"开门迎客。同时，新疆公司发出捐献衣物倡议，各单位表现出了极高的热情。各季衣物源源不断地从乌鲁木齐、哈密、吐鲁番、昌吉等兄弟单位邮寄到阿克土村。"华电爱心超市"既让阿克土村有困难、有需求的村民能够获得爱心衣物，又让捐赠者在关注他人、帮助他人的同时，感受到奉献的快乐。

3. 电力援藏

协调落实电力援藏资金，同时，组织开展尼玛县可再生能源局域网项目建设，项目于2016年9月正式开工建设，一期0.954万kW于2016年12月投产，累计投入资金2.15亿元。

2016年12月25日，由华电西藏分公司负责建设的西藏尼玛县城可再生能源局域网工程电力援藏项目，经过100天的艰苦奋战，提前6天顺利实现部分并网发电目标，兑现了让海拔4600m的尼玛县城人民过上温暖、光明、不停电冬季的承诺。

那曲地区尼玛县平均海拔4800m，地处偏远、自然条件恶劣，未与电力主网连接，用电十分困难，特别是冬春季节连续停电时间长达近150天。华电西藏分公司积极响应电力援藏号召，带领全体参建队伍克服高海拔、高寒、交通不便等不利因素，攻坚克难，从9月17日一期工程开工到12月25日并网发电，在短短100天的时间内，成功完成9.54MW光伏组件、32.4MWh储能系统、1500kW柴油发电机等建设任务，实现了部分投产发电。

2016年，中国华电共计投入扶贫资金6452万元，其中，二级单位承担的扶贫任务投入资金5540万元。主要有：新疆公司投入150万元对口扶贫阿克陶县，金上公司、西藏公司投入209万元用于强基惠民、定点扶贫，云南公司投入2105万元用于"挂包帮"，四川公司投入853万元用于对口定点扶贫，乌江公司、黔源电力投入1747万元用于对口帮扶、同步小康驻村帮扶，湖北公司投入208万元用于精准扶贫。

【中国国电集团公司定点扶贫工作】

2016年是"十三五"脱贫攻坚的开局之年，国电集团深入贯彻落实党中央、国务院扶贫开发工作有关决策部署，坚持"精准扶贫、精准脱贫"基本方略，大力推进内蒙古宁城县、青海曲麻莱县、山西右玉县的定点扶贫工作，取得了阶段性成果。

一、强化组织领导，牢记使命，健全扶贫工作体系

国电集团党组要求集团公司上下高度重视，站在政治高度全力推进定点扶贫工作，实施精准扶贫，注重实际效果。国电集团专门成立定点扶贫工作领导小组，并设立三个扶贫工作小组，分别对口内蒙古宁城、青海曲麻莱、山西右玉三县的定点扶贫工作。

二、加强调研指导，聚焦精准，科学谋划扶贫工作

2016年，国电集团党组书记、董事长乔保平先后赴内蒙古宁城、山西右玉调研指导扶贫工作，党组副书记、副总经理张国厚先后赴曲麻莱、右玉、宁城三县，与有关地方政府沟通扶贫措施，督促把关定点扶贫工作方案。此后，国电集团出台了《"十三五"定点扶贫工作规划》，形成了以聚焦精准、着眼实效、开放创新为主要思路，以总计3750万元的专项扶贫基金为主要载体，以农业产业扶贫、生态保护就业扶贫、助学帮困托底扶贫为主要形式，以开展国有企业合作扶贫为创新途径的定点扶贫工作体系。

三、坚持因地制宜，着眼实效，设立专项扶贫基金

内蒙古宁城县因学致贫问题突出。国电集团设立1000万元"国电宁城县金秋助学扶贫基金"。2016年第一期200万元已发放到位，资助建档立卡贫困应届大学生276人。青海曲麻莱县因病、因学致贫现象较为普遍。国电集团设立1750万元"国电曲麻莱县助学帮困扶贫基金"。2016年第一期350万元，已划转到曲麻莱县扶贫基金专户，计划资助建档立卡贫困户达562人。山西右玉县具有一定生态保护基础，但缺乏林木管护人员。国电集团设立1000万元"国电右玉县绿色生态保护扶贫基金"。2016年第一期300万元已按时到位。基金聘用的158名贫困户护林员已上岗就业。

四、坚持多措并举，开放创新，全面提升扶贫成效

一是实施农业产业扶贫，牵线首农集团与宁城对接，推进农产品物流园区建设。该项目计划投资8000万元，辐射周边15万亩设施农业发展，预计带动1.38万贫困人口脱贫。二是加强人才智力支持，选派优秀干部挂职锻炼。2016年底，国电集团选派的3名挂职干部和3名第一书记已全部到位。三是开展央企合作扶贫。国电集团出资3亿元人民币共同发起成立了中央企业贫困地区产业投资基金。同时，与中国银行共同发起成立了扶贫战略联盟，发布"公益国电"精准扶贫平台，组织引导广大员工积极参加扶贫行动。四是加强资金监管和新闻宣传。各定点扶贫工作小组制定了扶贫资金监管方案，确保扶贫资金得到阳光、合理、有效运用。持续加大新闻宣传力度，其中国电集团牵线首农集团助推宁城实施农业产业链一事，在《紫光阁》等中央媒体主要版面进行报道。

【中国电力建设集团有限公司扶贫工作】

中国电建扎实开展扶贫攻坚工作，树立央企良好社会形象。2016年8月组织召开了中国电建第一次扶贫工作会议，对中国电建的扶贫工作进行了部署。中国电建本部在2016年投资400万元，主要用于云南省剑川县弥沙乡弥新村桥梁等基础设施建设工程和新疆民丰县若克雅乡农贸市场建设项目；剑川县"9·20"特大洪灾发生后，中国电建及时捐赠资金50万元用于洪灾应急及灾后重建。在做好中国电建扶贫工作的同时，积极指导各定点扶贫子企业开展扶贫工作。中国电建23家重点扶贫单位全年累计投入扶贫资金1474.40万元，实施帮扶项目44个，为推动有关贫困地区经济社会发展做出了积极贡献，树立了中国电建良好的社会形象。

学术团体与行业学协会

【全球能源互联网发展合作组织】

2015年9月26日，国家主席习近平在联合国发展峰会上发表重要讲话，倡议探讨构建全球能源互联网，推动以清洁和绿色方式满足全球电力需求。全球能源互联网是以特高压电网为骨干网架、全球互联的坚强智能电网，是清洁能源在全球范围大规模开发、输送、使用的重要平台，实质就是"智能电网＋特高压电网＋清洁能源"。

经国务院批准，国家电网公司于2016年3月正式发起成立全球能源互联网发展合作组织（简称合作组织）。合作组织是由致力于推动世界能源可持续发展的相关企业、组织、机构和个人等自愿结成的非政府、非营利性的国际组织，以"推动构建全球能源互联网，以清洁和绿色方式满足全球电力需求"为宗旨，打造共商、共建、共享、共赢的合作平台。国家电网公司前董事长刘振亚任主席，美国能源部前部长、诺贝尔物理奖获得者朱棣文、国家电网公司董事长舒印彪、日本软银集团董事长兼总裁孙正义任副主席。合作组织首批会员80家，来自五大洲14个国家，涵盖能源、电力、信息、环保、科研、咨询和金融等领域。

合作组织成立以来，围绕建设具有全球话语权、影响力和行动力（"一权两力"）的一流国际组织发展目标，在理念传播、国际合作、规划研究、项目推进等方面开展大量工作，开创全球能源互联网发展新局面。全球能源互联网中国倡议已经在国际社会形成广泛共识。

（赵　杨）

【中国电机工程学会】

单位概况　中国电机工程学会（简称电机学会）是由从事电机工程相关领域的科技工作者及有关单位自愿组成并依法登记成立的全国性、学术性、非营利性社会组织，成立于1934年，办事机构设在北京，挂靠国家电网公司，接受社团登记管理机关中华人民共和国民政部和业务主管单位中国科学技术协会的监督管理和业务指导。

电机学会的最高权力机构是会员代表大会，其领导机构是理事会和常务理事会。电机学会设有9个工作委员会、38个专业委员会、33个省级学会是电机学会的单位会员。中国电力科学技术奖励工作办公室、国际大电网委员会中国国家委员会秘书处、国际供电会议组织中国国家委员会秘书处也设在电机学会办事机构。

领导班子

理事长：郑宝森

副理事长：栾军、谢明亮、王良友、刘国跃、金耀华、邓建玲、米树华、魏锁、张诚、王树民、姚

强、赵洁、刘吉臻、宋永华、陈斌

秘书长（兼）：谢明亮

副秘书长：陈小良、范建斌、余建国、梁昌乾、李少华、刘传柱、钟鲁文、崔志强

组织机构　包括理事会、常务理事会、工作委员会、专业委员会和电机学会办事机构。电机学会下设组织、学术、科普、外事、编辑、咨询、青年和教育、名词术语、标准9个工作委员会，有覆盖电机工程各个专业领域的38个专业委员会。33个省、直辖市、自治区电机学会为电机学会单位会员。

服务创新型国家和社会建设　2016年承担中国科协、中科院、国家电网公司、神华集团等单位委托开展的项目研究、项目评价200余项，完成科技成果登记超过600项，确认电力科技查新资质机构35家。

2016年电机学会推荐的"互联电网动态过程安全防御关键技术及应用"项目荣获国家科技进步奖一等奖，"电网大面积污闪事故防治关键技术及工程应用"和"250MW级整体煤气化联合循环发电关键技术及工程应用"项目荣获国家科技进步奖二等奖。

完成2016年中国科协创新驱动助力工程项目，继续完善"保定智能电网创新示范工程"建设工作。完成《保定智能电网十三五规划研究报告》初稿和智能电网示范工程建设主体任务。

按照中国科协部署，作为牵头学会，与九家相关学会共同发起成立中国科协清洁能源学会联合体，联合体秘书处设在电机学会。

学会建设　2016年根据工作需要，增设中国电机工程学会标准工作委员会。召开专业委员会工作会议，总结专业委员会历年来工作成绩，分析存在的差距与不足，进一步明确专业委员会的工作定位和工作职责，推动各专业委员会按照"放开搞活、规范运作、专业引领、创新争先"的总体思路积极开展活动。

首次组织院士专家座谈会，听取院士专家对电机学会发展、学术建设的意见和建议。加强会员管理，开展会员规范登记，2016年完成规范登记超过5000人。重视会员发展，2016年发展个人会员1588人，103人晋升高级会员。重新启动会士遴选工作，50人新入选会士。

贯彻落实中央关于加强社会组织党建工作的决策部署，研究探索在理事会层面成立功能型党组织。积极开展"两学一做"学习教育活动，召开党组民主生活会和党员组织生活会，深入查找存在的问题，研究制定有效的整改措施。

加强员工管理，充实员工队伍，优化人员结构，加大培训力度，完善绩效考核制度。强化财务管理，大力推进中国科协财务管理规范化研究项目，调整现

行管理办法，完善各项规章制度。快速推进信息化建设，完成新版会员系统、数字化图书馆系统及 APP、门户系统、会议系统、论文评审系统、科技查新数据系统、专家库系统、团体标准管理平台、统一资源管理平台和微信服务号等系统的开发建设，为提高工作效率、提升服务水平、实现资源共享、展现学会形象提供了有力支撑。

学术期刊 2016 年电机学会召开首次期刊工作会议，进一步加强期刊工作。其中，《中国电机工程学报》办刊水平和期刊质量继续保持领先，连续两年荣获"期刊数字影响力 100 强"，是电气工程领域唯一入选期刊，并获得谷歌学术中文工程技术类出版物第一名，名列全部学科中文学术出版物第三名。《中国电机工程学会电力与能源系统学报》（英文刊）2016 年出版 4 期，国际稿源比例达到 58.3%，成功入选中国科协科技期刊登峰行动计划，被 ESCI、IN-SPEC 和 CSAD 数据库收录。

学科发展研究 电机学会建立了系列学术报告编撰体系和学术研究成果发布制度，2016 年出版电力建设、火力发电、燃气轮机发电、电力土建、电站焊接、高电压、输电线路、变电、用电与节电、电力通信 10 个专业发展报告以及煤电调峰、燃煤锅炉低碳燃烧、循环流化床、柔性直流配电网、超导输电、水电生态保护 6 个专题技术报告，编制完成《电力新技术目录（电网部分）》，并在 2016 年学术建设发布会上发布。

决策咨询 开展"电气工程方向预测及 2050 电网技术路线图""新能源领域前沿技术跟踪研究"和"多种新能源发电技术路线发展研究"等课题研究，完成"新一代能源系统""电网新技术目录""3D 打印技术应用研究"课题。组织完成中国科协委托开展的国家 863 计划"十二五"作用与影响评估子课题——先进能源技术领域专题评估工作。

国际学术会议 在国内组织召开第七届中国国际供电会议、第二届国际高压直流会议、国际大电网委员会亚太区域理事会（CIGRE AORC）C6 专委会年会。首次组织境外国际性学术交流活动，与美中绿色能源促进会共同在美国旧金山举办"美中绿色能源高峰论坛"，与北美华人电力协会共同在美国波士顿举办"能源互联网与清洁能源论坛"。

国内主要学术会议 围绕"创新驱动与电力转型发展"主题召开 2016 年学术年会，同期举办清洁高效发电技术论坛、院士专家论坛、学术建设发布会、智能电网技术与装备论坛、电力创新与能源变革论坛等 23 项学术活动，吸引了院士、专家、科技工作者及高校师生 1600 余人踊跃参加。

召开第十四届青年学术会议、2016 电气工程学院

院长论坛、海峡两岸微网与分布式能源技术及应用研讨会等学术活动。

各专业委员会围绕各自专业人领域开展学术活动 69 场。

国际组织任职 电机学会副理事长兼秘书长谢明亮任国际大电网委员会（CIGRE）理事会成员和指导委员会委员、电机工程国际会议（ICEE）共同主席。2016 年，电机学会推荐 36 名专家加入国际大电网委员会（CIGRE）各工作组。

国际交往 与国际大电网委员会（CIGRE）、国际供电会议组织（CIRED）、电气电子工程师学会（IEEE）及其电力与能源分会（PES）和标准化委员会（SA）、世界工程组织联合会（WFEO）、美国机械工程师学会（ASME）等国际组织进行会谈，共同探索新的合作领域、合作方式，为国内电力科技工作者"走出去"营造良好的环境。积极探索与电气电子工程师学会（IEEE）进行国际标准互认，学会首批 2 项特高压输电技术团体标准进入电气电子工程师学会（IEEE）标准审核流程，71 项团体标准进入电气电子工程师学会（IEEE）采标范围。国际大电网委员会（CIGRE）中国国家委员会会员数位居全球第一。

科普活动 电机学会联合有关企业和省级学会开展光伏扶贫调研和科普下乡回访、"科普下乡·情暖戈壁""《太阳能——金色的能量》科普送书进西藏"等活动，面向高校学生开展"中国电机工程学会·天津大学超导与智能电网秋令营"活动。

开展"电力科普教育基地"评选，2016 年 13 家单位获"电力科普教育基地"授牌。2016 年推荐何雅玲院士、张伯明教授成为中国科协首席科学传播专家。

电机学会荣获中国科协"科普工作优秀单位"称号，组织编著出版的《风吹电来》（蒙汉、彝汉双语读物）获得第四届中国科普作家协会优秀科普作品银奖。

表彰举荐优秀科技工作者 通过中国科协项目资助、电机学会资金支持、依托单位配套支撑、导师培养指导相结合的方式，开展"青年人才托举工程"24 项。

2016 年度"中国电力年度科技人物奖"评选出"中国电力科学技术杰出贡献奖"获奖者 10 人、"中国电力优秀科技工作者奖"获奖者 50 人、"中国电力优秀青年工程师奖"获奖者 40 人。

电机学会推荐的曾嵘获得"科技部中青年科技创新领军人才"称号，推荐的冯树荣、黎小林、刘建明、毛庆获得"全国优秀科技工作者"称号。

完成 2016 年"顾毓琇电机工程奖"评审工作，南瑞继保集团孙光辉获得 2016 年"顾毓琇电机工程

奖"。

会员服务 构建一体化信息平台，完成会员信息管理系统改造，完善信息化服务方式，提升服务满意度。定期向会员推送学会编辑出版的《动力与电气工程师》《电信息》，以及学术活动预报等信息及节日问候。

主要事件

1. 2016年中国电机工程学会年会

11月15～18日，以"创新驱动与电力转型发展"为主题的2016年中国电机工程学会年会在江苏省南京市召开。年会期间举办了清洁高效发电技术论坛、院士专家论坛、学术建设发布会、智能电网技术与装备论坛、电力创新与能源变革论坛等23项学术活动，吸引了1600余位电机工程领域的专家、科技人员、工程师及高校师生参加。中国电机工程学会理事长郑宝森，国家电网公司党组成员、副总经理栾军，江苏省人民政府副秘书长王志忠，国家能源局监管总监李冶，中国科协党组成员、学会学术部部长宋军，韩国电气学会会长朴俊灏分别在开幕式上致辞或讲话。中国能源研究会常务副理事长史玉波，中国科学院科技战略咨询研究院院长潘教峰，中国国电集团副总经理米树华分别作大会主旨报告。

2. 发布《中国电机工程学会专业发展报告（2015—2016）》《中国电机工程学会专题技术报告（2016）》和《2016年电力新技术目录（电网部分）》

11月16日，在电机学会2016年学术年会期间，召开了2016年度中国电机工程学会学术建设发布会，发布了《中国电机工程学会专业发展报告（2015—2016）》《中国电机工程学会专题技术报告（2016）》和《2016年电力新技术目录（电网部分）》。

《中国电机工程学会专业发展报告（2015—2016）》分上、中、下三卷，由电力建设、火力发电、燃气轮机发电、电力土建、电站焊接、高电压、输电线路、变电、用电与节电及电力通信10个专业发展报告组成。报告总结了相关专业领域近年来的技术进展，对比了国内外相关专业的差距，提出了专业技术发展方向和创新发展战略与建议。

《中国电机工程学会专题技术报告（2016）》涉及煤电调峰、燃煤锅炉低碳燃烧、超低排放、循环流化床、柔性直流配电网、超导输电及水电生态保护等电力行业普遍关注的热点焦点问题，针对相关技术内容展开透彻分析，提出了专业性研究建议和应对措施。

《2016年电力新技术目录（电网部分）》围绕我国电网发展的实际需求，广泛征集电网公司、科研院所、设备制造企业、电机学会各分支机构等单位的先进新技术和新产品，经专家多轮评估、反复审核后编撰而成，包含特高压输变电技术、防灾与减灾、新能源发电及并网等14个技术领域、232项新技术。

3. 团体标准制定

电机学会作为开展团体标准的试点单位，2016年继续完善CSEE标准化组织体系，形成规范的CSEE标准化流程，成立标准工作委员会，有序推进团体标准各项工作，着力打造电机学会标准品牌。2016年，CSEE标准立项71项，完成22项。电机学会探索与IEEE进行国际标准互认，首批两项特高压输电技术标准的英文版已提交IEEE审核。

【中国水力发电工程学会】

单位概况 中国水力发电工程学会（简称水电学会）是由全国水力发电工程科学技术工作者自愿组成的并依法登记的全国性非营利学术团体，是国家发展水力发电工程科技事业的重要社会力量，是中国科学技术协会的组成部分。水电学会于1980年成立，现有团体会员196个（其中省级水力发电工程学会22个），下属31个专业委员会和1个工作委员会，有中国科学院和中国工程院院士48人。

领导班子

理事长：张野

常务副理事长兼秘书长：袁柏松

副理事长：么虹、王志轩、王琳、王森、朱跃龙、刘国跃、杨晓东、杨清廷、邱希亮、张建云、张建民、陈云华、周厚贵、郑旭东、郑声安、贺建华、夏忠、晏志勇、韩水、喻新强、谢长军

服务创新型国家和社会建设 做好中国科协"九大"代表和九届全委会委员候选人推选工作。经常务理事会审议推荐，晏志勇副理事长、秘书处雷定演当选科协"九大"代表，参加5月31日～6月2日召开的"科技三会"，晏志勇副理事长当选科协九届全委会委员，进一步提高了水电学会参与行业科技决策和参政议政的能力，提升了水电学会在中国科协中的影响力。

与其他8家全国学会发起组建了"中国科协清洁能源学会联合体"。2016年联合体组织开展了全国杰出科技人才推荐、中国科技期刊能源学科集群优秀论文遴选推介、制定国家引才目录（新型能源技术组）等重要活动。

受中国三峡集团委托开展了《乌东德水电工程枢纽区地质灾害监测预警与应急管理研究》课题，为该项目建立地质灾害监测预警平台，实时为乌东德水电枢纽防灾减灾提供风险评估和预警，提高电站的应急管理水平和突发事件应对能力，降低工程风险，为工程建设和运营安全深度把脉。

完成了《四川大渡河大岗山水电站机组启动试运

行技术咨询》《新常态下中国水电可持续发展政策研究》《电力市场与水电弃水分析研究》等课题。

有关专委会组织开展了工程造价继续教育培训班、水电厂水轮机调速器技术培训班、全国水电厂计算机监控系统技术培训班等继续教育和技术培训活动。

决策咨询 围绕川、滇两省弃水情况严重的问题，9月组织专家赴当地水电企业进行了调研。11月初在北京组织召开了"电力市场与水电弃水分析研究座谈会"，来自电网、流域公司和水电企业、设计院、研究机构、行业团体等单位30多名领导和专家出席会议，讨论研究了由水电学会组织开展的电力市场与水电弃水分析研究课题大纲。经过一个多月的调研和撰写报告，12月21日召开了课题结题会，张基尧名誉理事长到会指导，会议通过了结题意见，形成了有关建议报告送政府部门供决策参考。

学会建设 3月17~18日在贵阳召开了"全国各省级水电学会和各专业委员会秘书长工作会议"，来自全国22个省级水电学会和32个专业（工作）委员会的秘书长和代表近80人参会，总结工作，交流经验，共谋发展。

11月22日，中国水力发电工程学会第八次全国会员代表大会在北京召开。大会听取并审议通过了张基尧理事长《积极发展水电　推动科技创新　促进能源革命　为全面建成小康社会而努力奋斗》的第七届理事会工作报告；选举产生了第八届理事会理事，期间召开的八届一次理事会选举产生了新一届常务理事会成员，张野担任第八届理事长，袁柏松担任常务副理事长兼秘书长；聘请汪恕诚、陆佑楣、张基尧、周大兵为第八届理事会名誉理事长；表彰了在七届学会期间做出突出贡献的46个学会工作先进集体和51名优秀学会工作者。

开展了中国科协学术会议质量提升计划项目资助申报工作，最终联合抗震防灾专委会申报的"2016高坝抗震防灾国际研讨会"获得资助。

重视进一步加强对专委会的管理和领导，按照理事会的要求，认真抓好各专委会和省级学会的组织建设，严格要求按照届次年限规定，做到按期换届。充分发挥专委会的专业学科带头作用和组织能力，促进专委会活动高水平、经常化；进一步加强与省级学会的联系和指导，密切工作关系。

加强秘书处自身能力建设。召开好秘书长办公会和秘书处全体人员工作会议，检查落实和完成好年度各项工作任务；对各会员单位的通信联系方式进行更新，保证了学会与会员单位和理事的联络通畅；加强财务管理，较好地完成了全年会费收缴工作，并且努力做好课题项目创收，保证了学会活动和秘书处工作正常开展。

2月初与国家开发投资公司共同举办"2016年中国水电发展论坛暨水力发电科学技术奖颁奖典礼"，来自全国水力发电战线80多个单位的300余名新老水电工作者代表，共叙水电发展成就，共谋长远发展大计。会上进行了隆重的水力发电科学技术奖和《水力发电学报》优秀论文奖颁奖。

潘家铮水电科技基金自2008年由学会发起设立，至2016年底已有55家单位和9名个人捐资，基金规模已达4644万元。2016年召开了基金换届暨三届一次理事会，马宗林担任基金新一届理事长；开展好2016年度潘家铮水电奖学金评定工作和颁奖工作，12月底在西安理工大学隆重举行了第八届奖学金颁奖典礼，奖励来自18所高校和科研院的优秀学生60名。

学术期刊 重视做好会刊《水力发电学报》管理和出版工作。全年出版12期，共收到论文稿件532篇，录用刊登170篇。《水力发电学报》核心影响因子0.67，比2015年有所提升，在21种水利工程类刊物中排名第三。完成了"2016年度《水力发电学报》优秀论文奖"评定工作，共评出一等奖2篇，二等奖3篇，三等奖5篇。

保证了《中国水力发电年鉴》（第二十卷）和《中国水力发电信息（2016年报）》的编撰和按时出版。

国际学术会议 3月29日，与国际水电协会（IHA）联合在北京召开了国际水电融资风险管理暨水电可持续评估规范研讨会，就政府部门对推进水电可持续发展的作用、水电绿色信贷融资指南、金融机构的作用、水电项目融资风险管控经验、水电可持续性评估规范，以及其他行业热点和关心的问题与中外专家进行了广泛深入的探讨。

9月23日，联合抗震防灾专委会在北京召开了2016高坝抗震防灾国际学术研讨会，围绕高坝抗震新理论与新方法、抗震设计标准、安全评价体系、水利水电工程防灾减灾与风险管理等深入研讨。会议对高坝抗震防灾的科学研究起到重要的支持和推动作用，对我国乃至世界水电建设具有积极借鉴意义。

国内主要学术会议 5月20日，在北京组织主办了大型抽水蓄能电站变频启动装置（SFC）国产化及应用研讨会，就抽水蓄能电站装备国产化的国家政策、我国抽水蓄能发展现状、SFC国产化重大科研成果等进行了研讨。

11月25~26日，联合中国水利学会、中国大坝工程学会在北京召开了"第一届全国水利水电工程信息化技术研究与应用研讨会"，就水利水电规划设计信息化、水利水电工程管理信息化、水利水电工程物联网技术、水利水电工程信息化前沿（BIM、大数据、云计算、智能化等），以及水利水电工程数字化、标准化和行政支撑体系等方面的新理念、新技术、新方法开展学术交流。

11月28～30日，联合环保部评估中心、河海大学在南京举办了"中国水电企业海外项目环境社会管理研讨班第一期"，为水电工程规划设计咨询、开发建设和科研教学等机构搭建起在环境社会管理方面深入沟通分享和交流研讨的平台，助力国家"一带一路"倡议实施和中国水电企业"走出去"。

12月15～16日，联合风险管理专委会在成都举办了"2016全国大中型水电站风险管理年会暨水电安全与项目管理论坛峰会"，深入探讨水电安全与项目风险管理的经验及方法。

12月21日，联合中国水利水电出版社、中国石化出版社在北京共同举办了"水与能源可持续发展高峰论坛"，围绕水与能源可持续发展战略、生态文明建设与能源开发利用、水与能源经济价值与金融创新等议题，深入探讨水与能源可持续发展的机遇，供给侧改革下的产业发展政策，绿色、低碳、生态文明与新能源开发的战略，科技与金融、实业与资本融合的创新模式等问题。

各专业委员会和省级水电学会是学会工作的基础和重要组成部分。2016年学会32个专业（工作）委员会贯彻学术活动"高水平、经常化"的要求，召开了形式多样、内容丰富的学术交流和学术研讨会或学术年会，据不完全统计，全年共举办各种学术交流活动38次，参加人数3820人次。

两岸交流 1月由张基尧理事长率团赴台湾开展了"水利水电科技学术交流和水利水电工程考察活动"，期间拜访了台湾中兴工程科技研究发展基金会，考察了有关电站水库；召开了中国大陆南水北调与水电建设工程专题演讲暨学术交流会，吸引了台湾工程界120余名专家学者踊跃参会。会议规模大、层次高，受到台胞同行高度赞赏。

国际交往 1月29日，水电学会领导会见了来访的IHA执行长理查德泰勒一行，泰勒对中国水力发电工程学会牵头成功筹办2015世界水电大会表示感谢，邀请水电学会组团参加2017大会（埃塞俄比亚），双方就进一步加深合作进行了探讨。3月29日、8月30日国际水电协会执行长理查德·泰勒一行又分别来谈，双方就深入合作事宜进行了商谈，达成了共识。

4月6日，陆佑楣名誉理事长等学会领导会见了来访的世界工程组织联合会（WFEO）主席乔治·斯皮塔尼克，双方就扩大中国水电在世界水电界的影响

力、培养更多的中国水电工程师、共同努力推进全球范围内的节能减排等进行了会谈。

科普活动 3月26日，在第24届"世界水日"（主题：水与就业）和第29届"中国水周"（主题：落实五大发展理念，推进最严格水资源管理）期间，联合中国大坝工程学会在北京举办了"水资源可持续开发利用"科普论坛，邀请行业知名专家做了《大坝在水资源可持续利用中的作用》《从"澜湄合作"的成功看五大发展理念》《中国能源转型向何处去？》等报告。10余家媒体与会并持续进行了宣传报道，大量网站进行了转载，宣传效果明显。

7月10日，面对长江中下游地区入汛以来连遭强降雨袭击和防洪严峻形势，网上充斥着对三峡大坝与下游洪涝关系的热议，为及时澄清舆论，水电学会组织科普传播团队专家，联合北京科技记者编辑协会组织举办了一场"媒体科学沙龙——三峡大坝与下游防洪"。邀请有关专家，与现场近30家媒体的40余位记者进行了互动，多家知名网媒进行了网络直播，同时在线观看人数超过2万人次，较好地回答了社会公众关于三峡防洪作用的各种疑问。

维护水电学会"中国水电网"网站，发挥宣传主阵地作用。不定期撰写发表文章，对社会上各种关于水电的偏见及不实言论进行科学有据的回应。及时转载行业重要新闻，进一步改进和完善功能设置，致力打造中国水电行业门户网站。维护好微信公众号"中国水力发电工程学会"（微信号：CSHE1980），结合水电行业热点和社会关注焦点和"中国水电网"更新速度，同步推送重要新闻和消息，以加强"掌中宣传"力度，开辟水电宣传新阵地。

科技评价 持续办好"水力发电科学技术奖"。2016年共收到行业单位申报的科技成果129项，经过形式审查、网络初审、专家会议二审和终审，45个成果项目获奖，其中特等奖3项，一等奖8项，二等奖11项，三等奖23项，并在2017年中国水电发展论坛上隆重进行了颁奖。

开展科技成果评价工作。全年共受理承担了11个单位的15项成果的鉴定评价工作，还有10多个项目由行业单位组织、学会选派专家进行鉴定。

表彰举荐优秀科技工作者 开展第四届"潘家铮奖"评选工作。共有26人申报，经公平公正评审，最终清华大学张建民、葛洲坝集团江小兵、水利规划总院刘志明3人获得荣誉。

做好科技人才举荐工作。受中国科协委托，3月底开展了第七届"全国优秀科技工作者"推荐评选工作，经组织专家评审，清华大学张建民作为上报科协推荐候选人并最终当选；12月初开展了"张光斗优秀青年科技奖"候选人代评推选工作，来自建设管理、

科研、设计、施工、制造、高校等水电单位选送的 16 名候选人参评。

学会创新发展 为促进潘家铮水电科技基金发展壮大，不断创新扩大基金支持活动范围，更好地服务于水电公益事业，自 2013 年起组织开展大学生暑期水电社会实践教育活动，选取典型骨干水电工程项目，使参加活动的学生通过工程实践和亲身体验，激发工程创造和创新活力。"2016 大学生暑期水电社会实践教育活动"于 7 月下旬组织在澜沧江水电基地中的小湾、苗尾、功果桥水电站和金沙江水电基地中的龙开口水电站完成。

党建强会 根据《中国科协科技社团党委关于推进中国科协所属学会党建"两个全覆盖"专项工作方案》（科协社团党发〔2016〕2 号）精神，要求在理事会层面成立功能型党组织，充分发挥党组织在事关学会发展重大决策事项中发挥引领政治方向、注重引导监督、参与重大问题决策、团结带领广大科技工作者的作用。经以通信方式召开的常务理事（党员）专题会议研究通过，水电学会功能型党组织为党委，委员组成如下：张野任书记，袁柏松任副书记，郑声安任纪检委员，李世东任组织委员，吴义航任宣传委员，关云航、汪小刚任委员。12 月形成了请示文件报送科协社团党委并已获批复。

继续推进开展中国科协学会服务中心党委组织的"党建强会计划"十百千特色活动，水电学会和自动化专委会联合开展的"党建工作在路上，竭诚服务好基层"金秋系列活动获得专项资助。以自动化专委会"徐洁党员创新工作室"为平台，开展了慰问打工子弟学校、捐建图书室、金秋水电学术讲座、制作优秀党员宣传片等活动。

根据水电总院党委部署推进"两学一做"学习教育活动，开展好"三严三实"专题活动和党员民主生活会，做好秘书处党支部有关工作，发挥党组织战斗堡垒作用和党员先锋模范作用，带动秘书处人员爱岗敬业，为水电学会发展和水电事业多做贡献。

主要事件

1. 中国水力发电工程学会第八次全国会员代表大会在北京召开

11 月 22 日，中国水力发电工程学会第八次全国会员代表大会在北京召开。中国科协党组成员、书记处书记项昌乐，水电学会名誉理事长陆佑楣、周大兵，以及来自水利部、国家能源局、国务院南水北调工程建设委员会办公室等有关部门的领导，中国水电界的新老领导、院士、知名专家及全国 100 多家水电企事业单位共 280 多名领导、专家和代表共商水电发展和科技创新大计。

项书记在讲话中对水电学会的创新发展提出了几点要求：一是要以高度的政治责任感和担当精神挺进学会改革深水区，努力打造能负责可问责的中国特色现代科技社团；二是要坚持围绕学术交流这一基本职能开展工作，加强学术品牌建设，不断推动我国水力发电事业的科技进步和创新发展；三是要不断提供多样化高质量科技类公共服务产品，真正让学会成为有公信力、有地位、有知名度的科技类公共服务产品的提供者；四是要坚持以会员为本，密切关注广大科技工作者的需求，用"家的温馨"凝聚和引领广大科技工作者创新争先，为建设世界科技强国贡献力量。

大会听取并审议通过了张基尧理事长所做的第七届理事会工作报告。对于认清水电发展面临的形势和未来的任务，进一步统一思想，锐意进取，开拓创新，积极发挥学会平台、桥梁和纽带的作用，推动中国水电事业科学、健康、可持续发展具有重要指导意义。

会议期间，来自全国的水电工作者代表积极建言，针对国家积极发展水电的要求，面对水电行业的新形势、新机遇、新起点，一致提出：水电学会要继续以能源革命和电力体制改革统领全局，遵循国家能源战略发展方向，持续加大水电宣传力度，不断完善科技创新激励体系，大力培育科技创新成果和培养水电科技人才，积极推进水电文化建设，进一步搭建好服务平台，推动水电事业科学、健康、有序、可持续发展。

大会选举产生了第八届理事会理事，期间召开的八届一次理事会选举产生了新一届常务理事会成员。国务院南水北调办副主任张野担任新一届理事长，中国电力建设集团原副总经理袁柏松担任常务副理事长兼秘书长。大会聘请汪恕诚、陆佑楣、张基尧、周大兵为第八届理事会名誉理事长。

大会还表彰了在七届学会期间做出突出贡献的 46 个学会工作先进集体和 51 名优秀学会工作者，激励广大水电企业和科技工作者努力为我国水电事业可持续发展和科技创新再立新功。

2. 2016'中国水电发展论坛暨水电科技奖颁奖典礼在北京举行

2 月 1 日，由中国水力发电工程学会与国家开发投资公司联合主办的 2016'中国水电发展论坛暨水力发电科学技术奖颁奖典礼在北京召开。来自全国水力发电战线 80 多个单位的 300 余名新老水电工作者代表欢聚一堂，共谋水电发展。中科院院士张楚汉，中国工程院王浩、钟登华、陈厚群、张永传、胡春宏等多名水利水电界院士出席了论坛。

国家开发投资公司董事长王会生、中国水力发电工程学会理事长张基尧分别代表主办单位致辞。水利部原部长、学会名誉理事长汪恕诚，国家开发银行原行长姚振炎，中国工程院院士、学会名誉理事长陆佑楣，国务院南水北调办公室副主任张野，国务院三峡工程建设委员会办公室副主任陈飞，国家开发银行副行长王用生，国家能源局原总工程师、学会副理事长吴贵辉等领导发表了讲话。

论坛邀请了来自水电第一线的单位代表，就中国水电"走出去"战略实施、水电技术创新及优先发展水电、发挥水资源综合效益以及可再生能源发展等方面进行了专题演讲，分别为：中国电力建设集团总工程师周建平《未来20年，水电开发仍将大有可为》，中国能源建设集团副总经理兰春杰《抓住机遇，奋发有为，积极参与全球水电建设》，水电水利规划设计总院院长郑声安《我国可再生能源发展规划及前景展望》，中国水利水电科学研究院水资源所所长王建华《关于提高水资源利用率几点思考》。

参会代表普遍认为，从与会领导的致辞和讲话、基层专家代表的论坛演讲中，可以深切地感受到中国水电事业成绩斐然，前景广阔，大有可为。论坛还号召，全国的水电工作者携手并进，奋发有为，共同开创中国水电的美好未来。

学会名誉理事长周大兵主持了2015年度水力发电科学技术奖暨《水力发电学报》优秀论文奖颁奖典礼。根据《水力发电科学技术奖励办法》，经水力发电科学技术奖励委员会评审，2015年共评选出了特等、一、二、三等"水力发电科学技术奖"49项，大会对获奖单位隆重进行了颁奖。同时，对获得2015年度"《水力发电学报》优秀论文奖"的10篇获奖论文作者进行了表彰。

论坛最后进行的是"中国水电会旗"交接仪式，象征着中国水电事业薪火相传。2017'中国水电发展论坛暨水力发电科学技术奖颁奖典礼，将由中国水利水电科学研究院和中国水力发电工程学会共同主办。中国水力发电学会常务副理事长李菊根、国开投副总工胡刚、中国水科院副院长贾金生进行了会旗交接。

3. 国际水电融资风险管理暨水电可持续评估规范研讨会在北京召开

3月29日，由中国水力发电工程学会和国际水电协会（IHA）联合主办的国际水电融资风险管理暨水电可持续评估规范研讨会在北京召开，中国银行业协会、大自然保护协会（TNC）作为会议合作伙伴。学会名誉理事长周大兵致辞，国家能源局新能源和可再生能源司副司长史立山、中国银监会政策研究局巡视员叶燕斐、国家开发银行评审一局副局长陈孙蛟分别做《政府部门对推进水电可持续发展的作用》《水电绿色信贷融资指南》《中国金融机构的作用》的主旨演讲。来自国内各大金融机构、电力企业、流域公司、设计科研单位、国内外行业学/协会、媒体等40

余单位90多人参加了会议。

会上，IHA执行长理查德·泰勒（Richard Taylor）、TNC全球保护战略执行总监迪特马尔·格林（Dietmar Grimm）及双方团队人员介绍了国际水电发展概况、水电项目融资风险管控经验、《水电可持续性评估规范》推广应用实践及案例分析研究等。与会代表积极互动，激荡智慧，就行业热点和关心的问题与中外专家进行了广泛深入的探讨，以期凝聚共识，共促全球水电事业可持续发展。

目前，全球的可再生能源70%以上来自水电，在优化能源结构、减排温室气体、保护生态环境、促进可持续发展等方面发挥着重要作用。截至2015年底，我国水电总装机容量达3.19亿kW，年发电量1.1万亿kWh，占全国发电量的20%，在非化石能源中的比重达到73.9%，为中国经济社会发展和全球节能减排做出了巨大贡献。在国家"一带一路"倡议带动下，中国水电企业大踏步"走出去"，目前已与近百个国家和地区建立了水电规划、建设和投资的长期合作关系，占有国际水电市场50%以上的份额，已成为引领和推动世界水电发展的巨大力量。

目前全球水电发展的重心已转移至亚洲、非洲和拉美等发展中国家和地区，他们对发展水电在资金、技术、装备和运行管理等方面有着非常大的需求。但是，在水电项目开发过程中面临的社会和环境问题越来越复杂，水电项目的融资风险也越来越大，有时可能会推迟甚至逼停正在开发的项目，导致企业声誉受损和大量的经济损失，进而影响和阻碍全球水电的可持续发展。因此，高度重视国际水电项目的融资风险，用国际公认的标准对开发投资项目进行充分和全面的评估，显得十分重要。近年来，IHA组织编写和发布的《水电可持续性评估规范》，目前正在全球范围内推广、使用，已成为衡量和指导国际水电项目评估的重要工具，该《规范》在全球水电项目中成功应用的经验值得推广。

4. 2016高坝抗震防灾国际学术研讨会在北京举行

9月23日，由中国水力发电工程学会、学会抗震防灾专业委员主办，中国水利水电科学研究院、河海大学承办的2016高坝抗震防灾国际学术研讨会在北京举行。中国科学院院士林皋、张楚汉、陈厚群，以及来自国内外的120多名专家学者出席了会议。

高地震烈度区建设高坝，面临一系列世界级难题，高坝大库一旦受震溃决，将会造成严重次生灾害，抗震防灾成为工程建设的关键。地震高烈度地区能否进行大规模水电开发，成为全中国乃至全世界关注的焦点。为此，中国水力发电工程学会组织举办了本次国际研讨会，会议主题为：高坝抗震新理论与新方法、抗震设计标准、安全评价体系、水利水电工程防灾减灾与风险管理。

中国水力发电工程学会常务副理事长兼秘书长李菊根，中国水利水电科学研究院副院长贾金生，国际大坝委员会副主席、中国电建集团总工程师周建平，中国水力发电工程学会抗震防灾专委会主任李同春分别致辞。中国水力发电工程学会常务副秘书长吴义航主持开幕式。

水利部水利水电规划总院副院长兼总工程师刘志明主持了上午的学术研讨会。报告有：陈厚群院士《2008年汶川地震中沙牌拱坝震情验证》、张楚汉院士《高混凝土坝的抗震性能》、周建平总工程师《水电工程防震抗震设计研究的思考》、美国AECOM工程咨询公司首席地震学家保罗（Paul）博士《大坝设计地震动的研究进展》。

中国水利水电科学研究院工程抗震中心王海波总工程师主持了下午的学术研讨会。报告有：林皋院士《高混凝土坝的抗震设计和安全评价》、中国三峡集团土建总工程师翟恩地《场地相关地震动及其在水电工程中的应用》、美国美华集团全球大坝实践主管格伦（Glenn）博士《高混凝土坝抗震设计的工程实践和安全问题》、国际防护工程学会澳大利亚分会主席、悉尼科技大学教授吴成清《超高性能混凝土的抗爆抗冲击性能》。

上述海内外知名专家的特邀报告，从国内外典型强震的震例、设计理论和方法的最新进展和研究思考，特别是地震动输入、抗震设计标准等核心问题作了深入剖析，参会代表踊跃提问和交流，一些学术问题的争论较为激烈，会场学术争鸣氛围深厚。本次会议达到了汇聚中外知名大坝抗震专家、深入研讨高坝抗震关键技术、共同交流先进经验的目的，对高坝抗震防灾的科学研究起到重要的支持和推动作用，对我国乃至世界水电建设具有积极借鉴意义。

5. 大型抽水蓄能电站变频启动装置（SFC）国产化及应用研讨会在北京召开

5月20日，中国水力发电工程学会主办的大型抽水蓄能电站变频启动装置（SFC）的国产化及应用研讨会在北京召开。来自国家有关部委、电力企业、流域公司、设计院、抽水蓄能企业/电厂、设备制造、行业媒体等单位的领导和专家参加了会议。

会议围绕如何进一步促进我国抽水蓄能事业健康发展、推动抽水蓄能电站SFC设备国产化及应用等议题，邀请相关领导和专家就抽水蓄能电站装备国产化的国家政策、我国抽水蓄能发展现状、SFC国产化重大科研成果等进行了演讲和报告。

会议经过充分交流和讨论，对大型抽水蓄能电站变频启动装置（SFC）国产化所取得的成绩给予了充分肯定，认为SFC设备作为抽水蓄能电站的关键设备，其成功实现国产化是我国推进抽水蓄能装备国产化进程中的又一重大突破，打破了SFC长期依赖进口、采购和维护费用高昂的局面，对推动我国抽水蓄能事业可持续发展是重大利好。同时，与会专家就国产SFC设备的应用推广给予了专业的技术指导和建议，对其应用前景充满了信心。

会议指出，不久前国家颁布并大力推进《中国制造2025》的行动纲领，电力装备是实现能源安全稳定供给和国民经济持续健康发展的基础，大力推动电力装备国产化是全面实施制造强国战略的重要支撑。在我国抽水蓄能事业科学有序发展的大形势下，抽水蓄能电站的建设和管理单位应对国产变频启动装置的应用推广给予大力支持；国产设备制造商应及时总结已有设备的运行经验，持续提升现有产品的技术、质量和服务水平，同时要紧跟抽水蓄能技术的发展前沿，持续增强研发投入和自主创新实力，大力开发新技术、新产品，不断为我国抽水蓄能事业可持续发展做出新贡献。

在国家创新驱动战略的大力推动下，"十二五"期间南瑞继保研制成功了中国首套具有完全自主知识产权的大型抽水蓄能电站SFC设备，该设备于2014年4月在响水涧抽水蓄能电站正式投入运行。截至2016年5月，该国产变频启动装置已稳定运行2年多，完全实现了对原进口的SFC设备的替代，成为电站的首选启动设备。

依托该项目，南瑞继保公司具备了与国外厂家竞争的能力，成为国内首个拥有300MW级抽水蓄能机组变频启动装置（SFC）设计制造技术和成功应用业绩的设备供应商。据统计，目前中国已投运抽水蓄能电站20余座，其中近半数电站的变频启动装置面临设备改造；在建和筹建抽水蓄能电站60余座，国产变频启动装置（SFC）的应用空间广阔，对推动我国抽水蓄能装备全面实现国产化具有积极意义。

（雷定演）

【中国电力国际产能合作企业联盟】

（1）中国电力国际产能合作企业联盟成立。6月15日在北京组织召开中国电力国际产能合作企业联盟成立大会暨国际产能合作研讨会。会议期间同时召开了中国电力国际产能合作企业联盟第一次成员代表大会暨第一届理事会第一次会议。联盟22家共同发起单位、26家成员单位、10家合作单位的代表共计150余人参加会议。与会代表就国际产能合作进行了研讨及专题发言，分享了国际产能合作以及电力企业走出去实践中的成果与经验。会议审议通过了《中国电力国际产能合作企业联盟章程》《关于中国电力国际产能合作企业联盟第一届理事会理事单位候选名单的议案》和《关于中国电力国际产能合作企业联盟第一届理事会会长、常务副会长、副会长、秘书长人选的议案》，选举产生了中国电力企业国际产能合作企业联盟第一届理事会理事单位及理事会领导成员，并宣读了《中国电力国际产能合作企业联盟共同宣言》。

（2）7月29日，组织召开2016年电力行业国际合作会议。与会议代表座谈企业在开展国际产能合作中遇到的困难、问题与建议，了解企业实际需求。

（3）10月31日，在苏州举办2016年国际能源变革"未来电力系统转型"分论坛。分论坛以"智能、绿色、协调"为主题，邀请中外专家就德国、法国、美国和中国未来能源电力转型发表主旨演讲，并就智能电网与新能源协调发展和电力低碳转型开展圆桌对话。来自相关政府部门、行业协会、企业和研究机构以及相关国际组织的150余位代表参加了分论坛。

（4）中国电力国际产能合作企业联盟金融工作委员会成立。11月23日，在北京组织召开联盟金融工作委员会成立会议。国家开发银行、中国工商银行、中国出口信用保险公司等11家金融机构30余位代表参加了会议。会议审议通过了《联盟金融工作委员会管理办法》，选举产生了金融工作委员会第一届主任委员、副主任委员，表决通过了《金融工作委员会工作计划》并就电力产融对接中的工作机制、工作重点及工作方式方法等展开深入讨论并提出了有益的建议，并表示未来将创新金融产品，提供更便利优惠的金融服务。

（5）完成电力国际产能合作相关研究报告。编写完成《"十三五"电力国际产能合作规划研究报告》《"一带一路"电力国际产能成果报告》《"一带一路"双向投资丛书案例集》《国际产能合作》宣传手册，并提交发展改革委；编写完成《中国对外投资合作发展报告2016》，并提交商务部。

【中国电力建设企业协会】

（1）针对新情况及行业热点问题积极组织开展调研与沟通工作。一是组织第二次招投标信息抽样调查活动，抽查了2015年末新开标的9个火电项目17个标段的招投标信息情况，形成并发布第二期《火电建设市场招投标信息简报》，形成了年度火电市场调研报告，并对这种市场现象，从法律法规、市场角度的角度进行了分析，向主要市场主体进行了发放，对防止市场招投标"拦标价"过低起到了积极作用。二是中电建协电力监理专委会组织开展了电力监理行业现状和发展前景的调研活动。分析了11 900份调研问卷，对电力监理的现状和成绩进行了全面的总结，完成了"电力监理行业现状和发展前景调研报告"，期望为政府、协会、企业的决策提供更加可靠的参考。

（2）不断提升电力建设企业基本信息统计工作的质量与时效性。每年初以《年度电力建设企业统计快报》的形式及时提供了相关的行业信息服务。按时向国家统计局报送了2016年各季度的统计数据信息，以及《2015年度电力建设施工企业统计年报》。完成了《2015年度电力建设企业统计资料汇编》以及《2015年度电力建设行业统计分析报告》。

（3）深入开展电力建设领域信用体系建设工作。结合国家和电力建设市场形势的发展变化情况，完成了《电力建设行业信用体系建设发展规划（2016—2020）》修订工作，不断完善信用信息平台的建设，定期发布信用信息动态管理报告，以及时纠正和抑制失信行为的发生。同时，积极配合有关部门开展"典型信用企业"的评选活动，营造行业诚实守信氛围，为逐步解决行业之间信用评级互不相认的问题，在企业财务评价方面引用了Themis财务信用安全评级系统，以促进与金融行业信用评级的对接，完成了8家企业的财务风险试评级工作。2016年新评信用企业14家，完成64家企业的复评工作，95家企业的年检工作，并评选出电力建设行业典型诚信企业15家。

（4）组织专家开展电力建设项目的全过程质量控制和创优咨询服务活动。截至目前，共组织开展了274次全过程质量控制和创优的现场咨询服务活动；在企业自愿申报的基础上，经过严格的初审、现场核查、评委会审定等程序，完成了2016年度中国电力优质工程奖的评选工作，共有"重庆神华万州电厂2×1000MW新建工程"等45项电力建设项目获奖。其中"浙北—福州1000kV特高压交流输变电工程"等8项（含境外2项）工程获得国家优质工程金奖；"西安南（南山）750kV变电站工程"等6项（含境外1项）工程获得中国建设工程鲁班奖；"山西国峰2×300MW低热值煤综合利用电厂主厂房建筑安装工程"等18项工程获得中国安装优质工程奖（安装之星）。在全国性优质工程的评选工作中，电力工程获奖数量已连续多年稳居各工业行业之首。

（5）推进开展电力建设关键技术、科学技术进步和工法工作。一是2016年度电力建设关键技术成果通过评审523项；二是电力建设科技进步通过评审获奖成果387项（其中一等奖29项、二等奖106项、三等奖252项）；三是通过评审通过电力建设工法177项。

（6）营造争先创优氛围，组织行业优秀集体和个人的评选工作。在择优推荐参加的全国性评选活动中，全国工程建设优秀施工企业20家，优秀领军人物6人；全国工程建设优秀项目经理20人；全国工程建设优秀高级职业经理人15人；全国优秀建造师7人，先进企业4家，先进个人8人。

（7）大力加强电力建设标准制修订工作。自承担行业火电建设标委会秘书处工作以来，为进一步完善电力建设标准体系，满足电力建设市场的需求，积极组织有关会员单位和专家开展了电力建设标准的制修订工作，在会员单位的积极参与和支持下，编写质量和效率得到了有关部门的认可，2016年，根据有关政府部门下达的标准编制计划，已组织完成了《电力建设工程变形缝施工技术规范》等10项行业标准的编写与报批工作，其中7项已发布实施。

（8）开展电力建设领域大数据的应用研究工作。依据行业统计信息，以及各项业务的工作信息，建立了电力建设行业信用信息和施工企业能力查询系统，并及时完成了相关信息的补录与更新工作，目前，查询系统中的信息量已近20万条，下一步将不断提高数据信息的使用价值和协会的公信力及影响力。

【中国电力规划设计协会】

（1）中国电力规划设计协会第八届会员代表大会在南京召开，共有141家会员单位参加，会议审议并通过了第七届理事会工作报告和财务收支情况报告，选举产生了第八届理事会15名个人理事和108家理事单位。随后召开第八届理事会第一次全体会议，选举姚强、吴春利为轮值理事长，王凤学等10人为副理事长，李爱民兼任秘书长，34家会员当选为常务理事单位。发布《2012~2015年电力勘测设计行业统计指标分析报告及2015年度电力勘测设计统计年报分析报告》和《电力勘测设计行业从业人员职业道德规范》，颁发第一届电力工程科技进步奖。

（2）中国电力规划设计协会第八届常务理事会第二次会议在兰州召开，协会理事长、副理事长以及常务理事单位共50名代表参加了会议。会议听取了《适应新形势抓住新机遇，推动行业持续健康发展——协会2016年上半年工作报告》，审议通过了河北汇智电力工程设计有限公司等3家企业的入会申请。

（3）在杭州举办第二届中国电力工程数字化设计（EIM）大赛决赛活动，来自电力规划设计行业、软件平台厂商、各参赛单位代表以及媒体共200余人参加。本届比赛共有34家会员报送51个工程参赛作品和29个单项参赛作品。经过初赛、决赛紧张激烈角逐，华东电力设计院、华东勘测设计研究院、河南省电力勘测设计院和河北省电力勘测设计研究院分别夺得火电组、水电组、新能源组、送电组及变电组的第一名。

（4）经国家科学技术奖励工作办公室备案同意，中国电力规划设计协会2015年底正式启动全国电力工程科技进步奖评选工作。2015年度，共有27家会员申报83项，评选一等奖7项、二等奖8项、三等奖22项。2016年度，共有39家会员申报133项，评选出一等奖21项、二等奖25项、三等奖33项。

（5）2016年度"四优"评比，从申报的480项中，评出一等奖71项、二等奖89项、三等奖183项；水电类一等奖8项、二等奖7项、三等奖8项。2016年度行业咨询成果奖评比，从申报的608项中，评出一等奖80项、二等奖117项、三等奖179项。2016年度行业质量奖评选，5家获得复评，2家获得质量特别奖；14家获得"卓越绩效先进企业"称号；"四满意"评选，有18家获得"用户满意企业"称号，5家获得"用户满意服务"称号，2项产品获得"用户满意产品"称号；行业质量信得过班组评出6个，其中2个获得全国奖项。2016年度行业优秀QC活动小组成果评选，81项参加现场发布活动，推荐并有3项成果获得全国奖项、2家会员和2人获得全国优秀称号，有14项获得全国勘察设计优秀成果奖项，28项获得电力行业优秀成果奖项。2016年还评选出31项行业优秀工程项目管理和优秀工程总承包项目，并推荐获得全国金奖2项、银奖3项、铜奖5项。

（6）经过20家会员单位近千名专业技术人员历时5年的辛勤工作，《中国电力设计标准与国际标准和国外标准比较研究》形成27卷52册、约780万字的研究成果，2016年已由中国电力出版社出版发行17卷。

（7）从5月开始，邀请行业专家分5组对11家会员30个工程项目进行检查，涉及热电联产发电、光伏发电、天然气分布式能源站、变电、线路和配电工程等项目，重点检查了规程、规范、标准执行情况以及质量管理体系运行情况，交流经验、解决问题。

【中国电力技术市场协会】

（1）6月30日，完成了中国电力技术市场"金桥奖"的申报和评审工作；共收到电力集团公司推荐和企业自行申报材料77项，其中申报集体18项、个人12项、项目47个。经评委会秘书处形式审查后，共73项申报资料进入专家评审阶段。经评审委员会评审、协会最终审定，共评出电力行业金桥奖项目奖一等奖7项、项目奖二等奖19项、优秀个人奖6名、先进集体奖10个，共计42项。

（2）完成了国家发展改革委高新司组织的2016年第23批国家认定企业技术中心行业（能源组）申请材料和评价材料的筛选和评审，完成了神华国华（北京）电力研究院有限公司等15家行业企业技术中心的推荐工作。

（3）根据国家脱钩联合工作组《关于做好第二批全国性行业协会商会与行政机关脱钩试点工作的通知》（联组办〔2016〕17号）和《国资委行业协会脱钩试点实施方案》要求，在中电联党组的领导下，完成了对中国电力技术市场协会《全国性行业协会商会脱钩试点单位基本情况表》的填报，并制定了《中国电力技术市场协会脱钩试点实施方案》，经民函〔2016〕295号，民政部核准中国电力技术市场协会脱钩实施方案。

（4）在中国电力技术市场"金桥奖"的基础上，完成了中国技术市场协会第八届"金桥奖"的推荐工作，有中国电科院等7个单位，京能集团数字化电厂建设等26个项目，孙伟鹏等7人获奖。协会荣获中国技术市场协会颁发的中国技术市场"金桥奖"优秀组织奖。

（5）精心组织行业专业会议十余个，搭建高效的技术交流平台。

（6）完善四个专业协会组织技术交流工作，为会员提供全方位服务。

【中国水利电力质量管理协会】

（1）精心组织，积极开展质量管理小组活动。通过推荐单位的推荐及水电质协材料一审和发布二审，共计517个小组荣获全国电力行业优秀质量管理小组，87家企业荣获质量管理小组活动优秀企业，87名基层和相关企业领导荣获质量管理小组活动卓越领导者，84名个人荣获质量管理小组活动优秀推进者，30个小组通过行业推荐荣获全国优秀质量管理小组。

（2）强质增效，质量信得过班组建设屡创佳绩。有99个班组荣获全国电力行业质量信得过班组，15个班组荣获全国质量信得过班组。

（3）创新理念，融合实践，卓越绩效评价稳步提升。积极推动电网企业导入卓越绩效模式，国网冀北电力公司，苏州、宝鸡以及长兴、临安、余杭等企业通过了材料评审，组织专家对这批企业进行了现场评审；其他设计企业继续坚持导入卓越绩效模式，浙江省电力设计院申报质量金奖的评审，华北院、中南院、东北院、贵阳院、甘肃院也申报了质量奖的复评或质量特别奖的复评，国网天津电力公司调控中心申报了电力行业卓越项目奖。通过开展质量奖活动，在电力行业树立了卓越绩效模式的标杆，为其他企业提供了宝贵的管理经验。

【中国电力体育协会】

（1）参加2016年全国行业体协职工乒乓球比赛，本次比赛由国家体育总局群体司主办，获得了混合团体赛第五名的好成绩，为电力职工争得了荣誉。

（2）参加由中国电力体育协会主办，中国长江三峡集团公司工会承办的2016年在京电力单位网球友谊赛。

（3）2016年全国电力行业职工桥牌锦标赛在河南省郑州市举行。来自全国电力行业的23支代表队，150多名运动员参加了本次比赛。

（4）2016年全国电力行业职工羽毛球比赛在浙江省杭州市举行。来自电力行业的13支代表队共计150多名运动员参加了比赛。

（5）2016年"赛博通信杯"全国电力行业职工桥牌10强赛在南京举行。获2016年全国电力行业职工桥牌锦标赛前10名的代表队参加了本次比赛。

【中国电力教育协会】

（1）按照民政部和教育部的要求和进度安排，开展脱钩工作，制定脱钩方案，接受教育部对协会进行资产清查，办理党建脱钩和外事脱钩工作。

（2）召开中国电力教育协会第三届理事会第二次会议，表决通过第三届理事会、常务理事会、会长、副会长、秘书长、电力教育基金管理委员会委员和《中国电力教育》编委会调整，以及法人变更等议案；完成了中国电力教育协会法定代表人变更手续。

（3）开展2016年电力行业技能人才培育突出贡献奖评选表彰活动，国网浙江省电力公司等5个单位和白庆永等10人获得2016年"电力行业技能人才培育突出贡献奖"。

（4）成立中国电力教育协会电力职业技能培训委员会。

（5）行业专业技术培训教材开发和培训工作。组织修编和审定一批反映配电网技术升级、符合职业教育和培训实际需要的高质量培训教材。成立了教材建设委员会、编审委员会和工作组。

【中国国际贸易促进委员会电力行业委员会】

（1）做好电力行业国际合作统计和分析工作。根据年度国际合作形势和企业的需求，不断完善和充实统计信息并加以分析。利用数据服务平台建设契机，进一步完善电力行业国际业务信息交流共享平台。

（2）举办2016年电力行业国际合作会暨电力贸促会委员大会。中电联党组书记、常务副理事长杨昆出席会议并做工作报告，会议听取了有关专家的专题讲座。

（3）加强与中国贸促会职能部门的服务资源共享。通过与中国贸促会法律事务部、贸易投资促进部的业务沟通，为电力企业提供综合法律服务及贸易投资信息与平台。

（4）联合中国国际商会，重点打造2017哈萨克斯坦世博会中国馆的电力展示热点。通过赴中国商会调研，了解世博会组织相关工作流程及筹备运营模式，并共同推进2017哈萨克斯坦世博会中国馆招商工作。

（5）联合地方贸促会及其他兄弟分会，联合打造品牌服务。与中国贸促会建设行业分会及中国贸促会北京市分会共同主办2016年中国国际清洁能源博览暨清洁能源峰会，为电力企业打造专业、高端的展示平台。

（6）在全球积极讨论并推进全球能源互联网的背景下，承办中电联、全球能源互联合作及发展组织和国际能源宪章召开的东北亚区域电力互联与合作论坛。

（7）承办推广 2017 阿斯塔纳世博会并组织中国电力企业深度参与世博会中国馆及相关活动等工作；参与第 21 届亚太电协大会组织工作，组织华能集团西安热工研究院有限公司参加了展览展示，组织 25 人的论文作者代表团赴泰国参会交流，就发电运营可靠性、用电提效改造、分布式能源利用、绿色能源与环境、智能电网与新技术、电力用户管理等进行了深入探讨；参与承办了 2016 年中国-东盟电力合作与发展论坛。

（8）与中电联共同编译出版《电力国际信息参考》24 期、"应对气候变化专刊" 3 期，关注国际能源电力发展热点，及时反馈行业国际动态，为会员企业提供了优质的信息服务。

（9）电力贸促会与中电联国际合作部共同编写完成《中国对外投资合作政策法规汇编》，为企业及时了解国家现行 "走出去" 相关政策信息提供帮助。

【中国电力发展促进会】

（1）完成《2016 中国电力年鉴》编撰的资料收集、整理、出版前的各项准备工作，按计划分别召开大纲审查工作会议、清样审核暨培训工作会议。

（2）为会员服务，"2016 中国电力发展论坛""电力行业竞争情报系列报告会" 按计划如期举行。

（3）协会各分会积极开展标准制定、行业培训、项目咨询学术研讨等方面工作。组织进行了 "垃圾发电安全培训""舆情处理与危机公关处理培训""垃圾发电标准化专题培训""垃圾发电企业内训师培训""垃圾发电工程信息化应用专题培训""垃圾发电设备检修与维护培训"，分三个模块进行核电 "走出去" 国际化人才培训研讨班等培训班。完成国家能源局委托《百问核电》科普书籍编写及出版工作。

（4）按照民政部、国资委关于脱钩试点工作的统一安排，完成第二批行业协会商会脱钩试点工作方案，及时报送国资委有关部门。

【中国电力职工思想政治研究会】

（1）积极开展和申报课题研究。组织各会员单位围绕加强电力企业党组织能力建设实践与研究、开展为民务实清廉党的群众路线教育实践活动实践与研究、中国特色社会主义理论宣传教育实践与研究、新媒体在电力思想政治工作中的运用与探索、电力企业价值观管理问题研究、以品牌战略为引领的集团文化建设实践与研究、党建思想政治工作科学化评价考核体系建设实践与研究、电力行业企业社会责任管理的实践与探索、电力企业建立和谐劳动关系实践与研

究、电力企业青年成长成才机制实践与研究等重点参考选题，积极申报研究课题。

（2）先后组织召开电力政研会专家座谈会，理事长、副理事长单位座谈会，秘书长办公会，党建政研座谈会。

（3）认真做好全国电力行业思想政治工作 "双优" 和 2015 年课题研究优秀成果评选表彰工作。同时组织各会员单位开展企业思想政治工作和思想政治工作创新案例的总结、征集、推广活动，推出一批创新意识强、成效明显、具有典型意义的案例。充分发挥典型的示范引领作用，营造弘扬主旋律，相互学习，共同激励，奋发进取的行业风气。

（4）充分利用《当代电力文化》杂志，观察电力文化热点，启迪电力文化智慧，提升电力文化价值，进一步加强思想政治宣传工作，努力将其打造成广大电力企业、全体电力职工的 "精神家园" 和 "学习阵地"。

【中国电力文学艺术协会】

（1）2016 年元旦春节期间，先后在 30 余家基层单位，开展了 "迎新春送'福'进万家——电力书协进企业下基层书法公益活动"，为电力企业和广大电力职工书写福字和春联等书法作品 3 万余幅。

（2）3 月，在国网山西电力北田培训中心对部分中国电力作家协会会员和 200 多名山西电网文学爱好者已经进行了集中培训。

（3）参加 2016 中国文联文艺志愿服务工作会议和中国文艺志愿者协会一届四次理事会议，推荐 6 位表现突出的文艺家加入中国文艺志愿者协会个人会员。

（4）组织召开秘书长办公会议，会议就贯彻落实《中国文联推进社会组织 "两个全覆盖" 专项工作实施方案》进行部署，电力摄影家协会、电力书法家协会、电力作家协会、电力集邮协会秘书长及相关人员参加会议。

（5）与中国文联文艺资源中心、中国文学艺术基金会、中国企业文化促进会共同举办《创新·创业·时代之歌》企业书法美术摄影创作展示活动，报送美术作品 10 件、书法作品 20 件，摄影作品 60 余幅，其中 21 幅摄影作品 6 幅书法作品获得一等奖、二等奖及优秀奖等多个奖项并入展，荣获优秀组织单位。

（6）围绕 "纪念建党 95 周年和长征胜利 80 周年"，研讨策划系列主题活动，协助开展电力文学作品征文、电力十大书法家书法作品展及书法创作研修班、组织各基层邮协开展各类集邮文化活动。

（7）举办 "7·26 电力一日——电力现场人文影像采集" 活动，向全电力行业广大职工征集摄影作品来反映电力员工创业创新的精神风貌，展示电力行业

的发展成就。活动征集到37家电力基层单位、74人的430余幅作品。

（8）组织推荐10部集邮作品参加"西安2016第17届中华全国集邮展览"和"中国2016第三十三届亚洲国际集邮展览"，并有多部作品获大镀金奖。

【电力系统人才研究会】

召开电力集团人力资源高管联席会，促进行业人事人才科学研究。为加强电力行业人力资源管理者的交流，电力系统人才研究会召开2016电力集团人力资源负责人联席会，邀请中国人才研究会、电力系统人才研究会常务理事单位人力资源部门负责人参加会议。会议就人才研究工作的定位和方向及电力行业卓越工程师培养、电力国际化人才培养、电力员工职业能力发展服务平台建设等三个问题进行了研讨。

科研、教育与新闻出版

科 研 机 构

【中国电力科学研究院】

单位概况　中国电力科学研究院（简称中国电科院）成立于1951年，是国家电网公司直属科研单位，是中国电力行业多学科、综合性的科研机构，主要从事超/特高压交直流输变电技术、电网规划分析及安全控制技术、输变电工程设计与施工技术、配用电技术以及新能源、储能、信息与通信、能效测评及节能等技术的研究，研究范围涵盖电力科学及其相关领域的各个方面。拥有17个研究所等科研机构、1个研究生部、1个博士后流动站和1个期刊中心，建有"国家级、省部级、公司级、院级"四级实验室体系共50个实验室，其中包括国家重点实验室3个，国家工程实验室3个，国家工程研究中心1个，国家能源研发中心3个。

2016年，中国电科院获国家电网公司及以上科技奖励191项，获专利授权503项（其中发明专利417项），申请海外专利28项，发表科技论文532篇，出版科技专著38部，登记软件著作权238项，承担的234项技术标准（包括国家标准、行业标准、团体标准、企业标准）获批发布。完成科技成果转化50项，实现收益1.63亿元。

人力资源　截至年底，中国电科院共有员工1811人，其中：正高级职称142人，副高级职称585人；博士研究生329人，硕士研究生1058人；人才当量密度为1.3518；平均年龄37.3岁。拥有中国科学院院士1人，中国工程院院士6人（含双聘院士4人），中央直接联系的专家3人，国家级有突出贡献的中青年专家2人，"百千万人才工程"国家级人选3人，国家"千人计划"人选9人，"万人计划"人选1人，中青年科技创新领军人才1人，享受国务院政府特殊津贴专家23人，国家电网公司科技领军人才8人，国家电网公司专业领军人才23人，国家电网公司优秀专家人才64人，国家电网公司优秀专家人才后备77人，院首席技术专家2人，院高级技术专家6人，院优秀技术专家28人。

落实国家和国家电网公司劳动用工相关规定，完成劳务派遣用工向业务外包用工的平稳过渡。优化薪酬分配体系，将工资总额计划与各单位人力资源、绩效考核、地区收入等因素挂钩，科学规范工资总额分配。新增国家级人才3人，国家电网公司级人才25人，高层次人才队伍进一步壮大。44人获评教授级高级工程师，中国电科院北京院区获评人数位列北京市

参评单位第一。试点运行院级技术专家体系，完成首批36位院级技术专家聘任和配套保障政策出台。员工职业生涯体系稳定运行，264人实现职级晋升。跨部门、跨岗位交流各级干部24人，选派15名干部员工到国家电网公司总部、系统内单位挂职培养，21名干部员工在院内培养锻炼，并举办首期青年干部培训班。推行人才公租房和新员工周转房政策，113名员工住进公租房，67名近三年入职员工住进周转房。2016年，中国电科院企业负责人业绩考核在国家电网公司科研教培板块排名第一，绩效等级为A级。

经营管理　人财物集约化管理。落实国家电网公司"三定"整改要求，完成管理部门超编内设机构阶段性整改任务。开展"财务集约化管理服务提升年"活动，解决基层问题，宣传贯彻财务政策，提高财务管理效率。开展"两金压控"，系统内应收账款存量回收比达56.28%，系统外应收账款存量回收比达31.74%，完成考核指标。创新采购策略，试行协议库存，加强采购流程关键点管控，在国家电网公司系统率先建成科研试制设备管理体系，提升物资采购效率。深化综合计划项目过程管理，重点项目专项监督，关键节点月度监控，完成综合计划任务。加强保密和档案管理，档案工作在国内首次实现企业级名人档案管理。完善管理咨询项目管理机制，完成首次承担的两项管理咨询课题。

基础建设。科技研发中心主体工程投入运行。完成仿真平台基础建设、科技创新演示中心概念设计。云计算中心二期及南京云计算分中心建设全面完成，对全院业务提供有力支撑。建立全业务数据中心，大数据平台及分析技术在部分研究所应用。开展卫星资源统一应用平台设计，获得国家电网公司信息化后评估A级评价。落实本质安全理念，安全环境整治初见成效；完善防汛措施及应急预案，武汉院区安全度汛；开展"质量月"活动，创建质量文化；通过"三标"体系认证；改善院区绿化环境。

科技创新　全年新签政府项目58项、国家电网公司项目273项。15项政府项目、159项国家电网公司项目和79项自筹项目按时通过验收，完成率100%。国家奖等级与数量、中国电力技术奖等级与数量、国家重大项目立项数量均列行业第一，标准奖等级与数量列全国第一，新签科技项目数量、验收科技项目数量、科技奖励数量、科技成果获奖率、技术服务项目数量、技术服务工作量、技术服务满意率、

发布技术标准（包括国家标准、行业标准、团体标准、企业标准）数量、攻关团队获批数量等 11 项指标均排名国家电网公司系统首位。

电力系统分析与控制保护技术领域，半波长输电继电保护关键技术实现突破，±500kV 张北四端柔性直流电网安全稳定控制系统完成架构设计。调度自动化与信息通信技术领域，首套调控云平台系统及调控云仿真培训系统投入运行。信息通信仿真测试云服务平台完成详细方案设计及部分模块研发。高电压与输变电技术领域，±1100kV 直流 SF$_6$ 气体绝缘穿墙套管样机试制完成，无人机巡检管控系统完成研发，1000kV/6300A 特高压电子式互感器完成研制，输电线路流动式起重机设计技术取得突破。配用电与计量技术领域，虚拟同步发电机技术实现首次工程应用，电动汽车交直流充电接口检测技术取得突破，"双芯"智能电能表和新一代用电信息采集系统技术方案初步形成。新能源与电工技术领域，大型新能源基地振荡分析技术取得突破，电动汽车路段移动式无线充电关键部件完成设计，国内首台 110kV 超导装备高压引线和兆瓦时级梯次利用电池储能装置成功研发。

"杀手锏"技术培育有序开展，遴选 39 项可转化、可工程应用的技术项目，投入自筹经费进行培育。成果转化模式实现突破，开展以技术入股方式实施成果转化，与许继集团就储能技术转化签署合资合作协议。"项目负责人制"完成试点方案制定。科技项目后评估机制初步建立，试点完成国家电网公司重大关键技术、运营技术类项目及院自筹项目后评估。2016 年项目合作单位评估和项目负责人信用评估顺利完成。推进实验资源管理，2 个国家重点实验室和 2 个国家电网公司联合实验室建设运行实施方案通过专家论证。33 项国家标准、122 项行业标准、25 项团体标准、54 项企业标准获批发布。技术标准创新基地通过国家电网公司验收。获 2016 年中国标准创新贡献奖组织奖 1 项、一等奖 3 项、三等奖 1 项，获奖等级和数量居全国第一。

支撑服务 全年承担国家电网公司总部 19 个部门及 6 个分部 512 项技术服务项目，投入工作量 30.42 万人天，年度技术服务满意率 100%，技术服务工作量和质量排名国家电网公司系统第一。

在"大规划"支撑方面，承担编制国家电网公司 2030 年中长期科技规划、2030 行动计划、张家口可再生能源未来电网示范区总体发展规划以及国家电网"十三五"发展规划专题研究报告。在"大建设"支撑方面，完成锡盟—山东、淮南—南京—上海、蒙西—天津南特高压交流工程和灵州—绍兴特高压直流工程系统调试、设备监造、工程专项研究和工程质量监督，实现年度投产目标。首次配合国家电网公司开

展 3 个批次基建安全质量管理综合监督检查评价，构建特高压直流线路材料质量管理体系。在"大运行"支撑方面，新一代仿真平台完成年度建设目标，具备 8 回直流数模和超算平台数值混合仿真能力，推进电力市场交易平台建设。在"大检修"支撑方面，召开国家电网公司变压器、开关类设备近 10 年运行情况总结会，支撑国家电网公司电网运检智能化分析管控系统建设，输电线路地质灾害监测预警系统顺利在 7 家省公司试点部署，自主开发的"电网运营监测模块"在国家电网公司系统 27 家公司常态运行。在"大营销"支撑方面，牵头建立电能替代产业发展促进联盟和中国智能量测产业技术创新战略联盟，配合开展国家电网公司节能业务"十三五"规划编制，电能服务管理平台应用拓展和"多表合一"信息采集系统建设，对接政府、国家电网公司、制造企业的发展平台初步建成。

检验认证 检测业务管理。编制完成中国电科院检验检测认证业务"十三五"发展规划，明确业务顶层设计、发展思路和发展目标。深化检测管理系统应用，开发检测报告防伪措施，实现报告在线生成二维码和标识水印。制定《中国电科院检测实验室试验设备共享使用规则》，为检测设备共享打下基础。顺利通过 2016 年度 CNAS/CMA 监督扩项评审。

产品认证。完成中电赛普公司一般工业产品认证扩项，新增产品认证实施规则 5 项、产品认证技术规范 6 项，新增专职认证人员 23 人，覆盖电力系统及其自动化、光伏发电、信息通信、继电保护、电动汽车充电设施等多个专业方向，签订合同 22 项，合同额 1958.3 万元；发放产品认证证书 6 份，发放服务认证证书 1 份。

国际化工作 国际组织与标准化工作。全面参与 IEC《全球能源互联网》白皮书编制，将全球能源互联网理念融入 IEC 发展战略。主导制、修订 12 项 IEC、IEEE、CIGRE 国际标准和技术报告，其中《储能系统并网测试标准》和《高压直流设施——系统试验》正式发布。在 IEC 立项 2 项国际标准，提出建立分布式能源系统技术委员会提案。

国际业务拓展与交流合作。葡萄牙研发中心完成先期项目验收，成功申请欧盟项目，科研业务迈出第一步。国际检测和咨询业务成功开拓欧洲和亚洲市场，完成 2030 万美元的产品销售、检测与咨询业务合同。协助国家电网公司成功召开全球能源互联网大会，主持新能源和储能两个分技术论坛。配合国家电网公司为巴西、巴基斯坦等海外重点工程提供技术支撑。主办"2016 IERE 年会暨中国论坛"和"2016 东亚电力技术研讨会"。与美国亚德诺半导体公司（ADI）、美国国家大气研究中心（NCAR）、法国电力

集团研究总院开展交流合作。

党的建设和精神文明建设 党的建设方面。贯彻党的十八届六中全会和全国国有企业党的建设工作会议精神，开展"两学一做"学习教育和"三亮三比三提升"主题活动。落实国家电网公司党组清理规范工作要求，选举产生第一届党委和纪委。完成84个党组织换届，规范党费收缴。召开党风廉政建设和反腐败工作会议，开展"一对一"廉政约谈和基层纪委书记定期报告，审核114名干部廉政情况，派出招标监督人员193人次、完成定标监督11次。对3名违纪违法人员给予相应的党纪政纪处分。依规开展信访举报核查，对2012年以来信访信息开展线上实时管理。

企业文化建设方面。举办建院65周年系列活动。承办国家电网公司党群队伍技能竞赛科研教培单位赛区复赛。参加国家电网公司第二届青年创新创意大赛，获2项银奖、1项铜奖和1项革新奖。举办《雄关漫道》职工文化成果展示、开通心理咨询热线、设立女职工休息室、实施员工关爱计划。关心困难职工生活，落实"三慰问""三必访"。定期组织合唱、门球、台球、书法等活动。

2016年，第三次蝉联"中国技术市场金桥奖"突出贡献集体奖，获电力标准化工作先进集体称号。信通所信息系统安全实验室获国家电网公司一流班组称号，计量所大型现场技术服务团队获国家电网公司工人先锋号称号，中国电科院团委等3个单位获国家电网公司五四红旗团支部称号。汤涌等8人获中国电力年度科学技术人物奖，盛万兴等3人获国家电网公司劳动模范称号，李凌获国家电网公司优秀班组长称号。刘元庆获共青团中央全国青年岗位能手称号，吴福保等9人获国家电网公司直属党委优秀共产党员称号，黄越辉获国家电网公司青年五四奖章。中国电科院评选产生8个院先进单位（集体）、"十大标兵"及88名先进工作者。《中国电机工程学报》《电网技术》获"2016中国最具国际影响力学术期刊"称号，《中国电机工程学报》连续14次获得"百种中国杰出学术期刊"称号。

（焦 飞）

【国网电力科学研究院】

单位概况 南瑞集团公司（简称南瑞集团）是国家电网公司直属单位，与国网电力科学研究院实行"两块牌子、一套班子"运行管理。主要从事电力自动化及保护、信息通信、电力电子、智能化电气设备、发电及水利自动化设备、轨道交通及工业自动化设备、非晶合金变压器及电线电缆等的研发、设计、制造、销售、工程服务及工程总承包业务，是我国产业规模最大、技术水平最高的电气设备成套供应商。

南瑞集团是第二批国家创新型企业、国家火炬计划重点高新技术企业和国家认定企业技术中心，拥有"智能电网保护与运行控制"国家重点实验室，是国家科技部设立的"国家电力自动化工程技术研究中心"和国家发展改革委设立的"电力系统自动化-系统控制和经济运行国家工程研究中心"依托单位。2016年，获中国软件和信息服务业十大领军企业、电子百强30年创新发展领军企业、全国"守合同重信用"企业称号，获评2013—2015年度江苏省文明单位，江宁基地生产调度中心获国家优质工程奖。英文期刊《现代电力系统与清洁能源学报》（*Journal of Modern Power Systems and Clean Energy*）在电力能源领域影响因子亚洲第一。

南瑞集团实行总经理负责制，设立14个职能部门、6个支撑机构、23个产业公司（包括国电南瑞、置信电气两家上市公司，股票代码600406、600517），设有电气工程一级学科硕士授权点、博士后科研工作站、企业研究生工作站。在南京、北京、上海等20多个地区建有研发产业基地，在美国、澳大利亚、巴西、菲律宾、印尼、肯尼亚等国建成15个子公司和办事处，产品和服务覆盖全球90个国家和地区。形成了电网自动化及工业控制、信息通信及现代服务业、继电保护及柔性输电、发电及水利环保、智能化电气设备、非晶变、电线电缆七个优势明显、主营业务突出的产业群，拥有40余条产品线、190余条子产品线、500多种具有自主知识产权的高新技术产品。连续十五届进入中国软件企业百强，连续十一届成为中国十大创新软件企业。企业注册商标"NARI""南瑞""国电南瑞""NR"是中国驰名商标。

领导班子

总经理、党组副书记：奚国富

党组书记、副总经理：张建伟

副总经理、党组成员：吴维宁、胡江溢

党组成员、工会主席：丁海东

总会计师、党组成员：张宁杰

副总经理、总工程师、党组成员：郑玉平

党组成员、纪检组长：张国辉

党组成员、国电南瑞科技股份有限公司总经理：郑宗强

副总经理：闵涛

名誉院长、中国工程院院士：薛禹胜、沈国荣

组织机构 截至2016年底，南瑞集团下设15个职能部门、6个支撑部门和2个项目部以及23家产业单位（含国电南瑞、置信电气两家上市公司）。

经营管理 2016年，南瑞集团新签合同额550亿元，同比增长10%；实现营业收入370.83亿元，同比增长17.61%，实现"十三五"良好开局。

进一步明晰"十三五"发展思路和目标：主动适

应经济新常态，坚持创新驱动，全面深化改革，聚力转型升级，坚定国际化发展道路，到 2020 年基本建成世界一流的国际化产业集团，发展成为国内电力能源行业技术引领者和市场主导者、面向全球客户的国际知名电工电气成套设备和整体解决方案提供商，打造自主创新能力强、资源配置能力强、风险管控能力强、人才队伍素质强，经营业绩优、布局结构优、治理机制优、品牌形象优的"四强四优"现代企业，成为国家电网公司核心竞争力的重要体现和效益增长的"助推器"。

加强综合计划和预算闭环管理，完成 2015 年以来产业投入项目验收核查。推进"两金"（应收账款、存货）压控和亏损企业治理，集团内部往来结算率达 90.7％。组织安全专项检查，排查整改隐患 58 项，10 家单位完成国家电网公司安全设施标准化建设。完成质量、环境、信息安全三个管理体系新标准转版认证。实施 25 项重大工程内部监造，组织产品家族性缺陷分析整改，落实质量事件责任追究，发布质保许可产品清单。推广运营监测系统。"我的南瑞" APP 推广应用。支撑国家电网公司处置新安江水电站电力监控系统、Oracle 数据库重大运行安全隐患。实施集团本部绩效考核，开展"做本部优秀员工"活动，实施督察督办闭环管理，156 项重点工作落地。

开展依法从严治企。配合国家电网公司内部巡视和专项审计，严肃问题整改，严格对账销号。开展经济责任、大型总包和重大工程等各类审计 200 余项。完成 13 项协同监督事项。牵头完成国家电网公司产业领域法律风险管理试点。制修订规章制度 95 部、废止 25 部。基本完成京电开关清算注销，解决广州办事处房产纠纷等历史遗留问题。

人力资源 建立差异化组织绩效考核体系，实施人工成本闭环管理。出台科技研发、市场拓展、国际业务、工程项目、管理创新等重大专项激励实施细则。优化领导干部配置，选送 15 名干部赴地方政府、国家电网公司总部及国家电网公司系统单位挂职。组织领导干部轮训 6 期、青年干部培训 1 期。完成超比例劳务派遣用工压降。深化专家资格认证，聘任 8 名资深管理专家、12 名业务专家，建成职业发展通道。引进成熟人才 235 人。新增国家级人才称号 5 人次、省部级和国家电网公司级人才称号 37 人次。

截至 2016 年底，南瑞集团用工总量 17 809 人。其中，职工 10 188 人，外籍员工 70 人，社会化用工 7551 人；硕士博士 4214 人，本科及以上占比 68.27％；高级职称 1207 人，中级及以上专业技术资格占比 27.99％。拥有国家级人才 47 名，其中中国工程院院士 2 名、国家有突出贡献中青年专家 6 名、"万人计划"科技创新领军人才 1 名、"千人计划"国家特聘专家 4 名、"百千万人才工程"国家级人选 9 名、享受国务院政府特殊津贴专家 23 名、"创新人才推进计划"中青年科技创新领军人才 1 名、全国青年岗位能手 1 名。国家电网公司级（含省部行业级）专家人才 121 名，其中国家电网公司科技领军人才 5 名、专业领军人才（含培养期）18 名、优秀专家人才 27 名、优秀专家人才后备 35 名、青年岗位能手 1 名、省部行业级有突出贡献中青年专家、科学技术带头人等 35 名。省电力公司级专家人才 321 名，地市电力公司级专家人才 595 名。博士研究生导师 8 名，硕士研究生导师 139 名。

生产管理 完成生产管理系统集团 ERP 上线单位全覆盖，项目全过程和采购全过程管理系统试点上线。实施二次设备、配电变压器生产线关键环节自动化改造，建成置信宏源油变生产线制造执行系统。国电南瑞电气二次设备智能生产车间、继保电气电力装备智能调试车间同时入选江苏省示范智能车间、南京市首批智能工厂建设项目。实现物资计划提报、采购寻源审批和新增供应商 100％管控。新增框架 351 个，全年对外采购节约资金 4.94 亿元。压降供应商较年初减少 20.5％。制定 527 种产品工程服务标准。

产业发展 优化产业布局。完成江宁基地二期、武汉地区、天津基地、泉港基地等区域布局规划，制定新一代信息通信、智慧城市、智能制造等专项规划。优化置信非晶、日港置信、重庆博瑞发展定位。实施两家线缆企业（淮胜电缆、银龙电缆）联营，成立信通项目管理中心，优化节能业务体系。明确置信电气与武汉南瑞管控模式，普瑞监控整体并入普瑞工程。完成 4 家企业风险诊断、5 项股权清理。成立战略新兴产业项目委员会，组建 16 个跨部门跨单位项目团队。设立检测认证公司、泉港运维检修公司。江宁基地生产检测 3 号楼、光伏楼竣工。常州检测中心二期各单体结构封顶。广州营销及工程服务中心完成改造并投用。

加强市场营销。优化市场部和营销中心定位。组织战略客户交流 200 余次，与 17 家客户签订合作协议。国家电网公司集招中标额同比增长 10％，承接青海 750kV 串补、光伏扶贫、车联网平台、LTE 无线专网等重大项目，福建、浙江、陕西设备租赁项目落地，变电站整站运维、"四表合一"集抄、无人机巡检取得突破。南网合同额同比增长 60％，高压岸电、充电桩成功推广，直流阀、控制保护应用于滇西北特高压工程。承接盐城海上风电、常州智慧能源示范区、广州机场能源管控、神华富平废水零排放 EPC 总包等重大项目。融合信号系统的综合指挥调度平台中标苏州有轨电车 2 号线，电力备调、智能辅助监控系统首次应用于大铁路。承建中国空空导弹研究院产品统一模型管理系统，实施江苏军区营房工程设备维修项目。获涉密信息系统集成甲级、信息系统集成及服务大型企业一级资质，通过 CMMI5 级软件高成熟度认证评估。

科技创新 江苏精准切负荷和华东电网频率紧急协调控制系统在迎峰度夏前投运，编制区域电网系统保护总体方案及公司系统保护实验室建设方案。光伏、风电虚拟同步机挂网运行，储能虚拟同步机完成样机试制。承担苏州 500kV UPFC 工程并提供成套设备。世界电压等级最高的 ±1100kV 换流阀应用于昌吉—古泉特高压工程，国际首台 ±200kV 高压直流断路器及阻尼恢复装置在舟山柔性直流工程投运。1100kV GIL 实现带电考核，±800kV 直流线路避雷器批量应用。研制船用特种变流器，国网三相表通过检测。基本完成大数据、GIS、移动应用平台研发，电力专用量子加密模块试点应用，电网运检智能化分析管控系统部署应用。研发创新激励 5 个试点项目落地，3 个全员创新项目进入孵化阶段。举办"紫金论电"国际学术研讨会。27 项科技成果通过集中鉴定，15 项达到国际领先水平。十米法电波暗室通过国家电网公司验收，7 个公司科技攻关团队和 2 个公司实验室新获批复，建成公司技术标准创新基地。获电动汽车充电设施 CBTL 实验室资质。

全年获科技奖励 117 项，其中省部级以上 69 项，中国专利优秀奖 2 项，获顾毓琇电机工程奖、中国电力杰出贡献奖，获国内专利授权 410 项、国际专利授权 3 项，登记软件著作权 130 项。

国际化工作 全年签订国际合同 51.77 亿元，同比增长 41.22%；其中自有产品合同额 22.63 亿元，同比增长 61.64%；实现营业收入 18.73 亿元，同比增长 32.65%。完善国际营销网络，泰国工程服务公司进入注册环节，继保电气（美国）公司加拿大分公司投入运行。建立海外并购协同机制，与美国水处理公司形成合作方案，与泰国智丰变压器公司合作实现屏柜本地化组装。签约巴西美丽山二期换流阀、控制保护、导线供货项目，承建肯尼亚输变电、巴西变电站等总包项目。成为英国国家电网公司苏格兰柔性直流项目唯一合作伙伴，通过法国国家输电公司英法柔性直流项目资格预审。高压移动变电站首次实现出口，串补、电站辅机突破加拿大、巴西市场。编制 4 大类配电产品国际化包装方案，完成 38 项产品认证测试，新获 9 个国家商标注册。主导的 4 项 IEC 国际标准正式发布，在 CIGRE 发起成立 B5.59 工作组。支撑国家电网公司举办全球能源互联网大会、IEC CEO 圆桌会议。

党的建设和精神文明建设 推进"两学一做"学习教育。完成基层党组织集中换届、党员组织关系排查和党费收缴专项检查。开展"三亮三比"活动，建立党员示范岗和责任区，加强党组织结对共建，深化共产党员服务队等政工品牌建设。落实党风廉政建设责任制，完成"四风"整治"回头看"，组织纪委书记（纪检委员）基层调研 271 次。开展企业文化宣贯月、卓越文化故事会活动，举办员工大讲堂和道德讲堂。召开第十二届团代会。

深化和谐企业建设，构建班组对标体系，开展劳动竞赛，举办"身边的榜样"，实施"十件实事"。完成江宁基地停车场扩建和园区绿化提升，员工医食住行服务保障持续完善。开通"南瑞人"微信公众号，外部媒体报道同比增长 60%。落实离退休老同志政治生活待遇。加强值班、信访和舆情管理，企业和谐稳定。武汉南瑞雷电监测与防护技术实验室班组获全国青年文明号，谷山强获中央企业优秀共产党员，滕贤亮获国家电网公司劳动模范，陆春娟、罗剑波、李志萍、贾金峰获江苏省劳动模范，李威获江苏省"五一"劳动奖章、江苏省十佳文明职工、国家电网公司青年五四奖章。

主要事件

3 月 21 日，国务院驻国家电网公司监事会主席李东序到南瑞集团调研，充分肯定南瑞集团在坚持服务国家战略、坚持市场导向、坚持产研结合、坚持企业化管理等方面取得的成绩，要求加快建设国际一流企业，全面实现"十三五"发展目标。

4 月 26 日，国家电网公司副总经理杨庆到南瑞集团调研，充分肯定南瑞集团科研产业发展成果，要求充分发挥自身优势，加快重大项目研发与落地，力争科技创新能力再上新台阶，为构建全球能源互联网提供坚强支撑。

8 月 15 日，国务院国资委副主任黄丹华一行赴南瑞集团参观考察，对国家电网公司及南瑞集团工作予以充分肯定，并对下一步发展提出殷切希望，勉励南瑞集团与时俱进、持续创新，提高核心竞争力、国际竞争力，始终保持技术领先，引领行业发展。

8 月 24 日，江苏省委书记李强到南瑞集团调研，了解南瑞集团科研产业发展情况，对南瑞集团近年来持续快速发展取得的成绩表示充分肯定，希望南瑞集团瞄准国际一流目标，拓展研究开发领域，进一步打响品牌、扩大优势。

9 月 19 日，国家电网公司外部董事牛越生、王国樑、陈津恩、黄德林到南瑞集团调研，充分肯定了南瑞集团作为中国首批科研院所体制改革的成功代表，多年来坚持创新发展取得的成绩，要求南瑞集团进一步提升自我定位，加强理论创新，深化体制机制改革，更好地支撑国家电网公司转型发展。

10 月 14 日，国家电网公司工会主席刘广迎到南瑞集团调研，对南瑞集团取得的成绩给予充分肯定，希望南瑞集团对标国际一流企业，树立高远目标，在能源互联网时代善于迎接挑战，未雨绸缪、把握先机，取得更加长足的发展。

10月25日，国务院参事张纲到南瑞集团就企业转型升级、科技创新、质量基础等工作开展调研，对南瑞集团在科技创新、质量引领、标准支撑等方面取得的成绩给予充分肯定，要求南瑞集团紧贴世界科技发展和产业变革趋势，积极参与国家质量基础相关国家重点研发计划与示范应用，大力突破基础零部件、基础工艺、基础材料，探索从生产型制造企业向服务型制造企业转变。

11月25日，江苏省委副书记、南京市委书记吴政隆到南瑞集团调研，充分肯定了南瑞集团在自主创新、支撑清洁能源发展和电网安全稳定方面做出的突出贡献，希望南瑞集团不断提升技术能力，持续提升智能制造水平，发挥清洁能源技术优势，加快打造千亿级企业，更好地支撑服务地方经济发展。

（杨丽萍）

【国网北京经济技术研究院】

单位概况　国网北京经济技术研究院（简称国网经研院）是国家电网公司电网规划和工程设计技术归口单位，国家电网公司直属科研单位，为国家电网公司电网发展提供技术支撑和智力支持，构建了经研体系，对省市经研院（所）进行业务指导，归口协调外部设计单位，负责电网规划、工程设计、项目评审、技术经济及相关标准研究和制定工作，具有工程设计电力行业专业甲级资质和工程咨询甲级资格，是国家发展改革委认定的承担国家委托投资咨询评估任务的咨询机构，拥有国家能源特高压直流输电工程成套设计研发（实验）中心（公司直流输电实时仿真重点实验室）、大电网规划与量化分析实验室、电网工程技术经济实验室、电网工程航空遥感与线路智能巡检联合实验室、工程设计评审平台等国家和公司级实验室（平台），设有博士后工作站，培育了规划、设计、评审等核心业务能力，形成了从特高压交直流到配电网各专业齐备的全业务体系。

国网经研院以"技术领先、服务优质"的经研理念，坚守使命责任，坚持创新发展，将工作嵌入国家电网公司电网发展链条，深入开展国家电网发展规划研究及煤电、水电、风电等大型能源基地输电规划，牵头特高压等重大电网工程设计，开展输变电工程造价分析，通过项目评审把关技术原则，贯彻国家电网公司"三通一标"、全寿命周期管理和精准投资理念，加强新技术推广应用，提升国家电网公司电网发展质量水平。围绕特高压交直流系统、大电网安全、柔性直流输电、新一代智能变电站等前沿、前瞻性技术研究，承担国家电网公司和国家级重大科研攻关，开展规划设计核心业务行业标准和国家标准的制定，推动特高压、智能电网等先进技术转化为国际标准。拥有2名"新世纪百千万人才工程"国家级人选，5名享受国务院政府特殊津贴专家，2名公司"科技领军人才"，16名国家电网公司"专业领军人才"，11名国家电网公司"优秀专家人才"，拥有各类国家级注册师107人，3个国家电网公司级科技攻关团队。

领导班子
院长、党组副书记：刘开俊
党组书记、副院长：潘尔生（潘尔生于2016年4月任职，常浩于2016年1～3月任党组书记、副院长，现任正局级调研员）、雷体钧、韩丰、文卫兵、袁兆祥
党组成员、纪检组长、工会主席：李明奎
副院长：马为民
总工程师：宋璇坤

组织机构　下设6个职能部门、9个业务部门、2个子公司和10个分公司。

经营管理　业务管控平台投入试运行，实现计划、财务、人资集约管控。编制《国网经研院管理工作规范》，形成作业指导书，固化工作流程。按照新版ISO 9000国际标准要求，完成"三标"体系再认证审核，保持体系持续改进。加强预算管理，促进业财融合。强化招标采购闭环管理和评标专家履责管控。《依法治企法律保障工作指引》入选国家电网公司经济法律工作最佳实践案例。开展安全达标治理活动，确保网络信息安全。常态化开展经研体系专委会和片委会交流，与省经研院联合开展9项国家电网公司科技项目、1项国家重点研发项目研究，联合16家省经研院开展3项中电联标准、14项国家电网公司标准制修订。组织开展2016年度经研体系研究类、咨询类、应用类科技奖评选，经研体系成果评价机制初步确立。截至2016年底，院资产总额13.65亿元，所有者权益12.46亿元，分别是重组时的4.14倍和15.08倍。

电网规划　完成国家电网公司"十三五"特高压网架规划建议稿、京津冀一体化电网规划研究。解读国家能源、电力发展"十三五"规划及相关专项规划，研究提出保障电网安全和新能源消纳的特高压网架方案。完成青海、南疆、青藏高原等清洁能源基地开发及外送规划，与中国工程院共同完成"三北"地区新能源大规模开发的网源协调规划研究。完成西纵、山东环网、华中环网等"四交九直"特高压工程和渝鄂背靠背系统方案及送受端适应性深化论证。强化交直流混联大电网仿真研究，完成6项直流工程17台调相机系统方案研究，提升调相机暂态响应能力；

提出复奉、锦苏、宾金三大直流频率控制器设计方案，解决西南电网超低频振荡问题；提出保障特高压直流安全运行的系统指标要求，推动《电力系统安全稳定计算技术规范》修订。

配电网规划设计 深化配电网技术标准、电网结构、装备水平研究，提出按照饱和负荷需求实现导线截面、线路廊道、变电站土建一次到位的建设原则，推进配电网标准化体系建设，牵头开展 120 个县级供电公司配电网标准化建设改造创建活动验收。参与编制完成《分布式光伏扶贫项目接网工程典型设计》《机井通电工程典型设计》，组织制定西藏高海拔地区 10kV 及以下工程设计原则。优化精简配电网建设改造标准物料目录，10kV 标准物料由 3599 种（2013 年）减至 415 种（2016 年）。

工程设计 牵头开展 12 项交流、3 项直流特高压工程可研设计，完成 7 项交流、3 项直流特高压工程和 10 个换流站加装调相机初步设计，推进 9 项交流、5 项直流特高压工程施工图设计。开展锡盟、蒙西、晋北、榆横站防风、防沙、抗低温设计，统一北京东站、潍坊站主变压器和高抗隔震标准化设计方案。制定特高压线路工程通道设计原则，推行先签后建管理模式，确保依法合规建设要求落地；首次在扎鲁特—青州工程开展饱和盐密设计，降低后期运维工作量和费用。支撑国家电网公司直流工程密集建设，开展 14 个直流工程成套设计、32 个特高压直流阀厅电气施工图设计、5 个特高压直流工程控制保护联调实验，解决处理重大技术问题 100 余项。加强设备监造工作，充实技术力量，完善组织结构，建立监造协同工作机制，强化监造现场标准化管理，2016 年完成 89 台换流变压器、7 台特高压交流变压器监造任务。做好信息通信工作，提出国家电网公司通信网骨干层、接入层整体优化方案和信息化建设运行体系完善方案，完成国家电网公司信息化蓝图和架构设计。完成 9 项国家电网公司重点通信工程可研、初设。

评审评价 2016 年累计完成各类评审 448 批次，评审投资 1308.6 亿元，通过技术方案优化核减投资 91.5 亿元，核减比例 6.9%。首次开展特高压送出工程初设评审。两级评审体系建设成效显著，省级经研院全面承担 220kV 规模以下输变电工程设计评审工作。深入开展国家电网公司 2016 年输变电工程造价分析，制定 35～750kV 通用造价、可研估算造价控制标准，实现技术经济指标体系标准化、电压等级和工程类型全覆盖。组织制定 110～750kV 输变电工程后评价内容深度规定，编制淮南—南京—上海特高压交流工程施工图预算、±1100kV 特高压直流工程计价依据，完成哈密南—郑州、溪洛渡—浙西特高压直流工程后评价，全面开展项目可研经济性与财务合规性

评价。加强资产全寿命周期管理，优化资产全寿命周期管理体系评价方案，完成 13 家单位监督评价、5 家单位"领先型"评价验收，作为第一编制单位完成 ISO 55000 系列资产管理国际标准向国家标准转化。

国际业务 完成亚洲、非洲、南北美洲、非洲—欧洲—西亚、南亚、东南亚、海湾六国联网规划研究，开展中韩日、中国—巴基斯坦、中国—蒙古联网工程（预）可研，推动构建全球能源互联网。依托巴西美丽山项目形成了英文版成套研究报告和设备技术规范，支撑巴基斯坦、墨西哥、土耳其等电网项目前期工作。承办 2016 全球能源互联网大会专题论坛，承担 C1.35 工作组主要研究工作。

科研创新 初步完成张北柔性直流电网示范工程系统方案论证、可研设计和预成套设计，提出直流电网四端独立控制策略和柔性变电站典型概念设计方案。依托昌吉—古泉工程，深化±1100kV 特高压直流送电 1200 万 kW、分层接入特高压交流电网的直流成套设计研究，编制发布 ±1100kV 首台套主设备技术规范，指导工程关键设备研发。开展苏通 GIL 管廊设计创新，应用三维数字化辅助设计和高精度控制网测量技术，优化工程设计方案，指导施工安装，方便后期运维。完成碳纤维复合芯导线在特高压工程中适应性、重覆冰区直流线路融冰策略等多项专题研究。围绕大电网安全，积极参与国家电网公司特高压交直流电网系统保护顶层设计、总体方案设计、通信专网设计。强化应用型技术难题和战略性新兴技术攻关，完成高比例可再生能源并网的电力系统规划和运行基础理论等 4 个国家科技项目申报立项。大电网规划与量化分析实验室、电网工程航空遥感与线路智能巡检联合实验室申报国家电网公司实验室。电网规划量化评估技术科技攻关团队获批。完成国家电网公司技术标准创新基地筹建。牵头提出 IEC 国际标准提案 "1000kV 交流变电站设计技术导则"并立项，开展《柔性直流输电换流站设计标准》等 84 项国家、行业、团体、企业标准编制。全年申请专利 54 项、授权 34 项，发表论文 105 篇。1 项成果获中国电力科学技术二等奖，8 项成果获国家电网公司科学技术奖，3 项成果获全国电力职工技术成果二等奖。

党的建设和精神文明建设 学习党的十八届六中全会和全国国有企业党的建设工作会议精神，贯彻《关于新形势下党内政治生活的若干准则》《中国共产党党内监督条例》，强化"两个责任"落实。完成党组改党委工作，制（修）订《国网经研院工作规则》《国网经研院党委议事规则》，增强决策的民主性、科学性。开展"两学一做"学习教育，制定实施方案，抓好"两学"打牢基础，专题研讨提高认识，不断增强党员政治意识、大局意识、核心意识、看齐意识，

有关做法在《党建》杂志、《国家电网报》、国家电网公司"两学一做"学习教育简报进行宣传报道。践行"四讲四有"合格党员标准，立足岗位"三亮三比"，开展职工技术创新评比，创建"党员责任区""党员示范岗"。坚持问题导向立行立改，梳理排查了 11 个突出问题。完成党费集中补交、基层党组织换届选举、党支部设置调整，不断强化基层党组织基础保障。开展道德讲堂、经研书屋、职工文艺创作和企业文化成果展示活动，组织文学创作、健步走、篮球赛、趣味运动会。关心关爱退休职工，丰富退休职工业余生活。设计中心获国家电网公司先进集体荣誉称号，直流中心国际直流工程成套设计攻关团队、规划中心全球能源互联网规划处获国家电网公司先进班组荣誉称号，24 人获国家电网公司专项工作先进个人。

（高群策）

【国网能源研究院】

单位概况　国网能源研究院（简称国网能源院）是国家电网公司的全资子公司，是国家电网公司从事软科学研究及重大决策咨询服务的直属科研单位，是国家电网公司的智库机构。国网能源院围绕国家电网公司发展战略和核心业务开展研究，密切服务国家有关部门，主要从事能源电力行业战略规划、电力体制机制改革、企业战略与运营管理等领域的决策咨询，形成了能源电力发展战略与规划、经济与能源电力供需分析、企业战略与管理、体制改革与电力市场、能源电力价格等优势专业。拥有工程咨询单位甲级资格，国家高新技术企业资格认定，是世界银行、亚洲银行注册咨询单位，入选成为国家能源局第一批研究咨询基地，博士后科研工作站已运转 8 年。在上海社会科学院智库研究中心发布的《2016 中国智库报告》中，社会（企业）智库影响力排名第十、科技类智库影响力排名第八。

组织机构　国网能源院设职能部门 5 个：办公室（内设后勤服务中心）、科研发展部、财务资产部（周转金管理中心）、人力资源部、党群工作部（监察审计部）。业务部门 9 个：全球能源互联网研究中心、企业战略研究所、能源战略与规划研究所（科技项目咨询中心、《中国电力》杂志社）、经济与能源供需研究所、电网发展综合研究所、新能源与统计研究所、管理咨询研究所（企业运营研究中心）、财会与审计研究所、能源决策支持技术研发中心。下属单位 1 个：国网人才评价中心。

人力资源　截至年底，国网能源院在编员工 249人，其中：研究咨询人员 192 人，占比 77%；博士133 人、硕士 91 人，占比 90%；高级职称人员 105人。拥有享受国务院政府特殊津贴专家 3 人，国家电网公司专业领军人才 13 人，国家电网公司优秀专家人才 12 人，国家电网公司优秀专家人才后备 8 人。人才当量密度 1.506 9。

2016 年，录用高校毕业生 40 人，从国家电网公司系统内外引进骨干人才 9 人，录用博士后 2 人，向总部输送人才 12 人。建立院士工作站和院级创新团队。授予"青年英才"称号 4 人，新增工程入选者 25人，新增正高级职称专家 1 人、总部级优秀专家人才5 人。组织"科研锦囊"5 期，实用英语 3 期，干部培训 2 期，开展各类培训研讨 80 余次。

经营管理　落实国家电网公司党组决策部署，以智库建设为主线，深化改革发展、经营管理重大问题研究，超额完成计划指标。承担研究项目和在线任务948 项，同比增加 117 项；被国家电网公司和政府部门采纳决策咨询建议 38 项；获得国家电网公司及以上等级的奖项 43 项，政府和行业奖项同比增长 40%；发明专利申请获得授权 5 项、受理 18 项，取得计算机软件著作权 22 项。收到国家电网公司和政府部门表扬信 28 份，获得国家电网公司表彰奖励 25 次。连续三年在企业负责人业绩考核中被评为 A 级。

精益管理。统筹项目研究各环节工作，在国家电网公司科技项目督导中，达优率位居前列。修订绩效考核管理办法，落实项目负责人考核权。推动数据、成果等资源共享共用，建立健全档案管理体系和归档流程。优化预算管控和财务审批流程，完成"两金"压降。首次开展内部专项审计。落实批次采购制度。为业务部门配备秘书。建立网络信息安全和保密检查机制。

交流合作。与美国国家可再生能源实验室建立交流互访机制，共同研究电力市场化改革和系统灵活性等问题，形成初步成果。首次派员赴国际能源署等国际组织工作。聘请杜祥琬院士担任首席战略顾问。与5 家省公司签订战略合作协议。公开发布《全球能源分析与展望》等成果和基础研究年度报告。在国家电网公司系统内外授课百余人次，发表论文文章 201篇，接受央视等媒体采访 20 余人次，参加论坛演讲50 多次。《中国电力》杂志成功举办创刊 60 周年研讨会。

课题研究　战略研究。加强重大战略课题管控，健全课题与专报"1+1"模式。配合完成国家电网公司管理创新实践报告。协助国家电网公司建立战略管理体系，修订战略纲要，完成年度战略分析。配合编制国家电网公司"十三五"规划。提交供给侧结构性改革分析等近 30 项成果，获得国家电网公司领导批示 16 次。报送专报内参 75 篇，其中用电量分析报告获得国务院领导批示。为国家电网公司战略例会提供成果 144 项。

改革研究。支撑国家电网公司制定全面深化改革方案和意见，承担研究任务 70 余项，参与宣讲培训 30 余人次。开展交易机构组建运行、售电侧和增量配电投资业务放开、输配电价改革、《电力法》修订等专项研究，分析电力改革重点问题，支撑国家电网公司观点纳入配套政策，推进改革任务实施。协助国家电网公司编制分类改革方案，参与研究混合所有制、职业经理人、集体企业改革等关键问题，及时提供成果和建议。

能源电力研究。深化能源电力需求、跨区电力流等"十三五"发展重大问题研究，配合编制完善电网规划。参与新能源消纳专题研究，开展可再生能源开发规模和并网运行分析，为国家电网公司优化电网运行方式、向政府汇报意见建议提供支撑。响应国家电网公司服务京津冀协同发展、落实光伏扶贫、规划建设电动汽车充换电设施等研究需求，相关成果得到应用。完成全球能源互联网发展战略、行动计划和白皮书编制，承担联网项目前期论证等重点任务。

业务创新研究。配合国家电网公司编制电能替代"十三五"规划和工作方案。完成中蒙电力交易模式等研究，构建国际业务全面预算管理体系，参与撰写国际标准化战略研究报告。在"三集五大"、运营监测业务、法治企业建设、班组建设等方面提出创新成果，并形成专题报告、制度文件。支撑国家电网公司电网诊断、综合计划平衡、人力资源市场建设和科技项目管理等工作。

服务政府决策。支撑央企智库联盟建设运行，策划组织联合研究和交流研讨等活动，编印 4 期《央企智库专报》、5 期《央企智库信息》。配合举办国际能源变革论坛"能源互联网分论坛"，发布国内首个建设国际能源变革发展典范城市报告。参与研究编制电能替代、电动汽车基础设施、"互联网＋"智慧能源、输配电价核定、国企绩效评价等领域的政策文件 8 份。完成"一带一路"国别风险、国企创新发展、新能源参与市场竞争等课题研究。承担国家级重大科技项目 3 项，中标国家发展改革委课题 1 项、国家能源局发展规划课题 4 项。

研究工具建设。全球能源研究统一平台建设取得重要阶段成果，数据信息平台投入试运行，跨国联网规划等模型初步建立。国家电力需求侧管理平台完成二期开发，数据渠道基本打通。运营监测（控）离线研究分析平台启动验收。电力供需实验室完成扩展升级，在省公司推广应用。能源电力规划实验室获国家电网公司命名。建成软件模型工具库，实现程序和源代码的集中管理。

党的建设和精神文明建设 "两学一做"学习教育。组织全体党员学习党章党规，重温党的历史。领会习近平总书记系列重要讲话精神，宣贯党的重要会议精神，邀请知名学者举办专题党课。开展"三亮三比"主题活动，制定"四讲四有"合格党员标准，组织全体党员书面承诺。党组成员和党支部书记讲党课 32 人次。评选表彰"一先两优"，1 人获评全国电力行业优秀思想工作者，院团支部被国家电网公司评为"五四红旗团支部"。

依法从严治企。完成反"四风"问题整治"回头看"。组织签订廉洁从业承诺书，修订相关制度和手册。深化纪检监察队伍业务能力建设。开展协同监督和惩防体系建设自查自评。建立招标采购监督专家库。举办集体廉政党课，落实约谈制度，制作监督卡。组织警示教育参观和学习竞赛，连续 7 年编发案例库。

企业文化建设。成立两个劳模创新工作室，1 人获国家电网公司劳动模范称号。组建文化社团，公开展出优秀文化作品，举办健步走、运动会、篮球赛等活动。组织员工思想动态和心理减压座谈交流，提供咨询热线、中医义诊等服务。加强党群工作新闻宣传，建立"和谐家园"微信公众号。开展爱心公益募捐。走访慰问离退休职工。

（张红宪）

【全球能源互联网研究院】

单位概况 全球能源互联网研究院（简称联研院）前身为国网智能电网研究院，于 2016 年 2 月 22 日完成更名。联研院作为国家电网公司直属科研单位，以国家创新创业政策为指引，落实国家电网公司党组创新发展战略部署，在直流输电、电力电子、信息通信、计算应用、电工新材料、电力电子器件及应用、智能感知与量测、能源转化与新型储能等智能电网关键技术领域开展基础性、前瞻性、战略性技术研究，全面服务支撑全球能源互联网建设。

截至年底，累计申请专利 311 项（其中发明专利 274 项）；获专利授权 98 项（其中发明专利授权 82 项）；申报海外专利 15 项；制、修订国家电网公司技术标准 8 项，获批成立国际电工委员会（IEC）国际标准特别工作组 1 项，立项国家标准 10 项、行业标准 12 项、团体标准 9 项。获国家科技奖励 2 项，其中联研院牵头申报、汤广福作为第一完成人的"800kV 特高压直流输电换流阀关键技术研究与工程应用"项目获国家技术发明二等奖。获省部级（行业）科技奖 8 项、国家电网公司科技奖 11 项。

人力资源 设置 6 个职能部门、2 个支撑部门，拥有直流输电技术、电力电子、电工新材料、信息通信、计算及应用、功率半导体 6 个研究所和全球能源互联网美国研究院、欧洲研究院 2 个海外研究院。员工总数 496 人，具有研究生学历人员占员工总数的 85.89%，具有高级职称人员占员工总数的 24.80%。拥有国家"千人计划"专家 6 人，享受国务院政府特殊津贴专家 6 人，中央直接联系高级专家 1 人、新世纪百千万人才 1 人，国家电网公司科技领军人才 2 人，国家电网公司专业领军人才 10 人，国家财政部全国会计领军（后备）人才 1 人，国家电网公司优秀专家人才 12 人，国家电网公司优秀专家人才后备 10 人。建设员工职业发展通道，高级工程师及以上人才队伍 137 人。

经营管理 执行综合计划和预算管理，深化应用全影像报销信息系统，提升报销和付款业务的工作效率。开展"物力集约化风险防控管理年"活动，完成 IGBT、晶闸管等五类通用物资标准技术规范书的编制。启动物流中心建设，完成物资集中管理建设方案。上线应用"框架＋竞价"采购模式，深化应用院级科研类小额物资超市化采购；组织完成 682 家供应商的绩效评价工作。两级集中管控率和采购率 100%，全年物资采购工作零事故，未出现物资从业人员廉政问题。推动建立科学有效的激励分配机制，建成符合科研人员特点的员工职业发展通道体系。深化 EVA 考核，建设以价值管理为核心、成果转化为导向的全员绩效考核体系。按照《国有科技型企业股权和分红激励暂行办法》《关于国有控股混合所有制企业开展员工持股试点的意见》和国家电网公司统一部署，编制完成分红激励实施方案。

规划、计划管理。围绕全球能源互联网建设需求，编制《全球能源互联网研究院"十三五"发展规划》及各专项规划。履行"三上三下"程序，完成 2017 年综合计划项目储备库建设、总控目标建议及综合计划建议（草案）三个阶段工作。建立三年项目储备库，构建"三年储备、分级评价、年度优化、滚动修编"的项目储备常态化管理模式。加强计划指标和项目执行全过程跟踪分析，完成 2016 年各项计划目标。

支撑保障。推进科研管理信息系统开发、部署，两个研究所成功试点上线。完成 ERP 开发与（四期）项目建设，推广应用科研管理云平台，实现科研数据统一存储。开展"安全生产月""安全生产万里行"和"三查三强化"安全管理活动，加强重大产业基建项目现场作业安全检查，查纠各类违章。开展对关键业务领域和管理环节的专项审计，配合国家重大专项的中期审计，并将海外院经营活动纳入监督范围。

国际化发展 围绕全球能源互联网发展需求，提出海外院"十三五"发展规划，实施"全球能源互联网研究院加快海外院建设行动计划"。形成全面涵盖科技项目管理、海外资产投资、薪酬激励机制、人员队伍建设、实验室建设、产权成果转化、外事及档案管理等内部管控机制，推进海外院建设发展。完成美国院、欧洲院办公科研楼购置工作。美国院研发的《智能配用电大数据分析系统》软件实现首例海外科技成果向国内市场的成功转化。

交流与合作。组织、参加各类国际会议，做好国家电网公司成果宣传工作。配合中国电机工程学会和国际大电网委员会（CIGRE）中国国家委员会，承办第二届国际高压直流会议。配合总部承办"2016 全球能源互联网大会智能电网技术与实践分论坛"。参加 CIGRE 工作组、IEEE、IEC、ISPSD 等国际学术类会议 13 次。参加国际配电网大会、世界氢能技术大会等 7 个国际研讨会议。开展与海外合作企业、高校及国际组织的深入交流，加强对外关系网络。与国际能源署、荷兰电力运营商 tennet、伯明翰大学、都灵理工大学等 14 家企业及高校进行技术交流与合作谈判。深化与斯坦福大学合作，配合和协助国家电网公司国际部和美国办事处加入斯坦福大学"比特与瓦特"计划，支撑全球能源互联网组织工作。拓展在能源转化和新能源材料方面的合作研究，加入美国电力系统研究中心（PSERC）和美国超广域坚韧输电网研究中心（CURENT），与美国 5 家国家级实验室建立联系，8 家高校建立合作关系或合作意向，推广和传播全球能源互联网理念。

科技创新 构建高性能电工材料、大功率电力电子器件、先进输电装备、新型储能与能源转化、信息通信及安全、先进计算及大数据应用技术创新体系。牵头申报国家重大专项 4 项，申报国家电网公司科技重大专项 10 余项，支撑特高压直流电缆、±500kV 直流电网、新型储能等国家电网公司十大科技创新示范工程。

核心技术攻关。成功研制±320kV直流电缆样品,启动±500kV、±800kV直流电缆研发,推进±500kV柔性直流换流阀、500kV直流断路器、10kV电力电子变压器、12.5MW/100MWh深冷液化空气储能、相变储热(蓄冷)等重大装备研制,成功制备3300V/1000A和3300V/1500A压接型IGBT样管并通过双脉冲开关测试。宽带电力线载波通信芯片通过1万户用电信息采集现场验证测试。研制电力工控安全监测系统等信息安全核心装备并推广应用。拓展智能可穿戴、量子通信、人工智能等信通领域新技术研究。研制国内首台50kWh多段式相变储热试验样机,建成国内首套10kW氢储能系统试验平台。

重大项目实施。编制国家重大专项总体实施方案,制定"张北工程"专项行动计划,建立海外院自主专项、批复、实施和验收机制,发布"比特与瓦特"行动计划管理办法,组建国内外协同、跨专业联合攻关团队,稳步推进重大专项技术攻关。在重大示范工程方面,自主研制的世界首台200kV高压直流断路器在舟山柔性直流工程成功投运;±320kV柔性直流换流阀及阀控系统通过双极100万kW满功率试验,厦门柔性直流工程正式具备满负荷输送能力。

知识产权运营。实现重点研发项目的核心专利布局,初步构建贯穿科研活动始终的知识产权市场化运营模式。与南瑞集团签署±800kV特高压换流阀技术许可,同时与平高集团、许继集团和南瑞集团签署200kV、500kV直流断路器技术许可等重大科技成果转化合同,实现与国家电网公司直属产业单位成果转化的"全覆盖"。完成联研院首例海外专利技术"深冷液化压缩空气储能"收购的谈判,并与国网节能公司签订合作协议推动技术落地实施。开展成果作价投资方式的探索,与江苏德威新材料股份有限公司达成以作价入股方式成立高压电缆材料合资公司的合作意向。2016年实现知识产权运营收入1亿元。

实验平台建设。编制国家和国家电网公司重点实验室建设运行方案,召开国家重点实验室一届一次学术委员会会议。梳理四级实验室管理序列,确定11个实体实验室建设规模,整合研究所共性试验能力。电力系统用压接型电力电子器件实验平台建设项目完成土建施工和招标采购,取得环评报告批复。美国院完成智能芯片和电力大数据实验研发平台一期建设。欧洲院有序推进储能技术联合实验室建设。电网信息物理融合实验平台具备了支撑新型测控设备研制的支撑能力。新能源材料、新型储能、海上风电换流平台建设方案获得国家电网公司批准。

党的建设和精神文明建设 开展群众路线教育实践、"三严三实"专题教育以及"两学一做"学习教育。执行"三会一课"制度、领导班子民主生活会等制度。健全组织机构,构建"院本部—研究所"两级工作机制。建立海外研究院党组织,成立未来科技城首个联合党支部,制定与地方联合党建管理机制,实现党建工作在海外和劳务外包员工上的全覆盖。推进"三亮三比"主题活动;设立联研院"党员责任区""党员示范岗""共产党员服务队"。

依托"创新思维工作站",开展创新论坛、技术沙龙、百家讲坛等活动。围绕电网需求和业务发展,开展主题活动32次,征集新算法、新拓扑、新工艺56项,挖掘创新性、实用性强的课题26项并评审立项,向中电联和国家电网公司申报优秀创新成果40余项,获中电联全国电力职工技术创新一等奖3项、二等奖8项、三等奖5项,获国家电网公司职工技术创新成果奖2项(一等奖和三等奖各1项)、青年创新创意奖3项(银奖1项、铜奖2项),"创新思维工作站"被国家电网公司树为企业文化示范点。

(苏 玲)

【南方电网科学研究院】

单位概况 南方电网科学研究院(南方电网科学研究院有限责任公司,简称南网科研院)是中国南方电网有限责任公司(简称南方电网公司)的全资控股子公司,于2010年11月在原南网研究中心的基础上组建而成,注册资本金1亿元。

南网科研院负责为南方电网发展规划、工程建设、安全、经济、优质运行和信息化建设提供全方位、全过程的技术支持与技术服务,开展电网基础性、前瞻性核心技术研发,承担国家级、省部级、行业及学术组织和南方电网公司系统重大课题的研究与实施,承担电网安全稳定评估、系统安全运行评估与仿真分析、电网规划设计和技术咨询服务、交直流输电工程的系统集成及科研示范工程项目建设等业务。

南网科研院先后被授予"国家认定企业技术中心""直流输电技术国家重点实验室""国家特高压工程实验室""国家能源大电网技术研发(实验)中心""海外高层次人才创新创业基地",获得设备监理甲级资质、电力工程调试甲级资质和广东省第三方节能量审核资质。2014年被认定为南方电网公司"中央研究院"。

领导班子
党组书记、董事长:饶宏
党组副书记、院长:曾勇刚

党组副书记、纪检组组长：刘智宏

工会主席：具小平

副院长：李鹏、黎小林

组织机构 南网科研院设立了股东会、董事会和监事会；内部共设置综合管理部、计划财务部、人力资源部、科技生产部、党建监审部5个职能管理部门，以及系统研究所、直流输电技术研究所、电网仿真与控制技术研究所、高电压技术研究所、智能电网研究所、技术情报所、计量与用电技术研究所、生产技术支持中心、能源经济研究所、信息通信研究所（信息中心）、杂志社11个专业机构。

人员情况 截至2016年底，南网科研院共有员工383人，平均年龄33岁，拥有博士和硕士学历的约占80%，其中国家"千人计划"人才5名、新世纪"百千万"人才1名、广东省领军人才2名、享受国务院政府特殊津贴专家5名、南方电网公司首席技术专家1名、南方电网公司高级技术专家12名。

科技创新 首次在一年内获得2项中国电力科技奖一等奖，连续2年获得中国专利优秀奖，重大科技奖励获奖数创历史新高；成功申报国家重点研发项目3项；自主研发率提升5个百分点；专利申请、授权数分别为618件、289件，年度指标完成率分别达155%和145%，提前超额完成任务。

国家级科技项目方面。牵头承担"高压大容量柔性直流输电关键技术研究与工程示范应用"国家重点研发项目，持续保持柔性直流技术国际领先地位；支撑海南电网公司建成区域智能电网综合示范工程，获得南方电网公司书面表彰；863课题"直流断路器关键技术研究"在高压直流开断建模、多断口串联技术方面取得突破，研制出基于人工过零技术的110kV高压直流断路器样机。

关键技术攻关方面。完成了DSP软件二期电磁暂态计算和机电-电磁暂态混合仿真功能开发，在直流工程输电极限校核计算中成功应用；SMART通过专家鉴定，首创大电网数字物理交互的电磁机电混合实时仿真技术，解决交直流电网仿真领域的一系列重大技术难题；配用电大数据核心技术研究在体系构建、数据管理、业务创新和应用示范等方面均取得新突破，建设了网省地分层协同配用电大数据平台。

实验室及试验平台方面。直流输电国家重点实验室建设运行实施方案通过国资委论证和现场考察，标志科研院又一国家级重点实验室落地；"双创"基地科学城实验室全面完成竣工验收，共计完成12个实验室的搬迁、建设和投运工作；建成国内首个高压直流电缆综合试验平台，解决了全尺寸直流电缆负荷循环控制和空间电荷测量难题。

技术支持与服务 承接技术服务项目196项（南方电网公司175项、分子公司21项），全年技术服务优秀率达96.5%。

支撑安全生产方面。完成云南电网与南网主网异步联网的系统设计，首次成功开展主网采用柔性直流输电技术联网的现场调试，解决试验中出现的频率问题，保证了国际上第一个控制同步电网规模的重大工程取得全面成功；结合海南电网"520"弱阻尼区域振荡事件，全面核查和优化了海南主力电厂的PSS参数，提升了海南电网动态稳定水平；完成珠海220kV电缆接头爆炸等多起重大缺陷事故的分析和技术支持，并同步修编相关技术规范。

支撑深化改革方面。为南方电网公司积极推进各项改革提供决策支持，完成发电权交易模式等5项改革专题研究；自主开展南方五省区用电需求预测工作，预测结果在南方电网公司系统内公开发布；服务公司创新驱动战略和精益管理需求，完成南方电网公司战略目标、核心价值观、管控模式和企业文化等多维度分析并形成《南网总纲》专题报告。

支撑重点任务方面。作为电力行业信息安全等级保护测评中心第五实验室，完成了G20峰会的信息系统安全保障任务，得到国家能源局来函致谢；参与完成海南文昌卫星中心火箭发射的特级保电任务。

工程集成 金中、永富、异步联网三大直流工程，按期保质完成现场调试任务，其中异步联网常规单元建成投运，标志着中国首个省级电网与大区域电网实现异步互联，大大提高了南方电网主网架的安全稳定水平。滇西北特高压直流工程，高海拔、高地震烈度关键技术取得新突破，研究提出总体设计技术解决方案，完成换流站阀厅和直流场直流主设备设计冻结。乌东德送电广东广西直流工程，开展前期专题研究，在特高电压混合多端、柔性直流输电协调控制和对送受端电网安全影响等7个方面取得关键性成果。直流工程系统解决能力提升，充分利用电网仿真技术优势，针对新投产的鲁西背靠背直流运行中出现的多次跳闸问题，通过仿真比对重现故障，明确事故原因，提出并验证了优化措施。

多元拓展 检验检测业务方面。自主研发的南网安全费控密钥系统通过国家密码局审查，费控电能表检测及密钥注入管理研究成果在全网推广应用，承接密钥注入业务达1400多万片，新签合同额突破5000万元；拓展了电容器噪声、盆式绝缘子、绝缘拉杆、覆冰监测终端等检测业务。

科技成果转化方面。变电站驾驶舱、芯片化保护、微电网控制器及一体化终端等软硬件产品在生产现场应用；运用技术货架管理，实现科技成果继承、共享和集成应用。

软科学研究方面。首次获得广东省优秀工程咨询成果一等奖；建成"一库两平台五系统"，夯实能源经济专业研究基础平台；完成能源经济数据库建设，打通南方电网公司内外部数据隔离；网内首个能源经济综合研究平台正式投运。

资质能力建设方面。获得国家质检总局颁发的跨境、跨区、跨省关口电能表强制检定专项授权，成为南方电网公司首个拥有国家计量授权资质单位。

精益管理　财务管理方面。加强成本管控，优化业务流程，确保各项费用收支合法合规；持续做好经济运行监测，监测指标在专业公司中名列前茅；加强采购管控，严格控制单一来源采购规模，采购计划完成率达 100%，项目采购比预算节约 10%。

项目管控方面。开发了项目管理"一张表"、流程优化"一张图"等集成管控工具，建立了以企业综合指标为统领、项目管理为基础、信息化为支撑、管理流程全闭环的科研生产管理体系，项目管控成效显著，各项指标达历史最好水平。

标杆管理方面。初步构建了创一流企业的"1-5-8"综合评价指标体系，包涵 1 个框架、5 个维度、8 项指标，形成《南网科研院同业对标分析报告》《南网科研院创建一流企业综合评价指标体系》和综合评价办法建议意见三项成果。

国际影响力　技术实力获得国际认可，首次在国际大电网会议举办技术展览；牵头制定的 IEEE 国际标准《电力用户需求响应效益评价技术导则》正式发布，国标委将全国电力需求侧管理标准化技术委员会秘书处设立在南网科研院；"直流系统运行仿真技术研究" CIGRE 工作组获批成立，是南方电网公司首个牵头发起的 CIGRE 工作组。

国际拓展迈出重要一步，立足核心优势技术，参与海外项目竞争。承接印度北部电网三个 765kV 变电站加装 STATCOM 项目的系统研究任务，实现海外工程项目"零"突破；配合联合体完成 CASA 1000 直流工程第一次投标工作。

国际能源研究能力迅速提升，国际能源研究中心平台建成投运，提供"一带一路"68 个国家政经能源全方位资讯；开展了《印度投资策略分析》《周边国家电力工业发展汇编》等专题研究。

队伍建设　新设二级机构 3 个，研究室 6 个；引进吸纳各类专业化人才 67 人；新增南方电网公司首席技术专家 1 名、高级技术专家 6 名、"国务院特殊津贴"专家 1 名、"广东省特支计划"人才 1 名、"国家万人计划"候选人 1 名、7 人入选南方电网公司"国际化人才库"。

加强人才培养，形成各层级人才发展晋升体系，提拔干部 5 名、选拔后备干部 38 名、选聘研究室主任 23 名，高级主管 3 名，选人用人满意度居南方电网公司前列；开展各类培训 61 期，培训 1067 人次。

完成整体搬迁，完善通勤、餐饮、车改等后勤服务；以"家"文化情系员工，开辟了职工活动室、书屋、"爱心妈咪小屋"，19 条改善一线职工生产生活条件措施全部落实到位；主办了全网"创先杯"无人机劳动技能竞赛和"同心杯"职工运动会；获得 2016 年广东省"五一"劳动奖状、全国职工创新奖 8 项，其中一等奖 2 项、南方电网公司劳模 1 人。

从严治党　强化责任落实，坚持党在企业改革发展中的核心领导地位并纳入章程；形成"一个纲要＋两级计划＋一个清单"的党建工作体系，建立了党建专题例会、党建党廉月度会、纪检监察月度会等会议制度，全年完成党建工作 175 项、党廉工作 146 项；明确了班子一岗双责党内分工制，层层压实主体责任。

丰富创效载体，发挥党组织与党员堡垒先锋作用，设立标杆支部 3 个，示范岗 37 个、突击队 4 个、工作室 2 个、服务队 1 个、书记项目 18 个、党员项目 460 多个；1 人获中央企业优秀共产党员；深入落实"两学一做"学习教育任务计划，"学"从严、"做"从实，学习教育融入中心工作，被公司树为典型。

落实"第一种形态"，主责约谈成常态，建立了廉洁约谈机制，编制了监督执纪"第一种形态"实施表，建立谈话台账，全年党组开展主责约谈 72 次、提醒谈话 17 人次、各类谈话 140 余人次。

深化巡察监督，完成了 3 个研究所的内部巡察和内部专项审计；开展审计与监督体系的价值研究，为发挥审计监督合力提供了理论支撑。

（肖　前）

【西安热工研究院】

单位概况　西安热工研究院（西安热工研究院有限公司，简称西安热工院），是中国电力行业国家级热能动力科学技术研究与热力发电技术开发的机构。主要专业于 1951 年在北京创建，1965 年迁址西安成立西安热工研究所；先后隶属燃料工业部、电力工业部、水利电力部、能源部、国家电力公司，期间随国家电力体制改革依次更名为电力工业部热工研究院（1994年）、国家电力公司热工研究院（1998年）、国电热工研究院（2001年）；2003年，成为由中国华能集团（简称华能集团）控股，中国大唐集团、中国华电集团、中国国电集团、国家电力投资集团参股的有限责任公司，并正式更名为西安热工研究院有限公司。

西安热工院拥有国家发展改革委（原国家计委）设立的电站锅炉煤清洁燃烧国家工程研究中心、国家能源局设立的国家能源清洁高效火力发电技术研发中心、国家科技部设立的煤基清洁能源国家重点实验室、陕西省科技厅设立的陕西省燃煤电站锅炉环保工程技术研究中心。与华能集团技术创新中心实行"一套人马、两块牌子"的运作方式。设有北京、苏州、南方（广州）分公司，院内还设有硕士学位授予点和博士后工作站。同时是国家级4个专业技术标准委员会（含分委会、标准工作组）、电力行业7个专业技术标准委员会、电力行业5个归口质量检测中心以及中国电机工程学会4个专业委员会的挂靠单位；是国家中文核心期刊、科技核心期刊《热力发电》的主办单位。

领导班子

院长、党委书记：刘伟

副院长、党委委员：王月明、汪德良、范长信

总会计师、党委委员：曲景辉

党委委员、纪委书记：赵宗让

副院长、党委委员：牟春华、吕怀安

组织结构 ① 职能管理部门略有变动，原政工保障部更名为党建工作部、监察部更名为纪检监察部。职能管理部门共11个（院长工作部、科研管理部、市场部、预算部、人力资源部、资产财务部、党建工作部、纪检监察部、审计部、教育培训部、事务部）；此外，在院长工作部、预算部和事务部的归口管理下分别设置了独立运作的安全监察室、采购中心和基地建设办公室。② 专业部门设置不变。设有专业部门22个（其中研究中心5个）。③ 产业公司略有变动，涿州催化剂公司于年底完成了股权转让。截至2016年底，除母公司外，共有二级子公司11家（其中全资子公司7家，控股子公司4家），有分公司3家。

人员组成 2016年末，在岗职工1158人。其中：硕士及以上学历人员728人（其中博士103人）；高级工程师及以上职称资格人员336人（其中正高级工程师19人）。

科技工作

1. 科研奖项

获2016年度国家科学技术进步奖1项（参与完成）：250MW级整体煤气化联合循环发电关键技术及工程应用（三等奖）。

获2016年度中国电力科学技术奖6项（主持完成5项、参与完成1项）。主持完成的有：① 过热器化学清洗技术的研究及工程应用（二等奖）；② 低挥发分煤W火焰锅炉低氮燃烧系统及关键设备的研制与工程应用（二等奖）；③ 发电厂痕量氯离子测定仪的研制及应用（二等奖）；④ 直接空冷系统板式蒸发冷凝器装置研发及应用（三等奖）；⑤ 高精度给水流量测量装置的研制及推广应用（三等奖）。参与完成的有：俄制800MW燃煤机组节能环保升级技术研究及工程实践（三等奖）。

获2016年度陕西省科技进步奖5项（主持完成）：① 发电厂痕量氯离子测定仪的研制及应用（二等奖）；② W火焰锅炉低氮燃烧技术及关键设备的研究及应用（二等奖）；③ 锅炉燃用兰炭技术试验研究（二等奖）；④ 过热器化学清洗技术的研究及工程应用（三等奖）；⑤ 核电站厚壁铸钢部件穿透性缺陷焊接修复技术开发与工程应用（三等奖）。

获2016年度河南省科学技术进步奖1项（参与完成）：废变压器油资源化处理关键技术研究及示范应用（三等奖）。

2016年6项成果通过技术鉴定：① 水轮机过流部件磨蚀损伤修复与防治技术，鉴定为国际先进水平；② 直接空冷系统板式蒸发冷凝器装置研发及应用，鉴定为国际先进水平；③ 国产Super304H管材性能试验研究与运行监控，鉴定为国际领先水平；④ 氢冷发电机氢气纯度稳定技术与装置的研发及应用，鉴定为国际领先水平；⑤ 自动配氢装置的研制，鉴定为国际领先水平；⑥ 在役奥氏体耐热钢磁性机理与马氏体相变行为研究，鉴定为国际领先水平。

2. 专利

2016年共获得授权专利247项。其中，发明专利76项：① 一种高频脉冲爆震燃烧动力装置；② 一种脱汞吸收液；③ 一种绝缘油用高性能复合添加剂及其制备方法；④ 一种计量泵双隔膜破裂报警装置；⑤ 基于温度分段控制的正压直吹式制粉系统及其控制方法；⑥ 一种火电厂智能巡检系统及方法；⑦ 一

种驱动引风机的凝汽式给水泵汽轮机排汽余热利用系统；⑧ 一种应力应变仪表万能检测装置及方法；⑨ 一种提高燃用高水分煤种锅炉的热一次风温度的方法；⑩ 一种环氧树脂基导电复合材料及其制备方法；⑪ SCR 催化剂磨损强度测试装置；⑫ 一种低膨胀抗氧化 Ni-Fe-Cr 基高温合金及其制备方法；⑬ 一种 700℃级超超临界火电机组再热器用高温合金铸管材料及其制备方法；⑭ 煤粉燃烧加热一次风的高水分褐煤中速磨煤机制粉系统；⑮ 一种含稀土的高铁镍铁基双相合金；⑯ 一种冷轧态镍铁基高温合金晶界强化的热处理工艺；⑰ 一种变形镍铁铬基高温合金的热处理工艺；⑱ 一种尿素过饱和溶液制备与输送系统及其制备输送方法；⑲ 确定引起双馈风力发电机三相电压不平衡定子相的方法；⑳ 一种用于锅炉过热器氧化皮冲洗试验的模拟系统；㉑ 一种电力用汽轮机油配方消泡剂及其制备方法和添加方法；㉒ 一种在燃烧多碱金属燃料时减轻结渣和沾污的方法；㉓ 一种水中痕量氯离子测量的药剂配方；㉔ 抽低温炉烟惰化球型煤仓防原煤氧化自燃系统；㉕ 一种用于锅炉受热面氧化皮厚度测量的金相制样方法；㉖ 一种抗氧化铁镍基合金；㉗ 煤气燃烧加热一次风的高水分褐煤中速磨煤机制粉系统；㉘ 一种提高系统瞬态油压波动过程稳定性的止回阀；㉙ 一种提高燃煤锅炉受热面管道抗烟气腐蚀性能的方法；㉚ 一种火电机组滑压优化调节系统及调节方法；㉛ 一种实时监测风电机组运行时的风能利用偏差的方法；㉜ 煤基新型超临界工质多级分流再热式高效发电系统；㉝ 渐进式弯曲转子的现场动平衡方法；㉞ 一种具有纵向相交肋冷却结构的燃气透平叶片；㉟ 一种尿素水解反应器出口除雾装置；㊱ 一种稠油废水预处理及蒸发脱盐系统及方法；㊲ 一种镍-铁-铬-硼系高温合金的热处理工艺；㊳ 动态纯水体系金属腐蚀电化学测量中溶液电阻的测量方法；㊴ 一种智能型前置过滤器在线监测与诊断装置；㊵ 一种具有零价汞氧化性能的 SCR 催化剂及其制备方法；㊶ 一种动态高温高压氧化实验装置；㊷ 一种镍基合金和铁镍基合金的变形加工工艺；㊸ 一种新型超临界二氧化碳燃煤锅炉；㊹ 一种全尺寸烟气脱硝催化剂性能检测装置及检测方法；㊺ 一种基于烟气余热回收及再热技术的锅炉节能减排系统；㊻ 净烟气再循环式脱硫废水喷雾处理系统；㊼ 通过部件特征倍频幅值趋势监测和诊断设备故障的方法；㊽ 一种基于母管制的多机组汽轮机蒸汽流量实时分配方法；㊾ 一种火电厂智能巡检系统反向提示终端

及方法；㊿ 一种自调节冷却塔进风导流装置；51 一种立式水泵的现场动平衡方法；52 煤质参数在线计算的混沌优化方法；53 一种测量凝汽器及真空系统漏入空气流量的方法；54 一种稠油废水处理回用电站锅炉的系统及方法；55 燃煤电站锅炉掺烧低灰熔点煤种的系统与方法；56 汽轮机中安装信号发射器和发射电路的螺栓固定防护装置；57 一种高温含氨气体取样系统的冷却装置；58 一种适用于烟道式脱硝反应器的一体式氨注射混合器；59 一种荷载平衡式立管刚性支吊架；60 一种超/超超临界喷嘴配汽汽轮机运行阀位确定方法；61 一种气液转移法逃逸氨在线检测装置及方法；62 一种汽轮机组用凝结水泵及凝结水系统和凝结水流量控制方法；63 适合不同磨煤机组合的电站锅炉燃烧性能神经网络模型；64 一种电站锅炉燃烧特性神经网络模型；65 一种基于神经网络的锅炉燃烧智能控制系统及方法；66 一种高效脱硫活性焦解析塔及解析方法；67 一种提高矿物绝缘油界面张力的方法；68 一种大流量小体积的密封油真空高效脱气装置；69 一种亚临界喷嘴配汽汽轮机运行阀位确定方法；70 一种石油亚砜及其制备方法；71 用于观察镍铁基高温合金组织中 δ-Ni$_3$Nb 相的金相腐蚀剂及其使用方法；72 一种直流锅炉启动疏水利用压力扩容器回收的系统与方法；73 一种中水水源循环水排污水回用系统；74 烟气预混装置及基于该烟气预混装置的脱硝反应器及方法；75 一种适用于奥氏体耐热钢锅炉管材料的热处理方法；76 一种基于等容燃烧的小型燃气轮机。实用新型专利 171 项（名称略）。

3. 软件著作权

2016 年度获得软件著作权 45 项。包括：① WT-1 型风力发电机组状态监测与故障诊断系统软件；② 移动式颗粒监测系统实时数据采集软件；③ PSS 参数整定及优化仿真软件；④ 企业备品备件共享平台；⑤ 企业燃料采购、技改与合同管理系统；⑥ 企业生产经营数据填报与文档管理系统；⑦ 火电机组经济环保可靠性指标分析系统；⑧ 发电公司机组状态在线监测软件；⑨ 发电公司对标管理软件；⑩ 发电公司测点运维软件；⑪ 火电厂数据中心系统；⑫ 基于关键技术经济月填报数据的电力企业对标管理系统；⑬ 发电公司统一报警平台；⑭ 基于预测模糊控制技术的协调优化控制软件；⑮ 一种变步长在线递推滤波计算软件；⑯ 一种锅炉主控 Smith 补偿参数计算软件；⑰ 1000MW 超超临界二次再热机组动态特性分析及控制策略验证系统软件；⑱ iFix 图形转换工具软件 V1.0；⑲ 新华 XDPS 图形转换工具软件 V1.0；⑳ 火电厂统一信息管理平台；㉑ Ovation 图形转换工具软件；㉒ RAW 图像采集及辐射测温软件；㉓ 汽轮机系统关键阀门寿命管理系统；㉔ 汽轮机本体关键部件寿命管理系统；㉕ 火电厂日常工作管理软件；㉖ ABB PGP 图形转换工具软件；㉗ 火电厂班组管理系统；㉘ 一种串级主控的神经网络计算软件；㉙ 基于模糊偏好的多目标智能混配煤专家系统；㉚ 抗燃油在线再生脱水净化装置 PLC 自动控制系统；㉛ 风电生产运行监视系统；㉜ 风机故障报警及统计分析系统；㉝ 风电场风资源评估系统；㉞ 电站锅炉管寿命管理系统；㉟ ModbusTCP 服务器系统；㊱ 电站锅炉部件寿命管理系统；㊲ 火电机组运行数据采集及存储软件；㊳ 通用通信客户端中间件软件；㊴ Symphony Plus 项目树自动编译软件；㊵ 现场总线设备监管系统客户端软件；㊶ 通用通信服务器中间件软件；㊷ 现场总线设备诊断点编译软件；㊸ 设备类型文件生成软件；㊹ 基于动态线性自回归模型的主蒸汽压力预测控制软件；㊺ 火电厂机组冷端优化辅助控制软件。

4. 专著和论文

2016 年，由西安热工院专业人员主编的《超（超）临界机组模拟量控制系统的调试及优化》《汽轮发电机组转子及结构振动》《电力系统水分析培训教材》《联合循环发电厂技术监督标准汇编》《中国电机工程学会专题技术报告（2016）——超低排放形势下的深度低氮燃烧带来的问题研究及应对措施》等 5 部专著和《ASME PTC6-2004 汽轮机性能试验规程》1 部译著由中国电力出版社正式出版发行。在 2016 年度的核心期刊上，西安热工院专业人员共发表论文 184 篇。

5. 纵向科研项目

2016 年新增科研项目 45 项。其中：国家、省市科技项 9 项，政府后补助项目 1 项，华能科技项目 7 项。

全年在研项目 105 项，按计划进度进行，其中国家、省市科技项目 19 项，华能项目 27 项、院自立项目 52 项，其中：39 项项目在年内已全面完成，并通过了项目验收。

6. 经营服务类技术项目

全年累计签订经营服务类技术项目 3664 项（包括技术服务和咨询类 2703 项；产品设备销售和工程类 961 项）。项目涉及火电、风电、水电、光伏发电、核电、煤炭、石化、有色金属以及市政等领域，涵盖

国内 30 多个省（市、区），并涉及国外 12 个国家和地区。

在技术服务和工程业务方面，由西安热工院完成的"燃煤机组节能先进技术集成应用"获得"第八届中国技术市场金桥奖优秀项目"，完成的"现场总线设备监管系统的研发与应用"获得"全国能源化学系统职工技术优秀创新成果奖"；由西安热工院调试、已投运的华能安源 66 万 kW 超超临界二次再热机组工程、长兴电厂 66 万 kW 高效超超临界机组工程 2 个项目获得"2016 年度国家优质工程金质奖"，4 个项目获得"2016 年度中国电力优质工程奖"。

7. 科研平台和基础设施

科研平台和基础设施建设和运营取得积极进展。科研管理信息化平台和创新中心综合信息管理系统（含科技项目数据库管理系统）上线运行，实现了科研项目的信息化管理；加强专业研究中心的建设和各层面研发力量配置；加快科研平台基础建设，苏州脱硝催化剂实验室取得 CNAS 证书；电站锅炉煤清洁燃烧国家工程研究中心申报的 2016 年度创新能力建设项目通过国家发展改革委审批，获得国家补助资金 1000 万元；"国家能源清洁高效火力发电技术研发中心"建设和运营工作有序推进。综合办公信息化系统建设正式启动；阎良科研试验及产业基地实验楼建设已完成，二期项目获得陕西省和西安市两级"绿色施工示范工程""文明工地""新技术应用示范工程"等荣誉。

8. 资质证书

西安热工院的质量、环境、职业健康安全管理体系（三标一体）证书以及工程咨询、电力工程调试、设备监理、特种设备（压力容器）检验、环境工程设计、热喷涂、电力设施承试、节能服务专项资质等各项专业资质全面有效保持；高新技术企业证书有效保持；电站材料重点实验室获得"能力验证结果证书"。

西安西热水务环保有限公司获得环保工程乙级资质，西安西热节能技术有限公司获得安全生产许可证和电力工程三级资质。

9. 技术报告

全年完成各类技术报告 3900 余份、质检报告 1010 余份。

其他荣誉 2016 年，西安热工院再次荣获华能集团公司"先进企业""文明单位""绩效考核 A 级企业"以及中国电建企协"全国电力建设优秀调试企业"和陕西省"厂务公开民主管理工作先进单位"等荣誉，持续被中电联评为电力行业"AAA 级信用企

业";西安热工院工会荣获"模范职工之家";西安热工院团委荣获中国华能集团公司"五四红旗团委",西安热工院"燃煤机组节能先进技术研发、集成应用及示范项目组"荣获中国华能集团公司"青年文明号"荣誉。

国际合作与交流 2016年,进一步加强国际合作与交流,与美国、德国、加拿大、日本、韩国等国际知名的科研机构和国家级电力公司、国际知名的大型企业集团等开展了16次技术交流活动。执行了涉及海外印度、越南、白俄罗斯、巴基斯坦、波黑、土耳其、孟加拉、加纳、摩洛哥、哈萨克斯坦、伊拉克、马来西亚、危地马拉、菲律宾、柬埔寨等15个国家和地区的55项技术服务项目,涉外项目合同额合计1.44亿元。接待来自美国、德国、加拿大、西班牙、日本、韩国、新加坡等7个国家16批87人次来访;派员赴美国、英国、法国、德国、瑞士、西班牙、瑞典、捷克、土耳其、越南、巴基斯坦、塔吉克斯坦、菲律宾、印度、柬埔寨、泰国、日本、韩国和中国台湾等19个国家和地区进行技术交流和技术服务等,共计65批113人次。

党建工作 政治意识、大局意识、核心意识、看齐意识不断增强,在思想上政治上行动上同以习近平总书记为核心的党中央保持高度一致,党和国家的方针政策在西安热工院和创新中心得到全面贯彻落实;党建工作体制机制逐步完善;"两学一做"学习教育扎实开展;干部人才队伍进一步加强;把握运用监督执纪"四种形态",党风廉政建设"两个责任""一岗双责"进一步落实;未发生企业领导人员和经营人员违法、违纪案件;企业、职工队伍保持稳定。

(1)抓紧抓实"两学一做"学习教育。按照"六有"标准,三级联学,夯实学做结合基础;针对问题"改",近100余项问题得到了落实与解决;立足岗位"做",全面深化党员示范行动,通过"亮身份、比贡献、建功绩"主题活动,青年党员引领科技攻关,助力威海电厂6号机组成为当前世界同类型机组节能环保指标最优的绿色机组;专家党员首创性攻克一系列技术难题,为华能长兴、安源、阳光电厂建设项目获得2016~2017年度国家优质工程奖做出重要贡献;离退休党员"退休不退岗",传承技术,带动青年职工,为专业技术发展鞠躬尽瘁,学做结合取得明显成效。

(2)进一步落实党建工作22项重点任务。按照法定程序把党委职责权限、机构设置、运行机制、基础保障等写入《公司章程》;完成党组改党委,同步设立纪委;选派优秀青年干部到党建部担任主要负责人,充实增强党建工作力量;规范党建工作机构名称,剥离非党建工作职能;将党建活动经费纳入院年度预算;召开了高质量民主生活会;完成了"四项排查"等重点工作,获得陕西省国资委党委的好评。

(3)加强干部队伍建设和管理。坚持党管干部、党管人才原则,严格按程序选优配强各级领导班子。强化干部教育培训,平均每月对中层及以上干部培训1次。成立干部监督工作领导小组,每季度召开1次干部监督会议,加强对干部监督、考核和综合分析。设置首席专家等专业技术岗位,畅通科技人才成长通道。加强干部梯队建设,动态建立中层后备干部队伍。

(4)落实党风廉政建设"两个责任"。院党委召开13次党委会专题研究党风廉政工作,制定党风廉政建设6项制度,完成了66项制度的细化完善修订工作。组织开展"四风"问题整治情况"回头看"自查自纠工作;开展招投标专项整改;持续抓好改进作风的监督检查;守住关键节点,加强监督检查力度;实践运用"四种形态"谈话,约谈中层及以上干部和重要岗位人员43次126人。

(5)履行社会责任,巩固精神文明成果。进一步加强企业文化建设,参加国内外的技术交流会、产品推介会等,提升品牌知名度和影响力。组织志愿者赴陕西省回归儿童救助中心(儿童村)开展爱心助学活动,通过捐赠关怀孩子;开展"道德讲堂",弘扬社会主义核心价值观;将"两学一做"与落实中央和华能集团党组关于精准扶贫精神深度融合,"两学一做"与落实中央和华能集团党组关于精准扶贫精神深度融合,得到了地方政府的高度肯定,并在第32期《脱贫攻坚战简报》中对西安热工院的优秀经验进行重点宣传。开展精准扶贫"五下乡"等工作,通过驻村工作队协助韩家窑村调整农业产业结构,大力发展种植业、养殖业等增收项目,为村民提供就业信息,帮助销售农产品,将精准扶贫工作做实,获得当地政府的好评。

(6)民主管理和职代会工作进一步加强。组织召开了西安热工院四届六次职代会暨2016年工作会议,审议通过了西安热工院工作报告、财务状况报告以及与职工利益密切相关的10项制度;广泛征集职工代表提案,会后形成了西安热工院《四届五次职代会提案落实方案》《提案答复汇总表》,并将落实情况反馈至各代表。推进厂务公开和民主管理,建立了厂务公开制度清单;组织退休老同志开展了"圆梦华能沁北百万机组""退休不褪色、永远跟党走"等主题活动，充实了退休老同志生活，离退休管理服务得到了上级的好评；进一步深化实施厂务公开和民主管理，再次获得"陕西省厂务公开民主管理工作先进单位"的荣誉；西安热工院工会还获得陕西省总工会授予的"模范职工之家"称号。

挂靠的行业学会、质检中心、标委会、硕士点、博士后站、专业期刊　中国电机工程学会四个专委会（火电专委会、热工自动化专委会、材料专委会、清洁低碳专委会）按计划举办了多次学术研讨会、技术交流等科技活动，取得良好成效。

"电力工业热力发电设备及材料质量检验测试中心""电站工业发电用煤质量监督检验中心""电力工业热工计量测试中心"等中心的工作有序进行。

四个国家标准化技术委员会机构（全国电气化标委会、全国电站过程监控及信息标委会、全国环保产品标委会水处理设备分技术委员会、全国燃气轮机标委会联合循环发电工作组）和七个电力行业标准化技术委员会（电站锅炉标委会、电站汽轮机标委会、电厂化学标委会、电站金属材料标委会、电站阀门标委会、热工信息与自动化标委会、联合循环发电标委会），均按计划组织开展了标准的制（修）订、审查和宣贯工作；其标准化工作通过了中国电力企业联合会标准化中心组织的年度检查。其中，电厂化学标委会、电厂化学标委会获得中电联"电力标准化工作先进集体"荣誉。

硕士学位授予点：研究生教育质量进一步提升，在与高校联合培养方面继续创新、取得良好效果；招生、教培、科研、学位评定等工作按计划进行。2016年内，研究生毕业并获硕士学位者10人，新招收研究生7人；在读研究生25人。

博士后科研工作站：2016年，出站博士后1人，新进站博士后3人；年内在站博士后3人；科研工作如期进行。西安热工院博士后科研工作站再次被评为"陕西省优秀博士后工作站"。

由西安热工院与中国电机工程学会共同主办的专业期刊《热力发电》，全年按计划完成编辑出版12期，连续5次入选《中国科技核心期刊》，并首次荣获陕西省"精品期刊"称号。

主要事件

2月26日，日本东京电力公司常务副总裁壹岐素巳一行访问西安热工院，与西安热工院院长林伟杰、副院长汪德良就环保领域重点技术进行了深入交流，并探讨了在此领域开展合作的可能性。

3月7日，美国能源部清洁煤炭办公室高级顾问斯穆斯（Smouse）先生一行访问西安热工院，与西安热工院副院长汪德良就超临界二氧化碳技术与超低排放技术进行了深入讨论，并洽谈了今后合作的可能性。

3月31日，中国华能集团公司总经理曹培玺、副总经理叶向东等一行到西安热工院调研指导工作，听取了西安热工院工作汇报及各分管领域工作汇报，对西安热工院今后的发展提出了具体要求，并参观了西安热工院科技展厅及远程中心。

4月16~17日，西安热工承办的美国机械工程师学会（ASME）锅炉与压力容器规范第二卷中国国际工作组（CIWG BPV II）第九次会议在西安召开。来自国内承压设备行业的标准化组织、监察机构、高等院校等32家单位的40余名代表参加了会议。西安热工院副院长范长信出席会议并致辞，西安热工院材料技术专家周荣灿做了专题报告。

5月27日，陕西省国资委"两学一做"第二督导组赴西安热工院进行督导检查，听取了西安热工院"两学一做"具体开展情况，对西安热工院"两学一做"开展情况给予肯定，对下一阶段工作提出了具体要求。

9月1日，中国华能集团公司总经理曹培玺、副总经理叶向东到西安热工院调研，并宣布西安热工院领导干部调整（刘伟任西安热工院院长、中国华能集团公司技术创新中心主任；林伟杰另有任用）。曹培玺一行听取了西安热工院近年来的工作汇报，对西安热工院"十二五"期间取得的成绩给予充分肯定，对西安热工院在落实华能集团各项部署、切实做好科技创新和产业发展等工作提出了具体要求。

9月23日，中国华能集团公司总经济师刘文成到西安热工院调研，听取了西安热工院近期经营情况，对西安热工院的经营工作给予肯定，对下一阶段经营工作提出了具体要求。

9月23日，中电联副理事长王志轩一行到西安热工院调研，听取了西安热工院电厂"三废"控制技术应用现状及发展战略等情况汇报以及对火电环评、总量控制、排放标准及一证式排污许可证改革提出的建议，对西安热工院的技术成就给予肯定，就环保控制技术实施中出现的问题提出了建设性意见。

11月15~16日，西安热工院院长刘伟及副院长王月明、汪德良、吕怀安一行赴南京参加"中国电机工程学会年会"及"清洁高效发电技术协作网2016年年会"。会上，王月明做了题为"燃煤锅炉深度低氮燃烧引发的问题研究及其应对措施"的报告；副院长汪德良主持"清洁高效发电技术协作网 2016 年年会"的论文宣讲会；西安热工院相关专家对入选论文进行了宣讲。

11 月 30 日，中国华能集团公司总经理助理蒋敏华一行到西安热工院调研，听取了千人计划专家关于 T-700 高强合金材料的开发、试制以及申请新材料牌号等进展情况的汇报，对下一阶段的研发工作提出了指导性意见。

12 月 16 日，西热涿州环保催化剂有限公司产权转让协议签字仪式在西安举行，标志着西安热工院及创新中心 2016 年重大专项任务"低效无效资产处置"工作圆满完成。

12 月 19 日，中共西安热工研究院有限公司第一次党员代表大会在院召开，会议选举产生中共西安热工研究院有限公司第一届党的委员会和纪律检查委员会，选举刘伟为第一届党委书记，选举赵宗让为第一届纪委书记。

（姚惠珍）

【中国大唐集团技术经济研究院】

见中国大唐集团干部培训学院。

【中国大唐集团科学技术研究院】

单位概况　中国大唐集团科学技术研究院有限公司（简称大唐科研院）成立于 2013 年 12 月，是中国大唐集团公司（简称大唐集团）根据中央、国务院、中组部相关工作意见和大唐集团科学可持续发展的内在需求而成立的中央研究院，大唐科研院是打造科技创新体系的重要环节，也是大唐集团加快转变发展方式，提高科技创新能力，实现做强、做优的重要保证。

大唐科研院坚持以大唐集团发展战略和产业发展规划为指导，以服务大唐集团生产、经营、建设和改革发展为宗旨，紧密围绕大唐集团在建在役发电资产，开展技术服务支撑；紧密围绕大唐集团生产、经营、建设中遇到的实际问题和困难，开展技术难题攻关；紧密围绕大唐集团未来高新技术产业和战略型新兴产业发展重点，开展前沿技术研发（简称三个紧密围绕），是集技术监督中心、技术服务中心、科技研发中心、科技信息中心（简称四个中心）于一体的研究机构。

大唐科研院面向大唐集团主业、面向生产建设经营实际、面向大唐集团未来发展（简称三个面向），坚持"电力工程技术研究与能源技术经济研究并重、技术服务与科研开发并重"，努力发展"能源政策研究、高新技术研发、电力工程技术研究、能源工程咨询服务"四大支柱业务，形成与大唐集团发展战略相匹配、具有大唐特色的业务体系，为服务支撑大唐集团科学发展贡献力量。

领导班子

院长、大唐集团总工程师：高智溥

党委书记、副院长：常征

党委委员、副院长：田高产

党委委员、工会主席、副院长：夏怀祥

总工程师：张志刚

组织机构　大唐科研院建设了院所两级管理构架，院本部先后成立 7 个职能部门，分别是综合管理部、计划财务部、人力资源部、生产技术与安全监督部、科研管理部、党群工作部和纪检监察部。京内设有 6 家专业技术研究单位，分别是火力发电技术研究所、新能源技术研究所、能源技术经济研究所、两优化研究中心、信息中心和大唐（北京）能源科技有限公司。京外设有 6 家区域电力试验研究所，分别是东北电力试验研究所、华东电力试验研究所、华中电力试验研究所、西北电力试验研究所、华北电力试验研究所和水电科学技术研究院。同时，中国大唐集团公司计量中心、锅检中心的建设取得重大进展，大坝安全管理中心也已挂靠在大唐科研院。

经营局面　大唐科研院面向大唐集团安全生产实际，建立了以区域电力试验研究所为主体的专业技术保障体系；面向大唐集团经营建设，建立了以能源技术经济研究所为主体的电力工程和技术经济咨询服务体系；面向大唐集团未来发展，建立了以大唐科研院本部专业技术研究所为主体，区域电力试验研究所为依托的科技研发体系；面向大唐集团技术信息管理，建立了以信息中心为主体的科技情报和技术标准规范支撑体系。

经过三年多的组建发展，大唐科研院已经逐步形成了生产技术服务、科技研发和技术经济三大核心业务领域。其中生产技术服务主要包括对现场的技术监督、技术服务和技术保障，主要由四个区域电力试验研究所和正在筹备华北所、水电所承担，基本实现了生产的全过程、全覆盖；科技研发则按照前沿、引领、支撑三个层次，面向关键、共性技术问题，面向未来发展，开展科技攻关和科技研发，主要由本部的专业所承担，其中 DSI、分级燃烧技术、污染物协同脱除等 4 项经电机工程学会鉴定达到了国际先进水平，9 项达到国内领先水平；技术经济主要做好能源政策研究，做好基建项目从前期、投资、可研、初设、基建、运营、后评价等工作的全寿命周期技术经济支撑，形成了诸多具有领先水平的技术创新亮点，在东营项目上汽轮机采用先进的六缸六排汽技术，在雷州项目上百万机组由高效超超临界机组改为高效超超临界二次再热机组，在蔚县项目上主机参数由高效超超临界机组改为高效超超临界机组，提高了机组投产后的先进性和竞争能力。此外，大唐科研院为了拓宽业务领域，锻炼队伍，提高技术水平，在姜堰、平罗等项目开展了调试业务。

安全生产 目前，大唐科研院共计承接了大唐集团所属 24 个省份，130 余家发电企业约 1 亿 kW 机组的技术监督、技术服务工作。2016 年，大唐科研院共计完成了 120 家发电企业的技术监督动态检查工作，发现各类问题 6038 项，其中严重问题 145 项，共计完成各类技术服务项目 3206 项，试验项目 2193 项，及时发出预警通知 10 次，收到来自服务企业的感谢信 44 封。其中，大唐华东电力试验研究所凭技术和服务赢得了发电企业的认同和信赖；大唐西北电力试验研究所指导呼图壁电厂处理 1 号机组热态启动时振动异常，避免了设备的重大损坏。

2016 年底，大唐科研院基本形成三北、两华和西南的区域布局，和火电、水电、新能源、技术经济、科技信息、政策理论研究的专业布局，具备全面承担大唐集团系统发电企业技术保障和技术服务的能力，初步建成完整严密的技术保障体系。

节能减排 2016 年，是大唐集团基本建设大发展的一年，也是大唐科研院优化设计和工程技术经济咨询工作取得重大突破的一年。大唐科研院开展了东营等 46 个火电项目，大唐国际、新能源等分子公司的 83 个风电项目和观音岩等 12 个水电项目的技术咨询工作。在工作开展过程中，大唐科研院发挥科技引领和科技支撑作用，提出了诸多具有领先水平和大唐特色的技术方案。在东营项目上汽轮机采用六缸六排汽技术，引领了前沿技术发展，改变了大唐集团装机技术水平模仿跟随的历史。

在优化运行工作方面。两优化研究中心对甘肃、河北、黑龙江等 9 家分子公司的 25 家发电企业进行了现场技术诊断和技术支持工作，形成优化运行技术报告 13 份，提出运行优化和隐患治理建议 961 项，为大唐集团的节能降耗、设备升级改造提供科学的意见与建议。

科技研发 建立了一套从科研立项到结题的全过程管理体系，开展了 102 个重点项目的科技攻关工作，解决了一些关键技术难题，取得了一批具有一定水平的科研成果。DSI 等 4 项经电机工程学会鉴定达

到了国际先进水平，9 项达到国内领先水平。火电技术研究所自主研发的高效除雾器在阳城电厂成功示范，各项技术指标国内领先，解决了超低排放重大工程难题，被大唐集团系统内外企业竞相采用。2016年，共获得中国电力科技进步二等奖 1 项、中国电力科技创新三等奖 1 项，大唐集团科技进步一等奖 4 项、二等奖 8 项，火电所副所长郭婷婷博士荣获"2016 年度中国电力科技贡献奖"。完成专利申请 387 项，其中发明专利 140 项，已授权专利 344 项。发表 EI、SCI 及核心期刊收录高水平论文 98 篇，其中 14 篇已见刊，84 篇被录用。主持制定国际标准 1 项，国行标准 23 项。其中《风电噪声测量技术标准》是集团第一个 IEEE 国际标准。

企业文化 营造"让发展成为主题、让创新成为习惯、让对标成为文化、让攻坚成为机制"的文化氛围。从实际出发、从问题出发、从目标出发；坚持真理、修正错误；坚持改革创新、全面提升；坚持行业对标、补齐短板；坚持求真务实、真抓实干的工作原则；发扬"讲科学、讲技术、讲民主、讲规范"的优良学风，为科研院的健康发展打下坚实的基础。

党建思想政治工作 党建工作扎实推进，健全大唐科研院各级党组织，各区域电力试验研究所党委均直接隶属所在地的省委组织部，提升了管理平台，配备了专职的党委书记，各级党组织的政治核心作用发挥正常，党风廉政主体责任履行到位。开展"两学一做"学习教育工作，利用网站、电视和微信等媒体，结合党风廉政宣传教育月活动，以个人自学、集中学习研讨、创新方式讲党课等多种形式，组织开展学习教育。学习贯彻落实廉洁自律准则和党纪处分条例，切实遵守中央八项规定精神和大唐集团 24 条规定，在青年员工中开展"青春建功、助力发展"等主题活动，增强了青年员工建功成才的热情。企业文化建设特色凸显。弘扬"务实、奉献、创新、奋进"大唐精神，一贯倡导科学的精神、民主的思想，求真务实、真抓实干的工作作风，形成具有大唐科研院特色的"讲科学、讲技术、讲民主、讲规范"工作氛围。

主要事件

2 月 2 日，国家新闻出版广电总局下发了《关于同意创办〈分布式能源〉期刊的批复》（新广出审〔2016〕160 号），同意大唐科研院创办《分布式能源》期刊。

4 月 21 日，大唐华中电力试验研究所锅炉室荣获大唐集团"青年文明号"称号，大唐西北电力试验研

究所技术保障青年突击队荣获大唐集团"青年突击队"称号。

6月29日，中国电力行业电力锅炉压力容器安全监督管理委员会正式下发《关于成立第三届电力行业理化检验人员考核委员会的通知》（锅监委〔2016〕6号），大唐科研院正式承接第三届电力行业理化检验人员考核委员会秘书处工作。

7月11日，大唐科研院技术标准库投入使用。

8月30日，大唐科研院举办《能源科技》改版暨能源科技编辑部成立揭牌仪式。

10月11日，大唐集团大坝安全监督管理中心挂牌仪式在大唐科研院举行。

11月23日，科学研究院火电所郭婷婷获得中国电机工程学会2016年"中国电力科学技术杰出贡献奖"。

11月23日，科学研究院《燃煤机组全负荷烟气SO_3脱除高效脱硝关键技术研究与应用》项目获得中国电机工程学会2016年"中国电力科学技术进步奖"二等奖。

（王一格）

【中国华电集团科学技术研究总院】

单位概况 中国华电集团科学技术研究总院（中国华电集团科学技术研究总院有限公司，简称科研总院），是经中国华电集团公司批准组建的综合性科学技术研究机构，为中国华电的二级单位。科研总院于2011年7月18日在中国华电总部揭牌成立；2011年9月19日，在中华人民共和国国家工商行政管理总局正式注册。科研总院的注册资本金1亿元，股权比例为中国华电50％、中国华电科工集团有限公司40％、国电南京自动化股份有限公司10％。

科研总院经营范围为能源技术研发、技术转让、技术咨询、技术服务；技术进出口；技术信息咨询；软件产品开发及销售；电力、煤炭、化工、石油、天然气、新能源、环保及节能节水等相关领域工程系统的设计、制造、安装、调试、试运行、试验、检测、分析、咨询、监理及工程承包；电气设备、自动控制系统、智能设备、机械设备、机电设备、五金交电、仪器仪表、化工产品（不含危险化学品）的生产和销售。主要业务范围：跟踪国内外能源科技进展，组织开展能源领域重大科技攻关和产品研发，为中国华电战略规划、生产运营、工程建设、高新技术产业和管理决策等提供技术保障和服务。

领导班子

董事长：孙青松

院长（总经理）：霍利

副院长（副总经理）：陈远台

副院长（副总经理）：张国远

国家"千人计划"专家：陈耀斌

国家"千人计划"专家：刘清侠

主要领导人员变动情况：2016年3月18日，邓建玲不再担任中国华电集团科学技术研究总院有限公司董事长、董事、总经理，中国华电集团科学技术研究总院院长职务。2016年6月13日，孙青松任中国华电集团科学技术研究总院有限公司董事长；霍利任中国华电集团科学技术研究总院院长（中国华电集团科学技术研究总院有限公司总经理）。

组织机构 截至2016年12月31日，科研总院在册员工67人，下设综合管理部、科研项目管理部等2个职能部门（人力资源、财务等工作依托华电科工相应职能部门开展，与华电科工合署办公），下设中国华电页岩气开发利用研究中心（简称页岩气中心）、中国华电多相流分离技术研究及应用中心（简称多相流中心）、中国华电煤炭清洁利用技术研发中心（简称煤炭中心）、中国华电智能能源研究中心（简称智能中心）等4个内设机构。

年度业绩 2016年，科研总院新增授权专利19项，其中，发明专利4项，实用新型15项；新申立各类科技项目7项，其中，国家及地方政府项目1项；获得北京市财政支持230万元；新立示范推广项目5项；年度内新签订技术服务（开发）收入合同额达1033万元。

经营管理

（1）强化安全管理。重视实验室、科研项目现场安全管理工作，组织安全教育培训，开展安全月和安全大检查活动，提高科研人员安全意识，规范各项安全措施。完善现场安全管理机构和规章制度，签订示范推广项目安全管理协议，明确有关安全责任，保证科研项目安全实施。

（2）完善内部经营管理。一是对科研总院成立以来全部规章制度进行整理、汇编成册，根据对现有制度梳理情况，结合总院改革和实际情况，建立、修订了《工作规则》《人员流动管理办法》等多项规章制度。二是完善月度总结及计划填报制度，强化月度定期工作。三是按照7S管理要求，规范实验室、办公区工位物品的摆放。四是按照中国华电公务用车改革有关要求，制订相关改革实施方案，进一步规范公务用车管理。五是在科研项目开展执行预算的基础上推进全面预算管理，进一步在总院系统内强化全面预算意识，要求各部门、中心细化预算，按月通报预算执行情况，提高资金使用效率，使经费支出更具计划性、合理性。

（3）加强项目管理。一是对院内科研项目开展全生命周期管理，包括项目经费、进度、质量和安全等，为保障项目顺利、安全开展做好过程管理。二是大量搜集国家、地方政府、中国华电有关项目申报信息，按照解决所急、研究所需的原则做好科研项目申立管理。三是做好项目成果管理。建立科研总院专利登记、统计及维护台账，开展专利费用减免和专项资金资助，积极申请北京市专利试点单位，争取享受更多支持政策。

（4）推进科研设施建设。组织实施了烟气深度净化技术研发实验平台搭建、物理实验室提升改造、高性能计算中心搬迁扩建等工作，不断健全、优化科研基础设施及平台，为下一步大规模应用做好准备。为充分利用好全院实验室资源，组织梳理实验室功能及软硬件设备情况，召开实验室资源交流讨论会，积极筹划搭建科研总院科研设备、仪器共享平台。

（5）开展科技交流活动。以不同学科为主导，多次举办青年科技人员交流座谈会，邀请中国华电领导及相关部门负责人出席，通过加强对年轻科研人员的培养，增强年轻博士们的责任意识，加深中国华电对科研总院科研工作的了解，促进各研发中心在研究领域上的相互沟通；协助中国华电承办科技"每月一讲"，邀请相关领域专家、教授，为中国华电系统内科研、技术人员讲授专业知识、传递前沿讯息，组织开展"2016油气产业上游高峰论坛"等有关学术交流。组织参加中国电力企业联合会、中国电机工程学会等行业协会以及中国华电组织举办的学术会议，使科研总院科研人员能够及时掌握相关技术最新发展形势。

项目发展

（1）页岩气中心服务新兴产业发展。通过进驻清洁能源公司，为油气板块提供贴身对口服务，目前已成为清洁能源公司充分信赖、不可替代的重要技术支撑力量。2016年，页岩气中心共完成国家能源局《我国天然气管网等基础设施市场化改革研究》《国际天然气市场交易和监管机制研究》、湖北省能源局《湖北省页岩气综合利用研究》等各层级（中国华电、二级单位及省级专题）研究课题6项，完成《清洁能源公司"十三五"科技发展规划》《正安页岩气综合利用规划方案》等发展战略及行业研究5项，气源项目评价及技术支持4项，发表SCI类及国家级核心学术

论文3篇。通过积极跟踪天然气行业动态，"技术参谋部"作用得到了发挥。页岩气中心在提供科研支持和技术服务过程中，获得中电联全国电力职工技术成果一等奖1项，中国华电管理创新成果一等奖1项，中国华电政策研究课题三等奖1项、优秀奖1项，全国电力企业国家级管理创新论文大赛中1篇论文获得二等奖，2篇论文获得三等奖。中国华电青年创新创效竞赛技术类铜奖1项。

（2）多相流中心做好节能减排工作。在立式尾部烟气深度净化系统研究方面，以高性能离心分离技术为核心，通过实验及数值计算对系统进行全新设计和系统优化，烟气净化效果及系统可靠性明显提高，同时还降低了能耗，解决了脱硫后的二次污染问题；在高温预除尘和CFB分离器技术研究方面，已确定CFB分离器技术研发路线，并建立分离器运行数据库进行内部流场特性研究；申报2017年度北京市科委重大办科技成果转移转化项目、科技部国家重点研发计划"燃煤电站低成本超低排放控制技术及规模装备"、2017年度科技部重点项目"燃煤电厂新型高效除尘技术及工程示范"等项目，申请以"尾部烟气深度净化技术"为主要内容的技术研发课题，其中科技部国家重点研发计划已顺利通过科技部评审。在高效分离原理已得到充分验证的基础上，面向电厂实际需求，积极开展技术应用推广工作。在章丘电厂实施的国内首台尾部烟气深度净化技术示范应用项目，经山东省环境保护厅指定单位测试，尾部烟气烟尘浓度低于 $5mg/m^3$，减排效果显著。长沙电厂项目利用卧式烟气深度净化技术，在国内600MW机组上首次成功示范应用，目前设备运行平稳，浓度随负荷变化小，减排效果明显。在潍坊电厂成功实施了制粉系统优化改造示范项目。改造后的制粉系统，运行过程中堵塞现象基本消除，清理时间由5天增加到30天，煤粉细度、出力、系统压降等参数均满足指标要求，节能提效作用明显。完成了江苏句容电厂等10余家燃煤电厂600、1000MW机组尾部烟气深度净化技术的可行性研究，系统结构内流体动力学仿真研究，确定了最优的技术改造方案。

（3）煤炭中心开展燃煤电厂宽温度窗口SCR脱硝催化剂关键技术研发。研发出脱硝效率85%以上、NO_x 浓度符合技术指标的催化剂配方，并制备出粉末催化剂和成型催化剂，待成型催化剂寿命测试等工作完成后，即可实现该催化剂配方的工业化应用；针对燃煤机组脱硝系统入口烟温偏低的问题，通过大量调研与技术分析，正在开发一种宽温度调节的脱硝技

术，实现由并网开始任何工况下的脱硝投运；重点围绕燃煤电厂污染物控制与煤炭清洁利用方面开展了物料输送防尘抑尘技术、低热值煤提质技术、粉煤灰改良土壤性状技术和煤泥水自动加药系统等技术研发工作，编制有关调研报告和技术研究方案。在成果示范应用方面，常德电厂燃煤电厂脱硝系统氨逃逸控制技术与整体性能优化项目，已完成了机组实际情况摸底调研，获得机组设计与运行数据，并申报了北京市科委项目。句容电厂百万煤机高性能吸收剂/吸附材料捕集 CO_2 技术研究及小型工程示范项目，已完成项目申请书、可行性研究报告、查新等申报材料，参加了中国华电组织的立项汇报。卓资电厂实施的电厂磨煤机石子煤高效分离工艺技术开发项目，有效解决了燃煤电厂石子煤量较大、堆放和处理困难问题，目前已申报 2017 年度科技成果奖。

（4）智能中心开展基于能源互联网的分布式能源关键技术研究。作为国家能源分布式能源技术研发中心实验室建设参与单位，承担了分布式能源系统集成技术和检测平台技术建设的部分工作，完成了研发中心一期建设任务，于 8 月通过了国家能源局的验收；承担的《基于互联网技术的分布式能源关键技术研究》课题，已初步搭建了电能能量管理系统；《区域分布式能源智能集中管控运行优化系统》项目正在进行相关架构顶层设计，计划将区域内火电、风电等模块纳入智能管控系统中；北京市科委重大科技成果转化落地培育专项课题《燃气分布式能源站在线优化控制系统研制》，将研制一套具有中国华电自主知识产权的功能完备、技术先进的在线智能优化控制系统，并在北京通州运河核心区分布式能源站示范应用，目前项目正式取得市科委立项，市财政经费已拨付到位。在科研成果推广应用方面，自主开发的分布式能源智能优化系统（简称 iDOS），已在上海莘庄、上海科技大学、国家会展中心、广东三水等项目成功示范应用，并收到很好效果。在中国华电的大力支持下，iDOS 系统将列入包括重庆江津、莘庄 II 期、集美 II 期、江苏金湖、湖北九华、郑州富士康在内的多个分布式能源项目招标规范中。在智能水务方面，与华电水务公司共同申请了《智能水务专家决策系统在污水处理厂节能优化运行中的研究及示范应用》科工科技项目，计划选取滹沱河项目进行工程示范。

党的建设、精神文明建设和企业文化建设　开展"两学一做"学习教育工作，举办主题党日活动，组织召开党员座谈会，为科研人员加油鼓劲，增强大家对科研工作的信心；庆祝科研总院成立五周年，组织各中心总结、收集科研总院成立五年来的业绩、成果，为能源领域主流媒体提供素材，在《中国电力报》刊发了《在砥砺前行中创新发展——中国华电科研总院创新工作纪实》等多篇报道；组织员工参加"趣味运动会"及各项体育比赛活动，丰富科研人员业余生活，促进员工身心健康；积极编发企业文化丛书，组织编辑出版了 2 期《中国华电科研》期刊，不断培育科研总院"人才为本、价值为上、创新为荣、奉献为乐"的企业精神。

（张　建）

【华电电力科学研究院】

单位概况　华电电力科学研究院（简称华电电科院）前身是电力工业部水力发电建设总局机械设计室，于 1956 年 10 月在上海建立；1980 年 6 月 19 日，经国家科委批准，在杭州组建成立电力工业部杭州机械设计研究所，为副地师级单位；1998 年，更名为国家电力公司杭州机械设计研究所；2002 年，根据国务院有关科研事业单位转制为企业的要求，划归中国华电集团公司；2009 年，更名为华电电力科学研究院；2016 年，成为中国华电直接管理的二级单位。

作为中国华电直属科研服务机构，华电电科院主要从事火力发电技术、水电及新能源发电技术、分布式能源技术、煤炭检验检测及清洁高效利用技术、质量标准咨询及检验检测技术等的技术研究和技术创新工作，为中国华电所属发电企业提供技术监督、技术服务和技术支撑工作。紧跟中国华电发展战略，电科院明确了"科技创新、服务华电"的战略定位，到 2020 年实现"3286"发展目标，即：新增科技领军人才 30 人、助推中国华电两个"20"目标的实现、增加行业领先优势专业 8 个、实现技术服务收入 6 亿元，形成"五个中心"（科技研发中心、技术监督中心、技术服务中心、成果转化中心和人才培养中心）、"四个一流"（一流人才、一流科研、一流管理、一流服务）的能源集团综合科研院，为中国华电发电业务提供技术保障和创新支持。

领导班子
院长、党委副书记：彭桂云
党委书记、副院长：庄荣
副院长、纪委书记、工会主席：沈寿林
副院长、党委委员：常浩
副院长、党委委员：范炜
煤检中心副主任、党委委员：李小江
副院长、党委委员：张邵清

组织机构　截至 2016 年 12 月 31 日，华电电科院所属单位 6 家,其中区域分院 3 家,分别为东北分院、山东分院和西安分院;全资子公司 2 家,分别为杭州华电能源工程有限公司和杭州华电工程监理咨询有限公司;控股公司 1 家,为杭州华电双冠能源科技有限公司。设置 7 个职能部门和 15 个专业部门。

人力资源 截至 2016 年 12 月 31 日,共有正式员工 921 人(含劳务派遣 45 人),高级及以上职称 160 人,中级职称 345 人;建有院士专家工作站、国家级博士后科研工作站,其中院士专家工作站获评"全国百家示范院士工作站",为中国华电内首家;拥有浙江省"千人计划"3 人,杭州市全球引才"521"计划 2 人,中国华电"千人计划"8 人,浙江省及杭州市各类人才计划 14 人。

年度工作业绩 2016 年,华电电科院完成营业收入 7.17 亿元;全年实现科技项目立项 18 项,发布国家标准 1 项;获得国家、行业标准立项 10 项;实现科技拨款 2325 万元;获得 18 项科技奖励;专利受理 311 件,其中发明专利 143 件;专利授权 171 件,其中发明专利 33 件;出版专著 2 部,发表论文 454 篇。取得国家认监委检验检测机构 CMA 资质认定证书,认证现场和实验室参数 708 项,具备向社会出具公证数据和结果的资格,成为发电集团首家覆盖全部发电领域的国家级资质认定科研院所。

经营管理

(1)基础管理方面。开展行业能源战略研究和中国华电国际业务、环保、节能、科技等各类规划研究工作。不断完善资质建设,华电电科院拥有电源工程类调试特级、工程咨询甲级、特种设备检验检测机构核准等多项资质。成立分析测试中心,完成涵盖 20 个专业实验室约 4000m² 的实验室建设,为顺利取得 CMA 资质,全面履行自主监督职责奠定基础。开展"两金"专项清理,往年应收账款总额降低 52%;实施全面预算管理,以"预算为先"指导开展经营活动;实施证券资产处置,取得较好的投资收益。强化发电企业技术能力建设,开展中国华电火电、水电、新能源等多领域技术培训、技能大赛和交流会议,2016 年累计达 5000 余人次。

(2)技术监督方面。完成技术监督收回,发挥自主监督优势,推进技术监督回归本质,华电特色技术监督体系日臻完善。2016 年,完成 138 次火电企业技术监督现场检查,提出整改建议近 9000 项,较监督收回前增加 1 倍以上;完成设备故障调查和应急技术支撑 700 余次,机组强迫停运台均同比下降 14%。

(3)技术服务方面。水电方面,推进中国华电 2015~2017 年水电提效计划,构建"远程集控、状态检修、生产优化、提效增容"全方位服务研究体系。建设水电机组远程诊断中心,提供状态检修决策支撑;开展典型流域、梯级、单站优化调度研究,助推企业效益提升;与国家能源局大坝中心合作,建设大坝安全分析决策系统;开展智能水力发电标准体系及技术创新研究,承担大古、东风等智能水力发电试点项目建设。新能源方面,积极构建勘察设计、设备故障监测、运行性能优化、设备设施检测的全寿命周期服务体系。完成蒙西区域新能源远程诊断平台三级部署,为风电机组状态检修奠定坚实基础;开展中国华电光伏组件检测,有效提高组件性能;创新开展风电机组性能考核、检测与评估;精细化开展风电场微观选址复核和设计优化审查工作,有效降低工程造价。供热方面,实现热力产品"产-输-配-售"全过程全面覆盖;开展网源一体化智能供热技术研究,形成行业内垄断的技术优势;超前布局形成火电灵活性改造技术专利群,使中国华电火电灵活性技术处于国内领先地位。

(4)技术支撑方面。一是启动中国华电《"十三五"碳排放规划》编制工作,助力中国华电成为国内首家编制碳排放"十三五"专项规划的中央企业;参与国家电力行业配额分配研究,推进中国华电应对全国碳市场的各项工作。二是开展节能新技术应用,提高机组能效,承担的国家发展改革委大型电站冷源节能新技术示范工程项目,在中国华电 6 台机组应用;开展火电厂精密点检工作,有力提升设备可靠性。三是承担中国华电全部机组超低排放改造可研与性能试验;国内首家提出完善的 SCR 催化剂质量等级"五色评价体系"与过程化质量管理模式,实现脱硝催化剂的全寿命管理;建设行业内唯一一家专门的环保监督机构,开展中国华电环保监管工作,完成 G20 峰会空气质量保障等专项行动。四是开展集团级燃料标准化实验室技术支持和咨询、入厂煤采制样设备性能试验期间核查的技术指导和监督、采制一体化试点工作技术指导等工作;开展智能化燃煤岛技术的集成和开发;攻克粉煤灰基新型环境修复功能材料关键技术难关。五是开展精细化调试路线,忻州广宇项目机组试运指标超过验评标准;完成通州电厂燃机调试项目,刷新了重型燃机首次点火到投产用时 30 天、两台机组首次点火到双投用时 36 天的国内双纪录。

项目发展 所属杭州华电能源工程有限公司依托电科院自有专利技术,完成邹县、丹东电厂智能热网改造,网侧节能超过 20%;所属杭州国电机械设计研究院有限公司承建的沙沱、思林升船机 500t 标船试航成功，创造了国际同级别升船机建设时间最短、国内同级别升船机提升高度最高的新纪录。

改革发展

（1）内部改革方面。按照中国华电科技体制改革的要求，坚持"全院一盘棋"的思路，落实作为中国华电直属二级科研机构的责任，有效整合、盘活存量资源，推行大部制改革。建立"五合一"管理体系，构建与电科院主业相适应的管理体系，将院行政体系、资质认定体系、三标体系有效融合，编制完成140 余万字体系文件，形成质量手册、34 个程序文件、251 个作业指导书及 710 个质量与技术记录，进一步规范行政和技术体系，有效提升管理效能。

（2）技术创新方面。依托分布式研发中心，巩固中国华电分布式研发领先优势。国家能源分布式能源技术研发中心通过能源局验收，建设的"多能互补分布式能源微网系统集成及测试实验平台"达到国内领先、国际先进水平；作为分布式能源领域唯一的国家级研发平台，分布式能源技术研发中心打造了天然气和可再生能源互补的分布式能源系统技术研究和成果转化应用体系。

（3）国际业务方面。与 Uniper 科技公司签署脱硝催化剂和燃机燃烧调整等相关技术转让协议；与日本中部大学就粉煤灰综合利用开展技术合作；邀请秦裕琨院士、金红光院士、何雅玲院士等专家开展相关技术讲座。协助中国华电开展海外业务技术尽职调查，完成俄罗斯、澳大利亚等国家的 4 家电厂尽职技术调查评估；参与编写《2030 年能源体制革命战略研究》，获国家能源局能源软科学研究优秀成果奖。

党的建设、精神文明建设和企业文化建设 开展"两学一做"学习教育，严格执行"党员活动日"制度，建立党员学习教育的长效机制；健全支部建设，建立党支部工作指导和考评机制，推广先进做法。履行"两个责任"，严格落实"一岗双责"，抓住关键领域开展监督检查，开展业务流程中的廉洁风险点辨识工作，并制订相应的防控措施，逐步构建完善的廉洁风险防控体系。将纪念建院 60 周年主题贯穿全年工作，开展一系列广受职工好评的文体活动；编写《创新之路》文册，拍摄《华彩六十年》专题回顾片，充分展示华电电科院 60 年的文化底蕴。着力解决职工住房难问题，开展志愿者服务以及捐资助学等活动，做实系列创建活动，1 个班组荣获中国华电"五型"优秀班组；1 个部门荣获"浙江省总工会工人先锋号""浙江省青年文明号"。

主要事件

3 月 8 日，中国华电集团环境保护监督技术中心在华电电科院揭牌成立。

8 月 8 日，华电电科院正式通过国家认监委批准取得检验检测机构资质认定（CMA）证书。

9 月 3 日，中国华电集团公司党组书记、董事长赵建国一行到华电电科院调研。

10 月 28 日，华电电科院喜迎建院 60 年华诞。

【国电新能源技术研究院】

单位概况 国电新能源技术研究院（简称国电新能源院）筹建于 2009 年 6 月，是中国国电集团公司（简称国电集团）在中组部、国资委支持下，建设海外人才创新创业基地的实施载体，是国电集团建设一流综合性电力集团，实施科技创新战略的重要举措。2010 年 8 月 18 日，国电集团在北京市昌平区国家"未来科技城"正式开工建设国电新能源院。

国电新能源院按照"边建设、边研发"的原则，着眼于当前我国能源利用的现状、着力解决制约能源高效清洁利用的若干重大技术难题。研发领域包括风机整机研发、太阳能光伏与光热、脱硫脱硝、水及固体废弃物资源化、等离子煤粉燃烧技术和双尺度低氮技术、风电运营、海洋能资源分析与评估、大型潮汐电站选择、地热资源分析与评估、新型地热发电设备研究等。拥有 1 个国家重点实验室、2 个国家能源研发中心、1 个国家认定企业技术中心、1 个电力环保博士后流动站。

领导班子

党委书记、副院长：陈保卫

副院长、党委委员、工委主任，兼培训中心主任：王志宏

培训中心副主任：殷培光

党委委员、培训中心副主任：冯培良

党委委员、纪委书记：丛中华

负责人变动情况说明：张连斌退二线，担任巡视员；郭桦职务变更，由副院长变更为首席专家，不担任行政职务。

组织机构 设院长办公室（党群工作部）、科技管理部（国际合作部）、人才工作部、工程建设部、培训部等管理部门及能源创新技术研究中心 1 个研发中心。

目标任务 在中央、国资委和国电集团相继召开科技创新大会后，国电新能源院召开了创新发展工作研讨会，提出了今后一个时期的科技创新工作思路：以十八大和十八届历次全会精神为统领，切实贯彻全

国科技创新大会和国电集团科技创新工作会议精神，全面实施"一五五"战略，持续深化"双提升"工作，坚持"四个面向"的科技创新工作方针，注重补短板、破瓶颈、促协同、强激励，提升科技研发能力和管理水平，加快科技创新平台建设，进一步推进创新驱动发展战略落地生根。

在具体工作任务上，提出了"一个协同，两个机制，三个平台，四个领域"的工作措施。"一个协同"是明确国电新能源院协同创新工作主要任务，重点围绕科技研发、国电集团重点科技托管项目过程管理、科技交流合作以及科技咨询等方面开展工作。"两个机制"是进一步完善人才机制，解决引人、用人和人才激励问题，探索风险投资机制解决科研创新经费问题。"三个平台"是按照国电集团部署，利用国家鼓励"大众创业、万众创新"示范基地建设的发展契机，搭建科技孵化平台；发挥互联网优势，建设科技管理信息化云平台；注重把握新兴市场机遇，探索研究碳交易平台。"四个领域"是围绕国电集团主业，在节能减排、智能电站、可再生能源和储能四大领域重点开展科技创新研发工作，力争取得核心技术新突破。

科研攻关 一是国家及北京市重大科技项目取得进展。科技部国际合作项目"低阶煤热解与半焦低排放燃烧发电关键技术的合作研究"通过北京市科委专家组验收，获得北京市科委科研成果后补助资金支持260万元。依托"发电系统功能材料北京市重点实验室"开展的国电集团重点科技项目"特种高分子材料对火电厂烟气中细微颗粒物的深度脱除技术"，通过北京市科委专家验收评审，被认定"具备在燃煤电厂开展中试规模侧线试验的条件"，在大同第二发电厂开展絮凝反应工业侧线试验。国电集团重点科技项目"新型绿色高效生物质燃料电池项目"进展顺利并取得了一定的研究成果，功率密度和电池稳定性得到改善，催化剂成本得到降低。国电集团重点科技项目"火电厂粉煤灰制备高吸附性节能环保材料的技术及应用研究"，在吸附性、时效性、经济性和工艺优化等方面取得了多项突破性成果。国电集团重点科技项目"火电厂工业废水浓缩减量技术及零排放制盐技术研究"在金堂电厂完成了中试试验。

二是国际前沿科技项目取得突破。作为国家重大科技专项中美"能源与水"项目"火电厂水资源减量利用"子议题的牵头单位，通过了科技部项目立项答辩，签署了中美双方合作研究技术管理计划（TMP）和联合工作计划（JWP），与美国研究机构完成技术对接。承办了"APEC燃料电池国际论坛"，围绕国内外燃料电池发展趋势、氢能及其基础设施等主题进行了交流探讨，来自美国、加拿大、德国、日本、韩国等国家知名专家学者，以及丰田、戴姆勒、巴拉德电力等企业的代表400余人参加了论坛，得到人民日报、新华网等国内十多家主流媒体的宣传报道。

承办了"北京未来科技城知识产权宣传周启动仪式暨企业创新发展与知识产权管理报告会"。参与了北京市科委和未来城管委会牵头打造的氢能全产业链关键技术研发共同体，"电解生物质燃料电池制氢技术"联合研发项目通过北京市科委组织召开的论证会，并推动项目立项工作。同时，"新型绿色高效生物质燃料电池研究"申请了北京市2017年度北京未来科技城科研成果后补助项目。

三是科技咨询智库效应显现。承担了国电集团"十三五"科技规划汇总编制工作，咨询了火电、煤炭、新能源、节能环保和自动化等领域29位专家，形成《国电集团五大领域技术调研报告》和《专家意见汇总》，为国电集团编制2017年科技项目指南提供了有力的参考依据。结合APEC燃料电池国际论坛的成果，针对分布式燃料电池发电技术及氢储能技术的商业化现状、产业政策、主要问题、市场前景等开展全面细致的调研，形成了《APEC燃料电池国际论坛总结暨分布式燃料电池发电与氢储能行业调研报告》，为国电集团发展燃料电池技术的方向和前景提出了建议。

科技管理 一是扎实开展"双创"工作。深入贯彻落实国家和国电集团关于"大众创业、万众创新"的工作部署，编制了国电新能源院"双创"工作实施方案。制定了创新空间建设的初步方案，并前往国家级孵化器宏福创业园开展调研，推进"双创"工作有效落实。

二是高效推进项目管理工作。7月7日，国电集团科技项目启动会在国电新能源院召开，正式委托国电新能源院对14项国电集团重点科技项目进行全过程管理。编制了托管项目管理办法、项目验收材料归档规定等规章制度，确定了托管科技项目合同模板。同时，继续完善院内科技项目管理体系，在对建院以来30个科技项目开展专项审计的基础上，制定或修订了《科技项目管理办法》等3项制度。

三是充分发挥科技创新平台作用。与国家知识产权局专利审查协作北京中心开展合作，完成双方战略合作框架协议签署。根据国电集团统一部署，继续开展科技创新资金的财务核算及资金管理工作。建立了专利、论文国际检索平台，向集团公司全系统内开放。

内控管理 一是严格落实"四个集中管控"。根据国电集团关于进一步加强资金管控工作的相关要求，开展了账务清查、账户清理等相关工作，在国电集团财务基础工作检查中获得好评。修订了差旅费管理办法，印制了新版财务管理手册，配合各项审计工作，提升各项基础能力，完成决算编制，强化预算管理，加强费用管控，办公经费总体支出节约成效明显。严格物资采购管控，印发了采购、非招标采购、电商采购的管理办法。建设了固定资产信息化管理系统，完成了全院范围内的固定资产核查。

二是加强人才队伍建设。加强干部队伍建设，进一步完善中层干部管理结构。面向应届毕业生、国电集团内部公开招聘，启动博士后工作站招聘。按照中组部干部档案专项审核工作的有关要求，对国电集团党组管理的领导人员档案进行了补充收集。推荐3名青年优秀科研人员申报了《2017年度北京市科技新星计划》和《2016年度北京市优秀人才培养资助计划》。

三是提升行政管理效能。成立了保密、档案和法律工作委员会，与重点部门签署保密责任书，与离职离岗人员签署保密承诺书；建设档案信息化系统，完善档案室建设和归档工作；与律师事务所加强交流，邀请律师来院进行培训讲座，提升依法执企从业能力。

四是完善服务安全保障。每季度牵头召开院区服务保障座谈会，提高院区后勤服务质量。编制了房屋维修管理办法，定期检查院内设备设施的运行情况，确保房屋、设备设施安全稳定运行。落实安全责任制，开展安全隐患排查，加强实验室危险化学品管理工作，开展了消防应急演练，保证了院区安全工作"零事故"目标。

党建工作 一是充分发挥党组织政治核心作用。按照国电集团党组部署安排，完成了党组改设党委工作，选举产生了院党委、纪委。院党委在思想上始终与党中央和国电集团党组保持高度一致，构建了一个讲大局、讲团结、谋大事的和谐班子，充分发挥了党委的政治核心作用。

二是落实"三重一大"决策程序。严格执行《党委议事规则》，规范决策程序，确保"三重一大"问题集体研究、集体决策。

三是抓实党风廉政建设。抓好党风廉政建设"两个责任"落实，书记树立"第一责任人"意识，党委委员承担"一岗双责"，编制了党风廉政责任书，由党委负责人在年初工作会议上与5个部门（中心）签署，并在年中对各部门党风廉政建设责任书执行情况进行检查督促，听取了基层党组织党风廉政建设工作开展情况汇报，真正形成了一级抓一级、层层抓落实的责任体系。制订了《纪委工作规则》，夯实了执纪问责的工作基础。开展了党费收缴工作自查及整改工作，开展了工会经费使用和福利发放情况、工资内外收入检查等专项监督检查工作，规范了工会经费使用。修订完善了院重点领域、关键环节、重要岗位权力运行流程图，进一步完善了廉政风险防控长效机制。以"一名党员一滴清水"主题活动为抓手，开展党风廉政宣教活动。书记为全体党员进行了"两部法规"的集中宣讲；全体党员于9月7日参加了"两部法规"的专题测试，测试成绩平均达95分。

四是加强作风建设。开展了"四风"问题整治"回头看"工作，按照"三查三看"的工作要求，重点排查了8个方面的作风建设情况，在巩固教育实践活动和"三严三实"专题教育成果的基础上，进一步完善了作风建设长效机制。

五是扎实开展"两学一做"学习教育。加强思想建党，以开展"两学一做"学习教育为契机，创新学习形式，通过领学、提问、讨论等方式提升学习效果。召开10次中心组学习会，党委委员通过主题发言、交流心得体会，强化了从严管党治党、廉洁执企从业的意识，党性修养和思想认识得到了进一步提高。3个党支部分别围绕"四讲四有"专题开展了4次专题党课、3次支部学习交流。班子成员讲党课6次，并以普通党员的身份参加支部学习交流。支部书记与普通党员进行了主题发言，全体党员撰写了学习心得体会并在微信平台安排了集中交流。开展了红色基因教育，组织全体党员参观鱼子山抗日纪念馆，在烈士墓前重温入党誓词。

六是强化基础工作。规范基层支部组织生活，建设完成了党员活动室，开辟了支部活动阵地，将每周四定为党员活动日，各支部"三会一课"制度得到了严格落实。定期制定、印发学习计划和学习材料，充分利用微信公众平台、交流群，采取多媒体手段展示学习资料，并为全体党员赠书10余种400余册，确保全体党员尊崇党的章程，树立"四种意识"。

七是丰富员工文化生活。推进"工会活动日"制度，将空置厂房改建成为集篮球、羽毛球、乒乓球等活动场地于一体的员工活动中心，承办了未来城羽毛球比赛，开展了奥体公园长走等系列活动，增强了员工凝聚力。成立了新能源院青年创新工作室，调动青年科研工作者的创新积极性。

主要事件

1月18～19日，由 APEC 能源工作组、国家能源局国际合作司和中国国电集团公司共同主办，国电新能源技术研究院承办的"APEC 燃料电池国际论坛"在北京召开。

3月8日，国电集团党组成员、副总经理谢长军赴国电新能源技术研究院调研。

4月12日，"北京未来科技城知识产权宣传周启动仪式暨企业创新发展与知识产权管理报告会"在国电新能源技术研究院举行。

7月1日，中美清洁能源联合研究中心（CERC）指导委员会第八次会议在北京召开。中国科技部副部长阴和俊主持会议，中国科技部部长万钢、美国能源部长莫尼兹、中国国家能源局局长努尔·白克力、美国驻华大使马克斯·博卡斯等嘉宾出席并发表讲话。

7月7日，国电集团公司 2016 年度科技项目启动会在国电新能源技术研究院召开。

9月21日，受科技部国际合作司委托，北京生产力促进中心组织专家组在北京生产力促进中心召开了"褐煤热解与半焦低排放燃烧发电关键技术的合作研究"项目验收会。

9月22日，北京市科委政策法规与体制改革处组织专家对依托国电新能源院"发电系统功能材料北京市重点实验室"研发的，北京市科委 2015 年度科技创新基地培育与发展专项项目——"特种高分子材料对燃煤火电厂烟气中细微颗粒物的深度脱除技术"进行验收。验收专家一致认为该项目完成了北京市科技专项任务书规定的全部研究内容，达到了考核指标要求，具备在燃煤电厂开展中试规模侧线试验的条件。

11月，国电新能源院"褐煤低温热解与半焦低排放燃烧发电关键技术研究"课题成功获批北京市科委 2016 年度北京未来科技城科研成果后补助项目支持。

11月17日，在北京未来科技城管委会的推动下，国电新能源院与国家知识产权局专利局专利审查协作北京中心（简称专利审协北京中心）签署知识产权战略合作框架协议，共同建立长期稳定的战略合作伙伴关系。

12月8日，国电新能源技术研究院工程荣获2016～2017 年度国家优质工程奖。

（李　然）

【国电科学技术研究院】

单位概况　国电科学技术研究院（简称国电电科

院）成立于 2008 年 10 月 22 日，在国电环境保护研究院和中国国电集团公司安全生产技术服务中心的基础上组建。国电电科院与国电环境保护研究院实行一套人马、两块牌子的管理模式，是中国国电集团公司（简称国电集团）直属科研单位。

国电电科院拥有电力工程调试单位能力资格等级、特种设备检验检测机构核准、CMA 计量认证、工程咨询甲级、环境影响评价甲级、环境工程设计甲级以及环保工程总承包、安全评价咨询、环保设施运营等资质证书，是国家高新技术企业。

领导班子

院长、党委委员：刘建民

院党委书记、副院长：张军

副院长、党委委员：肖建平

副院长、党委委员：朱法华

院纪委书记、党委委员：朱林

院总会计师、工会主席、党委委员：王玉红

副院长、党委委员：苗永旗

组织机构　院办公室、党群工作部、监察审计部、人力资源部（技术培训中心）、计划经营与法律事务部、财务产权部、财务共享中心、生产技术部（技术监督中心）、安全监察部（安全性评价中心）、重点实验室（研发中心）、北京电力技术研究分院、沈阳电力技术分院、武汉电力技术分院、太原电力技术分院、银川电力技术分院、成都电力技术分院、国电环境保护研究院、国电锅炉压力容器检验中心、国电南京煤炭质量监督检验中心、南京电力设备质量性能检验中心、北京国电蓝天节能科技开发有限公司。

技术服务　一是完成五项评价工作计划。完成了17家火电、16家水电、56家风电共89家企业的安全现状评价工作；完成了华蓥山、大武口等11家企业节能评价；完成了沈阳热电等10家企业环保评价；完成了元宝山等13家企业的技术监督评价，完成了70家次企业的技术监督集中服务；完成了丰城等8家企业燃料技术监督评价；完成了哈密、乐东、织金电厂的综合评估；完成了49家发电企业安全专项检查；完成了45家火电企业安全文明生产标准化达标现场验评工作。

二是开展技术监督和服务工作。技术监督服务容量 4097 万 kW，较 2015 年增加 965 万 kW。及时快速响应服务需求，发现处理了铜陵 1 号发电机定子端部手包绝缘缺陷、南椏河 2 号发电机定子接地等重大事故隐患缺陷，组织完成了对国电集团 280 台主变压器的变压器油色谱普查，发现存在异常的变压器 30 台。开展了热工、电测专业的标准量值传递工作。扩建了催化剂检测试验室，拓展了技术服务项目，完成了 51 台机组的新采购催化剂供货抽检任务，实现 2016 年新采购催化剂 100% 供货抽检。完成 23 台机组的在运催化剂抽检工作，指导脱硝运行。完成对吴忠电厂设计、设备选型、设备制造、设备安装、机组调试、性能试验等基建各阶段全过程全部专业的技术监督。开展了基建期金属监督和清洁度检查工作，在方家庄、宿迁基建项目的金属监督工作，发现大量水冷壁和包墙鳍片对接焊缝存在裂纹缺陷，受到国电集团、业主的高度评价。完成了泰州 1、2 号等 110 台锅炉内外部检验工作，发现处理了泰州 1 号炉高压导汽管硬度低等重大缺陷。

三是做好新机组调试和大修机组试验、优化运行工作。完成了汉川 6 号机组、吴忠 1 号机组调试任务，指标达到行业最好水平，受到业主的好评。开展了对邯郸等电厂施工现场的精细化检查指导，完成新机性能考核试验 12 台，拓展了猴子岩水电站新建机组一次调频等强制性涉网试验项目。完成 2016 年大修机组煤耗查定修前试验 32 台、修后试验 14 台，完成 2015 年大修机组煤耗查定修后试验 9 台。完成脱硝、脱硫、除尘系统性能试验，以及超低排放、CEMS 比对、烟气检测等 181 台次。完成华电集团等燃气电厂多批次燃气轮机进气过滤器性能检测。完成了对永福等电厂 10 台机组运行优化工作，提高了机组效率特别是低负荷运行效率，永福 4 号、石嘴山 4 号等机组降低供电煤耗 2g/kWh 以上。

四是保持环评和环保咨询业务的行业优势地位。输变电环评业务大增，特高压环评工作进入常态化。在 2015 年度的环评单位考核中，被江苏省评为优秀，山东、宁夏等省区位列前三名。入选江苏省发展改革委第一批碳排放第三方核查机构，完成了 33 个电厂的核查工作，开拓了业务领域。完成脱硫脱硝提效、液氨改尿素、超低排放改造可研项目 45 个，水资源分级利用及污染防治改造可研项目 16 个。

五是发展煤检和燃料智能化服务业务。增加了燃料技术监督，完成了实验室改造，成为行业一流实验室。开展对国电集团内 84 家火电企业存查煤样的监督抽查，对红雁池、库车等 18 家电厂进行了现场超差原因分析工作并召开部分电厂的原因分析会，解决了吉林江南热电全自动制样与离线制样热值误差、华蓥山等电厂入厂煤皮带采样机误差等问题。完成了 206 台机采装置性能试验、110 台化验设备的校准试验。

六是完成各项培训任务。承办了国电集团 2016 年煤质化验技能竞赛，做到了公平公正、节俭有序。完成了煤质检验人员上岗取证培训班 6 期，值长培训班 2 期，智能化管理培训班及燃料专责人培训班 3 期，安全监督资格及安全标准化培训班 6 期，励磁、热工专业技术培训班 4 期，脱硝催化剂培训班 2 期，变压器油色谱分析培训班 1 期，参培人数超过 2000 人。

科技研发 利用国家级研发平台，开展节能减排技术研究，推进技术进步；结合技术服务，强化成果应用；制定行业标准，巩固优势地位。

一是推进重点项目。国家科技支撑项目"大容量火电机组高效梯级供热技术开发及工程示范"，完成了技术研发，提出分级加热的汽轮机余热回收系统，突破制约系统应用的小端差低温热源加热器关键技术，显著降低当前热电联产技术造成的高品位能损失，在大开热电厂技改工程应用，降低供电煤耗 70g/kWh，增加供热量 70 万 GJ。牵头组织完成"十二五"863 主题项目"燃煤电站多污染物协同控制集成技术与装备"，开发了 5 项新技术并建设了示范工程，研究成果的创新性和推广性，促进了燃煤电站污染物控制由单一控制向协同控制的跨越。国家科技支撑项目子课题"烟气深度净化技术及系统集成的研究"，结合蚌埠电厂 660MW 机组，将试验研究成果应用于系统设计和设备成套，示范工程进展顺利。

二是攻关生产技术难题。开展火电厂低氮燃烧器改造后水冷壁高温腐蚀的研究，评估了都匀、北仑、龙山三家电厂高温腐蚀技改效果，提出了低氮燃烧技术与 SCR 脱硝技术协同优化运行的技术路线。优化调整了福州、邯郸、民权、大武口等电厂锅炉水冷壁近壁区气氛。开展了提升机组 AGC 性能试验研究，采用凝结水节流技术、供热蝶阀参与负荷调节控制、锅炉蓄热动态微分前馈等关键技术，对克拉玛依、石嘴山等电厂机组，优化了 AGC 相关的控制策略和控制系统，显著提高了机组响应 AGC 负荷指令的速度，获得了较多的补偿电量。

三是湿烟羽处理技术取得突破。完成了国电集团重点课题"燃煤电厂湿烟羽成因及对策研究"，研发了烟气降温与加热相结合的烟羽消除技术和高导热性耐腐蚀换热器，实施了上海外三 7 号机组冷凝法烟气除湿减排改造 EP 项目，减少了超低排放"大白烟"现象。在丰城 1、2 号机组脱硫及湿除一体化改造项目中，首次将除尘器布置在吸收塔塔顶，节省了空间，降低了成本，为普遍存在的场地狭小、空间不足的脱硫湿除改造项目提供了解决方案。

四是编制一系列行业技术规范及指南。《湿法烟气脱硫工艺性能检测技术规范》（DL/T 986—2016）、《火力发电厂环保设施运行状况评价技术规范》（DL/T 362—2016）、《火电厂烟气中细颗粒物（PM$_{2.5}$）测试技术规范　重量法》（DL/T 1520—2016）被批准发布执行。电力标准《在线钠离子计校准规范》《火力发电厂低浓度烟尘测试技术规范》及《火力发电厂SO$_3$测试方法》已完成送审稿。

"燃煤电厂烟气污染物超低排放关键技术及应用"获中国电力技术发明奖一等奖。"基于在线测控的锅炉-SCR脱硝-空气预热器系统协同优化关键技术与应用"成果获中国电力科学技术进步奖一等奖、国电集团科技进步一等奖。锅炉-SCR脱硝-空气预热器协同优化技术应用到龙山、大武口、庄河等电厂。获得授权专利76项，其中发明专利17项。

提质增效　按照国电集团的总体要求，与生产科研工作密切结合，提质增效取得了实效。

一是建立流程，严格落实四个集中管控。执行"三重一大"集体决策制度，每周召开院长办公会，研究决策投资、人事、资金等重大事项。进一步完善综合管控一体化平台，嵌入修订的各项物资采购规章制度，将制度流程化、流程信息化、信息网络化，实现了采购计划、采购文件、定标申请、供应商入库等事项的网上签批，提高了工作效率，全年在国电集团招标、非招标平台以及电商完成物资和服务采购5.66亿元。为有利于开展技术服务工作，向国电集团提出制定下发了《国电科学技术研究院承接集团内部技术服务项目采购管控办法》。对于每一个投资项目，在完成内部计划、咨询、会议审批程序后，上报国电集团批准后实施。抽调专业骨干组建财务共享中心，软硬件建设推进较快，并建立了与业务量直接挂钩的绩效考核制度，于9月12日第一批通过了国电集团的验收，共享中心对院本部等13家核算单位，实行集中资金管控和会计核算，规范完善了工作流程，确保了资金安全。

二是强化预算，控制项目成本。根据国电集团对国电电科院目标责任制考核项目和指标的变化，修订对所属单位考核办法，分解指标，传递压力。理顺了各单位房产、车辆等产权使用关系。分析近几年的经营成本，从紧下达各部门各单位八项费用预算指标，认真执行"两审三把关"，对办公用品、会议费、培训费实行全院统一归口管控。全年支出八项费用2078万元，集团下达预算2827万元，占全年指标的74%，其中三公经费完成预算指标的60%。

三是转型发展，瘦身处置公司。严格按照有关规定开展资产评估、集团审批、挂牌转让、工商变更等工作，完成了北京检测公司、南京环保科技公司股权转让，收回了投资收益。成立工作组，有序完成了工程项目收尾、项目款回收、人员妥善安置、资产处置、清算审计等工作，注销了南京能源环境公司，配合注销了中电学汇公司。转让和注销工作，做到了程序规范，队伍稳定，交接顺利。

四是加强监督，保障健康有序发展。举办了安全、法律知识专家讲座，开展了全员安全规程知识考试，参加了江苏省万人学法竞赛活动，提高了安全生产意识，增强了依法治企观念。清理处置了浦口院区实验室多年累积的废弃危化品，消除了安全隐患，2016年院内未发生人身伤亡和设备事故。针对普遍开展的业务，制定了《专家技术咨询服务》等合同范本，防范了风险，提高了效率。

党群工作　按照国电集团党组和江苏省委组织部的部署，确定2016年是"党建工作提升年"，按照"落实主责强基础，提升能力精队伍，履行责任促廉洁，营造氛围保稳定"的工作思路，加强党的思想建设、组织建设、作风建设、制度建设和执纪监督，全面做好党建党廉工作。

一是党建工作水平不断提升。开展"两学一做"学习教育，全体党员学习党章党规、习总书记系列重要讲话精神，开通网络视频课程，征集出版家风家训，45名党组织书记和党务工作者到延安学习，48名党员到常州市委党校学习，组织纪念建党95周年活动，赴井冈山、焦裕禄纪念馆等多个红色教育基地开展活动，切实增强广大党员"四个意识"；全年召开26次党委会、4次党建工作例会、14次中心组学习，制定、修订7项党建制度；加强基层党组织建设，成立锅检中心党委和环保院党委，进一步规范党支部管理；企业文化和精神文明建设有效推进，获得"2013—2015年度江苏省文明单位"荣誉称号。

二是扎实做好巡视整改工作。2015年8月20日～9月4日，国电集团党组第一巡视组对国电电科院开展了为期16天的巡视。2016年2月2日，巡视组对国电电科院反馈了意见。国电电科院高度重视，制订了整改方案，共提出调整党组织设置等整改措施69条。随后，院党委积极督促整改措施的落实，随时向国电集团党组巡视办汇报整改情况，在所有问题均按期完成整改的基础上，及时将整改报告上报巡视办。10月10日，国电集团党组巡视办至电科院，对巡视意见整改情况进行了为期一周的检查，并按照巡视办的要求修订了巡视整改报告，巡视办认为国电电科院的巡视意见整改工作基本到位，达到了整改效果。

三是关心群众生活。开展为员工送关爱、送清凉、送温暖活动，建立了女职工特殊时期休息室，调整增加了体检项目，慰问住院职工，补助困难职工，提供员工培训学习机会和锻炼舞台，2016年新增13名在职攻读硕士博士学位人员，20人取得硕士博士学位。

四是加强青年工作。院团委开展了"青年科技论坛""青春悦读"、学雷锋志愿活动等，取得了较好成效，被评为国电集团2015年、2016年度共青团工作述职优秀单位，获得国电集团和江苏省"五四红旗团支部"各1个。

纪检监察与审计工作　设立监察审计部。制定了2016～2018年纪检监察工作规划，明确了三年工作的重点任务。纪委书记参与并监督院党委会25次、院长办公会37次。与班子成员开展廉洁谈话23人次，与本级管理的领导人员个别谈话78人次，集体谈话326人次。2016年6、11月，对重点实验室（研发中心）"燃煤电站多污染物综合控制技术研究与示范项目"和质检中心燃机部"金鸡湖天然气分布式能源调试项目"进行效能监察，下发了效能监察通知书，严格按照有关程序开展工作，共查出问题7项，均完成了整改。制订了《纪委信访案件办理规定》。开展两部法规宣讲工作，纪委书记共赴7家直属党组织开展了现场宣讲，共428名党员参与了宣讲并进行了测试，均测试合格。开展"一名党员、一滴清水"专题教育，制订了翔实方案，开展好一次党委中心组学习会等八个一活动。组织全院副处级以上干部、重点岗位人员60余人赴江苏省南京市建邺区"预防职务犯罪警示教育基地"，参观学习由江苏省纪委重点推荐的南京首家"反腐影院"。对国电电科院审计工作制度进行补充修订，进一步规范了审计工作的标准和程序。

（张佳洁）

【国电环境保护研究院】

见国电科学技术研究院。

【水电水利规划设计总院】

单位概况　水电水利规划设计总院（简称水电总院）的历史可以追溯到燃料工业部水力发电工程局（1950年成立）、水力发电建设总局（1953年成立）、水电建设总局勘测设计局（1954年成立）、电力部水力发电建设总局设计院（1956年成立）和北京水力发电设计总院（1957年成立，即1958年成立的水利电力部勘测设计总局）。2002年，国家组建了中国水电工程顾问集团公司（简称水电顾问集团）。2011年9月，国家组建了中国电力建设集团有限公司（简称中国电建）。同年11月，水电总院与水电顾问集团分离，改由中国电建直接管理。2012年，水电总院的生产经营和相关职能人员与水电顾问集团分开，水电总院开始作为中国电建所属的事业单位独立运作。

水电总院受国家有关部门委托，承担着行业规划、技术管理、工程验收、质量监督、标准制定和政策研究等工作，并受托管理国家能源水电工程技术研发中心、国家水能风能研究中心、可再生能源（水电、风电、潮汐发电）定额站、国家可再生能源发电工程质量监督总站、水电工程质量监督站、国家可再生能源信息中心，并负责水电、风电安全设施的竣工验收工作。水电总院是国家能源局设立的16个能源研究咨询基地之一，同时受国家能源局委托承担管理8个水电、风电行业标准化技术委员会（组）。

领导班子

院长、党委副书记：郑声安
党委书记、副院长：彭程
副院长：李昇、王忠耀、顾洪宾、袁建新
总工程师：彭才德
副院长：龚和平、彭土标、易跃春
党委副书记：何忠
纪委书记、工会主席：毛璐

组织机构　2016年，水电总院设有职能管理部门8个，分别为院长办公室、党委工作部/工会办公室/企业文化部、人力资源部、计划发展部、财务资产部、技术质量安全部/总工程师办公室、纪委办公室/监察审计部和科技标准部；业务部门14个，其中，以专业建设为主的业务部门5个，分别是规划部、水工部、施工部、地质部和机电部；以经营管理为主的业务部门4个，分别是安全验收部、工程质量监督部、水电业务部和国际业务部；经营管理与专业建设并重的业务部门5个，分别是环境保护部、水库经济部、工程造价部、新能源部和信息数据中心。临时机构2类：流域协调办和院级项目部。下属法人单位3个：中国水利水电建设工程咨询有限公司、《水力发电》杂志社和哈密智源科技信息技术有限公司。国家级、行业级挂牌机构5个：国家水能风能研究中心、国家水电工程技术研发中心、水电工程质量监督总站、国家可再生能源定额站和国家可再生能源信息管理中心。

截至2016年底，水电总院正式员工259人（含《水力发电》杂志社、水力发电学会秘书处），具有教授级高工116人，占45%；具有副教授级高工（高级职称）48人，占19%。具有硕士及以上学位的有120人，占46%，具有博士学位的33人，占13%；超过93%的员工具有大学本科及以上学历。

主要经济指标 2016年，水电总院完成新签合同金额3.85亿元，实现营业收入3.42亿元，利润总额0.6亿元，完成2016年各项经营指标，完成计划目标的100%。

行业发展重大政策研究 2016年，水电总院承担开展了100多项政策和科研课题研究项目。《我国跨界河流水电开发评估》等4个课题中标国家能源局研究计划，国家科技支撑项目《重大水利水电工程生态修复与环境保障技术及示范》等16项完成验收；组织水电弃水问题研究，编制完成了《水电弃水界定及水能利用率计算导则》和《水能利用监测与发布管理办法》；受国家安全生产监督管理总局委托，开展《流域梯级水电站安全应急技术研究》。

水电及可再生能源行业规划与信息化建设 2016年，国家能源局正式发布了由水电总院牵头制定的"十三五"水电、风电、太阳能、生物质能规划。至此，由水电总院配合国家能源局开展的"十三五"可再生能源专项规划编制工作全部完成，为国家"十三五"时期提升可再生能源利用水平、加快推进能源生产和消费革命奠定了良好的基础。水电规划方面，推进雅鲁藏布江下游、怒江中下游、怒江上游水电规划相关工作；启动了广西、贵州、山东、湖北、青海、新疆、福建等7个省（区）的抽水蓄能选点规划或规划调整工作；牵头开展海水抽水蓄能普查及选点规划工作，提出了资源站点普查成果。新能源方面，开展了青海海南州和海西州太阳能发电基地，张家口奥运光伏走廊，乌兰察布、赤峰、四川雅砻江风光水互补等新能源基地规划研究工作；在大气污染和特高压外送通道新能源基地工作中开展晋北、锡盟、包头、鄂尔多斯等风光火打捆外送基地规划研究，多个基地规划获得批复。信息化方面，水电总院承建的国家能源局可再生能源发电项目信息管理平台成功应用于国家第六批电价附加补贴目录技术审核工作，实现了政府在新能源行业依法行政和信息技术的深度融合；受国家能源局委托，承建无电地区独立光伏供电工程监测管理平台、农网改造升级工程信息管理平台等多个国

家级监管信息平台；以国家可再生能源信息管理中心为基础，辐射建成哈密、大同等地方能源基地信息平台，为政府及企业提供大数据增值服务。

水电及可再生能源技术管理 2016年，水电总院结合可再生能源行业发展的实际，紧密围绕国务院和相关部委出台的标准化改革文件精神，不断深入推进可再生能源领域的标准化改革，进一步完善水电标准的顶层设计。受国家能源局委托，按照水电工程全生命周期理念，水电总院组织开展了"水电行业技术标准体系研究"，梳理了我国的水电行业技术标准，开展强制性标准复审和可再生能源领域强制性标准体系研究工作，构建行业新型强制性标准体系。同时，持续加大对标准修（制）订工作的力度，2016年，出版NB标准40项，其中出版发布了《水电工程厂房设计规范》《河流水电开发环境影响后评价规范》等一系列涉及工程安全和环境保护的重要规范。水电总院推进水电行业标准"走出去"的战略，向国家能源局上报64项2016～2017年能源领域行业技术标准英文版翻译计划项目，并全部获得批复。与国家标准化委员会及相关部委沟通、协调，着力理顺水电领域标准化组织管理工作，推动水电领域的标准化改革。开展全国水力发电标准化技术委员、生物质能工程建设标准化技术委员筹建工作，拓展标准化工作平台。

改革发展 2016年，水电总院以战略目标为导向，围绕制约总院转型升级的突出问题和薄弱环节，通过优化体制机制，提升内部管理，开展战略体系、组织架构、资源配置、内部管理的适应性调整和改革性创新，为实现战略目标奠定坚实基础。针对外部发展环境变化和自身发展存在的问题，水电总院深入开展"战略对标""2030年远景展望""业务发展重难点问题深化研究""专业发展规划研究""电建集团技术中心方案深化研究""电建国际业务高端咨询平台建设方案研究"六大专题研究，初步形成总部、分支机构的总体布局，并按照内部控制要求明确各机构职责定位。在完成咨询公司领导班子的建设及机构建设的同时，成立可再生能源信息管理中心哈密和大同分中心，注册了哈密智源信息科技有限公司，探索实体化信息业务运作新模式。

经营管理 2016年，水电总院持续探索创新经营体制机制。以市场为导向，为进一步深化高端经营模式，加大市场开拓力度，水电总院先后与西藏、四川、贵州等水电大省，以及国网新源公司、南网双调、三峡集团、华能集团、华电集团、国电集团、大唐集团等大型电力企业签订战略合作协议，以战略合

作协议的形式稳固了现有的水电业务市场，为新兴市场打下良好基础，也为水电总院的转型发展做出重要贡献。为进一步完善经营管理体系，水电总院修订发布了新的《经营管理办法》，创新内部经营发展模式，牵头开展岷江上游流域重大生态修复工程总体规划及重点项目研究，联合主办第二届"世界水谷"论坛暨首届汶川论坛。建成首个投资项目——哈密综合能源基地信息公共服务平台，建成首个信息化业务EPC项目——大同采煤沉陷区国家先进光伏技术示范基地信息公共服务平台。同时，水电总院拓展省级或市级综合能源评估业务，为青海、四川、甘肃、黑龙江大庆、西藏日喀则等地区创建清洁能源示范省市方案提供评估服务；开拓生物质能非发电领域的业务发展，牵头完成内蒙古、黑龙江、新疆生物质能制气示范区的规划研究，开展全国生物天然气示范县发展规划研究工作。

重大项目 2016年，水电总院组织推进了多项重大项目，包括雅鲁藏布江下游水电规划项目、金沙江上游川藏段巴塘、叶巴滩等水电站前期技术审查项目、金沙江上游川滇段水电前期项目、金沙江下游乌东德水电站施工期移民安置技术咨询项目、白鹤滩水电站可行性研究阶段技术审查项目、怒江松塔水电站前期技术咨询项目、黄河茨哈峡水电站前期技术咨询项目、雅砻江两河口施工期技术咨询项目、芝瑞、洛宁等抽水蓄能电站可研阶段技术审查项目、瀑布沟水电站水库建设期移民咨询/监理项目、龙滩、龙开口、糯扎渡、泸定等水电工程安全鉴定项目、厦门蓄能、天池蓄能、金沙水电站等质量监督项目，以及甘肃酒泉风电基地二期第二批项目可行性研究报告技术评审项目、大唐赤峰百万千瓦级风电基地示范规划研究项目等。据统计，2016年水电总院完成审查、验收、质量监督、评估、安全鉴定、咨询等技术服务类工作近千项次；完成工程设计审查449项次，工程验收57项次，现场质量监督工作133项次（项目100个），水电工程技术咨询工作249项次，安全鉴定工作47项次，评估工作8项。与此同时，水电总院也积极协调流域水电工作的开展以及水电前期的经费管理工作。

走向海外 2016年，水电总院多模式地探索国际业务。在践行规划先行理念的基础上，推进了《中巴经济走廊能源规划》滚动修编工作，开展了《孟中印缅能源合作研究》《中缅电力合作总体规划》等一系列国际规划研究工作。以践行高端理念为切入口，协助国家能源局等有关部门完成了2016年G20能源部长系列会议、2016年可再生能源大会等7个重要国际会议。在践行国际知名理念方面，水电总院先后与国际能源署IEA、国际可再生能源机构IRENA、沃利帕森公司、法国电力公司、澳大利亚驻华使馆、丝路基金、中兴能源等单位建立了业务联系与人员交流，不断提升水电总院的国际知名度和影响力。同时，根据国家能源局的安排，水电总院策划实施国际能源电力信息平台建设。

科技创新 2016年，水电总院依托中国电建技术中心平台开展了大量工作，包括政策研究、标准体系研究、规划、项目咨询的、信息化建设、国际项目技术服务以及安全应急技术创新等。推进国家能源水电工程技术研发中心、国家水能风能研究中心相关工作开展，依托两河口水电工程开展博士后项目站申报。2016年，水电总院承担的《全国"十三五"风电规划和消纳能力研究报告》及《太阳能热发电场址普查报告》分别获得2015年度国家能源软科学研究优秀成果二等奖及三等奖；《300m级高面板堆石坝安全性研究及工程应用》获得水力发电科学技术奖一等奖；6个项目荣获2016年度中国电建科学技术奖。同时，由水电总院牵头编制《中国电力建设集团股份有限公司投资规划》，获得一致好评。

党群工作 2016年，水电总院抓住"两学一做"学习教育契机，在2015年党建工作的基础上，坚持三条主线，致力于两个平台的建设，创新丰富相关载体，在深化党建工作体系机制上着力，不断加大推动工作力度，不断创新工作方式。在中国电建召开的"两学一做"专题教育经验交流会、"七一"纪念大会上，水电总院做了经验发言交流。

在党建方面，一是坚持思想建党，强化党委中心组学习，创新丰富学习平台的载体，高度重视并深入开展"两学一做"学习教育，并强化学习教育的实际成效；二是坚持全面从严治党，切实发挥把方向、管大局、保落实的作用，贯彻落实联系群众的作用；三是强化管理，严格"三会一课"制度，推动部门内部机制建设，重视发展党员工作；四是落实"两个责任"，继续推进党风廉政建设，坚持在领导班子和人才队伍建设方面的高标准和严要求，不断推进"阳光总院"的建设。

在企业文化和对外宣传建设上，水电总院在2016年成绩斐然。一是制定印发《水电总院突发事件新闻宣传应急预案》，修订了《网站建设和信息发布办法》；二是发布《2016—2020年企业文化建设规划》《企业文化手册》《员工行为守则》，制作完成了《音乐形象片》《宣传画册》，在企业文化体系初步完成的基础上，逐步推动科学的文化管理；三是以成功承办 G20 能源部长会议为载体，加大对外宣传，相继在国家、行业等新闻媒介播出或刊载相关重要新闻，大力弘扬水电总院"高端咨询公司"的形象，不断提升中国电建和水电总院在国际能源领域的影响力。

2016 年，水电总院筹备召开了一届一次职工代表大会，建立健全了职代会民主管理制度，开展职工代表提案征集、督办、落实工作，完善了职代会民主协商集体合同、民主评议领导干部等机制，保障了职工的民主权利。持续开展"三送关怀"、"乐在总院"迎新春游艺等丰富多彩的活动，营造和谐向上的良好氛围。水电总院团委开展"青年突击队"、"学习雷锋精神，传递爱心力量"活动以及各种青年文体比赛，组建总院 QC 工作组并参加"行业发展报告"编写工作，举办"第三届青年论坛"，推动团青工作有效服务团员青年成长成才，新能源部张佳丽荣获中国电建第二届十大杰出青年荣誉称号，地质部易志坚荣获中国电建 2016 年度青年岗位能手荣誉称号，院团委荣获中国电建五四红旗团委表彰。

【电力规划设计总院】

单位概况　电力规划设计总院（电力规划总院有限公司，简称电规总院），隶属于中国能源建设集团有限公司，是中国能源建设股份有限公司发起人之一。

电规总院是国家能源局重要的技术和研究咨询支撑单位。2009 年以来，国家能源局在电规总院设立了国家电力规划研究中心、电力规划设计标准化管理中心、中国火电灵活性提升协作平台、国家 700℃超超临界燃煤发电技术创新联盟秘书处、电力工程造价发布牵头单位、国家能源局研究咨询基地、燃料电池发电技术创新协作平台等 7 个机构。

作为国家级高端咨询机构，电规总院主要面向政府部门、金融机构、能源、电力及相关行业企业提供服务，主要业务领域是能源及电力行业产业政策、发展战略、发展规划、高新技术等课题研究，电力工程项目评审、评估和咨询，科研标准化等工作，具有国家发展改革委认定的电力工程项目评估资格。

领导班子

院长、党委副书记：谢秋野

党委书记、副院长：梁政平

副院长、党委委员：孙锐

党委委员、纪委书记、副院长：徐小东

副院长、党委委员：万明忠

总工程师、党委委员：赵锦洋

副院长：杜忠明、吕世森

组织机构　电规总院设有院长工作部、人力资源部、财务管理部、计划发展部、科技信息部、党群工作部（纪检监察与审计部）、规划研究部、发电工程部、电网工程部、技术经济部、国际业务部、智能电网部、能源研究所，信息技术中心（北京洛斯达科技发展有限公司，简称洛斯达公司）。

人力资源　截至 2016 年底，电规总院在职员工 270 人，其中教授级高级工程师 88 人，高级工程师 110 人，中级及以下 49 人，各类注册师比重 47%，博士 98 人，硕士 67 人。拥有全国工程勘察设计大师 3 人，享受政府特殊津贴专家 5 人，特级专家 11 人，专家 13 人，青年专家 25 人。

2016 年，根据战略发展、业务结构调整及企业管理需要，增设国际业务部、智能电网部、能源研究所、党群工作部（纪检监察与审计部）。通过博士后工作站科研人员、应届毕业生招聘、人才引进等方式构建人才队伍。加强干部队伍建设，调整、提拔了部分干部，干部队伍结构更趋合理和年轻化。开展领导干部个人事项报告、人事档案专审等工作。加强院校合作交流，与华北电力大学合作设立了"联合培养研究生工作站"。

生产经营　全年生产经营指标全面超额完成。全年共完成合同 7.34 亿元、产值 6.89 亿元、收费 6.17 亿元，同比增长 33%、17%、5%，再创新高。全年实现营业收入 4.58 亿元、利润总额 3602 万元，同比增长 14%、68%，盈利能力进一步提升，发展基础进一步增强。

重点工作

（1）战略规划纲要成功发布，战略引领企业科学发展。

8 月 1 日，电规总院召开《中长期发展战略规划纲要（修订版）》（简称《纲要》）发布会。《纲要》秉承"能源智囊、国家智库"发展愿景，明确提出了围绕国家级高端能源咨询机构及专业智库的战略目标，实现战略引领、结构调整、创新驱动及转型升级四大战略转型，推进政府研究咨询、企业咨询与技术服务、新兴业务及投资业务四类业务布局，落实特色智库建设、协同经营、国际化、服务领先及资本运营五大战略举措，强化研究创新与政策引领能力、市场开发与拓展能力、大数据分析与研究能力、核心人才培养与队伍建设能力及资源整合与企业管控能力五项核心能力建设的战略发展思路，是推动电规总院创新发展的行动纲领。

以发展战略为引领，为推动四大战略转型，电规总院对机构设置做出重大调整，增设国际业务部、智能电网部和能源研究所，为加快结构调整和转型升级奠定了基础。为加快智库建设，在国家能源局和中国能建的大力支持下，能源发展研究中心于7月19日在电规总院揭牌成立，国家能源局副局长李仰哲和中国能建董事长汪建平莅临揭牌仪式并致辞，对能源发展研究中心的成立寄予厚望。能源发展研究中心依托电规总院，参与能源及电力行业发展战略规划、重大政策制定及相关问题研究，为政府能源主管部门提供技术支撑服务，为能源企业、金融机构及行业提供咨询服务，是电规总院实现"能源智囊、国家智库"发展愿景的重要载体。战略经营取得新进展，电规总院与神华集团、华电福新、内蒙古电力公司、上海社科院、华北电力大学等企业集团和科研院所签署战略合作协议，与华北电力大学联合设立了"联合培养研究生工作站"。

为落实人才发展战略，打造一支专业技术过硬、改革创新意识和市场开拓能力强的新型人才队伍，初步形成由全国勘察设计大师、中国电机工程学会会士、特级专家为领军人物，中青年技术专家为骨干的专业技术人才队伍。

（2）智库作用与影响力进一步凸显，助力能源电力发展"十三五"规划蓝图。

受国家能源局委托，电规总院继续深入推进能源发展"十三五"规划和电力发展"十三五"规划研究工作。在电规总院大量研究成果的基础上，11月7日，《电力发展"十三五"规划》顺利向全社会发布；11月17日，《能源发展"十三五"规划》由国家能源委员会审议通过。

电规总院按照国家能源局的要求和部署，牵头筹建"提升中国火电灵活性协作平台"，协助国家能源局开展示范试点工作，推动中国火电行业转型升级，为国家能源局提供政策建议和决策支持。

（3）光热发电领域成效显著，继续发挥行业引领作用。

2016年中国光热发电进入规模化发展新阶段，电规总院投身光热发电技术研究、标准制定和技术交流工作，继续在推进光热发电技术进步和行业发展方面发挥引领作用。

2016年为9个光热发电项目提供技术咨询服务，为甘肃省玉门市制定百万千瓦级光热发电基地规划提供咨询评审服务。参与《槽式太阳能热发电厂集热系统设计规范》等11项国内行业标准，以及5项国际电工委员会（IEC）国际行业标准的编制工作。受中国可再生能源规模化发展项目管理办公室委托，开展光热发电技术进步活动工作计划研究，完成《我国太阳能热发电技术和产业发展情况分析报告》等3份研究报告。组织举办了2期光热发电汽轮机国内技术交流会，协助举办了2016年中国国际光热电站大会。

（4）发挥技术和人才优势，托举特高压设计技术新高度。

2016年，电规总院依靠技术和人才优势，发挥在特高压工程咨询评审、设计协调、技术服务中积累的经验，承担了多项特高压工程的设计牵头、技术咨询以及分步评审等工作，为中国特高压工程的实施和安全运行提供了重要的技术支撑。

作为联合设计牵头及设计评审单位，电规总院负责电压等级最高、输送容量最大、输电距离最远、技术水平最先进的准东—皖南±1100kV特高压直流工程设计协调及分步评审工作，完成了各设计阶段重大技术难题研究、设计标准制定、工程技术方案优化等工作，丰富了设计技术内涵，把特高压工程的设计技术水平提升到了新的高度。

此外，电规总院组织专家对±800kV 1000万kW受端分层接入500/1000kV交流电网的特高压直流输电技术设备可行性进行了论证，以锡盟—泰州、上海庙—临沂±800kV直流特高压输电工程为依托，逐步推广容量提升和受端分层接入技术，有效降低单位容量造价和损耗率，提高线路走廊土地利用率，为后续直流特高压工程奠定了基础。

电规总院还完成了苏通GIL综合管廊工程设计过程咨询评审、设计技术难题解决、关键技术研究把关，为世界上最先进的超长距离苏通GIL综合管廊工程开工建设提供了技术支持。

（5）施工图预算业务取得进展，牵头多项交流特高压施工图预算编制工作。

电规总院先后中标5个1000kV特高压交流输变电工程施工图预算项目，工程实施难度高、建设规模大，在系统运行中的地位非常重要。这些特大型项目的中标，拓展了电规总院工程造价全过程管理业务的深度和广度。

特高压施工图预算编制工作内容复杂，工作量庞大，这5项特高压工程设计单位基本涵盖了国内主要电力设计企业。电规总院作为牵头单位，发挥协同经营优势，牵手相关设计单位，共同开展特高压造价咨询工作。

（6）扬帆"一带一路"，在政府双边、多边能源合作中发挥重要作用。

服务国家能源国际合作大局，继续开展国家"一带一路"能源领域合作专项规划咨询后续研究工作。受国家能源局委托，开展中蒙能源合作规划、中越能源合作规划、中苏（丹）电力合作规划、中俄电力合作规划、中国与周边国家电力基础设施互联互通规划等研究工作，并赴孟加拉国、泰国等国开展能源合作调研。这些研究成果为国家政府部门制定合作规划、签署合作协议、协调解决合作问题等工作提供了重要的决策参考。

参与能源国际合作平台搭建，加强与国际能源组织交流合作。承办第五届中阿能源合作大会、2016年"国际能源变革论坛"分布式能源分论坛等，参与了第四次中印战略经济对话、东盟＋3能源安全会议、中老电力合作磋商会议等政府间能源合作机制，与IEA、能源宪章等国际能源组织机构搭建联系纽带，正式成为能源宪章工业咨询委员会成员。组织召开了提升中国火电灵活性国际技术交流会等重要国际会议，参加了2016年中日联合委员会联席会议、第九届中日联合委员会暨专项工作组会议、第十届中日节能环保综合论坛、中美第五次智能电网技术研讨会、第六届中美气候变化工作组智能电网研讨会等国际性会议与交流活动，提升了电规总院的国际影响力。

（7）智能电网业务领域不断拓宽，承担南方电网智能电网规划研究系列工作。

2016年，电规总院完成了《南方电网智能电网发展模式及总体架构研究》《南方电网"十三五"智能电网规划研究》《南方电网智能电网规划纲要》等指导南方电网智能电网建设的重要专题研究和规划，明确了南方电网公司智能电网的发展目标和框架体系，提出"十三五"电力规划建设支撑智能电网发展的重点领域、重点任务、系统性工程，从全局角度引领南方电网公司智能电网整体建设，为推动南方电网公司发展战略目标和"十三五"具体发展目标的实现奠定了基础，成为南方电网智能电网建设的开拓者和指引者。同时，电规总院深化与南方电网在配电网规划、能源互联网、智慧园区、电动汽车充放电设施建设等项目上的合作，开拓设计咨询业务，促进了业务结构的优化调整。

（8）积极拓展综合能源研究业务，多能互补集成优化示范工程等多项研究项目取得丰硕成果。

电规总院协助国家能源局组织开展了国家级多能互补集成优化示范工程的申报和评选工作，同时承接了陕西延安市新城北区、安塞县、青海省等多能互补集成优化示范工程的研究工作。

开展了延安综合能源基地发展规划研究工作，提出了煤油气化工耦合、电力多轮驱动、热力多能互补、延长产业链的发展思路，有利于提高延安市能源综合利用效率，增加单位能源附加值，促进可再生能源消纳。

为政府能源主管部门提供技术咨询服务，中标《能源系统整体优化研究》《可再生能源与火电协同发展研究》《能源发展新模式、新业态及互联网＋智慧能源发展途径研究》《我国电力供需形势、走势及其影响研究》《我国中长期电力需求展望与预测模型研究》等5项国家能源局2016年度研究课题，为能源及电力工业发展做出了新的贡献。

（9）造船出海创佳绩，洛斯达公司完成首例海外国家级信息化咨询项目。

2016年9月，洛斯达公司承建的约旦能源信息系统项目通过验收。该项目是洛斯达公司首例海外国家级信息化咨询项目，也是首个全程执行国际标准的海外自主竞标项目，该项目的成功对于电规总院今后参与国际项目竞争和执行国际化标准合同具有重要意义。

项目严格按照国际标准化运作模式，全程严格遵循欧盟信息化标准及项目质量标准，每一个阶段都经过国际专家组严格评审通过。项目历经二十个月的投标、谈判、调研、开发，最终实现了中国能源信息化产品在约旦落地开花。

（10）科研标准化工作成果丰硕，科技创新助力科学发展。

2016年，电规总院在科技创新和标准化工作方面取得了累累硕果。完成科研成果15项，其中国家能源局重点研究课题《700℃超超临界燃煤发电技术研究》和《700℃超超临界机组高温蒸汽管道及管件研究》取得了阶段性成果；博士后研究项目《多污染物联合控制技术的研究》及《能源结构和消费方式调整对大气环境的影响研究》达标验收。获得各类科技进步奖以及工程奖共计40多项，其中《构建科学统一电力规划体系研究》获国家能源局能源软科学研究优秀成果二等奖、《特高压架空输电线路铁塔设计及应用》获中国电力科学技术三等奖、《智能输电线路技术研究及导则》获中国能建科技进步一等奖、《燃煤火电厂国际对标分析研究》获电力行业优秀工程咨询成果一等奖、《溪洛渡右岸电站送电广东±500kV同塔双回直流输电工程换流站及接地极工程》获电力行业四优一等奖。获得发明专利3项，实用新型专利1项，软件著作权7项，发表技术论文40余篇。获国家能源局批准立项行业标准26项，组织行标大纲及送审稿审查61项、上报报批稿24项、完成出版20项，开展国标、行标、技术手册编制项目30余项。

安全管理 2016年，电规总院制定了《安全生产考核办法》《安全检查管理规定》等5个企业标准和专项应急预案。组织召开2016年安全生产工作会议，与相关单位签订2016年《安全生产责任书》。开展"安全生产月"活动，采用集中培训、内网专栏、宣传标语、签名活动等多种方式进行宣传教育。创建1个安全管理标准化班组。开展分包队伍生产安全专项整治活动。每月组织安全大检查，加强对产权场所的日常巡视，强化隐患排查和治理。强化对基建维修项目施工现场的安全管理和检查，每个现场安排专人负责安全管理，确保不发生任何安全事故。2016年，电规总院未发生任何安全事故，安全生产形势持续稳定向好。

节能减排 2016年，制定了《环境保护和节能减排考核办法》，严格落实节能环保责任制。组织召开2016年环境保护和节能减排工作会议，与相关单位签订2016年《环境保护和节能减排责任书》。组织开展"六·五"世界环境日活动和全国节能宣传周活动。通过悬挂横幅、制作宣传板等方式，倡导保护环境和节约风尚，在全院范围营造了"保护环境，从我做起"的浓厚氛围。

科技创新 电规总院发挥科技创新的先导作用，加强科技项目组织与管理，推进技术交流与合作，取得丰富成果，促进了核心业务的提档升级。

参加"超超临界循环流化床锅炉技术研发与示范""高压大容量柔性直流输电关键技术研究与工程示范应用"两项"十三五"国家重点研发计划课题。"700℃超超临界燃煤发电技术研究"等国家能源局重点研究课题取得阶段性成果。承担中国能建众筹科技项目8项。开展科技项目84项，完成15项。2项博士后研究项目完成验收。获得发明专利3项，实用新型专利1项，软件著作权7项，发表技术论文40余篇。获得省部级以上科技奖、工程奖40余项。

信息化建设 电规总院坚持差异化、专业化的发展方式，推动技术升级，扩大产品范围，信息化业务进一步提升。

一是政务信息化业务覆盖面扩大。配合国家能源局完成多个国家级能源信息系统建设，开展了湖北等5个省级能源管理系统建设，开拓了广州市能源管理与辅助决策平台等地市级项目，实现了从国家到省、市级的业务覆盖。

二是企业信息化业务完成多项新产品开发。商用能源大数据平台建设取得积极进展，在支撑自身业务发展的同时，还将为政府、企业和社会各界提供相关服务。新疆大数据智库与虚拟现实展厅、青海智能电网规划平台、陕西电网三维运营一体化平台等项目建成。

三是工程信息化业务实现稳定增长。以技术升级为手段，以特高压项目为重点，海拉瓦系列业务经营取得良好成效，完成航飞1.05万km，完成输电线路工程路径优化1.33万km，处理卫星影像45万km²，开展数字化移交项目20项。洛斯达公司被评为"2016中国地理信息产业百强企业"。

国际业务 电规总院将国际业务作为重要的战略发展方向，成立国际业务机构，推动了国际业务和国际合作交流深入开展。

一是能源国际合作高端服务取得良好成效。参与能源国际合作专项规划等总体战略制定，配合国家发展改革委、国家能源局、外交部等开展"十三五"能源领域国际产能合作、与周边国家电力基础设施互联互通等专题研究，在中苏（丹）、中俄、中蒙、中越等政府间双边能源合作中发挥重要作用。多次参加政府高层出访，为中印战略经济对话等政府间交流合作提供了智力支持。

二是国际交流合作范围不断扩大。参与承办了第五届中阿能源合作大会、2016年国际能源变革论坛等重要国际会议，正式加入能源宪章工业咨询委员会，在国际能源署、IEA CCC、中日联合委员会等重要国际组织中发挥积极作用，参加东北亚能源论坛、大湄公河次区域电力贸易协会等重要会议，提升了在国际能源电力领域的话语权和影响力。

三是国际咨询服务市场开拓取得新成效。推动电力规划走出去，为南方电网、中核集团、大唐集团等企业提供国际合作发展战略规划研究咨询。积极开展海外发电、电网工程咨询业务，其中发电工程部开展海外项目咨询评审11项，占部门合同总额的比重首次超过10%。完成了巴基斯坦、坦桑尼亚等国的线路工程海拉瓦路径优化工作，完成的约旦国家能源信息系统成为首个由中国企业完成的海外国家级能源信息化项目。

党建工作、工会工作和职工队伍建设 电规总院坚持从严治党，提高思想认识，明确工作责任，把企业党建和反腐倡廉各项任务落到实处。党的建设和反腐倡廉工作取得新成效。

一是企业党建工作持续深化。学习贯彻十八届六中全会和国有企业党建工作会议精神，推进"两学一做"专题教育，组织开展了党委中心组集中学习、各支部专题党课、知识答题、读书征文等活动，营造浓厚学习氛围，塑造坚强党性。基层党组织建设进一步加强，推动了党建工作科学、有序、规范开展。贯彻落实中央企业精准扶贫工作要求，向四川省甘孜州拉木格村捐赠建设野生菌加工产业扶贫项目，取得较好成效，并自发组织捐款资助当地儿童上学。共青团、工会等群团组织作用充分发挥，增强了集体凝聚力。

二是反腐倡廉工作扎实开展。落实党风廉政建设责任制，开展了民主测评、党风廉政建设自查、部门负责人约谈等工作。对洛斯达公司开展专项巡察工作，加强了对所属企业党风建设和反腐败建设工作的领导。开展反腐倡廉警示教育、"树廉洁家风　创廉洁家庭"等活动，推动了反腐倡廉教育和廉洁文化建设。深入开展整治"回头看"活动，开展监督检查和自纠自查，营造了风清气正的干事创业环境。

三是工会工作和职工队伍建设不断推进。组织"高举旗帜跟党走，立足岗位献青春"主题活动。举办职工联欢会、健步走比赛、摄影比赛、女职工讲座等文体活动，夯实企业改革发展的群众基础。

文化建设　电规总院开展企业文化建设，构筑员工精神家园，企业文化与精神文明建设取得了丰硕成果。电规总院及所属企业分别获得中国能建"文明单位""文明单位标兵"称号。

电规总院围绕生产经营中心工作不断加强新闻宣传报道力度，在《中国能源报》《中国电力报》《中国能建周刊》等行业主流媒体发表宣传报道20余篇，通过微信平台推送文章300余篇，持续提升企业的行业影响力，助推"能源智囊、国家智库"战略愿景实现。

主要事件

1月5日，电规总院首次开展海外直流输电工程评审（巴基斯坦默蒂亚里—拉合尔±660kV直流输电工程）。

1月29日，中国能建副总经理赵洁到电规总院指导工作。

2月23～28日，组织中方电力企业赴德国、丹麦与政府机构、企业开展技术调研和交流合作。

3月1日，获2015年中国电力科学技术奖三等奖。

3月7日，中国能源党委常委、副总经理兰春杰到电规总院指导市场开发工作。

3月21日，中国能建非执行董事一行到电规总院调研。

3月25日，中国神华能源股份公司副总裁王树民一行到电规总院开展战略合作交流。

3月30～31日，出席2016年全球能源互联网大会。

4月7日，参与主办提升中国火电灵活性国际技术交流会。

5月10日，与华北电力大学签署战略合作框架协议。

5月11日，中国能建总经理、党委副书记丁焰章一行到洛斯达公司调研指导工作。

5月17日，与内蒙古电力经研院签署合作框架协议。

6月28～29日，加入能源宪章工业咨询委员会（Energy Charter Industry Advisory Panel）。

7月19日上午，国家能源局副局长、党组成员李仰哲到电规总院调研指导工作并出席"能源发展研究中心"揭牌仪式。

9月9日，与神华集团签署战略合作框架协议。

10月19日，与内蒙古电力公司签署战略合作框架协议。

10月25～26日，参与承办第五届中阿能源合作大会。

10月29～31日，承办2016年"国际能源变革论坛"分布式能源分论坛。

11月1日，洛斯达公司被评为2016中国地理信息产业百强企业。

12月14日，国家能源局法治和体制改革司副司长刘刚一行到电规总院调研指导工作。

12月30日，再添"全国工程勘察设计大师"称号。

（马　伟　解红叶）

【中国水利水电科学研究院】

单位概况　中国水利水电科学研究院（简称中国水科院）是以水利水电公益型研究和应用技术科学研究为主，面向全国的专业齐全的综合性科研机构，是全国水利水电科学技术研究的中心。它着重解决水利、水电建设中的重大关键技术问题，承担行业基础和应用基础研究及新技术、新成果的推广。

主要研究领域包括水文水资源、水环境与生态、防洪抗旱与减灾、水土保持与江湖治理、农村水利、水力学、牧区水利、河流水库泥沙、新型建筑材料、岩土工程及地基加固、工程抗震、遥感、高效水轮机及水泵、电站计算机监控和水情测报自动化系统、电站通信及自动化设备、火电核电站冷却水及环境、试验仪器及水利史研究等方面。同时还进行水利水电工程经济、环境问题的咨询及评估、工程安全监测及缺陷处理、工程安全鉴定、工程监理等。

中国水科院是国家"水利工程"一级重点学科单位，设有8个硕士、8个博士学科授予点，并设有2个一级学科博士后流动站。拥有4个国家级中心：国家节水灌溉北京工程技术中心、国家能源水能高效利用与大坝安全技术研发中心、国家农业灌排设备质量监督检验中心和国家水电可持续发展研究中心。

中国水科院具有国家核准的安全评价机构资质证书、工程咨询资格甲级证书、水文、水资源调查评价甲级、建设项目环境影响评价甲级、编制开发建设项目水土保持方案资格甲级、建设工程地震安全性评价许可甲级、监理队伍资质甲级、设计乙级、施工贰级资质证书，以及通过国家质量监督检验检疫总局的计量认证。

2016年，在职人数1414人，其中中国科学院、中国工程院院士6人，高级工程师、教授800余人。固定资产6亿元，具有国内外先进水平的大型试验设备有：三维六自由度震动试验台、450gt土工离心试验机、大型减压箱、高精度水力机械试验台等大型设备120台套，水力学、冷却水、泥沙、岩土、结构与材料、抗震、水利、水力机械、计算机监控、水情测报、调速器等综合试验室32座，科研设备总值近1亿元。

中国水科院与国外著名科研机构、高等院校以及国际上重要的学术团体有广泛的交流与合作。国际泥沙研究培训中心（IRTCES）、国际大坝委员会（ICOLD）中国委员会、国际灌排委员会（ICID）中国委员会、国际水利与环境工程学会（IAHR）中国委员会、全球水伙伴（GWP）中国委员会、世界泥沙研究学会（WASER）中国秘书处、世界水土保持协会（WASWAC）秘书处等均挂靠在中国水科院。

领导班子

院长：匡尚富

党委书记：曾大林

副院长：杨晓东　刘之平　胡春宏　汪小刚　彭静

纪委书记：夏连强

组织机构　职能部门有院办公室、党委工作部门、院工会、人事劳动教育处、科研管理与规划计划

处、国际合作处、财务与资产管理处、监察与审计处。科技研究所（中心）有水资源研究所、水环境研究所、水利研究所、工程抗震研究中心、岩土工程研究所、泥沙研究所、水力学研究所、水电可持续发展研究中心、牧区水利科学研究所、国家重点实验室筹建办、减灾中心。综合事业部有综合事业部办公室、离退休干部处、研究生部、标准化中心、图书学报部。科技企业有中水科总公司、中水科信（网络中心）、中水科技公司、天津水利电力机电研究所、中水科海利公司。后勤企业有北京爱德服务总公司、北院综合管理小区、南院综合管理小区、门诊部、安全管理委员会、经营管理部。

主要工作

1. 科研立项连创新佳绩

一是科研合同总额稳步增长。2016年新签科研项目合同总额12.4亿元，较2015年增长7.0%。按项目性质分析，纵向项目占30.1%、横向项目占69.9%；按照部门构成分析，11个非营利研究所（中心）占56.0%，4个科技企业占36.7%，其他占7.3%。

二是国家计划项目申请成绩斐然。面向国家重大科技需求、瞄准国际前沿，申报国家重要科技计划，获批"十三五"科技部"水资源高效开发利用"等重大专项7项，科研经费1.8亿元，位列全国科研单位第六、水利行业第一；获批国家自然基金杰出青年基金"社会水循环与水资源高效利用"，这是中国水科院第二次获得杰出青年项目资助，还获批33项基金项目。承担水利部公益性行业科研专项、中央分成水资源费项目等行业科技计划项目89项，水利部成果推广项目6项，开展关键技术问题研究与成果推广应用等。

三是国内外市场开拓成效显著。面向经济社会建设科技需求，2016年新签横向项目合同总额8.67亿元，新承担一大批流域机构、地方水利厅局、重大水利水电工程、核电工程等科技咨询与技术服务项目。中国水科院属科技企业开拓国际市场取得新突破，签订了巴基斯坦Jaggran-II水电站机电设备EPC项目；H9000自动化监控系统新中标世界第五大水电站委内瑞拉古里工程，已为国内外300余个工程提供了良好的自动化监控服务。

2. 科技创新收获新成果

2016年提交研究报告466份、论文577篇、专著46部、授权专利188项、标准20项。创新成果获得国家级科技进步奖2项、省部级奖31项，取得了成

果数量和质量双丰收。十大代表性成果为：① 长距离输水工程中复杂水力学和水力控制问题；② 高混凝土坝结构安全关键技术研究与实践；③ 梯级水库群面向生态的多目标综合调度关键技术；④ 洪水风险图编制技术体系；⑤ 山洪灾害防治技术体系；⑥ 农村饮水安全关键技术；⑦ 基于土地精平与过程施控的精细地面灌溉技术；⑧ 高土石坝筑坝粗粒料力学特性尺度效应研究；⑨ 巨型机组水力稳定性与可靠性研究；⑩ 低水头拦水坝技术。

3. 科技支撑发挥新作用

一是支撑防洪抗旱减灾。承担"全国山洪灾害防治"和"重点地区洪水风险图编制"项目技术管理，推进建设项目实施。

二是支撑实施最严格水资源管理制度。牵头承担全国分省区"三条红线"数据汇总和指标复核，起草全国重要江河湖泊水功能区水质达标评价技术方案等。

三是支撑水生态文明建设。主持编制《水生态文明城市建设评价导则》、试点城市水生态文明建设方案及技术体系；开展全国江河湖泊健康评价、国家水土保持生态文明工程评估审查的技术指导。

四是支撑农业节水。建立土壤墒情决策系统；研发水肥一体化灌溉制度与关键设备、秸秆制管设备等。

五是支撑保障农村饮水安全。参与编制《农村饮水安全巩固提升工程"十三五"规划》、全国饮水安全工程现场监督检查。

六是支撑重大工程建设及管理。提出淮河干流蚌埠以下河道整治方案、三峡水库和下游河道水沙变化规律及水库优化调控方案；承担大藤峡建设、丰满水库大坝加固等技术咨询。

4. 深化改革落实新举措

一是树立"放管服"新理念。以解决科研经费"审批时间长、办理报销难"两大问题为重点，全面梳理科研、财务管理审批与报销流程，切实精简填报表格、优化审批流程、简化报销环节。

二是贯彻"科研松绑"新政策。制定了《中国水科院基本科研业务费专项项目及经费管理实施细则》等管理制度11项，促进国家新政策贯彻落实制度化、规范化，落地生根。

三是实施人才强院新战略。启动"五大人才"计划，公开遴选出了10名领军人才、10个创新团队、10名国际复合型人才、30名"三型人才"，实施新人助推计划。

四是建立科研创新评价新体系。前瞻性及基础性问题研究，强调理念超前、理论超前、方法超前；关键技术难题攻关，强调与国际前沿相结合、与国内经济社会发展需求相结合、与生产工程实际相结合；实用性产品研发，强调在技术上有突破、在提高生产效率上有突破、在增长经济效益上有突破。

5. 人才队伍增强新实力

一是科研队伍专业素养不断提升。在职职工1414人，其中专业技术人才占总数89.1%，较2015年同期提高1.1%；硕士以上学历占专业技术人才的69.9%，较2015年提高2.3%；副高以上职称占专业技术人才58.7%，较2015年提高3.1%。

二是中青年优秀人才不断涌现。推举7人次分别获得国家自然基金杰青、国家万人计划、科技部中青年科技创新领军人才、全国优秀科技工作者等国家级人才奖励，2人分别新当选国际灌排委员会常设技术委员会主席、世界泥沙研究学会秘书长等国际组织重要职务，1人获得国际灌排委员会年度节水技术奖。

三是干部队伍管理能力不断提高。1名科技骨干参加中组部博士服务团，2人到工程一线挂职锻炼。

四是研究生教育不断加强。新招硕士和博士研究生共72人，在读研究生共计272人，其中7名研究生获得了2016年度国家奖学金，4名研究生获得了2016年度"张光斗基金""潘家铮水电基金"奖励。

6. 科研条件得到新提升

一是大型试验设备升级改造。《大型土工离心机升级改造及试验研究平台建设项目建议书》可研报告通过审查，初步设计报告已提交水利部等待审阅；遥感雷达数据采集与处理设备、农村饮用水消毒试验设备等一批先进仪器设备陆续通过验收、投入使用。

二是共享管理深入推进。建成50万以上科学仪器设备基础动态信息库，与科技部国家平台完成对接，发布了大型仪器设备共享管理办法，推进科学仪器设备向社会开放共享。

三是科研资质持续增强。2016年完成9项国家重点工程咨询评估任务，为推进重大工程建设提供有力保障。

四是信息网络保障不断加强。开通万方数据全库查询，新增美国土木工程师学会数据库。

7. 交流合作取得新进展

一是建立固定合作交流机制。与中国能源建设集团有限公司等签订了新的科技合作协议，共计与35家国内相关单位、33家国际组织或机构签订了长期稳定的合作协议。

二是举办学术会议与技术培训。挂靠中国水科院的国内外学术组织，举办14次全国性学术会议、11次国际会议及一系列国内国际技术培训等，促进国内外学术交流。

三是参与涉水国际组织活动。策划并参与国际组织的大会、年会等，宣传中国水利，增强涉水事务话语权和主导权。

四是承担国际合作项目。中德合作项目"小水电代燃料"成为示范项目，得到德方的高度赞誉，中丹项目深入推进；组织编写科技部委托"一带一路"水资源高效开发利用与安全保障项目建议书；加强机电设备、自动化监控、材料等优势技术对外宣传，承担了10余个国家的水利水电项目技术咨询和服务任务。

主要事件

1月29日，中国水科院副院长杨晓东会见国际水电协会（IHA）主席肯·亚当斯（Ken Adams）及执行主任理查德·泰勒（Richard Taylor）先生一行，并续签了关于IHA中国办公室的合作协议。

2月3日，中国水科院院长匡尚富会见巴基斯坦重型机械厂（HMC）总顾问艾哈迈德·萨贾德·可汗（Ahmad Sajjad Khan）一行。副院长汪小刚参加会见。

5月18日，中国能源建设集团有限公司董事长汪建平一行到访中国水科院，双方签订科学技术合作框架协议。中国水科院院长匡尚富、党委书记曾大林、副院长杨晓东、刘之平、胡春宏、汪小刚出席签字仪式。

5月26日，中国水科院院长匡尚富率团访问韩国水资源公社（K-Water）并举办了智能水网学术研讨会，双方就科研合作和智能水网进行了研讨。

5月31日，津巴布韦西马绍兰省省长兼常驻部长法伯尔·齐达利克尔先生、农业部常务副部长瑞森先生率代表团访问中国水科院，就农业灌溉及水利基础设施合作事宜进行洽谈。中国水科院副院长贾金生会见来访外宾。

6月12～15日，"协调江湖关系，促进长江中游绿色生态廊道建设"咨询研讨会在江西省召开。中国水科副院长刘之平、胡春宏参加会议。

8月3日，中国水科院和台湾大学水工试验所合作举办的海峡两岸水利青年工程交流营在中国水科院正式开班。

8月30日，国际水电协会（IHA）执行主任理查德·泰勒（Richard Taylor）先生一行来访中国水科院，就IHA有关工作进展及2017年世界水电大会筹备事宜进行会谈。中国水科院院长匡尚富、副院长汪小刚参加会见。

9月1日，台湾大学李鸿源教授来访中国水科院并就综合治水策略与实践进行学术报告。中国水科院院长匡尚富、副院长胡春宏参加会见。

10月24日，国际大坝委员会（ICOLD）主席安通·史莱斯（Anton Schleiss）先生来访中国水科院，就国际大坝委员会与中国水科院及中国大坝工程学会的进一步合作等事宜进行会谈。中国水科院院长匡尚富，中国大坝工程学会副理事长兼秘书长贾金生，副院长彭静参加会议。

11月1日，加拿大麦吉尔大学（McGill University）农业与环境工程学院院长钱德拉·马卓默特（Chandra Madramootoo）教授访问中国水科院。中国水科院院长匡尚富、副院长彭静参加会见。

11月20～24日，国际水利与环境工程学会（IAHR）主席皮特·古德温教授（Peter Goodwin）等一行到访中国水科院，中国水科院院长匡尚富、副院长彭静会见来宾。

11月29日，日本河流生态修复网络（Japan River Restoration Network，JRRN）主席土屋信行（Nobuyuki Tsuchiya）一行来访中国水科院。中国水科副院长彭静会见代表团一行。

12月15日，中国水科院院长匡尚富、副院长胡春宏、汪小刚出席"流域水循环模拟与调控国家重点实验室第二届学术委员会第一次会议"。

教 育 机 构

【华北电力大学】

单位概况　2016年，华北电力大学占地面积97.9283万㎡，学校产权校舍建筑面积1 047 121.09㎡。固定资产总值328 765.63万元，其中，教学、科研仪器设备资产值76 107.56万元。图书馆建筑面积36 932㎡，藏书249.714 6万册。全年教育经费投入186 967.25万元，其中，国家拨款93 500.94万元，自筹经费93 466.31万元。学校拥有计算机16 554

台，网络多媒体教室 345 间，信息化设备资产值 26 667.52 万元，网络信息点 25 492 个，校园网出口总带宽 7700Mbit/s，电子邮件系统用户 34 191 个，上网课程 98 门。学校设有直属学院 10 个，教学部 2 个，另设有国际教育学院、研究生院、继续教育学院、艺术教育中心和工程训练中心；开设本科专业 57 个；拥有一级学科博士学位授权点 5 个和二级学科博士学位授权点 30 个，一级学科硕士学位授权点 23 个和二级学科硕士学位授权点 123 个；博士后科研流动站 5 个，其中博士后研究人员出站 70 人，进站 16 人和在站 49 人。学校拥有国家级重点学科 2 个、省部级重点学科 25 个，国家重点实验室 1 个，国家工程试验室 1 个、国家工程技术研究中心 1 个、教育部重点实验室 2 个、教育部工程技术研究中心 1 个、北京市重点实验室 7 个、北京市工程技术研究中心 2 个，另有北京市哲学社会科学研究基地 1 个。教职工 2905 人，其中，专任教师 1822 人，包括教授 410 人、副教授 645 人；博士生导师 158 人、硕士生导师 707 人；拥有中国工程院院士 2 人，双聘院士 5 人，国家"千人计划" 6 人，青年"千人计划" 2 人，"长江学者"特聘教授 5 人，国家"高层次人才特殊支持计划" 3 人，"973"首席科学家 5 人，国家级教学名师 1 人，国家杰出青年科学基金获得者 7 人，国家优秀青年科学基金获得者 4 人，中青年科技创新领军人才 2 人，国家"百千万人才工程" 9 人，入选教育部"新世纪优秀人才支持计划" 38 人，4 支团队列入教育部"长江学者和创新团队发展计划"。毕业生 17 464 人，其中，学历教育学生中全日制研究生 2283 人（博士生 140 人、硕士生 2143 人），普通本专科生 5180 人（本科生 5180 人、专科生 0 人）、成人教育本专科生 8510 人（本科生 5871 人、专科生 2639 人）。在职人员攻读硕士学位 1197 人。外国留学生 294 人。本科毕业生就业率 96.5%。研究生就业率 98.0%。招生 12 644 人，其中，学历教育学生中全日制研究生 2557 人（博士生 200 人、硕士生 2357 人），普通本专科生 5486 人（本科生 5486 人、专科生 0 人），成人教育本专科生 2820 人（本科生 2244 人、专科生 576 人）。在职人员攻读硕士学位 1506 人。外国留学生 275 人。在校生 43 795 人，其中，学历教育学生中全日制研究生 7878 人（博士生 1075 人、硕士生 6803 人），普通本专科生 22 086 人（本科生 22 086 人、专科生 0 人），成人教育本专科生 6344 人（本科生 4974 人、专科生 1370 人）。在职人员获取硕士学位 7039 人。外国留学生 448 人。学校网址：www.ncepu.edu.cn。

领导班子

党委书记：吴志功

校长：刘吉臻（至 2016 年 11 月 14 日）、杨勇平（2016 年 11 月 14 日任）

党委副书记：张金辉（至 2016 年 11 月 14 日）、李双辰（至 2016 年 11 月 14 日）、郝英杰（至 2016 年 11 月 14 日）、何华（2016 年 8 月 29 日任）、汪庆华（2016 年 11 月 14 日任）、郭孝锋（2016 年 11 月 14 日任）

副校长：张金辉（至 2016 年 11 月 14 日）、安连锁（至 2016 年 11 月 14 日）、杨勇平（至 2016 年 11 月 14 日）、孙平生（至 2016 年 11 月 14 日）、李双辰（2016 年 11 月 14 日任）、郝英杰（2016 年 11 月 14 日任）、孙忠权、王增平、律方成（2016 年 11 月 14 日任）、檀勤良（2016 年 11 月 14 日任）

纪委书记：李双辰（至 2016 年 8 月 29 日）、何华（2016 年 8 月 29 日任）

党委常委：吴志功、刘吉臻（至 2016 年 11 月 14 日）、张金辉（至 2016 年 11 月 14 日）、安连锁（至 2016 年 11 月 14 日）、杨勇平、李双辰、郝英杰、孙平生（至 2016 年 11 月 14 日）、孙忠权、张天兴、何华（2016 年 8 月 29 日任）、汪庆华（2016 年 11 月 14 日任）、郭孝锋（2016 年 11 月 14 日任）、律方成（2016 年 11 月 14 日任）

主要工作

1. 全面加强党的建设与思想政治工作

紧密围绕全面从严治党的主题，加强从党委中心组到中层干部、教职员工的理论学习和宣传教育；开展"两学一做"学习教育。加强班子建设，配合教育部党组完成校行政领导班子换届与校党委班子成员调整；深入推进党风廉政建设，严肃党纪党规，开展校内巡察。加强基层党组织建设，深入开展直属党委（党总支、党支部）党建述职工作；加强巩固马克思主义在意识形态领域的指导地位，成立马克思主义学院；推进社会主义核心价值观品牌创建活动，"成长 1＋1"项目获第四届首都大学生思想政治教育工作实效奖一等奖。

2. 启动实施"十三五"发展规划

《华北电力大学"十三五"发展规划纲要》正式出台并启动实施。规划涵盖学校总体规划、专题规划、专项规划和学院规划（1＋1＋6＋X）四个组成部分，确定学校"十三五"期间建设发展的指导思想、总体目标和主要任务，是学校"十三五"各项工作的行动指南。

3. 开展多维度学科评价工作

组织全校22个一级学科参加全国第四轮学科评估。与爱思唯尔公司合作进行优势学科评估：动力工程及工程热物理学科发文量排名全球第1位，被引次数排名全球第4位；电气工程学科发文量排名全球第19位，被引次数排名全球第46位。此外，在U.S. NEWS 2017世界大学学科排行榜中，工程学位列世界第114名、中国大陆高校第20名；在ARWU2016世界大学学科排行榜中，能源科学与工程、电气与电子工程、环境科学与工程、机械工程4个学科进入全球前300名，其中能源科学与工程学科位列全球第42位、国内第8位。

4. 推进人才队伍建设

崔翔获"首都劳动奖章"；干祥科入选2015年长江学者特聘教授并第三次入选工程学、环境与生态学两个领域全球2016年"高被引科学家"；引进国家杰出青年科学基金获得者1名。获评北京市教学名师1人，"中国大学MOOC 2014—2015优秀教师"1人；1名教师入选科技北京百名领军人才培养工程，1名教师入选北京市科技新星计划，1名教师入选"香江学者计划"，3名教师获北京市优秀人才培养资助。选派30多名青年教师出国研修；校内7名博士后获中国博士后科学基金资助。

5. 人才培养质量稳步提高

加强人才培养模式顶层设计，全面修订、实施全日制研究生培养方案；深化专业和课程内涵建设，12个专业实施中央教育教学专业综合改革，4门课程完成国家级精品资源共享课建设，2门课程上线"中国大学MOOC"平台，"MOOC辅导员课程"入选教育部精品项目；新增国家级虚拟仿真实验教学中心1个；深入推进创新创业教育，入选国家"创新人才培养示范基地"及河北省"创新创业教育改革试点高校"。

教育教学与创新人才培养成效显著。9项成果获河北省教育教学成果奖，其中获一等奖2项；21个项目获省部级教改立项，出版教材29部。学生在科学研究、创新创业、社会实践以及体育文化各级各类赛事中成绩突出。

6. 科技创新能力和水平显著提升

科研经费合同额首次突破6亿元。获批国家重点研发计划专项课题35项、国家自然科学基金和社科基金74项。作为牵头单位，首次承担国家重点研发计划"纳米科技"重点专项项目和国家重大科研仪器研制项目。获各类国家、省部级科技成果奖59项，其中作为参与单位获国家科技进步二等奖1项、国家技术发明二等奖1项，获省部级科技成果一等奖4项，中国电力科学技术一等奖2项；授权专利861项，其中发明专利409项；学术论文实现量与质的同步增长，1篇论文获2015年度"中国百篇最具影响国际学术论文"。科研平台建设稳步推进，新增省部级科研平台2个；通过武器装备科研生产单位三级保密资质复审。大学科技园被认定为国家级"科技企业孵化器""国家小型微型企业创业创新示范基地""中国留学回国人员实习基地"及河北省"双创基地"。

7. 对外合作交流进一步拓展

成立对外联络与合作部，统筹规划、协调、运作对外合作资源，不断拓展校地、校企、校校合作的深度与广度。与张家口市签订战略合作框架协议，共建"华北电力大学张家口科教园区"；稳步推进与地方政府的合作项目。深化与能源电力企业合作，再次当选中电联副理事长单位；与中国国电集团共建"智能发电协同创新中心"；同国网甘肃电力、国网天津电力和内蒙古电力公司签署战略合作协议；拓展对外合作领域，创新基金开源渠道和服务模式。

国际合作与交流规模进一步扩大。留学生规模及教师、学生出国交流学习人数均创历史新高。参与"一带一路"建设，开展商务和科技援外项目，获得首批"一带一路"专项留学生奖学金，与境外多所高校签署合作协议15项；与蒙古科技大学联合成立中蒙可再生能源创新中心；承办北京高科大学联盟和波兰技术大学校长联席会议校长论坛；主办2016上海合作组织大学能源会议，成立"上海合作组织大学能源智库"。

8. 资源保障体系建设持续加强

加强条件建设，提高服务质量。规范和加强财务管理，确保财务安全平稳运行；加强招标管理与资产管理，完善固定资产管理信息平台；加强产业规范化管理，推进科技成果产业化和经营性资产的保值增值；推进校园规划与建设。成立网络与信息化办公室，推进数字化校园建设；"大安全"管控体系渐趋完善，网络与信息安全体系巩固加强；附属学校、医疗服务、图书文献、档案工作等各项工作服务水平持续提升。

主要事件

1月20日，华北电力大学举办"绿色电力"创新创业先锋班开班仪式暨北京爱可生"绿色电力"创新创业基金捐赠仪式。

1月20日，华北电力大学"绿色E家"绿色电力团队获大学生"小平科技创新团队"荣誉称号。

1月，华北电力大学校长刘吉臻访问广东省珠海市，会见中共广东省委常委、珠海市委书记李嘉，珠海市市长江凌，就推进华北电力大学与珠海市共建智能电网研究院和创新产业园等事宜进行会谈。

3月16日，华北电力大学校长刘吉臻会见蒙古科技大学校长B.奥其尔巴特，双方签署《华北电力大学-蒙古科技大学合作总协议》《华北电力大学-蒙古科技大学联合培养蒙古可再生能源本科生项目协议》及《中蒙可再生能源创新中心章程》，并举行中蒙可再生能源创新中心揭牌仪式。

3月18日，华北电力大学与龙源电力集团股份有限公司共建研究生工作站挂牌成立，双方将共同培养高素质的研究型人才。

3月30日，华北电力大学校长刘吉臻出席2016全球能源互联网大会并从中国新能源发展状况、新能源电力系统、新能源与全球能源互联网三个方面作题为"新能源与全球能源互联网"的主旨演讲。

3月31日，新疆国能实业有限公司和新疆中恒博瑞电气有限公司分别向华北电力大学教育基金会捐赠人民币两百万元。此次获捐的四百万元人民币用于设立学校兵电能源研究基金，该基金将支持华北电力大学开展能源技术领域的创新研究与学术交流活动。

3月，教育部发布《教育部办公厅关于批准北京大学考古虚拟仿真实验教学中心等100个国家级虚拟仿真实验教学中心的通知》（教高厅函〔2016〕6号），批准100个虚拟仿真实验教学中心为国家级虚拟仿真实验教学中心，华北电力大学"核动力工程全范围虚拟仿真实验教学中心"名列其中。至此，学校已有三个国家级虚拟仿真实验教学中心、三个国家级实验教学示范中心。

3月，华北电力大学"电力经济管理人才培养创新实践基地"获批2015年北京高等学校示范性校内创新实践基地建设单位，"光伏发电实践教学人才培养基地"获批2015年北京高等学校市级校外人才培养基地立项单位。

4月26日，由华北电力大学赵成勇教授作为负责人的"863计划"主题项目课题"柔性直流供电关键技术研究"通过验收。

4月28日，由华北电力大学和中国电力企业联合会、国家信息中心、保定市人民政府、中关村发展集团联合主办的，以"能源互联，智慧共享"为主题的保定·中国电谷智慧能源国际创新峰会在保定电谷国际酒店开幕。刘吉臻出席本次峰会。

7月4日，华北电力大学党委书记吴志功、校长刘吉臻在学校会见中国国电集团公司董事长、党组书记乔保平和副总经理米树华一行。双方回顾校企合作的历程，对进一步加强科研产业合作进行交流，对双方合作举办的"智能发电协同创新中心"的发展前景充满信心。

7月4日，由华北电力大学与中国国电集团公司共建的"智能发电协同创新中心"揭牌，该中心成立后将进一步发挥各自优势，形成合力，共同培育建设协创中心，在火电、风电、核电自动化控制等关键领域开展重大专项合作，实现重大技术突破，支撑能源电力事业的发展。

7月13日，华北电力大学积成电子风电联合实验室捐赠揭牌。

7月13日，由华北电力大学与中国国电集团公司共建的"智能发电协同创新中心"揭牌，标志着校企双方在智能发电领域的合作取得重大进展。

9月13日，由华北电力大学、清华大学、华南理工大学、华能集团、神华集团及南方电网公司共同承担的中国工程院重大咨询项目"碳约束条件下我国能源结构优化研究"课题三"碳约束条件下我国煤炭利用优化研究"研讨会在华北电力大学召开，会议由课题负责人李立涅院士主持。校长、中国工程院院士刘吉臻教授致开幕辞。

9月21日，华北电力大学举行"高等学校学科创新引智计划"（简称"111计划"）客座教授聘任仪式。新型薄膜太阳电池领域顶级专家宫坂力（Miyasaka Tsutomu）等7人受聘为华北电力大学"新型太阳电池的基础和应用研究创新引智基地"客座教授。

9月21～22日，华北电力大学和中国科学院合肥物质科学研究院应用技术研究所共同承办第10届亚太地区纳米杂化太阳电池会议。

11月9日，华北电力大学火电厂废水零排放实验室捐赠揭牌。

11月16日，华北电力大学召开教师干部大会，宣布教育部党组关于华北电力大学领导班子人员调整的决定。根据《教育部关于杨勇平等职务任免的通知》（教任〔2016〕69号）及《中共教育部党组关于汪庆华等同志职务任免的通知》（教党任〔2016〕152号）文件，教育部任命杨勇平为华北电力大学校长，孙忠权、王增平、李双辰、郝英杰、律方成、檀勤良为华北电力大学副校长，免去刘吉臻的华北电力大学校长，张金辉、安连锁、孙平生的华北电力大学副校长职务；党组任命汪庆华、郭孝锋为中共华北电力大学委员会常委、副书记，律方成为中共华北电力大学委员会常委，檀勤良为中共华北电力大学委员会委员、常委，免去张金辉的中共华北电力大学委员会副书记、常委，李双辰、郝英杰的中共华北电力大学委员会副书记，刘吉臻、安连锁、孙平生的中共华北电力大学委员会常委职务。

11月18日，由华北电力大学毕天姝教授牵头负责的国家重大科研仪器研制项目"电力电子化电力系统的源网荷全景同步盘测系统研制及应用"在北京启动。这是华北电力大学承担的第一个国家重大科研仪器研制项目。

11月，华北电力大学获得美国 Filtration Group Corporation（简称美国 FGC 集团）和南京丹恒科技有限公司捐赠价值近千万元人民币的设备和材料，用于建立华北电力大学火电厂废水零排放实验室。

12月9日，华北电力大学徐鸿教授主持的国家自然科学"煤炭联合基金"重点项目"超（超）临界锅炉受热面安全及寿命管理（51134016）"通过验收并获得优秀。

12月15日，中国首台微机继电保护诞生地揭牌仪式在华北电力大学举行。32年前，杨奇逊教授和他的团队研发出中国首台微机继电保护装置，改变了中国微机继电保护的发展历史，使国家电力系统微机继电保护理论和应用技术达到国际领先水平，也使华北电力大学继电保护学科长期处于国内领先水平。

12月19日，新能源电力系统国家重点实验室内蒙古试验研究基地揭牌。

12月23日，2016年电气工程学科中外合作办学专家研讨会（以下简称合作办学研讨会）在华北电力大学召开，来自全国 17 所院校代表参加此次会议，探讨电气工程学科中外合作办学项目的建设成果、现存问题、解决方案以及发展方向。

（王振华）

【东北电力大学】

单位概况　东北电力大学位于吉林省吉林市，是吉林省重点大学，始建于 1949 年，是新中国建立的第一所电力工科学校，1958 年定名为吉林电力学院，1978 年更名为东北电力学院。原隶属电力部、国家电力公司，2000 年起，实行"中央与地方共建，以地方管理为主"的管理模式，2005 年学校更名为东北电力大学。2012 年入选为国家"中西部高校基础能力建设工程"重点建设高校。

东北电力大学共有 15 个教学院系，43 个本科专业，涵盖了工、理、管、文、法、经、教育、艺术 8 个学科门类。东北电力大学是博士学位授权单位，有电气工程、动力工程及工程热物理 2 个博士学位授权一级学科，1 个博士后流动站，有 11 个硕士学位授权一级学科，49 个硕士学位授权二级学科，有吉林省优势特色重点学科 6 个，其中吉林省重中之重重点学科 2 个，有工程硕士（含 7 个授权领域）、体育硕士、翻译硕士 3 个硕士专业学位授权类别，具有硕士研究生推免权。东北电力大学现有全日制在校生近 19 000 人。

东北电力大学有教职工 1402 人，拥有高级职称人员 500 余人，其中中国工程院院士 1 人（双聘），国家万人计划第一批人选 2 人，全国杰出专业技术人才 2 人，国家级有突出贡献的中青年专家 3 人，新世纪百千万人才工程国家级人选 4 人，国务院政府特殊津贴获得者 33 人，国家级教学名师 1 人。拥有"教育部长江学者和创新团队发展计划"创新团队 2 个，国家级教学团队 2 个。

东北电力大学现有国家级特色专业 5 个，国家级精品课程 4 门，国家级实验教学示范中心 2 个，国家级虚拟仿真实验教学中心 1 个，吉林省实验教学示范中心 10 个。

东北电力大学有国家地方联合工程实验室 2 个，国家大学科技园 1 个，教育部重点实验室（工程研究中心）2 个，吉林省重大需求协同创新中心 4 个，省级重点实验室、研究中心、文科基地等 25 个。

领导班子

党委书记：李岩峰（至 2016 年 3 月 24 日）、李国庆（2016 年 3 月 24 日任）

纪委书记：吕海龙

党委副书记：王喜库（至 2016 年 11 月 18 日）

校长：李国庆（至 2016 年 3 月 24 日）、蔡国伟（2016 年 4 月 21 日任）

副校长：蔡国伟（至 2016 年 4 月 21 日）、周云龙（2016 年 9 月 6 日任）、王建国、关晓辉、李忱

教学改革与建设　召开了 2016 教学工作会议，出台了"东北电力大学'十三五'本科教学质量提升 421 工程"，全面部署了"十三五"本科教学工作。

教学改革研究水平有新提升。获批吉林省高等教育教学改革课题 12 项；吉林省教育科学"十二五"规划课题 12 项；吉林省高等教育学会高教科研课题 19 项；吉林省职业教育与成人教育研究课题 5 项。

课程建设与教学队伍建设取得新成效。"544"核心课程建设取得重要进展，完成 111 门课程授课视频的录制并上传数字化教学平台。获批省级优秀教学团

队 2 个，获评省级教学名师 1 名、省级教学新秀 2 名。

专业建设、实验室和实践基地建设取得新成绩。新增新能源材料与器件、表演 2 个本科专业。获批省级大学生校外实践创新基地 4 个。

学生实践创新能力有新提高。学校学生在科学研究、学科竞赛、文艺体育等领域努力拼搏，获国家级奖 34 项，省级奖 162 项；学校龙舟队卫冕中华龙舟大赛年终总决赛冠军，实现三连冠。

创新创业教育扎实开展。获批大学生创新创业训练计划国家级项目 50 项，省级项目 100 项。成立了东北电力大学创客协会；开办了创客微工厂和创客培训中心；举办了科技成果转化及创新创业导师高端培训班。

国际合作与交流不断拓展。教师公派出国留学申报、录取和派出人数均创新高；教育部批准学校与英国史萃克莱德大学电气工程及其自动化专业合作办学项目续办四期，与英国史萃克莱德大学签订了土木工程专业合作办学项目协议。

学科建设与研究生教育 出台了"东北电力大学'十三五'学科建设发展规划"，科学制定未来 5 年学科发展方向；修订了"东北电力大学'十三五'研究生教育质量提升工程"，精心部署研究生培养工作。

组织 2 个博士学位授权一级学科、8 个硕士学位授权一级学科参加了全国第四轮学科评估。完成"十二五"省级优势特色（重中之重）重点学科自评验收工作。承办"吉林省研究生电力科技论文演讲比赛"。获全国研究生数学建模大赛国家级奖励 11 项。获评 2016 年吉林省优秀硕士学位论文 16 篇。新遴选硕士研究生指导教师 35 人。

科技创新 出台了"东北电力大学'十三五'科研跃升工程"，为"十三五"时期全面提升学校科技创新综合实力奠定了坚实基础。

国家级科研项目数量大幅提升。获批国家科技部重点研发计划项目 4 项；国家基金项目 22 项，其中自科基金 20 项、社科基金 2 项，国家基金项目年度获批数量首次突破 20 项。年度纵向科研项目合同额达 3361.04 万元，较 2015 年同期增长 121.7%，创历史新高。

高水平科技创新成果不断涌现。首次获批国家科学技术学术著作出版基金项目 1 项。荣获吉林省科技进步奖 15 项，其中一等奖 2 项，二等奖 7 项，三等奖 6 项。获批授权发明专利 73 件；公开出版学术专著 15 部；SCI 收录论文 131 篇，EI 收录论文 346 篇，CSSCI 收录论文 25 篇。

高水平科研平台基地建设成效突出。新增国家发展改革委"多能源互补高效供能管理技术"国家地方联合工程实验室 1 个；吉林省哲学社会科学重点领域研究基地 1 个；吉林省科技厅工程技术研究中心 1 个；吉林省科技厅院士工作站 1 个。

协同创新取得积极进展。与南方电网公司签署共建联合实验室协议，首批共建 5 个联合实验室。牵头成立吉林省互联网＋产业技术创新战略联盟、吉林市特种纤维及复合材料产业应用技术研究院。加盟了全球能源互联网发展合作组织、中国智能量测产业技术创新战略联盟。

师资队伍建设 召开了师资队伍建设工作会议，出台了"'十三五'师资队伍建设工程"，为深入实施"人才强校"战略，进一步提高师资队伍建设整体水平奠定了良好基础。

高层次人才队伍建设有重要进展。引进"国家万人计划"百千万工程领军人才 1 人，国家百千万人才工程人选 1 人，国务院政府特殊津贴获得者 1 人。引进了一批国内外知名大学高水平青年博士教师。新增"长白山学者"特聘教授 1 人，讲座教授 2 人，吉林省有突出贡献的中青年专业技术人才 2 人。

深化了职称评审制度改革。修订了"东北电力大学专业技术职务评聘方案"，实现了职称评聘文理分类评审，学生工作人员单独评审，进一步优化了职称评聘制度设计。出台了"东北电力大学拔尖创新人才职称评聘办法（试行）"，为"高精尖缺"人才的引进与培养提供了有效的政策支持。

学生教育管理 召开了 2016 学生工作会议，出台了一系列加强和改进新形势下学生工作的创新性措施，明确了"十三五"时期深入推进全员育人，不断提升学生工作科学化水平的工作目标。

社会主义核心价值观教育与校园文化建设深入开展。围绕"庆祝建党九十五周年"等重大时间节点，开展了形式多样的主题教育活动。运用"两网一微"网络思政教育手段，开拓了网络育人阵地。举办第二届"班风、班训、班规、班歌"培塑、评选和展演。获全省高校校园文化建设优秀成果一、二、三等奖各 1 项。

创新育人与实践育人取得新成绩。学校学生团队在 2016 年"创青春"大学生创业大赛、"互联网＋"大赛中，获得国家级奖项 4 项、省级奖项 17 项；获第三届中国青年志愿服务项目大赛银奖 1 项。

提升了学生教育、管理、服务水平。拓宽奖励资助渠道，新增"辰希助学金"和"置真电气奖助学金"。加强了对学生的心理健康教育和人文关怀。推进学业辅导，加强学风建设。全面启动"校园不良网贷专项教育整治工作"。

加强了辅导员队伍建设。举办了第六届东北电力大学辅导员职业能力大赛；选派41名辅导员参加国家教育行政学院线上专项培训。获"第八届全国高校辅导员年度人物"提名奖1项；吉林省第四届高校辅导员职业能力大赛三等奖和优秀奖各1项。

招生就业 生源质量稳中向好。全国一批次招生录取的省份从10个增加到16个。2016年招收本、专科学生4461人，新生报到率连续两年实现增长。

就业质量稳步提升。落实创业就业工作会议精神，搭建校院两级创业就业服务体系，推进全员参与毕业生就业创业。不断巩固电力能源就业主市场，拓展非能源电力类就业市场，全年为学生提供就业岗位7000余个。

积极为学生就业提供个性化帮扶。以创业就业教育课程建设为核心，精心打造创业就业宣传月、校友话生涯等课外就业指导活动平台。组织开展了国家电网综合能力测试专题辅导班和上机模拟考试工作。

服务保障 办学条件进一步改善。累计投入资金5023万元完成省专项资助修缮项目、学校自立修缮项目31项。对西校区运动场、校园路灯、2栋学生公寓、6栋教学楼进行了改造翻新。完成能源电力实验教学中心周边、研一公寓前、学术中心周边绿化景观建设工程及第四期成树移植工程。

平安校园建设持续推进。制定了学生公寓紧急疏散、食品安全事故、饮用水污染、电气故障等应急预案。

校园公共服务体系建设再上新台阶。组织召开了学校首届信息化工作会议，出台了"信息助校工程"，为"十三五"时期建设"智慧东电"、提高学校信息化建设整体水平奠定了坚实基础。学报建设取得新进展，据《中国学术期刊影响因子年报（自然科学与工程技术·2016版）》显示，学校学报排位由2015年的117位攀升至36位，办刊质量和社会影响显著提升。

党建与思想文化建设 开展"两学一做"学习教育，推动了党内教育从"关键少数"向广大党员延伸。学习贯彻党的十八届六中全会精神、习近平总书记系列重要讲话精神，落实全面从严治党主体责任。

稳步推进基层党的建设。开展纪念建党95周年和长征胜利80周年系列活动；开展基层党委（直属党总支）书记抓党建工作暨落实全面从严治党主体责任述职述责工作；推进"明星党支部"创建和学生党员、入党积极分子"希望工程"建设。学校自动化工程学院党委获评吉林省先进基层党组织，多个组织和个人获省高校工委表彰。

狠抓党建重点任务落实。完成党员组织关系集中排查，完成基层党组织换届，完成党费收缴补缴工作。在脱贫攻坚工作中，学校包保的三个贫困村均已提前两年实现脱贫，学校包保帮扶贫困村工作在省年度成效考评中获评优秀。

创新做好干部工作。在省属高校中首创首试"双肩挑"干部"回归学术"制度，6人按照规定"回归学术"。与国家教育行政学院建立联系，选送10人参加全国高校中层骨干培训班。

落实党风廉政建设主体责任和监督责任，推进党风廉政建设和反腐倡廉各项工作；进一步健全内部控制体系，完善在基建及维修工程、大宗物资采购等专项领域的风险防控及监督工作；开展"廉政文化进校园"系列活动。

加强了对工会、教代会及统战工作的领导，发挥其在学校改革发展中的作用。加强离退休干部工作和校友工作，不断增强学校的凝聚力和向心力。

【国家电网管理学院】

单位概况 国家电网管理学院（中共国家电网公司党校，简称国网管理学院）是国家电网公司直属的教育研究单位。国网管理学院拥有学员公寓、报告厅、会议室、研修室和配套的图书馆、阅览室等设施，拥有先进的音频采集系统和可视会议系统、领导力测评系统等。下设8个部门，其中：职能部门2个，分别为综合管理部、财务资产部；业务部门3个，分别为教务管理部、培训开发部（党校部）、知识管理中心（管理科学图书馆、企业党建研究中心）；支撑部门1个，为后勤保障部；挂靠单位1个，为领导力开发研究中心；管理单位1个，为蟒山（北京）会议中心。

"十三五"发展开局 编制国网管理学院"十三五"发展规划，确立立院宗旨、核心职能和主营业务，围绕规划扎实推进重点工作。被中央人才工作领导协调小组办公室纳入"国家人才理论研究基地"候选单位并通过初评，取得中央党校"企业党建研究基地"落地意向，实现研究资质的两个突破。独立负责的"党建实践创新研究"项目获得国家电网公司2016年度软科学成果一等奖，承担2017年度国家电网公司十大战略研究课题和中组部研究课题各1项，实现自主承担课题等级及获奖等级的双突破。参与研究的"适应全球能源互联网的国际化人才开发管理"等7个项目，分别获得国家电网公司和国资委管理创新成果等评选的一、二、三等奖。实现系统化、规模化开发课程和培养内部讲师的双突破，自研发精品课程35门，《考评的逻辑与伦理》等3门课程被中欧国际商学院正式采用为EMBA课程，15名兼职讲师登上讲台。与中组部、中央党校、浦东和井冈山干部学院、大连高级经理学院不断拓展合作领域和合作深度，再次获"中央党校分校2014～2016学年教学管理先进集体"称号，当选央企高管培训联盟第二届常务理事单位。

领导力研究 健全完善领导力开发研究体系，支撑国家电网公司干部人事工作。参与研究的省公司领导班子考评体系研究、干部监督机制建设研究、国际化人才队伍开发研究等成果被应用到国家电网公司相关管理实践中，并转化为制度和标准，部分成果入选中组部经典案例；选人用人系统建设研究和领导干部以德育企工作研究成果转化为工作手册；初步建成"干部之窗"信息平台；为国家电网公司总部和相关单位提供研究和测评等服务，参与各类研究课题7项，为16家单位干部测评提供技术支持。服务国家电网公司干部队伍建设。对青干班学员开展综合测评，建立逾40万字的领导力发展档案；依托培训班对学员开展精神状态、个人特质、关注焦点等方面的观测，撰写401人次观测报告，为国家电网公司掌握干部队伍状况探索新的途径；开发"履历分析器"技术和平台，开发履历价值，实现由承载信息到呈现发展规律的转变，引进和内化5款自测评工具，建立动机、风险偏好等内在特征的测量体系。推动研究成果向课程转化。实体课程开发初步实现体系化，并应用于各级各类讲堂；网络课程形成"党性修养提升与价值观教育""补充前沿知识拓展干部视野""贯彻国家电网公司战略意图解决实际问题""提升干部专项领导能力"4条主线，"一带一路"系列等78学时网络精品课程同步纳入浦东干部学院线上教学平台；建成干部网络学习平台，为国家电网公司领导干部网络培训提供坚强保障。

企业党建研究 成立企业党建研究中心，形成"一集一库、二个手册、三个报告＋N篇发表文章"的党建实践研究成果。聚合国家电网公司基层党建创新典型案例资源，汇编出版《党建实践创新100经典案例集》。编写出版《国有企业党建工作指导手册》《国有企业党支部工作指导手册》，为基层党建工作提供支撑。在党的建设融入公司治理、基层党组织建设两个领域取得理论创新成果，构建"双螺旋"党建实践模式、"向日葵"基层服务型党组织建设模型。以"基于共产党员服务队典型案例分析的基层党建科学化研究"项目为抓手，推动党建工作责任制、党的组织生活和制度建设、基层党建工作与企业经营管理的有机结合。在中宣部《党建》杂志、中组部《党建研究》杂志、人民网等央级媒体发表文章6篇，《国家电网报》头版刊发文章《以研立院，教研并举——国家电网公司党校（管理学院）加强党建课题研究》，对学院加强党建研究进行全面总结和报道；与人民网、中国共产党网合作搭建党建典型案例征集云平台，并建立手机微信平台，共征集百余个典型案例，网站点击率突破150万次，手机用户25万多户。

培训教学和系统党校建设 完成国家电网公司领导干部培训班、党校青干班和纪检组长（纪委书记）研讨班等8类14个培训项目，培训量7730人天，培训质量满意率、综合服务满意率97％以上，相关培训研究和典型经验在《国家电网报》和《国网动态》刊登转载。基于国家电网公司发展战略和业务需求，对全球能源互联网、电力体制改革等相关战略问题进行专题辅导。结合"两学一做"教育相关要求，开展"党课下基层"活动，自研发《长征》系列党课送到基层。采用"2.5＋0.5"授课新方式，创新培训模式，有机融合专题讲座、研讨交流、学员论坛、案例教学等方式方法。制定《系统党校建设实施方案》，明确总体思路和工作内容。举办党校负责人年会和党校业务管理人员培训，加大系统党校间交流协同，在师资库、精品课程开发、案例库、培训项目体系、课题研究等方面达成共识。整合国家电网公司系统内外部资源，统一师资库、课程库、案例库"三库"建设标准。

知识管理体系建设 搭建"国网经验"平台。完成"经营管理类知识产品开发及推广应用系统研究"科技项目，以国家电网公司经营管理类案例和经营共享为理念，按照关键词提取主题化、知识来源属地化、知识格式规范化、问题来源导向化的思路，系统构建经营管理类知识结构模型，并建立个人用户推送与共享机制，实现知识再创造，获国家电网公司重大创新示范项目三等奖。研发相关知识产品。研发案例、培训项目与期刊等3类知识产品，采集国家电网公司系统内外部典型经验和行为事件类案例，形成文字、视频案例产品各1000个，提炼典型案例包8类、外部知识专题 50 类；展示国内外经典前沿理论与院内精品研究成果，创办《视窗》（试刊）。完成相关领域研究。完成"领导干部教育培训项目开发与课程设计"科技项目，优化设计国网管理学院内外培训项目 15 类；协助国网人事部完成适应"全球能源互联网"的国际化人才开发管理研究，提出国际化人才开发与管理方案，获国家电网公司重大创新示范项目一等奖。

党的建设和精神文明建设　学习党章党规，贯彻习近平总书记系列重要讲话精神和十八届六中全会精神，贯彻从严管党治党要求，结合学院实际开展"两学一做"学习教育。开展集体学习、专题讨论、领导班子讲党课、领导班子民主生活会、党支部组织生活会等活动。开展"三亮三比"主题活动，增强党员干部"四个意识"。

推动国家电网公司优秀企业文化落地，开展"大力弘扬劳模精神"集中宣传。组织健步走、女职工读书交流、拔河、演讲比赛等活动，建设学院职工书屋。丰富青年志愿者活动内涵，开展"五四"植树、走进打工子弟小学等活动。承办国家电网公司第二届青年创新创意大赛成果展示活动。

（徐明慧）

【中共国家电网公司党校】

见国家电网管理学院。

【国家电网公司高级培训中心】

单位概况　国家电网公司高级培训中心（简称国网高培中心）是国家电网公司直属的教育培训单位，是国家电网公司专业管理人员以及高素质、复合型、国际化人才的培训基地，为国家电网公司人才培养和软实力建设提供服务保障与智力支持。

国网高培中心位于北京市海淀区清河，占地 86 亩，建筑面积约 7.2 万 m^2，有报告厅 3 个，教室 18 间，研讨室 16 间，餐厅 7 个，学员住宿房间 785 间。教学培训设施完善，拥有配套的教学楼、学员公寓、学员餐厅和活动场所等，有音视频采集系统、电视电话会议系统、网络教室、演播教室等，实现校园 WiFi 全覆盖，建成数字化校园系统，支撑国家电网公司网络大学建设。

国网高培中心下设 8 个部门：综合管理处、教务管理处、教学研究处、教学培训处、培训信息处、党群工作处（监察审计处）、财务资产处和后勤保障处。后勤保障处下设 17 个班组。

人力资源　截至年底，国网高培中心共有职工 344 人。其中，高级职称 21 人（正高级 4 人，副高级 17 人），中级职称 17 人，初级 1 人；硕士及以上学历 43 人（博士 12 人，硕士 31 人）。2 人获国家电网公司劳动模范称号，7 人获国家电网公司高级兼职培训师资质。

修订干部管理办法，确保干部选用更加标准化、规范化。优化完善岗位绩效管理制度，推进职员评级定级工作。定期开展部门及员工季度及年度绩效考核，增强考核结果的应用。组织中层干部集中培训，外出调研开阔视野。坚持分层级开展英语培训，全面培养国际化人才。设立首席培训师，制定内训师管理制度，组织核心能力专题培训。新增 8 位员工取得测评课程资格认证，平均授课满意率 96.8%。完成全球能源互联网知识竞赛、法治企业建设知识竞赛等赛事的备赛、参赛工作。首次实施后勤班组长竞聘上岗，开展外出体验式培训和礼仪培训，有效提高员工业务能力和服务水平。

经营管理　2016 年，国网高培中心共完成培训、会议、考试、竞赛项目 308 个，共 12.8 万人天，同比提高 24.15%。培训质量满意率 97.04%，综合服务满意率 97.79%，网大支撑服务满意率 100%，完成国家电网公司下达的各项任务。获得国际国内培训行业、国家电网公司及电力行业奖项 14 项。举办国际人才发展协会（ATD）2016 年春季讲座暨国际会议会展预展（北京站）活动，受邀主持 2016 中国企业培训与发展年会分论坛，先后访问 ATD、国际绩效改进协会（ISPI）、哈佛大学商学院等机构。与国网天津电力、清华大学公共管理学院等 6 家单位签订战略合作协议，召开战略合作单位座谈会，深化合作内涵。承办国家电网公司法治企业建设知识竞赛。

加强人财物集约化管理，持续提升基础管理水平。成立培训信息处，为国网高培中心信息化战略实施提供组织保障。开展标准流程体系建设，完成综合管理处 10 类 52 项工作流程手册编制，修订出版《班主任培训标准化工作手册》，完善《外籍学员培训项目运行标准手册》《培训项目方案设计规范》等文件。完善应急管理体系，动态监测财务预算和综合计划执行情况，完成专项检查与问题整改，建成招标工作室，建立常态化监督检查机制，确保重大风险可控、能控、在控。完成"营改增"工作，实现一般纳税人身份转换，累计省约税费和资金 1000 余万元。统一合同文本应用率 98%，合同审核上线率 100%。

教学与培训　培训组织建设。首次实施外籍管理人员和葡萄牙语专项培训，外籍管理人员培训实现中文师资全英文授课、班主任全英文管理、培训资料全英文呈现。创新多元化培训方式，沉淀形成方式应用、案例开发及教学方法论和行动学习教师指导手册。开展94次"第二课堂"活动，5400余人次参加。编纂"名家讲坛"文集，计40余万字。完成图书馆二期建设，打造多功能文化空间。构建"线上线下、三阶段、四流程"培训项目质量管理体系，全年组织学员座谈21次，统计分析调查问卷8160份。

课程师资开发建设。完成特高压知识普及系列课程等85门网络大学标课、微课和培训教材开发，初步具备微课自主开发能力。新开发外部师资480余位，聘请哈佛大学等高水平专家授课。制定英文授课师资推荐标准，建立新课程新师资训前试讲反馈及培训机制。梳理课程师资库4921条课程记录，2197条师资记录，建立新的课程师资分类体系。

研究创新建设。举办"标杆论坛"，引进优秀企业大学先进经验，全年开展研究项目14个。牵头完成网络大学管理类培训规范和题库开发研究，国网高培中心完成通用能力培训规范和题库开发，指导各单位完成专业能力培训规范和题库（约18万题）开发，并形成国家电网公司技术标准草案。构建培训项目方案设计和课程开发分类方法论体系并形成工作手册。细化完成教学研究实验室五大板块功能设计，创新开发培训方案智能设计逻辑算法。创新建立培训质量监控PDIDP模型及体系，制定国网高培中心实训室5年规划，转移内化5门优质体验式课程。开发游戏化知识测评功能、经营人才360素质测评工具。完成国网高培中心内训师胜任建模、学习路径图绘制和管理机制设计。

培训信息化 "数字高培、网络高培、掌上高培"建设转型升级，教学培训工作迈向智能化、互动化、移动化。基础平台作用彰显，教学研究实验室、网络培训教室、网络同步互动课堂、网络大学高培分院（一期）、客房点播系统平台投入使用，实现与5家省公司实时互动教学。应用系统全面升级，综合业务移动应用系统、统一数据中心、综合业务管控、设备缺陷管理等系统实现升级。移动应用实现主业务覆盖、微信公众平台专题定制开发和国际化培训电子指南上线。重点项目100%实现移动评估，"掌上高培"APP平均安装率80%以上。优质服务国家电网公司网络大学，建立双向沟通闭环管理机制，全年服务员工网络学习126万人次，组织实施国家电网公司级网络考试、推送学习、脱产培训网络培训班共77项。获得1项实用新型专利，实现国网高培中心专利零突破。

优质服务 制定完善《后勤工作手册》等多项规章制度，开展"安全生产月"等活动。加强施工现场安全管理，加强食材安全检验和公共卫生管理。实施校园提升工程，提高安全保障水平。开展主题美食周活动等品牌特色服务，推出二十四节气养生食谱，完善国网高培中心十大精品美食。创建服务联系卡，深化综合服务中心职能。收到表扬信46封。完成20多项大修技改和工程建设施工，提升基础设施水平，消除风险隐患。完善院区绿化节水喷灌系统。开展燃气锅炉低氮改造，获得北京市以奖代补资金63万元。

党的建设和精神文明建设 贯彻中央精神，落实国家电网公司党组部署，开展"两学一做"学习教育。党委书记、班子成员带头讲党课，增强全体党员"四个意识"。立足岗位开展"三亮三比"主题活动，促进"四讲四有"具体化、行为化。举办庆祝建党95周年系列活动，开展"忆党史·学党章·知党规·明党纪"知识竞赛。落实"两个责任"，坚持民主集中制，执行"三重一大"决策制度。加强民主管理，组织"我为企业献一策"合理化建议征集等活动。开展廉政教育，深化协同监督，定期与关键岗位和中层干部开展廉政谈话。落实"三会一课"制度，规范组织生活。加强载体建设，开展高培共产党员服务队提升工程，服务队全年共开发完成"长征精神"系列微党课10余门，向学员推送"两学一做"动态信息和微案例150余条，覆盖学员3.4万人次。党群工作处获国家电网公司纪检监察工作先进集体称号，第三党支部被评为国家电网公司直属党委先进党支部，第一团支部被评为国家电网公司五四红旗团支部。

（石德禄）

【国网技术学院】

单位概况 国网技术学院（国家电网公司团校）成立于2008年12月30日，原与山东电力高等专科学校、山东电力研究院三块牌子、一套班子。主要承担国家电网公司新入职员工、高层次技术技能人才、高端紧缺人才、团青干部、资格认证等6大类17项核心培训业务，是国家电网公司培训创新研发基地、团青干部培养基地、企业文化传播基地，是国家电网公司技术技能人才培训开发中心、新技术新技能推广示范中心，是国家电网公司技术技能人才培养国际合作交流平台。国网技术学院获2015年"中国最佳企业大学"排行榜第一名和"中国最有价值企业大学"称号。获2016年"中国企业大学卓越成就奖"。连续8年蝉联"中国企业教育先进单位百强"称号。

人力资源 国网技术学院共有职工567人。其中，硕士及以上学历占员工总数的29.8%，副高及以上职称占员工总数的48.7%，国家电网公司级专家24人，山东省教学名师3人。2016年，新入选国家电网公司优秀专家人才8人，1人获国家电网公司劳动模范称号，1人获国家电网公司优秀班组长称号，1人获国家电网公司"2015年度优秀共青团干部"称号，2人获国家电网公司"2015年度优秀共青团员"称号，新增高级企业培训师43人、培训师10人、心理咨询师12人。

经营管理　加强综合计划和财务预算管控，深化职工报销、资金支付系统应用。进一步规范招投标管理，防范招投标风险。开展内外部审计检查，发现问题整改情况"回头看"，问题整改全部完成。开展依法治企自查自纠和工程跟踪审计工作，及时督促问题整改。执行国家电网公司集体企业改制工作要求，完成集体企业公司化改制工作。

教学与培训　举办培训班235期3.29万人151.40万人天。其中，新员工培训班4期1.63万人142.14万人天（其中，分院承担2707人28.7万人天；合作基地1897人20.11万人天）；国家电网公司计划内短期培训班172期1.36万人6.24万人天；委托类短训班59期0.30万人3.02万人天。完成网络培训2527万学时、考试项目3541个。完成学历教育教学工作量4万课时，输送大专毕业生457名，大专生就业率98.03％。

服务国家电网公司国际化业务。举办首期菲律宾国家电网公司（NGCP）高级技术人员培训班，自主完成全部课程英文教材编制和授课任务。

培训创新。在新员工培训中全面试点应用"互联网＋培训教育"新模式，开发网络学习课程20门。在培训项目中推进"O2O＋翻转课堂"应用，试行"网络学习＋小班研讨＋个性化辅导"新模式。在项目管理中完善委托类培训项目管理流程，规范管理要求。

深化网络大学应用。开发岗位培训规范，修编试题，构建技能类岗位"学习地图"。实现移动学习、虚拟教室等功能上线运行。完成国家电网公司输配电带电作业网络培训考核认证试点开发工作，创新建设网络大学带电作业资格认证平台。网络大学年登录学习3994万人次。

提高培训质量。加强培训教学全过程管控，实现培训教学的实时督导和及时改进，出台《从严管理培训教学工作意见》《学员考试管理规定》等23项培训教学管理制度，加强学风、考风、教风建设。与送培单位加强沟通，完善新员工培训方案及课程体系。完成特高压直流输电技术培训体系设计。搭建电子化课程体系，试点开发标准化网络课件、微课件。

推进学历教育。应用"校企双主体"育人模式，与国网新疆电力和国网蒙东电力密切配合，严格定向生管理，实施"双师"培养，进一步提升定向培养质量。将心理健康教育纳入课程体系，实施"音乐进课堂"，进一步提升学生综合素质。健全学生竞赛激励机制，支持学生展示技能，在全国软件与信息技术大赛等比赛中获得国家级二等奖1项，省级一等奖9项、二等奖12项。

党的建设和精神文明建设　开展"两学一做"学习教育。学习《党章》，贯彻习近平总书记系列重要讲话精神，领会核心要义和精神实质，增强党员干部践行宗旨的思想自觉和行动自觉。贯彻落实《准则》《条例》，制定《进一步严明工作纪律，改进工作作风》和《加强纪律建设，强化全面问责》细则，从小从细整肃纪律、整改作风，持续提升干部作风建设。筹备召开专题民主生活会和组织生活会，开展批评与自我批评。开展"三亮三比""四讲四有"等活动，改进和提升党员干部思想认识、作风建设和党性修养。

进一步落实党建责任。加强党建工作研究，制定党建责任"四张清单"和督导手册。完成党总支和党支部换届选举工作。组建共产党员服务队，开展党员"3＋1"活动。

深化党风廉政建设。落实"两个责任"，深化干部履责约谈和关爱提醒谈话。开展"四风"问题整治"回头看"，全面整改问题。

推进企业文化建设。举办文化"大讲堂"、先进事迹报告会等活动，传播优秀传统文化和国家电网公司企业文化。成立学生乐队、合唱团和舞蹈队，成立学院足球球迷协会，开展分院、基地、学院足球联赛。

（崔　昊）

【中共中国南方电网有限责任公司党校】

单位概况　中共中国南方电网有限责任公司党校（简称南网党校）和中国南方电网有限责任公司干部学院（简称南网干部学院）是南方电网公司党组为加强党的建设，以及各级领导班子和党员干部队伍建设，切实提高企业领导干部政治理论水平和战略思考、系统思维能力，搭建的一个南方电网公司领导干部提高党性修养和综合素质的高端教育培训平台，成立于2011年4月8日。

中国南方电网有限责任公司教育培训评价中心（简称南网培训中心）是南方电网公司党组为整合南方电网公司系统培训资源，提升培训工作的系统性，开展高端技术技能人才培训和评价工作，于2011年7月27日正式成立的。南网党校、南网干部学院与南网培训中心合署办公，按分公司模式管理，实体化运作，2011年9月16日完成工商注册登记。

南网党校主要负责培训南方电网公司党员领导干部，开展党的理论教育和党性教育，开展党的理论宣传与研究工作，推进党的理论创新和实践创新；承担南方电网公司系统副处级及以上党员干部和中青年后备党员干部的轮训培训，着重培养党员干部的党性综合素质和党的理论知识，培养造就对党忠诚、勇于创新、治企有方、兴企有为、清正廉洁的好干部。

南网干部学院主要负责培养南方电网公司高层次经营管理人才和政策研究人才；为南方电网公司提供决策咨询服务，开展企业管理等领域理论研究和政策研究；承担南方电网公司系统副处级及以上干部和部分优秀中青年后备干部的培训工作，研究南方电网公司干部教育培训工作中的重大问题，参与制定南方电网公司干部培训规划和政策，着重培养干部的战略思维、生产经营、应急管理、科学决策、领导能力等方面的综合素质，提升推动南方电网公司科学发展的能力。

南网培训中心是南方电网公司培训高层次专业技术人才和技能人才的重要基地，主要负责领导力研究、领导力培养、领导力评价，聚焦公司领导力发展标准，深化领导力评价应用，创新领导力培养项目，搭建完善针对公司中高层管理人员的领导力发展体系；承担南方电网公司下达的各类技术、技能人才的教育培训任务；承担南方电网公司下达的专业技术资格评定及高级技师技能鉴定工作；为南方电网公司的员工招聘、人才甄选等提供领导力测评、选拔测评与考试服务；协助南方电网公司开展教育培训和人才评价体系研究与建设的相关工作。

南网培训中心主要经营范围包括：① 从事与电网经营和电力供应有关的科学研究、技术开发、咨询服务和培训业务。② 经营国家批准或允许的其他业务。

领导班子

南网党校校长由南方电网公司党组书记、董事长李庆奎兼任，第一副校长由南方电网公司副总经理杨晋柏兼任。

赵杰任南网党校常务副校长，南网干部学院院长，南网培训中心党委书记、主任。

吕志任南网党校副校长，南网干部学院副院长，南网培训中心党委委员、副主任、工会主席。

吕益华任南网党校副校长，南网干部学院副院长，南网培训中心党委委员、副主任、纪委书记。

组织机构 南网培训中心、南网党校和南网干部学院合署办公，日常管理实行一体化运作，设置一套内部机构，配置一套工作人员。根据现阶段工作实际，内部机构设为综合管理处、教学管理处、培训管理处、网络培训处和人才评价处5个处室。

人员状况 截至2016年末，南网党校、南网干部学院和培训中心共有员工54人，中心领导3人，处室负责人6人，主管和专责39人，劳务派遣制员工6人；其中硕士研究生及以上学历16人，大学本科34人。员工中拥有高级职称23人、中级职称18人、初级职称2人。员工平均年龄37.3岁。

年度工作 2016年，南网党校和培训中心以习近平总书记系列重要讲话精神为指引，贯彻落实南方电网公司"十三五"改革发展总要求，学习宣贯《南网总纲》，坚持党校姓党，开展"两学一做"学习教育，推进理想信念教育，推动领导力发展研究与实践，探索党建智库建设，持续创新培训理念和方法，不断提升培训品牌影响力，科学谋划企业大学建设，为南方电网公司强化党的建设、创建"两精两优、国际一流"电网企业做出了新的贡献。

南网党校和培训中心深入贯彻落实南方电网公司党组系列决策部署，持续创新发展，增强教研能力，提升办学水平，科学规划党校党建智库和研究平台，首次承接南方电网公司纪检组课题任务，完成《把握运用监督执纪"四种形态"的思考与实践》研究，课题成果获《中国纪检监察报》专题报道推广，为南方电网公司乃至全国纪检系统深入践行"四种形态"提供了理论和实践参考。推进理想信念教育项目实施，首次承办中国企业高管培训发展联盟及有关央企的培训，取得良好培训效果，打响了南方电网公司教育培训品牌，得到了中组部、国资委和行业认可，项目荣获中组部组织工作案例素材三等奖。探索应用互联网学习新技术，在南方电网公司系统首次将VR/AR（虚拟现实/增强现实）技术应用到移动学习平台，打造以"乐学南网"APP为核心的网络培训品牌，构建了社区化、生态化的学习环境，荣获第四届"中国e-Learning行业卓越实施奖"。

2016年，南网党校和培训中心组织实施各类培训班85期，面授培训人数4017人次，培训平均满意度96.9%，其中组织实施理想信念教育体验式培训班39期（包括国资委班1期、央企班5期），培训1671人次，超额完成年度培训任务。开展网络培训项目7个，培训17万人次。开展高级及以上职称评审1849人次。培训工作持续获得业界肯定，中国企业高管培训发展联盟授予南方电网公司"2016年度最佳贡献奖"，并升级为常务理事单位；"领导力实验室"教学模式创新助力南方电网公司荣获《培训》杂志颁发的"中国人才发展创新企业奖"，是获奖的唯一一家中央企业；《发挥红色教育资源优势 打造理想信念教育体验式培训》荣获全国党建研究会国有企业党建研究专业委员会2015年度优秀课题研究成果一等奖；"信仰的力量"理想信念教育体验式培训项目被第六届中国企业大学发展论坛评为"2016年度中国企业最佳学习项目"。

1. 办学能力建设

坚持"党校姓党"，充分发挥党校主阵地主渠道作用，全面承接南方电网公司干部培训计划，完成南方电网公司第五期中青班、第三期年轻班等重点班次，突出党的理论教育和党性教育的主业主课核心地位。推进"信仰的力量"理想信念教育项目规范实施，编制标准化实施手册，组织本单位全体员工参与带班，超额完成年度培训任务。坚持从严治学治教，加强对培训班临时党支部的监督指导，建立本单位领导干部随班制度，强化学员自我管理，坚持讲师上讲台前"三必谈"（课堂纪律、培训对象、授课方向）原则。

2. 党建智库能力建设

探索党建智库建设，强化党建智库功能，完成南方电网公司纪检组交办的"四种形态"课题研究任务，组建"跨层级、跨领域、兼内外"的项目团队，按照"理论—对策—工具—支撑"研究思路，形成南网特色的"五个一"成果，锻炼了研究队伍，拓宽了研究领域，提升了研究影响力。系统研究"党建智库和研究平台建设规划"，明确"五大中心"功能定位，强化党建智库"五项能力"，搭建与现代智库运行规律相匹配的组织体系、人力资源体系、课题管理体系、智库运营体系等"四个体系"，打造决策服务中心、变革引领中心、资源共享中心、理论创新中心和人才发展中心"五大中心"。

3. 网络培训平台建设

系统开展"互联网＋培训"实践，搭建乐学易用的移动学习平台，开发"乐学南网"移动学习APP，整合虚拟课堂、社会化学习、VR/AR等技术，在南方电网公司年轻班、深圳供电局新员工培训等场景试点应用取得良好效果。持续丰富网络学习内容，新开发电子课件71门、微课件142门，形成包含558门电子课件和431门微课件的资源库，部分微课获第二届中国企业微课大赛三个专业奖项，MOOC移动学习研究获南方电网公司微创新大赛二等奖。强化网络培训运营，加大网络培训比重，促进线上线下融合和培训效果深化，荣获第八届中国企业在线学习大会"优秀微信学习应用奖"和"最佳跨平台应用奖"。

4. 培训体系建设

推进培训资源共享，推动教委会实体化运作，持续优化课程和师资体系，组建四个专委会，专题研讨教育培训重点难点问题，发布培训资源共享目录，建立资源共享新机制。注重自主精品课程开发，优化《管理者情商培养与提升》，研发《4S情景模拟》课程，推广案例教学，主动为贵州电网公司等单位送教上门18次。培训体系建设荣获中国企业高管培训发展联盟"特色创新奖"和"优秀范例奖"。开展

党校第二批客座教授和特聘教授选聘工作，聘请张维为、冯鹏志、过勇等国内知名专家学者担任客座教授，新聘客座教授9名、特聘教授15名，新聘公司级内训师238名，其中党校在原有2人的基础上新增5人受聘。持续完善领导力实验室功能，推进领导力评价实验室实用化，挖掘整合测评数据资源，出版《员工职业发展指南》，完成南方电网公司首次职业经理人选拔、技术技能专家选聘、高级职称评审等工作。

5. 党建和自身能力建设

南网培训中心党委落实从严治党要求，开展"两学一做"学习教育，落实南方电网公司党组1号文件精神，强化主要负责人的第一责任和班子其他成员的"一岗双责"，正确把握和运用监督执纪"四种形态"，不断强化管党治党的政治责任。南网培训中心纪委严格落实监督责任，研究制定《运用监督执纪"第一种形态"的工作方案》，建立健全主责约谈机制，持续开展廉洁风险防控，使防堵"蚁穴"专项工作成果有效落地。综合运用体验式教学、行动学习、"微课堂"等形式，抓好学员和员工"两支队伍"的学习教育。创新开展党支部与基层单位党支部的"三方联建""网上共建"活动，其经验做法获中宣部的党建网采纳报道。严肃党内政治生活，创新政治学习方式方法，强化党支部的规范管理，2016年荣获南方电网公司先进基层党组织1个、标杆党支部1个、党员示范岗1名。开展"十三五"发展规划专题研究，明确党校、企业大学、党建智库三大功能定位，提出未来发展思路、目标和关键举措。推进人才队伍建设，全年新进6名主管，持续提升员工综合素质和业务能力，获南方电网公司授予2016年度劳动模范称号1人。

（庞　智）

【中国南方电网有限责任公司干部学院】
见中共中国南方电网有限责任公司党校。

【中国南方电网有限责任公司教育培训评价中心】
见中共中国南方电网有限责任公司党校。

【中共中国大唐集团公司党校】
见中国大唐集团干部培训学院。

【中国大唐集团干部培训学院】
单位概况　中国大唐集团干部培训学院（简称大唐干部学院）成立于2009年3月4日，是中国大唐集团公司（简称大唐集团）的全资子公司和直接管理的教育培训咨询机构，与中共中国大唐集团公司党校、中国大唐集团技术经济研究院实行"三位一体管理"，是中央党校教学基地，主要承担大唐集团党员领导干部、高中级经营管理人员、后备干部、专业人才培训

和管理咨询，以及大唐集团会议中心接待服务工作，是大唐集团的教育培训中心和综合接待服务中心。

大唐干部学院以服务大唐集团发展为导向，围绕大唐集团人才队伍建设和系统企业实际需求，打造大唐集团多层次、多渠道、全覆盖的干部教育培训工作格局，开发了涵盖大唐集团党员领导干部培训、高中级经营管理人员培训、后备干部培养和专业人才的系列精品课程。

大唐干部学院现有教职工近 400 人，内设培训策划、教研教务、办公室、人力资源、计划财务、党群监审等部门，具有较丰富的培训师资和针对性强的课程，逐步形成了符合在职人员教育规律、具有大唐干部学院特色的"大平台教育、分方向培养、模块化管理"的培训模式。

大唐干部学院开展同行间的学术交流与合作，先后与中共中央党校、国家行政学院、中国井冈山干部学院、国家会计学院、清华大学、北京大学、华北电力大学等国内众多知名院校、培训机构建立了战略合作关系，开展了良好合作，建立并拥有了 500 多名国内知名的专家学者师资库。

大唐干部学院地处北京市怀柔区，拥有现代化教室、客房、会议厅及各类服务设施，同时可容纳 600 余人住宿学习，并能承接国内外各类高层次的会议及培训业务。

组织机构　大唐干部学院本部设立 8 个部门，其中包括办公室、人力资源部、计划财务部、党群监审部 4 个职能部门，及培训策划部、教务管理部、技术技能培训办公室、网络培训办公室 4 个业务部门。下属 1 个分公司——唐韵会议中心。

教学与培训　教学培训规模快速增长。举办各类管理培训班 186 期，同比增加 43 期；培训 12 490 人次。教学培训质量显著提升。培训部门重点策划、精心打造了党校"70 后""80 后"培训班等众多精品班次。培训效果得到大唐集团各级领导和广大学员们的一致认可。全年培训满意度达到 96％。教学培训能力不断加强。出台多项有关积分考核、带班标准、课程设计、课酬水平等方面的制度、标准，教学培训制度日趋完备。师资配置持续优化，师资库人数达到 480 余人。在管理能力提升类培训班中提高开放式、互动式教学比例，受到学员欢迎。教务管理更加规范，提升了教学培训组织管理工作的标准化和规范化水平。围绕大唐集团热点、难点问题设立研究课题，形成了一批有价值的学习成果，在大唐集团内引起关注。技术技能培训取得突破性进展。成立了技术技能培训办公室，拓展技术技能培训业务，实施了高级工技能鉴定前培训、技师和高级技师技能鉴定前培训、2016 年新入职毕业生集中培训、班组长安全生产管理培训等

大型培训项目，在大唐集团系统 22 个基地举办 127 期培训班，培训 8300 余人次。初步实现了统一管理要求、统一课程设置、统一师资配置、统一评价标准的技能培训管理目标，为今后技术技能培训工作发展奠定了良好基础。

经营管理　一是管理培训、技术技能培训、会议服务业务齐头并进。三项管理业务营业收入和利润水平均取得历年最好水平，大唐干部学院整体利润首次含折旧出"零米"。二是成本费用管控有力。成本费用总额 12 817 万元，增幅为 12％，低于全年收入增幅 20.4 个百分点。三是政策争取比较到位。积极争取财政补贴，营业外收入 173 万元。

体制机制改革　落实《"优化产权、瘦身健体"专项工作方案》，着力推进酒店分公司化，通过优化产权结构、整合集中资源、合理匹配资产收入，解决了酒店公司资产所有权与使用权不统一导致的税务风险问题，实现了研究院整体税负和管理成本的降低。推行薪酬绩效分配改革，建立并完善了有关制度，初步构建起符合企业实际的薪酬体系。加强干部动态跟踪管理，绩效考评结果与干部员工岗位调整、薪酬调整、劳动合同签订挂钩，营造岗位能上能下、薪酬能高能低、人员能进能出的激励约束环境，为优秀干部脱颖而出提供良好基础。

基础设施建设　全年投资 3280 余万元，实施了前厅改造、地热二期、游泳馆顶棚改造、会议室 LED 屏、园林绿化、无线 WiFi、后山健身道等一批重点项目建设，园区环境有效提升。以提升研究院文化底蕴、打造文化品牌为出发点，立足实际，整体规划，组织大唐系统内书画爱好者开展文化作品创作，装裱、悬挂各类书画作品 400 余幅，规划安装了国旗台，指路石，集中摆放了 8 组精品雕塑，具有大唐特色的文化氛围初步形成。

企业管控　一是加强计划财务管理。按照大唐集团严肃财经纪律的工作部署，全面加强财务基础工作的自查和整改。二是完善风险管理。组织开展风险分析和评估，梳理关键管理指标 59 项。编制印发《内部控制管理手册》，梳理主要控制事项 136 个，风险防控实现制度化、标准化。三是强化审计整改。切实做好各类审计、检查查出问题的整改落实工作，明确责任单位、责任人，逐项梳理，对账销号，确保审计整改到位做实。按规定对 1 名干部组织了离任审计。四是强化责任落实。严格执行《督察督办管理办法》等规定，每月例会对督办事项进行通报，对重点工作完成情况梳理打分，并在月度薪酬中落实奖惩。

作风建设　推进党风廉政建设，增强各级人员责任担当意识，推进"全面从严治党"向基层延伸，引领从严治院、从严治学。规范运用监督执纪"四种形

态",开展专项监督。共进行集体廉政谈话1次,任前廉政谈话3人次,约谈全部8名处级干部,并结合"自画像",提出了有针对性的作风改进要求。对19人次干部员工给予了通报批评和处罚。

党建人才工作 一是推进"两学一做"学习教育。与院中心工作紧密结合,在全体党员干部中开展主题实践活动,激发了全体党员干事创业精气神。三是推进工会团青工作。成立文体协会,举办职工各类活动,活跃了职工生活。印发《推优入党工作实施细则》,为优秀青年政治进步畅通渠道。开展"推优促学"活动,与怀柔区电大积极合作,为员工搭建学习平台,19名青年员工参加东北财经大学学历深造。1人获得了大唐集团"劳动模范"称号,也是学院成立八年以来的第二位大唐集团劳动模范。《中国大唐集团公司智慧型党员干部教育培训管理平台建设》课题项目荣获2015~2016年度中央企业党建思想政治工作优秀研究成果二等奖和全国电力行业思想政治工作课题研究优秀成果奖,是大唐干部学院思想政治工作研究成果首次获得的中央企业以及全国电力行业奖项。

主要事件

1月27日,召开大唐干部学院年度工作会议。

2月26日,召开大唐干部学院党风建设和反腐败工作会议,研究部署全年党风建设和反腐败工作。

3月10日,召开大唐干部学院安全生产工作会议,研究部署全年安全生产工作。

3月29日,召开大唐干部学院党建思想政治工作会议。

8月,《中国大唐集团公司智慧型党员干部教育培训管理平台建设》课题项目荣获2015~2016年度中央企业党建思想政治工作优秀研究成果二等奖和全国电力行业思想政治工作课题研究优秀成果奖。

9月,大唐干部学院决定开展酒店分公司化改革,优化产权结构、整合集中资源、理顺管理层级、降低税务风险。

(张伟韬)

【中共中国华电集团公司党校】

单位概况 中共中国华电集团公司党校(简称中国华电党校)成立于2007年4月,属中央党校和国资委党校分校管理序列,是中国华电集团公司学习、研究、宣传党的理论的重要阵地,是中国华电系统大规模培训企业党政领导干部和中青年后备干部的主要渠道。中国华电集团高级培训中心(简称华电高培中心)成立于2005年10月,是中国华电集团公司组建的国有独资全民所有制企业。中国华电党校与高培中心实行"一套机构、两块牌子"的管理模式。

中国华电党校(高培中心)校园占地面积8万

m²,建筑面积2.6万m²,固定资产净额1.56亿元,拥有报告厅、多功能厅、多媒体教室等13个大中小型培训教室、8栋共计256间的学员宿舍、3个可容纳百人以上规模的自助餐厅,以及后山健身道路、网球馆、足球场等健身服务设施,可同时为400人以上提供培训服务。

领导班子

1. 中共中国华电集团公司党校

校长:赵建国

常务副校长:曲明鑫

副校长:周承玉、方蕙

2. 中国华电集团高级培训中心

党委书记、主任:曲明鑫

党委委员、副主任、工会主席:周承玉

党委委员、副主任、纪委书记、总法律顾问:方蕙

主要领导人员变动情况:2016年8月1日,赵建国任党校校长(兼);李庆奎不再担任党校校长职务。

组织机构 截至2016年12月31日,中国华电党校(高培中心)设立办公室、政治工作部、财务资产部、教学研究部、教务管理部、后勤服务部等6个部室,共有员工187人。

年度工作业绩 2016年,中国华电党校(高培中心)共举办各类培训班58期,培训学员4195人次、35651人天,培训期数、培训人次、培训人天数均创建校以来最高纪录。培训完成率100%、满意率95%以上,圆满完成了中国华电交办的各项工作任务。保持良好的安全态势,实现了"四个安全"。党校改革发展阶段目标任务顺利完成,实现了"十三五"良好开局。

经营管理

(1)教学培训方面。以"两学一做"学习教育为主线,突出党性教育和党性锻炼,在所有主体班次中都设置了专门的"党性教育单元";2016年举办的5期中青年干部培训班,党的理论和党性教育课时达到了总课时的70%以上。突出华电特色,注重与中国华电的形势任务、工作部署相结合,着重加强了财务、金融、法律、涉外业务知识培训,形成了"党校必修课+党性分析+华电特色课"的教学体系。抓好学风校风建设,坚持把从严治党、从严管理干部的要求寓于学员管理中,对学员的学习、生活、组织活动等各个方面进行了严格的管理,让学员迅速完成了从工作状态到学习状态、从领导干部到普通学员、从分散生活到集体生活的"三个转变"。优化师资配置,牵头组织大唐党校、中海油党校等10家央企党校成立了"跨机构师资共享联盟",不断加大"一校五院"等优秀师资引进力度,师资更新率超过40%。创新培训模式,

承办好中国华电下达的培训任务，充分发挥培训服务优势，完成了山东公司等送教上门，新员工培训班等自主培训，以及人资培训班等异地培训，取得了良好成效；完成了火电班、财务班等传统业务培训，开拓了文秘班等创新班次；完成中国华电集团公司党组务虚会接待任务，接办中国华电"人资技能大赛"、年度职称评审等各类会议，满足了中国华电系统不同培训会务需求，在推动中国华电战略发展中发挥了重要作用。

（2）管理服务方面。理顺了规章制度，按照依法治校要求，进一步健全完善规章制度体系，完成了《岗位序列及定员管理办法》《督查督办工作标准》等9项制度修订。理顺了岗位序列，对全部岗位进行了梳理，确定了各岗位的定员标准，设置了不同的岗位职级，修订完成了各岗位说明书。理顺管理责任，每周组织召开周例会，分专业召开教学、基建、营销协调会，明确了工作任务、责任人、时间节点；对会上重要工作安排，开展督查督办，严肃责任落实，实施闭环管理，形成了任务逐级落实、压力层层传递的良好管理格局。坚持服务标准，强化素质培训，热情、主动、微笑的服务理念深入人心。服务质量持续提升，餐饮菜品质量明显提高、客房环境有效改善、会议服务更加规范、设施维护更加及时到位。硬件服务设施有效改善，按照中国华电批复的大修、技改计划，完成庭院、教室、学员宿舍等硬件设施升级改造，进一步提升了党校的办学条件，提升了服务能力。

（3）信息化建设方面。实施校园一卡通，完成ERP（二期）合同模块上线，开通中国华电党校OA系统，提升了管理效率。推进"互联网＋培训"运用，开通国资委干教网华电党校分站，搭建"两学一做"专题教育平台，积极探索运用"在线测评系统"等先进教学管理技术，丰富教学手段。

（4）队伍建设方面。建立完善干部考评机制，对全部干部进行民主测评，组织各部门负责人进行述职述廉，干部的责任心和干劲得到进一步提升。建立了员工综合考评机制，开展全体员工业务、技能考核评比，在部分班组率先实施月度绩效奖励，实行多劳多得的分配机制，提高员工积极性、主动性。持续开展"月度之星""微笑大使"评选，全年共评选36人次。鼓励员工参加专业技术资格评定，3人获得中高级职称。

党的建设、精神文明建设和企业文化建设　深入学习贯彻党的十八届六中全会、全国国有企业党的建设工作会议和全国党校工作会议精神，开展"两学一做"学习教育，提升了对党校工作的认识，凝聚了改革发展的共识。落实全面从严治党要求，严格规范党组织建设，胜利完成高培中心党委、党支部、职代会

换届。全面落实"两个责任"，严明纪律规矩，深入组织开展"反腐倡廉宣传教育月"活动，全年共组织集中学习8场次266人次，筑牢了"不能腐不敢腐不想腐"的思想防线。深化企业文化和精神文明建设，开展"文明从我做起，提升党校形象"活动，加强社会公德、职业道德教育，继续保持了中国华电"文明单位"荣誉称号。充分发挥工团作用，组织举办了合理化建议征集、青年座谈会等活动，营造了"团结、向上、和谐"的良好氛围。

主要事件

6月7日，中国华电集团2016年第一期中青年干部培训班（A班）座谈会在中国华电党校召开。

7月7日，中国华电集团企业管理（对标管理）培训班在中国华电党校开班。

7月11日，中国华电党校首届"送教上门"项目——宁夏公司领导干部素质能力提升培训班在银川开班。

9月20日，中国华电集团第二期中青年干部培训班（A班）举行开学典礼。

10月22日，中央党校副校长赵长茂来到中国华电党校，以《我国经济持续下行和经济走势分析》为题，为第二期中青年干部培训班（A班）学员授课。

10月，中国人民解放军少将、国防大学教授金一南来到中国华电党校，以《苦难辉煌：中国共产党为什么能够胜利》为题，为中国华电集团中青年干部培训班学员授课。

11月10日，中国华电高培中心召开党员大会，选举产生了中国共产党中国华电集团高级培训中心第二届委员会和纪律检查委员会。

（王春磊）

【中国华电集团高级培训中心】
见中共中国华电集团公司党校。

【中国电力建设集团有限公司党校】

单位概况　中国电力建设集团有限公司党校（干部教育学院）［简称中国电建党校（干部教育学院）］，成立于2015年11月。

中国电建党校（干部教育学院）的指导思想是：坚持以学习邓小平理论、"三个代表"重要思想、科学发展观、"四个全面"战略布局等重大战略思想为中心，着眼于提高党员领导干部的政治素质和履职能力，以掌握理论创新的最新成果为重点夯实学员的理论基础，以把握时代特征和国际经济政治形势为重点拓展学员的世界眼光，以强化大局意识和应对复杂局面能力为重点培养学员的战略思维，以坚定理想信念、增强宗旨意识和改进作风为重点加强学员的党性修养。坚持"逢提必培"的原则，把干部培训纳入中国电建干部教育、管理和考核体系，对拟提拔使用的

干部，必须通过相应任职资格培训。

领导班子

中国电建党校（干部教育学院）接受中国电建党委领导。校长（院长）由中国电建党委专职副书记兼任，副校长（副院长）由党委工作部主任、企业领导人员管理部主任、人力资源部主任兼任。

组织机构　党校（干部教育学院）办公室设在中国电建党委工作部，由党委工作部分管思想政治工作的副主任担任办公室主任，成员由党委工作部、企业领导人员管理部、人力资源部负责教育培训的有关人员组成。

主要职责

（1）强化干部、核心人才的理论教育和党群干部的专业教育培训工作。对各级党员领导干部、后备干部、核心人才、党群干部等开展培训轮训。

（2）加强对中国电建各类培训的统筹协调。统筹协调中国电建党委和中国电建举办的各类专题研讨班、讲座、轮训班、培训班等。

（3）推进企业经营管理理论和实践创新。围绕中央精神的贯彻落实和企业改革发展中出现的新情况新问题开展培训，推进理论创新、实践创新和学习成果转化。

（4）加强对党的路线、方针、政策的宣传。针对改革开放和社会主义现代化进程、社会主义市场经济发展中的重大理论和现实问题，大力宣传马克思主义中国化最新理论成果。

（冯有维）

【中国电力建设集团有限公司干部教育学院】

见中国电力建设集团有限公司党校。

新 闻 出 版

【英大传媒投资集团有限公司】

企业概况　英大传媒投资集团有限公司（简称英大传媒集团）是国家电网公司的全资子公司，于2008年8月7日正式成立。英大传媒集团以新闻、出版为核心业务，具有新闻宣传、图书出版资质和品牌策划、渠道营销、广告经营能力。旗下拥有《国家电网报》《亮报》《国家电网》杂志、《能源评论》杂志、《英大金融》杂志、《脊梁》杂志、《供用电》杂志、《电力需求侧管理》杂志、《水电自动化与大坝监测》杂志、《项目管理评论》杂志、国家电网电视频道（SGTV）、英大网（www.indaa.com.cn）、书香网、《国家电网报》手机报等媒体；建立起以"电网头条"为旗舰，以《国家电网报》《闪亮播报》《首席能源观》等为支撑的新媒体矩阵；年出版发行电力、电子、教材、建筑机械、外语、少儿等领域各类图书、音像电子产品3000多种；同时开展品牌策划、会议展览、广告营销、装帧设计、投资与资产管理及相关咨询业务。英大传媒集团是新闻出版广电总局新闻出版领域体制改革重点联系单位。

英大传媒集团下设《国家电网报》社有限公司、中国电力出版社有限公司、英大传媒投资集团南京有限公司、英大传媒投资集团武汉有限公司、英大传媒（上海）有限公司、国网卓越传媒广告（北京）有限公司6个全资子公司，参股人民网有限公司、上海第一财经传媒有限公司、体坛传媒集团股份有限公司、北京世纪东方科技发展有限公司等社会化传媒企业。英大传媒集团共设有7个职能部门，17个业务中心，

在国家电网公司所属网省公司及相关单位建立39个记者站，在全国设立40个图书营销站店。

人力资源　截至年底，英大传媒集团共有在岗员工409人，其中博士研究生4人，硕士研究生172人，占员工总数的43.03%；大学本科202人，占49.39%。专业技术人员中，正高级29人，占员工总数的7.09%；副高级65人，占15.89%；中级180人，占44.01%。员工平均年龄38岁。

推进分级分类考核体系建设，坚持按劳分配、效率优先、兼顾公平原则，修订《部门年度绩效考核管理办法》，制定《工资总额计划管理实施细则》和《绩效工资考核分配管理办法》，各部门分别建立相关考核分配细则，初步形成集团对各部门、各部门对员工两级，职能部门、支撑中心、新闻中心、出版中心四类的考核管理体系。

坚持公开、公平、公正选人用人，拓宽用人渠道，开展部分主任助理岗位公开竞争上岗，激发队伍活力。加强员工培训，开展新媒体培训季等活动。严控人员增量，疏通人员出口，加强轮岗交流，促进人岗匹配，培养一专多能人才。2016年共有15名干部和30名员工轮岗交流，选派9名干部员工挂职锻炼，2016年末人员总数减少13人。

经营管理　开展"五位一体"协同机制建设，编制完成流程手册、岗位手册、风控手册，优化流程，完善制度，强化考核，提高效益，防范经营风险。坚持依法从严治企，强化措施，整改巡视审计中发现的问题。开展经营和人力资源两个诊断分析，补齐管理

短板。厘清参股公司、集体企业与集团的管理、人员、业务界面，消除风险隐患。完成房屋、车辆、保密、消防等安全检查，开展全业务全流程的"三查三强化"安全专项行动，夯实安全生产基础。推进办公用房优化调整，改善办公条件，完成公务用车制度改革。

服务公司软实力建设

1. 新媒体发展

"电网头条"微信公众号粉丝量超过百万，获评"能源行业最具影响力公众号"和"中央企业最具影响力新媒体账号"。"电网头条"客户端安装量超过12万，推进视频化传播，完成全球能源互联网大会、党群队伍技能竞赛、法治企业建设知识竞赛、特高压直流工程线路跨越施工等重要活动直播。《国家电网数据产品的公众需求分析及传播方式研究》获得国家电网公司2016年度软科学成果奖三等奖。

2. 新闻原创

坚持正确舆论导向，围绕电能替代、新能源消纳、电力体制改革、全球能源互联网建设等国家电网公司中心工作，深入基层一线，改进作风文风，增加原创作品数量，提高作品质量。2016年共完成国家电网公司总部下达的新闻宣传任务557项，超任务指标40%。70余篇稿件被《人民日报》客户端、人民网、第一财经等媒体转载。30多件作品被国资委、新闻出版广电总局、产业报协等评奖。

3. 品牌服务

完成全球能源互联网大会服务和传播工作，创办并编辑出版《全球能源互联网发展合作组织会员通讯》。《国家电网报》作为中宣部确定的唯一一家行业媒体试点单位，连续3年发布社会责任报告。承办国资委"一线故事"活动，宣传国家电网公司工作。与国网北京电力等7家单位签署深化战略合作协议，加强各单位重点工作宣传。举办能源互联论坛、2016碳市场高峰论坛等系列品牌活动。

4. 出版供给侧改革

完善协调会议机制，强化选编印发全流程联动。加强选题论证，严把选题"入口"关，坚决控制和压降无效、低效生产。加强营销工作，开拓内外市场，畅通产品"出口"。立足市场需求，加强印量测算，科学确定印数。加强出版物质量管理，组织案例分析和好书分享，开展"质量月"活动，提升出版产品质量。开展"去库存、增效益"专项行动，实施库存消纳奖励办法，库存总量消纳9200万元，同比下降约20%，6年来库存码洋首次低于4亿元；厂存总量压降3500万元，下降70%。图书回款3.06亿元，同比增长4.25%。

5. 重点图书出版

完成《超越·卓越》《潘家铮全集》等重点图书出

版发行。推进版权输出，《全球能源互联网》俄文版在俄罗斯出版发行。12个项目入选国家"十三五"重点出版规划。电力科普作品《风吹电来》（蒙汉、彝汉双语读物）获第四届中国科普作家协会优秀科普作品奖（图书奖）银奖。《电力王国环游记——小学生安全用电读本》获科技部2016年全国优秀科普作品奖。

6. 数字出版转型

成立科技知识资源服务平台项目组，开展数据库架构的顶层设计研究。科技知识资源服务平台项目列入国家电网公司2016年度重大科技项目。推进职工书屋建设，"书香国网——国家电网公司职工数字阅读平台"实现国家电网公司全覆盖，数字阅读一体机获得推广应用。丰富出版表现形式，在纸质图书中插入动画、视频等，实现多媒体出版。开发"电力安规考试一点通"APP、电力生产案例库、电力建设标准软件等数字出版产品。数字出版产品《中国电力百科全书》（数据库版）获得第六届中华优秀出版物奖（电子出版物）提名奖。

党的建设和精神文明建设 "两学一做"学习教育。学习习近平总书记系列重要讲话和党章党规，增强"四个意识"，召开民主生活会，对照《准则》《条例》，查找突出问题，进行党性分析，推进整改落实。结合实际开展"三亮三比"主题活动，全体党员设岗定责、承诺践诺，发挥党员表率作用。举办青年党员讲堂，举行新媒体作品、原创作品、图书质量、封面设计、营销发行等技术比武活动，营造"比学赶帮超"氛围。

完成党组改党委工作，成立英大传媒集团党委、纪委。落实全面从严治党要求，完善党建工作制度。加强党风廉政建设，强化"一岗双责"。规范党费收缴管理。参加国家电网公司党群队伍技能竞赛、法治企业建设知识竞赛取得较好成绩，获得国家电网公司优秀组织奖。

（王红亮）

【中国电力传媒集团有限公司】

企业概况 中国电力传媒集团有限公司（原中国电力报社）于1981年成立，先后隶属于电力部、水利电力部、能源部、电力工业部、国家电力公司、国家电力监管委员会。2012年12月，经党中央和国务院领导批准，正式转企改制并更名为中国电力传媒集团有限公司（简称中电传媒）；2013年3月，国家能源局和国家电力监管委员会重组后，划归国家能源局主管。

中电传媒注册资本3亿元人民币，主营业务为报刊出版、广告、发行和网络传播、影视制作、网络电视、电子出版、信息咨询、展览展示、排版制作、计算机软件开发与销售、酒店管理、商业贸易、文化地产、能源投资等。

在全国范围内拥有 13 家子公司、4 个区域公司（分公司）和 29 个注册记者站。拥有职工 500 余人。

组织机构 中电传媒设党委会、董事会和监事会。下设记者站 39 个、传媒采编部门 6 个、媒体经营部门 6 个、职能管理部门 7 个和 14 个下属公司。

主要事件

4 月 8 日，经国家能源局党组会议研究决定，魏昭峰任中国电力传媒集团有限公司董事长、党委书记。

5 月，受国务院钢铁煤炭行业化解过剩产能和实现脱困发展部际联席会议办公室、国家发展改革委指派，中电传媒"五一"期间派出记者对河南、贵州两省煤矿企业落实停产放假及执行 276 个工作日制度的情况进行了暗访。煤炭去产能暗访工作受国家发展改革委、国家能源局领导高度肯定。

9 月 22 日，2016 年首届德令哈光热大会成功举办。此次会议是中电传媒承办全媒体大型整合营销的成功实践，标志着中电传媒"两型两化"战略转型迈出了实质性步伐。

9 月 28 日，由中国电力传媒集团有限公司主办、中国大唐集团广西分公司协办的"2016 全国发电企业新闻年会"在广西南宁召开。

9 月，"中电掌媒"移动应用客户端荣获 2015～2016 年度中国报业新媒体创新奖。

9 月，2014～2015 年度全国电力优秀新闻工作者和 2015 年度中国电力新闻奖（报纸）揭晓。陈学婧、朱怡、孔剑菲、黄河获全国电力优秀新闻工作者荣誉。中电传媒报送的《电改冲击波》《我国并网风电首破 1 亿千瓦领跑全球》等 8 篇作品获中国电力新闻奖（报纸）一等奖；《能源电力专业增 10 余名两院院士》《能源革命令人振奋》等 7 篇作品获中国电力新闻奖（报纸）二等奖。

10 月 11 日，经国家能源局党组会议研究决定，顾平安调任中国电力传媒集团有限公司董事会董事、总经理、党委副书记。

10 月 20 日，由中国电力传媒集团、中国电力报刊协会新闻摄影专业委员会主办的"新乡供电杯"第十三届中国电力新闻摄影比赛于在河南新乡落下帷幕。

【南方电网传媒有限公司】

企业概况 南方电网传媒有限公司（简称南网传媒公司）是中国南方电网有限责任公司的控股子公司，成立于 2010 年 9 月 3 日，总部设在广州。

南网传媒公司注册资本为 1 亿元，6 个股东分别为中国南方电网公司、广东电网公司、广西电网公司、云南电网公司、贵州电网公司、海南电网公司。

南网传媒公司主要经营范围包括：广播剧、电视剧、动画片、专题、专栏，综艺的制作、复制、发行；传媒产业的投资、资产管理和经营业务；设计、制作、发布、代理国内外各类广告，企业品牌形象策划与相关服务；网页设计及制作，计算机信息技术相关服务；承办会议、展览展示，体育赛事类活动承办及服务，演艺、娱乐类活动的组织与策划；版权、专利的转让及代理服务，著作权代理服务；文化用品、标识标牌的设计、制作及销售；室内装饰的设计及制作；上述相关业务的咨询、培训服务。

领导班子

董事长、党组书记、总经理：李晓彤

党组副书记、纪检组长：张燕维

副总经理、党组成员：焦向阳、陈向阳

副总经理、党组成员、工会主席：雷树华

组织机构 南网传媒公司下设两家全资子公司和 12 个业务部门。其中，南方电网报社与《南方电网报》社有限公司、南方能源观察杂志社与《南方能源观察》杂志社有限公司分别合署办公。

新闻宣传 围绕"新形势 新要求 新理念 新开局"主线开展新闻宣传，重点落实网公司党组提出的新思路新目标，突出做好《南网总纲》的宣贯。各媒体共采写相关新闻 16.2 万字，刊载重点报道 80 篇；网站累计阅读量 17.5 万人次；总部楼宇电视系统累计播出超过 3500 次。

以"南网新长征 卓越再起航"为主题，全媒体联动挖掘报道全系统贯彻落实新思路、新目标的具体实践、先进典型。开展"我为《南网总纲》代言"专题互动等形式多样的宣传。

重点展现"两精两优国际一流"的征途上，勇于变革、乐于奉献的南网精神。以第五届"感动南网"评选活动为平台，挖掘报道了祝文姬、三沙供电团队、"最美基层干部"韦成刚和驻村书记龙梅、罗伟等一批典型。

不断提高舆情监测和新闻应急能力。2016 年监测并报送舆情 4417 起，同比下降 14.15%，其中重要舆情 208 起。2016 年面对冰冻雨雪灾害、台风"妮妲""莫兰蒂""莎莉嘉"等，累计出动新闻应急人员 206 人次，促成新浪微博、网易、今日头条、天涯社区等 8 家媒体与公司在新闻应急方面实现合作。

品牌建设 积极对外唱响南网好声音。开展广州电力交易中心揭牌，滇西北直流工程开工等重大事件外宣工作，充分展现南方电网在推进供给侧结构性改革、电力体制改革、国资国企改革以及"一带一路"、精准扶贫、电网建设、改革创新、社会责任、绿色发展等重大主题上的举措成效和先进典型，人民日报、新华社、中央电视台、中央人民广播电台等国内主流媒体发布重点报道超过 400 篇次。云南迪庆 500kV 建太线巡线事迹和海蓄电站建设纪录片等在中央电视台播出。老挝南塔河1号水电站工程专题报道获得多家境外媒体的转载。

紧贴热点事件做好正面宣传。推出的《万家灯火、南海有我——南方电网供电服务已至三沙》主题海报，发布当日，微信阅读量超过150万，累计受众超过730万人。@人民日报在头版刊出，人民网等多家媒体转载。

巩固发展了南网"朋友圈"。策划开展了"电亮＋"、能源创新论坛、EO圆桌、能源记者促进计划等活动，通过线上、线下结合的方式，提高南网品牌的传播力。

媒体平台建设 推动传统媒体与新兴媒体融合发展，以@南网50Hz微信微博联动，逐步建立起包括公司报纸、杂志、新闻联播、公司网站和112家网内单位的新媒体传播矩阵，不断壮大网上舆论阵地。完成《南网新闻联播》改版。公司中英文网站改版，手机微网站上线运营。

通过各类策划推广，@南网50Hz微信微博粉丝数超过30万，同比增长50%。官方微信获中国企业新媒体品牌创新奖、能源行业十大最具影响力公众号、能源企业百强微信号TOP10、最具价值中央企业新媒体奖等称号。

党建和精神文明建设 持续加强党的建设。强化党组的领导核心作用，把党建工作总体要求纳入公司章程，把党组织研究讨论作为董事会决策重大问题的前置程序。协助南方电网公司党建部完成《落实党管意识形态工作责任制研究》课题报告。强化抓党建责任，第一时间做好中央精神学习落实，构建上下联动齐抓共管的责任体系。强化支部建设，按要求完成5个党支部的建制调整和换届选举、党员组织关系排查和党费补缴工作。开展党支部书记述职评议考核。积极打造标杆党支部，报社党支部被评为"中央企业先进基层党组织""南方电网公司标杆党支部"。

深入开展"两学一做"学习教育。制定公司"1+2"方案，保证学习教育有序进行。落实五种学习机制，突出阶段和传媒重点，分类强化党章党规党纪、理想信念、宗旨意识、党的廉政建设等学习培训，对党的新闻舆论工作等要求学深学透学及时。强化"做合格党员"。结合实际完成了"电亮＋"等6个"书记项目"和29项支部行动计划，解决问题16项。

深入开展"四讲四有四争先'两学一做'进行时"主题宣传。各媒体推出专版、专页、专题28期，开辟"学习充电站""书记手记""基层小郎中""党建微调查"等8个专栏，刊载报道702篇。开展"四风"问题整治情况"回头看"、"聚焦监督执纪问责"等主题宣传，《南方电网报》获得了《中国纪检监察

报》的转载授权，开设了"图解党章党规"栏目。

推进党风廉政建设工作。加强监督执纪，着力运用监督执纪"第一种形态"，党组书记、纪检组长全年约谈相关人员共计80人次。定期、不定期开展明察暗访，防止"四风"反弹。对照日常活动重点监督清单强化领导干部监督管理。完善了涵盖24个管理领域的廉洁风险库，重点关注传媒领域廉洁问题。开展党章党规党纪知识竞赛、廉洁传媒大家谈等形式多样的活动，持续培育"不想腐"的文化。

经营业务 传统业务规模稳定发展。设计制作、影视制作、文化活动基本完成年初制定的经营目标，媒体运营、网络舆情、传播策划出现良好增长，利润贡献力度不断加大。其中，总部基地展厅等系列工程建设、标示导向系统深化设计等重大项目如期完工。

新业务服务模式得到探索发展。随着电网改革不断深入推进，所需媒体服务也在发生深刻变化，新媒体运营服务市场呈现快速扩大的势头。先后为网内多家单位、部门提供新媒体运营服务，服务质量和效果得到肯定和好评，市场规模不断扩大。

新兴业务成功突破开局良好。首次涉足会展业，尝试联合举办了"广州国际电线电缆及附件展览会"和"亚洲电力电工暨智能电网展览会"，积累了会展举办经验，为下一步扩大办展和独立办展打下坚实基础。以杂志品牌影响力和内容辐射力为依托，探索媒体价值与商业价值的积极转化，与申能集团合作成功创办上海能源创新论坛，为双方下一步的市场合作打下基础。公司大数据增值服务成功突破，中标广东省经信委项目。

品牌建设服务新模式不断探索推进。响应南方电网公司"十三五"发展规划需求和品牌建设工作要求，立足自身未来发展定位和战略发展目标，组织编制撰写《南网传媒品牌建设服务和业务手册》，探索更加符合传媒公司定位、高度融合南网中心工作的品牌服务新模式。

精益管理 做好"十三五"谋篇布局。对标行业先进企业查找差距、细化目标、明晰路径，编制南网传媒公司"十三五"发展规划，明确"十三五"期间的发展总体目标和思路，提出了意识形态与党的建设、品牌传播、传媒经营、综合保障、资本运作五大发展支撑。

提升关键领域的工作效率。解决招标采购及合同管理中的流程复杂、占用大量人力的问题。研究传媒服务类业务的公开框架招标方案，完成了8个项目14个标包的公开招标和应用工作。2016年全年公开招标的金额比例提升至42.65%。

探索更加有效的考核激励机制。研究开展与同行业对标工作，研究满足竞争性行业需要、适合文化传

媒行业特点的考核评价体系。修订《公司广告经营管理办法》《公司广告销售人员基本薪酬与广告业绩联动办法》，强化业绩导向，提升非股东业务激励水平。初步开展内部模拟市场建设，不断创新优化传媒人才激励机制。

队伍建设 通过各种平台宣传公司先进，强化思想激励。与清华大学等高校合作开展了三期传媒人才培训课程，举办总编辑奖、采编类技能竞赛、"新闻面对面"经验分享会等，提升员工专业能力。加强对员工关怀，全年组织"送温暖"慰问活动 37 次。开展形式多样的文体活动 110 期。

2016 年荣获国家部委级奖项 6 个，荣获南方电网公司及行业级荣誉 43 项，其中集体奖 18 项、个人奖 31 项。1 名员工被南方电网公司授予 2016 年劳动模范称号。

主要事件

1 月 1 日，南网传媒公司与新浪联合开办的南方能源频道正式上线，频道拥有电力、油气、煤炭、核能、新能源等 11 个专业资讯栏目。

6 月 6~8 日，南网传媒公司联合举办了广州国际电线电缆及附件展览会和亚洲电力电工暨智能电网展览会。

7 月 1 日，由南网传媒公司负责建设、运营的南方电网手机微网站正式上线运行。

7 月 12 日，@南网 50Hz 推出的《万家灯火、南海有我——南方电网供电服务已至三沙》主题海报，人民日报、经济日报、国务院国资委、共青团中央等媒体机构纷纷刊载。

10 月 8 日，《南网新闻联播》全新改版，使用三维虚拟演播场景，实现了从"播新闻"到"说新闻"的风格转变。

12 月 11 日，由国务院国资委新闻中心、中央企业媒体联盟主办，南方电网公司与《国资报告》杂志社承办，南网传媒公司协办的第三届中国企业新媒体年会在北京举行。

12 月 31 日，@南网 50Hz 微信微博粉丝数超过 30 万，同比增长 50％。官方微信获中国企业新媒体品牌创新奖、能源行业十大最具影响力公众号、能源企业百强微信号 TOP10、最具价值中央企业新媒体奖等称号。

（尚伟亮）

【中国三峡出版传媒有限公司】

企业概况 中国三峡出版传媒有限公司（简称中国三峡传媒）是在中央深化文化体制改革大背景下，为加快中国长江三峡集团公司（简称中国三峡集团）文化传媒产业发展、提升中国三峡集团软实力，经国家新闻出版广电总局核准，由中国三峡出版社按《公司法》改制，合并重组长江三峡集团传媒有限公司，于 2015 年 7 月登记设立的中央级出版传媒企业。

中国三峡传媒是中国三峡集团全资子公司，注册资本 1 亿元，总部在北京，注册地址为北京市西城区西廊下胡同 51 号，在成都、宜昌设有全资子（分）公司。中国三峡传媒设有精干高效的总部职能部门和业务机构，主营图书与报刊出版、影视制作、新媒体、广告会展、印务、文化传媒产业投资等传媒业务，是目前中央企业所属文化企业中业务门类最齐全的国有文化传媒企业之一。

2016 年末，中国三峡传媒合并资产总额 14 800.50 万元，合并负债总额 1802.73 万元，合并权益总额 12 997.77 万元。2016 年，中国三峡传媒全面完成中国三峡集团年度生产经营考核指标。

组织机构 截至 2016 年底，中国三峡传媒设有办公室（党群工作部）、资产财务部、人力资源部（离退休人员管理办公室）、经营管理部、纪检监察部（审计与风险管理部）等 8 个职能部门；设有三峡出版社（事业部）、中国三峡工程报社、《中国三峡》杂志社、新媒体运营中心、海外宣传中心、影视制作中心、广告会展中心、专项业务部等 10 个业务部门，设有长江三峡集团传媒有限公司和西南分公司等两个子（分）公司。

中国三峡工程报 《中国三峡工程报》突出权威性、全面性，持续巩固主阵地作用。2016 年，《中国三峡工程报》全年编辑出版发行 103 期，630 个版面，比 2015 年增加 10％。刊发 450 万字，1200 张照片，40 个制图以及 7 个公益广告，新闻宣传作品质量持续提升，取得了应有的成效，在中国三峡集团改革发展的宣传报道中发挥了自办媒体主阵地作用。《中国三峡工程报》全年有 20 多件作品获中国电力新闻奖、中国企业报新闻奖、湖北新闻奖等奖项。

中国三峡杂志 《中国三峡》杂志着力用文化为中国三峡集团战略实施服务。2016 年，《中国三峡》杂志全年完成正刊出版 12 期，完成服务中国三峡集团策划选题 22 个，其中 03 期刊发特别策划《孙中山与三峡工程》，首次进入全国两会代表驻地。专题策划《金沙江上学记两周年》《金沙江妈妈成长记》等主题，以独特视角诠释水电开发与助力精准扶贫目标的一致性，为中国三峡集团水电开发、履行社会责任营造了良好文化氛围。

中国三峡建设年鉴 不断改进优化提升《中国三峡建设年鉴》编纂质量。2016 年，《中国三峡建设年鉴》2014 卷已付印，《中国三峡建设年鉴》2015 卷编校工作基本完成。2015 年卷共设 12 个篇目，全面系统地反映 2014 年三峡工程、移民发展、金沙江水电开发及中国三峡集团改革发展进程，篇目设置更趋科学、内容更趋丰富、要素更趋齐全。《中国三峡建设年鉴》2016 卷编纂工作已经启动,将继续围绕"改进、优化、提升"的目标,进一步提高年鉴编辑出版质量。

新媒体运营 加强新媒体平台建设,创新新媒体宣传形式,推进二次传播。2016 年,在逐步接管运行好中国三峡集团门户网站和官方微信三峡小微的基础上,中国三峡传媒组织完成了对中国三峡集团门户中英文网站改版优化,适时开通中国三峡集团官方微博和护鲟者、行走江河、视觉三峡等公众微信号,初步形成各有侧重的中国三峡集团新媒体矩阵。中国三峡传媒积极调研海外社交媒体平台,研究提出中国三峡集团海外社交媒体建设运营方案。2016 年,中国三峡集团官方微信三峡小微共推送各类稿件 1190 条,发布天数 292 天,总字数 132 万字,照片超过 3400 幅,粉丝超过 2 万,累计阅读数 98 万。微信号视觉三峡推送稿件 134 条,用图片传播三峡文化和精神。中国三峡集团官方微博,运行 2 个月发布稿件 257 篇,关注用户稳步增长。在新媒体宣传报道形式上,注重制作集文字、图片、音视频等多触觉方式为一体的内容。通过信息化手段,围绕采、编、审、发等关键环节进行流程再造,推进"中央厨房"式全媒体生产系统建设,努力实现"一次采集、多种生成、多元传播"。

影视制作 适应可视化传播规律,创办《中国三峡播报》,加大影视宣传工作力度。为适应新闻内容可视化的传播趋势,2016 年增强了影视制作团队实力,通过引进少量专业人才、配备先进的拍摄设备及后期编辑制作设备、创新创作思路、采用领先的拍摄手法和剪辑技术,不断提高制作水平。完成《中国三峡播报》20 期,制作并播报新闻 170 条。完成各类专题片、宣传片、微视频共计 35 部。

广告会展 借力广告会展和形象展示,推进中国三峡集团品牌建设。广告会展业务借助国内外各种展览展会平台,进一步提升了中国三峡集团社会形象,成为中国三峡集团对外形象展示的重要组成部分。全年完成中国清洁能源"十二五"成果总结与"十三五"发展展望专题活动和第 84 届国际大坝委员会年会策展工作,完成中国三峡集团北京总部大楼、三峡枢纽管理区标识标牌优化等项目近 20 个,协调解决金沙江地区报纸、杂志发行"最后一公里"问题。大力加强自办媒体广告营销工作,增加了中国三峡集团内外营业收入。

图书出版 图书出版业务立足服务中国三峡集团,适度探索市场经营。2016 年,通过精心策划选题、精心编辑打磨、提高服务质量,全年出版图书 81 种。其中《让世界共享三峡经验》《绿色能源经济》

等服务三峡工程和中国三峡集团业务发展、科技成果总结、品牌建设类的图书 41 种;出版社围绕市场需求,还策划出版《红蒹葭》《视野》《留住乡愁》等可读性强、深受读者喜爱的大众读物,推出少量少儿题材图书,面向市场的图书 40 种,对出版社回归市场进行了有益的探索和实践。

专项工作 完成各项专项工作,为中国三峡集团做好服务。一是做好三峡工程史料选编编纂评审服务保障,推进三峡工程史料选编工作。《三峡工程史料选编》全书 18 卷,约 3000 万字。2016 年,除新增的 2 卷正在进行组稿编辑外,其余 16 卷已全部完成初稿并进入评审修编阶段。二是推进中国水电博物馆(三峡工程博物馆)陈展筹备工作。陈展筹备工作启动以来,对宜昌、北京、台湾地区的有关三峡工程的资料进行了收集。根据博物馆展厅风格设计,紧跟 VR、AR 等前沿科技,着手酝酿陈展总体构想、陈展策划和概念设计等工作。三是关注乌东德、白鹤滩工程建设进展和形象面貌变化,跟踪拍摄记录了大量工程建设图片和视频资料。截至 2016 年 12 月底,累计拍摄乌东德工程建设各类原始图片数据文件 28 628 个(张),整理和预归档图片数据文件 10 874 个(张)形成视频素材资料 730 条,总时长 2570 分钟。拍摄完成白鹤滩工程建设图片资料 45 800 张,拍摄视频资料 696 条,总时长 1270 分钟。

党建工作 中国三峡传媒全面从严治党,党建工作迈上新台阶。一是不断学习,加强组织建设,党建取得新成效。2016 年,中国三峡传媒党委按照中国三峡集团党组统一部署,落实全面从严治党要求,树立"四个意识"和"党媒姓党"的宗旨,开展"两学一做"学习教育,强化思想建设、组织建设、作风建设、制度建设、反腐倡廉建设和领导班子自身建设,不断提高党的建设规范化、科学化水平。二是中国三峡传媒严格按照组织程序,召开党员大会,完成了公司党委和纪委组建。组织召开工会会员代表大会,选举产生第一届工会委员会委员。三是强化党风廉政建设,落实全面从严治党主体责任。组织传达学习了十八届中央纪委六次全会精神和中国三峡集团反腐倡廉建设工作会议精神。通过签订党风廉政建设和反腐败工作责任书、班子成员落实"一岗双责"、开展党风廉政教育月活动,以及组织开展了反腐倡廉党课、警示教育、《准则》《条例》学习讨论、反腐倡廉检查和廉洁承诺等活动。纪委加强对"三重一大"事项决策工作的监督,参与招标采购评审监督,对拟提拔对象廉洁从业情况进行把关,督促外部合作单位签订《廉洁协议》。党委制定发布了落实两个责任的实施办法和联系点制度,抓好作风建设和中央八项规定精神的落实,党风廉政建设取得新成效。

电力企业

国 家 电 网 公 司

【公司概况】 国家电网公司成立于2002年12月29日，是经国务院同意进行国家授权投资的机构和国家控股公司的试点单位，是关系国民经济命脉和国家能源安全的特大型国有重点骨干企业，公司以投资建设运营电网为核心业务，承担着保障安全、经济、清洁、可持续电力供应的基本使命。

国家电网公司注册资本金5363亿元，经营区域覆盖26个省（自治区、直辖市），覆盖国土面积的88%以上，供电服务人口超过11亿人。运营菲律宾、巴西、葡萄牙、澳大利亚、意大利、中国香港等国家和地区的境外资产。连续12年获评中央企业业绩考核A级企业，名列中国企业500强榜首，在《财富》世界500强企业排名第二位，是全球最大的公用事业企业。

国家电网公司总部设31个部门、6个分部。拥有省级公司27家，直属单位37家。截至2016年底，110（66）kV及以上输电线路93.6万km、变电容量39.6亿kVA。

【领导班子】

国家电网公司董事长、党组书记：舒印彪

国家电网公司董事、总经理、党组副书记：寇伟

国家电网公司党组副书记、副总经理：辛保安

国家电网公司副总经理、党组成员：陈月明

国家电网公司副总经理、党组成员：栾军

国家电网公司总会计师、党组成员：李汝革

国家电网公司党组成员、中央纪委驻国家电网公司纪检组组长：潘晓军

国家电网公司副总经理、党组成员：王敏

国家电网公司党组成员、职工董事、工会主席：刘广迎

国家电网公司副总经理：韩君

国家电网公司副总经理：刘泽洪

【组织机构】 2016年国家电网公司组织机构见图。

【电网概况】

1. 电网基本情况

2016年，灵州—绍兴±800kV特高压直流输电工程、锡盟—山东1000kV特高压交流输变电工程、蒙西—天津南1000kV特高压交流输变电工程、华东特高压交流北半环工程（苏通大跨越除外）投运。共新投产220kV以上输电线路30 778km（1015条），同比增长6.88%；变电容量254 455.08MVA（582台），

同比增长9.8%；新增统调装机容量85 395.6MW，同比增长7.65%。跨国跨区输电能力达71 650MW，同比增长6.06%。截至2016年底，国家电网公司系统主要电网（国调直调、华北、华东、华中、东北、西北、西南，下同）统调装机容量1 202 037.1MW，其中火电819 509.3MW，常规水电152 425.6MW，抽水蓄能20 760MW，核电20 697.2MW，风电132 338.7MW，光伏54 673.2MW。主要电网统调220kV及以上交流降压变电容量2 857 026MVA；统调220kV及以上交流输电线路长度492 557km。

华北电网"一横一纵"特高压交流工程投运，1000kV特高压骨干网架雏形初显，山东电网受电能力提升；河北电网桂山变电站及其至元氏变电站双线投产，加强石家庄地区电网结构；山西电网五寨输变电工程投产，增加山西电网北电南送通道；山东电网500kV淄滨线和川淄线短接，解决淄博站短路电流超标问题。华东电网1000kV淮南—盱眙—泰州工程投产，提升淮沪特高压送端送电能力；1000kV东吴—练塘工程投产，加强沪苏省间断面电网结构；浙江电网新建绍兴换流站—舜江双线、兰亭—古越双线，增强灵绍直流受电能力。华中电网鄂豫断面Ⅱ入卧龙变电站，断面能力维持不变；湖南电网投产韶鹤Ⅰ、Ⅱ线、韶云Ⅰ、Ⅱ线共四回祁韶直流配套线路；江西洪屏抽水蓄能电站送运，提高电网灵活调节能力。东北地区辽宁电网500kV鹤乡变电站Ⅱ入北辽线、辽渤线、北渤2号线，提高盘锦南部地区供电能力和可靠性；吉林电网延吉输变电工程投运，提高延吉地区供电能力和供电可靠性；黑龙江电网500kV鸡林甲线与鸡西1号主变压器投运，提高黑龙江东部电网供电能力和供电可靠性；蒙东通辽地区500kV庆科线和500kV庆丰变电站1、2号主变压器（2×1200MVA）投运，为风电送出创造条件。西北地区新疆电网750kV五彩湾—芨芨湖—三塘湖—哈密输变电工程、750kV库车—伊犁输变电工程投产，新疆750kV主网架得到加强；甘宁断面750kV灵州—六盘山—平凉输变电工程投产，甘宁断面具备电磁环网解环条件；青海750kV塔拉输变电工程投运，青海750kV网架加强。西南电网沐溪变电站500kV 2号主变压器投运，加强近区电网结构与供电能力；重庆电网板桥变电站3号主变压器投运，加强重庆"思源—板桥—圣泉"片区电网结构与受电能力。

2016年国家电网公司总部分部组织机构图

国家电网公司

总部（31个部门）
- 办公厅（董事会办公室）
- 总师办公室
- 全球能源互联网办公室
- 研究室
- 发展策划部
- 财务资产部
- 安全监察质量部
- 运维检修部
- 营销部（农电工作部）
- 科技部
- 基建部
- 交流建设部
- 直流建设部
- 信息通信部
- 物资部（招投标管理中心）
- 产业发展部
- 对外联络部（品牌建设中心）
- 国际合作部
- 审计部
- 经济法律部
- 人事董事部
- 人力资源部
- 体制改革办公室
- 离退休工作部
- 后勤工作部
- 党建工作部（与直属党委办公署合）
- 监察部（与中央纪委驻公司纪检组合署办公）
- 工会
- 国家电力调度控制中心
- 国家电网运营监测（控）中心
- 企业管理协会

分部（6个）
- 华北分部
- 华东分部
- 华中分部
- 东北分部
- 西北分部
- 西南分部

2016年国家电网公司组织机构图

国家电网公司

省公司（27个）
- 国网北京市电力公司
- 国网天津市电力公司
- 国网河北省电力有限公司
- 国网冀北电力有限公司
- 国网山东省电力公司
- 国网山西省电力公司
- 国网上海市电力公司
- 国网江苏省电力公司
- 国网浙江省电力公司
- 国网安徽省电力公司
- 国网福建省电力有限公司
- 国网湖北省电力公司
- 国网湖南省电力公司
- 国网河南省电力公司
- 国网江西省电力公司
- 国网四川省电力公司
- 国网重庆市电力公司
- 国网辽宁省电力有限公司
- 国网吉林省电力有限公司
- 国网黑龙江省电力有限公司
- 国网内蒙古东部电力有限公司
- 国网陕西省电力公司
- 国网甘肃省电力公司
- 国网青海省电力公司
- 国网宁夏电力公司
- 国网新疆电力公司
- 国网西藏电力有限公司

产业公司（16个）
- 国网国际发展有限公司
- 鲁能集团有限公司（都城伟业集团有限公司）
- 南瑞集团有限公司（国网电力科学研究院）
- 国网信息通信产业集团有限公司
- 国网电动汽车服务有限公司
- 国网电子商务有限公司
- 国网新源控股有限公司（国家电网公司新源水电工程管理分公司）
- 国网新能源控股有限公司
- 国网物资有限公司
- 国网通用航空有限公司
- 英大传媒投资集团有限公司
- 国网节能服务有限公司
- 中兴有限公司
- 许继集团有限公司
- 平高集团有限公司
- 山东电工电气集团有限公司

专业公司（7个）
- 国家电网公司运行分公司
- 国家电网公司直流建设分公司
- 国家电网公司交流建设分公司
- 国家电网公司信息通信分公司
- 国家电网公司客户服务中心
- 北京电力交易中心有限公司
- 国家电网公司国际业务服务分公司

科研教育单位（7个）
- 中国电力科学研究院
- 国网北京经济技术研究院
- 国网能源研究院
- 全球能源互联网研究院
- 国家电网公司管理学院（中共国家电网公司党校）
- 国网技术学院（国家电网公司高级培训中心）

金融企业（8个）
- 国网英大国际控股集团有限公司
- 中国电力财务有限公司
- 英大泰和财产保险股份有限公司
- 英大泰和人寿保险股份有限公司
- 英大长安保险经纪有限公司
- 英大国际信托有限责任公司
- 英大证券有限责任公司
- 国网国际融资租赁有限公司

2.电网调度装备和运行指标

截至2016年底，220kV及以上系统继电保护装置达到160 378台，同比2015年（151 405台）增加8973台，增幅为5.93%，微机型保护装置160 378台（含RADSS保护43台），全网微机化率为100%，与2015年持平。光纤通道在220kV及以上系统应用，所占比例达93.28%，同比2015年（92.08%）提高1.20个百分点。2016年，220kV及以上交流系统继电保护正确动作率达99.949%，高压直流输电系统正确动作率达97.581%。继电保护的可靠运行、正确动作和快速切除故障，为电网的安全运行提供保障。

截至2016年底，国调、分调、省调、地调、县调共有自动化系统1118套，其中智能电网调度控制系统249套（包括34套省级以上调度系统和81套地调系统），备调智能电网调度控制系统134套。在调度数据网建设上，完成全网骨干网双平面架构建设、317个接入网建设和改造，网络整体规模达52 865个节点。全网220kV及以上变电站实现纵向加密装置全覆盖，110kV变电站部署率达到84%。

截至2016年底，各级智能电网调度控制系统使用的硬件设备国产化率达100%，其中机架式服务器10 542台、刀片服务器3876片、图形工作站13 806台、磁盘阵列498套。

调度数据网路由器共计52 865台，国产路由器51 008台，国产率为96.49%，其中骨干路由器国产率为96.50%，接入路由器国产率为96.49%。

截至2016年底，国家电网公司调度管辖范围内110kV及以上电压等级厂站监控系统和设备有RTU 2172套，厂站监控系统19 353套，电能量远方终端17 357套，PMU 3829套，时间同步装置21 445台。

2016年，33家省级以上调度机构的智能电网调度控制系统总体运行平稳。33个分、省调运行的子站设备总套数平均为8241套，总停用时间为649.98h，单套年均停运时间为0.08h，较2015年的1084.9h和0.14h均有较大幅度下降；PMU总套数平均为3389套，数据平均中断时间为119.43h，单套年均中断时间为0.04h；调度自动化系统事故时遥信动作共5425个次，全部正确动作；厂站遥测数据合格率平均为99.50%，继续保持较高运行水平。

（何　飞　郭建勇　王永福）

【电网规划与发展】 按照国资委关于滚动编制和报送中央企业三年发展规划的要求，在"十三五"发展规划的基础上，公司编制并向国资委报送《国家电网公司发展规划（2016～2018年）》。

电网发展重大问题研究 主要包括严控东中部煤电建设措施研究、新能源消纳专题研究和青海清洁能源基地开发外送研究。

特高压电网项目前期工作 特高压电网发展。7月，淮南—南京—上海交流苏通GIL综合管廊工程获得国家核准（发改能源〔2016〕1655号）；8月，扎鲁特—青州直流工程获得国家核准（发改能源〔2016〕1756号）；8月，苏州、泰州特高压变电站主变压器扩建工程获得江苏省核准（苏发改能源发〔2016〕940号）；9月，上海庙—临沂直流受端配套工程获得山东省核准（鲁发改能源〔2016〕951号）；10月，扎鲁特—青州直流受端配套工程获得山东省核准（潍发改能交〔2016〕329号）；11月，榆横—潍坊交流送端配套工程获得陕西省核准（陕发改煤电〔2016〕1485号）；11月，淮东—皖南直流受端配套工程获得安徽省核准（皖发改能源函〔2016〕601号）；12月，锡盟—胜利交流工程获得内蒙古自治区核准（内发改能源字〔2016〕1568号）。上述工程新增变电（换流）总容量4400万kVA（kW），新建输电线路2197km，总投资393亿元。

2016年11月，国家能源局印发《电力发展"十三五"规划（2016～2020年）》，其中涉及公司的特高压工程包括：蒙西—晋中、北京西—石家庄、潍坊—临沂—枣庄—石家庄、华中省间电网加强等交流工程；四川水电外送第四回、陕北—武汉、陇彬、青海、新疆、东北（呼盟）、蒙西（包头、阿拉善、乌兰察布）、金沙江上游外送等直流工程。

特高压工程可研设计。2016年，国家电网公司规划的石家庄—菏泽—枣庄—临沂—潍坊、北京西—石家庄、蒙西—晋中、荆门—武汉—南昌—长沙—荆门、"西纵"（晋中—荆门、长沙—湘南）、"中纵"（锡盟—张北—北京西、菏泽—武汉、南昌—赣州、晋东南—菏泽、南阳—驻马店、湘南—赣州）交流，陕北—武汉、雅中—南昌直流等一批工程完成可研。

常规电网项目可研与管理 电网项目可研和前期工作。2016年，批复500（330）kV输变电工程可研164项，线路长度9530km、变电容量1.2亿kVA；批复220、110（66）kV特殊电网项目167项，线路长度1011km、变电容量508.6万kVA；批复独立二次及智能电网示范项目126项。

全年累计获得核准330kV及以上项目169项，线路长度1.4万km、变电容量1.5亿kVA，其中地方发展改革委核准161项，线路长度1.1万km、变电容量1.2亿kVA。完成小城镇（中心村）电网改造升级、"井井通电"和"村村通动力电"三个专项工程前期工作。加快高铁配套外部供电工程可研批复，为京沈客专（辽宁段）、石济客专、张呼铁路、西成客专等重大高铁项目加快推进提供有力保障。批复完成苏州工业园区智能电网应用示范区主动配电网综合示范、江西上饶地区基于分布式电源及多元负荷的主动配电网高效供电示范项目等重点工程可研。

大气污染防治等重点项目前期工作。山西盂县电厂500kV送出工程2月获得核准，陕西锦界和府谷电厂500kV送出工程12月获得核准。国家电网公司规划建设的大气污染防治11条重点输电通道全部获得国家核准。张南—昌平第三回线路工程、浙江舟山联网500kV工程5月获得核准；川渝第三通道500kV工程9月获得核准；渝鄂直流背靠背联网工程、上海崇明500kV工程12月获得核准。藏中与昌都电网联网、川藏铁路拉萨—林芝段供电工程完成可研报告及评估；张北可再生能源±500kV柔性直流电网示范工程完成可研评审；开展22项、47台调相机工程前期工作，其中14项、31台调相机工程获得核准，2项、4台调相机工程完成技改立项，6项、12台调相机工程完成可研。京津冀重点区域2016～2017年"煤改电"工程前期工作全部完成，为国家大气污染防治治理做出贡献。

特高压交直流配套工程前期工作。北京西、石家庄特高压站500kV配套工程5月获得核准；天津南特高压站500kV配套工程6月获得核准；宁东换流站750kV电源送出工程、北京东特高压站500kV配套工程10月获得核准；青州换流站500kV送出工程11月获得核准；泰州、南京、晋北换流站500kV配套工程12月获得核准。扎鲁特换流站配套扎鲁特—科尔沁工程7月获得核准，扎鲁特—兴安工程12月获得核准；配套岭东—冯屯、齐南—兴安、科尔沁—阜新、扎鲁特—吉林4项500kV跨省（区）工程取齐全部核准支持性文件，上报核准请示。

配电网建设改造规划与行动计划 2016年，配电网投资达2648亿元，较2015年增加493亿元，再创历史新高。

新一轮农网改造升级工程实施。与22个省（自治区、直辖市）政府签署共同推进小城镇（中心村）电网改造升级和"井井通电"工程的合作协议，完成78.2万眼机井通电、3.6万个小城镇（中心村）电网改造升级、2.2万个自然村新通及改造动力电的任务，实现"两年攻坚战"的阶段性目标。编制完成新一轮农村电网改造升级规划，"十三五"总投资6354亿元。2016年农网投资1799亿元，占配电网总投资的69%。农网供电可靠率达99.782%，用户平均停电时间同比下降19%；电压平均不合格时间同比下降45%。

配电网装备水平。截至2016年底，公司系统有10（6）～20kV配电线路365.7万km，同比增长11.4%，配电变压器407.5万台，容量10.9亿kVA，同比增长17.2%，配电开关348.8万台，同比增长20.4%。其中城市配电网线路68.9万km，配电变压器容量4.7亿kVA，配电开关228.0万台；县域配电线路296.8万km，配电变压器容量6.2亿kVA，配电开关120.8万台。10（6）～20kV架空线路297.4万km，同比减少6.5%，电缆线路68.3万km，同比增长47.5%。

城市配电网发展。2016年城网投资821亿元，城网供电可靠率达99.946%，用户平均停电时间同比下降24%；电压平均不合格时间同比下降36%。全面启动北京亦庄等7个智能配电网试点示范工程。编制完成"苏州国际能源变革发展典范城市智能电网"总体规划方案，致力于打造国际一流城市电网。新装智能电能表7476万只，基本实现用电信息自动采集全覆盖，"多表合一"信息采集累计接入163万户。加快建设电动汽车充换电设施，建成"六纵六横两环"高速公路快充网络。车联网平台接入公司4.4万个、社会6.3万个充电桩。

城市配电网建设改造。2016年，国家电网公司累计下达新开工城镇配电网建设改造专项建设基金投资计划2批共427.3亿元。全年完成投资662.5亿元，其中，续建项目完成投资402.4亿元，新开工项目完成投资260.1亿元。新建改造35kV及以上输电线路2676km、变电站258座、变电容量1929万kVA，新建改造10kV线路4万km、配电变压器4.1万台，新建改造低压线路4.2万km，改造户表741万户。

推进京津冀协调发展和重点区域"煤改电"。制订服务京津冀协同发展行动计划和"煤改电"实施方案。2016年投资46.7亿元，在供暖期前（11月15日）按计划完成重点区域"煤改电"配套工程，惠及居民用户22.4万户。

抽水蓄能发展 加快抽水蓄能建设，核准开工陕西镇安、辽宁清原、江苏句容、福建厦门、新疆阜康5座抽水蓄能电站，建成投运浙江仙居、江西洪屏2座抽水蓄能电站。

截至2016年底，在运抽水蓄能电站21座、装机容量1916万kW，在建站15座、装机容量2175万kW，在运、在建装机容量合计4091万kW。

（吴　静　赵红嘎　郭皓池
刘增训　王雅丽　刘思革　栾凤奎）

【经营业绩】 推广电能替代项目4.1万个，替代电量1030亿kWh。深化电网设备成套化采购和整站招标，集中招标采购金额4689亿元，节约资金449亿元。推进"瘦身健体"，压减各级法人企业404户，治理亏损企业173户、减亏34亿元。加快居民缴费、能源B2B、互联网金融等业务发展，电子商务交易规模突破100亿元。开展人力资源、国际业务等专项审计，加强重点领域监督。

节能减排 主要节能减排指标完成情况。线损率指标。线损率 6.75%，同比下降 0.44 个百分点，相应节约电量 11.6 亿 kWh，相当于节约标准煤 37 万 t，减排二氧化碳 91 万 t。线损率比国资委（2016～2018 年）任期考核目标（6.93%）低 0.18 个百分点。

万元产值综合能耗指标。万元产值综合能耗 0.134t 标准煤（可比价），同比下降 4.01%，比国资委任期考核目标（0.157t 煤）低 0.023t 标准煤。

加强各级电网建设，提升电网节能减排能力。建成"两交一直"特高压工程，在建"三交六直"工程，在建在运线路长度、变电（换流）容量分别超过 3 万 km、3 亿 kVA（kW），能源资源配置能力增强。渝鄂背靠背、川渝第三通道等工程加快建设。配电网投资 2648 亿元，占电网总投资的 53%。新一轮农网改造升级投资 1718 亿元，完成 3.6 万个小城镇（中心村）电网改造、78.2 万眼机井通电、2.2 万个自然村新通及改造动力电任务。启动北京亦庄等 7 个智能配电网试点示范工程。建成"六纵六横两环"高速公路电动汽车快充网络。

保障和服务新能源快速发展。国家电网公司调度范围新能源装机占全国的 90%，新能源成为 16 个省（区）的第二大电源。建成锡盟—山东、宁东—浙江等一批跨省区输电工程，新增输送能力 2000 万 kW。挖掘火电调峰能力，加强风光水火协调运行，发挥抽水蓄能调峰作用，抽水蓄能平均综合利用小时达 3185h，为历史最高。开辟绿色通道，保证分布式光伏及时并网，满足居民分布式光伏爆发式增长需要，新增并网 15 万户，同比增长 7.3 倍。

发挥大电网优势，开展跨区跨省电力交易，大范围消纳清洁能源。清洁能源省间交易电量完成 3628 亿 kWh，同比增长 9.8%。特高压交易清洁能源 1200 亿 kWh，占总输送电量的 66.4%。挖掘发电权交易空间，完成发电权交易电量 1220 亿 kWh，节约标准煤 659 万 t，减排二氧化碳 1714 万 t。

实施清洁替代、电能替代，提高终端能效水平。推进燃煤自备电厂清洁替代，促进消纳清洁能源 132 亿 kWh。电能替代技术领域拓展到港口岸电、机场 APU 替代、油气管线电加压、皮带廊传输等 20 大类、53 个细分领域。完成电能替代电量首次突破 1000 亿 kWh，相当于节约标准煤 5768 万 t，减排二氧化碳 1 亿 t。

完成冀北廊坊、山东等配电网节能项目，开展湖南银星饱和蒸汽发电机组、嘉兴石化汽轮机组改造，参与节约型校园建设工作。

加强节能减排宣传，倡导节能低碳理念。6 月 12～18 日，国家电网公司围绕"节能领跑 绿色发展"的节能宣传周活动主题，以及"绿色发展 低碳创新"的低碳日活动主题，开展范围广泛、形式多样的节能宣传活动。系统各单位、营业网点深入基层社区，传播建设智能电网、实施"两个替代"、推广电动汽车等节能低碳理念和技术。向电力用户宣传和普及节能节电知识，倡导节能低碳的消费模式和生活习惯。

（栾凤奎）

【农网发展】

农村电网改造升级 2 月 3 日，国务院常务会议决定实施新一轮农村电网改造升级工程。2 月 16 日，国务院办公厅印发《国务院办公厅转发国家发展改革委关于"十三五"期间实施新一轮农村电网改造升级工程意见的通知》（国办发〔2016〕9 号）。3 月 25 日，国务院召开实施新一轮农村电网改造升级工程电视电话会议，部署有关工作安排。国家电网公司迅速落实国务院部署，编制完成"十三五"规划、专项工程实施方案和年度投资计划。4 月 29 日，国家电网公司召开实施新一轮农村电网改造升级工程暨第一批项目开工动员电视电话会议，启动新一轮农村电网改造升级"两年攻坚战"，动员公司上下推进工程实施，确保新一轮农网改造升级工程顺利完成。

2016 年，累计下达农村电网改造升级专项工程新开工投资计划 1121.1 亿元，其中中央预算内投资计划 2 批共 239.9 亿元，专项建设基金投资计划 1 批 200 亿元，"井井通电"工程投资计划 3 批共 203.6 亿元，小城镇（中心村）电网改造升级工程投资计划 3 批共 477.6 亿元。全年完成农村改造升级工程专项工程投资 1337 亿元，其中续建项目完成投资 471 亿元，新开工项目完成投资 866 亿元。新建改造 35kV 及以上输电线路 1.5 万 km、变电站 1248 座、变电容量 2846 万 kVA，新建改造 10kV 线路 23.9 万 km、配电变压器 37.7 万台，新建改造低压线路 53.6 万 km、改造户表 1204 万户。完成 78.2 万眼机井通电、3.6 万个小城镇（中心村）电网改造升级、2.2 万个自然村通动力电工程建设。

农网供电电压管理 农网供电电压自动采集。购置并安装 5 万余台新型电压监测装置，进行供电电压自动采集系统改造升级及 A、B、C、D 四类监测数据接入工作。截至 2016 年 6 月底，公司各单位（国网西藏电力除外）已全面完成农网供电电压自动采集，已实现 8.5 万个农网供电电压监测点自动采集和电压合格率日、月数据统计。

配网公用变压器电压分析。2016 年，首次将电压监测分析范围由供电电压自动采集系统中的 13.5 万个监测点扩大至用电信息采集系统中的 380 万台配网公用变压器。选择典型日配电变压器电压数据，组织各单位针对其中发生低电压、过电压和电压波动问题的 42 万台配电变压器电压进行深入分析并提出治理措施，跟踪治理成效，编制完成国家电网公司配网公用变压器电压分析技术报告和典型案例集。完成配网公用变压器电压数据在线统计分析功能开发部署。

农网供电电压合格率提升。2016年，国家电网公司农网综合供电电压合格率累计完成99.491%，同比提高0.426个百分点；平均不合格时间44.71h，同比减少37.2h，下降45.41%。

"低电压"治理 2016年，共治理"低电压"用户335.7万户，两年累计完成999.2万户"低电压"治理工作，超额完成945.6万户的治理目标。两年共完成2232套变压器AVC（VQC）参数设置整改、6.6万台配电变压器分接头挡位调整、9.3万个配电台区三相负荷不平衡治理和2.2万套配电变压器低压无功补偿装置排查整改。统筹安排基建（占比13.21%）、技改（占比23.07%）、大修（占比3.16%）、农网改造升级（占比60.56%）等治理资金712.1亿元，新增配电变压器布点17.1万台，改造10kV线路10.3万km，改造"低压"线路28.5万km，完成率100%。国家电网公司配电网长期"低电压"问题基本消除。

（吕　军　徐玲铃　杨　柳　宁　昕　刘日亮）

【改革工作】 成立国家电网公司深化改革工作领导小组，研究制定实施方案，有序推进78项重点任务。规范董事会工作制度，完善法人治理结构。研究改革重大问题，在输配电价改革、电力市场交易机构组建、售电侧和增量配电投资业务放开、《电力法》修订等方面促进形成共识。安徽、湖北、宁夏省级电网输配电价正式实施，北京、冀北等5个省级电网输配电价获得批复。北京电力交易中心（国家级）和26家省级电力交易中心建成并实现相对独立运作。国有企业"三供一业"分离移交改造接收232个小区、37.2万户。

【国际业务】 连续4年获得国际三大评级机构国家主权级信用评级。首个海外大型绿地输电特许权项目——巴西特里斯皮尔斯水电送出一期投运。巴西美丽山特高压直流输电一期、二期工程加快推进。埃塞俄比亚—肯尼亚±500kV直流输电项目开工建设。巴基斯坦±660kV直流输电项目签署协议。发起成立全球能源互联网发展合作组织，主办2016国际大会和高端论坛，全球能源互联网理念在世界范围形成共识。

【科技创新】 贯彻全国科技创新大会精神，编制国家电网公司2030年中长期科技规划，发布国家电网公司技术标准战略纲要，实施十大科技创新工程。世界首个200kV高压直流断路器投入工程应用。±500kV柔性直流电网、500kV统一潮流控制器、虚拟同步发电机等示范工程加快建设。一体化"国网

云"试点投运，企业级大数据平台基本建成，ERP集中部署第一批推广单位上线应用。《互联电网动态过程安全防御关键技术及应用》获国家科学技术进步奖一等奖，7项成果获国家科学技术进步奖二等奖；《±800kV特高压直流输电换流阀关键技术及应用》获国家技术发明二等奖；张北国家风光储示范工程获第四届中国工业大奖；向家坝—上海±800kV特高压直流输电示范工程获全国质量奖卓越项目奖。新发布国际标准7项、国家标准60项、行业标准176项，3个项目获中国标准创新贡献奖一等奖。

【人力资源管理】 截至2016年底，四级四类人才总量已达7.6万名，其中国家级人才330名，包括两院院士7名，千人计划和青年千人计划专家24名，万人计划科技创新领军人才5名，国家有突出贡献的中青年专家12名，享受国务院政府特殊津贴的专家144名，百千万人才工程国家级人选23名，创新人才推进计划中青年科技创新领军人才5名，中华技能大奖获得者5名，全国技术能手62名，全国青年岗位能手45名；公司（省部、行业）级人才7807名，省公司（地市、厅局）级人才29663名；地市公司级人才38331名。初步建立起一支规模适当、结构合理、梯次分明、素质优良的人才梯队。

2016年，新增国家级人才31人，其中享受国务院特殊津贴的专家21人，"万人计划"科技创新领军人才4人，中华技能大奖获得者2人，全国技术能手4人。

（李　鹏　曹爱民　刘　严　高　澈　李　峥）

【安全工作】 面对特高压电网"强直弱交"结构性风险加大、新能源大规模接入等挑战，落实各级安全责任，确保大电网安全稳定运行。加强电网运行控制和设备运维，强化风险预警预控，保证安全可靠供电。完成二十国集团（G20）杭州峰会等重大保电任务。

各部门、各单位执行国家电网公司2016年安全工作意见，开展安全管理提升活动，构建预防为主的安全管理体系，推进本质安全建设，全方位强化安全管理，国家电网公司安全生产总体平稳，实现年度安全工作目标。国家电网公司没有发生一般及以上电网事故，没有发生较大及以上人身和设备事故。

强化春季检修施工、迎峰度夏、秋季检修施工、迎峰度冬、岁末年初安全重点措施。与迎峰度夏工作结合，开展为期两个月的"三查三强化"（查责任落实、查基础管理、查风险隐患，强化制度执行、强化反事故措施落实、强化责任追究）安全专项行动，组织案例分析、专题学习、专项检查、反事故措施执行，国家电网公司参加检查人员达2.8万人次，及时遏制事故抬头。贯彻国务院安委会部署，吸取江西丰城电厂"11·24"特大事故教训，开展安全生产大检

查,组织建设施工专项检查,覆盖所有项目和工地,抓好迎峰度冬、基建投产、灾害防御、消防交通等重点领域管控,确保安全局面稳定。开展全国第十五个"安全生产月"活动,国家电网公司获得优秀组织奖。

健全电网运行、检修作业、基建、产业等各专业的风险预警管控机制,贯彻"全面评估、先降后控"原则,国家电网公司全年发布预警 35 540 项,同比增加 9981 项,各单位合理安排运行方式,优化跨越施工设计,保障施工检修力量,缩短电网停电时间,四级以上风险大幅减少,风险管控水平提升。加强隐患排查治理过程考核,推行重大隐患"两单一表"管控,组织开展防误闭锁、基建防坍塌、电缆沟道、变电站交直流电源、输电线路"三跨"、电力工控系统等专项隐患排查,国家电网公司全年排查各类隐患 30.7 万项,整改完成率达 99.6%,其中重大隐患 69 项,全部完成整改。

可靠性管理 截至 12 月底,国家电网公司系统城市、农村用户供电可靠率(RS-1)分别为 99.946%、99.782%,城市、农村用户平均停电时间(AIHC-1)分别为每户 4.73、19.14h。220kV 及以上电压等级输变电系统可用系数达 99.699%,其中,输电回路和变电回路可用系数分别为 99.668% 和 99.754%,架空线路、变压器和断路器可用系数分别达 99.291%、99.843% 和 99.947%。直流输电系统全年累计输送电量 2731.38 亿 kWh,同比增加 201.98 亿 kWh,平均能量可用率为 93.94%,同比降低 1.13 个百分点。

贯彻国家"质量月"活动部署,以"提升供给质量,建设质量强国"为主题,组织开展"质量月"宣传、设备质量问题整治、基建工程质量检查、物资质量检测、服务质量提升等系列活动。

输变电设备主要运行指标。2016 年,330kV 及以上变电设备故障跳闸 20 次,同比减少 9 次,下降 31%。其中,330kV 及以上变压器故障跳闸 2 次,故障跳闸率每百台 0.056 次/年,同比降低 9.7%;330kV 及以上断路器(含组合电器)故障跳闸 10 次,故障跳闸率每百台 0.072 次/年,同比降低 41.9%。在运 31 座换流站由于站内设备原因共发生闭锁 12 次,同比持平,其中单阀组闭锁 3 次,单极闭锁 9 次,未发生双极闭锁,平均单极闭锁 0.3 次/(极·年),同比降低 0.09 次/(极·年),换流站设备总体可靠性提高。常规直流共发生闭锁 7 次,同比增加 3 次;特高压直流共发生闭锁 5 次,同比减少 3 次。

(刘宝升 王大玮 曹坤茂 朱 军
刘敬华 解晓东 刘日亮)

【党建工作】 学习党的十八届六中全会和全国国有企业党的建设工作会议精神,贯彻《中国共产党廉洁自律准则》和《中国共产党纪律处分条例》,强化"两个责任"落实。开展"两学一做"学习教育。将党建工作要求纳入国家电网公司章程,明确党组织在国家电网公司治理中的法定地位。累计建立 4095 支共产党员服务队,成为中央企业志愿服务品牌。4 个党组织获得全国先进基层党组织称号,9 个单位、24 名个人获得全国"五一"劳动奖状、奖章,56 个集体获得全国工人先锋号称号,2 名职工获得中华技能大奖。

【国家电网公司华北分部】

分部概况 国家电网公司华北分部(简称国网华北分部),主要负责监督、检查国家电网公司重大决策在华北区域内的贯彻实施,负责华北区域电力调度、安全质量监督、电力交易、审计业务的管理与协调。内设综合管理处(社保中心)、财务处、安全监察质量处、审计处、党群工作处、离退休工作处、国家电网华北电力调控分中心、国家电网华北电力交易分中心 8 个处室。

领导班子

国家电网公司副总工程师,国家电网公司华北分部主任、党组书记:余卫国

国家电网公司离退休工作部党委书记、副主任,国家电网公司华北分部副主任、党组成员,北京电力医院董事长:张刚

国家电网公司华北分部副主任、党组成员,兼国家电网公司国家电力调度控制中心副主任:赵玉柱

国家电网公司华北分部副主任、党组成员、纪检组长:常世平(2016 年 4 月离职)

国家电网公司华北分部副主任、党组成员、纪检组长(2016 年 4 月任职)、工会主席:徐钦田

国家电网公司华北分部副主任、党组成员,兼国家电网公司安全监察质量部副主任:王利群

国家电网公司华北分部顾问:孙刚

国家电网公司华北分部副局级调研员:王志刚(2016 年 5 月退休)

国家电网公司华北分部副局级调研员:任振良

电网概况 华北电网主网架格局为 1000kV "一横一纵"、500kV "八横三纵",华北电网区外联络仍然维持"一交两直"格局,分别通过交流特高压长南一线与华中电网联络,通过高岭换流站背靠背直流与东北电网联络,通过银东直流与西北电网联络。山西、蒙西电网为电源送出地区,东部京津唐电网、河北南网和山东电网为受电地区。锡盟—山东、蒙西—天津南 1000kV 8 站 12 线 13 变,以及 8 项 500kV 配套工程投入运行,特高压"一纵一横"交流网架初步形成。截至年底,华北电网装机容量 32 357 万 kW,

最大负荷 20 681 万 kW。华北及区域内各省（市、自治区）电网负荷均创历史新高。华北电网风电装机容量 4492 万 kW，占总装机容量 13.9%，最大风电电力 2336 万 kW，全年风电电量 792 亿 kWh；京津唐电网风电装机容量 1130 万 kW，占总装机容量 15.0%，最大风电电力 683 万 kW，全年风电电量 222 亿 kWh。

电网调度 贯彻国家电网公司本质安全 30 条措施，组织开展"三查三强化"专项行动，严格落实各级安全责任，深化设备隐患排查治理，全面完成各项安全大检查和专项督查，安全工作水平不断提升。强化风险预警预控机制和应急体系建设，及时发布 36 项电网运行风险预警，组织开展 45 次应急演练，制定完善分部大面积停电事件应急预案、突发事件总体应急预案和 12 个专项预案。统筹电力平衡、设备检修和调峰管理，科学安排电网运行方式，严格控制重载断面潮流，切实提高故障响应速度，电网调控能力有效增强。全年正确处置故障异常 100 起，完成计划检修 436 项，实施新设备启动调试 55 个。面对夏季大负荷和冬季雾霾的挑战，最大限度保障了电力供应。华北电网负荷突破 2 亿 kW 大关，同比增长 8.3%；京津唐电网最大负荷达到 5865 万 kW，同比增长 8.2%，各省（市）电网负荷均创历史新高。规范机组增容管理，核查整改机组涉网问题，网源协调进一步加强。充分发挥大电网资源配置作用，多措并举拓展清洁能源消纳空间，探索运用风电自动发电控制手段开展精细化消纳，全力消纳风电、光伏等清洁能源。华北电网（含蒙西）风光发电量 944 亿 kWh，同比增长 36%；其中京津唐电网风光发电量 232 亿 kWh，同比增长 40%。京津唐电网消纳华中、东北、西北、西南风光水电等各类清洁能源共 226 亿 kWh，同比增长 6.5%。按照总部统一安排，牵头开展北京东—通州等 4 项跨省 500kV 输变电工程前期工作，加强组织协调、把握关键节点，统筹环评、水保、国土等政府部门，定期召开前期工作推进会。张北柔性直流示范工程按期完成可研工作，陕西锦界府谷电厂扩建送出工程、张南—昌平第三回线获得核准批复。牵头建设国分调调控云平台，调度技术支撑手段持续创新。

完成全国两会保电任务。全国两会期间，国网华北分部加强电网运行管理，严格落实保电方案、保电责任、应急处置、电网调度等各项措施，加强负荷预测，滚动优化运行方式安排。实施应急指挥中心 24h 值班，主、备调同步值班制度。开展电网三道防线安全检查，确保设备安全稳定运行。期间，华北电网最大负荷 16 153 万 kW，京津唐电网最大负荷 4342 万 kW，电网运行安全平稳，频率合格率、电压合格率均为 100%。

特高压建设 超前做好思想、人员、技术和业务等各方面准备，创新采用"调度专岗＋驻站联络员＋专业联合值班"工作模式，高效完成锡盟—山东、蒙西—天津南 1000kV 8 站 12 线 13 变，以及 8 项 500kV 配套工程的启动调试任务，特高压"一纵一横"交流网架初步形成。配合推进华北区域"三交三直"特高压工程建设，统筹优化跨越施工停电方案，严格停电计划刚性执行，累计完成 46 项配合停电，其中双回停电 19 项，为特高压工程建设和电网安全可靠运行提供有力保障。组织特高压跨越施工现场安全督查，参与特高压继电保护、自动化、通信等初设评审、二次设备出厂联调和启动方式安排等工作，推动特高压安全关口前移。针对特高压工程调试期和运行期的电网运行特性变化，着力加强电网仿真计算结果分析，精确制定电网运行控制极限，进一步细化完善特高压运行管理各项规定，强化实时监控和应急处置，保证了特高压在运工程安全平稳。提前开展特高压全面运行电网安全控制研究，完成大电网系统保护方案和通信网络方案编制。

7 月 6 日，国网华北分部完成锡盟—山东特高压工程京津唐电网送山东电网 600 万 kW 大负荷试验，试验成功标志着山东电网与华北主网联系更加紧密，电气距离减小，在原有 4 回 500kV 线路的基础上，增加两回 1000kV 特高压线路，受电能力增加 200 万 kW。

电力交易 开展跨区跨省交易，保障电力可靠供应。2016 年，华北电网负荷需求呈现明显的先抑后扬走势，度夏期间华北地区出现多轮持续高温闷热天气，华北电网及其各省网负荷屡创新高，负荷中心地区河北南网、山东电网不同程度面临平衡紧张局面，特别是河北南网，电力平衡缺口持续保持在 300 万 kW 以上。分部统筹全网电力资源，开展省间联络线电力支援，通过灵活组织跨省电力交易，累计开展短时交易 298 笔，交易电量 125.85 亿 kWh。全年通过短时交易及联络线调剂方式，山西电网支援京津唐电网最大电力 42.3 万 kW；山西电网支援河北南网最大电力 272.5 万 kW；京津唐电网支援河北南网最大电力 200 万 kW；河北南网支援京津唐电网最大电力 53.75 万 kW；京津唐电网支援山东电网，最大电力 287.5 万 kW（开展错峰支援 87.5 万 kW）。通过以上措施，发挥了大电网电能资源余缺互济优势，最大限度缓解了华北电网电力供应紧张局面。

落实总部部署，开展跨区跨省大范围清洁能源消纳，全年累计消纳电量 226.03 亿 kWh。在减少东北电网弃风、西北电网弃风弃光、华中电网弃水，以及华北电网内蒙古弃风方面发挥了重要作用，取得了明显的社会效益。组织协调发电权交易，京津唐电网累计开展发电权替代交易 35 笔，替代上网电量 103.62 亿 kWh，实现节约标准煤 60.32 万 t，减排二氧化硫 1.27 万 t，减排二氧化碳 156.82 万 t。切实减少京津冀大气污染，开展跨区跨省交易及区外电厂送电，京津冀鲁负荷中心地区减少上网电量 2046.78 亿 kWh，降低标准煤消耗量 6754.37 万 t，减排 $PM_{2.5}$ 可入肺颗粒物 1.43 万 t。

分部管理　深化干部队伍管理，严格落实领导干部个人有关事项报告制度，组织年度绩效考核和干部人事档案专项审核，完成 2017 年第一批高校毕业生招聘。严格执行逐级审核和按期销项制度，58 项重点工作任务全部完成年内目标。强化综合计划和预算全过程管理，各项考核指标完成情况良好。组织开展资金安全检查和资产清理，全面完成北京电力医院改扩建一期竣工决算工作。建立设备故障信息即时报告机制，持续开展技改大修项目实施情况审计，分部委托运维资产管理水平稳步提升。完成 8 批 9 次集中招标采购。为 53 家系统内单位完成 5.7 万人的社会保险代办工作。8 起诉讼案件顺利结案。落实深化电力体制改革有关要求，华北电网作为第一家开展成本监审工作的区域电网，完成输配电价成本实地审查并形成初步审核结果。依据减少法人层级、深化总分部一体化工作部署，制定改制重组工作任务分解表，完成相关股权划转协议签订。

国家电网公司北京电力医院全力推进"一型四化"现代医院建设，"三大任务"取得阶段性成果，医疗质量和服务水平显著提升。编制落实"双百人才"发展规划，引进 14 名专家人才。完成国家电网公司系统职工体检服务，全年共完成 4.8 万人次职工体检。举办首届"德艺双馨"医务工作者评选、职工运动会和文化艺术成果汇演。教学科研水平明显提升，科研立项 10 项，在核心期刊及 SCI 发表文章 90 篇。荣获丰台区第三届卫生计生系统职工技能大赛团体一等奖。全年共完成门急诊总量 88.27 万人次，同比增长 14.5%；出院患者 1.77 万人次，同比增长 17.6%；主营收入 8.65 亿元，同比增长 22.4%。后勤管理中心围绕"服务分部、服务职工"中心任务，主动适应改革调整新形势和新变化，进一步转变观念，切实改进服务举措，后勤管理水平和服务质量有效提升。严格车辆管理，完成公务用车制度改革方案。餐饮、会议和办公环境等全面改善，干部职工满意度普遍提高。组织完成总部交办的安全质量督察、审计检查、保密联查、信通评审等工作。

科技管理　贯彻并严格按照国家电网公司相关科技管理工作的部署和要求组织项目实施，对新技术开发项目从立项、合同、开发、验收、鉴定、评奖等方面实行全过程管理，使项目完成率和资金完成率均达到了国家电网公司科技部对项目管理的要求，2016 年研究开发费计划完成率 100%。科技成果方面，获得国家电网公司科技进步二等奖两项，分别是"基于广域信息的大电网安全稳定在线应用关键技术研究及应用"和"智能电网调度控制系统支撑技术深化研究及应用"。"集群风电串补输电系统次同步谐振机理及治理对策"等三项获得国家电网公司科技进步三等奖。Q/GDW 1161—2014《线路保护及辅助装置标准化设计规范标准》获得国家电网公司技术标准创新贡献三等奖。

党群工作　学习贯彻党的十八届六中全会和全国国有企业党建工作会议精神，深入推进"两学一做"学习教育，开展"讲规矩、转作风、作表率"和"三亮三比"主题活动，践行"四讲四有"合格党员标准，开展"党组织建设规范、合格党员行为规范"大讨论。各级党组织开展集体学习 442 次、讲党课 92 次。坚持落实党建工作责任，制订 41 项加强党建工作的具体措施，完成 3 个党委、1 个党总支、35 个党支部换届选举，党费补缴工作全部按期完成。始终把纪律和规矩挺在前面，加强党风党纪和廉洁自律教育。落实"两个责任"和"一岗双责"，坚持协同监督联席会议制度，层层签订党风廉政建设责任书和岗位责任书。落实中央八项规定精神和公司实施细则，组织开展"四风"问题整治情况"回头看"，加强风险排查和预警提示。宣传劳模精神和先进人物事迹，发挥典型示范引领作用。关心关爱职工生活，开展一线职工慰问，组织全体职工体检，文体活动进一步丰富。落实离退休人员政治和生活待遇，关心老同志各方面需求，组织"圆梦中华、心系国网、畅谈发展"系列活动，离退休工作管理水平有效提升。完成党群队伍技能竞赛复赛和决赛有关工作，受到了总部的表扬。

主要事件

1 月 28 日 10 时 30 分，随着国家电网华北电力调控分中心对山东省调调度泰山抽水蓄能电站工作进行授权，国网华北分部完成四座抽水蓄能电站调度范围调整工作，上述抽水蓄能电站机组纳入华北电力调控分中心统一调度管理。

2 月 26 日，国家电网公司华北分部召开 2016 年党风廉政建设和反腐败工作会议。

4 月 12 日，国网华北分部召开 2016 年党群工作会议。

5 月 31 日 23 时，1000kV 锡盟—山东特高压交流工程配套的 500kV 太平—顺义破口接入特高压廊坊站工程投产，标志着特高压锡盟—山东输变电工程启动调试工作在华北拉开帷幕。

6 月 21 日早峰，华北最大负荷达到 17 827 万 kW，京津唐电网最大负荷达到 4914 万 kW，均创

2016 年新高,国网华北分部积极应对华北电网度夏首轮大负荷。

7 月 6 日,国网华北分部完成锡盟—山东特高压工程京津唐电网送山东电网 600 万 kW 大负荷试验,标志着山东电网与华北主网联系更加紧密,电气距离减小,受电能力显著提升,在原有 4 回 500kV 线路的基础上,增加两回 1000kV 特高压线路,受电能力增加 200 万 kW,为迎峰度夏期间安全可靠供电奠定了坚实基础。

7 月 7 日早峰,华北电网最大负荷达到 17 916 万kW,京津唐电网最大负荷达到 5102 万 kW,再创2016 年新高,国网华北分部积极应对度夏第二轮大负荷。

7 月 19～20 日,华北地区全境大暴雨,20 日部分地区为降水量 300mm 以上的特大暴雨。华北电网高峰负荷由 7 月 11 日年度新高 18 791 万 kW 降至7 月 20 日 14 814 万 kW,降幅达 3977 万 kW;京津唐电网负荷由 7 月 11 日历史新高 5544 万 kW 降至 7 月20 日 3971 万 kW,降幅达 1571 万 kW。华北电网低谷负荷由 7 月 12 日 14 344 万 kW 降至 7 月 21 日12 136 万 kW,降幅达 2208 万 kW;京津唐电网低谷负荷由 7 月 12 日 3707 万 kW 降至 7 月 21 日 2760 万kW,降幅达 947 万 kW。特别是 7 月 19、20 日凌晨低谷河北南网两天下降 400 万 kW,7 月 20、21 日凌晨低谷京津唐电网两天下降 340 万 kW,同时风电发电出力迅速增加,电网调峰极其困难。面对天气剧烈变化,国网华北分部一是密切跟踪天气变化,分析负荷变化趋势,安排机组启停;二是优化大电网资源配置,加强各省网间低谷备用共享,强化省间联络线支援;三是督促电厂做好机组停机调峰工作,保证低谷期间机组切实完成停机。

7 月 27 日,陕西锦界、府谷电厂扩建送出 500kV输变电工程环境影响报告通过专家评审。

7 月 29 日,华北电网最大负荷 19 301 万 kW,创历史新高。其中山东电网负荷在 7 月 24～26 日三天连创历史新高后,负荷达到 6909 万 kW,创历史新高。

7 月 30 日,华北电网最大负荷 19 412 万 kW,再创历史新高。其中山东电网最大负荷达到 6970 万kW,再创历史新高。8 月 11 日上午,华北电网最大负荷达到 20 337 万 kW,京津唐电网最大负荷 5718万 kW,北京电网最大负荷 2083 万 kW,天津电网最大负荷 1329 万 kW,冀北电网最大负荷 2306 万 kW,均创历史新高。国网华北分部采取有效措施积极应对,保证了电网安全稳定运行。

11 月 2 日,国网华北分部检查组先后对锡盟—泰州特高压直流线路组塔施工现场、1000kV 特高压海河变电站以及 500kV 吴庄站秋检现场进行了检查指导,并详细了解了多回特高压交直流输电线路并行路段工程建设、运行及设施保护情况。检查组在 1000kV 海河站听取了国网天津电力关于特高压工程建设及秋检工作的汇报,并与国网天津电力就特高压建设、运维及秋检安全工作进行了交流。

11 月 9 日,国家电网华北电力调控分中心承担的科技项目《蒙西能源基地外送通道低频振荡综合控制技术研究》通过验收。

11 月 24 日,华北电网最大负荷达到 18 680 万kW,为 2016 年入冬以来的最大值,较 2015 年同期增长 6.3%,其中山西自 2013 年以后首次创历史最大负荷。

(李 斌)

【国家电网公司华东分部】

分部概况 国家电网公司华东分部(简称国网华东分部)负责华东区域内电网调度运行管理、安全质量监督、审计监督以及分部电网资产管理,开展华东区域内跨省电网项目前期及电网规划工作,加强对华东区域内省(区、市)公司的协调监督,确保国家电网公司的各项决策部署与重点工作在华东区域内的贯彻落实。国网华东分部原与华东电网有限公司(简称华东公司)实行两块牌子、一套机构和人员合署办公。4 月 28 日,国家电网公司对华东公司实施改制重组,由国家电网公司吸收合并华东公司。华东公司有关资产、负债(担保)、业务、人员,由国网华东分部继承,土地和房产权属转移、变更至国家电网公司。7 月 15 日,华东电网有限公司注销。国网华东分部内设办公室、安全质量监督处、财务审计处、规划统计处、思想政治工作处、离退休工作处、国家电网华东电力调控分中心 7 个处室(中心),下设分支机构后勤管理中心。

电网概况 华东电网供电范围包括上海市、江苏省、浙江省、安徽省和福建省,供电区域面积 47.19万 km²,供电人口 2.41 亿。

截至年底,华东电网装机容量 31 792 万 kW,其中:火电装机容量 24 870 万 kW,占 78.23%;水电装机容量 2867 万 kW,占 9.02%;核电装机容量1620 万 kW,占 5.09%;风电及其他装机容量 2435万 kW,占 7.66%。华东电网全社会用电量 14 584.42亿 kWh,同比增长 7.51%;全网统调最高用电负荷25 396 万 kW,同比增长 10.28%。华东电网累计发电量 13 033 亿 kWh,同比增长 7.15%。

截至年底,华东电网 1000kV 线路共 19 条,长度为 3287.6km,500kV 线路共 563 条,长度为32 074.6km。500kV 厂站共 222 座,其中:变电站

150 座，开关站 3 座，电厂 69 座。500kV 变压器共346 台，变电容量 308 500MVA。

电网调度 电网运行。2016 年，华东电网先后经受 30 年一遇强寒潮、特大龙卷风冰雹、超强台风、严重洪涝灾害以及持续高温大负荷的考验。国网华东分部加强电网调控和应急指挥，先后共 332 人次参与安全生产值班值守，正确处置故障异常 100 余项，确保华东主网的安全稳定运行。7 月 5 日，华东电网频率紧急协调控制系统正式投入运行。该系统是国家电网公司系统保护首个试点工程，集成跨区直流调制、抽水蓄能切泵和快速切除可中断负荷等措施，可应对单回或多回跨区直流同时或相继失去给华东电网带来的功率缺额冲击。完成 G20 杭州峰会保电任务。峰会期间，华东电网各重要通道潮流均在运行限额内，频率合格率、枢纽站监控点电压合格率均为 100%；提前掌握机组排放水平，合理安排燃煤电厂调停计划，以保障空气质量。

特高压工程建设配合。组织完成特高压北环交流、宾金直流安控系统改造和灵绍直流安控系统安装调试。科学安排运行方式，有序实施特高压交流和直流工程建设配合停电工作。配合完成 1000kV 淮南—盱眙—泰州双线、练塘—东吴以及 1000kV 盱眙、泰州、东吴站的启动投运工作。配合完成灵绍直流大功率送电试验运行方式安排。

加强机组涉网管理。协同省市电力公司，组织相关技术支撑单位在华东电网开展并网机组一次调频整改、涉网保护核查、励磁系统和调速系统实测建模、频率异常保护核查及整改等工作，加强并网机组安全管理，提高网源协调整体水平。完成所有并网机组涉网保护的核查及整改工作。

深化国分调一体化运作。牵头开展《电网自动电压控制系统运行技术导则》《220kV～750kV 电网继电保护装置运行整定规程》《国家电网继电保护整定计算技术规范》《电网调控术语规范》等行标和企标的制、修订工作。开展调控云平台（一期）建设，采用最新信息与通信技术，建设物理分布、业务应用统一的国（分）、省两级调控云平台并通过验收。推进继电保护设备在线监视建设工作，开展上海虹杨变电站、江苏盐都变电站、浙江洪明变电站、安徽清流变电站继电保护在线监视与分析应用提升试点建设工作。

电力交易 2016 年，华东电网共承担国家电力市场交易电量指标 2611 亿 kWh；实际完成 2720 亿 kWh。全年跨区交易实际完成 1649 亿 kWh，同比增长 11.03%，其中，年度交易电量 1615 亿 kWh，同比增长 9.57%；短期交易电量 34 亿 kWh，同比增长 2 倍。全年跨省交易电量 1222 亿 kWh，同比增长 8.77%。

克服省市购电需求大幅下降等不利局面，组织浙福特高压交易，交易电量 27 亿 kWh。依托北京电力交易中心华东交易分平台，组织皖电东送电厂参与浙江第二次大用户电力直接交易，成交电量 405 亿 kWh，其中皖电东送电厂中标 59.06 亿 kWh，处理秦山核电和福建电量参与浙江电力用户直接交易遗留问题。连续 3 年开展低谷电力电量置换交易，连续 2 年组织签订预置换框架协议，实现省间低谷调峰能力互助互济，全年为上海电网低谷置换电量 32 亿 kWh。落实国家节能减排政策，多途径开展发电权交易，发电权交易电量 32.10 亿 kWh，同比增长 1.25 倍，节约标准煤约 9.87 万 t，减排二氧化硫 1973t，减排二氧化碳 26.25 万 t。创新交易方式，探索新富水电与江苏经销电量水火替代丰枯互济交易机制，并成功开展交易试点。首次组织制定跨省关口电能计量管理专业规范；根据总分部一体化和省（市）公司"三集五大"现状，编制并印发《华东电网跨省关口电能计量工作指南》，明确跨省关口计量管理职责，落实跨省关口计量技术规范和建设、运维管理要求。

分部管理 全年完成经营指标任务。细化完善业绩考核方案，实施月、季、年三级过程考核。首次将财务预算和综合计划执行进度纳入考核范畴。优化调整招投标工作机制，严控各类项目实施的进度和质量。落实国家电网公司交办的 6 项审计任务。梳理近 5 年 9 次内外部审计的检查结论，提前 3 个月完成 46 项问题全部整改销号。首次开展委托运维技改大修项目的内部审计，发现 20 项问题并逐项落实整改。落实资金安全专项检查要求，系统整改潜在风险。编制上报《华东分部公务用车制度改革实施方案》。实施委托变电站主变压器设备资产清查。首次开展管理创新评选工作，评选多项集体和个人的创新成果。全年没有发生失泄密事件，完成对国家电网公司系统 7 家单位的保密检查任务。

队伍建设。完成领导班子综合考核迎检和局级后备人选推荐工作。注重干部员工培养，制定《处、科两级干部储备人选测评推荐工作方案》，完成中长期人力资源规划研究，选派 2 人赴总部交流锻炼，安排 7 人内部轮岗培养，与国网华中分部合作开展科级干部联合培训。加强专家人才培养，遴选 35 人纳入后备专家人才储备库，系统制定专家人才队伍年度培养培训计划，安排专家人才担任技术技能竞赛培训讲师。举办华东电网调度系统第四轮技术技能竞赛等活动。

改革改制。开展输变电价格测算和传导机制研究，赴国网华北分部等试点单位实地调研学习，进一步优化资产管理、经营计划和财务预算的工作策略。

多次组织省市公司召开输配电价改革研讨会，落实输变电费分摊方案，沟通交流改革中的问题和经验，提高改革协同程度。完成集体企业改革改制，规范完善集体企业治理结构，梳理经营风险并落实整改措施，调整充实各级管理队伍，规范兼职人员管理，统一实施经营业绩考核，不断提升人财物集约化管理水平。

科技管理 全年完成 12 项科技项目实施工作，获得各类科技进步奖 6 项。其中，"华东特高压交直流混合电网建模、分析和控制关键技术研究与应用"成果获上海市科技进步奖二等奖，"华东电网故障频率恢复紧急支援控制体系研究及实现"成果获上海市科技进步奖三等奖，"基于广域量测信息的大电网低频振荡控制关键技术与应用"成果获国家电网公司科学技术奖三等奖，国网华东分部参与的"基于广域信息的大电网安全稳定在线应用关键技术研究及应用"等 2 项成果获国家电网公司科学技术奖二等奖、Q/GDW 680.1—2011《智能电网调度技术支持系统 第 1 部分：体系架构及总体要求》等 36 项标准获国家电网公司技术标准创新贡献奖一等奖。

党群工作 开展"两学一做"学习教育，举办党课、党史报告会 3 次，编制发放"两学一做"学习教育导学片和口袋书各 4 期，推进"讲规矩、转作风、作表率"主题活动，相关做法被选为国家电网公司典型经验。支撑总部党建管理，完成"两学一做"党群队伍技能竞赛华东赛区复赛。开展华东电网党员教育情况调研等工作。组建离退休干部党委，调整集体企业基层党组织，完成各支部换届选举。落实支部（总支）书记抓党建述职评议考核，完成党费收缴整改。深化"两个责任"落实，在公务用车、廉洁过节等重点领域常态开展执纪监督，定期召开协同监督联席会议，组建纪检监察工作网络，全年未发生被查处的违纪违规事件。组织开展"讲政治、守纪律、作表率"廉洁文化主题活动，拍摄制作的 6 集廉洁文化微视频被上海市经信党委选为"清风正气"党建网展播作品。《两个责任在一线——党风廉政建设在电力"三公"调度中的实践与思考》等研究成果入选《上海产业党建研究文集》。

"共同的事业、共同的家园"建设。系统总结"两个共同"建设实践，相关课题获国家电网公司管理咨询三等奖，具体案例入选 2016 年国家电网公司企业文化丛书《卓越之星》。举办开放式"道德讲堂"，作为典型经验被《上海党史与党建》杂志收录。开展"最美国网人""最美华东人"宣传工作，切实发挥激励示范作用。电梯内设置宣传栏，建设职工文化长廊。搭建区域平台，举办文体竞技活动。组织健步走、文化讲坛等职工活动。完成食堂修缮改造，顺利通过健康食堂评审。落实离退休老同志"两项待

遇"，开展专项慰问、健康休养等工作，解决部分老同志医疗和护理困难，编印《家园》文集、《夕阳红》杂志。开展青春飞扬、爱心公益、电力亲子等团青活动，实现"季季有主题，月月有活动"。

（李　曼）

【国家电网公司华中分部】

分部概况 国家电网公司华中分部（简称国网华中分部），负责华中区域内电网调度运行管理、安全质量监督、审计监督、电力交易等业务，同时做好自身的党群、综合行政管理等工作。内设综合管理处、财务处、安全监察质量处、审计处、党群工作处、离退休工作处、电力调控分中心、电力交易分中心等 8 个处室（中心），下设分支机构后勤管理中心。截至 2016 年底，国网华中分部共有职工 357 人。

电网概况 华中电网覆盖湖北、河南、湖南和江西四省，供电区域面积约 73.16 万 km^2，供电人口约 2.6 亿。华中电网一次能源主要有水能、煤炭和油气资源，其分布特点呈现"南水、北煤、西气"的格局。水能资源主要分布在湖北、湖南，同时接收或转送西南水电。煤炭资源主要分布在河南省。负荷主要集中在河南中部南部、鄂东、长株潭以及南昌等地区。华中地区的能源和负荷分布，形成了华中电网"西电东送、南北互供"的特点。

华中电网处于"六网中枢、安全中坚、资源中继"的重要地位，与周边所有区域电网互联，是全国互联电网的枢纽，跨区通道达到 7 直 2 交，跨区交换送出能力 2076 万 kW，跨区交换受入能力 1371 万 kW。其中，通过 1 回 1000kV 特高压交流线路（长南Ⅰ线）与华北电网相联；通过 4 回 500kV 交流线路（盘龙Ⅰ、Ⅱ回线及张恩Ⅰ、Ⅱ回线）与西南电网相联；通过 1 回 ±800kV 特高压直流线路（天中直流）及 1 回背靠背直流（灵宝直流）与西北电网相联；通过 4 回 ±500kV 直流线路（葛南、龙政、宜华、林枫直流）与华东电网相联；通过 1 回 ±500kV 直流线路（江城直流）与南方电网相联。

湖北电网通过 500kV 盘龙Ⅰ、Ⅱ回线和张恩Ⅰ、Ⅱ回线与西南电网相联。河南电网通过 1000kV 南荆Ⅰ线、500kV 卧贤Ⅰ、Ⅱ回线和孝泗Ⅰ、Ⅱ回线与主网相联。湖南电网通过 500kV 葛岗线和屏鱼Ⅰ、Ⅱ回线与主网相联。江西电网通过 500kV 磁永线和咸梦Ⅰ、Ⅱ回线与主网相联。

截至年底，华中电网调度口径装机容量 20 131 万 kW，同比增加 1428 万 kW，其中火电占 60%，水电占 31%，新能源及其他占 9%。调度口径机组发电量 6860 亿 kWh，同比增长 5.06%，其中火电发电量 4660 亿 kWh，占比 67.92%，同比增长 2.47%；水电发电量 2058 亿 kWh，占比 30%，同比增长 9.49%。

1000kV 输电线路总长 640km，1000kV 公用变电站 2 座、12 000MVA；±800kV 直流线路总长 2986.9km，±500kV 直流线路 5422km；500kV 交流输电线路总长 25 596km，500kV 公用变电站 110 座，157 058MVA。

2016 年，华中电网新投产调度口径发电机组 12 776 台（座）（含 110kV）、总容量 201 320MW。其中火电 651 台，容量 116 796MW，占 58.01%；水电 11 077 台，容量 66 925 万 kW，占 33.24%；新增风能、光伏及生物质能发电容量之和所占比率约 8.74%。新增单机容量 1000MW 及以上机组 3 台，容量 3000MW，占新增总装机容量的 21.05%。

新投产 220kV 及以上变电站 58 座，变压器 84 台，容量合计 25 714MVA。其中 500kV 变电站 3 座，变压器 12 台，容量 67 754MVA；220kV 变电站 49 座，变压器 72 台，容量 55 880MVA。新投产 220kV 及以上输电线路共 133 条，总长度 3347.72km。其中 500kV 输电线路净增 21 条，长度 910.61km；220kV 输电线路净增 112 条，长度 2437.11km。

电网调度 2016 年，国网华中分部面对"强直弱交"结构性风险、"98＋"洪涝灾害、夏季持续高温等挑战，深化电网特性认识，提升本质安全水平全年实现人身、电网和设备零事故，华中电网连续 34 年保持安全稳定运行。

落实调度运行、安全风险、调度计划、运行方式协同机制，实现与国网西南分部在电网安全管控上的高效联动。针对主网架结构缺陷，加强运行与规划的协调，研究提出华中特高压建设时序优化和鄂豫通道三级电磁环网开环方案。推动完成鄂湘、鄂赣联络线增容改造工作。配合总部制定祁韶特高压直流跨越施工方案。提前投运林江线串联电抗器，缓解三峡近区短路电流问题。投产 500kV 新设备 49 项，提升主网供电能力 500 万 kW。完成 500kV 盘龙Ⅰ线抢险等检修任务 389 项，保障设备健康运行。优化电网调控资源，4 座抽水蓄能电站收归分部直调，103 台主变压器、40 条 500kV 电厂外送线路及 1 座火电厂委托省调调度。直调抽水蓄能机组年利用小时同比提高 132%，发挥系统调峰、消纳清洁能源的作用。加强"三公"调度，直调火电厂发电进度偏差率连续 3 年高标准控制在 1% 以内（标准为 3%）。

加强安全质量监督，组织专项督查 90 余次。强化风险预控和应急处置，牵头编制国家电网公司《电网防雨雪冰冻灾害工作指导意见（试行）》《电网防山火工作指导意见（试行）》，修订华中电网大面积停电事件应急预案，首次开展华中区域各层级跨专业联合实战演练。针对夏季严重水灾、牛山湖分洪造成杆塔浸水等潜在隐患，发布电网运行风险预警 14 次、气象预警 5 次，组织风险点现场督查 12 次。发现并

整改完成南瑞稳控装置家族性缺陷。改进电网故障快速处置流程，正确处置 500kV 及以上设备故障 72 次。吸取乌克兰电网遭黑客攻击导致大面积停电教训，及时堵塞管理漏洞，确保网络信息安全。

电力交易 发挥华中电网资源集散平台优势，在全网及四省用电负荷 27 次创出新高的情况下，完成迎峰度夏、G20 杭州峰会等保电任务。全年组织跨区调剂 63 次，支援西南、华东、西北电网最大电力分别达 220 万、200 万 kW 和 75 万 kW。组织省间互济 90 次，支援湖北、江西夏季高峰用电，减轻湖南弃水压力，缓解河南大规模停机减排导致的用电紧张局面。提前预判冬季"缺煤少水"形势，督导发电企业完成存煤蓄水目标。

引导决策部门加快能源清洁转型，向湖北省政府提交新能源资源状况预测与分析报告。完善水电应急交易机制，通过提前腾库等方式优化水库调度，在夏季区内来水集中的情况下，减少弃水损失。五强溪电厂创 130 天满发记录，湖南富余水电首次跨区外送。消纳西南富余水电、西北新能源电量同比分别增长 28% 和 25%。

扩大区内火电与西北新能源发电权置换交易创新成果，促成交易意向 15 亿 kWh。组织跨区送受端电网价格谈判，帮助区内各单位节约购电成本 2.6 亿元。深化应用全国统一电力市场交易平台，跨省交易首次在平台成功运作。

分部管理 落实国家电网公司党组减少法人层级决策部署，完成华中电网有限公司注销工作。原物业公司管理业务和人员平稳转移至新设立的后勤管理中心。以改革为契机，解决一批历史遗留问题，中天山庄等 3 项股权划转至国网湖北电力，《农村电工》杂志移交至中电传媒集团。按照深化总部分部一体化运作要求，完成分部内设机构调整。

提前应对输配电价改革，研究改革政策，学习借鉴试点经验，针对分部有效资产不足等重大问题，形成专题报告，向总部提出建议。落实国家电网公司公务用车改革要求，制定车辆规范管理措施。完成"三供一业"分离移交现场勘测和费用测算，编制工作实施方案。推进医保社会化运作，保障职工切身利益。

坚持超前谋划、定期协调、强化督导，综合计划执行均衡性显著提升。加强过程控制和监督考核，增强预算统筹调配和实时管控能力。争取财税优惠政策，节约资金约 4000 万元。理顺资产关系，500kV 北碚变电站资产划转至国网重庆电力，回收资金 5000 余万元。完成物资项目招标 169 个，节约资金 846 万元。建成技改大修全过程管理系统，提高直属电网资产管理绩效。狠抓痕迹化管理，层层落实保密责任。

落实通用制度宣贯要求，清理制度标准体系，

夯实法治基础。履行审计监督职责，完成总部交办的 3 项审计任务。开展国网湖北电力代维分部资产技改大修项目审计调查，促进资产运维进一步规范。完成"十二五"期间审计发现问题整改"回头看"及原国网华中分部主任李同智任期经济责任审计整改工作。

调研学习外单位先进经验，推进后勤工作精益化管理。加强外包业务的监管与考核，确保外委项目服务质量，落实劳动用工保障。加大资金投入，完善消防、安防基础设施，提高设防标准。完成两楼门岗哨位执勤单位调整工作。优选两家医院，改进职工体检方式。组织实施职工住宅楼顶防水改造。

科技管理　与中国电科院签署《深化技术合作与交流备忘录》，构建技术交流、人才培养和科技攻关常态合作机制。设立主任奖励基金，完善激励机制。半波长交流输电继电保护技术完成样机研制。"智能电网新技术研究"青年工作室被命名为"湖北省青年创新工作室"。

全年，研究开发项目总经费 970.7 万元，其中：新开项目 14 项，经费 442 万元；结转项目 9 项，经费 528.7 万元；技术服务 17 项，经费 448 万元。在大电网安全分析与规划技术、电网安全控制与保护技术、电力系统自动化技术、输变电设备运行及管理技术、电力市场运营技术等领域，开展"超高压线路自适应保护装置的研究与开发""基于大数据挖掘的大电网安全稳定控制关键对象自动提取和网络特性自主分析研究与应用""基于互联网的智能型 500kV 线路避雷器研究""华中电网跨区跨省电力交易中低碳减排效益评估及电、碳交易的协调机制研究"等项目研究，填补了国内外相关研究领域空白。

全年共获得省部级科技进步奖 9 项，主持研究的科技项目"特高压交直流混联大电网立体防控关键技术"和"高压输电线路抗风险能力提升技术"分别获 2016 年度湖北省科技进步奖一等奖和三等奖，参与研究的科技项目"输电线路避雷器寿命监测与雷电故障精准定位及防护"获 2016 年度湖北省科技进步奖三等奖，参与研究的科技项目"特高压交直流跨区互联大电网频率安全防控技术研究与应用"获 2016 年度四川省科技进步奖二等奖，参与研究的科技项目"消除距离保护引发大电网连锁故障风险的技术及应用"和"跨区交直流协调控制系统开发及示范应用"分别获国家电网公司 2016 年度科学技术进步奖一等奖，参与研究的科技项目"基于广域信息的大电网安全稳定在线应用关键技术研究及应用"和"智能电网调度控制系统支撑技术深化研究与应用"分别获国家电网公司 2016 年度科学技术进步奖二等奖，参与编制的 Q/GDW 680.1—2011《智能电网调度技术支持系统　第 1 部分：体系架构及总体要求》等 36 项标准获国家电网公司技术标准创新贡献奖一等奖。全年新申请专利 23 项，获授权专利 10 项。11 项新技术在专项工程中得到广泛应用。

党群工作　学习党的十八届六中全会和全国国有企业党的建设工作会议精神，贯彻《准则》和《条例》，强化"两个责任"落实。开展"两学一做"学习教育，围绕"四讲四有"合格党员标准，深入开展"讲规矩、转作风、作表率""党员赛承诺、党支部书记赛党课"、主题党日等活动。完成 29 个基层党组织换届选举工作。组织国家电网公司党群队伍技能竞赛华中赛区复赛。举办纪念建党 95 周年和红军长征胜利 80 周年系列活动。落实国家电网公司党风廉政建设约谈和报告工作规定，开展廉政风险谈话，强化廉洁从业意识。

着眼员工职业和精神需求，多方引入外部资源，多层次、多角度、多渠道举办培训 45 批次。完善专家人才后备制度，培养领军人才和青年骨干力量。8 人获评电力专业正高级职称，开辟正高级政工师评聘渠道。柳焕章被国家电网公司推荐为"大国工匠"候选人，1 人当选"享受湖北省政府专项津贴"专家人才，1 人被评为国家电网公司优秀专家。支持人才"走出去"，2 人在第 21 届亚太电协会议上宣讲论文。

响应省委省政府救灾应急指令，完成长江干流武金堤段巡防任务。弘扬劳模精神，制作"大国工匠"候选人电视宣传片和微电影，《神秘的半波长》在《脊梁》杂志刊发。发挥工会平台作用，开展华中电网特高压建设劳动竞赛。征集华中区域内各单位职工原创艺术作品，打造企业文化环境。会议中心、职工书屋、活动中心、服务中心相继建成投运。精准扶贫成效初显，罗田县鼓楼冲村 191kW 光伏电站建成投运。用心服务老同志，离退休处被全国老龄委授予第二届"全国敬老文明号"荣誉称号。

（李国柱）

【国家电网公司东北分部】

分部概况　国家电网公司东北分部（简称国网东北分部）于 2011 年 4 月成立，负责东北区域内电网调度运行管理、安全质量监督、审计监督以及国网东北分部电网资产管理，开展东北区域内跨省电网项目前期及电网规划工作，同时做好自身的党群、综合行政管理工作；负责中朝水力发电公司中方电厂的管理。内设综合管理处、财务处、安全监察质量处、审计处、党群工作处、电力调控分中心、电力交易分中心和中朝水力发电公司理事会中方业务局 8 个处室，下设后勤管理中心，代管中朝鸭绿江界河云峰、太平湾和长甸三个水电厂，以及望江楼水电站工程建设局和临江电站筹建处。

电网概况 东北电网以 500kV 线路为骨干输电网架，500kV 主网架已经覆盖东北地区绝大部分电源基地和负荷中心；辽吉、吉黑省间 500kV 联络线均达到 4 回；蒙东通过 1 回 ±500kV 直流线路和 6 回 500kV 交流线路向东北主网送电。东北地区电源和负荷分布的特点决定了东北电网"西电东送，北电南送"的格局。东北电网通过直流背靠背与华北电网联网，俄罗斯通过直流背靠背向黑龙江送电。

截至年底，东北电网总装机容量 13 139.77 万 kW，其中：火电装机容量 8963.68 万 kW，占比 68.22%；水电装机容量 805.34 万 kW，占比 6.13%；风电装机容量 2697.37 万 kW，占比 20.53%；核电装机容量 447.52 万 kW，占比 3.41%；太阳能装机容量 225.86 万 kW，占比 1.72%。全年东北电网总发电量 4411.11 亿 kWh，同比上升 7.15%。全社会用电量完成 4160.15 亿 kWh，同比上升 3.41%。最大发电电力 6030.55 万 kW，同比增长 6.70%。500kV 线路长度 17 404.67km，500kV 变电容量 9984.7 万 kVA。

电网调度 截至 12 月底，东北电网安全运行 6394 天。2016 年，国网东北分部强化电网安全管理工作。落实总部各项安全稳定管理工作要求，坚持东北电网安全稳定领导小组工作机制，协调解决规划、基建、运行等方面存在的问题，落实年度运行方式。开展电网滚动校核机制，推动相关单位落实安全措施。加强安全风险分析，全年共梳理发现安全风险 29 项，其中重点风险 5 项，共制定相应管控措施 86 条。

提前做好扎鲁特—青州特高压直流投产准备。研究特高压直流安全稳定问题和控制方案、系统保护构建方案、特高压直流接入点系统强度方案。进行仿真分析计算，推动特高压直流换流站近区风电的高电压穿越整改工作，提前做好特高压直流投产前的技术研究储备。

清洁能源接纳。强化清洁能源运行管理，采用市场化方式，做好调峰辅助服务系统，促进新能源接纳。开展智能安全稳定控制装置研发和部署，加强风电集中接入地区安全稳定控制，提高通辽、赤峰等风电集中送出地区的外送能力。2016 年风电发电量 437.14 亿 kWh，比 2015 年增加 48.76 亿 kWh，占全网总发电量 9.9%；全网清洁能源发电量占总发电量 18.73%。

伊穆直流孤岛试验。按期完成适应伊穆直流孤岛方式频率调节的直流控制系统改造、安全稳定控制装置与直流极控数字化接口的实施工作。配合完成伊穆直流大负荷试验及孤岛性能试验等工作，提高伊穆直流送端安全运行能力。

跟踪丰满大坝重建工作进展，开展梯级水库调度方案编制等工作。提前预测、跟踪天气情况，提前谋划控制措施，保证丰满大坝重建干地施工与防汛要求。科学调整水位，保证泄洪兼导流洞进口岩坎拆除工作的顺利进行。

事故应急和处置。深化电网运行风险预警，完善安全控制策略。强化预案管理，全年共编制、修订预案 2000 多个，开展全网性反事故演习 6 次。采用隧道技术，优化备调系统运维及数据同步机制，提升东北电网在紧急状态下的调度应急备用能力。成功处理"5·3"江南地区大风暴雨事故、"12·14"辽宁徐家变电抗器爆炸事故。

防汛度汛。2016 年水库来水前后丰枯变化复杂，科学制定水库调度方式。特别是在水库正常发电与保下游工程施工矛盾突出情况下，通过与丰满大坝建设局和丰满发电厂协调泄洪兼导流洞启用的事宜、加强二松梯级电站调度、制定望江楼电站施工期云峰水库调度控制预案等具体措施，确保丰满大坝重建工程和云峰水库下游望江楼和文岳电站新建施工工程的度汛安全。

电力交易 2016 年，完成国家电力市场交易电量 661.45 亿 kWh（含蒙东风电送辽宁）。跨省互供电量完成情况为：东北电网送出 605.21 亿 kWh，辽宁联络线受入 406.37 亿 kWh，吉林联络线送出 13.79 亿 kWh，黑龙江联络线送出 28.33 亿 kWh，蒙东联络线受入 59.85 亿 kWh，华北电网受入 206.83 亿 kWh，俄电送出 25.72 亿 kWh。全年东北电网送华北电网交易电量为 206.83 亿 kWh，其中火电企业 133.59 亿 kWh，风电企业 61.03 亿 kWh，核电企业 12.21 亿 kWh。

分批次组织开展蒙东地区电力用户与发电企业直接交易。国家电投霍林河煤电集团铝业有限公司（简称通铝）面临极为严重的经营困难，单独为该企业开展挂牌交易，大幅降低该企业的交易电价，为企业继续经营创造条件。依据辽宁抚顺铝厂和华能伊敏煤电公司跨省直接交易意向，组织开展跨省直接交易。依据伯恩露笑蓝宝石有限公司、华能通辽风力发电有限公司、华能伊敏煤电有限责任公司的直接交易意向，协调内蒙古经信委、东北能源监管局、国网蒙东电力组织开展风火打捆直接交易试点工作。开展蒙东地区风电直接交易的组织方案和市场交易规则的编制工作，报东北能源监管局征求意见。

为缓解东北电网风电消纳矛盾，组织研究风电跨省消纳的可行性方案，编写《东北区域省间电能交易暂行办法》，由东北能源监管局出台文件并执行。总结调峰市场交易工作，研究进一步深化调峰辅助服务市场化的措施和办法，开展东北电力深度调峰辅助服务市场规则的修改工作。到锦联自备电厂调研，开展自备电厂参与市场交易的可行性研究工作。

清洁能源消纳。发挥交易平台作用，组织开展东北区域富余风电送华北交易工作，开展东北电网风电企业与北京供热企业直接交易的相关工作。编制完成蒙东地区电力用户与风电企业直接交易规则，并提交东北能源监管局。调研风电消纳问题，沟通工作思路和设想。利用多种形式，探讨如何发挥市场交易作用，提高东北电网清洁能源接纳能力。

中朝界河电厂 2016年，受来水量影响，发电量明显减少，通过中朝双方科学调度水库，全年超额完成调整后的发电计划，共实现发电量53.36亿kWh，其中，中方电厂发电量23.33亿kWh，中朝电量差2.52亿kWh（中方多用）。全年完成节水增发电量0.71亿kWh，水库水位保持在合理运行区间，各厂机组等效可用系数定额完成率、机组负荷率均优于考核指标。

加强缺陷隐患管理。开展设备状况分析、推进标准化管理与建设、强化隐患排查与缺陷管理工作，重点开展界河电厂在运机电设备红外热像诊断等工作，利用先进技术手段，全面把脉设备状况，消除缺陷、隐患。

界河电厂2016年度完成检修项目55项。贯彻落实安全管理策划方案，完成电缆综合治理、云峰厂2号机整体改造、长甸厂1号机发电机改造、长甸厂3号机B级检修、太平湾厂1号机A级检修、太平湾厂2号机B级检修、水丰副坝遗留问题处理工程、中朝通信及保护系统改造工程、丹东生产综合楼调度指挥系统建设等重点工程的年度工作目标。完成太平湾生产综合楼调度指挥系统建设、界河三厂电缆综合治理工程按计划推进。

组织界河电厂技术规程互查，全面梳理、完善各单位的检修规程和运行规程，组织各单位对所有的防汛应急预案进行重新修编。规范管理流程，提升生产管理水平。

提前部署2016年防汛工作。汛前，中朝双方完成了设备设施的检查试验，进一步明确信息报送机制，为望江楼、文岳电站施工安全制定云峰出流控制措施。汛期，开展24h防汛值班，完成防汛准备和安全度汛管理，实现平稳度汛。

对朝工作基本顺畅。加强对朝沟通协调，召开中朝水力发电公司第68次理事会。推进朝方老旧设备改造，敦促渭原大坝定检，组织水丰副坝遗留问题处理施工。完成中朝通信保护系统建设，该工程解决了中朝之间生产调度联系不畅、防汛信息沟通不及时的重大安全隐患；完成水长线、水九线、水宽线、渭卧线设备安装及联调，通信与继电保护设备改造工程完工。协调完成文岳电站物资采购与对账工作，全年完成物资采购资金1452.24万元，实现偿还电量约

1.1793亿kWh。

分部管理 落实总部分部一体化运作要求，服务东北老工业基地振兴。配合做好扎鲁特工程规划建设，完成扎鲁特换流站送端电力汇集方案专题研究及评审。强化电网和界河电厂安全稳定，落实强化本质安全建设工作要求，实施安全管理策划方案。强化安全履责监督，持续开展反违章纠察。合理安排电网运行方式，落实重大反事故措施，完成法定节假日和特殊时期保电任务。加强国际合作与交流，参加波动性电源接入组织春、秋季年会和中俄直流联网调度运行会议。重视防洪度汛工作，强化水情预测，做好丰满大坝重建期间水库调度工作。

深化预算集约调控，完善风险管理体系，建立财务安全管控制度，规范各项费用管理和支出。加强委托运维资产管理，推动153项跨年未完技改工程全部完工转资。开展资产清查，修订废旧物资管理办法，明确职能分工，规范处置流程。执行总部下达的各项审计任务，完成国网东北分部原主要负责人任期经济责任审计的相关工作。完成委托运维资产技改大修项目审计，界河电厂依法治企综合检查和水电建设工程审计，开展审计检查发现问题整改"回头看"工作。

按照国家电网公司的统一安排，依法合规开展减少法人层级工作，做好资产清查、税收清算、资产划转、账户注销等工作，节省税费31148万元。梳理土地权属登记情况，完成合同主体变更。完成东北电网有限公司社保、公积金账户注销，开设分部新账户并实现资金平移。7月14日，完成东北电网有限公司注销工作。

科技管理 2016年，界河电厂研究开发项目9项，计划批复资金324万元，科技资金投入率100%，所立项目均已完成。电网资产研究开发项目3项，计划批复资金690万元。全部研究开发项目均已完成项目的研发、内部验收和结算等工作。国网东北分部下达的技术服务项目12项，计划批复资金209万元，均已完成项目的实施、验收、决算等工作。

制定《东北分部推进科技创新成果应用展示与评优活动方案》，开展以"参展—参评—评优—成果转化—创新工作室"为主线的活动，共评选出科技创新成果一等奖7项，二等奖12项，三等奖20项。开办"科技创新成果讲堂"，下设电网调度运行、水电运行和建设、水电创新工作室专题。依托生产实际开展小创新，涌现出"水轮机转轮翻转定位装置专用工具改进""自动水封粘接机""发电机转子电动测圆装置改造"等一大批小改小革，解决了生产中的实际问题。

推进大规模风电并网安全稳定边界分析与运行控制技术研究，结合"风电岛"建设工作，进一步提高精确掌控全网风机状态能力、日前及短时风电接纳能

力预报的准确性,提升水、火、风发电机组"以风定电"精确发电的控制水平。配合能源监管部门出台《东北电力辅助服务市场运营规则》。启动风电并网系统安全稳定运行深化研究。

党群工作 贯彻党的十八届六中全会、全国国有企业党的建设工作会议和习近平总书记系列重要讲话精神落实管党治党各项措施,开展"两学一做"学习教育,增强党员干部"四个意识"。贯彻落实十八届中央纪委六次全会精神和国家电网公司 2016 年党风廉政建设和反腐败工作部署,履行"两个责任",践行监督执纪"四种形态",健全完善特色惩防体系。组织开展庆祝建党 95 周年系列活动及"走好长征路、开创新未来"等主题党建活动。承办国家电网公司党群队伍技能竞赛东北赛区复赛。

发挥宣传媒介作用,展示企业工作动态。加强民主管理,推进班组标准化建设。开展困难职工走访,深化"送温暖、送健康、送文化"活动。服务青年成长成才,落实离退休老同志"两项待遇"。开展"金秋助学""爱心捐助"活动。

(王生龙)

【国家电网公司西北分部】

分部概况 国家电网公司西北分部(简称国网西北分部)与西北电网有限公司实行两块牌子、一套机构和人员合署办公,主要承担西北区域电力调控、电能交易、安全质量监督、审计监督等职责。内设综合管理处(离退休工作处)、财务处、安全监察质量处、审计处、党群工作处、国家电网西北电力调控分中心(黄河上中游水量调度委员会办公室)、国家电网西北电力交易分中心 7 个处室,另设正处级建制分支机构后勤管理中心。按照国家电网公司"减少法人层级"有关要求,2016 年 7 月 15 日完成西北电网有限公司工商注销。

截至 2016 年底,国网西北分部共有在职员工 217人。资产总额 32.84 亿元。电网资产主要包括:750kV 电网变电站 1 座,跨省输电线路 1 条;330kV变电站 5 座,跨省联络线 7 条。此外,经营性租赁总部 750kV 变电站 2 座、750kV 输电线路 8 条。以上电网资产全部委托资产所在地省(区)电力公司运行维护。

领导班子

国家电网公司副总工程师,国家电网公司西北分部主任、党组书记:王风雷

国家电网公司西北分部副主任、党组成员兼国家电网公司安全监察质量部副主任:左玉玺

国家电网公司西北分部副主任、党组成员兼国家电网公司审计部副主任:穆银安

国家电网公司西北分部副主任、党组成员兼国家

电网公司国家电力调度控制中心副主任:张磊

国家电网公司西北分部党组成员、纪检组长、工会主席:刘武能

国家电网公司西北分部正局级调研员:杨玉林

电网概况 西北电网以 750kV 为骨干网架,供电范围包括陕西、甘肃、青海、宁夏、新疆五省(区),东西跨度约 4000km,南北跨度约 2300km,供电面积 311 万 km²,占中国陆地面积近三分之一。青藏直流联网工程投运后,国网西北分部还负责藏中电网调度专业管理。截至 2016 年末,作为"三华"电网的坚强送端,西北电网已建成投运灵宝、德宝、银东、青藏、特高压天中、灵绍直流六个外送通道,设计外送容量达到 2471 万 kW。西北六省(区)调度口径装机 6467 台(座),容量 220 013.5MW,其中火电 114 040.5MW,占总装机容量的 51.8%;水电 30 366.8MW,占总装机容量的 13.8%;风电 43 789MW,占总装机容量的 19.9%;光伏 30 363.8MW,占总装机容量的 13.8%;其他 1453.4MW,占总装机容量的 0.7%。

西北电网 600MW 及以上大容量机组共计 52 台(含国调直调),容量 35 420MW,占总装机容量的 16.1%。

直接接入 750kV 及以上输电网络的机组 18 520MW,占总装机容量的 8.4%;直接接入 330(500)kV 输电网络的机组 61 935MW,占总装机容量的 28.2%;直接接入 220kV 网络的机组 48 517.1MW,占总装机容量的 22.1%。直接接入 110kV 及以下网络的机组 91 041.4MW,占总装机容量的 41.4%。

西北电网 750kV 变压器容量为 138 800MVA(47变电站 78 变压器,其中含有 3 个 750kV 直流换流站),330kV 降压变变电容量为 108 378MVA(共 255变电站,其中含甘肃电厂升压站、牵引站及风光汇集站,青海牵引站及风光汇集站,442 变压器)。西北电网 750kV 线路长度为 18 266km(116 条),330kV 线路长度为 28 442.2km(655 条)。

2016 年西北六省(区)(含陕西、甘肃、青海、宁夏、新疆、西藏,下同)系统发电设备新增机组 401 台(座),新增发电容量 23 988.1MW,较 2015年年底总装机容量增长 12.2%。其中新增火电机组 47 台,新增发电容量 8727.5MW,增长率为 8.3%;新增水电机组 76 台,新增发电容量 1485MW,增长率为 5.1%;新增风电场 27 座,新增发电容量 4059.9MW,增长率为 10.2%;新增光伏电站 246座,新增发电容量 9649.7MW,增长率为 46.59%。

2016 年西北六省(区)系统新增 220kV 及以上降压变压器 85 台,新增容量 45 960MVA。其中

750kV 新增降压变压器 17 台，容量 30 300MVA，增长率为 27.9%；330kV 新增降压变压器 21 台，容量 5760MVA，增长率为 6.6%；220kV 新增降压变压器 47 台，容量 9900MVA，增长率为 15.5%。

分省（区）新增情况：陕西电网新增 330kV 变压器 9 台，新增容量 2400MVA；甘肃电网新增 330kV 变压器 3 台，新增容量 960MVA；青海电网新增 330kV 变压器 4 台，新增容量 720MVA；宁夏电网新增 330kV 变压器 5 台，新增容量 1680MVA，宁夏电网新增 220kV 变压器 4 台，新增容量 900MVA。新疆电网新增 220kV 变压器 43 台，新增容量 9000MVA。

2016 年西北六省（区）系统 220kV 及以上交流输电线路新增 126 条，新增长度 5641.6km。其中新建 750kV 线路 21 条，新增线路长度 2388.3km；新建、改建 330（500）kV 线路 49 条，新增线路长度 2160.3km；新增 220kV 线路 56 条，新增线路长度 1093km。

2016 年西北分调直接调管线路净增 17 条，均为 750kV 线路，长度 2292.8km。

电网调度 2016 年，国网西北分部持续加强电网安全管控，深挖清洁能源消纳潜力，强化专业基础管理，完成系统保护方案研究、重点工程调试投送、涉网机组安全性核查、电力监控系统安全防护专项治理等重点工作，确保了西北电网安全稳定运行、新能源消纳的快速增长和专业管理水平的稳步提升。

2016 年西北电网调度口径最大用电负荷为 7653 万 kW，同比增长 4.78%；用电量 5503.09 亿 kWh，同比增长 2.88%，陕西、新疆两省（区）呈小幅增长，甘肃、青海、宁夏用电量下滑幅度趋缓；全网总发电量达 6234 亿 kWh，同比增长 5.33%，新能源发电量 812 亿 kWh，同比增长 35.03%。新能源最大出力 2107 万 kW，占当时全网用电负荷的 30.51%，日最大发电量 3.43 亿 kWh，占当日全网用电量的 21.78%；西藏电网总用电量 45.31 亿 kWh，同比增长 16.94%，最大负荷 84.1 万 kW，同比增长 14.89%。

一是电网保持了安全稳定运行。深入开展春秋两季安全运行现场检查，督促消除电网运行隐患 292 项，完成西北电网黑启动演练，安全运行基础进一步夯实。

二是主网稳定管理工作持续深化。年内完成"大反措"10 项，提出重点补强工程建议，制定系统保护实施方案，落实防止短路电流直流分量超标保护策略优化。合理安排近区 750/330 电磁环网运行方式，保障了夏季陕西东南部平稳供电。

三是全面完成重点工程投产和运行保障。完成特高压灵州站交流场、祁连换流站接入工程、750kV 环天山东西环网等重点输变电工程启动调试；组织完成 TA 变比调整（116 套保护定值）、配套安控部署、近区新能源性能整改；组织直流送电能力和配套安控核查，实现柴拉直流最大功率 40 万 kW 的平稳外送。

四是扎实开展机网协调管理。完成直调机组涉网性能核查及全网一次调频试验，优化调整西北高周切机第三道防线。完成 9 家新能源试点场站快速频率响应功能改造，验证新能源参与快速频率响应可行性；推进新能源耐高频、耐高压性能整改；首次在青海电网建成国内外光伏装机容量最大的 AVC 系统，实现闭环协调控制运行；加强哈密地区次同步振荡数据分析研究，确保配套火电安全运行。

五是新能源调度管理与消纳工作成效显著。加强月度机组组合完成率考核，合理降低电网旋转备用；提高新能源预测准确率，指导新能源日前、实时交易与置换工作的开展。建立新能源预测、消纳日评估制度，全网新能源发电量突破 740 亿 kWh，同比增长 32.33%；首次组织相关政府部门及监管机构召开今冬明春西北电网新能源消纳座谈会，促请政府加强供热机组管理，推进新能源消纳工作。

六是不断提升调度专业管理精益化水平。基本建立以扩大新能源消纳为目标的灵活、高效的短期、实时交易体系；优化"大运行"评价；完成调度员年度培训任务，组织开展智能变电站继电保护技术人员全网轮训等各类培训班 15 期。

七是技术支撑能力不断提升。不断提升基础数据质量，遥测数据合格率达 99.8%，居各分中心第一，综合智能告警报出率全年维持 100%；在国网系统内率先开发日前无功量化安全校核系统，进一步提升了电网安全校核水平。

电力交易 2016 年，西北电力交易工作取得了显著成绩。在国网西北分部和各省（区）公司共同努力下，主动挖掘交易潜力、开拓外送市场，全年完成跨区跨省交易电量 1001 亿 kWh，首破千亿，同比增长 17.57%。由于努力发挥西北电网省际互补优势，平衡优化省区交易结构，促进交易电量共同增长，六省（区）外送交易电量首次全部实现正增长。

关注主要受端电煤供应、电煤价格变化态势，抢抓高峰负荷时期交易机会，跟踪跨区直流通道富余输电能力，争取短期外送交易。灵宝通道完成外送交易电量 72 亿 kWh，比年度交易 22.7 亿 kWh 增加 49.3 亿 kWh。同时通过跨省打捆、短期实时及发电权置换等多品种跨地区消纳新能源电量 158.5 亿 kWh，促进了新能源发电量同比增长 34.3%。

在各省（区）发电容量均富余的情况下，完成跨省交易电量 150 亿 kWh，同比增长 34.89%，实现地方经济、大用户、电网、发电等多方共赢。

丰枯互济，保障电力供需平衡。枯水期西北风火电送西藏、四川分别为14亿、7亿kWh。丰水期西北通过柴拉直流消纳藏中水电6.97亿kWh，增长110%，通过川藏德宝消纳西藏水电1.87亿kWh；通过德宝消纳西南水电45亿kWh，完成国家电网公司计划103%，其中陕西消纳14.12亿kWh。

服务有关省（区）电力援疆、电力援青、敦煌文博会保电等送端要求，统筹安排输电通道，落实政府框架性送电协议。协调落实电力援疆、电力援青和敦煌文博会保电期间送华东等外送合计48.58亿kWh。

分部管理 2016年，国网西北分部全面落实公司党组各项决策部署，实施总部分部一体化运作，履行分部职责，各项重点工作有序推进。分部实现主营业务收入100.95亿元，实现利润3.09亿元，完成预算的100.32%。西北电网频率合格率100%。纳入总部业绩考核的各项任务和指标全面完成。

依法治企规范管理持续深化。修订工作规范，强化业财融合，分部经济业务工作职责、界面进一步明确。强化预算引领，争取"西部大开发"及公共基础设施"三免三减半"等企业所得税优惠政策。各项财务指标完成情况良好。做好分部审计发现问题整改工作，开展区域内阳光扶贫工程全过程跟踪审计，完成总部交办的各项审计任务。按照国家电网公司党组统一部署，完成西北电网有限公司工商管理注销和相关资产合并划转。

分部建设进一步加强。开展"两学一做"学习教育，推进"讲规矩、转作风、作表率"主题活动。学习贯彻《准则》和《条例》，开展协同监督和警示教育，分部廉政建设持续加强。注重员工岗位技能培训，举办各类培训班34期，员工大讲堂21个，累计培训2560人次，有效调动了员工学习的积极性。鼓励岗位建功和全员创新，开展创新创意大赛，涌现出一批优秀成果。开展全员读书和系列职工文体活动。不断提升后勤服务质量。开展"两联一包"扶贫攻坚，履行社会责任，彰显了国家电网品牌形象。

科技管理 2016年，国网西北分部进一步强化科技项目全过程管控，创新管理，率先在国网西北分部建立科技项目后评估管理体系，并组织开展了全员创新创意工作，促进了员工创新能力的提升，取得了一定实效，推进国网西北分部科技管理水平再上新台阶。2016年国网西北分部科技项目计划完成率和完成质量均有显著提升。

一是加强科技项目执行管控，编制印发《国网西北分部2016年科技项目年度监督检查实施方案》和《2016年国网西北分部科技项目验收计划》。2016年度科技项目执行计划完成率和验收通过率均为100%。二是创新科技管理工作，2016年率先在国网西北分部组织开展科技项目后评估工作。建立科技项目后评估管理体系，编制下发了《西北分部科技项目后评估管理办法》，促进科技成果推广应用和成果转化。三是持续推进国网西北分部全员创新创意工作，建立长效机制，搭建创新交流互动平台，激发了员工创新活力，2016年组织开展分部创新创意项目20项，其中创新项目15项（管理创新5项，技术创新10项），创意项目5项，整体各项目在质量、水平上有明显提高，促进了员工创新能力的提升。四是科研成果显著。组织2016年度国家电网公司和陕西省科技进步奖申报、公示及推荐和答辩工作，国网西北分部《西北交直流混联电网大容量新型FACTS群的系统关键技术及工程应用》项目荣获国家电网公司科技进步一等奖。《多聚集型新能源基地集中送出通道智能控制技术研究及应用》项目获陕西省科技进步三等奖。五是组织开展了2017年科研技术需求征集和项目储备工作。

党群工作 一年来，国网西北分部进一步加强党的建设和精神文明建设。一是加强政治理论学习和形势任务教育，组织学习了十八届六中全会、国有企业党建工作会议精神，学习了习近平总书记重要讲话精神和国家电网公司重要会议及主要领导讲话精神，制作宣传展板，发布学习动漫，统一了职工思想。二是开展"两学一做"学习教育。制定方案，购买学习资料，开展学习讨论，讲专题党课，突出问题整改落实，规范党费收缴和管理工作。三是举办国家电网公司党群队伍技能竞赛西北赛区复赛，总部竞赛办公室发来感谢信。参加了决赛阶段的裁判和命题工作。四是加强反腐倡廉建设，组织签订党风廉政建设责任书，加强协同监督。五是加强职工民主管理。召开职代会，督办落实职工代表提案及意见建议。组织慰问"迎峰度夏"应急值班和总值班人员、"八一"建军节前走访慰问47军及"夏送清凉""冬送温暖"等慰问活动。组织职工健康疗养。同时，工会还组织职工兴趣小组、健步走活动，完善文体设施。举办篮球赛、乒乓球赛。组织职工读书活动和文学作品创作。六是为五省（区）电力公司工会工作交流、学习做好服务，召开西北电力系统工会工作创新座谈会、职工文化建设工作经验交流会，受到五省（区）电力公司工会欢迎。

主要事件

1月21日1时13分，青海门源地区发生6.1级地震，甘肃、宁夏地区有震感。地震期间，西北电网主网运行正常，未出现电力设备损坏，未造成负荷损失。地震发生时青海负荷为680万kW。

1月27日，国务院监事会主席李东序一行到国网西北分部调研，国网财务部副主任谭真勇陪同调研。

1月29日，国家电网西北电力调控分中心与国网陕西电力调控中心组织2016年春节保电联合反事故演习。

2月7～13日，国网西北分部完成2016年春节保电任务。春节期间，全网最大负荷5969万kW，同比增长3.07%；全网最大日用电量13.19亿kWh，日均用电量12.86亿kWh，同比增长0.5%。春节期间，西北电网总体运行平稳，六省（区）电力供应充足，共完成跨区交易4.41亿kWh，完成跨省交易1.16亿kWh，促进了能源在全网、全国范围内的优化配置。

3月4日，西北电网首次通过跨区交易向华东地区组织送出青海富余光伏电量，最高送电功率80万kW，预计全月送出电量达8000万kWh，相当于减少煤炭消纳2.7万t，减排二氧化碳7万t。此次交易利用德宝、复奉、锦苏等跨区直流通道，途经西北、华中、华东三大电网，输电距离超过3000km，实现了西北可再生能源在全国范围优化配置。

3月24日，黄河内蒙古封冻河段全线平稳开河，标志着2015～2016年度黄河宁蒙河段防凌调度工作结束。

5月24日，国家电网公司副总工程师、国网西北分部主任、党组书记孙正运代表国网西北分部对西北电力调控分中心成功处置"5·16"电网多重故障的有关调控人员给予专项奖励。

5月25日，国网西北分部完成甘肃电网现场检查，标志着2016年西北电网春季安全运行大检查工作现场检查阶段全面结束。

7月1日，国家电网公司直属党委印发表彰决定（网直党〔2016〕47号），国网西北分部2个支部、4名党员荣获"一先两优"。

7月15日，西北电网有限公司完成工商税务注销。

8月11日，中国电机工程学会理事长郑宝森、副理事长兼秘书长谢明亮一行到国网西北分部调研。

8月12日，西北电网用电负荷突破历史最大负荷，达到7400万kW，比2015年最大负荷高出96万kW。

8月13日，为了贯彻落实国家大面积停电应急预案，国家电网西北电力调控分中心组织实施了西北电网—青海电网黑启动演练。本次演练模拟青海西宁西部电网因连锁故障导致与青海主网解列，检验了各级调度机构利用黑启动电源恢复地区负荷、建立输电通道及恢复网架结构的能力。

10月20日，国家电网公司党群队伍技能竞赛西北赛区复赛在国网西北分部举行，国家电网公司、国网西北分部、国网陕西电力、国网甘肃电力、国网青海电力、国网宁夏电力、国网新疆电力相关领导莅临比赛现场观摩指导。

11月12日，新疆750kV伊犁—库车输变电工程正式投入运行。该工程投运后，新疆环天山西段750kV大环网结构形成，实现了新疆南疆电网与北疆电网的互联，提高了南疆电网的供电可靠性，提升了南北疆电力互供、水电与光伏互补和新能源送出能力。

截至11月20日，西北新能源年累计发电量首次突破700亿kWh大关（风电452.46亿kWh，光伏256.35亿kWh），同比增长32.12%，占全网总用电量的11.34%。

11月21日，受冷空气、降温、降雪天气影响，西北五省（区）总用电量达16.94亿kWh，创历史新高，同比增长14.5%；11月23日，西北五省（区）负荷达7653万kW，创历史新高，同比增长13.9%。

11月30日，国家电网公司总经理、党组副书记寇伟到国网西北分部开展工作调研。国家电网公司安全副总监尹昌新、国家电网公司副总工程师、国网西北分部主任孙正运、国网办公厅副主任马超、研究室副主任张玮等陪同调研。

12月9日，国网西北分部组织实施了2016年下半年西北电网机组一次调频全网试验第一阶段试验。本次试验参试常规电源机组262台，参试容量8318.5万kW，参试试点新能源场站10座，参试容量100.8万kW。试验期间西北电网运行平稳，取得预期效果。

12月15日，国网西北分部组织开展了2016年下半年西北电网一次调频全网试验第二阶段试验，该试验首次验证了在实际频率扰动下的新能源快速频率响应特性。

（程军生）

【国家电网公司西南分部】

分部概况 国家电网公司西南分部（简称国网西南分部）成立于2014年11月18日，是国家电网公司立足优化能源配置、服务西南清洁能源发展、促进西南（川渝藏）经济社会发展、推动电网互联互通需要而成立的非法人管理机构，与国家电网公司总部实行一体化运作。主要职责是协助总部开展西南水电开发规划、西南电网建设有关工作，负责区域电网调度管理、运行控制以及省间电力交易有关工作。内设办公室（思想政治工作处）、安全技术与工程管理处、财务处、规划统计处、西南电力调控分中心5个处室。

电网概况 西南电网区域包括四川省、重庆市和西藏自治区，区域面积约177万km²。西南电网东联华东和华中电网、北接西北电网，其中：与华东电网通过±800kV复奉、锦苏、宾金三大特高压直流输电线路相联，总输电容量 2160 万 kW；与西北电网通过±500kV 德宝直流相联，输电容量 300 万 kW；与华中电网通过四回 500kV 交流线路相联；西藏电网分为藏中电网、昌都电网和阿里电网三个部分，藏中电网通过±400kV 柴拉直流与西北电网相联，输电容量 60 万 kW，昌都电网通过川藏联络线与四川电网相联。

截至年底，西南电网新增调度装机 613 万 kW，同比增长 6%。全网调度口径总装机规模 1.08 亿 kW，清洁能源装机规模 0.8 亿 kW，清洁能源装机容量占比 74%。其中，水电装机容量 7751 万 kW，水电占比 71.6%；风电装机容量 153 万 kW，光伏装机容量 131 万 kW，两者占比 2.7%。西南电网 220kV 及以上变电站共 454 座，变压器 899 台，变电总容量 220 852MVA；220kV 及以上输电线路共 1420 条，总长度 50 750km。西南电网调度口径总发电量 3603 亿 kWh，较 2015 年增加 152 亿 kWh，同比增长 4.4%；西南电网调度口径用电量 2540 亿 kWh，较 2015 年增加 124 亿 kWh，同比增长 5.1%。

电网调度 按照总部统一安排，深化国调、分调一体化工作。与各方进一步完成调度权交接，调度管辖范围调整为：直调 500kV 川渝省间联络线（黄岩—万县双回线、洪沟—板桥双回线）、500kV 川藏省间联络线（巴塘—澜沧江双回线）、特高压宾金直流和复奉直流近区 500kV 线路（泸州—复龙三回线、叙府—宜宾双回线、叙府—泸州双回线）、特高压锦苏直流近区 500kV 线路（月城—沐溪双回线、月城—普提双回线）、德宝直流近区 500kV 线路（谭家湾—德阳双回线）、四川攀枝花地区 500kV 线路、二滩电厂及其送出线路，授权四川省调、重庆市调管辖以外 500kV 设备。

藏中联网工程 藏中联网工程由西藏藏中和昌都电网联网工程、川藏铁路拉萨—林芝段供电工程组成，起于西藏昌都地区川藏联网工程连接点芒康县，由东至西横跨昌都、林芝、山南三个地区，止于山南地区桑日县，向西北与青藏电网连接。工程总投资约 162 亿元，新建、扩建 110kV 及以上变电站 16 座，新建 110kV 及以上线路 2738km。其中，新建 500kV 变电站（开关站）6 座，扩建 3 座；新建 220kV 变电站 2 座，扩建 3 座；扩建 110kV 变电站 2 座；新建 500kV 线路 1984km，220kV 线路 441km，110kV 线路 313km。计划于 2018 年建成投运。

截至年底，工程前期各项准备工作开展顺利。建立指挥部、现场指挥部、业主项目部三级管理体系；确立"十不、三零、五优"建设目标，制定涉及施工、地质、气象、索道、交通、营地等各个环节的安全保障措施和应急预案；建立全员、全过程、全覆盖

的现场医疗和生活保障体系；完善管理规章制度，制定工程里程碑计划，建成十大工程保障体系。

电力交易 结合国网西南分部调度、交易专业集约化建设特点，完成电量结算功能模块开发和建设工作，实现计划编制、实时调整、交易结算等信息的横向贯通、深度融合。研究实时调度运行后交易工作流程和模式，制定《西南分部电力交易专业建设方案》《国网西南分部实时调度运行后交易相关工作原则》，开展月度交易计划编制、跨省联络线电量结算等核心业务。

联系短期和实时交易，促进西南水电跨区外送。启动西南水电外送交易，首次在 2016 年 5 月实现德宝直流外送方式，有效缓解网内水电来水旱、消纳困难的矛盾。开展西藏昌都水电外送工作，实现西藏昌都富余水电跨区交易。协调、落实消纳市场，发挥川渝现有输电通道能力，促成西南水电外送华中短期交易。2016 年，跨区外送电量 1142 亿 kWh，同比增长 4.6%，为东部地区节约标煤 3000 万 t，减排二氧化碳 8000 万 t、二氧化硫 26 万 t。优化电网运行，川渝通道丰水期输送水电 105 亿 kWh，同比增长 11%；500kV 黄万双回潮流反送时间及电量大幅减少，保障跨省外送通道输电能力。

分部管理 坚持标准化、规范化运作，梳理国网西南分部职责和工作界面，完善专业一体化协同机制。落实预算指标和项目管理，定期开展执行情况通报分析，压降可控成本预算。落实资金支付管理，完成财务信息化系统上线准备。建立零购项目固定资产卡片。规范物资与招投标管理，完成招标与非招标采购项目。履行合同签订审批制度，定期核查实施进度，同步开展档案管理。加强信息安全和机要保密工作，开展内外网风险排查，执行检查和通报制度，全年无失泄密事件发生。严控"三公"费用，进一步规范会议管理、接待管理和公务用车管理，执行国家电网公司关于办公用房和周转房使用规定。按照总部统一部署建设队伍，以借调、应届大学生招聘、公开招聘、挂职（培养）锻炼等多种方式分批次补入人员。落实综合计划和预算管理，出台多项财务实施细则。严把程序关，确保合同管理规范化。

科技管理 完成调度控制系统、调度数据网络、调度场所及辅助设施、通信系统从立项到实施、到验收投运的全部工作，并依托华中电力调控分中心和四川电力调控分中心建立备用系统平台，满足调控场所及技术支持系统的应急备用需求。完成电网特性及运行控制策略分析等专题项目立项。参加藏中与昌都电网联网、雅中直流送出、渝鄂背靠背重点工程的可研和初设评审。引入光纤矩阵、云终端等先进技术，保障调控运行、清洁能源优化调度

和多专业联合值班工作要求。编制完成《西南电网调度控制管理细则（试行）》等17个规章制度，实施调控系统全员宣贯培训。建立国网西南分部、西藏、昌都三级调度业务协同机制，保障藏区电网可靠供电。制定15个反事故预案、7个现场处置方案，开展11次联合反事故演练。完成西南电网备调建设可研和立项，组织完成四川、重庆地县调年度备调转换演练现场检查。

党群工作 按照国家电网公司党组和四川省国资委党委统一部署，开展党的组织活动。学习贯彻党的十八届六中全会精神和全国国有企业党的建设工作会议精神，落实《准则》和《条例》。开展"两学一做"学习教育，开展"讲规矩、转作风、作表率"主题活动。组织开展班子民主生活会和专题组织生活会，以"四讲四有"合格党员标准民主评议党员，严肃党内政治生活。

建设学习型党组织，党组中心组学习规范化、制度化。建设服务型基层党组织，以"带一流队伍、建一流中心、创一流业绩"为目标，创建西南电力调控分中心党总支共产党员示范团队。规范收缴和使用党费。组织完成国家电网公司党群技能竞赛西南赛区复赛。加强党风廉政建设，参观廉洁教育示范基地。对西藏阿里、那曲等7个地区开展调度专项帮扶，累计进藏29次，参与帮扶160人次，接受帮扶400人次。

发挥工会桥梁作用，关心、慰问职工，成立各类兴趣小组。加强团青工作。举办国网西南分部成立两周年系列活动。2016年，国网西南分部涌现出一批先进集体和个人。1个处室获国家电网公司先进集体称号。1人获中央企业优秀共青团员称号，3人分别获得国家电网公司、四川省国资委优秀共产党员称号，8人分别获得国家电网公司总部先进个人、科技先进个人称号等。国网西南分部评出1个先进处室、3个先进科室、8名先进个人、8名优秀共产党员。

（罗春林）

【国家电网公司运行分公司】

单位概况 国家电网公司运行分公司（简称国网运行公司）是从事特高压直流输电工程换流站运维检修业务的专业公司，主要负责在运的±800kV复龙、奉贤、天山、中州、锦屏、苏州、宜宾7座换流站的运维检修管理，以及在建±800kV酒泉、锡盟、上海庙和±1100kV古泉、昌吉等换流站的生产准备工作，并为国网总部相关部门和属地化换流站提供直流运检专业支撑服务。下设上海、宜宾、郑州、哈密4个管理处和锡盟管理处筹备处，分别负责所在区域各特高压换流站的运检管理和生产准备工作。

经营管理 编制印发财务工作手册，统一规范各单位财务基础工作。加大对项目计划执行的闭环管理力度，加强项目执行与财务管理各阶段的协同配合，提高项目执行效率，缩短大修项目完工决算时间。制定应急物资采购管理细则，简化应急物资采购流程，缩短应急保障物资采购时间。编制直属单位二级采购目录，细化大修、技改、零购项目实施范围、采购模式及履约方式。新增定点采购方式，减少招标采购次数，提高物资采购效率。全面应用统一合同文本，加强签订前严格审核、签订后实时跟踪，防范合同签订履行过程中的各类风险。发挥外聘法律顾问作用，在招标采购、商务谈判、合同签订等关键环节，及时征求法律专业意见，确保各项经营活动合法合规。开展依法治企知识网络答题，举办《法治企业行为指引》专题讲座，促进全员法治意识提升。

安全生产 召开安委会会议，部署推进安全生产重点工作。开展"三查三强化"专项行动，堵塞管理漏洞，防范安全事故发生。完成G20杭州峰会、迎峰度夏、防汛抗台等重大保电任务。没有发生人身、电网、设备事故及信息安全事件。所辖换流站安全可靠性指标进一步提升，双极强迫停运次数为0，年平均单极强迫停运次数为0.25次/极年，强迫能量不可用率为0.043%。三大直流连续满功率安全运行。四大直流超额完成年度输电计划，全年输送电量达1399亿kWh，同比增长10.2%，为东中部地区输送了大量清洁能源。

运检管理 梳理国网运行公司适用的通用和非通用制度，建立完善涵盖特高压换流站运维、检修、生产准备及安全监督管理的标准体系。编制印发《换流站控制保护软件管理细则》《新建换流站调试配合管理细则》《换流站工作票标准化安全监督规范》等21项运检管理细则、19项安全管理标准和24项安全监督规范。

加强设备状态监测分析，及时发现并处理奉贤换流站主机状态丢失、宜宾换流站GIS机构频繁打压等严重缺陷115项，紧急处置苏州换流站穿墙套管接头过热、复龙换流站阀塔漏水、宜宾换流站换流变异常产气、中州换流站零磁通电流测量等危急缺陷18项。开展专项隐患排查394项，实施带电检测1.4万台次，发现并处理换流变故障33台次，处理GIS设备故障23台次，更换控制保护板卡41块，修改控制保护软件228项。全年累计消除各类设备缺陷1452项，有效避免运行设备损坏和直流强迫停运。

加强特高压换流站在线监测系统建设。完善直流远程诊断系统功能，实现对10座特高压换流站和19

座常规换流站 OWS 信息远程在线监视。推进状态监测、事件告警、故障录波、视频监视、会议会商等功能集成应用，构建远程诊断和应急指挥的技术平台。迎峰度夏期间，16 次启动远程诊断应急机制，在线协同现场开展故障分析，快速精准判断故障原因，为总部应急指挥决策提供技术支撑，缩短直流系统恢复送电时间。推广应用换流站巡检机器人和智能巡检系统，提高一线运检工作效率。

完成大修技改工作。针对年度检修工期紧、密度大、管控难等实际情况，明确"三个阶段、八项管控"的标准化管理要求，完成 7 座换流站年度检修任务，确保检修作业安全和质量。加大设备治理力度，组织实施复奉直流控制网络改造、直流分压器保护间隙故障治理、穿墙套管故障后重启健全换流器等重大技改项目 48 项，提升在运设备的可靠性水平。配合国网总部完成华东电网频率紧急协调控制系统改造等技改任务，提高了电网安全质量水平。

生产准备 开展新建换流站生产准备。整合专业力量，成立前期工作组，参加新工程前期会议 85 次，督促落实各项反措和运维需求 1050 条，推进源头消除设计、设备缺陷。适时成立锡盟、上海庙等换流站生产准备机构，配备干部骨干和生产人员。针对新工程建设进度，适时派员进驻祁连换流站、锡盟换流站、上海庙换流站建设现场，跟踪基建施工和设备安装调试。制定祁连换流站验收工作方案，统筹调集公司专业骨干开展技术支援，做好安装调试阶段自验收工作。

启动调相机工程生产准备。针对公司所辖 6 座换流站新建调相机工程进度，制定生产准备工作方案。组织赴调相机厂开展调研学习，配合国网运检部完成调相机运检模式研究。成立调相机专业工作组，参加前期会议，反馈现场运维需求。开展集中技术培训，组织人员赴厂家和电厂跟班学习。

专业支撑 发挥远程诊断中心作用，在线协同开展直流故障分析和抢修指挥，为国网总部决策提供技术支撑，缩短了直流恢复送电时间。配合国网总部相关部门起草《国家电网公司直流控制保护软件管理实施细则》《换流站预控措施细则》等管理标准，以及《超（特）高压直流输电控制保护系统检验规范》《高压直流输电系统换流变压器二次配置导则》等技术标准，承担 IEC 国际标准《直流输电运维导则》、行业标准《直流控制保护系统检验规范》和企业标准《换流站"五通一措"》相关内容的编制任务。参与新建特高压直流工程前期工作，协助属地化换流站把好设计、设备质量关。加强对灵绍直流两站生产准备工作的技术支持，保障灵绍直流如期完成调试验收并顺利投运。协助国网总部开展跨区电网资产价值明细管理，组织开展 1553 亿元跨区电网资产的账卡物一致性核查工作。

党的建设和精神文明建设 召开启动会、推进会、座谈会，举办知识竞赛，推进"两学一做"学习教育。公司领导带头讲党课、参加学习讨论，深入基层调研听取意见。开展"三亮三比"主题活动，推动学习教育深入开展。研究制定党组织发挥战斗堡垒作用和党员发挥先锋模范作用的内容标准，推进"四讲四有"具体化。开展党组织负责人述职评议和党风廉政建设约谈，推动"两个责任"有效落实。完成各管理处党组织换届选举。规范管理党费收缴使用。

举办首届群众运动会、"为青春点赞"主题演讲比赛、"书香国网·智慧人生"女职工征文等文体活动。宣传"身边感人故事"，摄制微电影、借助新媒体加强传播。组织参加国家电网公司各类竞赛、调考活动。

2016 年，国网运行公司获得国家电网公司业绩考核专业公司 A 级。参与完成的科技成果"跨区交直流协调控制系统开发及示范应用""高压交直流混联电网直流偏磁分析预警与主动防御及示范应用"分获国家电网公司科技进步奖一等奖和二等奖。公司管理创新成果《特高压直流换流站运维作业标准化体系建设及应用》获国家电网公司管理创新推广成果三等奖。李军获国家电网公司"特等劳模"称号，复龙换流站被授予"工人先锋号"称号。公司系统 8 个集体、29 人次获得国家电网公司专项表彰或通报表扬。

（冯祝良）

【国家电网公司直流建设分公司】

单位概况 国家电网公司直流建设分公司（简称国网直流公司）为非独立法人机构，是国家电网公司的分公司，是国家电网公司直流电网建设的管理执行机构，为国家电网公司特高压和重点跨区直流工程项目建设提供专业化管理服务，主要开展特高压换流站工程现场管理、直流工程业务技术支撑和直流设备监造管理。本部设综合管理部、计划部、财务部、安全质量部、党群工作部 5 个职能部门，换流站管理部、线路管理部、物资与监造部、宜昌工程建设部、常州工程建设部、北方工程建设部、四川工程建设部 7 个业务部门。

人力资源 截至年底，国网直流公司职工总数 130 人，其中：本部员工 62 人，工程建设部现有员工 68 人；研究生及以上学历人数 53 人，占比 40.77%，具有本科及以上学历人员 121 人，占比 93.1%。103 人具备专业资格技能，42 人具有各类管理证书。人才当量密度 1.285 6。

落实"三化"措施。优化干部和职员职级、薪点积分考核、专家人才队伍、特高压现场津贴、职业资格取证等正向激励机制；固化特高压项目经理及专责任职资格评聘、全员绩效考核等硬约束；强化特高压直流技术支撑、联合业主项目部、培养锻炼"三个人才队伍"培养平台建设，推进工程建设部"三个基地"建设，提升公司专业化人才队伍建设质量和水平。

经营管理 投资管控。全面推行工程量清单，加强工程量分阶段结算，专题协调重大变更事项，深化第三方审计单位同步开展审计机制，实现风险精准管控，合理控制工程造价。开展在建项目依法合规综合检查，发现各类问题 62 项并全部督促整改完毕。规范依托合同明晰甲、乙方费用使用范围，厘清双方责任、义务，保护双方合法权益。针对国家电网公司总部和省公司不同投资主体，规范工程财务管理流程及标准，分类开展会计核算及财务稽核，满足工程资金要求。配合完成三峡工程财务评价，实现执行投资审减金额降到最低目标。

依法治企。按照国家电网公司建设"三全五依"法治企业要求，规范人财物管理。推行公司费用报销、差旅费管理标准化，实现"营改增"平稳过渡。严格执行各项费用标准，加强"三公经费"等费用使用过程监控，确保费用支出合法合规。完成公司固定资产清理，严格账卡物管理，理顺固定资产权属关系。规范业主项目部办公用品、生产用车及周转房等后勤保障管理。合法合规完成两批次 58 项集中招标。依法合规处理信访和举报事件。

基础管理。建章立制规范公司软科学管理，资产全寿命周期管理体系进入常态运行及深化应用。推进"五位一体"协同机制落地。提升档案管理水平，形成换流站及线路技术资料、设备监造资料和档案整理6 本档案标准化手册。创新建立特高压影像采集和数码照片数字化平台，加强档案管理标准化。

工程建设 全年承担 7 项特高压直流工程的建设管理工作，直接建管 8 个特高压换流站（换流容量78 000MW）、输电线路 1 个示范段（302km）。灵州换流站一次通过试验，一次带电成功，8 月 24 日投入生产运行。酒泉换流站交流站系统调试完成，低端阀厅设备安装完成 100％。晋北换流站具备交流站系统调试启动条件，高端阀厅围护完成 100％。锡盟、上海庙换流站土建交安，全面进入电气安装阶段。扎鲁特换流站 8 月开工，主控楼等主体结构封顶。±1100kV特高压换流站工程按里程碑推进；线路基础施工完成，铁塔组立完成 4％，并提前完成示范段架线施工。

安全管控 全面落实国家电网公司安全工作意见，开展安全管理提升活动，抓好各级安全责任和本质安全 30 条措施落实。规范安全"保证、保障、监督"三大体系，强化安全质量责任管控机制。组织春秋季安全检查、"三查三强化"及协同监督检查，累计检查换流站 37 次，线路标段 204 次，查处问题近2350 条并督促完成整改闭环。研究特高压直流柔性直流、新型调相机等新技术/新设备带来的风险管控措施。抓好换流变压器等主设备集中安装、高处作业与交叉施工、大型机械起重吊装等重大风险识别与管控措施落实。锡盟换流站推进电网建设安规执行示范站试点。±1100kV 工程换流站应用安全防护冲孔网强化现场安全管理。±1100kV 线路超前策划规避带电跨越安全风险，提前完成同档跨越 3 回 750kV 酒桥线架线施工。

贯彻落实国家电网公司基建工作会议各项要求，编制并执行全年基建质量管理策划方案。制定在建工程质量管理体系、现场强制性条文执行、质量通病防治、标准工艺应用等质量管理措施，并通过质量专项检查和质量巡查开展重点监督。编制土建典型设计选型、阀厅综合楼建筑、轨道广场施工等标准化方案，优化换流变压器等主设备安装标准化作业指导手册，分别在灵州、晋北、酒泉等换流站建设实践中验证。灵州换流站 750kV GIS 无尘化安装"五级防护"典型方案在基建系统推广。

技术支撑 承担 7 项特高压直流工程的技术支撑工作。建立现场支撑和专业支撑两级支撑体系。现场支撑面向 17 家省市公司，落实标准化和差异化工作要求，开展 7 个特高压工程（换流容量 54 000MW、线路 13 000km）技术支撑工作，受到属地省公司肯定。专业支撑落实国网总部要求，开展协同监督、验收检查、档案管理及不同投资主体资金管理等支撑服务。主动研究海外直流技术支撑模式，形成海外直流设备监造、档案技术支撑等成果。实现换流站技术支撑"手拉手、齐步走"，线路技术支撑"面对面、保安全"的良性运转局面。

物资监造管理 承担 7 项特高压直流工程的设备监造管理工作。形成《设备质量通用、专用风险库》《管控刚性措施》等管理办法，结合直流主设备监造管控系统应用，实现设备监造管理常态化。编制《直流工程主设备设计冻结实施管理办法》规范设计冻结管理，预控设备研制过程风险。推进 7 项特高压工程设备监造管理，协同组织各监造服务公司，加强换流变压器、换流阀、平波电抗器、直流断路器等关键设备监造，直流主设备试验一次合格率提高到 96.26％。

科技创新 完成"特高压直流接入 750/1000kV

交流系统关键技术方案研究"等 5 项总部科技课题。编写《±1100kV 特高压换流站主要电气设备监造导则》等企业标准 8 项、行业标准 13 项。牵头研究"800kV 及 1100kV 特高压直流工程全装变压器站内移动系统研究与承载搬运装置研制课题",并在 11 个换流站工程现场全面推广使用。三个项目获中电建协科技进步奖,其中:"适应大规模特高压直流工程建设管控技术研究与应用"获一等奖。"换流站工程同进同出及安全质量检测平台"获国网直流公司科技进步一等奖。

党的建设和精神文明建设 "两学一做"学习教育。5～12 月,党组中心组共开展集体学习和专题讨论 10 次;支部共组织集体学习和讨论交流 42 次;开展"三亮三比"主题活动,印发合格党员标准,设立 21 个"党员责任区",66 名党员争创"党员示范岗",开展 22 项主题推进活动。

党的组织建设。完成党组清理规范工作,按程序选举产生了公司党委委员和纪委委员;召开领导班子专题民主生活会;开展党费收缴专项检查,组织党员完成党费补缴工作;加强现场党组织标准化、规范化建设,直管工程现场全部成立临时党支部。

党风廉政建设。抓好"两个责任"的落实,开展履职约谈;落实"八项规定"实施细则的各项要求;深化协同监督机制建设,开展关键岗位廉政风险点辨识和防控;开展党风廉政教育,加强对"三重一大"决策制度执行情况的监督。

企业文化建设。开展"建和谐管理团队、创国优精品工程"主题实践活动。依托联合工会贴近一线员工,团结参建队伍。开展现场慰问、组织青年员工座谈,关心青年员工成长,保障员工合法权益。发挥劳动竞赛实效,换流站劳动竞赛纳入省级总工会管理。

2016 年,国网直流公司建管的向—上特高压工程荣获"全国质量奖卓越项目奖",青藏联网工程荣获国家科学技术进步奖二等奖,双龙换流站成为首次荣获"鲁班奖"的直流工程。酒泉换流站获得国家电网公司项目管理流动红旗;酒泉换流站和晋北换流站获得"示范业主项目部"称号;锡盟换流站获得"电网建设安规执行示范站"称号。灵州换流站业主项目部、物资与监造部分别被宁夏回族自治区总工会授予自治区"五一"劳动奖状,获得"自治区工人先锋号"称号,常州工程建设部团支部被评为"国家电网公司'五四红旗团支部'",晋北换流站业主项目部荣获"国家电网公司'工人先锋号'"称号。谭启斌、邹军锋被评为国家电网公司劳动模范,共计 39 人次获得国家电网公司各类表彰。

(刘 环)

【国家电网公司交流建设分公司】

单位概况 国家电网公司交流建设分公司(简称国网交流公司)是国家电网公司的直属专业化电网建设管理单位,主要从事国家电网公司直接投资或担任项目法人单位的特高压交流输变电工程和跨区电网重点交流输变电工程的建设管理、技术统筹和管理支撑工作。共设置 12 个部门,分别是总经理工作部、计划部、财务部、安全质量部、工程管理部、信息科技部、党群工作部(监察审计部)、宜昌工程建设部、武汉工程建设部、郑州工程建设部、华北工程建设部、华东工程建设部。

人力资源 截至年末,有职工 105 人,其中:博士研究生 17 人、硕士研究生 41 人、本科 46 人,占员工总量的 99％;正高级职称 3 人、副高级职称 63 人,占员工总量的 63％;一级建造师 25 人、监理工程师 7 人、造价工程师 5 人、咨询工程师(投资)3 人、安全工程师 13 人、注册会计师 2 人、一级人力资源管理师 4 人。人才当量密度 1.449 5,同比提高 0.57％,位居国家电网公司系统第二名、专业公司板块第一名。

全年组织公司级培训 37 项 1942 人次,组织 20 名员工跨部门轮岗交流。开展毕业生招聘和系统内招聘,优选 8 名毕业生、9 位工程管理技术骨干。开展第六批挂职培养锻炼,8 人充实到直管工程一线。深化专家梯队建设,1 人入选全国会计领军人才后备,2 人当选国家电网公司级优秀专家人才,1 人获评教授级高工,各类专家占比 32％。

经营管理 2016 年,国网交流公司直接管理特高压 1000kV 变电站 5 座,协同管理特高压 1000kV 变电站 13 座、线路 3609km,完成电网建设项目投资 39 亿元,投资计划完成率 100％。组织完成 9 个批次 77 个项目集中采购,共计 3538 万元。累计完成合同签订 187 份,共计 4.94 亿元。招标和合同的法律把关率 100％。

宣贯国家电网公司通用制度,制定 11 项内部规范,编制规章制度汇编,完善两级四类制度体系。开展综合计划管理,强化重点工作计划和"二十四节气"工作执行。开展都城大厦办公用房改造,完成学院南路档案室加固升级。开展"护网活动",实现保密和信息安全零事件。

梳理特高压工程财务管理流程,分析识别财税风险,推动"营改增"政策落地。推进浙北—福州工程、淮南—南京—上海工程汇总竣工决算编制工作,制定标准模板、协调竣工决算编制进度。深化项目储备管理,组织推广项目管理平台应用,完成项目预算管理。强化预算管控力度,深化月度预算支出计划管理,编制重点费用项目开支计划。配合三峡输变电工程财务评价。组织审计发现问题整改"回头看"工作，建立历史遗留问题整改台账。

安全管控　2016年，特高压工程建设现场安全质量可控，年度安全质量目标实现。直管工程未发生安全质量事故（事件）。组织开展的特高压交流工程协同安全质量监督工作获得国家电网公司总部肯定。编制安全隐患排查治理过程考核实施办法、安全管理到岗到位履责要求、应急预案修订等文件。年度基建重点工作按计划完成，组织直管工程开展十项基建安全管理通病整治、三查三强化、新《安规》学习考试等工作。组织直管工程安全质量监督活动9次，下发整改通知单11张，提出限期整改问题124项。

建立综合监督工作机制，并根据工程特点开展重点监督。组织四轮次综合监督工作，累计发放整改通知单102份，提出限期整改问题789项，及时制止了Ⅰ、Ⅱ类重大安全隐患160余项。编制印发《特高压交流工程创建国家优质工程工作指导意见》。浙北—福州工程获得国家优质工程金质奖。

工程建设　2016年，国网交流公司负责5个特高压交流变电站建设管理。淮南—南京—上海工程淮南变电站扩建工程于4月2日投入运行。锡盟—山东工程锡盟变电站新建工程于7月31日投入运行。蒙西—天津南工程蒙西变电站新建工程获得2016年度国家电网公司流动红旗，于11月24日投入运行。锡盟—胜利工程锡盟变电站扩建工程主要建设任务基本完成。胜利变电站新建工程于4月5日开工，按计划完成了主体建设任务。

统筹支撑　完善工作机制建设，编制技经专业投资管理标准化手册和技经专业风险预控清单，定期更新《工程建设管理标准化工作手册》，印发《技术统筹和管理支撑办法》，印发《专业工作组工作办法》并成立五个专业工作组，组织月度工程分析会，分析工程进展与存在的问题，提出预警。

对省公司编写的工程管理大纲及策划进行审查，分层次、分种类组织管理与技术培训，统一线路、变电各阶段技术要求，统一标准工艺清单，实现设计与施工的有效衔接，印发《重大施工方案管理与实践》，提高方案审查效率与效果；针对各工程形成《跨越施工边界条件与方案优化原则意见》等，加强跨越施工管理；组织印发《1000kV GIS移动式车间管理规定》《1000kV GIS移动式车间验收标准（试行）》，提高GIS现场安装质量工艺水平；编印《物资监造简报》，加强过程管理，重点对质量缺陷、进度滞后等问题开展现场督促检查工作；牵头组织调度提资、线路参数测试工作；牵头组织编写工程现场建设管理总结。持续加强工程综合计划管理，统筹安排17家建管单位重点工作，按月发布综合计划月报，实现工程协调推进、工作协同开展。加强工程一级网络计划管理，实现对各参建单位工作进度的统筹提升。强化专项工作管理，召开档案、环水保工作推进会，加强过程监督检查，严格问题整改闭环。

开展北京东变电站和天津南变电站专项支撑，开展榆横—潍坊工程13标高山大岭段组塔和运输难题研究，重点加强安全管理；针对锡盟—胜利工程地处沙漠地区，组织调研形成《跨越沙漠运输及建设管理专题报告》，指导现场施工；蒙西—天津南工程山西、河北建管段跨越500kV神保10处20个跨越点，组织所有跨越点"一个窗口、同步施工、同步完成"；针对苏通GIL综合管廊工程的首创与困难，组织特殊施工措施调研，会同国网江苏电力开展GIL运输与安装机具、施工组织与施工方案研究。

科技创新　国网交流公司依托特高压交流工程开展科技专项25项，科技管理狠抓关键环节管控，严把中间验收及自验收关，配合国网交流部完成课题验收。依托锡盟—山东、蒙西—天津南、榆横—潍坊、锡盟—胜利以及苏通GIL综合管廊等特高压交流工程实际，统筹工程建设各方力量和研究资源，围绕工程建设中关键难题。开展跨越新技术研究，发布《特高压交流线路工程跨越重要输电通道和重要铁路设计及施工指导意见（试行）》，开展设计优化研究、施工优化研究与装备创新研制，综合性提高跨越施工本质安全；针对山区组塔悬浮抱杆安全性差且大型组塔机具运输困难的情况，系统性组织开展《抱杆安全提升关键技术及组塔机具轻小型化研究》，研制附着式抱杆等轻小型化组塔机具，形成山区组塔系列化解决方案；针对高寒、抗震、解体变安装等工程特点分别组织开展专题研究，印发《特高压交流变电站抗震施工专项措施指导意见》《解体式特高压交流变压器现场安装实施方案》等，指导工程实践。蒙西变电站研发应用高压电抗器安装保温棚，胜利变电站应用绕组低频加热技术，解决高寒地区主设备安装试验系列难题。国网交流公司配合国网交流部完成专题验收13项，其中锡盟—山东工程6项、淮南—南京—上海工程5项、榆横—潍坊工程1项、蒙西—天津南工程1项。完成自验收具备验收条件项目4项。

牵头开展中国电机工程学会两项团体标准编写工作，配合电机工程学会编写《电力建设专业发展报告（电网部分）》。《输变电工程用液压绞磨》已完成标准审查形成报批稿。《特高压输电线路用电动扭矩扳手》已完成标准立项审查。参与国家电网公司企业标准制修订项目3项，形成报批稿。"工程综合计划管理""线路全过程机械化施工管理"分别荣获国家电网公司管理创新和成果推广三等奖。《1000kV串联电容器补偿装置施工关键技术研究》等11项研究课题成果获 2016 年度电力建设科学技术进步奖（一等奖 1 项、二等奖 7 项、三等奖 3 项）。组织专利及知识产权申报，全年共有 23 项专利申请获得受理，2 项发明专利、26 项实用新型专利获得授权。截至年末，公司累计拥有有效专利 68 项。

梳理自特高压交流试验示范工程扩建工程至锡盟—胜利工程全部已通过验收的科研专题成果，形成《特高压交流工程科技成果推广建议清单》，因地制宜推广落地抱杆、抗震施工工艺等技术成果，在特高压工程中全面应用 GIS 移动式车间、电动扭矩扳手等新技术。结合成果清单，开展山东环网工程建设"科技成果推广应用示范工程"策划工作，重点关注成果应用成效及完善提升。

党的建设和精神文明建设　开展"两学一做"学习教育，把"四讲四有"合格党员标准岗位化、具体化。组织"三亮三比"主题活动，创建"党员责任区""党员示范岗"，鼓励党员同志在特高压建设中建功立业，促进党员立足岗位创先争优。领导班子深入基层讲党课 30 余次。

学习十八届六中全会精神和国有企业党建工作会议精神，严格落实"两个责任"，全面从严治党，加强政治理论学习和党建责任制贯彻落实。推进党组清理规范工作。召开党风廉政建设工作大会，落实党风廉政建设责任制。梳理廉政风险点和防控措施，增强反腐倡廉意识。持续加强基层党支部建设，在直管工程中成立现场联合临时党支部，发挥党组织的战斗堡垒作用和党员的先锋模范作用。表彰"五比一创"立功竞赛先进集体 6 个、先进个人 35 名。开展"健步走"等职工文体活动，慰问现场一线人员、援藏人员。全面开展"砺剑十年"集中宣传，形成包含纪实文学、画册、宣传片等在内的"十个一"宣传成果，系统展现特高压交流工程和公司成立十周年工作业绩。

（张　达）

【国家电网公司信息通信分公司】

单位概况　国家电网公司信息通信分公司（简称国网信通公司）承担国家电网公司投资及组织的骨干通信网以及骨干信息网的建设管理，承担涉及国家电网公司总部电网调度和管理业务的通信网及骨干信息网的运行和维护等工作，承担国家电网公司总部、公司一级部署和相关直属单位集中部署信息系统的运行维护等工作，同时承担国家电网公司总部信息通信支持、科研成果和专利管理等服务工作。

2016 年，国网信通公司负责运维信息系统可用率 99.96%，通信系统运行可靠率 100%，信息通信建设任务完成率 100%，信息通信服务满意率 98%，完成国家电网公司各项考核目标。

人力资源　现有员工 260 人，本科及以上学历员工占比 94%，研究生学历人员占职工总数 72%；29 岁及以下员工占比 32.3%，30～39 岁员工占比 31.9%；信息和通信专业占比 63%，电力专业占比 8%，管理及其他专业占比 29%。

安全生产　把保障信息通信系统稳定运行和网络信息安全作为重中之重，加强安全风险管控，实现安全责任全覆盖。开展"三查三强化"等专项活动，完善隐患排查治理机制，整改问题 95 项，贯彻落实加强本质安全有关要求，夯实安全基础。针对信息通信系统应用场景，制修订应对大面积停电等应急预案 12 项，组织开展无脚本应急演练，增强应急处置能力。分析安全风险事例，制定整改措施。优化网络安全防控策略，组织国家电网公司系统蓝队联盟协同防御演练，全年防御各类攻击 357 万余次，完成"护网 2016"专项行动。安全生产实现连续 358 天的新纪录。

服务保障　完成总部办公区无线接入网扩容改造，开展金牌用户主动巡检和定期走访，全年完成现场服务 8271 次、三线服务 4012 次。组织实行会议电视系统一体化管理，面向地市公司开展会议电视运维技能提升活动，全年累计保障各类会议 2918 次。开展国家电网公司保密技术支撑研究，协助国家电网公司保密办完成国家保密局保密检查。完成 2016 全球能源互联网大会网站建设工作。

生产任务　完成 G20 杭州峰会等 82 次重大信息通信保障任务，组织开通华东协控系统通信通道，抵御暴雨洪涝、"莫兰蒂"台风等自然灾害，完成迎峰度夏、迎峰度冬运行保障。完成天津等 4 家单位 ERP 集中部署上线。建设 IMS 行政交换核心网，并实现与 14 家省公司互联互通。实现天津等 4 家单位一级部署协同办公系统北京—上海的异地"双活"模式运行。建成投产"三交一直"特高压配套通信工程，在建"七交七直"和藏中联网特高压配套通信工程。完成信息化项目、技改工程当年建设任务。电视电话会议系统会视通二期建成投运，实现县公司 100% 高清覆盖。

业务体系创新建设　信息业务运维体系。整合业务运维资源，落实业务运维经理制，实施"一口对外"服务，信息业务运维从面向设备与系统逐步向面向业务与用户转型。建成信息系统运维操作专区，优化上线检修流程，持续推进一级部署系统性能优化，试点网络大学版本升级灰度发布，故障平均处理时长缩减 50%，平均访问速度提升 70%。

信息化项目建管体系。研究信息化项目分级分类管理模式，建立延期项目督办机制，完成 4 批次研发质量巡检，发布研发常见问题案例库，支撑信息化项目建管顶层设计与信息化现场管理系统建设。信息化项目建设管理体系初步形成。

专业平台功能建设 调度监控平台建设。建立重大活动信息通信协同保障机制，加强信息汇总、应急协同、联合保障。发挥全网调度指挥作用，完成 Oracle 数据库隐患诱发大范围系统停运的重大风险处置。加强调度风险预警管理，深化调度应急处置，发挥全网应急专家队伍作用，化解全网共性及重大风险 23 次。

客户服务窗口建设。完善一线客服工作规范体系、加强质检分析、改进技术手段、优化值班条件，推行标准化管理和班组建设。加强"首问负责"理念，提升客服能力和质量效率，塑造信通服务形象，提升信通服务价值。

数据（灾备）中心平台建设。开展灾备中心柴油发电机带负载启动演练，实际验证了灾备中心后备电源应急功能及处置流程。联合上海、西安灾备中心开展对标工作，提升灾备中心运行管理水平。

集约运作体系建设 开展调控同质化。完善风险预警等 3 个通用指导意见，完成一二级骨干通信网告警监视责任主体切换，建立同质化管理评价指标体系，实现全网信息通信调度业务标准统一。开展同质化工作评价和一二级通信网运维技能提升活动，推动全网信息通信调度业务能力整体提升。加强各级通信资源互济共享和统筹调配，优化调整在运业务 68 条，加强运行数据统计分析，保障电网调度生产业务可靠运行。

推进运维属地化。推动属地运维标准化、规范化管理，印发一级骨干网光缆、电源运维责任界面与资产清单，配合总部制定通信系统属地化运维管理细则，试点实施备品备件互济管理，进一步落实"上下联动、协同配合、一体运作"的属地运维模式。

加强建管一体化。固化通信工程建设一体化管理模式，联合省公司组建业主项目部，在设备安装、光缆熔接、T 接光缆改造等现场管控中，把控施工安全、质量、进度，解决建设高峰期施工现场多、现场管理人员紧张等难点问题，确保特高压配套通信工程实现"双零双百"安全目标。

推进客服规范化。围绕"统一规范、统一平台、统一分析"推进客服规范化建设。理顺一级部署信息系统客服受理模式，试行一体化客服作业指导书，试点实施两级话务统一服务，推动全网客服业务数据统一分析展示。建立两级客服常态联络机制，征集统一客服口号，召开客服经验交流会，进一步加强两级客服业务协同。

科技创新 重点科研工作。围绕电网安全运行需求，开展系统保护通信专网、耐极寒超低损 OPGW 等技术研究。结合国家创新前沿，率先开展量子通信电网适用性测试研究。加强科技攻关和项目培育，8 个项目获北京市、电力行业及国家电网公司科技进步

奖，牵头承担 2017 年国家电网公司和北京市科技项目共 3 项。

群创工作。首次评选表彰优秀调研报告 30 篇，发布新技术跟踪分析报告 42 篇。举办职工技术创新大赛暨第二届青创赛，评选 12 项优秀创新创意项目。持续做好电力通信专委会与电力信息专委会相关工作，进一步搭建国网信通公司学术活动交流平台。编制标准 33 项，发布实施标准 6 项。新获受理专利 23 项，获授权发明专利 6 项。

实验室建设。全面启动实验室 CNAS 认可体系建设，通过国家电网公司重点实验室考核评价。集成仿真云测试平台建成投入使用。创新编制信息系统非功能性测试大纲，并以网络大学为试点完成测试验证。依托实验室环境，自主研发浏览器兼容测试、弱口令后台检查等自动化运维工具。

科技支撑工作。完成国家电网公司重大科技成果培育与奖励支撑工作。首次实行国家电网公司核心专利撰写质量专项审核，规范专利代理服务采购，促进国家电网公司专利数量与质量同步提升。深入推进查新协作试点工作，牵头组织建立电力查新质量评价体系，完成查新课题报告 331 项。

综合管理 计划管理。围绕国网信通公司中心工作，持续深化企业负责人业绩考核指标、综合计划管控指标、预算计划、项目里程碑计划及重点工作计划"五个计划"管控，完善动态跟踪、偏差分析、三级督办、考核联动四项配套机制，加强专项计划刚性约束，推动决策部署落地执行，提升管理精益水平。

人资管理。优化调整组织机构，完成业务运维、一线客服和实验室处室调整。修订绩效考核办法，建立考核联动兑现机制。深化岗位绩效工资制度，规范薪档动态调整工作。落实职员职级管理指导意见，打通职业成长通道。深化劳动用工管理，明确界定外包业务范围，推进核心业务自主运维。

资金资产管理。清理长期账款，应收账款余额压降 99.66%。按时上缴存量资金，完成资金安全专项检查。研究成本费用项目审批程序，推动运维成本从严合规支出。加强物资集中公开招标采购管理，严控单一来源采购数量，开展办公用品电商化采购试点工作。开展资产账卡物一致性专项治理，制定资产管理规范，完成首次废旧物资拍卖，初步建成实物资产管理平台，补齐实物资产管理缺口。

依法治企。贯彻法治企业建设要求，印发"七五"普法规划，开展法治知识竞赛，获国家电网公司法治企业建设知识竞赛优秀组织奖。实施公务用车制度改革，规范生产服务用车使用。加强公文档案管理。明确 39 项商密文件目录，规范提升保密管理。完成审计"回头看"，解决历史遗留事项。

党的建设和精神文明建设 党的建设。落实管党治党"两个责任",贯彻《准则》和《条例》。开展"两学一做"学习教育,以"三亮三比"主题活动为载体,建立党员责任区13个,党员示范岗43个,设立4支共产党员服务队,进一步彰显党员先锋模范作用。开展党组清理规范工作,完成信通公司党委、纪委组建,完成党费收缴补缴。加强服务型党组织建设,完善党支部党建考核评价机制,开展党支部书记谈心活动和党风廉政建设约谈。加强离退休党总支建设,关心关爱老同志,落实老同志"两项待遇"。

队伍建设。解决处级干部超职数配备问题,规范选人用人程序,选拔优秀骨干走上干部岗位。加强专家人才培育,完成博士后工作站改制以来首次招生。构建员工与产业单位、省公司间的轮岗交流渠道,人才联合培育取得新成效。坚持以考促培、以赛代练,持续开展"五比一创"劳动竞赛,提升队伍素质能力。

文化建设。宣传国网信通公司工作成效,2016年度信息报送成绩位居直属单位前列。充分发挥群团作用,深化民主管理,5条合理化建议获评国家电网公司2016年优秀合理化建议。定期举办信通讲堂、青年读书会等活动,开展文化周、趣味运动会等职工喜爱的文体活动,增强广大职工队伍凝聚力与向心力。

(黄 荷)

中国南方电网有限责任公司

【公司概况】 中国南方电网有限责任公司(简称南方电网公司)是根据国务院关于电力体制改革的统一部署和国务院《关于印发电力体制改革方案的通知》(国发〔2002〕5号)、国务院《关于组建中国南方电网有限责任公司有关问题的批复》(国函〔2003〕114号)和国家发展改革委《关于印发〈中国南方电网有限责任公司组建方案〉和〈中国南方电网有限责任公司章程〉的通知》(发改能源〔2003〕2101号)等文件精神,由广东省、海南省和国家电网公司在广西、贵州、云南所属电网资产为基础组建的国有企业。经国务院批准,2002年12月29日挂牌成立,2004年6月18日完成工商注册登记。总部设在广州市。属中央管理,在国家实行计划单列,财务关系在财政部单列,由国务院国资委履行出资人职责。根据《关于中国南方电网有限责任公司部分权益协议转让有关问题的批复》(国资产权〔2006〕1480号)和《关于调整国家电网公司所持中国南方电网有限责任公司部分股权有关事项的通知》(国资收益〔2012〕1117号),南方电网公司注册资本为人民币600亿元,各方比例为:广东省38.4%,中国人寿保险(集团)公司32%,国务院国资委26.4%(暂时由中国国新控股有限责任公司代持),海南省3.2%。

2016年,南方电网公司全系统没有发生较大及以上人身事故,没有发生对南方电网公司和社会造成重大不良影响的电力安全事件。全网最高统调负荷1.5亿kW,同比增长4.1%;全年完成售电量8297亿kWh,增长6.1%;西电东送电量1953亿kWh,增长3.2%;利润总额增长9.79%,达212.66亿元,首次突破200亿元;客户年平均停电时间22.3h,下降7%;中心城区客户年平均停电时间4.6h,下降7.6%;第三方客户满意度测评79.5分,同比提高0.5分,广东、广西、云南、贵州电网公司及广州、深圳供电局在地方公共服务评价中名列第一;南方电网公司连续10年获得国资委经营业绩考核A级,获得第四任期业绩优秀企业奖,连续两年被国际三大评级机构授予国家主权级信用等级,在世界500强企业排名第95位,首次进入前100名。

【领导班子】 2016年,南方电网公司领导班子发生调整。6月14日,李庆奎任中国南方电网有限责任公司党组书记、董事长,免去赵建国中国南方电网有限责任公司党组书记、董事长职务。11月7日,史正江任中国南方电网有限责任公司党组副书记、副总经理。

截至2016年12月31日,南方电网公司领导共10位:
党组书记、董事长:李庆奎
党组副书记、董事、总经理:曹志安
党组副书记、副总经理:史正江
党组成员、副总经理:王良友
党组成员、副总经理:贺锡强
总会计师:李文中
党组成员、副总经理:杨晋柏
党组成员、党组纪检组组长:杨志宏
党组成员、副总经理:江毅
党组成员、副总经理:陈允鹏

【组织机构】 南方电网公司总部设有21个部门,以及南方电网电力调度控制中心(与系统运行部合署)一个直属机构;下设超高压公司、调峰调频公司、教育培训评价中心(南方电网公司党校、干部学院）、招标服务中心 4 家分公司；广东电网公司、广西电网公司、云南电网公司、贵州电网公司、海南电网公司，广州供电局、深圳供电局、南网国际公司、鼎元资产公司 9 家全资子公司；以及南网科研院、南网能源公司、南网财务公司、南网传媒公司、鼎和保险公司、广州电力交易中心 6 家控股子公司。职工总数 30 万人。详见南方电网公司 2016 年组织机构图。

【安全生产】 落实防范主网 9 大运行风险的 33 项重点工作，如期实现云南电网与主网异步联网运行，走出了大容量、远距离送电的新路子；管控昌江核电投产后海南"大机小网"、西电东送通道长时间满负荷运行等 15 个一般及以上事故风险，保障了复杂大电网的安全稳定运行。针对 2016 年上半年安全事件多发的严峻势头，下大气力开展专项整治，深入开展安全监督检查，共发现问题 10 652 项，整改完成率 98％；建立并完善"人巡＋机巡"协同巡检模式，发现并处理紧急、重大缺陷 2617 处，消缺率 100％。负责整改的 1960 处输配电线路跨越电气化铁路、高速公路、加油站等交叉点隐患已全部完成。发挥"灾前防、灾中守、灾后抢"的应急处置机制作用，应对了"妮姐""莎莉嘉""海马"等台风侵袭。完成博鳌亚洲论坛和长征七号、长征五号火箭发射等 6 次特级保供电任务。立足提高电网防灾抗灾能力，完成了 28 个重要城市保底电网规划。

【电网发展】 完成了南方电网公司"十三五"电网规划、固定资产投资规划和配电网建设改造、农村电网改造升级等专项规划。金中直流、永富直流、鲁西背靠背直流、清蓄电站等 7 项重点工程建成投产。滇西北直流、海南联网二回等在建工程按计划推进。落实国家加大新一轮农村电网改造升级的决策部署，开展了示范点工程建设，全年完成农网改造投资 324 亿元，同比增长 87.3％，中央预算内投资全部完成；完成 216 个贫困县农网改造投资 214 亿元，实现 66 个贫困村通动力电。

【深化改革】 承接上级改革部署，结合电力行业和南方电网公司实际，研究制定了南方电网公司关于深化改革的 1 号文件及相关配套实施方案，形成了南方电网公司改革文件框架。编制印发了南方电网公司"十三五"发展规划及 9 个专业领域规划，这是南方电网公司首个企业五年发展规划。配合各级政府制定完善电力体制改革配套文件和实施方案，配合推进广西、云南、贵州电改综合试点及广东售电侧改革试点工作。云南、贵州输配电价获得批复并得到严格执行；广西输配电价于 2016 年底获得批复；广东、海南输配电价改革工作有序开展。相继成立了广州电力交易中心及其市场管理委员会，以及贵州、广东、广西、云南电力交易中心，全年完

成跨省区市场化交易电量 135 亿 kWh，同比增长 122％；完成省内市场化交易电量 1519 亿 kWh，占网内售电量的 18.4％。加快实施业扩投资界面延伸和客户资产接收，全网延伸投资 48.4 亿元，接收客户资产 101 亿元，解决了服务"最后一公里"问题。布局市场化配售电业务，全系统成立了 6 家售电公司，成交市场化交易电量 2.4 亿 kWh，在售电侧改革中发挥了示范作用。大力压减法人层级，管制业务实施"两级法人、四级管理"，竞争性业务法人层级控制在四级以内。研究出台了支持综合能源、金融服务、科技创新、国际化等竞争性业务发展的具体措施；在南方电网公司系统公开选聘了南网能源公司总经理岗位，迈出了市场化选聘高管的第一步。制定了推进职工持股企业改革的指导意见，明确了先规范股权、再分类盘活的"两步走"改革路径。南方电网公司改革工作得到国家发展改革委的高度认可，指出"南方电网公司对改革的认识体会完全符合中央精神，符合改革方向和要求，为电力体制改革做出了十分重要的贡献"。

【科技创新】 南方电网公司牵头制定的 IEEE 国际标准《电力用户需求响应效益评价技术导则》已正式发布，实现了南方电网公司制定国际标准"零"的突破；负责或参编国家、行业标准 150 余项，有效提升了行业话语权。全年实施国家重大科技项目 11 项，荣获中国电力技术发明奖 1 项、中国电力科技进步奖 14 项（其中一等奖 2 项）、全国电力职工技术成果奖 117 项（其中一等奖 11 项），均创历史最好成绩。全年新增专利 2562 件，累计拥有有效专利突破 8000 件，荣获中国专利优秀奖 2 项。投入专项经费 5250 万元大力支持职工创新，实施项目 1310 个。

【节能减排】 落实国家绿色发展政策，努力发挥区域资源优化配置平台作用，在发电侧推动"清洁替代"，助力能源转型升级，非化石能源发电量占比首次过半，达到 50.7％。全力实施西电东送战略，推动送、受端政府签订了"十三五"西电东送框架协议；发挥资源优化配置大平台作用，探索建立跨省区市场化交易机制，千方百计多消纳云南富余水电 165 亿 kWh；特别是针对贵州 2016 年三季度以来缺煤少水、电力供应紧张情况，调减贵州送出电量 29.6 亿 kWh，利用通道能力增送云南水电，并协调完成"疆电送粤"10 亿 kWh，保证了西电东送年度计划的执行。强化节能发电调度管理，优先安排高效、清洁机组发电，全年减少标准煤消耗 1117 万 t，减排二氧化碳、二氧化硫分别为 2971 万、16.6 万 t。支持新能源有序协调发展，全网风电、光伏发电量同比分别增长 51％、170％，基本全额消纳。继续深挖电网节能潜力，全网综合线损率 6.38％，同比下降 0.34 个百分点；

监事会

董事会

经营班子

总助、总师、副总师（级）

- 系统运行部（与电力调度控制中心合署）
- 工会工作机构
- 党建工作部
- 监察局（与纪检组办公室合署）
- 法律事务部
- 审计部
- 国际部
- 农电管理部
- 科技部
- 安全监管部
- 信息部（信息中心）
- 物资部
- 基建部
- 生产设备管理部
- 市场营销部
- 财务部
- 人力资源部
- 人事部
- 计划发展部
- 战略策划部
- 行政部（办公厅）

控股子公司
- 广州电力交易中心有限责任公司
- 鼎和财产保险股份有限公司
- 南方电网传媒有限公司
- 南方电网财务有限公司
- 南方电网综合能源有限公司
- 南方电网科学研究院有限责任公司

全资子公司
- 南方鼎元资产运营有限责任公司
- 南方电网国际有限责任公司〔南方电网国际（香港）有限公司〕
- 深圳供电局有限公司
- 广州供电局有限公司
- 海南电网有限责任公司
- 贵州电网有限责任公司
- 云南电网有限责任公司
- 广西电网有限责任公司
- 广东电网有限责任公司

分公司
- 中国南方电网有限责任公司招标服务中心
- 中国南方电网有限责任公司教育培训评价中心（公司党校、干部学院）
- 中国南方电网调峰调频发电有限公司
- 中国南方电网超高压输电公司

直属机构
- 中国南方电网电网调度控制中心（与系统运行部合署）

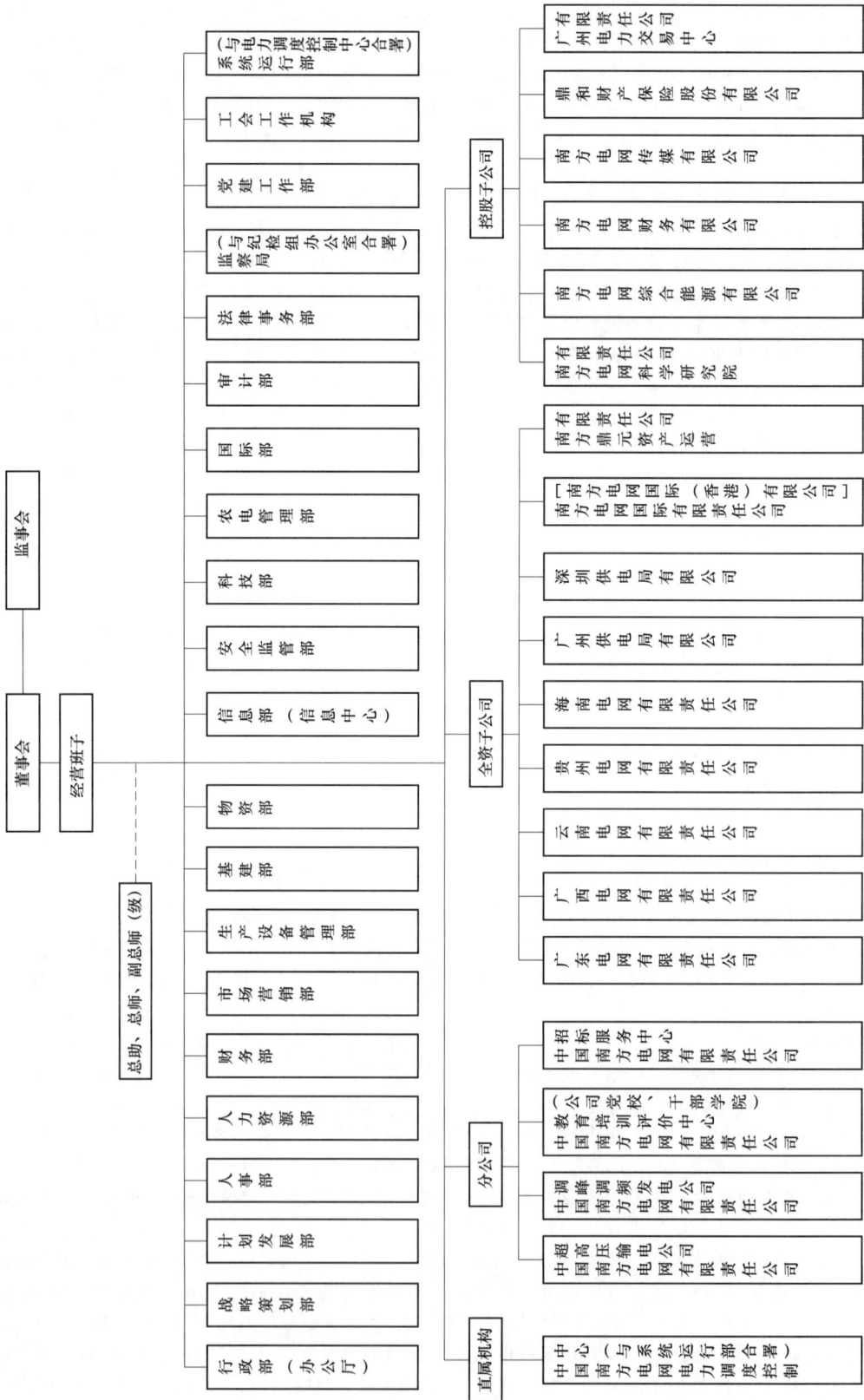

2016年南方电网公司组织机构图

县级供电企业线损首次全部降至 10% 以下。出台了南方电网公司电能替代工作指导意见，开展电能替代项目 362 个，全年新增电量超过 45 亿 kWh。新增电动汽车充电站 73 个，充电桩 1303 台，建成珠三角城际、海南岛环岛东线、京港澳高速电动汽车充电网络，开发应用了电动汽车充电智能服务平台。持续开展节能服务、合同能源管理，连续四年超额完成国家"两个千分之三"的需求侧管理目标。以第一名的成绩获得国资委第四任期节能减排优秀企业奖。

【提质增效】 全面落实国资委提质增效、瘦身健体等工作部署，落实精益管理理念，突出价值创造和经营管控，将 25 项关键指标、76 项工作举措全面分解落实，按月跟踪分析，经营效益持续向好，资产质量稳步提升，财务结构更加优良。增供扩销，持续开展业扩报装受限专项治理，解决存量业扩受限 88.6 万 kVA；落实客户全方位服务"三项机制"（客户需求传递机制、客户服务协同机制、客户服务评价机制），优化简化业扩流程，缩短客户平均接电时间，增供电量 22 亿 kWh。严格输配电成本分项控制，成本费用利润率同比上升 0.4 个百分点。加强现金流统筹调度，全年实现资金运作效益 23.6 亿元，财务费用下降 18.9%。加强物资采购管理，网省两级采购集中度 94.2%。开展了资产产权证明专项清理，推动权证补办 29 项。15 家县级供电企业完成"子改分"，按期完成国资委"瘦身健体"年度任务。扎实做好国家审计整改工作。完成内部审计项目 5663 项，促进增收节支 5.1 亿元。配合监事会开展当期监督，按要求做好问题整改。

【国际交流与合作】 以高访促项目，以高访促合作。10 月 12~15 日，李庆奎出访柬埔寨，在国家主席习近平和柬埔寨首相洪森共同见证下，李庆奎与柬埔寨皇家集团有限公司主席陈丰明勋爵共同签署了柬埔寨电网投资合作谅解备忘录，标志着南方电网公司迈出了参与柬埔寨电力发展的第一步。在柬期间，李庆奎先后访问了柬埔寨能矿部、柬埔寨国家电力公司和柬埔寨皇家集团，与柬埔寨能矿部签署了留学生培养计划和人员交流框架协议，还分别拜会了柬埔寨首相洪森、中国驻柬埔寨大使熊波。

巩固和拓展对外交流合作渠道，充分利用国际会议、国际组织平台，深化国际交流与合作。巩固和拓展双边合作机制。2016 年，南方电网公司与泰国国家发电局、中美清洁能源论坛续签了交流合作谅解备忘录。参加国际会议会展，提升南方电网公司国际知名度与影响力，树立南方电网公司国际品牌。南方电网公司参加了 3 月 23 日在海南三亚举行的澜湄国家合作展工作，中国国务院总理李克强等六国领导人出席会议并参观公司展台。2016 年，策划组织南方电网公司参加了博鳌亚洲论坛 2016 年年会、第 46 届国际大电网会议、B20 峰会、第 13 届中国—东盟博览会、APEC 工商领导人峰会等国际会议，承办了中美气候变化工作组智能电网研讨第六次会议。作为国际特大电网运营商组织（GO15）2016 年轮值主席单位，履行轮值主席单位职责，参加 GO15 各层级会议及活动，不断巩固和提升南方电网公司在 GO15 组织内的影响力和话语权。组织国际技术交流研讨会，做好国外公司来访交流。与美国特斯拉公司举行了电动汽车技术交流研讨会，与巴西国家电力调度中心共同举办了高压直流运行与控制技术研讨会，共组织接待香港中电、欧洲外交官代表团、英国外交部、越南电力集团、韩国电力公社等 51 批次、284 人次来访交流，为进一步深化合作奠定了良好基础。

深化粤港澳和澜湄国家电力企业高峰会机制，建立中日韩电力企业高峰会机制。举办第六届粤港澳电力企业高峰会。5 月 11~13 日，南方电网公司在广西南宁主办了第六届粤港澳电力企业高峰会。峰会上，南方电网公司与香港中电、澳电及中广核共同签署了《进一步深化交流与合作谅解备忘录》。参加第三届澜湄国家电力企业高峰会。5 月 26 日第三届澜湄国家电力企业高峰会在泰国曼谷举行，会议由泰国国家发电局主办，会议就发电、输电网、系统运行和调度三个专题的发展趋势及各国所面临的共同挑战展开了深入研讨，共同签署了第三届澜湄国家电力企业高峰会会议纪要。举办首届中日韩电力企业高峰会。9 月 1~2 日，由南方电网公司主办的首届中日韩电力企业高峰会在广州举行。南方电网公司与韩国电力交易所、日本东京电力公司共同签署了《高层沟通联络机制谅解备忘录》，确定未来五年内，定期轮流主办"中日韩电力企业高峰会"。

【国际业务拓展】 督办、协调、推动公司境外项目开展。做好越南永新电厂一期 BOT 项目、老挝南塔河 1 号水电站项目进度督办。推动与周边国家电网互联互通，协调推进中老泰、中（老）越、中缅联网项目以及柬埔寨国家电网规划项目取得新进展。牵头或参与南方电网公司有关境外项目前期工作。

参与大湄公河次区域（GMS）电力贸易协调委员会各项工作，协调推进公司与澜湄国家、港澳地区等电力合作。配合国家能源局参与和推动 GMS 电力贸易协调委员会（RPTCC）各项工作以及 GMS 电力协调中心（RPCC）永久驻地设在我国昆明的申驻工作；巩固与周边国家及港澳地区双边交流与合作，与泰国国家发电局（EGAT）召开了第五次联合工作组会议；参加了湄公学院成立二十周年庆典暨 2016 年湄公论坛；与香港中电开展了高层定期会商交流；与澳门能源办召开了年度工作组会议，协调推进了双方签订中长期购售电框架协议及第三条 220kV 送电通道建设等有关工作。

统筹利用内外部资源，为国际业务拓展提供支撑和服务。南方电网公司驻越南、老挝、缅甸、泰国办事处于 2016 年 7 月底前完成挂牌，办事处成立运行将为南方电网公司国际业务拓展发挥积极作用；明晰南方电网公司国际能源研究中心定位，打造成为南方电网公司服务国际业务的智库，南方电网公司能源电力信息共享平台于 3 月底正式试运行；完成"走出去"电力投资环境、国际电力市场、境外项目风险防控体系等研究，为南方电网公司"走出去"发挥参谋助手作用；贯彻落实国资委关于规范中央企业境外经营行为专题会议精神及南方电网公司党组关于加强境外安全生产和党建工作的要求；做好信息服务及外宣工作，服务南方电网公司"走出去"。

【党建工作】 按照中央部署要求，开展以"四讲四有四争先"为主题的"两学一做"学习教育，坚持"一周一学""一月一讲""一季一议""全年一评"。围绕重点工作实施"书记项目"和"支部行动计划" 9155 项，南方电网公司系统获得 1 个"全国先进基层党组织"和 21 省省部级先进荣誉。开展"四个专项排查"，其中基层党组织按期换届率 100%，工作经验在《中央企业党建工作简报》上刊登。强化了管党治党责任落实，将企业党建、党风廉政建设两个指标的考核权重由原来的 12% 提高到 20%。开展二级党组清理规范工作，把党建工作总体要求纳入南方电网公司章程，南方电网公司及 13 家二级子公司按照程序完成章程修改工作。坚持党管干部原则，按照"好干部"标准和国企领导人员"20 字"要求，选优配强各级领导班子。严格执行干部选拔任用程序，落实中组部"凡提四必"要求，防止用人失察、"带病提拔"，南方电网公司 2016 年度选人用人工作总体"满意与基本满意"率 98%。加强年轻干部选拔培养，建立了南方电网公司系统 40 岁左右优秀处级干部库、30 岁左右优秀年轻干部库。坚持党管人才，加强经营管理、专业技术、技能人才队伍建设，健全人才培养支持机制和激励约束机制，持续推进人才发展六大工程。加强党管意识形态工作，出台了南方电网公司党组意识形态责任制实施办法；强化品牌运营能力建设，开展了品牌战略研究；南方电网公司在主流媒体、网站刊载报道超 1.2 万篇次，央视报道总时长超 367 分钟；"万家灯火、南海有我，公司供电服务已至三沙"的主题传播在捍卫南海主权的舆论中，获得各方点赞。为职工排忧解难，建成模范"职工之家" 50 个、"职工小家" 212 个，解决了 598 个基层站所的职工用餐和 789 个站所的值班休息问题，基本满足了一线的现实需要。落实离退休人员"两个待遇"，开展

了老红军走访慰问等活动。落实中央扶贫工作部署，全年完成扶贫投资 6695 万元，扶贫项目 434 个，帮助 36 973 人实现脱贫；与云南迪庆州、广西东兰县签订了"十三五"精准扶贫对口帮扶协议；广西电网的驻村干部罗伟用生命点燃扶贫攻坚之火，光荣事迹令人感动。

坚持高标准和守底线相结合，贯彻执行《中国共产党廉洁自律准则》《中国共产党纪律处分条例》。把遵守政治纪律和政治规矩摆在首位，不断强化党员干部党纪党规意识。出台了巡视、问责、"不能腐"机制建设等 12 项管党治党制度，制度的笼子扎得更紧更密。保持惩治腐败高压态势，实践"四种形态"，开展谈话合计 14 342 人次。对广西、云南、贵州、海南电网开展政治巡视，充分发挥"尖兵"和"利剑"作用。开展巡视整改五个专项治理"回头看"和"四风"问题整治情况"回头看"，持续巩固深化整治成果。

（刘之阳）

【超高压输电公司】

公司概况 超高压输电公司是南方电网公司的分公司，在原国家电力公司南方公司的基础上改组成立，于 2003 年 2 月 16 日正式挂牌运作，负责建设、运营、维护和管理南方电网跨省区骨干网架和重要联络输电线路。

截至 2016 年底，超高压输电公司负责运行管理的西电东送主通道形成了"八交八直"的网络结构，即 500kV 天广交流一、二、三、四回，500kV 贵广交流双回，施贤线双回等八条交流输电线路，以及 ±500kV 天广直流、高肇直流、兴安直流、牛从甲、乙直流，±800kV 楚穗直流、普侨直流、金中直流等八条直流输电线路。500kV 及以上线路长度合计 19 670.447km，其中 800kV 特高压线路 2786.607km，500kV 海底电缆 31km，500kV 及以上线路占全网 41.48%。西电东送设计送电能力（送端）达到 4260MW，变电容量 3450MVA，换流容量 2940MVA（单端），串补容量 7510Mvar。拥有 500kV 变电站 18 座（花都、福山、青岩、黎平、崇左、独山、南宁、来宾、桂林、柳东、河池、平果、百色、永安、梧州、贺州、罗平、武平），500kV 及以上换流站 15 座（马窝、广州、高坡、肇庆、兴仁、宝安、牛寨、从西、楚雄、穗东、普洱、侨乡、鲁西、金官、桂中）、500kV 串补站 7 座（平果、百色、河池、砚山、桂林、贺州、玉林）。

2016 年超高压输电公司完成售电量 1768 亿 kWh，实现主营业务收入 577.55 亿元，利润 10.8 亿元，EVA 8.98 亿元，超额完成考核指标。资产规模 584.32 亿元。

领导班子

党委书记、执行董事：宫宇
党委副书记、总经理：赵建宁
党委委员、副总经理：庞准
党委委员、副总经理：俞彦
党委委员、纪委书记：黄立新
党委委员、副总经理：杜鹏
党委委员、总会计师：唐忠良
党委委员、工会主席：卢文生
党委委员、副总经理：李庆江
总经济师：邓庆健

组织机构 超高压输电公司本部设办公室（小型基建部、新闻中心、档案管理中心挂靠办公室管理）、企业管理部、计划发展部、人力资源部（社保中心、年金中心合署）、财务部、生产设备管理部、安全监管部、科技部、基建部、审计部、监察部（纪委办公室合署）、党建工作部（直属党委办公室、团委合署）和工会工作部（离退休人员管理中心挂靠工会管理）13 个职能部门，信息通信运维中心、物流服务中心、培训与评价中心 3 个直属机构，以及海南联网工程项目部（简称海南联网项目部）、溪洛渡右岸电站送电广东双回±500kV 直流输电工程项目部（简称溪洛渡项目部）、糯扎渡送电广东±800kV 特高压直流输电工程项目部（简称糯扎渡项目部）、金沙江中游电站送电广西直流输电工程项目部（简称金中项目部）、云南鲁西背靠背直流异步联网工程项目部（简称异步联网项目部）、滇西北送电广东±800kV 直流工程项目部（简称滇西北项目部）6 个业主项目部。下设二级机构，包括广州、贵阳、昆明、南宁、柳州、梧州、百色、天生桥、曲靖、大理 10 个超高压局（其中广州局、贵阳局、昆明局为特大型企业；广州局设海口分局，贵阳局设黎平分局）、检修试验中心（品控技术支持中心、机巡作业中心合署）。另设有 5 个专业公司，包括广东南方电力通信有限公司、广东南电物资有限公司、广东天广工程监理咨询有限公司、广东美居物业管理有限公司、广东新天河宾馆有限公司。

截至 2016 年 12 月 31 日，超高压输电公司有员工 5058 人，其中劳动合同制员工 3334 人。全口径统计，本科学历 2150 人，研究生及以上学历 379 人；中级及以上职称员工 1033 人；40 岁以下员工 3347 人。

公司发展 2016 年，超高压输电公司领导班子坚定不移地同以习近平同志为核心的党中央保持高度一致，深入践行《南网总纲》，以南方电网公司党组新思想新理念新思路为引领，围绕超高压公司党委确立的"两精两优、国际一流"跨区域输电企业战略目标，带领广大干部员工真抓实干、攻坚克难，较好完

成了改革发展各项目标任务，实现了"十三五"的开门红。

安全生产 2016 年超高压输电公司直流管理地位继续保持领先地位，综合能量可用率连续第六年超过 96％，高出全国平均水平 2 个百分点，单回直流年均闭锁次数进一步下降到 1.8 次。有效防范了公共安全风险，牛从直流入地电流处置工作得到国家能源局认可，线路交叉跨越整治工作按计划完成。研究、推动解决了异步联网后 FLC 频繁动作、直流 1.2 倍过负荷等主网架重大技术问题。完成海南火箭发射等历次保供电任务，应对了各类极端自然天气。科技创新、信息化建设取得新的进展。

生产指标。全年未发生设备和电力安全事故。直流运行总体可控在控，直流综合能量可用率 96.44％，临停时间同比降低 13％；其中老四回（天广、高肇、兴安、楚穗）直流综合能量可用率达到 97.68％，同比增长 0.87％，创历史最高水平；高肇直流能量可用率 99.68％，为单回直流历史最高值；直流单极闭锁 14 次，同比减少 3 次，未发生双极闭锁。

风险管控。按期完成防范电网运行 9 大风险的 15 项重点工作。完成 104 处输电线路与高速铁路公路交叉跨越隐患整治。研究并采用替代更换导线方案，减少 44 条线路停电、时间约 130 天，节约资金约 3000 万元，大大降低作业风险和送电压力。

设备管理。持续深化"短中长、四及时"工作机制，完成设备彻底整治 375 台，实现批次性隐患设备数量下降 80％。深化直升机、无人机技术应用，全年直升机巡线 2.3 万 km，同比增长 7.8％，节省人力 23 481 人天，I 级管控线路机巡占比达到 50％；利用无人机开展故障巡视 1068 基。

应急保电。坚持"灾前防、灾中守、灾后抢"工作思路，做好防灾应急工作。全年发布调整预警 76 次，启动调整应急响应 31 次，应对 6 个强台风、4 轮低温冰冻、26 轮强降雨，以及 11 次 4 级以上地震等自然灾害，未发生设备因灾受损事件。完成了"博鳌亚洲论坛年会""长征七号""长征五号"发射任务特级保供电和全国"两会"、南宁"两会一节"一级保供电。

科技工作。科技项目入库数、经费同比增长 89％和 27％，职创项目经费同比增长 30％。完成换流站降噪研究等重点项目。南方电网公司科技奖获奖数量增长 16％，其中 863 课题成果获得科技进步一等奖。专利授权同比增长 17％。成立 12 支跨单位、跨专业科技创新团队。依托特高压基地完成首台换流变压器工厂化检修。举办高压直流技术论坛。开展柔性直流技术攻关和隐患整治。

信息工作。完成了南方电网主干同步时钟网更新

改造、主干调度数据网路由器更换、通信电源改造等项目；全程参与了异步联网配套通信系统建设。首次开展二次系统安全防护深度测评；持续开展信息安全精细化管理，初步实现了信息安全可视化监控。建设基于云计算的主网架生产运维数据分析平台；研发了直升机航拍图片识别平台，强化了输电精益化系统客户端功能。

电网发展 2016年投产了金中直流工程、异步联网工程、崇左—靖西二回输变电工程以及永富直流受端交流配套、柳东—柳南扩建间隔、安顺站扩建六枝电厂送出等改扩建工程；如期完成了滇西北直流工程、海南联网二回工程、异步联网二期工程的各项里程碑建设任务，滇西北直流工程概算投资较可研估算整体下降15%；全面启动了乌东德送出工程前期工作。全年完成固定资产投资92.86亿元，投资完成率101%；资产总额达到587亿元。人身死亡人数为0；WHS合格率99.2%；投产计划完成率100%，里程碑进度计划完成率100%；工程造价控制指标100分，各项指标均优于年度目标。

滇西北直流工程。2月3日，工程正式开工建设。① 设计方面：12月取得初设批复，12月13～17日，新松换流站阀厅整体抗震技术方案设计冻结。② 施工招标方面：3月11日完成直流线路、接地极线路及接地极施工、监理招标，5月27日完成换流站土建施工、监理招标，12月26日完成换流站电气安装施工招标。③ 设备采购方面：3月31日完成直流主设备招标，5月完成铁塔塔材采购，6月完成交流主设备招标，8～9月期间完成线路导地线、金具及绝缘子采购。④ 换流站建设方面：3月31日全部完成征地工作，6月30日完成三通一平，随即全面转入土建施工，质监总站完成两端换流站首次质监及主体结构施工前质监。⑤ 线路建设方面：4月14日组织召开线路开工动员大会，4月16日进行首基基础浇制，截至12月底，直流线路基础浇制完成85%，组塔完成40%。

金中直流工程。5月28日金中直流工程双极投运，较计划提前1个月，缓解了云南金沙江中游梨园、阿海电站的弃水问题。5月29日～6月18日工程顺利通过连续20天试运行。

异步联网工程。常规直流单元6月30日投产，柔性直流单元8月30日投产。工程从土建开工到投产仅用时11个月，创造了网内直流工程建设的最短纪录。常规单元7天试运行、柔性直流单元20天试运行一次通过，9月18日转入正式运行。

异步联网二期扩建工程。5月16日取得可研批复。6月30日取得云南省发展改革委核准批复，关键设备等采购方式沿用一期招标结果。7月20日开工建

设，成立罗平分部进一步优化现场管理。12月取得初设批复。

海南联网二回工程。陆地工程完成全部设备材料采购。召开了第一、二次海缆设计联络会，解决了31项设计问题，基本锁定了海缆本体设计方案。10月19日签订了海缆生产补充协议。

崇左—靖西二回输变电工程。2月26日开工，12月27日投产。

桂南输变电工程。5月15日开始变电站土建施工，11月中旬开始电气安装，线路12月中旬开始杆塔组立。

永富直流受端500kV交流配套工程。1月29日交流线路与富宁换流站交流场同步投产，5月22日富砚乙线串补投产，6月12日富砚甲线串补投产。

柳东—柳南扩建间隔工程。4月10日投产。

安顺换流站扩建六枝电厂送出工程。10月30日前已完工，由于对侧线路未具备条件，待接入。

平果站扩建—永安站出线间隔工程。7月完成施工图收口，8月9日开始土建施工，12月8日开始电气安装。

经营管理 2016年，超高压输电公司全力落实国家和南方电网公司党组消纳云南水电工作部署，全年完成西电东送电量1768亿kWh，再创历史新高，其中云南外送电量首次突破1000亿kWh大关，达到1100亿kWh，超出年初计划165亿kWh，清洁能源占比上升到78%，同时优化了全网购电结构，提升了经营效益。全年实现主营业务收入577.55亿元，利润10.8亿元，EVA 8.98亿元，分别超出年初考核值3.8亿元和7.28亿元。资产总额587亿元。综合线损率5.62%，低于考核值0.08个百分点。可控成本19.36亿元，优于考核值2.64亿元。报废资产净值率15.88%，低于考核值0.12个百分点。全员劳动生产率189.09万元/人年，创历史新高。万元固定资产售电量19.98MWh/万元。信息化评级继续保持A级。

财务管理。持续做好挖潜增效。推广定额标准成本应用，可控成本较年初预算减少约2亿元。滇西北项目贷款利率较基准下浮14.96%，争取到低成本资金24亿元，安排提前归还贷款5.77亿元，全年节约财务费用6152万元。加强税收政策研究、落实"营改增"，减少税费支出3.33亿元。

审计工作。高效完成审计项目52项，提出审计建议244条。统一制定超高压公司系统审计项目计划，审计项目实施数创历年新高。首次自主开展五家子公司审计项目。开展国资委通报问题自查整改工作，共自查梳理出36个问题并制定了整改措施。

依法治企。进一步完善党委会议、总经理办公会议等议事决策规则，优化了常设、非常设议事机构。

开展资产产权证明专项清理并完成第一阶段任务。启动滇西北工程跨省协作法律服务模式，为重点工程提供全过程法律服务。

人力资源管理　推进干部人才队伍建设，努力提升员工技术技能水平。进一步充实了西部地区和重点工程建设单位的干部力量，调整优化了基层单位中层干部岗位设置。赋予检修试验中心更高定位，努力打造适应超高压公司发展、面向行业一流的技术平台和技术能力。获聘一名南方电网公司高级技术专家，技术专家达60名、技能专家达25名，专家占比在全网位居前列。继续坚持薪酬分配向生产一线倾斜。大力加强教育培训和评价中心人员力量，教育培训工作取得了新的成效。

干部队伍建设。坚持正确的选人用人导向，规范开展干部选拔任用，重点补充了基层生产单位和工程建设项目的干部力量，加大了东西部干部交流力度。抓早抓小抓好干部日常监督，严肃开展干部谈心谈话，严格执行干部个人有关事项报告、因私出国（境）管理等制度。分层分类推进干部培养，举办了党委书记培训班、新提任干部理想信念教育体验式培训班和科级干部培训班。

员工岗位管理。坚持以岗位管理为核心，以培训评价和绩效考核为驱动，持续深化任职资格、岗位培训与评价、岗位晋升与薪酬待遇环环相扣的岗位体系。严格执行《岗位管理实施细则》，突出岗位晋升的绩效和能力导向，引导员工职业生涯的健康发展。组织全员签订岗位责任书，实施季度、年度的分层分类绩效考核，客观评价员工综合表现。持续加强岗位体系建设，基本实现了"人员能进能出、岗位能上能下、收入能增能减"，真正做到了"奖优罚劣和奖勤罚懒"，鼓励广大员工立足岗位、履职尽责。

教育培训。加强培训经费统筹管理，重点向生产一线和新进人员倾斜。全年共组织开展集中培训241期、覆盖9481人次，开展评价2100人次。按照"分层分岗、学训结合、适度超前、按需培训、双基知识、周期复训"的原则，组织了6批次50余名专家骨干，完成覆盖21个班组108个岗位的技能人员学习地图开发工作。以学习地图为总脉络，全面开展了为期两年的技能人员"强基"培训，年度人均培训59.5个学时。

党建党廉　2016年，超高压输电公司实现了中共中央、全国总工会、团中央荣誉"全满贯"，其中广州供电局党委荣获"全国先进基层党组织"称号，受到中央表彰。基层站点党支部数量同比增长16%，依托"支部建在站上"平台，形成了"向前一步""靠谱文化"等一批特色党建工作载体。基层党建工作多次得到南方电网内外部领导肯定。《南网总纲》在广

大员工中进一步内化于心、外化于行。牢牢防控廉洁风险，综合运用执纪问责"四种形态"，开展"四风"问题整治回头看，持续保持风清气正的干事创业氛围。

两学一做。制定了"三案两表"，分层分类推进"一周一学""一月一讲""一季一议"工作，完成学习教育骨干暨党委书记培训、党支部书记培训，党支部组织生活开展率100%，党员平均参与率95%。112个"书记项目"、95个"一做"支部行动计划有力促进了工作，每位党员承担了具体任务，查找问题3987项，落实措施4071项。推进"六个载体"建设，设立12个标杆党支部、17个先锋工作室，建立287个党员责任区、57个党员示范岗，成立19支党员突击队、12支党员服务队。

基层党组织建设。连续3年开展党组织书记述职评议考核，逐步推广到党支部书记。深化"支部建在站上"，在具备条件的22个换流站、变电站上建立党支部，覆盖超高压公司63%的换流站、变电站，覆盖党员363人，平均每个站点党员占员工总数的52%。总结提炼党员先进性评价与促进机制试点成果，在4家单位推广应用。

廉洁监督。开展了《运用监督执纪"四种形态"构建"抓早抓小"工作机制》课题研究，运用"四种谈话"教育帮助党员干部正视问题、纠正错误、防微杜渐。共开展提醒谈话98人次，诫勉谈话12人次，谈话函询22人次。贯彻执行《中国共产党问责条例》，强化问责推进"两个责任"的落实，通报曝光了基层单位违纪案件，对责任单位班子成员进行通报批评和提醒谈话。

"四风"整治。围绕10大类25个具体项目开展"四看三查"，梳理评估规章制度176项，查摆剖析存在问题10个，制定整改措施22条。紧盯重要节点反"四风"，坚持进行廉洁提醒，组织开展明察暗访40次，各单位开展明察暗访54次。持续抓好公文、会议、用车用房、业务接待等日常管理，全年招待费、会议费、办公费、出国费等行政费用均严格控制在预算目标以内。全年公司未发生违反八项规定精神被通报的事件。

巡察工作。持续深化中央巡视整改成果运用，在日常管理工作中持续推进13项巡视整改常态性工作。进一步健全了党委巡察工作组织机构，成立了巡察工作领导小组，重新调整巡察组，配置了专职工作人员。以"聚焦全面从严、着力解毒祛病、深化'四种意识'、用好'四种形态'"的巡视要求，制定了《党委巡察工作实施细则（试行）》和《巡察工作指引》，完成了对贵阳局、昆明局和柳州局3个单位的政治巡察，对发现的问题并督促立行立改；组织各单

位针对共性问题举一反三、对照整改，放大巡察效果。

主要事件

2月3日，滇西北送电广东±800kV特高压直流输电工程召开建设动员大会，标志着工程正式开工建设。

5月28日，南方电网首条西电东送落点广西的±500kV直流输电工程——云南金沙江中游电站送电广西直流输电工程比原计划提前1个月建成投运。

6月19日，超高压输电公司完成所有批次搬迁，正式入驻广州生产指挥中心。

6月30日，云南电网与南方电网主网鲁西背靠背直流异步联网工程常规直流单元建成投运，标志着我国首个省级电网与大区域电网正式实现异步互联。8月29日，柔性直流单元建成投运，在世界上首次采用了常规和柔直单元并联运行模式，柔直单元额定容量、电压均为世界最高水平。

7月1日，超高压输电公司广州局党委作为南方电网公司唯一获此殊荣的基层党组织，被中共中央授予"全国先进基层党组织"荣誉称号。

（辛镇瀚）

【调峰调频发电公司】

公司概况　调峰调频发电公司（简称调峰调频公司）是中国南方电网有限责任公司（简称南方电网公司）在鲁布革水力发电厂（简称鲁布革电厂）、天生桥水力发电总厂（简称天生桥电厂）和广东蓄能发电有限公司（简称广蓄公司，广蓄电厂）的资产（含股权）基础上组建的专业化分公司，受南方电网公司委托管理以上资产或行使相关的出资人权利，2006年7月成立，2006年11月挂牌，本部位于广东省广州市。

调峰调频公司建成投运的电厂有5座，总装机容量800万kW；在建抽水蓄能电站有4座，装机容量420万kW；建成国内首个兆瓦级电池储能站深圳宝清电池储能站，已投运6MW。

领导班子

执行董事、党组书记：梁周（2016年4月起）

总经理、党组副书记：刘国刚（2016年4月起）

党组成员、副总经理：陈涛

党组成员、副总经理：李品清

党组成员、工会主席：李继宝

党组成员、副总经理：李定林

党组成员、副总经理：刘亚军

党组成员、纪检组长：祝谦

党组成员、总会计师：唐生君

组织机构　调峰调频公司本部设有办公室、人力资源部、财务部、企业管理部、计划发展部、生产设备管理部、基建部、安全监管部、审计部、监察部、党建工作部、工会工作机构、物资部（与物流服务中心合署办公）13个部门。生产运行基地建设办公室（挂靠办公室）、新闻中心（挂靠办公室）、年金（社保）中心（挂靠人力资源部）、建设征地和移民安置工作办公室（挂靠计划发展部）、离退休管理中心（挂靠工会工作机构）5个挂靠机构；培训与评价中心、物流服务中心、信息通信运维中心（按照二级单位管理）、员工服务中心（暂挂靠办公室）4个直属中心。下设天生桥二级水力发电有限公司（简称天二公司，天生桥电厂）、鲁布革水力发电厂、广东蓄能发电有限公司、惠州蓄能发电有限公司（简称惠蓄公司，惠蓄电厂）、惠州抽水蓄能电站建设管理局、清远蓄能发电有限公司（简称清蓄公司）、深圳蓄能发电有限公司（简称深蓄公司）、海南蓄能发电有限公司（简称海蓄公司）、梅州抽水蓄能电站项目部（简称梅蓄）、阳江抽水蓄能电站项目部（简称阳蓄）、检修试验中心11个所属单位。

安全生产　调峰调频公司系统坚持"安全第一、预防为主、综合治理"的方针，严控安全生产风险，落实5类24项安全生产主要风险和108项风险预控措施。调峰调频公司系统保持安全生产稳定，未发生人身、设备事故，首次实现三级及以上电力事件零纪录，在南方电网公司年度安全绩效考核获并列第一。

编制《调峰调频发电公司负责人安全生产职责规定》《调峰调频发电公司所属单位主要责任人安全生产职责规定》。发布调峰调频公司生产、基建外包工程专项治理行动方案和监督方案；发布人身风险专项管控方案和承包商管理业主安全职责到位标准。修订发布调峰调频公司《安全生产方针》，编制《调峰调频公司体系建设五年规划》。全年完成9家单位体系初审，配合南方电网公司完成广蓄、惠蓄电厂体系复审。发布2016年版应急预案（1+15），汇编重点岗位（角色）的应急标准操作程序。参与国标《生产经营单位应急预案编制导则》修编，参与行标《生产安全事故应急预案实施情况评估规范》编制，完成报批稿。组织各层负责人及安监人取得电力安全培训合格证，共97人。举办各类培训班，安监业务培训32人、审核员培训43人、应急管理培训37人、安规内训师培训34人。

安全指标。调峰调频公司系统全年未发生安全事故，未发生三级及以上电力事件。全年发生电力二级事件发生0起，同比减少1起（同口径减少1起）；电力三级事件发生0起，同比减少1起（同口径减少1起）。

生产技术指标。调峰调频公司主要生产技术指标总体完成情况良好，南方电网公司下达的13项指标均优于计划值。蓄能机组应急响应22次，应急启动

47 台次，成功率 100％。生产实时控制业务通信通道连续 6 年保持"零中断"。

电厂运行 2016 年调峰调频公司各电厂运行正常，21 项生产技术指标完成情况良好，完成南方电网公司下达计划值。2016 年机组启动成功率 99.81％，优于计划值 0.46 个百分点；机组等效可用系数 91％，优于计划值 3.8 个百分点；机组强迫停运率 0.52％，优于计划值 0.41 个百分点；机组非计划停运 3.13 次/台，优于计划值 6.87 次/台；机组非计划停运时间 23.51h/台，优于计划值 76.49h/台；500kV 及以上继电保护正确动作率 100％，故障快速切除率 100％；安自装置正确动作率 100％。

2016 年清远抽水蓄能电站 3 台抽水蓄能机组投产，新增抽水蓄能机组容量 960 MW，其中 2016 年 3 月 10 日 2 号机组投产，6 月 2 日 3 号机组投产，8 月 30 日 4 号机组投产。至 2016 年底，调峰调频公司抽水蓄能机组装机达到 20 台，总装机容量 6080MW，常规水电机组 10 台，总装机容量 1920 MW。

2016 年调峰调频公司机组总启动 19 274 次，同比增加 26.78％，其中机组发电启动 9701 次，同比增加 27.19％；抽水启动 5029 次，同比增加 21.41％；机组调相运行 4544 次，同比增加 32.32％。2016 年蓄能电厂对电网事故应急响应 22 次，应急启动机组 47 台次，应急启动容量 12 960MW，应急启动成功率 100％。

来水情况。2016 年天生桥一级水库累计入库水量 145.28 亿 m^3，2015 年同期 204.95 亿 m^3，同比减少 29.11％。鲁布革累计入库水量 38.56 亿 m^3，2015 年同期 53.65 亿 m^3，同比减少 28.13％。2016 年天生桥电厂全年未泄洪，2016 年鲁布革电厂年累计泄洪 5.7489 亿 m^3，2015 年同期 16.94 亿 m^3。

上网电量情况。天生桥电厂累计上网电量 67.1 亿 kWh，同比减少 22.15％。鲁布革电厂年累计上网电量 25.15 亿 kWh，同比减少 8.94％。

设备管理 设备管理制度和标准。制定 30 类发电设备检修规程，制定蓄能机组装备技术导则及技术规范书，累计发布 17 类设备 109 册检修维护手册。编制调峰调频公司《技术监督管理实施细则》及《设备主人责任制实施指导意见》等标准文件，逐步完善调峰调频公司技术监督管理机制。修订调峰调频公司 B、C 备品备件策略和定额标准。规范设备缺陷流程管理，持续优化完善缺陷标准库及缺陷管理信息化流程，更新 2020 条标准库信息。

信息化建设 2016 年，调峰调频公司以"十三五"信息化发展战略为导向，推进信息化工作，抓好企业级信息系统数据质量和实用化工作，完成调峰调频公司年度信息化重点工作和投资计划。调峰调频公

司关键应用系统可用率 99.95％、信息网络可用率 100％，调峰调频公司企业级管理信息系统用户注册率 100％、上线运行率 100％、新系统工单流转率 100％，全年未发生信息安全事件。

科技创新 2016 年调峰调频公司负责实施的国家 863 项目"大容量储能系统设计及其监控管理与保护技术"通过科技部财务验收，至此，项目整体验收通过。863 项目"大容量储能系统设计及其监控管理与保护技术"成果获南方电网公司科技进步奖一等奖，同时获广东省科学技术奖二等奖。

2016 年调峰调频公司共获得南方电网公司科技进步奖一等奖 1 项、三等奖 1 项，技改贡献奖三等奖 2 项，专利奖三等奖 1 项，职工技术创新奖一等奖 1 项、二等奖 1 项。获得授权专利 49 项，申请专利 37 项，获得软件著作权登记 11 项。

物资管理 2016 年，调峰调频公司落实南方电网公司加快物资采购、保障物资供应的要求。落实二级物资集中采购策略，实现南方电网公司阳光电子商务系统单轨运行，完成物资目录重编和物资品类编码优化工作，建立物资合同合法合规性检查机制，推进仓储管理标准化建设工作，实现在运仓库 100％达标的目标，推进清仓利库专项工作，年内实现库存压降 10％的目标。

2016 年调峰调频公司 9 个物资领域监控指标完成情况：公司系统完成招标采购计划率 100％，网省两级平台物资招标采购集中度 91％；品控合格率 100％；7 天准时供货率 100％；物资合同签订及时率 97％；储备物资库存金额占比 99.3％，库存常规储备物资周转率 15.71％；闲置物资再利用率 100％，持证上岗率 100％。

电源建设 截至 2016 年 12 月，调峰调频公司已投运广州抽水蓄能电站、惠州抽水蓄能电站、清远抽水蓄能电站、天生桥二级水电站、鲁布革水电站，投运电站装机容量 800 万 kW；在建深圳抽水蓄能电站、海南琼中抽水蓄能电站、梅州抽水蓄能电站、阳江抽水蓄能电站，在建电站装机容量 420 万 kW。深蓄电站计划 2017 年投产首台机组，海蓄电站计划 2018 年投产首台机组，梅蓄和阳蓄电站计划 2022 年投产首台机组。

清远抽水蓄能电站。2016 年，清蓄电站工程在安全、质量、进度、投资等方面均处于良好的受控状态。4 台机组全部投产发电，首次成功开展了抽水蓄能电站四机同时甩负荷试验，电站建设管理工作得到了南方电网公司的嘉奖。

深圳抽水蓄能电站。2016 年，深蓄电站总体完成 51.12％，深蓄电站工程在安全、质量、进度、投资等方面均处于良好的受控状态。① 上水库工程：上

水库主坝、各副坝坝体结构施工完成，蓄水水位504m。② 下水库工程：下水库进出水口闸门安装完成，基本具备下闸条件。③ 水道系统工程：上、中、下平洞开挖完成；上平洞衬砌完成97%；上游调压井衬砌完成，灌浆完成50%；上、下斜井衬砌、灌浆完成；中平洞衬砌完成90%，下平洞衬砌基本完成。引水支管安装完成85%。尾水支管安装完成90%，回填混凝土完成70%。④ 厂房系统工程：地下厂房开挖支护完毕，安装间混凝土施工完毕，完成2号机风罩混凝土施工，完成4号机蜗壳外包混凝土施工。⑤ 机电设备制造及安装：1号机定子下线完成，1号机球阀预装完成。1号机顶盖吊装完成。2号机底环安装、锥管安装、球阀基础安装完成。完成3号机尾闸门槽底槛安装。

海南琼中抽水蓄能电站。2016年，海蓄电站总体完成59.75%，海蓄电站工程在安全、质量、进度、投资等方面均处于良好的受控状态。

梅蓄、阳蓄开工建设。梅蓄、阳蓄电站交通洞、上下水库连接公路等前期工程开工建设，工程总体进度均完成11%。

企业管理 战略实施。推进调峰调频公司"十三五"改革发展，与埃森哲咨询公司合作成立项目组，开展调峰调频公司十三五战略实施规划编制及内部管理模式研究，编制《调峰调频公司"十三五"战略实施规划（初稿）》。系统谋划调峰调频公司年度战略实施工作。对照调峰调频公司中长期发展战略，明确年度战略实施工作要求，编制并印发年度战略实施计划。截至2016年底，43项节点目标已全部完成。

制度建设。加强规范性文件规划管理，解决规范性文件规划与其他框架管理要素的匹配问题，部分临时立项程序制定的规范性文件纳入框架统一管理。修订《调峰调频发电公司管理制度管理细则》及《调峰调频发电公司管理制度审核业务指导书》，将制度集中评审、制度宣贯等重要环节作为制度管理的刚性要求写入管理制度条款。2016年全年调峰调频公司共印发管理制度23项、典型作业标准15项，废止管理制度23项、典型作业标准5项。截至2016年底，调峰调频公司有效管理制度共154项，典型作业标准共120项。

法律事务。成立依法治企领导机构，负责依法治企、合规管理和"七五"普法工作的统一领导、安排部署、沟通协调、督促落实。累计完成管理制度合法性审核22项；合同审查273份；完成重要经营决策法律审查14项。出具法律意见书8份，法律风险尽职调查报告5份，规范重大经营决策、管理制度、经济合同的合法性审核，实现三项法律审核率100%。编制《调峰调频公司法治宣传教育第七个五年规划

（2016—2020年）》，全面规划并指导调峰调频公司及所属单位开展"七五"普法安排。

经营管理 经营指标。2016年，调峰调频公司常规电厂年累计上网电量92.25亿kWh，同比降低18.95%，完成年度计划92.11亿kWh的100.15%。其中，天生桥电厂累计上网电量67.10亿kWh，同比降低22.15%；鲁布革电厂累计上网电量25.15亿kWh，同比降低8.95%；蓄能电厂年累计上网电量54.21亿kWh，同比增加28.6%。

营销工作。清远蓄能发电有限公司与广东电网有限责任公司正式签订《关于清远蓄能水电厂电能转换及调峰等服务的合同》，是调峰调频公司所属电厂中第一次采用两部制电价进行结算的电力交易合同。鲁布革电厂作为"第一类优先电厂"非竞争性售电主体正式参与云南电力市场化交易。天二电厂正式在广州电力交易中心注册。天二电厂和鲁布革电厂进行电力业务许可证换证工作。

财务管理。全面预算管理；编制完成《预算分层分级管控策略优化方案》，明确各类预算项目的管控权限和个别预算调整的权限及流程，建立了费用性项目储备库机制，完成电网规划费、中介费和研究开发费等五大费用项目的入库。落实税收优惠；天生桥二级水力发电有限公司享受增值税即征即退和"西部大开发国家鼓励类产业企业"所得税优惠政策，完成清蓄公司企业所得税"三免三减半"税收优惠政策备案，争取广东蓄能发电有限公司和惠州蓄能发电有限公司容量电费征增值税优惠，利用"营改增"相关政策减少公司税负。落实中央八项规定精神；严禁超范围、超标准和违反程序报销，编制完成《典型工程财务审核稽核规范指引》，规范工程支付清单和流程工程。开展专项行动；"两金清理"方面，调峰调频公司"两金"总额完成较目标压降17.2%，完成南方电网公司考核目标；"在建工程清理"方面，惠蓄电站按期完成竣工决算工作。低成本筹措资金；引入低成本直接融资，节省利息支出。财务管理系统建设工作；做好财务管理系统与人资、物资和生产设备管理等系统间的集成工作；完成《工程财务管理在调峰调频电源工程建设中的应用研究》）。

节能降耗。完善调峰调频公司厂用电规范管理，厂用电模块化管理取得1项国家发明专利授权；调峰调频公司常规电厂直接厂用电率0.12%，蓄能电厂直接厂用电率0.35%，均优于南方电网公司下达的年度考核值。开展调峰调频公司环保风险专项治理行动，提前约两个月完成专项治理行动的年度目标，南方电网公司将调峰调频公司深蓄、海蓄电站环保风险专项治理工作列为全网推广典型。结合绿色抽水蓄能电站指标体系成果及海蓄项目绿色电站建设实践基础，优

化指标体系并编制海蓄绿色电站指标评价及达标设计方案。

人力资源管理 领导班子建设。截至2016年底，调峰调频公司处级干部共115人，其中正处级44人，副处级71人，平均年龄46.77岁。干部管理制度体系建设。组织编制公司处级、本部科级、所属单位科级三个类别选人用人工作手册，固化工作表单，明确工作步骤。干部的日常管理监督。印发干部《谈心谈话工作方案》，明确干部谈心谈话模式，完成干部谈话392人次。与监察、审计等部门联动，收集更新干部培训、惩处、亲属回避情况等6大类信息，编制干部信息清单。干部教育培训。举办党性修养、财务管理、青年干部、青年人才等7期次培训班，培训干部257人次。

人才队伍建设。印发《专业技术技能人才发展"十三五"规划》，明确人才发展目标、机制和措施。技术专家选聘机制，修编《技术专家管理细则》，组织选拔技术专家6名、助理级技术专家35名。实习岗人员管理机制，印发《实习岗人员管理实施方案》，通过置换抽调的方式，保证新、老单位人员流动，调整运行电厂队伍结构。

劳资管理。内部分配关系。研究出台《调峰调频公司绩效工资倾斜系数规范方案》，统一倾斜系数设置标准，扩展倾斜范围，首次将工程一线人员纳入倾斜人群。调整公司内部收入分配差距，收入分配向基层一线倾斜。薪酬激励机制。员工业绩考核结果与岗位调整、薪酬待遇等的挂钩，收入能增能减。修订《调峰调频公司奖励管理实施细则》，建立大众创新奖励基金。

教育培训与人才评价。2016年调峰调频公司系统共主办和参加培训1283期，员工培训覆盖率100%。完成调峰调频公司2014～2016年班值长三年轮训任务，举办11个生产设备技术专题培训。培评系统数据质量治理和推广应用，完成1.69万条核心数据和1746条非核心数据清理。东西部培训基地。编写完成《调峰调频发电公司西部技能培训基地"十三五"建设规划》，升级改造惠蓄培训基地软硬件设施，《电气二次系统扩展式移动实操平台》获得国家授权实用新型专利。新员工培养模式。形成基于"F（聚焦需求）A（任务导向）S（标准化实施）T（迁移培训效果）"模型的运维一体化新员工培养模式，涵盖培训大纲、指导手册、教材、课件、长时间培训班管理经验等成果。

监察审计 纪检监察工作。2016年，调峰调频公司纪检监察机构按照信访案件工作管理规定的程序，执纪审查，视情况进行"四种谈话"、组织调整或党政纪处分。调峰调频公司系统全年共受理信访件11件，全部组织核查和函询，完成核查10件，查实4件，查实率40%。全年共函询谈话4人，立案4件，给予党纪处分4人，政纪处分5人，组织调整1人，诫勉谈话6人，回访受处分人员6人，发出监察建议书3份，取消2个项目中标结果，将9家供应商列入"黑名单"，实行市场禁入。

审计工作。2016年3～11月，南方电网公司对调峰调频公司原总经理林涛开展离任经济责任审计。开展电源建设工程跟踪审计，对不合规、不合理部分进行了揭示，提出审计建议。8～9月，对梅蓄、阳蓄项目开展工程管理审计，对项目启动至2016年7月工程建设管理情况进行检查，共审查16个已完工或在建项目，工程变更单54份，招投标项目41个。10月配合南方电网公司专项治理行动，对清蓄工程造价专题项目进行审计，共审查了10份未结算的主要施工合同的招投标文件、施工合同，抽查了176项变更、进度款支付等资料。对已立项的较大变更及索赔事项进行分析，为后续工程决算工作提供参考。

党建和精神文明建设 党建基础工作。贯彻全面从严治党要求，各级党组织开展"两学一做"学习教育，完成党组织按期换届情况排查、党员组织关系排查和党费收缴工作专项检查。制定领导班子成员的"一岗双责"责任清单，班子成员向党组专题汇报了落实"一岗双责"工作情况。组织393名科级以上领导干部逐级签订《2016年党风廉政建设责任书》，修订《调峰调频公司党建责任制考核管理办法》。

企业文化和精神文明。深化企业文化建设，开展《南网总纲》宣贯，推进调峰调频公司企业文化示范单位示范点建设，对创建单位开展中期辅导，总结各单位创建成果并对创建情况进行评价。践行社会主义核心价值观，举办两期"调峰调频讲堂"，引导员工自觉培养高尚道德情操，提升文化素养。开展"调峰调频故事"征集活动，征集作品60余篇，发布电子主题电子杂志4期，展示了调峰调频公司十年艰苦创业历程和创新发展成果。"幸福南网"微信平台开展20余项主题活动，扩大微平台的影响力和活动的参与度，促进员工线上学习教育和文化交流。

共青团工作。加强思想引领，"调峰调频青年"微平台发布图文信息548条，拥有用户1007人；开展9场先进人物事迹巡回宣讲，向1136名员工讲述身边感人事迹。举办2场"创新青年汇"研讨，《录波特殊分析处理工具包》等项目获南方电网公司"微创新"大赛一、二等奖。搭建服务平台，开展第二届"创新发展、青年担当"青年才艺比赛；开展9期"周末青年汇"文化体验，组织243人次青年通过多样化载体宣贯《南网总纲》。创设南方电网系统首个互联网公益平台，完成"点亮爱之心、助力中国梦"等三个助学项目，265名干部员工为146名贫困生筹集助学金127 800元。"南网哥哥"爱心团队被南方电网公司评为首批优秀党员服务队。开展"智慧团建"微课竞赛，《爱心团队的实践与启示》等作品分获南方电网公司一、二等奖。

2016年度所获荣誉。2016年，调峰调频公司系统共有40个集体、61名个人荣获省部级及以上荣誉。其中1个单位荣获"广东省工人先锋号"称号，1个单位荣获南方电网公司"五一"劳动奖状，1个单位荣获南方电网公司"模范职工之家"称号，1人荣获广东省"五一"劳动奖章，1人荣获南方电网公司劳动模范。

主要事件

4月5日，调峰调频公司召开干部大会，南方电网公司宣布公司主要领导任职决定，梁周担任公司执行董事、党组书记，刘国刚担任公司总经理、党组副书记。

4月26日，国家林业局批复同意梅州抽水蓄能电站永久征占用林地用地申请。

7月1日，调峰调频公司印发《关于进一步规范公司绩效工资倾斜系数的通知》，加大向生产一线岗位特别是关键岗位倾斜力度。

8月30日，清远抽水蓄能电站（简称清蓄电站）4号机组正式投入商业运行，调峰调频公司召开清蓄电站全面投产见证会。

9月初，广蓄电厂通过南方电网公司组织的安全生产风险管理体系复审，保持"五钻"水平。

9月22日，梅州抽水蓄能电站下水库泄水建筑物布置设计变更、电站输水发电系统供水方式设计变更通过水电水利规划设计总院组织的审查。

9月27日，清蓄电站建设征地移民安置通过省政府组织的竣工验收。

12月31日，调峰调频公司"大容量锂离子电池储能电站关键技术研究与应用"课题成果，获得广东省科技进步二等奖及南方电网公司科技进步一等奖。

12月31日，调峰调频公司首次实现三级及以上电力事件零纪录。

（黄 纯 周 全）

中国华能集团公司

【公司概况】 中国华能集团公司（简称华能集团）是经国务院批准成立的国有重要骨干企业。华能集团注册资本200亿元人民币，主营业务为：电源开发、投资、建设、经营和管理，电力（热力）生产和销售，金融、煤炭、交通运输、新能源、环保相关产业及产品的开发、投资、建设、生产、销售，实业投资经营及管理。

华能集团致力于建设具有国际竞争力的大企业集团。截至2016年底，华能集团境内外全资及控股电厂装机容量达到16 554万kW，为电力主业发展服务的煤炭、金融、科技研发、交通运输等产业初具规模，华能集团在中国发电企业中率先进入世界企业500强，2016年排名第217位。

【领导班子】

总经理、党组副书记：曹培玺
党组书记、副总经理：黄永达
总会计师、党组成员：郭珺明
副总经理、党组成员：刘国跃
副总经理、党组成员：孙智勇
党组成员、纪检组长：赵建明
副总经理、党组成员：叶向东
副总经理、党组成员：范夏夏

副总经理、党组成员：王文宗

【组织机构】 见2016年华能集团组织机构图。

【生产经营】 2016年，华能集团坚持"五个突出抓"和"四个狠下功夫"，完成年度目标任务。

安全绩效。未发生较大及以上事故，生产、经营、政治和形象安全得到有效保障。

经营绩效。完成发电量6216亿kWh，其中国内发电量6108亿kWh，同比增长1.1%；完成煤炭产量6214万t，同比下降5.8%；完成供电煤耗302.34g/kWh，同比下降3.44g/kWh。

发展绩效。核准低碳清洁能源项目711万kW。投产新机468万kW，至2016年底境内外全资及控股电厂装机容量达到16 554万kW，同比增长3.1%。

党建绩效。政治意识、大局意识、核心意识、看齐意识不断增强，始终在思想上政治上行动上同以习近平同志为核心的党中央保持高度一致，党和国家的方针政策在华能集团得到全面贯彻落实；推动党建工作总要求进章程，党建工作体制机制逐步完善；"两学一做"学习教育扎实有效，"四个排查"深入开展，基本组织、基本队伍、基本制度不断夯实；践行监督执纪"四种形态"，党风廉政建设"两个责任"和"一岗双责"进一步落实；企业和职工队伍保持稳定。

公司组织架构

总部部门

• 办公厅	• 规划发展部	• 预算与综合计划部	• 企业管理与法律事务部
• 市场营销部	• 燃料部	• 财务部	• 资本运营与股权管理部
• 安全监督与生产部	• 科技环保部	• 基本建设部	• 物资部
• 国际合作部	• 人力资源部（离退休人员办公室）	• 纪检监察部	• 审计部
• 党建工作部	• 工会工作委员会		

事业部及专业办公室

• 电力开发事业部（页岩气开发利用办公室）	• 核电事业部	• 煤炭事业部	• 煤化工管理办公室

直属单位

• 中共中央党校中国华能集团公司党校（教育培训中心） • 人才基地建设办公室（人才基地建设管理中心）	• 技术经济研究院	• 信息中心	• 新闻中心

产业公司

• 华能国际电力开发公司	• 绿色煤电有限公司	• 华能国际电力股份有限公司	• 华能新能源股份有限公司
• 华能核电开发有限公司	• 华能能源交通产业控股有限公司	• 华能煤业有限公司	• 中国华能集团燃料有限公司
• 华能资本服务有限公司	• 中国华能财务有限责任公司	• 中国华能集团清洁能源技术研究院有限公司	• 华能综合产业公司
• 华能置业有限公司	• 中国华能集团香港有限公司	• 华能海外企业管理服务有限公司	• 西安热工研究院有限公司
• 华能集团技术创新中心			

区域分公司

• 中国华能集团公司华北分公司	• 中国华能集团公司东北分公司	• 中国华能集团公司华东分公司	• 中国华能集团公司华中分公司
• 中国华能集团公司南方分公司	• 中国华能集团公司西北分公司	• 中国华能集团公司河北分公司	• 中国华能集团公司山西分公司
• 中国华能集团公司吉林分公司	• 中国华能集团公司黑龙江分公司	• 中国华能集团公司江苏分公司	• 中国华能集团公司浙江分公司
• 中国华能集团公司安徽分公司	• 中国华能集团公司福建分公司	• 中国华能集团公司江西分公司	• 中国华能集团公司山东分公司
• 中国华能集团公司河南分公司	• 中国华能集团公司湖南分公司	• 中国华能集团公司海南分公司	• 中国华能集团公司重庆分公司
• 中国华能集团公司云南分公司	• 中国华能集团公司青海分公司	• 中国华能集团公司西藏分公司	• 中国华能集团公司广西分公司筹备组
• 中国华能集团公司贵州分公司筹备组			

区域子公司

• 北方联合电力有限责任公司	• 华能澜沧江水电股份有限公司	• 华能呼伦贝尔能源开发有限公司	• 华能四川水电有限公司
• 华能陕西发电有限公司	• 华能宁夏能源有限公司	• 华能甘肃能源开发有限公司	• 华能青海发电有限公司
• 华能西藏雅鲁藏布江水电开发投资有限公司	• 华能新疆能源开发有限公司		

直管单位

• 华能海南实业有限公司	• 华能招标有限公司		

2016 年华能集团组织机构图

【结构调整】 华能集团落实科学发展观，发展低碳清洁能源，优化结构调整，各项工作取得新突破。核准、备案新能源项目 519 万 kW。如东海上风电首批 7 万 kW 机组并网发电，完成"6·30"光伏投产计划 38 万千瓦。澜沧江水电开发稳步推进，雅江下游控制性水库研究不断深入。低碳清洁能源装机比重达到 29%。优化发展清洁高效煤电。首个百万千瓦级超超临界二次再热电厂——莱芜电厂全面建成；渑池热电等热电联产项目投运。热电联产和 30 万千瓦及以上超临界、超超临界煤电装机比重达到 80%，同比提升 5 个百分点。长兴、安源、龙开口水电获国家优质工程金奖，两江燃机、苏宝顶风电、洛阳热电获国家优质工程奖，4 个项目获电力优质工程奖，年度创优工作创历史最好成绩。

【国际化经营】 在"一带一路"沿线国家布局项目开发。推进巴基斯坦萨希瓦尔煤电、柬埔寨桑河二级水电项目建设有序进行，开展巴基斯坦拉希姆·亚尔汗煤电、缅甸瑞丽江二级水电等项目前期工作。完成澳洲电力公司C厂债务重组工作。与韩国电力、柬埔寨皇家集团、法国电力集团等国际能源企业签署合作协议。与南网商谈战略合作协议，推动"云电"向东南亚外送。

【科技创新】 贯彻全国科技创新大会精神，出台华能集团深入实施创新驱动发展战略、推进创新创业工作指导意见。石岛湾高温气冷堆示范项目建设稳步推进。700℃超超临界发电材料验证平台进入长周期测试阶段，开发出拥有自主知识产权的高温合金材料。建成中国首套燃烧前二氧化碳捕集示范装置，并通过科技部技术验收。完成威海、上都、临河电厂节能一体化示范项目，10项节能技术为行业首创。煤炭产业应用新技术新装备新工艺，实现了减员增效。IGCC发电关键技术、发电机组次同步谐振控制与保护技术、高混凝土坝结构安全关键技术获国家科技进步二等奖，获得省部级科技成果奖19项、专利授权455项，其中发明专利122项。

【环境保护】 贯彻落实国家生态文明建设要求，应对环保工作的新形势、新任务。推动超低排放改造，累计6921万kW机组实现超低排放。加大环保精细化管理力度，主要污染物达标水平稳步提升，2016年二氧化硫、氮氧化物、烟尘排放绩效同比分别下降29%、22%和42%。严格环保监督管理考核，污染物排放监控实现全覆盖，火电机组全面实现达标排放。开展重点地区大气污染强化治理，建立健全重污染天气应急管理机制。参与国家碳排放控制政策制定，完善历史碳排放数据，为进入全国碳市场做好技术准备。

【企业管理】 制订法治华能建设实施方案，建立考评体系。废改立制度134项。建立区域竞争力对标评价体系。做好全面风险管理，内控测评与评价工作实现常态化。完成系统内大额资金规范支付稽核。"三重一大"事项决策管理制度得到较好落实。配合国家审计署完成经济责任审计和专项审计；强化内部审计监督，抓好审计整改，构建长效机制。整改落实监事会反馈意见。加强投资闭环管理，抓好后评价成果应用。推行依法公开招投标和阳光化采购，"应招标不招标、应公开招标不公开招标"现象得到有效遏制。软科学研究取得新成果，有关课题获国家能源局软科学研究优秀成果奖。推进管理创新，2项成果获国家级创新成果一等奖，3项成果获国家级创新成果二等奖。保密管理、应急管理等工作得到加强。"数字华能"建设持续推进。新电子商务平台建成上线，并实现全覆盖；在线经营系统推广力度加大，ERP系统应用广度和深度持续拓展；异地灾备中心建设有序推进。

【党建工作】 学习贯彻党的十八届六中全会和全国国有企业党的建设工作会议精神，深入学习贯彻习近平总书记系列重要讲话精神，落实管党治党责任。编制华能集团"十三五"党的建设工作纲要，制订贯彻落实全国国有企业党的建设工作会议精神22项重点任务，抓好督促检查和落实。华能集团及部分二级单位已将党建工作总体要求纳入企业章程。规范党建机构设置，配齐配强党建工作力量。开展"四个排查"，基层党组织100%按期完成换届，党费收缴使用管理更加规范，党员组织关系更加理顺；党组清理规范工作基本完成。开展三级党组织书记示范培训班，深化党组织书记抓党建述职评议考核，强化党建工作责任制落实。推进党支部规范化建设，深化党员示范行动。小湾电站党委、海门电厂运行党支部2个先进集体和杨印廷等4名先进个人获国资委"一先两优"称号。

"两学一做"学习教育扎实开展。坚持统筹推进，建立组织协调、工作督导、联系基层和双周通报工作机制。坚持以上率下，各级党员领导干部落实中心组学习等制度，集体学习研讨5400余次，带头讲党课1.3万余次。坚持"学做"结合，抓好问题整改，发挥基层党组织和党员作用。加强和规范党内政治生活，落实"三会一课"制度，开好领导班子民主生活会和支部组织生活会，开展民主评议党员工作，基层基础工作不断夯实。

党风廉政建设深入推进。深入学习贯彻《准则》《条例》等党内法规，落实"两个责任"，践行"四种形态"，开展纪律谈话1.6万人次；加强党内监督，对违规违纪问题严肃问责追责，全年立案31件，处理115人；问责42个党组织、213名党员领导干部。建立重点监督对象廉洁档案，开展企业主要负责人党风廉政情况和履行主体责任情况评价。深化落实中央八项规定精神和华能集团改进工作作风30条具体要求，坚持抓常抓长、巩固深化，推动作风持续好转。完善巡视巡察制度，加强对"三重一大"、选人用人、招投标等重点领域和关键环节的监督检查，开展巡视整改以来制度建设执行情况"回头看"专项巡察，巡视整改长效机制不断完善。

干部队伍和人才队伍建设不断加强。推行"双向进入、交叉任职"的领导体制，选优配强各级领导班子和领导干部，全年交流轮岗干部93人；注重年轻干部选拔培养，提任干部中"70后"约占三分之一。从严管理干部，强化有关事项报告和人事档案核查等日常监督。贯彻中央《干部教育培训工作条例》。选拔二级单位技术技能专家301人，基层企业技术技能带头人679人。达拉特电厂郑桂杰获中华技能大奖，玉环电厂郑卫东、景洪电厂刘标胤、辛店电厂常承立获全国技术能手称号，张增辉等8人获中国电力行业技术能手称号。编制完成电力生产40个主要专业（工种）技能人员岗位能力培训规范。首次选派7名国际化后备人才开展境外岗位锻炼。

和谐企业建设扎实推进。践行社会主义核心价值观，丰富"道德讲堂"建设，推动"三色文化"内化外行。珞璜电厂获全国企业文化示范基地称号，河南分公司等7家单位获中央企业党建思想政治工作研究优秀成果奖。澜沧江公司、海口电厂、运河电厂获全国"五一"劳动奖状，4个集体获全国工人先锋号称号。加强职代会建设，建立厂务公开事项清单制度。

首次开展60万kW机组火电厂提质增效厂际竞赛，太仓等6家单位获标杆电厂。推进精准扶贫，获中国扶贫·企业贡献奖。关心困难职工，帮扶5800余人。策划组织"生态华能""责任华能"等主题宣传活动，开展突发舆情应急演练。做好维稳、信访、统战、团青等工作，企业和职工队伍保持稳定。

中国大唐集团公司

【公司概况】 中国大唐集团公司（简称大唐集团）成立于2002年12月29日，是中央直接管理的国有特大型发电企业集团，是国务院批准的国家授权投资的机构和国家控股公司试点。注册资本金为人民币180.09亿元。

大唐集团实施以集团公司、分子公司、基层企业三级责任主体的管理体制和运行模式，资产分布于国内31个省区市及美国、缅甸、柬埔寨、老挝等国家和地区；拥有上市公司5家、分公司4家、省发电公司13家、专业公司10家；除母公司外共有各级子企业427家。大唐集团员工总数9.8万人，资产总额达7063亿元，在役在建发电总装机容量1.62亿kW，其中运行容量1.36亿kW，清洁能源占32%。2016年居世界500强排行榜第406位。

【领导班子】

董事长、党组书记：陈进行

董事、总经理、党组副书记：陈飞虎

党组副书记、副总经理：邹嘉华

副总经理、党组成员：李小琳

副总经理、党组成员：胡绳木

副总经理、党组成员：王森

党组成员、纪检组长：熊皓

副总经理：金耀华

副总经理、党组成员：栗宝卿

总会计师、党组成员：刘传东

副总经理、党组成员：吴秀章

【组织机构】 见2016年大唐集团组织机构图。

【经营局面】 2016年，大唐集团合并资产总额7063亿元，负债总额5757亿元，资产负债率完成81.50%，较2015年末降低0.33百分点；完成发电量4700亿kWh，实现利润总额107.13亿元，净利润83.56亿元，归属于母公司净利润16.2亿元，超额完成国资委年度考核目标值和保增长任务。

2016年，大唐集团电力板块累计实现利润152.80亿元，同比减利75.91亿元。其中，火电（含热）实现利润92.58亿元，同比减利69.59亿元；水电实现利润46.43亿元，同比减利12.72亿元；风电实现利润11.90亿元，同比增利5.98亿元。

大唐集团非电板块（煤化工不再并表）累计实现利润－2.18亿元，同比减亏26.63亿元。在非电板块中，除金融、科技环保、物流板块盈利外，其他非电板块均处于亏损状况，以能源化工、燃料经营和煤炭开采三个板块亏损最为明显。

在大唐集团运营的28家二级企业中（在湘企业算一家，在桂企业算一家），累积盈利企业21家，累积亏损企业7家，亏损面25%，7家累计亏损二级企业共亏损29.03亿元。

【战略重组】 一是大唐环境H股完成上市。大唐环境于2016年11月15日正式在香港联交所挂牌上市，募集资金21.45亿港币，有利于自身把握行业机遇，开拓海外市场，降低融资成本，实现跨越式发展。同时，对大唐集团降低资产负债率、完善战略布局具有重要意义。

二是煤化工产业成功实现战略重组。大唐集团与中国国新控股有限责任公司、中国诚通控股集团有限公司签订协议，为中新能化科技有限公司引入上述两家战略投资者，标志着大唐集团煤化工产业成功实现战略重组，中新能化公司股权多元化改革迈出了重要一步。

【深化改革】 一是健全公司法人治理结构。作为电力行业首家建设规范董事会单位，开展规范董事会建设，健全法人治理结构。制订了"三重一大"决策制度办法、公司章程、董事会议事规则等基本制度及配套制度。

二是深入推进"三项制度"改革。深化企业领导人员分类分层管理，加强领导班子和干部队伍建设。配合中组部、国资委考评组完成对大唐集团领导班子和领导人员任期综合考核评价工作，配合中组部干部监督局开展对大唐集团2015年度选人用人"一报告

2016年大唐集团组织机构图

中国大唐集团公司（本部）

部门：

- 工会工作部
- 监察纪检部工作办公室（党组纪检组办公室、监察部）
- 审计部
- 政工部（新闻中心）
- 核电部
- 煤炭产业部
- 物资管理部（招投标中心）
- 科技信息部
- 燃料管理部
- 国际合作部
- 工程管理部
- 安全生产部
- 资本运营与产权管理部
- 财务管理部
- 人力资源部
- 计划营销部
- 规划发展部
- 办公厅（政策与法律部）
- 董事会办公室

直管企业

- 重庆渝能（产业）集团公司（三级企业9）

直属企业

- 中国大唐集团技术经济研究院（中国大唐集团干部培训学院三级企业1）

专业公司

- 中国大唐集团海外技术服务有限公司
- 中国大唐集团科学技术研究院有限公司（三级企业7）
- 中国大唐集团核电有限公司（三级企业1）
- 中国大唐集团资本控股有限公司（三级企业4）
- 中国大唐集团煤业有限公司（三级企业4）
- 中国大唐集团财务有限公司
- 大唐电力燃料有限公司
- 中国水利电力物资有限公司（三级企业14、四级企业1）
- 中国大唐集团海外投资有限公司（三级企业7）
- 中新能化科技有限公司（三级企业11、四级企业1）

省发电公司

- 大唐新疆发电有限公司（三级企业7）
- 大唐甘肃发电有限公司（三级企业11）
- 大唐陕西发电有限公司（三级企业16、四级企业2）
- 大唐云南分公司（三级企业9）
- 大唐贵州发电有限公司（三级企业8）
- 大唐四川分公司（三级企业11）
- 大唐河南发电有限公司（三级企业16）
- 大唐山东发电有限公司（三级企业14）
- 大唐安徽发电有限公司（三级企业11）
- 大唐江苏发电有限公司（三级企业9）
- 大唐黑龙江发电有限公司（三级企业11、四级企业5）
- 大唐吉林发电有限公司（三级企业12）
- 大唐河北发电有限公司（三级企业13）

分公司

- 大唐宁夏分公司（三级企业4）
- 大唐西藏分公司
- 大唐上海分公司（三级企业1）
- 大唐山西分公司（三级企业13）

上市公司

- 大唐环境产业集团股份有限公司（三级企业8、四级企业2）
- 中国大唐集团新能源股份有限公司（三级企业20）
- 广西广西桂冠电力股份有限公司（大唐广西分公司）（三级企业14、龙滩水电开发）
- 大唐华银电力股份有限公司（大唐集团湖南分公司）（三级企业17）
- 大唐国际发电股份有限公司（三级企业28、四级企业61）

306

两评议"工作，大唐集团选人用人满意度继续保持央企领先水平。

三是化解过剩产能，贯彻国家"三个一批"政策，确保煤电有序发展。按照国家发展改革委、国家能源局《关于促进我国煤电有序发展的通知》要求，大唐集团上报了"取消、缓核、缓建"煤电项目9个，总容量929万kW。同时，推进符合国家产业政策要求，以及大唐集团"转方式、调结构"所必需的14个项目（1788万kW），召开专题协调会，梳理推进实施。

四是开展"僵尸企业"处置、特困企业专项治理。通过清查，大唐集团有23户"僵尸企业"及特困企业，资产总额755.22亿元，职工人数共计29 712名。为有效处置，在集团层面成立了以董事长为组长、总经理为副组长、集团副总经理和总会计师为成员的领导小组，下设组织机构工作组和日常协调工作组。按照国资委的总体部署，9月与国务院国资委签署了《中央企业处置"僵尸企业"及特困企业目标责任书》，明确了大唐集团的主体责任和工作目标。根据目标责任书，拟定"僵尸"企业及特困企业治理总体方案，并组织制定"一企一策"的具体工作方案，明确自2016年开始，使"僵尸企业"及特困企业户数每年减少三分之一，用3年左右时间，基本完成处置、治理任务。采取"7＋7＋7＋2"的处置、治理模式，即国资委挂牌督导的"僵尸企业"7家，国资委挂牌督导的特困企业7家，大唐集团自行组织处理的"僵尸企业"7家，大唐集团自行组织处理的特困企业2家。

五是化解煤炭过剩产能。煤炭板块严格落实国家化解煤炭过剩产能政策要求，额吉煤矿完成关闭、退出300万t产能，分流安置职工34人，并通过国家发展改革委、国务院国资委验收。

六是多措并举开展压缩管理层级工作。按国资委优化产权结构、瘦身健体工作要求，大唐集团确立了将管理层级、法人层级原则上压缩到三级，最多不超过四级，企业法人户数减少20%的目标。法人户数由2016年5月的716家减少至573家，减少143家，并计划于2019年6月前全面完成任务。截至2016年12月，已压减法人单位9户。

七是大力推进大部制改革。制定印发了大部制改革工作方案，召开大部制改革研讨推进会进行工作部署，研究批复大唐国际、物资集团等13家二级单位的大部制改革方案，并按计划实施。

八是统筹推进区域一体化管理。在吉林省公司开展试点，取得显著成效，相关做法在反映在《国企改革简报》2016年第16期。及时总结区域一体化试点经验，分别于3月、7月，召开大唐集团区域一体化改革推进会议。推进宁夏公司、山西省公司、江苏省公司的扩大试点工作。

九是强化内部监督防止国有资产流失。建立健全企业内部控制体系，结合"四全管理"（全面计划管理、全面预算管理、全面风险管理、全面责任管理），构建党政工团齐抓共管的"大监督"体系，建立健全决策机制、问责机制，形成涵盖财务与非财务风险、覆盖全员和全过程的企业内控监督机制。

十是加强和改进党对国有企业的领导。推动党建工作要求进章程，修订了《大唐集团党组工作规则》，进一步明确了党组参与公司治理的原则和主要内容，报中央后一次获批持。坚持和完善"双向进入、交叉任职"领导体制，充实二级企业管党治党力量，系统二级企业基本实现了党政分设和配备专职纪检组长。

【安全生产】 贯彻落实国家安全生产的要求和部署，强化责任和制度落实，推进本质安全企业建设，保持了安全生产稳定局面，完成了"两节""两会"、党的十八届六中全会和G20峰会等重大节日和重大活动期间的保电供热任务。

一是大力开展反事故专项行动。在系统内开展反事故专项行动和外包工程专项治理等系列安全专项活动，全面建立"四不两直"督查机制，重点对运行、检修、技改、环保改造现场等进行督查，下发61期《安全监管意见书》和《安全生产"四不两直"督查通报》，各分子公司在督查中共发现整改问题3000多项，有效稳定安全生产局面。

二是"七个加强"及班组建设扎实开展。全面深化设备改造升级和隐患排查治理，完成238台次机组检修、18台机组通流改造、23台机组供热改造，全年未发生设备损坏事故。推进大唐集团生产调度中心系统功能建设，安全生产管控能力进一步增强。在全系统开展班组长技能培训，提升班组长管理水平和业务能力。

三是本质安全企业建设不断深化。落实《安全生产法》要求，组织对大唐集团安全生产主要制度进行修订和完善，进一步明确责任界面，加大了责任追究和考核力度。组织安全生产管理人员进行业务培训，实现了100%持证上岗。推进安全风险控制评估，将安全风险控制评估工作纳入大唐集团创一流管理指标，组织对《安全风险控制指导手册》进行了全面修订，完成了80家发电企业安全风险控制评估外审工作，超前预控安全风险，安全管理水平持续提升。

【科技创新】 一是科技创新能力不断增强。坚持创新示范推动产业升级，互联网融合关键技术在大型能源集团的研究示范达到国内领先水平，获得中国电力科技进步一等奖；大型燃机静止变频启动系统技术国产化示范填补国内空白；主持编制我国电力企业首个

ISO 标准和 IEC 标准，荣获 IEEE 标准协会年度企业卓越贡献奖。2016 年新增授权专利 1476 件，累计授权专利 4300 件，均居五大发电集团首位。

二是科技产业加快发展。拓展外部市场，环保工程、科技工程、水务工程、脱硝催化剂、除灰渣等业务板块中境外部合同总额达 27.17 亿元。特许运营等相关业务持续稳定生产，脱硫、脱硝装置全部实现达标排放，脱硫减排电耗、石灰石耗、水耗率同比分别降低 3.27%、10.78%、22.73%。科技产业板块经营业务稳步发展，实现营业收入 121.19 亿元，实现利润 16.39 亿元。

三是管理创新成果丰硕。大唐集团董事长、党组书记陈进行荣获中国企业管理最高奖"袁宝华企业管理金奖"。大唐集团共计荣获 7 项国际级、行业级奖项，其中，全面创新管理课题获得第二十三届国家级企业管理现代化创新成果一等奖；风电技术研究课题获得中国产学研合作创新成果一等奖；"项目两优化"管理课题获得"中国管理科学奖"；业务与资源集约化管理课题获得"中国管理卓越奖"；中国特色现代国有企业制度课题获得全国组织工作重点课题调研成果优秀奖。组织系统企业参评中国电力创新奖，获得五项奖励。

四是信息化建设加快推进。生产、资金和燃料三大调度中心完成竣工验收，为大唐集团集中管控提供有效手段。全面计划管理系统、项目全过程管理系统、物资管理系统、资本运营管理系统、审计信息系统投入使用，基本形成三级贯通、流程统一、高效协同的管控平台，有力提升大唐集团管理水平。网络与信息安全工作开创新局面，完成了 G20 峰会、两会等重要活动的网络与信息安全保障工作，荣获 2015 年度公安部央企网络安全信息通报工作先进单位，并在 2016 年公安部组织的国家信息安全通报机制培训会议上受邀进行了优秀典型演讲。

【国际业务】 参与"一带一路"建设和国际产能合作，国际业务板块涉及境外 20 多个国家，国际业务呈现良好发展态势。

一是国际业务各项工作稳步推进，盈利能力稳步提升。2016 年，大唐集团境外 4 个在役电力项目保持安全稳定运行，发输电资产经营情况持续向好；开拓"一带一路"沿线国家电力市场，在老挝、巴基斯坦等国家电力项目前期工作取得重大突破；对外工程承包业务进展顺利，泰国两个总包项目正在进行工程收尾工作，印度电站脱硫项目按计划推进；海外技术服务业务稳步推进，执行中的项目共计 15 个，工作开展有序进行；国际贸易业务规模和利润水平保持平稳。

二是"一带一路"建设进一步加强。参与"一带一路"建设，成立"一带一路"建设工作领导小组，统筹国际业务改革发展各项工作；由国际合作部牵头，会同国际业务相关分子公司，研究制定国际业务"十三五"专项规划；进一步加强境外企业安全防范工作，组织开展年度境外机构应急演练。

三是外事管理工作效果明显。贯彻落实中央关于加强统一领导、从严规范管理外事工作的相关要求，科学制定年度因公出国（境）计划，对出国（境）团组任务进行严格审批。

四是国际交流工作成果丰硕。与法电集团、GE 公司分别签署了《全面战略合作伙伴关系协议》，与美国巨点能源公司签署了《合作框架协议》，进一步深化与世界知名企业的交流与合作，实现双赢发展。

【节能减排】 以"达设计值"为抓手，开展优化运行工作，推进节能先进技术应用，推进超低排放改造，促进了节能减排指标的持续优化。

一是"达设计值"活动成效显著。不断深化以"达设计值"为主要抓手的"优化运行"工作，构建了"达设计值"框架体系，完成了 13 家分子公司 22 家基层企业优化运行能耗诊断工作，促进了机组能效指标的提升。全年完成供电煤耗 306.94g/kWh，同比降低 2.34g/kWh；发电厂用电率完成 3.91%，同比降低 0.04 个百分点。

二是超低排放改造位居行业前列。落实国家、地方政府各项环保工作要求，坚持高标准完成环保改造任务、高标准运行环保设施、高标准控制污染物排放。全年完成 88 台机组的超低排放改造，超计划 4 台，累计完成超低排放机组 157 台，容量 6454.5 万 kW，占在役煤电机组容量的 67.8%，居五大发电集团首位。超低排放机组累计增发电量 55 亿 kWh，获得超低电价收入 13.5 亿元，收获了可观的社会效益和经济效益。

三是污染物排放绩效达到行业先进水平。将环保设施等同于主设备进行管理，保证了环保设施可靠运行。加强环保应急事件管理，及时响应应急预案要求。开展脱硫、脱硝特许经营，规范专业管理，提升环保管理水平。坚持污染物达标排放"日分析、周通报和月点评"工作机制，组织开展内部总量核查核算，进一步强化环保事件调查处理和问责机制，污染物排放绩效达到了行业先进水平。2016 年减排二氧化硫 4.59 万 t、氮氧化物 2.87 万 t、烟尘 0.3 万 t，共获得环保补贴资金 2.4 亿元。二氧化硫、氮氧化物、烟尘和废水排放绩效分别完成每千瓦时 0.36、0.74、0.09g 和 95g，同比分别下降 0.27、0.32、0.03g 和 14g，各项指标均达到行业先进。

四是全面做好碳交易市场启动前的相关准备。落实国家发展改革委《关于切实做好全国碳排放权交易市场启动重点工作的通知》要求，制定《大唐集团参与全国碳交易市场工作行动计划》，成立碳资产管理领导小组和碳资产管理公司，为参与2017年启动的全国碳交易市场做好准备。完成大唐集团80家火电企业第三方碳资产排查，建设了碳资产管理信息系统，并完成对全系统相关人员的视频培训和集中培训工作。

【党建工作】 一是深入开展学习教育，全面加强党的建设。在"两学一做"学习教育中，强化顶层设计，注重示范引领，加强学习研讨，坚定理想信念，各级党组织开展研讨9612次，集中学习23861次，讲党课11172人次。突出实践特色，通过"十项举措""十项活动"实现了与中心工作"两不误、两促进"。注重长效机制，夯实党建基础，狠抓问题整改，修订了公司章程和有关工作规则，明确党组织参与公司治理的原则和主要内容；加强党务干部队伍建设，二级公司全部实现党政分设、双向进入、交叉任职；规范换届工作，128个未按规定换届的基层党组织全部完成整改工作。

二是严明政治纪律规矩，持续强化党风廉政建设。严明政治纪律规矩，增强"四个意识"，确保中央决策部署在系统企业落到实处深处。落实"两个责任"，一级压实一级，逐级签订责任书5176份。加强廉政教育，组织辅导授课65次、传统教育57次、巡回演讲27场。把握运用"四种形态"，抓早抓小、防患未然，组织谈话提醒688次涉及4847人。严格执行党内法规，对照准则条例特别是"六大纪律"，各级领导人员查找并整改问题543项。严格落实中央八项规定精神，系统企业公车运行费、国内差旅费和业务招待费同比继续明显下降。

三是坚持制度标准先行，持续加强干部队伍建设。落实好干部标准和国有企业领导人员20字要求，深化干部人事制度改革，完善了领导人员选拔任用管理办法、选人用人工作监督检查办法等12项制度，提升了工作规范性严肃性。加强各级班子建设，对超过半数分子公司党政主要负责人进行了调整，带动了班子建设水平和综合能力整体提升。按照"培用结合、严善并举"原则和"四重八看"导向选好用好各年龄段干部，先后调整配备干部255人次。加大年轻干部培养交流力度，新提任部门副主任及以上干部56人，45岁以下占55.1%。

四是加强企业宣传报道，持续提升企业良好形象。新华社、中央电视台、人民日报等主流媒体相继对中国大唐延安红色招聘、光伏扶贫、超低排放改造等进行深入报道，提升公司形象和影响力。成立大唐集团社会责任工作领导小组及工作机构，《大唐集团2015年社会责任报告》被中国企业社会责任研究中心

评为五星级，荣获联合国全球契约组织可持续发展先锋企业入围奖。组织系统33家企业举办了第十届"企业开放日"活动，邀请了2000多名社会各界人士走进大唐、了解大唐，进一步树立企业的良好形象。

（陈剑锋 黄 辉）

【大唐国际发电股份有限公司】

公司概况 大唐国际发电股份有限公司（简称大唐国际）成立于1994年12月，本部位于北京。1997年于香港及伦敦上市，2006年于上海上市，是第一家在伦敦上市的中国企业、第一家在香港上市的中国电力企业，也是第一家同时在香港、伦敦、上海三地上市的中国企业。大唐国际经营产业以发电为主，包括火电、水电、风电、太阳能、核电（参股）等项目，并涉足煤炭、航运、铁路（参股）、循环经济（高铝煤煤灰提取氧化铝）以及电力、热力营销等领域。2016年，大唐国际再次入选普氏能源资讯"全球能源公司250强"、中国上市公司百强，荣获《财资》杂志"最佳公司治理、社会与环境责任、投资者关系金奖"、金紫荆"最佳投资者关系管理上市公司""中国上市公司诚信百家"等奖项。

领导班子

总经理、党委副书记：王欣
党委委员、纪委书记：余美萍
党委委员、副总经理、工会主席：洪绍斌
党委委员、副总经理：孟繁逵、段忠民、应学军
总工程师：佟义英、方占岭

组织机构 在大唐集团总体管控框架之下，大唐国际建立了三级管控体系，形成了"公司本部—专业公司和区域公司—基层企业"三级责任主体。大唐国际本部经过大部制改革后，设立总经理工作部（国际合作部）、规划发展部、计划营销部、人力资源部、财务管理部、证券资本部、安全生产部、工程管理部、燃料管理部、物资管理部、党群工作部、监察审计部12个部门；下设燃料公司、同舟科技公司2个专业公司，内蒙古、辽宁、浙江、福建、江西、广东、重庆7个区域分公司，云南、青海2个区域子公司，山西1个区域代表处；拥有直属直管基层企业30家。

大唐国际基层企业遍布全国，其中在京1家、在津1家、在冀12家、在辽5家、在蒙6家、在晋4家、在苏4家、在赣3家、在川3家、在渝7家、在青2家、在浙4家、在闽3家、在粤6家、在藏1家、在滇6家。

经营业绩 2016年，大唐国际全年实现完成发电量1724.75亿千瓦时，近五年首次实现电量正增长。受煤化工重组影响，利润总额完成约为人民币12.40亿元，同比降低81.12%；归属于母公司净利润约为

人民币-26.23亿元，同比降低193.39%；截至2016年12月31日，大唐国际合并资产总额约为人民币2332.22亿元，同比减少23.12%；资产负债率完成74.88%，同比降低4.24个百分点。

发展建设 2016年，新增装机容量2008MW。其中，托克托发电厂五期工程两台66万kW机组投产，跃居世界最大火电厂；抚州发电公司2号机组于2016年4月27日投产，成为大唐国际"十三五"期间投产的首台百万机组项目。截至2016年12月31日，大唐国际管理装机容量约44 338.015MW。其中，火电煤机32 940MW，约占74.29%；火电燃机2890.8MW，约占6.52%；水电6143.615MW，约占13.86%；风电2063.6MW，约占4.65%；光伏发电300MW，约占0.68%。清洁能源和可再生能源占总装机容量的25.71%。2016年，电源核准项目共计1579MW，全部为清洁能源项目。其中，光伏项目共计750MW，水电项目共计210MW，风电项目共计619MW。

安全生产 安全工作的重心放在基层、放在一线、放在班组，强化全员安全意识培养，狠抓各级安全责任落实，本着"抓小事防大事""把未遂当已遂"的原则，实施安全生产升级考核，对管控不到位的问题严肃追责，完成G20峰会保电任务。托克托发电公司2号和3号、盘山发电公司2号机组被评为全国可靠性A级机组。

节能减排 超低排放。严格遵循国家污染物排放标准，减少污染物排放。开展节能降耗工作，实施环保改造，超低排放改造。2016年，完成28台机组超低排放改造工作，改造完成率达78.4%，保持同类企业领先水平。2017年，将完成计划内剩余7台机组的超低排放改造任务。

生态保护。坚持"绿水青山就是金山银山"的理念，将资源开发利用与保护生态环境相结合，在保证生产经营工作安全有序稳定的同时，结合地区社会环境特征开展生态环境综合治理，与自然和谐相处。

资源节约。加强全过程节约管理，降低资源消耗强度，提高资源利用效率和效益。推进节能技术改造，能耗水平实现稳步下降。2016年，8台机组被评为全国火电大机组能效对标竞赛获奖机组。注重水资源节约和生产用水管理，统一调度，按质分级，合理回收，梯级使用，提高水的重复利用率，减少取水量和废水排放量。

科技创新 建设创新型企业。健全和完善"公司本部—专业公司和区域公司—基层企业"三级责任主体科技管理体系，发布《大唐国际科学技术奖励管理办法》《大唐国际科技项目管理办法》等多项科技管理制度。发挥科技引领和科技创新的作用，推动公司科技创新能力建设，全面提升自主研发能力。推进科技创新型企业建设，2016年公司本部、内蒙古托克托发电公司、河北张家口发电厂、天津盘山发电公司和重庆彭水水电公司成为中国大唐首批创新型企业。

培育创新团队。重视人才队伍建设，加大科研投入，加快创新体系及机制建设，鼓励员工立足岗位创新创效。推进科学技术协会、创新工作室和QC小组等多元化创新平台建设，为员工搭建创新舞台，激发员工创新潜力，培养具备较强竞争力的创新群体。截至2016年底，大唐国际被大唐集团命名的员工创新工作室共28个。

贡献创新成果。推进新技术、新工艺、新流程、新材料、新装备"五新"技术研究与应用，推进重点攻关科技项目工作开展，促进科技成果转化。2016年投入研发资金1800余万元，承担国家"863"计划项目2项，承担国家级、省部级科技支撑项目1项，修订行业以上标准19项，新增授权专利210项。

队伍建设 员工成长。按照大唐集团党组的部署和要求，坚持核心理念，以"120分"工作标准，管班子、带队伍，打造信仰坚定、纪律严明、作风顽强、勇争第一的铁军队伍。坚持为员工的职业发展、身心健康提供多元化平台和丰富资源，依法保障员工的各项合法权益，营造和谐的工作和生活氛围。

尊重与保障。严格遵守劳动用工法律、法规和制度，保障员工合法权益，劳动合同签约率100%，集体合同覆盖率100%。坚持男女员工同酬，及时足额为员工缴纳各类社会保险和住房公积金，不断完善劳动用工管理基础和薪酬福利制度，反对任何形式的歧视和强迫劳动。持续健全民主管理制度，拓展民主参与渠道，加强职代会制度和工会建设，员工工会入会率100%。倾听员工诉求，保障员工的知情权、参与权、监督权，提升民主管理水平。截至2016年底在岗员工19 817人，女性员工4232人，少数民族员工1006人。

培训与发展。推进培训体系建设，以技能培训和岗位培训为抓手，定期开展职业竞赛，落实年度培训计划，关注员工成长。2016年投入培训费用4509.79万元，共组织实施专业培训项目34个，参加培训2000余人次；组织参加大唐集团培训项目62个，参加培训10 000余人次。重视员工发展，致力于提升员工综合素质，为员工搭建施展才华的平台，激发员工实现自我价值。2016年，73人获得技师资格，累计达到1204人；14人获得高级技师资格，累计达到210人。

党建和精神文明建设 发挥中央企业政治优势，贯彻十八大及十八届历次全会精神，贯彻全国国有企业党建工作会议精神，开展"两学一做"学习教育。加大党风廉政建设力度，落实"两个责任"，严肃查处个别领导干部违纪问题。继续深化审计、巡视问题整改，同步推进长效机制建设。坚持严管与善待相结合，关心员工，爱护员工，发掘员工潜能。大唐国际上下对内营造良好的政治氛围、大家庭氛围，对外营造良好的社会氛围，形成"团结紧张、严肃活泼"的工作局面。

主要事件

1月16～18日，大唐国际五届四次职代会暨2016年工作会议在北京召开。

3月21日，大唐国际干部大会在大唐集团本部召开。王欣任大唐国际总经理、党组副书记，吴静不再担任大唐国际总经理、党组副书记职务，另有任用。

3月29日，大唐国际发布《大唐国际发电股份有限公司2015年社会责任报告》。

4月27日，江西大唐国际抚州发电有限责任公司2号发电机组通过168h满负荷试运，正式投产发电，标志着抚州发电公司一期2台100万kW机组工程全面投产。

5月24日，江西大唐国际抚州发电有限责任公司2台100万kW机组投产汇报会在抚州召开。大唐集团董事长、党组书记陈进行与法国电力集团董事长兼首席执行官乐维出席汇报会并为"江西省首座百万千瓦级机组电厂投产纪念牌"揭牌。

10月24日，大唐国际印发《关于开展大唐国际本部大部制改革的通知》（大唐国际人〔2016〕88号），启动本部大部制改革。

11月29日，大唐集团与通用电气（GE）公司全面战略合作伙伴关系协议签署暨大唐集团燃机"三大中心"揭牌仪式在大唐国际北京高井热电厂举行。

12月24日，内蒙古大唐国际托克托发电有限责任公司五期工程9号机组顺利通过168h满负荷试运，正式投产发电，标志着托克托发电公司成为世界上装机容量最大的火力发电厂。

（郭长林）

【大唐华银电力股份有限公司】

公司概况 大唐华银电力股份有限公司（简称大唐华银）成立于1993年1月。1996年8月，大唐华银股票在上海证券交易所上市。经营范围涉足发电（火电、水电、风电）、煤炭开采、科技信息等领域。

大唐华银地处中国中部，是"西电东送""北电南送"的重要战略通道，为湖南和所涉区域经济和社会可持续发展提供能源产品和服务。大唐华银一直积极开发新的电源点和发展相关非电项目，以提高公司核心竞争能力和盈利能力。截至2016年12月31日，大唐华银总资产192.88亿元，大唐华银运营机组

559.3万kW，其中火电524万kW，占93.69%，水电15.4万kW，占2.75%，风电等新能源19.8万kW，占3.54%。

领导班子

总经理、党组副书记：徐永胜

党组书记、副总经理：王万春

副总经理、工会主席、党组成员：周浩

副总经理、党组成员：俞东江、韩旭东、赵云辉、吴晓斌

总会计师、党组成员：罗建军

纪检组长、党组成员：郭世新

组织机构 本部设置11个部门，包括总经理工作部、发展计划部、人力资源部、财务部、安全生产部、工程与物资管理部、多种经营部、党群工作部、监察审计部、燃料管理中心（湖南大唐燃料开发有限责任公司）、资本运营部。

截至2016年底，拥有大唐华银株洲发电有限公司、大唐湘潭发电有限责任公司、大唐华银张家界水电有限公司、大唐华银怀化巫水流域水电开发有限公司、大唐华银会同小洪水电有限公司、大唐华银城步新能源开发有限责任公司、大唐华银芷江新能源开发有限责任公司、大唐华银绥宁新能源有限公司、大唐华银欣正锡林郭勒风力发电有限责任公司、大唐华银湘潭环保发电有限责任公司、湖南大唐华银地产有限公司、湖南大唐先一科技有限公司、湖南华银能源技术有限公司、湖南大唐燃料开发有限责任公司、大唐华银湖南新能源营销有限公司、内蒙古大唐华银锡东能源开发有限公司、大唐华银益阳金塘冲水库发电有限公司、大唐华银怀化石煤资源开发有限公司等18家子公司，大唐华银电力股份有限公司金竹山火力发电分公司、大唐华银电力股份有限公司红壁岩水力发电分公司、大唐华银电力股份有限公司耒阳分公司等3家分公司。资产主要分布在湖南、内蒙古两省。

经营局面 秉承"价值思维、效益导向"核心理念，开展"五个专项行动"，聚焦问题补短板，创新机制强管理，在煤价持续攀升、利用小时连年下降的不利条件下，连续第4年超额完成了大唐集团下达的预算任务。完成发电量169.89亿kWh，完成利用小时3044h，利润总额2.35亿元，资产负债率78.88%，同比降低1.35个百分点。大唐华银荣获了全国"五一"劳动奖状荣誉称号，被评为大唐集团文明单位。

安全生产 一是精心谋划，推进"强化安全生产"和"七个加强"专项行动，开展"四不两直"检查，安全风险得到有效控制。大唐华银实现了"安全零事故、环保零事件、1个火电企业零非停"的目标，保持了安全生产良好局面。二是精心组织，规范

机组大小修管理，完成了 28 台次现场检查工作。开展专项治理，确保设备治理取得成效，大唐华银非停次数由 2014 年的 18 次，2015 年的 9 次降为 2016 年的 5 次，其中湘潭发电公司连续三年未发生四管泄漏，保持了稳定。三是多措并举，确保机组稳定运行，开展了优化运行"达设计值"活动，建立健全了设备指标体系，摸清设计值，明确"达设计值"的目标。开展了配煤掺烧工作，共掺烧低热值煤 146.3 万 t，掺烧高硫煤 128.7 万 t，年累计掺烧效益 5628 万元。

电力建设 2016 年工程建设和规划发展工作较好地完成了年度目标任务。一是攸能 2×63 万 kW 机组发电项目高标准移交生产，获得大唐集团 2016 年度火电移交水平单项精品工程。1 号机组于 7 月 26 日高标准一次完成 168h 试运行，从启动调试到完成 168h 试运共消耗燃油 1282.4t，创"W"火焰锅炉调试期间全国用油最低纪录，首次做到了新建机组 168h 试运期间全过程投入 AGC 功能稳定运行。2 号机组于 11 月 18 日高质量一次通过 168h 试运。两台机组基建生产无缝衔接，高标准投产发电，获得大唐集团 2016 年度"火电移交水平单项精品"称号。二是完成全年工程建设里程碑节点安排，超进度完成风电投产任务。西晃山风电一期 5 万 kW 工程于 2016 年 2 月 24 日首台风机并网发电，6 月 14 日 25 台风机全部并网发电，比大唐集团批复的里程碑节点计划提前 17 天，8 月 31 日该工程正式移交生产。宝鼎山风电一期 5 万 kW 工程于 2016 年 11 月 30 日首台风机并网发电，12 月 20 日全部风机并网发电，提前半年时间完成大唐集团下达的里程碑节点计划。小洪水电项目于 2016 年 9 月 8 日一期围堰施工导流和水流控制工程开工；9 月 20 日一期围堰截流；11 月 7 日一期消力池开始混凝土浇筑，12 月 18 日主厂房浇注第一罐混凝土，均提前完成项目年度所有里程碑节点。

节能减排 一是贯彻落实各项节能管理要求，克服火电机组利用小时和负荷率下降的不利形势，开展优化运行和机组"达设计值"活动，实施了强化指标对标确保完成节能降耗目标措施计划，组织节能攻关小组研究解决节能降耗工作中存在的具体问题。同时，进一步规范节能管理工作，加大了日常节能监督检查力度，和对节能技改的后评估工作。二是规范环保设施运行，重点抓脱硝喷氨自动、最低稳燃负荷下脱硝系统稳定运行和高硫煤掺烧工况下脱硫系统的优化调整等工作，确保了环保设施 100% 的投运率，污染物超排小时由 2014 年的 58h，2015 年的 16h 下降到 2016 年 4h，取得了近年来最好局面，确保了不被曝光、不被考核和不发生环境污染事件的"三不"目标。三是狠抓环保改造项目管理，下发了《中国大唐集团公司湖南分公司环保改造工程开工条件检查验收

大纲》及相应细则，完成了株洲 3 号机和 4 号机、湘潭 3 号机和 4 号机、金竹山 3 号机的超低排放改造工作。

科技创新 科技成果实现政府奖励零突破。《电站锅炉多煤种混煤掺烧技术与管理研究》获得湖南省 2016 年科技进步三等奖，为大唐华银成立以来首次获得政府科技奖励，实现了零的突破；《低 NO_x 高效燃烧技术在 600MW 机组"W"锅炉上的研究与应用》获得中国电力创新三等奖，《互联网融合关键技术在大型能源集团的研究与应用》获中国电力科学技术进步奖一等奖。同时，一大批项目获得相关行业奖励，湘潭发电公司通过了中电联的标准化良好行为企业 AAAA 验收。

资本运作 一是低效无效资产处置取得突破。华银电力纳入低效无效资产清理处置范围的资产共计 33 项，账面资产价值（投资）合计 16.51 亿元。截至 2016 年底已完成 25 项低效无效资产的处置工作，占项目总数的 75.76%，占账面资产价值（原始投资）的 21.70%。其中，怀化石煤项目和三个垃圾发电公司成功挂牌转让，可收回现金 1.3 亿元。二是瘦身健体取得阶段性成果。按照大唐集团 2016 年瘦身健体工作安排，结合低效无效资产处置工作一起，完成了大唐华银怀化石煤资源开发有限公司、衡阳华银地产有限公司等两家企业法人主体的注销工作，总体完成率达到 75%。

人力资源 一是加强干部队伍建设，遵循"四重八看"用人导向，深入分析本部干部队伍和基层企业领导班子现状，交流调整副处级及以上领导人员 115 人次。二是完成本部"大部制"改革，用人所长、人岗适配，精减机关部门设置 2 个，精减机关人员编制 24 个，解决公司本部存在的核心职能不突出、员工活力不足、内设机构和干部职数超编、关键岗位缺员而事务性岗位冗员等问题。三是减少人力资源闲置，清理长期不在岗人员 137 人，清退劳务派遣人员 236 人，撤销前期项目筹建处 3 个，合并大唐华银在蒙 2 家单位、在粤 3 个前期项目的管理机构，分流富余人员 145 人。四是充实生产人员，取消管理岗位备员，引导 402 名机关后勤多经人员回归主业，扭转生产人员"逃离"生产一线的态势。五是调整薪酬分配，固定薪点工资比重从 2012 年的 54% 降至 2016 年的 32%，分厂开展"运行比指标、检修看工时、管理考任务"的全员绩效评价试点，激励员工多干事、干成事。

党的建设和精神文明建设 贯彻落实党的十八大和十八届历次全会、全国国有企业党的建设工作会议精神、习近平总书记重要讲话和集团公司党组重要指示精神，以"两学一做"学习教育和强化"新华银新

气象"宣贯为重点，努力为公司切实提升可持续发展能力提供有力的组织保证、精神动力、舆论引导和文化支撑。荣获全国"五一"劳动奖状、大唐集团2016年度文明单位，公司系统连续8年荣膺湖南省文明行业荣誉，本部保持了湖南省文明单位称号。

开展"两学一做"学习教育，制定了"两学一做"实施方案，设立了"两学一做"学习教育领导小组及办公室和3个督导组，公司系统开展专题学习研讨472次，组织集中学习党章849次，学习习近平总书记系列讲话665次，讲党课387人次，共收到党员领导干部专题征文100余篇。公司系统领导班子召开了"增强'四个意识'严守政治纪律政治规矩"专题民主生活会，各基层党支部开展了专题组织生活会，组织党员开展了民主评议。

工会工作 贯彻中央和大唐集团关于进一步加强群团工作的要求，进一步规范职代会建设，启动"达设计值"专项劳动竞赛和"芙蓉杯"竞赛，开展首届"华银杯"职工创新大赛，共征集到创新成果67项，合理化建议27条。10个创新工作室被命名为大唐集团第二批"职工技术创新工作室"。弘扬劳模精神，举办大唐集团"学习劳模好榜样 提质增效做贡献"报告会。坚持推进帮扶常态机制，积极实施民生工程"六最"项目，组队参加第十届省直机关篮球赛，荣获乙级企事业组二等奖和最佳组织奖。

主要事件

4月29日，大唐华银获评全国"五一"劳动奖状，也是中国大唐集团公司系统2016年唯一一家获此殊荣的企业。

7月5日，大唐华银代表队获大唐集团第十四届专业知识和技能竞赛（钳工专业）团体特等奖（第一名）。

7月26日，大唐华银所管理攸县能源公司1号机组完成168h试运，11月18日，2号机组完成168h试运。

8月4日，大唐华银所属西晃山风电一期工程完成全部风机240h试运，8月31日，正式移交生产。

8月27日，大唐集团董事长、党组书记陈进行一行莅临大唐华银指导工作。

8月31日，大唐华银代表队在第十四届中国大唐专业知识和技能竞赛（燃料采制化专业）夺得"团体特等奖"（第一名）。

8月31日，大唐华银所属怀化水电公司二期小洪水电项目正式开工。

9月20日，大唐华银2016年第二次临时股东大会通过《关于公司非公开发行A股股票方案的议案》《大唐华银电力股份有限公司关于前次募集资金使用情况报告》等9项议案。

11月，额吉煤矿去产能工作通过国资委中央企业化解煤炭过剩产能验收组验收。

12月20日，宝鼎山风电一期工程全部风机并网发电，提前半年时间完成大唐集团下达的里程碑节点计划。

12月29日，大唐华银召开干部任职大会。大唐集团董事长、党组书记陈进行出席会议并做重要讲话。根据工作需要，大唐集团党组决定：徐永胜任公司总经理、党组副书记，周浩兼任公司工会主席，赵云辉任公司党组成员、副总经理，郭世新任公司党组成员、党组纪检组组长，吴晓斌任公司党组成员、副总经理，罗日平任公司巡视员。因工作调整，免去侯国力的公司总经理、党组副书记职务（另有任用）；因年龄原因，免去罗日平的公司党组成员、副总经理、工会主席职务，免去吴启良的公司党组成员、党组纪检组组长职务。

（颜辉轩）

【中国大唐集团公司广西分公司】

企业概况 中国大唐集团公司广西分公司（简称大唐广西分公司）成立于2007年9月30日，是大唐集团的二级企业，由大唐集团授权经营管理集团在广西等区域内的资产。

大唐广西分公司与广西桂冠电力股份有限公司（简称桂冠电力）、龙滩水电开发有限公司（简称龙滩公司）、大唐集团广西聚源电力有限公司（简称聚源公司）实行"四位一体"的管理模式。其中，桂冠电力股权结构为大唐集团59.55%、广西投资集团25.96%、其他股东合计14.49%；龙滩公司为桂冠电力的全资公司；聚源公司股权结构为大唐集团65%、广西投资集团30%、贵州省开发投资公司5%。大唐广西分公司还参股广西北部湾银行、广西银海铝业、大唐财务公司。大唐广西分公司主要经营水电、火电、风电及其他清洁能源的开发及运营；电站检修、技术咨询业务；兼营有色金属加工、金融服务等业务。

大唐广西分公司装机容量为1158.96万kW，其中水电997.81万kW、火电133万kW、风电28.15万kW，清洁能源比重达88.52%；所属12个基层发电企业、2个筹备处、3个专业公司和1个集控中心，总资产495.65亿元，在职员工总数3738人。大唐广西分公司在广西区内装机容量1045.68万kW，占全区装机总量的25.3%与全区统调装机的33.2%，在广西、四川、贵州、云南、山东、湖北等省区拥有在役水电站38个、火电厂1个和风电场5个。

领导班子

总经理、党组副书记：李凯

副总经理、党组成员：罗赤橙

副总经理、党组成员、工会主席：罗书葵

总会计师、党组成员：曹军

党组成员、纪检组长：黄晓衡

副总经理：王询

副总经理、党组成员：施健升

组织机构 截至2016年底，大唐广西分公司本部共有10个职能管理部门（总经理工作部、计划经营部、安全生产部、发展建设部、人力资源部、财务管理部、发展建设部、证券资本部、监察审计部、党群工作部），拥有12家基层发电企业（龙滩水力发电厂、大唐岩滩水力发电有限责任公司、大唐桂冠合山发电有限公司、广西桂冠电力股份有限公司大化水力发电总厂、大唐广源水力发电有限公司、广西桂冠开投电力有限责任公司、茂县天龙湖电力有限公司、广西平班水电开发有限公司、深圳市博达煤电开发有限公司、大唐桂冠山东电力投资有限公司、湖北省巴东沿渡河电业发展有限公司、大唐迪庆香格里拉电力开发有限公司），3个专业分公司（广西大唐电力物资有限公司、广西大唐电力检修有限公司、广西大唐桂冠电力营销有限公司），1个集控中心，2个筹备处（松塔筹备处、桂黔水电项目筹建处）。

经营局面 经营业绩。2016年，实现营业收入97.01亿元，同比降低15.83%，完成全年预算目标的94.91%；实现利润35.01亿元，完成利润确保值的109.42%，同比降低24.36%，其中水电利润39.34亿元（同比减少18.30%）、火电亏损4.48亿元（同比减利126.17%）、风电利润0.15亿元（同比增加26.72%）。其中归属大唐集团净利润15.07亿元，连续3年均居大唐集团分子公司首位。资产负债率66.72%，较年初降低3.04个百分点，比预算目标（69.17%）低2.45个百分点；龙滩电厂继续在大唐集团十大盈利电厂领跑，7家发电企业实现利润确保值，龙滩、广源、博达、沿渡河4家企业达到利润争取值。

电量工作。面对红水河流域来水总体偏枯的不利形势，积极与防汛、电网部门沟通，充分发挥龙头水库调控作用，通过汛前消落水位、优化梯级调度、动态控制汛限水位、加强拦污栅清污等措施，全年实现节水增发电量14亿kWh，发电水耗降至14.42m³/kWh。2016年，完成发电量402.69亿kWh，完成大唐集团下达计划目标的96.87%，同比降低14.05%。其中，水电367.32亿kWh，同比降低14.62%；火电30.89亿kWh，同比降低10.35%；风电4.48亿kWh，同比增加16.07%。

增收节支创效显著。通过置换高息贷款、提前还贷等措施，全年债务重组75.59亿元，同比减少财务费用6.23亿元，较预算节约1.87亿元。加大催办力

度，全年办理保险结案48件，获得赔款2708万元。龙滩、岩滩公司落实水电百万机组增值税即征即退政策，风电紧盯补贴电价和增值税退税落实，全年累计获益2.66亿元。落实新一轮西部大开发税收优惠政策，减免企业所得税4.47亿元。狠抓亏损企业专项治理，完成集团下达的减亏目标3838万元，其中聚源公司实现整体盈利2363万元。通过集中采购招标较预算节约资金5568万元，节支率22.90%。

参与市场竞争。努力规避水电弃水及大规模降价的风险，在政府计划安排水电参与市场交易29亿kWh的情况下，经过积极协调，仅拿出2亿kWh水电电量参与市场竞争，满足了政府、电网、用户对公司的期待。火电争取到12.28亿kWh交易电量，占市场电量的12.69%，超出装机份额0.75%，并实现电量转移5.6亿kWh；降价0.109元/kWh，低于平均降幅0.01元/kWh。川汇公司实现各类市场电量9.37亿kWh，占全年发电量的56%，利用小时超区域平均576h；香电公司通过竞价获得1.5亿kWh的市场电量。

结构调整 烟台天然气热电冷联产一期2台40万kW 9F级项目喜获核准。松塔水电项目完成13个专题报告咨询工作；八渡水电站项目正在开展南盘江综合流域规划审批工作。风电方面，宾阳马王项目（10万kW）在开发协议即将到期的情况下，积极协调顺利开工；遵义太阳坪二期项目（8万kW）具备核准条件，三期项目（5万kW）完成可研审查；陆川谢仙嶂一期项目（5万kW）完成可行性研究报告编制等工作。洪关太阳坪项目24台风机（4.8万kW）8月通过试运行，实现即投产、即稳定、即盈利。去学水电项目关键线路工期可控在控，转子吊装到位，主体工程具备下闸蓄水条件，送出工程完成验收，工程质量总体优良。龙滩通航建筑物工程按计划有序推进，下游引航道、二级塔楼基础开挖完成。

大唐广西分公司在役装机容量达到1158.96万kW，其中水电998.1万kW、火电133万kW、风电28.15万kW，清洁能源比重88.52%。

安全生产 全面落实大唐集团安全生产工作要求，推进"七个加强"工作，开展反事故专项检查、"四不两直"督查活动，全面推行安全监督工作点监制，加强重点领域安全防范，加强生产现场、外包工程督查管理。全年没有发生人身伤害和设备事故，龙滩、大化、桂开、川汇、平班、西津等多家电厂连续安全生产超过3000天。

设备管理不断加强。全年下达公司重点检修、技改项目205项，完成机组检修125台次，发现并处理了岩滩5号发电机多个空冷器渗漏等重大缺陷，保证机组安全稳定运行。全年发生大唐集团公司统计的非

停 2 次，低于集团考核目标 3 次，累计非停小时 6h，低于集团考核目标 162h。

严格落实防汛责任，扎实开展汛前准备，消除各类隐患 462 项；加强与属地政府沟通协调，进一步提升了企业与政府的应急联动水平；加强汛情监测预警，积极应对水情变化，及时消除了"8·20"金龙潭山体滑坡等自然灾害影响。

全年完成实用新型专利授权 51 项、发明专利 6 项；主持和参编行业标准 9 部、国家标准 3 部；获得省部级科技奖励 8 项、集团公司科技奖励 12 项；岩滩公司被命名为首批集团公司"创新型企业"。推进集控中心建设，完成 10 个厂站 44 台机组接入工作，各厂站基础信息、计算机监控、水情水调自动化、工业电视系统正常运行，建章立制、人员培训工作有序开展，通过大唐集团生产准备验收。

全年实现达标排放，环保满足国家要求；加大配煤掺烧力度，改善了节能指标。积极推进燃料"三大项目"正常投运，严格燃料采、制、化管理，强化问题整改，燃料基础工作逐步规范。

节能减排 加大环保治理力度，结合实际制定《大唐广西分公司 2015 年节能减排考核办法》和《合山发电公司 2015 年节能减排行动计划》。按照"争创先进，目标一流"的目标，成立了工作组织机构，制定了实施工作方案，研究提出了节能改造重点问题及综合治理项目。以降低供电煤耗为抓手，加强节能综合诊断，从优化电量结构、燃料结构、运行参数等方面做了大量有益工作。

开展"优化运行、确保安全、降本增效"工作，成立优化运行攻关小组。通过深入优化 3 号机组循环水系统运行实现机组经济真空运行，节约供电煤耗约 1.22g/kWh。通过 3 号机组低负荷运行采用从单阀变多阀运行的方式，汽轮机热耗率明显下降。通过锅炉燃烧调整、运行方式调整、配煤掺烧等手段使 3 号机组最低稳燃负荷从 330MW 降至 280MW，在机组深度调峰期间每小时可节约 1t 稳燃用油。

做好环保基础管控，加强机组烟气在线监测系统仪表运行维护，加强对机组脱硫、脱硝、除尘设施的运行、检修维护及环保监督管理，提高环保设施投运的可靠性和投运率。

资本运作 持续加强投资者关系管理，注重媒体宣传与舆论引导，桂冠电力市场认可度不断提升。2016 年，获得"中联上市公司业绩 100 强"的第一名、2016 年中国主板上市公司价值 100 强、"第七届中国上市公司投资者关系天马奖"等奖项；并首次进入《财富》中国 500 强，位列 467 位。推动聚源公司优质资产注入上市公司，完成桂冠电力收购荣公司（去学项目）100％股权；启动博达公司、黔南朝阳公司、检修公司股权收购及广源公司亏损企业重组治理等工作。按照大唐集团压减管理层级、优化产权结构的要求，通过直接注销、吸收合并等方式，注销了红源房地产、荣达煤焦、浙江纵横、金龙潭、金秀广能公司等 5 家法人单位。桂冠电力在川企业实现整合并落户成都，建立了统一运作管理平台。

从严治企 企业法治工作新五年规划和"法治大唐"建设方案稳步实施，法律风险防范机制持续深化，法律监督与风险管理职能逐步延伸，"三项业务"法律审核达到 100％。加强企业依法维权，妥善处理有关债务拖欠、合同违约、侵权责任纠纷等诉讼案件，其中川汇公司通过诉讼避免经济损失 3000 万元。完成公司所属 12 家企业经济责任审计和本部审计检查工作，分析经营业绩成果、理清责任问题，共发现审计问题 87 项，完成整改 79 项；完成 24 个工程项目造价审计，审减金额 555.44 万元。制定公司《水电修理定额暂行标准》《水电其他费用定额分类标准》等。开展新一轮公司本部制度修编，对 2003～2016 年的制度进行有针对性的修订、废止和完善。同时，严格新制度审查工作。

党建思想政治工作 推进"两学一做"学习教育，深入学习贯彻十八届六中全会和国企党建工作会议精神；加强党组织建设，公司与百色干部学院合作共建政工干部培训基地，系统各企业按时完成党费收缴专项检查和补缴等工作。落实中央全面从严管党治党的要求，强化监督执纪问责，开展组织约谈，督促落实"两个责任"，狠抓"四风"回头看，正确实践运用监督执纪"四种形态"，构建了清正廉洁的工作氛围。全年调整厂（处）级领导干部 21 人次，并对系统 114 名厂（处）级领导干部建立履职档案，干部队伍建设基础工作更加夯实。探索教育培训新模式，龙滩水电培训基地荣升为大唐集团干部学院广西基地；水电人才摇篮的作用逐步显现，大唐广西分公司系统多名干部、技术人员走向集团系统更大舞台。承办 2016 中国－东盟电力合作与发展论坛、全国发电企业新闻年会等重要会议。积极落实民生工程"六最"项目建设，着力改善职工生产生活条件，解决了一批广受关注的困难问题；广泛开展职工运动会等群众性活动；积极推进班组文化建设，启动"水电班组文化样板间"创建工作；积极履行社会责任，完成自治区党委部署的精准扶贫任务。

社会责任 坚持绿色发展理念。全过程推行清洁生产，注重源头保护，严守生态保护红线，认真贯彻落实国家环境保护法律法规，新建项目严格履行环境影响评价和水土保持方案审批制度，严格执行环境保护和水资源保护设施建设"三同时"制度。

去学水电站工程：施工区域内主要干道安装喷淋

系统，彻底解决了道路扬尘问题；沥青混凝土生产系统整体封闭，达到除尘降噪的目的，沥青混凝土生产期间按季度进行了环境监测，其中沥青站周边环境空气质量达一级标准。

洪关太阳坪风电项目：风电场自开工建设以来坚持生态优先、绿色发展的理念，执行环水保"三同时"制度，完成道路、边坡及风机平台的植被恢复，实现工程建设与环境的和谐。

精准扶贫。一是精兵强将＋精准定位。自2015年9月起，先后选派2位干部分别挂任大化县北景镇安兰村及板兰村党组织第一书记。2017年1月，又推荐一名副处级干部来大化县挂副县长，更好地协调、推进中央企业对口地方做好扶贫攻坚工作。二是电价扶持＋就业扶持。岩滩公司每生产1kWh电就拿出1.94分钱用于处理库区移民后期扶持遗留问题。2015年，向政府提供了超过1亿4千万元的专项资金；2016年提供了近1亿2千万元。同时，将帮助贫困家庭劳动力就近就业作为重要工作任务，不断拓宽贫困户就业渠道。2016年，向周边贫困家庭提供劳务派遣工作岗位近1000个。三是"美丽广西"乡村建设在行动。推进水、电、路等基础设施建设，投入30万元帮助大化县北景镇安兰村修建弄甲至弄约砂石路1.4km，直接受益群众21户95人；投入10万元帮助修建弄浪屯集中饮水工程，当地受益群众34户126人；投入5万元帮助建设公共服务中心修缮卫生间及排水设施等；投入1.5万元，帮助板兰村部购买电脑、打印机及办公桌椅。四是扶贫＋扶志＋扶智。组织大化县北景镇安兰村工作队及村干部考察牛、羊养殖产业试点示范区，探索安兰养殖业发展，推进安兰村百亩核桃示范园建设，筹建农产品合作社等。

开展公益活动。龙滩电厂倡议全体员工自愿捐款筹集80万元设立了"龙滩奖学金"，将每年的收益用于奖励天峨县高级中学品学兼优的同学。

主要荣誉

大唐广西分公司：2014～2015年度广西十佳企业、2014～2015年度广西优秀企业、2016广西企业100强、2016年度全国电力行业企业文化品牌建设先进单位。

桂冠电力：第七届中国上市公司投资者关系天马奖暨2016中国主板上市公司投资者关系最佳董事会、"中联上市公司业绩100强"第一名、首次入选《财富》中国500强、2016年中国主板上市公司价值100强、2016年中国上市公司创新品牌价值100强、第十届中国主板上市公司价值百强。

主要事件

1月21日，大唐广西分公司集控中心首台受控机组（大化电厂2号机组）成功接入。

3月2日，大唐广西分公司召开2016年安全生产工作会议。

4月25日，大唐广西分公司2016年党风建设和反腐败工作宣传教育月活动启动视频会议在南宁召开。

4月26日，大唐广西分公司"两学一做"学习教育启动会在南宁召开。

5月25日，广西桂冠电力股份有限公司与广西电网公司在南宁举行组建售电公司合作框架协议签署仪式。

6月30日，大唐广西分公司资金调度中心大屏监控系统投入试运行。

7月1～3日，大唐广西分公司2016年度水电自动化专业知识和技能竞赛在龙滩电厂培训基地举行。公司系统内10支代表队共24名水电自动化专业人员参加了竞赛。

7月13日，权威财经杂志《财富》（中文版）发布了2015年中国500强企业排行榜，广西桂冠电力股份有限公司首次进入榜单，排名第467。

8月23日，广西能源联合售电有限公司在南宁正式挂牌成立。广西能源联合售电有限公司由广西送变电建设有限责任公司和广西大唐桂冠电力营销有限公司共同出资设立。

9月11～12日，2016中国—东盟电力合作与发展论坛在南宁龙滩大厦举办。此次论坛由大唐集团协办，大唐广西分公司具体落实。

9月13日，第十三届中国—东盟博览会期间，广西壮族自治区政府主席陈武一行到大唐广西分公司展馆视察。

9月28～29日，大唐广西分公司协办的2016全国发电企业新闻年会在南宁龙滩大厦召开。

11月3日，大唐广西分公司开展主题为"互联网＋清洁能源"的"媒体进大唐"活动，邀请新华社、中新社、人民网、新浪广西、广西日报社、广西电视台等10家在邕主流媒体组成记者团到大唐广西分公司参观采访。

12月6日，大唐广西分公司与百色干部学院签订了政工干部培训基地合作共建协议。

12月29日，大唐广西分公司在南宁召开干部大会，宣布：戴波不再兼任广西桂冠电力股份有限公司、大唐广西分公司、龙滩水电开发有限公司总经理、党组书记职务；李凯任广西桂冠电力股份有限公司、大唐广西分公司、龙滩水电开发有限公司总经理、党组副书记；曹树文不再担任广西桂冠电力股份有限公司、大唐广西分公司、龙滩水电开发有限公司党组成员、纪检组长；黄晓衡任广西桂冠电力股份有限公司、大唐广西分公司、龙滩水电开发有限公司党组成员、纪检组长；施健升任广西桂冠电力股份有限公司、大唐广西分公司、龙滩水电开发有限公司副总经理、党组成员；吴启良任大唐广西分公司巡视员；谢丽英不再担任广西桂冠电力股份有限公司、大唐广西分公司、龙滩水电开发有限公司总经济师，到龄退休。

（魏中华）

【中国大唐集团新能源股份有限公司】

公司概况　中国大唐集团新能源股份有限公司（简称大唐新能源公司）是中国大唐集团公司从事新能源开发的专业化子公司，是国内领先的以风电开发为主的纯可再生能源公司。

大唐新能源公司业务主要以风力发电开发为主，同时涉及太阳能、煤层气发电等新能源领域。大唐新能源公司拥有经验丰富的前期开发、技术咨询、安装设计、工程建设、机组调试、运营维护、CDM开发等经验，拥有风电场群远程集中控制、电网友好型风场建设集成等行业先进技术。拥有世界上规模最大的区域性风电场之一——内蒙古赛罕坝风电场，亚洲首座海上示范性风电场——上海东海大桥风电场，拥有技术和标准国内领先的"电网友好型"风电场——内蒙古东山风电场，拥有专业的管理团队和多项国家"863"科技项目及专利技术，与多家世界500强企业、国内外新能源研究机构和科研院所建立战略合作关系。

大唐新能源公司从2003年开始风电开发工作。2005年8月，首批机组并网发电，实现了大唐集团风电项目"零"的突破。2009年1月5日，中国大唐集团新能源有限责任公司成立，成为中国大唐集团公司发展新能源的专业化平台。2010年7月9日，中国大唐集团新能源股份有限公司改制成立，2010年12月17日，成功在香港上市。

截至2016年12月底，大唐新能源公司装机规模达到850万kW，其中风电834.5万kW，光伏发电15万kW，煤层气发电0.5万kW。资产分布在全国22个省市自治区。

领导班子

总经理、党委副书记：周克文
党委书记、副总经理：米克艳
党委成员、副总经理：焦建清
党委成员、副总经理、工会主席：孟令宾
党委成员、总会计师：陈崧
党委成员、副总经理、总法律顾问：赵宗林
党委成员、纪委书记：白雪梅
总工程师：刘春东

组织机构　大唐新能源设总经理工作部（国际合作、政策与法律部）、发展规划部（新能源发展研究

中心）、计划营销部、人力资源部（培训中心）、财务管理部、资本运营与产权管理部、安全生产部（生产信息中心）、工程管理部、海外业务部（科技信息部）、政工部（企业文化部）、监察审计部（纪检组办公室）、工会工作部、发展战略研究室。

所管理单位包括大唐新能源赤峰公司、大唐新能源甘肃公司、大唐新能源山东公司、大唐新能源通辽公司、大唐新能源黑龙江公司、大唐新能源锡盟公司、大唐新能源蒙西公司、大唐新能源辽宁公司、大唐新能源西南公司、大唐新能源广西公司、大唐新能源陕西公司、大唐新能源河南公司、大唐新能源河北公司、大唐新能源广东公司、大唐新能源安徽公司、大唐新能源福建公司、大唐新能源华东公司、大唐新能源北京公司、大唐新能源试验研究院、大唐新能源科技产业开发公司。

经营业绩　2016年大唐新能源公司实现利润总额4.01亿元，净利润2.93亿元，归属母公司净利润1.98亿元。

安全生产　持续狠抓设备治理，开展风机提效技术改造，先后完成风电、光伏提质增效项目53项，16个场站发电能力明显提升，平均提效3%以上。其中，锡勒风场提效18%以上，恒山、多伦风场平均提效5%以上，光伏项目提效10%以上。风机可利用率达到98.58%，同比升高0.71个百分点。风场可利用率98.30%，同比升高0.86个百分点，相当于增发电量1.05亿kWh。开展限电攻坚，全年风电存量机组利用小时完成1755h，同比升高22h，超全国平均小时数13h。全年发电量达到122.97亿kWh，其中风电发电量120.77亿kWh，光伏发电量1.91亿kWh，瓦斯发电量0.29亿kWh。大唐新能源公司系统未发生一般及以上安全生产事故，安全生产局面保持稳定。

提质增效　全年新增资源总量217万kW（其中不限电地区资源180万kW，占比83%），累计核准86万kW。多渠道积极筹措资金，融资成本进一步降低。完成了60亿元超短融债券发行，利率保持在同期限同类公司较低水平，节约财务费用2937万元。持续开展债务重组，争取71.85亿元贷款利率下调、提前还贷3.61亿元，各项措施共节约利息0.87亿元；财务费用同比减少近2亿元。全年标杆电费平均回收周期同比缩短7.7天，完成保险理赔额5304万元，实现增值税退税1.25亿元。成本管理不断加强，千瓦营业总成本创历史新低。加强基建财务管理，推广票据支付工程款24.41亿元，节约在建期利息0.51亿元。

管理提升　全面推进标准化建设，结合大唐新能源公司实际，梳理制定风场、光伏电站规划、设计、

施工、验收、运行、检修等基础标准 123 项、技术标准 595 项、管理标准 132 项，工作标准 108 项，明确了各项管理标准、流程和要求，全面搭建了大唐新能源公司覆盖全业务链条的标准化体系。持续推进基层单位标准化达标工作，通辽、蒙西、山西三家管理主体通过中电联 AAAA 级"标准化良好行为企业"现场确认。7 项管理成果获得国家能源局中电传媒管理创新一、二、三等奖，两项课题获得大唐集团软课题一等奖和三等奖。公司被评为国家标准委第一批标准化服务产业试点单位、电力标准化工作先进集体、中国新能源行业创新发展示范单位。

科技创新 与华为公司合作，成立联合创新中心，共同打造"信息化、智能化、专业化、国际化"的技术与管理创新平台。《风力发电机组叶片综合提效技术研究与示范》项目通过中国电机工程学会技术鉴定，叶片增功组合技术、叶尖延长翼技术达到国际先进水平。全年共计新增专利申请 135 项，新增专利授权 81 项，其中包括 10 项发明专利。两项成果获第八届全国电力职工成果一二等奖，一项研究课题获中国产学研合作创新成果一等奖。《太阳能光热发电站术语》《典型太阳年产生方法》两项国际及《风电机组变桨系统检修规程》等 17 项行标获批立项。主编的行业内首个发电类 IEC 标准提案《槽式太阳能光热发电站设计总体要求》获得 IEC 立项批准，标志着中国发电领域国际标准化工作取得重大突破。

党建群团 开展"两学一做"学习教育活动，以党委中心组学习为载体，充分利用网站、电视和微博微信新媒体，积极组织党员干部学习党章党规、习近平总书记系列讲话，开展了"书写党章"、党员形象宣传片展播、"大干四季度，党员做表率"等系列活动，高质量召开了民主生活会，进一步增强了党员干部的党性观念。学习贯彻十八届中央纪委六次全会精神和集团公司反腐倡廉工作会议精神，落实主体责任和监督责任，强化责任追究，强化了惩防体系建设。加强外宣工作力度，连续两年荣获大唐集团新闻宣传 A 级企业，7 名通讯员获中国电力报优秀通讯员，大唐新能源公司被评为中国电力报优秀企业通讯站。精神文明建设不断深入，大唐新能源公司荣获大唐集团文明单位称号，继续保持"全国文明单位"荣誉。深度推进企业民主管理，基层工会及职代会建制率达到 100%。

主要事件

3 月 30 日，大唐新能源公司在香港举行 2015 年度业绩发布会。

6 月 20 日，大唐新能源公司主编的《太阳能光热发电站术语》和《典型太阳年产生方法》两项国家标准获国家标准化管理委员会批复立项。

8 月 23 日，大唐新能源公司在香港举行 2016 年中期业绩发布会。

10 月 3～5 日，在德国法兰克福召开的 IEC/TC117（国际电工委员会太阳能光热发电技术委员会）年会上，大唐新能源公司提交的 IEC 标准提案《槽式太阳能热发电设计导则》正式获批立项。

12 月 1 日，大唐新能源—华为联合创新中心签约仪式在深圳华为公司总部举行。

12 月 5 日，大唐新能源公司召开 2016 年度第一次临时股东大会暨三届一次董事会、三届一次监事会。

（张玉泉）

【大唐环境产业集团股份有限公司】

公司概况 大唐环境产业集团股份有限公司（简称大唐环境公司）是全国五家大型国有独资发电企业集团之一——中国大唐集团公司旗下发展节能环保产业的唯一平台。自成立以来，大唐环境公司始终秉持"立足集团，服务集团，走出集团"的发展理念，坚持"价值思维、效益导向"，坚持科技引领、创新驱动，专注于环保节能产业发展和清洁能源开发，逐步建立了以运营类为主、兼顾工程建设和产品制造的产业结构，形成了环保工程、脱硫脱硝特许经营、脱硝催化剂、科技工程、物料搬运、节能服务、水务、除渣除灰、土壤修复、信息技术等十个发展方向。凭借全国领先的、全面覆盖燃煤发电环保节能全产业链的业务布局优势，大唐环境公司具备为客户提供便捷、优质的研发、设计、产品、服务、投资、运营等一揽子环保节能解决方案，已经成长为中国电力行业环保节能领域的主导者和领先者。2016 年，大唐环境公司登陆香港资本市场。

领导班子

总经理、党委副书记：邓贤东

党委书记、副总经理、总法律顾问：路胜利

党委委员、副总经理、工会主席：胡晓东

党委委员、副总经理：刘银顺

党委委员、总会计师：李震宇

党委委员、副总经理：申镇

党委委员、纪委书记：刘建祥

党委委员、副总经理：毛辉

总经济师：曾兵

组织机构 在大唐集团总体管理框架下，大唐环境公司进一步健全了二级责任主体管控模式，本部设置 12 个职能管理部门。为贯彻落实大唐集团"一带一路"发展战略部署，大唐环境公司进一步充实了海外事业部人员力量，并将其划归至公司本部直接管理。目前，大唐环境公司共下属管辖 12 家业务单位，包括 5 个事业部、6 家子公司及 1 家设计院。

经营业绩　2016年，大唐环境公司整体实现营业收入118.98亿元，其中上市部分系统外收入达到17.80亿元，同比增收9.68亿元，占比达到21.63%，全面达成上市公司非关联交易比例要求。实现利润15.12亿元，同比增长67.45%。上市部分实现利润12.57亿元、归属母公司净利润10.28亿元，同比增长40.80%、45.72%。全年完成经济增加值8.3亿元。横向对标五大发电集团科技环保企业，大唐环境公司在实现利润、净利润、归属母公司净利润及经济增加值等方面均排名首位，发展效益最优。

安全生产　2016年，大唐环境公司按照大唐集团2016年1号文精神及大唐环境公司"1332"年度安全生产工作思路，吸取事故教训，以外包工程专项治理活动和反事故紧急专项行动为抓手，开展春检、秋检、"四不两直"专项督查工作，排查安全隐患，采取《停工令》《限期整改通知书》等措施。贯彻落实大唐集团"七个加强"工作要求，以强化基础管理为切入点，以问题治理为出发点，以规范管理和责任落实为抓手，补齐安全生产短板。全年编制工程业务标准138项、运营业务标准43项，颁布《超低排放安全管理手册》《海外项目安全管理手册》等安全管理指导文件，建立安全生产实时动态监控中心，提升了管理标准化、模块化、信息化水平，确保了安全生产形势平稳。

节能减排　达标排放保障有力。2016年，大唐环境公司在役75台套、36 160MW脱硫装置，49台套、28 120MW脱硝装置全部实现达标排放。在G20峰会期间，大唐环境公司靠前指挥、驻点督导，加强设备隐患排查，完成峰会期间空气质量保障任务。

超低改造顺利完成。大唐环境公司强化工程管理，高质量地完成了国际、陕西等分子公司51台机组改造任务，收到表扬信26封，户二超低排放改造项目提前15天实现全系统通烟，被评为地区超低改造样板工程。

生产指标集团创优。大唐环境公司脱硫减排电耗、石灰石耗、水耗完成2.06kWh/kg、1.82kg/kg、27.25kg/kg，同比降低4.19%、9.90%、22.56%，二氧化硫、氮氧化物排放绩效分别达到0.11、0.18g/kWh，较大唐集团平均水平低69.44%及75.68%，各项指标均创历史佳绩和大唐集团最优，专业化管理优势突显。

科技创新　科研平台建设。在充分发挥1个院士工作站、2个博士后工作站、3个省级企业技术中心和1个国家认证的催化剂检测中心等科研平台作用基础上，大唐环境公司首个中试级环保试验基地——大唐环境张家口环保试验基地于8月正式投入运营。新建职工创新工作室12家，实现了创新工作室基层企

业全覆盖，全年共取得创新成果201项，41项成果、论文获省部级以上奖项。

科技创新奖项。2016年新增专利授权161项，其中发明专利21项，共有6项自主研发科技成果荣获行业及省部级科技奖项，其中燃煤电厂多污染物协同一体化脱除的研究与应用荣获电力行业科技最高奖项——中国电力科学技术进步奖三等奖，大唐环境公司自主研发的节能型高效脱硫技术、3MW半直驱风力发电机组及大直径套筒式玻璃钢排烟内筒等3项成果通过电机工程协会鉴定，整体技术性能指标均达到国际领先水平。

科研基础工作。全年新增专利授权161项，其中发明专利21项；主编行业标准1项，参编国际标准1项、国家及行业标准4项，超额完成大唐环境集团考核任务。2016年，共有大唐环境公司主编的1项国际标准、1项国家标准及参编的4项国家及行业标准颁布实施，其中由南京环保主编的IEEE标准《火电厂烟气脱硝平板式催化剂》的实施有效地填补了该类产品国际标准空白。

国际业务　坚持国际化发展方向，2016年，大唐环境公司组建印度市场开发团队，与印度POWER MECH、Essar能源等公司签署了战略合作协议。目前，已中标哈萨克斯坦16台锅炉总包项目；获得泰国四个生物质电站总包项目预中标通知书；印度Essar公司2×660MW总承包项目正在开展合同谈判，即将正式签署；印度Lanco项目、Essar Salaya项目、Tata新能源项目、尼泊尔52MW水电项目、伊朗扎布尔50MW风电项目及赞比亚垃圾发电项目也取得了实质进展，为2017年实现更大的突破打下坚实基础。

队伍建设　干部队伍建设。2016年共组织59人次的干部职务调整工作，提任前，对拟提任人选均进行了个人事项报告重点核查和个人档案审核，确保不发生带病提拔现象。加强干部培养，选送了3名管理骨干和4名优秀人才参加大唐集团党校青年干部培训班和"80后"优秀青年人才培训班，通过多岗位锻炼、全方面培养等进一步充实公司各部门、各单位领导人员力量。

科研团队建设。重视科技研发人才团队建设，实行了"专业技术岗位序列"改革，并在脱硫、脱硝等8个专业开展了"专业技术首席专家"评选，为科研人员成长发展提供了更为广阔的舞台。

人才培训开发。参加各类培训，全年共完成800多人次的长短期培训；完成各类培训22期，累计培训学员1500多人次。申报国家和地方各项创新人才，2016年，推荐1人享受国务院政府特殊津贴，推荐3人参评地方和国资委的创新型人才。按时完成2015

年度专业技术资格评定组织工作，通过评定人员共 71 人，其中认定人员 45 人（高级 1 人，中级 23 人、初级 21 人），评审人员 26 人（高级 15 人、中级 11 人）。

党建和精神文明建设 "两学一做"学习教育。贯彻全面从严治党要求，开展"两学一做"学习教育，组织各级党课 70 次、专题讨论 5 次，征集学习心得 160 篇，在公司内部营造出了浓厚的学习教育氛围，激发了党员干部干事创业的热情。

党风廉政建设。聚焦"四风"问题，以表单式明责、痕迹化履责、靶向化督责为手段，切实履行"两个责任"，修订完善《廉政谈话制度》等 10 项制度，签订廉洁责任书 69 份，与 11 家单位、27 名党政主要负责人和纪委书记开展督责约谈，切实提高了党员干部的纪律意识和廉洁意识。

传承劳模精神。10 位劳模、博士、博士后组成的大唐环境公司劳模宣讲团，参加了大唐集团"学习劳模好榜样，提质增效做贡献"先进事迹报告会，在全系统巡回宣讲 12 场。

企业文化建设。发挥 19 个文体协会的作用，加强企业文化建设，合唱团、跑团、太极协会、乒乓球协会等多个文体协会在社会各项比赛、表演活动中取得优异成绩。

主要事件

1 月 19~20 日，大唐环境公司召开 2016 年工作会议暨一届三次职工代表大会。

2 月 16 日，大唐环境公司召开 2016 年党风建设和反腐败工作会议。

3 月 14 日，大唐环境公司召开 2016 年安全生产工作会议。

3 月 15 日，大唐环境公司召开 2016 年科技工作大会。

4 月 29 日，大唐环境公司召开第一届董事会第九次会议、第一届监事会第三次会议及 2015 年度股东大会。

8 月 30 日，大唐集团董事长、党组书记陈进行一行到大唐环境公司调研。

11 月 15 日，大唐环境在香港联合交易所主板成功挂牌上市。

11 月 15~17 日，中国技能大赛暨第十届全国电力行业职业技能竞赛在大唐南京环保培训基地举行，大唐环境选手在大赛中包揽团体一、二、三等奖，并取得个人第一、二、四、五、七、八、九和第十二名的战绩。

（王天宇）

中国华电集团公司

【公司概况】 中国华电集团公司（简称中国华电）是国家实施电力体制改革、由国务院批准组建的五家全国性国有独资发电企业集团之一。2002 年 12 月 29 日，中国华电在人民大会堂揭牌成立，注册资本 120 亿元人民币，主营业务为：电力生产、热力生产和供应；与电力相关的煤炭等一次能源开发；相关专业技术服务。

截至 2016 年底，中国华电发电装机容量 14 300 万 kW，资产总额 7791 亿元，控股煤矿产能达到 5580 万 t/年，资产主要分布在山东、贵州、黑龙江、四川、福建、江苏等 32 个省（自治区、直辖市）以及俄罗斯、柬埔寨、印尼等国家。控股华电福新能源股份有限公司、华电国际电力股份有限公司、华电能源电力股份有限公司、国电南京自动化股份有限公司、贵州黔源电力股份有限公司、沈阳金山能源股份有限公司、华电重工股份有限公司等上市公司。

【领导班子】 董事长、党组书记：赵建国

董事、总经理、党组成员：温枢刚

党组副书记、副总经理：任书辉

党组成员、副总经理：陈建华

党组成员、纪检组长：张本平

副总经理：杨清廷

总会计师：邵国勇

【组织机构】 见 2016 年中国华电组织机构图。

【年度业绩】 2016 年，全年实现利润 131.2 亿元，同比下降－48.49%；销售收入 1873 亿元，同比下降 4%；核准电源项目 1283 万 kW，投产 811 万 kW，发电装机容量达 1.43 亿 kW，清洁能源装机占 37%；完成供电煤耗 303.1g/kWh，同比下降 2.1g/kWh；二氧化硫实时排放绩效 0.27g/kWh，同比下降 13%；氮氧化物实时排放绩效 0.3g/kWh，同比下降 23%。

【结构调整】 落实国家能源战略和产业政策，滚动调整公司"十三五"发展规划，优化调整结构布局。全年新核准电源项目中，清洁能源占比达 76%。抓住国家推进大型水电基地建设契机，加快水电发展步伐，金沙江上游水电开发实现新突破，流域装机规模最大的叶巴滩水电站获得核准；中国华电首个抽水蓄能电站福建周宁电站开工建设，大古水电站实现大江

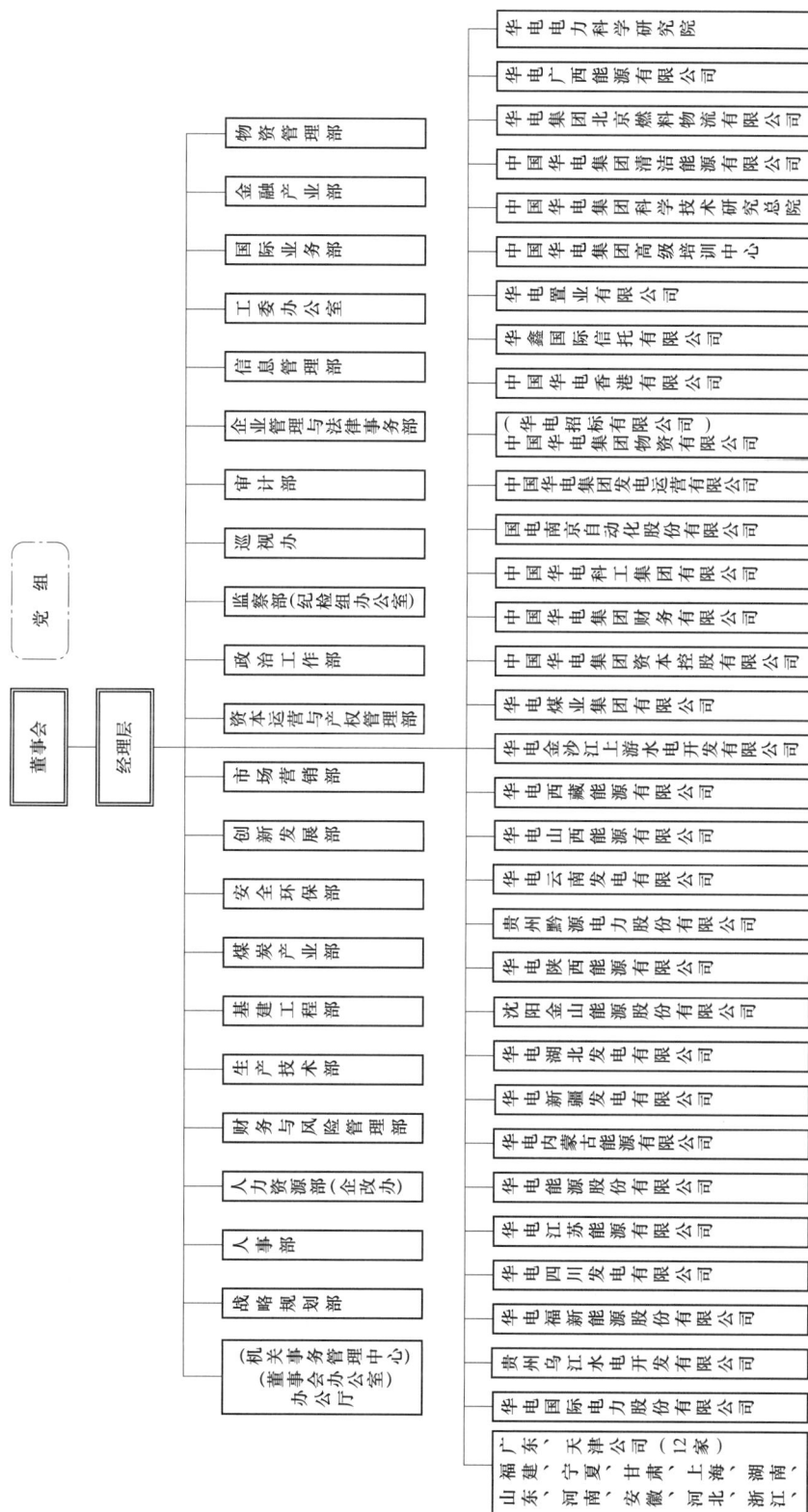

2016年中国华电组织机构图

党组

董事会　经理层

物资管理部
金融产业部
国际业务部
工会办公室
信息管理部
企业管理与法律事务部
审计部
巡视办
监察部(纪检组办公室)
政治工作部
资本运营与产权管理部
市场营销部
创新发展部
安全环保部
煤炭产业部
基建工程部
生产技术部
财务与风险管理部
人力资源部(企改办)
人事部
战略规划部
办公厅(董事会办公室)(机关事务管理中心)

华电电力科学研究院
华电广西能源有限公司
华电集团北京燃料物流有限公司
中国华电集团清洁能源有限公司
中国华电集团科学技术研究总院
中国华电集团高级培训中心
华电置业有限公司
华鑫国际信托有限公司
中国华电香港有限公司
中国华电集团物资有限公司(华电招标有限公司)
中国华电集团发电运营有限公司
中国电力南京自动化股份有限公司
中国华电科工集团有限公司
中国华电集团财务有限公司
中国华电集团资本控股有限公司
华电煤业集团有限公司
华电金沙江上游水电开发有限公司
华电西藏能源有限公司
华电山西能源有限公司
华电云南发电有限公司
贵州黔源电力股份有限公司
华电陕西能源有限公司
沈阳金山能源股份有限公司
华电湖北发电有限公司
华电新疆发电有限公司
华电内蒙古能源有限公司
华电能源股份有限公司
华电江苏能源有限公司
华电四川发电有限公司
华电福新能源股份有限公司
贵州乌江水电开发有限公司
华电国际电力股份有限公司
山东、福建、广东、天津公司（12家）河南、宁夏、甘肃、安徽、上海、河北、浙江、湖南、截流，全年投产水电 159 万 kW。布局天然气发电和燃气分布式能源，山东青岛天然气热电联产、天津军粮城扩建燃机、上海莘庄二期三联供、江苏金湖分布式等一批项目获得核准，河北石家庄燃机和北京通州、广东江门、深圳坪山等分布式项目开工建设。有序推进新能源开发，资源储备增加明显，全年核准风光电 446 万 kW，投产 122 万 kW。开拓热力市场，供热规模稳中有增。坚持"优选、严控、精建"和"四策划一优化"原则，严格把好工程建设质量关，合理控制工程投资，新疆喀什热电联产项目荣获国家优质工程奖。加快推进煤矿证照办理，小纪汗煤矿取得土地使用证，隆德煤矿完成水环境评审，下梨园煤矿取得营业执照并转入联合试运转。科工产业进行交叉业务整合，加快培育水务、环保、信息技术等战略性新兴业务，推动重工装备制造转型升级。华电科工荣获"中国工业大奖表彰奖"，国电南自取得国家首批"信息系统集成及服务大型一级企业"资质。落实国家"一带一路"倡议，推动境外绿地项目开发，越南沿海二期项目完成立项决策和发展改革委备案，按期实现融资关闭；印尼巴淡、巴厘岛和柬埔寨额勒赛等项目运营稳定。拓展工程承包、技术服务和国际贸易业务，目前正在执行的技术服务合同约 1000 万 kW。

【深化改革】 按照国家全面深化改革和创新驱动战略部署，持续加大改革创新力度。继续深化总部"抓总"、区域"做实"、基层"强基"管控体制改革，进一步加大对二级单位授权力度。根据形势变化和发展需要，优化调整总部组织架构，研究推进投资决策、国际业务、监督体制等系列改革。按照"一个区域一个管理主体"的原则，对部分新能源企业、云南区域三家企业实施了管理整合。深化劳动用工制度改革，推行发电企业大定员管理，研究提出金融、科工企业员工契约化管理办法和指导意见，有序推进全员业绩考核试点工作。

【生产经营】 开展提质增效工作，内挖潜力，外拓市场，提升效益，归属母公司净利润、净资产收益率、保值增值率等主要经营指标继续保持同类型企业前列。坚持以用户为中心，加大市场营销力度，争取计划电量和优先发电权，抓好大用户直接交易，全年争取市场电量 1240 亿 kWh，超过平均装机占比。加强厂内燃料管理，推进入厂煤标准化实验室和燃料智能化试点建设，开展燃料管理评价，提升燃料管理水平。推进招标和物资集中采购平台建设，加大集中采购力度，降低采购成本。推进"瘦身健体"，压缩管理层级，减少法人企业户数，共批复 103 家企业"压减"方案，压减法人企业 8 户。深化 7S 管理和星级企业创建，全面推行精益管理，深入开展对标管理。推进全面风险管理体系建设，抓好内部试点单位督

导，强化负债率和负债规模双控管理。全面实施法制工作新五年规划，加强规章制度、合同和法律纠纷案件管理，配合监事会开展外部监督检查，促进企业依法合规经营。

【安全环保】 贯彻国家安全生产工作部署和要求，强化组织领导，健全管控体系，落实安全生产责任制，强化"四不两直"暗查暗访，开展环保技改和输卸煤系统"双治理"，推进煤矿安全质量标准化建设，提升现场安全管理水平。建立事故约谈制度，严格事故责任追究，提高执法问责效果，保持安全管理高压态势。加强设备管理，创新技术监督，37 台火电机组获得能效对标竞赛优胜奖，不连沟、小纪汗、肖家洼等煤矿被评为国家级安全高效矿井。落实国家环保要求，新投煤电机组全部实现超低排放，推进现役煤电机组超低排放改造，全年新增超低排放机组 3418 万 kW，累计达 4532 万 kW，占煤电装机的 51%。进一步健全环保监督管理体系，做好碳排放权交易准备，推动"互联网＋环保监管"信息化平台建设，强化环保监督检查，有效防控环保风险。

【信息化建设】 网络安全统一管控项目列入国家信息安全专项，通过专家评审，在央企中率先实现集团级互联网、广域网和移动网接入的安全统一管理，网络安全受到公安部的表彰。完成 4 个区域 ERP 全模块推广实施，实现 ERP 合同模块在三级以上单位全覆盖，深化燃机备件联储联备、重大合同和物资集中采购管理 ERP 应用。办公自动化、档案、商密"三合一"信息系统上线试运行，华电上海数据中心一期正式投运，信息化管理水平得到提升。

【科技发展】

1. 科工产业发展思路及规划

"十三五"发展思路：将"梳理、调整、搞活、提高"作为做强科工产业的重要方针，将聚焦主业和提高科工产业创新能力作为做强科工产业的首要任务；长期专注于市场前景较好、具有一定竞争力的核心业务，加强研发和队伍建设，进一步打造核心竞争力，使其成为行业领先者；坚持服务好中国华电主业，为主业发展提供科技支撑；参与国际竞争，塑造具有较强影响力的华电科工国际品牌形象。

"十三五"发展规划：服务中国华电主导产业能力明显加强，核心专业竞争力进一步增强，其中，行业领先的专业占比达到 30%，重点领域掌握行业标准话语权；主要产品和服务的毛利率高于同行业平均水平；主要业务资质满足市场开拓的要求；到 2020 年科工产业实现从生产型制造向服务型制造转变，各核心专业具备持续创新能力，形成完整的研发、设计、制造及市场开发体系。

2. 科工产业发展与创新

优化科工业务布局，开展交叉业务整合工作，编制印发"推进水务业务整合"和"实施青岛华拓公司资产重组"两个方案，推进了科工产业核心业务整合。2016年，科工产业在工程项目开发方面取得较好的成绩。华电科工所属华电重工签署国家电投滨海北区 H2 号 40 万 kW 海上风电场"六合一"施工合同，是目前核准的最大容量整装海上风电项目；中标东亚电力燃气发电厂成套设备供货及服务项目，实现了中国华电外燃机市场的突破；郑州机械院承接了江苏句容供热改造项目，是国内首台百万机组供热改造 PC 工程；水务专业相继中标 TJB5、6 号机组海水淡化和工业废水、煤水处理，陆丰核电 1～4 号机组海水淡化、江苏句容脱硫废水零排放等项目；内蒙古伊泽圆形料仓系统工程、新疆喀什水岛项目荣获 2016～2017 年度国家优质工程奖；山西大同光伏电站打造行业"领跑者"典范；达坂城风电项目荣获"2016 年度电力行业优质工程奖"；上科大分布式能源项目树立了"一厂多站少人值守"的商业运行模式新标杆，荣获 2016 年度中国分布式能源优秀项目创新奖。国电南自实施西藏尼玛县可再生能源局域网工程，该项目是迄今为止海拔最高、规模最大的微电网项目，展示了国电南自在微电网、储能等新业态领域的前沿技术和工程建设能力；中标锡盟—胜利 1000kV 特高压交流工程和锡盟—泰州、上海庙—山东±800kV 特高压直流工程换流站用保护设备；取得了国网公司变电站设备整站招标（浙江湖州 220kV 旧馆变电工程二次设备集成项目）的业绩；中标宁夏中卫 330kV 区域稳定控制系统，紧跟国网区域稳控的前沿技术步伐；签订了中国华电内外 4 个电厂 8 台百万超超临界机组（其中 6 台百万等级超超临界二次再热火力发电机组）的 DCS 分散控制系统项目，2016 年新签百万机组业绩跃居全国第一；中标国电宁夏方家庄电厂 2×1000MW 机组工程计算机网络监控系统（NCS）、厂用电监控系统（ECMS）及全套保护设备；实施乌兹别克斯坦铁路三期、埃塞俄比亚铁路、沪昆客专、哈满铁路、渝黔铁路等多个重点项目；参与的 G20 峰会网络安全保障工作受到公安部、能源局的表彰。

【走向海外】 贯彻国家"一带一路"倡议，实施"走出去"战略，按照"四轮驱动"模式协调推进，安全风险可控在控，各项国际业务均取得了新的进展。截至 2016 年底，中国华电境外控股在运装机规模 922MW，在建装机规模 1803MW，投资项目分布在印尼、柬埔寨、俄罗斯、西班牙、加拿大、越南等国家。已完成及正在执行的境外电厂 EPC 合同约 50 亿美元，主要分布在印尼、柬埔寨、越南等国家，有效带动了国产设备、技术输出。已完成及正在执行的境外电厂技术服务装机容量约 4000 万 kW，涉及拉美、欧洲、亚洲等多个地区，规模继续保持中资电力企业前列。拓展工程技术产品的国际市场，通过全球采购进口性价比高的物资设备，促进国际贸易保持较快增长。

【党建工作】 学习贯彻十八届六中全会、全国国有企业党的建设工作会议精神，强化理论武装，指导推动实践。开展"两学一做"学习教育，坚持领导带头、上下联动、学做结合，推动全面从严治党向基层延伸，得到中央督导组充分肯定。落实党建工作责任，建立实施"党员活动日"制度，推进二级单位党组改党委和基层党委按期换届，分片区调研督导基层党建，严格二级单位党建工作考评。加强反腐倡廉建设，推进"两个责任"落实，坚决防止"四风"反弹。以强化考核评价和管理监督为抓手，加强领导班子和干部队伍建设，加大干部公开选拔和交流力度。强化人才队伍建设，规划建设 22 家员工技能培训中心，制定发电和煤炭产业主要岗位能力培训标准，组织开展火电精密点检、人力资源管理、水电检修、煤矿瓦斯管理等技能大赛。加强社会责任管理，发布国内首份温室气体排放报告，参与精准扶贫和社会公益事业，尼玛县电力援藏项目并网发电。

（李　甜）

【中国华电科工集团有限公司】

公司概况　中国华电科工集团有限公司（简称华电科工）是中国华电集团公司 100% 投资的有限责任公司，是中国华电科工产业板块的重要组成部分和发展平台。

2016 年，华电科工荣获工业领域最高奖项——第四届中国工业大奖表彰奖，华电科工系统 3 家单位被认定为中国华电四星级科工企业，2 家单位被评为中国华电文明单位，4 家单位被评为中国华电安全生产先进单位。

领导班子

党委书记、董事长：孙青松

党委委员、总经理：霍利

党委成员、副总经理：马骏彪（中国华电集团公司部门正主任级）

党委成员、副总经理：刁培滨

党委成员、副总经理：姜学寿、彭刚平

党委成员、纪委书记兼工委主任：侯佳伟

党委成员、副巡视员：王汝贵

党委委员、副总经理：李林威

总工程师：沈明忠

党委委员、总会计师：李国明

主要领导人员变动情况：2016 年 1 月 13 日，霍利任党委成员、总经理。2016 年 6 月 13 日，李国明任党委成员、总会计师。2016 年 10 月 12 日，马骏彪兼任华电重工股份有限公司党委副书记、总经理职务；王汝贵不再担任华电重工股份有限公司党委副书记、总经理职务，任副巡视员职务。

年度工作 2016 年，华电科工资产总额达到 312.64 亿元；实现营业收入 137.45 亿元；利润总额 4.22 亿元；资产负债率 75.52%。287 个项目完成结算，56 个项目完成清理；存量"两金"占用压降 53%，超过年度目标 33%；实现经营性现金净流入 13.6 亿元；参股公司收到现金分红款 4180 万元；新签合同额 292 亿元，完成考核指标的 122.79%。华电重工成功获得风力发电专业设计乙级资质，签署国家电投滨海北区 H2 号 40 万 kW 海上风电场"六合一"施工合同。郑州机械院获得江苏句容供热改造项目；相继中标 TJB5、6 号机组海水淡化和工业废水、煤水处理，陆丰核电 1～4 号机组海水淡化、江苏句容脱硫废水零排放等项目；山东肥城 UPC 风电、济源任庄光伏等项目试点建设。

生产经营 安全生产方面。开展安全生产天数通报、安全生产月、主题安全法规知识竞赛以及系列安全文化宣教活动，召开灵武环保项目安全生产现场会，持续提升了全员安全生产意识。加强安全生产费用投入、使用、监督，各专业公司累计投入 3507 万元，在执行项目累计投入 7658 万元。通过"四不两直"方式，深入开展春秋季安全大检查和专项安全大检查，发现并督促问题整改 1036 项；开展反违章管理年，创新建立安全监审监理工作机制，建立远程视频监控系统，开展业主定期回访联络、专业公司负责人约谈等，不断提升了安全管控水平。

市场营销方面。利用市场营销平台数据整合分析功能，有针对性地制定售后服务方案，服务质量不断提高；加大客户回访工作力度，开展顾客意见调查，满意度 100%。开拓中国华电集团外市场，加快与国内外各类投资机构、工程总包单位、大型企业集团建立战略合作关系，带动了各专业发展。华电重工四大制造基地紧抓"精益生产"不放松，创新"自主经营"求突破，全年新签合同额 11.68 亿元。上海合资厂引进 TM2500 业务，签订 8 台 LM6000PF 机组销售合同，合同金额 14 亿元；获得 6 台机组合约式服务合同，实现了燃机长期服务"零"的突破。

工程建设方面。截至 2016 年 12 月 31 日，华电科工项目在建规模 317 亿元。江陵项目作为一号工程，以鲁班奖工艺要求为基础，全面推进达标创优，工程质量、工艺水平不断提升，主体工程有序推进。国家电投滨海北 H1 区海上风电、华电江苏大丰 H8 测风塔项目完工，华电科工已经完全具备海上风电综合施工能力。内蒙古伊泽圆形料仓系统工程、新疆喀

什水岛项目荣获 2016～2017 年度国家优质工程奖。完成燃煤电厂超低排放和节能改造 3676 万 kW，各项污染物排放指标均达到或优于设计值，被授予"中国工业烟气治理十大环保企业"等 5 项荣誉称号。山西大同光伏电站打造了行业"领跑者"典范；达坂城风电项目荣获"2016 年度电力行业优质工程奖"。上科大分布式能源项目树立了"一厂多站少人值守"的商业运行模式新标杆，荣获 2016 年度中国分布式能源优秀项目创新奖。

运营项目管理方面。持续优化投资结构，开展境外电站、市政水务、环保 BOT 等投资业务，投资规模累计达到 115 亿元。贯彻中国华电国际发展战略，加快境外能源产业布局，推进越南沿海二期项目各项工作，按照 BOT 协议要求实现融资封闭，获得了越南政府的高度认可和赞扬；巴厘岛电厂顺利移交，电厂运行稳定，各项指标完成情况良好，被评为中国华电首届社会责任十佳案例。截至 2016 年 12 月 31 日，巴淡、巴厘岛电厂共完成发电量 38 亿 kWh，超过年度发电量计划 20%；实现营业收入 14.77 亿元，净利润 1.88 亿元。栾城、浚县、朔州等水厂成功投运，在建在运水厂规模 68.67 万 t/天。

精细化管理方面。成立采购管理中心，进一步加强采购与物资管理，完成 701 家供方资格审核，首次开展高压动力电缆等五个标段的集中采购，采购成本大幅降低。落实八项规定精神，不断加强五项费用监督管理，完成全年目标的 51.18%，同比降低 3%。加强项目关键环节和重点细节管控，制定 10 个关键节点，全过程无缝管控。完善设计管理体系，全面推广《EPC 项目设计管理手册》，控制工程造价和运行费用。开展重点项目现场巡查、环保质量专项检查，对所属 30 个工地 40 多个项目进行了巡查。全面开展工程创优策划，组织参观中国华电标杆十里泉电厂，召开江陵项目创优现场会，开展华电科工优秀质量管理小组评审，18 项成果荣获 2016 年中电建协 QC 成果奖，10 项成果荣获科技进步奖，3 项成果获评工法，1 项 QC 成果荣获全国施工协会 QC 成果二等奖。

基础管理方面。强化职能管理和服务，梳理完善规章制度 71 项。提高财务管控能力，完善财务管控体系，开展工程类、产品类、投资类项目分类预算管理，优化融资结构和融资渠道，清理资金拆借，开展"营改增"、税收筹划和税务稽查自查。注重法律风险防范，加强普法宣传和培训，开展合同评审、重大决策和规章制度法律审核，法治化程度进一步提升。推进办公、档案、商密"三合一"系统试点，筑牢公司网络安全防线。加快信息管理平台建设，完成计划投资管理、科技管理及 EM 管理等多个信息系统管理模块的改造及上线运行。

改革发展　结构调整方面。贯彻落实能源产业政策和中国华电深化改革各项决策部署，制定下发并动态调整"十三五"发展规划，打造"科技引领、工程做强、产品做优、投资高效、服务一流"的科工集团。加快推进工程承包、装备制造和投资经营协同发展的产业格局，装备制造、投资收益占比达到45%。稳步推进深化改革，明确重工及高端制造、环保及新能源板块改革方向和实施路径，制定电站投资建设板块整合方案，开始形成创新驱动、协同发展的产业优势。按照中国华电科技体制改革要求，开展科研总院和电科院改革，为中国华电创新驱动战略实施贡献了力量。

资本运作方面。全面推进华电水务上市，成功引入6家外部投资者，获得战略投资4.3亿元。加强华电重工规范治理，荣获上交所信息披露考核A级。推进"瘦身健体"，制订三年工作计划，有序压缩管理层级，北京恒信、华电钢结构、江西页岩气三家单位完成清算注销。

内部改革方面。调整完善职能机构设置，优化日常决策与运行机制；增强业绩考核的导向性、针对性和实效性，推行全员业绩考核评价，将单位考核和重大项目考核有机结合；开展"三重一大"民主决策专项监督检查，查摆问题、建议20条，督促整改落实，防范了决策风险；加强投资发起、立项、施工准备审批引导，明确收益门槛，严把重要经济指标审核，不断提高投资项目的价值创造能力；制定重大战略投资项目专项协调机制，发挥各职能部门、专业公司合力，全过程参与项目协调、审批和建设管理，项目有效推进。完成青岛脱硝催化剂、扬州脱硝BOT、武清三期西区污水厂后评价。

人力资源方面。累计轮训副处级以上干部和中青年后备干部220人次、二级单位中层以上干部近300人次，新提任各层级干部培训率达到100%；构建专业人才队伍培养机制，开展"传帮带"和导师培养，建立职工个人培训台账，全年开展培训和资质资格认证390余次、8500多学时。首次开展首席科技专家、资深科技专家、高级科技专家评选，37名员工被评为华电科工技术专家。

科技创新方面。一是持续完善科技研发体系。强化制度建设，构建科研投入、管理、奖惩长效机制，2016年，新立科技项目71项，结转55项，在研126项。其中，国家及省部级科技支撑计划项目6项，国家、行业技术标准2项，中国华电科技项目24项。二是推进科技研发应用。2016年，获得新授权专利223项，其中，发明专利24项。企业累计持有专利765项，其中，发明专利90项。9项科技成果获得中国华电及行业科技进步奖；22项成果通过中国华电或行业协会科技成果评审鉴定；2项"十二五"科技支撑计划重点项目通过正式验收。企业荣获"北京市专利示范单位""2015－2016年度电力标准化工作先进集体"称号。

党的建设、精神文明建设、企业文化建设　深化党内学习，抓紧抓实"两学一做"学习教育和"党员活动日"制度，开展主题学习讨论、书记讲党课、手抄党章等活动，锤炼党性修养，坚定理想信念；加强组织建设，召开华电科工一届一次党代会；所属单位全部完成换届选举、党支部设立和委员补选；实施基层党建"细胞工程"，成立9个项目党小组，构筑项目建设"红色引擎"；在企业管理和项目一线深入开展"创党员品牌工程""党员示范岗""党员先锋队"等活动，充分发挥党员先锋模范作用。落实"两个责任"，将干部的教育、管理和监督关口前移，开展领导人员集体廉洁谈话和约谈103次，副厂处级以上领导人员141人。以江陵总承包项目为试点，探索项目廉洁共建，打造"窗口工程""示范工程""阳光工程"。建立华电科工微信公众号，开展"走进科工"系列宣传报道，不断扩大华电科工影响力。健全民主管理机制，召开职代会，全面落实各项职权，办理职工代表提案58件，开展巡视15次，排查各类安全保护、劳动关系等隐患50多项，采纳实施各类合理化建议121条。持续激发员工创新创效活力，推进"号手岗队"创建，开展人力资源、安全生产等技能大赛。强化标杆班组建设，多个集体和个人荣获了中国华电工人先锋号、巾帼示范岗、"五型"标杆班组、劳动模范、巾帼建功标兵等称号。深入开展送温暖、困难职工帮扶，做好社保、优秀员工特殊奖励基金、医疗保险基金、派遣员工转制和优秀人才引进落户等工作，实施患重大疾病人员专项补助，举办丰富多彩的文体活动，员工幸福指数持续提升。加强共青团规范化建设，开展共青团工作述职和考核评价，持续推进悦读青春、青创先锋、素质登高、"行走春风"献爱心、结对帮扶等团青品牌活动，进一步激发了广大青年的活力。

主要事件

2月26日，华电机械院获得了由河南省住房和城乡建设厅颁发的市政行业（城镇燃气工程）专业乙级和化工石化医药行业（石油及化工产品储运）专业乙级工程设计资质证书。

5月16日，由国家能源局发起的"印尼中资电力企业座谈会"在华电科工所属中国华电工程印度尼西亚有限公司召开。会议由国家能源局副局长郑栅洁主持，中国驻印尼大使馆公使衔参赞王立平出席了会议。

5月19日，"中国华电、度度关爱"接力行动在巴厘岛站正式拉开序幕，并为当地学生和居民送去关怀，整理环境，向他们宣传"度度关爱"璀璨你我、绿色家园、携爱伙伴、聚善公益四大责任工程，用健康低碳的活动形式让更多人了解中国华电创造绿色能源、矢志持续发展的社会责任理念。

5月25日，以"适应经济发展新常态，推动储能应用新发展"为主题的第六届中国国际储能大会在深圳召开，华电电科院在储能及分布式能源领域技术研究成果及所做贡献受到表彰和肯定，荣获了"2016年度中国储能产业最佳微电网示范工程奖"。

5月25日，华电重工承建的国家电投滨海北H1号区100MW海上风电项目最后一台风机于5月25日下午15∶08分安装完成，成为国内第一批采用大直径单桩法兰基础形式在近海风电场中第一个完工的项目。

6月8日，由华电机械院监理的景洪升船机通过试运行前验收。是继三峡升船机试运行后，华电机械院在通航设备监理监造领域的又一里程碑。

6月20日，华电科工承建的山西大同"领跑者"100MW山地光伏项目并网发电成功。

6月21日，华电科工主持承担的第二个国家"十二五"科技支撑计划项目课题《餐厨废弃物干法发酵制备生物质燃气及并网发电技术及应用》通过辽宁省科技厅组织的课题验收和财务验收。

7月1日，华电重工取得了电力勘测设计企业安全生产标准化"一级达标企业"证书，提升了华电重工安全标准化管理水平。

7月22日，华电科工与中原油田勘探局在华电科工大厦签署战略合作协议。

8月1日，华电科工承建的达坂城300MW风电工程，经中国电力建设企业协会资料预审、现场复查、会议评审和网上公示等各项程序，获得了2016年度中国电力优质工程。

【华电煤业集团有限公司】

公司概况 华电煤业集团有限公司（简称华电煤业）成立于2005年8月，是中国华电集团公司从事煤炭及相关产业开发的专业公司。华电煤业注册资金36.57亿元，现有股东11家，其中：中国华电控股60.04%，上海世富股权投资公司（战投）参股10%，华电国际等中国华电系统内9家单位合计参股29.96%。截至2016年12月31日，华电煤业资产总额584.66亿元，净资产147.78亿元，资产负债率74.78%。华电煤业于2014年11月受托管理中国华电晋、陕、蒙、新、黑5个区域的14个煤矿，资产总额125.02亿元，净资产7.75亿元。华电煤业本部设19个职能部门，拥有5个分支机构、5家全资子公司、12家控股子公司、1个临时机构、14家专业化管理煤矿和17家参股公司。

领导人员

董事长：王旺旺

总经理、党委委员：殷作如

党委书记：李学军

党委委员、副总经理：李强德、张忠贵、路万科、兰毅、杜和平

纪委书记、工委主任、总法律顾问：杨信

党委委员、副总经理：徐建伟

主要领导人员变动情况：2016年3月18日，杜和平任党组成员、副总经理（中国华电集团公司部门正主任级）。2016年6月13日，殷作如任党组成员、总经理，不再担任党组副书记、副总经理职务；李学军任党组成员、书记；徐建伟任党组成员、副总经理；丁焕德不再兼任党组书记职务；管春峰不再担任党组成员、总经理职务；梁璟洲不再担任党组成员、总会计师职务。2016年11月14日，王旺旺任董事、董事长；殷作如任董事；丁焕德不再担任董事长、董事职务；管春峰不再担任董事职务。2016年9月20日，撤销中共华电煤业集团有限公司党组、党组纪检组，成立中共华电煤业集团有限公司委员会及纪律检查委员会，李学军、殷作如、李强德、张忠贵、路万科、兰毅、杜和平、杨信、徐建伟任中共华电煤业委员会委员，李学军任书记；杨信任中共华电煤业纪律检查委员会委员、书记。

组织机构 总部设19个部门。有5个分支机构、5个全资子公司、12个控投公司、13个专业化管理煤炭企业、18个参股公司、1个临时机构。

年度业绩 2016年，华电煤业实现经营性利润总额4.2亿元，比2015年增加18.4亿元，比中国华电下达指标增利25.63亿元；毛煤产量完成5412万t，原煤产量完成4593万t，同口径比2015年增加18%；发电量完成52.51亿kWh；甲醇产量完成61万t；港口接卸量完成1065万t；船舶货运量完成2086万t。

经营管理 加强各领域、各环节的成本管理，着力增强低成本竞争优势，全年原煤直接生产成本32.07元/t，比2015年下降3.26元/t，节约成本支出约1.5亿元。所属煤矿通过优化设计、优化布局、改善设备技术参数等措施，节约费用超过1.3亿元。创新开展坑口竞价销售，实现了企业经济效益和区域内销售话语权"双提升"；全面推进煤炭质量管理和标准化实验室建设，煤炭综合平均热值5167kcal/kg（1kcal＝4.186kJ），比2015年增加130kcal/kg。开展"五小"活动和修旧利废活动，组织推广优秀成果，"五小"成果创效3400万元，修旧利废节约成本870万元。推行集采招标，发挥规模采购优势，全年节约资金4.1亿元。打造具有自身特色的精益化管理体

系，华电煤业系统诊断浪费1821项，消除浪费1656项，基层生产单位开展OEE测算分析和改进提升，提高了设备开机率。搭建以本部"五集中、三统一"为统领、基层煤矿7大预算模块为支撑的全面预算管理体系，在本部和3个主力煤矿推广。组织开展的《煤炭企业集团集成化全面预算管理体系构建与实施》课题研究，获2016年度煤炭行业和中国华电管理创新成果一等奖。明确各层级的专业化管理职责，组织修订各层级管理制度，分公司、专业化管理煤矿全面融入企业管理体系。完善对标指标体系，建立了涵盖各产业板块的三级指标体系。全面推广7S管理，不连沟、肖家洼、白芦和福建储运完成精品工程打造。

项目发展 不连沟煤矿物流园取得土地使用批复，铁路用地通过国土部评审。小纪汗煤矿取得土地使用证和联合试运转批复，单项工程质量认证通过验收，安全设施和职业病防护设施通过验收。肖家洼煤矿取得国家能源局化解煤炭过剩产能任务复函，安全设施通过验收。隆德煤矿完成环保验收。东高家梁煤矿万利矿区调规方案复审请示已报国家发展改革委。可可盖煤矿探矿权转让请示已报中国华电。昌吉公司矿权申请获得自治区政府批件，取得项目划定矿区范围批复。哈密公司英格库勒二、三区探矿权保留报件已报自治区国土厅。"煤制芳烃技术"被工信部列为重大关键核心技术，"煤制芳烃项目"被国家发展改革委推荐为"十三五"现代煤化工升级示范重大项目。小纪汗煤矿小苏计回风立井开工建设，井筒冻结完成并开始掘砌，铁路专用线开通运营；肖家洼煤矿铁路专用线工程全部完工，具备与瓦日铁路联调联试和验收条件；隆德煤矿800万t/年扩能技改工程全部完工；下梨园煤矿取得营业执照并转入联合试运转，通过综合验收；金通煤矿顺利复产；不连沟电厂1、2号机组"双投"。落实国家煤炭"去产能"要求，甜水堡一矿和滇北兴远、海峰煤矿通过国资委去产能验收，完成中国华电下达的责任目标。推进"瘦身健体"，撤销江苏、华东和秦皇岛分公司等4家单位，华晟、华鲲公司完成清算注销。

党的建设、精神文明建设、企业文化建设 构建"四位一体"的"大党建"工作体系，推进党组改党委和基层党委按期换届，对标升级"达标、创优、建示范"考评细则，实现基层党的组织和党的工作全覆盖。组织撰写的《混合所有制企业党建特点和关键措施研究》课题，获得中国华电政研课题一等奖和国资委政研成果二等奖。推行以职代会为基本形式的职工民主管理制度，落实企务公开制度。开展"我爱企业、企业爱我"现场交流活动，推进"井下移动餐车"、室内篮球场地等职工生产、生活和文体设施建设。承办中国华电煤矿瓦斯管理技能大赛，在中国华电人力资源技能大赛中荣获团体和个人二等奖。开展青年创新创效和"号手岗队"等青年品牌活动，福建储运获中国华电第五届青年创新创效成果金奖。

主要事件

4月25日，中国煤炭工业协会四届理事会第五次会议暨第八次全国煤炭工业科学技术大会在北京召开。会议表彰了2015年度煤炭工业科学技术成果，华电煤业报送的《煤层为主含水层矿井水害防治技术研究》获得科研项目一等奖。

6月7日，山西煤矿安全监察局党组书记、局长卜昌森一行到华电煤业山西分公司调研指导工作。

8月3日，国家安全监管总局、国家煤矿安监局审核公布《2015年度一级安全质量标准化煤矿名单》，不连沟公司煤矿、白芦煤业被评定为"一级安全质量标准化矿井"，不连沟煤矿连续五年获此项殊荣。

9月21日，中国煤炭工业协会发布2016中国煤炭企业50强和煤炭产量50强名单。华电煤业位列煤炭企业50强第28位，较2015年上升5位。这是华电煤业2011年首次进入中国煤炭企业50强以来，连续五年排名上升；煤炭产量位列第19位，较2015年上升4位。

9月26日，国家能源局副局长李仰哲到华电榆横煤化工公司调研，榆林市委常委、副市长、市政府党组副书记钱劳动，陕西省能源局副局长王东等陪同调研。李仰哲一行实地察看了世界首套万吨级甲醇制芳烃中试装置，听取有关工作汇报，提出希望加快推进煤基芳烃项目，争取早日建成投产。

11月4日，在2016年全国煤炭企业管理创新成果发布会上，华电煤业申报的《煤炭企业集团集成化全面预算管理体系构建与实施》从173项申报成果中脱颖而出，荣获"2016年煤炭企业管理现代化创新成果一等奖"。

11月15日，不连沟公司煤矸石热电厂2×300MW空冷机组工程2号机组，通过168h试运行，正式移交生产，标志着该厂2×300MW空冷发电机组工程全面竣工投产。

（王　昕）

【华电福新能源股份有限公司】

公司概况 华电福新能源股份有限公司（简称华电福新）前身为华电福建发电有限公司（简称福建公司），福建公司成立于2004年10月，是中国华电集团公司在福建设立的全资子公司。2010年10月，福建公司更名为华电福新能源有限公司，并与华电新能源发展有限公司进行资产重组；2011年8月，企业改制为华电福新能源股份有限公司；2012年6月，华电福新在香港联交所上市，注册资本76.22亿元人民币。截至2016年12月31日，华电福新股权构成为中国华电占 59.57％、中国电力工程顾问集团投资有限公司占 3.03％、昆仑信托有限责任公司占 2.43％、贵州乌江水电开发有限责任公司占 2.25％、中国华电科工集团有限公司占 0.94％、兴证创新资本管理有限公司占 0.91％、福建省大同创业投资有限公司占 0.30％、流通股占 30.57％。

华电福新是中国华电清洁能源发展的主力军和海外发展的生力军，是中国华电的骨干企业和重要投融资平台，主要业务为电力生产、销售，电力建设、管理咨询，电力资源综合利用，环保及其他高新技术开发等与发电相关的产业。企业拥有包括水电、风电、太阳能、分布式、煤电、核电和生物质能等多种发电类型，煤电、水电的资产和项目全部分布在福建区域，风电等其余板块主要分布在全国 27 个省、市、自治区及欧洲地区。截至 2016 年 12 月 31 日，华电福新累计装机容量 1510.41 万 kW，其中，水电 256 万 kW，拥有福建省境内七大龙头水库，多年平均发电量 80 亿 kWh；风电 738 万 kW（包含海外的西班牙巴辛风电 2.8 万 kW），福建、江苏、安徽、河南、广东、湖北、浙江等一批新的风电项目先后落地，风电利润贡献结构日益优化；太阳能 99 万 kW，开创了风光互补、渔光互补、屋顶分布式等特色发展模式，建立起青海、甘肃等多个光电基地；分布式能源 54.3 万 kW，先行先试的广州大学城项目成为行业标杆，上海迪士尼和国际博览会项目成为靓丽名片，上海闵行、南宁、九江共 357MW 分布式能源项目进一步奠定了企业在业内的领先地位；煤电 360 万 kW，全资子公司福建华电可门发电有限公司，拥有 4 台 60 万 kW 超临界燃煤发电机组和全国最大的 10 万 t 级泊位自备码头；核电方面，持有福建福清核电 39％的股权和浙江三门核电 10％的股权；生物质 2.5 万 kW，企业水电、风光、高效煤电、大型燃机和燃气分布式、核电等多个板块并驾齐驱、协同发展，呈现清洁化、多元化、国际化的特点。

领导班子

董事长、党组书记：方正

董事：舒福平、李立新、杨清廷、陶云鹏、宗孝磊、周小谦、张白、陶志刚

监事会主席：李长旭

监事：王崑、胡晓红、闫仲军、陈文新、丁瑞玲、侯佳伟

总经理、党组成员：舒福平

党组成员、副总经理：霍广钊

党组成员、总会计师、总法律顾问：杨艺

党组成员、副总经理：王志军

党组成员、纪检组长、工委主任：闫仲军

党组成员、副总经理：孙涛

主要领导人员变动情况：2016 年 8 月，刘德进任党组成员、副总经理；2016 年 11 月，刘德进不再担任党组成员、副总经理职务。

组织机构　截至 2016 年 12 月 31 日，华电福新本部设置办公室（法律事务部）、规划发展部、人力资源部、财务管理部、资本运营与产权管理部、安全生产部、工程管理部、市场运营部、证券市场部、监察审计部、企业文化部（政治工作部、工会办公室）等 11 个职能部室和物资公司。所属企业 217 家（分公司 31 家、全资单位 108 家、控股单位 51 家、参股单位 11 家、项目筹备处 16 家），其中管理的三级企业 67 家（含福建区域三级企业 32 家）。

年度工作业绩　2016 年，华电福新完成发电量 413 亿 kWh，提前一个月完成中国华电下达的年度计划；实现利润 31.5 亿元，同比增长 20.17％，完成中国华电下达年度计划的 143％；归母利润 20 亿元；核准容量 300.97 万 kW；在建项目 395 万 kW。

生产经营管理　安全环保方面。一是制度建设与执行得到进一步强化。制定或修订企业《不安全事件性质及认定办法》等 11 项安全生产管理制度，编制《安全生产事故（事件）综合应急预案》等 3 项应急预案，不断填空白、补短板、强规范。强化制度执行，特别是严格按新制定的出质保规定，理顺了 5 个风电场 240 台机组出质保工作，严格执行风机长期停机考核办法，解决了华富依兰等风场风机缺陷超长时停机问题。二是安全督查更加有力、有效。吸取国内基建安全事故教训，针对 2016 年南方降水偏多、自然灾害易发的特点，开展各产业板块隐患排查。组织安全性评价、春秋季安全大检查、防控自然灾害大检查和专项工作检查 25 次，重点督办了 11 家单位落实问题整改。按照"四不放过"和举一反三的原则，对 12 家单位的不安全事件进行了重点督查落实。迪士尼开园前对上海国旅公司开展两次专家查评，保证安全稳定供能。三是设备管理水平不断提升。全年煤电"非停"次数同比下降 6 次。处理周宁、峡阳等机组重大缺陷，完成万安溪、范厝、高砂机组增效扩容改造，加强水电机组运行维护，确保了长时间稳定运行。开展华创、海装、东汽 3 个品牌 136 台风电机组综合治理工作，专题研究解决风机叶片折断、齿轮箱损坏、锚杆断裂及输变电设备故障等重大隐患。处理了上海闵行、江西九江燃机设备故障。四是科技与环保工作持续加强。开展可门 3、4 号机组超低排放技改工作，有序推进"两个平台"建设，福建公司及所属 6 个水电集控中心建成投运，已投产风电机组 98％以上接入福新监控中心。2016 年，华电福新系统获得中国华电科技进步一等奖 1 项、三等奖 4 项。完成华电福新系统 ERP 合同模块和福建区域 ERP 全模块的

实施。高度重视山地风电项目水保和植被恢复工作，加大风电环保"三同时"资金投入。

经营管理方面。以提质增效为抓手，外拓市场，内强管理，狠抓经营过程控制协调，经营效益逆势大增，创企业成立以来最好水平。一是多板块优势效益明显。水电板块不断加强设备管理和水库科学调度，利用小时高出福建省内"三同"平均小时980h，全年发电量140.9亿kWh，实现利润24.76亿元，创历史最好水平。风光电板块加强设备治理与市场营销，电量突破130亿kWh，首次赶超煤电板块，实现利润8.5亿元。煤电板块外拓市场抓开源，内强管理降成本，争取到市场化电量56.12亿kWh，"三同"小时数比区域同类型企业平均高195h，排名第一。分布式与生物质板块经营状况有所改善，广州大学城通过多采市场气增发电量1.4亿kWh，盈利达到6700万元，桦川盈利超过800万元。核电投资收益5.3亿元。二是政策争取成效显著。周宁抽水蓄能电站争取到利率为1.08%的国家专项基金1亿元。全年共取得各类财政补贴近8000万元，取得税费返还将近2000万元，备案所得税优惠2.76亿元。落实第六批及前五批可再生能源电价附加补贴目录内项目资金，累计收回补贴18.95亿元（含历史欠费8.41亿元）。取得古田溪水电一级改扩建电价0.3316元，高于原电站电价0.245元，年增收5000万元。三是成本控制得力。寻找分布式能源项目多方气源，平抑气价水平；开展燃机长服谈判，合同价比定标价平均降低25%。开展营改增税收筹划，提高增值税专用发票抵扣额。多渠道降低融资成本，本部间接融资利率全部下浮10%及以上，全年各环节共节约财务费用1.56亿元。福新公司本部通过双主体贷款、统借统还等方式帮助基层单位争取低成本融资48.92亿元。年末福新公司系统带息负债利率为4.74%，较年初下降0.62个百分点。

项目发展 项目发展方面。重点项目推进加快，2016年上半年，周宁抽水蓄能项目获得核准，下半年已正式开工。广州增城120万kW大型燃机项目2015年初启动，年底已基本具备核准条件。广西北海120万kW项目列入广西"十三五"规划。北京燕山石化、上海金联项目加快推进。福建福清海坛海峡30万kW海上风电项目获得核准，浙江玉环40万kW海上风电列入国家能源局批复的浙江省"十三五"规划。项目发展优中选优，加快"东扩南进"战略步伐，全年核准风光电155万kW，其中，中东南不限电地区项目占比达到95.55%；全年开工中东南地区项目13个共52.54万kW。高电价中标山西芮城领跑者示范基地12万kW光伏项目。坚持开展价值并购，择优完成湖北金泉、河南宜阳等5个项目股权收购。加快推进涉气产业发展，上海莘庄二期12万kW、广

州万博5.8万kW项目核准，推进广东江门、天津北辰、厦门集美共38.18万kW项目建设。统一组织完成39项国内自愿减排项目备案，通过国际仲裁收回碳减排收益款约1000万元。坚持价值创造理念，集中清理处置一批效益不够突出的前期项目，暂缓可门三期开工，调整优化了邵武三期投产时间，暂缓建设甘肃毛井二期、新疆哈巴河吉源等项目，主动终止英国Infinis项目并购。

工程建设方面。推广主机带方案招标，合理平衡设计优化与造价控制，获得行业认可与中国华电好评，近两年投运的南方低风速项目盈利能力和利用小时数均超过预期，部分项目利用小时数较开工决策提高600h以上。进一步统一、合并风光电和分布式项目的标段划分，降低综合中标价格，全年公开招标项目108项，比概算节余3.08亿元。加强概算审查和整个基建过程控制，全年风光电单位千瓦竣工结算造价分别比立项批复低823元和2357元。解决中国华电董事会重点督办的决算项目，全年完成备案55个，超过历年备案数量之和，江西九江、上海闵行、广东徐闻3个结算老大难项目少支付价款4500万元。

党的建设、精神文明建设、企业文化建设 深化"两学一做"学习教育，各级领导干部带头谈体会、讲党课，把学习教育与项目发展、生产经营结合起来，发挥各级党组织的政治核心作用、党支部的战斗堡垒作用和党员的先锋模范作用。落实领导干部"两个责任"、"一岗双责"要求，党建、廉政建设和反腐败工作得到进一步加强。深入推进廉洁风险防控工作，分级分类组织本部10个部门、60家基层企业开展风险排查、措施制定、制度完善等工作。印发实施《廉洁风险防控手册》，梳理编制640份职权目录、1300张职权运行流程图、3800个职权运行风险点，使风险点标识更加明确、防控措施更加具体、防控能力明显提升。加强精神文明建设和文化建设，深入推进"职工之家""五型班组""工人先锋号"等创建活动，建立本部职工科技书屋，开展合理化建议和本部读书、演讲活动。强化团的组织建设，创立《福新青年》团刊和微信宣传平台，加强团员青年思想引领，不断激发广大团员青年创新创效的热情和活力。深入研究提炼企业文化理念，举办"凝聚发展"文化年主题活动，激发员工干事创业热情。

主要事件

1月22日，华电福新与水电水利规划设计总院在北京签署《新能源项目前期开发咨询战略合作框架协议》。

2月25日，华电福新与三一重型能源装备有限公司在北京签署战略合作框架协议。

4月19日，华电福新与电力规划设计总院正式签

署战略合作框架协议。

5月9日，国资委秘书长阎晓峰赶赴华电福新池潭水电厂"5.8"泥石流灾害现场，进行指挥救援。

5月11日，华电福新与中国石化集团北京燕山石油化工有限公司正式签署《燕山石化天然气分布式能源站合作意向书》。

12月6日，福建省委常委、常务副省长张志南到福建华电可门发电公司进行调研。

12月6日，第六届全球新能源企业500强大会暨2016年新能源发展高峰论坛会议在武汉召开，华电福新位列53位，较2015年排名上升了107位。获得"2016年全球新能源企业500强"与"社会责任大奖"奖牌。

12月27日，周宁抽水蓄能电站正式开工，该项目是中国华电也是五大发电集团首个开工建设的抽水蓄能电站。

（林　晨）

【华电国际电力股份有限公司】

公司概况　华电国际电力股份有限公司（简称华电国际）是国内最大的发电上市公司之一，前身为山东国际电源开发股份有限公司（简称山东国电公司），于1994年6月28日在山东济南注册成立，成立时总股本为38.25亿股，总装机容量182.5万kW。

1999年6月30日，山东国电公司H股在香港联交所上市。2002年底电力体制改革之后，山东国电公司划归中国华电集团公司；2003年11月1日，正式更名为华电国际电力股份有限公司；2005年2月3日，华电国际A股作为国内询价发行第一股，在上海证券交易所正式挂牌上市；2009年6月20日，华电国际办公地点由山东济南迁至北京，注册地仍为济南。截至2016年12月31日，华电国际总股本为98.63亿股，其中A股81.46亿股，H股17.17亿股，中国华电作为最大股东，持有46.2亿股，占总股本的46.84%，其他H股股东占28.50%的股份，其他A股股东占24.66%的股份。

华电国际主营业务为建设、经营、管理发电厂和其他相关产业、电力业务相关的技术服务、信息咨询。截至2016年12月31日，发展领域由单一的火电拓展到水电、风电、生物质能发电、太阳能发电、核电和煤炭产业，发展区域由山东一地拓展到四川、宁夏、安徽、河南、河北、浙江、内蒙古、天津、山西、重庆、广东、湖北、陕西等14个省、自治区、直辖市。控股发电总装机容量4842万kW，资产总额2101亿元。

领导班子

董事长：赵建国

副董事长：陈斌、王映黎

董事：田洪宝、苟伟、褚玉、张科

独立董事：丁慧平、王大树、王传顺、宗文龙

监事会主席：李晓鹏

监事：彭兴宇

职工监事：袁亚男、魏爱云

独立监事：查剑秋

副董事长、党委书记：陈斌

总经理、党委副书记：田洪宝

副总经理：彭国泉、邢世邦、陈斌

财务总监：陈存来

纪委书记、工委主任：袁亚男

副总经理、总工程师：谢云

主要领导人员变动情况：2016年3月18日，王慧明不再担任副总经理职务；2016年5月31日，王传顺任独立董事，魏建不再担任独立董事职务。2016年6月13日，袁亚男任纪委书记、工委主任；陈斌任副总经理，不再担任纪委书记、工委主任职务。2016年7月13日，赵建国任董事长；李庆奎不再担任董事长、董事职务；2016年8月15日，耿元柱不再担任党委书记、董事、副总经理职务。2016年8月30日，袁亚男任职工监事；陈斌不再担任职工监事职务。2016年11月7日，陈斌任副董事长、党委书记，不再担任总经理职务；陈建华不再担任副董事长、董事职务；田洪宝任董事、总经理、党委副书记。

组织机构　华电国际本部下设"一室十三部"，分别是办公室、战略管理部、计划发展部、人力资源部、财务管理部、资产管理部、安全生产部、市场管理部、工程建设部、证券融资部、政治工作部、监察部、审计部、企业管理与法律事务部。共有分公司18家，二级子公司92家，三级子公司40家，四级子公司1家；代管中国华电所属发电企业24家。

年度工作业绩　2016年，华电国际实现营业收入633亿元；经营利润78.94亿元；资产负债率73.14%；EVA完成58亿元；发电量1901亿kWh，利用小时完成4115h；售热量完成7215万GJ，同比增长9.24%；煤炭产量170万t，实现产销平衡；供电煤耗301.34g/kWh，同比降低2.03g/kWh；核准备案电源项目419万kW，其中清洁能源占比71%；开工电源项目446万kW；投产电源项目233万kW，其中清洁能源47万kW。

生产经营管理　安全环保管理。推进"双治理"工作，抓好外包工程安全管控，制定实施《外包工程全过程安全管理工作规定》，开展危险点分析、隐患排查治理，安全生产基础进一步强化。加大"非停"管控力度，13家火电企业实现"零非停"。强化环保技改过程管控，累计完成61台共2340万kW机组超

低排放改造。完善环保监控平台建设，加强环保实时在线监督，环保管控力度进一步增强。强化机组运营和节能管理，27台机组被评为全国火电优胜机组。

经营管理。把握提质增效工作主线，深挖关键要素潜力，9个区域、78家单位以及风电、光伏板块实现盈利。一是市场营销业绩突出。发挥区域营销一体化优势，争取有效益的市场电量，签订市场电量536亿 kWh，拥有燃煤机组区域的市场电量份额全部超过装机占比。加大电量优化力度，内部优化电量58亿kWh，综合效益有效提升。科学拓展热力市场，新增供热面积2433万 m^2，实现供热效益11.45亿元。密切跟踪电改进程，成立华电广东售电公司，山东、安徽、河北、河南等区域部分发电企业完成增项售电业务。二是燃料管控持续强化。针对煤价暴涨，分析煤矿生产、社会库存、需求变化以及地方煤炭去产能执行情况，科学制订采购策略，优化进煤结构，把控进煤节奏，保持合理库存，全力控制煤炭采购成本。加强厂内燃料管理，深入开展掺配掺烧，节约成本超2亿元。三是资金管理和政策争取成效显著。全年发行债券280亿元，综合成本率3.09%，年节约利息支出4亿元。开展高利率借款置换，办理金融借款242亿元，全年资金成本率低于预算0.18个百分点，同比降低0.8个百分点。财务费用低于预算4亿元，同比降低超过10亿元。加强政策争取，争取各类财政资金和税收优惠11亿元。四是亏损治理举措有力。对长期亏损的单位开展专项调研，深挖亏损根源，开展对标分析，制定"一厂一策"扭亏方案，精准施策、三级联动，加强过程管控和全面帮扶，取得良好成效。

项目发展　应对复杂严峻的发展形势，扎实推进结构优化，清洁能源装机容量达到988万 kW，占比超过20%。清洁能源项目加快布局。核准备案青岛燃机等气电93万 kW、风电139万 kW、光电67万kW，河北曹妃甸海上风电项目获得核准，宁夏、冀北、山东3个百万千瓦风电基地初具规模。水洛河流域梯级水电站前期工作扎实开展。重点煤电项目有序推进。天津南港热电、山东龙口四期第1台机组共120万 kW获得核准，广东湛江一期等项目列入所在区域"十三五"发展规划并排名靠前。基建管理水平持续提升。全面落实"四策划、一优化"要求，狠抓各阶段设计优化，加强工程安全、质量和造价控制，重庆奉节2×60万 kW煤电项目实现"一年双投"，山东十里泉扩建1×66万 kW煤电项目高效投产、性能良好，山东昌邑二期、广东徐闻一期等5个共计30万 kW风电项目高质量建成投产，机组运行稳定。下梨园煤矿按照预定目标进入联合试运营。

改革发展　推动资产重组，优化产权结构，完成青岛华拓公司资产收购和燃料物流公司股权重组。推进"瘦身健体"，完成四川活兴兼并协兴公司等工作。加大低效无效资产处置力度，通过参股股权处置、关停机组资产处置等措施，回收资金2.6亿元。优化调整总部机构，落实管理责任，职能管控体系进一步完善。开展精益管理试点工作，推动精益管理与提质增效、"做实""强基"、7S管理、星级企业创建等有机融合，14家单位被评为中国华电五星级企业。持续加强信息化建设，实现FAM系统全功能覆盖、全范围上线的年度目标，完成与中国华电ERP系统的全面集成。加大科技和管理创新力度，144项成果获国家专利，18项成果获中国华电科技进步奖，17项成果获管理创新奖。开展内控评价，完善制度、优化流程、强化考核，风险防控能力进一步增强。严格法律审核把关，重大决策、规章制度、经济合同的法律审核率达到100%。完善"三位一体"干部综合评价体系，增强了干部考评的科学性和全面性。推进全员业绩考核和职位序列试点工作，拓宽员工职业发展通道。

党的建设、精神文明建设、企业文化建设　开展"两学一做"学习教育，组织开展"两学一做·悦读经典"演讲比赛、知识竞赛、"精品党课"评选等活动，落实"党员活动日"制度，加强党员经常性教育，党员党性觉悟得到提升。健全党建工作制度，组织开展基层党组织换届选举，夯实基层党建工作基础，提升党建工作水平。推进"两个责任"落实，强化监督执纪问责，贯彻落实中央八项规定精神，党风廉政建设和反腐败工作进一步深入。加强宣传思想工作、企业文化建设和精神文明建设，2项成果荣获电力行业企业文化建设优秀成果奖，17家单位被新授予中国华电文"明单位（标兵）"称号。

主要事件

10月，华电国际所属华电龙口发电股份有限公司四期1×660MW扩建项目获山东省发展改革委核准。

11月17日，华电国际所属十里泉电厂"上大压小"扩建工程8号机组一次通过168h满负荷试运行。该厂8号机组是中国华电首台28MPa/600℃/620℃高效型超超临界抽凝供热机组，也是中国华电首台不加湿式除尘器满足超低排放要求的在建机组，具有效率高、能耗低、环保排放优等特点。

12月3日，华电国际所属奉节电厂"上大压小"工程1号机组通过168h满负荷试运行。该厂2×600MW新建机组，是中国华电在渝区域投资建设的第一个电源项目，是中国华电首台满足超低排放标准的超临界"W"形火焰炉在建机组，项目同步建设全烟气脱硫、脱硝装置，具有"技术先进、绿色环保、节水省地、循环经济"等特点。

12月23日，华电国际所属奉节电厂"上大压小"新建工程2号机组600MW机组顺利通过168h满负荷试运行。至此，该厂两台机组在一个月时间内全部投产，实现年内"双投"目标。

（陈懋元）

中国国电集团公司

【公司概况】 中国国电集团公司（简称国电集团）是经国务院批准，于2002年12月29日成立的以发电为主的综合性电力集团，主要从事电源的开发、投资、建设、经营和管理，组织电力（热力）生产和销售；从事煤炭、发电设施、新能源、交通、高新技术、环保产业、技术服务、信息咨询等电力业务相关的投资、建设、经营和管理；从事国内外投融资业务，自主开展外贸流通经营、国际合作、对外工程承包和对外劳务合作等业务。2010年，国电集团入选世界500强企业。2016年，位列世界500强第345位。

国电集团按照能源"四个革命、一个合作"的总要求，贯彻"五大发展理念"，实施"一五五"战略，坚持绿色低碳发展，产业布局和电源结构持续优化，盈利能力和抗风险能力大幅提升，综合实力显著增强。在国资委第一任期至第四任期考核和2006—2007、2009—2015年考核中荣获13个"A"级。

截至2016年12月底，国电集团可控装机容量1.43亿kW，资产总额达到8031亿元，产业遍布全国31个省、市、自治区和加拿大、南非等国家。煤炭产量达到5872万t。新能源发展独具特色，风电装机容量近2583万kW，位居世界第一。以节能环保及装备制造为主的高科技产业在发电行业处于领先地位，累计承担国家科技支撑计划、863、973等国家级科研项目24个，拥有专利2209项，被命名为国家"创新型企业"。

【领导班子】

党组书记、董事长：乔保平

党组副书记、副总经理：张国厚

党组成员、副总经理、工委主任：高嵩

党组成员、副总经理：米树华

党组成员、副总经理：谢长军

党组成员、总会计师：陈斌

党组成员、纪检组组长：谢俊

【组织机构】 见2016年国电集团组织机构图。

【深化改革】 重视改革工作，通过召开党组会、党组中心组学习等形式，传达学习贯彻习近平总书记关于国有企业改革系列重要讲话和指示精神，以及国企改革"1+N"文件精神，研究制定了深化改革总体实施方案，明确了改革的指导思想、总体目标、主要任务和重点措施，出台了40多个相关配套文件。

完善现代企业制度。国电集团把加强党的领导与完善公司治理统一起来，组织修订了《中国国电集团公司章程》，进一步确立了集团党组在公司法人治理结构中的法定地位。制定实施了《中国国电集团公司党组工作规则》，修订了《中国国电集团公司贯彻落实"三重一大"决策制度实施办法》，进一步明确了党组、董事会、经理层、职工代表大会等治理主体的关系、权责边界、决策内容和决策程序，建立起更加有效的公司治理结构和运行机制。

加强供给侧结构性改革。国电集团贯彻国家宏观调控政策，带头调整投资结构，严控火电投资规模，更加注重发展清洁可再生能源。年度投资额从2014年的760亿元，降至2016年的582亿元，重点投向电源主业、风电优势产业和存量技术改造板块，取得了积极成效，可再生能源装机比重达到30%。编制实施资产处置三年规划，确定了29家"僵尸企业"及特困企业，全力做好不良资产处置工作。目前已完成三年规划处置项目79项，涉及资产总额82.1亿元，累计收回资金26.4亿元。其中，完成化解煤炭过剩产能69万t。成立"压减"工作领导小组，完成组织机构摸底盘查工作，制定了《压缩管理层级减少法人户数工作实施方案》，明确了"压减"工作三年总体目标任务。组织召开"压减"工作专题会议，与各二级单位签订了《"压减"工作目标责任书》，已压减85家企业，五六级企业全部撤销，管理层级控制在4级以内。

发展混合所有制经济。国电集团坚持以上市为发展混合所有制企业的基本形式，做大做强做优上市公司。国电集团共有7家上市公司。2016年，国电集团依托上市公司国电电力，向其注入新疆、宁夏、江苏、浙江区域共7家企业资产，完成整合国电燃料公司晋北煤矿资产等工作，涉及总资产176亿元，权益净资产评估值33亿元，合计控股装机容量172万kW。在增量资产方面，引入非公资本参股投资新建项目，在保持控制力的前提下，尽可能降低国有股权比重。2016年，共有2个项目引入民营资本。

中国国电集团公司

左侧部门（从上到下）：
- 信息中心
- 财务共享中心
- 采购与物资管理部
- 党组巡视工作办公室
- 煤炭与化工管理部
- 水电与新能源发展部
- 燃料管理部
- 国际合作与海外业务部
- 政治工作部
- 工会工作委员会
- 监察部（纪检办）
- 审计部
- 科技与综合产业部
- 资本与资产管理部
- 企业管理与法律事务部
- 工程建设部
- 市场营销部
- 安全生产部
- 财务管理部
- 人力资源部
- 计划发展部
- 董事会办公室
- 办公厅

右侧单位（从上到下）：
- 国电能源研究院
- 国电新能源技术研究院
- 国电科学技术研究院
- 国电海外电力股份有限公司
- 国电置业有限公司
- 国电资本控股有限公司
- 国电燃料有限公司
- 国电物资集团有限公司
- 国电大渡河流域水电开发有限公司
- 内蒙古平庄煤业（集团）有限责任公司
- 国电科技环保集团股份有限公司
- 国电长源电力股份有限公司
- 龙源电力集团股份有限公司
- 国电电力发展股份有限公司
- 中国国电集团公司新疆分公司（国电新疆电力有限公司）
- 中国国电集团公司宁夏分公司
- 中国国电集团公司浙江分公司
- 中国国电集团公司黑龙江分公司
- 中国国电集团公司吉林分公司
- 中国国电集团公司山西分公司
- 中国国电集团公司河北分公司
- 中国国电集团公司天津分公司
- 中国国电集团公司青海分公司
- 中国国电集团公司西藏分公司
- 中国国电集团公司重庆分公司
- 中国国电集团公司海南分公司
- 中国国电集团公司上海分公司
- 国电甘肃电力有限公司
- 国电湖南电力有限公司（筹备组）
- 国电陕西电力有限公司
- 国电云南电力有限公司
- 国电贵州电力有限公司
- 国电四川发电有限公司
- 国电广西电力有限公司
- 国电广东电力有限公司
- 国电湖北电力有限公司
- 国电河南电力有限公司
- 国电山东电力有限公司
- 国电江西电力有限公司
- 国电福建电力有限公司
- 国电安徽电力有限公司
- 国电江苏电力有限公司
- 国电内蒙古电力有限公司（国电内蒙古能源有限公司）
- 国电东北电力有限公司
- 国电华北电力有限公司

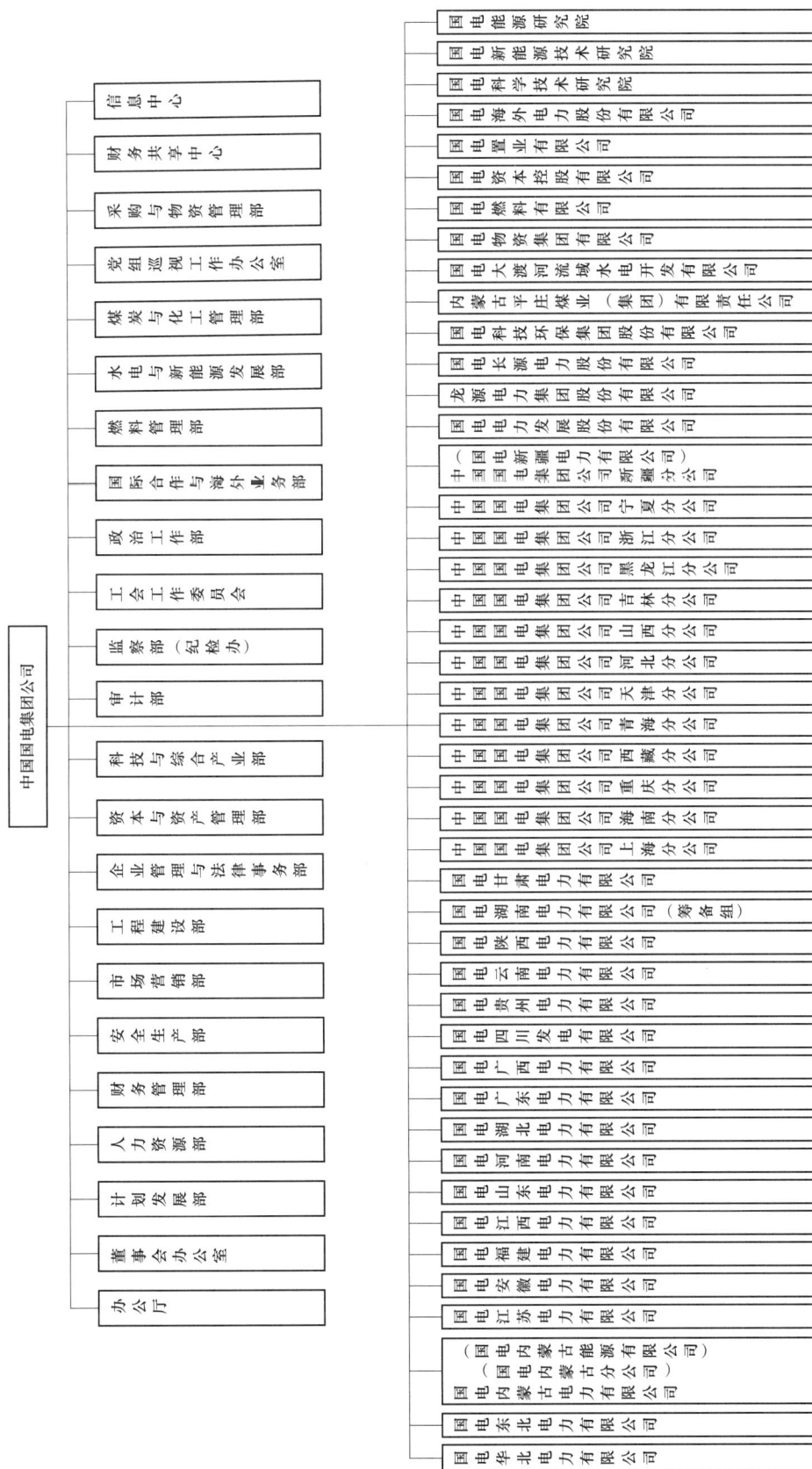

2016 年国电集团组织机构图

全面实施"四个集中管控"。落实中央专项巡视意见,抓好整改落实工作,实施"四个集中管控"改革,即在投资、招标采购、燃料、财务等四个重点领域全面加强集中管控,完善制度、流程和组织体系,把该收的权力坚决收上来,发挥集中管控优势,堵塞管理漏洞,提高经营绩效,取得了重要进展和成效。

深化选人用人、劳动用工和收入分配制度改革。选人用人方面,制定实施了多项制度,进一步完善了干部人事制度体系。在领导人员考核方面,修订了《二级单位领导人员考核办法》及相关配套文件,设置正职"411"、副职"311"考核体系,将"党建""党廉"纳入正职考核,引入门槛得分和否决事项机制,全面落实"两个责任"及"一岗双责",实现对领导人员的精准考核,并将考核结果与领导人员年薪兑现紧密挂钩,作为岗位调整的重要依据。研究制订了企业负责人薪酬分配制度,企业领导人员基薪由简单按规模确定,调整为按利润、规模和管理水平确定,并根据考核结果适当拉开班子副职收入差距。坚持分配向效益好的企业、向一线和艰苦边远地区倾斜,建立了艰苦边远地区津贴制度,惠及 4000 多名艰苦地区一线人员。制定了《人员调配管理暂行办法》,明确了员工招聘和调配的方式、条件、工作流程及规范上报材料。

加强营销体制改革。深化电力营销体制机制改革,完善三级电力营销体制,加强各级营销机构队伍建设,强化电力营销职能。制订实施《省级售电公司组建方案》,明确了售电公司的组建原则、组建模式、实施要求等,组建了 15 家省级售电公司。

【安全生产】 贯彻落实习近平总书记、李克强总理等中央领导同志的重要指示批示精神,按照"党政同责、一岗双责、齐抓共管、失职追责"和"五落实五到位"要求,全面落实安全生产责任,针对重点领域、薄弱环节加大隐患排查力度,分 3 批次着力开展安全生产大检查,同时,针对防洪防汛、液氨、输煤制粉、供热安全等重点领域开展专项安全检查 346 次,对 124 家企业开展安全性评价和专项评估,组织分子公司开展安全检查 5883 次,分层分级落实整改。以现场和设备管理为突破口,推进安全生产标准化建设,2016 年,铜陵、荆门等 42 家火电企业通过国电集团组织的现场安全文明生产标准化验收,累计三分之二的火电企业已经达标,现场管理和面貌持续向好,设备可靠性显著提升。

推进安全监督体系建设,印发安全生产监督工作规定等 5 项制度,建立国电集团、分子公司、基层企业的三级安全监督网络,对所有安全监督人员登记备案,对 89 家发电企业、224 位安全机构负责人进行岗位培训,落实持证上岗要求;编制典型安全事故案例,深入开展安全警示教育,全年完成 6 期安全生产培训班,强化安全意识,持续培育敬畏制度、尊崇标准的安全文化。

2016 年,国电集团全年未发生较大及以上安全事故,98% 的企业安全生产无事故,127 个大修技改现场"零事故",279 家发电企业连续安全生产超过 3000 天。完成"两会"、G20 峰会、"两节"等重大会议和节日的安全生产和保电任务。

【科技创新】 重视科技创新工作,实施创新推动战略,被授予国家创新型企业,拥有两 2 家科研院,2 家科技型上市企业,打造了 8 个国家级科研平台、3 个北京市技术中心、8 个企业技术中心及 39 个实验室,获得省部级以上科技成果奖 107 项,专利 2400 多项,其中,发明专利 400 多项。

【海外业务】 融入"一带一路"建设,结合自身实际,有序开拓境外业务。2016 年 4 月 8 日,国电集团召开"走出去"工作座谈会,提出了"十三五"时期国电集团开展海外业务工作的总体思路;完成"十三五"海外业务专项规划,发布关于进一步做好国际业务的指导意见,提出到 2020 年,国电集团境外在运和在建发电装机容量占国电集团总装机容量比例达到 2%,约 360 万 kW;加拿大 9.9 万 kW 风电投产运营,南非 24.5 万 kW 风电项目正在建设;完成加拿大德芙琳二期风电项目立项工作;组织开展了巴基斯坦凯桥风电项目前期研究并完成项目立项工作,开展了印尼电力市场调研和开拓工作;在印度政府出台火电站减排法规后,积极寻找当地有实力的合作伙伴。

配合国家总体外交,参加了中国—中东欧国家领导人峰会、丝路国际论坛、达沃斯论坛以及杭州 G20 峰会、澜沧江—湄公河国家合作展等国家级多边和双边外交活动;参与国际合作机制,2016 年新加入 5 个国际合作机制和平台,包括成为国际商会中国国家委员会环境与能源委员会主席单位、中国国际商会丝绸之路商务理事会副理事单位等;搭建国际交流平台,先后组织基层单位赴法国电力、西门子、韩国东南发电公司等开展合作交流 30 余次,接待德国能源署、国际能源署等国际机构和邀请 GE、三菱电机、剑桥能源等前来国电集团开展技术交流。

【党建工作】 学习贯彻党的十八大和十八届历次全会精神,与以习近平总书记为核心的党中央保持高度一致,落实全面从严治党,切实扛起主体责任,把加强企业党的建设作为头等大事来抓,党建工作取得明显成效,为企业改革发展提供了坚强保障。

扛起主体责任,推动管党治党责任有效落地。国电集团党组把学习贯彻十八届六中全会和国有企业党建工作会议精神,特别是习近平总书记重要讲话精神作为重大政治任务,连续召开党组会和党组扩大会、制定了工作方案，拟订了 5 个方面 65 条具体措施。按照中央要求，把管党治党的总体要求依法纳入公司章程，增设党组工作机构，修订党建述评考核制度和经营业绩考核办法，形成了具有国电特色的党建考核机制，切实把党建工作由"软指标"变成"硬约束"。

注重工作实效，开展"两学一做"学习教育。集团党组率先垂范，开展专题学习研讨，举办专题党课，召开专题民主生活会。公司系统各级党委组织专题学习 3300 多次、学习研讨 1700 多次，党支部专题学习研讨 8000 多次，各级班子成员和党支部书记讲党课 9000 多人次。国电集团组建 3 个督导组，通过骨干培训会、工作推进会、片区座谈会、支部交流会，强化了督促指导。国电集团"五个注重"的典型做法在共产党员网、国资委网站广泛宣传。

建强基层组织，战斗堡垒作用有效发挥。落实中组部和国资委党委的要求，完成党员组织关系、党费收缴、按期换届选举等 4 项专项排查，开展党的组织生活专项检查，加强党务人员培训，推动补齐基层党建短板。组织开展"立业一五五 建功十三五"主题实践活动，通过"三亮三比""四保三讲"等，深化创先争优，大同二厂、瀑布沟公司党委分别荣获全国先进基层党组织和中央企业先进基层党组织标杆称号。

丰富活动载体，精神文明建设成果丰硕。深化"为核心价值观代言 为一五五战略添彩"主题实践活动，经验做法在央企系统推广交流。开展"爱国爱企爱家庭 争做文明国电人"等活动，推进了厂风班风家风建设。龙源电力张晞荣获首届"最美央企人"。大渡河"双同"爱心帮扶项目、荆门电厂严昌筠、平煤六家矿曹占金入选中宣部等 11 个部委联合举办的学雷锋志愿服务"四个 100"。

创新工作方式，团青工作活力显著增强。加强青年思想引导，深入开展"我为社会主义核心价值观代言""我的中国梦 青春国电梦"主题教育活动，举办了"青年争当首席师"五四主题团日活动，得到团中央、中央企业团工委的高度评价。首届青年营活动、青年故事会、"浪漫国电"交友活动等受到青年欢迎。加强自身建设，团组织公开述职率 100%。

（赵 卓 甄学宝）

【国电电力发展股份有限公司】

公司概况 2016 年，国电电力发展股份有限公司（简称国电电力）新投产控股装机容量 295.65 万 kW，收购控股股东中国国电所属江苏、新疆、浙江、宁夏等区域发电资产 172.15 万 kW。截至 12 月 31 日，国电电力控股装机容量达到 5088.15 万 kW，突破 5000 万 kW 大关。全年完成发电量 1968.85 亿 kWh，实现利润 91.09 亿元，主要经济技术指标居于可比企业前

列。被国电集团授予 2016 年度目标责任制考核 A 级单位称号。这是国电电力第 13 次蝉联该项荣誉。

领导班子
中国国电集团公司总经理助理、国电电力总经理、党委副书记：冯树臣
中国国电集团公司总经理助理、国电电力党委书记、副总经理：许明军
党委委员、总会计师、工会主席：姜洪源
党委委员、纪委书记：张紫娟
党委委员、副总经理、总工程师：许琦
党委委员、副总经理、董事会秘书：李忠军
党委委员、副总经理：顾玉春、贾吉林

组织机构 本部共设 17 个职能部门和 1 个财务共享中心，分别为：总经理工作部（党委办公室）、计划发展部、市场营销部、证券融资部、人力资源部（党委组织部）、财务产权部、安全生产部、工程建设部、燃料管理部、监察部（纪检办）、审计部、政治工作部（党委宣传部、企业文化部）、工会办公室、采购与物资管理部、国际业务部、新能源事业部、煤化事业部、财务共享中心。下属 66 家公司（筹备处）。

安全生产 安全管理有效加强。落实各级安全生产责任制，组织安全生产月、安全检查，加强隐患排查治理，累计排查隐患 22 185 项，隐患综合整改率达到 98.4%。健全完善应急预案体系，加强应急演练，应急处置能力有效增强。汲取江西丰城电厂"11·24"重特大事故教训，深入开展安全"两个百日"活动，安全生产形势保持平稳。

标准化建设扎实推进。健全完善标准化体系和实施细则，开展达标创建活动，庄河公司、石嘴山公司等 10 家单位通过国电集团标准化验评；实施标准化检修，强化检修全过程督导，北仑公司、大同公司等多台机组检修后实现长周期连续运行。

设备治理成效明显。以"星级企业"创建为载体，开展设备治理，狠抓机组非停，公司系统设备可靠性稳步提升，北仑公司、大同公司、宁波风电等 27 家单位被评为国电集团五星级企业。加强风机缺陷治理，通过风机增功优化、叶片加长等技术改造，云南、山东、内蒙古等区域的风机发电性能有效提升。

生产运营持续加强。深化经济运行，加强能耗对标，主要技术指标持续改善，供电煤耗完成 300.15g/kWh，同比下降 3.24g/kWh，20 台火电机组在全国大机组能效对标竞赛中获奖。深化"理论发电量平衡分析法"应用，全力减少弃风弃水，水能、风能利用率分别完成 91%、84.5%。加强煤炭化工企业运营管控，察哈素煤矿生产原煤 1160 万 t；晶阳公司冷氢化转化率超过 30%，达到国内行业领先水平。

产业升级有序推进。推进节能减排改造，公司系

335

统 14 台机组完成超低排放改造任务，二氧化硫、氮氧化物、烟尘达标排放率均超过 99.8%。节能改造成效明显，大开厂成功实施高背压供热改造，机组供热能力提升 30%，单机供电煤耗下降 40g/kWh。

企业转型 突出质量效益优先，加强布局结构优化调整，全年核准电源项目 240.42 万 kW，投产项目 295.65 万 kW。

发展战略清晰明确。以五大发展理念为引领，科学编制国电电力"十三五"发展规划，搭建涵盖 205 项指标的"1+4"创一流标准框架体系，推动国电电力不断向国际一流企业目标迈进。加强投资集中管控，严格执行投资决策程序，强化投资风险评估，不断提升发展质量。

重点火电项目取得突破。推进大型高效火电开发，上海庙项目获得核准，湖东、长滩项目取得国家能源局"路条"批复。

清洁能源发展势头良好。推进大渡河流域水电开发，金川电站具备核准条件。推进优质风电项目开发储备，全年核准风电 40.42 万 kW，舟山海上风电项目开工建设。

"走出去"工作稳步推进。成立国际业务部、国际能源公司，加强重点国家和地区的投资机会研究，巴基斯坦凯桥风电项目取得国电集团立项批复。

工程建设扎实开展。以"八项管控"为抓手，加强工程建设精细化、标准化管理，方家庄、朝阳、邯郸、南浔等项目建设有序推进，大南湖、塔勒德萨依项目投产。高效推进风电项目建设，加强风电工程质量和造价控制，全年投产风电 54.15 万 kW。宁夏石板泉项目荣获"国家优质工程奖"。

资产处置取得实效。加强重点项目推介，推进低效无效资产处置，转让普兰店热电、遵化热电、庆丰电站等 10 个项目，实现转让收入 8.85 亿元，贡献利润 1.99 亿元。

强化管理 市场营销全面加强。密切跟踪电力改革形势，制定"四先进、一领先、一强化"的营销策略，组建区域售电公司、营销办公室，建立电价测算等营销工作机制，全力争发抢发电量。全年发电量完成 1968.85 亿 kWh，同比增长 11.52%；获得大用户交易电量 415 亿 kWh。深化利用小时四维对标，发电设备利用小时完成 3994h，25 家火电企业中 22 家利用小时高于区域"五大三同"平均水平，新疆公司、宁夏公司区域排名第一；庄河公司参与深度调峰，全年取得调峰补偿收益 1.58 亿元。

燃料管理扎实有效。紧盯煤炭市场变化，调整采购策略和库存结构，拓展进口煤源，平抑煤价，公司入炉综合标准煤单价完成 423.99 元/t，同比升高 29.36 元/t。推进燃料智能化建设和阳光采购，全年

阳光采购煤炭现货 3744 万 t，节约成本 1.74 亿元。推广精细化配煤掺烧模型，累计掺烧经济煤种 2845.6 万 t，节约燃料成本 6.9 亿元。

成本管控成效显著。实施成本领先战略，深化成本费用对标，加强"四个成本"管控。度电可控固定成本完成 1.12 分/kWh，同比降低 0.08 分/kWh。推广"单元化模块"预算管理，试点开展"日利润系统"建设，宁夏新能源"日利润系统"上线运行。严控管理费用支出，公司系统八项费用同比降低 12.38%。

重点企业治理效果明显。宣威公司全年取得电量置换、电煤补贴收入 1.43 亿元；晶阳公司同比减亏 1.69 亿元；沙巴台、晋北煤矿企业采取停产保井措施。深化新疆区域企业"双提升"，开展"一对一"帮扶，企业经营管理水平有效提升。

改革创新 "双创"工作扎实推进。坚持创新驱动，加强创新平台顶层设计，搭建 23 个管理创新和 7 个科技创新分平台，创新工作覆盖国电电力全部业务板块。加强创新成果应用，"理论发电量平衡分析的创新与实践"等四项管理成果荣获"电力企业国家级管理创新一等奖"，北仑公司、东胜公司荣获国电集团科技创新先进单位称号。

管控效能持续提升。将新疆公司纳入国电电力统一管理，理顺晋北区域煤矿企业管理关系，促进了管理融合。加强"四个集中管控"，明确职责权限，优化业务流程，各项管控措施有效落地。完善国电电力"五位一体"管控体系，设计开发在线边际成本、经营预测分析等辅助决策模块，推动数字化电厂试点和新能源区域监控升级，管控现代化水平提升。

三项改革稳步推进。核定各企业的组织机构和定员标准，加强全口径人工成本预算管理，全年节约人工成本 8000 余万元。牢固树立价值创造导向，加大经济运行、争发电量等专项奖励力度，增加煤炭化工板块专项奖励，重点工作绩效有效提升。注销整合 17 家多经企业，"三供一业"分离移交工作稳步实施。

队伍建设有效加强。完善企业领导班子和领导干部综合考评机制，干部管理制度体系不断完善。连续三届举办职业经理人研修班，累计培训副处级以上领导人员 238 人。推进东西部干部挂职交流，加强后备干部和青年英才选拔培养，70 余名青年英才先后走上关键岗位。深化全员素质提升工程，累计开展专项培训 251 项，培训员工 2 万余人次；加强"首席师"队伍建设，全年培养国电集团、国电电力和基层企业三级"首席师"54 人。

全面风险管理扎实有效。推广全面风险管理，完善两级风险管控体系，建立月度风险监控预警机制，推进风险管理常态化。加强审计工作，强化问题跟踪

整改落实和审计成果应用，全年基建审减金额近 1 亿元。

依法治企深入推进。将法律管理嵌入管理流程，加强重大决策、重大投融资、资产处置等关键环节和领域的法律把关，防控法律风险，全年挽回和避免经济损失 2200 余万元。

资本运作 资本运作稳步推进。全力推动国电集团资产注入，收购国电集团江苏、新疆、浙江、宁夏、山西等区域资产，新增控股装机容量 172.15 万 kW，国电电力控股装机容量达到 5088.15 万 kW。创新资本市场融资渠道，宁夏新能源成功发行国内首单风电电费收益权资产证券化产品。强化三会管理和投资者关系管理，国电电力规范运作水平不断提升。

资金成本有效降低。利用资金市场宽松时机，置换高息贷款，公司系统累计置换高息贷款 530 亿元，节约资金成本 2.17 亿元。国电电力引进低成本资金，累计发行超短期融资券、私募债、中期票据 411 亿元，资金成本有效降低。国电电力综合资金成本率完成 4.19%，同比降低 0.4 个百分点，节约利息支出 6.59 亿元。争取税收优惠政策，加强保险理赔，取得非经常收益 3.1 亿元。

资金安全更加可靠。协调解决重点亏损企业资金接续，累计提供资金 169 亿元，整体资金链安全得到保障。

党建和企业文化建设 党建工作扎实有效。学习贯彻党的十八届六中全会和国企党建会精神，落实从严治党要求，强化党委主体责任，定期研究部署检查党建工作，修订建立党建相关制度 55 项，制定贯彻国企党建会精神重点任务措施 76 项；在国电集团系统率先完成党组改设党委工作，选举产生国电电力第一届党委纪委。开展"两学一做"学习教育，各级领导班子成员讲党课 395 次，组织专家讲座、学习研讨 800 余次，党员党性意识有效增强。加强基层党组织建设，大同公司党委被中央授予"全国先进基层党组织"荣誉称号。

党廉建设全面加强。落实"两个责任"，制定两级责任清单，强化责任考核，促进责任有效落地。开展"一名党员一滴清水"主题教育活动，加强"两准则三条例"等党规党纪学习宣贯，营造了风清气正的良好氛围。开展"四风"问题整治情况"回头看"和燃料智能化管理专项检查，累计发现整改问题 80 余项。坚持挺纪在前，严肃执纪问责，严查违反中央八项规定精神问题，全年给予 17 名相关责任人党纪政纪处分。

企业保持和谐稳定。加强企业文化建设，开展专题道德讲堂 60 余场次，促进了"家园文化"落地深植。加强民主管理，深化劳动竞赛，广泛开展青年创新创效活动，为广大职工职业发展搭建了良好平台，国电电力在国电集团系统火电运行、燃料、热控等技能大赛中屡获佳绩。实施"惠民工程"，开展丰富多彩的文体活动，加大困难帮扶力度，职工幸福指数持续提升。做好信访维稳工作，保持了企业和谐稳定的良好局面。

主要事件

4 月 1 日，国电电力本部及所属企业所有招标限额下采购项目全部纳入电子询比价平台。至此，国电电力公开招标项目及限额下非招标采购项目全部实现平台化阳光采购。

4 月，国电电力"日利润"系统建设试点工作正式启动，大开厂等 4 家单位成为首批试点企业。该系统将为企业适应电力体制改革、全面参与市场竞争提供重要数据支持。

5 月 4 日，国电电力巴基斯坦凯桥风电项目取得国电集团公司立项批复。这是国电电力立项的首个海外风电项目。

6 月 24 日，随着煤炭企业资金业务纳入国电电力财务共享中心，国电电力实现了资金集中监控全覆盖。

7 月 1 日，国电电力大同第二发电厂（公司）党委被中共中央授予"全国先进基层党组织"荣誉称号。

7 月 15 日，国电电力宁夏新能源开发有限公司成功发行国内首单风电电费收益权资产证券化产品，融资规模 5 亿元。宁夏新能源成为国电电力基层单位中首家成功在资本市场获取低成本资金的发电企业。

7 月 15 日，国电双维上海庙煤电一体化 2×1000MW 空冷超超临界发电机组项目获内蒙古自治区发展改革委核准。该项目由国电电力和中国双维投资有限公司共同投资组建，是集团公司和国电电力重点规划的煤电一体化电源项目，是上海庙—山东 ±800kV 直流特高压外送输电工程配套电源项目。

12 月 6 日，国电电力及全资子公司新疆公司、江苏公司自筹资金收购控股股东中国国电持有的开都河公司 55% 股权、阿克苏公司 64.56% 股权、青松矿业 20% 股权、宿迁热电 51% 股权、大武口电厂全部权益、大武口热电 60% 股权、乐清公司 23% 股权，以及朔州煤业 100% 股权。国电电力控股装机容量增加 172.15 万 kW。

12 月 6 日，在 2016 年全球新能源企业 500 强发布会暨新能源发展高峰论坛上，国电电力继 2015 年后，再次入选全球新能源企业 500 强榜单。

12 月 18 日，国电舟山普陀 6 号海上风电场项目主体工程开工。该项目总投资 45 亿元，规划总装机容量 25 万 kW，计划于 2018 年正式竣工投产。这是国电电力首个海上风电场项目，也是浙江省的第一个海上风电项目。

12月，国电电力13篇论文在2016年度电力企业国家级管理创新论文大赛中获奖。其中，国电电力"风电经济运行管控模型——'理论发电量平衡分析法'的创新与实践"等4篇论文获一等奖。

（张 超）

【龙源电力集团股份有限公司】

公司概况 龙源电力集团股份有限公司（简称龙源电力）前身为龙源电力技术开发公司，成立于1993年1月，当时隶属于国家能源部。1999年6月，龙源、中能、福霖三家公司合并重组为龙源电力集团公司。2002年底，龙源电力在电力体制改革中划归中国国电集团公司。2009年7月，经国务院国资委批准，龙源电力改制为龙源电力集团股份有限公司。同年12月10日，龙源电力在香港成功上市，成为首家在境外上市的国有新能源发电企业。

龙源电力是国内最早从事新能源开发的电力企业，主要从事风电场的设计、开发、建设、管理和运营。同时，还经营火电、太阳能、生物质、潮汐、地热等其他发电项目。截至2016年底，龙源电力控股装机容量19494MW，其中风电17369MW，继续保持全球最大风电运营商地位；火电1875MW；太阳能发电190MW，形成一定发展规模；生物质发电54MW、潮汐发电4.1MW、地热发电2MW。近年来，随着风电装机规模的不断增长，各项经营指标均居行业领先地位，盈利能力稳步提升。除了装机规模和经营效益，龙源电力率先开拓海外风电、海上风电、高海拔和低风速风电等多个新的发展领域。

经过多年的积累，龙源电力成功构建了新能源十大技术服务支持系统，形成了前期测风、设计咨询、运行监控、检修维护、技术研发、专业培训等多个领域的独特优势。龙源电力获国家能源局授牌成立"国家能源风电运营技术研发中心"，引领行业技术升级。经人力资源和社会保障部批准，龙源电力成立"国电龙源风力发电国家职业技能鉴定站"，培养鉴定风电行业高等专业人才，为龙源电力可持续发展提供人才保障。

领导班子

总经理、党委副书记：李恩仪
党委书记、副总经理：黄群
党委委员、副总经理、董事会秘书：贾楠松
党委委员、纪委书记：何深
党委委员、副总经理：张宝全
党委委员、副总经理：张滨泉
党委委员、总会计师：常世宏
党委委员、副总经理、工会主席：金骥

总工程师兼安全总监：赵力军

组织机构 设有办公室、经济运行部、规划发展部、人力资源部、财务管理部、安全生产部、工程建设部、企业管理与法律事务部、投资者关系部、资本及资产管理部、审计部、监察部（纪检办）、企业文化部、技术中心办公室、巡视督导组办公室、财务共享中心、采购和物资管理部、市场营销部。

安全生产 强化安全生产，全面查找薄弱环节，强化整治措施，努力提高安全管控能力。风电发生一类障碍3次，同比减少20次。一是提升安全生产意识。组织学习新安全生产法，强化龙源电力20条安全生产红线和30项严重违章行为的警示教育，推进安全规矩内化于心、外化于行；创新安全教育方式，制作业内首部风电反违章教育片，发挥警示作用，提升了各级人员安全意识。二是加强安全生产能力建设。制定《安全生产培训管理办法》，对全系统100多名安全员进行轮训；首次举办覆盖风电场所有生产岗位的安全知识竞赛，抽取26家单位、271名生产人员进行闭卷考试，以考促学、以学促用。三是创新安全管理制度体系。编制业内首个安全技术管理标准，制定新版《风电安全检查大纲》，印发《风电企业生产外委项目安全协议范本》。四是常态化开展"四不两直"检查。明确各省公司实施主体责任，规范检查方式和内容，规定检查频次，严肃督导自查。公司系统全年开展"四不两直"检查446次，发现问题严厉考核问责，促进了各项安全管理制度有效落地。五是持续深化对标管理。完善经济运行管控模型，实现发电能力单机管控；创新考核方式，将利用小时对标值、β值纳入考核，激励各单位有效降低故障率。全年β值同比降低0.29个百分点，多发电8681万kWh。六是强化设备可靠性管理。以全面开展设备精维护为抓手，完善设备缺陷分级响应机制，运用专业化、信息化系统进行运行诊断分析，掌握设备异常、故障发生发展规律，依靠技术进步提高设备检修维护标准和工艺，提升机组可靠性和发电效率。

经营管理 实施积极经营策略，应对限电等减利因素，盈利水平再创历史新高，16家单位利润过亿。一是向精益管理要效益。坚持"度电必争"，以"双提双降"为目标，创新开展"五体系一标准"建设；巩固扩大精维护成果，完善定维作业标准，指标细化到岗；推广龙源辽宁公司无故障风电场典型案例，通过分析敏感变量、超前查治故障隐患，提升机组稳发满发能力。风电单位容量成本费用同比下降28.93元/kW，降幅4.18%。二是深化星级企业创建。将创建星级企业作为提升公司综合实力的重要载体，动态优化考核模型，实时跟踪补短板，巩固优势再突破。2016年，15家单位被国电集团评为"五星级"企业、同比增加 9 家。三是压降资金成本。把握资金窗口，引入多种金融产品，期末资金成本率 3.88%；风电单位容量财务费用同比下降 13.98%。国际知名信用评级机构穆迪将龙源电力主体评级上调至 A3，这是目前全球可比新能源上市公司最高评级。四是优化资产防范风险。抢抓市场机遇，"瘦身健体"，调整股权层级，整合兼并减少 7 家法人企业，完成年度"压减"任务。五是创新运营管控措施。根据风电企业运营特点，全年评估、梳理出 6 大类 135 项问题，实施清单闭环管理；创建全程信息化考核统计分析模型，将 17 项基本指标、5 类评价指标及关键否决指标分解到岗，解决"最后一公里"问题。六是火电积极应对减利。苏龙、天生港通过内强管理、外拓热力市场，应对"双降双低一升"减利因素，盈利水平领先同类可比企业。七是治亏工作初见成效。坚持"一企一策"原则，明确治亏目标，强化措施落实，生物质、光伏、地热、潮汐板块发电实现盈利；东海、友谊 2 家生物质公司扭亏后持续增盈。八是持续推进 CCER 碳减排备案。完成备案 30 个，碳资产公司"五统一"碳减排管理体系项目，获 2016 年度国电集团奖励基金一等奖。

企业转型 一是强化战略引领发展。深度分析政策环境及市场形势，不断优化龙源电力"十三五"风电发展规划。龙源电力已核准和列入国家计划风电超过 800 万 kW，可满足"十三五"期间滚动发展需求。二是持续优化开发布局。把握理性发展、稳中求进总基调，深度分析政策环境及市场形势，谋划前期布局和开发时序。三是全力争取优质资源。综合采用激光测风、中尺度数值模拟等先进技术评估风资源；编制《各省宏观选址报告》，采用"负面清单"，对报告推荐区域进行地毯式搜索；建立前期工作考核管理信息系统，形成抢占优质资源倒逼机制。四是稳妥开发海上风电。有序推进海南东方、山东长岛和海阳、河北乐亭项目前期工作，龙源电力累计有效储备海上资源 800 多万 kW，把握了海上风电开发主动权。五是积极开展项目合作。与国电集团 13 个省（分、子）公司签订合作项目 40 个共 322.8 万 kW，其中 14 个共 71.85 万 kW 已投产发电，促成了龙源电力与国电集团各分子公司间的优势互补。六是稳步推进海外项目开发。响应国家"一带一路"战略，2016 年 3 月，在习近平主席和捷克共和国总统米洛什·泽曼共同见证下，龙源电力与捷克 SWH 集团签署了风电合作协议，随即成立中东欧项目筹建处，接触筛选多个国家风电资源。

机制创新 以建立完善现代企业制度为基本遵循，将"723"国际一流标准逐步内嵌到公司运营管理全过程，加快推进国际一流企业建设。一是抓一流标准落地。以 2020 年建成国际一流企业为目标，从战略能力、管控模式、品牌建设等 7 大要素，盈利能力、成长能力、激励机制等 23 项标准抓起，有序推进一流标准落地。二是抓一流人才队伍。科学构建"大培训"体系，编制"十三五"人才教育培训规划，着力培育工匠精神，深化"首席制"建设，助力职工岗位成才。三是抓体制机制创新。深度调研总结风电场运检实践，科学制定、推广 3 类 6 种运检模式；创新完善职责体系清晰、绩效评估完备、考核公正透明的全员绩效考核体系，穿透联动、按月奖罚，提升职工关切度；全面推进标准化班组建设，建强企业的管理细胞。四是抓依法治企能力。实施法律工作集约化管理，建立涵盖 8 个板块、6 套流程、18 项功能的信息化管理平台，实现统一管理和信息共享，公司系统合同 100% 上线审核；创新完善法律服务机制，常态化开展风险提示和驻场服务；龙源电力获评国电集团法治工作先进单位。

工程建设 树立有质量有效益可持续优质发展的理念，坚持"四高四优"标准，强化施工组织管理，工程建设优质高效推进。一是科学管控工程节点。运用流程标准化管控模型跟踪节点进度，超前评估、及时处置施工难点，确保了工程按期推进。二是有效提升工程质量。编制《风电工程建设标准工艺手册》《工程验收管理办法》《风电工程施工监理管理办法》，全面推进施工标准化管理；下发《关于改进设计工作的指导意见》，设计工作不断改进提升；加大重点区域检查力度，严格关键环节验收，加强对监理的有效监管，保障了施工安全、质量和工期要求。三是严格控制工程造价。优化项目设计方案，对工程进行合理"瘦身"，缩减工程量。实施最高限价审查，压降配套设备及施工服务价格，福建南日项目基础造价较可研降低 22%。四是精心组织海上施工。针对海上施工环境复杂、技术含量高、风险管控难、开发周期长等特点，科学制定施工方案，抓好施工组织，3 个项目共 90 万 kW 的主标段招标全部完成，施工装备已落实；福建南日项目国内首基嵌岩单桩试验成功，海缆全部敷设完毕；江苏大丰项目开始打桩，龙源电力首例海上升压站已完成招标。五是高标准推进海外项目。总结加拿大项目建设管理经验，推进南非德阿 24.45 万 kW 风电项目建设，风机和塔筒质量认证、供货安排、贷款结构等问题得到有效解决，施工质量可控在控，力争 2017 年 10 月全部投产。六是启动一流风电场建设。总结龙源电力 20 多年来开发建设和生产运营的经验与教训，创新发展理念，提出建设"安全、可靠、高效、智能"一流风电场目标，成立领导小组和 11 个专题组，选择江苏大丰四期、湖北刘家山、安徽香山 3 个项目作为首批试点，全力打造升级版新型风电场。

党建与企业文化建设 严格落实管党治党责任。学习贯彻十八届六中全会、全国国有企业党的建设工作会精神，落实全面从严治党新要求。一是完成党组改设党委工作。召开龙源电力第一次党员代表大会，选举产生了第一届党的委员会和纪律检查委员会，为推进党要管党、从严治党奠定了组织基础。二是开展"两学一做"学习教育。领导干部带头学习中央最新精神、党章党规党纪和习总书记系列重要讲话，带头讲专题党课；全面推行"微党课"，得到中组部、国资委充分肯定。三是推进党支部建设标准化。编印龙源电力《新能源企业党支部建设标准化工作指导手册》，加快推进支部标准化、规范化建设；分3期对181名党组织书记、党务人员进行轮训。在基层党建重点工作落实情况检查中，中组部对以中能公司为代表的龙源电力党支部建设给予高度评价。四是规划建设党建管理信息系统。首个功能模块已上线运行，实时管理效果明显。建立"龙源电力党建"微信企业号，为党建工作交流搭建新型平台。

深入推进党风廉政建设。一是加大党规党纪宣贯力度。开展"一名党员一滴清水"专题教育活动，采取多种形式宣贯党规党纪，开展《准则》《条例》学习测试，以考促学，增强底线意识。二是严肃落实"两个责任"。制定落实"两个责任"工作清单；推行"一岗双责"考核，公司领导带头，定期听取分管领域党风廉政建设和廉洁从业工作汇报；建立纪委书记月例会制度，常态督导挺纪在前、抓早抓小。

努力营造和谐企业氛围。一是开展企业文化建设。组织开展道德讲堂、企业文化培训等活动；参加国电楷模评选，张晞荣获"国电特级楷模"，王建国荣获"国电楷模"。2016年，龙源电力首获中国企业管理研究会"最佳社会责任报告"奖。2家单位首次荣获省级文明单位，12家单位保持省级文明单位称号。二是实施惠民工程。推进绿色关爱行动，为一线职工发放户外保温餐具2825套，改善现场作业生活条件；使用职工互助基金及时对困难职工进行帮扶；编制首个全国风电行业劳动保护配备标准，维护行业职工合法权益。三是推进精准扶贫。制定绿色扶贫三年规划，设立"绿色保护扶贫基金"，国电集团党组书记、董事长乔保平赴山西右玉专题调研扶贫工作时，对龙源电力开展精准扶贫情况给予肯定。

主要事件

3月30日，全国政协副主席、民革中央常务副主席齐续春率全国政协常委、民革中央副主席傅惠民、全国政协委员刘吉臻等一行17人以"京津冀能源结构调整"为主题赴龙源天津公司开展调研。

3月30日，中国一捷克经贸合作圆桌会在捷克首都布拉格举行，会上，在中捷两国元首的见证下，乔保平代表龙源电力与捷克SWH集团公司副总裁彼得·内恰斯签署了《关于在可再生能源与清洁能源领域开展经济技术合作及中方拟收购捷方若干风电项目的协议》。

3月31日～4月1日，国有重点大型企业监事会主席骆玉林一行赴龙源江苏区域公司调研。

5月4～6日，龙源电力在上海举办首届绿色能源融资峰会。上海交易所、上海市发展改革委、崇明县政府、国家开发银行、华泰联合证券等机构和投资人代表就各自专业领域对绿色能源发展前景进行展望。

8月16日，龙源电力举办中英电改对话研讨会。会上，来自中英两国能源专家和从业者就电力改革真正要解决的问题、国家应该建立怎么样的新能源发展支持机制、未来碳交易如何促进可再生能源和低碳能源发展等7个关键问题进行深入对话。

10月13日，龙源电力承担的"863计划"先进能源技术领域"大型光伏（并网、微网）系统设计集成技术研究示范及装备研制"重大项目"百兆瓦级光伏系统设计集成技术研究及关键设备研制"课题通过技术验收。

10月19日，中组部基层党建重点任务第20督查组鲍忠敏、史泽华、赵天宇等一行3人，到龙源电力检查指导"两学一做"开展情况及基层党建重点任务落实情况，对龙源电力党建工作开展情况给予高度评价。

12月23日，国际知名信用评级机构穆迪公司将龙源电力的主体评级从Baa1上调至A3。

（肖 蕾）

【国电大渡河流域水电开发有限公司】

公司概况 国电大渡河流域水电开发有限公司（简称大渡河公司）是中国国电集团公司所属最大的集水电开发建设与运营管理于一体的大型流域水电开发公司。大渡河公司于2000年11月在成都高新区注册成立，股东分别为中国国电集团公司（21%）、国电电力发展股份有限公司（69%），四川川投能源股份有限公司（10%）。截至2016年底，大渡河公司有在岗职工2170人，有19家二级单位，累计向成都市缴纳税费22.67亿元。

大渡河公司负责大渡河干流17个梯级电站的开发，涉及四川三州两市（甘孜州、阿坝州、凉山州、雅安市、乐山市）14个县，总装机容量约1775万kW。截至2016年，大渡河公司总资产897.56亿元，投产装机容量1011.24万kW，在川投运装机占四川统调水电总装机容量的四分之一，承担了四川电网主要调峰调频任务。大渡河公司先后荣获全国"五一"劳动奖状和全国"厂务公开先进单位"称号，建成了

"全国模范职工之家"，被国务院国资委评为"抗震救灾先进集体"和"中央企业先进基层党组织"；获得国电集团"国电特级奖状""绩效贡献特别奖""党建工作先进集体"等荣誉，累计获得省部级和国电集团科技成果奖 64 项，取得 88 项知识产权成果，成为四川省工业企业最大规模 50 强企业和最佳经济效益 10 强企业。

2016 年，再次获得国电集团考核 A 级。至 2016 年底，大渡河公司完成发电量 308.82 亿 kWh，实现营业收入 69.74 亿元。

领导班子

董事长：谢长军（2016 年 8 月任）

总经理、党委副书记：涂扬举

党委书记、副总经理：何仲辉

副总经理、党委委员：王春云、胡卫、王存福、严军、周业荣

总会计师、党委委员：李仕堂

纪委书记、党委委员：高廷源

组织机构　总部设总经理工作部、企业管理部、人力资源部、财务产权部、安全生产部、市场经营部、工程建设部、机电设备部、计划合同部、移民环保部、审计部、纪检监察部、党群工作部等 13 个部门，下属 19 个公司（筹备处）。

安全管理　瞄准"建成集团公司水电安全生产标准化示范企业"目标，以"提质增效"和"双提升"工作为抓手，强化安全风险分级管控，创新安全生产巡查，探索智慧安全管控，结合"重细节、找问题、强管理"专题组织开展安全检查，成功应对"4.30"大岗山库区省道 S211 地质灾害，避免了重大山体滑坡地质灾害事故造成人员伤亡和交通要道中断，实现了"零"伤亡避险。研发智能安全帽，实施电力生产现场、安全对标管控模型，启动建设公司安全风险管控数据中心，初步实现典型性生产现场违章行为和安全隐患的自动辨识功能。大渡河公司荣获 2016 年全省"安全生产月"活动优秀组织单位、"中央在川及省属重点企业安全生产工作先进单位"荣誉称号。

生产经营　成立经济运行中心和售电服务中心，参与外送、替代等市场挂牌交易，想方设法寻找新增电量。压实电厂主体责任，加强调度会商，优化经济运行，深化对标考核，瀑布沟电站完成了水库消落、回蓄目标。龚铜两站作为母体电厂，老厂焕发青春，管理和效益都上了新台阶。按照大渡河公司智慧企业建设"风险识别自动化、管理决策智能化"的管理要求，水电推进智慧检修，完善生产管理系统相关功能模块，提升生产管控水平，初步实现设备检修从以定期检修为主逐步向状态检修转变。制定《大渡河公司 2016 年增收节支、提质增效方案》，细化 44 条增收措

施和 58 条节支措施，按照"一企一策"原则，每月梳理盘点落实。持续压降融资成本，加强成本费用管控，八项费用同比下降 12.38%。加强产业互保，开拓市场，四个转型平台为大渡河公司实现利润目标做出了突出贡献。

工程建设　加强基建"五控制"管理，全年完成投资 56.9 亿元。猴子岩电站二期面板提前 42 天完成，施工质量获得监督总站好评。同心协力，提前建成送出工程，扭转了猴子岩移民搬迁被动局面，如期实现了下闸蓄水，首台机组 72h 试运行一次性成功。沙坪二级电站按照"有序干、高起点"的要求，围绕"建精品、树标杆"的目标，工程质量不断提升，大坝及厂房浇筑到设计高程，厂房具备了挡水条件。"双江口"智慧工程建设方案基本定型，工程管理系统建设方案完成初步设计，双江口智能大坝完成碾压质量监控功能建设，具备碾压试验监控条件。

前期工作　持续抓好优化，前期项目稳中有进。金川、枕头坝二级、沙坪一级等项目经济指标持续优化，金川投资决策通过国电集团能源院评估。枕头坝二级、沙坪一级电站完成了正常蓄水位等重大专题咨询，启动了老鹰岩一、二级水电站预可研，帕隆藏布流域水电规划持续深化。

转型升级　在做强主业的同时，培育新的增长极度过困难期。通过开拓外部检修和工程管理市场，检修业务快速拓展到了贵州、新疆、云南等地，已成为大渡河公司未来发展的一个新增长点；发挥大渡河公司在水电工程管理优势，开拓对外工程管理和咨询业务。通过拓展碳资产管理业务，形成碳开发、交易、碳咨询、碳金融、碳中和业务体系，累计开发 CCER 项目近 40 个，拥有 800 万 t 可交易 CCER 现货，储备 CCER 可签发量超过 1000 万 t/年，已建成国内 CCER 储备量最大的碳资产管理机构。通过抢占电力市场，售电服务形成了电力销售、客户管理、园区配售、电能转换四大业务体系，开展了增量配电网、煤改电、冰储能等 13 个课题，以及近 30 个园区配网、煤改电项目可行性研究分析。完成了四川省首个园区配售电项目广元国家经济开发区售电合作，3 年累计完成直购电销售 170 亿 kWh。通过成立水电科技咨询中心，强化与高校、科研单位的协同创新，促进"四新"技术和专利成果的转化创效。

智慧企业建设　完善顶层设计，发布《智慧大渡河战略研究与总体规划报告 3.0》，智慧企业理论体系更加完善。推进项目落地，云数据中心建成投运，流域库坝安全管理中心、国内首个大型流域水电站联合调度控制系统等智慧单元投入运行；智慧工程、智慧电厂、智慧检修、智慧调度建设深入推进，沙坪智慧工程通过专家鉴定，达到了国际领先水平；智慧党建

云建设完成试点。承办了首届智慧企业创新发展峰会，大渡河智慧企业建设在业界"三个首次"（首次在企业界提出了建设智慧企业的思路，首次系统阐述了智慧企业理论体系和框架，首次在大型国有企业进行探索与实践并取得了显著成果）地位得到确立，大渡河公司被清华大学和四川省企业联合会分别授予"管理创新实践基地"和"智慧企业管理创新示范基地"。大渡河公司智慧企业建设的经验做法被人民日报、新华社、中新社、央广网、四川日报等媒体刊发报道。

企业管理　制定了大渡河公司"十三五"发展规划，牵头组织完成了 11 个专项规划和 6 个专项研究课题。推动大渡河流域综合管理试点工作，四川省发展改革委 10 月底组织召开了启动会。持续研究完善大渡河干流后续项目发展专题报告，协调金川等项目列入国家专项建设基金项目。引入国内一流的管理咨询机构，推进公司整体战略研究，研究成果得到公司领导肯定。规范了制度体系建设，以分类和分层管理为原则，梳理大渡河公司成立以来的制度 936 个，建立了规章制度类别及分层级管理标准，启动了全面风险管理体系试点建设。推进法治大渡河建设，创立了大渡河法治讲坛，有力促进公司系统干部队伍法治素质提升。严格财务收支和"八项费用"审计，坚持审计发现问题按月通报制，重点进行回访督导，狠抓审计整改和成果运用，防范了经营风险。

科技创新　编制大渡河公司"十三五"科技发展规划，启动国家重点研发计划《水资源的高效利用》子课题研究工作，承办"中国面板堆石坝 30 年研讨会"并获高度评价。截至 2016 年底，累计获得省部级科技进步奖 6 项，国电集团科技进步奖一等奖 1 项、二等奖 2 项、三等奖 1 项，获得国电集团公司优秀合理化建议 4 项，全国设备管理创新成果一等奖 3 项；获得知识产权成果 12 项，瀑布沟水电站获得第十四届"中国土木工程詹天佑奖"。

党建及精神文明建设　开展"两学一做"，大渡河公司学习教育工作得到国资委党建局、四川省国资委党委高度评价，四川卫视《四川新闻联播》和省国资委党建工作专刊分别进行了专题报道。管党治党责任全面落实，党的基层组织建设得到加强，标杆支部和服务型党组织创建成效明显，完成检修公司智慧党建试点，大渡河智慧党建云Ⅰ期投入使用。基础工作得到强化，修编了"三重一大"集体决策、党委工作规则、党委会议等重要制度，新增修订形成了党群制度汇编。瀑电总厂荣获中央企业先进基层党组织标杆，检修公司荣获四川省先进基层党组织。召开大渡河公司四届一次职代会和工代会，完成工会换届选举，组织开展了职工才艺展示，举办了斯洛克比赛、

职工足球赛、水电站自动化专业技能竞赛等系列活动，职工文化生活得到较大丰富。完成年度帮扶任务，开展爱心帮扶基金会成立 10 周年回顾系列活动，拍摄了专题宣传回眸片，线上线下集中展示，树立了履行社会责任的良好形象。举办青年智慧企业论坛暨主题团日活动，承办了国电集团"青年创新工作室"创建经验交流会，组织了"我身边的先进典型"基层宣讲活动。

主要事件

1 月 25 日，四川省国电大渡河爱心帮扶基金会助学捐助仪式在甘洛县教育局举行。瀑电总厂代表四川省国电大渡河爱心帮扶基金会向甘洛县 5 名大学生、5 名中学生发放助学金共计 25 000 元，并为每名贫困学子捐赠了毛毯，在严寒冬日为贫困学生送去了节日的问候和企业的温暖。

1 月，大渡河公司荣获四川省"水土保持工作先进单位"称号。瀑电总厂工会和大岗山发电厂运维分工会在中华全国总工会组织开展的全国模范职工之家、模范职工小家及优秀工会工作者评选中，分别获得"全国模范职工之家"称号和"全国模范职工小家"称号，瀑电总厂李玉祝荣获"全国优秀工会工作者"称号。

1 月，集控中心青年创新工作室申报的"雷达式水位计自适应多功能调节锁定装置"获国家知识产权局实用新型发明专利，取得 2016 年首项创新成果。

1 月，四川省总工会表彰了四川省"十二五"劳动竞赛先进单位、集体和个人，大岗山公司荣获四川省劳动竞赛优胜单位，瀑电总厂运维二值荣获四川省"五化五强"班组称号。

2 月 10 日，四川省政协副主席、乐山市委书记唐坚到枕头坝一级、沙坪二级水电站现场看望慰问了生产建设一线值班员工。

3 月 16 日，国务院国有重点大型企业监事会主席骆玉林、监事会第 7 办事处主任袁策明，国电集团党组成员、副总经理谢长军一行到大渡河公司调研，听取了国电集团在川藏三家单位工作汇报。骆玉林高度评价大渡河公司加快推进大渡河流域水电开发，为提升国电集团清洁能源占比所做出的积极贡献。

3 月 22 日，枕头坝一级水电站鱼道工程通过完工验收。该鱼道工程是大渡河流域建设的首条鱼道，也是枕头坝一级水电站最大的环保专项工程。

3 月 24 日，大渡河公司库坝中心在 2015 年度水库地震台网监测资料评比中获得最高等级Ⅰ类监测台网的第一名。

3 月 25 日，瀑电总厂申报的《标准化在设备管理中的应用》管理创新成果，荣获第五届全国电力行业设备管理创新成果一等奖。

3月27日，猴子岩公司被四川甘孜州政府评为全州重点工程建设项目先进单位，并授予"一等奖"。

3月，大渡河公司被中国电力企业联合会表彰为2015年全国电力行业企业文化示范单位。

3月，在乐山市沙湾区2015年创新投资年暨工业发展表彰大会上，龚电总厂再获沙湾区2015年工业经济发展稳增长贡献奖、最大贡献奖、固定资产投资奖等。

3月，龚电总厂研发的一种水轮发电机组转子气隙测量塞尺，获得了国家知识产权局颁发的实用新型专利证书。

5月3日，大渡河碳资产管理中心成功完成了石龙水电站和丝梨坪水电站2个VCS项目减排量国际交易，共计成交5.5万t减排量，交易价格高于同期欧洲环交所CDM项目CER交易价格。

5月5日，大渡河新能源公司与中国质量认证中心成都分中心在公司正式签署战略合作协议，双方将在节能减排领域的资源优化、技术共享、政策研究、降低成本以及课题研究等方面全面深化战略合作。

5月17~21日，国际大坝委员会第84届年会在南非约翰内斯堡召开。大渡河公司党委书记、副总经理何仲辉，双江口建设分公司有关代表参加了此次会议。

7月1日，大渡河公司党委召开"七一"表彰会暨"两学一做"学习教育推进会。

7月21日，国务院国资委发布了国有企业创新文化优秀成果，由大渡河公司总经理、党委副书记涂扬举撰写的《推动创新文化落地，建设智慧大渡河水电》创新文化成果获评优秀奖。

8月，国电大渡河枕头坝水力发电总厂创作的"一种浮球液位阀"成果获国家实用新型专利。

10月23日，中国工程院院士、原常务副院长潘云鹤，中国工程院院士、浙江大学软件学院院长陈纯到大渡河公司调研，指导智慧大渡河建设。大渡河公司总经理、党委副书记涂扬举，党委委员、副总经理周业荣陪同调研。

10月26日12时53分，猴子岩水电站500kV智能开关站四回线路试运行，标志着地面开关站正式投入运行，实现了大渡河公司在智能开关站相关技术的零突破，向猴子岩"高标准高质量"接机发电目标又迈进了一大步。

10月26日，四川省国资委在大渡河公司召开"智慧企业"现场推进会，总结、宣传、推广大渡河公司在"智慧企业"建设中取得的阶段性成果和创新实践经验，促进四川省国有企业流程再造、管理提升、转型升级和提质增效。

12月12日，首届智慧企业创新发展峰会在成都召开。此次峰会聚焦智慧企业建设，以"推进管理创新，打造智慧企业"为主题，围绕智慧企业建设理论与实践、企业提质增效、自主创新的转型升级路径等内容进行了深入探讨。大渡河公司在企业界首次提出了建设智慧企业的思路，首次系统阐述了智慧企业理论体系和框架，首次在大型国有企业进行探索与实践并取得了显著成果，得到了与会专家学者的高度评价。

（赵　影）

【国电科技环保集团股份有限公司】

公司概况　国电科技环保集团股份有限公司（简称国电科环）前身为国电科技环保集团有限公司，成立于2004年11月26日，是中国国电集团公司整合所属高科技产业组建的企业集团，是目前中国最大的常规燃煤电厂节能环保服务商和领先的可再生能源系统服务及设备制造商。

领导班子

党委书记、董事长：阳光

党委副书记、总经理：陈冬青

党委委员、副总经理、总会计师：唐超雄

党委委员、副总经理、工会主席：张晓东

党委委员、副总经理：杨东

党委委员、副总经理、董事会秘书：蔡兆文

党委委员、纪委书记：何丽丽

党委委员、副总经理：唐坚

党委委员：褚景春

副总经理：李彩云

组织机构　本部设党委办公室/行政办公室、党委组织部/人力资源部、财务产权部、计划发展部、证券融资与法律事务部（董事会办公室）、企业管理部、生产建设管理部、技术管理部、审计部、监察部（纪检办）、党委宣传部/企业文化部、市场营销部、采购与物资管理部、财务共享中心等14个部门，下属12家公司。

经营管理　贯彻国电集团"一五五"战略和"六个必须"工作要求，把握"稳中求进，稳中求优"的工作总基调，坚持以"创新、协调、绿色、开放、共享"五大发展理念为引领，落实从严治党，加快"瘦身健体"，狠抓提质增效，持续开展"双提升"工作，优化团队建设，深化转型升级，实现了企业平稳向好的发展。全年实现营业收入176.48亿元，利润总额6.85亿元。完成全年各项经营目标，国电科环荣获国电集团2016年度目标责任制考核A级企业，瘦身健体助力国电科环转型发展荣获国电集团奖励基金一等奖，国电科环所属多家企业荣获国电集团五星企业。

2016年，国电科环节能环保业务保持稳进发展势头，龙源环保脱硫脱硝除尘项目投产机组119台，合计 4451 万 kW，保障了国电集团节能提效改造任务完成。联合动力全年生产风机 954 台共 173.05 万 kW，全年发运风机 921 台共 165.81 万 kW，居国内第二名，保障国电集团风电投产任务。

开展提质增效和"双提升"工作，持续深化对标，深入分析关键指标，落实"双提升"综合评估诊断成果，开展了龙源环保强化设计能力及降低工程造价、朗新明提高 EPC 工程管理水平及水务运营能力、烟台龙源综合整治及存量资产提效等专项提升工作。风机制造成本压降 5%，提升业务盈利能力。

科技创新 技术培育产研并重。全年科技成果完成市场转化项目 14 个，完成率 43.75%，低风速风机、燃煤电厂超低排放技术等项目共实现销售合同额 72.76 亿元。龙源环保工程有限公司"臭氧脱硝技术"通过国电集团验收；联合动力 2MW-121 风电机组通过评审、鉴定，具备推广使用条件；朗新明环废水零排放技术在汉川百万千瓦机组示范工程上应用取得成功；国电智深承担的国家科技支撑计划项目"超600℃百万千瓦超超临界机组关键技术研究与应用"通过验收；华电天仁"高压永磁同步风电变桨控制系统"实现整机运用；"企业信息统一处理平台技术"在江苏、湖北区域电力市场营销平台得到应用。

科技成果奖项丰硕。全年获得国家级奖项 1 项、省部级奖项 7 项、国电集团奖项 10 项，其中，联合动力参与的"新能源发电调度运行关键技术及应用"获得国家科学技术进步二等奖，龙源环保"双循环石灰石-石膏湿法脱硫技术"获环境保护科学技术二等奖、中国电力科技进步三等奖，联合动力 2MW-115 超低风速技术获中国电力科技进步三等奖、中国电力创新一等奖。

新兴业务稳步开拓。开展综合节能改造业务，中标石嘴山电厂 2、3 号机通流改造项目，完成丰城电厂综合节能诊断及方案，跟踪安顺电厂综合改造项目。发展绿色电站总承包业务，哈密、海南项目高标准通过国电集团工程达标投产验收，各项运行参数、性能指标及排放指标均优于设计水平，创造了国内同类机组工程建设较高水准；兰州项目已高标准开工，持续跟进上海庙、准东项目进展。

党建与企业文化建设 学习贯彻党的十八届六中全会和全国国有企业党的建设工作会议精神，树立"四个意识"，与以习近平同志为核心的党中央保持高度一致，维护党中央权威和集中统一领导，贯彻执行国电集团党组的各项决策部署，推进全面从严治党，把坚持党的领导放在首要位置。国电科环于 10 月下旬，完成了党组改设党委工作，选举产生了中共国电科环第一届委员会和纪律检查委员会，进一步增强党的政治领导、思想领导和组织领导。

学习教育持续深化。推进"两学一做"学习教育，加强监督，确保学习教育取得成效。各级党委集中学习和专题讨论 200 余次，各级领导干部率先垂范，以普通党员身份参加所在党支部学习，并为基层党员讲党课。充分发挥党支部的战斗堡垒作用，通过开展"践行一五五 争创五先锋"主题实践活动和"亮身份 亮岗位 亮承诺 亮贡献"四亮活动，在"做"上见实效。创新学习载体，通过一本学习笔记、一本口袋书、一个微信号、一个支部学习微信群的"四个一"举措，扩大学习教育覆盖面。

基层建设全面加强。建立党委工作运行机制，加强对所属企业党建工作的指导，抓基层、强基础，推进基层党建规范化建设。按照国电集团换届选举工作要求，基层党组织按期完成换届选举工作。选优配强党支部书记，连续两年举办基层党支部书记培训班，提升党支部书记的素质和业务水平。加强党的组织生活专项检查，全面梳理党员情况，严肃党内政治生活，教育引导党员增强党性观念、严守党的纪律。

文化活动助力发展。组织开展职工技能竞赛，在全国电力职工技术成果评比成绩喜人，职工的职业技能水平不断提升。举办各类文体活动，丰富员工生活。重点报道国电科环高科技产品及联合动力万台风机下线等大型事件，宣传国电科环在节能环保、装备制造、电力电子等领域的强劲实力，增强"国电科环"品牌影响力，助力企业转型发展。

主要事件

2 月 2 日，龙源工程总承包的国电哈密大南湖煤电一体化 2×660MW 工程 2 号机组一次性通过 168h 试运行，投产发电，哈密项目如期实现"双投"。

2 月 15 日，国电智深中标广东大唐国际雷州发电厂 2×1000MW 超超临界二次再热新建工程分散控制系统（DCS）项目。

5 月 10 日，龙源环保在中国电力企业联合会发布的 2015 年度火电厂累计投运脱硫、脱硝新建机组、当年实施火电厂烟气脱硫委托运营机组容量 3 项指标中名列第一，连续 11 年在该统计中取得优异成绩。截至 2015 年底，龙源环保累计投运火电厂脱硫工程机组 10 059 万 kW，脱硝工程机组 9769.7 万 kW，当年实施火电厂烟气脱硫委托运营机组容量 2139 万 kW，均列行业第一。

10 月 24 日，中国共产党国电科技环保集团股份有限公司第一次代表大会胜利召开。会议严格按照《中国共产党基层组织选举工作暂行条例》规定要求，审议通过了《中国共产党国电科技环保集团股份有限公司第一次代表大会选举办法》、"两委"委员候选人名单，并选举产生了国电科环第一届党委委员和纪委委员。国电集团党组副书记、副总经理张国厚出席会议并做重要讲话。

11 月 17 日，国电联合动力技术有限公司第 10 000 台风机——2 MW-121 超低风速风电机组在河北保定下线。联合动力成立 9 年来，累计装机容量已经超过 1600 万 kW，连续 5 年新增装机容量位居全国第二，2015 年新增装机容量位居全球第六，现在已成为中国最大的双馈风机制造商和全球领先的风电整体方案解决供应商。

11 月 29 日，南京朗新明承建的国内首个百万千万机组脱硫废水零排放项目——国电汉川发电有限公司全厂脱硫废水深度处理（零排放）项目投产，各项指标均符合或优于设计要求，并产出首批高纯度结晶盐。该项目的投产标志着朗新明在火力发电企业全厂废水零排放技术研发与应用方面实现新的突破，对推动火电厂加强废水综合整治、实现零排放具有示范意义。

12 月 6 日，2016 年全球新能源企业 500 强榜单在武汉隆重揭晓，国电科环成为中国电力行业中享有盛誉的环保节能和可再生能源领域的先进企业，位列榜单第 24 位并荣获“卓越贡献奖”。国电科环所属联合动力凭借在新能源领域卓越的创新能力和产业突出贡献，再度蝉联“全球 500 强新能源企业”，并斩获“自主创新奖”“社会责任大奖”，联合动力董事长、总经理褚景春荣获“2016 全球新能源商业领袖”殊荣。

（张 玥）

【国电资本控股有限公司】

公司概况 国电资本控股有限公司（简称国电资本控股公司）是中国国电集团公司为贯彻落实科学发展观，实施企业转型战略，加快金融产业发展，构建多元化金融平台而依法设立的具有独立法人资格的全资子公司，承担国电集团系统金融资源整合、金融股权投资、金融资产管理的职能，加强对金融产业的统一管理，对集团所属全资、控股、参股的金融企业相应国有股权行使出资人权利。国电资本控股公司成立于 2009 年 12 月 16 日，注册资本金 64 亿元。

领导班子

总经理、党组副书记：陈景东

党组书记、副总经理：刘焱

党组成员、副总经理、总会计师：杨元顶

党组成员、副总经理：黄文强

党组成员、副总经理：张敏

党组成员、纪检组长：许婉卿

党组成员、总法律顾问：万利平

党组成员、副总经理：李阳

组织机构 依据现代企业法人治理结构，设董事会和监事会并履行相应职责。本部设 19 个部门，即办公室、运营风险管理办公室、人力资源部、产融结合与市场营销部、投资投行部、信贷管理部、资金结算部、财务管理部、审计部、风险管理与法律事务部、政治工作部、股权管理部、纪检监察部、信息科技部、营业管理中心、企业年金核算管理部、大额资金（流动）监控部、特殊资金（流动）监控部、金融共享中心。

主要业务 国电资本控股公司主要从事金融投资及资产管理；资产受托管理；投资策划；咨询服务等业务。对所属全资、控股、参股企业的有关国有资产和国有股权行使出资人权利，对有关企业国有资产和国有股权依法进行经管理和监督，并相应承担资产保值增值责任。

2016 年资产总额超过 1100 亿元，实现利润 21.30 亿元，实现经济增加值 6.04 亿元，系统外创效比例 75% 以上，金融板块整体经营业绩再上新台阶，各项改革措施取得新成效，完成了国电集团年度考核目标，荣获 2016 年度国电集团先进单位和目标责任制考核 A 级企业，被授予“国电一级奖状”，被评为“文明单位标兵”“法治工作先进单位”。“创新开展应收电费资产证券化业务，实现集团降本增效”项目荣获国电集团奖励基金一等奖；财务公司在中国银行业监督管理委员会北京监管局 2016 年监管评级中荣获 A 级，获得中国财务公司协会行业 A 级评级。

深化改革 深化改革全面启动。成立深化改革领导小组，紧密跟踪国家和国电集团改革政策，有序推进各项改革工作。巩固改革重组成果，促进金融产业从外延式发展向内涵式发展转型和推动金融产业健康持续发展发挥了重要的作用。

依法治企深入推进。持续优化专业委员会设置，强化日常法律合规监督，妥善化解法律风险，推进全员法制教育。重视银监会现场检查和整改工作，落实整改措施，成效明显。加强监管沟通。

巡视整改全力落实。重视、配合国电集团巡视工作，推进整改落实，制定工作方案，做好组织沟通。对照国电集团巡视组反馈问题，制定整改措施。

产融结合 落实国电集团关于“把金融板块产融结合、融融结合拧到一起、聚成合力”的工作要求，不断完善产融结合各项举措，持续提高服务主业的能力。

服务水平进一步提高。一是信贷投放结构得到优化。2016 年，新增贷款投向了优质企业，优质客户信贷规模占比提升 9.5 个百分点。二是资金结算管理能力进一步加强。2016 年，日均存款由 199 亿元增至 222 亿元，增幅 11.6%，超出预算目标 11%；月末平均归集率由 88.2% 上升至 92%，在五大发电集团中名列前茅，远超过国资委的要求；直连银行由 15 家增至 18 家，在财务公司行业处于领先水平。三是市场营销力度不断强化。2016 年实现日均贷款规模213.5 亿元，完成责任目标的 106.7％。四是信息化安全保障能力持续提升。完成了对国电资本控股公司主备数据中心之间的双光纤链路建设工作。完成了国电网银信息安全测评和等级保护三级检查，保障了"国电网银"的稳定运行，保证了国电资本控股公司业务运营和资金安全。

服务广度进一步拓展。一是短期资金使用效率不断提高。全年累计为国电集团、江苏区域、华北区域等优质客户办理流动性贷款 200 亿元以上。二是中间业务规模持续扩大。财务公司首次开展英力特重大资产重组财务顾问项目和分销投资 3 亿元集团第五期超短融，发行利率达到五大发电集团同期可比最低水平。三是各专业公司金融产品进一步成熟。长江财险新增山东、江苏、河北、江西、吉林、湖南、青海等7 个主承保区域；瑞泰人寿的传统保障性产品逐渐增多，新型投资产品占比相应减少，已经取得初步成果；石嘴山银行采取多种方式加大资金筹措力度，防止存款流失。发展零售业务，开展形式多样的产品营销活动，实现了客户数量和质量的双增；保险经纪公司在国电集团的支持下，营销利润损失险、雇主责任险和供汽、供热责任险；融资租赁公司调整业务结构，创新直租业务模式。

创新发展　推动创新，在创新中寻找转型升级方向和新的利润增长点。

创新合作模式。创新开展电费应收账款证券化项目，发行了第一期应收电费资产支持证券化产品。发行规模 37.9 亿元，涉及系统内成员单位 33 家，实现了低成本融资、应收账款出表和存量资产盘活，为国电集团压降"两金"38 亿元，整体降本增利 4630 万元，降低资产负债率 0.1％。

增加投资品种。拓展了分级 A 等新的投资品种，协助国电集团做好不良资产剥离工作，与相关金融机构合作推进应收账款处理等业务。

拓宽投资渠道。研究、推进"以股权形式投资于集团内部优质项目""基建项目融资计划"。开展碳交易研究，形成了碳交易调研报告，并转化为公司经营发展的具体思路。

创新融资渠道。首次亮相资本市场，完成了 50亿元公司债券的注册工作和首期 20 亿元"16 国电资"公司债券的发行工作。实现了公开市场募资零突破，并达到同期可比发行利率最低点。

创新服务模式。利用金融产业各专业资源和牌照优势，加强对成员单位信息收集和统计分析工作，通过新产品和新业务，不断解决成员单位问题，满足成员单位需求。

加强管理　把握风险偏好的判断，加强合规审查力度，发挥风控体系的第一道把关作用，把各种风险降到最低程度。

完善风控体系。构建形成了以业务、风控、审计为核心的三道防线。做到工作、业务、产品坚决不触及法律、法规、监管规定的红线。不良资产率小于1％，整体风险可控在控，切实提高了依法治企和风险防控水平。

坚持对标引领。建立了按季度对标分析的制度，组织各金融单位按季度进行专业对标，每半年进行全面对标。进一步硬化星级企业对标门槛。

健全公司法人治理结构。全面履行出资人职责，推动公司系统各单位健全完善法人治理结构，提高经营管理规范程度。依据规定按时召开国电资本控投公司"三会"，确保董事会下设备专业委员会充分发挥应有职能。强化所属各单位"三会"管理，依法行使出资人权利、履行出资人义务，使国电集团战略意图有效贯彻到各单位重要决策和经营活动中。

加强公司建设。明确其金融产业所属分支机构地位，发挥其作为金融产业与集团各单位间金融服务对接窗口的作用，协助客户提升金融、资金及财务管理水平，承担好本部各职能业务和产融结合工作在辖属区域的落地。

党建工作　贯彻六中全会要求，学习习近平总书记在全国国有企业党的建设工作会议上的重要讲话，发挥好国企"六个重要力量"，始终坚持党对国有企业的领导，全面加强党建思想政治工作和党风廉政建设。

完成公司党组改设党委工作。实现公司党委班子、纪委班子的平稳过渡；并以此次工作为契机，不断提高党委把方向、管大局、保落实的能力。

健全党建工作体系。严肃党内生活，加强党内监督，以巡视整改为契机，切实提升公司管理水平。严格落实"三重一大"集体决策制度，决策过程充分讨论，保证了民主决策质量和水平。构建形成 2016 年抓党建和党风廉政建设"1+7"责任清单体系，强化各级主体的责任担当，推动主动领任务、担担子、扛责任，以抓好党建工作落实推动公司可持续健康发展。严格落实定中心发言人、定内容、定时间"三定"学习要求，切实提高领导班子成员的道德和理论素养。

持续改进工作作风。落实"三个基本""三个结合"，推进"两学一做"学习教育，将党的思想政治建设贯穿始终、融入中心、形成常态。开展"一名党员一滴清水"主题活动，促使广大党员干部知敬畏、明底线、守规矩。加强巡视整改，初步制定完善了一些管长远、治根本的制度。落实"三点合一"工作机制，确保班子成员定期赴各单位及基层分支机构调研，践行群众路线。

严格落实党风廉政建设责任。落实"两个责任"，严格履行"一岗双责"，运用"四种形态"。吸取国电集团和国电资本控股公司系统内违法违纪事件的教训，防微杜渐，持续开展纪律检查，持之以恒纠正"四风"，实现日常监督全方位、全覆盖，做到横向到边、纵向到底。推进"三转"工作，结合金融产业实际情况，把监督执纪问责的职责担当起来，把纪律和规矩挺在前面，营造了风清气正的良好氛围。

主要事件

3月31日，中国国电集团公司财务共享中心金融分中心暨国电资本控股有限公司财务共享中心（简称金融分中心）在国电资本控股公司本部举行揭牌仪式。

12月12日，资本控股公司首次亮相资本市场成功发行首期公司债券，成功发行20亿元公司债券。

2016年，国电资本控股公司《以"三全"活动为抓手全面推进企业文化落地》案例获2015年度全国电力行业企业文化建设优秀成果奖。

2016年，国电资本控股公司基层党建创新案例《资本控股公司：创业型党小组助力党建与经营双促双赢》被中国共产党新闻网选登。

2016年，国电资本控股公司成功发行发国电集团首单电费应收账款出表ABS产品。

（赵峻毅）

国家电力投资集团公司

【公司概况】 国家电力投资集团公司（简称国家电投）成立于2015年6月，是由原中国电力投资集团公司与国家核电技术公司重组组建的大型国有企业。注册资本金450亿元，资产总额8661亿元，员工总数14万人。拥有9家上市公司、公众挂牌公司，包括2家香港红筹股公司和5家国内A股公司。连续五年进入世界五百强企业榜单，2016年居第342位。

国家电投是我国五大发电集团之一，是全国唯一同时拥有水电、火电、核电、新能源资产的综合能源企业集团，是全国唯一牵头组织实施大型先进压水堆核电站、重型燃气轮机两个国家重大科技专项的中央企业，业务涵盖电力、热力、煤炭、铝业、物流、金融、环保、光伏、电站服务业等领域。电力总装机容量1.17亿kW，其中：火电7145.69万kW、水电2159.67万kW、核电447.52万kW、太阳能发电711.84万kW、风电1198.22万kW，在全部电力装机容量中清洁能源比重占42.9%，具有鲜明的清洁发展特色。年发电量3969亿kWh，年供热量1.55亿GJ。拥有煤炭产能8010万t，电解铝产能248.5万t，铁路运营里程331km。

国家电投是中国三大核电开发建设运营商之一，是经国务院授权引进核电技术、推进三代核电自主化的实施主体、主要载体和研发平台，具有核电研发、设计、制造、建设和运营管理等较为完整的产业链优势。拥有辽宁红沿河、山东海阳、山东荣成等多座在运或在建核电站，以及一批沿海和内陆厂址资源。

国家电投是一家致力于全球业务的国际化公司。境外业务分布日本、澳大利亚、马耳他、印度、土耳其、南非、巴基斯坦、巴西、缅甸等36个国家和地区，涉及电力项目投资、技术合作、工程承包建设等。境外资产382亿元，投资运营项目可控装机容量126万kW，投资在建项目可控装机容量1005万kW，境外电站EPC项目装机容量1350万kW。

【领导班子】

董事长、党组书记：王炳华

总经理、董事、党组副书记：孟振平

党组副书记、副总经理：余剑锋

党组成员、副总经理：时家林

党组成员、副总经理：魏锁

党组成员、总会计师：王益华

党组成员、副总经理：夏忠

党组成员、纪检组组长：邓文奎

【组织机构】 见2016年国家电投组织机构图。

【发展状况】 2016年，是国家电投重组后的第一个完整年，在党组和董事会的领导下，贯彻落实党中央、国务院的决策部署，坚持稳中求进工作总基调，坚持新发展理念，立足战略定位，围绕"弯道超车"，沉着应对各种困难和挑战，推进转型发展，各项工作取得新成绩，实现"十三五"良好开局。在电价下调、煤价上涨、利用小时下降等不利因素影响下，经济效益保持稳定，经营质量进一步改善，安全质量管控能力得到提升，全面超额完成国资委各项考核目标和国家电投年度目标。全年发电量3969亿kWh，增长4.24%。供电煤耗下降2.6g，存量"两金"占用压降72%，资金集中度有新的提高。全年实现利润132.1亿元，净利润87.6亿元，归属于母公司净利润32.6亿元，利润与净利润分别位居五大发电集团第二、第一位。清洁能源比重达到42.9%，继续保持五

国家电力投资集团公司

二级单位51家
- 工会工作委员会（党群工作部）
- 纪检监察部
- 审计内控部
- 安全质量环保部（政府采购部）
- 电力协同产业部
- 水电与新能源部
- 火电与售电部
- 物资与采购部
- 国际业务部
- 法律事务部
- 政策研究与知识产权部（体系改革办公室）
- 科技管理部（重大专项办公室）
- 分析评价部
- 财务与资产管理部（专职董事办公室）
- 人力资源部
- 战略规划部
- 办公厅（董事会办公室）

直属机构3家
- 国家电力投资集团公司资金管理中心
- 国家电投集团人才学院
- 国家电投集团领导力学院（党校）

全资公司20家，控股公司15家
- 中电联合重型燃气轮机科技有限公司
- 国家电投集团石家庄东方能源股份有限公司
- 国家电投集团内蒙西能源有限责任公司
- 中电投伊犁能源化工有限责任公司
- 国家电投集团新疆能源化工有限责任公司
- 国家电投集团铝业国际贸易有限公司
- 国家电投集团贵州金元股份有限公司
- 国家电投集团宁夏能源铝业有限公司
- 吉林电力股份有限公司
- 国家电投集团蒙东能源有限责任公司
- 国家电投集团财务有限公司
- 国家电投集团远达环保股份有限公司
- 上海电力股份有限公司
- 黄河上游水电开发有限责任公司
- 五凌电力有限公司
- 国家电投集团海外发展有限公司
- 国家电投集团科学技术研究院有限公司
- 国家电投资本控股有限公司
- 国家电投集团国际物流有限责任公司
- 国家电投集团云南国际电力投资有限公司
- 吉林省能源交通总公司
- 国家电投集团广西电力有限公司
- 国家电投集团广东电力有限公司
- 国家电投集团重庆电力有限公司
- 国家电投集团四川电力有限公司
- 国家电投集团江苏电力有限公司
- 国家电投集团江西电力有限公司
- 国家电投集团河南电力有限公司
- 国家电投集团东北电力有限公司
- 中国电能成套设备有限公司
- 中国电力国际有限公司
- 国家核电技术公司

分公司13家
- 国家电力投资集团公司物资装备分公司
- 国家电力投资集团公司天津分公司
- 国家电力投资集团公司福建分公司
- 国家电力投资集团公司湖北分公司
- 国家电力投资集团公司安徽分公司
- 国家电力投资集团公司黑龙江分公司
- 国家电力投资集团公司山东分公司
- 国家电力投资集团公司浙江分公司
- 国家电力投资集团公司甘肃分公司
- 国家电力投资集团公司陕西分公司
- 国家电力投资集团公司西藏分公司
- 国家电力投资集团公司湖南分公司
- 国家电力投资集团公司华北分公司

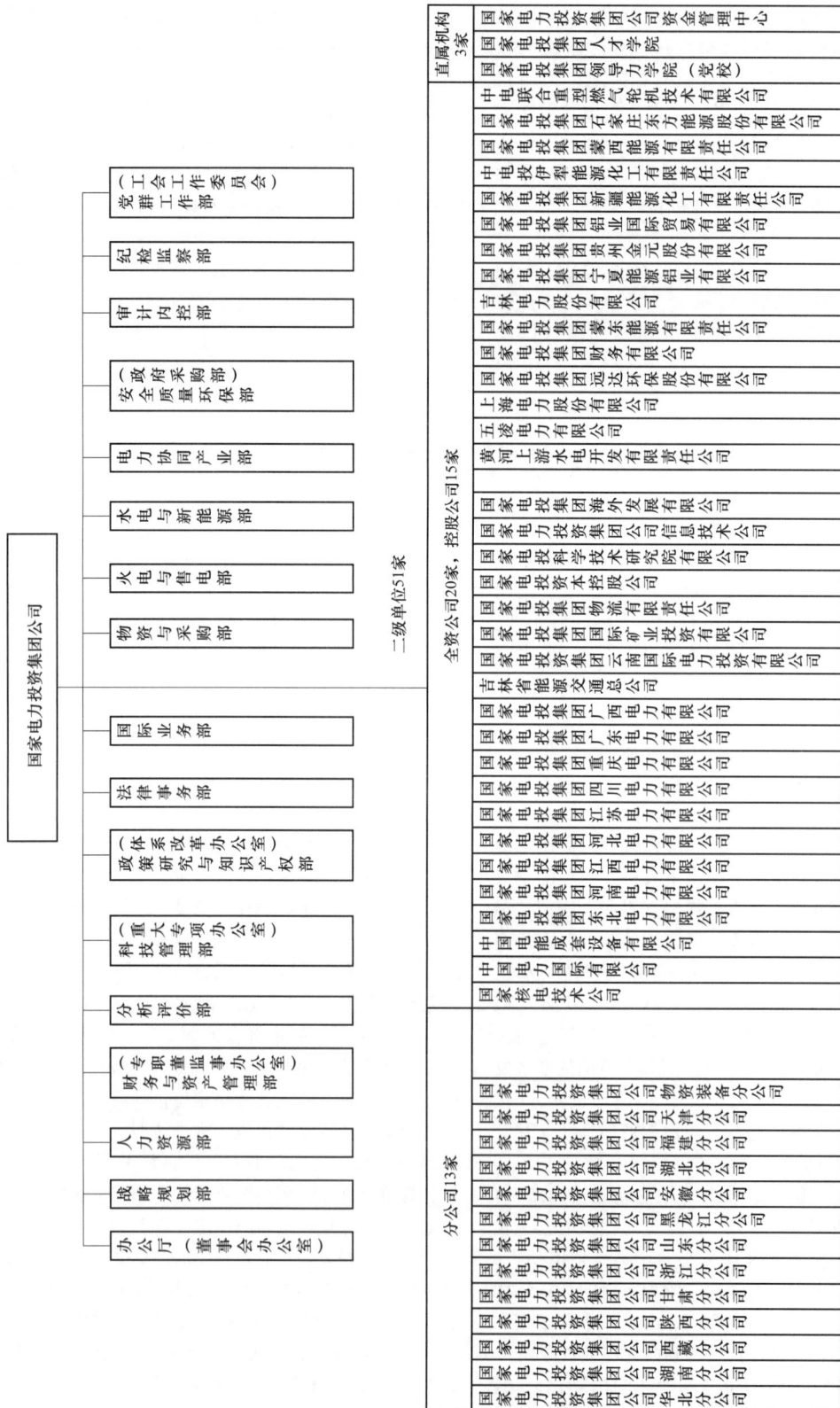

2016年国家电投组织机构图

大发电集团领先地位。等比例控股的辽宁红沿河核电4台机组已安全稳定运行，控股建设的山东海阳核电加快推进，山东国核示范 CAP1400 示范工程前期工作进展顺利。2016 年，国家电投成功获得穆迪 A2、惠誉 A、标普 A-国际信用评级，并首次在境外发行12 亿美元债券。

【战略布局】 确立"创新型、国际化综合能源集团和现代国有企业"的企业愿景。确立做"核电自主化发展引领者、能源革命推动者、一带一路战略实践者、国企改革先行者"的战略定位。确立"十三五"、"弯道超车"的发展主基调和总目标，以及六大战略举措。培育核电、新能源、综合智慧能源及配售电、节能环保、电站服务业、国际化和产业金融七大新动能。完成"十三五"总体发展规划和京津冀、珠三角、长三角、大东北等区域发展规划以及一系列产业、专业、境外业务等专项配套规划的编制，并付诸实施。一批沿海厂址进入国家能源"十三五"规划，内陆厂址保护有序推进。以设立海南公司为标志，完成"省为实体"的全国覆盖。在组建海外公司基础上，调整做实伊江公司，突出国家核电、上海电力、中电国际、远达环保等境外发展主体作用，设立 13 个境外代表处，开始形成致力于跨国经营发展的组织格局。

【结构优化】 2016 年末电力总装机容量 1.17 亿kW，全年新增装机容量 938 万 kW。清洁能源比重达到 42.9%，继续保持五大发电集团领先地位，光伏装机容量继续保持世界第一。结合电力供需形势和国家煤电规划建设风险预警，一批煤电项目得到控制、推迟。围绕发展电站服务业，国家电投内部协同合作共赢效果显著。退出一批不符合结构调整方向、不具有发展优势的非主营业务。

全年固定资产投资 848 亿元，其中大中型基建投资 648 亿元，核电、新能源投资占总投资的 65%。红沿河核电一期工程全面建成。共 232 万 kW 风电进入国家年度建设规划，居五大发电集团第二位。江苏滨海海上风电项目树立全国造价标杆。建成全球最大的龙羊峡水光互补光伏电站，全球最大的青海共和百兆瓦国家级太阳能发电实证基地。共 43 万 kW 光伏项目获得国家"领跑者"项目开发权，居全国第一。青海德令哈光热项目进入国家示范工程。霍林河循环经济项目获得"中国首个煤电铝绿色产业链"荣誉。5 个项目进入国家多能互补集成优化示范工程，取得 4 个增量配电改革试点项目开发权。重庆港桥工业园项目正式开展配售电业务，上海前滩项目具备供能条件。共组建 26 家售电公司。环保产业开始从烟气治理向水务、土壤修复、核环保、危废处置等新兴关键领域布局。锦赤铁路全线通车，锦州港通航试运，大东北地区"煤电铝路港"产业链已经打通。

【国际业务】 以绿色、高效、清洁能源开发和电站服务业为主导，参与国家"一带一路"倡议实施，有效推进国际产能和装备制造合作，不断带动中国电力产业上下游企业协同开拓国际市场，跨国经营发展能力和盈利能力不断提高，发展格局初步形成，规模和范围不断扩大。完成对澳大利亚太平洋水电和特拉格风电的并购。签署收购巴基斯坦卡拉奇电力公司的协议。缅甸伊江项目配合调查工作取得成效。南非、土耳其、保加利亚等国核电市场开发取得进展。

截至 2016 年底，国家电投已在美国、澳大利亚、南非、土耳其、巴基斯坦等 13 个重点国家设立代表处，境外业务涉及 36 个国家，境外资产 382 亿元，在运电力装机容量 126 万 kW，在建电力装机容量 1005 万 kW，开展施工准备项目装机容量 298 万 kW；正在执行的境外电站工程总承包项目 11 个，装机容量 1350 万 kW；正在执行的境外电力工程咨询设计、电站运维服务等项目 35 个。

国家电投的跨国经营发展目标：至 2020 年，境外装机容量争取达到 800 万 kW，约占国家电投装机的 5%；至 2030 年，境外装机容量争取达到 4000 万 kW，约占国家电投装机总容量的 13%。

【创新发展】 核电技术创新实现新突破。大型先进压水堆重大专项进展顺利，CAP1400 反应堆通过国际原子能机构安全评审，多项重大技术创新的安全性、经济性和环境相容性处于世界领先水平。NuPAC 填补国内空白，成为首个通过中美两国政府核安全监管机构行政许可的反应堆保护系统平台，也为中国三代核电技术进入欧美市场提供了技术准入。核电关键设计软件自主化技术研究课题通过国家能源局组织的验收。燃料定型组件研制成功，标志着国内自主化高性能燃料研发的又一突破性进展。示范工程具备开工条件。与此同时，AP1000 自主化依托项目三门、海阳核电两个 1 号机组完成冷试、热试，全球首堆进入装料前最后测试阶段。CAP1700 和小型模块化反应堆概念设计顺利完成。先进核电领域的创新突破，在推动中国核电技术向国产化、自主化迈出关键步伐同时，也成为增强国家电投未来核心竞争优势的重要动力。

国家电投被正式确定为重型燃气轮机重大专项实施责任单位。完成项目组织管理体系顶层设计，项目建议书通过国家评审。重燃公司核心技术团队初步形成，自身建设迈开实质性步伐。国家电投成为唯一牵头组织实施两个国家重大专项的中央企业。

海上核动力平台、低温供热堆概念设计，钍基熔盐堆、铅冷快堆等四代核电技术研发积极推进。高效光伏电池技术、超临界 CO_2 循环发电技术、高效宽负荷超超临界机组、大规模水光互补技术及应用、烟气多污染物协同脱除关键技术研究等完成节点目标。与此同时，光伏制造实现突破，转换效率提高 20%。霍林河循环经济示范项目微电网技术成为国内风电消纳的范本。山东院设计的机组效率、能耗指标打破世界纪录。

环保领域取得新成果。建有国内最大的原烟气净化综合实验基地、国内首套万吨级二氧化碳捕集装置、国内最大的活性焦干法脱硫脱硝、国内首个燃煤电厂 $PM_{2.5}$ 控制技术试验平台、重庆市首个放射性废水处理实验平台等多个行业领先的科研平台，拥有行业内首家通过合格评定国家认可委员会（CNAS）认证的催化剂性能检测中心。研制的具有自主知识产权的远达蜂窝管式湿式电除尘技术（YD-HTW）达到国内领先水平。不同失活类型的催化剂开发了再生工艺技术和专用关键设备，建立了催化剂再生中试平台和生产线，打破了国外少数厂家对催化剂再生技术的垄断，降低催化剂换装投资成本 40% 以上。

【深化改革】 贯彻落实党中央和国务院关于深化国企国资改革的重大部署，围绕解决制约长远发展的体制性、机制性和结构性矛盾，坚持目标导向和问题导向，制定深化改革总体实施方案，统筹协调推进内部改革。主要领域四梁八柱性质的改革主体框架基本确立。

国家电投董事会制度正式建立，法人治理结构开始形成，运作机制在实践中不断完善。总部权力清单 A 版发布实施，优化了权责界面，推动了总部职能转变，激发了基层活力。组建内蒙古公司、铝电公司，理顺辽宁、江苏、广东、河南等省区资产管理关系，符合国有资本投资公司特点的管理架构更加牢固。专职董监事队伍建设得到加强。两级公司治理体系进一步顺，集团化管控体系基本形成。

落实二级单位董事会职权试点正式启动。制定并实施三项制度改革方案。探索职业经理人制度、市场化分配机制、差异化薪酬体系，取得初步成效。市场化用工、员工多通道职业发展等试点有序推进。

年内化解煤炭过剩产能 240 万 t，处置 9 户"僵尸企业"、治理 4 户特困企业的任务全部完成。核电板块资产和区域电力资产上市持续推进，完成 18 个新能源区域生产运营中心组建，发展投资基金迈出积极步伐。公车改革任务全部完成。

【党建工作】 贯彻落实党的十八届六中全会和全国国有企业党的建设工作会议精神，党中央各项决策部署得到强有力的执行。牢固树立政治意识、大局意识、核心意识和看齐意识。扎实开展"两学一做"。充分发挥党组织的领导核心和政治核心作用，全面落实从严管党治党责任，从严加强各级领导班子建设，切实加强基层基础工作，持续推进党风廉政建设和反腐败工作。制定和落实党建工作 48 个行动项。坚持

和完善"大党建、强体系、聚人心、创价值"。修订发布"5 条禁令、30 个不准"。建立通报曝光机制，有效运用监督执纪"四种形态"，以问责倒逼责任落实。认真开展党组织书记述职考核评议，夯实党建责任。

【企业文化与社会责任】 2016 年，国家电投成立企业文化建设领导小组，制定了《国家电投企业文化建设"十三五"规划》，重点打造企业文化体系构建、宣贯培训、落地深植、示范创建、品牌建塑、国际化品牌等 6 大工程，发布了《国家电投企业文化建设管理办法》《企业文化建设考评办法》等 9 个制度文件。连续举办五期"和文化"宣贯班，召开了首届"和文化"峰会，提炼形成国家电投"奋斗、创新、绿色、安全、和合"五大文化基因及具有时代特征的"创新创造创业"三代核电自主化精神。督导全系统 VI 规范应用实施，制定 VI 系统二三级单位及产业分册、境外机构分册，推动"六合之花"及太平洋水电等子品牌应用建设，进一步统一国家电投品牌形象。国家电投把企业文化作为推进企业重组融合的重要内容及实施企业新战略新使命的重要支撑，以"和文化"为引领，着力打造国家电投的文化场，形成推动企业转型发展的内生动力。

履行企业社会责任进一步深入。国家电投制定了《国家电力投资集团社会责任工作规划（2016—2020）》，推进落实信息公开改革试点工作。截至 2016 年底，国家电投共有"映山红"爱心助学工作站 42 个，服务点 283 个，注册"映山红"青年志愿者 12 368 名，星级志愿者 662 名。国家电投及所属单位用于"映山红"爱心助学的捐款金额达 528 余万元，累计资助 8329 人；捐建"映山红"希望小学 12 所、"映山红"爱心书屋 43 个、"映山红"多媒体教室 11 所、"映山红"爱心画室 3 所，捐赠学习用品折合人民币 273 万元。2016 年，国家电投"映山红"爱心助学志愿者公益行动被国资委文明办授予"中央企业志愿服务品牌"。国家电投从产业、民生、智力三大方面对西藏自治区、河南省商城县、四川省美姑县喜德县、陕西省延川县、湖南省邵阳武冈市、青海省贵南县、河北省丰宁县、贵州省纳雍县等困难省市县开展扶贫援助工作。截至 2016 年底，员工志愿服务人次达到 40 832 人次，共投入扶贫与援助资金 3243.54 万元，完成计划的 101%，实施扶援项目 45 个，培训各级骨干 305 人次，直接帮扶脱贫 3869 人。

【电力建设】

（1）核电项目。AP1000：海阳核电站。2016 年，国家电投推广先进的核电技术，AP1000 自主化依托项目建设扎实推进，通过冷试、热试，进入装料前最后测试阶段。CAP1400 示范电站。2016 年，

CAP14000 技术通过 IAEA 安全评审，屏蔽电机主泵试验台具备试验条件，主管道、堆内构件等关键设备研制、关键材料取得实质性进展，CAP1400 示范工程具备开工条件。

（2）火电。霍林河国家级示范产业集群：霍林河循环经济示范工程是国家级示范项目，项目以资源高效利用和循环利用为核心，以"减量化、再利用、再循环"为原则，建成了煤、电、热、铝、路、港协同发展的循环经济产业集群。

煤分级利用。劣质煤就地转化，发电炼铝；中等品质煤供坑口电站发电，变输煤为输电；优质煤外送支持路口、港口电站发展。大幅减少煤炭外运产生的碳排放和资源损失。

水综合节约利用。建立用水三级互补方式，以大量使用城市中水为主，以最大限度使用煤矿疏干水为辅，以最少量地表水为补给，降低水资源消耗，保护生态环境。每年使用城市中水 365 万 m^3 和煤矿疏干水 150 万 m^3。

电热联合利用。火电机组消耗劣质褐煤发电炼铝的同时，实施热电联产、热电联供、热电联销。热电联产替代霍林河地区城镇居民分户采暖低效小锅炉 40 余座，供热面积达 450 多万 m^2，解决了小锅炉燃煤环境污染问题。

铝能源储备利用。电解铝产品将劣质煤就地全部转化，并将能量有效储存。81 万 t 电解铝产能每年将 1000 万 t 劣质褐煤和 10 亿 kWh 风电的能量储存在铝产品中。

智能电网高效利用清洁能源。以全部消纳风电为目标，通过火电为主调峰和铝负荷参与调节，与安稳控制、调度自动化、实时监测与闭环控制系统相结合，建设环保经济、安全可靠的新型现代化智能电网。智能电网内风电渗透率达到 38.25%，超过新能源利用率最高的丹麦。

煤电路港联营。通过蒙东通霍、赤大白、锦赤铁路及港口实现煤电路港联营，形成产运销一体、正反向均衡，物流、信息流、资金流同步的蒙东煤炭外运大通道。

（3）水电。拉西瓦水电站：是中国北方地区大坝最高、装机容量最大、发电量最多的水电站，是黄河上游龙青段规划中的第二座大型梯级水电站。单机容量 70 万 kW，总装机容量 350 万 kW，2010 年 5 台机组全部投产发电，年平均发电量 102 亿 kWh。大坝为混凝土双曲拱坝，最大坝高 250m，总库容 11 亿 m^3。

（4）太阳能。国家电投太阳能发电总装机规模世界第一，拥有科技研发、规划设计、多晶硅、光伏电池、组件制造、工程施工、生产运营、培训等完整的光伏产业链。

龙羊峡水光互补并网光伏电站位于青海省海南州共和县塔拉滩黄河公司产业园内，共划分 9 个光伏发电生产区。项目占地约 9.16km²，总装机容量为 850MW，生产运行期为 25 年，项目建造成本约 60 亿元。一年可发电 14.94 亿 kWh，相当于每年节约火电标准煤 49.3 万 t，减少二氧化碳排放约 123.2 万 t，二氧化硫约 419.1 万 t，氮氧化合物 364.87 万 t，将为中国碳减排做出积极贡献。2016 年 2 月，凭借 850MW 的装机容量，龙羊峡大坝"水光互补"项目成为最新的"世界最大光伏电站"。

850MW 龙羊峡"水光互补"项目是利用水能、光能的互补性，依托水轮发电机组的快速调节能力和水电站水库的调节能力，调整光伏电站的有功出力，进行水光互补发电，达到平滑、稳定的发电曲线，有效弥补独立光伏电站的不足，提高了电力系统的安全性和稳定性，使光伏发电成为与水电相媲美的优质电能。光伏电站建设加荒漠化治理的综合利用模式，不仅没有造成当地环境的破坏和草场的退化，反而降低了地表风蚀和蒸发量，塔拉滩草原植被得到恢复，草原生产力有所提高，绿化了光伏电站场区环境。

（5）风电。由国家电投江苏公司投资开发建设的盐城市滨海海上风电场规划分三期建成滨海北 H1 号 100MW、滨海北 H2 号 400MW、滨海南 H3 号 300MW 三个风电场，总装机容量达 800MW。全部建成投运后，将超过当前世界装机容量最大的海上风电场英国伦敦阵列（630MW），成为新的世界第一——盐城阵列。

江苏滨海北 H1 号 100MW 为国家电投首个海上风电场，中心离岸距离 10km，规划海域面积 20km²，年利用小时数 2440h，安装了 25 台西门子风电机组，单机容量 4.0MW，总装机容量 100MW，通过 4 回 35kV 集电主海缆汇集到陆上 220kV 升压站升压至 220kV 并入电网。2016 年 6 月 6 日该项目全部风机实现并网发电，是国家能源局 2014 年确定的 44 个海上风电项目里第一个全部竣工、并网发电的项目，设计的先进性、造价和进度均走在同行前列，为后续海上风电项目建设起到了良好的示范作用。

【黄河上游水电开发有限责任公司】

公司概况 黄河上游水电开发有限责任公司（简称黄河水电公司）是国家电力投资集团公司控股的大型综合性能源企业，成立于 1999 年 10 月。主要从事电站的开发与建设；电站的生产、经营、测试及检修维护；晶硅产品、太阳能电池及组件的生产、销售；电解铝的生产、销售；矿产资源开发等业务。

领导班子

（1）公司第五届董事会。

董事长：谢小平

董事：谢小平、沈汝浪、聂毅涛、徐树彪、黄天云、梁军军、周杰、孙蔚泓

（2）公司第四届监事会。

监事会主席：郭庚良

监事会成员：郭庚良、曹松林、王兴玉

（3）公司经营班子。

总经理：魏显贵（代行总经理职责）

副总经理：杨存龙、于淼（兼有色金属总工程师）、刘柏年（兼新能源总工程师）、周杰（兼财务总监）、白炎武、王兴玉

工会主席、纪检组长：孙蔚泓

（4）公司党组成员组成。

书记：谢小平

成员：魏显贵、杨存龙、于淼、周杰、孙蔚泓、白炎武、王兴玉

组织机构 黄河水电公司机关本部：办公室（董事会办公室）、规划发展部、海外部、经营部、人力资源部（体制改革办公室）、财务产权部、物资与采购部、企业管理与法务部、科技管理部、工程技术部（征地移民办公室）、水电与新能源生产技术部、电力协同产业部、火电部、安全质量部（环境保护部）、审计内控部、政治工作部、纪检监察部、工会办公室。

黄河水电公司本部职能中心：生产信息调度中心、电力营销中心、纪检监察中心、安全环保中心、审计内控中心、会计核算中心、劳动人事与薪酬管理中心、新闻中心、档案管理中心。

黄河水电公司下设单位：班多发电分公司、龙羊峡发电分公司、拉西瓦发电分公司、李家峡发电分公司、公伯峡发电分公司、积石峡发电分公司、陇电分公司、宁电分公司、中型水电公司、陕西能源公司、汉中水电公司、西宁发电分公司、兰州新区热电分公司、海南新能源发电部、海西新能源发电部、甘肃新能源发电公司、工程建设分公司、新能源集成公司、电力检修公司、物资公司、黄河配售电公司、羊曲发电公司筹建处、非洲能源项目工作组、光热发电事业部、鑫业公司、矿业公司、光伏产业技术公司、新能源分公司、太阳能电力公司。

黄河水电公司支持性机构：大坝管理中心、培训服务中心。

主要指标 贯彻习总书记8月23日在视察太阳能电力公司西宁分公司时做出的把光伏产业做好的重要指示精神和青海省委省政府、国家电投的工作部署，应对市场变化，提质增效，深化改革，完成各项任务目标。全年完成发电量349.07亿kWh，生产电解铝53.44万t、多晶硅2220.84t、切片5244.94万片、电池613.93MW、组件371.62MW。全年营业收入148.71亿元。截至2016年底，资产总额811.43亿元。

项目开发建设 扩大项目储备，黄河水电公司编制的海南生态太阳能发电园区总体规划和海南州新能源发展五年行动计划得到省政府支持并融入省能源发展规划。水光互补100万kW光伏发电前沿技术基地规划报告国家能源局已进行初审，海南州水光风储多能互补项目列入国家首批多能互补集成优化示范工程入选名单。通过竞标方式取得青海省2016年普通光伏电站建设指标215MW。切吉一期200MW、大格勒北50MW风电取得核准。陕西王圈30MW分散式风电项目取得核准。德令哈135MW光热项目列入国家首批1吉瓦光热示范项目。埃塞俄比亚维尔巴萨水电项目取得国家电投立项。班多水电站、电解铝、多晶硅项目取得环保备案。完成夏日哈木镍钴矿探矿权转让工作。按期完成格尔木新增30MW，共和产业园三期200MW、100MW试验基地，榆神50MW等光伏电站建设，锁定光伏电价。巨亭水电站首台机组投产。共和茶卡及陕北地区6个风电场，格尔木、共和及陕北地区共5个光伏项目年内开工建设。全年取得项目核准8项，规模102.5万kW。新增光伏容量38.75万kW、水电0.8万kW、切片年产能200MW。完成固定资产投资83.15亿元。截至2016年底，装机容量1506.31万kW，其中水电1080万kW、光伏249.76万kW、风电44.55万kW、火电132万kW。

体制机制改革 参与青海电力体制改革，电力交易管理委员会设置、交易规则制定、辅助服务规则制定等多项建议得到采纳。针对青海用发电市场变化特点，全力拓宽电力外送通道，年内通过银东通道向山东外送水电11亿kWh；利用对口帮扶政策，新能源电量外送江苏2.4亿kWh。同时，顺应能源转型和电力改革大趋势，全面推进管控模式调整，完成公司本部和职能中心改革。从管理体制机制、组织机构、人员配备等方面强化电力营销工作，建立以安全为基础、营销为核心，基建为生产服务、生产为经营服务的运行机制。组建安全环保中心和纪检监察中心，完善审计内控中心，下放权力的同时强化监督职能。一系列改革措施，为公司实现从传统发电企业向综合能源供应商转变、从规模思维向价值思维转变提供了保障。

提质增效 面对2016年黄河上游来水较多年平均偏少32.89%，火电年利用小时数仅为设计值的45.11%，制造业主要原材料价格、运输费上涨的生产经营局面，黄河水电公司发挥产业间的协同效益，增优势、补短板、强营销、挖潜力，想方设法破解困局。新能源开展发电设备缺陷专项集中整治工作，完善发电备品备件管理模式，最大限度减少设备故障弃

风、弃光电量。牢固树立"度电必争""实时维护"的意识，每日对设备运行状况进行分析排查，并利用夜间及限电时段及时做好设备的消缺工作，制定限电情况下的发电策略，保证高电价电站优先发电，根据天气变化及时调整负荷，确保负荷压上限运行。各水电站狠抓经济运行管理，强化一次调频、AGC 等问题整改，改进辅助服务，提高发电效益。积石峡水电站水位提升至 1852m 高程。西宁火电实现双机同时并网运行，机组各项经济指标明显改善。通过电力外送、提高公司光伏发电率、申报第六批新能源补贴目录等渠道提高收益。深入开展特困企业专项治理，铝业同比减亏 8.9 亿元，节约电费 2.66 亿元。把握时机低价采购，全年氧化铝采购费用较同期市场价格节约 2.15 亿元。开展多晶硅项目清产核资，加大多晶硅项目科技攻关和技术改造力度，单位生产成本同比降低，硅片月产量达 580 万片，切片项目形成每年 7000 万片的生产能力。通过多晶改单晶、PID 改造、电池组件四栅升级改造等措施，单晶电池转换效率达到 20.2%，单晶组件平均转换效率 17.4%，同比提高 4.07%，单晶组件产品全面达到国家"领跑者"计划要求。开展提质增效、增收节支专项工作，成本费用压降明显，节约电力三项可控成本 2.38 亿元、管理费用 0.26 亿元。创新性开展筹融资工作，降低融资成本，优化债务结构。

基础管理　完成黄河水电公司本部和职能中心调整，进一步明确专业部门、综合部门和监督部门工作职责。调整新能源电站管控模式，对海南州、海西州、甘肃、陕西新能源电站实行属地化管理，提升新能源资产管理水平和集中维护效率；青海地区新能源由生产调度中心负责集控运行、电力营销中心统一进行电量销售，新能源电站市场竞争力显著增强。按照权责统一的原则，将水电站日常水工维护职责调整至各发电公司，提高水工维护工作效率和质量。二级单位成立 HSE 部，理清生产管理与安全管理职责界面。启动中型水电公司、陕西黄河能源公司体制机制改革。成立电力营销中心和黄河配售电公司，选拔、培训 30 名电力营销专业人员，面向电力市场构建公司电力营销体系。按照国家电投构建"扁平化"管理层级的要求，对非领导岗位推行"一层多级"的岗位和薪级体系，逐步建立员工动态管理机制。部署开展"三供一业"分离移交工作。针对公司体制机制改革的主要权力事项，发布公司权力清单（A 版）。推进制度建设，年内发布一级制度 27 部。李家峡发电分公司等三家单位通过标准化良好行为企业 4A 试点单位认证。加强依法治企，公司规章制度、经济合同和重要决策的法律审核率实现 100%。创新审计方式，突出问题导向，推行"清单式"审计，要求即审即

改。抓住关键指标开展新能源及火电项目内控评价，增强日常风险管控。

科技创新　光伏电站组串 IV 在线测试智能控制器研发成功，编制完成千万千瓦级多能互补发电调节控制中心研究大纲，"N 型高效电池 PN 结设计和制备技术研究"成果达到国内先进水平，"百兆瓦级并网光伏电站关键技术研究"被评价为国内领先水平，"大规模水光互补关键技术研究及示范"荣获青海省科技进步一等奖。"水光互补技术创新推动光伏产业发展"获得中国电力管理创新奖。2016 年，黄河水电公司获得正式授权专利 22 项，其中发明专利 4 项、实用新型专利 18 项。

党群工作　围绕国家电投"擦亮党员名片、加速弯道超车"主题，开展"两学一做"六个规定动作，回答落实"三个一"。通过企业党组成员带头讲党课、基层干部党员讲党课、党员积分管理、党员挂牌上岗等举措，把中央精神和国家电投党组战略思想转化为广大党员干事创业的行动指南，推动企业发展。按照"四同步四对接"要求抓基层党组织建设，启动党组改设党委和基层党委换届工作。

学习贯彻中国共产党《廉洁自律准则》和《纪律处分条例》，严守政治纪律和政治规矩。不断加大对"三重一大"决策事项、招投标、选人用人等重要领域、关键环节的监督检查力度，进一步规范权力运行制约监督。将党委主体责任、纪委监督责任和落实"八项规定"精神、纠正"四风"情况纳入综合业绩考核，层层签订党风廉政考核责任书，推动"两个责任"落地生根。

深化民主管理，职代会各项职权得到落实。创新群团工作，全面推进员工"四大行动"，举办劳动竞赛、首届光伏产业技能大赛，培育"工匠精神"。新能源系统集成公司获青海省"五一"劳动奖状；太阳能电力公司董鹏创新工作室获青海省级"职工创新工作室"，并与鑫业职工肖述兵创新工作室一道获得国家电投挂牌命名；切片车间获青海省"高原工人先锋号"。

将提质增效、安健环体系建设与国家电投"和文化"理念相互渗透，宣传 63 名"奋斗者"事迹，促进"和文化"融合。完成视觉识别系统更换和规范应用，展现国家电投品牌形象。企业 7 个基层单位投入海南州创建全国民族团结进步先进州工作，多家单位获得地方政府先进荣誉。

履行社会责任　7 月 14 日，黄河水电公司与青海省卫计委无偿献血办公室、青海省血液中心联合组织开展了"红色七月，共铸爱心"党员团员无偿献血活动，公司机关及创盈公司 60 名员工踊跃参加了献血活动。8 月 9 日，2016 年黄河土著鱼类增殖放流活动

在积石峡水电站库区进行，5cm以上的花斑裸鲤等土著鱼类苗种40万尾被投放积石峡水电站库区。10月28日，青海省渔业环境监测站、苏只水电站鱼类增殖站及黄河水电公司相关单位联合举办了2016年黄河土著鱼类增殖放流活动，30万尾5cm以上的花斑裸鲤鱼苗被投放到苏只水电站水库。

获得的荣誉 2016年，黄河水电公司先后获得青海省"2015年度工业经济运行突出贡献奖""2016青海企业50强""2011～2015年青海省法治宣传教育先进单位""青海省首届'信用与社会责任'示范单位""2013～2015年度省级文明单位"、青海省"2016年度内审工作考核先进单位"等荣誉称号。

主要事件

1月18日，在召开的青海省工业和信息化暨国资监管工作会议上，黄河水电公司荣获青海省"2015年度工业经济运行突出贡献奖"，太阳能电力公司西宁分公司多晶反应离子刻蚀（RLE）制绒技术研究项目获企业技术创新奖。

1月22日，茶卡风电场（一、二期）月度发电量突破千万千瓦时，分别达到1048.36万kWh和1033.82万kWh。

1月23日13时，会宁丁家沟25台风机并网归调，转入商业化运营。

1月，由青海省太阳能发电行业协会承担，黄河水电公司副总经理、总工程师张俊才主持的《青海省光伏产业发展战略研究》课题，被青海省科协评定为2015年度青海省科协国家级科技思想库决策调研优秀课题。

2月7～13日，新能源分公司共生产多晶硅产品55t，创周产量历史最高纪录。质量指标最好值达到施主杂质含量0.08ppba的水平，接近0.05ppba的设计值，产品质量达到历史最优值。

3月7日，黄河水电公司召开干部大会，董事长、党组书记谢小平宣读了国家电投任免决定：李固旺不再担任公司总经理、党组副书记职务，魏显贵代行总经理职务。

3月9日，西宁火电2号机组完成168h试运行。

3月10日，格尔木新增30MW光伏发电项目开工建设。

3月15日，共和国家级100MW太阳能光伏发电实证基地项目开工建设。

3月15日，共和三期200MW光伏发电项目开工建设。

3月22日，中电联发布《关于表彰2015年电力行业企业文化优秀成果的通报》，黄河水电公司申报的《建设黄河水电特色文化，助推"三步走"战略顺利实施》获全国电力行业企业文化优秀成果一等奖。

4月5日，茶卡盐湖49.5MW风电场开工建设。

4月8日，陕西黄河能源公司榆林200MW光伏发电项目开工。

6月20～21日，在2016中国·青海绿色发展投资贸易洽谈会上，黄河水电公司与青海省发展改革委签订《海南州切吉一期200MW和海西州大格勒北50MW风力发电项目开发协议》，与共和县人民政府签订300MW光伏发电项目投资协议。

6月22日，黄河水电公司共和三期200MW光伏电站并网。

6月28日，共和100MW国家级太阳能光伏发电试验基地项目并网发电。

7月19日，国家电投兰州新区2×350MW热电联产工程开工。

7月，电站大坝观测自动化系统改造工程通过竣工验收。该工程于2010年9月开工，2011年6月完工，2011年9月通过预验收并进入试运行期。

8月12日，陕西董新庄风电项目主体工程正式开工。

8月15日，陕西王圈风电项目土建工程正式开工。

8月16日，盐锅峡水电站实现安全生产5600天。

8月23日下午，中共中央总书记、国家主席、中央军委主席习近平，在青海省委省政府领导，黄河水电公司党组书记、董事长谢小平等陪同下，到太阳能电力公司西宁分公司考察。

8月24日，茶卡风电场一期49.5MW、羊曲光伏电站16.0MW、龙羊峡水光互补一期320.0MW、龙羊峡水光互补二期530.0MW、共和产业园200.0MW、龙羊峡水光互补320MW并网光伏发电项目330kV接网工程、共和200MW并网光伏发电项目330kV接网工程、共和200MW、共和150MW并网光伏发电项目，进入国家第六批可再生能源电价附加资金补助目录。

8月28日，陕西黄河能源公司榆神200MW光伏发电项目主体工程开工建设。

9月8日，黄河水电公司承担的青海省重大科技专项"百兆瓦级并网光伏电站关键技术研究"，通过验收。

9月13日，国家能源局以国能新能〔2016〕223号下发《国家能源局关于建设太阳能热发电示范项目的通知》，黄河水电公司德令哈水工质塔式13.5万kW光热发电项目被列入第一批太阳能热发电示范项目名单。

10月12～13日，黄河水电公司参与研究的国家"863计划"——"大型光伏（并网、微网）系统设计集成技术研究示范及装备研制"项目子课题三"百兆瓦级光伏系统设计集成技术研究及关键设备研制"及子课题四"光伏系统和平衡部件现场测试与实证性示范研究"通过技术验收。

11月1日，青海省5亿kWh清洁能源开始陆续外送江苏省，黄河水电公司作为主力供电商，将提供3亿kWh的清洁电量。

11月10日，李家梁风电场累计完成发电量15 149万kWh，提前50天完成年度计划发电任务。

11月11日，茶卡风电场一、二期年度发电量双双突破1亿kWh，分别达到10 071.98万、10 007.46万kWh。

11月11日，巨亭水电项目水库第一阶段下闸蓄水，蓄水至590m。

11月15日，白天赐风电场累计完成发电量7521万kWh，提前46天完成年度计划发电任务。

11月18日，龙羊峡水光互补850MW光伏电站通过质量管理体系认证现场评审。

11月26日，历时9天的积石峡水电站三期蓄水工作完成，积石峡库区水位自1850m抬升至1852m。

11月29日，西宁火电二号机组并网发电，机组运行稳定，各项参数均正常，标志着西宁火电实现双机运行。

12月9日19时，陕西黄河能源公司嘉陵江巨亭水电站1号机组发电带厂用电系统成功发电，标志着机组站内设备安装、调试完成，具备投产条件。

12月13日，黄河水电公司邀请有关水文和气象方面的专家，组织召开2016年黄河上游河曲地区人工增雨效果评审会。经评估，2016年，黄河上游河曲地区人工增雨共增加降水量16.46亿m³，增加黄河径流量5.48亿m³。

12月23日10时30分，寺沟口水电站完成累计发电量6827.72万kWh，完成年计划的128.82%，创电站投产以来历史新高。

12月29日17时50分，巨亭水电站1号机通过72h试运行考核，标志着机组满足并网发电条件。

12月31日14时08分，陕西黄河能源公司榆神200MW光伏发电项目首批机组正式并网发电，并网容量为57.5MW。

（许为宁）

中国长江三峡集团公司

【公司概况】 中国长江三峡集团公司（简称中国三峡集团）因建设三峡工程而成立，前身是1993年成立的中国长江三峡工程开发总公司。中国三峡集团已经发展成为全球最大的水电开发建设运营管理企业和中国最大的清洁能源集团，业务遍布国内30个省市自治区以及全球47个国家和地区。

中国三峡集团在长江干流拥有葛洲坝、三峡、向家坝、溪洛渡、白鹤滩、乌东德等已建和在建特大型水电站6座，其中排名全球前10位的有5座，全球70万kW以上水轮发电机组占比超过2/3，已建、在建水电可控总装机容量7500万kW。

中国三峡集团将新能源作为第二主业，国内新能源投产装机容量超过700万kW。其中，海上风电投产、并购和在建项目近90万kW，储备优质海上风电资源近1000万kW。

中国三峡集团围绕"一带一路"和重点区域市场开展清洁能源投资和工程承包业务，目前已初步完成海外业务的全球布局，境外可控及权益总装机容量超过1500万kW，境外资产规模超过1100亿元。

中国三峡集团已经初步形成工程建设与咨询、电力生产与配售、流域调度与运行、国际投资与承包、新能源开发与运营、资本运作与金融服务、资产管理与基地服务等七大业务板块，拥有全资和控股子公司24家、控股上市公司2家，境内从业人员规模超过2.3万人。

【领导班子】

（1）2016年中国三峡集团董事会：

董事长：卢纯

董事：王琳

外部董事：王志森、师金泉、李新华、吴晓根

职工董事：姚元军

（2）2016年中国三峡集团领导班子：

董事长、党组书记：卢纯

董事、总经理、党组副书记：王琳

党组副书记、副总经理：林初学

党组成员、副总经理：毕亚雄

党组成员、副总经理：樊启祥

党组成员、副总经理：沙先华

党组成员、副总经理：张诚

党组成员、总会计师：杨亚

党组成员、纪检组长：龙飞

【组织机构】 截至2016年底，中国三峡集团设有办

公厅（党组办公室）、战略规划部（董事会与监事会办公室）、计划发展部、资产财务部、人力资源部、科技管理部（总师办公室）、环境保护部、质量安全部、企业管理部、法律事务部、市场营销部、审计部、党群工作部（工会工作部、直属党委办公室）、纪检监察部（党组纪检组办公室、巡视工作领导小组办公室）、宣传与品牌部、国际事务部、信息中心、招标采购管理中心等18个职能部门；设有流域枢纽运行管理局（三峡枢纽建设运行管理局）、移民工作局、机电工程局、三峡发展研究院等4个直属（特设）机构；设有中国三峡建设管理有限公司、中国三峡新能源有限公司、三峡国际能源投资集团有限公司、福建分公司（福建能源投资有限公司）、西藏能源投资有限公司（西藏分公司）等16家分公司或全资子公司；有中国长江电力股份有限公司、湖北能源集团股份有限公司2家控股上市公司；有上海勘测设计研究院有限公司、三峡金沙江云川水电开发有限公司等5家控股子公司。

【科技创新】 推进科技创新体系建设，完成科技制度修编。加强重大技术审核把关，为工程建设提供技术支撑。承担国家"十三五"重大科技专项22项，组织一系列高层次、多学科学术研讨会，取得一系列重要科研成果，12项"双创"工作，激发职工创新活力，64项职工技术创新成果获得表彰。完善技术标准体系，完成国家、行业标准12项，发布三峡标准40项。加强信息化建设，OA系统改造取得阶段性成果，建筑市场管理系统、移民管理系统等不断深化运用。

【节能减排】 2016年中国三峡集团开展四库（葛洲坝、三峡、向家坝、溪洛渡）联合优化调度增发电量，持续推进长江上游水情信息共享机制，深化梯级水库群优化调度研究。5月开展三峡—清江梯级五库联调，协调清江梯级与葛洲坝电站的外送通道保障葛洲坝电站不因外送限制弃水。全年度流域梯级水电站（包括三峡、葛洲坝、溪洛渡、向家坝、水布垭、隔河岩、高坝洲等水电站）累计节水增发电量107.18亿kWh。其中三峡—葛洲坝梯级电站累计节水增发电量64.48亿kWh，水能利用提高率为6.19%；溪洛渡—向家坝梯级水电站累计节水增发电量34.76亿kWh，水能利用提高率为3.93%；水布垭—隔河岩—高坝洲梯级水电站累计节水增发电量7.94亿kWh，水能利用提高率为8.51%。同时，持续加强新能源开发力度，风电、太阳能装机容量占比增长到12.22%。持续加强设备管理，推进对设备的改造，淘汰落后产能，继续保持同各类国内外大专院校、科研院所、民间组织的战略合作关系，强化节能减排的宣传核培训。

2016年，三峡集团完成发电量2371.94亿kWh，水电企业共完成发电量2183.39亿kWh，占比92.05%。厂用电率0.16%；风电场、光伏电场等新能源企业发电量97.79亿kWh，厂用电率1.72%；火电企业发电量90.63亿kWh，供电煤耗313.85g/kWh，发电厂厂用电率6.5%，火电机组脱硫、脱硝、除尘设备装备率均达100%，全部实现达标排放。

中国三峡集团万元产值综合能耗（可比价）完成每万元0.0308t标准煤，万元增加值综合能耗（可比价）完成每万元0.0332t标准煤。清洁能源生产相当于减排二氧化碳约17356.87万t，二氧化硫181.75万t，氮氧化物52.06万t。

【国际业务】 中国三峡集团发挥资金、技术、品牌优势，实施"编队出海"，探索出多种国际化经营模式和内部专业化协同机制。加强国际交流与合作，在国家领导人见证下签署多项合作协议，成为"一带一路"建设的排头兵和主力军。收购杜克能源巴西公司227.4万kW水电资产和几内亚凯乐塔水电站51%股权，国际化经营持续向价值链高端跃升。巴西朱比亚和伊利亚水电站资产交割、管理整合、融资优化和电能消纳取得实效，机组等效可用系数高于考核目标值。推动优质承包项目向投资项目转换，转型升级迈出新步伐。

【信息化建设】 工程数字化建设取得新进展，物联网、移动应用、大数据等IT技术在中国三峡集团水电工程建设中创新应用，人员设备定位、施工管理APP、危化品管理等开创数字化管理新局面；三峡枢纽管理区地理信息系统土地、房产、绿化、环保、消防、船闸辅助、综合、公众服务等专题和移动应用整体上线；工程管理系统（TGPMS）在长龙山抽水蓄能工程建设中同步应用，并在首都新机场建设中发挥重要作用，助力国家京津冀发展战略实施；长江电力生产管理系统（ePMS）智能化应用取得新成绩；在国际水电界独创应用的移民管理信息系统为移民工作提供了强大的平台，《中国长江三峡集团公司基于"互联网＋"的水电工程移民管理创新模式》入选《中国"互联网＋"行动》百佳实践案例；海外业务信息化取得新突破，多语言版本的TGPMS系统和移民管理系统在海外多个工程中应用，取得良好效果，自主研发的电力生产管理系统在老挝实现电站集群化应用；新能源监控系统建成，实现生产运行数据的实时监控；集团财务、人力资源、招标投与电子商务、企业微信号等系统应用均有新的突破；指挥中心升级改造，集宣传展示、应急指挥、视频会议等功能于一体，多方位发挥信息化价值。

【工会工作】 工会坚持服务中心工作、服务职工群众为重点，发挥桥梁纽带作用，组织和引导广大职工立足岗位建功立业，为中国三峡集团改革发展做贡献。

创新劳动竞赛促进工程建设。在全国总工会及云、川两省总工会的支持下，全面启动乌东德工程劳动竞赛，召开劳动竞赛启动大会，制定下发《乌东德工程劳动竞赛实施办法》，开展"三先一优"评选表彰活动，一批先进集体和个人受到劳动竞赛委员会和云南、四川两省总工会表彰。总结中国三峡集团二十年来在国家重点工程建设中开展劳动竞赛的实践做法，制定下发企业标准《大型基础设施工程建设劳动竞赛工作导则》，编制完成《国家重大工程建设劳动竞赛工作指南》。组织召开劳动竞赛现场观摩座谈会，全国总工会及部分省市总工会、部分国家重大工程建设单位代表出席。

抓实班组建设提升基层管理水平。坚持把班组建设作为抓基层、打基础的重要工作，着力提升班组建设工作水平，制定下发了《中国三峡集团班组建设管理办法》和《中国三峡集团基层班组通用管理标准》，广泛开展基层班组升级达标活动和年度"红旗班组"评比表彰活动。

开展职工技术创新促进人才队伍建设。组织开展第三届职工技术创新活动，征集职工技术创新成果214项，63项成果获中国三峡集团表彰，13项获全国电力第八届职工技术创新成果一二三等奖。组织参加了中国首次创新创业国际博览会。

实施扶贫帮困促进企业和谐发展。落实集团公司党组关于做好困难职工帮扶工作的指示精神，全年工会送温暖慰问4559人次，实施特困帮扶救助和"金秋助学"290人次。组织开展精准扶贫募捐活动，向金沙江水电工程库区移民捐助精准扶贫资金30万元。

创新职工文化倡导健康新理念。围绕满足职工精神文化的多样化需求和多层次需求，组织开展职工喜闻乐见、受众面广的职工文体活动，运用互联网信息技术开展了"K歌达人·唱响三峡"职工歌手赛，举办了职工棋牌（网络）赛及篮球、足球、网球、乒乓球、羽毛球、徒步、合唱、舞蹈、京剧等丰富多彩的职工文化体育活动。

【党建工作】 学习贯彻党的十八届六中全会和全国国有企业党的建设工作会议精神，履行全面从严治党责任，开展"两学一做"学习教育，管党治党的氛围不断巩固深化，党的建设工作进一步得到加强。一是贯彻落实全国国有企业党的建设工作会议精神。对照"四化"问题逐项分析检查整改，着力推动党建重点工作落实落地。修订完善中国三峡集团现行章程，督促指导二级单位党建入章工作。研究制定二级单位党委议事决策的指导意见，进一步明确党委参与重大问题决策的内容和途径。二是开展"两学一做"学习教

育。制定学习教育实施方案，成立学习教育协调领导小组，加强对学习教育的领导和指导。党组成员带头讲党课、带头参加学习研讨、带头分享学习体会，通过召开座谈会、到基层调研、参加联系点活动指导和推动基层单位抓好学习教育。围绕"建功'十三五'，党员做先锋"主题，先后组织了"两学一做"知识竞赛、主题征文、网上答题等活动。三是履行全面从严治党主体责任。建立了党建工作例会制度，召开了中国三峡集团首次党建工作会议，对党建工作重点任务进行统筹安排和检查督办。建立了党委书记和纪委书记述职评议制度，开展了8家单位党委书记的现场述职评议，加大述职评议结果运用力度，用考核逐级压实全面从严治党责任。四是夯实基层党建工作基础。组织开展党员组织关系、基层党组织换届、党费收缴、党代会代表和党员违纪违法未给予相应处理情况排查工作，针对发现的问题修订完善制度。在所有新组建公司和海内外项目建立党组织，基本实现了基层党组织设置无盲区、全覆盖。落实"三会一课"、组织生活会、民主评议党员等基本组织生活制度，抓好党员日常教育管理。围绕大型水电工程建设、大型电站运营、海上风电引领、大型水电"编队出海"等中心工作，打造具有三峡特色的党建工作品牌。成立中国三峡集团党校，加强中国三峡集团党员教育培训。加强党建宣传工作，推出三峡党团微信公众号"CT-GRed三峡红"。

【生产经营】 超额完成国资委年度经营业绩考核指标，装机容量、发电量、营业收入、利润总额等主要经济指标再创新高，实现"十三五"开门红，为中央企业经济效益恢复性增长和国民经济稳增长做出新贡献。

（1）投资。2016年全年完成投资850亿元。其中，固定资产投资350亿元，股权投资500亿元；国内投资457亿元，国际投资393亿元。一是保障乌东德、白鹤滩、长龙山抽水蓄能等国内大水电重点项目建设；二是获取国内优质新能源项目，引导资源优化配置，重点实施海上风电行动计划；三是推进国际业务快速发展，重点保障卡洛特水电站、巴风二期等重点绿地项目建设；四是布局金融股权，培育清洁能源领域前瞻性、战略性新兴产业；五是拓展配售电及区域能源业务。

（2）装机容量。2016年全年新增装机容量948万kW。其中，国内新能源新增装机容量149万kW，国际项目新增装机容量769万kW，火电新增装机容量30万kW。

到2016年末，可控装机规模达6903万kW；非并表投资权益装机容量1508万kW，在建工程装机规模3369万kW，集团公司总装机规模达到1.18

亿 kW。

（3）发电量。2016 年全年发电量达到 2626 亿 kWh，较 2015 年同期增加 616 亿 kWh。一是国内水电 2183 亿 kWh，同比增长 14%。长江流域梯级四座电站全年发电量首次突破 2000 亿 kWh，葛洲坝、向家坝、溪洛渡、清江梯级三座电站均创投产以来最高纪录。二是国内新能源 100 亿 kWh，同比增加 40 亿 kWh。三是国际项目 254 亿 kWh，其中并购巴西伊利亚、朱比亚水电站带来发电量增量 214 亿 kWh。

【中国长江电力股份有限公司】

公司概况 中国长江电力股份有限公司（简称长江电力）是经国务院批准，由中国长江三峡集团公司（简称中国三峡集团）作为主发起人，联合华能国际电力股份有限公司、中国核工业集团公司、中国石油天然气集团公司、中国葛洲坝水利水电工程集团有限公司和长江水利委员会长江勘测规划设计研究院等五家企业以发起方式设立的股份有限公司。

长江电力创立于 2002 年 9 月 29 日，注册资金 165 亿元。2003 年 11 月在上交所 IPO 挂牌上市，发行股份 23.26 亿股，发行价 4.30 元/股，股票代码 600900。

长江电力股权结构为：总股本 220 亿股，中国三峡集团持股占 57.92%，平安人寿普通保险占 4.42%，云南能投占 4.01%，四川能投占 4%，三峡建管公司占 4%，香港结算占 2.85%，阳光人寿吉利两全占 1.91%，中核集团占 1.19%，阳光人寿万能保险占 1.14%，中国人寿普通保险占 0.75%，其他投资者占 17.81%。

领导班子

（1）董事会。

董事长：卢纯

副董事长：张诚

董事：杨亚、张定明、洪文浩、李季泽、宗仁怀、黄宁、周传根、赵燕

独立董事：张崇久、吕振勇、张必贻、文秉友、郑卫军

（2）监事会。

监事会主席：林初学

监事：黄历新、莫锦和、夏颖、王新、黄萍

职工代表监事：姚金忠、王晓健、徐斌

（3）管理层。

总经理、党委副书记：张定明

党委书记、副总经理：陈国庆

财务总监：谢峰

副总经理：薛福文、李平诗、关杰林

董事会秘书：李绍平

组织机构 设有董事会办公室、总经理工作部、战略投资部、生产技术部、财务部、市场营销部（电能交易中心筹备组）、企业管理部（审计部、法律事务办公室）、经营管理部、党群工作部、人力资源部、安全监察部、纪检监察部（纪委办公室）、信息化工作部等 13 个部门；三峡电厂、葛洲坝电厂、溪洛渡电厂、向家坝电厂、检修厂、梯调中心、乌白筹备组和技术中心等 8 个生产单位；三峡电能、国际运营公司（长电国际）、川云公司、三峡高科、长电资本等 5 家子公司。

经营情况

（1）发电量创历史新高，水资源运用成效显著。2016 年，梯级电站（溪洛渡、向家坝、三峡、葛洲坝）累计发电 2060.6 亿 kWh，在三峡来水较多年均值偏枯 9.4%、溪洛渡来水偏枯 6.1% 的情况下，梯级电站仍超设计发电 142.1 亿 kWh。梯级水库群综合运用水平逐步提升，运行条件持续优化，可靠性指标继续保持行业领先，设备健康水平经过了长周期、大负荷运行的检验，没有因设备原因产生弃水，电力生产管理水平进一步提高。2016 年，溪洛渡电站实现"零非停"；葛洲坝电站发电设备平均利用小时数达 7229.6h，约为行业平均水平的 2 倍。

防洪减灾和生态效益显著发挥。汛前科学安排消落任务，梯级水库累计释放库容 281 亿 m³；汛期强化现场值班和预警提示，在长江中下游发生特大洪涝灾害的情况下，三峡枢纽成功应对 5 万 m³ 每秒洪峰，拦蓄洪水 123 亿 m³，避免洪峰叠加，极大缓解中下游灾情，降低洪灾损失；溪洛渡水库先后两次拦蓄洪水，累计拦洪 27 亿 m³，大幅减少三峡入库流量，充分发挥了梯级枢纽综合防洪能力。汛末克服来水偏枯的不利形势，圆满完成梯级水库蓄水任务。三峡水库连续七年实现 175m 蓄水目标，枯水期为下游补水 217.6 亿 m³。梯级枢纽巨大的社会效益赢得国家防总和社会各界的高度评价。

（2）市值、装机容量、资产规模均创历史新高，综合实力显著增强。完成金沙江重大资产重组工作，溪洛渡、向家坝水电站 2026 万 kW 装机，超过 2000 亿元资产注入长江电力，长江电力装机规模达到 4549.5 万 kW，市值和资产规模双双迈上了 3000 亿元的新台阶。通过重大资产重组，长江电力从资本市场募集资金 241.6 亿元，资本运作能力和上市公司平台优势进一步凸显，在电力市场和资本市场的影响力进一步提升。

（3）配售电业务取得历史性突破，产业链延伸亮丽开局。通过"建设＋并购"，长江电力配售电业务在重庆区域取得重大突破，成功实现从无到有、从起步到加速的跨越式发展，"发电—配电—售电"产业链延伸开局良好。长兴电力逐步发展成为重庆乃至全

国售电侧改革的标杆，2016 年售电 5.47 亿 kWh，并与 109 家企业签订了 2017 年 41 亿 kWh 售电协议，两江新区增量配网建设进展顺利。通过股权并购，完成对乌江实业、涪陵能源和三峡水利三大地方电网企业的战略性投资，启动"四网联通"和股权融合工作。宜昌区域配售电业务有序推进，进一步盘活三峡区域供电资产，启动三峡坝区大数据中心建设，建成投运宜昌首个纯电动汽车充电站。

（4）稳步推进国际业务，国际化发展迈出新步伐。发行 3 亿美元和 2 亿欧元的 5 年期双币种可交换债券，成为中国企业发行的首单双币种股票挂钩债券、首单欧元股票挂钩债券，创造了有史以来中国企业发行零票息、零收益率股票挂钩产品的最高溢价等多项纪录。长江电力在投资建设银行获得稳定财务回报的同时，进一步盘活了境外存量资产，打通了海外投融资渠道，对国际化发展具有重大意义。

组织马来西亚沐若、苏丹麦洛维咨询项目，以卓越的管理成效赢得了业主方的高度信任，提升了海外品牌影响力。收购了德国梅尔海上风电项目 30%股权，成为长江电力首个海外清洁能源投资项目。深入推进与葡电的交流与合作，开展管理对标，加强人员培训交流，达成合作共识，携手开拓巴西配售电等国际业务。

主要事件

1 月 14 日，三峡电站历年累计发电量突破 9000 亿 kWh。

3 月 31 日，长江电力收购川云公司股权交割签约仪式在成都举行，标志着三峡集团金沙江溪洛渡和向家坝电站资产证券化暨长江电力重大资产重组完成。

4 月 29 日，长江电力荣获湖北省"五一"劳动奖状，三峡电厂运行三值荣获"全国工人先锋号"称号。

5 月 13 日，长江电力总经理张定明当选中电联水电分会第七届理事会会长，长江电力副总经理、三峡电厂厂长李平诗当选常务副会长。

5 月 19 日，长江电力通过国家"两化融合"管理体系审核评定。

6 月 7 日，葛洲坝电站历年累计发电量超过 5000 亿 kWh。

7 月 8 日，国务院三峡办副主任雷鸣山一行到访三峡梯调中心，考察三峡工程防洪度汛工作。

7 月 30 日，葛洲坝电厂投产发电 35 周年。

8 月 11 日，国家发展改革委副主任、国家能源局局长努尔·白克力在重庆市委常委、常务副市长翁杰明的陪同下，视察调研重庆两江长兴电力有限公司。

8 月 29 日，向家坝电站历年累计发电量突破 1000 亿 kWh。

8 月 25 日，长江电力荣获工信部中国信息化推进联盟"2016 中国电力信息化推进示范单位"。

10 月 27 日，长江电力荣获"2015 年中国企业品牌创新成果奖"。

10 月 30 日，长江电力荣获"2016 年度全国电力行业企业文化品牌建设先进单位"称号。

11 月 1 日 7 时，三峡大坝坝前水位达 175m，标志着三峡水库连续 7 年实现 175m 试验性蓄水目标。

11 月 24 日，国有重点大型企业监事会主席骆玉林一行调研长江电力。

12 月 14 日，长江电力年发电量首次突破 2000 亿 kWh，与 2015 年同比上升 8.12%，创造了电力生产新纪录。

神华集团有限责任公司

【公司概况】 神华集团有限责任公司（简称神华集团）是于 1995 年 10 月经国务院批准设立的国有独资公司，属中央直管国有重要骨干企业，是以煤为基础，集电力、铁路、港口、航运、煤制油与煤化工为一体，产运销一条龙经营的特大型能源企业，是目前中国规模最大、现代化程度最高的煤炭企业和世界上最大的煤炭供应商。主要经营国务院授权范围内的国有资产，开发煤炭等资源性产品，进行电力、热力、港口、铁路、航运、煤制油、煤化工等行业领域的投资、管理；规划、组织、协调、管理神华集团所属企业在上述行业领域内的生产经营活动。由神华集团独家发起成立的中国神华能源股份有限公司分别在香港、上海上市。2016 年神华集团国际知名能源企业信用评级为"A＋"，并荣获"2016 中国十佳上市公司"。

2016 年，神华集团自产商品煤 4.2 亿 t，商品煤销售 5.2 亿 t，发电量 3303 亿 kWh，铁路货运量 3.97 亿 t，港口吞吐量 2.47 亿 t，航运量 7924 万 t，油品化工品产量 830 万 t，利润总额远超国资委下达指标。国有资本保值增值率处于行业优秀水平，企业经济贡献率连续多年居全国煤炭行业第一，年利润总额在中央直管企业中名列前茅，安全生产多年来保持世界先进水平。

【领导班子】

　　党组书记、董事长：张玉卓

　　党组成员、副董事长、总经理：凌文

　　党组副书记、副总经理、总裁、总信息师：韩建国

　　党组成员、副总经理、高级副总裁、总法律顾问：李东

　　党组成员、党组纪检组组长、直属党委书记：卞宝驰

　　副总经理、高级副总裁：王金力

【组织机构】　见 2016 年神华集团组织机构图。

【企业管理】　2016 年，神华集团整体制度建设水平持续提升，重点业务领域制度完备，各级单位新增、修订入库制度共计 7632 项，其中总部 77 项、二级单位 2031 项、三级及以下单 5542 项，按照制度编写主体层级，梳理发电企业管理制度清单 Ⅰ 类 103 项、Ⅱ 类 210 项、Ⅲ 类 107 项。制度管理信息化水平进一步提高，强化制度全生命周期在线管理，神华集团制度管理系统经过多次升级改造，各项功能更加完备。截至 2016 年底，系统拥有人员账户超过 13 万，同比增加 30％；制度数据超过 4.9 万项；点击量 530 多万次，制度浏览 37.9 万次，启动业务流程 5.7 万多次，系统应用更加广泛，为神华集团各级单位开展制度全生命周期在线管理提供了强有力的支撑。制度落地执行力度加大，制度管理文化日渐浓厚，通过事前引导、事中监控和事后整改，有效强化制度执行力，不断推动企业制度文化建设，各级单位依托制度管理系统开展制度培训 1257 次、制度执行检查 550 次，与 2015 年基本持平。

【人力资源】　2016 年，神华集团薪酬激励考核机制改革取得重大进展。建立以创效增利为核心的业绩考核体系，每月工资与当期利润、成本、业务量挂钩，使各单位在思想上实现了由"发工资"向"挣工资"转变。人才引进和培养取得新进展。围绕推进清洁能源战略落地，制定实施"十三五"人才发展规划。向各部委、各行业协会推荐"千人计划"专家 4 名，"万人计划"专家 4 名，创新团队 1 个，享受政府特殊津贴 10 名。评出教授级高级专业技术人才 30 名。完成各级职业资格鉴定 1.2 万人次。编制 61 个职业（工种）试题大纲，开发 39 个职业（工种）题库。9 人获煤炭行业技能大师称号，2 人获全国技术能手国家级奖励。发挥神华管理学院"人才培养、管理智库"两大作用，全年培训员工 9969 人次，同比增长 95.6％；举办首个海外培训班和邀请海外师资到国内讲学，打通了"走出去、引进来"合作办学渠道。通过 ERP 系统加强子分公司机构编制、劳动用工、人

工成本等领域的集中管控。启动人事档案数字化建设，完成首批 402 名党组管理干部的人事档案数字化工作。人力资源招聘管理系统上线运行。办理在京单位员工及配偶进京户口、排查补缴部分员工养老保险、建立总部补充医疗保险基金托管机制、调整企业年金投资策略及配置方案等工作取得新进展，保障了职工的切身利益。

【安全生产】　2016 年，神华集团推进落实"以人为本、生命至上，风险预控、守土有责，文化引领、主动安全"的安全生产理念和"以保障员工的安全和健康为核心"的安健环价值观，通过聚焦基层、强化基础、打好基本功，狠抓人身安全和设备隐患治理。

　　神华集团电力板块制定下发了《神华集团 2016 年电力业务指导意见》，多次组织召开安全生产专业会议，通过建立承包商管理信息平台，开展经验交流、星级班组建设、职工技能大赛和举办设备可靠性管理培训班等活动，夯实安全基础工作，提升安全管控水平。针对机组非停、强停管理，先后多家二级单位进行约谈，并采取"一对一、结对子"和专业技术帮扶方式，明确了 18 家"结对帮扶"电厂，签订了"专业技术帮扶"协议，促进了安全生产。神华集团下发了停产整改任务单，整改电厂全厂停止发电近半年，进行重大安全隐患的治理工作，这在神华集团历史上属于首次。通过举一反三、以点带面的系列举措，使得电力业务安全生产持续平稳，全年未发生重大设备损坏事故，机组等效可用系数 94.79％，创历史最好水平，完成 G20 峰会保电工作。在国家能源局组织的 2016 年电力可靠性指标发布会上，神华集团有 8 台机组获得电力可靠性"金牌机组"。

【生产经营】　2016 年，神华集团面对全国电力市场形势异常严峻，电力体制改革不断深入，电力市场开放程度显著提高，研究国家电改实施路线及相关政策，组织召开了电力市场化改革专题研讨会，印发了《神华集团电力交易市场化改革的暂行意见》。通过组织推进政策营销、环保营销、技术营销，巩固和开拓电力市场，全年完成发电量 3303 亿 kWh，同比增加 111.5 亿 kWh，同比增幅 3.5％，超过年度发电量计划目标 88 亿 kWh，是神华集团近三年来计划任务完成最好的一年。神华集团发电市场占有率 104.5％，火电利用小时 4332h，处于行业较好水平。神华集团通过加强管理，发安全电、效益电、环保电，实现了价值创造的目标。全年电力业务利润总额 132.41 亿元。

　　主营发电业务的分公司有国华电力分公司、国神集团、国华投资公司、神皖能源公司、福建能源公司、神华四川能源公司、神宁煤业集团、煤制油化工公司、准能集团、乌海能源公司、胜利能源公司、国

2016 年神华集团组织结构图

節能公司、神華大雁集團有各自的坑口電站或自備電廠。

截至2016年底，神華集團投運發電設備裝機容量達到8299萬kW，火電總裝機容量7518萬kW，以壽光電廠兩台百萬千瓦機組投產為標誌，神華百萬千瓦機組達到16台，居全國第一。公用火電廠64家，公用火電機組171台，其中：常規煤粉機組119台，煤矸石機組40台，燃機2台，低濃度瓦斯機組10台；自備火電廠11家。可再生能源裝機集團781萬kW，其中：風電廠55個，總裝機容量735萬kW；光伏電站14個，總裝機容量34萬kW；水電站5個，總裝機容量12.5萬kW。已達到近零或超低排放的機組共計855台4565萬kW，佔神華集團煤電裝機的62%。

【科技創新】 2016年，神華集團制定"十三五"科技發展規劃及能源技術革命創新行動計劃，依托院士工作站健全科技創新專家諮詢委員會，修訂完善科技創新業績考核辦法。神華集團獲得國家重點研發項目2項；承擔中國工程院和國家部委戰略諮詢項目17項；組織完成國家級項目（課題）驗收15項；主持完成行業標準2項。神華集團43項科技成果獲省部級及以上科技獎勵。1009項專利獲得授權，其中發明專利234項。1項專利獲得第十八屆中國專利優秀獎。

神華集團在600MW超臨界CFB鍋爐多煤種摻燒技術研究、2.5萬t大型海水淡化關鍵技術研究與示範、長周期存煤與數字化煤廠技術研究、空冷島高效節水清洗裝置研發、旋轉暖風器開發、風電場設備狀態監測管理系統開發等領域取得了一系列顯著成果，實現了創新驅動發展；在11月15日中國電機工程學會年頒布的2016年度"中國電力科學技術進步獎"中，神華集團"大型燃煤電站污染物近零排放改造技術研究及工程應用"項目獲得一等獎，"HVDC送端系統火電機組頻發次同步振盪抑制關鍵技術研究與應用""過熱器化學清洗技術的研究及工程應用"項目獲得二等獎，"俄制800MW超臨界燃煤發電機組節能環保升級改造研究與工程實踐""燃煤電站煙氣脫汞技術研究與實踐""600MW汽輪機調節閥振動和閥桿斷裂機理研究及消除"項目獲得三等獎，實現創新驅動發展。

【國際業務】 2016年，神華集團推進國際發電項目合作開發以及燃煤機組清潔發電技術解決方案輸出等方面的國際合作。參與了印尼東加里曼丹省kaltim-3和kaltim-6火電項目投標工作；與美國西弗吉尼亞州開展燃氣發電項目方面合作；推進與美國Solar Reserve公司在塔式熔鹽光熱儲能項目上的合作；與希臘CG公司合作開發希臘風電項目；與國外四代核電技術企業如美國泰拉能源公司進行戰略合作；與印

尼國家電力公司開展高水平電力規劃諮詢、高標準環保升級改造、高素質人才技術培訓、高品質企業管理對標等四個方面的合作；與希臘CG公司以及波蘭企業開展褐煤電廠超低排放及節能降耗改造技術方案的輸出合作，努力成為世界一流的清潔能源技術方案提供者。

【信息化建設】 2016年，神華集團通過SH217工程、數字礦山等信息化、自動化項目的建設，在IT基礎設施"雲"化、虛擬化、信息平台一體化、數據標準化、管理規範化等方面已經積累了堅實的基礎，建立了"管辦分離""六統一、大集中"的信息化建設體系及策略。在目前神華集團向國有資本投資公司方向變革和提質增效攻堅戰的背景下，通過研究神華在數字化時代所面臨的關鍵機遇與挑戰，從神華集團產業價值鏈各環節出發，提出智慧生產、智能調度、能源互聯網、電子商務、共享服務五個方向，作為後續數字神華建設的重點，力求利用信息技術引領分工體系與組織模式、商業模式的變革，加快建設高度自動化、信息化、智能化、少人化和清潔化的新能源供應體系，打造"互聯網＋"時代的神華新型核心競爭力。

【節能減排】 2016年初，神華集團組織編印了《綠色發電節能環保升級改造行動計劃（2016—2020）》，並報送給環境保護部、國家發展改革委、國家能源局以及國務院國資委。

節能方面。神華集團完成11台機組通流改造，累計完成了24台機組（1197.4萬kW）通流改造，在性能試驗工況下供電煤耗平均降低14.3g/kWh。供電煤耗累計完成313.2g/kWh，同比下降5.02g/kWh，是近幾年供電煤耗降幅最為顯著的一年。

環保方面。神華集團達到超低排放的機組共85台（4565.4萬kWh），佔燃煤機組總裝機的62.2%，其中54台機組（2626.4萬kWh）已取得相關電價補貼，增加售電收入。

低碳方面。推進風電、光伏等CCER（中國核證自願減排量）項目的開發，儲備碳資產。累計開發備案17個CCER項目，年減排二氧化碳157萬t。編制了二氧化碳計算方法企業標準和4項碳管理制度。對神華集團碳排放情況進行全面盤查，並對"十三五"的排放總量和強度進行預測。制訂完成"十三五"碳減排工作計劃，提出神華履約路徑及減碳管控策略。參與編制國家《電力行業碳配額分配方案》，4家電廠全部完成碳排放交易試點履約工作，共獲得配額1.02億t，2016年末已履約0.99億t。

【黨建工作】 貫徹十八屆中央紀委六次全會精神，以推進全面從嚴治黨向基層拓展延伸為主線，層層壓緊壓實"兩個責任"。加強統籌規劃，全年兩次召開

神华集团党风建设和反腐败工作联席会议，从全局高度分析研判形势，对阶段性重点工作进行安排部署。组织编制《神华集团创建党风建设和反腐败工作先进单位三年工作规划》，对党风建设和反腐败工作进行整体谋划，全面明确行动方向和科学路径。强化责任压力传导，党组约谈 32 名子分公司党政主要负责人，党组纪检组约谈 37 名子分公司纪委书记，督促落实"两个责任"。创新思路和方法，对监督责任内容进行全面细化和分类量化，构建形成以 12 类 50 项评价指标为核心的监督责任评价体系，实现对子分公司纪委监督责任落实情况的全维度评价。成立专项督查组，两次深入子（分）公司现场，督查推进"两个责任"落实，并针对突出问题，提出明确整改要求，实现以查促改、以查促进。严格追责问责，把失责必问贯穿到责任落实全过程，通过"动真格"有力唤醒党员干部的责任担当意识，全集团共查处"两个责任"落实不力问题 29 件，处理 61 人，其中给予党纪政纪处分 27 人，对 7 个党委、纪委通报批评。按照中组部和国资委党委的统一部署，开展了党费收缴、党组织关系、各类党代表和党员违法违纪处理情况、基层党组织换届等专项排查。指导集团所属 4038 个基层党组织按时换届。排查了 7.5 万名党员档案，补缴了 2008 年 4 月至 2015 年底的党费，重新厘清了党员发展程序，规范了支部活动记录，核查了党员现实表现。

（童梅云　牛新宇　曹瑞光）

【神华国华电力公司】

公司概况　神华国华电力公司（简称国华电力）是北京国华电力有限责任公司和中国神华能源股份有限公司国华电力分公司的统称。北京国华电力有限责任公司成立于 1999 年 3 月，是神华集团以火力发电为主营业务的全资子公司，2005 年 2 月，按照神华集团资产上市方案，将北京国华电力有限责任公司部分资产注入上市公司，并设立了中国神华能源股份有限公司国华电力分公司。

国华电力主要业务范围是：电力项目投资、开发及经营管理；发电、供热及其副产品的生产和销售；新能源项目的开发、生产及经营管理；电力、能源项目咨询；能源与环保技术开发、技术转让、技术咨询、技术服务等内容。

国华电力依托神华集团"煤、电、路、港、航"一体化的资源优势，按照"点、线、面"相结合的方针策略，重点在坑口、港口、路口和负荷中心建设了一批高效率、高参数、大容量火电机组，国内资产主要分布在北京、天津、河北、内蒙古、辽宁、陕西、宁夏、河南、湖南、山东、江苏、浙江、江西、广东、广西 15 个省、直辖市、自治区。境外投资项目分布在印度尼西亚。

截至 2016 年底，国华电力拥有 23 家发电单位、11 个核准建设项目，管控资产总额 1469 亿元，运营装机容量 3830 万 kW。2016 年完成发电量 1679 亿 kWh，利润总额 112 亿元，供电煤耗 304.64g/kWh，发电设备等效可用系数 95.45%。其中，供电煤耗、发电设备等效可用系数均创公司历史最好水平。国华电力从 1999 年 3 月成立到 2016 年底，累计发电量 1.75 万亿 kWh，累计实现利润 1189 亿元。

领导班子

中国神华能源股份有限公司总裁助理，北京国华电力有限责任公司董事长，中国神华能源股份有限公司国华电力分公司总经理，北京国华电力有限责任公司党委书记：肖创英

北京国华电力有限责任公司副董事长、党委副书记，中国神华能源股份有限公司国华电力分公司副总经理：夏利

北京国华电力有限责任公司总经理、中国神华能源股份有限公司国华电力分公司副总经理，北京国华电力有限责任公司党委副书记：李巍

北京国华电力有限责任公司、中国神华能源股份有限公司国华电力分公司副总经理、财务总监，党委委员：沈玉章

北京国华电力有限责任公司党委副书记、纪委书记，北京国华电力有限责任公司、中国神华能源股份有限公司国华电力分公司工会主席：赵世斌

中国神华能源股份有限公司国华电力分公司总工程师、总信息师，党委委员：陈寅彪

中国神华能源股份有限公司国华电力分公司副总经理、总法律顾问，党委委员：耿育

中国神华能源股份有限公司国华电力分公司副总经理，党委委员：陈杭君

中国神华能源股份有限公司国华电力分公司副总经理、新闻发言人：许定峰

中国神华能源股份有限公司国华电力分公司总经理助理：金强

组织机构　2016 年底，国华电力本部设有 16 个部门，分别是办公室、法律事务部、战略发展部、财务产权部、人力资源部、生产技术部、安健环监察部、基建项目部、工程建设部、科技信息部、经营管理部、节能环保部、内控审计部、物资管理部、党建工作部、纪检监察部。

主要工作

（1）安全生产。强化设备隐患专项排查与治理，重大隐患消除率 100%。深入推进"四管泄漏"防治，锅炉泄漏下降 50%；全年发生强停 14 次，台均 0.2 次，降幅 33.3%；准格尔 2 号机（1018 天）、锦界 4 号机（752 天）刷新连续运行最长纪录。在全国电力

可靠性评价对标中，国华电力 8 台机组上榜，同比增加 2 台；在全国火电大机组竞赛中，国华电力 10 台机组获奖，同比增加 5 台。应对机组利用小时下降的新常态，全年实施运行优化措施 450 项，降低供电煤耗 0.6g/kWh，降低厂用电率 0.07％。全年完成 7 台，累计完成 14 台机组通流提效改造，为国华电力全年全口径供电煤耗下降带来约 1.2g/kWh 的贡献。全年供电煤耗完成 304.64g/kWh，同比降低 3.85g/kWh，创历史最好水平。

（2）节能环保。强化环保改造安全、质量、成本目标管控，深入研究攻关，精心实施，全年 18 台燃煤机组改造后实现"超低排放"。狠抓环境安全隐患排查，专项分析治理喷氨系统堵塞、脱硫 GGH 堵灰、CEMS 仪表准确性等问题，保证环保设备设施运行稳定，数据监测传输精准可靠。发布《清洁水行动计划》，设定先进合理的地下水取用、中水回用、发电耗水指标，确定了 81 个重大升级改造、试验和科技创新项目，为国华电力全面实施水污染防治行动奠定了基础。

（3）经营管理。落实年初"抢市场、争排头、提效益"座谈会精神，紧密围绕"6＋X"的创效目标深入开展提质增效工作，实现增利 9.87 亿元。其中，舟山、宁东、绥中三厂超发电量获利 1.1 亿元；全年 30 台、累计 34 台超低排放机组环保电价落实到位，创利 5.5 亿元；优化燃料运输节支 6834 万元。按照"一厂一策"原则积极开展扭亏减亏工作，经不懈努力，宁东电厂减亏 5345 万元，成功实现扭亏为盈；准格尔电厂减亏 5797 万元；柳州电厂减亏 1368 万元。各电厂强化效益观念，精准发力，在全年煤价上涨减利 46 亿元的情况下，仍实现了既定利润目标。21 家盈利的电厂中，锦界完成利润 17.3 亿元、台山 13.8 亿元、宁海 13.5 亿元、定州 11.6 亿元、沧东 9 亿元。

（4）发展建设。寿光、柳州各两台机组建成投产，为国华电力新增发电装机容量 270 万 kW，总装机容量达 3830 万 kW。锦界三期、三河三期项目分别获得核准。信丰一期列入国家电力发展"十三五"规划。九江、宁东二期克服资金计划延迟影响，保持了施工现场的稳定。宁东二期项目工程进度在送浙江特高压直流工程中后来居上，位居第二。绥中码头二期工程取得神华集团开工批复，实现了年内开工。完成了爪哇发电公司和运维公司在境外的设立。经过数轮艰苦谈判，爪哇 7 项目 EPC 合同按计划签署，提前 8 天完成 PPA（印尼电力市场购售电合同）关闭的融资期限。南苏 1 项目签署了 EPC 合同，征地基本完成，获得开工许可。爪哇巴厘 4 燃机项目通过投标资格预审。甘肃玉门太阳能热发电项目列入国家第一批太阳

能热发电示范项目并获地方政府备案；与河北建设投资集团签署了合作协议，共同推进河北分布式能源项目的开发和平台建设；组织开展了分布式能源项目的调研及规划选点工作，已储备煤基分布式项目 23 个，燃气和可再生能源分布式项目 10 个。

（5）科技创新。推进依托锦界电厂建设的国内首个燃煤电厂 CO_2 捕集与封存（CCS）全流程示范项目，探索 CO_2 减排的技术路径；推进海水淡化技术成果在印尼爪哇 7 项目的应用；在北京燃气热电建设的电站高温材料微创寿命评估实验室已投入运行，为高参数超超临界机组的建设提供数据支撑；三河电厂众筹建设的烟气中试平台正在推进。

院士专家工作站连续两年获评"北京市优秀院士专家工作站"，并入选"中国科协 100 家 2016 年示范院士专家工作站"。全年有 19 项科技成果获得省部级及以上奖项，其中 6 项成果获 2016 年度中国电力科学技术奖，2 项成果获得 2016 年度中国电力创新奖，"大型燃煤电站污染物近零排放改造技术研究及工程应用"获 2016 年度中国电力科学技术奖和中国电力创新一等奖。

国华电力数据中心建成投入使用，提高了公司的信息化水平。采用电力通信网作为公司本部到各基层单位广域网干线资源，已开通 8 家，整体带宽大幅提升。进一步完善了智能电站总体框架设计，制定了智能电站标准，深化北京燃气热电一体化平台应用，实现了寿光、柳州一键启动（APS）功能。

（6）党群工作。制定"两学一做"学习教育实施方案，通过"精细分工、协同推进，精心组织、统筹兼顾，精准聚焦、多重督导，精确定位、大胆创新"举措狠抓落实，取得积极效果。围绕征集的 249 项意见，聚焦问题精准讲党课，国华电力及各单位领导干部讲党课 322 堂，党支部书记、先进和骨干党员讲党课 606 堂，充分发挥了党课统一思想、坚定信心、答疑解惑的作用。以"知行合一""党员领跑"为落脚点，以"提质增效当先锋，节能减排做表率"主题开展了党员领跑活动，做"四讲四有"合格党员意识和先锋模范作用进一步增强。

坚持"有根、有力、有效"的原则要求，总结近年来党建工作经验，形成了具有国华电力特色的"四标一创"和"三一协同网"体制，本着"一同步、一联动"原则编制了《基层党支部建设评价指引》，明确了星级党支部建设和评价标准。举办了党委书记培训班、党建部主任培训班，以及基层党务骨干培训班 51 期。国华电力党委被评为神华集团先进基层党组织。

（7）体制机制。坚持以市场为导向，实施精准管理，调整适应生产力发展的生产关系。成立了神华集

团第一家售电公司——广东售电公司。成立分布式能源公司，开辟了国华电力发展新领域。分离研究院非技术研究职能并调整研究院组织机构，成立了物流中心与研究中心，进一步突出了研究院的技术支撑和技术服务职能，以及两个中心的管理支撑和业务服务职能。结合火电市场形势和项目前景，对51个项目前期机构进行了整合优化。探索建立了具有国华电力特色的海外项目管控模式，明确了爪哇7项目运维公司的管理定位；实现了印尼项目财务人员集中合署办公。全国华系统在新增6家公司，新投产270万kW装机的情况下，实现减员430人。

主要事件

1月13日，神华国华（印尼）爪哇发电有限公司在印尼正式注册成立。

2月24日，国华600MW亚临界综合绿色改造示范工程的宁海电厂4号机组通过环保验收。

2月29日23时42分，国华准格尔电厂二号机组连续在线安全运行1007天，刷新全国机组在线连续运行纪录，创历史新高。

4月1日，全国政协副主席、民进中央常务副主席罗富和到国华北京燃气热电就"推进煤炭清洁高效利用"进行专项调研。

4月12日，国华定州电厂实现全厂超低排放。

4月13日，国华惠州热电厂实现全厂超低排放。

4月13日，全国政协副主席、民进中央常务副主席罗富和与中国科学院院士金红光到国华三河电厂就"推进煤炭清洁高效利用"进行专项调研。

4月14日，宁夏回族自治区环保厅到宁东公司组织召开"超低排放"环保核查现场验收会，认定宁东公司循环流化床机组尘、硫、氮排放指标满足"超低排放"限值要求。

5月13日，绥中电厂实现全厂超低排放，成为东北区域首家通过超低排放改造环保审核的燃煤发电企业。

5月26日，原国家能源局副局长、国务院安委会专家咨询委员会副主任、能源专家委员会主任史玉波到国华寿光电厂进行工作调研。

5月27日，国家发展改革委副主任、能源局局长努尔·白克力到神华国华三河电厂就进一步提升煤电高效清洁发展水平、促进煤电有序发展进行专项调研。

6月5日，印尼驻华大使苏更·拉哈尔佐到国华北京燃气热电厂、国华三河电厂参观调研。

6月19日，全国政协调研组由全国政协常委、副秘书长，民革中央副主席，民革中央人资环委员会主任何丕洁带队到国华舟山电厂调研海水淡化工程。

7月6日，神华国华（印尼）爪哇发电有限公司

与中国能源建设集团浙江火电建设有限公司和山东电力工程咨询有限公司联合体正式签署了神华国华印尼爪哇7号2×1050MW燃煤发电工程EPC合同。

7月9日，国华陈家港电厂2号机组实现超低排放。

7月31日23时57分，国华寿光电厂1号机组一次通过168h满负荷试运。

8月18日，国华准格尔电厂1、2号机组超低排放改造项目通过现场验收。

9月7日，国有重点大型企业监事会主席李克明一行到国华三河电厂进行调研。

10月14日，中国驻印尼特命全权大使谢锋祝贺神华国华印尼南苏电厂荣获印尼2016年度"最佳IPP电厂奖"。

10月25日，神华国华爪哇运维公司注册成立。

10月25日，国华呼贝电厂实现超低排放。

10月27日，神华国华印尼南苏1号2×350MW燃煤发电新建工程EPC合同在北京签署。

11月10日，国家能源局副局长郑栅洁一行到国华三河电厂就煤炭清洁高效利用进行考察调研。

11月10日，神华国华（北京）分布式能源科技有限责任公司成立。

11月15日，印尼国有企业管理部Rini Soemarno部长在PLN董事长Soyan Basir、董事Supangkat Iwan Santoso，PJB董事长Iwan Agung Firstantara等人的陪同下来到爪哇7现场考察。

11月20日，国家发展改革委副主任、国家能源局局长努尔·白克力深入神华国华信丰电厂项目现场实地调研。

11月28日17时57分，国华寿光电厂2号机组一次通过168h满负荷试运，标志着神华国华在鲁建设的首座百万"超低排放"电站全面建成投产，正式转入商业运营。

11月29日18时30分，国华柳州电厂2号机组实现首次并网发电一次成功，机组各系统的状态、参数正常，运行平稳，机组正式进入带负荷调试阶段。

12月12日，国华绥中电厂获得辽宁省超低排放达标燃煤发电企业批复，成为辽宁省首家获得超低排放达标率环保批复的燃煤发电企业。

12月13日，国华太仓电厂两台630MW机组全部实现超低排放改造。

12月19日，国华电力董事长肖创英对印尼国家电力公司（PLN）进行了访问并拜访了PLN副总裁Supangkat Iwan Santoso。

12月19日，国华电力董事长肖创英还在雅加达会见了LPE公司执行董事KOKOS，双方围绕南苏1

号项目煤矿入股、供煤协议、征地等事项进行了讨论与交流，为推进南苏1号项目合作进程取得了认同。

12月19日，随着国华舟山电厂3号机组取得超低排放电价补偿，国华电力2016年度共30台机组超低排放电价补偿全部落实，仅此一项增效约5.5亿元。

12月22日，国华南苏电厂通过专业机构审核，获得印尼SMK3（安全职业健康管理）标准金色证件评定等级，成为印尼第三家获得国家劳工部SMK3金色证件等级的电力企业。

12月26日9时6分，国华柳州电厂2号机组通过168h满负荷试运行，标志着神华集团首个主要辅机单列式布置电厂、神华集团国华电力公司在桂建设的首座"超低排放"电厂建成投产。

（陈永平　吴京晶）

【神华国能（神东电力）集团公司】

公司概况　神华国能（神东电力）集团公司（简称国神集团）是神华国能集团有限公司与神华神东电力有限责任公司管理整合后的统称，是神华集团煤电板块的重要骨干企业。神华国能集团有限公司前身为国网能源开发有限公司，成立于2008年4月，2012年4月成建制重组并入神华集团；神东电力有限责任公司成立于1996年11月，2007年8月整体注入中国神华能源股份有限公司。2012年12月，神华集团对两公司进行管理整合，实行"一个平台、两个公司、一体化运营"的管理模式。

国神集团主营业务为电力及煤矿项目的开发、投资、建设、经营管理；发电、供热、煤炭的生产和销售；风电、光伏等新能源项目的开发、生产机经营管理。依托神华集团"煤、电、路、港、航、煤制油化工"一体化产业优势，致力于开发新疆哈密、山西河曲、宁夏宁东等煤电一体化产业基地，规划建设了一批高参数、高效率、大容量火电机组和高产高效矿井，并立足国内前沿技术，开发建设了一大批资源综合利用发电机组。

截至2016年底，国神集团资产总额1250亿元，在全国17个省、市、自治区拥有全资和控股子（分）公司61家，运营火电厂27座，风电场3个，光伏电站1个，运营装机容量2603.75万kW；生产矿井7座，设计（核定）产能5400万t/年；12个核准建设项目，装机容量1027万kW。

领导班子

董事长、党委书记：宋畅

副董事长、党委副书记：王治禄

总经理、党委副书记：李瑞欣

副总经理：陈维民

工会主席：董云鹏

副总经理：徐建杰

副总经理、财务总监：贺鹏

纪委书记：刘永平

副总经理：李沛然、彭广虎

总工程师：陈英

总经济师：周明立

组织机构　国神集团共设18个职能部门，分别为办公室、战略规划部、计划经营部、财务部、人力资源部、安全监察部、煤炭管理部、电力生产部、生产指挥中心、工程管理部、法律事务部（信访办）、企业管理部、科技信息环保部、物资管理部、内控审计部、党委工作部、纪检监察部、工会工作部，下设9个直属中心，员工总数21 500余人。

企业管理　建立完善煤电制度体系，53项煤矿业务管理制度全部审批发布，制订《发电企业管理制度清单》。出台国神集团《制度管理工作评价实施细则》，对23家单位制度建设和管理情况进行了检查并提出整改建议。完善国神集团发电运营单位和煤炭生产单位绩效考评指标体系，制定并下发《月（季、半年）度关键绩效指标评价细则》，建立了由"考核指标、管控指标"两部分构成的月度关键绩效指标评价体系。修订《经营性机构管理办法》，补充完善了经营性机构注册信息变更及"三会"（股东会、董事会、监事会）、董监事管理等内容。制定并发布了《对标管理办法》和《对标工作指导意见》及系列配套文件，明确了对标工作组织机构及职责分工。制定了《国神集团贯彻落实神华集团深化改革指导意见实施方案》，梳理并上报"三供一业"分离移交基本情况、工作方案，制定管理层级"压减"工作方案和"僵尸企业"及特困企业处置工作方案。探索权力清单改革试点，修订了《内部管理授权手册》。

人力资源　修订领导干部、挂职挂岗等多项管理制度，将干部能上能下、薪酬能增能减、人员能进能出等管理目标融入日常管理。分3批次完成职业技能鉴定，1470人报名，697人通过技能鉴定，组织2014、2015年度专业技术职务任职资格评审，140取得任职资格。开展干部挂职挂岗锻炼，共计安排挂职挂岗人员85人进行轮换挂职。启动青年人才库建设，入库青年人才363人。在公司范围内公开招聘总工程师、总会计师、安全总监等岗位，优化干部队伍年龄和知识结构，提升干部整体功能和活力。强化员工知识培训，全年累计培训10 600人次，组织生产主任、班组长以及新入职员工等专项培训，以培训促进员工队伍素质的不断提升。

安全管理　制定下发《关于进一步做好2016年安全工作的意见》，从7个方面安排部署32项安全重点工作，组织制定《安健环管理三年三步走行动计划》。按照"党政同责、一岗双责、失职追责"的原则，组织修订了国神集团总部及基层单位安全生产责任制。健全安全组织体系，组建了安全监理中心，推进"一岗、一网、一中心"安全监察体系建设。推进安全风险预控体系建设。年初制定了年度安全风险预控体系达标计划，并结合安全、生产一号文件要求及《安健环管理三年三步走行动计划》，制定了具体的保障措施。推进重大隐患排查治理。发电业务，神华集团督办的 4 项重大隐患，销号 2 项；煤炭业务，神华集团挂牌督办重大隐患 13 项，销号 6 项。深入开展安全监督检查，各单位自查发现问题 8117 项，整改 7629 项。全年累计派出 18 个监理项目组，监理高风险作业项目 286 个，累计发现问题 2270 项，下发整改通知单 164 份。加强外委承包商安全管控和高风险作业的安全管理，编制下发《电力外委业务及承包商安全管理办法》，实现高风险作业区域视频监控。制作"前事不忘，后事之师"展板，开展安全事故警示教育。

生产经营　2016 年，国神集团发电量 1075 亿 kWh，煤炭产量 3390 万 t，煤炭销量 3775 万 t，营业收入 323.95 亿元，实现利润总额 15.53 亿元。其中，发电量、煤炭产、销量均创国神集团成立以来最好水平。

（1）生产管理。制订了发电生产工作"三年三步走工作计划"，明确了 2016 年"打基础"重点工作要求。制定《发电安全生产奖惩办法》，健全发电生产奖惩机制。推进运行标准化建设，重新修订了运行标准化体系文件。编制 2016 年运行管理重点工作要求，明确运行管理 23 项重点工作。推进检修标准化建设，优化检修策略，取消 12 台机组 B 级检修，降低 7 台机组检修等级，降低修理费，单位检修费下降 4 元/kW，同比降低 7.7%。通过检修消除一大批重大设备缺陷，如神二 2 号机组异种钢接头更换、万州 2 号机组高压缸排汽管柔性改造等，保证了设备的安全稳定运行。推进班组基础管理，修编星级班组，举办 2 期班组长培训班和 2 期值长培训班，200 名值长、副值长、单元长、班组长参加了培训。

（2）经营管理。健全电力市场营销工作领导小组，强化电厂营销主体职责，理顺落实"三位一体"责任分工，发挥区域营销中心统筹协调作用。根据煤炭生产年度计划以及产销量平衡情况，加强煤炭生产、销售业务和电厂燃料供应的计划管理，按月平衡下达月度煤炭生产、销售和电厂燃料供应计划。组织制定 2017 年煤炭供应方案，优化重点电厂的煤炭供应。制定商品煤生产销售奖励办法，形成煤炭生产销售的激励机制。优化完成内控综合计划建议总体报告和 6 项专项计划建议报告，将生产经营、经营业绩、发展投入 3 大类 33 项指标，全部纳入综合计划管理。

科技创新　2016 年，国神集团科技研发投入强度 0.28%，申请受理专利 113 项，获得授权 59 项。7 月，国神集团牵头申报的"超超临界循环流化床锅炉技术研发与示范"项目获得国家科技部立项批复，10 月 11 日，国家重点研发计划"超超临界循环流化床锅炉技术研发与示范"项目启动，是 2016 年神华集团电力板块唯一申报成功的国家重点研发计划项目。开展燃煤机组高碱劣质煤污染物超低排放低能耗技术研发与工程示范，大南湖 300MW 机组电厂示范工程已投运。推动国家重大水专项"燃煤电厂水综合处理与分质分级循环利用关键技术和集成研究"课题工作，大港脱硫废水资源化示范工程预计 2016 年 12 月完成工程建设。

信息化建设　围绕"安全运行、智慧创新、深化应用、协同发展"的思路开展信息化建设。全面应用运维综合监管平台，实现信息运维流程全部线上流转，实现信息设备和系统的统一监控，实现信息资产管理、知识库管理、运维人员考勤管理、信息项目档案综合管理。下发《关于进一步加强信息化工作的意见》，完成 2015 年度各单位信息化工作评价报告，修订信息化相关管理制度，下发《基建单位信息化建设指导意见》，并开展基建单位信息化建设检查，规范基建单位信息化建设。推进富平和鸳鸯湖智能化解决方案编制，推进哈密花园电厂全厂无线覆盖和河曲电厂生产区域应急视频 LTE 方案研究。完成煤矿生产调度信息系统建设项目，完成工业视频、人员定位和安全监测监控数据上传国神集团总部和神华集团。

节能减排　推进绿色节能升级改造和环保工作，修编完成了国神集团绿改行动计划（2016 版），2016 年，完成超低排放改造机组 12 台。修改完善废水"零排放"技术路线，完成王曲和神二废水零排放改造项目。建立节能管理机制，定期开展节能对标分析，与全国电力行业、神华同类型机组先进水平开展供电煤耗、发电厂用电率、发电水耗等对标。组织召开节能专业会，开展节能人员培训和考试。组织各运营发电单位参加中电联机组竞赛对标，在中电联组织的全国火电 600MW 级机组能效水平对标及竞赛中上，府谷电厂 1 号机组获得亚临界空冷机组竞赛一等奖、河曲电厂 1 号机组荣获亚临界湿冷机组三等奖；在全国循环流化床机组能效水平对标及竞赛中萨拉齐 1 号、郭家湾 2 号等 6 台机组分获一、二、三等奖。

党建工作　截至 2016 年底，国神集团党委下设党委 45 个，共有党支部 325 个，在职党员 6600 多名。2016 年，国神集团党委制定下发"两学一做"学习教育实施方案，制定工作计划 30 项，分解重点任务 78 项，在神华集团"两学一做"学习教育平台学习排行榜中名列前茅。印发国神集团《关于落实党风廉政建设主体责任和监督责任的意见》，落实党委主体责任和纪委监督责任。组织召开国神集团 2016 年党建工作会议，安排部署全年重点工作。批准成立三道沟煤矿、花园电厂等 6 个基层党委，做到党的建设"四同步"。以"建设具有国神特色的、统一无边界的优秀企业文化"为目标，制定并下发企业文化建设纲要。启动了公司视觉识别（VI）、理念识别（MI）、行为识别（BI）系统的建设工作。引导各单位开展对外宣传工作，位在《神华能源报》刊发稿件 247 篇，在《中国电力报》、中国电力新闻网等媒体刊发稿件 222 篇，接受中央和地方电视台等电视媒体 12 次，接受地方报刊记者或记者团采访 11 次。启动了首届"青创杯"表彰活动，组织青年微课堂、大讲堂 474 次，帮助青年解决实际困难 182 项，组织青年联谊活动 11 次。建设了青春国神和国神青年微信公众平台，注册人数达 6000 人。举办了井冈山精神学习培训。

工会工作 2016 年，国神集团批复成立 2 个基层工会，指导 3 家单位完成换届选举。举办工会干部培训班，60 余名工会干部参加培训，组织各类工会干部培训 82 期、452 人次参加。组织参加神华集团第十五届职工技能大赛，承办五个项目比赛，350 名选手参加 17 个项目的比赛，获得一等奖 5 个、二等奖 26 个、三等奖 50 个。以"职工所盼、工会所能、财力可行、当年办结"为原则，推进服务职工实施项目，立项并完成实事项目 83 个。争取神华集团重大疾病救助基金、大学助学金等 118.7 万元，20 余家单位 69 个困难职工家庭得到帮扶。开展"安康杯"竞赛活动，各单位设立群安员 921 个，查找隐患 6877 项，落实整改隐患 6177 项，提出安全生产合理化建议数量 1185 条。推进"1＋N"职工经济技术创新活动体系和劳模创新工作室建设，白马公司"陈建斌劳模创新工作室"被授予神华集团第三批劳模创新工作室。

（张志峰）

【国华能源投资有限公司】

公司概况 国华能源投资有限公司（简称国华投资公司）成立于 1998 年 3 月，前身为国家计委以煤代油专用资金办公室，1999 年划归神华集团管理，总部位于北京市东城区东直门南大街 3 号神华国华投资大厦。国华投资公司以风电、太阳能光伏发电等可再生能源的开发、建设、运营为主业。国华投资公司关注国家新能源产业发展，发展风电业务，在河北、山东、江苏及东南沿海、内蒙古、新疆及西北、东北等风资源丰富地区，形成了"六大区域"的风电发展格局。在发展风电的同时，还开展对太阳能光伏发电、生物质能发电等其他可再生能源的研究和前期开发工作，不断拓宽可再生能源的开发领域。此外，国华投资公司开展投资及资产管理、物业及置业管理等相关业务，取得了良好的经济效益，为可再生能源业务的发展提供了重要支持。

2016 年，国华投资公司完成营业收入 68.85 亿元，完成计划的 105.92％，同比增长 10.60％。实现利润总额 20.05 亿元，完成计划的 117.94％，同比降低 60.64％；其中，风电利润 17.79 亿元，完成计划的 118.6％，同比增长 4.65％。发电量 122.583 1 亿 kWh，完成神华集团考核指标（111 亿 kWh）的 110.44％，完成提质增效目标的（121 亿 kWh）的 101.31％，同比增长 19.39％；相当于减排二氧化碳 1165 万 t，节约标准煤 380 万 t。风电投资与装机、并网完成投资 90.5 亿元，完成计划的 123％；新增装机容量 132.3 万 kW，新增并网 151 万 kW；截至 2016 年底，国华投资公司累计装机容量 786 万 kW，累计并网 734.785 万 kW。安全形势良好，未发生政治、经济、安全生产责任事故。

领导班子

神华集团总经理助理、国华投资公司董事长、党委副书记：谢友泉

总经理、党委副书记：王会娟

党委书记：许立新

副总经理：史颖君

党委副书记、纪委书记：杜维平

总工程师：施跃文

副总经理：郝清亮、康明虎、王广群、刘颖

副总经理、财务总监：曹君第

组织机构 截至 2016 年底，国华投资公司员工总数 3638 人；总部设有职能部门 14 个，分别是综合管理部（信息中心）、人力资源部（培训中心、神华国华职业技能鉴定站）、企业管理部、投资管理部、财务部、规划发展部（新能源产业发展研究中心、碳资产管理中心）、项目建设部（造价中心）、生产运营部（电力营销中心、生产调度中心）、安健环部、风险控制部（法律事务部）、政治工作部、纪检监察部、置业管理部。

2016 年国华投资公司系统设立了 67 家全资、控股子公司，其中直属风电项目公司 57 家（境外合资企业 1 家）、综合性管理公司 1 家、五星级饭店公司 1 家、房地产物业管理公司 6 家。

重大改革 推进企业改革，重组上市"623"项目深入推进，已基本完成了国华投资公司股份制改造前的相关工作，预计在 2017 年底完成上市准备工作。

结合"创建一流清洁能源供应商"的战略，国华

投资公司开展了神华可再生能源业务 2030～2050 年发展展望专题研究，继续完善了《"十三五"发展规划》编制，并分别制定了人力资源、信息化、社会责任等专项规划，确定了"到 2020 年末，以风电为主的可再生能源装机容量达到 1517 万 kW，年发电量 268 亿 kWh，利润 31 亿元"的目标。根据神华集团的部署，对国内电力市场改革和神华集团进军电力零售业务等重大课题进行了深入调研分析。与希腊政府达成了合作意向，准备在希腊开展新能源项目合作建设工作。

战略合作 2016 年，国华投资公司各地签署风电开发协议共计 94.95 万 kW，太阳能开发协议共计 55 万 kW。其中，签署的风电协议主要包括山东 60 万 kW、陕西 24.95 万 kW、青海 10 万 kW。

经营管理 以加快推进千万千瓦路线图为主线，以提升发展质量和效益为核心，完成各项任务指标。一是盈利能力持续提升，可再生能源业务的利润稳步增长，投资及资产管理业务的利润贡献突出；二是电力生产能力大幅提升，发电量突破 120 亿 kWh，连续三年超额完成神华集团下达任务目标；三是项目前期工作成果丰硕，核准规模超过 160 万 kW；四是企业改革创新取得重大进展，623 项目持续推进，全面进入上市前的准备阶段；五是大物业和置业项目经营情况良好，并且连续三年大物业服务客户满意度考评得分 90 分以上。

生产运行 坚持"安全、效益、发电"的工作目标，释放发电潜能，提升生产经营能力；对外紧跟电力体制改革步伐，更新市场观念，拓展发电空间，全年风电利用小时数高于全国平均水平，取得较好成绩。

电力营销方面。应对电力市场新形势，关注电改政策，完善营销体系，开展了"百日营销大会战"等活动，成效明显。2016 年，风电可利用小时数达到 1963h，同比增加 99h；国内项目弃风限电率 13.2%，低于全国水平约 5 个百分点。在各区域，山东分公司密切关注电改政策，细化电力营销，利用小时数在区域内排名靠前；河北分公司加大与电网公司的协调力度，冀北区域风电利用小时达到 2000h，高出区域平均水平 40h；通辽分公司建立了全员营销、"一对一"贴身营销工作方式，在区域限电严重的情况下协调增发 5000 万 kWh；巴盟、锡盟分公司参与蒙西地区电量替代交易和试验风场申请，风电利用小时数分别达到 2200h 和 1923h，川井、杭盖风电场区域对标排在前两名；新疆分公司促进新能源替代和疆电外送交易，完成交易电量 4000 万度；宁夏分公司结合实际探索多种营销方式，参与了区内、区外交易及置换交易，利用小时数高出区域平均 132h；呼盟分公司多渠道开拓市场，完成直供电交易 3740 万 kWh，在区域平均限电率超过 50% 的不利形势下，年利用小时数提升到 1217h。

设备管理工作。在加强电力营销的同时，各单位抓好机组设备集中治理与专项治理，完成富裕、黄骅风电场华锐风机发电机轴承绝缘等缺陷的技术升级改造，并对部分华锐、金风机组进行了功率优化提升，提高了机组的可靠性和发电效率。加强电力产销管理的各项措施促进了产能发挥，发电量再创新高，增幅达 19.39%。山东、河北分公司分别完成发电 26 亿 kWh 和 24.2 亿 kWh，占全系统总电量的 41%，贡献突出；巴盟、通辽、江苏分公司分别完成发电 12 亿、11.4 亿和 11.39 亿 kWh，完成年度生产任务；澳洲公司完成发电 11.17 亿 kWh，同比增长 11%；新疆分公司完成发电 6 亿 kWh，完成年计划的 138%。其他单位也均较好地完成了发电任务。

生产管理提升工作。着力"精准运营"，提升生产管理水平。推进生产集控体系建设，河北赤沽集控中心已投入运行；山东新户、河北满井区域集控系统实现上线试运行；巴盟、江苏、新疆分公司集控系统已完成功能框架搭建及数据采集。强化生产标准化建设，集中组织一线骨干生产人员梳理完善了 68 项管理标准、69 项工作流程等，已在山东、巴盟、通辽、锡盟四家分公司开始试运行，待进一步总结提升后在全系统推行。

安全生产 整体安全生产水平稳定。贯彻落实新的《安全生产法》，加大各级安全生产责任制的落实。同时，结合国家安全生产监督管理总局《生产安全事故应急预案管理办法》，制定加强电力生产突发事件应对能力的相关措施，做好各项重大活动的保电工作。截至 2016 年 12 月 31 日，风电板块累计实现安全生产 5230 天，继续保持行业先进水平。

基本建设 2016 年，国华投资公司以新疆区域项目为重点，克服设备供货紧张、阻工情况严重、征地形势严峻等困难，完成了年度基建任务。全年共有 29 个在建项目，其中 12 个竣工投产，新增装机容量 157.43 万 kW，2016 年底累计装机容量 740.595 万 kW。为保证基本建设项目进行，国华投资公司加强建设中的各项管理工作。一是进一步完善基建管理制度体系，全年新编修订相关制度 34 部。二是严控建设环节，加强项目建设过程监管，对每个项目都开展阶段性分享验收。

科技创新 2016 年完成科研投入金额 1407 万元，投入率 0.2%。共申请专利 4 项，其中发明专利 2 项。

环境保护与节能减排 2016 年完成发电量 122.58 亿 kWh，相当于减排二氧化碳量约 1164 万 t，节约标准煤约 380 万 t。

截至 2016 年底，累计发电量 577.47 亿 kWh，相当于累计减排二氧化碳 5467.5 万 t，节约标准煤 1926.87 万 t。

信息化建设 2016 年，国华投资公司完成了神华集团信息化基础统建系统优化及内网信息门户的改进和完善工作，完成 3 家新公司 ERP 部署；完成所有子公司的互联网出口整合方案与国华投资公司网络结构优化设计方案的整合，并获得神华集团信息管理部的认可；提升视频会议使用效率和效果，推进其他信息化建设项目。同时逐步提高信息安全水平，完成堡垒机项目的部署推广工作。并完成各信息系统的维保工作。全年未发生信息安全事故。

党建思想政治工作 学习贯彻习近平总书记系列重要讲话和党的十八届历次全会精神，开展"两学一做"学习教育，完善党建工作制度，改进工作作风，提高党建工作水平，完成各项规定任务。国华投资公司在内网开通了"两学一做"学习教育专栏，及时更新系统内各单位学习教育工作动态；建立国华投资公司领导人员基层联系点，副三总师以上领导人员在所在支部和联系点讲党课共 30 余次；设置"两学一做"学习教育专题展板和海报；开展"党员挂牌上岗""手抄廉政寄语送祝福"等活动；元旦和"七一"期间，组织慰问困难党员，对 15 名困难党员进行帮扶；以纪念建党 95 周年为契机，对 17 名优秀共产党员、5 名党务工作者和 4 家优秀基层组织进行了评选表彰。全面做好工会工作，推进道德讲堂建设，全系统已有 16 家单位开设了道德讲堂；承办神华集团第十五届（电力）职工技能大赛风电赛区比赛，组织全系统职工积极参赛，3 名选手获得神华集团技术能手荣誉称号，41 名选手获得表彰；组织参加"全国职工安全卫生消防应急知识竞赛"，提高职工安全防范意识；广泛开展"安康杯"竞赛，国华投资公司被评为全国安康杯活动"最佳组织单位"，新疆分公司和汉华饭店评被评为"优秀组织单位"，4 人被评为"优秀组织者"；组织参加神华集团首届职工运动会，获得"优秀组织奖"及"突出贡献奖"；组织参加神华集团首届职工书法美术摄影大展，有多幅作品获奖。加强共青团建设，组织开展了"号、手、队"系列活动，以读书、座谈、演讲等活动，引导青年员工立足岗位做贡献；开展安全征文活动，共征集稿件 40 余篇，评选出 6 篇优秀作品进行表彰；通辽分公司、锡盟分公司、汉华饭店等单位，开展创建"青安岗""安全生产标兵""青年安全承诺""做自己的安全卫士"等活动，提升了青年员工的安全意识；推进青年员工创新创效和"'五小'成果与合理化建议评选活动"，征集到成果 70 余项，评选出 9 项优秀成果；山东分公司员工两项成果申请到国家专利，并已投入生产；通辽分公司团支部开展"十佳青年"评选活动；陕西分公司团支部组织"青年创新论坛"，4 名员工荣获"中央企业青年岗位能手"称号；开展了走访孤寡老人、植树造林等志愿活动。

纪检监察 为掌握子分公司经营管控情况，预防风险，促进管理，纪检监察部联合相关部门人员组成监察组，对汉华饭店、神华国际城、新疆分公司和吉黑分公司四家单位的重点工作开展了监察，共发现各类问题 40 项，提出了整改意见，并要求限期完成整改。根据神华集团"四风"问题"回头看"工作要求，会同相关部门在国华投资公司全系统内全面开展自查，自查面达到 100%，针对自查中发现的问题，制定整改措施，健全相关制度，堵塞漏洞。9 月 14 日和 23 日，协助国华投资公司党委分两批次约谈了物业板块和新能源业务板块子分公司 26 位党政主要负责人。11 月 3 日，组织党总支、支部的 30 名纪检委员进行纪委党风廉政建设监督责任约谈，"两个责任"约谈率均达到了 100%。11 月，组织举办了为期三天共 37 名党组织纪检委员和纪检工作人员参加的纪检监察业务培训。在元旦、春节、五一、端午、中秋、国庆等重要时间节点前，利用系统 OA 及纪检工作 QQ 群发送廉洁过节的通知，倡导文明、节俭、廉洁的节日新风。开展多种形式的廉洁教育，各党总支、支部全年共计开展党风廉洁教育 88 次，受教育有领导人员和关键岗位人员 824 人，领导人员接受教育率达 100%。全年共收到举报线索 34 件，按照五种方式的要求，采取谈话函询 14 件、初核 19 件，全年共计了结 31 件，立案 1 件。根据违纪事实及责任，对 5 人进行了追究问责，对两家单位有关问题的整改工作进行监督追责。

（浦 雪）

中国广核集团有限公司

【公司概况】 中国广核集团（简称中广核）1994 年 9 月注册成立，由核心企业中国广核集团有限公司（中广核集团公司）及 40 多家主要成员公司组成的国家特大型企业集团，以"发展清洁能源，造福人类社会"为使命，以"成为国际一流的清洁能源企业"为愿景。

【领导班子】

　　党组书记、董事长：贺禹

　　党组副书记、总经理：张善明

　　党组成员、副董事长：张炜清（2016 年 6 月 20 日退休）

　　党组成员、副总经理：谭建生

　　党组成员：岳林康（2016 年 6 月 20 日退休）

　　党组成员、副总经理、总会计师：施兵

　　党组成员：高立刚

　　党组成员、纪检组长：李有荣

【组织机构】　总部设 20 个部门：董事会办公室/法律事务部、办公厅、党组工作部、战略规划部、安全质保部、资本运营部、财务部、科技管理部、人力资源部、监察部、审计部、体系管理部、投资发展部、中广核大学（党校）、研究中心、文化宣传中心、财务共享中心、信息技术中心、国际核电事业部、核燃料事业部；5 个分公司：新疆分公司、湖北分公司、浙江分公司、青海分公司、云南分公司。共有二级企业 32 家，主要分布在核电站运营、核电站设计和建设，核电相关技术研究，铀资源开发、风电、水电、太阳能等清洁能源开发，以及相关配套服务等行业。

【企业管理】　产权管理方面。一是推进混合所有制改革。通过并购、共同设立子公司等方式完成 7 家三级子企业混改。二是开展企业法人压减工作。通过新能源板块重组、水电行业战略性退出、境外平台公司整合、空壳公司注销等途径，分步有序推进压减工作。三是发挥上市平台资源配置功能。全年完成核电板块注资、核技术重大资产重组上市、中广核矿业首次增发等资本运作项目。四是综合运用产权市场优化产权结构。阳江核电引进战略投资者（转让 17% 股权），优化了股权结构；全年低效资产下降 35%。

　　经营与考核方面。落实"管一级、看一级"的管控原则，以经营业绩为主线，同时划定安质环、合法合规、党建和廉洁从业的红线底线，综合确定考核组织绩效；强化激励约束联动机制，确保经营业绩与公司工资总额、负责人薪酬双挂钩，体现"业绩涨、薪酬涨，业绩降、薪酬降"的导向；积极开展行业对标，引导成员公司以行业领先水平为标杆，推动成员公司强化成本意识，主动对接市场。

【电力建设】　2016 年，中广核坚持安全高效发展，核电业务保持行业龙头地位。核电工程建设连续三年零死亡，中广核 20 万工时事故率持续保持国际先进水平。全年核电新投运 3 台机组、开工 1 台机组。在运容量达到 19 台，2038 万 kW，保持中国最大、全球第五大核电运营商地位；在建容量 9 台，1134 万

kW，保持全球最大的核电建造商地位。

　　2016 年，中广核核电工程建设业绩持续提升。自主核电技术"华龙一号"示范项目防城港 3 号机组开工；防城港 1 号机、宁德 4 号机和红沿河 4 号机，全部实现从调试到商运零非计划跳机跳堆；阳江 4 号机首次临界，多个节点创历史最优，成为中广核 CPR1000 标杆工程。

【安全生产】　2016 年，中广核全年安全状态总体稳定，在国务院国资委安质环考核中连续保持零扣分。核电成熟机组 57% 的 WANO 指标达到卓越值（前 1/10），新机组 76% 的 WANO 指标达到先进值（前 1/4），保持高端水平。非计划停堆 2016 年为 19 台机、1 次，是多基地运营以来的最好水平。

　　2016 年，中广核开展了"固本强基，让安全成为习惯，核安全高于一切"的主题论坛，各单位一把手对安全承诺并庄严宣誓，以此为契机，拉开了全年加强核安全文化建设的大幕。经过一年的努力，"遵守程序、诚信透明"深入人心，"做合格的中广核人"深入人心，"红线意识"深入人心，领导在现场成为工作常态。2016 年，8 家主要核电公司一把手落实"解决问题在现场"，5 月份以来累计在现场 832 次，人均每月 13 次，巩固了坚守安全底线的基础。

【科技创新】　2016 年，中广核持续完善科技创新体系，推进中广核战略专项、尖峰计划、强化国家科研项目和研发中心管控，推动科技成果市场转化，取得丰硕成果。

　　在重大科研开发项目方面，"华龙一号"融合方案获得国家领导人圈批；海上实验堆平台（ACPR50S）工程建设全面启动；2016 年 2 月，STEP 系列自主燃料组件及锆合金成功入堆；国家科技重大专项"事故容错燃料关键技术研究"稳步推进，成功制备出多种金属型和陶瓷型包壳管；2016 年 3 月，中广核与中科院就共同推进 ADANES 先进核能系统研发。

　　在研发平台建设方面，2016 年，中广核建立包括放射性废物处理及处置研发中心在内的第二批共 4 个集团级研发中心，为后续专项技术研发提供平台和支撑。

　　科研经费保障及成果方面，2016 年，中广核科技活动总投入达 29.8 亿元，研发投入达 15.8 亿元，科技活动总投入占营收比重连年保持 5% 左右。2016 年，中广核实现科技成果转化 17.2 亿元，同比增长 250%，孵化出包括"三维可视化电缆敷设系统"项目在内的 5 项自主创新产品。

　　截至 2016 年底，中广核累计承担 892 项国家行业标准制修订与研究（2016 年新增 117 项），牵头完成 456 项，累计申请专利 3399 件（2016 年新增 830

项），拥有有效专利 1856 件（2016 年新增 502 项），2 项专利先后获得中国专利金奖，8 项专利先后获得中国专利优秀奖；2016 年，获得国家科技进步二等奖 1 项，国家省部级奖励 26 项。

【国际合作】 2016 年，中广核全力开拓国际核电市场，"走出去"结出实果。一是英国核电项目落地。9 月 29 日，中广核与 EDF、英国政府签署英国新建核电项目一揽子合作协议，确定中广核参股投资 HPC 和 SZC，控股投资建设 BRB 项目，标志着华龙出海首个项目落地，中广核落实习总书记重要指示、打造国际核电领域示范性"旗舰项目"，结出实果。二是湖山铀矿建成投产。12 月 31 日，纳米比亚湖山铀矿产出第一桶合格的天然铀。三是开拓捷克核电市场。3 月 30 日，在习近平主席和捷克总统的共同见证下，中广核与捷克能源集团（CEZ）签署在核能及可再生能源领域全面合作的谅解备忘录。四是埃德拉项目顺利交割、成功整合。中广核成为中国在海外清洁电力装机容量最大的能源企业之一，并以埃德拉为支点，推进马六甲气电等新项目开发，打开了在东南亚和"一带一路"沿线国家发展的广阔空间。

【信息化工作】 2016 年，中广核 IT 基础能力稳步提升，信息化总体建设情况良好。一是全年未发生信息安全三级及以上事件，完成 G20 高峰论坛等重大活动信息安全保障，完成各级网信办对关键基础设施网络与信息安全的工作检查，完成核电信息安全实验室基础环境建设，以及核电站信息安全现状分析及应对措施研究。二是完成中广核电子商务平台项目二期上线，截至 2016 年底在线合同金额已超过 100 亿人民币，活跃的供应商总数量达到 1.1 万家，线上招标项目达到 400 个，该平台预计每年可为中广核节约 1.38 亿人民币。三是完成员工电子学习平台优化项目。初步建成基于互联网、社区化、移动化的员工综合学习平台，网络总学时从上年度的 4% 增加至本年度的 10%，互联网和移动终端在培训中发挥越来越重要的作用。

【党建工作】 2016 年，中广核继续加强党的领导，党的建设不断深化。一是狠抓"两学一做"，强化"四个意识"。开展了中广核公司党组带头、各公司党委班子讲党课 180 人次，"两学一做"知识竞赛和"党员示范岗""党员安全责任区""党员亮职责、亮身份""党员网上公开承诺"等行动，"两学一做"学习教育活动有声有色，成效显著。二是加强干部队伍建设，确保集团事业长青。按照"忠诚、干净、担当"的总体要求，制定成员单位领导班子建设和干部监督管理制度，推动领导干部队伍提升党性修养，提高管理能力。三是加强群团工作和企业文化建设。推进职代会制度建设，二级公司职代会建会建制率

100%。开展青年创新大赛和各级技能竞赛 600 多项，选树了一批青年技能型人才。成功举办中广核第五届职工运动会。四是强化监督执纪问责，落实巡视整改。深入落实"三个责任"，不断强化监督执纪问责。集团高度重视并全面深入落实巡视整改工作，得到国务院国资委第一巡视组的充分肯定。同时，按照中央的巡视要求，深入开展金融板块、新能源板块的内部巡视和整改。

【社会责任】 2016 年，中广核在向社会提供安全、清洁、高效能源的同时，坚持致力于传播清洁能源科普知识、增进公众对清洁能源的理性认识，打造"透明核电"品牌。2016 年，中广核举办各项展览接待参观者超过 6 万人，六大在运核电基地参观公众累计突破 50 万人；核电科普课程在全国九个核电项目周边超过 100 所学校落地，参与学生超过 16 000 人。中广核打造的"公众开放体验日"等品牌活动，已成为全国核电行业的共同行动。2016 年底，中广核获颁电力行业"最佳透明度管理奖"。

【主要事件】

1 月 1 日，我国西部首核，防城港核电站 1 号机组正式投入商业运行，该机组是中国"十三五"规划实施后首台投入商业运行的核电机组。

1 月 24 日，中广核与清华大学在深圳中广核大厦签署核电大数据治理体系框架合作协议。

1 月 25 日，中广核与中船重工签署海上核动力平台项目建设战略合作协议。

1 月 26 日，中广核董事长贺禹在北京拜会中共中央政治局常委、全国政协主席俞正声。俞正声对中广核取得的良好业绩表示祝贺，肯定中广核在走出去方面的重大突破，并强调中广核发展这么快，一定要把安全放在首位。

1 月 28 日，中广核如东 150MW 海上风电场示范项目首批 6 台风机并网发电，标志着中广核实现海上风电零的突破。

2 月 25 日，国资委党委书记张毅到中广核调研。

3 月 9 日，中广核与中国科学院在北京签署《中国科学院与中国广核集团关于 ADANES 先进核能系统项目战略合作协议》，共同推进 ADANES 先进核能系统研发中国。

3 月 17 日，由中广核和中国核工业集团公司共同出资的华龙国际核电技术有限公司在京揭牌成立。

3 月 23 日，马来西亚埃德拉公司下属电力项目公司及新项目开发权（简称埃德拉项目）股权交割仪式在马来西亚吉隆坡举行。中广核在海外的清洁能源控股在运装机总量达到 884.3 万 kW，成为我国在海外装机容量最大的能源企业之一。

3 月 29 日，宁德核电 4 号机组并网发电。

捷克当地时间 3 月 30 日，在国家主席习近平和捷克共和国总统米洛什·泽曼的共同见证下，中广核与捷克能源集团在布拉格签署《关于在核能及可再生能源领域全面合作的谅解备忘录》。

4 月 1 日，红沿河核电 4 号机组首次并网发电。

4 月 13 日，中广核与腾讯公司在深圳签署"互联网＋"清洁能源战略合作框架协议。

7 月 15 日，防城港 2 号机组首次并网发电。

7 月 15 日，中广核与中核建签署高温气冷堆核电项目合作协议。

9 月 12 日，中广核与韩国水利与原子能集团签署关于核能和可再生能源合作的谅解备忘录。

9 月 21 日，国资委副主任黄丹华赴马来西亚马六甲州调研埃德拉公司下属 TG1/TG2 电站。

英国当地时间 9 月 29 日，中广核与 EDF 在伦敦正式签署英国新建核电项目一揽子合作协议，与英国政府同步签署欣克利角 C（HPC）核电项目收入及投资保障等政府性协议，完成相关公司股权交割，标志欣克利角 C 项目已经完成所有必须审批和商务流程，将实质性启动。根据中广核与 EDF 签订的协议，中广核将开始推进布拉德维尔 B（BRB）项目各项准备工作，以及拟使用在该项目的"华龙一号"技术通用设计审查工作。

9 月 29 日，中广核下属欧洲能源公司与比利时 Windvision 公司在巴黎签订 Esperance 项目股权转让协议，成功收购该项目 100％股权。该项目装机容量 81MW，是比利时目前装机容量最大的在运风场，采用德国 Enercon 风机，单机组额定功率达到 7.5MW，是目前世界上单机容量最大陆上风电机组。

10 月 1 日，防城港 2 号机组完成 168h 示范运行考核，正式具备商业运行条件。

10 月 18 日，阳江 3 号机组首次并网发电。

11 月 14 日，中广核与法国替代能源与原子能委员会（CEA）签署全面合作框架意向书。

12 月 6 日，中广核新能源板块风电业务在运容量突破 1000 万 kW，成为我国第五个风电在运容量超千万千瓦的企业。

中国电力建设集团有限公司

【公司概况】 中国电力建设集团有限公司（简称中国电建）是经国务院批准，于 2011 年底在中国水利水电建设集团公司、中国水电工程顾问集团公司和国家电网公司、中国南方电网有限责任公司所属的 14 个省（市、区）电力勘测设计、工程、装备制造企业基础上组建的国有独资公司。

中国电力建设股份有限公司（原中国水利水电建设股份有限公司）是中国电力建设集团公司的主要子公司，是跨国经营的综合性大型企业，于 2009 年 11 月 30 日，由中国水利水电建设集团公司和中国水电工程顾问集团公司在北京共同发起设立。中国电力建设股份有限公司于 2011 年 10 月 18 日在上海证券交易所上市，股票代码 601669，于 2014 年 1 月 2 日完成更名手续，公司名称由中国水利水电建设股份有限公司变更为中国电力建设股份有限公司，证券简称自 2014 年 1 月 16 日起，由中国水电变更为中国电建。

中国电建是提供水利电力工程及基础设施投融资、规划设计、工程施工、装备制造、运营管理为一体的综合性建设集团，主营业务为建筑工程（含勘测、规划、设计和工程承包），电力、水利（水务）及其他资源开发与经营，房地产开发与经营，相关装备制造与租赁。此外，受国家有关部委委托，承担了国家水电、风电、太阳能等清洁能源和新能源的规划、审查等职能。集团电力建设（规划、设计、施工等）能力和业绩位居全球行业第一。

中国电建注册资本金 300 亿元，员工 20 万人。截至 2016 年底，中国电建资产总额 6032 亿元，2016 年实现营业收入 3244.23 亿元、实现利润 121.48 亿元。2016 年中国电建位居《财富》世界 500 强企业第 200 位、中国企业 500 强第 43 位、中国跨国公司 100 大企业第 22 位；位居 2016 年 ENR 最大 250 家全球承包商排名第 6 位；2016 年度 ENR 全球工程设计公司 150 强第 2 位。中国电建连续四年获评中央企业负责人经营业绩考核 A 级企业，被授予 2013～2015 年任期考核"业绩优秀企业"荣誉称号。

中国电建的核心竞争力：一是行业优势世界领先。中国电建的水利水电规划设计、施工管理和技术水平达到世界一流，水利电力建设一体化（规划、设计、施工等）能力和业绩位居全球第一，是中国水电行业的领军企业和享誉国际的第一品牌。承担了国内大中型以上水电站 65％以上的建设任务、80％以上的规划设计任务和全球 50％以上的大型水利水电建设市场，设计建成了国内外大中型水电站 200 余座，水电装机总容量超过 2 亿 kW，是中国水利水电和风电建设技术标准与规程规范的主要编制修订单位。二是价值创造能力卓越。中国电建拥有工程勘察综合甲级、工程设计综合甲级、水利水电工程施工总承包特级、电力工程施工总承包特级、市政公用工程施工总承包特级、公路工程施工总承包特级、建筑工程施工总承包特级、进出口贸易权、对外工程承包经营权等资质权益，精通 EPC、FEPC、BOT、BT、BOT＋BT、PPP 等多种商业模式及运营策略，具备驾驭大型复杂工程的综合管理能力。三是知名品牌蜚声全球。中国电建紧跟国家"一带一路"倡议，参建并推动巴基斯坦卡西姆港应急燃煤电站、中老铁路、雅万高铁等重点项目。截至 2016 年底，在全球 102 个国家设有 243 个驻外机构，在 116 个国家执行勘测设计咨询、工程承包、装备与贸易供货等合同 2156 项，海外业务以亚洲、非洲为主，辐射美洲、大洋洲和东欧，形成了以水利、电力建设为核心，涉及公路和轨道交通、市政、房建、水处理等领域综合发展的"大土木、大建筑"多元化市场结构。中国电建拥有的多个知名品牌蜚声海内外，具备较强的国际竞争力和影响力。承建的厄瓜多尔辛克雷水电站、苏丹麦洛维水电站、印度嘉佳火电厂、沙特拉比格项目、印尼佳蒂格德大坝、马来西亚巴贡水电站、安哥拉本格拉体育场、摩洛哥伊阿高速公路、埃塞俄比亚阿达玛风电项目等全球瞩目的重点大型工程已成为所在国标志性工程，并多次荣获海外工程金质奖、国际工程鲁班奖。四是工程技术能力世界一流。中国电建拥有世界一流的综合工程建设施工能力、世界顶尖的坝工技术、世界领先的水电站机电安装施工、高等级铁路工程施工、城市轨道交通工程施工、地基基础处理、特大型地下洞室施工、岩土高边坡加固处理、砂石料制备施工等技术，具有大中型水利水电工程及城市、交通、民生基础设施工程设计、咨询及监理、监造的技术实力。

截至 2016 年底，共有 5 个国家级研发机构，64 个省级研发机构，8 个院士工作站，6 个博士后工作站，73 家成员企业及下属子企业被认定为省级高新技术企业，4 家企业被认定为科技部火炬计划重点高新技术企业；获得国家科技进步奖 104 项、省部级科技进步奖 1700 项，拥有专利 7454 项（其中发明专利 1086 项）；制修订国家及行业标准 474 项。

在水利水电设计建设及新能源开发领域，中国电建先后设计建设或参与建设了长江三峡、黄河小浪底水利枢纽、南水北调东线和中线工程、龙滩、向家坝、溪洛渡、小湾、糯扎渡、锦屏一级、拉西瓦、白鹤滩水电站以及天荒坪抽水蓄能电站等一大批举世闻名的水利水电工程，创造了具有中国特色的国内国际先进和领先的设计和建造技术，成就了中国成为世界第一水电大国的辉煌。中标杨房沟水电站设计施工总承包项目，开创了国内大型水电项目承包模式的先例，取得国内水电 EPC 项目的历史性突破。中国电建承建的非洲最大水电站苏丹麦洛维水电站大坝获中国建设工程"鲁班奖"，马来西亚巴贡水电站为目前世界第二高混凝土面板堆石坝，厄瓜多尔辛克雷（CCS）水电站经受住了 7.8 级大地震考验。组织完成了中国风能资源普查和国家及行业技术标准制修订，规划设计并参与建设了甘肃酒泉等 9 个千万千瓦级和若干个百万千瓦级风电基地，以及各省（市、区）新能源工程，参与了我国光热项目示范和生物质能利用技术研发工作。参与建设的河北张北坝上 100 万 kW 风电场、江苏如东海上风电场分别是中国最大陆地和海上风电场，首个实现中国技术、标准、管理、设备整体"走出去"的阿达玛风电项目二期顺利移交。设计建成中国首个 10 万千瓦级光伏发电项目华能共和县光伏发电项目和中国首座潮汐电站浙江江夏电站。

在火电电网领域，中国电建在 1000MW 级火电工程和各种参数的燃气轮机、风电、太阳能、生物质能、分布式能源、核电工程以及 1000kV 电压等级交直流输变电工程设计建设方面处于国内国际领先水平。先后设计建设了全国首座 1000MW 智能化生态电厂山东莱州电厂，世界首座 1000MW 燃煤空冷机组宁夏灵武电厂，全国单机容量最大的 1100MW 超超临界空冷机组新疆农六师电厂，世界上输送容量最大、电压等级最高的哈密南—郑州±800kV 特高压直流，晋东南—荆门 1000kV 特高压交流输变电等多项工程，以 EPC 模式中标拉美第一条、全球第四条±800kV 特高压输变电线路巴西美丽山±800kV 特高压项目。参与建设了广东大亚湾等多项核电工程。

在城市、交通、民生基础设施建设领域，承建了京沪高铁等多条高速铁路，施工总里程逾 1300km；投资建设了福建武邵、四川邛名和云南晋红等多条高速公路，累计投资总额逾 3000 亿元；投资建设了深圳地铁 7 号线、成都地铁 4 号线等多条城市地铁，参与了武汉、长沙、哈尔滨等十几个城市的地铁建设，中标兰州新区现代有轨电车 1、2 号线 PPP 项目，是国内首个以投资、设计、施工、运营一体化方式建设的有轨电车项目；设计建设了天津、成都、西安、郑州等多个城市的一大批综合市政工程项目；以多种模式参与建设了钱塘江流域污水处理、东太湖综合整治、成都兴隆湖综合治理等城市水环境综合治理工程，中标深圳茅洲河界河综合整治工程 EPC 项目，在水环境综合治理领域实现重大突破；参与水务与环保工程的投资运营以及海水淡化、矿业资源开发、港口建设与航道疏浚等业务；参与建设了卡塔尔多哈新国际机场项目以及北京、上海、广州、厦门等十几个城市的机场工程，铺设了世界第一条空客 A380 专用跑道。

在装备制造与设备租赁领域，中国电建所涉及的业务范围包括输电线路装备、输配电设备、发电站辅机及配件、水利水电工程设备等，生产的发电站泵和风机类产品等占有较高市场份额，特别是 1000MW 火电机组锅炉给水泵代表着国内最先进技术，收购德国 TLT 公司后，中国电建在风机产品市场排名位列全球第二，其中电站风机产品市场排名全球第一。研发了中国首台配套第三代核电站 AP1000 常规岛 125 万 kW 机组前置泵。自主开发和合作研制的水利水电工程金属结构、闸门启闭机和升船机等专用设备，多次荣获国家和部委的科技进步奖。

截至 2016 年底，中国电建共获得中国建筑工程鲁班奖 82 项、国家优质工程金奖 36 项、国家优质工程奖 127 项、中国土木工程詹天佑奖 20 项、全国优秀工程勘察设计行业奖 140 项。

【领导班子】
(1) 中国电力建设集团有限公司。
董事长、党委书记：晏志勇
董事、总经理、党委副书记：孙洪水
党委常委：王民浩
党委副书记：马立
党委常委、纪委书记：符岳岩
党委常委：王斌、姚强、李跃平、孙璀
(2) 中国电力建设股份有限公司。
董事长、党委书记：晏志勇
副董事长、总经理、党委副书记：孙洪水
副总经理、党委常委：王民浩
党委副书记、监事会主席：马立
党委常委、纪委书记：陈永录
党委常委：王斌、姚强、李跃平
副总经理、党委常委：王斌、姚强、李跃平
总会计师、党委常委：孙璀

【组织机构】 见 2016 年中国电建组织机构图。

【改革发展】 2016 年中国电建全年实现营业收入 3244.23 亿元，同比增长 13.10%；利润总额 121.48 亿元，同比增长 5.09%；新签合同 5120 亿元，同比增长 15.1%；实现经济增加值 30.5 亿元；年末合同存量 9668.5 亿元，同比增长 18%；资产总额 6024.31 亿元，资产负债率 81.74%；全员劳动生产率达到 172.8 万元/人年，同比增长 13.75%，主要经营指标增长均高于公司"十三五"规划的年均增长幅度，实现了"十三五"良好开局。中国电建获得"2016 中国创新榜样""最具投资价值上市公司""最具社会责任上市公司奖"等多项荣誉。

(1) 国内市场营销稳中向好，订单效益双双增长。

一是高端营销能力持续强化。全年与广东、深圳、大连、昆明等多个重点省市和三一集团等大型企业、机构建立战略合作关系，组织参加西博会、渝洽会等有重大影响力的展会及多省市与央企的对接会、座谈会，推动了高端营销。在贵州、云南等片区开展区域营销资源整合，根据区域市场特点策划推动区域营销取得良好成效。二是能源电力业务优势持续巩固。水利水电设计施工板块参与国家重大水利水电项目竞标，发挥一体化全产业链优势，重点跟踪的白鹤滩、双江口等传统水利水电代表工程全部中标；创新抽水蓄能和水利项目商业模式，在新疆阜康、贵州马岭等项目开创了"设计院牵头＋EPC 总承包"承建模式。电力勘测设计板块积极探索形成"规划引领＋项目打造"、投资拉动、科技创新引领等多种新型商业模式，以省级电力（能源）规划中心为依托，中标多个电网项目。电力工程板块，推动市场资源向电厂检修、建设代管等产业链两端延伸，从低电压电网建设向超高压、特高压电网施工发展，从变电站土建、安装向变电站总承包发展，参与核电、风电、光伏 EPC 业务市场。三是基础设施市场营销成效显著。加强地铁、公路、铁路、综合管廊等重点行业市场营销，中标杭州大江东、云南红河州建水（个旧）—元阳高速公路、石林—泸西高速公路（红河段）PPP 项目、郑州快速路、河北太行山高速公路等一批具有重大影响力的公路项目，中标长春、银川等地下管廊国家试点项目，中标成都地铁 18 号线、晋中—太原城际铁路城市城际轨道交通项目。四是水环境治理等新兴业务取得较大突破。紧抓国家治理黑臭水体、建设"美丽中国"创造的市场机遇，强化"规划先行、综合统筹、专业突出"的水环境系统治理营销理念，构建完善水环境治理业务营销管控体系，通过先进的规划、治理理念和具有相对优势的业绩、经验及良好履约，向深圳、北京、云南等省市政府开展专项推介。继深圳茅洲河（宝安区）水环境治理 EPC 项目后，又获得了北京通州和郑州贾鲁河等水环境治理工程项目，在水资源与环境业务领域的优势逐步显现。研究开拓海绵城市、海水抽水蓄能电站、海岛经济取得初步成果。

(2) 国际业务集团化稳步推进，竞争力有效增强。

一是国际业务资源整合有效推进。完成了海外业务重组整合，设立了六大海外区域总部，围绕国际业务集团化制定了多项管理制度。深度整合内部海外资源，坚持战略规划、品牌管理、市场布局和营销、履约监管、风险防范"五统一"原则，聚指成拳、组建航母、编队出海。优化配置国际业务管理团队和业务人员，基本形成了一支懂技术、会商务、语言好、熟

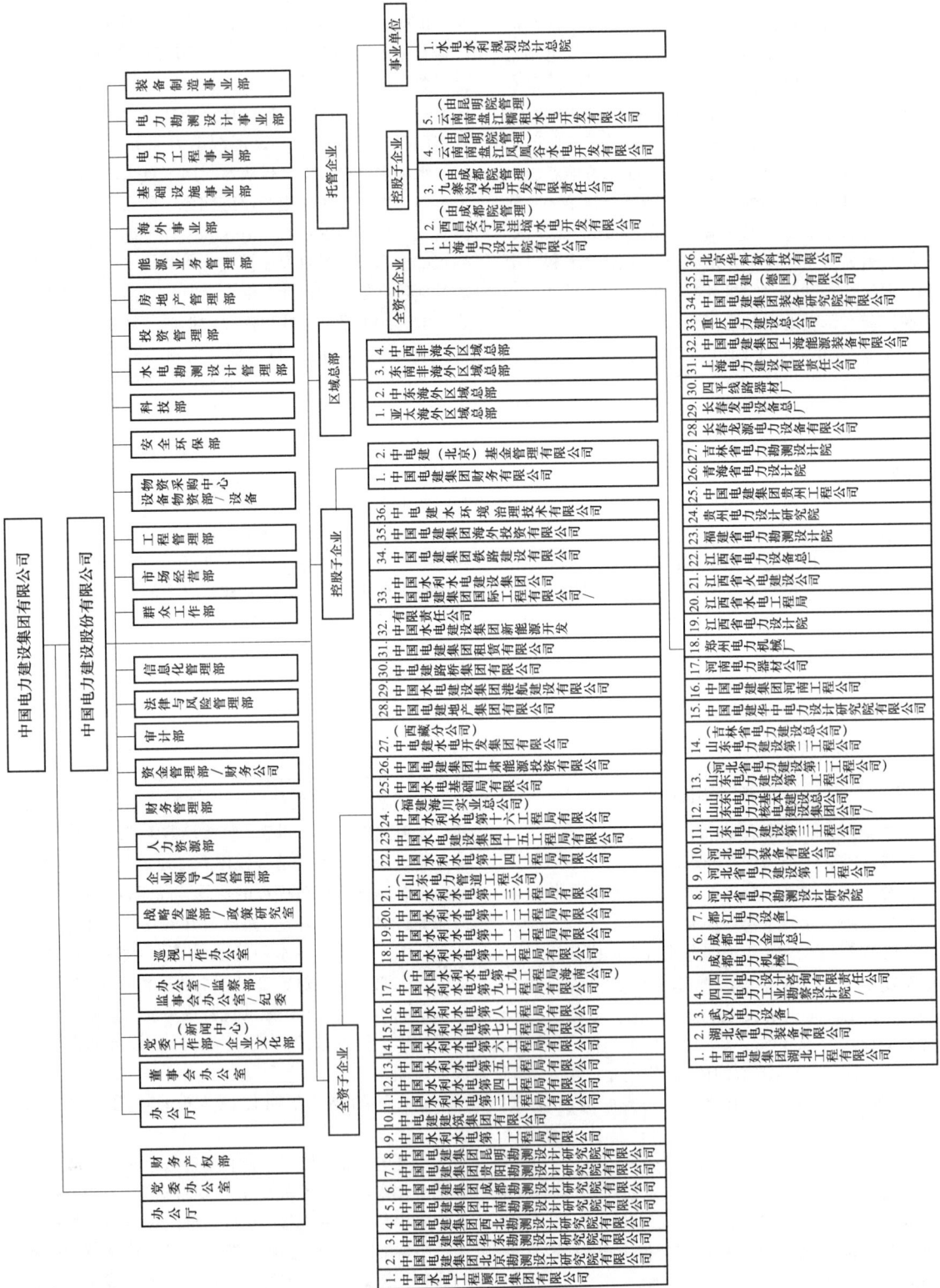

2016年中国电建组织机构图

中国电力建设集团有限公司
中国电力建设股份有限公司

集团本部部门：

- 装备制造事业部
- 电力勘测设计事业部
- 电力工程事业部
- 基础设施事业部
- 海外事业部
- 能源业务管理部
- 房地产管理部
- 投资管理部
- 水电勘测设计管理部
- 科技部
- 安全环保部
- 设备物资采购中心/物资部/设备部
- 工程管理部
- 市场经营部
- 群众工作部
- 信息化管理部
- 法律与风险管理部
- 审计部
- 资金管理部/财务公司
- 财务管理部
- 人力资源部
- 企业领导人员管理部
- 战略发展部/政策研究室
- 巡视工作办公室
- 监察部办公室/纪委办公室
- 党委工作部/新闻中心/企业文化部
- 董事会办公室/公司办公室
- 办公厅
- 财务产权部
- 党委办公室
- 办公厅

事业单位：

1. 水电水利规划设计总院

托管企业（控股子企业）：

1. 上海电力设计院有限公司
2. 中西部昌宁河水电开发有限公司
3. 中由成都水院管理开发有限责任公司
4. 云南昆明南盘江凤鸣谷水电开发有限公司
5. 云南滇南盘江糯扎渡水电开发有限公司

区域总部：

1. 亚太海外区域总部
2. 中东海外区域总部
3. 中南非海外区总部

控股子企业（财务）：

1. 中国电建集团财务有限公司
2. 中电建（北京）基金管理有限公司

控股子企业：

36. 中国电建环境治理技术有限公司
35. 中国水利水电海外投资有限公司
34. 中国电建集团铁路建设有限公司
33. 中国电建集团国际工程有限公司
32. 中国电建集团新能源开发有限公司
31. 中国电建路桥集团有限公司
30. 中国电建集团水电开发有限公司
29. 中国电建地产集团有限公司
28. 中国水利水电建设集团航建有限公司
27. 中国电建西藏分公司
26. 中国电建集团甘肃能源投资有限公司
25. 中福建水利水电基础工程有限公司
24. 中国水利水电第十五工程局有限公司
23. 中国水利水电第十四工程局有限公司
22. 中国水利水电第十三工程局有限公司
21. 中山东水利水电第十三工程局有限公司
20. 中国水利水电第十二工程局有限公司
19. 中国水利水电第十一工程局有限公司
18. 中国水利水电第九工程局有限公司
17. 中国水利水电第九工程局海南公司
16. 中国水利水电第八工程局有限公司
15. 中国水利水电第七工程局有限公司
14. 中国水利水电第六工程局有限公司
13. 中国水利水电第五工程局有限公司
12. 中国水利水电第四工程局有限公司
11. 中国水利水电第三工程局有限公司
10. 中国水利水电第二工程局有限公司
9. 中国水利水电第一工程局有限公司
8. 中国电建集团中南勘测设计研究院有限公司
7. 中国电建集团贵阳勘测设计研究院有限公司
6. 中国电建集团昆明勘测设计研究院有限公司
5. 中国电建集团成都勘测设计研究院有限公司
4. 中国电建集团西北勘测设计研究院有限公司
3. 中国电建集团华东勘测设计研究院有限公司
2. 中国电建集团北京勘测设计研究院有限公司
1. 中国电建集团顾问集团有限公司

全资子企业：

1. 中国电建集团湖北工程有限公司
2. 湖北省电力勘测设计院有限公司
3. 武汉电力设备厂
4. 四川电力设备有限责任公司
5. 成都电力机械厂
6. 成都电力金具总厂
7. 成都江金具总厂
8. 河北省电力勘测设计研究院
9. 河北省电力建设第一工程公司
10. 河北省电力装备有限公司
11. 山东电力建设第三工程公司
12. 山东电力建设第二工程公司
13. 山东（山东电力建设第一工程公司）
14. 山东（山东电力建设第三工程公司）
15. 中国电建集团华东工程有限公司
16. 中国电建集团河南工程有限公司
17. 河南电力器材公司
18. 郑州电力机械厂
19. 江西省电力设计院
20. 江西省电力建设工程局
21. 江西省电力设备厂
22. 江西省电力设备厂
23. 福建省电力勘测设计院
24. 贵州省电力建设贵州工程公司
25. 贵州省电力勘测设计研究院
26. 青海省电力勘测设计院
27. 青海电力设计院
28. 长春发电设备有限公司
29. 长春电力设备有限公司
30. 四平线路器材厂
31. 上海电力建设有限责任公司
32. 中国电建集团上海能源装备有限公司
33. 重庆电力建设总公司
34. 中国电建集团装备研究院有限公司
35. 中国电建（德国）有限公司
36. 北京科技有限公司

悉国际规则的高端国际化商务人才队伍和技能熟练、工种齐全、能征善战的海外技术技能人才队伍。强化与国内外知名工程企业、金融机构、设计商、设备供应商、物流商、咨询机构合作，与项目所在国政府机构、业主、投资商等建立良好合作关系。二是重点国别市场和重大项目取得重大进展。紧跟国家政治经济外交布局，深耕"一带一路"重点国别市场，国际经营在多个领域不断突破。重大项目上，成功中标中老铁路Ⅳ、Ⅴ标段，雅万高铁获得承建第一区段授标函，成功签署东南亚最大港口项目马六甲海峡皇京港MOU。业务领域上，签署了非洲区域迄今装机最大的水光互补项目尼日利亚希罗罗300MW电站、中国电建海外第一个抽水蓄能项目以色列克卡夫·哈亚邓340MW电站、中国电建海外合同额最大的供水项目津巴布韦昆兹韦—穆薛米大坝哈拉雷供水项目。项目集群上，在孟加拉推动投资、承包项目金额超过百亿美元，在装备制造、可再生能源、火电、水利和水务工程五大领域签订了多个项目协议。三是国际影响力持续彰显。在113个国家和地区开展实质性业务，在89个国家执行1207项合同，在建合同总金额达6873亿元人民币。构建了以亚洲、非洲国家为主，辐射美洲、大洋洲和东欧等高端市场的多元化格局，形成了遍布全球的市场营销网络。2016年，中国电建在ENR国际工程设计公司225强位列第27位，在上榜中资企业中排名第一；在ENR国际工程承包商250强位列第11位，在上榜中资企业中排名第二，保持全球最大的电力工程承包商地位。采用中国规范、技术标准设计建造的厄瓜多尔辛克雷水电站竣工移交，经受住了7.8级大地震考验，在南美树立起了"中国标准"；在马里境内承建的最大工程费鲁电站按期收官；承建的巴基斯坦卡西姆港应急燃煤电站等"中巴经济走廊"和亚洲铁路互联互通一揽子重大项目稳步推进。

（3）结构调整扎实推进，产业布局更趋合理。

一是投资拉动总承包业务贡献进一步提高。根据市场形势和项目投资方式变化，不断创新营销方式和商业模式，加大PPP项目营销力度，通过小比例投资撬动EPC总承包，全年投资拉动施工总承包业务达到804亿元。已建BT项目回购款及资产（股权）处置管理卓有成效，全年BT项目回购款超额收回。二是电力投资业务稳健开展。坚持"控制规模、优化结构、突出收益"原则，加强电力投资项目全生命周期管理。到2016年末，中国电建控股在建电站总装机容量约为270万kW，控股运营电站总装机容量达到1212.27万kW，其中清洁能源占比87%。三是房地产业务健康发展。明确了房地产业务以"住宅开发为重点，稳健发展商业地产，积极探索培育滨水

地产概念投资品落地"的发展定位。合理控制投资节奏，科学调整区域布局，重点布局一线城市，慎重布局二线城市；进入深圳房地产市场，实现一线城市全方位布局。推动子企业自有土地内部合作协同开发，盘活内部资源；用好国家政策，推动棚户区改造等专项工作。房地产板块全年累计签约销售合同233.13亿元，同比增长13.46%；实现营业收入163.45亿元，同比增长30.65%；实现利润12.19亿元，同比增长17.44%。四是产融结合大力推进。发挥财务公司平台作用，加大资金归集力度，盘活内部存量资金，有效提高资金使用效率，年末资金集中度和集中额大幅增加，分别达75.23%和700.96亿元。构建符合公司发展战略及市场竞争需要的PPP等投融资类项目的经营管理模式，探索引入社会资本，通过金融工具实现合理参股、有序退出，反哺、带动传统主营业务增长。发挥资本市场再融资功能，拓宽项目融资渠道，降低债务风险，推进股份公司非公开发行工作。基金公司挂牌。

（4）体制机制进一步理顺，改革创新红利逐步显现。

一是有效强化战略引领。发布了中国电建"十三五"发展规划，开展了全方位、多层次、到基层的宣贯教育，战略规划良好开局、有效落地，在聚焦核心主业、优化市场布局、加快转型升级、加强创新驱动、推进产融结合和推动全球发展等方面发挥了较强的引领作用。各项业务发展规划、职能发展规划及子企业的发展规划正在加快制订，中国电建"十三五"发展规划体系逐步健全。二是全面深化改革持续推进。贯彻落实国务院国资委"瘦身健体、提质增效"工作要求，加快推进内部资源优化配置，年内完成了7组16家子企业的重组整合及压减56户法人机构的目标任务。优化完善集中与授权适度的现代企业集团管控体系，简政放权，落实放管结合，加快制订总部管控事项正面清单。坚持"突出重点、简化程序、统一设计、差异考核"原则，突出战略和目标导向，大幅精简了业绩考核和管理评价指标。落实差异化发展思路，改组或新设成立了核电工程公司、建筑规划研究院等专业化子企业。

（5）精益管理全面加强，企业运行质量不断改善。

一是基础管理有效增强。开展"两金"压降，加强债务风险管控，推进"营改增"，强化税务管理与税收筹划，加强总对总银企合作，财务资金管理取得成效。加强投资与建设项目招标与采购管理，启动"一库一平台"建设，推动工程招标与采购纳入国家交易平台体系。创新设备物资集中采购，全年完成设备物资集中采购总额728.96亿元，集采率达到

76.5%。信息化建设取得重大进展，集团级业务基本实现了全面信息化。二是上市公司规范运作不断强化。持续加强市值管理，维护市值稳定，股份公司全年市盈率稳居同业建筑央企前列，提振了资本市场对公司未来发展的预期和信心；维护良好投资者关系，股份公司投资价值有效传递，资本市场影响力大幅提升。落实分行业信息披露指引，持续提高信息披露的有效性和针对性，股份公司连续四年获评沪市上市公司信息披露 A 类企业。三是人才队伍建设不断推进。围绕职工队伍总量控制、结构调整和素质提升深化"三项制度"改革，严格用工计划管控，规范劳务派遣管理，健全工资总额调控机制，改进薪酬社保管理和人才评价，实现了职工队伍总量保持负增长、总体素质持续提升、队伍结构不断优化。四是企业法治、内控和监督工作不断完善。"法治电建"建设不断深化，工作体系进一步健全。重点加强对企业重大风险的评估、识别与管控，加强对重大生产经营事项的法律审核把关，防范了重大风险事件的发生，重大法律纠纷案件得到妥善处置。强化监督检查，围绕重大项目和经营管理薄弱环节开展效能监察和专项治理；强化经济责任审计、重大项目审计、海外审计和审计问题整改，初步建立起了监察审计工作长效机制。

（6）安全和质量管理常抓不懈，技术水平稳步提高。

一是严抓安全和质量工作不放松。以推动安全生产主体责任落实为核心，不断完善责任体系，开展隐患排查治理，健全应急预案和救援体系，夯实安全生产基础工作，推动"本质安全"落地。年内对 130 个项目开展安全督查，对安全风险突出的项目进行挂牌督办。开展全方位质量监管，在建项目履约进一步加强，8 个项目获国家优质工程金质奖，5 个项目获鲁班奖，13 个项目获国家优质工程奖。二是科技创新工作持续进步。实施创新型企业建设工程、研发平台建设工程、重大技术攻关工程、成果推广应用工程和体制机制创新工程，科技创新体系不断完善。子企业开展技术创新，加快创新成果转化应用，驱动产业转型升级，装备板块企业在空气动力学领域打开局面，承接汽车工程风动风机和地铁隧洞通风机项目。2016年，中国电建获省级创新型企业授牌 13 家，省级高新技术企业 57 家；14 项科技成果达国际领先水平，24 项科技成果达国际先进水平。

【党建工作】 2016 年，中国电建党委及各级党组织坚持党要管党、从严治党，开展"两学一做"学习教育，发挥政治核心作用，融入中心、服务大局，为公司改革发展稳定提供了坚强政治保障。

"两学一做"学习教育扎实开展。高标准、严要求做好顶层设计，加强落实督导，各级党组织负责人讲党课 3936 次，覆盖基层党员 182 879 人次，打牢学的基础，扎实做的关键，立起"四讲四有"标准，强化了党性意识，增强了理想信念，提振了干事创业的精气神。

"四个意识"进一步增强。学习贯彻党的十八大及历次全会精神、习近平总书记系列重要讲话精神，用党的最新理论统一思想、武装头脑、凝聚共识，进一步增强"四个意识"特别是核心意识和看齐意识，在思想上、政治上、行动上始终与以习近平同志为核心的党中央保持高度一致。

政治核心作用有效发挥。坚持"把方向、管大局、保落实"，参与"三重一大"决策，开展主题实践活动，依法合规推动党建工作与生产经营管理工作深度融合，党的政治核心作用、战斗堡垒作用和党员的先锋模范作用有效发挥。

干部队伍建设明显加强。以党的十八大以来选人用人新精神为指导，坚持"20 字"好干部选拔标准，落实"凡提四必""五个不准"和"三不上会"原则，规范选人用人工作，创新选人用人方式。坚持战略导向和问题导向相结合，着力"调结构、强功能"，全年对总部部门和子企业共 78 家单位领导班子进行了调整，聘（任）用和调整领导干部 260 人次，推动打造"政治强、业务精、懂专业、善治理、作风硬"的领导干部队伍。

党风建设和反腐败工作进一步加强。持之以恒落实中央八项规定精神，压实"两个责任"，严明政治纪律、政治规矩；加大问题线索查办力度，严格执纪问责。加强巡视工作，突出政治巡视，全年对 32 家子企业开展了内部巡视，完成 20 家子企业巡视整改工作，对 5 家子企业巡视整改"回头看"，对 4 家子企业开展了延伸巡视。

党建科学化水平进一步提升。制定了《关于新形势下加强和改进基层党的组织建设的意见》，为基层党组织明确了努力方向。重视海外党组织建设，卡西姆项目联合党工委的成功做法得到中组部、国务院国资委党委的肯定和推广。加强基层党组织负责人和党务工作者培训，增强"不忘初心、继续前进"的思想共识和行动自觉。

新闻宣传和群团工作成效显著。宣贯中国电建核心价值理念，强化特色企业文化。围绕"一带一路"等热点加强新闻宣传，讲好电建故事，创造良好外部环境。加强党对群团工作的领导，支持群团组织为提质增效、创新发展工作建功立业，在深化改革、维护稳定中发挥作用。落实扶贫帮困工作，加强维稳信访，妥善解决职工群众反映强烈的突出问题，确保企业稳定发展。

【国际合作】 2016 年 3 月 10 日，中国电建国际业务整合，海外事业部与水电国际公司、水电顾问国际公司重组为海外事业部/电建国际公司，实行"两块牌子，一套人马"，标志着中国电建国际业务经营及管控模式进入了一个新的时期。海外事业部/电建国际公司承担着国际业务集团化建设的总部和核心企业的双重职能，肩负着引领集团子企业发展国际业务的重任。

2016年，中国电建对外承包工程业务完成营业收入742.53亿人民币，同比增长7.49%，占年度完成营业额的22.87%；新签合同额1800.47亿人民币，同比增长7.11%，占年度境内外新签合同额的35.2%。

中国电建62家子企业在91个国家执行工程总承包或施工承包类项目合同1331项，在建项目合同总金额7525.24亿元。境外中国员工30 551名，雇佣项目所在国员工68 131名，第三国员工8166名。

在2016年《财富》世界500强企业中排名第200位，较2015年提升53位。2016年，在ENR全球设计企业150强和ENR全球承包商250强排名中，分别位列第2位和第6位，在电力建设领域均位列中资企业第一；在国际工程设计公司225强、国际工程承包商250强中分列第27位和第11位，在上榜中资企业中分别排名第1位和第2位，两项排名在电力行业领域均位列全球第一。

国际管控 改革集团国际业务管控模式，发挥管控和引领作用，强化集团化管理。国际业务重组整合体制优势逐步显现，海外营销和管理制度体系不断健全，区域总部"五个中心"（即市场统筹与营销中心、风险防范与履约监管中心、资源协调与信息中心、能力建设与社会责任中心、海外党建中心）作用明显。编制完成国际业务"十三五"规划。

国际经营 海外市场营销规模和效益不断提升，海外业务集团化营销体系初步形成，海外投资有序开展，重点项目顺利推进，重点国别和区域市场取得突破。强化合规建设，注重风险防范。国际经营逐步形成了统一战略规划、统一品牌管理、统一市场布局和营销、统一履约监管、统一风险防范的集团化管控体系。

国际履约 建立了营销履约动态简报制度，畅通信息管道。对在建项目进行梳理，制定"双重"项目动态清单，就项目管理机构、经营状况、履约能力、分包管理等要素进行系统检查，实行动态管理和监控，逐步改变重营销、轻履约、轻管理现状，提升履约和国际业务管理水平。

国际商务 加强与相关国家部委、主管单位和各行业协会的对接，海外事业部代表中国电建组织并参加中澳经济高峰论坛预备会、第七届国际基础设施投资与建设高峰论坛、国际大坝委员会第84届年会、第五届中国-阿拉伯国家能源合作大会、第11届中韩高层财经界对话会、中国企业家年会、G20能源部长会议、发展中国家水利经济部长研讨班访问会等各类重要国际会议和交流活动。组织了亚非青年代表团、南美INCAE商学院、科摩罗电力代表团访问接待工作，加强业务推广和市场开发，进一步密切和强化与战略合作伙伴的合作关系。

发挥中国电建外事局职能，全面改造、优化了中国电建"外事管理系统"，实现了信息化、集团化管理。2016年完成出国（境）团组审批和手续10 320批，涉及出国（境）人数25 977人；完成邀请外国人来华团组审批及手续649批，1529人次；办理APEC商旅卡55张；办理公证、认证14 040份；订购与报销人员机票2258人次。

国际重大投融资项目 截至2016年底，中国电建在境外8个国家实施投资项目共计16个，其中正式投产运营项目6个（1个建材项目、2个水电项目、1个矿产项目、2个并购项目），在建的投资项目10个（3个水电项目、1个矿产资源项目、3个火电项目、1个风电项目、2条铁路项目），项目大多分布在亚洲地区。

截至2016年底，电建集团境外运营及在建投资项目本年度完成投资总额87.08亿元，历年累计完成投资额241.14亿元。其中已投产运营项目本年度完成投资额为1496.98万元，历年累计完成投资额为54.28亿元；在建项目本年度完成投资额86.93亿元，历年累计完成投资额为186.86亿元。

驻外机构 截至2016年底，中国电建在102个国家设有243个驻外机构。其中电建股份在100个国家设有213个驻外机构（统计数据包括股份公司、水电国际、水电顾问、顾问国际、海投、设计院、工程局、基础局、路桥在内）。

按地域划分：大洋洲3个国家5个驻外机构，非洲37个国家70个驻外机构，美洲17国家34个驻外机构；欧洲9个国家14驻外机构，亚洲36个国家120个驻外机构。

按机构性质划分：91个代表处、53个分公司、62个全资子公司、32个控股公司、5个参股公司。

【科技发展与创新】 2016年，中国电建建立和完善技术创新机制，加大研究开发投入，提高自主创新能力。加快高新技术开发和传统产业改造，突破产业和行业关键技术，增加技术创新储备。强化知识产权意识，实施知识产权战略，实现技术创新与知识产权的良性互动，形成一批拥有自主知识产权的核心技术和知名品牌，发挥对产业升级、结构优化的带动作用。2016年获得国家级科技进步奖1项，省部级科技进步奖 208 项，其中中国电建参与完成的"高混凝土坝结构安全关键技术研究与实践"荣获 2016 年国家科学技术进步奖二等奖；各省市自治区科学技术奖 20 项；中施企协科学技术奖 49 项；电力建设协会科学技术奖 85 项。中国水力发电工程学会科学技术奖 30 项。

（冯有维）

中国能源建设集团有限公司

【公司概况】　中国能源建设集团有限公司（简称中国能建）是经国务院批准成立、由国务院国有资产监督管理委员会履行出资人职责的国有独资公司，成立于 2011 年 9 月 29 日，是集电力和能源规划咨询、勘测设计、工程承包、装备制造、投资运营等于一体的国内领先、国际先进的特大型能源建设企业，是世界 500 强企业和中央企业负责人经营业绩考核 A 级企业。

2016 年，全年新签合同额同比增长 17.98%，完成营业收入同比增长 7.96%，实现利润总额同比增长 15.00%，实现净利润同比增长 18.22%，资产负债率比年初下降 2.74 个百分点；资产总额突破 3000 亿元，比年初增长 13.01%；所有者权益比年初增长 26.49%。2016 年，中国能建位列"世界 500 强"榜单第 309 位，在国务院国资委年度经营业绩考核中连续三年被评为 A 级企业，排名第 32 位，在领导班子三年任期考核中被评为"业绩优秀企业"，排名第 21 位。

【领导班子】

董事长、党委书记，股份公司董事长、党委书记：汪建平

董事、总经理、党委副书记，股份公司总经理、副董事长、党委副书记：丁焰章

党委副书记，股份公司党委副书记、董事、副总经理：张羡崇

党委常委，股份公司党委常委、副总经理：赵洁、聂凯、吴春利、于刚、周厚贵、兰春杰

党委常委、纪委书记，股份公司党委常委、纪委书记：李子勇

党委常委，股份公司党委常委、总会计师：陈关中

【组织机构】　见 2016 年中国能建组织机构图。

【企业战略】　中国能建肩负"世界能源，中国能建"组织使命，秉承"行业领先，世界一流"的战略愿景，以打造"两型两化"（科技型、管理型，国际化、多元化）、具有国际竞争力的工程公司为主要目标，全面实施转型升级、国际化、多元化、资源优化、和谐发展五大总体战略，不断促进企业转型升级、产业结构调整、竞争能力提升。

2016 年，中国能建以中长期战略发展规划为引领，推动企业保持了持续健康发展的良好态势。一是谋划了新形势下的发展战略。编制发布了中国能建"十三五"发展战略规划、2016～2018 年三年滚动发展规划以及科技、信息、投资等专项规划，统一思想，凝聚共识，引领了企业改革发展。二是强化了战略布局。完成了投资分公司转制和财务公司股权调整工作，成立了科技发展公司、融资租赁公司、电子商务公司，打造金融平台实现以融促产，加快培育环保、水务、市政、交通等领域投资，实现投资拉动工程产业发展，进一步完善了企业功能，优化了内部资源配置，培育了发展新动能。三是加强了战略管控。督促和指导各级企业根据自身定位、特点优势，编制发展战略规划。发挥集而成团优势，通过加强内部合作协同，实现差异化发展。四是加强了战略合作。发挥高端经营优势，开展与政府、企业、金融机构、行业协会和对外商会的高层对接，推动战略合作协议落地，为所属企业加快发展创造了条件。

【体制改革】　一是开展企业"压减"工作。根据《关于中央企业开展压缩管理层级减少法人户数工作的通知》（国资发改革〔2016〕135 号）精神，启动压缩企业管理层级、减少法人户数工作。二是推进"僵尸企业"处置及特困企业专项治理工作。先后完成改革工作体制机制的建立工作、总体工作方案的上报下发工作、各单位工作目标和进度安排的核定工作、专项考核机制的建立工作、各单位具体实施方案的审核批复工作、内部配套政策的研究制定下发工作。三是实施厂办大集体企业改革工作，减轻国有主体企业的负担，为其下一步改革发展提供了前提条件。四是继续推进亏损企业专项治理工作。完成了 2015 年亏损企业专项治理工作目标的专项考核，持续推进了 2016 年亏损企业专项治理工作，起草下发通知文件，调整了部分企业工作目标，进一步强调了有关工作要求，督导新增亏损企业拟订专项治理方案并进行了审核批复。五是规范强化公司所属组织机构基本信息及设置管理工作。建立公司所属各级次组织机构（含法人单位和分支机构）基本信息计算机管理系统，收集录入

中国能源建设集团有限公司

职能部门
- 办公厅（党委办公室）
- 人力资源部
- 资产财务部
- 纪检监察部
- 党群工作部

事业单位
- 电力规划设计总院
- 电力规划设计总院有限公司

子公司
- 中国能源建设集团资产管理中心
- 中国葛洲坝集团资产管理中心
- 葛洲坝（北京）投资有限公司

分公司
- 中国能源建设集团有限公司工程研究院

中国能源建设股份有限公司

职能部门
- 办公厅（党委办公室）
- 战略与投资部
- 人力资源部
- 财务与产权部（资金中心）
- 企业管理部
- 市场开发部
- 国际业务部（国外事务办公室）
- 安全质量环保部（生产管理部）
- 科技信息部（信息管理部）
- 证券部（董事会办公室）
- 法律事务部
- 审计部（监事会办公室）
- 监察部（纪检监察部）
- 文化部（党群工作办公室）
- 机关党委（直属工会）

子公司
- 中国葛洲坝集团有限公司
- 中国电力工程顾问集团有限公司
- 中国能源建设集团装备有限公司
- 中国能源建设集团香港有限公司
- 中科能源发展建设集团有限公司
- 中财能源建设集团财务有限公司
- 中投能源建设集团投资有限公司
- 中融能源建设集团租赁有限公司
- 14家省设计企业
- 18家省工程企业

分公司
- 中国能源建设股份有限公司国际分公司

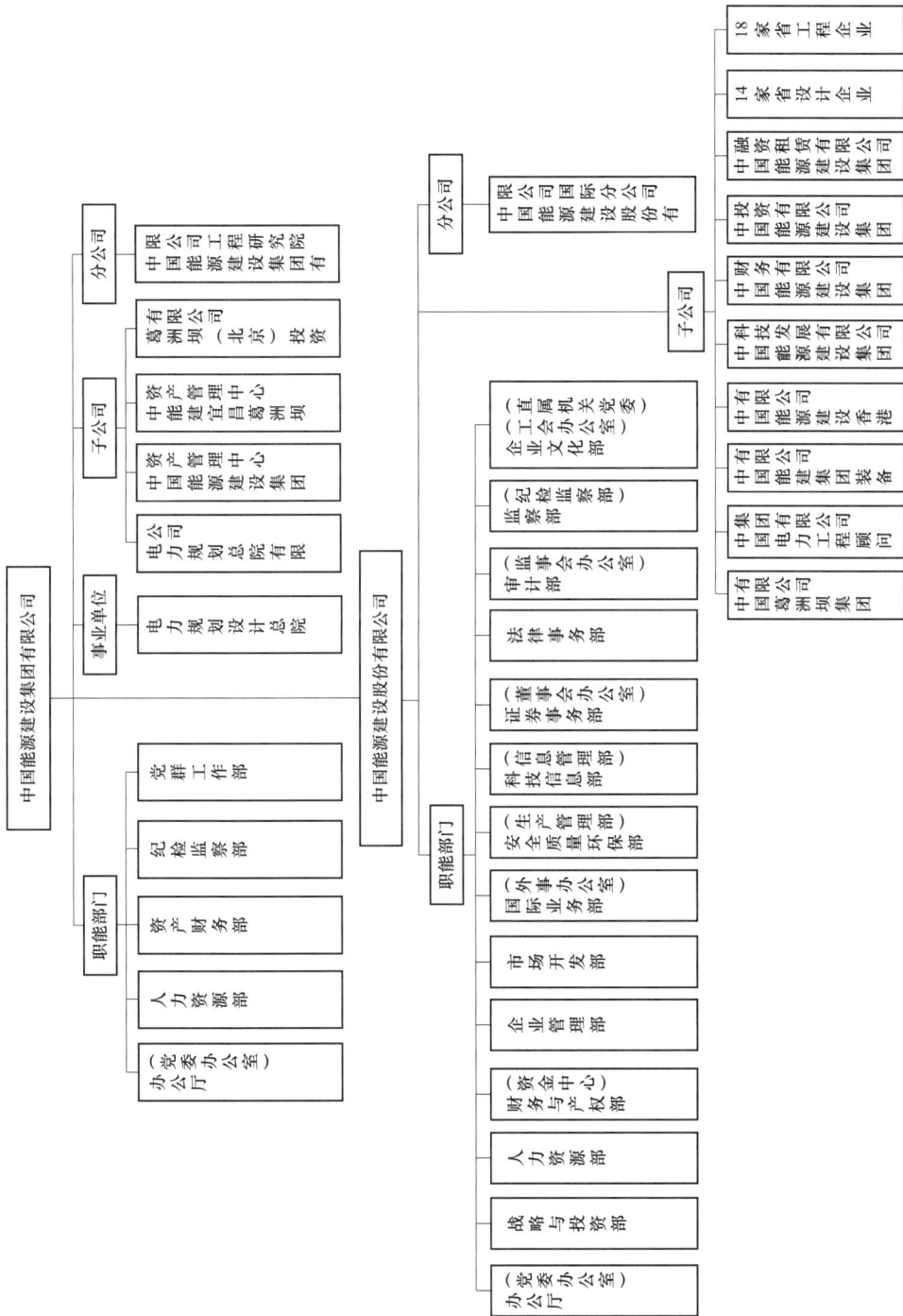

2016年中国能建组织机构图

了各机构工商登记、股权结构、资产状况、财务状况、经营状况等信息数据，制定了各单位组织机构基本信息动态管理与及时变更维护的工作机制。六是修订完善了公司法人单位和分支机构管理办法。进一步规范严格了审批程序，为中国能建开展"压减"工作、实时掌控组织机构运行状况、提高企业精细化管理奠定了基础。七是研究促进公司内部业务资源整合工作。整合中国能建内部相关业务资源，推进中国能建业务转型升级，增强中国能建整体效应与功能，提高中国能建市场竞争能力。八是剥离企业办社会职能和解决历史遗留问题。加快推进分离移交"三供一业"工作，完成所属企业分离移交实施方案和分离移交工作报告的上报审核工作。摸底清查了中国能建所属企业办教育与办医疗机构情况，开展了培训疗养机构专项核查和改革方案制订工作，摸底调查了所属单位工会办企业情况。

【安全管理】 2016年，中国能建以"抓重点、树典型、求实效、强管理、防风险"为导向，以责任制落实为主线，重点开展了责任制体系建设、隐患排查、教育培训、专项整治、标准化建设等工作。一是健全安全生产责任体系。与所属39家单位签订了2016年安全生产责任书；修订印发了《安全生产考核评比办法》；编制发布了企业主要负责人、项目经理、安全员、危险作业人员安全生产工作"明白卡"。二是开展安全生产大检查。开展了30余次安全专项检查和领导带队的安全大检查，检查发现隐患1600余项，均已整改到位。三是开展培训教育。举办一期应急管理视频培训班，公司及所属单位领导、高管、部门负责人等共计2490人参加培训。举办一期安全风险管理培训班，各单位安全总监、安全管理部门负责人共计95人参加培训。四是开展安全专项活动。开展了六月份"安全生产月"活动，深入开展了分包队伍生产安全专项整治活动。五是推进安全生产标准化建设，召开了一次安全生产标准化建设现场经验交流会，组织开展了安全生产标准化企业达标验收，编制发布了《在建项目安全文明施工导引》。六是抓好应急管理工作。印发了2016年应急工作要点，对中国能建发布的《突发事件总体应急预案》及各专项预案汇编成册。

【节能减排】 2016年，中国能建落实责任，严格考核，签订责任书，将节能减排工作完成情况与所属企业主要负责人的绩效薪酬挂钩；继续推进开展绿色施工示范工程创建活动，江苏电建三公司承建的国电泰州二期2×1000MW二次再热燃煤发电机组工程体现高效节能、安全环保，废水处理综合利用均实现了"零排放"；粉煤灰、石膏实现100%综合利用，脱硫、脱硝设施与主机同步投运，被中国建筑业协会授予

"第四批全国建筑业绿色施工示范工程"称号。组织开展投资项目环保专项检查和污水处理专项检查，促进企业依法合规生产；倡导企业开展节能环保新兴业务，依托葛洲坝投资、葛洲坝水泥、葛洲坝能源重工及绿园科技四家子企业联动效应，打造"大环保"新业务，开展分布式能源、水务、固废等环保新型业务；继续推进行业节能减排技术应用，在电力工程规划、设计、咨询、施工、调试服务中，发挥技术研发优势，推进高效发电、热电联产、余热余压利用、新能源、可再生能源、垃圾发电、分布式能源、智能电网等节能技术、设备的研发和应用，为行业和社会提供了优质的节能减排服务；受国家能源局的委托，中国能建所属电力规划总院开展了燃煤电厂耦合生物质发电技术研究、"十三五"全国电力系统调节能力提升工程、650℃超超临界燃煤发电技术可行性研究、华电江苏句容电厂二期2×1000MW机组工程环保专题、智能电网工程评审等节能减排高端咨询、技术研究、规划、评审等工作，推进了电力行业的节能减排技术应用。

2016年，未发生环境保护和节能减排违法、违规事件；能源消费总量382万t标准煤；万元营业收入能耗（可比价）同比下降3.2%；二氧化硫、化学需氧量、氮氧化物和氨氮排放总量分别同比下降25.6%、16.6%、11.7%和18.1%。

【科技发展与创新】 2016年，中国能建落实"十三五"科技发展规划，以提高自主创新能力和核心竞争力为目标，围绕电力规划、勘测设计、工程建设、装备制造等业务开展科研攻关，在清洁能源、智能电网、高端装备等领域取得了一批具有自主知识产权的关键技术，支撑了相关业务发展。完善科技创新体系，升级科研平台，成立了科技发展公司，作为中国能建专业化、集约化的科技研发和成果转化的实体，推进中国能建科技创新与转型升级；新增省级企业技术中心3家，高新技术企业11家，形成了以院士专家工作站、5个博士后科研工作站、2个国家级和40个省级研究机构为主体的技术研发体系，高新技术企业达到61家。

2016年，中国能建所属单位共获得国家级科技奖1项，省部和行业级科技进步奖126项，中电联科技奖9项。其中，"高混凝土坝结构安全关键技术研究与实践"成果获国家科技进步二等奖，"大型燃煤电站大气污染物近零排放技术研究及工程应用"等3项成果获中国电力科学技术奖一等奖，"重大工程建筑材料生态设计、制备与应用关键技术"成果获湖北省科技进步一等奖，"660MW级二次再热机组控制研究"等4项成果获电力建设科学技术奖一等奖，"强震区高拱坝施工关键技术研究与应用"获中国施工企

业协会科技进步特等奖，"新一代 1000MW 高效一次再热超超临界机组（28MPa/600℃/620℃）研发及工程应用"等 6 项成果获中国施工企业协会科技进步一等奖。

开展协同创新，通过科研协同促进成果共享，减少了重复投入、重复研究；推动科技成果转化，一批成果在工程中转化应用，取得了良好的经济效益和社会效益，促进了企业转型升级。完成了国家科技重大专项"大型先进压水堆核电站 CAP1400"两个子课题，其中"AP 系列核Ⅰ、Ⅱ级大口径厚壁不锈钢合金钢弯管成型工艺研发"形成了具有自主知识产权的弯管制作工艺和设备，为中国 CAP1400 管道及特殊部件制作和取代美国锻造压制弯头提供了技术保障，已应用在浙江三门核电站两台机组和山东海阳核电站两台机组主蒸汽弯管中；"AP 系列三代核电站用核级电动装置的研发"项目研制出具备鉴定试验条件的样机 2 台，并通过了核电站最严苛设计基准事故 LOCA 鉴定试验。

【信息化建设】 一是发布"十三五"信息化规划。发布了中国能建"十三五"信息化规划，提出了"数字能建，信息互联"的信息化愿景。规划要求发挥数据在生产经营及决策支持中的价值，实现"数字能建"，要求业务的在线化和数字化，推进集成和共享，实现"信息互联"。二是推进公司运营平台建设。完成了人力资源系统的验收，系统功能涵盖了组织机构管理、人员管理、劳动合同管理、干部管理、薪酬福利管理、培训管理、招聘管理、绩效管理、考勤管理、统计报表、云自助等模块。三是继续深化主营业务应用。发电数字化设计基本上实现了异地协同，从布置设计、三维模型管理，正扩展到主冷却系统设计、电缆敷设设计。技经提资及工程量数据库已广泛应用到工程各阶段。在变电数字化设计方面，从三维模型设计到真正实现三维布置设计，具备了在电网变电工程进行三维数字化设计的能力，设计阶段覆盖投标、初设、施工图各阶段，探索实践多专业协同设计。在输电线路数字化设计方面，构建勘测、设计多专业协同平台，实现工程数据管理及施工图设计。为推动材料管理在设计、施工中的贯通，组织相关企业召交流了 EPC 项目中的材料管理、EPC 项目数字化移交以及基于云架构的数字化设计体系。计划组织 EPC 材料管控系统科技项目的建设，集中研讨工程材料编码体系及工程材料主数据库的建设，并将研究成果在众筹单位中共享和推广应用。四是开展互联网及云计算应用。探索云架构及业务系统云化能力，首先用互联网基因的阿里云邮箱取代了中国能建原邮箱，提高了安全水平及防垃圾邮件能力。邮箱对全中国能建所属企业开放。基于网站群互联网访问的特点，将中国能建网站群进行了适宜于云部署的数据库改造，并部署到阿里云，进一步推进了云计算应用。

【国际合作与交流】 2016 年，中国能建国际业务新签合同同比增长 7.89%，全年共在 65 个国家和地区实现项目签约，项目遍布亚洲、非洲、欧洲、美洲及其他地区，其中，亚洲、非洲区域占比较大，亚洲地区签约占比 62.07%、非洲地区签约占比 28.26%。2016 年，在"一带一路"沿线国家签约项目 329 个，签约金额占中国能建全部签约总额的 66.25%。其中，在伊朗、越南、印尼、孟加拉国和巴基斯坦等重点国家的项目签约金额较大。

【党建工作】 一是学习宣贯两个重要会议精神，从严治党方向进一步明确。中国能建党委部署了"分层次组织学习，分阶段抓好宣传"十八届六中全会和全国国有企业党的建设工作会议精神，做到"五个落实"。对党建工作进行全面梳理，研究提出《党建行动计划清单》，内容包括党建工作要求纳入公司章程、完善议事决策机制等 16 大类 70 项任务，明确了工作目标、责任单位、时间节点，为系统再造党建工作新格局奠定了坚实基础。

二是推进"两学一做"，思想建设层次得到提升。召开专题组织生活会的党支部达到 2154 个，参加民主评议的党员达到 52 961 人，做到了在职党支部、党员全覆盖。通过落实"基础在学，关键在做"，牢固树立"四个意识"，把"学"落在实处，让"做"取得实效。

三是聚焦组织建设，党建"地基"明显夯实。做好中国能建首次党代会筹备和规范基层党代会、换届选举。完成在京企业党员组织关系集中排查、基层党组织按期换届情况排查；筹备召开领导班子"增强'四个意识'严守政治纪律政治规矩"专题民主生活会；全面梳理中国能建党建制度，完成党建总体要求进集团章程工作，修订印发《中国能建党费收缴、使用和管理办法》。注重党建创新发展，葛洲坝国际公司党委获评中央企业首届优秀基层党组织"十大标杆"。推进党群工作信息化建设，搭建"五大平台"，实现"两性两化"。

四是突出重点，劳模工程建设体现作为。组织开展中国能建首次优秀高技能人才认定工作，表彰优秀高技能人才 50 名。举办中国能建首次"一带一路"国际商务大赛，前 3 名选手被授予"中央企业技术能手""中央企业青年岗位能手"称号，选拔了一批国际商务精英。举办中国能建首次焊接技能大赛，组队参加第四届"嘉克杯"国际焊接技能大赛、第四届全国吊装技能竞赛，取得了行业第一等优异成绩。推举技术工人周军当选第十三届"全国技术能手"，推举的 7 名技术工人当选 2015～2016 年度"电力行业技术能手"，推荐的贾向东、陈远春被列为中宣部、全总组织的"大国工匠"专栏重大宣传典型。

五是点面结合，职工队伍建设得到加强。组织开展标杆班组评选表彰工作，评选标杆班组及班组长10个，先进班组100个。组织参加第八届全国电力职工技术成果奖评选，获一等奖1项、二等奖4项、三等奖13项。举办中国能建第二届"能建杯"葛洲坝篮球邀请赛。开展"最美项目部""萌宝秀"等活动，通过微信平台进行展示，推动改善一线职工生产生活条件，体现人文关怀。做细做实慰问帮扶工作，开展劳模、老党员、困难职工节日慰问活动。组建青年工作组和所属企业团青协作组，举办中国能建首次团委书记培训班。

【企业文化建设】 一是确定了"核心理念和行为准则"，为企业文化建设提供了根本遵循。包括：组织使命（世界能源 中国能建）、战略远景（行业领先 世界一流）、核心价值观（"两善"价值观：能者善为 建则善成）、企业精神（"两致"精神：共赢致和 行稳致远）、企业宗旨（"两精"宗旨：精益创造价值 精品引领未来）、企业作风（"两有"作风：携手开拓有胸怀 理性务实有效率）、经营理念（"两为"理念：诚信为先 品质为本）以及行为准则（"两同两创"准则：同心同向 创新创效）。

二是出台了《企业文化建设指导意见》，为中国能建开展企业文化建设铺设了基本路径。意见结合重组企业特点，突出强调"母子文化体系建设"、集团文化整合与内部"文化融合"的重要性。结合全面建设跨国公司的要求，突出强调"跨文化管理"。《意见》对中国能建企业文化建设上下联动、纵横协同、立体推进具有重要指导意义。

三是颁布《品牌视觉形象管理规范》，为规范化导入CI确定了企业标准。确定了"品牌四要素"（名称、标志、标准色、标准字），提出了"单一品牌架构＋主副品牌架构"的品牌谱系。完成了规范的修订，优化调整为29项基础系统和96项应用系统。统一推动、分步实施，各企业按计划开展品牌导入。

四是推进企业文化融合，为集团化建设提供软实力支持。注重通过内部协同、业务合作、资源共享、经验分享、人员交流等方式推动内部企业之间的文化融合。在生产经营中，发挥全产业链优势，组织业务链上各企业"以投资带动和融资驱动为先导，以规划设计为龙头，以项目管理为核心，以资源整合为保障"，推进协同经营。发挥中国能建文学艺术体育联合会等专业组织作用，加强各种文化社团的管理引导，开展丰富多彩的群众性文化活动，传播科学知识，弘扬传统文化，活跃职工生活，展示职工才华，满足职工精神文化需求。注重打造文化活动品牌，定

期举办两年一度的篮球赛、羽毛球赛等体育活动，不定期举行书法、摄影、文学、微视频大赛等活动，体现出"共赢致和，行稳致远"的企业精神。

五是开展跨文化管理，促进国际业务发展。尊重文化多元性、把握文化差异性、强化文化引领性，要求各企业在拓展海外业务时高度重视中外文化融合，开放务实地输出价值观，为企业公共关系搭起桥梁。力推海外项目员工属地化管理，重视和尊重东道国的宗教信仰、风俗习惯。举办了"一带一路"杯国际商务大赛，"以赛促训、赛训结合"，发现、培养和储备了一批国际商务优秀人才的同时，为跨文化管理锻炼出一支精英队伍。

（张 猛）

【中国电力工程顾问集团有限公司】

公司概况 中国电力工程顾问集团有限公司（简称中电工程），前身为中国电力工程顾问集团公司，于2002年底在原国家电力公司所属中国电力工程顾问（集团）有限公司基础上组建，现为中国能源建设集团（股份）有限公司的全资子公司。

领导班子

中国能建党委常委、股份公司副总经理、中电工程执行董事、总经理、党委书记：吴春利

党委常委、副总经理：李兵

党委常委、副总经理、总法律顾问（兼）：车洪林

党委常委、总工程师：李宝金

党委常委、副总经理：封静福（2016年3月4日任职）

党委常委、副总经理：薛丹峰（2016年3月4日任职）

组织机构 下属10家子公司，分别是东北电力设计院有限公司、华东电力设计院有限公司、中南电力设计院有限公司、西北电力设计院有限公司、西南电力设计院有限公司、华北电力设计院有限公司、中国电力建设工程咨询有限公司、中国电力工程顾问集团投资有限公司、中国电力工程顾问集团新能源有限公司、中国电力工程顾问集团国际工程有限公司。

企业战略及体制改革 战略规划。编制完成了《中国电力工程顾问集团有限公司中长期战略与"十三五"发展规划报告》。报告确定了中电工程以"全球能源、缔造未来"为使命，以"行业引领，国际一流"为愿景，以打造科技型、管理型、国际型、多元化、平台化、一体化，"三型、三化"世界一流跨国工程公司为战略发展目标，以资源优化、科技领先、创新驱动、国际优先、产融结合、适度多元、风险管控、文化凝聚八大战略部署统领全局，着重聚焦"十三五"发展规划的目标、策略与行动路径，对中电工

程的五大业务板块与十项重点职能建设做出了科学、全面、系统的规划。

体制改革。一是"三项改革"工作稳步推进。压缩企业管理层级与减少法人户数工作正在有条不紊实施，按计划完成了1家企业注销关闭。"三供一业"分离移交启动，通过摸底清查测算，制定了实施方案并已上报中国能建审批。完成"僵尸企业"处置和特困企业专项治理，各层级企业保持了全面盈利。二是组织体系和运行机制进一步健全。完善了国际市场开发组织架构和管理体系，指导、协调和服务各单位国际业务发展。建立健全了非电业务开发推进机制，提升集团化运作效率。进一步加强激励，鼓励创新，配合中国能建开展限制性股票授予工作。

投资并购。践行投资兴企战略，与各地区政府及有关单位签署了投资合同和合作协议26个，以"投资＋EPC总承包"方式签订了延安黄龙金家山等项目。全年实现新商业模式合同额136.65亿元，接近年度新签总承包合同的1/3，实际完成投资额22.9亿元，同比增长172.7％。投资的浙江海盐、湖南黄龙界头庙、汝城白云仙三个风电场全年发电量突破3亿度大关，实现电费收入1.58亿元，实现利润7136.6万元。

人力资源 截至2016年12月31日，共有职工9000余人，拥有国家级勘察设计大师12人，享受国务院政府特贴专家101人；拥有正高级专业技术职务人员共计1004人，拥有高级专业技术职务人员共计3521，拥有中级专业技术人员共计2108人；拥有大学本科及以上学历人员共计6208人，占全体职工比例68.8％，其中博士111人，硕士2827人，学士3270人。

生产经营 主要运营指标达到新高度。全年完成新签合同额465.13亿元，同比增长7.04％。其中：国内业务330.95亿元，同比增长3.76％；国际业务134.18亿元，同比增长16.09％。全年实现营业收入219.56亿元，同比降低5.33％；实现利润总额20.34亿元，同比增长8.02％。全年实现经济增加值（EVA）13.75亿元，同比增长8.35％，应收账款周转率3.62次。截至2016年底，中电工程资产总额326亿元，同比增长14.79％；所有者权益92.58亿元，同比增长9.21％。

市场开发工作实现新成效。一是传统勘察设计业务在逆势中保持稳定。签订了山东大唐东营发电厂超超临界新建工程等60万kW级及以上机组81台6400万kW。全国已投产100万kW级超超临界机组共94台，其中62台由中电工程设计，占比达到66％。核电方面，签订漳州核电厂1～4号机组工程常规岛设计和技术服务分包合同。签约或中标了锡盟—山东等

1000kV特高压交流、准东—皖南±1100kV特高压直流等送电工程15项，变电工程13项。二是总承包和新能源业务在持续发力中稳步发展。全年新签总承包合同额411.12亿元，占全部新签合同总额的88％，彰显了中电工程电力工程建设一体化服务平台的综合实力。全年新签新能源合同额71.53亿元，同比增长30.8％。三是国际业务在优先发展中得到巩固和提升。国际签约额连续3年跨过百亿大关。其中，在"一带一路"沿线17个国家实现签约合同额133.91亿元，占全年合同签约总额的29％，占全部国际业务合同额90％以上。四是投资业务在稳步推进中卓有成效。践行投资兴企战略，与各地区政府及有关单位签署了投资合同和合作协议26个，以"投资＋EPC总承包"方式签订了延安黄龙金家山等项目。全年实现新商业模式合同额136.65亿元，接近年度新签总承包合同的1/3，实际完成投资额22.9亿元，同比增长172.7％。五是非电业务在高端经营中积蓄发展后劲。中电工程着力推进市场经营和项目实施的属地化，并促进重点地区市场的联动、滚动开发效应，在综合能源供应、轨道交通、土地开发、综合管廊等项目开拓和储备方面取得明显成效。

安全管理 落实安全生产责任制，签订2016年度安全生产责任书。传达国资委、安监总局、国家能源局、中国能建等上级单位的重要文件精神并贯彻落实相关要求。开展安全生产制度建设，制定了2016年安全生产工作计划。进一步完善了安全生产责任制、安全生产检查和隐患排查、安全生产标准化建设、安全生产费用管理、应急预案和工程总承包项目HSE管理制度等各项制度。开展了安全生产应急管理提升、安全生产风险管理等各类安全生产教育和培训活动。开展了主题为"强化安全发展理念、提升全民安全素质"的"安全生产月"活动。开展了安全生产标准化建设工作。开展了对中电工程重点监控项目的安全生产大检查和分包队伍生产安全专项整治活动。开展了防汛抗洪安全检查专项行动、煤电超低排放和节能改造建设项目安全检查专项行动。开展了领导率队安全生产大检查活动，重点检查了15项在建工程总承包项目。7月汛期之后，开展了一系列的应急处置和救援工作，预防和减少了灾害和事故造成的人身和财产损失。开展了就安全生产工作和子企业党政负责人的约谈工作。年中和年底，开展了对各子企业的安全生产考核工作，并根据考核情况对子企业安全生产工作提出了意见和建议。

节能减排 2016年，中电工程完成了环境保护和节能减排工作目标：未发生较大及以上环境责任事件；未发生对企业正常生产经营活动有较大影响的环境保护和节能减排违法、违规事件；严格按照中国能

建下达的 2016 年节能减排指标进行过程控制；未发生环境污染事故，三废排放控制满足相关标准要求，固体废物处置及时率 100%。

2016 年中电工程逐级签订了节能减排责任书，召开了环境保护和节能减排工作会；开展了 2016 年"六·五"世界环境日活动和全国节能宣传周活动；开展了重点监控工程总承包项目现场环境保护和节能减排专项检查工作，对检查情况进行通报并督促整改闭环。

科技创新 2016 年，中电工程完成了国家支撑计划项目"二次再热机组热力系统优化与集成"和国际科技合作计划项目"中美二氧化碳捕集与封存技术的联合研究"的研究工作，以及 53 项中电工程重点科研项目。编制完成了《发电工程数据移交》《智能变电站多功能保护测控一体化装置通用技术条件》《地热电站接入电力系统技术规定》等 3 项国家标准和《火力发电厂石灰石-石膏湿法烟气脱硫系统设计规程》《电力通信超长站距光传输工程设计技术规程》等 16 项行业标准；编制完成中电工程企业标准 3 项，发布科技成果 30 项。

2016 年，中电工程共获得省部级及以上科技奖 61 项；其中，"600MW 超临界流化床锅炉技术开发与工程示范"和"250MW 级整体煤气化联合循环发电（IGCC）关键技术及工程应用"等 6 个项目获 2015 年度中国电力科学技术奖；"大型燃煤电站大气污染物近零度排放技术研究及工程应用"和"燃煤电站烟气协同治理关键技术研究及集群化工程应用"等 6 个项目获 2016 年度中国电力科学技术奖；"智能输电线路技术研究及导则"等 17 个项目获中国能建科技进步奖。

2016 年，中电工程新申请专利 230 项，其中发明专利 69 项；获得专利授权 238 项，其中发明专利 102 项；共持有专利 1481 项，其中发明专利 231 项。新增专有技术 46 项，共持有专有技术 142 项。

信息化建设 2016 年，中电工程持续加大信息化投入，全年共投入信息化建设费用 14 800 万元，新增软件著作权 35 项，《上海华电奉贤南桥新城能源中心工程数字化设计应用》获第二届中国电力工程数字化设计大赛（EIM）发电工程组大赛第一名。信息化建设取得了新的成绩。

在企业管理信息化方面，中电工程不断完善企业综合管理信息平台，实现了企业管理和设计管理各职能全覆盖；融合知识管理的数字化档案馆建设初见成效。

在主营业务信息化方面，一是继续深化以系统设计和三维布置设计为主线的发电设计集成平台的应用；二是深入建设以三维为核心的送变电集成设计平台、一体化勘测平台；三是在新能源领域引入信息化工具，不断提升中电工程在风电、太阳能光伏、太阳能光热等领域的设计能力；四是建设和深化应用多项目 EPC 综合管控平台，进一步提升中电工程总承包项目的精细化管理水平。

国际业务 2016 年，中电工程国际业务实现新签合同 54 项，累计合同额人民币 134.18 亿元。

党建工作、工会工作和职工队伍建设 党的建设。一是学习党的十八大、十八届三中、四中、五中、六中全会精神和习近平总书记系列重要讲话精神，特别是习总书记在全国国有企业党的建设工作会议上重要讲话精神。二是组织开展"两学一做"学习教育工作，将从严治党落到实处。三是加强党委中心组理论学习，年初制订计划，结合实际开展学习，2016 年组织召开了 3 次"两学一做"学习教育理论学习会。四是落实党风廉政建设"两个责任"，开展反腐倡廉教育，重点抓好各级领导干部作风建设教育和廉洁从业教育。五是加强党员干部培训。中电工程所属各单位党委共组织党支部书记培训 17 次，共计参加 582 人次。六是开展基层党组织换届情况专项检查、党组织关系专项排查工作。七是开展党费专项核查工作，主动补缴党费 2000 余万元。八是加强党员思想教育。中电工程各级党组织开展思想状况调研活动，了解思想动态，掌握思想脉搏，有针对性地开展党员思想教育工作。组织纪念建党 95 周年系列活动，组织党支部书记及近三年入党党员参观西柏坡等革命圣地，重温入党誓词，坚定党员理想信念。

精神文明建设。共开展 31 期"道德讲堂"活动。通过身边人讲身边事，学习身边看得见、学得到的模范及善举，激发了全体职工爱岗敬业、无私奉献的工作热情。组织开展了中国能建文明单位标兵和 2014～2015 年度中国能建文明单位评选工作，中电工程总部和所属单位共 8 家单位获得中国能建文明单位称号，其中有 7 家单位获得中国能建文明单位标兵称号。

工会工作及职工队伍建设总体情况。一是开展广泛劳动竞赛、技能大赛，服务企业生产中心。协助中国能建组织开展"一带一路"杯国际商务大赛；西北院 5 个劳动竞赛项目组和 20 人获得西北电力系统劳动竞赛先进集体和先进个人称号；华东院获 2016 年（第八届）全国电力职工技术成果奖一、二等奖各一项；中南院工会获全省工会工作创优争先考核"先进单位"。二是加强班组建设。2 个班组获得中国能建"标杆班组"称号，10 个班组获得中国能建"先进班组"称号。东北院 2 个集体获 2016 年长春市总工会"五型班组"荣誉称号。三是以劳模工程为抓手，发挥典型模范的引领作用，带动职工队伍建设；组织开展了 2015～2016 年度劳动模范和先进集体评选活动。

四是认真执行以职工代表大会为基本形式的民主管理制度。总部和各子企业共召开职代会 8 次，职代组长联席会议 23 次；共征集职工提案 290 项，全部得到处理。五是开展丰富多彩的文体活动。举办了第五届"开拓杯"职工乒乓球比赛、"中国梦、中电情"职工摄影展；组织参加了第二届"能建杯"篮球邀请赛，并取得了第三名的好成绩。

文化建设 启动品牌视觉系统规范工作，初步形成中电工程品牌视觉形象管理规范体系。开展第四届"十佳创新之星"评选活动，营造"尊重知识、尊重人才、尊重创新"的文化氛围。制定了《中电工程对外捐赠管理暂行办法》，进一步规范中电工程对外捐赠工作。向扶贫点镇巴县仁村镇捐款 50 万元。认真做好共青团相关工作。中电工程各级团组织坚持推进传统的五四红旗、青年突击队、青年文明号、青年志愿者服务等品牌创建工作。各单位团委也加大创新力度，开创自己独特的品牌活动，提高了团组织的活力，增强了团的阵地建设。

主要事件

3 月 3 日，沙特工商部批复了中南院关于成立沙特子公司的申请并颁发营业执照。

3 月 27 日，中电工程投资建设的越南海阳燃煤电厂举行奠基仪式。

5 月 31 日，由西北院和天津电建联合体 EPC 总承包巴基斯坦中电胡布 2×66 万 kW 超临界燃煤电站 EPC 总承包合同签约仪式在北京举行。

5 月，中电工程 82 个项目获电力行业"四优"奖，其中一等奖 35 项、二等奖 24 项、三等奖 23 项。

7 月 3 日 10 时，华北院参与建设的全球最大的 500m 口径球面射电天文望远镜（英文简称 FAST）工程完工。

8 月 16 日，华东院承担总体勘测设计的世界首个 GIL 管廊工程——"淮南—南京—上海 1000kV 特高压输变电工程苏通 GIL 综合管廊工程"开工建设。

10 月 24 日，华东院承担常规岛设计的福建福清核电厂 3 号机组通过 168h 试运行，具备商业运行条件。

10 月 27 日，中电工程所属东北院、华东院、中南院、西北院、西南院确定中标陕北—湖北 ±800kV 特高压直流输电工程勘察设计项目。

11 月 9 日，由西北院牵头设计，东北院、中南院参与设计的伊犁—库车 750kV 线路工程成功带电运行。

11 月 10 日，第十六届全国追求卓越大会宣布中电工程六大院参与设计的"向家坝—上海 ±800kV 特高压直流输电示范工程"获得全国质量奖卓越项目奖。

11 月 15 日，2016 年中国电机工程学学会宣布全国工程勘察设计大师、华东院总工程师陈仁杰荣获中国电力科学技术杰出贡献奖。

11 月，中电工程 103 项成果荣获 2016 年度全国优秀工程咨询成果奖，其中一等奖 32 项，二等奖 32 项，三等奖 39 项。

12 月 2 日，中国施工企业管理协会 2016～2017 年度第一批国家优质工程奖评选揭晓。中电工程 4 个项目荣获"国家优质工程金质奖"，10 个项目荣获"国家优质工程奖"。

12 月 11 日，华北院参与设计的国家风光储输示范工程荣获第四届中国工业大奖。

12 月 16 日，中电工程投资的哈密熔盐塔式 5 万 kW 光热发电项目启动仪式在哈密市举办。

12 月 28 日，由华东院承担常规岛设计的巴基斯坦恰希玛 C3C4 核电项目 C3 机组通过临时验收。

【中国葛洲坝集团股份有限公司】

企业概况 中国葛洲坝集团股份有限公司（简称葛洲坝集团）前身是 1970 年为兴建葛洲坝水利枢纽而组建的 330 工程局。目前，是一家集投资、建筑、环保、房地产、水泥、民爆、装备制造、金融等八大主营业务为一体、具有国际竞争力的跨国经营集团。

2016 年，葛洲坝集团年投资能力达到 1000 亿元，围绕环保、公路、水务、能源、停车场等领域加大投资力度，培育了新的经济增长点；拓展 PPP 业务，PPP 业务年投资能力达到 2000 亿元；被业界评为 PPP 业务、环保业务和"一带一路"的领军企业。设计房地产"5G"科技产品体系，成为高端地产的引领者，获评"中国房地产公司品牌价值十强"称号；坚持"水泥行业的环保领跑者"发展思路，实现了水泥生产和固废处理的协调发展、快速扩张，综合实力居中国水泥上市公司第 4 位；适应民爆行业环境变化，调整发展思路，民爆产能及综合实力雄踞行业三甲。推进环保产业园和高端装备制造产业园投资建设，启动了多个年产值达 100 亿元的产业园项目。

截至 2016 年底，葛洲坝集团资产总额 1512 亿元，年营业收入 1002 亿元，位列"250 家国际承包商"和"250 家全球承包商"第 45 位和 31 位。

领导班子

董事长、党委常委：聂凯

党委书记、副总经理、董事，纪委书记、工会主席（至 2016 年 3 月）：付俊雄

党委常委、总经理、董事：和建生

党委常委、总会计师：崔大桥

党委常委、副总经理，工会主席（2016 年 3 月任）：周力争

党委常委、副总经理、总工程师（至 2016 年 9

月）：江小兵

党委常委、董事会秘书：彭立权

党委常委、副总经理：任建国、宋领、陈晓华

党委常委、纪委书记（2016年3～11月）：汤念楚

副总经理（2016年3月任），总经理助理（至2016年3月）：郭成洲、黄浩

副总经理（2016年11月任），总经理助理（至2016年11月）：邓银启、龚祖春

总经理助理：刘灿学

总经理助理、安全总监：宋玉才

总经理助理（2016年3月任），总经济师（至2016年7月），总法律顾问：徐志国

总经理助理：李恩义

总经理助理（2016年3月任）：何金钢

总经济师（2016年7月任）：吴平安

组织机构 设办公室、党委工作部、直属机关工作委员会、企业管理部、财务产权部、证券部、人力资源部、生产管理部、投资管理部、国际业务部、市场开发部、科技信息部、安全质量环保部、集中采购中心、风险控制部、审计部、纪检监察部、工会工作部、董监事工作部19个直属机关职能部门，资金结算中心、社会保险事业管理中心、离退休人员管理办公室、综合管理部、培训中心（党校）、传媒中心6个经营管理服务单位，PPP项目管理部1个事业部，5个派驻子企业监事会，北京办事处、上海办事处、新疆联络办公室3个办事处。

企业战略及体制改革

1. 发展战略

（1）投资。加强投资运营平台的建设和管理，提高投资水平和运行效率。利用PPP和BOT等方式，加大公路、环保、水务、水电站、停车场等领域的投资力度，打造高水准的专业运营品牌，形成一批优质资产获取长期投资收益。加大战略性投资力度，开拓符合国家战略、利于公司转型、投资风险可控、投资回报可期的新投资方向。加大财务性投资力度，适度开展投行业务，以股权、基金和风投等方式投资一批具有较高成长性项目。利用品牌、资金、专业和平台及网络优势，加大海外技术并购力度。

（2）建筑。开展PPP业务和投资业务，加强市场开发、商业模式策划、子公司核心专业能力建设和项目治理，提高业务规模、项目实施能力水平和项目效益。利用PPP业务和投资业务形成的高端关系和品牌实力拓展传统市场，实现滚动发展和长远发展。研究国际项目的商业模式、管理模式和实施模式；加快培养国际国内项目的管理团队；加强国际国内工程项目的巡查和监管，确保国有资产保值增值。

（3）环保。打造全国最高端、最具影响力的综合性环保企业，做环保行业的领军企业和标杆企业。加大投资并购的步伐，抢占环保业务的技术制高点和市场份额；加强环保业务的升级力度；加强各并购企业的治理和管理；加强高端平台的建设，提升行业话语权。

（4）房地产。坚持品质、品位、高端、特色的差异化发展道路，发展房地产业务。房地产细分市场的研究，调整土地获取策略，合理储备土地；创新营销方式，加快产品化；围绕"5G科技"产品体系，整合高端服务资源，提升产品附加值和吸引力，增强高端品牌的影响力。优化业务布局，介入旅游地产、养老地产等富有朝气的产业。加大海外国别和区域市场研究，加快"走出去"步伐。

（5）水泥。坚持"做水泥行业环保领跑者"的发展思路，实现水泥生产和固废处理协调发展、快速扩张。推进兼并重组，提高目标区域产能集中度，增强市场的话语权和凝聚能力；通过技术创新、装备改造、管理提升和产融结合，保持在水泥行业的领先地位；要加快"走出去"步伐。

（6）装备制造。把装备公司打造成为高端装备制造业务的投资平台、控股平台、研发平台和服务平台，高起点、高标准地建设武汉装备产业园，尽快形成研发生产。

（7）民用爆破。坚持"技术进步、适度并购、走出国门"，在保持民爆行业领先地位的同时，调整发展思路，涉足军民融合等新业务领域，寻求新的增长点。

（8）金融。增强大规模低成本的融资能力，确保在投资并购和PPP业务上的竞争能力和资金需求；利用国家的金融政策，研究各类金融创新产品；健全金融体系；规范金融财务管理，严格按程序办事，防范金融财务风险。整合两家房地产公司，发挥聚合效应，放大葛洲坝地产品牌价值。加大"僵尸企业"和困难企业处置力度，批准注销87家子分公司。

2. 体制改革

（1）推进混合所有制企业治理。截至2016年12月底，共有各级混合所有制企业40家。2016年重点对绿园公司、机船公司进行治理结构检查和管控问题调研，形成调研报告，组织专题研讨，促进了平台公司及其下属子企业规范有效治理。研究设计了易普力公司、能源重工公司和融资租赁公司三种典型的混合所有制企业治理方案。推进混合所有制企业规范治理工作，并购企业、混合所有制企业管控模式更加优化，并购企业、混合所有制企业的治理迈上新台阶。

（2）坚持把党的领导融入公司治理环节。按照国

务院国资委深化国有企业改革的要求，发挥党建在现代企业制度下政治核心作用，坚持把方向、管大局、保落实。在把党建切入企业治理结构上，坚持"双向进入、交叉任职"的原则，同时在明确董事长、党委书记、总经理的权利、责任基础上，严格落实党委常委会、党委会、董事长办公会等议事规则和决策程序。

（3）根据环境变化和战略需求，调整了总部14个职能部门的管理职责，指导7家子企业优化总部组织机构，逐步形成了响应战略、适应市场、分工明确、责权清晰的两级总部管理构架。

（4）成立海外投资公司，搭建专业高端的海外投资平台。

（5）分离投资公司资产运营职能，组建公路运营公司和水务运营公司，使投资主体更专注、资产运营更专业。

（6）整合两家房地产公司，发挥聚合效应，放大葛洲坝地产品牌价值。

（7）加大"僵尸企业"和困难企业处置力度，制定托管企业北京电建公司"僵尸"企业处置方案；葛洲坝物流有限公司、葛洲坝机械工业有限公司"特困企业"专项实施方案，稳妥推进相关改革。

（8）批准注销87家子分公司，促进葛洲坝集团所属企业瘦身健体、提质增效。

（9）制定上海办事处调整方案，推动葛洲坝集团结构调整和转型升级。

3. 投资并购

2016年完成投资310.62亿元，并购项目完成投资约15.99亿元，主要包括收购北京中凯水务、湖南海川达水务、重组湖北兴业、巴基斯坦SK水电站等项目，通过投资并购进一步加快了公司业务结构调整，促进公司持续转型升级。

2016年度开展投资并购项目8起，主要包括收购湖南海川达投资管理有限公司100％股权项目、收购北京中凯兴业投资管理有限公司100％股权项目、收购凯丹水务国际集团（香港）有限公司25％股权项目、重组湖北应城盛威建材有限公司项目、重组湖北兴业钢铁炉料有限责任公司项目、增资扩股引入黑龙江海外民爆化工有限公司项目、投资并购新疆晶凯圣能源投资有限公司及投资建设19个加气站项目、投资收购巴基斯坦SK水电站项目。

生产经营

（1）营业收入情况。2016年全年，预计完成营业收入1006.61亿元，同比增长20.61％。其中：国际项目营业收入170.5亿元，同比下降5.02％，占营业收入总额的16.94％。

（2）产值完成情况。2016年全年，共完成企业总产值1066.65亿元，比2015年同期增长30.22％。其中：完成建筑业产值642.26亿元，与2015年同期相比增长13.73％；完成工业总产值277.71亿元，与2015年同期相比增长35.12％。建筑业产值按工程属性分：完成水利水电工程产值223.09亿元，占建筑业总产值的34.74％；完成公路桥梁产值104.77亿元，占建筑业总产值的16.31％；完成房建工程产值71.73亿元，占建筑业总产值的11.17％；完成铁路工程产值20.28亿元，占建筑业总产值的3.16％；其他产值222.39亿元，占建筑业总产值的34.63％。

（3）新签合同情况（公告数）。2016年全年，新签约合同金额2135.37亿元，同比增长17.59％，其中：新签约国内项目1430.37亿元，同比增长27.62％；新签约国外项目705亿元，同比增长1.42％。

（4）承包工程合同执行情况。2016年全年，在建承包工程项目（含已签约尚未开工和部分完工未竣工项目）合同个数为1032个，执行合同总金额约为5263.7亿元，剩余合同金额为2698.1亿元。其中：2017年剩余654.43亿元，2018年剩余626.11亿元，2018年及以后剩余1417.56亿元。

人力资源 人力资源部设立4个专业处室，分别为干部管理处、员工管理处、薪酬管理处、教育培训处。

员工管理方面。一是定向引才，量质齐升。充分利用新媒体资源，招聘推介更加贴近目标群体。利用招聘易企秀，推介企业品牌，推送招聘信息。统一校招宣讲PPT、"梦在CGGC"微视频风格。组织华中科技大学、武汉大学大型专场招聘会，2016年一本院校毕业生占比为57％，为历年最高水平，毕业生流失率为14.3％，创历史新低。二是选聘结合，精准聚才。人才培养和引进注重向专业技术人才、管理创新人才、急需紧缺人才倾斜，出台《社会成熟人才引进管理暂行办法》等系列管理措施，进一步统一人才引进标准，规范人才引进流程。借助猎头公司、中介机构等外力外脑，采用人才测评、胜任力模型等甄选方式，加大成熟人才引进力度，人才引进层次、数量和质量稳步提升。三是出台新规，规范管理。陆续出台员工竞业限制、投资并购企业员工录用等管理办法，规范员工调动管理、劳动用工管理。

干部管理方面。一是围绕公司改革发展要求，按照人岗匹配原则进行干部选任、调整；按照专司其职要求，持续加强所属单位三总师选任力度，各单位三总师基本配置齐全。二是丰富干部培养渠道，通过中青班培训、岗位锻炼、挂职交流等方式加快干部成长，采取有效措施加大财会、商务干部培养力度，继续推进企地联动干部培养模式。三是加强中层领导干部考评，首次开展总部机关部门负责人任期考核，对考核不佳的干部，及时进行诫勉谈话，促进部门负责人进一步改进作风、提高履职能力。

培训管理方面。一是重构了培训课程体系，注重实操性培训，加大案例分析、研讨交流课程比重，培训考核多维量化，培训效果持续提升。二是强化总部培训学校功能，以挂职、交流、远程授课等方式，深入推进各职能系统培训。三是立足公司转型发展，推进重点培训项目。落实国际业务"千人计划"，累计培训国际业务人才 1003 人；国家"营改增"政策推行后，组织营改增专项培训 88 期共 5134 人次；针对 PPP 业务快速发展实际，组织 PPP 项目运作、管理、融资等专项培训 39 期共 1615 人次。2016 年公司层面举办重点培训项目 42 期，培训 4357 人次，职能系统培训 17 期，培训 1043 人次。

薪酬管理方面。一是创新工资总额管控机制，通过专项检查和每季度工资总额管控情况分析，督促各单位建立健全工资总额管控挂钩机制、考核机制、预警机制和监督机制四项机制，发挥工资总额激励作用。二是健全薪酬分配体系，坚持以业绩为核心，以考核为重点，指导子企业制定切合自身特点的薪酬分配制度。三是调整员工薪酬结构，员工薪酬主要由基础工资和绩效工资两部分组成，绩效工资比重不低于 50%，并逐步提高绩效工资权重，使职工薪酬随业绩大小而升降。四是完善绩效考核体系，指导和督促各单位针对不同业务板块、不同层级、不同对象，分门别类制定科学合理的绩效考核体系，员工绩效考核覆盖率基本达到 100%，绩效考核结果与薪酬分配、员工晋升、培训、职业生涯规划等紧密挂钩。

系统建设方面。一是推行业务专责制度，按照建设"研究型部室、专家型员工"要求，对系统内各项流程进行梳理，要求专业的人做专业的事，明确总部和各单位专责的职责和要求，提高办事效率和质量。二是创新人力资源系统交流培训形式，开展了 3 期系统交流学习班，采取"一个团队、两个结合、三个阶段、四个要求、五项评价"的学习模式，培训效果显著。三是夯实基础管理，规范员工档案管理，着力解决"有人无档"和"有档无人"现象，推进完成干部人事档案专项审查工作。

安全生产 2016 年，通过构建安全生产"四个责任体系"，形成了主要领导全面负责、分管领导监督落实、业务部门具体实施的多维度防控体系。通过对子公司安全组织体系、制度体系、责任体系的建设情况进行督促和指导，促使各子公司深入贯彻落实公司新规新法、提升安全管控水平，子公司安全管控的自律意识和能力得到有效提升。通过不断加强安全体系建设，深入开展培训教育，提高全员安全意识，确保了公司安全生产形势的稳定。

环境保护与节能减排 2016 年未发生环境事件，环境保护与节能减排形势总体良好，各项指标均在控制范围内，二氧化硫排放量 7741.624t，同比下降 1.11%；氮氧化物排放量 17 478.241t，同比下降 1.13%；化学需氧量排放量 7179.11t，同比下降 0.61%；氨氮排放量 1077.585t，同比下降 0.54%。

科技创新

（1）构建科学合理的科技管理体系，增强科技信息系统创新能力。一是完善制度体系，强化制度管理。重新修订了《子公司科技信息工作考核细则》和《总工考核细则》，并下发实施；与相关部门协商制定了《重大科研项目管理办法》初稿，与已经发布的科技信息管理制度一起，构成了公司科技信息管理的制度体系。二是会训结合，持续推进系统能力建设。通过组织子公司总工会议、思路审查会、调研会及专业技术讲座等，配合下发科技系统学习材料清单，提供具体学习方法和思路，帮助系统全体成员有针对性的提升各项能力，系统能力建设初见成效。三是集思广益，发挥合力。定期解读公司和国家相关政策、文件，深入领会精神内涵，结合实际提出需要探讨的具体问题，提交书面学习材料。通过一系列举措提高员工政策水平，引导员工自主学习，促进自我提升，在培养专家型员工的同时，发挥集体智慧，共同为公司科技进步献计献策。四是调整部门内设机构和岗位设置。将原来的科技管理处和成果管理处合并，主要负责科技规划、科研项目、成果管理、成果转化评价等工作。新增技术体系管理处，主要负责体系管理、人才和技术管理、知识和档案管理等工作。五是建设两库。立足夯实技术基础管理，梳理在建项目所需技术，整理公司核心技术，建立知识库和专家库，发挥宏观管理的合力。六是强化技术管理。发布了关于加强技术管理配合落实《2016 年"安全生产月"活动实施方案》的通知，规范了技术方案审查流程，督促成员企业对技术方案审查全覆盖，通过技术管理起到降本增效的作用。

（2）着力科研平台提档升级，夯实基础，提升公司科研能力。一是推进技术（研发）中心建设，打造科技研发平台。明确目标、审查思路、督促落实，对子公司进行差异化指导和考核。针对基础较好的 7 家单位，专题研究技术（研发）中心促科研平台提档升级的思路、方法及措施；针对基础较薄弱的单位下达重点工作和计划指标通知，夯实基础，实施差异化管理。二是督导设立技术经济研究院，助推公司转型升级。督导易普力公司、投资公司、绿园公司筹建与其主业相关的技术经济研究院。以重构竞争优势、完善产业链条、创新商业模式、推动业务升级为核心，强调实体化运作，开展成果转化工作。以易普力公司为试点，以点带面，带动其他公司技术经济研究院建设。三是指导子公司申报高新技术企业、省级技术中心和省级工程中心。勘测设计公司技术中心和水泥公司技术中心新增为省级认定企业技术中心，三峡建设公司被认定为湖北省知识产权示范企业，房地产公司与中国建筑科学研究院共同成立了健康住宅工程技术中心，电力公司引进研发团队组建了新能源研究所。国际公司已完成了北京市企业技术中心认定申报工作。与中国地质大学联合申报湖北省水务工程技术研究中心；六公司、三公司推进高新技术企业申报；总部申报高新技术企业并被认定为"高新技术企业"；推进有条件的单位申报博士后科研工作站等高端科技平台。四是开展对外合作，阶段性成果逐步显现。分版块研究对外合作方案，对有条件的子公司进行一对一的指导、帮助。协调外部资源，促成三峡建设公司、基础公司分别与武汉理工大学开展深埋特大地下洞室岩体动力特性与开挖施工关键技术、BIM 技术研究应用合作，推进房地产公司与中国建筑科学研究院联合成立"绿色健康技术研究中心"。

（3）加强科技成果管理，成果数量和质量提升较快。为加强成果管理，科技信息部制定并发布了《科技成果管理办法》并认真落实，推动科技成果再上新台阶。2016 年，葛洲坝集团共获得协会、省部级及以上奖项 55 项，其中"高混凝土坝关键技术研究与实践"成果获国家科技进步二等奖，"强震区高拱坝施工关键技术研究与应用"获中国施工企业管理协会特等奖；获中能建科技技术奖 13 项，其中技术发明奖一等奖 1 项，科技进步奖一等奖 2 项。获行业协会工法 30 项，省级工法 28 项。获专利授权 551 项，其中发明专利 96 项，实用新型专利 454 项，外观设计专利 1 项。获软件著作权 22 项。主编的电力行业标准《水电水利工程施工机械安全操作规程　塔带机》获国家能源局颁布实施，主编的 1 项国家标准、4 项电力行业标准通过送审稿审查。主编的《湖北水利水电施工技术》已出版发布。

（4）内联外引出实招，科技成果转化能力稳步提升。一是发挥现有技术（研发）中心作用，增强自主研发能力。一方面，子公司结合主业开展自主研发工作进展迅速。绿园公司自主研发了 HAS 海泥固化剂产品，解决了海泥原位固化的技术难题，填补了相关技术空白。设计公司自主研发的"大尺寸水轮发电机组安装精密测量技术研究"成果已验收，达到国际先进水平，已在向家坝升船机施工测量应用。设计公司研究的一整套透水混凝土生产技术正在宜昌沿江步行道铺设透水混凝土试验路段。另一方面，对外合作研发层次进一步提升。绿园公司与德国开姆尼茨工业大

学合作开发废旧轮胎胶粉用于热塑性弹性体的相关工艺、配方等核心技术将实现废旧轮胎利用新的突破。机船公司与中科院合作研究的 10MW 空气储能装置将进一步提升装备制造板块的竞争力。二是推进内部科技成果交流与相互转化。梳理了成果转化清单，研究了各项成果的市场应用空间，制订了成果转化计划，推动了 77 项成果的转化工作，计划三年内完成103 项成果的转化和推广。五公司在石首大桥、枣潜五标、六标引进推广路基"吹砂回填工法"，节省成本 1 亿多元；"滤网式泥浆循环箱"专利技术，经在福建漳浦特大桥项目、蚌埠长淮卫淮河大桥、枣潜五标等工程项目成功应用，节约投资约 39.8 万元。三峡建设公司的升船机高精混凝土施工及机电设备安装技术在向家坝升船机施工推广用，节约成本 500 余万元。电力公司的渔光互补光伏发电站设计与施工技术在分宜光伏发电站转化创造经济效益 830 万元。基础公司的防渗墙"循环钻进"成槽施工技术及 120m 深嵌岩防渗墙关键施工技术的推广应用，累计产生效益1620 万元。水泥公司的利用高硅石灰石生产优质熟料技术及钢渣作为水泥熟料晶相调节材料技术的推广应用，产生效益 6138 万元。易普力公司的现场混装车动态监控信息系统的应用，创造经济效益 757.5 万元，EPE-1 型高分子乳化剂技术的应用，每年节约直接经济成本 637.5 万元。机船公司的超大型压力钢管自动焊接技术的应用，创造直接经济效益约 130.49万元等。三峡升船机平衡重制造及安装关键技术推广应用至向家坝升船机，创造直接经济效益 879.36 万元。三是开展引进技术成果的消化、吸收和转化。推动 HAS 固化剂及淤泥机械脱水化学改性一体化处理技术应用于滇池清淤工程第三标段及黄石磁湖与青港湖清淤工程，项目总金额约 1.16 亿元。利用 PPP 项目优势，将 HAS 固化剂应用于河北唐山丰南项目试验段，同时也为葛洲坝集团参加丰南 ppp 项目海泥治理提供了条件。促成道材公司的钢渣沥青集料在荆襄高路上进行大规模化生产推广对比试验，为大规模推广钢渣集料提供了示范基地。跟踪、助推 HAS 固化剂及流域综合整治相关成果在荆门竹皮河 PPP 项目中应用。在成熟技术的推广应用方面，如垃圾处理技术的推广应用目前松滋、宜城 2 个项目的设计评审已经完成，项目决策报告已经获得批准，正准备实施；水务技术推广方面，收购湖南海川等 2 家共 13 家水处理厂，目前已经共收购凯丹等 3 家公司共约 26 家水处理厂等。

（5）创新方式方法，提高工作效率和管理水平。一是实施清单式管理，简化工作流程。细化、量化科技信息工作流程，列出要点，分类建立工作清单。在部门管理方面，建立了每位员工的分工清单和个人工

作清单。在系统管理方面，建立了子公司重点工作、子公司及总工考核要点等清单。二是实施科技工作差异化下达计划和考核管理。科技工作计划包括技术（研发）中心建设、科技投入、科技成果转移转化、科研平台建设、科研队伍能力建设、科技成果、信息化建设等。针对各子公司科技现状，差异化下达计划并实施差异化考核。4月前完成所有子公司科技计划下达。三是年初组织总工程师工作会，宣贯2016年《董事长工作报告》等公司政策，明确了工作目标和思路方法。组织思路审查会和专项调研，及时挖掘典型、典型引路；发现问题，及时纠正；鼓励先进，鞭策落后，实现资源共享、共同进步。

（6）加强对外交流和培训，增强科研能力建设。一是加强工程技术管理人员的培训。推行培训工作分级管理和实施，努力做到培训全覆盖。总部培训安排培训课程和培训师资。督促各子公司科技系统自主组织科技信息培训。培育系统人员的创新意识、提升系统人员的创新能力。各子公司如一公司、六公司、三峡建设公司、基础公司、机电公司等都举办了至少一期工程技术和管理人员培训班。集中在武汉总部举办技术讲座，邀请国内权威专家做了《城市管廊技术》等培训，为开辟新型业务市场做好技术准备。二是组织参加中国能建、各行业学会协会组织的技术交流等活动，效果明显。如协办和组团参加中国大坝学会在西安举办的学会活动，组织技术人员撰写学术论文，参加中国电机工程学会焊接专委会的学术论文交流会，组织撰写论文参加中能建在江苏南通举办的科技成果转化交流活动，组织参加中国建筑业协会和中国安装协会举办的全国BIM大赛，组织单位技术人员参加外部交流会，推介子公司加入垃圾分类与再生资源利用两网融合产业创新协作体，协助子公司召开"葛洲坝地产5G科技体系"发布会，参与国际水利先进技术（产品）推介会，宣传产品，推介企业等。三是加强人才队伍建设。一方面组织研究政策，提升自主创新意识，争取政策红利，主动提升系统人员自主创新意识。另一方面加强培训，提升技术人员专业管理能力。此外，引导子公司大胆引进成熟人才，增加新生力量。其中，房地产公司根据商业模式需要引进公司紧缺、拥有丰富行业经验的高端专业技术人才4名，绿园公司根据业务升级需要引进环境科学与工程专业博士1名，易普力公司根据完善产业链需要拟引进机械电子专业归国博士1名。

信息化建设 一是发挥信息化项目后评价作用。对2016年完成的19个重点项目后评价中发现的系统实用性和统筹规划等方面问题提出调整建议，同时给其他在建和即将建设的项目提供真实的范例参考。二是做实软件正版化工作。一方面摸清家底和抓住要

害，敦促子公司按需完成软件采购计划，另一方面协调软件厂商出具授权文件、合作备忘录，规避今后的法律风险。三是有针对性地督导子公司开展信息化工作。建立工作清单，动态调整清单计划，引导子公司突破工作中的重点和难点问题。其中，水泥公司在大数据建设取得突破性进展，三峡建设公司BIM技术研究和应用范围进一步扩大，设计公司GIS和管网调查已实施落地。四是协助业务部门开展系统建设。其中，经过专业测试和技术分析后，将财务NC系统实际建设比预算降低约1050万元，降低了采购和建设成本。同时，配合相关部门完成公司重点项目集中监控平台升级实施方案、人力资源部系统集成、集采平台迁移、资金系统压力测试等工作。五是开展数据资源共享平台系统建设。改变以往的厂商需求调研和访谈的传统方式，由科技信息部直接收集其他各部门的重要事项和表格，梳理、总结、提炼数据和关键业务点，自主研发和搭建模型。六是持续优化改进OA系统。陆续完成资产管理、制度管理等新功能和新模块的开发及上线工作。改进用户体验，完成公司OA系统优化、手机APP客户端苹果商店上架和扫码安装工作。与阿里巴巴公司合作，通过"阿里短信平台"取代传统通信网关平台，大大提升系统使用效率。七是调整机房软硬件平台。一方面全面梳理机房设备运行现状，大规模优化公司网络结构，升级信息系统数据库，充分挖掘设备性能，保证设备投资效益。另一方面调整备份策略和数据保护级别，保证关键数据分钟级备份，保障数据安全。

国际业务 在90个国家设立了99个海外分支机构，业务范围覆盖142个国家。有88个国际在建项目，主要分布在东南亚、南亚、中东、非洲、南美、大洋洲等近40个国家和地区，国际工程承包经营领域包括水电、火电、房建、市政、桥梁、公路、铁路、港航、灌溉、输变电、设备供货等十多个专业，EPC项目、融资项目等高端项目占主要比例，国际承包工程各在建项目履约顺利，安全、质量和环保工作实现"零事故""零投诉"目标，各项指标均在监控范围以内。

国际业务全年签约705亿元人民币（下同），同比增长1.5%。实现合同生效445亿元，同比增长30%。国际业务营业收入161亿元。完成境外投资19.54亿元，同比增长492%。完成进出口总额16.68亿元，同比增长16.7%。

连续8年获得中国对外承包工程商会和中国机电产品进出口商会企业信用AAA最高等级。

葛洲坝集团在美国《工程新闻纪录》（ENR）"全球最大225家国际承包商"的排名，从2006年的160位，跃升至2016年的45位。在"走出去"的4000

多家中国企业中,签约和营业收入分列第5名和第9名,2016年全年签约占中国"走出去"企业签约总额的4.58%左右,成为中国对外工程承包领域成长最快的公司之一。

党建工作 截至2016年底,葛洲坝集团共有党员23 734名,共有党支部696个,总支159个。其中,有海外党支部76个。落实中央全面从严治党的战略部署和具体举措,发挥党组织的领导核心和政治核心作用,推动了党建与生产经营深度融合。国务院国资委《中央企业党建工作简报》专文刊发了葛洲坝集团海外党建工作经验。国际公司荣获"中央企业先进基层党组织标杆"。国务院国资委驻鄂央企"两学一做"学习教育座谈会在葛洲坝集团总部举行。湖北省国资委《国企党建》刊发了葛洲坝集团"两学一做"学习教育做法。

一是开展"两学一做"学习教育。以"四个结合、五个争做"为主线,开展"两学一做"学习教育,引导广大党员做"四讲四有"合格党员。坚持以"学"为先,重点学习贯彻《党章》《准则》《条例》,十八届六中全会和全国国有企业党建工作会议精神,习近平总书记系列重要讲话精神,牢固树立"四个意识"。坚持"学""做"结合,向45个党员先锋队授旗,发出"牢记宗旨作表率、勇于担当促发展"的倡议。组织8个党员先锋队参加武汉汉江抗洪抢险,发出"与大堤共存亡"号召,赢得武汉市民赞誉。二是加强基层党组织建设。公司党委坚持支部在基层工作中唱主角,推进"四同步、四对接",坚持"三会一课"制度,严肃党内政治生活。进一步加强海外项目和混合所有制企业党建工作,组织召开海外党建经验交流会,开展混合所有制企业党建调研,出台了加强海外党建的实施意见;组织开展党委书记抓党建述职,出台抓基层党建工作任务指导责任书,印发《党支部工作手册》,开展党员组织关系集中排查工作,指导条件成熟的基层党组织开展换届选举,夯实了基层党建工作基础。三是营造风清气正的发展环境。组织召开2016年度党风廉政建设工作会,与所属单位党委书记签订党风廉政建设主体责任书。出台党风廉政建设"两个责任"考核办法和责任清单,年底进行检查。组织开展"四风"问题"回头看",对《管理禁令》、集中采购、"三重一大"等制度落实情况进行专项检查,确保了风清弊绝。四是落实党管干部原则强化干部人才管理。出台企业领导人员能力模型、素质模型,树立了选人用人新标准和员工自我提升的标尺。坚持开展研修班、中层干部培训班、中青班、支部书记和党务干部培训班,全年公司层面举办重点培训项目42期,培训4357人次,职能系统培训17期,培训1043人次,同时推进干部交流常态化,干部和

员工素质得到持续提升。

精神文明建设 2016年葛洲坝集团以"保持省级文明单位,争创国家级文明单位"为目标,将文明创建工作与企业改革创新相结合,加快推动企业结构调整、转型升级、改革创新和科技进步。结合公司发展的新形势、新变化,组织修订完善了葛洲坝集团文明单位创建管理办法。经过湖北省国资委现场检查,4家单位获得委级文明单位。17家企业继续保持湖北省文明单位称号,2家单位通过四川省最佳文明单位复查。

工会工作及职工队伍建设 工会设有二级工会24个,三级工会514个,工会小组3157个,共有工会会员44 569人,专兼职工会干部716人。工会下设民主管理处、生产生活处、组织宣传处,共有职工9人,分别负责民主管理、信息调研、综合协调、文秘机要、劳动人事管理,群众生产、生活保障、工会财务、信访接待,工会组织建设、职工宣传教育、女职工工作、职工文化体育工作。

"两赛一创"活动成效显著。在各板块开展了"直面新挑战、建功葛洲坝"劳动竞赛。各板块、各单位结合实际,制定了劳动竞赛方案和重点项目计划,13个项目被纳入省级重点工程劳动竞赛范围;通过劳动竞赛,3人被授予省级"五一"劳动奖章,3个班组被评为省级工人先锋号,职工的主力军作用得到充分彰显。组织职工开展职业技能大赛,2名选手在中国能建焊工技能大赛中获奖,并代表中国能建参加"嘉克杯"国际焊接大赛,被评为优秀选手;举办了国际商务、水泥窑磨、爆破等技能大赛,涌现了一批能工巧匠,二公司周军被评为"全国技术能手",易普力公司陈远春获评"大国工匠"和"荆楚工匠"称号,职工队伍素质进一步提升。推进职工(劳模)创新工作室规范化建设,培育命名了3个公司级职工(劳模)创新工作室和2个省级劳模创新工作室,创新工作室在引领职工创新创效和促进技术成果转化方面发挥了积极作用,7项成果获得省部级职工技术创新成果奖,1项成果参加了湖北省职工创新成果展。

"六型"班组建设不断深化。贯彻执行葛洲坝集团《班组建设与管理实施办法》,开展学习型、创新型、效益型、环保型、安康型、和谐型等"六型"班组创建,落实了班组长岗位津贴制度,试点开展了大学生班组长选拔聘用工作。坚持班组长分级培训制度,104名班组长参加了班组建设与管理培训班和国际工程带班长能力提升培训班,54名班组长参加了第八期清华大学远程班组长培训学习;各级工会结合实际开展了培训活动,进一步提升了班组长素质。坚持品牌班组评选工作,表彰了90个先进班组和48名

优秀班组长，30 个班组受到中国能建表彰。持续开展班组送关爱活动，为一线班组配送了电脑、医疗及文体活动器材、生活电器等物品，改善职工的生产生活条件。

多渠道推选劳模。通过湖北省、四川省、云南省、重庆市等属地工会推选劳模，13 个集体和个人获得省部级及以上荣誉，其中 1 人被授予全国"五一"劳动奖章。关爱劳模，组织举办了劳模体检、疗休养、慰问等活动。开展新当选劳模的事迹宣传，在全公司掀起了学习劳模、争当劳模的良好氛围。

民主管理稳步推进。组织召开了葛洲坝集团三届二次职代会，办理了 61 条职工代表提案，督促了职代会承诺为职工办实事的落实，组织各单位开展了职工代表培训工作。试点开展修订企务公开民主管理控制程序，抓好公开工作监督检查，对生产经营重大决策、设备物资采购、涉及职工切身利益的重要事项等"十公开"内容按要求进行公开，各项工作规范有序，2 个单位被评为湖北省厂务公开民主管理示范单位。续签了第九轮集体合同，督促合同履行，职工合法权益得到有效维护。规范职工监事提名选举工作，促进公司治理结构不断完善。

帮扶工作精准有效。创建外营职工服务站点，利用网络、微信等新媒体服务职工，"互联网＋"服务职工体系逐步建立。通过建档立卡、因户施策实施精准帮扶，全年共为 471 名困难职工建立了档案，帮助 21 名"零就业"家庭和困难职工子女实现就业，关心关爱职工子女和独居老人，开展了"两节"送温暖、领导对口帮扶、金秋助学等活动，帮扶金额 400 余万元。履行社会责任，对口支援了长阳、五峰等困难地区，为厄瓜多尔地震、湖北省洪涝灾害等进行了捐赠。全省工会生活保障工作会议在葛洲坝集团总部召开，交流帮扶工作经验。

"安康杯"竞赛扎实开展。围绕"教育培训强基础、隐患排查保安康"主题，加强职工安全健康知识培训和普及教育，采取送教上门形式，在宜昌基地和乌东德项目部举办了两期一线职工心理健康知识培训；开展了"安全隐患随手拍""一封安全家书"等特色活动，促进了职工职业健康安全。10 个单位和个人获得全国及省"安康杯"竞赛先进称号，评选表彰了 30 个"安康杯"竞赛优胜单位和个人。加大一线职工工装配置力度，实现了工装配置全覆盖，加强着装监督检查和质量整改，工装管理逐步规范。

职工文化丰富多彩。举办了"能建杯"篮球赛、元旦长跑、职工新春联欢会、葛洲坝之夜职工文艺演出等一系列有影响力的品牌文体活动。在国内外重点工程项目新建了 13 个职工书屋。组织篮球队开展了对外交流活动，参加了"中国梦·劳动美"全国职工

微影视大赛、湖北工人画廊书画摄影展、湖北上市公司协会羽毛球赛等活动，取得了多项佳绩。

自身建设得到加强。开展"两学一做"学习教育活动，执行改进作风规定和管理禁令。开展领导人员能力模型和素质模型学习宣贯，举办新入职工会主席专题培训和工会业务实操培训，进一步提升工会干部的业务水平。以"六有"工会为标准，规范工会组织建设，开展工会工作竞赛考核和女职工建功立业素质提升活动，基层工会活力得到有效增强。组织开展所属单位 2013～2015 年度工会经费审计工作，迎接了省总工会对公司工会经费的审计和对公司部分单位工会经费使用情况的抽查，工会经费管理进一步规范。

开展女职工建功立业活动。组织开展"岗位达标""巾帼立功"等竞赛活动，三公司预制厂女子钢筋班获"湖北工人先锋号"称号。组织开展女职工心理健康宣传与培训、女职工健康体检、女职工安康保险续保等工作，举办各类培训讲座 50 余场次，为 9000 余名女职工办理了安康保险，女职工特殊权益得到有效保障。

文化工作

（1）理念提炼工作稳步推进。组建工作小组，提炼了新的企业文化理念，并请中国企业文化研究会进行了指导，形成企业文化理念手册，并报送公司领导审定。

（2）宣贯核心理念内容推动企业文化落地。组织开展葛洲坝集团"两会"精神宣讲，组织宣讲团奔赴重庆、成都、昆明、西安、北京、宜昌等地开展了 7 个场次的宣讲活动，将葛洲坝集团"两会"实质精神在基层落地生根，为各单位 2016 年工作指明了方向。围绕八大核心竞争力，组织开展了"打造企业核心竞争力，推动公司可持续发展"主题演讲比赛，各单位共举办 110 余场次的演讲比赛，共计 1200 余人参与比赛。开展了"最美一线职工"的评选，策划、组织了"最美一线职工"的揭晓、颁奖大会。

（3）探索构建企业文化建设考核体系。探索、制定了《企业文化建设考核办法》，从企业文化建设工作评价指标、状况评价指标和效果评价指标三大方面对企业文化进行考核，通过定性和定量相结合的计分方法，将复杂的企业文化考核尽可能的简单化，在突出共性考核指标的同时尽可能考虑个性指标。

（4）创新形式加强职工行为规范建设。组织制定了职工礼仪规范的培训课件，组织拍摄了职工礼仪规范的公益性广告，并在中国能建电视台、网站及所属企业进行播放，引导员工行为。组织开展"我的行为讲规范"微视频征集大赛。

（5）企业文化系统建设取得成效。与专业培训机

构合作，组织举办了企业文化培训班，对所属单位分管企业文化的领导、企业文化部门负责人、企业文化专责人员共计51人进行了为期8天的系统培训。

（6）企业文化理论研究获奖励。围绕并购重组企业文化融合问题，组织水泥公司、易普力公司、绿园公司分别开展了调研。企业文化处在各家调研的基础上，进行总结、提炼，提出了并购重组企业文化融合的可行性路径。同时，结合葛洲坝集团近三年来的改革创新成果，进行了创新文化的总结提炼，形成了论文，在国务院国资委创新文化论文大赛中荣获三等奖，为中国能建所属企业中唯一获奖单位。

主要事件

2月29日～3月3日，葛洲坝股份公司副总经理陈晓华率团赴俄罗斯莫斯科出席第一届中俄建筑合作论坛。

3月8日，国家水利部网站公布了2015年水利建设市场主体信用评价结果，葛洲坝集团下属葛洲坝股份公司、葛洲坝五公司、三峡建设公司、机船公司机械工业公司、勘测设计公司项目管理公司、勘测设计公司试验检测公司六家单位上榜，分获AAA、AA级认定。

4月2日，由驻安哥拉中资企业商会主办、在安哥拉首都罗安达举行的"安哥拉中资企业商会十周年庆典"仪式上，葛洲坝股份公司被授予"驻安哥拉中资企业商会十年发展（2006～2016）模范企业"称号。

4月8日，葛洲坝海外投资公司正式在北京成立。

4月15日，葛洲坝集团承建的南美首个EPC项目厄瓜多尔索普拉多拉水电站首台机组并网发电。

4月16日，厄瓜多尔发生里氏7.8级强烈地震。19日，葛洲坝集团组织救援队参与当地政府组织的抗震救灾工作。

5月13日，葛洲坝三峡建设公司承建的三峡升船机工程通过试通航前验收，该工程由建设阶段逐步转入通航试运行阶段。

5月24日，葛洲坝六公司承建的世界装机容量最大的抽水蓄能电站河北丰宁电站下水库拦砂坝围堰成功截流。

5月28日，中国电力建设企业协会公布了2016年度中国电力优质工程奖获奖名单，葛洲坝六公司参建的云南澜沧江小湾6×700MW水电站工程、葛洲坝电力公司参建的华能哈密东南部烟墩第四风电场

201MW工程、国电宁夏石板泉99MW风电场工程，葛洲坝一公司、机电公司承建的新疆开都河柳树沟2×90MW水电站工程4项工程获奖。

7月6日，葛洲坝能源重工公司与芬兰瓦锡兰集团公司在北京签订《广东华电番禺万博分布式能源站项目谅解备忘录》。双方就加强合作，进一步开拓国内外分布式能源市举行会谈。

8月3日，葛洲坝集团承建的首个地铁工程武汉轨道交通27号线第一标段项目起点新路村站右线盾构机"卓越一号"正式掘进，进入地下隧道施工阶段。

8月13日，葛洲坝三公司承建的巴基斯坦M4高速公路（绍尔果德至哈内瓦尔段）项目开工仪式在东部旁遮普省绍尔果德地区举行，标志着亚洲基础设施投资银行在巴首个公路项目动工。

8月25日，葛洲坝股份公司承建的厄瓜多尔保特-索普拉多拉水电站三台机组投产发电。厄瓜多尔总统科雷亚亲临发电仪式现场启动机组。

9月15日，葛洲坝集团承建的伊朗鲁德巴水电站大坝工程竣工，第二台发电机组装正式开始。

9月18日，葛洲坝集团参建的三峡工程收官之作，也是世界上技术难度最高、规模最大的升船机——三峡升船机进入试通航阶段。

10月9日，葛洲坝二公司参建的四川李家岩水库工程在成都崇州市怀远镇开工。

10月22日，葛洲坝水泥公司哈萨克斯坦日产2500t熟料水泥生产线项目奠基仪式在项目所在地哈萨克斯坦克孜勒奥尔达州西里区隆重举行。

10月23日，被称为巴基斯坦"三峡工程"的N-J水电工程引水隧道左洞全线贯通。

12月1日，葛洲坝集团参建的武孝城际铁路正式通车运营。

12月2日，中国施工企业管理协会公布2016～2017年度第一批国家优质工程奖名单。葛洲坝集团参建的金沙江龙开口水电站工程获得国家优质工程金质奖，参建的宁夏石板泉风电场99MW工程、投资建设的葛洲坝大厦获得国家优质工程奖。

12月8日，全国第十三届高技能人才表彰大会在北京举行，对中华技能大奖获得者和全国技术能手予以表彰。葛洲坝二公司职工周军获"全国技术能手"荣誉称号。中共中央政治局委员、国务院副总理马凯当天下午在中南海接见周军等获奖者。

中国核能电力股份有限公司

【公司概况】 中国核能电力股份有限公司（简称中国核电，股票代码601985），总部设在北京，由中国核工业集团公司（简称中核集团公司）、中国长江三峡集团公司、中国远洋运输（集团）总公司、航天投资控股有限公司共同出资设立，中国核工业集团公司控股。经营范围涵盖核电项目的开发、投资、建设、运营与管理，核电运行安全技术研究及相关技术服务与咨询业务、清洁能源项目投资、开发；输配电项目投资、投资管理；售电等领域。

2015年6月10日，中国核电作为A股第1家纯核电企业成功上市。截至2016年底，中国核电拥有控股子公司21家、合营公司2家、参股公司3家；控股在役核电机组16台，装机容量1325.1万kW；控股在建核电机组9台，装机容量1037.7万kW，总资产规模超2800亿元，累计发电量6000亿kWh左右，员工总数超过10 000人。

2016年荣获国家级荣誉13项、省部级荣誉215项，魅力之光核电科普品牌获2016年度科普中国好活动，荣获"金蜜蜂2016优秀企业社会责任报告领袖企业奖"、上海证券交易所信息披露A级评价、"金紫荆沪港通最佳上市公司""互联网＋时代"企业文化标杆企业等。

【组织机构】 见2016年中国核电组织机构图。

【民品生产】 2016年，中国核电发电量870.3亿kWh，比2015年增长18.45%，单位售电成本控制有效。8月12日海南2号机实现商运（较计划提前12天），10月24日福清3号机组实现商运。江苏核电6号机组9月7日开工建设；华龙一号示范工程——福清5～6号机组，按62个月工期推进；AP1000全球首堆示范工程——三门1号机组，完成热试。完成10次大修，实际工期比计划工期提前47.78天，多发电9.8亿kWh。示范快堆工程厂区正挖土石方量累计达到2000.3万m³，较计划提前40天完成中核集团公司、中国核电下达的"现场土石方累计2000万m³"年度JYK考核任务目标。

【改组改制】 现代企业制度建设。根据中国核电发展需要，新成立了中核霞浦核电有限公司、中核山东能源公司、中核（上海）企业发展有限公司、中国核电（英国）有限公司中核海外投资有限公司、中核（西藏）实业发展有限公司、中核重水堆技术研发中心有限公司、中英核联合研发与创新中心等。

【企业管理】

1. 生产管理

中国核电坚持创新、协调、绿色、开放、共享的发展理念，以"奉献安全高效能源　创造清洁低碳生活"为使命，不断提升核电发电能力，为社会提供稳定可靠的绿色能源。截至2016年底，中国核电控股在役核电机组16台，装机容量1325.1万kW；控股在建核电机组9台，装机容量1037.7万kW；2016年度发电量为870.3亿kWh，累计发电超过6000亿kWh，相当于造林约180万hm²，为改善区域能源结构，治理大气污染、缓解雾霾做出积极贡献。

2. 质量控制

中国核电建立健全现代企业制度，治理结构、管理制度与内控体系建设不断完善；实施前期开发、工程建设、运行管理、安全质量、集中采购、信息化、组织机构、岗位设置、薪酬福利、成本管理、企业文化、公众沟通等各领域的标准化建设。公司从组织、制度、程序等层面加强安全管理体系建设并持续改进，不断提升安全质量管理水平。

3. 安全生产

2016年，中国核电强化文化引领、注重安全意识培养，持续提升全员核安全文化水平，发布《重新定义安全》，倡导将核安全文化推广到生活的方方面面。组织开展防人因失误培训、第三届防人因失误职工技能竞赛等活动，不断提升员工安全技能。进一步从组织、制度、程序等层面加强安全管理体系建设和完善贯穿核电规划、选址、设计、建设、运行各阶段的全过程安全管理模式，用规范管理守护核电安全，实现运行机组累计安全运行130堆年。

2016年，中国核电开展"安全规程年"活动，各成员公司梳理规程共计43 000余份，进一步提升安全生产规程"严"与"细"的要求；发布《设备可靠性管理办法》《设备分级管理细则》《设备可靠性指标管理细则》和《系统监督与健康评价细则》等标准程序，确保各项安全管理工作有章可循。

4. 财务管理

进一步完善成本管理领域的标准化建设。

5. 劳资管理

2016年，中国核电通过促进人力资源标准化体系建设，推进岗位标准化建设，加强关键岗位人才管理，为新建项目人员引进及培养提供了依据，实现了

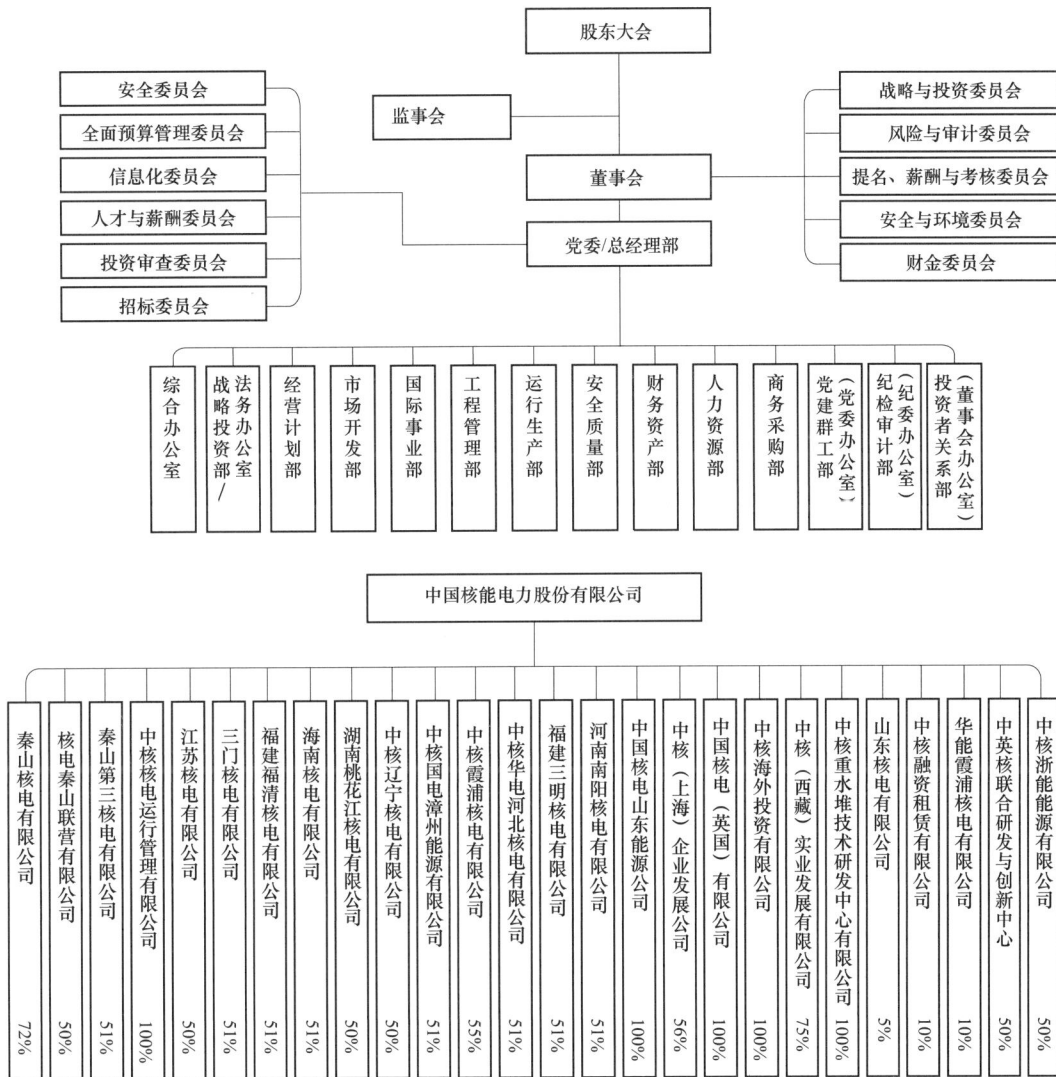

2016 年中国核电组织机构图

公司套改，统一了成员公司的薪酬结构。

【人才队伍建设】 建立完善的职业发展体系，为员工提供平等的发展机会和灵活的发展空间。注重提升员工技能，建立完善的人才培养体系，全方面提升员工综合素质。为提高员工综合素质、业务技能及管理水平，从专业技术能力、管理能力、领导能力等方面，开展国际化业务培训、法务业务培训、卓越领导力训练营、外语培训等多项专项培训，为公司的远景战略目标提供坚实的人才保障。2016 年，中国核电培训投入共 7241.37 万元，参训员工 120 363 人次，针对中层管理层培训 10 357 人次。

【国际交流与合作】 2016 年，中国核电贯彻"国际化"发展战略，立足自身在核电领域的资源、技术、人才优势，推进国际合作。中英首个核联合研发中心

揭牌成立，开创了中国与西方发达国家在高端核技术领域共同研发合作的先河；中核海外等实体化运作平台组建完成，国际市场开发平台搭建落地；与韩国核电企业签订合作框架协议，开展各项业务往来；巩固和拓展巴基斯坦核电服务市场，正式参与"华龙一号"在国外建设项目的相关工作。

【技术创新】 "华龙一号"是中国 30 年自主创新、成功孕育的具有完整自主知识产权的三代核电品牌，"华龙一号"的诞生标志着中国迈入世界先进核电技术的"第一阵营"。2015 年 5 月 7 日自主三代核电技术"华龙一号"全球首堆示范工程——福清核电 5 号机组开工建设，目前进展顺利。"华龙一号"的诞生，使中国成为继美国、法国、俄罗斯等之后，又一个具有独立自主的三代核电技术的国家，是中国从核大国

向核强国迈进的重要标志，是国家实施"一带一路"战略和"核电走出去"战略的国家名片。

【节能减排】 "奉献安全高效能源，创造清洁低碳生活"是中国核电的公司使命。中国核电在加大宣传力度、传递绿色生活理念、营造绿色低碳生活环境等方面，是切切实实的行动派：举办节能宣传周，设立低碳日和能源紧缺体验日，编制环保教材，举行主题环保活动，保护生物多样性，实施绿色办公。累计发电超过 6000 亿 kWh，相当于造林约 180 万 hm^2；仅2016 年度，即相当于减少标准煤消耗 2742.95 万 t，减少二氧化碳 6479.13 万 t，减少二氧化硫 23.32 万t，减少氮氧化物 26.78 万 t，为改善区域能源结构、治理大气污染、缓解雾霾做出积极贡献。

（罗路红 左 跃）

国投电力控股股份有限公司

【公司概况】 国投电力控股股份有限公司（简称国投电力公司），英文名 SDIC Power Holdings CO.，LTD，前身是中国石化湖北兴化股份有限公司（简称湖北兴化），主营业务为石油化工。国投电力公司是由湖北兴化与国家开发投资公司（简称国投公司）于 2002 年进行资产置换后变更登记设立的股份有限公司，主营业务变更为电力的生产和供应。至此，国投公司成为国投电力公司第一大股东。国投电力公司总股本 6 786 023 347 股，其中，国投公司持股3 337 136 589 股，占总股本的 49.18%。

国投公司成立于 1995 年 5 月 5 日，是国务院批准设立的国家投资控股公司和中央直接管理的国有重要骨干企业之一。国投公司注册资本 194.7 亿元，截至 2016 年末，资产总额 4671 亿元。管理金融资产规模突破万亿元，员工 3 万多人。2016 年实现营业总收入 870.5 亿元，利润总额 180 亿元。在国务院国资委年度业绩考核中，连续 13 年获得 A 级，并在连续四个任期考核中成为"业绩优秀企业"。

截至 2016 年末，国投电力公司已投产控股装机容量 2928.45 万 kW，其中水电装机容量 1672 万 kW，占比 57.10%，火电装机容量 1175.6 万 kW，占比40.14%，风电装机容量 68.05 万 kW，占比 2.32%，光伏装机容量 12.8 万 kW，占比 0.44%。

截至 2016 年末，国投电力公司在建控股装机容量 880.55 万 kW，占已投产控股装机的 30.07%。截至 2016 年末，国投电力公司总资产 2032.91 亿元，归属于母公司所有者权益 286.80 亿元，归属于上市公司股东的每股净资产 4.23 元/股，资产负债率 72.1%。

国投电力公司是一家以水电为主、水火并济、风光互补的综合电力上市公司，水电控股装机在国内上市公司中第二，处于行业领先地位。

【领导班子】

董事长、党委书记：胡刚

总经理、党委副书记：朱基伟

党委副书记：郭启刚

纪委书记：王立民

副总经理：曲立新、李俊、赵风波、江华

董事会秘书：杨林

【组织机构】 见 2016 年国投电力公司组织机构图。

【经营管理】

（1）推进安健环管理体系建设，实现安全生产形势的持续稳定；以精细化管理为抓手，坚持以问题为导向发现制度上的漏洞、管理中的短板，努力夯实安全生产基础，按计划、按节点稳步推进安健环体系建设。

（2）调整装机结构与区域布局，创新新能源发展模式。严控煤电项目开发，退出南阳内乡火电项目，暂缓了靖远三期、宣城三期等一批火电项目的前期工作；合理把控雅砻江中游水电项目开发节奏；完成广西风电项目立项、参股福建海上风电项目，实现新能源发展重心由西部向东部转移。

（3）开展配售电业务，延伸产业链，推动产业相关多元化试点。参与电力市场改革，参股贵安新区配售电有限公司，为配网建设和运营积累经验；编写售电业务投资指导意见，开展售电业务。

（4）推进科技创新，年内开展科技项目 53 项，其中国家科技项目 1 项，年内申请国家专利 4 项，获得授权专利 13 项（其中发明专利 1 项），获得软件著作权 6 项。创新工程管理思路，在明晰管理权限的基础上，进一步加强计划和目标管理，减少过程审批事项。编制完成雅砻江流域水电建设项目管理办法，规范水电工程项目管理；开展招标标准化建设，组织编制招标文件范本，制定招标文件编制指导手册，夯实管理基础。

（5）创新工程管理思路，在明晰管理权限的基础上，进一步加强计划和目标管理，减少过程审批事项。编制完成雅砻江流域水电建设项目管理办法，规范水电工程项目管理；开展招标标准化建设，组织编制招标文件范本，制定招标文件编制指导手册，夯实管理基础。

（6）为提高分析预测的针对性和有效性，组织开展控股企业核心竞争力研究，编制完成成本竞争力分析预测模型，为企业快速响应市场，参与市场化竞争

```
                    ┌──────────────┐              ┌──────────────┐
                    │   股东大会    │       ┌──────│   战略委员会   │
                    └──────────────┘       │      └──────────────┘
 ┌──────────┐                │             │      ┌──────────────┐
 │  监事会   │────┐    ┌──────────────┐    ├──────│   提名委员会   │
 └──────────┘    └────│    董事会     │────┤      └──────────────┘
                      └──────────────┘    │   ┌──────────────────┐
 ┌──────────┐         │                   ├───│  薪酬与考核委员会   │
 │ 董事会秘书 │────────┤                   │   └──────────────────┘
 └──────────┘    ┌──────────────┐         │      ┌──────────────┐
                 │   公司管理层   │         └──────│   审计委员会   │
                 └──────────────┘                 └──────────────┘
```

综合部	法律事务部	人力资源部	计划财务部	业务发展部	生产技术部	工程管理部	安健环管理部	商务部	国际业务部	党群工作部（监察部）	证券部	北京管理咨询分公司	审计部

下属投资企业

控股企业

| 雅砻江流域水电开发有限公司 |
| 天津国投津能发电有限公司 |
| 国投云南大朝山水电有限公司 |
| 国投宣城发电有限责任公司 |
| 国投甘肃小三峡发电有限公司 |
| 国投钦州发电有限公司 |
| 国投北部湾发电有限公司 |
| 靖远第二发电有限公司 |
| 厦门华夏国际电力发展有限公司 |
| 国投盘江发电有限公司 |
| 国投伊犁能源开发有限公司 |
| 福建太平洋电力有限公司 |
| 国投云顶湄州湾电力有限公司 |
| 国投新能源投资有限公司 |
| 国投甘肃售电有限公司 |
| 国投鼎石海外投资管理有限公司 |
| Jaderock Investment Singapore Pte. Ltd. |
| Redrock Investment Limited |

| 国投白银风电有限公司 |
| 国投酒泉第一风电有限公司 |
| 国投酒泉第二风电有限公司 |
| 国投云南风电有限公司 |
| 国投楚雄风电有限公司 |
| 国投哈密风电有限公司 |
| 国投青海风电有限公司 |
| 国投吐鲁番风电有限公司 |
| 国投宁夏风电有限公司 |
| 国投广西风电有限公司 |
| 国投敦煌光伏发电有限公司 |
| 国投石嘴山光伏发电有限公司 |
| 国投格尔木光伏发电有限公司 |
| 国投大理光伏发电有限公司 |
| 国投兰州新区智能电力有限公司 |

参股企业

| 江西赣能股份有限公司 |
| 徐州华润电力有限公司 |
| 铜山华润电力有限公司 |
| 淮北国安电力有限公司 |
| 甘肃电投张掖发电有限责任公司 |
| 江苏利港有限公司 |
| 江阴利港发电股份有限公司 |

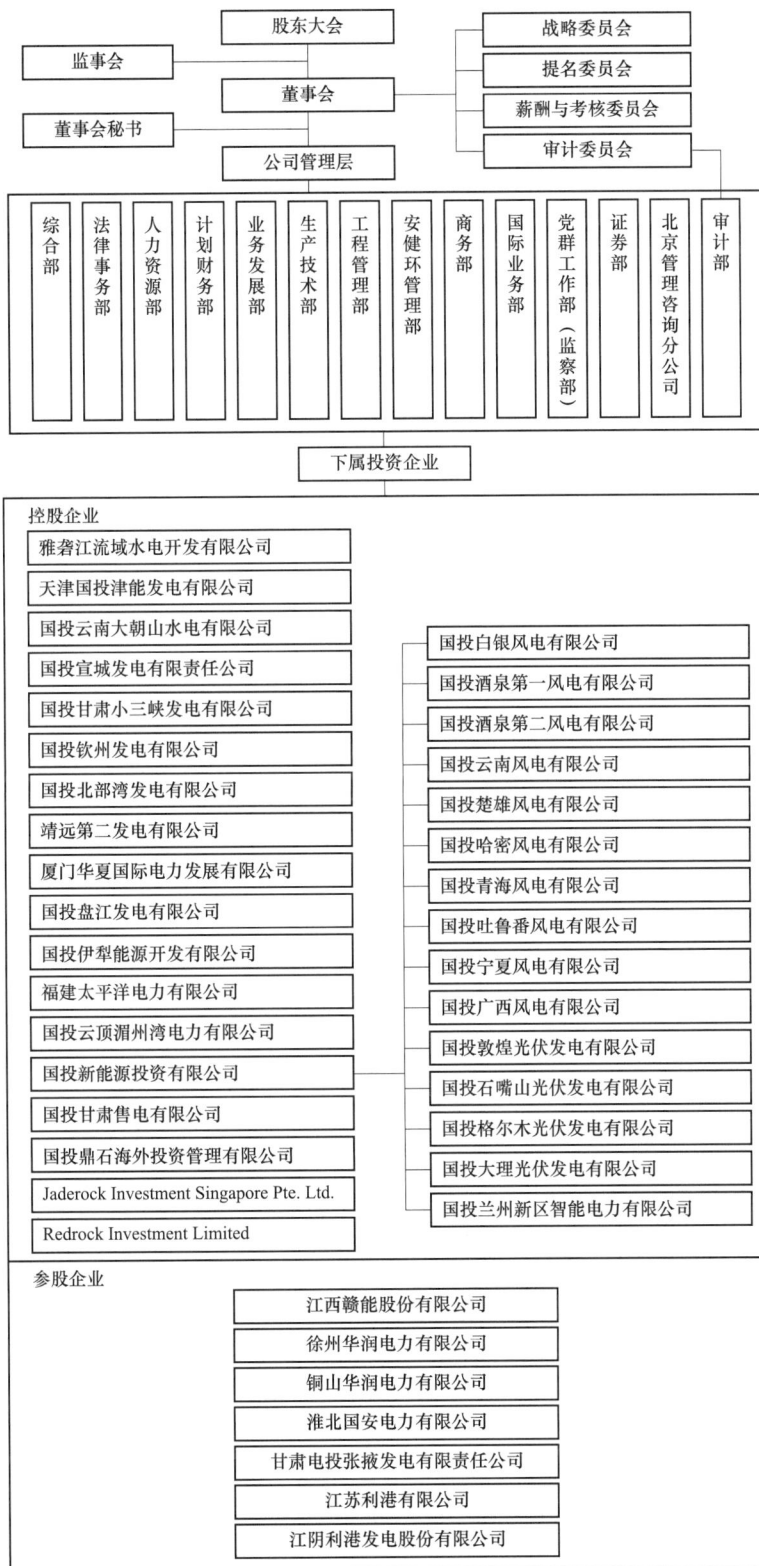

2016 年国投电力组织机构图

提供可靠支持。

（7）开展国际化人才选拔、培训及交流，建立境外工作人员管理办法，上线运行人力资源信息系统，管理效率进一步提升。

（8）落实燃煤发电节能环保行动计划，完成7台燃煤机组超低排放改造和4台30万kW机组汽轮机通流改造工作。

【发展战略】 适应新形势，关注能源改革与市场变化，创新发展模式。有序建设雅砻江中游水电，优化存量火电，发展风险可控、有盈利能力的海外项目，确保公司持续健康稳定发展，建成管理规范、治理完善的绩优蓝筹上市公司。

地区电力

华 北 地 区

【国家能源局华北监管局】

基本情况 国家能源局华北监管局（简称华北能源监管局）是国家能源局的派出机构，设于北京市，负责北京、天津、河北和内蒙古（西部地区）的能源监管工作，以及对山西、山东能源监管办的业务指导。2013年11月21日成立，前身是国家电力监管委员会华北监管局。

领导班子

局长、党组书记：郭智

副局长、党组成员：张学先（2016年10月11日止）

副局长、党组成员：郝瑞锋（自2016年8月26日起）。

组织机构 内设综合处、市场监管处、行业监管处、电力安全监管处、资质管理处、稽查处和监察室（机关党委），天津、河北和内蒙古业务办公室。

主要工作

（1）落实"放管服"改革，探索"双随机"综合监管。

1）落实"双随机、一公开"探索综合监管。积极探索"双随机"综合监管新模式。将市场、安全、行业、资质、稽查五个专业28项日常监管、专项监管、重点问题监管检查项目合并为一次综合监管，通过抽签确定检查对象是国网河北省电力公司及其所属5家地级、15家县级供电企业。经过2个月的现场检查，共发现19类108项问题，综合监管报告通过网站向社会公开发布，并督促企业整改。

2）落实"放管服"改革，服务社会民生。以"青年文明号"创建为契机，完善许可流程，出台9条措施方便申请人；建成行政许可在线平台，实现网上申请、网上审核；实施许可流程能效监察，加强过程监督；推行一线许可服务，三业务办直接受理许可申请；提供许可证免费快递服务；从各方面努力让企业"少跑腿、不跑腿，少花钱、不花钱"。

3）保护市场主体合法利益，维护市场秩序。通过分析历年举报投诉信息和监管报告，找准多发性倾向性问题，为问题监管提供定位。12398能源监管投诉举报热线共收到有效信息4237件，其中受理并办结64件。在涉及安全、许可和供电服务等方面共约谈电力企业28家，发出整改通知书27份、监管通报15份。

（2）推进市场加强监管，落实电改任务。

1）做好京津冀电力市场建设基础工作。会同京津冀三地政府部门完成《京津冀电力市场建设方案》与《京津冀电力交易机构组建方案》的起草工作；制定并印发《京津唐电网电力用户与发电企业直接交易暂行规则》，开展多轮次培训，加快培育合格市场主体；研究制订华北区域中长期交易监管办法，配合物价部门开展华北区域的输配电成本监审工作。

2）深化内蒙古电力多边市场建设。牵头拟订综改方案中交易机构组建和市场深化等方面的内容。修订多边交易市场运营规则，制定市场主体诚信考核办法，推动建立由电力企业、用户和第三方组成的多边交易市场管理委员会。对多边交易运行开展合规性检查，向政府和企业发布监管通报，对查出的5方面11项问题提出整改意见。

3）深化"两个细则"实施。京津唐电网及河北南网全年考核金额为4.1亿元，补偿分摊为5.1亿元；通过辅助服务市场化，京津冀调峰补偿金额全年超过1.2亿元。

4）主动配合地方推进直接交易、释放电改红利。2016年辖区内完成直接交易电量约920亿kWh，释放电改红利、降低用户电费超过60亿元。其中蒙西电网完成约780亿kWh，排名全国第一，占蒙西电网本地售电量接近70%。

5）夯实基础监管与加强前瞻性研究相结合。对华北电力企业2015年度价格与成本情况进行全面分析，召开年报审核会，形成专题分析报告报国家能源局。启动京津冀市场红利仿真分析，研究适应于华北和京津冀市场发展需要的输配电价建议方案并报国家发展改革委。

（3）加强能源行业规划政策监管。出台项目登记台账实施办法，建立纳入规划和核准的网源项目库，推进简政放权后的规划政策监管和发电项目竞争配置优选监管。按季开展电力供需形势分析预测，完成对区内煤电和冀北可再生能源规划建设、燃煤机组超低排放改造、化解煤炭过剩产能等专项调研或监管。在北京建立全国首个充电桩热线。

（4）落实企业主体责任，强化安全监管。

1）完成保电任务。编制重大活动保电方案，加强重点检查，开展多轮次保电督导检查，完成全国"两会"、天津达沃斯论坛、秦皇岛暑期、长征胜利80周年纪念活动、十八届六中全会等重要活动的电力安全保障工作。

2）推动地方健全应急联动机制。推动地方健全应急联动机制，组织召开京津冀三地政府参加的应对大面积停电协同处置机制首次专家专题研讨会，确立了"平时保安全稳定供应，应急保重点供电、快速恢复系统"的目标。

3）完善安全生产主体责任制度。加强迎峰度夏度冬安全监管，落实国家防总和国家能源局要求开展督查。在7月河北南网遭受特大暴雨灾害后，华北能源监管局启动应急协调机制，第一时间向国家能源局报告，及时到现场督导抢修，尽早恢复供电。建立工程建设安全告知制度，强化对主体责任的认知和执行，利用非现场监管手段实现"全覆盖"。对国网河北省电力公司从法规落实、信息报送、值班联络等六方面试点开展安全监管提升工程。

【国家能源局山西监管办公室】

基本情况 国家能源局山西监管办公室（简称山西能源监管办）是国家能源局在山西设立的能源监管派出机构，于2006年5月正式揭牌成立，原机构名称为"国家电力监管委员会山西省电力监管专员办公室"，2013年6月将国家电力监管委员会、国家能源局职责整合，重新组建国家能源局由国家发展和改革委员会管理。2013年10月更名为国家能源局山西监管办公室。

领导班子
党组书记、监管专员：薛浒
党组成员、巡视员：宋晋冀
党组成员、监管副专员：谢康

组织机构 内设综合处、市场监管处、行业监管处、电力安全监管处、资质管理处、稽查处6个职能处室。

市场监管

（1）电力体制改革。作为省电改小组成员单位，积极参与山西电力体制改革工作。牵头起草《山西省电力中长期交易基本规则》等4个制度及文件。参与省内电力交易中心和市场管理委员会的组建。针对交易电量申报、价格排序、合同签订、安全校核、计量结算以及信息披露等环节，及时纠正不合规行为，2016年先后约谈省电力行业协会和40余家电力企业。同时，对两批大用户直接交易和外送交易进行跟踪监管，保证交易在规则框架内开展。结合《关于推进售电侧改革的实施意见》，创新电力业务许可证（供电类）的发放工作，主动赴同煤等5家售电公司开展"送教到企"现场培训，帮助企业完善供电业务许可证申报材料，颁发首批5家非电网企业电力业务许可证（供电类）。

（2）电力市场规范有序。按月完成火电经营情况分析，召开季度经营分析会，通报有关情况。将减轻用电企业负担有关政策延续执行一年；处理兆光电厂力调电费问题，协调太原二电厂为兴安化工供汽、国投晋城热电公司电量不足相关事宜，配合西龙池抽水蓄能电站完成项目后评估工作。

组织调度和市场交易秩序、可再生能源消纳等专项检查，及时纠正违法违规行为，完成5项监管报告；多次参加直接交易会议，在促进外送、电量安排和交易方式上提出合理化建议；积极推进山西融入京津冀电力直接交易市场，配合华北能监局做好山西点对网机组的公示，实现山西600万机组进入京津冀电力市场。推进山西电力交易市场的完善，协调具备条件的发电企业进行合同转让。

积极推进大用户直接交易，组织完成8批电力用户和发电企业直接交易，总成交电量428.85亿kWh；努力增加跨区跨省交易，2016年度累计外送713亿kWh，协调推进临时交易电量110.95亿kWh；推进风火深度调峰交易31笔，交易电量233万kWh，促进了风电消纳，山西省辅助服务首次实现市场化。

组织电网、风电企业及科研单位召开可再生能源消纳工作座谈会，积极推进风电清洁供暖项目，促进可再生能源消纳。

行业监管 开展煤电项目规划建设专项监管，全面梳理各项目核准、开工、工程进度及42项报建审批事项办理情况。做好低热值煤发电监管和服务，开展入炉燃料使用专项监管，全面落实国家低热值煤产业政策。组织开展供热机组运行方式核定，满足冬季电网调峰需求，保障民生供热。研究制定《山西省可再生能源发电全额保障性收购暨补贴管理办法》，优先保障可再生能源发电上网，有效缓解弃风、弃光。配合完成40家燃煤机组超低排放改造验收，加强燃煤机组超低排放改造及运行监管。实现电力项目全过程监管，加强信息统计分析与监测预警，及时研判经济形势。制定2016年光伏扶贫工作方案和2016～2019年扶贫工作规划。及时开展古交电厂向太原市供热情况及太原市延迟供暖情况调查。

电力安全监管 召开电力安全生产各种会议13次；印发电力安全监管文件31份，函件10份；上报各类专项监管报告19份；现场应急预案备案42家，贮灰场安全评估备案19家。对11个地市44家单位进行重点督查，发现问题320项，下发整改通知书44份，闭环整改报告44份。组织开展安全经费使用、电力工程设计、发电企业技术监督、超低排放改造、防汛抗旱、质量安全、二次系统防护，以及班组安全生产建设和应急管理等15项专项督查，督查企业192家，发现各类问题623项，下发整改通知书192份；约谈企业6次。

组织开展主要负责人及安全管理人员安全培训9

次，培训人员达 1000 余人次，同时开展送教下企，对 5 个挂牌售电公司开展安全培训。

资质管理

（1）电力业务许可。

1）发电业务许可证持证情况。2016 年全省发电类电力业务许可证持证数量为 372 家，持证装机 7358.52 万 kW。2016 年颁发发电类许可证 54 家（火电 22 家，水电 1 家，新能源类 31 家），许可事项变更 34 家，登记变更 29 家，注销 2 家发电许可证。

2）承装（修、试）电力设施许可证持证情况。2016 年全省承装（修、试）电力设施许可证持证企业累计 365 家，一级 10 家，二级 25 家，三级 57 家，四级 237 家，五级 36 家。全省 2016 年新颁发承装（修、试）电力设施许可证 55 家中，三级 1 家，四级 47 家，五级 6 家。其中，国有企业 19 家，民营企业 36 家。延续的 36 家中一级 1 家，二级 3 家，三级 16 家，四级 15 家，五级 1 家。完成许可事项变更的 41 家、登记事项变更 47 家。注销 17 家，其中三级 3 家、四级 13 家、五级 1 家。

3）电工进网作业许可证持证情况。2016 年，全省电工进网作业许可证 123 597 张，其中高压 105 078 张；低压 11 891；特种 5934 张；多类别 694 张。2016 年新颁发电工进网作业许可证 6630 张，其中高压 5544 张；特种 747 张；多类别 312 张。截至目前，共有 11 676 人完成电工进网作业许可证续期注册审批程序。

（2）推动售电侧改革进程，开展电力业务许可证（供电类）的发放工作。对西山煤电、阳泉煤业等自供区情况进行调研，组织召开申请电力业务许可证（供电类）相关工作会议，山西省拥有自供区 19 家企业，30 余人参加会议。推进供电业务许可证的申领工作，帮助 5 家条件较好的西山煤电公司、大同煤矿电业公司、阳泉煤业公司、汾西煤业、太钢集团的自供区完善供电业务许可证申报材料，并进行现场核查，对现场核查中存在的问题下发整改通知书，并督促企业提出整改计划，进行改正完善。

（3）开展重点监管，提升许可管理质量。

1）加强电力业务许可证（发电类）许可监管。废止电力业务许可证（发电类）的临时运营。向 7 家原持有临时运营的燃煤发电企业下达《山西能源监管办关于废止临时运营申请正式电力业务许可证的通知》，废止了临时运营，通知企业按照有关规定申请正式许可证，5 家企业已取的电力业务许可证（发电类），2 家企业待环保验收通过后颁发。加强燃煤火电环保验收监管，发挥许可证后续监管作用。全面梳理已核发许可证的燃煤发电机组投产超过 1 年仍未完成环保验收的情况，针对 4 家企业未完成环保验收的问

题下达了《关于限期完成环保验收的通知》，进行约谈，要求限期整改完成。全面梳理未取证发电机组并网情况。对 50MW 以下各种类型机组进行分类；汇总属于淘汰落后产能机组，梳理超期服役机组情况，并向省水利部门发送关于《关于部分小水电运行超出设计使用年限需后续监管的函》，向山西省电力公司、地方电力股份有限公司下发《山西能源监管办关于上报全省并网发电机组情况的通知》，对全省并网发电机组进行梳理统计。

2）向全省不同类型的持证企业印发了山西能源监管《电力业务许可证管理规定》实施情况问卷调查，广泛征求意见，全力做好配合工作。

3）加强承装（修、试）许可证后管理。将发现的 4 家伪造许可证企业列入黑名单，并进行通报公示；通知即将到期的企业提交延续申请，注销未延续承装（修、试）企业，完善进入退出机制；向法制和体制改革司报送清理不合理证明有关工作的报告。

4）开展配电网工程执行承装（修、试）电力设施许可制度专项监管。印发《山西能监办关于开展 2016 年配电网工程执行承装（修、试）电力设施许可制度专项监管工作的通知》，启动山西省配电网工程执行承装（修、试）电力设施许可制度情况专项监管工作，对电网企业、招标代理机构、承装（修、试）电力设施企业在配电网建设过程中，执行许可制度的情况进行监管，严肃查处违反许可制度行为，促进市场公平开放，保证配电网建设改造工程安全。

5）开展 2016 年燃煤发电项目执行电力业务许可制度情况专项监管。开展山西省 2016 年燃煤发电机组执行电力业务许可制度情况专项监管工作，重点监督检查：项目是否符合国家规划和产业政策，是否经有关政府主管部门核准，实际建设情况是否与核准要求一致；新建项目涉及"上大压小"的，小火电机组是否按照要求关停；项目是否符合环境保护的有关要求等。

能源稽查 完成 2015 年供电监管暨用户受电工程专项工作 9 个方面 64 项问题的整改落实，并下发 6 个整改通知书，在此基础上召开 2016 年供电监管暨用户受电工程专项监管工作会议，安排部署 2016 年供电监管暨用户受电工程专项监管工作。9～10 月，组织对随机抽取的太原、运城、晋城和忻州等 12 个市县供电公司实施检查。对"十二五"期间全省配电网的投资和运行情况进行调查摸底，形成《山西省配电网投资运营情况分析报告》。每月跟踪统计全省"一户一表"改造进度，全省已改造完成 204 万户，占需改造数的 50.51%。起草《关于加快推进我省电能替代工作的建议》。

截至 2016 年 12 月 31 日，登录山西能源监管办

12398 热线平台人 20 867 次，受理 1289 件。其中投诉 1280 件，举报 9 件，办结率为 100%。

【国家能源局山东监管办公室】

基本情况 国家能源局山东监管办公室（简称山东能源监管办）于 2013 年 12 月 2 日正式挂牌成立。

领导班子

监管专员、党组书记：付海波

副专员、党组成员：左卫华

副巡视员、党组成员：孙永成

组织机构 综合处、市场监管处、行业监管处、电力安全监管处、资质管理处、稽查处。

主要工作

（1）准确定位。把全年能源监管工作具体为 14 个重点专项监管。通过煤炭行业去产能、煤电有序发展、煤矿塌陷区综合治理、淘汰地炼落后产能、电力调度交易与市场秩序等专项监管，和相关部门配合，停止和取消 2 个 30 万 kW 火电项目，推迟 190 万 kW 机组的建设，暂缓部分煤电项目的核准。现场检查的安全隐患整改率达到 95%，供电、市场检查问题整改率分别达到 97% 和 96%，全省成品油升级任务按期完成。

（2）问题导向，精准发力。把督促企业落实主体责任，作为全年安全监管的重点。公布各电力企业安全生产第一责任人及其责任清单，明确电网公司和省级发电公司必须对所属企业负起安全生产的管理责任，强化安全生产管理职能，自下而上形成党政同责、分级负责、失职追责的安全生产管理体系。重点检查电力企业和施工项目 68 个、组织企业现场排查隐患 1600 多次。

对 12 家市、县供电企业开展现场检查，共发现各类问题 130 余项。其中，针对"三指定"抬头、小区配套费政策执行和供电成本管理不规范的问题，开展专项监管。对存在问题的 15 家市、县供电公司一把手逐一监管约谈，逐一签订整改承诺书。针对煤电机组节能减排改造工期紧、隐患多等问题开展专项检查。分别对黄岛电厂、临沂电厂环保节能改造项目进行了重大隐患挂牌督办和停工整顿，对 14 家企业进行了经济处罚。

（3）放管结合，依法行政。利用"互联网＋"政务，优化审查流程，完善许可条件，合理放宽、降低准入门槛。豁免小容量新能源发电许可、调整施工企业机具标准、施工资质年度自查周期由 1 年延长到 3 年等。通过开展燃煤机组、配网工程执行许可情况、发电项目环保合规情况等专项监管，注销落后产能发电项目许可证 8 个，检查各类持证企业 27 家，查出问题企业 22 家并下达整改通知，对违规企业实施行政处罚，有效地督促相关企业依法依规经营，切实维护了市场主体的合法权益。

（4）优化服务，保障民生。根据山东省委扶贫攻坚实现"井井通""村村通"的部署，开展专项监管，对存在问题归纳分析，督促电力企业落实计划，保证进度，实现年内全省动力电村村通的目标，机井通动力电 9 万眼。开通山东省电力业务许可、12398 能源监管热线微信服务公众号，通过政务咨询平台、热线电话等渠道，回复各类咨询 4000 多条次。印制"百问百答"手册，对办事群众咨询集中的问题和许可申请中常见错误进行解答与规范。举办能源政策宣讲培训，为 300 多家企业现场答疑、政策解读。开展安全法规宣讲、安全生产咨询日大型公益活动。联合律师事务所共同建立 12398 能源监管热线法律咨询平台，每月 4 次为群众免费提供法律咨询服务。

（5）改革创新，务求实效。先后 5 次向省委、省政府专题报告，提出全省电力体制改革的意见建议。其中，在山东建立电力实时交易市场的建议，郭树清省长批示相关部门研究落实。已联合华北电力大学开展前期研究。根据派出机构职能、权力责任清单和国家能源局部署，争取并分工起草制定山东省电力市场规则、规范自备电厂建设运营办法和加强市场监管等重要改革方案文件。

与经信、物价等部门密切协调配合，扩大交易规模、放开用户准入、建立季度偏差电量调整机制。全省电力直接交易规模从 2015 年的 200 亿 kWh，到 2016 年实际签约电量 643 亿 kWh，年降低用电成本 35 亿元，分别是 2015 年的 3.5 倍和 14 倍。全省注册成立 200 多家售电企业。积极推进对拥有存量配网资产的企业颁发供电类业务许可。

（6）党务业务，融合发展。年初，确立了创建省级文明单位、创建先进基层党组织的"双创"目标。成立道德文化、环境美化、服务优化、公益活动等 6 个"双创"活动小组，把党建工作、落实巡视发现问题整改、"双创"任务、"两学一做"学习教育列入各处室月度工作计划，与监管业务同部署、同落实，同考核。2016 年，被评为省级文明单位，机关党总支被评为省直机关先进基层党组织，全办被评为职业道德建设先进集体，2 项党建调研成果在全省交流，3 人被省直机关工委批准为预备党员，8 人次获得省直部门的表彰奖励。

【国网北京市电力公司】

企业概况 国网北京市电力公司（简称国网北京电力）是国家电网公司的子公司，负责北京地区 1.64 万 km² 范围内的电网规划建设、运行管理、电力销售和供电服务工作。

下辖二级单位 29 个，包括供电公司 16 个、业务支撑和实施机构 10 个、其他单位 3 个。2016 年完成售电量 918.37 亿 kWh。

领导班子

国家电网公司副总工程师兼国网北京市电力公司总经理、党委副书记：李同智

党委书记、副总经理：杨新法

副总经理、党委委员：刘润生

副总经理、党委委员：安建强

副总经理、党委委员：唐屹峰

总会计师、党委委员：李路

副总经理、党委委员、工会主席：王西胜

副总经理、党委委员：张铁恒（2016 年 3 月任，原任公司纪委书记）

副总经理、党委委员，通州公司总经理、党委副书记：赖祥生

副总经理、党委委员，城区公司总经理、党委副书记：孙兴泉（2016 年 12 月任副总经理）

党委委员、纪委书记：闫承山（2016 年 3 月任）

总工程师：陈守军（2016 年 12 月任）

副总经理、党委常委：杜小波（2016 年 3 月离任）

副局级调研员：柏磊（2016 年 7 月退休）（关首峰、杜长军）

电网概况　截至年底，北京电网内共有电厂 30 座，机组 205 台（含 124 台风力发电机），总装机容量 10 769.8MW。北京地区运行的 110kV 及以上变电站 476 座，变压器 1191 台，变电容量 110 810.7MVA。其中：500kV 变电站 10 座，变压器 28 台，变电容量 27 606MVA；220kV 变电站 85 座，变压器 226 台，变电容量 39 535MVA。110kV 变电站 381 座，变压器 937 台，变电容量 43 669.7MVA。北京电网共有 110kV 及以上架空线路 573 条，共 6845.455km，110kV 及以上电缆线路 931 条，共 1924.6km。其中：500kV 架空线路 8 条 312.706km，500kV 电缆线路 2 条 13.372km（其中昌海、门海线为架混线路）；220kV 架空线路 205 条 2783.83km，220kV 电缆线路 135 条 579.57km；110kV 架空线路 360 条 3748.919km，110kV 电缆线路 794 条 1331.658km。

拥有 35kV 及以上变电站 492 座，变电容量 89270MVA，输电线路 8864km，电缆 2041km；历史最大负荷 20828MW；城市供电可靠率 99.982%。北京电网形成六大分区相互支持的坚强结构，具备资源配置能力和抵御风险能力。同时，北京电网又是一个典型的受端电网，本地发电仅占全部用电负荷的 30%，其余 70% 的电力依靠山西、内蒙古等地输入。

人力资源　2016 年，国网北京电力业绩排名蝉联 A 段，人资专业管理对标保持国家电网公司标杆行列。竞赛调考综合排名首次进入 B 段；全员绩效管理规范指数、人力资源计划完成率排名第一。

截至 2016 年年底，共有全民职工 8101 人，其中研究生及以上学历 1431 人，本科学历 3786 人，专科学历 1641 人；高级职称 1152 人，中级职称 1937 人；技师及以上职业资格 3963 人，高级工 1894 人，中级工 426 人。

作为"三集五大"优化提升试点单位，按"4+1"的总体建设思路，在顶层实施专业集约，在管理上强化内部协同，在一线注重业务融合，对外推行服务一体；创新建设主配网指挥平台，深化"五位一体"应用，构建"移动终端＋互联网＋大数据"的智能管控、智能作业和智能服务体系，实现上下贯通、左右协同，落地基层、惠及客户。

开展人力资源诊断分析，编制《公司"十三五"人力资源规划》。毕业生招聘数量较 2015 年提高 56.9%，硕士及以上学历占比 54.26%。完成"三集五大"深化集约专业人员优化配置，开展青年人才交流竞聘，实现人员交流配置 1668 人次，其中跨单位配置 425 人次。完成薪档晋升调整，加大政治供电、劳动竞赛等专项奖励力度。以"保职工利益、降企业成本"为目标，落实了"五险"费率调降政策；向政府部门争取稳岗补贴资金，并围绕国网北京电力年度重大任务和重点工程，薪酬分配向基层单位倾斜。围绕年度重点工作和任务，层层分解指标体系，量化落实考核责任，实施考核目标"双提升工程"，完成各项考核任务。

新增专家人才 206 人，其中国家电网公司级优秀专家人才 17 人。以业绩为导向，完成 408 名专家人才年度考核。建立专家骨干人才培养和使用新模式；以专家人才为主体，开展专兼职培训师资格认证工作。

电网建设与发展　配合市发展改革委编制《北京市"十三五"时期能源发展规划》《北京市"十三五"时期电力发展规划》，并获北京市政府批复，新建 7 项外受电通道工程、266 项输变电工程和配电网工程全部纳入北京市"十三五"能源和电力发展规划。编制《北京市行政副中心智能电网建设方案》《北京市副中心电网空间布局规划》《"煤改电"配套规划方案》《2022 年冬奥会延庆赛区配套电网规划方案》等重点区域配套电网规划，开展新首钢高端产业综合服务区、北京新机场及周边地区配套电网规划调整。全面启动实施首都电网"135"提升工程，投入资金 1000 亿元，围绕 3 大目标，优质高效推进 5 大重点电网建设任务。

促成国家电网公司和北京市政府签署面向"十三五"战略合作协议，先后与西城、丰台、延庆、亦庄、石景山、昌平区政府签订"十三五"战略合作协

议；与首钢集团、北京新机场签署战略合作协议，将配网投资范围延伸至园区和机场红线内，打破了传统的自供区格局。力促北京市政府采用"一会三函"模式加快前期工作进度，惠及重点工程65项；创新配套变电站与轨道交通同步规划、同步拆迁、同步建设、同步投运的"一体化"新模式，落实长期无法解决的变电站站址11处。全年共取得110kV及以上电网项目核准71项、规划意见书132项。

《"强简强"电网规划研究》获得国家能源局专项表彰，《基于智能终端的电量与线损同期管理模式研究与实践》获得国家电网公司管理创新三等奖，《基于同期"四分"线损管理的关键技术研究和应用》获得国网北京电力科技进步一等奖，《基于四大专业六大平台的同期线损精益化创新管理实践》《基于综合计划全过程管控的售电量计划管理提升卓越实践》获得国网北京电力卓越绩效典型案例一等奖。

经营管理　2016年，购售价差同比提升4.27元/MWh，落实"营改增"政策，降低企业税负。2016年，固定资产投资完成216.28亿元，取得国家电网公司支持，将"煤改电"等29项配套工程及时纳入年度投资计划，并争取到13亿元投资规模。构建项目效益分析指标评价体系，在网架结构、供电能力等7个维度制定41项指标，实现主网项目分级评价。提前预安排2017年新开工重点项目316项，当年投资24.90亿元。协调北京市发展改革委，争取到"煤改电"历史补贴和新开工补贴共21.31亿元，累计取得外部渠道资金支持20.31亿元。

建成北京电力运监大数据应用平台，完成与12个业务系统、72个接口的集成，累计接入数据3.2亿条，实现核心指标百余项监测点的动态监测分析。电网运营在线监测系统上线运行，结合北京地区特点，重点开展"煤改电"工程及采集电量监测分析工作，及时研判电采暖电量变化趋势和发展规律。开展常态化监测分析工作，组建安全生产、营销服务、财务专业等七个常态化监测工作小组，每月收集73项主题及专题的249张数据源表近500万条数据，定期编制并发布各项业务监测分析报告。

全年完成110个批次的物资和服务采购工作，完成3463份合同的签订工作，完成物资检测量44 834件，共发现并处理不合格物资1586件，约谈问题供应商226家，开展监造工程10项。

2016年7月15日，首都电力交易中心有限公司正式挂牌成立。2016年，北京电网全口径购电量980.82亿kWh，同比增长6.34%。为改善北京地区空气质量，组织完成关停燃煤电厂发电权交易电量59.07亿kWh，节约标准煤34.54万t，减排二氧化碳89.79万t、二氧化硫7267t；加大清洁能源引入力

度，代理完成远郊区非居民客户与京外电厂直接交易电量22.85亿kWh；完成集中电采暖用户采购东北富裕风电的大用户直接交易0.46亿kWh；落实"电力援疆"合作协议，完成"疆电入京"交易电量2.88亿kWh；组织三个批次燃气电厂电量压减200h的京外电厂清洁能源电量替代工作，交易电量1.37亿kWh。

两级审计共完成各类项目105项，促进增收节支2.74亿元，发现问题1285个，提出审计建议1132条，审计建议采纳率100%。清理长期未及时决算工程2000余项，节约租金1125万元，收回各类资金1.2亿元。完成16项离任审计及公司所属17家单位189项工程的竣工决算审计。开展"煤改电"工程跟踪审计，提出"一村一卡"跟踪审计模式。创新项目在线审计方式，开展集体企业资金管理专项联合审计。完成国家审计署"重大政策落实"跟踪审计和公司原总经理经济责任审计配合工作，完成对英大传媒集团公司经济责任等3项国家电网公司审计项目的审计工作。《信息化手段提升审计监督服务能力的创新实践》荣获中国内审协会内部审计信息化优秀成果奖，《新常态下基于JDL模型的内部审计监督全覆盖的探索与实践》等2篇论文荣获中国内审协会内部审计理论研讨三等奖。

梳理600余项配套制度。提出通用制度调整建议5项，新建修订自建制度20余项。签订合同37 447项，法律审核率100%。参与15批次招标保障，对200余项单一来源采购逐项进行法律审核。处置新发案件130起，同比增长22%。发行《电网企业法律纠纷典型案例评析》。

安全生产　2016年，变电、输电、配电设备故障同比降低48%、36%和43%。完成"大检修"体系深化建设，在检修分公司成立"信息交互、分析指挥、管理决策"功能于一体的运检指挥中心。施行输电线路属地化管理。围绕国网北京电力配网建设改造，开展配网常态化技术监督，打造城市副中心"国际一流"配电网。推进集约化运行监控和运维管理，支撑配网调控、运维抢修和精益化管理。

全年完成保电任务219项，保电324天。完成了全国两会、纪念抗日战争爆发79周年、天宫二号及神舟十一号航天任务、十八届六中全会以及纪念全球能源互联网中国倡议一周年活动等重要保电任务。

成立公司安全监控中心，利用平台及移动作业对3380个作业现场开展全流程的实时检查，查处整改违章823项，7家单位被列入负面清单。

推进资产全寿命周期管理体系深化应用，达到国家电网公司"领先型"水平。编制《大面积停电事件应急预案》《应急防恐发展规划报告》，建设第二综合

救援队伍，开展"煤改电"、迎峰度夏（冬）等应急演练 120 余次。首次实施重大活动供电保障安保特勤队伍巡护。

全年未发生人身伤亡安全事件，未发生五级及以上电网、设备安全事件，未发生六级及以上信息安全事件，平稳应对迎峰度夏（冬）和汛期考验。全年安全事件、违章同比分别下降 43%、26%。强化安全双准入管理，发现并整改安全隐患 1914 项。

营销工作 售电量完成 918.37 亿 kWh，同比增长 6.72%。线损率累计完成 6.88%。年内新增用电客户 29.81 万户，新增接电容量 12833.1MVA，同比增长 42.24%。推广电能替代项目应用 538 项，完成电能替代电量 22.40 亿 kWh。年内开展电价结构调整、基本电费电价调整、代理 10 个远郊区县非居民客户试行区域差别试点电价政策调整。开展电价执行情况稽查，发现执行问题 120 户。开展 252 人次电价知识抽调考。加强电费回收管控，当年电费回收率实现 100%，实现年底电费零在途。联合市发展改革委、公安局开展反窃电行动，共查处窃电、违约用电 415 户，追补电量 12900.7MWh，追补电费 780.05 万元，追补违约使用电费 3590.16 万元。

全年换装智能电能表 60 万只，更换约 0.7 万台非互通集中器，微功率无线采集网络互通率 80%。除去少量待拆迁客户、边远山区信号无法覆盖等问题，全部实现采集覆盖。提升采集系统运行水平，采集数据抄通率 99%，应急送电 1h 下发成功率 99%，日常购电费 1h 下发成功率 97%、24h 成功率 99.8%，采集系统在线监控异常问题 14 天内处理完成率 95%。完成"四线一库"自动化设备上线试运行，完成计量建标及检定授权工作。实现计量器具订单式直配全业务流程上线运行，基层供电所部署智能周转柜 239 台，累计完成各类直配订单 356 单、计量器具 16.3 万只，订单响应平均时间 4.5 天。在北京地区全面试点使用手机 APP 接收处理采集运维工单，全年累计完成 1.5 万单。全年累计签订内外部"契约"服务书 569 项，容量 2473.4MVA。开展业扩物资储备新模式，全年组织完成四批次 8545 万业扩储备物资招标工作。建立业扩报装业务协同新机制，协调重点工程 257 项，平均接电时间缩短 15 天。创新"互联网+"服务新手段，手机 APP 累计受理业扩报装共计 20 917 项，容量 1801.7MVA，线上报装率 47.59%。实现业扩全流程线上办电，对 5000kVA 及以上供电方案实现各部门线上协同会审，5000kVA 以下供电方案向协同部门实施备案。建立业扩配套工程项目包管理制度。

科技与信息化 全年研究开发费投入 13 789 万元。"交直流混合配电网规划技术科技攻关团队"被授予国家电网公司第四批科技攻关团队称号，"先进配电自动化与配电网优化控制联合实验室"被授予国家电网公司联合实验室称号。获中国标准创新贡献奖 1 项、中国电力科学技术奖 2 项、北京市科学技术奖 5 项、国家电网公司科技进步奖 9 项，入围北京市 2016 年科学技术奖 8 项。完成专利申请 579 项，其中发明申请 329 项；获专利授权 286 项，其中发明授权 73 项。

完成 110kV 及以上电网建设项目环评 35 项、竣工环保验收 33 项，完成 104 座在运变电站电磁环境和噪声监测。参加第六届北京科学嘉年华活动，与民间环保组织合作建立国内电磁环境专业网站。

完成"互联网+北京电力"规划方案编制，确定了"1+N+N"信息化建设内涵，两个系统、12 个移动应用投入使用。建设智能运检管控平台、配网运营指挥系统、领导决策支持移动应用、安全生产管控移动应用、配网运维抢修、营配一体化末端融合移动应用、"掌上电力"移动应用、通信巡视和信息运维移动应用等。

全年完成信息化项目 109 个，获得 2016 年中国电力行业信息化成果二等奖 4 项、三等奖 5 项，国家电网公司信息化建设优质项目 1 项。完成城区、通州两家大型供电企业的数据接入应用，获得国家电网公司创新发展技术成果 5 项，作为国家电网公司唯一成果发布单位出席"世界互联网领先科技成果发布活动"。

全年信息系统安全事件数保持零纪录，信息网络运行率、系统检修执行合格率、信息调度管理规范性均为 100%。完成全国两会、G20 杭州峰会、网络安全攻防演习等重大政治活动信息安全保障工作。完成国家电网公司信息通信运维服务管理规范编制等 25 项技术支撑专项任务。获得国家电网公司信息运行方式编制优秀单位称号、信息通信安全运行流动红旗和信息通信优秀基层单位（班组）流动红旗。信息安全红蓝队在第三届首都网络安全日大赛中取得优异成绩。

完成国家电网公司一体化电视电话会议系统二期建设，完成原有标清专线系统高清化改造；完成骨干传输网 A 平面子环网改造及供电所、营业网点光纤建设，35kV 及以上变电站、主要办公场所、营销网点、分支机构的光纤覆盖率 100%。开展基于 230 专网和 LTE 专网技术的无线接入方案现场应用试点，完成北京城市副中心高端智能配电网建设通信技术方案，全面覆盖 1.5 万个配电自动化终端、6.3 万个公用变压器、5.7 万个专用变压器以及 732 万居民用户，实现配电自动化、用电信息采集、分布式能源及电动汽车充电站（桩）等业务承载。开展通信网运行方式分析，完成15条OPGW光缆线路三点接地改造；完成554个站点通信隐患梳理工作，累计排查通信隐患61项，全部完成整改。

优质服务 完成全国两会、航天发射、十八届六中全会等重要保电任务219项，保电天数达到324天，实现服务零差错、供电零闪动、客户零投诉工作目标。配合国家电网客服北中心完成95598报修工单直派供电公司工作，95598热线受理业务91万件，按时完成率99.93%，办结业务910 377件，退单率0.005%，各项业务总满意率99.75%。在优化过程中实现了"零投诉"。规范营业窗口服务行为，开展营业厅服务人员轮训工作，累计完成4轮800人次培训。推出了面向客户的"掌上电力"居民版、企业版APP，面向电力一线抢修、服务人员的"掌上电力"电网版、营配末端融合APP，实现电力客户使用手机APP随时随地办理业务和查询信息，电力一线抢修、服务人员实时在线办理业务。"掌上电力"居民版、电力微信注册绑定用户294.69万户，"掌上电力"企业版注册绑定用户4.66万户。开展线上受理应急送电2.12万笔、可视化电力报修1100户次，居民网络自助交费率达到60%。落实服务、通知、报告、督导"四到位"要求，完成1243户重要客户的用电安全评估工作。推进民生工程建设，完成31个老旧小区改造，惠及居民客户4.3万户；完成地铁16号线、6座可再生水厂、65个保障房等工程送电任务。

落实《北京市开展电力体制综合改革试点》等征求意见稿的意见反馈和正式文件的精神要求，先后起草编制《北京市电力用户与发电企业直接交易试点方案》等建议稿，发布北京地区月度、季度电力市场交易情况和工作信息。交易大厅累计接待人员来访198人次，受理问询793次；购售电协议和合同签订率、备案率及交易结算准确率均为100%。

农村电采暖工程 根据环保部关于印发《京津冀大气污染防治强化措施（2016～2017年）》的通知（环大气〔2016〕80号）文件要求和北京市政府关于大气环境治理的工作部署，在确保完成全市重点推进的463个"煤改清洁能源"村庄（其中"煤改电"村庄400个13.2万户）的基础上，超额完成247个"煤改电"村庄的建设任务（含区政府投资建设的142个村），"煤改电"总村庄数达到了647个，改造总户数达到25.13万户。实施"煤改电"后，每年可减少燃煤75.39万t，减排二氧化碳196.01万t、二氧化硫1.82万t、氮氧化合物0.54万t。

党的建设和精神文明建设 开展"两学一做"学习教育，开展"三亮三比三争当"主题活动及党组织生活创新设计"五个一"评选活动，查找3个层面需重点解决的14项突出问题，制定完成整改措施255

项。在127支党员服务队基础上，组建27支党员突击队，设立834个党员示范岗和332个党员责任区。完成调控中心、检修分公司等基层组织调整。制定《国网北京市电力公司党委议事规则》，完成党组织换届工作。完成党费收缴专项检查和2496人次党组织关系排查及后续处理。加强党风廉政建设和反腐败工作，开展各类警示教育434场次，直接受教育面达3万余人次。开展履责约谈3254人次。并以交流轮岗作为硬约束，实施重点岗位人员监督管理工作，全年交流219人次。开展"煤改电"工程监审联合监督行动，现场查纠455个村、22个街道。实施八项规定、工程建设、集体企业管理专项监督工作。

开展"道德讲堂"活动共计106期，参与人数7204人。全年建成企业文化长廊53处，企业文化示范点78个。4个供电所获评国家电网公司企业文化建设示范点，3人当选"最美国网人"。张文新获评首批"国网工匠"，王小宁当选年度"国企楷模"优秀人物。团委获中央企业和北京市五四红旗团委称号，在国家电网公司第二届"青创赛"中荣获2金4银5铜，在中国第三届青年志愿服务大赛中荣获2金，城区供电公司代表中央企业荣获最佳团队奖。

实施"电靓京城"品牌传播与塑造活动，实现"特高压入京、北京城市副中心建设、实施电能替代"等重点工程、重大议题传播在中央电视台新闻联播、新华社现场直播、境外传播的新突破。《人民日报》、新华社等权威媒体报道310篇次，《北京日报》等市属媒体报道1420篇次。中央电视台播出新闻总时长60分钟36秒，北京电视台播出新闻总时长210分钟10秒。《基于新媒体的品牌传播和维护工作实践》获得北京市管理创新成果一等奖。"电力爱心教室"公益项目入选北京大学光华管理学院"跨界公益行"专业课堂。牵头组织完成国家电网公司首届党群队伍专业技能竞赛参赛工作，获得团队三等奖。与英大传媒集团签订深化战略合作协议，推进公司媒体创新融合，官方微博体系反馈客户各类信息977件。微信公众号总点击量218万，粉丝数达82.5万。微信公众号荣获"能源企业百强微信公众号"称号。

获得国家电网公司2015～2016年度品牌建设先进单位。记者站被评为国家电网报社"十佳记者站"、中国电力报社"优秀记者站"。中电传媒新媒体好新闻评选中，《北京电网最大负荷突破2000万kW刷新纪录》获网络新闻一等奖，《电器总动员》获新媒体技术应用一等奖。15部影视作品在全国电力行业优秀影视作品评比中获奖，在英大传媒电视作品展评中，《电充足了 民俗村富了》获新闻类金奖，《我的中国梦——全球能源互联》获国网故事类金奖，《孟想的梦想》获微电影类金奖，《高人老高》获纪录片类金奖。《一分钟"玩转"电采暖——补助有方法》获"能源行业微信好文TOP10",《高人老高》获得国家电网公司年度十佳作品第一名。

召开第一次会员代表大会,选举产生工会委员会与经审委员会,把重点工程、重要任务、重大课题作为竞赛重点,全面开展"煤改电"工程、"五新"服务、智能配电网等7项竞赛活动。离退休工作部作为国家电网公司唯一代表,荣获"全国老干部工作先进集体"荣誉称号。

主要事件

1月19日,国网北京电力管理创新成果首次荣获全国企业管理现代化创新成果一等奖。

2月4日,国家电网公司董事长、党组书记刘振亚来到国网北京电力调度控制中心,视察北京电网春节和全国两会供电保障工作,慰问干部员工。

2月26日,国网北京市电力公司发布《电靓京城、服务国际一流和谐宜居之都建设2015》白皮书,以10年跨度背景总结回顾了北京电力服务首都经济社会发展所付出的努力,以及对未来做出的承诺。

3月3日,国网北京电力完成北京行政副中心配电网建设、农村"煤改电"配套建设和配电自动化建设改造、配电网建设改造技术原则的编制工作。

3月4日,中央各部委推选,首都文明办在全市共评选出"首都学雷锋志愿服务示范站"5个、"首都学雷锋志愿服务示范岗"6个,国网北京电力获得了2个示范站和2个示范岗的好成绩。

6月6日,国网北京电力配合北京市发展改革委编制的《北京市"十三五"时期电力发展规划》获得北京市政府正式批复。

7月15日,首都电力交易中心有限公司成立大会暨揭牌仪式在北京举行。

11月16日,国网北京电力建成国内首个"煤改电"实景示范展示区。

11月25日,北京市委副书记、副市长、代市长蔡奇对国网北京电力2016年"煤改电"配套电力工程工作,给予了高度肯定。

12月23日,国网北京电力获全国老干部工作先进集体荣誉称号。

(吴国健　陈淑芳)

【国网天津市电力公司】

企业概况　国网天津市电力公司(简称国网天津电力)隶属国家电网公司,负责天津电网规划、建设和运营,致力于为经济社会发展提供安全、经济、清洁、高效的电力能源供应。供电面积1.19万km²,供电服务人口超过1500万,供电户数578万户。

国网天津电力面对内外部形势最新变化,瞄准"两个排头兵"发展目标,提出以卓越运营为主线,以安全、质量、效益、效率为中心,以变革创新为动力,坚持网式思维、链式管理、点式突破工作原则,走精品型、引领型、主动型、特色型、共赢型发展路线,全力推进"三个建成"(建成世界一流城市供电网、建成国际一流现代电网企业、建成国际化公用事业服务体系),完成各项目标任务,实现"十三五"良好开局。全年售电量完成648.86亿kWh,线损率6.74%。新增35kV及以上变电容量778万kVA、输电线路834.91km。业绩考核连续五年被评为国家电网公司A级,在国家电网公司内部对标中综合排名第5,荣获综合、业绩和管理三个标杆。

电网概况　天津电网是华北电网的重要组成部分,位于华北电网东部。目前通过锡盟—隆化—廊坊—海河—泉城2回1000kV交流线路及鄂尔多斯—北岳—保定—海河2回1000kV交流线路与华北特高压主网相联。通过北郊—安定、盘山—通州2回500kV交流线路与北京电网相联,通过吴庄—霸州双回、静海—黄骅双回共计4回500kV交流线路与河北南网相联,通过安各庄—芦台双回500kV交流线路与冀北电网相联。

截至年底,天津电网共有1000kV变电站1座,1000kV主变压器2台,变电容量6000MVA,1000kV线路8条,线路长度578.65km;500kV变电站7座,500kV主变压器16台,变电容量15 120MVA,500kV线路21条,天津维护段长度822.016km;220kV变电站71座,220kV主变压器163台,容量29 376MVA;220kV线路231条,线路长度3177.969km;110kV变电站150座,110kV主变压器310台,容量15 237.5MVA,110kV线路336条,线路长度3920.333km;35kV变电站267座,35kV主变压器589台,容量10 687.9MVA,35kV线路1314条,线路长度8385.007km。

人力资源　人力资源管理成效显著提升。人才当量密度完成1.0766,同比提高4.4%;人才数量较"十二五"初增长了6.7倍;13人入选国家电网公司优秀专家人才,科技人才入选数近年新高。深化柔性化管理,探索"刚+柔"平台型组织运行新模式,应用于企业智库建设实践,形成对"三集五大"体系的有效补充。构建EAP管理融合实施模型,荣获第二十二届全国企业管理现代化创新成果二等奖,上线在线心理服务应用平台(i-EAP),开展EAP专业场室驻场心理服务,员工心理状态连续3年优于行业及全国企业总体水平。探索人岗精益化管理,盘点人岗匹配度,形成人岗相宜的配置机制,《基于战略性人力资源管理的人岗匹配实践》入选国家电网公司典型经验。优化价值化管理,构建基于组织价值和人才激励的工资总额分配机制;推广职员职级管理,709人受聘各级职员，实现员工价值回报与个人业绩统一。开展基于人才成长的绩效经理人工作成效评价，分析绩效经理人在组织决策、管控授权、沟通辅导、员工培养等方面的成绩和不足，制定针对性改进措施，引导绩效经理人履职能力提升。拓展"互联网＋培训"模式，推广应用"津电成长"移动平台和网络大学，开展微学习、微分享，行动学习催化师培养项目获中国企业最佳学习项目奖。优化人才评价机制，增设破格条件，实现员工技术技能发展通道互通，681人晋升职业技能（技术）等级。

电网建设与发展　电网规划建设成果显著。"十三五"电网发展规划整体纳入天津市电力规划，电力空间布局纳入城市总体规划和土地利用规划。特高压"两交"工程投运，锡盟—泰州、扎鲁特—青州"两直"工程分别完成组塔80％和基础施工50％。静海500kV变电站工程首获国家优质工程奖，南蔡500kV变电站工程摘得国家电网公司项目管理流动红旗，天津南线路和南蔡站工程项目部首次获评国家电网公司示范业主项目部。海滨110kV变电站作为华北地区首个模块化变电站正式投运。全国首发《城市能源互联网发展白皮书》，选择典型区域开展城市能源互联网平台样板试点工作，建成中新天津生态城智能电网创新示范工程。配电自动化覆盖率达到70％，实用化水平系统内领先。完成62个小城镇（中心村）电网改造和武清"煤改电"配套电网年度建设任务。

经营管理　经营业绩指标再创新高。加强资金管控，优化购电结构；落实"营改增"等税收政策，降低年资金占用1.07亿元；清理往来款项和"两金"共计57.3亿元。充分发挥两级集中采购优势，节资率达到7.7％。大力增供扩销，报装接电603.56万kVA，增长4.21％。替代电量25.55亿kWh，超额27.8％完成年度目标。系统首家上线"车联网"平台，累计充换电量2258.5万kWh，增收5109万元。开展电费回收"攻坚结零"专项活动，实现全年电费颗粒归仓。搭建集体企业资金池，年增收益2350万元。开展三源信息公司"新三板"挂牌申报工作，迈出混改实践第一步。

安全生产　本质安全能力不断增强。以责任、标准、管控、创新为核心，以"九项安全行动"为中心，推进公司本质安全建设。巩固"预防治本"安全工作长效机制，狠抓安全责任落实，严控各类安全风险，公司安全发展基础持续稳固。牢固树立"隐患就是事故"理念，初步构建本质安全框架体系，实现电网安全运行和电力可靠供应，全年未发生7级及以上安全事件。完成"两交"特高压全过程技术监督。提升本质安全能力，开展标准化作业观摩11次，上线

全员安全能力评价系统。荣获全国"安康杯"竞赛优胜单位，值班应急工作在国网天津电力和国家电网公司范围内得到广泛推广，"特大型城市电网故障快速处置协同机制建设"获全国电力行业设备管理创新成果特等奖，资产全寿命周期管理达到"领先型"。PMS2.0单轨运行等一批成果通过国家电网公司验收。推动政府出台电力设施保护指导意见，全年外力破坏率下降23.1％。加强京津冀电力应急联动，完成3个城市供电网应急抢修中心布局。完成夏季达沃斯论坛等107项重大活动保电工作，国网天津电力首次进入全运会国家大型活动保障核心指挥机构。电网经受1392万kW历史最高负荷考验，连续11年没有拉路限电。

营销工作　在优质服务、经营管理、新型业务等各方面取得新突破。获评"二〇一六年全国用户满意标杆企业"，荣获国家电网公司同业对标专业管理标杆，实现了"十三五"的良好开局。深化营销课题研究和管理实践，《电网计量装置柔性配送模式设计与实施》获中国物流学会、中国物流与采购联合会物流管理类成果一等奖，《电网企业绿色复合型能源网管控实践》获天津市第二十二届企业管理现代化创新成果一等奖；完成《天津市电力用户与发电企业直接交易试点方案》，开展售电侧开放背景下盈利模式研究；实施武清"煤改电"等替代项目，电采暖供热面积达到170m²；加快布局公用充换电设施建设，基本建成区域内5km充电服务网络；"多表合一"建设纳入《天津市"十三五"能源发展规划》和《天津市"十三五"电力发展规划》，打造全运村、滨海旅游区等示范项目和样板工程，承办总部多表合一华北片区现场会；依托"互联网＋"技术，推广"掌上电力"等线上服务渠道，实现客户网上业务办理、购电缴费和用电咨询，新增"掌上电力"、电e宝注册客户30万户；搭建营销全业务、全过程质量管控平台，实现业务质量标准化管控；打造全国首家以电为中心的"绿色复合型能源网"，开展综合能源"规划、设计、运维"一站式定制服务，实现综合能源托管、节能改造；深入开展星级供电所建设，形成农村供电服务"九化"标准，盘山供电所和大邱庄供电所获评国家电网公司五星级供电所；计量中心计量自动化检测基地和滨海公司自贸区滨海客户服务分中心获得全国五星级现场荣誉，城南公司、城东公司获得全国实施用户满意工程先进单位等。

科技与信息化　科技创新收获新成果。实施创新驱动发展战略，依据"规划引导、突出重点、注重实效"的原则，围绕国网天津电力城市能源互联网发展方向，重点在配电网技术、输变电设备运行与管理技术、大电网安全分析与规划技术、电力系统自动化技

术、电网安全控制与保护技术等领域开展研究工作，共计开展研究项目98项，投入10 799万元。编制《国网天津电力科技"十三五"规划》，进一步明确科技发展目标和方向，首次获得国家级科技奖励（国家科技进步二等奖1项），实现科技成果历史性突破，获天津市科技进步一等奖1项、国家电网公司科技奖6项。全年完成专利申请896项（其中发明471项），获得专利授权461项（其中发明81项）。国网天津电力智能电网建设继续保持领先优势，建成中新天津生态城智能电网创新示范区，并实现全球首套分布式虚拟同步发电机挂网运行，国内外首次编制并发布《中美智能电网效益分析白皮书》。四个项目获评国家电网公司信通新技术创新发展行动计划优秀成果，两个项目获评国家电网公司优质信息化项目。创新开展4G无线专网建设试点项目，通过数字化手段有效推动公司管理转型。

优质服务　企业发展生态更加优化。围绕电网建设、电力改革等重点工作，主动向政府沟通汇报，争取到建立电力工程联席会议机制等多项支持。与东丽区、临港工业区等签署合作协议，与国网能源院、国网电动汽车公司等开展全面战略合作，企业发展环境持续优化。超前对接南港等重点园区用电需求，完成"两化搬迁"等一批重大项目送电。构建了以"六进""四心"为载体的普遍服务体系，以"快、高、新"为特征的高端供电服务体系初步形成；连续11年实施"天津电力心连心工程"；完成40个保障房项目电力配套建设以及海河口泵站、3个全运会场馆等市重点项目送电；完成达沃斯论坛等107项保电任务。履行社会责任，蝉联6届城市民生贡献奖，对接融入区域发展白皮书微信点击突破150万次。深化诉访协同机制，强化舆情引导与新闻宣传联动，企业发展保持和谐局面。

加大行风监督力度，全年暗访供电营业窗口68个，回访社区居民45户，模拟95598报修15次，核查业扩报装工单277个，将行业不正之风隐患消除于萌芽。建立纠风和行风建设内部通报机制，编制下发通报2期。导入卓越绩效模式，动态修订行风同业对标指标体系，印发《公司2016年行风建设同业对标实施方案》，强化指标排名统计发布，推动纠风工作上水平。参与国家电网公司监察局行风廉政和基层作风重要问题线索移交处理机制顶层设计，协助监察局完成95598行风投诉内容梳理和转办流程编制工作，提升公司在国家电网公司纠风工作中的参与度和话语权。

党的建设和精神文明建设　全面从严治党深入推进。学习贯彻党的十八届六中全会和全国国有企业党的建设工作会议精神，组织党委中心组专题集中学习，举办基层党委书记专题培训，运用网络专栏等载体开展广泛宣传。深入开展"两学一做"学习教育，创新"五型"党课模式，获国家电网公司第一督导组充分肯定。作为国家电网公司首批基层党组织换届选举推进单位，选举产生新一届党委和纪委，指导基层单位完成党组织换届，编制《基层党组织换届选举操作案例实务手册》。每月编发《全面从严治党要情》，确保中央精神和上级党组织要求及时传达。开展"严党建、强管理、促提升"党建专项工作检查，夯实基层党建基础。创新党委理论学习中心组学习方式，到滨海高新区"走出去"学习。每季度召开党建工作分析会，听取基层单位党委、纪委和工会工作报告。开展"卓越登高·先锋支部"主题实践活动，围绕公司发展重点领域高质量完成163个项目，评选出5个先锋党支部标兵、24个先锋党支部。打造"两队一岗一区一日"党建特色载体，推动各级党组织、广大党员在急难险重任务中发挥中坚作用。

精神文明建设取得实效。深化卓越企业文化建设，打造"五个一"精品文化成果，荣获全国电力行业企业文化建设先进单位。举办"行进中的风采"系列文体活动，深化EAP管理融合，践行"文化养老"，与中国妇幼保健协会签订战略协议和服务项目，全部基层单位建成"爱心妈咪之家"。建成"心连心"津电党员之家和职工创新成果孵化基地。张黎明获评全国优秀共产党员，并受到习近平总书记亲切接见。国网天津电力党委获天津市先进基层党组织。2家基层单位分别获评天津市劳动竞赛"十大创新示范单位"和典型单位。2人获全国"五一"劳动奖章；29个单位、个人和集体获天津市"五一"劳动奖状、奖章和天津市工人先锋号称号；64个集体和个人获评国家电网公司工人先锋号、先进班组、劳动模范和优秀班组长。《党建实践创新研究》荣获国家电网公司软课题科学成果一等奖，7个案例入选《国家电网公司党建创新实践100经典案例集》。"童心圆"特殊儿童关爱项目获评第十一届中国青年志愿者优秀项目。

优化后勤服务保障体系，实现后勤支撑单位管理模式转型和后勤工程项目一体化管理，健全后勤技术岗位配置，提升后勤服务保障能力。完善职工健康服务体系建设，健康饮食干预、职工职业健康管理、泛医疗资源整合等取得积极成果，获国网系统、专业机构等肯定。深化健康食堂建设，基本建成绿色食品基地建设。

卓越管理　卓越管理质效持续提升。印发《发展管理纲要》，完成卓越绩效模式基层单位全覆盖。强化战略管理，成立首家省级电网企业智库，获评国家电网公司战略管理年度重大贡献单位，获得全国实施卓越绩效模式先进企业特别奖。总经理钱朝阳荣获中国质量协会颁发的"中国杰出质量人"荣誉称号，成为全国10位获奖企业负责人之一。"深度介入特高压工程建设全过程的生产准备管理"获第二十三届全国企业管理现代化创新成果管理创新成果一等奖；获国家电网公司2016年度管理创新成果二等奖1项、三等奖2项，获国家电网公司2016年度管理创新推广成果一、二、三等奖各1项；16项管理创新成果获天津市表彰，一等奖及奖项总数均居全市企业榜首。3个QC小组获评"2015年全国优秀质量管理小组"称号；7项成果获"2016年全国电力行业QC小组活动优秀成果"。天津市电改综合试点方案正式批复，体现了公司利益诉求。配合完成输配电价成本监审，争取到最有利核价参数。天津电力交易中心有限公司高效运转，完成首批跨省交易和大用户直接交易。完成3家县公司"子改分"，31户集体企业顺利改革改制。连续3年开展国际对标，全面开展葡萄牙、新加坡实地对标交流，学习国际优秀电力企业经验，推动管理水平提升。《信息化环境下智能持续审计模式》入选全国内部审计信息化优秀成果，获全国内部审计理论研讨二等奖3项、三等奖1项。

（王媛）

【国网河北省电力公司】

企业概况 国网河北省电力公司（简称国网河北电力）是国家电网公司的全资企业，主要负责河北省南部地区电网规划建设和运营管理。营业区包括石家庄、保定、衡水、沧州、邢台和邯郸6市。供电区域面积8.38万km²，服务人口约5053.49万人。

本部下设23个职能部门，直属供电、施工、科研、物资、培训和信息通信企业14个，经营区域内县级供电企业98个。

2016年投产110kV及以上线路2457km，变电容量1800万kVA。完成售电量1524.43亿kWh，同比增长3.83%。线损率7.66%、同比降低0.17个百分点。

电网概况 河北南部电网处于全国西电东送、南北互供的核心通道，是华北区域电力潮流汇集和输送的重要枢纽，承担着服务河北经济社会发展、保障首都电力供应的重要职责。全网形成500kV"三横两纵"骨干网架、220kV电网分区供电的整体格局。北部通过500kV房双线、保霸双线、骅桥双线与京津唐电网相联，西部通过500kV神保双线、阳北双线、潞辛双线与山西电网相联，南部通过500kV辛洹线与华中电网相联，东部通过500kV辛聊双线、黄滨双线与山东电网相联。河北南部电网现有1000kV变电站1座，容量600万kVA；500kV变电站19座，容量3852万kVA；220kV变电站185座，容量6431万kVA。网内发电装机容量3230.32万kW，2016年统调最大负荷达到3266万kW，最大外受电力885万kW。

人力资源 2016年，全口径用工总量9.74万人，同比减少5.99%。推进机构变革，完成国家电网公司地县业务集约融合试点工作任务，精简2家县公司，完成省、市公司农电机构整合，组建河北电力交易中心有限公司。推行职员职级序列，拓宽专业技术职称通道，健全人才队伍"选育评用"机制，人才当量密度提高2.46%。完成现场培训考试19.73万人次、网络培训考试15.5万人次，培训总人次同比提高5.98%，新增国家电网公司级人才35人，公司级人才219人，新增工程师及以上936人，新增技师及以上359人。

电网建设与发展 结合京津冀协同发展需求，滚动修编电网发展规划，完成远景目标网架研究和"十三五"新建站规划选址。锡盟—山东、蒙西—天津南特高压交流工程投产，1000kV保定变电站建成投运，河北南网正式迈入特高压时代。在建"一交四直"工程高效推进，晋北—江苏直流工程河北段全线架通。500kV输变电工程实现"三开工、四投产"，144项跨越施工完成。新建改造线路5.3万km，配电变压器2.7万台，完成1936个小城镇（中心村）电网改造升级和14万眼机井通电工程。连获四面国家电网公司输变电工程流动红旗，110kV及以上优质工程率保持100%。推进配电网建设，完成8个批次建设任务，6项工程入选"百佳工程"，被授予国家电网公司"十二五"农网改造升级工程先进单位。保定禁煤区"煤改电"年度项目竣工。

经营管理 推进企业级项目管理，综合计划和预算执行质量效率持续提高。推行配网应急项目备案、结存容量限时办结等措施，净增用电容量936.3万kVA。实施电采暖、电窑炉等电能替代项目2535个，替代电量66.38亿kWh。强化全口径用工管控，实行工资总额与定员、外包"双挂钩"，人员配置率降低5.3个百分点。健全全线损管理工作机制与指标体系，35kV及以上分压分区同期线损接近理论水平。狠抓台区线损管理，建立台区达标治理闭环销号机制，台区线损率同比下降1.26个百分点。开展打击窃电及违约用电专项行动，全年处理窃电及违约用电客户1.35万户，追回电量2765万kWh，追回电费7036万元，同比分别提升41.3%、58.6%和15.7%。电价争取和资金运作取得成效，通过财税策划、融资统筹节约资金2亿元以上。深化营财一体化应用，手工记账、到账撤还下降。陈欠电费压降83%。开展物资及招投标、集体企业管理专项审计。加强核心业务运营监测，异动问题整改率96%。开拓市场竞争业务，经研院取得工程设计、咨询"双甲"资质，电科

413

院取得电源工程调试特级资质，送变电公司实现特高压换流站和省外 500kV 市场突破。

安全生产 开展"三查三强化"专项行动，实施过程考核和销号管理，治理"三跨"线路等隐患。构建全网实时数据集中分析平台，实现 10kV 及以上设备状态在线监控。健全风险预警预控体系，实行电网风险"先降后控"、现场作业"先审后干"，化解风险等级事件 1200 余项。推行作业安全管控标准化和违章积分量化考核，百个现场查处违章数同比下降 39%。开展反措排查专项活动，推进差异化状态检修，强化全过程技术监督。建立三级大面积停电事件应急预案体系，完成"7·19"特大洪水灾害应急抢险任务，获河北省抗洪抢险救灾工作先进集体称号。强化网络信息安全管理，完成"护网 2016"攻防演练。获全国"安全生产万里行"先进单位和河北省抗洪救灾先进集体称号。推动特高压及配套工程生产准备和验收工作，特高压"一站六线"及 500kV "三站十线"按期投送。推进配网不停电作业中心建设，建成配网不停电作业实训基地和 21 个作业中心，作业次数同比增长 840%，公司代表队夺得国家电网公司竞赛团体二等奖。开展运检管理创新，10 余项典型做法在国家电网公司工作动态和国家电网报发表。

营销工作 推广智能电能表，实现除农排表外 2078 万客户全覆盖。采集建管用体系实现常态化运转，采集成功率 98.5%。完成费控全覆盖，实现电费按日测算、余额告警和自动停复电。实现营配调全贯通，贯通率 99.99%。实施替代项目 2535 个，完成替代电量 66.38 亿 kWh。推行"先接入，后改造"，建立快速反应机制，消纳结存和受限项目，全年消除结存容量 180.76 万 kVA，结存容量同比下降 33%。采取"兼容调试、现场施工"并行工作方法，完成"多表合一"信息采集年度建设任务。建成"五横六纵"高速公路电动汽车快充网络，服务快速发展的分布式电源业务，完成并网 2.96 万户，同比增长 21 倍。开展星级供电所创建，4 个供电所获国家电网公司五星级供电所。

科技与信息化 PMS2.0 通过国家电网公司验收，一体化电量与线损管理系统实现 10kV 及以上同期统计。开展数据质量综合治理，数据对应率和准确性提升。推进营销信息化建设，基本实现智能电能表全覆盖、用电信息全采集、营配调全贯通，推广"多表合一"10.5 万户。推进"互联网+"营销服务，线上服务客户突破 760 万户，费控用户比例 92%，构建了自动抄表、集中核算、电费预缴、实时费控的服务新模式。建成 8 个公司级实验室和 15 个科技攻关团队，荣获省部级科学技术奖 18 项。开展管理创新和职工技术创新，获得省部级及以上管理创新成果奖 75 项、全国电力职工技术成果奖 12 项，荣获国家电网公司青年创新创意大赛金奖。

优质服务 发挥电网在保障能源安全、服务绿色发展中的重要作用，最大外购电力达到 885 万 kW，累计外购电量 352 亿 kWh，减少省内标煤燃烧 1127 万 t。风电和光伏发电并网容量达到 343 万 kW，同比增长 81%，实现全额消纳。落实重污染天气应急响应措施，强化源网荷协调平衡，实现保安全、保大气、保供应多重目标。推进脱贫攻坚，完成 42 个贫困县 1104 个村电力设施建设改造和 1650 个美丽乡村电网建设。完成"7·19"灾后恢复重建年度任务。推进"互联网+营销服务"，推广手机 APP、电 e 宝、95598 网站、微信等互动化服务平台，实现全天候线上办电、交费和受理诉求，累计向客户提供在线服务 1.92 亿人次。对 C、D 级营业厅营业时间进行调整，降低综合服务成本，缓解一线员工压力，化解服务风险。完善营业厅功能，106 个 A、B 级营业厅实现全业务办理。针对抄表差错、业扩超时限、表计线路接错三类投诉问题开展专项治理。

党的建设和精神文明建设 学习贯彻党的十八届六中全会和全国国有企业党的建设工作会议精神，落实《关于新形势下党内政治生活的若干准则》和《中国共产党党内监督条例》。开展"两学一做"学习教育，推进"三亮三比"主题活动和"三无三降"党员先锋行动。开展党建工作述职评议，组织对口共建、微党课评选展示等系列活动。完成 122 个基层党组织换届，规范党费收缴和管理使用。严格"两个责任"落实，强化监督执纪问责，开展首轮内部巡察。落实中央八项规定精神，推进本部作风整顿"八项工程"，员工纪律规矩意识和担当精神不断增强。举办职工知识技能竞赛和文化艺术节，开展"零投诉"劳动竞赛和"零违章"班组创建活动。关注职工职业健康，完善劳动防护措施。认真落实离退休老同志政治、生活待遇。加强信访、保密和舆情管理。开展建功特高压等主题传播，推进卓越文化实践，11 个单位和 13 名员工分获全国工人先锋号、全国"五一"劳动奖章、全国青年岗位能手、河北省"五一"劳动奖状等荣誉。

（郑雪胜）

【国网冀北电力有限公司】

企业概况 国网冀北电力有限公司（简称国网冀北电力）肩负着保障首都供电安全、服务冀北地区经济社会发展、服务国家新能源发展的特殊职责使命。供电营业区域包括唐山、张家口、秦皇岛、承德、廊坊 5 市，43 个县（区、市），供电面积约 10.41 万 km²。本部设置 23 个部门（中心），所属二级单位 17 家，职工总数 24 835 人；2016 年投产 110kV 及以上工程 38 项，线路长度 1358.98km、变电容量 510.6 万 kVA、里程碑计划 100％完成；实现售电量 1218 亿 kWh。

电网概况　国网冀北电力负责运行维护万余千米华北地区"西电东送""北电南供"大通道和首都 500kV 大环网，电网主要由河北省北部的唐山、张家口、秦皇岛、承德和廊坊五个地市电网组成，其中秦皇岛地区还承担着北戴河暑期保电任务。截至 2016 年底，冀北地区总装机容量 2515 万 kW，其中清洁能源装机占比 51％，最大负荷 2159 万 kW，全社会用电量 1436.25 亿 kWh；运维 500kV 变电站 29 座，线路 11 032.2km；220kV 变电站 118 座，线路 10 419.1km。

人力资源　举办第三期党校青年干部培训班，择优选拔 32 名学员集中培训。实施本部招聘选聘，开展双向挂职（岗）锻炼、关键岗位人员交流、跨省公司人才交流。参加国家电网公司（中电联）六赛五考，完成全球能源互联网知识竞赛等三项竞赛的承办工作，党群队伍技能竞赛获第三名、会计核算知识竞赛获第四名、全球能源互联网知识竞赛获第五名、中电联装表接电技能竞赛获第五名。3 人通过国家电网公司教授级高级工程师预审，新增国家电网公司级优秀专家人才 3 名。完善岗位绩效工资制度，制定职员职级序列管理实施方案。开展各级各类培训 3084 期、18.76 万人次。

电网建设与发展　修编"十三五"电网规划，特高压等重点项目纳入河北省能源与电力规划。创新"一口对外"协调机制，锡盟—山东、蒙西—天津南特高压交流工程按照里程碑计划建成投运，锡盟—泰州、扎鲁特—青州特高压直流工程有序推进。强化项目全过程质量管控，实现均衡投产目标，优质工程率100％。"配电网百佳工程"获奖数量位列国家电网公司第 4 位，北京东变电站工程荣获项目管理流动红旗，锡盟—泰州特高压直流工程（冀北段）荣获安全质量管理流动红旗。开工 110kV 及以上线路 1837.66km、变电容量 516 万 kVA。基建"清零"专项行动取得成效，完成整改 19 项，10kV 遗留工程全部整改完成。秦皇岛智能配电网示范区和承德配电网标准化建设示范区得到国家能源局高度评价。完成"十二五"农网改造升级工程及 2015 年新增工程建设任务。建成 228 座充电站、1452 个充电桩，实现高速公路充电网络全覆盖。

经营管理　编制国网冀北电力"十三五"发展规划和 12 个专项规划，完成冀北区域战略报告。推进"五位一体"深化应用，编制完成"两个集约"实施方案。完成 ERP 集中部署系统上线工作，完成核心信息系统同构改造。PMS2.0 系统通过单轨验收。深化资产全寿命周期管理，完成资产实物清查。完成卓

越绩效全面深化评价工作，荣获"全国电力行业质量奖"。建成五星级乡镇供电所 5 个，创建数量位列国家电网公司第 4 位，经验在国家电网公司系统推广。推进审计问题整改"回头看"，整改历史遗留问题 25 个。分类制定 77 项对标管理提升措施，1 项典型经验入选国家电网公司对标工作典型经验库，运行管理进入标杆行列，送变电公司获得专业机构对标标杆。管理创新获国家二等奖 2 项、国家电网公司一等奖 1 项、省市级奖近百项。

安全生产　组织教育培训演练 1050 场 3.34 万人次。开展安全大检查和专项督查，发布风险预警 942 项，排查整改隐患 3162 个，治理 110kV 及以上树障 45.7 万棵。完成顺通双回临时迁改等 6 项迎峰度夏（冬）重点任务，500kV 及以上输电线路故障率同比降低 67.8％，风力发电机故障率同比降低 55.7％。举办京津冀"区域联动"大面积停电事件应急实战演练，应急反应和抢修能力进一步提升。完成党的十八届六中全会、唐山世园会等 15 项重大活动保电任务。

营销工作　应对量、价、费管理严峻形势和成本刚性增长压力，实现亏损企业治理和"两金""三公"经费压降目标。推广电能替代项目 1886 个，替代电量 70.98 亿 kWh。完成廊坊市"煤改电"年度任务。把握国家发展改革委取消大工业优待电价契机，争取降价预留空间 1.5 亿元。压降购电成本，购电均价同比降低 27.09 元/MWh。制定高风险预控方案，远程费控用户达到 229.67 万。

科技与信息化　召开首届职工创新创效优秀成果展示推广暨表彰大会，举办"十二五"创新创效优秀成果展。2 项国家重点研发计划项目获批立项，"支撑低碳冬奥的智能电网综合示范工程"受到国家工信部和能源局高度关注。获得国家电网公司及以上科技奖 36 项，2 项成果荣获国家科技进步二等奖，首次荣获中国标准创新贡献一等奖和河北省科技进步一等奖。完成通信光缆不满足三点接地、光缆单沟道等历史遗留隐患整改，完成八万多个信息系统账号权限规范性核查治理。推进自主可控技术应用，完成国产定制化中间件软件试点。完成网络信息安全专项防护演习等重大活动保障任务，信息通信系统全年安全稳定运行。

优质服务　推行业扩报装"一证受理"，低压非居民、居民客户接电时间缩短 3.15％、1.41％。创新投诉管控机制，整改问题 156 个。强化营配调协同，推行"网格化"抢修，缩短服务半径，故障修复时长同比减少 12.17％。开展配网不停电作业 1.8 万次，同比增长 64.5％。推进"互联网＋"营销服务。完成智能电能表推广和"多表合一"信息采集年度任务。统调新能源并网容量达到 1281.31 万 kW，占统调装

机容量的 51%，成为首家新能源装机容量超过常规电源的省级电网。全额保障性收购新能源 216.18 亿 kWh，同比增长 37.72%，风电发电量首次突破 200 亿 kWh。

党的建设和精神文明建设 开展"三亮三比"和本部"讲规矩、转作风、作表率·百日塑新"主题活动，拓展党组中心组学习内容和方法。召开第一次党员代表大会，选举产生第一届党的委员会和纪律检查委员会。推广党群示范点建设成果，完成 52 个计划目标。落实"两个责任"，加大执纪问责力度，实现廉政约谈全覆盖。试点开展 2 家单位内部巡察。连续五年举办"高校媒体走进国网冀北电力"社会责任寻访活动。特高压建设、风光储输示范工程等重大选题多次在中央主流媒体报道。组织企业文化成果分享会、第四届职工文化体育艺术节。落实离退休老同志"两项待遇"。加强信访和保密管理，强化舆情监测处置。承办国家电网公司全球能源互联网知识竞赛、党群队伍技能竞赛、会计核算知识竞赛等重要赛事并获得佳绩。荣获中国青年志愿者优秀项目奖和国家电网公司青年创新创意大赛金奖。2 个单位被评为国家电网公司先进集体。10 个班组分获全国工人先锋号、北京市工人先锋号和国家电网公司工人先锋号称号。8 人分获全国"五一"劳动奖章、河北省"五一"劳动奖章、国家电网公司劳动模范称号。

输配电价改革 完成成本监审和电价测算工作。国家发展改革委批复的河北北部电网 2017～2019 年监管周期三年平均输配电价比目前水平提高了 5 元/MWh，分电压等级输配电价比之前国家公布的输配电价平均提高了 26 元/MWh。

全球能源互联网创新示范区建设 深化与国网联研院、中国电科院等单位战略合作，三项示范工程完成全部阶段目标，取得张北柔性直流全部省级核准支持性文件，首批风电、光伏虚拟同步发电机并网投运，压缩空气储能工程技术路线持续优化。风光储输示范工程参加国家"十二五"科技创新成就展，受到李克强总理等国家领导人关注，荣获中国工业领域最高奖项——第四届中国工业大奖。承办"低碳奥运院士行"活动，以科技创新服务新能源、服务低碳奥运举措得到高度评价。

党群工作示范点 坚持"以人为本、融入中心、服务大局"，用"试点先行"老办法激发"以点带面"新活力，以首批党群工作示范点为典型，推广复制党群工作示范点 52 个。先进经验延伸拓展至党建带团建、共产党员服务队、廉洁从业、企业文化、建功建家、创新工作室、党员教育、党支部战斗堡垒 8 个方面，实现国网冀北电力系统全覆盖。

（赵哲源 郝福川 齐振宇）

【国网山西省电力公司】

企业概况 国网山西省电力公司（简称国网山西电力）是国家电网公司全资子公司，以电网规划、建设、运行管理及电力调度、经营等为主营业务，下设 11 个市供电公司、99 个县级供电公司，供电区域覆盖山西省除 12 个趸售县以外的 108 个县（市、区），直供营业区面积 13.55 万 km²，直供用电客户 1020.34 万户，并承担着向京津唐、河北、江苏、湖北、山东等地外送电力的重要任务。

领导班子

总经理、党组副书记：刘宏新

党组书记、副总经理：李强（2016 年 1～12 月）

副总经理、党组成员：潘秀宝（2016 年 1～3 月）、王礼田（2016 年 1～12 月）

党组成员、纪检组长：汪全（2016 年 1～12 月）

副总经理、党组成员：刘人楷、沈同

党组成员、工会主席：刘予胜（2016 年 1～12 月）、王忙虎（2016 年 12 月任）

党组成员、国网太原供电公司总经理、党委副书记：贾俊国

副总经理、党组成员：安彦斌

总会计师：温振龙、武登峰

副总经理：张涛

党组成员、纪检组长：王泽京（2016 年 12 月任）

电网概况 截至 2016 年底，山西电网总装机容量 76 303.422MW。按调度单位划分，国调装机容量 3300MW，阳城电厂以点对网方式送江苏电网；华北网调直调机组容量 5920MW；省调装机容量 62 908.3MW（其中进入商运容量为 62 908.3MW）；地区小电厂合计容量 4175.122MW。省调机组按机组性质划分，光伏电站 51 座，容量 2650MW；风电场 74 座，容量 7910.3MW；煤层气电厂 1 座，容量 120MW；燃气机组 9 台，容量 1845MW（全部供热）；水电厂 4 座（含抽水蓄能），16 台，容量 2288MW；火电机组 169 台，容量 48 095MW（其中供热机组 116 台，容量 29 885MW，占比为 62.1%；空冷机组 136 台，容量 39 825MW，占比 82.8%；循环流化床机组 64 台，容量 11 635MW，占比为 24.1%）。

共有 220kV 及以上电压等级变电站 246 座，主变压器 534 台，变电容量 116 495.574MVA。其中：特高压变电站 2 座，变压器 4 台，容量 12 000MVA；500kV 变电站 23 座（含榆社开闭站），主变压器 43 台，容量 37 500MVA；220kV 变电站 221 座，主变压器 487 台，容量 66 995.574MVA。

共有 220kV 及以上输电线路 752 条，线路长度 21 501.145km（不含跨省输电线路）。其中：500kV 线路

87 条，长度 5696.5km；220kV 线路 665 条，15 804.645km（其中省调线路 575 条，14 430.537km）。另有跨省输电线路 33 条，长度 3974.237km。

人力资源 人力资源"十三五"规划通过国家电网公司验收。业务外包纳入定员范围，建立定员与用工总量控制、内部市场建设、薪酬分配联动机制。转变岗位管控模式，编制岗位管理实施细则，修订典型岗位目录 3196 个。成立晋电电力科技有限公司。完成"五位一体"全员要素比对，处理意见建议 2136 条。开展作业级流程建设，发布公司标准作业程序 488 项。开展"五位一体"网络大学考试，提高员工应用解决问题的能力。

应用人力资源诊断分析成果，分解全口径用工计划。录用高校毕业生 780 人，其中 469 名分配到县公司，乡镇供电所专项补员 177 人，缓解部分县公司缺员现象。加强内部市场运行监控，引导超员单位、超员专业用工有序流动，优化配置 3280 人次，充实供电所"一长三员"岗位 275 人。分两批选派 22 名专业人才，对口帮扶国网西藏电力。

修订企业负责人年度业绩考核管理办法，跟进电改等全新领域，承接公司战略规划，引入加重结果性、系统性、创新性考核指标。开展年中业绩考核，强化过程管控。突出业绩指标、对标工作、重点工作"三个平台"考核，全员绩效管理系统上线运行。建立沟通反馈会商机制，编制一线工时积分标准样本数据 479 条，首批 53 个专业室全部实现积分同价计酬。

在国家电网公司、中电联举办的竞赛调考中，获得 2 项团体第四名，6 项个人前 10 名。创新专家人才"关键事件"培养模式，高端人才增至 30 人。首次评出 41 名成绩优异高级工程师。健全员工职业发展通道，出台《职员职级序列管理指导意见》，本部首次聘任 4 名三级职员。编写 35 套特高压试题，出版输电带电作业等 3 个专业持证上岗教材。配电线路带电作业基地被确定为国家电网公司级培训基地，输电基地被确定为省公司级培训基地；变电运维、电力营销培训基地通过中电联高技能人才培训基地资质认证。

电网建设与发展 "一交一直"（灵州—绍兴直流、蒙西—晋北—天津南交流）投运，"一交两直"（榆横—晋中—潍坊交流，晋北—江苏、上海庙—山东直流）线路基本架通，平鲁输变电、晋北换流站—平鲁三回线等关键工程按期竣工，500kV"西通道"提前投运。

配合完成山西省"十三五"电力发展规划和新一轮农网改造升级规划，临汾西输变电工程等 14 个 500kV 项目取得核准。落实中央新一轮农网改造升级部署，与省政府签署战略合作协议，完成 755 个小城镇（中心村）电网改造、2.37 万眼机井通电、141 个自然村动力电改造任务，投运煤改电试点配套电网工程，2015 年新增农网改造升级工程通过验收。成立领导小组和工作组，对接帮扶西藏昌都市开展新一轮农网改造升级工程。蒙西—天津南输变电等 4 项工程荣获国家电网公司流动红旗，500kV 龙城、运城东变电站分获国家优质工程奖、中国电力优质工程奖，运城中杨、大同天镇变电站荣获国家电网公司"输变电创优示范工程"。

经营管理 成立深化改革领导小组和电改办公室，制定《全面深化改革工作实施方案》，统筹推进改革工作。参与电改配套方案编制。开展"问需求、送服务、促发展"秋季大走访活动。配合完成输配电成本监审、准许收入和电价测算申报工作。山西电力交易中心有限公司挂牌成立。完成大用户直接交易 381.9 亿 kWh，同比增长 139%，节约用户电费支出 42.41 亿元。

健全完善管理创新平台，《供电企业重点任务全过程管控》获得国家级管理创新二等奖，6 项管理创新及推广成果获得国家电网公司表彰，6 项成果入选入围国家电网公司对标工作典型经验库。

安全生产 落实本质安全要求，严格各级安全责任，开展"三查三强化"专项行动，排查治理隐患，管控各类风险，未发生人身、电网、设备事故和信息安全事件。实施《国家电网公司电力安全工作规程》（简称《安规》）常态化调考，构建安全奖惩长效机制，提高各级人员安全意识。深化大电网运行特性分析和风险研判，发布电网风险预警 1643 项，应对年初大范围低温降雪、夏季强降雨等极端恶劣天气，保证电网稳定运行和电力可靠供应，完成 G20、能博会等重大活动保电任务。强化现场安全管控，开展安全督（纠）察 1.14 万次，覆盖作业现场 1.17 万个。深化精益运维管理，完成 44 座 35kV 及以上老旧变电站综合治理，开展"通道治理年"活动，500kV 及以上线路故障跳闸率及停运率同比减少 54% 和 74%，10kV 配网故障停运率同比减少 18%。强化应急管理，配合山西省政府编制发布《山西省大面积停电事件应急预案》，参与安平煤矿、中村煤业透水事故抢险救援，得到地方政府和社会好评。

营销工作 跟踪京津冀鲁用电形势，"保南送、扩东送，稳长期、增短时"，完成年度外送计划。组建配售电市场领导小组，增设太原科创城供电公司，开辟配套电网、业扩报装绿色通道，办电效率同比提高 30%，净增接电容量 987.3 万 kVA。电能替代电量完成 57.79 亿 kWh，44 个高速及城市快充站建成投运，4370 个社会充电设施接入车联网平台，全省电动汽车充电量超过 1 亿 kWh。落实"一户一策"，当年、陈欠电费回收率实现"两个100%"。计量中心生产自动化系统达到"先进级",同期线损实现常态化监测管理。

科技与信息化 "变压器冲击绝缘诊断装置"等16项成果获得省部级科技奖励,其中获山西省科学技术奖8项。完成专利授权313项,其中发明专利81项。国网山西电科院1项专利获美国专利授权。全年未发生八级及以上安全事件,信息系统可用率99.94%,获国家电网公司网络与信息安全工作优秀单位称号;完成三级及以上通信检修543次,通信运行保障率99.999 9%,完成G20等重大活动保障任务。

"电力系统运行与控制山西省重点实验室"通过山西省科技厅验收。科技成果指数完成16.89,同比增长73.94%。信息通信系统安全运行保持良好态势。开展"安全月"活动。国网山西电力信息安全红队获得山西省第一届网络安全竞赛团体二等奖,2人获竞赛优胜奖。40个信息系统实现账号实名制,"三不"网站全部关停。年度整改隐患68条,消除缺陷319条。修订完成2个应急预案和32个专项处置方案,开展信息系统应急演练24次,信息通信联合反事故演习1次,应对多次极端恶劣天气。应用信息通信一体化调度运行支撑平台(SG-I6000),接入业务系统54套,梳理核对设备台账6万余条,信息通信资产账卡物一致率达100%。

优质服务 服务新能源发展,帮扶指导大同百万千瓦采煤沉陷区光伏基地项目投产发电,风电、光伏新能源并网容量突破千万千瓦。落实中央打赢脱贫攻坚战部署,加快临汾、大同光伏电站配套电网建设,推进偏关定点扶贫村光伏电站建设,累计受理分布式光伏扶贫项目1.03万户、申请容量22.04万kW。试点供电服务"网格化"管理,开展营销服务投诉问题百日整治,重点投诉问题占比下降18%。推动"互联网+营销服务","网上营业厅"累计注册531.6万户,占城乡客户比重突破50%,线上业务量同比增长10倍。

党的建设和精神文明建设 学习贯彻党的十八届六中全会和全国国有企业党的建设工作会议精神,落实《中国共产党廉洁自律准则》和《中国共产党纪律处分条例》,严肃党内政治生活,从严加强党内监督。推进"两学一做"学习教育,开展"三亮三比"主题活动,增强广大党员"四个意识"。完成486个基层党组织换届选举,20个县公司党支部改建党委,规范党费收缴使用管理。完善党风廉政建设约谈报告机制,以"四讲"模式开展"以案说规",试点实施县公司巡察,落实"两个责任"。开展"适应新常态、聚力新发展"主题活动,鼓励青年员工"青春献电

网、建功特高压",成立职工文体协会、创作基地、文化工作室。深化民主管理,采纳合理化建议6172条。实施职工心理资本提升工程,鼓励老同志参与"晋电百年话春秋"活动。1个集体荣获全国工人先锋号,16个单位和集体分获山西省"五一"劳动奖状、工人先锋号和国网公司一流班组;15名个人分获山西省"五一"劳动奖章和国家电网公司劳动模范,7人获国家电网公司优秀班组长荣誉称号。

主要事件

3月16日上午,国网山西电力完成全国"两会"供电保障任务。

3月31日,山西省发展改革委下发文件正式核准国网山西电力上报的大同采煤沉陷区光伏220kV送出工程,同意送出项目投资建设。山西大同采煤沉陷区国家先进技术光伏示范基地是国家能源局启动的全国第一个100万kW光伏"领跑者"示范基地。

4月21、22日,国网山西电力分别在山西大学、太原理工大学举办《全球能源互联网》宣讲活动。

4月23日,山西省委副书记、省长李小鹏到晋北1000kV特高压变电站进行调研。

5月11~15日,中国电力建设企业协会分别在运城、太原对山西运城东(桐乡)500kV变电站工程和太原南(龙城)500kV变电站工程进行中国电力优质工程奖现场复查。

5月25日,国家发展改革委在国网山西电力组织召开2016年输配电定价成本监审实地审核启动会。

6月2日,国务院安全生产第二巡查组到国网阳泉公司督查安全生产工作。

6月7日,国网山西电力与山西省高速公路管理局签订《关于共同推进高速公路服务区电动汽车充电设施建设战略合作协议》。

6月24日,山西省首座高速公路服务区电动汽车快充站正式在二广高速太原北服务区开工建设。

7月7日,国家电网公司与山西省人民政府在太原签署《共同推进山西省小城镇(中心村)电网改造升级和"井井通电"工程合作协议》。

7月26日,根据山西省经信委《2016年新增及复产用电企业电力直接交易组织方案》要求,国网山西电力组织32家用户和61家发电企业开展直接交易,成交电量46.06亿kWh,全部通过安全校核。

9月7~9日,江西省能源局刘静副局长一行6人到国网山西电力调研,参观太原迎西充换电站。

9月14日,山西电力交易中心有限公司成立大会暨揭牌仪式在太原举行。

9月22~23日,国网山西电力首次利用固定翼无人机完成1000kV长南一线全线116km通道的巡检工作。

10月12日,国家电网公司召开对西藏地区新一轮农网改造升级工程专项帮扶研讨会,国网山西电力立即成立西藏昌都市新一轮农网改造升级工程专项帮扶工作领导小组,及时开展专项帮扶工作。

10月15日,由国网山西电力运检部、建设部和部分市公司一行10人组成的帮扶对接工作组,赴西藏昌都市开展帮扶对接工作。

10月17日,随着两条500kV线路陆续带电启动,山西500kV"西通道"工程正式投入运行。

10月18日,山西首座500kV全复合变电站——五寨站正式投入运行。

10月20日凌晨,晋中1000kV变电站新建工程首台1000kV解体式变压器空负载、局部放电耐压等特殊试验全部顺利完成。榆横—潍坊交流特高压输变电工程晋中1000kV变电站新工程,首次采用解体式现场组装式特高压主变压器,解体部件进入现场后,在现场备品备件库(兼组装厂房)内进行现场组装,组装后整体上台就位。

11月中旬,长南荆特高压交流山西送华中增供重庆交易结果在北京电力市场交易平台正式发布,山西44个交易单元中标,交易电量1.26亿kWh。本次交易是山西通过长南荆特高压交易通道首次与重庆开展外送电增供交易。

11月24日16时,蒙西—天津南1000kV特高压交流输变电工程完成72h试运行考核,正式投入运行。

12月9日,中国电力作家协会在国网山西电力北田培训中心举行创作基地揭牌仪式。

12月24日上午,国网山西电力举行"山西晋电电力科技有限公司"成立大会暨揭牌仪式。

(龙 云)

【国网山东省电力公司】

企业概况 国网山东省电力公司(简称国网山东电力)是国家电网公司的全资子公司。本部设23个部门,下属128家单位(17家市供电公司、14家业务支撑单位和综合单位,97家县供电公司),代管1家县供电公司,服务电力客户4040万。2016年,全省全社会用电量5390.75亿kWh,同比增长5.35%。完成售电量3196.09亿kWh,同比增长5.58%。国家电网公司业绩考核综合排名第二,对标工作综合排名第三,10个专业全部获得标杆单位。

电网概况 山东电网以火电为主,已覆盖全省17个地市,成为以300MW和600MW级发电机组为主力机型、1000kV泉城站落点济南、±660kV银东直流落点青岛、500kV为主网架、220kV为市域电网主网架,发、输、配电网协调发展的大容量、高参数、高自动化的大型现代化电网。通过4条输电大通道与内蒙古、天津、河北、宁夏等省(市)互联互通,接受省外来电能力达到950万kW。截至2016年底,山东电网电源总装机容量10 941.8万kW,拥有110kV及以上变电站(换流站)1813座、变电(换流)容量3.45亿kVA(亿kW)、线路6.41万km。

人力资源 全口径用工总量为147 603人,同比减少4430人。全口径人才当量密度1.079 7,高技能人才比例91.561 6%,技师、高级技师占技能人员比例75.358 7%。

开展工程技术类正高级工程师评定工作,74人通过国家电网公司和地方政府评审。职称认定和评定2852人,完成1.6万人技能鉴定任务。新增1名享受政府特殊津贴专家、4名电力行业技术能手、1名电力行业优秀技能选手、1名山东省技术能手、7名山东省突出贡献技师,四级四类人才总量达到4920人。在中电联和国家电网公司组织的11项竞赛调考中,获得3项团体第一名、4项团体第二名、2项团体第三名、1项团体第六名,总成绩位居第一,实现"三连冠"。

电网建设与发展 修编电网"十三五"规划,并纳入全省经济社会发展规划纲要、能源中长期发展规划,与9个市政府举行战略会谈并签署合作协议。完成电网基建投资421.82亿元,开工35kV及以上工程193项,开工线路长度3801km,变电容量2340万kVA;投产35kV及以上工程250项,变电容量3001万kVA,线路4020km。锡盟—山东特高压工程建成投运,接受外来电能力1000万kW。在建"四交四直"工程质量进度全面领先。特高压配出等500kV工程实现10开工8投产。黄河500kV变电站获"鲁班奖",连续8年获得国家级优质工程奖项。沾化500kV变电站、晋北—南京±800kV直流线路(山东段)、智圣—密州500kV输电线路3项工程荣获国家电网公司输变电工程流动红旗。国家电网公司优质工程率保持100%。在国家电网公司线路工程设计调考中荣获团体和个人"双第一"。特高压暨重点电网建设工程立功竞赛经验在全省推广。

编制完成省送变电公司转型升级操作方案。农网改造升级完成5323个小城镇(中心村)电网改造、19.2万眼机井通电任务,占总投资的53.5%。提前3个月实现全省村村通动力电。新建改造10kV及以下线路9.64万km,新增更换配电变压器5万台,全省农村户均容量提升至1.5kVA。10个市县公司通过国家电网公司配电网标准化创建验收,6个配农网工程入选"百佳工程"。

经营管理 制定并落实"十三五"法治建设规划及"七五"普法规划。构建法律风险立体防控网,开展法律风险提示书常态化管理。细化落实22项提质增效措施。发布六大专业标准作业程序。创新省市两级审计集约管理，实施重点项目审计187项、结决算及签证审计10 554项，审减支出6.97亿元。通过招标采购节约资金43.28亿元，完成废旧物资处置1.08亿元。制定应用典型设计，建成57个标准化乡镇供电所，节约投资6840万元。挂牌成立山东电力交易中心有限公司，省内外直接交易结算电量616.85亿kWh，节约用户电费支出33.40亿元。

巩固提升"三集五大"体系，完成195项工作任务。完成97家县级子公司工商注销，完成集体企业改革改制，压减小微、同质和亏损企业137户。上线集体企业资金集中管控系统和物力集约化管理系统，实现结算账户与省级"资金池"挂接，物资计划、采购、仓储省市两级线上集约管理。

安全生产 实施本质安全100重点任务，本质安全反措落实自查问题16.7万项。加强电网、基建和作业风险预警管控，组建春秋检安全督察队，应用现场作业全过程监督管控平台。完成特高压泉城站首次检修，消除设备漏气等隐患42项。查处各类违章7899起，排查治理隐患18 329项。编制设备典型故障分析与预防丛书，制定改进措施466项。220kV及以上变电设备故障率、线路跳闸率、配电线路故障率同比降低17.6%、24.1%、33.8%。完成35kV及以上春秋检9671项，同比增加9.9%。资产全寿命周期管理通过国家电网公司"领先型"企业专项评价验收。举办大面积停电应急演练，在夏季负荷六创新高的情况下，确保了全省安全可靠供电。完成23个信息系统等级保护测评和整改加固，获得国家电网公司网络安全攻防对抗赛团体第一名。连续13年获评全国"安康杯"竞赛优胜单位并被授予"示范企业"。

营销工作 畅通园区业扩装"绿色通道"，新增7个园区供电所，设立专属客户经理，对全省264个园区的所有大客户实施"定人、定制、定期"和"门对门"服务，响应园区客户需求。实施10kV及以下无障碍接入，应用项目包资金5.93亿元，解决受限项目651个，释放用电容量104.32万kVA。建成业扩全流程管控平台。促成山东省政府出台老旧小区户表改造政策、供配电设施建设标准，户表改造14.32万户。推进"三供一业"供电分离移交，完成237个小区框架协议签订，促成济钢、齐鲁石化等多家大型企业同意移交自供区供配电设施。应用抄表自动化、核算智能化、对账电子化、营财一体化作业，远程费控推广突破2500万户。将电费交费信息纳入人民银行征信体系，严格高耗能、去产能用户"一户一策"，电费回收连续13年保持100%。建成充电站379座、充电桩3316台、高速服务区快充站86座，基本实现省内高速公路服务区全覆盖。累计实现充换电服务211万次，充换电量2.02亿kWh。在省公司本部及电力驻济单位开展电动汽车分时租赁，在供电所开展100辆抢修服务用电动汽车租赁。

科技和信息化 构建"六统一"创新创效体系，实现科技、管理和职工技术创新一体化管理。召开创新成果转化推广展示发布会，推进227项成果转化和339项成果推广对接实施。制定1%～5%的个人收益奖励、绩效考核加分、反哺研发等成果转化推广激励措施。完成海底电缆工程化调研，深度参与蒙中韩日联网工程研究。举办第四届国际电力机器人学术会议，成立国际大电网变电站机器人工作组。研发班组移动终端和安全接入平台，拓展应用功能，实现与运检、营销等业务系统互联互通。获省部级及以上科技奖励45项，其中国家级科技奖励3项，连续5年荣获中国专利奖。通过国家电网公司信息化企业建设验评，荣获全国"两化融合"突出贡献单位。

优质服务 推动"大服务"机制建设应用，建立专业高度协同的春节保电工作机制，连续三年实现除夕台区"零停电"。常态化开展配网不停电作业27.7万次，"零点"作业1427次，增供电量10.6亿kWh。故障抢修时长同比缩短35.6%。开展"阳光扶贫行动"，完成2235个省定贫困村公用配电设施改造，实现全省村村通动力电。深化"互联网+供电服务"，推广应用手机APP、95598网站等网上营业厅，电子化渠道累计覆盖用户2200万户。开展"多表合一"商业运营试点，与83家水、气、热企业达成合作意向，签署合作协议37份，累计实现35万户客户用能信息的一体化采集。推动各级政府出台153项电能替代支持文件，举办山东省电能替代现场推进会和成果展，成立产业发展促进会。开展"电网连万家、共享电气化"主题活动，全年完成电能替代电量97.85亿kWh。

党的建设和精神文明建设 开展"两学一做"学习教育，学习党规党章和习近平总书记系列重要讲话精神，增强"四种意识"。各级党委中心组开展集体学习780余次，举办辅导报告会143场，集中学习、专题讨论23 884次，党员干部讲授党课1021人次，组织基层党支部书记讲党课优秀视频课件展评。执行中央八项规定精神，推进"四风"整治常态化，贯彻落实《中国共产党问责条例》，推进"学法规、明规矩、守纪律"廉洁教育活动，组织"两项法规"知识普考，强化警示教育。完成130个党委、1357个党（总）支部换届选举，党组织建设更加规范。探索研究职工技术创新孵化转化机制，加强转化推广应用，促进"出成果、出成效、出人才"，10项科技成果荣获省部级科技奖，15项管理创新成果成功实现转化应用。深化"青年志愿者""青春建功"等活动，组建 50 多支青年志愿服务队，开展"卓越建功·我们是青年文明号"青春创新创意行动，国网菏泽供电公司团委获全国五四红旗团委称号，2 人分别荣获中国青年五四奖章和全国向上向善好青年称号，3 人荣获全国青年岗位能手称号。坚持"企业以员工为本，员工以企业为家"，搭建员工健康管理平台，开展员工健康管理六项行动，举办第十一届文化体育节。编制发布《服务山东经济社会发展白皮书（2016）》，传播公司承接全球能源互联网，实施特高压入鲁、电能替代、客户导向型供电服务等责任行动计划，举办社会责任根植项目推进会，5 项社会责任根植项目荣获国家电网公司优秀社会责任根植项目。连续三年捐资举办全省"特高压电网杯"希望小学创新大赛，为改善农村少年儿童学习环境、普及科学知识、提升科技创新能力发挥了引领和促进作用，潍电义工获全国最佳志愿服务组织称号，国网泰安供电公司营销部营业班获第二批全国学雷锋活动示范点，2 个志愿服务队、9 名员工登上"中国好人榜"。

（栾松涛　郝爱军）

【内蒙古电力（集团）有限责任公司】

企业概况　2016 年，内蒙古电力（集团）有限责任公司（简称内蒙古公司）完成售电量 1464.64 亿 kWh，同比增长 6.88%；其中，区内售电量 1198.64 亿 kWh，同比增长 8.13%；东送华北电量 266.01 亿 kWh，同比增长 1.6%。线损率完成 4.7%，低于年度计划 0.4 个百分点。营业收入实现 556.55 亿元，利税总额 10.9 亿元。固定资产投资完成 146.71 亿元，同比增加 28.81 亿元。截至 2016 年底，内蒙古公司电网统调装机容量 6364.36 万 kW，资产总额达到 922.47 亿元，较 2015 年增加 130.12 亿元，资产负债率 61.41%。在中国企业 500 强榜单中名列第 217 位，居自治区 30 强企业首位。

截至 2016 年底，内蒙古公司拥有盟（市）级供电企业 12 个，供电面积近 72 万 km²。内蒙古西部电网统调装机容量 6364.36 万 kW（直调装机容量 6159.76 万 kW）；其中新能源装机容量 2141.54 万 kW，占全网 33.65%；上网电量 362.77 亿 kWh，占全网 23.90%。2016 年，最大发电负荷 2811.1 万 kW（12 月 4 日）；最大供电负荷 2133.3 万 kW（11 月 20 日）。2016 年，共投产新火电机组 437.19 万 kW，风电 107.42 万 kW，光伏发电 128.20 万 kW。截至 12 月底，内蒙古电网风电容量为 1603.64 万 kW，有风电场 150 座，风电发电量 296.02 亿 kWh，同比增长 16.46%，约占全国风电发电量的 12.28%。光伏发电并网装机容量 537.9 万 kW，发电量 71.42 亿 kWh，同比增长 43.26%。2016 年，火电、风电设备平均利用小时数分别达到 4541h 和 1938h。2016 年底，内蒙

古公司共有 500 kV 线路 64 条，长度 5248.55km，变电站 24 座；220kV 线路 453 条，长度 14 970.67km，变电站 141 座；110kV 及以下线路 1441 条，长度 31 837.25km，变电站 912 座。

2016 年，内蒙古公司所属二级单位 35 个，长期合同职工 28 340 人，全员劳动生产率完成 57.34 万元/人，人才当量密度 0.920 8，人才密度 92.69%，高技能人才比例 52.15%。

2016 年，内蒙古公司逐级向自治区质协、中国水电质协等单位上报并获得 QC 成果共 39 项。2016 年，内蒙古公司荣获"中国社会责任金钻奖"。荣获"自治区直属机关、企事业单位 2011～2015 年定点帮扶兴安盟工作示范单位"。荣获"全国电力行业标准化工作先进集体"。荣获自治区国资委第四任期业绩优秀、管理进步、科技创新三项企业奖。荣获自治区"六五"普法工作先进单位。获得中国技能大赛暨第十届全国电力行业职业技能竞赛（装表接电工）团体第九名，全国输电线路无人机巡检大赛团体和个人二等奖。

领导班子

党委书记 董事长：王玉成（蒙古族）

总经理 党委副书记 董事：贾振国

党委副书记：耿白

纪委书记 党委委员：张日成

总会计师 党委委员：孙文彪

党委委员 董事：李普强

党委委员、工会主席 董事：白振英

副总经理 党委委员：郝智强

副总经理 总工程师 党委委员：魏哲明（蒙古族）

副总经理 总经济师：侯生明

副总经理：蔺蒙

副总经理：牛继荣

组织机构　二级单位（35 个）：包头供电局、呼和浩特供电局、鄂尔多斯电业局、乌兰察布电业局、巴彦淖尔电业局、乌海电业局、锡林郭勒电业局、阿拉善电业局、薛家湾供电局、内蒙古超高压供电局、乌海超高压供电局、锡林郭勒超高压供电局、内蒙古电力科学研究院、内蒙古电力经济技术研究院、内蒙古电力信息通信中心、内蒙古电力调度控制中心、内蒙古电力营销服务与运营管理中心（95598 服务中心、营销管控中心、电能计量中心）、内蒙古电力培训中心、内蒙古供用电稽查（局）分公司、内蒙古电力物资供应公司、内蒙古电力公司北京办事处（京蒙大厦）、内蒙古电力财务有限责任公司、内蒙古电力综合能源有限责任公司、内蒙古国合电力有限责任公司、内蒙古电力多经改革工作筹备组（蒙电控股有限公司）、内蒙古电力交易中心有限责任公司、内蒙古

电力经济技术研究有限责任公司、内蒙古康远工程建设监理有限责任公司、内蒙古满都拉电力房地产公司、内蒙古蒙能物业管理有限责任公司、内蒙古满都拉资产管理有限责任公司、内蒙古电力对外经济技术开发公司、内蒙古蒙能招标有限公司、内蒙古足球产业投资基金公司、内蒙古电力公司机关事务中心。

机关部室（22 个）：综合管理部（董事会办公室、党委办公室、行政办公室、法律事务中心）、企业管理部（改革办）、计划发展部、人力资源部、财务资产部、物资管理部、离退休管理部、生产管理部、科技信通部、市场营销部、电力交易中心、工程建设部、配电网建设办公室、特高压电网工作部、农电部、安全质量监察部、审计部、纪委监察部、党委组织部、党委宣传部、工会、机关党委公司团委。

挂靠单位（8 个）：新闻中心、住房资金管理中心、质量监督检测中心、管理科学研究中心（企业管理协会）、政研会（文协）、电机工程学会、东郊工程建设办公室、老干部（职工）活动中心。

企业管理　修订公司章程和董事会议事规则。先后向自治区呈报《深化内蒙古电力交易中心改革方案》和《深化内蒙古电力体制改革总体建议方案》，其中《深化内蒙古电力交易中心改革方案》获得自治区批复。开展子公司经营管理现状和产权关系的调研摸底，起草《公司子公司管理办法》，提出对子公司"放管结合、一企一策"的管理理念，开展内蒙古电力交易中心有限责任公司、内蒙古电力经济技术研究有限责任公司、内蒙古蒙电控股有限公司的组建工作。

着力建设战略规划编制发布、分解下达、实施监控、考核评价和动态完善的全过程管理体系。组织实施公司企业文化体系优化提升工作，开展企业文化现状诊断、调研分析等基础性工作。发布《内蒙古电力（集团）有限责任公司 2015 社会责任报告》。推进档案信息化、数字化建设，被自治区档案局评选为"自治区档案信息化建设典型单位"。

加快中长期发展战略研究，完成标准化第一阶段业务、流程、岗位及职责梳理等工作，组织编写技术标准 118 项、管理标准 341 项、工作标准 458 项。公司三大标准体系发布，标准化第一阶段任务完成。15 项 QC 成果获得国家和行业表彰，16 个班组被授予质量信得过班组称号。获得 2015 年度及第四任期业绩优秀企业奖、管理进步企业奖、科技创新企业奖奖牌，成为自治区国资委出资企业中唯一同时获得三项殊荣的企业。

人力资源　2016 年，内蒙古公司享受国务院特殊津贴 3 人，"全国技术能手" 1 人，"全国电力行业技术能手" 19 人。有高级专业资格 2117 人（含正高 43 人），中级专业资格 3043 人，初级专业资格 7890 人；高级技师 717 人，技师 1254 人，高级工 5475 人，中级工 4239 人，初级工 2604 人。有博士 31 人，硕士研究生 1585 人。分层级、分类别、分专业深化全员教育培训，实现培训全覆盖。共举办培训班 511 期，培训量共计 466 786 人天。

1389 名专业技能人员参加公司输电线路高压带电检修、配电带电作业、业扩报装、调度运行、通信传输等十个专业技能人员普考竞赛活动。举办内蒙古自治区电力系统职业技能比赛暨公司第十四届员工、第二届青工专业技能大赛，系统共有 336 名选手参加大赛。积极组织并派出代表队参加中国技能大赛暨第十届全国电力行业职业技能竞赛（装表接电工），取得团体第九名的历史最好成绩。完善技术（技能）人才队伍建设管理工作，规范现有各类专家、首席师、一二级工程师、技师和高级技师的评聘管理，建立高技术、技能人才培养的双轨制晋升通道。

安全生产　2016 年，内蒙古公司城市供电可靠率（RS-1）完成 99.879 4%，同比上升 0.029 个百分点。全年用户平均停电时间 10.59 h/户，同比减少 2.51h/户。主网电压合格率累计完成 99.24%（年度目标值≥99%），同比降低 0.05 个百分点。综合电压合格率累计完成 96.84%（年度目标值≥96.5%），同比提高 0.65 个百分点。2016 年，全网（含旗县）共发现各类设备缺陷 96 178 项。全网总缺陷消除率 94.89%，同比提高 0.17 个百分点。下达大修计划共 1601 项，取消 8 项，费用 3.62 亿元，竣工 1593 项，竣工率 100%，完成资金 3.6 亿元，资金完成率 100%。继续加大接纳新能源上网力度，截至 2016 年底，全网共接入风电 1603.64 万 kW，太阳能光伏装机容量 537.9 万 kW。全年风力发电 296.02 亿 kWh，光伏发电 71.42 亿 kWh。完成了内蒙古自治区经信委 350.9 亿 kWh 的新能源发电目标。

组织梳理现行有效生产管理制度、办法、规程、规定和反措，编制管理标准 27 项，转化国家电网公司技术标准 12 项，审核公司总部技术标准 30 项、试点单位技术标准 1711 项。组织梳理确认内蒙古公司总部技术标准 2383 项，完成技术标准体系发布前的准备工作。全面梳理安全法规 130 项。编制《2016 年蒙西电网风险分析报告》。国家能源局挂牌督办的两个一级风险点一个消除、一个降级。制定修编公司《反恐预案》。督促各单位按照《电力设施治安风险等级和安全防范要求》建设安防设施，内蒙古超高压供电局 500kV 丰泉变电站作为试点已立项建设。开展 9 类专项隐患排查工作，共发现一般隐患 8814 项，整改落实 5155 项，整改率 58.49%。加强对新投产设备的缺陷消除，全年共投产 110kV 及以上新（扩）建输变电工程 106 项，发现输变电缺陷 9138 项，消除 9061 项，消除率 99.16%。

加大各单位配网应急抢修装备配置力度。实现所有旗县及以上政府所在地应急电源车配置率 100%，所有地市以上政府所在地配置移动箱变车至少一台，并在呼和浩特市、包头市、鄂尔多斯市核心区增配配置移动电缆车、电缆测试车等。组织内蒙古超高压局完成察右中、武川 500kV 变电站共 6 台北京 ABB 公司 500kV 断路器抚瓷套管更换工作。组织完成沙德格 220kV 变电站 15 面北开 35kV 手车式开关柜改造。专项安排内蒙古超高压供电局、包头供电局、乌海超高压供电局和锡林郭勒超高压供电局配置变电站智能巡检机器人，推进无人机替代人工巡线。组织开展阿拉善电业局、锡林郭勒电业局部分 220kV 输电线路和超高压局 500kV 输电线路直升机巡检。创新开展输电线路移动智能巡检，全网累计巡检输电线路 214 131km，发现设备缺陷 475 项。开展配网带电作业 1733 次，同比增加 23.44%，实现了全网 10kV 架空配电线路常规带电作业项目类别"全覆盖"。将内蒙古超高压局对扩建、技改、大修现场施工安全管控的成功经验"一图、一表、一卡"制度，应用在永圣域站 220kV 母线完善化改造、武川站更换 500kV ABB 断路器套管等工程中，共发现设备、图纸、施工问题 15 项，隐患 32 条，纠正违规违章行为 40 多起。在 14 个生产单位分别成立了 10 个安全督查大队、74 个安全督查组，开展安全督查 13 477 次。全年开展综合安全大检查 4 次。开展安全生产月活动，组织主题报告会 96 场，知识竞赛、演讲比赛 11 次，发放安全书籍 1018 本，警示教育 2600 余次，应急演练 110 余次，获得内蒙古自治区"安全生产月"先进单位荣誉称号。

电网建设 推动蒙西电网转型升级。国家能源局正式将"研究实施蒙西电网与华北主网异步联网"列入《全国电力发展"十三五"规划》。《蒙西电网特高压规划论证和清洁能源汇集送出方案》已上报。所属各供电单位开展各盟市电网"十三五"规划选址选线工作，提前在城乡发展规划和土地利用规划中将"十三五"规划的电网项目站址和线路进行预留。编制《自治区电力"十三五"输电网规划》。修订《前期工作管理办法》《前期费用管理办法》《小型基建项目管理办法》。编制《蒙西电网规划设计（技术）标准》《配电网规划设计（技术）标准》《配电网规划设计内容深度管理规定》《新能源转网电源原则》。印发执行《内蒙古电力公司电网建设投资原则》。首次完成 10kV 及以下配电网工程典型设计推行工作，首次推行 10kV 及以下配电网工程施工标准工艺规范。组织完成勘察设计招标 127 项，中标金额 3.92 亿元，监理招标 128 项，中标金额 1.18 亿元，施工招标 126 项，中标金额 17.68 亿元；完成初步设计批复 126 项；完成结算审核 140 项，移交审计 107 项。完成 2014～2015 年度 110kV 及以上电网工程造价水平分析报告。

截至 2016 年底，电网工程已实现开工 227 项，同比增长 103%；投产 158 项，同比增长 155%。已投产 35kV 及以上线路 3763.64km、35kV 及以上主变压器 151 台、总容量 1318.88MVA，已完成投资 95.31 亿元，完成结算 140 项，结算金额 40.93 亿元；小型基建工程实现开工 18 项，投产 9 项，完成投资 2.98 亿元，完成结算 17 项。

建立与各级政府定期对接的协调机制。在建工程采取分区划片管理，专人负责协调、督办、跟踪工程建设进度情况。全面推广应用"三通一标"建设标准，以"劳动竞赛、设计创优"活动为依托全面开展通用设计的编制工作。完成 500、220kV 及 110kV 以下输变电工程通用设计实施细则的编制。

每个季度由公司领导带队，组织区内外专家对所有现场进行一次全面的安全检查，同时开展不定期飞行检查 15 次，累计下发检查整改通知单 91 份，整改内容共 2638 条。拉僧庙化工园区 220kV 输变电工程获得"中国电力优质工程奖"之后再次荣获"中国安装工程优质奖"。马场地输变电工程《围墙压顶新型施工方法》QC 成果获内蒙古自治区质量管理小组一等奖、《提高防火墙框架清水混凝土工艺》QC 成果获内蒙古自治区电力行业 QC 小组活动三等奖。

经营管理 作为全国首家输配电价改革试点单位，内蒙古公司坚持贯彻落实输配电价政策，扎实推进各项改革任务。积极参与国家发展改革委《省级电网输配电价定价管理办法》的政策制定工作，为国家电监会《电网公司输配电成本核算办法》提出合理化建议。开展峰谷分时电价方案设计。加强电费资金回收。多种模式开展资金运作，实现资金净收益 3.3 亿元。全年共完成审计项目 142 项，发现问题 493 个，提出审计建议 588 条。全年共开展各类工程审计 9426 项，审减金额 3.87 亿元。完成农网遗留工程资产和账务认定鉴证工作，鉴证资产 93 亿元。从严控制"三公"经费，全年非生产性可控费用同比降低 10%。

维持东送华北、北送蒙古、南送榆林负荷稳定，与蒙古国国家电网公司续签 2017～2021 年购售电协议备忘录。全年完成交易电量 785.5 亿 kWh，同比增长 39.6%，占总售电量 53.6%，占区内售电量 67%，通过交易平台为用电企业降低电费成本 58.4 亿元。落实内蒙古自治区政府《关于进一步深化电力体制改革促进产业结构调整有关事宜的通知》，创新交易品种，开展挂牌交易，精准扶持自治区新兴战略产业，实现到户电价 0.26 元/kWh 预定目标。加大风电交易力度，新增长期交易企业等手段，遏制公用负荷转自备势头。通过长期协议引导亿利公司自备负荷转公用负荷运行。探索工业园区长期协议交易新模式，协调中盐与蒙能集团开展长期协议交易，阻止了形成园区局域网的风险。探索风电替代自备电厂的绿电交易。完成《多边交易市场技术支持系统可研报告》的编制。编写《电力多边市场服务手册》。全年完成 289 家市场主体准入工作，其中：176 户用电企业，113 家发电企业。截至 2016 年 11 月底，市场成员已达 734 户，其中，发电企业 165 家，用电企业 569 家。协调推进《购售电合同》签订工作。全年应签订合同 357 份，已完成正式合同签订 180 份，对其余 177 户因未取得发电业务许可证但又必须上网发电的企业，征得内蒙古自治区经信委复函同意，暂时签订《临时购售电合同》。

电费回收率 99.97%，同比提高 0.02 个百分点，当年电费回收率 99.99%，同比提高 0.04 个百分点。集中开展打击窃电百日专项行动，追补电量 2847 万 kWh，追收资金 3630 万元。营销服务与运管中心启动实体化运作，持续提升业扩报装工作效率和质量。实现 70.63% 的报修业务半小时内到达现场，平均修复时间保持在 3.5h 内；投诉处理时长较之前缩短 24.17h。百万客户投诉量完成 118 次/年，低于国资委下达的 150 次/年考核指标。拓展微信、网上银行、自助缴费等十多种缴费渠道。完成营销信息系统功能提升切改工作。分步实施、试点启动农电接入营销信息系统建设项目。制定《电能计量工作管理标准》，将电能计量资产管理、业务管理全部纳入信息系统。

科技创新与信息化建设　组织完成公司《"十二五"科技成果汇编》和《"十三五"科技发展规划》编写工作。推动企业技术中心、博士后科研工作站规范运作。"工业在线式专用离子色谱分析测量装置的研制及应用"荣获内蒙古自治区科技进步一等奖。加入国家能源互联网产业技术创新联盟，与国网信通产业集团、中国电力规划总院、华北电力大学签订战略合作框架协议。新能源电力系统国家重点实验室内蒙古试验研究基地正式揭牌。开展大青山地区 500kV 架空输电线路覆冰形成机理与在线监测等一系列解决生产实际问题项目的实施工作。内蒙古电力科学研究院与清华大学合作，完成"局域网和微网对蒙西电网发展影响课题"研究工作。开展"资产全寿命周期管理在公司应用的可行性"课题研究工作。作为协同单位积极参与"国家技术标准创新基地（智能电网）"等建工作。完成 ERP 系统推广实施项目整体验收。生产输变电 GIS 推广部署及配电 GIS 试点开发项目、物

资管理系统供应商服务升级改造项目、组织干部管理系统深化应用等项目完成验收工作。生产管理信息系统深化应用、财务管控系统深化应用项目、电网统计及智能化分析系统开发建设项目进入实施阶段。完成内蒙古公司改革发展重大课题第一批项目"蒙西电网适应高比例可再生能源接入的各类机组容量规模和平衡机理研究"工作。开展"新能源调度运行评价指标体系研究""光伏发电调度技术支持系统研究""基于图形的自动化参数识别及拓扑研究""基于电量计量系统的不良数据辨识研究"等科技项目研究。

国际业务　内蒙古公司所属内蒙古国合电力有限责任公司对蒙古国供电完成售电量 10.960 7 亿 kWh，较 2015 年同期增幅 0.55%。全年最大供电负荷 15.83 万 kW，最大日供电量 360.66 万 kWh。积极拓展蒙古国南部电力市场，为内蒙古公司长远发展培育新的负荷增长点。多次组织赴蒙古国与蒙古国能源部、蒙古国国家电网公司、TT 电厂项目组（塔本陶勒盖矿区）、OT 公司（奥尤陶勒盖有限公司）会谈及实地考察。根据蒙古国能源部要求，完成塔本陶勒盖 3×150MW 与 3×200MW 电厂工程初步可行性研究报告编制方案优化对比工作。

工会工作　开展"践行新理念、建功'十三五'"劳动竞赛活动，职工参赛率 100%。结合春秋查、安全生产月、日常隐患排查等，开展"安康杯"劳动竞赛。开展群众性经济技术创新，2016 年度创新项目立项 54 项，拨付经费 267 万元，研发创新成果 287 项。采用合理化建议 296 条。命名公司级职工创新工作室 15 个，其中 3 个获得自治区命名；命名公司工人先锋号 7 个，其中 1 个获评自治区工人先锋号。首次承办内蒙古自治区职工职业技能大赛暨全区电力系统职工职业技能比赛。举办"弘扬劳模精神凝聚发展力量"劳模先进事迹报告会。围绕庆祝中国共产党成立 95 周年和红军长征胜利 80 周年主题，举办职工文化艺术展演活动。研究出台《公司职工文体活动中心建设的指导意见》。成立扶贫工作领导小组，建立党政工领导与贫困户"一对一"帮扶结对机制。投入定点帮扶兴安盟科右中旗代钦塔拉苏木吉力花嘎查项目资金 48.8 万元，吉力花嘎查脱贫 85 户 313 人。内蒙古公司荣获"自治区直属机关、企事业单位 2011～2015 年定点帮扶兴安盟工作示范单位"。举办"职工大讲堂"，职工受众面 7000 人次。开通覆盖公司系统的职工电子书屋及微书屋。开展"最美家庭、最好家风"微信点赞活动和"最美蒙电人"评选活动。

节能减排　适当增加低能耗大容量机组的上网电量，针对各发电企业单机容量差异、水火电及风电差异、燃煤与煤矸石发电差异、脱硫与不脱硫差异等，

优先安排低能耗、低排放、高效率的机组发电。理顺网内风、火调度关系，切实保证风电优先发电地位，多措并举，促进风、火协调优化运行。开展无功电压专项治理，优化 500kV 变电站主变分接头位置；整改各发电厂 AVC 存在问题；调整 AVC 主站控制方法；加强新能源场站动态无功补偿装置管理等措施，实现 500kV 电压全部合格，220kV 电压合格率大幅上升，主网一次网损率由年初的 1.67% 降至 11 月的 1.09%。落实电力、电量两个 3‰ 的节能指标，累计完成节约电力 3.13 万 kW，完成目标任务 120.38%，其中电网企业自身完成节约电力 2.09 万 kW，完成推动社会节约电力 1.04 万 kW。

截至 2016 年底，内蒙古电网风电装机容量达到 16 036MW，同比增加 25.2%。光伏装机容量 5379MW，占比 8.4%，水电装机容量 1859MW，占比 2.9%。全年风电和光伏合计上网电量 362.4 亿 kWh，按等电量替代火电计算，相当于大约标煤 1228.45 万 t，减少二氧化碳排放 2709.82 万 t、二氧化硫 3.07 万 t、氮氧化物 5.96 万 t。

队伍建设 完成《公司厂局级领导人员选拔任用工作纪实办法》《关于加强和改进优秀年轻干部培养选拔工作的实施意见》。修订完善《领导人员因私出国（境）审批管理办法》。完成《公司科级干部调动管理办法》和《公司建立专业技术职务序列的实施意见（试行）》的撰写，明确公司系统科级人员调动和专业技术职务序列人员相关规定。将原《领导人员培训网络学院学员管理办法》《领导人员教育培训管理办法》《挂职干部管理办法》和《干部教育培训学时制登记管理办法（试行）》四个管理办法修订整合为《领导人员教育培训管理办法》。全年共选派 78 名公司领导班子成员和副厂（局）级及以上领导人员参加自治区党委组织部、自治区国资委举办的各类讲座、培训班。选派 6 名副厂局级领导人员赴南方电网公司挂职锻炼。组建四个调研指导组，把督导的重点放在基层、落在党支部。开展"比学习、争当岗位业务能手，比创新、争当推动发展先锋，比工作、争当爱岗敬业模范，比服务、争当甘于奉献标兵，比作风、争当廉洁自律表率"的"五比五争"主题活动。全面完成干部人事档案专项审核工作。于 2016 年 3 月启动干部人事档案数字化工作。全年组织开展审计/财务领导人员、新提任领导人员、副厂局后备干部、组工干部、"新常态新理念"专题轮训、井冈山红色教育等培训班 6 期，受训人员 500 多人次。组织厂局级及以上领导人员 342 人参加网络学院培训。举办 3 期"蒙电高端讲坛"专题讲座，参训人员达到 6000 多人次。

党的建设和精神文明建设 下发《内蒙古电力

（集团）有限责任公司党委进一步加强和改进企业思想政治工作实施意见》《内蒙古电力公司开展"学党章党规、学系列讲话，做合格党员"学习教育学习安排方案》及学习计划。下发《进一步加强理论宣讲工作推进基层讲堂建设实施方案》，建设"公司级、所属单位级、所队级"三级讲堂体系，逐步建立起各类基层讲堂近 300 所，组建宣讲员人才库共 552 人。开辟"蒙电理论日日读"理论学习微信公众（订阅）号。加大监督执纪问责力度，全年受理问题线索 155 件，给予党政纪处分 35 人次、组织处理 49 人次，下达监察建议书 7 份。举办第二届青工技能大赛、"奋斗的青春最美丽"青工公文竞赛，承办内蒙古自治区"振兴杯"青年职业技能大赛相关专业比赛。在武川 500kV 变电站建立了内蒙古公司首个"蒙电青年生态示范林"。荣获"中国社会责任金钻奖"。内蒙古超高压供电局党委被评为"全国优秀基层党组织"，乌海电业局输电管理处荣获自治区"北疆楷模"荣誉称号。17 名职工荣登"内蒙古好人榜"，2 名职工荣获"自治区道德模范"，4 名职工荣获"自治区道德模范提名奖"。包头供电局党委获得自治区先进基层党组织，呼和浩特供电局党委等 17 个先进基层党组织、34 名优秀共产党员和 14 名优秀党务工作者获得国资委表彰"两优一先"先进集体和个人。2016 年，乌海电业局变电管理处团支部等 7 个基层团组织获得全国和自治区五四红旗团组织。8 人分别荣获全国青年岗位能手、全国优秀青年志愿者、自治区青年五四奖章和自治区五四荣誉称号。11 项青工创新成果获得首届全国质量创新大赛奖项。

主要事件

1 月，内蒙古公司获评第二届内蒙古自治区"最具社会责任感企业"荣誉称号。

1 月，内蒙古公司所属乌海电业局输电处带电作业班获得中国质量协会"全国质量信得过班组"称号。

1 月，中国能源化学工会通报表彰了 2015 年度 100 项优秀技术创新成果，内蒙古公司所属薛家湾供电局李全海等人研发的"ZPZ-1 载分接开关自动排气装置"和巴彦淖尔电业局高占峰等人研发的"110kV～220kV 油浸式电流互感器补油装置"两项成果获优秀技术创新成果奖。

1 月，由中国电力传媒集团主办的 2014～2015 年度"让人民群众满意用电·寻找最美供电所"活动结束。内蒙古公司所属巴彦淖尔电业局杭后供电分局头道桥供电所获"中国最美供电所（科学管理奖）"称号；乌兰察布电业局化德供电分局白音特拉供电所获"中国最美供电所（道德风尚奖）"称号。

3 月 17 日，内蒙古公司所属内蒙古超高压供电局首次采用地电位非接触式作业的方式协助锡林郭勒超高压局完成汗白I线500kV输电线路406号至407号塔段的导线异物清除工作。

4月14日，内蒙古公司所属内蒙古超高压供电局航检中心工作人员利用激光雷达系统对响一高I、Ⅱ回500kV输电线路的235基铁塔进行点云数据采集。

4月18日，中国首颗微重力返回式科学实验卫星"实践十号"在完成全部科学实验任务后，降落在乌兰察布市四子王旗预定着陆区域。内蒙古公司所属乌兰察布电业局完成卫星返回的保电任务。

4月23日，由国家发展改革委、中国发展网主办的首届中国新常态经济发展高层论坛暨2015"发展中国年度人物"颁奖典礼在北京钓鱼台国宾馆举行。通过自荐和有关部门推荐，经过广大网民网上投票和权威专家评委评审，内蒙古公司凭借多年在服务自治区工作大局、服务地方经济社会发展、服务社会民生，不断提升电网服务保障能力和供电优质服务水平，保障自治区经济社会发展用电需求方面取得的突出业绩，高票获评"2015中国社会责任金钻奖"。

4月，乌海海勃湾南（纳林）220kV变电站开工建设。该项目工程是内蒙古公司在蒙西电网建设的第一个220kV全户内变电站。

5月18日，母联234断路器准同期试验成功合闸，标志着锡林郭勒超高压供电局白音高勒500kV变电站母联234准同期并列试验获得成功，也标志着内蒙古电网首次500kV变电站准同期试验成功。

5月25日，内蒙古公司所属内蒙古超高压供电局梅力更500kV变电站完成启动工作，实现内蒙古电网500kV智能化变电站从无到有的突破。

5月26日，内蒙古公司与蒙古国国家电网股份公司举行购售电协议续签和电力合作谅解备忘录签字仪式。

7月1日，在庆祝中国共产党成立95周年大会上，内蒙古公司所属内蒙古超高压供电局党委荣获"全国先进基层党组织"光荣称号。

7月，内蒙古公司总经理贾振国率团出访ABB集团瑞士苏黎世总部。

8月1日，内蒙古公司发布《内蒙古电力（集团）有限责任公司2015年社会责任报告》。

8月11日，法国电力配电公司亚太区总经理傅亚一行到访内蒙古公司。

8月27日，2016年中国企业500强榜单揭晓，内蒙古公司排名第217位。

9月27日，内蒙古自治区电力多边交易市场管理委员会成立。内蒙古电力交易中心有限公司完成工商注册。

10月24日，中国安装协会专家组成复检组赴乌海电业局对拉僧庙化工园区220kV输变电工程进行现场复检。

10月27日，内蒙古自治区国资委授予内蒙古公司2015年度及第四任期业绩优秀企业奖、管理进步企业奖、科技创新企业奖。

10月，全国输电线路无人机巡检技能观摩大赛在湖北省武汉市国网特高压实验基地举行的。内蒙古超高压供电局在"无人机输电线路缺陷查找""绕8字飞行"两个项目中分别获得团体项目和个人项目二等奖。

11月18日，搭乘2名中国航天员的神舟十一号载人飞船返回舱在乌兰察布市四子王旗成功着落。内蒙古公司所属乌兰察布电业局完成飞船返回的保电任务。

11月，中国技术市场协会公布第八届中国技术市场金桥奖评选结果，内蒙古公司所属内蒙古电力科学研究院荣获集体奖。

11月，内蒙古公司与电力规划设计总院联合编制的《蒙西主网架"十三五"发展规划研究报告》获得2016年电力行业优秀工程咨询成果奖二等奖。

11月，内蒙古公司所属乌海电业局输电管理处被自治区党委宣传部授予自治区"北疆楷模"荣誉称号。

12月6日，内蒙古公司与国网信息通信产业集团有限公司签署战略合作框架协议。

12月19日，内蒙古公司与华北电力大学签订战略合作框架协议，新能源电力系统国家重点实验室内蒙古试验研究基地同时揭牌。

12月23日，内蒙古自治区精神文明委对第五届全区道德模范公示公告。内蒙古公司有2人荣获道德模范，4人荣获道德模范提名。

12月，内蒙古公司所属乌海电业局拉僧庙化工园区220kV变电站入选2016年中国安装工程优质奖（中国安装之星）。

（娜日斯）

【中国华电集团公司山东分公司】

企业概况　中国华电集团公司山东公司（简称华电山东公司）成立于2009年7月，是中国华电集团公司在山东省的派出机构，与华电国际电力股份有限公司山东分公司"一套人员，两块牌子"，负责中国华电在山东区域的发展规划、能源项目开发、生产运营管理、电力市场营销、统一对外协调等工作。

领导班子
总经理、党组成员：季军
党组书记、副总经理：厉吉文
党组成员、副总经理：黄鹏
党组成员、副总经理：李京修

党组成员、党组纪检组组长、工委主任：来建民

主要领导人员变动情况：2016 年 6 月，厉吉文任党组书记、副总经理，不再担任总工程师职务；袁明刚不再担任党组书记职务。2016 年 11 月，董凤亮不再担任党组成员、副总经理职务。

组织机构　截至 2016 年 12 月 31 日，华电山东公司本部设办公室（法律事务部）、规划建设部、人力资源部、财务资产部、安全生产部、市场运营部、政治工作部（工会办公室）、监察审计部（纪检组办公室）、燃料管理部等 9 个职能部室。下设 36 个公司。装机容量 1682 万 kW，是中国华电装机规模最大的区域公司。

工作业绩　2016 年，华电山东公司完成发电量 830 亿 kWh；综合供电煤耗完成 305.13g/kWh，同比降低 1.33g/kWh；完成供热量 3779 万 GJ，同比增加 205 万 GJ；全年新投产容量 71 万 kW。全年承包利润完成 48.28 亿元，同比减少 46.98 亿元，盈利额度、EVA 均排名中国华电系统各区域公司第 1 位。所属 7 家单位被评为中国华电五星级企业。

安全环保生产　深入开展"强基深化年"活动，安全监督保证体系有效运转。落实区域监督和企业主体责任，严格责任异常事件问责机制，开展季节性安全检查和重点区域违章排查治理活动，强制落实外包工程现场安全管控"六条指令"，实行监理业主"双监护"和封闭式施工管理，建立机组无"非停"、修后长周期运行奖励制度。优化检修策略，推行精密点检管理，开展设备定期体检和定向诊断。构建设备故障防控体系，开展锅炉防磨防爆特检，全年实现锅炉"零"灭火。加大节能减排力度。全力推进超低排放改造工作，累计完成 38 台机组烟气超低排放改造，8 家单位实现全厂机组超低排放。加强技改工程全过程管理，有效缓解了技改与发电的矛盾，保证了工程的安全、质量和工期。坚持"一厂一策、一机一案"，统筹制定区域节能降耗行动方案，实施 2 台机组高背压改造和深度降烟温节能改造，22 台机组在全国火电机组能效对标竞赛中获奖，占机组总数的 54%，其中 6 台机组获一等奖。

经营管理　把降本增效作为全年的中心工作，构建责任逐级落实、指标层层传递、目标逐级保障的工作机制，华电山东公司所属火电、风电企业全部盈利。超前谋划市场营销策略，千方百计开拓市场，争取市场电量 219 亿 kWh，占全省总量的 35%，高于装机容量比 5 个百分点。火电发电量完成 818 亿 kWh，利用小时完成 5259h，较电网平均水平高 136h。优化转移电量 48.4 亿 kWh，增加效益 1.7 亿元。主动适应中国华电燃料体制改革要求，健全燃料管理体系，明晰管理界面和流程，燃料管理机制进一

步完善。实行燃料供应区域协调制度，统筹煤价、库存、运力等因素，科学制定采购策略，努力控制煤炭成本。开展燃料"形象提升年"活动，加强燃料全过程管理，树立燃料阳光采购诚信品牌形象。坚持"两保""两降"原则，优化资金结构，提高运转效率，通过置换银行借款，资金存量同比降低 9.1 亿元，财务费用同比减少 2.24 亿元。落实基建纳税筹划方案，合理应用"营改增"细则，节约支出 5360 万元。坚持向政策要效益，落实节能改造奖励、供热补贴、电价补贴等财税资金 4.2 亿元。

项目发展　结构优化取得突破。认真落实国家能源战略和产业政策，与中国华电保持战略协同，优化调整结构布局，提升发展质量效益。燃机发展取得突破。编制天然气发电"十三五"发展规划，青岛燃机热电联产项目获得核准，东营分布式项目完成可研内审并上报立项决策，章丘燃机热电项目上报发起备案。供热实现板块化管理。将供热作为降低煤耗、提升效益、拉动电量增长的重要手段，拓展供热面积 2583 万 m²，区域总供热面积突破 1 亿 m²。新能源占比进一步提升。6 个合计 34 万 kW 风电项目核准，核准容量为历年最多，其中，莱西沽河项目是山东公司第一个以 10 万 kW 核准的风电项目，新拓展风电资源 100 万 kW。积极参与山东省光伏领跑者项目投标，取得济宁汶上阳城 10 万 kW 开发权。中国华电首台 620℃再热高效超超临界机组——十里泉 8 号机组高标准投产发电。莱州二期工程稳步推进，龙口四期第一台机组获得核准，定陶一期按秸秆掺烧国家科技示范项目定位，经省发展改革委和中国华电上报至国家能源局。

改革发展

（1）提升管理水平。将所属企业分类纳入试点，范围覆盖安全、检修、运行等全部领域。构建适应市场环境的营销制度、管理体系和管理模式，8 家发电单位和 6 家热力公司增加了售电业务资质，推动企业由单一发电向发售一体化转变。开展审计监督，严格法律审核把关。强化管理创新成果提炼及应用，新增授权专利 62 项，获得中国华电科技进步奖 8 项，14 项成果获得省部级及以上创新成果奖，华电山东公司荣获全国电力行业全面质量管理活动优秀企业。

（2）加强队伍建设。严格选拔任用程序，优化干部队伍结构。推动职位序列和全员业绩考核试点工作，健全三级优秀人才选拔体系，畅通区域人才培养发展通道。推行全员、全过程绩效管理。按照中国华电要求制订山东公司本部"四定"方案，系统梳理岗位和人员情况，择优选调 8 名基层骨干到本部任职。在全国电力行业脱硫脱硝技能竞赛、中国华电人力资源和精密点检技能大赛中均取得优异成绩。

党的建设、精神文明建设、企业文化建设 完成区域 11 个基层党委、198 个党支部换届工作，新成立 12 个基层党支部，组织建设实现全面覆盖。在中国华电二级单位党建绩效考评中排名第一。深化时间、内容、人员、方法、效果"五落实"，拓展政治、岗位、业绩、服务、文明"五争先"，"两学一做"学习教育取得良好成效，华电山东公司党组中心组理论学习经验被国资委专题简报推介宣传。开展燃料全过程管理、"八项费用"执行情况效能监察，党风廉政建设进一步深化。大力宣贯《华电宪章》，举办华电山东公司首届"道德讲堂"。强化品牌塑造，统筹 11 个基层单位集中开展"度度关爱"社会责任、"走进华电"媒体公众开放日等主题宣传，企业品牌形象不断提升，《"华电山东"品牌建设研究》课题获国资委中央企业优秀研究成果二等奖。加强工团工作，广泛开展劳动竞赛、职工创新创效、"号手岗队"等主题活动。华电山东公司团委荣获山东省和中国华电五四红旗团委称号。

主要事件

3 月 14 日，华电山东公司与中国华电集团清洁能源有限公司在济南签署《清洁能源综合利用战略合作框架协议》。

6 月 8 日，华电章丘发电有限公司与济南热力公司签订济南 CBD 中央商务区供冷项目合作协议，实现了山东公司供冷项目的"零突破"。

7 月 8 日，国务院国资委《中央企业宣传思想文化工作》简报刊发了华电山东分公司党组中心组理论学习经验做法。

11 月 17 日，十里泉电厂"上大压小"扩建 8 号机组一次通过 168h 满负荷试运行，标志着中国华电系统首台 60 万 kW 级超超临界高效机组在山东投运。

12 月 22 日，中国华电山东区域首个天然气热电联产项目——华电青岛 2×9F 级（460MW）天然气热电联产工程获得青岛市发展改革委核准。

（李晨飞）

【北京能源集团有限责任公司】

公司概况 北京能源集团有限责任公司（简称京能集团）成立于 2004 年 12 月，由原北京国际电力开发投资公司和原北京市综合投资公司合并重组，是北京市政府出资设立的国有独资公司；"十二五"期间，根据北京市委、市政府的部署，分别在 2011 年底、2014 年底与北京市热力集团有限责任公司、北京京煤集团有限责任公司实施合并重组，并更名为北京能源集团有限责任公司。京能集团按照"能源为主、适度多元、产融结合、协同发展"的业务组合战略和"立足首都、聚焦京津冀、面向全国、走向世界"的空间布局战略深耕国内、国际能源市场。

2016 年，经济进入新常态，改革步入深水区，经济发展的新旧动能尚在转化之中，经济结构性问题凸显。京能集团从事的电力、煤炭、地产三大主业出现了产能严重过剩局面，经营发展的外部环境极其复杂。面对挑战，京能集团贯彻落实中央提出的创新、协调、绿色、开放、共享的发展理念，从服务保障首都功能需要的大局出发，坚持"稳中求进、防控风险、强化融合、创新发展"工作方针，调整发展节奏，加快融合改革步伐，优化结构布局，推进提质增效。在北京市委、市政府和市国资委的关怀下，在监事会的监督下，京能集团完成了政府交办的各项重大任务，经营业绩保持较好水平，安全生产形势平稳，职工队伍和谐稳定，融合改革积极推进，"两学一做"和党建、廉政工作取得实效，实现了"十三五"的良好开局。

截至 2016 年末，京能集团总资产达 2426 亿元，净资产达 980 亿元，资产负债率为 59.60%。累计实现营业总收入 590 亿元，利润总额 46.6 亿元。完成发电量 802 亿 kWh，完成供热量 3754 万 GJ，完成原煤产量 994 万 t，供热面积达到 3.04 亿 m²，完成房地产销售 43 万 m²，继续入围中国企业 500 强，排名第 228 位；入围中国服务企业 500 强，排名第 81 位。

领导班子

党委书记、董事长：朱炎
党委副书记、副董事长：李大维
党委副书记、总经理、董事：郭明星
党委副书记、董事、副总经理：阚兴
副总经理：刘水洋
党委副书记、董事：李迅
党委常委、纪委书记：段梓斌
副总经理：刘海峡
副总经理：王永亮
总工程师：关天罡
副总经理：孟文涛
副总经理：李育海
财务总监：朱保成
工会主席：王彦民

组织机构 京能集团设有 18 个职能部门，包括董事会办公室、党群工作部、集团办公室（党委办公室）、战略规划部、经营计划部、财务管理部、党委组织部、人力资源部、能源建设部、生产管理部、煤化事业部、安全与科技环保部、实业管理部、证券与资本运营部、法律事务部、审计与内控部、纪检监察室、燃料管理部；下属 275 家控股单位及 124 家参股单位其中含拥有 3 家 A 股上市公司（京能电力、昊华能源、京能置业）和 1 家 H 股上市公司（京能清洁能源）。

主要事件

2 月 1 日，北京市副市长隋振江、市政府副秘书长朱炎、市国资委副主任钱凯，市工信委、质监局、安监局等政府委办局有关领导莅京阳热电公司就春节前的安全供电供热保障工作进行检查。

2月29日下午，京能集团召开领导干部会议，市委组织部副部长李世新代表市委、市政府宣读了北京市委、市政府的任命通知：朱炎任北京能源集团有限责任公司党委书记、董事长。

3月9日，京能集团召开领导班子会议。市国资委企业领导人员管理一处处长李荣忠宣读了市国资委党委的任命通知：阚兴任北京能源集团有限责任公司党委副书记、董事；段梓斌任北京能源集团有限责任公司党委常委、纪委书记。

4月14日，在北京日报集团大楼，举行了京能集团与北京日报报业集团战略合作签约仪式。

5月13日，京能集团党委二届四十七次常委会研究通过《京能集团全面融合改革发展领导专项小组组建方案》，京能集团成立七个专项小组，全面推进融合改革发展工作。

5月14日，由北京市委宣传部、首都文明办、北京市国资委、北京市教工委、共青团北京市委、国务院国资委新闻中心共同主办的"展望十三五发展谱新篇"走进首都国企系列宣传活动暨"首都国企开放日"活动在北京启动。京能集团作为首都能源供应保障的龙头企业，向广大市民开放京阳热电、京桥热电、花家地供热中心、96069客户服务中心等四条特色线路。

5月30日，国家能源局电力安全监管司司长黄学农、国家能源局华北监管局党组书记、局长郭智一行7人莅临京桥热电检查指导工作。

6月20日，北京市副市长王宁莅临在青海西宁举办的2016中国青海绿色发展投资贸易洽谈会京能集团展位参观。

7月5日上午，中央政治局委员、市委书记郭金龙到乐多港调研。

8月，京能集团继续入围中国企业500强，排名第228位；入围中国服务企业500强，排名第81位。

11月，河北省发展改革委以冀发改能源〔2016〕1416号文件，对京能秦皇岛2×35万kW热电联产项目核准批复。

（周德发）

东 北 地 区

【国家能源局东北监管局】

基本情况 国家能源局东北监管局（简称东北能源监管局）于2013年12月13日正式挂牌，是国家能源局在东北区域的派出机构，负责辖区内电力等能源的监督管理和行政执法工作，以及电力安全监管工作。

领导班子
党组书记、局长：戴俊良
党组成员、副局长：吴大明
党组成员、副局长：郭建宇
党组成员、综合处处长：张锐

组织机构 内设9个职能处室：综合处、市场监管处、行业监管处、电力安全监管处、资质管理处、稽查处、综合监察室（机关党委）、吉林监管业务办公室、黑龙江监管业务办公室。全局编制48人，截至2016年12月，在职人员42人。

主要工作
（1）全面推进电力体系市场建设。东北电力辅助服务市场专项改革试点获批，东北电力调峰市场正式升级为东北电力辅助服务市场。2016年东北火电、富余风电外送市场通过挂牌交易共送出210亿kWh电量，三省一区电力直接交易市场稳步推进。

（2）重点推动电力辅助服务市场专项改革试点。国家能源局于2016年10月正式批准东北区域电力辅助服务市场专项改革试点，并列入电力发展"十三五"规划。下发市场方案和运营规则，组织高层宣贯会，并举办5期电力企业和调度机构全员培训。

（3）解决地方电力改革难题。在辽宁电力交易中心组建过程中，建议省政府筹建市场管理委员会，明确交易机构向多方参与过渡，最终确定由我局牵头交易机构监管和交易规则制定工作。推进黑龙江售电改革专项试点工作，制定市场主体准入和市场交易规则文件。结合黑龙江省售电改革方案，向大庆石油管理局颁发了供电类电力业务许可证。

（4）重点化解东北窝电问题。促成绥中电厂两台百万千瓦机组改接华北电网和扎鲁特外送通道开工建设。实施总量控制，化解产能过剩。将电源项目是否在国家能源局每年下达的建设规模之内，作为许可证颁发的第一条件。积极组织东北电力跨区域外送，2016年共送出210亿kWh，其中风电60亿kWh。

（5）重点解决清洁能源消纳问题。对东北核电实施战略呵护，确定冬季合理运行方式。积极促进风电消纳，通过调峰辅助服务市场。赴吉林、黑龙江和内蒙古东部地区开展弃风、弃光专项监管调研，并向国家能源局提出增加消纳的有关建议。

（6）围绕重点，强化安全执法。围绕丰满大坝等国家重点工程，持续开展安全监管，密切跟踪问题整改。围绕日益严峻的涉网安全和反恐怖工作，组织电力调度机构、电科院等单位对省调以上电厂开展普查，对国电庄河等19家并网电厂进行专项督查。围绕电力基本建设事故多发的特点，对东北区域电网项目、电源项目进行基建安全和基建质量的重点抽查。围绕电网风险辨识和大面积停电预防，对呼伦贝尔等电网严重薄弱区域进行重点督查。围绕电力安全基础性工作，加大电力企业管理人员安全教育培训，累计组织5910人参加培训考试。

（7）加大违法违规查处力度。对12398热线和日常监管中发现的违法违规线索，现场调查和直接处理73起，立案调查并处罚违法企业6家，移送公安机关1起，处罚对象包括供电公司关联企业、社会施工企业、发电企业等，罚款金额32万元。对迟报事故信息的某风电企业给予通报批评，并首次新增对企业负责人个人罚款。

（8）抓内需拉动和服务民生。推进电力直接交易，降低企业成本。2016年，全区域直接交易电量321亿kWh，同比增长53.6%，占东北全社会用电量的8.1%，降低东北电力用户成本35.3亿元。推进电能替代，为提高东北地区电能占终端能源消费比重，减少散煤燃烧，在研究设计电力辅助服务市场过程中，引入电蓄热等负荷作为市场主体，推进东北"煤改电"工作，拉动电力消费。加强普遍服务监管，解决电力消费薄弱环节。督促供电企业按计划完成38.1万户低电压用户治理工作及3799个村动力电未覆盖的解决工作。推进地方重大项目办电绿色通道制度，加快形成增量，对备案的193家重大项目进行全面梳理、建立联系，对11家重大项目实地走访。

【国网辽宁省电力有限公司】

企业概况　国网辽宁省电力有限公司（简称国网辽宁电力）成立于1999年，是国家电网公司的全资子公司。供电营业区域14.8万km²，服务人口4380余万。本部设23个部门，下属35家单位。

领导班子

总经理、党组副书记：谭洪恩

党组书记、副总经理：冯凯

副总经理、党组成员：张印明

副总经理、党组成员，国网沈阳供电公司总经理、党组副书记：辛国良

副总经理、党组成员：陈兆庆

总会计师、党组成员：赵洪伟

副总经理、党组成员：张国威

副总经理、党组成员：路俊海

副总经理、党组成员，国网大连供电公司总经理、党委副书记：王如伟

党组成员、工会主席：马曙光

党组成员、纪检组长兼直属机关党委书记：李旸

总工程师：沈力

组织机构　截至2016年12月31日，本部设立机构23个：办公室、发展策划部、财务资产部、安全监察质量部（保卫部）、运维检修部、营销部（农电部）、科技通信部（智能电网办公室）、建设部、物资部（招投标管理中心）、对外联络部（品牌建设中心）、审计部、经济法律部（体改办）、人事董事部、人力资源部（社保中心）、离退休工作部、后勤工作部、思想政治工作部（直属党委办公室、团委）、监察部（纪委办公室）、电力调度控制中心、运营监测（控）中心、电力交易中心、工会、企协分会。

所属地市供电企业和其他单位共30个：沈阳供电公司、大连供电公司、鞍山供电公司、抚顺供电公司、本溪供电公司、丹东供电公司、锦州供电公司、营口供电公司、阜新供电公司、辽阳供电公司、盘锦供电公司、铁岭供电公司、朝阳供电公司、葫芦岛供电公司、凌海供电责任有限公司；辽宁电科院、辽宁经研院、辽宁送变电工程公司、辽宁检修公司、辽宁信通公司、辽宁管理培训中心、辽宁技术培训中心、辽宁物资公司、辽宁服务中心、辽宁电力中心医院、辽宁公司实业分公司、辽宁电能发展股份有限公司、北方国际电力工业有限公司、辽宁公司北辰新汇酒店分公司、辽宁大连培训中心。

电网概况　辽宁电网是东北电网的负荷中心（约占49%），通过500kV蒲梨、丰徐四回线与吉林电网相联，通过科沙双回线与蒙东通辽电网相联，通过青燕、青北四回线与蒙东赤峰电网相联，通过±500kV伊穆直流直接受入蒙东呼伦贝尔地区电力，通过500kV高岭换流站与华北电网相联。辽宁电网分为辽西、中部、辽南三大系统，负荷主要集中在中部地区，沈阳—辽阳—鞍山—营口—大连构成了辽宁电网负荷的中轴线。中部电网形成内外层双环网为核心的500kV骨干网架，两层间通过4回500kV线路相联，辽南电网经6回500kV线路（南瓦一、二线，瓦渤一、二线，丹程一、二线）与辽宁中部电网相联。辽西电网经5回500kV线路（董辽一、二线，北王线、北历线、北鹤线）与辽宁中部电网相联。省内220kV电网以500kV变电站为核心形成不完全独立的9个供电分区。截至2016年底，辽宁电网装机总容量为

4601.30 万 kW（含绥中电厂 200 万 kW），其中：火电机组容量 3113.99 万 kW，占 67.68%；风电机组容量 694.69 万 kW，占 15.10%；水电机组容量 293.11 万 kW，占 6.37%；核电机组容量 447.52 万 kW，占 9.73%；太阳能电站容量 52.00 万 kW，占 1.13%。新增发电装机容量 285.68 万 kW，其中水电机组 0.20 万 kW，火电机组 46.21 万 kW，风电机组 55.85 万 kW，光伏 35.91 万 kW，核电机组 147.52 万 kW。

辽宁电网拥有 66kV 及以上输电线路 5.44 万 km，变电容量 2.09 亿 kVA，变电站（含开关站）1768 座。2016 年售电量 1623.12 亿 kWh。

人力资源 截至 2016 年底，国网辽宁电力全口径用工总量 74 123 人，同比减少 1187 人。优化"三集五大"体系，完成农电管理机构和职责调整，成立审计中心和科技成果孵化转化中心，在电能公司增设电动汽车服务部，健全集体企业"三会一层"现代企业法人治理结构，成立省级电力交易机构。推进"五位一体"深化应用，完成 484 项标准作业程序的辨识和修订工作。开展专业管理改进提升，针对 298 项管理业务，编制《专业管理协同机制工作导则》，梳理问题 133 个，新建业务流程 78 个。

规范劳动用工管理，通过《国家电网公司员工奖惩规定》，印发《公司内部人力资源流动管理实施意见》，全年盘活内部人力资源存量 1600 人次。岗位绩效工资制度平稳规范运行，完善薪档积分要素管理机制，推进职员职级序列建设。建立福利管理"三纵三横"职责体系。加强社会保险规范化管理，调整社会保险和住房公积金缴费标准，规范农电用工社保缴费管理。修订企业负责人年度业绩考核管理办法，印发业绩考核指标体系和月度评价实施方案。在 14 家供电公司和省检修分公司所属 44 个输电和变电专业室推广实施工时积分同价计酬机制。

实施全员培训，编制培训计划，加强培训资源开发及师资队伍培养，印发《关于进一步加强公司竞赛调考考核激励的实施意见》。7 人入选辽宁省百千万人才，姜广敏当选全国技术能手和"国网工匠"。评审工程技术、政工专业正高职称 90 人。制订《公司东西人才帮扶管理办法》，选派 15 名人才开展西部对口帮扶，荣获"国家电网公司 2014～2015 年度对藏帮扶工作先进集体"称号。

电网建设与发展 全年累计完成建设投资 39.99 亿元，投产 66kV 及以上输变电工程 93 项，线路长度 1519.36km，变电容量 1005.95 万 kVA；开工 66kV 及以上输变电工程 100 项，线路长度 1664.81km，变电容量 584.38 万 kVA。其中，盘锦鹤乡、鞍山唐家（长岭）、营口西海（历林）500kV 输变电工程顺利投产，实现年内连续投产 3 座 500kV 变电站；通辽—大

虎山、通辽—四平铁路电气化改造供电工程建成投产；500kV 葫芦岛宽邦、220kV 京沈客专、锦阜高、锦承线电铁供电工程提前开工建设；专项建设基金城配网工程有序推进。西海（历林）500kV 变电站工程获安全质量管理流动红旗；220kV 大连金新线和铁岭鱼八线工程被评为国家电网公司优质示范工程。

经营管理 运营监测（控）中心进一步加大风险预警监控管理力度。编制完成"运营数据精品库建设方案"，并于 10 月 11 日通过审核。以在线和离线相结合方式，合计查询 22 套业务信息系统，抽取明细数据 2.48 亿条，提前 10 天完成国家电网公司部署的 88 项监测业务的验证测试工作。

深化财力集约化管理，加强预算全面管控，开展经营诊断分析，提升经营发展质量；加强精准投资和成本精益管控，强化项目与资金一体化源头管控。强化工程资产管理，推进资产清查工作，账卡物相符率达到 99.07%；完成国家电网公司 220kV 电网基建工程自动竣工决算试点任务；开展长期未完在建工程专项清理，压降在建工程余额 64.2 亿元。规范资金账户管理，清理低效无效银行账户 20 个；采取压降银行贷款利率、提前还贷等方式，融资总额同比压降 40 亿元，财务费用比预算减少 2.2 亿元；配合政府出台煤改电电价政策，稳妥开展输配电价改革，推动电力市场化建设，规范红沿河核电上网电价，3、4 号机组执行投产时燃煤机组标杆电价；完成营财一体化建设工作。开展项目资产主题实时监督规则试点建设，深化内控评价和风控系统线上风险评估，发现缺陷 95 项、确定重大风险 8 项，制订了应对措施。组织开展会计基础管理"回头看"，第三批参评单位全部通过国家电网公司 2016 年度会计基础创优评估；深入开展两金压控工作，系统外应收账款存量压降率为 44.95%。

建立法治企业建设责任体系，推动法治管控关口前移和法治建设过程管理。完成《辽宁省电力设施保护条例》修订工作并审核通过。在 7 家地市公司实施首席法律顾问制度，成立国家电网公司首家省公司级法律专业工作室。开展经济责任、重点工程和重大决策审计，建立内外部审计发现问题与整改索引库，国家电网公司 5 项审计发现问题已整改 76.67%。整合审计资源，成立审计中心。

安全生产 落实 11 个方面 50 项细化措施及 8 个专业方案，开展"三查三强化"专项行动，治理隐患 3611 项。实现反违章稽查全覆盖，查处违章 2715 起。出台《安全生产奖励办法》，实行重奖重罚。严格计划刚性执行，强化电网滚动分析校核。创新实施 500kV 变电站综合检修，完成 34 座 220kV 及以上变电站综合检修。开展"三跨"专项隐患排查治理，编

制重要高压电缆通道风险评估及 3 年治理计划，通过带电检测提前发现并处理 220kV 及以上主设备重大隐患 14 件。

营销工作 推进营配调贯通，完成数据采录建模。加快"多表合一"信息采集建设，"一分双无"应用实现县级全覆盖，累计安装智能电能表 2211.5 万只，覆盖率 99.26%，抄表工效提高 7 倍，电费归集时间缩短 10 天。完善电费风险一体化防控体系，全额收回抚铝欠费 2.04 亿元。走访工业园区和售电公司，快速响应供电服务需求。出版《辽宁省供电企业营业计费算法及依据》，制定两部制电价用户基本电价执行方式实施细则和业务系统计费规则。配合政府编制《加快推进电化辽宁工作方案》，推动电化辽宁上升为地区发展战略，全年完成电能替代电量 46 亿 kWh。构建"互联网＋"营销服务模式，深化掌上电力 APP、电 e 宝、95598 智能网站自主线上平台应用，完成业扩全流程信息公开与实时管控平台建设。深化车联网平台建设运营，开通 56 个充电桩售卡营业厅，新建 9 座高速公路快充站、4 座城市快充站，改造 1408 个充电桩，全部接入平台运营。强化服务行为、服务态度类投诉专项督办和现场督导，加强行风廉政类举报查处，百万户投诉率考核指标在国家电网公司排名第一。

科技与信息化 2016 年，国网辽宁电力承担国家项目 2 项，国家电网公司项目 56 项。牵头承担的 2015 年国家科技支撑项目"高压电制热储热提升可再生能源消纳技术"完成全部研发任务；牵头承担的 2016 年国家重点研发计划项目"电力光纤到户工程关键技术研究与示范"按进度实施。成功申报 2017 年国家电网公司科技项目 29 项，牵头获批数量达到近年平均水平的 3 倍。编制并印发《国网辽宁省电力有限公司实验室工作指导意见》和《国网辽宁省电力有限公司科技攻关团队建设管理指导意见》。编制并印发《国网辽宁省电力有限公司科学技术奖励实施方案》组建"国网辽宁电力科技成果孵化转化中心"。

2016 年，国网辽宁电力全年共有 40 项科技成果获得上级奖励，其中，国家科技进步二等奖 1 项、省政府奖 16 项（一等奖 2 项、二等奖 7 项、三等奖 7 项）、中国电力奖三等奖 1 项、中国有色金属学会一等奖 1 项、国家电网公司奖 21 项（一等奖 2 项、二等奖 5 项、三等奖 14 项），全年获奖数较 2015 年增长 73.9%。

全年共申请发明专利 280 项，发明专利授权 65 项。全面开展技术标准实施评价工作，建立了省、市、县三级工作体系，并通过国家电网公司验收。牵头编制 2 项行业标准和 3 项国家电网公司企标，其中，1 项电力行业标准和 1 项国家电网公司企标完成报批。

2016 年，国网辽宁电力完成 83 项信息化项目建设任务、承担 16 项国家部委及国家电网公司试点任务。试点建成全业务统一数据中心数据分析域，完成 33 套业务系统数据抽取与清洗及 8 个大数据分析场景建设，构建了企业级运营监测"精品库"。全年未发生信息安全事件，完成信息安全技术督查重点任务 33 项，发现并整改安全隐患 469 项。被国家电网公司评为"网络与信息安全技术防护措施实用化优秀单位"和"信息系统实用化诊断优秀单位"。1 项成果入围国家电网公司同业对标典型经验，1 项成果入选国家电网公司信息化建设年度优质项目。

优质服务 落实营销"三创"工作方案，围绕六个主题，扩大"你用电、我用心"新服务活动成果，营销青创活动吸引 100 余个青年创新团队、2300 多名青年员工深度参与。组织编写《抄表工作手册》，推行"互联网＋"微信讲堂等新颖互动培训方式，举办 6 期专业培训班，培训人员 1.5 万人次。做好售电公司、市场交易客户供电服务工作，475 名员工参加售电侧改革相关知识培训、考评。确定 26 个重点根植项目并实施全过程跟踪。编辑出版的《利益相关方沟通手册》《社会责任议题管理手册》被确定为国家电网公司层面工具书。"基于利益相关方管理的电网企业发展环境建设"荣获国家电网公司 2016 年管理创新推广成果二等奖、辽宁省企业管理进步成果一等奖。编制发布《服务辽宁老工业基地新一轮振兴发展白皮书》。首次以党组文件形式印发《关于实施"电亮三农"精准扶贫工作的指导意见》。国网辽宁电力获得 2016 中国电力行业最佳透明度管理奖。与 28 家省级以上媒体签订战略合作协议并开展合作。开展全球能源互联网舆论引导 8 次。开展重点传播项目 11 个，策划专版报道 39 个。组织开展 10 余家主流媒体参加的"媒体走进国家电网"活动和"新春走基层"活动。重大主题传播在重量级的中央级媒体取得突破性成效，新华社、《人民日报》、中央电视台等中央权威媒体发稿 90 篇（条）。围绕"煤改电"等电能替代工作，策划开展的重点传播成效显著。

在全省范围内开设县公司层面官方微博 32 个，初步建成覆盖省、市、县三级的官方微博矩阵。结合国网故事汇活动，制作微电影、微视频，依托新华频媒手机客户端、国网微信平台等对外传播。

党的建设和精神文明建设 印发《关于全面从严加强党的建设的意见》，细化八个方面 28 项任务要求。完成"党建工作责任制落实"等 10 项重点课题研究。明确各级党组织及负责人责任清单，完善《党建工作指标体系考核办法》。

开展"两学一做"学习教育。对口 757 个基层联系点，解决 106 项共性问题。开展"三亮三比——我是党员我先行"主题活动，建立合格党员八维度能力素质模型，实现"四讲四有"具体化，引导全体员工投身"学行为规范、学劳模精神，做优秀员工"活动。深化"电网先锋党支部"创建，建成省级"党建示范点"36 个、"企业文化示范点"10 个，选树一批党员责任区、党员示范岗。2016 年，荣获国家电网公司党群专业竞赛团体第五名，6 个基层党组织、7 名党员荣获省级及以上荣誉。

评选宣传 2015 年度"十件大事"，编印 2016 年《员工学习手册》4.4 万册，开通企信"辽宁电力形势任务教育"公众号。以"八个意识"学习教育为重点，抽样调研、专题学习、专栏解读、培训讲授、典型诠释，引导激励党员干部统一思想、找准定位、尽责担当、进取有为。

企业文化建设落实落细。立项实施"国网卓越文化在物资系统的建设及应用"。立项实施"文化满天星"和"文化航标"，累计建成文化长廊 99 处，开办"道德讲堂"181 期，参与人数 12 642 人次。完成企业文化卓越实践模式的创新构建。送变电公司输电第五分公司党支部被中央授予"全国先进基层党组织"称号，石树增被追授为全国见义勇为模范。

主要事件

2 月 5 日，中共辽宁省委书记、省人大常委会主任李希到国网辽宁电力视察。

4 月 1 日，国网辽宁电力召开干部大会。经国家电网公司党组研究并征得中共辽宁省委同意，决定：谭洪恩任辽宁公司总经理、党组成员、副书记，免去张建坤总经理、党组成员、副书记职务，国家电网公司另有任用。

5 月 2 日，辽宁省大部分地区出现大雨到暴雨，多地阵风最大超过 10 级，最大降雨量达到 140mm，造成辽宁电网多条线路跳闸；21 个县、283 个乡、1629 个村、93 万户居民的正常用电受到影响。国网辽宁电力积极做好灾害预防和救灾抢修工作，共出动抢修队伍 497 支、人员 6133 名、车辆 1415 台，尽最大努力恢复供电。

6 月 8 日，国网辽宁电力"新能源城市主动配电网示范工程"项目通过评审。

6 月 20 日，国网辽宁电力牵头申报的 2016 年国家重点研发计划"智能电网技术与装备"项目重点专项"电力光纤到户技术研究与示范"项目获得批准。

7 月 13 日，国网辽宁电力与沈阳市人民政府签订战略合作框架协议。

7 月 21 日，国网辽宁电力系统积极开展"7·20"暴雨灾害抢险抢修工作，尽快恢复了供电。

10 月 25～27 日，国网辽宁电力在国家电网 10kV 配电网不停电作业技术技能竞赛中取得优异成绩，两名选手获得"国家电网公司技术能手"称号。

11 月 11 日，新修订的《辽宁省电力设施保护条例》，在辽宁省人大常委会通过表决，于 2017 年 2 月 1 日起实施。

11 月 16 日，国网辽宁电力科技成果孵化转化中心正式揭牌。

11 月 24 日，国网辽宁电力与大连市人民政府签订《电网发展合作框架协议》。

12 月 2 日，国网辽宁电力退休职工、优秀共产党员、辽宁省见义勇为英雄石树增被追授"全国见义勇为模范"称号。

12 月 27 日，国网辽宁电力发布《服务辽宁老工业基地新一轮振兴发展白皮书》。

（杨 明 赵永华）

【国网吉林省电力有限公司】

企业概况 国网吉林省电力有限公司（简称国网吉林电力）是以经营、管理、建设电网为主营业务的国家大一型企业，是国家电网公司全资子公司，对所属企业和单位的国有资产承担保值增值责任，依法对吉林省内及相关电网实施调度管理，承担着保障安全、经济、清洁、可持续的电力供应的使命。国网吉林电力供电营业面积 18.74 万 km²，拥有供电客户 1357 万户，供电服务人口 2699 万人。本部设置职能部门 23 个，省公司层面业务支撑和实施机构 8 家，地市供电公司 9 家，县公司 49 家。截至 2016 年末，国网吉林电力资产总额 451.42 亿元，用工总量 37 259 人。全年固定资产投资 68.59 亿元；售电量 522.1 亿 kWh，同比增长 4.14%；当年电费回收率 100%。

领导班子

总经理、党组副书记：王金行

党组书记、副总经理：蔡敬东

党组成员、副总经理：朱教新

党组成员、纪检组长：张成军

党组成员、副总经理、工会主席：周艾辉

党组成员、副总经理：马明焕

副总经理、长春供电公司总经理、党委副书记：李国辉

副总经理：吴越

副总经理：孙文胜

总工程师：鲁海威

组织机构 本部职能部门 23 个：办公室；发展策划部；人事董事部；人力资源部；财务资产部；安全监察质量部（保卫）；运维检修部；建设部；营销部（农电工作部）；科技信通部；物资部；审计部；监察部（纪检组）；思想政治工作部；离退休工作部；

经济法律部；对外联络部；后勤工作部；运营监测（控）中心；电力调度控制中心；电力交易中心；工会；企协分会。

地市供电公司9家：长春供电公司；吉林供电公司；通化供电公司；白城供电公司；四平供电公司；延边供电公司；辽源供电公司；白山供电公司；松原供电公司。

省公司层面业务支撑和实施机构8家：国网吉林经研院；国网吉林电科院；送变电公司；国网吉林检修公司；国网吉林信通公司；国网吉林物资公司；综合服务中心；国网吉林培训中心。

其他单位5家：电力医院；后勤服务中心；名门集团；吉能集团；风电公司。

电网概况 吉林电网位于东北电网的中部，北联黑龙江电网，南接辽宁电网，西临内蒙古东部电网，在满足全省电力供应的同时，还是东北电网北电南送的重要通道。截至2016年末，吉林电网共有500kV线路3447.33km；500kV变电站12座，变电容量2056.5万kVA；220kV线路10 866.09km；220kV变电站83座，变电容量2169.6万kVA；66kV线路19 830.36km；66kV变电站924座，变电容量2240.31万kVA。吉林电网已形成全省500kV"井"字型骨干网架、各地区220kV环网结构。

吉林省电源的分布特点是水电主要分布在东部，西部以风电为主，火电以城市热电联产机组为主。2016年末，吉林省全口径装机容量2715.72万kW，其中：水电装机容量377.55万kW，占13.90%；火电装机容量1777.39万kW（其中热电装机容量1302.34万kW），占65.45%；风电装机容量504.68万kW，占18.58%；太阳能发电装机容量56.09万kW，占2.07%。

人力资源 开展"卓越本部建设年"活动。选拔、调整和聘任本部干部员工56人。完成第一批172名"双挂双提"人员集中脱产强化培训；启动第二批"双挂双提"工程，交流锻炼223人。完善企业负责人业绩考核体系，修订公司企业负责人业绩考核管理实施细则，细化减项指标考核内容，拓宽专业考核范围，减项指标由61项增加至308项，专业考核由1013项增加至1647项。推进全员绩效量化考核，积极推广一线员工工时积分同价计酬机制，首批推广的17个工区均已实现"同分同价"计酬，完成全员绩效管理信息系统企业负责人和管理机关模块的上线运行。"三无"人员全部消除，人才当量密度0.997 6，同比增长1.1%。简化岗位绩效工资升薪积分项目，突出绩效考核结果。完善市县公司企业负责人薪酬管理制度，统一市县公司企业负责人薪酬管理模式。持续深化福利项目全过程管控平台推广应用工作，逐步

形成福利计划、费用管控、财务结果一体化管理。截至2016年底，国网吉林电力共有全民所有制在职职工24 755人，其中具有大学专科及以上人员19 052人；中级及以上专业技术资格人员6351人，高级工及以上职业资格人员10 638人。

电网建设与发展 吉林—扎鲁特"四回线"工程（吉林段）在东北三省一区率先取得省级全部支持性文件，昌盛开关站取得核准批复，敦化抽水蓄能电站送出500kV输变电工程取得可行性研究批复。与四平等4个地市政府签署电网发展协议。完成国网吉林电力"十三五"规划编制工作。编制完成《"十三五"新一轮农网改造升级规划》和《配电网建设改造"十三五"规划》，制订《机井通电及中心村电网改造升级2016～2017年实施方案》，落实"国网阳光扶贫行动""村村通动力电""井井通电"工程。编制完成园区电网发展规划，对全省具备条件的90个园区进行发展评估并编制电网专项规划。完成209项220kV及以下电网项目可行性研究评审并下达批复；按计划完成2017年全部新开工的220kV以下项目核准审批工作。与政府建立电网规划建设协调机制，并联合成立电网规划与建设领导小组，出台支持性政策，改善电网建设外部环境，减免电网项目政府性收费，简化加快办理审批手续。2016年，电网建设投资66.92亿元，投产输电线路992.31km，变电容量324.23万kVA。重点工程加快推进，丰满水电站送出等80个工程全部开工；500kV长岭、向阳、吉林南工程提前进入设备安装阶段；500kV延吉及220kV永吉新一代智能变电站等一系列工程投运；35个扶贫村、90个边境村电网改造项目全部竣工；10项光伏送出工程投产；167处输电线路迁改完成；"多表合一"采集接入9.3万户。在省外、国外中标总金额达15.54亿元。兴原220kV工程获国家电网公司"优质工程示范工地"称号。

经营管理 替代电量34亿kWh。电费收缴保持100%。台区同期线损可监测率达到98.3%，异损台区由3.1万个降至2.3万个，台区线损率下降1.09个百分点。疏导电价矛盾增效2亿元，返还失业稳岗补贴3500万元。推动政府出台增量奖励补贴及开展大用户直接交易，交易电量54.07亿kWh（占售电量的10.46%），增加售电量8.39亿kWh（拉动售电量增长1.67个百分点），增加售电收入1.05亿元；压降成本增效3.5亿元，提前一年实现国家电网公司下达的亏损企业治理目标。超前研判电费风险，对通钢等高风险企业细化做实"一户一方案"电费回收策略，开展电费专项检查与回收百日攻坚，当年电费回收率100%，连续10年保持电费收缴"双结零"。国网长春供电公司获"大型供电企业业绩进步单位"称

号。在国家电网公司管理创新成果评比中，国网吉林电力获二等奖 2 项，三等奖 2 项，获成果推广二、三等奖各 1 项。另有 1 项获全国企业管理现代化创新成果二等奖。"源-网-荷"互联研究课题成功入围国家"互联网＋"智慧能源示范项目。

2016 年，国网吉林电力业绩考核排名 B 级 16 位，同比提高 3 位，位居东北区域第一。同业对标获东北区域管理标杆及安全、人力、物力、运行 4 个专业标杆。继续保持全国文明单位荣誉称号。

安全生产　实现国网吉林电力连续第 11 个安全年。安全管理同业对标获东北区域标杆称号。在国家电网公司 2016 年度《安规》调考中，总成绩排名第 6 位。强化安全责任体系，依据国家电网公司典型岗位设置名录，编制覆盖所属各单位共 2280 个典型岗位的安全职责规范，实现安全职责全面覆盖。深化应急管理，修订公司总体预案、23 个专项预案。创新调控方式，防范人身风险，常态化开展 500kV 开关、刀闸远方操作，12 座 500kV 变电站实现真正的无人值守。36 座 66kV 并网电厂调度关系由省调改为地调。130 座农网 66kV 变电站自动化信息接入地调。开展迎峰度夏"三人三岗"值班，发布电网风险和恶劣天气预警 70 次，应对"5·3"大风和"8·12"狮子山台风等灾害考验。被评为国家电网公司资产管理体系深化应用先进单位称号。

营销工作　2016 年，售电量 522.1 亿 kWh，同比增长 4.14%；市场占有率 93.97%，同比提高 1.88%；售电平均单价 639.34 元/MWh，可比口径提高 1.34 元/MWh；推进营配贯通建设，完成 687 万户的数据采录并实现关系准确对应，接收 2498 个非公司资产台区，完成 90 个园区电网专项规划。促成 198 个客户同意无偿移交供电资产。与长春新区等 10 个开发区签订战略合作协议。召开营销集约化管理现场会，费控用户达到 97.7%。

业扩全流程实时管控平台上线运行，对 5 个跨专业流程、45 个协同环节实施线上流转与实时监控；开展业扩结存专项治理，业扩报装"五个时限"实现"零超时"，高压业扩报装接电时间平均缩短 3.6 个工作日，增加售电量 2.16 亿 kWh。与通化钢铁集团等 60 户企业开展直购电交易，推广热泵 146 万 m²、电锅炉（含蓄热式）500 万 m²、分散电采暖 340 万 m²。

电能替代取得新成效。制订《"十三五"电能替代工作实施方案》，建立部门协同机制。开展吉林省各行业耗煤情况和交通领域专项调查，摸清"煤改电"和"油改电"领域的电能替代潜力，编制《电能替代"十三五"规划》，圈定电能替代发展方向。促成吉林油田等 5 家 8 台 19.75 万 kW 机组关停，增加电量 7.32 亿 kWh。开展"电网连万家、共享电气化"

主题活动，电商送出电费 7.5 万元，拉动潜力负荷增加 3 万 kW。成功申请政府示范项目补贴，建立集各类电采暖展品、模型和智能互动等功能于一体的"新能源示范展厅"。研究"考虑需求侧响应的热-电互联及协调优化控制技术研究与示范"项目，成功入围国家"互联网＋"智慧能源示范项目。2016 年国网吉林电力电能替代 34 亿 kWh，拉动售电量增长 6.51 个百分点。通过能效服务的实施，国网吉林电力全年节约电量 1.74 亿 kWh，完成年度指标 116%；节约电力 5.88 万 kW，完成年度指标 208%。

科技与信息化　获得中国电力科学技术奖三等奖 1 项，各类省部级科技进步奖 10 项，国家电网公司奖 4 项，颁发国网吉林电力科技奖 120 项；申请专利 160 项，其中发明专利 110 项，获得专利授权 58 项，其中发明专利授权 24 项。

信息化建设质量及运行支撑能力显著提升。全面启动 SG-ERP3.0 建设，开展 ERP 集中部署推广实施、一体化电量与线损管理系统、全国统一电力市场技术支撑平台、全业务统一数据中心等重大项目建设，通过国家电网公司信息化项目后评估和信息化建设内控专题评价。统一电力市场技术支撑平台项目获全国电力行业信息化成果二等奖，软硬件资源池、集体企业管控平台、统一权限平台推广实施三个项目获三等奖；基于即时通信软件的企业微门户项目获国家电网公司 2016 年信息化建设优质项目。"多源数据供用电技术研究与应用"项目获国家电网公司 2016 年信息通信新技术创新发展行动计划优秀成果三等奖。

全年未发生重大信息通信生产安全事故和信息安全事件，实现年度信息通信"运行零事件、工作零违规、安全零违章"。完成外网网站标识标准化改造，实现信息安全备案全覆盖。完成 4 套三级系统、7 套二级系统等级保护测评及公安机关报备信息更新。承办国家电网公司蓝队联盟安全态势联合分析会，参加红蓝对抗复赛并取得总成绩第 8 名。获得国家电网公司信息通信调度运行调考第七名，获优秀团体奖。

优质服务　坚持 95598 重点业务国网吉林电力早会排名通报和省、市、县三级专业抄报机制，实现分专业、分层级实时管控，推动各层级加快客户诉求解决；坚持问题导向，对突增的频繁停电、其他人员服务、营业厅服务等投诉问题及时开展专项分析，明确整改要求，投诉量和万户发生数在国家电网公司分别排名第 6 位、第 2 位；提升管理技术含量，为全省一线营销服务人员配备 10 692 台行为记录仪，实现现场服务行为的实时记录和有效规范；建立优化电力软环境合作机制，与省软环境办公室签署合作协议；强化重要电力客户安全管理，按客户等级和检查周期开展安全隐患排查和汛期专项排查，"服务、通知、报告、督办"到位率实现 100%，未发生公司责任的客户安全事故；推进国有企业"三供一业"供电分离工作，推动省政府、省国资委出台支持政策，并明确国网吉林电力为移交接收单位，完成全部 25 家中央企业移交协议签订和 1.2 万户接收工作。国网吉林电力客户满意率完成 99.64%，同比提高 0.13 个百分点，国网吉林电力蝉联吉林省消费者满意单位称号。

依法治企 集中宣贯《法治企业行为指引》，将法治理念和规则融入履职行为，2.4 万余人参加普及性网络考试。完成运检专业法律风险防范试点任务，编制完成法律风险库，并通过国家电网公司审核验收。审核合同 5000 余份，妥善处理法律纠纷案件 9 起。开展内外部审计检查发现问题整改情况"回头看"和农网工程自查自纠，实行整改销号制。完成县公司"五证合一"。新建和改造供电所 77 个，压减管理资料 62 种。珲春城郊等 3 个供电所获国家电网公司五星级乡镇供电所称号。规范集体企业管理，制订专业指导意见 20 个。

党的建设和精神文明建设 开展"两学一做"学习教育，推进"三亮三比"主题活动，讲授专题党课 2166 次，制定"四讲四有"合格党员标准。完成 760 个基层党组织换届选举。推动落实"两个责任"，约谈所属单位党政纪负责人 57 人次，举办讲责论坛 20 期。制订"内部巡察负面问题清单"，完成 6 家单位巡察任务，化解重大风险 15 项。常态化开展中央八项规定精神落实情况监督检查。在中央主要媒体发稿 100 篇，中央电视台新闻联播 4 篇。"银线暖流"节目入选国家电网公司职工文化成果展示。

吕清森获评"中央企业十大优秀共产党员标兵"，作为基层代表参加党的十八届六中全会。3 个基层党组织和 4 名党员获国务院国资委、吉林省委表彰。2 个集体、1 名个人获团中央表彰。在国家电网公司表彰中，蔡爽被评为特等劳模，3 人被评为劳动模范，2 个单位被评为先进集体，9 个班组被评为工人先锋号，7 人被评为优秀班组长。2 个项目获中国青年志愿服务项目大赛金奖和银奖，1 个项目获国家电网公司"青创赛"银奖。

主要事件

2 月 7 日除夕夜，中央电视台"新闻联播"播出《新春走基层·在岗位——大山深处的电力巡线工》，报道了延边公司一线员工春节期间坚守岗位，全力为东北最美高铁首次春运保供电的新闻，时长 1 分 10 秒。

2 月 22 日，国网吉林电力召开"电网建设攻坚年"誓师大会，正式启动"电网建设攻坚年"活动。

2 月 26 日，吉林省人民政府召开吉林—扎鲁特电力外送工程推进组工作会议，工程全面启动。

3 月 2 日，国家电网公司董事长、党组书记刘振亚与吉林省委副书记、省长蒋超良，吉林省委常委、常务副省长高广滨在京举行会谈。双方就推动特高压建设、积极消纳新能源发电、推动构建全球能源互联网等达成共识。

3 月 14 日，国网吉林电力召开《法治企业行为指引》学习宣贯启动会，启动为期一个月的《法治企业行为指引》学习宣贯活动。

3 月 15 日，国网吉林电力召开"卓越本部建设年"运动大会。

4 月 13 日，吉林电力交易中心有限公司揭牌成立，搭建起吉林省能源资源优化配置的重要平台，成为国家电网公司系统 27 个省区（市）第五家、东北第一家取得工商注册成立的电力交易机构。

4 月 18 日，吉林省省长蒋超良一行到向阳 500kV 输变电工程现场实地视察。

5 月 24 日，国网吉林电力总经理王金行与国网蒙东电力总经理王国春、党组书记潘秀宝举行会谈，双方共同签署战略合作框架协议。

6 月 13～14 日，国家电网公司副总经理、党组成员王敏一行四人到公司调研指导工作，并与吉林省委常委、常务副省长高广滨在长春，共同签署《国家电网公司与吉林省人民政府关于共同推进吉林省小城镇（中心村）电网改造升级和"井井通电"工程合作协议》。

6 月 29 日，国务院国资委庆祝中国共产党成立 95 周年暨中央企业"两优一先"表彰大会在北京召开。国网吉林电力员工吕清森荣获中央企业"十大优秀共产党员标兵"称号，并作为国家电网公司系统唯一获得此项荣誉的代表上台领奖。

9 月 2、3 日，国网吉林电力总经理王金行、党组书记蔡敬东一行，深入延边州抗灾抢险一线，实地察看台风"狮子山"引发灾情，深入一线指挥救灾。截至 9 月 3 日 19 时 49 分，通往延边州和龙市南坪镇输电线路全线抢通，受台风"狮子山"引发洪灾影响最严重的南坪镇恢复送电。

9 月 28 日 10 时 00 分，平安 500kV 变电站正式开始实施无人值守。至此，国网吉林电力在运 11 座 500kV 变电站全部实现无人值守运维管理模式。

11 月 26 日，国家电网公司第二届"青年创新创意大赛"优秀成果发布暨青年创新工作座谈会在京举办。国网吉林电力选送的参赛作品获得银奖和最具推广价值工器具奖。其中，国网长春供电公司《智能负载调配器攻克电采暖推广壁垒》荣获大赛银奖，国网通化供电公司《万能配线模版的研发》被评为最具推广价值工器具创新奖。

(李青春)

【国网黑龙江省电力有限公司】

企业概况　国网黑龙江省电力有限公司（简称国网黑龙江电力）是国家电网公司全资子公司、国有特大型企业，负责建设、运行维护黑龙江电网和全供电区安全可靠供电。供电营业区域面积 47 万 km²，占东北供电区域总面积的 58.3%，各类用电客户 1659 万户。截至 2016 年末，资产总额 558 亿元。直接管理单位 26 个，其中地（市）级供电企业 13 个。管理农电企业 131 个，其中代管县级农电企业 66 个，农垦、森工供电企业 65 个。全口径用工 6.42 万人。

领导班子

总经理、党组副书记、党组成员：丁扬

党组书记、副总经理、党组成员：李永莱

副总经理、党组成员：王明波（2016 年 1～10 月）

副总经理、党组成员：张满洲

副总经理、党组成员：许传辉（2016 年 12 月任）

党组成员、纪检组长：陈晓东

副总经理、党组成员：李运灵

副总经理、党组成员：李长林

副总经理、党组成员：王志伟

党组成员、工会主席：吴德义

党组成员，国网哈尔滨供电公司总经理、党委副书记：朱玉库

总会计师：梅仉和

组织机构　本部职能部门：办公室、发展策划部、财务资产部、安全监察质量部（保卫部）、运维检修部、营销部、科技信通部（智能电网办公室）、建设部、物资部（招投标管理中心）、对外联络部（品牌建设中心）、审计部、经济法律部（体改办）、人事董事部、人力资源部（社保中心）、离退休工作部、后勤工作部、思想政治工作部（直属党委办公室、团委）、监察部（纪委办公室）、电力调度控制中心、运营监测（控）中心、电力交易中心、工会、企协分会。直接管理单位 26 个，其中地（市）级供电企业 13 个。

电网概况　黑龙江电网位于东北电网最北部，通过吉林、黑龙江省间 4 回 500kV 线路与吉林电网相联，通过 500kV 伊冯甲、乙线与蒙东电网相联，通过 500kV 阿黑线和黑河换流站与俄罗斯阿穆尔州电网直流背靠背互联。

截至 2016 年末，黑龙江电网共有 500kV 站 15 座，运行容量为 14 666.0MVA；220kV 系统变电站 132 座，运行容量为 29 169.0MVA；500kV 线路 36 条，线路总长度为 5265.5km；220kV 线路 380 条，线路总长度为 14 368.1km。并网运行电厂 328 座，总装机容量为 27 625.54MW，其中火电厂 162 座，装机容量为 20 777.15MW，占比 75.21%；水电厂 69 座，装机容量为 1018.66MW，占比 3.69%；风电场 74 座，装机容量为 5665.5MW，占比 20.51%；光伏电站 23 座，装机容量为 164.23MW，占比 0.59%。大容量火电厂主要分布在中、西部负荷集中区和东部的煤矿坑口地区，风电场主要集中在东部地区及大庆地区。

人力资源　用工总量 64 252 人，人才当量密度 1.002 8，教育培训投入 5329.86 万元，全员培训率 95.15%，被评为国家电网公司对藏帮扶先进单位。

推进"五位一体"深化应用，开展全员要素比对，建立标准作业程序体系，完成劳动定员测算及定员分解，修订典型岗位名录，完成岗位分类与典型岗位试匹配。开展需求预测和诊断分析。完成省内第四批帮扶。实施供电所"一长三员"核心岗位补员 3 年规划。完善岗位绩效工资制度，建立薪档积分数据库。开展对外创收激励，加强企业负责人履职待遇和业务支出管理。完成国资委薪酬调查。

建立考核联席会议机制，加强弱项监控，推广一线工时积分同价计酬机制，全员绩效管理信息系统三个模块上线，完成两级业绩考核责任书签订。

落实全员培训规划，建立常态轮训机制，全年完成教育培训项目 510 项和教材课件开发项目 8 项，培训员工 85 226 人次。完成项目储备，开展内部专项检查，组织代管单位新入职员工集中培训。新增国家电网公司优秀专家人才 15 人，完成人才年度考核。

电网建设与发展　建成并投运鹤岗 500kV 输变电工程，青冈、庆安—铁立、黑河—多宝山等 14 项 220kV 输变电工程，牡丹江阳明、佳木斯市政等 28 项 110（66）kV 输变电工程（含农网）。全年投产 66kV 及以上线路 1128.8km，变电容量 2079.7MVA（含农网）。省网投产统调火电机组 2 台，新增容量 400MW，关停 6 台，关停容量 150MW；新扩建统调风电场 5 座，新增容量 439.5MW；全网新增容性补偿容量 671.81Mvar。

开展"十三五"新一轮农村电网改造升级规划。研究"十三五"电网发展规划重大问题，与国家和黑龙江省"十三五"能源电力规划有效衔接。完成黑龙江省机井通电、低电压治理、小康电示范县建设、贫困村通动力电工程实施方案等有关规划的专题研究报告。取得 1 项 500kV 输变电工程、21 项 220kV 输变电工程、8 项 110（66）kV 输变电工程核准批复。

经营管理　开展提质增效、减亏增盈工作。建立以内部利润为核心的考核体系，鼓励各单位主动采取措施挖潜增效；深化可控成本管理，提高各单位统筹调配能力，支出比标准成本压降 25%；落实"营改增"政策；超前疏导超低排放电价。开展"两金"清理；推进资金集中管控。电网基建投资概算压降率达

到 7.58%；开展低效无效资产清理及资产账卡物一致性专项治理工作；化解历史遗留问题，累计追索收回亿阳集团拖欠款项 0.8 亿元。

安全生产 完成春秋检、技改大修等工作，累计完成电网技术改造项目 351 项，设备大修项目 549 项。开展变压器大修评估审查工作，检查春检现场 16 个，发现问题 107 项，消除变压器缺陷 37 件。完成 500kV 大松 1 号线浸泡区段铁塔灌注桩基础改造任务。开展"一提、三降、一促"专项工作，220kV 及以上输电线路跳闸率同比下降 39%。完成"低电压"治理工作，规范配电网建设改造工作。开展配网不停电作业，推进标准化配电站房建设工作。2016 年，未发生生产人身死亡事故；未发生电网稳定破坏、电网瓦解、大面积停电及重大设备损坏事故；未发生误操作事故；发电企业没有发生重大级以上发电设备事故。城市供电可靠率完成 99.958%，综合电压合格率 99.58%。

营销工作 售电量 700.02 亿 kWh，同比增长 3.58%；电能替代 25.7 亿 kWh，占国网黑龙江电力售电量的 3.67%；报装接电 32.61 万户，新增容量 6662.9MVA，同比增长 4.65%；售电平均单价 542.29 元/MWh；电费回收率完成 100%，实现"双结零"；供电服务"十项承诺"兑现率 100%；行风评议位居全省服务业第一名。

推动市、县两级大项目办实体化运作，实时管控业扩报装，公开全流程信息。畅通办电绿色通道，服务大项目建设 678 个。电力直接交易 34.02 亿 kWh，同比增长 364.84%。对接新一轮"双百工程"，摸排全省园区 130 个。签订国有企业"三供一业"供电分离移交框架协议小区 210 个，签约率达到 96.69%；接收"三供一业"供电分离移交小区 35 个，接收哈南工业园区供电设施、大庆乙烯厂转供电负荷。制订新建住宅供电设施工程指导意见。全省推动出台电能替代支持文件 13 项，推广电能替代项目 324 个。代管供电企业探索降损合同能源管理。

强化考核营业工作质量，跟踪"量价费损"等指标动态，监督考核关键环节业务。组织开展电价专项普查，规范各类电价执行。治理高损台区，高损台区数量较 2015 年末下降 69.13%，累计减少电量损失 1258.87 万 kWh。开展反窃电专项治理活动，查处违约和窃电案件 1217 起，挽回经济损失 1324.83 万元。全年开展现场稽查 9 次，规范业务管理问题 55 项，整改电价执行异常 16 项，处理违约用电 18 起，挽回经济损失约 155.69 万元。稽查管理向代管供电企业延伸，整改异常数据 1.073 亿条，整改率达到 99.85%。配合国家工商总局开展"限制竞争和垄断行为"专项整治行动，规范 703 户高危及重要客户的

供用电合同。

协调省内各发电集团，对龙煤集团开展省内大环抹账。推行"营财一体化"工作，规范电费账务管理，完成"SG186"系统欠费数据与实际欠费金额清理工作，全年累计清缴未达账项 3887 笔。

开展营配调贯通工作，高压用户贯通进度完成 99.9%、低压用户贯通进度完成 98.45%。推广"互联网＋"线上业务，开通"掌上电力"手机 APP、"电 e 宝"、支付宝、微信支付代收电费功能，代收居民电费 1058 万笔，占全部居民电费代收比率的 26.65%。开展移动作业终端业扩报装、信息咨询业务试点应用。全年未发生系统异常停机故障，完成系统版本升级 56 次，消除系统缺陷 35 个，未发生系统和人为差错。

农电工作 优先设计及审核，优化物流配送，强化跟踪管理，推进各批次农网工程建设。全年完成农网机井通电工程投资 12.3 亿元、中心村改造工程投资 7.9 亿元。落实安全管理责任，加强重点过程和关键环节安全管控，安排合理的进度计划，强化现场安全督查，严格落实安全技术标准和组织措施，实现农网工程施工安全。组织开展代管供电企业提质增效专项工作，制订 9 方面 50 项措施，落实责任清单，强化工作督导，搭建交流平台，深化专业管理。推进星级乡镇供电所创建工作，规范精简乡镇供电所资料管理，对照建设标准组织完成全省 1182 个一至四星级乡镇供电所分级评价与命名工作。协调解决基础完善项目 109 个，3 个乡镇供电所被评为国家电网公司五星级乡镇供电所。

科技与信息化 21 项科技成果分获国家电网公司、省政府科技进步奖；全年共申请专利 276 项，获得专利授权 159 项，发表科技论文 77 篇，出版论著 6 部，获得软件著作权 2 项；发布输变电设备低温运行技术研究成果 19 项；参与完成 1 项国家标准、3 项行业标准的制修订任务；牵头组织完成《电子数据恢复设备检测技术规范》等 3 项行业标准的制定工作；开展技术标准实施评价工作，并通过国家电网公司验收。

集中力量开展高寒地区输变电设备试验研究，启动并实施"高寒地区特高压实验基地建设规划研究"项目。"输变电设备极端环境运行与检测技术联合实验室"获得国家电网公司命名。"高寒地区电力设备运行管理技术提升"被列为国家电网公司重大管理创新示范项目，并获得国家电网公司管理创新成果三等奖；建成国网黑龙江电力首个"博士工作室"。组建的"院士工作站"获得黑龙江省政府命名，与哈尔滨理工大学共同建立电力设备高压试验与绝缘检测智能化技术研究生培养创新基地，与南瑞集团开创电网企

业与科研单位合作的新模式。

获得 2016 年同业对标信息通信综合评价东北区域标杆单位。获得国家电网公司 2015～2016 年度信息通信先进单位、2016 年信息通信安全运行流动红旗。完成 100 个国家电网公司统推信息化项目建设。"一体化电量与线损管理系统"获得国家电网公司信通部信息化建设实施优质项目。完成大数据平台上线试运行。新建高密度绿色节能数据中心机房。开展两化融合管理体系贯标试点建设。开展信息系统实用化诊断分析、大数据分析、信息系统账号权限治理等工作。

开展信息化技术创新应用，远程运维一体化机柜获得 2016 年电力行业信息化成果二等奖、"以 X86 服务器替代小型机和存储关键技术的研究"项目获得 2016 年度国家电网公司科技进步奖三等奖。深化即时通信平台建设，开发"任务协作"新功能。自主研发 4K 超高清 KVM 切换器。开展自动化运维工作研究，实现系统监控、配置、部署、资源管理的自动化。

开展信息通信安全检查与隐患整治工作。组织开展信息通信公司专业能力提升活动和信息通信运维自主化工作。推进信息通信运维队伍建设，评为国家电网公司 2016 年信息通信调度运行专业调考优秀组织单位。

深化信息安全主动防御体系建设，强化信息安全"红蓝队"建设，全年自攻防演习累计发现漏洞 21 个，排查国家电网公司下发漏洞 100 余个，上报首发中危漏洞 12 个。完成"护网 2016"国家专项网络对抗演习保障任务。强化安全风险管控，针对 Oracle 数据库 SCN 缺陷瞬时传播的重大隐患，成功处置诱发大范围系统停运的重大隐患。

优质服务 落实优化经济发展环境部署，推出提升服务效能 11 个方面的新举措。举办"龙江供电服务风采大赛"。开展投诉分析处理工作，坚持客户投诉"日跟踪、周分析、月通报、季考核"工作机制。全年处理属实投诉 1643 起，查处违规违纪行为责任人。开展窗口服务专项整治活动，暗访全省 208 个窗口 13 次，通报批评 421 人。

国际业务 2016 年，对俄罗斯购电量 33.20 亿 kWh（其中：交流线路进口结算电量 7.13 亿 kWh，直流线路进口结算电量 26.06 亿 kWh），累计进口额 1.54 亿美元。与俄罗斯阿穆尔州区域调度局共同组织 2 次中俄调度会谈和调度培训，签订新的调度规程。

党的建设和精神文明建设 落实全面从严治党要求，完成 7 个方面、25 项、57 条重点工作任务。推进"三亮三比"主题活动。建立党员责任区 123 个，党员示范岗 135 个。规范基层党组织换届选举工作和党内组织生活，完成 499 个党组织的换届选举工作。

国网大庆供电公司党委、国网鸡西供电公司党委、国网双鸭山公司党委获得黑龙江省委"全省先进基层党组织"荣誉称号。

开展"两学一做"学习教育活动，组织专题调研和学习研讨。各级党组织完成学习教育 84 个方面，完成重点任务 176 项，开展常规工作 1028 项，开展各类特色活动 100 余项。开展集体学习 7738 次，进行专题讨论 4332 次，举办辅导报告会 415 场，专题培训党务骨干 143 期。

开展县公司企业文化知识竞赛、"卓越龙江"企业文化长廊典型设计大赛、"卓越龙江"故事会、"卓越龙江"金牌道德讲堂评选和"卓越龙江"服务窗口员工行为准则创意竞赛等活动。国网黑龙江电力（大庆东风）共产党员服务队获国家电网公司优秀共产党员服务队称号。重新修订文明单位考评实施方案，制订文明单位考评实施细则。组织 12 家直属单位参加黑龙江省级（省直）文明单位（标兵）评选。完成国家电网公司布置的"加强企业文化长廊建设 促进企业文化深入传播"'四项措施'直达推动县公司'五统一'企业文化传播全覆盖"和"'卓越龙江'服务窗口员工行为准则创意竞赛的落地实践"三项重点项目建设任务。

主要事件

1 月 26 日，国家能源局安全督查组组长、国家能源局电力安全监管司副司长蒋锦峰一行 6 人到国网黑龙江电力进行工作调研。

3 月 2 日，国务院国资委企业分配局副局长殷长波任组长的国资委调研组一行 6 人到国网黑龙江电力进行工作调研。

3 月 4、7 日，中组部国企党建专题调研组到国网齐齐哈尔供电公司开展国有企业党建工作调研。

4 月 7 日，国家电网公司在国网黑龙江电力召开"极寒条件下特高压交流主设备性能及高寒地区特高压试验基地建设规划研究"项目启动会。

6 月 7～8 日，国家电网公司副总经理、党组成员王敏一行到国网黑龙江电力调研。

6 月 20 日，国网黑龙江电力全球能源互联网巡回宣讲活动走进哈尔滨理工大学。

7 月 22 日，东北区域新一轮农网改造升级工程调研座谈会在国网黑龙江电力召开。

8 月 4 日，@人民日报联合@政务风云榜发布《2016 年上半年政务指数微博影响力报告》。@国家电网黑龙江 95598 再次被评为黑龙江十大政务机构微博。

8 月 11 日，国家电网公司职工代表巡视检查组一行 7 人到国网黑龙江电力进行巡视检查和调研。

9 月 23 日，黑龙江省与中央企业融合发展合作交流会在哈尔滨太阳岛花园酒店隆重举行。

10月21日14时，国网黑龙江电力举办2016年电网大面积停电事件应急处置联合演练。

10月22日，国家电网公司董事长、党组书记舒印彪到国网黑龙江电力调研党建等工作。双方签署《国家电网公司、黑龙江省人民政府"十三五"电网发展合作框架协议》。

11月24日，国务院调研组到国网黑龙江电力就企业发展等问题进行座谈。

12月6日，国家电网公司电网环保工作检查组一行到国网黑龙江电力检查工作。

12月15～16日，国网黑龙江电力技术标准实施评价工作通过国家电网公司科技部验收。

（公　锐）

【国网内蒙古东部电力有限公司】

企业概况　国网内蒙古东部电力有限公司（简称国网蒙东电力）负责内蒙古东部赤峰、通辽、兴安、呼伦贝尔四盟（市）电网的规划建设、运营管理、调度交易工作，承担内蒙古境内特高压工程的前期协调、建设管理及特高压输变电设备运维检修任务。国网蒙东电力本部驻内蒙古呼和浩特市，本部设置22个部门，有7家业务支撑和实施单位、4家盟（市）供电公司，供电面积47万km²，供电服务人口1160万。

2016年，固定资产投资93.1亿元，其中完成电网投资89亿元；投产66kV及以上线路2615km，变电容量741万kVA；全社会用电量536.35亿kWh；完成售电量280.4亿kWh，同比下降2.82%；外送电量487.5亿kWh，同比下降1.14%；电费回收率连续8年实现100%；市场占有率65.84%，同比下降6.84个百分点；综合线损率8.18%，同比下降0.10个百分点。

先后获得国家电网公司文明单位、内蒙古自治区"五一"劳动奖状、内蒙古自治区"百佳诚信企业"等荣誉。

领导班子

总经理、党组副书记：王国春

党组书记、副总经理：潘秀宝（2016年3月任职）、潘尔生（2016年3月离任）

副总经理、党组成员：来文青、徐润生（2016年12月任职）、李敏强（2016年12月离任）

党组成员、纪检组长、工会主席：石志忠

总会计师：陈浩

总工程师：李岩（2016年12月任职）、徐润生（2016年12月转任）

组织机构　本部设办公室、发展策划部、人事董事部（离退休工作部）、人力资源部（社保中心）、财务资产部、安全监察质量部（保卫部）、运维检修部、建设部、营销部（农电工作部）、科技信通部（智能电网办公室）、物资部（投标管理中心）、审计部、监察部（纪委办公室）、思想政治工作部（直属党委办公室、团委）、经济法律部（体改办）、对外联络部（品牌建设中心）、后勤工作部、运营监测（控）中心、电力调度控制中心、电力交易中心、工会、企协分会等职能部门及基地建设管理办公室（临时机构）、国网赤峰供电公司、国网通辽供电公司、国网呼伦贝尔供电公司、国网兴安供电公司等地市供电企业及国网内蒙古东部电力有限公司经济技术研究院、国网内蒙古东部电力有限公司电力科学研究院、国网内蒙古东部电力有限公司检修分公司、国网内蒙古东部电力有限公司信息通信分公司、国网内蒙古东部电力有限公司培训中心、国网内蒙古东部电力有限公司物资分公司、国网内蒙古东部电力有限公司综合服务分公司。

电网概况　蒙东电网以500kV网架为骨干，220kV网架为主体，是典型的"大电源、小负荷"外送型电网。蒙东四盟（市）电网相互独立，呼伦贝尔电网通过2回线500kV线路与黑龙江电网联网，通过500kV伊穆直流与辽宁电网联网；兴安电网通过2回500kV线路与吉林电网联网；通辽电网通过2回500kV线路与辽宁电网联网，通过3回220kV线路与吉林电网联网，通辽与吉林、辽宁仍存在省域间电磁环网；赤峰电网通过4回500kV线路与辽宁电网联网。

截至2016年底，蒙东电网总装机容量29 251MW，其中：火电18 983MW，占64.9%；风电8918MW，占30.5%；太阳能发电1009MW，占3.5%；水电317MW，占1.0%；生物质发电及其他24MW，占0.1%。拥有±500kV直流换流站1座，换流容量300万kW，线路715km；500kV变电站7座，变电容量1140万kVA，线路2681km；220kV变电站69座，变电容量1480万kVA，线路9194km；110（66）kV变电站556座，变电容量1520万kVA，线路17 212km。

人力资源　2016年，完成组建电力交易中心、特高压交直流运检中心（隶属于国网蒙东电力检修分公司）等机构。完成35～110kV变电检修业务和人员划转。完成"三集五大"重点工作任务47项、"五位一体"工作任务清单37条。开展全员要素比对和标准作业程序建设，开展2015年目标定员核定和2016年定员测算，修订形成1946个典型岗位名录。《基于"三集五大"体系下的岗位价值评估》荣获国家级管理创新优秀论文大赛一等奖。在4家盟（市）供电公司内，组建4家供电服务公司，实现规范农电用工管理工作。开展国网蒙东电力系统内岗位竞聘并盘活存量。录用高校毕业生708人，"订单＋定向"学生60人，"东西人才帮扶"及"电网建设专项帮扶"25人。制订《职员职级序列管理实施方案（试行）》。修订《直属单位企业负责人业绩考核办法》。开展一线员工工时积分同价计酬机制推广工作，国网蒙东电力80个工区全部完成机制建设。印发《规范表彰奖励实施意见》。完成员工考勤系统试点工作。

开展各类培训1410期6.06万人次。实现486名"三无"（无学历、无职称、无技能等级）人员摘帽目标，结束"三无"人员历史。选拔9名优秀员工赴国网江苏电力实践锻炼。新增正高级专业技术资格人才1人、全国电力行业技术能手4人。完成员工岗位能力认证试点工作。培训资源"双优"评选3个项目荣获国家电网公司三等奖。

完成12项重点任务和各部门311个作风问题整改。完成干部调整、人事档案"三龄两历"信息认定、个人事项报告核查等工作，配合完成2016年国网蒙东电力领导班子综合考核工作。规范干部挂职（培养）锻炼和关键岗位交流工作程序，优化干部培训和考核工作流程。修订"本部全员绩效管理实施细则"，完成本部ERP系统个人信息确认和"五位一体"岗位要素比对，规范本部员工借用、调转管理，持续规范本部薪酬福利保障管理。开展离退休基础管理，获得国家电网公司统计年报优秀奖。

电网建设与发展　以建设特高压配套、电铁供电和农网改造升级工程为投资重点，加快推进各项电网工程建设。扎鲁特—青州、上海庙—山东工程按计划分别于8月25日和12月15日开工，有序推进华润京能五间房电厂等特高压配套项目；通辽电铁供电13项工程全部竣工，呼伦贝尔滨州电铁15项工程全面开工。与自治区政府签署合作协议，全面开展井井通电、小城镇（中心村）、村村通动力电等工程建设，全年完成839个小城镇（中心村）电网改造和11 055眼机井通电任务，治理"低电压"台区9030个。推进自治区"十个全覆盖"工程建设，新建风力发电和太阳能发电互补设备3812套，解决无电户3848户，涉及人口10 674人。截至2016年末，蒙东地区新能源装机容量1033万kW，占地区总装机的35%，发电量166亿kWh，占地区网供电量的54.37%。

新开工500kV扎哈淖尔等62项工程，开工交流线路2597km，变电容量511万kVA；新投产500kV开鲁等138项工程，投产交流线路2615km，变电容量741万kVA。"一交三直"（锡盟—胜利、锡盟—泰州、上海庙—山东、扎鲁特—青州）特高压线路工程按计划开工并加快建设；国家《大气污染防治行动计划》中的"两交"（锡盟—山东、蒙西—天津南）特

高压工程建成投产，标志着内蒙古正式迈入特高压时代。扎鲁特特高压配套工程开工建设，魏家峁电厂500kV送出工程建成投运。上海庙—山东特高压直流工程是大气污染防治行动计划"四交四直"工程，也是世界上第二个±800kV、输送容量1000万kW、受端分层接入500/1000kV交流电网的特高压直流工程。

经营管理　2016年，新成立设计公司、监理公司（两公司现挂靠在国网蒙东电力经济技术研究院）及交易中心。截至12月末，资产总额412.99亿元，同比增加31.04亿元，增长8.13%。采取预调预控和增收节支措施，预算执行考核；精准投资、有保有压，加强项目可研经济性和财务合规性审核。建立"五棵树"试点协同工作机制，全面参与"五棵树"试点建设；全面部署应用资金全方位监控平台，高分通过营财一体化验收；开展会计基础管理达标工作，9家单位全部通过国家电网公司评审；开展"两金"（应收账款、其他应收账款）压控工作。开展月度实时监督，落实问题整改。印发"营改增"税收指导意见，建立专题政策库，开展业务培训；制订税收筹划方案。开展"子改分"税务工作调查研究，完成各项税务稽查迎检工作。

完成各类审计项目共1141项，提出审计建议529条，审计效益同比提升68.30%。完成任期经济责任审计、营销专项审计迎审任务，分别完成了国家审计署行政政法司、审计署太原特派办、沈阳特派办、哈尔滨特派办以及自治区审计厅等对国网蒙东电力开展的专项审计或延伸审计工作。开展工程"三全"审计（全内容、全覆盖、全链条）创新实践，一键式生成审计申请、审计通知、结（决）算审计报告、管理建议书、问题整改清单、考核评价表，对涉及工程的14个管理链条，实现了问题精准分析。具有自主知识产权的工程"三全"审计平台，已成功申请国家专利。

全年共组织开展52个批次的招标及非招标采购工作，物资采购计划完成率99.69%，物资集中采购率100%，物资类采购电子商务平台应用率100%，国网蒙东电力公开采购率99.12%，远程异地招标采购率55.94%，节资率9.35%，物资合同履约完成率99.99%。特高压工程物资得到及时可靠供应，质量监督覆盖率达到100%。

探索"1＋4"协同工作模式（领导小组宏观统领、四个主体专业职能到位），建立"日沟通、周会商、月总结"机制，参与电力体制改革工作。推进4家旗（县）公司"子改分"试点工作（县级供电公司由子公司模式改为分公司模式，简称"子改分"）。完成71项年度重点监管任务；规范平台企业法人治理结构，明确10户亏损企业清理处置方式；开展综合管理大检查，排查整改各类问题201项，规范管理

工作初见成效。开展法律风险防范研究工作。

持续开展特高压电网建设、党的建设、发展成就等重大主题传播。参加全区生态文明建设宣传活动、二连浩特中蒙俄经贸合作洽谈会、配电网高峰论坛等7次展览展示。召开根植项目立项研讨会,根植项目"利益相关方精准管理提升棚户区改造品质"被评为国家电网公司2015年优秀项目。开展集体企业改革改制、规范农电用工管理、输配电价改革、安全生产、优质服务、风电消纳等相关舆情监测和处置。全年编制舆情周报50期、舆情专报2期、制发舆情预警单7期。

建立国网蒙东电力非生房产数据库,修编"十三五"小型基建规划。完成扎兰屯片区检修用房购置等小型基建项目。开展地市运监业务评价。先后印发《关于下发2016年盟(市)供电公司常态开展监测分析业务清单的通知》《国网蒙东电力盟(市)运监中心常态工作要求及考评细则》。完成电力设施保护费、客户申校计费电能表流程、交费渠道应用情况3项新监测业务设计;验证84项主题、4项专题业务测试。截至2016年底,国网蒙东电力本部运监大厅建设主要工作基本完成;呼伦贝尔运监大厅建设及装修工作已全部完成。

完成电力交易机构组建,4月20日,内蒙古东部电力交易中心有限公司举行成立大会暨挂牌仪式,成为国家电网公司成立的第7家省级电力交易机构,并实现机构、人员、工作"三到位"。通过电力交易平台组织开展了9批次直接交易,成交电量78.11亿kWh,占售电量比例28%,降低企业用电成本约9.7亿元。积极推动替代燃煤自备机组交易,实现替代电量9500万kWh,其中风电替代电量1500万kWh。扩大风电送华北和辽宁规模,跨省跨区消纳风电72.57亿kWh。加快推进交易规范运行,积极落实《国家电网公司直接交易用户业务办理规则(试行)》。

围绕"保三争一"目标,制定印发对标提升方案。认真开展指标数据收集、汇总、审核及报送工作。完成国网蒙东电力承担的国家电网公司管理创新项目。申报国家级成果1项、国家电网公司10项、自治区级18项。开展岗位匹配、流程梳理、"五位一体"实践案例征集工作。举办国网蒙东电力首届QC成果发布竞赛。

开工建设运检综合楼、电科院通辽综合实验用房、通辽生产基地附属用房及管网工程及省级工厂化检修基地四个项目。完成业务支撑中心项目2016年工程建设任务。完成省级计量中心和通辽应急物资储备库项目环保、人防、规划验收工作和结算审计工作。

安全生产 2016年,锡盟变电站、鄂尔多斯变电站两座特高压变电站均一次带电投运成功。"一站两

换"和"一交三直"工程生产准备、技术监督、人员培训有序进行。着力打造适合国网蒙东电力大地理跨度的特高压运检"3326"管理体系(确保"运行稳定、设备可靠、检修快速"3个目标,突破"跨度大、分布散、辖区外"3个障碍,采用"以技术换空间,以管理换时间"2条路径,重点强化六项原则,即"业务衔接零缝隙,抢修资源零公里,缺陷处理零延时,远程管控零死角,年度检修零隐患,人员培养零起点")。完成500kV9基紧凑型铁塔常规化防舞改造,"三跨六防"排查治理隐患4478项,安装间隔棒1753支、限位防舞拉线16处,加装防鸟针18万支;排查治理变电站防误闭锁隐患471项、直流系统隐患1648项、鸟害隐患57处。完成2016年第一批农网改造升级工程和赤峰、通辽配网自动化建设任务。PMS2.0通过国家电网公司验收。牵头组织完成国家电网公司级生产技改大修工程量清单计价规范(送审稿)。技术监督以两个专项(竣工验收阶段专项、金属专项)为抓手,发布预(告)警单24份,整改问题39项。

落实各级人员安全职责,未发生人身安全事件。深化本质安全建设,实施"一标双控"安全风险管控模式,本质安全建设管理创新项目获国家电网公司重大管理创新成果二等奖。科学安排电网运行方式,建立电网、建设安全风险预警预控机制,发布电网运行风险预警151项,发布施工安全四级风险预警9项。组织开展春秋检安全大检查。对各类在建工程、重要用户开展全面隐患排查治理,落实人身事故防范措施,全面排查整改各类隐患6415项。推进资产全寿命周期管理体系常态运行和深化应用。修编完成省公司、盟(市)公司大面积停电应急预案,配合国网辽宁电力开展三省一区协调联动应急演练。

营销工作 主动参与售电侧改革相关方案的制订。电网企业结算开票、电网企业从事市场化售电业务等关键原则与政府达成一致。建成业扩全流程实时管控平台,实施线上流转与实时监控。完善电能替代工作实施方案,全面推进电能替代重点项目建设。组织开展"电网连万家、共享电气化"主题活动,增加潜力负荷6.95万kW。

强化指标监控,营销业绩、管理指标实现双提升。深化"一户一策"电费回收策略,层层签订电费回收包保责任状,拓展自有交费渠道,及时化解电费风险,电费回收率连续8年实现100%。推广远程费控,采集范围内用户自动费控率达到87%,全年利用费控回收电费79亿元。

大用户直接交易电量完成77.46亿kWh,占国网蒙东电力售电量的27.63%。完成通辽奈曼宏基水泥等两项余热发电项目,年节约电量3013万kWh。推进用电信息采集建设,加快智能电能表应用覆盖,全

年安装 109 万只，采集覆盖率达到 92%。试点应用宽带载波、中压载波、北斗卫星通信等新技术，有效解决偏远无信号地区采集问题。深化用电信息采集数据应用，跨专业共享停电事件数据 156 万条、电压监测数据 158 万条。

科技与信息化 信息通信系统运行稳定，设备运行率、业务保障率、信息设备监控率均为 100%。完成研究开发项目 28 个，信息项目 87 个，通信项目 120 个，项目计划完工率 100%。共荣获省部级及以上科技奖励 12 项。申请专利 87 项，其中发明专利 47 项。"电气设备性能及电网稳定控制实验室"获批内蒙古自治区企业重点实验室。获评国家电网公司信息通信运行优秀单位、安全督查工作优秀单位，2 次获得信息通信建设管理流动红旗。获评国家电网公司信息化建设优质项目 1 项、国家电网公司新技术创新发展行动计划优秀成果三等奖 1 项。获国网信息通信运维调考团体第 16 名，获东北区域信息安全攻防竞赛第一名。

全面启动 SG-ERP3.0 建设，完成全业务数据中心大数据平台部署实施，开展云资源管理系统和网络虚拟化试点项目建设，完成"五棵树"试点项目方案验证并开展数据清理。完成数据通信网优化整合改造一、二阶段建设，首家实现与国家电网公司数据通信骨干网跨域对接。完成 IMS 行政交换网核心系统建设，实现通辽本部及 18 个二级单位接入。建设完成呼伦贝尔、兴安、通辽公司四级 10G 网第二平面，通信网承载能力大幅提升。至 2016 年底，数据通信网省级节点至地市公司、地市公司至县公司带宽达到双 GE，比原有带宽（155M）提升了 6 倍；40 个旗（县）公司带宽从数十兆比特每秒提升至 1000Mbit/s，643 个变电站、479 个供电所（营业厅）带宽从几兆提升至 20Mbit/s 以上，站所通信网从"乡间小路"正式"上高速"。

优质服务 蒙东、盟市、旗县分别成立以党政主要负责人为组长的优质服务领导小组，统筹处理重大服务事项。深入开展"无投诉供电企业"创建活动，服务压力层层传递到最基层，客户诉求一次解决率 99.39%，属实性认定错误问题基本消除。组织开展供用电软环境治理和供电服务问题治理两个专项活动，建立日、周、月通报机制和督办制度。加强 95598 业务管理，实现 95598 故障报修工单直派盟市（旗县）。走访供电范围内售电公司 42 家和 10kV 以上客户 3.2 万户，掌握客户需求和市场动向。进一步提高办电效率，优化办电流程，做实"绿色通道"，高压客户平均接电时间缩短 2.3 天。

党的建设和精神文明建设 细化党风廉政建设责任清单，层层签订责任书，定期通报责任落实情况，强化党风廉政建设责任制考核。组织开展"四风"问题整治情况"回头看"。组织开展"两学一做"学习教育整改工作。围绕"本部作风建设年"活动，组织 22 个部门整改担当精神不足、协同配合不力、服务基层不够等方面问题 318 个。开展"两学一做"学习教育（学党章党规、学系列讲话、做合格党员），推进"三亮三比三无"主题活动（"亮身份、亮职责、亮承诺，比作风、比技能、比业绩，无违章、无违纪、无投诉"）。开展"青春建功十三五"系列活动。国网蒙东电力系统 2 个单位荣获国家电网公司先进集体，6 个班组荣获国家电网公司"工人先锋号"，1 个单位荣获自治区文明标兵单位，7 名职工荣获自治区"五一"劳动奖章，3 名职工荣获国家电网公司劳动模范。国网蒙东电力评选出 10 名劳动模范、80 名先进工作者、10 个先进集体和 40 个一流班组。

完成工会委员会和职代会的换届工作。通过《国网内蒙古东部电力有限公司员工考勤管理办法》等 3 项办法。指导各试点旗（县）公司组织召开职工（代表）大会，审议"子改分"有关事项。

开展"十三五"班组建设再提升工作调研。评估命名 11 个公司级劳模创新工作室，2 个工作室获自治区能源化学工会命名，1 个工作室获得自治区总工会命名。征集职工技术创新成果 31 项。开展特高压直流及配套工程劳动竞赛。开展劳模精神集中宣传活动。举办"扬工匠精神、赞榜样力量"主题巡回宣讲活动。国网蒙东电力 7 名职工获得全区"五一"劳动奖章称号，2 个集体获得自治区工人先锋号。开展困难职工帮扶审查实施工作及职工疗休养工作。开展"送文化到基层"慰问演出活动和"树新风、扬美德、传家风"主题实践活动。举办妇女权益保障法律法规讲座。

主要事件

1 月 14 日，国家电网公司党组印发《关于表彰"四个一百"的决定》，国网蒙东电力获得多个奖项，创建项目的质量和水平均取得了新突破。

2 月 4 日，国家电网公司总经理助理喻新强在呼和浩特市与内蒙古自治区副主席王波进行了会谈。双方就进一步加强合作，加快推进蒙电外送通道建设及特高压建设等问题达成共识。国网蒙东电力总经理王国春、党组书记潘尔生参加会谈。

2 月 14 日，国网蒙东电力召开"本部作风建设年"活动动员大会，正式启动"本部作风建设年"活动。

3 月 24 日，扎鲁特—青州特高压直流输电工程内蒙古境内所有省级支持性文件全部取得。

3 月 29 日，国网蒙东电力召开了"十三五"发展规划发布会暨直属单位"十三五"发展规划编制工作中期推进会，正式发布国网蒙东电力"十三五"发展规划。

3月31日，国网蒙东电力召开干部任免宣布大会。宣布：潘秀宝任国网内蒙古东部电力有限公司党组书记、副总经理；潘尔生不再担任国网内蒙古东部电力有限公司党组书记、副总经理职务。

4月20日，内蒙古东部电力交易中心有限公司成立大会暨揭牌仪式在呼和浩特市举行。

4月29日，锡盟—胜利特高压交流输变电工程开工动员大会在内蒙古锡林浩特胜利特高压变电站工程现场召开。

5月20日，魏家峁电厂送出工程核准。

6月30日，国家电网公司与内蒙古自治区政府在呼和浩特市签署《关于共同推进蒙东地区小城镇（中心村）电网改造升级和"机井通电"工程合作协议》。

7月2日，国网蒙东电力参加全区生态文明建设宣传活动周启动仪式及现场展示，展台主题为"加快蒙电外送、构建和谐社会"。

7月19日，国网蒙东电力召开国家电网公司援助蒙东电网建设专项援助人员欢迎会议。

7月31日，锡盟1000kV特高压变电站正式转入生产运行，锡盟—山东特高压工程正式投运，内蒙古自治区电网进入特高压时代。

8月16日，国家发展改革委正式印发《关于内蒙古扎鲁特—山东青州±800kV特高压直流输电工程项目核准的批复》（发改能源〔2016〕1756号），核准建设扎鲁特—山东青州特高压直流输电工程。

8月25日，扎鲁特—青州±800kV特高压直流工程开工。

9月3日，2016·中国二连浩特中蒙俄经贸合作洽谈会在锡林郭勒盟二连浩特市国际会展中心开幕，国网蒙东电力受邀参展。

9月11日，±500kV伊穆直流孤岛特性试验完成。

9月13日，国家电网公司"5棵树"试点启动会在国网蒙东电力召开。

9月13日，内蒙古自治区党委书记李纪恒赴锡盟视察重点工程项目。

11月13日，内蒙古自治区人大常委会副主任、总工会主席杭桂林一行到上海庙±800kV换流站施工现场调研。

11月14日，内蒙古境内特高压直流及配套工程建设劳动竞赛启动仪式在上海庙±800kV换流站现场举行。

11月24日，蒙西—天津南1000kV特高压交流输变电工程通过72h试运行，正式投入运行。

12月26日，蒙西—天津南1000kV特高压交流输变电工程配套华能魏家峁煤电厂正式并网并开始168h试运营。

12月26日，内蒙古自治区发展和改革委员会正式印发《关于锡盟至胜利1000kV交流输变电工程项目核准的批复》（内发改能源字〔2016〕1568号），核准建设锡盟—胜利1000kV特高压交流输变电工程。

（高　璐　那文凯）

华 东 地 区

【国家能源局华东监管局】

基本情况　国家能源局华东监管局（简称华东能源监管局）是国家能源局在华东区域的派出机构，负责上海市和安徽省能源监管和能源行政执法各项工作，负责国家能源局江苏、浙江、福建省监管办公室的业务指导工作。

领导班子

局党组书记、局长：潘跃龙

局党组成员、副局长：邱水录（正局级）

局党组成员、巡视员：何昌群

局党组成员、副局长：徐文强

局党组成员、副局长：杨梦云

组织机构　内设机构：综合处、市场监管处、行业监管处、电力安全监管处、资质管理处、稽查处、监察室（机关党委）和安徽监管业务办公室（办公地点设在安徽省合肥市）共8个处室。

主要工作

（1）加强沟通协调，增强监管合力。一是在与地方政府有关部门建立定期沟通、信息共享、协同工作的基础上，进一步强化与地方政府的沟通协作机制，不定期向上海、安徽省（市）政府分管领导汇报工作情况，全面加强与地方政府有关部门在体制改革、发展规划、项目建设、光伏扶贫、节能减排、煤炭行业去产能、信用体系建设等方面的沟通协调。二是通过召开区域派出机构联席会议，对区域电力市场建设、跨省电能交易、跨省输电通道安全等问题进行沟通、协调，共同研讨强化监管工作思路。三是通过华东区域、上海、安徽电力安委会等平台以及专题调研等形式，与辖区主要能源企业建立沟通协调机制。

（2）推动辖区电力安全平稳运行。一是全面落实安全生产责任。与主要电力企业签订年度电力安全生产工作责任书和承诺书并建立年度履职督查机制；制定年度电力安全监管督查计划并在年度工作落实；制定电力安全监管约谈诫勉等规章制度；规范电力安全培训考核管理。二是把保障电网安全稳定可靠运行作为重中之重工作。组织开展区域电网一次调频能力提升专项工作，在电源侧排查华东电网全部 606 台机组，总计发现问题 646 项，已整改 575 项；在电网侧推动制定实施《华东电网频率紧急控制技术方案》。三是积极推动重大隐患排查。针对督查中发现的超超临界机组再热门阀盖发生多根螺栓断裂的重大隐患，组织辖区内发电企业开展排查整改并及时向国家能源局专题汇报，督促设备厂家做好全国 75 台同类型机组的隐患整改和防范措施落实工作。针对上海石化地区电网与上海主网联络薄弱的重大隐患，向上海市相关部门发送《关于推进上海石化电网安全风险防范工作有关建议的函》。推进其第三通道建设前期工作并督促企业做好风险防范措施落实工作。四是认真组织开展专项督查。组织开展并网发电机组涉网安全、引进型机组设备隐患、电力工程及环保改造施工质量安全等专项督查，对查出问题印发整改通知督促企业落实闭环整改并对突出问题、普遍性问题进行归纳总结在省市安委会通报，要求企业全面整改。五是推动提升电力应急管理水平。制定印发 G20 峰会电力安全、"西湖蓝"保障工作方案，开展现场督查。推动并与上海经信委共同组织完成上海市大面积停电应急联合演练，组织开展防台防汛督查。六是首次开具未及时报送安全事故信息的罚单。针对安徽霍邱县供电公司、安徽电建二公司在"6·17"发生较大人身伤亡事件中存在的电力事故信息报送不及时的违规行为，依法对安徽电网公司和安徽电建二公司主要负责人进行了安全监管约谈诫勉，并在辖区内进行了通报批评，对责任单位主要负责人做出了罚款 5000 元的行政处罚。

（3）推进电力市场化改革。一是会同上海市、安徽省有关部门拟定上报了电力体制改革方案，均已获批。推动成立公司化运作的上海、安徽电力交易中心，积极推动组建电力市场管理委员会。二是推进华东区域跨省电能交易平台建设，调剂省间余缺。2016年，通过交易平台为福建清洁能源外送发挥了积极作用，完成交易电量 27.19 亿 kWh。协调支持省市间置换电量约 23 亿 kWh，解决了上海低谷调峰负备用不足问题。三是研究售电增量业务试点相关工作，与地方政府有关部门初步形成了将上海金山石化、安徽金寨现代产业园区等七个单位作为改革试点的共识。四

是推进并规范安徽电力用户与发电企业直接交易，修订完善交易规则，全年交易电量 393.6 亿 kWh，同比增长 221%。五是针对上海、安徽低谷调峰的困难，研究拟定了华东跨省深度调峰市场建设方案和华东抽水蓄能低谷电量跨省深度调峰市场建设方案。六是不断完善跨区辅助服务补偿机制。在继续开展向上直流输电线路试点的基础上，协同江苏、浙江监管办，推动建立宾金、锦苏两条直流线路的跨省辅助服务补偿机制。七是推动上海开展抽水蓄能抽水电量和燃机代发电量市场化交易，实现交易电量 57.6 亿 kWh。八是参与安徽、上海输配电价改革成本监审工作。九是开展安徽电力用户直接交易、电力调度交易与市场秩序和"两个细则"执行情况专项监管。

（4）强化国家能源战略、规划和政策落实情况监管。一是妥善处理历史遗留的违规机组问题。责令辖区内 4 家企业 8 台违规机组停止并网发电，并密切跟踪整改落实情况。二是深入开展煤电项目规划建设情况专项监管。对辖区内所有规划和在建的煤电项目进行系统梳理和督查，安徽省政府做出了暂缓核准阜阳电厂、华电曹湖电厂，暂缓建设大唐滁州电厂，确保了"三个一批"政策有效落实。三是对辖区内煤电机组落实节能减排升级改造情况开展问题监管，针对监管过程中发现的部分改造计划未落实等问题，限期整改落实。四是组织开展成品油质量升级改造问题监管，对安徽省主要成品油炼制和销售企业进行了督查。五是参与开展对安徽煤炭企业法定节假日煤矿停产放假以及落实 276 个工作日制度情况监管。六是开展电动汽车充电设施发展情况专题调研。七是会同安徽省能源局组织开展了光伏扶贫电站建设质量专项检查，向省政府提出制订相应建设质量标准的意见。

（5）提升服务民生能力。一是针对上海市非居民用户业扩工程定额收费项目开展了专项调研，提出下调非居民定额工程收费标准的建议，促使上海市发展改革委下调了上海非居民用户业扩工程定额收费标准。自 2016 年 3 月起，上海定额收费标准下调 11%。二是及时组织调查处理解决群众诉求，有针对性开展对农村地区低电压停电多、光伏并网和结算延迟、供电企业信息公开不规范等问题的监管，下达整改通知或监管意见书，并跟踪督促落实。三是开展上海市老旧小区电力设施改造和安徽省配电网投资及许可制度执行专项监管。四是开展安徽人民群众满意用电工程督查和春节期间保供电工作。五是不断提高投诉举报处理质量及群众用电满意度。加强"12398"监管热线宣传推广。六是积极协调安徽电力公司和华塑、临涣电厂电费结算的历史遗留问题，解决争议电费 3.2亿元。七是提高行政许可管理水平和服务能力。进一步优化行政许可管理，简化优化了许可流程，完善许

可平台功能，强化网上公开和监督，促进行业健康发展。指导上海、安徽电力工程行业协会提高为会员服务能力和水平，组织开展上万人次行业高技能人才培训，联合政府相关部门开展了职业技能大赛。

（6）加强机关党建工作。一是推进"两学一做"学习教育活动。举办"做合格共产党员"、解读"问责条例"和践行"不忘初心、继续前行"等三次专题党课。二是做好中央巡视配合和整改工作。清退了借用车辆和借用人员。对十八大以来党费的收缴情况进行了全面自查，共补缴党费18 213元。三是发挥基层党支部的战斗堡垒作用。确定了四个支部在"三型"党支部建设中的定位和主要内容，做到一支部一特色、一支部一亮点。以服务金山廊下新农村"三新"建设、"服务民生"惠民实践活动开展及"创先争优"活动为抓手，不断提升党建工作水平。四是努力推进机关凝聚力工程建设。依托机关兴趣小组不定期组织开展乒乓球、摄影等文体活动，参观爱国主义革命基地，开展志愿者服务活动，关心患病等困难职工。五是推进党风廉政建设。逐级签订并落实党风廉政建设责任书，建立"现场检查廉政情况反馈制度"，通过宣传图板、警示案例教育、"家风家训"读书活动等多种形式强化廉政警示教育。六是切实加强干部队伍建设。采取多种形式加强学习培训教育。开展干部轮岗交流，全年安排3人轮岗挂职交流，1人到国家能源局挂职。

获得上海市级机关系统书香机关示范点、2011～2015年度上海市法制宣传先进集体等荣誉称号。2人获得2014～2015年度上海市市级机关系统青年岗位能手称号，2人分别获得2014～2015年度上海市市级机关系统优秀共产党员、优秀党务工作者称号。

【国家能源局江苏监管办公室】

基本情况　国家能源局江苏监管办公室（简称江苏能源监管办）是国家能源局在江苏省设立的派出机构，2013年10月单位名称由"国家电力监管委员会江苏省电力监管专员办公室"变更为"国家能源局江苏监管办公室"。

领导班子
专员：郑逸萌
副专员：宋宏坤

组织机构　下设综合处、市场监管处、行业监管处、电力安全监管处、稽查处和资质管理处等6个处室。

主要工作

（1）电力安全监管职责。推进电力企业安全生产主体责任落实，开展落实电力企业安全生产主体责任专项行动。加强《江苏省安全生产条例》等法规宣贯，继续推进电力安全生产承诺和报告制度，加大电

力安全监管执法力度，健全安全事故单位约谈和通报制度。开展迎峰度夏保电工作，督促企业落实迎峰度夏保电措施；成功处置"6·23"盐城龙卷风冰雹特别重大灾害对电网安全运行影响以及成功应对罕见汛情影响。加强电网运行方式监管，定期召开电网运行方式分析汇报会，提出监管意见；加强电网风险管控监管，推进安全风险分析评估与电网规划和建设有机结合，有效防范电网大面积停电；强化电力安全隐患排查治理，加大隐患排查现场督查力度。严格电力建设工程安全管理备案，开展新建发电机组施工安全管理专项检查等，先后组织和配合国家能源局对9个电力建设工程项目进行督查。强化发电机组超低排放和节能改造施工安全监管，不断规范和完善企业安全管理体系。推广电力企业应急预案网上报备，促进应急预案滚动修编制度化。全面启动电力企业应急能力建设评估工作，组织开展新型桌面应急演练。

（2）能源市场监管职责。组织编写《江苏电力市场建设方案》，明确电力市场建设总体目标、阶段性任务等；分别与省发展改革委、省经信委制定江苏省售电侧改革实施方案和江苏电力交易中心有限公司章程，积极推动江苏电力交易机构组建和电力市场管理委员会成立；积极参与江苏省输配电价改革试点工作。扩大直接交易规模，创新和丰富交易模式，制定江苏省电力集中竞价交易规则，率先在全国大规模开展"双边报价、边际出清"模式的集中竞价交易，全年全省直接总交易电量达到595亿kWh，减轻用户电费负担15亿元以上。开展电力交易与市场秩序约访约谈，协调解决企业发展面临的问题和困难；开展新建电源并网服务情况专项监管，确保新建电源公平无歧视接入电网；对煤电企业节能减排升级改造情况开展专项监管，形成专项报告上报省政府并在厂网联席会议上予以通报；开展燃煤发电项目执行电力业务许可情况和配电网建设领域执行承装（修、试）电力设施许可情况专项监管，全面规范市场准入秩序；对全省投运燃煤机组环保竣工验收情况开展监管，对环保未验收且未按期整改的企业，依法撤销许可证。开展春节期间民生供电保障监管，对重点地区春节保电情况开展检查，保障电力正常供应；选择部分基层供电公司就电能质量、用户受电工程"三指定"等开展专项监管，不断规范供电市场行为和服务水平；完善电力业务许可电子政务平台和网上办证大厅建设，为电力企业和被许可人提供便捷高效服务。开展投诉举报处理工作，减少全省涉电矛盾纠纷；强化电力行政执法，严格依法办案，切实维护电力用户合法权益，全年共对18家企业进行行政处罚，共处罚金77万、撤销行政许可1家。

（3）落实简政放权工作要求。会同省能源主管部

门通过召开专项监管工作座谈会和现场检查等方式，对江苏煤电项目核准程序履行情况、"三个一批"措施实施情况以及"十三五"煤电淘汰落后产能情况提出监管意见和建议，形成监管报告上报国家能源局。参与江苏"十三五"能源发展规划制定，开展相关课题研究；参与省光伏项目"领跑者"计划优选，对优选办法提出意见和建议，并监督优选过程。

【国家能源局浙江监管办公室】

基本情况 国家能源局浙江监管办公室（简称浙江能源监管办）组建于2005年4月22日。

领导班子

党组书记、专员：周志明

党组成员、副专员：郭昌林

综合处副处长：戴天将（主持工作）

电力安全监管处处长：倪孟平

市场监管处处长：应华泉

行业监管处副处长：金华征（主持工作）

资质管理处处长：黄瑞意

稽查处副处长：赤旭（主持工作）

组织机构 设综合处、市场监管处、行业监管处、电力安全监管处、资质管理处、稽查处。

电力安全监管 把G20杭州峰会保电监管作为头等大事，全面开展隐患排查，狠抓发现问题整改，完成保电监管任务。吸取"11·24"江西丰城电厂特别重大事故教训，认真学习贯彻习近平总书记等中央领导批示精神，迅速部署开展全省电力建设工程安全大检查工作，发现和消除一批安全隐患。针对灵绍直流特高压投运后电网安全出现的新情况新风险，加大网源协调力度，落实风险管控措施，跟踪管控了浙江电网安全风险72项，其中二级及以上电网安全风险21项。强化制度建立、信息报送等日常监管，逐步纳入程序化、标准化轨道。

市场监管 开展可再生能源发电调度专项监管，查实有关电力调度机构由于不认真不负责造成可再生能源发电企业弃水弃光问题，责成相关电网供电企业限期整改、予以赔偿。开展电力直接交易专项监管，查出一批环保违规企业参与电力直接交易等问题，向浙江省有关部门发出能源监管意见书，明确要求对相关问题予以整改。开展宾金直流跨区辅助服务补偿机制试点工作，建立外来电分摊我省辅助服务补偿机制。编制浙江电力体制改革"1+5"方案，积极推动浙江电力体制改革。

行业监管 全力推动推进涉能信息监测，初步开展能源项目建设情况监测、光伏发电项目建设运行情况监测和能源规划计划执行情况监测等16项监测工作，建立重大能源项目建设台账，全面掌握油气等非电能源领域供需形势。开展浙江省煤电项目规划建设情况专项监管，规范项目开工建设秩序，确保国家煤电规划建设有关政策在浙江省落实到位。开展农林生物质发电项目掺煤情况监管。大力推进油气管网公平开放信息公开工作，督促全省油气管网运营企业全面公开相关信息，助推油气体制改革；开展电力行业节能减排和大型燃煤机组超低排放改造情况监管，确保燃煤机组超低排放改造年度计划按期完成。

稽查和行政执法 强化履职执法责任，依法查处投诉举报案件，全年通过12398热线处理投诉举报或问题反映105件，其中重点调查17件，对违法违规企业行政处罚2家，约谈3家，移交相关部门处理1家，责令改正5家。建立稽查案件办理全流程管控机制，包括受理环节管控机制、案件归口办理机制、限时办结管控机制、及时回访和二次回访管控机制等。全年稽查投诉举报按期办结率100%，回访率100%，满意率93%。

资质许可和管理 严格按照"法无授权不可为"的原则，全面清理超越法律法规规定自行制定出台的有关规定和制度，对资质许可审查实施标准化管理，努力将自由裁量权归零。强化许可监管，严肃查处违反许可制度的行为，全面深入系统排查未许可发电机组违规经营问题以及发电机组超期服役问题，明确处理意见。积极推进"最多跑一次"改革，基本实现电力资质许可从过去现场办理向"互联网＋快递"的转变。

【国家能源局福建监管办公室】

基本情况 国家能源局福建监管办公室（简称福建能源监管办）是国家能源局派驻福建、对能源行业实施统一的专业化监管的正局级管理机构。前身是国家电力监管委员会福建省电力监管专员办公室（简称福建电监办），根据国务院机构改革的要求和中央编办发〔2013〕130号文件精神，于2013年11月变更为现名。

领导班子

党组书记、专员：张建平

党组成员、副专员：朱文毅

党组成员、综合处处长：曹祥云

组织机构 内设6个处，即综合处、市场监管处、行业监管处、电力安全监管处、资质管理处、稽查处。

电力安全监管 一是落实企业安全生产主体责任。与国网福建省电力有限公司等54家省电力安委会成员单位签订了安全生产工作责任书；落实省电力安委会会议和季度例会制度，及时传达部署上级精神；组织安全生产月活动，多形式、多渠道普及安全法规知识，推进"依法治安"。二是强化电力安全生产专项监管。制定印发电力安全综合督查工作方案，先后对 5 个重点水电站开展防汛安全督查；组织专家对 6 个火电厂开展煤电超低排放节能改造项目安全专项检查和电力工程质量专项监管披露问题整改情况"回头看"检查；协调开展并网发电厂涉网安全专项检查，对部分电力企业开展"四不两直"G20 保电安全督查；开展超超临界机组火电厂隐患排查治理工作。对督查的 12 家发电公司和 3 家电网公司，下发 14 份整改通知书，要求相关电力企业举一反三、落实整改并及时反馈。三是应对泰宁"5·8"事故。四是做好防台防汛应急管理工作。做好"尼伯特""莫兰蒂""鲇鱼"等强台风的灾后工作。五是加强电力安全应急预案管理。落实《电力企业应急预案管理办法》和《电力企业应急预案评审与备案细则》相关要求，规范应急预案编制和评审工作。配合地方政府，督促电力企业和重要电力用户定期开展应急联合演练。加强电力行业反恐怖防范，督促电力企业落实人防、物防、技防措施。加强自然灾害防范和应对工作，建立完善电力突发事件应急会商机制。

市场监管　一是研提电改试点工作意见建议。向省政府领导专题提交报告，对促进电力市场建设等有关电力体制改革的重大问题，提出意见和建议；提出推进售电侧改革试点的意见和建议；参与改革工作和方案研究讨论，及时对相关征求意见稿进行反馈。二是配合完成福建省试点方案起草。牵头起草完成 1 个综合方案和 4 个专项方案的讨论稿，研究拟定《宁德（湾坞、漳湾园区）售电侧改革试点实施方案》，并参与拟定试点工作计划、规则办法制订、任务分工、组织体系建设等各项准备。《福建省售电侧改革方案》正式批复后，推进各项准备工作。三是积极培育零售电市场主体。依据电改有关售电环节改革的相关政策，研究制定福建省零售电力市场监管办法和管理暂行办法及供电营业区管理办法。开展电力业务许可证（供电类）证前辅导，解读售电侧改革相关政策，推动培育配售电业务市场主体及相关监管工作。四是建立沟通协调机制。与省发展改革委等部门保持密切沟通，讨论试点工作安排、修改试点方案、拟定主要工作内容及进度计划。与省发展改革委协商设立试点工作办公室。四是推进电力直接交易上新台阶。把开展福建电力直接交易作为福建近期推进市场建设的首要任务。2016 年组织开展三批次中长期交易，电量规模突破 200 亿 kWh。牵头进一步修订完善直接交易和售电市场交易规则；采取双边协商和平台竞价撮合相结合方式，推进开展季度、月度交易。五是配合推进电力跨省交易、发电权交易。与省政府及有关部门密切沟通配合，积极协调增加福建清洁能源跨省外送交易，2016 年，福建省发电企业参与华东集中竞价平台交易，合同成交电量 29 亿 kWh。推进发电集团内燃

煤发电优化替代、以大代小和自备机组关停替代等，全年开展机组发电权交易 15.6 亿 kWh。六是研究探索辅助服务市场化交易。针对福建省核电、水电、风电等清洁能源装机比重持续增大、煤电利用小时数大幅下降的形势，组织修订机组辅助服务补偿办法，并根据执行情况进行评估完善；同时，结合电力改革市场建设进度，探索开展调峰、备用等辅助服务交易，逐步将现行并网机组辅助服务补偿机制平稳过渡至辅助服务市场新机制，启动研究起草福建省电力辅助服务市场建设方案。

能源行业规划、政策和项目执行情况监管　一是开展煤电项目规划建设情况专项监管。先后对 7 家火电厂开展现场检查，梳理发现的问题并提出监管意见，以《结合能源领域供给侧结构性改革缓解福建"北电南送"压力》报告向省领导专题汇报，推动省政府制定"华能福州电厂一期工程等容量替代异地建设方案"。二是深化大气污染防治成品油质量升级专项监管。编制《福建省大气污染防治成品油质量升级专项监管报告》并上报国家能源局；先后对 2 家油品质量升级技改工程完成情况进行现场核查；组织炼化企业报送生产、经营和成品油升级改造完成情况信息。三是开展煤电节能减排年度监管。督促煤电企业推进节能减排升级与改造工作，建立煤电节能减排监管信息报送和联络员制度，强化节能减排监管信息报送；结合日常监管、现场督查和节能减排数据分析，形成《福建省 2015 年度煤电节能减排监管情况报告》并报送国家能源局。四是开展福建省热电联产产业政策执行情况专题调研。组织有关热电企业、电力调度机构和行业协会报送信息，选取 6 家热电联产企业开展现场调研，编制《福建省热电联产产业政策执行情况调研报告》并报送国家能源局。五是开展专题研究，形成《泉惠石化工业园区多能互补集成优化示范工程建设探讨》研究报告并专题呈报国家能源局。六是开展进一步提高电网防抗台风能力专题调研。针对福建电网抗台风能力不足问题，研究并形成《台风对福建配电网的影响及防御对策》报告，提出关于推进配电网差异化设计与建设提高电网防抗台风能力的有关建议。七是开展能源发展项目前期工作监管。对 1 家热电厂扩建工程可行性研究报告、2 家热电联产规划进行审查。八是加强非电能源企业信息报送和信息公开监管。继续开展天然气供需情况日常监测预警，按时完成天然气供需日报、月报、年报工作；开展油气管网设施开放信息公开情况监管，确保相关信息公开工作执行到位。

资质许可　2016 年，共完成 22 家发电企业、23 家承装（修、试）企业许可证核发工作；完成进网作业电工新证培训 15 971 人，续期注册 16 748 人，各

考试点应试电工 24 489 人次，实际参加考试 17 510 人次，考试合格 10 192 人，合格率 58.2%；续期注册 17 356 人；依法对不合规的 6 家承装（修、试）企业予以注销，加强持证企业后续监管。至 2016 年底全省共有输供电企业 80 家、发电企业 1415 家、承装（修、试）企业 277 家，电工总数 128 917 人。

行政执法　一是持续开展供电监管工作。落实春节保居民用电监管工作，做到早部署、早安排；做好电力迎峰度夏期间全省供电卡脖子区域及有序用电情况监管；组织开展 110kV 及以下电网供电能力调研监管工作；委托第三方开展 12398 热线社会知晓度暨居民用户满意度调查工作；开展供电监管暨用户受电工程市场秩序专项监管现场检查，及时向被检查单位发出整改通知书，督促落实问题整改。二是依法查处能源企业违法违规行为，维护能源用户的合法权益。通过现场稽查、监管约谈、监管通报、行政处罚等方式，对用电报装、频繁停电、电力故障引发灾损、非电能源服务违规、工程服务类项目招投标等投诉件进行了调查核实，8 次约谈有关能源企业负责人，多次协调调解小水电电费结算事项，发出 3 份监管意见和整改通知，公开通报和行政处罚各 1 起。三是做好 12398 热线投诉举报受理办理工作，确保用户诉求得到及时、有效的解决。2016 年，12398 热线共受理属监管职责范围内的有效信息 1117 件，其中，属于电力方面投诉举报 73 件，石油、天然气等非电能源方面投诉举报 11 件，办理时限均符合规定要求，办结率 100%。按照"三位一体"工作要求，做好 12398 能源监管热线抵御自然灾害等特殊时期及法定节假日期间 24 小时值班工作，做到重大事件及时报告、及时处理、及时反馈。认真做好投诉举报事项办结率、回访率和当事人满意率的数据统计和归纳分析工作，结合实际，引入第三方调查，加大宣传力度，围绕"两调查，一实施"开展试点工作，持续提升 12398 热线"三率一度"水平。

【国网上海市电力公司】

企业概况　国网上海市电力公司（简称国网上海电力）隶属于国家电网公司，是从事上海地区电力输、配、售的特大型企业，统一调度上海电网，参与制定、实施上海电力、电网发展规划和农村电气化等工作，并对全市的安全用电、节约用电进行监督和指导。管辖的上海电网位于长江三角洲的东南前缘，北靠长江，东临东海，与江苏、浙江两省接壤。供电营业区覆盖整个上海市行政区。下设 23 个部门，直接管辖各类电网企业、发电企业、施工、科研、医院、培训中心等单位 32 家（含 11 家供电公司、13 家专业公司、7 家集体企业、1 家代管单位）。服务客户 1028.36 万户，供电区域包括整个上海市行政区。获

同业对标综合标杆、企业负责人业绩考核 A 级。连续十六年获得上海市政风行风测评和 12345 市民热线考核成绩第一名。

电网概况　上海电网已形成"五交四直"特高压和 500kV 跨区电网组成的市外来电主通道，500kV 电网建成双环网和南外半环。220kV 电网是上海电网主要供电网络，已实现杨行、徐行、亭卫、远东等 14 个分区运行。城市综合电压合格率 99.998%，供电可靠性 99.983%。

电网建设和发展　配合编制 2040 上海城市总体规划电力专项规划、"十三五"能源及电力规划、配网建设改造规划，优化"十三五"电网发展规划。对接市、区两级城市规划，与区政府签订"十三五"战略合作协议。2016 年上海电网建设任务全面完成，投产 110（66）kV 及以上交流线路 197km、变电容量 477 万 kVA。新开工 110（66）kV 及以上交流线路 426km、变电容量 457 万 kVA。奉贤换流站调相机应用、500kV 崇明输变电工程等 89 项 35kV 及以上项目获得核准。建成投运淮南—南京—上海特高压工程上海段，形成"两交一直"特高压入沪新格局。承办 2016 年 G-SEP 上海分会、未来能源亚太峰会。500kV 虹杨站成为全市"文明施工、维稳工作"两个升级版。完成新潭、宛平等 18 项 220kV 及以上输变电工程，以及长春、古美等 2 个 220kV 老站改造。完成 382 项城农网改造项目。建成迪士尼、陆家嘴等 5 个智能配网示范区。

安全生产　贯彻新《安全生产法》，制定实施本质安全 90 项措施。推进安全管理提升，完善安全风险管控、生产计划刚性管理、区域联防和跨省电能置换等工作机制，加强电网科学调度和设备精益运维，开展大面积停电联合应急演练。深化"安全日""质量月"活动，加强全员安全意识和"三基"管理。实施"三查三强化"专项行动，完成输电线路"三跨"、工控系统等 20 余项专项隐患排查。发布和管控七级及以上电网风险 790 个。积极应对极端寒潮、高温暴雨，成功经受多台大机组跳闸、"三大直流"长时间满送、用电负荷四创历史新高等重大考验，首次实现 500kV 及以上设备零跳闸。连续八年获市安全生产工作优胜单位，获评全国安全文化建设示范企业。

优质服务　实施优质服务 3 年行动计划。推进"互联网＋营销服务"，完成 4 家供电公司营业业务中心建设，网上营业厅、"掌上电力"用户数分别达 693 万户和 74 万户，推出机器人营业服务。推行一证受理、"一站式"办理，业扩平均接电时间同比缩短 47%，客户满意率达到 99.51%。95598 故障报修全部直派，抢修平均到达和修复时间同比分别下降 18%、42%。建成各类快充站 263 座、充电桩 5000

余台、个人充电桩 2.9 万户，年充电量突破 1 亿 kWh，形成中心城区 5km 充电服务圈。建成投运世界容量最大的吴淞口国际邮轮港岸电项目。试点"多表集抄、多单合一、多费合收"，完成"多表合一" 11.36 万户。新装智能电能表 68.5 万只，用电采集累计覆盖 1017.10 万户，负控终端覆盖计量点 37 278 个。完成 G20 峰会、迪士尼开园等 70 余项重大保电任务。

科技与信息化 智能配用电大数据通过中期检查，智能充放储一体化电站、崇明智能电网综合示范工程通过验收。建成智能配网技术中心，开展配网运行监控和管理辅助决策。获国家发明专利授权 131 项，中国标准创新贡献一等奖 1 项，省部级和国网公司科技进步奖 28 项，省部级职工创新成果奖励 59 项。完成意大利 Enel 公司经营管理对标。启动东京电力国际对标。完成卓越绩效评价试点，评选出优秀管理创新案例 25 项。1 个集体被授予首批上海市技师创新工作室称号，4 人获评全国、行业技术能手，4 人获评首届国网、上海工匠称号，国网青创赛收获 3 金 1 银 1 铜，QC 项目等取得一批先进实用成果。

首批通过国家电网公司信息化企业验评。实现 PMS2.0 单轨运行。全面深化营配贯通。完成远距离异地协同办公双活切换。组建信息安全红蓝队，自主研发督察工具 23 项，首发重大漏洞发现 21 个，纳入国家电网公司典型经验 9 项。

党的建设和精神文明建设 学习贯彻党的十八届六中全会精神和全国国有企业党的建设工作会议精神。落实党建工作责任，按照"五个从严"标准和"六个坚持、六个强化"要求，推进 34 项党建重点任务落地见效；构建"三化三合"党建责任落实机制，着力打造党建工作"责任链"，切实把党建责任抓细抓常。强化思想政治建设，以"两学一做"学习教育为契机，加强党性教育和理想信念教育；加强十八届六中全会精神的学习贯彻，强化"四个意识"；严格执行"三会一课"等组织生活制度，把思想建党和制度治党落到实处；完成公司各级党组织换届选举和党费收缴专项检查。发挥党组织党员作用，深化基层服务型党组织建设，提高"两带三先""两级联创"等主题活动实效；跨单位组建五个党建工作协作区，推动"组织共建、发展共促、课题共研、文明共创"；开展"三亮三比"活动和党员服务队"一队一品"建设。锻造干部队伍，落实"党管干部、党管人才"原则，加强"四好"班子建设，严把干部选用标准关、考察关、审批关；举办处级干部、后备干部培训班；严格执行干部定期约谈、述责述职和个人重大事项报告等制度；加大党规党纪教育和违纪违规查处力度，促使广大干部守住"底线"、不碰"红线"。营造凝心聚力氛围，发挥 25 个价值观传播体验教育基地作用，开展"发现身边微感动""寻找美丽""网上道德讲堂"等活动；改善员工工作环境，实施医疗互助保障，建立扶助帮困长效机制。

主要事件

1 月 12 日，国网物资公司与国网上海电力签订国网物资（上海）有限公司股权划转协议。

1 月 30 日，国网上海电力通过首批国家电网公司 PMS2.0 系统单轨上线验收，并成为首家在 PMS2.0 上成功应用系统图实现图数一体化的单位。

3 月 18 日，国网上海电力与复旦大学就电力大数据合作方面签署框架协议，深化双方在电力大数据分析平台建设、成果产业化以及人才培养等方面的合作，共同推进电力大数据分析对提升能源综合效率、推动能源市场的开放和产业升级的重要支撑作用。

3 月 29 日，第二届中国质量奖颁奖大会召开，国网上海浦东供电公司荣获第二届"中国质量奖"。

4 月 1 日，上海电动汽车充电设施企业联盟正式成立。

5 月 12 日，国网上海电力承担的国家科技支撑计划课题"以大规模可再生能源利用为特征的崇明智能电网综合示范工程"通过国家科技部验收。

5 月 18 日，上海电力交易中心有限公司挂牌成立。

5 月 25 日，历时 3 年的上海北部主网架调整项目群全部竣工。

6 月 7 日，由上海市经信委、华东能监局联合市应急办、市交通委、市公安局、市应急救援总队以及国网上海电力成功开展大面积停电联合应急演练。

7 月 13 日，世界容量最大的变频变压岸电系统在上海吴淞国际邮轮港码头建成投运。

8 月 30 日，1000kV 淮南—南京—上海交流特高压工程上海段通过竣工验收。在国内首次采用了 1000kV 与 500、1000kV 与 220kV 同塔四回路技术，铁塔平均高度及重量均在全线路之首，并创新研发了移动式跨越车、格构式跨越架等符合机械化施工理念的专业设备。

9 月 6 日，完成 G20 峰会保电任务。

10 月 18 日，《电能表状态调换的策略研究》通过验收。

11 月 28 日，国网上海电力首家通过国家电网公司信息化企业验评。

（龙 鹏）

【国网江苏省电力公司】

企业概况 国网江苏省电力公司（简称国网江苏电力）主要从事江苏省境内电网建设、运行与管理，经营江苏电力销售业务。辖 13 个市、51 个县（市）

公司及 20 余个科研、检修、施工等单位，服务全省 4039.95 万电力用户。拥有 35kV 及以上变电站 3050 座，输电线路 9.07 万 km，变电容量 45 482 万 kVA，电网规模超过英国、意大利等国家。电压合格率、电网抵御风险能力达到国际先进水平。江苏电网已进入特高压、大电网、高负荷时代。

2016 年，江苏全社会用电量 5459 亿 kWh，增长 6.73％；调度口径最高用电负荷 9278 万 kW，增长 9.41％。国网江苏电力完成售电量 4595 亿 kWh，增长 5.30％；投产 110～500kV 线路 2573km，变电容量 2322 万 kVA；线损率 4.18％，下降 0.1 个百分点。连续三年囊括国家电网公司对标工作"综合标杆""业绩标杆""管理标杆"3 项第一；获得全部 10 项"专业标杆"；连续五年获得国家电网公司企业负责人业绩考核 A 级第一名。国网江苏省电力公司党委被党中央表彰为"全国先进基层党组织"。

领导班子
总经理、党委副书记：尹积军
党委书记、副总经理：石华军
副总经理、党委委员：李作锋
副总经理、党委委员，兼南京供电公司总经理、党委副书记：李斌
纪委书记、党委委员：王树炎（2016 年 3 月 21 日任职）
纪委书记、党委委员：甘和全（2016 年 3 月 21 日调任）
副总经理、党委委员：张龙
副总经理、党委委员：黄志高（2016 年 1 月 5 日任职）
副总经理、党委委员，兼苏州供电公司总经理、党委副书记：韩冰
副总经理、党委委员：陈庆
副总经理、党委委员：夏勇
工会主席、党委委员：陈宏钟（2016 年 1 月 5 日任职）
总会计师：王小兵
总工程师：陈刚

组织机构 本部设有 22 个职能部室：办公室、发展策划部、财务资产部、安全监察质量部（保卫部）、运维检修部、营销部（农电工作部）、科技信通部（智能电网办公室）、建设部、物资部（招投标管理中心）、对外联络部（品牌建设中心）、审计部、经济法律部（体改办）、人力资源部（社保中心）、离退休工作部、后勤工作部、思想政治工作部（直属党委办公室、团委）、监察部（纪委办公室）、电力调度控制中心、运营监测（控）中心、电力交易中心、工会和企协分会。下辖 13 个地级市供电公司、51 个县级

供电公司及 13 个业务支撑实施单位。

电网概况 江苏电网现有 10 条 500kV 省际联络线分别与上海、浙江、安徽相联，3 条 500kV 线路与山西阳城电厂相联，1 条±500kV 直流线路与三峡水电站相联，1 条±800kV 特高压直流线路与四川锦屏水电站相联。500kV 电网已成为江苏电网的骨干网架，担负着区域及省际电力交换、骨干主力电源接入及重要城市供电、地区电网主要支撑电源的作用。江苏电网形成了"北电南送、西电东送"的格局及"六纵五横"的 500kV 网架结构。

截至 2016 年底，共有统调电厂 146 座、机组 8555 台（其中风电机组 2806 台），总装机容量 8935.65 万 kW，其中火电机组 8051.84 万 kW、核电机组 200 万 kW、抽水蓄能机组 10 万 kW、风力发电机组 561.02 万 kW、太阳能发电机组 112.79 万 kW（另有非统调太阳能发电机组 432.76 万 kW）。接入 220kV 及以下电网装机容量 5206.65 万 kW，接入 500kV 电网装机容量 3754 万 kW。

人力资源 开展三项创新活动。实施理念创新，促进员工工作价值和公司综合价值最大化；实施制度创新，修订完善管理制度 27 项；实施创新实践，完成 15 项创新课题和 20 项重点工作，完成《人力资源创新与实践》汇编。

开展"青年员工调研访谈"及"人资专业访谈下基层"活动，召开座谈会 55 场，收集意见和建议 1306 条，制定针对性提升措施 124 项，畅通人资专业管理通道，实施"领头雁"人才培养工程，制定员工"第一个十年"培养工作意见。试点开展集体企业核心业务优秀人才招聘。出台农电员工奖惩指导意见。

应用三大电子看板，实现自主精益管理。构建业绩考核看板，实现考核结果全公开；构建用工配置看板，公示供电公司主业、农电用工配置情况，引导其提低控高，用工配置均衡度进一步提升；构建考勤电子看板，公示各单位考勤结果，全体员工按时考勤刷卡率显著提升。

提升人力资源管理水平。坚持管理有收有放，组建电力交易中心有限公司，研究构建基于核心业务城乡一体化的乡镇业务管理新模式。优化考核评价方式，构建领导班子和干部队伍分析研判体系；坚持薪酬动态增减，推广团队绩效工资和能力付薪机制，促进薪酬向效率高、贡献大的团队和员工倾斜。完善绩效管理方法，优化业绩考评体系；坚持员工人岗匹配，建立人岗匹配模型，通过内部市场，实现人力资源的动态合理有效配置；坚持职务职员互联互通，构建"职务—职员—职务"干部成长新路径和"职务—职员"员工成长新通道，建立职务职员序列常态化双向转任机制。

电网建设与发展 淮南—南京—上海特高压交流工程建成投运。晋北—江苏、锡盟—泰州特高压直流工程总体进度超前里程碑计划。南京、同里、泰州、政平换流站调相机工程获得核准。核准 500kV 项目数量比年度前期计划超额 8 个，核准 500kV 线路 547.8km、变电容量 875 万 kVA。核准及批复 220kV 输变电工程 61 项，110、35kV 输变电工程 401 项，总容量 2684.8 万 kVA、线路 4397km。与常州、扬州、南通、宿迁、连云港等市政府签署坚强智能电网战略合作协议。应用葡萄牙国家能源网公司咨询成果，开展专题输电规划试点。编制完成 2019～2023（2025）年电网滚动规划和 2019 年电网系统设计报告。编制完成《江苏电网 110～500kV 输变电工程选址选线技术规定》。

开工输变电工程 234 项，投产 211 项，投运 86 项迎峰度夏工程。提前全部完成 475 项单主变压器变电站扩建工程。完成城农网专项工程建设，新增改造 10kV 配电变压器 5 万台、线路 3 万 km，全省居民户配电变压器容量提高至 4.58kVA。完成 8832 条变电线路自动化改造，全省配电自动化覆盖率提升至 46%。建成常州智慧苏电示范区工程。500kV 扬州北变电站工程获得"鲁班奖"。500kV 南翼变电站、特高压锡泰直流线路获得 2016 年度国家电网公司流动红旗。110kV 联合变电站、220kV 群力变电站获得国家电网公司创优示范工程。

开展国际能源变革发展典范城市建设，典范城市智能电网建设列入国家电网公司与江苏省政府重大合作项目。与苏州市委市政府、国网能源研究院共同研究制定典范城市建设总体方案。推进省级"世界一流电网"三项标杆工程，苏州南部电网 500kV 统一潮流控制器（UPFC）示范工程、苏通 GIL 过江管廊工程开工建设。

大规模源网荷友好互动系统 承接国家"互联网＋智慧能源"战略，突破特高压、智能电网、清洁能源领域关键技术，运用产业价值链、供给经济学等理论以及"互联网＋"现代信息网络技术，构建以源网荷友好互动平台为核心，以源网荷互动能力为前提，以源网荷信息集成能力为支撑，以电网对源荷的开放性为基础，以市场机制为激励，以绿色文化为保障的源网荷友好互动管理模式，确保最大限度接入和全额消纳省内外清洁能源。年初，编制大规模源网荷友好互动系统建设技术方案。6 月，建成大规模源网荷友好互动系统。该系统将海量可中断负荷集中起来实现精准实时控制，使大电网故障应急处理时间从分钟级缩短至毫秒级，显著增强特高压、大电网极端运行情况下的电网弹性承受和弹性恢复能力，有效应对清洁能源存在的随机性、间歇性问题，保证清洁能源全额消纳，推动能源供给侧结构性改革和清洁能源大规模开发利用。依托大规模源网荷友好互动系统开展现代需求响应，利用市场化手段引导用户削峰填谷，避免行政手段干预，提高用户参与电力需求响应的积极性、科学性，培育和建立良性的市场化需求响应机制。避免为应对短暂尖峰负荷而增加发电和变电容量，节约大量电力建设投资，推动节能减排。项目荣获国家电网公司管理创新成果一等奖。

经营管理 强化计划预算的统筹控制功能，发挥运营监测（控）中心信息支撑作用，加大经营指标预测、监控、分析、改善力度。完成清仓利库专项行动，盘活各类积压物资 32 亿元。实现集中采购全覆盖，集中招标采购金额 528 亿元，节约资金 39 亿元。开展电网资产专项治理，清查资产卡片 251 万张，年内固定资产增加 362 亿元。

配合完成输配电定价现场成本监审。完成国家两次煤电联动电价调整，成立全资子公司性质的电力交易中心，成立省级电力市场管理委员会。组织全国最大规模电力集中竞价交易。全年成交大用户直接交易电量 595 亿 kWh，减少用户电费支出 14 亿元。

开展资金安全专项审计和问题整改"回头看"。创新开展资金授权体系建设，制定省内资金授权标准，规范授权审批管理。深化资金支付融合系统应用，强化资金集约管控，实现账户信息、资金流动的全天候监控，保障公司资金安全。

深化"三集五大"体系运转机理研究，编制公司"两个集约"实施方案。构建"三全五依"法治企业建设成效评价体系。开展规章制度诊断分析，梳理审议专业规章制度 1193 项。完成与南苏格兰电力公司"点对点"国际对标。完成集体企业改革改制，按照"两级产权、两级平台"的模式运转。

安全生产 落实关于强化本质安全的 30 项措施和 133 条实施细则，开展"三查三强化"专项活动和安全生产专项审计。加强安全管理创新研究，开展"七项主题安全专项活动"和 40 项重点研究项目；完成大电网运行风险"先降后控"协同工作机制建设等 6 项重点安全管理创新项目，以及安全实训体系探索和应用等 23 项专业创新课题。

完成 30 座变电站消弧线圈增容、460 余面开关柜绝缘化改造等工作。跟踪监测 220kV 及以上主设备异常状况，及时发现并处理 4 台 500kV 主变压器等重大缺陷，避免重大设备事故发生。发现并处理 220kV 及以上线路异物挂线 49 起，对 33 处重大危险源实施标准化值守。加强特高压运行巡视管理，及时发现并处理 315 项缺陷，特高压设备投运以来保持安全可靠运行。完成特高压直流满功率运行 154 天。强化配网运维管理，落实停电计划、重超载及故障、用户报修投诉等各项措施，全年配电线路故障率同比下降 25%，配电变压器重复停运率同比下降 66%。

加强安全监督检查，开展春秋季、迎峰度夏（冬）安全大检查，组织特高压施工和配农网作业安全管控专项行动，开展专项监督 27 次。应用"安全曝光台"发布专题通报 29 期，曝光违章行为 255 起，宣传推广安全管理经验 87 项。对 1038 名及时排查治理事故隐患的个人进行奖励，累计发放奖金 90 余万元。规范集体企业安全管理，开展专项安全检查和调研，梳理、健全集体企业安全管理责任体系，通过国家电网公司集体企业安全专项检查。推行外包人员持证上岗制度，执行资质审查"安全一票否决"、重点队伍实地核查、进场安全能力核查等工作规定。

严防电力设施外破事件。特高压变电站成立警务室，明确四方联防联保工作机制。开展电力设施保护宣传月、宣传周活动，继续推广应用外破隐患微信举报平台。提升全省平安电力创建，协同电力警务室开展打击盗窃破坏电力设施违法犯罪活动，外力破坏事件数量同比下降 25%。召开垂钓碰线技术防范现场会，推进鱼塘上方 10kV 线路绝缘化改造工作。

"6·23"盐城抗灾救灾工作　6 月 23 日盐城阜宁地区发生龙卷风冰雹灾害，局部电网设备严重受损。500kV 线路倒塔 1 基、受损 3 基；220kV 线路倒塔 5 基、受损 4 基；110kV 线路倒塔或受损 24 基；35kV 线路倒塔或受损 45 基；10kV 线路倒杆 1267 基；400V 倒杆 2841 基。停电台区 1911 个，停电用户 13.5 万户。1 座 110kV、3 座 35kV 变电站全站失电。

面对灾情，国网江苏电力启动应急响应，按照"田湾核电外送线路最快送电、停电用户尽早供电、受损设备全面恢复"三个阶段目标要求，6 月 24 日凌晨即组织南京、苏州、无锡等单位 15 支抢修队伍赶赴现场，共投入 1 万余人、近千辆车辆，开展抢修。仅用 30 小时打通 500kV 田湾核电第二外送线路，28 日零时，1911 个台区、13.5 万户停电用户全部恢复供电，29 日全面恢复受损电力设施。在抗灾救灾过程中，调集 28 辆应急发电车对应急指挥中心、灾民安置点、医院、阜宁水厂等重点场所进行不间断供电，确保应急救援、伤员救治工作正常开展。4 万余名党员交纳特殊党费 530 余万元，支援灾后重建。

营销工作　优化业扩流程，试点建设业扩流程信息公开与实时管控平台，业扩时限提升 11%；实现居配工程集中规范管理；当年电费回收率保持 100%。积极推动政策突破，出台居配建设标准、管理办法以及储能补贴政策。

试点建设省、市、县三级营销管控中心，完善管控功能，固化工作流程，排查整改异常问题 40 万条，挽回经济损失近千万元。查获窃电 4248 起，追补电量 2649 万 kWh，挽回经济损失 7044 万元。

实现农电管理新发展。推进星级供电所创建，命名四星级 125 个、三星级 791 个。建成 72 个农电综合管控中心，农电关键业务指标和工作质量显著提升；完成 90 个供电所整合；建设 24 小时自助营业厅 100 个。试点农电团队绩效工资制。

科技与信息化　坚持以创新破解发展难题，出台 10 项创新工作机制，制定实施 100 个重点创新项目。建成"电力电缆技术""无线通信"等 4 个公司实验室。承办 2016 年中国电机工程学会年会，举办"电力创新与能源变革"分论坛，展示创新理念和成果。"变压器潜伏性缺陷的油中气体检测技术及应用"获得职工技术创新最高奖项国家科技进步二等奖。"大型供电企业面向市场的一体化柔性运营管理""供电企业基于云平台的电力建设与运检管理"分获国家级管理创新成果一、二等奖。获得省部级及以上科技创新奖励 55 项。公司专利首获海外专利授权，累计拥有国家专利 4988 项。青年创新创意大赛金奖数量位居国家电网公司第一。

落实信息通信新技术创新发展行动计划，通过国家电网公司"信息化企业"验收。建成省级电网信息安全主动防御平台。试点建设全业务统一数据中心，推进一体化业务应用前期设计，研制应用云平台、智能应用客户端等技术组件，推广移动互联应用，物资全供应链、苏电家园等一批移动应用上线。

优质服务　落实"品质苏电　智惠生活"四大优质服务举措，全省电力客户数量突破 4000 万。加快构建"互联网＋"营销服务渠道，线上互动服务渠道覆盖 1527 万客户。拓展线上办电、复电、违约用电举报互动功能应用。

推广营销服务移动业务应用平台，配置移动作业终端 1.5 万台，现场服务效率和客户感知度大幅度提升。拓展业务增长点，代抄代收商业运营模式取得突破，接入"多表合一"采集用户 39 万户，5027 个充电桩接入车联网，建成充换电站 454 座。

争取电能替代各类支持政策 148 个，建成岸电设施 4170 套，推广电锅炉替代 3742 台。打造"一江一河"互联互通示范工程。推动港口岸电国内、国际联动。完成 5 家燃煤自备电厂关停。完成国家电网公司 100 亿 kWh 替代电量目标。创新市场化需求侧响应模式，最大响应负荷 352 万 kW，单次需求响应规模世界第一。

党的建设和精神文明建设　开展"两学一做"教育活动，推进"三亮三比"专题学习讨论等工作，完善践行"四讲四有"党员标准和公开承诺。互查互学 26 次，抽查 40 次，调研 11 次。分片组织 899 批次、4.1 万余名党员走进省内 3 座特高压工地接受实景党课教育。完成"两委"换届。组建公司基层党组织书记专家团，开展党委书记抓党建工作述职评议。试点实施党委委员党务工作复合式分工。

制定国网江苏电力《"十三五"企业文化实施意见》，修订《企业文化示范点建设评价管理办法》，命名第二批7个企业文化示范点。启动"公司信条体系构建"课题和"四礼"模式研究，推进企业文化落地。国网江苏电力"道德讲堂"先后在国家电网公司总部、华东分部和江苏省举办公开课。创刊《电暖流》电子杂志，传播价值理念。连续7届获得"江苏省文明行业"，79家单位创成或保持"江苏省文明单位"称号，3家单位成为"国家电网公司企业文化建设示范点"，3个项目获评"国家电网公司精神文明建设创新奖"。

以领导干部和全体党员为重点，组织"学法规、守党纪、作表率"主题教育活动。开展廉政风险"析、讲、评"活动。编印落实"两个责任"清单工作手册。做好党风廉政建设约谈工作，共约谈党政主要负责人621人次。组织开展党风廉政建设巡查，实现对地市公司全覆盖。

提升青年素质。牵头开发国家电网公司青年训练营，开设青智论坛，构建青创空间，提升青工技能。开展第二届青年创新创意大赛，在国家电网公司总决赛中摘得4金1银3铜。组织青年志愿服务大赛，开展"青春情暖夕阳"活动，紧扣迎峰度夏（冬）、抗灾救灾、特高压实景课堂等重点工作，发挥生力军作用，彰显公司志愿服务品牌形象。国网江苏电力被表彰为中国青年志愿者优秀组织奖。

构建价值传播立体格局。在新华社、《人民日报》、中央电视台三大中央权威媒体发稿719篇，其中涉及公司工作的新华社动态清样和内参10篇，央视新闻联播6条，《人民日报》头版及通讯10篇；在《中国电力报》《国家电网报》头版头条发稿21篇。打造新媒体传播平台，建设并上线运行国家电网公司首个省级新闻APP，完成"三微一端"新媒体矩阵构建。千万级微信公众号获评"2016年度二级央企最具影响力新媒体"和"能源企业百强微信公众号"。社会责任管理再获"金蜜蜂企业"特别奖。

组织职工创新活动，建成覆盖各级职工创新工作室301个，实施创新项目近千项。1项成果摘得国家科技进步二等奖，14项成果分获全国电力职工技术成果奖一、二、三等奖，各有2项成果荣获江苏省职工十大科技创新成果一等奖和十大先进操作法。注重先进典型选树，3人荣获全国"五一"劳动奖章、3个基层班组荣获全国工人先锋号称号，24人获评江苏省劳模称号。应用新加坡能源集团、澳大利亚澳网公司班组建设专题调研成果，开展"班组建设的国际视野"课题研究。

实施职工服务"5980"工程。完成"苏电家园"职工服务平台开发。组织藏中联网工程后勤保障对口援建。提升职工体检装备水平，完成8.2万人次职工健康体检。加强工作区域雾霾防范，完成68处共约100m² 管理用房$PM_{2.5}$治理，安装各类空气净化装置2万余套。落实"为老服务十项实事"。

主要事件

1月14日，国网江苏电力召开干部任免宣布大会。黄志高任国网江苏省电力公司副总经理，陈宏钟任中共国网江苏省电力公司委员会委员并推荐为国网江苏省电力公司工会主席，免去黄志高国网江苏省电力公司工会主席职务。

3月23日，国网江苏电力举行2016年优质服务主题活动启动暨服务地方经济社会可持续发展白皮书发布会。启动"品质苏电　智惠生活"优质服务主题活动，发布《创新点亮品质生活2020》服务经济社会可持续发展白皮书。

3月31日，国网江苏电力召开领导班子调整宣布会议。王树炎任中共国网江苏省电力公司委员会委员、中共国网江苏省电力公司纪律检查委员会书记；免去甘和全中共国网江苏省电力公司委员会委员、中共国网江苏省电力公司纪律检查委员会书记职务。

4月3日，国家大气污染防治行动计划12条重点输电通道中首批获核准并开工建设的特高压工程——1000kV淮南—南京—上海交流特高压输变电工程第一阶段（安徽淮南—江苏长江北岸段）经72h试运行后正式投运。这是12条重点输电通道中最先投运的特高压工程，也是江苏省首个特高压交流工程。

4月18日，江苏电力交易中心有限公司正式揭牌成立。

5月4日，国网江苏电力与葡萄牙电网公司REN-servicos签订了"基于高渗透率可再生能源的电网规划和接入运行研究"合作协议。

6月6～7日，在北京举行第十一届中国企业社会责任国际论坛暨"2015金蜜蜂企业社会责任·中国榜"发布典礼上，国网江苏电力获"金蜜蜂企业"奖。国网江苏电力社会责任实践案例同时入选《2015金蜜蜂责任竞争力案例集》。

6月15日，江苏电网大规模源网荷友好互动系统投入试运行。这也是国内首套"大规模源网荷友好互动系统"。此次投运的一期工程，通过对1370户大用户光纤接入及终端改造，实现350万kW秒级可中断负荷的精准控制。

6月22日，国家电网公司与江苏省人民政府在南京签署了《国家电网公司与江苏省人民政府关于共同推进江苏省小城镇（中心村）电网改造升级工程合作协议》。

7月1日，庆祝中国共产党成立95周年大会在北京举行，100名共产党员、100名党务工作者和300个基层党组织受到中央表彰。国网江苏省电力公司党委被授予"全国先进基层党组织"荣誉称号。

7月26日14时～14时30分，江苏省实施了2016年首次全省范围的电力需求响应，参与用户达到3154户，实际减少负荷352万kW。本次需求响应位居单次需求响应量世界第一。

8月16日，淮南—南京—上海1000kV交流特高压输变电工程苏通GIL综合管廊工程（简称苏通GIL综合管廊工程）在江苏常熟开工。这是世界上首次在重要输电通道中采用特高压GIL，也是目前世界上电压等级最高、输送容量最大、技术水平最高的超长距离GIL创新工程。工程起于北岸（南通）引接站，止于南岸（苏州）引接站，隧道全长约5530m，GIL管道长度约5880m，盾构机直径12.1m，动态总投资47.63亿元。

10月11日，在江苏省深化道德讲堂建设暨精神文明建设表彰会上，国网江苏电力系统被江苏省文明委命名为2013～2015年度"江苏省文明行业"，连续7届保持这一称号。

11月3日，江苏苏州南部电网500kV"统一潮流控制器"（UPFC）示范工程正式开工，相当于给电网安装"智能导航系统"，将在世界范围内首次实现500kV电网电能流向的精准控制。

11月9日，在全国能源行业微信传播大会暨能源行业百强微信公众号颁奖典礼上，国网江苏电力官方微信公众号获得"能源企业百强微信公众号"和"能源行业最佳微信互动平台"称号。

11月11日，在中国质量协会举办的第十六届全国追求卓越大会上，国网江苏电力获评"2016年全国实施卓越绩效模式先进企业"，成为国家电网系统获得该项荣誉的唯一一家省级电网公司。

11月15日，国网江苏电力举办"电力创新与能源变革"论坛。论坛作为2016年中国电机工程学会年会的分论坛之一。

11月19日16时38分，特高压苏州站（东吴站）吴塘Ⅰ、Ⅱ线重合闸操作完成，苏州站整站全部投入运营。至此，淮南—南京—上海1000kV交流特高压输变电工程江苏境内3座新建特高压变电站全部正式投入运营。

11月24日，在中国质量协会召开的2016年度全国用户满意工程推进大会上，国网江苏电力被表彰为"'全国用户满意辉煌二十年'优秀企业"，成为全国电力系统唯一获此殊荣的单位。

11月26日，在国网公司第二届青年创新创意大赛优秀成果发布暨青年创新工作座谈会上，国网江苏电力取得"四金一银三铜"的成绩，金牌数量位居首位，同时荣获第二届青创赛"优秀组织奖"。

12月5日，国网江苏电力投资建设的500kV扬州北变电站工程获得2016～2017年度"中国建设工程鲁班奖（国家优质工程）"。

12月15日，在国资委宣传局新闻中心、清博大数据、清华大学新闻研究中心主办的中国企业新媒体年会上，国网江苏电力官方微博、微信账号荣获"2016年度中央企业最具影响力新媒体二级账号"。

（缪莉庆）

【国网浙江省电力公司】

企业概况　国网浙江省电力公司（简称国网浙江电力）是国家电网公司的全资子公司，负责浙江电网的建设、运行、管理和经营，为浙江省经济社会发展和人民生活提供电力供应和服务。总用电户数2582.3316万户。下辖杭州、宁波、温州、绍兴、湖州、嘉兴、金华、衢州、舟山、台州、丽水11个地市供电企业，其中杭州、宁波（计划单列市）为副省级城市，64家县供电企业，13家业务支撑实施机构，本部设23个职能部门。

2016年完成售电量3328亿kWh，增长7.9%。对标综合评价列国家电网公司系统省市公司第二，10个专业均获管理标杆；杭州、宁波供电公司蝉联大型供电企业对标标杆。

领导班子

总经理、党组副书记：肖世杰

党组书记、副总经理：陈安伟

副总经理、党组成员，国网杭州供电公司总经理、党委副书记：杨勇

副总经理、党组成员：吴国诚（2016年12月任）

副总经理、党组成员：商全鸿

副总经理、党组成员：阙波

副总经理、党组成员：黄晓尧（2016年3月任）

总工程师：凌卫家

纪检组长、党组成员：李斌（2016年12月离任）、司为国（2016年12月任职）

工会主席、党组成员：王幼成（2016年3月离任）、杨玉强（2016年3月任职）

总会计师：陈树国（2016年3月任职）

副总经理，国网宁波供电公司总经理、党委副书记：王凯军（2016年12月任职）

组织机构　国网浙江电力本部职能部门23个，办公室、发展策划部、财务资产部、安全监察质量部（保卫部）、运维检修部、营销部（农电工作部）、科

技信通部（智能电网办公室）、建设部、物资部（招投标管理中心）、对外联络部（品牌建设中心）、审计部、经济法律部（体改办）、人事董事部、人力资源部（社保中心）、离退休工作部、后勤工作部、思想政治工作部、监察部（纪检组办公室）、电力调度控制中心、运营监测（控）中心、电力交易中心、工会、企协分会。

地市供电公司 11 家：国网浙江省电力公司杭州供电公司、国网浙江省电力公司嘉兴供电公司、国网浙江省电力公司湖州供电公司、国网浙江省电力公司绍兴供电公司、国网浙江省电力公司衢州供电公司、国网浙江省电力公司宁波供电公司、国网浙江省电力公司金华供电公司、国网浙江省电力公司温州供电公司、国网浙江省电力公司台州供电公司、国网浙江省电力公司丽水供电公司、国网浙江省电力公司舟山供电公司。

业务支撑和实施机构 8 家：国网浙江省电力公司经济技术研究院、国网浙江省电力公司电力科学研究院、浙江省送变电工程公司、国网浙江省电力公司检修分公司、国网浙江省电力公司信息通信分公司、国网浙江省电力公司物资分公司、国网浙江省电力公司培训中心、国网浙江省电力公司综合服务中心。

其他机构 5 家，分别为：国网浙江省电力公司电动汽车服务分公司、国网浙江省电力公司紧水滩水力发电厂、国网浙江省电力公司综合服务分公司、浙江华电器材检测研究所、国家电网公司职业病防治院。

电网概况　浙江通过淮南—浙北—上海特高压交流、浙北—福州特高压交流、溪洛渡—浙西特高压直流、灵州—绍兴特高压直流线路，与四川、宁夏等全国能源基地联通，通过 9 条 500kV 线路与上海、江苏、安徽及福建电网相联，基本形成了以"两交两直"特高压为骨干，主网架南北贯通、东西互供、交直流互备的坚强智能电网。特高压电网增加浙江省供电能力 2500 万 kW，全年经特高压通道受入电量 487.5 亿 kWh。

截至 2016 年底，浙江电网共有 1000kV 变电站 3 座，变电容量 1800 万 kVA；±800kV 直流换流站 1 座，容量 800 万 kW；500kV 变电站 42 座，变电容量 9205 万 kVA；220kV 公用变电站 303 座，变电容量 12756 万 kVA；110kV 公用变电站 1278 座，变电容量 12463 万 kVA。

截至 2016 年底，浙江省全口径发电装机容量 8330.92 万 kW，全省 6000kW 及以上发电装机容量 7927.44 万 kW，其中浙江省统调装机容量 6913.00 万 kW，非统调装机容量 1014.44 万 kW，华东分部统一调度电厂装机容量 1196.40 万 kW；6000kW 以下发电装机容量 403.47 万 kW。浙江省统调电源以火电为主，总装机规模 5431.58 万 kW，约占 95.01%；水电 178.28 万 kW，核电 32 万 kW，风电 13.74 万 kW，太阳能 61 万 kW。

人力资源　深化内部人力资源市场建设，做好对藏帮扶和西部企业骨干赴东部企业实践锻炼。完成"五位一体"全员要素比对，推进"五位一体"标准作业程序体系建设。深化全员绩效管理应用，做好国家电网公司积分同价机制建设。深化岗位绩效工资制度应用，加强薪酬福利标准化管理。落实各项社保政策，规范企业年金管理。

加大各级各类人才培养力度。开展高端人才培养研究和规划，构建各级人才梯队。参加省部（行业）级、国家级专家人才推荐申报，其中 2 人入选浙江省 151 人才工程培养人员，4 人入选电力行业技术能手。荣获 2016 年电力行业技能人才培育突出贡献奖。开展复合型人才培育工作，推进劳模跨区域培训。在国家电网公司竞赛调考中取得优异成绩，3 人获"电力行业技术能手"称号，4 人获得"国家电网公司技术能手"称号，4 人获得"国家电网公司党群工作岗位能手"称号。人才当量密度 1.160 7。

电网建设与发展　110kV 及以上输电线路开工 2425km，投产 3428km；变电开工 2470 万 kVA，投产 2613 万 kVA。

编制"十三五"浙江电网发展专项规划、电网设施布局规划和新一轮农网改造升级规划，"十三五"配电网规划通过国家评审。落实国家电网公司董事长舒印彪与浙江省委书记夏宝龙会谈精神，优化调增"十三五"电网投资。促成国家电网公司与浙江省政府签署协议共同推进小城镇（中心村）电网改造升级工程建设，促进改造升级工程开展。探索构建浙江能源互联网，制定贯彻清洁能源示范省创建专项行动方案，开展新能源消纳能力专题研究。

推进省政府重点电网配套工程，灵绍特高压及其配套送出工程、仙居抽水蓄能电站送出工程、永康输变电工程、仁和变电站主变压器扩建工程和 G20 杭州峰会保电等重大项目按计划建成投运，投产 220kV 大陆—古荡Ⅱ线路、110kV 广场输变电工程等关联项目，推进 500kV 钱江变电站、220kV 机场变电站等工程进场实施。实施智能配网"一年提升、三年领先"差异化建设，杭州供电公司等 10 家单位通过国家电网公司配网标准化建设验收，杭州、宁波、嘉兴、绍兴、温州、丽水中心城区配电自动化全覆盖，建成 1479 个城农网专项工程。更换、补装农村户保 174 万只。依法推进项目建设，开工前用地手续完备率 100%。

《国家电网公司电网工程造价标准体系框架建设研究》课题获电力行业工程造价优秀成果一等奖，成果填补了造价标准管理空白。优质工程率达100%，浙北—福州特高压交流工程获国家优质工程金奖，500kV桐乡变电站工程获国家优质工程奖，220kV拱东变电站工程获国家电网公司创优示范工程，灵绍特高压绍兴换流站工程、宁海电厂一期500kV送出线路改接工程获国家电网公司流动红旗。

经营管理 建立综合协调、协同配合的改革工作机制，内外统筹衔接，做好改革工作。从有利于经济社会发展和电力发展出发，参与制订浙江省电力改革方案，推动多方形成共识。为浙江省供给侧结构性改革献计献策，通过扩大直接交易规模和电厂竞价、落实电价调整方案，降低企业用电成本101.6亿元。

加强战略分析研判，承接国家电网公司发展战略，编制完成浙江地区战略报告。配合完成输配电定价成本监审。完成资产清查，项目竣工决算转资率超90%。接收用户资产79.8亿元，转化为有效资产。开展融资租赁，增强资本性投资能力。应对营改增税务改革，防范化解税收风险。将欠费、窃电等行为纳入人民银行征信体系，开展客户信用评价与风险评级。营销稽查和防窃电专项行动挽回4020万元。推进市县公司法律保障一体化，实现法律风险集中管控。开展"网格化"全覆盖依法治企综合检查和审计稽查，完成历年审计问题整改"回头看"专项治理，构建问题检查整改联动机制。

深化"五位一体"机制应用，修编532项标准作业程序。完善供电服务公司管理机制，完成集体企业劳务派遣用工规范管理。精简物料编码和设备选型，精简优化率58.4%。开发企业级智能化仓库管理应用，提高主动配送业务水平。开展数据资产管理和质量治理，实现11类63个监测点的数据资产在线协同应用。

完成集体企业改革改制，通过吸收合并等方式处置企业118户。组建省市两级12家集体企业集团公司，构建集体企业监管和集团化管控体系。制定集体企业发展规划，明晰发展思路，推动集体企业做强做优，提高市场化发展水平。

安全生产 落实安全责任，严格安全管控，确保全年安全考核无事故。开展特高压混联电网运行研究，构建"三横五纵"电网风险预警全过程痕迹化管控机制。加强安全巡查稽查，健全"抓反复"机制。严格外包管理，推行外包分包队伍"末位淘汰"制。完成公安部网络安全执法专项检查。投运抗灾抢修训练基地，开展应急基干队伍取证考核。科学应对台风等灾害，配合地方重大灾害和事故救援，保障用电。

开展智能变电站继电保护就地化，220kV及以上开关远方操纵率100%。完成特高压金华换流站检修任务，构建五方联动体系，加强线路"六防"管理，

确保特高压电网安全稳定运行。建成省市两级质量监督技术支撑体系，严控设备质量。着眼设备本质安全，加强历史设备事故分析，开展设备运维交叉巡检，加大技术改造力度，整改设备隐患。完成PMS2.0单轨运行，建成基于云平台的新一代配电自动化主站。

营销工作 参与售电侧改革，出台园区供电服务机构优化设置方案，完成节能服务公司售电业务增项，完成两批5.5万用户直接交易电量1082亿kWh。推进业扩报装提质增效，创建并推广应用业扩全流程信息公开与实时管控平台，开辟园区业扩"绿色通道"，与18个园区签订电力合作框架协议。完成业扩报装容量3233万kVA，高压业扩平均时长下降11.2%。拓展电能替代新领域，推动政府出台电能替代支持文件120项，打造机场廊桥、港口岸电、电气化校园、产业集聚区等电能替代示范工程，完成电能替代项目3699个，电能替代电量80亿kWh。新建成投运电动汽车充电站369座、快充桩2326个，"车联网"平台接入率100%，实现省内主要高速公路服务区快充站全覆盖，重点城市形成2km充电服务圈。当选浙江省电动汽车充电基础设施产业促进联盟主任委员单位。

深化基于PMS2.0的营配调贯通，营配调贯通对应率99.8%，台区同期线损可算率90.6%。发布《客户电力征信工作管理规范（试行）》，客户欠费、违约窃电等行为纳入人民银行征信体系；建设客户标签库，并在电费风险防控中试点应用；实施差异化电费风险控制策略，实现全年电费颗粒归仓。建成并启用计量中心余杭基地，投运公司第三代计量自动化检定流水线；推广智能电能表330万只，实现智能电能表及用电信息采集全覆盖；"多表合一"信息采集接入10.6万户，并试点开展商业化运营。推广乡镇供电所综合业务监控平台，实现供电所全覆盖全应用。

科技与信息化 31项成果（专利）获得国家电网公司科技进步奖、9项成果获中国电力科技奖、10项成果获浙江省科学技术奖。"多端柔性直流输电关键技术研究、设备研制与示范应用"获2016年度中国电力创新奖一等奖，"一种电力表计的智能生产系统"获浙江省专利金奖和中国专利奖优秀奖。国网浙江电力作为主要单位完成的Q/GDW 485—2010《电动汽车交流充电桩技术条件》、Q/GDW 233—2010《电动汽车非车载充电机通用技术要求》等19项标准荣获2016年中国标准创新贡献奖一等奖。申请发明专利689项，获得授权218项；牵头制定的6项国家标准、11项行业标准和8项国家电网公司标准发布，被命名为国家电网公司首批技术标准创新基地。全球首个200kV高压直流断路器在舟山柔性直流工程中投运，

攻克了直流短路电流开断和故障恢复技术这一世界级难题。深化外部合作，联合浙江大学在省电科院设立博士后工作站，宁波供电公司联合中科院宁波材料所建成全国首家电网新材料应用联合实验室。通过浙江省高处作业防护技术重点实验室验收评审。

组建并启用"大云物移"新技术应用研究基地，开展外网云、物联网、云平台安全等新技术研究，一批信息通信新技术投入工程化应用。信通、运检、营销、财务和物资等专业在国家电网公司组织的信通新技术创新优秀成果评选中获一等奖5项、二等奖1项，获得奖项位居各网省公司之首。推进全业务统一数据中心的建设，完成人资、财务等业务域39套数据模型和二级主题域的设计，接入业务系统35套，数据量达14.18TB。开展"横向到边、纵向到底"地毯式信息安全隐患排查，参与"护网2016"攻防演习。获评国家电网公司信息通信工作先进单位，荣获国家电网公司首批"信息化企业"称号。

优质服务 变革营销运营架构，实施全业务全流程管控，构建省市县三级电子服务渠道运营和业务管控体系。开展供电服务暗查暗访、典型投诉现场调查和穿透分析，95598客户满意度99.5%。完成国家工商总局专项执法和国家能源局专项监管行动的自查整改。实施服务创新，营业厅综合服务平台在全省应用，创建星级供电营业厅175个；出台营业厅"一型三化"转型试点指导意见，推动营业厅转型升级。7家供电所被授予首批"国家电网公司五星级乡镇供电所"称号；新建精品台区带11条、精品台区100个；完成农村户保补换174万只，农村户保安装率达97.2%。完成G20杭州峰会、第三届世界互联网大会的客户侧保供电任务，实现了"设备零故障、客户零闪动、工作零差错、服务零投诉"的四个"零"保电目标。

深化"互联网＋营销服务"，电子渠道使用客户数1440万户，线上缴费2926万笔，电子账单低压客户2094万户；"精、简、并"流程环节66.1%，14类营销业务线上办理，探索实践供电服务调度模式，线上办电25.7万笔，线上办电渗透率60.2%，初步实现"线上全天候受理，线下一站式办电"。聘任首批首席、高级客户经理。创新移动作业终端微应用13项，现场服务应用153万余次。成立"节能与清洁能源技术实验室"，完成节约电量10.02亿kWh。节能服务公司成为浙江省唯一一家全国首批"工业节能与绿色发展评价中心"。优化分布式光伏并网服务流程，为3.6万个光伏发电项目提供并网专属服务，新增并网容量847MVA。

参与的"配电网高可靠性供电关键技术及工程应用"获国家科技进步奖二等奖；电能表计量检定技术与应用成果入围国家科技进步奖评选。供电服务管理两项成果获国家级企业管理现代化创新成果二等奖。

党的建设和精神文明建设 学习贯彻党的十八届六中全会和全国国有企业党的建设工作会议精神，落实《中国共产党廉洁自律准则》（简称《准则》）和《中国共产党纪律处分条例》（简称《条例》）。以"三亮三比"主题活动、"四讲四有"党员合格标准具体化为载体，开展"两学一做"学习教育。推进政工一体化体系建设，强化政治保障，开展党组织书记抓党建工作"三级联述联评"。落实党风廉政建设"两个责任"，开展履责约谈，约谈覆盖率42%。完成党费收缴补交工作。推行党员"组织活动日"制度。组织开展党组织生活创新联评联展。修订《基层党支部工作细则》，编印《基层党建工作制度选编》，编写《基层党支部工作实务指南》。举办"书记，真棒"优秀党支部书记风采展评会。推行发展党员工作全过程纪实制度，做到"一人一表、一事一记、一步一审"，严把党员入口关。

引导干部员工树立"五种意识"，巩固"四个一百"创建成果，开展"三个示范"建设。完成省电力工会组织关系调整，加快集体企业工会组建。实现省市两级社会责任履责白皮书发布全覆盖。23家单位本部食堂完成智能化升级，448家二级健康食堂完成管理提升。深化"阳光"系列品牌建设，开展青春建功活动。创新离退休人员"两项待遇"载体，实施社区居家养老企业会员模式。完善信访稳定工作信息沟通网络。1家单位获全国"五一"奖状，3个集体获全国"工人先锋号"，1个集体被授予"全国五四红旗团委"，1人被授予"中央企业优秀共产党员"，1人当选国家电网公司特等劳模，5人当选国家电网公司劳模。承办国家电网公司第二届青年创新创意大赛决赛，获金奖4项。

G20杭州峰会保电 G20杭州峰会保电是一项时间跨度长、责任空前重大的政治保电任务。各级党委政府予以高度重视，国家能源局专题研究峰会保电工作，专家组在决战前夕专程来浙现场督查。省委常委、常务副省长袁家军，省委常委、杭州市委书记赵一德和杭州市长张鸿铭等领导多次到国网浙江电力调研，召开专题会议，协调推进电网建设改造工程，督促客户侧用电安全问题整改。国家电网公司全力支持，国家电网公司确立了"全网保华东、华东保浙江、浙江保杭州、杭州保核心"的原则，统筹协调安徽、江苏、上海、四川等十余省市电力公司配合开展保电工作。在峰会保电工程的项目和资金安排上全力支持，安排多批专家和应急设备支援。峰会期间，以保证浙江电网运行可靠性为前提，组织周边省市低谷支援浙江负备用，解决浙江电网调峰困难。国家电网公司舒印彪董事长、寇伟总经理先后来浙江检查指导，并派出由栾军副总经理带队的总部专家组在决战阶段全程驻守浙江，指导保电。

本次保电经历一年半的备战、临战、实战、决战，于9月6日24时完美收官。本次峰会共投入保电人员3.4万人，车辆5000余辆。峰会保电客户共计83户（特级5户、一级37户、二级41户），涉及保电变电站98座（特级44座、一级37座、二级17座），输电线路313条（特级125条、一级142条、二级46条）、4102km，配电线路151条（特级106条、一级253条、二级156条）、2495km。通信光缆线路97条，独立信通保障站点36座，重要信息系统17套。除国网浙江电力管辖范围外，部分省际联络线、对侧厂站以及浙江境内的华东分中心直调电厂也纳入了保电范围，涉及变电站8座、省际输电线路16条。

主要事件

1月14日，"国网浙江省电力公司-浙江大学能源互联网技术联合研究中心"新能源互联技术研究室正式揭牌。

1月19日，国网浙江电力与阿里巴巴集团签署战略合作协议，共同探讨构建全球能源互联网，深入"互联网＋电力"合作。

2月24日，国网浙江电力国网电动汽车服务有限公司就电动汽车合作进行沟通交流，并签订《电动汽车服务领域战略合作框架协议》。

3月22日，国网浙江电力与越南电力集团就进一步拓展合作空间、实现共赢进行座谈交流。

4月14日，国资委宣传局副局长、文明办主任一行到国网浙江电力专题调研精神文明建设工作。

5月5日，联合国工业发展组织代表团来国网浙江电力考察调研调度管理体系。

5月17日，国网浙江电力与中国电力科学研究院举行科技创新战略合作签字仪式。

7月8日，国家电网公司与浙江省人民政府在杭州签署《关于共同推进浙江省小城镇（中心村）电网改造升级合作协议》。

7月21日，浙江电网举行首次黑启动实战演练，紧水滩电厂小系统与浙江电网主网并列，历时2h的浙江电网首次黑启动实战演练取得成功。

8月1日，国网浙江电力举行G20杭州峰会保电誓师大会。

8月18日下午，国家电网公司海洋输电工程技术实验室在舟山揭牌，这是国内首家海洋输电技术实验室。

8月24～25日，在国家电网公司举办的2016年

会计知识竞赛中，国网浙江省取得笔试团体第一、现场团体第一、最佳现场表现第一等成绩。

9月6日，国网浙江电力召开G20杭州峰会电力保障总指挥部会议，宣布G20杭州峰会保电任务完成。

10月11日，葡萄牙国家能源网公司首席运营官若昂·孔塞桑、国网国际发展有限公司副总经理蒋晓军率考察组一行到国网舟山供电公司，考察海洋输电工作及柔直工程，交流合作前景。

10月20日上午11时30分，国网浙江电力智能配电网技术中心揭牌成立。

10月27日，国家电网公司2016年10kV配网不停电作业技能竞赛在国网浙江电力培训中心湖州分中心落幕，国网浙江电力代表队夺得团体项目第一名。

11月3日，国网浙江电力博士后工作站在国网浙江电科院挂牌成立。

11月3日，全国首家电网新材料应用联合实验室在国网宁波供电公司启动。

11月28～29日，国网浙江电力代表队国家电网公司"两学一做"党群队伍技能竞赛决赛中获得团体三等奖。

12月9日上午，中国自主研制的200kV高压直流断路器在舟山投运。该断路器是全球首个投入工程应用的直流断路器。

12月13日，国网浙江电力参与建设的两项工程获2016～2017年度国家优质工程奖。其中，浙北—福州特高压交流输变电工程荣获2016～2017年度国家优质工程金质奖。桐乡500kV变电站工程获2016～2017年度国家优质工程奖。

（郑洪华）

【国网安徽省电力公司】

企业概况　国网安徽省电力公司（简称国网安徽电力）是国家电网公司的全资子公司，负责安徽省域电网的建设、管理和经营工作，具有电网建设、电力经营、电力施工、电力设计、电力科研和教育培训等综合功能，承担优化全省电力配置、满足经济社会发展电力需求供应的重要职责。本部设21个职能部室（中心）、1个电力工会委员会，另设国家电网企协安徽分会1个机构。下设16个市公司、72个县公司和9个直属单位，管理各类员工近7.6万人，服务电力客户达2660万户。

2016年，安徽省全社会发电量为2252.69亿kWh，同比增长1.66%；全社会用电量1794.98亿kWh，同比增长3.45%；完成省内售电量1369.25亿kWh，同比增长8.89%；统调最大用电负荷3167.75万kW，同比增长10.16%；向华东电网净送电量457.71亿kWh，同比增长8.44%；线损率7.36%，

同比下降0.06个百分点。

电网概况 安徽电网已经形成以1000kV和500kV电网为骨干、220kV电网覆盖全省的电网格局。截至2016年底，安徽电网拥有1000kV变电站2座，主变压器3台，变电容量900万kVA，输电线路长度1299km；500kV变电站25座，主变压器39台，变电容量3185万kVA，输电线路长度5573km；220kV变电站204座，主变压器369台，变电容量6053万kVA，输电线路长度14933km；110kV变电站589座，主变压器1092台，变电容量5134万kVA，输电线路长度20117km。全社会装机容量5733万kW，统调装机容量5134万kW，其中省内统调机组装机容量3620万kW，皖电东送机组装机容量1354万kW，华东网调抽水蓄能装机容量160万kW。

人力资源 分层编制干部队伍建设发展规划，推进干部梯队建设，举办3期处级干部培训班。深化内部人力资源市场建设，优化配置各类人员8233人次。加大人才培养力度，新增国家级人才3名、省部级人才2名。优化一线班组积分制考核，试点建设"工时积分同价付酬"机制。本部试行职员职级序列。拓展员工流动渠道，扩大本部管理人员招聘范围。完成公司劳务派遣用工规范管理。建立农电员工住房公积金，解决员工长期两地分居问题。1人获全国"五一"劳动奖章，1人获全国技术能手和首届"国网工匠"称号，16人获省"五一"劳动奖章，6人获"江淮工匠标兵"称号。2个班组获全国工人先锋号。

电网建设与发展 完善公司和电网"十三五"规划，修订公司三年重点工作计划。组织开展安徽电网饱和年规划研究。编制完成配网建设改造"十三五"规划和新一轮农网改造升级规划，启动园区供电专项规划工作。皖南换流站配套等10项500kV及以上工程取得核准批复。完成220、110kV主网项目可研批复119项、核准98项。

加快骨干电网建设，±1100kV准东—皖南工程按计划推进，1000kV淮南—南京—上海工程淮南—盱眙双线带电运行，±800kV晋北—江苏工程安徽段全线贯通。500kV福渡变电站等6项工程投产，肥北变电站等3项工程开工。220kV韦寨变电站等24项工程竣工投产。110、35kV变电站全部实行模块化建设、基建标准化成果应用100%。2项工程分获全国质量奖和国家电网创优示范工程。

2015年新增农网改造升级工程投资105亿元、新增城配网投资25亿元和2016年农网改造升级投资12.5亿元已完成，2016年城配网工程投资10.6亿元，完成总投资96.4%。6项工程获国家电网公司"配电网百佳工程"。截至2016年底，安徽省农村户均容量达到2.08kVA，同比增长36.6%。配合国家

电网公司与安徽省政府签署合作协议，中心村电网改造和机井通电分别完成投资29.2亿、9.1亿元，完成年度计划任务。启动对口帮扶国网西藏电力山南公司农网改造升级工作。

经营管理 推进"两金"清理，压降应付暂估4.67亿元、存货1.69亿元。筹措各类资金178.24亿元，节约资金成本0.55亿元。加强资金安全管理，开展资金安全专项检查，探索"一市一行一户"电费账户管理新模式。开展在建工程清理和"账卡物"专项治理，清理工程建设领域保证金。推行施工图预算管理，节约成本0.8亿元。加强物资集约化管理，完成集中采购123.78亿元，节约资金10.71亿元，清理历年积压物资0.77亿元。加强高损台区治理，推进同期线损系统建设。完成三次电价调整。推进综合计划和预算等常态业务监测分析，组织开展项目转资等专项监测。开展"三全五依"法治企业建设，启动"七五"普法活动。开展农网工程自查自纠和审计整改"回头看"。发挥审计增值服务作用。深化同业对标管理，推行"两图四表"，健全对标管理责任体系，5项工作成果入选国家电网公司典型经验库。

完成县公司"子改分"任务，县公司全部实现分公司模式运行。组织开展市县一体化考核评价，研究制定市县公司业务集约融合方案。推进"五位一体"机制应用，建成覆盖运检、营销、建设、物资和信通专业的标准作业程序体系。制定配网抢修营配调业务融合体系建设方案，启动合肥、芜湖公司试点建设工作。完成市县公司集体企业处置任务，编制集体企业"瘦身健体"方案。推进省送变电公司转型升级，操作方案获国家电网公司批复同意。

安全生产 吸取江西丰城电厂等事故教训，开展"三查三强化"专项行动、安全大检查等工作，排查煤矿、高铁等重要用户供电安全隐患，整治安全薄弱环节和突出问题。落实国家电网公司《关于强化本质安全的决定》，推进现场作业安全管控标准化管理，深化激励约束和安全稽查机制应用。深化设备主人制体系建设，推动在各专业、各领域落实。加大基建安全防控力度，推行"两票十制一单"管理，强化"三个项目部"建设，落实"同进同出"要求。制定业务外委规范和分包商比选办法，开展外包施工队伍清理整顿、供电所员工"干私活"等专项整治。电力设施保护工作纳入全省各市县政府年度考评。

科学调度电网运行，强化电网风险管控，应对夏季高温大负荷等影响，完成迎峰度夏和G20杭州峰会保电等重要任务。加强网源协调管理，核查整改涉网安全问题82项。开展继电保护专项整治，保护不正确动作次数大幅下降。深化农村配电运检集约管理，配电线路跳闸及重合不成功次数同比分别下降32%、

41%。配合完成修订全省大面积停电事故应急预案。

营销工作 开拓电力市场，建立电能替代项目库，推动港口岸电等新领域应用，全年完成替代项目1496个，替代电量32.96亿kWh。强化电费风险管控，推广预购电业务，深化电费抄核收一体化管理，应收收电费余额100.1万元。加强陈欠电费清理，回收陈欠电费1.13亿元。组织开展反窃电专项行动。强化"互联网＋营销服务"，推广"网上营业厅""掌上电力"等新应用。完成132座电动汽车充电站建设，建成全省城际快充网络。做好新能源并网服务工作，全额消纳新能源电量95亿kWh，推进节能减排，完成发电权交易电量57.93亿kWh，节约标准煤32.1万t。

科技与信息化 开展电力监控系统安全防护专项检查，发现国家电网公司Oracle数据库重大隐患，避免信息系统大面积停运事件发生。完成统一权限平台、智能门户等系统架构优化改造。研发电网统一视频平台运维管理工具，1.8万路视频设备实现在线监控。完成数据通信网一、二期工程建设。全面建成省骨干大容量OTN光传送网络。获得3项国家电网公司科技进步奖一等奖、1项安徽省科技进步奖二等奖。

优质服务 加快业扩报装提速增效，建设全流程信息公开与实时管控平台，推行95598网站和手机客户端线上报装，平均接电时长在2015年缩短15天的基础上再缩短4天。深化农村地区低压运维责任人、设备主人和客户经理"三合一"工作机制，出台客户经理制实施办法，举办台区客户经理岗位业务竞赛。推广配网不停电作业，强化投诉源头管控和闭环整改管理，营销服务类投诉数量下降31.45%。5个供电所被评为国家电网公司五星级供电所。推进"多表合一"信息采集，接入水、气用户9.84万户。开展农户"表后线"整治，完成2.07万个台区、146.31万户"表后线"整治。强化"三级漏保"管理，保障农户用电安全。

党的建设和精神文明建设 学习贯彻十八届六中全会及习近平总书记系列重要讲话精神，推进"两学一做"学习教育。组织党组（党委）中心组学习，各级领导班子做专题党课报告，开展专题学习研讨，宣贯从严治党要求。组织开展"三亮三比"主题活动，构建"四讲四有"合格党员标准体系。把抗洪抢险保供电作为学习教育主战场，先进事迹被中央"两学一做"情况通报选用，相关工作在共产党员网刊发。员工许启金受到习近平总书记的肯定和表扬。

加强服务型党组织建设，夯实党建工作基础，完成基层党组织换届。印发2016～2018年党员教育培训工作实施方案，制定农电员工党员、流动党员学习教育管理指导意见。编制公司领导班子党风廉政建设

"两个责任"清单和部门"履责实录"，分级分领域开展廉政约谈和廉政报告。宣贯《廉洁自律准则》《纪律处分条例》，组织"四风"问题整治"回头看"。

推进企业文化长廊建设，建立省市县三级"道德讲堂"。组织青年员工座谈，举办公司系统第二届青年创新创意大赛。"光明驿站"示范点获全国百佳志愿者服务项目先进典型。弘扬劳模精神，深化劳模创新工作室建设。举办2期离退休老同志研讨班，组织开展"精准帮困"。举办公司系统职工运动会。推进信访积案清理。

电力改革 参与电力体制改革，研究制定贯彻落实电改综合试点方案行动计划，编制全面深化改革工作方案。推进输配电价改革试点工作，正式实施输配电价。开展准许收入、平衡账户盈亏研究分析。推进电力交易市场建设，成立安徽电力交易中心有限公司，完成直接交易电量392亿kWh。应对售电侧和增量配电业务放开，组织开展宁国经开区河沥园区、淮北经开区、金寨现代产业园区、蚌埠铜陵现代产业园、安徽和县产业新城和蚌埠沫河口工业园区等6个试点项目研究。推进"三供一业"分离移交工作，完成供水、供热和物业管理情况摸底调查，编制国有企业职工家属区供电设施接收工作方案。

抗洪抢险保电 受持续降雨及洪涝灾害影响，安徽中、南部分地区电网不同程度受灾，累计10kV以上线路倒杆2972基，受损线路934km，低压倒杆15844基，受损线路3759km。因灾累计停运或避险拉停1.03万台区、83.08万用户（含拉停31.68万户）。面对汛情，国网安徽电力启动应急响应和预案，加强跨区交、直流等重要输电线路特巡，做好抗洪抢险现场、灾区应急排涝和安置点电力供应保障。同时，按照"水退人进电复""先恢复、再重建"的要求，成立灾后恢复重建工作领导组织机构，统筹调配全省救援抢修力量和物资，安排灾后重建项目和设备检修项目，加快洪涝灾害受灾地区设备恢复重建进度，累计投入抢修人员4.7万人次、车辆1.2万台次，完成抗洪抢险保电和灾后重建任务，恢复人民群众生产生活供电。

主要事件

1月11日，±1100kV准东—皖南特高压直流输电工程开工。

1月13日，国网安徽电力八项管理创新成果获安徽省经济和信息化委员会、安徽省企业联合会联合表彰，其中一等奖四项、三等奖四项。

1月21日，安徽第一座新一代智能变电站——110kV浩村变工程竣工投产。

2月26日，国网安徽电力申报的"光明驿站"关爱留守儿童项目入选全国"100个最佳志愿服务项目"

先进典型。

3月9日，国网安徽电力被授予国家电网公司"'十二五'农网改造升级工程管理先进单位"荣誉称号。

3月10日，淮南—南京—上海1000kV交流特高压输变电工程（安徽段）系统调试暨启动调试正式开始。

4月12~13日，国网安徽电力在合肥工业大学、安徽大学开展全球能源互联网高校宣讲活动。

5月12日，安徽电力交易中心有限公司正式成立。

5月19日，淮东—皖南±1100kV特高压直流输电线路工程（安徽段）开工建设。

6月16日，国家电网公司输变电设施火灾防护实验室在国网安徽电力揭牌。

6月29日，国家电网公司与安徽省人民政府在合肥签署《关于共同推进安徽省小城镇（中心村）电网改造升级和机井通电工程合作协议》。

8月31日，国网安徽电力首次参加国家重点研发计划项目——"分布式可再生能源发电集群并网消纳关键技术及示范应用"。

10月11日，淮东—皖南±1100kV特高压直流输电工程古泉换流站主体工程开工。

12月29日，《安徽省500kV及以上电网布局规划（2015~2030）》通过专家评审。

（臧家宁）

【国网福建省电力有限公司】

企业概况　国网福建省电力有限公司（简称国网福建电力）是国家电网公司的全资子公司，以电网建设和运营为核心业务。供电面积12.4万km²，供电客户1673万户。本部设22个职能部门，下辖9个市供电公司、1个水电企业、14个直属单位、62个县供电公司，全口径用工约6万人。

2016年，完成售电量1682亿kWh，同比增长5.7%。水口发电集团发电量创历史新高。业绩考核居国家电网公司第5名，连续五年蝉联A级单位；对标工作综合评价和业绩、管理对标均居第7位，物资专业获得标杆，厦门、福州供电公司分获大型供电公司对标工作第4位、第8位。

电网概况　福建电网通过浙北—福州1000kV交流特高压和双回500kV线路与浙江电网相联，省内形成"全省环网、沿海双廊"500kV主干网架。国网福建电力现有1000kV特高压变电站1座，容量600万kVA，线路342km；±320kV柔性直流换流站2座，输送容量100万kW，线路10.7km；500kV变电站23座，容量3710万kVA，线路4922km；220kV变电站183座，容量6000万kVA，线路12311km；

110kV变电站700座，容量5506万kVA，线路14540km；35kV变电站488座，容量550万kVA，35kV及以下线路长度超过13万km。

人力资源　组织基层班子季度分析和半年评价，优化干部队伍结构。开展本部员工年度综合考评；本部和基层双向交流111人；本部推行职员职级，两个基层单位完成试点。

从用工数量、学历、职称、技能等级多个维度，建立人力资源"一本账"；运作内部人力资源市场，促进人员流动；加大缺员单位、紧缺专业、供电所人员配置力度，2016年配置到边远县公司125人、供电所170人、送变电公司78人；"内部人力资源市场配置指数"指标进入国家电网公司A段。选派40名管理、技术骨干赴国网西藏、新疆、青海、蒙东电力开展帮扶，被评为对藏人才帮扶工作先进集体。

健全工资总额核定机制，优化企业负责人薪酬核定，引入营业户数、职工人数、艰苦边远地区系数等要素；实行企业负责人"关键业绩制"、管理机关"目标任务制"、一线员工"工作积分制"考核；拓宽一线员工薪级晋升空间，设置"技能岗位工作年限"积分项目。建立全覆盖福利管理制度体系；推进基本医疗保险属地化工作；建立省公司层面统筹的补充医疗保险体系；解决部分农电工养老、医疗保险待遇等问题。

印发《"十三五"全员能力素质提升实施意见》，实施全员素质提升工程，组织各类培训6047期20.8万人次，网络培训126万人次。聘任省、市公司级各类优秀专家人才787人；福建省电力行业职业技能鉴定中心被评为电力行业优秀鉴定中心；技培中心获国家电网公司配电带电作业实训基地资质。健全培训管控机制，建立培训项目实施情况每月通报反馈和评价机制。

人才当量密度1.0639，技师、高级技师占技能人员比例27.2%，中级职称及以上人员占管理和技术人员比例58.7%。建设三级720名先模人物"人才池"；推进先模人才梯队建设，5人获福建省"最美劳动者"称号，陈国信荣获"中华技能大奖"，李春获评国网公司特等劳模，4人获评国家电网公司劳动模范，7个班组获评国家电网公司一流班组（工人先锋号），7名班组长获评国家电网公司优秀班组长。

电网建设与发展　制定《"十三五"福建电网发展若干指导意见》；编制《福建省2017~2021年电网滚动规划》；修编《福建省"十三五"电力发展规划》；完成福建北电南送新增输电通道方案论证，方案纳入《福建省"十三五"能源发展专项规划》。开展潜在增量配电业务放开区域调查，完成183个市级以上工业园区专项规划；编制完成6个增量配电业务放开试点项目可研报告。

500kV 井门变电站、东林变电站二期扩建、海沧变电站三期扩建、五峰变电站三期扩建、厦门抽水蓄能送出 5 个项目取得核准。投产 500kV 东林输变电、67 项中央农网、41 项迎峰度夏、3 项电铁配套等工程。水口坝下工程完成左岸航道疏浚。1000kV 浙福特高压获"国家优质工程金质奖",漳州东林 500kV 变电站工程获国家电网公司"安全质量管理流动红旗",龙岩莲冠变电站至冠豸山牵引站 220kV 线路工程获评国家电网公司"创优示范工程",55 项输变电工程获评国家电网公司"优质工程"。

完成 35kV 及以下配网投资 79 亿元,5 个项目获国家电网公司 2016 年配电网"百佳工程"称号。加快新一轮农村电网改造升级,完成 747 个小城镇(中心村)电网改造、943 个自然村新通及改造动力电任务;农村户均配电变压器容量同比提高 15%,10kV、400V 平均供电半径分别降至 7.69km、364m。解决低电压台区 2094 个、低电压用户点 3.45 万户。完成易涝配电站房防洪改造年度计划,整体迁移 17 座、部分迁移 5 座、应急接口改造 10 座、防水处理 418 座。推进配电自动化终端建设应用,推进 JP 柜及 TT 系统一级漏保安装,同步建设在线监控平台。配网二遥故障指示器在线率 95.2%,配电自动化遥控成功率 95%。推动配网投入产出模型在配网规划、建设改造项目中的试点应用。

保障清洁能源发展。全省发电装机容量 5210 万 kW,其中,水电、核电、风电的装机比重分别为 25%、15%、4%,煤电外的装机比重 54%;核电装机比重居全国第 2 位。清洁能源发电 1089 亿 kWh(占全省发电量 54%),增长 41%,水电发电量创历史新高,核电发电量增长 40%,风电发电小时连续四年全国第一。

经营管理 加强电力体制改革政策研究和沟通汇报;配合制定《福建省电力体制改革综合试点方案》《售电侧改革专项试点方案》及配套文件;配合做好输配电价改革成本监审工作;组建全资子公司模式福建电力交易中心有限公司,直接交易电量 223 亿 kWh,同比增长 70%,充分释放改革红利。推进市县公司业务集约融合;完成 4 个县公司"子改分"工作试点。

清理"两金"和长期挂账工程款 7.5 亿元。资金集约运作减少融资成本 5 亿;13 家县公司扭亏。当年电费回收率 99.99%。外送电 32 亿 kWh,同比增长 19%。推行物资标准化、配送成套化;完成集中采购 238 亿元,节资率 4.8%;"推进仓储体系建设,保障配网抢修物资供应"入选典型经验成果,"基于供应商综合评价体系的电子化招评标研究应用"入围专业

典型经验。

重点任务实行"项目化"管理,分管领导牵头,横向协同推进;月度会、专业月度例会、周早调会"直通车"覆盖县公司,推动管理纵向贯通。开展"四好"本部创建,27 项创建措施固化为制度。建立"五位一体"标准作业程序体系,编制作业指导书 713 份。构建"专业指导、基层主抓、车间主建,发挥班组员工主人翁作用"和"通用+专业"的班组建设机制,编制班组建设规范及评价细则。推进集体企业、县公司和供电所同业对标;建成 5 个五星级乡镇供电所、73 个四星级乡镇供电所。开展风险点监测预警和管理诊断,发现异动 7.9 万项,整改率 95%。

落实《福建省电力设施建设保护和供用电秩序维护条例》。宣贯《法治企业行为指引》。加强集体企业管理,完成改革改制任务,压减企业户数 90 户;构建"省级资金池",实现资金管理收益 1.4 亿元;推行集体企业省、市两级集中采购,规范招投标行为。

安全生产 构建"自上而下抓安全""自下而上保安全"相结合的工作机制。全面梳理各层级、各岗位的安全责任;将安委会频次由季度调整为双月,突出问题导向、闭环整改。把加强班组建设作为夯实安全基础、提高本质安全水平的重要途径,发挥班组"主角"作用,将安全防控关口前移到一线。

落实国家电网公司《关于强化本质安全决定》,制定强化本质安全 48 条实施细则,明确年度措施 133 项,挂网公示、销号管理。开展"三查三强化"安全专项行动,排查治理隐患 1.02 万条;实行隐患排查治理周期制、责任制,制定覆盖 14 个专业的隐患排查周期计划,隐患治理情况签字背书、挂网公示。

贯彻《国家大面积停电应急预案》,修订各级大面积停电应急预案,组织无脚本演练。量化预控电网风险,实现六级以上风险过程跟踪。福建电网连续安全运行超过 7900 天。建立输电通道智能风险管控平台;10kV 线路故障率同比下降 17%。完成特高压榕城站设备首检;168 座变电站开关冷备用遥控、272 座变电站二次遥控上线;508 项智能站二次设备反措全面完成。深化运检一体化,完成 196 座变电站精益化评价。建成省级配网智能监控平台,配电自动化遥控成功率 95%。资产全寿命周期管理通过国家电网公司"领先型"评价验收。

运用微信、远程视频监控等多种"互联网+"方式强化现场安全执规检查,查纠各类违章 1.57 万条。规范安全教育培训,开发运用《安规》机考系统,改进安全学习形式;创建"无违章班组"508 个。建立员工和外协队伍安全诚信档案;开发运用企业安全诚信管理信息系统。

成功抗击"尼伯特""莫兰蒂""鲇鱼"等强台

风，实现"零伤亡、损失少、效果好"。编制10个专业防抗台风保供电作业指导书，固化"三个阶段"（灾前防御、灾中应急、灾后抢修）、"四条战线"（抢修复电、后勤保障、客户安抚、宣传引导）抗灾抢险保供电模式。完成海峡论坛等重大活动保电任务。

营销工作 建立市场信息周跟踪机制。签订园区资产移交协议25个；清理回收泉州市东石、内坑等自供区，年增直供电量约24亿kWh；签订"三供一业"移交框架协议62家。拓展港口岸电、空港陆电、农业电气化等八大领域电能替代项目，创新采用以租代建、融资租赁等替代模式；投运厦门远海集装箱码头高压船舶岸电项目，建成全国首个全电动、全自动、零排放码头；全省累计建成电动汽车充电站386座、充电桩10428个，统筹充电设施运维和车联网平台运营，车联网接入率100%；实现电能替代43亿kWh，超额完成任务。

完善市县公司供电服务快速响应中心运行机制，集约故障研判、抢修和服务考核等职能。在停电监测、市场分析、线损管理、抗灾抢修等方面，深化采集系统功能和数据综合应用。推进营配调融合贯通，贯通数据对应率达99.99%，实现客户报修定位、配网故障研判、停电计划、业扩报装辅助制定等功能。

实施计量串户专项治理。电能表由计量检定基地一级表库直配至市县公司二级表库，实现由二级表库直配至供电所；在供电所、抢修班组推广电能表智能周转柜，实现现场用表在线管控。推广电水气"多表合一"10.8万户。同期线损管理系统上线运行，实现台区日同期线损自动统计、异常情况自动预警，台区日同期线损合格率达91.37%。落实电费回收"一户一策"，企业客户欠费信息纳入人民银行征信平台；推广购电制219.95万户，购电制远程停复电比率达70%以上。规范供电所电费回收、低压业扩收费、线损和窃电处罚等管理，减少自由裁量空间。

科技与信息化 构建科技阳光管理与激励体系，完善保障与奖励制度，激励员工开展科技创新。"强台风环境电网抗风减灾科技攻关团队"被命名为国家电网公司攻关团队；命名14支省公司科技攻关团队。承担58项总部管理项目、87项公司管理项目，获国家电网公司与省部级科技奖励31项、专利授权558项。

信息系统运行率99.95%，网络设备可用率达99.99%，信息系统检修合格率、通信计划检修率、业务保障率100%，通信设备平均运行率99.999%以上。通过国家电网公司信息化企业复评；完成全业务统一数据中心数据分析域一期试点建设任务；试点建成一体化国网"企业管理云"平台，完成同期线损等3项试点业务上云；完成PMS2.0系统应用级灾备实

用化。自主研发10个信息督查工具，12篇信息安全典型经验、1个特色督查工作、1个红队特色工作被国家电网公司采纳。获国家电网公司网络安全攻防对抗比赛总决赛第二名。

优质服务 实行"用户先接入、电网后改造"，全容量放开业扩报装申请；实行业扩项目全环节在线监测和预警，每周全省通报办理时长和服务质量，常态开展现场抽查和客户回访，报装接电时长同比缩短32%；推广业扩全流程管控平台，完成10kV在途一年以上项目攻坚送电899项。

制作营业厅、片区经理、配网抢修人员服务培训视频，编制《配网施工现场服务规范》，推动窗口服务标准化。部署落实自有缴费渠道推广工作，促进电e宝、电力APP及95598互动网站缴费。建成全渠道诉求管控机制，实现营业厅等6类渠道客户诉求在线管控。对"生命线工程"用户、大中型小区实行24h停电监测预警；推行"先复电、后抢修"，采用移动发电车等措施先行恢复重要用户供电，减少停电时间；建立外联牵头，营销、运检、调度等专业协同配合的停电危机公关机制。在自贸区推行用电受理"一证启动"等创新服务，实现"供电服务不出区"。

党的建设和精神文明建设 学习贯彻十八届六中全会、全国国有企业党建工作会议、省第十次党代会精神；落实《准则》《条例》。以"讲规矩、转作风、作表率"和"三亮三比"（亮身份、亮职责、亮承诺，比作风、比技能、比业绩）为载体，开展"两学一做"学习教育；建成合格党员标准库。完成323个基层党组织换届选举，党员组织关系管理和党费收缴得到规范。立项推进38个"三级联创"项目，实施"党旗引领"工程项目1320个；1个基层党组织、3名党员荣获省部级党组织表彰，5名党员当选福建省第十次党代会代表。修订党风廉政建设"两个责任"清单，常态化开展廉政谈话提醒；试点开展内部巡察。

重点培育5个单位创建全国文明单位。加强品牌建设，新华社《动态清样》刊载公司工作；抗灾抢险等11条新闻登上央视新闻联播。开展"卓越启航"企业文化主题实践活动，举办道德讲堂257场次，实施28个重点项目，创建示范点260个。建设"福建电网志工服务驿站"；设立"高君芷福建电力希望工程教育扶贫基金会"。"电力义修哥"入围全国学雷锋志愿服务"四个100"先进典型；电力希望工程获福建首届志愿服务项目大赛银奖。

（薛尚青）

【华电江苏能源有限公司】

企业概况 中国华电集团公司江苏分公司成立于2003年4月，2013年8月改制为华电江苏能源有限

公司（简称华电江苏公司），是中国华电集团公司在江苏区域的子公司，负责组织开展中国华电在江苏区域的发展规划、项目前期、工程建设、安全生产、经营管理、公共关系、精神文明等工作。

截至 2016 年 12 月 31 日，华电江苏公司在运装机容量 974 万 kW，清洁能源装机占比达 52.5%。

领导班子

党组书记、执行董事：徐旭

党组成员、副总经理：齐崇勇、孙志宏、叶小平

党组成员、纪检组长、工会主席、总法律顾问：洪顺荣

党组成员、副总经理：杨惠新

主要领导人员变动情况：2016 年 11 月，徐旭任党组书记、执行董事；陈海斌不再担任执行董事、总经理、党组副书记职务；戴军不再担任党组书记、副总经理职务。

组织机构 本部设有办公室（法律事务部）、战略规划部、人力资源部、财务资产部、安全生产部、工程管理部、市场运营部、政治工作部（工会办公室）、监察审计部（纪检办公室）、燃料物资部等 10 个职能部室。下属企业 17 家，其中，全资和参股企业 16 家，为望亭发电厂（上海华电电力发展有限公司、中国华电集团公司江苏望亭发电分公司、江苏华电望亭天然气发电有限公司）、江苏华电扬州发电有限公司（简称扬电公司）、江苏华电戚墅堰发电有限公司（简称戚电公司）、华电江苏能源有限公司句容发电厂（简称句容公司）、江苏华电吴江热电有限公司（简称吴江热点）、江苏华电仪征热电有限公司（简称仪征公司）、江苏电力发展股份有限公司、江苏华电通州热电有限公司、江苏华电燃料物流有限公司、江苏华电昆山热电有限公司、江苏华电如皋热电有限公司、江苏华电通州湾能源有限公司、江苏华电金湖能源有限公司、江苏华电句容储运有限公司、华瑞（江苏）燃机服务有限公司、上海通华燃气轮机服务有限公司；区域化管理的企业 1 家，为华电福新能源股份有限公司江苏分公司（简称福新江苏分公司）。

工作业绩 2016 年，华电江苏公司发电量 422kWh，同比增长 7%；供热量 1098 万 GJ，同比增长 11.87%；电费回收率 100%；煤机综合供电煤耗 290.2g/kWh，同比下降 0.73g/kWh；燃机发电气耗 0.200 7m³/kWh，同比下降 0.001 2m³/kWh；实现管理口径利润 24.55 亿元，EVA 17.08 亿元，净资产收益率 23.82%，资产负债率 72.75%，流动资产周转率 7.67 次。

安全生产 吸取"12·31"事故教训，开展安全强化年活动，层层签订安全生产责任书，加强"三会一督查"管控。开展"四不两直"检查和巡视督查，加大考核和问责力度。对防汛防台、迎峰度夏以及

G20 峰会保电、环保和网络安全等工作认真部署、积极应对。举办厂长（总经理）、专工、班组长等各级人员安全生产培训班，推行持证上岗。加强设备管理、深化技术监督。全年非停同比下降 4 次，其中 4 家发电企业实现"零非停"。与高校院所合作，加强新技术研发和新产品应用。以中国华电试点为契机，强化能耗指标对标及优化。扬电、句容共 3 台煤机完成环保改造，并通过验收，取得超净排放电价。望亭、扬电、句容 3 家燃煤电厂基本完成上煤系统综合治理。在运电厂全面运行 ERP 所有模块系统。

经营管理 围绕 5 项主要改善指标、4 方面重点、30 项具体任务，强化营销，严控成本，全力提质增效。电量方面，积极争取大用户补偿、超净改造补贴、以热定电、关停补偿及市场电量。加强与政府部门、调度交易机构、大用户等沟通协调，完成全省 280 余家大中型电力用户信息收集并建立信息库，与大用户签订合作意向电量 75 亿 kWh。全年完成大用户直接交易电量 43 亿 kWh，交易量占比高于装机占比。供热方面，主动参与地方供热规划编制，与地方合资成立热力公司，对内实施供热改造，对外发展新用户。10 家在运在建企业已全部纳入当地供热规划热源点。望亭电厂完成三期供热改造，全年售热 527 万 GJ，并实现跨市长距离供热，供热半径达 40km。通州热电投产即供热，昆山热网与机组同步建设，吴江、句容、仪征、戚电等供热均取得突破。煤炭方面，通过集约化阳光采购、把握采购节奏、争取长协煤计划以及掺烧经济煤种等措施，降低了煤价上涨的影响，年入厂标煤单价较区域平均水平低 4 元/t。物资方面，实施集约化采购，增利 0.16 亿元。附属产品方面，加大市场销售力度，增利 0.6 亿元。资金方面，开展"两金"清理和"压减"工作，处置低效无效资产。抓牢"现金预算管理、资金集中管控、融资方式创新、带息负债管理"等关键环节，降低融资成本。企业全年平均综合融资成本率 4.04%，同比下降 0.8 个百分点，直接节约利息支出 1.6 亿元。期末带息负债规模 197 亿元，融资成本率 3.78%。政策争取方面，积极争取燃机转移电量、气价优惠等政策；煤机执行超净排放电价，增利 1.25 亿元；抓好财税筹划，落实"营改增"政策，扬电、昆山和句容二期合计可降低工程造价 0.58 亿元。精益管理方面，牵头组织、协调中国华电精益管理试点课题实践和手册编制；在华电江苏公司系统全面启动精益管理 3 年计划，宣贯精益理念，开展精益培训，完成中国华电财务、燃料物资、检修 3 个精益试点课题实践。

项目发展

（1）前期项目协调发展。望亭燃机二期项目落实

供汽意向协议，纳入苏州市热电联产规划，已向中国华电申请立项；仪征供热拓展、句容一期供热改造项目分别取得中国华电发起备案、立项批复；推进新能源和天然气物流产业链项目；通州湾百万煤机项目围绕争取国家示范工程开展工作。2016 年核准 26.3 万 kW、立项 44 万 kW。与赣榆区政府、华东电力设计院、江苏交通控股、华电重工、广汇能源等签署战略合作或投资意向协议，对近几年签署的 30 余项战略合作协议做好跟踪督查。

（2）基本建设。贯彻"三同领先"理念，坚持"优选、严控、精建"和"四策划一优化"原则，通过实施项目责任书、狠抓设计优化、强化专业培训、严格开工条件审核等措施，严把工程建设质量关，合理控制投资。句容二期百万煤机，扬州、昆山、通州 6 台燃机和如皋热电、金湖分布式等新能源基建工程有序推进，通州热电实现"双投"，光伏项目投产 6.4 万 kW，华瑞公司完成厂房建设，具备燃机部分部件修理能力并已承接修理业务。

改革发展 初步理清区域"十三五"发展思路，形成由总体规划、专题规划及部门分管工作规划 3 类 20 项组成的规划体系。优化管控模式，配备精兵强将，建设高效本部。梳理新能源项目和出资人结构，强化区域化管控。按照"四统一"原则，整合工作资源，充实营销人才队伍，建立区域一体化营销机制，实现区域效益最大化。建立内部人才市场，运用岗位竞聘、组织调配、挂职锻炼、劳务协作、临时借用、人才帮扶六种方式加强人员调配，配套实施培训考核、薪酬激励政策，107 人在系统内部流动。试行财务集中管控，推进职位序列管理，规范劳务用工，强化绩效引导，设立提质增效、零非停等专项考核，加大企业领导班子成员收入与企业业绩、分管工作的挂钩力度，推进全员绩效考核。强化法治建设，提升风险防控水平。实施资产经营责任审计和财务稽查全覆盖，加强对基层企业依法、依规经营的监督检查力度。华电江苏公司本部荣获江苏省省级机关"六五"普法先进单位称号。推行重点工作计划制度，深化标准化建设，华电江苏公司荣获中电联"电力标准化工作先进集体"称号，望亭、句容、戚电、吴江公司 4 家企业通过"标准化良好行为 AAAA 级企业"确认。

党的建设、精神文明建设、队伍建设、企业文化建设 认真学习贯彻党的十八届六中全会、全国国企党建会等重要会议精神，组织多场专题学习会。开展"两学一做"学习教育，推动全面从严治党向基层延伸。6 家基层企业党委完成换届。建立党建、党廉"两个责任"履责清单，开展岗位廉洁风险排查和"双微"活动，通过"立家规、正家风"主题活动，把合格党员要求融入家庭建设。实施党员"五亮"工程，建立党员活动日制度、党员作风评价机制，用机制督促党员自觉加强党性修养和作风养成。完善党建标准和考评"两项体系"，"1＋X"结对共建模式广泛运用于党委、支部、工团和班组建设。强化思政研究工作，华电江苏公司政研成果获全国党建研究会优秀课题成果三等奖、中国华电政研评审特等奖。加强源头治理和追责问责，出台监督、问责管理制度，建立问题线索台账，完善干部履职痕迹管理，对问题实时监控，并约谈企业"一把手"。发布以"创者先行"为核心的企业文化理念体系《先行宣言》。近 3000 人次参加企业层面培训，19 名企业优秀干部和业务骨干到本部挂职。举办各类技能竞赛，获得中国华电精密点检技能竞赛团体第一。编制实施员工共享规划，加大精准关爱帮扶力度，做实健康食堂、快乐运动、美化环境"三项活动"。获中国华电第五届青年创新创效项目评选技术类金奖。选树中国华电劳动模范、技术能手、工人先锋号、岗位建功等各类典型，戚电公司花蕾获全国技术能手称号，扬电公司夏晓红被授予全国"五一"巾帼标兵。句容电厂增殖放流项目成为中国华电社会责任十大优秀案例。

主要事件

10 月 26 日，由中国华电集团公司和苏尔寿公司合资成立的华瑞（江苏）燃机服务有限公司南通工厂正式投产。华瑞公司被中电设备协会现场授予"全国（重型）燃气轮机修造服务基地"称号。

12 月 18 日，江苏华电通州热电有限公司一期工程 2×200MW 级燃气-蒸汽联合循环机组实现"双投"，该项目是江苏南通市"十二五"节能减排规划的重点项目。

2016 年，华电江苏公司被江苏省委授予 2011～2015 年普法工作先进单位，所属句容发电厂荣获 2016 年度全国电力行业思想政治工作优秀单位称号，所属戚墅堰发电公司企业文化成果《戚电公司掌上"微"媒体 构建企业文化"新"形态》获 2015 年度电力行业企业文化优秀成果二等奖。

（张文星）

【浙江省能源集团有限公司】

企业概况 浙江省能源集团有限公司（简称浙能集团）成立于 2001 年 2 月。

截至 2016 年底，浙能集团资产总额达 1805 亿元，所有者权益 1000 亿元，分别比 2015 年增长 0.50% 和 5.44%。2016 年营业收入 662 亿元，利润 116 亿元。

浙能集团自成立 16 年来，累计实现利润总额 971 亿元；为浙江省提供电力 13 521 亿 kWh，其中浙江省统调发电量为 12 438 亿 kWh，占全省统调发电量的 52%；销售煤炭 6.04 亿 t，约占全省电煤需求量的

40%；供应天然气 451 亿 m³，占全省管输天然气的 100%。控股管理电厂平均供电煤耗降到 297.56g/kWh。

电力产业：截至 2016 年底，浙能集团控股管理发电装机容量 3125.81 万 kW，其中在省内的统调装机容量为 2797.06 万 kW，占全省统调装机容量的 48.93%；年发电量 1201.32 亿 kWh，其中在省内的统调发电量为 1079.42 亿 kWh，占全省统调发电量的 50.78%。60 万 kW 及以上煤电机组占煤电总装机的 76.28%，完成所有煤机脱硫、脱硝改造，率先实现超低排放，拥有省内第二大水电站。煤炭产业：2016 年完成煤炭供应 4938 万 t，同比增长 7.53%；投资掌控煤炭资源 40 亿 t；拥有 42 条船舶，海运运力达到 172.51 万 t，2016 年采购约 856 万 t 进口煤，实施煤炭专业化管理，统筹建设配套港口、船舶和储运中心，形成煤炭开采、运输、检测及销售一体化。油气产业：已建成省级天然气管道干线、支线共 13 条 1041km，2016 年完成天然气供应 72.25 亿 m³，占全省天然气消费量的 90%；已建成、管理省级天然气管网 1041km，在建 513.12km；经营城市燃气公司 22 家。可再生能源产业：截至 2016 年底已建成、管理滩坑水电站等 10 座水电站总装机容量 85.146 万 kW，洞头风电场装机容量 1.35 万 kW，生物质发电厂装机容量 6 万 kW，太阳能光伏发电 3.654 万 kW；权益装机容量 128 万 kW；推进大型海上风电项目开发，大力开发"光伏＋水、火、生物质等"多能互补发电项目。能源化工产业：推进煤炭深加工产业发展，研究开发副产品深加工和三废综合利用，延长煤制气产业链。控股建设的新疆伊犁新天煤化工年产 20.6 亿 m³ 煤制天然气的项目已进入调试阶段；探索煤炭分质梯级利用，推进煤炭分质与电厂深度耦合发展模式。能源服务产业：煤机脱硫脱硝率均达到 100%；实现超低排放煤电机组共 40 台、总容量 2410 万 kW，占煤电总装机的 91.74%；取得专利授权 49 项（其中发明专利 11 项），获得软件著作权 2 项；"燃煤机组超低排放关键技术研发及产业化"荣获浙江省科学技术进步一等奖；完成"智能电厂"建设规划方案。金融地产业：拥有资本控股公司、财务公司、融资租赁公司等、房地产公司、资产经营管理公司、国信控股集团公司等 10 家金融机构，管理资产超过 400 亿元人民币；财务公司资金归集率保持在 90%；控股房地产业累计实现销售面积 181 万 m²。

浙能集团共有控股、管理企业近 200 家（2 家 A 股上市公司），其中集团全资、控股管理二级企业（含参股代管）83 家（其中发电企业 37 家）（含均股 4 家，代管的参股子公司 3 家），企业员工 22 424 人（全口径）。"浙能"商标被认定为"浙江省著名商标"。连续 13 年在浙江省政府年度安全生产目标管理责任制考核中，被评为优秀单位。

领导班子
董事长、党委书记：童亚辉
董事、总经理、党委委员：柯吉欣
董事、党委副书记：耿平
董事、副总经理、党委委员：范小宁
纪委书记、党委委员：张荣博
副总经理、党委委员：孙玮恒
副总经理、党委委员：黄伟建
副总经理、党委委员：徐小丰
董事、工会主席、党委委员：许强
总工程师、党委委员：朱松强
党委委员：沈宝国

组织机构　浙能集团本部设有 16 个职能部门。共有控股管理二级企业 76 家，均股 4 家。代为管理的参股子公司 3 家，三级、四级企业总共约 126 家。

企业管理（公司战略）　发展思路创新。形成《浙能集团创新发展和体制机制改革方案》，确立"能源立业、科技兴业、金融富业、海外创业"的改革发展新思路。管理体制创新。浙能资本控股有限公司挂牌成立，出资 25 亿元参与国同基金。完善各产业板块管控模式，形成《关于强化所属企业投资与经营主体责任的若干意见》。

运营机制创新。完善经营考核机制和薪酬激励约束机制，形成市场化业务激励机制建设的指导意见。应对电力体制改革，完成年度两轮直供竞价，完成具有售电业务的综合能源服务公司架构等各项筹备工作。开展集团检修体制改革研究，整合既有检修资源，完成组建独立运营检修公司改革方案设计。启动第二轮资产证券化工作，推进浙能燃气 IPO，启动研究可再生能源板块上市工作。完成省海港集团资产划转扫尾工作。推进长广集团产业融合，牛头山矿区资产整体移交地方工作方案已上报省国资委和省政府。

持续推进管理体系建设。推进公司管理合法化、有序化、规范化运作，新增制度 6 项，修订制度 7 项，总部规章制度和管理标准总数达 336 项。修订完善《所属企业经营责任制考核办法》《价格管理办法》，调整优化考核指标，建立内部价格管理体系。制订《浙能集团不动产管理办法》，按照监事会专项检查要求，推进问题整改落实。推进依法治企，继续推行权力清单，各板块公司及集团直管企业已全部完成权力清单的审核与批复。强化法律风险管控，共排查出法律风险点 263 项，并提出 730 项应对措施。

安全生产　全年平均机组非计划停运次数 0.32 次/台，同比基本持平，机组平均等效强迫停运率为 0.1%，同比减少 0.02 个百分点。4 台次机组荣登全国可靠性优胜机组榜单，集团管理机组获得金牌（A级）总台数达 37 台。完成全部 237 项天然气管道隐患整改工作；修订完成《安全生产责任制考核管理办法》，编制完成《防范生产安全重特大事故工作措施》，建立隐患排查和风险管控双重预防机制；建立安全业绩记录档案；将安全稽查队设定为常设机构，推行安全生产稽查新机制，全年共发出各类安全稽查整改通知书 29 份、整改项目 184 项，均完成整改；加强外包项目管理，制定 21 条具体措施；推进集团班组标准化建设顶层设计，并在 3 家企业试点；组织专项大检查。

经营管理 全年实现销售收入 659.83 亿元，实现利润总额 115.5 亿元。截至 2016 年底，资产总额达 1805 亿元，所有者权益 1000 亿元，资产负债率 44.58%。全年完成发电量 1201 亿 kWh，完成煤炭供应 4938 万 t，天然气供应 72.25 亿 m^3（含代输），同比分别增长 10.35%、7.62% 和 10.7%。

加强市场营销和价格管理。省内煤机完成年度发电量计划 106.29%，超发电量 59.92 亿 kWh。水电超发 7.2 亿 kWh。天然气全年销售气量同比增加 7.49 亿 m^3，市场占有率（剔除燃机发电用气和代输）较 2015 年增加 4.2%。科服板块市场化业务得到拓展。

稳步推进提质增效。单位发电综合成本下降 1.01 分，节约燃料成本 2.8 亿元；挖掘煤炭掺烧经济潜力，开展低热、高硫、进口煤的混配掺烧；充分利用国内及国际市场开展集约化采购，全年煤炭综合采购价格控制在 471 元/t；抢抓市场波段机遇，提高海运船舶运输效率；大幅降低各气源采购成本，全年平均采购价格控制在 2.09 元/m^3。整改"僵尸企业"、亏损企业和不良资产，完成资产和股权处置成交金额近 5 亿元。全面实施第二轮"五个必审"，全年共实施审计 140 余项，核减工程投资约 9100 万元。做好"营改增"税收抵减，多取得增值税进项 2.3 亿元。加强招投标统一规范管理，浙能集团集中采购率 58.3%。四项管理费用下降 885 万元。

资金管理收益明显。全年落实项目固贷合同 75.4 亿元，提款 37.8 亿元，滚动发行 9 期超短融共 130 亿元，全年平均融资成本控制在 4.22%，节约财务成本 3.5 亿元。继续保持较高信用评级，财务公司平均资金归集率 92.7%，集中代理支付上线单位已达 143 家。

电力建设

（1）项目投产。

浙能阿克苏纺织工业城热电厂 1 号机组：项目地址位于新疆阿克苏纺织工业城南工业园内，是浙江省最大的产业援疆项目。项目建设 2×350MW 超临界燃煤直接空冷双抽热电联产机组和配套供热管网，并建设配套高效的烟气脱硫、脱硝、除尘及烟气超低排放等多项环保设施，是新疆最环保的火力发电机组。总投资约 33 亿元。工程于 2015 年 1 月 13 日获新疆维吾尔自治区政府核准，2015 年 3 月 28 日浇筑第一方混凝土。2016 年 12 月 31 日 12 时，浙能阿克苏纺织工业城热电厂 1 号机组通过 168h 试运后正式投产发电。项目建成后将具备每小时 700t 供工业蒸汽能力和 400 万 m^2 的供暖能力，并将集园区配套、城市供热、节能减排、空冷节水、中水回用、淘汰污染严重和工艺落后产能等多重功能与价值于一体，逐步取代并推动关停阿克苏工业园区周边 126 台高耗能、高污染的小锅炉。

浙能松阳地面光伏电站工程：地处浙江省丽水市松阳县，是 2016 年浙江省扩大有效投资的重点光伏项目之一，是浙江省丽水市最大的地面光伏电站，也是浙能第一个大型地面光伏电站。项目建设规模 35MW，总投资约 2.62 亿元。工程于 2014 年 12 月 18 日获得浙江省发展改革委出具的服务联系单，2016 年 1 月 8 日正式开工建设，2016 年 6 月 28 日完成并网发电。

（2）项目开工。

绍兴滨海热电厂二期扩建工程：工程位于浙江省绍兴市滨海工业园区，动态投资 30.94 亿元，建设 4 台 5 万 kW 背压供热机组，将为周边印染企业提供包括中压蒸汽在内的热力蒸汽，供应能力可达 1300t/h。该工程于 2016 年 4 月 28 日主厂房浇筑第一方混凝土，项目正式开工。

浙能德清天然气分布式能源项目：2016 年 7 月 28 日，由浙能集团全资投建的浙能德清天然气分布式能源项目正式开工建设。这是浙能集团首个天然气分布式能源项目，也是浙江省首个启动建设的大容量天然气分布式能源项目。该项目位于浙江省德清县经济开发区，是中国联通德清数据中心的配套工程，将以冷、电联供的方式，为数据中心提供能源服务。项目占地面积约 33 亩，概算总投资约 5 亿元。系统总装机规模约 38.7MW，由 9 台 4300kW 级燃气内燃机发电机组组成，并通过烟气余热利用，配套 9 台 4652kW 级烟气-热水溴化锂机组制冷，同时备用 9 台 4571kW 级离心式电制冷冷水机组，并配置 11 台 1800kW 级应急柴油发电机。系统设计年供电 2.1 亿 kWh，供冷 2.4 亿 kWh，消耗天然气 5485 万 m^3，能源综合利用效率高达 86%。该项目的投建，开创了国内通信运营商大型数据中心应用分布式能源的先河。

科技创新 "燃煤机组超低排放关键技术研发及产业化"荣获浙江省科学技术进步一等奖。全年获专利授权 49 项，其中发明专利 11 项，获得软件著作权 2 项。完成"智能电厂"建设规划方案。推广实施汽轮机通流改造，大力开展脱硫废水、超低排放优化运行等节能环保技术自主研发。跟踪调研储能、光伏发电、燃料电池、氢能等前沿技术。由浙能技术研究院和浙江大学自主研发的脱硫废水烟气干化装置在浙能长兴电厂正式试运,属国内首创。

国际业务 全年跟踪分析海外项目 20 余个,其中孟加拉项目、巴西项目、越南项目已开展前期研究工作。参与多个大型项目投资、并购研究工作。

信息化建设 全面推进"ZN163"信息化工程,完成浙能集团本部、电力股份及所属电厂共 39 家单位的 ERP 平稳上线运行,上线标准岗位达 12 546 个,每月集成财务凭证 22 940 张,集成率达 85.9%。完成合同管理信息系统在电力板块的实施,实现集团各类经济合同全口径管理。完成安健环及技术管理系统 6 家试点单位的试运行上线工作。完成全面预算管理系统项目二期,实现集团近 200 家单位年度预算和滚动预测。初步建立集团信息运维体系。

文化工作 丰富浙能文化,提升企业品牌形象。打造"浙能文化讲坛",建设浙能网上党校平台。深化"善美"行动,全年共开展志愿服务和各类爱心公益活动 483 次,参与党团员达 4000 多人次。做好"三名"培育,第 40 类的"浙能"商标获得了杭州市政府专项财政奖励。工会组织深入推进职工素质工程,获全国电力行业技术能手荣誉称号 1 人、全国电力行业优秀选手 2 人;推进"工人先锋号"建设,16 个基层班组、收费所、场站等获评省部属企事业第二批"工人先锋号"。共青团组织引领团员青年全年参与创建青年文明号集体 177 个、青年安全生产示范岗 146 个,开展青年突击队活动 331 次、青年志愿者服务 332 次。

节能减排 全年完成 15 台机组超低排放改造。已实现超低排放煤电机组总容量 2367 万 kW,占煤电总装机的 94.75%,60 万 kW 及以上机组全部实现超低排放。2016 年单位电量二氧化硫、氮氧化物、烟尘排放量分别同比下降 51.28%、30.84%、51.52%。燃煤机组平均供电煤耗同比降低 4g/kWh,首次低于 300g/kWh。全年对外供热 1074 万 t,4 台机组增效扩容改造增加发电装机容量 20 万 kW。由浙能技术研究院和浙江大学自主研发的脱硫废水烟气干化装置在长兴电厂正式试运,属国内首创。

队伍建设 牢牢把握党管干部、党管人才原则,规范选人用人工作,全年共提拔任职 46 人,交流 89 人。严格执行领导人员管理制度,强化日常履职监督。开展人事档案专项整治,严格核查党员身份信息,逐一审核 367 卷干部档案。起草《后备领导人员管理办法》修订稿。启动新一轮次领导人员轮训工作,完成三批 40 名 80 后挂职年轻干部的考核工作。全年系统内人才调配 296 人。编制完成"十三五"人力资源规划。完成首次管理、技术、技能人才评选工作。

党建工作 全面贯彻从严治党要求,切实增强"四种意识"。坚持领导带头,集团党委班子成员讲党课促学贯,二级企业党委书记讲党课促认知,基层党支部书记讲党课促深入,"支部书记讲师团"讲党课促共鸣,全方位深入推进"两学一做"学习教育,全系统党组织负责人共计讲党课 840 多次。加强"两学一做"宣传营造氛围,专题网页刊发各类新闻报道及学习资料 812 篇。拟定集团党委班子成员党建工作责任清单,确保党委书记党建工作第一责任及班子成员"双岗双责"任务清晰,履行到位。开展集团和板块公司两级督查,推进立查立改。

对标查缺促进党建规范管理,优化提升党建业务。形成党建制度废改立目录,拟定下发《党建工作创新奖、党建工作示范点评选管理办法》等 4 项制度。编撰《浙能党建工作法》,累计提炼出党建经验 11 个篇目、108 个基层党建工作法。全面摸排整改,对集团系统党员档案、党籍及党性意识"大体检",分类分步有序地完成基层党组织换届工作。重视发展党员质量,全面实施指标管理。浙江浙能嘉兴(嘉华)发电有限公司党委荣获全国先进基层党组织称号,浙能集团系统 2 名党支部书记、5 名党员荣获浙江省"千名好支书""万名好党员"称号。

主要事件

1 月 4 日,浙江省绍兴地区最大的电源点,以浙能滨海热电二期工程为代表的"十三五"扩大有效投资重点项目建设全面开工。

3 月 14 日,浙能集团与中国电建集团华东勘测设计研究院签订战略合作协议,双方将在国内、国际可再生能源领域深入开展项目合作。

5 月 20 日,浙能集团与中核建集团签署战略合作框架协议,双方将在浙江省内共同投资开发建设高温气冷堆核电项目。

5 月 27 日,浙江省内首个燃煤电厂陆海风电项目浙能嘉兴 1 号海上风电场项目正式启动,并进入测风阶段。

6 月 16 日,浙能集团、温州市工业投资集团与洞头区人民政府再次就洞头大小门岛热电联产项目开发签订三方合作框架协议。

6 月 23 日,浙能集团"基于 C&S 技术的集团级发电设备故障预警与优化系统的研究应用"项目被评选为 2016 中国智慧电厂创新成果。

6 月 24 日,在 2016 年电力可靠性发布会上,浙能集团共有 4 台燃煤机组在全国燃煤机组可靠性指标排序中名列榜单。

6 月 28 日,浙能松阳地面光伏电站工程投产发电。

7月28日，浙能德清天然气分布式能源项目正式开工建设。

8月15日，浙能技术研究院获"省级重点企业研究院"授牌。

8月19日，宣布任命浙能集团领导班子的决定：童亚辉任浙江省能源集团有限公司党委书记、董事长；提名柯吉欣担任浙江省能源集团有限公司总经理；由于年龄原因，免去吴国潮的浙江省能源集团有限公司党委书记、董事长职务。

9月19日，浙能集团在镇江召开创新发展和管理体制改革会议，提出"四业"发展理念。

11月4日，浙能集团在江西省南昌市与江西省能源集团签订战略合作框架协议，双方将在能源（电力）、综合能源服务、新能源产业、能源金融等领域展开合作，实现优势互补、资源共享、合作发展。

11月11日，嘉兴发电厂广陈水泵房100kW分布式光伏发电项目正式并网发电。

11月下旬，由浙能集团、浙江大学、天地公司和技术研究院联合申报的"燃煤机组超低排放关键技术研发及产业化"项目荣获2016年度浙江省科学技术进步奖一等奖。

12月6日，浙能集团全资成立的浙能资本控股有限公司揭牌成立。

12月19日上午，江西省赣浙能源有限公司召开一届一次股东大会暨一届一次董事会、一届一次监事会。至此，赣浙能源有限公司正式开始运作。会议签署《江西省赣浙能源有限公司投资合作协议书》及《江西省赣浙能源有限公司章程》，同时选举产生了第一届董事会董事和监事会监事。江西省赣浙能源有限公司注册资本30亿元，由浙江省能源集团有限公司与江西省能源集团公司分别以49％和51％的比例共同出资设立。

12月21日，浙能嘉兴发电厂1号燃煤发电机组实现污染物超低排放。至此，浙能集团实现污染物超低排放机组的比例高达90％，达2367万kW，继续走在全国发电企业行业前列。这也标志浙能嘉兴发电厂8台共530万kW机组烟气超低排放改造工程全面建成投产。

12月31日12时，浙江省最大的产业援疆项目——浙能阿克苏纺织工业城热电厂1号机组通过168h试运后正式投产发电。

（罗旭杰）

【神皖能源有限责任公司】

企业概况 神皖能源有限责任公司（简称神皖能源公司）是中国神华能源股份有限公司控股子公司，由中国神华能源股份有限公司与安徽省能源集团有限公司按照51％∶49％的股权比例出资组建。2011年7月8日正式注册成立，经营范围涉及电力及附属产品的开发、煤炭销售、港口和码头开发、铁路建设及运营，以及能源技术开发、转让与研究等。

截至2016年底，全资拥有安徽安庆皖江发电有限责任公司（简称安庆皖江公司）、安徽马鞍山万能达发电有限责任公司（简称马鞍山万能达公司）、安徽池州九华发电有限公司（简称池州九华公司）3个已运营的发电企业和神皖合肥庐江发电有限责任公司（简称神皖庐江公司）1家新建项目公司；已运营火力发电机组10台，总装机容量460万kW，在建机组装机容量132万kW，已运营火电装机容量居安徽省第二位；资产总额134.98亿元；在册员工1246人。

2016年，发电量214.77亿kWh，利润总额10.40亿元，经济增加值4亿元，供电煤耗299.95g/kWh，安全生产"零事故、零伤害、零污染"。完成全部10台机组"超低排放"改造，成为神华集团和安徽省首家全部机组实现"超低排放"的发电企业。连续第4年获评神华集团年度"五型企业"绩效考评A级单位，连续第4年获评神华集团"安康杯"竞赛优胜单位，荣获2016年度"神华集团提质增效工作先进单位"，荣获2016年度安徽省"省直文明单位"，获评2016年度电力行业AAA级信用企业（最高等级）。

领导班子

董事长、党委书记：何成江

总经理、党委副书记：方世清

副总经理：陈治龙

副总经理、财务总监：李昌

党委副书记、工会主席、纪委书记：宿旭

副总经理：俞民

副总经理：王兴中

组织机构 本部机关共设九部一室和一个直属机构。职能部门：安全生产部、计划经营部、工程管理部、财务产权部、战略发展部、党建工作部、人力资源部、纪检监察部、内部控制部、综合办公室。直属机构：燃料中心。

企业管理 制定《神皖能源公司2017～2019年滚动规划》，确定"以神华集团公司'1245'清洁能源发展战略为指导，努力建成区域内最具影响力和竞争力的世界一流绿色能源企业"的发展战略。

启动完善法人治理工作，完善现代企业管理制度，强化依法治企。各个子公司均设立董事会、监事会，初步建立基本的运作机制。结合完善法人治理工作，梳理出党委会、总经理常务会、职工代表大会等5大类会议议案管理清单，明确界定各类决策会议决策范围、决策事项、决策权限。组织开展关键业务领域的专题分析工作与重点管理事项及母子公司职责梳理工作，根据业务走向合理分配工作职能。修订完善《制度管理办法》《采购管理规定》等30余项制度。

人力资源 制定实施《神皖能源有限责任公司中层领导人员管理办法》，实现中层干部从选拔任用到调整退出职务周期全过程规范化管理。完善薪酬分配制度，将年度工资与效益、劳动生产率指标联动，薪酬激励功能得到提高。优化企业内部用工管理，以合同管理为核心、以岗位管理为基础的市场化用工制度得到推行。

加大人才开发工作力度，全年新增技师12人、高（中）级工83人、教授级高工1人、高级工程师1人、工程师11人，员工持证上岗率达98.2%。持续深化推行"小机关、大服务"组织结构与运营模式，推动本部从"运营管控"向"战略管控"转变。

安全生产 全年未发生人身伤害及设备损坏事故，截至12月31日，累计实现安全生产2002天。安全风险预控体系建设继续处于神华集团公司第一方阵，机组非停次数得到有效管控，2台百万机组发生非停2次，创百万级新投机组非停次数最少记录；8台30万kW机组全年仅发生非停2次。面对年初罕见寒潮、夏季特大洪灾等严酷自然灾害，科学组织、沉着应对，完成抗灾保电任务。完成最后3台机组超低排放改造任务。完成9台次计划检修，其中，安庆皖江公司2台百万千瓦机组完成首次B修。

经营管理 随着电改深入推进，基本电政策持续向高效环保机组倾斜，安徽省直供电量提高至400亿kWh，交易电占比达到30%。制定出台《2016年度市场营销及经营绩效专项考核奖励办法》《直供电营销工作指导意见》，强化绩效引导和营销工作体系化管控。

在直供电市场开拓方面，坚持守住存量、开拓增量的工作思路，通过直供电双边交易和平台竞价共计获得直供电量88.67亿kWh，占安徽省直供电总量22.17%，超装机占比5.57个百分点。其中，通过安徽省直供电交易平台竞得直供电24.55亿kWh，占安徽省本年度竞价直供电份额的25%。积极争取政策，获取机组超低排放奖励电量200h，百万千瓦机组节能奖励电量400h，以及30万kW机组供热电量奖励100h，合计增加电量3.8亿kWh，增创利润5800万元。安庆皖江公司通过争取政府支持，使所在地方政府出台政策对与该公司签约的直供电用户给予0.01元/kWh补贴。

参与制定《安徽省直接交易规则》，争取到百万千瓦机组限额系数由初稿的1.5提高至1.7，仅此可增加直供电量限额8亿kWh；百万千瓦机组扣减容量系数由2016年的1降至0.85，减少扣减基本电量5亿kWh。与周边电厂积极开展替代电合作，成功落实

池州325电厂、皖能铜陵电厂、国电投芜湖电厂三家单位替代电量共计4.94亿kWh。

全年发电214.77亿kWh，全年利用小时达4669h，高于安徽统调火电利用小时232h，市场占有率达105.23%。全年完成利润10.44亿元，连续3年盈利上10亿元。全年实现经济增加值达4.10亿元；实现单位完全成本（剔除单位燃料成本后）80.88元/MWh。

项目建设 神皖庐江公司2×660MW发电机组建设项目取得政府核准文件、土地规划许可证、建设工程规划许可证、施工许可证、工程质量注册等所有必备的支持性文件，以及中国神华投资计划和"开工令"，开工合法合规。项目建设现场"五通一平"工程按开工建设要求加快向前推进。安庆电厂二期两台百万机组扩建项目通过竣工验收，获中国电力优质工程奖。

节能减排 2016年，完成供电煤耗299.95g/kWh，同比下降6.84g/kWh；发电厂用电率为4.36%，同比下降0.36个百分点。其中，百万千瓦机组平均供电煤耗276.95g/kWh。安庆皖江公司1号机组荣获中电联2015年度全国300MW级亚临界纯凝湿冷机组对标竞赛第一名。

2016年6月15日，完成最后1台马鞍山万能达公司4号机组"超低排放"改造。至此，10台机组全部完成"超低排放"改造并通过环保验收、取得电价奖励，成为神华集团和安徽省首家全部机组实现"超低排放"的发电公司，较国家要求提前18个月全面完成任务。全年未发生环保不符合事件，二氧化硫、氮氧化物、烟尘排放达标率均达99%以上，废水排放达标率100%，均超过神华集团污染物排放达标率95%的要求。安庆皖江公司被评为神华集团"2016年度节能环保先进单位"。

科技创新 培育"工匠精神"，营造创新氛围。3个运营子公司均建立劳模创新（技能大师）工作室。池州公司"王清华劳模创新工作室"被命名为神华集团公司劳模创新工作室，6名员工在神华集团公司职工技能大赛中获奖。"无烟煤锅炉改烧神华烟煤技术研究及应用"科技项目获神华集团公司第五届科技进步奖二等奖。以职工姓名命名的2项技术创新成果获安徽省十大职工优秀技术创新成果奖，1名员工获神华集团科技创新先进个人荣誉称号。全年获得专利授权9项。

信息化建设 由神华集团统建的各信息系统运行稳定，本地化信息工作按计划落实。全面落实360防病毒工作。核心网络调整优化项目实施完成并投运，实现办公网络专线的冗余备份。

公司IP台账、MAC地址台账、电话号码台账、

服务器台账、应用系统台账、运维记录台账、网络台账等基础信息台账完善，信息化基础工作扎实。每季度对各子公司开展信息化专项检查，并督促整改存在的问题；每季度对运维台账进行一次分析、梳理，归类问题，寻找解决策略及方案，提高系统稳定性和运维人员工作效率。

党群工作 建立《神皖能源公司落实党风廉政建设主体责任和监督责任体系》，形成"两个责任"任务清单。将"两个责任"融入"五型企业"建设绩效考评内容，有效落实了党风廉政"三同时"的要求。

用好神华集团学习教育平台，积极发动党员参加在线学习，神皖能源公司 425 名党员学习率 100%。各级党委通过党委会、党委中心组学习等形式，把毛泽东同志《党委会的工作方法》纳入学习内容，定期组织专题学习，开展专题研讨，深化学习效果。围绕专题学习研讨，基层党支部每季度组织专题学习研讨，紧密结合个人思想工作生活实际，提高认识，找到差距，明确方向。认真讲好党课，各级领导班子成员、党支部书记结合工作实际，围绕"两学一做"学习教育重点和企业生产经营难点，到基层联系点党支部讲"政治党课""业务党课"和"安全党课"；积极运用信息化手段，定期推送"指尖微课堂"。

健全各子公司纪检监察组织机构，设置纪检监察专职岗位，完善基础性工作和制度，监督执纪工作有序开展。各级纪检监察机构全年开展采购招标监督 111 项，涉及金额近 3.6 亿元。

开展"创先争优"活动，涌现出 3 个公司"先进基层党组织"、10 名公司级"优秀共产党员"和 6 名公司级"优秀党务工作者"。安庆皖江公司获安徽省直工委、神华集团"先进基层党组织"称号，2 名基层员工获神华集团"优秀共产党员"、1 名基层书记荣获神华集团"优秀党务工作者"称号。

工会工作 召开第一次工会会员代表大会，健全公司工会组织，规范工会决策机制，围绕生产经营工作开展各类活动。荣获神华集团公司 2016 年度"安康杯"竞赛优胜单位，池州九华公司、马鞍山万能达公司获得全国"安康杯"竞赛优胜单位，安庆皖江公司发电部 1 期 5 值荣获全国"工人先锋号"称号。

（张 递）

【神华（福建）能源有限责任公司】

企业概况 神华（福建）能源有限责任公司（简称神华福建能源公司）是神华集团的全资子公司，主要负责神华集团在福建省的能源项目开发及运营管理，范围涉及电力、煤炭、港口、铁路、粉煤灰提取氧化铝综合利用等多个领域的开发、生产和销售。

领导班子
董事长、党委书记：吴优福
总经理、党委副书记：赵世斌
副总经理：董飞、魏星、李富军
党委副书记、纪委书记、工会主席：何文强
副总经理、财务总监：刘科明

组织机构 本部设 10 个部门、1 个直属机构；下辖全资、控股企业 7 家，资产总额 135.64 亿元。其中运营电厂 4 家，装机容量 324 万 kW；在建电厂 1 家，装机容量 200 万 kW；员工总数 1055 人。

人力资源 对中层干部及后备干部联合培训 12 次，对全部 45 名中层干部进行轮训，同时全面启动实施人才"双百工程"，首批确定 88 名人选，建立内部"专家"机制，组建锅炉专业等 6 个专家小组，首批确定 31 名人选。

经营管理 一是完善营销管理体系。公司层面成立了营销中心，全面负责电力市场营销；各发电公司加强营销专业化建设，充实人员，修订制度；营销工作采用统一管理、分级负责的方式。二是争量保价。以电力直接交易为抓手开拓市场，全公司市场占有率达 108%。统一策划，制定"量价兼顾"的策略，主动出击抢客户。鸿电、雁电与 17 家电力用户成交发电量 29.83 亿 kWh，均拿满了限额，比省内平均少降 0.58 分/kWh，增加电量计划 13.5 亿 kWh。加强与省内发电企业沟通协调，在替代 LNG 和送华东等交易中做到基本按容量分配电量，兼顾价格。三是实现政策突破。通过积极协调，首次打破省内替代规则限制，实现关停电量内部全额替代。鸿山电厂全额取得内部替代电量 21 亿 kWh，并争取到对外替代 2.4 亿 kWh。

生产运行 严格隐患分级管控，持续开展隐患排查和治理，年初确定雁电"一期灰场灰堆溜坡隐患"和"6 号锅炉主蒸汽管道硬度值偏低"、鸿电"UPS 系统可靠性低易导致供电暂时中断"和"P92 管材焊口缺陷"等 4 项管控隐患，已完成雁电公司 2 项。鸿电制定锅炉 P92 焊缝缺陷重大隐患的分级分批治理和 UPS 设备更换治理方案，并按计划推进落实隐患整改。全年共投入 1.53 亿元实施重大技术改造 8 项、重大修理 3 项。实施 A 级检修 2 台次，临修 7 台次，雁电机组全年无非停，鸿电 4 号机组长周期运行超 370 天，机组等效可用系数 97.44%。

基本建设 2016 年基本建设项目 1 个，即罗源湾港储电一体化项目 2 台 100 万 kW 级超超临界燃煤发电机组工程。截至 12 月底，累计完成投资 312 635 万元，累计完成电厂项目总投资的 46%。在技术创新方面取得成果，获取 3 项专利：5 月 10 日，"小旁路系统""化学多参数在线监测仪表"和"双风源贴壁风系统以及包括该双风源贴壁风系统的锅炉"3 个项目，获得国家知识产权局颁发的实用新型专利授权证书。

安全生产 推进本安体系建设，安全生产各项指标全部完成，基建和生产实现零事故，人身"零伤害"、消防"零火险"、环保"零事件"，雁电实现"零非停"。雁电被评为集团本安体系评审二级单位，各单位本安体系建设全部三级达标。吸取 11·24 江西丰城电厂等人身伤亡事故等事故教训，组织开展专项检查 15 次，全面推行标准化检查，检查问题 1055 项，全部监督闭环。开展春秋检、节能环保改造、安全大检查回头看等安全专项行动 8 次，共排查隐患 3771 项。全年完成重大技术改造 8 项，共计投入 1.5 亿元；完成重大修理 3 项，共计投入 330 万元。组织防台防汛现场检查 3 次，各单位累计开展防台防汛自查 28 次，发现问题 411 项，全部监督闭环。针对抗台工作启动二级响应 2 次，开展现场督查 3 次，检查防台隐患 31 项，立查立改，强台风正面登陆未对公司安全生产造成重大影响。推广应用 4G 高清视频监控系统，强化不安全行为管控，持续开展反"三违"专项行动，加大三违惩处力度和警示教育，共查处"三违"事件 164 起，同比减少 342 起，规范从业人员的行为，节能改造及等级检修现场安全全面受控。全年开展新安全法培训、承包商安全管理培训等专项培训 38 项，1855 人次，4628 学时。安全月组织涵盖承包商的 869 人次参加风险预控体系和安规考试；鸿电胡昌盛等 8 人受到集团第十五届职工技能大赛表彰。

环境保护与节能减排 落实神华集团"1245"清洁能源发展战略，制订并实施节能减排升级改造行动计划。年度供电煤耗 304.93g/kWh，同比下降 12.52g/kWh。鸿电经过机组投产一年多来基建遗留缺陷的全面治理和节能挖潜工作的持续开展，供电煤耗较投产初期下降了 10～12g/kWh，3、4 号机组 THA 工况供电煤耗均低于 285g/kWh。晋电持续开拓热力市场，热电联产节能优势凸显，供电煤耗同比下降 13.55g/kWh。雁电针对炉外脱硫改造后厂用电率偏高的问题，优化工艺流程改造，引风机耗电率下降 0.65 个百分点。

推进机组超低排放和节能升级改造。通过环保改造，300MW 以上机组全部实现超低排放，晋电 2×50MW 机组 NO_x 排放浓度也达到了 $50mg/m^3$ 的超低排放水平。出台《环境守法导则》，完善环境监察体系。

科技创新 加大科技创新投入，集团级项目立项 3 项，预算经费 1232 万元；公司级项目立项 4 项，预算经费 257 万元；厂级科技项目立项 5 项，预算经费 105 万元。全年完成科技投入 368.69 万元，投入强度 0.113％。

取得神华福建公司成立以来首项发明专利，全年完成专利申请 15 项（其中发明专利 5 项），授权专利 10 项（其中发明专利 3 项）。

《超超临界机组新材料 P92 焊缝微裂纹检测修复关键技术研究及应用》获得福州市科技进步三等奖，《百万机组汽轮机 ETS 功能安全评估及应用》获得神华集团科技进步奖三等奖。《大型燃煤电站数字化、一体化控制系统关键技术的研究及工程应用》通过中国电机工程学会成果鉴定。获评神华集团专利之星、科技创新先进各 1 人。

信息化建设 2016 年，信息化投入 959 万元，其中资本化投资 207 万元，运维费用 752 万元，信息化项目完成率达 100％。完成鸿电生产和内控管理制度工作流及移动办公平台建设，补充实现 111 个管理流程；开发上线鸿电 PI 实时数据库 SVG 平台，实现对设备运行状态的高效诊断分析；开发机组对标管理系统，实现机组与设计指标、历史寻优指标、外部同类型机组指标的对标。生产设备管理及业务融合项目研究与应用获得中电联电力行业信息化成果奖三等奖。

党群工作

（1）党建工作。搭建党员创新工作室、党员素质业绩双提升"两个平台"，推进基层党组织"三级标准化建设"，全面推进思想、组织、作风、反腐倡廉和制度"五大建设"。截至 2016 年底，共有 332 名党员，设立 4 个基层党委，17 个基层党支部，5 个本部直属党支部；专职党务工作者 22 名，兼职党务工作者 36 名；2016 年发展新党员 2 名；公司党委对党建制度进行全面修编，共修编党建制度 24 项；组织表彰了 5 个先进基层党组织、12 名优秀党员、6 名优秀党务工作者。

推进"两学一做"学习教育活动，党委中心组集体学习 8 次，领导班子成员均带头讲党课，并深入基层联系点、支部调研授课；公司及所属各单位围绕"学党章党规、学系列讲话、做合格党员"开展专题讨论，提交心得体会 200 余篇；开展"讲一次党课、开展一次表彰活动、实施一次知识测评、开展一次特色活动、献一次爱心"的"五个一"系列活动；全体党员利用集团党建信息化综合管理平台、ishenhua 等手机平台全员参与学习。

（2）纪检监察工作。聚焦监督执纪问责主业，强化"两个责任"落实，创新"一岗双责"履行方式，分级履行责任内容。全年开展各级党员干部廉政教育 540 余人次，受教育率达 100％。制定修订纪检监察相关制度 13 项，扎紧织密制度笼子。狠抓作风建设，发布廉洁过节通知 3 次，开展监督检查 4 次，对 2 起违反中央八项规定精神的典型案例进行了通报。强化重点领域和关键环节进行监督，对"三重一大"决策事项执行情况进行了监督；严把选人用人廉洁关，对本部3名中层拟提拔党局干部提出党风廉政意见。开展招标监督160余项，涉及金额4.53亿元，现场纠正问题13起。对4件问题线索进行了处置，到期结案率100%，其中给予1名中层干部党内严重警告处分。完成集团巡视整改，开展内部巡察工作，内部巡察发现问题集中整改率达86.9%。落实"三个为主"，配齐平配全纪检专兼职人员，年底人数达到23人，年底对组织纪委书记述职考评，考核结果与薪酬绩效挂钩。

（3）企业文化与宣传工作。充分利用内、外宣两个平台，突出形势任务教育、生产经营成果报道、先进事迹宣传、弘扬先进企业文化四个重点，全年累计发表深度文章、专题文章近40余篇，开辟"我身边的共产党员""一先两优""青年岗位能手""节日我在岗"等栏目。被中国电力报评为"优秀通讯站"。组织对机关本部、部分二级单位进行访谈、调查问卷，形成《企业文化调研报告》《员工满意度报告》和《员工敬业度报告》和《企业文化理念体系（初稿）》四个报告。

工会工作　组织召开一届一次职工代表大会；组织开展"安康杯"竞赛活动，荣获神华集团2016年度"安康杯"竞赛优胜单位称号；推进提案改善活动；开展新春联欢会、演讲比赛、摄影培训采风等多项职工文体活动；开展为职工"送祝福"系列活动；定期组织对困难职工进行慰问。龙电和罗源湾港电分别荣获福建省"工人先锋号"命名；龙电技术成果获福建省2016年百万职工"五小"创新大赛三等奖；晋电获晋江市总工会"职工书屋"示范点命名。

共青团工作　组织开展青年文明号创建、"青创杯"等活动，组织多个单位开展青年文明号"一号助一家"送温暖、献爱心活动，开展"农业精准扶贫"等活动。

（黄　铮）

华 中 地 区

【国家能源局华中监管局】

基本情况　国家能源局华中监管局（简称华中能源监管局）是国家能源局在华中区域的派出机构，接受国家能源局的垂直领导，依据国家能源局的授权履行区域电力等能源行政执法职能。

经中编办批准，原华中电监局于2013年11月更名为华中能源监管局（2014年1月正式挂牌），设于武汉市，主要负责湖北、江西、重庆、西藏四省（市、区）的电力等能源监管工作。

领导班子
党组书记、局长：罗毅芳
党组成员、副局长：银车来

主要工作
（1）监管工作。

1）开展电力防汛抗旱检查。重点对长江电力公司、国网湖北省电力公司、重庆江口水电站、重庆市电力公司、江西东津发电公司、西藏尼洋河公司多布电站等单位进行现场检查，及时约谈江西柘林电站，确保其应急预案不完善等隐患整改落实到位。

2）强化电网风险管控。参加电力调度会及日常检查排查，挂牌督办督促整改发现的隐患；开展500kV鄂渝联络线滑坡隐患治理工作；现场督导输电通道隐患排查治理；组织开展并网电厂涉网安全检查和督查；挂牌督办南昌电厂升压站II级重大隐患整改到位。

3）落实安全重点专项监管。完成电力监控系统安全防护专项督查，燃煤电厂超低排放和节能环保改造施工安全监管以及工程建设项目及工程质量专项检查监管。

4）加强协同专项监管。加强和地方能源部门工作联系，深入推进协同监管，联动开展煤电项目规划建设情况专项监管和湖北省电力调度交易与市场秩序专项监管；按照大气污染防治成品油质量升级行动计划工作要求，协同完成2016年成品油质量升级专项监管；会同华中电网公司共同确保华中区域迎峰度冬期间电力可靠供应。

5）引导清洁能源消纳利用。加强流域水电优化调度；积极协调清洁能源跨省跨区交易和电网运行方式安排；召开乌江、嘉陵江水电站优化调度协调会；推进清洁能源跨区消纳和跨区风火替代交易工作。消纳湖南省富余水电12.3亿kWh，消纳四川、重庆富余水电21.5亿kWh，消纳新疆风电9.4亿kWh，消纳青海光伏0.5亿kWh。

6）确保人民群众满意用电。抓好用户受电工程市场监管、供电服务监管、春节期间居民用电保障专项检查以及信息公开机制建设和投诉举报处理工作。

发布 2015 年鄂渝赣三省的供电监管报告。

（2）重点工作。

1）强化应急响应。7月5日，江西省九江地区暴雨导致沙城变电站 220kV 高压设备部分坍塌，危及京九铁路，华中能源监管局配合国家能源局连夜赶赴灾害现场，协调有关部门指导应急抢修工作。8月22日，重庆 110kV 苗儿石、滨河 2 座变电站停电，影响供电客户约 1.8 万户，华中能源监管局第一时间由局领导连夜带队到事故现场指导应急抢修工作，要求加强对隐患排查治理力度，确保电力安全可靠供应。

2）完善项目研究。与国家能源局大坝安全监察中心共同承担完成的《水电站大坝运行安全监管机制研究》项目通过评审验收。

3）推进电力市场建设。组织召开华中区域电力市场管理委员会筹建工作座谈会；参与制定重庆市社会资本投资配电业务办法等规则，为企业宣讲售电侧改革文件，宣传相关政策，培育市场主体。参与并完成江西、重庆输配电定价成本监审工作。参与地方电力直接交易，出台《湖北省电力用户与发电企业直接交易管理暂行办法》《关于湖北省 2016 年电力直接交易竞争电价有关问题的通知》。

4）深入推进"放管服"改革。简化电力企业"购售电合同"和"并网调度协议"备案方式；取消新建机组进入商业运营审批；督促电力企业规范新建机组进入商业运营行为。简化许可要求，优化规范流程，升级改造公共服务平台和内网审批系统；全面推进许可工作标准化；豁免发电业务许可证政策、简化新能源及能源综合利用企业发电业务许可证申请资料、取消承装（修、试）电力设施许可证专项审计报告。

【国家能源局河南监管办公室】

基本情况 国家能源局河南监管办公室（简称河南能源监管办）是国家能源局派驻河南省的监管机构。

领导班子

党组书记、专员：王笃奎

党组成员、巡视员：葛才胜

党组成员、副专员：沈军

组织机构 内设综合、市场监管、行业监管、电力安全监管、资质管理、稽查等 6 个处。

主要工作

（1）电力安全监管工作。河南省电力行业未发生较大以上人身伤亡事故、未发生较大以上电力安全事故和电力设备事故，全省电力安全生产形势保持稳定局面。明确安全生产工作目标，落实安全生产责任制，要求全省电力企业严格落实安全生产主体责任和安全生产第一责任人责任，完善安全生产责任目标考核体系。做好安全生产隐患排查和重要电力设施隐患排查治理工作，组织全省电力企业开展引进型机组设备隐患排查工作。落实省政府安委办督办通知，针对贮灰场安全评估开展不平衡情况监管约谈相关企业，推进相关工作的开展。采取双随机方式，组织开展电力安全生产大检查，督促安全工作部署和安全措施落实到位，确保重要时期供电安全。

（2）电力市场准入监管。电力业务许可证颁发工作稳步推进，2016 年共批复发、供电业务许可事项 90 家，全省持证发电企业达到 406 家，全省持证输、供电企业达到 134 家；共批复承装（修、试）电力设施许可事项 536 家，全省累计持证企业 1068 家；累计颁发电工进网作业许可证 15 087 个，全省持证电工达到 178 287 人。开展持证企业年度自查及综合评价工作。资质管理信息系统全面运行，取消纸质审批，实现了网上申请、网上审查、网上答复的"阳光许可"。整理完善资质许可档案，全面促进资质业务许可工作管理制度化、规范化、程序化。

（3）电力交易监管。推进大用户直购电工作，交易规则更加规范透明，交易规模持续扩大。2016 全年共成交 269.5 亿 kWh，用户交易电价平均下降 6.05 分/kWh，全年降低企业用电成本 16.3 亿元，共有 54 家发电企业、105 家用户达成交易。做好购售电合同、发电权交易、并网调度协议等备案工作。定期参加省电力公司交易中心组织的联络员会议，及时跟踪掌握交易情况。

（4）价格成本监管。参加河南省输配电价改革领导小组，参与输配电价改革试点方案编写，提出修订意见。关注电力行业财务经营指标变化，定期发布全省电力企业经营情况分析和县级供电企业财务经营情况月度、年度通报。开展电煤预警分析，持续关注煤价上涨和电厂来煤情况，收集电厂到厂煤价、煤量等指标，提前做出预警。迎峰度冬期间，持续关注全国及河南煤炭供应形势和电厂机组缺煤停机状况，对电煤保障提出监管要求。

（5）供电监管。开展用户受电工程市场秩序专项监管、供电"两率"问题监管、迎峰度冬及春节保电监管等工作。完成河南省 110kV 及以下电网供电能力与运营效率情况调研工作，对河南省配电网供电能力与运营效率研究进行了积极探索。开展河南省电源和电网布局与发展问题监管，深入研究目前电源和电网布局与发展方面存在的问题与成因，促进"十三五"期间形成更加合理的电源、电网布局。督促电力企业全面提升供电保障能力，2016 年全年完成农配网投入 214 亿元，供电可靠性和电能质量明显提升。对问题突出和群众反映较多的供电企业采用"四不两直"方式进行现场核查。

（6）节能减排监管。跟进河南省煤电机组超低排放改造工作，以监管促进超低排放改造落到实处，加强厂网沟通，关注重点机组改造进度，确保超低排放改造工作的有序推进。要求电网企业统筹安排机组和电网检修，做好密集检修方式下的发供电平衡和运行方式安排。督导发电企业认真执行检修计划，协调采购、施工、生产关系，保障安全可靠生产。期间多次召开座谈会，赴孟津电厂、国电荥阳、南阳鸭河、漯河、信阳等地发电企业改造现场进行情况调研、问题协调和改造督导，积极为企业解决改造过程中存在的难点问题。全省 138 台 5534 万 kW 机组如期完成改造任务，占全国超低排放改造机组装机总量的 1/6。

（7）电力监管行政执法。加强 12398 投诉举报热线运行管理工作，加大现场调查工作力度，畅通群众投诉举报渠道。2016 年全年，12398 热线共接收有效信息 2511 件，正式受理投诉事项 32 件、举报事项 7 件，对 1 家企业进行了行政处罚。

【国家能源局湖南监管办公室】

基本情况 原国家电力监管委员会华中监管局长沙监管办公室于 2006 年 4 月 26 日挂牌成立（2010 年 8 月更名为国家电力监管委员会湖南省电力监管专员办公室，简称湖南电监办）；机构改革后，国家能源局湖南监管办公室（简称湖南能源监管办）于 2013 年 11 月 1 日挂牌成立。

领导班子

党组书记、专员：夏旭

党组成员、副专员：陈显贵

党组成员、综合处处长：王朝晖

组织机构 下设综合处、市场监管处、行业监管处、电力安全监管处、资质管理处、稽查处。

主要工作

（1）市场监管。

1）参与电力体制改革。借助专业优势，主动承担改革任务。牵头负责电力市场建设工作，研究起草完成湖南电力市场建设方案。

2）完善电力辅助服务补偿机制。推进抽水蓄能专项辅助服务市场建设，与黑麋峰抽水蓄能电厂、湖南大学合作，开展抽水蓄能专项辅助服务市场建设研究，编制完成湖南抽水蓄能专项辅助服务市场建设方案；组织修订"两个细则"，新增火电机组长周期备用辅助服务补偿项目，提高各类有偿辅助服务补偿标准，将新能源纳入考核分摊范围，减轻火电企业辅助服务负担。

3）促进可再生能源消纳。3 月以来，为解决湖南弃水弃风现象严重的问题，一是加强调度监管，督促规范开展应急交易，减少外电送入，争取省内电力送出。二是争取国家能源局支持，向市场监管司报告弃风弃水情况，经协调，减少丰水期鄂湘联络线输入功率，特别困难时期实现功率北送，累计减少弃风弃水电量 11 亿 kWh。三是建立长效机制，编制完成湖南省可再生能源全额保障性收购管理实施细则。

4）强化电网公平无歧视开放监管。制定湖南省新建电源接入电网监管暂行办法实施细则。协调接入电网矛盾，协调解决湖南新华供电公司浏阳 110kV 变电站、中电建郴州江口风电场、国电投郴州汝城风电场、华润新能源九泽水风电场及多个分布式光伏发电项目并网接入事宜。

5）深度参与湖南输配电定价成本监审。全程参与广东省价格成本调查队牵头开展的湖南输配电价成本监审，并独立负责电量核定工作，剔除 30 多亿元的不合理成本。

6）开展执行许可制度情况问题监管。开展供电企业执行许可制度情况自查问题监管，涉及问题企业 121 家，开展新建电源投资开发秩序专项监管。针对大唐攸县电厂擅自变更股权、无资质许可商运问题，督促整改并实施行政处罚。

7）大力开展用户受电工程市场秩序专项监管。开展用户受电工程市场秩序专项监管工作，发现供电公司关联企业垄断用户受电工程外线工程、关联企业收取施工企业工程管理费、直接承揽用户受电工程等典型问题，并对 2 起涉嫌违法违规行为开展立案调查。

（2）行业监管。

1）持续推进电源自建送出工程回购专项监管。责成省电力公司向地方能源管理部门集中申报风电送出工程补充核准，湖南省发展改革委破例补充核准了第二批 9 个风电自建送出工程项目；组织召开第二次回购联席会议，明确回购工作进度要求。

2）深化煤电超低排放节能减排监管。向社会发布湖南省"十二五"电力行业节能减排监管报告；开展湖南省燃煤电厂超低排放和节能改造监管，现场检查改造计划落实情况；开展煤电节能减排管理平台开发建设可行性调研，拟定建设方案。

（3）电力安全监管。

1）开展发电安全专项检查。深刻吸取湖北当阳"8·11"高压蒸汽管道裂爆事故教训，联合省安监局、省质监局开展以压力容器、压力管道安全为主要内容的发电安全专项检查。10 月组成督查组，对 10 家发电企业（含煤电、生物制发电、光伏发电、煤矸石发电）开展专项督查，对督查发现的 113 项主要问题进行全省通报，并对存突出问题的公司开展监管约谈。

2）组织开展电力安全监管执法检查。组织召开启动会议，将 73 家电力企业被纳入执法检查范围。

按照"领导示范检查、专家专项检查、行政执法检查"相结合的工作机制，采取"四不两直"等方式，完成 60 家电力企业执法检查工作，发现违法违规问题 400 余项，下达整改通知书 22 份。

【国家能源局四川监管办公室】

基本情况 国家能源局四川监管办公室（简称四川能源监管办）是国家能源局派驻四川的机构，在原国家电力监管委员会四川电力监管专员办公室基础上设立，于 2013 年 12 月 16 日正式挂牌。

领导班子

党组书记、专员：马军杰

党组成员、副专员：何淑兰

党组成员、副巡视员：高晓楠

组织机构 设综合处、市场监管处、电力安全监管处、行业监管处、资质管理处、稽查处。

主要工作

（1）电力安全监管。2016 年，四川电力行业没有发生重大以上电力人身伤亡事故、电网大面积停电事故、较大电力设备事故，没有发生水电站大坝垮坝、漫坝以及对社会造成重大影响的事件。全年发生电力人身伤亡责任事故 3 起，死亡 5 人。

开展四川电力系统安全风险管理工作，完成四川大面积停电事件应急预案的修编工作。开展安全培训工作，举行培训班 80 余期，培训发电、电建、电网企业相关负责人及安全管理人员 9000 余人，其中发电类 29 期，1800 余人；电网类 26 期，2200 余人；电力建设类 25 期，4000 余人。

开展 2016 年防汛抗旱检查工作，现场发现问题 150 余项，发出现场检查确认书 4 份、现场检查整改通知书 2 份、停工令 2 份、监管整改通知书 3 份，并对相关单位开展监管约谈。开展"防范地质灾害应急演练月"应急演练，已有 80 余家电力企业完成电力安全类相关应急预案评审和备案工作。

2016 年底，全国注册登记水电站大坝 434 座，备案 104 座，其中四川水电站大坝完成注册登记 80 座，约占全国注册登记大坝的 19%，完成备案 48 座，占全国备案大坝的 46%。

开展发电企业同业对标工作，实现在线监管及企业横向对比，规范企业安全管理行为。开展四川发电企业电力行业网络与信息安全自查工作。梳理全省电力行业反恐怖防范重要目标共计 4535 个，完成《全省电力行业反恐怖防范重要目标分布情况表》和《全省电力行业反恐怖防范重要目标基本情况表》。

（2）市场监管。牵头编写的电力市场建设和电力交易机构组建两个监管专项方案的主要内容已纳入《四川省电力体制改革综合试点方案》，上报国家发展改革委、国家能源局并获得批复。

开展四川水电弃水专项调研，提出统筹协调水电和新能源发展规划、适当放缓四川水电开发节奏、释放居民用电潜力、大力发展新兴用电市场、大力推进"电能替代"、加强四川电网局部地区薄弱网架改造等六项措施，并向国家能源局提出给予建立跨省跨区水电消纳保障机制等四个方面政策支持的建议。开展新能源发电并网专项监管，推动新能源发电项目违规建设、并网不规范等问题的解决，促进新能源全额消纳。

建立电力调度协调工作机制，每月定期组织召开四川电力调度协调会，细化四川水电弃水监管措施，缓解四川汛期水电弃水，增强了电力"三公"调度。协调解决电费结算问题，强化电费结算监管。

会同四川省能源局组织开展新建电源项目投资开发秩序专项监管，发布四川省新建水电项目投资开发秩序专项监管报告。对四川省能源主管部门编写的"十三五"能源规划、"十三五"电力规划，合理预测"十三五"期间四川省用电增长情况，并相应调整其他有关数据，适当调整可再生能源比重，压缩风电、光电建设规模等意见。

（3）资质管理。2016 年，颁发发电类电力业务许可证 53 家，办理变更 113 家；颁发供电类电力业务许可证变更 59 家。新颁发承装（修、试）电力设施许可证 81 家；承装（修、试）电力设施许可证许可延续 53 家；办理变更 104 家。颁发电工进网作业许可证 10 820 个。完成续期注册 12 352 个。全面实行网上申请、网上审批、网上监督，加强对企业使用平台的指导和服务。开展两项专项监管，开展现场检查工作。加强电工考试点管理。开展承装（修、试）机具设备标准修订工作。

（4）能源执法。组建供电监管专家库，组织专项监管现场检查专家培训，依托四川省用户受电工程市场信息与监管平台，提高非现场监管能力。对 2 家市级供电企业和 1 家县级供电企业进行立案查处，对"三指定"、不按照规定办理用电业务、违法许可和违规收费等行为予以行政处罚，对乱收费予以清退，并对 3 家供电企业罚款。

搞好闭环监管工作：向受处罚的供电企业下发《责令整改通知书》；向接受供电检查的供电企业下发《关于对供电检查中发现问题的通报》；梳理 2015 年来供电监管中发现的问题；对受处罚企业的整改情况进行核查验收。

根据国家能源局制定的《配网升级改造行动计划》，确定把配网规划、项目立项、项目实施、安全质量管控、资金使用中的违法违规行为作为监管重点，并研究制定《配网升级改造专项监管工作方案》

《配网升级改造专项监管现场检查表》。

创新监管方法：首次在供电专项监管中实行"双随机"，随机抽取现场检查专家，随机选择被检查单位；首次将用户受电工程市场秩序、供电质量服务及信息报送、配电网升级改造等三项专项监管整合开展现场检查；首次在现查检查中对被检查单位领导干部进行询问；首次将现查检查与监管调研相结合。

2016 年，12398 热线共收到有效信息 1511 件，受理投诉举报 76 件，办结 74 件，回访 74 件，回访率 100％。

【国网湖北省电力公司】

企业概况 国网湖北省电力公司（简称国网湖北电力）以电网建设、管理和运营为核心业务，负责电网安全稳定运行，为湖北地区经济发展和人民生活提供电力保障。有直属单位 31 家，其中地市供电企业 14 家，直供直管县级供电企业 82 家；营业户数 2278.81 万户，其中居民户数 2100.59 万户；投产 110kV 及以上输电线路 1918km，变电容量 1038 万 kVA；完成售电量 1420.79 亿 kWh，同比增长 7.39％；受水灾损失电量的影响，线损率为 6.82％，同比升高 0.24 个百分点。

2016 年，国家电网公司与湖北省政府签订共同推进小城镇（中心村）电网改造升级和"井井通电"工程合作协议，国网湖北电力与武汉市政府签订电网发展"十三五"战略合作协议。国网湖北电力主持起草的《湖北省输配电价改革试点方案》于 4 月 1 日起正式实施。电力交易机构组建方案获得湖北省政府同意。国网兴山县供电公司和国网丹江能源投资（集团）有限公司正式挂牌，全省农电管理体制改革收官。财务、运行管理对标在国家电网公司系统省市公司排名均为第一。

电网概况 湖北电网 500kV 及以上网架形成 1 个中部主框架、2 个西电东送大通道及 1 个受端双环网格局；与河南、湖南、江西、重庆电网分别通过 4 回、3 回、3 回及 4 回 500kV 交流线路联网；与华东、广东电网分别通过 4 回、1 回 ±500kV 直流联网；通过荆门—南阳—晋东南 1000kV 特高压交流线路与华北电网相联。湖北电网以 220kV 电网为主要供电网络，并依托 500kV 变电站逐步实现分片区运行。110kV 电网以 220kV 电网为中心，实现分片分区运行，向配电网络和用户供电。

湖北电网有 1000kV 特高压变电站 1 座，500kV 变电站 30 座，220kV 公用变电站 180 座，35kV 及以上公用变电容量 16 479 万 kVA，输电线路 7.11 万 km。全口径发电装机容量 6745 万 kW（含三峡 2240 万 kW），同比增长 3.18％。其中，水电、火电装机容量分别占 54.3％和 39.9％，风电 201 万 kW，占

3.0％，光伏 187 万 kW，占 2.8％。全年发电量 2494 亿 kWh，同比增长 5.8％。全社会用电量 1763 亿 kWh，同比增长 5.9％。

人力资源 配合做好领导班子年度考核、综合考核等工作，接受选人用人检查。协助完成处级领导干部调整 4 次。建立职员职级序列管理制度，开展二、三级职员聘任。启动第二轮处级干部 3 年轮训计划，举办优秀中青年干部理论强化培训班。选派 6 名处级干部分别到国网蒙东电力挂职帮扶，到省内"三县一区"挂职扶贫，到孝感大悟精准扶贫；选派 10 名干部及专业人才到国家电网公司总部、分部和直属单位培养锻炼。公开招聘本部及相关机构空缺岗位人员 45 人。

完成"两个集约"（地县业务集约融合和大中城市业务再集约）方案编制与报批，发布运检、营销等 5 个专业标准作业指导书 519 个、指导卡 641 个。开展超、缺员诊断分析，盘活用工存量 3285 人次，强化毕业生精准招聘。实施薪档积分动态调整，规范各级人员薪酬水平。对企业负责人绩效等级及加减分情况进行通报，选定 50 个检修工区推广工时积分同价计酬机制，强化绩效等级在招聘中的运用。建立职务、职员、专家人才、优秀技能人员、优秀农电用工等人才成长通道，形成人才一体化培养机制。完成 11 000 余技能人员岗位胜任能力评估，制定一线班组技能人才选拔方案。培育优秀人才文化，搭建"领军讲坛"等培养平台，编制专家人才成长导图和青年员工成长手册，2 人当选湖北省"楚天名匠"，完成四级四类专家人才选拔 1548 人。评选首批农电用工技师 18 名，培训农电用工内训师 200 名。获评"国家电网公司人力资源管理工作先进单位"，人资对标排名进入国家电网公司前十。20 项微课、标课和培训项目被评为国家电网公司网络大学"双优"项目。

电网建设与发展 试点开展"一所一规划"和 10kV 电力设施布局规划。与法国电力国际电网公司签订武汉配电网规划技术支持协议。渝鄂直流背靠背联网工程获国家发展改革委核准。推进陕北—武汉特高压直流输电工程湖北省内前期工作。140 个 220kV 及以下项目获得核准，配电网项目储备规模达 382 亿元。开工 110kV 及以上输电线路 1673km，变电容量 779 万 kVA。500kV 卧龙变电站等重点工程投产送电。完成配电网投资 201.7 亿元，改造中心村电网 4303 个，解决机井通电问题 4975 眼，消除低电压台区 2.1 万个。完成"国网阳光扶贫行动"光伏电站建设任务 6 座，并网容量 1.98 万 kW。±800kV 酒泉—

湖南特高压直流输电工程（湖北段）、500kV 随州输变电工程分别获评国家电网公司安全质量和项目管理流动红旗。220kV 仙东变电站获国家电网公司"创优示范工程"称号。4 项工程入选国家电网公司配电网建设"百佳工程"。

经营管理　消纳优质清洁电能，争取外购电市场化定价政策，节约购电成本 1.43 亿元。开展直接撮合电力交易。全年完成直接交易电量 284 亿 kWh。优化和改善融资结构，节约融资成本 1.6 亿元。企业年金 3 年投资收益总额 14.5 亿元，累计收益率 30%。启动项目储备财务审查，审减金额 3.46 亿元。推进审计全覆盖，整改问题 2392 项，促进增收节支 14.81 亿元。编制"十三五"法治建设规划。将"三重一大"决策服务管理纳入年终综合检查考核体系。深化"运营数据共享业务融合年"活动，完成典型业务主题融合应用 30 项。同期线损系统建设进度位居国家电网公司系统前列。应用物资采购固化 ID 成果，实现采购管控 100%，节约资金 22.4 亿元。完成集体企业改革改制，压减集体企业 58 户。编制完成卓越绩效管理自评价报告。实施重大管理创新示范工程，1 项成果获评中国企业联合会管理创新成果二等奖。

安全生产　制订实施本质安全建设五年计划，推进"安全你我他"文化项目建设及成果应用，完成第三阶段"双基"培训和生产人员岗位能力评估。滚动开展电网运行风险分析，发布风险预警 1380 次。开展"三查三强化"专项行动，排查治理隐患 1.8 万余项，清退违章分包商 10 个。开展跨越施工、配电网改造等专项监督，处理违章 7977 次。处置 500kV 盘龙 I 回线路巴东长江大跨越塔基安全风险。推进精益化运维管理，220kV 及以上输变电设备非计划停运同比下降 26%，特高压交、直流设备运行平稳。自主研发 1000kV 主变压器绝缘油低频加热技术，并实现现场施工应用。应对"98＋"洪灾，组织应急抢修、恢复供电。迎峰度夏期间，主网用电负荷突破 3000 万 kW。完成 G20 杭州峰会等重大保电任务。湖北电网实现连续安全稳定运行 34 周年。

营销工作　售电量增幅位列国家电网公司第 8，"智能电管家"突破 1680 万户，电费回收率 100%，营销对标排名居国家电网公司第 10。促成出台《湖北省电能替代实施方案》，推进五大领域电能替代，累计替代电量 41.17 亿 kWh。抢占工业园区售电市场，落实业扩配套电网项目 190 项。建立"互联网＋"报装体系，全年新增报装容量 2070.76 万 kVA，同比增长 20.96%。分布式电源接入 14.14 万 kVA，同比增长 267%。签订节能服务合同 23 份，节电量 3.99 亿

kWh。初步建成省内"三横一纵一圈"城际电动汽车快充骨干网络，全年充电电量 240.73 万 kWh，同比增长 31.58%。推动湖北省政府将"多表合一"采集纳入供给侧改革方案，累计接入 10.20 万户。加快智能营销体系建设，自动化抄表核算率达到 97%，省计量中心获得专项计量授权，"四线一库一平台"投入运行，营销业务具备全线上运行条件。开展重要用户"一户一策"管理，防范电费回收风险。推进异常问题"看得见、说得清、管得住"智能稽查体系建设，挽回经济损失近 7300 万元。加强采录数据源端管控和治理，推广应用配网故障研判功能，抢修时长平均缩短 54min。编制营销"十三五"发展规划，开展智能营销体系研究，完成《智能电力营销探索与实践》的编写。

科技与信息化　组织专家检查重点科技项目开展情况，督导问题整改。作为第一完成单位获省部级科技奖 5 项，其中《梯级水库群面向生态的多目标综合调度关键技术及汉江流域应用》获评省科技进步奖一等奖；作为参与单位获评省部级科技奖 16 项。申请专利 398 项，获得专利授权 208 项。"大型调相机质量管控、性能验证及运维技术研究"申报国家电网公司科技指南项目。推进技术标准创新基地建设，建立技术标准专家库、技术标准创新联盟等专业团组。完成 2340 个技术岗位的标准辨识。负责运维的 4 座新一代智能变电站保持安全稳定运行，牵头编写的《隔离断路器运维导则》等 5 项国家电网公司企业标准发布。一体化线损系统上线运行，实现 35kV 及以上线损实时在线计算，海量数据平台、营销基础数据平台充分发挥集中数据共享优势，信息系统保持安全稳定运行。提炼打造"湖北省流域水电综合利用""电力量价费损实时监控与优化"等 4 个方面"两化融合"新型能力，建立"两化融合"管理体系并高效运转。未发生被国家电网公司通报的一、二级通信网故障。完成"十三五"通信网规划，骨干光传输网（OTN）工程和省级数据通信网优化整合工程正式投运，传输网承载能力提升 40 倍，数据通信网带宽提升 10 倍以上。解决早期投运项目竣工环保验收历史遗留问题。在公共场所投放环保科普宣传公益广告片，发布《变电站电磁辐射真相揭秘》微信宣传片。

优质服务　推行"一证受理、免填单"等服务举措，推广业扩全流程信息公开与实时管控平台应用，"互联网＋报装"线上报装率 95%，高压报装时限一致率同比上升 30.8 个百分点。试点开展地市供电公司供电服务调度中心建设，开展"网格化"达标，构建基于"网格化"的供电服务资源和业务调控平台，推动营配业务末端融合，2 个县公司、141 个供电所

实现"零投诉"。开展"家政电工"和"我家有电工"表后服务，服务户数达到2.99万户。建立服务"微循环"改进机制，开展省、市、县三级"投诉反思会"，出台《供电服务奖惩考核办法》，建立周会、月度例会、季度协同监督会等管控制度，常态化开展明察暗访和突出问题专项稽查。

党的建设和精神文明建设 落实从严治党要求，明确29项重点任务，层层压实各级党组织党建工作责任。召开国网湖北电力第一次党代会。完成10家单位党委换届工作。开展党员组织关系集中排查和党费收缴专项检查。国网湖北省电力公司党委获"全国先进基层党组织"称号。开展"两学一做"学习教育，组织"四讲四有"专题研讨，开展"主题党日＋"等特色活动，深化供电服务"三万"等主题实践，弘扬"光满·爱心红丝带"党员志愿服务精神。制订落实党风廉政建设"两个责任"实施意见，健全明责、履责、问责体系。建立纪律审查主办人责任制，约谈121人。开展配电网建设"六查六规范"两轮交叉监察，整改问题211项。2014年以前农网改造项目通过湖北省能源局验收。在湖北省党风廉政建设责任制检查考核中获国有企业第一名。制订"十三五"精神文明建设规划，实施"红五心"供电服务等重点项目，获"全国电力行业企业文化建设示范单位"。发布国网湖北省电力公司服务湖北经济社会可持续发展白皮书。"我家有电工"获"第十一届中国企业社会责任国际论坛暨'2015金蜜蜂企业社会责任·中国榜'"之"金蜜蜂·客户至上奖"。1家单位获评全国"五一"劳动奖状，6个集体获评全国工人先锋号，1人获评国家电网公司特等劳动模范。印发《关于进一步加强党的共青团和青年工作的意见》。举办"鄂电正青春"青年辩论赛，推进离退休人员"网格化"服务管理。

巴东长江大跨越塔基安全风险处置 500kV盘龙Ⅰ回线路，是重庆九盘变电站—宜昌龙泉换流站的超高压输电线路，国网湖北电力管辖的盘龙Ⅰ回（湖北段）范围为150～487号杆塔，全长162km，是川渝—华中—华东西电东送的重要通道。在春季安全大检查中，发现200号塔塔基护面及周边土层存在约7cm裂缝的安全隐患。同时，3月中旬监测数据显示，塔基裂缝仍有增大趋势。一旦杆塔发生倾覆，将使长江主航道长时间封闭，并可能造成行驶中的客货轮倾覆。针对这一重大安全隐患，国网湖北电力向国家电网公司汇报，并成立抢险领导小组和工作小组，组织中科院武汉岩土研究所、中南电力设计院等单位专家召开200号杆塔滑坡治理方案评审会，提出了针对性地治理措施。3月下旬，该线路由运行转为检修，27日，对跨江线缆进行降线开断作业。5月31日，开始长江封航施工。6月6日16时30分，该应急抢修（过渡）工程竣工，6月7日00时15分，盘龙Ⅰ回恢复送电。

"98'十"防汛抗洪 2016年6～7月梅雨期间，湖北省先后遭受六轮强降雨袭击，全省17个地市94个县区1900多万人受灾，12条110kV线路、61条35kV线路、1942条10kV线路跳闸，62 301个供电台区417.85万户居民停电，累计停电户数约占全省居民用户总数的19%。出动抢修人员36万余人次，车辆72 428辆，组织抢修受损电力设施，做到"水退到哪里、电就送到哪里；水淹到哪里、电就停到哪里"。架设临时线路786.31km，安装灯具15 379盏，投入应急发电车14辆、发电机156台，为225个灾民安置点提供临时供电和应急照明。安排专项应急保电措施，确保鄂州樊口、江夏金口、潜江田关等排涝泵站安全可靠用电，完成黄石市武钢金山店铁矿"7·20"重大涉险事故电力救援等任务。

阳光扶贫行动 国家电网公司实施的"阳光扶贫"三大工程之一——五个定点扶贫县光伏扶贫电站建设工程，涉及湖北的长阳、秭归、巴东、神农架4个县区。为落实国家电网公司部署，国网湖北电力成立由党政主要负责人任组长的领导小组，明确部门单位职责，规范项目建设，通过公开招标，确定EPC总承包建设单位。加强工程全过程管理，盯住关键环节，保证建设质量，推进项目实施。2016年完成光伏扶贫投资1.80亿元，总容量1.98万kW的6个集中式光伏电站全部投产发电，累计发电197万kWh。6个电站正常运行后，每年可发电1500万kWh，年净利润约300万元。按照人均扶贫1000元补助，可惠及贫困人口3000人。2016年12月初，按照国家电网公司制定的《湖北"三县一区"光伏发电扶贫调整优化方案》，国网湖北电力正式启动村级光伏项目。

（杨惊）

【国网湖南省电力公司】

企业概况 国网湖南省电力公司（简称国网湖南电力）是国家电网公司的全资子公司，主营业务为湖南省电网的规划、建设、运行、检修和营销。设职能部门23个，设14个市州供电公司、108个县供电公司，员工总人数7.83万人（全口径）。完成业绩考核目标，在国家电网公司排名第12。完成售电量1121.2亿kWh，同比增长6.09%；对标工作在国家电网综合排名第八，获检修、财务管理、配套保障3项专业标杆，获华中区域综合、业绩、管理标杆和4

项专业标杆。

电网概况　截至 2016 年底，湖南电网发电设备装机容量 4196.02 万 kW，比年初新增装机容量 231.92 万 kW。其中：水电装机容量 1687.98 万 kW，占 40.23%；火电装机容量 2261.80 万 kW，占 53.90%；风电装机容量 216.69 万 kW，占 5.16%；太阳能发电装机容量 29.54 万 kW，占 0.70%。拥有 35kV 及以上输电线路 6.7 万 km。变电容量 11781 万 kVA。

2016 年，湖南电网发电量 1323.75 亿 kWh，同比增长 5.59%。统调外省净输入电量 124.98 亿 kWh，同比下降 11.64%，最大负荷 2392 万 kW，同比增长 4.27%；日最大电量 4.97 亿 kWh，同比增长 15.97%。全省全社会用电量 1495.65 亿 kWh，同比增长 3.32%。分行业看，第一产业用电量 18.16 亿 kWh，占 1.2%；第二产业用电量 847.73kWh，占 56.7%；第三产业用电量 242.59 亿 kWh，占 16.2%。

人力资源　组织编制国网湖南电力"十三五"人力资源规划，明确中长期目标任务和主要措施；以规划为引领，制定实施年度人力资源计划，通过 SG-ERP 系统和各类统计报表实现在线实时管控；以企业负责人考核指标和对标工作指标为目标导向，组织开展人力资源管理调研和诊断分析，促进各单位细化分解指标，层层落实计划，实现动态闭环管控。按照国家电网公司"深化绩效管理、实施分类考核、差异管控、强化激励约束"要求，推进全员绩效管理，在岗员工全员绩效合约签订率达 100%，绩效薪金占比超过 50%。

制定"三集五大"完善提升方案，规范招标、监理、培训等机构设置；完成省市县各级农电管理机构及职责调整工作，调整本部各部门人员编制和负责人职责；行文设立子公司性质的湖南电力交易中心有限公司，明确其内设机构和人员编制；调整新上划县公司机构名称和管理关系；将节能公司调整为二级机构；将长沙培训服务部成建制划至后勤服务中心管理；清理规范乡镇供电所设置；配合营销、调控、运检等部门，撤销抄表班并成立监控班，设立配抢中心和配网办（均为非常设机构）。完成部分员工岗位岗级调整；组织修订典型岗位名录；研究地市公司级单位实施职员职级工作方案。组织 2016 年劳动定员测算核定，确定目标定员和核心业务定员，将定员分解到各专业、各部门和基层班组；编制业务外包计划管控和外包折算用工方案，组织 2017 年业务外包计划申报和审核。

加强全员培训和人才开发，提升队伍整体素质。开展全员培训，重点开展新上划县公司专业轮训，共

完成 296 个培训项目。建立培训经费管理负面清单，开展培训经费交叉检查，对 13 个重点问题挂牌督办，规范培训项目管理。发布《优秀人才管理手册》，明确各类各级人才的管理制度和评价考核标准，完成 933 名专家人才年度考核。畅通员工职业发展通道，组织修订员工适岗能力评价办法和实施操作方案，将员工适岗能力评价与技能鉴定、职称挂钩。完善优化评价结果应用，建立员工能级晋升和薪档晋升的联动性，正向激励员工立足岗位成才。组织援藏援疆人才帮扶工作，选派 16 人对口帮扶西藏代管县公司，督导相关单位落实帮扶人员待遇，被国家电网公司授予"对藏人才帮扶工作先进集体"。

电网建设与发展　落实国家电网公司与湖南省政府签订的"十三五"战略合作协议和小城镇（中心村）电网改造升级工程合作协议，修编"十三五"电网、国网湖南电力发展规划和新一轮农网改造升级规划，推进"一口对外"协同机制建设，推动各级电网协调发展，完成年度电网建设任务。祁韶（酒湖）特高压直流工程湖南段全线架通，韶山换流站交流系统带电调试，开展华中特高压交流环网等工程前期工作。2015 年新增及 2016 年中央预算内农网工程如期竣工，完成 1000 个民生实事重点项目建设和 2200 个中心村建设改造任务，治理低电压 27.4 万户，通过国家发展改革委"十二五"农网升级改造工程专项稽查和国家电网公司配电网建设达标验收。鼎功 500kV 变电工程获"国家优质工程奖"，2 项工程获国家电网公司"创优示范工程"，4 项工程跻身国家电网公司配电网建设"百佳"项目。智能电网试点示范工程在国家电网公司首批通过验收。荣获"湖南省重点建设项目管理优秀单位"称号。

经营管理　实施 120 项挖潜增效措施，消除子公司亏损。争取国家电网公司内部低息融资，加强资金集中管理，财务费用较年初预算下降 1.63 亿元。疏导电网电价矛盾，全年增利 4.07 亿元。推动全省农业生产用电同价，实现农维费统一标准计提。促进省内水电降价，降低购电成本。争取省政府农网改造贴息政策，农网还贷资金分配比例由 78.32% 提高到 94.74%，年增资 2.7 亿元。落实"营改增"等政策。突出电价整治，挽回直接经济损失 5181.6 万元。收取高可靠性、系统备用费同比增长 13.95%。强化"一户一策"风险防范管控，电费回收连续 8 年实现"双结零"。"三年降损行动"成效突出。开展打击窃电及违约用电专项行动，挽回经济损失 7215 万元。强化量价费损专项监测，追补电费 1185.3 万元。优化水库调度，统调水电发电 403.1 亿 kWh，增长 7.5%。加强依法主动维权，挽回经济损失 3.12 亿

元。注重精准投资，工程实际决算较概算节约 12.52 亿元。加强集中招标管控，节约采购成本 3.62 亿元。充分利用社保政策，节约人工成本 1.7 亿元。

安全生产 实现连续第 7 个"安全年"。组织"三查三强化"活动，开展专项隐患治理，排查整治隐患 1.6 万余项。强化违章记分管理和考核评价机制，查处违章 3122 起。深化安全风险管控，发布五级以上电网风险预警 249 次、施工安全风险预警 57 次。加强电网科学调度、运行维护和应急建设，抓好迎峰度夏、防冻融冰、防雷防汛防山火等工作，电网运行安全稳定。完成三大特高压线路满功率运行保障和 G20 杭州峰会保电任务，重要输电通道实现全年"零故障停运"，江城直流入选国家电网公司输电线路"六防"标杆。应对 23 轮强降雨袭击，组织 816 支应急抢修队伍，抢建抢修，恢复灾区供电。被评为国家电网公司资产全寿命周期管理领先型单位，连续 3 年获评省安全生产先进单位，获得"湖湘杯"网络安全技能大赛三等奖，获评国家电网公司带电检测"优秀队伍"称号。韶山换流站工程获国家电网公司"安全质量管理流动红旗"。

营销工作 针对营销主管业务面临的困难和问题，按照"保存量、促增量、抢变量"的竞争思路，稳固和开拓电力市场。应对售电侧改革，加强与湖南省发展改革委、能源局沟通汇报，基本达成湖南售电侧改革试点意见，促成湖南省政府出台 2016 年大客户直接交易方案。在增量配电业务放开、自备电厂管理、售电侧改革、直接交易价格等方面，反映公司主张，保障公司权益。加强湖南与两广、贵州交界地区的电力市场秩序管理，取消郴电国际上下网电量互抵政策，促请湖南省政府引入贵州低价电，稳定湘西、怀化、永州、郴州周边市场。加快地方小电网接收步伐，接管耒阳地方电网取得突破。组织对全省 127 家工业园区电网资产、用户情况进行调查，与地方政府签订协议，采取有效措施，确保优质市场稳定。

强化风险管控，确保电费结零。应对宏观经济低增长态势，强化电费风险管控，落实地市公司电费回收主体责任，加强"一户一策"风险防范管控，全年完成欠费风险客户排查一万多户。开展"去产能"企业电费风险重点排查，完成全省大工业用户电量电费分析，促进部分用户采取暂停、调整生产方式等方法合理用电，避免电费纠纷。加强欠费停复电管理，规范停复电业务行为。推广多种交费方式，实现营销业务系统与四大银行、邮储银行、邮政、信用联社对接，拓展了自助交费终端、POS 机、网上银行、手机钱包、手机 APP、微信等 18 种交费方式，城市 10min 交费圈建设更加完善。推广农村区域的代收代扣费业务，借助中国银联的"助农取款机"、农业银行的"三农服务点"、中国电信的"通联手机支付"解决农村客户交费难题，行政村交费网点覆盖率达到 100%。

推进营销现代化建设。在深化"三集五大"体系建设的基础上，推进以"业务自动化、监控实时化、管理精益化、服务互动化"为特征的现代营销服务新模式，打造省、市、县三级监控体系，完成对核、账务、采集、95598、电费、资产等核心业务的纵向集约，抄表收费、智能核算的横向覆盖，实现了对经营指标和核心业务的全监控。推行网格化服务新模式，将用电检查、现场补抄、周期核抄、电费催收、现场停复电、计量装置安装与运维等低压业务进行融合，以客户经理作为服务单元和基础，整合各类业务资源，实现客户诉求"一站式"处理，使服务响应更快捷、更高效。通过内外勤分离的业务组织形式，构建"地市级监控、内外勤分离、实时化派单、全过程督办"的内控新机制，明确营销业务内外勤工作职责，解决业务监控和处理中"既是裁判又是运动员"的弊端，实现了内勤指挥外勤、内勤监督外勤、内勤服务外勤的工作模式。

科技与信息化 "电网冰灾精细化预报和智能预警系统"项目获国家电网科技进步一等奖；获中国电力科技进步二等奖 1 项，全国电力职工技术创新一等奖 2 项，国家级管理创新二等奖 1 项，湖南省科学技术二等奖 3 项；建成配电网智能化应用国网实验室，高效清洁火力发电、智能带电作业技术省级重点实验室；在国家电网公司青年创新创意大赛中获 1 金 4 银 3 铜和 1 个单项奖。

信息通信年度任务完成率一直保持 100%，未发生六级及以上信息通信事件。启动 SG-ERP3.0 建设，完成一体化电量管理系统等 61 个统推项目实施，严格管控公司 45 个独立建设项目，推进大数据平台等 16 个创新行动计划试点项目，营销费控系统改造和信通机房建设 2 个项目入选国家电网公司优质建设项目。启动"十三五"通信项目建设，开展各地市公司通信网项目可研初审和规划项目滚动调整工作，完成省网 SW-A 平面传输系统建设项目立项。

祁韶特高压湖南段建设任务稳步推进。国家电网公司下达的"两站两线"智能电网试点示范工程项目完成验收工作，成为首批完成建设和验收任务的网省公司之一。组织全球能源互联网进高校宣讲活动，周安春总经理在湖南大学为在湘重点高校作"全球能源互联网"的主旨演讲。推荐的 2 所高校和 3 家企业成功入选全球能源互联网发展合作组织成员。

优质服务 实施营销现代化管理模式，实现"管理集约化、业务自动化、监控实时化、服务互动化"。深化营销服务诊断，查改问题 3210 个，查处违章 132

起。开展供电服务"四风"问题整治"回头看",查改问题498个。加大供电投诉责任追究,投诉处理完成时限缩短24h。完成地市配抢指挥中心建设。推广应用"掌上电力"APP,实现注册用户321万户,交费金额较2015年底增加6.38亿元。强化网格自助缴费,交费网点月均应用率90%以上,行政村网点覆盖率100%。全省实现1869万户自动化抄表和智能核算,占总户数的77.6%。"多表合一"信息采集建设实现接入16.2万户。构建统一业扩装服务模式,推进业扩全流程信息公开及管控平台应用。完成电能替代项目2706个,替代电量61.95亿kWh。开展供电所全面稽查,查处违章8764起。获评国家电网公司"五星级供电所"4个。

党的建设和精神文明建设 落实管党治党"两个责任",制定实施全面从严加强党的建设工作方案,推进全面从严治党。市州公司全部完成党组织直管工作,975个党组织完成换届选举,建立农电党支部574个。推进"两学一做"学习教育,开展"三亮三比三无"主题活动,支部书记参加党课竞赛1686人次,1000余人参与党群队伍技能比武,获湖南省"两学一做"知识竞赛第二名。常德壶瓶山农电党支部被评为全国先进基层党组织,邵阳、张家界公司党委被评为湖南省先进基层党组织。岳阳"电骆驼"党员服务队获中组部表扬。落实党风廉政建设约谈、报告、考评制度。强化监督执纪问责,查处案件27起,处理63名直接责任人、问责134人。大力反"四风"、改作风,查处作风问题7起,处理14名直接责任人、问责23人。狠抓内部巡视反馈问题的整改,整改问题78个,问责63人。开展依法治企整改"回头看",国家电网公司挂号的233项问题全部整改到位。加强领导班子建设,选人用人满意度超过98%。深化企业民主管理,5条合理化建议获国家电网公司表彰。

国网湖南电力被评为国家电网公司财务、后勤、工会工作先进单位,连续三届荣获湖南省文明行业,被授予湖南省思想政治研究基地、企业文化建设示范基地称号。4个集体荣获全国工人先锋号,2人获全国"五一"劳动奖章。获国网全球能源互联网知识竞赛团体三等奖。

(汤日成)

【国网河南省电力公司】

企业概况 国网河南省电力公司(简称国网河南电力)是国家电网公司的全资子公司,肩负着为河南省经济社会发展提供可靠电力保障的重要任务。直属单位30家,县级供电企业107家,用工总量15.6万人。全年完成售电量2325亿kWh,居国家电网公司系统第四位。

电网概况 河南电网处于全国联网的枢纽位置,是华中电网的重要组成部分。中国首条1000kV特高压实验示范工程纵贯河南省,±800kV天中直流落点郑州,河南省迈入特高压交直流混联电网时代。河南省500kV主网架已形成"两纵四横"梯形主网架结构,220kV变电站覆盖全省97%的县域,全部县域实现110kV双电源供电,90%以上乡镇实现35kV及以上变电站供电,95%以上乡镇实现两条以上10kV线路供电。截至2016年底,河南电网110kV及以上变电站1290座,变电容量2.34亿kVA,线路长度5.13万km。全省发电装机容量7218.45万kW,其中统调装机容量6760.46万kW。全省全社会用电量2989.15亿kWh,同比增长3.80%;发电量2596.08亿kWh,同比增长1.45%。

人力资源 制定解决超缺员问题工作方案,明确2016~2018三年破解超缺员难题的攻坚目标,安排压降用工总量、实施千人转岗等具体工作。2016年12月完成国网安阳、新乡、信阳供电公司试点,通过岗位竞聘转岗277人,挂岗锻炼23人,劳务协作339人,解决了76个一线班组的缺员问题。累计组建124家供电服务公司,完成19家供电服务公司"子改分",分3批完成39 548名农电用工的考试考核、劳动合同转签,清理2014年后违规使用的农电用工和"二电工"277人。全年没有违规新增长期职工、农电用工、集体企业用工。推动农电用工按特殊工种退休,4955名到龄农电用工全部退出岗位,其中1408人按特殊工种退休。规范职工到龄退出工作岗位管理,2067名到龄职工按时退休。用工总量减至15.36万人,同比减少1.2万人。

持续优化"三集五大"体系,编制市县公司运行、检修、营销等10项业务集约融合方案,在国网郑州、洛阳、安阳、三门峡等供电公司试点。根据电能采集系统建设应用情况,完成了大营销体系机构和人员调整工作。调整农电、配网办、小型基建等机构和职责,规范综合服务中心管理,设立审计中心。配合电力体制改革,组建河南电力交易中心有限公司。开展市场化配售电公司组织体系和用工机制研究,编写研究报告。开展各类园区供电服务机构研究。适应输配电价改革要求,开展人工成本测算,制定相对有利的薪酬和用工策略。

推广岗位绩效工资制度,完成107家县公司岗级规范、103家县公司工资套改。应用员工年度绩效考核结果、资质等级提升、专业成果积分,开展薪档积分与薪点工资调整工作,522人晋升了薪档,增加了岗位工资,建立岗位工资动态调整机制。实施以经营业绩为主的年度综合考核,考核结果与企业负责人薪酬和单位工资总额挂钩。深化主营业务绩效考核,突出发展建设、运维调控、营销服务24项关键事项和重点任务，分季度考核，累计发放奖励 2 亿元。深化一线班组绩效考核，在 19 家单位 61 个工区推广工时积分同价计酬机制，按工分发员工绩效工资。

实施年度培训计划和个人素质提升计划，举办4521 期培训班，培训 19.1 万人次，新增 73 名教授级高工、157 名高级技师、991 名技师。开展检修和运行专业首席专家选拔工作。开发一线员工岗位胜任能力评估模型，试点测评 1798 人，提出了针对性的个人素质提升建议。挂牌成立国网技术学院郑州分院，已具备承接国家电网公司新员工集中培训条件。

社会保险管理更趋规范。补建 27 919 名农电用工的养老保险，补缴县公司社保欠费 1.3 亿元。规范基本医疗保险基金管理，统筹基金由各单位包干使用调整为国网河南电力统筹使用。

电网建设与发展 完成国网河南电力规划及电网规划等"1+13"专项规划。"十三五"河南配电网规划通过国家能源局的评审。编制完成新一轮农网升级改造规划。电力脱贫专项规划纳入全省脱贫攻坚"1+5+5"总体方案。完成 263 项 110～500kV 项目可研编制和评审批复，取得 244 项 110～500kV 项目核准批复。按期完成"三交三直"特高压项目属地前期工作，完成蒙西—南阳—湘南、石家庄—菏泽—潍坊"两交"工程可研并率先取齐省内核准支持性文件；取齐陕北—湖北"一直"工程沿线 6 市各级地方政府协议，完成可研并通过规划院评审；完成陇彬—徐州、蒙西—湘南"两直"沿线调查收资；全面开展驻马店—淮南"一交"工程预可研；完成邵陵变电站扩建调相机技改工程可研编制和评审，为 2017 年建成投产打下基础。全面推进 2025 年前规划投产的 1326 个 110kV及以上变电站和线路项目纳入全省各级城乡规划和土地利用规划。

全年共完成电网建设投资 316.7 亿元（含在豫特高压投资 11.7 亿元），全年开工 35kV 及以上工程238 项，输电线路 3546km，变电容量 2201 万 kVA；投产 35kV 及以上工程 574 项，输电线路 5449km，变电容量 1887 万 kVA。±800kV 灵绍特高压工程投入运行，晋北—南京特高压直流工程全线架通，上海庙—临沂、昌吉—古泉特高压直流工程全面建设，陕北—武汉特高压直流、菏泽—石家庄特高压交流工程开展初步设计配合工作。服务河南"米"字形高铁、新能源等重点工程建设和迎峰度夏、度冬等重点工作，建成投运汝州变电站等 7 项 500kV 电网加强工程，建成投运郑州红旗变电站等 35 项 220kV 工程和187 项 110kV 工程，主网供电能力提升 395 万 kW，500kV "两纵四横"梯形网架不断完善，河南主网首次实现供电"无卡口"。郑徐客运专线等 4 条线路 20项配套工程提前建成，相继投产电源送出工程、新一

代智能站试点工程，为河南经济社会发展提供了重要支撑和保障。35kV 及以上工程全部达到优质工程标准，500kV 工程基本实现"投运即成优"。驻马店北500kV 变电站工程荣获国家优质工程奖，开封农场220kV 变电站工程荣获国家电网公司创优示范工程，上海庙—临沂特高压线路（河南段）工程、500kV 周口西变电站工程分获国家电网公司安全质量和项目管理流动红旗。

经营管理 2016 年实现利润 17 亿元，年末资产总额 1320 亿元，资产负债率为 81.93%。疏导电网电价矛盾，全额解决超低排放电价需求。争取到2016～2020 年省财政厅每年给予 10 亿元补助资金政策支撑农网建设。开展亏损企业专项治理，2016 年减少亏损企业 30 家、减亏 6.6 亿元，剩余亏损企业 10 家，超额完成亏损企业专项治理目标。推进"两金"压控，全年累计压降"两金"10.8 亿元，应收账款压降82.63%，存货压降 51.93%。深化电网工程投资预算管理，项目竣工决算金额较概算减少 16.87 亿元，节支 8.1%。加强资金运作，开展低成本融资，全年节约利息支出 2.3 亿元。推进"三供一业"分离移交工作，制定公司国有企业职工家属区供电设施分离移交工作财务指导意见，明确预算、资金、资产及会计核算等工作流程和实施规范。通过和解、转移、组织法律论证等方式减少担保 5985 万元，降低公司财务风险。成立河南电力交易中心有限公司，扩大电力直接交易规模，全年以市场化方式完成交易电量 270 亿kWh，19 家县公司实现"子改分"，完成国家电网公司下达的年度"压减"任务。

全年共完成各类审计项目 316 项，签证审计11 732 份，提出审计意见和建议 6622 条，促进增收节支 6.6 亿元，其中，任期经济审计责任 77 项，工程项目审计 156 项，专项审计 69 项。

国家电网公司和河南省人民政府就电网发展合作双赢达成框架协议。国家电网公司将加大对河南省投资支持力度，预计"十三五"期间将安排河南发展总投入超过 1800 亿元，推动河南坚强智能电网、抽水蓄能电站建设及电工装备制造业等发展；加强与河南地方电气制造企业合作，支持地方电气制造企业参与国家电网建设。河南省政府将统筹考虑"十三五"期间河南电网快速发展需求，疏导输配电价矛盾；推动"外电入豫"特高压交直流工程前期工作，加快工程建设；落实促进电网持续健康发展的政策措施，做好工程拆迁、征地、青苗赔偿等方面的协调，为电网建设创造良好环境；加大新一轮农网改造政策支持，争取中央预算内资金足额下达，给予新一轮农网改造工程财政补贴，推动各市、县政府统筹整合使用财政涉

农资金，支持农村电网建设。国网河南电力与河南省各地市签订战略合作框架协议，落实国家电网公司与河南省政府协议内容。

安全生产　贯彻国家电网公司安全工作意见和上级安全工作部署，落实各级安全责任，开展"安全管理提升"活动和"三查三强化"专项行动，推进"风险分级管控和隐患排查治理"双重预防机制建设，加强各领域安全管理，没有发生国家电网公司考核的各类安全责任事故，没有发生有较大影响的安全事件，完成全年安全生产目标。生产、基建、营销、集体、信息、试验等领域安全局面稳定，累计实现安全生产百日 60 个，18 个供电单位连续安全生产全部超过 3900 天。其中，国网许昌供电公司连续安全生产天数最高，截至 2016 年 12 月 31 日达到 8161 天。

严格隐患数据库管理，一患一档，按期销号，实现隐患的闭环管理和动态监控。开展电网一二次系统隐患核查和特高压交直流缺陷隐患排查，实施防误闭锁装置、站用交直流电源、电力线路与铁路交叉跨越等专项隐患排查治理，全年共排查各类隐患 37 780 项，全部完成整改。

开展公司系统季节性安全检查、电网工程开复工安全督查、技改大修"六不开工"督查等系列专项督查，落实"安全监督人员 1/3、1/2、3/4 下现场"要求，加大现场督查和反违章力度，全年累计督查现场 10 469 个，查处违章 4971 起，下发整改通知书 663 份，处罚金额 62.23 万元，防控现场安全风险。

完成《河南省大面积停电事件应急预案》修订任务，修编发布省、市公司《大面积停电事件应急预案》。深化应急联动，结合主网调控、配网抢修、优质服务、舆情应对等组织开展电网度冬（夏）及春节保供电应急演练。2016 年累计开展演练 1134 次，参演人员 12 207 人次。安排迎峰度夏安全生产值班，及时发布灾害预警，迅速落实响应措施，应对信阳、新乡、安阳等地区暴雨灾害，在保障电力供应、减少灾害损失、迅速恢复重建中发挥了重要作用。

应对大电网"强直弱交"复杂特性，强化主网稳定特性分析，优化控制策略，处置天中直流"2·28""6·14"单极闭锁、"3·21"功率波动事件。实施郑州电网内部开环，河南电网分为 12 个片区运行；完善豫中—豫南东通道控制措施，优化中州站近区主变压器送电操作方式，提高电网安全运行裕度；开展迎峰度夏精益调度水平提升活动和夏季大负荷专题分析，推进"三查三强化"专项行动，强化安全风险管控，合理安排运行方式，充分挖掘各类型机组发电潜力和电网供电能力，首次实现度夏期间主网供电无卡

口；保证全省安全可靠供电。针对冬季"拉尼娜"极端天气、电煤供应、南方水情、电网运行薄弱环节等方面进行分析研判，制定落实迎峰度冬调度运行控制措施，确保平稳度冬。坚持"先降后控"风险管控理念，实施停电窗口期管理，构建"内外、纵向、横向"三维电网风险协同防控体系，完成全年 814 项主网计划停电工作，其中五级风险的停电项目 196 项，较 2015 年同期减少 37 项；整合停电工作 74 项，按照先降后控的原则将 3 项三级风险降低至五级及以下，2 项四级风险降为五级，优化后无四级及以上风险停电项目。按照国家电网公司发布数据，调控专业两项业绩指标、六项管理指标均达到 A 段，获得国家电网运行板块标杆单位。2016 年最高用电负荷 5338 万 kW，同比增长 1.56%，没有拉闸限电情况发生，电力供应保证全省用电需求。

特高压输电线路连续四年保持"零跳闸"纪录，330kV 及以上输电线路跳闸次数同比下降 46%，配电线路故障率同比下降 26%，故障平均抢修时长同比减少 37%。"两站"保持长周期安全运行，1000kV 线路连续 4 年运行稳定，±800kV 天中线自投运以来未发生跳闸事件，220kV 及以上输电线路跳闸率同比降低 5%。城市综合供电电压合格率、农网综合供电电压合格率、变电精益化管理指数和城市配网架空线路绝缘化率处于国家电网公司 A 段水平。

营销工作　2016 年售电量 2325.21 亿 kWh，同比增长 1.77%；市场占有率 90.44%；全省业扩报装新增容量 3396.39 万 kVA，同比增长 57.88%。落实电费高风险客户"一户一策"，坚持做好一般企业"一类一策"，运用分次结算、驻场催收、电费预存等多种方式，严密防控电费风险，当年电费回收率 100%。全省推行"低压居民客户不停电催费""清欠即付即送"等五项工作举措，切实规范欠费催缴行为。加强费控和公司自有渠道宣传，完成 570 万户费控业务运行，增加新型交费渠道签约 600 万户。完成 48 家自备电厂信息建档和计量点采集全覆盖，将自备电厂政府性基金、系统备用费的收缴纳入电费回收管理。推动省发展改革委等 11 家厅委出台《河南省电能替代工作实施方案》，3 家单位推动出台居民"煤改电"电价补贴政策和设备购置补贴。完成 90 个电能替代示范项目建设，全年累计推广实施电能替代重点项目 1279 项，完成替代电量 80.85 亿 kWh。节约电量 7.44 亿 kWh，节约电力 17.2 万 kW，完成年度计划指标。开展电能替代第三方"集中打包"直接电力交易工作。完成连霍高速 24 个快充站和郑州市区 3 座快充站的项目建设，全省 521 个充电桩全部接入国家电网公司车联网平台，全年已投运的充换电站充换电服务次数约 7.7 万次，充换电量约 243 万 kWh，行

驶里程约 757 万 km。促成河南省住建厅将"四表合一"采集纳入《河南省城镇住宅小区电力设施建设技术规范》执行，新增"多表合一"采集接入用户 10.5 万户。开展营销业务专项稽查，追补电量 740.67 万 kWh，挽回经济损失 938.67 万元。推动售电侧改革，参与河南省电改综合试点方案制定，配合政府编制《河南省关于加强和规范燃煤自备电厂监督管理的实施意见》，促成省政府将地方小火电关停列入工作计划。持续提升"大营销"体系运行效率，业扩报装业务集中管理，推进抄表催费作业模式转变，在全部市、县公司组建供电服务指挥中心。规范农电工队伍管理、供电所业务管理和绩效管理，启动公司系统农电用工全日制职业化集中管理和全天候应急抢修，开展农电用工全员培训，加快星级供电所星级创建工作，统筹推进农电素质三年提升工程。推进上划县公司采集系统建设，基本实现采集全覆盖，全年安装智能电能表 2133 万只，累计推广智能电表 3276 万只。组建省、市两级采集系统监控体系，成立省级、市级采集监控班，建立"主业为主、集体企业为辅"的运维管理新模式。开展"两率一损"治理攻坚，全省采集成功率提升至 98.3%，费控成功率提升至 90.11%，同期综合线损率降至 9.97%。基本实现营配调基础信息全贯通，"站—线—变"数据对应一致率超过 98%，具备验收条件。在 2016 年中电联组织的第十届全国电力行业职业技能竞赛（装表接电工）中获团体第一名、个人第一名。

科技与信息化 全年未发生七级及以上信息通信安全责任事件，完成全年任务。处置 Oracle 数据库 SCN 重大隐患，避免业务系统大面积停运。承办"华中—西南"赛区攻防对抗赛，红蓝队取得了国家电网公司信息安全攻防对抗赛第三名及赛区第一名的优异成绩。开展工控、大数据、物联网、移动终端及无线通信等方面安全技术研究，在省电科院挂牌成立国家电网公司信息网络安全重点实验室（配电分中心）。获国家电网公司网络安全零违章单位，红队、蓝队和督查工作优秀单位，网络与信息安全技术防护措施实用化单位，国家电网公司信息通信安全运行流动红旗。部署完成县公司 GIS 平台，实现 107 家县公司营配调数据贯通，获国家电网公司信息化建设优质项目。投运基层单位网络覆盖和带宽提升一期工程，22 家县公司 298 个供电所（营业厅）实现"光纤专网覆盖、千兆带宽提升"。完成 19 家"子改分"县公司 ERP、财务管控系统调整及集约融合工作。完成 PMS2.0 系统单轨建设与验收，开展数据专项治理，数据质量指标达 96%。推进软硬件资源池建设，累计完成系统入池 96 套，部署软硬件资源统一管理平台，实现软硬件资源动态管理。完成一体化线损系统模型

配置，实现全省统计售电量、同期售电量等业务功能应用。获国家电网公司信息通信项目建设管理流动红旗。落实 2016 年信息通信新技术创新发展行动计划，启动"运营监测（控）信息支撑子系统设计开发实施""测试云平台二期"等 15 项重点项目。构建大数据分析中心，结合业务需要，深入项目开发与应用。其中，输电线路舞动预警获国家电网公司信息通信新技术创新发展行动计划优秀成果，"输变电线路舞动防治技术实验室"被纳入河南省重点实验室建设计划，实现了国网河南电力省级重点实验室零的突破。客户敏感度分析荣获青年创新创意大赛优秀项目，电网主设备缺陷综合分析等入选国家电网公司大数据应用专题库。

获得国家、国家电网公司和省级科技进步一等奖。获得国家科技进步奖 2 项，其中"互联电网动态过程安全防御关键技术及应用"项目获国家科技进步一等奖；获国家电网公司科技奖励 9 项，其中"拖挂式导线盘运输放线车的研制"获国家电网公司工人技术创新一等奖；获河南省科技进步奖 17 项，其中"特高压交直流混联受端电网安全风险及防控关键技术研究与应用"获河南省科技进步一等奖；获中国专利优秀奖 1 项；获中国电力科技奖 1 项；获得省部级科技奖励 21 项。管理创新成果荣获省部级以上奖励 20 项，其中，国家级 1 项，国家电网公司级 6 项，获奖成果数量及质量在国家电网系统名列前茅；获得国家电网公司 QC 成果 10 项，14 个 QC 小组被授予"全国优秀质量管理小组"，被评为"全国质量管理小组活动优秀企业"。

优质服务 实施供电服务提升工程，落实 10 项具体提升举措，实施月度供电服务量化考核，深化供电服务周会商、月通报、典型事件"四不放过"工作机制，开展省、市两级供电服务暗查暗访，发现解决一系列供电服务存在的突出问题。严格投诉事件问责、考核，坚持供电服务突出问题"零容忍"，以季、月、周为周期对投诉总量和增长率居前三名的市公司进行逐级约谈，严肃处理典型服务事件相关人员。2016 年营销服务类投诉同比下降 29%，营销服务类负面舆情同比下降 59%；全年累计督办投诉 2113 件，问责 2795 人次，奖励金额 2765.54 万元。坚持"业扩报装不受限"服务理念，精简业扩流程，压缩报装时限，高压客户平均接电时间同比缩短 33%，解决高压业扩限报用户 78 户，涉及容量 172 万 kVA，业扩限报消除率 91%。建立业扩报装评价考核体系，严格业扩报装全过程管控和考核，业扩全流程信息公开与实时管控平台上线运行。

强化用电安全管理，积极配合政府开展居民小区电力设施安全状况专项检查，高度重视大客户用电安全管理，排查重要场所和重要客户用电安全隐患10 397条，督导整改6561条，"服务、通知、报告、督导"到位率100％。全年未发生公司责任的客户安全事故，未发生影响公司形象的供电服务质量事件。跟进省十大领域8000个项目进展情况，实行项目客户经理负责制，落实"一对一"精准服务，保障产业园区和省"1816"重点业扩报装项目用电需求，完成郑徐客运专线河南境内6座牵引站送电工作，实现"宽带中原"项目1.79万户通信基站过户，全省"1816"重点项目报装1116户，合计容量365万kVA。配合政府大气污染防治，落实4744家重点企业停限电工作，实现每日负荷监控、异常预警，未发生因停电不及时导致大气污染治理工作延误的情况，未发生因供电服务引发的舆情事件。落实全省深化国企改革工作部署，开展"三供一业"供电分离移交工作，16家省属国企37.1万户全部进入改造实施阶段；41家驻豫央企框架协议签订率100％，实施协议签订率32％。降低企业用电成本，执行政府电价政策，扩大电力直接交易范围，交易电量规模扩大至270亿kWh，降低用户用电成本16.3亿元；通过实施峰谷分时尖峰并价、基本电费计费方式调整等政策，降低用户用电成本6.7亿元。

党的建设和精神文明建设 组织召开第一次党代会，选举产生第一届党委和纪委，完成党组改建党委工作。开展"两学一做"学习教育，组织开展四次专题研讨和支部学习，分层分类分岗位性质开展"三亮三比"活动。落实从严加强党的建设重点工作任务，制定82项责任清单。将党建工作纳入年度综合考评体系，将考核结果与领导班子薪酬收入、基层单位工资总额双挂钩，实施党建工作述职评议，履行"两个责任"。

加强党风廉政教育和约谈机制建设，组织签订党风廉政建设责任书5.6万余份，约谈1803个部门（单位）。开展"廉洁家风"主题活动，组织廉政豫剧《全家福》巡演，举办"两个责任"巡讲。组织参观警示教育基地，通报公司系统违法违纪典型案例。加强对公司重大决策部署执行情况的监督检查，督导"三严三实"民主生活会整改落实，推进"两学一做"学习教育立查立改。围绕排查出的高危风险，有针对性地开展新一轮农网改造升级、"三重一大"事项等重点工作的监督检查，专项抽查供电服务典型事件处理执纪情况，强化招标采购全过程监督。制定公司落实中央八项规定精神实施细则，健全完善会议、接

待、车辆、薪酬福利等管理办法。2016年共受理问题线索199件，给予党政纪处分53人，组织处理37人，诫勉谈话10人，责任追究36人。改进管理工作，严控问题线索增量，2016年受理问题线索数量同比下降54％。

组织实施56项企业文化重点建设项目，评选推广18项优秀成果。举办"道德讲堂"800余场，联合省委宣传部，举办"你用电、我用心·中原文化大舞台"文化惠民活动760余场。组织144个党委、158个党总支、1825个党支部完成换届工作；组织基层党组织开展组织生活会和党员民主评议工作；开展组织关系排查，理顺隶属关系，整建制转移英大人寿、中电财河南分公司等党组织，处理104名"口袋"党员；加强党费规范管理工作。1个党支部被评为中央企业先进基层党组织，7人当选河南省第十次党代会代表。开展"电力雷锋"青年志愿服务活动；组织郑州电专青年教师和在校大学生赴南召县娘娘庙村扶贫支教。组织举办第二届"青创赛"、"擂享青春"主题知识擂台赛、"青年训练营"月度竞技挑战活动。2个团组织被授予"全国五四红旗团委（团支部）"，29个青年集体和个人受到省部级及以上表彰。

深化职工民主管理示范项目创建，遴选60项创建课题，开展创建活动，推动公司民主管理和经营管理水平双提升。以"建功立业显本色，助推公司上台阶"为主题，开展配电带电作业、青年创新创意等12项赛事，促进企业发展和职工素质双提升。以"实干型"和"创新型"为重点，评选表彰劳模先进，12个集体、11个个人获省部级以上荣誉称号。参加"安康杯"竞赛，42家市、县公司获全国安康杯竞赛优胜单位，连续十年获全国安康杯竞赛优秀组织单位。开展班组创建，8个班组、64个班组分获国家电网公司一流班组、先进班组。开展合理化建议活动，征集合理化建议2万余条，采纳6000余条，实施3000余条，5条获国家电网公司优秀建议。

举办公司"国网好声音"职工主持人暨歌手大赛，决出"金话筒"等奖项46个，协办国家电网公司工会"高歌向明天"职工文化成果展示活动，出演《出彩国网人》等4个节目。参加国家电网公司职工主持人大赛，获得银话筒主持人、优秀组织奖。职工原创的《我心飞翔》等4首歌曲入围"国企百首优秀歌曲"。参加全国总工会"中国梦 劳动美"优秀微影视大赛，获银奖1个，铜奖2个，单项奖4个。开展优秀职工文学创作活动，2部长篇小说被确定为国家电网公司2016年度职工文学创作重点选题项目，出版《职工文学系列丛书》10册共120万字。推广"书

香国网"数字化阅读平台，举办职工悦读分享会，建成公司职工文化交流基地。

（申雁冰）

【国网江西省电力公司】

企业概况 国网江西省电力公司（简称国网江西电力）是国家电网公司的全资子公司，负责江西电网的建设、管理和运营。本部设有 22 个部门，所属单位 120 家，其中市级供电公司 12 家、直属单位 11 家、县级供电公司 97 家；员工 59 061 人，其中主业用工 41 410 人，集体企业用工 17 651 人。资产总额 651.15 亿元，资产负债率 73.74%。2016 年，售电量 950.55 亿 kWh，同比增长 10.19%，增速位居国家电网公司第二；综合线损率 6.95%，同比降低 0.04 个百分点；固定资产投资 136.65 亿元，同比增长 11.47%。

电网概况 江西一次能源缺乏，电源以火电为主，水电资源开发潜力有限，近年新能源发展迅猛。截至 2016 年底，江西电网统调发电厂 62 座，其中火电厂 13 座、水电厂 16 座、风电厂 20 座、光伏电厂 13 座。全网统调装机总容量为 21 726.9MW，其中火电装机容量为 16 940MW，占总装机容量的 77.97%；水电装机容量为 2969.7MW，占总装机容量的 13.67%；新能源发电装机容量为 1817.2MW，占总装机容量的 8.37%。

江西电网以南昌为中心，北起九江，南接赣州，东至上饶，西抵萍乡。±800kV 溪洛渡—浙江金华特高压直流输电线路过境江西。全网 500kV 变电站 21 座，变电容量 2475 万 kVA；输电线路 53 条，长度 4084.95km。220kV 变电站 147 座，变电容量 3954 万 kVA；输电线路 481 条，长度 12 053.51km。110kV 变电站 487 座，变电容量 3298.98 万 kVA；输电线路 964 条，长度 14 928.3km。江西电网已形成 500kV 双回路主干网架，通过 3 回 500kV 线路与华中电网联网，所有县域电网实现 110kV 线路双电源供电。

人力资源 截至 2016 年底，国网江西电力用工总量 59 061 人，同比减少 927 人，人才当量密度 1.115 1，同比提升 4.13%。

竞赛调考与人才培养 参加国家电网公司竞赛调考，综合成绩第四名，并实现团体、个人第一名的新突破。新增 1 个国家级技能大师工作室，2 人享受江西省政府特殊津贴，1 人入选江西省百千万人才工程，219 人入选省公司级优秀专家人才。建立职业能力水平认证体系，开展覆盖所有专业的职业能力水平认证（复证）工作。组织协调开展教授级高级工程师申报评审，共 79 人参评，47 人评审通过。

优化机构人员配置 组建江西电力交易中心有限公司；成立配网工程管理领导小组及其办事机构，实现配网工程建设市县一体化集约管理；适应售电侧改革新形势，在全省派驻园区电力服务机构 117 个。实现内部市场优化配置 2490 人次，录用新进毕业生 788 人。

深化岗位绩效工资制度 工资制度管理由套改阶段顺利切入日常管理，统筹组织完成全省薪档晋升、薪点点值调整及绩效工资核定试点工作。优化调整工资总额计划分配挂钩要素，提高定员挂钩比重，取消供电企业人才当量密度挂钩，人工成本投入产出效率提高。

优化完善"五位一体"应用 建设国网江西电力标准作业流程数据库，引用并完善标准作业流程 484 条，开展"五位一体"实际岗位与典型岗位匹配准确性普查，修正各单位岗位匹配错误信息 3172 条。

电网建设与发展 国网江西电力累计投产 110kV 及以上输变电工程 91 项，投产线路 2034km，变电容量 939 万 kVA；开工 110kV 及以上输变电工程 88 项，开工线路 1915km，变电容量 938 万 kVA。农网 35kV 项目首次纳入基建管理，投产 2015 年新增城镇配电网工程 32 项，2016 年第一批农网项目 32 项。500kV 抚州—红都输电工程，500kV 潭埠、上饶东变电站按期建成投产，为赣南等地区提供了第二电源通道。1～11 月综合线损率完成 5.82%，同比降低 0.24 个百分点。

优化投资结构 500kV"两纵四横"骨干网架基本形成。配电网投入比例提高到 72%，全年治理 30.35 万户农村低电压，推动 101 个农村配电网"整乡整镇"建设改造工程建设，启动 3270 个小城镇（中心村）电网改造升级工程和"村村通动力电"专项工程建设。

推进特高压电网建设 1000kV 华中特高压交流环网和 ±800kV 雅中—南昌特高压直流工程及其 500kV 配套工程全部取得电力规划设计总院评审意见。

提升规划水平 完成电网规划及专题分析 50 项，深化省级行政中心高可靠性供电方案，电气化铁路"非同杆、双电源"供电优化完善方案研究，全面消除 220kV 变电站单线供电问题。《江西省配电网建设改造"十三五"规划》获国家能源局认可。

推进项目储备 开展电网发展月度需求分析，跟踪生产运行和供电服务需求，完成 98 项 110kV 及以上输变电工程核准，其中 500kV 核准赣州西等 3 项重点工程。完成 2016～2017 年小城镇（中心村）农网改造升级等配电网项目储备，开工建设 3 个市公司配网自动化系统，完成 7 个可研立项。

《坚持"六个注重"，深化电网规划精益管理》入围国家电网公司 2016 年典型经验。承担国家电公司主动配电网建设、电网设备运行信息统计分析系统、大数据配电网投资分析微应用建设试点示范工程。参与起草配电网4项国家电网公司企业标准、1项团体标准起草工作。参与的《配电网规划计算分析研究开发及推广应用》获国家电网公司科技进步二等奖。

超前电网布局，加快项目立项建设，化解临空区改革风险。摸清155个工业园家底，形成《关于全省园区配电网调研情况的报告》，推动27个园区移交非公司配电网资产，资产规模2.12亿元。制定工业园配电网专项规划，引导地方政府正确理解改革。完成《赣江新区电网发展规划》，加快上饶经开区等热点区域配电网项目立项，跟踪江西省上报增量配电网试点备选项目，改变赣州售电侧改革试点意愿。

经营管理　全年核定项目投资预算110亿元，跨年项目结转2739个，完工项目关闭5874个。全年实现"两金"压降1.37亿元。推进县公司"子改分"，7月1日起所有97家县公司转入分公司模式运作，并于12月初全部完成原子公司税务、银行账户、工商及产权注销工作。加大工业园区等优质资产的接收力度，累计接收用户资产2.1亿元。优化融资结构，累计节约财务费用2.09亿元。开展为期3个月的财务检查和资金安全专项检查，针对检查发现的问题整改落实。做好内控专题评价，建立月度财务分析制度，营财一体化建设通过总部验收。

安全生产　未发生七级及以上电网、设备、人身、信息安全事件，未发生七级及以上责任质量事件。《安规》调考位列国家电网公司第2名。落实防烧变、防烧柜重点措施，大力开展反措排查，加快家族缺陷设备改造力度，变电设备故障非停事件明显减少；抓实线路"六防"（防雷击、防鸟害、防风偏、防覆冰、防外破、防舞动）治理，强化架空线路"三跨"（跨高速铁路、高速公路和重要输电通道）区段隐患整治，降低线路故障停运率。制定《2016年安全监督工作要点》，开展"安全管理提升"活动，统筹推进32项安全管理提升措施。

落实输变电工程施工安全风险预警管控，发布四级施工作业风险预警84项。完成第4轮县公司全覆盖安全稽查，评价"两票"112 182份，合格率99.95%。建立全省一体化反违章管控平台，约谈警示施工单位313家，停标处罚26家，查处违章3981起，同比下降41.3%。开展4家地市、20家县公司安全性评价，排查电网安全隐患4171项。发布七级以上电网运行风险预警927项，排查整治各类隐患17 762项。

建成"部门横向协同、层级纵向到底"的质量监督体系，编制完成《工程质量建设质量管理评价标准》，开展工程建设质量管理试点评价工作。全年开展质量事件调查300余起。全年发布雨雪冰冻、强降雨、台风等预警14次，协同应对了4次台风、8轮强降雨侵袭，恢复因灾停电的71.6万用户供电。

营销工作　2016年，全省供电客户数1812.597万户，完成售电量累计952.58亿kWh，电费回收率100%；业扩净增容1873.85万kVA，同比增长11.56%；实施电能替代项目1967个，累计完成替代电量24.71亿kWh；并网分布式电源13 641户，并网容量30.58万kW。安装智能电能表512.59万只，全省累计电能表1825.51万只，智能电能表覆盖率99.86%，年度平均采集成功率99.12%。全年未发生重大供电服务事件。

推动政府出台电能替代奖励政策，拉动售电量增长2.4个百分点；推进充值购电工作，居民费控客户数突破627万户；台线管理、用电稽查、反窃电查漏补缺，追补电量1.41亿kWh；创新订单式计量器具配送模式；深化"客户经理进万家"活动，开展"访客户、进班组、解难题"工程；支撑省委省政府"降成本、优环境"活动，117个园区派驻供电服务机构。

5个供电所获得国家电网公司五星级供电所称号，全面消除二星级以下供电所；荣获全国电力行业装表接电技能大赛团体二等奖。

确保电改按照中发9号文精神和国家电网公司原则平稳推进，化解南昌临空区电改试点和赣州电改风险，参与江西省售电侧改革方案起草；引导省陶瓷工业基地、崇仁工业园增量配电业务改革试点；打造"多表合一"鹰潭模式，实现整区"成建制"覆盖；会同省交通厅、高速集团，推动国家电网公司充电设施建设计划落地，实现昌九城际互通快充网络全线贯通。

农电工作　组建省市两级配网办公室，建立配电网工程管理工作机制，开展配电网优质工程创建，配电网投入比例提高到72%，推进配电网建设改造。全年治理30.35万户农村低电压，推动101个农村配电网"整乡整镇"建设改造工程建设，启动3270个小城镇（中心村）电网改造升级工程和"村村通动力电"专项工程建设。全年累计完成新建改造10kV配电变压器12 684台，线路12 351km，改造户表226万户，户均容量提升至1.93kVA。治理重过载台区5657个、重过载线路379条、农村低电压30.35万户。推动1653个小城镇（中心村）和101个"整乡整镇"配电网改造升级，5个配电网项目获得国家电网公司配电网"百佳工程"称号，入选数量位列国家电网公司第二名。配电网工程建设实现了"零伤亡、零事故"安全目标。

科技与信息化 获省部级、国家电网公司科技进步奖各类奖项 19 项。其中，获得中国电力科学技术奖三等奖 4 项，江西省科技进步奖二等奖 4 项（参与 3 项），江西省科技进步奖三等奖 6 项（参与 4 项），国家电网公司科学技术进步奖二等奖 2 项（参与 1 项）、三等奖 3 项。

申请专利数 150 项，完成总部下达年度计划数的 108%，其中发明专利申请 98 项、实用新型专利申请 52 项。获得专利授权数 85 项，完成总部下达年度计划数的 110%，其中发明专利授权 30 项，实用新型专利授权 55 项。发表论文 132 篇，其中 EI（工程索引）、ISTP（科技会议录索引）源刊论文 22 篇；获得软件著作权 33 项；发表论著 2 部。牵头制定编写 2 项国家电网企业标准、8 项中电联团体标准，参与制定 4 项企业标准。

省干 OTN（光传送网）系统改造和基层站所网络覆盖一期工程提前竣工，实现主干通信网带宽提升 4 倍，供电所（营业厅）通信覆盖率提升 36%。完成生产管理系统 PMS2.0、一体化电量与线损管理、大数据平台等重要系统建设和海量平台与线损管理、电网运营监测等系统接口改造，完成 97 家县公司"子改分"信息系统适应性调整。第三季度，信息通信专业同业对标排名第 7 名。信息通信系统稳定运行，全年未发生八级以上安全事件。信息专业在国家电网公司红蓝队区域对抗赛和总决赛中，分别取得第 3 名和第 9 名，国家电网公司信息通信调度运维调考团体获第 6 名。安排专项资金，完善早期建设的 102 项输变电项目履行环保法律法规审批程序。

优质服务 应用主动抢修工单和预警工单，开展抢修"三级督办"。增设 249 个网格化抢修站点，建成城区"一刻钟抢修响应圈"，故障修复时长缩短 39.4%。加强设备管控，强化本质安全。加强配电网运维、提前消除设备缺陷、有效管控停电计划，10kV 线路故障停运率下降 29.2%，线路可用系数提升 0.05 个百分点。全力推进供电服务指挥中心再提升工程，完成县公司城区 223 个抢修站点建设。

开展优质服务竞赛；投诉降幅、百万客户投诉量双列国家电网公司第一名。将客户用电需求转变为各转业日常工作要求，2016 年投诉总量下降 33.6%，客户投诉降幅和百万客户投诉指标在国家电网公司排名第一。供电服务指挥中心管理经验获全国企业管理现代化创新成果二等奖。

增强 95598 业务管理。组织江西省 7 大专业共 700 余人开展知识库信息全面核查，共计修编知识信息 3302 条，知识库信息报送及时率、合格率均为 100%。组织编发《95598 申诉业务指导手册》，规范申诉业务处理时限、工作流程，分类收集申诉成功案例，指导各市县公司合理、规范发起申诉业务，2016 年累计成功申诉 1595 件。

丰富中心营业厅互动化服务，A、B 级厅实现 WIFI 的 100% 全覆盖；依托营业厅信息管理及监控平台，完善人员、设备、地理位置等电子信息，推行窗口服务在线痕迹化管理，2016 年累计通报窗口问题 2779 件。营业厅投诉连续 2 年下降 40% 以上。开展"访客户、进班组、解难题"活动，贯彻落实省委省政府"降低企业成本、优化发展环境"专项行动，市县公司共计走访用电大户、工业园区、上市企业 7925 家，收集意见、建议共计 2913 条。

推进供电分离工作，统筹部署签订框架协议，2016 年合计改造项目 136 个，涉及用电客户约 15.36 万户。推进光伏扶贫工程项目，配合地方政府和项目业主开展批量并网验收，2016 年，光伏扶贫项目并网 9478 户，容量 8.28 万 kW。

党的建设和精神文明建设 开展"两学一做"学习教育，紧盯"基础在学、关键在做"，党组带头学习研讨、传承红色基因，广大党员在创新创优、抗洪保电中模范践行"三亮三比"，"四讲四有"落细落实。

落实制度治党，首次明确党建发展战略、细化举措，党建主体责任、第一责任、"一岗双责"进一步落实，"四查"工作高效完成，支部负责人公推直选、党员认领支部日常工作形成常态，支部负责人无候选人公推直选试点稳步推进，支部"四个规范化"建设水平明显提升。围绕中心工作抓党建，支部责任区建设、党员责任区和党员示范岗创建、共产党员服务队竞赛、党员项目攻关促进争先进位成效显著。围绕队伍建设创新思想政治工作，开展全员"传承红色基因 打造卓越名片"大讨论，全面推行"三知四访五必谈"思想工作方法、党员"一带二"和党员干部直接联系群众制度，深化"四服务"，聚焦提高员工和客户认知率抓传播、增强认同率重实践、约束言行举止强管理。完成全国党建研究会和国家电网公司党建研究课题。

2 名员工荣获全国劳动模范，1 名党务干部被评为中央企业优秀党务工作者、2 名党员被评为省优秀共产党员、6 名党员当选省第十四次党代会代表，1 个集体被授予"全国青年安全生产示范岗"、2 个项目获第三届中国青年志愿服务项目大赛银奖，1 名员工入选江西省"十大雷锋哥姐"、4 名员工入选"中国好人"，《江西日报》分 4 期报道共产党员服务队先进事迹，参加国家电网公司第二届青年创新创意大赛获 2 金 2 银 1 铜和 1 个工器具革新奖。

（孙目元　朱芳芳）

【国网四川省电力公司】

企业概况 国网四川省电力公司（简称国网四川电力）是国家电网公司的全资子公司，主要负责四川境内国家电网的规划建设、运营管理和电力供应。2016年，固定资产投资259.63亿元，其中电网投资254.12亿元；新增变电容量641.35万kVA、输电线路1145.58km；核准110kV及以上项目65项、开工56项、续建78项、投产48项；售电量1673.75亿kWh，同比增长6.04%；资产负债率73.80%，同比下降0.87个百分点；流动资产周转率23.49次；净资产收益率0.42%，比计划增加0.16个百分点；电费全部结零，陈欠电费回收5.02亿元；业扩净增容量1720万kVA，同比增加26.65%。

领导班子

总经理、党委副书记：石玉东

党委书记、副总经理：潘敬东

副总经理、党委常委：李华

副总经理、党委常委、国网成都供电公司总经理、党委副书记：褚艳芳

副总经理、党委常委：董京营

总会计师、党委常委：杨桂荣

党委常委、纪委书记：周群

副总经理、党委常委：刘勇

党委常委、工会主席：左宇龙

副总经理：陈云辉

总工程师：石俊杰

副局级调研员：潘贤芝（2016年2月4日免职并退休）

副局级调研员：胡柏初（2016年9月21日免职并退休）

组织机构 本部设27个职能部门：办公室、运营监控中心、发展策划部、财务资产部、运维检修部、安全监察质量部（保卫部）、营销部、建设部、农电工作部、电力调度控制中心、审计部、经济法律部（体改办）、人事董事部、人力资源部、电力交易中心、物资部（招投标管理中心）、科技信通部（智能电网办公室）、离退休工作部、后勤工作部、思想政治工作部（直属党委办公室）、监察部（纪委办公室）、对外联络部（品牌建设中心）、证券管理部、公司工会、国网公司企业管理协会四川分会、国网公司成都援藏办、四川省公安厅直属二分局。下设发电、供电、电力建设、科学研究、教育医疗、集体企业等单位42个。下设市、州级供电公司22家，发电企业1个。22家供电公司为：国网四川电力成都供电公司、国网四川电力乐山供电公司、国网四川电力德阳供电公司、国网四川电力雅安电力（集团）公司和国网四川电力雅安供电公司、国网四川电力眉山供电公司、国网四川电力攀枝花供电公司、国网四川电力阿坝电力有限责任公司和国网四川电力阿坝供电公司、国网四川电力绵阳供电公司、国网四川电力天府新区供电公司、国网四川电力达州供电公司、国网四川电力凉山供电公司、国网四川电力泸州供电公司、国网四川电力宜宾供电公司、国网四川电力南充供电公司、国网四川电力广元供电公司、国网四川电力内江供电公司、国网四川电力广安供电公司、国网四川电力遂宁供电公司、国网四川电力资阳供电公司、国网四川电力自贡供电公司、国网四川电力巴中供电公司、国网四川电力甘孜电力有限责任公司和国网四川电力甘孜供电公司。22家市、州供电公司有县级供电公司150个（其中全资102个，控股46个，代管2个）。1个发电企业为国网四川省电力公司映秀湾水力发电总厂。

电网概况 四川电网是国家电网与地方电网并存的省份之一，国网四川电力作为四川电力市场供应主体，经营区域涵盖全省21个市州，通过22个地市供电公司承担四川绝大部分地区的供电任务，同时，通过控股、代管、趸售等方式向地方电网供电。

四川电网经营区域（含控股、代管，下同）拥有110kV及以上变电站1047座，变电容量21127.8万kVA，交流线路长度57069.2km，直流换流站1座，直流换流容量357.1万kVA，直流线路长度2070.5km。其中500kV变电站45座，开关站1座，容量7494.4万kVA，线路长度14003.3km；220kV变电站224座，开关站2座，容量7227.5万kVA，线路长度18887.9km；110kV变电站778座，容量6406.9万kVA，线路长度24178.1km。基本形成500kV电网覆盖全省，多层级电网协调发展的格局，四川电网已从局部电网跃升为联通西北、华中、华东、华北四大区域电网、特高压交直流混联运行的枢纽电网。

四川全社会用电量2101.02亿kWh，成为全国第8个突破2000亿kWh的省（区、市）。电网统调口径累计上网电量1454.6亿kWh，同比增长1.87%。其中：水电1185.2亿kWh，同比增长6.36%；火电239.0亿kWh，同比下降20.7%；风电20.9亿kWh，同比增长109%；光伏9.6亿kWh，同比增长339%。统调口径累计网供电量1533.2亿kWh，同比增加4.0%。城市综合电压合格率99.994%，农网综合电

压合格率 99.550%，500kV 及以上精益化变电站比例 95.00%，10~20kV 城市配网架空线路绝缘化率 90.00%，4 项指标全部处于国家电网公司同业对标排名 A 段。

四川电网全口径装机容量 9108.2 万 kW，其中：水电 7245.5 万 kW，火电 1642.1 万 kW，风电 124.7 万 kW，光伏 95.9 万 kW。调度口径装机容量 8553.9 万 kW，有发电厂 2811 座，机组 6251 台，其中：水电 6972 万 kW，占总容量的 81.5%，机组 6093 台；火电 1362.2 万 kW，占总容量 15.9%，机组 113 台。

2016 年四川电网调度口径最大发受电电力 3518.9 万 kW，同比增加 464.1 万 kW，增幅 15.2%；日最大发受电电量 7.29 亿 kWh，同比增加 1.09 亿 kWh，增幅 17.6%。统调口径日最高网供用电负荷 3283.6 万 kW，同比增加 457.2 万 kW，增幅 16.2%；日最大网供用电量 6.46 亿 kWh，同比增加 0.98 亿 kWh，增幅 17.8%。外送电量再创新高，全口径外送 1285.46 亿 kWh，国网四川电力净外送 264.35 亿 kWh，分别同比增长 4.82%、24.26%。外购及留川电量 213.13 亿 kWh，同比增长 5.71%。

人力资源 2016 年末，全口径用工 10.6 万人，同比减少 3.85%，其中主业用工 8.66 万人，减少 2.16%；人才当量密度 0.9894，同比增长 2.86%。滚动修订《"十三五"人力资源规划》，全面落实《人力资源计划管理实施细则》，优化下达基层单位人资计划指标 29 项。完成覆盖省地县三个管理层级、198 家单位、全口径用工的人力资源诊断分析，由摸清家底、数据治理扩展到查找管理短板、多维度对标，全面梳理、深入剖析 6 个专业管理方面的问题困难，制定出挂牌帮扶计划，提出 7 个重点诊断事项的可行性解决措施并组织实施。53 家全资县公司"子改分"工作全部完成。德阳什邡等 6 家控股县公司产权上划获得批复。完成成都、天府新区、资阳公司供电区域、机构人员、职责界面调整与划转。实施集体企业"瘦身健体"，累计压减 97 户，压减比例达 49%，精简用工 3192 人。人力资源对标工作获综合评价第 7 名、管理对标评价第 3 名、华中区域标杆。

投入培训经费 1.33 亿元，累计举办各类集中培训班 5087 期，网络培训班 29 个，培训考核 32.3 万人次，近 1.5 万人实现素质提升，全员培训率达 96.02%。选拔 276 名省公司级优秀专家人才，实施 22 名特高压人才专项培训，开展 25 期智能变电站培训，持续选拔培养 200 名"电力雏鹰"人才。加强竞赛调考管理力度，竞赛调考成绩由 C 段大幅跃升至 A

段，名次由第 12 名提升至第 5 名。组织 1.01 万人参加职业技能鉴定，2807 人参加专业技术资格评审。

电网建设与发展 2016 年，完成电网投资 254.12 亿元，110kV 及以上项目核准 65 项，开工 56 项、线路长度 1846km、变电容量 746 万 kVA，投产 48 项、线路长度 1146km、变电容量 641 万 kVA。35kV 项目开工 77 项、线路长度 917km、变电容量 46.5 万 kVA，投产 34 项、线路长度 403km、变电容量 22.6 万 kVA。在建 110kV 及以上输变电工程共 187 项、线路长度 7149.97km、变电容量 3174.30 万 kVA。

推进重点地区电网整合。参与四川省"十三五"电力规划编制，与各市（州）达成战略合作协议。协调推动 ±800kV 雅中特高压直流工程前期工作，500kV 川渝第三通道纳入省重大项目集中开工并加快建设。加快推进 500kV 新都输变电、九江 220kV 配套等工程。"三通一标"应用持续深化，线路机械化施工成效良好，投运国网四川电力首座 110kV 模块化建设智能变电站。实施小城镇（中心村）电网改造升级和机井通电工程，开工项目 3940 个。投运 10 座充电站，初步形成环成都充换电服务圈、沪蓉高速四川段快充网络。

2016 年，54 项 110kV 及以上电压等级工程达标投产，其中 500kV 变电站工程 2 项、220kV 变电站工程 5 项、110kV 变电站工程 16 项、500kV 线路工程 6 项、220kV 线路工程 7 项、110kV 线路工程 18 项。川藏联网工程获得国家优质工程金质奖，实现国网四川电力工程建设领域国家级奖项新突破，填补了在国家工程类最高奖项空白。

安全生产 完善安全工作奖惩规定实施意见，树立安全工作正确导向，本质安全建设扎实推进，各级安全责任压紧压实，保证安全生产平稳有序。深刻汲取西安"6·18"和丰城"11·24"事故教训，重点开展"三查三强化"和建设领域专项排查，全年共治理安全隐患 1.5 万余项。贯彻"两个规范"要求，预警管控各类电网运行和施工作业风险 1000 余项。狠抓作业现场安全管控，累计查处各类违章 1700 余起。强化输电"六防"整治，首批建成国家电网公司防冰害标杆线路，完成锦苏直流及接地极线路抗冰改造、500kV 西锦三线、普洪二线滑坡整治。建立变电"五通"体系，德阳换流站连续 5 年获评国家电网公司红旗换流站。深化停电计划刚性执行和配网调控管理，主网停电计划执行率提高 19%，配网临停率下降 50%。完成运检智能分析管控系统 I 期示范建设，开展电缆线路智能移动巡检、变电站辅助监控系统试点应用，机器人巡检系统实现 500kV 变电站全覆盖。加强信息安全管理，完成网络攻防演练。完成三大直流满功率运维保障及 G20 杭州峰会、西博会等保电任务。

推行风险分级管理、隐患排查治理双重预防性工作机制，创新安全监督方式方法。全年未发生人身死亡事故、一般及以上电网设备事故，重大火灾事故，五级信息系统事件，负同等责任的特大交通事故，成功处置各类突发灾害。截至 2016 年 12 月 31 日，国网四川电力实现安全生产 4326 天。

经营管理 全年实现营业总收入同比减少 1.9 亿元，下降 0.21％，其中主营业务收入同比减少 1.76 亿元，下降 0.19％；营业总成本同比减少 1.12 亿元，降低 0.12％，可控成本比预算节约 4.4 亿元，节约 4.45％；资产负债率 73.79％，比预算下降 2.36 个百分点，同比降低 0.88 个百分点；净资产收益率 0.46％，比预算增加 0.2 个百分点；流动资产周转率 23.02 次，同比降低 1.58 次。

开展"效益提升年"活动，强化亏损企业治理，减少亏损子公司 51 家，超过国家电网公司下达任务 47 家，减亏 7.78 亿元。完成股权投资清理处置 42 项，成功消除国家电网公司系统唯一"僵尸企业"，完成启明星铝业股权划转。规范工程项目后期管理，清理 2014 年及以前项目 538 项。开展审计发现问题整改"回头看"，及无电地区电力建设、农网维护费管理等审计，促进增收节支 2.15 亿元。加强运营监控（测），挽回经济损失 4500 万元。实施电费排查专项行动，回收陈欠电费 5.02 亿元，较计划多回收 1.32 亿元。业扩报装净增容 1719.87 万 kVA，同比增加 26.65％。完成电能替代 42.23 亿 kWh，水火替代、自备电厂停发替代 113.02 亿 kWh，分别同比增长 12.19％、33.22％。综合线损率同比降低 0.22 个百分点，降幅居国家电网公司系统第 3 位。

2016 年，售电量 1673.75 亿 kWh，同比增长 6.04％，其中：第一产业用电量 13.77 亿 kWh，同比增长 11.05％；第二产业用电量 1377.36 亿 kWh，同比增长 1.21％；第三产业用电量 317.18 亿 kWh，同比增长 13.95％；居民生活用电量 392.72 亿 kWh，同比增长 15.23％。电费全部结零，陈欠电费回收 5.02 亿元；业扩净增容量 1720 万 kVA，同比增加 26.65％；新增智能电能表 468.34 万只，用电信息采集 495.12 万户，"多表合一"集采集抄 13.4 万户。

四川外送电量再创新高，全口径外送电量 1286.99 亿 kWh，同比增长 4.94％，其中：二滩送重庆 45.12 亿 kWh，同比增长 25.44％；国调直调大型电站送出 977.45 亿 kWh，同比增长 6.75％。国网四川电力净外送电量 264.42 亿 kWh，同比增长 24.29％。外购及留川电量 213.13 亿 kWh，同比增长 5.71％，其中：购西北 17.25 亿 kWh，同比增长 68.38％；大型电站留川电量 195.05 亿 kWh，同比增长 2.28％。

深入研究新形势下"两个同步提升"实现途径，结合内外部改革变化，适应收入从"输配电价差"到"准许成本＋合理收益"的转变，及时调整经营策略。强化对标管理，对标综合排名居国家电网公司系统第 13 位（较 2015 年提升 8 位），获评综合进步单位、管理进步单位。电网运行风险预警、备用调度体系建设入选国家电网公司典型经验。深化资产全寿命周期管理体系应用，在中西部地区率先达到"领先型"标准。

节能减排 2016 年，国网四川电力线损率完成 9.15％，同比降低 0.22 个百分点，降幅排国家电网公司并列第三，减少电量损失 4.45 亿 kWh，减排二氧化碳 13.63 万 t；10kV 及以下线损率完成 6.35％，同比降低 0.65 个百分点；"节约电力"指标累计完成 13.16 万 kW，"节约电量"指标累计完成 5.1644 亿 kWh，"节约电力、电量指标"年度目标完成率分别为 155.19％和 108.95％。

深化电能替代，拓展增量用电市场，扩展自备替代时间和范围，进一步降低自备替代企业增加购网电量成本。拓展电能替代领域，在电锅炉和餐饮行业"以电代气"方面取得突破进展。全年实现替代电量 42.23 亿 kWh，同比增加 7.14％。

农电工作 国网四川电力提出供区内"2016 年全面消除农村现存低电压问题、2019 年实现贫困地区农村电网改造全覆盖、2020 年实现贫困地区供电服务均等化"的工作目标。完成农村电网投资 85.14 亿元，新建和改造 35kV 及以上变电站 41 座，新增变电容量 105.35 万 kVA，新建和改造 35kV 及以上线路 738.32km；新建 10kV 线路 13 479.86km，新增配电变压器 15 665 台，新增配电变压器容量 227.2 万 kVA；新建低压线路 47 880.17km，治理农村"低电压"60.2 万户，供区内农村用户年停电时间和平均电压不合格时间由"十一五"的 113.88、332.88h 分别降至 2016 年的 19.27、39.42h。2016 年 10 月，四川省政府与国家电网公司签署电网改造升级和机井通电工程合作协议，计划 2 年内投资 94 亿元，主要用于

6000个小城镇（中心村）电网改造，实现5000眼农田灌溉机井通电，重点改善四川省贫困地区农村电网基础设施。

制定精准扶贫文件，把电力扶贫与电网规划建设、农网改造、居民同网同价、供电服务、对口帮扶、电力志愿服务等工作结合起来，获评四川省定点扶贫工作先进单位，精准扶贫项目荣获全国"2016民生示范工程"。助力彝兴微信商城正式上线，为贫困户4000余只跑山鸡搭建销售平台；安排资金56万元，支持阿吼村发展种植、养殖业，搭建产业脱贫平台，实现"输血式"扶贫到"造血式"扶贫的可持续发展。2009年3月，国网四川电力与马边县人民政府共同出资组建新的供电企业——马边县供电公司，截至2016年底，累计投入电网建设资金6.65亿元，建成6个变电站。加大电网改造力度，投入10kV及以下农网改造资金2.26亿元，彻底解决马边县1681户无电户用电，电价从0.85元/kWh降到0.457元/kWh。2015年以来，累计安排3.27亿元资金对仪陇县实施电网改造升级，新建10kV线路239.04km，新增配电变压器672台，新增配电变压器容量8.52万kVA，新建低压线路2295km。加大安溪潮村电网建设改造力度，户均配电容量达到2.42kVA。

科技创新 推进实验室、科技攻关团队、科技研发和技术标准"四位一体"创新体系建设，技术标准创新基地通过国家电网公司验收，实现国家电网公司级科技攻关团队"零"突破。新提报IEEE和IEC国际标准提案4项，获IEEE全球首次颁发的标准推进特别贡献奖（管理类）。获国家科技进步二等奖1项、省部级10项，首次以第一完成单位获得国家电网公司科技进步一等奖。取得专利授权331件，其中发明专利134件。获国家级管理创新成果二等奖2项，省部级管理创新奖36项，国家电网公司软科学二等奖1项，优秀QC成果7项。命名国网四川电力职工（劳模）创新工作室65个。

组织"电网设备地震及其次生灾害评估预警及防护""超特高压直流输电系统暂态过程监测及抑制""风光水多源接入电力系统安全分析及协调外送"3个课题团队参加国家电网公司科技攻关团队申报，其中"电网设备地震及其次生灾害评估预警及防护"科技攻关团队通过了答辩评审，被评为国家电网公司科技攻关团队。

作为国家电网公司首批批准筹建的技术标准创新基地试点单位，编制发布《四川公司技术标准创新基地管理办法》，成立了4个技术标准工作组，提交多项技术标准提案。推进"厂/站低压供电系统"电力行业标委会申请；编制完成"厂站用辅助供电系统"等2个技术标准体系表，开展技术标准验证平台建设。牵头或参与编制6项国家标准、10项行业标准、1项团体标准、3项地方标准和9项国家电网公司标准。

获得2015年度国家科技进步二等奖1项，中国电力科技进步一等奖1项、三等奖2项；2016年度中国电力科技进步一等奖2项、二等奖2项、三等奖2项。同业对标指标"科技成果指数"列国家电网公司第7名。申请国内专利309件，其中发明专利146件；获得专利授权331件，其中发明专利134件。

优质服务 针对热点投诉，设立供电服务"曝光台"，定期发布分析报告、检查通报典型案例。做好掌上电力APP的推广应用，通过APP发起购电交易87万笔，购电金额8506万元，初步形成线上线下、立体多维的交费网络。强化高危重要客户安全管理，对2226户高危重要客户实施供电电源和自备应急电源核实工作，出具用电检查结果通知书1187份，提出隐患整改意见1788条。

党的建设和精神文明建设 开展"两学一做"学习教育，党课展示、微宣微讲等活动全面覆盖基层党组织和党员，"三个建设"成效显著。召开国网四川电力第一届党代会，完成1689个党组织换届选举。组织党组织书记讲党课4000余场，集中展示12个优秀党课案例，征集500余件作品参加"微宣微讲"竞赛，举办"两学一做"先进事迹报告8场，在党员中广泛开展"重温入党誓词"、党章党史知识答题等活动。坚持学做结合，大力开展"党员示范岗""党员责任区""三亮三比"主题活动，推进服务型党组织建设，打造首批示范点31个。

开展三轮18家单位巡察，经验做法得到国家电网公司高度肯定并推广应用。实施"清风川电"主题教育和"讲规矩、转作风、作表率"活动。完善《领导干部管理办法》等8项制度，从严治理干部配备"三超两乱"。制定《职员职级管理办法》。狠抓一线职工技能培训，信通、调控、安监等竞赛调考取得可喜成绩。全面推进"三州"地区职工周转房建设。编制《"十三五"企业文化建设实施意见》，深入开展"建设卓越文化、追求卓越品质"主题实践活动，积极推动卓越文化进专业、进班组、进站所。30家市县供电公司、直属单位通过省级（最佳）文明单位测评验收，3名职工被评为"四川好人"。发布在川央企首份服务地方经济社会发展白皮书。中国电力作家协会四川分会正式成立。职工原创微电影荣获全国微影视大赛金奖。累计建成全国职工书屋示范点 28 个。新建川电留守学生之家 8 所。离退休"两项待遇"有效落实。未发生影响公司形象与声誉的信访、维稳、保密、舆情等事件。公司获得省部级及以上集体（个人）荣誉 103 个，其中荣获全国、全省"五一"劳动奖状（章）8 个，国家电网公司劳模、特等劳模共 5 名。

主要事件

1 月 6 日，国网四川电力调控中心承建的四川省、地、县调控系统一体化模型数据中心正式上线运行。四川省调成功构建覆盖全川±800kV 特高压直流至 10kV 配网设备的一体化模型、数据管理平台。

2 月 10 日，中国企业联合会发布了第二十二届全国企业管理创新成果获奖名单，国网四川电力申报的"复杂人文、自然环境下的大型电力联网工程绿色施工管理"和"基层电网企业以'包片进村'为依托的农电管理提升"等两项成果获国家级管理创新成果二等奖。

4 月 6 日，±800kV 锦苏特高压直流线路抗冰改造工程全面展开，重点拆除锦苏特高压直流线路及接地极线路旧塔 23 基，新建 29 基，拆除线路 8.373km，新建线路 8.4km，调整线路 2.6km。

5 月 12 日，国内最大的水电送端省级电力市场交易平台——四川电力交易中心有限公司在成都挂牌成立。

5 月 18 日～6 月 3 日，四川首次在电力市场交易平台上开展水火替代补偿交易，共成交电量 49.16 亿 kWh。

6 月 29 日，四川境内±800kV 锦苏、复奉、宾金 3 条特高压直流输电线路相继进入满功率运行。三大特高压直流线路送华东电网功率分别为 640 万、720 万、800 万 kW，总输电功率 2160 万 kW，占华东最大负荷的 10%，日送电量 5.19 亿 kWh。相当于每天减少原煤消耗约 23 万 t，减少二氧化碳排放约 49 万 t。

7 月 6 日，在合肥召开的 IEEE P1893&P1894 第五次工作组会上，国网四川电力包揽 IEEE 标准特别贡献奖。两项国际标准《IEEE P1893 直流输电线路及接地极线路参数测试导则》和《P1894 电力系统暂态过电压在线测量与记录系统技术导则》由国网四川电力牵头制定。两项标准在日本通过了最终评审，标准有效期为 10 年。

8 月 19 日，《亮丽四川——国网四川省电力公司服务四川"十三五"经济社会发展白皮书》在成都发布，这是驻川央企发布的首份服务地方经济社会发展白皮书。

9 月 27 日，G42 沪蓉高速四川境内淮口、遂宁、南充、岳池、荆坪等 5 对双向服务区的 10 座电动汽车快充站投入运营。

10 月 31 日，川渝电网 500kV 第三通道工程正式开工建设。川渝电网第三通道起于四川资阳市雁江区，止于重庆铜梁区，总投资 11 亿元，全长 327.5km。

11 月 7 日，国家电网公司 2016 年度±800kV 复奉、锦苏、宾金三大特高压直流输电线路满功率运行工作收官。国网四川电力驻守在 18 个保电站的 308 名巡线工经过 130 多个日夜的努力完成任务。

11 月 15 日，国网四川电力原创歌舞剧《我愿意，谢谢你》在中央电视台"我要上春晚"节目中，以全场最高票晋级"直通春晚"节目。

11 月 19 日，由国网四川电力推送的电力员工原创歌曲《我想请个假》在西安举办的"中国梦、劳动美"第三届全国微影视大赛中摘得"MV 类金奖"，音乐作品同时获得"最佳原创音乐奖"。

12 月 11 日，由国网四川电力牵头申报的《川藏特殊地质地貌区输变电工程关键技术、装备研制及工程应用》项目获国家电网公司科技进步一等奖，这是国网四川电力首次作为牵头单位获得国家电网公司科技进步一等奖。

12 月 13 日，由国网四川电力为项目法人负责申报的西藏昌都电网与四川电网联网输变电工程，即川藏电力联网工程，荣获 2016～2017 年度国家优质工程金质奖。

12 月 15 日，四川省全社会用电量突破 2000 亿 kWh 大关，达到 2100 亿 kWh，较 2015 年增长 5.42%。四川成为中国第 8 个全社会用电量超过 2000 亿 kWh 的省（区、市）。

（程彦韬）

【国网重庆市电力公司】

企业概况 国网重庆市电力公司（简称国网重庆电力）1997 年 6 月 6 日随重庆直辖成立，是国家电网公司的子公司，负责重庆地区的电网规划建设、运营管理、电力销售和供电服务工作。经营区域覆盖全市 38 个区县，面积 7.9 万 km²，服务人口约 3000 万人。

2016 年，国网重庆电力固定资产投资 104.1 亿元，其中电网投资 102.6 亿元；完成售电量 696.2 亿 kWh，同比增长 7.6%；营业收入 394.8 亿元，同比增长 0.9%；资产总额 682.9 亿元，同比增长 5.8%。

领导班子

总经理、党组副书记：路书军

党组书记、副总经理：王彦亮

副总经理、党组成员：莫文强

副总经理、党组成员：曹宁

副总经理、党组成员：吕跃春

党组成员、纪检组长：刘晋军

副总经理、党组成员：孙轶群

党组成员、国网重庆市区供电公司总经理、党委副书记：钟筱军

党组成员、工会主席：何建军

总工程师：刘昌盛

总会计师：陈虹

副局级调研员：柳杨

国网重庆市区供电公司党委书记、副总经理：陶时伟

组织机构 下设 42 个二级单位，包括 32 个供电分公司（10 个地市级供电分公司、22 个区县级供电分公司）、10 个业务支撑和实施机构。

电网概况 重庆电网西联四川、东联湖北，处于西南水电外送通道，是西南电网重要组成部分。截至 2016 年底，重庆电网市调直调装机容量为 1832.38 万 kW，其中火电 1357.9 万 kW，占总装机容量 74.11%；水电 446.71 万 kW，占总装机容量 24.38%；风电 27.78 万 kW，占总装机容量 1.52%。

重庆电网 500kV 网架已形成"日"字形双环网结构。骨干网架实现由 220kV 向 500kV 的转型升级，220kV 主干网络已覆盖全市所有区县，与四川、贵州、湖北 220kV 电网相联线路现已全部解环运行。500kV 形成 7 个供电片区分片供电，220kV 形成分层分区供电格局。截至 2016 年底，重庆电网 220kV 及以上变压器共计 224 台，变电容量 6073 万 kVA。其中 500kV 变电站 12 座（不含奉节串补站），变压器 28 台，变电容量 2425 万 kVA；220kV 变电站 95 座，变压器 196 台，变电容量 3648 万 kVA。

2016 年，重庆地区统调用电量为 723.98 亿 kWh，同比增长 7.17%；日用电最高负荷 1815 万 kW，同比增长 37.11%；日用电量 36 867 万 kWh，同比增长 37.5%；最大峰谷差 659.85 万 kW，同比上升 29.66%。外购最大电力 204.81 万 kW，同比增长 14.94%，全年未出现拉闸限电。

人力资源 截至 2016 年底，国网重庆电力有全民职工 22 718 人；人才当量 1.023，同比增长 2.65%。

培训领导干部、青年干部 324 人次；完成 46 个单位年度领导班子综合考核，有序组织干部交流调整。举办智能电网及特高压储备人才等各类专项培训 312 班期、7.2 万人天。配电网调度技能国家电网公司调考团体第五名、南岸公司万树伟获得国家电网公司全球能源互联网知识竞赛个人一等奖。高端人才培养取得新突破，南岸供电公司张毅获得中华技能大奖。初步建成了 4 个级别 3 个序列 3 个层次的人才选拔培养体系。在聘国家级人才 5 人、国家电网公司级（含省部级）人才 136 人。

完成"五位一体"要素比对，累计培训 1.1 万人次，要素比对率 98.57%。严格执行市场化用工"两次两级"审批制度以及用工和费用联动机制，用工总量同比减少 599 人。用工诊断分析与内部市场建设同步推进，细化考评激励，优化用工 1076 人。开展基层单位负责人业绩考核，定期发布基层单位关键业绩指标完成情况排名。推广一线员工积分同价机制，推广应用国网全员绩效管理系统，完善工资总额核定机制和绩效考评机制，形成差异化薪酬分配机制。

推进内部机构改革，制定规范集体企业经营平台法人治理结构实施方案，完成国网四川电力层面集体企业平台搭建及资本纽带关系建立，压减集体企业 79 户。提前 3 个月完成全部区县供电公司"子改分"工作。

电网规划与发展 结合重庆"五大功能区"发展战略，编制《配电网建设改造"十三五"规划》，并通过国家能源局评审；编制完成《"十三五"农网改造升级规划》，实现精准扶贫；市规委会通过《主城区输变电和配变电设施布局规划》审查，将电网规划纳入城市统一规划。

重庆电网总装机容量 2310.45 万 kW，其中国网重庆电力直调装机容量 1832.38 万 kW。2016 年，国网重庆电力共受理风电、垃圾发电项目共计 4 个项目。其中风电电源为：石柱千野草场风电场 6.4 万 kW、奉节金凤山风电场 11 万 kW、涪陵金子山风电场 5 万 kW；垃圾发电电源为：綦江垃圾焚烧发电厂 1.2 万 kW。蒲叶林风电场投产。9 月 23 日，蟠龙抽水蓄能电站工程项目正式开工，总装机容量 120 万 kW。

2016 年，完成电网建设投资 102.6 亿元。110kV 及以上线路开工 590km、投产 477km；变电容量开工 618 万 kVA、投产 532 万 kVA。截至 2016 年底，重庆电网 220kV 及以上变电容量 6073 万 kVA，其中 500kV 变电容量 2425 万 kVA，增长 3.19%；220kV

变电容量 3648 万 kVA，增长 6.39%。

特高压工程取得重大进展。酒泉—湖南±800kV特高压直流输电工程于 2015 年 5 月 18 日获得国家发展改革委核准，2015 年 9 月 15 日开工建设，2016 年11 月 13 日全线贯通。该工程重庆段全长 101km，由国网重庆电力建设管理。

500kV 川渝三通道线路工程于 2016 年 10 月开工，12 月 15 日转入组塔施工阶段。渝万高铁 220kV供电工程提前 40 天投产，安稳、奉节电厂 500kV 送出工程提前投产，220kV 九龙坡宝洪等 13 项受阻多年的难点工程取得实质性突破，板桥 500kV 变电站 3号主变扩建等 5 项度夏工程按计划在度夏前投运。2015 年新增农网、第二批城网建设改造工程和 2016年农网工程全面完成。29 项工程被国家电网公司确定为输变电优质工程，大足西禅、璧山茅莱变电站工程被国家电网公司命名为输变电创优示范工程，5 项配农网工程入选国家电网公司"百佳工程"。

新建智能变电站 28 座，累计达到 85 座（包括 3座新一代智能变电站），其中 500kV 变电站 1 座、220kV 变电站 20 座、110kV 变电站 64 座。开展 50个高速公路充电站和 8 个城市公用充电站建设，已建成 24 座高速公路充电站和 4 座市内公用充电站，累计电动汽车充换电站达到 41 座，充电桩 200 台，初步建成电动汽车充电服务网络。

安全生产 健全以各级行政正职为安全第一责任人的安全生产责任体系，强化"一岗双责、党政同责"，执行各级行政正职安全管理"十到位"、党委书记"六到位"规定。坚持"管行业必须管安全""管业务必须管安全"，健全安全风险管理体系、应急管理体系、事故调查体系，构建事前预防、事中控制、事后查处的工作机制。

建立本质安全建设"三制"（例会制、月报制、督查制），制定《本质安全建设 100 条实施意见》，将本质安全建设贯穿到"大安全"领域各个环节。开展安全质量督察 811 次，治理各类问题 869 个。推进安全"三提升"和运检"六提升"，开展"三查三强化"专项行动，健全安全风险管理体系和安全目标考核体系。围绕"严格法规执行、深化风险管控、夯实基础管理、强化保障措施"，开展安全管理提升活动。

以"勤排查、快治理、全覆盖"为工作要求，强化隐患排查治理，完善分级分类管理机制，细化和固化工作管理要求。强化两级安全质量督查队的有效运转，提升安全质量督查工作效能。开展督查 9037 次，督查发现问题 869 个，整改率 93.8%。整治站用交直

流、二次系统等领域隐患 1756 项，清理树障 174 万处。健全全口径作业信息管控平台，有效管控电网、施工等风险 1.5 万余项。修订各级大面积停电预案，组织应急演练 151 次。强化施工安全风险管控，建立线上和线下的立体监督模式。发挥"1＋N"风险预警机制作用，实现过程管控和闭环管理。

构建盗窃电力设施防范网络。组织开展"三大直流"满负荷运行通道外力破坏防控工作，配合市经信委完成电力行政处罚裁量基准修订。

面对年初严重雨雪冰冻和年中强降雨灾害，及时启动应急响应，第一时间恢复受损电力设施。迎峰度夏期间，严格落实各项保电措施，成功应对重庆电网最大负荷 1815 万 kW（比历史最大负荷增长 24%）。完成两条特高压直流满功率运维保障和 G20 杭州峰会等重要保电任务。

经营管理 完成"三集五大"体系提升 47 项重点工作，编制大中城市业务再集约方案。开展夯实管理基础工作，设备（资产）运维精益管理系统工作票开票率由 57% 提升到 98%，操作票开票率由 64% 提升到 95%，遥测数据合格率由 97% 提升到 99%，营配调贯通管理成效由国家电网公司 D 段提升到 A 段，物资按期到货率由 89% 提高到 99%。试点建成一线员工工时积分同价计酬机制；移动终端开票系统应用被选为国网安质专业推广项目；电能计量器具强制检定取得市质监局法定授权。

发布技术标准、补充规章制度 134 项；提炼卓越管理案例 47 个，9 项入选国家电网公司优秀案例；2项管理成果入围国家电网公司对标典型经验；2 项创新获得全国企业管理现代化创新成果二等奖；8 个QC 小组荣获"全国优秀 QC 小组"。通过 2016 年中国电力企业信用体系评价、评级暨信用体系 AAA认证。

实施开源节流、增收节支，开展经营诊断工作。加强预算过程管控，深化应用项目预算全过程执行数据展示平台，严格控制经营困难单位成本支出，抑制效益下滑。财务集约化逐步达到"实时管控、精益高效"的目标要求。加强电网基建工程投资预算和决算管理，优化物资招标，持续推进"两金"清理。加强物资集中招标管理，优化物资招标批次安排，提高采购质量和后续服务水平，降低采购成本。提前 1 年完成全面消除亏损企业目标。

制定《国网重庆市电力公司全面风险管理与内部控制"十三五"规划》。开展内部控制专题评价，健全全面风险管理机制。深化工程领域专项治理，开展

营销服务专项协同监督、机动车辆及房产管理专项整治和集体企业市场行为规范检查，整改内外部审计检查发现问题549个，配合完成审计署重大政策措施落实情况延伸审计、国家电网公司集体企业和物资专项审计。

营销工作 售电量696.2亿kWh，同比增长7.6%；全年净增容量999万kVA，同比增长25%。新装智能电能表319万只，累计安装1417万只，基本实现用电信息自动采集全覆盖。开展"电网连万家、共享电气化"主题活动，促成政府出台电能替代支持政策，完成电能替代电量17.5亿kWh，同比增长17%。不停电作业同比增长34%，实现多供电量1787万kW时。落实煤电价格联动，疏导电价矛盾2.38亿元。取得政府支持，回收重庆钢铁（集团）1.78亿元陈欠电费。35kV及以上实现分区分压分线同期线损管理。查处窃电、违约追补金额2394万元。消纳低价水电及增加市外购电，降低购电成本，优化安排投资规模和时序，全面消除亏损企业。与73个驻渝央企项目签订《供电分离移交实施协议》，完成21个项目施工改造，惠及民生2.17万户。配合市政府出台《重庆市国有企业职工家属区水电气分离移交实施方案》，完成38家市属国有企业的改造前期工作。

研究售电侧改革疑难问题，主动参与政府实施细则制定。配合政府修订直接交易方案，与政府和相关市场主体取得共识，协商签订三方市场化零售合同。有序承接市场化业务，完成市场化用户抄表结算及售电服务费支付。控股成立重庆电力交易中心有限公司，组织659家用户参与电力直接交易，完成大用户直接交易电量83亿kWh，带动工业企业多用电8.17亿kWh，工业产值多增加641亿元。

加大营销技术建设及应用力度，规范营销信息系统建设，完成407个系统功能需求开发，支撑市场化业务、"子改分"、业扩全流程管控等业务顺利推进。深化用电信息采集系统应用，推广专变用户、台区关口及末端用户电压采集，全年采集电压等数据4.4亿条次，采集成功率稳定在98.5%以上。参与国家电网公司宽带载波标准制定，开展宽带载波互联互通效能提升技术研究，累计推广宽带载波150万户，采集成功率达到99.75%。完成营配调贯通基础数据采录，营配调成果在台区线损管理中全面深化应用，可监测比例达到92.48%。

科技与信息化 开展国家科技支撑计划项目"山地城市电动汽车分时租赁模式及支撑技术研究与示范应用"的研究和示范应用，组织电动车分时租赁运营业务模式、分时租赁关键技术和管理标准体系以及分时租赁运营等研究，发表12篇论文，1项国际标准发布，起草1项地方标准。完成前端网页、后台系统及手机APP的开发、联调等工作，并通过中国电科院的安全测评。10月27日"E＋租车"平台正式上线。目前已建成241个分租点、529个充电桩、1座大型换电站和8座电客栈，投放2264辆电动汽车。"E＋租车"平台累计接入公司内部和特来电等企业充电桩共计928个。开通400客户服务电话，建成分时租赁体验中心、分时租赁运营中心。

加强科技攻关团队建设，构建三级科技攻关团队。建成2支国家电网公司、10支网重庆电力科技攻关团队。"电能计量器具性能评估实验室"升级为国家电网公司重点实验室，院士专家工作站获得重庆市授牌，自主研发的"一种复合型智能终端接线装置及插头装置"被美国专利及商标局授权发明专利，技术标准实施评价工作通过国家电网公司专家组验收。牵头编制1项电力行业技术标准、2项国家电网公司技术标准，参与国家电网公司技术标准制修订任务8项，获得国家电网公司技术标准创新贡献奖，被中国电力企业联合会评为电力标准化先进集体。

获得省部级及以上科技进步奖和专利奖共27项，包括：电力行业奖6项、重庆市科学技术奖3项、四川省和江西省科技进步奖各1项、国家电网公司科技进步奖13项、专利奖1项、技术标准创新贡献奖2项。全年新申请专利259项（其中申请发明专利86项）、授权专利136项（其中授权发明专利54项）；美国专利及商标局授权专利1项。获得软件著作权6项，出版专著1部。

全面启动并顺利推进SG-ERP3.0工程建设，同期线损系统上线运行，完成市场化售电业务应用系统建设，完成电子商城办公物资采购专区、营销移动业务应用平台等试点任务。建成投运企业级大数据平台，实现统一视频平台与13套业务系统集成，监测点位达9506个。建成云资源管理系统属地化调控模块，实现与总部云资源系统及本地I6000系统的应用集成。完成县供电公司"子改分"信息系统调整，建成包括乡镇供电所及班组一体化等21套微调系统。建成IMS系统（IP多媒体子系统）核心平台，实现与国家电网公司总部IMS系统对接及所有已建IMS网省公司的互联互通，初步建成全千兆骨干网架构（部分核心万兆）链路为主的高速数据通信骨干网络平台。完成国网重庆电力一体化会议电视系统二期建设。推进信息通信新技术行动计划，4项成果被评为国家电网公司信息通信新技术优秀成果。连续7年荣获"重庆市计算机信息系统安全等级保护工作先进单位"称号。

优质服务　主动对接全市38个重点项目，纳入业扩配套项目"绿色通道"管理，投资金额3.42亿元，平均建设时长同比降低34%。促成渝万铁路5座牵引站、机场集团东航站区等新建市级重点项目的按时投运，保障陈家桥、含谷等公租房顺利通电。推进95598故障报修直派区县，建立故障处理时长"事前三级催办、事后日监控"管控模式和故障报修工单抽检机制。促进城乡供电服务均等化，建成3个"五星级供电所"，23个"四星级供电所"。完成帮扶项目152项，光伏扶贫并网总装机容量3606kW。建立业扩配套"绿色通道"，供电方案审批效率、业扩项目送电效率分别提升30%、20%。业扩全流程信息公开与实时管控平台顺利上线运行，实现对电网配套工程建设、停送电计划安排等跨专业流程的流转共享与实时监控。供电方案审批效率和客户业扩项目送电效率分别提升30%和20%，压降结存容量327.22万kVA。推动"多表合一"信息采集建设，取得重庆市所有区县政府支持性文件42个，促成公租房"多表合一"，完成"多表合一"信息采集建设6万户。

开展服务态度百日治理、不规范服务行为专项整治等活动。开展行风建设和优质服务明察暗访，下发明察暗访专刊。参加市《政风行风热线》和《阳光重庆》节目，开展行风监督员走进电力活动。创新"两维三级"投诉预警机制，投诉同比下降14%。深化"互联网+"电子渠道建设与应用，完成"电e宝"缴费接入，完善"掌上电力"手机APP、微信平台功能。自有渠道注册用户达到70万户，办理业扩业务420户，线上缴纳电费2720万笔。开展营销服务专项治理及专项协同监督工作，行风投诉同比降低19.6%。实施红岩共产党员服务队深化建设"十项行动"，101支服务队，开展重大保电1051次，抢修抢险6433次，服务客户2.4万人次，志愿帮扶5177人次。

党的建设　开展"两学一做"学习教育，两级中心组集中学习390余次，各党支部集体学习3100余次。围绕四个专题开展专题讨论1900余次，讲党课1300余次。成立五个督导工作组，深入基层单位、支部督导检查47次。做"四讲四有"合格党员，开展"三亮三比"主题活动，设立"党员责任区"1221个、"党员示范岗"1810个。边学边查边改，梳理公司系统各单位问题232个，制订整改措施384条，整改率100%。落实管党治党责任，制定实施方案，形成重点任务56项。推进"四项清理"专项工作，完成换届选举工作。开展红岩共产党员服务队十项行动，3800多人次参加志愿服务，为群众办好事2300多件。总结提炼3个党建创新案例入选国家电网公司创新案例集。完成干部档案专项审核2446人次。培训领导干部、青年干部324人次。完成46个单位年度领导班子综合考核。

完善党风廉政建设责任制考核细则，检查落实"两个责任"和"一岗双责"，并进行民主测评。强化惩防体系建设，37项任务分解落实到领导班子成员。开展党风廉政建设约谈，对查实的违纪违规问题负有管理责任的37人进行责任追究。深化"儒电廉网"工程，创建"警钟声声"微信公众平台，建立"廉鉴"飘窗，公示系统案例。举办四项法规主题讲座和考试，开展党纪党规知识竞赛。组织巡察基层单位59个次，开展7个专题驻点式督巡。

工会工作　组织对7个基层单位开展职工代表巡视检查，聘任公司第五届48名总经理联络员。组织"我为企业献一策"合理化建议活动。各基层单位三级公开实现常态化和长效化，公司厂务公开知情度和满意度平均达到98.63%。指导下属42个基层工会132家集体企业完成改革改制和19家基层单位开展子改分履行民主程序工作，有3个基层单位荣获重庆市厂务公开民主管理示范单位。

下发"十三五"班组建设再提升工程实施意见，编制班组建设信息化管理系统管理员手册以及操作手册。组织五星级红旗班组考评验收。国网重庆綦南供电公司调控班等7个班组荣获国家电网公司一流班组和工人先锋号，7个班组长获得国家电网公司优秀班组长。

举办酒泉—湖南±800kV特高压直流输电线路工程（重庆段）"五比一创"立功竞赛、带电检测技能竞赛及"高手在民间"厨艺技能大赛。召开劳模工作室展示推进会。2项职工技术创新成果获全国电力职工技术创新二等奖、1项获三等奖。南岸公司张毅荣获中华技能大奖。组织主持人培训班和主持人大赛。举办迎国庆展风采职工摄影比赛。举办四个片区职工运动会以及网球、篮球和足球联赛。健全完善职工书屋建设体系，推广"书香国网""国网家园"公众号，为13家基层单位配备数字阅读一体机。

国网四川电力及市区公司保持全国"安康杯"竞赛优胜单位，3个基层单位荣获2014～2015年度全国

"安康杯"竞赛优胜集体,2个基层单位获得重庆"五一"劳动奖状,南岸公司张毅荣获"国网工匠"称号,3人荣获国家电网公司劳动模范称号,1人荣获"2015~2016年度电力行业技术能手"称号,3人荣获重庆"五一"劳动奖章。

企业文化和精神文明建设 举办企业文化网络课堂,组织书记企业文化微宣讲,打造"牧江吟·书香长廊"等46个文化长廊,《"知·信·行"企业文化在班组落地路线图》获全国电力企业文化优秀成果。深化"卓越实践"主题活动,推广50个示范点,组织343个基层班组站所推进企业文化落地实践。建立团支部微信群,开办"微信开讲啦"主题团课,网上"青年训练营"活动,取得国家电网公司第二届"青创赛"1金1银3铜成绩。实施"光束行动",走进100所国家电网春苗之家,与100名家庭贫困的留守儿童精准结对帮扶。

举办"富民兴渝·电力先行"履责实践发布会暨社会责任沟通日,3个根植项目入选"国家电网公司优秀社会责任根植项目",编制《供电企业社会责任边界管理手册》。开展逐梦"最美国网人"传播,《电网企业基于"互联网+"的国家电网品牌传播管理》获重庆市管理创新成果一等奖。被授予国家电网公司品牌建设十佳先进集体,获中国电力行业年度"最佳责任沟通创新奖"。

主要事件 1月,国家电网公司智能电网创新示范工程——重庆朝天门智能港口便捷用电试点项目全面建成。该项目首次在国内内河港口使用智能电能组态监控系统,大幅提升了港口智能化和自动化水平。项目同步新建了电缆应力自动脱扣系统、安全保护自动断电系统、电能计量计费系统、智能人机交互操作系统。

8月23日,国家电网公司董事长、党组书记舒印彪在重庆与中共中央政治局委员、重庆市委书记孙政才举行会谈。

8月24日,中共中央政治局委员、重庆市委书记孙政才来到国网重庆电力调度控制中心视察。

8月25日,重庆电网负荷十创历史新高,达到了1815万kW,同比增长37.11%;最大日用电量36 867万kWh,同比增长37.5%。

9月1日,重庆电力交易中心有限公司举行揭牌仪式。其按照股份制公司模式筹建,其中国网重庆电力公司持股比例70%,其他企业和第三方机构参股。

9月,国网重庆电力完成全部区县供电公司"子改分"工作。

10月27日,国家科技支撑计划项目"E+租车"平台正式上线。2016年以来,持续开展国家科技支撑计划项目"山地城市电动汽车分时租赁模式及支撑技术研究与示范应用"的研究和示范应用,组织电动车分时租赁运营业务模式、分时租赁关键技术和管理标准体系以及分时租赁运营等研究,发表12篇论文,1项国际标准发布,起草1项地方标准,10月25日正式通过中国电科院的安全测评。"E+租车"平台正式上线,实现与力帆、重庆交运租赁、环球车享等平台的对接。

11月13日,甘肃酒泉—湖南湘潭±800kV特高压直流输电工程(简称酒湖线)重庆段全线贯通。酒湖线是中国目前输电距离最长的±800kV特高压输电工程,全长2383km,投资262亿元。酒湖线重庆段起于陕西省镇坪县窝坑东南,止于重庆市巫山县天鹅抱蛋南,全长101km,铁塔212基,均位于重庆巫溪、巫山县境内。标段内高山大岭占80%以上,杆塔最大高差493m。

11月26日,国家电网公司第二届"青创赛"优秀成果发布暨青年创新工作座谈会上,国网重庆电力客服中心与南瑞集团公司联合研发的《节能与电能替代"互联网+"综合服务平台》项目荣获金奖。

11月30日,国网重庆南岸供电公司张毅被国家人力资源和社会保障部授予"中华技能大奖"荣誉称号。

2016年,在2016(第三届)中国电力行业公众透明度论坛上,国网重庆电力社会责任管理工作获得年度"最佳责任沟通创新奖"。

(何润生)

【神华四川能源有限公司】

企业概况 神华四川能源有限公司的前身是成立于1993年8月10日的四川巴蜀电力开发有限责任公司;2012年3月,由中国神华能源股份有限公司与四川省投资集团有限责任公司按照51%和49%的股权比例通过增资扩股方式组建神华巴蜀电力有限责任公司;2013年4月,经公司股东会审议批准,更名为神华四川能源有限公司。主要经营范围:煤炭批发经营,电力和电力相关产业的投资、管理、技术咨询;电力生产、电力工程;电力设备安装、检修、调试;招投标代理;废弃资源和废旧材料回收加工;商品批发与零售。

截至2016年底,资产总额为56.52亿元,在册员工1635人,在役机组总装机容量138.52万kW,其中火电126万kW,水电12.52万kW,在建2×100万kW火电机组。

领导班子

董事长、党委书记：刘志强

总经理：蒋国俊

副总经理：罗晓放

党委副书记、纪委书记、工会主席：杨强

副总经理、财务总监：何丽娜

副总经理：季明彬

组织机构 本部设有"十部一中心"：经营计划部、生产营运部、工程建设部、战略发展部、内部控制部、财务产权部、人力资源部、党群（企业文化）工作部、纪检监察部、总经理工作部、燃料管理中心。

拥有分公司1个，全资及控股企业8个，参股企业10个：下辖神华四川江油发电厂1家分公司，四川神华电力工程公司、神华四川天明发电公司2家全资子公司，控股神华四川江油燃煤公司、神华四川北川通口公司、神华四川江油通口公司、神华四川卧龙公司、神华四川绵竹公司、神华四川西能公司6家企业，参股神华国神白马公司、华电广安发电公司、国电四川电力股份公司等10家企业。

公司战略 以神华集团"1245"清洁能源发展战略为指引，主动适应、把握经济发展新常态和能源发展新形势，瞄准"建设世界一流区域清洁能源企业"的一个发展目标，坚持"安全可靠、优质高效"的两大发展理念，坚定"立足四川、面向西南、清洁发展"的三个发展方向，以提高发展质量和效益为中心，以调整结构、转型升级为路径，以全面从严治党为保障，持续优化存量、拓展增量，努力开创各项工作新局面。

坚持"安全可靠、优质高效"两大发展理念。安全可靠是发展的基石和保证。深刻理解生产（基建）安全、环保安全、经济安全、政治安全"四位一体"大安全的辩证统一关系，打造"大安全"格局。优质高效是发展的动力和源泉。"优"就是高效益、高质量、可持续；"美"就是协调、简约、高效率；"精"就是专业、精益、低成本。

坚定"立足四川、面向西南、清洁发展"的发展方向。立足四川就是以现有资产所在地域为根据地，整合各种资源，注重发展质量和效益，结合实际优化存量、拓展增量，推动清洁能源发展。面向西南就是开放思维，当好神华集团战略落地和结构调整的探路人，发挥"桥头堡"作用，在西南地区树立神华集团品牌形象，为神华集团"1245"清洁能源战略寻求新的支点。清洁发展就是要坚持发展优质高效清洁项目，着力抓好现役火电机组清洁改造和供热转型、天明百万机组项目建设、可再生能源开拓、分布式能源项目研究等工作，构建"火水互济、风光并举、协调多元"的产业布局。

战略实施遵循的理念：以五大发展理念为引领，坚持创新发展，坚持协调发展，坚持绿色发展，坚持开放发展，坚持共享发展。战略实施遵循的方法论："系统思考、体系运作、目标管理、闭环落实、持续提升。"

战略实施路径：一是抓住从严治党这个根本要求，坚定正确政治方向。健全党建工作责任体系；将党的建设纳入企业法人治理结构；完善党建和监督制度，强化制度执行和考核问责；创新基层组织创建活动，巩固"两学一做"学习教育成效；把党的建设考核同企业考评、经营业绩考核、领导人员任免、薪酬奖惩相挂钩。二是抓住本质安全这个基础前提，确保企业长治久安。三是抓住经营管理这个永恒主题，提升运营质量效益。坚持"政策导向""市场导向""成本导向"。着力提升市场占有率；全面导入和推行精益管理，打造成本领先优势；构建以市场为导向的管控模式，提升运营效率和价值；加大政策创效，深挖金融政策，争取税费减免，落实补偿电价。四是抓住清洁发展这个要务，提升发展质和量。质就是清洁、效益、先进；量就是新建、并购、多元。抓好天明项目建设，30万kW机组热电联产改造，区域优质资产并购，唐家山水电项目推进，西藏地区和川西"三州一市"优质风光水清洁能源开发，研究燃气发电项目，探索分布式能源建设可行性，参与售配电业务试点工作，探索充电桩、微电网、多能互补等新项目。五是抓住深化改革这个动力之源，激发企业内生活力。优化法人治理，提升治理水平；优化存量资产，提升资产保值增值能力；优化板块业务，提升综合创效能力；优化制度流程，提升科学化管理水平；优化人力资源，提升凝聚力、战斗力；优化绩效管理，提升员工干事创业激情。六是抓住职工队伍这个根本依靠，全面提升素质能力。健全人才工作机制。开发和引进并行，以培训提升为主，引进人才为辅，盘活现有人力资源。加强三支队伍建设。实施素质提升工程。七是抓住品牌建设这个关键策略，提升企业软实力。深入系统研究政策形势。经常梳理分析政策信息，强化内部共享，用足用好国家、区域、集团政策，千方百计提升效益。深化地企交流合作，积极参与区域电改方案和行业政策的制定，加强区域同类型企业的协同，推动有利于区域能源安全高效供给和公司健康可持续发展的产业政策出台。厚植企业文化基础。围绕"123"战略，丰富企业文化内涵，实施企业文化建设规划，推进文化制度化建设，探索构建价值观考核评价体系，推进文化与战略、管理、制度、行为的深度融合和全面对接，逐步形成特有的、优秀的企业文化，不断增强内部凝聚力，提升向心力，树立良好的公众形象。切实履行社会责任。处理好相关利益合作方的关系，实现互利共赢。努力改善员工生产生活条件。参与公益事业、扶贫攻坚，培育应用社会责任典型案例，运用新媒体手段提升传播效率和效果。创建示范电厂。把天明项目建成"安全可靠、成本领先、指标先进、国内标杆、宽负荷高效"的示范电厂，把江油电厂建成热电冷多联供示范电厂，把通口水电厂打造成效益示范电站，把卧龙公司打造成生态示范电站，把郫县水电厂打造成窗口示范电站，把绵竹电厂打造成创业示范电站。

安全生产 体系建设达标升级。落实安全生产责任制，深入推进风险预控管理体系建设，加大反"三违""四不两直"和安全专项检查力度，加强隐患排查治理，按"五个一样"要求规范外委队伍管理，电力生产、基本建设实现零伤害、零死亡。严密部署防洪防汛工作，实现安全度汛。全面完成年度体系建设目标，1家火电和3家水电达标神华集团二级。推进检修、运行标准化管理，加强技术监督，全年检修火电机组1台，水电机组18台，修后均一次启动成功。加强运行精细化操作，确保火电机组在长期低负荷、煤质波动大的工况下安全稳定运行。设备可靠性大幅提升，等效可用系数同比增加4.32个百分点，首次实现年度"零非停"。

经营管理 2016年，完成发电量30.62亿kWh，其中火电实发23.95亿kWh，水电实发6.67亿kWh；供电煤耗完成326.98g/kWh，同比下降3.43g/kWh；利润总额完成733.14万元。

按照"争计划电、抢机会电、抓直供电、扩交易电、落实补偿电"策略抢发电量。火电计划利用小时高于川内同类型机组103h；签订计划内直购电6.2亿kWh；落实水火替代3.98亿kWh、火火替代交易电量1420万kWh；落实欠发电量电价补偿4716万元。卧龙公司电量计划完成率居四川省前列，其他地调水电实现按照来水能力发电，火电在区域同类型机组中市场占有率达108.43%。尤其在2016年8月，受极端天气影响，区域电力供应异常紧张，神华四川能源有限公司克服煤炭价格上涨、供应困难等不利因素，紧急协调四川省内外资源，铁路、公路运输并举，全力以赴战高温、保供煤、抢发电。4台火电机组满发、

稳发半个月，共计抢发电量1.99亿kWh。对外工程持续增长。按照"做优、做强"的总体思路，推进工程公司转型发展，加大拓展电力检修及运维市场，全年实现营业收入4820万元，同比增长10.12%。工程公司业务资质取得突破，获得了电力施工总承包三级资质和二级承修、三级承试资质。强化全面预算管理，强化对标管理，强化全员、全过程控成本，不断向业务前端挖潜降本，单位完全成本（剔除燃料）较年度预算目标下降1.80元/MWh。取消3台火电机组C修，节约修理费975万元，全年修理费较预算下降16.39%；运行材料费同比降低3.42元/万kWh；入厂标准煤单价涨幅较区域平均水平低7.71%；资金成本率创历史新低，财务费用同比降低1253万元；七项费用同比下降5%。完成双柏电力股权挂牌转让和四川天贸实业有限公司机构注销，取得收益1670万元；江油电厂"三供一业"分离工作取得阶段性进展；清理出固定资产、存货、在建工程、应收款项等拟盘活处理资产251项。挖掘金融政策空间，统筹存量资金运作，取得资金收益约700万元。利用房产契税减免优惠政策，减少税务支出404万元。做好天明税收筹划。联合区域火电企业建立"六方"协调会机制，推进建立保证火电企业持续经营发展的长效政策机制，"两部制"电价政策已纳入四川省电改综合试点方案。

节能减排 火电机组经济技术指标创历史最好水平，供电煤耗同比下降3.43g/kWh，获得四川省"十二五"节能减排降碳工作先进集体荣誉称号。2台33万kW机组通过四川省能源局节能测试，供电煤耗低于320g/kWh，达到节能升级改造标准。

清洁发展 推进天明项目50万t储煤基地及2×100万kW超超临界燃煤发电机组建设，完成项目"四清"工作，降低投资约6.7亿元。截至12月底，主厂房基础已出零米，锅炉钢结构提前46天吊装，施工图设计全面开展，主体工程各标段施工资源配置满足进度要求，安全、质量、进度、投资可控、在控，全力打造"四川省首个超低排放火电标志性工程"。推进燃煤机组超低排放、热电联产改造，热电联产示范项目纳入四川省"十三五"规划并通过评审。推进唐家山水电项目，开发西藏地区和川西"三州一市"优质风光水清洁能源，研究燃气发电项目，探索分布式能源建设可行性，参与售配电业务试点工作，探索充电桩、微电网、多能互补等新项目。

党建工作 落实各级领导班子成员"一岗双责"责任；开展"两学一做"学习教育，党员参学率

100％；探索管理型党支部书记由高级主管兼任的模式，作为"两学一做"典型案例上报集团；开展内部专项巡察和"四风"问题"回头看"专项检查，提出整改问题 40 项，提出意见和建议 15 条；完成党员组织关系排查、档案清理和党费补交工作，共整改突出问题 13 项，整改率达 100％；创新党内教育培训方式，公司党委与神华党校联合举办了四川公司基层党支部书记培训班，第一次把党校培训搬到了基层现场；承办神华集团参展十六届西博会；开展扶贫工作，选派 2 名驻村干部和 2 名处级干部到凉山州挂职副县级领导；开展职工技术创新和技能竞赛活动，设立创新工作室；树立先进典型，1 个先进集体和 4 人被神华集团表彰，其中 1 人获神华集团首届"道德模范"；深入实施员工幸福工程，走访慰问一线职工、劳动模范、困难职工约 800 余人次。

（刘　　刚）

西 北 地 区

【国家能源局西北监管局】

基本情况　国家能源局西北监管局（简称西北能源监管局）于 2013 年 12 月 12 日正式挂牌成立。主要职责为：监管电力市场运行，规范电力市场秩序；监管电网和油气管网设施的公平开放；监管电力调度交易，监督电力普遍服务政策的实施；负责电力等能源行政执法工作，依法查处有关违法违规行为，监督检查有关电价；负责除核安全外的电力运行安全、电力建设工程施工安全、工程质量安全的监督管理以及电力应急和可靠性管理，依法组织或参与电力事故调查处理；负责组织实施电力业务许可以及依法设定的其他行政许可；负责协调有关跨省、跨区能源监管事务；负责法律法规授权以及国家能源局下达或交办的有关事项监管。同时向青海、宁夏两省（区）分别派驻监管业务办公室。

领导班子

局党组书记、局长：黄少中

局党组成员、副局长：雷金娥（2016 年 7 月 10 日离任）

局党组成员、巡视员：雷金娥（2016 年 7 月 10 日任职）

局党组成员、副局长：仇毓宏

组织机构　内设处室有综合处、市场监管处、行业监管处、电力安全监管处、资质管理处、稽查处、监察室（机关党委）。

主要工作

（1）强化电力安全监管。快速处置西安南郊"6·18"停电事件，组织指导协调恢复供电，及时报告有关信息，有效控制了停电损失和影响的扩大。依法开展事故调查，发布调查报告。完成西安大面积停电应急演练，及时组织专家对演练情况进行分析总结，发布评估报告。加强电力安全的日常和专项监管。深入分析西北电力系统存在的 38 类主要风险和问题，督促企业和政府相关部门抓好安全隐患治理。结合电力建设工程事故易发实际，以煤电超低排放和节能改造为重点开展电力工程建设专项整治等 8 个专项监管，对 70 余个工作现场进行了检查或抽查，并对发现的 400 多例问题督促整改。

（2）推进电力市场建设。召开西北电力市场建设研讨会，发布主题报告，提出了区域电力市场和各省（区）市场并重、协同发展的总体思路，明确了近远期目标和工作任务。做好电改实施工作。落实电改配套文件要求。通过向三省（区）领导汇报沟通，与电力管理部门交流研究，听取电力企业意见等方式，参与促进三省（区）电改综合方案研究制定、输配电价改革和交易中心组建等工作。三省（区）电力体制综合改革试点方案已获批。参与完成对陕西、青海电网输配电定价成本监审工作。

（3）加强市场监管。一是加强厂网界面监管。开展青海、西北、陕西、宁夏电网电力交易与市场秩序专项监管工作，发现 4 个方面 14 类问题，督促企业认真整改。审核发布"两个细则"运行结果，及时协调解决陕西秦岭电厂等 20 多家发电企业反映的有关"两个细则"考核管理方面的问题，积极开展西北区域辅助服务补偿机制等课题研究，调整考核指标。联合宁夏经信委印发《宁夏电网热电联产机组发电调峰能力核定管理办法（试行）》，组织开展核定，保障电网运行可靠性、灵活性。二是规范行政许可行为，做好许可后续监管。推进"网上申请、网上审批、网上监督"的阳光许可工作机制建设，完善软件功能模块，不断简化优化申请流程；落实国家"简政放权、放管结合、优化服务"要求，取消承装（修、试）电力设施许可申报中有关审计、注册资本、会计师事务所证明资料，群众办事更方便。开展两项许可制度执行情况专项监管工作。

（4）加强对能源政策和规划、项目落实情况的专项监管，开展煤电项目规划建设情况专项监管。三省（区）煤电项目取消 1 项、计 40 万 kW，缓核 4 项、共计 342 万 kW，缓建 4 项，共计 536 万 kW。开展宁绍直流配套 6 个煤电项目建设情况现场检查，上报核查报告；加强闭环监管，结合核查发现的 5 个方面问题，专门印发整改通知，要求涉及企业落实整改责任和措施。

（5）加强电力普遍服务监管。跟踪监管青海省无电地区第二阶段电网延伸项目进展，先后 3 次深入玉树州等工程现场一线督查工程建设进展情况，公开发布情况通报 3 期。落实"双随机"要求，驻点三省（区）开展供电监管和用户受电工程市场秩序专项监管，发现各类问题 400 余例，及时发出监管通报，督促企业整改。分类实施人民群众用电满意度调查测评，设计了 8 类 96 项满意度指标，选取三省（区）约 5000 个用户样本开展调查测评。坚持每日监测舆情，丰富 12398 通报内容，深入开展"12398 热线百日零投诉"竞赛活动，依法及时解决群众用电问题、回应群众关切更加及时和有效。全年依法查处投诉举报事项 130 件。

（6）服务地方经济社会发展。深入电网企业和比亚迪等汽车企业，现场调研了解了三省（区）充电设施的规划、建设、运行和生产情况，深入分析问题，提出对策建议，形成调研报告专报国家能源局和地方政府。会同省发展改革委、陕西两家电网公司赴陕西榆林、延安市调研电力发展和改革情况，结合电力外送、直接交易、新能源消纳、电价结构和水平等方面的突出问题，从加快外送通道建设、加快推进电力改革、加强电力市场秩序监管等方面提出 6 条建议，专报陕西省政府。针对陕西电力电量外送工作中存在的问题，开展陕西电力外送情况分析和送出机制研究。深入分析陕西煤炭价格上涨情况、原因及对发电企业的影响，完成《关于近期陕西电煤价格上涨及对发电企业影响的分析报告》。

【国家能源局甘肃监管办公室】

基本情况 国家能源局甘肃监管办公室（简称甘肃能源监管办）于 2013 年 12 月组建。主要职能是负责所辖区域内电力等能源的监督管理和行政执法工

作，以及电力安全监管工作，具体包括：监管电力市场运行，规范电力市场秩序；监管电网和油气管网设施的公平开放；监管电力调度交易，监督电力普遍服务政策的实施；负责电力等能源行政执法工作，依法查处有关违法违规行为，监督检查有关电价；负责除核安全外的电力运行安全、电力建设工程施工安全、工程质量安全的监督管理以及电力应急和可靠性管理，依法组织或参与电力事故调查处理；负责组织实施电力业务许可以及依法设定的其他行政许可；负责法律法规授权以及国家能源局下达或交办的有关事项监管。

领导班子
党组书记、专员：顾平安（2016 年 1～10 月）
党组成员、副专员：王毅敏（2016 年 1 月任）
党组成员、市场监管处处长：金涛（2016 年 8 月任）

组织机构 行政编制 19 人，下设综合处、市场监管处、行业监管处、电力安全监管处、资质管理处和稽查处等六个职能部门。2009 年 12 月，经甘肃省编办批复成立甘肃电力咨询服务中心，处级建制，隶属甘肃能源监管办管理，核定编制 8 人。

主要工作

（1）市场监管。主持或参与甘肃省大用户直接交易、可再生能源就近消纳、交易中心和电力市场管理委员会组建以及售电侧改革试点等工作；配合省发展改革委开展输配电价改革监审测算；运用大用户直接交易、跨省跨区外送电、电量替代等市场途径疏导电力电量消纳困境；2016 年甘肃省将新能源纳入直接交易范围，共签订火电直接交易电量 193.2 亿 kWh，新能源直接交易电量 23.29 亿 kWh；组织新能源替代燃煤自备电厂发电交易电量 20.3 亿 kWh，全程监管发电权交易的实施、调度、结算，完成；探索市场途径挖掘消纳潜力，促进就地消纳，优化电网调度，主动服务企业，促进"三公调度"和市场环境公开透明。

（2）行业监管。对国家能源局取消和下放的审批项目，加强日常监管和定点核查，促进"放管服"落地，开展新建电源项目投资开发秩序监管、新能源发电项目并网监管；跟踪风电投资监测预警机制执行及项目建设进度，督促国家政策执行到位；落实煤电调控政策，开展煤电项目规划建设情况专项监管；开展酒泉—湖南直流配套的 500 万 kW 风电和 150 万 kW 光电项目监管，确保电源与配套电网同步投运；开展风电投资监测预警机制执行情况监管，防止盲目发展突破规模红线；稳步开展除电力外的能源规划计划监管，确保国家与地方的能源发展战略配套到位。

（3）电力安全监管。汲取"11·24"江西丰城发电厂特别重大事故教训，组织开展覆盖全行业的安全大检查，要求7家企业停工限期整改；推进风险管控和隐患排查治理，全年累计排查一般隐患3076项，整改完成3037项，整改率98.73%，累计落实整改资金872.14万元；调查处理国投酒泉第一风电有限责任公司北大桥东风电场33号风机"5·5"着火事故、兰州市七里河区部分区域低温供热事件，对陇南汇鑫水电股份有限公司、敦煌首航节能新能源公司进行安全约谈，通报中电酒泉风力发电有限公司违反电力安全信息报送有关规定；围绕丝绸之路（敦煌）国际文博会电力安全保障监管、电力建设工程质量安全监督、电网安全风险管控、风电机组安全管控、发电厂氢站氨站和贮灰场安全监管、水电站大坝管理监督等重点环节，监督指导电力企业开展薄弱环节整治。

（4）资质许可监管。树立资质许可文明窗口形象，创建资质管理3F（五个坚持、五项制度、五个上墙）服务体系，通过"五项坚持"（坚持按制度办事、按程序办事、廉洁高效、信息公开、社会监督）明确了原则底线；通过"五项制度"（首问负责制度、全程服务制度、领导巡查制度、预约提醒服务制度、办证服务承诺制度）完善工作机制；通过"五项上墙"（办证工作原则、办证人员身份信息、办证依据、办证工作流程、办证时限上墙）强化监督力度。2016年，共颁发电力业务许可证（发电类）50家；变更电力业务许可证（发电类）登记事项35家，许可事项12家；发放承装（修、试）电力设施许可证41家；变更承装（修、试）电力设施许可证登记事项38家，许可事项9家；新发电工进网许可证5825人（其中高压4974人，低压87人，高压试验278人，继电保护285人，电线电缆201人），续期注册4287人。

（5）电力稽查。开展供电能力、供电"两率"及供电服务监管，督促供电企业履行社会责任保障正常供电；重点对定西、天水、陇南等地区农村城镇配电网建设改造暨精准扶贫动力电入村全覆盖情况进行监管，并配合省发展改革委完成评估验收；持续开展用户受电工程市场"三指定"专项治理，促进用户受电工程市场公平开放；制定《"12398"能源监管热线投诉举报受理程序规定》，实现日常监管与专项检查协调联动，依法调查并行政处罚了3起承装（修、试）企业无证、超许可范围案件，维护了电力市场秩序。认真保障12398能源监管投诉举报热线民生通道通畅，全年受理有效信息679件（其中投诉举报31件），均已全部办结。

（6）精准扶贫。加强"硬件"基础设施建设，协调通渭县、清水县风电项目建设、农网升级改造、光伏扶贫农光一体化等重点项目，开展农网升级改造贫困村动力电全覆盖工程监管，确保贫困地区、少数民族地区"用上电""用好电"。加大扶贫"软件"投入力度，开展基层党组织结对共建、专家授课、文化下乡、支教游学、安全用电、电工技能培训等活动，变简单"输血"为有效"造血"。开展光伏扶贫重点问题监管，协调分布式光伏规范有序接入电网。通渭县通过"政府主导、监管护航、企业援助、百姓受益"模式，率先实现"零的突破"；清水县采取"政府搭台、市场运作、相对集中、共享收益"模式，对建档立卡贫困户实施为期20年的进入退出动态管理。

【国家能源局新疆监管办公室】

基本情况 国家能源局新疆监管办公室（简称新疆能源监管办）于2013年11月6日经中央编办批准正式成立（中央编办发〔2013〕130号），于2013年11月21日经国家能源局授权（国能人事〔2013〕438号），依照《电力监管条例》等法律法规，在新疆维吾尔自治区范围内履行能源监管和行政执法职能。

领导班子

党组书记、专员：曹继耀（2010年11月～2016年5月）

党组书记、专员：李悠勇（2016年6月任）

党组成员、副专员：张志平（2016年12月任）

党组成员、综合处处长：张燕军（2012年9月～2016年11月）

党组成员、综合处处长：师建中（2016年12月任）

组织机构 内设6个处室。

综合处：负责文电、机要、财务、人事、信息、党务、档案、保密、内部审计和资产管理等工作。

市场监管处：负责监管电力市场运行，规范电力市场秩序，监管电网和油气管网设施的公平开放，监管电力调度和交易结算，监督检查有关电价和各项辅助服务收费标准等工作。

行业监管处：负责监管能源规划、计划、产业政策和重大项目的执行情况，负责对取消和下放的能源行政审批项目的后续监管，监管节能减排和资源综合利用等工作。

电力安全监管处：负责除核安全外的电力运行安全、电力建设工程施工安全、工程质量安全的监督管理以及电力应急和可靠性管理，依法组织或参与电力事故调查处理。

资质管理处：负责组织实施电力业务许可以及依法设定的其他行政许可，组织开展电力业务许可持续性监管以及相应的市场准入监管。

稽查处：负责电力等能源行政执法，依法查处有关违法违规行为，监督电力普遍服务政策的实施，承担"12398"投诉举报处理。

主要工作

（1）加强电力安全监管，健全常态化保电工作机制，做好第五届中国—亚欧博览会等重大会议、节假日及度冬供电供暖等常态化保电工作。

（2）12月，新疆能源监管办密切跟踪核实"12·8"新疆昌吉州呼图壁县6.2级地震、"12·14"新疆巴州若羌县5.0级地震、"12·20"新疆巴州且末县5.8级地震电力情况，及时反馈国家能源局。深刻汲取"11·24"江西丰城电厂坍塌事故教训，狠抓电力建设工程施工安全监管，督促电力企业全面深入排查安全隐患和薄弱环节，切实防范和坚决遏制重特大事故发生。2016年，新疆未发生特大、重大电网及人身事故，电力系统保持安全稳定运行。

（3）召开兵团电网安全风险研讨预控会，分析兵团各师当前电网存在的安全风险及面临的严峻形势，切实维护新疆电力系统安全稳定运行。

（4）7月，新疆能源监管办组织自治区能源局、兵团发展改革委成立联合核查组，对新疆区域煤电项目规划建设情况进行现场核查，并编制《新疆煤电项目规划建设情况专项监管报告》，确定"三个一批"名单，上报国家能源局。

（5）8月，新疆能源监管办印发《关于开展燃煤电厂超低排放和节能改造专项监管工作的通知》，正式启动2016年新疆区域燃煤电厂超低排放和节能改造专项监管工作。

（6）6月，新疆能源监管办跟踪落实乌鲁木齐和阿勒泰地区风电清洁供暖示范项目推进情况。督促乌鲁木齐和阿勒泰地区第一批和第二批风电清洁供暖示范项目按期投产，实现供暖面积110万m^2。

（7）11月，新疆能源监管办印发《新疆区域发电企业发电权交易实施细则（暂行）》。按期组织召开厂网联席会议，披露了电网运行、交易、调度相关情况，研判电力发展形势，发掘电力行业发展深层次矛盾和问题，提出解决思路和措施。

（8）6月，新疆能源监管办响应自治区党委和人民政府以"电力援疆＋市场化"方式促进疆电外送的重要举措，主动与援疆省（市）能源监管机构沟通，寻求支持。参与与13省（市）就"电力援疆"的必要性和可行性进行对接的工作。7～8月，与8个意向省（市）就电量、电价、技术方案、交易规则等内容磋商，签订政府间框架协议。通过两轮对接工作，与广东、北京等8省（市）初步达成政府间框架协议。

（9）4、8、9月，先后三次赴哈密调研督导兵团售电侧改革试点工作，并与兵团发展改革委、哈密行署、国网新疆电力公司以及相关售电主体等进行座谈，就改革焦点问题达成基本共识。

（10）7月，推进"网上申请、网上审核、网上监督"的阳光审批制度，制定资质管理网上审批系统建设方案并组织实施。开展许可证制度执行情况专项监管，对国家能源局监管报告中通报的新疆5家企业整改落实情况进行非现场核查工作。

（11）8月，组织召开2016年新疆供电监管专项会议，宣贯《新疆区域2016－2017年度供电监管工作实施方案》《2016年新疆区域用户受电工程市场秩序专项监管实施方案》，下发《关于开展12398能源监管热线社会知晓度调查的通知》，通报稽查典型案例，推动供电服务专项监管。

（12）向新疆自治区领导汇报推动新疆打造国家能源生产消费革命示范区、规划有序开发煤电、扩大新能源消纳比例、政府＋市场手段促进疆电外送等工作的意见建议。加强与自治区政府相关部门工作联系交流，形成能源发展和监管工作合力，与自治区发展改革委、经信委建立（按季度）定期协调工作机制。

（13）7月，新疆能源监管办先后赴国网新疆电力公司和华能、大唐、国家电投新疆公司等单位进行实地调研。

（14）7月，新疆能源监管办组织力量开展新疆能源资源禀赋、发展规划、市场建设及在全国能源体系中功能和战略定位的研究，并于9月底向自治区党委、政府上报《关于推进新疆电力工业健康发展的若干意见》。同时，委托华北电力大学及本地科研机构共同开展新疆电力市场课题专项研究。

【国网陕西省电力公司】

企业概况 国网陕西省电力公司（简称国网陕西电力）是国家电网公司的全资子公司，是陕西省电力建设、输送、销售的独立法人，是全省电网规划、建设和运营的公用事业企业，承担着为陕西经济社会发展和城乡广大电力客户提供安全可靠电力供应的重要职责，辖有11个地市级供电单位（含西咸新区供电公司）和12个综合单位。

截至2016年底，国网陕西电力员工2.3万人，资产总额572.84亿元，陕西电网总装机容量3380万

kW，外送能力 771 万 kW，电网最大负荷 2110 万 kW，输电线路 4.8 万 km，变电容量 12 657 万 kVA。2016 年售电量 979 亿 kWh。

领导班子

总经理、党组副书记：卓洪树

党组书记：邬捷龙

党组成员、副总经理：王成文

党组成员、工会主席：王向红

党组成员、纪检组长：张智民

党组成员、副总经理：何晓英

党组成员、副总经理：邢晨

党组成员、副总经理：许子智

党组成员、副总经理：周军义

党组成员、副总经理、西安供电公司总经理：余先进

总会计师：曹海东

总工程师：刘太洪

组织机构　本部内部设置 23 个部门，分别是办公室、发展策划部、财务资产部、安全监察质量部、运维检修部、营销部、科技信息部（智能电网办公室）、建设部、物资部（招投标管理中心）、对外联络部（品牌建设中心）、审计部、经济法律部（体改办）、人力资源部（社保中心）、离退休工作部、后勤工作部、思想政治工作部（直属党委办公室、团委）、监察部（纪检组办公室）、电力调度控制中心、运营监测（控）中心、电力交易中心、工会、企协分会、公安保卫部。

电网概况　陕西电网位于西北电网最东部，是西北电网的重要组成部分，是水火并济以火电为主的电网。陕西电网最高电压等级为 750kV，主网电压等级为 330kV。陕西电网与甘肃电网以 4 回 750kV 和 3 回 330kV 线路联络，并分别通过灵宝、德宝直流与河南、四川电网相联。750kV 电网围绕关中负荷中心形成环网，并延伸至陕北，形成"一纵单环"750kV 骨干网架。330kV 关中主网形成双环网结构，并延伸至新能源资源丰富的陕北、陕南地区。

截至 2016 年底，全省总装机容量 4463.68 万 kW，其中：火电占 80％；水电、风电、光伏发电等可再生能源占总装机容量的 20％。2016 年，陕西统调风电、光伏发电的弃风、弃光率分别为 6.53％和 6.65％。电网统调最大负荷 2110 万 kW（8 月 15 日），同比增长 11.7％；售电量 979 亿 kWh，同比增长 8.41％。

截至 2016 年底，陕西电网 110kV 及以上变电站总计 525 座，变电容量 8809 万 kVA，线路 29 965km。其中，750kV 变电站 6 座，变电容量 2100 万 kVA，线路 2323km；330kV 变电站 57 座，变电容量 3273 万 kVA，线路 9403.5km；110kV 变电站 462 座，变电容量 3436 万 kVA，线路 18 238.58km。

2016 年，陕西电网发电总装机容量 3380.49 万 kW（不含点对网外送容量），其中：水电 272.32 万 kW，占总容量的 8.05％；火电 2683.26 万 kW，占总容量的 79.39％；风电 178.65 万 kW，占总容量的 5.28％，太阳能发电 246.25 万 kW，占总容量的 7.28％。其中，统调电网装机容量 3195.76 万 kW，占 94.53％。

国网陕西电力直属 750kV 送电线路 20 条，长度 2324km；500kV 送电线路 3 条，长度 270.62km；330kV 送电线路 212 条，长度 9451.05km。

人力资源　2016 年，完成国网西咸供电公司组建及机构设置，稳妥实施 4 轮次 672 名员工跨单位调配，平稳实现人员、资产、业务移交。增设 4 个工业园区客户服务分中心，设立环保技术中心。研究构建"三库一表"任职资格体系（形成涵盖 2815 个典型岗位、645 项专业能力的任职资格标准）。研究制定地县公司营配业务末端融合方案并试点推进。完成"五位一体"标准作业程序构建，"五位一体"深化应用实现班组及供电所全覆盖。

制定《缓解结构性超缺员问题工作方案》，统筹推进岗位竞聘、挂职锻炼、支援帮扶等 25 项优化配置措施，内部跨单位、跨专业间流动配置 2202 人次，人员配置均衡指数提升 5.76％。超前编制三年补员规划。国网陕西电力定员总量增加 4485 人，用工总量减少 2000 人，定员范围内人员配置率降低至 90.1％。

开展实训基地"培训设施标准化建设、日常实训规范化管理和培训师实训能力"三项评估；完成实训基地项目管理自查自纠，研究制定《实训基地项目建设管理手册》和《实训基地使用管理规定》。启动开展两轮次青工岗位能力测评考核并形成长效机制。组织高级职称人员参加正高属地化评审，中断 17 年之久的正高职称评定工作得以接续。制定高端人才培养计划，选拔专项紧缺人才 28 人；高级技师评审通过人数位居国家电网公司第二；117 名"三无"人员全部摘帽。国家电网公司级输配电带电作业实训基地通过总部验收。

电网建设与发展　750kV 西安北等 48 项 110kV 及以上工程获得核准。镇安抽水蓄能电站开工建设。创新制定"三个十条"施工禁令，强化安全质量管

理，110kV 及以上线路开工 3340km，投产 1699km；变电容量开工 1738 万 kVA，投产 532 万 kVA。榆横—潍坊特高压工程（陕西段）架线完成 96%，榆横开关站电气安装完成 65%。酒泉—湖南特高压工程（陕西段）通过验收，昌吉—古泉、上海庙—山东特高压工程（陕西段）加快推进。建成国内首座 330kV 新一代智能变电站富平变电站。完成 2015 年新增城镇配电网、农网改造升级任务和 2016 年农网改造升级、小城镇（中心村）、机井通电工程任务。杨凌等 5 个县供电公司被评为国家电网公司配网标准化建设改造先进单位。完成电科院办公楼和计量"四线一库"建设。加快推进西咸新区供电公司基地建设。编制出版《电网建设工程全过程造价管控手册》，获国家电网公司软科学一等奖，并在国家电网公司推广应用。750kV 南山变电站工程获"鲁班奖"。榆横开关站获国家电网公司项目管理流动红旗。

经营管理 建成覆盖省市县三级单位内部模拟市场。推动断开 19 条省外电源，实施全员增供扩销。实施"360·11"电能替代工程，促成省市县政府出台 37 个实施方案，替代电量完成计划的 120%。推动省政府对小火电实施"双控"管理，发电权替代交易 14.1 亿 kWh。优化简化业扩手续和流程，净增业扩容量 1028 万 kVA，同比增长 21.66%。营业普查、营销稽查和反窃电堵漏增收 2.11 亿元。加强电网基建投资概算、决算和造价控制，节约工程其他费用 1.3 亿元。集中采购招标节约 15.99 亿元。实施线损"四分"管理，建成同期线损管控平台，降损增效 1.67 亿元。

安全生产 开展"四查三强化"和"反违章、禁事故、保安全"专项行动，共排查隐患 7.08 万项、整改 7057 项，检查施工现场 4951 个，查处违章 2047 起，表彰无违章现场 772 个，创建"青年安全生产示范岗"149 个，网站刊发大讨论文章 817 篇。实施人身、电网、设备风险分级管控和预警管理，完成春秋检任务 2375 项，标准化整治变电站 138 座、输配电线路 6384 条，改造电缆沟 59km。提前投产 107 项迎峰度夏重点工程，强化设备精益化运维。举办西安市大面积停电应急综合演练。完成 34 项特级保电任务。员工队伍和谐稳定，信访总量、负面舆情同比分别下降 27%、19%。

营销工作 2016 年，国网陕西电力售电量 979 亿 kWh，同比增长 8.41%，增速在国家电网公司排名第三；电能替代电量 33.60 亿 kWh，完成国家电网公司下达计划的 120%。电费回收率 100%，考核日在途

资金 0.73 万元；月末应收余额完成 309.55 万元，较国家电网公司下达计划降低 96.13%。优质服务投诉总量较 2015 年减少 36.5%，其中营销服务类投诉同比减少 66.94%，国网陕西电力整体累计 51 天实现"零投诉"，营销专业累计 150 天实现"零投诉"。受理用电容量 2201.87 万 kVA，同比增长 19.36%；接电容量 1513.88 万 kVA，同比增长 7.73%。

新建充电站 21 座；充电站车联网接入率 100%；省内电动汽车保有量突破 8000 辆。10kV 及以下配网线损率完成 9.05%，同比降低 0.35 个百分点，比年度计划指标低 0.6 个百分点；台区同期线损可监测率完成 98.61%，合格率 88.60%。安装智能表 126.77 万户，智能表和用电信息采集覆盖率均实现 100%，采集成功率达到 99.07%；"多表合一"信息采集 6.1 万户。

开展营销安全服务飞行检查 33 次，查出问题 342 个，并全部完成处理。开展营销专业"四查三强化"活动，突出了对高危及重要客户的检查，营销专业共查出问题 325 个，并完成整改任务。建设 100 项电能替代重点示范项目，培训考核 1000 名电能替代优秀推广人才，利用采集系统开展计量装置异常监控及反窃电查处 4742 户。全年营销稽查、营业普查及反窃电共计堵漏增收 2.11 亿元。

牵头编制《陕西省电动汽车充电基础设施"十三五"规划》和《陕西省充电设施建设及运营管理办法》。完成 9 座充电站新建和 12 座充电站续建任务，实现全部充电桩接入车联网。

科技与信息化 国家能源局正式批准国网陕西电力牵头筹建接地技术标准委员会，这是国家电网公司系统省公司首次牵头获得标委会筹建资质。经工业信息化部批准国网陕西电力纳入 2016 年"两化融合"管理体系贯标试点。申报环保部重点实验室取得突破性进展。完成公安部"护网 2016"网络安全攻防演习。

陕西省环保厅同意以"以测代评代验"方式一次性彻底解决国网陕西电力 709 项输变电工程环评手续不合法等历史遗留问题；同意 330kV 及以上新建输变电工程开展分项分批验收。持续推进延安新城和西咸新区智能电网支撑智慧城市项目建设前期工作。

国网陕西电力成为国家电网公司首批 12 家技术标准创新基地之一。资产全寿命周期管理项目纳入国家电网公司 SG-ERP3.0 顶层设计，全业务统一数据中心、一体化应用建设纳入国家电网公司试点。全电量采集北斗应用纳入国家电子污染网首批通信接入网

试点。环保实验室取得国家电网公司重点实验室命名。配网实验室获得国家电网公司实验室命名。获得国家电网公司 2016 年信息通信调考第 3 名，6 名选手有 4 人进入前 6 名。承办国家电网公司 2016 年网络安全攻防对抗比赛，获得西北（及直属单位）赛区第一名。

优质服务 2016 年，国网陕西电力主动适应电力体制改革新形势，着力构建一体化全员服务新格局，投诉数量同比下降 35.6％。贴近客户做好市场服务，在 4 个园区设立客户服务分中心，在 62 个工业园区和 26 个趸售区设立供电服务机构。大力实施"互联网＋"营销服务，推广网上营业厅和电子服务渠道 148.36 万户，"掌上电力"手机 APP 开通率居国家电网公司第一。开展服务"零投诉"劳动竞赛，发布供电服务"八条禁令"和抢修服务"十条禁令"，营销服务实现 51 天"零投诉"，5 个县公司、467 个营业厅（供电所）实现全年营销服务"零投诉"；国网榆林供电公司实现全年运检专业"零投诉"，7 个县公司、57 个运检班、447 个供电所实现全年运检专业"零投诉"。启动老旧小区合表户改造。推动新能源与电网统一规划、有序发展，累计并网新能源装机容量 424 万 kW，消纳风电和光伏发电量 47.35 亿 kWh，同比增长 106％。开展充电设施"四进"活动，新建成充电站 21 座、充电桩 279 个，建成西北地区首条高速公路充电站，全省充电量 3150 万 kWh。

党的建设和精神文明建设 建立党委书记抓党建工作述职评议机制，出台《党建工作考评细则》，规范基层党组织建设和党费收缴，全面接收农电工党员组织关系，创新实施"党建＋"项目 27 个。推进"两学一做"学习教育。细化落实"两个责任"，集中约谈干部 14 人，对国网渭南供电公司等 4 家单位开展了巡察。举办青年干部培训班，常态化开展干部轮训和各类人员培训。在 28 家县公司建立职代会制度。开展职工代表、职代会专委会联合巡视检查。国网陕西电力团委荣获陕西省"五四红旗团委"称号。"走进媒体讲国家电网故事"主题传播活动成效显著。首次荣获"全国电力好新闻"一等奖，微电影《四季颂》获中华全国总工会微影视大赛特别金奖，微信服务号获陕西政企微信服务十强称号。在陕西省和国家电网公司独家发布《扶贫白皮书（1998～2016）》。

主要事件

1 月 11 日，西咸新区供电公司揭牌成立。

2 月 29 日，国网陕西电力与西安市人民政府签署以"共同推进西安电网建设"为主题战略合作协议。

3 月 6 日，中央电视台晚间新闻"两会聚焦"播出《一村一策 一户一法 助贫困村脱贫》，报道国网陕西电力扶贫队和国网榆林供电公司资助贫困户发展养殖业的事迹。

3 月 6～7 日，新华社刊发《万伏高压上绽放的玫瑰》《秦巴深处的水上流动"党员服务队"》《水电厂里的别样空姐》3 个专题共 11 组图片，分别报道了西北第一个带电作业女工安康供电公司马凌君、安康供电公司水上营业厅和安康水电厂天车司机陈惠玲的事迹。

3 月 24 日，灵州—绍兴±800kV 特高压直流输电线路工程陕西段竣工验收会议在延安召开，工程通过国家电网公司验收。灵州—绍兴±800kV 特高压直流输电线路工程（陕西段）起自陕西省榆林市定边县宁陕省界，途径定边、吴起、志丹、甘泉、富县、宜川 6 县，止于陕西省宜川县东陕晋省界，线路长 346.471km，铁塔 599 基；其中榆林市 52.350km，铁塔 97 基，延安市 294.121km，502 基。工程于 2014 年 10 月 14 日开工建设，2015 年 3 月 24 日开始组立铁塔，2015 年 7 月 6 日开始进行架线施工，2015 年 12 月 6 日全线架通。2015 年 12 月 10 日运行交接验收工作全面启动，至 2016 年 3 月 15 日运行交接验收初检、复检、消缺及三检工作全部完成。

4 月 1～4 日，陕西送变电工程公司使用 260t 履带式起重机和 50t 汽车起重机配合起吊方法，完成 1000kV 特高压榆横开关站构架吊装任务，该工程正式进入电气安装工序。1000kV 榆横至潍坊特高压工程是世界上最高电压等级交流输变电工程，也是中国输电距离最长的特高压交流输变电工程，同时也是陕北首条跨越陕晋冀鲁四省的电力能源输送特高压"大动脉"，被列入中国大气污染防治行动计划 12 条重点输电通道之一。

4 月 7 日，国网陕西电力与国家电网信息通信产业集团有限公司签署关于建立信息通信支撑全球能源互联网创新发展战略合作协议。

4 月 20 日，国网陕西电力与中国电力科学研究院签署战略合作框架协议，双方将在科技创新、人才培养、技术交流等方面开展深入合作。

5 月 12 日，陕西电力交易中心有限公司成立大会暨揭牌仪式在西安举行。

6 月 24～27 日，国家发展改革委农村电网改造升级工程稽查组到铜川印台王益区供电公司就农村电网改造升级工程建设情况开展稽查工作。

7 月 6 日，国家电网公司副总经理韩君到国网陕西电力调研电动汽车充电设施建设及推广应用有关工作。

7月13日，陕西省委常委、省军区司令员高龙福到国网陕西电力安康水电厂检查指导防汛工作。

7月13日，陕西省委书记娄勤俭主持召开专题会议，听取工作汇报。

7月21日，中央电视台新闻联播栏目报道国网陕西电力首个"陕电外送"特高压工程——榆横—潍坊1000kV特高压交流输变电工程。新华社客户端、陕西日报、三秦都市报、新华网、人民网等20余家媒体和网站也对工程进行了报道。

7月29日，国家电网公司总会计师、党组成员李汝革到国网陕西电力本部进行调研。

7月30日，陕西省副省长冯新柱一行到国网陕西电力就做好电力扶贫等工作进行调研。

8月4日，国家电网公司董事长、党组书记舒印彪与陕西省委书记娄勤俭，陕西省委副书记、省长胡和平在镇安县举行座谈，签署《国家电网公司 陕西省人民政府"十三五"电网发展合作框架协议》和《关于共同推进陕西省小城镇（中心村）电网改造升级和"井井通电"工程补充协议》。

8月5日，中国西北地区开工建设的首个抽水蓄能电站工程，开工动员会在陕西商洛镇安召开。电站位于陕西省商洛市镇安县，装机容量140万kW，安装4台35万kW可逆式水泵水轮发电机组，以330kV电压接入陕西电网，工程投资88.5亿元，计划于2023年竣工投产。镇安抽水蓄能电站是西北的首个抽水蓄能电站，也是陕西省迄今规模最大的水电建设项目。

8月27～28日，750kV西安南（南山）变电站鲁班奖现场复查工作在陕西宾馆和750kV西安南变电站举行。

9月7日，国网陕西电力与国网能源研究院在公司本部签订战略合作框架协议。

9月15日22时04分，"天宫二号"在酒泉卫星发射场发射，随后在经过陕西省榆林上空时，整流罩残骸坠落在陕西省榆林市神木县大保当镇。国网陕西电力协助当地政府做好整流罩残骸搜寻及回收工作，完成"天宫二号"发射期间各项保电工作任务。

9月17日7时30分31秒，神舟十一号飞船成功发射，经过212秒的飞行后整流罩分离安全坠落于榆林市榆阳区麻黄梁镇，国网陕西电力部署完成"神舟十一号"发射保供电任务。

12月1日，国家电网公司总经理、党组副书记寇

伟到国网陕西电力检查指导工作。

12月13日，国网陕西电力的发明专利"发电机组一次调频试验方法及试验用测试仿真仪"获中国专利奖优秀奖，这是国网陕西电力首次荣获国家级专利奖励。该专利突破了现有试验频率信号的单一性和真实性问题，避免了实际电网一次调频试验存在的巨大风险与工作量，能够精确模拟、再现各种电网频率扰动过程，实现机组该频率扰动过程下的一次调频测试。

（原增光）

【国网甘肃省电力公司】

企业概况 国网甘肃省电力公司（简称国网甘肃电力）更名于1990年2月，是国家电网公司的全资子公司，承担着建设、运行、管理、发展甘肃电网的任务，为甘肃省地方经济和社会发展提供安全可靠的电力保障。截至2016年底，国网甘肃电力辖区营业面积19.43万 km²；有各类用电客户812.47万户，其中大工业用户0.57万户，一般工商业及其他用户731.629万户。本部设置23个职能部门（含工会、企协分会），下属13个市（州）供电公司、7个业务支撑实施单位、1个水电厂和4个综合产业单位。全口径用工总量48 336人，其中：长期职工32 071人，劳务派遣用工2505人，集体企业用工6747人，供电服务公司用工7013人。

2016年，固定资产投资114.71亿元，110kV及以上输电线路开工818km，投产1743km；变电容量开工229万kVA，投产276万kVA。刘家峡水电厂发电量43.18亿 kWh，同比减少8.16亿 kWh，下降15.91%；省内售电量731.33亿 kWh，同比减少31.69亿 kWh，下降4.15%；跨区跨省外送电量156.02亿 kWh，同比增加20.46亿 kWh，增长15.09%。线损率6.64%，同比上升0.2个百分点。资产总额579.76亿元，同比增加63.61亿元。资产负债率72.65%，同比上升2.33个百分点。

荣获甘肃省"双联"行动"民心奖"，荣获首届敦煌（国际）文化博览会工作先进集体称号。国网甘肃电力2个党组织获评甘肃省先进基层党组织称号，2个班组荣获甘肃省工人先锋号称号，8人荣获省级及以上"五一"劳动奖章，1人荣获国家电网公司特等劳模称号，1人荣获甘肃省首届十大"陇原工匠"荣誉称号。

领导班子

总经理、党组副书记：李明

党组书记、副总经理：王江亭

副总经理、党组成员：王永平、毛光辉、王多
党组成员、兰供总经理：魏琦
工会主席、党组成员：王海涛
副总经理、党组成员：李晓辉
纪检组长、党组成员：杨列銮
总会计师：张治强
总工程师：李俭

组织机构 本部设发展策划部、建设部、电力调度控制中心、运维检修部、营销部（农电部）、人事董事部、人力资源部（社保中心）、财务资产部、物资部（招投标管理中心）、办公室、运营监测（控）中心、安全监察质量部（保卫部）、科技信通部（智能电网办公室）、审计部、监察部（纪检组办公室）、思想政治工作部（机关党委办公室、团委）、离退休工作部、经济法律部（体改办）、对外联络部（品牌建设中心）、后勤工作部、电力交易中心、工会、企协分会等23个职能部门。下设13家地市公司、8家省公司层面支撑单位、1家水电厂、92家县公司、4家综合产业单位。

电网概况 甘肃电网处于西北电网中心位置，是西北电网水火（新能源）互济、跨省功率交换的枢纽。随着酒泉—湖南±800kV特高压直流输电工程的投运，由西北电网的枢纽转变为送端电网，并入全国大电网。甘肃主网架电压等级为750/330kV，通过多条750/330kV线路与新疆、青海、宁夏、陕西联网运行，承担着疆电外送、青海水电西电东送、河西千万千瓦级风电送出等重要任务。

750kV网架覆盖甘肃省主要经济带，形成以兰州、白银750kV电网为核心，330kV电网为骨干的坚强中部环网。河西新能源通过武胜—河西—酒泉—敦煌—沙洲750kV通道与中部环网相联。陇东煤电基地通过两回330kV、两回750kV线路与中部电网相联。

截至2016年底，甘肃电网统调装机容量45 762MW，其中，水电8656MW，火电17 532MW，风电12 773MW，光伏6801MW；全网用电量909.230 1亿kWh；甘肃电网日最大用电负荷为13 391MW；甘肃电网有750kV变电站9座，主变压器15台，容量30 300MVA；750kV开关站1座；330kV变电站62座，主变压器130台，容量35 250MVA；220kV变电站7座，主变压器18台，容量2370MVA。

跨省互供电量：送华中12.81亿kWh，送华东10.58亿kWh，送山东49.61亿kWh，送西藏6.88亿kWh，送四川0.66亿kWh，送青海68.17亿kWh。外购电交易：跨区跨省购入电量11.83亿kWh。新能源跨省跨区外送电量71.837 5亿kWh。

人力资源 2016年，全口径用工总量48 336人，其中职工32 071人，减少457人，"人力资本效率"业绩指标排国家电网公司17名。

组织运营效率。巩固优化"三集五大"体系，县公司机构设置和人员配置集约化管控，张掖、嘉酒市供电公司平稳实现山丹、玉门"一县两公司"整合。落实国家电网公司"五位一体"深化应用工作部署。

队伍建设。2016年招聘高校毕业生752人。组织48名新员工到施工现场、设计岗位跟班实习，通过内部市场优化配置1331人，缓解地域、单位、专业间超缺员矛盾。开展人才帮扶工作。落实劳务派遣"三性"岗位规定，开展劳务派遣机构及劳务派遣用工情况核查，规范劳务派遣协议签订。制定印发《关于进一步加强培训工作的意见》。分层分级开展培训上门194期和现场培训732期。1人新享受国务院特殊津贴，4人入选电力行业技术能手，1人进入博士后科研工作站。与南瑞集团合作培养高精尖人才28人，与华北电大合作培养在职电气工程硕士68人，"三级三类"专家人才达到953人。拓展员工专业技术与职业技能成长通道，新增正高级资格16人，新增技师、高级技师877人，新申报中级及以上专技资格821人，新鉴定各级职业技能资格1953人，新申报技师、高级技师1595人，全面消除"三无"人员。

激励约束机制。完善全口径人工成本计划分解核定模式，动态监控和分析人工成本完成进度。岗位绩效工资制度实现地市公司级单位全覆盖。职员职级序列有序实施，制定印发《职员职级序列管理实施细则》。修订市、县两级企业负责人业绩考核制度和指标体系，完善本部业绩指标分解考核机制。按期上线集中部署福利管控模块，统一上划县公司职工福利项目和标准，提前3年实现一体化管理。完善补充医疗保险第三方服务体系、增加服务网点470个。

电网建设与发展 2016年，电网建设开工110kV及以上线路818km，变电容量229万kVA；投产110kV及以上线路1980km，变电容量898万kVA；电网发展属地化协调成效显著。推进±800kV酒泉—湖南工程、±1100kV昌吉—古泉工程通道清理工作；宝兰客专供电工程实施。完成2016年六个集中批次及两个农网专项批次的非物资招标工作，其中设计56标包、监理46标包、施工418标包、

其他 186 标包。一至四季度分别完成年度投产任务的 26%、55%、85%、100%。

安全质量管理。编制年度风险预控计划，季度动态调整管控，落实周风险预警制度，全年发布重要施工三级、四级风险作业预警共计 565 项。加强业主、监理、施工项目部标准化管控。加强施工分包管理，落实分包准入、合同签订、"同进同出"管理要求，全面推广应用基建现场分包人员信息"二维码"、过程数码照片 APP 应用等先进手段。开展春节复工专项检查、基建安全十项通病专项治理、集体企业施工分包专项检查、防灾避险隐患排查、冬季施工安全大检查等专项活动。健全完善安全奖励激励机制。研究下发 23 项工艺措施，38 项工程质量全部达到国家电网公司优质工程标准。±800kV 酒泉—湖南输变电工程（甘肃段）、750kV 桥湾变电站二项工程获得国家电网公司流动红旗，酒泉换流站工程获得国家电网公司流动红旗，330kV 阿克塞和 110kV 下河清变电站工程获得"国家电网公司创优示范工程"荣誉称号。

技经业务管理。搭建形成技经业务全覆盖体系，2016 年完成基建工程以外的全覆盖项目结算 2260 项，完成结算金额 26.84 亿元，结算较概算下降 17.89%，实现概算不超估算、结算不超概算的精益化管控目标。《输变（配）电工程造价控制线应用手册》《招标工程量清单标准范本》2 项工程造价管理课题被评为中国建设工程造价管理协会造价优秀成果奖。举办 3 期技经业务能力提升培训班。

技术管理。推进智能变电站模块化建设、线路机械化施工工作，2016 年所有初步设计项目，实现变电站模块化建设及线路机械化施工技术方案评审 100% 全覆盖。110kV 任家庄以及宁县变模块化建设技术方案，一次通过国家电网公司集中审查，桥湾变电站 330kV 送出工程作为国网典型示范工程，机械化施工率实现 100%。全面应用通用设备"四统一"，35～750kV 新建变电站，初步设计全面执行通用设备，落实变电设备通用互换。330kV 月牙泉变电站获得国家电网公司输变电工程优秀设计 3 等奖。酒泉—湖南 ±800kV 特高压直流输电工程在甘肃境内建设酒泉换流站 1 座，线路 1248km，占全线的 53%，该工程甘肃段于 2015 年 8 月开工建设，2016 年 12 月底全线贯通。昌吉—古泉 ±1100kV 特高压线路工程（甘肃建管段）全长 962km，于 2016 年 5 月 27 日正式开工建设，完成基础浇筑 94%，铁塔组立完成 3%，截至年底转序进入铁塔组立阶段。武威、兰州新区热电厂送出，洛—绿—巩线路、骆驼城扩建、平凉 330kV 送出、桥湾 330kV 送出、石佛、多茨二回线、洛大扩等 34 项工程按期开工；750kV 太六平、桥湾，330kV 武都变电站至天水变电站、阿克塞、八零三电厂送出工程，110kV 兰渝电铁等 44 项工程按期投产；2015 年农网及新增农网工程全面竣工，完成项目法人验收工作；2016 年农网工程年底全面竣工。

经营管理 售电量结束连续 30 个月负增长。投资优化平衡委员会细致工作、严格评审，压减 2017 年投资 4 亿元。建立县公司和市（州）客户服务中心主要经营指标对标考核机制。拓展融资渠道，通过自行开具承兑汇票、承兑汇票贴现、长短期贷款置换等方式，减少贷款利息支出。加大营销收入管理。压降采购成本，进行退役物资再利用。全年新增客户 36.52 万户、容量 827.19 万 kVA。推广电能替代项目 2339 个，替代电量 58.72 亿 kWh。当年电费回收率 100%。开展营销基础管理专项督导，排查整改问题 743 个。推进同期线损系统建设，电能采集准确率由 21% 提升至 93%；加快台区线损治理，负损台区减少 5151 个。推进营配调贯通工作，贯通 640 万户。促请国家电网公司调整酒泉调相机工程投资主体。提前疏导 143 万 kW 清洁净排放机组容量电价。妥善解决农业生产城乡用电同价、低保五保户免费用电兑付问题。深化"三全五依"法治企业建设。实施"七五"普法规划，组建法律服务中心，处理各类涉诉案件 74 起。开展经济责任、工程建设、电力营销等审计项目 291 项。开展设备典型质量事件效能监察，追究责任 20 人次。发挥两级运营监测（控）中心作用，常态化开展监测项目 1687 个，发现异动 683 条。创新工作成果。荣获省部级科技进步奖 34 项，同比增长 41%。1 项成果首次入选《国家重点推广的低碳技术目录》。首获美国发明专利授权。获批成立第二个国家电网公司科技攻关团队。"省级电网企业实施问题库管理的研究与实践"创新成果获国家电网公司管理创新二等奖，3 项成果获国家电网公司管理创新三等奖，23 项成果获甘肃省优秀成果奖，21 项 QC 成果获中国质量协会、甘肃省质量协会表彰。国家电网公司首家标准化良好行为试点通过中国电力企业联合会 4A 认证。举办 14 项省级和公司级技能大赛，1 项成果获国家级二等奖，5 项成果获甘肃省职工优秀技术创新成果奖。

安全生产 未发生六级及以上安全事件，八级及以上安全事件总数下降 54%。安监、运检专业同业对标排名分别提升 6 位和 5 位。110kV 及以上设备故障跳闸 96 起，同比下降 27 起。

电网安全管理。制定《甘肃公司本质安全建设总体方案》以及 31 项重点措施。修订完善安全奖惩制度。修订完善违章记分标准和专业"安全红线",健全三级安全巡查专家队伍,常态化开展"四不两直"安全巡查 1321 次,查纠各类违章 4900 余项,累计记分 9880 分。按月组织《安规》全覆盖培训考试。完成县公司关键岗位人员安全培训计划,累计举办 47 期培训班,培训 2930 人。完成第一轮生产人员安全技能素质测评,主办甘肃省百万职工职业技能素质提升竞赛活动。严格执行安全事故措施计划,35kV 及以上变电站全部实现"五防"钥匙网络化管理。

风险预警管控。针对甘肃电网 15 项一般及以上结构性风险和兰州城市电网 13 项安全风险,编制治理管控措施并跟踪督办。落实电网风险管控"准确定级、先降再控、闭环管理"要求,严肃方案审核把关和监督落实,调整电网运行方式降低风险 17 项,有效管控六级及以上风险 526 项。构建施工安全风险预警管控体系,固化工作流程,实施动态管控,全年发布管控重要三级、四级风险 565 项。编制直属产业安全风险预警清单和措施,明确风险预警启动条件。制定信息通信系统外部风险预警管理细则。执行生产作业安全管控标准化工作规范,落实作业危险点分析、风险评估和承载力分析,执行"两票三制",全年管控 1.3 万处现场作业风险。

设备精益运维。加强 ±800kV 天中直流、750kV 主通道运维保障,完成 266 个测温点、29 处交跨、23 处弧垂观测。组织"三查三强化"、线路"三跨"、变电站交直流系统、电力电缆沟道、防误闭锁装置、防汛等专项隐患排查,整改各类隐患 6824 项。建成省地级城市输电线路外破视频监控平台,全省县公司实现配网线路故障定位系统主站全覆盖,故障查找时间平均缩短 90%,人员效率提高 60%。38 座 330kV 及以上变电站实现无人值守,县公司变电站无人值守率超过 80%。深化配网综合整治和频繁跳闸线路治理,完成 189 条频繁跳闸、516 条"三线搭挂"线路治理工作。依托 A 级检修基地,开展变压器和罐式断路器轮换检修。推进设备 GIS 信息采集建模和数据治理,PMS2.0 系统高分通过国家电网公司单轨验收。

专业安全管理。开展节后复工、建设十项通病、施工分包等专项检查,督导各级管理人员规范履职。全面推广应用分包人员信息"二维码"管理和施工过程数码照片 APP,实现分包人员和作业行为全过程监控。开展"六查一整改"活动。开展二次设备隐患专项整治,升级各类保护、安自装置 64 套,专业化巡

检 220kV 及以上变电站 78 座。组织网络安全隐患排查治理,7 类 524 项问题全部整改备案;参加国家级网络安全攻防演习,抵御攻击 3658 次,防护成功率 100%。组织开展集体企业安全大检查和交通、消防专项检查,全面整改发现的问题和隐患。

质量监督工作。开展配网物资质量提升年活动。发布"质量事件信息预警通知单"15 份。开展 330kV 山顺线塔脚板主材开裂、白芦线地线断线等涉及建设、运行各环节 200 余起质量事件调查处理。通过国家电网公司 2016 年资产全寿命周期管理体系监督评价验收。

应急保障。修订完成省市两级公司大面积停电事件应急预案。修订电网调度故障处置预案,明确省地两级职责分工、处置原则和处置流程,常态化开展事故预想和应急演练。组建 13 个市州公司、87 个县公司共计 100 支应急救援基干分队。

营销工作 2016 年,售电量累计 731.33 亿 kWh,结束连续长达 30 个月的负增长局面。扶持省内大工业平稳生产,扩大直购电规模完成交易电量 212.45 亿 kWh。电能替代 58.72 亿 kWh,减缓年售电量下滑 8.03 个百分点。新能源替代企业自备电厂完成电量 24.8 亿 kWh,新能源就地消纳完成电量 1.06 亿 kWh。全面提升报装响应速度和服务质量,一站式、一证式受理,加快全流程全环节管控和线上报装,新增客户 36.52 万户、容量 827.19 万 kVA。跟踪甘肃省高耗能企业停产、复产情况,准确预测用电趋势。协助省发展改革委等部门起草了售电侧改革方案、规范企业自备电厂管理实施方案,走访地方政府阐明电力体制改意见。直购电占国网甘肃电力省内售电量的 29%,累计降低企业用电成本 24.21 亿元,电价平均降幅 0.114 0 元/MWh。

开通电子承兑汇票,营财一体化成功上线运行,智能抄核收推广 616 万户。坚持"一户一策"防范电费风险,实行抵押金制度,当年电费回收完成 100%。营销稽查管理,下发专项督办单 12 件,整改问题 5.46 万个。

完成采集建设 226 万户,全省覆盖 670.17 万户、覆盖率 82.55%。检定电能表 227.55 万只、采集设备 8.31 万只、互感器 6.05 万只,逐只检定(检测)完成率 100%,抽检计划完成率 100%,全寿命周期规范率 98.65%。开展计量装置异常治理,挽回电量 66.99 万 kWh,电费 38.2 万元。"互联网+"业务推广。手机 APP、95598 网站和微信推广 230 万户,建成报装全流程管控系统。进行营业厅信息化建设,视

频覆盖 558 个、接入自助终端 617 台、WIFI 覆盖 128 个。开展营配调贯通和台区线损治理,建成营销业务管控平台,贯通采录 640 万户,负损台区减少 5151 个。

开展"多表合一"工作,接入客户 7.8 万户,取得政府支撑文件 15 个,签订水气热合作协议 53 个。节约电力 9.04 万 kW、电量 2.57 亿万 kWh;合同能源和技术服务项目顺利实施;节能产品代理 150 余项。社会充电桩 210 个,充电 342.16 万 kWh,充电设施建设纳入 13 个市州"十三五"发展规划。建成乡镇供电所五星级 3 个、四星级 30 个、三星级 260 个。

科技与信息化 科技成果。开展大规模风光电并网消纳、高载能联合协调控制研究,一项课题获得国家科技支撑项目正式批复,并争取到国拨资金 896 万元,"电网电源负荷协调控制实验室"获得甘肃省发展改革委批准建设。全年累计获省部级科技进步奖励 34 项。其中,获国家电网公司进步奖 10 项,"千万千瓦级风光发电集群控制关键技术及应用"获甘肃省科技进步一等奖。71 项成果获得国网甘肃电力 2016 年科技进步奖。

科研管理。建立以各级业务管理部门为主导,直属单位支撑的创新工作体系。科研经费管理全面实施 ERP 三级预算明细管控模式。

信息化工作。初步建成大数据平台并提供"客户行为分析"等应用。建成移动交互平台实现配电网抢修 APP 试点应用。建成营财一体化、同期线损、电网运营监测等系统,营销财务对账周期由 30 天缩短为 1 天,对账时间由 3 天缩减为 2 天,每月减少人工 393 人天。解决营配调贯通、电能质量等跨专业问题 339 项,电能质量台账完整率指标提升 40%。国网兰州供电公司《基于互联网+的防外破智能管控平台创新实践与应用》获国家电网公司信通新技术行动计划优秀成果三等奖。主导完成国家电网公司首部《信息通信安全工作规程》。信息系统运行全年零事件,获评国网信息系统性能常态优化 A 级单位,国网甘肃电力运行方式连续 4 年获评优秀。开展信息通信系统隐患治理,消除隐患 206 项,信息通信系统运行水平有效提升,完成大规模营销系统升级及 95598 独立改造,系统整体性能提高 70%,负载率降低 28%。

信息化建设与管理。完成近 3 年 623 个项目后评估,整改问题 117 项,项目建设规范性符合度达到国家电网公司 A 档水平。应急指挥二期被评优质建设项目,近 3 年国网甘肃电力 18 家单位 520 个信息化项目被内部审计评价为管理规范。组建完成信息通信产业公司,拓展了产业发展途径,合同额同比增长 242%。推动信息通信业务一体化运作,承担国家电网公司专项试点任务 25 项,同比增加 10 项,3 项工作经验被国家电网公司动态刊载交流。

全球能源互联网落地实践。建立推动落地实践的工作机制。落实与联研院和华电战略合作协议,深化与科研院所及国家重点实验室合作,在电科院组建了内部技术攻关团队和外部技术支撑团队。举办《回眸·展望》主题展览。举办智能电网高层次人才培训班。正式加入全球能源互联网发展合作组织并促成 3 所高校加入。启动西部示范基地建设。牵头成功申报荷一网一源多元互补等 7 项总部科技项目和 1 个科技攻关团队。全面完成兰州新区智能电网综合建设工程 13 个子项建设并通过验收。白银、酒泉公司负责的 2 座新一代智能变电站运行稳定。

电网环保和技术标准工作。采取备案和监测调查方法全面解决影响国网甘肃电力多年的环保问题,共备案 110kV 及以上开关站 1 座、变电站 122 座、线路 246 条、监测变电站 53 座、线路 235 条。推进环(水)保和水源地、保护区资料统一管理。完成 32 项环评和 37 项环保验收,实现"两个 100%"和"三个不发生"年度目标。配合完成环保部《输变电工程环境监理大纲》课题研究,配合完成《甘肃省输变电工程环境监理规范》制修订。创新提出技术标准应用落地"三步走"方法,全面开展县公司延伸落地,首次荣获中国电力企业联合会 2015～2016 年度电力标准化工作先进集体。首家试点地市级标准化良好行为确认,并通过中国电力企业联合会 4A 认证。开展技术标准实施评价,通过国家电网公司技术标准实施评价年度验收。

优质服务 开展甘宁、甘陕电磁环网解环运行研究及稳控策略制定;实现机组在线监视及分析,低频、低压减灾容量在线监视,试点开展新能源逆变器无功调频、调相能力改造及测试,实现省调 AVC 系统无功闭环控制功能,同时制定 AVC 系统运行管理办法;组织电厂、省检、重要用户开展站内安控装置核查,切实强化"三道防线"。

完成 D5000 全网模型拼接,实现全网状态估计计算和 D5000 模型发电企业全覆盖;开展全网二次系统安全防护检查整改,涉及 220kV 及以上新能源发电厂 167 座、变电站 86 座。组织 3 座火电厂、53 座风电厂(场)、49 座光伏电站签订《敦煌国际文博会发电厂(场)站安全保障责任书》。加强电网运行方式研究，实现 AVC 全覆盖。

国网甘肃电力与兰州铁路局首次联合举办以"铁路保驾、电力护航、温暖回家路"为主题的应急保障演练，确保铁路安全稳定运营。

光伏扶贫成效。 并网服务时限达标率100%，上网电量200万 kWh。完成瓜州新能源供暖示范项目供电工程建设。推动礼县、东乡县4万 kW 光伏扶贫项目以"飞地"模式落户武威。强化服务日常监管，暗访14个市（州）70个县（区）的267家营业厅。营业厅服务等重点投诉下降34%。强化服务保障，高效处理95598业务工单，接派单及时率100%。电能替代，142家直购电大客户纳入用能监测终端覆盖范围。

敦煌文博会保电　首届丝绸之路（敦煌）国际文化博览会于2016年9月20～21日在敦煌召开，国网甘肃电力实现了"设备零缺陷、工作零差错、电网零闪动、服务零投诉"的保电工作目标。敦煌电网是处于甘肃酒泉地区电网末端的县级电网，以35kV 和110kV 电网为主网架，网架结构较为薄弱，新能源厂站众多，大量新场馆和保电设施投运时间短，缺少运行考验。国网甘肃电力注重本质安全管理，建立文博会供电保障三级应急组织体系，按照"一站一册""一线一册""一馆一册"编制各专业应急预案40项，保电手册69册，32支保电团队、1756人投入保电工作。在该电网调控及二次系统、电气一次设备、安全供电、应急管理多方面进行全方位评估。开展客户侧供电保障工作，对重要场馆内部接线及所属开闭站进出线进行全面测温，通过大负荷试验全面检验了电网设备性能。改造升压110kV 五墩变电站，使得敦煌110kV 电网达到 N-1 的基本安全供电要求。新建3个10kV 开闭站转移负荷，减轻35kV 线路供电压力。新建10kV 线路完善城区重要保电场所双电源供电方式，提高架空线路绝缘化率。完善变电站、开闭站备投装置配置，实现多电源自动切换互供。建设配网故障快速定位系统，实现68条10kV 线路故障快速定位。

党的建设和精神文明建设　2个基层党组织获甘肃省先进基层党组织称号，2人获甘肃省优秀党务工作者称号，1人获全国电力行业优秀思想政治工作者称号，1人获2016年"十大陇人骄子"提名奖，5支服务队入选《国家电网共产党员服务队风采录》。

开展"两学一做"学习教育活动。创新学习方式，运用网站、微信、微博等平台，开发"两学一做"手机 APP，开设"三分钟微党课"，加强一线、流动分散党员学习。建立"三级党课"机制，举办党课3108场、培训班921期，培训党员1.7万人次。开展"三亮三比"活动。把问题整改作为践行"四讲四有"的切入点，解决对照党章党规查找、巡视审计、依法治企检查等发现的各类问题，问题库累计销号率74.8%。

党组织建设。 完善基层党组织建设。2016年新成立1个党委、45个党（总）支部，撤并33个党（总）支部，新增党员504名。开展"电网先锋党支部"达标创优。深化应用《党建工作标准化丛书》。完成基层党组织换届选举，编制基层党组织换届选举方案和重点任务安排表，确保27个党委、842个党（总）支部应换必换、程序严格。完成2008年4月以来党员党费自查整改工作。广泛开展庆祝建党九十五周年活动。实施"双卡双带双联"先锋工程。查找生产经营问题8745个，解决7972个；建立"党员群众互帮互带对子"3245个；建立"党组织帮带联系点"875个。开展"安全生产我当先"活动。开展"提质增效我担当"活动。策划开展"增收节支金点子""度电必争增效益""电能替代扩市场"等活动。深化共产党员服务队活动，开展"五项对口服务"。

卓越文化落地有效。 开展"陇电明星"选树，党组表彰100名"陇电明星"。制定《公司"十三五"企业文化建设实施意见》。对2500多人次开展企业文化培训。制定实施"精彩文博，电靓丝路"企业文化展示方案。建成企业文化长廊1000余处。开展"送文化、送健康、送温暖"进一线活动。开展青工"关怀、成长"活动和"青年创新创意大赛"。开展"光明情暖双联路"活动，走访慰问贫困户；实施帮扶项目143个，增强贫困户自身"造血"机能；投资6.85亿元，提前半年完成2404个自然村动力电全覆盖任务。国网甘肃电力连续2年获全省双联行动"民心奖"。

主要事件

4月15日，国网甘肃电力全面启动"学党章党规、学系列讲话，做合格党员"学习教育。

5月6日，甘肃电力交易中心有限公司正式挂牌成立。

6月30日，国网甘肃电力精准扶贫动力电覆盖工程于提前半年全面竣工，标志着甘肃全省实现农村三相动力电全覆盖。

9月15日22时04分，在酒泉卫星发射中心用"长征二号 F-T2"运载火箭将我国首个真正意义上的空间实验室——"天宫二号"发射成功，标志着国网嘉峪关、酒泉供电公司顺利完成此次保电任务。

9月20～21日，首届丝绸之路（敦煌）国际文化博览会在甘肃省敦煌市召开，会议期间，各重要场馆、酒店、景区等保电场所供用电正常平稳，未发生电网闪动和客户投诉，国网甘肃电力实现"设备零缺陷、工作零差错、电网零闪动、服务零投诉"的保电工作目标。

10月17日7点30分，"神舟十一号"载人飞船在酒泉卫星发射中心成功发射，标志着国网嘉峪关、酒泉供电公司圆满完成"神舟十一号"发射保电任务。

11月20日，在昆山国际会展中心举行的第九届国际发明展览会上，国网甘肃送变电工程公司参展项目"一种接地引下线弯制器"获得"俄罗斯议会国际科技合作协会"金奖。

11月22日，国家能源局发文批复甘肃省敦煌市创建第二批高比例新能源示范城市。国家能源局印发《关于敦煌、日喀则、扬中创建高比例新能源示范城市的复函》（国能新能〔2016〕319号），批复同意在甘肃省敦煌市、西藏自治区日喀则市、江苏省扬中市开展高比例新能源示范城市创建工作。

12月1日，国家发展改革委、国家能源局发布《关于规范开展增量配电业务改革试点的通知》，确定甘肃省兰州市（新区）、平凉市工业园区增量配电业务等105个项目为第一批增量配电业务改革试点项目。

12月12日，国网甘肃电力科学研究院申报的"甘肃省电网－电源－负荷协调控制工程实验室"为甘肃省级工程研究中心（工程实验室）。

12月20日，甘肃省发展改革委印发《甘肃省2017年电力用户与发电企业直接交易实施细则及有关问题的通知》，明确了国网甘肃电力的职责，明确参与直接交易的电力用户、发电企业（自备电厂以外的火电、1.5万MW及以上水电、新能源发电企业另行明确）及售电公司准入条件，指出交易周期以年度交易为主，季度交易为辅，由电力企业统一结算。

12月20日，国网甘肃电力与兰州铁路局共同举办首次跨行业"铁路保驾，电力护航，温暖回家路"联合应急演练取得了圆满成功。

12月28日，历时16个月建设的酒泉—湖南±800kV特高压直流输电工程（甘肃段）全线贯通。

（吉 炜 赵艳玲）

【国网青海省电力公司】

企业概况 国网青海省电力公司（简称国网青海电力）成立于2002年，是国家电网公司的全资子公司，主要负责省内电网规划、建设、运营和电力供应，承担着为青海省经济发展提供安全、经济、清洁、可持续的电力供应的任务。从事电力输配、调度和购销业务，负责省内电网的输配电运行管理和省际的电力交易；投资、建设和经营辖区内输变电、配电和联网工程；协助省能源主管部门制定青海省能源规划和电力规划。供电区域62.2万km²，供电人口586万。自2006年以来，在青海省经营服务类行风测评

中保持第一，连续19年获青海省财政支柱企业称号，获2016年度青海省工业经济运行突出贡献奖。

领导班子

总经理、党委副书记：全生明

党委书记、副总经理：施学谦

副总经理、党委委员：祁太元

副总经理、党委委员：韩悌

副总经理、党委委员：李生

总会计师、党委委员：高浦

党委委员、工会主席：毕红卫

副总经理、党委委员：巩正俊

副总经理、党委委员，西宁公司总经理、党委副书记：刘文泉

党委委员、纪委书记：杨明凯

总工程师：范越

组织机构 本部设办公室（党委综合室）、人力资源部（社保中心）、财务资产部、发展策划部、建设部、运维检修部、营销部（农电工作部）、科技信通部、物资部（招投标管理中心）、安监部、经济法律部（体改办）、审计部、监察部（纪委办）、思想政治工作部（党委宣传部）、对外联络部（新闻中心）、后勤部、工会、调度控制中心、电力交易中心、运营监测（控）中心、企协分会等21个职能部门。下设地（市）供电企业8个，直属单位9个。

电网概况 青海电网覆盖西宁市、海东市以及海西、海南、海北、黄南、果洛和玉树州，供电面积62.2万km²，占全省总面积的86.2%。截至2016年底，电网电源总装机2298万kW，共有750kV变电站7座、主变压器容量2160万kVA，线路2867km，330kV变电站33座、主变压器容量1842万kVA、线路6360km，110kV变电站143座、主变压器容量1040万kVA、线路13 336km，±400kV换流站1座、容量60万kW、线路608km。750kV电网形成"一横三纵"骨干网架，与西北750kV主网形成双环网，东部形成拉西瓦—西宁—官亭三角环网，750/330kV电网分层运行。

2016年，建成塔拉750kV输变电等5项330kV及以上输变电工程，徐家寨等19项110kV输变电工程。建成投运果洛外网三县与主网联网工程，实现国家电网在青海县域全覆盖。落实"国网阳光扶贫行动"，投资9282万元，建成玛多10MW定点扶贫光伏电站。海西至主网通道能力提升、西台330kV输变电工程等重点工程开工建设。

人力资源 截至2016年底，职工人数8020人。其中，研究生及以上学历244人，大学本科学历4462人，大学专科学历2121人。高级职称747人，中级职称1615人，初级职称4150人，人才当量密度达到

1.010 6，同比增长 2.48％。年内择优招录高校毕业生 471 名。推荐、选拔产生国网公司级优秀专家人才 7 人。实施培训项目 300 项，全年投入教育经费 2018 万元，全员培训率达到 94.21％。

组织完成国网玉树供电公司机构组建、人员接收、调配、帮扶工作。年内调整干部四批 62 人次。选派 14 名青年干部分别赴国网直属单位、国网福建省电力实践锻炼，选派 2 名干部分别赴西藏措勤县、国网蒙东电力挂职锻炼。

电网建设与发展 2016 年，新开工 110kV 及以上线路 540km，变电容量 209.1 万 kVA；投产 110kV 及以上线路 1112.9km，变电容量 139.5 万 kVA。22 项工程命名为"国家电网公司 2016 年输变电优质工程"，东山变电站、凤凰山变电站获"国家电网公司创优示范工程"。

截至 2016 年底，累计新能源并网 751 万 kW，占全网总装机的 31.1％，年发电量 100.13 亿 kWh，光伏利用小时 1482h。外送东部省份电量 6.74 亿 kWh。全年共核准 330kV 及以上项目 11 项。完成审批 34 项 110、35kV 项目可研及 20 项用户、电源接入系统方案，577 项农网改造升级工程取得省能源局可研批复。

开展"十三五"电网规划工作。海南—河南特高压直流工程纳入公司"十三五"规划，并促请国家电网公司下达海南特高压直流外送前期工作计划。启动青海清洁能源多能互补专题研究。抽水蓄能电站选点规划工作通过水规总院预审。针对青海电网输电能力不足、区域电网结构不合理等问题，提出网架优化加强方案。

经营管理 完成国家电网公司下达的年度资产经营考核指标，资产总额 401.91 亿元，售电量 587.61 亿 kWh，实现利润 1.04 亿元。规范新接收玉树地区、主网与果洛网外三县结算电价、小水电上网等政策。申报接网工程，纳入补贴目录。落实提质增效措施 142 条，开展输配电成本诊断分析和压控"两金"工作。强化资金集中管理，节支利息 0.60 亿元。研究项目预转资费用分摊规则等，开展 74 项工程自动竣工决算试点工作。

安全生产 全年未发生国家电网公司考核的安全事件和对国网青海电力造成较大影响的事件。果洛联网等工程投产，成功应对首次三级电网风险，完成习总书记视察、环湖赛保电等重大任务。

深化各级党政主要领导"天值、日控、一讲"工作机制。稽查现场 11 431 个，查处违章 772 人次，经济处罚 169 万余元。发布六级及以上电网风险 443 起，五级以上风险全部进行现场督查。完成电网规划比选方法优化等 12 项关键业务课题研究。完成 1156 项驻站技术监督，累计调查分析工程、物资、运维质量事件 341 起。

完成 59 座变电站精益化评价，330kV 及以上线路标准化建成率达到 95.71％，110kV 输电线路标准化建成率 100％。组织完成 96 条重要输电线路、通道状态评估。开展配网"四定"运维，10 批次集中治理消除隐患 5567 项。

开展输变电工程流动红旗竞赛及示范业主项目部检查评比工作。强化信息通信安全管理，整改系统漏洞 279 个。排查隐患 479 条。消除兰新二线 6 个 330kV 牵引站重大隐患 58 条，开展 20 家大客户的技术监督检查，查出并报备问题 438 条。

完成柴拉直流、玉树联网年检和西宁变电站 750kV 主变压器备用相恢复安装、官亭变电站 750kV GIS 分支母线大修及柴拉直流鸟害整治等重点工作。

组织完成大面积停电桌面演练、7 家地市公司与地方政府大面积停电事件联合功能演练。完成 330kV 汉朔双回 7 号塔山体滑坡、官东Ⅱ回 GIS 故障、海北 35kV 祁宝Ⅱ回防汛等应急抢修任务，应对"1·21"门源地震等多地自然灾害。

营销工作 2016 年，售电量 587.61 亿 kWh，同比增长 1.31 个百分点。采取产品抵押方式稳妥解决电费回收难题，电费回收连续 135 个月保持"月结月清"。借助生态立省发展战略，促成桥头铝电 5 台自备机组关停拆除，实现海西光伏替代盐湖化工、俊民化工自备电厂发电。完成电能替代 33.9 亿 kWh。预付费费控客户达到 62 万户，占比达到 43.5％。完成《全省电动汽车充电基础设施"十三五"规划》编制及"地区电动汽车充电服务费测算"工作。促成 7 家地（州）政府和 28 个县级政府出台政策支持性文件。与省内 29 家水气热企业签订战略合作协议。落实《规范农电管理工作实施方案》工作要求，80 个供电所达到星级标准，2 个五星级供电所通过国家电网公司验收。

科技与信息化 完成信息通信投资 1.01 亿元，科技投资 5509 万元，全面完成年度科技研发、信息通信项目建设任务。国家科技支撑项目"含大型光伏电站的多种能源发电联合运行控制关键技术研究及示范"一次性通过国家电网公司技术验收、国家科技部财务验收。建成国内首座兆瓦级锂电池储能示范系统（15MW×1.2h）。

年度申请专利 137 件，获得专利授权 68 件，排名省内企业第一。组织完成 1 项国家电网公司标准、20 项国网青海电力标准制修订工作。3 项成果获青海省科学技术进步奖，5 项成果获中国电力科学技术进步奖，6 项成果通过国家电网公司组织的转化评估。

完成全球能源互联网中西部示范基地青海实施方案的编制。开展新技术研究应用，完成业财主数据

"资产设备树"的试点建设。开展 PMS2.0、用采系统、电网 GIS 系统、移动作业平台深化应用和数据质量核查。

组建信息安全攻防队伍，组织西北、东北区域的信息安全攻防竞赛及技术交流。整改信息安全漏洞 279 个，优化安全防护策略 91 条。组织研发安全监测装置及系统平台，填补了国内电网工控系统安全威胁监测技术研究空白。完成审计信息系统优化完善，实现与财务、运监、经法、电子商务平台等系统的数据共享和业务融合。

优质服务 建立省、地两级营业厅视频监控预警机制。各级营业厅音频、视频监控系统覆盖率达 83%。持续完善营业厅服务功能，累计建成 24 小时自助营业厅 74 个。

开展"百日零投诉"竞赛，百万客户投诉量在国家电网公司系统排名提升 3 位。加大微信公众号、"掌上电力"、电 e 宝、95598 网站等网上营业厅电子渠道推广工作，累计注册绑定网上营业厅客户 41.79 万户，共交纳电费 28.59 万笔，交费金额累计达 3670.6 万元。

扶贫工作 围绕电网建设运营的核心业务，全力实施贫困村电网改造、光伏扶贫项目接网、玛多县定点扶贫三大工程。推进 6 个县、404 个贫困村的电网改造任务。按照"建成一个、并网一个"的原则，助力凯峰农业科技农光互补等扶贫发电项目接入国家电网。建成国家电网公司首座扶贫光伏电站，发电收益全部用于为玛多县扶贫事业，高效落实"国网阳光扶贫"资金，开展产业发展等 20 多个项目，玛多定点扶贫成为落实国家电网公司阳光扶贫典型经验。选派骨干力量驻村担任"第一书记"，组织定点扶贫村"认亲帮扶"，打好精准扶贫"组合拳"。

党的建设和精神文明建设 推进"两学一做"学习教育。落实《关于新形势下党内政治生活的若干准则》和《中国共产党党内监督条例》。推进"三亮三比""以学促做忠诚履职"等主题活动，提炼党员工作标准 32 条，提出"挖潜增效金点子"288 条。国网青海电力蝉联青海省"文明行业"称号，获评全省"工业经济运行突出贡献奖"，13 家单位荣获省级"文明单位标兵"，17 家单位荣获省级"文明单位"。

深化应用党建专业"五位一体"，实施 21 个党建主题项目和 213 个"一支部一载体"建设，A 级党支部达 95%以上，94 名业务骨干光荣入党，182 名农电员工党员纳入统一管理。

连续第三次蝉联青海省"文明行业"荣誉，13 家单位荣获"省级文明单位标兵"称号，17 家单位荣获"省级文明单位"称号。

《应用"互联网+"以情绪辅助分析平台拓展政

工外沿》等研究成果入选国家电网公司年度政工研究课题评选。《以建设幸福家园提升党组织服务水平》成果获得第四届青海省企业管理现代化创新成果二等奖。《以"三位一体"模式推进以德育企建设》获中国电力企业联合会 2016 年度电力行业企业文化优秀成果二等奖。

组建 20 支国家电网青海电力共产党员服务队，开展高原春雨保农耕、亲情服务进社区、等志愿者服务活动。19 支青年志愿者服务队 700 余名青年志愿者，广泛开展"学雷锋、献爱心、送光明"主题活动，2 个优秀青年志愿服务项目在全国近万个青年志愿服务项目中脱颖而出，进入全国金银铜奖决赛。可可西里环保志愿后援团项目获评最佳志愿服务项目。

98 支青年创新创意团队，研发、孵化青年创新创意项目 176 个，1 个项目夺得国网第二届青年创新创意项目大赛金奖。推进西宁员工周转房及海西、果洛、检修公司倒班用房建设。健康食堂创建实现四级单位全覆盖。走访慰问优秀员工家庭 195 人次。常态化开展太极拳、健步走等文体活动。开工建设离退休活动中心，慰问走访省内外离退休人员 258 人次。

主要事件

4 月 6 日，青海电力交易中心有限公司成立并揭牌，成为国家电网公司系统第二家按照全资子公司模式组建成立的省级电力交易中心。

6 月 22 日，国家电网公司与青海省人民政府在西宁签署《共同推进青海省小城镇（中心村）电网改造升级工程合作协议》。双方就共同推进青海省小城镇（中心村）电网改造升级工程范围、目标、配套政策资金落实以及建立长效合作机制等事项达成共识。协议约定，国家电网公司将加快青海城乡电力服务均等化进程，改善农村发展电力需求，于 2016～2017 年对省内 885 个小城镇（中心村）电网进行改造升级。

8 月 22 日，玉树电网灾后重建筹建分公司正式更名为国网青海省电力公司玉树供电公司。至此，国网青海电力所属地市供电公司增加至 8 个。2015 年，国家电网公司与青海省政府就玉树电网资产上划工作进行会谈并达成共识。2016 年 1 月 13 日，青海省水电集团公司组建玉树州三江供电有限责任公司，为资产上划做好准备；1 月 29 日，国网青海电力受托介入玉树电网和三江供电公司管理；8 月 19 日，国网青海电力按照国务院国资委批复正式接管玉树州电网资产；8 月 22 日，国网玉树供电公司正式成立，全面负责玉树州 1 市 5 县 110kV 及以下电网规划、建设、运营和供电服务等业务。

11 月 3 日，国网青海电力牵头协同中国电科院、西北电力设计院、西北水电勘察设计院等三家单位，在北京共同签署《青海清洁能源基地多能互补集成优化研究合作框架协议》，标志着青海清洁能源多能互补集成优化研究工作正式启动。

12月23日，总投资37.58亿元的果洛与青海主网联网工程、塔拉750kV输变电工程全面竣工投运。工程的建成投运，彻底解决了当地长期面临的电力不足及供电可靠性低的问题，彻底结束了玛多、班玛、久治三县电网长期孤网运行的历史，国家电网实现在青海县域的全覆盖。

（贾宝钦　朱连生）

【国网宁夏电力公司】

企业概况　国网宁夏电力公司（简称国网宁夏电力）是国家电网公司全资子公司，属国有特大型能源供应企业，主要从事宁夏回族自治区境内电网的建设、运行、管理和经营。

宁夏电网位于西北电网的北部，是西北电网的重要组成部分，主网由750、330、220kV三个电压等级构成，通过4回750kV线路和5回330kV线路与西北电网连接。2016年，随着750kV黄贺Ⅱ线投运，宁夏750kV电网实现双环网运行。年中，±800kV灵绍直流投运，宁夏电网正式步入特高压电网运行时代，直流外送规模达到12 000MW。至2016年底，太阳山—六盘山—平凉750kV输变电工程顺利投运，形成甘宁750kV第二回通道，交流通道外送能力提高到6200MW。截至2016年底，宁夏电网统调总装机容量33 776.31MW，其中：火电厂24座，机组56台，容量18 884MW，占装机总容量的55.91%；风电场81座，容量9416.18MW，占装机总容量的27.88%，光伏电站118座，容量5053.83MW，占装机总容量的14.96%；水电厂2座，机组15台，容量422.3MW，占装机总容量的1.25%。220kV及以上电压等级变电站共77座（包括用户变电站20座），变压器169台，总容量为52 510MVA，其中：750kV变电站6座，变压器9台，总容量为16 500MVA；330kV变电站29座（包括用户变电站12座），变压器69台，总容量为19 540MVA；220kV变电站42座（包括用户变电站8座），变压器91台，总容量为16 470MVA。220kV及以上电压等级交流线路共计243条，总长度7671.512km，其中：750kV线路23条，长度1979.546km（宁夏境内1775.512km）；330kV线路89条（包括5条省际联络线），长度3261.057km（宁夏境内2931.809km）；220kV线路131条，长度2430.909km（宁夏境内2417.784km）。直流线路共计2回，±660kV直流线路1回，长度1335km（宁夏境内105.896km），±800kV直流线路1回，长度1720km（宁夏境内82.548km）。

2016年，国网宁夏电力完成固定资产投资96.50亿元，其中电网基建89.91亿元。售电量609.24亿kWh，同比降低5.51%。外送电量306.95亿kWh，同比增长8.87%，其中送山东电量221.14亿kWh，送浙江51.62亿kWh。线损率3.55%。营业收入净额325.48亿元，同比减少18.56亿元。资产总额333.82亿元，较年初增加44.61亿元。资产负债率68.64%。全员劳动生产率82.32万元/人年。荣获首届"宁夏质量百强企业"称号，连续第18年受到宁夏回族自治区政府表彰，所属市、县公司在当地公共服务行业评议中全部名列第一。

领导班子

总经理、党委副书记：赵亮
党委书记、副总经理：张徐东
副总经理、党委委员：郭少锋
副总经理、党委委员：房喜
副总经理、党委委员、工会主席：马家斌
总会计师、党委委员：李英
党委委员、银川供电公司总经理：张小牧
副总经理、党委委员：姚鲁
党委委员、纪委书记：董安有
副局级调研员：靳昶

组织结构　采用以行政区划设置各级供电企业和以专业化管理设置分公司（机构）相结合的组织模式。截至2016年底，设置22个职能部室，下辖6个地市供电公司、12个专业化分（子）公司、18个县级供电公司。

电网运行　坚持严抓严管，周一早调会通报反馈、安全巡视督导、统一视频监控等监管措施有效执行。安全主体责任和监督责任全面落实，各级领导干部现场全年履责8138人次。开展"三查三强化"等专项行动16次，排查整改缺陷隐患22 796项。修订完善14项安全管理制度，分专业制定263项实施细则。主动应对电网结构日益复杂、新能源迅猛发展等新情况，深化大电网运行特性分析研究，首次开展银东直流冬检，严把特高压工程验收质量关。加强基建、生产、调度协同配合，电网建设、检修任务全面完成。推进精益化管理，完成358座变电站、921条输电线路反措排查，发现21 284处问题并积极整改。推行风险管控分类分级清单式管理，实现电网、作业、施工风险全过程管控。信息安全等级保护水平位居宁夏回族自治区前列。电能质量在线监测系统实现全覆盖，资产全寿命周期管理保持"成熟型"水平。修订大面积停电事件应急预案，开展大规模联合应急演练，改造"静中通"、建成"动中通"，应急能力持续提升。完成国家领导人在宁视察、G20峰会等24项重大保电任务。截至2016年末，宁夏电网实现长周期安全运行6056天。宁东—山东±660kV直流输电工程安全运行超过5周年，累计向山东送电超过

1700 亿 kWh。

电网建设与发展 编制国网宁夏电力"十三五"发展规划及专项规划，完成宁东电网规划优化等专题研究。750kV 太阳山变电站扩建、银西高铁及城际铁路 330kV 配套供电等 37 个电网项目获得核准。上海庙—山东直流送端接入工程取齐全部国家级支持性文件。宁夏第二条电力外送通道宁东—浙江±800kV 特高压直流输电工程、与西北电网第二联络通道太阳山—六盘山—平凉 750kV 输变电工程建成投运。宁夏外送型电网建设取得历史性突破，直流、交流外送能力分别增至 12 000、6200MW。沙坡头、杞乡 750kV 等 38 项输变电工程开工建设，年内投产 56 项。开工 35kV 及以上线路 1015km、变电容量 6940MVA，投产线路 1610km、变电容量 5600MVA。六盘山—平凉 750kV 线路工程（宁夏段）夺得国家电网公司项目管理流动红旗。沙湖 750kV 变电站等 29 项工程获国家电网公司优质工程命名，周闸 110kV 变电站获国家电网公司"创优示范工程"称号。国家电网公司与宁夏回族自治区签署《关于共同推进宁夏回族自治区小城镇（中心村）电网改造升级和"井井通电"工程合作协议》，全面启动新一轮农网改造升级工程，小城镇（中心村）电网改造、井井通电年度投资任务全面完成，提前实现"村村通动力电"目标。4 项配电网工程获国家电网公司"百佳工程"称号。县城网配电自动化实现全覆盖，农网配电自动化覆盖率达到 32.4%。

经营管理 落实西部大开发等税收优惠政策，全年节税 2.69 亿元。争取灵绍直流临时电价政策，疏导超低排放等电价矛盾 1.58 亿元。推进"三全五依"法治企业建设，"七五"普法顺利开局，获评宁夏回族自治区"六五"普法工作先进单位。社保基金移交工作全面完成。物资、服务采购集中管控范围 100%。完成各类审计项目 747 项，提出审计意见建议 766 条，增收节支 2.03 亿元。推进电力体制改革，国家发展改革委正式批复《宁夏回族自治区电力体制改革综合试点方案》和银川经济技术开发区等 3 个增量配电业务试点项目。宁夏电网首个监管期输配电价获国家批复并正式执行。以全资子公司模式挂牌成立宁夏电力交易中心有限公司，全年组织完成区内直接交易电量 269.03 亿 kWh，同比增长 59.37%。参与编制宁夏售电公司管理办法和企业自备电厂管理办法。推进国有企业职工家属区供电设施接收工作。完成 10 家集体企业改革改制。全面实施卓越绩效管理，持续完善提升"三集五大"体系，纵深推进"五位一体"协同机制，完成 306 项年度重点任务。落实"两个集约"要求，优化机构设置，理顺各级农电管理职责。

营销服务 开展营销基础管理提升专项活动，以精准降损为抓手，优化营销业务应用系统，完善用户、设备档案，治理计量装置缺陷，打击窃电及违约用电。完成营配调图形、台账数据全量迁移，高、低压用户营配调贯通进度达到 99.93% 和 99.79%，高、低压用户一致率达到 99.00% 和 94.11%。加强星级供电所建设，规范供电所管理，平罗渠口、沙坡头常乐、灵武农场供电所被国家电网公司命名为"五星级乡镇供电所"。拓展电力市场，恢复停产负荷 1707.8MVA。建立客户需求快速传导机制，提升办电质效，累计接入负荷 10 101.8MVA。组织实施电采暖、新能源电厂等清洁替代项目，累计替代电量 15.45 亿 kWh，代宁夏回族自治区发展改革委起草《宁夏回族自治区电能替代实施意见》。编制重点客户"一户一策"电费回收策略，加强电费回收管控，压降欠费成效显著。规范企业自备电厂管理，受宁夏回族自治区经信委委托，起草《宁夏回族自治区企业自备电厂管理办法》。协助自治区政府完成《宁夏回族自治区充电基础设施建设专项规划》。制定《"互联网＋"营销服务应用工作实施方案》，全面启动远程缴费业务，开展移动作业试点应用。

科技与信息化 印发 2016 年 1 号文件《国网宁夏电力公司关于全面加强科技创新工作的意见》。加强重点领域攻关，围绕大电网安全控制、新能源并网消纳、输变电监测技术等开展 23 项课题研究。与华北电力大学联合组建研究生工作站，为国网宁夏电力人才培养和科研合作搭建平台。国网宁夏电力"高压电气设备检测与试验创新中心""电力信息安全创新中心"获宁夏回族自治区授牌。申请专利 139 项，获得授权 35 项。1 项管理成果获评全国企业管理现代化创新成果，31 项科技成果获省部级科技奖。国网宁夏电力调控中心科技创新团队被评为宁夏回族自治区优秀科技创新团队并获得 100 万元奖励。开展"大众创效、全员创新"职工技术创新"三赛一创"劳动竞赛，2 项成果被评为全国能源化学地质系统优秀技术创新成果，1 项成果获评全国总工会推荐国家科学技术进步奖第四名。

党的建设和精神文明建设 印发党委 2016 年 1 号文件《中共国网宁夏电力公司委员会关于全面加强公司党的建设的实施意见》。学习贯彻党的十八届六中全会和全国国有企业党的建设工作会议精神，开展"两学一做"学习教育，召开领导班子民主生活会。推进基层党组织换届选举，严格规范党费收缴使用管理，开展基层党组织书记抓党建述职评议考核。深化电网先锋党支部和星级服务型党组织创建，一人荣获"全国优秀党务工作者"称号。落实党风廉政建设"两个责任"，学习贯彻《关于新形势下党内政治生活的若干准则》《中国共产党党内监督条例》，深化风险防控，完成 3 家单位内部巡视。督查中央八项规定精神落实，整改突出问题 64 项。实践"四种形态"，抓早抓小，信访举报件同比下降 51%。开展"双有双育"主题实践活动，建成 20 个企业文化建设示范点，3 个道德讲堂入选宁夏回族自治区"50 佳"。

主要事件

2 月 6 日，宁夏回族自治区党委书记、人大常委会主任李建华在自治区党委常委、银川市委书记徐广国到银川东换流站慰问电网企业干部职工。

4 月 1 日起，国网宁夏电力开始执行国家发展改革委核准的宁夏电网 2016～2018 年输配电价。

4 月 8 日，宁夏电力交易中心有限公司正式揭牌，成为国家电网公司系统第三家取得工商注册的省级电力交易机构。

7 月 1 日，纪念中国共产党建党 95 周年大会在北京举行。国网宁夏电力科技信息部主任丁茂生荣获"全国优秀党务工作者"荣誉。

7 月 26 日，国家电网公司与宁夏回族自治区人民政府在银川签署《关于共同推进宁夏回族自治区小城镇（中心村）电网改造升级和"井井通电"工程合作协议》，双方就加快相关工程建设、推动配套政策资金落实和建立长效合作机制等事项达成共识。

8 月 24 日，国家大气污染防治计划 12 条输电线路之一暨宁夏首条特高压电力外送通道——宁东—浙江±800kV 特高压直流输电工程历经一年零九个月正式建成投运。

11 月 29 日，北京电力交易中心有限公司发布公告，宁夏新能源发电企业与上海燃煤电厂达成 0.7 亿 kWh 发电权交易，这是宁夏新能源达成的首笔跨区跨省发电权交易。

12 月 16 日，华北电力大学-国网宁夏电力公司研究生工作站正式成立。

12 月 30 日，宁夏与西北电网第二联络通道太阳山—六盘山—平凉 750kV 输变电工程正式建成投运。

（田凤廷）

【国网新疆电力公司】

企业概况　国网新疆电力公司（简称国网新疆电力）是国家电网公司的全资企业，是以经营新疆电网为核心业务的国有企业。本部设 24 个职能部（室、中心），所属供电企业 13 家，业务支撑、实施和集体企业等单位 9 家。

领导班子

总经理、党组副书记：刘劲松

党组书记、副总经理：叶军

党组成员、纪检组长：开赛江·阿不都如苏里

党组成员、工会主席：孙涛

党组成员、副总经理：徐建忠

党组成员、副总经理：白伟

党组成员、总会计师：涂海江

副总经理：赵青山

总工程师：张龙钦

副总经理兼乌鲁木齐供电公司总经理、党委副书记：黄震

副总经理：阿斯卡尔

副总经理：谢恒

组织机构　本部设办公室、发展策划部、人事董事部、人力资源部（社保中心）、财务资产部、安全监察质量部、运维检修部、建设部、营销部（农电工作部）、科技信通部（智能电网办公室）、物资部（招投标管理中心）、审计部、监察部（纪检组办公室）、思想政治工作部（机关党委、团委）、离退休工作部、经济法律部、对外联络部（品牌建设中心）、后勤工作部、运营监测（控）中心、电力调度控制中心、电力交易中心、工会、公安保卫部（武装部）、企协分会。

电网概况　截至 2016 年底，国网新疆电力拥有 750kV 线路 17 条 3002.93km，变电站 10 座 2300.4 万 kVA；500 kV 线路 7 条 195.71km；220kV 线路 431 条 19 196.89km，变电站 104 座 3301.6 万 kVA；110kV 线路 872 条 22 418.19km，变电站 422 座 2861.73 万 kVA。统一调度的新疆电网已覆盖自治区全部 14 个地州（市）。

人力资源　从严把好干部选拔程序关、纪律关和监督关。组织 7 期处级干部准军事化集中轮训。完善干部考评奖惩机制。选送 10 名青年骨干赴上海实践锻炼，10 名信通专业骨干外派交流学习。完成 1698 名高校毕业生招聘工作。"定向培养""订单培养"大学生 61 名。深化管理人员"三级三维"和一线班组"工时积分"绩效模式。完成集体企业择优直签劳动合同工作。实施"春蕾计划"，加速青工成长成才。举办各类培训班 1687 期，遴选省、地两级优秀专家人才 275 人。

电网建设与发展　优化"十三五"电网发展规划。注重长远发展和精准投资相结合，研究确定 750kV 电网项目向博州、阿勒泰、巴州若羌等区域延伸策略。实施重点项目前期工作，110kV 及以上项目获得核准 137 项，天山换流站调相机项目获得批复。开展后 3 年重点项目前期工作，累计储备规模达 426 亿元。促成自治区政府召开电网开（复）工动员大会，国家电网公司与自治区政府签订小城镇（中心村）电网改造升级和"井井通电"合作协议，国网新疆电力与乌鲁木齐、塔城、哈密、吐鲁番地区党委政府举行了电网发展会谈，并与自治区发展改革委、能源监管办公室建立了双月会商机制。

重点工程稳步实施。投产 110kV 及以上工程 118

项。建成投运 750kV 环天山东、西环网，形成"内供三环网，外送三通道"的主网架格局。加快昌吉—古泉特高压直流工程建设，新疆首座抽水蓄能电站开工建设。建成投运全国首条穿越冰川和高山冻土区的 750kV 伊犁—库车输变电工程。750kV 五彩湾—芨芨湖—三塘湖输变电工程、天山换流站联络变压器、乌苏变电站增容扩建等 18 项迎峰度夏（过冬）和一批新能源送出工程建成投运。实施 2016 年农网改造升级和城镇配电网工程，完成了 179 个小城镇（中心村）电网改造升级，652 眼机井通电，441 个自然村新通及改造动力电，通过自治区政府对 2015 年农网改造升级工程、新增中西部农网工程的验收。南郊 220kV 输变电工程被评为"国家电网公司 2016 年度优质示范工程"，牧民定居配电台区工程等 5 项工程获"国家电网公司 2016 年度百佳工程"称号。750kV 五彩湾变电站工程荣获国家优质工程奖，为国网新疆电力首个自主建设管理的创国优项目。

经营管理 国家电网公司出台进一步加强支援新疆工作 25 条意见。完成深化"三集五大"体系建设 48 项重点任务，按节点完成"五位一体"应用目标。成立审计中心，优化整合农电业务，完成新疆电力规划研究中心清算关闭，39 座小水电处置工作有序推进。重视审计成果运用，加强检查督导及闭环管理，解决一批历史遗留问题。开展信通核心业务自主化工作。处置集体企业 22 户，48 户存续企业与经营平台建立资本纽带关系，妥善安置各类从业人员。落实主办单位管理责任，新能集团经营发展基本实现精准定位、转型升级。

深化大数据智库建设，国家能源局、全球能源互联网发展合作组织、中国电信集团总公司领导专程赴国网新疆电力调研学习。制订科技进步奖励办法。"输变电设备极端环境运行与检测技术联合实验室"获得国家电网公司命名。首次获得国家电网公司软课题成果二等奖，获得省部级以上科技奖 17 项，管理创新成果奖 20 项，获得各类专利授权 359 项。2 项管理创新获国家级企业管理现代化创新成果奖，2 项成果分获国家电网公司青年创新创意大赛银奖和铜奖。

狠抓降本增效管理，"大经营"协同效果更加凸显，50 条提质增效措施落地。实施综合计划、财务预算、经营成本全过程管控。成本费用同比压降 27.69%。推动自治区出台备容费价格联动机制。"采集远程参数下发技术研究"创新成果得到规模化应用。统筹内部资金集中运作，严查跑冒滴漏各类用电问题。

安全生产 强化安全责任落实，各级领导干部和管理人员到位监督 2.6 万人次，查处违章 7483 起，考核 10 246 人次。开展"三查三强化"和各类安全大

检查专项行动，发现并整改各类问题 20 931 项。制订电网建设工程安全监督方案，落实业主和施工方责任，整改突出问题 1982 个。完成 750kV 凤凰—乌苏—伊犁等 11 项重大综合停电检修。加强电网潜在风险前瞻性研究，应对负荷高峰和全网 975 次风险预警。修订公司大面积停电应急预案，开展各类应急演练 752 次。完成"十三届全国冬运会"等重大保电任务。完成"护网 2016"网络信息安全防护工作。

防恐维稳 围绕社会稳定和长治久安总目标推进各项工作。完成全疆 3988 个便民警务站通电任务，编制完成了 27 个边防连队大电网接入方案。强化警企、军企协作，推进与全疆 1148 个公安机关、派出所联防联动，与新疆军区和 13 个地州军分区签订融合发展协议。配置兼职防暴队伍 7455 人，邀请公安、武警开展防恐训练 480 人次。加强值班管理、维稳督察等工作。从助力南疆经济发展和增强维稳力量等方面给予全力支持，在南疆 3 个地州公司配备专职维稳副书记。驻村工作队开展"互联网＋精准扶贫"取得实效，1020 名各族干部员工踊跃报名参加 2017 年驻村。开展"民族团结进步年"和"民族团结一家亲"主题活动。制订民汉结对帮扶、普及"双语"互学等措施，评选表彰 20 个民族团结进步模范集体和模范个人。

营销与优质服务 坚持市场化改革方向，强化深化改革领导小组力量，召开各类专题会议 32 次，推进各项重点任务。有效化解全网同价、南北疆分开核定输配电价等偏离电改政策的诉求。配合输配电价成本监审。成立国家电网公司首家全资子公司模式省级电力交易中心，推动大用户直接交易、双边交易、替代交易等，实现全年市场化交易电量 200 亿 kWh。推进准东、兵团十三师、巴州等重点地区电改。

推动形成以自治区政府为主导的"电力援疆＋市场化"机制，向 7 个省市外送援疆电量 30.5 亿 kWh。实施与西北各省外送电量互保、直流外送网源价格共担等措施。促使政府出台"电气化新疆"方案，电采暖、电化小镇、电动汽车等试点工作全面实施。全年完成电能替代 22.66 亿 kWh，成功接收 3 家中央企业供电移交，增加营业区 403km²，增加电量 5.15 亿 kWh。

以 95598 服务平台为支撑，优化故障报修服务流程，快速响应客户诉求。实行典型案例周例会"说清楚"机制，人员责任投诉同比下降 10.6%。积极推广"互联网＋营销服务"，手机 APP、电 e 宝等网上注册用户达 110 万户，实现新疆首座快充站和 85 个离散式充电桩全部接入车联网平台运营。建设完成 2.77 万户"多表合一"用户，推动自治区建设厅和 9 家地州政府出台相关支持政策。支持短、平、快用电

项目，解决 793 座果蔬热风烘干房、394 座冷藏库的用电问题。发挥"一站式"服务优势，全年并网新能源装机容量 439 万 kW，新能源消纳电量 287 亿 kWh，同比增长 48%。

党的建设和精神文明建设 开展"两学一做"学习教育，所有党员和党（总）支部全面完成集中学习和 4 次专题研讨。深化学习型党组织建设，推进党委（党组）中心组学习规范化、制度化。开展党委书记抓党建工作述职评议考核，与 25 家单位党委签订党建工作主体责任书。373 个基层党组织平稳完成换届选举，规范党费收缴使用管理。开展"20 强电网先锋党支部"创建。制订"四讲四有"共产党员考评方案和考评细则，被国家电网公司作为典型案例推广。加强党风廉政建设，严肃执纪问责，开展任前廉政谈话 692 人次，谈话提醒 160 人次，诫勉谈话 41 人次，追究责任 127 人，给予党政纪处分 65 人。

开展"四风"问题整治情况"回头看"，落实文风会风和公务接待等 9 个方面 22 项重点任务，发现问题 24 项并督促完成整改。制订《本部员工行为规范》，实现本部"公司领导—中层干部—处长—关键专责"述廉测评全覆盖。出台《关于全面加强作风纪律建设的意见》，所属 25 个党委制订具体实施方案，将纪律作风建设纳入党委主体责任和纪委监督责任。

发布驻疆企业首份社会责任白皮书，央视大型纪录片《一带一路》收录国网新疆电力向蒙古国送电故事。策划伊犁—库车输变电工程央视直播。获评 2016 年全国电力行业企业文化建设示范单位。"电力爱心超市"项目荣获第三届中国青年志愿者服务项目大赛银奖。开展配网不停电作业竞赛、法治企业建设和党群技能竞赛。开展读书活动。61 家单位获评自治区文明单位。

主要事件

1 月 9 日，国网新疆电力与塔城地区行署签署共同推进塔城地区"十三五"电网发展建设战略合作协议。

1 月 11 日，±1100kV 准东—皖南特高压直流输电工程开工动员大会在北京召开。工程起点位于新疆昌吉自治州，终点位于安徽宣城市，途经新疆、甘肃、宁夏、陕西、河南、安徽 6 省（区），新建准东、皖南 2 座换流站，换流容量 2400 万 kW，线路全长 3324km，送端换流站接入 750kV 交流电网，受端换流站分层接入 500/1000kV 交流电网。

2 月 18 日，国网新疆电力发布首份《"疆"来更美好——服务新疆经济发展和社会稳定白皮书》，是驻疆央企中首份社会责任实践白皮书。

3 月 9 日，国网新疆电力与独山子石化公司签署关于独山子供电营业区供电业务移交原则协议。

3 月 25 日，国家电网公司系统首家省级电力交易机构——新疆电力交易中心有限公司成立大会暨揭牌仪式举行，于 3 月 21 日完成了组建方案审批、工商登记注册等。

6 月 27 日，国家电网公司与新疆自治区政府签署《共同推进新疆小城镇（中心村）电网改造升级和"井井通电"工程合作协议》。

7 月 12 日，国网新疆电力与哈密地区行署签署共同推进哈密地区"十三五"电网发展建设战略合作协议。

8 月 18 日，新疆自治区党委副书记、自治区主席雪克来提·扎克尔调研±1100kV 特高压直流输电工程昌吉换流站现场和 750kV 五彩湾变电站。

10 月 21 日，新疆自治区党委副书记、自治区主席雪克来提·扎克尔一行与国家电网公司董事长、党组书记舒印彪在北京举行会谈。

11 月 22 日，新疆自治区政府在 750kV 伊犁变电站举行 750kV 伊犁—库车输变电工程竣工仪式。工程于 2014 年 11 月 5 日开工，起点为伊犁尼勒克县 750kV 伊犁变电站，终点为阿克苏库车县 750kV 库车变电站，线路全长 353.7km，铁塔 717 基，总投资 19.55 亿元。全线海拔 800～3750m，大部分在高海拔地区，是中国首条跨越冰川和高山冻土区的 750kV 输电线路。工程的投运，标志着新疆电网 750kV 主网架全面建成，在实现南北疆电力均衡保障提升"疆电外送"能力的同时，还将促进新疆与丝绸之路沿线国家和地区开展新能源资源的互补与互济。

（旷路明）

【国网西藏电力有限公司】

企业概况 2007 年 7 月，国家电网公司控股、西藏自治区人民政府参股，共同组建国网西藏电力有限公司（简称国网西藏电力）。国网西藏电力统一规划、统一建设、统一管理地市电网，经营相关发输配电业务；按照国家统一规划，合理有序开发西藏电力资源，投资或参与投资建设相关电源项目，促进国家规划电源基地开发和前期工作开发；制定并组织实施国网西藏电力发展规划和重大生产经营决策；开展电力建设项目前期工作和其他工作。

组织机构 本部设立 22 个职能部门，下辖正处级建制单位 22 个（地市供电公司 7 个、发电公司 6 个、支撑单位 8 个、交易中心 1 个），其中分公司 18 个、子公司 3 个、分子公司合署办公 1 个；正科级建制子公司 3 个（作为分公司的二级机构管理）。代管县供电公司 50 个。

电网概况 西藏电网由西藏中部（简称藏中）、昌都、阿里电网构成。藏中电网覆盖拉萨市、日喀则市、山南市、林芝县和那曲地区。截至 2016 年底，藏中电网 110kV 及以上主网架结构基本保持不变，藏中电网（除那曲地区）均通过 220kV 线路相联，220kV 主网络形成"日"字型环网和外环网结构。藏中电网通过 ±400kV 青藏直流和青海电网相联，昌都电网通过 220kV 双回交流线路与四川电网联网，阿里电网仍作为独立电网运行。

截至 2016 年底，西藏自治区发电装机容量 260.62 万 kW，藏中电网装机容量 202.36 万 kW，其中水电装机容量 128.41 万 kW（常规 119.41 万 kW、抽水蓄能 9 万 kW）、火电装机容量 34.88 万 kW、太阳能光伏发电装机容量 33.5 万 kW、地热发电机组装机容量 2.91 万 kW、余热发电装机容量 1.91 万 kW、风电装机容量 0.75 万 kW。与 2015 年相比，2016 年藏中电网新增装机容量 23.7 万 kW（增长率为 13.26%），其中多布电站 6 万 kW、光伏电站 17.5 万 kW、羊易地热电站 2000kW。

2016 年，西藏自治区全年发电量 51.13 亿 kWh，全社会用电量 49.22 亿 kWh。2016 年，国网西藏电力管理机组发电量 15.33 亿 kWh、售电量 41.88 亿 kWh，固定资产投资 68.31 亿元。青藏联网送入电量 7.19 亿 kWh，外送电量 6.97 亿 kWh。川藏联网送入电量 470 万 kWh，外送电量 1.91 亿 kWh。

人力资源 2016 年，国网西藏电力全口径用工 4843 人，同比增加 321 人；人才当量密度 0.854 2，同比提升 3.13%；招聘高校毕业生 608 人。

深化"五位一体"（职责、制度、标准、流程、考核）协同机制建设。应用"五位一体"协同管理平台，组织开展全员要素比对，深化"三集五大"体系业务末端融合，梳理标准作业程序 966 项，生成作业指导卡 387 份。按照"顶层设计、精简高效、统筹三定、分级分类"原则，严肃工作纪律和报批流程。批复国网东嘎发电公司和国网羊八井发电公司合并组织机构调整方案、西藏电力交易中心有限公司机构设置方案、国网沃卡发电公司三站集控方案和国网西藏经研院规划评审中心相关机构优化方案。规范劳务派遣、业务外包用工和长期不在岗人员。修改制定绩效管理相关制度，完善绩效考核指标体系，签订全员绩效合约。开展积分同价计酬机制试点工作。推广上线运行 ERP 薪酬系统和福利系统，提升薪酬福利信息化管理水平。推进绩效管理模块上线实施应用，依托信息化建设实现全员线上考核。

建立健全人才培养体系，中级及以上职称占管理技术人员比例 13.09%；技师、高级技师占生产技能人员比例 4.07%。选拔公司级兼职培训师 33 人，选拔地市公司级专家人才后备 4 人，2 人入选国家电网公司级高级兼职培训师。

推进代管县供电公司"组团式帮扶"模式，国家电网公司安排 196 名帮扶人员进藏开展代管县供电公司对口帮扶。实施农网专项帮扶，国家电网公司从 7 个省电力公司选派 91 人，对口国网西藏电力 7 个地市供电公司开展专项帮扶。批复离岗休养职工 85 人，累计批复 99 人。

电网建设与发展 2016 年，完成电网基建投资 65.12 亿元，新开工 110kV 及以上线路 2682km、变电容量 167 万 kVA，投产 110kV 及以上线路 588km、变电容量 33 万 kVA，投资、开工、投产指标完成率均达到 100%。新开工 35kV 及以下线路 11 752.46km、变电容量 79.89 万 kVA，投产 35kV 及以下线路 1229.53km、变电容量 8.04 万 kVA。

新一轮农网改造升级工程 46 个 110kV 输变电工程全面开工，201 个 35kV 输变电工程项目开工 181 个。曲松、南木林、申扎 110kV 输变电工程提前 1 个月建成投产。申扎 110kV 变电站投运，标志着西藏主电网覆盖达到 59 个县。

建立基建管理三级点评机制，开展飞行检查及交叉互查，开展专项检查和问题整改。成立基建安全质量督查队，构建电网建设项目常规巡检机制。国网那曲供电公司引入超声波检测技术，对铁塔基础进行检测，确保灌注桩质量。制订发布《农民工工资发放管理办法》。

研究建立"串行"业务"并行"推进工作模式。优化业务流程和工作时序，紧急重点项目可研与初设、物资报招与施设同步推进。全面推广"2015 年版西藏电网工程典型设计"，配合完善新一轮农网工程技术标准。严格设计评审管理，新一轮农网改造升级工程统一使用 2015 版高海拔地区通用设计，并在初设评审时严格对照逐项评审。全面推行设计策划，组建施工图审查专家库，印发施工图审查标准化模板，滚动修编"常见病"案例清册，开展设计质量全过程评价并纳入设计评价考核。推进施工图预算管理，逐步实现造价精准管控。健全结算工作机制，"十二五"期间农网工程结算工作全部完成。全年完成工程结算批复 53 项，结算金额 45.9 亿元。发挥帮扶单位和专家技术优势，指导帮助开展培训、初设内审、招标环节清单及限价审核、施工图及预算审核等系列评审工作。推进国资国企改革，制订国网西藏电建公司转型升级总体工作方案。

经营管理 2016 年，完成固定资产投资同比增长 39.20%，营业总收入同比增加 33.29%。成立西藏电力交易中心有限公司，累计跨区交易电量 16.13 亿 kWh，其中实现藏电外送 9.09 亿 kWh，同比增长 154.84%。推广实施电能替代项目，完成替代电量

1.42亿kWh。消纳光伏电量4.02亿kWh，降低购电成本5869万元。电量销售高速增长，电费回收率达到100%，追补电费及违约金233.13万元。深化物资采购招标管理，集中招标采购金额97.62亿元，节约资金7.62亿元。加强综合计划和财务预算管控，密切跟踪关键指标，强化异常指标监测分析，常态化开展经营诊断分析，形成闭环管理。调整优化内部机构，整合低效发电资产，完成国网羊八井发电公司和国网东嘎发电公司合并。开展ERP系统集中部署，实现核心业务全覆盖。推进同期线损管理系统建设，创新线损管理技术方式方法，构建信息化线损管理平台。落实重点项目前期经费财政借款6亿元及中央财政基建资金16.34亿元，落实到位基建财政资金21亿元。全面完成"十二五"期间67个农网项目工程竣工决算，完成17个电网工程项目竣工决算。开展代管县供电公司管理提升，提升农电公司管理水平；代管县供电公司全年售电量7.60亿kWh，同比增长46.15%，线损率17.44%，下降8.02%。深化农电体制改革，研究推进主网外16县农电代管工作。

安全生产 全年未发生人身伤亡事件、一般及以上电网和设备事件，未发生信息、消防、交通安全事件。

每季度召开安全生产委员会会议，定期召开安全分析会和专题会议。每周召开全系统安全周例会及视频例会，每天召开生产早会，做到安全生产工作"年部署、季分析、月计划、周安排、日管控"。加强安全生产责任制落实，完善安全生产激励机制，加大奖惩力度。成立安全生产监察大队，采取"四不两直"方式常态化开展安全监督检查，覆盖22家基层单位、455个作业现场，下发督查通知书28份、安全周报36期，全年查出问题879项，已整改837项，整改完成率95.2%。

开展"三查、三强化"安全专项行动、安全大检查及缺陷隐患排查、打非治违、反违章等安全管理提升活动。纠正违规违章1357项。各单位自查及国网西藏电力督查共排查缺陷隐患787条，已整改708条，整改完成率90%。加强电力设施保护，加强与政府部门汇报和联动，及时排查、解决市政建设带来的电力设施安全隐患。

开展"一把手"讲安全课活动42场次，培训人员2768人次。组织开展"质量月"规章制度学习考试733人次，合格率99.59%。对特种设备操作及管理人员进行专业化安全培训。提升应急管理水平，健全应急联动机制。完成西藏日喀则市亚东县暴雪天气停电应急抢修工作。完成西藏昌都市丁青县抗震抢修供电驰援任务。开展交通消防安全检查、隐患排查整治和安全教育培训，落实交通安全"十条禁令"，加强重大节假日、雨雪等恶劣天气应急抢修车辆、公务用车行车管理。对易燃易爆物品进行专项清理检查登记，加强"119"消防安全宣传。

营销工作 2016年，售电量41.88亿kWh，同比增长21.78%，增速居国家电网公司第一。全年收回电费31.38亿元，电费回收率100%。未发生因电价调整引起的投诉与舆情事件。完成《"十三五"电能替代规划》和《西藏自治区电动汽车充电基础设施规划》编制；开展"电网连万家、共享电气化"主题活动，替代电量1.4亿kWh。开展专项稽查和"反窃电"行动，追补电量87.54万kWh。应用采集系统远程停复电功能开展电费催收，累计停（送）电5.2万次，收回电费368万元。电力用户用电信息采集系统建设应用取得新突破，覆盖户数11万户，同比增长1.7万户；采集成功率96.77%，同比提升4.57%。短信平台在营销服务领域得到有效应用，"电e宝"和"支付宝"成功上线，电子化服务渠道进一步拓展。95598故障工单实现直派地市。完成藏博会、自治区"两会"等各类重大保电任务。加强用电安全检查和作业现场安全管理，加强隐患排查整治，落实作业现场安全措施，全年未发生营销安全责任事件。

科技与信息化 贯彻《国家电网公司全面加强科技创新工作的意见》，制定贯彻落实实施意见，健全科技创新组织机构，建立科技奖励激励机制。完善相关制度规范，形成科技创新体系，全面激发科技创新活力。首次开展优秀论文征集评选活动和国网西藏电力级实验室命名工作。《保护与控制西藏地区电网电磁暂态仿真建模研究》入围国家电网公司2016年度群创决赛，林芝县电能替代项目荣获国网第二届青创赛铜奖，首批命名"输变电设备极端环境运行与检测技术实验室"和"信息安全（攻防）实验室"2个国网西藏电力级实验室。

《提升配网不停电作业关键技术研究与应用》项目填补了高海拔地区带电作业最小间隙距离的数据"空白"，《10kV配网不停电作业规范》成为技术标准被国家电网公司正式发布执行。"藏川地区电力设备状态检测装置准确性评估方法及移动校验实验室研究"等3个科技项目，荣获西藏自治区科技进步二等奖和三等奖，申报专利5项。健全技术标准实施评价体系，开展专业、岗位技术标准辨识，构建贯穿各层级的技术标准实施评价机制，技术标准实施评价工作通过国家电网公司验收。

严格网络与信息通信安全管理。全年没有发生八级及以上信息通信事件。落实安全防范措施，深化隐患排查治理，累计发现并整改571项安全隐患，完成数据库重大隐患整治。开展工控安全专项治理，进一步强化电网工控安全意识，完善电网工控安全工作机制与防护策略。开展"事前巡检、事中监测、事后分析"，合理制定年、月度系统运行方式，严格检修计划管理，建立信息通信安全运行分析机制。充实网络安全攻防"红""蓝"队力量，完成"护网2016"、藏博会等重大活动和节假日信息通信保障工作。修订完善信息、通信系统应急预案和专项处置方案。

信息通信重点项目建设。完成ERP、同期线损、电力市场交易等重点信息化项目建设任务。实现两批共16家单位ERP上线运行，有效整合企业资源，实现物流、资金流、信息流集约化管理。通信网进一步延伸覆盖，全年新增光通信站点48座，新增光缆2436km，新增光传输设备65台，光通信站点达到258座，光缆长度达到15 734km。优化省市两级通信骨干网。配合完成藏中电网联网工程信息通信保障系统建设。

优质服务 着力整治供电服务突出问题，加大客户投诉治理力度，大力督办问题整改，严格追究问责，治理频繁停电、服务态度差等问题。明察暗访，检查、了解一线供电服务真实情况。严格规范窗口服务行为，增强风险认识，提高服务意识，转变工作作风，落实服务承诺。加大窗口人员配置；各地市中心营业厅实现WIFI全覆盖；执行"一口对外、首问负责、一次性告知、限时办结"要求，推行"一证受理"等便民服务举措。保障重要客户安全可靠用电，加强客户用电安全管理，排查重要用户服务隐患，做到"服务、通知、报告、督导"全面到位。全面实施营销服务创新举措，全区推广邮政代收交费渠道，95598短信服务覆盖营销服务全过程。落实《国家电网公司关于提升业扩报装服务水平工作意见》，建立业扩报装"绿色通道"。

党的建设和精神文明建设 层层签订《党建和思想政治工作责任书》，制订"党建责任清单"，完善《基层党建工作考核办法》及配套考核评分细则。抓好"两学一做"学习教育，在西藏自治区"两学一做"学习教育知识竞赛中，2人获得一等奖，8人获得二等奖，15人获得三等奖。开展党费收缴专项检查工作，补交党费510万元，上缴西藏区直工委306万元。制订印发《关于党团活动经费使用管理的指导意见》。开展"三亮三比"主题活动和纪念建党95周年系列活动。"政治生日"入选国家电网公司党建创新实践100项经典案例。作为首批首家在藏央企示范单位，党建工作被西藏电视台《高原先锋》专栏在全区展播。

深入机关、厂站、一线班组举办"道德讲堂"公开课29期，开展形势任务教育18期。强化"文明单位"创建，连续3年保持全国文明单位称号。1名员工获"全国道德模范提名奖"和"中央企业道德模范奖"，1个家庭获"全国最美家庭"荣誉称号。完成"十三五"企业文化战略实施纲要编制。建成省级企业文化示范点3个。举办首期企业文化骨干培训班，邀请内地网省公司专家授课。分层分类对600余名新入职大学生和代管县供电公司相关人员进行企业文化培训。开展2016年度企业文化成果、案例、论文评选活动，加强对典型经验提炼总结。

开展反分裂斗争教育和综治维稳工作。在全年重大节日和敏感时段，加强工作责任落实，强化综治值班制度，落实技防、物防、人防措施，确保系统平安稳定。开展爱国主义、民族团结和反分裂斗争教育，开展西藏百万农奴解放57周年、西藏自治区和平解放65周年纪念活动，1家单位荣获西藏自治区"民族团结先进单位"荣誉称号。

22支驻村工作队完成年度"5+2"驻村任务。1家基层单位、1个工作队和7名驻村队员受到自治区政府表彰。投入资金80万元，完成西藏日喀则市仲巴县隆嘎尔乡吉贡村供电捐赠项目。召开国网西藏电力第三次团代会，完成团委换届选举工作。完成年度青年员工思想动态调研，上报调研课题1项。开展首届"青年岗位能手"评选、"青年安全生产示范岗"创建、"青年志愿者"服务等一系列主题活动。组织参加国家电网公司第二届青年创新创意大赛，1个项目获铜奖，1个项目获"最佳人气奖"，1个青创项目获国家实用新型专利，《国家电网工作动态》1866期刊发国网西藏电力青创工作经验。国网西藏电力团委首获西藏自治区"五四红旗团委"称号。

县公司对口帮扶 2016年6月，国家电网公司196名人员进藏，对国网西藏电力代管的50个县供电公司进行为期1年的农电帮扶。编制县供电公司远期和近期援藏帮扶方案。建立健全规章制度和基础台账，县供电公司安全生产、营销管理、财务管理逐步走向正轨。开展多种形式员工培训，开通业扩报装"绿色通道"。开展赠送办公用品、劳保用品、车辆和安全工器具活动。参与新一轮农网可研初设审查，提出建设性意见。2016年，国网西藏电力代管的50个县供电公司未发生人身伤亡及主要设备事故，各县供电公司专业管理水平提高，线损率、电费回收率、主营业务收入和利润总额等关键指标提升。

（龚喜勇）

【华电新疆发电有限公司】

企业概况 华电新疆发电有限公司（简称华电新疆公司）前身为中国华电集团公司新疆分公司。2003年1月17日，根据国家"厂网分开"的电力体制改革精神，原新疆电力公司的部分发电企业移交中国华电集团公司；2003 年 3 月 28 日，中国华电集团新疆分公司正式成立；2006 年 6 月 28 日，新疆分公司改制成为中国华电集团公司的全资子公司——华电新疆发电有限公司，负责中国华电在新疆地区发电资产的经营和管理，负责中国华电在新疆地区的发展规划、安全生产、市场营销、协调服务等工作。2013 年 8 月 12 日，华电新疆发电有限公司由国有独资企业变更为国有控股企业，注册资本为 6.61 亿元，其中中国华电集团公司股权比例为 65.94%，深圳上银投资基金有限公司股权比例为 34.06%。

领导班子

董事长、党组书记：杨明

董事、总经理、党组成员：李东政

党组成员、纪检组长、工会主席：张卫中

党组成员、副总经理：缪宛新

总会计师：罗贤

党组成员、副总经理：苏来曼·亚森

党组成员、副总经理：水海波

主要领导人员变动情况：2016 年 5 月，闫保建到龄退休。

组织机构　设办公室、规划发展部、人力资源部、财务资产部、安全生产部、市场运营部（燃料管理部）、工程管理部、政治工作部（工会办公室）、监察审计部、物资管理部 10 个职能部门，31 个子企业及 7 个分公司。截至 2016 年底，华电新疆公司管控企业 14 家，职工总数 3559 人。

工作业绩　2016 年，华电新疆公司实现利润 1237 万元，超额完成中国华电下达利润目标的 262%；完成发电量 158 亿 kWh，同比下降 15.70%；完成供热量 3134 万 GJ，同比增加 39 万 GJ；完成供电煤耗 292.57g/kWh，同比降低 22.12g/kWh，较中国华电目标同比下降 20.93g/kWh；投产项目 38.5 万 kW、核准项目 70 万 kW，装机规模达 634.2 万 kW。其中，清洁能源装机规模增加至 260 万 kW，清洁能源装机比例提升至 41%；热电联产装机规模占火电装机容量的 92.77%。

安全生产　华电新疆公司连续 9 年被评为自治区安全生产目标管理先进单位，连续 7 年保持全国安康杯竞赛优胜企业，红雁池电厂等 4 家基层单位获得中国华电"安全生产先进单位"荣誉称号，昌吉热电厂等 3 家企业获得中国华电"五星级发电企业"称号。开展技术监督，加强"降非停"工作，非停及强停同比减少 12 次。深化"7S"管理，开展环保技改和输卸煤系统"双治理"工作。加强成熟节能技术推广运用，2016 年 20 项重大技改项目全部竣工，昌吉热电厂、喀什公司高背压改造项目分别降低供电煤耗约

30g/kWh 和 20g/kWh；加快供热智能化热网建设，累计完成供热站点改造 364 座，实现无人值守。开展创标杆机组工作，乌鲁木齐热电厂获得中国华电 300MW 级标杆机组，连续 4 年获得全国火电 300MW 级机组竞赛一等奖。推进精密点检与远程诊断，设备治理水平显著提升，乌鲁木齐热电厂、吐鲁番公司获得全国电力行业设备管理工作先进单位。落实环保主体责任，企业年排放二氧化硫 8130t，同比降低 2469t；氮氧化物 16 728t，同比降低 4559t。华电新疆公司系统火电企业全部完成脱硫脱硝改造，乌昌地区 4 家单位煤场封闭改造项目按期建成，8 台机组超低排放完成可研收口。

经营管理　全年争取各类市场电量 68.6 亿 kWh，占全疆市场电量总量的 24%，较装机容量占比高 5.4 个百分点。火电、光伏利用小时分别高于在疆同类型发电企业平均利用小时 141h 和 70h，风电利用小时同比增加 55h。实施燃料最高价抑价机制，完成入厂标煤单价 186.22 元/t，同比降低 13.02 元/t，节约燃料成本 5925 万元。推进精益成本管理，从严从紧抓好过程管控，三项费用同比减少 4383 万元。合理高效使用融资渠道，企业综合融资成本率较年初下降 0.89 个百分点，节约财务费用 8137 万元。实施热用户预付费计量改造，建立热费收缴信息化管理平台，有效化解热费回收难题，当年新欠热费回收率完成 99.5%。积极争取优惠政策，企业共争取财税优惠政策 1.5 亿元。加强基建、技改等领域全过程管理，喀什热电公司热电联产工程获得国家优质工程奖，苇湖梁公司风电项目荣获中国电力优质工程奖。

项目发展　不断提高清洁能源装机比例。烟墩 20 万 kW 风电项目、红星 9.9 万 kW 风电项目、烟墩 5 万 kW 光伏项目等共计 34.9 万 kW 新能源项目全部并网发电。哈密地区成为华电新疆公司首个百万千瓦级的新能源基地，乌鲁木齐、吐鲁番地区公司新能源装机容量排名第一。准东"疆电外送"基地配套的共计 30 万 kW 风电项目列入国家核准计划。达克曲克 7 万 kW 水电项目全部建成投产。叶尔羌河水电前期工作持续推进，水电规划取得中咨公司评审意见。持续优化火电电源结构。高昌热电 2×35 万 kW 冷热电联产项目签订直供电战略合作协议，开启"订单生产"模式先河，获得中国华电集团公司党组认可并同意开工建设。西黑山 2×66 万 kW "疆电外送"项目施工准备工作扎实推进。哈密四期 2×35 万 kW 扩建项目获得新疆维吾尔自治区发展改革委核准，取得中国华电施工准备备案批复。哈密淖毛湖 2×66 万 kW、三塘湖 2×100 万 kW 火电项目前期工作有序开展，为哈密北—河南信阳±800kV 特高压直流外送通道配套电源工程提前选好点、布好局。加快推进电热协同发

展。华电新疆公司供热面积增加至 7094 万 m^2，其中，直供面积增加至 3224 万 m^2，同比增加 10.22%。昌吉热电厂通过热网改造、新增供热面积 300 万 m^2；喀什热电公司利用政府资金加强一级热网及换热站建设，"零成本"实现供热面积增加 120 万 m^2，双双位列中国华电 5 家突破千万平方米的供热企业。哈密公司无偿争取供热面积 365 万 m^2。所属 6 家热电联产企业供热面积均达到设计值的 70% 以上，供热效益占企业年度利润的 14%。

改革发展 理顺重组后的新能源公司运行机制，发电产业区域化管理优势进一步显现。组建成立物资管理部，推进物资统一管理工作。工程公司积极涉足新能源检修领域及建安领域，形成新的效益增长点。统一划转 39 万 kW 风电、光伏项目委托吐鲁番公司管理。开展众兴煤矿清算退出。启动"瘦身健体"，2 家企业注销工作扎实推进。建立"区域综合管理一体化平台"，实现区域生产经营管控核心业务全覆盖。开发"数据工厂"，集中呈现企业核心数据的实时监测、统计、对标、分析。推广实施移动办公 OA 系统。全面升级新能源"风云驾驶舱"平台。建立"远传远控、热力营销、客户服务"多网合一的供热智能信息化管理平台。华电新疆公司荣获中电联电力职工技术成果奖 2 项，中国华电科技进步成果 1 项、管理创新成果 2 项、青年创新创效奖 5 项。喀什热电公司获得自治区两化融合示范企业称号。"岗位安全口袋书""娄阳瑞巡检法""张妮妮工作法"，一批小、活、实、新"创客"成果在基层全面开花。

党的建设、精神文明建设、企业文化建设 开展"两学一做"学习教育，各级党组织累计开展集中学习 360 余次、专题研讨 50 余次，党员领导干部带头深入基层讲授专题党课 40 余场。开展党课"说课"观摩会、"手抄党章 100 天"、学习教育成果展等系列活动。开展"党员活动日"活动。开展"四风"问题回头看活动，系统 14 家单位"四风"问题全部整改完毕。组织开展常规审计和专项审计，审计覆盖率达到 100%。开展外聘律师统一选聘，试点法律从业人员派驻制度，规章制度、经济合同、重要决策三项法律审核把关率达到 100%，华电新疆公司及红雁池电厂、哈密热电公司 2 家单位荣获中国华电"六五"普法先进单位。制定《扶贫工作"十三五"规划》，积极响应自治区"访惠聚"活动号召，选派 5 名驻村干部开展第三批驻村工作，实现了阿克土村 56 户整体脱贫，荣获自治区优秀驻村工作队称号。开展南疆三地州对口帮扶，选派 2 名干部挂职，启动"华电双语幼儿园"项目，新建"七彩小屋"。《"输血"而援"造血"而兴》案例荣获中国华电首届社会责任十佳案例，"郭明义爱心团队"荣获中国志愿服务优秀组

织奖、中国华电优秀志愿服务项目。不断优化员工的成长和发展环境，5 名员工获得中国华电、自治区劳模和自治区开发建设新疆奖章表彰。"祖平文焊接技能大师工作室""张展精密点检工作室""李敏劳模创新工作室"3 个职工创新工作室被新疆自治区命名。

主要事件

3 月 18 日，华电新疆公司被新疆自治区授予 2013～2015 连续 3 年安全生产目标管理先进单位荣誉称号。

4 月 14 日，新疆自治区党委常委哈尼巴提·沙布开带领乌鲁木齐区域污染联防联控工作调研组一行深入昌吉热电厂开展现场调研。

4 月 20 日，国家能源局、工业和信息化部等组成淘汰落后产能工作联合工作组对新疆华电苇湖梁新能源有限公司淘汰落后产能工作进行考察。

4 月 29 日，新疆自治区召开庆祝"五一"国际劳动节暨表彰劳动模范和先进工作者大会，华电新疆发电有限公司系统获全国"工人先锋号"1 项、自治区"开发建设新疆劳动奖状"1 项、自治区"劳动模范"1 项、自治区"开发新疆建设奖章"1 项、自治区"工人先锋号"2 项。

5 月 19 日，新疆华电苇湖梁新能源有限公司达坂城 300MW 风电项目被评为 2016 年度中国电力行业优质工程奖。

5 月 26 日，新疆华电和田水电有限责任公司达克曲克电站 1 号机组一次成功并网发电，达克曲克电站 1 号、2 号机组全部投入运行。

6 月 29 日，华电新疆发电有限公司新能源分公司哈密庙尔沟 50MW 光伏发电站正式并网发电。该电站建成后是目前中国华电在新疆区域首个最大的光伏发电站。

6 月 29 日，华电新疆发电有限公司乌鲁木齐热电厂党委被国务院国资委授予"中央企业先进基层党组织标杆"荣誉称号。

7 月 28 日，华电新疆发电有限公司乌鲁木齐热电厂 2 号机组荣获 2015 年度全国火电 300MW 级供热湿冷机组竞赛一等奖，连续 4 年获得此项殊荣。

10 月 20 日，新疆自治区党委常委、自治区副主席艾尔肯·吐尼亚孜到华电新疆新能源分公司石城子光伏汇集站调研。

12 月 12 日，新疆华电喀什热电有限责任公司2×35 万 kW 超临界热电联产工程荣获"国家优质工程"。该工程于 2010 年启动前期工作，2012 年开工建设，2014 年双机竣工投产，2015 年创行优，2016 首创国优，是中央新疆工作座谈会后新疆首个获得核准的 35 万 kW 机组，为新疆自治区重点电源建设项目。

（刘一民）

南 方 地 区

【国家能源局南方监管局】

基本情况 国家能源局南方监管局（简称南方能源监管局）于2013年12月20日正式挂牌成立。南方能源监管局是国家能源局派驻南方区域的监管机构，履行对广东、广西、云南、贵州、海南五省（区）电力等能源行业的监管和行政执法，以及电力安全监督管理职责。内设机构有综合处、市场监管处、行业监管处、电力安全监管处、资质管理处、稽查处、监察室（机关党委）。同时向广西壮族自治区、海南省分别派驻监管业务办公室。

领导班子

党组书记、局长：陈建长

党组成员、副局长：高玉樵、郑毅

副巡视员：曾壮鹏

主要工作

（1）落实"放管服"改革，促进能源战略规划政策项目有效实施。督促金中直流工程、滇西北送广东直流工程等重点项目加快建设，发布《金中直流输电工程建设情况监管报告》，提出监管意见建议。会同地方能源主管部门，梳理掌握煤电规划建设项目进展和落实"三个一批"政策情况。分别从电力建设规模和布局合理性、电力项目建设时序配合合理性等多个角度，对南方区域"十二五"电力发展情况进行综合评估。

（2）抓好电力安全监管和应急管理，确保南方区域电力安全生产形势稳定。通过创新落实企业主体责任报告机制，加强电力安全生产基础环节监管；做好防洪防汛、迎峰度夏和抗击台风工作，成功应对多轮台风袭击；狠抓安全风险管控，重点开展西电东送输电通道直流闭锁安全风险监管、广西电网北海网区重大安全事故风险监管和海南电网"大机小网"安全风险监管；深入一线督促做好"两会"、博鳌论坛、东盟博览会、海南文昌火箭发射、G20峰会等重要时期保供电工作；开展各类现场督查并发出整改通知书，开展安全监管约谈。落实与通信行业、供水行业、交通行业的应急联动机制，联合广东河源市政府组织开展全国首次政府有关部门与水电厂之间联动的新丰江大坝突发事件应急演练，与南方电网公司联合举办电力建设工程项目应急处置演练，并在国内首创将互联网大数据融合到电力应急演练过程。

（3）推进电力市场化改革。先后走访调研多家省级以上电网公司、发电企业和售电公司，宣贯解读电改文件精神。积极争取地方政府领导的支持，与地方职能部门取得共识、形成合力，努力确保中央9号文及配套文件精神不走偏。牵头完成广东电力市场交易规则和监管办法的起草工作，主动开展广西、海南相关交易规则的研究编写，排除了推进改革的"瓶颈"制约。

（4）履行监管职责，组织南方区域电力市场交易深入实施。牵头制定辖区电力市场交易规则和监管办法，推动广州、广东、广西电力交易中心以股份制方式组建。积极培育市场主体，广东电力市场化运作规范，探索步伐大，市场主体参与程度高，已初步形成竞争有序、监管有力的市场机制。加强市场主体准入情况和交易行为的监管，对违规进入售电市场的行为做出处理。主动联合广东省发展改革委价格监督检查与反垄断局，就市场力控制监管问题研究建立工作机制。

（5）加强能源市场秩序监管，解决群众用能热点问题。以12398能源监管热线为抓手，及时处理涉及群众切身利益的用电、用能投诉，主要集中在停电、电能质量差、用电报装难、电量计量和电费缴纳争议、电力设施存在安全隐患、新能源并网结算争议等问题。开展三省（区）油气行业综合调研，建立沟通协调机制，畅通信息渠道；继续组织开展成品油质量升级监管，确保《大气污染防治行动计划》落实；建立南方区域油气企业监管信息报送机制，推进油气管网设施公平开放及相关信息公开监管。运用"双随机"开展供电监管，制定"双随机"工作方案，并在南方能源综合监管信息系统上研发"双随机"模块，通过系统摇号的方式，随机匹配执法检查人员名单以及供电监管对象。

【国家能源局云南监管办公室】

基本情况 国家能源局云南监管办公室（简称云南能源监管办）是国家能源局派驻云南省的正厅级行政机构，组建于2013年10月31日。负责云南省行政辖区内电力等能源的监督管理和行政执法，以及电力安全监管等工作。

领导班子

党组书记、专员：李现武

党组成员、副专员：周光灿

党组成员、综合处处长：杨新红

组织机构 内设6个处室，职能如下：

综合处：负责文电、机要、财务、人事、信息、党务、档案、保密、内部审计和资产管理等工作。

市场监管处：负责监管电力市场运行，规范电力市场秩序，监管电网和油气管网设施的公平开放，监管电力调度和交易结算，监督检查有关电价和各项辅助服务收费标准等工作。

行业监管处：负责监管能源规划、计划、产业政策和重大项目的执行情况，负责对取消和下放的能源行政审批项目的后续监管，监管节能减排和资源综合利用等工作。

电力安全监管处：负责除核安全外的电力运行安全、电力建设工程施工安全、工程质量安全的监督管理以及电力应急和可靠性管理，依法组织或参与电力事故调查处理。

资质管理处：负责组织实施电力业务许可以及依法设定的其他行政许可，组织开展电力业务许可持续性监管以及相应的市场准入监管。

稽查处：负责电力等能源行政执法，依法查处有关违法违规行为，监督电力普遍服务政策的实施，承担"12398"投诉举报处理。

主要工作　学习贯彻十八届六中全会精神。组织开展"两学一做"学习教育，坚持以党支部为基本单位，以"三会一课"等党的组织生活制度为基本形式，以落实组织生活会、民主评议党员等党员教育管理制度为基本依托，以实施"四自四新六不"支部工作法、落实党建工作职责清单为基本抓手，进一步加强基层党组织建设。

坚持"安全第一、预防为主、综合治理"的安全生产方针，进一步强化电力企业主体责任落实，深入开展隐患排查治理，防止电网大面积停电事件发生，努力防范电力生产建设人身伤亡事故。云南电力安全生产形势继续保持平稳，未发生较大及以上电力事故，未发生电力安全事件，发生5起一般电力人身伤亡事故，阶段性地实现了"三杜绝、三防止、一维护、一保障"的电力安全生产工作基本目标。

妥善应对外送矛盾，绸缪电力远期消纳。针对云南省近年来愈发突出的弃水问题，主动向上级报送相关情况，从加快电力输送通道建设，统筹区域内各省电源建设规模和时序，促进区域电力、经济统筹协调发展等多角度积极提出针对性意见建议。加强综合分析研究，积极谋划发展布局。结合云南能源实际，充分运用电力市场化交易、煤电项目规划建设、重要电网安全风险管控、金中直流外送通道建设、配电网建设改造等多项专项重点监管成果，从能源监管专业角度对全省能源规划制定和落实提出建设性意见。积极参与云南电力体制改革综合试点工作。

严格落实电力市场运行监管各项制度，扎实推进"两个细则"的实施，认真做好电力经济形势分析和预测预警。进一步规范许可制度，继续推进网上许可平台建设，落实简政放权优化服务要求。规范油气市场运行秩序，推进油气管网设施开放相关信息公开工作，保障群众用能权益，全力做好能源普遍服务监管。

突出问题导向，重点开展电力市场化交易专项监管、电力调度交易与市场秩序专项监管、电力用户与发电企业直接交易专项监管、煤电项目规划建设情况专项监管、电力迎峰度夏专项检查和重要电网安全风险管控工作等，突出重要领域和关键环节，不断提高监管成效，促进国家重大能源战略、规划、政策、项目的正确实施。

【国家能源局贵州监管办公室】

基本情况　国家能源局贵州监管办公室（简称贵州能源监管办）是国家能源局在贵州设立的派出机构。2013年11月21日单位名称由"国家电力监管委员会贵州省电力监管专员办公室"变更为"国家能源局贵州监管办公室"。

主要职责：监管电力市场运行，规范电力市场秩序；监管电网和油气管网设施的公平开放；监管电力调度交易，监督电力普遍服务政策的实施；负责电力等能源行政执法工作，依法查处有关违法违规行为，监督检查有关电价；负责除核安全外的电力运行安全、电力建设工程施工安全、工程质量安全的监督管理以及电力应急和可靠性管理，依法组织或参与电力事故调查处理；负责组织实施电力业务许可以及依法设定的其他行政许可；负责法律法规授权以及国家能源局下达或交办的有关事项监管。

领导班子

党组书记、专员：潘军

党组成员、副专员：汪拥军

党组成员：陶少刚

组织机构　内设综合处、市场监管处、行业监管处、电力安全监管处、资质管理处、稽查处6个职能处室。

主要工作

（1）电力安全监管。2016年，贵州电力行业没有发生重大以上电力人身伤亡事故，没有发生重大电力安全生产事故，没有发生较大电力设备事故，没有发生电力系统水电站大坝垮坝、漫坝以及对社会造成重大影响的事件，电力安全生产形势稳中向好。

贵州能源监管办深入贯彻2016年全国电力安全生产电视电话会议精神，精准发力，真查真治，开展电力安全隐患大排查大整治和"打非治违"专项行动。结合汛情特点，加大与贵州省防汛办、省气象局沟通会商工作力度，与省防汛办联合印发进一步做好水库水电站安全度汛工作的通知，形成监管合力。办领导多次带队到水电站等电力企业开展安全督查。认真组织各类应急演练，切实做好重要节假日、重要活动期间的保电工作，牵头修编《贵州省大面积停电事件应急预案》。全行业排查一般事故隐患 2950 项（无重大事故隐患），整改 2659 项。组织召开和参加各类安全生产工作会议 50 余次，开展安全督查和联合执法检查 43 次。

（2）电力市场监管。作为贵州省进一步深化电力体制改革联席会议制度成员单位，贵州能源监管办与省有关部门通力合作，按照中发 9 号文精神，有序推动贵州电力市场化改革。牵头制定全国电力体制综合改革试点省份第一个《电力市场交易规则》，助推贵州电改工作取得"全国五个第一"。承担大用户直接交易相关工作，参与了贵州电改方案设计、6 个电改配套文件和有关管理办法起草等工作，编制《贵州电力体制改革简报》21 期。监督市场主体、交易机构严格执行《贵州省电力市场交易规则（试行）》。2016 年直接交易电量 400 亿 kWh，降低工业企业用电成本约 50 亿元。加强调度监管，要求调度机构提高负荷预测的准确性，科学调度水、火、风电机组。深入推进"两个细则"的实施，针对省内电煤供应情况，积极推进电煤保障供应工作，加强火电厂电煤监测，实时掌握电煤变化情况。监督火电企业加强机组运行维护，对检修超期、不执行调度指令的情况加大考核力度，减少非计划停运，确保电力系统安全稳定运行。加强电力供需分析，及时提出意见建议。对电力行业协会及各电力企业提交的电力生产供应数据进行认真分析，参加全省经济监测预警厅际联席会及全省电力行业专项调度会，提出意见建议。参与贵州省"十三五"电力规划、电动汽车充电设施规划、光伏电站项目竞争性配置实施办法等重要文件和方案的编制，衔接好国家与地方能源规划，确保国家能源发展战略配套到位。以开展专项监管和现场督查相结合，积极服务"放管服"。加强与地方能源主管部门的沟通协作，确保新建火电机组"三个一批"和淘汰落后产能措施在贵州规范落实不跑偏。

（3）电力稽查和节能减排监管。做好 12398 热线受理处理工作，确保每一个投诉举报得到及时处理，向社会发布有关通报 12 期。开展供电监管现场检查，针对性地开展小康电建设、农村低电压治理监管，督促供电企业补齐农村、农民、农业用电短板。参与贵州能源供给侧结构性改革。督促发电企业做好煤电机组超低排放和节能改造工作，加强可再生能源发电全额保障性收购监管，配合环保部门开展煤电机组烟气达标排放监管督查，监督电网企业严格执行国家节能环保电价政策。

（4）电力业务许可监管。把好准入关。新颁发发电类电力业务许可证 20 家，承装（修、试）电力设施许可证 17 家，电工进网作业许可证 7170 个。截至 2016 年底，累计颁发发电类电力业务许可证 189 家（新豁免 644 家），输电类电力业务许可证 1 家，供电

类电力业务许可证 90 家，承装（修、试）电力设施许可证 305 家，电工进网作业许可证 75 649 个。开展 2016 年配电网建设改造工程执行承装（修、试）电力设施许可制度情况专项监管和 2016 年燃煤发电项目执行电力业务许可制度专项监管。推进简政放权，实现网上受理、阳光审批，方便企业办理业务，切实加强对持证企业的后续监管。

【广东电网有限责任公司】

　　企业概况　广东电网有限责任公司前身是广东省广电集团有限公司，2002 年 12 月 29 日，广东省广电集团有限公司划归中国南方电网有限责任公司。2005 年 3 月 31 日，广东省广电集团有限公司完成工商登记注册，更名为广东电网公司。2010 年 12 月 31 日，广东电网公司与广州供电局有限公司、深圳供电局有限公司分立。2014 年 6 月 4 日，广东电网公司完成工商登记注册，更名为广东电网有限责任公司（简称广东电网公司）。

　　领导班子
　　董事长、党委书记：刘启宏
　　董事、总经理、党委委员、副书记：张文峰
　　董事、副总经理、党委委员、副书记（广东电网公司正职级）：王江
　　巡视员：王兵
　　董事、党委委员、工会主席：顾广平
　　董事、副总经理、党委委员：吴宝英
　　董事、副总经理、党委委员：陈山
　　董事、副总经理、党委委员、总会计师：莫锦和
　　董事、党委委员、纪委书记：李欢
　　董事、副总经理、党委委员：钟连宏
　　党委委员兼佛山供电局局长、党委副书记：张良栋
　　董事、副总经理：陈晔
　　总法律顾问：唐远东

　　组织机构　广东电网公司本部设有办公室（与党委办公室合署，增挂外事办公室牌子）、人事部、人力资源部、财务部、企业管理部、计划发展部、市场营销部、生产设备管理部、基建部、物资部、信息部、安全监管部、科技部、农电管理部、审计部、法律事务部、监察部（与纪委办公室、直属纪委办公室合署）、党建工作部（与团委合署）、工会、系统运行部（与电力调度控制中心合署）共 20 个部门，以及防范窃电与电力设施保护中心、社保（年金）中心、节约用电服务中心、电力交易中心、离退休管理中心共 5 个挂靠机构，下辖 19 个地市供电局，11 个直属中心机构，以及广东省输变电工程公司、广东省电力物资总公司、广东电网发展研究院有限责任公司、广东电力投资有限公司等单位。

人力资源 2016 年末，广东电网公司共有职工 101 812 人，其中拥有博士 190 人、硕士 2733 人、本科 31 462 人、专科 24 643 人，正高级职称 81 人、副高级职称 3751 人、中级职称 10 596 人、初级职称 17 926 人，以及高级技师 1159 人、技师 6661 人、高级工 38 364 人、中级工 16 432 人、初级工 2521 人。

经营范围 广东电网公司是统一管理广东电网（广州市和深圳市的电网和业务除外）的企业法人，经营范围包括：投资、建设和经营管理广东电网，经营相关的输配电业务；参与投资、建设和经营相关的跨区域输变电和联网工程；从事电力购销业务，负责电力交易和调度；电力设备、电力器材的销售、调试、检测及试验；从事与电网经营和电力供应有关的科学研究、技术监督、技术开发、电力生产调度信息通信、咨询服务、电力教育和业务培训。

至 2016 年底，广东电网公司直管 19 个地市供电局，65 个县区供电局（分公司）、43 个县级供电局（子公司）、54 个供电分局、1076 个乡镇供电所。供电面积 16.84 万平方公里、供电客户 3154 万户。

资产规模 广东电网公司是南方电网公司的全资子公司，注册资金 360 亿元。截至 2016 年底，公司资产总额 2299.16 亿元，资产负债率 49.27%。截至 2016 年 12 月底，全省（不含广州、深圳）共有 35kV 及以上输电线路 68 366km，变电站 2016 座、主变压器 4109 台、变电容量 34 388 万 kVA。其中：500kV 线路 8259km，变电站 40 座、主变压器 93 台、容量 8503 万 kVA；220kV 线路 20 050km，变电站 274 座、主变压器 645 台、容量 12 334 万 kVA；110kV 线路 32 475km，变电站 1412 座、主变压器 2874 台、容量 13 239 万 kVA；35kV 线路 7582km，变电站 290 座、主变压器 497 台、容量 311 万 kVA。

2016 年共投产 35kV 及以上项目 142 项，其中：500kV 项目 7 项、220kV 项目 51 项、110kV 项目 75 项、35kV 项目 9 项。新增 35kV 及以上输电线路（含电缆）1817.7km，新增主变压器 130 台、变电容量 1773.8 万 kVA。其中：500kV 线路 95.1km，主变压器 6 台、容量 600 万 kVA；220kV 线路 1105.2km，主变压器 37 台、容量 759 万 kVA；110kV 线路 546.4km，主变压器 82 台、容量 410.8 万 kVA；35kV 线路 71.1km，主变压器 5 台、容量 4 万 kVA。

电网发展

（1）综合计划。为应对输配电价改革，制定投资技术标准和评价指标，完成 2017～2019 年公司投资需求测算，分析得出 48 个有效投资矩阵，提出适应电改的投资策略建议。组织制定并实施供给侧结构性改革工作方案，围绕去产能、降成本、补短板开展 11 项工作。

（2）电网规划。编制广东电网公司"十三五"投资建设行动计划，完成"十三五"输、配电网规划的修编，明确"优化主网、做强配网、升级农网"等投资总体方向。

持续优化主网。推进广东电网目标网架工程，完成北、中、南三个通道的选址选线工作并启动工程可研。开展保底电网规划专项工作，完成湛江等 7 个沿海地市和佛山、东莞 2 个重点城市的防灾保底电网规划建设方案。按计划完成重点输变电工程的年度建设任务。落实西电东送战略，完成乌东德送电广东直流项目的受端系统方案研究。

加快做强配网。编制《广东电网公司全面提升配电网建设运营管理专项工作方案》，制定《广东电网公司配电网规划技术导则》，明确了目标网架结构、配电自动化、智能电表等方面的技术路线。开展配电网关键技术指标体系的研究，提出衡量配电网发展水平的 48 个关键技术指标。

推进智能电网建设。启动《广东电网公司智能电网建设工作大纲》编制，提出智能电网建设的思路、目标、建设重点及工作计划。组织完成国家能源局"互联网＋"智慧能源（能源互联网）示范项目的申报工作，依托广东珠海市及所辖横琴自贸区和唐家湾科技园，启动智能电网示范区域规划工作。

开展新一轮农网改造升级专项工作。制定《广东电网公司新一轮农村电网改造升级工作方案》，编制 2016 年实施计划，完成省、县两级农网改造升级规划、3300 个小城镇和中心村"一村一方案"以及韶关乳源小康电示范县规划。召开新一轮农网改造升级示范工程的现场会，树立全省农村电网改造标杆。促成广东省政府印发《广东省农村电网建设目标责任考核办法》。制定"一村一方案"编制工作指引，确保投资效益，消除浪费。完成农网改造升级，以及小城镇、中心村电网改造和机井通电工程建设任务，专项建设基金项目按期完成进度。

开展扶贫工作。编制粤东西北 21 个省级贫困县的电网改造升级专项规划、2239 个贫困村电网改造升级方案，完成梅州五华西湖村扶贫光伏发电项目经济评估分析。

（3）项目前期工作。加快推进重点工程前期工作，取得 500kV 雷州电厂送出线路工程核准批复，取得 500kV 甲湖湾电厂送出线路、福园—博罗线路、凤城输变电工程规划选址、用地预审等核准必需的前期支持性文件。全年完成中低压配电网前期项目 1.5 万余项。修编《广东电网中低压配电网项目可行性研究报告范例》，编制《20kV 及以下配网工程可行性研究技术咨询合同》。

（4）投资计划管理。继续落实"稳增长"要求，在年初下达的固定资产投资规模基础上，追加下达小城镇、中心村农网改造升级和农村机井通电工程投资，全年投资规模 300.9 亿元。制定在建工程清理进度计划，下达清理项目共 319 项全部按计划完成。抓好年度投资计划的落实，超额完成全年转固目标。

（5）工程建设。500kV 回隆（阳西）输变电工程提前 3 个月投产，滇西北—广东直流线路 6 个属地供电局 8 个月内共完成塔基交地 800 基。59 项广东电网公司重点投产项目全部按计划完成，500kV 云浮卧龙变电站顺利投产，实现广东省内所有地市 500kV 变电站全覆盖。推进长期挂账工程建设，揭阳 500kV 岐山站受阻 5 年顺利开工，东莞 220kV 新城等一批受阻近十年项目顺利投产。聚焦中心村电网改造升级和机井通电工程，完成 106 亿元新一轮农网改造任务。在肇庆、揭阳、茂名三地实施"中心村"示范点建设。

（6）工程质量评优。连续 7 年开展"安全、优质、文明"样板工程创建活动，2016 年广东电网公司共有 60 个工程获得"样板"称号，其中，湛江 500kV 东海岛输变电工程荣获国家优质工程，佛山 500kV 东坡变电站、220kV 上柏变电站荣获中国安装工程"安装之星"奖，2 项工程获年度中国电力优质工程奖，5 项工程获广东省建设工程优质奖，10 项工程获年度南方电网优质工程奖。

（7）物资管理。加强物资精益化管理，推进智慧型物资供应链管理体系建设。全省推广直属单位采购规范化管理，开展 LCC 采购，完成电力物资采购 211 亿元，同比增加 60%。加大签约履约管控力度，签订合同 62 137 份，解决 195 个重大履约问题。做实抽检不合格差异化处理，完成样品检测 2804 个，严肃处理相关供应商 53 家次，涉及金额 3871.49 万元，并将扣分结果带入评标环节。抓好 GIS 设备质量提升工作，完成 63 个供应商车间和 49 个施工现场检查，发出 83 张问题整改通知，GIS 设备一次试验通过率较 2015 年提升 2.1%。抓好"提升中低压关键设备质量水平"专项工作，围绕 30 类中低压关键设备，制定 14 项管控措施。建立 735 人的物资应急专业队伍，妥善应对"妮妲""电母""莎莉嘉""海马"等强台风的应急保障工作，调配物资 513 万元，全部及时配送到位。完成电子商务系统试点任务，做好二级物资品类目录清理及修编，清理冗余编码 33 046 个，优化率达 67%，获得"电力企业国家级创新优秀论文（2016）"二等奖。在南方电网公司"金点奖"活动中，广东电网公司获得南方电网公司"优秀组织奖"，其中 23 项作品获"金点子"奖项，17 项作品获"作业指导类"奖项。广东电网公司连续 5 年被评为南方

电网公司物资先进集体。

电网运行与安全生产

（1）电力供应。2016 年全广东省用电需求保持平稳增长，最高统调负荷 10 007 万 kW，同比增长 7.05%。吸纳西电 1725 亿 kWh，超计划 169 亿 kWh。全省电力供应平稳有序，全年未出现电源性错峰。完成沿海保底电网输电线路防风能力评估，修编《南方电网公司输电线路防风工作导则》。投入 5.86 亿元，在台风来临前全面完成 2.4 万基杆塔加固、6100 个电杆基础改造，安装 7100 条防风拉线，改造 7700 个耐张段，加固线路 2300km。编制印发《广东电网有限责任公司特级保供电总体及各专项工作方案》，完成博鳌论坛、"长征七号"和"长征五号"卫星发射 3 次特级保供电任务；完成全国两会、珠海澳门重要活动、国际航展、孙中山诞辰 150 周年等 4 次一级保供电任务。全年累计投入保供电人员 63 700 人次、各类车辆 15 947 辆次、应急发电车 25 辆。

（2）安全管理。制定《2016 年度安全风险监督方案》。修订《安全督查工作指引》。推进作业清单、零报告、违章库、周例会督查管理机制，加强违章扣分管理，开展电网风险督查，将 312 项一级事件及以上的电网基准风险控制措施纳入日常督查，并对 14 项基于问题的一级事件电网风险进行专项督查。开展外包项目施工安全专项治理工作。建立现场作业违章查处协调机制，分专业编制了外包项目施工安全专项治理方案及监督工作方案，完成项目安全第一责任人和 40 296 个工程项目清单备案。制定《外包项目安全协议管理指引》。

防风防汛工作方面。排查梳理并消除水电站大坝安全、变电站水浸和输电线路倒塔等重大风险 143 项。完善防风防汛预案，开展 22 场防风防汛双盲实战演练。印发《应急抢修先期处置工作方案》，组建省、地共 20 个应急信息工作组，强化应急队伍建设和装备物资储备，组建 612 支由 2.5 万人组成的应急队伍，配备 10kV 应急发电车、应急通信车、移动照明灯塔、卫星电话等特种装备。

首次梳理现有南方电网公司、广东电网公司与风险管理体系相关的 1658 份制度、业务指导书，印发与风险管理体系相关的目录清单。统筹推进风险管理体系建设，重点推进"五钻"建设，印发《公司 2016 年安全生产风险管理体系"五钻"建设提升方案》，以佛山局和中山局作为标杆试点单位，持续开展"五钻"建设。制定《安全生产风险管理体系审核管理实施细则》和《安全生产风险管理体系审核业务指导书》。

（3）供电质量。2016 年广东电网公司用户平均停

电时间 7.88h，综合电压合格率 99.958%，珠海、中山、佛山供电可靠性分列全国前三。珠海供电局获得南方电网公司可靠性示范基地称号，供电企业可靠性管理控制效率分析等管理成果获得电力企业国家级管理创新优秀论文一等奖。

制定"十三五"配网规划技术原则，优化配网网架结构，10kV 线路可转供电率、典型接线率分别提升 6.9、5.4 个百分点。开展带电作业 23 690 次和转供电 16 812 次，同比增加 29% 和 70%。完成可靠性管理模块上线应用，建立常态化基础数据整改机制和运行数据校核机制，业务模块和可靠性模块中基础、运行数据一致性分别提升 31.2、1.6 个百分点。改造低电压台区 3653 个，基本消除存量 198V 以下低电压台区，客户电压低抱怨数量同比减少 12%。

（4）资产全生命周期管理。落实南方电网公司生产域数据质量提升专项工作部署，开展两轮数据质量检查，主网得分 98.48%，配网得分 94.93%。开展设备运维成本分摊与归集，积累成本数据 10 124 条。选取欧式箱变、站用直流电源系统等设备试点开展 LCC 全生命周期成本采购，编制 LCC 技术标书 10 份。承接南方电网公司资产管理系统生产子系统 V2.1 建设任务，面向系统用户收集整理需求 530 条，组织专家集中工作 7 次，次迭代开发 3 批，新增 26 个和完善 48 个三级功能，解决 V2.0 系统功能缺陷，实现配网抢修、综合停电等业务模块实用化，有效规范业务运作。

（5）技术措施。组织制定、修编国家及电力行业标准 18 项，南方电网公司企业标准 18 份，设备的技术规范 27 类，生产工器具采购技术条件书 187 份，制定 GIS 等 6 类设备技术监督工作标准。严格执行设备主人到位标准，发现并整改问题 3146 个，深化"管理计划"模块应用，有效管控工作 26 244 项，计划完成率 100%。完成 11.7 万条次/台次设备特巡特维，完成 218 台关键开关设备防拒动专项检查工作、10 242 台变电设备规范化检修，消除设备缺陷隐患 1228 项，化解电网风险 884 项。开展设备隐患排查，完成属我责任的输、配电线路"三跨一临近"隐患治理 1306 处，发现并整改防洪防涝隐患问题 1556 项、变电站站用交流电源系统隐患 65 处、整体预制式电缆中间接头 362 个，城中村供电隐患 2732 处，配电站、开关房、箱变、中低压杆塔和电缆桥架防洪防涝隐患 1236 处。

（6）一体化作业标准体系建设。开展广东电网公司制度及作业标准的立项、审核、发布等工作。2016 年，新增管理制度 8 份和业务指导书 7 份，修编管理制度 9 份和业务指导书 11 份，废止管理制度 34 项。

（7）科技创新。系统谋划广东电网公司"十三五"科技创新发展，明确"十三五"期间 77 个重点攻关方向及目标，并在输变电、配用电、系统运行等 6 个专业确定 36 项职工技术创新重点攻关方向。

系统谋划超导电力应用全产业链研究，策划世界容量最大的高温超导储能系统研究；整合国内产学研优势资源，牵头申报超导直流限流器国家重点专项。开展储能技术研究与应用，获批 1 项石墨烯材料相关国家重点研发计划项目课题，建成一条兼容锂离子电池、石墨烯超级电容器和钠离子电池的小规模生产线；开展"储能+微网"关键技术、投资与运营、惠州三门岛微网建设前期研究。布局人工智能技术电力深度应用，在电科院组建多学科集成为背景的人工智能与机器人研究所，策划操作机器人系统研究、机载智能诊断识别平台开发、机器人通用网络及调度平台等项目，推进电力机器人"关键环节辅助人""特殊工作代替人"。

开展电网自然灾害防御技术研究，围绕台风分级预警、设备风灾防控、电网风险预控等三个主攻方向开展防风减灾类项目 20 项研发。863 超导课题研究关键难点全面攻克；佛山三水工业型微电网示范工程建设率先竣工投产；世界首次完成大型变压器短路累积效应试验模型及验证性研究，解决变压器短路冲击后多维状态精准评估难题，开发 500kV 变压器突发故障预警系统，实现挂网示范运行；开发完成电力大数据平台，实现生产和营销领域业务应用；研究并完成变电站构架评估及加固导则；126kV 数字电驱断路器样机研制成功。

挂牌成立广东电网公司科技成果转化中心，开展年度 31 项成果转化，签订 39 份合同，累计 1378.7 万。在佛山、东莞等 8 个供电局遴选 23 项优秀成果，安排专项资金 240 万元，试点开展推广工作。策划组建 9 个公司级重点实验室，统筹布局重点实验室的发展方向和建设路径。智能电网新技术实验室建设完成，成为广东电网公司首个广东省企业重点实验室。与香港大学筹建"亚洲机器人研究院"，与美国密歇根大学、美国俄亥俄州立大学等国际一流高校科研机构开展合作与交流。举办科技大讲堂系列讲座。年度授权专利 762 项。荣获中国电力科学技术奖一等奖 1 项、二等奖 3 项、三等奖 3 项；获得南方电网公司科技奖励一等奖 10 项，占南方电网一等奖数量近 50%；源自基层的 24 项创新成果荣获全国电力职工技术成果奖，其中一等奖 4 项。

（8）技术指标。电网频率合格率 100%；综合电压合格率 99.957%，城镇居民端电压合格率 99.97%，农村居民端电压合格率 99.918%；中心城市（区）用户平均停电时间 1.46h，城镇用户平均停电时间3.31h，农村用户平均停电时间11.09h，全口径用户平均停电时间9.21h；500kV架空线路可用系数99.991%，500kV变压器可用系数99.999%，500kV断路器可用系数99.999%；220kV架空线路可用系数99.991%，220kV变压器可用系数99.999%，220kV断路器可用系数99.999%；保护正确动作率100%；生产实时控制业务通信通道平均中断时间0.041min。

（9）信息化建设。一体化财务管理系统和GIS平台全省单轨上线运行，实现"6+1"系统单轨上线运行，系统协同接口100%上线运行。完成移动应用平台、电力市场交易系统、需求侧管理平台、海量准实时数据服务平台、应急指挥平台试点、数字档案馆试点建设。发布运维服务质量监督指标体系，实现信息服务全过程监控，全广东省关键应用系统运行率99.98%，呼损率为1.1%，问题处理及时率为96.2%。谋划公司"十三五"信息化发展蓝图。初步搭建开放共享的大数据平台，实现全省198个专题在大数据平台上落地，优化地市局数据质量管理平台，实现数据质量监控和展示覆盖"省—地—县—所"各层级，数据准确率为96%。完成信息安全宣传月专题活动，分别与广东省公安厅网警总队、广东省信息安全测评中心签署网安警务室合作共建协议和信息安全战略合作框架协议。完成信息安全审计系统建设，初步实现安全风险在线监测全覆盖。完成常用办公软件正版化，实现联网终端软件正版化率100%。未发生一级网络与信息安全事件。

市场营销

（1）经营指标。2016年广东电网公司完成购电量4832亿kWh，增长5.3%；售电量4676亿kWh，同比增长5.7%。2016年，全口径当年回收率累计完成99.97%，同比低0.01个百分点。1年期、2～3年、3年以上陈欠分别完成78.43%、51.64%、14.55%。

（2）客户服务。12398转办有效投诉同比减少62%，完善183家大型骨干企业的用电客户清单，梳理超过8.15万个用电点，建立"一企一案"，实现服务记录跟踪及用电情况常态化分析，配置2956名客户经理；推进95598服务热线集约化建设，实现佛山、湛江、揭阳全业务集中和其他16个地市供电局投诉、举报业务的省级集中；完成广东电网微信服务号版本升级，推行业扩报装远程渠道"一口受理"。普及应用电子发票。2016年，客户服务第三方满意度84分，连续8年在广东省地方政府公共服务评价中排名第一，广东电网微信号荣获"2016年最具影响力二级央企新媒体奖"。

（3）绿色环保。完成广东省电力需求侧管理平台竣工验收，需求侧管理目标责任考核连续4年获得国

家发改委的优秀评定。免费为300家企业客户开展节能诊断，促进节能改造项目209个，节约电量4.44亿kWh。优化光伏并网服务流程，全面实施远程服务"一口受理"，2016年新增光伏并网项目2186个，装机容量13.33万kW。实施电替代项目189个，年度新增电量19.72亿kWh。推进城市公共服务领域、城际互联网络、广东电网公司内部三大领域充电基础设施建设，完成16座高速公路快充站、21座公共充电站及558个分散充电桩的建设任务，在东莞厚街高速公路服务区建成南方电网公司首个城际快充站，基于互联网+的充电智能服务平台及"粤易充"手机APP正式上线运营。

（4）营销基础管理。部署安全费控密钥管理系统，完成省、地两级56台密码机发行，完成计量自动化系统费控功能改造、系统与费控电表、费控开关的联调测试，制定费控电能表功能检定方案，完成161台电能表检定装置费控功能改造和部署。以供电所为单位，完成878万只智能电表和612万户低压集抄安装，智能电表覆盖率、低压集抄覆盖率分别提升至72.5%、38.7%。完成100条高损线路和1000个高损台区"精准"降损任务。

（5）计量自动化应用。应用省级集中计量自动化系统开展分电压等级电量统计工作，组织开展母线电量不平衡异常率、变损异常监测、闭环处理，为输配电价核算提供分压数据支撑，提升厂站计量装置运行可靠性；应用计量自动化系统开展停电时间自动统计，开展计量自动化系统停电时间自动统计技术核查工作，推进老旧终端更换、完善系统停电相关功能，降低停电漏报率和多报率，省级计量自动化主站建设获得南方电网公司技术改进贡献奖一等奖。

（6）营销业扩效机制。推行业扩报装远程渠道"一口受理"，实现新装、增容100%在线受理。推行业扩报装"三免"（客户受理免填单、供电方案免审批、标准化设计免审批）服务，提高供电服务效能。2016年完成业扩报装接电642890宗，同比增长34.32%。10kV业扩受电工程典设应用比例达99.69%。

（7）营销风险管控。开展常态、专项、在线和飞行稽查，稽查范围覆盖营销全业务。全年稽查样本数278.78万个，发现问题样本10.87万个，处理营销差错11.88万宗，问责1274人；查处窃电及违约用电行为5286宗，追回电费及违约金4932.20万元。加强客户用电安全管理，2016年重要客户供电电源、自备应急电源合格均达100%。

（8）电力体制改革。组建广东电力交易中心，完成交易电量440亿kWh。开展市场化结算，创新建立市场化结算流程和系统。完成售电公司组建，引入售电公司参与市场竞价。以集体企业"广东省电力实业

发展总公司"的全资子公司"广东焕发电力发展有限公司"增加营业范围的方式开展竞争性售电业务。广东焕发电力发展有限公司于 2016 年 4 月 21 日完成工商营业执照范围变更；7 月 4 日正式被广东省经信委发文纳入第二批售电公司目录，2016 年参与月度竞价累计竞得电量 2.2 亿 kWh。珠海金湾东园区项目纳入广东省增量配电网改革试点。完成广东省发改委委托的增量配电网标准体系编制工作。制定增量配网工作方案，建立省地协同、高效运作的工作体系。

人力资源管理

（1）干部队伍建设。制定《直属单位党委发挥好选人用人工作领导和把关作用工作指引》。首次印发《干部监督事项手册》。规范因私出国（境）申请，开展领导人员个人有关事项报告重点抽查核实和随机抽查核实共 4 批次、127 人。实现处级干部日常谈话和考核结果反馈谈话全覆盖。建立大党建考核模式。开展干部培训体系建设。实施年轻干部"墩苗工程"，组织开展第 4 批本部与基层双向交流挂职，培养锻炼各级干部 230 人次。

（2）人才队伍建设。在广东电网公司层面成立"五站"，有 244 名技术专家进入技术专家库，809 名技术技能人员进入企业人才导师库，清华、华中科技大学等 10 所高校 120 余名专家进入院士专家库，建设"广东电网人才工作站"微信平台。与湖南大学、长沙理工大学签订校企合作协议，合作高校扩展到 10 所。组织第三批区域联动人才交流锻炼，重点帮扶粤东西北地区培养技术技能骨干，交流技术技能人才 403 人次，同比增长 45%。在南方电网公司系统内首创举行技术专家选聘资格水平考试，1501 名专业技术人员报名参加考试。

（3）劳动组织管理。配合做好市场交易中心、售电公司的组建运作，做好"子改分"机构设置及人员划转的相关工作。研究优化配网规划、建设、运行的组织运作模式。配合省级客户服务中心的组建工作，指导地市局处理好原客服座席人员分流安置工作。成立广东电网公司科技成果转化中心，并配合开展组建工作。在广东电网公司党校设置党建教研室。优化合并东莞、韶关、揭阳等城区范围的县区局设置。

（4）用工管理。对超缺员单位实施精准的差异化用工总量管控，优先安排入职的毕业生补充一线缺员岗位；推行业务集约化管理、精简机构管理层级、科技进步管理创新等措施；通过优化劳动组织形式、竞岗、组聘、岗位胜任能力评价、培训转岗等有效措施，把合适的人配置到合适的岗位上，充实一线班组人员；清远等 7 个供电局落实风险管控，完成规范用工。全年合共解决结构性缺员 3196 人，调剂超员 3269 人，全部解决偏远供电所缺编问题，乡镇营配、

城区营配、变电等专业缺编人数大幅减少。

（5）薪酬管理。优化工资总额分配模型。加大工资分配向接收人员、生产一线和艰苦边远地区倾斜的力度；分配权限适度下放，发挥各级单位薪酬分配的责任主体作用。

（6）绩效管理。落实人力资源＋直线经理考核模式，由人力资源部门统一绩效管理框架，提供管理工具与业务指导，各级直线管理者开展自主考核。在广东电网公司系统全面开展将党员先进性测评纳入员工绩效管理。

（7）教育培训。首次将练兵比武的范围从技术技能人员扩展到各级领导干部，13 个专业领域的 3700 多名领导干部参加。开展 12 项业务竞赛和 10 项班组技能人员抽考比武。高技能人才比例上升至 70.6%，同比提高 6 个百分点。实现每个县级供电企业至少有一个实训场，部分单位已实现"一所一场"。开发可视化的技能示范教学片 196 个，新一轮选聘各级内训师 5311 人，移动图书馆上线运行，建成慕课学堂助推网络培训，直线经理为员工推送课程 3.5 万门次；支持班组开展自主培训 1.5 万期，共计 37 万人次。

经营管理

（1）"十三五"规划。承接《南网总纲》及"十三五"改革发展规划，提出广东电网公司在"十三五"阶段的具体发展定位及目标，制定广东电网公司"十三五"改革发展总体行动计划和 13 个专项领域行动计划，研究提出相应业务发展重点、发展支持重点以及发展布局，并提出"十三五"行动计划管控机制及实施保障。

（2）财务管理。推进输配电价改革工作。贯彻落实广东省供给侧结构性改革决策部署，开展广东省电力系统全产业链成本及利润情况测算。编制广东电网公司"十三五"财务经营"31123"行动计划。完成低效无效投资清理及"僵尸企业"和特困企业处置工作。资源配置向生产、营销倾斜，投入资源着重解决电网卡脖子、抗风加固、低电压治理等供电可靠性问题，解决智能电表覆盖率等客户服务水平问题。2016 年共归集调度资金 6968 亿元，保障生产经营和电网建设资金需求。推广财企直联电子支付，实现资金审批、支付一体化。与各业务部门联合开展资本性项目及时形成有效资产专项行动。2016 年共完成基建项目竣工决算 399 项，完成率 100%。加大小区用户资产、战略性客户资产和农电资产接收力度，全年共接收小区用户资产净值 57.94 亿元，同比增长 16%。制定并下发《广东电网有限责任公司应急抢修财务管理指导意见》。推广应用"6＋1"财务系统，实现财务系统业务全覆盖、人员全应用。在 21 个内控领域中抽取

投资计划、安全生产、物资管理等 3 个重点业务领域，抽查了 1.5 万个样本，发现内控缺陷 251 个，全部整改完毕。

（3）农电改革与农网改造。完成汕尾市华侨管理区供电局农电体制改革工作。完成 120 个自供区接收工作。实施县级供电企业"子改分"，完成惠州龙门等 8 家企业"子改分"。在广东 21 个省级扶贫开发县、2277 个相对贫困村，做好电力行业扶贫工作。

（4）县级供电企业规范化建设。编制《县级供电企业规范化建设工作方案（2016 版）》。完成 27 家县级供电企业与 108 家供电所规范化抽检工作并形成报告。选取佛山、珠海、汕头、湛江、韶关、清远等 6 个局试点开展标准化供电所建设。推广所务平台建设，完成全省 984 个供电所上线运行。编制广东电网公司 2015 年度和 2016 年半年期县级供电企业管理评价报告。

（5）审计管理。2016 年，广东电网公司共开展 12 类 232 项审计项目，抽查项目金额 659.6 亿元，抽查项目 13 998 项；审计发现问题 5708 个，提出审计建议 5277 条；审计发现违规金额 5.5 亿元，增收节支 5512.6 万元。编制《"十三五"审计行动计划》。对基建、技改、修理、物资、营销、信息等 6 个领域 57 个环节 162 个流程进行梳理。编制《审计质量管理实施细则》、《审计整改管理实施细则》等 2 项专业管理实施细则。初步建立"条形码式"的问题类型库。组织佛山、肇庆、中山供电局开展"公司经营管理风险"课题研究，建立风险审计评价模型。形成"技改修理项目情况分析""高可靠性费用执行情况""基建主网项目进度滞后问题""信息化项目""计量装置管理现状调查"等五个专项审计调查报告。初步应用审计风险评级模型，编制审计年度总报告及专项报告。推动"在线审计、审计管理、现场作业"三大应用，实现省、地、县三级应用，实现审计项目 100% 应用现场作业系统开展，实现审计日记、审计底稿、取证表等 100% 电子化。

（6）法治工作。2016 年，广东电网公司法律系统审核重要经营决策 501 宗，管理制度 44 项，经济合同 113 287 份，实现三项法律审核 100%；办结案件 281 宗，胜诉率 95.7%，避免或挽回经济损失 8.38 亿元。编制印发广东电网公司"十三五"依法治企行动计划，制定 20 项工作举措和 75 个关键任务。研究电力体制改革、职工持股企业改革、农电体制改革等多项改革政策。印发《广东电网公司决策事项法律审核工作指引》。法律审核进入采购环节，审查采购文件 3955 份，提出修改意见 157 条。执行合同承办人持证上岗制度，累计已有 7963 人取

得合同承办资格。试点推广电商系统合同模块，在广东电网公司本部和直属供电局实现双轨上线运行。建立合同通报机制，提出合同法律风险提示意见 212 条。广东电网公司获评国务院国资委 2011~2015 中央企业法制宣传教育先进单位，广东省"六五"法治宣传教育先进单位；佛山供电局获评全国"六五普法"先进单位；潮州、汕尾供电局获评广东省"六五普法"先进单位。

党的建设和精神文明建设

（1）党的建设。开展"两学一做"学习教育。制定落实南方电网公司党组 1 号文行动分解表，编制完成党的建设"十三五"行动计划。落实中央规定的党建七项重点任务，开展党员组织关系集中排查工作。开展将党员先进性测评纳入员工绩效考核，在职党员全部以"一岗双签"的形式签订党员岗位责任书。开展机关党支部党建党廉考核，制定考核评价标准。

（2）宣传思想政治工作。建立广东电网公司先进典型库，党建图片视频资料库，开展"榜样面对面""榜样故事会"等活动。组织开展意识形态自查和专项督查，梳理各类宣传平台 365 个，制定督查清单 11 大类 31 项。广东电网公司研究成果《基于电网企业视角的社会主义核心价值观路径研究》获中央企业党建思想政治工作优秀研究成果二等奖，2 篇课题获南方电网公司党建政研会优秀研究成果一等奖，3 个党课被定为南方电网公司"好党课共分享"精品课程面向全网宣讲，9 个微党课获南方电网公司表彰并获最佳组织奖。

（3）企业文化建设工作。深耕《南网总纲》理念，2016 年 7~10 月，开展共 19 场、覆盖 13 个新员工培训点的宣贯，2400 名新员工《南网总纲》宣贯全覆盖。开展"道德讲堂""好习惯养成"活动，开展社会主义核心价值观理论研究，组织编撰"核心价值观十二节课"漫画读本，开发"德育"系列微课件。编撰完成《社会主义核心价值观在电网企业的落地》《"六步法"班组文化模型的构建和实践》两个课题，组织广东电网公司政研成果评审并推荐 8 篇成果参与南方电网公司评比，获一等奖 2 篇、二等奖 3 篇、三等奖 1 篇。制定企业文化示范创建中期辅导方案。编制《文化建设品牌管理》专业教材。完成《广东老电力人口述史（第二辑）》第一轮审稿和编辑；形成《广东电力百年史话》初稿。珠海局发布"珠海电力十景"；惠州高潭所获中国"最美供电所"；中山局被评为"全国安全文化建设示范企业"。

（4）党风廉政建设。制定实施全面从严治党"十三五"行动计划。开展对直属各单位落实"两个责任"情况的监督检查。连续 6 年举办领导人员廉洁从业培训班，连续 11 年开展规定主题的纪律教育月活

动。以清远供电局为试点，实践"四种形态"教育活动。成立公司监督管理委员会。开展"四风"问题整治情况"回头看"工作。完善廉洁风险分析会议机制，形成"一部门一风险一表单"的防控模式。推动基层供电局"公务回避"，在惠州供电局开展试点，建立动态报备机制。修订公司《巡视工作实施细则》，完善《巡视工作手册》。组建16个巡视组，分3轮实现对直属各供电局的专项巡视全覆盖。

制定《纪委议事规则》。编制《纪检监察业务工作手册》。制定《纪委书记、副书记、监察部门负责人提名考察操作指引》。对150余名专职纪检监察干部开展培训。在6家县级供电企业探索开展纪律审查工作。开展反腐倡廉对标学习，形成高质量的研究文章18篇，在《广东党风》杂志刊登8篇。

（5）和谐稳定。共召开职代会及职代会联席会议275次，审议通过重大事项和规章制度194项，解决职工普遍关心的问题284个，办理职代会提案238件，办结率为100%。对惠州、河源供电局、电力调度中心、培评中心等4家单位厂务公开民主管理工作进行了抽查复审，复审达标率为100%。签订《公司集体合同》和《女职工特殊权益专项集体合同》。办结工会主席信箱信件27项，办结率100%。形成工作室常态化开展技术攻关模式。共有168个工作室，其中南方电网公司级工作室50个、广东电网公司级工作室63个、地市级55个，参与工作室创新活动人数达5000多人次，年度完成创新成果255个，工作室共获得全国电力职工技术成果奖24项、南方电网公司职工技术创新奖17项、网公司加星奖励工作室9个。承办南方电网公司2016年职工创新成果交流推广会。创建"职工书屋"112个，"爱心妈咪小屋"70个。建成职工就餐站所113个，职工休息站所157个。有9家单位获南方电网公司模范职工之家称号，45家单位获南方电网公司模范职工小家称号；广东电网公司评选出模范职工之家5个、模范职工小家105个。开展爱心帮扶募捐活动，全年募集爱心捐款250多万元。2016年，广东电网公司共获得国家级荣誉32项、省部级（含南方电网公司）荣誉115项、本公司荣誉172项。其中，2人被授予"全国五一劳动奖章"称号，2个单位荣获"全国工人先锋号"称号，评选出全国"安康杯"优胜单位1个、优胜班组2个、先进个人1名；5人被授予"广东省五一劳动奖章"，2个单位荣获"广东省五一劳动奖状"；6个班组荣获"广东省工人先锋号"。获广东省"三八红旗集体"2个、"巾帼文明岗"14个、"三八红旗手"2人，南粤女职工文明岗3个、南粤建功立业女能手3人，南方电网公司"巾帼文明岗"5个、"巾帼建功标兵"8人；评选表彰了2016年度先进工作者55名、

技术能手41位、"工人先锋号"单位26个、"安全在岗位"先进班组50个。

（6）团青工作。形成《广东电网公司青年员工意识形态调研报告》。开展"青春的信仰"广东电网公司"五四"主题系列活动。组织开展"清明祭英烈，共筑中华魂"网上主题教育活动。连续第9年举办"南网杯"节能减排进校园活动。组织近1500名青年参与电力设施保护宣传。全面启动"青年创客"工作。通过征集评选一大批青年"五小"、"微创新"项目，产生398项实用成果。开展"南网欢迎你"主题活动。举办南网"一带一路有你有我"英语大赛。开展各类志愿活动共计1890次，参与志愿者14 500人次，共资助贫困学生3000余名，资助金额约110万元。

（7）扶贫工作。2016年，广东电网公司在第三轮扶贫工作中，择优选派203名专兼职扶贫干部，组成驻村工作队，对139个扶贫点的7380户贫困户、19 839名贫困人口开展脱贫帮扶。与广东省扶贫办联合印发《关于我省电网建设精准扶贫精准脱贫三年攻坚实施方案》，制定《广东电网公司新一轮农村电网改造升级工作方案》以及21个省级贫困重点县电网改造升级专项规划。全年投入20亿元资金对广东省内重点贫困地区农网改造升级。印发《关于进一步优化小水电自供区接管流程的通知》。完成接收广东省内小水电自供区123个。组成驻村工作组开展帮扶工作。全省各级帮扶村开展种植养殖项目203项；投资光伏绿色能源产业4项；规划整修村道、建设饮水工程项目70多项；建成"幸福厨房"22间。探索推行"五个一"管理模式，示范村建设初具规模。

主要事件

4月1日起，广东电网公司所有供电营业厅全面取消实体营业厅业扩报装受理业务，用户可以通过微信、网（掌）营业厅、95598热线电话等远程渠道办理。这是全国首个完全通过远程渠道受理用电报装的省级电网公司。

6月28日，广东电力交易中心有限责任公司正式揭牌。中心不以营利为目的，按照政府授权组织和管理广东电力市场业务，提供专业、规范的交易服务，维护市场主体权益和公平、公正、公开的市场秩序。

7月3日，南方电网公司首个港口岸电项目在广东中山投产，该项目由广东电网公司投资建设。投产后，中山港口码头动力将"油改电"。

8月22日，广东电网全公司范围内领导干部"大练兵、大比武"系列活动正式拉开帷幕。

11月15日，广东电网公司科研项目"基于数据全过程管控与协同的变电站智能化关键技术研究及应用"荣获2016年度中国电力科学技术一等奖。

12月12日，广东电网公司供电服务总体满意度得分为80.28分，连续8年蝉联广东省第一。

12月15日，广东电网公司在佛山召开95598服务热线集约化管理启动会议。作为南方电网公司试点单位，广东电网公司对佛山、湛江、揭阳供电局的95598全业务，以及其他16个地市供电局的投诉举报业务实现集中管理。

12月16日，广东电网500kV卧龙输变电工程正式建成投产，结束了云浮地区没有500kV变电站的历史，广东省实现超高压电网在所有地市的全覆盖。

【广州供电局有限公司】

企业概况　广州供电局有限公司（简称广州供电局）是南方电网公司的全资子公司，于2012年2月22日正式挂牌运作，注册资本60亿元，主要从事广州电网规划、投资、建设与运营，负责电力供应，提供相应服务。

截至2016年12月底，广州供电局供电面积7434km²，供电客户数545万户。拥有110kV及以上变电站318座、主变压器容量7601万kVA，包括500kV变电容量1577万kVA，220kV变电容量3117万kVA，110kV变电容量2907万kVA；110kV及以上输电线路7181km，包括500kV线路911km，220kV线路2689km，110kV线路3581km。2016年完成供电量784亿kWh，同比增长5.96%；最高负荷1586万kW，同比增长5.82%。

领导班子

总经理（局长）、党委委员、副书记：甘霖

党委委员、书记、副总经理（副局长）：汤梅子

党委委员、纪委书记：张曙华

副总经理（副局长）、党委委员、机关党委书记：杜满权

党委委员、工会主席：张泽华

副总经理（副局长）、党委委员：李鸣洋

总会计师：孙宏兵

副总经理（副局长）、党委委员：刘育权

组织机构　设置17个职能部门，直接管理26个直属机构、10个挂靠机构、1个全资子公司。其中，内设机构249个、供电所44个、班组614个。

电网运行与安全生产

（1）电网运行。用电需求持续攀升，全年电网负荷4次创历史新高，最高负荷达1586.1万kW（8月8日），同比增长5.82%；年供电量783.9亿kWh，同比增长5.96%。全年电力供需基本平衡，未发生电源性错峰限电及事故拉电。连续安全运行10 082天，成功应对110kV及以上设备跳闸165起、紧急停运143起。220kV及以上保护正确动作率100%，故障快速切除率100%，主网安全自动装置正确动作率100%，生产实时控制业务通信通道平均中断时间0分钟，调度自动化主站系统失灵次数为0。

加强电网风险分析防控，完成《云南异步联网对广州电网影响》专题研究并落实风险防控措施，优化三道防线配置，落实设备差异化运维，杜绝了关键设备严重故障。特大型城市电网"集中调控、营配联动、快速响应"的管控模式进一步成熟，配网停电计划和紧急抢修作业实现"分层操作、分级许可"，开展主配网调度遥控操作291次，持续开展监控告警信息优化，变电网络发令系统正式轨运行，配电操作通过手机APP进行网络发令试点。完成220kV永福变电站、镜湖变电站等重点工程投产，跟进解决航云站主变电站涌流异常等问题。完成"增城—庙岭—迁岗—科城—木棉"国内首套220kV区域备自投及稳控系统建设。

（2）设备管理。开展设备规范化管理，完成45份设备检修维护手册和312份现场运行检修规程的修编，实现运维标准的全覆盖。开展GIS设备型号审查，从生产环节把好设备技术标准和关键参数。建立500kV电缆及附件技术标准，服务500kV穗西输变电工程建设。制定广州局管理实施细则，成立技术监督委员会、办公室和工作网，建立三级技术监督体系。建立自主监造机制和出厂放行机制，完成24项变压器和GIS自主监造工作，发现并跟进整改问题158项；完成3次输电电缆及附件监造，发现并跟进整改问题8项，继续落实电缆附件100%开箱检查，发现并跟进整改问题28项。对新入网10kV开关柜供应商共完成12项开关柜样机验收及出厂试验见证工作，发现并跟进整改问题143项；开展GIS设备质量提升，发现并跟进整改21项问题；完成航云、镜湖220kV GIS设备返厂整改。完成4168组变电设备差异化运维和89组重点开关防拒动检查维护，化解设备风险3632项，完成差异化防雷改造，雷击跳闸次数同比下降15%（220、500kV全网最低），完成46处输电线路交叉跨越隐患整改。推动政府出台《广州市架空电力线路保护区植物隐患处置工作指引》。与广州市林业和园林局、广铁集团、水投、燃气签订战略合作协议，协同做好管线外力破坏预防工作。编制并印发《广州供电局配网电力设施搬迁管理实施细则》。

（3）安全生产。强化安全责任，实现机构、岗位安全职责全覆盖，完善安全管理组织架构。严控电网及设备风险，化解主、配网风险226项，成功应对165起电网故障、143起紧急停运。安全完成873组设备检修、1047组设备检查性操作。完成央视2016年春晚分会场、广交会等各级保供电任务107项。发布防风防汛应急预警6次，应急响应54次，同比增

长 64%。完成对"妮妲""莫兰蒂"等 4 个超强台风的应急处置。完成应急排水 25 万 m³，新建排洪渠 1019m，彻底整治消除茶山站泥石流重大安全隐患。完成输、配电线路邻近加油气站和跨越铁路公路等 150 处安全隐患整改，处理隐患树木 10 万余棵，完成电缆隧道 557 项防火隔板安装工作。联合建委、交委落实道路开挖信息联合审查及信息共享，组织全市 50 余家建设及施工单位开展防外力知识宣贯会。建成投运广东地区首个企业运营监控中心，研发并应用现场安全监管 APP 应用系统。推动成立南方区域首个公务员编制的广州市电力行政执法支队。

(4) 可靠性管理。全年客户平均停电时间为 2.41h/户。实现年度停电需求统筹、停电过程管控、总结分析提炼的全过程闭环管理，配网带电作业保持超过 1 万次、全网第一的规模。推进抢修复电移动 APP 应用和低压抢修驻点建设。主网供电能力显著提升，配电网架显著改善，台区过载、低电压、城中村用电难等问题基本解决。编制启动 2017～2020 年客户停电时间小于 1h 提升方案。

(5) 科技创新。全年科技项目总投资 8590 万元，承担国家级项目 2 项，南网重大科技专项 5 项。广州供电局牵头申报的国家重点研发计划"工业园区多元用户互动的配用电系统关键技术研究与示范"获国家科技部批复立项，该项目是广州供电局"十三五"首个牵头承担的国家级科技项目。获得 165 项专利授权，同比增长 11.5%。试点成立无人机和机器人两个主题创客中心。以"能源互联网机遇与挑战"为主题，举办广州供电局第五届技术论坛。

(6) 信息化管理。配合网公司完成"企业管理信息系统应用"重点工作，实现资产管理系统、营销管理系统、财务管理系统、人资管理系统、GIS 平台等网公司企业级应用系统全面单轨运行。构建全局生产、安监、基建、监理等现场人员位置、工单、项目、变电站的全景视图，覆盖六个专业共 17 个移动应用，初步实现业务过程的可观、可测、可控、可追溯。运营监控方面，搭建开放性数据平台，支持企业运营管控。建成电动汽车运营、港口船舶岸电、e 能管家提供专变用户设备维修、代修等综合能源服务应用，初步实现从需求侧管理向搭建需求侧服务平台的转变。打造较完善的计量自动化系统主站及数据平台。

电网规划与建设

(1) 政企合作。推进 500kV 穗西站等重点项目前期工作。推进"多规合一"和土规调整工作，落实 9 个区内规划变电站的土地利用总体规划。配合市住建委修订印发《广州市加快电网建设规定》。

(2) 电网发展。开展广州电网"十三五"规划修

编，将 500kV 木棉—增城线路、顺德—楚庭线路及 500kV 科北输变电纳入南方电网"十三五"输电网规划库。开展广州电网底网架规划研究，提出"十三五"期间提升防灾能力的重点项目。东西组团直流背靠背异步联网工程（中通道）按照终期 300 万 kW 配置容量的要求获得选址意见书批复。成立能源互联网相关项目部，专职推进广州能源互联网项目规划建设工作；南沙低碳智能高可靠性微电网项目入选第二届中美气候智慧型/低碳城市峰会；《面向特大城市电网能源互联网示范项目》成功申报为国家能源局示范项目；全面推进知识城智能电网示范项目，投产示范花瓣、智能家居、四网融合等项目，停电时间小于 5min；完成广州地区冷热电三联供能源站、分布式光伏等分布式发电研究专题。完成南沙、从化、增城、黄埔区增量配电网业务规划建设方案。推进配网"两消除、一控制"和城中村用电改造工作，建立投资计划项目与投诉、"两消除，一控制"问题库的动态跟踪机制，指导区局有针对性加快重点项目的推进，制定重过载配变快速立项解决机制。完成中心村农网改造升级，完成中心村示范点改造工程，实现电压合格率、馈线典型接线率、可转供电率、配电自动化覆盖率、智能电表率和低压集抄率覆盖率 6 个 100%。

(3) 基建管理。全年完成固定资产投资 62.2 亿元，新增主变压器容量 330.6 万 kVA，新增线路长度 374.3km，新增变电站 9 座。实行配网项目群管理，优化配网典型安全作业票，表单数量大幅下降；完成配网基建现场管理系统开发。用户平均停电时间低于 1.75h/户。协调解决问题 216 项切实履行安全管理职责，对 49 处施工等风险较高项目持续开展安全督查及隐患整治。对在建工程开展外包项目安全专项治理，持续检查并整改安全突出问题 978 项。开展施工承包商安全专项评价，深化承包商违章扣分工作，总扣分同比增加 42%。三级检验合格率达 92.28%。开展投产项目清理"56"行动以及"在建工程清理"专项行动。主网结算率同比上升 275%，配网结算率同比上升 152%，全年共完成投产项目结算 102.99 亿元，决算增资累计 80.5 亿元，历年投产项目的结算清理工作全面完成。推广装配式施工工艺，全面应用标准件。主配网装配式预制电缆沟、预制配电房标在 30% 主网项目和 235 个配网项目进行推广。5 项标准件和 8 类预制件完成框架招标，全面转为甲供。

(4) 物资管理。供应链管理方面，全年处理物资需求 29 698 条，同比增加 8 亿元，其中电商采购 5000 余万元，"电网建设攻坚年"累计领用定额物资 12.56 亿元，周转率 684.4%。完成网公司 GIS LCC 采购试点工作。完成配网设备 130 家次供应商评估、234 家次送样检测、385 家次绩效评价及运行评价，

运行评价结果首次应用到招评标环节。实现主网设备制造前的开工审查，GIS、开关柜等首次进入广州电网的主要设备采取样机试产制度。完成清仓利库、"两金"占用清理工作，年末库存 1.62 亿元，定额物资库存控制在 1.34 亿元，全年闲置物资再利用 9581 万元，报废物资拍卖 8 批次，现场回收报废蓄电池 182.11 吨，回收 3722.1 万元。完善集中招标组织架构，修编招标、非招标管理制度，编制采购方案模板 14 份、标准 108 份。全面推广应用电子商务系统，实现采购项目"上平台"，可监督、可追溯。加强评标专家培训，实施市场禁入投标人 4 家，处理问题厂家 32 起，暂停合同执行及框架分配 7 家次，暂停投标资格供应商 5 家次。落实"事后"整改，抽检采购项目档案 229 个，发出整改报告 43 份。约谈评标专家 46 人次、招标代理机构 1 家，专家重复违规评标问题零发生。开展设备采购领域权力寻租专项治理"回头看"。5 个物资类项目获得网公司金点子奖项及广东省管理创新奖。全年物资指标完成良好，获"网公司 2016 年度物资先进单位"称号。

经营管理

（1）市场营销。年售电量达到 752.7 亿 kWh。电费回收率达 99.993 1%。支持分布式光伏发电发展，完成 111 个项目共 5.64 万 kW 的并网接入。落实广东电力体制改革政策，签订直接交易合同 55 份，其中大用户三方合同 11 份、四方合同 13 份，售电公司三方合同 31 份。查处违约用电、窃电 967 宗，同比下降 20.22%；追收本金及违约金 2659.39 万元。依托电能量数据中心建设线损管理平台，辅助线损异常分析，10kV 线路和台区线损异常率分别为 3.96% 和 4.73%。节约电量 24 891 万 kWh。

（2）客户服务。实现广州市公共服务社情民意调查供电服务满意度十六连冠；在广州市政府公共服务公众评价 40 项服务调研中，实现八连冠。

电子渠道总业务量 448.56 万宗，同比增长 119.11%，远程业务占比达 95.47%。改造 9 个政务中心电力窗口的系统接入，实现业务能力与营业厅同步。以南沙为试点，推动实施《南沙自贸区服务创新模式方案》。推出首款面向客户的电力服务保险产品"电能保"。以荔湾为试点，推行社区经理机制与政府网格化融合模式，形成客户问题快速响应机制。首次开展服务渠道规划研究，形成新形势下的渠道管理实施路径与计划。启动服务质量社会监督机制，形成社会观察员工作小组，提出服务质量持续改进的意见和建议。实施"按需邮寄居民发票"。精准沟通和普遍性宣传相结合，全年客户沟通的覆盖受众超过 459 万，目标客户覆盖率达 71.44%。

全市推动城中村新增配电变压器 1898 台，清理城中村线路撕拉乱接的乱象，共整治 151 条城中村，消除隐患处理 15 749 项，更换处理低压残旧线路 911km。完成一户一表及临电小区改造 10 万户。

（3）资产管理。2016 年 12 月，成立南网首个企业运营监控中心。健全运营监控工作机制和标准，建立"三库一规则"；共发布异动预警 128 项，完成 5 项专题分析，对 12 类运营难点问题制定 23 项解决措施；完成运监系统建设业务框架、监控界面原型设计以及业务系统数据接入。

（4）财务管理。落实提质增效，制定并分解落实 102 项工作举措。在建工程清理项目完成 1281 个，批复决算数量同比增幅 100%；完成"两金"清理任务，同期压减 22%；五项严控费用下降 13%；争取税收优惠节约 1.5 亿元，节约财务费用 0.52 亿元。完成输配电价改革成本监审工作；全力保障攻坚年资金供应，全年结算 57.92 亿元；加快做大做实有效资产，转固率达 80.71%；持续清理历史遗留问题，完成 5 家集体企业清算及 1 家进入注销程序；编制下发广州供电局"十三五"财务经营规划。针对薄弱环节做"加法"，建立"财务咨询平台"微信群，发布财经热点"微课件"，23580 热线累计解决问题 1402 条；针对冗余环节做"减法"，精简报销附件减幅 20%，优化资金支付审批权限，整合同质化业务，核算用时可从 5 天下降至 1 天。完成"6+1"财务信息系统单轨运行，实用化考核排名稳步提升；全面接管特殊资金管理工作，精简冗余账户 6 个。

（5）审计管理。做好国家审计署稳增长审计和广州市审计局新能源汽车推广应用审计配合工作，配合南方电网完成对广东电网公司、广西电网公司等 4 个公司的例行审计。实施审计项目 56 项：保障企业重要岗位权利约束，对输电所、调控中心等 11 个单位开展经济责任审计；对 1761 个重点工程开展全过程跟踪审计；落实在建工程清理专项行动，清理 31 个主网项目、847 个配网项目；对多个领域开展 7 个专项审计；归纳分析形成 11 个专业领域分析报告。开展专项整治，清理"十二五"期间遗留问题，全局共梳理制度流程 614 项，检查项目 13 201 项，发现并整改问题 367 个；完成 227 个问题整改销号，解决 22 个历史遗留问题或难点问题。

行政管理

（1）行政管理。完成各类文字材料 105 篇、约 50 万字。国内首个仪表校验智能机器人等 12 篇信息得到两办和国家部委采用。建立季度、月度、周督办的三级督办机制，对 116 项重点工作定期跟进，协调各类问题 22 项。处理收文 6928 份，核稿发文 2662 份，运转 11 万次。举办"人人都是保密卫士"保密知识大赛活动，制定 160 条保密风险管控措施，全年未发生失泄密事件。历时 4 年，完成 300 多万页档案的数字化加工。制定《反恐设施配置标准》及《安保值守工作标准》《安保人员奖励办法》等一系列管理制度，并将"一站一警"联动机制落实到全局 315 座变电站，全年未发生治安刑事案件和暴恐事件。打击涉电违法犯罪形成套路。解决边远单位、新成立单位用车需求，获评"2015 年度广东省交通安全文明示范企业"。完成 12 个外事参观点的规范化建设，全年共迎接 15 批外宾客人，同比上升 40%。

（2）战略管理。编制 1 份广州供电局"十三五"发展规划、9 份专业领域"十三五"发展规划和 N 份重点议题研究报告。其中，专业领域发展规划包括固定资产投资、电网规划建设、电网运营、市场营销、安全管理、财务经营、创新驱动、人力资源和法治工作九个方面。2016 年 4 月，举行创新周活动。以"强基础，增效益"为主题，连续第 3 年举办基层单位管理创新交流会，发布管理创新成果 14 项。2016 年，获省级管理创新成果奖 6 篇，获省级及以上质量管理成果奖的班组成果 31 篇。

（3）法律工作。制定《广州供电局全面推进依法治企实施方案》。系统构建以岗位防控为核心的法律风险管理体系，实现所属区供电局岗位防控全覆盖。把防控职责纳入领导人员及全体员工岗位说明书，将管理成效与组织绩效及员工个人绩效挂钩。推动《广州市供电与用电管理规定》修订出台。举行"践行法治精神、共筑广供梦想"系列法治文化宣传活动，开通"法律绿色座席"法律咨询微信公众号。获国务院国资委 2011～2015 年中央企业法制宣传教育先进单位称号。

（4）纪检监察。深化大监督格局，整合监督资源，切实提高监督的效率和效果，巡视、纪检监察、干部监督、审计等部门注重信息共享和工作协作，移交问题线索 32 条。加强重点领域廉洁风险防控。推进重点领域、重要岗位和关键环节的廉洁风险排查，会同业务部门及时更新梳理排查风险点 156 个，重大廉洁风险点 40 个，制定防控措施 275 条。梳理近 3 年招标投诉和专项检查中发现的问题，形成专题报告，提出 5 项整改建议。

人力资源管理

（1）劳动组织与用工管理。完成配网组织机构优化，组织开展岗位竞聘及岗位调整，优化人员流向。完成试验与检修专业业务整合。在变电管理所成立检修试验班组，承接 110～220kV 变电站的常规试验业务。优化配网调度运行操作体系，减少转令层级。优化资产管理组织职能，成立资产运营监测支持中心。规范劳务派遣制用工和业务外委管理。建立业务外委人员登记管理制度。开展面向全局的专责公开竞聘工

作。修编《岗位管理实施细则》。

（2）薪酬绩效管理。建立专项奖励工作机制，在工资中设立电网建设"攻坚年"专项奖励；设立"安全生产奖"；强化安全生产、提质增效、科技创新等在薪酬分配中的应用。深化组织绩效考核结果兑现应用，将工资总额的 15% 应用于组织绩效兑现，实现各单位的工资总额及负责人的奖金与组织绩效考核结果挂钩。单位间的人均绩效最大差距达到 15%。继续放开占工资总额 40% 的绩效工资自主分配权，加大绩效激励力度。

（3）干部管理。坚持党管干部原则，按照好干部标准和国有企业领导人员"20 字"要求，做好干部选拔任用工作。贯彻落实《选拔任用条例》和《党委（党组）讨论决定干部任免事项守则》。落实"凡提四必"要求，严格执行干部档案"凡提必审"，个人有关事项报告"凡提必核"，纪检监察机关意见"凡调必听"，线索具体的信访举报"凡提必查"，对发现的问题认真核查，坚决防止"带病提拔""带病上岗"。

（4）教育培训。全面推广应用班组人员"培训—评价—岗位（岗级）"闭环管理机制，发布 93 类班组、1090 个岗级的评价标准；完成 5595 人现岗位（岗级）评价、授权、认证，实现持证上岗考核完成率、工作授权完成率和岗位（岗级）晋升考核完成率均达到 100%。24 人未通过认证，进行降岗降级处理。提前启动 3584 人更高岗级评价认证。开展规范用工人员培训考核，结果与岗薪级晋升挂钩。印发技术技能专家评价标准 250 份。新聘技术技能专家 57 人。启动新一批 132 名专家后备人才培育。建立固定与流动相结合、长短期兼顾、灵活的师资使用机制。考核 281 名内训师任期业绩。

党的建设和企业文化建议

（1）党建工作。成立党建工作领导小组，逐级签订党的建设考核责任书。建立党建工作联系点 124 个，组织各级领导班子深入联系点指导调研 684 次。首次开展所属党组织负责人述职评议和主责集体约谈工作。开展"两学一做"学习教育，固化落实"四个一"学习机制，在职党员参学率达 96.2%，累计讲课 1078 次，组织全局基层党组织形成 176 个支部主题和 195 个书记项目，建成 1354 个党建载体。共组织举办 5 类 41 期培训，参培党员达 10 222 人次。开展纪念建党 95 周年和长征胜利 80 周年"听说读写行"系列活动。对全局 176 个支部开展基层党支部评星定级工作，8 个基层党组织分别获得广州市、网公司标杆和先进称号。在南方电网公司首届党建业务技能竞赛中，获得团体及个人一等奖等 6 个奖项。

（2）党风廉政建设。抓好"两个责任"分解落地，下发 723 份责任通知书，全面纳入岗位职责体

系刚性执行。持续强化党内监督，对 3 个单位开展专项巡视，发现问题 85 个，移交问题线索 3 条，立案 1 严肃问责绝不手软，重点对责任落实不到位、"四风"禁而不止等 3 类问题进行问责，对 3 个单位的 5 名主要责任人进行诫勉谈话，对 7 个单位进行通报。持续保持惩治的高压态势，全年立案 4 件 7 人次，给予党政纪处分 7 人，移送检察机关 1 件 1 人。对各种检查发现的 576 个问题分类处置，抓早抓小，实现"三升三降"。组织开展"四风"问题整治情况"回头看"，发现问题 439 个，595 项整改措施全部按时完成整改。共发送廉洁短信（微信）76 000 多条，开展暗访 169 次，处理违规问题和苗头问题 30 项。配齐配强两级纪委班子、专职为主的纪检监察员和兼职为主的监督员。通过纪委书记季度工作交流会、巡视人才集中使用培养等平台培训纪检监察业务骨干 302 人次。

（3）企业文化建设。全方位宣贯《南网总纲》，开展"践行总纲我承诺""《南网总纲》与我"大讨论等活动。开展"听说读写行"系列纪念建党九十周年活动，出版第一季《广供文化故事》，选树 24 个基层单位创建企业文化示范单位、示范点。出版《广供文化》季刊。开展每月书记家访、针对迎峰度夏等一线需求的专项团队辅导等，持续打造"幸福心能源"品牌。撰写政研论文获得国资委央企政研会党建思想政治工作研究成果三等奖。

获广东省职工创新示范基地、广州市职工创新基地等称号。全局 39 个工作室，2 个工作室评为广州市劳模创新工作室，11 个工作室评为南方电网公司星级工作室。工作室开展攻关项目 139 项，解决一线生产问题 207 个，获得国家专利（项）128 个，产生经济效益 14 638.41 万元。2016 年，共有 37 项创新成果获得国家、网公司、广州市、网公司层面的奖项。承办中央企业高技能人才培训班成员与输电管理所的职工技术创新交流活动。

开展局内 7 大专业技能竞赛，将变电运行、配电专业两项竞赛纳入广州市二类技能竞赛，竞赛前 3 名选手将获得"广州市技术能手"和"广州市职工创新能手"称号，1 名职工获 2015 年"南网劳模"；1 个单位获广东省五一劳动奖状；1 名职工获南网"五一劳动奖章"、1 单位获南网"五一劳动奖状"；4 个集体分别获得省、市、南网的巾帼文明岗，2 个人获南网"巾帼建功"标兵。

（4）团建工作。构建青年学习机制，坚持党建带团建，让"一月一学"成为团内学习常态；3 个"微创新"项目获得南方电网"微创新"大赛一等奖、三等奖。连续两年参与中国·广州青年志愿者塞舌尔服务队队员选拔，面向全市开展"我帮你搞'电'"、

"关注流动儿童"和"智慧用电小先锋"等志愿服务品牌活动，年服务时间达 6000h 左右。

主要事件

1 月 12 日，原黄埔供电局与萝岗供电局合并，成立新的黄埔供电局，负责新的黄埔区供电服务工作。新黄埔供电局本部设置七个部门，分别为综合部、配电部、营销部、规划建设部、安全监管部、党群工作部、中新知识城配网运维部等部门，下设九龙供电所。

5 月，广州供电局成立能源互联网项目管理部，专职负责相关项目的推进工作；6 月，与美国 EATON 公司签署智能微网项目谅解备忘录，申报的"工业园区多元用户互动的配用电系统关键技术研究与示范"项目获国家重点研发计划立项；9 月，在中新广州知识城投运国内首个配置广域保护技术的 20kV"花瓣型"配电网。

7 月 27 日，广州供电局番禺横江村中心村电网改造示范工程投产，这也是南方电网公司首个农网改造示范村。

8 月 2 日 8 时，台风"妮妲"登陆广州南沙。广州供电局于 8 月 1 日 16 时 30 分首次启动防风防汛一级应急响应。累计出动抢修人员 2470 人次，抢修车辆 561 车次，并主动派出 20 台应急发电车接入省委省政府、市委市政府等重要用户。台风过境期间，广州电网总体运行正常，累计损失负荷 1.77 万千瓦，影响用户 10 850 户，约占用户总数的 0.21%。截至 8 月 2 日 18 时 38 分，所有受影响线路及客户全部恢复供电。

9 月 21 日，广东省电力交易 9 月集中竞价结束，广州城市用电服务有限公司首次参与竞价交易，实现全电量中标，竞得 103 万 kWh。该公司于 2016 年 6 月正式成立售电事业部，8 月 15 日纳入广东省第三批售电公司公示名单，并通过公示和审批。

9 月 28 日，由广州供电局承建并负责运营的广州市充电设施智能管理平台"羊城充"正式上线运行。该平台主要包括管理平台、运营平台、充电服务 APP 三大部分，以地图全景方式展示充电设施的分布情况。

12 月上旬，广州社情民意研究中心发布 2016 年度广州城市状况市民评价民调报告，供电状况市民评价满意度达到 83%，在市政状况方面各指标中持续居于首位。这是供电服务连续 16 年获得广州市民评价第一名。

12 月 20～21 日，南方电网公司董事长、党组书记李庆奎到广州供电局调研，深入电动汽车体验中心、500kV 广南变电站、广州供电局清河培训基地、广州黄埔供电局、越秀区老旧社区微改造试点等

现场。

2016 年，广州供电局分别与广州移动、广州交通投资集团、广州联通、广州港务局、中石化广东石油公司签订战略合作协议，与广州市林业与园林局签订电网建设和林业园林建设备忘录。

（黄　婷）

【深圳供电局有限公司】

企业概况　深圳供电局有限公司（简称深圳供电局）成立于 1979 年。2012 年，深圳供电局成为南方电网公司直接管理的全资子公司，并于 2012 年 2 月 22 日正式挂牌成立。2015 年底成立董事会。

深圳供电局承担深圳市（蛇口除外）的供电任务，供电面积 1952.8km²，用户数 305 万户。截至 2016 年底，共有 110kV 及以上变电站 231 座，主变压器容量 7210 万 kVA，110kV 及以上输电线路 4396km。

深圳电网已发展成为全国第四个最高负荷突破 1600 万 kW 的城市电网，也是我国供电负荷密度最大、供电可靠性领先的特大型城市电网之一。2016 年最高负荷 1626 万 kW；供电量 814 亿 kWh；售电量 784 亿 kWh；客户年平均停电时间 3.09h/户，供电可靠率行业对标连续 7 年全国前十。供电服务连续 6 年位居深圳市 40 项政府公共服务满意度第一位，第三方客户满意度 85。

领导班子

2016 年 4 月，庞骁刚任深圳供电局有限公司董事、总经理、党委委员、副书记。

2016 年 6 月，免去方翎深圳供电局有限公司董事、党委委员、副总经理（副局长）职务，另有任用。

2016 年 12 月，免去佟才深圳供电局有限公司董事、党委委员、纪委书记职务并退休。

调整后，截至 2016 年底，深圳供电局有限公司领导组成如下：

党委书记、董事长：廖建平

党委副书记、董事、总经理：庞骁刚

巡视员：刘亚林

党委委员、董事、副总经理：梁学良

党委委员、董事、副总经理：胡帆

党委委员、董事、副总经理：吴宇宁

党委委员、董事、副总经理：胡子珩

党委委员、董事、工会主席：牟宗平

总会计师：杨志鹏

组织机构　5 月 23 日，生产设备管理部（资产管理部）更名为生产技术部（资产管理部）；电网规划研究中心由直属机构调整为挂靠机构，挂靠计划发展部；招投标中心由挂靠机构调整为物资部（物流服务

中心）内设机构，按三级机构管理。9 月 7 日，成立造价核算中心；撤销技术经济管理中心（原挂靠基建部）。12 月 16 日，成立小型基建办公室，挂靠办公室。调整后，截至 2016 年底，深圳供电局二级机构共 36 个，其中本部部门 17 个、直属单位 19 个；挂靠机构 7 个。

电网发展　提请市政府召开"十三五"电网建设动员大会、颁布《深圳市关于加快电网项目规划建设的通知》，建立市区两级政府强有力的电网规划建设协调机构。与龙岗、大鹏签订落实"东进"战略电网建设合作框架协议，起草《深圳市加快电网建设管理规定》和《深圳市电网建设目标责任考核办法》。建立职责清晰、责权对等、协同高效的电网建设内部责任传递机制并签订责任状，建立固定资产投资全过程管控模式，发布管控工作要求。完成"十三五"电网规划修编并由市政府印发，并已纳入全市"十三五"能源发展规划。提请政府部门提前启动了电力专项规划修编工作，积极推动电网规划纳入城市规划和管廊规划。

加快重点工程建设，将滇西北工程作为"一号工程"全力推进，配套交流工程提前 20 天完成核准，取得林地使用批复、林木砍伐证、工程规划许可证、施工许可证。投产南方电网公司重点工程 500kV 现代输变电工程。提高土地利用率，推进变电站小型化、线路电缆化和走廊紧凑型（"两化一型"）建设。优化电网建设物资采购，深化补仓采购运作模式，满足配网项目（含业扩）、营销项目及抢修项目的物资需求，储备物资库存周转率达 673%。

安全生产运行　强化与香港联网等设备的风险管控，加强动态"N-1"电网实时风险调度控制，降低电网实时风险等级 42 次。立足提高防灾抗灾能力，完成城市保底电网规划研究。严管严控人身安全风险，在各层面提出并落实 1162 项风险管控措施。落实外包项目施工安全专项治理行动，开展外包工程安全检查 1.6 万次。提请市政府将电力安全隐患治理纳入"城市管理治理年"整体推进。针对西安"6·18"主变压器烧损事件，主动发现并整治中航站的燃爆风险。深圳供电局"两跨越、一临近"隐患治理工作得到南方电网公司表扬。与燃气、水务等单位建立地下管线互保机制，与公安、住建等单位建立协作机制。做好光明"12·20"特别重大滑坡事故救援现场的电力供应和照明保障，成功应对"妮妲""海马"等强台风袭击，完成"双创活动周"等 115 项保供电任务。

科技信息　深化设备风险管控，完善关键设备管控体系，开展设备规范化检修，GIS 设备十年来首次全年"零故障"，设备发热缺陷同比下降了 79%。协

调市经信委印发 1989 年以来首份明确市政电缆沟管理标准的文件。编制 13 份符合深圳定位的设备采购技术标准。加强企业级信息系统建设和应用，完成企业级信息系统上线运行，打通退役报废、项目全过程管控等协同应用。推出新版深圳供电 APP，以"互联网＋大数据"打造电力生活圈。上线智能交互机器人，运用"人工智能＋机器学习"，提高客户服务响应水平。

市场服务 完善客户停电时间管理，按照国际标准建立客户停电时间统计考核体系，在全网客户平均停电时间工作质量检查中评分名列第一。开展配网不停电作业 2376 次，同比增加 15％，减少客户平均停电时间 2.2h。加快布局建设"四个全覆盖"，智能电表、低压集抄、配网自动化覆盖率提升到 82％、54％、61％。开展城中村电网改造接收，集中改造接收，整治安全隐患，完成"十三五"城中村供电设施改造计划编制并上报政府部门审批。光明新区玉律社区城中村用电安全整治示范项目，成为深圳"城市管理治理年"的样本项目。推动营销业务双向移动互联，落实"互联网＋电力服务"，大力推广电子服务渠道，打造"远程化、差异化、一体化"的服务渠道体系，实现快速复电和移动抄表 PDA 实用化，远程服务比例和远程业务比例分别达到了 79％、65％，同比分别提升 8 个百分点和 22 个百分点。

财务审计 输配电价机制平稳运行，总结首个监管年度输配电价机制运行的经验和做法。主动开展配套监管办法、分电压等级输配电价及交叉补贴研究。解决旧电价机制遗留问题。打好提质增效攻坚战，突出落实十大专项治理行动，进度计划均按 100％完成。其中在建工程清理完成全部 4233 个项目的转固工作，是网内第一批 100％完成的单位。持续深化降本增效，加强费用成本预算执行分析，成本预算准确率同比提升 5.4 个百分点。完成审计署"政策落实跟踪审计"及南方电网公司有关经济责任审计的迎审配合工作。完成 2903 个工程的竣工决算审计。开展"经营管理精益化""物资清仓利库"等热点问题审计调查，推动规范管理和效率提升。

经营管理 制定发布 1＋9 的"十三五"改革发展规划，紧密承接南方电网公司改革发展决策部署，全面规划 2018 年达到国际一流水平，2020 年建成国际领先电网企业的实施路径和任务，并制定了"十三五"规划指标体系。制定南方电网公司首个《品牌发展"十三五"规划》；"璀璨盒子""璀璨 C 引力"等品牌活动，公共用电安全等宣传取得良好效果，官方微信获最具影响力二级央企新媒奖。品牌力指数由 28％上升至 29.8％，连续 2 年在深圳市公共事业单位中居第一。对 149 项重大经营决策进行前置法律论证

和风险评估，保持重大经营决策法律审核率 100％。推动《深圳市电力设施和电能保护办法》正式颁布实施。前海混合所有制改革连续创造三个第一，成为全国首家增量配电网混合所有制企业；成为全国首家获准参与竞争性售电的增量配电网企业；成为国家发改委核准的第一批混合所有制改革试点之一。推进业扩投资界面延伸，为客户节约投资 7.45 亿元。推动成立深圳南方和顺电动汽车服务有限公司。开发电动汽车智能充电信息平台，实现与其他运营平台数据互联互通。筹建综合能源服务公司。

人力资源 逐步完善激励约束机制，建立班组绩效量化考核模型，让班组管理"可见、可感、可算、可比"。建立董事长奖励基金，推动安全生产、电网建设和"双覆盖"年度重点工作任务的落实。持续优化组织架构，调整生产业务领域、规划建设领域的组织架构，缩减决策议事机构数量，成立造价核算中心。开展基于岗位胜任力的全员测评，完成 276 名科级以上干部测评和 3000 余名员工岗位胜任力评价工作。新开发 70 门技术技能类教材和 10 门素质类课程，持续拓展学习发展体系，获美国培训杂志年度最佳实践项目奖。实施"员工关爱"25 项举措，积极解决生产单位问题。开展"我为人才强企献一计"主题活动，征集合理化建议 335 条并逐条回复。深入推进职工之家建设，完成全年建家任务。创新文体活动形式，举办文娱活动 36 项。

党群工作 建立党委每月党建党廉工作会议机制，在组织绩效考核中引入党建考核结果"否 A""加 A"机制，并对考核排名靠后的负责人进行约谈。把加强党的领导和完善公司治理统一起来，在南方电网公司系统内第一个将党委发挥政治核心作用写入公司章程。筹建前海供电公司党委和纪委，探索实践混合所有制企业党建工作。开展"两学一做"学习教育，深入开展"四讲四有四争先"主题活动。领导班子成员带头全面深入宣贯《南网总纲》。推进精准扶贫攻坚任务，成立扶贫工作领导小组，选派驻村干部，帮助 11 户贫困户纳入低保户，实现 35 人政策兜底脱贫。推进党风廉政建设和反腐败工作，开展专项治理"回头看"和"四风"问题整治情况"回头看"。实现对各直属单位党委的巡视全覆盖。积极践行监督执纪"四种形态"。

主要事件

1 月 4 日，广东省省情调查研究中心组织开展的 2015 年"广东省地方政府公共服务公众评价调查"结果显示，深圳供电局服务总体满意度 82.63 分，同比提升 2.2 分，连续五年位居深圳市 40 项政府公共服务满意度第一位。

1 月 27 日，深圳供电局召开二届一次职工代表

大会暨 2016 年工作会议，会议审议通过《深化改革　持续创新　实现"十三五"改革发展良好开局》的工作报告。

3 月 24 日下午，广东省委副书记、深圳市委书记马兴瑞到深圳供电局调研。

5 月 27 日，由深圳供电局负责实施的滇西北—广东±800kV 特高压直流工程受端配套交流工程——深圳 500kV 东方—鹏城双回线路塔基础开挖，受端配套交流工程进入建设阶段。9 月，深圳供电局取得滇西北受端配套工程前期工程规划许可证、林木砍伐证和施工许可证。

6 月 3 日，深圳供电局党委批复同意成立深圳前海蛇口自贸区供电有限公司党委和纪委，组织关系隶属于深圳供电局党委。7 月中旬，深圳前海蛇口自贸区供电有限公司获得南方能源监管局核准，取得电力业务许可证。9 月，深圳前海蛇口自贸区供电有限公司取得供电营业许可证。

8 月 1~2 日，南方电网公司党组书记、董事长李庆奎到深圳供电局电力调度控制中心调研。

10 月 23 日，深圳供电局连续第 3 年举办深圳电网开放日活动，邀请 170 位市民深入一线了解电网与电力职工的日常工作。

11 月 2~4 日，深圳供电局成功协办第六届中美气候变化工作组智能电网研讨会。

（刘振宗　李思明）

【贵州省电力工业】

概况　截至 2016 年底，贵州省发电总装机容量 5510.39 万 kW，其中水电 2089.23 万 kW、火电 3013.59 万 kW、风电 361.58 万 kW、太阳能发电 46 万 kW。贵州省发电量 1955.56 亿 kWh，同比增长 1.29%，其中：水电 727.98 亿 kWh，同比下降 11.92%；火电 1171.33 亿 kWh，同比增长 9.35%；风电 55.19 亿 kWh，同比增长 68.42%；太阳能发电 1.06 亿 kWh。贵州省发电机组平均利用小时为 3659h，其中火电机组 3980h、水电机组 3493h、风电机组 1806h、太阳能发电 1006h。

截至 2016 年底，贵州电网统调装机容量达到 4295.89 万 kW，其中水电 1409.31 万 kW、火电 2479 万 kW、风电 361.58 万 kW、太阳能发电 46 万 kW。统调完成发电量 1416.5 亿 kWh，同比增长 5.68%，其中：水电 438.12 亿 kWh，同比下降 8.75%；火电 922.14 亿 kWh，同比增长 11.47%；风电 55.19 亿 kWh，同比增长 68.42%，太阳能发电 1.06 亿 kWh。贵州电网统调发电机组平均利用小时为 3428h，其中火电机组 3828h、水电机组 3119h、风电机组 1806h、太阳能发电 1006h。

截至 2016 年底，贵州电网已累计建成投产 500kV 变电站 19 座，变压器 33 台，变电容量 24 500MVA，500kV 线路 53 条，总长度 3502km；220kV 变电站 118 座，变压器 198 台，变电容量 36 030MVA，220kV 线路 359 条，总长度 11 161km。

电力调度　抓好电压控制与管理，优化 AVC 闭环策略，全网 A 类电压合格率达 96.94%，同比提高 4.74%，其中毕节地区局提升幅度最大，同比提高 10.87%。优化 AGC 系统功能，直调电厂 40MW 及以上水电机组、100MW 及以上火电机组全部具备 AGC 功能，全网 AGC 控制整体频率合格率为 78.88%，CPS 控制合格率为 99.59%，指标排在南方电网公司第三位，全网频率合格率达 100%。推进分压线损、母线电量不平衡率管理，实现 EMS 系统实时采集及 110kV 及以上分压线损统计。220kV 及以上系统频率、电压合格率均为 100%，主网网损 2.34%。

发供电情况方面，2016 年累计完成全网发电量 1485.6 亿 kWh，同比增加 2.2%，完成年初计划的 103.7%。其中，煤电 922.4 亿 kWh，同比增加 6%，利用小时数 3885h，同比减少 165h；水电 502.2 亿 kWh，同比减少 8.4%，其中直调水电 378.7 亿 kWh，同比减少 10%，利用小时 3090h，同比减少 343h，地县调小水电 123.6 亿 kWh，同比减少 3.2%；风电发电量 55.2 亿 kWh，同比增加 68.6%；光伏及其他发电量 5.8 亿 kWh，同比增加 72.7%。黔电送粤累计完成 441.1 亿 kWh，同比减少 6.5%。2016 年最高发电负荷为 2452 万 kW（1 月 14 日），其中省内最高负荷为 1720 万 kW（12 月 27 日），黔电送粤最高负荷为 923 万 kW（8 月 6 日）。

装机规模方面，2016 年，全网净增装机容量 423.7 万 kW。其中，煤电新增 333 万 kW，水电新增 31.3 万 kW、风电新增 23.4 万 kW、光伏新增 36 万 kW。截至 2016 年底，贵州电网全网装机容量 4541.9 万 kW，其中煤电 2535 万 kW，水电 1607.3 万 kW（直调水电 1238.9 万 kW，地县调水电 368.4 万 kW），风电 352.2 万 kW，光伏 39.0 万 kW，生物质及其他 8.4 万 kW。

2016 年贵州全流域来水属平偏枯水年。全年全流域天然来水发电量 326.76 亿 kWh，比多年平均偏少 19.8%。截至 2016 年底，梯级水库蓄能值为 45.44 亿 kWh，同比减少 50.25 亿 kWh。

电网建设　2016 年，贵州电网公司完成电网建设投资 80.72 亿元，投产 35kV 及以上电网项目 129 项，新增 35kV 及以上线路 2041.6km、变电容量 706.7 万 kVA。公司基建系统全年安全状况平稳，连续 5 年保持基建人身"零死亡"。

表1   2016 年全省各发电公司装机容量及发电生产主要指标完成情况

发电企业名称	发电厂个数（个）	期末发电设备容量（kW）	发电量（万 kWh）		上网电量（万 kWh）	设备平均利用小时（h）	平均设备容量（kW）
			全年累计	其中：试运行	全年累计	全年累计	全年累计
全省 6000kW 及以上电厂总计：	314	52 715 900	18 393 339	82 203	17 210 740	3602	50 833 680
水电	92	18 504 250	6 117 549	333	6 064 767	3315	18 453 627
火电	140	30 135 850	11 713 313	80 999	10 616 406	3980	29 223 801
风电	73	3 615 800	551 927	871	519 120	1806	3 051 331
太阳能	9	460 000	10 551		10 447	1006	104 922
一、贵州电网统调电厂合计：	169	42 958 880	14 164 996	82 203	13 337 842	3428	41 078 960
水电	64	14 093 080	4 381 156	333	4 345 042	3119	14 044 757
火电	23	24 790 000	9 221 363	80 999	8 463 234	3828	23 877 951
风电	73	3 615 800	551 927	871	519 120	1806	3 051 331
太阳能	9	460 000	10 551		10 447	1006	104 922
1. 国电集团控股电厂小计：	5	4 068 000	1 211 366	45 042	1 111 788	3288	3 547 177
水电	1	300 000	70 645		69 282	2355	300 000
火电	3	3 720 000	1 134 369	45 042	1 036 281	3403	3 200 844
风电	1	48 000	6352		6225	1371	46 333
2. 华电集团控股电厂小计：	23	16 395 500	5 563 871		5 374 753	3394	16 395 500
水电	18	11 895 500	3 701 840		3 675 855	3112	11 895 500
火电	5	4 500 000	1 862 031		1 698 898	4138	4 500 000
3. 大唐集团控股电厂小计：	5	3 159 100	1 089 356		1 010 496	3503	3 109 600
水电	1	60 000	17 379		17 325	2897	60 000
火电	2	3 000 000	1 063 009		984 360	3543	3 000 000
风电	2	99 100	8967		8810	1808	49 600
4. 国电投贵州金元集团有限公司控股电厂小计：	27	8 866 700	3 349 498	11 740	3 065 288	3809	8 763 244
水电	19	906 700	283 805		279 997	3306	858 377
火电	6	7 860 000	3 056 919	11 740	2 776 621	3886	7 835 277
太阳能	2	100 000	8774		8670	1261	69 590
5. 华能集团控股电厂小计：	17	822 000	122 335	871	120 158	1679	723 354
风电	17	822 000	122 335	871	120 158	1679	723 354
6. 中国电建集团贵阳勘测设计研究院有限公司小计：	10	415 000	71 689		69 515	1939	369 712
风电	10	415 000	71 689		69 515	1939	369 712
7. 中广核贵州公司小计：	14	737 500	115 773		113 431	1677	690 329
风电	14	737 500	115 773		113 431	1677	690 329

发电企业名称	发电厂个数（个）	期末发电设备容量（kW）	发电量（万 kWh）		上网电量（万 kWh）	设备平均利用小时（h）	平均设备容量（kW）
			全年累计	其中：试运行	全年累计	全年累计	全年累计
8. 龙源贵州风电公司小计：	12	595 000	110 943		107 594	1874	592 000
风电	12	595 000	110 943		107 594	1874	592 000
9. 华润新能源公司小计：	6	922 000	173 216	24 217	166 793	4016	371 031
火电	1	660 000	160 262	24 217	153 957	4662	291 830
风电	5	262 000	12 954		12 836	1636	79 201
10. 其他发电公司电厂小计：	50	6 978 080	2 356 950		2 198 025	4662	6 517 014
水电	25	930 880	307 486		302 583	3303	930 880
火电	6	5 050 000	1 944 773		1 813 116	3851	5 050 000
风电	12	637 200	102 914		80 550	2055	500 802
太阳能	7	360 000	1777		1777	503	35 332
二、非统调电厂合计：	155	9 791 350	4 241 004		3 884 237	4332	9 789 050
水电	38	4 445 500	1 749 054		1 731 065	3936	4 443 200
火电	117	5 345 850	2 491 950		2 153 172	4661	5 345 850

表 2 　　　　　　　　　　2016 年电量平衡情况（全口径）表

项　目	用户个数（个）	用户用电装接容量（kW）	电量（万 kWh）			
			本月	2015 年同月	2016 年累计	2015 年累计
收入电量总计			1 647 720	1 717 553	19 550 698	19 306 180
一、本地区发电量（6000kW 及以上）			1 533 639	1 577 520	18 393 339	18 025 480
二、6000kW 以下电厂上网电量			114 081	140 033	1 157 359	1 280 700
三、由外省及国外输入电量						
其中：重庆市黔江						
湖南省怀化						
广东						
广西						
支出电量总计			1 647 720	1 717 553	19 550 698	19 306 180
全社会用电量总计	14 432 789	171 997 248	1 343 678	1 215 542	12 417 835	11 742 067
一、农、林、牧、渔水利业合计	101 433	2 654 162	5535	5073	70 656	52 394
二、工业	302 335	45 303 551	977 684	921 596	8 747 643	8 511 516
三、建筑业	58 886	26 758 573	29 876	17 500	240 466	191 135
四、交通运输、仓储、邮政业	14 566	6 757 732	26 000	23 315	259 813	238 608
五、信息传输、计算机服务和软件业	61 786	1 435 331	12 485	7748	107 947	78 900
六、商业、住宿和餐饮业	477 798	7 099 624	30 660	25 505	329 975	281 875

续表

项　目	用户个数（个）	用户用电装接容量（kW）	电量（万 kWh）			
			本月	2015 年同月	2016 年累计	2015 年累计
七、金融、房地产、商务及居民服务业	64 604	7 605 599	17 764	10 390	167 646	112 998
八、公共事业及管理组织	107 106	7 174 772	38 689	33 512	314 571	299 204
九、城乡居民生活	13 244 275	67 207 903	204 984	170 903	2 179 119	1 975 437
其中：城镇居民	5 476 877	41 728 283	138 703	109 936	1 407 562	1 266 222
乡村居民	7 767 398	25 479 620	66 281	60 967	771 557	709 215
其中：全社会净用电量总计			1 106 871	951 586	10 572 167	10 038 550
向外省及国外输出电量			304 042	502 010	7 132 864	7 564 113
其中：重庆			42 594	6892	487 287	188 382
湖南			94 259	77 726	939 629	1 019 443
广西			26 860	22 571	204 792	184 313
广东			140 329	394 823	5 501 155	6 171 975

表3　　　　　　　　　2016 年全社会用电分类（全口径）表

项　目	用户个数（个）	用户用电装接容量（kW）	用电量（万 kWh）			
			本月	2015 年同月	累计	2015 年累计
全社会用电总计	14 432 789	171 997 248	1 343 678	1 215 542	12 417 835	11 742 067
A. 全行业用电合计	1 188 514	104 789 344	1 138 694	1 044 639	10 238 716	9 766 630
第一产业	101 433	2 654 162	5535	5073	70 656	52 394
第二产业	361 221	72 062 125	1 007 561	939 095	8 988 109	8 702 651
第三产业	725 860	30 073 058	125 598	100 470	1 179 951	1 011 586
B. 城乡居民生活用电合计	13 244 275	67 207 903	204 984	170 903	2 179 119	1 975 437
城镇居民	5 476 877	41 728 283	138 703	109 936	1 407 562	1 266 222
乡村居民	7 767 398	25 479 620	66 281	60 967	771 557	709 215
全行业用电分类	1 188 514	104 789 344	1 138 694	1 044 639	10 238 716	9 766 630
一、农、林、牧、渔业	101 433	2 654 162	5535	5073	70 656	52 394
1. 农业	48 355	2 020 869	2542	1866	40 904	26 458
2. 林业	1395	25 313	854	90	6294	1056
3. 畜牧业	6763	129 301	727	452	6621	4807
4. 渔业	495	8852	49	34	376	372
5. 农、林、牧、渔服务业	44 425	469 827	1364	2631	16 461	19 702
其中：排灌	35 030	329 499	883	2163	11 856	13 479
二、工业	302 335	45 303 551	977 684	921 596	8 747 643	8 511 516
轻工业	203 951	7 185 218	74 609	84 784	681 344	766 608

续表

项　目	用户个数（个）	用户用电装接容量（kW）	用电量（万 kWh）			
			本月	2015 年同月	累计	2015 年累计
重工业	98 384	38 118 334	903 075	836 812	8 066 299	7 744 908
（一）采矿业	43 861	7 541 831	70 326	65 858	729 377	758 236
1. 煤炭开采和洗选业	9550	3 842 218	42 545	42 175	436 164	478 434
2. 石油和天然气开采业	352	21 871	444	418	18 364	4895
3. 黑色金属矿采选业	831	84 156	1357	912	14 263	12 790
4. 有色金属矿采选业	1076	318 877	3583	3595	39 874	39 260
5. 非金属矿采选业	15 514	1 516 625	10 773	9314	103 922	118 047
6. 其他采矿业	16 538	1 758 084	11 624	9444	116 790	104 810
（二）制造业	246 974	32 912 366	658 406	584 819	6 071 030	5 972 930
1. 食品、饮料和烟草制造业	133 634	2 676 254	19 024	25 341	205 636	227 314
其中：农副食品加工业	99 944	1 903 608	15 071	8745	148 881	80 388
2. 纺织业	2656	84 865	1906	2069	15 875	14 802
3. 服装鞋帽、皮革羽绒及其制品业	1425	61 705	804	1090	7589	8448
4. 木材加工及制品和家具制品业	17 862	398 940	6863	7073	68 731	66 481
其中：轻工业	7537	134 576	979	1935	10 629	14 099
5. 造纸及纸制品业	3262	162 117	2280	3321	23 081	30 585
6. 印刷业和记录媒介的复制	1082	75 596	1081	2313	11 575	18 640
7. 文体用品制造业	565	11 776	566	720	3395	2436
8. 石油加工、炼焦及核燃料加工业	675	135 797	2669	2902	22 603	25 070
9. 化学原料及化学制品制造业	2242	4 320 015	85 084	125 557	1 053 426	1 218 504
其中：轻工业	1246	347 361	3723	2960	37 643	26 508
其中：氯碱	28	22 941	195	2310	4535	14 133
电石	83	288 400	33	50	8992	6922
黄磷	70	548 019	37 183	41 883	319 638	366 351
其中：肥料制造	445	1 950 397	36 450	65 951	506 600	695 354
10. 医药制造业	2129	282 712	3314	5390	36 625	46 865
11. 化学纤维制造业	168	19 934	1552	1500	17 058	48 571
12. 橡胶和塑料制品业	1614	1 372 664	6570	7090	67 910	78 446
其中：轻工业	458	49 820	1273	3044	13 652	17 812
13. 非金属矿物制品业	28 683	4 142 857	105 774	135 017	1 012 015	1 149 766
其中：轻工业	13 994	594 136	6758	10 372	66 916	101 017

项　　目	用户个数（个）	用户用电装接容量（kW）	用电量（万 kWh）			
			本月	2015 年同月	累计	2015 年累计
其中：水泥制造	4673	2 378 780	61 507	105 003	598 998	909 824
14. 黑色金属冶炼及压延加工业	1078	3 576 171	143 591	117 015	1 240 231	1 142 897
其中：铁合金冶炼	502	2 011 156	96 579	55 363	813 553	577 140
15. 有色金属冶炼及压延加工业	712	10 586 500	209 437	85 350	1 681 406	1 322 656
其中：铝冶炼	168	9 341 962	177 333	59 536	1 440 753	1 004 769
16. 金属制品业	6231	1 212 860	23 541	24 766	241 584	241 350
其中：轻工业	2206	215 141	3565	4622	36 485	44 463
17. 通用及专用设备制造业	3587	1 276 083	9281	9503	93 577	83 335
其中：轻工业	532	101 302	379	2363	7029	19 732
18. 交通运输、电气、电子设备制造业	6321	987 998	9158	9862	87 520	81 500
其中：轻工业	678	65 290	419	768	6954	6917
其中：交通运输设备制造业	2492	596 159	5185	4295	49 746	37 154
19. 工艺品及其他制造业	31 097	1 418 252	23 495	16 562	158 243	133 498
20. 废弃资源和废旧材料回收加工业	1951	109 271	2416	2379	22 950	31 763
（三）电力、燃气及水的生产和供应业	11 500	4 849 354	248 953	270 918	1 947 236	1 780 349
1. 电力、热力的生产和供应业	183	48 528	236 807	263 956	1 845 668	1 703 517
其中：电厂生产全部耗用电量	98	19 767	115 729	96 673	1 142 322	988 332
线路损失电量	3	20 910	121 078	167 284	703 346	715 185
抽水蓄能抽水耗用电量	82	7851	0	0	0	0
2. 燃气生产和供应业	1932	390 723	3065	1351	33 647	11 960
3. 水的生产和供应业	9385	4 410 103	9081	5611	67 921	64 872
其中：轻工业	1282	884 381	3492	414	22 958	4897
三、建筑业	58 886	26 758 573	29 876	17 500	240 466	191 135
四、交通运输、仓储和邮政业	14 566	6 757 732	26 000	23 315	259 813	238 608
1. 交通运输业	8355	6 469 855	23 323	21 142	237 981	219 426
其中：城市公共交通	2749	772 440	3596	2735	34 317	21 770
其中：管道运输业	394	56 774	586	600	7100	7843
其中：电气化铁路	797	4 583 298	12 815	15 053	164 417	167 035
2. 仓储业	3666	207 360	1462	942	11 125	8327
3. 邮政业	2545	80 517	1215	1231	10 706	10 855

续表

项　　目	用户个数（个）	用户用电装接容量（kW）	用电量（万 kWh）			
			本月	2015 年同月	累计	2015 年累计
五、信息传输、计算机服务和软件业	61 786	1 435 331	12 485	7748	107 947	78 900
1. 电信和其他信息传输服务业	57 228	1 247 251	9489	6315	88 344	65 122
2. 计算机服务和软件业	4558	188 079	2996	1434	19 603	13 779
六、商业、住宿和餐饮业	477 798	7 099 624	30 660	25 505	329 975	281 875
1. 批发和零售业	362 141	4 585 381	19 974	15 943	209 353	174 786
2. 住宿和餐饮业	115 657	2 514 242	10 686	9562	120 622	107 089
七、金融、房地产、商务及居民服务业	64 604	7 605 599	17 764	10 390	167 646	112 998
1. 金融业	10 993	1 230 487	4265	2491	41 014	29 453
2. 房地产业	11 530	4 476 670	7744	4040	73 539	42 194
3. 租赁和商务服务业、居民服务和其他服务业	42 081	1 898 443	5756	3859	53 093	41 351
八、公共事业及管理组织	107 106	7 174 772	38 689	33 512	314 571	299 204
1. 科学研究、技术服务和地质勘查业	4764	665 823	3016	789	15 032	8972
其中：地质勘查业	730	49 428	407	164	2944	2093
2. 水利、环境和公共设施管理业	35 571	2 256 000	11 972	11 376	94 145	92 301
其中：水利管理业	8289	488 333	4476	2136	32 718	19 521
其中：公共照明业	21 101	1 325 944	7701	6898	50 844	51 572
3. 教育、文化、体育和娱乐业	23 752	1 984 603	11 095	9083	90 215	77 554
其中：教育	14 850	1 359 797	8530	6211	68 963	57 522
4. 卫生、社会保障和社会福利业	15 533	1 132 412	6269	4913	60 018	49 439
5. 公共管理和社会组织、国际组织	27 486	1 135 933	6338	7350	55 161	70 938

表4　　　　　　　　　　　2016 年变电站和线路情况表

项　　目	公用变电站			自备变电站			架　空　线		
	变电站（座）	变压器（台）	变电容量（kVA）	变电站（座）	变压器（台）	变电容量（kVA）	条数（条）	杆路长度（km）	回路长度（km）
全省（区）合计	1335	138 859	119 480 790	408	117 051	48 019 587	10 787	220 433	239 233
其中：500kV	19	33	24 500 000	0	0	0	53	3502	3502
220kV	118	198	36 030 000	26	106	5 528 764	359	11 161	11 161
110kV	477	790	33 790 500	125	397	7 432 814	942	15 764	15 813
35kV	721	1068	5 812 200	257	688	4 053 365	1466	18 437	18 449

续表

项　目	公用变电站			自备变电站			架　空　线		
	变电站（座）	变压器（台）	变电容量（kVA）	变电站（座）	变压器（台）	变电容量（kVA）	条数（条）	杆路长度（km）	回路长度（km）
10kV	0	136 770	19 348 090	0	115 860	31 004 644	7967	171 569	190 308
其中：1. 贵阳市	142	12 672	25 534 890	100	19 035	14 424 245	1627	19 468	19 468
其中：500kV	4	9	6 500 000	0	0	0	5	343	343
220kV	23	44	8 730 000	8	33	1 960 100	85	2195	2195
110kV	75	148	6 807 000	32	218	2 259 965	140	1411	1411
35kV	40	71	421 900	60	198	1 141 340	126	1276	1276
10kV	0	12 400	3 075 990	0	18 586	9 062 840	1271	14 242	14 242
2. 遵义市	203	26 054	16 474 594	21	20 686	7 281 622	1730	36 457	36 457
其中：500kV	2	4	3 000 000	0	0	0	10	662	662
220kV	13	21	3 930 000	3	18	1 354 000	45	1776	1776
110kV	70	114	4 844 000	11	37	1 078 189	122	2280	2280
35kV	118	185	1 128 050	7	15	95 300	211	2859	2859
10kV	0	25 730	3 572 544	0	20 616	4 754 133	1342	28 880	28 880
3. 六盘水市	109	9165	10 438 149	59	8331	4 333 041	923	15 878	34 483
其中：500kV	1	2	1 500 000	0	0	0	5	463	463
220kV	11	19	3 270 000	1	5	345 164	35	1205	1205
110kV	43	82	3 657 000	19	36	1 216 000	98	1411	1411
35kV	54	103	570 900	39	98	679 850	113	1420	1420
10kV	0	8959	1 440 249	0	8192	2 092 027	672	11 379	29 984
4. 安顺市	88	9267	7 139 045	25	7848	3 435 255	688	13 419	13 542
其中：500kV	2	2	1 500 000	0	0	0	10	510	510
220kV	8	13	2 190 000	2	7	482 000	27	732	732
110kV	31	50	1 874 000	7	15	410 910	66	963	969
35kV	47	72	387 100	16	31	189 930	104	1253	1263
10kV	0	9130	1 187 945	0	7795	2 352 415	481	9960	10 068
5. 黔东南州	193	17 328	14 151 587	40	11 988	4 268 728	1187	27 477	27 499
其中：500kV	3	4	3 000 000	0	0	0	2	148	148
220kV	17	25	4 650 000	7	31	808 500	39	1168	1168
110kV	62	95	3 814 500	12	18	507 900	106	2272	2278
35kV	111	128	562 050	21	87	630 695	219	2900	2900
10kV	0	17 076	2 125 037	0	11 852	2 321 633	821	20 989	21 004
6. 黔南州	168	18 084	14 394 475	84	14 710	5 676 549	1303	27 396	27 416
其中：500kV	3	5	3 750 000	0	0	0	5	427	427
220kV	15	25	4 200 000	4	10	453 000	45	1300	1300
110kV	57	91	3 833 000	23	41	995 250	147	2117	2137
35kV	93	138	682 150	57	162	667 375	207	2586	2586

项　目	公用变电站			自备变电站			架空线		
	变电站（座）	变压器（台）	变电容量（kVA）	变电站（座）	变压器（台）	变电容量（kVA）	条数（条）	杆路长度（km）	回路长度（km）
10kV	0	17 825	1 929 325	0	14 497	3 560 924	899	20 966	20 966
7. 黔西南州	126	10 281	8 395 815	21	8124	1 848 758	826	17 801	17 801
其中：500kV	1	2	1 500 000	0	0	0	3	171	171
220kV	10	16	2 940 000	0	0	0	20	582	582
110kV	35	55	2 246 000	4	6	147 000	69	1343	1343
35kV	80	109	521 250	17	28	194 625	144	1644	1644
10kV	0	10 099	1 188 565	0	8090	1 507 133	590	14 062	14 062
8. 毕节市	157	20 006	10 047 110	53	15 378	4 397 994	1454	38 903	38 933
其中：500kV	1	1	750 000	0	0	0	11	536	536
220kV	9	15	2 670 000	0	0	0	24	1054	1054
110kV	54	79	3 342 000	16	24	754 600	101	2277	2294
35kV	93	144	915 700	37	63	427 150	183	2611	2613
10kV	0	19 767	2 369 410	0	15 291	3 216 244	1135	32 425	32 436
9. 铜仁市	140	15 558	11 760 565	1	10 943	2 263 295	975	22 671	22 671
其中：500kV	2	4	3 000 000	0	0	0	2	242	242
220kV	11	18	2 970 000	1	2	126 000	39	1148	1148
110kV	45	66	2 815 000	0	0	0	81	1604	1604
35kV	82	112	573 800	0	0	0	152	1811	1811
10kV	0	15 358	2 401 765	0	10 941	2 137 295	701	17 867	17 867
10. 贵安新区	9	444	1 144 560	4	8	90 100	74	963	963
其中：500kV	0	0	0				0	0	0
220kV	1	2	480 000	0	0	0	0	0	0
110kV	5	10	558 000	1	2	63 000	12	86	86
35kV	3	6	49 300	3	6	27 100	7	77	77
10kV	0	426	57 260	0	0	0	55	799	799

表5　　　　　　　　　　2016 年贵州电网统调发电厂主要生产指标完成情况

发电企业名称	发电厂个数（个）	期末发电设备容量（kW）	发电量		上网电量		设备平均利用小时（h）		供电标准煤耗（g/kWh）	
			全年累计（万 kWh）	同期比增减（%）	全年累计（万 kWh）	同期比增减（%）	全年累计	同期比增减	全年累计	同期比增减
全省 6000kW 及以上电厂总计：	314	52 715 900	18 393 339	2.0	17 210 740	1.1	3602	−331	326	−2
水电	92	18 504 250	6 117 549	−12.4	6 064 767	−12.2	3315	−525		
火电	140	30 135 850	11 713 313	9.4	10 616 406	8.4	3980	−324		
风电	73	3 615 800	551 927	68.4	519 120	62.5	1806	607		
太阳能	9	460 000	10 551	398.2	10 447	398.0	1006	−100		
一、贵州电网统调电厂合计：	169	42 958 880	14 164 996	5.7	13 337 842	4.9	3428	−204	327	−1

发电企业名称	发电厂个数（个）	期末发电设备容量（kW）	发电量		上网电量		设备平均利用小时（h）		供电标准煤耗（g/kWh）	
			全年累计（万 kWh）	同期比增减（%）	全年累计（万 kWh）	同期比增减（%）	全年累计	同期比增减	全年累计	同期比增减
水电	64	14 093 080	4 381 156	−8.8	4 345 042	−8.8	3119	−365		
火电	23	24 790 000	9 221 363	11.5	8 463 234	11.0	3828	−234		
风电	73	3 615 800	551 927	68.4	519 120	62.5	1806	607		
太阳能	9	460 000	10 551	398.2	10 447	398.0	1006	−100		
1. 国电贵州电力有限公司控股电厂小计：	5	4 068 000	1 211 366	10.9	1 111 788	10.0	3288	−735		
水电	1	300 000	70 645	−16.9	69 282	−17.1	2355	−480		
火电	3	3 720 000	1 134 369	12.6	1 036 281	11.7	3403	−768		
风电	1	48 000	6352		6225		1371			
(1) 安顺发电厂一期	1	600 000	248 199	−7.6	224 931.986	−8.6	4137	−339	329	0
(2) 安顺发电厂二期		600 000	243 105	−10.5	221 688	−10.7	4052	−475	329	0
(3) 都匀发电有限公司	1	1 200 000	292 292	−36.6	268 348	−37.2	2436	−1407	302	−2
(4) 织金发电厂	1	1 320 000	350 773	5834.2	321 314	5453.3	3818	3818	326	
(5) 红枫发电总厂（水电）	1	300 000	70 645	−16.9	69 282	−17.1	2355	−480		
(6) 螺丝壳风电场	1	48 000	6352		6225		1371			
2. 华电集团控股电厂小计：	23	16 395 500	5 563 871	0.9	5 374 753	0.1	3394	−256		
水电	18	11 895 500	3 701 840	−10.0	3 675 855	−10.1	3112	−372		
火电	5	4 500 000	1 862 031	33.1	1 698 898	32.4	4138	−102		
(1) 塘寨发电厂	1	1 200 000	388 159		350 914		3235		339	−1
(2) 大龙发电厂	1	600 000	333 742	49.1	299 835	49.4	5562	1831	330	−2
(3) 大方发电厂	1	1 200 000	463 524	−8.0	423 490	−8.4	3863	−338	333	2
(4) 毕节发电厂	1	300 000	170 368	−6.9	158 749	−6.8	5679	−422	347	−1
(5) 桐梓发电厂	1	1 200 000	506 238	3.7	465 909	3.6	4219	150	316	2
其中：乌江公司所属水电	9	8 665 000	2 958 505	−4.7	2 939 230	−4.7	3414	−168		
(1) 东风发电厂	1	695 000	275 380	−2.5	274 156	−2.6	3962	−100		
(2) 乌江渡发电厂	1	1 250 000	366 004	−14.1	363 307	−14.2	2928	−482		
(3) 洪家渡发电厂	1	600 000	192 004	51.2	190 319	51.2	3200	1083		
(4) 索风营发电厂	1	600 000	205 313	−7.3	204 287	−7.3	3422	−269		
(5) 大花水发电厂	1	200 000	72 301	−8.4	71 751	−8.4	3615	−330		
(6) 格里桥发电厂	1	150 000	58 533	−5.9	58 132	−5.9	3902	−243		
(7) 思林发电厂	1	1 050 000	406 966	−2.3	403 553	−2.3	3876	−90		
(8) 沙沱发电厂	1	1 120 000	480 151	2.2	476 317	2.1	4287	91		
(9) 构皮滩发电厂	1	3 000 000	901 854	−11.5	897 406	−11.5	3006	−391		

续表

发电企业名称	发电厂个数（个）	期末发电设备容量（kW）	发电量		上网电量		设备平均利用小时（h）		供电标准煤耗（g/kWh）	
			全年累计（万kWh）	同期比增减（%）	全年累计（万kWh）	同期比增减（%）	全年累计	同期比增减	全年累计	同期比增减
其中：贵州黔源电力股份有限公司所属水电	9	3 230 500	743 335	−26.4	736 625	−26.5	2301	−912		
（1）引子渡水电站	1	360 000	56 156	−41.9	55 862	−41.9	1560	−1123		
（2）普定水电站	1	84 000	18 117	−44.5	17 725	−44.8	2157	−1729		
（3）鱼塘水电站	1	75 000	33 687	19.5	32 887	19.5	4492	733		
（4）光照水电站	1	1 040 000	179 808	−31.7	178 212	−31.8	1729	−804		
（5）清溪水电站	1	28 000	10 876	35.4	10 719	35.4	3884	1016		
（6）董箐水电站	1	880 000	248 117	−28.2	246 327	−28.2	2820	−1109		
（7）牛都水电站	1	20 000	6354	2.4	6275	2.3	3177	74		
（8）善泥坡水电站	1	185 500	71 062	0.4	70 574	0.4	3831	−17		
（9）马马崖水电站	1	558 000	119 159	−25.0	118 044	−25.1	2135	−1232		
3. 大唐贵州发电有限公司控股电厂小计：	5	3 159 100	1 089 356	−13.6	1 010 496	−13.9	3503	−552		
水电	1	60 000	17 379	−13.4	17 325	−13.4	2897	−449		
火电	2	3 000 000	1 063 009	−13.7	984 360	−13.9	3543	−560		
风电	2	99 100	8967	−8.0	8810	−8.0	1808	−157		
（1）发耳发电厂	1	2 400 000	842 884	−18.7	789 041	−18.6	3512	−807	313	−3
（2）野马寨发电厂	1	600 000	220 125	13.1	195 319	11.9	3669	425	348	−6
（3）黄花寨水电站	1	60 000	17 379	−13.4	17 325	−13.4	2897	−449		
（4）台江县红阳风电场	1	49 600	8690	−10.9	8549	−10.7	1752	−213		
（5）台江县昌坳风电场	1	49 500	277		261					
4. 国电投贵州金元集团有限公司控股电厂小计：	27	8 866 700	3 349 498	15.3	3 065 288	14.8	3808	−96		
水电	19	906 700	283 805	5.6	279 997	5.6	3302	18		
火电	6	7 860 000	3 056 919	16.1	2 776 621	15.6	3886	−103		
太阳能	2	100 000	8774	314.3	8670	313.3	1261	155		
（1）黔北发电厂	1	1 200 000	554 318	−1.8	509 133	−2.2	4619	−82	336	−1
（2）纳雍发电总厂	1	2 400 000	737 765	−12.0	669 129	−12.5	3074	−420	336	0
（3）习水发电厂	1	540 000	200 333	107.7	174 706	105.4	3710	1924	372	8
（4）黔西发电厂	1	1 200 000	611 420	12.8	558 022	12.8	5095	576	330	0
（5）鸭溪发电厂	1	1 200 000	430 662	−24.3	387 936	−24.7	3589	−1152	333	1
（6）茶园发电厂	1	1 320 000	522 421	2135.2	477 695	2022.8	3943	681	314	−33
其中：水电	19	906 700	283 805	5.6	279 997	5.6	3302	18		

续表

发电企业名称	发电厂个数（个）	期末发电设备容量（kW）	发电量		上网电量		设备平均利用小时（h）		供电标准煤耗（g/kWh）	
			全年累计（万kWh）	同期比增减（%）	全年累计（万kWh）	同期比增减（%）	全年累计	同期比增减	全年累计	同期比增减
（1）沙坝水电站	1	30 000	12 660	38.9	12 566	39.1	4220	1181		
（2）杨家湾梯级	3	19 700	3061	97.2	2996	96.5	1554	766		
（3）天生桥水电站	1	22 000	10 948	39.1	10 855	37.5	4976	1399		
（4）马槽河水电站	1	10 000	3705	28.3	3653	27.3	3705	817		
（5）七里塘水电站	1	30 000	10 683	43.2	10 562	42.8	3561	1074		
（6）双河口水电站	1	120 000	41 485	−13.9	41 270	−13.9	3457	−559		
（7）团坡水电站	1	80 000	24 122	−22.7	23 916	−22.7	3015	−885		
（8）灰洞水电站	1	50 000	16 029	−10.8	15 920	−10.7	3206	−386		
（9）关脚水电站	1	48 000	22 401	−14.3	21 016	−16.4	4667	−781		
（10）翁元水电站	1	20 000	7036	−9.6	6720	−9.5	3518	−372		
（11）龙王潭水电站	1	16 500	5028	−35.2	4791	−34.9	3047	−1659		
（12）令里水电站	1	7500	3012	−4.9	2927	−4.9	4016	−206		
（13）冗各电站	1	90 000	7778		7724		1786			
（14）自强水电站	1	18 000	4005	−41.6	3932	−41.2	2225	−1583		
（15）洛凡水电站	1	25 000	5095	−25.8	5146	−23.4	2038	−709		
（16）石垭子水电站	1	140 000	52 417	53.7	52 179	54.0	3744	1308		
（17）毛家河水电站	1	180 000	54 339	9.0	53 824	8.9	3019	279		
其中：太阳能	2	100 000	8774	314.3	8670	313.3	1261	155		
（1）平箐光伏电站	1	30 000	4273	101.8	4230	101.6	1424	318		
（2）幺站农业光伏电站	1	70 000	4501		4440		1137			
5. 华能集团控股电厂小计：	17	822 000	122 335	16.3	120 158	16.5	1679	13		
风电	17	822 000	122 335	16.3	120 158	16.5	1679	13		
（1）乌江源风电场	6	297 000	41 843	−5.7	40 992	−5.7	1409	−85		
（2）盘县老黑山风电场	2	99 000	20 066	45.6	19 699	47.0	2462	215		
（3）韭菜坪风电场	2	84 000	18 131	−3.6	17 865	−3.6	2158	−81		
（4）大韭菜坪风电场	2	99 000	12 494	−5.7	12 318	−5.6	1262	−76		
（5）威宁雪山风电场	2	99 000	15 727	32.6	15 423	33.2	1589	48		
（6）盘县平关风电场	1	48 000	9588	206.5	9443	206.6	2225	−256		
（7）盘县西冲大爬山风电场（华能滇东）	1	48 000	4486		4418		1833			
（8）盘县松河骄子顶风电场（华能滇东）	1	48 000								

557

发电企业名称	发电厂个数（个）	期末发电设备容量（kW）	发电量		上网电量		设备平均利用小时（h）		供电标准煤耗（g/kWh）	
			全年累计（万 kWh）	同期比增减（%）	全年累计（万 kWh）	同期比增减（%）	全年累计	同期比增减	全年累计	同期比增减
6. 中国电建集团贵阳勘测设计研究院有限公司小计：	10	415 000	71 689	64.9	69 515	63.3	1939	478		
风电	10	415 000	71 689	64.9	69 515	63.3	1939	478		
（1）惠水龙塘山风电场	2	89 500	9638	22.0	9361	21.2	1522	248		
（2）花溪云顶风电场	2	79 500	14 837	−0.2	14 521	−0.6	1866	−4		
（3）织金县三塘风电场	1	48 000	12 266	8.1	11 882	7.1	2555	192		
（4）普定普屯坝风电场	1	30 000	6870	156.1	6603	154.0	2290	1396		
（5）织金格支坡风电场	1	30 000	6914	287.3	6686	286.2	2305	1710		
（6）晴隆苏家屯风电场	1	42 000	6422		6278		2078			
（7）水城曹罗坪子风电场	1	48 000	3462		3347		865			
（8）关岭永宁风电场	1	48 000	11 281	131.0	10 838	125.4	2350	1333		
7. 中广核贵州公司小计：	14	737 500	115 773	54.9	113 431	56.4	1677	272		
风电	14	737 500	115 773	54.9	113 431	56.4	1677	272		
（1）龙里风电场	6	301 500	49 829	11.9	49 022	14.6	1653	−667		
（2）贵定擦耳山风电场	3	137 500	29 993	62.3	29 394	60.7	2181	837		
（3）麻江牛皮坳风电场	1	32 500	6428	16.7	6270	16.4	1978	283		
（4）龙里上坝风电场	1	20 000	2382	48.7	2234	44.8	1191	390		
（5）都匀青峰风电场	1	149 700	25 957	464.3	25 352	460.3	1734	1427		
（6）龙里谷冰风电场	1	48 300	1184		1159		241			
（7）桐梓花坝风电场	1	48 000								
8. 龙源贵州风电公司小计：	12	595 000	110 943	57.8	107 594	58.6	1874	284		
风电	12	595 000	110 943	57.8	107 594	58.6	1874	284		
（1）马摆大山风电场	3	148 500	28 091	−7.4	27 108	−7.3	1892	−152		
（2）麻窝山风电场	2	99 000	21 418	−3.8	20 688	−3.0	2163	−85		
（3）梅花山风电场	3	153 000	28 596		27 995		1906			
（4）大海子风电场	4	194 500	32 838	85.6	31 803	84.2	1688	779		
9. 华润新能源公司小计：	5	922 000	173 216	4671.8	166 793	4771.9	4016	3628		
火电	1	660 000	160 262		153 957		4662			
风电	5	262 000	12 954	256.9	12 836	274.9	1636	1247		

续表

发电企业名称	发电厂个数（个）	期末发电设备容量（kW）	发电量		上网电量		设备平均利用小时（h）		供电标准煤耗（g/kWh）	
			全年累计（万kWh）	同期比增减（%）	全年累计（万kWh）	同期比增减（%）	全年累计	同期比增减	全年累计	同期比增减
（1）六枝电厂	1	660 000	160 262		153 957		4662		317	
（2）锦屏县青山界风电场	1	48 000	3800	102.7	3759	113.8	974	556		
（3）黎平县竹山风电场	1	48 000	9154	421.6	9078	445.0	2277	1917		
（4）剑河天堂界风电场	2	96 000								
（5）黎平大稼风电场	1	70 000								
10. 其他发电公司电厂小计：	50	6 978 080	2 356 950	0.9	2 198 025	0.1	3617	40		
水电	25	930 880	307 486	−1.9	302 583	−1.8	3303	−640		
火电	6	5 050 000	1 944 773	−2.8	1 813 116	−2.9	3851	−112		
风电	12	637 200	102 914	399.7	80 550	296.8	2055	1754		
太阳能	7	360 000	1777		1777		503			
（1）贵州黔桂发电有限责任公司（盘县发电厂）	1	1 320 000	610 668	6.2	570 820	5.8	4626	269	320	−10
（2）贵州粤黔电力有限责任公司（盘南发电厂）	1	2 400 000	744 491	−21.8	700 800	−21.6	3102	−865	319	0
（3）国投盘江发电有限公司（盘北矸石）	1	600 000	243 253	1.9	223 540	2.5	4054	76	354	−3
（4）兴义发电厂一号机	1	600 000	337 574	47.0	310 035	47.2	5626	1798	309	−4
（5）老鹰山矸石电厂	1	100 000								
（6）贵州黔能企业（集团）公司所属电厂小计：水电	4	34 120	11 279	−4.5	10 934	−4.3	3306	−157		
镇宁电站	1	14 800	7267	16.5	6991	15.9	4910	694		
李官电站	1	13 000	2949	−15.3	2907	−15.0	2269	−408		
花溪电站	1	3120	163	−84.7	148	−84.6	522	−2896		
小修文电站	1	3200	900	−12.4	888	−12.3	2811	−399		
（7）统调地方小水电合计：水电	21	896 760	296 207	−1.8	291 649	−1.7	3303	−662		
海里水电站	1	16 000	8151	−16.0	7986	−16.8	5094	−974		
角口水电站	1	21 300	12 102	16.8	12 056	21.1	5682	815		
响水水电站	1	180 000	64 440	−4.4	63 118	−5.7	3580	−163		
三岔湾水电站	1	32 000	16 243	−23.6	16 062	−23.6	5076	−1568		
金狮子水电站	1	20 000	8567	−4.6	8407	−4.3	4284	−205		
白水泉水电站	1	20 000	8269	30.1	7964	27.5	4134	957		

续表

发电企业名称	发电厂个数（个）	期末发电设备容量（kW）	发电量		上网电量		设备平均利用小时（h）		供电标准煤耗（g/kWh）	
			全年累计（万 kWh）	同期比增减（%）	全年累计（万 kWh）	同期比增减（%）	全年累计	同期比增减	全年累计	同期比增减
白家坡水电站	1	9600	726		712		756			
南江水电站	1	21 000	7387	−18.3	7229	−17.8	3518	−786		
大田河水电站	1	100 000	41 948	−11.7	41 313	−11.9	4195	−557		
下坝水电站	1	20 000	9149	−5.4	9067	−5.2	4575	−262		
圆满贯水电站	1	40 000	12 114	−13.8	12 033	−13.8	3029	−487		
紫江水电站	1	12 000	4015	−16.2	3912	−16.3	3346	−648		
杨家园水电站	1	40 000	12 404	−7.2	12 267	−7.2	3101	−241		
猴场水电站	1	9600	2750	−15.1	2714	−15.1	2865	−510		
和平电站	1	2260	1044	23.4	1010	24.9	4619	876		
泥猪河电站	1	102 000	39 006	3.8	38 333	3.8	3824	138		
金阳水电站	1	20 000	5844	−5.1	5840	0.4	2922	−157		
正安沙阡电站	1	50 000	16 034	15.8	15 884	21.5	3207	437		
国电台江水电开发有限公司（岩寨水电站）	1	25 000	8638	−16.2	8548	−16.2	3455	−668		
河湾电站	1	20 000	6662	−7.0	6547	−8.0	3331	−251		
坝后水电站	1	136 000	10 715		10 647		788			
（8）其他风电场合计：风电	12	637 200	102 914	399.7	80 550	296.8	2055	1754		
四格风电场	2	95 000	17 693	1.1	17 524	1.2	1862	20		
独山县大风坪风电场	1	48 000	1100		1092		748			
遵义太阳坪风电场	1	47 500	6639		6582		1398			
盘县长山箐分散式接入风电场	1	16 400	3292	77.3	3235	79.3	2007	875		
遵义县仙人山风电场	1	49 300	8882	2841.1	8687	2898.5	1802	1740		
石阡大顶山风电场	1	48 000	3627		3609		930			
盘县白云河梁子风电场（三峡新能源公司）	1	48 000	4261	365.2	4188	377.7	1015	824		
普安横冲梁风电场（三峡新能源公司）	1	42 000	3504		3458		898	898		
桐梓县白马山风电场（中电建新能源）	1	48 000	7301		7219		1738			
瓮安花竹山山风电场（盾安）	1	96 000	6315		6260		1671			
三都县九阡风电场（中华电力）	1	99 000	18 773		18 697		2404			

发电企业名称	发电厂个数（个）	期末发电设备容量（kW）	发电量		上网电量		设备平均利用小时（h）		供电标准煤耗（g/kWh）	
			全年累计（万kWh）	同期比增减（%）	全年累计（万kWh）	同期比增减（%）	全年累计	同期比增减	全年累计	同期比增减
统调1～12月累计差量调整电量			21 527							
（9）生物质发电合计：	1	30 000	8787	51.7	7922	50.1	2929	998		
松桃凯迪生物质	1	30 000	8787	51.7	7922	50.1	2929	998		
（10）其他太阳能发电合计：	7	360 000	1777		1777		503			
大秦光伏	1	30 000	434		434		306			
普坪光伏	1	30 000	1342		1342		635			
其他	5	300 000								
二、非统调电厂合计：	155	9 791 350	4 241 004	−8.5	3 884 237	−10.2	4332	−835		
水电	38	4 445 500	1 749 054	−20.3	1 731 065	−19.8	3936	−1005		
火电	117	5 345 850	2 491 950	2.2	2 153 172	−0.6	4661	−727		

2016年，投产凯里舟溪、贵阳席官500kV输变电工程，国家重点项目沪昆高铁（贵阳—昆明段）牵引变供电工程，毕节水威Ⅱ回、毕赫Ⅱ回、贵阳赤马变电站、会文变电站等消除电网风险、解决局部"卡脖子"工程；投产2015年、2016年中央投资农网工程，贵阳王宽变保障房供电工程等民生工程，完成2017年中央投资农网工程施工前准备。克服困难仅用50天时间建成白云牛场、盘县刘官2个省级中心村示范点。建成水口寺培训楼和29个供电所。220kV香书塘变电站、110kV木贾变电站、220kV福泉—旧治线路等多个工程实现投产。

市场营销 2016年，贵州电网公司累计购电1410.38亿kWh，同比增长4.61%。其中统购火电862.66亿kWh，同比增长11.39%；统购水电434.50亿kWh，同比降低8.79%；统购风电51.91亿kWh，同比增长62.54%；生物质发电上网0.79亿kWh；供电局自购电量60.52亿kWh，同比降低6.79%。

2016年，贵州电网公司累计售电量1347.7亿kWh，同比增长1.0%。其中，省内889.9亿kWh，同比增长5.4%；西电东送457.8亿kWh。

贵州电网公司下发2016年"精准扩销措施十二条"，全面开展"精准扩销十百千"专项行动，精准施策、最大限度地帮助企业复产增产。省内大工业用电量从年初单月降低18.2%提升到年底单月增长21.9%，提升40个百分点，省内售电量止跌回升，

从6月起单月实现正增长，扭转了10个月来单月负增长的局面；9月省内累计售电量首次实现正增长，全年实现5.4%的同比正增长。推进大用户直接交易，全年完成直接交易电量400.2亿kWh，保住大工业用电160亿kWh，刺激增加30亿kWh用电量。开展横向配合，跟踪业扩受限处理情况，提出解决措施并逐项落实，全面解决存量受限问题，杜绝新增业扩受限情况，1月，业扩存量受限容量全部解决，全年业扩增量受限为零。四季度在电煤产能释放不足的影响下完成66.7亿kWh电量，全年共完成黔电送粤电量441.1亿kWh，将西电东送计划完成的影响减到最低。

2016年，贵州电网累计实增容量883.2万kVA，其中新增大工业客户689户，新增容量371万kVA。

贵州电网公司开展多项新兴业务。多彩贵州品牌研发基地地源热泵项目、中共六盘水市委党校新校区电磁厨房项目，实现年新增电量272万kWh；各地投入运行的电能替代项目实现年新增电量约2300万kWh。搭建与房地产开发商、电气技术设备供应商的合作平台，和深圳派沃新能源（空气能全品类产品）等签订合作意向。

建立电动汽车充电基础设施用电报装绿色通道，在贵阳市建成电动汽车充电示范站1座，在全省建成充电桩28个。牵头组建贵州省电动汽车充电基础设施建设促进会。编制完成"十三五"电动汽车充电基

础设施发展规划。举办全省电动汽车充电设施建设
展览。

开展电力需求侧管理，以优秀等级通过国家发展
改革委 2015 年电力需求侧管理目标责任考核。2016
年实现节约电力 5.36 万 kW；节约电量 2.35 亿 kWh。

电力交易 3 月 28 日，全国首个多股东有限公司
制的省级电力交易机构——贵州电力交易中心有限责
任公司完成工商注册。4 月 21 日，贵州电力交易中心
有限责任公司和电力交易系统正式投运。

贵州电力交易中心配合省政府有关部门加快推进
贵州电力市场管理委员会组建，全程参与组建方案的
起草工作。4 月 13 日，协助省经信委召开贵州电力市
场管理委员会成立大会暨第一届第一次会议，成立了
全国首个省级电力市场管理委员会。12 月 5 日，协助
省经信委召开第一届贵州电力市场管理委员会 2016
年第二次全体会议，审议通过了《贵州电力市场管理
委员会章程（试行）》《贵州电力交易中心 2016～
2017 年度收费方案》《贵州电力交易中心收费管理办
法（试行）》《2017 年电力市场化交易工作实施方
案》。12 月 20 日，贵州省经信委、国家能源局贵州监
管办联合印发了《2017 年电力市场化交易工作实施方
案》。12 月 22 日，贵州电力市场管理委员会印发《贵
州电力市场管理委员会章程（试行）》。

2016 年，贵州省电力市场交易范围和交易规模进
一步扩大，报装容量 1000kVA 及以上的非公益类工
业用户进入市场交易。贵州电力交易中心组织开展年
度双边协商直接交易、临时交易和周边地区跨省跨区
交易。全年市场化交易签约电量为 499.84 亿 kWh，
占省内售电量的 56.2%。其中：省内直接交易共有
22 家发电企业和 953 家电力用户参加，签订 998 份交
易合同，签约电量 438.86 亿 kWh，周边地区跨省跨
区交易签约电量 60.98 亿 kWh。

2016 年，贵州省市场化交易电量完成 400.24 亿
kWh，占省内售电量的 44.98%。其中：省内直接交
易电量完成 353.12 亿 kWh，占大工业用电量的
82.06%；周边地区跨省跨区交易电量完成 47.12 亿
kWh。通过开展电力直接交易，减少用电企业电费支
出 50.66 亿元，新增 31 亿 kWh 用电量，保住大工业
用电量 160 亿 kWh，贵州省大工业用电量从年初预计
负增长 5.3% 扭转为实际负增长 0.5%，省内售电量
同比增幅从 9 月开始转正，全年完成 889.9 亿 kWh，
同比增长 5.4%。

节能减排
（1）节能发电调度。强化绿色发电调度，全额吸
纳清洁能源。优化发电方式安排，全年没有发生有责
任的弃水、弃风。风电发电量为 55.2 亿 kWh，同比
增加 68.6%；水能利用率提高 5.57%，节水增发电

量 19.98 亿 kWh；地县调小水电发电量 123.6 亿
kWh。全网单位发电量化石能耗 195.31g/kWh，节约
标准煤 1513.45 万 t；二氧化硫排放量减少 195.982
万 t，平均脱硫效率达 97.52%。全网单位发电量化石
能耗 195g/kWh，节约标准煤 1513.45 万 t，其中火电
节约标准煤 25.78 万 t，水电节约标准煤 1323.1 万 t，
风电等可再生能源节约标准煤 164.57 万 t。2016 年，
全网监测的脱硫机组共产生 195.982t 二氧化硫，向
大气排放二氧化硫 4.862 万 t，减少二氧化硫排放量
191.12 万 t，全网平均脱硫效率为 97.52%。

（2）废气污染物治理。2016 年，各火电厂脱硫系
统平均投运率达到 100%，平均脱硫效率达到
96.94%，烟气中二氧化硫的排放基本达到国家相关
标准。贵州省内各火电厂平均电场投运率为 99.04%，
烟尘排放达到国家标准。各火电厂脱硝投运率达到
98.89%～100%，平均值为 99.66%，脱硝效率
76.0%～96.1%，平均值为 84.36%，烟气中氮氧化
物排放基本达到国家标准。

（3）六氟化硫气体处理。贵州电网继续加强 SO_2
充气设备监督管理。对全网 110kV 及以上电压等级的
漏气缺陷设备共 35 台进行检漏，其中 220kV 及以上
的 16 台，110kV 的 19 台，已检出漏点 32 台，并对
查到的漏点进行封堵消缺。回收 SO_2 气体 672kg。

（4）固体废物综合利用。2016 年贵州省监督范围
内火电厂年度粉煤灰综合利用量约 1474.6 万 t，较
2015 年的 1170.6 万 t 增长约 26%，实际增长约 8%；
石膏综合利用量约 418 万 t，较 2015 年 422 万 t 降低
约 0.95%，实际降低 16.6%。粉煤灰及石膏平均
利用率分别是 84.3%、66.9%。鸭溪、黔北等电厂粉
煤灰综合利用率位居前列，黔西等电厂的石膏综合利
用率位居前列。

（5）保护生态环境。国电贵州电力有限公司重点
开展锅炉"四管"防磨防爆、电气设备预试、现场八
漏治理工作，陆续完成安顺 2、4 号机组 DCS 改造、
都匀水冷壁喷涂等重要技改项目，积极推进安顺二期
综合升级改造方案制定及优化工作。

大唐贵州发电有限公司节能减排实现区域领先。
能耗指标区域领先，强化三级节能体系建设，深入开
展"达设计值"问题库管理。供电煤耗同比明显下
降，厂用电率、燃油单耗区域排名领先，指标达标率
同比上升 60%。完成发耳公司机组综合节能改造。保
持环保达标排放。严格执行环保政策，落实主体责
任，守住底线，不触红线。加强环保设施维护，开展
互查，落实整改。提高环保监控水平，保持数据在线
监测和统计分析，脱硫、烟尘设施同步投运率达
100%，二氧化硫、氮氧化物等主要污染物达标排放。

贵州黔桂发电有限责任公司通过签订目标责任

书、加强节能基础管理、优化运行方式、小指标竞赛、主参数经济运行管理、节能改造等措施，2016年节约标煤6.94万t；获得广西投资集团2016年度安全环保和节能减排目标责任考核A级企业。

国家电投贵州金元公司2016年未发生环境污染事故事件，火电厂环保设施改造任务全部完成，主要污染物均实现达标排放。全年减排二氧化硫1494t，氮氧化物176t。

贵州黔源电力股份有限公司加强生态建设，投资3000多万元建成的北盘江鱼类增殖放流站，向北盘江流域投放鱼苗76万尾，累计投放400多万尾。宣传绿色发展理念，将多年来在水电开发过程中的环保工作进行总结，提炼《增殖放流：增生态效益，"放"美好期盼》环保案例，案例入选中国华电首届社会责任十佳优秀案例，该案例于2016年4月受邀至中国社会科学院研究生院MBA企业社会责任校外课堂。开展北盘江流域环境影响后评价工作。

扶贫工作 贵州电网公司建立省公司统筹协调、地市供电局组织实施、县级供电企业具体落实的三级联动机制。制定贵州电网公司《"十三五"精准扶贫工作规划》及2016年行动计划，明确"扶贫工作责任清单"；依托信息化工作平台建立"扶贫地图"，形成政策法规宣传、业务动态管理、资源共享、数据决策及爱心力量汇聚的精准扶贫信息化平台。实施"电力行业扶贫、结对帮扶、驻村帮扶、公益帮扶"四项行动。累计完成2016年"小康电"项目投资37.8亿元。直接投入扶贫专项资金435.56万元，用于结对帮扶工作。选派69名驻点驻村干部开展驻村帮扶工作，协调资金1926万元。与留守儿童、贫困学生、残障人士及空巢老人结对1643对，捐款捐物66万元，建设留守儿童之家10个，实施"黔电菜园"计划，打造贵州电网公司"电亮·同步小康梦"扶贫公益品牌。贵州省委书记陈敏尔对贵州电网公司结对帮扶紫云县工作成效以及主导建立的阳芳村"电商服务站"给予肯定。贵州电网公司荣获贵州省"社会扶贫先进集体""同步小康驻村工作先进集体"。

乌江公司捐赠1200万元结对帮扶沿河县脱贫奔小康，所属企业累计出资300万元对口帮扶3个乡镇，选派6名干部参加"同步小康"驻村工作。乌江公司荣获贵州省2016年"履行社会责任五星级企业"称号。《情暖乌江——四"＋"模式精准帮扶困山区同步小康》等两个案例被评为中国华电社会责任"十佳"案例。

国家电投贵州金元公司开展结对帮扶纳雍县脱贫工作，全年累计安排帮扶资金1002万元，覆盖4个乡镇5个村。科学发展主导产业，投入帮扶资金200余万元，在骐岭镇海雍村、百兴镇坐窝底村发展能繁母牛养殖产业。着力改善基础设施，投入道路交通、水利设施建设资金500多万元。强化公共服务，修建文化广场、扶贫技术培训暨文化活动中心等。2016年结对帮扶纳雍县累计受益人口2.8万余人。

贵州兴义电力发展有限公司开展"精准扶贫、助学成才"公益活动，全体员工共计捐款129 366元。

【贵州电网有限责任公司】

企业概况 贵州电网有限责任公司（简称贵州电网公司）是中国南方电网有限责任公司的全资子公司，负责贵州省内电网建设、运营管理和客户服务，承担西电东送任务。下属单位109家，其中地市级分公司18家、地市级子公司4家、县级分公司7家、县级子公司80家。供电面积17万km²，供电户数1282.5万户。连续7年蝉联贵州省百强企业榜首；连续6年在地方政府组织的多行业客户满意度调查中排名第一。

2016年，完成售电量1347.63亿kWh，同比增长4.5%。其中，省内885.34亿kWh，增长0.43%。完成固定资产投资100.6亿元。第三方客户满意度76分。当年电费回收率99.99%。综合线损率6.28%，同比降低0.08个百分点。利润－3亿元，减亏69%，超额完成亏损治理目标。经济增加值－6.3亿元，营业收入549.9亿元，资产总额758.23亿元，资产负债率79.15%。

领导班子

贵州电网有限责任公司董事长、党组书记：尚春

董事、总经理、党组成员：唐广学

董事、副总经理、党组成员：邱跃丰

董事、党组成员，贵阳供电局局长、党委委员、副书记：何愈国

董事、副总经理、党组成员：时蕴伟

董事、党组成员、党组纪检组组长：晋晓越

董事、党组成员、总会计师兼总法律顾问：郑添

工会主席：张帆

董事、副总经理、党组成员：刘强

董事、副总经理、党组成员：徐兵

副巡视员：毛时杰

全国人大代表、原董事长：唐斯庆（至2016年8月17日）

巡视员：廖新和（至2016年10月28日）

副巡视员：方雄（至2016年4月22日）

副巡视员：向光辉（至2016年3月25日）

组织机构 贵州电网公司下属18家地市级分公司中，供电企业10家，其他管制性业务单位6家，竞争性业务单位2家。7家县级分公司和80家县级子公司均为供电企业。

人员状况 2016 年，贵州电网公司期末用工总量共 48 077 人，其中劳动合同制 40 254 人，占 83.73%；劳务派遣制 2145 人，占 4.46%；非全日制 5678 人，占 11.81%。

电网规划与建设

（1）电网规划。完成《贵州"十三五"输电网规划修编》、贵州各地区"十三五"配电网规划修编的编制及评审工作；配合南方电网公司、贵州省政府完成"十三五"黔电送粤框架协议签订工作。完成《贵州重要城市保底电网规划研究》和《2015 年贵州电网设备利用效率研究》专题研究；加强"十三五"期配电网规划与"行动计划"各项指标和要求的对接，全面开展新一轮农村电网改造升级及相关专项规划，重点开展各地区配网自动化规划及布点和走廊规划。2016 年底，贵州电网初步形成"三横一中心"500kV 主网架，实现各市州 500kV 电网全覆盖。形成以环网结构为中心的 220kV 坚强地区骨干网架，220kV 电网县域覆盖率从 2010 年的 60.2% 提高到 83.0%。

（2）电网建设。完成电网建设投资 80.72 亿元，投产 35kV 及以上电网项目 129 项，投产完成率 100%。新增 35kV 及以上线路 2041.6km、变电容量 706.7 万 kVA。基建系统全年安全状况平稳，连续 5 年保持基建人身"零死亡"。工程里程碑进度计划完成率 97.7%，工程实体质量量化评价 95.5 分，造价控制指标得分 93.9 分。2016 年，投产凯里舟溪、贵阳席官 500kV 输变电工程，国家重点项目沪昆高铁（贵阳—昆明段）牵引变供电工程，毕节水威Ⅱ回、毕赫Ⅱ回、贵阳赤马变电站、会文变电站等消除电网风险、解决局部"卡脖子"的工程；投产 2015 年、2016 年中央投资农网工程，贵阳王宽变保障房供电工程等民生工程；仅用 50 天时间建成白云牛场、盘县刘官 2 个省级中心村示范点；建成水口寺培训楼和 29 个供电所。

电网运行

（1）概况。2016 年底，贵州电网输变电设备情况见下表。

截至 2016 年底贵州电网输变电设备情况

电压等级	变电站座数	变压器台数	变压器容量（MVA）	线路条数	线路长度（km）
500kV	16	78	19 250	53	3497
220kV	122	185	33 590	374	11 706
110kV	480	764	32 670	890	15 594
合计	618	1027	85 510	1318	30 797

注 500kV 不含超高压公司青岩变电站、黎平变电站及独山变电站，含八河开关站。

（2）主要运行指标。27 项技术指标完成情况良好，其中南方电网公司关注的综合计划指标用户平均停电时间（中压）、综合电压合格率和资产报废净值率分别为 26.3h/户、97.32%、13.56%。

（3）电网运行管理。贵州电网共计 195 座集控或巡维中心，500kV 变电站均为有人值守变电站；220kV 变电站有 98 座实现无人值守，占 220kV 变电站总数的 80.3%；110kV 变电站有 459 座实现无人值守，占 110kV 变电站总数的 95.6%。全省 110kV 及以上变电站和纳入集控管理的 35kV 变电站全部实现变电运行标准化管理。

截至 2016 年底，贵州电网公司共有 10kV 馈线 0.802 3 万回，其中公用馈线 0.606 0 万回，专用馈线 0.196 3 万回。10kV 公用线路长度 15.874 8 万 km，同比 2015 年增加 0.673 2 万 km。共有 10kV 配电变压器 25.696 6 万台，容量为 52 363.906MVA，同比 2015 年台数增加 2.337 9 万台，容量增加 6516.275MVA。其中公用配电变压器 13.675 2 万台，

容量为 19 543.495MVA；专用配电变压器 12.021 4 万台，容量为 32 820.411MVA。

安全生产 全年未发生人身、电力安全、设备事故。发生电力安全生产事件 33 起，同比上升 6%（增加 2 起）。全网共查出违章 5721 条（其中，A 类违章 92 条、B 类违章 160 条、C 类违章 806 条、D 类违章 4663 条），平均违章率 1.34%，同比下降 0.34 个百分点。

安全生产风险管理体系建设。制定安全生产风险管理体系"十三五"建设目标规划，针对申报四钻单位累计开展 23 次现场指导和专题协调会。都匀供电局通过南方电网公司体系外审，获得安全生产风险管理体系新四钻认证。贵州电网公司系统有 3 家单位达到四钻水平，13 家生产运行单位全部达三钻及以上水平，完成 2016 年度综合计划安风体系建设指标。抓好体系审核员培训选拔，举办二期审核员培训班，累计培训 210 名人员，通过考核选拔，推荐 20 名优秀学员参加南方电网公司中高级审核员资格考试。完

成 38 家单位的安全生产风险管理体系审核任务。

应急与保供电。配合贵州能监办完成《贵州省大面积停电应急预案》的修编，制定《贵州电网有限责任公司社会突发事件供电保障应急预案》。组建 3 支标准化应急队伍，完成 4 家地（市）单位应急指挥中心建设。开展防冰、防汛、防人身事故等应急演练516 次，参演 16 461 人次。成功应对年初的凝冻天气，完善融（除）冰现场处置方案 7813 份，累计开展融（除）冰线路 39 条，未发生因冰灾导致的电力安全事故事件。全年全省共出现 15 次区域性暴雨，累计受灾停运线路 347 条次，影响台变 7455 台次、用户 548 763 户次；贵州电网公司系统各级单位及时发布预警 413 次，启动 76 次应急响应，累计共投入应急抢修人员 20 488 人次、车辆 4274 台次、发电装备 209 台次。完成 1480 项保供电任务，共投入保供电人员 98 962 人次、抢修车辆 22 077 车次、应急发电车 1670 车次、UPS 电源车 20 车次、发电机 2123台次。

科技创新

（1）科技项目。2016 年科技投入完成 5.2 亿元，技术投入比率达 0.96％。实施科技项目 222 个，完成资金 2.2 亿元，同比增长 10％。对 13 个重点项目实施严密管控，总体进展顺利（2 个国家级、2 个省重大专项、6 个南方电网公司重点、3 个贵州电网公司重点）。1 个国家科技支撑计划"规模化小水电群与风光气发电联合运行控制关键技术研究及示范"通过验收，国家 863 计划课题"集成可再生能源的主动配电网运行关键技术研究及示范"完成理论研究，全面进入示范建设阶段。省科技重大专项"城乡配电网智能分析决策关键技术研究与应用示范"通过贵州省科技厅验收。

（2）科技成果。完成 1 项国家标准（报批稿）和 5 项行业标准（2 项报批稿，3 项送审稿），编辑出版科技创新技术专著 10 部。获省部级科技奖励 32 项，其中一等奖 1 项、二等奖 9 项、三等奖 22 项。电科院参与完成的"基于数据全过程管控与协同的变电站智能化关键技术研究及应用"获中国电力科学技术一等奖。电科院、运检公司、都匀供电局获全国电力职工技术成果二等奖 4 项。注重开辟地方政府科技奖励申报渠道，安顺局获市科技奖 2 项，铜仁局获市科技奖 1 项。成功推荐 8 项科技成果进入南方电网公司2016 年重点推广科技成果和引进新技术目录，其中"手持式输电线路覆冰摄影测量装置""配电网智能接地保护系统"两项科技成果列入 B 类推广成果。

节能减排 2016 年通过节能发电调度节约标准煤 1513.45 万 t（折合原煤 2345.85 万 t），相应减排二氧化硫 93.83 万 t，减排二氧化碳 3332.62 万 t。

2016 年监测的脱硫机组共产生 195.98 万 t 二氧化硫，排放二氧化硫 4.862 万 t，减排 191.12 万 t，平均脱硫效率为 97.52％。深化线损管理，开展各地区供电局有损线损率统计考核；印发《贵州电网公司线损管理手册》，明确各级供电企业线损管理职责，全年完成全资产口径综合线损率 6.28％。全年无综合线损率超过 10％的县级供电企业。

信息化建设 围绕"系统应用水平达到 100％，数据质量水平达到 95％"的总体目标推进工作，42项重点工作任务按计划完成率 100％，总体进度完成率 100％。年度关键应用系统运行率 100％，核心网络运行率 100％，系统实用化水平 100％，数据质量水平 98.81％，全省信息安全态势平稳，各单位均未发生信息安全事件。

信息化管理。6 月 30 日，贵州电网公司企业管理信息系统全部实现单轨运行，年底企业管理信息系统应用已涵盖组织机构 7165 个，员工 50 307 人，客户1325.82 万户。各系统管理层级覆盖率、管理对象覆盖率、单系统业务功能应用率均达到 100％。开展数据质量治理专项行动，组织制定《公司数据质量治理专项行动工作方案》，年底平均数据完整率 99.56％，数据准确率 98.88％，数据一致性 96.85％。将信息安全事件考核纳入各单位年度安全生产指标进行同权重考核，关停 11 个不符合安全管理要求的对外系统，清理无效域名 94 个；对全省 32 个各类公众号进行了停用、迁移处理。

市场营销 2016 年累计购电 1410.38 亿 kWh，同比增长 4.61％。其中统购火电 862.66 亿 kWh，同比增长 11.39％；统购水电 434.50 亿 kWh，同比降低 8.79％；统购风电 51.91 亿 kWh，同比增长62.54％；生物质发电上网 0.79 亿 kWh；供电局自购电量 60.52 亿 kWh，同比降低 6.79％。

（1）营销分析。印发 2016 年"精准扩销措施十二条"，全面开展"精准扩销十百千"专项行动，省内大工业用电量从年初单月降低 18.2％提升到年底单月增长 21.9％，全年实现售电量 5.4％的同比正增长。推进大用户直接交易，完成直接交易电量 400.2亿 kWh。开展横向配合，全面解决存量受限问题，全年业扩增量受限为零。协调保障西电东送，全年共完成黔电送粤电量 441.1 亿 kWh，将西电东送计划完成的影响减到最低。2016 年，贵州电网累计实增容量883.2 万 kVA，其中新增大工业客户 689 户，新增容量 371 万 kVA。

（2）电费回收。制定贵州省电费回收指导性意见，开展电费坏账核销，加大陈欠电费绩效考核力度，按照"一户一策"催收策略开展催收工作，全年回收陈欠电费 1.61 亿元。下发执行《贵州电网公司电费坏账核销工作实施方案》，2016 年共核销电费坏账 1.03 亿元。在直接交易合同中明确电费支付顺序，严格按照支付顺序，对于直接交易欠费用户，及时下达中止直接交易的预通知，坚持"欠费共担"机制，2016 年直接交易用户未产生新增欠费。2016 年累计欠费较 2015 年下降 2.75 亿元，当年电费回收率完成 99.99%。

（3）需求侧管理。积极开发多彩贵州品牌研发基地地源热泵项目、中共六盘水市委党校新校区电磁厨房等项目，实现年新增电量 272 万 kWh；各地投入运行的电能替代项目新增电量约 2300 万 kWh。建立电动汽车充电基础设施用电报装绿色通道，在贵阳市建成电动汽车充电示范站 1 座，在全省建成充电桩 28 个。牵头组建贵州省电动汽车充电基础设施建设促进会，编制完成"十三五"电动汽车充电基础设施发展规划。2016 年实现节约电力 5.36 万 kWh，完成指标任务的 116%；节约电量 2.35 亿 kWh，完成指标任务的 102%；通过国家发展改革委 2015 年电力需求侧管理目标责任考核。

（4）电能计量。2016 年 CSGⅡ营销系统转入单轨运行，营销核心业务模块达到实用化要求。完成计量班组应用模块优化任务，全年客户电费算费率 100%，客户电费发行率 100%。

（5）用电检查及营销稽查。修编完善《贵州电网有限责任公司营销服务事故（差错）调查处理细则》和《贵州电网有限责任公司营销事故（差错）责任追究实施细则》，全年查处营销差错 1292 件，挽回电量损失 4020 万 kWh，挽回经济损失 2675 万元。出台《奖励举报、查获违约用电和窃电行为管理办法》，累计检查客户 67.974 4 万户，查处违约客户 475 户，涉及违约电量 102.68 万 kWh；查处窃电户 702 户，追补窃电电量 161.81 万 kWh。

（6）客户服务。完成南方电网公司统一服务平台在贵州上线运营部署，制定并落实统一服务平台推广实施方案。全省非现金缴费比例达 88%。全省电子账单注册率 72%，电子账单发送率 93%。全年新增的 66 户重要客户供电源，自备应急电源配置合格率均达 100%。

经营管理

（1）资金管理。截至 2016 年末银行账户数量 745 个，比南方电网公司核定账户标准少 68 个，月均资金集中率超过 95%。资金支付控制向县级子公司延伸，按月设置资金支付限额，并试点实施地区供电局二级财务共享服务模式。加大购电费结算中承兑汇票占比、加强汇票托收管理，有效降低票据沉淀，应收票据平均周转时间缩短至 30 天以内。加强特殊资金监管，接收特殊资金账户 292 个。

（2）资产管理。2016 年，贵州电网公司纳入合并范围总户数 94 个。其中全资子公司 91 个、控股公司 2 个、事业单位 1 个，与 2015 年合并范围 96 户相比减少 3 户、增加 1 户。贵州电网公司全资子公司安顺经济技术开发区供电局纳入子公司改制为分公司范围，2016 年底完成工商注销；贵州送变电工程公司的全资子公司贵州天马国际旅行社于 2016 年 12 月前完成关闭撤销；贵州省惠水铁合金厂于 2015 年将设备拆除拍卖并关停，2016 年由国资委确认为企业自行组织处理僵尸企业；组建贵州电力交易中心有限责任公司。

（3）预算管理。制定提质增效和亏损治理增效方案，压降非生产性成本开支。全年 5 项费用 2.8 亿元，比预算下降 3.4%。其中，业务招待费同比下降 15.6%，会议费同比下降 47.88%。优化设备运维管理，提高资产运维投入，万元资产运维费同比增加 13%。

（4）电价管理。1 月，根据《贵州省发展改革委转发国家发展改革委关于降低燃煤发电机组上网电价和一般工商业用电价格的通知》（黔发改价格〔2016〕286 号），自 2016 年 1 月 1 日起，贵州省燃煤标杆上网电价每千瓦时下调 3.46 分。3 月，贵州省发展改革委下发《关于贵州电网 2016—2018 年输配电价水平有关问题的通知》（黔发改价格〔2016〕402 号），核定各电压等级输配电价标准，自 2016 年 3 月 15 日起执行。

根据《关于中国铝业公司贵州企业用电有关问题专题会议纪要》（第 62 期）：从 2016 年 1 月 1 日起，贵州电网公司按 0.045 元/kWh 收取直购电过网费（含基本电费，仅限于贵州铝厂、遵义铝厂）；从 2016 年 1 月 1 日起，贵州金元集团与中铝贵州企业直购电供电价格，按当期贵州火电上网标杆电价下浮 0.16 元/kWh 执行。

9 月，根据《省发展改革委关于进一步完善我省居民阶梯电价政策有关事项的通知》（黔发改价格〔2016〕1299 号），自 2016 年 9 月 1 日用电量起，贵州省居民阶梯电价年度电量分档标准调整如下：第一档电量为 3000（含）kWh 以内；第二档电量 3000～4700（含）kWh 以内；超过 4700kWh 以上的用电量为第三档电量，各档电量电价维持现行水平不变。

10 月，根据《省发展改革委关于西电东送省内部分输电价格有关问题的通知》（黔发改价格〔2016〕1533 号），明确"西电东送"省内输电价格每千瓦时 2.76 分，火电结算价随"西电东送"到广东落地价变化进行相应调整。

（5）会计核算。2016 年贵州电网公司资产总额 758.23 亿元，同比增长 7.26%；负债总额 598.39 亿元,同比增长 7.3%;所有者权益总额 159.84 亿元,同比增长 7.08%。全年售电量 1347.63 亿 kWh,同比增加 4.5%,其中省内(含周边)885.34 亿 kWh,同比上升 0.43%,省外 462.29 亿 kWh,同比增长 5.9%。主营业务收入实现 541.18 亿元,同比下降 28.85 亿元,降幅 5.06%;主营业务成本完成 526.35 亿元,同比下降 31.04 亿元,降幅 5.6%;购电成本完成 370.37 亿元,同比减少 22.73 亿元,降幅 5.78%。购电量 1413.19 亿 kWh,同比增加 66.61 亿 kWh,增加 4.95%;购电平均单价 262.08 元/MWh,同比减少 29.84 元/MWh,降幅 10.22%;供电成本完成 146.01 亿元,同比减少 0.42 亿元,降幅 0.28%;单位供电成本 109.01 元/MWh,同比减少 5.23 元/MWh,降幅 4.58%。

(6)税收管理。积极落实各项税收优惠政策,共计减免 5.7 亿元。其中,农村电网维护管理费减免增值税 2.58 亿元,网内互供电和向用户售电减免印花税 2867 万元,接收用户资产减免企业所得税 2.25 亿元,输电线路、变电站用电减免城镇土地使用税 3160 万元,重大水利工程基金减免城建税及教育附加 1499 万元,研发费用加计扣除减免企业所得税 573 万元,残疾职工工资加计扣除减免企业所得税费 127.05 万元,购置节能设备抵减企业所得税 4701 万元,投资收益减免企业所得税 502 万元。4 月 30 日,国家全面实施营改增,将建筑安装业、不动产、居民服务纳入试点范围,全年增加进项税额 1.45 亿元。

农电建设 2016 年,贵州电网公司农电系统 87 家县级供电企业完成售电量 599.23 亿 kWh,同比增长 9.90%,占省内售电量的 67.34%;完成综合线损率 5.65%,同比降低 0.29 个百分点。

启动县级供电子公司改为县级供电分公司工作,安顺经济技术开发区供电局完成改制。推进独立供电区改革,接收安顺市枫阳供水供电公司供电区等 4 个体制不顺区域,解决遵义凤冈九道拐电站淹没区历史遗留问题。实施县级供电企业 2016~2018 年管理提升工作,推进县级供电企业精益管理,供电所缺员率降至 15% 左右,供电所硬件条件均满足基本工作需求和生活要求。

2016 年农村配电网建设完成投资 33.87 亿元,重点安排在小城镇、中心村农网改造、低电压整治、贫困地区农村电网改造等工程。按资金类别分为:完成中央预算内投资项目 16.14 亿元;完成中央专项建设基金项目 2.16 亿元;完成(除中央预算及专项建设基金外)企业自筹投资项目 15.57 亿元。

人力资源管理 完成 22 家所属单位领导班子和 225 名公司党组管理领导人员 2015 年度综合考核评价工作。全年共组织 4 次干部考察工作,涉及 5 家基层单位,调整党组管理干部 42 人次,提拔 12 人,其中提拔为正处级干部的 5 人,提拔为副处级干部的 7 人。出台《关于精准选派同步小康驻点、驻村干部的意见》,规范驻村干部管理和提高工作效率,选派 69 名干部作为同步小康驻村干部。全年共开展党组管理干部谈心谈话 603 人次、科级干部谈心谈话 2293 人次。认真开展干部人事档案专项审核工作,审核完成 259 名处级干部、1756 名科级干部人事档案专项审核工作。

加大技术专家的考核管理力度,完善技术专家退出机制。共有 145 名各级技术专家参加年度(任期)考核,其中 101 名获得“优秀”等级。22 名任期考核未获得“优秀”等级的助理技术专家不再续聘。完善技术人才发展通道建设,选聘助理技能专家 34 名,三级技能专家 3 名,一级技能专家 1 名,选聘助理技术专家 74 名。深化岗位胜任能力评价,组织完成 10 090 人的岗位胜任能力评价,其中县局助理专责岗位胜任能力评价 2720 人;专业技术资格评定 1556 人;试点职业技能鉴定理论计算机网络考试,技能鉴定 3426 人,新增技师 231 名。推进标准作业制(工分制)考核方式,在 1765 个技能班组和供电所的推广应用,覆盖率 86%。

自上而下和自下而上方式开展 2017 年培训需求调查,收集培训需求 10 785 个,其中员工个人提出培训需求 6199 个,占比 57.5%。按照“干什么、学什么”的要求,实施集中培训 756 期,培训 34 818 人次。全面完成班组长三年轮训,轮训率 100%。44 人获聘南方电网公司级培训师,19 个电子教材在南方电网公司技能类精品教材评选中获奖,带电作业培训项目通过南方电网公司认证。

党的建设和精神文明建设

(1)党建工作。新建党支部 42 个、调整党支部 28 个。实施积分晋级管理,建成南方电网公司首批标杆党支部 2 个、贵州电网公司红旗党支部 30 个,南方电网公司首批党员服务队 2 个。分层分类举办党务骨干培训班 45 期,轮训党组织负责人、党务干部 564 人次。开展“三带三争当·改革先锋行”系列活动,实施书记项目 510 个,支部主题 485 个,成立党员先锋班及先锋工作室 233 个、党员服务队 406 支、党员突击队 340 支、党员示范岗 1193 个,划分党员责任区 1297 个。开展“四帮四促”活动,建立各级领导班子基层联系点(党建工作联系点)1239 个,深入基层联系点 4397 次。获贵州省国资委 2015~2016 年度企业党建责任制考核一等奖;18 个集体、31 名个人分获国务院国资委、贵州省、南方电网公司及贵州省国资委表彰。

(2)思想政治工作。推进“两学一做”学习教育，印发实施方案及 3 个配套子方案。各级党组织书记和班子成员讲党课 1161 场，政治学习计划完成率 100%。同步开展"学法规制度、学形势任务，做合格员工"学习教育，开展岗位技能比赛、合格员工大讨论等 702 场次。开展"坚定信仰、忠诚尽责"理想信念教育，培训员工 3 万余人次。将 2013～2015 年度获得表扬立功记功的 116 个集体和个人作为《南网总纲》代言人，编印《南网物语》。加强党建思想政治工作研究，到 10 余个基层单位开展调研交流，现场辅导。督促开展 2015～2016 年度 36 个课题的研究，结题率 100%；6 个课题分获网公司 2 个一等奖、2 个二等奖、2 个三等奖。

（3）企业文化和幸福南网建设。制定下发《"南网总纲·黔行力量"宣贯实施方案》，培养内训师 230 名，新入社员工宣贯率 100%；460 个党支部学习完成率 100%。开展企业文化示范单位创建，各单位举办 186 期培训班，共计 6506 人次参培。参加南方电网公司首届党建宣传思想工作技能竞赛。推广应用幸福南网微平台，设立主题月，开设专栏，各单位共原创 672 条微信。

（4）扶贫工作。制定贵州电网公司《"十三五"精准扶贫工作规划》及 2016 年行动计划。实施"小康电"建设、农网改造升级、易地扶贫搬迁及试点光伏扶贫工程，直接投入扶贫专项资金 435.56 万元，用于结对帮扶工作。选派 69 名驻点驻村干部开展驻村帮扶工作，积极协调资金 1926 万元。与留守儿童、贫困学生、残障人士及空巢老人结对 1643 对，捐款捐物 66 万元，建设留守儿童之家 10 个。荣获贵州省"社会扶贫先进集体"、"同步小康驻村工作先进集体"。

（5）共青团工作。开展"学党史、知党情、跟党走"主题宣传教育活动、"安全生产 青年争先——青安岗在行动"安全生产活动等，打造"万家灯火·青春点亮·贵州梦想"团青工作品牌。团工委在贵州省国资委系统 2015～2016 年度目标考核中名列第一，500kV 安顺变电站获全国青年安全示范岗称号。参加南方电网公司"微创新"大赛的 4 个项目，分别获得二、三等奖及优秀奖；参加国务院国资委"中央企业志愿者之歌"展评活动，歌曲《志愿之风》荣获二等奖。21 个基层团组织、20 名团员青年获省部级团组织表彰。

主要事件

4 月 24 日，由国务院国资委、中华全国总工会、中华全国工商业联合会、国家互联网信息办公室共同举办的"劳动最美丽——一线工人故事会"活动在北京举行，贵州电网公司"背夹巡线队"作为唯一电力行业典型参加展示，并被评为此次活动

"十大最美故事"。

4 月 29 日，贵州省庆祝"五一"国际劳动节活动暨表彰大会举行，贵州电网公司系统 5 个集体 4 名个人获奖。其中，贵州省五一劳动奖状 1 个，贵州省工人先锋号 4 个，贵州省五一劳动奖章 4 名。

8 月，贵州电网综合数据网完成包括省网综合数据网第一、二平面、9 个地区综合数据网在内的大型城域网络建设，全面覆盖全省 9 家供电局、13 家综合单位、87 个县级供电企业，覆盖率达 100%，标志着贵州电网信息化"高速路"建成。

9 月 4 日，随着"贵州省纪念中国人民抗日战争暨世界反法西斯战争胜利 70 周年仪式"在独山县深河桥抗战胜利纪念园落下帷幕，贵州电网公司完成特级保供电工作。

9 月 14 日，贵州电网公司在贵州省国资委年度党建责任制考核中获一等奖，连续 3 年位列第一。

10 月 10 日，贵安供电局正式成立，成为贵州电网公司第 10 家地区供电局。

10 月 18 日，贵州省扶贫开发领导小组授予贵州电网公司"贵州省社会扶贫先进集体"称号。

11 月 16 日，贵州电力交易中心正式挂牌运行，贵州省电力体制改革进入全面综合试点新阶段。

12 月 3 日，贵州电网公司 2015 年供电所故事会暨"我最喜爱的供电所"颁奖仪式隆重举行。

（蔡靖波）

【广西电网有限责任公司】

企业概况 广西电网有限责任公司（简称广西电网公司）是中国南方电网有限责任公司（简称南方电网公司）的全资子公司，注册资金 83.02 亿元，资产总额 675.62 亿元。主要负责广西电网的规划、投资、建设和经营管理，负责输配电管理、电力购销、电力交易与调度以及电力资源优化配置等业务，承担着为广西经济社会发展提供可靠优质电力保障的重任。

广西电网地处"西电东送"主通道的中部，是南方电网的重要组成部分。500kV 系统已覆盖至南宁、柳州、桂林、玉林、梧州、河池、百色、来宾、贺州、钦州、防城港、贵港、崇左城区，220kV 系统已形成联系紧密的多环网结构。供电面积 23.67 万 km²。供电服务人口约 5200 万人；供电量 1114.81 亿 kWh，服务客户 1081 万户。截至 2016 年底，拥有 35kV 及以上输电线路 46 168km，公用变电容量 8162.78 万 kVA，其中：35kV 输电线路 14 041km，35kV 公用变电站 609 座，容量 606.58 万 kVA；110kV 输电线路 14 771km，110kV 公用变电站 380 座，容量 2774.90 万 kVA；220kV 输电线路 15 498km，220kV 公用变电站 137 座，容量 3681.3 万 kVA；500kV 输电线路 1857km，500kV 公用变电

站 8 座，容量 1100 万 kVA。

2016 年，广西电网公司 500kV 美林变电站荣获国家优质工程奖；6 项工程获南方电网公司 2016 年基建优质工程奖；连续 4 年获广西八大公共服务行业公众满意度第一名；连续 9 次被评为"广西优秀企业"；连续 7 次荣获"广西企业 100 强"称号；荣获第四届南方电网"金点奖"大赛中金奖数第一；吴燕燕获得 2016 年全国五一劳动奖章；李炎获得全国青年岗位能手称号；龙梅获得 2015 年度中央企业优秀党务工作者标兵称号。

领导班子

党组书记、董事长：杨爱民（法定代表人）

党组成员、董事、总经理：揣小勇

党组成员、董事、副总经理：黄家林

党组成员、董事、工会主席：林辉

党组成员、董事、副总经理：吴小辰

党组成员、董事、纪检组组长：瞿佳兵

党组成员、董事：陈承林

董事、副总经理：陶先文（2016 年 4 月 14 日任职）

党组成员、董事、副总经理：叶雄

党组成员、董事、副总经理：卑毅（至 2016 年 4 月 14 日）

总会计师、总法律顾问：李欣

组织机构　广西电网公司本部设有 20 个部门（其中系统运行部与电力调度控制中心合署）、4 个挂靠机构、9 个直属机构，下辖 19 个分公司、44 家全资子公司，3 家控股公司。其中在全区 14 个地级市设立直属供电局，管理全区 43 家县级供电企业。

人才结构　2016 年末，广西电网公司用工总量为 45 530 人，其中劳动合同制员工 33 094 人，劳务派遣制员工 2342 人，非全日制员工 10 094 人；按学历层次分类：博士生 26 人，硕士研究生 1312 人，本科生 12 326 人，专科及以下 31 866 人；其中具备专业技术资格 17 742 人，具备技能等级资格 23 749 人。

电网运行与安全管理

（1）电力供应。2016 年，广西境内电厂装机容量 4152.32 万 kW，比 2015 年增长 20.06%，其中：水电 1664.57 万 kW，比 2015 年增长 1.2%，占当年全部装机容量的 40.09%；火电 2184.58 万 kW，比 2015 年增长 32.25%，占当年全部装机容量的 52.61%；核电 217.2 万 kW，比 2015 年增长 100%，占当年全部装机容量的 5.23%；风电 69.6 万 kW，比 2015 年增长 72.49%，占当年全部装机容量的 1.68%；光伏 16.36 万 kW，比 2015 年增长 34.23%，占当年全部装机容量的 0.39%。

2016 年，广西境内电厂发电量 1275.62 亿 kWh，比 2015 年增长 3.29，其中：水电 600.02 亿 kWh，占 47.03%；火电 558.71 亿 kWh，占 43.8%；核电 102.99 亿 kWh，占 8.07%；风电 12.85 亿 kWh，占 1.08%；光伏 1.05 亿 kWh，占 0.08%。购外省电量 174.11 亿 kWh，售外省电量 90.09 亿 kWh。

2016 年全区全社会用电量 1359.65 亿 kWh，比 2015 年增长 1.90%。其中：第一产业用电量为 28.63 亿 kWh，比 2015 年增长 7.60%；第二产业用电量为 899.32 亿 kWh，比 2015 年下降 1.11%；第三产业用电量为 161.49 亿 kWh，比 2015 年增长 9.65%；城乡居民生活用电量为 270.21 亿 kWh，比 2015 年增长 7.65%。

（2）电网运行。2016 年，广西电网结构发生重大改变，500kV 金中直流落地广西、核电机组投入运行、与云南实现异步联网、新增 563.6 万 kW 装机。全年电网最高负荷累计 2 次创新高，最高负荷出现在 11 月 25 日，为 1743.56 万 kW，同比增长 6.81%。日电量累计 4 次创新高，最大电量出现在 7 月 26 日，为 3.65 亿 kWh，同比增长 6.75%。全年平均负荷率为 81.40%，比 2015 年提高 0.05 个百分点，最大负荷率 90.51%，比 2015 年降低 0.68 个百分点，最小负荷率 68.67%，比 2015 年下降 1.33 个百分点。

（3）可靠供电。全年设备健康水平持续提升，未发生电气误操作事件。综合电压合格率 99.48%，同比提高 0.11 个百分点；城市居民端电压合格率 99.88%，同比提高 0.06 个百分点；农村居民端电压合格率为 99.3%，同比降低 0.24 个百分点。完成 17 大类设备重大风险管控和 766 台设备重大风险整改，完成设备反措整改 14 392 台（条）。排查整治城中村供电等涉及公共安全的重大隐患 1155 处，客户用电安全隐患整改完成率 85%，同比提高 48 个百分点；在南方电网公司系统率先完成全部 1450 处输配电线路交叉跨越隐患整改。完善"设备主人"机制，完成 40 个示范变电站标准化建设并通过验收。全年完成技改项目投资 9.3 亿元，完成经营性项目费用 10.5 亿元，完成投资额均创历史新高。

（4）安全管理。2016 年实现电网连续安全运行纪录达到 5437 天，没有发生一般及以上电力安全事故和设备事故，没有发生恶性误操作事件、二级及以上的电力事件。发生人身重伤事故 1 起，发生电力事件 45 起，事件总数同比减少 23 起。开展"治理违法违规，确保人身安全"52 项工作，查处各类违法违规行为 1100 多起，排查并整改重大安全隐患 10 项。成功化解桥巩电厂水淹厂房特别重大事故风险，有效管控北海 220kV 盐田站接入系统等多起可能引发较大电力安全事故或大面积停电事件风险。成功应对 5 次强冷空气、18 次强降雨天气、4 次台风和 3 次有感地震，及时完成修复电任务。完成中国—东盟博览会保供电任务和国家航天发射等 362 项重要活动保供电任务，累计投入 13.9 万人次、2.7 万台次车辆、1687 台次应急发电装备。

电网发展

（1）电网规划。修改完善《广西"十三五"电力发展规划》，组织编制《广西电网"十三五"投资规划》《广西电网"十三五"输电网规划》《广西电网二次系统"十三五"规划》，以及南宁等 7 个城市保底电网规划等各专业规划，开展了《广西能源发展定位》等 3 项专题研究。2016 年末，广西境内 500kV 系统除北海市外（已在建设），已实现所有地级市全覆盖；220kV 系统形成联系紧密的多环网结构；87 个县实现 110kV 电压等级供电。中心城市（区）高压配电网"N-1"通过率、城镇高压配电网"N-1"通过率、中心城市（区）中压配电网线路联络率、城镇中压配电网线路联络率分别达到 93%、80%、91%、80%，同比分别提升 1.09、9.59、1.11、2.56 个百分点。

（2）电网建设。2016 年，完成固定资产投资 126.85 亿元，完成投资调整计划的 101.9%（其中电网基建投资 104.17 亿元），进度计划完成率 100%。基建项目累计投产 9836 项，其中：主网 52 项，配网 1443 项，农网 8341 项。投产 110kV 及以上线路 1370km（其中 500kV 线路 175km，220kV 线路 337km，110kV 线路 858km），新增 110kV 及以上变电容量 366 万 kVA（其中 500kV 变电站容量 75 万 kVA，220kV 变电站容量 177 万 kVA，110kV 变电站容量 114 万 kVA）。220kV 变电站布点进一步延伸，已覆盖全区 52 个县级行政单位，覆盖率达 73%；乡村户均配变容量由 2015 年的户均 1.21kVA 提升至户均 1.5kVA。

（3）物资管理。全年完成物资采购 52.96 亿元，比预算节约资金 4.13 亿元，节支率 7.8%。累计签订物资合同 16 934 份，金额 45.4 亿元；完成 19 853 份合同物资供应，合计金额 51.97 亿元，7 天准时供应率达 99.86%。在南方电网公司系统率先开展配电变压器过负载能力试验，完成主设备监造 774 台（套/间隔）；率先完成清仓利库专项工作，物资库存金额从年初的 2.01 亿元压降至 1.09 亿元。全年累计利用闲置物资 1.3 亿元，闲置物资利用率 94.3%，同比提高 10.15%。首创合同电子签约模式作为南方电网公司典型模式向全网推广，采购项目档案规范化管理经验作为标杆模式向全网推广，连续 4 年获得南方电网公司物资工作先进单位。

绿色节能 2016 年，广西电网公司努力做好绿色发展的标杆，以推动全社会节能减排为时代责任，以促进全面协调可持续发展为关键任务，全年广西电网公司节能减排技术改造投入 19.5 亿元，完成 6793 个高损耗、重过载、低电压的配电台区改造，淘汰 2527 台高耗能配电变压器，新采用一、二级能效配电变压器比达到 97.55%。全口径综合线损率完成 6.28%，同比下降 0.41 个百分点，电网降低损耗节约电量 4.27 亿 kWh。万元产值综合能耗 0.148t/万元（标准煤），同比降低 0.01t/万元（标准煤）。需求侧节约电力 6.25 万 kW，节约电量 2.41 亿 kWh，分别完成年度考核目标的 100.8% 和 127%。促进清洁能源发展，实现防城港核电站 2 号机组并网发电；竣工投产金中直流受端 500kV 交流配套工程，全年消纳云南水电 100 亿 kWh；达成 18 项风电场、9 项光伏发电、4 项生物质发电并网意向，推动那新、黄角树等周边小水电 4.55 万 kW 接入主电网，签订并网意向 28.16 万 kW。全年新增投运 498 个新能源发电项目，同比增加 344.64%。消纳清洁能源替代标准煤约 3075 万 t，减少二氧化碳排放约 8550 万 t、二氧化硫排放约 83 万 t。严格执行《广西电网有限责任公司六氟化硫气体使用及回收管理规定》，回收处理六氟化硫气体 2345kg，回收率 100%，相当于减少二氧化碳排放量 55 811t。

加快电动汽车充电基础设施建设，2016 年在南宁、柳州、桂林等城市共建设 36 个充电桩示范项目，建成 245 个充电桩。

220kV 排岭变电站位于钦州市钦南区大番坡镇，于 2016 年 1 月正式并网运行。作为广西第一座"3C 绿色"试点项目，220kV 排岭变电站从可研阶段就采用节能减排、节约场地、数字化控制的设计理念，总计采用了 172 项 3C 绿色设计，达到了南方电网公司规定的绿色 3C 三星标准。

国际合作 依托广西"一带一路"衔接门户的倡议优势，推动国内外交流合作，进一步深化与越南、菲律宾、老挝、缅甸、柬埔寨、非洲等国家和地区在电力规划、设计、电网建设、电力通信、物资供应等方面合作。国际合作机组工程 30 万 kW，工程合同金额 5.82 亿人民币。下属单位广西送变电建设公司加强与国内大型央企形成产业联盟"抱团出海"，先后中标首个海外 EPC 项目——尼泊尔电力公司 220/400kV 输电线路工程；中标首个带融资项目——肯尼亚电力公司 400kV 双回输电线路工程；与中水集团对外公司成功签订首个海外设计、施工总承包项目合同——几内亚苏阿皮蒂水利枢纽项目输变电工程勘察设计及施工安装承包合同；中标泰国 230kV 输电线路，填补了中国企业在泰国电力承包市场的空白。全年海外市场联合中标合同总额达 1.9 亿美元。

科技信息

(1) 科技创新。2016 年，共下达科技项目 162 项，科技项目年度总预算 9568 万元，其中费用性投资 3364 万元，资本性投资 6204 万元，其中提高电网安全稳定水平的占 12.6%，提高设备健康运行水平的占 27.6%，提高售电和客户服务水平的占 17.2%，提高电网节能经济运行水平的占 5.7%，职工创新占 6.1%，成果推广运用占 16%，技术创新平台占 14.6%。全年费用经费完成率 98.47%；固定资产投资完成率 100%。

全年总计获得省部级以上各类科技奖励 42 项，其中，获得两项省部级科技进步一等奖；863 课题成果——"智能用电关键技术"首次获得南方电网公司科技进步一等奖，与上海高校联合申报的"高可靠智能配电网关键技术"成果获上海市科技进步一等奖，便携可移动式无尘检修间获得南网职工技术创新一等奖。有 7 项优秀成果入选南方电网公司重点科技成果推广目录，同比增长 130%。发布了年度《公司重点推广科技成果和引进新技术目录》，安排科技经费 2243 万元，将 12 项优秀成果应用于实际电网运行。年度获得专利授权 210 件，完成南方电网公司下达指标 161%，三项专利获得南方电网公司优秀专利二等奖。启动了与广西大学共建广西壮族自治区部级重点实验室——"广西电力系统最优化与节能技术重点实验室"。

共获得南方电网公司 4 类科技奖励 30 项，其中科技进步奖 7 项，技改贡献奖 9 项，专利奖 7 项，职工技术创新奖 7 项；获得政府奖 4 项；获中国电力科技奖三等奖 1 项；获中国电力创新奖 1 项，获全国电力职工技术成果奖 6 项。在 2016 年南方电网公司国际技术论坛优秀论文评选中，广西电网公司连续 2 年获得优秀论文一等奖，获得优秀论文 16 篇，其中一等奖论文 1 篇（电动汽车多导轨无线供电方法），二等奖论文 2 篇，三等奖论文 13 篇。

(2) 信息管理。2016 年，信息化投资 2.9 亿元，完成信息化项目 610 个，投资计划完成率 100%；关键应用系统运行率达 100%，网络运行率达 100%。企业管理信息系统与网络安全可靠运行，未发生三级以上信息安全事件，信息化水平被南方电网公司评为 A 级。企业管理信息系统实用化率达 98% 以上，242 个协同业务全部投运，关键协同业务流程闭环率达 90% 以上；完成数据质量治理专项行动，单系统数据质量校验通过率达 95% 以上，协同数据质量校验通过率达 90% 以上，全部指标达到并超过南方电网公司指标。

(3) 信息化建设。2016 年，信息化项目建设总投资 3.21 亿元，信息化专项费用 4196 万元。全年完成 610 个项目，重点开展企业信息系统和基础设施建设，企业级系统全面单轨运行。信息化装备不断提升，计算、存储、PC 机等关键 IT 资产总量为 42 927 台（套），计算资源池新增服务器 322 台，增长 18%，存储资源池新增 1082TB 空间，增长 96%，人均资源在南网处于领先的地位，广西云平台基础已初步形成。数据中心建设不断扩展，海量准实时数据服务平台顺利投入，接入了计量自动化、调度自动化、设备在线监测等系统 9 个自动化系统数据，实现了管理数据与实时在线数据的共享。开展信息系统同城双活建设，建成并投运第二套企业管理信息系统并实现并联运行；完善了柳州灾备中心功能，实现企业级信息系统异地应用级灾备切换。开启"互联网＋"移动应用，建成一体化移动应用平台，移动应用实现手机 APP 化，实现了移动 OA 办公系统、生产系统故障抢修及维护检修、掌上学、网上党校、车辆管理等移动应用上线。应用大数据技术开展了综合管理统计、线损、营销抄核收、财务预算成本分析、设备运行评估、配网数据综合应用、台区运行维护等数据分析应用。拓展公司企信交流平台的功能，实现了替代 QQ、微信等功能；电力市场交易系统投入运行；建成班组资料规范化、掌上课堂、班组培训服务等信息化支持服务，助力班组规范化建设和减负工作。加大农电信息化投入，对县级企业继续有力扶持，共投入 3400 万元，解决了县级企业电脑不足的问题；所务工作平台投入应用，促进了县级企业规范化建设和提升工作效率。

经营管理

(1) 市场营销。2016 年，广西电网公司售电量增速由负转正，全年售电量 1049.3 亿 kWh，同比增长 2.3%，其中区内售电量 976.2 亿 kWh，同比增长 5.1%。采用电网兜底和跨网交易方式，激发主网增量用电 27.9 亿 kWh，趸售增量 5.1 亿 kWh，拉动趸售增长 3.9 个百分点，拉动工业用电增长 7.3 个百分点，实现工业用电从年初负增长 7.7% 到年末正增长 0.4%。全年客户资产接收原值 14.7 亿元，计划完成率 201%。促成 656 个项目 222 万 kVA 新增用电项目平均提前 10 天用电。推进成立广西电力交易中心，全年组织 130 家用户与 20 家发电企业，达成直接交易电量 145 亿 kWh，降低企业用电成本 16.6 亿元。推动组建广西能源联合售电公司，与发电企业和用户达成购售电合作意向电量 12.6 亿 kWh。

(2) 客户全方位服务。深化客户全方位服务体系建设，全口径客户平均停电时间 24.36h/户，全口径用户平均停电时间 19.71h/户；客户投诉率 5.1 次/百万户，同比减少 1.37 次/百万户。成立客户服务中心，实现南宁、梧州等网区呼叫全业务和全区投诉、举报业务集中运营，呼损率降低了 34%，人工接通率提升了 59%，人均话务处理时长减少了 110s。推广微信支付宝缴费、自助缴费终端,实现非现金缴费客户比例95%。全区试点推广居民客户远程费控,费控客户总量31万户,实现费控业务占比21%,电费回收率达99.997 1%。全年重要客户供电电源配置合格率、自备应急电源配置合格率分别达90%、93%,同比分别提升14%、21%。客户停电误报率、漏报率由2015年末的16%下降到2016年末的7%。

(3)农电管理。2016年,广西电网公司农网建设改造投资56.28亿元。县级供电企业供电量297.66亿kWh,售电量280.66亿kWh;综合线损率5.71%,同比降低0.19个百分点;综合电压合格率99.45%,同比下降0.04个百分点;综合供电可靠率99.76%,同比下降0.18个百分点。完成南方电网公司"子改分"工作任务;完成河池罗城矿务局和82个趸售村独立供电区域接收和电网改造,共涉及119个台区、用电客户5974户,年新增用电量约1000万kWh。农村客户平均停电时间22.91h。

2016年,投资24.3亿元开展19个贫困县、423个贫困村农网建设,安排6.93亿元推进贫困村农网建设和移民搬迁供电工程建设,派出51名驻村干部直接帮扶57个贫困村、5553户贫困户,推进6个定点贫困村528户2286人实现脱贫摘帽,其中南方电网公司定点帮扶的东兰县花香乡坡索村按期实现脱贫摘帽。

(4)财务管理。全年完成售电量1049亿kWh,上缴税收总额39.34亿元。推动广西输配电价改革试点方案获批和实施。"瘦身健体"和亏损企业专项治理实现年度工作目标,融资成本同比降低0.56个百分点;超额完成"两金"清理任务,低于压降目标3.57亿元。完成竣工决算11 812项,决算金额166.79亿元,当年新增资产26.38亿元。财务管理系统建设持续保持试点优势,实用化考核在南方电网公司系统年度排名第一。

(5)审计管理。全年累计完成签证审计15 593项,完成审计项目760项,实现增收节支3188.04万元。开展"依法经营自查自纠月"活动和审计决定执行情况专项检查,全年累计完成上级下达120份审计意见(决定)的执行,累计清收资金2418.02万元,纠正不规范业务444项。累计移交纪检监察部门查处线索12条次,处理相关责任人28人次。开展内部审计理论研讨活动,推荐的优秀论文获广西理论研讨优秀论文二等奖2篇、三等奖3篇。

行政管理

(1)行政办公。信息工作连续11年获得南方电网公司信息工作先进单位。全年立项督办事项136项、督查事项27项,分解进度安排408项,督查督办办结率达99%。保密工作在自治区保密局检查考评中得到满分100分,被评为"机要文件交换优秀单位"。档案管理被自治区档案局评为"归档文件材料整理质量优秀单位",连续4年排名第一。全年共排查矛盾纠纷和风险隐患139件,化解办结118件,未发生进京赴穗重大越级上访事件。被盗窃破坏案件数同比减少83%,直接经济损失数同比减少76%,没有发生重、特大电力设施被盗窃破坏案件。率先在南方电网公司系统建设行政办公实物资产管理信息系统;开发车辆管理信息系统,逐步实现车辆台账、使用、维护等全生命周期管理。全年新闻宣传对外发稿8953篇,同比增长18%;开展"春风十里只为你""多一度温暖"等新媒体宣传,网民阅读量突破5000万;在南方电网公司新闻宣传工作综合评价考核中第一,获"广西日报通讯报道先进单位""广西电视台新闻报道工作先进单位""中电传媒新媒体好新闻先进集体"等荣誉称号。

(2)企业管理。全面启动"十三五"发展规划的编制工作,提出"五个一流"的目标和"补短板、提质效、促转型"的实施路径。印发《2016年全面创先行动计划》和各区域重点联动任务清单;印发《2016年改革工作计划》,提出24项改革工作任务;配合政府起草《组建相对独立的电力交易机构》和《推进地方电网企业厂网分开、主辅分开专项方案》等6项电力体制改革专项制度及方案。启动职工持股企业改革工作,印发实施《职工持股企业改革总体方案》。在南方电网公司系统率先发布《推进精益管理工作方案》,总结推广变电站设备精益化管理、台区标准化建设、远程费控装置三个示范项目建设经验。

6月29日,广西电力交易中心正式挂牌运营。10月31日,广西电力市场管理委员会成立。全年累计组织151家用户与20家发电企业达成直接交易电量145亿kWh,降低用户用电成本约16亿元,有色、化工、铝业、钢铁、铁合金、化肥等行业受益。2016年,广西纳入国家进一步扩大输配电价改革试点范围;12月29日,国家发改委正式批复广西电网第一监管周期输配电价,广西电网公司盈利模式由原来的"购销价差"过渡到"准许成本+合理收益"的准许收入模式。8月23日,广西能源联合售电有限公司正式挂牌成立,这是一家与大唐集团桂冠电力公司共同组建的混合所有制售电公司。大力支持广西增量配电试点项目建设。与各地市政府及试点园区开展合作,获批参与粤桂合作特别试验区、河池大任产业园项目建设。

(3)人力资源。2016年,全员劳动生产率为37.54万元/人年。岗位胜任能力评价首次合格率97.8%,同比提升7.6个百分点。新增高技能人才3387人,同比提升17.8%;新增技能专家67人,专家队伍(含后备级)总量达到175人。各级机关超员率降低 7.89 个百分点，生产一线缺员率降低 5.61 个百分点。通过撤并营业厅、"人巡＋机巡"等调整，定员减少 696 人。开展集中培训 897 期约 5 万人次，开展直线经理管理技能培训 1276 人次。新建及改造实训室 119 个，电教室 30 个，新建供电所简易实训场 95 个（总数达到 193 个）。完成人力资源管理"1＋2"信息系统推广验收，人力资源及培训评价系统实现功能全应用和员工应用全覆盖。

（4）法律事务。全年新发法律案件 122 宗，办结法律案件 115 宗，挽回经济损失 4489 万元。全年电力设施被盗窃破坏同比降低 83％，直接经济损失同比降低 76％。制定《广西电网公司法治建设"十三五"规划》，推动自治区政府出台《广西电力用户安全用电管理办法》，推动自治区高级法院开展触电案件专项研究并对统一全区触电案件审理规则形成共识，推动自治区司法厅将《广西壮族自治区电力设施保护办法》纳入全区普法学习统编教材。推进法律业务集约化，首批 6 个供电局完成了法律业务集约。全区普法评比位列广西第一名，并荣获"2011～2015 年全国法治宣传教育先进集体"称号。

（5）纪检监察。全年累计组织开展主体责任约谈 986 人次、监督责任约谈 967 人次，查处落实"两个责任"不力问题 35 起，追究主体责任 52 人次、监督责任 14 人次。落实南方电网公司巡视发现问题的整改，组织开展电力营销等 8 个业务领域专项治理、党的领导和党的建设情况等 5 个专项检查和整改。内部巡视监督实现所有供电企业全覆盖的目标。全年受理信访举报 383 件，通报典型违纪案例 59 起，运用监督执纪"第一种形态"累计开展"四种谈话"2553 人次。在 7 个供电局推行纪检监察中心工作机制，优化人员配置 30 人。

党群工作

（1）党建工作。推进基层党建"六个载体"建设，全年共有 18 个党组织和 35 名党员荣获省部级以上党内先进表彰。出台《党组（党委）及领导班子成员全面从严治党"一岗双责"责任清单》，建立领导干部基层党建工作联系点制度，逐级签订党的建设考核责任书。完善党委书记、党支部书记、党员队伍三级到位履职评价体系，推动管党治党责任层层落地。扎实推进"两学一做"学习教育，坚持"学"有创新。用活用好"一周一学""一月一讲""一季一议""全年一评"四项学习机制。开展"四讲四有四争先，电力先锋亮八桂"主题实践活动，推出"五个一批"党建示范成果。积极推进标杆党支部、先锋工作室、先锋班站、党员责任区、党员示范岗创建。加强基层党组织建设，所属 14 个供电局、43 家县级供电企业全部实现"一局一党委""一县一党委"，148

个供电所实现"一所一支部"，879 个班（站）实现"一班站一（党）小组"，各级党组织按期换届率 100％，坚持"管"有实招。强化省、市、县三级督导，确保学习教育规定动作不走样、自选动作有特色、组织推进严管控。

（2）企业文化和精神文明建设。开展《南网总纲》全员宣贯，实施"新理念传播、全员文化主题、文化转化提升"三项行动，组织"学习新理念　开启新思路"大讨论，开展"我为《南网总纲》代言"等系列活动。制定和落实《意识形态工作责任制实施细则》。启动企业文化示范创建"牵手共建"活动，推动"道德讲堂"进支部、进班组、进社区。加强"幸福南网"微平台运营，实施"幸福心动力"员工关爱行动。宣传驻村扶贫干部罗伟用生命践行"扶贫宣言"的先进事迹在社会上引起了广泛反响；树立了"中央企业十大优秀党务工作者标兵"龙梅、"南网宝贝"周毅波、"党员创客"黎玉庭等一大批先进典型。

（3）共青团工作。全年共组织 158 支青年突击队投身抗击台风抢修复电和重要活动保供电任务；开展"爱在南网·春苗成长营"公益活动，成立了 39 支扶贫志愿服务队，常态化开展志愿服务"四走进"活动，累计开展活动 462 次。各级团组织荣获全国级荣誉 2 个（"全国五四红旗团委"1 个、"全国青年安全生产示范岗"1 个）、自治区级荣誉 28 个，南方电网公司级荣誉 39 个。

（4）工会工作。突出抓好职工经济技术创新、职工之家建设、职工素质提升及企业民主管理工作。全年共有 3 个单位荣获省部级及以上"五一劳动奖状"，7 人荣获省部级及以上"五一劳动奖章"，31 个班组荣获省部级及以上"工人先锋号"，1 人荣获国资委"十大最有故事工程师"，1 人荣获"广西工匠"荣誉称号，2 人荣获"南网工匠"荣誉称号。创建劳模（技术能手）创新工作室 122 家，完成职工创新课题 270 项，获得国家专利授权 129 项，产生经济效益 5000 多万元，其中 6 项成果荣获全国电力行业职工创新奖，27 项成果获南方电网公司职工创新奖。全年共投入专项资金 3300 多万元解决了 193 个供电所和 538 个营业点职工用餐场所。开展"变电站设备主人"、多旋翼无人机操作等 7 项劳动技能竞赛，参与竞赛职工达 7000 多人。开展"元旦春节送温暖""临时性困难补助"等帮困活动，共向 683 名困难职工发放困难补助金 144.72 万元，向 137 名困难职工子女发放"金秋助学"补助金 24.3 万元。各级工会在节假日开展健步走、广播操、厨艺比赛等活动共计 595 次，参与职工 4.53 万人次。

主要事件

6 月 29 日，广西电力交易中心在南宁正式揭牌成立，是全国首家涵盖发电企业、用户代表、地方电网、第三方机构等多家利益相关市场主体参股的电力交易机构。

8月2日，第4号超强台风"妮妲"登陆广西，共造成广西电网公司系统10kV及以上线路跳闸267条，40.62万户用户受灾停电。广西电网公司提前启动台风Ⅲ级应急响应积极应对，至同年8月4日9时结束应急响应，共投入抢修人员6668人，车辆1650辆、发电车5辆、发电机2台，全面完成抢修复电工作。

8月23日，广西电网公司与大唐集团桂冠电力公司共同组建的广西能源联合售电有限公司正式挂牌成立。

9月14日，完成第13届中国—东盟博览会、中国—东盟商务与投资峰会特级保供电任务，累计投入保供电人员2732人次，车辆752台次，应急发电设备23台，执行保供电任务87次，实现了"五个不发生"的目标，打造了"精益保电"的广西样板。

12月29日，国家发展和改革委员会以发改价格〔2016〕2805号文件批复广西电网2017～2019年输配电价，自2017年1月1日起实行。

11月30日，《广西壮族自治区安全用电管理办法》颁发，该《办法》的实施将有效填补《用电检查管理办法》废止带来的法律空白，有效解决了影响电网安全稳定运行的安全用电问题，为营造良好用电秩序、维护社会公共安全具有重要意义。

（傅光虹）

【云南电网有限责任公司】

企业概况 云南电网有限责任公司（简称云南电网公司）是云南省域电网运营和交易的主体，是云南省实施"西电东送"、"云电外送"和培育电力支柱产业的重要企业。截至2016年底，员工总数6.89万人，拥有110kV及以上电压等级变电站640座、输电线路5.13万km。全省发电装机（含向家坝）容量8443万kW，以水电为主的清洁能源装机容量7041万kW（水电6096万kW，风电737万kW，光伏208万kW），占比83.4%；火电装机容量1402万kW，占比16.6%。

2016年，售电量1968亿kWh，同比增长8.3%；省内售电量1096.6亿kWh，同比增长2.7%；西电东送电量1100.5亿kWh，同比增长16.4%。截至2016年底，资产总额1147亿元，资产负债率76.7%。

领导班子

党组书记、董事长：汪际峰（法定代表人）

党组成员、董事、总经理：薛武

党组成员、董事、副总经理（正职级）：俏蜀明

党组成员、董事、副总经理：王文

党组成员、董事、副总经理：郑之茂

党组成员、董事、副总经理：汤寿泉

党组成员、董事、副总经理、总会计师：周正风

党组成员、董事、纪检组长：郑立春

工会主席：赵建华

副巡视员：邹立峰

副巡视员：杨波

组织机构 本部设21个职能部门，下设33个地市供电局级单位（含17个地市供电局、16个专业分子公司），114个县公司，供电营业区覆盖全省除保山市、西双版纳农垦电力配网以外的所有地区。

安全生产 云南电网与四省区电网实现异步联网方式运行，电网结构及运行特性发生历史性重大变化。落实南方电网主网架安全稳定措施要求，积极协调省内发、输、配、用各环节加强电网特性研究与风险管控，确保了大电网安全稳定。制定并落实防范电网10大风险的44项重点工作69项控制措施，风险控制措施完成率100%。提升电网运行水平，17家供电局实现了调控一体化。开展安全生产大检查，积极推进发现问题的整改。按照"全覆盖、分层级、上下承接、逐级负责"原则，修订了各级人员安全生产职责规定。吸取普洱"6·20"和怒江"8·31"等事故事件教训，强化红线意识和底线思维，狠抓安全责任制落实和问题闭环整改。落实设备主要风险及重点维护策略，重点抓好西电东送主通道和影响云南电网安全的关键厂站、线路、设施的特巡特护。推动设备全生命周期精益化管理模式由主网向配网延伸，由地市供电局向县级供电企业延伸。完成1226台末端电压低于180V的低电压台区改造，排查设备隐患1985个。完成输配电线路与公路、铁路、加油站交叉跨越隐患治理275处，建立隐患管控长效机制。与法国电力国际电网公司联合开展带电作业和可靠性合作。应对"4·22"怒江强降雨、"9·17"楚雄泥石流等多起严重自然灾害，完成南博会和天宫二号发射有关测控场所等保供电任务。

供电服务 加大电力市场化交易力度，完成省内市场化交易电量590亿kWh，促进省内主要行业开工率由年初的35.4%回升至62.5%。全年西电东送电量1100.5亿kWh，首次超过省内售电量，弃水电量由年初预计的450亿kWh减少至314亿kWh。积极推广电能替代，在昆明、玉溪等重点城市开展电动汽车充电设施建设试点。落实客户全方位服务"三项机制"，着力构建服务"同心圆"，全面深化全方位服务。成立省级电力客户服务中心，促进全省服务优化、同质化。优化业扩报装服务流程，提前投产容量244万kVA，增加电量1.7亿kWh。拓宽缴费服务渠

道,非现金缴费比例达到 82.3%。建立网格化服务管理机制,有效落实大客户经理制、片区经理制。第三方客户满意度达到 77 分,为历年最高。在云南省十大公共服务行业公众满意度调查中实现"八连冠"。

经营转型 面对盈利模式由"购销价差收益"到"准许成本+合理收益"的重大转变,全力推进经营转型、全面提质增效,完成年度经营预控目标。细化落实"10 个专项行动",全面完成各项任务。推进"亏损治理"和"低效无效投资清理",亏损子企业减少 28 家,亏损额减少 2.11 亿元。强化电费回收管控,年度电费回收率达 99.99%。与中国人民银行签订征信系统共享商务信用合作协议,成为南方电网系统内首家将企业及个人欠交电费等失信行为纳入银行征信系统的省级单位。抓好存货、工程物资清理,年末"两金"余额 24.4 亿元,同比下降 34.8%。全面落实税收优惠政策,新增可抵扣增值税进项税额 1.59 亿元,减免企业所得税 1389 万元。构建"大财务"体系,延伸管理监督权责,将 239 个特殊资金主体账套纳入委托管理范畴。完成工程财务竣工决算审计 534 项,领导干部离任、任中经济责任审计 64 项,专项审计 46 项,审计揭示问题 3551 个,提出管理建议 1812 条。通过审计整改纠正违规资金 2130 万元,追收电费 453 万元,节约工程投资 4071 万元。系统谋划"七五"普法工作。办结绥江供电公司历史遗留重大合同纠纷案,避免经济损失 5100 余万元。完成安宁、马龙、个旧、江川 4 家县级供电企业子改分工作,农电管理进一步规范。加强信访事件属地化管理,来信来访首次实现"双下降"。

深化改革 云南是全国第一批电力体制改革综合试点省份,云南电网公司主动配合开展"准许成本+合理收益"输配电价改革,创新性地提出通过低价小水电保底供应解决交叉补贴、研究建立发电侧接入系统电价等措施。发挥电网平台作用,配合完成昆明电力交易中心组建工作。电力市场化交易实现全部工业用户、全电量放开,交易周期扩展到日前市场,云南电力市场建设继续走在全国前列。主动参与增量配电网改革,签订丽江华坪工业园区增量配电业务试点项目 4 方协议。配合做好居民电能替代、套餐用电政策研究,推出国内首例居民套餐用电方案。完成云南电网公司职工持股企业摸底排查,制定改革实施意见和总体方案。加强与国家有关部委、云南省委省政府、州市党委政府及有关部门、发电企业、用电客户的汇报沟通,与普洱、玉溪、丽江等州市政府、中国联通云南分公司、南瑞公司等相关单位签订了有关协议。

电网规划建设 主动调整投资策略,持续优主网、强配网、升级农网。修编"十三五"输电网、配电网规划,主导完成的云南省首个国家级新区滇中新区电网规划已经政府部门审核发布。促成省发展改革委认定公司 2016 年新增固定资产为有效资产。与国际知名企业对标找差,明确创一流目标。推进国际合作与交流,与湄公学院合作不断深化,专业技术培训、研讨和人文交流持续加强。提前投产国内首个省内直流工程——±500kV 永富直流工程。提前完成 3 个 220kV 高铁牵引变电站外部供电工程建设。220kV 耿屯变电站、谷满变电站工程获 2016 年度中国电力优质工程奖,9 项成果获得全国 QC 小组成果一等奖。完成昭通一户一表改造 19.6 万户,完成年度户表改造任务。送变电公司首个境外 EPC 工程——230kV 老挝先恩变电站全面建成投产。全年完成固定资产投资 135.7 亿元,其中新一轮农网改造升级投资 83 亿元。推进物资集约化管理,网省两级物资采购集中度达 94.2%。业扩配套项目物资 100% 纳入储备管理,常规储备物资周转率达到 391%,供电局全面实现仓储管理标准化达标。优化报废物资处置流程,处置报废物资 7930 万元,完成清仓利库工作目标。

科技和信息化工作 紧扣电力技术发展趋势和公司业务需求策划科研项目,承担国家计划课题 2 项,牵头申报 3 项,承担南方电网重点项目 8 项。落实国家"大众创业、万众创新"政策,开发南方电网"双创"平台。组织实施职工技术创新项目 167 项。47 项成果获省部级奖励,15 项职创成果获全国电力职工技术成果奖,其中 2 项获一等奖。针对防范人身触电事故研发的电力现场作业安全预警装置成果获第五届创新创业大赛云南省第一名、全国第二名。全年申请专利 540 项,获专利授权 370 项,创历史最好水平。实现第一件国外专利的授权。全力做好 CSGⅡ推广工作,在单轨运行的基础上,完成了系统竣工验收,实现全面协同运行。加强业务协同和建设推进协同,稳步提升各项指标,各系统实用化率 100%,业务域数据质量、协同数据质量得分率 100%。

队伍建设 完善干部选拔管理机制,开展干部选拔任用工作。优化 20 个基层单位班子配备。组织处级干部轮岗交流 41 人次。加大干部考核频度和奖惩力度,首次通报公司"一报告两评议"结果,组织开展选人用人专项检查"回头看"。规范开展处级和科级干部个人有关事项填报,完成随机抽查及 3 批次重点抽查核实。推进结构性缺员治理专项行动,缺员专业共补充 2799 人,区域缺员调剂 338 人,缺员率由 6.09% 下降至 0.4%。强化"1 个团队、2 类人才、6 支队伍"人才发展机制。1 人获聘网公司高级技术专家,聘任各级技术专家 160 人,首次选聘 10 名县级供电企业技术专家。搭建技能人才发展"金字塔",选拔 1 名"国家级技能大师"、1 名"全国技术能手"、1 名"云岭工匠"、13 名"云岭首席技师"和 365 名技能专家。开展班组长及一线员工现场技能培训，全员素质当量由 0.65 提升至 0.71。加强高层次人才培养，2 名专业技术人员分获云南省有突出贡献专业技术人才二、三等奖。优化完善激励机制，进行全额、全员、差异化考核。对做出特殊、重大贡献的单位和个人进行奖励，在工资总额中安排 0.5% 的专项预算作为大众创新奖励基金。

党的建设　细化制定公司《加强和改进党的建设实施方案》。将"一岗双责"履行情况纳入组织绩效考核，全面开展党组织书记述职考核。推进"两学一做"学习教育，以"四讲四有四争四创"为主题，围绕中心工作组织实施"书记项目"1204 个。规范党内组织生活，坚持"三会一课"、周组织生活和"党费日"等基本制度，在南方电网系统内率先完成党员党费核查及补交工作。扩大基层党组织覆盖面，46 个基层单位成立党委，职工持股企业党组织增加 40 个。完成 177 个基层党组织换届选举，实现"应换尽换"。组建党的十八届六中全会和全国国有企业党建工作会精神宣讲团，分 5 组赴基层单位宣讲会议精神。深入宣贯《南网总纲》，召开各类宣贯会议 1283 场次。深化公民道德建设，在南方电网系统内率先发出员工文明行为倡议。大力推进"幸福南网——职工之家"建设，深化"和谐温馨供电所"创建。央视新闻联播以 5 分 30 秒的时长播出了公司高原巡线工作及一线员工和松云夫妇扎根高原、无私奉献的先进事迹。丽江供电局车文勇获得中央企业优秀共产党员称号。举办商务英语大赛、"青年学堂"等主题活动。完善"大监督"体系，构建党组织履行全面监督、业务部门履行职能监督、监察部门履行专责监督的大监督格局。完成南方电网公司党组巡视组对公司第二轮巡视配合及整改工作。制定《巡视工作实施细则》，实现对基层单位巡察全覆盖。继续保持惩治腐败高压态势，公司系统全年共受理信访举报 315 件，立案审查 56 件，移送司法案件 2 件，挽回经济损失 2243 万元。践行"第一种形态"，推动主体责任落实，开展主责约谈 1074 人次、提醒谈话 1159 人次、诫勉谈话 177 人次、谈话函询 106 人次。推进扶贫攻坚，投入 1241 万元开展定点扶贫。选派 131 名驻村干部，涌现出吴长碧、和正光等先进驻村扶贫干部。将维西县白济汛乡永安村和绿春县牛孔乡牛巩村作为扶贫工作重点，从电网建设、产业扶贫、光伏开发、教育帮扶等方面多措并举，积极创建南方电网精准扶贫示范点。成立维西县特色农业扶贫开发公司。

主要事件

1 月 5 日，云南省人民政府副省长董华到云南电网公司调研。

2 月 25 日，国家发展改革委价格司到云南电网公司调研云南电力市场化交易情况。

截至 2 月底，自 1993 年起实施西电东送以来，云南省西电东送电量累计突破 4500 亿 kWh。

3 月 15 日～4 月 10 日，开展澜沧江梯级水电站水量应急调度，持续向下游补水 27 天，保证景洪水电厂日均出库 2000m³/s 补水要求，累计水量达 34 亿 m³（较天然来水增加近 3 倍）。

截至 3 月，国内首个省内直流工程±500kV 永富直流输变电工程交流部分全部投运。

4 月 28 日，在南方电网公司的统一组织协调下，云南电网转入异步联网，开始为期 2 个月的异步联网试运行。正式异步联网后，可有效化解交直流功率转移引起的电网安全稳定问题、避免大面积停电风险、大幅度提高电网的安全供电可靠性、显著提升云南电网外送能力。

5 月 30 日 0 时，由云南电网公司和华能新能源云南分公司共同建设的大理华能区域风电集控中心进入试运行，南方五省区首个风电集控中心正式建成。

6 月 6 日，送变电工程公司承建的国外首个 EPC 工程——老挝 230kV 纳塞通变电站和先恩变电站主变压器增容工程正式开工。

7 月 30 日，2016 年云南企业 100 强发布会暨大企业高峰论坛在云南玉溪召开，会议发布 2016 云南企业 100 强、制造业企业 50 强、服务业企业 50 强和民营企业 100 强名单。云南电网公司名列 2016 年百强企业第三，比 2015 年排名上升 2 位。

8 月 25 日下午，昆明电力交易中心正式授牌。

9 月底，完成营销管理系统推广工作，实现一体化营销管理系统在省公司级、18 个地级供电单位、119 个区县级局全覆盖。

11 月 15 日，云南电网公司与玉溪市政府并签订新能源汽车产业发展战略合作框架协议。

12 月 1 日起，云南电网公司将在全国首推居民电力消费"套餐制"，充分释放改革红利，优化居民能结构。

12 月 5 日，中国安装行业协会公布 2016 年中国安装工程优质奖（中国安装之星）入选名单，云南电网公司 220kV 耿屯变电站入选，成为云南电网首个获得该奖项的 220kV 电压等级工程项目。

（赵　亮）

【海南电网有限责任公司】

企业概况　海南电网有限责任公司（简称海南电网公司）是中国南方电网有限责任公司的全资子公司，负责经营南方电网在海南投资的国有电网资产，承担国有资产保值增值责任；对海南电网实行"统一规划、统一建设、统一调度、统一管理"，负责全省电网的安全生产工作，保证全省电网的安全、稳定、经济、优质运行；依法统一调度与省电网联网的电厂，并监督和指导电厂的安全生产工作。

截至 2016 年 12 月 31 日，海南省统调装机总容量 659.3 万 kW，统调最高负荷 412.9 万 kW。完成售电量 221.98 亿 kWh，同比增长 7.06%，资产总额 246.9 亿元。全省已形成 220kV "目" 字型双环网骨干网架，并通过 1 回 500kV 海底电缆（容量 60 万 kW）与南网主网相联。建成投运 220kV 变电站 29 座，容量 825 万 kVA，220kV 线路总长 4001.7km；110kV 变电站 117 座，容量 830 万 kVA，110kV 线路总长 3954.85km；35kV 变电站 151 座，容量 154 万 kVA，35kV 线路总长 2773.23km。供电户数 249 万户，乡镇、行政村和自然村的通电率均达到 100%。

领导班子

党组书记、董事长：金戈鸣

党组副书记、董事、总经理：郑外生

党组成员、董事、副总经理：詹晓晖

党组成员、董事、副总经理：林芳泽

党组成员、董事、纪检组组长：郭可青

党组成员、董事、副总经理：殷健

党组成员，海口供电局局长：陈东

工会主席：陈琼生

总会计师：林潮光

组织机构　海南电网公司本部设置 19 个职能部门，包括办公室、人事部、人力资源部、财务部、企业管理部、计划发展部、市场营销部（农电管理部）、生产设备管理部、基建部、物资部、信息部、安全监管部、科技部、审计部、法律事务部、监察部（纪检组办公室）、党建工作部（直属党委办公室、团委）、工会、系统运行部。设置直属机构 10 个，包括电力调度控制中心、物流服务中心、培训与评价中心（与党校、电力学校合署）、信息中心（与信息通信分公司合署）、离退休管理中心、电网规划设计研究中心、新闻中心、客户服务中心、营销稽查中心、电能计量中心。

下辖 29 个二级单位，包括 19 个供电局（即海口、三亚、儋州、琼海、三沙、文昌、澄迈、万宁、昌江、东方、乐东、陵水、临高、定安、屯昌、琼中、保亭、白沙、五指山供电局），6 个按分公司管理的单位（海南电力技术研究院、海南电网有限责任公司信息通信分公司、海南电网有限责任公司物流服务中心、海南电网有限责任公司建设分公司、海南省电力学校、海南电网清澜电厂），4 个全资子公司（海南送变电工程有限公司、海南电力物业管理有限公司、海南电力通信自动化有限公司、海南电力置业有限公司），1 个控股子公司（海南联网二回项目管理有限公司）。

人员状况　截至 2016 年 12 月 31 日，海南电网公司拥有员工 11 008 人。其中，博士研究生 7 人，硕士研究生 185 人，大学本科 2942 人，大学专科 3019 人，中专及以下 4855 人；高级职称 246 人，中级职称 706 人，初级职称 4009 人；高级技师 6 人，技师 136 人，高级工 4220 人，中级工 1060 人，初级工 713 人；离退休人员 3881 人。

电网规划与建设

（1）电网规划。修编 "十三五" 投资规划，着力优化海口、三亚、儋州电网结构，解决西部电力送出瓶颈问题。完成海南 "十三五" 输电网和配电网规划修编，结合政府 "多规合一" 改革为契机，提前做好各市县站址用地及廊道预留。结合海南自然灾害特点和重要用户供电现状，完成海口、三亚、儋州、琼海等重点城市保底网架规划。针对 246 个中心村农村配网供电 "卡脖子"、电压低、供电可靠性差等问题，按照 "一所一册" 方式，完成海南新一轮农网升级改造规划编制。

（2）电网建设。落实国家关于加大重点领域有效投资，以及配电网建设改造行动计划的部署，累计完成固定资产投资 46.48 亿元，连续 3 年创历史新高。建成投运海口龙泉 220kV 输变电工程、核电李坊—福山 220kV 线路工程等主网重点项目。全面启动新一轮农网改造升级，按期完成首批 4 亿元中心村电网改造。推动电网智能化发展，全省智能电能表覆盖率达 32%。物资管理持续优化，电子商务系统应用走在全网前列，全省仓库、急救包标准化管理全部通过南方电网公司达标考评。

电网运行与安全生产

（1）电网调度。密切跟踪防范 "大机小网" 等八大电网运行安全风险，按季、月、周、日强化风险动态评估，全面落实 84 项风险防控措施，及时发布三级事件及以上风险预警 67 次，有效管控 3 个一般事故、2 个一级事件、42 个二级事件、37 个三级事件的发生，持续加强 35kV 及以下保护设备管理，历史性实现 35kV 及以下保护动作正确率 100%。在核电调峰困难的情况下，强化负荷预测分析，优化机组检修安排，协调加强电厂机组、联网线等关键设备运行维护，保障电力供应平稳有序。

（2）安全管理。建立安全生产管理评价机制，促使各单位安全管理关口前移，抓好安全生产过程管控。全面开展安全生产大整治工作，落实 82 项具体整改工作，组织安全大检查发现并整改问题 2297 项，开展 134 次反违章大反思大讨论，出动三级安全网 1.6 万人次对全省 9164 个作业现场加强安全监察，及时查处严重违章行为 20 起，纠正一般违章行为 617 起，全年电力安全事件 33 起，同比下降 23.3%。

（3）重大保电。连续 3 年加大配网防风加固改造投资。总结应用以往抗风经验，健全完善"灾前防、灾中守、灾后抢"应急机制，依靠自身力量有效应对"电母"、"莎莉嘉"等台风，将电网损失降至最低，复电速度提至最快。连续 15 年零失误完成博鳌亚洲论坛保电任务，澜湄国家领导人会议、中非合作圆桌会议以及长征五号、长征七号火箭首发等系列重大政治国防保电任务。

市场营销

（1）营销管理。复制推广海口演丰供电所规范化建设经验，以点带面推进全省供电所规范化管理达标。加强营销信息化管理，实现新营销管理系统单轨运行。加速推进计量自动化建设，在完成 2015 年 79 万户低压集抄改造计划的基础上，全面铺开 148 万只户表低压集抄改造项目建设。建成投运全省单相表集中检定流水线，实现省级计量中心实体化运作，单相电能表省级集中检定和统一配送。加强电费回收管控，对连续欠费用户落实"一户一策"电费回收方案和欠费客户"黑名单"联动追缴机制，电费回收率达 99.98%，创历史最好水平。

（2）需求侧管理。抓住全省开展服务社会投资百日大行动的契机，为社会投资项目开通用电报装"绿色通道"，提供业扩"三免"服务，快报快装增供电量 2.4 亿 kWh。跟踪解决全省 12 个重点产业、6 类产业园区、421 个重点项目用电难题，推动 46 个存量业扩受限问题全部解决，确保琼乐高速、铺前大桥等一批省重点项目提前用电。海南省内售电量增速居全南网首位，高于全国平均水平，保障海南省经济实现 7% 以上的平稳较快增长。与琼海市政府加强沟通协调，推动琼海市继海口市、三亚市后，第三个实施新建住宅小区抄表收费到户政策。

（3）客户服务。深化客户全方位服务管理体系建设，创新"互联网＋客户服务"，完成 95598 语音缴费、掌上营业厅建设，推广应用网上营业厅和网省两级微信服务号，推动全省 63% 的供电所实现 100% 非现金缴费。开展营业厅环境及服务专项整治，完善客户服务中心组织机构设置，增设客服中心服务调度班，统筹协调全省停电集中监控、超时工单催办、营业厅视频监控等业务，95598 服务热线接听率同比提升 29 个百分点，12398 热线投诉总量同比减少 60%。海南电网公司荣登海南公共服务单位"百姓口碑榜"榜首。

科技信息管理 企业管理信息系统实现全面单轨运行，全省信息网络运行率达 99.98%、关键应用系统运行率 100%，未发生Ⅲ级及以上信息安全事件。建立首个省级重点实验室，完成首个国家科技支撑计划课题"区域智能电网综合示范工程"和 973 计划课题配套项目"基于源网联合仿真系统的海南电网多源互补"，12 项科技成果荣获得省部级或南方电网公司级科技奖励，其中，"绞合型碳纤维复合芯输电线关键技术研发与工程应用"科技成果首次获得南方电网公司科技进步一等奖，同时获得中国电力科学技术进步三等奖。有效专利拥有数累计 100 件。

节能降耗 强化节能发电调度，全额吸纳清洁能源 89.63 亿 kWh，促进单位发受电量化石能耗同比减少 59.64g/kWh，减少二氧化碳排放 399 万 t，减少二氧化硫排放 0.31 万 t。开展高损线路和台区整治，全面消除累计线损率超过 15% 的 10kV 线路和超过 30% 的台区，10kV 及以下综合线损率 4.92%，同比下降 0.21 个百分点。发挥电动汽车充电设施的引领和示范作用，完成海南电网公司系统内部停车场、城市示范站和环岛高速公路沿线三大充电设施建设项目，建成环岛高速充电网络。

经营管理

（1）财务管理。从 22 个业务层面细化制订 104 项提质增效工作举措，按月督促跟踪落实。全面推进 10 个专项行动，"僵尸企业"和亏损企业专项治理完成 2 家子公司、1 家集体企业清算注销和 1 户低效无效投资清理，在建工程完成清理 567 项，累计转固资产 77.51 亿元，两金占用额同比压降 1.28 亿元。优化经济调度，节约购电成本约 0.24 亿元，争取低成本融资，实现资金运作效益 0.5 亿元。

（2）审计管理。推广应用财务在线审计系统，建立起审计数据监控中心，对公司任命和管理的领导干部经济责任履行情况实行审计全覆盖，围绕重点工程、大修技改项目、工程竣工决算等深入开展审计监督。全年累计开展各类审计项目 257 个，提出审计建议 501 条，促进增收节支 4613.10 万元。

（3）基础管理。全面承接南方电网公司"十三五""1＋9"发展规划和工作要求，完成"十三五""1＋10＋N"发展规划编制。学习借鉴云南、贵州等省份电力体制改革经验和成果，配合政府编制完成《海南电力体制改革试点方案》，有序开展输配电价成本监审，稳步推进电力体制改革。围绕海南电网公司扁平化管理、电网投资、生产管理等急需改进的管理短板，以"减少浪费、提高效率"为目标，建立精益化管理项目库。连续 5 年组织基层单位开展 QC 小组活动，基层单位质量管理水平持续提升，海南电网公司被中国质量协会授予"全国优秀质量管理小组优秀企业"称号。

（4）法律事务。围绕改革前沿、重点领域、重要事项加强法律风险管控，对售电公司和交易中心的成立、充电桩合作、职工持股企业改革等重大事项提供法律风险分析服务并提出有效防控策略。修编完善《合同管理细则》，上线应用电商系统合同模块，审查经济合同10 752份，提出重大法律修改意见217条。试点推进岗位层面法律风险识别和防控，构建法律风险防控和岗位职责相融合的法律风险体系。"六五"普法收官，首次荣获全国"2011～2015年全国法治宣传教育先进集体"。妥善处理法律案件191宗，挽回或避免经济损失4552.12万元，胜诉率达94.24%。

人力资源管理

（1）干部队伍建设。严格按照新时期好干部标准开展干部选拔任用工作，规范动议酝酿环节，完善推荐考察程序，改进考察方式，从严把好干部选拔任用的政治关、品行关、能力关、廉洁关。调整统一县级供电局中层干部职级，解决县级供电局中层干部交流通道不顺畅问题。通过集中强化培训和省内跟班学习等形式，继续开展中青年和年轻干部选拔培养。依托井冈山、遵义红色教育资源，分批组织109名领导干部到江西和贵州接受党性教育和体验式革命传统教育。

（2）劳动管理。优化电网规划、基建物资等专业管控策略，推进全省计量校验首检、客户服务中心呼叫业务和通信专业等核心业务的集约化管理。按"一中心两模式"重新调整全省139个供电所组织机构，推行大班组制。全面完成冗缺员治理，人员有序流动机制初步建立，整体缺员率由6.4%降至2.7%，一线班组缺员率降至1.7%。加大月度绩效工资和组织绩效的挂钩力度，还原绩效工资的激励属性，3600名一线员工通过业绩考核晋升薪级。

（3）教育培训。坚持实施差异化员工培养，组织5700名一线涉电技能人员开展"十项规定动作"实操培训，完成308名供电所长综合能力的培训与评价。完善培训评价体系，8名一线员工被选聘为南方电网公司级内训师，3个自主开发课件被评为南方电网公司技能类精品课件，培训评价体系建设实现"两个零突破"。完成技能类岗位"培训评价、持证上岗"工作试点，实现"培训需求＋培训资源＋培训愿望"三合一。

党的建设和精神文明建设

（1）党的建设。组织全员深入学习十八届六中全会和全国国有企业党的建设工作会议精神。全面启动党组改设党委工作，将党建工作总体要求纳入公司章程，出台关于加强和改进党的建设的9个方面、17项改进措施，推动全面从严治党不断向基层延伸。308个党支部深入开展"两学一做"学习教育，落实407个书记项目和263个党支部行动计划，推动党内教育逐渐从关键少数向广大党员拓展、从集中性教育向经常性教育延伸，在职党支部参学率保持100%，在岗党员参学率保持在90%以上。深化党风廉政建设，向未设纪委的直属单位联合派驻纪检组，在县级供电局配置专职纪委书记，完成2家单位专项巡视和25家单位巡视回访，发现问题177个，移交问题线索10件次。针对南方电网公司党组巡视书巡视反馈意见，制定落实整改措施109项。保持反腐倡廉高压态势，对28家单位、19个机关部室党组织书记进行约谈，有针对性组织65名干部和关键岗位人员旁听法院庭审活动，以案促教。充分运用"四种形态"，加大执纪问责力度，累计开展主责约谈253人次、提醒谈话313人次、诚勉谈话17人次。

（2）民主管理。落实职代会职权，组织职工代表审议通过《工资薪点制单位月度组织绩效考核结果兑现办法》等2项制度，按照"分级负责、归口办理"的原则，收集办理有效提案7件，办复率100%。发挥职工民主监督作用，针对职代会精神的贯彻落实情况，对19家供电局进行巡视检查。对23个基层单位厂务公开民主管理贯标A级认证进行全面复查，地市级单位通过率达100%。

（3）精神文明建设。围绕6个南网模范职工之家和20个南网职工小家创建目标，发挥琼海局博鳌供电所等典型引领作用，统筹推进"职工之家"建设，许素芬家庭荣获评首届"全国文明家庭"称号。紧扣中心工作，在安全、服务、廉洁等领域，推动海口局"情满带电 我爱我家"、三亚局"北纬18°阳光团队"、乐东局"尖峰岭五星团队"等主题文化成果创建，在海口、三亚等7家单位试点开展员工道德积分建设，营造良好企业文化氛围，集聚健康发展正能量，22个团青集体及个人获上级表彰，4个青工成果获南方电网公司表彰。

主要事件

3月22～25日，海南电网公司投入保供电人员8000人次，保供电车辆303台次，应急电源车88台次，安保人员828人次，完成博鳌亚洲论坛2016年年会暨澜－湄合作首届领导人会议保供电工作。

4月1日，海南省重点项目昌江核电配套工程海口龙泉220kV变电站投运。

5月6日，海南电网公司召开干部大会，宣布：聘任郑外生为海南电网公司董事、总经理、党组副书记；聘任林潮光为海南电网公司总会计师，免去唐炜海南电网公司党组成员、总会计师职务，另有任用。

5月10日，由海南电网公司承担的首个国家科技支撑计划"区域智能电网综合示范工程"课题通过专家验收。

6月25日和11月3日，海南电网公司共投入保供电人员66 559人次、车辆16 170辆次，完成"长征七号"和"长征五号"运载火箭发射特级保电任务。

7月28~29日，海南电网公司召开"十三五"改革发展推进会暨2016年半年工作座谈会议。

8月26日，国家发展改革委正式批复《海南省电力体制改革试点方案》。

9月9日，海南电网公司召开全面深化改革领导小组会议，启动电力体制改革相关工作。

10月10日，国家发展改革委价格司委托海南省物价局牵头成立成本监审组，启动海南省输配电定价成本实地审核工作，对海南电网公司2013~2015年输配电成本及相关生产经营情况进行审核。

10月18日，第21号强台风"莎莉嘉"登陆海南，海南电网公司投入抢修复电人员9500人，抢修车辆1405辆，发电车12辆，有效应对台风袭击，将电网损失降至最低，复电速度提至最快。

（陈承彪）

【贵州乌江水电开发有限责任公司】

企业概况　贵州乌江水电开发有限责任公司（简称乌江公司）前身为乌江水电开发公司，是于1992年正式成立的中国第一家流域水电开发公司，1999年改制为贵州乌江水电开发有限责任公司，产权比例为国家电力公司51%，贵州省49%。2002年12月，原国家电力公司持有的乌江公司51%股权整体划转中国华电集团公司。2013年10月18日，贵州省人民政府国有资产监督管理委员会将持有的49%股权划转贵州产业投资（集团）有限责任公司。截至2016年底，贵州乌江水电开发有限责任公司的产权比例为中国华电51%，贵州产业投资（集团）有限责任公司49%。中国华电集团公司贵州公司（简称华电贵州公司）于2003年2月成立，是中国华电在贵州省的派出机构，负责中国华电在贵州省的生产经营管理、发展规划、电力营销、协调服务等工作。2007年1月9日，中国华电对乌江公司、华电贵州公司进行管理整合，实行"一套机构、两块牌子、合署办公"，原有人员全部合并管理。2011年3月，乌江公司完成了对中国华电在贵州区域的火电资产整合工作，收购原华电贵州公司所有资产。

截至2016年12月31日，乌江公司（华电贵州公司）发展成为集水电、火电、煤炭、新能源、页岩气等产业为一体的综合性能源企业，初步形成"水火互济、电煤一体、气网同步、清洁高效、综合发展"的发展格局。除拥有乌江干流的洪家渡、东风、索风营、乌江渡、构皮滩、思林、沙沱7座水电站，乌江公司（华电贵州公司）还控、参股贵州乌江房地产开发有限公司（100.00%股权）、贵州江电实业有限公司（100.00%股权）、贵州乌江水电成套设备公司

（100.00%股权）、贵州华黔能源有限公司（50.00%股权）、贵州乌江水电工程建设监理有限责任公司（70.00%股权）、贵州华电毕节热电有限公司（92.00%股权）、贵州华电乌江电力工程有限公司（34.78%股权）、贵州华电塘寨发电有限公司（90.00%股权）、贵州华电桐梓发电有限公司（64.68%股权）、贵州乌江清水河水电开发有限公司（51%股权）、贵州华电清镇发电有限公司（100.00%股权）、贵州华电遵义发电有限公司（100.00%股权）、贵州华电大龙发电有限公司（100.00%股权）、贵州大方发电有限公司（45.00%股权）、贵州华电（毕节）头步发电有限公司（60.00%股权）、贵州华电安顺华荣投资有限公司（51.00%股权）、贵州华电华和能源有限公司（66.00%股权）、贵州华电水电工程项目管理有限公司（100.00%股权）、贵州黔能页岩气开发有限责任公司（51.00%股权）、贵州华电乌江售电有限公司（100.00%股权）、贵州华电威宁新能源有限公司（100.00%股权）、遵义铝业股份有限公司（26.91%股权）、中国铝业遵义氧化铝有限公司（26.72%股权）、贵州徐矿花秋矿业有限责任公司（39.72%股权）、贵州西电电力股份有限公司（3.56%股权）、重庆大唐彭水水电开发有限公司（12.00%股权）、国电安顺第二发电有限公司（18.00%股权）、贵安新区配售电有限公司（4.50%股权）、华信保险经纪有限公司（6.00%股权）、华电财务有限公司（4.95%股权）、华电置业有限公司（7.20%股权）、华电煤业集团有限公司（4.83%股权）、华电福新能源股份有限公司（2.25%股权）、贵州黔源电力股份有限公司（12.40%股权）、贵州西源发电有限责任公司（21.00%股权）、贵州北源发电有限责任公司（40.00%股权）、珠海市鑫贵铝电发展有限公司（91.00%股权）、香港贵力航运企业股份有限公司（30.00%股权）、贵州通信投资股份有限公司（20.00%股权）、贵州汉方实业股份有限公司（3.85%股权）、贵州爱纶丝化纤有限公司（21.14%股权）。

截至2016年12月31日，乌江公司（华电贵州公司）本部设12个职能部室，共有参、控股（含全资企业）和分公司47家，其中控股及全资企业22家，分公司7家，参股企业18家。拥有投产发电装机1319.5万kW，其中水电869.5万kW，火电450万kW，总装机容量约占贵州省统调总装机的30.72%。

领导班子

董事长、党委委员：王文琦

副董事长、党委书记：郑华

总经理、党委委员：张志强

副总经理、党委委员：杨宝银、黄志斌

副总经理、总会计师、总法律顾问、党委委员：张利

副总经理、党委委员：李同策、白启树

纪委书记、工会代主席、党委委员：王凤峨

副总经理、总工程师、党委委员：彭鹏

组织机构 本部设办公室（法律事务部）、战略管理部、人力资源部、财务管理部、资产管理部、运营管理部、火电产业部、水电产业部、煤炭产业部、政治工作部（团委、工会办公室）、监察审计部（纪委办公室）、物资管理部（成套公司）、乌江手电公司、水电学会等；挂靠4个中心；水电产业部下属23家公司。

工作业绩 2016年，乌江公司（华电贵州公司）完成销售收入118亿元，同比减少13.92%；实现利润18.02亿元，完成中国华电考核利润13.17亿元的136.82%；资产负债率为84.98%，同比降低0.53个百分点。完成发电量482.05亿 kWh，完成年度计划的102.36%，其中，水电295.85亿 kWh，完成年度计划的102.78%；火电186.20亿 kWh，完成年度计划的101.69%。完成供电煤耗330.47g/kWh，同比降低0.25g/kWh。新增55万 kW 新能源资源开发权，玉龙光伏（50MW）项目开工建设。正安—务川页岩气区块勘探项目"安页1井"成功钻探出气。思林、沙沱水电站通航工程升船机成功通过500t级标准船型试验。华电华荣公司煤矿兼并重组新增探明资源储量1.4亿 t。

安全生产 夯实安全管理基础，防汛安全抓早抓实，狠抓专项检查和督导，强化生产和环保安全，全年总体保持安全稳定，没有发生较大及以上安全生产事故。强化水库科学调度，梯级电站水能利用提高率达4.56%，节水增发电量11.39亿 kWh。构皮滩、思林、沙沱水库汛限水位动态控制管理实现历史性突破，多蓄洪水3.19亿 m³。火电设备利用小时4133h。

经营管理 在贵州省发电企业跨省区市场签约的总电量中，企业占比高达74.05%；总签约市场电量111.2亿 kWh，超出乌江公司在省内交易装机占比8.49个百分点。累计完成直供电交易电量85.98亿 kWh。带息负债结构调整、资金优化成果丰硕，财务费用同比节约4.8亿元，降幅16.79%，比预算节约1.41亿元；三项费用、八项经费分别同比下降9.55%和5.38%；招标节资率达10%，节约资金5119万元。优化构皮滩升船机供电电源建设方案，节约投资约800万元，年降低用电成本约1000万元。追收中铝拖欠电费，全年累计收回电费5.2亿元。全年取得增值税退税及所得税返还4.05亿元、煤炭"去产能"奖补资金2623万元、稳岗补贴1094万元、

水电库区维护基金3500万元，政策性效益利润贡献度达25%。

项目发展 年内新获取新能源资源开发权55万kW，相继完成15个风电项目的发起备案，仅用3个月完成玉龙光伏50MW项目立项决策、项目核准、送出工程、环评批复、电价争取等外部审批条件，并于2017年1月19日投产发电，实现华电在黔新能源发展零的突破。正安—务川区块勘探项目"安页1井"成功钻探出气。黔北天然气城际管网项目取得中国华电发起备案批复，遵义—湄潭天然气支线管道项目通过中国华电集团党组会审议。完成柬埔寨额勒赛下游水电站1号机 A 修。完成新疆达克曲克水电站建设管理相关工作，再创华电"准 EPC"工程管理模式典范，并在金上、西藏公司推广。水电项目公司通过丙级技术咨询资质省级审核。完成《贵州省风水互补风电开发方案（送审稿）》，项目列入国家"十三五"风电规划。完成贵州两江流域大型水面漂浮式并网光伏电站规划等项目研究，并通过验收。

改革发展 推进煤炭"去产能"，华电华荣公司退出14个煤矿、退出产能162万 t/a，提前3个月完成产能退出任务并通过地方政府验收。成立华电威宁新能源公司等组织机构，进一步明确职责界面。根据"新电改"和"提质增效"工作要求，初步构建区域一体化营销体系。推进战略规划、绩效管理、风险管控等重点管理体系建设，持续优化业务管理流程。出台发电企业对标管理办法，首次系统建立对标指标体系和评价模型，构建对标管理常态机制；推进"大定员"管理、"两化融合"管理体系贯标、智能化水电厂等试点工作。2016年，企业《大型梯级水电站群"远程集控、少人维护"生产管控体系构建》等17项管理创新成果荣获省部级奖项。在科技与信息化方面，乌江公司系统科技成果获省部级或行业奖项6项，获国家授权专利5项、受理专利9项。

党的建设、精神文明建设、企业文化建设 坚持党要管党、从严治党，着力夯实党建工作基础。全面贯彻党的十八届五中、六中全会和国有企业党的建设工作会等重要会议精神，毫不动摇地坚持党的领导，加强党的建设，强化各级党建工作责任。开展"两学一做"学习教育。强化党章党规和习近平总书记系列重要讲话学习，坚持"党员活动日"制度。突出问题导向，认真抓好党员组织关系集中排查、党费收缴专项检查等工作。严格落实"两个责任"。抓实党风廉政建设，细化分解"两个责任"落实，编制领导干部党风廉政建设责任履职手册，组织618人参加党风廉政建设考试，开展廉洁谈话429人。加强干部和人才队伍建设。全年交流调整领导人员43人次，选派27人开展首轮挂职交流。组织开展水电检修、火电精密

点检、人力资源管理等技能大赛。

主要事件

6月20日，沙沱电厂遭遇两百年一遇局地特大暴雨，出现进厂交通中断、厂坝区域严重积水、出线铁塔挡土墙垮塌等严重险情，经全体干部员工奋力抢险，成功抵御了暴雨侵袭，确保了水工建筑物安全和机组的稳定运行。

7月6日，中国华电董事长赵建国在贵阳拜会贵州省委书记、省人大常委会主任陈敏尔，省委副书记、省长孙志刚，双方就进一步加强合作、推动地企共同发展进行了座谈交流。

7月19日，思林发电厂大坝区域遭遇"7·19"特大暴雨袭击，坝区附近13h降雨量达到了328mm。特大暴雨导致副厂房2号主变压器洞顶拱被击穿，进厂交通洞有5处顶拱被击穿，厂区排水井被淹，生活区单回线运行。思林发电厂全体干部员工奋力抗洪抢险，成功控制住险情，确保了电站安全。

8月10日，贵州省委书记、省人大常委会主任陈敏尔就生态文明建设到乌江渡发电厂调研。

10月13日，贵州省国资委党委印发《关于2015～2016年度系统企业党委（党组）抓基层党建工作考核结果通报》（黔国资党通〔2016〕58号），乌江公司党委在58家监管企业中被评为"一等"，位列第三名。

10月18日，乌江公司召开电力客户见面会。乌江公司与四川合江县人民政府、重庆两江长兴电力有限公司等单位签订了合作框架协议。瓮福集团、红星发展大龙锰业公司在会上做了交流发言，表示将与乌江公司进一步合作，共谋发展。

10月21日，贵州省委副书记、省长孙志刚到乌江公司调研电力供应保障工作。

（任浩明）

【中国华电集团公司贵州公司】

见贵州乌江水电开发有限责任公司。

大 事 记

1月1日 中国能建设计和参与建设的我国西部首座核电站——广西防城港核电站1号机组完成168h试运行。

1月4日 南方电网公司成立南方电网物业资产管理公司筹备组，负责组织开展公司系统土地资源及相关资产的摸底调查、统计分析工作。

1月5日 中国三峡集团中标的巴西伊利亚、朱比亚两座水电站（总装机容量499.5万kW）特许经营权签约仪式在巴西矿能部举行，标志着中国三峡集团迄今最大的海外并购项目完成交割，中国三峡集团在巴西可控和权益装机容量达到600万kW，成为巴西第二大私营发电企业。

1月8日 在2015年度国家科学技术奖励大会上，中国电建参建的两项工程获得表彰。其中，京沪高速铁路工程荣获国家科学技术进步奖特等奖；溪洛渡拱坝智能化建设关键技术荣获国家科学技术进步奖二等奖。

1月8日 中共中央、国务院举行2015年度国家科学技术奖励大会。国家电网公司组织申报的青藏电力联网工程、电网雷击防护关键技术与应用、预防交直流混联电网大面积停电的快速防控与故障隔离技术及应用3项成果获国家科学技术进步二等奖，大功率特种电源的多时间尺度精确控制技术及其系列产品开发和特大型水轮机控制系统关键技术、成套装备与产业化2项参与成果获国家科学技术进步二等奖。

1月9日 中电联2016年第一次理事长办公会议召开。

1月11日 准东—皖南±1100kV特高压直流输电工程开工动员大会在北京召开。该工程是世界上电压等级最高、输送容量最大、输送距离最远、技术水平最先进的特高压输电工程。

1月13日 国电集团董事长乔保平、副总经理高嵩在国电集团本部会见了捷克和摩拉维亚共产党主席、捷克众议院副议长沃伊捷赫·菲利普率领的捷摩代表团。

1月14日 大唐集团2016年工作会议在北京召开。会议全面总结了大唐集团2015年及"十二五"工作，分析了面临的形势，确定了2016年及"十三五"发展总体思路，部署了2016年重点工作。

1月14日 国家能源局在北京召开全国电力安全生产电视电话会议，学习贯彻党中央、国务院领导同志关于安全生产工作的重要讲话和批示精神，落实全国安全生产电视电话会议和全国能源工作会议精神，总结2015年工作，部署2016年任务。

1月15日 国家能源局组织召开加快推进煤电超低排放和节能改造动员大会。会议提出，全国新建机组平均供电煤耗低于300g/kWh，有条件的新建机组都将实现超低排放；到2020年，全国具备条件的机组都将达到超低排放，现役机组平均供电煤耗低于310g/kWh。

1月16~18日 国家电网公司召开三届一次职代会暨2016年工作会议。

1月18~19日 中国华电2016年工作会议在总部召开。

1月18日 中国电力国际发展有限公司（简称中国电力）2016年第一次董事局会议在北京召开。会议审议了国家电投向中国电力注入资产事宜，批准签署《国家电力投资集团公司与中国电力国际发展有限公司关于中电投河南电力有限公司100%股权转让的意向书》。

1月19~21日 华电集团一届二次职工代表大会暨2016年工作会议在北京召开。会议全面回顾总结华电集团2015年及"十二五"工作，分析面临的形势，明确编制"十三五"规划总体思路，研究部署2016年工作。

1月19日 南方电网公司发布《南方电网公司党组关于加强和改进党的建设的实施意见》（南方电网党〔2016〕1号）、《南方电网公司关于全面推进"十三五"改革发展的若干意见》（南方电网办〔2016〕1号）。

1月19日 全国企业现代化管理创新成果审定委员会发布第二十二届"全国企业管理现代化创新成果"，国家电网公司系统共23项成果获奖。其中"电网企业以'两个一流'为目标的国际化战略与实施"等4项成果获一等奖；"多种类清洁能源分层次消纳及替代战略实施"等19项成果获二等奖。

1月22日 由国家电网公司在国际电工委员会（IEC）发起的《可再生能源接入电网术语、定义和符号》国际标准提案正式获批立项，项目编号IEC 62934。该标准提案是国家电网公司2016年在IEC获批的首个国际标准提案，也是国家电网公司在可再生能源接入电网领域成功立项的首个IEC国际标准。

1月25日 国务院国资委向全社会公开发布10名"最美央企人"，南方电网公司选送的"货郎电工"王炳益位列其中。

1月25日 国资委公开发布10名"最美央企人"，国家电网公司员工陈牧云当选"最美央企人"，国家电网公司获评优秀组织奖。

1月25日 中国华电董事、总经理、党组成员程念高在总部会见了新加坡国际企业发展局局长兼兰亭能源公司总裁余文民，新加坡驻华大使馆商务参赞尤善钡等一行，双方就加强天然气领域的合作交换了意见。

1月28日 国家电投并购的澳大利亚太平洋水电公司在墨尔本完成交割，国家电投正式获得太平洋水电公司的控制权。

1月29日 国内首个大型水电站设计施工总承包（EPC）项目——杨房沟水电项目合同在成都签订。合同签字双方为雅砻江流域水电开发有限公司和中国电建下属成员企业——中国水利水电第七工程局有限公司与华东勘测设计研究院有限公司组成的联合体。百万千瓦级大型水电站采取设计施工总承包模式，这在国内尚属首次。

2月1日 海南电网公司三沙供电局海口基地远程工作站投入试运行，实现了在海南本岛对三沙永兴岛电网的监视、控制和管理。

2月1日 由国家开发投资公司与中国水电工程学会联合主办的"2016年中国水电发展论坛暨水力发电科学技术奖颁奖典礼"大会在北京召开。国投电力董事长王会生、中国水电工程学会理事长张基尧分别代表主办方致辞。会议由国投电力总裁助理陈云华主持。

2月2日 中国电建投资建设的老挝南欧江二级电站（4×3万kW）2号灯泡贯流式机组正式并网发电。

2月3日 2016年度全国电力供需形势分析预测报告新闻发布会在北京召开。

2月3日 南方电网西电东送主网架海拔最高、线路最长大通道——滇西北送电广东±800kV特高压直流工程正式开工建设。

2月5日 国家能源局发布《关于做好"三北"地区可再生能源消纳工作的通知》（国能监管〔2016〕39号），要求华北、东北、西北地区充分挖掘可再生能源富集地区电能消纳潜力和电力系统辅助服务潜力，着力解决弃风、弃光问题，促进可再生能源与其他能源协调发展，满足民生供热需求。

2月16日 水利部与国家能源局在北京召开座谈会，协同推进水利和能源发展重点工作。会后，双方共同签署了《协同推进水利和能源发展重点工作会谈纪要》。

2月19日 国投电力收购西班牙雷普索尔公司（Repsol S A，西班牙最大石油公司）下属的全资英国子公司 Repsol Nuevas Energias UK Limited（简称 RNEUK）100％股权协议正式签署，并于2月25日正式生效。

2月20日 《中国电力工业现状与展望（2016）》服务手册编辑出版工作完成。

2月24日 国家发展改革委、国家能源局、工业和信息化部联合发布《关于推进"互联网＋"智慧能源发展的指导意见》（发改能源〔2016〕392号），提出营造开放共享的能源互联网生态体系，建设基于互联网的绿色能源灵活交易平台，支持风电、光伏、水电等绿色低碳能源与电力用户之间实现直接交易。

2月26日 中国三峡集团与四川省政府在成都签署战略合作协议，双方将进一步深化清洁能源开发合作，加快推进金沙江下游水电开发，共同打造金沙江水电、风电、光伏清洁能源走廊。

2月29日 国家电投第一届董事会第一次会议召开。会议审议通过了关于国家电投公司章程，董事会议事规则，董事会战略发展委员会、提名委员会、薪酬与考核委员会、审计和风险管理委员会4个专门委员会的议事规则及人员组成，董事会授权管理办法（试行），董事会执行委员会会议议事规则，董事会秘书工作制度的10个议案，听取了关于国家电投2016年投资计划和财务预算的报告。

2月29日 国家能源局发布《关于建立可再生能源开发利用目标引导制度的指导意见》（国能新能〔2016〕54号），指出2020年除专门的非化石能源生产企业外，各发电企业非水电可再生能源发电量应达到全部发电量的9％以上。提出了2020年各省（自治区、直辖市）行政区域全社会用电量中非水电可再生能源电力消纳量比重指标。

2月29日 中国能建承建巴基斯坦卡拉奇 K -2/K-3 核电项目2号机组常规岛顺利浇筑第一罐混凝土（FCD）。

3月8日 国家能源局印发《新一轮农村电网改造升级技术原则》（国能新能〔2016〕73号），明确了农网改造升级应坚持城乡统筹、统一规划、统一标准，贯彻供电可靠性和资产全寿命周期理念，推进智能化升级，推行标准化建设，满足农村经济中长期发展要求。

3月9日 杨昆、王志轩在中电联本部会见日本财团法人煤炭能源中心（JCOAL）副理事长桥口昌道一行，双方就在煤炭及煤电技术和节能领域合作进行交流。

3月10日 中国电建集团国际工程有限公司（简称电建国际）正式成立。

3月11日 由南方电网云南国际公司捐建的老挝那磨县 CSG 小学正式无偿移交乌多姆塞省教育与体育厅使用。

3月12日 中国三峡集团与云南省政府在北京签署《支持云南省人口较少民族精准脱贫攻坚合作协议》。中国三峡集团将安排20亿元人民币，对口云南省的怒族、普米族、景颇族3个人口较少民族实施整族帮扶精准脱贫攻坚。

3月14日 华能集团与韩国电力公司在华能集团总部签署了《项目合作谅解备忘录》，双方将共同投资、建设、运营和管理相关电力项目。

3月15日 杨昆在中电联本部会见国际能源宪章秘书处

业务部主任德斯文，双方充分表达了在东北亚超级电网建设等方面进行深入合作的意向，并就能源领域研究和人员交流等方面的合作进行了初步沟通。

3月17日 国家能源局印发《关于下达2016年全国风电开发建设方案的通知》（国能新能〔2016〕84号）。要求各省（区、市）发展改革委（能源局）依据该方案组织制定本省（区、市）年度开发建设方案，认真落实风电项目建设条件。纳入开发建设方案的项目，要在2016年内完成核准工作，严禁发生不具备开发实力的企业获取资源后倒卖批文等行为。

3月18日 大唐集团召开全系统视频会议，传达贯彻十二届全国人大四次会议和全国政协十二届四次会议精神。

3月19日 2016年经济形势与电力发展分析预测会在北京召开。

3月20日 全球首座模块式高温气冷堆核电示范工程反应堆压力容器在华能集团山东石岛湾核电站吊装就位，进入全面安装阶段。

3月22日 国家发展改革委、国家能源局、财政部、住房城乡建设部、环境保护部联合印发《热电联产管理办法》。要求20万人口以上县城热电联产全覆盖，还提出鼓励采暖型背压热电联产企业按照电力体制改革精神，成立售电售热一体化运营公司，优先向本区域内的用户售电和售热，售电业务按合理负担成本的原则向电网企业支付过网费。

3月23日 国家发展改革委、国务院扶贫办、国家能源局、国家开发银行、中国农业发展银行联合下发《关于实施光伏发电扶贫工作的意见》（发改能源〔2016〕621号）。提出在2020年之前，重点在前期开展试点的、光照条件较好的16个省的471个县的约3.5万个建档立卡贫困村，以整村推进的方式，保障200万建档立卡无劳动能力贫困户（包括残疾人）每年每户增加收入3000元以上。

3月23日 澜沧江—湄公河合作首次领导人会议在海南三亚举行，中国国务院总理李克强、泰国总理巴育、柬埔寨首相洪森、老挝总理通邢、缅甸副总统赛茂康和越南副总理范平明出席会议。李克强总理视察了国电集团展台，了解了国电集团风电产业发展及清洁高效燃煤电厂等情况。

3月23日 澜沧江—湄公河合作首次领导人会议暨澜沧江—湄公河国家合作展在海南三亚举行。中国国务院总理李克强、泰国总理巴育、柬埔寨首相洪森、老挝总理通邢、缅甸副总统赛茂康、越南副总理范平明在出席领导人会议，并参观了澜沧江—湄公河国家合作展。南方电网公司董事长赵建国向与会国家领导人及政府官员代表介绍了南方电网公司与湄公河五国电力合作成果。

3月27日上午 国投集团王会生董事长陪同国务院国资委主任肖亚庆一行赴天津国投津能发电有限公司（国投北疆电厂）调研，看望慰问一线干部员工。

3月27日 由中国电建所属成都勘测设计研究院设计、水电七局等单位施工的雅砻江桐子林水电站（总装机容量60万 kW）最后一台机组投产运行。至此，桐子林水电站全面投产发电，雅砻江下游1470万 kW 的水能资源开发全面完成。

3月27日 由中国能建所属中电工程投资建设的越南海阳燃煤电厂举行奠基仪式。

3月29日 南方电网公司召开新一轮农村电网改造升级工程动员大会。

3月29日 中国能建葛洲坝一公司、天津电建、安徽电建一公司、安徽电建二公司、湖南火电和江苏电建三公司六家企业荣获中国电力建设企业协会2015年度"全国电力建设优秀施工企业"称号。

3月29~31日 中国国际清洁能源博览会在北京举办，本届博览会主题为"中国清洁能源'十二五'总结与'十三五'展望"。

3月30~31日 以"全球能源互联网——以清洁和绿色方式满足全球电力需求"为主题的2016全球能源互联网大会在北京举行。

3月30日 由中国电建所属贵阳院设计，水电九局、水电十二局承担施工的贵州北盘江董菁水电站工程（总装机容量88万kW）荣获第十三届中国土木工程詹天佑奖。

3月30日 中电联印发《中国电力企业联合会标准管理办法》和《中国电力企业联合会标准制定细则》（中电联标准〔2016〕62号）。

3月30日 中电联与国际能源署在北京共同主办国有企业低碳能源转型研讨会。

3月30日 中国—捷克经贸合作圆桌会在捷克首都布拉格举行，在中捷两国元首的见证下，国电集团与捷克SWH国电集团签署了《关于在可再生能源与清洁能源领域开展经济技术合作及中方拟收购捷方若干风电项目的协议》。

3月31日~4月6日 国电集团董事长乔保平应邀赴波兰、保加利亚访问，拜会两国能源部负责人和大型能源企业负责人，会见中国驻波兰、保加利亚大使，调研当地能源市场情况及相关政策，推动国电集团新能源和节能环保设备"走出去"。

4月1日 国家发展改革委副主任连维良到国家电网公司总部调研并召开新能源消纳现场协调会。

4月1日 全国政协副主席、民进中央常务副主席罗富和到神华集团公司北京燃气热电就"推进煤炭清洁高效利用"进行专项调研。

4月10~13日 国际特大电网运营商组织（GO15）2016年第一次理事会在美国旧金山举行，南方电网公司副总经理王良友作为主席主持会议并发表主席致辞。

4月11~12日 国家电网公司召开"两学一做"学习教育暨2016年第二季度工作会议。

4月11日 中国华电党组书记、董事长李庆奎在总部会见以色列德墨戊尔AWE控股公司董事长、爱伟资（上海）投资咨询有限公司董事长沙洛姆·辛鸿一行，双方就加强合作进行了交流。

4月11日 中国三峡集团与美国通用电气公司在北京签署战略合作协议，双方将在水电开发、海上风电发展等方面深入开展合作。

4月13日 全国政协副主席、民进中央常务副主席罗富和与中国科学院院士金红光到神华集团三河电厂就"推进煤炭清洁高效利用"进行专项调研。

4月14日 杨昆在中电联本部会见英国皇家特许测量师学会（RICS）候任主席阿曼达·克拉克，双方回顾了以往的合作历史，探讨了在国际标准化、大数据平台及专业信息和人员交流等方面开展进一步合作的前景。

4月18日 （加纳当地时间） 中共中央政治局常委、全国政协主席俞正声与加纳总统马哈马共同出席中国能建加纳安所固电厂二期工程2×9E燃气联合循环机组投产仪式。

4月18日 第二届中国核电与韩国水电核电公司（简称韩水原）核安全管理对标会在浙江海盐召开。中国核电公司总经理陈桦，韩国水电核电公司董事长、执行总裁赵石出席对标会并致开幕词。

4月19日 杨昆在中电联本部会见日本海外电力调查会会长相泽善吾一行，双方在信息交换、促进企业沟通等方面达成初步合作意向。

4月21日 国家能源局召开促进煤电有序发展电视电话会议。会议全面贯彻落实党中央、国务院关于煤电有序发展的决策部署，解读了《关于促进我国煤电有序发展的通知》《关于建立煤电规划建设风险预警机制暨发布2019年煤电规划建设风险预警的通知》《关于进一步做好煤电行业淘汰落后产能工作的通知》《煤电项目规划建设情况监管工作方案》等文件内容。

4月26日 大唐集团与中国第一汽集团公司在北京签署战略合作框架协议，双方将在电力供热、汽车购销等有关领域加强合作。

4月28日 广州电力交易中心有限责任公司成立。广州电力交易中心依托南方电网公司按照股份制公司模式组建，注册资本金为人民币3000万元，其中南方电网公司出资2001万元，持股比例为66.7%。广州电力交易中心成立后，相应撤销原南方电力交易中心。

4月28日 国家能源局发布《2015年全国电力调度交易与市场秩序监管报告》显示，2014年，全国全口径发电装机容量13.6亿kWh，同比增长8.7%；省级及以上统调机组上网电量4.27万亿kWh，江苏、广东及山东统调机组上网电量位居前三。

4月28日 国家能源局发布《关于电网企业回购电源项目自建配套送出工程有关情况的通报》。显示，截至2015年底，国家电网公司、南网电网公司范围内回购的电源项目配套自建送出工程达103项，涉及金额约80.2亿元，线路长度4730.7km，涉及发电企业共170余家。

4月29日 国家电网公司召开实施新一轮农村电网改造升级工程暨第一批项目开工动员电视电话会议。

4月29日 庆祝"五一"国际劳动节暨全国五一劳动奖表彰大会在北京举行。华能集团7个单位（集体）受到表彰，其中澜沧江公司、海口电厂、济宁运河电厂等3个单位被授予"全国五一劳动奖状"，天津煤气化发电公司检修电气二次班、营口热电公司设备管理部热控班、太仓电厂运行部二期二值、伊春热电公司运行部等4个集体被授予"全国工人先锋号"荣誉称号。此外，华能集团系统还有39个集体和个人获得省级五一劳动奖。

5月4日 共青团中央印发文件，对先进团组织、青年集体和优秀团员青年进行表彰。国家电网公司系统共有17个先进集体和6名先进个人受到表彰，在中央企业中受表彰数位列第一。

5月5日 福建省发展改革委下发《关于宁德周宁抽水蓄能电站核准的复函》（闽发改网能源函〔2016〕55号），中国华电首个抽水蓄能项目——周宁抽水蓄能电站项目全面完成前期工作。

5月10日 国家能源局努尔·白克力局长到国家电网公司调研并召开座谈会。

5月10日 国资委组织的中央企业志愿服务品牌暨"中央企业志愿者之歌"宣传推广会在北京举办，会上表彰"中央企业志愿者之歌"获奖作品。国家电网公司推荐作品共得16个奖项，获奖数量在中央企业名列第一，其中二等奖作品《你的世界》和三等奖作品《爱的正能量》进行现场展演。

5月12日 国家电投海外公司在澳大利亚墨尔本成功完成特拉格风电场项目交割，正式获得特拉格风电场全部股权和控制权。项目交割后，国家电投在澳大利亚的风电装机容量达413.8MW，居澳大利亚风力发电公司第二位。

5月12日 中国华电董事、总经理、党组成员温念高在总部会见了英国BP石油公司综合供应与贸易业务（IST）首席执行官Paul Reed，双方就深化合作进行了交流。

5月13日 中国能建葛洲坝三峡建设公司承建的世界最大升船机通过验收。

5月16日 国家电网公司召开中层以上管理人员大会。舒印彪任国家电网公司董事长、党组书记，免去其国家电网公司总经理职务；免去刘振亚国家电网公司董事长、党组书记职务，到龄退出领导班子。

5月16日 国家发展改革委、国家能源局、财政部、环境保护部、住房城乡建设部、工业和信息化部、交通运输部、民航局联合印发《关于推进电能替代的指导意见》（发改能源〔2016〕1054号），从推进电能替代的重要意义、总体要求、重点任务和保障措施四个方面提出了指导性意见。

5月17日 国家能源局制定印发《电力规划管理办法》（国能电力〔2016〕139号），要求电力规划应在能源发展总体规划框架下，统筹衔接水电、煤电、气电、核电、新能源发电及输配电网等规划，支持非化石能源优先利用和分布式能源发展。

5月18日 南方电网公司发布《中国南方电网2015年企业社会责任报告》《2015年南方电网绿色发展报告》。

5月18日 杨昆接受韩国电力新闻采访，就中国主要发电能源、特高压直流输电（HVDC）、"东北亚区域电力联网与合作论坛"等问题回答记者提问。

5月19日 根据《中国电力企业联合会专家委员会管理办法（试行）》成立了中电联专家委员会。

5月21日 由中电联和日本煤炭能源中心主办的中日联合委员会第一次联席工作会议在西安召开。

5月25日 大唐集团与法国电力集团在北京举行全面战略合作伙伴关系协议签署仪式。

5月25日 国家电网公司召开深入开展"两学一做"学习教育确保电网安全和优质服务电视电话会议。

5月25日 全国火电600MW级（含1000MW级）机组能效水平对标及竞赛第二十届年会在银川召开。会议发布了2015年度全国火电600MW级（含1000MW级）机组能效对标指标，揭晓了年度机组竞赛结果。

5月26日 国务院国资委副主任、党委委员黄丹华到电科环所属联合动力本部第一党支部讲"两学一做"学习教育专题党课。

5月26日 原国家能源局副局长、国务院安委会专家咨询委员会副主任、能源专家委员会主任史玉波到神华集团寿光电厂进行工作调研，实地参观了寿光电厂工程现场，并主持召开了寿光项目电力工程质量监督调研专题会。

5月27日 2016年电力企业文化建设工作交流会暨企业文化建设示范单位现场会在新疆召开。会议表彰了2015年度电力企业文化优秀成果，交流了电力企业文化建设工作经验和心得体会。

5月27日 国家发展改革委副主任、能源局局长努尔·白克力到神华集团三河电厂就进一步提升煤电高效清洁发展水平、促进煤电有序发展进行专项调研。

5月27日 由中国电建所属昆明院设计、水电七局等单位施工的观音岩水电站（总装机容量300万kW）最后一台机组投产运行。至此，观音岩水电站5台机组全面投产发电。

5月27日 中电联召开2016年第一次理事长会议。会议听取了中国电力国际产能合作企业联盟筹备、派驻制实施办法修订、发展会员和调整理事单位、中电联团体标准等工作情况的汇报，研究部署了下半年重点工作。

5月28日 西电东送首条落点广西的±500kV直流输电工程——云南金沙江中游电站送电广西直流输电工程比原计划提前1个月投运，标志着南方电网主网架已经形成"八交九直"西电东送大通道，最大送电能力达到3950万kW。

5月30日 国家发展改革委员会、国家能源局印发《关于完善光伏发电规模管理和实行竞争方式配置项目的指导意见》（发改能源〔2016〕1163号），按照光伏发电项目的类型及规模、接网条件及消纳范围和促进技术的作用等因素，对光伏发电建设规模实行分类管理，分为不限规模的光伏发电类型和地区、普通光伏电站项目、光伏发电领跑者技术基地。对不同分类的光伏电站项目采用不同的竞争配置方式及要求。

5月30日上午（莫斯科当地时间） 中国核电党委书记、副总经理、中俄核能合作联合工作组中方常务副组长吴秀江应约与俄罗斯ASE集团公司总裁利马连科一行进行了工作会谈。

5月31日 杨昆在中电联本部会见美国自然资源保护协会全球项目总监苏珊·莱夫科维茨，双方就活动相互支持、火电未来发展趋势、可再生能源及碳交易、全球能源互联网等议题进行了交流。

5月31日 由中国能建中电工程西北院和中国能建天津电建组建的联合体，在京与业主中电国际签订中国能建目前装机容量最大的海外超临界燃煤电站EPC项目——巴基斯坦胡布超临界燃煤电站总承包合同。

6月1～7日 国家"十二五"科技创新成就展在北京展览馆举行，华能集团、清华大学、中国核工业建设集团公司在重大专项区，联合展示了华能山东石岛湾高温气冷堆示范工程建设进展、高温气冷堆关键技术突破等情况。

6月1～7日 国家电投在以"创新驱动发展、科技引领未来"为主题的国家"十二五"科技创新成就展上，展示了国家科技重大专项"大型先进压水堆核电站"CAP1400研发成果和我国三代核电自主化重要进展情况。

6月1日 比利时伊安蒂斯公司正式宣布国家电网公司全资子公司国家电网国际发展有限公司成为认购其增发14%股权的优选中标方。

6月3日 国家能源局下达《2016年光伏发电建设实施方案》（国能新能〔2016〕166号），明确2016年全国新增光伏电站建设目标为18.1GW，包括普通光伏电站12.6GW，以及光伏领跑技术基地5.5GW。

6月3日 国家主席习近平来到国家"十二五"科技创新成就展，在重大专项区详细听取了高温气冷堆关键技术攻关和华能石岛湾高温气冷堆示范工程进展情况。国务院总理李克强在听取汇报后鼓励各方做好高温气冷堆示范工程建设。参观高温气冷堆重大专项的还有张德江、俞正声、刘云山、王岐山、马凯、刘延东、赵乐际等。

6月3日 国家主席习近平在北京展览馆参观国家"十二五"科技创新成就展国电集团展台。

6月3日 刘振亚在北京会见美国爱迪生电力协会主席托马斯·库恩，双方就中美电力行业合作进行了交流。杨昆和爱迪生电力协会副主席劳伦斯·琼斯分别代表中电联和爱迪生电力协会签署了合作谅解备忘录。

6月5日 印度尼西亚驻华大使苏更·拉哈尔佐到神华集团北京燃气热电厂、三河电厂参观调研。

6月5日 中国能建中电工程成功开展国内最大深度海上静力触探试验。

6月7日 国家能源局印发《关于促进电储能参与"三北"地区电力辅助服务补偿（市场）机制试点工作的通知》（国能监管〔2016〕164号），通过建立电储能参与的辅助服务共享分摊新机制，充分发挥电储能技术在电力调峰、调频方面的优势，推动中国储能产业健康发展。

6月7日 中国电建华东院承担勘测设计任务，水电八局、三局、五局承担工程施工的浙江仙居抽水蓄能电站（4×37.5万kW）1号机组正式投入商业运行。

6月13日 国家能源局印发《2016年市场监管重点专项监管工作计划的通知》（国能监管〔2016〕171号），组织开展煤电项目规划建设情况、电力调度交易与市场秩序、电力用户与发电企业直接交易、用户受电工程市场秩序等4项重点专项监管，提高监管工作的针对性和有效性。

6月13日 华能集团总经理曹培玺在北京参加国务院总理李克强和德国总理默克尔共同出席的中德经济顾问委员会座谈会，曹培玺做了题为《凝聚能源转型共识，深化中德电力合作》的引导发言。

6月13日 南方电网信息数据有限公司筹备组成立，负责研究制定南网信息数据有限公司组建方案和章程，并具体落实信息数据有限公司的相关筹建工作。

6月13日 在国务院总理李克强和德国总理默克尔共同见证下，中国三峡集团、美国黑石集团、德国稳达风电公司在京签署《关于德国海上风电项目投资合作协议》。中国三峡集团就收购德国Meerwind 28.8万kW海上风电项目80%股权与卖方达成一致。标志着中国三峡集团成为中国第一家控股境外已投运海上风电项目的企业。

6月14日 大唐集团董事长陈进在总部会见了来访的GE公司副董事长庄睿思一行，双方就进一步加强战略合作进行了探讨。

6月14日 国电集团董事长乔保平、副总经理谢长军在国电集团本部会见了来访的维斯塔斯全球总裁Anders Runevad和丹麦使馆商务参赞Lars Eskild Jensen。

6月14日 老挝国家电力公司与云南电网公司、云南国际公司正式签订《老挝国家电网安全稳定运行技术支持服务协议》。

6月15日 中国电力国际产能合作企业联盟成立大会在北京召开。杨昆当选为联盟第一届理事会会长并进行了总结发言。

6月16日 国家能源局和西藏自治区在拉萨召开西藏能源工作座谈会，共商加快推进西藏能源发展的重大举措。华能集团与西藏自治区政府签订了"十三五"电力援藏协议。华能集团还与西藏自治区政府召开了座谈会，并签订《"十三五"期间进一步深化能源经济领域战略合作协议》。

6月17日 中国华电召开中层以上管理人员大会。赵建国任中国华电董事长、党组书记，免去其南方电网公司董事长、党组书记职务；李庆奎任南方电网公司董事长、党组书记，免去其中国华电董事长、党组书记职务。

6月17日 中央改革办专职副主任陈一新率中央改革办督察组到国电集团本部开展专项督察和调研，听取国电集团贯彻落实《国务院办公厅关于加强和改进企业国有资产监督防止国有资产流失的意见》（国办发〔2015〕79号）情况汇报和对政府部门简政放权的意见建议。

6月18日 在国家主席习近平，塞尔维亚总统尼科利奇、总理武契奇的共同见证下，中国能建董事长、党委书记汪建平和丝路基金有限责任公司总经理王燕之、中国环保能源有限公司董事长岳欣禹代表中方联营体与塞尔维亚矿产和能源部部长安蒂奇在贝尔格莱德签署联合投资开发塞尔维亚新能源项目合作谅解备忘录。

6月19日 2016年全国企业家活动日暨中国企业家年会在哈尔滨举行，大唐集团董事长陈进行荣获第九届"袁宝华企业管理金奖"。

6月19日 全国政协调研组到神华集团舟山电厂调研海水淡化工程。

6月22日 世界品牌实验室（World Brand Lab）在北京发布2016年《中国500最具价值品牌》排行榜，国家电网品牌以3055.68亿元的价值跃居榜首，品牌价值较2015年增长547.5亿元，连续10年攀升。这是国家电网公司参评以来首次夺得第一名。

6月22日 中电联批准筹建配电网规划设计、输变电材料、抽水蓄能、垃圾发电、直流配电系统等五个中电联标准化技术委员会。

6月23日 国家能源局在北京召开2016年电力行业网络与信息安全工作通报会。

6月24日 国际商会中国国家委员会（ICC China）环境与能源委员会成立会议在国电科环召开。

6月24日 国家能源局、中电联在北京联合召开2016年电力可靠性指标发布会，发布2015年度及"十二五"期间电力可靠性指标，交流可靠性监督管理工作。

6月24日 国家能源局和中国电力企业联合会在北京联合召开2016年电力可靠性指标发布会，发布了2015年度全国电力可靠性指标排行榜，华能集团共有8台火电机组入围，数量居五大发电集团之首。

6月24日 华能集团与中国海洋石油总公司在华能集团总部签署战略合作框架协议，合作双方将发挥各自优势，打造战略联盟，在天然气上游、LNG接收站及天然气发电业务领域开展战略合作，在天然气、热力和电力供应等方面深化互惠合作。

6月24日 中电联与国家能源局在北京联合召开2016年电力可靠性指标发布会。会议发布了2015年度电力可靠性指标及"十二五"期间全国电力可靠性趋势分析，通报了电力可靠性管理工作情况，安排了"十三五"时期主要工作。

6月25日 国家能源局召开国家煤电节能减排示范单位座谈会，授予江苏国信泰州电厂、浙江华能长兴发电厂和山西国际能源集团瑞光热电厂"国家煤电节能减排示范电站"称号。

6月25日 在国家主席习近平和俄罗斯总统普京的见证下，国家电网公司董事长舒印彪与俄罗斯电网公司总经理布达尔金在人民大会堂签署了双方设立合资公司开展电网业务的股东协议。

6月26日上午 国家电投在"中国工业行业企业社会责任报告发布会"上发布《国家电力投资集团公司2015企业

社会责任报告》，这是国家电投重组后对外发布的第一份企业社会责任报告。

6月28日 国家能源局与环境保护部联合印发《2016年各省（区、市）煤电超低排放和节能改造目标任务的通知》（国能电力〔2016〕184号），对全国各省（区、市）煤电超低排放和节能改造目标任务进行部署，其中超低排放改造目标为25 436万kW，节能改造目标为18 940万kW。

6月28日 国家能源局综合司下达火电灵活性改造试点项目的通知（国能综电力〔2016〕397号），确定丹东电厂等16个项目为提升火电灵活性改造试点项目。

6月29日 中国华电成功发行2016年首期公司债券，发行规模40亿元，债券期限3年，票面利率2.99%。此次发行是中国华电在交易所市场的首次亮相。

7月1日 国家电网公司召开领导班子扩大会议。寇伟任国家电网公司总经理。同时，国务院国资委党委决定：寇伟任国家电网公司董事、党组副书记。

7月1日 国家能源局印发《锦苏直流等八项典型电网工程投资成效监管报告》。

7月1日 杨昆在中电联本部会见非洲工程组织联合会主席穆斯塔法·巴拉拉比·舍步一行，各方就中国企业在非进行电力项目投资建设情况进行了交流和沟通。

7月1日 杨昆在中电联本部会见能源宪章秘书长乌尔班·鲁斯纳克，双方就东北亚地区电网互联、能源宪章与中国能源行业未来合作等议题进行了深入交流。

7月1日 在中电联本部召开庆祝中国共产党成立95周年暨"两优一先"表彰大会和中电联党组理论学习中心组2016年第二次（扩大）学习会。

7月3日 中国能建中电工程华北院参与建设的全球最大的500m口径球面射电天文望远镜（英文简称FAST）主体工程在贵州省平塘县全面竣工。

7月4日 国电集团与华北电力大学联合组建的"智能发电协同创新中心"在北京揭牌。

7月4日 国家发展改革委、国家能源局联合印发《关于推进多能互补集成优化示范工程建设的实施意见》，明确了示范工程的建设意义，提出了终端一体化集成供能系统、风光水火储多能互补系统的建设任务、目标、原则和方式，明确了实施新的价格机制，加大政策扶持、创新管理体制和商业模式等政策措施。

7月6日 云南国际公司与越南电力贸易公司在越南河内正式签署了中越电力联网第三商业运行阶段购售电合同。中越电网互联和跨境电力贸易正式进入第3个五年周期。

7月10日 依托天津IGCC电站建成的中国首套燃煤电厂燃烧前二氧化碳捕集装置，完成72h满负荷连续运行测试，向近零排放的煤基能源清洁发电迈出了关键一步。

7月12日 国家能源局在北京召开2016年全国电力安全生产委员会扩大会议，会议传达了贯彻落实党中央、国务院关于安全生产工作的总体要求和国家防总全体会议精神，通报了2016年上半年电力安全生产工作情况，部署了电力安全生产工作、电力防汛工作和二十国集团峰会保电工作。

7月13日 第十一届中欧工商峰会在北京人民大会堂举行，国电集团董事长乔保平在"深化互联互通"平行论坛中代表中国企业发言。

7月13日 国际信用评级机构标准普尔将中国三峡集团信用评级由"A"调升至"A+"。

2016年汛期，针对长江中下游地区遭遇自1998年以来最严重洪涝灾害的严峻形势，中国三峡集团科学调度、精心运行，三峡工程成功应对50 000m³/s的长江"1号洪峰"，避免了与长江中下游"2号洪峰"叠加遭遇，有效降低了长江中下游干流水位，为湖北、安徽等地防洪抢险和城市排涝等创造了有利条件。

7月15日 国务院国资委公布中央企业负责人2015年度和第四任期（2013～2015年）经营业绩考核结果，国家电网公司均超额完成年度和任期考核目标，考核结果均为A级，其中，国家电网公司2015年度经营业绩考核得分在央企中排名第一，创历史最好成绩。

7月15日 国资委在中央企业、地方国资委主要负责人培训班上，通报了2015年度和第四任期业绩考核结果：大唐集团荣获2015年度国资委经营业绩考核A级和第四任期经营业绩考核A级。同时，国资委还颁发了第四任期的4项特别奖，大唐集团获得"第四任期业绩优秀企业奖""节能减排优秀企业奖"。至此，大唐集团自2012年以来连续4年获得国资委经营业绩考核A级，2015年"保双A"目标圆满实现。

7月15日 全国政协副主席、科技部部长万钢到山东石岛湾公司高温气冷堆示范工程调研。

7月18日 国家能源局发布《关于建立监测预警机制促进风电产业持续健康发展的通知》（国能新能〔2016〕196号），明确建立风电投资监测预警机制，该监测预警结果将用于指导各省（区、市）风电开发投资。

7月19日 国家主席习近平考察中国能建和中国电建参建的宁夏宁东能源化工基地。

7月19日 南方电网西电东送日送电量首次突破8亿kWh，达8.2亿kWh，其中送广东电量7.15亿kWh，送广西电量1.05亿kWh。

7月19日下午 国家主席习近平考察中国电建宁夏电力建设工程公司参建的宁东能源化工基地。

7月20日 《财富》发布2016年世界500强排行榜。华能集团排名提升7位，以432.239亿美元的营业收入位列第217位。

7月20日 《财富》杂志发布2016年世界500强排行榜，大唐集团以264.401亿美元的营业收入位居406位。

7月20日 《财富》杂志发布了2016年世界500强排行榜。南方电网公司位居第95位，较2015年排名上升18位，首次闯入前100强。

7月20日 《财富》杂志发布了最新世界500强排行榜，中国华电以314.368亿美元的营业收入位列第331位，较2015年上升14位。这是中国华电自2012年首次进入世界500强以来，排名连续4年上升。

7月20日 《财富》杂志全球发布2016年世界500强排行榜，中国能建凭借2015年营业收入332.23亿美元，连续第3年上榜，排名第309位，较2015年大幅提升82位。

7月20日 国家能源局召开2016年电力调度交易与市场秩序专项监管工作启动视频会，启动部署全国六大区域内7个重点省（区、市）的电力调度交易与市场秩序专项监管工作。

7月20日 国务院国资委发布2015年度和2013～2015年任期中央企业负责人经营业绩考核A级企业名单，中国能建集团获评年度考核A级企业和任期考核A级企业。

7月20日 国务院国资委发布了2015年度和2013～2015年任期业绩考核结果，中国华电两项考核均为A级，位列中央企业第 5 名，五大发电集团第 1 名，并被授予 2013～2015 年任期考核"业绩优秀企业"。至此，中国华电已连续 4 年获得国资委年度经营业绩考核 A 级企业，连续两届获得国资委任期经营业绩考核 A 级企业。

7 月 20 日 国务院国资委公布 2015 年度和 2013～2015 年任期中央企业负责人经营业绩考核结果，华能集团获评年度及任期双 A 级企业，在 46 家获评年度考核 A 级的央企中排名第 8 位，并被授予任期"业绩优秀企业"特别奖、"节能减排优秀企业"奖。

7 月 20 日 国务院国资委公布了 2015 年度和 2013～2015 年第四任期中央企业负责人经营业绩考核 A 级企业名单。南方电网公司蝉联年度、任期考核 A 级，这是公司连续 10 年荣获 A 级，同时还荣获了第四任期"业绩优秀企业奖"，以第一名的成绩荣获"节能减排优秀企业奖"。

7 月 20 日 国务院国资委公布中央企业负责人经营业绩考核 A 级企业名单，中国电建获 2015 年度及 2013～2015 年任期经营业绩考核双 A 级企业，并被授予 2013～2015 年任期"业绩优秀企业"荣誉称号。

7 月 20 日 美国《财富》杂志（FORTUNE Magazine）发布 2016 年世界 500 强企业最新排名。国家电网公司以 3296.01 亿美元的营业额跃居第 2 名。

7 月 20 日 中国电建以营业收入 456 亿美元位列 2016《财富》世界 500 强榜单第 200 位，排名较 2015 年度上升 53 位。

7 月 21 日 由中国电建所属山东电建三公司负责施工的宁德核电站 4 号机组顺利完成 168h 及 500h＋100h 试运行，正式投入商业运行；至此，由该公司承建的宁德核电站一期 4×1000MW 机组常规岛安装以及 3、4 号机组的常规岛调试合同全部完成。

7 月 26 日 国电集团董事长乔保平在国电集团本部会见了来访的香港来宝集团联合总裁杜威年、动力煤全球总经理 Manish Dahiya。

7 月 26 日 以"创新驱动 智慧共享"为主题的 2016 中国电力主题日活动在北京举办。

7 月 29 日 2016 年电力行业国际合作会议在北戴河召开。会议围绕如何建立电力行业国际合作信息共享平台机制、企业国际合作经验教训分享和进一步做好服务电力企业"走出去"工作等内容展开讨论。

7 月 29 日 国家电网公司在河北召开锡盟—山东 1000kV 特高压交流输变电工程试运行启动电视电话会议。

7 月 31 日 9 时 50 分 锡盟—山东 1000kV 特高压交流输变电工程通过 72h 试运行，正式投入运行。

8 月 4 日 中国电建宣布上海电力建设有限责任公司（上海电力）与青海火电工程公司（青海火电）整合重组事项。

8 月 5 日 电力交易市场信用体系建设专题会议在北京召开。会议重点讨论了售电企业、电力用户信用评价指标体系，针对电力交易市场放开以后出现的问题和现象提出了意见和建议。

8 月 5 日 国家发展改革委、国家能源局发布《关于进一步规范电力项目开工建设秩序的通知》（发改能源〔2016〕1698 号），进一步清理、规范已核准电力项目的报建审批工作，推进简政放权，维护电力项目建设秩序。

8 月 9 日 国家发展改革委副主任、国家能源局局长努尔·白克力在大唐集团副总经理邹嘉华的陪同下到延安革命老区大唐梁家河光伏扶贫项目调研。

8 月 10 日 国家电网公司被中央国家机关人民防空委员会评为"中央国家机关人民防空先进单位"。

8 月 10 日 国家发展改革委副主任、国家能源局局长努尔·白克力和陕西省省长胡和平到神华集团富平综合能源示范项目调研。

8 月 10 日 中国电建宣布河北电力勘测设计研究院与宁夏回族自治区电力设计院整合重组事宜。

8 月 11 日 由中国电建成都院勘测设计并监理，水电七局、水电九局、水电十四局承担泄洪道与引水发电系统施工的黄金坪水电站（总装机容量 85 万 kW）投入商务运行。

8 月 12 日 中央政治局常委、全国政协主席俞正声视察昌都 500kV 澜沧江变电站。

8 月 16 日 国家能源局发布《关于 2015 年度全国可再生能源电力发展监测评价的通报》（国能新能〔2016〕214 号）显示，2015 年弃风限电形势严峻，全国弃风电量 339 亿 kWh，同比增加 213 亿 kWh。

8 月 16 日 中国电建所属山东电建二公司在经过国家工商总局的核准和山东省工商局注册之后，正式更名为中国电建集团核电工程公司（简称中电建核电公司），这是山东省第一家核电工程建设专业化公司，也是中国电建集团旗下的唯一一家核电建设公司。

8 月 18 日 南方电网公司党组正式印发《南网总纲》。

8 月 18 日 全国火电 300MW 级机组能效水平对标及竞赛第四十五届年会在赣州召开。会议发布了 2015 年度全国火电 300MW 级机组能效对标指标，揭晓了年度机组竞赛结果。

8 月 19 日 国务院派驻华能集团新一届监事会进驻会议在华能集团总部召开。

8 月 23 日下午 国家主席习近平前往国家电投黄河公司太阳能电力公司西宁分公司，考察青海省依托自然资源优势发展清洁能源、推进光伏产业链发展情况。

8 月 25 日 国家电网公司举行扎鲁特—山东青州特高压直流工程开工仪式。

8 月 25 日 国投南阳发电有限公司股权转让完成工商登记变更，国投电力正式转让国投南阳发电有限公司。

8 月 26 日 美国《工程新闻纪录》（ENR）公布 2016 年全球及国际工程承包商 250 强榜单，中国电建分列第 6 位和第 11 位，与 2015 年相比提升了 1 位。在两榜单上榜的中国企业中，中国电建分别名列第 5 位和第 2 位。在此前 ENR 发布的全球工程设计企业 150 强及国际工程设计公司 225 强中，中国电建分列两榜单的第 2 位和第 27 位，较 2015 年分别提升 1 位和 3 位。

8 月 26 日 中国三峡集团与四川省政府在成都签署支持凉山彝区脱贫攻坚合作协议。中国三峡集团将安排 16 亿元人民币，重点支持凉山州并兼顾宜宾市、攀枝花市的新村、基础设施、公共服务设施建设等民生工程，实施精准扶贫，精准脱贫。

8 月 27 日 由中国企业联合会、中国企业家协会发布的 2016 中国企业 500 强名单出炉，华能集团排名第 47 位；在 2016 中国 100 大跨国公司名单中，华能集团排名第 27 位。

8 月 27 日 在 2016 中国 500 强企业高峰论坛上，中国企业联合会、中国企业家协会连续第 15 次向社会发布"中国企业 500 强"名单。国家电网公司以 2.07 万亿元营业收入位列第一，同时排名 2016 中国服务业企业 500 强第一位。

8月29日 世界电压等级最高、输电容量最大的柔性直流输电工程——"鲁西背靠背直流工程"柔性直流单元建成投运,该工程整体投运。

8月30日 国家重点工程清远抽水蓄能电站4号机组正式投入商业运行,清远抽水蓄能电站全面投产发电。

8月30日 由中国电建水电十四局、水电五局施工建设的国家重点工程、广东重大能源保障项目和南方电网首个全资建设水电项目——广东清远抽水蓄能电站(4×32万kW)4号机组正式投入运行。至此,广东清远抽水蓄能电站全面投产发电。

9月 国内首个1000kV电压等级的变压器检修基地——南方电网公司广州特高压试验研究检修基地正式建成启用,并启动了首台换流变压器工厂化检修项目。

9月1日 大唐集团国务院派驻中国大唐集团公司新一届监事会进驻会议在总部召开。

9月1~2日 由南方电网公司主办的首届中日韩电力企业高峰会在广州举行,三方共同签署了《高层沟通联络机制谅解备忘录》。

9月2日 国家电网公司和巴西卡玛古集团在上海签署股权购买协议,国家电网公司正式收购巴西卡玛古集团持有的巴西CPFL公司23.6%的股权。

9月3~5日 中国华电党组书记、董事长赵建国应邀出席B20峰会(二十国集团工商峰会),并到浙江分公司及所属企业、华电科院等单位调研。

9月5日 广州供电局20kV正瀚开关站成功送电,实现广州中新知识城20kV配电网合环运行,标志着国内首个配置广域保护技术的20kV"花瓣型"配电网正式投运,其供电可靠率可达99.999%以上。

9月7日 国有重点大型企业监事会主席李克明一行到神华集团三河电厂进行调研。

9月8日 大唐集团燃料"三大项目"(燃料入厂验收监管系统、数字化煤场、数字化标准化验室)建设总结现场会在阳城国际发电公司召开,迈入了以"两化融合"为创新的"燃料过程全管控、系统企业全覆盖、集团三级全应用"的"数字燃料"新阶段。

9月8日 由南网能源公司牵头建设的广东省首个海上风电试点工程——珠海桂山海上风电场示范项目正式开工。

9月9日 由中国电建成都院承担机电金结设计、水电八局负责安装的非洲在建最大水电站——埃塞俄比亚吉布3水电站(10×18.7万kW)第10号机组完成试运行,顺利移交。至此,埃塞俄比亚吉布3水电站全部投产发电。

9月11日 2016年中国—东盟电力合作与发展论坛在南宁召开,论坛以"发展清洁电力,共促经济发展"为主题。

9月12日 国电集团董事长乔保平、副总经理高嵩在国电集团本部会见了来访的德国能源署前总裁史蒂芬·科勒。双方就德国能源结构调整、东欧及中亚可再生能源项目、能源企业国际合作等问题交换了意见。

9月13日 国家能源局发布《关于建设太阳能热发电示范项目的通知》(国能新能〔2016〕223号),确定第一批太阳能热发电示范项目共20个,总计装机容量134.9万kW。

9月13日 国家能源局发布《关于取消一批不具备核准建设条件煤电项目的通知》(国能电力〔2016〕244号),取消吉林、山西、山东、陕西、四川、江西、广东、广西、云南等省(自治区)15项、1240万kW不具备核准建设条件的煤电项目。并要求各省(区、市)发展改革委(能源局)进一步取消本地区其他不具备核准(建设)条件的煤电项目,及时报告国家能源局并向社会公布。

9月18日 由中国三峡集团建设的三峡工程收官之作——三峡升船机正式进入试通航阶段。三峡升船机是目前世界上规模最大的单线一级全平衡式垂直升船机,具有提升高度大、提升重量大、上游通航水位变幅大和下游水位变化速率快等特点。

9月19日 由国际能源署、国家能源局、中国能源研究会、法国安吉集团、GE中国、壳牌、剑桥能源等单位组成的分布式能源项目调研代表团到华电科工调研。中国华电党组成员、副总经理邓建玲陪同调研,并围绕分布式能源的现状与未来发展与代表团进行了交流。

9月20日 国家电投等比控股的红沿河核电一期工程全面建成。

9月21日 中国三峡集团60亿元绿色公司债券在上交所成功上市交易,标志着中国迄今最大规模绿色公司债券发行圆满落幕。本次绿债募集资金全部用于支持实体经济的发展,建设开发中国最大的水电基地、西电东送的主力——金沙江下游梯级水电站。

9月22日 2016年中国标准创新贡献奖领导小组会议在北京召开。国家电网公司组织申报的"GB/T 19963—2011《风电场接入电力系统技术规定》等24项标准"等3个项目获中国标准创新贡献奖一等奖。中国电科院荣获2016年度中国标准创新贡献奖组织奖,这是电力企业首次获此殊荣。

9月22日(菲律宾当地时间) 中国能建东电一公司EPC总承包的美萨美斯3×135MW燃煤电站举行投产仪式。

9月26日 中国三峡集团溪洛渡水电站获"菲迪克2016年工程项目杰出奖",成为全球21个获奖项目中唯一的水电项目。

10月8日 国家发展改革委、国家能源局联合印发《售电公司准入与退出管理办法》和《有序放开配电网业务管理办法》(发改经体〔2016〕2120号),对售电公司的准入、退出、权利和义务等做出了规范。

10月9日 在国务院总理李克强和葡萄牙总理科斯塔共同见证下,中国三峡集团与葡萄牙电力公司在人民大会堂签署《三峡集团与葡电深化合作协议》,双方将在巴西、新能源领域、环球水电、全球配售电领域,以及技术研发和人力资源交流方面进一步深化合作。

10月10日 国家能源局发布《关于进一步调控煤电规划建设的通知》(国能电力〔2016〕275号),要求严控自用煤电规划建设、明确外送煤电投产规模、规范煤电开工建设秩序、加强煤电质量监督以及严肃处理违规建设项目。

10月12日 大唐集团党组书记、董事长陈进主持召开党组会议,传达学习全国国有企业党的建设工作会议精神和习近平总书记重要讲话精神,传达学习国资委党委"贯彻落实习近平总书记关于国企国资改革发展重要指示,做强做优做大中央企业"学习研讨会精神。

10月13日 华能集团与柬埔寨皇家集团公司在柬埔寨首都金边签署关于加强电力能源开发合作的框架协议。双方将在柬埔寨开展水电、新能源、煤电、气电等电力能源项目的开发合作,并在柬埔寨电网规划建设及向第三国送电等方面开展合作。

10月13日 在国家主席习近平和柬埔寨首相洪森的共

同见证下，南方电网公司董事长、党组书记李庆奎与柬埔寨皇家集团公司主席陈丰明签署了电网投资合作谅解备忘录。

10月14日（当地时间） 国家主席习近平与孟加拉国总理哈西娜在达卡共同为中国能建东电一公司EPC电站揭牌。

10月14日 国家科技部社发司资源与环境处处长黄圣彪一行赴国投北疆开展考察调研活动，重点对海水淡化运营及浓海水综合利用情况进行了详尽了解，并对海水淡化产业的发展给予了有效指导。

10月14日 中国驻印度尼西亚特命全权大使谢锋祝贺神集团印尼南苏电厂荣获印尼2016年度"最佳IPP电厂奖"。

10月17日 国家能源局、国务院扶贫办印发文件《关于下达第一批光伏扶贫项目的通知》，正式批复华能沾化清风湖100MW帕光伏扶贫电站项目。该项目位于沾化清风湖风电场区域，年发电量1.2亿kWh，计划2017年6月30日前并网发电，建成后将成为山东省首个大型风光互补项目。

10月17日 国家能源局发布《水电发展"十三五"规划的通知》（国能新能〔2016〕281号），提出到2020年我国水电总装机容量达到3.8亿kW，其中常规水电3.4亿kW，抽水蓄能4000万kW，年发电量1.25万亿kWh，在非化石能源消费中的比重保持在50%以上。

10月17日 中国三峡集团投资建设的中国首个商业化运营的海上风电项目——江苏响水20万kW近海风电项目主体工程所有机组全部并网发电。该项目创造了亚洲首座220kV海上升压站、国内首条220kV三芯海缆等多项第一，探索并积累了国内海上风电建设的宝贵经验。

10月18~19日 南方电网公司与迪庆州签署精准扶贫对口帮扶框架协议，并向迪庆州捐资"职工之家"建设资金100万元、向维西县永安村捐资精准扶贫资金100万元。

10月18~21日 中电联与中国就业培训技术指导中心、中国能源化学工会全国委员会联合举办2016年中国技能大赛——第十届全国电力行业职业技能竞赛装表接电工决赛，25支代表队75名选手参加决赛。决赛产生了20名"电力行业技术能手"和20名"电力行业优秀技能选手"。

10月18日 "2016年第六届中国能源高层对话"在北京举行，中国华电荣膺"2016能源品牌价值杰出企业"奖。

10月19日 于崇德在中电联本部会见煤炭工业协会副会长姜智敏一行。双方就当前电煤供需形势、推动煤炭中长期合同、召开全国煤炭交易会等议题进行交流，并对当前煤炭生产及供应预案执行情况，以及迎峰度冬期间电煤需求压力等问题进行了沟通，同时对推动煤炭中长期合同的具体问题及可能存在的困难进行了深入探讨。

10月20日 在西安召开的中国大坝工程学会2016学术年会暨国际水库大坝研讨会上，华能小湾水电站拱坝工程获第二届碾压混凝土坝"国际里程碑工程奖"。

10月22日 国家电投在总部召开优化整合铝业资产及组建铝电公司启动会。

10月24~26日 于崇德率电力行业代表团出席在泰国曼谷举办的第21届亚太电协大会，并在开幕式上致辞。中电联再次当选亚太电协执委会委员。

10月24~27日 中国能建安徽电建一公司、天津电建、北京电建、西北电建、江苏电建三公司五家企业七项工程在中国工程建设焊接论坛会议上获"2016年度全国优秀焊接工程一等奖"。

10月25~29日 中国核电党委书记吴秀江率团访问乌克兰国家核电公司和赫梅林尼斯基电站。

10月25~26日 由国家能源局和阿拉伯国家联盟主办，中国能建电规总院等五家单位承办的第五届"中阿能源合作大会"在北京召开。

10月25日 南方电网公司首个科技成果转化中心——广东电网公司科技成果转化中心成立。

10月26~27日 中电联、全球能源互联网发展合作组织、能源宪章在北京共同主办"东北亚区域电力联网与合作论坛"。

10月26日 杨昆在本部会见能源宪章秘书长乌尔班·鲁斯纳克，双方就东北亚地区电力合作、能源宪章在中国的业务拓展、中国企业海外投资项目服务、双方机构间人员交流等议题深入交换意见。

10月28日 大唐集团召开专题会议，深入学习传达党的十八届六中全会精神。

10月28日 南方鼎元资产运营有限责任公司成立，撤销南方电网物业资产管理公司筹备组。鼎元资产公司是南方电网公司的全资子公司，注册资本金为人民币6亿元。

10月30日 由中国社科院经济学部企业社会责任研究中心组织的"首届中国社会责任百人论坛暨企业社会责任蓝皮书发布会"在北京举办，本次会议发布的《中国企业社会责任蓝皮书（2016）》显示，南方电网公司社会责任发展指数排名第一，达五星级水平。

10月31日 国家电投上海电力股份有限公司（简称上海电力）与迪拜阿布拉吉集团在北京签署关于收购巴基斯坦卡拉奇电力公司66.4%股权的买卖协议。

10月31日 希腊国家电力公司发布公告，经过客观、透明的招标流程，中国国家电网公司成为希腊独立输电运营公司24%股权私有化的优选中标方。

11月1日 三峡水库连续第7年实现175m试验性蓄水目标。

11月2~4日 第十六届中国电力设备及技术展览会在北京举办。本届展会总面积超过40 000m²，吸引了来自澳大利亚、法国、德国、美国、台湾地区等25个国家和地区超过1000家企业参展，参观观众达到3万多人次。

11月2日 在国家主席习近平和几内亚总统孔戴共同见证下，中国三峡集团与几内亚经济财政部签署《凯乐塔水电站项目股东协议》，就收购几内亚政府持有的凯乐塔水电站51%股权达成一致，中国三峡集团成为该水电站控股股东。

11月3日 中央纪委驻国资委纪检组组长、国资委党委委员江金权，副组长罗景一、胡贤政一行到国电集团本部调研。

11月4~7日 国电集团董事长乔保平应商务部邀请出席在拉脱维亚首都里加举办的第六届中国—中东欧国家经贸论坛，并在工业和可持续发展论坛上发言。在里加期间，乔保平出席了中国—中东欧国家联合商会第三次工作会议，访问了拉脱维亚电力公司，就开展电力合作进行了深入探讨。

11月4日 杨昆在中电联本部会见尼泊尔能源发展委员会主席苏吉特·阿查亚，双方就中尼两国电力发展合作关系进行了探讨。

11月5日 中国三峡集团福清兴化湾海上风电样机试验风场、福建三峡海上风电产业园项目正式启动建设。

11月7~10日 国电集团董事长乔保平率团赴法国访

问，在国际商会总部会见了国际商会首席运营官库卡斯克，就如何进一步做好中国环境与能源委员会工作进行了深入交流。乔保平还会见了法国电力董事长乐维，就进一步加强合作进行了沟通交流。

11月7日 国家发展改革委、国家能源局发布《电力发展"十三五"规划》。预计到2020年，全社会用电量6.8万亿～7.2万亿kWh，年均增长3.6%到4.8%，全国发电装机容量20亿kW，年均增长5.5%，人均装机突破1.4kW，人均用电量5000kWh左右，接近中等发达国家水平，电能占终端能源消费比重达到27%。

11月7日 经国务院国资委党委研究决定，汪建平任中国能源建设集团有限公司党委书记，丁焰章任中国能源建设集团有限公司党委副书记。

11月8日 国务院副总理张高丽在云南调研期间，到位于西双版纳的华能景洪水电站考察，调研江河水资源保护利用等情况。

11月8日 杨昆在中电联本部会见乌兹别克斯坦驻华大使达尼约尔·库尔班诺夫一行，双方就两国电力项目合作现状和前景进行了交流，表达了加深务实合作的愿望。

11月9日上午12：20（伦敦当地时间） 国务院副总理马凯与英国能源与知识产权国务大臣内维尔·罗尔夫女男爵在伦敦为中英核联合研发与创新中心（简称"中英核研发中心"）揭牌。

11月10日 国家能源局副局长郑栅洁一行到神华集团三河电厂就煤炭清洁高效利用进行考察调研。

11月10日 由中国质量协会举办的第十六届全国追求卓越大会在北京召开，国家电网公司向家坝—上海±800kV特高压直流输电示范工程获得全国质量奖卓越项目奖。

11月11日 国资委任命辛保安任国家电网公司党组副书记、副总经理。免去杨庆副总经理、党组成员职务，到年龄退休。

11月11日 华能集团与法国电力集团在华能集团总部签署合作框架协议。双方将在电力项目投资及能源技术服务领域开展广泛合作，建立定期交流机制，深化人才培训、科技研发等领域合作，共同推进能源转型发展。

11月11日 中电联电能替代产业发展促进联盟成立大会在北京举行。

11月15～18日 中电联与中国就业培训技术指导中心、中国能源化学工会全国委员会联合举办2016年中国技能大赛——第十届全国电力行业职业技能竞赛脱硫脱硝处理工决赛，29支代表队87名选手参加决赛。决赛产生了20名"电力行业技术能手"和20名"电力行业优秀技能选手"。

11月15日 2016年度中国电力科学技术奖在南京正式颁发，南方电网公司两个项目获中国电力科技进步奖一等奖。

11月15日 大唐环境产业集团股份有限公司在香港联合交易所主板成功挂牌上市。

11月15日 全国工程勘察设计大师、中国能建中电工程华东院总工程师陈仁杰在2016年中国电机工程学会年会上荣获中国电力科学技术杰出贡献奖。

11月15日 在联合国第22届气候变化大会边会上，华能集团技术经济研究院和意大利国家电力公司（ENEL）研究院共同展示了双方合作成果——《能源转型：欧洲进展和中国动态》。此项研究为双方落实战略合作协议的实际步骤之一，概述了欧洲主要国家能源转型和我国能源革命战略，

从电网基础设施、灵活投资和市场机制等方面分析了能源转型带来的影响，探讨了电力企业的应对策略。

11月16日 国家能源局发布《风电发展"十三五"规划》，提出，到2020年底，我国风电累计并网装机容量要确保达到2.1亿kW以上，风电年发电量确保达到4200亿kWh，约占全国总发电量的6%。"三北"地区要全面达到最低保障性收购利用小时数的要求。

11月17～20日 中国能建华东装备扬州设备公司参展产品"核级气动执行机构"在第九届国际发明展览会上获得金奖。

11月17日 中国华电首台66万kW/28MPa/600℃/620℃高效超超临界抽凝供热机组——华电国际电力股份有限公司十里泉发电厂8号机组一次通过168h满负荷试运行。

11月18日 华能集团、中石油集团和中国三峡集团旗下资本板块合资成立的华能投资管理有限公司在北京正式挂牌。

11月18日 中国国家主席习近平和厄瓜多尔总统科雷亚共同出席了中国电建承建的辛克雷水电站的竣工发电仪式，这座中国目前在海外已建的最大水电站全面建成投产。

11月20～21日 刘振亚在海南文昌主持召开2016年第二次理事长会议。会上，刘振亚做了题为《把握形势 开拓创新 团结合作 推动电力行业安全、高效、可持续发展》讲话，会议听取了中电联2016年工作总结和2017年总体工作思路的报告，关于发展会员、增补理事、常务理事和会员退会的报告，关于中国电力企业联合会标准试点工作进展情况的报告，公布了2016年度中国电力创新奖获奖名单。会议还听取了"电力系统安全运行及政策建议""电力企业经营状况及政策建议""新能源发电情况及发展建议"等三个专题调研报告的主要内容。

11月20日 国家发展改革委副主任、国家能源局局长努尔·白克力深入神华集团信丰电厂项目现场实地调研。

11月21日 中国三峡集团、中国国家开发银行与秘鲁能矿部签署《能源领域开发合作机制备忘录》；同日，中国三峡集团与秘鲁能矿部签署《关于深化清洁能源领域合作的协议》。这两项协议被列入习近平主席访问秘鲁成果。

11月22日（巴基斯坦时间） 华能集团山东如意巴基斯坦萨希瓦尔2×66万kW燃煤电站工程1号机组锅炉水压试验一次成功，锅炉本体安装、受热面系统的管道焊接及一次密封工作全部完成，比计划提前了70天。当地时间12月12日，该工程2号机组锅炉水压试验一次成功，比里程碑计划提前了78天。

11月22日 在国家主席习近平和智利总统巴切莱特的见证下，国家电投总经理孟振平、太平洋水电智利公司执行主席安东尼奥、中国建设银行董事长王洪章在智利首都圣地亚哥共同签署《金融服务战略合作协议》，旨在建立长期合作关系，共同推进智利和拉美地区清洁能源开发。

11月23日 穆迪、惠誉和标普三大国际评级机构分别授予国家电投A2、A和A－的高投资等级国际信用评级。

11月23日 中国电力国际产能合作企业联盟金融工作委员会在北京成立。

11月24日 经国资委党委研究决定：晏志勇任中国电力建设集团有限公司党委书记，孙洪水任中国电力建设集团有限公司党委副书记，符岳岩任中国电力建设集团有限公司党委常委、纪委书记，免去马宗林的中国电力建设集团有限公司党委书记、党委常委、董事职务，另有任用；免去陈永

录的中国电力建设集团有限公司党委副书记、党委常委、纪委书记职务。

11月25日 南方电网公司首个集中式"光伏扶贫＋纯公益"电站项目——"母亲幸福"光伏电站在贵州威宁自治县正式竣工并网投运。

11月26日 于崇德参加在北京举办的第十届中日节能环保综合论坛签约项目文本交换仪式。

11月28日 （菲律宾当地时间） 由中国能建东电一公司建设与运维的康塞普森电站竣工仪式在菲律宾总统府举行。

11月28日 中国能建黑龙江火电三公司承建的土耳其Izdemir电站1号机组荣获2016年欧洲环境组织颁发的绿苹果环境奖。

11月29日 2016年全国电力行业两化融合推进会暨全国电力企业信息化大会在南宁召开。

11月29日 2016年中国建设工程鲁班奖（境外工程）入选工程名单揭晓，中国电建承建的4项工程榜上有名。4项获鲁班奖的工程分别是：中国电建海投公司投资建设、中国水电十局、中国水电十五局承建的老挝南俄5水利水电工程；中国水电十五局承建的马里费鲁水利水电工程；中国水电八局承建的马来西亚沐若水电站工程；中国电建国际公司、中国水电十一局承建的赞比亚卡里巴北岸水电站扩机工程。

11月29日 大唐集团与通用电气（GE）公司全面战略合作伙伴关系协议签署暨集团公司燃机"三大中心"揭牌仪式在大唐国际北京高井热电厂举行。

11月29日 国家电投成功为其首笔双年期共12亿美元的高级无抵押美元债券定价，成为中国首家获得高质量国际评级并进行境外公开发行的综合性发电央企集团。

11月29日 国家人社部正式公布了第十三届中华技能大奖和全国技术能手表彰决定。国家电网公司推荐的国网福建电力陈国信、国网重庆电力张毅获得中华技能大奖，国网上海电力杨庆华、国网江苏电力陈德风、国网安徽电力许启金、国网辽宁电力姜广敏当选全国技术能手。

11月29日 中国三峡集团荣获"2016国际清洁能源年度企业奖"。

12月1～2日 中国能建18项成果在第八届全国电力职工技术成果奖颁奖大会上受到表彰，其中一等奖1项、二等奖4项、三等奖13项。

12月1～3日 中电联、中国国际贸易促进委员会电力行业委员会、华北电力大学、珠海市会展集团有限公司在珠海共同主办中国（珠海）绿色创新电力大会暨首届中国电力创新成果展示交易会。

12月2日 国家发展改革委正式印发《关于陕西锦界和府谷电厂送出500kV输变电工程项目核准的批复》（发改能源〔2016〕2529号），核准建设陕西锦界、府谷电厂500kV送出工程，标志着国家电网公司规划建设的大气污染防治11条重点输电通道全部获得国家核准。

12月2日 中国施工企业管理协会2016～2017年度第一批国家优质工程奖评选揭晓，中国能建通过投资、设计、承建等方式建设的31项工程榜上有名。

12月2日 中国施工企业管理协会公布2016～2017年度第一批国家优质工程奖获奖工程名单，中国电建下属成员企业承建或参建的20个工程获奖。其中，有7个工程获得国家优质工程金质奖，分别是：上海电力建设有限责任公司、

重庆电力建设总公司、上海电力建设启动调整试验所参建的重庆神华万州电厂2×1050MW新建工程；上海电力建筑工程公司、上海电力安装第一工程公司参建的华能长兴电厂"上大压小"工程；中国水利水电第八工程局有限公司参建的金沙江龙开口水电站工程；江西省火电建设公司参建的华能安源电厂"上大压小"新建工程；湖北省电力建设第二工程公司、湖北省电力建设第一工程公司参建的土耳其阿特拉斯2×600MW伊斯肯德伦火电厂（境外工程）；山东电力建设第一工程公司承建的巴西马托格罗索500kV输变电工程（境外工程）；中国水利水电第十四工程局有限公司参建的无锡市轨道交通1号线工程。中国电建13个工程获得国家优质工程奖。

12月3日 第三届中国青年志愿服务项目大赛暨2016年志愿服务交流会在宁波闭幕，国家电网公司荣获4金7银的成绩。

12月6日 国家能源局、环境保护部联合发布《关于严格限制燃石油焦发电项目规划建设的通知》（国能电力〔2016〕355号），明确在京津冀鲁、长三角、珠三角等大气污染防治重点地区以及重点城市，禁止审批建设自备燃石油焦火电（含热电）项目。

12月7日 国电集团董事长乔保平出席第九届国际跨国公司领袖圆桌会议暨"一带一路"合作发展论坛并做主题发言。

12月8～9日 以"智慧能源引领未来"为主题的2016中国南方电网国际技术论坛在广州举办，本次论坛提出以科技创新引领发展，共同推动能源技术革命。

12月8日 国家电网公司召开辽宁清原、江苏句容、福建厦门、新疆阜康抽水蓄能电站工程开工动员大会。

12月8日 国家能源局印发《关于加强发电企业许可监督管理有关事项的通知》（国能资质〔2016〕351号），提出小水电站的发电业务许可豁免范围调整至单站容量6MW（不含）以下，从事标准以下的小水电发电业务不再要求取得发电类电力业务许可证。

12月8日 国家能源局印发《太阳能发展"十三五"规划》（国能新能〔2016〕354号），到2020年底，太阳能发电装机容量达到1.1亿kW以上，其中：光伏发电装机容量达到1.05亿kW以上，在"十二五"基础上每年保持稳定的发展规模；太阳能热发电装机容量达到500万kW。

12月8日 全国第十三届高技能人才表彰大会在北京举行，华能集团达拉特电厂郑桂杰荣获中华技能大奖；玉环电厂郑卫东、景洪水电站刘标胤、辛店电厂常承立3人荣获全国技术能手。

12月8日 由中国电建设计施工的西藏第二大水电站——果多水电站（总装机容量16.5万kW）全部投产发电，4台机组均实现一次启动成功、一次顺利通过72h试运行，直接投入商业运行。

12月10日 国家发展改革委印发《可再生能源发展"十三五"规划》（发改能源〔2016〕2619号），指出到2020年，风电项目电价可与当地燃煤发电同平台竞争；基本解决水电弃水问题，限电地区的风电、太阳能发电年度利用小时数全面达到全额保障性收购的要求；全面协调推进风电开发，按照"统筹规划、集散并举、陆海齐进、有效利用"的原则，严格开发建设和市场消纳相统筹，着力推进风电的就地开发和高效利用，积极支持中东部分散风能资源开发。

12月10日 在第二届中国社会责任百人论坛——企

业公益年会上，中国华电鱼类增殖放流项目荣获"优秀人气公益项目"。

12月11日　国家风光储输示范工程获第四届中国工业大奖，这是继1000kV晋东南—南阳—荆门特高压交流试验示范工程和青藏电力联网工程后，国家电网公司连续第3次获此殊荣。

12月12日　大唐集团召开领导班子扩大会议，宣布陈飞虎任大唐集团总经理，免去其国电集团总经理职务；免去王野平大唐集团总经理职务，到龄退出领导班子。

12月12日　第一届全国文明家庭表彰大会在北京举办，海南电网公司儋州供电局变电运行值班员徐素芬家庭荣获首届"全国文明家庭"称号。

12月12日　神华集团绥中电厂获得辽宁省超低排放达标燃煤发电企业批复，成为辽宁省首家获得超低排放达标率环保批复的燃煤发电企业。

12月15日　国务院安委会办公室印发《关于公布2016年全国"安全生产月"和"安全生产万里行"活动先进单位和优秀组织单位的通知》，国家电网公司获"优秀组织单位"称号。国网河北电力获"先进单位"称号。

12月16日　广东电网公司500kV卧龙输变电工程正式建成投产，结束了云浮地区没有500kV变电站的历史，广东省实现超高压电网覆盖所有地（市）。

12月17日　由中国电建设计承建的浙江仙居抽水蓄能电站（4×37.5万kW）4号机组顺利通过15天考核试运行，中国单机容量最大的抽水蓄能电站实现"一年四投"目标，全面投产发电。

12月18日　中国电建设计的世界首台水力式升船机在景洪水电站投入使用，中断12年的、从云南思茅港到泰国清盛这条穿越中、老、缅、泰4国、全长350km的澜沧江—湄公河航道恢复全程通航。景洪水力式升船机是中国第一座具有自主知识产权的新型升船机，是中国水电百年以来的第一项原创性技术。其最大提升高度为66.86m，过船吨位500t，升降时间全程仅17min，年货运量124.5万t。

12月21日　中国电建宣布上海能源装备有限公司与上海电力环保设备总厂有限公司重组整合正式启动。

12月21日　中国建筑业协会和中国施工企业管理协会发布消息，国家电网公司2016年度组织申报的12项输变电工程全部获国家级优质工程奖。

12月22日　国家能源局印发《关于调整2016年光伏发电建设规模有关问题的通知》（国能新能〔2016〕383号）。指出，各省（自治区、直辖市）应严格按国家下达规模，全面采取竞争方式分配项目，有追加2016年度光伏电站建设规模需求的省（自治区、直辖市）可提前使用2017年建设规模，追加规模在其2017年应下达的建设规模中相应扣减，使用2016年追加规模的项目必须符合相应条件。

12月22日　南方电网公司首个高压港口岸电项目在珠海高栏港神华粤电珠海港煤炭码头正式建成投用，是目前国内最大规模的散货煤码头高压岸电项目。

12月22日　神华集团南苏电厂成功通过专业机构审核，获得印尼SMK3（安全职业健康管理）标准金色证件评定等级，成为印尼第三家获得印尼国家劳工部SMK3金色证件等级的电力企业。

12月22日　中国电建宣布对山东电建、宁夏电建、四川二建、四川三建进行重组整合。

12月22日　中国国际商会第八届会员代表大会在北京举行，国电集团当选为副会长单位及国际商会中国国家委员会执行董事局成员单位。

12月23日　华电国际奉节发电厂"上大压小"新建工程2号机组通过168h连续满负荷试运行，中国华电在渝首个电源项目竣工投产。

12月26日　国务院国有企业改革专项督查组到国家电网公司督导检查并召开座谈会。

12月28日　大唐集团与中国国新控股有限责任公司、中国诚通控股集团有限公司签订协议，为中新能化科技有限公司引入上述两家战略投资者，大唐集团煤化工产业成功实现战略重组。

12月28日　福建宁德第二核电有限公司揭牌仪式在北京举行。

12月29日　国家发展改革委、国家能源局联合印发《电力中长期交易基本规则（暂行）》（发改能源〔2016〕2784号），指导各地规范开展年、月、周等日以上电力直接交易、跨省跨区交易、合同电量转让交易等电力中长期交易，依法维护电力市场主体的合法权益，保证电力市场建设工作统一、开放、竞争、有序。

12月29日　国家能源局、国家海洋局联合印发《海上风电开发建设管理办法》（国能新能〔2016〕394号），鼓励海上风电项目采取连片规模化方式开发建设，海上风电项目建设用海应遵循节约和集约利用海域和海岸线资源的原则，合理布局，统一规划海上送出工程输电电缆通道和登陆点，严格限制无居民海岛风电项目建设。

12月29日　在中巴经济走廊联委会第六次会议上，国家电网公司董事长舒印彪与巴基斯坦水电部常务秘书尤努斯·达伽共同签署巴基斯坦默拉直流输电项目相关协议。

12月29日　中国华电最大海上风电项目——华电福建福清海坛海峡300MW海上风电场项目获得核准。

12月31日　由中国电建所属成都勘测设计、水电五局、七局负责大坝、泄洪洞施工及机组安装，水电十四局承担厂房施工的长河坝水电站（总装机容量260万kW）首台4号机组顺利并网发电。至此，四川水电装机容量达7030万kW，占全省发电装机80%。

12月31日　中国三峡集团所属长江干流三峡、葛洲坝、溪洛渡、向家坝四座大型梯级水电站发电量首次突破2000亿kWh，达到2060.6亿kWh，相当于上海市两年全社会用电量，与燃煤发电相比，相当于减少燃烧标准煤6576万t，减少排放二氧化碳16878万t，减少排放二氧化硫80万t。

文 献

国 务 院 文 件

中共中央、国务院印发
《国家创新驱动发展战略纲要》
（摘要）

党的十八大提出实施创新驱动发展战略，强调科技创新是提高社会生产力和综合国力的战略支撑，必须摆在国家发展全局的核心位置。这是中央在新的发展阶段确立的立足全局、面向全球、聚焦关键、带动整体的国家重大发展战略。为加快实施这一战略，特制定本纲要。

一、战略背景

创新驱动就是创新成为引领发展的第一动力，科技创新与制度创新、管理创新、商业模式创新、业态创新和文化创新相结合，推动发展方式向依靠持续的知识积累、技术进步和劳动力素质提升转变，促进经济向形态更高级、分工更精细、结构更合理的阶段演进。

创新驱动是国家命运所系。国家力量的核心支撑是科技创新能力。创新强则国运昌，创新弱则国运殆。我国近代落后挨打的重要原因是与历次科技革命失之交臂，导致科技弱、国力弱。实现中华民族伟大复兴的中国梦，必须真正用好科学技术这个最高意义上的革命力量和有力杠杆。

创新驱动是世界大势所趋。全球新一轮科技革命、产业变革和军事变革加速演进，科学探索从微观到宏观各个尺度上向纵深拓展，以智能、绿色、泛在为特征的群体性技术革命将引发国际产业分工重大调整，颠覆性技术不断涌现，正在重塑世界竞争格局、改变国家力量对比，创新驱动成为许多国家谋求竞争优势的核心战略。我国既面临赶超跨越的难得历史机遇，也面临差距拉大的严峻挑战。唯有勇立世界科技创新潮头，才能赢得发展主动权，为人类文明进步做出更大贡献。

创新驱动是发展形势所迫。我国经济发展进入新常态，传统发展动力不断减弱，粗放型增长方式难以为继。必须依靠创新驱动打造发展新引擎，培育新的经济增长点，持续提升我国经济发展的质量和效益，开辟我国发展的新空间，实现经济保持中高速增长和产业迈向中高端水平"双目标"。

当前，我国创新驱动发展已具备发力加速的基础。经过多年努力，科技发展正在进入由量的增长向质的提升的跃升期，科研体系日益完备，人才队伍不断壮大，科学、技术、工程、产业的自主创新能力快速提升。经济转型升级、民生持续改善和国防现代化建设对创新提出了巨大需求。庞大的市场规模、完备的产业体系、多样化的消费需求与互联网时代创新效率的提升相结合，为创新提供了广阔空间。中国特色社会主义制度能够有效结合集中力量办大事和市场配置资源的优势，为实现创新驱动发展提供了根本保障。

同时也要看到，我国许多产业仍处于全球价值链的中低端，一些关键核心技术受制于人，发达国家在科学前沿和高技术领域仍然占据明显领先优势，我国支撑产业升级、引领未来发展的科学技术储备亟待加强。适应创新驱动的体制机制亟待建立健全，企业创新动力不足，创新体系整体效能不高，经济发展尚未真正转到依靠创新的轨道。科技人才队伍大而不强，领军人才和高技能人才缺乏，创新型企业家群体亟须发展壮大。激励创新的市场环境和社会氛围仍需进一步培育和优化。

在我国加快推进社会主义现代化、实现"两个一百年"奋斗目标和中华民族伟大复兴中国梦的关键阶段，必须始终坚持抓创新就是抓发展、谋创新就是谋未来，让创新成为国家意志和全社会的共同行动，走出一条从人才强、科技强到产业强、经济强、国家强的发展新路径，为我国未来十几年乃至更长时间创造一个新的增长周期。

二、战略要求

（一）指导思想

以邓小平理论、"三个代表"重要思想、科学发展观为指导，深入贯彻习近平总书记系列重要讲话精神，按照"四个全面"战略布局的要求，坚持走中国特色自主创新道路，解放思想、开放包容，把创新驱动发展作为国家的优先战略，以科技创新为核心带动全面创新，以体制机制改革激发创新活力，以高效率的创新体系支撑高水平的创新型国家建设，推动经济社会发展动力根本转换，为实现中华民族伟大复兴的中国梦提供强大动力。

（二）基本原则

紧扣发展。坚持问题导向，面向世界科技前沿、面向国家重大需求、面向国民经济主战场，明确我国创新发展的主攻方向，在关键领域尽快实现突破，力争形成更多竞争优势。

深化改革。坚持科技体制改革和经济社会领域改革同步发力，强化科技与经济对接，遵循社会主义市场经济规律和科技创新规律，破除一切制约创新的思想障碍和制度藩篱，构建支撑创新驱动发展的良好环境。

强化激励。坚持创新驱动实质是人才驱动，落实以人为本，尊重创新创造的价值，激发各类人才的积极性和创造性，加快汇聚一支规模宏大、结构合理、素质优良的创新型人才队伍。

扩大开放。坚持以全球视野谋划和推动创新，最大限度用好全球创新资源，全面提升我国在全球创新格局中的位势，力争成为若干重要领域的引领者和重要规则制定的参与者。

（三）战略目标

分三步走：

第一步，到2020年进入创新型国家行列，基本建成中国特色国家创新体系，有力支撑全面建成小康社会目标的实现。

——创新型经济格局初步形成。若干重点产业进入全球价值链中高端，成长起一批具有国际竞争力的创新型企业和产业集群。科技进步贡献率提高到60％以上，知识密集型服务业增加值占国内生产总值的20％。

——自主创新能力大幅提升。形成面向未来发展、迎接

597

科技革命、促进产业变革的创新布局，突破制约经济社会发展和国家安全的一系列重大瓶颈问题，初步扭转关键核心技术长期受制于人的被动局面，在若干战略必争领域形成独特优势，为国家繁荣发展提供战略储备、拓展战略空间。研究与试验发展（R&D）经费支出占国内生产总值比重达到 2.5%。

——创新体系协同高效。科技与经济融合更加顺畅，创新主体充满活力，创新链条有机衔接，创新治理更加科学，创新效率大幅提高。

——创新环境更加优化。激励创新的政策法规更加健全，知识产权保护更加严格，形成崇尚创新创业、勇于创新创业、激励创新创业的价值导向和文化氛围。

第二步，到 2030 年跻身创新型国家前列，发展驱动力实现根本转换，经济社会发展水平和国际竞争力大幅提升，为建成经济强国和共同富裕社会奠定坚实基础。

——主要产业进入全球价值链中高端。不断创造新技术和新产品、新模式和新业态、新需求和新市场，实现更可持续的发展、更高质量的就业、更高水平的收入、更高品质的生活。

——总体上扭转科技创新以跟踪为主的局面。在若干战略领域由并行走向领跑，形成引领全球学术发展的中国学派，产出对世界科技发展和人类文明进步有重要影响的原创成果。攻克制约国防科技的主要瓶颈问题。研究与试验发展（R&D）经费支出占国内生产总值比重达到 2.8%。

——国家创新体系更加完备。实现科技与经济深度融合、相互促进。

——创新文化氛围浓厚，法治保障有力，全社会形成创新活力竞相迸发、创新源泉不断涌流的生动局面。

第三步，到 2050 年建成世界科技创新强国，成为世界主要科学中心和创新高地，为我国建成富强民主文明和谐的社会主义现代化国家、实现中华民族伟大复兴的中国梦提供强大支撑。

——科技和人才成为国力强盛最重要的战略资源，创新成为政策制定和制度安排的核心因素。

——劳动生产率、社会生产力提高主要依靠科技进步和全面创新，经济发展质量高、能源资源消耗低、产业核心竞争力强。国防科技达到世界领先水平。

——拥有一批世界一流的科研机构、研究型大学和创新型企业，涌现出一批重大原创性科学成果和国际顶尖水平的科学大师，成为全球高端人才创新创业的重要聚集地。

——创新的制度环境、市场环境和文化环境更加优化，尊重知识、崇尚创新、保护产权、包容多元成为全社会的共同理念和价值导向。

三、战略部署

实现创新驱动是一个系统性的变革，要按照"坚持双轮驱动、构建一个体系、推动六大转变"进行布局，构建新的发展动力系统。

双轮驱动就是科技创新和体制机制创新两个轮子相互协调、持续发力。抓创新首先要抓科技创新，补短板首先要补科技创新的短板。科学发现对技术进步有决定性的引领作用，技术进步有力推动发现科学规律。要明确支撑发展的方向和重点，加强科学探索和技术攻关，形成持续创新的系统能力。体制机制创新要调整一切不适应创新驱动发展的生产关系，统筹推进科技、经济和政府治理等三方面体制机制改革，最大限度释放创新活力。

一个体系就是建设国家创新体系。要建设各类创新主体协同互动和创新要素顺畅流动、高效配置的生态系统，形成创新驱动发展的实践载体、制度安排和环境保障。明确企业、科研院所、高校、社会组织等各类创新主体功能定位，构建开放高效的创新网络，建设军民融合的国防科技协同创新平台；改进创新治理，进一步明确政府和市场分工，构建统筹配置创新资源的机制；完善激励创新的政策体系、保护创新的法律制度，构建鼓励创新的社会环境，激发全社会创新活力。

六大转变就是发展方式从以规模扩张为主导的粗放式增长向以质量效益为主导的可持续发展转变；发展要素从传统要素主导发展向创新要素主导发展转变；产业分工从价值链中低端向价值链中高端转变；创新能力从"跟踪、并行、领跑"并存、"跟踪"为主向"并行"、"领跑"为主转变；资源配置从以研发环节为主向产业链、创新链、资金链统筹配置转变；创新群体从以科技人员的小众为主向小众与大众创新创业互动转变。

四、战略任务

紧紧围绕经济竞争力提升的核心关键、社会发展的紧迫需求、国家安全的重大挑战，采取差异化策略和非对称路径，强化重点领域和关键环节的任务部署。

（一）推动产业技术体系创新，创造发展新优势

加快工业化和信息化深度融合，把数字化、网络化、智能化、绿色化作为提升产业竞争力的技术基点，推进各领域新兴技术跨界创新，构建结构合理、先进管用、开放兼容、自主可控、具有国际竞争力的现代产业技术体系，以技术的群体性突破支撑引领新兴产业集群发展，推进产业质量升级。

1. 发展新一代信息网络技术，增强经济社会发展的信息化基础。

2. 发展智能绿色制造技术，推动制造业向价值链高端攀升。

3. 发展生态绿色高效安全的现代农业技术，确保粮食安全、食品安全。

4. 发展安全清洁高效的现代能源技术，推动能源生产和消费革命。

5. 发展资源高效利用和生态环保技术，建设资源节约型和环境友好型社会。

6. 发展海洋和空间先进适用技术，培育海洋经济和空间经济。

7. 发展智慧城市和数字社会技术，推动以人为本的新型城镇化。

8. 发展先进有效、安全便捷的健康技术，应对重大疾病和人口老龄化挑战。

9. 发展支撑商业模式创新的现代服务技术，驱动经济形态高级化。

10. 发展引领产业变革的颠覆性技术，不断催生新产业、创造新就业。

（二）强化原始创新，增强源头供给

坚持国家战略需求和科学探索目标相结合，加强对关系全局的科学问题研究部署，增强原始创新能力，提升我国科学发现、技术发明和产品产业创新的整体水平，支撑产业变革和保障国家安全。

1. 加强面向国家战略需求的基础前沿和高技术研究。

2. 大力支持自由探索的基础研究。

3. 建设一批支撑高水平创新的基础设施和平台。

（三）优化区域创新布局，打造区域经济增长极

聚焦国家区域发展战略，以创新要素的集聚与流动促进产业合理分工，推动区域创新能力和竞争力整体提升。

1. 构建各具特色的区域创新发展格局。

2. 跨区域整合创新资源。

3. 打造区域创新示范引领高地。

（四）深化军民融合，促进创新互动

按照军民融合发展战略总体要求，发挥国防科技创新重要作用，加快建立健全军民融合的创新体系，形成全要素、多领域、高效益的军民科技深度融合发展新格局。

1. 健全宏观统筹机制。遵循经济建设和国防建设的规律，构建统一领导、需求对接、资源共享的军民融合管理体制，统筹协调军民科技战略规划、方针政策、资源条件、成果应用，推动军民科技协调发展、平衡发展、兼容发展。

2. 开展军民协同创新。建立军民融合重大科研任务形成机制，从基础研究到关键技术研发、集成应用等创新链一体化设计，构建军民共用技术项目联合论证和实施模式，建立产学研相结合的军民科技创新体系。

3. 推进军民科技基础要素融合。推进军民基础共性技术一体化、基础原材料和零部件通用化。推进海洋、太空、网络等新型领域军民融合深度发展。开展军民通用标准制定和整合，推动军民标准双向转化，促进军民标准体系融合。统筹军民共用重大科研基地和基础设施建设，推动双向开放、信息交互、资源共享。

4. 促进军民技术双向转移转化。推动先进民用技术在军事领域的应用，健全国防知识产权制度、完善国防知识产权归属与利益分配机制，积极引导国防科技成果加速向民用领域转化应用。放宽国防科技领域市场准入，扩大军品研发和服务市场的开放竞争，引导优势民营企业进入军品科研生产和维修领域。完善军民两用物项和技术进出口管制机制。

（五）壮大创新主体，引领创新发展

明确各类创新主体在创新链不同环节的功能定位，激发主体活力，系统提升各类主体创新能力，夯实创新发展的基础。

1. 培育世界一流创新型企业。鼓励行业领军企业构建高水平研发机构，形成完善的研发组织体系，集聚高端创新人才。引导领军企业联合中小企业和科研单位系统布局创新链，提供产业技术创新整体解决方案。培育一批核心技术能力突出、集成创新能力强、引领重要产业发展的创新型企业，力争有一批企业进入全球百强创新型企业。

2. 建设世界一流大学和一流学科。加快中国特色现代大学制度建设，深入推进管、办、评分离，扩大学校办学自主权，完善学校内部治理结构。引导大学加强基础研究和追求学术卓越，组建跨学科、综合交叉的科研团队，形成一批优势学科集群和高水平科技创新基地，建立创新能力评估基础上的绩效拨款制度，系统提升人才培养、学科建设、科技研发三位一体创新水平。增强原始创新能力和服务经济社会发展能力，推动一批高水平大学和学科进入世界一流行列或前列。

3. 建设世界一流科研院所。明晰科研院所功能定位，增强在基础前沿和行业共性关键技术研发中的骨干引领作用。健全现代科研院所制度，形成符合创新规律、体现领域特色、实施分类管理的法人治理结构。围绕国家重大任务，有效整合优势科研资源，建设综合性、高水平的国际化科技创新基地，在若干优势领域形成一批具有鲜明特色的世界级科学研究中心。

4. 发展面向市场的新型研发机构。围绕区域性、行业性重大技术需求，实行多元化投资、多样化模式、市场化运作，发展多种形式的先进技术研发、成果转化和产业孵化机构。

5. 构建专业化技术转移服务体系。发展研发设计、中试熟化、创业孵化、检验检测认证、知识产权等各类科技服务。完善全国技术交易市场体系，发展规范化、专业化、市场化、网络化的技术和知识产权交易平台。科研院所和高校建立专业化技术转移机构和职业化技术转移人才队伍，畅通技术转移通道。

（六）实施重大科技项目和工程，实现重点跨越

在关系国家安全和长远发展的重点领域，部署一批重大科技项目和工程。

面向 2020 年，继续加快实施已部署的国家科技重大专项，聚焦目标、突出重点，攻克高端通用芯片、高档数控机床、集成电路装备、宽带移动通信、油气田、核电站、水污染治理、转基因生物新品种、新药创制、传染病防治等方面的关键核心技术，形成若干战略性技术和战略性产品，培育新兴产业。

面向 2030 年，坚持有所为有所不为，尽快启动航空发动机及燃气轮机重大项目，在量子通信、信息网络、智能制造和机器人、深空深海探测、重点新材料和新能源、脑科学、健康医疗等领域，充分论证，把准方向，明确重点，再部署一批体现国家战略意图的重大科技项目和工程。

面向 2020 年的重大专项与面向 2030 年的重大科技项目和工程，形成梯次接续的系统布局，并根据国际科技发展的新进展和我国经济社会发展的新需求，及时进行滚动调整和优化。要发挥社会主义市场经济条件下的新型举国体制优势，集中力量，协同攻关，持久发力，久久为功，加快突破重大核心技术，开发重大战略性产品，在国家战略优先领域率先实现跨越。

（七）建设高水平人才队伍，筑牢创新根基

加快建设科技创新领军人才和高技能人才队伍。围绕重要学科领域和创新方向造就一批世界水平的科学家、科技领军人才、工程师和高水平创新团队，注重培养一线创新人才和青年科技人才，对青年人才开辟特殊支持渠道，支持高校、科研院所、企业面向全球招聘人才。倡导崇尚技能、精益求精的职业精神，在各行各业大规模培养高级技师、技术工人等高技能人才。优化人才成长环境，实施更加积极的创新创业人才激励和吸引政策，推行科技成果处置收益和股权期权激励制度，让各类主体、不同岗位的创新人才都能在科技成果产业化过程中得到合理回报。

发挥企业家在创新创业中的重要作用，大力倡导企业家精神，树立创新光荣、创新致富的社会导向，依法保护企业家的创新收益和财产权，培养造就一大批勇于创新、敢于冒险的创新型企业家，建设专业化、市场化、国际化的职业经理人队伍。

推动教育创新，改革人才培养模式，把科学精神、创新思维、创造能力和社会责任感的培养贯穿教育全过程。完善高端创新人才和产业技能人才"二元支撑"的人才培养体

系，加强普通教育与职业教育衔接。

（八）推动创新创业，激发全社会创造活力

建设和完善创新创业载体，发展创客经济，形成大众创业、万众创新的生动局面。

1. 发展众创空间。依托移动互联网、大数据、云计算等现代信息技术，发展新型创业服务模式，建立一批低成本、便利化、开放式众创空间和虚拟创新社区，建设多种形式的孵化机构，构建"孵化＋创投"的创业模式，为创业者提供工作空间、网络空间、社交空间、共享空间，降低大众参与创新创业的成本和门槛。

2. 孵化培育创新型小微企业。适应小型化、智能化、专业化的产业组织新特征，推动分布式、网络化的创新，鼓励企业开展商业模式创新，引导社会资本参与建设面向小微企业的社会化技术创新公共服务平台，推动小微企业向"专精特新"发展，让大批创新活力旺盛的小微企业不断涌现。

3. 鼓励人人创新。推动创客文化进学校，设立创新创业课程，开展品牌性创客活动，鼓励学生动手、实践、创业。支持企业员工参与工艺改进和产品设计，鼓励一切有益的微创新、微创业和小发明、小改进，将奇思妙想、创新创意转化为实实在在的创业活动。

五、战略保障

实施创新驱动发展战略，必须从体制改革、环境营造、资源投入、扩大开放等方面加大保障力度。

（一）改革创新治理体系

顺应创新主体多元、活动多样、路径多变的新趋势，推动政府管理创新，形成多元参与、协同高效的创新治理格局。

建立国家高层次创新决策咨询机制，定期向党中央、国务院报告国内外科技创新动态，提出重大政策建议。转变政府创新管理职能，合理定位政府和市场功能。强化政府战略规划、政策制定、环境营造、公共服务、监督评估和重大任务实施等职能。对于竞争性的新技术、新产品、新业态开发，应交由市场和企业来决定。建立创新治理的社会参与机制，发挥各类行业协会、基金会、科技社团等在推动创新驱动发展中的作用。

合理确定中央各部门功能性分工，发挥行业主管部门在创新需求凝练、任务组织实施、成果推广应用等方面的作用。科学划分中央和地方科技管理事权，中央政府职能侧重全局性、基础性、长远性工作，地方政府职能侧重推动技术开发和转化应用。

构建国家科技管理基础制度。再造科技计划管理体系，改进和优化国家科技计划管理流程，建设国家科技计划管理信息系统，构建覆盖全过程的监督和评估制度。完善国家科技报告制度，建立国家重大科研基础设施和科技基础条件平台开放共享制度，推动科技资源向各类创新主体开放。建立国家创新调查制度，引导各地树立创新发展导向。

（二）多渠道增加创新投入

切实加大对基础性、战略性和公益性研究稳定支持力度，完善稳定支持和竞争性支持相协调的机制。改革中央财政科技计划和资金管理，提高资金使用效益。完善激励企业研发的普惠性政策，引导企业成为技术创新投入主体。

探索建立符合中国国情、适合科技创业企业发展的金融服务模式。鼓励银行业金融机构创新金融产品，拓展多层次资本市场支持创新的功能，积极发展天使投资，壮大创业投

资规模，运用互联网金融支持创新。充分发挥科技成果转化、中小企业创新、新兴产业培育等方面基金的作用，引导带动社会资本投入创新。

（三）全方位推进开放创新

抓住全球创新资源加速流动和我国经济地位上升的历史机遇，提高我国全球配置创新资源能力。支持企业面向全球布局创新网络，鼓励建立海外研发中心，按照国际规则并购、合资、参股国外创新型企业和研发机构，提高海外知识产权运营能力。以卫星、高铁、核能、超级计算机等为重点，推动我国先进技术和装备走出去。鼓励外商投资战略性新兴产业、高新技术产业、现代服务业，支持跨国公司在中国设立研发中心，实现引资、引智、引技相结合。

深入参与全球科技创新治理，主动设置全球性创新议题，积极参与重大国际科技合作规则制定，共同应对粮食安全、能源安全、环境污染、气候变化以及公共卫生等全球性挑战。丰富和深化创新对话，围绕落实"一带一路"战略构想和亚太互联互通蓝图，合作建设面向沿线国家的科技创新基地。积极参与和主导国际大科学计划和工程，提高国家科技计划对外开放水平。

（四）完善突出创新导向的评价制度

根据不同创新活动的规律和特点，建立健全科学分类的创新评价制度体系。推进高校和科研院所分类评价，实施绩效评价，把技术转移和科研成果对经济社会的影响纳入评价指标，将评价结果作为财政科技经费支持的重要依据。完善人才评价制度，进一步改革完善职称评审制度，增加用人单位评价自主权。推行第三方评价，探索建立政府、社会组织、公众等多方参与的评价机制，拓展社会化、专业化、国际化评价渠道。改革国家科技奖励制度，优化结构、减少数量、提高质量，逐步由申报制改为提名制，强化对人的激励。发展具有品牌和公信力的社会奖项。完善国民经济核算体系，逐步探索将反映创新活动的研发支出纳入投资统计，反映无形资产对经济的贡献，突出创新活动的投入和成效。改革完善国有企业评价机制，把研发投入和创新绩效作为重要考核指标。

（五）实施知识产权、标准、质量和品牌战略

加快建设知识产权强国。深化知识产权领域改革，深入实施知识产权战略行动计划，提高知识产权的创造、运用、保护和管理能力。引导支持市场主体创造和运用知识产权，以知识产权利益分享机制为纽带，促进创新成果知识产权化。充分发挥知识产权司法保护的主导作用，增强全民知识产权保护意识，强化知识产权制度对创新的基本保障作用。健全防止滥用知识产权的反垄断审查制度，建立知识产权侵权国际调查和海外维权机制。

提升中国标准水平。强化基础通用标准研制，健全技术创新、专利保护与标准化互动支撑机制，及时将先进技术转化为标准。推动我国产业采用国际先进标准，强化强制性标准制定与实施，形成支撑产业升级的标准群，全面提高行业技术标准和产业准入水平。支持我国企业、联盟和社团参与或主导国际标准研制，推动我国优势技术与标准成为国际标准。

推动质量强国和中国品牌建设。完善质量诚信体系，形成一批品牌形象突出、服务平台完备、质量水平一流的优势企业和产业集群。制定品牌评价国际标准，建立国际互认的品牌评价体系，推动中国优质品牌国际化。

（六）培育创新友好的社会环境

健全保护创新的法治环境。加快创新薄弱环节和领域的立法进程，修改不符合创新导向的法规文件，废除制约创新的制度规定，构建综合配套精细化的法治保障体系。

培育开放公平的市场环境。加快突破行业垄断和市场分割。强化需求侧创新政策的引导作用，建立符合国际规则的政府采购制度，利用首台套订购、普惠性财税和保险等政策手段，降低企业创新成本，扩大创新产品和服务的市场空间。推进要素价格形成机制的市场化改革，强化能源资源、生态环境等方面的刚性约束，提高科技和人才等创新要素在产品价格中的权重，让善于创新者获得更大的竞争优势。

营造崇尚创新的文化环境。大力宣传广大科技工作者爱国奉献、勇攀高峰的感人事迹和崇高精神，在全社会形成鼓励创造、追求卓越的创新文化，推动创新成为民族精神的重要内涵。倡导百家争鸣、尊重科学家个性的学术文化，增强敢为人先、勇于冒尖、大胆质疑的创新自信。重视科研试错探索价值，建立鼓励创新、宽容失败的容错纠错机制。营造宽松的科研氛围，保障科技人员的学术自由。加强科研诚信建设，引导广大科技工作者恪守学术道德，坚守社会责任。加强科学教育，丰富科学教育教学内容和形式，激发青少年的科技兴趣。加强科学技术普及，提高全民科学素养，在全社会塑造科学理性精神。

六、组织实施

实施创新驱动发展战略是我们党在新时期的重大历史使命。全党全国必须统一思想，各级党委和政府必须切实增强责任感和紧迫感，统筹谋划，系统部署，精心组织，扎实推进。

加强领导。按照党中央、国务院统一部署，国家科技体制改革和创新体系建设领导小组负责本纲要的具体组织实施工作，加强对创新驱动发展重大战略问题的研究和审议，指导推动纲要落实。

分工协作。国务院和军队各有关部门、各省（自治区、直辖市）要根据本纲要制定具体实施方案，强化大局意识、责任意识，加强协同、形成合力。

开展试点。加强任务分解，明确责任单位和进度安排，制订年度和阶段性实施计划。对重大改革任务和重点政策措施，要制定具体方案，开展试点。

监测评价。完善以创新发展为导向的考核机制，将创新驱动发展成效作为重要考核指标，引导广大干部树立正确政绩观。加强创新调查，建立定期监测评估和滚动调整机制。

加强宣传。做好舆论宣传，及时宣传报道创新驱动发展的新进展、新成效，让创新驱动发展理念成为全社会共识，调动全社会参与支持创新积极性。

全党全社会要紧密团结在以习近平同志为总书记的党中央周围，把各方面力量凝聚到创新驱动发展上来，为全面建成创新型国家、实现中华民族伟大复兴的中国梦而努力奋斗。

国务院关于印发《"十三五"控制温室气体排放工作方案》的通知
（国发〔2016〕61号）

各省、自治区、直辖市人民政府，国务院各部委、各直属机构：

现将《"十三五"控制温室气体排放工作方案》印发给

你们，请认真贯彻执行。

国务院（印）
2016 年 10 月 27 日

"十三五"控制温室气体排放工作方案

一、总体要求

（一）指导思想。（略）

（二）主要目标。到 2020 年，单位国内生产总值二氧化碳排放比 2015 年下降 18%，碳排放总量得到有效控制。氢氟碳化物、甲烷、氧化亚氮、全氟化碳、六氟化硫等非二氧化碳温室气体控排力度进一步加大。碳汇能力显著增强。支持优化开发区域碳排放率先达到峰值，力争部分重化工业 2020 年左右实现率先达峰，能源体系、产业体系和消费领域低碳转型取得积极成效。全国碳排放权交易市场启动运行，应对气候变化法律法规和标准体系初步建立，统计核算、评价考核和责任追究制度得到健全，低碳试点示范不断深化，减污减碳协同作用进一步加强，公众低碳意识明显提升。

二、低碳引领能源革命

（一）加强能源碳排放指标控制。实施能源消费总量和强度双控，基本形成以低碳能源满足新增能源需求的能源发展格局。到 2020 年，能源消费总量控制在 50 亿 t 标准煤以内，单位国内生产总值能源消费比 2015 年下降 15%，非化石能源比重达到 15%。大型发电集团单位供电二氧化碳排放控制在 550g/kWh 以内。

（二）大力推进能源节约。坚持节约优先的能源战略，合理引导能源需求，提升能源利用效率。严格实施节能评估审查，强化节能监察。推动工业、建筑、交通、公共机构等重点领域节能降耗。实施全民节能行动计划，组织开展重点节能工程。健全节能标准体系，加强能源计量监管和服务，实施能效领跑者引领行动。推行合同能源管理，推动节能服务产业健康发展。

（三）加快发展非化石能源。积极有序推进水电开发，安全高效发展核电，稳步发展风电，加快发展太阳能发电，积极发展地热能、生物质能和海洋能。到 2020 年，力争常规水电装机容量达到 3.4 亿 kW，风电装机达到 2 亿 kW，光伏装机达到 1 亿 kW，核电装机容量达到 5800 万 kW，在建容量达到 3000 万 kW 以上。加强智慧能源体系建设，推行节能低碳电力调度，提升非化石能源电力消纳能力。

（四）优化利用化石能源。控制煤炭消费总量，2020 年控制在 42 亿 t 左右。推动雾霾严重地区和城市在 2017 年后继续实现煤炭消费负增长。加强煤炭清洁高效利用，大幅削减散煤利用。加快推进居民采暖用煤替代工作，积极推进工业窑炉、采暖锅炉"煤改气"，大力推进天然气、电力替代交通燃油，积极发展天然气发电和分布式能源。在煤基行业和油气开采行业开展碳捕集、利用和封存的规模化产业示范，控制煤化工等行业碳排放。积极开发利用天然气、煤层气、页岩气，加强放空天然气和油田伴生气回收利用，到 2020 年天然气占能源消费总量比重提高到 10% 左右。

三、打造低碳产业体系

（一）加快产业结构调整。将低碳发展作为新常态下经济提质增效的重要动力，推动产业结构转型升级。依法依规有序淘汰落后产能和过剩产能。运用高新技术和先进适用技术改造传统产业，延伸产业链、提高附加值，提升企业低碳竞争力。转变出口模式，严格控制"两高一资"产品出口，着力优化出口结构。加快发展绿色低碳产业，打造绿色低碳供应链。积极发展战略性新兴产业，大力发展服务业，2020年战略性新兴产业增加值占国内生产总值的比重力争达到15%，服务业增加值占国内生产总值的比重达到56%。

（二）控制工业领域排放。2020年单位工业增加值二氧化碳排放量比2015年下降22%，工业领域二氧化碳排放总量趋于稳定，钢铁、建材等重点行业二氧化碳排放总量得到有效控制。积极推广低碳新工艺、新技术，加强企业能源和碳排放管理体系建设，强化企业碳排放管理，主要高耗能产品单位产品碳排放达到国际先进水平。实施低碳标杆引领计划，推动重点行业企业开展碳排放对标活动。积极控制工业过程温室气体排放，制定实施控制氢氟碳化物排放行动方案，有效控制三氟甲烷，基本实现达标排放，"十三五"期间累计减排二氧化碳当量11亿t以上，逐步减少二氟一氯甲烷受控用途的生产和使用，到2020年在基准线水平（2010年产量）上产量减少35%。推进工业领域碳捕集、利用和封存试点示范，并做好环境风险评价。

（三）大力发展低碳农业。坚持减缓与适应协同，降低农业领域温室气体排放。实施化肥使用量零增长行动，推广测土配方施肥，减少农田氧化亚氮排放，到2020年实现农田氧化亚氮排放达到峰值。控制农田甲烷排放，选育高产低排良种，改善水分和肥料管理。实施耕地质量保护与提升行动，推广秸秆还田，增施有机肥，加强高标准农田建设。因地制宜建设畜禽养殖场大中型沼气工程。控制畜禽温室气体排放，推进标准化规模养殖，推进畜禽废弃物综合利用，到2020年规模化养殖场、养殖小区配套建设废弃物处理设施比例达到75%以上。开展低碳农业试点示范。

（四）增加生态系统碳汇。加快造林绿化步伐，推进国土绿化行动，继续实施天然林保护、退耕还林还草、三北及长江流域防护林体系建设、京津风沙源治理、石漠化综合治理等重点生态工程；全面加强森林经营，实施森林质量精准提升工程，着力增加森林碳汇。强化森林资源保护和灾害防控，减少森林碳排放。到2020年，森林覆盖率达到23.04%，森林蓄积量达到165亿m³。加强湿地保护与恢复，稳定并增强湿地固碳能力。推进退牧还草等草原生态保护建设工程，推行禁牧休牧轮牧和草畜平衡制度，加强草原灾害防治，积极增加草原碳汇，到2020年草原综合植被盖度达到56%。探索开展海洋等生态系统碳汇试点。

四、推动城镇化低碳发展

（一）加强城乡低碳化建设和管理。在城乡规划中落实低碳理念和要求，优化城市功能和空间布局，科学划定城市开发边界，探索集约、智能、绿色、低碳的新型城镇化模式，开展城市碳排放精细化管理，鼓励编制城市低碳发展规划。提高基础设施和建筑质量，防止大拆大建。推进既有建筑节能改造，强化新建建筑节能，推广绿色建筑，到2020年城镇绿色建筑占新建建筑比重达到50%。强化宾馆、办公楼、商场等商业和公共建筑低碳化运营管理。在农村地区推动建筑节能，引导生活用能方式向清洁低碳转变，建设绿色低碳村镇。因地制宜推广余热利用、高效热泵、可再生能源、分布式能源、绿色建材、绿色照明、屋顶墙体绿化等低碳技术。推广绿色施工和住宅产业化建设模式。积极开展绿色生态城区和零碳排放建筑试点示范。

（二）建设低碳交通运输体系。推进现代综合交通运输体系建设，加快发展铁路、水运等低碳运输方式，推动航空、航海、公路运输低碳发展，发展低碳物流，到2020年，营运货车、营运客车、营运船舶单位运输周转量二氧化碳排放比2015年分别下降8%、2.6%、7%，城市客运单位客运量二氧化碳排放比2015年下降12.5%。完善公交优先的城市交通运输体系，发展城市轨道交通、智能交通和慢行交通，鼓励绿色出行。鼓励使用节能、清洁能源和新能源运输工具，完善配套基础设施建设，到2020年，纯电动汽车和插电式混合动力汽车生产能力达到200万辆、累计产销量超过500万辆。严格实施乘用车燃料消耗量限值标准，提高重型商用车燃料消耗量限值标准，研究新车碳排放标准。深入实施低碳交通示范工程。

（三）加强废弃物资源化利用和低碳化处置。创新城乡社区生活垃圾处理理念，合理布局便捷回收设施，科学配置社区垃圾收集系统，在有条件的社区设立智能型自动回收机，鼓励资源回收利用企业在社区建立分支机构。建设餐厨垃圾等社区化处理设施，提高垃圾社区化处理率。鼓励垃圾分类和生活用品的回收再利用。推进工业垃圾、建筑垃圾、污水处理厂污泥等废弃物无害化处理和资源化利用，在具备条件的地区鼓励发展垃圾焚烧发电等多种处理利用方式，有效减少全社会的物耗和碳排放。开展垃圾填埋场、污水处理厂甲烷收集利用及与常规污染物协同处理工作。

（四）倡导低碳生活方式。树立绿色低碳的价值观和消费观，弘扬以低碳为荣的社会新风尚。积极践行低碳理念，鼓励使用节能低碳节水产品，反对过度包装。提倡低碳餐饮，推行"光盘行动"，遏制食品浪费。倡导低碳居住，推广普及节水器具。倡导"135"绿色低碳出行方式（1km以内步行，3km以内骑自行车，5km左右乘坐公共交通工具），鼓励购买小排量汽车、节能与新能源汽车。

五、加快区域低碳发展

（一）实施分类指导的碳排放强度控制。综合考虑各省（区、市）发展阶段、资源禀赋、战略定位、生态环保等因素，分类确定省级碳排放控制目标。"十三五"期间，北京、天津、河北、上海、江苏、浙江、山东、广东碳排放强度分别下降20.5%，福建、江西、河南、湖北、重庆、四川分别下降19.5%，山西、辽宁、吉林、安徽、湖南、贵州、云南、陕西分别下降18%，内蒙古、黑龙江、广西、甘肃、宁夏分别下降17%，海南、西藏、青海、新疆分别下降12%。

（二）推动部分区域率先达峰。支持优化开发区域在2020年前实现碳排放率先达峰。鼓励其他区域提出峰值目标，明确达峰路线图，在部分发达省市研究探索开展碳排放总量控制。鼓励"中国达峰先锋城市联盟"城市和其他具备条件的城市加大减排力度，完善政策措施，力争提前完成达峰目标。

（三）创新区域低碳发展试点示范。选择条件成熟的限制开发区域和禁止开发区域、生态功能区、工矿区、城镇等开展近零碳排放区示范工程，到2020年建设50个示范项目。以碳排放峰值和碳排放总量控制为重点，将国家低碳城市试点扩大到100个城市。探索产城融合低碳发展模式，将国家低碳城（镇）试点扩大到30个城（镇）。深化国家低碳工业园区试点，将试点扩大到80个园区，组织创建20个国家低碳产业示范园区。推动开展1000个左右低碳社区试点，组织创建 100 个国家低碳示范社区。组织开展低碳商业、低碳旅游、低碳企业试点。以投资政策引导、强化金融支持为重点，推动开展气候投融资试点工作。做好各类试点经验总结和推广，形成一批各具特色的低碳发展模式。

（四）支持贫困地区低碳发展。根据区域主体功能，确立不同地区扶贫开发思路。将低碳发展纳入扶贫开发目标任务体系，制定支持贫困地区低碳发展的差别化扶持政策和评价指标体系，形成适合不同地区的差异化低碳发展模式。分片区制定贫困地区产业政策，加快特色产业发展，避免盲目接收高耗能、高污染产业转移。建立扶贫与低碳发展联动工作机制，推动发达地区与贫困地区开展低碳产业和技术协作。推进"低碳扶贫"，倡导企业与贫困村结对开展低碳扶贫活动。鼓励大力开发贫困地区碳减排项目，推动贫困地区碳减排项目进入国内外碳排放权交易市场。改进扶贫资金使用方式和配置模式。

六、建设和运行全国碳排放权交易市场

（一）建立全国碳排放权交易制度。出台《碳排放权交易管理条例》及有关实施细则，各地区、各部门根据职能分工制定有关配套管理办法，完善碳排放权交易法规体系。建立碳排放权交易市场国家和地方两级管理体制，将有关工作责任落实到地市级人民政府，完善部门协作机制，各地区、各部门和中央企业集团根据职责制定具体工作实施方案，明确责任目标，落实专项资金，建立专职工作队伍，完善工作体系。制定覆盖石化、化工、建材、钢铁、有色、造纸、电力和航空等 8 个工业行业中年能耗 1 万 t 标准煤以上企业的碳排放权总量设定与配额分配方案，实施碳排放配额管控制度。对重点汽车生产企业实行基于新能源汽车生产责任的碳排放配额管理。

（二）启动运行全国碳排放权交易市场。在现有碳排放权交易试点交易机构和温室气体自愿减排交易机构基础上，根据碳排放权交易工作需求统筹确立全国交易机构网络布局，各地区根据国家确定的配额分配方案对本行政区域内重点排放企业开展配额分配。推动区域性碳排放权交易体系向全国碳排放权交易市场顺利过渡，建立碳排放配额市场调节和抵消机制，建立严格的市场风险预警与防控机制，逐步健全交易规则，增加交易品种，探索多元化交易模式，完善企业上线交易条件，2017 年启动全国碳排放权交易市场。到2020 年力争建成制度完善、交易活跃、监管严格、公开透明的全国碳排放权交易市场，实现稳定、健康、持续发展。

（三）强化全国碳排放权交易基础支撑能力。建设全国碳排放权交易注册登记系统及灾备系统，建立长效、稳定的注册登记系统管理机制。构建国家、地方、企业三级温室气体排放核算、报告与核查工作体系，建设重点企业温室气体排放数据报送系统。整合多方资源培养壮大碳交易专业技术支撑队伍，编制统一培训教材，建立考核评估制度，构建专业咨询服务平台，鼓励有条件的省（区、市）建立全国碳排放权交易能力培训中心。组织条件成熟的地区、行业、企业开展碳排放权交易试点示范，推进相关国际合作。持续开展碳排放权交易重大问题跟踪研究。

七、加强低碳科技创新

（一）加强气候变化基础研究。加强应对气候变化基础研究、技术研发和战略政策研究基地建设。深化气候变化的事实、过程、机理研究，加强气候变化影响与风险、减缓与适应的基础研究。加强大数据、云计算等互联网技术与低碳发展融合研究。加强生产消费全过程碳排放计量、核算体系及控排政策研究。开展低碳发展与经济社会、资源环境的耦合效应研究。编制国家应对气候变化科技发展专项规划，评估低碳技术研究进展。编制第四次气候变化国家评估报告。积极参与政府间气候变化专门委员会（IPCC）第六次评估报告相关研究。

（二）加快低碳技术研发与示范。研发能源、工业、建筑、交通、农业、林业、海洋等重点领域经济适用的低碳技术。建立低碳技术孵化器，鼓励利用现有政府投资基金，引导创业投资基金等市场资金，加快推动低碳技术进步。

（三）加大低碳技术推广应用力度。定期更新国家重点节能低碳技术推广目录、节能减排与低碳技术成果转化推广清单。提高核心技术研发、制造、系统集成和产业化能力，对减排效果好、应用前景广阔的关键产品组织规模化生产。加快建立政产学研用有效结合机制，引导企业、高校、科研院所建立低碳技术创新联盟，形成技术研发、示范应用和产业化联动机制。增强大学科技园、企业孵化器、产业化基地、高新区对低碳技术产业化的支持力度。在国家低碳试点和国家可持续发展创新示范区等重点地区，加强低碳技术集中示范应用。

八、强化基础能力支撑

（一）完善应对气候变化法律法规和标准体系。推动制订应对气候变化法，适时修订完善应对气候变化相关政策法规。研究制定重点行业、重点产品温室气体排放核算标准、建筑低碳运行标准、碳捕集利用与封存标准等，完善低碳产品标准、标识和认证制度。加强节能监察，强化能效标准实施，促进能效提升和碳减排。

（二）加强温室气体排放统计与核算。加强应对气候变化统计工作，完善应对气候变化统计指标体系和温室气体排放统计制度，强化能源、工业、农业、林业、废弃物处理等相关统计，加强统计基础工作和能力建设。加强热力、电力、煤炭等重点领域温室气体排放因子计算与监测方法研究，完善重点行业企业温室气体排放核算指南。定期编制国家和省级温室气体排放清单，实行重点企（事）业单位温室气体排放数据报告制度，建立温室气体排放数据信息系统。完善温室气体排放计量和监测体系，推动重点排放单位健全能源消费和温室气体排放台账记录。逐步建立完善省市两级行政区域能源碳排放年度核算方法和报告制度，提高数据质量。

（三）建立温室气体排放信息披露制度。定期公布我国低碳发展目标实现及政策行动进展情况，建立温室气体排放数据信息发布平台，研究建立国家应对气候变化公报制度。推动地方温室气体排放数据信息公开。推动建立企业温室气体排放信息披露制度，鼓励企业主动公开温室气体排放信息，国有企业、上市公司、纳入碳排放权交易市场的企业要率先公布温室气体排放信息和控排行动措施。

（四）完善低碳发展政策体系。加大中央及地方预算内资金对低碳发展的支持力度。出台综合配套政策，完善气候投融资机制，更好发挥中国清洁发展机制基金作用，积极运用政府和社会资本合作（PPP）模式及绿色债券等手段，支持应对气候变化和低碳发展工作。发挥政府引导作用，完善涵盖节能、环保、低碳等要求的政府绿色采购制度，开展低碳机关、低碳校园、低碳医院等创建活动。研究有利于低碳发展的税收政策。加快推进能源价格形成机制改革，规范

并逐步取消不利于节能减碳的化石能源补贴。完善区域低碳发展协作联动机制。

（五）加强机构和人才队伍建设。编制应对气候变化能力建设方案，加快培养技术研发、产业管理、国际合作、政策研究等各类专业人才，积极培育第三方服务机构和市场中介组织，发展低碳产业联盟和社会团体，加强气候变化研究后备队伍建设。积极推进应对气候变化基础研究、技术研发等领域的国际合作，加强人员国际交流，实施高层次人才培养和引进计划。强化应对气候变化教育教学内容，开展"低碳进课堂"活动。加强对各级领导干部、企业管理者等培训，增强政策制定者和企业家的低碳战略决策能力。

九、广泛开展国际合作

（一）深度参与全球气候治理。积极参与落实《巴黎协定》相关谈判，继续参与各种渠道气候变化对话磋商，坚持"共同但有区别的责任"原则、公平原则和各自能力原则，推动《联合国气候变化框架公约》的全面、有效、持续实施，推动建立广泛参与、各尽所能、务实有效、合作共赢的全球气候治理体系，推动落实联合国《2030年可持续发展议程》，为我国低碳转型提供良好的国际环境。

（二）推动务实合作。加强气候变化领域国际对话交流，深化与各国的合作，广泛开展与国际组织的务实合作。积极参与国际气候和环境资金机构治理，利用相关国际机构优惠资金和先进技术支持国内应对气候变化工作。深入务实推进应对气候变化南南合作，设立并用好中国气候变化南南合作基金，支持发展中国家提高应对气候变化和防灾减灾能力。继续推进清洁能源、防灾减灾、生态保护、气候适应型农业、低碳智慧型城市建设等领域国际合作。结合实施"一带一路"战略、国际产能和装备制造合作，促进低碳项目合作，推动海外投资项目低碳化。

（三）加强履约工作。做好《巴黎协定》国内履约准备工作。按时编制和提交国家信息通报和两年更新报，参与《联合国气候变化框架公约》下的国际磋商和分析进程。加强对国家自主贡献的评估，积极参与2018年促进性对话。研究并向联合国通报我国本世纪中叶长期温室气体低排放发展战略。

十、强化保障落实

（一）加强组织领导。发挥好国家应对气候变化领导小组协调联络办公室的统筹协调和监督落实职能。各省（区、市）要将大幅度降低二氧化碳排放强度纳入本地区经济社会发展规划、年度计划和政府工作报告，制定具体工作方案，建立完善工作机制，逐步健全控制温室气体排放的监督和管理体制。各有关部门要根据职责分工，按照相关专项规划和工作方案，切实抓好落实。

（二）强化目标责任考核。要加强对省级人民政府控制温室气体排放目标完成情况的评估、考核，建立责任追究制度。各有关部门要建立年度控制温室气体排放工作任务完成情况的跟踪评估机制。考核评估结果向社会公开，接受舆论监督。建立碳排放控制目标预测预警机制，推动各地方、各部门落实低碳发展工作任务。

（三）加大资金投入。各地区、各有关部门要围绕实现"十三五"控制温室气体排放目标，统筹各种资金来源，切实加大资金投入，确保本方案各项任务的落实。

（四）做好宣传引导。加强应对气候变化国内外宣传和科普教育，利用好全国低碳日、联合国气候变化大会等重要节点和新媒体平台，广泛开展丰富多样的宣传活动，提升

全民低碳意识。加强对气候变化传播培训，提升媒体从业人员报道的专业水平。建立应对气候变化公众参与机制，在政策制定、重大项目工程决策等领域，鼓励社会公众广泛参与，营造积极应对气候变化的良好社会氛围。

国务院办公厅关于印发《控制污染物排放许可制实施方案》的通知
（国办发〔2016〕81号）

各省、自治区、直辖市人民政府，国务院各部委、各直属机构：

《控制污染物排放许可制实施方案》已经国务院同意，现印发给你们，请认真贯彻执行。

国务院办公厅（印）
2016年11月10日

控制污染物排放许可制实施方案

一、总体要求

（一）指导思想。（略）

（二）基本原则。

精简高效，衔接顺畅。排污许可制衔接环境影响评价管理制度，融合总量控制制度，为排污收费、环境统计、排污权交易等工作提供统一的污染物排放数据，减少重复申报，减轻企事业单位负担，提高管理效能。

公平公正，一企一证。企事业单位持证排污，按照所在地改善环境质量和保障环境安全的要求承担相应的污染治理责任，多排放多担责、少排放可获益。向企事业单位核发排污许可证，作为生产运营期排污行为的唯一行政许可，并明确其排污行为依法应当遵守的环境管理要求和承担的法律责任义务。

权责清晰，强化监管。排污许可证是企事业单位在生产运营期接受环境监管和环境保护部门实施监管的主要法律文书。企事业单位依法申领排污许可证，按证排污，自证守法。环境保护部门基于企事业单位守法承诺，依法发放排污许可证，依证强化事中事后监管，对违法排污行为实施严厉打击。

公开透明，社会共治。排污许可证申领、核发、监管流程全过程公开，企事业单位污染物排放和环境保护部门监管执法信息及时公开，为推动企业守法、部门联动、社会监督创造条件。

（三）目标任务。到2020年，完成覆盖所有固定污染源的排污许可证核发工作，全国排污许可证管理信息平台有效运转，各项环境管理制度精简合理、有机衔接，企事业单位环保主体责任得到落实，基本建立法规体系完备、技术体系科学、管理体系高效的排污许可制，对固定污染源实施全过程管理和多污染物协同控制，实现系统化、科学化、法治化、精细化、信息化的"一证式"管理。

二、衔接整合相关环境管理制度

（四）建立健全企事业单位污染物排放总量控制制度。改变单纯以行政区域为单元分解污染物排放总量指标的方式和总量减排核算考核办法，通过实施排污许可制，落实企事业单位污染物排放总量控制要求，逐步实现由行政区域污染物排放总量控制向企事业单位污染物排放总量控制转变，控制

的范围逐渐统一到固定污染源。环境质量不达标地区，要通过提高排放标准或加严许可排放量等措施，对企事业单位实施更为严格的污染物排放总量控制，推动改善环境质量。

（五）有机衔接环境影响评价制度。环境影响评价制度是建设项目的环境准入门槛，排污许可制是企事业单位生产运营期排污的法律依据，必须做好充分衔接，实现从污染预防到污染治理和排放控制的全过程监管。新建项目必须在发生实际排污行为之前申领排污许可证，环境影响评价文件及批复中与污染物排放相关的主要内容应当纳入排污许可证，其排污许可证执行情况应作为环境影响后评价的重要依据。

三、规范有序发放排污许可证

（六）制定排污许可管理名录。环境保护部依法制订并公布排污许可分类管理名录，考虑企事业单位及其他生产经营者，确定实行排污许可管理的行业类别。对不同行业或同一行业内的不同类型企事业单位，按照污染物产生量、排放量以及环境危害程度等因素进行分类管理，对环境影响较小、环境危害程度较低的行业或企事业单位，简化排污许可内容和相应的自行监测、台账管理等要求。

（七）规范排污许可证核发。由县级以上地方政府环境保护部门负责排污许可证核发，地方性法规另有规定的从其规定。企事业单位按相关法规标准和技术规定提交申请材料，申报污染物排放种类、排放浓度等，测算并申报污染物排放量。环境保护部门对符合要求的企事业单位及时核发排污许可证，对存在疑问的开展现场核查。首次发放的排污许可证有效期三年，延续换发的排污许可证有效期五年。上级环境保护部门要加强监督抽查，有权依法撤销下级环境保护部门作出的核发排污许可证的决定。环境保护部统一制定排污许可证申领核发程序、排污许可证样式、信息编码和平台接口标准、相关数据格式要求等。各地区现有排污许可证及其管理要按国家统一要求及时进行规范。

（八）合理确定许可内容。排污许可证中明确许可排放的污染物种类、浓度、排放量、排放去向等事项，载明污染治理设施、环境管理要求等相关内容。根据污染物排放标准、总量控制指标、环境影响评价文件及批复要求等，依法合理确定许可排放的污染物种类、浓度及排放量。按照《国务院办公厅关于加强环境监管执法的通知》（国办发〔2014〕56号）要求，经地方政府依法处理、整顿规范并符合要求的项目，纳入排污许可管理范围。地方政府制定的环境质量限期达标规划、重污染天气应对措施中对企事业单位有更加严格的排放控制要求的，应当在排污许可证中予以明确。

（九）分步实现排污许可全覆盖。排污许可证管理内容主要包括大气污染物、水污染物，并依法逐步纳入其他污染物。按行业分步实现对固定污染源的全覆盖，率先对火电、造纸行业企业核发排污许可证，2017年完成《大气污染防治行动计划》和《水污染防治行动计划》重点行业及产能过剩行业企业排污许可证核发，2020年全国基本完成排污许可证核发。

四、严格落实企事业单位环境保护责任

（十）落实按证排污责任。纳入排污许可管理的所有企事业单位必须按期持证排污、按证排污，不得无证排污。企事业单位应及时申领排污许可证，对申请材料的真实性、准确性和完整性承担法律责任，承诺按照排污许可证的规定排污并严格执行；落实污染物排放控制措施和其他各项环境管理要求，确保污染物排放种类、浓度和排放量等达到许可要求；明确单位负责人和相关人员环境保护责任，不断提高

污染治理和环境管理水平，自觉接受监督检查。

（十一）实行自行监测和定期报告。企事业单位应依法开展自行监测，安装或使用监测设备应符合国家有关环境监测、计量认证规定和技术规范，保障数据合法有效，保证设备正常运行，妥善保存原始记录，建立准确完整的环境管理台账，安装在线监测设备的应与环境保护部门联网。企事业单位应如实向环境保护部门报告排污许可证执行情况，依法向社会公开污染物排放数据并对数据真实性负责。排放情况与排污许可证要求不符的，应及时向环境保护部门报告。

五、加强监督管理

（十二）依证严格开展监管执法。依证监管是排污许可制实施的关键，重点检查许可事项和管理要求的落实情况，通过执法监测、核查台账等手段，核实排放数据和报告的真实性，判定是否达标排放，核定排放量。企事业单位在线监测数据可以作为环境保护部门监管执法的依据。按照"谁核发、谁监管"的原则定期开展监管执法，首次核发排污许可证后，应及时开展检查；对有违规记录的，应提高检查频次；对污染严重的产能过剩行业企业加大执法频次与处罚力度，推动去产能工作。现场检查的时间、内容、结果以及处罚决定应记入排污许可证管理信息平台。

（十三）严厉查处违法排污行为。根据违法情节轻重，依法采取按日连续处罚、限制生产、停产整治、停业、关闭等措施，严厉处罚无证和不按证排污行为，对构成犯罪的，依法追究刑事责任。环境保护部门检查发现实际情况与环境管理台账、排污许可证执行报告等不一致的，可以责令做出说明，对未能说明且无法提供自行监测原始记录的，依法予以处罚。

（十四）综合运用市场机制政策。对自愿实施严于许可排放浓度和排放量且在排污许可证中载明的企事业单位，加大电价等价格激励措施力度，符合条件的可以享受相关环保、资源综合利用等方面的优惠政策。与拟开征的环境保护税有机衔接，交换共享企事业单位实际排放数据与纳税申报数据，引导企事业单位按证排污并诚信纳税。排污许可证是排污权的确认凭证、排污交易的管理载体，企事业单位在履行法定义务的基础上，通过淘汰落后和过剩产能、清洁生产、污染治理、技术改造升级等产生的污染物排放削减量，可按规定在市场交易。

六、强化信息公开和社会监督

（十五）提高管理信息化水平。2017年建成全国排污许可证管理信息平台，将排污许可证申领、核发、监管执法等工作流程及信息纳入平台，各地现有的排污许可证管理信息平台逐步接入。在统一社会信用代码基础上适当扩充，制定全国统一的排污许可证编码。通过排污许可证管理信息平台统一收集、存储、管理排污许可证信息，实现各级联网、数据集成、信息共享。形成的实际排放数据作为环境保护部门排污收费、环境统计、污染源排放清单等各项固定污染源环境管理的数据来源。

（十六）加大信息公开力度。在全国排污许可证管理信息平台上及时公开企事业单位自行监测数据和环境保护部门监管执法信息，公布不按证排污的企事业单位名单，纳入企业环境行为信用评价，并通过企业信用信息公示系统进行公示。与环保举报平台共享污染源信息，鼓励公众举报无证和不按证排污行为。依法推进环境公益诉讼，加强社会监督。

七、做好排污许可制实施保障

（十七）加强组织领导。各地区要高度重视排污许可制实施工作，统一思想，提高认识，明确目标任务，制定实施计划，确保按时限完成排污许可证核发工作。要做好排污许可制推进期间各项环境管理制度的衔接，避免出现管理真空。环境保护部要加强对全国排污许可制实施工作的指导，制定相关管理办法，总结推广经验，跟踪评估实施情况。将排污许可制落实情况纳入环境保护督察工作，对落实不力的进行问责。

（十八）完善法律法规。加快修订建设项目环境保护管理条例，制定排污许可管理条例。配合修订水污染防治法，研究建立企事业单位守法排污的自我举证、加严对无证或不按证排污连续违法行为的处罚规定。推动修订固体废物污染环境防治法、环境噪声污染防治法，探索将有关污染物纳入排污许可证管理。

（十九）健全技术支撑体系。梳理和评估现有污染物排放标准，并适时修订。建立健全基于排放标准的可行技术体系，推动企事业单位污染防治措施升级改造和技术进步。完善排污许可证执行和监管执法技术体系，指导企事业单位自行监测、台账记录、执行报告、信息公开等工作，规范环境保护部门台账核查、现场执法等行为。培育和规范咨询与监测服务市场，促进人才队伍建设。

（二十）开展宣传培训。加大对排污许可制的宣传力度，做好制度解读，及时回应社会关切。组织各级环境保护部门、企事业单位、咨询与监测机构开展专业培训。强化地方政府环境保护主体责任，树立企事业单位持证排污意识，有序引导社会公众更好参与监督企事业单位排污行为，形成政府综合管控、企业依证守法、社会共同监督的良好氛围。

国家发展和改革委员会文件

国家发展改革委关于完善煤电价格联动机制有关事项的通知

（发改价格〔2015〕3169号）

各省、自治区、直辖市发展改革委、物价局，华能、大唐、华电、国电、国家电投、神华、中煤集团公司，国家电网、南方电网公司：

为贯彻落实《中共中央国务院关于进一步深化电力体制改革的若干意见》（中发〔2015〕9号）、《中共中央国务院关于推进价格机制改革的若干意见》（中发〔2015〕28号）精神和国务院关于推进价格改革的决策部署，适应煤炭电力市场形势变化，促进煤炭电力行业健康协调发展，经国务院同意，现就进一步完善煤电价格联动机制有关事项通知如下：

一、明确煤电价格联动机制基准

对于没有参与电力市场交易、由省级及省级以上统一调度的燃煤机组上网电量，继续实行标杆上网电价政策和煤电价格联动机制。煤电价格联动机制以年度为周期，由国家发展改革委统一部署启动，以省（区、市）为单位组织实施。煤电价格联动机制依据的电煤价格按照中国电煤价格指数确定。电煤价格以中国电煤价格指数2014年各省（价区）平均价格为基准煤价，原则上以与基准煤价对应的上网电价为基准电价。今后，每次实施煤电价格联动，电煤价格和上网电价分别与基准煤价、基准电价相比较计算。在2020年之前，上述基准煤价和基准电价是否调整根据实际情况确定。

二、明确煤电价格联动机制具体内容

对煤电价格实行区间联动。以5000kcal/kg代表规格品电煤价格为标准，当周期内电煤价格与基准煤价相比波动不超过每吨30元（含）的，成本变化由发电企业自行消纳，不启动联动机制。当周期内电煤价格与基准煤价相比波动超过每吨30元的，对超过部分实施分档累退联动，即当煤价波动超过每吨30元且不超过60元（含）的部分，联动系数为1；煤价波动超过每吨60元且不超过100元（含）的部分，联动系数为0.9；煤价波动超过每吨100元且不超过150元（含）的部分，联动系数为0.8；煤价波动超过每吨150元的部分不再联动。按此测算后的上网电价调整水平不足每千瓦时0.2分钱的，当年不实施联动机制，调价金额并入下一周期累计计算。按煤电价格联动机制调整的上网电价和销售电价于每年1月1日实施。

三、相应调整上网电价和销售电价

燃煤机组标杆上网电价严格按照煤电价格联动机制测算确定，具体公式见附件1。上网电价调整后，相应调整销售电价。其中，工商业用电价格相应调整，调整水平应按燃煤机组上网电量、其他电源上网电量、外购电量情况以及节能环保电价等因素确定，具体公式见附件2；居民生活、农业生产用电价格保持相对稳定。销售电价由国家发展改革委统一确定调整原则和各省（价区）调整水平，各类电力用户具体电价水平由省级价格主管部门根据本地实际情况制定，并向社会公布实施。

四、坚持推进电价市场化改革

在完善煤电价格联动机制的同时，要坚持推进电价市场化改革，加快电力市场建设，逐步放开竞争性环节电力价格。参与电力市场交易的上网电量电价，由交易双方自主协商确定。电力市场交易要坚持企业自主协商原则，地方政府及有关部门不得指定交易价格，不得强制推行对特定电力用户的优惠电价政策，不得强制或变相强制发电企业与特定电力用户强行交易。

上述规定自2016年1月1日起实施，此前关于煤电价格联动机制的规定不再执行。

附件：1. 燃煤机组标杆上网电价与煤价联动计算公式（略）
2. 销售电价与燃煤机组标杆上网电价联动计算公式（略）

国家发展改革委
2015年12月31日

国家发展改革委关于降低燃煤发电上网电价和工商业用电价格的通知

（发改价格〔2015〕748 号）

各省、自治区、直辖市发展改革委、物价局、电力公司：

经国务院批准，根据电力体制改革的相关精神和煤电价格联动机制有关规定，决定下调燃煤发电上网电价和工商业用电价格。经商国家能源局，现就有关事项通知如下：

一、全国燃煤发电上网电价平均每千瓦时下调约 2 分钱（含税，下同），各省（区、市）平均调价标准和调整后的燃煤发电标杆上网电价见附件一。

二、下调燃煤发电上网电价形成的降价空间，除适当疏导部分地区天然气发电价格以及脱硝、除尘、超低排放环保电价等突出结构性矛盾，促进节能减排和大气污染防治外，主要用于下调工商业用电价格。

三、全国工商业用电价格平均每千瓦时下调约 1.8 分钱。各省（区、市）工商业用电价格平均调价标准见附件一。

四、推进销售电价结构调整。全面推进工商业用电同价，江西、贵州和新疆实行商业用电和普通工业用电同价。居民生活和农业生产用电价格原则上保持稳定，适当减少电力用户间的交叉补贴。逐步取消化肥电价优惠，化肥生产用电执行相同用电类别的工商业用电价格；优惠价差较大的地方，分两步到位，2016 年 4 月 20 日起全部取消电价优惠。

五、跨省、跨区域送电价格调整标准，遵循市场定价原则，参考送、受电地区电价调整情况，由供需双方协商确定。部分跨省、跨区域送电价格具体调整情况见附件二。

六、各省（区、市）价格主管部门按照附件一规定的平均调价标准，制定和下发本省（区、市）上网电价和销售电价调整具体方案，并报我委备案。

七、以上电价调整自 2015 年 4 月 20 日起执行。

八、推进电价市场化，鼓励有条件的电力用户与发电企业直接交易，自愿协商确定电价。

九、电价调整后，各级价格主管部门要继续对高耗能行业、产能严重过剩行业实施差别电价、惩罚性电价和阶梯电价政策，积极配合有关部门认真甄别并及时公布企业名单，加大上述电价政策的执行力度，促进产业结构升级和淘汰落后产能；配合有关部门继续抓好煤炭行业脱困工作，规范煤炭建设和生产秩序。发电企业、煤炭企业要切实采取有效措施，严格遵守年度订货合同，稳定发电用煤价格，共同营造煤电行业良好的经营环境，促进煤电行业协调发展。

十、各地价格主管部门要精心组织，周密安排，确保本次电价调整措施及时落实到位。

附件：1. 各省（区、市）燃煤发电上网电价和工商业用电价格调整表
　　　2. 部分跨省、跨区域送电价格调整表

国家发展改革委
2015 年 4 月 13

附件 1

各省（区、市）燃煤发电上网电价和工商业用电价格调整表

单位：元/kWh（含税）

省级电网	统调燃煤发电上网电价平均降价标准	工商业用电价格平均降价标准	调整后的燃煤发电标杆上网电价
北京	0.017 0	0.000 0	0.375 4
天津	0.023 4	0.000 4	0.381 5
河北北网	0.017 0	0.016 6	0.397 1
河北南网	0.032 0	0.043 1	0.391 4
山西	0.023 4	0.000 0	0.353 8
山东	0.020 2	0.025 9	0.419 4
内蒙古西部	0.006 7	0.005 1	0.293 7
辽宁	0.018 1	0.022 5	0.386 3
吉林	0.021 1	0.024 8	0.380 3
黑龙江	0.020 0	0.025 6	0.386 4
内蒙古东部	0.003 6	0.000 0	0.306 8
上海	0.023 4	0.017 0	0.435 9
江苏	0.021 4	0.006 9	0.409 6
浙江	0.012 7	0.008 1	0.445 3
安徽	0.021 5	0.023 0	0.406 9
福建	0.030 4	0.020 4	0.407 5
河南	0.019 4	0.010 5	0.399 7
湖北	0.017 6	0.006 1	0.441 6
湖南	0.022 0	0.014 9	0.472 0
江西	0.015 9	0.019 5	0.439 6
四川	0.015 0	0.006 6	0.440 2
重庆	0.017 0	0.016 8	0.421 3
陕西	0.009 8	0.006 0	0.379 6
甘肃	0.003 9	0.000 0	0.325 0
宁夏	0.008 0	0.004 5	0.271 1
青海	0.017 0	0.000 0	0.337 0
广东	0.028 5	0.016 8	0.473 5
云南	0.016 3	0.005 7	0.356 3
贵州	0.010 4	0.014 7	0.370 9
广西	0.015 0	0.010 4	0.442 4
海南	0.025 0	0.008 4	0.452 8

注　上述燃煤发电标杆上网电价含脱硫、脱硝和除尘电价。

附件 2

部分跨省、跨区域送电价格调整表

单位：元/MWh（含税）

类别	项 目	降价标准
点对网	山西送华北	17.78
	内蒙古西部送华北	17.78
	山西送山东	20.20
	宁东送山东	20.20
	陕西送河北南网	32.00
	皖电东送	21.50
	内蒙古东部送黑龙江	20.00
	内蒙古东部送吉林	21.10
	内蒙古东部送辽宁	18.14
	湖南送广东	28.51
网对网	内蒙古西部送华北	6.73
	山西送华北	23.40
	山西送河北南网	23.40
	东北送华北	14.84
	新疆送河南	10.00

注 1. 跨省、跨区域送电价格调整主要遵循市场原则由送受电供需双方协商确定。"点对网"上网电价，原则上按照落地省燃煤发电标杆上网电价调整幅度相应调整；存在多个落地省份的，原则上按照各落地省份燃煤发电标杆上网电价调价幅度加权平均后相应调整。"网对网"送电价格，原则上按照送电省燃煤发电标杆上网电价调整幅度相应调整。其中，经协商，内蒙古东部地区燃煤发电机组送黑龙江的落地电价高于黑龙江省燃煤发电标杆上网电价（含脱硫、脱硝、除尘）的，执行当地调整后的燃煤发电标杆上网电价。

2. 跨省、跨区域送电价格调整后，华北、东北、华东、华中、西北区域电网公司统购统销电量与省（区、市）电网公司的结算价格相应调整。

国家发展改革委关于在燃煤电厂推行环境污染第三方治理的指导意见

（发改环资〔2015〕3191 号）

根据《中共中央国务院关于加快推进生态文明建设的意见》（中发〔2015〕12 号）、《国务院办公厅关于推行环境污染第三方治理的意见》（国办发〔2014〕69 号），为了在燃煤电厂加快推行和规范环境污染第三方治理工作，现提出以下指导意见。

一、重要意义和总体要求

2007～2010 年，国家发展改革委联合环境保护部在电力行业开展了为期三年的燃煤电厂烟气脱硫特许经营试点工作并取得成功，试点火电机组容量达到 2400 万 kW。截至 2014

年底，采取第三方治理方式运行的烟气脱硫特许经营规模约9700 万 kW，脱硝特许经营规模约 3300 万 kW。从试点及实际应用情况看，环境污染第三方治理有利于提高燃煤电厂污染治理工程建设质量；有利于污染治理设施稳定达标运行；有利于引进社会资本、缓解电力企业环保设施建设资金压力；有利于发挥环境服务公司的专业优势、促进环保服务业持续健康发展。

（一）指导思想（略）

（二）基本原则

1. 坚持企业自愿。燃煤电厂（电力企业）和环境服务公司在自愿、公平的前提下，开展互惠互利的市场化方式合作。

2. 坚持依法推行。燃煤电厂和环境服务公司在现行法律法规下开展环境污染第三方治理合作，确保污染物排放满足相关法律、法规、标准、政策要求。

3. 坚持诚实守信。燃煤电厂和环境服务公司应当信守合同，全面履行合同约定的各项义务。

（三）主要目标。到 2020 年，燃煤电厂环境污染第三方治理服务范围进一步扩大，由现有的二氧化硫、氮氧化物治理领域全面扩大至废气、废水、固废等环境污染治理领域；社会资本更加活跃，资本规模进一步扩大；第三方治理相关法规政策进一步完善；环境服务公司技术水平能力不断提高，形成一批能力强、综合信用好的龙头环保企业。

（四）经营模式。燃煤电厂第三方治理主要分为两种模式。

1. 特许经营模式。燃煤电厂按约定价格（不限于环保电价热价），以合同形式特许给环境服务公司，由专业化的环境服务公司承担污染治理设施的投资、建设（或购买已建成在役的污染治理设施资产）、运行、维护及日常管理，并完成合同规定的污染治理任务。

2. 委托运营模式。燃煤电厂按约定的价格，以合同形式委托专业化的环境服务公司承担污染治理设施的运行、维护及日常管理，并完成合同规定的污染治理任务。

二、主要内容及措施

（一）责任划分

1. 污染治理责任。燃煤电厂承担污染治理的主体责任；环境服务公司按照有关法律法规以及合同要求，承担约定的污染治理责任。双方按照责任归属原则对所造成的违反法律法规要求的行为依法承担责任。环境服务公司在第三方治理过程中弄虚作假，除依照有关法律法规规定及合同要求承担责任外，对造成环境污染和生态破坏负有责任的，还应依法承担连带责任。

2. 安全生产责任。燃煤电厂和环境服务公司应在合同中约定各自的安全生产管理职责和应当采取的安全措施，划清责任界面。燃煤电厂对环境服务公司的安全生产工作统一协调、管理，环境服务公司应满足燃煤电厂安全生产管理要求。

3. 经济责任。因燃煤电厂和环境服务公司双方或单方责任，造成发电机组停运、出力受阻，设备和人身事故，环境事件（超标排放、违反排污许可规定等），被政府通报和处罚等后果，燃煤电厂和环境服务公司依照法律法规以及签订的合同要求，由责任方承担相应责任。按国家或地方政府有关规定扣减的环保电价、增收的排污费及其他经济处罚，由责任方按照合同约定承担。

（二）第三方治理企业选择

燃煤电厂宜采用公开招标或竞争性谈判方式确定具有独立法人资格的环境服务公司，不得设定地域及其他歧视性条件，确定合理的投资及收益水平，避免高价低质、低价低质的恶性竞争。燃煤电厂可将环境服务公司的服务能力与质量、技术水平、实施方案、业绩、融投资能力、信用等要素列入招标资格条件。

（三）合同内容

燃煤电厂应当与确定的环境服务公司签订第三方治理合同（含协议），合同应明确污染治理的责任界面（涉及资产的应明确资产权属），明确第三方治理边界条件和污染治理要求，以及燃煤电厂和环境服务公司各自应承担的安全、环保、经济等责任。合同宜包括以下主要要素（不限于）：

1. 项目名称、内容和基本情况；
2. 治理范围；
3. 资产界限（特许经营）、工程界限（特许经营）、管理界限；
4. 主要技术方案和性能指标；
5. 项目建设（特许经营）、设计标准和要求；
6. 项目运营与维护；
7. 计价与结算；
8. 经营期满后项目（资产）移交、程序和要求；
9. 双方的权利、责任和义务；
10. 合同的终止、转让和备案；
11. 争议解决方式；
12. 违约责任；
13. 履约担保；
14. 其他事项。

（四）主要措施

1. 结算价格约定。以售电量和供热热量为计价基础的第三方治理项目应在合同中明确约定售电量和供热热量的范围及价格。鼓励燃煤电厂和环境服务公司在合同中约定价格调整机制，包括调整的周期、调整的因素及启动条件等，合理确定价格调整模型；鼓励根据发电小时数或发电量实行阶梯结算价格机制。第三方治理用的水、电、汽、气等按约定价格进行结算，推荐按厂用价格进行约定。

2. 经营期限约定。合同应明确规定第三方治理经营有效期。对采用特许经营模式的第三方治理，经营有效期原则上与污染治理设施对应的发电机组使用期限或使用寿命相同，一般不少于15年。委托运营模式经营期限由双方商定，鼓励签订中长期合同以发挥环境服务公司的专业优势。机组剩余寿命较短或已列入关停计划的发电机组，不宜采用特许经营，可采用委托运营模式或其他方式提高专业化管理水平。第三方治理期限届满后，双方通过协商可以延长有效期。

3. 生产用地。燃煤电厂应无偿向环境服务公司提供厂内生产用地，包括污染治理设施用地及生产办公占地、原材料及副产品临时堆放场地等，环境服务公司承担用地使用税费。

4. 结算时间。按照污染治理设施运行情况及合同要求，燃煤电厂应按期足额与环境服务公司进行结算。

5. 协调机制。双方应建立安全生产协商联动机制，共同解决运行管理、停运检修等可能存在的问题。环境服务公司按合同管理污染治理设施过程中，应充分发挥设施对其他污染物的协同脱除作用，协助燃煤电厂做好污染物整体达标工作。环境服务公司应配合燃煤电厂做好环境保护执法检查工作。

6. 额外收益（亏损）处理。环境服务公司治理取得的污染物减排量，计入燃煤电厂的排污权账户，由燃煤电厂作为排污权的交易和收益主体。环境服务公司在完成合同规定减排任务外，通过加强管理等措施进一步降低污染排放，由这部分减排量带来的排污交易收益、排污费的缩减及其他奖励或优惠政策由燃煤电厂和环境服务公司共同所有，具体分配应通过协商并以补偿合同方式明确。

7. 风险处理与争议处置。合同应充分考虑国家环境保护政策变化、特殊原因、不可抗力等因素给第三方治理带来的影响。对于超出合同边界条件约定的污染物治理部分，双方应通过平等、友好协商解决，并以补充合同或协议形式解决。因一方严重违约或其他不可抗力等原因，导致第三方治理无法继续履行合同约定义务，或者出现合同约定的提前终止协议情形，燃煤电厂和环境服务公司可以提前终止协议，并按照实际情况、双方协商及合同约定情况进行相应补偿。

8. 争议期运行。如燃煤电厂和环境服务公司发生争议，双方在争议解决过程中，应当继续履行第三方合同义务，确保环境污染治理后满足相关要求。

9. 资料移交。第三方治理期限届满终止或提前终止的，双方应当按照合同约定，以及有关法律、行政法规等规定，办理有关设施、资料、档案等移交、接管等手续。

三、政策落实

（一）价格政策。全面落实现有燃煤发电机组脱硫、脱硝、除尘等环保电价政策，积极推进地方政府制定出台地方环保热价政策。

（二）财税政策。认真落实国家现有对资源综合利用、环境服务等税收优惠政策，参照垃圾发电等税收优惠模式，给予第三方治理项目在增值税、企业所得税等优惠政策。

（三）融资支持。鼓励银行业金融机构在贷款额度、贷款利率、还贷条件等方面依据项目及合同给予实施第三方的环境服务公司优惠，对资信良好的环境服务公司，简化信贷申请和审核手续。鼓励银行依据项目及合同，实行应收账款、收费权质押贷款等服务。鼓励商业性融资担保机构为环境服务公司提供融资担保，支持符合条件的主体通过发行企业债券募集资金。

（四）奖励。对实施第三方治理，达到相关环保标准要求的燃煤电厂，在领跑者、机组竞赛等方面给予优惠政策。

四、组织协调和监督管理

（一）加强组织协调。发电企业集团要高度重视燃煤电厂环境污染第三方治理工作，加强企业内部组织协调，加大工作力度，积极、稳妥、有序推进所属燃煤电厂开展第三方治理。电网公司与发电企业要按规定及时结算上网电费（含环保电价）。

（二）加强监督管理。国家发展改革委会同国家能源局负责指导全国范围内的燃煤电厂第三方治理活动，推动第三方治理顺利开展；国家能源局在履行电力行业管理的同时，积极推动第三方治理工作；环境保护部负责对全国实施第三方治理的燃煤电厂的环境监管。省级发展改革部门、电力运行部门、能源管理部门要积极指导、协调和推动地方燃煤电厂开展第三方治理，省级环境保护主管部门按照相关法律法规要求负责本地实施第三方治理燃煤电厂的环境监管。

（三）发挥行业组织作用。委托行业协会中国电力企业联合会制定第三方治理合同范本；建立诚信体系，将第三方治理企业纳入电力行业信用体系的监管范围，实施负面名单制度；开展全国燃煤电厂第三方治理情况调查和产业登记，并定期公开相关工作进展信息等；及时了解汇总工作中发现的困难和问题，并反馈国家发展改革委、环境保护部、国家能源局。

国家发展改革委
环境保护部（印）
国家能源局
2015 年 12 月 31 日

国土资源部、国家发展改革委、水利部、国家能源局关于加大用地政策支持力度促进大中型水利水电工程建设的意见

各省、自治区、直辖市国土资源主管部门、发展改革委、水利（水电、水务）厅（局）、能源局，新疆生产建设兵团国土资源局、发展改革委、水利局：

为贯彻落实党中央、国务院关于加快发展重大水利水电工程的战略部署和中央有关文件要求，在坚持最严格的耕地保护制度和节约用地制度的前提下，切实做好大中型水利水电工程建设用地保障和服务，现就进一步加大用地政策支持力度提出如下意见：

一、加强部门协同，保障水利水电工程建设用地需求

（一）加强水利水电工程建设用地规划引导与统筹。各级发展改革和水利水电行业主管部门应在编制水利水电相关发展规划时统筹考虑用地问题，做好与土地利用总体规划的衔接。各有关部门和用地单位在具体水利水电建设项目可行性研究和工程设计阶段，应充分考虑土地利用条件，在用地选址、规划布局等方面严格论证，尽量避让耕地特别是基本农田；要采取有效的工程技术措施和方案，严格控制建设用地规模，切实减少对耕地的占用。对于经充分论证确需占用的土地，在项目投资概算中要足额安排征地补偿费、耕地开垦费等用地有关费用，为工程顺利建设打好基础。水利水电项目在审批（核准）前，要按照《建设项目用地预审管理办法》的规定办理用地预审手续，未取得用地预审手续的，不得通过项目审批（核准）。

（二）积极做好水利水电工程建设用地服务与保障。地方各级国土资源主管部门要及时了解水利水电行业发展情况，将水利水电用地需求、空间布局、建设时序等纳入土地利用总体规划，并及时安排新增建设用地计划指标；在水利水电建设项目可行性研究、工程设计阶段，要主动服务、提供咨询、参与论证；在建设项目用地预审时，重点要从规划选址、集约节约用地、征地补偿安置、耕地占补平衡等方面严格审查把关。对具备申请用地条件的水利水电项目，市、县国土资源主管部门要及时组织用地报卷，逐级呈报用地；省级国土资源主管部门要认真落实用地预审有关要求，严格审核用地有关事项，确保项目用地符合土地管理各项制度规定。不符合要求的，不予通过用地预审和审查。

二、适应水利水电工程用地特点，改进用地报批工作

（三）分类明确水利水电工程用地报批方式。水利水电枢纽工程建设区、水库淹没区用地原则上应一同报批，但对于施工工期较长的水利水电项目，可根据建设工期分别按单独选址建设项目用地报批；移民迁建用地原则上应安排在土地利用总体规划确定的城市和村庄、集镇建设用地范围内，按城市（村庄、集镇）建设用地报批；专项设施复（改）建用地，要根据项目规划选址和土地利用总体规划，确定按单独选址建设项目或纳入城镇建设用地报批。

水利水电工程枢纽工程建设区和水库淹没区用地由建设用地单位向用地所在市、县人民政府国土资源主管部门提出用地申请；移民迁建和专项设施复（改）建用地由市、县移民主管部门或具体用地单位按移民安置规划及移民安置年度计划，向用地所在市、县人民政府国土资源主管部门提出用地申请。需报国务院批准的水利水电工程用地，涉及多个省份或在省域内涉及多个市、县的，由有关省（区、市）组织各市、县国土资源主管部门分别准备报批材料，省级国土资源主管部门汇总后，以省（区、市）为单位报批。但对于水利线型工程（包括河道整治、堤防、引、调、排、灌工程等水利设施）用地，可以地（市）为单位分段报批。

（四）分类保障移民迁建和专项设施复（改）建用地。属于国家审批（核准）的水利水电项目，移民迁建和专项设施复（改）建用地随主体工程用地一并报批或专项设施复（改）建用地按单独选址建设项目用地独立报批的，用地计划由国家统筹安排。移民迁建用地应符合城市、村镇建设用地标准，原则上不能超出原有被拆迁占地规模。为解决移民生产生活问题，按照移民安置规划，移民迁建用地超出原有被拆迁占地规模的，报批用地需做出详细说明。移民迁建用地占用城市（含建制镇）土地利用总体规划确定的建设用地范围内土地、经批准超出原建设用地面积的用地，由当地人民政府依照规定足额缴纳新增建设用地土地有偿使用费。

（五）实行水库水面用地差别化政策。水利水电项目用地报批时，水库水面按建设用地办理农用地转用和土地征收审批手续。涉及农用地转用的，不占用土地利用总体规划确定的建设用地规模和年度用地计划指标；涉及占用耕地和基本农田的，建设单位应履行耕地占补平衡义务，当地政府要足额补划基本农田。

（六）统筹做好工程占用耕地的占补平衡。水利水电项目在工程概算中应足额列计补充耕地所需费用，由建设单位在当地国土资源主管部门的指导下，用于实施土地整治项目自行补充耕地；为安置移民生产和生活新开发出的耕地以及结合工程施工整理复垦新增加的耕地，可用于耕地占补平衡。没有条件自行补充或补充的耕地不符合要求的，应按照各省、自治区、直辖市的规定标准足额缴纳耕地开垦费，专款用于开垦新的耕地。

对于水利水电工程项目采取自行补充耕地方式的，国土资源主管部门应积极予以支持，对补充耕地及时立项、监督指导和组织验收；采用缴纳耕地开垦费、实行委托方式补充耕地的，地方国土资源部门要优先安排本地区补充耕地储备库的耕地用于水利水电工程耕地占补平衡，保障工程顺利报批用地和建设。对于占用耕地多的水利水电项目，用地所在市、县确因耕地后备资源匮乏，难以在本行政区域内做到耕

地占补平衡的，省级国土资源主管部门要积极协调，在省域内统筹安排补充耕地，切实做到耕地占补平衡。水利水电工程建设占用 25 度以上、纳入退耕还林计划的陡坡耕地，不计入须补充耕地范围。

（七）规范水利水电工程临时用地管理。水利水电工程开展项目前期论证工作涉及的钻探勘探、施工便道等用地以及工程建设所需施工场地、设备堆放场地、弃（取）土场等用地，按临时用地管理，依照有关规定由县级以上人民政府国土资源主管部门批准，并给予土地权利人相应的损失补偿。临时用地造成土地损毁的，用地单位必须依照《土地复垦条例》有关规定，履行土地复垦义务。

抢险、救灾、防洪等急需使用土地的水利工程，可以先行使用土地。其中，属于临时用地的，灾后应当恢复原状交还原土地使用者使用，不再办理用地审批手续；属于永久性建设用地的，用地单位应当在灾情结束后 6 个月内申请补办建设用地审批手续。

三、做好水利水电建设征地补偿安置，维护被征地农民权益

（八）足额落实征地补偿费用。水利水电项目征收农民集体所有土地，必须依照有关法律法规和中发〔2015〕1 号文件等规定要求确定征地补偿标准，足额核算征地补偿费用，采取多种有效安置途径，做好征地补偿安置工作。各级国土资源主管部门在用地预审时要对征地补偿费用标准严格审查把关，确保足额列入项目投资概算。其中，对于水利水电枢纽工程建设区、水库淹没区用地，应按工程所在地征地补偿标准足额计列征地补偿费，结合安置方式统筹安排用于被征地农民补偿安置；对于异地移民安置和复（改）建专项设施占用土地的，应按所占地地区征地补偿标准给予足额补偿。征地补偿费用应纳入项目总投资。对在贫困地区开发水电占用集体土地的，可试行给原住居民集体股权方式进行补偿，探索对贫困人口实行资产收益扶持制度。

（九）规范征地报批程序。水利水电工程征地报批前要认真履行征地告知、确认、听证程序，就征收土地方案充分听取被征地农民集体和农民意见，确保农民的知情权、参与权、申诉权和监督权。对于在工程移民安置规划大纲或移民安置规划编制过程中，地方政府或有关部门已就征地履行相关程序，达到征地报批前期工作程序和有关规定要求的，用地报批时国土资源主管部门不再另行组织开展征地报批前告知、确认、听证等工作。

四、实行先行用地政策，确保水利水电工程及时开工建设

（十）支持重点建设项目先行用地。对于国家重点水利水电工程，在通过国土资源部用地预审、国务院及国务院有关部门已批准（核准）项目、水利工程初步设计已经批复或初步设计审批单位出具先行建设任务认定意见后，属于工程建设范围内的道路、桥梁、生活营区等施工前期准备工程和控制工期的单体工程，以及因工期紧或受季节影响确需动工建设的其他工程，可申请办理先行用地。考虑到水利水电工程建设的特殊需要，在项目已通过用地预审、但尚未正式审批（核准）前，工程论证设计和前期工作必需的道路、桥梁、生活营区等建设，属于永久性建设用地的，在项目审批（核准）部门出具项目立项（或同意开展前期工作）的认定意见，且水利项目在初步设计审批单位、水电项目在行业主管部门出具先行建设任务认定意见的前提下，也可申请办理先行用地。

先行用地办理原则上限定在国务院及国务院有关部门批准建设的水利水电工程范围内。对于地方审批（核准）的水利水电项目，其中纳入经批准的全国中型水库建设规划、并经有关流域机构审核同意的水利项目，以及纳入经批准的国家水电发展规划的水电项目，确需先行用地的，可参照上述规定执行。

（十一）做好先行用地与用地审批的衔接。先行用地由省级国土资源主管部门向国土资源部提出申请，省级国土资源主管部门要指导市县认真组织申报材料并严格审核把关。申请先行用地前，应查清所需使用土地的权属、地类、面积，就补偿安置充分征得被占地单位群众同意，确保批后及时兑现有关补偿费用或按经批准的相应移民安置规划实施，不因先行用地发生信访问题和突发事件。先行用地批准后，不得超出批准范围动工建设，超出的按违法用地严肃查处；同时，必须在规定时限内申请办理正式用地审批手续。

本意见自下发之日起执行，有效期五年。原《国土资源部国家经贸委水利部关于水利水电工程建设用地有关问题的通知》（国土资发〔2001〕355 号）同时废止。

2016 年 1 月 8 日

国家发展改革委印发《节能监察办法》
（第 33 号令）

《节能监察办法》已经国家发展和改革委员会主任办公会议审议通过，现予发布，自 2016 年 3 月 1 日起施行。

主　任　徐绍史
2016 年 1 月 15 日

节 能 监 察 办 法

第一章　总　则

第一条　为规范节能监察行为，提升节能监察效能，提高全社会能源利用效率，依据《中华人民共和国节约能源法》等有关法律、法规，结合节能监察工作实际，制定本办法。

第二条　本办法所称节能监察，是指依法开展节能监察的机构（以下简称节能监察机构）对能源生产、经营、使用单位和其他相关单位（以下简称被监察单位）执行节能法律、法规、规章和强制性节能标准的情况等进行监督检查，对违法违规用能行为予以处理，并提出依法用能、合理用能建议的行为。

第三条　国家发展和改革委员会负责全国节能监察工作的统筹协调和指导。

县级以上地方人民政府管理节能工作的部门负责本行政区域内节能监察工作的统筹协调和指导。

第四条　节能监察应当遵循合法、公开、公平、公正的原则。

第二章　节能监察机构职责

第五条　省、市、县三级节能监察机构的节能监察任务分工，由省级人民政府管理节能工作的部门结合本地实际确定。

上一级节能监察机构应当对下一级节能监察机构的业务进行指导。

第六条 节能监察机构应当开展下列工作：

（一）监督检查被监察单位执行节能法律、法规、规章和强制性节能标准的情况，督促被监察单位依法用能、合理用能，依法处理违法违规行为；

（二）受理对违法违规用能行为的举报和投诉，办理其他行政执法单位依法移送或者政府有关部门交办的违法违规用能案件；

（三）协助政府管理节能工作的部门和有关部门开展其他节能监督管理工作；

（四）节能法律、法规、规章和规范性文件规定的其他工作。

第七条 节能监察机构应当配备必要的取证仪器和装备，具有从事节能监察所需的现场检测取证和合理用能评估等能力。

第八条 节能监察人员应当取得行政执法证件，并具备开展节能监察工作需要的专业素质和业务能力。

节能监察机构应当定期对节能监察人员进行业务培训。

第九条 实施节能监察不得向被监察单位收取费用。

第十条 节能监察机构应当建立健全相关保密制度，保守被监察单位的技术和商业秘密。

第三章 节能监察实施

第十一条 节能监察机构依照授权或者委托，具体实施节能监察工作。节能监察应当包括下列内容：

（一）建立落实节能目标责任制、节能计划、节能管理和技术措施等情况；

（二）落实固定资产投资项目节能评估和审查制度的情况，包括节能评估和审查实施情况、节能审查意见落实情况等；

（三）执行用能设备和生产工艺淘汰制度的情况；

（四）执行强制性节能标准的情况；

（五）执行能源统计、能源利用状况分析和报告制度的情况；

（六）执行设立能源管理岗位、聘任能源管理负责人等有关制度的情况；

（七）执行用能产品能源效率标识制度的情况；

（八）公共机构采购和使用节能产品、设备以及开展能源审计的情况；

（九）从事节能咨询、设计、评估、检测、审计、认证等服务的机构贯彻节能要求、提供信息真实性等情况；

（十）节能法律、法规、规章规定的其他应当实施节能监察的事项。

第十二条 县级以上人民政府管理节能工作的部门应当会同有关部门结合本地实际，编制节能监察计划并组织节能监察机构实施。

节能监察计划的实施情况应当报本级人民政府管理节能工作的部门。

第十三条 节能监察分为书面监察和现场监察。

实施书面监察，应当将实施监察的依据、内容、时间和要求书面通知被监察单位。

实施现场监察，应当于实施监察的 5 日前将监察的依据、内容、时间和要求书面通知被监察单位。办理涉嫌违法违规案件、举报投诉和应当以抽查方式实施的节能监察除外。

第十四条 实施书面监察时，被监察单位应当按照书面通知要求如实报送材料。节能监察机构应当在 20 个工作日内对被监察单位报送材料的完整性、真实性，以及是否符合节能法律、法规、规章和强制性节能标准等情况进行审查。

被监察单位所报材料信息不完整的，节能监察机构可以要求被监察单位在 5 个工作日内补充完善，补充完善所用时间不计入审查期限。

第十五条 有下列情形之一的，节能监察机构应当实施现场监察：

（一）节能监察计划规定应当进行现场监察的；

（二）书面监察发现涉嫌违法违规的；

（三）需要对被监察单位的能源利用状况进行现场监测的；

（四）需要现场确认被监察单位落实限期整改通知书要求的；

（五）被监察单位主要耗能设备、生产工艺或者能源利用状况发生重大变化影响节能的；

（六）对举报、投诉内容需要现场核实的；

（七）应当实施现场节能监察的其他情形。

第十六条 现场监察应当有 2 名以上节能监察人员在场，并出示有效的行政执法证件，告知被监察单位实施节能监察的依据、内容、要求和方法，并制作现场监察笔录，必要时还应当制作询问笔录。

监察笔录和询问笔录应当如实记录实施节能监察的时间、地点、内容、参加人员、现场监察和询问的实际情况，并由节能监察人员和被监察单位的法定代表人或者其委托人、被询问人确认并签名；拒绝签名的，应当由 2 名以上节能监察人员在监察笔录或者询问笔录中如实注明，不影响监察结果的认定。

第十七条 实施现场监察可以采取下列措施：

（一）进入有关场所进行勘察、采样、拍照、录音、录像、制作笔录等；

（二）查阅、复制或者摘录与节能监察事项有关的文件、账目等资料；

（三）约见、询问有关人员，要求说明有关事项、提供相关材料；

（四）对用能产品、设备和生产工艺的能源利用状况等进行监测和分析评价；

（五）责令被监察单位停止明显违法违规用能行为；

（六）节能法律、法规、规章规定可以采取的其他措施。

第十八条 被监察单位有违反节能法律、法规、规章和强制性节能标准行为的，节能监察机构应当下达限期整改通知书。

被监察单位有不合理用能行为，但尚未违反节能法律、法规、规章和强制性节能标准的，节能监察机构应当下达节能监察建议书，提出节能建议或者节能措施。

节能监察机构在作出限期整改通知书前，应当充分听取被监察单位的意见，对被监察单位提出的事实、理由和证据应当进行复核。被监察单位提出的事实、理由和证据成立的，节能监察机构应当采纳。

限期整改通知书或者节能监察建议书应当在对本单位的节能监察活动结束后 15 日内送达被监察单位。

被监察单位对限期整改通知书有异议的，可依法申请行政复议或者提起行政诉讼。

第十九条　被监察单位应当按照限期整改通知书的要求进行整改。节能监察机构应当进行跟踪检查并督促落实。

被监察单位的整改期限一般不超过 6 个月。确需延长整改期限的，被监察单位应当在期限届满 15 日前以书面形式向节能监察机构提出延期申请，节能监察机构应当在期限届满前做出是否准予延期的决定，延期最长不得超过 3 个月。节能监察机构未在期限届满前做出决定的，视为同意延期。

第二十条　节能监察机构在同一年度内对被监察单位的同一监察内容不得重复监察。但确认被监察单位整改落实情况、处理举报投诉和由上一级节能监察机构组织的抽查除外。

第二十一条　节能监察人员与被监察单位有利害关系或者其他关系，可能影响公正监察的，应当回避。

第二十二条　建立节能监察情况公布制度。节能监察机构应当向社会公布违反节能法律、法规和标准的企业名单、整改期限、措施要求等节能监察结果。

第四章　法　律　责　任

第二十三条　被监察单位应当配合节能监察人员依法实施节能监察。

被监察单位拒绝依法实施的节能监察的，由有处罚权的节能监察机构或委托开展节能监察的单位给予警告，责令限期改正；拒不改正的，处 1 万元以上 3 万元以下罚款。阻碍依法实施节能监察的，移交公安机关按照《治安管理处罚法》相关规定处理，构成犯罪的，依法追究刑事责任。

第二十四条　被监察单位在整改期限届满后，整改未达到要求的，由节能监察机构将相关情况向社会公布，并纳入社会信用体系记录。被监察单位仍有违反节能法律、法规、规章和强制性节能标准的用能行为的，由节能监察机构将有关线索转交有处罚权的机关进行处理。

第二十五条　节能监察机构实施节能监察有违法违规行为的，被监察单位有权向本级人民政府管理节能监察机构的机构或者上一级节能监察机构投诉。

节能监察人员滥用职权、玩忽职守、徇私舞弊，有下列情形之一的，由有管理权限的机构依法给予处分；构成犯罪的，依法追究刑事责任：

（一）泄露被监察单位的技术秘密和商业秘密的；

（二）利用职务之便非法谋取利益的；

（三）实施节能监察时向被监察单位收费或者变相收费的；

（四）有其他违法违规行为并造成较为严重后果的。

第五章　附　　则

第二十六条　本办法由国家发展和改革委员会负责解释。

第二十七条　本办法自 2016 年 3 月 1 日起施行。

国家发展改革委办公厅关于切实做好全国碳排放权交易市场启动重点工作的通知

（发改办气候〔2016〕57 号）

国家民航局综合司，各省、自治区、直辖市及计划单列市、新疆建设兵团发展改革委（青海省经信委），有关行业协会、有关中央管理企业：

按照党的十八届三中全会、五中全会的有关部署，根据"十二五"规划《纲要》《生态文明体制改革总体方案》的任务要求，我委抓紧推进全国碳排放权交易市场建设，取得了阶段性进展。2016 年是全国碳排放权交易市场建设攻坚时期，各省区市及计划单列市、新疆建设兵团发展改革委（青海省经信委）（以下简称地方主管部门）、民航局、相关行业协会、中央管理企业等应积极配合，按照国家统一部署扎实推进各项工作。为此，现就切实做好启动前重点准备工作的具体要求通知如下：

一、工作目标

结合经济体制改革和生态文明体制改革总体要求，以控制温室气体排放、实现低碳发展为导向，充分发挥市场机制在温室气体排放资源配置中的决定性作用，国家、地方、企业上下联动、协同推进全国碳排放权交易市场建设，确保 2017 年启动全国碳排放权交易，实施碳排放权交易制度。

二、工作任务

民航局、地方主管部门要建立和完善工作机制，明确工作要求，扎实推进各项具体工作，切实提供工作保障，着力提升碳排放权交易市场的基础能力建设。相关行业协会和央企发挥带头示范作用，形成重点行业、重点企业积极响应、积极参与全国碳排放权交易的良好氛围。

（一）提出拟纳入全国碳排放权交易体系的企业名单。全国碳排放权交易市场第一阶段将涵盖石化、化工、建材、钢铁、有色、造纸、电力、航空等重点排放行业（具体行业及代码参见附件 1），参与主体初步考虑为业务涉及上述重点行业，其 2013～2015 年中任意一年综合能源消费总量达到 1 万 t 标准煤以上（含）的企业法人单位或独立核算企业单位。请民航局、各地方主管部门组织有关单位，对管辖范围内属于附件 1 所列行业的企业进行摸底，于 2016 年 2 月 29 日前将符合本通知要求的企业名单报我委，作为确定纳入全国碳排放权交易企业的参考依据。各地方主管部门除按照本通知要求提出拟纳入企业的名单外，可根据本地区企业的实际情况，提出本地拟增加纳入的行业和企业的建议。如有此类情况，请在名单中予以说明。

为切实反映企业实际情况，请各有关行业协会、中央管理企业按照上述要求，协助对本行业内或本集团内的企业单位进行摸底，于 2016 年 2 月 29 日前将本行业内或集团内符合本通知要求的企业名单报我委，以便我委进行交叉验证，为确定纳入全国碳排放权交易的企业名单提供依据。

（二）对拟纳入企业的历史碳排放进行核算、报告与核查。请民航局、地方主管部门针对提出的拟纳入全国碳排放权交易的参与企业，按照以下程序，抓紧组织开展历史碳排放报告与核查工作，为我委 2016 出台并实施全国碳排放权交易体系中的配额分配方案提供支持。

1. 企业核算与报告：组织管辖范围内拟纳入的企业按照所属的行业，根据我委已分批公布的企业温室气体排放核算方法与报告指南（发改办气候〔2013〕2526 号、发改办气候〔2014〕2920 号和〔2015〕1722 号）的要求，分年度核算并报告其 2013 年、2014 年和 2015 年共 3 年的温室气体排放量及相关数据。此外，根据配额分配需要，企业须按照本通知附件 3 提供的模板，同时核算并报告上述指南中未涉及的其他相关基础数据。

2. 第三方核查：企业完成核算与报告工作后，由地方主管部门选择第三方核查机构对企业的排放数据等进行核查，对第三方核查机构及核查人员的基本要求可参考本通知附件4。第三方核查机构核查后须出具核查报告，核查的程序和核查报告的格式可参考本通知附件5。

3.审核与报送：企业将排放报告和第三方核查机构出具的核查报告提交注册所在地地方主管部门，地方主管部门进行审核，并按照本通知附件2汇总企业的温室气体排放数据，于2016年6月30日前将汇总数据、单个企业经核查的排放报告（含补充数据）一并以电子版形式报我委。

请各行业协会、央企集团提供大力支持，积极动员行业内或集团内企业单位，高度重视基础数据收集与核算，切实加强自身队伍建设，确定专职核算与管理人员，尽快熟悉和掌握核算方法及报告要求，根据上述要求开展数据核算与报告工作，认真配合第三方核查机构开展核查，为核查工作提供必要的协助与便利。

（三）培育和遴选第三方核查机构及人员。我委正在研究制定第三方核查机构管理办法。在该办法出台前，各地可结合工作需求，对具备能力的第三方核查机构及核查人员进行摸底，按照一定条件，培养并遴选一批在相关领域从业经验丰富、具有独立法人资格、具备充足的专业人员及完善的内部管理程序的核查机构，为本地区提供第三方核查服务。同时，加强对核查机构及核查人员的监管，坚决避免可能的利益冲突，保证核查工作的公正性，提高核查人员的素质和能力，规范核查机构业务，确保核查质量，杜绝不同核查机构之间的恶性竞争。

（四）强化能力建设。我委将继续组织各地方、各相关行业协会和中央管理企业，结合工作实际，围绕全国碳排放权交易市场各个环节，深入开展能力建设，针对不同的对象，制定系统的培训计划，组织开展分层次的培训，重点培训讲师队伍和专业技术人才队伍，并发挥试点地区帮扶带作用，为全国碳排放权交易市场的运行提供人员保障。对行政管理部门，着重加强碳排放权交易市场顶层设计、运行管理、注册登记系统应用与管理、市场监管等方面的培训；对参与企业，着重开展碳排放权交易基础知识、碳排放核算与报告、注册登记系统使用、市场交易、碳资产管理等方面培训；对第三方核查机构，重点开展数据报告与核查方面的培训；对交易机构，主要进行市场风险防控、交易系统与注册登记系统对接等方面的培训。请各地方、各相关行业协会、中央管理企业按照国家总体部署，积极参加相关培训活动，提高自身能力，认真遴选参加讲师培训的人选，并以此为基础，在本地区、本行业和本企业集团内部继续组织开展培训，确保基层相关人员都能具备必要的工作能力。

三、保障措施

（一）组织保障

各地方应高度重视全国碳排放权交易市场建设工作，切实加强对辖区内相关工作的组织领导。建立起由主管部门负责、多部门协同配合的工作机制；支持主管部门设立专职人员负责碳排放权交易工作，组织制定工作实施方案，细化任务分工，明确时间节点，协同落实和推进各项具体工作任务。各央企集团应加强内部对碳排放管理工作的统筹协调和归口管理，明确统筹管理部门，理顺内部管理机制，建立集团的碳排放管理机制，制定企业参与全国碳排放权交易市场的工作方案。

（二）资金保障

请各地方落实建立碳排放权交易市场所需的工作经费，

争取安排专项资金，专门支持碳排放权交易相关工作。此外，也应积极开展对外合作，利用合作资金支持能力建设等基础工作。各央企集团应为本集团内企业加强碳排放管理工作安排经费支持，支持开展能力建设、数据报送等相关工作。

（三）技术保障

各地方要重点扶持具备技术能力的机构，建立技术支撑队伍，为制定和实施相关政策措施提供技术支持。各行业协会应发挥各自的网络渠道和专业技术优势，积极为本行业企业参与全国碳排放权交易市场提供服务，收集和反馈企业在参与全国碳排放权交易市场中遇到的问题和相关建议，协助提高相关政策的合理性和可操作性。为加强对地方的支持，我委专门建立了碳排放报告与核查工作技术问答平台，利用该平台组织专家对相关的典型问题进行统一答复。有关各方可在线注册登录，并就核算与核查工作中涉及的各项技术问题进行咨询。

在线问答平台网址：（http：//124.205.45.90：8080/mrv/），问答热线电话：4001-676-772、4001-676-762，本通知附件可在我委网站气候司子站下载（http：//qhs.ndrc.gov.cn）

请各有关单位按照本通知要求，抓紧部署工作，保质保量完成。工作中的问题和建议，请及时反馈我委。

特此通知。

联系人：王铁、刘峰、王庶

联系电话：010-68502915/5883/1553

附件：1.全国碳排放权交易覆盖行业及代码（略）
　　　2.全国碳排放权交易企业碳排放汇总表（略）
　　　3.全国碳排放权交易企业碳排放补充数据核算报告模板（略）
　　　4.全国碳排放权交易第三方核查机构及人员参考条件（略）
　　　5.全国碳排放权交易第三方核查参考指南（略）

国家发展改革委办公厅（印）
2016年1月11日

国家发展改革委关于扩大输配电价改革试点范围有关事项的通知
（发改价格〔2016〕498号）

各省、自治区、直辖市发展改革委、物价局，国家能源局各有关派出机构，国家电网公司、南方电网公司、内蒙古电力公司：

为贯彻落实《中共中央国务院关于进一步深化电力体制改革的若干意见》（中发〔2015〕9号）、《中共中央国务院关于推进价格机制改革的若干意见》（中发〔2015〕28号），建立科学合理的输配电价形成机制，决定进一步扩大输配电价改革试点范围。经商国家能源局，现就有关事项通知如下：

一、扩大输配电价改革试点范围

（一）2016年，进一步扩大输配电价改革试点范围，将北京、天津、冀南、冀北、山西、陕西、江西、湖南、四川、重庆、广东、广西等12个省级电网和经我委、国家能源局审核批复的电力体制改革综合试点省份的电网，以及华北区域电网纳入输配电价改革试点范围。

（二）上述试点省（区、市）价格主管部门参照已开展输配电价改革试点省份的经验，结合当地实际，积极探索，勇于创新，拟定适合本省（区、市）电网特点的输配电价改革试点方案，于 2016 年 5 月底前报我委。

（三）我委统一组织试点省（区、市）价格主管部门开展成本监审工作，国家能源局派出机构配合做好相关工作。

（四）上述试点省（区、市）价格主管部门要根据成本监审结果，认真测算当地电网输配电价总水平和分电压等级输配电价标准，原则上 2016 年 10 月底前报我委批复。情况复杂的地区可适当推后。

（五）区域电网输配电价改革试点工作由我委会同国家能源局直接组织实施，有关省（市）价格主管部门、能源主管部门、国家能源局区域监管局做好配合工作。

（六）未纳入 2016 年输配电价改革试点省份的，省级价格主管部门也要抓紧开展输配电价改革准备工作，组织力量对当地电网企业开展输配电成本调查，模拟测算输配电价总水平和分电压等级输配电价标准，为 2017 年全面推开输配电价改革打好基础。

二、认真总结输配电价改革试点经验

（一）已开展输配电价改革试点的省（区、市）价格主管部门，要全面总结输配电价改革试点工作取得的成效和经验，进行后评估，分析存在的问题，形成书面报告于 2016 年 5 月 1 日前报送我委。

（二）已开展输配电价改革试点的省（区、市）价格主管部门，要认真研究提出完善输配电定价成本监审办法，科学合理的输配电价管理办法和分电压等级输配电价测算办法，以及妥善处理电价交叉补贴、建立合理交叉补贴资金回收机制等方面的意见和建议，形成书面报告于 2016 年 6 月底前报送我委。

三、进一步推进电价市场化改革

（一）在扩大输配电价改革试点范围基础上，研究制定科学合理的输配电价管理办法；进一步加强对电网成本监管，探索激励与约束相结合的方式方法，引导合理有效投资，促进企业节约成本、提高效率；探索建立对电网企业投资后评估制度，对企业不合理、无效的投资和成本，不予纳入输配电价。

（二）结合输配电价改革及各地电力市场建设和电力市场化交易的进展，健全和规范市场交易规则，稳慎推进上网电价与销售电价市场化，建立电力市场价格监测预警制度，鼓励和支持地方探索完善电价市场化条件下的监管方式。

四、有关要求

（一）各省级价格主管部门要高度重视、周密部署，加强与有关部门的协调配合，全方位、多角度研究解决本地区推进输配电价改革中面临的问题，确保按期完成工作。

（二）各省级价格主管部门要根据《国家发展改革委办公厅关于电网企业配合做好输配电价改革工作的通知》（发改办价格〔2015〕1849 号）要求，详细整理、认真审核电网上报的相关资料，建立输配电价管理数据库，完善电网企业成本监管制度，并及时通过纵向网报送我委价格司。

（三）国家电网公司、南方电网公司要指导各省级电网企业配合做好输配电价改革相关工作，客观、真实提供电网成本、投资、电量等信息及证明材料，接受政府有关部门监管。

国家发展改革委（印）
2016 年 3 月 7 日

国家发展改革委办公厅关于印发《新一轮农村电网改造升级项目管理办法》的通知
（发改办能源〔2016〕671 号）

各省、自治区、直辖市及新疆生产建设兵团发展改革委、物价局、能源局，国家电网公司、南方电网公司，华能、大唐、国电、华电、国电投集团公司，电力规划设计总院、水电水利规划设计总院：

为做好新一轮农村电网改造升级工作，加强项目管理，明确管理程序和要求，提高中央预算内资金使用效益，我委组织制定了《新一轮农村电网改造升级项目管理办法》。现印送你们，请按照执行。

附件：新一轮农村电网改造升级项目管理办法
国家发展改革委办公厅（印）
2016 年 3 月 15 日

新一轮农村电网改造升级项目管理办法

第一章　总　　则

第一条　为加强新一轮农村电网改造升级项目管理，规范建设秩序，提高中央预算内资金使用效益，促进农村电力持续健康发展，根据《国务院关于投资体制改革的决定》（国发〔2004〕20 号），《国务院办公厅转发国家发展改革委关于"十三五"期间实施新一轮农村电网改造升级工程意见的通知》（国办发〔2016〕9 号）等，制定本办法。

第二条　本办法所称农村电网是指县级行政区域内，为农村生产生活提供电力服务的 110kV 及以下电网设施（含用户电表）。本办法所称农村电网改造升级是指变电站、线路（原则上不含入地电缆）等农村电网设施的新建，以及对已运行农网设施局部或整体就地或异地建设、增容、更换设备等。

第三条　本办法适用于享受中央预算内投资支持（国家资本金）、国家专项建设基金以及国家农网改造贷款投资偿还政策的农网改造升级项目。

第四条　农网改造升级项目管理按照"统一管理、分级负责、政府组织、企业实施、强化监管、提高效益"的原则，在各级政府组织领导管理监督下，符合条件的电力市场主体作为项目法人负责项目实施。

第五条　农网改造升级项目建设资金按照"企业为主、政府支持"的原则多渠道筹集。安排中央预算内投资支持中西部地区农网改造升级工程，并通过项目法人自有资金、地方财政投入或专项建设基金等多种方式筹措项目资本金。东部地区农网改造升级工程主要通过项目法人自有资金或专项建设基金解决项目资本金。银行贷款由项目法人统贷统还，贷款偿还按现行政策执行。

第六条　农网改造升级项目实施要严格执行基本建设程序，实行项目法人责任制、资本金制、招投标制、工程监理制和合同管理制。

第七条　农网改造升级实施重点是农村中低压配电网，

兼顾农村电网各电压等级协调发展。农网改造升级项目 35kV 及以上单个项目、35kV 以下以县为单位统计项目个数。

第二章 规 划 编 制

第八条 农网改造升级按照"统一规划、分步实施、统筹协调、突出重点"的原则，统筹城乡发展及当地电价承受能力，以满足全面建成小康社会、新型城镇化建设、新农村建设、农业现代化等对电力的需求为目标，制定农网改造升级规划（规划期 5 年）。农网改造升级项目在规划的指导下分年度实施。

第九条 农网改造升级规划分为县级规划和省级规划。各级发展改革部门负责组织编制本地区农网改造升级规划，省级发展改革委负责组织编制本省（区、市）农网改造升级规划，在省级发展改革委指导下，地市级和县级发展改革部门组织编制县级规划，必要时可编制地市级规划。

第十条 农网改造升级县级规划是编制省级规划的基础和前提，应提出本县域 5 年农网改造升级工程实施的目标、任务、建设重点等，落实到具体项目和投资需求。主要包括以下内容：

（一）本县域农网（包括县城）现状、供电服务现状、县级供电企业经营现状，存在问题；

（二）本县域农村电力市场需求预测，包括县城及各个乡镇；

（三）本县域农网改造升级的目标和主要任务，特别是小城镇、中心村农网改造升级和机井通电等；

（四）本县域上级电网建设需求；

（五）本县域农网改造升级项目布局和建设时序，项目应落实到具体建设地点；

（六）投资规模、资金来源及电价承受能力测算；

（七）实施效果及保障措施等。

第十一条 农网改造升级县级规划应做好与本县级经济社会发展总体规划、新型城镇化建设规划、土地利用规划、移民搬迁规划、农业发展规划等相关规划的衔接，重点将 35kV 及以上项目纳入相关规划，加快落实各项建设条件。省级发展改革委应指导地市级和县级发展改革部门编制好县级规划，并组织开展论证审查，将县级规划内容纳入省级规划。

第十二条 农网改造升级省级规划在汇总各县级规划基础上编制形成，应包括以下内容：

（一）本省（区、市）农网现状（包括历次改造的投资、已形成的工作量等）及存在问题；

（二）农村电力市场需求预测；

（三）农网改造升级的目标和主要任务；

（四）农网改造升级项目布局和建设时序，35kV 及以上项目应落实到具体建设地点；

（五）投资规模、资金来源及电价承受能力测算；

（六）实施效果及保障措施等。规划中应单独提出贫困地区农网改造升级、小城镇（中心村）农网改造升级以及机井通电的目标、任务和措施等。农网改造升级各县级规划应作为附件，成为省级规划的一部分。

第十三条 省级发展改革委组织编制完成本省（区、市）农网改造升级规划后，应报国家发展改革委备案，作为申报中央投资计划和项目安排的依据。没有完整县级规划的省级规划，国家发展改革委不予受理，不安排中央投资计划和项目。

第十四条 项目法人要根据本省（区、市）农网改造升级规划编制要求，在组织制定供区内各县级供区规划的基础上编制本企业规划，报省级发展改革委审查。县级供区规划同时报省级发展改革委。

第十五条 规划实施过程中，根据实际情况变化，省级发展改革委应及时组织调整修订省级规划，同时调整修订县级规划，并在修订后两个月内将调整修订情况报国家发展改革委。

第十六条 国家发展改革委指导省级规划的编制，提出指导思想、发展思路、布局原则等，在统筹衔接平衡各省（区、市）规划的基础上，组织编制全国农网改造升级规划，并及时调整修订。

第三章 项目储备与三年滚动投资计划

第十七条 省级发展改革委在农网改造升级规划的基础上，建立三年滚动项目储备库，按照储备项目投资需求编制三年滚动投资计划。

第十八条 纳入储备库的项目应满足本省（区、市）农网改造升级规划要求，以三年为期限滚动编制项目储备库。项目储备是年度中央投资计划项目的依据和来源，未纳入储备库的项目，不得纳入年度中央投资计划。各省级发展改革委应于每年 3 月底前完成三年项目储备库编制及滚动修订工作。

第十九条 纳入三年储备库的农网改造升级项目，基本条件为：

（一）35kV 及以上项目。应明确每一个项目的项目名称、建设地址、建设内容及规模、总投资、其中拟申请中央资金等；

（二）35kV 以下项目。以县为单位作为单个项目，明确项目名称、建设内容及规模、总投资、其中拟申请中央资金等。纳入三年储备库的项目总投资，应不少于 5 年规划总投资的 60％。

第二十条 各省级发展改革委在三年项目储备库的基础上，汇总三年内每一年本省（区、市）总体建设内容与规模、投资来源及投资额等，编制三年滚动投资计划。三年滚动投资计划是编制年度投资计划的基础和来源，随着三年项目储备库进行滚动修订，修订周期为每年 4 月至次年 3 月。

第二十一条 国家发展改革委在各省（区、市）农网改造升级项目储备库的基础上，编制全国三年项目储备库；在各省（区、市）滚动投资计划的基础上，编制全国三年滚动投资计划，并及时进行滚动修订。

第四章 年度投资计划申报与下达

第二十二条 各省级发展改革委年初根据本省（区、市）农网改造升级规划和三年项目储备库，从储备库中提取项目，形成年度计划项目库。组织项目法人对年度计划项目库中的项目开展可行性研究。35kV 及以上以单个项目、35kV 以下以县为单位编制可行性研究报告，由省级发展改革委审批并出具批准文件。

第二十三条 开展可行性研究应遵循国家法律法规和行业相关规程规范，对项目建设条件进行调查和必要勘测，在可靠翔实资料的基础上，对项目建设的技术、经济、环境、节能、施工及运行管理等进行分析论证和方案比较，提出可行性研究报告。

第二十四条 各省级发展改革委年初应制定本年度项目

可研报告审批工作方案，将可研审批纳入日常工作范围，于每年 10 月底前完成年度计划项目库可行性研究报告批复。根据项目可研批复情况，省级发展改革委于每年 11 月底前向国家发展改革委上报年度中央资金规模建议，随附项目可研报告批复文件。

第二十五条　国家发展改革委受理各地年度中央资金规模建议后，根据年度农网改造升级工作重点和各地年度项目可研批复，结合上一年度中央预算内投资计划执行情况及效果、稽查及监督检查结果，统筹平衡后下达各省（区、市）及中央企业年度中央预算内投资规模。

第二十六条　省级发展改革委按照本省（区、市）三年滚动投资计划，根据年度中央预算内投资规模，在已批复可研报告项目范围内确定申请中央投资计划的项目，编制上报年度投资计划申请报告。投资计划应包括以下内容：

（一）上年度投资计划执行情况，包括有无国家发展改革委要求的整改事项及情况；

（二）本年度计划是否符合规划、项目储备库和三年滚动投资计划；

（三）本年度计划实施必要性及实施目标，包括改造面、供电能力和可靠性等；

（四）本年度计划总投资（包括中央预算内投资、项目法人自有投资、银行贷款等），并分电压等级列明所需投资；

（五）本年度计划建设规模，分电压等级列明；

（六）项目明细表，明确项目个数、涉及的县级行政区个数，以及每个项目的投资、主要建设内容等，35kV 及以上项目应明确到建设地址，35kV 以下项目应明确到县域内；

（七）本年度计划完成时间和进度安排。投资计划申请报告应附银行贷款承诺函、项目可研报告批准文件列表等。中央企业按照本企业总体中央预算内投资规模，编制上报本企业年度投资计划。

第二十七条　完成可研批复、申请中央投资计划的项目应与项目储备库中对应的项目相一致；当年未纳入中央预算内投资计划的项目，可申请当年国家专项建设基金，或于下一年度继续申请中央预算内投资。

第二十八条　国家发展改革委主要从以下几个方面对各省（区、市）上报的年度投资计划进行审查：

（一）符合中央投资的使用方向和安排原则；

（二）符合规划、三年项目储备和三年滚动投资计划；

（三）提交的相关文件齐备、有效；

（四）项目的主要建设条件落实；

（五）上一年度投资计划执行情况，包括整改落实情况；

（六）其他条件。

第二十九条　国家发展改革委审查同意后，下达农网改造升级年度投资计划，明确各省（区、市）及各项目法人的建设规模、投资规模、完成时间和项目等。

第三十条　投资计划下达后，省级发展改革委应及时分解下达给项目法人。分解计划应明确建设规模、投资和具体项目等，与投资计划一致。

第三十一条　国家发展改革委采取抽查、组织相互检查等方式，加强对中央投资计划项目可研审查批复的监督检查，对存在包括虚增投资等问题的地方，提出整改意见，相关省级发展改革委应制定整改方案，落实整改。

第五章　项目实施及管理

第三十二条　项目法人应根据计划编制项目实施方案，报省级发展改革委备案。

第三十三条　投资计划分解下达后，项目法人应及时组织开展初步设计。35kV 及以上以单个项目、35kV 以下以县为单位编制初步设计报告，报省级发展改革委备案。国家发展改革委采取抽查、组织相互检查等方式，对中央投资计划项目初步设计工作进行监督检查。对存在问题的，相关省级发展改革委应及时组织整改。

第三十四条　农网改造升级资金要专项存储、专款专用、专项核算、封闭运行，严禁挤占、挪用、截留和滞留资金。资金使用和管理应符合国家有关规定。

第三十五条　农网改造升级项目要执行招投标法及相关规定。项目单位应制定并落实相应的施工质量保证措施和监督措施，确保工程质量。农网改造升级项目要执行工程监理制，10kV 及以下单项工程监理单位的确定可采取打捆招标的方式选择。

第三十六条　表箱和电能表改造投资纳入投资计划，表后线及设施由农户提供合格产品或出资改造。项目法人以及其他任何单位和组织不得违反规定向农户收费，严禁强制农户出资。

第三十七条　项目法人应建立省、市、县三级农网改造升级项目档案，从项目设计到竣工验收等各环节的文件、资料等都应按照有关规定收集、整理、归档、保管等。

第三十八条　农网改造升级投资计划和项目实施应按计划完成。实施过程中进展缓慢，以及出现影响工程实施重大情况的，项目法人应及时向省级发展改革委报告情况，说明原因，提出改进措施。

第三十九条　省级发展改革委应按照投资计划组织项目法人做好项目实施。项目确需调整变更的，不得变更投资计划下达的本省（区、市）投资规模，不得减少建设规模。项目法人向省级发展改革委提出项目调整变更申请，提供调整变更的理由和依据、项目可研报告等。省级发展改革委负责组织审查，批复项目可研报告，出具同意调整变更的文件，并报国家发展改革委备案。

第四十条　农网改造升级工程项目完工后，省级发展改革委应及时组织对本省级区域内农网改造升级项目进行总体竣工验收，验收报告应报国家发展改革委备案。项目法人负责单项工程的验收，验收报告报省级发展改革委备案。

第四十一条　农网改造升级项目竣工后，国家发展改革委适时进行检查总结，并组织进行后评价，重点评估农网改造升级投资的必要性、有效性及其效果。

第四十二条　项目法人应做好农网改造升级后的运行管理工作，降低运行维护费用，提高运行管理水平，为农村经济社会发展提供优质可靠的供电服务。

第六章　监督检查和法律责任

第四十三条　国家发展改革委应加强农网改造升级项目管理和投资管理，加强对农网改造计划执行和项目实施的监管，加强对农网改造升级资金和还贷资金使用管理情况的监督，确保发挥效益。

第四十四条　省级发展改革委负责组织开展对本地区农网改造升级项目稽查或监督检查，国家发展改革委不定期进行稽查或监督检查，国家能源局派出机构按照有关规定开展监管，财政、审计、监察等部门依据职能分工进行监督检查。各级发展改革委应督促项目法人执行好投资计划，做好项目实施。

第四十五条 项目法人应积极配合中央和地方有关部门做好农网改造升级项目的稽查、检查和审计。加强对农网改造升级项目的信息公开，接受社会监督。

第四十六条 农网改造升级项目实施定期报告制度。项目法人应定期向省级发展改革委报告计划执行和项目实施情况，省级发展改革委及时上报国家发展改革委。对项目实施中出现的重大问题，应当及时进行专题报告。投资计划执行完毕后，省级发展改革委应及时对计划执行和项目实施情况进行总结，包括完成目标、实际工作量，以及农网改造升级投资的必要性、有效性及其效果等，形成详细的报告上报国家发展改革委。项目法人应对其提供的数据和材料的真实性负责任。省级发展改革委应对项目法人提供的数据和材料进行必要的审查、检查和核查，对其真实性承担相应责任。

第四十七条 省级发展改革委或项目法人有下列行为之一的，国家发展改革委可根据情节轻重做出责令限期改正，通报批评，暂停项目建设，核减、收回或停止中央投资，并可视情节轻重提请或移交有关机关依法追究有关责任单位和责任人的行政或法律责任：

（一）提供虚假资料和情况，骗取中央投资的；

（二）违反程序未按要求完成项目前期工作的，项目可研编制和审查、项目初步设计存在较大问题的；

（三）挪用、截留或滞留中央投资的，以及农网改造升级资金未专库存储、专款专用、专项核算、封闭运行的；

（四）违规调整变更投资计划和项目，以及调整变更比较大的；

（五）无正当理由未及时建设实施或竣工完成的，以及工程质量不合格等；

（六）其他违反国家法律法规和本办法规定的行为。

第四十八条 项目法人对工程建设疏于管理，或不执行相关法律法规规定的，设计、施工、监理单位和咨询机构等未依法依规履行职责的，按照国家有关法律法规追究有关单位和责任人的行政或法律责任。

第七章 附 则

第四十九条 省级发展改革委可根据本办法制定本省（区、市）农网改造升级项目管理办法，并报国家发展改革委备案。

第五十条 本办法由国家发展改革委负责解释。

第五十一条 本办法自发布之日起施行。原《农村电网改造升级项目管理办法》（发改办能源〔2010〕2520号）废止。

国家发展改革委关于印发《可再生能源发电全额保障性收购管理办法》的通知
（发改能源〔2016〕625号）

各省、自治区、直辖市、新疆生产建设兵团发展改革委（能源局）、经信委（工信委、工信厅），国家能源局各派出机构，国家电网公司、南方电网公司、内蒙古电力（集团）有限责任公司，华能、大唐、华电、国电、国电投、神华、三峡、华润、中核、中广核、中国节能集团公司：

为贯彻落实《中共中央 国务院关于进一步深化电力体制改革的若干意见》（中发〔2015〕9号）及相关配套文件要求，根据《可再生能源法》，我们编制了《可再生能源发电全额保障性收购管理办法》，现印发你们，请按照执行。

附件：可再生能源发电全额保障性收购管理办法

国家发展改革委（印）

2016年3月24日

可再生能源发电全额保障性收购管理办法

第一章 总 则

第一条 为贯彻落实《中共中央 国务院关于进一步深化电力体制改革的若干意见》（中发〔2015〕9号）及相关配套文件的有关要求，加强可再生能源发电全额保障性收购管理，保障非化石能源消费比重目标的实现，推动能源生产和消费革命，根据《中华人民共和国可再生能源法》等法律法规，制定本办法。

第二条 本办法适用于风力发电、太阳能发电、生物质能发电、地热能发电、海洋能发电等非水可再生能源。水力发电参照执行。

第二章 全额保障性收购

第三条 可再生能源发电全额保障性收购是指电网企业（含电力调度机构）根据国家确定的上网标杆电价和保障性收购利用小时数，结合市场竞争机制，通过落实优先发电制度，在确保供电安全的前提下，全额收购规划范围内的可再生能源发电项目的上网电量。

水力发电根据国家确定的上网标杆电价（或核定的电站上网电价）和设计平均利用小时数，通过落实长期购售电协议、优先安排年度发电计划和参与现货市场交易等多种形式，落实优先发电制度和全额保障性收购。根据水电特点，为促进新能源消纳和优化系统运行，水力发电中的调峰机组和大型机组享有靠前优先顺序。

第四条 各电网企业及其他供电主体（以下简称电网企业）承担其电网覆盖范围内，按照可再生能源开发利用规划建设、依法取得行政许可或者报送备案、符合并网技术标准的可再生能源发电项目全额保障性收购的实施责任。

第五条 可再生能源并网发电项目年发电量分为保障性收购电量部分和市场交易电量部分。其中，保障性收购电量部分通过优先安排年度发电计划、与电网公司签订优先发电合同（实物合同或差价合同）保障全额按标杆上网电价收购；市场交易电量部分由可再生能源发电企业通过参与市场竞争方式获得发电合同，电网企业按照优先调度原则执行发电合同。

第六条 国务院能源主管部门会同经济运行主管部门对可再生能源发电受限地区，根据电网输送和系统消纳能力，按照各类标杆电价覆盖区域，参考准许成本加合理收益，核定各类可再生能源并网发电项目保障性收购年利用小时数并予以公布，并根据产业发展情况和可再生能源装机投产情况对各地区各类可再生能源发电保障性收购年利用小时数适时进行调整。地方有关主管部门负责在具体工作中落实该小时数，可再生能源并网发电项目根据该小时数和装机容量确定保障性收购年上网电量。

第七条 不存在限制可再生能源发电情况的地区，电网企业应根据其资源条件保障可再生能源并网发电项目发电量全额收购。

第八条 生物质能、地热能、海洋能发电以及分布式光伏发电项目暂时不参与市场竞争，上网电量由电网企业全额收购；各类特许权项目、示范项目按特许权协议或技术方案明确的利用小时数确定保障性收购年利用小时数。

第九条　保障性收购电量范围内，受非系统安全因素影响，非可再生能源发电挤占消纳空间和输电通道导致的可再生能源并网发电项目限发电量视为优先发电合同转让至系统内优先级较低的其他机组，由相应机组按影响大小承担对可再生能源并网发电项目的补偿费用，并做好与可再生能源调峰机组优先发电的衔接。计入补偿的限发电量最大不超过保障性收购电量与可再生能源实际发电量的差值。保障性收购电量范围内的可再生能源优先发电合同不得主动通过市场交易转让。

因并网线路故障（超出设计标准的自然灾害等不可抗力造成的故障除外）、非计划检修导致的可再生能源并网发电项目限发电量由电网企业承担补偿。

由于可再生能源资源条件造成实际发电量达不到保障发电量以及因自身设备故障、检修等原因造成的可再生能源并网发电项目发电量损失由可再生能源发电项目自行承担，不予补偿。可再生能源发电由于自身原因，造成不能履行的发电量应采用市场竞争的方式由各类机组竞价执行。

可再生能源并网发电项目保障性收购电量范围内的限电补偿费用标准按项目所在地对应的最新可再生能源上网标杆电价或核定电价执行。

第十条　电网企业协助电力交易机构（未设立交易机构地区由电网企业负责）负责根据限发时段电网实际运行情况，参照调度优先级由低到高顺序确定承担可再生能源并网发电项目限发电量补偿费用的机组范围（含自备电厂），并根据相应机组实际发电量大小分摊补偿费用。保障性收购电量范围内限发电量及补偿费用分摊情况按月统计报送国务院能源主管部门派出机构和省级经济运行主管部门备案，限发电量补偿分摊可根据实际发电情况在月度间滚动调整，并按年度结算相关费用。

第十一条　鼓励超出保障性收购电量范围的可再生能源发电量参与各种形式的电力市场交易，充分发挥可再生能源电力边际成本低的优势，通过市场竞争的方式实现优先发电，促进可再生能源电力多发满发。

对已建立电力现货市场交易机制的地区，鼓励可再生能源发电参与现货市场和中长期电力合约交易，优先发电合同逐步按现货交易及相关市场规则以市场化方式实现；参与市场交易的可再生能源发电量按照项目所在地的补贴标准享受可再生能源电价补贴。

第三章　保障措施

第十二条　国务院能源主管部门按照全国可再生能源开发利用规划，确定在规划期内应当达到的可再生能源发电量占全部发电量的比重。省级能源主管部门会同经济运行主管部门指导电网企业制定落实可再生能源发电量比重目标的措施，并在年度发电计划和调度运行方式安排中予以落实。

第十三条　省级经济运行主管部门在制定发电量计划时，严格落实可再生能源优先发电制度，使可再生能源并网发电项目保障性收购电量部分通过充分安排优先发电并严格执行予以保障。

发电计划须预留年内计划投产可再生能源并网发电项目的发电计划空间，在年度建设规模内的当年新投产项目按投产时间占全年比重确定保障性收购年利用小时数。

第十四条　电网企业应按照本办法与可再生能源并网发电项目企业在每年第四季度签订可再生能源优先发电合同。

第十五条　电网企业应按照节能低碳电力调度原则，依据有关部门制定的市场规则，优先执行可再生能源发电计划和可再生能源电力交易合同，保障风能、太阳能、生物质能等可再生能源发电享有最高优先调度等级，不得要求可再生能源项目向优先级较低的发电项目支付费用的方式实现优先发电。电网企业应与可再生能源发电企业在共同做好可再生能源功率预测预报的基础上，将发电计划和合同分解到月、周、日、小时等时段，优先安排可再生能源发电。

第十六条　电网企业应建立完善适应高比例可再生能源并网的调度运行机制，充分挖掘系统调峰潜力，科学安排机组组合，合理调整旋转备用容量，逐步改变按省平衡的调度方式，扩大调度平衡范围。各省（区、市）有关部门和省级电网企业应积极配合，促进可再生能源跨省跨区交易，合理扩大可再生能源电力消纳范围。

第十七条　风电、太阳能发电等可再生能源发电企业应配合电网企业加强功率预测预报工作，提高短期和中长期预测水平，按相关规定向电网企业或电力交易机构提交预报结果，由电网企业统筹确定网内可再生能源发电预测曲线，确保保障性收购电量的分解落实，并促进市场交易电量部分多发满发。可再生能源发电企业应按有关规定参与辅助服务费用分摊。

第十八条　建立供需互动的需求侧响应机制，形成用户参与辅助服务分担共享机制。鼓励通过价格手段引导电力用户优化用电负荷特性，实现负荷移峰填谷。鼓励用户参与调峰调频等辅助服务，提高系统的灵活性和可再生能源消纳能力。

第四章　监督管理

第十九条　国务院能源主管部门及派出机构履行可再生能源发电全额保障性收购的监管责任。

第二十条　国务院能源主管部门派出机构应会同省级经济运行主管部门，根据本办法，结合本地实际情况，制定实施细则，报国家发展改革委、国家能源局同意后实施。

第二十一条　国务院能源主管部门派出机构会同省级能源主管部门和经济运行主管部门负责对电网企业与可再生能源并网发电项目企业签订优先发电合同情况和执行情况进行监管。

第二十二条　可再生能源并网发电项目限发电量由电网企业和可再生能源发电企业协助电力交易机构按国家有关规定的进行计算统计。对于可再生能源并网发电项目限发电量及补偿费用分摊存在异议的，可由国务院能源主管部门派出机构会同省级经济运行主管部门协调。

第二十三条　对于发生限制可再生能源发电的情况，电网企业应及时分析原因，并保留相关运行数据，以备监管机构检查。相关情况由国务院能源主管部门及派出机构定期向社会公布。

第五章　附　则

第二十四条　本办法由国家发展改革委、国家能源局负责解释，并根据电力体制改革和电力市场建设情况适时修订。

第二十五条　本办法自发布之日起施行。

国家发展改革委、国家能源局关于促进我国煤电有序发展的通知

（发改能源〔2016〕565号）

各省、自治区、直辖市、新疆生产建设兵团发展改革委（能源局），国家能源局各派出机构，国家电网公司、南方电网公司，华能、大唐、华电、国电、国电投集团，神华集团、中煤集团、国投公司、华润集团，中国国际工程咨询公司、电力规划设计总院：

近年来，受经济进入新常态和结构调整等因素影响，我国用电量增速趋缓，电力供需总体宽松。煤电行业面临利用小时数逐年下降、规划建设规模较电力需求偏大等问题。为贯彻落实国务院工作部署，引导地方及发电企业有序推进煤电项目规划建设，促进煤电行业健康发展，结合各地"十三五"电力供需形势，现将有关事项通知如下：

一、建立风险预警机制

（一）建立煤电规划建设风险预警机制。为指导各地和发电企业有序规划建设煤电项目，综合考虑未来3年煤电项目经济性、电力装机冗余程度、环保及政策约束等因素，国家将建立煤电风险预警指标体系，定期对外发布分省煤电规划建设风险预警提示。引导国土、环保、水利等部门以及银行业等金融机构在为煤电项目办理核准及开工建设所需支持性文件、发放贷款时，根据风险预警提示采取有针对性的政策措施。

（二）结合风险预警适时调整相关措施。国家发展改革委、国家能源局会同相关单位密切跟踪电力供需变化趋势，结合煤电风险预警提示及时调整相关措施。各省（区、市）相关部门要对本地区用电需求增长情况加强监测分析，发生重大偏离时，请及时报告国家发展改革委和国家能源局。

二、严控煤电总量规模

（三）强化规划引领约束作用。加强全国电力规划的指导性，保证国家规划和省级规划有序衔接、协调统一。根据国家"十三五"电力发展规划将明确的各省（区、市）规划期内燃煤电站（含抽凝热电机组和燃煤自备电站）总量控制目标，各省（区、市）电力发展相关规划优化布局本地区规划期内的燃煤电站项目。各省（区、市）要按照《政府核准的投资项目目录（2014年）》及相关规定要求，核准煤电项目。

（四）严控各地煤电新增规模

1. 对于经电力电量平衡测算存在电力盈余的省份以及大气污染防治重点区域，原则上不再安排新增煤电规划建设规模。

2. 对于经电力电量平衡测算存在电力缺口的省份，应优先发展本地非化石能源发电项目，充分发挥跨省区电力互济、电量短时互补作用，并采取加强电力需求侧管理等措施，减少对新增煤电规划建设规模的需求。

（五）按需推进煤电基地建设。基地煤电项目的规划建设要利用基地现有煤炭产能，并充分考虑环境、水资源承受能力以及受端省份的用电需求。合理安排现有煤电基地规划建设时序，分期规划建设基地配套煤电项目，避免因接受外来煤造成受端省份电力冗余。结合电力供需形势，在

"十三五"电力发展规划中适时启动新增煤电基地的规划建设。

（六）加大淘汰落后产能力度。各省（区、市）要按照国家相关规定，进一步提高标准、加大力度，逐步淘汰服役年限长，不符合能效、环保、安全、质量等要求的火电机组，优先淘汰30万kW以下运行满20年的纯凝机组和运行满25年的抽凝热电机组。

三、有序推进煤电建设

电力冗余省份要对现有纳入规划及核准（在建）煤电项目（不含革命老区和集中连片贫困地区煤电项目）采取"取消一批、缓核一批、缓建一批"等措施，适当放缓煤电项目建设速度。鼓励各省（区、市）在严格按程序推进煤电项目核准、建设的基础上，结合实际情况和煤电风险预警提示，施行其他有利于煤电有序发展的政策措施。

（七）取消一批不具备核准条件煤电项目

1. 取消2012年及以前纳入规划的未核准煤电项目，相应规模滚入当地未来电力电量平衡，待2018年后结合电力供需情况再逐步安排。

2. 鼓励各省（区、市）发展改革委（能源局）结合本地区电力负荷发展以及项目单位意愿，取消其他不具备核准（建设）条件的煤电项目。

（八）缓核一批电力盈余省份煤电项目。对经电力电量平衡测算，扣除纳入规划煤电项目后仍存在电力盈余的省份，相应省级发展改革委（能源局）要指导发电企业理性推进煤电项目前期工作。黑龙江、山东、山西、内蒙古、江苏、安徽、福建、湖北、河南、宁夏、甘肃、广东、云南等13省（区）2017年前（含2017年，下同）应暂缓核准除民生热电外的自用煤电项目（不含国家确定的示范项目）。

（九）缓建一批电力盈余省份煤电项目。对经电力电量平衡测算，扣除已核准未开工建设煤电项目后仍存在电力盈余的省份，相应省级发展改革委（能源局）要指导发电企业结合电力供需合理安排已核准煤电项目的施工建设时序。黑龙江、辽宁、山东、山西、内蒙古、陕西、宁夏、甘肃、湖北、河南、江苏、广东、广西、贵州、云南等15省（区），除民生热电项目外的自用煤电项目，尚未开工建设的，2017年前应暂缓开工建设；正在建设的，适当调整建设工期，把握好投产节奏。

（十）严格按程序核准建设煤电项目

1. 各省（区、市）发展改革委（能源局）要严格按照规定履行核准程序，对于前置条件不具备的煤电项目，不得核准。按相关规定，热电联产项目核准前，其热电联产规划应已纳入相应省（区、市）电力发展规划。"上大压小"项目核准前，要落实关停计划。

2. 各省（区、市）已核准的煤电项目，未取齐开工必备的支持性文件前，严禁开工建设。

四、加大监督管理处理力度

（十一）强化事中事后纵横协调监管。国家发展改革委、国家能源局加强对全国煤电相关规划执行情况的事中、事后监管。各省（区、市）发展改革委（能源局）要会同国家能源局派出机构进一步加强对本地区煤电项目建设的事中、事后监管，充分依托投资项目在线审批监管平台，实现纵横协调监管，全程跟踪、及时预警、严肃问责。

（十二）加强专项监督检查。国家能源局派出机构要按照《关于做好电力项目核准权限下放后规划建设有关工作的通知》（发改能源〔2015〕2236号）要求，结合各地实际，加大专项监督检查力度，督促存在问题的单位限期整改，并结合工作情况形成监管报告，及时向社会公布。

1. 组织开展煤电项目规划建设情况监管。重点检查各地煤电总量控制目标、产业政策和煤电项目布局原则等执行情况，煤电项目核准程序履行情况，核准在建煤电项目是否按规定取齐开工必需的支持性文件等情况，促进有关电力规划、政策落实到位。

2. 组织开展煤电超低排放和节能改造情况监管。联合有关部门加大对煤电机组超低排放改造和节能升级改造任务落实情况、淘汰火电落后产能以及采暖供热机组"以热定电"等相关情况的监管力度，促进国家专项行动目标顺利实现。

（十三）严厉查处违规建设。对未按核准要求建设、未核先建及未达开工条件建设等违规建设行为，相应省级发展改革委（能源局）要责令其立即停止建设，会同有关部门依法依规予以处理，并将违规情况向社会通报；同时，相关情况要及时报告国家发展改革委、国家能源局。对于违规建设的煤电项目，国家能源局及其派出机构不予办理业务许可证并通报全国；电网企业不予并网；银行及金融机构要依据法律、法规和国家有关规定停止对其发放贷款。

本通知自印发之日起执行。

国家发展改革委
国家能源局　（印）
2016年3月17日

五部门印发《关于实施光伏发电扶贫工作的意见》

（发改能源〔2016〕621号）

各省（区、市）、新疆生产建设兵团发展改革委（能源局）、扶贫办，国家开发银行各分行、中国农业发展银行各分行、国家电网公司、南方电网公司，水电水利规划设计总院：

为切实贯彻中央扶贫开发工作会议精神，扎实落实《中共中央　国务院关于打赢脱贫攻坚战的决定》的要求，决定在全国具备光伏建设条件的贫困地区实施光伏扶贫工程。

一、充分认识实施光伏扶贫的重要意义

光伏发电清洁环保，技术可靠，收益稳定，既适合建设户用和村级小电站，也适合建设较大规模的集中式电站，还可以结合农业、林业开展多种"光伏+"应用。在光照资源条件较好的地区因地制宜开展光伏扶贫，既符合精准扶贫、精准脱贫战略，又符合国家清洁低碳能源发展战略；既有利于扩大光伏发电市场，又有利于促进贫困人口稳收增收。各地区应将光伏扶贫作为资产收益扶贫的重要方式，进一步加大工作力度，为打赢脱贫攻坚战增添新的力量。

二、工作目标和原则

（一）工作目标

在2020年之前，重点在前期开展试点的、光照条件较好的16个省的471个县的约3.5万个建档立卡贫困村，以整村推进的方式，保障200万建档立卡无劳动能力贫困户

（包括残疾人）每年每户增加收入3000元以上。其他光照条件好的贫困地区可按照精准扶贫的要求，因地制宜推进实施。

（二）基本原则

精准扶贫、有效脱贫。光伏扶贫项目要与贫困人口精准对应，根据贫困人口数量和布局确定项目建设规模和布局，保障贫困户获得长期稳定收益。

因地制宜、整体推进。光伏扶贫作为脱贫攻坚手段之一，各地根据贫困人口分布及光伏建设条件，选择适宜的光伏扶贫模式，以县为单元统筹规划，分阶段以整村推进方式实施。

政府主导、社会支持。国家和地方通过整合扶贫资金、预算内投资、政府贴息等政策性资金给予支持。鼓励有社会责任的企业通过捐赠或投资投劳等方式支持光伏扶贫工程建设。

公平公正、群众参与。以县为单元确定统一规范的纳入光伏扶贫范围的资格条件和遴选程序，建立光伏扶贫收益分配和监督管理机制，确保收益分配公开透明和公平公正。

技术可靠、长期有效。光伏扶贫工程关键设备应达到先进技术指标且质量可靠，建设和运行维护单位应具备规定的资质条件和丰富的工程实践经验，应确保长期可靠稳定运行。

三、重点任务

（一）准确识别确定扶贫对象

各级地方扶贫管理部门根据国务院扶贫办确定的光伏扶贫范围，以县为单元调查摸清扶贫对象及贫困人口具体情况，包括贫困人口数量、分布、贫困程度等，确定纳入光伏扶贫范围的贫困村、贫困户的数量并建立名册。省级扶贫管理部门以县为单元建立光伏扶贫人口信息管理系统，以此作为实施光伏扶贫工程、明确光伏扶贫对象、分配扶贫收益的重要依据。

（二）因地制宜确定光伏扶贫模式

根据扶贫对象数量、分布及光伏发电建设条件，在保障扶贫对象每年获得稳定收益的前提下，因地制宜选择光伏扶贫建设模式和建设场址，采用资产收益扶贫的制度安排，保障贫困户获得稳定收益。中东部土地资源缺乏地区，可以村级光伏电站为主（含户用）；西部和中部土地资源丰富的地区，可建设适度规模集中式光伏电站。采取村级光伏电站（含户用）方式，每位扶贫对象的对应项目规模标准为5kW左右；采取集中式光伏电站方式，每位扶贫对象的对应项目规模标准为25kW左右。

（三）统筹落实项目建设资金

地方政府可整合产业扶贫和其他相关涉农资金，统筹解决光伏扶贫工程建设资金问题，政府筹措资金可折股量化给贫困村和贫困户。对村级光伏电站，贷款部分可由到省扶贫资金给予贴息，贴息年限和额度按扶贫贷款有关规定由各地统筹安排。集中式电站由地方政府指定的投融资主体与商业化投资企业共同筹措资本金，其余资金由国家开发银行、中国农业发展银行为主提供优惠贷款。鼓励国有企业、民营企业积极参与光伏扶贫工程投资、建设和管理。

（四）建立长期可靠的项目运营管理体系

地方政府应依法确定光伏扶贫电站的运维及技术服务企业（简称"运维企业"）。鼓励通过特许经营等政府和社会

资本合作方式，依法依规、竞争择优选择具有较强资金实力以及技术和管理能力的企业，承担光伏电站的运营管理或技术服务。对村级光伏电站（含户用），可由县级政府统一选择承担运营管理或技术服务的企业，鼓励通过招标或其他竞争性比选方式公开选择。县级政府可委托运维企业对全县范围内村级光伏电站（含户用）的工程设计、施工进行统一管理。运维企业对村级光伏电站（含户用）的管理和技术服务费用，应依据法律、行政法规规定和特许经营协议约定，从所管理或提供技术服务的村级光伏电站项目收益中提取。集中式光伏扶贫电站的运行管理由与地方政府指定的投融资主体合作的商业化投资企业承担，鼓励商业化投资企业承担所在县级区域内村级光伏电站（含户用）的技术服务工作。

（五）加强配套电网建设和运行服务

电网企业要加大贫困地区农村电网改造工作力度，为光伏扶贫项目接网和并网运行提供技术保障，将村级光伏扶贫项目的接网工程优先纳入农村电网改造升级计划。对集中式光伏电站扶贫项目，电网企业应将其接网工程纳入绿色通道办理，确保配套电网工程与项目同时投入运行。电网企业要积极配合光伏扶贫工程的规划和设计工作，按照工程需要提供基础资料，负责设计光伏扶贫的接网方案。不论是村级光伏电站（含户用），还是集中式光伏扶贫电站，均由电网企业承担接网及配套电网的投资和建设工作。电网企业要制定合理的光伏扶贫项目并网运行和电量消纳方案，确保项目优先上网和全额收购。

（六）建立扶贫收益分配管理制度

各贫困县所在的市（县）政府应建立光伏扶贫收入分配管理办法，对扶贫对象精准识别，并进行动态管理，原则上应保障每位扶贫对象获得年收入 3000 元以上。各级政府资金支持建设的村级光伏电站的资产归村集体所有，由村集体确定项目收益分配方式，大部分收益应直接分配给符合条件的扶贫对象，少部分可作为村集体公益性扶贫资金使用；在贫困户屋顶及院落安装的户用光伏系统的产权归贫困户所有，收益全部归贫困户。地方政府指定的投融资主体与商业化投资企业合资建设的光伏扶贫电站，项目资产归投融资主体和投资企业共有，收益按股比分成，投融资主体要将所占股份折现量化给扶贫对象，代表扶贫对象参与项目投资经营，按月（或季度）向扶贫对象分配资产收益。参与扶贫的商业化投资企业应积极配合，为扶贫对象能获得稳定收益创造条件。

（七）加强技术和质量监督管理

建立光伏扶贫工程技术规范和关键设备技术规范。光伏扶贫项目应采购技术先进、经过国家检测认证机构认证的产品，鼓励采购达到领跑者技术指标的产品。系统集成商应具有足够的技术能力和工程经验，设计和施工单位及人员应具备相应资质和经验。光伏扶贫工程发电技术指标及安全防护措施应满足接入电网有关技术要求，并接受电网运行远程监测和调度。县级政府负责建立包括资质管理、质量监督、竣工验收、运行维护、信息管理等内容的投资管理体系，建立光伏扶贫工程建设和运行信息管理。国家可再生能源信息管理中心建立全国光伏扶贫信息管理平台，对全部光伏扶贫项目的建设和运行进行监测管理。

（八）编制光伏扶贫实施方案

省级及以下地方能源主管部门会同扶贫部门，以县为单元编制光伏扶贫实施方案。实施方案应包括光伏扶贫项目的目标任务、扶持的贫困人口数、项目类型、建设规模、建设条件、接网方案、资金筹措方案、运营管理主体、投资效益分析、管理体制、收益分配办法、地方配套政策、组织保障措施。实施方案要做到项目与扶贫对象精准对接，运营管理主体明确，土地等项目建设条件落实，接网和并网运行条件经当地电网公司认可。各有关省（区、市）能源主管部门汇总有关地区的光伏扶贫实施方案，初审后报送国家能源局。国家能源局会同国务院扶贫办对各省（区、市）上报的光伏扶贫实施方案进行审核并予以批复。各地区按批复的实施方案组织项目建设，国家能源局会同国务院扶贫办按批复的方案进行监督检查。

四、配套政策措施

（一）优先安排光伏扶贫电站建设规模

国家能源局会同国务院扶贫办对各地区上报的以县为单元的光伏扶贫实施方案进行审核。对以扶贫为目的的村级光伏电站和集中式光伏电站，以及地方政府统筹其他建设资金建设的光伏扶贫项目，以县为单元分年度专项下达光伏发电建设规模。

（二）加强金融政策支持力度

国家开发银行、中国农业发展银行为光伏扶贫工程提供优惠贷款，根据资金来源成本情况在央行同期贷款基准利率基础上适度下浮。鼓励其他银行以及社保、保险、基金等资金在获得合理回报的前提下为光伏扶贫项目提供低成本融资。鼓励众筹等创新金融融资方式支持光伏扶贫项目建设，鼓励企业提供包括直接投资和技术服务在内的多种支持。

（三）切实保障光伏扶贫项目的补贴资金发放

电网企业应按国家有关部门关于可再生能源发电补贴资金发放管理制度，优先将光伏扶贫项目的补贴需求列入年度计划，电网企业优先确保光伏扶贫项目按月足额结算电费和领取国家补贴资金。

（四）鼓励企业履行社会责任

鼓励电力能源央企和有实力的民企参与光伏扶贫工程投资和建设。鼓励各类所有制企业履行社会责任，通过各种方式支持光伏扶贫工程实施，鼓励企业组建光伏扶贫联盟。通过表彰积极参与企业，树立企业社会形象，出台适当优惠政策，优先支持参与光伏扶贫的企业开展规模化光伏电站建设，保障参与企业的经济利益。

五、加强组织协调

（一）建立光伏扶贫协调工作机制

建立省（区、市）负总责，市（地）县抓落实的工作机制，做到分工明确、责任清晰、任务到人、责任到位，合力推动光伏扶贫工作。各级政府要成立光伏扶贫协调领导小组，地方政府主要领导任组长，成员包括发改、能源、扶贫、国土、林业等部门，以及电网企业和金融机构等，主要职责是协调光伏扶贫工程实施过程中的重大政策和问题。

（二）明确各部门职责分工

国家能源局负责组织协调光伏扶贫工程实施中重大问题，负责组织编制光伏扶贫规划和年度实施计划，完善光伏扶贫工程技术标准规范，建立光伏扶贫工程信息系统，加强光伏扶贫工程质量监督及并网运行监督等。国务院扶贫办牵头负责确定光伏扶贫对象范围，建立光伏扶贫人口信息管理系统，建立光伏扶贫工程收入分配管理制度。请地方国土部门和林业部门负责光伏扶贫工程土地使用的政策协调和土地补偿收费方面的优惠政策落实。

请各有关部门和地方政府高度重视光伏扶贫工作，加强光伏扶贫工程组织协调力度，为实施光伏扶贫试点工程提供组织保障。加大光伏扶贫宣传和培训力度，提高全社会支持参与光伏扶贫程度。加强对光伏扶贫工程的管理和监督，确实把这件惠民生、办实事的阳光工程抓紧抓实抓好。请省级能源主管部门认真做好光伏扶贫工程项目储备，及时按要求

上报光伏扶贫工程项目清单。

附件：光伏扶贫工程重点实施范围

国家发展改革委
国务院扶贫办
国家能源局（印）
国家开发银行
中国农业发展银行
2016 年 3 月 23 日

附件

光伏扶贫工程重点实施范围

省（区）	个数	县
甘肃省	41	榆中县、会宁县、武山县、古浪县、静宁县、环县、华池县、合水县、宁县、镇原县、安定区、通渭县、陇西县、渭源县、临洮县、漳县、岷县、临夏县、康乐县、永靖县、广河县、和政县、东乡族自治县、合作市、临潭县、卓尼县、夏河县、迭部县、皋兰县、景泰县、靖远县、临夏市、灵台县、碌曲县、玛曲县、庆城县、永登县、正宁县、天祝藏族自治县、积石山保安族东乡族撒拉族自治县、崆峒区
海南省	2	五指山市、白沙黎族自治县
河北省	45	行唐县、灵寿县、赞皇县、平山县、大名县、魏县、临城县、巨鹿县、新河县、广宗县、平乡县、威县、阜平县、唐县、涞源县、顺平县、张北县、康保县、沽源县、尚义县、蔚县、阳原县、怀安县、万全县、赤城县、崇礼县、平泉县、滦平县、隆化县、海兴县、盐山县、南皮县、武邑县、武强县、饶阳县、阜城县、承德县、涞水县、曲阳县、望都县、宣化县、易县、围场满族蒙古族自治县、丰宁满族自治县、青龙满族自治县
河南省	1	台前县
黑龙江省	20	延寿县、泰来县、甘南县、拜泉县、绥滨县、饶河县、林甸县、桦南县、桦川县、汤原县、抚远县、同江市、兰西县、海伦市、富裕县、克东县、龙江县、明水县、青冈县、望奎县
吉林省	8	靖宇县、镇赉县、通榆县、大安市、龙井市、和龙市、汪清县、安图县
内蒙古自治区	31	武川县、阿鲁科尔沁旗、巴林左旗、巴林右旗、林西县、翁牛特旗、喀喇沁旗、宁城县、敖汉旗、科尔沁左翼中旗、科尔沁左翼后旗、库伦旗、奈曼旗、莫力达瓦达斡尔族自治旗、鄂伦春自治旗、卓资县、化德县、商都县、兴和县、察哈尔右翼前旗、察哈尔右翼中旗、察哈尔右翼后旗、四子王旗、阿尔山市、科尔沁右翼前旗、科尔沁右翼中旗、扎赉特旗、突泉县、苏尼特右旗、太仆寺旗、正镶白旗
宁夏回族自治区	8	盐池县、同心县、原州区、西吉县、隆德县、泾源县、彭阳县、海原县
青海省	42	大柴旦行委、冷湖行委、茫崖行委、湟中县、平安县、乐都县、泽库县、甘德县、达日县、玛多县、杂多县、治多县、囊谦县、曲麻莱县、班玛县、称多县、德令哈市、都兰县、刚察县、格尔木市、共和县、贵德县、贵南县、海晏县、河南蒙古族自治县、互助土族自治县、湟源县、尖扎县、久治县、玛沁县、祁连县、天峻县、同德县、同仁县、乌兰县、兴海县、玉树县、化隆回族自治县、门源县、民和回族土族自治县、循化撒拉族自治县、大通回族土族自治县
山西省	35	娄烦县、阳高县、天镇县、广灵县、灵丘县、浑源县、平顺县、壶关县、武乡县、右玉县、左权县、和顺县、五台县、代县、繁峙县、宁武县、静乐县、神池县、五寨县、岢岚县、河曲县、保德县、偏关县、吉县、大宁县、隰县、永和县、汾西县、兴县、临县、石楼县、岚县、方山县、中阳县、大同县
陕西省	18	印台区、宜君县、永寿县、旬邑县、合阳县、澄城县、白水县、延长县、延川县、宜川县、横山县、定边县、绥德县、米脂县、佳县、吴堡县、清涧县、子洲县

省（区）	个数	县
四川省	31	乡城县、木里藏族自治县、小金县、黑水县、壤塘县、甘孜县、德格县、石渠县、色达县、理塘县、盐源县、普格县、布拖县、昭觉县、喜德县、阿坝县、巴塘县、白玉县、丹巴县、道孚县、稻城县、得荣县、红原县、金川县、九龙县、康定县、炉霍县、马尔康县、若尔盖县、新龙县、雅江县
西藏自治区	74	曲松县、仁布县、日喀则市、日土县、萨嘎县、萨迦县、桑日县、申扎县、索县、谢通门县、亚东县、扎囊县、札达县、仲巴县、左贡县、双湖县、安多县、昂仁县、八宿县、巴青县、白朗县、班戈县、比如县、边坝县、波密县、察雅县、察隅县、昌都县、城关区、措美县、措勤县、错那县、达孜县、当雄县、丁青县、定结县、定日县、堆龙德庆县、噶尔县、改则县、岗巴县、革吉县、工布江达县、贡嘎县、贡觉县、吉隆县、加查县、嘉黎县、江达县、江孜县、康马县、拉孜县、朗县、浪卡子县、类乌齐县、林芝县、林周县、隆子县、洛隆县、洛扎县、芒康县、米林县、墨脱县、墨竹工卡县、那曲县、乃东县、南木林县、尼玛县、尼木县、聂拉木县、聂荣县、普兰县、琼结县、曲水县
新疆维吾尔自治区	32	巴里坤哈萨克自治县、乌什县、柯坪县、阿图什市、阿克陶县、阿合奇县、乌恰县、疏附县、疏勒县、英吉沙县、莎车县、叶城县、岳普湖县、伽师县、塔什库尔干塔吉克自治县、和田县、墨玉县、皮山县、洛浦县、策勒县、于田县、民丰县、察布查尔锡伯自治县、尼勒克县、托里县、青河县、吉木乃县、巴楚县、和田市、麦盖提县、泽普县、喀什市
云南省	63	潞西市（芒市）、祥云县、东川区、会泽县、施甸县、龙陵县、昌宁县、巧家县、永胜县、临翔区、凤庆县、云县、永德县、镇康县、双柏县、南华县、姚安县、大姚县、永仁县、武定县、泸西县、红河县、绿春县、文山市、丘北县、勐腊县、弥渡县、永平县、云龙县、洱源县、剑川县、鹤庆县、梁河县、香格里拉县、德钦县、陇川县、景谷傣族彝族自治县、隆阳区、勐海县、牟定县、石屏县、盈江县、玉龙纳西族自治县、宾川县、耿马傣族佤族自治县、墨江哈尼族自治县、寻甸回族彝族自治县、南涧彝族自治县、孟连傣族拉祜族佤族自治县、澜沧拉祜族自治县、沧源佤族自治县、宁蒗彝族自治县、兰坪白族普米族自治县、巍山彝族回族自治县、西盟佤族自治县、景东彝族自治县、江城哈尼族彝族自治县、维西傈僳族自治县、宁洱哈尼族彝族自治县、双江拉祜族佤族布朗族傣族自治县、禄劝彝族苗族自治县、镇沅彝族哈尼族拉祜族自治县、漾濞彝族自治县
安徽	20	阜南县、利辛县、霍邱县、寿县、临泉县、颍上县、岳西县、金寨县、潜山县、太湖县、望江县、宿松县、萧县、泗县、灵璧县、砀山县、裕安区、颍东区、舒城县、石台县

五部委关于印发
《热电联产管理办法》的通知
（发改能源〔2016〕617号）

国家发展改革委
国家能源局
财政部（印）
住房城乡建设部
环境保护部
2016年3月22日

各省、自治区、直辖市及计划单列市、新疆生产建设兵团发展改革委（经信委、工信委、工信厅）、能源局、国家能源局各派出机构、财政厅、住建厅、环保厅、国家电网公司、南方电网公司、华能、大唐、华电、国电、国电投集团公司、神华集团、国投公司、华润集团、中国国际工程咨询公司、电力规划设计总院：

　　为推进大气污染防治，提高能源利用效率，促进热电产业健康发展，解决我国北方地区冬季供暖期空气污染严重、热电联产发展滞后、区域性用电用热矛盾突出等问题，特制定《热电联产管理办法》，现印发你们，请按照执行。

　　特此通知。

　　附件：《热电联产管理办法》

附件

热电联产管理办法

第一章 总 则

　　第一条 为推进大气污染防治，提高能源利用效率，促进热电产业健康发展，依据国家相关法律法规和产业政策，制定本办法。

　　第二条 本办法适用于全国范围内热电联产项目（含企业自备热电联产项目）的规划建设及相关监督管理。

　　第三条 热电联产发展应遵循"统一规划、以热定电、立足存量、结构优化、提高能效、环保优先"的原则，力争实现北方大中型以上城市热电联产集中供热率达到60%以上，20万人口以上县城热电联产全覆盖，形成规划科学、布局合理、利用高效、供热安全的热电联产产业健康发展格局。

第二章　规　划　建　设

第四条　热电联产规划是热电联产项目规划建设的必要条件。热电联产规划应依据本地区城市供热规划、环境治理规划和电力规划编制，与当地气候、资源、环境等外部条件相适应，以满足热力需求为首要任务，同步推进燃煤锅炉和落后小热电机组的替代关停。

热电联产规划应纳入本省（区、市）五年电力发展规划并开展规划环评工作，规划期限原则上与电力发展规划相一致。

第五条　地市级或县级能源主管部门应在省级能源主管部门的指导下，依据当地城市总体规划、供热规划、热力电力需求、资源禀赋、环境约束等条件，编制本地区"城市热电联产规划"或"工业园区热电联产规划"，并在规划中明确配套热网的建设方案。热电联产规划应委托有资质的咨询机构编制。

根据需要，省级能源主管部门可委托有资质的第三方咨询机构对热电联产规划进行评估。

第六条　严格调查核实现状热负荷，科学合理预测近期和远期规划热负荷。现状热负荷为热电联产规划编制年的上一年的热负荷。

对于采暖型热电联产项目，现状热负荷应根据政府统计资料，按供热分区、建筑类别、建筑年代进行调查核实；近期和远期热负荷应综合考虑城区常住人口、建筑建设年代、人均建筑面积、集中供热普及率、综合采暖热指标等因素进行预测。人均建筑面积年均增长率一般按不超过 5% 考虑。

对于工业热电联产项目，现状热负荷应根据现有工业项目的负荷率、用热量和参数、同时率等进行调查核实，近期热负荷应依据现有、在建和经审批的工业项目的热力需求确定，远期工业热负荷应综合考虑工业园区的规模、特性和发展等因素进行预测。

第七条　根据地区气候条件，合理确定供热方式，具体地区划分方式按照《民用建筑热工设计规范》（GB 50176）等国家有关规定执行。

严寒、寒冷地区（包括秦岭、淮河以北，新疆、青海）优先规划建设以采暖为主的热电联产项目，替代分散燃煤锅炉和落后小热电机组。夏热冬冷地区（包括长江以南的部分地区）鼓励因地制宜采用分布式能源等多种方式满足采暖供热需求。夏热冬暖与温和地区除满足工业园区热力需求外，暂不考虑规划建设热电联产项目。

第八条　规划建设热电联产应以集中供热为前提，对于不具备集中供热条件的地区，暂不考虑规划建设热电联产项目。以工业热负荷为主的工业园区，应尽可能集中规划建设用热工业项目，通过规划建设公用热电联产项目实现集中供热。京津冀、长三角、珠三角等区域，规划工业热电联产项目优先采用燃气机组，燃煤热电项目必须采用背压机组，并严格实施煤炭等量或减量替代政策；对于现有工业抽凝热电机组，可通过上大压小方式，按照等容量、减煤量替代原则，规划改建超临界及以上参数抽凝热电联产机组。新建工业项目禁止配套建设自备燃煤热电联产项目。

在已有（热）电厂的供热范围内，且已有（热）电厂可满足或改造后可满足工业项目热力需求，原则上不再重复规划建设热电联产项目（含企业自备电厂）。除经充分评估论

证后确有必要外，限制规划建设仅为单一企业服务的自备热电联产项目。

第九条　合理确定热电联产机组供热范围。鼓励热电联产机组在技术经济合理的前提下，扩大供热范围。以热水为供热介质的热电联产机组，供热半径一般按 20km 考虑，供热范围内原则上不再另行规划建设抽凝热电联产机组。以蒸汽为供热介质的热电联产机组，供热半径一般按 10km 考虑，供热范围内原则上不再另行规划建设其他热源点。

第十条　优先对城市或工业园区周边具备改造条件且运行未满 15 年的在役纯凝发电机组实施采暖供热改造。系统调峰困难地区，严格限制现役纯凝机组供热改造，确需供热改造满足采暖需求的，须同步安装蓄热装置，确保系统调峰安全。

鼓励对热电联产机组实施技术改造，充分回收利用电厂余热，进一步提高供热能力，满足新增热负荷需求。

供热改造要因厂制宜采用打孔抽气、低真空供热、循环水余热利用等成熟适用技术，鼓励具备条件的机组改造为背压热电联产机组。

第十一条　鼓励因地制宜利用余热、余压、生物质能、地热能、太阳能、燃气等多种形式的清洁能源和可再生能源供热方式。鼓励风电、太阳能消纳困难地区探索采用电采暖、储热等技术实施供热。推广应用工业余热供热、热泵供热等先进供热技术。

第十二条　推进小热电机组科学整合，鼓励有条件的地区通过替代建设高效清洁供热热源等方式，逐步淘汰单机容量小、能耗高、污染重的燃煤小热电机组。

第十三条　为提高系统调峰能力，保障系统安全，热电联产机组应按照国家有关规定要求安装蓄热装置。

第十四条　新建抽凝燃煤热电联产项目与替代关停燃煤锅炉和小热电机组挂钩。新建抽凝燃煤热电联产项目配套关停的燃煤锅炉容量原则上不低于新建机组最大抽汽供热能力的 50%。替代关停的小热电机组锅炉容量按其额定蒸发量计算。与新建热电联产项目配套关停的燃煤锅炉和小热电机组，应在项目建成投产且稳定运行第 2 个采暖季前实施拆除。对于配套关停的燃煤锅炉容量未达到要求的新建热电联产项目，不得纳入电力建设规划；对于配套关停的燃煤锅炉容量较多并能够妥善安排关停企业职工的新建热电联产项目，优先纳入电力建设规划。

第十五条　各级政府应按照国务院固定资产投资项目核准有关规定，在国家依据总量控制制定的建设规划内核准抽凝燃煤热电联产项目。

第十六条　严格限制规划建设燃用石油焦、泥煤、油页岩等劣质燃料的热电联产项目。

第三章　机　组　选　型

第十七条　对于城区常住人口 50 万以下的城市，采暖型热电联产项目原则上采用单机 5 万千瓦及以下背压热电联产机组。

按综合采暖热指标为 50W/m² 考虑，2 台 5 万 kW 背压热电联产机组与调峰锅炉联合承担供热面积 900 万 m²，2 台 2.5 万 kW 背压热电联产机组与调峰锅炉联合承担供热面积 500 万 m²，2 台 1.2 万 kW 背压热电联产机组与调峰锅炉联合承担供热面积 300 万 m²。

第十八条　对于城区常住人口 50 万及以上的城市，采暖型热电联产项目优先采用 5 万 kW 及以上背压热电联产

机组。

规划新建 2 台 30 万 kW 级抽凝热电联产机组，须满足以下条件：

（一）机组预期投产年，所在省（区、市）存在 50 万 kW 及以上电力负荷缺口。

（二）2 台机组与调峰锅炉联合承担的供热面积达到 1800 万 m²。

（三）采暖期热电比应不低于 80%。

（四）项目参与电力电量平衡，并纳入国家电力建设规划。

第十九条 工业热电联产项目优先采用高压及以上参数背压热电联产机组。

第二十条 规划建设燃气－蒸汽联合循环热电联产项目（以下简称"联合循环项目"）应以热电联产规划为依据，坚持以热定电，统筹考虑电网调峰要求、其他热源点的关停和规划建设等情况。采暖型联合循环项目供热期热电比不低于 60%，供工业用汽型联合循环项目全年热电比不低于 40%。

机组选型遵循以下原则：

（一）采暖型联合循环项目优先采用"凝抽背"式汽轮发电机组，工业联合循环项目可按"一抽一背"配置汽轮发电机组或采用背压式汽轮发电机组。

（二）大型联合循环项目优先选用 E 级或 F 级及以上等级燃气轮机组。

（三）选用 E 级燃气轮机组的，单套联合循环机组承担的热负荷应不低于 100t/h。

鼓励规划建设天然气分布式能源项目，采用热电冷三联供技术实现能源梯级利用，能源综合利用效率不低于 70%。

第二十一条 对于小电网范围内或处于电网末端的城市，结合热力电力需求和电网消纳能力，经充分评估论证后可适度规划建设中小型抽凝热电联产机组。

第二十二条 在役热电厂扩建热电联产机组时，原则上采用背压热电联产机组。

第四章 网 源 协 调

第二十三条 热电联产项目配套热网应与热电联产项目同步规划、同步建设、同步投产。对于存在安全隐患的老旧热网，应及时根据《国务院关于加强城市基础设施建设的意见》（国发〔2013〕36 号）有关要求进行改造。鼓励热网企业参与投资建设背压热电机组，鼓励热电联产项目投资主体参与热网的建设和经营。

第二十四条 积极推进热电联产机组与供热锅炉协调规划、联合运行。调峰锅炉供热能力可按供热区最大热负荷的 25%～40% 考虑。热电联产机组承担基本热负荷，调峰锅炉承担尖峰热负荷，在热电联产机组能够满足供热需求时调峰锅炉原则上不得投入运行。

支持热电联产项目投资主体配套建设或兼并、重组、收购大型供热锅炉作为调峰锅炉。

第二十五条 地方政府应积极探索供热管理体制改革，着力整合当地供热资源，支持配套热网工程建设和老旧管网改造工程，加快推进供热区域热网互联互通，尽早实现各类热源联网运行，优先利用热电联产机组供热，充分发挥热电联产机组供热能力。

第五章 环 境 保 护

第二十六条 热电联产项目规划建设应与燃煤锅炉治理同步推进，各地区因地制宜实施燃煤锅炉和落后的热电机组替代关停。

加快替代关停以下燃煤锅炉和小热电机组：单台容量 10 蒸吨/h（7MW）及以下的燃煤锅炉，大中城市 20 蒸吨/h（14MW）及以下燃煤锅炉；除确需保留的以外，其他单台容量 10 蒸吨/h（7MW）以上的燃煤锅炉；污染物排放不符合国家最新环保标准且不实施环保改造的燃煤锅炉；单机容量 10 万 kW 以下的燃煤抽凝小热电机组。

第二十七条 对于热电联产集中供热管网覆盖区域内的燃煤锅炉（调峰锅炉除外），原则上应予以关停或者拆除，应关停而未关停的，要达到燃气锅炉污染物排放限值，安装污染物在线监测。

对于热电联产集中供热管网暂时不能覆盖、确有用热刚性需求的区域内具备改造条件的燃煤锅炉，要通过实施技术改造全面提升污染治理水平，确保污染物稳定达标排放。鼓励加快实施煤改气、煤改电、煤改生物质、煤改新能源等清洁化改造。燃煤锅炉应安装大气污染物排放在线监测装置。

第二十八条 严格热电联产机组环保准入门槛，新建燃煤热电联产机组原则上达到超低排放水平。严格按照《建设项目主要污染物排放总量指标审核及管理暂行办法》（环发〔2014〕197 号）实施污染物排放总量指标替代。支持同步开展大气污染物联合协同脱除，减少三氧化硫、汞、砷等污染物排放。

热电联产项目要根据环评批复及相关污染物排放标准规范制定企业自行监测方案，开展环境监测并公开相关监测信息。

第二十九条 现役燃煤热电联产机组要安装高效脱硫、脱硝和除尘设施，未达标排放的要加快实施环保设施升级改造，确保满足最低技术出力以上全负荷、全时段稳定达标排放要求。按照国家节能减排有关要求，实施超低排放改造。

第三十条 大气污染防治重点区域新建燃煤热电联产项目，要严格实施煤炭减量替代。

第六章 政 策 措 施

第三十一条 鼓励各地建设背压热电联产机组和各种全部利用汽轮机乏汽热量的热电联产方式满足用热需求。背压燃煤热电联产机组建设容量不受国家燃煤电站总量控制目标限制。电网企业要优先为背压热电联产机组提供电网接入服务，确保机组与送出工程同步投产。

第三十二条 省级价格主管部门可综合考虑本省煤炭消费总量控制目标、主要污染物排放总量控制目标和环境质量控制目标、终端用户承受能力、民生用热需求等因素，自主制定鼓励民生采暖型背压燃煤热电联产机组发展的电价政策。

有条件的地区可试行两部制上网电价。容量电价以各类采暖型背压燃煤热电联产机组平均投资成本为基础，主要用于补偿非供热期停发造成的损失。电量电价执行本地区标杆电价。

第三十三条 热电联产机组的热力出厂价格，由政府价格主管部门在考虑其发电收益的基础上，按照合理补偿成本、合理确定收益的原则，依据供热成本及合理利润率或净资产收益率统一核定，鼓励各地根据本地实际情况探索建立市场化供热联动机制。在考虑终端用户承受能力和当地民用用热需求前提下，热价要充分考虑企业环保成本，鼓励制定环保热价政策措施，并出台配套监管办法。深化推进供热计量收费改革。

第三十四条　推动热力市场改革，对于工业供热，鼓励供热企业与用户直接交易，供热价格由企业与用户协商确定。"直管到户"的供热企业要负责二次热网的维修维护，费用纳入企业运营成本。

第三十五条　支持相关业主以多种投融资模式参与建设背压热电联产机组。鼓励采暖型背压热电联产企业按照电力体制改革精神，成立售电售热一体化运营公司，优先向本区域内的用户售电和售热，售电业务按合理负担成本的原则向电网企业支付过网费。

第三十六条　热电联产机组所发电量按"以热定电"原则由电网企业优先收购。开展电力市场的地区，背压热电联产机组暂不参与市场竞争，所发电量全额优先上网并按政府定价结算。抽凝热电联产机组参与市场竞争，按"以热定电"原则确定的上网电量优先上网并按市场价格进行结算。

第三十七条　市场化调峰机制建立前，抽凝热电联产机组（含自备电厂机组）应提高调峰能力，积极参与电网调峰等辅助服务考核与补偿。鼓励热电机组配置蓄热、储能等设施实施深度调峰，并给予调峰补偿。鼓励有条件的地区对配置蓄热、储能等调峰设施的热电机组给予投资补贴。

第三十八条　各级地方政府要继续按照"公平无歧视"原则加大供热支持力度，相同条件下各类热源应享有同等的支持和保障政策。

第三十九条　鼓励热电联产企业兼并、收购、重组供热范围内的热力企业。鼓励拥有供热锅炉、热力管网的热力企业采用股份制方式建设背压热电联产机组，相应关停小型供热锅炉。

第四十条　采暖型背压热电联产项目配套建设的调峰锅炉，或项目投资主体兼并、重组、收购的调峰锅炉，其生产运行所需电量可与本企业上网电量进行抵扣。

第七章　监　督　管　理

第四十一条　省级能源主管部门要切实履行行业管理职能，会同经济运行、环保、住建、国家能源局派出机构等部门对本地区热电联产机组的前期、建设、运营、退出等环节实施闭环管理，确保热电联产机组各项条件满足有关要求。

每年一季度，省级能源主管部门、经济运行部门要将本地区上年度热电联产项目投产、在建、规划情况报告国家发改委、国家能源局，并抄报环境保护部、住房城乡建设部。

第四十二条　省级能源主管部门、经济运行部门要会同环保、住建、国家能源局派出机构等有关部门，健全完善热电联产项目检查核验制度，定期对热电联产项目检查核验，重点检查煤炭等量替代、关停燃煤锅炉和小热电机组等落实情况。

对新建热电联产项目按要求应配套关停燃煤锅炉、小热电机组但未落实的，或未按照煤炭替代等有关要求建设热电联产项目的，暂缓审批项目所在地区燃煤项目，并追究有关人员责任。

符合国家有关规定和项目核准要求的，可享受国家和地方制定的优惠政策。不符合要求的，责令其限期整改，并通知有关部门取消其已享受的优惠政策。

第四十三条　省级价格主管部门要对本地区热电联产机组电价、热价执行情况进行定期核查，确保电价支持政策落实到位。对于采用供热计量收费的建筑，要严查供热计量收费的收费滞后和欠费问题，确保供热计量收费有序推广。

第四十四条　省级质检、住建、工信、环保等部门结合自身职能负责本地区燃煤锅炉的运行管理及淘汰等相关工作，督促地方政府对不符合产业政策的燃煤锅炉实施改造或关停。

第四十五条　地方环保部门要严格辖区新建热电联产项目环评审批，强化热电联产机组和供热锅炉的大气污染物排放监管，对排放不达标、不符合总量控制要求的燃煤设施督促整改。

第四十六条　电网公司、电力调度机构应督促热电联产企业安装热力负荷实时在线监测装置并与电力调度机构联网，按"以热定电"原则对热电联产机组实施优先调度。

第四十七条　各地经济运行部门、国家能源派出机构要会同有关部门，对热电联产机组接入电网、优先调度、以热定电，以及符合规划建设要求的情况实行监管，发现问题及时反馈主管部门进行处理，并向有关方面进行通报，重大问题及时报国家发展改革委、国家能源局。

国家发展改革委印发《关于发展煤电联营的指导意见》的通知
（发改能源〔2016〕857号）

各省（自治区、直辖市）及计划单列市、新疆生产建设兵团发展改革委（能源局）、经信委（工信委、工信厅）、国家电网公司、南方电网公司、华能、大唐、华电、国电、国电投集团公司、神华集团、中煤集团、国投公司、华润集团、中国国际工程咨询公司、电力规划设计总院、中国电力企业联合会、中国煤炭工业协会，有关电力、煤炭企业：

为加快调整能源结构，积极理顺煤电关系，促进煤炭、电力行业协同发展，提高能源安全保障水平，国家发展改革委制定了《关于发展煤电联营的指导意见》，现印发你们，请按照执行。

特此通知。

附件：关于发展煤电联营的指导意见

国家发展改革委（印）
2016年4月17日

附件

关于发展煤电联营的指导意见

为贯彻落实习近平总书记关于我国能源安全发展的"四个革命、一个合作"重要战略思想，加快能源结构调整步伐，积极理顺煤电关系，促进煤炭、电力行业协同发展，提高能源安全保障水平，现提出以下意见：

一、充分认识发展煤电联营的重要意义

煤炭是我国主要的一次能源，燃煤电站是我国电力供应的基础，煤炭和电力是两个高度相关的国民经济重要支柱性行业。煤电联营是指煤炭和电力生产企业以资本为纽带，通过资本融合、兼并重组、相互参股、战略合作、长期稳定协议、资产联营和一体化项目等方式，将煤炭、电力上下游产业有机融合的能源企业发展模式，其中煤电一体化是煤矿和电厂共属同一主体的煤电联营形式。近年来，在国家政策引导下，我国煤电联营取得一定进展。截至2014年底，煤炭企业参股控股燃煤电站达 1.4 亿 kW，发电集团参股控股煤矿年产能突破 3 亿 t，形成了以伊敏为代表的煤电一体化和以淮南为代表的大比例交叉持股等多种发展模式。发展煤电联营，有利于形成煤矿与电站定点、定量、定煤种的稳定供应模式，提升能源安全保障能力；有利于构建利益共享、风险共担的煤电合作机制，缓解煤电矛盾；有利于实现煤矿疏干水、煤泥、煤矸石和坑口电站乏汽的充分利用，促进绿色循环发展。

二、发展原则和重点方向

（一）发展原则

一是市场为主、企业自愿。充分发挥市场在能源资源配置中的决定性作用，尊重市场客观规律和企业选择权，煤炭和电力企业根据自身发展需求，自主开展煤电联营工作。二是统筹规划、流向合理。按照国家能源合理流向，结合煤炭重点运输通道统筹规划，科学开展煤电联营工作，提高煤炭传输效率，避免能源迂回倒流和低热值煤远距离运输，促进资源优化配置。三是调整存量、严控增量。结合煤炭、电力行业发展布局，调整配置大型煤炭基地内现有煤矿、电力项目，优先消化存量项目，严格控制新增项目。四是互惠互利、风险共担。煤电联营要促进煤炭、电力企业的互惠互利，通过结成利益共同体实现风险共担，增强企业综合竞争力。五是联营合作、专业经营。在推进煤电联营发展时，要尊重行业客观发展规律，实现优势互补，提高煤电联营项目中的煤炭、电力板块的专业化管理水平。

（二）重点方向

一是重点推广坑口煤电一体化。科学推进西部地区锡盟、鄂尔多斯、晋北、晋中、晋东、陕北、宁东、哈密、准东等大型煤电基地开发，在落实电力消纳市场的前提下，有序扩大西部煤电东送规模。大型煤电基地坑口电站建设时，要着力推广煤电一体化发展。不具备条件的，原则上应发展煤电双方大比例交叉持股模式。优先利用在运及在建煤矿的富余产能发展煤电联营。

二是在中东部优化推进煤电联营。根据煤炭、电力行业发展形势，以我国中东部区域的煤电矛盾突出地区为重点，根据国家"西煤东调""北煤南运"电煤运输格局，推进电煤供销关系长期稳定且科学合理的相关煤炭、电力企业开展跨区域联营，增强负荷中心电力供应保障能力。

三是科学推进存量煤电联营。按照"政府引导、企业自愿、分类施策"的方针，针对在役煤矿和电站，鼓励有条件的煤炭和电力企业突破传统的行业、所有制限制，通过资本注入、股权置换、兼并重组、股权划拨等方式，着力推进存量煤矿和电站实现联营，鼓励发展混合所有制，促进国有资产保值增值。

四是继续发展低热值煤发电一体化。在主要煤炭产区的大型煤矿坑口建设低热值煤电厂时，原则上应按照煤矿、选煤厂、电厂一体化模式推进，提高低热值煤综合利用水平，发挥低热值发电在推进煤炭清洁高效利用和构建矿区循环经济体系中的积极作用。

五是建立煤电长期战略合作机制。发挥煤炭交易平台功能和市场配置资源作用，以煤炭交易价格指数为依据，促进供需协作，积极推动电力企业与煤炭企业建立长期战略合作，形成煤电价格联动、风险共担的合作机制。

三、实施要求

（一）提高煤电联营资源利用效率

新建煤电联营项目要尽量采用规划、设计、建设一体化模式，充分考虑燃料皮带运输、矿井疏干水复用、低热值煤就地消纳、锅炉灰渣回填复垦及综合利用、电站乏汽矿区供热等优化措施，确保电厂燃用设计煤种，有条件地区，在煤电一体化项目中鼓励开展煤炭分质梯级利用，促进循环经济发展。

（二）增强煤电联营专业化管理水平

在推进煤电联营时，要充分发挥专业化管理优势，实现优势互补，鼓励采用委托管理运营等方式，提高煤电联营项目生产效率和经济效益，进一步促进煤炭安全绿色开发、提升电厂清洁高效发展水平。

（三）提升煤电联营项目竞争力

煤电联营项目要尊重市场规律，全力打造具有竞争力的市场主体。对于存量项目联营，要发挥市场作用，避免"拉郎配"，推进强强联合，提高联营整体实力。对于增量项目，要坚持高起点，建设大型现代化煤矿和先进高效环保机组，提高经营效益。

四、政策支持

（一）"十三五"期间，在制定煤炭和电力发展规划时，除必要的生产接续煤矿项目和城市热电联产、电网安全需要建设的电源项目外，优先规划符合重点方向的煤电联营项目，优先将相关煤矿和电源纳入煤炭和电力发展规划，并在省级能源主管部门优选项目时优先安排。新建煤矿必须同时符合减量置换要求。

（二）对于符合重点方向的煤电一体化项目，各相关单位要加大协调力度，优化核准等相关程序，力争实现配套煤矿和电站同步规划、同步核准、同步建设。

（三）将煤电一体化项目的项目用电纳入配套电厂厂用电范围。

（四）在同等排放和能耗条件下，电网调度优先安排煤电一体化及其他煤电联营项目电量上网。支持煤电一体化项目优先参与跨区、跨省等电力市场化交易。

五、组织实施

（一）搭建服务平台

省级能源主管部门负责搭建交流平台，促进煤炭和电力企业磋商合作，协调解决煤电联营过程中的问题，并督促支持政策落实到位。

（二）加强咨询服务

煤炭、电力等行业协会要加强煤电联营模式和产业融合机制等相关研究，及时开展技术交流和经验推广，为企业做好咨询服务。

（三）加快企业转型

相关企业应加快转变发展思路，根据自身情况特点，积极参与煤电联营，理顺协调机制，合理配置企业资源，科学组织实施，增强企业平稳健康发展能力。

（四）加强监督管理

国家能源局各派出机构、各省级能源主管部门加强对辖区内煤电联营企业监督管理，促进煤电联营有序推进和规范化运作，同时避免推进过程中形成垄断。

国家发展改革委、国家能源局关于进一步做好煤电行业淘汰落后产能工作的通知

（发改能源〔2016〕855号）

各省、自治区、直辖市、新疆生产建设兵团发展改革委（经信委、工信委、工信厅）、能源局、国家能源局各派出机构，国家电网公司、南方电网公司，华能、大唐、华电、国电、国电投集团公司、神华集团、国投公司、华润集团：

"十二五"以来，国家加强火电行业淘汰落后产能工作力度，累计淘汰能耗高、污染重的火电机组约2800万kW，超额完成"十二五"2000万kW的目标，电力行业结构调整取得显著成效。按照党中央、国务院决策部署，抓住当前电力供需形势较为宽松的有利时机，加快淘汰煤电行业落后产能，促进我国煤电行业转型升级、结构优化，不断提升高效清洁发展水平，对于保障我国能源安全、促进生态文明建设具有重要意义。现就进一步做好"十三五"期间煤电行业淘汰落后产能工作通知如下：

一、淘汰标准

（一）符合下列条件之一，且不具备供热改造条件的机组：

1. 单机5万kW及以下的纯凝煤电机组；

2. 大电网覆盖范围内，单机10万kW及以下的纯凝煤电机组；

3. 大电网覆盖范围内，单机20万kW及以下设计寿命期满的纯凝煤电机组。

（二）改造后供电煤耗仍达不到《常规燃煤发电机组单位产品能源消耗限额》（GB 21258—2013）规定的机组〔不含超（超）临界机组〕；

（三）污染物排放不符合国家环保要求且不实施环保改造的煤电机组，特别是单机30万kW以下，运行满20年的纯凝机组和运行满25年的抽凝热电机组。

二、政策措施

（一）机组关停容量滚动纳入本省电力电量平衡，在符合产业政策的情况下，可按等容量替代原则新建煤电项目。结合煤电建设风险预警情况，对于经电力电量平衡测算存在电力盈余的省（区、市），暂缓安排等容量替代新建煤电项目。

不参与等容量替代新建煤电项目的机组，关停后可在一定期限内（最多不超过3年，并与当地电力体制改革工作做好衔接）享受发电权，并可通过发电权交易转让获得一定经济补偿。具体办法由各省（区、市）自行制定，报国家发展改革委、国家能源局备案。

（二）承担供热任务的抽凝煤电机组关停后，原则上不再新建抽凝煤电机组，原供热任务通过建设背压机组等方式解决。

（三）企业自备电厂机组要按照《关于加强和规范燃煤自备电厂监督管理的指导意见》等要求，积极推行升级改造。机组符合相关淘汰标准的，由地方政府予以淘汰关停，企业供热需求通过建设背压机组等方式解决，差额电力需求采用发电权交易等市场化方式解决。

（四）鼓励运行未满15年且具备改造条件的纯凝煤电机组改造为符合产业政策的热电联产机组，当地系统调峰能力不足的，要同步安装蓄热装置，避免增加系统调峰压力。

三、工作要求

（一）各省（区、市）要在确保供电、供热及人员妥善安置的前提下，商发电企业、电网企业及地方政府，尽快制订本地区"十三五"煤电淘汰落后产能计划，落实到具体企业和机组，向社会公布并组织实施。于2016年5月20日前将本省（区、市）"十三五"煤电淘汰落后产能计划表报送至国家发展改革委、国家能源局。

（二）对应关停而拒不关停的煤电机组，各省（区、市）有关部门可责令其立即关停，并暂停该企业新建煤电项目的资格，直至完成关停任务；对弄虚作假逃避关停或关停后易地建设的机组，一经查实，应责令其立即关停并予以拆除，同时追究相关人员的责任。

（三）到期应关停的机组，国家能源局派出机构要及时撤销其电力业务许可证，电网企业及相关单位应将其解网，不得再收购其发电，电力调度机构不得调度其发电；机组关停后应就地报废，不得转供电或解列运行，不得易地建设。

（四）发电企业是煤电机组关停工作的责任主体，应按照各省（区、市）煤电机组关停计划，对本企业所属机组实施关停，制订职工安置方案，并妥善处理善后事宜。

特此通知。

附件："十三五"××省（区、市）煤电淘汰落后产能计划表（略）

国家发展改革委
国家能源局（印）
2016年4月18日

国家发展改革委办公厅、水利部办公厅关于申报农村小水电扶贫工程试点项目投资计划的通知

（发改办农经〔2016〕1250号）

有关省、自治区发展改革委、水利厅（局）：

根据《中共中央国务院关于打赢脱贫攻坚战的决定》精神，国家发展改革委、水利部拟选取部分水能资源丰富的国家级贫困县，开展农村小水电扶贫工程试点，采取将中央预算内资金投入形成的资产折股量化给贫困村和贫困户的方式，探索"国家引导、市场运作、贫困户持续受益"的扶贫模式，建立贫困户直接受益机制。为做好试点工作，我们制定了《农村小水电扶贫工程试点实施方案》，现印发给你们，请按照方案要求抓紧做好试点项目筛选工作，于2016年5月25日前提出试点项目的投资计划，并以打捆方式（包括小水电扶贫电站装机规模、中央预算内投资需求、带动贫困户增收情况等）报送国家发展改革委、水利部。

联系人及联系电话：

国家发展改革委农经司	尹磊	010－68502335
水利部规划计划司	温鹏	010－63202776
水利部农村水电局	周双	010－63202944

附件：农村小水电扶贫工程试点实施方案

国家发展改革委办公厅
水 利 部 办 公 厅 （印）
2016 年 5 月 17 日

附件

农村小水电扶贫工程试点实施方案

一、实施背景

我国农村水能资源十分丰富，技术可开发量达 1.28 亿 kW，居世界首位。近年来，农村水电快速发展，截至 2015 年底，全国已建成农村水电装机容量超过 7500 万 kW，水能资源开发率接近 60%，装机和发电量均占全国水电的四分之一。农村水电是贫困山区的重要能源和民生工程，据统计，全国 832 个贫困县中有 700 个拥有农村水能资源，农村水能资源占全国总量的 56%，截至"十二五"末，开发率仅为 46%，开发潜力较大。

《中共中央国务院关于打赢脱贫攻坚战的决定》指出，要科学合理有序开发贫困地区水电资源，财政专项扶贫资金和其他涉农资金投入水电等项目形成的资产，具备条件的可折股量化给贫困村和贫困户。按照中央有关要求，2016 年，国家发展改革委、水利部拟重点选取部分水能资源丰富的国家级贫困县，探索"国家引导、市场运作、贫困户持续受益"的扶贫模式，建立贫困户直接受益机制，并视试点推进情况决定下一步支持方式。

二、总体要求

（一）指导思想

全面贯彻党的十八大和十八届三中、四中、五中全会、中央扶贫工作会议精神，深入贯彻习近平总书记系列重要讲话精神，按照全面建成小康社会的总体要求，紧紧围绕精准扶贫精准脱贫、确保到 2020 年贫困人口如期脱贫的总目标，发挥农村水电的资源与区位优势，以促进农村贫困人口脱贫增收为目标，采取"国家引导、市场运作、贫困户持续受益"的扶贫模式，建立贫困户直接受益机制，助力贫困地区农民脱贫致富。

（二）基本原则

一是坚持服务"三农"，改善民生。把实施农村小水电扶贫工程，作为增加山区贫困农民收入的重要途径，作为贫困地区新农村建设的重要内容。

二是坚持国家扶持，政策引导。采取中央资金扶持、市场化运作、社会参与的方式，多渠道、多层次筹集资金，创造良好政策环境，依托企业实现市场化高效运营。

三是坚持突出重点，因地制宜。以增加建档立卡贫困户收入为重点，探索国家补助投资农村小水电建设形成的资产或收益量化给贫困村和贫困户，建立贫困户增收长效机制。

四是坚持保护生态，永续发展。科学有序开发利用农村水能资源，在提高水能资源利用效益的同时，保护河流生态，维护河流健康基本需要。

三、工作安排

（一）试点期间的项目选择

1. 选取水能资源开发条件好，符合流域综合规划和河流水能资源开发利用规划，前期工作完备，技术经济指标优良，资本金财务内部收益率不低于 6% 的新建或在建项目。

2. 对于已享受过其他国家补助资金（包括未足额安排）的农村小水电项目，不予支持。

3. 项目尽快建成让贫困户受益，投产发电时间最迟不晚于 2017 年上半年。电站设计运行时间不少于 20 年。

4. 地方政府对农村小水电扶贫工作重视，项目业主积极性高，自筹资金有保障。

（二）中央投资补助比例

农村小水电扶贫工程是以帮扶贫困村和建档立卡贫困农民脱贫为目标的公益性工程。综合考虑我国各级公共财政投资能力和扶贫电站筹资等因素，项目资金筹措主要包括国家投资和企业自筹（含银行贷款）两部分。项目建设资金由项目法人负责落实，中央安排预算内补助投资每千瓦 4000 元。鼓励扶贫工作任务重的省积极落实省级财政投资，扶持农村小水电扶贫工程建设。

四、管理要求

（一）投资计划管理

农村小水电扶贫工程要严格按国家有关规定，做好项目前期工作，完成项目核准。在项目业主自愿申报的基础上，县级发展改革和水行政主管部门根据项目前期工作和在建项目进展情况提出年度投资建议计划，按照管理权限逐级申报，省级发展改革和水行政主管部门对各地上报的建议计划进行审核并在一定范围内公示后，按照三年滚动投资计划要求做好投资计划申请工作，研究提出年度建设规模，联合上报国家发展改革委和水利部。

国家发展改革委和水利部组织对各地上报的项目年度投资建议计划提出意见，联合切块下达年度投资计划。省级发展改革和水行政主管部门应在收到国家发展改革委、水利部联合下达投资计划后的 20 个工作日内，将年度投资计划分解落实到具体项目并报水利部和国家发展改革委备案。

（二）工程建设管理

农村小水电扶贫工程建设要实行项目法人责任制、招标投标制、合同管理制和建设监理制等制度。严格执行国家有关技术标准，开展安全生产标准化建设并达标，落实环境保护和水土保持"三同时"制度。项目法人要建立健全工作机制，确保工程质量、进度和安全，保证扶贫电站按实施方案长期稳定发挥效益。农村小水电扶贫工程应按照国家有关规定及时组织竣工验收。

（三）实施进展调度

按照自下而上、逐级上报、各负其责的原则，在线监管小水电扶贫工程实施情况。项目法人要通过重大建设项目库和已有的项目管理数据库，按月填报年度投资计划下达、项目开工、资金到位、投资完成、形象进度、竣工验收等信息，逐级上报至省级发展改革和水行政主管部门。省级发展改革和水行政主管部门审核后，于每月 10 日前提交国家发展改革委和水利部。

（四）资产和收益管理

中央投资和省级财政投资形成的资产属国有资产，县级人民政府要明确国有投资出资人代表，建立健全国有投资出资人制度。扶贫电站投产发电后，项目法人每年将中央投资收益（年收益高于 6% 的据实缴存，低于 6% 的由项目法人补足 6%）存入县级人民政府指定账户，专项用于扶持建档立卡贫困户和贫困村基础设施等公益事业建设，近期重点用于扶持贫困户脱贫解困。县级人民政府可以根据当地扶贫工作完成情况适时调整受益范围、对象和方式，报省级发展改革和水行政主管部门备案。

五、保障措施

（一）加强省级统筹

省级发展改革和水行政主管部门全面负责本地区农村小水电扶贫工程试点的推进实施、项目安排和监督检查等工作。水利部和国家发展改革委将对各地实施情况进行不定期检查、稽察。

（二）明确职责分工

县级人民政府对农村小水电扶贫工程负总责，要高度重视农村小水电扶贫工程建设，建立健全工作机制，切实完善项目建设管理、带动农民持续受益。各级水行政主管部门要强化对农村小水电扶贫电站建设的监督管理，落实行业管理责任。项目法人是农村小水电扶贫电站的责任主体，负责电站建设和运行管理，定期上交中央投资收益。

（三）强化社会监督

农村小水电扶贫工程要组建由县人民政府有关部门、贫困乡（镇）和村、贫困户代表参加的小水电扶贫协会，对项目的建设、运营以及收益分配的全过程进行监督。项目法人要将扶贫电站的收益分配情况，在受益范围内的贫困村张榜公布，接受群众监督。

（四）落实扶持政策

各级水行政主管部门要加强与发改、财政、电力、价格、金融等部门的协调沟通，强化指导，主动服务。按照国家电力体制改革和国家发展改革委《可再生能源发电全额保障性收购管理办法》（发改能源〔2016〕625号）等有关规定，推动落实农村小水电扶贫电站全额上网、执行本省标杆电价等优惠政策；在中央预算内投资的基础上，探索利用专项建设基金等方式，支持农村小水电扶贫工程建设，协调推进项目实施。

国家发展改革委等印发
《关于推进电能替代的指导意见》
（发改能源〔2016〕1054号）

各省（自治区、直辖市）、新疆生产建设兵团发展改革委、能源局、财政厅、环保厅、住房城乡建设厅、经信委（工信委、工信厅）、交通运输厅（局、委），国家能源局各派出机构、民航各地区管理局，国家电网公司、南方电网公司：

为贯彻落实中央财经领导小组第六次会议、《国务院关于印发大气污染防治行动计划的通知》（国发〔2013〕37号）、《能源发展战略行动计划（2014～2020年）》（国办发〔2014〕31号）相关部署，现就推进电能替代提出以下意见：

一、充分认识推进电能替代的重要意义

电能替代是在终端能源消费环节，使用电能替代散烧煤、燃油的能源消费方式，如电采暖、地能热泵、工业电锅炉（窑炉）、农业电排灌、电动汽车、靠港船舶使用岸电、机场桥载设备、电蓄能调峰等。当前，我国电煤比重与电气化水平偏低，大量的散烧煤与燃油消费是造成严重雾霾的主要因素之一。电能具有清洁、安全、便捷等优势，实施电能替代对于推动能源消费革命、落实国家能源战略、促进能源清洁化发展意义重大，是提高电煤比重、控制煤炭消费总量、减少大气污染的重要举措。稳步推进电能替代，有利于构建层次更高、范围更广的新型电力消费市场，扩大电力消费，提升我国电气化水平，提高人民群众生活质量。同时，带动相关设备制造行业发展，拓展新的经济增长点。

二、总体要求

（一）指导思想

贯彻中央财经领导小组第六次会议精神，促进能源消费革命，落实能源发展战略行动计划及大气污染防治行动计划，以提高电能占终端能源消费比重、提高电煤占煤炭消费比重、提高可再生能源占电力消费比重、降低大气污染物排放为目标，根据不同电能替代方式的技术经济特点，因地制宜、分步实施，逐步扩大电能替代范围，形成清洁、安全、智能的新型能源消费方式。

（二）基本原则

坚持改革创新。结合电力体制改革，完善电力市场化交易机制，还原电力商品属性。创新电能替代技术路线，加快电能替代关键设备研发，促进技术装备能效水平显著提升，应用范围进一步扩大。

坚持规划引领。统筹能源资源开发利用、大气污染防治和经济社会可持续发展，合理规划电能替代，引导电能替代健康发展。科学制定电力发展规划，主要通过可再生能源和现有火电满足电能替代新增电量需求。

坚持市场运作。鼓励社会资本投入，探索多方共赢的市场化项目运作模式。引导社会力量积极参与电能替代技术、业态和运营等创新，发挥市场在资源配置中的决定性作用。

坚持有序推进。结合各地区生态环境达标要求、能源消费结构和用能需求特性等，因地制宜、稳步有序地推进经济性好、节能减排效益佳的电能替代示范试点项目，带动推广实施电能替代。

（三）总体目标

完善电能替代配套政策体系，建立规范有序的运营监管机制，形成节能环保、便捷高效、技术可行、广泛应用的新型电力消费市场。2016～2020年，实现能源终端消费环节电能替代散烧煤、燃油消费总量约1.3亿t标准煤，带动电煤占煤炭消费比重提高约1.9%，带动电能占终端能源消费比重提高约1.5%，促进电能占终端能源消费比重达到约27%。

三、重点任务

电能替代方式多样，涉及居民采暖、工业与农业生产、交通运输、电力供应与消费等众多领域，以分布式应用为主。应综合考虑地区潜力空间、节能环保效益、财政支持能力、电力体制改革和电力市场交易等因素，根据替代方式的技术经济特点，因地制宜，分类推进。

（一）居民采暖领域

在存在采暖刚性需求的北方地区和有采暖需求的长江沿线地区，重点对燃气（热力）管网覆盖范围以外的学校、商场、办公楼等热负荷不连续的公共建筑，大力推广碳晶、石墨烯发热器件、发热电缆、电热膜等分散电采暖替代燃煤采暖。

在燃气（热力）管网无法达到的老旧城区、城乡接合部或生态要求较高区域的居民住宅，推广蓄热式电锅炉、热泵、分散电采暖。

在农村地区，以京津冀及周边地区为重点，逐步推进散煤清洁化替代工作，大力推广以电代煤。

在新能源富集地区，利用低谷富余电力，实施蓄能供暖。

（二）生产制造领域

在生产工艺需要热水（蒸汽）的各类行业，逐步推进蓄热式与直热式工业电锅炉应用。重点在上海、江苏、浙江、福建等地区的服装纺织、木材加工、水产养殖与加工等行业，试点蓄热式工业电锅炉替代集中供热管网覆盖范围以外的燃煤锅炉。

在金属加工、铸造、陶瓷、岩棉、微晶玻璃等行业，在有条件地区推广电窑炉。

在采矿、食品加工等企业生产过程中的物料运输环节，推广电驱动皮带传输。

在浙江、福建、安徽、湖南、海南等地区，推广电制茶、电烤烟、电烤槟榔等。

在黑龙江、吉林、山东、河南等农业大省，结合高标准农田建设和推广农业节水灌溉等工作，加快推进机井通电。

（三）交通运输领域

支持电动汽车充换电基础设施建设，推动电动汽车普及应用。

在沿海、沿江、沿河港口码头，推广靠港船舶使用岸电和电驱动货物装卸。

支持空港陆电等新兴项目推广，应用桥载设备，推动机场运行车辆和装备"油改电"工程。

（四）电力供应与消费领域

在可再生能源装机容量比重较大的电网，推广应用储能装置，提高系统调峰调频能力，更多消纳可再生能源。在城市大型商场、办公楼、酒店、机场航站楼等建筑推广应用热泵、电蓄冷空调、蓄热式电锅炉等，促进电力负荷移峰填谷，提高社会用能效率。

四、保障措施

（一）加强规划指导

统筹制定规划。各地方政府应将电能替代纳入当地能源和大气污染防治工作，根据地区用电用热需求，结合热电联产、区域高效环保锅炉房、工业余热利用等多种能源供应方式，在城市总体规划、能源发展规划中充分考虑电能替代发展，保障电能替代配套电网线路走廊和站址用地规划。

加强组织领导。省级能源主管部门、经济运行主管部门、节能主管部门应加强本地区电能替代潜力分析，明确电能替代实施方向和路径，制定电能替代工作方案。明确职责分工，强化部门协作，形成有目标、有计划、有组织的工作机制。做好分区域、分年度任务分解，确保各项政策、措施和重点项目落到实处。

（二）发挥示范项目引领作用

鼓励试点示范。充分考虑地区差异，鼓励进行差别化的试点探索，实施一批"经济效益好、推广效果佳"的试点示范项目。鼓励创新引领，借力大众创新、万众创业，整合技术资金资源优势，探索一批业态融合、理念先进、具有市场潜力的项目。在电能替代项目集中地区，创建一批示范区（乡、镇、村）或示范园区。加强项目建设管理，及时跟踪、评估，确保达到示范效果。

加大宣传力度。借助多种传媒方式，大力普及电能替代常识，宣传电能替代清洁便利优点和节能减排成效，为电能替代项目实施创造良好的社会舆论环境。及时开展示范成果

展示，推广复制成功经验。

（三）制定完善配套支持措施

严格节能环保措施。严格环保和能效达标准入，加大对企业燃煤锅炉、窑炉、港口船舶燃油等排放物的监督检查力度。鼓励各地方政府在国家标准的基础上，出台更加严格的分散燃煤、燃油设施的限制性、禁止性环保标准。采取有效措施，确保电能替代的散烧煤、燃油切实压减。

推进电力市场建设。加快推进电力体制改革和电力市场建设，有序放开输配以外的竞争性环节电价，逐步形成反映时间和位置的市场价格信号。支持电能替代用户参与电力市场竞争，与风电等各类发电企业开展电力直接交易，增加用户选择权，降低用电成本。创新辅助服务机制，电、热生产企业和用户投资建设蓄热式电锅炉，提供调峰服务的，应获得合理补偿收益。

优化电能替代价格机制。结合输配电价改革，将因电能替代引起的合理配电网建设改造投资纳入相应配电网企业有效资产，将合理运营成本计入输配电准许成本，并科学核定分用户类别分电压等级电能替代输配电价。完善峰谷分时电价政策，通过适当扩大峰谷电价价差、合理设定低谷时段等方式，充分发挥价格信号引导电力消费、促进移峰填谷的作用。鼓励地方研究取消城市公用事业附加费，减轻电力用户负担。

有效利用财政补贴。各地方政府根据自身实际情况，有效利用大气污染防治专项资金等资金渠道，通过奖励、补贴等方式，对符合条件的电能替代项目、电能替代技术研发予以支持。

积极探索融资渠道。鼓励电能替代项目单位结合自身情况，积极申请企业债、低息贷款，采用PPP模式，解决项目融资问题。

（四）加强配套电网建设改造

按照《国家发展改革委关于加快配电网建设改造的指导意见》（发改能源〔2015〕1899号）要求，配电网企业应加强电能替代配套电网建设，推进电网升级改造，加强电网安全运行管理，提高供电保障能力。对于新增电能替代项目，相应配电网企业要安排专项资金用于红线外供电设施的投资建设。同时，建立提前介入、主动服务、高效运转的"绿色通道"，按照客户需求做好布点布线、电网接入等服务工作。各地方政府应对电能替代配套电网建设改造给予支持，简化审批程序，支持相应配电网企业做好项目征地、拆迁和电力设施保护等工作。

（五）加强科技研发与产业培育

加快关键技术和设备研发。鼓励自主创新和引进吸收相结合，加大电加热元件、储热材料、绝热节能材料等关键技术和设备的科研投入，促进设备升级换代，进一步提高产品能效，形成产业化能力。鼓励构建"产、学、研、用"相结合的体制机制，结合《中国制造2025》推进实施，鼓励行业内优势企业跨领域组建创新中心，加快与智能电网技术、新一代大数据信息技术的深度融合，发展高端电力设备与增值服务，提升电能替代设备的智能化生产和应用水平。

完善技术标准和准入制度。制定和修订电能替代建设和运行标准。加强知识产权运用和保护，促进成果转化。制定和完善电能替代产品准入制度，提高产品质量和可靠性，加强质量监管，增强企业质量意识和履约能力，健全售后

保障。

创新商业模式，优化产业结构。探索建立商业化赢利模式，鼓励以合同能源管理、设备租赁、以租代建等方式开展电能替代。引导社会资本投向安全、高效、智能化的电能替代产品和服务。结合市场需求，鼓励企业提供多样化的综合能源解决方案，促进服务型制造发展。

国家发展改革委
国家能源局
财　政　部
环境保护部
住房城乡建设部　（印）
工业和信息化部
交通运输部
中国民用航空局
2016 年 5 月 16 日

国家发展改革委等九部委印发《关于加强资源环境生态红线管控的指导意见》的通知

（发改环资〔2016〕1162 号）

各省、自治区、直辖市及计划单列市、新疆生产建设兵团发展改革委、财政厅（局）、国土资源厅（局）、环境保护厅（局）、水利（水务）厅（局）、农业厅（局、委）、林业厅（局）、能源局（办）、海洋厅（局）：

根据《中共中央、国务院关于加快推进生态文明建设的意见》中关于严守资源环境生态红线的部署要求，我们制定了《关于加强资源环境生态红线管控的指导意见》，现印发给你们，请结合实际贯彻执行。

附件：关于加强资源环境生态红线管控的指导意见

国家发展改革委
财　政　部
国土资源部
环境保护部
水　利　部　（印）
农　业　部
林　业　局
能　源　局
海　洋　局
2016 年 5 月 30 日

附件

关于加强资源环境生态红线管控的指导意见

为贯彻落实《中共中央、国务院关于加快推进生态文明建设的意见》中严守资源环境生态红线的有关要求，指导红线划定工作，推动建立红线管控制度，加快建设生态文明，提出本意见。

一、总体要求和基本原则

（一）总体要求

统筹考虑资源禀赋、环境容量、生态状况等基本国情，

根据我国发展的阶段性特征及全面建成小康社会目标的需要，合理设置红线管控指标，构建红线管控体系，健全红线管控制度，保障国家能源资源和生态环境安全，倒逼发展质量和效益提升，构建人与自然和谐发展的现代化建设新格局。

（二）基本原则

——严格管控、保障发展。树立底线思维和红线意识，设定并严守资源环境生态红线，并与空间开发保护管理相衔接，实行最严格的管控和保护措施。推动资源环境生态红线管控与经济社会发展相适应，预留必要的发展空间。

——分类管理、因地制宜。根据红线管控不同类型和要素特征，制定科学合理的红线管控政策措施。结合不同地区经济社会发展情况、资源环境现状和主体功能定位等因素，提出差别化、针对性强的管控要求。

——部门协调、上下联动。有关主管部门在红线管控目标设置、政策制定、制度建设等方面，要加强与相关部门的沟通协调，做好与有关法规标准、战略规划、政策措施的衔接。明确部门和地方责任，上下联动、形成合力。

——立足当前、着眼长远。把对当前经济社会发展制约性强的要素优先纳入红线管控，尽快遏制资源无节制消耗、生态环境退化的趋势。根据经济社会发展长远目标，超前研究其他相关红线管控要素，适时纳入管控范围。

二、管控内涵及指标设置

资源环境生态红线管控是指划定并严守资源消耗上限、环境质量底线、生态保护红线，强化资源环境生态红线指标约束，将各类经济社会活动限定在红线管控范围以内。

（一）设定资源消耗上限。合理设定全国及各地区资源消耗"天花板"，对能源、水、土地等战略性资源消耗总量实施管控，强化资源消耗总量管控与消耗强度管理的协同。

1. 能源消耗。依据经济社会发展水平、产业结构和布局、资源禀赋、环境容量、总量减排和环境质量改善要求等因素，确定能源消费总量控制目标。京津冀、长三角、珠三角和山东省等大气污染治理重点地区及城市，要明确煤炭占能源消费比重、煤炭消费减量控制等指标要求。

2. 水资源消耗。依据水资源禀赋、生态用水需求、经济社会发展合理需要等因素，确定用水总量控制目标。严重缺水以及地下水超采地区，要严格设定地下水开采总量指标。

3. 土地资源消耗。依据粮食和生态安全、主体功能定位、开发强度、城乡人口规模、人均建设用地标准等因素，划定永久基本农田，严格实施永久保护，对新增建设用地占用耕地规模实行总量控制，落实耕地占补平衡，确保耕地数量不下降、质量不降低。用地供需矛盾特别突出地区，要严格设定城乡建设用地总量控制目标。

（二）严守环境质量底线。以改善环境质量为核心，以保障人民群众身体健康为根本，综合考虑环境质量现状、经济社会发展需要、污染预防和治理技术等因素，与地方限期达标规划充分衔接，分阶段、分区域设置大气、水和土壤环境质量目标，强化区域、行业污染物排放总量控制，严防突发环境事件。环境质量达标地区要努力实现环境质量向更高水平迈进，不达标地区要尽快制定达标规划，实现环境质量达标。

1. 大气环境质量。以达到《环境空气质量标准》（GB 3095—2012）为主要目标，与《大气污染防治行动计划》相

衔接，地区和区域大气环境质量不低于现状，向更好转变。

2. 水环境质量。以水环境质量持续改善为目标，与《水污染防治行动计划》《国务院关于实行最严格水资源管理制度的意见》相衔接，各地区、各流域水质优良比例不低于现状，向更好转变。

3. 土壤环境质量。以农用地土壤镉（Cd）、汞（Hg）、砷（As）、铅（Pb）、铬（Cr）等重金属和多环芳烃、石油烃等有机污染物含量为主要指标，设置农用地土壤环境质量底线指标，与国家有关土壤污染防治计划规划相衔接，各地区农用地土壤环境质量达标率不低于现状，向更好转变。条件成熟地区，应将城市、工矿等污染地块环境质量纳入底线管理。

（三）划定生态保护红线。根据涵养水源、保持水土、防风固沙、调蓄洪水、保护生物多样性，以及保持自然本底、保障生态系统完整和稳定性等要求，兼顾经济社会发展需要，划定并严守生态保护红线。

依法在重点生态功能区、生态环境敏感区和脆弱区等区域划定生态保护红线，实行严格保护，确保生态功能不降低、面积不减少、性质不改变；科学划定森林、草原、湿地、海洋等领域生态红线，严格自然生态空间征（占）用管理，有效遏制生态系统退化的趋势。

三、管控制度

加快建立体现资源环境生态红线管控要求的政策机制，形成源头严防、过程严管、责任追究的红线管控制度体系。

（一）建立红线管控目标确定及分解落实机制。根据部门职责和地方实际，国务院主管部门要会同相关部门和地方，在摸清全国资源环境生态现状的基础上，分别确定资源环境生态红线管控目标、分解方案，报经国务院批准后实施。资源环境生态红线确定后原则上不得调整，根据实际情况确需进行调整的，要按程序报批。

（二）完善与红线管控相适应的准入制度。有关部门和各地区要把资源环境生态红线管控要求纳入经济社会发展规划及相关专项规划，鼓励地方出台严于国家要求的红线管控办法。在环境影响评价、排污许可、节能评估审查、用地预审、水土保持方案、入河（湖、海）排污口设置、水资源论证和取水许可等制度完善和实施过程中，强化细化红线管控要求。

（三）加强资源环境生态红线实施监管。加强环评、排污许可、能评、用地许可、水土保持方案审批、入河（湖、海）排污口设置、水资源论证和取水许可等后评估和监督检查，加大违法违规行为的查处力度。强化规划实施期中、期末评估和环境影响跟踪评价，严格落实红线管控要求和规划环境影响评价结论及审查意见。建立资源环境生态红线管控落实情况日常巡查、现场核查等制度，强化红线管控落实情况的执法监督。在节能减排目标责任考核、土地和环保督察、最严格水资源管理制度考核、水资源督察等考核监督中，强化红线管控要求。

（四）加强统计监测能力建设。加快推进资源消耗、环境质量、生态保护红线管控的统计监测核算制度建设，确保国家与地方核算方法、标准、点位等衔接统一，提高数据的准确性、科学性、一致性，加强部门间数据共享。利用信息化、大数据、卫星遥感与无人机等技术手段，建立红线监测网络体系，覆盖管控重点领域。研究建立红线管控第三方评估机制。

（五）建立资源环境承载能力监测预警机制。在资源环境承载能力监测预警机制中充分考虑资源环境生态红线因素，对水土资源、环境容量和海洋资源超载区域，研究提出具有针对性的限制性措施。完善能源消耗晴雨表发布等制度。红线管控事项涉及多个地区的，相关地区要建立区域、流域红线管控预警和联动机制。

（六）建立红线管控责任制。将资源环境生态红线管控纳入地方政府和领导干部政绩考核体系，并作为党政领导干部生态环境损害责任追究的重要内容，对任期内突破红线管控要求并造成资源浪费和生态环境破坏的，按照情节轻重，从决策、实施、监管等环节追究有关人员的责任。

四、组织实施

（一）加强组织领导。国务院有关主管部门要根据工作职责，会同相关部门研究制定具体要素的红线管控实施方案，明确红线管控的主要目标、重点任务、制度机制等，加强对各地区的工作指导和监督，重大问题及时向国务院报告。地方有关部门要严格目标管理，明确任务分工，建立协调机制，切实将红线管控要求落到实处。

（二）明确部门工作重点。发展改革部门牵头负责管控能源消耗上限，划定森林、草原、湿地、海洋等领域生态红线；国土资源部门牵头负责管控土地资源消耗上限、划定永久基本农田、自然生态空间征（占）用管理工作；环境保护部门牵头负责管控环境质量底线，依法在重点生态功能区、生态环境敏感区和脆弱区等区域划定生态保护红线；水利部门牵头负责管控水资源消耗上限；海洋部门负责划定海洋生态红线。其他相关部门根据工作职责，参与资源环境生态红线管控方面的政策制定、制度设计、监督管理、考核问责、信息公开等工作。

（三）鼓励公众参与。各部门、各地区要及时准确发布资源环境生态红线有关信息，有效保障公众知情权和参与权。健全公众举报、听证和监督等制度，发挥好民间组织和志愿者的积极作用，形成政府、企业、社会齐抓共管的良好工作局面。

国家发展改革委、国家能源局关于印发《能源技术革命创新行动计划（2016～2030年）》的通知

（发改能源〔2016〕513号）

各省、自治区、直辖市及计划单列市、新疆生产建设兵团发展改革委、能源局、各有关中央企业：

为深入贯彻落实党的十八届五中全会、中央财经领导小组第六次会议和国家"十三五"规划纲要精神，践行"创新、协调、绿色、开放、共享"发展理念，推动实施能源"四个革命、一个合作"的战略思想，充分发挥能源技术创新在建设清洁低碳、安全高效现代能源体系中的引领和支撑作用，国家发展改革委、国家能源局组织编制了《能源技术革命创新行动计划（2016～2030年）》，现印发你们，请认真组织实施。

附件：能源技术革命创新行动计划（2016～2030年）

国家发展改革委
国家能源局（印）
2016年4月7日

能源技术革命创新行动计划
（2016～2030 年）（摘要）

一、能源科技的发展形势

（一）世界能源科技发展趋势。当前，新一轮能源技术革命正在孕育兴起，新的能源科技成果不断涌现，正在并将持续改变世界能源格局。非常规油气勘探开发技术在北美率先取得突破，页岩气和致密油成为油气储量及产量新增长点，海洋油气勘探开发作业水深记录不断取得突破；主要国家均开展了 700℃超超临界燃煤发电技术研究工作，整体煤气化联合循环技术、碳捕捉与封存技术、增压富氧燃烧等技术快速发展。燃气轮机初温和效率进一步提高，H 级机组已实现商业化，以氢为燃料的燃气轮机正在快速发展；三代核电技术逐渐成为新建机组主流技术，四代核电技术、小型模块式反应堆、先进核燃料及循环技术研发不断取得突破；风电技术发展将深海、高空风能开发提上日程，太阳能电池组件效率不断提高，光热发电技术开始规模化示范，生物质能利用技术多元化发展；电网技术与信息技术融合不断深化，电气设备新材料技术得到广泛应用，部分储能技术已实现商业化应用。可再生能源正逐步成为新增电力重要来源，电网结构和运行模式都将发生重大变化。

近年来，主要能源大国均出台了一系列法律法规和政策措施，采取行动加快能源科技创新。美国发布了《全面能源战略》等战略计划，将"科学与能源"确立为第一战略主题，提出形成从基础研究到最终市场解决方案的完整能源科技创新链条，强调加快发展低碳技术，已陆续出台了提高能效、发展太阳能、四代和小型模块化核能等清洁电力等新计划。日本陆续出台了《面向 2030 年能源环境创新战略》等战略计划，提出了能源保障、环境、经济效益和安全并举的方针，继续支持发展核能，推进节能和可再生能源，发展新储能技术，发展整体煤气化联合循环（IGCC）、整体煤气化燃料电池循环等先进煤炭利用技术。欧盟制订了《2050 能源技术路线图》等战略计划，突出可再生能源在能源供应中的主体地位，提出了智能电网、碳捕集与封存、核聚变以及能源效率等方向的发展思路，启动了欧洲核聚变联合研究计划。

纵观全球能源技术发展动态和主要能源大国推动能源科技创新的举措，可以得到以下结论和启示：一是能源技术创新进入高度活跃期，新兴能源技术正以前所未有的速度加快迭代，对世界能源格局和经济发展将产生重大而深远的影响。二是绿色低碳是能源技术创新的主要方向，集中在传统化石能源清洁高效利用、新能源大规模开发利用、核能安全利用、能源互联网和大规模储能以及先进能源装备及关键材料等重点领域。三是世界主要国家均把能源技术视为新一轮科技革命和产业革命的突破口，制定各种政策措施抢占发展制高点，增强国家竞争力和保持领先地位。

（二）我国能源科技发展形势。近年来，我国能源科技创新能力和技术装备自主化水平显著提升，建设了一批具有国际先进水平的重大能源技术示范工程。初步掌握了页岩气、致密油等勘探开发关键装备技术，煤层气实现规模化勘探开发，3000m 深水半潜式钻井船等装备实现自主化，复杂地形和难采地区油气勘探开发部分技术达到国际先进水平，千万吨炼油技术达到国际先进水平，大型天然气液化、长输管道电驱压缩机组等成套设备实现自主化；煤矿绿色安全开采技术水平进一步提升，大型煤炭气化、液化、热解等煤炭深加工技术已实现产业化，低阶煤分级分质利用正在进行工业化示范；超超临界火电技术广泛应用，投运机组数量位居世界首位，大型 IGCC、CO_2 封存工程示范和 700℃超超临界燃煤发电技术攻关顺利推进，大型水电、1000kV 特高压交流和±800kV 特高压直流技术及成套设备达到世界领先水平，智能电网和多种储能技术快速发展；基本掌握了 AP1000 核岛设计技术和关键设备材料制造技术，采用"华龙一号"自主三代技术的首among示范项目开工建设，首座高温气冷堆技术商业化核电站示范工程建设进展顺利，核级数字化仪控系统实现自主化；陆上风电技术达到世界先进水平，海上风电技术攻关及示范有序推进，光伏发电实现规模化发展，光热发电技术示范进展顺利，纤维素乙醇关键技术取得重要突破。

虽然我国能源科技水平有了长足进步和显著提高，但与世界能源科技强国和引领能源革命的要求相比，还有较大的差距。一是核心技术缺乏，关键装备及材料依赖进口问题比较突出，三代核电、新能源、页岩气等领域关键技术长期以引进消化吸收为主，燃气轮机及高温材料、海洋油气勘探开发技术装备等长期落后。二是产学研结合不够紧密，企业的创新主体地位不够突出，重大能源工程提供的宝贵创新实践机会与能源技术研发结合不够，创新活动与产业需求脱节的现象依然存在。三是创新体制机制有待完善，市场在科技创新资源配置中的作用有待加强，知识产权保护和管理水平有待提高，科技人才培养、管理和激励制度有待改进。四是缺少长远谋划和战略布局，目前的能源政策体系尚未把科技创新放在核心位置，国家层面尚未制定全面部署面向未来的能源领域科技创新战略和技术发展路线图。

（三）我国能源技术战略需求。我国能源技术革命应坚持以国家战略需求为导向，一方面为解决资源保障、结构调整、污染排放、利用效率、应急调峰能力等重大问题提供技术手段和解决方案，另一方面为实现经济社会发展、应对气候变化、环境质量等多重国家目标提供技术支撑和持续动力。

1. 围绕"两个一百年"奋斗目标提供能源安全技术支撑。我国正处于实现"两个一百年"奋斗目标和中华民族伟大复兴的中国梦的关键阶段，能源需求在很长时期内还将持续增长。这要求通过能源技术创新加快化石能源勘探开发和高效利用，大力发展新能源和可再生能源，构建常规和非常规、化石和非化石、能源和化工以及多种能源形式相互转化的多元化能源技术体系。

2. 围绕环境质量改善目标提供清洁能源技术支撑。我国正在建设"蓝天常在、青山常在、绿水常在"的美丽中国，这要求通过能源技术创新，大幅减少能源生产过程污染排放，提供更清洁的能源产品，加强能源伴生资源综合利用，构建清洁、循环的能源技术体系。

3. 围绕二氧化碳峰值目标提供低碳能源技术支撑。我国对世界承诺，到 2030 年单位国内生产总值二氧化碳排放比 2005 年下降 60%～65%、非化石能源占一次能源消费比重达到 20%左右、二氧化碳排放 2030 年左右达到峰值并争取早日实现。这要求通过能源技术创新，加快构建绿色、低碳的能源技术体系。在可再生领域，要重点发展更高效率、更低成本、更灵活的风能、太阳能利用技术，生物质能、地热能、海洋能利用技术，可再生能源制氢、供热等技术。在核能领域，要重点发展三代、四代核电，先进核燃料及循环利用，小型堆等技术，探索研发可控核聚变技术。在二氧化碳封存利用领域，要重点发展驱油驱气、微藻制油等技术。

4. 围绕能源效率提升目标提供智慧能源技术支撑。我国能源利用效率总体处于较低水平，这要求通过能源技术创新，提高用能设备设施的效率，增强储能调峰的灵活性和经济性，推进能源技术与信息技术的深度融合，加强整个能源系统的优化集成，实现各种能源资源的最优配置，构建一体化、智能化的能源技术体系。要重点发展分布式能源、电力储能、工业节能、建筑节能、交通节能、智能电网、能源互联网等技术。

5. 围绕能源技术发展目标提供关键材料装备支撑。能源技术发展离不开先进材料和装备的支撑。根据重点能源技术需要，重点发展特种金属功能材料、高性能结构材料、特种无机非金属材料、先进复合材料、高温超导材料、石墨烯等关键材料；重点发展非常规油气开采装备、海上能源开发利用平台、大型原油和液化天然气船舶、核岛关键设备、燃气轮机、智能电网用输变电及用户端设备、大功率电力电子器件、大型空分、大型压缩机、特种用途的泵、阀等关键装备。

二、总体要求

（一）指导思想（略）

（二）基本原则

坚持自主创新。必须把自主创新摆在能源科技创新的核心位置，加强能源领域基础研究，强化原始创新、集成创新和引进消化吸收再创新，重视颠覆性技术创新。

坚持市场导向。发挥市场在科技创新资源配置中的决定性作用，强化企业创新主体地位和主导作用，促进创新资源高效合理配置。加快政府职能从研发管理向创新服务转变。

坚持重点突破。坚持问题导向，瞄准制约能源发展和可能取得革命性突破的关键和前沿技术，依托重大能源工程开展试验示范，推动能源技术创新能力显著提升。

坚持统筹协调。健全政产学研用协同创新机制，鼓励重大技术研发、重大装备研制、重大示范工程和技术创新平台四位一体创新，坚持统筹国际国内能源科技开放式创新。

（三）总体目标

到 2020 年，能源自主创新能力大幅提升，一批关键技术取得重大突破，能源技术装备、关键部件及材料对外依存度显著降低，我国能源产业国际竞争力明显提升，能源技术创新体系初步形成。

到 2030 年，建成与国情相适应的完善的能源技术创新体系，能源自主创新能力全面提升，能源技术水平整体达到国际先进水平，支撑我国能源产业与生态环境协调可持续发展，进入世界能源技术强国行列。

三、重点任务

（一）煤炭无害化开采技术创新。

（二）非常规油气和深层、深海油气开发技术创新。

（三）煤炭清洁高效利用技术创新。加强煤炭分级分质转化技术创新，重点研究先进煤气化、大型煤炭热解、焦油和半焦利用、气化热解一体化、气化燃烧一体化等技

术，开展 3000t/天及以上煤气化、百万吨/年低阶煤热解、油化电联产等示范工程。开发清洁燃气、超清洁油品、航天和军用特种油品、重要化学品等煤基产品生产新工艺技术，研究高效催化剂体系和先进反应器。加强煤化工与火电、炼油、可再生能源制氢、生物质转化、燃料电池等相关能源技术的耦合集成，实现能量梯级利用和物质循环利用。研发适用于煤化工废水的全循环利用"零排放"技术，加强成本控制和资源化利用，完成大规模工业化示范。进一步提高常规煤电参数等级，积极发展新型煤基发电技术，全面提升煤电能效水平；研发污染物一体化脱除等新型技术，不断提高污染控制效率、降低污染控制成本和能耗。

（四）二氧化碳捕集、利用与封存技术创新。研究 CO_2 低能耗、大规模捕集技术，研究 CO_2 驱油利用与封存技术、CO_2 驱煤层气与封存技术、CO_2 驱水利用与封存技术、CO_2 矿化发电技术、CO_2 化学转化利用技术、CO_2 生物转化利用技术，研究 CO_2 矿物转化、固定和利用，研究 CO_2 安全可靠封存、监测及运输技术，建设百万吨级 CO_2 捕集利用和封存系统示范工程，全流量的 CCUS 系统在电力、煤炭、化工、矿物加工等系统获得覆盖性、常规性应用，实现 CO_2 的可靠性封存、监测及长距离安全运输。

（五）先进核能技术创新。开展深部及非常规铀资源勘探开发利用技术研究，实现深度 1000m 以内的可地浸砂岩开发利用，开展黑色岩系、盐湖、海水等低品位铀资源综合回收技术研究。实现自主先进核燃料元件的示范应用，推进事故容错燃料元件（ATF）、环形燃料元件的辐照考验和商业运行，具备国际领先核燃料研发设计能力。在第三代压水堆技术全面处于国际领先水平基础上，推进快堆及先进模块化小型堆示范工程建设，实现超高温气冷堆、熔盐堆等新一代先进堆型关键技术设备材料研发的重大突破。开展聚变堆芯燃烧等离子体的实验、控制技术和聚变示范堆 DEMO 的设计研究。

（六）乏燃料后处理与高放废物安全处理处置技术创新。推进大型商用水法后处理厂建设，加强先进燃料循环的干法后处理研发与攻关。开展高放废物处置地下实验室建设、地质处置及安全技术研究，完善高放废物地质处置理论和技术体系。围绕高放废液、高放石墨、α废物处理，以及冷坩埚玻璃固化高放废物处理等方面加强研发攻关，争取实现放射性废物处理水平进入先进国家行列。研究长寿命次锕系核素总量控制等放射性废物嬗变技术，掌握次临界系统设计和关键设备制造技术，建成外源次临界系统工程性实验装置。

（七）高效太阳能利用技术创新。深入研究更高效、更低成本晶体硅电池产业化关键技术，开发关键配套材料。研究碲化镉、铜铟镓硒及硅薄膜等薄膜电池产业化技术、工艺及设备，大幅提高电池效率，实现关键原材料国产化。探索研究新型高效太阳能电池，开展电池组件生产及应用示范。掌握高参数太阳能热发电技术，全面推动产业化应用，开展大型太阳能热电联供系统示范，实现太阳能综合梯级利用。突破太阳能热化学制备清洁燃料技术，研制出连续性工作样机。研究智能化大型光伏电站、分布式光伏及微电网应用、大型光热电站关键技术，开展大型风光热互补电站示范。

（八）大型风电技术创新。研究适用于 200～300m 高度的大型风电系统成套技术，开展大型高空风电机组关键技

术研究，研发 100m 级及以上风电叶片，实现 200～300m 高空风力发电推广应用。深入开展海上典型风资源特性与风能吸收方法研究，自主开发海上风资源评估系统。突破远海风电场设计和建设关键技术，研制具有自主知识产权的 10MW 级及以上海上风电机组及轴承、控制系统、变流器、叶片等关键部件，研发基于大数据和云计算的海上风电场集群运控并网系统，实现废弃风电机组材料的无害化处理与循环利用，保障海上风电资源的高效、大规模、可持续开发利用。

（九）氢能与燃料电池技术创新。研究基于可再生能源及先进核能的制氢技术、新一代煤催化气化制氢和甲烷重整/部分氧化制氢技术、分布式制氢技术、氢气纯化技术，开发氢气储运的关键材料及技术设备，实现大规模、低成本氢气的制取、存储、运输、应用一体化，以及加氢站现场储氢、制氢模式的标准化和推广应用。研究氢气/空气聚合物电解质膜燃料电池（PEMFC）技术、甲醇/空气聚合物电解质膜燃料电池（MFC）技术，解决新能源动力电源的重大需求，并实现 PEMFC 电动汽车及 MFC 增程式电动汽车的示范运行和推广应用。研究燃料电池分布式发电技术，实现示范应用并推广。

（十）生物质、海洋、地热能利用技术创新。突破先进生物质能源与化工技术，开展生物航油（含军用）、纤维素乙醇、绿色生物炼油制大规模产业化示范，研究新品种、高效率能源植物，建设生态能源农场，形成先进生物能源化工产业链和生物质原料可持续供应体系。加强海洋能开发利用，研制高效率的波浪能、潮流能和温（盐）差能发电装置，建设兆瓦级示范电站，形成完整的海洋能利用产业链。加强地热能开发利用，研发水热型地热系统改造及增产技术，突破干热岩开发关键技术装备，建设兆瓦级干热岩发电和地热综合梯级利用示范工程。

（十一）高效燃气轮机技术创新。深入研究燃气轮机先进材料与智能制造、机组设计、高效清洁燃烧等关键技术，开展燃气轮机整机试验，突破高温合金涡轮叶片和设计技术等燃气轮机产业发展瓶颈，自主研制先进的微小型、工业驱动用中型燃气轮机和重型燃气轮机，全面实现燃气轮机关键材料与部件、试验、设计、制造及维修维护的自主化。

（十二）先进储能技术创新。研究太阳能光热高效利用高温储热技术、分布式能源系统大容量储热（冷）技术，研究面向电网调峰提效、区域供能应用的物理储能技术，研究面向可再生能源并网、分布式及微电网、电动汽车应用的储能技术，掌握储能技术各环节的关键核心技术，完成示范验证，整体技术达到国际领先水平，引领国际储能技术与产业发展。积极探索研究高储能密度低保温成本储能技术、新概念储能技术（液体电池、镁基电池等）、基于超导磁和电化学的多功能全新混合储能技术，争取实现重大突破。

（十三）现代电网关键技术创新。掌握柔性直流输配电技术、新型大容量高压电力电子元器件技术；开展直流电网技术、未来电网电力传输技术的研究和试验示范；突破电动汽车无线充电技术、高压海底电力电缆关键技术，并推广应用；研究高温超导材料等能源装备部件关键技术和工艺。掌握适合电网运行要求的低成本、量子级的通信安全工程应用技术，实现规模化应用。研究现代电网智能调控技术，开展大规模可再生能源和分布式发电并网关键技术研究示范；突破电力系统全局协调调控技术，并示范应用；研究能源大数据条件下的现代复杂大电网的仿真技术；实现微电网/局

域网与大电网相互协调技术、源—网—荷协调智能调控技术的充分应用。

（十四）能源互联网技术创新。能源互联网是一种互联网与能源生产、传输、存储、消费以及能源市场深度融合的能源产业发展新业态。推动能源智能生产技术创新，重点研究可再生能源、化石能源智能化生产，以及多能源智能协同生产等技术。加强能源智能传输技术创新，重点研究多能协同综合能源网络、智能网络的协同控制等技术，以及能源路由器、能源交换机等核心装备。促进能源智能消费技术创新，重点研究智能用能终端、智能监测与调控等技术及核心装备。推动智慧能源管理与监管手段创新，重点研究基于能源大数据的智慧能源精准需求管理技术、基于能源互联网的智慧能源监管技术。加强能源互联网综合集成技术创新，重点研究信息系统与物理系统的高效集成与智能化调控、能源大数据集成和安全共享、储能和电动汽车应用与管理以及需求侧响应等技术，形成较为完备的技术及标准体系，引领世界能源互联网技术创新。

（十五）节能与能效提升技术创新。加强现代化工业节能技术创新，重点研究高效工业锅（窑）炉、新型节能电机、工业余能深度回收利用以及基于先进信息技术的工业系统节能等技术并开展工程示范。开展建筑工业化、装配式住宅，以及高效智能家电、制冷、照明、办公终端用能等新型建筑节能技术创新。推动高效节能运输工具、制动能量回馈系统、船舶推进系统、数字化岸电系统，以及基于先进信息技术的交通运输系统等先进节能技术创新。加强能源梯级利用等全局优化系统节能技术创新，开展散煤替代等能源综合利用技术研究及示范，对我国实现节能减排目标形成有力支撑。

以上各项重点任务分解为若干具体技术创新行动，详见附件。

四、政策保障

（一）完善能源技术创新环境。（略）
（二）激发企业技术创新活力。（略）
（三）夯实能源技术创新基础。（略）
（四）完善技术创新投融资机制。（略）
（五）创新税收价格保险支持机制。（略）
（六）深化能源科技国际合作交流。（略）

五、组织实施

（一）加强组织领导。（略）
（二）组织开展工程试验示范。（略）
（三）完善评价机制。（略）
（四）做好配套衔接工作。（略）

附：能源技术革命重点创新行动路线图（略）

国家发展改革委、国家能源局关于做好风电、光伏发电全额保障性收购管理工作的通知

（发改能源〔2016〕1150号）

各省（自治区、直辖市）、新疆生产建设兵团发展改革委（能源局）、经信委（工信委、工信厅）、国家能源局各派出机构，国家电网公司、南方电网公司、内蒙古电力（集团）

有限责任公司，华能、大唐、华电、国电、国电投、神华、三峡、华润、中核、中广核、中国节能集团公司：

为做好可再生能源发电全额保障性收购工作，保障风电、光伏发电的持续健康发展，现将有关事项通知如下：

一、根据《可再生能源发电全额保障性收购管理办法》（发改能源〔2016〕625号），综合考虑电力系统消纳能力，按照各类标杆电价覆盖区域，参考准许成本加合理收益，现核定了部分存在弃风、弃光问题地区规划内的风电、光伏发电最低保障收购年利用小时数（详见附表）。最低保障收购年利用小时数将根据新能源并网运行、成本变化等情况适时调整。

二、各有关省（区、市）能源主管部门和经济运行主管部门要严格落实规划内的风电、光伏发电保障性收购电量，认真落实《国家能源局关于做好"三北"地区可再生能源消纳工作的通知》以及优先发电、优先购电相关制度的有关要求，按照附表核定最低保障收购年利用小时数并安排发电计划，确保最低保障收购年利用小时数以内的电量以最高优先等级优先发电。已安排2016年度发电计划的省（区、市）须按照附表核定最低保障收购年利用小时数对发电计划及时进行调整。

各省（区、市）主管部门和电网调度机构应严格落实《关于有序放开发用电计划的实施意见》中关于优先发电顺序的要求，严禁对保障范围内的电量采取由可再生能源发电项目向煤电等其他电源支付费用的方式来获取发电权，妥善处理好可再生能源保障性收购、调峰机组优先发电和辅助服务市场之间的关系，并与电力交易方案做好衔接。

三、保障性收购电量应由电网企业按标杆上网电价和最低保障收购年利用小时数全额结算，超出最低保障收购年利用小时数的部分应通过市场交易方式消纳，由风电、光伏发电企业与售电企业或电力用户通过市场化的方式进行交易，并按新能源标杆上网电价与当地煤电标杆上网电价（含脱硫、脱硝、除尘）的差额享受可再生能源补贴。

地方政府能源主管部门或经济运行主管部门应积极组织风电、光伏发电企业与售电企业或电力用户开展对接，确保最低保障收购年利用小时数以外的电量能够以市场化的方式全额消纳。

四、保障性收购电量为最低保障目标，鼓励各相关省（区、市）提出并落实更高的保障目标。目前实际运行小时数低于最低保障收购年利用小时数的省（区、市）应根据实际情况，制定具体工作方案，采取有效措施尽快确保在运行的风电、光伏电站达到最低保障收购年利用小时数要求。具体工作方案应向全社会公布并抄送国家发展改革委和国家能源局。

除资源条件影响外，未达到最低保障收购年利用小时数要求的省（区、市），不得再新开工建设风电、光伏电站项目（含已纳入规划或完成核准的项目）。

未制定保障性收购要求的地区应根据资源条件按标杆上网电价全额收购风电、光伏发电项目发电量。未经国家发改委、国家能源局同意，不得随意设定最低保障收购年利用小时数。

五、各省（区、市）有关部门在制定发电计划和电量交易方案时，要充分预留风电和光伏发电保障性收购电量空间，不允许在月度保障性收购电量未完成的情况下结算市场交易部分电量，已经制定的市场交易机制需落实保障月度保障性电量的要求。

电网企业（电力交易机构）应将各风电、光伏发电项目的全年保障性收购电量根据历史和功率预测情况分解到各月，并优先结算当月的可再生能源保障性收购电量，月度保障性收购电量结算完成后再结算市场交易部分电量，年终统一清算。

六、风电、光伏发电企业要协助各省级电网企业或地方电网企业及电力交易机构按国家有关规定对限发电量按月进行统计。对于保障性收购电量范围内的限发电量要予以补偿，电网企业协助电力交易机构根据《可再生能源发电全额保障性收购管理办法》（发改能源〔2016〕625号）的要求，按照风电、光伏发电项目所在地的标杆上网电价和限发电量明确补偿金额，同时要确定补偿分摊的机组，相关报表和报告按月报送国家能源局派出机构和省级经济运行主管部门备案并公示。电网企业应保留限电时段相关运行数据，以备监管机构检查。

各电网企业于2016年6月30日前与按照可再生能源开发利用规划建设、依法取得行政许可或者报送备案、符合并网技术标准的风电、光伏发电企业签订2016年度优先发电合同，并于每年年底前签订下一年度的优先发电合同。

七、国务院能源主管部门派出机构会同省级能源主管部门和经济运行主管部门要加强对可再生能源发电全额保障性收购执行情况的监管和考核工作，定期对电网企业与风电、光伏发电项目企业签订优先发电合同和执行可再生能源发电全额保障性收购情况进行专项监管，对违反《可再生能源发电全额保障性收购管理办法》（发改能源〔2016〕625号）和本通知要求的要按规定采取监管措施，相关情况及时报国家发展改革委和国家能源局。

落实可再生能源发电全额保障性收购制度是电力体制改革工作的一项重要任务，也是解决弃风、弃光限电问题和促进可再生能源持续健康发展的重要措施。各部门要按照上述要求认真做好可再生能源发电全额保障性收购工作，确保弃风、弃光问题得到有效缓解。

附件：1. 风电重点地区最低保障收购年利用小时数核定表
2. 光伏发电重点地区最低保障收购年利用小时数核定表

国家发展改革委
国家能源局 （印）
2016年5月27日

附件1

风电重点地区最低保障收购年利用小时数核定表

资源区	地区	保障性收购利用小时数
I类资源区	内蒙古自治区除赤峰市、通辽市、兴安盟、呼伦贝尔市以外其他地区	2000
	新疆维吾尔自治区乌鲁木齐市、伊犁哈萨克族自治州、克拉玛依市、石河子市	1900

638

续表

资源区	地区	保障性收购利用小时数
Ⅱ类资源区	内蒙古自治区赤峰市、通辽市、兴安盟、呼伦贝尔市	1900
	河北省张家口市	2000
	甘肃省嘉峪关市、酒泉市	1800
Ⅲ类资源区	甘肃省除嘉峪关市、酒泉市以外其他地区	1800
	新疆维吾尔自治区除乌鲁木齐市、伊犁哈萨克族自治州、克拉玛依市、石河子市以外其他地区	1800
	吉林省白城市、松原市	1800
	黑龙江省鸡西市、双鸭山市、七台河市、绥化市、伊春市，大兴安岭地区	1900
	宁夏回族自治区	1850
Ⅳ类资源区	黑龙江省其他地区	1850
	吉林省其他地区	1800
	辽宁省	1850
	山西省忻州市、朔州市、大同市	1900

附件 2

光伏发电重点地区最低保障收购年利用小时数核定表

资源区	地区	保障性收购利用小时数
Ⅰ类资源区	宁夏	1500
	青海海西	1500
	甘肃嘉峪关、武威、张掖、酒泉、敦煌、金昌	1500
	新疆哈密、塔城、阿勒泰、克拉玛依	1500
	内蒙古除赤峰、通辽、兴安盟、呼伦贝尔以外地区	1500
Ⅱ类资源区	青海除Ⅰ类外其他地区	1450
	甘肃除Ⅰ类外其他地区	1400
	新疆除Ⅰ类外其他地区	1350
	内蒙古赤峰、通辽、兴安盟、呼伦贝尔	1400
	黑龙江	1300
	吉林	1300
	辽宁	1300
	河北承德、张家口、唐山、秦皇岛	1400
	山西大同、朔州、忻州	1400
	陕西榆林、延安	1300

国家发展改革委、工业和信息化部、国家能源局关于印发《中国制造2025——能源装备实施方案》的通知

（发改能源〔2016〕1274号）

各省、自治区、直辖市及计划单列市、新疆生产建设兵团发展改革委、工业和信息化主管部门、能源局、各有关中央企业：

为深入贯彻落实党的十八届五中全会、中央财经领导小组第六次会议、新一届国家能源委员会首次会议精神和《中国制造2025》，推动能源装备自主创新和产业升级，充分发挥能源装备自主创新在能源技术革命和装备制造业升级中的支撑和引领作用，国家发展改革委、工业和信息化部、国家能源局组织编制了《中国制造2025——能源装备实施方案》。现印发你们，请认真组织实施。

附件：中国制造2025——能源装备实施方案（摘要）

国家发展改革委
工业和信息化部（印）
国家能源局
2016年6月12日

中国制造2025——能源装备实施方案（摘要）

一、前言（略）

二、指导思想和基本原则

（一）指导思想（略）

（二）基本原则

创新驱动，升级产业。充分发挥科技创新驱动作用，以关键能源装备为突破口，着力培育能源装备制造业自主创新能力，以点带面，推动能源装备制造业优化升级。

面向需求，突出重点。以推动能源革命和清洁低碳、安全高效的总要求为统领，重点突破一批安全保障急需和对能源产业发展具有重大意义的关键装备和共性技术。

统筹协调，有序推进。与能源革命总要求以及《中国制造2025》发展目标和重点任务统筹协调，按照"三个一批"的思路细化任务和组织推进。

依托工程，形成合力。依托能源工程推进关键装备的技术攻关和试验示范，政策支持、规划引导，各方力量有机结合，形成能源装备自主创新合力。

三、行动目标

2020年前，围绕推动能源革命总体工作部署，突破一批能源清洁低碳和安全高效发展的关键技术装备并开展示范应用。制约性或瓶颈性装备和零部件实现批量化生产和应用，有力保障能源安全供给和助推能源生产消费革命。

基本形成能源装备自主设计、制造和成套能力，关键部件和原材料基本实现自主化。能源装备设计制造技术水平显著提升，设计与制造体系进一步融合，重大能源装备实现自主研发、设计和制造，设备性能和质量控制明显提升。

能源装备制造业成为带动我国产业升级的新增长点。电力装备等优势领域技术水平和竞争力达到国际领先，形成一批具有自主知识产权和较强竞争力的装备制造企业集团。能

源装备产品结构进一步优化，产能过剩明显缓解。

2025年前，新兴能源装备制造业形成具有比较优势的较完善产业体系，总体具有较强国际竞争力。有效支撑能源生产和消费革命，部分领域能源技术装备引领全球产业发展，能源技术装备标准实现国际化对接。

能源装备形成产学研用有机结合的自主创新体系，实现引领装备制造业转型升级。基本形成能源重大技术装备、战略性新兴产业装备、通用基础装备、关键零部件和材料配套等专业化合理分工、相互促进、协调发展的产业格局。

四、主要任务

围绕确保能源安全供应、推动清洁能源发展和化石能源清洁高效利用三个方面确定了15个领域的能源装备发展任务：

（一）煤炭绿色智能采掘洗选装备（略）

（二）深水和非常规油气勘探开发装备（略）

（三）油气储运和输送装备（略）

（四）清洁高效燃煤发电装备

1. 高效超超临界燃煤发电

（1）技术攻关

600℃等级超超临界燃煤发电机组关键高温部件和零部件：研发600℃等级高温材料和制造技术，形成我国自有的高温材料成分与工艺设计能力，研制二次再热机组用高温关键阀门等部件，开发电站工业控制系统核心零部件及元器件、电站远程诊断系统、火电厂余热利用与海水淡化集成优化技术及装备。

630～650℃等级超超临界燃煤发电机组关键设备：研究630～650℃高温材料筛选和开发，以及材料性能与工艺评定；锅炉、汽轮机高温部件试验验证；超超临界发电机组设计和优化；示范机组总体方案设计、设备选型、运行和控制技术研究；掌握630～650℃锅炉水冷壁、过热器、再热器、集箱等关键部件的加工制造技术；汽轮机高中压转子、气缸、阀门、高温叶片、紧固件、阀芯耐磨件等关键部件加工制造技术；大口径管道及管件、弯头的设计、制造及加工技术。

全燃准东煤锅炉：突破准东煤锅炉结渣、沾污机理和防控技术，开发600～1000MW等级超超临界全烧准东煤煤粉锅炉，重点突破锅炉燃烧器开发、锅炉炉膛设计优化、对流受热面布置方式优化、锅炉吹灰器系统及除渣系统优化、以及锅炉燃烧和控制技术，掌握锅炉全燃准东煤的集成技术。

700℃超超临界燃煤发电机组技术装备：突破700℃等级镍基合金耐热材料生产和关键高温部件制造技术，掌握耐热材料大型铸件、锻件的加工制造技术、主机和关键辅机制造技术，研究高温部件焊接材料及焊接工艺。掌握700℃锅炉水冷壁、过热器、再热器、集箱等关键部件的加工制造技术；汽轮机高中压转子、汽缸、阀壳、高温叶片、紧固件、阀芯耐磨件等关键部件加工制造技术；大口径高温管道及管件、阀门的设计、制造及加工技术。

大容量富氧燃烧锅炉：掌握大容量富氧燃烧锅炉设计计算方法及工程放大规律，研究富氧燃烧用大型空分与锅炉系统动态匹配技术。

燃煤电厂智能控制系统：研发基于互联网技术和智能设备的超超临界机组智能控制系统，采用先进控制技术、实时优化技术、大数据挖掘技术自动化控制和高效低污染运行。

研发燃煤电厂远程诊断和监测系统，研究建设燃煤电厂大数据中心及云计算平台，为电厂高效运行、维修提供指导和决策依据。

（2）试验示范

依托《电力发展十三五规划》及相关能源中长期战略规划中部分燃煤发电项目作为示范工程：

推进600℃等级超超临界主机以及四大管道、关键阀门等高温高压关键部件、重要辅机高性能轴承国产化示范。

推进1000MW等级超超临界高效褐煤发电机组关键技术装备、高能效和低水耗褐煤提质发电技术装备示范。

待完成技术攻关后，建设全燃准东煤锅炉机组示范项目和700℃超超临界燃煤发电示范项目。

（3）应用推广

鼓励后续超超临界燃煤发电项目采用自主研制设备和控制系统等。

1000MW等级超超临界空冷机组成套装备。

2. 超（超）临界循环流化床

（1）技术攻关

600MW等级超超临界循环流化床锅炉：研究超超临界CFB锅炉的总体布置、热力特性、炉膛设计技术及水动力特性，研制燃烧室、布风装置、分离器、外置换热器等关键部件，掌握热力计算和水动力计算方法，掌握燃煤矸石、无烟煤或褐煤600MW等级及以上容量超超临界循环流化床锅炉部件加工制造技术，及掌握600MW等级及以上容量超超临界循环流化床锅炉发电系统集成技术。

（2）试验示范

完成技术攻关后，确定超超临界循环流化床锅炉发电示范工程，推进关键设备试验示范。

（3）应用推广

鼓励采用自主超（超）临界循环流化床燃用劣质煤发电。

3. 超临界二氧化碳循环发电

（1）技术攻关

研究超临界二氧化碳发电系统设计、核心设备设计、制造、安装调试和运行控制等关键技术。研发大型超临界二氧化碳火力发电机组用材料，并掌握材料性能与工艺评定、腐蚀特性及防腐措施等。研究掌握300MW级示范机组总体布置、热力特性、系统设计及二氧化碳动力特性，研制高效压缩机、以二氧化碳为工质的水冷壁、过热器、再热器、汽轮机等核心设备，掌握二氧化碳热力计算和动力计算方法，掌握关键设备加工制造技术，以及300MW级二氧化碳循环发电系统集成技术。

（2）试验示范

推进二氧化碳循环发电机组关键部件及设备的国产化，完成二氧化碳循环发电机组的设计、制造、运行等技术的研发。

完成技术攻关后，建设300MW二氧化碳循环发电机组示范项目，推进关键设备的试验示范。

（3）推广应用

鼓励后续二氧化碳超临界循环发电机组建设项目采用自主研制的设备。

4. 污染物减排

（1）技术攻关

烟气高效超净排放装置及集成系统：研发新型超低氮燃

烧器、污染物脱除关键设备，掌握燃煤多污染物多设备的协同治理工艺和系统集成技术以及脱硫除尘集成技术。

自主知识产权的多污染物（SO_2、NO_x、Hg 等）一体化脱除装置：包括具有同时吸附多污染物的新型高效吸附剂及高效、低成本氧化剂、氧化工艺及设备，以及高效催化剂等，掌握多污染物一体化脱除技术工艺关键装置设计及制造技术。

（2）试验示范

依托《煤电机组节能减排升级改造行动计划》，推进自主研发超低排放装置的试验示范。

（3）应用推广

鼓励采用自主研制的超低排放装置。

（五）先进核电装备

1. 先进大型压水堆

（1）技术攻关

核岛设备：压力容器（C 型环等关键部件）、控制棒驱动机构（驱动杆、钩爪、密封壳、行程套管、棒控棒位连接器、线圈组件、棒位探测器）、堆内构件（全焊式堆芯围筒、流量分配组件、堆芯测量仪表格架组件）、蒸汽发生器（汽水分离器、换热单元）、稳压器（喷嘴、加热器）、主泵（核级密封、主泵监测系统、泵壳、飞轮、泵端液压联轴器、轴承、屏蔽套、热屏、湿绕组电机）、主管道、燃料装卸与贮存设备（关键部件），安全级数字化仪控系统，核电站高放环境修护专用工具（核电服务机器人等），熔融物滞留系统，整体螺栓拉伸机。

常规岛设备：汽轮发电机组及辅助设备〔低压转子、焊接/整锻转子、2m 等级长叶片、汽水分离再热器、抽汽逆止阀、低（中）压进汽蝶阀、控制保护系统、调节系统、发电机转子护环、励磁电压调节器、凝汽器钛管等〕、大型发电机断路器、柴油发电机组、电控系统设备、主给水泵组（液力耦合器、芯包等）及其他设备设计制造技术。

关键泵阀：关键核级泵（轴承、核级密封）、关键阀门〔核岛主泵/化学和容积控制系统高磅级大口径闸阀、主蒸汽安全阀、主蒸汽隔离阀、主泵严重事故卸压阀、主泵稳压器喷淋阀、主泵稳压器先导式安全阀、主蒸汽释放系统主蒸汽释放隔离阀、蒸汽排大气调节阀、汽机旁路调节阀、常规岛重要系统（给水除氧器/高压给水加热器/凝结水/主给水流量调节系统等）调节阀和隔离阀等〕、爆破阀。

关键核级材料：开发先进核电主设备用新型合金材料和替代材料，进一步提高核电主设备大型铸锻件（蒸发器上下封头、锥形筒等）加工制造技术水平，掌握关键设备焊接工艺技术。突破蒸汽发生器、堆内构件等设备关键板材等材料设计制造技术。推进耐辐照包壳材料、汽水分离再热器换热管、核燃料锆管、核级海绵锆等合金材料、核级碳钢、低合金钢、不锈钢和镍基合金等焊材技术攻关。

关键仪表和系统：核岛三废处理系统、堆芯冷却监视系统、堆芯核测测量系统、堆芯温度监测系统、堆外核测系统、超声波流量计、导波雷达液位计、堆芯液位监测系统、事故后安全壳高量程区域监测仪、安全壳氢分析处理系统、乏燃料池水位监测系统、分体式压力/压差变送器、反应堆堆外核测量系统、反应堆棒控棒位系统、核测量探测器、核级压力/差压变送器、核级温度开关/压力开关。

智能化核电装备：组织开展核电装备智能制造技术攻关，采用互联网＋等先进信息技术实现设计、制造、工程全

过程数据的数字化共享与关联，结合数字样机、增材制造等新型智能化生产技术和设备应用。研制核电运营智能装置/装备及智能机器人，突破感知及监测装置、智能工具及装置、个人作业智能装备应用、各类智能化机器人等。

（2）试验示范

依托后续所有核电项目，推动所有完成技术攻关的设备以及包括核岛设备、常规岛设备以及配套辅助设备在内的核电装备和关键核级材料的试验示范。

（3）应用推广

鼓励后续所有核电项目采用自主研制设备、完成试验示范的关键设备和材料。

2. 高温气冷堆

（1）技术攻关

核岛设备：改进型核芯制备设备、改进型燃料颗粒包覆设备、改进型燃料元件压制设备、核级结构石墨、核级氦气阀门、高温气冷堆主蒸汽隔离阀、高温气冷堆电气贯穿件等。

常规岛及其他配套设备：氦气透平压缩机组（压气机 2 级动叶轮＋3 级静叶轮、配套电磁轴承、电磁轴承、回热器、电气贯穿件、旁路阀）、超高温气冷堆制氢机组等。

（2）试验示范

依托石岛湾高温气冷堆示范工程、福建霞浦 60 万 kW 高温气冷堆商业示范工程及后续项目，推动高温气冷堆关键装备的试验示范和产业化：

20t/年燃料元件生产线、优化的蒸汽发生器及在役检查设备、优化的控制棒驱动机构及检修专用设备、优化的吸收球停堆装置、优化的金属堆内构件、优化的堆芯卸料装置、优化的燃料装卸系统输送转换装置、优化的电磁轴承氦风机（含高效叶轮、国产化电磁轴承）、多模块机组主控室、配套超高压汽轮发电机组、10MW 氦气透平压缩机组等。

（3）应用推广

后续高温气冷堆项目承担推广应用任务。

3. 快中子反应堆

（1）技术攻关

600MW 级快堆关键设备：

堆芯组件及堆本体：硼屏蔽组件、一回路主循环泵、热交换器、安全棒驱动机构、补偿一调节棒驱动机构、堆容器及堆内构件、非能动停堆机构、堆芯支撑等。

二回路系统：二回路主循环泵、蒸汽发生器、大口径钠阀、回路钠流量计、大口径钠管道、钠分配器及配套设备以及先进高效汽轮发电机组等常规岛主设备及其他配套设备等。

燃料操作设备：旋塞、换料机、装卸料提升机、转运机、乏燃料转换桶、新组件装载机、乏燃料水下检测工具、乏燃料贮存水池自动操作机、气闸、堆顶密封塞、全自动换料监控系统、全自动乏/新燃料转运监控系统、乏/新燃料运输容器等。

安全专设与核岛辅助系统：空冷器、高性能冷阱、电磁泵、阻塞计、钠流量计、气体加热风机、氢、氧、碳测量装置等。

（2）试验示范

依托福建霞浦 60 万 kW 快中子堆示范工程项目及后续项目及后续项目，推动快堆关键装备的试验示范和产业化。

(3) 应用推广

后续快中子堆项目承担推广应用任务。

4. 模块化小型堆

(1) 技术攻关

研制压力容器、螺旋管直流蒸汽发生器、双层短套管、核反应堆堆内构件、一体化整体支承、蒸汽发生器、一体化内置式稳压器、一体化内置式控制棒驱动机构、换料设备、反应堆堆外核测量系统、反应堆堆芯测量系统、反应堆棒控棒位系统、单点系泊系统、数字化控制系统、主泵、主蒸汽隔离阀、主给水隔离阀、非能动热交换器、启动分离器、爆破阀、扩散器、地坑过滤器、喷洒器、关键核级阀门、装卸料机、小型堆汽轮机数字电液调节装备、在运核电机组模拟仪控系统全数字化升级技术改造成套验证装备，以及小型堆专用工具等。

(2) 试验示范

依托各小型堆示范工程项目及后续项目，推动小型堆关键装备的试验示范和产业化。

(3) 应用推广

后续所有小型堆项目承担推广应用任务。

5. 核燃料及循环利用

(1) 技术攻关

高安全性先进核燃料元件：研发 CF/STEP 系列燃料元件、模块化小堆燃料元件、高性能事故容错（ATF）燃料元件、环形元件、超临界压水堆燃料元件等新一代压水堆燃料元件，掌握快堆 MOX 燃料组件设计、制造技术，开发高温气冷堆球形燃料元件、快堆金属燃料元件等第四代反应堆燃料元件，突破锆合金材料，自主掌握燃料元件生产、检测、核燃料组件检测及修复设备等设计制造技术。

乏燃料后处理工艺和关键设备：自主掌握大型核燃料后处理厂关键设备设计制造技术，包括卧式剪切机、连续溶解器、沉降式离心机、萃取分离柱、离心萃取器、泵轮式混合澄清槽、流体输送设备、专用泵阀、专用检修机器人、乏燃料/新燃料贮存/运输容器、固体废物和包壳处理设备及专用操作设备与工具等。

三废处理装备：研制高放废液锕系元素高效萃取分离装置、高放射性的锶、铯有效去除装置以及锕系与镧系元素的高效萃取分离装置以及锝锝高效吸附分离装置，开发高效降解设备、混合固化设备、超级压缩机、等离子体熔融设备、蒸汽重整设备、无机吸附和反渗透设备、干法后处理技术和设备、高放废液玻璃固化技术与设备等。

(2) 试验示范

依托相关核电工程项目及乏燃料处理示范工程项目，推动燃料元件、乏燃料处理（乏燃料贮运用关键材料等）和废物处理设备的试验示范和产业化。

(3) 应用推广

后续所有相关项目承担推广应用任务。

（六）水电装备

1. 水力发电

(1) 技术攻关

依托水电项目建设开发 100 万 kW 级混流式水轮发电机组、单机容量 25 万 kW 级轴流转桨式水轮发电机组和单机容量 50 万 kW 级、1000m 水头以上高水头大容量冲击式水轮机组，自主掌握水轮发电机组总体设计、水力模型开发、电磁设计、高效全空冷、推力轴承、定子绝缘、通流部件结构

动力特性、高强蜗壳材料、主要部件刚强度和疲劳等关键技术，自主掌握特大型水电铸锻件技术。

研发水电智能生产管理系统：开发水电智能一体化生产管理和运行控制平台、状态检修智能决策支持系统、工程安全智能分析评估系统、智能应急指挥处置系统、智能安全防护管理系统等。

(2) 试验示范

依托国家核准和《水电发展十三五规划》及相关能源中长期战略规划中具备条件的水电项目，推动完成技术攻关设备的试验示范。

(3) 应用推广

鼓励后续相关水电项目承担推广应用任务。

2. 抽水蓄能

(1) 技术攻关

单机 40 万 kW 级、500m 水头以上高水头大容量抽水蓄能机组：掌握水泵水轮机水力设计、发电电动机电磁设计及通风冷却、高速重载双向推力轴承和导轴承、高电压绝缘绕组、数字式智能化调速系统、励磁系统和变频启动装置等设计制造技术。

调速范围±10％可变速抽水蓄能机组：突破大型交流励磁变速抽水蓄能机组可变速水泵水轮机与调速系统的优化设计技术，以及发电电动机、交流励磁系统、控制系统、继电保护和监控保护设计、制造、安装和运行技术；突破全功率阀控变速抽水蓄能机组的换流变压器设计及制造技术、阀控设备成套设计方案及成套设备布置技术，以及控制系统、监控系统、保护系统等设计与制造技术，全功率阀控变速抽水蓄能机组成套制造技术等。

(2) 试验示范

依托《水电发展十三五规划》及相关能源中长期战略规划中具备条件的水电项目，推动高水头抽水蓄能装备和完成技术攻关设备的试验示范。

(3) 应用推广

鼓励后续相关抽水蓄能项目承担推广应用任务。

（七）风电装备

(1) 技术攻关

开发适用于轮毂中心高度 100～200m 大型陆上风力发电机组，重点 10MW 级海上大功率风力发电机组、海上漂浮式风力发电机组及各种基础结构，掌握自主知识产权的 5～7MW 级大型风电机组、10MW 级大型风电机组（双馈和直驱）及关键部件（超长低风速叶片、发电机、齿轮箱、轴承、控制系统、变桨、偏航系统等关键部件）设计制造技术、变流、变桨等子系统智能融合技术、发电机高性能控制技术、基于大数据的风电场群智能运维技术，重点突破超长低风速叶片、超大功率高温超导风力发电机、大功率直驱永磁同步风力发电机等，研制海上风电设备运输船、吊装船等施工维护装备。

开发基于模块化的具备自愈诊断能力和适应复杂电网下的风力发电机组智能变流器、6MW 及以上中压全功率风电变流器，研发适用于风电的中压多电平模块化拓扑结构，掌握模块化生产、安装维护工艺，智能模块化集成技术以及变流器故障诊断与自愈技术。

(2) 试验示范

依托《风电发展十三五规划》及相关能源中长期战略规划推动关键风电装备和完成技术攻关设备的试验示范。

（3）应用推广

鼓励风电项目采用自主研制设备。

（八）太阳能发电装备

1. 光伏

（1）技术攻关

新型高效晶硅电池和组件：研发可量产的晶体硅电池生产技术（多晶电池效率21.5%以上，单晶效率22.5%以上，N型高效电池效率25%以上，多结晶体硅电池效率达到26%以上），研发多晶CTM大于103%、单晶大于101.5%的高效率组件技术及光伏电池关键材料。

薄膜及其他新型光伏电池及组件：研发可量产的效率20%以上的碲化镉薄膜电池、效率21%以上的CIGS薄膜电池，43%以上的三五族化合物电池、钙钛矿电池等新型太阳能电池、染料敏化电池、有机太阳能电池、量子点电池、叠层电池和高效砷化镓电池。

新一代光伏逆变器及系统集成设备：研制数兆瓦级高效光伏逆变系统、兆瓦级光伏储能逆变系统、新一代高效智能逆变器（无易损件、免维护、组串级监控和分析，最高效率大于99%）、10MW级高压无并网变压器逆变器、光伏直流并网逆变器和智能逆变器、1500V组件配套汇流箱、逆变器、组件等系统设备等，研制高可靠性、高精度、智能化的光伏跟踪系统、能源互联运营管理平台、智能汇流箱和即插即用式光伏集成产品。

光伏制造设备：组织多晶切割机、连续拉晶炉、大产能低压扩散炉、背面钝化设备、带二次印刷功能的双通道丝网印刷机等主要光伏电池制造设备攻关，提升光伏生产线自动化、智能化水平。

（2）试验示范

依托《太阳能发电发展十三五规划》及相关能源中长期战略规划推动关键光伏装备和完成技术攻关设备的试验示范。

（3）应用推广

鼓励光伏项目采用自主研制设备。

2. 光热

（1）技术攻关

槽式太阳能聚光发电系统关键设备：槽式太阳能聚光发电系统关键设备：高（450℃以上）中（350～450℃）低（150～350℃）温太阳能集热器，槽式太阳能液压驱动装置，槽式太阳能高性能油盐换热器，光热发电汽轮机系统，油水换热器，光场导热油专用旋转式接头。

塔式太阳能热发电聚光发电系统关键设备：塔式太阳能定日镜全场控制系统，聚光器跟踪传动装置，大面积拼接式定日镜及面形检测装置；大口径高温熔盐阀；塔式光热特殊隔热材料。

太阳能热发电蓄热系统关键设备：高温高效率吸热材料（金属、陶瓷、涂层材料），百兆瓦级高温熔盐吸热器，万立方级蓄热熔盐储罐，百吨级高参数盐水换热器，高温高扬程大流量熔盐泵、液态金属蓄热储罐。

太阳热发电专用高效膨胀动力装置：单螺杆膨胀机，斯特林发动机，有机工质蒸汽轮机和发电装置，超临界二氧化碳透平及系统等。

分布式太阳能冷热电联供发电系统关键设备：分布式太阳能发电吸热器，分布式储热装置，小型高效再热汽轮机组等。

（2）试验示范

依托《太阳能发电发展十三五规划》及相关能源中长期

战略规划推动关键光热发电装备和完成技术攻关设备的试验示范。

（3）应用推广

鼓励光热发电项目采用自主研制设备。

（九）燃料电池

（1）技术攻关

百千瓦级质子交换膜燃料电池（PEMFC）：突破低成本长寿命电催化剂、低铂载量膜电极的制备工艺与批量生产、电堆组装与一致性保障、系统集成与控制等关键技术。

百千瓦至兆瓦级固体氧化物燃料电池（SOFC）发电分布式能源系统：突破SOFC电催化材料、膜电极、高温双极连接体关键技术，掌握长寿命（＞40 000h）的管型和板型SOFC及其关键部件的批量制备与生产技术、系统集成技术。

（2）试验示范

依托《能源科技发展十三五规划》及相关能源中长期战略规划，确定示范工程推动燃料电池装备的试验示范。

（3）应用推广

鼓励后续项目采用自主研制设备。

（十）地热能装备

（1）技术攻关

干热岩开发利用装备：开发靶区定位及探测设备、大体积压裂设备、成井测试及微地震监测装置，开发高效热电转换性能的地面发电设备，掌握系统高压全封闭运行的工艺设计。

水热型地热开发利用装备：研制示踪、酸化处理材料及储层酸化技术配套装备，形成完善的增产增注工艺，提升储层、井筒、输运系统和发电系统核心部件技术水平，研制阻垢剂加注工艺及设备以及大型地热压缩式热泵余热回收供热装置等。

（2）试验示范

依托《可再生能源发展十三五规划》及相关能源中长期战略规划，确定示范工程推动关键地热装备的试验示范。

（3）应用推广

鼓励后续项目采用自主研制设备。

（十一）海洋能装备

（1）技术攻关

兆瓦级波浪能发电装备：进一步提高百千瓦级波浪能发电装置转换效率，突破发电机、液压装置以及控制装置等功能部件核心技术，掌握关键基础元器件和功能部件设计制造技术。

兆瓦级潮流能发电装备：开发高效率的潮流叶轮及适合中国潮流资源特点的翼型叶片，突破发电机组水下密封、低流速启动、冷却、防腐、模块设计与制造等关键技术。

（2）试验示范

依托《可再生能源发展十三五规划》及相关能源中长期战略规划，确定示范工程推动关键海洋能装备的试验示范。

（3）应用推广

鼓励后续项目采用自主研制设备。

（十二）燃气轮机

（1）技术攻关

百千瓦级微型燃气轮机：突破整体插拔式单筒燃烧室和回流燃烧室高效低污染设计技术、离心压气机和向心涡轮设计、加工与试验验证、高效回热器设计与验证、燃用多种燃料燃烧器关键技术、燃气轮机与高速电机一体化设计、燃机-

传动系统轴承轴系的结构完整性和动力稳定性技术和气浮轴承与磁悬浮轴承技术。

5MW级燃气轮机：突破高性能压气机设计、低排放及双燃料燃烧室设计、高性能涡轮设计、伴生气和煤制气等低热值燃料燃烧室研制，完成5MW级燃气轮机整机设计、关键部件试验、样机制造与整机试验验证。

10MW级工业燃气轮机：突破高性能压气机设计、高性能低排放及双燃料燃烧室设计、高温气冷涡轮设计技术和数字式控制系统技术，完成10MW级燃气轮机整机设计、关键部件试验、样机制造与整机试验验证。

30MW级中型工业燃气轮机：突破高性能高稳定性轴流压气机技术、高稳定性、干式、低排放燃烧室技术、中低热值合成气、生物质等多种燃料燃烧室技术、高性能、长寿命涡轮技术、多轴系结构涡轮系统设计、变载荷及频繁起停工况下的系统控制技术、多余度数字控制及状态监测与预警系统技术，完成30MW级先进燃气轮机整机设计、关键部件试验、样机制造与整机试验验证。

50～70MW等级燃气轮机：突破高性能轴流压气机、低排放燃烧室、高性能涡轮等关键部件制造、高热声稳定性、高预混度的斜向旋流通路设计优化技术、基于预混值班的低排放多路燃料控制技术；开展常压和全压燃烧试验，掌握50～70MW等级燃气轮机低排放、性能优化、全生命周期管理、远程监控与诊断等技术；开展二次空气系统关键技术攻关，掌握先进密封技术在燃气轮机上的应用技术；开展先进TBC涂层及黏结层的新材料和新工艺研究，提高TBC涂层的抗高温能力进一步降低热导率，提高黏结层的抗氧化性能。建立基于产品生命周期管理的应用技术、基于PDMS平台的多学科跨专业一体化3D开发、燃气轮机实时动态物理仿真数字平台，完成整机关键部件试验、样机试验及工业考核。

F级300MW级重型燃气轮机：开展F级300MW级重型燃气轮机整机装备研制，完成整机设计、关键部件试验及工业考核。突破高温合金材料、热障涂层材料、热端部件和控制保护系统制造技术，研发燃气发电智能控制和决策系统。全面掌握多级轴流压气机、燃用多种燃料的低污染燃烧室、气冷多级透平试验和制造技术以及燃气轮机总体集成技术，建立和完善产品设计、制造和试验验证体系。推进整机空负荷试验以及带负荷发电试验验证。

G/H级重型燃气轮机：研制G/H级重型燃气轮机整机装备，完成整机设计、关键部件试验以及整机试验；突破单晶高温材料、热障涂层技术，全面掌握大流量高压比多级轴流压气机、分级预混干式低氮燃烧室、单晶叶片及高效气冷的透平技术；确定技术路线和参数要求，进行包括总体性能、热力设计，初步气动设计，总体布置图设计等在内的初步设计，确定各部件基本结构和尺寸参数；进行包括各部件的气动设计、传热设计、结构设计、强度振动计算及寿命分析，对结构进行改进优化，并进行三维模型设计以及二维图纸设计；建立和完善产品设计、制造和试验验证体系。

燃气轮机装备智能制造：研究并掌握燃气轮机关联设计与多学科优化设计技术，燃气机快速工艺设计与仿真优化设计，部件及整体虚拟装配技术，高效、高精度、高柔性和高集成度的燃气轮机智能生产线技术，燃气轮机在线/在位检测与制造过程智能管控技术，高精度3D金属/合金打印技术，燃气机全寿命期的大数据与智能决策技术。

高温合金涡轮叶片：全面掌握高温合金涡轮铸造叶片模具技术，叶片铸造成形技术，大型高温合金涡轮叶片精铸晶体取向及组织控制技术和尺寸形状精度控制技术，高温合金涡轮叶片焊接、特种加工以及涂层技术，叶片服役损伤的检测体系和评估技术，叶片服役损伤修复技术。

（2）试验示范

确定天然气分布式能源项目示范工程、《电力发展十三五规划》及相关能源中长期战略规划中燃气发电项目为燃气轮机自主化示范工程，推动各种类型燃气轮机整机试验示范：

开展国产5、10、30MW级燃气轮机在天然气输送、发电及分布式供能领域的示范应用；

F级300MW级重型燃气轮机自主研制的叶片、轮盘以及整机示范应用；推进燃气轮机与IGCC系统示范验证。

（3）应用推广

国产化重型燃气轮机的推广应用。

鼓励后续所有分布式能源项目和燃气蒸汽联合循环发电项目采用自主研制设备和相关控制系统。

（十三）储能装备

（1）技术攻关

10MW级压缩空气储能装备：掌握系统总体设计与系统集成技术，突破超临界压缩空气储能系统中宽负荷压缩机和高负荷透平膨胀机、紧凑式蓄热（冷）换热器等核心部件的流动、结构与强度设计技术。

飞轮储能装备：研制1MW/1000MJ飞轮储能工业示范单机、阵列机组，研究基于轴向磁通永磁电机的新型飞轮储能系统。

高温超导储能装备：掌握5MJ/2.5MW以上的高温超导储能磁体、功率调节系统PCS、高温超导储能低温高压绝缘结构、低温绝缘材料及制冷系统设计与制造技术。

大容量超级电容储能装备：突破新型电极材料、电解质材料及超级电容器新体系等，研究高性能石墨烯及其复合材料的宏量制备，开发基于钠离子的新型超级电容器体系等，研发能量密度30Wh/kg，功率密度5000W/kg的超级电容器单体。

10MW级液流电池储能成套装备：掌握电池结构设计、电极材料改性、一体化电极制备等技术。

全钒液流电池储能装备：研究关键膜材料、电池可靠性与耐久性技术、大功率电池堆工程设计、系统集成与智能控制技术等，建立钒电池储能示范系统。

高性能铅炭电池储能装备：研究高导电率、耐腐蚀的新型电极材料设计、合成和改性技术，以及长寿命铅炭复合电极和新型耐腐蚀正极板栅制备技术，掌握铅炭电池本体技术，开发长寿命、低成本铅炭电池储能装置。

25kW铝合金钠硫电池储能装备：突破金属与陶瓷的低压力扩散封接系统、高活性电极的装配及封装系统、连续式素坯成型及陶瓷管烧结系统、电解质陶瓷管、碳毡及复合正极材料、高抗腐蚀外壳、热压封接陶瓷头、大尺寸保温箱、电池管理系统、抗腐蚀高温连接件。

100MW级钛酸锂电池储能装备：突破关键材料筛选制备技术、电池材料体系匹配技术、电池制备技术、电/热管理技术、电池系统集成技术、电池失效诊断分析技术以及钛酸锂电池系统与功率变换匹配技术、储能机组群控技术等，掌握长寿命钛酸锂材料、储能用锂离子电池设计及制备技术、电池系统集成技术和电池系统与功率变换匹配技术以及储能机组群控技术。

（2）试验示范

依托《风电发展十三五规划》《太阳能发电发展十三五

规划》和《电力十三五规划》及相关能源中长期战略规划，确定示范工程推动关键储能装备的试验示范。

推进氢能在天然气冷热电联供系统中的储能功能示范。

（3）应用推广

鼓励后续项目采用自主研制设备。

（十四）先进电网装备

1. 特高压输变电

（1）技术攻关

特高压交流输电装备：1100kV/2500A 0.4g 抗震型交流系统用变压器套管、1100kV/3150A 大容量变压器用套管、气体绝缘金属封闭输电线路、无源式光学电流/电压光学传感器、内置式绝缘子关键部件、760kN 及以上大吨位绝缘子、高性能组部件及原材料（基于光纤的可测温度、形变电磁线，高性能、高质量规模化生产硅钢片，避雷器用高性能电阻片原材料）、0.5g 抗震型大容量并联电容器装置、1000kV 交流串联电容器装置。

±（800～1100）kV 特高压直流输变电装备：研制±1100kV 高端及中端换流变压器（多物理场仿真设计分析技术、直流油纸绝缘设计验证及校核技术、绝缘成型件及组附件、现场试验技术）及换流变压器关键零部件（绝缘成型件及组附件）、±1100kV 换流变压器阀侧套管（设计套管内绝缘设计、大尺寸外绝缘加工工艺等，掌握大直径套管绝缘芯体加工工艺及设备研制、试验技术）、±800、±1000kV 出线装置（绝缘结构）、现场组装式换流变压器（关键技术开发）、±1100kV 平波电抗器（电磁场分析和绝缘可靠性、电气结构、防震设计、降低损耗和噪声、运行环境和适应性、绝缘成型件及组附件国产化、智能化制造工艺）、直流输电晶闸管换流阀研制（突破换流阀绝缘设计技术）、±1100kV 各类直流电容器（PLC/RI 电容器、滤波电容器、中性母线冲击电容器、直流转换开关用电容器、交流滤波电容器、低噪声电容器组、高比特电容器组、0.5g 抗震型电容器装置）、±1100kV 直流旁路开关、直流转换开关、直流隔离开关和接地开关、±1100kV 直流测量装置系列产品（全光纤电流互感器/直流电子式电压互感器）、±1100kV 直流系统避雷器、±（800～1100）kV 穿墙套管（结构设计、绝缘设计和加工工艺等突破关键技术）、1100kV 瓷柱式滤波器组断路器。

推进特高压输变电装备智能制造与智能运维：研究并掌握特高压交直流输电装备优化设计、关键零部件高效、高精度制造技术，关键零部件、整机智能生产线技术，在位检测与制造过程智能管控技术，工控网络安全监测与审计，运行过程远程在线监测，全寿命期的大数据与智能决策技术，设备在役在线检测、远程设备维护诊断、企业私有云、能源装备公共云技术。

（2）试验示范

依托《电力发展十三五规划》及相关能源中长期战略规划中明确的后续特高压输电工程项目，推动关键装备的试验示范：

1000kV 等级特高压交流关键设备：气体绝缘金属封闭开关设备用关键元件无源式光学电流互感器、出线装置、冷却器、有载开关、智能组件、变压器干式套管、交直流混联协调控制保护成套设备、1333MVA 两柱式特高压变压器、大容量现场组装变压器、可控特高压并联电抗器、气体绝缘金属封闭输电线路（GIL）等。

±（800～1100）kV 特高压直流输电关键设备：换流

变压器（阀侧套管、穿墙套管），5000A 直流断路器，换流变出线装置，现场组装式换流变压器，平波电抗器，晶闸管，换流阀，直流耦合电容器、交直流滤波电容器，直流旁路开关、直流转换开关、直流隔离开关和接地开关，直流测量装置系列产品（全光纤电流互感器/直流电子式电压互感器），直流避雷器（U_r =1320kV），穿墙套管，瓷柱式滤波器组断路器，绝缘子，控制保护系统等。

所有完成技术攻关的设备。

承担关键零部件技术攻关的设备整机。

（3）应用推广

鼓励《电力发展十三五规划》及相关能源中长期战略规划中明确的后续特高压输电工程项目采用自主研制的特高压输变电装备、完成试验示范的关键设备：

1000kV 等级特高压交流输电成套设备：气体绝缘金属封闭开关设备、变压器油浸纸套管、可控并联电抗器保护装置、串联补偿装置等。

±800kV 特高压直流输电设备：直流隔离开关、直流电容器、6in 5000A 晶闸管和换流阀、5000A 旁路开关以及已完成试验运行行业绩设备及低电压设备。

2. 智能电网

（1）技术攻关

柔性输变电设备：突破±500kV/3000MW 柔直系统关键技术和控制保护设备，±800kV 柔性直流输电装备（含换流器及直流支撑电容器），适用于 10～110kV 配网系统的柔性直流配网换流器、变压器、断路器、控制保护系统研制，±（160～500）kV 高压直流断路器关键技术和超高速机械开关等关键组件以及带故障电流限制的高压直流断路器，500kV 统一潮流控制器换流阀、晶闸管旁路开关、控制保护等，300MW 级大功率 SVG 设备，220kV/40kA 固态短路限流装置在短路电流超标系统的自耦变压器、晶闸管阀设计、控制策略及控保系统、±500kV 柔性直流电缆及海底电缆、附件和绝缘材料，300Mvar 级大功率 SVG 设备、±500kV 直流电缆、500kV 短路电流限制器。

智能变电站成套装备：研发基于大数据、云计算的126～1100kV 气体绝缘金属封闭智能开关设备及远程专家诊断系统、智能变电站智能控制和运行维护系统、110～1000kV/50～1000MVA 节能型环保型智能变压器、智能变电站主设备带电检修关键设备、同步开关和变电站智能巡检系统、次同步振荡识别及抑制系统。

智能配电网成套设备：研发智能分布式配电保护与自愈控制系统、10～35kV 智能配网串联补偿装置，适用于 10～35kV 配网的兆瓦级以上电能路由器、微网专用超快速混合型低压限流断路器、中压兆瓦级双电源固态无缝切换开关、微电网多源协调控制系统、分布式配电线路故障定位系统、分布式串联补偿装置以及新材料和光电复合高带宽数据线缆。

用户端智能化成套装备：用于新能源或多电源低压配电系统的控制与保护一体化系统及装置、用于新能源或多电源配电系统的用户端核心电器设备〔额定电压为 AC 1000V 或 DC 1500V 及以下的超智能型万能式断路器、超智能型塑壳式断路器、超智能型小型断路器、超智能型自动转换开关、超智能型控制与保护电器、低压开关柜（全铝母线式）等〕、用户端能源管理与需求响应系统及接口装置、用户端核心电器及电机设备的智能制造装备。

大容量电力电子器件和材料：研制以 SiC 和 GaN 等材料为代表的宽禁带电力电子半导体器件、高压/大电流瞬态开断电力电子器件、高压大容量固态电力电子变换器，研发新一代高压大功率电力电子器件材料生长与掺杂、器件及封装、驱动及电路设计等关键技术工艺。

高温超导材料：研究高温超导材料配方及其制备工艺，开展面向超导电缆、变压器、限流器、超导电机等的应用研究。研究生产执行管理、先进过程控制与优化、物流与质量追溯等智能制造技术。

推进智能电网设备智能制造与智能运维：研究并掌握各类智能电网装备数字化快速设计技术，如智能化加工流水线、机器人、智能检测装置、精益电子看板、制造执行系统（MES）、产品全生命周期管理系统（PLM）等；建立生产过程数据采集分析系统和车间级工业通信网络，建立自动化智能化的加工、装配、检验、物流等系统，通过工业通信网络实现互联和集成；研究工控网络安全监测与审计，运行过程远程在线监测，全生命周期的大数据与智能决策技术，设备在役在线检测、远程设备维护诊断、企业私有云、能源装备公共云技术。

（2）试验示范

开展智能电网、能源互联网等工程项目示范，推动关键装备的试验示范：

柔性直流输电：±500kV/3000MW 柔直系统、±500kV/3000MW 多端柔性直流输电控制保护、10～110kV 柔性直流配电设备、±160～±500kV 高压直流断路器、500kV 统一潮流控制器（UPFC）、220kV/40kA 固态短路限流装置等。

智能变电站主设备、二次设备综合在线监测及远程专家诊断系统、750～1000kV 节能型环保型智能变压器、10～35kV 投切电容器组和无功补偿专用真空开关、智能变电站一次设备带电检修关键设备等。

所有完成技术攻关的设备。

承担关键零部件技术攻关的设备整机。

（3）应用推广

鼓励后续配电网智能化改造工程项目采用自主研制设备、完成试验示范的关键设备。

±320kV/1000MW 和 ±420kV/1250MW 柔性直流输电系统、200MW/35kV 大功率 SVG 设备、220kV/40kA 固态短路限流装置等。

126～363kV 集成式智能隔离断路器、110～500kV 节能型环保型智能变压器、智能分布式配电保护与自愈控制系统、10kV 智能配网串联补偿装置、10kV 智能配网无功补偿 SVG 装置、微网专用超快速混合型低压限流断路器、中压兆瓦级双电源固态无缝切换开关、微电网多源协调控制系统等。

3. 能源互联网关键装备

（1）技术攻关

能源互联网核心装备：包括面向多能流的能源交换与路由、储能、能气转换等装置。

可再生能源并网系统：研发基于移动互联网、云计算和大数据分析技术的可再生能源综合监控、运维、预测与分析评估系统以及可再生能源自动化智能生产管理设备及系统，包括可再生能源智能集中运维管理系统、可再生能源发电效能云分析评估系统、基于大数据的可再生能源故障云诊断系统、光伏电站运行指标分层分级评估系统、基于设备环境模型的光伏发电高效能控制系统、光伏智能运维平台、光伏发电分析评估系统、光伏发电智能控制系统、光伏发电功率预测系统、风电功率预测系统、风力发电机组智能控制系统，掌握智能诊断、功率预测、分析评估与

控制调度技术，推进移动互联网、云平台和大数据等新一代信息技术在可再生能源智能诊断、功率预测、分析评估与协调控制等方面的应用，突破能源互联网框架下的风电机组、光伏逆变器与能源互联网信息交互与控制，开发主要可再生能源发电效能云分析系统、故障云诊断系统，实现可再生能源发电智能运维。

（2）试验示范

依托《关于积极推动"互联网＋"智慧能源（能源互联网）发展的行动计划》《风电发展十三五规划》《太阳能发电发展十三五规划》《电力十三五规划》及相关能源中长期战略规划，确定示范工程推动关键装备的试验示范。

推动可再生能源发电大数据建模和分析技术研究、云计算和互联网在可再生能源发电综合监控、运维、预测及分析评估和生产管理等领域的应用。推动靠岸电源成套设备示范应用。

（3）应用推广

鼓励后续项目采用自主研制设备。

（十五）煤炭深加工装备

（1）技术攻关

大型煤气化装置：研发适应煤制清洁燃料及化学品等用途的大型煤气化炉（包含干粉煤气化工艺烧嘴、水煤浆气化工艺烧嘴等关键部件）、破渣机、自动化控制及辅助系统和大型粉煤热解装置，掌握气化炉的放大规律和结构特点、烧嘴等内构件材料及制造和自动化控制及辅助系统技术。

通用关键设备：研制 12 万 m^3/h（标准状态下）等级以上大型空分装置、煤化工配套特殊阀门、膨胀机、各类煤化工泵（两相流泵、进料泵、甲醇泵等）和千万吨级工艺泵以及耐磨蚀高温高压差调节阀等，实现 10 万 m^3/h（标准状态下）的大型空分装置、大型气体压缩机、耐温耐磨泵、阀及管道等通用设备的国产化。

大型合成装置：研制百万吨级甲醇合成反应器、大型甲烷化反应器、大型浆态床费托合成反应器、百万吨级甲醇制烯烃反应器等，形成大型煤化工合成装置的自主开发、设计、制造能力，提高国产化率。

（2）试验示范

依托相关能源规划和战略规划中后续所有煤炭深加工项目，推进自主研发的煤气化装置、关键泵阀、合成装置等的试验示范。

粉煤洁净化分质利用装置：3000t/d 及以上干煤粉气化炉；4000t/d 及以上水煤浆气化炉；大型空分配套增压机和压缩机、各类化工压缩机、千万吨级炼油工艺压缩机；大型空分装置配套大流量低温泵；千万吨级炼油换热器；千万吨级炼油用各类阀门；粉煤洁净化分质利用装置等。

开展 400～600MW 等级整体煤气化联合循环（IGCC）电站关键技术装备示范。

推进整体煤气化燃料电池联合循环（IGFC-CC）发电技术装备示范。

（3）应用推广

鼓励后续所有煤炭深加工项目采用自主研制设备。

推广应用低于 3000t/d 气化炉、煤化工控制系统、大型空分装置配套换热器、大型空分装置配套小流量低温泵、高压和高温油煤浆泵等。

五、保障措施

（一）建立机制加强组织落实

建立协调工作机制，加强统筹协调和督察落实。不定期

召开会议，研究制定和细化政策措施，提出具体工作计划和年度重点任务，具体衔接协调能源装备产业发展有关规划、政策、工程、专项和走出去工作等，研究落实依托工程，促进首台套能源装备的推广应用。

（二）政府引导形成创新合力

政府引导、企业为主，组织推动能源企业与装备制造业联合形成自主创新合力。针对重大装备自主创新示范项目，组织能源企业和装备制造企业对接，制定装备自主创新工作方案，协调和推进装备自主研制、试验鉴定和试验示范。组织主设备制造企业与关键零部件和材料制造企业对接，制定关键零部件和材料自主研发工作方案，加快形成重大能源装备成套能力。

（三）资金支持提升产业能力

高效利用中央资金支持重大能源装备、关键零部件和材料的技术攻关。研究利用专项建设基金、先进制造产业投资基金、国家新兴产业创业投资引导基金等，支持符合条件的关键装备技术攻关、产业化和制造条件升级。针对实施方案主要任务，继续组织开展一批关键装备、核心部件的技术攻关和技术改造，加强试验检测能力建设。对符合产业发展方向的能源装备建设项目给予金融、贷款等政策优惠。

（四）完善政策保障示范应用

研究统筹利用财税、价格、项目考核和运行监管等手段，支持能源装备试验示范和推广应用。国家制定的各类能源规划要明确能源装备自主创新工作任务和发展目标。鼓励和支持各类能源项目制定能源装备自主创新工作方案，积极承担能源装备试验示范和推广应用任务。对国家明确的承担首台套重大装备试验示范的依托工程，试验示范期间适当给予安全运行考核政策支持，并进一步研究给予税收、电价方面的优惠。鼓励对符合产业发展方向的能源装备首台套项目开展保险和再保险。

（五）加强引导助力优胜劣汰

对于完成试验示范的重大能源装备，行业主管部门定期出台能源装备自主创新推荐目录，鼓励其推广应用。适时调整或取消相应整机、成套设备、部件和材料的进口免税政策。完善技术和质量监管体系，加强第三方检测检验，强化企业质量主体责任。研究制定重大能源装备和关键零部件质量通报制度，组织能源企业、行业协会定期调研和发布能源装备质量情况，通报质量问题突出、引发重大生产事故的设备及制造企业。引导和督促制造业不断提升技术水平和质量保障能力，逐步淘汰落后产能。

（六）组织技改推动转型升级

结合《中国制造2025》制造业创新中心、智能制造、工业强基、绿色制造和高端装备等工程，推进能源装备制造业开展技术改造，推动能源装备制造企业采用智能制造、3D打印等新技术和新工艺提升制造技术水平和能力。积极贯彻落实《中国制造2025》有关政策措施，根据能源装备制造业实际情况，采用政府引导、社会合作的模式，引导社会资本参与制造业重大项目建设、企业技术改造和关键基础设施建设，有效推动能源装备制造企业转型升级。

（七）健全机制促进国际合作

围绕共建"一带一路"和实施"走出去"战略，建立健全能源装备国际合作服务工作机制。引导能源企业、装备制造企业抱团出海，防止国内企业同质化恶性竞争。推动能源

装备制造业从单纯技术引进向人才引进、对外并购、合作研发转变，支持引进能源发展亟须的先进技术和高端人才。研究利用产业基金、国有资本收益等方式，推动各类能源装备优势产能走出去，支持海外投资并购。

（八）完善标准助推产业提升

加快现有国家标准和行业标准的修订、整合和完善，适时制定新的国家和行业标准，提高标准的先进性。加强能源装备标准制修订所需的试验验证平台建设。加强与国际标准对接，提高国家标准、行业标准和企业标准等级，形成统一、完善、符合我国国情的能源技术装备标准体系。进一步推进能源行业标准在行业管理和监督中发挥作用，加强能源装备检测认证工作。加强能源装备制造有关行业标准的宣传贯彻和落实。

国家发展改革委、国家能源局关于完善光伏发电规模管理和实行竞争方式配置项目的指导意见

（发改能源〔2016〕1163号）

各省、自治区、直辖市、新疆生产建设兵团发展改革委（能源局）、物价局，国家能源局各派出机构，国家电网公司、南方电网公司，内蒙古电力公司，陕西地方电力公司，水电规划总院、电力规划总院，有关光伏发电投资开发企业：

近年来，在一系列政策支持下，我国光伏发电规模迅速扩大，既为光伏制造产业提供了有效的市场支撑，又为清洁低碳能源发展注入了新生力量。但与此同时，随着行政审批权限下放，部分地区也出现了光伏发电项目资源配置不科学、管理秩序混乱等问题，阻碍了光伏技术进步和成本下降，影响了光伏产业的健康发展。为进一步完善光伏发电建设规模管理，优化项目配置方式，规范市场开发秩序，加快推进光伏产业升级，按照"放管结合"的原则，提出以下意见：

一、光伏发电年度建设规模实行分类管理

按照光伏发电项目的类型及规模、接网条件及消纳范围和促进技术进步的作用等因素，对光伏发电建设规模实行分类管理。

（一）不限规模的光伏发电类型和地区

1. 利用固定建筑物屋顶、墙面及附属场所建设的光伏发电项目以及全部自发自用的地面光伏电站项目不受年度规模限制，各地区可随时受理项目备案，项目投产后即纳入国家可再生能源发电补贴范围。

2. 鼓励各地区结合电力体制改革总体框架开展光伏发电市场交易等改革创新试点。相关省（区、市）发展改革委（能源局）研究制订试点地区光伏发电（含新能源微电网）市场交易改革创新试点方案，报国家发展改革委、国家能源局。国家发展改革委、国家能源局在明确试点相关政策的同时，对试点地区光伏电站建设规模专门做出安排，支持试点工作的顺利进行。

3. 光伏扶贫中的村级电站和集中式电站，不占国家能源局下达的所在省（区、市）普通光伏电站建设规模。地方能源主管部门会同扶贫部门，以县为单元按要求编制实施方案，明确扶贫人口数、扶贫收益及分配方式后，经省（区、市）发展改革委（能源局）审核后报国家能源局，国家能源局专项下达建设规模。

（二）普通光伏电站项目。各省（区、市）发展改革委（能源局）要进一步完善普通光伏电站项目管理方式，鼓励采用竞争方式配置项目，并将上网电价作为主要竞争条件。对采取公开招标、竞争性比选等竞争方式配置项目并推动电价或度电补贴额度明显下降的地区，其当年普通光伏电站建设规模直接按一定比例扩大，具体扩大比例在每年下达建设规模时一并确定。有关省（区、市）发展改革委、能源局应将采取竞争方式确定的项目上网电价及时抄送所在省级价格主管部门。

（三）光伏发电领跑技术基地。国家每年安排专门的建设规模组织建设光伏发电领跑技术基地，引导光伏技术进步和成本及电价下降。有关部门提出基地的技术指标、建设规范、运行管理及信息监测、评价等要求。各地区可结合采煤（矿）沉陷区生态治理、设施农业、渔业养殖、工业废弃地、废弃油田等综合利用工程，以具备一定规模、场址相对集中、电力消纳条件好且可统一实施建设为前提开展基地规划。基地原则上以市为单位，规划容量不小于 50 万 kW，基地内的光伏电站项目通过竞争方式配置。

二、光伏电站项目竞争配置方式及要求

（一）普通光伏电站项目竞争配置方式。各省（区、市）发展改革委（能源局）负责制定普通光伏电站项目的竞争性配置办法，并向国家能源局报备，抄送当地国家能源局派出机构，同时向社会公布。原则上项目竞争配置由各省（区、市）能源主管部门统一组织进行。采取竞争方式确定的项目上网电价要及时抄送各省级价格主管部门。各省级价格主管部门按照竞争确定的项目上网电价执行电价及补贴政策。普通光伏电站项目的竞争配置方式如下：

1. 对未确定投资主体的项目，通过招标等竞争方式公开选择投资主体。竞争条件应包含企业经营光伏发电项目的业绩、投资能力、技术先进性等。应将上网电价（或度电补贴额度）作为主要竞争条件。

2. 对已开展前期工作且已确定投资主体的项目，通过竞争性比选、优选等竞争方式配置年度建设规模指标。竞争条件应包含企业投资能力、项目前期工作深度、电网接入及消纳条件等。应将上网电价（或度电补贴额度）作为主要竞争条件。

（二）光伏发电领跑技术基地项目的竞争方式。各省（区、市）发展改革委（能源局）统一组织本省（区、市）内符合建设条件的地区编制领跑技术基地规划，连同基地项目竞争配置办法及建设实施方案一并报送国家能源局。基地必须采取招标或竞争性比选等方式配置项目，且电价（或度电补贴额度）应作为主要竞争条件。基地优选项目投资主体和建设等工作由省（区、市）发展改革委（能源局）统一组织实施，或者由其委托基地所在市（县）政府组织实施。各省级价格管理部门按照竞争确定的项目上网电价执行电价及补贴政策。基地内单个光伏电站项目的建设规模原则上应为 10 万 kW 以上，项目采用的光伏组件等主要光伏产品须符合光伏"领跑者"先进技术产品指标。国家能源局对基地项目建设的组织和建设给予指导和监督。

（三）禁止地方保护和不正当收费行为。各地区在实施竞争配置项目过程中，不得限制外地企业参与竞争，不得对本地、外地企业差别对待；不得将企业购买本地光伏电池等设备、建设配套产能作为竞争配置项目的前提条件；不得向企业收取法律法规规定以外的各种费用，不得以各种有价方式出让项目，不能以干股等非法方式侵害企业合法权益。

（四）竞争性配置项目的程序要求。各类项目的竞争办法均应及时向社会公开，公平对待各类投资主体。采用公开招标或者优选办法的，应当提前公开招标规则和评分办法。竞争过程中应当严格依法依规公开公平公正进行，竞争结果应当向社会公示，公示内容包括项目装机容量、建设地点、控股投资主体等基本信息。

三、加强项目开发的监督管理

（一）各省（区、市）发展改革委（能源局）应按照国家能源局下达的年度建设规模安排项目，对于超规模配置的项目，须占用以后年度国家能源局下达的建设规模。各类项目均应严格按照《国家能源局关于实行可再生能源发电项目信息化管理的通知》（国能新能〔2015〕358 号）要求，纳入国家能源局可再生能源发电项目信息管理平台管理。对于因信息填报错误、填报不及时导致不能及时接入电网、列入补贴目录和获得电价附加补贴的，由项目单位自行承担相关责任。

（二）光伏电站项目纳入年度建设规模后，其投资主体及股权比例、建设规模和建设场址等主要内容不得擅自变更。已纳入年度建设规模、未进入实质性工程建设阶段的项目不得向其他投资人转让，投资主体无力建设，应向所在省（区、市）发展改革委（能源局）申请从年度规模中取消，并向原备案机关申请撤销备案。在建设期确因企业兼并重组、同一集团内部分工调整等原因需要变更投资主体或股权比例的，或者调整建设规模和场址的，项目投资主体应向所在省（区、市）发展改革委（能源局）提出申请，获得审核确认后方可实施变更，并向国家能源局派出机构报备，同时在国家可再生能源信息管理平台重新登记有关信息。在项目投产后变更投资主体，应向原备案机关进行变更登记，抄送国家能源局派出机构和当地电网企业，并在国家可再生能源信息管理平台变更登记信息。

（三）各省（区、市）发展改革委（能源局）和国家能源局派出机构应加强对光伏电站项目的监督管理。对于在一定期限内未开工的项目，应在本年度建设规模中予以取消，具体期限由各省（区、市）发展改革委（能源局）规定。对于在投产前擅自变更投资主体等主要建设内容的，有关部门应当将项目从年度建设规模中取消，禁止该项目申请国家可再生能源补贴，并禁止相关投资主体在一定期限内参与后续光伏电站项目的配置。国家能源局派出机构应按照闭环监管工作要求，加强对项目工程建设、并网运行和电费结算等建设运行情况的监管，及时向属地省级能源管理部门通报项目建设运行中出现的问题，跟踪整改落实情况，同时向国家能源局报告。

国家发展改革委（印）
国家能源局
2016 年 5 月 30 日

国家发展改革委、国家能源局关于推进多能互补集成优化示范工程建设的实施意见

（发改能源〔2016〕1430 号）

各省、自治区、直辖市发展改革委、能源局，新疆生产建设兵团发展改革委，有关能源企业：

根据国务院关于贯彻落实稳增长政策措施有关要求，为加快推进多能互补集成优化示范工程建设，提高能源系统效率，增加有效供给，满足合理需求，带动有效投资，促进经济稳定增长，现提出如下实施意见：

一、建设意义

多能互补集成优化示范工程主要有两种模式：一是面向终端用户电、热、冷、气等多种用能需求，因地制宜、统筹开发、互补利用传统能源和新能源，优化布局建设一体化集成供能基础设施，通过天然气热电冷三联供、分布式可再生能源和能源智能微网等方式，实现多能协同供应和能源综合梯级利用；二是利用大型综合能源基地风能、太阳能、水能、煤炭、天然气等资源组合优势，推进风光水火储多能互补系统建设运行。

建设多能互补集成优化示范工程是构建"互联网+"智慧能源系统的重要任务之一，有利于提高能源供需协调能力，推动能源清洁生产和就近消纳，减少弃风、弃光、弃水限电，促进可再生能源消纳，是提高能源系统综合效率的重要抓手，对于建设清洁低碳、安全高效现代能源体系具有重要的现实意义和深远的战略意义。

二、主要任务

（一）终端一体化集成供能系统

在新城镇、新产业园区、新建大型公用设施（机场、车站、医院、学校等）、商务区和海岛地区等新增用能区域，加强终端供能系统统筹规划和一体化建设，因地制宜实施传统能源与风能、太阳能、地热能、生物质能等能源的协同开发利用，优化布局电力、燃气、热力、供冷、供水管廊等基础设施，通过天然气热电冷三联供、分布式可再生能源和能源智能微网等方式实现多能互补和协同供应，为用户提供高效智能的能源供应和相关增值服务，同时实施能源需求侧管理，推动能源就地清洁生产和就近消纳，提高能源综合利用效率。

在既有产业园区、大型公共建筑、居民小区等集中用能区域，实施供能系统能源综合梯级利用改造，推广应用上述供能模式，同时加强余热、余压以及工业副产品、生活垃圾等能源资源回收和综合利用。

（二）风光水火储多能互补系统

在青海、甘肃、宁夏、内蒙古、四川、云南、贵州等省区，利用大型综合能源基地风能、太阳能、水能、煤炭、天然气等资源组合优势，充分发挥流域梯级水电站、具有灵活调节性能火电机组的调峰能力，建立配套电力调度、市场交易和价格机制，开展风光水火储多能互补系统一体化运行，提高电力输出功率的稳定性，提升电力系统消纳风电、光伏发电等间歇性可再生能源的能力和综合效益。

三、建设目标

2016年，在已有相关项目基础上，推动项目升级改造和系统整合，启动第一批示范工程建设。"十三五"期间，建成国家级终端一体化集成供能示范工程20项以上，国家级风光水火储多能互补示范工程3项以上。

到2020年，各省（区、市）新建产业园区采用终端一体化集成供能系统的比例达到50%左右，既有产业园区实施能源综合梯级利用改造的比例达到30%左右。国家级风光水火储多能互补示范工程弃风率控制在5%以内，弃光率控制在3%以内。

四、建设原则及方式

（一）统筹优化，提高效率

终端一体化集成供能系统以综合能源效率最大化、热、电、冷等负荷就地平衡调节，供能经济合理具有市场竞争力为主要目标，统筹优化系统配置，年平均化石能源转换效率应高于70%。风光水火储多能互补系统以优化存量为主，着重解决区域弃风、弃光、弃水问题；对具备风光水火储多能互补系统建设条件的地区，新建项目优先采用该模式。

（二）机制创新，科技支撑

创新多能互补集成优化示范工程政策环境、体制机制和商业模式，符合条件的示范项目优先执行国家有关灵活价格政策、激励政策和改革举措。推动产学研结合，加强系统集成、优化运行等相关技术研发，推动技术进步和装备制造能力升级。示范项目应优先采用自主技术装备，对于自主化水平高的项目优先审批和安排。

（三）试点先行，逐步推广

积极推进终端一体化集成供能示范工程、能源基地风光水火储多能互补示范工程建设，将产业示范与管理体制、市场建设、价格机制等改革试点工作相结合，探索有利于推动多能互补集成优化示范工程大规模发展的有效模式，在试点基础上积极推广应用。

五、政策措施

（一）实施新的价格机制

落实《中共中央国务院关于推进价格机制改革的若干意见》，按照"管住中间、放开两头"的总体思路，推进电力、天然气等能源价格改革，促进市场主体多元化竞争，建立主要由市场决定能源价格的机制。

针对终端一体化集成供能示范工程，在能源价格市场化机制形成前，按照市场化改革方向，推行有利于提高系统效率的电价、热价、气价等新的价格形成机制。实施峰谷价格、季节价格、可中断价格、高可靠性价格、两部制价格等科学价格制度，推广落实气、电价格联动等价格机制，引导电力、天然气用户主动参与需求侧管理。具体价格政策及水平由国家及地方价格主管部门按权限确定。

针对风光水火储多能互补示范工程，统筹市场形成价格与政府模拟市场定价两种手段，加快推进电力和天然气现货市场、电力辅助服务市场建设，完善调峰、调频、备用等辅助服务价格市场化机制。在市场化价格形成前，实施有利于发挥各类型电源调节性能的电价、气价及辅助服务价格机制。

（二）加大政策扶持力度

经国家认定的多能互补集成优化示范项目优先使用国家能源规划确定的各省（区、市）火电装机容量、可再生能源发展规模及补贴等总量指标额度。风光水火储多能互补示范项目就地消纳后的富余电量，可优先参与跨省区电力输送消纳。符合条件的多能互补集成优化工程项目将作为能源领域投资的重点对象。符合条件的项目可按程序申请可再生电价附加补贴，各省（区、市）可结合当地实际情况，通过初投资补贴或贴息、开设专项债券等方式给予相关项目具体支持政策。

（三）创新管理体制和商业模式

积极支持采取政府和社会资本合作模式（PPP）建设多能互补集成优化示范工程。结合电力、油气体制改革工作，创新终端一体化集成供能系统管理和运行模式，开展售电业务放开改革。国家能源局会同有关部门完善电（气、热）网接入、并网运行等技术标准和规范，统筹协调用能、供能、电（气、热）网等各方利益，解决终端一体化集成供能系统并网和余电、余热上网问题。相关电网、气网、热力等管网企业负责提供便捷、及时、无障碍接入上网和应急备用服务，实施公平调度。创新终端一体化集成供能系统商业模式，鼓励采取电网、燃气、热力公司控股或参股等方式组建综合能源服务公司从事市场化供能、售电等业务，积极推行合同能源管理、综合节能服务等市场化机制。加快构建基于互联网的智慧用能信息化服务平台，为用户提供开放共享、灵活智能的综合能源供应及增值服务。

六、实施机制

（一）统筹规划布局

国家发展改革委、国家能源局在国家能源规划中明确多能互补集成优化示范工程建设任务，并将相关国家级示范项目纳入规划。各省（区、市）能源主管部门应在省级能源规划中明确本地区建设目标和任务，针对本省（区、市）新城镇、新建产业园区等新增用能区域，组织相关地方能源、城建等有关部门研究制定区域供用能系统综合规划，加强与城市、土地等相关规划衔接，通过市场化招标等方式优选投资主体，统筹安排供用能基础设施建设。具有全国示范意义的重点项目，可由省级能源主管部门报国家发展改革委、国家能源局备案，国家发展改革委、国家能源局组织有资质的第三方机构进行审核认定，向社会统一公告。

（二）加强组织协调

国家发展改革委、国家能源局会同有关部门推进和指导多能互补集成优化示范工程的实施，组织制定相关政策和示范工程评价标准，协调政策落实中的重大问题。各省（区、市）能源主管部门应研究制定多能互补集成优化示范工程实施方案，负责省（区、市）示范项目的组织协调和监督管理，优化和简化项目核准程序，协调解决项目实施过程中的问题，及时向有关部门报告执行中出现的问题及政策建议，确保示范项目建设进度、质量和示范效果。

（三）强化事中事后监管

国家能源局派出机构应加强对多能互补集成优化示范工程事中事后监管，针对规划编制和实施、项目核准、价格财税扶持政策、并网和调度运行等情况出具监管意见，推动多能互补集成优化示范工程有效实施。

国家发展改革委（印）
国家能源局
2016 年 7 月 4 日

国家发展改革委办公厅关于完善两部制电价用户基本电价执行方式的通知

（发改办价格〔2016〕1583 号）

各省、自治区、直辖市发展改革委、物价局，国家电网公司、南方电网公司：

多年来，两部制电价对于促进电力用户节约公共电网变压器固定成本及运行成本，提高电力系统整体效率发挥了重要作用。今年以来，随着我国经济结构调整深入，部分企业需要适应新形势优化调整生产结构，短期内出现了企业开工不足，基本电费支出占比提高现象。为支持企业转型，减少停产、半停产企业电费支出，降低实体经济运行成本，决定完善两部制电价用户基本电价执行方式。现将有关事项通知如下：

一、放宽基本电价计费方式变更周期限制

（一）基本电价按变压器容量或按最大需量计费，由用户选择。基本电价计费方式变更周期从现行按年调整为按季变更，电力用户可提前 15 个工作日向电网企业申请变更下一季度的基本电价计费方式。

（二）电力用户选择按最大需量方式计收基本电费的，应与电网企业签订合同，并按合同最大需量计收基本电费。合同最大需量核定值变更周期从现行按半年调整为按月变更，电力用户可提前 5 个工作日向电网企业申请变更下一个月（抄表周期）的合同最大需量核定值。电力用户实际最大需量超过合同确定值 105％时，超过 105％部分的基本电费加一倍收取；未超过合同确定值 105％的，按合同确定值收取；申请最大需量核定值低于变压器容量和高压电动机容量总和的 40％时，按容量总和的 40％核定合同最大需量；对按最大需量计费的两路及以上进线用户，各路进线分别计算最大需量，累加计收基本电费。

二、放宽减容（暂停）期限限制

（一）电力用户（含新装、增容用户）可根据用电需求变化情况，提前 5 个工作日向电网企业申请减容、暂停、减容恢复、暂停恢复用电，暂停用电必须是整台或整组变压器停止运行，减容必须是整台或整组变压器的停止或更换小容量变压器用电。电力用户减容两年内恢复的，按减容恢复办理；超过两年的按新装或增容手续办理。

（二）电力用户申请暂停时间每次应不少于 15 日，每一日历年内累计不超过 6 个月，超过 6 个月的可由用户申请办理减容。减容期限不受时间限制。

（三）减容（暂停）后容量达不到实施两部制电价规定容量标准的，应改为相应用电类别单一制电价计费，并执行相应的分类电价标准。减容（暂停）后执行最大需量计量方式的，合同最大需量按照减容（暂停）后总容量申报。

（四）减容（暂停）设备自设备加封之日起，减容（暂停）部分免收基本电费。

三、各级价格主管部门要继续对高耗能行业、产能严重过剩行业实施差别电价、惩罚性电价和阶梯电价政策，促进产业结构升级和淘汰落后产能。

四、各省级价格主管部门要依据本通知精神，制定实施细则，指导地方电网企业、新增配售电企业落实相关规定。各地价格、经济运行部门和国家能源局派出机构要精心组织、周密安排，督导电网企业将完善基本电价执行方式相关措施及时落实到位。

五、电网企业要通过多种形式，帮助用电企业广泛知晓完善后的基本电价执行方式，主动为用电企业申请调整计费方式、减容、暂停提供方便，确保相关措施落实到位，让用电企业真正得到好处。

各地在执行中积累的经验、遇到的问题，要及时报告国家发展改革委（价格司）。

国家发展改革委办公厅（印）
2016 年 6 月 30 日

国家发展改革委、国家能源局关于印发《可再生能源调峰机组优先发电试行办法》的通知
（发改运行〔2016〕1558号）

北京市、河北省、江西省、河南省、陕西省、西藏自治区发展改革委，各省、自治区、直辖市经信委（工信委、工信厅）、能源局，中国电力企业联合会、国家电网公司、中国南方电网有限责任公司、中国华能集团公司、中国大唐集团公司、中国华电集团公司、中国国电集团公司、国家电力投资集团公司、中国长江三峡集团公司、神华集团公司、国家开发投资公司：

为提升电力系统调峰能力，有效缓解弃水、弃风、弃光，促进可再生能源消纳，根据《中共中央国务院关于进一步深化电力体制改革的若干意见》（中发〔2015〕9号）文件精神和《国家发展改革委 国家能源局关于印发电力体制改革配套文件的通知》（发改经体〔2015〕2752号）有关要求，我们联合制定了《可再生能源调峰机组优先发电试行办法》，现印发你们，请按照执行。执行过程中出现的问题和情况，请及时反馈，以便进一步改进。

附件：可再生能源调峰机组优先发电试行办法

国家发展改革委（印）

国家能源局

2016 年 7 月 14 日

附件

可再生能源调峰机组优先发电试行办法

第一章 总 则

第一条 为贯彻《中共中央 国务院关于进一步深化电力体制改革的若干意见》（中发〔2015〕9号）文件精神，落实《国家发展改革委、国家能源局关于印发电力体制改革配套文件的通知》（发改经体〔2015〕2752号）的要求，提高电力系统调峰能力，有效缓解弃水、弃风、弃光，促进可再生能源消纳，制定试行办法。

第二条 为促进可再生能源消纳，在全国范围内通过企业自愿、电网和发电企业双方约定的方式确定部分机组为可再生能源调峰。在履行正常调峰义务基础上，可再生能源调峰机组优先调度，按照"谁调峰、谁受益"原则，建立调峰机组激励机制。

第三条 可再生能源调峰应坚持本地为主，鼓励跨省区实施，坚持因地制宜，坚持市场化方向。

第二章 完善调峰激励

第四条 结合可再生能源建设规模、消纳情况、电源结构和负荷特性，各省（区、市）安排一定规模煤电机组为可再生能源调峰，具体数量由各省（区、市）政府有关部门会同电力企业根据实际情况确定并调整。

第五条 为平抑可再生能源发电波动，调峰机组应优先增加或压减出力，调峰能力应至少满足《发电厂并网运行管

理规定》有关要求。单机容量 30 万 kW 及以下的常规煤电机组，出力至少能降到额定容量 50% 以下；30 万 kW 以上的机组，出力至少能降到额定容量 60% 以下。出力低于 60% 的部分视为可再生能源调峰的压减出力部分。一般地区可实行轮流 7~10 天的停机调峰；调峰困难地区或困难时段，视情况延长停机调峰的时间。

第六条 逐步改变热电机组年度发电计划安排原则，坚持"以热定电"，鼓励热电机组在采暖期参与调峰。安排为可再生能源调峰机组的热电机组，在国家出台相关统一技术标准之前，热电比高于 50% 的，调峰能力应达到 50%，热电比低于 50% 的，调峰能力应达到 60%。

第七条 根据建立优先发电制度的要求，对于可再生能源调峰机组，按照高于上年本地火电平均利用小时一定水平安排发电计划，具体数额由各省（区、市）政府有关部门会同有关单位确定，增加的利用小时数与承诺的调峰次数和调峰深度挂钩。

第八条 可再生能源调峰机组因调峰无法完成的优先发电计划，应遵照节能低碳电力调度的原则，通过替代发电交易给其他机组。替代发电优先在同一发电集团内部进行，鼓励可再生能源发电参与替代。替代双方依据平等协商原则，确定替代电量、交易时段、补偿价格、网损、结算方式等。替代发电按月组织，次月交易执行。已建立电力市场交易平台的，应通过市场机制开展发电权交易，通过市场机制确定电量、价格等。确定为可再生能源调峰机组的，不得参与电力直接交易。

第九条 鼓励自备电厂纯凝汽发电机组参与调峰。参与电网调峰时，如果增加受电量，增加部分可视同替代电量获得一定补偿；调峰能力达到 50% 及以上的，在承担相应社会责任并成为合格发电市场主体后，可参加电力直接交易出售富余电量。

第三章 鼓励跨省区补偿

第十条 积极推进跨省区辅助服务市场化。加强国家调度、区域调度、省级调度间沟通协调，充分利用地区间高峰时间差，开展旋转备用、事故备用共享，减少可再生能源富集地区开机容量，提升可再生能源消纳水平。

第十一条 根据可再生能源波动性特点，建立跨省区灵活日前和日内交易机制，实现调峰资源与可再生能源发电的动态匹配。

第十二条 跨省区送受可再生能源电量的，应以国家指令性计划和政府间框架协议为基础，送受省份协商确定送受电计划。协商不一致的，按照政府确定的计划（协议）执行。鼓励市场化探索，协商确定的计划以外的电量，通过市场竞争机制确定价格，送电地区的降价空间应按一定比例用于受电省份可再生能源调峰机组补偿。跨省区送受可再生能源的电价按《国家发展改革委关于完善跨省跨区电能交易价格形成机制有关问题的通知》（发改价格〔2015〕962号）执行。

第四章 增加调峰能力

第十三条 鼓励发电企业对煤电机组稳燃、汽轮机、汽路以及制粉等进行技术改造，在保证运行稳定和满足环保要求的前提下，争取提升机组调峰能力 10%~20%；对热电机组安装在线监测系统，加快储热、热电解耦等技术改造，争取提升热电机组调峰能力 10%~20%。

第十四条 鼓励建设背压机组供热，系统调峰困难地区，严格限制现役纯凝机组供热改造，确需供热改造满足采暖需求的，需同步安装蓄热装置，确保系统调峰安全。

第十五条 对发电企业技术改造，制定鼓励政策，支持企业发行债券融资或实施贷款贴息。

第十六条 可再生能源发电在规划时应明确电力消纳市场，同步制定配套电网送出规划，完善政府协调保障机制，确保电源与电网工程同步投产。

第十七条 考虑电网系统调峰需求，合理布局规划、有序开发建设一批抽水蓄能、燃气等调峰机组，发展储能装置。

第十八条 提高发电机组的调峰能力技术标准，在设计、制造和设备选型环节，考虑电网调峰要求。

第五章 强化信用监管

第十九条 充分发挥信用监管的作用，将调峰情况纳入发电企业信用评价指标体系，作为一项信用记录，录入电力行业信息平台，使调峰信息状况透明，可追溯、可核查。

第二十条 电力调度机构定期将调峰情况提供政府有关部门和第三方征信机构，第三方征信机构根据政府有关要求，建立完善调峰信息公示制度，推动信息披露规范化、制度化、程序化，在指定网站发布信息，接受市场主体的监督和政府部门的监管。

第二十一条 建立针对发电企业调峰情况的守信激励和失信惩戒机制，对于按照约定实施调峰的发电企业按照有关规定给予优惠政策，对于失信违反约定的发电企业要予以警告，严重失信的要纳入不良信息记录，并按有关规定进行惩戒。

第六章 加强组织管理

第二十二条 各省（区、市）政府有关部门会同电网企业根据实际情况，公布具体调峰机组名单，定期更新调峰机组的调峰能力，制定可再生能源调峰机组的运行管理办法，落实可再生能源调峰机组激励政策，加强调峰机组优先发电政策执行情况考核。已经开展调峰辅助服务补偿的地区，要在满足《并网发电厂辅助服务管理暂行规定》有关要求基础上，加强政策间的有效衔接，确保相互促进、形成合力。

第二十三条 发电企业按照自愿原则参与可再生能源调峰，具备调峰能力的发电企业与电网企业签订优先发电协议或合同，服从调度统一安排，满足电网调峰要求。

第二十四条 电网企业应创造条件安排可再生能源调峰机组试验，加强对可再生能源调峰机组的运行考核，落实优先发电协议或合同，保障优先发电量予以落实。可再生能源调峰机组发电量进度可不受"三公"调度考核的限制。

第二十五条 可再生能源调峰优先发电应结合可再生能源就近消纳试点共同开展，试点地区及时总结经验，为下一步推广打好基础。

第七章 附 则

第二十六条 本办法自印发之日起施行。

国家发展改革委、国家能源局、工业和信息化部、住房城乡建设部《关于加快居民区电动汽车充电基础设施建设的通知》
（发改能源〔2016〕1611号）

各省、自治区、直辖市、新疆生产建设兵团发展改革委（能源局、物价局）、工业和信息化主管部门、住房城乡建设厅（委、局），国家电网公司、南方电网公司、中国电动汽车充电基础设施促进联盟：

为贯彻《国务院办公厅关于加快电动汽车充电基础设施建设的指导意见》（国办发〔2015〕73号）要求，进一步落实地方政府主体责任，充分调动各有关方面积极性，切实解决当前居民区电动汽车充电基础设施建设难题，现将有关要求通知如下：

一、加强现有居民区设施改造。根据电动汽车发展规划及应用推广情况，按"适度超前"原则，供电企业要结合老旧小区改造，积极推进现有居民区（含高压自管小区）停车位的电气化改造，确保满足居民区充电基础设施用电需求。对专用固定停车位（含一年及以上租赁期车位），按"一表一车位"模式进行配套供电设施增容改造，每个停车位配置适当容量电能表。对公共停车位，应结合小区实际情况及电动车用户的充电需求，开展配套供电设施改造，合理配置供电容量。国家对居民区停车位的电气化改造的情给予专项建设基金等政策支持，地方政府要统一协调有关部门和单位给予施工便利。

二、规范新建居住区设施建设。新建居住区应统一将供电线路敷设至专用固定停车位（或预留敷设条件），预留电表箱、充电设施安装位置和用电容量，并因地制宜制定公共停车位的供电设施建设方案，为充电基础设施建设安装提供便利。新建居民区停车位配套供电设施建设应与主体建筑同步设计、同步施工。支持结合实际条件建设占地少、成本低、见效快的机械式与立体式停车充电一体化设施。鼓励探索居住区整体智能充电管理模式。

三、做好工程项目规划衔接。新建或改扩建住宅项目按规定需配建充电基础设施的，城乡规划行政主管部门在核发相关建设工程规划许可证时，要严格执行配建或预留充电基础设施的比例要求。施工图审查机构在审查新建或改扩建住宅项目施工图时，对充电基础设施设置是否符合相关标准进行审核。建设主管部门要将充电基础设施配建情况纳入整体工程验收范畴。

四、引导业主委员会支持设施建设。各地房地产（房屋）行政主管部门、街道办事处或乡镇人民政府、社区居委会要按照《居民区电动汽车充电基础设施建设管理示范文本》（附后），主动加强对业主委员会的指导和监督，引导业主支持充电基础设施建设改造，明确充电基础设施产权人、建设单位、管理服务单位等相关主体的权利义务以及相应建设使用管理流程。对于占用固定车位产权人或长期承租方（租期一年及以上）建设充电基础设施的行为或要求，业主委员会（或业主大会授权的管理单位）原则上应同意并提供必要的协助。

五、发挥开发商等产权单位主体作用。各地发展改革（能源）主管部门要会同房地产（房屋）行政主管部门，采取统一组织、专项扶持等方式引导房地产开发企业等居民区车位产权单位主动利用现有停车位与场地，开展充电基础设施的建设和运营工作。

六、发挥物业服务企业积极作用。在居民区充电基础设施安装过程中，物业服务企业应配合业主或其委托的建设单位，及时提供相关图纸资料，积极配合并协助现场勘查、施工。鼓励物业服务企业根据用户需求及业主大会授权，利用公共停车位建设相对集中的公共充电基础设施并提供充电服务。地方可充分利用财政资金杠杆作用，对配套服务与管理积极主动、成效突出的物业服务企业给予适当奖补。

七、创新商业运营模式。充分发挥市场作用推进小区充电基础设施可持续发展，探索第三方充电服务企业、物业服务企业、车位产权方、业主委员会等多方参与居民区充电基础设施建设运营的市场化合作共赢模式，鼓励引入局部集中改造、智能充电管理、多用户分时共享等创新运营模式，提升日常运维服务水平。在严格执行《关于电动汽车用电价格政策有关问题的通知》（发改价格〔2014〕1668号）的基础上，各地价格主管部门可探索居民区充电基础设施建设运营的合理服务收费机制，逐步形成可持续的市场化推进模式。

八、开展充电责任保险工作。加快制定居民区充电基础设施责任保险工作相关规定。居民区充电基础设施由生产（制造）厂商购买产品责任保险，并按"谁拥有，谁投保"的原则购买充电安全责任保险。开展充电基础设施运营业务的企业必须为自身经营的充电设备购买安全责任保险。鼓励设备生产（制造）厂商或电动汽车生产销售企业为个人用户购买充电安全责任保险。

九、加强居民区充电设施安全管理。将充电基础设施纳入居民区安全管理责任体系中，加大监管力度。完善居民区充电基础设施设置场所的消防与电气等安全设计要求。加大对私拉电线、违规用电、不规范建设施工等行为的查处力度。定期开展电气安全、消防安全、防雷设施安全以及充电相关设备设施的检查，及时消除安全隐患。

十、加大舆论宣传力度。各地政府、街道办事处或乡镇人民政府、社区居委会和新闻媒体要通过多种形式宣传居民区充电基础设施建设的政策措施及成效，让广大居民、物业企业了解政策要求；同时加强舆论监督，对不配合或阻挠充电基础设施建设的物业服务企业，以及阻碍居民区充电基础设施建设的有关行为，加大舆论曝光力度，营造有利发展的舆论氛围。

十一、积极开展试点示范。分批在京津冀鲁、长三角、珠三角等地重点城市开展试点示范。各地发展改革（能源）主管部门要会同房地产（房屋）行政主管部门，牵头制订居民区充电基础设施建设运营的综合试点建设方案，并组织实施。

附件：居民区电动汽车充电基础设施建设管理示范文本

国家发展改革委
国家能源局 （印）
工业和信息化部
住房城乡建设部
2016年7月25日

附件

居民区电动汽车充电基础设施
建设管理示范文本

第一条 本文适用在居民区建设安装的充电基础设施，包括：

（一）自用充电基础设施（以下简称"自用桩"），指购买和使用电动汽车的个人，在其拥有所有权或使用权的专用固定停车位上建设的充电桩及接入上级电源的相关设施。

（二）公用充电基础设施（以下简称"公用桩"），指物业服务企业（以下简称"物业"）或充电基础设施运营商（以下简称"运营商"）等单位，在居民区公共区域建设的为全体业主提供服务的充电桩及接入上级电源的相关设施。

第二条 文中所称电动汽车企业，包括生产企业及其授权经营的整车销售机构。

第三条 居民区充电基础设施建设管理流程应包括：准备材料、用电申请、现场勘察、建设施工、接电确认、运营维护等6个阶段。

第四条 准备材料

（一）自用桩报装材料包括：购车意向协议或购车发票、申请人有效身份证明、固定车位产权或一年以上（含一年）使用权证明、停车位（库）平面图或现场环境照片、物业出具（无物业管理小区由业委会或居委会出具）的同意安装充电桩的证明材料。

（二）公用桩报装材料包括：企业营业执照、停车位平面图、产权人同意建设公用桩的证明、物业同意（无物业管理小区由业委会或居委会出具）的公用桩建设和施工方案等资料。

（三）在接到用户自用桩安装申请之后，物业应在5个工作日内予以办理，若不同意需书面说明具体理由。

（四）在自用桩安装前，物业与电动汽车用户、电动汽车企业及安装公司可签订电动汽车自用桩安装承诺书（见附件1）。

第五条 申请用电

对于自用桩，由用户或其委托的电动汽车企业向所在区域供电营业厅提出用电报装申请；对于公用桩，由物业或运营商向所在区域供电营业厅提出用电报装申请；房地产开发商等拥有多个固定车位产权主体可按"一表一车位"的模式集中开展车位电气化改造，并统一打包向所在区域供电营业厅提出用电报装申请。

第六条 现场勘察

（一）对于自用桩，供电企业会同用户或其委托的电动汽车企业、小区物业到现场进行用电及施工可行性勘察。对于公用桩，供电企业会同小区物业或运营商到现场进行用电及施工可行性勘察。供电企业从受理申请到具备实地勘察条件的时间原则上不超过3个工作日。

（二）物业应指定专人积极配合现场勘察，提供相关图纸或指认停车区域内电源位置及暗埋管线的走向。

（三）对于符合条件的申请，供电企业应在规定的时间内正式答复供电方案。其中，对低压（一般为220、380V）电力用户不超过7个工作日、高压（一般为10kV）单电源用户不超过22个工作日、高压双电源用户不超过45个工作日。申请方应在有效期内予以确认。

（四）供电企业负责充电基础设施产权分界点至电网的配套接网工程，不得收取接网费用，相应资产全额纳入有效资产，相应成本据实计入准许成本，纳入电网输配电价回收。

（五）现有配电设施确实无法满足充电基础设施用电报装申请的，产权为供电企业的，应由供电企业配合相关方提出解决方案，产权为用电用户的，应由用电用户组织相关方提出解决方案，经各方协商一致后，由产权单位抓紧实施改造。

第七条　建设施工

（一）申请方需按照确认后的供电方案，组织开展充电基础设施工程建设。如在施工过程中对小区共用部位、共用设施造成损坏的，应负责相关设施的修复。

（二）充电基础设施安装过程应遵循相应施工规范和技术要求，可参照居民区充电基础设施安装指南（见附件2）开展相关工作。

第八条　接电确认

（一）工程施工完成并检验合格后，供电企业应于5个工作日内完成装表接电工作。

（二）申请方、建设企业会同小区物业完成充电基础设施验收和试充电确认。

第九条　运营维护

（一）充电基础设施所有权人应对充电基础设施进行定期维护保养，采取有效措施防止在充电基础设施使用过程中侵害第三者权益。电动汽车企业在协议期内为用户提供自用桩维护保养。充电基础设施所有权人也可与小区物业签订服务协议，由小区物业协助管理、维护充电基础设施，为用户提供相关服务。

（二）充电基础设施所有权人、物业或运营商可以通过购买商业保险规避相应风险。

第十条　本示范文本为推荐性文本，供各地参考实施并可根据实际情况优化调整。（居民区充电基础设施建设管理流程图详见附件3）

附件：1. 电动汽车自用桩安装承诺书（略）
　　　2. 居民区充电基础设施安装指南（略）
　　　3. 居民区充电基础设施建设管理流程图（略）

国家发展改革委、国家能源局关于进一步规范电力项目开工建设秩序的通知

（发改能源〔2016〕1698号）

各省、自治区、直辖市、新疆生产建设兵团发展改革委（能源局），国家能源局各派出机构，国家电网公司、南方电网公司，华能、大唐、华电、国电、国电投集团，神华集团、中煤集团、国投公司、华润集团，中国国际工程咨询公司、电力规划设计总院：

为贯彻落实国务院近期印发的《清理规范投资项目报建审批事项实施方案》（国发〔2016〕29号，以下简称《实施方案》），进一步清理、规范已核准电力项目（本通知指火电、电网项目，下同）的报建审批工作，推进简政放权，切实维护电力项目建设秩序，现将有关事项通知如下：

一、清理规范报建审批事项。《实施方案》对国务院有关部门设立的投资项目报建审批事项进行了清理规范。为贯彻执行，现请各相关单位支持电力项目的报建审批事项清理规范工作，凡是不符合《实施方案》相关要求的，一律不再作为开工前置条件。

二、明确电力项目开工标志。考虑工程建设实际，火电项目开工标志明确为：主厂房基础垫层浇筑第一方混凝土；电网项目中变电工程和线路工程的开工标志分别明确为：主体工程基础开挖和线路基础开挖。各省（区、市）发展改革委（能源局）和国家能源局派出机构在开展相关工作时，要以此作为判断标准。

三、切实维护电力建设秩序。对确需开展的报建审批事项和强制性评估工作，电力项目单位要逐一落实，严格按程序办理。未取齐开工必要的支持性文件前，严禁开工建设；已开工建设的，要立即停止建设。

四、协调指导煤电开工建设。发展改革、国土、环保、水利等部门在为煤电项目（含燃煤自备电站）办理报建审批事项时，要结合《关于促进我国煤电有序发展的通知》（发改能源〔2016〕565号，以下简称"565号文"）相关要求，以及国家定期发布的煤电规划建设风险预警等，制定有针对性的政策或采取相应措施。国家发展改革委、国家能源局将会同相关部门建立协调联动机制，切实促进煤电有序发展。

五、规范煤电有序开工建设。地方政府和发电企业要高度重视国家定期发布的煤电规划建设风险预警提示，对预警结果为红色的省（区、市），慎重决策开工建设煤电项目；认真落实565号文有关内容，对于明确要求缓建的已核准未开工煤电项目，2017年底前暂缓开工建设。

六、加强开工建设专项检查。各省（区、市）发展改革委（能源局）、国家能源局派出机构要会同有关部门，加大对电力项目特别是火电项目未达开工条件建设等违规问题的监督检查力度。一经发现，省级发展改革委（能源局）要责令其立即停止建设，相关部门要依法依规予以严肃处理。

对未取齐开工必要支持性文件的在建火电项目，除执行上述措施外，凡属于565号文明确要求缓建省份的，2017年底前暂缓建设；对其他火电项目，在取齐必要支持性文件后，需经相应省级发展改革委（能源局）核实，方可恢复建设。

七、严肃处理违规建设行为。对于存在违规开工建设且拒不停工、不接受相关部门处理等违规行为的电力项目，相应省（区、市）发展改革委（能源局）可视情况对项目单位及其所属集团公司实行限批新建电力项目、开展自用及外送煤电项目优选工作时不予考虑等措施；国家能源局将通报全国；银行及金融机构要依据法律、法规和国家有关规定停止对其发放贷款。

对于违规建设的火电项目，国家能源局及其派出机构将不予办理业务许可证，电网企业不予并网。

本通知自印发之日起执行。

国家发展改革委
国家能源局（印）
2016年8月5日

国家发展改革委关于太阳能热发电标杆上网电价政策的通知
（发改价格〔2016〕1881号）

各省、自治区、直辖市发展改革委，物价局：

为促进太阳能热发电产业健康有序发展，根据《可再生能源法》有关规定，现就制定太阳能热发电标杆上网电价政策有关事项通知如下：

一、核定全国统一的太阳能热发电（含4h以上储热功能）标杆上网电价为每千瓦时1.15元（含税）。上述电价仅适用于纳入国家能源局2016年组织实施的太阳能热发电示范范围的项目。

二、2018年12月31日以前全部投运的太阳能热发电项目执行上述标杆上网电价。

三、鼓励地方相关部门对太阳能热发电企业采取税费减免、财政补贴、绿色信贷、土地优惠等措施，多措并举促进太阳能热发电产业发展。

四、2019年以后国家将根据太阳能热发电产业发展状况、发电成本降低情况，适时完善太阳能热发电价格政策，逐步降低新建太阳能热发电价格水平。

以上规定自本通知发布之日起执行。

国家发展改革委（印）
2016年8月29日

国家发展改革委、国家能源局关于印发《售电公司准入与退出管理办法》和《有序放开配电网业务管理办法》的通知
（发改经体〔2016〕2120号）

各省、自治区、直辖市发展改革委、能源局、工业和信息化主管部门，新疆生产建设兵团发展改革委：

为贯彻落实《中共中央　国务院关于进一步深化电力体制改革的若干意见》（中发〔2015〕9号）和电力体制改革配套文件精神，有序向社会资本放开配售电业务，国家发展改革委、国家能源局制定了《售电公司准入与退出管理办法》和《有序放开配电网业务管理办法》，现印发给你们，请按照执行。

附件：1. 售电公司准入与退出管理办法
　　　2. 有序放开配电网业务管理办法

国家发展改革委（印）
国家能源局
2016年10月8日

附件1

售电公司准入与退出管理办法

第一章　总　则

第一条　为积极稳妥推进售电侧改革，建立健全有序竞争的市场秩序，保护各类市场主体的合法权益，依据《中共中央　国务院关于进一步深化电力体制改革的若干意见》（中发〔2015〕9号）和电力体制改革配套文件，制定本办法。

第二条　售电公司准入与退出，坚持依法依规、开放竞争、安全高效、改革创新、优质服务、加强监管的原则。

第三条　本办法所指售电公司是指提供售电服务或配售电服务的市场主体。售电公司可以采取多种方式通过电力市场购电，包括向发电企业购电、通过集中竞价购电、向其他售电公司购电等，并将所购电量向用户或其他售电公司销售。

电网企业的售电公司适用本办法。

第四条　电力、价格主管部门和监管机构依法对售电公司市场行为实施监管和开展行政执法工作。

第二章　准　入　条　件

第五条　售电公司准入条件。

（一）依照《中华人民共和国公司法》登记注册的企业法人。

（二）资产要求

1. 资产总额不得低于2千万元人民币。

2. 资产总额在2千万元至1亿元人民币的，可以从事年售电量6亿～30亿kWh的售电业务。

3. 资产总额在1亿元至2亿元人民币的，可以从事年售电量30亿～60亿kWh的售电业务。

4. 资产总额在2亿元人民币以上的，不限制其售电量。

（三）从业人员。拥有10名及以上专业人员，掌握电力系统基本技术、经济专业知识，具备电能管理、节能管理、需求侧管理等能力，有三年及以上工作经验。

至少拥有一名高级职称和三名中级职称的专业管理人员。

（四）经营场所和设备。应具有与售电规模相适应的固定经营场所及电力市场技术支持系统需要的信息系统和客户服务平台，能够满足参加市场交易的报价、信息报送、合同签订、客户服务等功能。

（五）信用要求。无不良信用记录，并按照规定要求做出信用承诺，确保诚实守信经营。

（六）法律、法规规定的其他条件。

第六条　拥有配电网运营权的售电公司除上述准入条件外，还需具备以下条件：

（一）拥有配电网运营权的售电公司的注册资本不低于其总资产的20%。

（二）按照有关规定取得电力业务许可证（供电类）。

（三）增加与从事配电业务相适应的专业技术人员、营销人员、财务人员等，不少于20人，其中至少拥有两名高级职称和五名中级职称的专业管理人员。

（四）生产运行负责人、技术负责人、安全负责人应具有五年以上与配电业务相适应的经历，具有中级及以上专业技术任职资格或者岗位培训合格证书。

（五）具有健全有效的安全生产组织和制度，按照相关法律规定开展安全培训工作，配备安全监督人员。

（六）具有与承担配电业务相适应的机具设备和维修人员。对外委托有资质的承装（修、试）队伍的，要承担监管责任。

（七）具有与配电业务相匹配并符合调度标准要求的场地设备和人员。

（八）承诺履行电力社会普遍服务、保底供电服务义务。

第七条 已具有法人资格且符合售电公司准入条件的发电企业、电力建设企业、高新产业园区、经济技术开发区、供水、供气、供热等公共服务行业和节能服务公司可到工商部门申请业务范围增项，并履行售电公司准入程序后，开展售电业务。

除电网企业存量资产外，现有符合条件的高新产业园区、经济技术开发区和其他企业建设、运营配电网的，履行相应的准入程序后，可自愿转为拥有配电业务的售电公司。

第三章 准 入 程 序

第八条 "一注册"。电力交易机构负责售电公司注册服务。符合准入条件的售电公司自主选择电力交易机构办理注册，获取交易资格。

各电力交易机构对注册信息共享，无须重复注册。

第九条 "一承诺"。售电公司办理注册时，应按固定格式签署信用承诺书，并向电力交易机构提交以下资料：营业执照、法人代表、资产证明、从业人员、经营场所和设备等基本信息和银行账户、售电范围等交易信息。

拥有配电网运营权的售电公司还需提供配电网电压等级、供电范围、电力业务许可证（供电类）等相关资料。

第十条 "一公示"。接受注册后，电力交易机构要通过"信用中国"（www.creditchina.gov.cn）等政府指定网站，将售电公司满足准入条件的信息、材料和信用承诺书向社会公示，公示期为1个月。

第十一条 公示期满无异议的售电公司，注册手续自动生效。电力交易机构将公示期满无异议的售电公司纳入自主交易市场主体目录，实行动态管理并向社会公布。

第十二条 公示期间存在异议的售电公司，注册暂不生效，暂不纳入自主交易市场主体目录。售电公司可自愿提交补充材料并申请再次公示；经两次公示仍存在异议的，由省级政府有关部门或能源监管机构核实处理。

第十三条 "三备案"。电力交易机构按月汇总售电公司注册情况向能源监管机构、省级政府有关部门和政府引入的第三方征信机构备案，并通过"信用中国"网站和电力交易平台网站向社会公布。

第十四条 售电公司注册信息发生变化时，应在5个工作日内向相应的电力交易机构申请变更。业务范围、公司股东、股权结构等有重大变化的，售电公司应再次予以承诺、公示。

第四章 权 利 与 义 务

第十五条 售电公司享有以下权利并履行以下义务：

（一）可以采取多种方式通过电力市场购售电，可以自主双边交易，也可以通过交易机构集中交易。参与双边交易的售电公司应将交易协议报交易机构备案并接受安全校核。

售电公司可以自主选择交易机构跨省跨区购电。

（二）同一配电区域内可以有多个售电公司。同一售电公司可在省内多个配电区域内售电。

（三）可向用户提供包括但不限于合同能源管理、综合节能、合理用能咨询和用电设备运行维护等增值服务，并收取相应费用。

（四）承担保密义务，不得泄露用户信息。

（五）服从电力调度管理和有序用电管理，执行电力市场交易规则。

（六）参照国家颁布的售电合同范本与用户签订合同，提供优质专业的售电服务，履行合同规定的各项义务，并获取合理收益。合同范本由国家能源主管部门另行制定。

（七）受委托代理用户与电网企业的涉网事宜。

（八）按照国家有关规定，在省级政府指定网站和"信用中国"网站上公示公司资产、经营状况等情况和信用承诺，依法对公司重大事项进行公告，并定期公布公司年报。

（九）任何单位与个人不得干涉用户自由选择售电公司的权利。

第十六条 拥有配电网运营权的售电公司享有以下权利并履行以下义务：

（一）拥有并承担售电公司全部的权利与义务。

（二）拥有和承担配电区域内与电网企业相同的权利和义务，按国家有关规定和合同约定承担保底供电服务和普遍服务。

（三）承担配电区域内电费收取和结算业务。按照政府核定的配电价收取配电费；按合同向各方支付相关费用，并向其供电的用户开具发票；代收政府性基金及附加，交电网企业汇总后上缴财政；代收政策性交叉补贴，按照国家有关规定支付给电网企业。

（四）承担配电网安全责任，确保承诺的供电质量。

（五）按照规划、国家技术规范和标准投资建设配电网，负责配电网运营、维护、检修和事故处理，无歧视提供配电服务，不得干预用户自主选择售电公司。

（六）同一配电区域内只能有一家公司拥有该配电网运营权。不得跨配电区域从事配电业务。

（七）承担代付其配电网内使用的可再生能源电量补贴的责任。

第五章 退 出 方 式

第十七条 售电公司有下列情形之一的，应强制退出市场并注销注册：

（一）隐瞒有关情况或者以提供虚假申请材料等方式违法违规进入市场，且拒不整改的；

（二）严重违反市场交易规则，且拒不整改的；

（三）依法被撤销、解散，依法宣告破产、歇业的；

（四）企业违反信用承诺且拒不整改或信用评价降低为不适合继续参与市场交易的；

（五）被有关部门和社会组织依法依规对其他领域失信行为做出处理，并被纳入严重失信主体"黑名单"的；

（六）法律、法规规定的其他情形。

第十八条 售电公司被强制退出，其所有已签订但尚未履行的购售电合同由地方政府主管部门征求合同购售电各方意愿，通过电力市场交易平台转让给其他售电公司或交由电网企业保底供电，并处理好其他相关事宜。

第十九条 省级政府或省级政府授权的部门在确认售电公司符合强制退出条件后，应通过省级政府指定网站和"信用中国"网站向社会公示10个工作日。公示期满无异议的，方可对该售电公司实施强制退出。

第二十条 售电公司可以自愿申请退出售电市场，并提前30个工作日向相应的电力交易机构提交退出申请。申请退出之前应将所有已签订的购售电合同履行完毕或转让，并处理好相关事宜。

第二十一条 拥有配电网运营权的售电公司申请自愿退出时，应妥善处置配电资产。若无其他公司承担该地区配电业务，由电网企业接收并提供保底供电服务。

第二十二条 电力交易机构收到售电公司自愿退出市场的申请后，应通过省级政府指定网站和"信用中国"网站向社会公示 10 个工作日。公示期满无异议的，方可办理退出市场手续。

第二十三条 电力交易机构应及时将强制退出和自愿退出且公示期满无异议的售电公司从自主交易市场主体目录中删除，同时注销市场交易注册，向能源监管机构、省级政府有关部门和政府引入的第三方征信机构备案，并通过"信用中国"网站和电力交易平台网站向社会公布。

第六章 售电公司信用体系建设

第二十四条 建立完善售电公司信用评价制度。依托政府有关部门网站、电力交易平台网站、"信用中国"网站和第三方征信机构，开发建设售电公司信用信息系统和信用评价体系。建立企业法人及其负责人、从业人员信用记录，将其纳入全国信用信息共享平台，确保各类企业的信用状况透明、可追溯、可核查。

第二十五条 第三方征信机构定期向政府有关部门和电力交易机构报告售电公司信用评价和有关情况，并向社会公布。

第二十六条 国家能源局派出机构和省级政府有关部门根据职责对售电公司进行监管，对违反交易规则和失信行为按规定进行处罚，记入信用记录，情节特别严重或拒不整改的，经过公示等有关程序后纳入涉电严重失信企业黑名单。强制退出的售电公司直接纳入黑名单。

第二十七条 建立电力行业违法失信行为联合惩戒机制，对纳入涉电严重失信企业黑名单的售电公司及负有责任的法定代表人、自然人股东、其他相关人员（以下简称"当事人"）采取以下惩戒措施：

（一）电力交易机构 3 年内不再受理该企业注册申请，其法定代表人 3 年内不得担任售电公司的法定代表人、董事、监事、高级管理人员。

（二）对当事人违法违规有关信息向金融机构提供查询服务，作为融资授信活动中的重要参考因素。

（三）限制当事人取得政府资金支持。

（四）对当事人申请公开发行企业债券的行为进行限制。

（五）工商行政管理、总工会、行业协会等部门和单位在法定代表人任职资格、授予荣誉、评比先进等方面，依法依规对其进行限制。

（六）按照相关法律法规进行处罚。

第七章 附 则

第二十八条 各省级政府可依据本办法制定实施细则。

第二十九条 本办法由国家发展改革委、国家能源局负责解释。

第三十条 本办法所称的电网企业特指国家电网公司、中国南方电网有限责任公司和内蒙古电力（集团）有限责任公司和各地方电网企业。

第三十一条 本办法自发布之日起施行，有效期 3 年。

售电公司信用承诺书（参考范本）（略）

附件 2

有序放开配电网业务管理办法

第一章 总 则

第一条 为落实《中共中央国务院关于进一步深化电力体制改革的若干意见》（中发〔2015〕9 号），鼓励社会资本有序投资、运营增量配电网，促进配电网建设发展，提高配电网运营效率，制定本办法。

第二条 本办法所称的配电网业务是指满足电力配送需要和规划要求的增量配电网投资、建设、运营及以混合所有制方式投资配电网增容扩建。

配电网原则上指 110kV 及以下电压等级电网和 220（330）kV 及以下电压等级工业园区（经济开发区）等局域电网。

除电网企业存量资产外，其他企业投资、建设和运营的存量配电网，适用本办法。

第三条 按照管住中间、放开两头的体制架构，结合输配电价改革和电力市场建设，有序放开配电网业务，鼓励社会资本投资、建设、运营增量配电网，通过竞争创新，为用户提供安全、方便、快捷的供电服务。拥有配电网运营权的售电公司，具备条件的要将配电业务和竞争性售电业务分开核算。

第四条 有序放开配电网业务要遵循以下基本原则：

（一）规划引领。增量配电网络应符合省级配电网规划，保证增量配电网业务符合国家电力发展战略、产业政策和市场主体对电能配送的要求。

（二）竞争开放。鼓励社会资本积极参与增量配电网业务，通过市场竞争确定投资主体。

（三）权责对等。社会资本投资增量配电网业务并负责运营管理，应遵守国家有关技术规范标准，在获取合理投资收益同时，履行安全可靠供电、保底供电和社会普遍服务等义务。

（四）创新机制。拥有配电网运营权的售电公司应创新运营机制和服务方式，以市场化、保底供电等多种方式向受托用户售电，并可为用户提供综合能源服务，利用现代信息技术，向用户提供智能用电、科学用电的服务，促进能源消费革命。

第二章 增量配电网项目管理

第五条 增量配电网项目管理包括规划编制、项目论证、项目核准及项目建设等。

地方政府能源管理部门负责增量配电网项目管理，制定增量配电网项目管理的相关规章制度，做好项目建设过程中的指导和协调，根据需要开展项目验收和后评价。

第六条 增量配电网项目须纳入地方政府能源管理部门编制的配电网规划。

第七条 符合条件的市场主体依据规划向地方政府能源管理部门申请作为增量配电网项目的业主。地方政府能源管理部门应当通过招标等市场化机制公开、公平、公正优选确定项目业主，明确项目建设内容、工期、供电范围并签订协议。

第八条 项目业主完成可行性论证并获得所有支持性文件，具备核准条件后向地方政府能源管理部门申请项目核准。地方政府能源管理部门按照核准权限核准项目，国家能源局派出机构向项目业主颁发电力业务许可证（供电类）或赋予相应业务资质，不得附加其他前置条件。

第九条　项目业主遵循"整体规划、分步实施"的原则，依据电力建设管理相关规章制度和技术标准，按照项目核准要求组织项目设计、工程招投标、工程施工等，开展项目投资建设。

第十条　电网企业按照电网接入管理的有关规定以及电网运行安全的要求，向项目业主无歧视开放电网，提供便捷、及时、高效的并网服务。

第三章　配 电 网 运 营

第十一条　向地方政府能源管理部门申请并获准开展配电网业务的项目业主，拥有配电区域内与电网企业相同的权利，并切实履行相同的责任和义务。符合售电公司准入条件的，履行售电公司准入程序后，可开展售电业务。

第十二条　除电网企业存量资产外，拥有配电网存量资产绝对控股权的公司，包括高新产业园区、经济技术开发区、地方电网、趸售县等，未经营配电网业务的，可向地方政府能源管理部门申请并获准开展配电网业务。符合售电公司准入条件的，履行售电公司准入程序后，可开展售电业务。

第十三条　拥有配电网运营权的项目业主须依法取得电力业务许可证（供电类）。

第十四条　符合准入条件的项目业主，可以只拥有投资收益权，配电网运营权可委托电网企业或符合条件的售电公司，自主签订委托协议。

第十五条　电网企业控股增量配电网拥有其运营权，在配电区域内仅从事配电网业务。其竞争性售电业务，应逐步实现由独立的售电公司承担。鼓励电网企业与社会资本通过股权合作等方式成立产权多元化公司经营配电网。

第十六条　配电网运营者在其配电区域内从事供电服务，包括：

（一）负责配电网络的调度、运行、维护和故障消除。

（二）负责配电网建设与改造。

（三）向各类用户无歧视开放配电网络，负责用户用电设备的报装、接入和增容。

（四）向各类用户提供计量、抄表、收费、开具发票和催缴欠费等服务。

（五）承担其电力设施保护和防窃电义务。

（六）向各类用户提供电力普遍服务。公开配电网络的运行、检修和供电质量、服务质量等信息。受委托承担电力统计工作。

（七）向市场主体提供配电服务、增值服务。

（八）向非市场主体提供保底供电服务。在售电公司无法为其签约用户提供售电服务时，直接启动保底供电服务。

（九）承担代付其配电网内使用的可再生能源电量补贴的责任。

（十）法律、法规、规章规定的其他业务。

第十七条　配电区域内的售电公司或电力用户可以不受配电区域限制购电。配电区域内居民、农业、重要公用事业、公益性服务以外的用电价格，由发电企业或售电公司与电力用户协商确定的市场交易价格、配电网接入电压等级对应的省级电网共用网络输配电价（含线损和政策性交叉补贴）、配电网的配电价格、以及政府性基金及附加组成；居民、农业、重要公用事业、公益性服务等用电，继续执行所

在省（区、市）的目录销售电价。配电区域内电力用户承担的国家规定的政府性基金及附加，由配电公司代收、省级电网企业代缴。

增量配电区域的配电价格由所在省（区、市）价格主管部门依据国家输配电价改革有关规定制定，并报国家发展改革委备案。配电价格核定前，暂按售电公司或电力用户接入电压等级对应的省级电网共用网络输配电价扣减该配电网接入电压等级对应的省级电网共用网络输配电价执行。

第十八条　配电网运营者向配电区域内用户提供的配电网服务包括：

（一）向市场主体提供配电网络的可用容量、实际容量等必要的市场信息。

（二）与市场主体签订经安全校核的三方购售电合同。

（三）履行合同约定，包括电能量、电力容量、辅助服务、持续时间、供电安全等级、可再生能源配额比例、保底供电服务内容等。

（四）承担配电区域内结算业务，按照政府核定的配电价格收取配电费，按照国家有关规定代收政府性基金和交叉补贴，按合同向各方支付相关费用。

第十九条　配电网运营者向居民、农业、重要公用事业和公益性服务等电力用户，具备市场交易资格选择不参与市场交易的电力用户，售电公司终止经营、无法提供售电服务的电力用户，以及政府规定暂不参与市场交易的其他电力用户实行保底供电服务。包括：

（一）按照国家标准或者电力行业标准提供安全、可靠的电力供应。

（二）履行普遍供电服务义务。

（三）按政府定价或有关价格规则向电力用户收取电费。

（四）按政府定价向发电企业优先购电。

第二十条　配电网运营者可有偿为各类用户提供增值服务。包括但不限于：

（一）用户用电规划、合理用能、节约用能、安全用电、替代方式等服务。

（二）用户智能用电、优化用电、需求响应等。

（三）用户合同能源管理服务。

（四）用户用电设备的运行维护。

（五）用户多种能源优化组合方案，提供发电、供热、供冷、供气、供水等智能化综合能源服务。

第二十一条　配电网运营者不得超出其配电区域从事配电业务。

发电企业及其资本不得参与投资建设电厂向用户直接供电的专用线路，也不得参与投资建设电厂与其参与投资的增量配电网络相连的专用线路。

第四章　配电网运营者的权利与义务

第二十二条　配电网运营者拥有以下权利：

（一）享有公平接入电网的权利。

（二）享有配电区域内投资建设、运行和维护配电网络的权利。

（三）享受公平通过市场安全校核、稳定购电的权利。

（四）公平获得电网应有的信息服务。

（五）为用户提供优质专业的配售电服务，获得配电和相关增值服务收入。

（六）参与辅助服务市场。

（七）获取政府规定的保底供电补贴。

第二十三条　配电网运营者须履行以下义务：

（一）满足国家相关技术规范和标准。

（二）遵守电力交易规则和电力交易机构有关规定，按要求向电力交易机构提供电力交易业务所需的各项信息。

（三）执行电网规划，服从并网管理。

（四）服从电力调度管理，遵守调度指令，提供电力调度业务所需的各项信息。

（五）保证配电网安全、可靠供电。

（六）无歧视开放电网，公平提供电源（用户）接入等普遍服务和保底供电服务。

（七）代国家收取政府性基金及政策性交叉补贴。

（八）接受监管机构监管。

第五章　附　则

第二十四条　本办法由国家发展改革委、国家能源局负责解释。

第二十五条　本办法所称的电网企业特指国家电网公司、中国南方电网有限责任公司和内蒙古电力（集团）有限责任公司和各地方电网企业。

第二十六条　本规则自发布之日起施行，有效期3年。

国家发展改革委关于全面推进输配电价改革试点有关事项的通知
（发改价格〔2016〕2018号）

各省、自治区、直辖市发展改革委、物价局，国家能源局各有关派出监管机构，国家电网公司、南方电网公司、内蒙古电力公司：

为贯彻落实《中共中央国务院关于进一步深化电力体制改革的若干意见》（中发〔2015〕9号）和《中共中央国务院关于推进价格机制改革的若干意见》（中发〔2015〕28号），全面推进输配电价改革试点，加快建立独立的输配电价体系，经商国家能源局，现就有关事项通知如下：

一、全面推进输配电价改革试点。在目前已开展18个省级电网输配电价改革试点基础上，进一步提速输配电价改革试点工作，2016年9月在蒙东、辽宁、吉林、黑龙江、上海、江苏、浙江、福建、山东、河南、海南、甘肃、青海、新疆等14个省级电网启动输配电价改革试点。2017年在西藏电网，华东、华中、东北、西北等区域电网开展输配电价改革试点。

二、加强输配电价重大问题研究。结合各地电力体制改革试点进展情况，加快建立独立输配电价体系，重点就电网投资、电量增长与输配电价关系、分电压等级、分用户类别归集核算输配电成本，妥善处理政策性交叉补贴，保障电力普遍服务，建立健全电网企业监管长效机制，建立电网企业投资后评估制度等重大问题开展研究，为建立科学合理的输配电价管理办法，引导电网科学、有序发展打下坚实基础。各省级价格主管部门要根据《国家发展改革委办公厅关于电网企业配合做好输配电价改革工作的通知》（发改办价格〔2015〕1849号）要求，详细整理、认真审核电网企业上报的资料，建立和完善输配电成本、价格数据库，并及时报国家发展改革委（价格司）。

三、有序推进电价市场化改革。结合电力体制改革进程特别是电力交易市场建设、有序放开发用电计划的进程，逐步扩大市场形成上网电价、销售电价的范围，研究建立电力市场价格行为规则和监管办法，探索建立市场电价监测预警办法，促进电力行业健康发展。

四、电网公司做好配合工作。国家电网公司和南方电网公司要指导各区域、省级电网配合做好输配电价改革试点相关工作，客观、真实提供电网成本、投资、电量等信息及证明材料。已经开展输配电价改革试点地区的省级电网企业，要以2015年实际经营情况为基础，2016年10月底前，向当地省级价格主管部门申报各类用户间电价交叉补贴的数额，省级价格主管部门初步审核后，2016年11月底前报国家发展改革委（价格司）。

五、确保工作进度。各省（区、市）价格主管部门要高度重视、周密部署，确保按期保证质量完成工作。2016年4月进行试点的12个省级电网，相关省级价格主管部门在成本监审工作结束后，认真测算当地电网输配电价总水平和分电压等级输配电价标准，2016年10月底前报国家发展改革委（价格司）。华北电网输配电价测算工作由国家发展改革委会同国家能源局直接组织实施，国家能源局华北监管局和相关省级价格、能源主管部门做好配合工作。本次开展输配电价改革试点的14个省级价格主管部门要参照已开展输配电价改革试点省份的经验，结合当地实际，积极探索，勇于创新，拟定适合当地电网特点的输配电价改革试点方案，2016年11月底前报送国家发展改革委（价格司）。同时，根据成本监审结果，科学、合理测定当地省级电网输配电价总水平和分电压等级输配电价标准，原则上2017年3月底前报国家发展改革委（价格司）。

国家发展改革委（印）
2016年9月19日

国家发展改革委关于调整光伏发电陆上风电标杆上网电价的通知
（发改价格〔2016〕2729号）

各省、自治区、直辖市发展改革委、物价局，国家电网公司、南方电网公司、内蒙古电力公司：

为落实国务院办公厅《能源发展战略行动计划（2014～2020）》关于风电、光伏电价2020年实现平价上网的目标要求，合理引导新能源投资，促进光伏发电和风力发电产业健康有序发展，依据《可再生能源法》，决定调整新能源标杆上网电价政策。经研究，现就有关事项通知如下：

一、降低光伏发电和陆上风电标杆上网电价

根据当前新能源产业技术进步和成本降低情况，降低2017年1月1日之后新建光伏发电和2018年1月1日之后新核准建设的陆上风电标杆上网电价，具体价格见附件1和附件2。2018年前如果新建陆上风电项目工程造价发生重大变化，国家可根据实际情况调整上述标杆电价。之前发布的上述年份新建陆上风电标杆上网电价政策不再执行。光伏发电、陆上风电上网电价在当地燃煤机组标杆上网电价（含脱硫、脱硝、除尘电价）以内的部分，由当地省级电网结算；高出部分通过国家可再生能源发展基金予以补贴。

二、明确海上风电标杆上网电价

对非招标的海上风电项目，区分近海风电和潮间带风电两种类型确定上网电价。近海风电项目标杆上网电价为每千瓦时0.85元，潮间带风电项目标杆上网电价为每千瓦时

0.75 元。海上风电上网电价在当地燃煤机组标杆上网电价（含脱硫、脱硝、除尘电价）以内的部分，由当地省级电网结算；高出部分通过国家可再生能源发展基金予以补贴。

三、鼓励通过招标等市场化方式确定新能源电价

国家鼓励各地通过招标等市场竞争方式确定光伏发电、陆上风电、海上风电等新能源项目业主和上网电价，但通过市场竞争方式形成的价格不得高于国家规定的同类资源区光伏发电、陆上风电、海上风电标杆上网电价。实行招标等市场竞争方式确定的价格，在当地燃煤机组标杆上网电价（含脱硫、脱硝、除尘电价）以内的部分，由当地省级电网结算；高出部分由国家可再生能源发展基金予以补贴。

四、其他有关要求

各新能源发电企业和电网企业必须真实、完整地记载和保存相关发电项目上网交易电量、价格和补贴金额等资料，接受有关部门监督检查。各级价格主管部门要加强对新能源上网电价执行和可再生能源发展基金补贴结算的监管，督促相关上网电价政策执行到位。

上述规定自 2017 年 1 月 1 日起执行。

附件：1. 全国光伏发电标杆上网电价表（略）
2. 全国陆上风力发电标杆上网电价表（略）

国家发展改革委（印）
2016 年 12 月 26 日

工业和信息化部文件

工业和信息化部印发《工业节能管理办法》
（第 33 号令）

《工业节能管理办法》已经 2016 年 4 月 20 日工业和信息化部第 21 次部务会议审议通过，现予公布，自 2016 年 6 月 30 日起施行。

部长　苗圩
2016 年 4 月 27 日

工业节能管理办法

第一章　总　　则

第一条　为了加强工业节能管理，健全工业节能管理体系，持续提高能源利用效率，推动绿色低碳循环发展，促进生态文明建设，根据《中华人民共和国节约能源法》等法律、行政法规，制定本办法。

第二条　本办法所称工业节能，是指在工业领域贯彻节约资源和保护环境的基本国策，加强工业用能管理，采取技术上可行、经济上合理以及环境和社会可以承受的措施，在工业领域各个环节降低能源消耗，减少污染物排放，高效合理地利用能源。

第三条　本办法适用于中华人民共和国境内工业领域的用能及节能监督管理活动。

第四条　工业和信息化部负责全国工业节能监督管理工作，组织制定工业能源战略和规划、能源消费总量控制和节能目标、节能政策和标准，组织协调工业节能新技术、新产品、新设备、新材料的推广应用，指导和组织工业节能监察工作等。

县级以上地方人民政府工业和信息化主管部门负责本行政区域内工业节能监督管理工作。

第五条　工业企业是工业节能主体，应当严格执行节能法律、法规、规章和标准，加快节能技术进步，完善节能管理机制，提高能源利用效率，并接受工业和信息化主管部门的节能监督管理。

第六条　鼓励行业协会等社会组织在工业节能规划、节能标准的制定和实施、节能技术推广、能源消费统计、节能宣传培训和信息咨询、能效水平对标达标等方面发挥积极作用。

第二章　节　能　管　理

第七条　各级工业和信息化主管部门应当编制并组织实施工业节能规划或者行动方案。

第八条　各级工业和信息化主管部门应当加强产业结构调整，会同有关部门制定有利于工业节能减排的产业政策，综合运用阶梯电价、差别电价、惩罚性电价等价格政策，以及财税支持、绿色金融等手段，推动传统产业绿色化改造和节能产业发展。

各级工业和信息化主管部门应当推动高效节能产品和设备纳入政府采购名录，在政府性投资建设项目招标中优先采用。

第九条　工业和信息化部建立工业节能技术、产品的遴选、评价及推广机制，发布先进适用工业节能技术、高效节能设备（产品）推荐目录，以及达不到强制性能效标准的落后工艺技术装备淘汰目录。加快先进工业节能技术、工艺和设备的推广应用，加强工业领域能源需求侧管理，培育工业行业能效评估中心，推进工业企业节能技术进步。

鼓励关键节能技术攻关和重大节能装备研发，组织实施节能技术装备产业化示范，促进节能装备制造业发展。

第十条　工业和信息化部依法组织制定并适时修订单位产品能耗限额、工业用能设备（产品）能源利用效率等相关标准以及节能技术规范，并组织实施和监督。

鼓励地方和工业企业依法制定严于国家标准、行业标准的地方工业节能标准和企业节能标准。

引导行业协会等社会组织和产业技术联盟根据本行业特点制定团体节能标准。

第十一条　工业和信息化部组织编制工业能效指南，发布主要耗能行业产品（工序）等工业能效相关指标，建立行业能效水平指标体系并实行动态调整。

第十二条　各级工业和信息化主管部门根据工业能源消费状况和工业经济发展情况，研究提出本行政区域工业能源消费总量控制目标和节能目标，实行目标管理。

第十三条　各级工业和信息化主管部门应当依据职责对工业企业固定资产投资项目节能评估报告开展有关节能审查工作。对通过审查的项目，应当加强事中事后监管，对节能措施落实情况进行监督管理。

第十四条　各级工业和信息化主管部门应当定期分析工业能源消费和工业节能形势，建立工业节能形势研判和工业能耗预警机制。

第十五条　各级工业和信息化主管部门应当建立工业节能管理岗位人员和专业技术人员的教育培训机制，制定教育培训计划和大纲，组织开展专项教育和岗位培训。

各级工业和信息化主管部门应当开展工业节能宣传活动，积极宣传工业节能政策法规、节能技术和先进经验等。

第十六条　各级工业和信息化主管部门应当培育节能服务产业发展，支持节能服务机构开展工业节能咨询、设计、评估、计量、检测、审计、认证等服务，积极推广合同能源管理、节能设备租赁、政府和社会资本合作模式、节能自愿协议等节能机制。科学确立用能权、碳排放权初始分配，开展用能权、碳排放权交易相关工作。

第三章　节　能　监　察

第十七条　工业和信息化部指导全国的工业节能监察工作，组织制定和实施全国工业节能监察年度工作计划。

县级以上地方人民政府工业和信息化主管部门应当结合本地区实际情况，组织实施本地区工业节能监察工作。

第十八条　各级工业和信息化主管部门应当加强节能监察队伍建设，建立健全节能监察体系。

节能监察机构所需经费依法列入同级财政预算，支持完善硬件设施、加强能力建设、开展业务培训。实施节能监察不得向监察对象收取费用。

第十九条　各级工业和信息化主管部门应当组织节能监察机构，对工业企业执行节能法律法规情况、强制性单位产品能耗限额及其他强制性节能标准贯彻执行情况、落后用能工艺技术设备（产品）淘汰情况、固定资产投资项目节能评估和审查意见落实情况、节能服务机构执行节能法律法规情况等开展节能监察。

各级工业和信息化主管部门应当明确年度工业节能监察重点任务，并根据需要组织节能监察机构开展联合监察、异地监察等。

工业和信息化部可以根据需要委托地方节能监察机构执行有关专项监察任务。

第二十条　工业节能监察应当主要采取现场监察方式，必要时可以采取书面监察等方式。现场监察应当由两名以上节能监察人员进行，可以采取勘察、采样、拍照、录像、查阅有关文件资料和账目，约见和询问有关人员，对用能产品、设备和生产工艺的能源利用状况进行监测和分析评价等措施。

第二十一条　节能监察机构应当建立工业节能监察情况公布制度，定期公开工业节能监察结果，主动接受社会监督。

第四章　工业企业节能

第二十二条　工业企业应当加强节能减排工作组织领导，建立健全能源管理制度，制定并实施企业节能计划，提高能源利用效率。

第二十三条　工业企业应当设立可测量、可考核的年度节能指标，完善节能目标考核奖惩制度，明确岗位目标责任，加强激励约束。

第二十四条　工业企业对各类能源消耗实行分级分类计

量，合理配备和使用符合国家标准的能源计量器具，提高能源计量基础能力，确保原始数据真实、准确、完整。

第二十五条　工业企业应当明确能源统计人员，建立健全能源原始记录和统计台账，加强能源数据采集管理，并按照规定报送有关统计数据和资料。

第二十六条　工业企业应当严格执行国家用能设备（产品）能效标准及单位产品能耗限额标准等强制性标准，禁止购买、使用和生产国家明令淘汰的用能设备（产品），不得将国家明令淘汰的用能工艺、设备（产品）转让或者租借他人使用。

第二十七条　鼓励工业企业加强节能技术创新和技术改造，开展节能技术应用研究，开发节能关键技术，促进节能技术成果转化，采用高效的节能工艺、技术、设备（产品）。

鼓励工业企业创建"绿色工厂"，开发应用智能微电网、分布式光伏发电、余热余压利用和绿色照明等技术，发展和使用绿色清洁低碳能源。

第二十八条　工业企业应当定期对员工进行节能政策法规宣传教育和岗位技术培训。

第五章　重点用能工业企业节能

第二十九条　加强对重点用能工业企业的节能管理。重点用能工业企业包括：

（一）年综合能源消费总量一万吨标准煤（分别折合8000万kWh用电、6800t柴油或者760万m³天然气）以上的工业企业；

（二）省、自治区、直辖市工业和信息化主管部门确定的年综合能源消费总量5000t标准煤（分别折合4000万kWh用电、3400t柴油或者380万m³天然气）以上不满1万t标准煤的工业企业。

第三十条　工业和信息化部加强对全国重点用能工业企业节能管理的指导、监督。

省、自治区、直辖市工业和信息化主管部门对本行政区域内重点用能工业企业节能实施监督管理。

设区的市和县级人民政府工业和信息化主管部门在上级工业和信息化主管部门的指导下，对重点用能工业企业实施属地管理，并可以根据实际情况，确定重点用能工业企业以外的工业企业开展节能监督管理。

第三十一条　重点用能工业企业应当根据能源消费总量和生产场所集中程度、生产工艺复杂程度，设立能源统计、计量、技术和综合管理岗位，任用具有节能专业知识、实际工作经验及中级以上技术职称的企业高级管理人员担任能源管理负责人，形成有岗、有责、全员参与的能源管理组织体系。

重点用能工业企业能源管理岗位设立和能源管理负责人任用情况应当报送有关的工业和信息化主管部门备案。

第三十二条　鼓励重点用能工业企业开展能源审计，并根据审计结果制定企业节能规划和节能技术改造方案，跟踪、落实节能改造项目的实施情况。

第三十三条　重点用能工业企业应当每年向有关的工业和信息化主管部门报送上年度的能源利用状况报告。能源利用状况报告包括能源购入、加工、转换与消费情况，单位产品能耗、主要耗能设备和工艺能耗、能源利用效率，能源管理、节能措施、节能效益分析、节能目标完成情况以及能源消费预测等内容。

第三十四条　重点用能工业企业不能完成年度节能目标

的，由有关的工业和信息化主管部门予以通报。

第三十五条　重点用能工业企业应当积极履行社会责任，鼓励重点用能工业企业定期发布包含能源利用、节能管理、员工关怀等内容的企业社会责任报告。

第三十六条　重点用能工业企业应当开展能效水平对标达标活动，确立能效标杆，制定实施方案，完善节能管理，实施重大节能技术改造工程，争创能效"领跑者"。

第三十七条　鼓励重点用能工业企业建设能源管控中心系统，利用自动化、信息化技术，对企业能源系统的生产、输配和消耗实施动态监控和管理，改进和优化能源平衡，提高企业能源利用效率和管理水平。

第三十八条　重点用能工业企业应当建立能源管理体系，采用先进节能管理方法与技术，完善能源利用全过程管理，促进企业节能文化建设。

第六章　法　律　责　任

第三十九条　各级工业和信息化主管部门和相关部门依据职权，对有下列情形之一的工业企业，依照《中华人民共和国节约能源法》等法律法规予以责令限期改正、责令停用相关设备、警告、罚款等，并向社会公开：

（一）用能不符合强制性能耗限额和能效标准的；

（二）能源统计和能源计量不符合国家相关要求的；

（三）能源数据弄虚作假的；

（四）生产、使用国家明令淘汰的高耗能落后用能产品、设备和工艺的；

（五）违反节能法律、法规的其他情形。

第四十条　各级工业和信息化主管部门及节能监察机构工作人员，在工业节能管理中有下列情形之一的，依法给予处分；构成犯罪的，依法追究刑事责任：

（一）泄露企业技术秘密、商业秘密的；

（二）利用职务上的便利谋取非法利益的；

（三）违法收取费用的；

（四）滥用职权、玩忽职守、徇私舞弊的。

第七章　附　　则

第四十一条　县级以上地方人民政府工业和信息化主管部门可以依据本办法和本地实际，制定具体实施办法。

第四十二条　本办法自 2016 年 6 月 30 日起施行。

工业和信息化部办公厅关于印发《工业领域电力需求侧管理专项行动计划（2016～2020 年）》的通知
（工信厅运行函〔2016〕560 号）

各省、自治区、直辖市及新疆生产建设兵团工业和信息化主管部门，中国电力企业联合会：

为落实国家能源生产和消费革命战略（2030）以及推动"互联网＋智慧能源"的工作部署，加快推进工业领域电力需求侧管理工作，我部将开展工业领域电力需求侧管理专项行动。

现将《工业领域电力需求侧管理专项行动计划（2016～2020 年）》印发你们，请做好组织实施，扎实推进，确保各项任务落到实处。请结合本地实际制定专项行动细化方案，

并于 10 月 15 日前将方案报我部（运行监测协调局）。

工业和信息化部办公厅（印）
2016 年 8 月 23 日

工业领域电力需求侧管理专项行动计划（2016～2020 年）

为落实国家能源生产和消费革命战略（2030）以及推动"互联网＋智慧能源"工作的部署，加快推进工业领域电力需求侧管理工作，促进工业企业科学、安全、节约、智能用电，实现以较低电力消费增长创造更多工业增加值产出，制定本专项行动计划。

一、指导思想和主要目标

以党的十八大和十八届三中、四中、五中全会精神为指导，全面贯彻国家能源生产和消费革命战略（2030）以及"互联网＋智慧能源"的战略部署，深入推进工业领域电力需求侧管理工作，建立"政府引导、企业主体、专业服务"的工作体系，以电力为突破口，引导工业企业转变能源消费方式，促进电力需求侧与供给侧良性互动，推动工业领域实现能源消费革命。

总体目标是：通过五年的时间，组织全国万家工业企业参与专项行动，千家企业贯彻实施电力需求侧管理工作指南，打造百家电力需求侧管理示范企业，进一步优化电力资源配置，提升工业能源消费效率，到 2020 年，实现参与行动的工业企业单位增加值电耗平均水平下降 10% 以上。

二、主要任务
（一）制定工业领域电力需求侧管理工作指南

从工业企业、工业园区、服务机构、技术产品、人才培养等方面形成系统的工业领域电力需求侧管理工作指南，为工业领域推动能源消费革命奠定基础。一是组织实施工业领域电力需求侧管理工作指南，并适时转化为行业标准，开展贯标对标工作。二是开展工业领域电力需求侧管理标准体系研究，支持企业（园区）将自主领先的技术、管理模式等标准面向全行业推广，开展行业贯标对标工作。三是鼓励和引导工业企业完善电力需求侧制度建设，改善电能质量，加强用电设备改造和信息化建设，促进电能替代、分布式能源利用、能源清洁和循环利用，全面提升用能效率和需求响应能力。四是构建工业园区能源服务体系，建设电力需求侧管理平台，创新综合能效服务模式。

（二）建设工业领域电力需求侧管理系统平台

组织建设与地方工业和信息化主管部门、工业企业、服务机构和金融机构互联互通的工作平台和大数据系统，为推动能源互联网战略和加强工业运行监测形成重要支撑。一是建设工业领域电力需求侧管理工作平台，运用信息化手段推动实施电力需求侧管理工作指南，推动实现企业用电在线诊断及评价、示范企业及园区申报、推荐产品（技术）申报、企业及园区在线评价、服务机构备案及资质审核、在线人才交流培训、工作动态信息报送等功能。二是依托工作平台探索建设全国工业领域电力需求侧管理大数据系统，鼓励工业企业、服务机构共享电力运行数据，实现工业用电在线监测和数据分析、有序用电和需求响应、信息发布和专家服务、项目库和产品库建设等功能，进一步支撑工业经济运行监测工作。三是为工业企业和服务机构搭建服务桥梁，推广先进产品（技术）和示范项目，实现为企业的在线咨询和技术服

务，促进项目对接、产融衔接。四是鼓励各级平台运用物联网标识解析技术等互联互通，以信息化带动工业用能用电管理全面升级。

（三）推进工业领域电力需求侧管理示范推广

在引导企业和园区对照电力需求侧管理工作指南开展电力需求侧管理工作基础上，进一步完善评价办法，形成一批示范企业和园区，并在重点地区和行业做好推广。一是组织钢铁、有色、化工、汽车、电子、食品等重点行业开展示范推广，鼓励与示范企业对标，带动更多的工业企业实施和优化电力需求侧管理。二是支持工业园区通过能效电厂建设、供需互动响应、源网荷储协同调控、能源互联网建设、分布式电源建设、充电设施建设、配电网升级改造、电能替代等实施电力需求侧管理，优化对工业企业的电能服务，推广一批示范园区。三是不断完善评价工作机制，指导评价机构对参与电力市场交易的工业企业开展评价，将评价作为衡量工业企业能源管理水平的重要依据，并对通过评价并获得 A 级及以上的企业适时给予政策支持。

（四）支持电力需求侧管理技术创新及产业化应用

支持企业技术创新，建立健全电力需求侧管理产品、技术、工艺、设备的研发、生产、推广应用体系。一是支持企业开展电机能效提升、高效电加热、热电冷联产、电蓄冷（热）、储能、负荷管理及优化、智能微电网、供需互动响应、电能替代等需求侧管理产品（技术）的研发创新，形成一批创新性、推广性强的产品（技术）。二是在全国范围开展工业领域电力需求侧管理推荐产品（技术）征集，形成推荐目录并向全社会进行推广。三是积极推进电力需求侧管理产品（技术）第三方评价，推动建立上下游技术协作机制，助推相关产品（技术）的产业化应用。

（五）加快培育电能服务产业

扶持电能服务产业发展，营造健康、有序的电能服务产业发展环境，培育一批具有国际竞争力的产业领军型企业。一是加强电能市场化服务体系建设，培育一批面向工业的专业化电力需求侧管理服务机构、评估评价机构和教育培训机构，为工业企业提供用能情况诊断、专业优化治理、系统评估评价等服务。支持引导具有售电业务的能源服务管理机构开展电力需求侧管理工作，不断探索促进售电业务发展与电力需求侧管理相融合。二是支持组建工业领域电力需求侧管理行业协会和产业联盟，吸引上下游企业、科研院所、金融机构等多方参与，搭建资源共享、互助协作的工作平台，促进电能服务产业体系建设。三是推动电能服务机构加强技术创新，提高服务水平，强化项目管理，形成一批技术性强、应用性广的适用技术和产品。四是加大人才培养力度，探索在工业行业推广能源管理师（电力专业）职业体系，培育一批技术和管理人才队伍。

三、保障措施

（一）加强组织领导，完善工作机制

工业和信息化部负责全国工业领域电力需求侧管理专项行动的组织实施，会同有关部门完善相关管理办法和支持政策，并抓好推动落实和督促检查。各地工业和信息化主管部门将专项行动作为落实国家能源生产和消费革命战略（2030）的重要内容，加强组织领导，建立健全相应的工作机制，制定专项行动细化方案并抓好实施，确保各项任务落到实处。中国电力企业联合会等行业组织要发挥专业支撑作用，组织电能服务企业细化配套实施方案，积极参与专项行动各项工作。

（二）加大资金支持，完善政策体系

各级工业和信息化主管部门要充分利用工业转型升级资金、专项建设基金、电力需求侧管理专项资金等现有资金渠道，对工业企业和园区电力需求侧管理技术改造和平台建设给予支持，择优推荐示范园区作为国家新型工业化产业示范基地；支持将电力需求侧管理纳入智能制造、绿色制造试点示范范围，并给予资金倾斜支持。利用价格政策，积极推动扩大峰谷电价差，形成以需求为核心的价格竞争机制；推动将电力需求侧管理产品纳入节能节水专用设备企业所得税优惠目录等相关政策支持范围；支持电力需求侧管理水平先进的工业企业和园区参与电力直接交易或扩大交易规模。探索建立工业领域电力需求侧管理发展基金，引导金融机构、民营资本参与电力需求侧管理项目投资，满足工业企业的多样化融资需求。

（三）加强宣传交流，营造良好氛围

充分发挥媒体、行业协会、产业联盟的作用，加强舆论宣传。通过举办工业领域电力需求侧管理宣传周活动、组织成果展览、编发示范案例集等全面展示工业领域电力需求侧管理示范成果，对电力需求侧管理理念及示范经验进行广泛宣传，进一步提升全社会对电力需求侧管理的认知度、参与度和积极性，为电力需求侧管理深入开展营造良好的社会氛围。

附件：主要任务进度安排表（略）

工业和信息化部关于印发《高效节能环保工业锅炉产业化实施方案》的通知
（工信厅节函〔2016〕492 号）

各省、自治区、直辖市及计划单列市、新疆生产建设兵团工业和信息化主管部门，有关行业协会，有关中央企业：

为大力发展节能环保产业，引导工业锅炉生产企业创新节能技术，实现工业锅炉绿色制造和绿色消费，降低能源消耗，减少大气污染物排放，根据《中国制造 2025》（国发〔2015〕28 号）、《大气污染防治行动计划》（国发〔2013〕30号）精神，编制《高效节能环保工业锅炉产业化实施方案》。现印发你们，请结合实际贯彻落实。

工业和信息化部办公厅（印）

2016 年 7 月 19 日

高效节能环保工业锅炉产业化实施方案

近年来，我国工业锅炉制造水平大幅提高，能效水平及排放指标逐步改善，但整体运行效率较低，与发达国家相比仍有一定差距。主要表现在：一是整体技术水平低、自主创新能力不强、技术装备落后，关键技术、关键部件基础薄弱，锅炉系统自动控制水平低，系统匹配性差。二是新技术、新产品推广应用力度不够，高效节能环保工业锅炉市场占有量小，达到国家能效标准 2 级以上节能环保工业锅炉产品市场占有率不足 5%。三是产业集中度低，企业规模普遍偏小，龙头骨干企业带动作用不强，节能高效产品制造能力弱。四是能效标准体系不够健全、财税等激励政策有待完善。

为落实《中国制造 2025》，推动绿色制造和智能制造，

制定并实施高效节能环保工业锅炉产业化实施方案，全面提升工业锅炉系统能效水平和装备水平，促进工业锅炉产业转型升级，推进供给侧结构性改革，实现节能减排，改善环境质量。

一、总体要求

（一）基本思路

围绕提高工业锅炉系统效率、减少污染物排放，以创新驱动，不断开发高效节能减排技术，提升高效节能环保工业锅炉产业化水平为目标，培育一批创新能力强、示范效果突出、区域特色明显、技术与产品先进、产业带动性强的高效节能环保工业锅炉先进制造基地，开发和推广一批先进适用的高效节能环保锅炉技术和产品，推进锅炉系统新技术、新工艺、新材料、新装备的应用，带动关键技术突破和产业化，提升节能环保锅炉制造能力，增强系统集成能力，创新制造服务化模式，促进锅炉产业转型升级。

（二）基本原则

坚持因地制宜，绿色制造。各地区根据自身特点合理选择发展高效节能环保锅炉类型，优化产业链配置，重视清洁能源和新能源锅炉技术的发展，统筹经济效益和环境保护。

坚持重点突出，全面提升。以强化锅炉制造企业创新与制造能力建设为重点，推动锅炉系统标准化、集成化，全面推进高效节能环保工业锅炉产业化。在注重锅炉本体效率提高的同时，综合考虑锅炉配套辅机、管网系统、燃料供给、控制监测等因素，大力提升系统效率。

坚持政府引导，市场配置。加强财政、税收和金融等政策引导，鼓励产学研联合创新，积极推行合同能源管理等市场化机制，激发企业推进工业锅炉系统节能减排的内生动力。

（三）主要目标

到2020年底，攻克一批高效节能环保工业锅炉关键共性技术，培育一批高效节能环保工业锅炉制造基地，推广一批高效节能环保工业锅炉产品，制定一批相关国家标准，探索建立研发、工程应用与技术服务于一体的高效节能环保工业锅炉系统创新中心和专业化运行服务新模式。高效节能环保工业锅炉市场占有率达60%以上，累计推广高效节能环保工业锅炉100万蒸吨。

二、主要内容

（一）开展行业协同创新能力建设，攻克一批关键共性技术

推进行业协同创新能力建设。组织国内优势科研院所、大专院校、制造企业、检测单位、用户企业等组成高效节能环保工业锅炉系统产业联盟，联合攻克一批关键共性技术。依托联盟，以企业为主体，鼓励行业上下游合作，形成技术标准、人才信息交流、知识产权共享的创新集群，加快节能技术创新成果向现实生产力转化。建立行业研发设计平台，推动建立工业锅炉系统节能技术公共基础信息数据库、专家诊断系统等共享平台，提高工业锅炉系统节能技术原始创新能力。

攻克一批关键共性技术。以高效节能环保工业锅炉系统产业联盟、企业技术研发中心为主体，重点研发燃油燃气锅炉燃烧器、高效工业煤粉锅炉、辅机配套、锅炉房系统优化选型、锅炉效率与污染物实时传输及监控、煤粉集中制备与配送、蒸汽管网优化等技术（见下表）。

关键共性技术研发重点任务

技术领域	技术内容
燃油燃气锅炉技术	自主知识产权的燃烧器，烟气深度冷却技术，尾部受热面防腐技术等
高效工业煤粉锅炉技术	工业锅炉用小功率低 NO_x，煤粉燃烧器，工业煤粉锅炉本体设计技术，辅机配套技术
锅炉房系统优化选型技术	用户负荷需求与锅炉台数、容量的匹配技术，锅炉主机与辅机的匹配技术
锅炉效率与污染物实时传输及监控技术	分散式数据采集及控制系统。（1）在线监测装置的数据采集与控制功能，对主要参数的监视、记录、报警；（2）能够实现性能指标计算、报表自动制作、事故追忆、趋势图显示分析等功能；（3）通过无线传输技术，实现遥控设备的启动和停止
煤粉集中制备与配送技术	原煤预干燥节能系统、煤粉磨制、煤粉运输及配送技术、煤粉安定特性及防爆安全技术、高效煤粉工业锅炉岛燃烧技术优化、高倍率灰钙循环稀相烟气净化技术研究。供粉半径、制粉厂容量、总热负荷、煤种的匹配优化技术研究
热力管网系统优化技术	凝结水显热回收利用技术，闪蒸汽的回收利用技术，凝结水精处理技术，先进蒸汽疏水阀技术，热网管道直埋技术，用于管网优化设计的换热网络优化软件和热力管网水力计算软件，蒸汽按压力梯级使用及多效蒸发技术和蒸汽裕压利用技术，供热计量调节技术，蒸汽蓄热技术等

（二）推进产业集聚和制造业服务化发展

鼓励若干具有产业基础、区位优势和智力资源优势的地区率先发展，加快形成高效节能环保工业锅炉制造集聚优势。整合现有资源，形成基于产业链的产业化企业集群。工业锅炉制造骨干生产企业和"专精特新"的中小企业及相关供应配套企业协同创新，建立专业化分工、产业上下游配套、制造与服务协调、产学研有机结合的节能产品研发、生产、推广产业基地，鼓励骨干龙头企业加快实施兼并重组，提升产业集中度和市场竞争优势。

鼓励有条件的骨干企业提升制造业服务延伸能力，推动制造业研发、设计制造、节能投资、运行服务于一体的新的产业模式，推行合同能源管理、设备租赁等多种形式的市场化节能新机制。

（三）加快高效节能技术和产品的推广应用

持续发布《节能机电设备（产品）推荐目录》（工业锅炉等），引导高效节能环保锅炉本体、新型水处理设备、炉排、配套辅机、智能自动化控制系统、能量计量系统、脱硫脱硝除尘设备、热网泵阀、蓄热器等产品的规模化应用。鼓励用户采用冷凝式燃气锅炉、高效煤粉工业锅炉、高效层燃

锅炉、节能高效循环流化床锅炉，以及采用优化炉膛结构、蓄热式高温空气预热、太阳能工业热利用系统、强化辐射传热等技术的节能环保锅炉等，推动循环流化床锅炉在燃烧城市垃圾和煤矸石方面的应用。

推动变频技术在配套风机、水泵等设备中的应用，推广应用不漏水、不漏气、热损失较少、封闭式运行的高效节能节水管网。推广应用自动化管理、蒸汽梯级利用、蒸汽余热余压利用、保温结构优化、蒸汽管网疏水及凝结水回收利用等技术。推动分路流量计、平衡阀、差压控制器、气候补偿器、加速泵、高性能疏水阀、温控阀、调节阀、减压阀、温控阀、流量计等产品的广泛应用。加强减温减压设备、整体式蒸汽换热站、伴热蒸汽疏水阀站、撬装式凝结水回收机组等成套设备的推广应用。

（四）促进工业锅炉＋互联网技术融合

通过物联网、大数据、云计算、先进过程控制等技术应用，加强工业锅炉节能减排效果在线监测和分析应用平台建设，对企业 20 吨以上工业锅炉的能耗、排放和生产过程数据实时采集和分析预测。锅炉制造企业应按有关规定预留能源计量仪器、仪表的安装测点，锅炉使用单位应按规定配备符合要求的能效监控设备、能源计量仪器仪表。

（五）加大节能监察力度，淘汰高耗能落后锅炉

定期发布《高耗能落后机电设备淘汰目录》，加强工业节能监察，加快淘汰高耗能落后工业锅炉，为高效工业锅炉的推广应用腾出市场空间。

三、保障措施

（一）加强组织领导

各级工业和信息化主管部门应加强对高效节能环保工业锅炉产业化方案的组织实施，加强部门联动，明确任务，落实责任，建立工作进展情况阶段性总结和监督制度。

（二）发挥专家队伍作用

充分发挥相关机构和专家作用，协助开展高效节能环保锅炉技术、标准及评价指标的研究，协助开展高效节能环保锅炉产品推荐、推广工作，为高效节能环保工业锅炉产业化提供技术支撑。

（三）加强政策扶持

落实现有税收优惠政策，推动高效工业锅炉产品列入《节能节水专用设备所得税优惠目录》。各地应充分利用节能减排、技术改造、清洁生产、循环经济等财政引导资金支持高效工业锅炉产业化项目。鼓励政策性银行、商业银行、融资担保机构开展金融产品和服务方式创新，建立多元化投资机制，鼓励民间投资和外资加大对高效工业锅炉系统产业化的投入。

（四）强化标准引领

工业和信息化部会同有关部门加快制修订《工业锅炉系统节能设计与评价指南》《工业锅炉能效限定值及能效等级》《工业锅炉经济运行》等相关标准。鼓励地方制定严于国家的地方能耗限额和污染物排放标准。各地应依法加强工业锅炉节能监察，推动落后低效锅炉淘汰。

（五）加强国际合作

进一步拓展高效工业锅炉国际合作机制和渠道，跟踪和引进高效节能环保锅炉前沿技术，举办技术和政策研讨会、产业对接活动，鼓励高效节能环保工业锅炉"走出去"。

工业和信息化部关于印发《工业绿色发展规划（2016～2020 年）》的通知

（工信部规〔2016〕225 号）

各省、自治区、直辖市及计划单列市、新疆生产建设兵团工业和信息化主管部门，各省、自治区、直辖市通信管理局，有关中央企业，部属有关事业单位：

为贯彻落实《中华人民共和国国民经济和社会发展第十三个五年规划纲要》和《中国制造 2025》，加快推进生态文明建设，促进工业绿色发展，我部制定了《工业绿色发展规划（2016～2020 年）》。现印发你们，请结合实际认真贯彻落实。

工业和信息化部（印）
2016 年 6 月 30 日

工业绿色发展规划（2016～2020 年）

为落实《国民经济和社会发展第十三个五年规划纲要》和《中国制造 2025》战略部署，加快推进生态文明建设，促进工业绿色发展，制定本规划。

一、面临的形势

"十二五"时期，工业领域坚持把发展资源节约型、环境友好型工业作为转型升级的重要着力点，把节能减排作为转方式、调结构的重要抓手，大力推进技术改造，推广节能环保新技术、新装备和新产品，逐步完善节能减排工作体系，圆满完成"十二五"目标任务。工业能效和水效大幅提升，规模以上企业单位工业增加值能耗累计下降 28%，实现节能量 6.9 亿吨标准煤，单位工业增加值用水量累计下降 35%，提前一年完成"十二五"淘汰落后产能任务。工业清洁生产先进适用工艺技术大范围示范推广，开展有毒有害原料替代，工业产品绿色设计推进机制初步建立。工业资源综合利用产业规模稳步壮大，技术装备水平不断提高，五年利用大宗工业固体废物约 70 亿吨、再生资源 12 亿吨。节能环保产业快速增长，2015 年节能环保装备、资源综合利用、节能服务等节能环保产业产值约 4 万亿元。

未来五年，是落实制造强国战略的关键时期，是实现工业绿色发展的攻坚阶段。资源与环境问题是人类面临的共同挑战，推动绿色增长、实施绿色新政是全球主要经济体的共同选择，资源能源利用效率也成为衡量国家制造业竞争力的重要因素，推进绿色发展是提升国际竞争力的必然途径。我国工业总体上尚未摆脱高投入、高消耗、高排放的发展方式，资源能源消耗量大，生态环境问题比较突出，形势依然十分严峻，迫切需要加快构建科技含量高、资源消耗低、环境污染少的绿色制造体系。加快推进工业绿色发展，也是推进供给侧结构性改革、促进工业稳增长调结构的重要举措，有利于推进节能降耗、实现降本增效，有利于增加绿色产品和服务有效供给、补齐绿色发展短板。

二、总体要求

（一）指导思想（略）

（二）基本原则

创新驱动，标准引领。促进工业绿色发展科技创新、管理创新和商业模式创新，研发推广核心关键绿色工艺技术及装备。加快完善工业能效、水效、排放和资源综合利用等标

准，依法实施绿色监管，引导绿色消费。

政策引导，市场推动。发挥政府在推进工业绿色发展中的引导作用，优化工业结构和区域布局，加强机制创新，形成有效的激励约束机制。强化企业在推进工业绿色发展中的主体地位，激发企业活力和创造力，积极履行社会责任。

改造存量，优化增量。加快传统制造业绿色改造升级，鼓励使用绿色低碳能源，提高资源利用效率，淘汰落后设备工艺，从源头减少污染物产生。积极引领新兴产业高起点绿色发展，强化绿色设计，加快开发绿色产品，大力发展节能环保产业。

全面推进，重点突破。着力解决重点行业、企业和区域发展中的资源环境问题，充分发挥试点示范的带动作用。积极推进新兴产业和中小企业的绿色发展，加快工业绿色发展整体水平提升。

（三）发展目标

到2020年，绿色发展理念成为工业全领域全过程的普遍要求，工业绿色发展推进机制基本形成，绿色制造产业成为经济增长新引擎和国际竞争新优势，工业绿色发展整体水平显著提升。

——能源利用效率显著提升。工业能源消耗增速减缓，六大高耗能行业占工业增加值比重继续下降，部分重化工业能源消耗出现拐点，主要行业单位产品能耗达到或接近世界先进水平，部分工业行业碳排放量接近峰值，绿色低碳能源占工业能源消费量的比重明显提高。

——资源利用水平明显提高。单位工业增加值用水量进一步下降，大宗工业固体废物综合利用率进一步提高，主要再生资源回收利用率稳步上升。

——清洁生产水平大幅提升。先进适用清洁生产技术工艺及装备基本普及，钢铁、水泥、造纸等重点行业清洁生产水平显著提高，工业二氧化硫、氮氧化物、化学需氧量和氨氮排放量明显下降，高风险污染物排放大幅削减。

——绿色制造产业快速发展。绿色产品大幅增长，电动汽车及太阳能、风电等新能源技术装备制造水平显著提升，节能环保装备、产品与服务等绿色产业形成新的经济增长点。

——绿色制造体系初步建立。绿色制造标准体系基本建立，绿色设计与评价得到广泛应用，建立百家绿色示范园区和千家绿色示范工厂，推广普及万种绿色产品，主要产业初步形成绿色供应链。

三、主要任务

（一）大力推进能效提升，加快实现节约发展

坚持节约优先，大力推进能源消费革命，提高工业能源利用效率，促进企业降本增效，加快形成绿色集约化生产方式，增强制造业核心竞争力。

以供给侧结构性改革为导向，推进结构节能。把优化工业结构和能源消费结构作为新时期推进工业节能的重要途径，加强节能评估审查和后评价，进一步提高能耗、环保等准入门槛，严格控制高耗能行业产能扩张。以钢铁、石化、建材、有色金属等行业为重点，积极运用环保、能耗、技术、工艺、质量、安全等标准，依法淘汰落后和化解过剩产能。加快发展能耗低、污染少的先进制造业和战略性新兴产业，促进生产型制造向服务型制造转变。大力调整产品结构，积极开发高附加值、低消耗、低排放产品。大力推进工业能源消费结构绿色低碳转型，鼓励企业开发利用可再生能源，加快工业企业分布式能源中心建设，在具备条件的工业园区或企业实施煤改气或可再生能源替代化石能源，推广绿色照明。实施煤炭清洁高效利用行动计划，在焦化、煤化工、工业锅炉、窑炉等重点用煤领域，推进煤炭清洁、高效、分质利用。

以先进适用技术装备应用为手段，强化技术节能。全面推进传统行业节能技术改造，深入推进重点行业、重点企业能效提升专项行动，加快推广高温高压干熄焦、无球化粉磨、新型结构铝电解槽、智能控制等先进技术。继续推进锅炉、电机、变压器等通用设备能效提升工程，组织实施空压机系统能效提升计划。围绕高耗能行业企业，加快工艺革新，实施系统节能改造，鼓励先进节能技术的集成优化运用，推广电炉钢等短流程工艺和铝液直供，推动工业节能从局部、单体节能向全流程、系统节能转变。提升产品的轻量化水平，推广复合材料、轻合金、真空镀铝纸等高强韧度新型材料，推广超高强度钢热冲压成形技术、真空高压铸造、超高真空薄壁铸造等轻量化成形工艺。普及中低品位余热余压发电、供热及循环利用，积极推进利用钢铁、化工等行业企业的低品位余热向城市居民供热，促进产城融合。实施工业园区节能改造工程，加强园区能源梯级利用，推进集中供热制冷。

以能源管理体系建设为核心，提升管理节能。贯彻强制性能耗标准，在电解铝、水泥行业落实阶梯电价、差别电价等价格政策。推动重点企业能源管理体系建设，将能源管理体系贯穿于企业生产全过程，定期开展能源计量审查、能源审计、能效诊断和对标，发掘节能潜力，构建能效提升长效机制。实施重点行业能效领跑者引领行动，带动行业整体能效提升。围绕中小工业企业节能管理，搭建公共服务平台，组织开展节能服务公司进企业活动，全面提升中小企业能源管理意识和能力。加强工业节能监察，组织开展强制性能耗、能效标准贯标及落后用能设备淘汰等监察，实施重点行业、重点用能企业专项监察和督查，严格执行《节约能源法》和《工业节能管理办法》等法规。进一步完善覆盖全国的省、市、县三级节能监察体系，支持完善硬件设施、开展业务培训，切实履行监察职能。

（二）扎实推进清洁生产，大幅减少污染排放

围绕重点污染物开展清洁生产技术改造，推广绿色基础制造工艺，降低污染物排放强度，促进大气、水、土壤污染防治行动计划落实。

减少有毒有害原料使用。修订国家鼓励的有毒有害原料替代目录，引导企业在生产过程中使用无毒无害或低毒低害原料，从源头削减或避免污染物的产生，推进有毒有害物质替代。推进电器电子、汽车等重点产品有毒有害物质限制使用。继续实施高风险污染物削减行动计划，强化汞、铅、高毒农药等减量替代，逐步扩大实施范围，降低环境风险。实施挥发性有机物削减计划，在涂料、家具、印刷、汽车制造涂装、橡胶制品、制鞋等重点行业推广替代或减量化技术。推广无铬耐火材料。

推进清洁生产技术改造。针对二氧化硫、氮氧化物、化学需氧量、氨氮、烟（粉）尘等主要污染物，积极引导重点行业企业实施清洁生产技术改造，逐步建立基于技术进步的清洁生产高效推行模式。在京津冀、长三角、珠三角、东北地区等重点区域组织实施钢铁、建材等重点行业清洁生产水平提升工程，降低二氧化硫、氮氧化物、烟（粉）尘排放强度。在长江、黄河等七大流域组织实施重点行业清洁生产水平提升工程，降低造纸、化工、印染、化学原料药、电镀等行业废水排放总量及化学需氧量、氨氮等污染物排放强度。推进工业领域土壤污染源头防治，推广先进适用的土壤修复技术装备和产品。

加强节水减污。围绕钢铁、化工、造纸、印染、饮料等高耗水行业，实施用水企业水效领跑者引领行动，开展水平衡测试及水效对标达标，大力推进节水技术改造，推广工业节水工艺、技术和装备。强化高耗水行业企业生产过程和工序用水管理，严格执行取水定额国家标准，围绕高耗水行业和缺水地区开展工业节水专项行动，提高工业用水效率。推进水资源循环利用和工业废水处理回用，推广特许经营、委托营运等专业化节水模式，推动工业园区集约利用水资源，实行水资源梯级优化利用和废水集中处理回用。推进中水、再生水、海水等非常规水资源的开发利用，支持非常规水资源利用产业化示范工程，推动钢铁、火电等企业充分利用城市中水，支持有条件的园区、企业开展雨水集蓄利用。

推广绿色基础制造工艺。推广清洁高效制造工艺，以铸造、热处理、焊接、涂镀等领域为重点，推广应用合金钢无氧化清洁热处理、热处理气氛减量化、真空低压渗碳热处理、感应热处理等高效节能热处理工艺，无铅波峰焊接抗氧化、氮气保护无铅再流焊接、高效节材摩擦焊等焊接工艺，绿色化除油、无铅电镀、三价铬电镀、电镀铬替代等清洁涂镀技术，减少制造过程的能源消耗和污染物排放。推进短流程、无废弃物制造，重点发展近净成形、数字化无模铸造、增材制造、新型防腐蚀等短流程绿色节材工艺技术，以及干式切削加工、低温微量润滑切削加工、铸件余热时效热处理等无废弃物制造技术，减少生产过程的资源消耗。

（三）加强资源综合利用，持续推动循环发展

按照减量化、再利用、资源化原则，加快建立循环型工业体系，促进企业、园区、行业、区域间链接共生和协同利用，大幅度提高资源利用效率。

大力推进工业固体废物综合利用。以高值化、规模化、集约化利用为重点，围绕尾矿、废石、煤矸石、粉煤灰、冶炼渣、冶金尘泥、赤泥、工业副产石膏、化工废渣等工业固体废物，推广一批先进适用技术装备，推进深度资源化利用。深入推进承德、朔州、贵阳等资源综合利用基地建设，选择有基础、有潜力、产业集聚和示范效应明显的地区，合理布局，突出特色，加强体制机制和运行管理模式创新，打造完整的工业固体废物综合利用产业链。探索资源综合利用产业区域协同发展新模式，发挥各地优势，推动区域资源综合利用协同发展，实施京津冀地区资源综合利用产业协同发展行动计划，建立若干工业固体废物综合利用跨省界协同发展示范区。

加快推动再生资源高效利用及产业规范发展。围绕废钢铁、废有色金属、废纸、废橡胶、废塑料、废油、废弃电器电子产品、报废汽车、废旧纺织品、废旧动力电池、建筑废弃物等主要再生资源，加快先进适用回收利用技术和装备推广应用。建设一批再生资源产业集聚区，推进再生资源跨区域协同利用，构建区域再生资源回收利用体系。落实生产者责任延伸制度，在电器电子产品、汽车领域等行业开展生产者责任延伸试点示范。促进行业秩序逐步规范，定期发布符合行业规范条件的企业名单，培育再生资源行业骨干企业。

积极发展再制造。围绕传统机电产品、高端装备、在役装备等重点领域，实施高端、智能和在役再制造示范工程，打造若干再制造产业示范区。加强再制造技术研发与推广，

研发应用再制造表面工程、疲劳检测与剩余寿命评估、增材制造等关键共性技术工艺，开发自动化高效解体、零部件绿色清洗、再制造产品服役寿命评估、基于监测诊断的个性化设计和在役再制造关键技术。引导再制造企业建立覆盖再制造全流程的产品信息化管理平台，促进再制造规范健康发展。推进产品认定，鼓励再制造产品推广应用。

全面推行循环生产方式。推进钢铁、有色、石化、化工、建材等行业拓展产品制造、能源转换、废弃物处理—消纳及再资源化等行业功能，强化行业间横向耦合、生态链接、原料互供、资源共享。因地制宜推进水泥窑协同处置固体废物，鼓励造纸行业利用林业废物及农作物秸秆等制浆。推进各类园区进行循环化改造，实现生产过程耦合和多联产，提高园区资源产出率和综合竞争力。

（四）削减温室气体排放，积极促进低碳转型

工业是应对气候变化的重点领域，实现2030年碳排放达峰目标，必须在加大工业节能力度的同时，多措并举，推动部分行业、部分园区率先达峰。

推进重点行业低碳转型。结合碳排放重点行业特点，制定重大低碳技术推广实施方案，促进先进适用低碳新技术、新工艺、新设备和新材料的推广应用。研究制定钢铁、建材、有色、化工等重点行业碳排放控制目标和行动方案，提升重点行业碳生产力水平。在重点行业，选择一批减排潜力大、成熟度高、先进适用的重大低碳技术示范推广，促进工业行业碳排放强度下降。

控制工业过程温室气体排放。以减少工业过程二氧化碳、氧化亚氮、氢氟碳化物、全氟化碳、六氟化硫等温室气体排放为目标，以水泥、钢铁、石灰、电石、己二酸、硝酸、化肥、制冷剂生产等为重点，控制工业过程温室气体排放。开展水泥生产原料替代，利用工业固体废物等非碳酸盐原料生产水泥，减少生产过程二氧化碳排放。开展高碳产品替代，引导使用新型低碳水泥替代传统水泥、新型钢铁材料或可再生材料替代传统钢材、有机肥或缓释肥替代传统化肥，减少高碳排放产品消费。

开展工业低碳发展试点示范。继续开展园区试点示范，结合新型工业化产业示范基地建设，加大低碳工业园区建设力度，制定国家低碳工业园区指南，推进园区碳排放清单编制工作，推动园区企业参与碳排放权交易。开展低碳企业试点示范，引导企业实施低碳发展战略，逐步建立低碳企业评价标准、指标体系和激励约束机制，培育低碳标杆企业，增强企业低碳竞争力。鼓励建材、化工等行业实施碳捕集、利用与封存试点示范，促进二氧化碳资源化利用。

（五）提升科技支撑能力，促进绿色创新发展

紧跟科技革命和产业变革的方向，加快绿色科技创新，加大关键共性技术研发力度，增加绿色科技成果的有效供给，发挥科技创新在工业绿色发展中的引领作用。

加快传统产业绿色化改造关键技术研发。围绕钢铁、有色、化工、建材、造纸等行业，以新一代清洁高效可循环生产工艺装备为重点，结合国家科技重大工程、重大科技专项等，突破一批工业绿色转型核心关键技术，研制一批重大装备，支持传统产业技术改造升级。重点支持钢铁行业研发换热式两段焦炉及高效、清洁全废钢电炉冶炼新工艺，有色行业研发超大容量电解槽、连续吹炼等设备与工艺，化工行业研发流化床多晶硅生产、氯化法钛白粉生产、新一代分离膜及膜器等新工艺及装备，水泥行业研发新型低碳、高标号熟

料生产工艺，造纸行业研发高速造纸机智能化控制设备、非木浆黑液高浓度提取及蒸发工艺。

支持绿色制造产业核心技术研发。面向节能环保、新能源装备、新能源汽车等绿色制造产业的技术需求，加强核心关键技术研发，构建支持绿色制造产业发展的技术体系。节能环保产业重点研发煤炭清洁高效利用、朗肯循环等余热高效利用、高耗能行业节能新工艺等节能技术，挥发性有机物在线分析仪、高浓度氨氮废水处理、化工废盐焚烧处理及资源化、污泥高流速体喷射破碎干化等环保技术及装备，以及低品位共伴生矿产资源高效利用、赤泥和电解锰渣资源化利用、钢渣微粉等综合利用技术装备。新能源装备重点研发核心装备部件制造、并网、电网调度和运维管理等关键技术。电动汽车重点推进动力电池、电机、电控等技术研发。

鼓励支撑工业绿色发展的共性技术研发。按照产品全生命周期理念，以提高工业绿色发展技术水平为目标，加大绿色设计技术、环保材料、绿色工艺与装备、废旧产品回收资源化与再制造等领域共性技术研发力度。重点突破产品轻量化、模块化、集成化、智能化等绿色设计共性技术，研发推广高性能、轻量化、绿色环保的新材料，突破废旧金属、废塑料等产品智能分选与高值利用、固体废物精细拆解与清洁再生等关键产业化技术，开展基于全生命周期的绿色评价技术研究。

（六）加快构建绿色制造体系，发展壮大绿色制造产业

强化产品全生命周期绿色管理，支持企业推行绿色设计，开发绿色产品，建设绿色工厂，发展绿色工业园区，打造绿色供应链，全面推进绿色制造体系建设。

开发绿色产品。按照产品全生命周期绿色管理理念，遵循能源资源消耗最低化、生态环境影响最小化、可再生率最大化原则，大力开展绿色设计示范试点，以点带面，加快开发具有无害化、节能、环保、低耗、高可靠性、长寿命和易回收等特性的绿色产品。积极推进绿色产品第三方评价和认证，发布工业绿色产品目录，引导绿色生产，促进绿色消费。建立各方协作机制，开展典型产品评价试点，建立有效的监管机制。

创建绿色工厂。按照厂房集约化、原料无害化、生产洁净化、废物资源化、能源低碳化的原则分类创建绿色工厂。引导企业按照绿色工厂建设标准建造、改造和管理厂房，集约利用厂区。鼓励企业使用清洁原料，对各种物料严格分选、分别堆放，避免污染。优先选用先进的清洁生产技术和高效末端治理装备，推动水、气、固体污染物资源化和无害化利用，降低厂界环境噪声、振动以及污染物排放，营造良好的职业卫生环境。采用电热联供、电热冷联供等技术提高工厂一次能源利用率，设置余热回收系统，有效利用工艺过程和设备产生的余（废）热。提高工厂清洁和可再生能源的使用比例，建设厂区光伏电站、储能系统、智能微电网和能管中心。

发展绿色工业园区。以企业集聚化发展、产业生态链接、服务平台建设为重点，推进绿色工业园区建设。优化工业用地布局和结构，提高土地节约集约利用水平。积极利用余热余压废热资源，推行热电联产、分布式能源及光伏储能一体化系统应用，建设园区智能微电网，提高可再生能源使用比例，实现整个园区能源梯级利用。加强水资源循环利用，推动供水、污水等基础设施绿色化改造，加强污水处理

和循环再利用。促进园区内企业之间废物资源的交换利用，在企业、园区之间通过链接共生、原料互供和资源共享，提高资源利用效率。推进资源环境统计监测基础能力建设，发展园区信息、技术、商贸等公共服务平台。

建立绿色供应链。以汽车、电子电器、通信、机械、大型成套装备等行业的龙头企业为依托，以绿色供应链标准和生产者责任延伸制度为支撑，带动上游零部件或元器件供应商和下游回收处理企业，在保证产品质量的同时践行环境保护责任，构建以资源节约、环境友好为导向，涵盖采购、生产、营销、回收、物流等环节的绿色供应链。建立绿色原料及产品可追溯信息系统。

支持企业实施绿色战略、绿色标准、绿色管理和绿色生产，开展绿色企业文化建设，提升品牌绿色竞争力。引导企业建立集资源、能源、环境、安全、职业卫生为一体的绿色管理体系，将绿色管理贯穿于企业研发、设计、采购、生产、营销、服务等全过程，实现生产经营管理全过程绿色化。培育一批具有自主品牌、核心技术能力强的绿色龙头骨干企业，发挥大型企业集团示范带动作用，在绿色发展上先行先试，引导企业建立信息公开制度，定期发布社会责任报告和可持续发展报告。

（七）充分发挥区域比较优势，推进工业绿色协调发展

在区域工业发展中贯彻绿色理念，发挥地区比较优势，加强区域协同，促进区域工业绿色发展。

紧扣主体功能定位，进一步调整和优化工业布局。发挥主体功能区规划的引导作用，根据区域资源承载力和环境容量，确定区域工业发展方向和开发强度。优化开发区域积极发展节能、节地、环保的先进制造业，推动产业结构向高端、高效、高附加值转变，大力提高清洁能源比重，能源和水资源消耗以及污染物排放强度达到或接近国际先进水平。重点开发区域合理开发并有效保护能源和矿产资源，将资源优势转化为经济优势，改造传统产业，大力发展新兴产业，大幅提高清洁生产水平，降低资源消耗、污染物和二氧化碳排放强度。限制开发区域加强开发强度管制，限制进行大规模高强度工业化开发。禁止开发区域不得进行工业化开发。

落实重大发展战略，推动绿色制造示范和产业升级。推动京津冀地区绿色协同发展，围绕北京非首都功能疏解，以产业转移带动区域产业结构优化调整，构建区域资源综合利用协同发展体系，推动煤炭替代和绿色能源消费，提升区域资源能源利用效率，降低污染物排放。大力推动长江经济带生态保护，推进沿江工业节水治污、清洁生产改造，加快发展节能环保、新能源装备等绿色产业，支持一批节能环保产业示范基地建设和发展。

推进区域工业绿色转型，实施区域绿色制造试点示范。进一步提高区域工业资源能源利用效率，降低污染排放，强化资源环境标准约束与引领，探索工业绿色低碳转型的新模式、新机制、新思路。引导试点城市加严能耗、水耗、排放标准，加强科技创新与管理创新，率先实现工业绿色低碳转型。梳理总结试点城市成功经验和做法，形成各具特色的工业绿色转型发展模式，以点带面推动工业绿色转型发展。

（八）实施绿色制造+互联网，提升工业绿色智能水平

推动互联网与绿色制造融合发展，提升能源、资源、环境智慧化管理水平，推进生产要素资源共享，用分享经济模

式挖掘资源与数据潜力，促进绿色制造数字化提升。

推动能源管理智慧化。实施数字能效推进计划，鼓励企业通过物联网、大数据、云计算、先进过程控制等技术应用，对能源消耗情况特别是大型耗能设备，实施动态监测、控制和优化管理，提高企业能源分析、预测和平衡调度能力，实现企业能源管理数字化和精细化。加大能源管控中心建设力度，在钢铁、化工、纺织、造纸等行业继续普及和完善能源管控中心建设。积极培育工业节能云服务市场，鼓励广大中小企业利用云计算技术共享能源管理。创新能耗监管模式，推进园区和区域能耗监测系统建设，建立分析与预测预警机制。

促进生产方式绿色精益化。利用移动互联网、云计算、大数据、物联网及分享经济模式促进生产方式绿色转型，推动研发设计、原材料供应、加工制造和产品销售等全过程精准协同，强化生产资料、技术装备、人力资源等生产要素共享利用，实现生产资源优化整合和高效配置。加快形成企业智能环境数据感知体系，落实生态环境保护信息化工程。加快绿色数据中心建设。发展大规模个性化定制、网络协同制造、远程运维服务，降低生产和流通环节资源浪费。推动电子商务企业直销或与实体企业合作经营绿色产品和服务，鼓励利用网络销售绿色产品，满足不同主体多样化的绿色消费需求。利用线上线下融合等模式推动绿色消费习惯形成，增进民众绿色消费获得感。

创新资源回收利用方式。发展"互联网＋"回收利用新模式，支持利用物联网、大数据开展信息采集、数据分析、流向监测，鼓励再生资源利用企业与互联网回收企业建立战略联盟、电商业务向资源回收领域拓展以及智能回收机向互联网回收延伸。支持利用电子标签、二维码等物联网技术，跟踪废弃电器电子产品流向。鼓励互联网企业积极参与工业园区废弃物信息平台建设，推动现有骨干再生资源交易市场向线上线下结合转型升级，逐步形成行业性、区域性、全国性的产业废弃物和再生资源在线交易系统。

（九）着力强化标准引领约束，提高绿色发展基础能力

建立完善工业绿色发展标准、评价及创新服务等体系，打造绿色制造服务平台，加快培育壮大节能环保服务业，全面提升绿色发展基础能力。

健全标准体系。聚焦工业绿色发展需求，围绕绿色产品、绿色工厂、绿色园区和绿色供应链构建绿色制造标准体系，提高节能、节水、节地、节材指标及计量要求，加快能耗、水耗、碳排放、清洁生产等标准制修订，提升工业绿色发展标准化水平。充分发挥企业在标准制定中的作用，鼓励制定严于国家标准、行业标准的企业标准，促进工业绿色发展提标升级。积极推进标准互认，鼓励企业、科研院所、行业组织等主动参与国际标准化工作，围绕节能环保、新能源、新材料、新能源汽车等领域，主导或参与制定国际标准，提升标准国际化水平。加强强制性标准实施的监督评估，开展实施效果评价，建立强制性标准实施情况统计分析报告制度。

建立评价机制。加快建立自我评价、社会评价与政府引导相结合的绿色制造评价机制。加快制定绿色制造评价制度，研究提出绿色制造评价方法和指南，制定分行业、分领域绿色评价指标和评估方法，开发应用评价工具。开展绿色产品、绿色工厂、绿色园区、绿色供应链评价试点，引导绿

色生产，促进绿色消费。鼓励引导第三方服务机构创新绿色制造评价及服务模式，面向重点领域开展咨询、检测、评估、认定、审计、培训等一揽子服务，提供绿色制造整体解决方案。强化绿色评价结果应用，建立实施能效、水效和环保领跑者制度，逐步建立评价结果与绿色消费的衔接机制。

夯实数据基础。加快建设覆盖工业产品全生命周期资源消耗、能源消耗、污染物及温室气体排放、人体健康影响等要素的生态影响基础数据库。推动建设包括绿色材料库、设备资源库、绿色工艺库、零件信息库等在内的绿色生产基础数据库和产值数据库。支持钢铁、有色、造纸、印染、电子信息等重点行业建设行业绿色制造生产过程物质和能量流数据库。建立绿色产品可追溯信息系统，提高绿色产品物流信息化和供应链协同水平。研究制定数据标准和采集方法，完善数据计量、信息收集、监测分析保障体系，开发企业生产数据与数据库公共服务平台对接的软件系统。

强化创新服务。鼓励企业与高校、科研机构、服务机构共建研发中心、实验室、中试基地等科技创新载体，推进建设若干国家绿色创新示范企业和企业绿色技术中心。建立产业绿色创新联盟等创新平台，开展产学研用协同创新。加强绿色制造关键核心技术知识产权储备，构建产业化导向的专利组合和战略布局，建设绿色制造技术专利池，推动知识产权资源共享。提升绿色制造项目甄别、技术鉴定、成果推广、信息交流等服务能力，建立企业、中介机构与金融机构之间的互动机制，利用市场机制和信息化手段，提供知识培训、问题诊断、技术方案、融资支持、效果评估一体化服务。实施绿色制造培训行动计划，完善绿色制造人才培训、咨询、信息等绿色促进服务体系，针对中小企业开展网上培训、免费义诊等。

（十）积极开展国际交流合作，促进工业绿色开放发展

把握"一带一路"建设机遇，全面提升工业绿色发展领域的国际交流层次和开放合作水平，共谋绿色发展，为全球生态安全做出新贡献。

推进绿色国际经济合作。在"一带一路"等国际合作中贯彻绿色发展理念，着眼于全球资源配置，采用境外投资、工程承包、技术合作、装备出口等方式，推动绿色制造和绿色服务率先走出去。钢铁、建材、造纸等行业注重以循环经济模式进行合作，石化化工行业加强境外绿色生产基地建设，积极参与风电、太阳能、核能、电网等国际新能源项目的投资、建设和运营。

强化绿色科技国际合作。紧跟全球绿色科技和产业发展动向，加强工业绿色发展国际交流与合作，充分利用市场规模、装备生产能力、创新环境和人才队伍等方面的优势，吸引全球顶尖研发资源和先进技术转移。加快建立国际化的绿色技术创新平台，加强绿色工业、应对气候变化等领域国际科技合作研究，鼓励国内研发机构与世界一流科研机构建立稳定的合作伙伴关系，广泛开展科研人员交流培训，在更高层次和更广领域推动国际绿色科技合作。

完善对外交流合作长效机制。充分利用多边和双边合作机制，加强节能减排、气候变化、清洁技术、清洁能源开发等方面的交流对话，积极参与工业绿色发展相关谈判和相关规则制定，推动建立公平、透明、合理的全球绿色发展新秩序。加强与联合国开发计划署、全球环境基金等的合作，继续推进与联合国工业发展组织在工业绿色发展领域的合作交

流。在中欧、中美及相关国际组织等合作框架下，推动双边及多边政府部门、研究机构、行业协会、相关企业间的交流互动，深入推进中欧绿色产品政策交流与对话，加强中美绿色能源开发利用领域交流合作。支持港澳等地区与内地合作开展节能环保展示交流活动。

四、保障措施

（一）加强组织领导

各级工业和信息化主管部门要充分认识工业绿色发展的重大意义，将推进工业绿色发展作为推动生态文明建设的一项重要任务，加强组织领导，积极会同相关部门健全工作机制，结合实际情况提出加快推进工业绿色发展的目标任务和工作方案，加强地方规划与本规划的衔接。建立责任明确、协调有序、监管有力的工业绿色发展工作体系，切实履行职责，进一步强化目标责任评价考核，加强监督检查，保障规划目标和任务的完成。充分发挥行业协会、产业联盟等的桥梁纽带作用，推动重点行业绿色发展。

（二）创新体制机制

充分发挥市场调节作用，构建工业绿色发展长效机制。深化资源体制改革，通过理顺资源价格体系，建立以市场化为导向的、能够反映市场供求关系、资源稀缺程度、环境损害成本的资源价格形成机制，建立健全用能权、用水权、排污权、碳排放权初始分配制度，创新有偿使用、预算管理、投融资机制，培育和发展交易市场。建立覆盖工业产品全生命周期、全价值链的绿色管理体系。开展能效、水效、环保领跑者引领行动。发布实施《工业节能管理办法》，强化工业绿色发展的法规、标准约束，严格监管，营造良好市场环境。

（三）落实财税政策

加大投入力度，充分利用中央预算内投资、技术改造、节能减排、清洁生产、专项建设基金等资金渠道及政府和社会资本合作（PPP）模式，集中力量支持传统产业改造、绿色制造试点示范、资源综合利用等。落实资源综合利用、节能节水及环保（专用）装备等领域财税支持政策，将绿色节能产品纳入政府采购。

（四）发展绿色金融

以绿色金融支持工业绿色发展，不断扩大工业绿色信贷和绿色债券规模，创新金融产品和服务，积极开展绿色消费信贷业务。积极研究设立工业绿色发展基金，鼓励社会资本投入绿色制造业。建立企业绿色发展水平与企业信用等级评定、贷款联动机制。鼓励金融机构为中小企业绿色转型提供便捷、优惠的担保服务和信贷支持，积极发展融资租赁、知识产权质押贷款、信用保险保单质押贷款。

（五）强化宣传引导

加强舆论宣传引导，开展多层次、多形式的宣传教育，积极开展公益性的宣传活动，大力传播绿色发展理念。充分发挥各类媒体、公益组织、行业协会、产业联盟、公众参与、舆论监督等积极作用，引导消费者树立绿色消费理念，为工业绿色发展营造良好舆论氛围。

工业和信息化部关于印发《绿色制造2016专项行动实施方案》的通知
（工信部节〔2016〕113号）

各省、自治区、直辖市及计划单列市、新疆生产建设兵团工业和信息化主管部门：

为深入实施《中国制造2025》，围绕《绿色制造工程实施指南（2016～2020年）》，工业和信息化部决定组织开展绿色制造2016专项行动。现将《绿色制造2016专项行动实施方案》印发你们，请结合本地区实际，加强组织协调，认真贯彻落实。

工业和信息化部（印）
2016年3月24日

绿色制造2016专项行动实施方案

为加快实施绿色制造工程，全面推行绿色制造，构建绿色制造体系，按照《中国制造2025》专项行动计划统一要求，制定本实施方案。

一、背景（略）
二、指导思想（略）
三、主要目标

通过实施绿色制造2016专项行动，预期实现以下目标：

（一）进一步提升部分行业清洁生产水平，预计全年削减化学需氧量8万t、氨氮0.7万t。筛选推广一批先进节水技术。

（二）建设若干资源综合利用重大示范工程和基地，初步形成京津冀及周边地区资源综合利用产业区域协同发展新机制。

（三）会同财政部启动绿色制造试点示范，发布若干行业绿色工厂创建实施方案或绿色工厂标准。

四、重点工作

（一）实施传统制造业绿色化改造

围绕制造业清洁生产水平提升，发布《水污染防治重点行业清洁生产技术推行方案》，实施重点流域部分行业水污染防治清洁化改造。会同财政部支持一批高风险污染物削减项目，从源头减少汞、铅、高毒农药等高风险污染物产生和排放。在钢铁、造纸等高耗水行业，筛选推广一批先进适用的节水技术。组织开展节能监察和跨区域专项督查，在重点行业实施一批高效节能低碳技术改造示范项目。

（二）开展京津冀及周边地区资源综合利用产业协同发展示范

在尾矿、煤矸石、粉煤灰、脱硫石膏等重点领域，开展资源综合利用重大工程示范，推广应用一批先进适用技术装备。会同财政部组织实施水泥窑协同处置城市生活垃圾示范工程建设。支持固体废物工程技术研究机构、固体废物资源综合利用与生态发展创新中心等技术创新平台建设。

（三）推进绿色制造体系试点

统筹推进绿色制造体系建设试点，发布绿色制造标准体系建设指南、绿色工厂评价导则和绿色供应链管理试点方案。会同财政部在京津冀、长江经济带、东北老工业基地等区域，选择部分城市开展绿色制造试点示范，创建一批特色鲜明的绿色示范工厂。

五、进度安排

——发布实施方案，启动绿色制造专项行动。（一季度）
——发布《实施2016年高风险污染物削减行动的通知》。（一季度）
——发布《第二批国家鼓励的先进适用节水技术目录》及《国家鼓励的有毒有害原料（产品）替代品目录》（2016年版）。（二季度）

——启动绿色制造工程实施指南重点任务，发布绿色制造标准体系建设指南及绿色工厂评价导则等，开展绿色工厂试点。（二季度）

——会同财政部启动水泥窑协同处置城市生活垃圾示范工程建设。（二季度）

——组织开展节能监察和跨区域专项督查。（三季度）

——发布《京津冀及周边地区资源综合利用产业协同发展重大示范工程实施方案》，推动京津冀及周边地区固体废物综合利用基地建设。（三季度）

六、保障措施

（一）创新机制模式。积极协调中国工程院、中国科学院等机构技术资源，注重发挥行业协会和产业联盟支撑作用，指导绿色制造关键共性技术研发。加强与产业基金、投资公司、政策性银行等机构对接，总结绿色信贷成功经验，进一步拓展支持领域，为绿色制造专项提供支撑。

（二）形成工作合力。加强与发改、财政、环保、科技等部门紧密合作，充分调动地方政府积极性，推动建立部门互动、区域联动、上下齐动的工作机制，营造绿色发展政策环境。建立制造业绿色发展区域协调联动工作机制，加强对地方工作的指导，促进区域间节能环保产业实质性合作。

（三）加大政策支持。利用专项建设基金、清洁生产、工业转型升级等专项资金，支持绿色制造专项行动重点项目。拓展绿色信贷、绿色债券市场，支持设立绿色产业基金。完善绿色产品政府采购和财政支持政策，落实资源综合利用税收优惠政策、节能节水环保专用设备所得税优惠政策。

（四）强化监督管理。积极推进完善绿色制造相关法律法规，依法构建绿色制造管理体系。强化环保执法监督、节能监察、清洁生产审核和生产者责任延伸，加强事中事后监管，严格惩处各类违法违规行为，形成绿色发展长效激励约束机制。

环 境 保 护 部 文 件

三部委关于印发《全面实施燃煤电厂超低排放和节能改造工作方案》的通知
（环发〔2015〕164 号）

各省、自治区、直辖市环境保护厅（局）、发展改革委（经信委、经委、工信厅）、能源局，新疆生产建设兵团环境保护局、发展改革委、能源局，国家电网公司，南方电网公司，华能、大唐、华电、国电、国电投、神华集团公司：

为贯彻落实第 114 次国务院常务会议精神，我们制定了《全面实施燃煤电厂超低排放和节能改造工作方案》，现印发给你们，请认真贯彻执行，并将有关事项通知如下：

一、全面实施燃煤电厂超低排放和节能改造是一项重要的国家专项行动，既有利于节能减排、促进绿色发展、增添民生福祉，也有利于扩大投资、促进煤电产业转型升级、相关装备制造业走出去。各有关部门、地方及企业应高度重视此项工作，尽快制定专项实施计划，做好与本方案的衔接。

二、各相关部门要加大扶持力度，完善政策措施，充分调动地方和企业积极性，同时强化对项目改造和运行的监督管理。

三、煤电企业是实施主体，应主动承担社会责任，积极采用环境污染第三方治理和合同能源管理模式，加快超低排放和节能改造项目实施，确保改造工程按期建成并稳定运行。

四、装备制造企业、电网公司、节能服务公司和环保专业公司应努力保障并优先满足超低排放和节能改造项目的需求。通过各方共同努力，确保超低排放和节能改造目标按期完成。

特此通知。

附件：全面实施燃煤电厂超低排放和节能改造工作方案

环境保护部
发展改革委
能源局 （印）
2015 年 12 月 11 日

抄送：国务院办公厅，各省、自治区、直辖市人民政府办公厅，新疆生产建设兵团办公厅，科技部，工业和信息化部，财政部，国资委，国家开发银行。

环境保护部办公厅 2015 年 12 月 11 日印发

附件

全面实施燃煤电厂超低排放和节能改造工作方案

全面实施燃煤电厂超低排放和节能改造，是推进煤炭清洁化利用、改善大气环境质量、缓解资源约束的重要举措。《煤电节能减排升级与改造行动计划（2014～2020 年）》（以下简称《行动计划》）实施以来，各地大力实施超低排放和节能改造重点工程，取得了积极成效。根据国务院第 114 次常务会议精神，为加快能源技术创新，建设清洁低碳、安全高效的现代能源体系，实现稳增长、调结构、促减排、惠民生，推动《行动计划》"提速扩围"，特制订本方案。

一、指导思想与目标

（一）指导思想

全面贯彻党的十八届五中全会精神，牢固树立绿色发展理念，全面实施煤电行业节能减排升级改造，在全国范围内推广燃煤电厂超低排放要求和新的能耗标准，建成世界上最大的清洁高效煤电体系。

（二）主要目标

到 2020 年，全国所有具备改造条件的燃煤电厂力争实现超低排放（即在基准氧含量 6％条件下，烟尘、二氧化硫、氮氧化物排放浓度分别不高于 10、35、50mg/m³)。全国有条件的新建燃煤发电机组达到超低排放水平。加快现役燃煤发电机组超低排放改造步伐,将东部地区原计划2020 年前完成的超低排放改造任务提前至 2017 年前总体完成;将对东部地区的要求逐步扩展至全国有条件地区,其中,中部地区力争在 2018 年前基本完成,西部地区在2020 年前完成。

全国新建燃煤发电项目原则上要采用 60 万 kW 及以上超超临界机组,平均供电煤耗低于 300g 标准煤/kWh(以下简称 g/kWh),到 2020 年,现役燃煤发电机组改造后平均供电煤耗低于 310g/kWh。

二、重点任务

(一)具备条件的燃煤机组要实施超低排放改造

在确保供电安全前提下,将东部地区(北京、天津、河北、辽宁、上海、江苏、浙江、福建、山东、广东、海南等11 省市)原计划 2020 年前完成的超低排放改造任务提前至2017 年前总体完成,要求 30 万 kW 及以上公用燃煤发电机组、10 万 kW 及以上自备燃煤发电机组(暂不含 W 型火焰锅炉和循环流化床锅炉)实施超低排放改造。

将对东部地区的要求逐步扩展至全国有条件地区,要求30 万 kW 及以上燃煤发电机组(暂不含 W 型火焰锅炉和循环流化床锅炉)实施超低排放改造。其中,中部地区(山西、吉林、黑龙江、安徽、江西、河南、湖北、湖南等 8省)力争在 2018 年前基本完成;西部地区〔内蒙古、广西、重庆、四川、贵州、云南、西藏、陕西、甘肃、青海、宁夏、新疆等 12 省(区)、市及新疆生产建设兵团〕在 2020年前完成。力争 2020 年前完成改造 5.8 亿 kW。

(二)不具备改造条件的机组要实施达标排放治理

燃煤机组必须安装高效脱硫脱硝除尘设施,推动实施烟气脱硝全工况运行。各地要加大执法监管力度,推动企业进行限期治理,一厂一策,逐一明确时间表和路线图,做到稳定达标,改造机组容量约 1.1 亿 kW。

(三)落后产能和不符合相关强制性标准要求的机组要实施淘汰

进一步提高小火电机组淘汰标准,对经整改仍不符合能耗、环保、质量、安全等要求的,由地方政府予以淘汰关停。优先淘汰改造后仍不符合能效、环保等标准的 30 万kW 以下机组,特别是运行满 20 年的纯凝机组和运行满 25年的抽凝热电机组。列入淘汰方案的机组不再要求实施改造。力争“十三五”期间淘汰落后火电机组规模超过 2000万 kW。

(四)要统筹节能与超低排放改造

在推进超低排放改造同时,协同安排节能改造,东部、中部地区现役煤电机组平均供电煤耗力争在 2017 年、2018年实现达标,西部地区现役煤电机组平均供电煤耗到 2020年前达标。企业尽可能安排在同一检修期内同步实施超低排放和节能改造,降低改造成本和对电网的影响。2016~2020年全国实施节能改造 3.4 亿 kW。

三、政策措施

(一)落实电价补贴政策

对达到超低排放水平的燃煤发电机组,按照《关于实行燃煤电厂超低排放电价支持政策有关问题的通知》(发改价格〔2015〕2835 号)要求,给予电价补贴。2016 年 1 月 1日前已经并网运行的现役机组,对其统购上网电量每千瓦时加价 1 分钱;2016 年 1 月 1 日后并网运行的新建机组,对其统购上网电量每千瓦时加价 0.5 分钱。2016 年 6 月底前,发展改革委、环境保护部等制定燃煤发电机组超低排放环保电价及环保设施运行监管办法。

(二)给予发电量奖励

综合考虑煤电机组排放和能效水平,适当增加超低排放机组发电利用小时数,原则上奖励 200h 左右,具体数量由各地确定。落实电力体制改革配套文件《关于有序放开发用电计划的实施意见》要求,将达到超低排放的燃煤机组列为二类优先发电机组予以保障。2016 年,发展改革委、国家能源局研究制定推行节能低碳调度工作方案,提高高效清洁煤电机组负荷率。

(三)落实排污费激励政策

督促各地在提高排污费征收标准(二氧化硫、氮氧化物不低于每当量 1.2 元)同时,对污染物排放浓度低于国家或地方规定的污染物排放限值 50%以上的,切实落实减半征收排污费政策,激励企业加大超低排放改造力度。

(四)给予财政支持

中央财政已有的大气污染防治专项资金,向节能减排效果好的省(区、市)适度倾斜。

(五)信贷融资支持

开发银行对燃煤电厂超低排放和节能改造项目落实已有政策,继续给予优惠信贷;鼓励其他金融机构给予优惠信贷支持。支持符合条件的燃煤电力企业发行企业债券直接融资,募集资金用于超低排放和节能改造。

(六)推行排污权交易

对企业通过超低排放改造产生的富余排污权,地方政府可予以收购;企业也可用于新建项目建设或自行上市交易。

(七)推广应用先进技术

制定燃煤电厂超低排放环境监测评估技术规范,修订煤电机组能效标准和能效最低限值标准,指导各地和各发电企业开展改造工作。再授予一批煤电节能减排示范电站,搭建煤电节能减排交流平台,促进成熟先进技术推广应用。

四、组织保障

(一)加强组织领导

环境保护部、发展改革委、国家能源局会同有关部门共同组织实施本方案,加强部际协调,各司其职、各负其责、密切配合。国家能源局、环境保护部、发展改革委确定年度燃煤电厂节能和超低排放改造重点项目,并按照职责分工,分别建立节能改造和能效水平、机组淘汰、超低排放改造、达标排放治理管理台账,及时协调解决推进过程中出现的困难和问题。

各地和电力集团公司是燃煤电厂超低排放和节能改造的责任主体,要充分考虑电力区域分布、电网调度等因素编制改造计划方案,于 2016 年 3 月底前完成,报国家能源局、环境保护部和发展改革委。发电企业要按照《行动计划》相关要求,切实履行责任,落实项目和资金,积极采用环境污染第三方治理和合同能源管理模式,确保改造工程按期建成并稳定运行。中央企业要起到模范带动作用。地方政府和电网公司要统筹协调区域电力调度,有序安排机组停机检修,制定并落实有序用电方案,保障电力企业按期完成环保和节能改造。

（二）强化监督管理

各地要加强日常督查和执法检查，防止企业弄虚作假，对不达标企业依法严肃处理；对已享受超低排放优惠政策但实际运行效果未稳定达到的，向社会通报，视情节取消相关优惠政策，并予以处罚。省级节能主管部门会同国家能源局派出机构，对各地区、各企业节能改造工作实施监管。

（三）严格评价考核

环境保护部、发展改革委、国家能源局会同有关部门，严格按照各省（区、市）、中央电力集团公司燃煤电厂超低排放改造计划方案，每年对上年度燃煤电厂超低排放和节能改造情况进行评价考核。

环境保护部关于印发《生态环境大数据建设总体方案》的通知

（环办厅〔2016〕23号）

各省、自治区、直辖市环境保护厅（局），机关各部门，各派出机构、直属单位：

为贯彻落实《国务院关于印发促进大数据发展行动纲要的通知》（国发〔2015〕50号）精神，积极开展生态环境大数据建设与应用工作，我部组织编制了《生态环境大数据建设总体方案》。现印发给你们，请遵照执行。

《生态环境大数据建设总体方案》

大数据是以容量大、类型多、存取速度快、应用价值高为主要特征的数据集合，正快速发展为对数量巨大、来源分散、格式多样的数据进行采集、存储和关联分析，从中发现新知识、创造新价值、提升新能力的新一代信息技术和服务业态。全面推进大数据发展和应用，加快建设数据强国，已经成为我国的国家战略。

党中央、国务院高度重视大数据在推进生态文明建设中的地位和作用。习近平总书记明确指出，要推进全国生态环境监测数据联网共享，开展生态环境大数据分析。李克强总理强调，要在环保等重点领域引入大数据监管，主动查究违法违规行为。国务院《促进大数据发展行动纲要》等文件要求推动政府信息系统和公共数据互联共享，促进大数据在各行业创新应用；运用现代信息技术加强政府公共服务和市场监管，推动简政放权和政府职能转变；构建"互联网＋"绿色生态，实现生态环境数据互联互通和开放共享。陈吉宁部长要求，大数据、"互联网＋"等信息技术已成为推进环境治理体系和治理能力现代化的重要手段，要加强生态环境大数据综合应用和集成分析，为生态环境保护科学决策提供有力支撑。

目前，环境信息化存在体制机制不顺，基础设施和系统建设分散，应用"烟囱"和数据"孤岛"林立，业务协同和信息资源开发利用水平低，综合支撑和公众服务能力弱等突出问题，难以适应和满足新时期生态环境保护工作需求。

为落实党中央、国务院决策部署和部党组要求，充分运用大数据、云计算等现代信息技术手段，全面提高生态环境保护综合决策、监管治理和公共服务水平，加快转变环境管理方式和工作方式，制定本方案。

一、总体要求

（一）指导思想（略）

（二）基本原则

顶层设计、应用导向。围绕生态环境治理体系和治理能力现代化开展大数据顶层设计，顶层设计开放、创新应用全面、基础架构灵活，不断适应生态环境管理新形势、新任务和新要求。

开放共享、强化应用。统筹整合内外部数据资源，边整合边应用，推动数据资源开放共享。鼓励业务创新、管理创新和模式创新，逐步形成生态环境大数据应用新格局。

健全规范、保障安全。建立生态环境大数据管理工作机制，健全大数据标准规范体系，保障数据准确性、一致性和真实性，强化运维管理和安全防护，保障信息安全。

分步实施、重点突破。大数据建设既要有阶段性，也要有重点突破。先在环境影响评价、环境监测、环境应急、环境信息服务等方面实现突破。

（三）总体架构

生态环境大数据总体架构为"一个机制、两套体系、三个平台"。一个机制即生态环境大数据管理工作机制，两套体系即组织保障和标准规范体系、统一运维和信息安全体系，三个平台即大数据环保云平台、大数据管理平台和大数据应用平台。如下图所示：

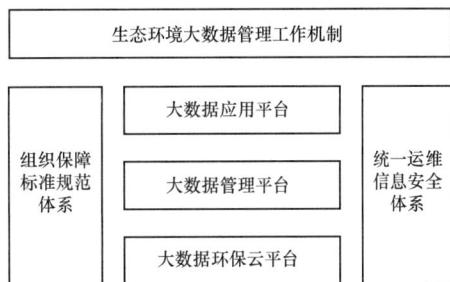

生态环境大数据建设总体架构图

一个机制：生态环境大数据管理工作机制包括数据共享开放、业务协同等工作机制，以及生态环境大数据科学决策、精准监管和公共服务等创新应用机制，促进大数据形成和应用。

两套体系：组织保障和标准规范体系为大数据建设提供组织机构、人才资金及标准规范等体制保障；统一运维和信息安全体系为大数据系统提供稳定运行与安全可靠等技术保障。

三个平台：生态环境大数据平台分为基础设施层、数据资源层和业务应用层。其中，大数据环保云平台是集约化建设的IT基础设施层，为大数据处理和应用提供统一基础支撑服务；大数据管理平台是数据资源层，为大数据应用提供统一数据采集、分析和处理等支撑服务；大数据应用平台是业务应用层，为大数据在各领域的应用提供综合服务。

（四）主要目标

通过生态环境大数据建设和应用，在未来五年实现以下目标：

实现生态环境综合决策科学化。将大数据作为支撑生态环境管理科学决策的重要手段，实现"用数据决策"。利用大数据支撑环境形势综合研判、环境政策措施制定、环境风险预测预警、重点工作会商评估，提高生态环境综合治理科学化水平，提升环境保护参与经济发展与宏观调控的能力。

实现生态环境监管精准化。充分运用大数据提高环境监管能力，助力简政放权，健全事中事后监管机制，实现"用数据管理"。利用大数据支撑法治、信用、社会等监管手段，提高生态环境监管的主动性、准确性和有效性。

实现生态环境公共服务便民化。运用大数据创新政府服务理念和服务方式，实现"用数据服务"。利用大数据支撑生态环境信息公开、网上一体化办事和综合信息服务，建立公平普惠、便捷高效的生态环境公共服务体系，提高公共服务共建能力和共享水平，发挥生态环境数据资源对人民群众生产、生活和经济社会活动的服务作用。

二、主要任务

（一）推进数据资源全面整合共享

提升数据资源获取能力。加强生态环境数据资源规划，明确数据资源采集责任，建立数据采集责任目录，避免重复采集，逐步实现"一次采集，多次应用"。利用物联网、移动互联网等新技术，拓宽数据获取渠道，创新数据采集方式，提高对大气、水、土壤、生态、核与辐射等多种环境要素及各种污染源全面感知和实时监控能力。基于环保云规范数据传输，确保数据及时上报和信息安全。

加强数据资源整合。严格实施《环境保护部信息化建设项目管理暂行办法》，统筹信息化项目建设管理，破除数据孤岛。建立生态环境信息资源目录体系，利用信息资源目录体系管理系统，实现系统内数据资源整合集中和动态更新，建设生态环境质量、环境污染、自然生态、核与辐射等国家生态环境基础数据库。通过政府数据统一共享交换平台接入国家人口基础信息库、法人单位资源库、自然资源和空间地理基础库等其他国家基础数据资源。拓展吸纳相关部委、行业协会、大型国企和互联网关联数据，形成环境信息资源中心，实现数据互联互通。

推动数据资源共享服务。明确各部门数据共享的范围边界和使用方式，厘清各部门数据管理及其共享的义务和权力，制定数据资源共享管理办法，编制数据资源共享目录，重点推动生态环境质量、环境监管、环境执法、环境应急等数据共享。基于环境保护业务专网建设生态环境数据资源共享平台，提供灵活多样的数据检索服务，形成向平台直接获取为主、部门间数据交换获取为辅的数据共享机制，研发生态环境数据产品，提高数据共享的管理和服务水平。

推进生态环境数据开放。建立生态环境数据开放目录，制定数据开放计划，明确数据开放和维护责任。优先推动向社会开放大气、水、土壤、海洋等生态环境质量监测数据，区域、流域、行业等污染物排放数据，核与辐射、固体废物等风险源数据以及化学品对环境损害的风险评估数据，重要生态功能区、自然保护区、生物多样性保护优先区等自然生态数据，环境违法、处罚等监察执法数据。依托环境保护部政府网站建设生态环境数据开放平台，提高数据开放的规范性和权威性。

（二）加强生态环境科学决策

提升宏观决策水平。建立全景式生态环境形势研判模式，加强生态环境质量、污染源、污染物、环境承载力等数据的关联分析和综合研判，强化经济社会、基础地理、气象水文和互联网等数据资源融合利用和信息服务，为政策法规、规划计划、标准规范等制定提供信息支持，支撑生态保

护红线、总量红线和准入红线的科学制定。利用跨部门、跨区域的数据资源，支撑大气、水和土壤三大行动计划实施和工作会商，定量化、可视化评估实施成效，服务京津冀等重点区域联防联控，支撑区域化环境管理与创新。开展环境保护工作进展、计划实施、资金执行、成果绩效等动态监控和评估，支持构建以环境质量改善为核心的专业化、精细化的环境管理体系，提高管理决策预见性、针对性和时效性。

提高环境应急处置能力。运用大数据、云计算等现代信息技术手段，快速搜集和处理涉及环境风险、环保举报、突发环境事件、社会舆论等海量数据，综合利用环保、交通、水利、海洋、安监、气象等部门的环境风险源、危险化学品及其运输、水文气象等数据，开展大数据统计分析，构建大数据分析模型，建设基于空间地理信息系统的环境应急大数据应用，提升应急指挥、处置决策等能力。

加强环境舆情监测和政策引导。建立互联网大数据舆情监测系统，针对环境保护重大政策、建设项目环评、污染事故等热点问题，对互联网信息进行自动抓取、主题检索、专题聚焦，为管理部门提供舆情分析报告，把握事件态势，正确引导舆论。

（三）创新生态环境监管模式

提高科学应对雾霾能力。加强全国雾霾监测数据整合，重点整合2013年以来雾霾监测历史数据，同步集成气象、遥感、排放清单、城市源解析和环境执法数据，形成雾霾案例知识库。开展雾霾预测预警大数据分析与应用，支持雾霾提前发布、应急预案制定、预案执行和监察执法，为雾霾形势研判和应对提供信息服务和技术支撑，提升科学预霾防霾水平。

推动环评统一监管。建立环境影响评价数据标准、共享机制，建设全国环境影响评价管理信息系统，提升环评统计分析、预测预警能力，推动环评监管事前审批向事中和事后监管转变，实现全国环境影响评价数据"一本账"的管理模式。

增强监测预警能力。加快生态环境监测信息传输网络与大数据平台建设，加强生态环境监测数据资源开发与应用，开展大数据关联分析，拓展社会化监测信息采集和融合应用，支撑生态环境质量现状精细化分析和实时可视化表达，提高源解析精度，增强生态环境质量趋势分析和预警能力，为生态环境保护决策、管理和执法提供数据支持。

创新监察执法方式。利用环境违法举报、互联网采集等环境信息采集渠道，结合企业的工商、税务、质检、工信、认证等信息，开展大数据分析，精确打击企业未批先建、偷排漏排、超标排放等违法行为，预警企业违法风险，支撑环境监察执法从被动响应向主动查究违法行为转变，实现排污企业的差别化、精准化和精细化管理。

开展环境督察监管。研究制定绿色发展指标体系，构建自然资源资产负债表，建立健全政府环境评价考核方法和流程，建立生态环境损害评估方法，为地方领导干部自然资源资产离任审计制度、企业赔偿制度、生态补偿机制、责任追究制度的执行和落实提供数据和技术支撑。

强化环境监管手段。建立全国统一的实时在线环境监控系统，实现生态环境质量、重大污染源、生态状况监测监控全覆盖。采集和发布饮用水源地、城市黑臭水体、城市扬尘、土壤污染场地、核与辐射等信息，强化企业排污信息公开，利用"互联网＋"方式整合企业信息。

建立"一证式"污染源管理模式。以排污许可证制度为

核心，利用排污许可证"证载"内容，支撑排污许可和环境标准、环境监测、环境统计、环评、总量控制、排污收费（环境税）、许可证监管等制度有效衔接，建立唯一的固定污染源信息名录库，对污染源进行统一编码管理，实现污染源排放信息整合共享，有效推进协同治理，开启"一证式"污染源管理新模式。

加强环境信用监管。综合运用信息化手段，在环保行政许可、建设项目环境管理、环境检查执法、环保专项资金管理、环保科技项目立项、环保评先创优等工作流程中，嵌入企业环境信用信息调用和信用状况审核环节。对不同环境信用状况的企业进行分类监管，对环境信用状况良好的企业予以优先支持，加强对失信的约束和惩戒。探索在环境管理中试行企业信用报告和信用承诺制度。

推进生态保护监管。强化卫星遥感、无人机、物联网和调查统计等技术的综合应用，提升自然生态天地一体化监测能力。加强自然生态数据的集成分析，实现对重点生态功能区、生态保护红线、生物多样性保护优先区、自然保护区的监测评估、预测预警、监察执法，支撑生态保护区域联防联控。

保障核与辐射安全。进一步加强核与辐射安全信息标准化建设，提高联网数据共享交换和获取率，不断增强数据汇聚和关联分析能力，推动核设施、核安全设备、核技术利用、核与辐射安全相关关键岗位人员资质及核活动等的联网审查审批，全面实现对核与辐射安全风险的实时管控和预警，提高核与辐射安全监管决策科学化和信息化水平，保障我国的核与辐射安全。

增强社会环境监管能力。通过采集和集成多源异构环保举报数据，实现智能化环保举报感知、异常探测，发现环保举报需求，智能化分析举报情景，动态生成和调整环保举报管理进程，实现全国环保举报工作协同、有序、高效管理。

开展环保党建大数据应用。加强环保党建信息采集、管理和分析应用，为各级党委提供高效、准确、及时的信息资源和管理手段，开发党建管理应用系统及其 APP 客户端，支撑党员干部管理、党务信息公开、党建工作动态、党规党纪执行、"两个责任"落实，提高党建工作科学化水平。

（四）完善生态环境公共服务

全面推进网上办事服务。整合集成建设项目环评、危险废物越境转移核准、自然保护区建立和调整等行政许可审批系统和信息，建立网上审批数据资源库，构建"一站式"办事平台。建设电子政务办事大厅，形成网上服务与实体大厅服务、线上服务与线下服务相结合的一体化服务模式，实现统一受理、同步审查、信息共享、透明公开。通过国家统一的政府数据共享交换平台，加强行政审批数据跨部门共享，支撑并联审批，不断优化办事流程，提高办事便捷性。

提升信息公开服务质量。加强信息公开渠道建设，通过政府网站、官方微博微信等基于互联网的信息平台建设，提高信息公开的质量和时效。积极做好主动公开工作，满足公众环境信息需求。完善信息公开督促和审查机制，规范信息发布和解读，传递全面、准确、权威信息。不断扩充部长信箱、12369 环保热线、微博微信等政民互动渠道，及时回应公众意见、建议和举报，加大公众参与力度。

拓展政府综合服务能力。以优化提升民生服务、激发社会活力、促进大数据应用市场化为重点，建立生态环境综合服务平台，充分利用行业和社会数据，研发环境质量、环境健康、环境认证、环境信用、绿色生产等方面的信息产品，

提供有效便捷的全方位信息服务。推动传统公共服务数据与移动互联网等数据的汇聚整合，开发各类便民应用，优化公共资源配置。

（五）统筹建设大数据平台

建设大数据环保云平台。加强大数据基础设施技术架构、空间布局、建设模式、服务方式、制度保障等方面的顶层设计和统筹布局，实施网络资源、计算资源、存储资源、安全资源的集约建设、集中管理、整体运维，以"一朵云"模式建设环保云平台。实施业务系统环保云平台部署，保障信息安全。推动同城备份和异地灾备中心建设。

建设大数据管理平台。大数据管理平台是数据资源传输交换、存储管理和分析处理的平台，为大数据应用提供统一的数据支撑服务。主要实现数据传输交换、管理监控、共享开放、分析挖掘等基本功能，支持分布式计算、流式数据处理、大数据关联分析、趋势分析、空间分析，支撑大数据产品研发和应用。

建设大数据应用平台。运用大数据新理念、新技术、新方法，开展生态环境综合决策、环境监管和公共服务等创新应用，为生态环境决策和管理提供服务。

（六）推动大数据试点

开展地方大数据应用试点。根据地方特点，选择有代表性的省、市开展生态环境大数据创新应用，探索应用模式，推动试点成果的推广和实施。

三、保障措施

（一）完善组织实施机制

成立生态环境大数据建设领导小组及其办公室，建立大数据发展和应用统筹协调机制，明确各单位职责分工和工作要求，形成协同配合、全面推进的工作格局。整合优化环境信息化队伍，加强大数据相关基础和应用研究以及人才培养。规范信息化项目管理，充分利用环境保护业务专网等基础设施，严格项目立项审批和验收，加大资金投入，保障大数据建设相关任务顺利开展。

（二）健全数据管理制度

建立健全生态环境数据管理制度，明确各级各部门的数据责任、义务与使用权限，合理界定业务数据的使用方式与范围，规范数据采集、存储、共享和应用，保障数据一致性、准确性和权威性。制定环境信息资源管理和数据贡献考核评估办法，促进数据在风险可控原则下最大程度共享和开放。

（三）建立标准规范体系

加强大数据标准规范研究，结合大数据主要建设任务，重点推进生态环境数据整合集成、传输交换、共享开放、应用支撑、数据质量与信息安全等方面标准规范的制定和实施。

（四）实施统一运维管理

落实生态环境大数据运行管理制度，规范运行维护流程，形成较为完善的运行维护管理体系。加强大数据运行保障、监控预警能力建设，依托专业化运维队伍，对网络、计算、存储、基础软件、安全设备等大数据基础设施实施统一运维，实现系统快速部署更新、资源合理高效调度、网络实时动态监控和安全稳定可靠，有效降低运维经费成本，提高运维服务质量和水平。

（五）强化信息安全保障

建立集中统一的信息安全保障机制，明确数据采集、传

输、存储、使用、开放等各环节的信息安全范围边界、责任主体和具体要求。落实信息安全等级保护、分级保护等国家信息安全制度，开展信息安全等级测评、风险评估、安全防范、应急处置等工作。加强网络安全建设，构建环保云安全管理中心，增强大数据环保云基础设施、数据资源和应用系统等的安全保障能力。

环境保护部办公厅（印）
2016 年 3 月 7 日

环境保护部关于印发《输变电建设项目重大变动清单（试行）》的通知

（环办辐射〔2016〕84 号）

各省、自治区、直辖市环境保护厅（局）：

为进一步规范输变电建设项目环境管理，根据《环境影响评价法》和《建设项目环境保护管理条例》有关规定，我部制订了《输变电建设项目重大变动清单（试行）》（以下简称清单）。输变电建设项目发生清单中一项或一项以上，且可能导致不利环境影响显著加重的，界定为重大变动，其他变更界定为一般变动。

一、建设单位在项目开工建设前应当对工程最终设计方案与环评方案进行梳理对比，构成重大变动的应当对变动内容进行环境影响评价并重新报批，一般变动只需备案。

二、项目建设过程中如发生重大变动，应当在实施前对变动内容进行环境影响评价并重新报批。

三、建设单位应对照清单对在建且尚未通过竣工环保验收的输变电建设项目及时梳理，并按现行分级审批规定，于2016 年 12 月 31 日前将变动情况报有审批权的环境保护主管部门。

四、环评阶段，环境影响评价范围内明确属于工程拆迁的建筑物不列为环境敏感目标，不进行环境影响评价。竣工环保验收阶段，验收调查范围内有公众居住、工作或学习的建筑物都应列为环境敏感目标，确保满足有关环境标准要求。

五、各级环境保护主管部门在清单试行过程中如发现新问题、新情况，请以书面形式反馈意见和建议，我部将根据实际情况进一步补充、调整和完善清单。

附件：输变电建设项目重大变动清单（试行）

环境保护部办公厅（印）
2016 年 8 月 8 日

附件

输变电建设项目重大变动清单（试行）

1. 电压等级升高。

2. 主变压器、换流变压器、高压电抗器等主要设备总数量增加超过原数量的 30%。

3. 输电线路路径长度增加超过原路径长度的 30%。

4. 变电站、换流站、开关站、串补站站址位移超过 500m。

5. 输电线路横向位移超出 500m 的累计长度超过原路径长度的 30%。

6. 因输变电工程路径、站址等发生变化，导致进入新的自然保护区、风景名胜区、饮用水水源保护区等生态敏感区。

7. 因输变电工程路径、站址等发生变化，导致新增的电磁和声环境敏感目标超过原数量的 30%。

8. 变电站由户内布置变为户外布置。

9. 输电线路由地下电缆改为架空线路。

10. 输电线路同塔多回架设改为多条线路架设累计长度超过原路径长度的 30%。

国家安全生产监督管理总局文件

国家安全生产监督管理总局公布《生产安全事故应急预案管理办法》

（第 88 号令）

修订后的《生产安全事故应急预案管理办法》已经 2016年 4 月 15 日国家安全生产监督管理总局第 13 次局长办公会议审议通过，现予公布，自 2016 年 7 月 1 日起施行。

局长 杨焕宁
2016 年 6 月 3 日

生产安全事故应急预案管理办法

第一章 总 则

第一条 为规范生产安全事故应急预案管理工作，迅速有效处置生产安全事故，依据《中华人民共和国突发事件应对法》《中华人民共和国安全生产法》等法律和《突发事件应急预案管理办法》（国办发〔2013〕101 号），制定本办法。

第二条 生产安全事故应急预案（以下简称应急预案）的编制、评审、公布、备案、宣传、教育、培训、演练、评估、修订及监督管理工作，适用本办法。

第三条 应急预案的管理实行属地为主、分级负责、分类指导、综合协调、动态管理的原则。

第四条 国家安全生产监督管理总局负责全国应急预案的综合协调管理工作。

县级以上地方各级安全生产监督管理部门负责本行政区域内应急预案的综合协调管理工作。县级以上地方各级其他负有安全生产监督管理职责的部门按照各自的职责负责有关行业、领域应急预案的管理工作。

第五条 生产经营单位主要负责人负责组织编制和实施本单位的应急预案，并对应急预案的真实性和实用性负责；各分管负责人应当按照职责分工落实应急预案规定的职责。

第六条　生产经营单位应急预案分为综合应急预案、专项应急预案和现场处置方案。

综合应急预案，是指生产经营单位为应对各种生产安全事故而制定的综合性工作方案，是本单位应对生产安全事故的总体工作程序、措施和应急预案体系的总纲。

专项应急预案，是指生产经营单位为应对某一种或者多种类型生产安全事故，或者针对重要生产设施、重大危险源、重大活动防止生产安全事故而制定的专项性工作方案。

现场处置方案，是指生产经营单位根据不同生产安全事故类型，针对具体场所、装置或者设施所制定的应急处置措施。

第二章　应急预案的编制

第七条　应急预案的编制应当遵循以人为本、依法依规、符合实际、注重实效的原则，以应急处置为核心，明确应急职责、规范应急程序、细化保障措施。

第八条　应急预案的编制应当符合下列基本要求：

（一）有关法律、法规、规章和标准的规定；

（二）本地区、本部门、本单位的安全生产实际情况；

（三）本地区、本部门、本单位的危险性分析情况；

（四）应急组织和人员的职责分工明确，并有具体的落实措施；

（五）有明确、具体的应急程序和处置措施，并与其应急能力相适应；

（六）有明确的应急保障措施，满足本地区、本部门、本单位的应急工作需要；

（七）应急预案基本要素齐全、完整，应急预案附件提供的信息准确；

（八）应急预案内容与相关应急预案相互衔接。

第九条　编制应急预案应当成立编制工作小组，由本单位有关负责人任组长，吸收与应急预案有关的职能部门和单位的人员，以及有现场处置经验的人员参加。

第十条　编制应急预案前，编制单位应当进行事故风险评估和应急资源调查。

事故风险评估，是指针对不同事故种类及特点，识别存在的危险危害因素，分析事故可能产生的直接后果以及次生、衍生后果，评估各种后果的危害程度和影响范围，提出防范和控制事故风险措施的过程。

应急资源调查，是指全面调查本地区、本单位第一时间可以调用的应急资源状况和合作区域内可以请求援助的应急资源状况，并结合事故风险评估结论制定应急措施的过程。

第十一条　地方各级安全生产监督管理部门应当根据法律、法规、规章和同级人民政府以及上一级安全生产监督管理部门的应急预案，结合工作实际，组织编制相应的部门应急预案。

部门应急预案应当根据本地区、本部门的实际情况，明确信息报告、响应分级、指挥权移交、警戒疏散等内容。

第十二条　生产经营单位应当根据有关法律、法规、规章和相关标准，结合本单位组织管理体系、生产规模和可能发生的事故特点，确立本单位的应急预案体系，编制相应的应急预案，并体现自救互救和先期处置等特点。

第十三条　生产经营单位风险种类多、可能发生多种类型事故的，应当组织编制综合应急预案。

综合应急预案应当规定应急组织机构及其职责、应急预案体系、事故风险描述、预警及信息报告、应急响应、保障措施、应急预案管理等内容。

第十四条　对于某一种或者多种类型的事故风险，生产经营单位可以编制相应的专项应急预案，或将专项应急预案并入综合应急预案。

专项应急预案应当规定应急指挥机构与职责、处置程序和措施等内容。

第十五条　对于危险性较大的场所、装置或者设施，生产经营单位应当编制现场处置方案。

现场处置方案应当规定应急工作职责、应急处置措施和注意事项等内容。

事故风险单一、危险性小的生产经营单位，可以只编制现场处置方案。

第十六条　生产经营单位应急预案应当包括向上级应急管理机构报告的内容、应急组织机构和人员的联系方式、应急物资储备清单等附件信息。附件信息发生变化时，应当及时更新，确保准确有效。

第十七条　生产经营单位组织应急预案编制过程中，应当根据法律、法规、规章的规定或者实际需要，征求相关应急救援队伍、公民、法人或其他组织的意见。

第十八条　生产经营单位编制的各类应急预案之间应当相互衔接，并与相关人民政府及其部门、应急救援队伍和涉及的其他单位的应急预案相衔接。

第十九条　生产经营单位应当在编制应急预案的基础上，针对工作场所、岗位的特点，编制简明、实用、有效的应急处置卡。

应急处置卡应当规定重点岗位、人员的应急处置程序和措施，以及相关联络人员和联系方式，便于从业人员携带。

第三章　应急预案的评审、公布和备案

第二十条　地方各级安全生产监督管理部门应当组织有关专家对本部门编制的部门应急预案进行审定；必要时，可以召开听证会，听取社会有关方面的意见。

第二十一条　矿山、金属冶炼、建筑施工企业和易燃易爆物品、危险化学品的生产、经营（带储存设施的，下同）、储存企业，以及使用危险化学品达到国家规定数量的化工企业、烟花爆竹生产、批发经营企业和中型规模以上的其他生产经营单位，应当对本单位编制的应急预案进行评审，并形成书面评审纪要。

前款规定以外的其他生产经营单位应当对本单位编制的应急预案进行论证。

第二十二条　参加应急预案评审的人员应当包括有关安全生产及应急管理方面的专家。

评审人员与所评审应急预案的生产经营单位有利害关系的，应当回避。

第二十三条　应急预案的评审或者论证应当注重基本要素的完整性、组织体系的合理性、应急处置程序和措施的针对性、应急保障措施的可行性、应急预案的衔接性等内容。

第二十四条　生产经营单位的应急预案经评审或者论证后，由本单位主要负责人签署公布，并及时发放到本单位有关部门、岗位和相关应急救援队伍。

事故风险可能影响周边其他单位、人员的，生产经营单位应当将有关事故风险的性质、影响范围和应急防范措施告知周边的其他单位和人员。

第二十五条　地方各级安全生产监督管理部门的应急预案，应当报同级人民政府备案，并抄送上一级安全生产监督管理部门。

其他负有安全生产监督管理职责的部门的应急预案，应当抄送同级安全生产监督管理部门。

第二十六条 生产经营单位应当在应急预案公布之日起20个工作日内，按照分级属地原则，向安全生产监督管理部门和有关部门进行告知性备案。

中央企业总部（上市公司）的应急预案，报国务院主管的负有安全生产监督管理职责的部门备案，并抄送国家安全生产监督管理总局；其所属单位的应急预案报所在地的省、自治区、直辖市或者设区的市级人民政府主管的负有安全生产监督管理职责的部门备案，并抄送同级安全生产监督管理部门。

前款规定以外的非煤矿山、金属冶炼和危险化学品生产、经营、储存企业，以及使用危险化学品达到国家规定数量的化工企业、烟花爆竹生产、批发经营企业的应急预案，按照隶属关系报所在地县级以上地方人民政府安全生产监督管理部门备案；其他生产经营单位应急预案的备案，由省、自治区、直辖市人民政府负有安全生产监督管理职责的部门确定。

油气输送管道运营单位的应急预案，除按照本条第一款、第二款的规定备案外，还应当抄送所跨行政区域的县级安全生产监督管理部门。

煤矿企业的应急预案除按照本条第一款、第二款的规定备案外，还应当抄送所在地的煤矿安全监察机构。

第二十七条 生产经营单位申报应急预案备案，应当提交下列材料：

（一）应急预案备案申报表；

（二）应急预案评审或者论证意见；

（三）应急预案文本及电子文档；

（四）风险评估结果和应急资源调查清单。

第二十八条 受理备案登记的负有安全生产监督管理职责的部门应当在5个工作日内对应急预案材料进行核对，材料齐全的，应当予以备案并出具应急预案备案登记表；材料不齐全的，不予备案并一次性告知需要补齐的材料。逾期不予备案又不说明理由的，视为已经备案。

对于实行安全生产许可的生产经营单位，已经进行应急预案备案的，在申请安全生产许可证时，可以不提供相应的应急预案，仅提供应急预案备案登记表。

第二十九条 各级安全生产监督管理部门应当建立应急预案备案登记建档制度，指导、督促生产经营单位做好应急预案的备案登记工作。

第四章 应急预案的实施

第三十条 各级安全生产监督管理部门、各类生产经营单位应当采取多种形式开展应急预案的宣传教育，普及生产安全事故避险、自救和互救知识，提高从业人员和社会公众的安全意识与应急处置技能。

第三十一条 各级安全生产监督管理部门应当将本部门应急预案的培训纳入安全生产培训工作计划，并组织实施本行政区域内重点生产经营单位的应急预案培训工作。

生产经营单位应当组织开展本单位的应急预案、应急知识、自救互救和避险逃生技能的培训活动，使有关人员了解应急预案内容，熟悉应急职责、应急处置程序和措施。

应急培训的时间、地点、内容、师资、参加人员和考核结果等情况应当如实记入本单位的安全生产教育和培训档案。

第三十二条 各级安全生产监督管理部门应当定期组织应急预案演练，提高本部门、本地区生产安全事故应急处置能力。

第三十三条 生产经营单位应当制定本单位的应急预案演练计划，根据本单位的事故风险特点，每年至少组织一次综合应急预案演练或者专项应急预案演练，每半年至少组织一次现场处置方案演练。

第三十四条 应急预案演练结束后，应急预案演练组织单位应当对应急预案演练效果进行评估，撰写应急预案演练评估报告，分析存在的问题，并对应急预案提出修订意见。

第三十五条 应急预案编制单位应当建立应急预案定期评估制度，对预案内容的针对性和实用性进行分析，并对应急预案是否需要修订做出结论。

矿山、金属冶炼、建筑施工企业和易燃易爆物品、危险化学品等危险物品的生产、经营、储存企业、使用危险化学品达到国家规定数量的化工企业、烟花爆竹生产、批发经营企业和中型规模以上的其他生产经营单位，应当每三年进行一次应急预案评估。

应急预案评估可以邀请相关专业机构或者有关专家、有实际应急救援工作经验的人员参加，必要时可以委托安全生产技术服务机构实施。

第三十六条 有下列情形之一的，应急预案应当及时修订并归档：

（一）依据的法律、法规、规章、标准及上位预案中的有关规定发生重大变化的；

（二）应急指挥机构及其职责发生调整的；

（三）面临的事故风险发生重大变化的；

（四）重要应急资源发生重大变化的；

（五）预案中的其他重要信息发生变化的；

（六）在应急演练和事故应急救援中发现问题需要修订的；

（七）编制单位认为应当修订的其他情况。

第三十七条 应急预案修订涉及组织指挥体系与职责、应急处置程序、主要处置措施、应急响应分级等内容变更的，修订工作应当参照本办法规定的应急预案编制程序进行，并按照有关应急预案报备程序重新备案。

第三十八条 生产经营单位应当按照应急预案的规定，落实应急指挥体系、应急救援队伍、应急物资及装备，建立应急物资、装备配备及其使用档案，并对应急物资、装备进行定期检测和维护，使其处于适用状态。

第三十九条 生产经营单位发生事故时，应当第一时间启动应急响应，组织有关力量进行救援，并按照规定将事故信息及应急响应启动情况报告安全生产监督管理部门和其他负有安全生产监督管理职责的部门。

第四十条 生产安全事故应急处置和应急救援结束后，事故发生单位应当对应急预案实施情况进行总结评估。

第五章 监 督 管 理

第四十一条 各级安全生产监督管理部门和煤矿安全监察机构应当将生产经营单位应急预案工作纳入年度监督检查计划，明确检查的重点内容和标准，并严格按照计划开展执法检查。

第四十二条 地方各级安全生产监督管理部门应当每年对应急预案的监督管理工作情况进行总结，并报上一级安全生产监督管理部门。

第四十三条 对于在应急预案管理工作中做出显著成绩的单位和人员，安全生产监督管理部门、生产经营单位可以给予表彰和奖励。

第六章　法律责任

第四十四条　生产经营单位有下列情形之一的，由县级以上安全生产监督管理部门依照《中华人民共和国安全生产法》第九十四条的规定，责令限期改正，可以处5万元以下罚款；逾期未改正的，责令停产停业整顿，并处5万元以上10万元以下罚款，对直接负责的主管人员和其他直接责任人员处1万元以上2万元以下的罚款：

（一）未按照规定编制应急预案的；

（二）未按照规定定期组织应急预案演练的。

第四十五条　生产经营单位有下列情形之一的，由县级以上安全生产监督管理部门责令限期改正，可以处1万元以上3万元以下罚款：

（一）在应急预案编制前未按照规定开展风险评估和应急资源调查的；

（二）未按照规定开展应急预案评审或者论证的；

（三）未按照规定进行应急预案备案的；

（四）事故风险可能影响周边单位、人员的，未将事故风险的性质、影响范围和应急防范措施告知周边单位和人员的；

（五）未按照规定开展应急预案评估的；

（六）未按照规定进行应急预案修订并重新备案的；

（七）未落实应急预案规定的应急物资及装备的。

第七章　附　则

第四十六条　《生产经营单位生产安全事故应急预案备案申报表》和《生产经营单位生产安全事故应急预案备案登记表》由国家安全生产应急救援指挥中心统一制定。

第四十七条　各省、自治区、直辖市安全生产监督管理部门可以依照本办法的规定，结合本地区实际制定实施细则。

第四十八条　本办法自2016年7月1日起施行。

国家能源局文件

国家能源局关于印发《大型先进压水堆及高温气冷堆核电站重大专项资金管理实施细则（试行）》的通知

（国能综核电〔2016〕47号）

各有关单位：

为进一步规范核电重大专项管理，根据《国务院关于改进加强中央财政科研项目和资金管理的若干意见》（国发〔2014〕11号）及国家科技重大专项相关规定，我们制定了《大型先进压水堆及高温气冷堆核电站重大专项资金管理实施细则（试行）》，现印发你们，请遵照执行。

国家能源局综合司（印）

2016年1月22日

附件：大型先进压水堆及高温气冷堆核电站重大专项资金管理实施细则（试行）

大型先进压水堆及高温气冷堆核电站重大专项资金管理实施细则（试行）

第一章　总　则

第一条　为规范和加强大型先进压水堆及高温气冷堆核电站重大专项（简称核电专项）资金管理，保证资金使用的规范性、安全性和有效性，根据《国务院关于改进加强中央财政科研项目和资金管理的若干意见》（国发〔2014〕11号）、《关于中央财政科技计划管理改革过渡期资金管理有关问题的通知》（财教〔2015〕154号）、《民口科技重大专项资金管理暂行办法》（财教〔2009〕218号）、《财政部关于民口科技重大专项项目（课题）预算调整规定的补充通知》（财教〔2012〕277号）、《财政部关于民口科技重大专项资金国库集中支付管理有关事项的通知》（财库〔2009〕135号）、

《关于加强和规范民口科技重大专项资金垫付与归垫管理有关事项的通知》（财办库〔2010〕308号）、《民口科技重大专项后补助课题资金管理办法》（财教〔2013〕443号）、《民口科技重大专项项目（课题）财务验收办法》（财教〔2011〕287号）、《关于民口科技重大专项项目（课题）结题财务决算工作的通知》（财教〔2013〕489号）、《大型先进压水堆及高温气冷堆核电站重大专项实施管理暂行办法》（发改办能源〔2011〕2615号）等相关规定，结合核电专项实际情况，制定本细则。

第二条　核电专项资金实行课题承担单位法人负责制，法人单位是课题资金管理的责任主体。

第三条　核电专项的资金来源坚持多元化原则，包括中央财政资金、地方财政资金、单位自筹资金以及从其他渠道获得的资金。各种渠道获得的资金均应按照"专款专用、单独核算、注重绩效"的原则使用和管理。

第四条　核电专项中央财政资金按照专项组织实施的要求和课题的特点，采取前补助、后补助等财政支持方式。

前补助是指课题立项后核定预算，并按照课题执行进度拨付经费的财政支持方式。

后补助是指单位先行投入资金组织开展研究开发、成果转化和产业化活动，在课题完成并取得相应成果后，按规定程序通过审核验收、评估评审后，给予相应补助的财政支持方式。后补助包括事前立项事后补助和事后立项事后补助。

第五条　对于基础性和公益性研究，以及重大共性关键技术研究、开发、集成等公共科技活动，一般采取前补助方式支持。

对于具有明确、可考核的产品目标和产业化目标的课题，以及具有相同研发目标和任务、并由一个或多个单位分别开展研发的课题，一般采取事前立项事后补助方式支持。

对单位已取得了符合核电专项目标要求的关键技术、核心技术但未纳入核电专项支持范围的研究成果，按规定程序通过审核、评估后，采取事后立项事后补助方式给予相应的财政支持。

具体支持方式，结合课题特点和承担单位性质在编制年

度实施计划时予以明确。

第六条 本细则主要规范中央财政安排的核电专项课题资金使用和管理。其他来源的资金应当按照相关资金提供方对资金使用和管理的具体要求，统筹安排和使用。

第七条 本细则所称课题承担单位包括课题责任单位和课题联合单位。课题责任单位是课题任务合同书的乙方。课题联合单位是在课题任务合同书中确定的、独立承担子课题研发任务、独立编制预算、与课题责任单位签订子课题任务合同书、共同参与课题实施的法人单位。

第二章 组织管理及职责

第八条 按照核电专项的组织管理体系，核电专项资金实行分级管理、分级负责。

第九条 国家能源局是核电专项的牵头组织单位，在核电专项领导小组领导下，全面负责核电专项资金管理工作。

第十条 牵头实施单位是分项资金管理的责任主体，负责组织课题责任单位编报课题总预算和年度预算；负责建立符合分项特点的资金内部监管机制，保证分项课题资金使用的规范性、安全性和有效性；对分项实施中的重大预算调整提出建议，审核课题实施中的预算调整事项；组织课题责任单位编报核电专项资金决算，报告资金使用情况；组织进行财务预验收等。

第十一条 课题责任单位是课题经费使用和管理的责任主体，负责编制和执行所承担的核电专项课题预算；按规定使用和管理核电专项资金，按批复预算及时足额拨付联合单位经费并监督其使用情况；落实单位自筹资金及其他配套条件；严格执行各财务规章制度并接受监督检查和验收；编报核电专项资金决算，报告资金使用情况等。

第十二条 课题联合单位对其所承担子课题的中央财政资金，履行与课题责任单位相同的管理要求（除不要求使用特设账户外），并按照与课题责任单位签订的子课题任务合同书和批复预算，接受课题责任单位的监督检查。

第三章 资金核定方式及开支范围

第十三条 核电专项课题经费由直接费用和间接费用组成。

（一）直接费用是指在课题实施过程（包括研究、中间试验试制和产业化等阶段）中发生的与之直接相关的费用。主要包括：

1. 设备费：是指在课题实施过程中购置或试制专用仪器设备，对现有仪器设备进行升级改造，以及租赁使用外单位仪器设备而发生的费用。各课题承担单位应当严格控制设备购置费支出。对于使用核电专项资金购置的单台/套/件价格在200万元以上的仪器设备，应当按照《中央级新购大型科学仪器设备联合评议工作管理办法（试行）》的有关规定执行。

2. 材料费：是指在课题实施过程中由于消耗各种必需的原材料、辅助材料等低值易耗品而发生的采购、运输、装卸和整理等费用。

3. 测试化验加工费：是指在课题实施过程中由于承担单位自身的技术、工艺和设备等条件的限制，必须支付给外单位（包括课题承担单位内部独立经济核算单位）的检验、测试、设计、化验及加工等费用。

内部独立经济核算单位是指在课题承担单位统一会计制度控制下实行内部经济核算和独立计算盈亏的单位。课题承担单位应具有规范内部独立经济核算的相应管理制度，并制定统一规范的费用标准和测算依据，其承担的测试化验加工任务应该按单位内部价格，即按照实际测试、化验、加工内容发生的成本进行测算。

4. 燃料动力费：是指在课题实施过程中相关大型仪器设备、专用科学装置等运行发生的可以单独计量的水、电、气、燃料消耗费用等。

5. 差旅费：是指在课题实施过程中开展科学实验（试验）、科学考察、业务调研、学术交流等所发生的外埠差旅费、市内交通费用等。差旅费的开支标准应当按照国家有关规定执行。

6. 会议费：是指在课题实施过程中为组织开展相关的学术研讨、咨询以及协调任务等活动而发生的会议费用。应当参照国家有关规定，严格控制会议数量、规模、开支标准和会期。

7. 国际合作与交流费：是指在课题实施过程中相关人员出国及外国专家来华工作而发生的费用。国际合作与交流费应当执行国家外事经费管理的有关规定。

8. 出版/文献/信息传播/知识产权事务费：是指在课题实施过程中，需要支付的出版费、资料费、专用软件购买费、文献检索费、专业通信费、专利申请及其他知识产权事务等费用。

9. 劳务费：是指在课题实施过程中支付给课题组成人员中没有工资性收入的相关研发人员（如在校研究生等）和临时聘用人员等的劳务性费用。课题承担单位聘用的参与核电专项研究任务的优秀高校毕业生在聘用期内所需的劳务性费用和有关社会保险费补助，以及项目临时聘用人员的社会保险补助，可以在劳务费中列支。

10. 专家咨询费：是指在课题实施过程中支付给临时聘请的咨询专家的费用。专家咨询费不得支付给参与核电专项课题研究及其管理相关的工作人员。专家咨询费的开支标准见下表：

咨询专家	咨询方式	标准（元）	
具有或相当于高级专业技术职称的人员	会议咨询	500~800（人/天）（第1、2天）	300~400（人/天）（第3天以后）
	通信咨询	60~100（人/个项目或课题）	
其他人员	会议咨询	300~500（人/天）（第1、2天）	200~300（人/天）（第3天以后）
	通信咨询	40~80（人/个项目或课题）	

11. 基本建设费：是指在课题实施过程中发生的房屋建筑物购建、专用设备购置等基本建设支出，应当单独列示，并参照基本建设财务制度执行。

12. 其他费用：是指在课题实施过程中除上述支出项目之外的其他直接相关的支出。其他费用应当在申请预算时单独列示，单独核定。

（二）间接费用是指课题承担单位在组织实施重大专项过程中发生的无法在直接费用中列支的相关费用。主要包括承担单位为课题研究提供的现有仪器设备及房屋，日常水、电、气、暖消耗，有关管理费用的补助支出，以及承担单位用于科研人员激励的相关支出等。

间接费用一般不超过直接费用扣除设备购置费和基本建设费后的13%，其中用于科研人员激励的相关支出一般不超过直接费用扣除设备购置费和基本建设费后的5%。

间接费用由课题承担单位统筹管理和使用。课题承担单位应当建立健全间接费用的内部管理办法，合规合理使用间接费用。间接费用中用于科研人员激励支出的部分，应当在对科研人员进行绩效考核的基础上，结合科研实绩，由所在单位根据国家有关规定公开公正安排，体现科研人员价值，充分发挥激励作用。课题承担单位不得在核定的间接费用以外再以任何名义在课题资金中重复提取、列支相关费用。

第四章　预算编制

第十四条　经财政部批复的课题预算，是预算执行、预算调整、财务审计、财务验收和监督检查的依据。

第十五条　前补助课题和事前立项事后补助课题由课题承担单位在立项申报阶段编制预算，经财政部批复后执行。事后立项事后补助课题由国家能源局组织有关单位按照年度预算编报时间要求，将论证结果、公示结果及预算安排建议等相关材料报送财政部。

第十六条　课题责任单位及其联合单位应该以任务目标为依据，科学合理、实事求是地编制预算，并由课题责任单位进行审核汇总。

（一）课题预算应与研究任务相匹配，预算编制深度应与任务分解层级相对应；课题联合单位须独立编制预算。

（二）预算包括收入预算和支出预算，应全面反映课题组织实施过程中的各项收入与支出，做到收支平衡。

（三）收入预算包括中央财政资金、地方财政资金、单位自筹资金以及从其他渠道获得的资金。收入预算的编制，应当根据课题目标任务和实施阶段，合理确定政府投入资金和其他渠道资金使用的方向和重点。

（四）支出预算包括直接费用和间接费用。支出预算的编制，应当围绕核电专项确定的课题目标，结合单位现有科研条件，坚持目标相关性、政策相符性和经济合理性原则，有科学的测算依据并经过充分论证，以满足课题实施的合理需要。

1. 设备费、材料费、测试化验加工费等应提供报价依据。

2. 设备及软件购置应充分说明必要性和相关性，原则上，常规基础科研设备及通用软件不得在国拨经费中列支。

3. 大宗及贵重材料，即课题执行过程中消耗数量较多或单位价格较高、总费用较高的材料，在编制材料费预算时需按规定格式和内容填写明细；需要进口的原材料和辅助材料，在编制预算时需填列原材料和辅助材料净价（不含关税）。

4. 量大及价高的测试化验加工任务，即课题执行过程中需测试化验加工的数量较多或单价较高、总费用较高的，在编制测试化验加工费预算时需按规定格式和内容填写测试内容及测试单位名称等，并说明测试单位的资质和优势；确需在本单位内部独立经济核算单位进行测试化验加工的，应提供独立核算证明，并详细说明具备的测试能力和测试价格组成情况。

5. 如发生基本建设费，在预算书中还需另附初步设计或施工图设计、初步设计概算或施工图预算等资料。

6. 劳务费预算应当结合当地实际以及相关人员参与课题的全时工作时间等因素合理编制。

第五章　资金使用

第十七条　特设账户是指财政部批准课题责任单位开设的，专门用于接收、使用和核算核电专项课题经费的银行账户。前补助课题以及事先拨付启动经费的事前立项事后补助课题的课题责任单位应当按规定开立特设账户，通过特设账户管理和核算核电专项资金。特设账户的开立及资金支付管理要求按照《财政部关于民口科技重大专项资金国库集中支付管理有关事项的通知》执行。

第十八条　国家能源局按照财政部批复预算，通过国库集中支付方式，将资金拨付到课题责任单位的特设账户。课题责任单位应在收到中央财政资金后的20个工作日内，向能源局核电司提交收款证明。

第十九条　课题责任单位收到中央财政资金后，应按照批复预算和任务合同书要求，及时足额拨付联合单位科研经费，并履行对联合单位经费支出的监管职责。

第二十条　课题承担单位使用核电专项资金除履行本单位正常的审批程序外，每笔支出均需由本单位课题负责人签字确认。

第二十一条　课题责任单位确因所承担的课题执行需要，出现以下几种情况之一的，可通过本单位实有资金账户进行资金垫付：

（一）在专项资金下达到特设账户之前。

（二）本细则第三十三条（一）1、2、3中涉及的不能从特设账户直接支出的材料费、测试化验加工费、燃料动力费。

（三）不能从特设账户直接支出的间接费用。

（四）其他需要进行资金垫付的情况。

第二十二条　课题责任单位进行资金垫付须履行事前备案程序，并在专项资金下达到特设账户后，履行资金归垫申请程序，经财政部批复后办理资金归垫业务。具体按照《关于加强和规范民口科技重大专项资金垫付与归垫管理有关事项的通知》执行。

课题责任单位应于每年1月底前提交当年拟垫付事项的备案，同时提交上一年度垫付资金的归垫申请。相关申报材料由牵头实施单位审核汇总后，报能源局核电司。国家能源局按照规定程序报财政部核批。

第二十三条　课题在研期间，年度剩余资金可以结转下一年度继续使用。课题因故中止，课题责任单位应当及时清理账目与资产，编制财务报告及资产清单，报能源局核电司。国家能源局研究提出清查处理意见并报领导小组审核后，报财政部批复。课题验收后，国拨经费如有结余，应当按照财政部关于结余资金管理的有关规定或财政部批复执行。其他渠道资金结余按资金提供方规定进行处理。

第二十四条　核电专项资金使用中涉及政府采购的，按照国家政府采购有关规定执行。

第二十五条　课题责任单位因名称、地址和组织机构代码变化等原因导致原有特设账户的开户名、开户行或银行账号等相关信息需要变更时，应及时提交变更申请，经牵头实施单位审核后报能源局核电司。国家能源局按照规定程序报财政部核批。

第二十六条　课题通过验收、资金清算后，不再承担国家科技重大专项的课题责任单位应及时按规定办理特设账户撤户手续。

第二十七条 后补助课题资金（事先拨付启动经费除外），在课题通过验收后，由国家能源局按照财政直接支付方式支付到课题责任单位基本存款账户，由课题责任单位按规定统筹安排使用。后补助课题资金管理按照《民口科技重大专项后补助课题资金管理办法》执行。

第六章 预 算 调 整

第二十八条 课题承担单位应当严格按照财政部批复的预算执行。课题预算一般不予调整，确需调整的，按照本细则第二十九条至第三十二条履行相关审批程序。

第二十九条 财政部审批的预算调整事项及办理程序：

（一）课题总预算、年度预算发生调整，由课题责任单位提出申请，经牵头实施单位组织专家评审后报能源局核电司，国家能源局按照规定程序报财政部核批。

（二）课题间接费用以及直接费用中设备费、基本建设费预算发生调整的，由课题责任单位提出申请，经牵头实施单位组织专家评审后报能源局核电司，国家能源局按照规定程序报财政部核批［本细则第三十一条（一）所指设备费预算调整情况除外］。

（三）课题总预算、分年度预算总额不变，课题责任单位变更的预算调整，由调整前后的课题责任单位共同提出申请，经牵头实施单位组织专家评审后报能源局核电司，国家能源局按照规定程序报财政部核批。

第三十条 国家能源局审批的预算调整事项及办理程序：

课题总预算、分年度预算总额不变，课题联合单位之间，以及增加或减少课题联合单位的预算调整，经相关单位协商一致并签署协议后，由课题责任单位提出申请，经牵头实施单位组织专家评审后报能源局核电司审批。

第三十一条 课题责任单位审批的预算调整事项及办理程序：

（一）课题总预算、分年度预算总额不变，设备用途和数量不变，因市场价格变化等导致设备费预算调减的，由课题组提出申请，课题责任单位审批，经牵头实施单位审核后，报能源局核电司备案，并由牵头实施单位在财务预验收以及国家能源局在财务验收时予以确认。调减的经费可调剂用于课题其他方面的支出。

（二）课题总预算、分年度预算总额不变，直接费用中材料费、测试化验加工费、燃料动力费、差旅费、会议费、国际合作与交流费、出版/文献/信息传播/知识产权事务费、劳务费、专家咨询费、其他费用预算如需调整，由课题组提出申请，课题责任单位审批，经牵头实施单位审核后，报能源局核电司备案，并由牵头实施单位在财务预验收以及国家能源局在财务验收时予以确认。

其中，会议费、差旅费、国际合作与交流费等三项支出之间可以调剂使用，但不得突破三项支出预算总额。劳务费、专家咨询费预算不得调增，如需调减，应用于课题其他方面支出。

第三十二条 预算调整申请报告应参照课题预算书中预算明细表的编制深度，将调整后的预算内容及金额与批复预算进行对比，逐项说明调整内容和调整原因（如：设备费需逐台说明调整前后的设备名称、型号、数量、金额、调整原因等，材料费需逐项说明调整前后的材料名称、规格、数量、金额、调整原因等，测试化验加工费需逐项说明调整前的测试内容、测试单位、金额、调整原因等）。

由财政部和国家能源局核批的预算调整事项，经牵头实施单位组织专家评审后，于当年 6 月 30 日前报能源局核电司。由课题责任单位审批的预算调整事项，经牵头实施单位审核后，于课题结题之前报能源局核电司备案。

第七章 核 算 管 理

第三十三条 课题承担单位应在会计核算系统中以课题为单位，严格按照本细则第三章的规定，单独设置会计科目或按部门、项目设置辅助账形式，根据财政部批复的课题预算进行单独核算，单独管理。课题支出会计核算应符合以下规则：

（一）直接费用应于发生时直接计入研发支出下的对应科目，即批复的核电专项预算科目。

1. 涉及从本单位仓库领用材料用于核电专项课题研发的，凭领用单据等资料并由本单位课题负责人及相关人员签字确认后，计入课题材料费支出。

2. 涉及委托本单位内部独立经济核算单位开展测试化验加工业务的，在满足课题需求和测试化验加工费用低于市场水平的前提下，可以依据相应的委托单、委托协议（合同）以及单位制定的内部价格标准等，由本单位课题负责人及相关人员签字确认后，计入课题测试化验加工费支出。

3. 涉及由单位统一交纳课题使用的相关大型仪器设备、专用科学装置燃料动力费的，应依据课题实际使用量，计算应由课题承担的水、电、气、燃料等费用，由本单位课题负责人及相关人员签字确认后，计入课题燃料动力费支出。

4. 课题承担单位所购设备等固定资产，专用软件、专利等无形资产，直接计入对应课题的专项支出。

5. 利用国拨经费支付的设备、材料、专用软件等进项税支出，按照税法的有关规定执行。

（二）间接费用由课题承担单位统筹使用和管理。发生的相关支出由本单位课题负责人及相关人员签字认可后，计入课题间接费用支出。

第八章 财 务 验 收

第三十四条 课题财务验收按照《大型先进压水堆及高温气冷堆核电站重大专项课题验收管理制度（试行）》《国家能源局综合司关于加强核电重大专项验收管理的补充通知》等相关规定执行。

第九章 财 务 决 算

第三十五条 核电专项资金实行决算报告制度。核电专项资金决算包括中央财政资金、地方财政资金、单位自筹经费等渠道安排的用于核电专项的各种经费。

第三十六条 课题责任单位应当按照规定编制年度财务决算报告。课题经费下达之日起至年度终了不满 3 个月的课题，当年可以不编报年度决算，其经费使用情况在下一年度的年度决算报表中编制反映。课题财务决算报告由责任单位法人、课题负责人及财务负责人共同签字，经牵头实施单位审核汇总后，于次年 4 月 20 日前报能源局核电司。

第三十七条 课题结题财务决算工作按照《财政部关于民口科技重大专项课题结题财务决算工作的通知》执行。前补助课题由课题责任单位在通过验收后 1 个月内，编制课题结题财务决算报告，报牵头实施单位审核；事前立项事后补助课题由课题责任单位在中央财政补助资金到位后 1 个月内编报结题财务决算报告，报牵头实施单位审核。牵头实施单位审核课题责任单位报送的课题结题财务决算报告，汇总形成分项课题结题财务决算审核汇总表，于当年 8 月 30 日前将审核汇总表连同课题结题财务决算报告等报能源局核电司，国家能源局按规定程序报财政部核批。事后立项事后补助课题不编报结题财务决算。

第十章　监　督　管　理

第三十八条　课题承担单位应当严格按照核电专项资金管理相关制度和国家财政财务管理相关规定，建立内部管理办法，建立健全科研和财务管理等相结合的内部控制制度，设立专项财务管理岗位，配备财务管理人员，负责核电专项课题的资金管理，服务科研人员管好、用好科研经费。课题承担单位应该建立健全各种费用开支的原始资料登记和材料消耗、统计盘点制度，做好预算与财务管理的各项基础性工作。

第三十九条　课题承担单位应当强化合同和预算约束，按照合同进度和批复预算，依法依规使用课题经费，保证预算执行率。不得擅自调整外拨资金，不得未经批准将资金从特设账户划转至本单位实有资金账户，不得利用虚假票据套取资金，不得通过虚构人员名单等方式虚报冒领劳务费和专家咨询费，不得以测试化验加工费等形式分包课题研发任务，不得通过虚构测试化验内容、提高测试化验支出标准等方式违规开支测试化验加工费，不得随意调账变动支出、随意修改账记账凭证、以表代账应付财务审计和检查。

第四十条　课题责任单位要切实履行牵头责任，组织联合单位协同攻关，加强对联合单位资金使用的监督和指导。课题责任单位应在课题任务合同书签订后 1 个月内，依据任务合同书和批复预算，完成与联合单位相关子课题任务合同书和预算书的签订工作，明确任务目标、研究内容、考核指标、进度计划、预算分配等，格式、内容、深度与课题任务合同书和预算书相当。课题联合单位应按照本细则要求做好所承担子课题的经费管理工作，及时向课题责任单位报送任务及经费执行情况，并接受监督检查。

第四十一条　牵头实施单位要强化监督职责，建立经费监管制度，加强对课题承担单位的培训，在课题实施过程中定期组织专家开展监督检查，对课题经费管理不力、预算执行率低的要加强督导，对存在违规行为的要责成课题承担单位限期整改，对问题严重的要及时报能源局核电司。

第四十二条　承担核电专项课题财务审计任务的会计事务所应该恪守独立、客观、公平、公正的原则，依据国家相关法律法规及财务会计制度、课题任务合同书及批复预算等，对课题财务管理制度执行情况、资金到位和落实情况、会计核算和财务信息情况、支出内容合规有效情况、预算执行情况和资产管理情况等方面进行审计，确保审计报告质量稳定，定性准确，内容完整规范。课题联合单位中央财政拨款在 200 万元以上的（含），应单独出具审计报告分本；联合单位中央财政拨款在 200 万元以下的，应单独列示经费支出明细表。会计事务所应于每年 6 月 30 日和 12 月 31 日前，向能源局核电司提交年中和年度审计工作总结报告。审计中发现有重大违法、违纪、舞弊问题以及影响审计独立性等情况的，应及时报能源局核电司。

第四十三条　按照严格的程序择优遴选会计事务所，实行动态引入和退出机制。能源局核电司按相关规定委托会计师事务所对核电专项课题进行财务验收审计，并根据被审计

单位的反馈意见和审计报告使用者的评价意见及监督检查情况建立会计师事务所的业绩档案，作为审计业务委托的重要依据。

第四十四条　对核电专项实施过程中课题承担单位、牵头实施单位、相关会计事务所等违反国家关于重大专项有关规定的，国家能源局将会同相关部门进行全面核查，追究相关责任人和单位的责任，视情节采取通报批评、暂停课题拨款、终止课题执行、追回已拨课题资金、取消课题承担者一定期限内课题申报资格等措施，涉及违法的移交司法机关处理，并将有关结果向社会公开。

第十一章　附　　　则

第四十五条　本细则由国家能源局核电司负责解释。

第四十六条　本细则自发布之日起执行。《关于完善核电重大专项课题设备费预算调整有关问题的通知》（核电司函〔2013〕31 号）同时废止。

国家能源局关于贯彻国务院第 114 次常务会议精神　做好煤电超低排放和节能改造项目安全管理工作的通知
（国能安全〔2016〕29 号）

各派出机构，华能、大唐、华电、国电、国家电投集团，中电建、中能建集团，国投集团，神华集团，华润电力，浙能集团，粤电集团，京能集团，各相关单位：

2015 年 12 月 2 日，国务院召开第 114 次常务会议，决定在 2020 年前全面实施燃煤电厂超低排放和节能改造，东、中地区要提前至 2017 年和 2018 年达标，大幅降低发电煤耗和污染排放。2016 年 1 月 15 日，环境保护部、国家发展改革委、国家能源局联合召开加快推进全国煤电超低排放和节能改造动员大会，部署煤电超低排放和节能改造工作。为贯彻落实国务院常务会议和三部委会议精神，针对 2015 年燃煤电厂环保改造和建设项目人身伤亡事故多发的情况，为确保燃煤电厂超低排放和节能改造工作安全顺利实施，有效防范人身伤亡事故发生，现提出以下要求。

一、充分认识煤电超低排放和节能改造重要意义，切实做好煤电超低排放和节能改造安全生产工作

我国煤电高效清洁发展势在必行，加快燃煤电厂升级改造，全面推广超低排放和世界一流水平的能耗标准，是我国推进化石能源清洁化、改善大气质量、缓解资源约束的重要举措。在今后一段时期里，燃煤电厂超低排放和节能改造工作将大规模集中进行，安全生产工作任务繁重，安全生产责任重大。各单位要认清形势、提高认识，周密部署煤电超低排放和节能改造工作任务，打好燃煤电厂超低排放和节能改造的攻坚战。要按照"党政同责、一岗双责、失职追责"的工作要求，扎实落实安全生产责任制，建立健全煤电超低排放和节能改造工作领导体系，推动安全生产标准化建设，采取切实可行的措施，确保安全生产可控在控。

二、积极开展技术研究，采用科学手段化解设备和系统的安全风险

燃煤电厂超低排放和节能改造工作是一项庞大的系统工程，绝非分项工程的简单叠加，各单位要结合机组类型和设备特性，在前期开展系统性的技术研究工作，健全制度，完

善技术标准，有效化解设备和系统的安全风险，确保改造后的设备和系统安全可靠运行；要发挥典型示范引领作用，加强燃煤发电企业间的技术沟通和调研交流，共享经验教训，提高燃煤电厂超低排放和节能改造工作水平；要运用成熟、先进、适用的技术和经验，避免由于技术方案失误导致的重复改造，降低改造施工安全风险。

三、尊重事物发展规律，科学合理规划改造工期

各单位要认真研究制定燃煤电厂超低排放和节能改造项目计划，在保证安全生产和改造质量的前提下，结合改造机组所处地区的具体要求，结合当地电网供需形势，结合改造设备的制造工艺和进度安排，结合具备相应资质和能力施工队伍的保有量，科学合理地安排项目工期计划。杜绝由于盲目追赶工期，而埋下的人身伤害、设备质量和系统安全等事故隐患。

四、严格执行准入制度，确保施工队伍和人员具备符合工程要求的资质和业务水平，确保产品质量达标

各单位要建立健全工程分包管理制度，严禁层层转包或违法分包；要加强对施工队伍资质的审查，坚决清退无资质或资质和能力不符合要求的施工队伍。要加强项目负责人、安全管理人员、特种作业人员和特种设备作业人员的资质管理，坚决清退无资质或资质不符合要求的安全管理人员和特种（设备）作业人员。坚决抵制发生过电力事故且未落实整改措施的施工队伍和有产品质量问题且未落实整改措施的供应商。

五、做好改造项目风险预控，强化施工现场安全管理

各单位要加强对超低排放和节能改造项目施工现场的安全管理，采取风险分级管控、隐患排查治理双重预防性工作机制，结合施工环境复杂，作业场地狭小，起重作业、高处作业、动火作业、交叉作业等高风险作业多等特点，特别加强对脚手架搭设，打桩，起重设备安装、拆卸，烟道预制、拆除，烟囱、烟道、脱硫吸收塔防腐，汽轮机揭、扣缸等工作业的安全管理，重大作业要制定安全技术方案，并开展安全技术交底工作，跟踪检查安全技术措施的执行情况，确保各项安全措施和技术措施落实到位。

六、做好施工设备设施检查和备案工作，强化现场施工设备设施管理

各单位要强化现场施工设备设施的安全管理，特别要加强对起重机、升降机等特种设备本体及其配套用具和脚手架等临时搭建设施的管理。要完善特种施工设备的现场准入管理制度，建立特种设备和特种设备作业人员的管理台账，确保特种设备检验报告、安全检查合格证、使用登记证等资料齐全，确保特种设备定期检验合格证和特种设备作业人员证书在有效期内。要加强对钢丝绳、卡扣、滑轮、手拉葫芦和专用吊具等起重设备配套用具的安全检查，建立不合格的起重用具的报废更新制度。要加强现场脚手架搭设、使用、拆除等环节的安全管理，严格执行定期检查制度，防止脚手架坍塌事故发生。

七、积极落实改造项目的安全投入，确保工程安全费用及时、足额用于安全生产工作

各单位要建立健全安全生产费用投入和使用管理制度，改造项目概算应当单独计列安全生产费用。要根据改造项目进展情况，及时、足额向参建单位支付安全生产费用。业主

单位要严格监督参建单位安全生产费用的使用情况，严禁将安全生产费用挪用于其他用途。

八、加强改造项目应急保障，提高改造项目相关方的应急处置能力

各单位要建立健全安全生产应急管理机构与体系，结合工程情况实际，开展危险源辨识和监控，完善应对恶劣气候和自然灾害、受限空间人员窒息（中毒）伤害、汽轮机润滑油系统火灾、液氨等危化品储存、使用、运输和防腐作业火灾等事故的专项应急预案，做好预案宣传、培训、应急物资储备、应急队伍建设和应急演练，提高应急处置能力和水平。

九、加强安全教育培训，提高各级人员安全意识和技能

各单位要严格落实三级安全教育和特种作业人员持证上岗制度，按照各类作业人员的岗位要求组织安全教育培训，对临时用工人员的安全教育重点要放在普及安全意识和安全技能上，对特种作业人员的安全教育要突出强制性。要建立安全教育和警示机制，对严重影响安全生产的施工人员要坚决予以清退。

十、加强改造项目安全管理，深入开展安全生产专项检查工作

各单位要认真贯彻落实《电力建设工程施工安全监督管理办法》（发展改革委令第28号）的要求，深入开展煤电超低排放和节能改造项目安全生产专项检查工作。要以防范人身事故为重点，建立日检查、周督办、月总结制度，通过自查自纠排查安全隐患，制定并落实治理计划，形成自查、自评、自改的闭环管理。

十一、加强改造项目安全监管，强化事故调查处理和信息报送

国家能源局各派出机构要加强对煤电超低排放和节能改造工作的监督指导，掌握本地区煤电改造的安全生产情况，督促企业将安全生产主体责任落实到位；要进一步严格事故调查处理，按照"四不放过"的原则，严肃电力事故（事件）调查处理和责任追究。各发电集团公司在每季度第1个月10日前，将上季度煤电超低排放和节能改造安全工作情况报送电力安全监管司。各发电企业（燃煤电厂）自超低排放和节能改造项目开工之日起，每月10日前向当地国家能源局派出机构报送本单位改造安全工作情况。国家能源局及其派出机构将结合日常电力安全监管工作，对煤电超低排放和节能改造安全措施落实情况进行督查。

国家能源局（印）
2016年2月2日

国家能源局关于做好"三北"地区可再生能源消纳工作的通知
（国能监管〔2016〕39号）

华北、东北、西北能源监管局，山西、山东、甘肃、新疆能源监管办，北京、天津、河北、山西、山东、内蒙古、辽宁、吉林、黑龙江、陕西、甘肃、宁夏、新疆、青海省（自治区、直辖市）发展改革委（能源局），国家电网公司，华能、大唐、华电、国电、国家电投集团公司，三峡、神华集团公司，国家开发投资公司，内蒙古电力（集团）有限责任

公司，有关电力企业：

为贯彻落实《中共中央国务院关于进一步深化电力体制改革的若干意见》（中发〔2015〕9号文件）和中央财经领导小组第六次会议精神及有关要求，促进华北、东北、西北地区（以下简称"三北"地区）风电、光伏发电等可再生能源消纳，充分挖掘可再生能源富集地区电能消纳潜力和电力系统辅助服务潜力，着力解决弃风、弃光问题，促进可再生能源与其他能源协调发展，满足民生供热需求，现就做好"三北"地区可再生能源消纳工作通知如下：

一、做好可再生能源发电直接交易工作。国家能源局派出机构应当会同省级能源管理部门做好可再生能源直接交易工作，推动可再生能源就近消纳，鼓励可再生能源发电企业作为市场主体积极参与市场直接交易并逐步扩大交易范围和规模，鼓励超出可再生能源保障性利用小时数的发电量参与市场交易。鼓励可再生能源发电企业通过技术进步降低成本，提高市场竞争力。

二、做好风电等可再生能源清洁供暖工作。各省（区、市）能源管理部门应当会同国家能源局派出机构认真分析冬季供暖状况，结合风能资源特点和风电发展需求，研究利用冬季夜间风电替代燃煤锅炉进行清洁供暖，制定促进风电清洁供暖应用的政策和方案，积极开展相关试点和示范工作。

三、做好深化辅助服务补偿机制相关工作。针对"三北"地区电力系统灵活性不够的现状，以及风电和光伏发电随机性、波动性、间歇性的特点，国家能源局派出机构应当进一步完善"两个细则"，提高辅助服务补偿力度，完善推广电力调峰市场机制，通过深化辅助服务补偿机制挖掘当地电力系统调峰潜力。

四、建立自备电厂电量置换机制。国家能源局派出机构可通过建立电量置换机制进一步提高当地电力系统接纳可再生能源的能力，引导拥有自备电厂的企业在当地负荷低谷期降低自备电厂发电出力，使用可再生能源电量，在负荷高峰期组织等量自备电厂电量上网。

五、加强对热电联产机组调峰性能监管。国家能源局派出机构应当严格核定热电联产机组最小出力，优化热电联产机组开机方式，加强对热电比的监管，挖掘系统调峰潜力，鼓励热电联产机组通过增加蓄热装置以及其他途径提高负荷调节能力，会同省（区、市）能源管理部门协调电力调度机构和热力调度机构优化热电运行方式。

六、按区域统筹安排发电机组旋转备用。区域电网公司应当充分发挥区域内各省电力系统余缺互济作用，按区域统筹科学合理安排发电机组旋转备用，省电网企业应当积极配合。

七、充分挖掘设备潜力。可再生能源发电企业应当加强发电设备运行管理，加大先进技术应用力度，不断提高功率预测精度，积极优化风电、光伏发电和水电运行互补。电力调度机构应当充分挖掘调峰潜力，充分发挥抽水蓄能机组调节优势，充分发挥燃气机组与部分燃煤机组深度调峰、快速爬坡作用，不断提高可再生能源发电上网电量比重。

八、做好可再生能源外送工作。电力交易和调度机构应在保证安全和输电容量允许范围内，根据市场需求情况，按交易规则组织外送富裕的可再生能源电力，扩大消纳范围。

九、加强自备电厂管理。并网自备电厂要按照"两个细则"参与电网辅助服务考核与补偿，根据自身负荷和机组特性提供调峰等辅助服务，并按照相关规定参与费用分摊，获得收益。禁止公用电厂违规转为企业用户自备电厂。

国家能源局派出机构要会同省（区、市）能源管理部门做好组织协调和督促落实工作，并及时总结经验，分析存在的问题，提出进一步促进可再生能源消纳的具体意见和建议。工作中有何问题，请及时报国家能源局。

国家能源局（印）
2016年2月5日

国家能源局关于建立可再生能源开发利用目标引导制度的指导意见
（国能新能〔2016〕54号）

各省（区、市）、新疆兵团发展改革委（能源局），各派出机构，国家电网公司、南方电网公司、中国华能集团公司、中国大唐集团公司、中国华电集团公司、中国国电集团公司、国家电力投资集团公司、中国神华集团公司、中国长江三峡集团公司、华润集团公司、中国节能环保集团公司、中国广核集团公司、水电水利规划设计总院、电力规划设计总院、国家可再生能源中心：

根据《中华人民共和国可再生能源法》《国务院关于加快培育和发展战略性新兴产业的决定》《国家能源发展战略行动计划》（2014～2020年）以及推动能源生产和消费革命的总要求，为促进可再生能源开发利用，保障实现2020、2030年非化石能源占一次能源消费比重分别达到15%、20%的能源发展战略目标，现就建立可再生能源开发利用目标引导制度提出以下意见：

一、充分认识建立可再生能源开发利用目标的重要性。可再生能源代表未来能源发展的方向，是减排温室气体和应对气候变化的重要措施，建立可再生能源开发利用目标引导制度对推动能源生产和消费革命，建立清洁低碳、安全高效的现代能源体系具有重大的战略意义。制定各省（区、市）可再生能源开发利用目标，引导能源发展规划编制及实施，并建立相应监测和评价体系，有利于优化能源结构，有利于在能源规划、建设、运行中统筹可再生能源发展，有利于确保节能减排、提高非化石能源比重以及可持续发展目标的实现。

二、建立明确的可再生能源开发利用目标。国家能源局根据各地区可再生能源资源状况和能源消费水平，依据全国可再生能源开发利用中长期总量目标，制定各省（区、市）能源消费总量中的可再生能源比重目标和全社会用电量中的非水电可再生能源电量比重指标，并予公布。鼓励各省（区、市）能源主管部门制定本地区更高的可再生能源利用目标。

三、制定科学的可再生能源开发利用规划。各省（区、市）能源发展规划应将可再生能源的开发利用作为重要发展指标，明确本地区能源消费总量中可再生能源比重目标、全社会用电量中非水电可再生能源电量比重指标，并以此为依据编制本行政区域的可再生能源开发利用规划，深入研究分析本行政区内可再生能源资源特点，明确本行政区内可再生能源的开发布局、重点工程及保障可再生能源充分利用的有效措施，与国家能源局衔接后报请本级人民政府批准并严格执行。

四、明确可再生能源开发利用的责任和义务。各省级能源主管部门会同本级政府有关部门制定落实本行政区域可再生能源开发利用规划的工作机制，督促各地区加强可再生能源开发利用工作。根据国家能源局制定的本行政区域的全社会用电量中非水电可再生能源电量比重指标，对本行政区域各级电网企业和其他供电主体（含售电企业以及直供电发电企业）的供电量（售电量）规定非水电可再生能源电量最低比重指标，明确可再生能源电力接入、输送和消纳责任，建立确保可再生能源电力消纳的激励机制。各主要发电投资企业应积极开展可再生能源电力建设和生产，国家能源局对权益火电发电装机容量超过500万千瓦的发电投资企业的可再生能源电力投资和生产情况按年度进行监测评价。

五、建立可再生能源开发利用监测和评价制度。各省级能源主管部门要建立健全本地区可再生能源开发利用监测体系，会同统计部门对本行政区域可再生能源利用量、可再生能源占能源消费总量比重、非水电可再生能源电量比重等指标按年度监测，定期上报国家能源局。各电力交易机构、各电网企业、各发电企业按月向全国可再生能源信息管理系统报送相关数据。国家能源局对报送数据进行核实后，按年度公布监测和评价结果。

计入监测和评价口径的可再生能源包括纳入国家能源统计体系的各类可再生能源电力、热力和燃料。未计入国家能源统计体系的可再生能源（如太阳能热水、地热能、农村沼气等）利用量暂作为补充参考，在国家建立准确的统计体系后再纳入可再生能源利用量。

六、研究完善促进可再生能源开发利用的体制机制。不断完善促进可再生能源开发利用的体制机制，建立可再生能源电力绿色证书交易机制。可再生能源电力绿色证书是各供（售）电企业完成非水电可再生能源发电比重指标情况的核算凭证。国家能源局会同其他有关部门依托全国可再生能源信息管理系统组织建立可再生能源电力绿色证书登记及交易平台，对可再生能源电力的经营者（含个人）按照非水电可再生能源发电量核发可再生能源电力证书，作为对可再生能源发电量的确认以及所发电量来源于可再生能源的属性证明。可再生能源电力绿色证书可通过证书交易平台按照市场机制进行交易。根据全国2020年非化石能源占一次能源消费总量比重达到15%的要求，2020年，除专门的非化石能源生产企业外，各发电企业非水电可再生能源发电量应达到全部发电量的9%以上。各发电企业可以通过证书交易完成非水可再生能源占比目标的要求。鼓励可再生能源电力绿色证书持有人按照相关规定参与碳减排交易和节能量交易。可再生能源电力绿色证书具体管理办法另行制定。

七、分步开展可再生能源开发利用目标引导工作。请各省级能源主管部门做好2015年可再生能源开发利用完成情况的统计工作，并将统计结果于2016年3月底前报送国家能源局。国家能源局在研究制定"十三五"可再生能源规划过程中，提出各省级行政区域能源消费总量中可再生能源比重目标。各省级行政区域全社会用电量中非水电可再生能源电力消纳量比重指标随文印发。请各省级能源主管部门依据上述指标编制本行政区域能源发展规划及可再生能源发展规划。

附件：1. 2020年各省（自治区、直辖市）行政区域全社会用电量中非水电可再生能源电力消纳量比重指标（略）
2. 非水电可再生能源电力消纳量比重指标核算方法（略）

国家能源局（印）
2016年2月29日

国家能源局关于印发《新一轮农村电网改造升级技术原则》的通知
（国能新能〔2016〕73号）

各省（区、市）及新疆生产建设兵团发展改革委、能源局，国家电网公司、南方电网公司，电力规划设计总院、水电水利规划设计总院：

根据《国务院办公厅转发发展改革委关于"十三五"期间实施新一轮农村电网改造升级工程的意见》（国办发〔2016〕9号），为做好"十三五"农村电网改造升级工作，明确技术标准和要求，确保工程质量，提高投资效益，我局组织制定了《新一轮农村电网改造升级技术原则》。现印送你们，请遵照执行。

国家能源局（印）
2016年3月8日

新一轮农村电网改造升级技术原则

第一章 总 则

1.1 为指导新一轮农村电网改造升级工程实施，建设现代农村电网，特制定本技术原则。

1.2 农网改造升级应坚持城乡统筹、统一规划、统一标准，贯彻供电可靠性和资产全寿命周期理念，推进智能化升级，推行标准化建设，满足农村经济中长期发展要求。

1.3 农网改造升级应实行因地制宜，根据不同区域的经济社会发展水平、用户性质和环境要求等情况，合理选择相应的建设标准，满足区域发展和各类用户用电需求，提高分布式新能源接纳能力。

1.4 农网改造升级工作应严格执行国家和行业有关设计、施工、验收等技术规程和规范。

第二章 总 体 要 求

2.1 农网改造升级规划应纳入城乡发展规划和土地利用规划，实现电网与其他基础设施同步规划、同步建设。配电设施改造时序要实现与村庄规划建设相衔接，与环境相协调，布置科学合理、设施美观耐用。

2.2 农网改造升级应与输电网规划建设相协调，构建安全可靠、能力充足、适应性强的电网结构，增强各级电网间的负荷转移和相互支援能力。

2.3 农网改造升级应按照"导线截面一次选定、廊道一次到位、变电站（室）土建一次建成"的原则规划、建设，提高对负荷增长的适应能力。线路导线截面选择应根据规划区域内饱和负荷值，综合经济电流密度、允许压降、机械强度等一次选定。

2.4 对于新规划建设的村庄，中低压配电线路、配变布点按饱和负荷应一次建设到位；对于纳入改造提质、旧村整治规划的村庄，配电设施建设改造宜优先开展配变布点，低压线路改造宜结合村庄人居环境改善适时推进；对于规划中明确要搬迁的村庄、居民点，暂缓升级改造配电设施。

2.5 农网改造升级应积极采用"三通一标"（通用设计、通用设备、通用造价，标准工艺），统一建设标准，确保工程质量。应用新技术、新产品、新工艺，提高装备水平。坚持绿色发展，拆旧回收的物资经检验合格后，应梯次利用于电网建设与改造。

2.6 农网改造升级应适应智能化发展趋势，推进配电自动化、智能配电台区、农村用电信息采集建设，满足新能源分散接入需求，服务新型城镇化和美丽乡村建设。

2.7 未经供电企业同意，架空线路杆塔上禁止搭挂与电力无关的广播、电话、有线电视等其他弱电线路。

2.8 在城市化水平较高的城镇，电网建设可参照《城市中低压配电网改造技术导则》DL/T 599 执行。

第三章 高压配电网

3.1 加强县域电网与主网联络，县域电网一般应至少有两条 110（66）kV 高压线路为其供电。

3.2 县域主干网一般采用环式或链式结构。

3.3 高压线路宜采用架空线路，110kV 架空线路导线截面不宜小于 150mm²，66、35kV 不宜小于 120mm²。

3.4 35kV 线路在满足设计要求前提下优先选用钢筋混凝土电杆，有特殊需求的可选用铁塔或钢管塔。

3.5 变电站站址选择应符合城乡规划、电网规划的要求，靠近负荷中心地区。

3.6 新建变电站应按无人值班方式建设，现有变电站应逐步改造为无人值班变电站，有条件的地区可试点建设智能化变电站或装配式变电站。

3.7 变电站宜采用半户外布置，选址困难的城镇及污染严重地区可采用户内型变电站或选用组合电器装置（GIS、HGIS）。

3.8 变电站主变压器台数宜按终期不少于两台设计，应采用有载调压、S11 及以上节能型变压器，35kV 及以上高压配电装置选用 SF₆ 断路器或真空断路器，10kV 配电装置采用户内布置，选用真空断路器。

3.9 高压电网的容载比宜控制在 1.8～2.1，负荷增长较快地区取高值。

3.10 变电站建筑物应与环境协调，符合"安全、经济、美观、节能、节约占地"的原则，按照最终规模一次建成。

第四章 中压配电网

4.1 中压配电网应合理布局，接线方式灵活、简洁。公用线路原则上应分区分片供电，供电范围不应交叉重叠。

4.2 当变电站 10kV 出线数量不足或线路走廊条件受限制时，可建设开关站。

（1）开关站接线应力求简化，宜采用单母或单母分段接线方式。

（2）开关站应按无人值守建设，再分配容量不宜超过 10 000kVA。

4.3 中压配电网线路主干线应根据线路长度和负荷分布情况进行分段并装设分段开关，重要分支线路宜装设分支开关。

4.4 城镇中压配电网宜采用多分段适度联络接线方式，导线及设备应满足转供负荷要求。乡村中压配电网宜采用多分段、单辐射接线方式，具备条件时也可采用多分段、适度联络或多分段、单（末端）联络。

4.5 中压配电网接线应依据 DL/T 5131 确定合理供电半径。城镇中压配电网线路供电半径不宜超过 4km；乡村中压配电网线路供电半径不宜超过 15km。

4.6 对于负荷密度小，超长供电的 10kV 线路，可采取

装设线路调压器的方式，调整线路中后端电压。负荷轻且有 35kV 线路通过的偏远地区，可通过建设 35/10kV 配电化变电站或 35/0.4kV 直配台区方式供电。

4.7 中压配电网主干线路导线截面选择应参考供电区域饱和负荷值，按经济电流密度选取。城镇电网架空主干线截面不宜小于 150mm²，乡村电网主干线不宜小于 95mm²。

4.8 中压配电网线路杆塔在城镇宜选用 12m 及以上杆塔，乡村一般选用 10m 及以上杆塔，路边不宜采用预应力型混凝土电杆，防止车撞脆断。

4.9 城镇线路档距不宜超过 50m，乡村线路档距不宜超过 70m，特殊地段根据设计要求选定。

4.10 对雷害多发地区及架空绝缘线路应加装防雷装置，防止雷击断线。

4.11 中压配电线路宜采用架空方式，城镇、林区、人群密集区域宜采用架空绝缘导线。下列情况可采用电缆线路：

（1）走廊狭窄，架空线路难以通过的地段；

（2）易受热带风暴侵袭的沿海地区；

（3）对供电可靠性要求较高并具备条件的经济开发区；

（4）经过重点风景旅游区的区段；

（5）电网结构或安全运行的特殊需要。

4.12 配电台区应按照"密布点、短半径""先布点、后增容"的原则建设与改造。

（1）变压器应布置在负荷中心，一般采用柱上安装方式，变压器底部距地面高度不应低于 2.5m。

（2）对人口密集、安全性要求高的地区可采用箱式变电站或配电站供电。

4.13 新装及更换配电变压器应选用 S13 型及以上节能配电变压器或非晶合金铁芯配电变压器。安装在高层建筑、地下室及有特殊防火要求的配电变压器应采用干式变压器。

4.14 配变台架应按照终期规模一次建设到位，配电变压器容量应根据近期规划负荷合理选择。柱上配电变压器容量不应超过 400kVA，箱式变电站内变压器容量不应超过 630kVA，配电室单台变压器容量不应超过 800kVA。

4.15 对于季节性负荷波动大的台区，可选择高过载能力配电变压器或有载调容配电变压器。

4.16 以居民生活用电为主，且供电分散的地区可采用单、三相混合供电，单相变压器容量不宜超过 50kVA。

4.17 农村公用配变容量的选择，应综合考虑农村电气化水平、气候特点、用电负荷特性及同时系数等因素。

4.18 配电变压器的进出线应采用绝缘导线或电力电缆，配电变压器的高低压接线端应安装绝缘护套。

4.19 柱上配电变压器的高压侧宜采用熔断器保护，箱式变电站配电变压器宜采用负荷开关-熔丝组合单元保护，配电室配电变压器宜采用断路器保护，低压侧宜配置塑壳式断路器保护或熔断器-刀闸保护。

4.20 配电变压器低压配电装置应具有防雷、过流保护、计量、测量、信息采集等功能，箱体应采用坚固防腐阻燃材质。

4.21 新建或改造配电台区宜按照智能配电台区建设，配电变压器低压配电装置内应预留安装智能配变终端和集中抄表器的位置。

4.22 台风、洪涝等自然灾害多发地区，配电室或开关站不宜设置在地下室，确实不具备条件的应做好防洪排涝措施；配电室、箱式变电站、表箱基础设计要抬高基础并做好

排水、防水措施。

4.23　地处偏远地区的变压器等设施应采取必要的防盗措施。

第五章　低压配电网

5.1　低压配电网坚持分区供电原则，应结构简单、安全可靠，一般采用单电源辐射接线。

5.2　低压线路供电半径：城镇不宜超过250m，乡村不宜超过500m。用户分布特别分散的地区供电半径可适当延长，但要对末端电压质量进行校核。

5.3　低压主干线路导线截面应参考供电区域饱和负荷值，按经济电流密度选取。城镇低压主干线路导线截面不宜小于120mm²，乡村低压主干线路导线截面不宜小于70mm²。

5.4　城镇和乡村人口密集地区低压线路宜采用架空绝缘导线，对住房和城乡建设部等部委认定的历史文化名村、传统村落和民居，以及对环境、安全有特殊要求的地区，可采用低压电缆进行改造。

5.5　城镇和乡村人口密集地区的低压架空线路宜采用12m及以上混凝土杆，梢径不小于190mm；其他地区宜采用8m及以上混凝土杆，梢径不小于150mm。考虑负荷发展需求，可按10kV线路电杆选型，为10kV线路延伸预留通道。

5.6　低压线路可与同一电源10kV配电线路同杆架设。当10kV配电线路有分段时，同杆架设的低压线路不应跨越分段区。

5.7　采用TT接线方式〔配电变压器低压侧中性点直接接地（工作接地），低压电网内所有电气设备的外露可导电部分用保护接地线（PE线）接到独立的接地体上，工作接地与保护接地在电气上没直接的联系〕供电的配电台区，应在配电箱低压出线装设剩余电流动作保护器。

第六章　低压户表

6.1　低压接户线应使用耐候型绝缘导线。导线截面应根据用户负荷确定，绝缘导线截面铝芯一般不小于16mm²、铜芯一般不小于6mm²。

6.2　居民户应采用"一户一表"的计量方式。电能表应按农户用电负荷适当超前合理配置，电能表的最大允许工作电流不宜低于40A。

6.3　户表应选用智能电能表，并安装集中抄表装置，全面建设用户用电信息采集系统。

6.4　集中式计量箱进线侧应装设总开关。电能表出口宜装设分户开关，用户应能够对其进行操作。

6.5　电能表应安装在计量表箱内。室外计量表箱宜选用阻燃、耐气候、长寿命的计量表箱。金属计量表箱应可靠接地。

第七章　自动化及信息通信

7.1　新建或改造县级调度和配电自动化系统应采取地县调一体化建设模式，具备电网运行监控基本功能及遥控安全约束、运行设备在线状态监测等功能。

7.2　新建或改造自动化系统应统筹多种自动化系统的需求，统一规划设计数据采集平台。

7.3　配电自动化建设与改造应根据区域供电可靠性需求、一次网架、配电设备等情况合理选择建设模式。

（1）城镇架空线路宜采用就地型馈线自动化，电缆线路宜采用集中型馈线自动化；

（2）乡村线路宜采用远传型故障指示器，实现故障的快速判断定位。

7.4　农网改造升级应同步规划建设通信网，确保通信带宽容量裕度，提高对相关业务的支撑能力。

7.5　农村电网通信系统应满足电网自动化系统、管理信息系统及其他业务所需数据、语音、图像等综合信息传输的需要。变电站、供电所的通信主干线应采用光纤通信方式，有条件地区可采用光纤通信环网链接方式，中低压电网分散通信点可采用光纤、无线、载波等通信方式。重要的无人值班变电站可采用主备双通道方式。

第八章　无功补偿及电压控制

8.1　农网无功补偿应按照集中补偿与分散补偿相结合，高压补偿与低压补偿相结合，调压与降损相结合的补偿策略，确定最佳补偿方案。

8.2　农网无功补偿应因地制宜选用经济实用的无功优化补偿模式，积极采用动态补偿、平滑调节等新技术、新设备。

8.3　农网无功优化补偿建设应从电压无功信息采集、无功优化计算、装置配置、控制与管理等方面开展，积极应用变电站电压无功控制（VQC）、自动电压控制（AVC）系统，实现电压无功综合治理和优化控制。

8.4　变电站无功补偿容量可按主变压器容量的10%～30%配置。

8.5　100kVA及以上配电变压器无功补偿装置宜采用具有电压、无功功率、功率因数等综合控制功能的自动装置，补偿容量应根据配电变压器负载率、低压侧功率因数综合计算确定。

8.6　谐波污染较为严重的变电站，宜选用无功补偿与滤波相结合的无功补偿装置。

第九章　附　则

9.1　本技术原则由国家能源局负责解释，自发布之日起执行，原《农村电网改造升级技术原则》（国能新能〔2010〕306号）废止。

国家能源局关于建立煤电规划建设风险预警机制暨发布2019年煤电规划建设风险预警的通知
（国能电力〔2016〕42号）

各省（区、市）发展改革委（能源局），国家能源局各派出机构，各相关发电企业：

近年来，我国用电量增速放缓，电力供需全面转向平衡宽松。煤电行业面临利用小时数快速下降、规划建设规模较需求偏大等问题。为科学推进煤电项目规划建设工作，促进煤电行业健康、有序发展，国家能源局会同相关单位研究建立了煤电规划建设风险预警机制，现将有关事项通知如下：

一、煤电规划建设风险预警的指标体系分为煤电建设经济性预警指标、煤电装机充裕度预警指标、资源约束指标，最终风险预警结果由三个指标的最高评级确定。预警程度由高到低分为红色、橙色、绿色三个等级，预警目标年为发布年的 3 年后。

二、煤电建设经济性预警指标基于 3 年后各省（区、市）新投运煤电项目的预期投资回报率，分为红色、橙色、绿色三个等级。投资回报率低于当期中长期国债利率的为红色预警；投资回报率在当期中长期国债利率至一般项目收益率（电力项目通常为 8%）之间的为橙色预警；投资回报率高于一般项目收益率的为绿色。煤电项目预期投资回报率计算方法见附件 1。

三、煤电装机充裕度预警指标基于 3 年后各省（区、市）电力系统备用率，分为红色、橙色、绿色三个等级。煤电装机明显冗余、系统备用率过高的为红色预警；煤电装机较为充裕、系统备用率偏高的为橙色预警；电力供需基本平衡或有缺口的、系统备用率适当或者偏低的为绿色。各省（区、市）电力系统参考备用率见附件 2。

四、资源约束指标基于各省（区、市）的大气污染物排放、水资源量、煤炭消费总量以及其他相关资源情况，分为红色、绿色两个等级。对于大气污染形势严峻、水资源量不足、煤炭消费总量亟须控制，或者存在其他资源约束煤电规划建设的，资源约束指标为红色预警；其余为绿色。

五、煤电风险预警结果每年 1 月发布。在煤价、电价等关键条件发生较大变化，或者相关重大政策出台后及时更新，另行补充发布。

六、煤电风险预警指标用于指导各省（区、市）煤电规划建设。预警结果为红色表示存在电力冗余或政策不允许新建煤电项目，建议地方政府暂缓核准煤电项目，企业慎重决策项目开工，在建项目要合理安排建设投产时序。预警结果为橙色表示电力较为充裕，建议地方政府和企业慎重决策建设煤电项目。预警结果为绿色表示正常，建议地方政府和企业根据电力需求合理推进煤电项目规划建设。

七、发布 2019 年煤电规划建设风险预警（见附件 3）。

特此通知。

附件：1. 煤电项目预期投资回报率计算方法（略）
　　　2. 各省（区、市）电力系统参考备用率（略）
　　　3. 2019 年煤电规划建设风险预警（略）

国家能源局（印）
2016 年 3 月 17 日

国家能源局综合司关于加强燃煤电厂输煤及制粉系统安全生产工作的通知
（国能综安全〔2016〕287 号）

各派出机构，全国电力安委会各企业成员单位：

今年以来，燃煤电厂输煤及制粉系统人身伤亡事故持续多发，截至 3 月底，共发生人身伤亡事故 4 起，死亡 6 人。1 月 25 日，大唐国际大同云岗热电厂储煤场煤堆坍塌，1 名工作人员被煤灰掩埋死亡。1 月 26 日，晋能电力集团所属山西国峰煤电有限责任公司 1 号碎煤机发生堵煤，1 名工作人员在清理粗筛时坠落死亡。2 月 25 日，大唐吉林发电有限公司所属大唐长山热电厂进行 1 号锅炉 C 磨煤机内部检查时，热一次风插板门突然开启，造成正在风道内进行作业的 3 名工作人员死亡。3 月 15 日，国家电投吉电股份公司二道江发电公司在斗轮机上煤作业时，1 名巡视设备的工作人员被卡在

悬臂头部滚筒与皮带之间死亡。以上四起事故暴露出事故单位外包项目安全管理不规范、施工作业安全措施不完善、工作人员安全意识淡薄、习惯性违章屡禁不止等问题。为强化燃煤电厂输煤及制粉系统安全管理，防范人身伤亡事故发生，现就有关要求通知如下：

一、强化安全责任落实，重视输煤及制粉系统安全管理

各单位要深刻吸取事故教训，牢固树立"安全第一，预防为主，综合治理"的安全生产管理方针，高度重视燃煤电厂输煤及制粉系统安全管理，加强组织领导，认真落实电力安全生产主体责任，积极采取有效措施强化输煤及制粉系统安全管理，有效防范人身伤亡事故。

二、完善安全管理体系，加强外包项目安全管理

各单位要认真落实《国家能源局综合司关于进一步强化发电企业生产项目外包安全管理　防范人身伤亡事故的通知》（国能综安全〔2015〕694 号）的要求，将负责输煤及制粉系统运行、维护、检修等工作的外包单位纳入发电企业安全管理体系，协调解决影响输煤及制粉系统安全生产的重大问题，严禁"以包代管"。

三、加强设备隐患治理，提高设备安全性

各单位要加强输煤及制粉系统设备设施的隐患排查治理工作，尤其要加强监测报警设施、设备安全防护设施、作业场所防护设施、安全警示标志、灭火设施、逃生避难设施等安全设施的隐患排查和治理工作。要从治理输煤及制粉系统机械伤害、中毒窒息、粉尘爆燃等安全隐患入手，积极调研探索输煤及制粉系统新技术、新设备，从本质上提高设备安全性，降低人身伤亡、爆炸、火灾等事故发生概率。

四、完善作业安全措施，提高安全作业水平

各单位要严格执行《国家能源局关于印发〈防止电力生产事故的二十五项重点要求〉的通知》（国能安全〔2014〕161 号）和《电业安全工作规程　第 1 部分：热力和机械》（GB 26164.1—2010）的相关要求，制定完善标准化作业规程，不断完善输煤及制粉系统运行、维护和检修等作业的安全措施，尤其要对有限空间作业、动火作业等高危作业制定切实可行的安全措施，各级人员要层层把关、逐级负责，确保安全措施落实到位。

五、完善安全应急体系，加强企业应急能力建设

各单位要加强应急能力建设，一要结合季节性特点，制定雨雪冰冻等极端天气情况下输煤系统湿煤蓬堵、冰冻蓬煤、煤场坍塌等问题的安全保障措施；二要结合输煤及制粉系统可能存在的火灾、有限空间人身伤害等隐患，制定输煤及制粉系统事故应急预案，并组织开展应急演练；三要结合生产人员岗位变动情况，及时调整各应急组织机构，确保各项安全责任落实到位。

六、加强人员安全培训，提高工作人员安全意识

各单位要加强对输煤及制粉系统各级人员的安全教育和培训工作，要突出强化基层班组和外包单位新进厂的劳务派遣工、临时用工等工作人员的"三级安全教育"，要注重培训效果，提高工作人员的安全技能和安全意识，未经安全生产教育和培训合格的工作人员，不得上岗作业。要切实做好长期从事一线生产员工的安全教育工作，避免流于形式，教育员工克服麻痹思想，摒弃习惯性违章陋习，做到安全生产警钟长鸣。

七、加强电力安全监管，督促企业落实安全责任

各派出机构要认真履行电力安全监管职责，结合日常电

力安全监管工作安排，督促发电企业落实安全生产主体责任，切实抓好燃煤电厂输煤及制粉系统安全生产工作。

国家能源局综合司（印）
2016 年 5 月 9 日

住房城乡建设部、国家能源局关于推进电力管线纳入城市地下综合管廊的意见
（建城〔2016〕98 号）

各省、自治区住房城乡建设厅、发展改革委（能源局），北京市市政市容管理委员会、规划委员会、住房和城乡建设委员会、发展改革委，上海市住房和城乡建设管理委员会、规划和国土资源管理局、发展改革委，天津、重庆市城乡建设委员会、规划局、发展改革委，新疆生产建设兵团建设局、发展改革委，国家电网公司、南方电网公司、内蒙古电力公司：

为贯彻落实中央城市工作会议精神和《中共中央国务院关于进一步加强城市规划建设管理的若干意见》（中发〔2016〕6 号）要求，按照《国务院办公厅关于推进城市地下综合管廊建设的指导意见》（国办发〔2015〕61 号，以下简称《指导意见》）有关部署，鼓励电网企业参与投资建设运营城市地下综合管廊，共同做好电力管线入廊工作，现提出以下意见：

一、充分认识电力管线入廊的重要意义。建设城市地下综合管廊（以下简称管廊），是新型城镇化发展的必然要求，是补齐城市地下基础设施建设"短板"、打造经济发展新动力的一项重大民生工程，也是解决"马路拉链"问题的有效途径。各地住房城乡建设、能源主管部门和各电网企业，要充分认识电力等管线纳入管廊是城市管线建设发展方式的重大转变，有利于提高电力等管线运行的可靠性、安全性和使用寿命；对节约利用城市地面土地和地下空间，提高城市综合承载能力起到关键作用，对促进管廊建设可持续发展具有重要意义。要加强统筹协调、协商合作，认真做好电力管线入廊等相关工作，积极稳妥推进管廊建设。

二、统筹管廊电网规划及年度建设计划。城市编制管廊专项规划，要充分了解电力管线入廊需求，事先征求电网企业意见，合理确定管廊布局、建设时序、断面选型等。各级能源主管部门和电网企业编制电网规划，要充分考虑与相关城市管廊专项规划衔接，将管廊专项规划确定入廊的电力管线建设规模、时序等同步纳入电网规划。

城市组织编制管廊年度建设计划，要提前告知当地电网企业，协调开展相关工作。已经纳入电网规划的电力管线，电网企业要结合管廊年度建设计划，将入廊部分的电力管线纳入电网年度建设计划，与管廊建设计划同步实施。

三、明确工程标准。电力管线在管廊中敷设，应遵循《城市综合管廊工程技术规范》（GB 50838）、《电力工程电缆设计规范》（GB 50217）等相关标准的规定，按照确保安全、节约利用空间资源的原则，结合各地实际情况实施。对敷设方式有争议的，应由城市人民政府组织论证，并经能源主管部门、电网企业和相关管线单位同意后实施。

四、加强入廊管理。电网企业要主动与管廊建设运营单位协作，积极配合城市人民政府推进电力管线入廊。城市内

已建设管廊的区域，同一规划路由的电力管线均应在管廊内敷设。新建电力管线和电力架空线入地工程，应根据本区域管廊专项规划和年度建设，同步入廊敷设；既有电力管线应结合线路改造升级等逐步有序迁移至管廊。

五、实行有偿使用。管廊实行有偿使用，入廊管线单位应向管廊建设运营单位交纳入廊费和日常维护费。鼓励电网企业与管廊建设运营单位共同协商确定有偿使用费标准或共同委托第三方评估机构提供参考收费标准；协商不能取得一致意见或暂不具备协商条件的，有偿使用费标准可按照《国家发展改革委住房和城乡建设部关于城市地下综合管廊实行有偿使用制度的指导意见》（发改价格〔2015〕2754 号）要求，实行政府定价或政府指导价。各城市可考虑电力架空线入地置换出的土地出让增值收益因素，给予电力管线入廊合理补偿。

六、落实保障措施。城市人民政府要切实落实管廊规划建设管理主体责任，组织住房城乡建设部门、能源主管部门等有关部门及电网企业，加强沟通，共同建立有利于电网企业参与投资建设运营管廊的工作协调机制。住房城乡建设主管部门要完善标准规范，抓好工程质量安全，不断提高服务水平。能源主管部门要加强协调，督促指导电网企业积极配合地方管廊建设工作总体部署，推进电力管线入廊。电网企业要做好电力管线入廊的规划、设计、施工、验收、交费及运维等工作。国家电网公司、南方电网公司要发挥示范带头作用，组织各分公司贯彻落实文件要求，出台具体的实施措施，积极参与管廊投资建设。住房城乡建设部、国家能源局将建立工作协商机制，组织电网企业共同研究推进电力管线纳入管廊的政策措施，协调解决有关重大问题。

中华人民共和国住房和城乡建设部（印）
国家能源局
2016 年 5 月 26 日

国家能源局关于印发《电力规划管理办法》的通知
（国能电力〔2016〕139 号）

各省、自治区、直辖市、新疆生产建设兵团发展改革委（能源局），国家能源局各派出机构，国家电网公司、南方电网公司，华能、大唐、华电、国电、国电投集团，神华集团、中煤集团、国投公司、华润集团，中国国际工程咨询公司、中国电力建设集团、中国能源建设集团：根据《中共中央国务院关于进一步深化电力体制改革的若干意见》（中发〔2015〕9 号）有关要求，为指导电力规划编制工作，特制定《电力规划管理办法》。现印发你们，请遵照执行。

国家能源局
2016 年 5 月 17 日

电力规划管理办法

第一章 总 则

第一条 为加强电力规划管理，促进电力工业健康发展，依据《中华人民共和国电力法》等相关法律法规和《中共中央 国务院关于进一步深化电力体制改革的若干意见》要求，制定本办法。

第二条　电力规划是指导电力工业发展的纲领性文件，是能源规划的重要组成部分，应纳入国民经济和社会发展规划。本办法所称电力规划指 5 年期规划，与国民经济和社会发展规划同步，定期编制并公开发布。研究和编制电力规划应展望 10～15 年电力发展趋势。

第三条　电力规划主要包括全国电力规划（含区域电力规划，下同）和省级电力规划。全国电力规划由国家能源局负责编制，经国家发展和改革委员会审定后，由国家能源局公开发布（保密内容除外）。省级电力规划由省级能源主管部门负责编制，报国家能源局衔接并达成一致后，由省级人民政府批准并公开发布（保密内容除外）。全国电力规划指导省级电力规划，省级电力规划服从全国电力和能源规划及省级能源发展规划，全国电力规划和省级电力规划应做到上下衔接，协调统一。

第四条　电力规划工作可分为研究与准备、编制与衔接、审定与发布、实施与调整、评估与监督等环节。

第五条　电力规划应遵循国家法律、法规，贯彻落实国家能源发展战略和相关产业政策，满足电力行业相关规程、规范和标准的要求，同步开展环境影响评价，注重提升覆盖面、权威性和科学性，增强透明度和公众参与度。

第六条　电力规划应在能源发展总体规划框架下，统筹衔接水电、煤电、气电、核电、新能源发电以及输配电网等规划；支持非化石能源优先利用和分布式能源发展，努力实现电力系统安全可靠、经济合理、清洁环保、灵活高效；鼓励创新，促进电力产业升级，积极推动能源生产、消费、供给与科技革命，促进能源与经济社会创新、协调、绿色、开放、共享发展。

第二章　组织与职责

第七条　国家能源局是全国电力规划的责任部门，省级能源主管部门是省级电力规划的责任部门，按照"政府主导、机构研究、咨询论证、多方参与、科学决策"的原则，分别组织编制全国和省级电力规划。规划编制主要参与者包括：政府部门、研究机构、电力企业、电力行业相关单位和电力规划、环境保护专家等。

第八条　电力规划研究机构是电力规划研究工作的主要承担单位，受国家能源局、省级能源主管部门委托，开展电力规划专题研究和综合研究。

第九条　电力企业是电力规划的主要实施主体和安全责任主体，应负责提供规划基础数据，积极承担电力规划的研究课题，提出规划建议，支持和配合规划工作，并按审定的全国、省级电力规划编制企业规划。

第十条　电力企业联合会等行业协会、学会、科研机构和高校等相关单位，应积极参与配合电力规划工作，向能源主管部门提出研究建议。

第十一条　建立完善电力规划专家库，聘请专家参与规划研究和论证，提供技术咨询。

第三章　研究与准备

第十二条　电力规划编制应从全面、深入、专业的研究入手，并以电力规划研究成果为基础。电力规划研究包括电力规划建议、电力规划专题研究和电力规划综合研究三类。

（一）电力规划建议是电力企业立足自身主营业务研究提出的规划建议，以及电力行业协会、学会、科研机构和高校等自主或受托提出的规划建议，是电力规划的关键支撑和基础。

（二）电力规划专题研究是针对影响电力规划的重大问题开展的研究，主要涉及电力需求、结构与布局、系统安全、经济评价、环境评价、科技进步、体制改革等。

（三）电力规划综合研究是在规划建议、规划专题研究的基础上，通过综合比选与平衡衔接，提出全面系统的电力规划研究成果。综合研究是编制电力规划的核心技术支撑。

第十三条　国家能源局和省级能源主管部门应按照能源规划工作总体安排，提前 2 年开展电力规划编制，及时启动专题和综合研究工作。

第十四条　电力规划专题研究和电力规划综合研究，由能源主管部门通过招标或协商等方式，委托电力规划研究机构或有资质的研究机构承担，也可由有关单位及专家根据工作需要，自行选题组织专题研究。研究过程中，能源主管部门应通过专题调研和座谈会议等方式，重点对电力需求、规模与布局、系统安全、电力流向等内容听取地方政府、电力企业和电力用户的意见和建议。

第十五条　重要的规划专题研究完成后，应由能源主管部门组织咨询机构和专家评审，并提出评审意见。规划环境影响评价研究和水资源供应研究应征询环境和水资源主管部门意见。

第十六条　电力规划综合研究报告完成后，由国家能源局或省级能源主管部门组织咨询机构和专家评审，并提出评审意见，作为编制全国和省级电力规划的依据。

第十七条　及时修订完善电力规划研究相关技术标准和报告内容深度规定，不断提高研究水平和报告质量。

第四章　编制与衔接

第十八条　电力规划编制要以电力规划综合研究成果为依据，充分吸收电力规划建议，全面落实国家和地方经济社会发展目标要求，深入分析电力工业现状、面临的形势以及政策、资源和生态环境等约束性因素，提出电力发展的指导思想、基本原则、发展目标、重点任务及保障措施。

第十九条　全国电力规划应重点提出五年规划期内大型水电（含抽水蓄能）、核电规模及项目建设安排（含投产与开工），风电、光伏（光热）等新能源发电建设规模，煤电基地开发规模，跨省跨区电网项目建设安排（含投产与开工），省内 500 千伏及以上电网项目建设安排（含投产与开工），以及省内自用煤电、气电规模。

第二十条　省级电力规划应重点明确所属地区的大中型水电（含抽水蓄能）、煤电、气电、核电等项目建设安排（含投产与开工），进一步明确新能源发电的建设规模和布局，提出 110kV（66kV）及以上电网项目建设安排（含投产和开工）和 35kV 及以下电网建设规模。

第二十一条　电力规划应在建设规模、投产时序、系统接入和消纳市场等方面统筹衔接水电、煤电、气电、核电、新能源发电等各类电源专项规划，形成协调统一的电力规划。

第二十二条　电力规划编制中，应通过联席会议、调研走访、专题讨论等机制和方式，加强电力规划与土地利用、城乡建设、环境保护、水资源利用等相关规划的协调，加强电力规划与交通运输、设备制造、供气供热、城市管网等上下游行业规划的协调，加强规划环境影响评价成果与规划草案完善的互动反馈。

第二十三条　电力规划应与能源发展总体规划衔接一致，按照省级电力规划服从全国电力规划和省级能源发展规划的原则，通过"两上两下"，对全国电力规划和省级电力规划进行衔接，对送电省电力规划和受电省电力规划进行衔接，保证上下级规划和相关省级规划之间有效衔接、协调统一。

"一上"，规划编制工作启动后，各省级能源主管部门研究提出省级电力规划初稿，提交国家能源局。

"一下"，国家能源局组织对省级规划初稿进行汇总平衡后，初步明确全国规划主要目标、总体框架和各省级规划的边界条件，并书面反馈各省级能源主管部门。

"二上"，各省级能源主管部门根据反馈意见编制省级电力规划（含规划环境影响评价），报送国家能源局。

"二下"，国家能源局对各省级电力规划综合衔接平衡，并书面反馈意见，省级能源主管部门按照反馈意见修改完善省级电力规划。

第二十四条　建立健全电力规划指标体系，加强电力规划指标的量化管理，提高规划的指导性和可操作性。

第二十五条　电力规划草案形成后，应广泛征求政府部门、电力企业、其他相关单位和专家意见。电力规划上报审定前，宜委托有资质的中介机构进行咨询并提出咨询意见。研究探索电力规划听证制度。

第五章　审 定 与 发 布

第二十六条　全国电力规划一般于五年规划第一年的五月底前由国家能源局报经国家发展改革委审定，由国家能源局公开发布。

第二十七条　省级电力规划一般于五年规划第一年的六月底前由省级能源主管部门编制完成报国家能源局衔接并达成一致后，按程序公开发布。

第六章　实 施 与 调 整

第二十八条　电力规划审定发布后，各级能源主管部门及电力企业应全面落实规划明确的各项任务。

第二十九条　已经纳入电力规划或符合规划布局的项目，业主单位可依据审定的规划向国土、城建、环保、水利等部门申请支持性文件；需要核准的，由相应主管部门按程序核准。核电项目相关规定另行制定。

第三十条　未纳入电力规划的重大项目、不符合规划布局的电力项目不予核准。特殊情况下，应先调整规划后再行核准。省级能源主管部门年度核准的新能源发电规模不应超过年度开发方案确定的当年开工规模。需要超过时，应及时调整规划并报告主管部门审定。未经核准的电力项目，不得进入电力市场交易，不得纳入电网准许成本并核定输配电价，不得享受电价补贴、税收减免等扶持政策。

第三十一条　电力企业应按照审定发布的电力规划，制定企业发展规划，积极开展规划项目前期工作，有序推进项目建设，保障规划顺利落实。

第三十二条　各级政府及能源主管部门应重视和支持电力规划的实施，注重电力规划与土地利用规划和城乡建设规划实施的协调，保障电力建设项目厂址、站址和输电走廊用地。

第三十三条　已经纳入电力规划但未按期实施的电源、电网建设项目，项目业主应及时向能源主管部门说明情况。

无正当理由不按期实施、并造成严重后果的，能源主管部门应对业主通报批评；属于发电等竞争性领域的，能源主管部门可对无正当理由不按期实施的项目通过招标或协商等方式交由其他投资主体实施。

第三十四条　规划实施过程中，可根据实际情况对电力规划进行适当滚动和调整。电力规划发布2～3年后，国家能源局和省级能源主管部门可根据经济发展情况和规划实施情况对五年规划进行滚动。如遇重大变化，或应电力企业申请，也可由规划编制部门按程序组织对规划具体项目进行调整。

第三十五条　开展电力规划滚动的，应在电力规划执行第2年组织开展专题研究工作，第3年编制滚动规划，并对滚动规划进行评审、审定和发布。

第三十六条　开展电力规划调整的，应委托规划研究机构开展专题研究，经专门机构评估论证后，按程序将新增电力项目纳入规划，或将相关项目调出规划。

第三十七条　全国电力规划滚动调整由国家能源局组织，按程序公开发布（保密内容除外）；省级电力规划滚动调整由省级能源主管部门负责，经与全国规划衔接调整后，按程序公开发布（保密内容除外）。

第三十八条　继续深化行政审批制度改革，逐步推行政府规划指导、企业自主决策的电力项目建设新机制。积极探索电源项目前期工作市场化和业主招标制。

第七章　评 估 与 监 督

第三十九条　国家能源局及派出机构和省级能源主管部门应加强对电力规划实施情况的评估和监督。

第四十条　建立电力规划定期评估机制。规划实施2年后，国家能源局应委托中介机构开展全国电力规划中期评估咨询，省级能源主管部门应委托中介机构开展省级电力规划中期评估咨询，分别形成《电力规划实施中期评估报告》；5年规划结束后，形成《电力规划实施评估报告》。国家能源局派出机构应相应编制并发布《中期电力规划实施情况监管报告》和《五年期电力规划实施情况监管报告》，作为规划编制和滚动调整的重要参考。

第四十一条　电力规划实施情况评估工作应对电力规划成功的经验进行总结，对暴露的问题进行分析，并提出相关建议。

第四十二条　在规划实施过程中，能源主管部门可定期进行监督检查，发现问题及时纠正。探索建立规划审计制度。

第八章　保 障 措 施

第四十三条　各级能源主管部门应加强对电力规划编制、实施、评估的组织领导，将规划管理工作作为推动电力发展的重要手段。做到五年规划指导年度计划。

第四十四条　健全和完善国家和省级电力规划研究机构和技术支撑体系。国家电力规划研究中心等电力规划研究机构应充分发挥研究力量的支撑作用，与相关协会、学会、科研机构、高校和企业密切协作，构建强有力的规划研究支撑体系。重视电力规划人才储备和培养，加强电力规划模型、软件、平台等技术手段的研发，增强规划编制的技术支撑能力。各省应建立电力规划支撑体系。

第四十五条　建立健全电力规划标准体系，修订完善电力规划技术标准，推动电力规划工作标准化。

第四十六条　加快电力规划信息平台建设，推进电力规划信息共享，为规划研究和编制提供全面、准确、开放的数据支撑。地方政府相关部门、行业协会、电力企业应为信息平台建设提供必要的基础数据和信息。

第四十七条　规划研究、规划编制和信息平台建设及维护经费纳入国家和各级地方政府财政预算。合理确定规划编制经费水平，保障规划编制工作经费需要。

第九章　附　则

第四十八条　本办法由国家能源局负责解释。

第四十九条　全国和省级电力规划工作应当遵循本办法，地级市及以下能源主管部门参照执行。

第五十条　本办法自公布之日起实施。

国家能源局综合司关于做好
电网安全运行的紧急通知
（国能综安全〔2016〕369号）

各派出机构，各有关电力企业：

2016年6月18日00时28分，国网陕西省电力公司所属西安南郊110kV韦曲变电缆沟失火，进而导致主变故障起火，造成110kV韦曲变和330kV南郊变全停，西安南郊部分区域停电，目前事件相关情况正在调查中。

为深刻吸取本次停电事件教训，举一反三，切实保障电力系统安全稳定运行和电力可靠供应，现就做好当前电力安全生产工作提出以下要求：

一、进一步落实安全责任。各电力企业要按照"党政同责、一岗双责、失职追责"的要求，进一步健全完善责任落实机制，切实做到"五落实五到位"。要重点抓好安全生产基层基础工作，严格执行各项规程规范和管理制度，保证各项安全措施落实到位，提升企业本质安全水平和事故（事件）防范能力。

二、全面开展隐患排查治理工作。各电力企业要深刻吸取本次事件教训，举一反三，组织对本企业范围内的有关设备进行一次全面的隐患排查，重点排查发电设备、输变电设备、电力二次系统以及电缆沟、氢站、氨站、油库等部位是否存在安全隐患，并采取有针对性的技术和管理措施，及时消除安全隐患。

三、加强电网安全风险管控。各电网企业要结合今年电网运行实际，加强所辖电网的系统分析和安全校核，合理控制各重要断面潮流，优化停电计划及方式安排，避免严重削弱网架结构的多重检修方式安排；各发电企业要加强发电机组运行维护，确保机组健康水平。各有关单位要重点加强重载输变电设备的巡视检查，发现隐患及时处理；要加强电力二次系统安全管理，避免因二次系统拒动、误动导致事故（事件）范围扩大。

四、加强电力应急管理。各电力企业要进一步加强应急管理，完善各级各类事故（事件）应急处置预案，健全应急防范快速联动及响应机制，确保突发事件应急处置和现场抢修工作及时、得当。

五、强化电力安全监管。国家能源局各派出机构要加大隐患排查治理监管力度，督促电力企业全面深入开展隐患排查治理工作，及时落实风险管控措施，确保各项风险隐患和设备缺陷得到及时整改，保证电力系统的安全稳定运行和电

力可靠供应。

国家能源局综合司（印）

2016年6月20日

国家能源局综合司关于切实做好
当前能源安全生产工作的紧急通知
（国能综安全〔2016〕450号）

全国电力安委会成员单位，中石油、中石化、中海油集团公司：

今年以来，在各方面共同努力下，全国安全生产形势总体稳定，但重特大事故多发势头仍未得到有效遏制，造成的重大人员伤亡和财产损失令人痛心，也暴露出安全生产相关领域的工作仍存在诸多不足与隐患。特别是近期受冷暖空气共同影响，我国雨区出现"北抬东移"，一些地方还将有暴雨、局部有大暴雨。党中央、国务院对此高度重视，习近平总书记做了重要讲话，李克强总理、张高丽副总理均作了重要批示，国务院安全生产委员会、国家防总对做好当前和下半年全国安全生产工作进行了部署并提出了明确要求。为贯彻落实党中央、国务院领导重要指示批示精神，国家能源局局长努尔·白克力同志于7月21日主持召开专题会议，对能源领域安全生产工作进行了专门部署。现将有关要求通知如下：

一、进一步提高认识，切实增强做好能源安全生产工作的责任感和使命感

各单位要立即组织传达学习并深入贯彻落实习近平总书记和李克强总理、张高丽副总理有关安全生产和防汛抗洪抢险工作的重要指示批示精神，进一步提高对安全生产严峻性和复杂性的认识，特别是针对当前防汛形势，要时刻保持清醒头脑，防止麻痹思想和侥幸心理，以对党和人民高度负责的精神，高度重视并切实做好当前安全生产各项工作。

二、立即行动，对能源领域安全生产工作进行再部署、再落实

各单位认真学习、深刻领会和贯彻落实全国安全生产电视电话会议精神和国家防总工作部署，针对当前安全生产现状和本单位实际，从最困难处着想、从最坏处准备、从最薄弱处着手，对能源领域安全生产工作进行再部署、再督促、再检查、再落实，全面深入排查安全隐患和薄弱环节，考虑问题要更细、工作部署要更实、安全措施要更严，明确责任、完善措施、逐项落实，认真做好本单位、本系统安全生产工作。

三、完善措施，保障能源行业重要基础设施安全

各单位要按照国家防总有关要求，高度重视极端天气情况下能源领域安全生产工作，对重点区域、重点部位、重要环节要采取重点措施，对可能出现的灾情必须充分估计，对工作中的薄弱环节必须切实改进，对各项应对措施必须及早准备，切实抓实抓细抓好，切实保障煤矿、输电线路、油气管道、水电站大坝等重要基础设施安全，最大程度减少损失。

四、落实责任，全面加强能源领域安全生产工作

各企业要牢固树立政治意识和大局意识，时刻将安全生产工作放在首位，将保障能源重要基础设施安全放在首位，严格落实企业主体责任，按照"管业务必须管安全、

管生产经营必须管安全"和"党政同责、一岗双责、失职追责"要求,完善安全生产责任体系,加强安全生产基础能力建设,做到"五落实五到位",切实防范和坚决遏制重特大事故发生,出现险情时各级领导要第一时间靠前指挥。各派出机构要加强监管,加强指导协调,切实做好安全监管工作。

国家能源局综合司(印)
2016 年 7 月 21 日

国家能源局关于建立监测预警机制促进风电产业持续健康发展的通知
(国能新能〔2016〕196 号)

各省(区、市)发展改革委(能源局),各派出机构,国家电网公司、南方电网公司、内蒙古电力公司,华能、大唐、华电、国电、国电投、神华、三峡、华润、中核、中广核、中节能集团公司,水电总院、电规总院、风能协会、国家可再生能源中心:

为引导风电企业理性投资,促进风电产业持续健康发展,我局研究建立了风电投资监测预警机制,现将有关事项通知如下:

一、风电投资监测预警机制的指标体系分为政策类指标、资源和运行类指标、经济类指标。最终风险预警结果由三类指标加权平均确定。预警程度由高到低分为红色、橙色、绿色三个等级,预警目标年为发布年的 1 年后。各类指标评价标准及权重见附件1。

二、政策类指标 2 项,包括风电规划落实进度预警指标和风电开发政策环境预警指标。风电规划落实进度预警指标主要考察风电年度开发建设方案下发当年内当地实际核准项目规模占下达规模的百分比;风电开发政策环境预警指标主要根据对风电开发企业的抽样调查,评价当地政策环境(包括是否违规开展风火发电权交易、是否违规收取资源费等税费、是否强制企业开展捐赠活动、是否强制要求采用本地生产的设备、是否存在违规倒卖项目前期工作等情况)。

三、资源和运行类指标 3 项,分别为:调节能力较差电源装机比重,包括自备电厂、热电联产机组等;弃风率,发布年前一年度地区弃风率;年利用小时数,近三年风电平均利用小时数。

四、经济类指标 2 项,分别为:交易价格同比降幅,上年度风电参与各类交易的实际价格相对于标杆电价的下降百分比;抽样亏损率,上年度当地风电企业亏损数量占抽样企业数量的百分比。

五、发布年前一年度风电平均利用小时数低于地区设定的最低保障性收购小时数时,风险预警结果将直接定为红色预警。发布年前一年度弃风率超过 20%的地区,风险预警结果将为橙色或橙色以上。

六、风电投资监测预警结果每年定期发布。在电价等关键条件发生较大变化,或者相关重大政策出台后及时更新,另行补充发布。

七、风电投资监测预警结果用于指导各省(区、市)风电开发投资。预警结果为红色的省(区、市),表示风电开发投资风险较大,国家能源局在发布预警结果的当年不下达年度开发建设规模,地方暂缓核准新的风电项目(含已纳入年度开发建设规模的项目),建议风电开发企业慎重决策建

设风电项目,电网企业不再办理新的接网手续。预警结果为橙色,表示风电开发投资具有一定风险,国家能源局原则上在发布预警结果的当年不下达年度开发建设规模。预警结果为绿色表示正常,地方政府和企业可根据市场条件合理推进风电项目开发投资建设。

八、发布 2016 年全国风电投资监测预警结果(见附件2),不含海上风电项目。

特此通知。

附件:1. 风电投资监测预警指标计算方法(略)
2. 2016 年全国风电投资监测预警结果(略)
国家能源局(印)
2016 年 7 月 18 日

国家能源局、环境保护部关于印发《2016 年各省(区、市)煤电超低排放和节能改造目标任务》的通知
(国能电力〔2016〕184 号)

各省(区、市)发展改革委(能源局)、环境保护厅(局)、经信委(工信委、工信厅),新疆生产建设兵团环境保护局:

根据环境保护部、国家发展改革委、国家能源局《关于印发〈全面实施燃煤电厂超低排放和节能改造工作方案〉的通知》(环发〔2015〕164 号)要求,结合各省(区、市)报送的煤电超低排放和节能改造计划,经研究,现将 2016 年各省(区、市)煤电超低排放和节能改造目标任务(详见附件)及有关要求通知如下:

一、全面实施燃煤电厂超低排放和节能改造,是煤电行业贯彻落实党中央、国务院决策部署,加快转变发展方式,进一步提升高效清洁发展水平的重要举措。各地要认真贯彻落实国务院第 114 次常务会议精神,积极有序推进本地区煤电超低排放和节能改造工作。

二、各省(区、市)超低排放和节能改造主管部门要进一步细化实施方案,落实工作责任,加强协调配合,在确保电力安全稳定供应的前提下,科学合理实施,确保按期完成 2016 年各项目标任务,确保机组改造后的能效水平和大气污染物排放指标符合有关规定要求。

三、各省(区、市)要认真做好本地区煤电超低排放和节能改造的信息统计和报送工作,每季度第一个月 10 日前向国家能源局、环境保护部报送上季度改造工作进展,并于每年 1 月底前报送上一年度工作总结。对于逾期不报、信息报送不全等情况,将视情况予以通报批评。

四、按照国办督查室要求,国家能源局、环境保护部将会同有关部门,于 2016 年下半年对煤电超低排放和节能改造工作进展专项督查,重点检查改造工作进展、政策落实、改造效果、信息报送等方面内容,具体情况另行通知。

附件:2016 年各省(区、市)煤电超低排放和节能改造目标任务
国家能源局
环境保护部(印)
2016 年 6 月 28 日

附件：

2016 年各省（区、市）煤电超低排放和节能改造目标任务

序号	省（区、市）	超低排放改造（万 kW）	节能改造（万 kW）
	合计	25 436	18 940
1	北京	—	—
2	天津	60	131
3	河北	0	1106
4	山西	1602	1000
5	内蒙古	1594	500
6	辽宁	906	366
7	吉林	442	664
8	黑龙江	70	432
9	上海	464	0
10	江苏	2896	3277
11	浙江	1020	653
12	安徽	1819	576
13	福建	994	821
14	江西	532	0
15	山东	3748	1293
16	河南	3640	570
17	湖北	961	0
18	湖南	340	90
19	广东	1825	3800
20	广西	195	195
21	海南	35	35
22	重庆	202	30
23	四川	60	180
24	贵州	0	320
25	云南	0	510
26	陕西	894	811
27	甘肃	225	119
28	青海	0	0
29	宁夏	590	1050
30	新疆	322	342
31	兵团	0	70
32	西藏	—	—

国家能源局关于印发《燃煤发电厂贮灰场安全评估导则》的通知

（国能安全〔2016〕234 号）

各派出机构，华能、大唐、华电、国电、国家电投集团公司，各发电企业：

为进一步加强燃煤发电厂贮灰场安全监督管理，预防贮灰场安全事故，原国家电监会于 2013 年印发了《燃煤发电厂贮灰场安全监督管理规定》（电监安全〔2013〕3 号），其第十九条规定"发电企业应对运行及闭库后的贮灰场定期组织开展安全评估，并将安全评估报告报所在地电力监管机构。不具备安全评估能力的发电企业，可委托具备相应能力的单位开展安全评估工作。安全评估原则上每三年进行一次"。

目前，贮灰场安全评估已经成为及时排查和消除贮灰场生产安全事故隐患的有效手段。但是，由于贮灰场评估工作没有统一的标准，加之评估人员能力水平参差不齐，导致发电厂贮灰场安全评估工作良莠不齐。为了提高燃煤发电厂贮灰场安全评估工作的科学性、客观性、公正性、严谨性，我局组织编制了《燃煤发电厂贮灰场安全评估导则》，现印发你们，请依照执行。

附件：燃煤发电厂贮灰场安全评估导则（略）

国家能源局（印）
2016 年 9 月 1 日

国家能源局综合司关于深入开展电力企业应急能力建设评估工作的通知

（国能综安全〔2016〕542 号）

国家能源局各派出能源监管机构，国家电网公司、南方电网公司，华能、大唐、华电、国电、国家电投集团公司，中国电建、中国能建集团公司，各有关电力企业：

为深入贯彻落实《中华人民共和国安全生产法》《中华人民共和国突发事件应对法》以及有关法律法规和规章制度，促进电力行业应急管理制度化、规范化和标准化建设，提高电力行业突发事件应对能力，现就电力企业（以下简称企业）开展应急能力建设评估工作提出如下要求：

一、工作目标

深入贯彻落实国家关于应急管理工作的法律法规和决策部署，从电力行业实际出发，坚持预防与应急并重、常态与非常态结合，以加强应急基础为重点，以强化应急准备为关键，以提高突发事件处置能力为核心，健全完善电力行业应急管理持续改进提高的工作机制。

2017 年全面开展企业应急能力建设评估工作，2017 年底前完成地市级以上电网企业、总装机规模 600MW 以上发电企业，以及参与中型及以上电力建设项目的电力企业应急能力建设评估；力争 2018 年底前完成全部电网企业、发电企业和电力建设企业的应急能力建设评估，为形成统一指挥、结构合理、反应灵敏、运转高效、保障有力、能够高效应对各类突发事件的电力应急体系奠定基础。

二、工作原则

电力行业应急能力建设评估工作遵循以下原则：

（一）监管部门指导。国家能源局制定应急能力建设评估标准规范，明确工作目标和要求，指导督促企业评估应急能力建设，协调解决突出问题。国家能源局派出机构负责监督指导辖区内企业应急能力建设评估，将企业评估情况列入年度安全生产监管内容。

（二）企业自主管理。企业按照本通知要求，自主开展应急能力建设评估。根据实际细化建设目标，制定评估计划；自主划分评估等级，完善评估制度，明确奖惩措施；自主组建评估专家队伍或委托咨询机构，开展专业培训，扎实推进本企业此项工作。

（三）分级分类评估。企业依照有关规范要求，按电网、发电、电力建设等不同专业和下属企业类别，针对性地开展应急能力建设评估，以打分量化形式，确定评估等级，强化分类指导。

（四）持续改进提高。企业要边评边改，以评促建，强化闭环管理，补齐短板，滚动推进应急能力建设评估，及时总结经验，完善制度措施，持续改进和全面提高企业应急管理能力。

三、工作要求

（一）落实企业应急能力建设评估的主体责任。企业要深刻认识应急能力建设评估的重要意义，切实加强组织领导，明确责任部门和人员，依据《电网企业应急能力建设评估规范（试行）》《发电企业应急能力建设评估规范（试行）》《电力建设企业应急能力建设评估规范（试行）》和有关标准规范，以预防准备、监测预警、处置救援、恢复重建等重要环节为主加强应急能力建设，全面提高本单位突发事件的应对水平；要强化自主管理，将应急能力建设评估作为企业管理的重要内容，建立健全工作机制，制定评估工作实施方案和年度计划，明确建设措施和保障条件，积极开展建设评估；要根据企业情况，组织评估专家队伍，明确工作程序，客观、公正、独立地开展评估。企业工作方案和年度工作计划以及评估情况要定期报告相关监管机构。

（二）做好应急能力建设评估的监督管理。国家能源局派出机构要加强应急管理工作的监督，指导企业有计划、有步骤、积极稳妥地推进应急能力建设评估。要结合安全生产风险预控体系建设、诚信体系建设、专项监管等工作，将企业应急能力建设评估作为督查内容，督促企业加强薄弱环节建设；适时抽查企业应急能力建设评估工作，对未按计划开展评估工作或对评估发现问题整改不力的企业，要限期责令整改。

（三）建立应急能力建设评估长效机制。企业要建立完善相关制度，加强组织保障，明确目标考核要求，持续推进应急能力建设。要加大评估发现问题的整改力度，将应急能力建设评估与企业事故隐患排查治理有机结合，不断优化应急准备。坚持分类指导，对评估得分较低的企业，要重点抓改进、促提升；评估得分较高的企业，要重点抓建设、促巩固，确保企业应急能力全面提升。各派出机构要根据企业应急能力评估情况，适时选择典型企业和工程建设项目，搭建经验交流平台，促进企业进一步提升评估水平。

（四）强化应急能力建设评估的宣传和培训。各单位要做好电力应急能力建设评估的宣传教育，营造浓厚氛围，培育典型、示范引导，不断提高应急能力建设评估的积极性、

主动性和创造性。要积极组织专业培训，制定培训计划和培训大纲，依托现有资源，以评估专家、应急管理人员为重点，运用多种方法开展应急培训，不断提高人员专业素质和管理水平。

各单位工作中的问题及有关情况要及时向国家能源局电力安全监管司反映。

国家能源局综合司（印）
2016年9月2日

国家能源局关于进一步调控煤电规划建设的通知
（国能电力〔2016〕275号）

各省、自治区、直辖市、新疆生产建设兵团发展改革委（能源局），国家能源局各派出能源监管机构，中电联，国家电网公司、南方电网公司，华能、大唐、华电、国电、国电投集团、神华集团、中煤集团、国投公司、华润集团，中国国际工程咨询公司、电力规划设计总院：

为化解煤电潜在过剩风险，今年以来，国家发展改革委、国家能源局联合印发了《关于促进我国煤电有序发展的通知》（发改能源〔2016〕565号，以下简称"565号文"）、《关于进一步规范电力项目开工建设秩序的通知》（发改能源〔2016〕1698号，以下简称"1698号文"）、《关于建立煤电规划建设风险预警机制暨发布2019年煤电规划建设风险预警的通知》（国能电力〔2016〕42号）等文件，促进煤电有序发展。各省（区、市）和各发电企业积极部署、认真落实，取得了一定成效。但是，"十三五"期间我国煤电过剩风险日益显现，各地违规建设煤电项目情况仍然存在。为贯彻落实国务院工作部署，进一步做好煤电规划建设工作，现将有关事项通知如下：

一、严控自用煤电规划建设

结合国家定期发布的煤电规划建设风险预警，进一步加大风险预警等级为红色省份自用煤电项目（不含民生热电）规划建设的调控力度。

（一）纳入规划项目尚未核准的，暂缓核准。

（二）已核准项目，尚未取齐开工必要支持性文件或取齐开工必要支持性文件尚未开工的（开工标志为主厂房基础垫层浇筑第一方混凝土），暂缓开工建设；2016年开工建设的，停止建设；2015年底以前开工建设的，也要适当调整建设工期，把握好投产节奏。

待风险预警等级转为绿色后，在国家的指导下，由相应省级发展改革委（能源局）逐步恢复缓核、缓建煤电项目核准、建设。其中，民生热电是指承担民生采暖供热负荷，且根据近期规划热负荷预测情况，采暖期热电比不低于80%的热电联产项目。

二、明确外送煤电投产规模

按照565号文，为避免因接受外来煤电造成受端省份电力冗余，按需推进煤电基地配套煤电项目的规划建设，并相应调整配套风电、光伏发电投产时序。

（一）新疆准东煤电基地准东至华东、宁夏宁东煤电基地宁东至浙江、内蒙古鄂尔多斯煤电基地上海庙至山东、陕西陕北煤电基地榆横至山东输电通道配套煤电项目的投产规模，2020年底前要控制在国家规划规模的一半以内。

（二）内蒙古锡盟煤电基地，锡盟至山东、锡盟至江苏

输电通道配套煤电项目的总投产规模，2020 年底前要控制在 730 万千瓦以内。

（三）其他纳入规划及核准（在建）外送煤电项目（含煤电基地、点对网外送项目），也要结合受端电力供需形势和煤电规划建设风险预警，调整核准（建设）时序，把握投产节奏。

三、规范煤电开工建设秩序

按照《清理规范投资项目报建审批事项实施方案》（国发〔2016〕29 号，以下简称《实施方案》）及 1698 号文，未取齐开工必要支持性文件而开工建设的煤电项目，相应省级发展改革委（能源局）要责令其立即停止建设，相关部门要依法依规予以严肃处理。

对煤电规划建设风险预警等级为红色省份的项目（不含民生热电），除采取上述措施外，在取齐必要支持性文件后仍需暂缓建设，待预警等级转为绿色后，在国家的指导下，由相应省级发展改革委（能源局）逐步恢复建设。

四、加强煤电质量监督工作

按照《实施方案》、1698 号文等相关法律、法规和规范性文件，各省（区、市）电力工程质量监督中心站要加强煤电项目的质量监督工作。

（一）新申请质量监督注册的煤电项目，应是国家依据总量控制制定建设规划内的核准项目。未取齐开工必要支持性文件的，不得进行质量监督注册。

（二）已注册质量监督的煤电项目，要立即进行清理，未纳入规划、未取齐开工必要支持性文件的，要停止其质量监督注册和阶段性监督检查等工作。

（三）煤电规划建设风险预警等级为红色省份的项目（不含民生热电），除采取上述措施外，新申请质量监督注册的，暂缓受理；已注册质量监督的，要暂停其质量监督注册和阶段性监督检查等工作。待预警等级转为绿色后，才能逐步恢复。

五、严肃处理违规建设项目

对于存在未按核准要求建设、未核先建及未达开工条件建设等违规建设行为的煤电项目，以及未按煤电有序发展政策措施要求取消、缓建的煤电项目，相应省级发展改革委（能源局）要责令其立即停止建设，会同相关部门依法依规予以处理，并向社会公布；国家能源局及其派出能源监管机构将不予办理业务许可证；电网企业不得予以并网。

存在上述违规建设行为且拒不停工、不接受相关部门处理的煤电项目，相应省级发展改革委（能源局）应视情况对项目单位施行限批新建煤电项目、开展自用及外送煤电项目优选工作时不予考虑等措施；国家能源局将通报全国；银行及金融机构要依据法律、法规和国家有关规定停止对其发放贷款。

六、发挥规划指导约束作用

加强全国电力规划的指导性，各省（区、市）要根据全国电力发展"十三五"规划明确的分省"十三五"煤电（含燃煤自备电站）发展目标，制定（调整）本省（区、市）电力发展相关规划，并严格贯彻执行。

七、建立横向协调指导机制

进一步加大沟通协调力度，与国土、环保、住建、水利等部门建立煤电建设协调指导机制。相关部门对风险预警等级为红色省份的煤电项目，同步实施暂缓办理相关支持性文件等政策措施；并结合各地实际，有针对性开展联合检查和重点督查，形成合力，共同化解煤电潜在过剩风险。

八、充分发挥社会监督作用

严禁自行将按要求取消、缓核、缓建煤电项目的规模用于规划建设新增煤电项目，已自行纳入规划、核准（建设）的，要立即取消，并停止建设。充分发挥社会监督作用，适时公布各省（区、市）已取消的煤电项目以及需缓核、缓建煤电项目情况。国家能源局各派出能源监管机构要依据职责和有关规定，及时受理、处理群众投诉举报事项，及时通报有关情况。

九、严格落实各项调控措施

各省（区、市）发展改革委（能源局）、国家能源局各派出能源监管机构以及各发电企业要深刻认识推进煤电有序发展的重要意义，坚决贯彻落实国家近期发布的促进煤电有序发展系列文件要求，确保各项政策措施落到实处。

（一）各省（区、市）发展改革委（能源局）要对照相关文件，明确本省（区、市）促进煤电有序发展的具体工作部署；加强对本地区煤电规划建设工作的监督管理，积极落实配套调控政策措施，协调推进各项工作，切实保障相关措施执行到位。

（二）国家能源局各派出能源监管机构要按照相关文件要求，进一步加强对本地区煤电有序发展政策措施执行情况的事中、事后监管；同时，加大对煤电项目施工安全、质量安全等的监督管理，以监管推动各项措施的落实。

（三）各发电企业是促进煤电有序发展相关措施的执行主体和责任主体，要按照相关文件要求，自觉调整本企业煤电项目的前期工作进度和建设施工时序，把握好投产节奏；主动配合地方发展改革委（能源局）以及国家能源局各派出能源监管机构开展的各类监管工作，对发现的问题，要高度重视、及时整改。

本通知自印发之日起执行。

国家能源局（印）

2016 年 10 月 10 日

国家能源局关于印发《国家电力示范项目管理办法》的通知

（国能电力〔2016〕304 号）

各省、自治区、直辖市及计划单列市、新疆生产建设兵团发展改革委（能源局），国家能源局各派出机构，国家电网公司、南方电网公司，华能、大唐、华电、国电、国电投集团公司，神华集团、国投公司、华润集团，中国国际工程咨询公司、电力规划设计总院：

为推动实施能源"四个革命、一个合作"的战略思想，充分发挥能源技术创新的引领作用，推进电力行业高效清洁、绿色低碳发展，加强电力行业发展新形势下的电力示范项目管理，特制定《国家电力示范项目管理办法》，现印发你们，请遵照执行。

特此通知。

国家能源局（印）

2016 年 11 月 11 日

附件

国家电力示范项目管理办法

第一条 示范项目定义与范围。本办法所称示范项目是指应用原始创新、集成创新并拥有自主知识产权，以及引进消化吸收再创新后，能够填补国内技术空白的先进电力技术和装备，对促进电力行业高效清洁、绿色低碳与可持续发展有显著效果，对电源结构调整、系统能力优化、电力产业升级和节能减排有积极带动作用，按规定履行核准或审批程序的电力工程建设项目（含火电、电网、系统储能项目）。示范项目的方向和内容符合国家电力发展战略及规划、电力产业政策、能源科技规划等有关要求。

第二条 示范内容确定。国家能源局根据电力行业发展战略及规划、电力产业政策、能源科技规划有关要求，确定拟开展的电力示范项目内容，并向相关地方和企业征集示范意向。示范内容应确保对电力行业转型升级具有重大意义，能通过创新引领显著提升现有电力技术和装备的水平。

第三条 示范项目申请。计划单列企业集团和中央管理企业根据国家能源局确定的示范项目内容，经商项目所在地省级政府能源主管部门后，向国家能源局提出拟参与的示范项目申请。其他企业通过项目所在地省级政府能源主管部门提交示范项目申请。企业（含主机厂和设计院）联合申请的同一示范内容的项目，不得重复申报或多头申报。项目单位须提交示范项目实施方案，具体内容包括：示范项目概况、工程技术方案、示范内容研究报告、项目单位相关工作基础及业绩、项目实施方案以及知识产权管理等内容。

第四条 示范项目评估和优选。国家能源局组织专家或委托有资质的咨询机构，按照《国家能源局关于印发国家能源科技重大示范工程管理办法的通知》（国能科技〔2012〕130号）等有关规定，对示范项目分别进行工程技术方案论证和项目方案专题评估，除必要的条件论证外，还需从技术方案、规划布局、产业政策、行业发展等方面严格论证项目的整体可行性及示范作用，禁止借示范之名变相投资新建电力项目。多家项目单位申请同一示范内容的，专家或咨询机构经优选后提出意见，国家能源局依据专家或咨询机构的评估和优选意见，将通过评估或优选胜出的项目作为示范项目，纳入国家电力建设规划。

第五条 示范项目的审批。纳入国家电力建设规划的示范项目，由各级发改部门按照核准权限核准或审批。

示范项目核准或批复文件应明确示范内容及目标，并作为示范项目建成后评估考核的主要依据。同时应明确，示范项目在建设过程中，原则上不得调整示范方案。如需对示范方案作重大调整的，应按本办法要求，重新申报国家能源局审定，并按规定重新进行核准或审批。

第六条 示范项目的实施。项目所在地能源主管部门应协助项目单位落实好项目用地、用水、环保、电网接入等外部建设条件，监督项目单位依法依规开工建设。项目未按示范方案实施或施工过程中有违法违规行为的，应取消其示范项目资格并予以公告。

第七条 示范项目的政策。示范项目单独纳入国家电力建设规划。火电项目优先考虑建设条件，在有利于示范项目实施的情况下，结合电力市场空间优化区域布局，建设规模纳入所在地区电力电量平衡统筹考虑，按照节能低碳调度原则优先保障，保障示范项目利用率和合理收益，更大程度发

挥示范项目效用。

示范项目享有《国家能源局关于印发国家能源科技重大示范工程管理办法的通知》（国能科技〔2012〕130号）所明确的支持政策。

第八条 示范项目后评估考核。示范项目建成后，国家能源局将组织专家或委托有资质的咨询机构，根据示范项目核准或批复内容、实施方案及运行效果，对示范项目进行后评估考核。

第九条 示范技术推广应用。国家能源局将组织专家或委托有资质的咨询机构，结合示范项目的评估考核，对示范项目所采用的示范技术进行评价鉴定。经充分评估论证，对先进可靠、成熟适用、应用前景广阔的示范技术，国家能源局将组织推广应用，并支持项目单位按照相关法律法规申请专利保护知识产权归属。

国家能源局关于在能源领域积极推广政府和社会资本合作模式的通知

（国能法改〔2016〕96号）

各省（区、市）、新疆生产建设兵团发展改革委（能源局）：

为贯彻落实《国务院关于创新重点领域投融资机制鼓励社会投资的指导意见》（国发〔2014〕60号）和《国务院办公厅转发财政部发展改革委人民银行关于在公共服务领域推广政府和社会资本合作模式指导意见的通知》（国办发〔2015〕42号），鼓励和引导社会资本投资能源领域，现就在能源领域积极推广政府和社会资本合作模式（Public－Private Partnership，PPP）的有关事宜通知如下：

一、重要意义（略）

二、总体要求

（一）总体目标

通过运用政府和社会资本合作模式，改革创新能源领域公共服务供给机制，拓宽投融资渠道，充分调动社会资本参与能源领域项目建设的积极性，有效提高能源领域公共服务水平，满足人民群众对能源安全、可靠、清洁供应的要求。

（二）基本原则

鼓励进入。积极丰富PPP能源项目储备，加大项目发起力度，积极营造舆论氛围，充分调动社会资本参与能源领域项目建设的积极性。

政策扶持。积极协调有关部门完善能源领域PPP项目土地使用、税收优惠、价格调整、信贷扶持等机制，创造良好政策环境。

优化服务。在项目审批、政策资金申请、国家现有财政政策落实等方面主动作为，优化服务，保障符合条件的PPP能源项目顺利开展。

惠及民生。加强监管，将政府的政策目标、社会目标和社会资本的运营效率、技术进步有机结合，促进社会资本竞争和创新，确保公共利益最大化。

三、适用范围

各级能源主管部门在能源领域推广政府和社会资本合作模式，应做好项目前期调研，依法组织项目实施、按照约定履行协议、严格绩效监管等工作。

能源领域推广PPP主要适用于政府负有提供责任又适宜

市场化运作的公共服务、基础设施类项目。能源领域推广PPP的范围包括但不局限于下列项目：

电力及新能源类项目：供电/城市配电网建设改造、农村电网改造升级、资产界面清晰的输电项目、充电基础设施建设运营、分布式能源发电项目、微电网建设改造、智能电网项目、储能项目、光伏扶贫项目、水电站项目、热电联产、电能替代项目、核电设备研制与服务领域等。

石油和天然气类项目：油气管网主干/支线、城市配气管网和城市储气设施、液化天然气（LNG）接收站、石油和天然气储备设施等。

煤炭类项目：煤层气输气管网、压缩/液化站、储气库、瓦斯发电等。

四、丰富项目储备

各级能源主管部门要按照项目合理布局、政府投资有效配置的原则，认真梳理、科学甄别，积极从符合能源规划和产业政策的新建、改建项目或存量公共资产中筛选适合PPP模式的潜在项目，纳入国家发展改革委全国PPP项目库，并与财政部PPP综合信息平台做好对接。不断探索拓宽能源PPP项目范围，及时丰富项目储备，并定期在网上更新发布。

五、规范有序推进项目

各级能源主管部门应根据国家发展改革委、财政部关于PPP工作的相关管理办法组织项目实施。对需要实施特许经营的项目，应按照《基础设施和公用事业特许经营管理办法》（国家发展改革委25号令）执行，规范有序地推进能源领域PPP项目。应从PPP项目储备库中，选择条件成熟的能源建设项目作为备选项目，委托招标机构拟定招标文书，采取公开招投标、竞争性谈判、竞争性磋商等方式，确定项目承担单位。

六、政策保障措施

（一）简化PPP项目审批

在能源PPP项目审批方面建立绿色通道。加快项目审批，简化审核内容，优化办理流程，缩短办理时限。涉及规划、国土、环保等审批事项的，应积极推动相关部门建立PPP项目联审机制。加快开通项目审批网上平台，公开项目全流程审批信息，进一步提高行政服务效率。

（二）推进能源价格改革

根据《中共中央　国务院关于推进价格机制改革的若干意见》（中发〔2015〕28号）精神，到2017年，基本放开竞争性领域和环节价格。尽快全面理顺天然气价格，加快放开天然气气源和销售价格，有序放开上网电价和公益性以外的销售电价，建立主要由市场决定能源价格的机制，为社会资本投资能源领域创造有利条件。

（三）探索创新财政补贴机制

对可再生能源及分布式光伏发电、天然气分布式能源及供热、农村电网改造升级、光伏扶贫、页岩气开发、煤层气抽采利用等PPP项目，符合财政投资补贴条件的，各级能源主管部门应积极探索机制创新和政策创新，鼓励财政补贴向上述PPP项目倾斜。

（四）加强金融合作

各级能源主管部门应积极主动帮助项目承担单位与各级PPP融资支持基金进行对接，提高项目融资的可获得性。加强与银行等金融机构的沟通合作，加大对能源领域PPP项目的信贷支持力度。

（五）适时开展第三方评估

充分发挥工商联联系民营企业的作用。推进能源领域政府和社会资本合作，要充分听取工商联和民营企业的意见和建议。根据项目进展情况，可委托工商联等第三方中介机构对能源领域PPP项目开展实施评估。

七、示范推广和总结提高

做好能源领域PPP项目是一件新生事物。各级能源主管部门要积极探索、大胆尝试，鼓励社会资本投资能源PPP项目。对项目实施过程中遇到的难点和问题，要积极研究和协调解决。国家能源局将及时总结各地探索的经验，选择好的做法在全国示范推广，不断创新和提高能源领域政府和社会资本的合作水平。

国家能源局（印）
2016年3月31日

国家能源局综合司关于印发《大面积停电事件省级应急预案编制指南》的通知
（国能综安全〔2016〕490号）

各省、自治区、直辖市人民政府办公厅，国家能源局各派出机构：

为深入贯彻落实《国家大面积停电事件应急预案》和《国家发展改革委办公厅关于做好国家大面积停电事件应急预案贯彻落实工作的通知》，指导省级人民政府开展大面积停电事件应急预案的制修订工作，我局编制了《大面积停电事件省级应急预案编制指南》，现印送你们，供工作参考。

国家能源局综合司（印）
2016年8月5日

大面积停电事件省级应急预案编制指南（摘要）

前　言（略）

第一部分　编制工作指南

1　预案编制原则

1.1　大面积停电事件省级应急预案（以下简称省级预案）是为省、自治区、直辖市（以下简称省级）人民政府制定的针对大面积停电事件的专项应急预案，是大面积停电事件应对中涉及的多个部门职责的制度安排与工作方案，应由省级人民政府电力运行主管部门牵头制定。

1.2　预案编制应当依据国家相关法律法规和本辖区突发事件应急管理相关法规和制度，并紧密结合本辖区实际情况。省级预案框架各部分内容所涉及的法律法规制度依据见附录一。

1.3　省级预案重点明确在发生大面积停电事件时的组织指挥机制、信息报告要求、分级响应标准及响应行动、队伍物资保障及调用程序、市县级政府职责等，重点规范省级层面应对行动，同时体现对市县级预案的指导性。省级预案与其他省级专项预案的衔接界面由省级综合预案规定；省级预案涉及市县级层面的应对及处置行动由市县级相关专项预案规定；省级预案涉及的跨部门响应与保障行动由相关协同联动机制规定。

省级预案的体系框架图见附录二。

1.4 省级预案应当与《国家大面积停电事件应急预案》在应对原则、指挥机制、预警机制、事件分级、响应分级、响应行动以及保障措施等方面进行衔接。

2 编制工作组织机构

2.1 由省级人民政府电力运行主管部门牵头成立应急预案编制工作组织（以下简称编制组织），编制组织负责人应由省级人民政府电力运行主管部门有关工作责任人担任。编制组织的典型构成见附录三。

2.2 编制组织成员构成应当注重全面性和专业性，吸收相关政府部门应急管理人员、相关应急指挥机构管理人员、应急管理领域专业人员和相关行业专业人员参与，必要时组织专门培训。

2.3 编制组织应当注重工作的延续性，充分发挥编制组织成员在大面积停电事件应急处置指挥和省级预案持续优化完善工作中的作用。

3 编制准备

3.1 风险源评估

预案编制前应当对可能引发大面积停电事件的风险源进行全面评估。风险源评估应当基于全面的样本资料收集，包括本辖区十年以上的相关历史事件、国内外代表性案例以及对未来一段时间本辖区自然、社会、经济演变的预期，形成风险源事件样本库。风险源评估应当采用科学有效的事件分解和模式归类方法，形成预案情景构建工作的基础。

3.2 社会风险影响分析

预案编制前应当进行大面积停电事件社会风险影响分析，形成应急响应和保障的决策依据，提出控制风险、治理隐患和防范次生衍生灾害的措施和极端情况下应急处置与资源保障的需求。

社会风险影响分析宜采用情景构建的科学方法，对大面积停电事件造成的对城市秩序、交通运输、公共安全、通信保障、医疗卫生、物资供应、燃料供应等领域的影响情景进行构建。

3.3 应急资源调查

3.3.1 从大面积停电事件发生时供电保障的角度出发，对电力企业应急资源，重要电力用户应急资源，其他应急与保障机制，相关部门、组织及机构的备用电源，应急燃料储备情况，应急队伍，物资装备，应急场所等状况进行全面调查。必要时，依据电网结构和地域特性，对合作区域内可用的电力应急资源进行调查，为制定应急响应措施提供依据。

3.3.2 从大面积停电事件发生时民生与社会安全保障的角度出发，对通信、交通、公共安全、民政、卫生、医疗、市政、军队、武警等相关部门和单位以及社会化应急组织的应急资源情况进行调查，必要时对合作区域内可用的社会应急资源情况进行调查，为制定协同联动机制提供依据。

4 隐患治理与预案要素的先期完善

4.1 对于在风险分析中发现的易发、高发风险源隐患，应当进行事前治理。有整改条件的由编制组织提请省级安全生产监督管理部门督促相关单位进行整改，没有整改条件的应在预案中特别列明，并在预案中对监测预警、应急处置措施等手段和程序上予以强化。

4.2 对于在影响分析中发现的社会影响敏感因素，应

当在预案编制过程中强化相关单位的专业处置力量，完善预案中相应的响应与处置措施，同时将上述因素作为确定响应级别与响应升级的重要依据。

4.3 对于在应急资源调查中发现的应急资源明显不足的情况，应当按照相关规范标准要求及时配备。应急资源与保障措施协同联动机制不到位的，应及时组织相关部门和单位会商并建立完善机制。地方人民政府应当积极推进全社会共同参与的应急资源调用机制建设。

5 编制过程要点

5.1 预案中规定的程序、机制与措施都应当有法可依、有据可查，编制过程中可充分借鉴和体现本辖区应急管理历史工作经验和成果。

5.2 预案编制中应当采用标准化的文字与流程图，规定监测预警、应急组织指挥机构召集、信息共享与报送、响应启动、响应级别调整等行动。

5.3 预案编制中宜采用情景构建方法，保证预案内容与实际情况相符，提高预案的针对性和可操作性。

5.4 预案内容应当体现统一指挥、分工负责的工作原则，对指挥权设定、分级组织指挥以及现场工作组、现场指挥机构的权利责任划分应当严谨清晰。

5.5 省级预案应当与相关预案做好衔接，涉及其他单位职责的，应当书面征求相关单位意见。必要时，向地方立法机构和社会公开征求意见。

6 审批和发布

省级预案的审批、发布、备案及修订更新工作按照《突发事件应急预案管理办法》《国家发展改革委办公厅关于做好大面积停电事件应急预案贯彻落实工作的通知》等文件执行。

第二部分 预案框架指南

1 总则

1.1 编制目的

建立健全涉及本省、自治区、直辖市（以下简称本省）的大面积停电事件应对工作机制，提高应对效率，最大限度减少人员伤亡和财产损失，维护本辖区安全和社会稳定。

1.2 编制依据

国家相关法律法规和政策文件，一般包括：《中华人民共和国突发事件应对法》《中华人民共和国安全生产法》《中华人民共和国电力法》《生产安全事故报告和调查处理条例》《电力安全事故应急处置和调查处理条例》《电网调度管理条例》《国家突发公共事件总体应急预案》《国家大面积停电事件应急预案》。

省级人民政府颁发的相关法规和政策文件：如某省（区、市）突发事件应对条例、某省（区、市）突发事件总体应急预案、某省（区、市）突发事件预警信息发布管理办法等。

1.3 适用范围

明确省级预案的适用行政辖区。

省级预案是应对由于本辖区内外自然灾害、电力安全事故和外力破坏等原因造成的本辖区内电网大量减供负荷，对本辖区安全、社会稳定以及人民群众生产生活造成影响和威胁的停电事件的工作方案。

按照突发事件省级综合预案明确本省级预案与省内其他相关预案关系。

1.4　工作原则

遵从国家大面积停电事件应急处置工作原则，同时突出本省应急处置工作特点。

1.5　事件分级

事件分级原则上按照《国家大面积停电事件应急预案》规定的标准执行，分为特别重大、重大、较大和一般四级，具体内容结合本省实际，与本省无关的标准可以不列入。

2　组织指挥体系及职责

2.1　省级层面组织指挥机构

明确本省大面积停电事件应对指导协调和组织管理工作的负责单位。

明确省级层面应对大面积停电事件的应急组织指挥机构（以下简称应急组织指挥机构）及其召集机制、成员组成、职责分工，日常管理工作机制。成员和职责可以附件形式附后。明确必要时派出应急工作组指导市县开展大面积停电事件应急处置工作的机制。

依照"统一领导""属地为主"的工作原则，明确当成立国家大面积停电事件应急指挥部时，由国家大面积停电事件应急指挥部统一领导、组织和指挥大面积停电事件应对工作，（本辖区）应急组织指挥机构应衔接上一层级指挥体系并做好辖区内事件应对的领导、组织和指挥工作。

省级层面组织指挥机构构成体系见附录四。

2.2　市县层面组织指挥机构

明确市县级指挥、协调本行政区域内大面积停电事件应对工作的负责单位。

明确市县级大面积停电事件应急组织指挥机构及其召集机制。

2.3　电力企业

明确电力企业应对大面积停电事件的应急指挥机构。

明确电力企业应急指挥机构与应急组织指挥机构之间的关系与界面。

2.4　专家组

制定专家组召集机制。明确专家组的专业领域构成，专家组对应急组织指挥机构的决策支持流程。

3　风险分析和监测预警

3.1　风险分析

3.1.1　风险源分析

3.1.1.1　从本辖区气象、地质、水文、植被等自然环境因素方面，分析可能引发大面积停电事件的环境危险因素。

3.1.1.2　从本辖区电网结构、设备特性等方面分析可能引发大面积停电事件的电网危险因素。

3.1.1.3　从系统分析和历史经验角度，发现可能引发本辖区大面积停电事件的辖区外电网、自然和社会环境危险因素。

3.1.2　社会风险影响分析

结合本辖区人口、政治、经济发展特点，对大面积停电引发的社会面风险因素进行分析。可以基于本辖区历史灾害样本数据进行社会影响情景构建。

3.2　监测

明确本辖区内需要监测的重点对象。以早发现、早报告、早处置的原则，建立监测信息的管理方法和机制。

适当考虑发生在本辖区外、有可能对本辖区造成重大影响事件的信息收集与传报。

除从上述专业渠道获取监测信息外，预案监测体系还应支持从舆情监测、互联网感知、民众报告等多种渠道获得预警信息的方式，并对民众报告的接报方式进行公示。

3.3　预警

3.3.1　预警信息发布

明确规范省级大面积停电事件预警职责、预警程序、预警调整及解除等具体内容。重点明确电网企业大面积停电事件预警信息上报电力运行主管部门和国家能源局派出机构的程序、内容和相关渠道，明确电力运行主管部门后续研判、报告、审批和预警信息发布的程序。明确预警信息的发布平台、渠道以及发布形式。

明确向国家能源局的上报程序和对市县及其他相关部门的通报程序。

3.3.2　预警行动

一般应采取的预警行动措施包括：

（1）应急准备措施

电力企业的应急准备措施，重要电力用户的应急准备措施，受影响区域人民政府应启动的应急联动机制及其他应急准备措施。

（2）舆论监测与引导措施

舆论监测方法与系统，舆情指标体系，舆论引导的依据、方法与渠道。

设置舆情指标越限时应采取的响应行动。

3.3.3　预警解除

当判断不可能发生突发大面积停电事件或者危险已经消除时，按照"谁发布、谁解除"的原则，适时终止相关措施。

4　信息报告

依据国家大面积停电事件应急预案信息报告程序，明确大面积停电事件发生后，相关电力企业的信息报告规范与程序。

明确地方人民政府（电力运行主管部门）和能源局派出机构接到大面积停电事件报告后应采取的向上信息报告和向下信息通报的规范与程序。

对市县级人民政府接到大面积停电事件信息后应采取的信息研判与报告措施提出指导性要求。

5　应急响应

5.1　响应分级

参照国家大面积停电事件应急预案响应分级，依据本省实际情况制定响应分级标准及必要时应采取的响应升级机制。

明确与响应级别对应的各单位应急处置基本任务清单以及与情景构建对应的各单位应急处置动态任务清单。

包含对于尚未达到一般大面积停电事件标准，但对社会产生较大影响的其他停电事件，省级或事发地人民政府的应急响应启动程序。

可以定义为避免应急响应不足或响应过度对应急响应级别进行调整的程序。

5.2　省级层面应对

5.2.1　省级应急组织指挥机构应对

明确初判发生重大以上大面积停电事件时，省级应急组织指挥机构应该开展的主要工作，主要包括：贯彻落实国务院指示精神，组织进行客观事态评估，组织专家研判，视情况进行现场指挥与协调，配合国务院工作组及上级指挥机构的工作，舆情管理，处置评估等。

5.2.2 省级应急工作组应对

明确省级应急工作组派出后应该采取的主要工作，主要包括：贯彻落实本省政府应急处置工作要求，收集汇总事件信息，指导当地应急指挥机构处置应对工作，协调实施跨市县合作机制等。

5.2.3 现场指挥部应对

明确现场指挥部的成立机制、工作职责，以及对参与现场处置的单位和个人的工作要求。明确现场指挥部的组织结构与指挥权限的设定、行政命令权与应急指挥权的界限划分。

5.3 工作机制和响应措施

5.3.1 工作机制

明确全面支撑应急响应措施的工作机制，如：应急组织指挥机构各成员单位间的信息共享机制；应急资源调配决策机制；现场应急指挥与协调机制；通信保障与应急联动机制；地市间跨区域大面积停电事件应急合作机制。

5.3.2 响应措施

明确大面积停电事件发生后各相关单位的响应措施和需要进行协调联动的工作机制，明确响应牵头部门，必要时列明各单位响应措施的任务清单，一般包括：

（1）抢修电网并恢复运行。明确以电力企业为主责的抢修电网并恢复运行的响应要求。

（2）防范次生衍生事故。明确以重要电力用户为主责的防范次生衍生事故的响应措施。

（3）保障民生。明确与消防、市政、供水、燃气、物资、卫生、教育、采暖等基本民生事务保障相关的一系列响应措施，响应牵头部门。

（4）维护社会稳定。明确与应急指挥体系，政府重要机构，人员密集区域，市场经济秩序，安全生产重要场所等安全与稳定保障相关的一系列响应措施，响应牵头部门。

（5）加强信息发布。明确信息发布的主要内容、方式、手段，如召开新闻发布会向社会公众发布停电信息的工作程序。

（6）组织事态评估。明确应急组织指挥机构对大面积停电事件影响范围、影响程度、发展趋势及恢复进度进行评估的组织形式和工作流程。

5.4 响应终止

满足响应终止条件时，由启动响应的地方人民政府终止应急响应。响应终止的必要条件参照《国家大面积停电事件应急预案》，可以结合本省情况按照上调响应级别的原则进行调整。

6 后期处置

6.1 处置评估

明确应急处置结束后，省级人民政府总结评估、吸取教训和改进工作的程序。明确鼓励开展第三方评估的相关要求。

6.2 事故调查

按照《电力安全事故应急处置和调查处理条例》规定成立事故调查组，查明事件原因、性质、影响范围、经济损失等情况，提出防范、整改措施和处理处置建议。

6.3 善后处置

明确应急响应结束后，事发地人民政府开展善后处置的内容和程序，如保险机构理赔工作要求；因灾受损单位灾后评估及损失申报流程。

6.4 恢复重建

明确对大面积停电事件应急响应中止后，对受损电网和设备进行恢复重建的组织、规划和实施流程。

7 应急保障

7.1 应急队伍保障

明确本辖区各类电力应急救援队伍体系建设和能力建设的基本要求。电力应急救援队伍体系包括：电力企业专业和兼职救援队伍，各相关行业协同救援队伍，军队、武警、公安消防等专业保障力量，社会志愿者队伍等。

7.2 物资装备保障

对电力企业应急装备及物资储备工作提出要求。

对县级以上人民政府加强应急救援装备物资及生产生活物资的紧急生产、储备调拨和紧急配送工作，保障支援大面积停电事件应对工作需要提出指导性要求。

对鼓励支持社会化应急物资装备储备提出指导性要求。

7.3 通信、交通和运输保障

明确本辖区的应急通信保障体系和交通运输保障体系建设工作要求，确定牵头部门。

7.4 技术保障

明确电力企业在大面积停电事件应急关键技术研究、装备研发、应急技术标准制定、应急能力评估、应急信息化平台建设等方面的工作要求。

明确气象、国土资源、水利等部门为电力日常监测预警及电力应急抢险提供技术保障的要求。

7.5 应急电源保障

明确说明本辖区加强电网"黑启动"能力建设工作要求。描述辖区内应急电源保障机制和地方人民政府督导检查机制。

7.6 医疗卫生保障

明确大面积停电应急处置过程中，对保障伤员紧急救护、卫生防疫等工作提出要求。

7.7 资金保障

明确地方人民政府以及各相关电力企业对大面积停电事件应对的资金保障规定和要求。

8 附则

8.1 预案编制与审批

说明预案的编制部门以及预案的审批及发布记录。

8.2 预案修订与更新

明确定期评审与更新制度、备案制度、评审与更新方式方法和主办机构等。

8.3 预案实施

说明预案的生效实施时间节点。

8.4 演练与培训

说明预案实施后的演练与培训计划。

9 附录

9.1 省级大面积停电事件分级说明。

9.2 应急指挥机构成员工作职责或各小组职责。

9.3 《大面积停电事件省级应急预案操作手册》，规定更加详细的行动流程、联系方式、资源清单、报告格式、路线图等，作为省级预案附录。

操作手册内容一般包含：

（1）大面积停电事件监控信息汇总流程

（2）大面积停电事件公众报告接报流程

（3）大面积停电事件预警信息初判、报告、审批、发布与解除流程及信息报告格式文书

（4）大面积停电事件组织指挥机构召集、集中、联络流程与路线图

（5）应急人力资源清单、应急设备设施资源清单、应急抢险物资清单

（6）大面积停电事件响应信息报告流程及信息格式文书

（7）事件分级（如前文未列明）判定流程

（8）事件响应分级（如前文未列明）与调整流程

第三部分　附　录（略）

国家能源局关于开展全国能源领域建设施工安全大检查的通知
（国能安全〔2016〕335号）

各省（自治区、直辖市）、新疆生产建设兵团发展改革委（能源局），各派出能源监管机构，全国电力安委会各企业成员单位，中石油、中石化、中海油集团公司，各有关能源企业：

为了深刻吸取江西丰城电厂"11·24"特别重大事故教训，有效防范人身伤亡事故，坚决遏制重特大事故，电力、核电、石油石化等能源企业要认真贯彻全国安全生产电视电话会议和全国安全生产工作紧急视频会议精神，切实落实《国务院安委会办公室关于江西丰城发电厂"11·24"冷却塔施工平台坍塌特别重大事故的通报》（安委办明电〔2016〕15号）要求，立即组织开展能源领域建设施工安全大检查工作。有关事项通知如下：

一、指导思想

认真贯彻落实习近平总书记和李克强总理等党中央、国务院领导同志关于安全生产的重要指示批示精神，坚持"安全第一、预防为主、综合治理"的方针，牢固树立安全发展的理念，进一步强化红线意识，认真落实安全主体责任，及时排查治理建设施工安全隐患，切实堵塞安全生产漏洞，夯实安全生产基础，确保人民群众生命和财产安全。

二、工作目标

全面彻底排查能源领域各类工程建设项目，及时发现并切实治理施工安全隐患，认真落实施工安全风险管控措施，进一步提高施工安全管理水平，有效防范人身伤亡事故，坚决遏制能源领域建设施工重特大事故。

三、检查重点

（一）电力工程建设项目（电网工程，火电工程，水电工程，风电工程，光伏、光热发电工程）

（二）核电工程建设项目

（三）石油储备基地建设项目

（四）油气管道建设项目

（五）炼油工程建设项目

（六）能源领域其他建设项目

四、主要内容

（一）工程建设项目审批核准、开工条件是否取齐等情况。工程建设项目招投标管理情况，项目承包单位是否具备相关资质和安全生产能力。

（二）工程建设项目各有关单位安全生产责任落实情况。项目部安全生产委员会、安全生产保证体系、安全监督网络建立及工作开展情况，安全生产管理机构设置及工作开展情况。

（三）工程建设项目工期管控情况，建设单位安全生产专项费用拨付情况，施工单位安全生产专项费用提取、使用等情况。安全设施同时设计、同时施工和同时投入使用情况。

（四）大型施工设备安装、使用、维修、拆除等全过程危险点分析及应对措施落实情况，特种设备监督检验、使用维护情况。

（五）危险性较大的分部分项工程专项施工方案编制实施情况。重要临时设施、重要施工工序、特殊作业、危险作业项目以及季节性施工安全评估情况，专项安全技术措施编制实施情况。

（六）施工现场预防坍塌事故措施落实情况。各类高处施工平台、作业排架、承重排架、起重机械、架桥机、载人升降机，脚手架、模板支撑体系和主要施工通道等安全隐患排查治理和风险管控情况。

（七）受限空间、洞室、竖（斜）井、高边坡与基坑作业，爆破、动火（焊接）、带电作业、起重、张力架线作业、高处、水上、地下作业，交叉作业等危险作业行为安全管理情况。

（八）现场施工用电专项施工方案或安全技术措施编制实施情况，在建设施和施工设备防雷设施设置情况。

（九）重大危险源辨识与评估、登记与备案、监控与管理情况，易燃易爆物品及相关设备、设施和管道安全管理情况。

（十）应急预案、现场应急处置方案制定、培训与演练情况，应急队伍建设、应急物资储备情况。

（十一）人员密集场所、生活区、仓库安全情况；施工现场防火、防滑、防冻等安全措施落实情况，恶劣天气是否施工作业，施工交通安全情况，自然灾害防范措施落实情况。

（十二）各有关单位主要负责人、安全生产管理人员、特种设备操作人员、特种作业和现场作业人员安全教育培训情况。

（十三）针对具体工程建设项目实际，应当检查的其他内容。

五、工作要求

（一）提高认识，加强领导。各能源企业主要负责人要清醒认识当前安全生产面临的严峻形势，牢固树立安全发展理念，深刻吸取事故教训，加强领导，认真组织开展本系统本单位建设施工安全大检查工作。

（二）全面检查，不留死角。各能源企业要认真落实安全生产主体责任，制定检查计划，细化检查方案，对本系统本单位所有能源领域工程建设项目进行全面检查，坚决做到不留死角、不留隐患。

（三）强化整治，注重实效。各能源企业要把本次安全大检查工作和其他安全检查、隐患排查治理等工作紧密结合起来，切实整治各类安全隐患和问题，健全完善安全生产长效机制，发现重大隐患要立即停工整改。

（四）认真督查，积极督促。各省级发展改革委（能源局）和各派出能源监管机构要在各自职责范围内，认真开展安全督查工作。要加强沟通协调，积极督促其他有关能源企

业按照通知要求开展施工安全大检查。

国家能源局（印）
2016 年 11 月 28 日

国家能源局关于加强发电企业许可监督管理有关事项的通知

（国能资质〔2016〕351 号）

各派出能源监管机构，各省、自治区、直辖市、新疆生产建设兵团发展改革委（能源局）、经信委，国家电网公司、南方电网公司、内蒙古电力（集团）有限责任公司，华能、大唐、华电、国电、国家电投集团公司，神华集团、中煤集团、国投集团、华润集团，有关电力企业：

为进一步落实国务院简政放权、放管结合、职能转变、优化服务的有关要求，严格电力业务许可制度，加快淘汰落后产能，促进可再生能源发展，充分发挥许可证在规范电力企业运营行为等方面的作用，现将有关事项通知如下：

一、严格许可制度，查处无证经营行为

除国家能源局明确豁免的情况外，发电机组必须取得电力业务许可方可并网发电。

派出能源监管机构要对各自辖区内并网运行的发电机组开展排查工作，未取得许可并网发电的要严肃处理。

（一）对未取得许可发电机组的所属企业要立即下发责令整改通知书，要求相关企业必须在 2016 年 12 月 31 日前到派出能源监管机构办理许可手续；2017 年 6 月 30 日前仍未取得电力业务许可的机组不得发电上网，拒不执行的，按照《电力监管条例》（中华人民共和国国务院令第 432 号）、《电力业务许可证管理规定》（国家电力监管委员会令第 9 号）有关条款，依法予以处理。

（二）对不执行相关要求、不配合相关监管工作开展的电网企业，给予通报批评，拒不执行的，依法予以处理。

派出能源监管机构对未取得许可的机组情况要及时通报当地政府有关部门。

二、加强超期服役机组许可监管，明确发电机组延续运行的有关要求

发电机组运行达到设计使用年限的，应当向所在地派出能源监管机构申请退役，不得继续并网发电。到期未申请退役的，由派出能源监管机构进行公示并依法注销许可。

发电机组符合国家产业政策和节能减排政策，未纳入政府有关部门关停或停用计划的，如需申请延续运行，应当于机组设计寿命到期前 3 个月向所在地派出能源监管机构申请延续运行。煤电机组按照《国家能源局关于印发亚临界煤电机组改造、延寿与退役暂行规定的通知》（国能电力〔2015〕332 号）文件有关要求，在申请延续运行时须提供经延寿改造、安全评估的有关证明材料，派出能源监管机构按照证明材料中明确的时限准予其延续运行。其他类型发电机组申请延续运行的，也应按照国家及地方有关规定开展延寿改造、安全评估，并提供相应的证明材料。

具有安全监督管理职责的部门要加强对超期服役机组的安全监督管理工作。

三、规范新建发电机组并网要求

新建发电机组在完成启动试运行时间点后三个月内，必须取得电力业务许可证（发电类），逾期未取得电力业务许可证（发电类）的，不得发电上网，拒不执行的，由派出能源监管机构依法予以处理。

四、调整小水电站豁免范围

小水电站的发电业务许可豁免范围从单站装机容量 1MW（不含）以下调整到单站装机容量 6MW（不含）以下。有关企业、单位或个人经营单站 6MW（不含）以下小水电站发电业务时，不再要求取得发电类电力业务许可证。

豁免许可的发电项目办理并网手续及后续监督管理有关事宜按照《国家能源局关于明确电力业务许可管理有关事项的通知》（国能资质〔2014〕151 号）及其配套有关文件的规定、要求执行。

本通知自发布之日起实施，本通知下发前有关电力业务许可管理文件与本通知不一致的，按照本通知执行。

国家能源局（印）
2016 年 12 月 8 日

国家能源局关于对拥有配电网运营权的售电公司颁发管理电力业务许可证（供电类）有关事项的通知

（国能资质〔2016〕353 号）

各派出能源监管机构，各省、自治区、直辖市、新疆生产建设兵团发展改革委（能源局）、经信委，国家电网公司、南方电网公司、内蒙古电力集团有限责任公司，华能、大唐、华电、国电、国家电投集团公司，有关电力企业：

为落实《中共中央国务院关于进一步深化电力体制改革的若干意见》（中发〔2015〕9 号）及电力体制改革配套文件，积极稳妥推进售电侧改革，维护电力市场秩序，依据《电力业务许可证管理规定》《国家发展改革委 国家能源局关于印发〈售电公司准入与退出管理办法〉和〈有序放开配电网业务管理办法〉的通知》（发改经体〔2016〕2120 号）以及相关法律、法规，现就对拥有配电网运营权的售电公司颁发管理电力业务许可证（供电类）有关事项通知如下：

一、许可证颁发

（一）拥有配电网运营权的售电公司，应当依法取得电力业务许可证（供电类）。

本通知所指配电网的范围依据《有序放开配电网业务管理办法》确定；除电网企业存量资产外，其他企业投资、建设和运营的存量配电网，适用本通知。

（二）国家能源局派出机构负责组织实施辖区内电力业务许可证（供电类）的颁发和管理工作。国家能源局负责对全国许可实施情况进行监督管理。

（三）取得电力业务许可证（供电类）的拥有配电网运营权售电公司（以下简称被许可人），接受国家能源局及其派出机构（以下简称能源监管机构）的监督管理。被许可人依法开展电力业务，受法律保护。

二、许可条件和申请材料

（四）拥有配电网运营权的售电公司申请电力业务许可证（供电类）的，应当具备下列条件：

1. 具有法人资格；

2. 配电网项目经有关政府主管部门核准或审批；

3. 具有与申请从事的电力业务相适应的财务能力，其中资产总额不得低于 2 千万元人民币；注册资本不低于总资产的 20%；

4. 生产运行负责人、技术负责人、安全负责人和财务负责人具有 3 年以上与申请从事的电力业务相适应的工作经历，具有中级以上专业技术任职资格或者岗位培训合格证书；

5. 具有配电区域的划分协议书或意见；

6. 具有与申请从事的电力业务相适应的配电网络和营业网点；

7. 履行电力社会普遍服务、保底供电服务和无歧视提供配电服务义务，退出配电业务时履行配电网运营权移交义务；

8. 无严重失信信用记录，并按照规定要求做出信用承诺，确保诚实守信经营；

9. 法律、法规规定的其他条件。

（五）拥有配电网运营权的售电公司申请电力业务许可证（供电类）的，应当提供下列材料：

1. 法定代表人签署的许可证申请表；

2. 法人营业执照副本及其复印件；

3. 配电网项目经有关政府主管部门核准或审批的文件；

4. 企业最近 2 年的年度财务报告；成立不足 2 年的，出具企业成立以来的财务报告；

5. 企业生产运行负责人、技术负责人、安全负责人、财务负责人的简历、专业技术任职资格证书等有关证明材料；

6. 配电区域的证明材料及地理平面图；

7. 配电网络分布概况；

8. 设立的配电营业分支机构及其相应的配电营业区域概况；

9. 履行电力社会普遍服务、保底供电服务和无歧视提供配电服务义务的承诺书；退出配电业务时，履行配电网运营权移交义务的承诺书；

10. 信用承诺书。

三、许可申请及审查

（六）拥有配电网运营权的售电公司在正式经营配售电业务前，应当向国家能源局派出机构申请电力业务许可证（供电类），取得许可后方可从事相关电力业务。

（七）拥有配电网运营权的售电公司需要从事竞争性售电业务的，应当在交易机构注册前取得电力业务许可证（供电类）。

（八）拥有配电网运营权的售电公司在提交电力业务许可申请前，应当取得配电区域的划分协议书或意见。

无法达成配电区域划分协议或意见的，由国家能源局派出机构根据配电网项目核准内容、电网实际覆盖范围，并综合考虑电网结构、电网安全、供电能力、供电质量、供电的经济合理性等因素，确定配电区域。

（九）国家能源局派出机构应当对申请人提交的申请材料进行审查，并根据需要对申请材料的实质内容进行核实。

（十）国家能源局派出机构在做出行政许可决定之日起 7 个工作日内，应当通过国家能源局派出机构的门户网站进行公示，并同步将公示内容推送至有关部门的门户网站、能源信用建设平台等。尚未建立相关信息系统或网站的部门，可通过数据拷贝或建立数据接口等方式，与能源信用建设平台保持数据报送与更新。

四、持证企业监督与管理

（十一）能源监管机构对被许可人是否持续符合许可证法定条件的情况实施监督管理。被许可人的注册资本和资产总额、生产经营场所、供电能力、主要管理人员等发生变化，不符合许可证法定条件的，国家能源局派出机构应当责令其限期整改，并对整改情况予以复查。逾期未整改或者整改后仍然不符合许可证法定条件的，撤销许可。

（十二）被许可人不得超越许可范围开展配电业务。

（十三）实行年度自查制度。被许可人应当每年开展自查并向国家能源局派出机构提交以下材料：

1. 自查报告，内容包括：基本信息、主要管理人员情况、配售电业务经营情况、安全生产基本情况、配电设施情况、分支机构情况、遵守许可证制度情况等；

2. 电力业务许可证副本或副本复印件；

3. 企业法人营业执照副本或者营业执照副本复印件；

4. 企业上一年度的资产负债表和利润表；

5. 受到能源监管机构以及其他政府部门表彰或者行政处罚的证明材料；

6. 按照电网企业安全生产标准化规范开展自查的报告；

7. 能源监管机构要求报送的其他材料。

（十四）国家能源局派出机构应对被许可人自查情况进行监督和检查。

（十五）被许可人其名称、法定代表人、住所发生变更的应在工商登记变更之日起 30 日内向国家能源局派出机构申请登记事项变更。

（十六）被许可人配电区域发生变化的，应当自发生变化之日起 30 日内向国家能源局派出机构申请许可事项变更。

（十七）被许可人所经营的主要配电线路或者变配电设施发生变化的，应及时向国家能源局派出机构报送信息。

（十八）被许可人自愿终止配电业务的，应提前 6 个月向社会公示，妥善处理配电资产、债权债务及合同约定事项，并与承接其配电网运营权的公司完成交接后，向国家能源局派出机构提出申请，经批准后办理许可证注销手续。

（十九）被许可人有下列行为之一的，能源监管机构和有关部门应责令其整改，对拒不整改的，要将其纳入企业不良信用记录或黑名单，并依法予以处罚。

1. 超出许可范围或者超过许可期限从事相关电力业务的；

2. 未按照国家规定的电能质量和供电服务质量标准向用户提供服务的；

3. 未在规定的期限内申请许可变更的；

4. 严重违反市场交易规则的；

5. 不再具备许可条件仍从事相关电力业务，且限期未完成整改的；

6. 未经批准，擅自停业、歇业的；

7. 其他违反法律法规和本办法规定的行为。

（二十）对纳入黑名单的售电公司，按照能源信用体系惩戒管理制度，采取惩戒措施。

五、其他事项

（二十一）本通知未尽事宜，按照《中华人民共和国行政许可法》《中华人民共和国电力法》《电力监管条例》《电力业务许可证管理规定》和有关法律、法规及有关规定执行。

国家能源局（印）

2016 年 12 月 8 日

国 家 海 洋 局 文 件

国家海洋局关于进一步规范海上
风电用海管理的意见
(国海规范〔2016〕6号)

沿海各省、自治区、直辖市和计划单列市海洋厅（局），局属有关单位：

海上风电是我国新兴的可再生能源产业，发展海上风电对于促进沿海地区能源结构调整优化和转变经济发展方式具有重要意义。同时，海上风电项目实际占用和影响的海域面积大，对海域空间资源具有立体化和破碎化的影响。为促进海上风电产业的持续健康发展和海域空间资源的科学合理利用，维护健康的海洋生态环境，根据有关规定和要求，现就进一步规范海上风电用海管理提出以下意见。

一、充分发挥海洋空间规划控制性作用，优化海上风电场选址

海上风电项目用海必须符合海洋主体功能区规划和海洋功能区划，优先选择在海洋功能区划中已明确兼容风电的功能区布置，一般不得占用港口航运区、海洋保护区或保留区等功能区；海洋功能区划中没有明确兼容风电功能的，应当严格科学论证与海洋功能区划的符合性，不得损害所在功能区的基本功能，避免对国防安全和海上交通安全等产生影响。

深入贯彻落实生态文明建设要求，统筹考虑开发强度和资源环境承载能力，科学选定风电建设区域。鼓励海上风电深水远岸布局，在当前和未来开发强度低的海域选址建设，原则上应在离岸距离不少于10km、滩涂宽度超过10km时海域水深不得少于10m的海域布局。在各种海洋自然保护区、海洋特别保护区、自然历史遗迹保护区、重要渔业水域、河口、海湾、滨海湿地、鸟类迁徙通道、栖息地等重要、敏感和脆弱生态区域，以及划定的生态红线区内不得规划布局海上风电场。

在省级海上风电规划编制过程中，省级海洋行政主管部门应当对规划提出用海初审意见和环境影响评价初步意见，依据海洋功能区划统筹协调海上风电和其他用海活动，确保规划符合海洋功能区划及有关海洋管理政策。

二、坚持集约节约用海，严格控制用海面积

海上风电的规划、开发和建设，应坚持集约节约的原则，提高海域资源利用效率。充分考虑地区差异，科学论证，单个海上风电场外缘边线包络海域面积原则上每10万kW控制在16km²左右，除因避让航道等情形以外，应当集中布置，不得随意分块。规划建设海上风电项目较多的地区，风电场应集中布局，统一规划海上送出工程输电电缆通道和登陆点，集约节约利用海域和海岸线资源。

鼓励实施海上风电项目与其他开发利用活动使用海域的分层立体开发，最大限度发挥海域资源效益。海上风电项目海底电缆穿越其他开发利用活动海域时，在符合《海底电缆管道保护规定》且利益相关者协调一致的前提下，可以探索分层确

权管理，海底电缆应适当增加埋深，避免用海活动的相互影响。

三、提升服务水平，规范海上风电项目用海申请和环境影响报告书审批程序

根据《国务院关于取消和下放一批行政审批项目等事项的决定》（国发〔2013〕19号），企业投资风电站项目核准权限由国家发展改革委下放至地方政府投资主管部门。国家海洋局相应下放了海上风电项目用海预审权限，项目用海依照《海域使用管理法》等规定报有审批权的人民政府批准，项目环境影响报告书依照《防治海洋工程建设项目污染损害海洋环境管理条例》等规定报有审批权的海洋行政主管部门批准。各级海洋行政主管部门要按照国务院关于简政放权、放管结合、优化服务的工作要求，进一步优化和规范审批流程，加强公众参与和专家论证，主动服务、协调配合，切实提高审批效率。

严格执行海上风电项目用海预审制度。根据《国务院办公厅关于印发精简审批事项规范中介服务实行企业投资项目网上并联核准制度工作方案的通知》（国办发〔2014〕59号）要求，用海预审是企业投资项目核准前置审批事项之一，用海预审意见是核准项目申请报告的必要文件。沿海地方海洋行政主管部门应按照规定程序，主要依据海洋功能区划、海域使用论证报告及专家评审意见等进行预审，并出具用海预审意见。

严格海洋环境影响报告书审查制度。有审批权的海洋行政主管部门应坚持提高效率与严格把关相结合，重点分析海上风电建设对鸟类、海洋哺乳动物的累积性和长期性影响，重点论证生态修复、生态补偿和监测能力建设等环境保护措施的可行性。

四、严格监督管理，切实加强海上风电项目用海事中事后监管

海上风电项目建设单位必须取得海洋环境影响报告书批准文件和海域使用权后方可使用海域进行建设。项目用海方案变化，或项目海洋环境影响报告书批准后，工程的性质、规模、地点、生产工艺或者拟采取的环境保护措施等发生重大变化的，用海企业应及时向海洋行政主管部门报告并依法办理相关手续。考虑到由于海洋地质和水文动力等条件限制，海上风电项目从项目核准到实际施工，风机和电缆的具体位置发生局部变化调整的情况较为普遍，沿海地方海洋行政主管部门可以结合本地区实际，按照简政放权要求，研究制定简化项目用海变更手续的程序和要求。

沿海地方海洋行政主管部门应充分运用海域动态监视监测系统等手段，切实加强海上风电项目的用海监管，加强海上执法，及时查处违法违规行为。建设单位应充分发挥主动性，通过建设环境在线监控设施等方式对海上风电建设的环境影响进行长期监测，并根据监测评估结果采取有效保护修复措施。

鉴于海上风电为新兴用海产业，各级海洋行政主管部门可以结合实际，选择典型海域，适时开展后评估工作，科学评估海上风电项目用海对海洋资源环境和海域开发活动的影响，为后续海上风电项目用海管理提供科学依据，提高用海管理水平。

国家海洋局（印）
2016年10月31日

统计资料

电力统计基本数据一览表

	单位	2016 年	2015 年	比上年增长（±、%）
一、发电量	亿 kWh	**60 228**	**57 399**	**4.93**
水电	亿 kWh	11 748	11 127	5.58
其中：抽水蓄能	亿 kWh	308	158	95.37
火电	亿 kWh	43 273	42 307	2.28
其中：燃煤	亿 kWh	39 457	38 977	1.23
燃气	亿 kWh	1883	1669	12.81
燃油	亿 kWh	28	42	−33.05
核电	亿 kWh	2132	1714	24.39
风电	亿 kWh	2409	1856	29.78
太阳能发电	亿 kWh	665	395	68.51
其他	亿 kWh	1	1	−16.19
6000kW 及以上火电厂发电量	亿 kWh	**43 128**	**42 181**	**2.25**
燃煤	亿 kWh	39 441	38 948	1.27
其中：煤矸石发电	亿 kWh	2498	2282	9.46
燃气	亿 kWh	1866	1654	12.80
其中：常规燃气	亿 kWh	1809	1586	14.07
煤层气发电	亿 kWh	44	47	−6.32
燃油	亿 kWh	27	38	−28.71
其他	亿 kWh	1797	1541	16.63
其中：余温、余气、余压发电	亿 kWh	1138	1002	13.57
垃圾焚烧发电	亿 kWh	309	252	22.49
秸秆、蔗渣、林木质发电	亿 kWh	345	287	20.29
二、全社会用电量	亿 kWh	**59 747**	**56 933**	**4.94**
1. 全行业用电合计	亿 kWh	**51 676**	**49 648**	**4.09**
第一产业	亿 kWh	1092	1040	5.01
第二产业	亿 kWh	42 615	41 442	2.83
其中：工业	亿 kWh	41 889	40 743	2.81
其中：轻工业	亿 kWh	7057	6761	4.38
重工业	亿 kWh	34 831	33 982	2.50
第三产业	亿 kWh	7970	7166	11.22
2. 城乡居民生活用电合计	亿 kWh	**8071**	**7285**	**10.78**
城镇居民	亿 kWh	4569	4104	11.34
乡村居民	亿 kWh	3501	3181	10.06

续表

	单位	2016 年	2015 年	比上年增长（±、%）
三、发电装机容量	**万 kW**	**165 051**	**152 527**	**8.21**
水电	万 kW	33 207	31 954	3.92
其中：抽水蓄能	万 kW	2669	2305	15.79
火电	万 kW	106 094	100 554	5.51
其中：燃煤	万 kW	94 624	90 009	5.13
燃气	万 kW	7011	6603	6.17
燃油	万 kW	209	434	−51.77
核电	万 kW	3364	2717	23.83
风电	万 kW	14 747	13 075	12.79
太阳能发电	万 kW	7631	4218	80.91
其他	万 kW	7	9	−22.16
6000kW 及以上火电厂装机容量	**万 kW**	**105 580**	**100 036**	**5.54**
燃煤	万 kW	94 562	89 913	5.17
其中：煤矸石发电	万 kW	5435	4473	21.51
燃气	万 kW	6968	6562	6.18
其中：常规燃气	万 kW	6784	6317	7.39
煤层气发电	万 kW	163	153	6.04
燃油	万 kW	206	219	−5.86
其他	万 kW	3849	3341	15.21
其中：余温、余气、余发电	万 kW	2492	2200	13.28
垃圾焚烧发电	万 kW	565	477	18.36
秸秆、蔗渣、林木质发电	万 kW	748	664	12.67
四、35kV 及以上输电线路回路长度	**km**	**1 756 141**	**1 696 849**	**3.49**
1. 交流	**km**	**1 727 333**	**1 671 420**	**3.35**
其中：1000kV	km	7245	3114	132.66
750kV	km	17 968	15 665	14.70
500kV	km	165 875	157 974	5.00
330kV	km	28 366	26 811	5.80
220kV	km	397 050	380 121	4.45
110kV	km	611 431	591 637	3.35
35kV	km	499 400	496 098	0.67
2. 直流	**km**	**28 808**	**25 429**	**13.29**
其中：±800kV	km	12 295	10 580	16.21
±660kV	km	1334	1336	−0.18
±500kV	km	13 539	11 872	14.04
±400kV	km	1640	1640	0.00

续表

	单位	2016 年	2015 年	比上年增长 （±、%）
五、35kV 及以上变电设备容量	万 kVA	629 982	569 928	10.54
1. 交流	万 kVA	607 533	551 546	10.15
其中：1000kV	万 kVA	9900	5700	73.68
750kV	万 kVA	13 570	10 850	25.07
500kV	万 kVA	117 128	107 082	9.38
330kV	万 kVA	12 219	11 679	4.62
220kV	万 kVA	193 928	182 893	6.03
110kV	万 kVA	207 484	185 819	11.66
35kV	万 kVA	53 305	47 521	12.17
2. 直流	万 kVA	22 449	18 383	22.12
其中：±800kV	万 kVA	4882	3180	53.54
±660kV	万 kVA			
±500kV	万 kVA	17 567	15 203	15.55
±400kV	万 kVA			
六、新增发电装机容量	万 kW	12 143	13 184	−7.90
水电	万 kW	1179	1375	−14.25
其中：抽水蓄能	万 kW	366	92	297.83
火电	万 kW	5048	6678	−24.41
其中：燃煤	万 kW	3866	5402	−28.44
燃气	万 kW	214	696	−69.20
其中：常规燃气	万 kW	214	692	−69.07
煤层气发电		0.2	4	−94.32
燃油	万 kW			
其他	万 kW	836	581	44.03
其中：余温、余气、余压	万 kW	747	529	41.25
垃圾焚烧发电	万 kW	26	4	505.88
秸秆、蔗渣、林木质发电	万 kW	63	47	33.65
核电	万 kW	720	612	17.69
风电	万 kW	2024	3139	−35.50
太阳能发电	万 kW	3171	1380	129.72
其他	万 kW			
七、火电机组退役和关停容量	万 kW	571	1091	−47.61
八、年底主要发电企业电源项目在建规模	万 kW	20 757	18 175	14.21
水电	万 kW	7433	5748	29.30
火电	万 kW	9129	7824	16.67
核电	万 kW	2447	3054	−19.88
风电	万 kW	1597	1317	21.19

续表

	单位	2016 年	2015 年	比上年增长 （±、%）
九、新增直流输电线路长度及换流容量				
1. 线路长度	km	3391		
其中：±800kV	km	1720		
±660kV	km			
±500kV	km	1671		
±400kV	km			
2. 换流容量	万 kW	3240	250	1196.00
其中：±800kV	万 kW	1600	250	540.00
±660kV	万 kW			
±500kV	万 kW	1640		
±400kV	万 kW			
十、新增交流 110kV 及以上输电线路长度及变电设备容量				
1. 线路长度	km	56 679	57 110	−0.76
其中：1000kV	km	4252	5	84 940.00
750kV	km	1813	1639	10.60
500kV	km	6931	7389	−6.20
330kV	km	1525	2162	−29.45
220kV	km	17 088	22 054	−22.52
110kV（含66kV）	km	25 070	23 862	5.06
2. 变电设备容量	万 kVA	34 585	29 432	17.51
其中：1000kV	万 kVA	5100	0	
750kV	万 kVA	1860	3570	−47.90
500kV	万 kVA	7715	8880	−13.12
330kV	万 kVA	480	642	−25.23
220kV	万 kVA	9239	8810	4.87
110kV（含66kV）	万 kVA	10 191	7530	35.33
十一、本年完成电力投资	亿元	8840	8576	3.08
1. 电源投资	亿元	3408	3936	−13.41
水电	亿元	617	789	−21.79
火电	亿元	1119	1163	−3.79
核电	亿元	504	565	−10.80
风电	亿元	927	1200	−22.79
太阳能发电	亿元	241	218	10.43
其他	亿元			
2. 电网投资	亿元	5431	4640	17.06
送变电	亿元	5282	4514	17.01
其中：直流	亿元	495	216	128.82
交流	亿元	4787	4298	11.38

续表

	单位	2016 年	2015 年	比上年增长 （±、%）
其他	亿元	150	126	19.02
十二、单机 6000kW 及以上机组平均单机容量				
水电：单机容量	万 kW/台	6.42	6.40	0.02
机组台数	台	4284	4119	4.01
机组容量	万 kW	27 483	26 361	4.26
火电：单机容量	万 kW/台	13.19	12.89	0.30
机组台数	台	7646	7526	1.59
机组容量	万 kW	100 885	97 033	3.97
十三、6000kW 及以上电厂供热量	**万 GJ**	**385 856**	**368 012**	**4.85**
十四、6000kW 及以上电厂发电标准煤耗	**g/kWh**	**294**	**297**	**−3**
十五、6000kW 及以上电厂供电标准煤耗	**g/kWh**	**312**	**315**	**−3**
十六、6000kW 及以上电厂厂用电率	**%**	**4.77**	**5.09**	**−0.33**
水电	%	0.29	0.32	−0.02
火电	%	6.01	6.04	−0.03
十七、6000kW 及以上电厂发电设备利用小时	**h**	**3797**	**3988**	**−191**
水电	h	3619	3590	29
其中：抽水蓄能	h	1266	702	564
火电	h	4186	4364	−179
核电	h	7060	7403	−343
风电	h	1745	1724	20
太阳能发电	h	1129	1225	−96
十八、6000kW 及以上电厂燃料消耗				
发电消耗标煤量	万 t	112 949	115 015	−1.80
发电消耗原煤量	万 t	165 144	167 310	−1.29
供热消耗标煤量	万 t	15 019	14 405	4.26
供热消耗原煤量	万 t	22 275	21 104	5.55
十九、供、售电量及线损				
供电量	亿 kWh	50 742	48 572	4.47
售电量	亿 kWh	47 451	45 347	4.64
线损电量	亿 kWh	3291	3226	2.03
线路损失率	%	6.49	6.64	−0.15
二十、发用电设备比				
发电装机容量：用电设备容量		1：3.84	1：3.77	
二十一、电力弹性系数				
电力生产弹性系数		0.74	0.15	0.58
电力消费弹性系数		0.74	0.14	0.60

注　电源投资完成额口径为全国主要发电企业。

分地区发电装机容量

单位：万 kW；%

地区	合计 2016	合计 2015	合计 同比	水电 2016	水电 2015	水电 同比	火电 2016	火电 2015	火电 同比	核电 2016	核电 2015	核电 同比	风电 2016	风电 2015	风电 同比	太阳能发电 2016	太阳能发电 2015	太阳能发电 同比	其他 2016
全国	165 051	152 527	8.21	33 207	31 954	3.92	106 094	100 554	5.51	3364	2717	23.83	14 747	13 075	12.79	7631	4218	80.91	7
北京	1103	1086	1.61	98	98	0.00	971	965	0.63	0	0		19	15	24.00	15	8	102.24	0
天津	1467	1324	10.76	1	1	0.00	1378	1283	7.41	0	0		29	29	0.00	60	12	391.41	0
河北	6275	5778	8.59	182	182	0.09	4510	4350	3.67				1138	1022	11.31	443	222	99.54	2
山西	7640	6966	9.68	244	244	0.04	6329	5940	6.55				771	669	15.23	297	111	166.26	
内蒙古	11 045	10 397	6.23	241	238	1.11	7609	7263	4.77	0	0		2557	2425	5.42	638	471	35.53	0
辽宁	4601	4322	6.45	293	293	0.07	3114	3074	1.29	448	300	49.17	695	639	8.74	52	16	219.02	
吉林	2716	2611	3.99	378	377	0.08	1777	1783	-0.32				505	444	13.57	56	7	734.67	0
黑龙江	2783	2647	5.13	102	102	0.12	2104	2041	3.10	0	0		561	503	11.51	17	2	701.93	0.4
上海	2371	2344	1.15				2264	2261	0.12				71	61	16.49	35	21	67.22	
江苏	10 160	9541	6.49	115	114	0.31	8727	8380	4.14	212	212	0.00	561	412	36.18	546	422	29.14	0
浙江	8331	8158	2.12	1154	1002	15.14	6062	6231	-2.70	657	657	0.00	11C	104	14.16	338	164	106.64	0.4
安徽	5733	5161	11.09	295	291	1.39	4915	4613	6.56				177	136	30.36	345	121	185.80	
福建	5210	4919	5.90	1304	1300	0.31	2902	2890	0.41	762	545	40.00	214	172	24.36	27	13	112.36	0.0
江西	2866	2389	19.99	613	490	25.18	1918	1788	7.23				108	67	59.70	228	43	424.70	0.0
山东	10 942	9716	12.62	107.8	107.7	0.06	9540	8754	8.98	0	0		839	721	16.28	455	133	242.71	
河南	7218	6744	7.04	399	399	0.11	6431	6213	3.51				10C	91	14.15	284	41	596.72	0.0
湖北	6745	6411	5.22	3663	3653	0.29	2694	2576	4.60				201	135	49.46	187	48	290.04	
湖南	4121	3889	5.96	1553	1534	1.23	2322	2187	6.18				216.7	151	43.11	30	17	74.38	
广东	10 457	9817	6.52	1411	1355	4.13	7721	7323	5.44	938	829	13.10	268	246	8.85	117	62	90.07	2

续表

地区	合计 2016	合计 2015	合计 同比	水电 2016	水电 2015	水电 同比	火电 2016	火电 2015	火电 同比	核电 2016	核电 2015	核电 同比	风电 2016	风电 2015	风电 同比	太阳能发电 2016	太阳能发电 2015	太阳能发电 同比	其他 2016
广 西	4152	3458	20.06	1665	1645	1.16	2185	1652	32.25	217	109	100.00	70	40	72.49	16	12	34.21	
海 南	745	635	17.38	91	62	46.91	464	461	0.63	130	65	100.00	31	31	1.22	29	16	81.53	0
重 庆	2178	2109	3.28	688	676	1.74	1462	1410	3.69	0	0		28	23	21.74	0	0		0
四 川	9108	8673	5.02	7246	6939	4.41	1642	1624	1.12				125	73	70.01	96	36	164.00	
贵 州	5510	5066	8.78	2089	2056	1.60	3014	2684	12.30	0	0		362	323	12.08	46	3	1433.33	0
云 南	8645	7915	9.22	6088	5782	5.30	1612	1402	14.94	0			737	614	20.05	208	117	76.96	0
西 藏	233	196	19.03	156	135	15.54	41	40	2.00				1	1	0.00	33	17	91.12	3
陕 西	3740	3389	10.38	272	266	2.23	3043	2936	3.64	0	0		179	114	57.05	246	72	241.82	0
甘 肃	4825	4643	3.93	861	851	1.09	2002	1930	3.73				1277	1252	1.99	686	610	12.52	0
青 海	2345	2074	13.06	1192	1145	4.05	402	318	26.48	0	0		69	47	46.79	682	564	21.02	
宁 夏	3675	3157	16.39	43	43	0.00	2165	1984	9.11				942	822	14.53	526	309	70.32	
新 疆	8109	6992	15.97	665	573	15.98	4775	4199	13.72	0			1776	1691	5.02	893	529	68.86	0

分地区新增发电装机容量

单位：万 kW

地区	合计	水电 合计	水电 抽水蓄能	火电 合计	燃煤 合计	燃煤 煤矸石发电	燃气 合计	燃气 常规燃气	燃油	其他 合计	余热、余气、余压发电	垃圾焚烧发电	秸秆、蔗渣、林木质发电	核电	风电	太阳能发电	其他
全 国	**12 143**	**1179**	**366**	**5048**	**3866**	**32**	**214**	**214**	**0**	**836**	**747**	**26**	**63**	**720**	**2024**	**3171**	**0**
北 京	32	0	0	6	0	0	1	1	0	5	5	0	0	0	7	18	0

续表

地区	合计	水电		火电										核电	风电	太阳能发电	其他
		合计	抽水蓄能	合计	燃煤		燃气		燃油	其他							
					合计	煤矸石发电	合计	常规燃气		合计	余温、余气、余压发电	垃圾焚烧发电	秸秆、蔗渣、林木质发电				
天津	143	0	0	95	0	0	92	92	0	3	2	1	0	0	0	48	0
河北	631	0	0	170	142	2	0	0	0	29	20	2	6	0	228	232	0
山西	793	0	0	374	337	30	0	0	0	37	37	0	0	0	173	246	0
内蒙古	473	0	0	366	363	0	0	0	0	3	3	0	0	0	81	26	0
辽宁	147	0	0	1	0	0	0	0	0	1	1	0	0	112	14	21	0
吉林	84	0	0	11	0	0	0	0	0	11	8	0	3	0	22	52	0
黑龙江	139	0	0	59	35	0	0	0	0	24	14	0	10	0	66	14	0
上海	45	0	0	11	0	0	3	3	0	8	2	0	5	0	20	15	0
江苏	645	0.4	0	380	137	0	87	87	0	157	150	1	7	0	95	170	0
浙江	496	177	150	64	0	0	0	0	0	64	55	3	6	0	27	228	0
安徽	503	5	0	301	296	0	0	0	0	5	5	0	0	0	45	153	0
福建	338	6	0	33	0	0	0	0	0	33	32	1	0	218	62	20	0
江西	400	121	120	115	100	0	0	0	0	15	14	1	0	0	27	137	0
山东	1281	0	0	883	793	0	0	0	0	90	72	0	18	0	111	286	0
河南	387	0	0	102	80	0	0	0	0	22	22	0	0	0	34	250	0
湖北	376	13	0	122	108	0	0	0	0	14	12	1	0	0	83	158	0
湖南	135	27	0	9	2	0	0	0	0	8	6	0	2	0	86	13	0
广东	300	96	96	60	60	0	0	0	0	0	0	0	0	109	16	19	0
广西	798	14	0	528	270	0	0	0	0	126	120	6	0	217	35	4	0
海南	66	0	0	0	0	0	0	0	0	0	0	0	0	65	0	1	0
重庆	154	11	0	132	120	0	0	0	0	12	10	3	0	0	10	1	0
四川	489	308	0	30	3	0	0	0	0	27	25	2	0	0	68	83	0

续表

地区	合计	水电 合计	水电 抽水蓄能	火电 燃煤 合计	火电 燃煤 煤矸石发电	火电 燃气 合计	火电 燃气 常规燃气	火电 燃油	火电 其他 合计	火电 其他 余温、余气、余压发电	火电 其他 垃圾焚烧发电	火电 其他 秸秆、蔗渣、林木质发电	核电	风电	太阳能发电	其他
贵州	359	9	0	318	0	0	0	0	0	0	0	0	0	32	0	0
云南	289	180	0	0	0	0	0	0	0	0	0	0	0	97	12	0
西藏	60	41	0	1	0	0	0	0	2	2	0	0	0	0	16	0
陕西	450	15	0	110	0	0	0	0	38	38	0	0	0	91	194	0
甘肃	152	9	0	33	0	0	0	0	7	2	5	0	0	25	78	0
青海	319	46	0	101	0	0	0	0	12	12	0	0	0	30	131	0
宁夏	574	0	0	175	0	0	0	0	5	5	0	0	0	177	217	0
新疆	1085	98	0	282	0	31	31	0	82	75	0	7	0	262	330	0

分地区发电量

单位：亿 kWh，%

地区	合计 2016	合计 2015	合计 同比	水电 2016	水电 2015	水电 同比	火电 2016	火电 2015	火电 同比	核电 2016	核电 2015	核电 同比	风电 2016	风电 2015	风电 同比	太阳能发电 2016	太阳能发电 2015	太阳能发电 同比	其他 2016
全国	**60 228**	**57 400**	**4.93**	**11 748**	**11 127**	**5.58**	**43 273**	**42 307**	**2.28**	**2132**	**1714**	**24.39**	**2409**	**1856**	**29.78**	**665**	**395**	**68.51**	**1.2**
北京	436	421	3.47	12	7	85.76	419	412	1.86	0	0		3	3	27.84	1.1	0.4	172.50	0.0
天津	600	601	-0.14	0.0	0.2	-80.00	591	594	-0.47	0			6	6	-6.83	3	0.6	390.48	0.0
河北	2476	2301	7.59	24	11	109.46	2196	2106	4.28				216	168	28.83	40	16	145.82	0.0
山西	2511	2457	2.16	39	31	25.04	2309	2319	-0.40				135	100	35.20	27	8	254.11	
内蒙古	3950	3923	0.68	27	36	-24.53	3375	3422	-1.37	0	0		464	408	13.80	83	57	46.12	0.0

续表

地区	合计 2016	合计 2015	合计 同比	水电 2016	水电 2015	水电 同比	火电 2016	火电 2015	火电 同比	核电 2016	核电 2015	核电 同比	风电 2016	风电 2015	风电 同比	太阳能发电 2016	太阳能发电 2015	太阳能发电 同比	其他 2016
辽宁	1733	1619	7.03	56	32	73.54	1344	1329	1.14	200	145	38.14	129	112	15.53	4	1	174.07	
吉林	743	704	5.47	85	53	59.00	588	590	-0.33				67	60	11.02	3	1.0	235.64	
黑龙江	919	895	2.72	23	19	18.56	808	804	0.51	0	0		88	72	21.68	1.3	0.2	523.81	
上海	832	821	1.36				818	810	0.92				14	10	35.34	1	1	17.44	
江苏	4754	4426	7.40	17	12	47.47	4438	4152	6.87	153	166	-7.63	98	64	51.83	47	31	51.04	0.0
浙江	3190	2972	7.34	274	229	19.80	2366	2222	6.47	504	496	1.49	23	16	42.63	22	8	189.80	0.1
安徽	2253	2062	9.25	63	49	29.79	2135	1989	7.33				34	21	66.12	21	4	452.67	
福建	2005	1883	6.47	631	439	43.60	915	1109	-17.46	407	290	40.42	50	44	14.46	1	1.0	49.48	0.0
江西	1085	982	10.52	199	171	15.89	857	797	7.51				19	11	65.67	11	2	373.19	
山东	4863	4619	5.27	13.9	7.2	94.42	4671	4484	4.17	0	0		147	121	20.79	31	7	354.04	0.0
河南	2596	2559	1.45	93	109	-14.83	2474	2435	1.59				18	12	51.31	12	3.1	269.77	
湖北	2494	2356	5.84	1399	1303	7.35	1048	1030	1.78				35	21	69.56	11	2	407.11	0.0
湖南	1334	1253	6.39	560	520	7.68	732	710	3.14				39	22	76.48	2	0.8	106.02	
广东	4036	3789	6.51	423	284	48.96	2850	2854	-0.14	705	606	16.34	50	42	19.22	8	4	136.29	0.2
广西	1276	1319	-3.29	600	762	-21.21	559	544	2.65	103	7	1458.09	13	6	109.62	1.1	0.5	132.61	
海南	288	256	12.47	23	9	151.41	197	234	-16.14	60	4	1271.17	6	6	-7.06	3	2	34.54	
重庆	683	683	0.03	247	229	7.73	431	450	-4.29	0	0		5	3	56.82	0	0		0.0
四川	3370	3209	5.03	2989	2767	8.00	349	429	-18.64				21	10	120.83	11	2	382.35	
贵州	1955	1931	1.27	727	827	-11.98	1171	1071	9.35	0	0		55	33	68.42	1.1	0	404.76	0.0
云南	2693	2553	5.46	2268	2177	4.15	253	276	-8.43	0	0		149	94	59.31	23	6	263.05	0.0
西藏	51	38	34.84	46	34	34.69	0	0		0	0		0.1	0		4	2	62.30	1.0
陕西	1464	1321	10.81	69	83	-15.88	1346	1215	10.75	0	0		28	18	59.06	20	6	264.32	0.0
甘肃	1209	1228	-1.53	314	336	-6.69	699	706	-1.00	0	0		136	127	7.69	60	59	1.83	
青海	553	573	-3.53	302	371	-18.52	151	120	25.79				10	7	45.27	90	76	19.09	0.0
宁夏	1187	1166	1.82	14	16	-9.02	989	1026	-3.58	0	0		129	88	45.66	55	36	52.93	
新疆	2693	2479	8.64	211	203	3.64	2195	2067	6.18	0	0		220	151	45.83	67	57	17.29	0.0

分地区全社会用电量

单位：亿 kWh，%

地　区	用电量	同比增长
全　国	**59 747**	**4.94**
北　京	1020	7.09
天　津	808	0.92
河　北	3265	2.80
山　西	1797	3.45
内蒙古	2605	2.44
辽　宁	2037	2.65
吉　林	668	2.40
黑龙江	897	3.18
上　海	1486	5.73
江　苏	5459	6.73
浙　江	3873	8.98
安　徽	1795	9.46
福　建	1969	6.30
江　西	1183	8.76
山　东	5391	5.35
河　南	2989	3.80
湖　北	1763	5.88
湖　南	1496	3.32
广　东	5610	5.64
广　西	1360	1.90
海　南	287	5.49
重　庆	925	5.66
四　川	2101	5.45
贵　州	1242	5.76
云　南	1411	−1.95
西　藏	49	21.43
陕　西	1357	11.08
甘　肃	1065	−3.06
青　海	638	−3.11
宁　夏	887	0.98
新　疆	2316	7.23

全国分行业用电量

指 标 名 称	用户个数（个）	用户用电装接容量（kW）	用电量（万 kWh）		
			2016 年	2015 年	同比增长（%）
全社会用电总计	544 094 888	6 344 806 542	597 470 901	569 329 867	4.94
1. 全行业用电合计	57 975 305	3 776 593 747	516 764 971	496 477 777	4.09
第一产业	10 177 455	158 322 589	10 919 122	10 398 278	5.01
第二产业	13 310 870	2 352 982 290	426 145 143	414 416 632	2.83
第三产业	34 486 980	1 265 288 868	79 700 705	71 662 867	11.22
2. 城乡居民生活用电合计	486 119 583	2 568 212 794	80 705 930	72 852 090	10.78
城镇居民	201 894 599	1 287 195 586	45 692 655	41 039 425	11.34
乡村居民	284 224 984	1 281 017 209	35 013 276	31 812 665	10.06
全行业用电分类	57 975 305	3 776 593 747	516 764 971	496 477 777	4.09
一、农、林、牧、渔业	10 177 455	158 322 589	10 919 122	10 398 278	5.01
1. 农业	3 678 937	49 976 946	3 346 475	3 135 314	6.73
2. 林业	93 086	3 034 852	170 243	155 873	9.22
3. 畜牧业	1 143 269	16 734 156	1 369 145	1 133 100	20.83
4. 渔业	529 898	9 476 213	1 161 227	1 158 080	0.27
5. 农、林、牧、渔服务业	4 732 265	79 100 422	4 872 032	4 815 911	1.17
其中：排灌	3 599 882	55 978 407	3 856 891	3 862 964	−0.16
二、工业	11 855 406	2 181 028 775	418 888 909	407 429 901	2.81
轻工业	7 370 506	377 879 804	70 574 788	67 614 799	4.38
重工业	4 484 900	1 803 148 971	348 314 121	339 815 102	2.50
（一）采矿业	393 469	156 093 553	22 677 579	23 519 413	−3.58
1. 煤炭开采和洗选业	69 304	62 166 157	8 470 437	8 837 857	−4.16
2. 石油和天然气开采业	26 647	25 208 400	4 631 811	4 592 572	0.85
3. 黑色金属矿采选业	33 365	16 660 664	3 151 426	3 448 192	−8.61
4. 有色金属矿采选业	48 204	17 374 410	3 067 642	3 252 623	−5.69
5. 非金属矿采选业	134 885	22 109 236	2 247 469	2 257 350	−0.44
6. 其他采矿业	81 064	12 574 685	1 108 794	1 130 818	−1.95
（二）制造业	10 830 005	1 372 490 625	312 800 931	305 298 369	2.46
1. 食品、饮料和烟草制造业	4 098 817	97 718 654	10 548 477	10 189 993	3.52
其中：农副食品加工业	3 074 218	57 237 896	5 383 440	5 138 756	4.76
2. 纺织业	669 325	54 073 153	15 927 316	15 502 176	2.74
3. 服装鞋帽、皮革羽绒及其制品业	494 831	25 298 678	4 067 826	3 966 640	2.55
4. 木材加工及制品和家具制品业	786 012	31 136 201	4 248 146	3 994 960	6.34

指 标 名 称	用户个数（个）	用户用电装接容量（kW）	用电量（万 kWh）		
			2016 年	2015 年	同比增长（%）
其中：轻工业	247 046	11 201 356	1 469 336	1 419 040	3.54
5. 造纸及纸制品业	116 475	22 198 523	6 758 113	6 349 191	6.44
6. 印刷业和记录媒介的复制	95 427	7 589 610	1 155 952	1 119 768	3.23
7. 文体用品制造业	49 350	4 391 958	770 684	731 069	5.42
8. 石油加工、炼焦及核燃料加工业	25 684	46 680 715	7 846 260	7 319 607	7.20
9. 化学原料及化学制品制造业	137 833	146 617 908	43 666 545	43 563 102	0.24
其中：轻工业	42 426	7 630 078	1 216 916	1 199 857	1.42
其中：氯碱	2896	14 564 219	5 247 772	4 944 502	6.13
电石	614	17 405 511	8 450 635	8 699 796	−2.86
黄磷	335	4 161 107	1 086 752	1 250 431	−13.09
其中：肥料制造	12 716	28 712 540	8 111 949	9 566 500	−15.20
10. 医药制造业	67 199	19 328 692	3 371 790	3 151 870	6.98
11. 化学纤维制造业	26 182	11 069 035	3 902 762	3 620 459	7.80
12. 橡胶和塑料制品业	510 790	62 671 364	12 383 597	11 746 935	5.42
其中：轻工业	246 525	24 348 286	5 214 512	4 945 754	5.43
13. 非金属矿物制品业	621 139	144 055 731	31 879 884	31 054 236	2.66
其中：轻工业	58 401	8 443 237	2 153 602	2 170 845	−0.79
其中：水泥制造	72 367	51 073 460	14 277 086	14 663 236	−2.63
14. 黑色金属冶炼及压延加工业	44 324	172 740 696	48 816 700	50 566 101	−3.46
其中：铁合金冶炼	5786	34 554 166	11 106 037	11 462 691	−3.11
15. 有色金属冶炼及压延加工业	84 505	145 194 600	54 531 852	53 884 747	1.20
其中：铝冶炼	1789	91 001 206	42 468 910	41 717 616	1.80
16. 金属制品业	1 115 216	104 021 923	17 500 995	16 413 004	6.63
其中：轻工业	119 187	9 381 324	1 867 626	1 827 321	2.21
17. 通用及专用设备制造业	634 759	85 908 331	12 800 984	11 962 986	7.00
其中：轻工业	11 632	1 404 962	221 525	240 249	−7.79
18. 交通运输、电气、电子设备制造业	344 313	148 590 582	27 115 958	24 935 742	8.74
其中：轻工业	69 202	22 139 060	4 909 568	4 476 180	9.68
其中：交通运输设备制造业	87 062	45 811 502	6 990 941	6 463 512	8.16
19. 工艺品及其他制造业	809 652	37 171 304	4 787 802	4 558 855	5.02
20. 废弃资源和废旧材料回收加工业	98 172	6 032 967	719 290	666 927	7.85
（三）电力、燃气及水的生产和供应业	631 932	652 444 597	83 410 399	78 612 120	6.10
1. 电力、热力的生产和供应业	314 721	593 827 008	77 443 985	73 015 769	6.06
其中：电厂生产全部耗用电量	39 683	133 305 542	40 486 859	38 788 615	4.38

指 标 名 称	用户个数（个）	用户用电装接容量（kW）	用电量（万 kWh）		
			2016 年	2015 年	同比增长（%）
线路损失电量	45 681	187 067 909	30 629 254	29 701 155	3.12
抽水蓄能抽水耗用电量	5232	12 545 792	3 013 700	1 744 362	72.77
2. 燃气生产和供应业	68 491	19 056 022	1 567 546	1 483 737	5.65
3. 水的生产和供应业	248 720	39 561 568	4 398 868	4 112 614	6.96
其中：轻工业	151 852	14 491 901	2 230 988	2 145 536	3.98
三、建筑业	1 455 464	171 953 515	7 256 234	6 986 731	3.86
四、交通运输、仓储和邮政业	622 850	207 873 139	12 514 873	11 256 109	11.18
1. 交通运输业	192 564	180 166 854	10 910 705	9 820 479	11.10
其中：城市公共交通	45 460	19 185 496	1 182 347	971 107	21.75
其中：管道运输业	5537	14 229 678	482 090	453 931	6.20
其中：电气化铁路	8504	91 869 132	5 647 700	5 059 716	11.62
2. 仓储业	366 240	25 372 059	1 350 216	1 185 471	13.90
3. 邮政业	64 046	2 334 226	253 952	250 158	1.52
五、信息传输、计算机服务和软件业	3 413 775	49 597 539	5 564 214	4 835 287	15.08
1. 电信和其他信息传输服务业	3 304 166	40 354 259	4 811 894	4 244 799	13.36
2. 计算机服务和软件业	109 609	9 243 280	752 321	590 488	27.41
六、商业、住宿和餐饮业	18 500 752	326 716 415	23 237 845	21 220 446	9.51
1. 批发和零售业	16 122 299	246 612 692	16 619 384	15 070 437	10.28
2. 住宿和餐饮业	2 378 453	80 103 723	6 618 461	6 150 009	7.62
七、金融、房地产、商务及居民服务业	6 576 772	352 529 471	17 326 659	15 428 399	12.30
1. 金融业	278 026	19 073 443	1 576 019	1 458 636	8.05
2. 房地产业	2 560 280	212 748 112	8 844 658	7 800 078	13.39
3. 租赁和商务服务业、居民服务和其他服务业	3 738 466	120 707 917	6 905 982	6 169 685	11.93
八、公共事业及管理组织	5 372 831	328 572 304	21 057 114	18 922 626	11.28
1. 科学研究、技术服务和地质勘查业	128 945	31 308 312	1 395 278	1 239 406	12.58
其中：地质勘查业	21 401	809 351	59 092	56 777	4.08
2. 水利、环境和公共设施管理业	2 328 003	80 914 693	4 565 259	4 149 428	10.02
其中：水利管理业	156 647	14 950 579	733 500	657 090	11.63
其中：公共照明业	1 578 671	39 945 932	2 424 170	2 213 786	9.50
3. 教育、文化、体育和娱乐业	1 017 037	95 456 516	6 494 157	5 800 028	11.97
其中：教育	598 534	63 776 264	4 893 911	4 343 595	12.67
4. 卫生、社会保障和社会福利业	407 221	41 573 449	3 748 891	3 315 799	13.06
5. 公共管理和社会组织、国际组织	1 491 625	79 319 334	4 853 529	4 417 965	9.86

分地区全社会用电量分类

单位：万 kWh

地区	全社会用电量总计	1. 行业用电量合计	第一产业	第二产业	第三产业	2. 城乡居民生活用电量合计	其中：城镇居民	其中：乡村居民	各行业用电分类	一、农、林、牧、渔业	1. 农业	2. 林业	3. 畜牧业	4. 渔业
全国	597 470 901	516 764 971	10 919 122	426 145 143	79 700 705	80 705 930	45 692 655	35 013 276	516 764 971	10 919 122	3 346 475	170 243	1 369 145	1 161 227
北京	10 202 706	8 248 393	196 243	3 343 189	4 708 961	1 954 313	1 664 539	289 774	8 248 393	196 243	69 525	4844	30 932	5621
天津	8 079 299	7 151 081	160 823	5 537 228	1 453 030	928 218	715 240	212 978	7 151 081	160 823	84 927	3223	17 130	25 331
河北	32 645 185	28 694 556	973 820	23 549 142	4 171 594	3 950 629	1 617 663	2 332 966	28 694 556	973 820	288 804	6833	118 970	39 457
山西	17 971 802	16 268 248	384 500	14 103 328	1 780 420	1 703 554	1 057 876	645 678	16 268 248	384 500	99 032	3544	34 900	837
内蒙古	26 050 307	24 665 544	419 649	22 971 482	1 274 413	1 384 763	975 237	409 526	24 665 544	419 649	96 509	7523	23 310	2387
辽宁	20 374 042	17 942 255	337 965	14 701 362	2 902 928	2 431 787	1 598 974	832 813	17 942 255	337 965	98 022	2423	77 730	79 639
吉林	6 676 273	5 551 826	137 574	4 162 211	1 252 041	1 124 447	732 028	392 419	5 551 826	137 574	37 745	5710	45 298	2445
黑龙江	8 966 182	7 239 044	454 349	5 532 372	1 252 323	1 727 138	1 035 690	691 448	7 239 044	454 349	207 316	23 294	44 504	5634
上海	14 860 196	12 683 038	74 687	8 126 641	4 481 710	2 177 158	2 144 815	32 343	12 683 038	74 687	32 456	6715	11 314	9000
江苏	54 589 452	48 394 058	618 733	41 265 538	6 509 787	6 195 394	3 039 469	3 155 925	48 394 058	618 733	104 857	5859	107 935	139 105
浙江	38 731 933	33 565 928	260 695	28 151 328	5 153 905	5 166 005	2 775 853	2 390 152	33 565 928	260 695	87 744	4336	41 892	49 256
安徽	17 949 838	14 945 266	219 054	12 250 274	2 475 938	3 004 572	1 322 075	1 682 497	14 945 266	219 054	86 390	2152	47 633	5201
福建	19 685 769	15 874 568	275 934	12 984 176	2 614 458	3 811 201	1 894 818	1 916 383	15 874 568	275 934	59 242	4835	49 621	133 983
江西	11 825 013	9 724 101	117 244	7 907 600	1 699 257	2 100 912	1 121 271	979 641	9 724 101	117 244	28 960	2638	28 660	3199
山东	53 907 472	48 363 685	1 039 480	42 643 610	4 680 595	5 543 787	2 559 403	2 984 384	48 363 685	1 039 480	300 250	8475	213 757	124 844
河南	29 891 526	25 840 352	600 367	22 199 763	3 040 222	4 051 174	1 859 049	2 192 125	25 840 352	600 367	219 357	7008	78 915	10 174
湖北	17 631 099	14 478 070	295 094	11 437 567	2 745 409	3 153 029	2 094 929	1 058 100	14 478 070	295 094	82 530	1540	47 300	16 550
湖南	14 956 512	11 084 761	181 561	8 477 319	2 425 881	3 871 751	1 881 781	1 989 970	11 084 761	181 561	83 058	3031	26 220	5309

续表

地区	全社会用电量总计	1. 行业用电量合计	第一产业	第二产业	第三产业	2. 城乡居民生活用电量合计	其中:城镇居民	其中:乡村居民	各行业用电分类	一、农、林、牧、渔业	1. 农业	2. 林业	3. 畜牧业	4. 渔业
广 东	56 101 342	47 058 762	920 476	36 662 699	9 475 587	9 042 580	5 422 842	3 619 739	47 058 762	920 476	259 915	15 397	112 811	394 427
广 西	13 596 488	10 894 392	286 276	8 993 191	1 614 925	2 702 096	1 473 719	1 228 377	10 894 392	286 276	106 070	8523	67 372	25 837
海 南	2 873 118	2 329 652	136 272	1 390 549	802 832	543 465	262 294	281 172	2 329 652	136 272	50 117	1571	5555	55 067
重 庆	9 248 948	7 552 130	28 888	5 738 566	1 784 676	1 696 817	1 062 652	634 165	7 552 130	28 888	9821	1094	11 948	3737
四 川	21 010 239	17 083 025	137 655	13 773 611	3 171 759	3 927 214	2 311 116	1 616 098	17 083 025	137 655	45 655	3648	27 130	8436
贵 州	12 417 835	10 238 716	70 656	8 988 109	1 179 951	2 179 119	1 407 562	771 557	10 238 716	70 656	40 904	6294	6621	376
云 南	14 105 204	12 157 296	148 848	10 323 310	1 685 138	1 947 908	954 727	993 181	12 157 296	148 848	64 087	7971	18 619	2965
西 藏	492 205	390 913	1650	238 809	150 454	101 292	73 024	28 268	390 913	1650	337	90	69	1
陕 西	13 570 608	11 463 933	387 123	8 822 250	2 254 560	2 106 675	1 307 011	799 664	11 463 933	387 123	111 055	4116	12 222	2086
甘 肃	10 651 525	9 816 601	448 537	8 244 150	1 123 914	834 924	464 388	370 536	9 816 601	448 537	51 610	2352	13 341	349
青 海	6 375 124	6 128 569	27 793	5 798 019	302 757	246 555	172 653	73 902	6 128 569	27 793	4206	1583	1883	231
宁 夏	8 869 108	8 614 191	175 446	8 052 382	386 363	254 917	157 071	97 846	8 614 191	175 446	13 966	6632	17 614	3068
新 疆	23 164 552	22 322 017	1 401 731	19 775 367	1 144 919	842 535	532 885	309 650	22 322 017	1 401 731	522 007	6989	27 940	6676

地区	5. 农、林、牧、渔服务业	其中:排灌	二、工业	1. 轻工业	2. 重工业	(一) 采矿业	1. 煤炭开采和洗选业	2. 石油和天然气开采业	3. 黑色金属矿采选业	4. 有色金属矿采选业	5. 非金属矿采选业	6. 其他采矿业	(二) 制造业	1. 食品、饮料和烟草制造业 (轻)
全 国	4 872 032	3 856 891	418 888 909	70 574 788	348 314 121	22 677 579	8 470 437	4 631 811	3 151 426	3 067 642	2 247 469	1 108 794	312 800 931	10 548 477
北 京	85 321	73 989	3 129 675	564 640	2 565 035	40 982	14 931	2995	19 235	57	3173	591	1 825 387	152 231
天 津	30 212	7811	5 423 398	898 453	4 524 945	161 897	416	146 655	1769	269	12 243	545	4 090 512	136 545
河 北	519 756	495 852	23 210 526	2 787 234	20 423 292	1 706 098	424 549	216 420	854 109	77 200	80 033	53 787	16 999 663	534 655
山 西	246 187	233 946	13 910 562	533 207	13 377 355	2 913 525	2 374 025	59 097	289 092	96 691	28 431	66 189	7 269 708	114 981
内蒙古	289 921	244 989	22 863 170	986 221	21 876 949	1 448 865	771 372	130 608	139 573	247 841	75 820	83 650	17 103 597	223 625
辽 宁	80 151	67 406	14 443 622	1 249 921	13 193 701	1 180 090	231 788	276 485	482 121	90 357	91 162	8177	9 893 175	407 063
吉 林	46 376	40 827	4 061 261	526 978	3 534 283	401 990	79 042	200 153	28 797	69 762	20 740	3496	2 102 934	216 171

续表

地区	5. 农、林、牧、渔服务业	其中：排灌	二、工业	1.轻工业	2. 重工业	(一) 采矿业	1. 煤炭开采和洗选业	2. 石油及天然气开采业	3. 黑色金属矿采选业	4. 有色金属矿采选业	5. 非金属矿采选业	6. 其他采矿业	(二) 制造业	1. 食品、饮料和烟草制造业（斤）
黑龙江	173 601	99 528	5 404 751	599 076	4 805 675	1 932 401	407 623	1 416 354	4349	72 890	22 497	8688	1 813 760	317 309
上 海	15 202	4822	7 981 771	1 514 947	6 466 824	3707	60	1498	1	125	873	1150	6 509 709	172 442
江 苏	260 977	143 904	40 814 214	10 316 298	30 497 916	233 866	75 144	44 743	35 712	12 486	57 189	8592	34 263 846	752 288
浙 江	77 467	52 883	27 613 596	11 023 996	16 589 600	145 140	565	4471	3253	11 635	100 386	24 830	22 929 598	490 145
安 徽	77 678	68 799	11 985 267	1 845 569	10 139 698	972 676	534 570	3467	196 615	96 225	104 620	37 179	8 298 390	340 439
福 建	28 253	4881	12 738 382	4 180 638	8 557 744	265 403	45 081	29	15 579	105 114	65 932	33 668	10 030 379	579 818
江 西	53 787	40 702	7 721 580	1 593 091	6 128 489	513 672	66 029	427	28 886	293 483	68 516	56 331	4 897 432	195 011
山 东	392 154	358 708	42 216 757	6 362 452	35 854 305	2 009 999	608 908	729 410	108 314	278 884	236 811	47 672	33 655 929	1 345 183
河 南	284 913	176 993	21 924 890	3 085 640	18 839 250	1 244 571	605 808	161 440	50 942	286 012	73 952	66 417	15 854 542	905 587
湖 北	147 174	66 363	11 149 384	1 565 622	9 583 762	420 906	14 624	42 843	74 755	71 675	130 694	86 315	7 649 562	315 863
湖 南	63 943	58 321	8 249 149	1 167 467	7 081 682	653 385	206 688	0	74 564	169 003	148 374	54 756	5 439 521	330 095
广 东	137 925	49 752	36 026 476	12 501 334	23 525 142	497 366	3437	194 988	29 675	57 487	137 818	73 961	29 029 414	921 428
广 西	78 475	33 335	8 808 848	1 100 007	7 708 842	215 408	19 677	366	7824	71 885	81 215	34 441	7 293 442	476 582
海 南	23 961	17 095	1 302 218	348 029	954 189	48 545	2585	3025	7545	7183	15 775	12 431	791 568	52 816
重 庆	2288	2245	5 490 544	761 452	4 729 092	186 901	116 296	15 769	8684	1406	39 004	5742	4 143 139	106 311
四 川	52 786	34 778	13 376 703	1 623 127	11 753 576	925 978	174 987	96 527	284 356	108 394	153 537	108 177	9 720 694	384 562
贵 州	16 461	11 856	8 747 643	681 344	8 066 299	729 377	436 164	18 364	14 263	39 874	103 922	116 790	6 071 030	205 636
云 南	55 206	5860	10 028 580	520 092	9 508 488	744 525	145 981	1409	101 641	348 365	110 791	36 338	7 697 230	275 697
西 藏	1153	827	215 773	12 297	203 476	33 198	0	448	6372	24 017	1698	663	68 522	4553
陕 西	257 644	187 416	8 569 050	493 286	8 075 763	1 275 078	658 187	435 058	20 336	112 191	26 516	22 791	4 400 292	132 322
甘 肃	380 885	362 626	8 115 350	227 031	7 888 319	469 598	98 827	175 240	63 058	56 120	64 805	11 548	6 111 286	92 272
青 海	19 890	15 466	5 743 684	58 341	5 685 343	258 126	11 514	43 492	10 954	49 288	133 317	9561	5 090 739	17 951
宁 夏	134 166	123 558	7 997 804	317 646	7 680 158	232 373	171 813	49 277	89	450	10 251	493	6 462 565	117 003
新 疆	838 119	771 354	19 624 281	1 129 352	18 494 929	811 933	169 746	160 753	188 962	211 274	47 375	33 823	15 293 367	231 894

续表

地区	其中:农副食品加工业	2.纺织业(轻)	3.服装鞋帽、皮革羽绒及其制品业(轻)	4.木材加工及木制品和家具制造业	其中:轻工业	5.造纸及纸制品业(轻)	6.印刷业和记录媒介的复制(轻)	7.文体用品制造业(轻)	8.石油加工、炼焦及核燃料加工业	9.化学原料及化学制品制造业	其中:轻工业	其中:氯碱	电石	黄磷
全国	5 383 440	15 927 316	4 067 826	4 248 146	1 469 336	6 758 113	1 155 952	770 684	7 846 260	43 666 545	1 216 916	5 247 772	8 450 635	1 086 752
北京	54 393	12 797	25 537	42 627	31 914	22 090	52 433	4120	228 464	67 537	10 014	0	0	0
天津	50 967	57 209	24 731	40 785	20 690	192 221	13 280	11 204	23 202	574 246	26 394	96	0	0
河北	295 168	538 044	135 904	317 548	76 900	336 095	42 255	17 481	373 149	1 695 946	51 101	258 359	14	0
山西	58 787	27 147	4114	14 426	3669	26 146	5189	1258	469 764	1 501 452	2680	103 889	72 602	0
内蒙古	87 344	11 643	10 215	40 997	7600	13 473	7808	5657	220 322	6 082 956	88 394	299 726	4 606 550	41
辽宁	269 153	82 528	36 774	84 129	35 215	116 806	13 011	3049	858 576	722 535	12 808	178 876	8939	0
吉林	119 661	30 464	4597	44 557	9633	30 082	5671	764	76 749	232 506	6892	5981	28	0
黑龙江	145 854	21 062	5219	46 358	11 564	45 098	6470	1439	210 509	237 542	3204	57 221	0	0
上海	42 292	108 952	78 734	62 185	56 799	55 730	45 870	22 362	288 690	838 068	82 085	176 996	0	0
江苏	422 628	4 431 165	481 576	378 762	123 303	525 853	123 719	76 224	343 838	4 439 437	167 082	338 353	0	7044
浙江	187 693	4 202 974	855 972	331 456	190 234	1 051 799	182 086	166 741	235 385	2 016 136	123 670	399 634	0	0
安徽	194 724	231 935	57 269	144 800	37 723	203 396	26 384	9093	92 089	1 363 650	28 860	132 953	3	3
福建	266 705	1 018 784	623 303	209 297	98 843	377 654	42 361	47 803	163 283	729 102	43 529	89 177	0	89
江西	117 533	189 146	70 893	124 637	49 078	102 136	13 882	13 384	88 691	327 284	22 676	118 450	425	284
山东	872 730	1 822 911	162 767	445 485	106 220	996 645	67 175	33 992	1 016 663	4 577 221	99 998	232 515	60	3485
河南	378 291	680 992	98 751	258 927	89 595	345 304	38 485	10 520	187 575	2 503 735	57 520	393 244	87 332	43 773
湖北	168 775	422 532	53 111	105 149	22 125	133 187	23 242	3443	204 975	1 562 263	9038	276 389	7	81
湖南	229 981	98 295	34 244	47 287	14 148	256 900	19 996	4601	106 867	559 005	19 871	157 635	210	48
广东	414 057	1 231 789	1 179 757	817 943	345 063	778 361	316 624	320 029	629 530	831 252	176 029	73 327	4646	850
广西	325 176	34 326	25 342	226 823	28 559	276 188	10 984	1260	146 267	484 204	27 927	125 102	133	647
海南	38 117	4633	516	13 256	719	219 191	767	57	113 165	47 949	285	0	0	0
重庆	47 749	34 965	15 666	33 323	23 530	184 786	13 748	1181	3095	512 661	31 278	134 671	12	0

续表

地区	其中：农副食品加工业	2.纺织业（轻）	3.服装鞋帽、皮革羽绒及其制品业（轻）	4.木材加工及制品和家具制造业	其中：轻工业	5.造纸及纸制品业（轻）	6.印刷业和记录媒介的复制（轻）	7.文体用品制造业（轻）	8.石油加工、炼焦及核燃料加工业	9.化学原料及化学制品制造业	其中：轻工业	其中：氯碱	电石	黄磷
四川	66 899	153 946	53 183	180 666	24 268	254 600	29 827	2662	276 115	1 722 624	16 611	204 040	208 184	144 066
贵州	148 881	15 875	7589	68 731	10 629	23 081	11 575	3395	22 603	1 053 426	37 643	4535	8992	319 638
云南	106 200	8710	3912	68 250	3496	69 205	18 918	4975	85 891	1 204 019	2560	20 899	35 261	565 939
西藏	1449	259	146	756	457	290	91	0	17	653	139	0	0	0
陕西	68 396	106 664	4307	21 582	4413	50 183	11 303	2415	413 078	1 012 951	4115	26 434	322 456	122
甘肃	54 139	12 511	2131	13 194	4039	15 359	2537	103	163 501	495 798	3318	23 522	230 273	642
青海	11 821	3327	268	1311	458	35	574	13	26 358	548 923	373	111 925	169 376	0
宁夏	17 964	42 812	1119	3999	2197	17 756	1986	32	143 318	1 863 356	5956	13 851	914 685	0
新疆	119 912	288 920	10 180	58 901	36 256	38 463	7702	1427	634 531	3 778 109	54 865	1 289 973	1 780 447	0

地区	其中：肥料制造	10.医药制造业（轻）	11.化学纤维制造业（轻）	12.橡胶和塑料制品业	其中：轻工业	13.非金属矿物制品业	其中：轻工业	其中：水泥制造	14.黑色金属冶炼及压延加工业	其中：铁合金冶炼	15.有色金属冶炼及压延加工业	其中：铝冶炼	16.金属制品业	其中：轻工业
全国	8 111 949	3 371 790	3 902 762	12 383 597	5 214 512	31 879 884	2 153 602	14 277 086	48 816 700	11 106 037	54 531 852	42 468 910	17 500 995	1 867 626
北京	1615	67 289	2936	55 239	28 708	157 691	2167	44 568	53 461	0	16 175	0	102 394	5474
天津	1292	73 749	94 330	174 621	55 619	152 328	3283	25 852	853 218	2880	162 693	750	507 816	13 231
河北	482 290	223 374	85 933	650 890	214 446	1 766 945	175 562	616 000	6 733 068	71 053	275 542	7186	1 849 219	29 596
山西	898 932	122 639	38 653	71 158	5475	658 864	16 143	353 054	2 166 583	382 307	1 421 934	864 134	141 074	5970
内蒙古	48 812	204 660	281 073	50 635	5066	597 127	39 463	229 201	3 636 034	2 601 317	5 428 702	4 889 152	80 126	3050
辽宁	62 267	62 559	36 243	258 742	67 560	1 309 266	88 478	316 263	3 389 176	111 030	1 033 092	580 289	267 778	17 440
吉林	35 043	69 603	44 125	54 456	8060	308 456	425	156 899	326 154	17 122	88 266	94	57 347	983
黑龙江	34 397	53 093	882	41 986	14 021	262 086	2096	122 418	191 691	870	74 418	3	47 653	604
上海	840	100 665	103 979	355 877	167 510	128 078	6468	14 901	1 489 002	530	59 430	1	436 393	59 373
江苏	463 809	365 445	849 465	1 714 994	685 464	1 925 150	88 395	771 499	4 526 282	355 210	567 766	0	2 862 252	238 132

续表

地区	其中:肥料制造	10.医药制造业(轻)	11.化学纤维制造业(轻)	12.橡胶和塑料制品业	其中:轻工业	13.非金属矿物制品业	其中:轻工业	其中:水泥制造	14.黑色金属冶炼及压延加工业	其中:铁合金冶炼	15.有色金属冶炼及压延加工业	其中:铝冶炼	16.金属制品业	其中:轻工业
浙 江	99 768	355 513	1 047 155	2 053 671	838 014	1 425 960	57 055	616 763	599 202	16 393	579 949	352	2 317 221	218 826
安 徽	575 719	77 892	119 593	298 466	97 359	1 708 859	36 703	933 856	1 509 882	43 088	357 805	0	431 178	4002
福 建	81 513	48 665	311 296	495 556	182 877	1 336 621	100 716	427 630	1 224 566	418 051	725 306	195 901	592 551	69 648
江 西	19 305	82 792	76 509	119 234	57 352	1 452 903	348 351	492 324	723 960	35 516	432 190	33 523	166 959	10 376
山 东	1 033 074	364 361	209 709	1 289 816	305 526	2 572 598	242 904	1 559 489	3 170 881	264 900	11 394 738	9 814 696	1 533 903	88 682
河 南	1 011 831	186 398	104 778	426 138	80 017	1 829 532	87 067	496 366	1 389 840	260 067	4 779 796	3 941 467	684 291	62 305
湖 北	731 654	119 336	29 688	181 582	18 413	1 153 579	51 837	552 922	1 379 643	50 536	359 319	388	297 050	14 697
湖 南	101 787	53 154	6333	68 751	27 009	1 155 368	105 064	654 266	1 206 248	202 153	591 431	58 966	181 246	19 884
广 东	26 448	236 732	190 160	3 217 992	2 172 720	3 093 334	359 697	1 036 473	1 726 778	280 853	903 122	195 261	3 634 704	845 583
广 西	175 211	30 137	8303	81 491	12 721	1 117 285	35 845	661 494	2 234 169	720 126	1 611 844	1 244 870	112 772	1936
海 南	30 672	22 796	629	18 509	10 078	203 317	4110	167 172	5993	209	4865	14	14 924	330
重 庆	88 890	31 594	42 861	120 138	33 420	743 229	18 181	419 294	397 219	46 008	716 538	442 570	213 689	5128
四 川	174 434	89 250	88 392	207 204	29 020	1 658 139	105 649	655 283	2 198 324	346 967	1 111 476	499 189	343 202	61 908
贵 州	506 600	36 625	17 058	67 910	13 652	1 012 015	66 916	598 998	1 240 231	813 553	1 681 406	1 440 753	241 584	36 485
云 南	511 907	44 817	2416	99 532	5215	1 527 695	11 169	894 638	1 258 147	158 157	2 730 552	2 029 785	112 921	774
西 藏	9	427	26	362	47	53 593	87	41 301	2764	0	82	0	163	19
陕 西	164 889	30 260	11 781	50 701	4734	470 791	36 855	346 188	685 885	343 778	601 256	223 340	213 954	6928
甘 肃	88 958	20 900	8422	32 149	6311	650 266	22 599	291 419	946 624	577 670	3 531 118	2 998 886	44 192	820
青 海	108 567	4361	2273	4595	1316	340 478	180	147 813	1 058 504	950 044	3 038 728	2 936 515	6596	64
宁 夏	100 181	79 816	402	20 661	4544	572 706	3366	149 150	2 003 362	1 523 114	1 521 965	1 487 313	21 808	53
新 疆	451 236	112 887	87 358	100 540	62 238	535 624	36 772	483 592	489 810	12 535	8 730 350	8 583 512	96 035	45 324

续表

地 区	17. 通用及专用设备制造业	其中：轻工业	18. 交通运输、电气、电子设备制造业	其中：轻工业	其中：交通运输设备制造业	19. 工艺品及其他制造业（轻）	20. 废气资源和废旧材料回收加工业	（三）电力及水的生产和供应业	1. 电力、热力的生产和供应业	其中：电厂生产全部耗用电量	线路损失电量	抽水蓄能抽水耗用电量	2. 燃气生产和供应业	3. 水的生产和供应业
全 国	12 800 984	221 525	27 115 958	4 909 568	6 990 941	4 787 802	719 290	83 410 399	77 443 985	40 486 859	30 629 254	3 013 700	1 567 546	4 398 868
北 京	184 442	5833	553 572	16 090	235 278	38 904	5448	1 263 306	1 099 532	340 100	636 407	42 534	5863	157 911
天 津	231 012	3049	709 581	92 510	345 171	51 549	6192	1 170 989	1 084 098	521 252	488 633	0	16 625	70 266
河 北	591 789	3503	659 880	106 088	226 299	134 635	37 311	4 504 765	4 247 603	1 881 165	1 966 957	205 889	79 373	177 789
山 西	248 319	292	133 192	7945	39 358	92 475	10 340	3 727 329	3 334 719	2 122 169	902 363	221 539	244 775	147 835
内蒙古	58 895	1361	105 916	34 392	8282	39 177	4557	4 310 708	4 137 087	3 059 658	823 193	45 823	80 257	93 365
辽 宁	615 654	3435	521 709	42 157	303 664	61 602	12 883	3 370 357	3 079 320	1 521 332	1 055 034	214 579	49 697	241 340
吉 林	72 586	193	370 613	3355	336 088	14 266	5501	1 556 337	1 422 724	826 199	294 209	57 623	14 496	119 117
黑龙江	88 676	155	87 896	9102	61 057	72 105	2268	1 658 590	1 544 547	844 515	526 888	0	46 920	67 123
上 海	635 476	7547	1 131 534	35 217	421 180	343 001	3241	1 468 355	1 346 238	524 473	797 281	87	21 469	100 648
江 苏	3 016 956	49 714	6 353 247	691 677	1 077 844	446 625	82 802	6 316 502	5 820 822	3 449 472	2 004 646	211 052	61 393	434 287
浙 江	1 939 549	22 623	2 554 071	599 078	626 276	481 358	43 255	4 538 858	4 180 647	1 985 599	1 456 488	708 556	23 262	334 949
安 徽	233 125	8958	939 407	352 852	243 172	133 442	19 686	2 714 201	2 556 910	1 182 605	1 087 877	0	28 138	129 153
福 建	288 536	1866	765 093	163 582	137 423	395 062	55 722	2 442 600	2 300 567	1 187 428	855 333	233 307	21 143	120 890
江 西	75 998	3497	437 194	121 133	104 017	184 077	20 552	2 310 476	2 206 045	1 434 251	657 118	37 108	15 312	89 119
山 东	1 241 911	13 331	1 111 251	135 844	473 672	228 264	70 455	6 550 829	6 166 068	3 914 960	1 949 948	167 476	69 986	314 775
河 南	598 293	3288	574 380	55 527	152 638	219 189	32 031	4 825 777	4 584 147	2 008 719	2 172 206	266 427	100 212	141 418
湖 北	317 425	4178	801 603	96 762	363 983	161 191	25 381	3 078 916	2 906 548	1 638 117	1 094 355	121 369	28 784	143 584
湖 南	155 737	2327	480 182	25 968	166 201	64 339	19 442	2 156 243	2 021 626	699 765	1 106 939	179 267	15 494	119 123
广 东	1 271 311	41 309	6 543 945	1 997 030	1 055 925	1 049 499	135 123	6 499 696	5 874 659	2 830 411	2 402 764	299 452	98 281	526 757
广 西	76 853	4693	231 664	3004	93 826	98 339	8610	1 299 999	1 204 637	486 162	683 928	0	9303	86 058
海 南	25 730	0	18 884	686	15 219	5390	18 182	462 106	424 867	235 904	176 920	0	7412	29 827
重 庆	263 095	566	677 592	102 908	352 451	24 334	7115	1 160 504	978 726	404 408	552 138	4	49 537	132 241

续表

地区	17.通用及专用设备制造业	其中:轻工业	18.交通运输、电气、电子设备制造业	其中:轻工业	其中:交通运输设备制造业	19.工艺品及其他制造业(轻)	20.废气资源和废旧材料回收加工业	(三)电力、燃气及水的生产和供应业	1.电力、热力生产和供应业	其中:电厂生产全部用电量	线路损失电量	抽水蓄能抽水耗用电量	2.燃气生产和供应业	3.水的生产和供应业
四 川	192 019	10 981	611 539	161 221	56 264	144 287	18 677	2 730 031	2 523 003	651 262	1 810 283	54	64 132	142 896
贵 州	93 577	7029	87 520	6954	49 746	158 243	22 950	1 947 236	1 845 668	1 142 322	703 346	0	33 647	67 921
云 南	44 405	290	57 183	2067	19 997	60 054	19 931	1 586 825	1 506 886	443 619	1 063 267	0	11 306	68 632
西 藏	142	0	3613	0	68	504	81	114 053	107 727	6132	67 246	1	185	6141
陕 西	154 710	2811	481 429	23 474	6317	49 595	7126	2 893 880	2 699 339	1 628 367	1 030 275	198	108 733	85 607
甘 肃	31 196	40	40 750	521	7861	5245	3018	1 534 466	1 380 517	706 405	520 397	1242	76 268	77 681
青 海	2535	0	22 883	9660	377	10 010	1016	394 819	364 523	139 106	203 825	0	11 824	18 472
宁 夏	18 528	4	21 878	423	6764	2318	7740	1 302 866	1 206 258	903 147	224 079	0	44 882	51 726
新 疆	32 503	18 653	26 757	12 342	4523	18 723	12 653	3 518 981	3 287 927	1 767 835	1 314 910	113	128 838	102 216

地 区	其中:轻工业	三、建筑业	四、交通运输、仓储、邮政业	1.交通运输业	其中:城市公共交通	管道运输业	电气化铁路	2.仓储业	3.邮政业	五、信息传输、计算机服务和软件业	1.电信和其他信息传输服务业	2.计算机服务和软件业	六、商业、住宿和餐饮业	1.批发和零售业
全 国	2 230 988	7 256 234	12 514 873	10 910 705	1 182 347	482 090	5 647 700	1 350 216	253 952	5 564 214	4 811 894	752 321	23 237 845	16 619 384
北 京	86 103	213 514	498 573	428 557	187 376	6791	119 088	56 563	13 453	337 102	253 715	83 387	919 394	601 982
天 津	28 863	113 830	279 818	253 387	20 984	561	153 166	24 325	2106	61 545	53 473	8072	339 207	244 704
河 北	81 662	338 616	953 558	863 638	18 652	33 133	509 617	80 296	9624	253 635	226 322	27 313	1 362 323	1 114 934
山 西	58 431	192 766	584 274	544 196	5676	45 352	318 148	35 176	4902	116 905	102 924	13 981	383 828	270 089
内蒙古	9565	108 312	247 256	199 412	7849	1032	147 831	36 443	11 402	140 928	80 038	60 890	491 435	298 267
辽 宁	163 193	257 740	531 290	469 057	26 242	27 832	273 196	56 477	5756	202 353	181 636	20 717	929 327	699 070
吉 林	81 693	100 950	229 459	173 994	9525	22 054	4218	51 977	3488	118 291	107 622	10 669	375 917	283 051
黑龙江	35 652	127 621	165 869	118 629	12 174	21 660	43 235	42 945	4295	93 093	85 839	7254	372 148	282 498
上 海	68 213	144 870	458 159	388 438	205 429	1721	585	59 278	10 443	213 927	157 755	56 172	818 922	675 510
江 苏	220 171	451 324	701 242	553 039	125 505	11 563	99 702	124 606	23 597	430 229	397 582	82 647	1 805 515	1 325 198

续表

地区	其中：轻工业	三、建筑业	四、交通运输、仓储、邮政业	1. 交通运输业	其中：城市公共交通	管道运输业	电气化铁路	2. 仓储业	3. 邮政业	五、信息传输、计算机服务和软件业	1. 电信和其他信息传输服务业	2. 计算机服务和软件业	六、商业、住宿和餐饮业	1. 批发和零售业
浙江	140 752	537 732	609 627	521 781	63 557	28 107	198 836	73 171	14 675	435 622	364 976	70 646	1 633 651	1 133 990
安徽	79 673	265 007	322 285	295 167	11 963	14 970	203 519	20 998	6120	163 009	153 647	9362	758 276	576 515
福建	74 833	245 794	290 959	253 646	9150	125	91 518	24 926	12 387	212 894	191 198	21 696	908 381	654 762
江西	52 796	186 020	340 603	325 627	11 404	535	245 716	10 086	4890	145 848	134 682	11 166	543 063	357 181
山东	138 937	426 853	896 414	647 937	17 936	40 835	368 381	230 595	17 882	295 487	267 351	28 136	1 289 782	958 888
河南	60 319	274 873	606 564	536 789	23 413	1481	457 430	56 972	12 803	169 337	151 708	17 629	940 328	717 812
湖北	86 979	288 183	469 549	440 269	44 223	8951	168 733	23 514	5766	128 537	115 115	13 422	927 337	667 702
湖南	85 240	228 170	484 234	461 169	20 555	1799	359 126	16 656	6409	156 497	146 577	9920	705 634	487 400
广东	339 523	636 223	919 624	773 727	178 322	11 596	305 042	121 824	24 072	649 727	569 386	80 341	3 100 951	2 116 383
广西	23 862	184 343	271 210	244 672	14 436	10 945	145 124	17 747	8792	123 999	117 539	6460	459 403	264 249
海南	25 026	88 331	54 514	45 895	1334	71	20 977	6987	1632	45 889	44 245	1643	237 737	94 668
重庆	90 998	248 022	209 662	188 795	16 907	19 560	89 367	17 172	3695	104 912	97 074	7838	572 010	432 466
四川	12 762	396 908	426 030	389 117	40 094	1877	86 159	27 365	9548	250 027	213 711	36 316	1 085 691	844 207
贵州	22 958	240 466	259 813	237 981	34 317	7100	164 417	11 125	10 706	107 947	88 344	19 603	329 975	209 353
云南	5818	294 730	276 689	229 888	17 171	2122	116 646	42 706	4095	162 353	157 863	4490	485 769	293 862
西藏	5252	23 036	17 074	14 519	5261	76	0	933	1622	6966	6603	363	42 788	25 169
陕西	11 129	253 200	606 769	569 696	14 653	55 586	421 017	28 126	8948	132 081	100 910	31 171	633 996	453 628
甘肃	29 904	128 800	406 954	384 985	1681	48 901	308 932	19 619	2350	88 815	86 519	2296	276 125	190 551
青海	7473	54 335	67 722	65 195	178	993	57 304	1654	873	26 093	25 817	276	78 416	54 199
宁夏	37 859	54 578	73 161	67 019	635	1494	57 198	4893	1249	31 775	30 647	1128	121 950	83 502
新疆	65 348	151 086	255 918	224 484	35 745	53 267	113 472	25 061	6373	108 393	101 076	7317	308 566	207 593

续表

地区	2.住宿和餐饮业	七、金融、房地产、商务及居民服务业	1.金融业	2.房地产业	3.租赁和商务服务、居民服务和其他服务业	八、公共事业及管理组织	1.科学研究、技术服务和地质勘查业	其中:地质勘查业	2.水利、环境和公共设施管理业	其中:水利管理业	其中:公共照明	3.教育、文化、体育和娱乐业	其中:教育	4.卫生、社会保障和社会福利业	5.公共管理和社会组织、国际组织
全 国	6 618 461	17 326 659	1 576 019	8 844 658	6 905 982	21 057 114	1 395 278	59 092	4 565 259	733 500	2 424 170	6 494 157	4 893 911	3 748 891	4 853 529
北 京	317 412	1 555 349	107 617	1 103 672	344 060	1 398 543	245 523	1050	127 478	21 398	51 173	465 842	339 950	182 706	376 994
天 津	94 503	405 644	27 480	243 946	134 218	366 816	34 431	1155	80 409	21 146	35 561	134 360	110 521	54 020	63 596
河 北	247 389	574 040	57 162	254 122	262 756	1 028 038	47 479	5325	247 038	66 858	145 091	310 410	263 413	183 847	239 264
山 西	113 739	246 705	27 235	55 173	164 297	448 708	21 867	1183	112 507	33 589	26 428	141 579	107 975	62 321	110 434
内蒙古	193 168	127 696	29 209	40 978	57 509	267 098	9608	2425	85 224	16 398	42 054	72 103	24 146	42 632	57 530
辽 宁	230 257	565 844	60 723	203 591	301 530	674 114	36 180	1164	117 876	11 450	63 996	233 498	178 141	123 803	162 757
吉 林	92 866	203 885	32 459	61 916	109 510	324 489	17 556	306	52 155	6399	16 393	116 415	93 384	58 959	79 404
黑龙江	89 650	307 186	21 042	106 905	179 239	314 027	16 950	1310	59 177	9866	23 427	102 826	82 249	53 682	81 392
上 海	143 412	1 983 685	164 683	1 293 430	525 572	1 007 017	165 030	1012	169 687	62 852	38 879	327 171	256 686	163 760	181 369
江 苏	480 317	1 615 365	111 816	1 021 082	482 467	1 907 436	147 278	2447	434 324	67 431	254 552	623 751	470 495	342 917	359 166
浙 江	499 661	1 037 410	122 046	422 741	492 623	1 437 595	54 882	1279	325 573	24 849	279 272	435 087	302 145	252 489	369 564
安 徽	181 761	537 791	42 028	243 472	252 291	694 577	30 948	1878	149 181	23 260	86 909	235 293	195 968	144 376	134 779
福 建	253 619	397 462	53 272	126 965	217 225	804 762	29 026	1465	185 038	13 427	155 738	254 501	191 455	127 474	208 723
江 西	185 882	217 901	34 968	107 352	75 581	451 842	11 477	1211	97 401	21 531	43 583	154 599	119 020	86 138	102 227
山 东	330 894	989 377	91 411	451 955	446 011	1 209 535	48 574	4345	259 913	64 921	109 087	270 871	190 021	288 553	341 624
河 南	222 516	531 581	58 732	311 482	161 367	792 412	42 033	4868	158 352	34 788	81 020	257 672	215 639	165 673	168 682
湖 北	259 635	453 092	40 853	310 272	101 967	766 894	61 235	1064	180 972	19 742	117 563	237 077	197 023	147 492	140 118
湖 南	218 234	307 431	35 014	201 064	71 353	772 085	22 964	1535	266 021	23 343	81 390	211 958	178 771	145 190	125 952
广 东	984 568	2 463 588	186 858	687 650	1 589 081	2 341 697	120 314	5592	551 012	57 741	317 808	690 621	516 115	401 766	577 985
广 西	195 153	294 752	31 479	131 724	131 549	465 561	12 672	1187	92 402	9028	52 289	132 530	85 567	103 064	124 892
海 南	143 069	273 489	11 000	194 005	68 484	191 204	7104	66	21 046	4835	12 266	49 191	36 269	30 019	83 844

续表

地区	2.住宿和餐饮业	七、金融、房地产、商务及居民服务业	1.金融业	2.房地产业	3.租赁和商务服务、居民服务和其他服务业	八、公共事业及管理组织	1.科学研究、技术服务和地质勘查业	其中：地质勘查业	2.水利、环境和公共设施管理业	其中：水利管理业	其中：公共照明	3.教育、文化、体育和娱乐业	其中：教育	4.卫生、社会保障和社会福利业	5.公共管理和社会组织、国际组织
重庆	139 544	438 499	22 580	345 854	70 065	459 593	12 672	502	120 584	10 516	83 653	157 568	112 998	86 375	82 394
四川	241 484	598 522	55 733	411 361	131 428	811 489	80 435	1284	195 722	13 366	43 498	228 851	109 066	151 091	155 390
贵州	120 622	167 646	41 014	73 539	53 093	314 571	15 032	2944	94 145	32 718	50 844	90 215	68 963	60 018	55 161
云南	191 907	314 453	27 725	113 338	173 389	445 874	15 006	1058	82 391	20 540	43 278	155 854	112 032	76 268	116 355
西藏	17 619	9456	4362	1430	3664	74 170	1568	247	27 803	2189	22 199	9622	5531	5648	29 529
陕西	180 368	327 373	31 345	166 565	129 464	554 340	45 967	1553	103 569	16 164	42 291	206 690	180 966	93 731	104 382
甘肃	85 574	120 696	15 902	40 579	64 215	231 324	17 578	1762	40 313	6714	29 402	72 720	58 492	37 170	63 543
青海	24 217	54 299	5744	31 711	16 844	76 227	4857	710	15 070	2090	6727	19 524	14 079	11 907	24 869
宁夏	38 448	50 394	6881	32 088	11 425	109 083	3483	533	35 350	2903	16 029	29 586	22 962	16 544	24 120
新疆	100 973	156 048	17 646	54 696	83 706	315 994	15 549	6631	77 526	11 447	51 770	66 172	53 869	49 257	107 490

分地区 6000kW 及以上电厂发电技术经济指标

地区	利用小时 (h)						厂用电率（%）			发电标准煤耗 (g/kWh)	供电标准煤耗 (g/kWh)	发电消耗原煤量 (万 t)	发电消耗标煤量 (万 t)
	合计	水电	火电	核电	风电	太阳能发电	合计	水电	火电				
全国	3797	3619	4186	7060	1745	1129	4.77	0.29	6.01	294	312	165 144	112 949
北京	3983	1234	4320	0	1750	946	2.47	1.03	2.53	206	211	93	856
天津	4141	0	4314	0	2075	515	5.98		6.02	277	295	1691	1620
河北	4159	1242	4974		2070	1221	5.66	2.73	6.14	301	321	9078	6423
山西	3485	1575	3800		1936	1459	7.08	0.60	7.55	297	320	10 761	6474
内蒙古	3656	1152	4532	0	1830	1425	6.32	0.90	7.24	310	334	20 010	10 395

续表

地区	利用小时（h）						厂用电率（%）			发电标准煤耗（g/kWh）	供电标准煤耗（g/kWh）	发电消耗原煤量（万t）	发电消耗标准煤量（万t）
	合计	水电	火电	核电	风电	太阳能发电	合计	水电	火电				
辽宁	3857	1911	4331	4982	1929	1189	6.39	1.88	6.53	290	310	6900	3875
吉林	2756	2214	3286		1333	1187	5.92	0.64	6.93	283	304	3150	1637
黑龙江	3411	2167	3922		1666	1467	6.15	0.97	6.72	303	324	4204	2427
上海	3564		3610		2162	743	4.52	0.00	4.55	287	301	2782	2320
江苏	4806	1524	5093	7562	1980	1087	4.59	1.07	4.58	283	296	16 309	12 340
浙江	4010	2504	3921	7661	2161	959	4.83	0.39	5.01	283	298	8148	6551
安徽	4161	2045	4487		2109	870	4.57	0.62	4.65	289	303	8107	5720
福建	3917	4776	3161	6947	2503	635	3.71	0.07	4.43	296	311	285	201
江西	4165	3807	4560		2114	687	4.35	0.53	5.00	292	306	3032	2182
山东	4788	1348	5187		1869	1064	6.12	0.65	6.23	300	318	17 982	13 332
河南	3674	2228	3855		1902	696	5.33	0.35	5.56	296	314	10 238	7119
湖北	3819	3869	3985		2063	916	2.22	0.11	5.21	295	310	3461	2819
湖南	3325	3621	3270		2125	664	4.02	0.56	6.28	304	321	2790	1979
广东	3861	3631	3723	7516	1928	728	4.59	0.43	5.33	287	303	7827	6309
广西	3494	3803	3008	7184	2359	959	3.33	0.37	6.92	301	323	1544	1065
海南	4137	2577	4241	6264	1801	1070	7.80	0.48	8.08	271	273	679	505
重庆	3443	3729	3340	0	2023	0	4.87	0.42	7.15	298	320	1700	1275
四川	3786	4234	2121	0	2247	1488	0.54	0.33	4.26	309	329	1062	740
贵州	3602	3315	3980	0	1806	1006	5.17	0.17	7.96	302	326	5202	3019
云南	3192	3792	1418	0	2243	1227	1.01	0.20	7.77	315	340	1007	518
西藏	2378	3136	82	0	1908	1519	1.10	0.68	27.07	358	386	0	1
陕西	4105	2437	4491	0	1951	1245	7.04	1.30	7.30	302	326	5558	3888
甘肃	2554	3534	3612	0	1088	1000	4.11	0.56	6.05	300	319	3056	2085
青海	2458	2572	3989	0	1726	1428	2.07	0.33	7.01	321	344	591	451
宁夏	3575	3356	4904		1553	1270			7.80	298	322	4256	2644
新疆	3507	3452	4768	0	1290	886	6.51	0.20		299	320	3639	2178

分地区 6000kW 及以上电厂供热情况

地 区	供热容量 （万 kW）	供热量 （GJ）	供热厂用电		供热标准煤耗 （kg/GJ）	供热消耗原煤量 （万 t）	供热消耗标煤量 （万 t）
			厂用电量 （万 kWh）	厂用电率 （kWh/GJ）			
全 国	**39 105**	**3 858 555 683**	**4 391 670**	**11.4**	**38.9**	**22 275**	**15 019**
北 京	690	77 396 957	46 307	6.0	38.0	126	294
天 津	989	79 878 126	70 955	8.9	39.7	344	317
河 北	3083	210 216 529	194 097	9.2	38.6	1216	812
山 西	3734	153 220 872	146 548	9.6	39.5	984	605
内蒙古	3506	255 094 607	276 804	10.9	39.3	1955	1002
辽 宁	2076	330 295 565	333 466	10.1	39.5	2149	1306
吉 林	1302	195 613 159	256 086	13.1	38.5	1412	754
黑龙江	1387	271 699 733	231 237	8.5	36.7	1809	998
上 海	514	66 451 390	54 694	8.2	38.0	275	252
江 苏	5439	636 410 617	939 062	14.8	38.2	3500	2429
浙 江	1323	454 456 288	312 145	6.9	37.9	2334	1720
安 徽	1279	48 570 954	35 918	7.4	40.0	261	194
福 建	685	2 818 236	1264	4.5	39.0	19	11
江 西	0	0				0	
山 东	6259	701 623 968	1 143 185	16.3	39.4	3680	2766
河 南	1956	102 437 464	92 019	9.0	43.0	804	440
湖 北	597	24 462 526	20 772	8.5	39.8	126	97
湖 南	352	48 335 763	84 003	17.4	41.4	148	200
广 东	0	46 140 504	25 008	5.4	38.0	190	175
广 西							
海 南		0				0	

续表

地区	供热容量(万kW)	供热量(GJ)	供热厂用电		供热标准煤耗(kg/GJ)	供热消耗原煤量(万t)	供热消耗标准煤量(万t)
			厂用电量(万kWh)	厂用电率(kWh/GJ)			
重 庆	185	48 040 838	39 089	8.8	39.8	290	191
四 川	0	0	0			0	0
贵 州	150	241 812	129	13.2	38.8	2	1
云 南	0	0	0	0.0	0.0	0	0
西 藏	0	0	0	0.0	0.0	0	0
陕 西	734	29 822 655	27 618	9.3	44.1	199	131
甘 肃	1121	10 974 072	9430	8.6	39.9	65	44
青 海	0	0					
宁 夏	479	0					
新 疆	1263	64 353 047	51 835	8.1	43.3	387	278

分地区35kV及以上输电线路回路长度

单位：km

地区	合计	1000kV	±800kV	750kV	±660kV	500kV	其中:±500kV	±400kV	330kV	220kV	110kV(含66kV)	35kV	电缆
全 国	1 756 141	7245	12 295	17 968	1334	179 414	13 539	1640	28 366	397 050	611 431	499 400	57 933
北 京	10 024	0	0	0	0	1446	0	0	0	2908	3775	1895	2062
天 津	11 149	579	0	0	0	982	0	0	0	2856	3322	3411	6074
河 北	96 632	1419	0	0	200	11 698	0	0	0	21 554	31 024	30 737	1747
山 西	68 293	657	422	0	305	8498	0	0	0	16 180	19 730	22 500	727
内蒙古	97 695	0	0	0	0	8978	715	0	0	29 356	39 180	20 181	106
辽 宁	58 718	0	0	0	0	7825	193	0	0	18 096	32 759	38	2071

续表

地区	合计	1000kV	±800kV	750kV	±660kV	500kV	其中：±500kV	±400kV	330kV	220kV	110kV（含66kV）	35kV	电缆
吉 林	34 473	0	0	0	0	3102	0	0	0	11 276	20 051	44	217
黑龙江	56 436	0	0	0	0	4700	81	0	0	14 048	24 534	13 154	532
上 海	9642	147	106	0	0	1230	147	0	0	3454	920	3784	12 645
江 苏	89 802	1015	65	0	0	11 885		0	0	26 866	30 736	19 234	5952
浙 江	62 527	1185	526			8696	472		0	16 290	21 498	14 332	5252
安 徽	67 246	1223	1206			6918	1583		0	14 524	18 631	24 744	1469
福 建	47 417	342	0	0	0	4922	0	0	0	12 301	16 143	13 710	1109
江 西	48 727	0	450			4185		0	0	12 102	15 434	16 557	668
山 东	95 866	155	0		415	7712			0	23 555	30 264	33 762	5053
河 南	74 455	343	710	0	0	7779	1798	0	140	18 325	23 180	23 978	825
湖 北	70 074	180	981	0	0	11 487	857	0	0	14 519	21 621	21 286	1197
湖 南	66 837	0	1387	0	0	5266		0	0	14 003	22 729	23 452	581
广 东	74 931	0	0	0	0	9881	0	0	0	22 549	34 935	7566	3857
广 西	70 237	0	0	0	0	1941		0	0	16 606	20 618	31 071	535
海 南	10 714									4047	3970	2697	157
重 庆	35 475		575			3372				8608	10 759	12 161	757
四 川	92 326	0	854	0	0	13 795	240	0	0	20 376	28 615	28 685	1562
贵 州	48 925	0	0	0	0	3502	0	0	0	11 161	15 813	18 449	580
云 南	85 368	0	0	0	0	11 940	562	0	0	14 767	25 115	33 545	403
西 藏	15 359	0	0	0	0	0		423	0	3371	6551	5014	5
陕 西	54 565	0	514	2323	308	565	294	0	9540	327	23 788	17 200	1189
甘 肃	61 378	0	1351	5204				0	9758	847	22 448	21 770	106
青 海	28 616	0	0	2832		0		1217	6268	0	11 639	6659	104
宁 夏	17 535	0	194	1828	106		0	0	2659	2258	6680	3810	118
新 疆	74 801	0	166	5781	0	196		0	0	19 720	24 966	23 972	243
跨 区	19 899	0	2787	0	0	16 913	6598	0	0	200	0	0	31

分地区 35kV 及以上变压器情况（含公用变压器和自备变压器）

地区	合计 座数（座）	合计 组数（组）	合计 铭牌容量（万kVA）	1000kV 座数（座）	1000kV 组数（组）	1000kV 铭牌容量（万kVA）	±800kV 座数（座）	±800kV 组数（组）	±800kV 铭牌容量（万kVA）	750kV 座数（座）	750kV 组数（组）	750kV 铭牌容量（万kVA）	±660kV 座数（座）	±660kV 组数（组）	±660kV 铭牌容量（万kVA）	500kV 座数（座）	500kV 组数（组）	500kV 铭牌容量（万kVA）
全国	69 108	135 771	629 982	18	41	9900	10	104	4882	41	77	13 570	1	0	0	671	1704	134 695
北京	703	1594	11 782	0	0	0	0	0	0	0	0	0	0	0	0	10	28	2761
天津	1314	3460	9620	1	2	600	0	0	0	0	0	0	0	0	0	7	16	1485
河北	4162	8562	36 992	2	4	1200	0	0	0	0	0	0	0	0	0	39	89	7695
山西	2777	5666	21 368	2	4	1200	0	0	0	0	0	0	0	0	0	22	43	3754
内蒙古	2279	4009	23 513	0	0	0	0	0	0	0	0	0	0	0	0	35	85	6232
辽宁	2673	5098	24 854	0	0	0	0	0	0	0	0	0	0	0	0	27	66	6243
吉林	1347	2160	7299	0	0	0	0	0	0	0	0	0	0	0	0	12	39	1957
黑龙江	2117	3497	8962	0	0	0	0	0	0	0	0	0	0	0	0	15	21	1646
上海	1766	3877	18 935	1	2	600	1	24	713	0	0	0	0	0	0	13	47	4372
江苏	5351	11 511	56 080	3	12	1200	1	24	818	0	0	0	0	0	0	53	136	11 456
浙江	3099	6337	42 049	3	6	1800	2									42	121	11 094
安徽	3127	6319	19 768	2	3	900										24	39	3185
福建	1626	2853	17 563	1	2	600	0	0	0	0	0	0	0	0	0	23	41	3721
江西	1678	2960	11 589	0	0	0	0	0	0	0	0	0	0	0	0	21	36	2619
山东	6189	12 841	44 651	2	2	600	1	0	0	0	0	0	1	0	0	41	104	7869
河南	3378	6580	30 393	1	2	600	0	0	0	0	0	0	0	0	0	39	82	7435
湖北	2646	4888	20 634	1	2	600	0	0	0	0	0	0	0	0	0	28	98	5474
湖南	2494	4435	14 211	0	0	0	0	0	0	0	0	0	0	0	0	19	44	2990
广东	2933	6327	50 414	0	0	0	0	0	0	0	0	0	0	0	0	52	132	11 625
广西	2479	5000	12 174	0	0	0	0	0	0	0	0	0	0	0	0	14		1100

续表

地区	合计 座数(座)	组数(组)	铭牌容量(万kVA)	1000kV 座数(座)	组数(组)	铭牌容量(万kVA)	±800kV 座数(座)	组数(组)	铭牌容量(万kVA)	750kV 座数(座)	组数(组)	铭牌容量(万kVA)	±660kV 座数(座)	组数(组)	铭牌容量(万kVA)	500kV 座数(座)	组数(组)	铭牌容量(万kVA)
海 南	346	606	1965	0	0	0	0	0	0	0	0	0	0	0	0	0	0	0
重 庆	1162	2220	11 493										0	0	0	13	28	2426
四 川	2790	4911	27 622	0	0	0	0	0	0	0	0	0	0	0	0	49	171	10 464
贵 州	1743	3280	11 715	0	0	0	0	0	0	0	0	0	0	0	0	19	33	2450
云 南	2356	4207	16 551	0	0	0	0	0	0	0	0	0	0	0	0	29	86	5122
西 藏	252	327	720	0	0	0	0	0	0	0	0	0	0	0	0	0	0	0
陕 西	1823	3455	23 940							6	10	2100	0	0	0	1	2	357
甘 肃	1534	3101	11 895							9	15	3030	0	0	0			
青 海	539	1166	7057							5	12	2160	0	0	0			
宁 夏	630	1478	9025	0	0	0	0	0	0	4	10	1860	0	0	0	0	0	0
新 疆	1761	2919	14 593	0	0	0	1	24	990	17	30	4420	0	0	0	0	8	972
跨 区	34	127	10 552	0	0	0	4	32	2362	0	0	0	0	0	0	30	95	8191

地区	其中：±500kV 座数(座)	组数(组)	铭牌容量(万kVA)	±400kV 座数(座)	组数(组)	铭牌容量(万kVA)	330kV 座数(座)	组数(组)	铭牌容量(万kVA)	220kV 座数(座)	组数(组)	铭牌容量(万kVA)	110kV（含66kV) 座数(座)	组数(组)	铭牌容量(万kVA)	35kV 座数(座)	组数(组)	铭牌容量(万kVA)
全 国	30	315	17 567	4	0	0	199	502	12 219	5930	12 604	193 928	27 715	52 201	207 484	34 519	68 538	53 305
北 京				0	0	0	0	0	0	94	242	4141	399	960	4574	200	364	306
天 津	0	0	0	0	0	0	0	0	0	93	218	3362	237	491	2043	976	2733	2129
河 北	0	0	0	0	0	0	0	0	0	329	741	11 680	1358	2754	12 011	2434	4974	4407
山 西	1	4	357	0	0	0	0	0	0	275	565	6843	878	1814	7038	1600	3240	2533
内蒙古	0	10	1060	0	0	0	0	0	0	290	645	9560	1206	2051	6533	748	1228	1189
辽 宁	0	0	0	2	0	0	0	0	0	282	597	8419	2358	4429	10 186	4	6	6
吉 林	0	0	0	0	0	0	0	0	0	107	188	2385	1225	1930	2957	3	6	1
黑龙江	1	2	179	0	0	0	0	0	0	150	267	3153	1086	1812	3218	866	1397	945
上 海	2	8	677	0	0	0	0	0	0	123	322	6340	239	493	2290	1389	2989	4621

续表

地区	其中：±500kV			±400kV			330kV			220kV			110kV（含66kV）			35kV		
	座数（座）	组数（组）	铭牌容量（万kVA）	座数（座）	组数（组）	铭牌容量（万kVA）	座数（座）	组数（组）	铭牌容量（万kVA）	座数（座）	组数（组）	铭牌容量（万kVA）	座数（座）	组数（组）	铭牌容量（万kVA）	座数（座）	组数（组）	铭牌容量（万kVA）
江苏	1	12	340	0	0	0	0	0	0	590	1166	19 517	2299	4239	19 249	2405	5934	3840
浙江	0	16	1839							347	735	13 174	1432	2903	13 520	1273	2572	2462
安徽	0	0	0	0	0	0				228	460	6583	784	1432	6351	2089	4385	2749
福建	0	0	0				2	4	212	210	404	6294	789	1444	6043	601	958	693
江西	0	12	464	0	0	0				175	315	4272	560	975	3748	922	1634	950
山东	1	9	994				0	2	133	407	868	14 337	1805	3432	15 389	3934	8435	6456
河南	5	54	1575	0	0	0				298	631	9843	1236	2412	9772	1803	3451	2611
湖北	1	12	340	0	0	0	0	0	0	223	426	6262	1076	1883	6944	1318	2479	1355
湖南	0	0	0	0	0	0	0	0	0	188	386	4848	920	1532	5102	1367	2473	1271
广东	0	0	0	0	0	0	0	0	0	394	961	18 580	1961	4213	19 754	526	1021	455
广西	0	0	0	0	0	0	0	0	0	202	438	5123	618	1061	4242	1651	3487	1710
海南	0	0	0	0	0	0	0	0	0	33	62	874	141	253	916	172	291	175
重庆				0	0	0	0	0	0	119	242	4109	481	912	4165	549	1038	793
四川	4	84	2974	0	0	0	0	0	0	251	521	7964	1007	1865	7624	1483	2354	1570
贵州	0	0	0	0	0	0	0	0	0	144	304	4156	602	1187	4122	978	1756	987
云南	2	34	947	0	0	0	0	0	0	162	393	5309	621	1158	4879	1544	2570	1242
西藏	0	0	0	1	0	0				10	24	326	79	115	296	162	188	99
陕西	1	2	357	0	0	0	63	148	3316	0	0	0	778	1485	13 196	975	1810	4972
甘肃				0	0	0	69	161	3889	9	42	420	486	960	3559	961	1923	997
青海	0	0	0	1	0	0	45	122	2829				235	501	1828	253	531	240
宁夏							20	65	1841	39	107	1600	263	575	2295	304	697	440
新疆	0	8	972	0	0	0	0	0	0	158	334	4455	556	930	3643	1029	1617	1102
跨区	11	48	4491	0	0	0	0	0	0	0	0	0	0	0	0	0	0	0

分地区 35kV 及以上换流变压器情况

地　区	合计			±800kV			±660kV			500kV			±400kV		
	换流站（座）	换流变压器组数（组）	换流变压器容量（万kVA）	换流站（座）	换流变压器组数（组）	换流变压器容量（万kVA）	换流站（座）	换流变压器组数（组）	换流变压器容量（万kVA）	换流站（座）	换流变压器组数（组）	换流变压器容量（万kVA）	换流站（座）	换流变压器组数（组）	换流变压器容量（万kVA）
全　国	59	459	23 746	10	104	4882	1	0	0	30	315	17 567	4	0	0
北　京	0	0	0	0	0	0	0	0	0				0	0	0
天　津	0	0	0	0	0	0	0	0	0				0	0	0
河　北	0	0	0	0	0	0	0	0	0	0	0	0	0	0	0
山　西	0	0	0	0	0	0	0	0	0	0	0	0	0	0	0
内蒙古	3	4	372	0	0	0	0	0	0	1	4	357	0	0	0
辽　宁	2	10	1060	0	0	0	0	0	0	0	10	1060	2	0	0
吉　林	0	0	0	0	0	0	0	0	0	0	0	0	0	0	0
黑龙江	1	2	179	0	0	0	0	0	0	1	2	179	0	0	0
上　海	7	38	1536	1	24	713	0	0	0	2	8	677	0	0	0
江　苏	2	36	1158	1	24	818	0	0	0	1	12	340	0	0	0
浙　江	8	23	1962	2	0	0	0	0	0	0	16	1839	0	0	0
安　徽	0	0	0	0	0	0	0	0	0	0	0	0	0	0	0
福　建	2	4	212	0	0	0	0	0	0	0	0	0	0	0	0
江　西	0	0	0	0	0	0	0	0	0	0	0	0	0	0	0
山　东	1	12	464	0	0	0	1	0	0	0	12	464	0	0	0
河　南	2	12	1170	1	0	0	0	0	0	1	9	994	0	0	0
湖　北	5	54	1575	0	0	0	0	0	0	5	54	1575	0	0	0
湖　南	1	12	340	0	0	0	0	0	0	1	12	340	0	0	0
广　东	0	0	0	0	0	0	0	0	0	0	0	0	0	0	0
广　西	0	0	0	0	0	0	0	0	0	0	0	0	0	0	0

续表

地区	合计 换流站（座）	合计 换流变压器组数（组）	合计 换流变压器容量（万kVA）	±800kV 换流站（座）	±800kV 换流变压器组数（组）	±800kV 换流变压器容量（万kVA）	±660kV 换流站（座）	±660kV 换流变压器组数（组）	±660kV 换流变压器容量（万kVA）	500kV 换流站（座）	500kV 换流变压器组数（组）	500kV 换流变压器容量（万kVA）	±400kV 换流站（座）	±400kV 换流变压器组数（组）	±400kV 换流变压器容量（万kVA）
海南	0	0	0	0	0	0	0	0	0	0	0	0	0	0	0
重庆	0	0	0	0	0	0	0	0	0	0	0	0	0	0	0
四川	4	84	2974	0	0	0	0	0	0	4	84	2974	0	0	0
贵州	0	0	0	0	0	0	0	0	0	0	0	0	0	0	0
云南	2	34	947	0	0	0	0	0	0	2	34	947	0	0	0
西藏	1	6	71	0	0	0	0	0	0	0	0	0	1	6	71
陕西	1	2	357	0	0	0	0	0	0	1	2	357	0	0	0
甘肃	0	0	0	0	0	0	0	0	0	0	0	0	0	0	0
青海	1	2	71	0	0	0	0	0	0	0	0	0	1	2	71
宁夏	0	36	1473	0	24	990	0	12	483	0	0	0	0	0	0
新疆	1	8	972	1	8	972	0	0	0	0	0	0	0	0	0
跨区	15	80	6852	4	32	2362	0	0	0	11	48	4491	0	0	0

地区	330kV 换流站（座）	330kV 换流变压器组数（组）	330kV 换流变压器容量（万kVA）	220kV 换流站（座）	220kV 换流变压器组数（组）	220kV 换流变压器容量（万kVA）	110kV（含66kV）换流站（座）	110kV（含66kV）换流变压器组数（组）	110kV（含66kV）换流变压器容量（万kVA）	35kV 换流站（座）	35kV 换流变压器组数（组）	35kV 换流变压器容量（万kVA）
全国	2	20	899	6	11	328	3	5	58	3	4	11
北京	0	0	0	0	0	0	0	0	0	0	0	0
天津	0	0	0	0	0	0	0	0	0	0	0	0
河北	0	0	0	0	0	0	0	0	0	0	0	0
山西	0	0	0	0	0	0	0	0	0	0	0	0
内蒙古	0	0	0	0	0	0	2		15	0	0	0
辽宁	0	0	0	0	0	0	0	0	0	0	0	0
吉林	0	0	0	0	0	0	0	0	0	0	0	0
黑龙江	0	0	0	0	0	0	0	0	0	0	0	0

续表

地 区	330kV 换流站（座）	330kV 换流变压器组数（组）	330kV 换流变压器容量（万kVA）	220kV 换流站（座）	220kV 换流变压器组数（组）	220kV 换流变压器容量（万kVA）	110kV（含66kV）换流站（座）	110kV 换流变压器组数（组）	110kV 换流变压器容量（万kVA）	35kV 换流站（座）	35kV 换流变压器组数（组）	35kV 换流变压器容量（万kVA）
上 海	0	0	0	1	2	134	1	2	7	2	2	4
江 苏	0	0	0									
浙 江				5	2	80		3	36	1	2	7
安 徽	2	4	212	0	0	0	0	0	0	0	0	0
福 建	0			0	0	0	0	0	0	0	0	0
江 西	0			0	0	0						
山 东	0			0	0	0						
河 南	0	2	133	0	1	43	0	0	0	0	0	0
湖 北	0	0	0	0	0	0	0	0	0	0	0	0
湖 南	0	0	0	0	0	0	0	0	0	0	0	0
广 东	0	0	0	0	0	0	0	0	0	0	0	0
广 西	0	0	0	0	0	0	0	0	0	0	0	0
海 南	0	0	0	0	0	0						
重 庆	0	0	0									
四 川	0	0	0	0	0	0	0	0	0	0	0	0
贵 州	0	0	0	0	0	0	0	0	0	0	0	0
云 南	0	0	0	0	0	0	0	0	0	0	0	0
西 藏	0	0	0	0	6	71	0	0	0	0	0	0
陕 西	0	0	0	0	0	0	0	0	0	0	0	0
甘 肃	0	0	0	0	0	0						
青 海	0	2	71	0	0	0	0	0	0	0	0	0
宁 夏	0	12	484	0	0	0	0	0	0	0	0	0
新 疆	0	0	0	0	0	0	0	0	0	0	0	0
跨 区	0			0	0	0	0	0	0	0	0	0

全国百万千瓦电厂生产情况表

电 厂 名 称	省份	期末装机容量（万 kW）	发电量（亿 kWh）	利用小时（h）
合计		78 760	32 374	4229
水电		15 780	5417	3508
火电		59 648	24 851	4273
核电		3332	2106	7139
水 电				
三峡水电站	湖北省	2240	931	4154
溪洛渡水电站	云南省、四川省	1323	610	4611
向家坝水电站	四川省	600	332	5538
华能澜沧江水电有限公司糯扎渡水电站	云南省	585	215	3675
龙滩水电开发有限公司	广西区	490	154	3151
锦东水电站	四川省	480	240	5005
云南华能澜沧江水电有限公司小湾电站	云南省	420	174	4149
锦西水电站	四川省	360	176	4880
瀑布沟水电站	四川省	360	123	3427
拉西瓦水电站	青海省	350	72	2055
构皮滩发电站	贵州省	300	90	3006
大唐观音岩水电开发有限公司观音岩水电站	云南省	300	86	3126
葛洲坝水电站	湖北省	272	182	6692
大岗山水电站	四川省	260	66	2536
广州抽水蓄能电站	广东省	240	27	1127
惠州抽水蓄能电站	广东省	240	18	737
二滩送四川	四川省	240	107	4466
官地水电站	四川省	240	121	5051
云南华电金沙江中游水电开发有限公司梨园水电站	云南省	240	66	3666
金安桥电站	云南省	240	87	3636
云南华电鲁地拉水电有限公司	云南省	216	58	2676
云南金沙江中游水电开发有限公司阿海水电站	云南省	200	58	2899
小浪底水电站	河南省	194	46	2388
水布垭水电站	湖北省	184	47	2558
大唐岩滩水力发电厂	广西区	181	73	4012
天荒坪抽水蓄能电站	浙江省	180	30	1681
华能龙开口水电有限公司龙开口水电站	云南省	180	37	2031

电 厂 名 称	省份	期末装机容量 （万 kW）	发电量 （亿 kWh）	利用小时 （h）
大唐彭水电站	重庆市	175	68	3875
云南华能澜沧江水电有限公司景洪电站	云南省	175	70	4000
白山水电站总厂	吉林省	170	28	1639
华能漫湾发电厂	云南省	167	68	4092
李家峡水电站	青海省	160	40	2485
浙江仙居抽水蓄能有限公司	浙江省	150	5	918
公伯峡水电站	青海省	150	39	2577
水口水力发电厂（控）	福建省	140	82	5850
刘家峡水电站	甘肃省	136	43	3175
国投云南大朝山水电有限公司	云南省	135	66	4923
天生桥二级水电站	贵州省	132	68	5130
清远抽水蓄能电站	广东省	128	9	1131
龙羊峡水电站	青海省	128	37	2922
乌江渡发电厂	贵州省	125	37	2928
隔河岩水电站	湖北省	121	37	3066
西龙池抽水蓄能电站	山西省	120	16	1365
呼和浩特抽水蓄能电站	内蒙古	120	3	290
蒲石河抽水蓄能公司	辽宁省	120	17	1448
华东桐柏抽水蓄能发电有限公司	浙江省	120	21	1780
福建仙游抽水蓄能电站	福建省	120	19	1547
江西洪屏抽水蓄能电有限公司	江西省	120	3	725
宝泉抽水蓄能电站	河南省	120	20	1668
白莲河抽水蓄能电站	湖北省	120	10	835
黑糜峰抽水蓄能电站	湖南省	120	16	1335
中电投五强溪电厂	湖南省	120	65	5434
天生桥一级水电站	贵州省	120	42	3509
威信云投粤电扎西能源有限公司	云南省	120	16	1329
沙沱发电厂	贵州省	112	48	4287
亭子口水电站	四川省	110	20	1806
思林发电厂	贵州省	105	41	3876
光照水电站	贵州省	104	18	1729
积石峡电站	青海省	102	24	2374
河北张河湾蓄能发电有限责任公司	河北省	100	16	1575
华东宜兴抽水蓄能有限公司（宜兴抽水蓄能1～4号机组）	江苏省	100	15	1497
响水涧抽水蓄能电站-国网	安徽省	100	18	1777

电 厂 名 称	省份	期末装机容量（万 kW）	发电量（亿 kWh）	利用小时（h）
泰山抽水蓄能电厂	山东省	100	14	1367
三板溪水电厂	贵州省	100	31	3099
火 电				
滨州魏桥棉纺织集团热电厂	山东省	1642	937	6260
大唐托克托发电公司	内蒙古	480	238	4965
浙江浙能嘉华发电有限公司	浙江省	464	200	4342
华能呼伦贝尔能源公司	内蒙古	458	193	4210
沁北电厂	河南省	440	174	3961
农八师火电	新疆区	423	100	2345
华阳后石电厂	福建省	420	117	2787
华能海门电厂	广东省	407	130	3185
国电泰州发电有限公司（国电泰州1~4号机组）	江苏省	400	229	5789
华能国际电力股份有限公司玉环电厂	浙江省	400	185	4617
正蓝旗上都上发电公司（北方公司）	内蒙古	372	170	4582
新疆农六师煤电有限公司自备电厂	新疆区	364	237	6504
华电宁夏灵武发电有限公司	宁夏区	332	177	5318
达拉特发电公司（北方公司）	内蒙古	318	104	3262
国华粤电台山电厂1~5号机组	广东省	300	89	2970
中国国电集团谏壁发电厂（谏壁13、14号机组，谏壁电厂8、9、10号机组）	江苏省	299	163	5447
莱芜电厂	山东省	274	101	5264
华能湖南岳阳发电有限责任公司	湖南省	271	74	2752
华能德州电厂	山东省	270	137	5092
江苏大唐国际吕四港发电有限责任公司（吕四港1~4号机组）	江苏省	264	142	5375
浙江浙能乐清发电有限责任公司	浙江省	264	121	4599
浙江浙能兰溪发电有限责任公司	浙江省	264	109	4263
华能重庆分公司珞璜电厂	重庆市	264	82	3089
神华国能哈密煤电集团公司哈密电厂	新疆区	264	110	4152
鄂尔多斯电力有限公司	内蒙古	262	125	4762
邹县电厂	山东省	261	117	4477
淮沪煤电有限公司田集发电厂	安徽省	258	101	3929
淮南凤台电厂	安徽省	258	109	4221
广西防城港电力有限公司	广西区	258	35	2467
华能上安电厂	河北省	256	129	5051
张家口发电厂	河北省	256	109	4259

续表

电 厂 名 称	省份	期末装机容量（万 kW）	发电量（亿 kWh）	利用小时（h）
国华定州发电有限公司	河北省	252	138	5457
河北国华沧东发电有限责任公司	河北省	252	139	5515
国电电力大同发电有限公司	山西省	252	125	4946
大唐宁德发电厂	福建省	252	73	2890
红海湾电厂	广东省	252	88	3500
阳西海滨电力发展有限公司	广东省	252	114	8456
平凉发电有限责任公司	甘肃省	251	85	3376
江阴利港发电股份有限公司（利港二厂 5～8 号机组）	江苏省	250	132	5289
平顶山姚孟发电有限责任公司	河南省	247	72	2907
内蒙古岱海发电有限责任公司	内蒙古	246	138	5592
浙江国华浙能发电有限公司（强蛟）	浙江省	246	101	4196
杭州华电半山发电有限公司（气电）	浙江省	242	38	1579
鲁能河曲发电厂	山西省	240	100	4177
华电辽宁铁岭发电有限公司	辽宁省	240	96	4004
浙江大唐乌沙山发电有限责任公司	浙江省	240	110	4580
可门电厂	福建省	240	79	3307
发耳发电厂	贵州省	240	84	3512
纳雍发电总厂	贵州省	240	74	3074
广东粤电集团（盘南发电厂）	贵州省	240	74	3102
云南滇东能源有限公司滇东电厂（一期）	云南省	240	33	1382
陕西国华锦界能源有限责任公司	陕西省	240	147	6144
阳城国际发电有限责任公司	山西省	210	106	5045
华电莱州发电有限公司	山东省	210	110	5249
神华集团万州发电厂	重庆市	210	57	2721
酒钢四厂	甘肃省	210	130	6179
华润电力（贺州）有限公司	广西区	209	57	2747
鲁阳电厂	河南省	206	74	3576
密东电厂二期	河南省	206	93	4547
天津国投津能发电有限公司	天津市	200	97	4861
国华绥中电厂	辽宁省	200	89	4445
外高桥第三发电有限公司	上海市	200	97	4838
上海上电漕泾发电有限公司	上海市	200	97	4837
华能南京金陵发电有限公司（华能金陵 1、2 号机组）	江苏省	200	128	6383
国华徐州发电有限公司（国华徐州 1、2 号机组）	江苏省	200	104	5193

电 厂 名 称	省份	期末装机容量（万 kW）	发电量（亿 kWh）	利用小时（h）
铜山华润电力有限公司（华润铜山 5、6 号机组）	江苏省	200	116	5807
江苏常熟发电有限公司（碧溪 5、6 号机组）	江苏省	200	123	6134
江苏南通发电有限公司（苏通电厂 1、2 号机组）	江苏省	200	112	5617
江苏新海发电有限公司（新海电厂 1、2 号机组）	江苏省	200	109	5784
江苏华电句容发电有限公司（句容电厂 1、2 号机组）	江苏省	200	116	5805
国电浙江北仑第三发电有限公司	浙江省	200	99	4943
浙江国华浙能发电有限公司（胜龙）	浙江省	200	98	4893
华润电力（温州）有限公司（苍南电厂）	浙江省	200	89	4458
浙江浙能中煤舟山煤电有限责任公司	浙江省	200	98	4917
浙江浙能台州第二发电有限责任公司	浙江省	200	100	4975
平圩三厂	安徽省	200	86	4325
国投新集电力利辛有限公司	安徽省	200	37	5098
安徽安庆皖江发电有限责任公司二期	安徽省	200	102	5111
伍堡火电厂	福建省	200	81	4065
大唐抚州发电有限责任公司	江西省	200	83	4824
神华国华寿光发电有限责任公司	山东省	200	35	5034
华电邹县发电有限公司	山东省	200	118	5892
潍坊发电厂	山东省	200	103	5134
蒲圻二期	湖北省	200	79	3950
汉川三期	湖北省	200	55	3782
广东粤电靖海发电公司 3、4 号机组	广东省	200	64	3194
广东惠州平海发电厂有限公司	广东省	200	65	3268
大唐国际潮州发电公司二期	广东省	200	55	2761
国华粤电台山电厂 6、7 号机组	广东省	200	87	4340
国投钦州发电有限公司二期	广西区	200	19	1979
浙江浙能北仑发电有限公司	浙江省	198	93	4682
浙江浙能温州发电有限公司	浙江省	198	90	4555
沙角 C 电厂	广东省	198	92	4627
华润电力（常熟）有限公司（常熟二厂 1、2、3 号机组）	江苏省	195	106	5425
大唐金竹山新厂	湖南省	195	54	2758
华能国际井冈山发电厂	江西省	192	81	4216
重庆合川发电有限责任公司	重庆市	192	56	2926
（七）七台河第一发电厂	黑龙江	190	65	3411
中电投江西–贵溪发电厂	江西省	188	79	4205
妈湾发电厂	广东省	188	78	4165

续表

电 厂 名 称	省份	期末装机容量 （万 kW）	发电量 （亿 kWh）	利用小时 （h）
太原第二热电厂	山西省	186	55	2968
天津城南燃气	天津市	185	65	3856
华能营口发电厂	辽宁省	184	79	4278
山西漳山发电公司	山西省	180	63	3512
兆光发电有限责任公司	山西省	180	60	3337
山西兴能发电有限公司	山西省	180	72	3984
元宝山发电有限责任公司	内蒙古	180	71	3932
内蒙古霍煤鸿骏铝电有限责任公司	内蒙古	180	118	6577
外高桥第二发电有限公司	上海市	180	81	4509
国电宣威发电有限责任公司	云南省	180	16	871
绥中发电有限责任公司	辽宁省	176	75	4274
江苏华电戚墅堰发电有限公司（戚墅堰燃机 1～4 号机组）	江苏省	173	38	2189
山东怡力电业有限公司	山东省	173	106	6101
内蒙古锦联铝材有限公司	内蒙古	172	87	5043
上海申能临港燃机电厂	上海市	165	25	1523
（双）双鸭山发电厂	黑龙江	161	59	3645
辽宁清河发电责任有限公司	辽宁省	160	63	3922
（哈）哈尔滨第三发电厂	黑龙江	160	60	3731
黄岛发电厂	山东省	157	84	5339
宝钢电厂	上海市	155	91	5893
前云 LNG 电厂	福建省	154	26	1715
石圳 LNG 电厂	福建省	153	27	1795
华电国际十里泉发电厂	山东省	146	47	5127
江苏利港电力有限公司（利港 1～4 号机组）	江苏省	144	58	4020
新疆其亚铝电有限公司	新疆区	144	93	6493
华能南通发电厂（华能南通 1～4 号机组）	江苏省	140	61	4365
华能大连电厂	辽宁省	140	57	4040
华能福州电厂	福建省	140	25	1782
中电投江西-新昌发电厂	江西省	140	63	4493
江西赣能股份丰城二期发电厂（新）	江西省	140	61	4366
国电湖南宝庆煤电有限公司	湖南省	140	39	2800
珠海电厂	广东省	140	70	4986
东方电厂	海南省	140	67	4776
新疆神火煤电有限公司	新疆区	140	98	6987
新疆嘉润资源控股有限公司	新疆区	140	55	4091

续表

电 厂 名 称	省份	期末装机容量 （万 kW）	发电量 （亿 kWh）	利用小时 （h）
北京大唐高井发电厂（燃气）	北京市	138	60	4346
蒲城发电有限公司	陕西省	138	59	4246
浙江浙能电力股份有限公司台州发电厂	浙江省	136	50	3717
国电九江发电有限公司（三四期）	江西省	136	63	4608
江西丰城发电有限责任公司	江西省	136	59	4352
华能威海发电有限公司（5、6 号机组）	山东省	136	73	5332
华能国际电力股份有限公司日照电厂	山东省	136	79	5792
黄台电厂	山东省	136	75	5478
西塞山二期	湖北省	136	53	3921
双辽发电有限责任公司	吉林省	134	25	1875
华能九台发电厂	吉林省	134	43	3238
南埔电厂二期	福建省	134	37	2744
莱城发电厂	山东省	134	66	5043
邯峰发电厂	河北省	132	72	5423
河北西柏坡发电有限责任公司	河北省	132	65	4889
山西同华轩岗电厂	山西省	132	59	4454
华能左权煤电有限责任公司	山西省	132	55	4599
同煤大唐塔山第二发电有限责任公司	山西省	132	11	979
华电土右电厂	内蒙古	132	22	3346
希望铝业集团希望电厂	内蒙古	132	100	7572
内蒙古国华准格尔发电有限责任公司	内蒙古	132	48	3669
国电建投内蒙古能源有限公司（布连）	内蒙古	132	57	4315
白城发电公司	吉林省	132	39	2939
华能上海石洞口发电有限公司	上海市	132	61	4646
大唐南京发电厂（大唐南京1、2 号机组）	江苏省	132	77	5836
江苏常熟发电有限公司（常熟电厂1～4 号机组）	江苏省	132	57	4282
中国华电集团公司望亭发电厂（望亭3、4 号机组）	江苏省	132	83	6285
华能淮阴第二发电有限责任公司（华淮二厂3～6 号机组）	江苏省	132	56	4220
江苏射阳港发电有限责任公司（射阳5、6 号机组）	江苏省	132	71	5371
江苏国华陈家港发电有限公司（陈家港1、2 号机组）	江苏省	132	69	5212
江苏国信靖江发电有限公司（国信靖江1、2 号机组）	江苏省	132	63	4735
浙江浙能长兴发电有限公司	浙江省	132	45	3419
华能国际电力股份有限公司长兴电厂	浙江省	132	57	4320
皖能马鞍山发电有限公司	安徽省	132	63	4807
芜湖天门山电厂	安徽省	132	60	4550

电 厂 名 称	省份	期末装机容量 （万 kW）	发电量 （亿 kWh）	利用小时 （h）
华电芜湖发电有限公司	安徽省	132	63	4769
马鞍山当涂发电有限公司	安徽省	132	62	4715
安徽马鞍山万能达发电有限责任公司	安徽省	132	58	4386
淮北虎山电厂	安徽省	132	58	4413
华电六安发电公司二期	安徽省	132	68	5124
平山电厂	安徽省	132	44	3863
华能福州二厂	福建省	132	52	3926
中电投江西–景德镇发电厂	江西省	132	57	4335
华能安源发电有限责任公司	江西省	132	62	4681
信源大机组	山东省	132	95	8660
新乡宝山电厂	河南省	132	49	3749
黎阳电厂	河南省	132	45	3722
新乡中益发电有限公司（垣中益电厂）	河南省	132	52	3947
华润电力焦作有限公司	河南省	132	62	4688
神华国能焦作电厂有限公司	河南省	132	60	4554
许昌禹龙电厂	河南省	132	50	3793
华豫电厂二期	河南省	132	51	3872
伊川电厂	河南省	132	84	6332
襄阳电厂	湖北省	132	51	3850
湖南华电常德发电有限公司	湖南省	132	36	2759
湛江电厂	广东省	132	42	3161
国电南宁发电有限责任公司	广西区	132	35	2658
织金发电厂	贵州省	132	35	3818
茶园发电厂	贵州省	132	52	3943
黔桂发电公司（盘县发电厂66万kW机组）	贵州省	132	61	4626
二郎发电厂	贵州省	132	32	2405
店塔电厂	陕西省	132	48	3618
华能秦岭电厂7、8号机组	陕西省	132	65	4942
华电陕西蒲城电厂三期	陕西省	132	55	4167
国电宝鸡发电有限责任公司	陕西省	132	53	4031
华电榆横电厂	陕西省	132	49	3681
崇信电厂	甘肃省	132	38	2904
景泰电厂	甘肃省	132	36	2719
靖远第二发电有限责任公司	甘肃省	132	54	4089
中电投西宁汉东火电厂	青海省	132	32	2695

续表

电 厂 名 称	省份	期末装机容量 （万 kW）	发电量 （亿 kWh）	利用小时 （h）
大坝发电有限责任公司	宁夏区	132	66	5030
鸳鸯湖电厂	宁夏区	132	68	5149
宁夏京能宁东发电有限责任公司	宁夏区	132	69	5211
石嘴山发电有限公司	宁夏区	132	66	4986
国投哈密发电集团公司	新疆区	132	55	4178
国电哈密大南湖电厂	新疆区	132	54	4126
神华国能天津大港电厂	天津市	131	58	4394
北京京西燃气热电有限公司	北京市	131	57	4392
大唐国际发电股份有限公司陡河发电厂	河北省	130	54	4020
国华三河发电有限责任公司	河北省	130	63	4870
石洞口发电公司	上海市	130	50	3824
江苏徐塘发电有限公司（徐塘电厂4～7号机组）	江苏省	130	41	3133
太仓港协鑫发电有限公司（环保电厂3～6号机组）	江苏省	130	77	5949
国电集团黄金埠发电厂	江西省	130	57	4389
国电聊城发电有限公司	山东省	130	58	4453
国电费县发电有限公司	山东省	130	66	5086
鄂州二期	湖北省	130	53	4041
华电长沙发电有限公司	湖南省	130	38	2956
湖南益阳发电有限公司（600机组）	湖南省	130	47	3631
华润电力湖南有限公司	湖南省	130	59	4501
国投宣城电厂	安徽省	129	57	4758
华润电力（菏泽）有限公司	山东省	129	68	5255
阳逻电厂	湖北省	129	48	3826
阳光发电厂	山西省	128	43	3360
外高桥发电有限公司	上海市	128	31	2403
徐州华润电力有限公司（彭城电厂1～4号机组）	江苏省	128	49	3801
安徽淮南平圩第二发电有限责任公司	安徽省	128	55	4308
阜阳华润发电公司	安徽省	128	63	4955
阳逻三期	湖北省	128	50	3926
襄樊二期	湖北省	128	56	4375
荆门三期	湖北省	128	51	3963
大别山电厂	湖北省	128	49	3853
青岛发电厂	山东省	127	61	4838
国电常州发电有限公司（国电常州1、2号机组）	江苏省	126	75	5957
华能太仓发电有限责任公司（华能苏州3、4号机组）	江苏省	126	69	5504

续表

电 厂 名 称	省份	期末装机容量 （万 kW）	发电量 （亿 kWh）	利用小时 （h）
张家港沙洲电力有限公司（沙洲电厂1、2号机组）	江苏省	126	73	5787
国华太仓发电有限责任公司（国华太仓7、8号机组）	江苏省	126	66	5241
扬州第二发电有限责任公司（扬州二厂1、2号机组）	江苏省	126	60	4762
江苏国信扬州发电有限责任公司（扬州二厂3、4号机组）	江苏省	126	66	5233
江苏镇江发电有限公司（华润镇江电厂5、6号机组）	江苏省	126	75	5947
华能巢湖发电有限责任公司	安徽省	126	56	4457
国电蚌埠发电有限公司	安徽省	126	49	3905
华电宿州发电有限公司	安徽省	126	53	4168
淮南洛河发电厂三期	安徽省	126	55	4405
安徽淮南平圩发电有限责任公司	安徽省	126	54	4267
国电铜陵发电有限公司	安徽省	126	61	4812
临沂电厂	山东省	126	61	4861
国电石横电厂	山东省	126	68	5367
华阳电厂二期	河南省	126	49	3887
华润首阳山电厂	河南省	126	60	4725
荥阳电厂	河南省	126	47	3764
华润登封二期	河南省	126	59	4714
大唐华银攸县能源有限公司	湖南省	126	17	3591
大唐湘潭新厂（600MW）	湖南省	126	37	2949
珠江发电厂	广东省	126	23	1816
国投钦州发电有限公司	广西区	126	33	2588
华电贵港发电有限公司	广西区	126	35	2760
大唐彬长电厂	陕西省	126	48	3823
运河电厂	山东省	124	59	4769
浙能电力股份有限公司萧山发电厂（气电）	浙江省	123	14	1176
（牡）牡丹江第二发电厂	黑龙江	122	36	2941
天津华能杨柳青热电有限责任公司	天津市	120	53	4400
天津大唐盘山发电有限责任公司	天津市	120	55	4544
河北建投沙河发电有限责任公司	河北省	120	67	5561
国电河北龙山发电有限责任公司	河北省	120	69	5745
西柏坡第二发电有限责任公司	河北省	120	63	5216
河北大唐王滩发电有限公司	河北省	120	56	4640
同煤大唐塔山发电公司	山西省	120	55	4590
大唐运城发电有限公司	山西省	120	39	3242
武乡和信电厂	山西省	120	45	3760

电　厂　名　称	省份	期末装机容量（万 kW）	发电量（亿 kWh）	利用小时（h）
山西华光发电公司	山西省	120	39	3287
山西中电神头发电有限公司	山西省	120	45	3747
国电霍州发电厂	山西省	120	50	4177
大同第二发电厂	山西省	120	52	4248
大唐阳城发电公司	山西省	120	70	5812
王曲电厂	山西省	120	60	4999
华电内蒙古能源有限公司包头发电分公司	内蒙古	120	48	3991
内蒙古大板发电有限责任公司	内蒙古	120	47	3909
通辽霍林河坑口发电有限责任公司	内蒙古	120	48	4006
内蒙古国华呼伦贝尔发电有限公司	内蒙古	120	46	3864
国网能源鄂温克发电厂	内蒙古	120	47	3906
内蒙古京隆发电有限责任公司	内蒙古	120	66	5513
白音华金山发电有限公司	内蒙古	120	49	4102
国电电力大连庄河发电公司	辽宁省	120	47	3929
国电康平发电有限公司	辽宁省	120	47	3881
（齐）富拉尔基总厂	黑龙江	120	47	3927
（鹤）鹤岗发电厂	黑龙江	120	46	3846
石洞口二厂	上海市	120	54	4488
华能上海燃机电厂	上海市	120	16	1374
吴泾第二发电有限责任公司	上海市	120	37	3082
江苏南热发电有限责任公司（南热1、2号机组）	江苏省	120	70	5843
江苏阚山发电有限公司（阚山电厂1、2号机组）	江苏省	120	60	4989
国电浙江北仑第一发电有限公司	浙江省	120	56	4707
江阴电厂	福建省	120	35	2933
鸿山热电厂	福建省	120	61	5106
聊城发电厂	山东省	120	62	5200
丰鹤电厂	河南省	120	41	3448
鸭河口天益公司	河南省	120	46	3810
梨园电厂	河南省	120	50	4155
开封电厂	河南省	120	53	4439
孟津电厂	河南省	120	44	3701
广东粤电靖海发电公司1、2号机组	广东省	120	50	4164
珠海金湾发电有限公司	广东省	120	37	3116
湛江中粤能源有限公司	广东省	120	37	3057
大唐国际潮州发电公司一期	广东省	120	67	5596

电 厂 名 称	省份	期末装机容量 （万kW）	发电量 （亿kWh）	利用小时 （h）
佛山恒益发电有限公司	广东省	120	50	4203
广东宝丽华电力有限公司3～6号机组	广东省	120	68	5658
深能合和电力（河源）有限公司	广东省	120	47	3925
华电国际电力股份有限公司奉节电厂	重庆市	120	3	5551
国电金堂火电厂	四川省	120	32	2694
方山火电厂	四川省	120	24	2029
广安发电厂（三期）	四川省	120	28	2336
戎州火电厂	四川省	120	25	2073
新平火电厂	四川省	120	26	2153
鸭溪发电厂	贵州省	120	43	3589
都匀发电有限公司	贵州省	120	29	2436
塘寨发电厂	贵州省	120	39	3235
大方发电厂	贵州省	120	46	3863
桐梓发电厂	贵州省	120	51	4219
黔北发电厂	贵州省	120	55	4619
黔西发电厂	贵州省	120	61	5095
黔东火电厂	贵州省	120	35	2935
云南滇东雨旺能源有限公司（二期）	云南省	120	3	223
国投曲靖发电有限公司	云南省	120	15	1246
昭通镇雄电厂	云南省	120	18	1529
陕西府谷电厂（庙沟门）	陕西省	120	77	6417
韩城第二发电有限责任公司二期	陕西省	120	55	4596
铜川电厂	陕西省	120	59	4908
韩城第二发电有限责任公司	陕西省	120	46	3808
渭河发电有限公司	陕西省	120	64	5375
宝鸡第二电厂	陕西省	120	47	3920
宁夏大唐国际大坝发电有限公司	宁夏区	120	61	5086
深圳广前电力公司（LNG）	广东省	117	36	3078
广东惠州天然气发电公司	广东省	117	36	3072
深圳能源集团东部电厂	广东省	117	36	3073
新疆天业自备电厂	新疆区	114	72	6278
呼和浩特热电厂（北方公司）	内蒙古	110	45	4068
阜新发电有限责任公司	辽宁省	110	47	4233
大唐耒阳电厂	湖南省	108	32	3001
秦皇岛发电有限责任公司	河北省	107	52	4899

续表

电 厂 名 称	省份	期末装机容量（万 kW）	发电量（亿 kWh）	利用小时（h）
海渤湾电厂（北方公司）	内蒙古	106	47	4429
铜陵发电厂 5 号机组	安徽省	105	55	5246
大唐云岗热电公司	山西省	104	38	3621
洛阳首阳山电厂	河南省	104	33	3126
大唐河北发电有限公司马头热电分公司	河北省	102	56	6001
新疆玛纳斯发电有限责任公司	新疆区	102	35	3564
天津国华盘山发电有限责任公司	天津市	100	53	4994
神头第二发电厂	山西省	100	32	3481
大唐神二电厂	山西省	100	43	4275
包头二电厂（北方公司）	内蒙古	100	41	4052
华电滕州新源热电有限公司	山东省	100	52	5175
大唐三门峡电力有限责任公司	河南省	100	2	0
郑州热电厂	河南省	100	34	3356
核 电				
辽宁红沿河核电有限公司	辽宁省	448	200	4982
江苏核电有限公司（田湾核电 1、2 号机组）	江苏省	212	153	7562
核电秦山联营有限公司	浙江省	262	208	7941
秦山第三核电有限公司	浙江省	146	109	7461
秦山核电有限公司（方家山）	浙江省	218	161	7399
福清玉融核电站	福建省	327	162	6979
宁德晴川核电站	福建省	436	245	6927
大亚湾核电站	广东省	197	152	7704
岭澳核电 A 站	广东省	198	152	7677
岭澳核电 B 站	广东省	217	162	7446
阳江核电站	广东省	326	239	7347
广西防城港核电有限公司	广西区	217	103	7184
海南昌江核电厂	海南省	130	60	6264

主要发电企业发电装机容量及发电量

单位：万 kW，亿 kWh

企业名称	发电装机容量 合计 2016	合计 2015	水电 2016	水电 2015	火电 2016	火电 2015	核电 2016	核电 2015	风电 2016	风电 2015	太阳能发电 2016	太阳能发电 2015	发电量 合计 2016	合计 2015	水电 2016	水电 2015	火电 2016	火电 2015	核电 2016	核电 2015	风电 2016	风电 2015	太阳能发电 2016	太阳能发电 2015
中国华能集团公司	16 554	16 063	2104	2089	12 662	12 348			1632	1508	157	117	6108	6040	782	743	5029	5071			279	212	18	14
中国大唐集团公司	13 037	12 717	2380	2290	9213	9171	0	0	1355	1190	89	67	4700	4788	804	799	3668	3793	0	0	216	187	11	9
中国华电集团公司	14 281	13 471	2681	2522	10 150	9628			1232	1163	218	158	4919	4838	873	844	3827	3832			196	145	23	18
中国国电集团公司	14 296	13 500	1693	1645	9940	9478	0	0	2553	2303	78	73	5053	4837	542	466	4054	3985	0	0	445	375	11	11
国家电力投资集团公司	11 663	10 740	2160	2094	7146	6827	448	336	1198	998	712	485	3969	3808	677	728	2829	2754	200	144	183	126	81	55
神华集团有限责任公司	8305	7851	13	13	7524	7242			736	580	13	11	3303	3172	7	7	3167	3057			126	106	2	2
国投电力控股股份有限公司	2928	2839	1672	1657	1176	1108			68	64	33	15	1242	1222	805	744	427	470			9	8	3	2
中国核工业（集团）总公司	1430	1222	0	0	0	0	1326	1152	89	61	25	2	892	764	0	0	0	0	879	755	11	9	2	0
中国长江三峡集团公司	6044	5263	5064	4695	245	0	0	0	512	426	5	15	2368	1981	2183	1923	91	0	0	0	71	43	0	2
华润电力控股有限公司	3732	4044	47	47	3685	3570	0	0	0	425	6	0	1691	1641	19	19	1672	1552	0	0	0	69	0	0
黄河万家寨水利枢纽有限公司	150	150	150	150	0	0	0	0	0	0	6	1	24	31	24	31	0	0	0	0	0	0	1	0
新力能源开发有限公司	394	390	0	0	394	390	0	0	0	0	79	6	202	189	0	0	202	189	0	0	0	0	9	1
北京能源投资（集团）有限公司	1993	1774	58	58	1626	1455	0	0	230	212	223	50	804	750	19	19	734	688	0	0	42	37	23	7

续表

企业名称	发电装机容量												发电量											
	合计		水电		火电		核电		风电		太阳能发电		合计		水电		火电		核电		风电		太阳能发电	
	2016	2015	2016	2015	2016	2015	2016	2015	2016	2015	2016	2015	2016	2015	2016	2015	2016	2015	2016	2015	2016	2015	2016	2015
河北省建设投资集团有限公司	1010	862	0	0	766	694	0	0	240	165	15	141	403	372	0	0	361	340	0	0	41	31	2	14
山西国际电力集团有限公司	609	507	13	13	512	447			59	33	188	9	169	144	4	6	156	131		0	8	5	19	1
申能股份有限公司	904	753	0	0	869	733	0	0	35	20	15	128	297	247	0	0	292	243	0	0	5	4	1	9
江苏省国信资产管理集团有限公司	1116	993	10	10	1035	942	0	0	65	35	4	8	515	443	2	2	502	436	0	0	10	5	0	1
浙江省能源集团有限公司	3126	3067	85	85	3036	2981	0	0	1	1	0	0	1201	1089	24	20	1177	1068	0	0	0	0	0	0
安徽省皖能股份有限公司	555	555	0	0	555	555	0	0	0	0	26	0	261	252	0	0	261	252	0	0	0.0	0.0	3	0.0
江西省投资集团公司	150	150	10	10	140	140	0	0	0		0	19	64	71	3	3	61	67	0	0	0.0		0	2
广东省粤电集团有限公司	2965	2909	218	218	2694	2659	0	0	38	23	4	2	1055	1152	94	87	954	1061	0	0	6	3	0	3
中国广核集团有限公司	3459	2677	158	158	55	65	2038	1492	1020	835	17	3	1519	1177	56	57	21	22	1254	960	169	130	2	0
广州发展集团有限公司	449	323	71	14	439	319			5	3	0	17	185	127	28	4	183	127			1		0	3
深圳能源集团股份有限公司	687	623	174	174	548	548	0	0	42	42	17	0	242	217	57	61	204	204	0	0	7	6	2	0
甘肃省电力投资集团公司	468	468			197	197			80	80	0	17	134	127			67	55			8	9	0	2
中铝宁夏能源集团有限公司	264	264			132	132	0	0	115	115	0	0	88	91			66	69	0	0	19	19	0	

全国火电100MW及以上容量机组运行可靠性综合指标

机组容量（MW）	机组分类	台数	台年数	平均容量（MW/台）	利用小时（h）	可用小时		不可用小时及次数						降低出力等效停运小时（h）	等效可用系数（%）	等效强迫停运率（%）
						运行（h）	备用（h）	计划停运		非计划停运		强迫停运				
								次数	h	次数	h	次数	h			
100~120	燃煤	23	23.06	103.48	3603.09	4815.24	3568.35	0.87	351.38	0.13	25.03	0.13	25.03	0	95.7	0.52
	燃煤国产	20	20.05	104	3560.07	4778.68	3743.57	0.85	209.1	0.15	28.64	0.15	28.64	0	97.29	0.60
	燃煤进口	3	3.01	100	3901.34	5068.7	2353.45	1	1337.84	0	0	0	0	0	84.73	0.00
125	燃煤	22	22.06	125	4442.53	6096.42	2342.21	0.82	321.15	0.09	0.22	0.09	0.22	0.22	96.33	0.00
	燃煤国产	18	18.05	125	4263.04	5890.37	2522.98	0.94	346.38	0.11	0.27	0.11	0.27	0.27	96.04	0.00
	燃煤进口	4	4.01	125	5250.2	7023.64	1528.72	0.25	207.64	0	0	0	0	0	97.63	0.00
130~138	燃煤	74	71.86	135.16	3670.67	5271.3	3079.22	0.78	319.2	0.51	90.28	0.4	73.33	107.11	94.1	1.38
	燃煤国产	74	71.86	135.16	3670.67	5271.3	3079.22	0.78	319.2	0.51	90.28	0.4	73.33	107.11	94.1	1.38
140~150	燃煤	57	56.15	147.12	4361.49	5905.52	2307.4	1.12	509.58	0.52	37.5	0.43	24.33	0.11	93.75	0.41
	燃煤国产	54	53.14	147.04	4404.43	5834.57	2421.48	1.11	480.48	0.43	23.48	0.41	23.11	0.12	94.25	0.40
	燃煤进口	3	3.01	148.64	3610.89	7145.81	313.46	1.33	1018.11	1.99	282.62	0.66	45.8	0	85.15	0.64
160~185	燃煤	10	10.03	164	4233.32	5965.09	2394.27	0.8	400.64	0	0	0	0	0.95	95.42	0.02
	燃煤国产	4	4.01	162.5	4890.5	6317.53	2210.89	1	231.58	0	0	0	0	0	97.36	0.00
	燃煤进口	6	6.02	165	3801.84	5733.69	2514.67	0.66	511.64	0	0	0	0	1.58	94.14	0.03
100~199	燃煤	186	183.16	135.26	4017.97	5576.92	2741.28	0.9	391.45	0.39	50.36	0.32	39.32	42.13	94.48	0.70
	燃煤国产	170	167.11	134.84	4009.7	5513.44	2831.64	0.92	365.16	0.39	49.76	0.34	42.32	46.26	94.74	0.76
	燃煤进口	16	16.04	139.75	4100.99	6214.55	1833.56	0.75	655.52	0.37	56.36	0.12	9.13	0.7	91.87	0.16
200	燃煤	112	110.7	200	3964.59	5531.78	2723.53	0.76	492.64	0.24	12.05	0.23	11.84	0.99	94.23	0.22
	燃煤国产	110	108.69	200	4008.65	5598.01	2647.99	0.76	501.73	0.25	12.27	0.24	12.06	1.01	94.12	0.22
	燃煤进口	2	2.01	200	1576.2	1942.35	6817.65	0	0	0	0	0	0	0	100	0.00

续表

机组容量 (MW)	机组分类	台数	台年数	平均容量 (MW/台)	利用小时 (h)	可用小时 运行(h)	可用小时 备用(h)	计划停运 次数	计划停运 h	非计划停运 次数	非计划停运 h	强迫停运 次数	强迫停运 h	降低出力等效可用停运小时(h)	等效可用系数(%)	等效强迫停运率(%)
205~250	燃煤	61	60.53	217.05	3707.3	5183.08	3096.57	0.93	478.22	0.13	2.14	0.13	2.14	2.99	94.48	0.07
	燃煤国产	54	53.51	215.83	3690.56	5209.34	3053.79	0.92	494.43	0.15	2.44	0.15	2.44	2.95	94.29	0.07
	燃煤进口	7	7.02	226.43	3828.97	4992.2	3407.39	1	360.4	0	0	0	0	3.23	95.85	0.06
200~299	燃煤	173	171.23	206.01	3868.77	5401.92	2862.45	0.81	487.27	0.2	8.36	0.2	8.23	1.73	94.32	0.17
	燃煤国产	164	162.2	205.21	3898.3	5463.17	2788.78	0.81	499.19	0.22	8.86	0.21	8.72	1.68	94.18	0.17
	燃煤进口	9	9.02	220.56	3375.01	4377.62	4094.6	0.78	287.78	0	0	0	0	2.58	96.69	0.06
300	燃煤	375	373.37	300	4033.52	5661.57	2579.56	0.78	503.85	0.37	22.4	0.35	19.33	3.77	93.99	0.37
	燃煤国产	367	365.51	300	4030.02	5660.11	2579.97	0.78	504.71	0.37	22.75	0.35	19.62	3.83	93.97	0.38
	燃煤进口	8	7.87	300	4196.14	5729.44	2560.81	0.64	463.83	0.38	5.93	0.38	5.93	0.94	94.63	0.11
310~328.5	燃煤	63	61.68	320.3	4154.05	5916.26	2332	0.79	517.18	0.23	7.88	0.19	4.24	0.21	94.16	0.08
	燃煤国产	56	55.11	320.21	4162.07	5937.67	2278.42	0.83	549.99	0.25	8.82	0.22	4.75	0.24	93.79	0.08
	燃煤进口	7	6.58	321	4086.92	5737.11	2780.25	0.46	242.64	0	0	0	0	0	97.23	0.00
330~340	燃煤	244	239.7	330.37	4185.22	6036.7	2197.93	0.8	513.03	0.3	16.51	0.29	15.47	1.41	93.94	0.27
	燃煤国产	237	232.68	330.38	4197.61	6052.1	2182.23	0.8	512.96	0.31	17.01	0.3	15.93	1.33	93.93	0.28
	燃煤进口	7	7.02	330	3773.98	5525.61	2719.04	0.71	515.35	0	0	0	0	3.94	94.07	0.07
350~352	燃煤	125	122.92	350.03	4286.28	6333.2	1862.56	0.77	561.05	0.39	9.71	0.38	8.35	9.33	93.4	0.16
	燃煤国产	88	86.83	350.11	4268.65	6375.59	1813.14	0.79	569.21	0.41	8.09	0.4	6.15	12.01	93.27	0.12
	燃煤进口	37	36.09	350.11	4328.7	6231.23	1981.45	0.72	541.42	0.33	13.62	0.33	13.62	2.9	93.72	0.26
360~380	燃煤	12	11.41	362.42	3659.59	5203.92	2897.79	0.61	564.59	1.14	93.7	1.14	93.7	39.15	92.04	2.51
	燃煤国产	4	3.39	365	4946.18	6819.19	1496.16	0.59	343.26	1.47	101.39	1.47	101.39	123.82	93.51	3.25
	燃煤进口	8	8.02	361.13	3112.07	4516.54	3494.25	0.62	658.77	1	90.43	1	90.43	3.11	91.41	2.03

续表

机组容量（MW）	机组分类	台数	台年数	平均容量（MW/台）	利用小时（h）	可用小时 运行（h）	可用小时 备用（h）	计划停运 次数	计划停运 h	非计划停运 次数	非计划停运 h	强迫停运 次数	强迫停运 h	降低出力等效停运小时（h）	等效可用系数（%）	等效强迫停运率（%）
300~399	燃煤	819	809.08	319.16	4125.44	5900.79	2329.1	0.78	518.19	0.35	18.51	0.34	16.35	4.27	93.86	0.31
	燃煤国产	752	743.51	317.28	4130.08	5906.95	2323.23	0.79	518.26	0.35	18.36	0.33	16	4.43	93.85	0.30
	燃煤进口	67	65.57	340.3	4076.32	5835.64	2391.15	0.67	517.5	0.35	20.08	0.35	20.08	2.56	93.88	0.39
500	燃煤进口	8	7.85	503.75	4200.42	5721.74	2348.27	0.64	657.55	0.76	32.43	0.76	32.43	2.57	92.09	0.58
600	燃煤	266	261.67	600	4001.11	5760.19	2322.84	0.75	666.44	0.37	19.44	0.34	15.46	3.42	92.16	0.28
	燃煤国产	243	239.23	600	3964.98	5727.41	2390.8	0.75	632.97	0.36	18.56	0.35	16.77	3.64	92.56	0.31
	燃煤进口	23	22.44	600	4386.3	6109.62	1598.3	0.8	1023.3	0.45	28.78	0.27	1.52	1.13	87.98	0.03
630~650	燃煤	71	69.05	635.63	4459.16	6434.18	1530.11	0.84	779.71	0.2	16	0.19	14.21	0.46	90.91	0.22
	燃煤国产	69	67.04	635.8	4450.56	6426.91	1546.59	0.82	770.02	0.21	16.48	0.19	14.63	0.47	91.02	0.23
	燃煤进口	2	2.01	630	4749.35	6679.47	973.81	1.49	1106.73	0	0	0	0	0	87.37	0.00
660~680	燃煤	137	135.23	661.58	4442.54	6375.68	1667.67	0.82	708.03	0.46	12.98	0.42	8.97	1.49	91.8	0.16
	燃煤国产	132	130.21	661.64	4424.04	6344.29	1695.36	0.82	712.81	0.41	12.06	0.38	7.9	1.55	91.76	0.14
	燃煤进口	5	5.01	660	4924.15	7192.88	946.75	0.8	583.54	1.6	36.83	1.6	36.83	0	92.92	0.51
600~699	燃煤	474	465.95	623.14	4206.36	6051.71	2001.15	0.79	696.38	0.37	16.93	0.34	13.27	2.38	91.86	0.23
	燃煤国产	444	436.49	623.89	4186.22	6032.06	2038.64	0.78	679.68	0.36	16.18	0.33	13.63	2.48	92.06	0.24
	燃煤进口	30	29.46	612	4510.4	6348.28	1435.02	0.85	948.46	0.61	28.24	0.48	7.89	0.84	88.84	0.13
700	燃煤	8	8.02	700	4688.7	6543.93	1217.84	1.12	977.19	0.75	21.05	0.75	21.05	4.89	88.55	0.38
	燃煤国产	4	4.01	700	4417.45	6515.35	1087.42	1	1150.37	0.75	6.85	0.75	6.85	0	86.79	0.11
	燃煤进口	4	4.01	700	4959.94	6572.51	1348.25	1.25	804.01	0.75	35.24	0.75	35.24	9.79	90.31	0.66
800	燃煤进口	2	2.01	880	4262.58	7343.37	1322.78	0.5	79.28	1	14.56	1	14.56	35.49	98.52	0.26
900	燃煤进口	2	2.01	900	4496.68	6569.03	1120.69	0.5	1066.19	0.5	4.09	0.5	4.09	0	87.78	0.06
1000	燃煤国产	80	77.71	1006.78	4825.6	6637.44	1397.22	0.77	714.54	0.33	11.31	0.33	11.31	9.13	91.61	0.18

续表

机组容量（MW）	机组分类	台数	台年数	平均容量（MW/台）	利用小时（h）	可用小时		不可用小时及次数						降低出力等效停运小时（h）	等效可用系数（%）	等效强迫停运率（%）
						运行（h）	备用（h）	计划停运		非计划停运		强迫停运				
								次数	h	次数	h	次数	h			
500~1000	燃煤	574	563.54	677.87	4341.94	6184	1862.14	0.78	702.73	0.38	15.93	0.35	13.15	3.94	91.78	0.23
	燃煤国产	528	518.21	682.48	4329.63	6169.94	1889.07	0.78	691.14	0.36	15.03	0.34	13.06	3.93	91.92	0.22
	燃煤进口	46	45.33	625	4495.4	6359.1	1526.74	0.82	847.04	0.66	27.13	0.57	14.19	4.07	89.97	0.24
100~1000	燃煤	1752	1727	405.99	4226.79	6018.65	2115.88	0.8	612.8	0.35	17.72	0.33	15.01	5.3	92.77	0.27
	燃煤国产	1614	1591.04	406.14	4223.24	6014.4	2127.14	0.8	606.65	0.34	17.14	0.32	14.93	5.48	92.84	0.27
	燃煤进口	138	135.97	404.14	4268.39	6068.66	1983.61	0.74	685.03	0.43	24.47	0.38	15.86	3.26	91.88	0.29
燃气轮机		152	152.33	293.52	2545.16	3911.54	4174.82	1.12	595.93	0.39	78.74	0.33	64.63	0.17	92.3	1.63

全国水电40MW及以上容量机组运行可靠性综合指标

机组分类	机组容量（MW）	台数	台年数	平均容量（MW/台）	利用小时（h）	可用小时		不可用小时及次数						降低出力等效停运小时（h）	等效可用系数（%）	等效强迫停运率（%）
						运行（h）	备用（h）	计划停运		非计划停运		强迫停运				
								次数	h	次数	h	次数	h			
水电轴流机组	全部	151	148.15	105.68	4555.49	5623.4	2537.58	1.54	602.58	0.13	1.07	0.05	0.99	0	93.14	0.02
	40~99	68	67.18	59.37	3648.99	4476.52	3519.71	1.95	769.92	0.25	1.5	0.09	1.23	0	91.19	0.03
	100~199	74	71.94	136.16	4701.06	5920.42	2324.49	1.11	518.27	0.03	1.09	0.03	1.09	0	94.12	0.02
	200~299	9	9.02	204.94	5742.48	6526.16	1545.5	1.88	688.34	0	0	0	0	0	92.14	0.00
水电混流机组	全部	709	707.42	232.91	3725.79	4859.09	3273.71	1.44	624.08	0.07	3.92	0.05	3.7	6.63	92.76	0.08
	40~99	301	300.21	60.2	3617.31	4939.73	3268.41	1.5	546.65	0.05	6.28	0.04	5.24	60.35	93.01	0.11

续表

机组分类	机组容量（MW）	台数	台年数	平均容量（MW/台）	利用小时（h）	可用小时 运行（h）	可用小时 备用（h）	计划停运 次数	计划停运 h	非计划停运 次数	非计划停运 h	强迫停运 次数	强迫停运 h	降低出力等效停运小时（h）	等效可用系数（%）	等效强迫停运率（%）
水电混流机组	100~199	125	124.8	136.2	3056.07	4129.81	4064.8	1.31	554.44	0.12	15.42	0.08	15.2	0	93.49	0.37
	200~299	84	84.13	236.36	3337.19	4437.99	3548.7	1.3	772.32	0.06	0.99	0.04	0.24	0	91.17	0.01
	300 及以上	199	198.29	553.44	3918.26	5035.47	3101.81	1.51	620.77	0.07	2.28	0.07	2.28	0	92.89	0.05
抽水蓄能机组	全部	85	85.23	250.24	3035.11	3242.64	4603.38	9.19	916.42	2.08	11.33	1.89	9.44	0	89.45	0.29
	40~99	9	9.02	63.33	2740.94	3820.47	3788.51	9.87	1134.04	2.99	16.98	2.99	16.98	0	86.86	0.44
	100~199	6	6.02	150	2766.56	2665.27	4775.9	9.8	1314.66	1.5	4.17	1.5	4.17	0	84.94	0.16
	200~299	20	20.05	240	3467.37	3567.23	4216.37	9.13	966.84	1.65	9.56	1.65	9.56	0	88.85	0.27
	300 及以上	50	50.14	300	2924.08	3151.46	4747.84	9.01	868.12	2.15	12.11	1.83	9.43	0	90.01	0.30
全部机组		945	940.8	214.14	3717.19	4747.43	3357.21	2.16	653.35	0.26	4.48	0.22	4.09	5.42	92.44	0.09

各省（区、市）电力公司供电可靠性指标

企业名称	供电可靠率（%）			平均停电时间（h/户）			等效总用户数		
	城市	农村	全口径	城市	农村	全口径	城市	农村	全口径
全国	99.940 8	99.758 3	99.805 2	5.20	21.23	17.11	2 183 258	6 311 735	8 494 992
国家电网公司	99.946 0	99.782 2	99.825 3	4.75	19.13	15.35	1 793 855	5 027 234	6 821 089
华北区域	99.956 7	99.805 2	99.843 1	3.81	17.11	13.78	430 117	1 286 997	1 717 115
冀北电力有限公司	99.936 4	99.784 0	99.808 9	5.59	18.98	16.79	34 794	178 250	213 044
北京市电力公司	99.977 5	99.869 3	99.929 6	1.97	11.48	6.19	73 964	58 843	132 807
河北省电力公司	99.938 4	99.777 6	99.805 5	5.41	19.53	17.09	76 791	366 499	443 289
山西省电力公司	99.933 3	99.713 9	99.753 9	5.86	25.13	21.62	31 468	141 200	172 668
天津市电力公司	99.965 2	99.896 1	99.931 7	3.06	9.13	6.00	51 689	48 497	100 186
山东电力集团公司	99.962 0	99.842 9	99.872 2	3.34	13.80	11.22	161 411	493 708	655 119
东北区域	99.939 9	99.718 9	99.780 9	5.28	24.69	19.25	219 365	562 980	782 345
辽宁省电力公司	99.948 2	99.752 6	99.811 7	4.55	21.73	16.54	92 337	213 329	305 666
吉林省电力公司	99.941 1	99.762 2	99.808 0	5.17	20.89	16.87	44 753	130 181	174 934
黑龙江省电力公司	99.939 0	99.742 9	99.818 2	5.36	22.59	15.97	62 193	99 801	161 994
蒙东电力公司	99.902 5	99.591 7	99.636 3	8.59	35.86	31.95	20 082	119 669	139 751
华东区域	99.957 8	99.852 2	99.879 9	3.71	12.98	10.55	540 366	1 519 025	2 059 392
江苏省电力公司	99.962 5	99.901 4	99.917 9	3.29	8.66	7.21	210 564	568 428	778 993
浙江省电力公司	99.955 6	99.838 6	99.863 7	3.90	14.17	11.98	114 544	420 533	535 077
安徽省电力公司	99.950 4	99.779 1	99.823 9	4.36	19.41	15.47	86 038	242 656	328 694
上海市电力公司	99.978 5	99.907 9	99.936 6	1.89	8.09	5.57	64 731	94 279	159 010
福建省电力公司	99.935 4	99.801 8	99.835 2	5.67	17.41	14.47	64 490	193 129	257 618
华中区域	99.944 3	99.755 2	99.808 2	4.89	21.50	16.85	476 928	1 224 242	1 701 170
河南省电力公司	99.942 6	99.751 9	99.804 0	5.04	21.79	17.22	127 880	340 603	468 484
湖北省电力公司	99.947 1	99.748 1	99.806 8	4.65	22.13	16.97	93 967	224 337	318 304
湖南省电力公司	99.949 7	99.778 3	99.829 6	4.42	19.47	14.97	86 184	201 730	287 914
江西省电力公司	99.937 1	99.749 2	99.799 8	5.52	22.03	17.59	61 886	168 072	229 958
四川省电力公司	99.940 0	99.732 1	99.782 9	5.27	23.53	19.07	56 740	175 729	232 469
重庆市电力公司	99.947 6	99.782 7	99.833 2	4.60	19.09	14.65	50 272	113 770	164 042
西北区域	99.891 1	99.628 3	99.686 5	9.56	32.65	27.54	123 205	433 509	556 714
陕西省电力公司	99.937 1	99.748 8	99.828 7	5.52	22.07	15.05	35 450	48 092	83 543
甘肃省电力公司	99.909 7	99.703 2	99.729 4	7.94	26.07	23.77	22 897	157 445	180 341

续表

企业名称	供电可靠率（%）			平均停电时间（h/户）			等效总用户数		
	城市	农村	全口径	城市	农村	全口径	城市	农村	全口径
青海省电力公司	99.878 8	99.577 2	99.679 3	10.64	37.13	28.17	11 784	23 034	34 818
宁夏电力公司	99.942 1	99.771 6	99.821 0	5.09	20.06	15.72	14 852	36 381	51 233
新疆电力公司	99.821 4	99.500 1	99.559 5	15.69	43.91	38.70	38 222	168 557	206 779
西藏电力有限公司	**99.401 9**	**98.456 0**	**99.297 6**	**52.54**	**135.63**	**61.70**	**3873**	**480**	**4353**
南方电网公司	**99.938 8**	**99.703 0**	**99.761 1**	**5.38**	**26.09**	**20.98**	**322 092**	**983 935**	**1 306 026**
广东省	99.966 8	99.797 3	99.850 4	2.92	17.81	13.15	190 121	417 257	607 379
广东电网公司	99.951 0	99.774 6	99.815 3	4.31	19.80	16.23	107 012	357 580	464 592
广州供电局有限公司	99.982 0	99.949 0	99.962 9	1.58	4.48	3.26	31 260	42 672	73 932
深圳供电局有限公司	99.990 3	99.893 1	99.966 3	0.85	9.39	2.96	51 849	17 006	68 854
广西电网公司	99.936 1	99.721 1	99.772 7	5.61	24.50	19.97	39 872	126 281	166 153
云南电网公司	99.905 2	99.679 0	99.713 6	8.33	28.19	25.16	40 800	226 260	267 060
贵州电网公司	99.881 0	99.556 2	99.614 6	10.45	38.98	33.85	39 394	179 647	219 041
海南电网公司	99.805 7	99.416 6	99.516 4	17.07	51.25	42.48	11 904	34 489	46 393
内蒙古电力集团公司	**99.879 5**	**99.635 6**	**99.703 4**	**10.58**	**32.01**	**26.05**	**43 827**	**113 913**	**157 740**
山西国际电力集团公司	**99.784 4**	**99.541 2**	**99.587 0**	**18.94**	**40.30**	**36.28**	**2583**	**11 160**	**13 743**
陕西省地方电力（集团）有限公司	**99.861 5**	**99.703 9**	**99.713 9**	**12.16**	**26.01**	**25.13**	**6909**	**102 343**	**109 252**
广西水利电业集团公司	**99.587 0**	**98.968 2**	**99.067 6**	**36.28**	**90.63**	**81.90**	**13 991**	**73 151**	**87 142**

直辖市及省会城市用户供电可靠性指标

企业名称	供电可靠率（%）			用户平均停电时间（h/户）			等效总用户数		
	城市	农村	全口径	城市	农村	全口径	城市	农村	全口径
北京市电力公司	99.977 5	99.869 3	99.929 6	1.97	11.48	6.19	73 964	58 843	132 807
石家庄供电公司	99.962 4	99.815 4	99.846 7	3.30	16.21	13.46	17 071	63 103	80 174
太原供电分公司	99.945 0	99.880 9	99.906 9	4.83	10.46	8.18	5866	8618	14 484
天津市电力公司	99.965 2	99.896 1	99.931 7	3.06	9.13	6.00	51 689	48 497	100 186
济南供电公司	99.979 7	99.914 8	99.937 0	1.78	7.48	5.53	12 848	24 633	37 481
沈阳供电公司	99.976 4	99.748 4	99.838 1	2.07	22.10	14.22	21 046	32 447	53 494
长春供电公司	99.942 1	99.760 2	99.807 4	5.08	21.07	16.91	12 352	35 184	47 536
哈尔滨供电公司	99.969 8	99.748 3	99.862 8	2.66	22.11	12.05	27 185	25 406	52 591
南京供电公司	99.982 4	99.941 3	99.958 9	1.54	5.15	3.61	27 668	37 223	64 891

续表

企业名称	供电可靠率（%）			用户平均停电时间（h/户）			等效总用户数		
	城市	农村	全口径	城市	农村	全口径	城市	农村	全口径
杭州供电公司	99.979 9	99.883 1	99.915 0	1.77	10.27	7.46	27 809	56 524	84 333
合肥供电公司	99.961 2	99.835 6	99.900 1	3.41	14.44	8.78	19 212	18 198	37 410
上海市电力公司	99.978 5	99.907 9	99.936 6	1.89	8.09	5.57	64 731	94 279	159 010
福州供电公司	99.948 1	99.827 1	99.866 9	4.56	15.19	11.69	14 365	29 245	43 610
郑州供电公司	99.962 7	99.784 9	99.872 7	3.28	18.89	11.18	30 130	30 885	61 015
武汉供电公司	99.977 1	99.927 4	99.958 0	2.01	6.38	3.69	35 614	22 159	57 773
长沙供电公司	99.968 4	99.860 9	99.919 6	2.78	12.22	7.06	23 160	19 270	42 430
南昌供电公司	99.959 4	99.860 3	99.904 7	3.57	12.27	8.37	11 925	14 684	26 609
成都供电公司	99.957 0	99.755 6	99.831 7	3.78	21.47	14.79	18 062	29 769	47 831
重庆市电力公司	99.947 6	99.782 7	99.833 2	4.60	19.09	14.65	50 272	113 770	164 042
西安供电公司	99.945 4	99.777 7	99.876 3	4.80	19.53	10.87	17 028	11 939	28 966
兰州供电公司	99.937 4	99.860 7	99.892 0	5.49	12.23	9.49	7436	10 811	18 247
西宁供电公司	99.900 4	99.584 6	99.743 9	8.75	36.49	22.49	6040	5931	11 971
银川供电公司	99.970 0	99.879 9	99.917 1	2.64	10.55	7.29	6638	9463	16 101
乌鲁木齐供电公司	99.952 2	99.872 2	99.904 2	4.20	11.22	8.37	7138	10 424	17 562
拉萨供电公司	99.398 9	97.744 5	99.207 4	52.80	198.12	69.62	1772	232	2004
广州供电局有限公司	99.982 0	99.949 0	99.962 9	1.58	4.48	3.26	31 260	42 672	73 932
南宁供电局	99.960 1	99.758 1	99.821 4	3.51	21.25	15.68	12 036	26 344	38 380
昆明供电局	99.963 5	99.846 2	99.877 4	3.21	13.51	10.77	10 208	28 213	38 421
贵阳供电局	99.931 3	99.680 3	99.780 2	6.03	28.08	19.31	9658	14 620	24 278
海口供电局	99.791 4	99.615 4	99.707 5	18.32	33.78	25.70	4479	4083	8562
呼和浩特供电公司	99.903 2	99.756 7	99.817 5	8.50	21.37	16.03	8920	12 559	21 479

2014、2015 年发电企业综合厂用电率情况统计表

单位：%

地区	燃煤			燃气			水电		
	2015 年	2014 年	增长率	2015 年	2014 年	增长率	2015 年	2014 年	增长率
全国平均	6.94	6.98	−0.62	3.06	3.57	−14.29	1.71	1.56	9.62
北京	7.01	9.90	−29.19	4.52	2.27	99.12			
天津	8.15	6.30	29.37	3.78	6.94	−45.53			
河北	7.50	6.80	10.29						

续表

地区	燃煤			燃气			水电		
	2015 年	2014 年	增长率	2015 年	2014 年	增长率	2015 年	2014 年	增长率
山西	7.49	8.75	−14.40				0.35	0.88	−60.23
山东	5.88	5.82	1.03				1.12	1.56	−28.21
蒙东	8.33	8.90	−6.40				11.08	10.68	3.75
蒙西	7.22	7.10	1.69						
辽宁	6.90	6.40	7.81				2.28	1.62	40.74
吉林	8.57	7.82	9.59				1.21	0.82	47.56
黑龙江	7.22	6.45	11.94				4.26	0.92	363.04
陕西	8.23	7.66	7.44				3.21	2.39	34.31
甘肃	8.07	7.40	9.05				1.69	1.62	4.32
宁夏	7.46	7.58	−1.58				2.60	2.55	1.96
青海	8.51	8.57	−0.70				1.37	0.68	101.47
新疆	8.10	9.06	−10.60				1.03	1.40	−26.43
上海	4.98	5.02	−0.80	2.52	2.64	−4.55			
浙江	7.17	6.92	3.61	2.52	2.46	2.44	1.30	1.39	−6.47
江苏	4.34	4.49	−3.34	1.55	1.68	−7.74			
安徽	4.75	4.83	−1.66				1.95	2.73	−28.57
福建	6.62	5.71	15.94	1.78	1.79	−0.56	1.16	1.12	3.57
湖北	5.87	5.95	−1.34	4.44	4.16	6.73	0.67	0.66	1.52
河南	11.41	12.29	−7.16	2.02	1.95	3.59	2.55	2.58	−1.16
湖南	5.20	5.27	−1.33				0.55	0.58	−5.17
江西	5.22	5.17	0.97				2.27	2.82	−19.50
四川	7.70	7.77	−0.89	2.84	5.40	−47.41	0.92	1.25	−26.15
重庆	8.06	7.84	2.81				0.48	0.58	−17.24
广东	6.67	6.57	1.52	4.20	3.22	30.43	0.71	0.70	1.43
广西	7.41	7.37	0.54	2.82			0.81	0.86	−5.81
云南	8.19	6.95	17.84				0.83	0.86	−3.49
贵州	8.60	9.32	−7.73				1.00	1.00	0.00
海南	6.91	5.13	34.70	2.43	2.54	−4.33	2.32	1.54	50.65

续表

地区	风电			核电			太阳能			生物质		
	2015 年	2014 年	增长率	2015 年	2014 年	增长率	2015 年	2014 年	增长率	2015 年	2014 年	增长率
全国平均	3.08	2.54	21.26	6.38	5.90	8.14	2.43	2.45	−0.82	13.37	12.39	7.91
北京												
天津												
河北	2.18	2.15	1.40				0.75					
山西	1.44	2.74	−47.45									
山东	2.94	2.69	9.29				15.86	7.59	108.96	13.81	10.35	33.43
蒙东	2.37	1.15	106.09				1.31					
蒙西	1.47	1.90	−22.63									
辽宁	3.12	1.57	98.73	8.72	5.78	50.87	1.10					
吉林	4.22	1.40	201.43				1.00					
黑龙江	3.23	1.91	69.11									
陕西	1.19	1.11	7.21				0.88	0.86	2.33			
甘肃	5.87	3.98	47.49				1.83	1.95	−6.15	10.52	11.54	−8.84
宁夏	4.37	4.10	6.59				3.46	3.57	−3.08			
青海	4.00	3.57	12.04				2.04	1.28	59.38			
新疆	2.68	2.71	−1.11				2.95	2.45	20.41			
上海	3.40	3.15	7.94									
浙江				6.10	6.10	0.00						
江苏	2.52	2.91	−13.40	6.36	6.41	−0.78	0.42	2.91	−85.57	11.49	11.17	2.86
安徽	2.46	0.74	232.43									
福建	2.48	1.50	65.33	7.30	7.05	3.55				16.00	13.66	17.13
湖北	3.14	3.18	−1.26				1.96	0.00		12.70	11.44	11.01
河南	2.65	2.29	15.72									
湖南	1.47	1.35	8.89							11.08	11.38	−2.64
江西	2.48	3.41	−27.27							11.73	12.15	−3.46
四川	3.98	4.80	−17.11				2.23	3.28	−31.90	15.30	16.65	−8.10
重庆	2.83	3.08	−8.12							11.27	11.16	0.99
广东				5.26	5.20	1.15				5.44	5.49	−0.91
广西												
云南	2.56	2.13	20.19				1.14					
贵州	2.53	2.11	19.91							91.38	87.50	4.43
海南	2.71	3.85	−29.61									

注　1. 综合厂用电率=发电量与上网电量差/发电量。

　　2. 此次统计不含西藏，下同。

　　3. 由于统计口径和样本量的变化，部分 2014 年数据与上年通报数据存在差异。

　　4. 太阳能统计口径不含分布式光伏。

2014、2015 年发电企业平均上网电价情况统计表

单位：元/MWh，%

地区	燃煤			燃气			水电		
	2015 年	2014 年	增长率	2015 年	2014 年	增长率	2015 年	2014 年	增长率
全国平均	384.20	400.89	−4.16	789.82	750.78	5.20	286.93	297.76	−3.64
北京	467.81	514.61	−9.09	752.87	650.00	15.83			
天津	418.65	430.30	−2.71	982.88	650.00	51.21			
河北	404.47	425.39	−4.92						
山西	329.20	384.42	−14.36				359.75	369.64	−2.68
山东	421.06	456.79	−7.82						
蒙东	300.34	283.68	5.87				318.33	318.24	0.03
蒙西	284.59	318.58	−10.59						
辽宁	390.49	363.98	7.28				374.00	692.75	−46.01
吉林	370.57	321.39	15.30				426.73	392.07	8.84
黑龙江	389.52	401.67	−3.02				516.41	392.07	31.71
陕西	378.85	380.59	−0.46				335.49	321.67	4.30
甘肃	295.92	324.79	−8.89				239.50	237.25	0.95
宁夏	264.42	280.82	−5.84				263.86	265.82	−0.74
青海	335.88	348.36	−3.58				281.49	256.31	9.82
新疆	247.34	253.9	−2.58				248.84	245.19	1.49
上海	441.05	459.87	−4.09	826.17	810.03	1.99			
浙江	472.67	482.57	−2.05	992.51	956.40	3.78	552.31	565.98	−2.42
江苏	414.95	419.21	−1.02	736.83	853.54	−13.67			
安徽	413.19	434.69	−4.95				431.58	373.00	15.71
福建	392.86	428.45	−8.31	1260.89	588.32	114.32	382.41	301.43	26.87
湖北	442.74	466.85	−5.16	880.12	962.83	−8.59	267.42	291.89	−8.38
河南	421.26	454.76	−7.37	786.53	609.04	29.14	340.35	357.39	−4.77
湖南	473.66	489.17	−3.17				361.27	372.65	−3.05
江西	443.73	469.39	−5.47				281.98	281.81	0.06
四川	464.36	472.43	−1.17	505.37	814.98	−37.99	298.14	311.38	−4.25
重庆	433.32	445.77	−2.79				315.10	314.65	0.14
广东	504.76	536.36	−5.89	649.28	589.19	10.20	273.97	272.65	0.48
广西	488.87	488.42	0.09	1283.56			276.92	284.06	−2.51
云南	462.91	356.66	29.79				252.94	261.90	−3.42
贵州	365.10	380.69	−4.10				296.34	291.01	1.83
海南	459.32	471.16	−2.51	628.85	445.61	41.12	402.22	394.75	1.89

续表

地区	风电			核电			太阳能			生物质		
	2015 年	2014 年	增长率	2015 年	2014 年	增长率	2015 年	2014 年	增长率	2015 年	2014 年	增长率
全国平均	594.01	597.67	-0.61	434.03	437.67	-0.83	1056.89	1016.33	3.99	732.83	733.34	-0.07
北京												
天津												
河北	474.19	540.00	-12.19				1294.09	1260.38	2.67			
山西	624.94	619.23	0.92									
山东	674.26	680.19	-0.87				1000.00	1200.00	-16.67	753.20	755.81	-0.35
蒙东	537.87	535.84	0.38				912.45					
蒙西	563.85	510.00	10.56									
辽宁	590.27	513.38	14.98	411.09	415.07	-0.96	1000.00	1000.00	0.00			
吉林	592.37	506.50	16.95							751.85	678.60	10.79
黑龙江	612.82	599.55	2.21									
陕西	599.36	642.03	-6.65				1251.34	849.26	47.34			
甘肃	529.78	544.30	-2.67				1002.97	922.72	8.70	747.42		
宁夏	608.77	595.87	2.16				905.31	1056.40	-14.30			
青海	985.23	831.55	18.48				1025.15	1019.03	0.60			
新疆	559.79	563.47	-0.65				974.18	979.51	-0.54			
上海	747.74	838.76	-10.85							628.59	599.45	4.86
浙江				428.23	419.42	2.10						
江苏	605.35	592.92	2.10	453.98	454.97	-0.22	1329.69	1392.52	-4.51	742.37	740.84	0.21
安徽	598.88	610.34	-1.88				1000.00	1000.00	0.00			
福建	606.77	576.49	5.25	430.00	428.69	0.31	980.00			727.01	725.56	0.20
湖北	598.29	574.51	4.14				1087.64	886.37	22.71	724.49	752.46	-3.72
河南	609.93	614.53	-0.75									
湖南	599.95	650.86	-7.82							918.41	885.33	3.74
江西	494.00	605.65	-18.43				957.18	1000.00	-4.28	751.09	749.40	0.23
四川	648.62	568.21	14.15				881.33	1015.92	-13.25	609.16	646.78	-5.82
重庆	634.92	617.72	2.78							742.86	678.67	9.46
广东				437.59	441.68	-0.93				748.31	747.01	0.17
广西												
云南	725.68	559.07	29.80				1156.56	2184.00	-47.04			
贵州	606.01	603.79	0.37									
海南	599.94	566.13	5.97									

注　平均上网电价=售电收入/上网电量×1.17，含税。

2014、2015 年电网企业线损率统计表

单位：%

地区	2015 年	2014 年	增长率
全国平均	6.15	6.20	-0.76
北京	6.88	6.89	-0.15
天津	6.75	6.76	-0.15
河北（北网）	5.29	5.5	-3.82
河北（南网）	7.83	7.83	-
山西	6.49	6.6	-1.67
山东	6.55	6.68	-1.95
内蒙古（东部）	8.28	9.07	-8.71
内蒙古（西部）	4.35	4.29	1.40
辽宁	5.78	6.21	-6.92
吉林	7.44	7.34	1.36
黑龙江	7.1	7.21	-1.53
陕西	6.69	7.19	-6.95
甘肃	6.44	5.13	25.54
宁夏	3.55	3.64	-2.47
青海	2.97	3.08	-3.57
新疆	7.93	7.99	-0.75
上海	6.12	6.24	-1.92
浙江	4.17	4.41	-5.44
江苏	4.28	4.59	-6.75
安徽	7.42	7.67	-3.26
福建	4.75	5.65	-15.93
湖北	6.58	6.42	2.49
河南	7.87	6.06	29.87
湖南	8.32	8.95	-7.04
江西	6.99	7.22	-3.19
四川	9.37	9.45	-0.85
重庆	7.13	7.48	-4.68
广东	3.61	5.64	-35.99
广西	3.93	6.80	-42.21
云南	6.60	6.62	-0.30
贵州	4.2	6.41	-34.48
海南	7.23	7.76	-6.83
广州	3.94	5.05	-21.98
深圳	3.54	3.22	9.94

2014、2015 年电网企业平均购销差价（不含税）统计表

单位：元/MWh，%

地　　区	购销差价（含线损）			购销差价（不含线损）		
	2015 年	2014 年	增长率	2015 年	2014 年	增长率
全国平均	216.48	208.11	4.02	194.59	185.32	5.01
北京	207.98	216.19	−3.80	175.21	184.49	−5.03
天津	216.88	212.97	1.84	189.04	183.45	3.05
河北（北网）	156.4	152.89	2.30	141.46	138.61	2.06
河北（南网）	210.19	205.56	2.25	180.49	174.1	3.67
山西	127.3	118.59	7.34	114.59	105.42	8.70
山东	221.48	220.92	0.25	202.42	198.1	2.18
内蒙古（东部）	200.98	225.46	−10.86	183.93	202.24	−9.05
内蒙古（西部）	116.62	104.98	11.09	105.56	91.73	15.07
辽宁	200.3	197.75	1.29	179.55	175.39	2.37
吉林	213.39	196.25	8.73	187.61	172.78	8.58
黑龙江	134.22	142.59	−5.87	115.22	120.82	−4.63
陕西	164.17	157.25	4.40	145.71	135.82	7.28
甘肃	156.05	149.17	4.61	143.49	137.83	4.11
宁夏	99.82	100.06	−0.24	96.21	94.44	1.87
青海	114.64	94.84	20.88	111.42	87.73	27.00
新疆	164.93	169.84	−2.89	151.6	156.89	−3.37
上海	241.69	237.39	1.81	215.35	210.34	2.38
浙江	225.74	222.81	1.32	207.56	203.15	2.17
江苏	211.13	211.02	0.05	201.13	195.05	3.12
安徽	232.46	226.73	2.53	208.49	200.47	4.00
福建	197.54	204.43	−3.37	180.11	182.29	−1.20
湖北	228.34	224.14	1.87	206.98	200.24	3.37
河南	181.68	128	41.94	152.3	114.08	33.50
湖南	233.46	221.27	5.51	202.74	187.29	8.25
江西	251.3	251.24	0.02	225.86	221.11	2.15
四川	196.72	196.6	0.06	178.84	177.83	0.57
重庆	236.84	233.24	1.54	213.32	207.91	2.60
广东	172.4	178.08	−3.19	156.45	152.04	2.90
广西	164.33	159.57	2.98	151.58	135.87	11.56
云南	128.05	135.68	−5.62	111.76	118.37	−5.58
贵州	130.95	137.90	−5.04	118.17	117.26	0.78
海南	218.25	232.07	−5.96	186.35	198.08	−5.92
广州	191.11	195.59	−2.29	171.95	170.14	1.06
深圳	157.38	147.54	6.67	137.84	128.91	6.93
国家电网公司（母公司）	48.66	48.71	−0.10	40.03	39.93	0.25
南方电网公司（母公司）	73.34	81.07	−9.53	57.12	62.84	−9.10

注　省级电网全口径电量购销价差，未剔除对省外送电的数据影响。

2014、2015 年电网企业平均销售电价和居民用电平均电价统计表

单位：元/MWh，%

地　区	平均销售电价			居民用电平均电价		
	2015 年	2014 年	增长率	2015 年	2014 年	增长率
全国平均	643.33	647.05	−0.57	548.04	557.48	−1.69
北京	777.33	776.09	0.16	495.12	495.68	−0.11
天津	725.50	719.34	0.86	503.25	502.37	0.18
河北（北网）	587.68	596.32	−1.45	514.33	514.91	−0.11
河北（南网）	641.34	664.24	−3.45	524.14	524.74	−0.11
山西	510.26	520.66	−2.00	485.77	485.95	−0.04
山东	697.75	711.82	−1.98	536.71	535.66	0.20
内蒙古（东部）	513.20	556.32	−7.75	507.03	504.03	0.60
内蒙古（西部）	420.77	400.88	4.96	440.49	439.81	0.15
辽宁	613.06	628.12	−2.40	512.38	511.17	0.24
吉林	630.54	625.87	0.75	534.76	533.8	0.18
黑龙江	547.14	559.25	−2.17	482.22	480.81	0.29
陕西	554.73	560.45	−1.02	507.07	507.35	−0.06
甘肃	453.00	461.91	−1.93	526.06	526.40	−0.06
宁夏	393.74	407.33	−3.34	457.24	456.31	0.20
青海	381.37	384.24	−0.75	405.80	406.99	−0.29
新疆	436.81	444.21	−1.67	533.57	531.62	0.37
上海	760.34	768.83	−1.10	571.23	569.73	0.26
浙江	747.25	753.64	−0.85	556.10	556.62	−0.09
江苏	688.79	693.94	−0.74	517.57	519.63	−0.40
安徽	676.17	690.14	−2.02	569.24	568.63	0.11
福建	644.76	668.68	−3.58	551.49	557.33	−1.05
湖北	669.60	674.88	−0.78	579.50	585.79	−1.07
河南	606.83	569.42	6.57	563.22	569.83	−1.16
湖南	675.06	672.83	0.33	607.02	607.38	−0.06
江西	711.61	732.71	−2.88	618.23	618.50	−0.04
四川	531.64	549.84	−3.31	523.33	531.00	−1.44
重庆	648.45	643.31	0.80	537.34	538.39	−0.20
广东	697.65	714.83	−2.40	674.93	647.04	4.31
广西	557.29	566.79	−1.68	562.87	461.34	22.01
云南	419.22	444.24	−5.63	471.97	476.43	−0.94
贵州	492.88	511.95	−3.72	485.44	484.77	0.14
海南	734.24	744.18	−1.34	632.06	633.13	−0.17
广州	770.09	788.64	−2.35	654.08	654.24	−0.02
深圳	807.88	827.82	−2.41	714.62	715.17	−0.08
国家电网公司（母公司）	398.93	412.61	−3.32	—	—	—
南方电网公司（母公司）	437.35	459.42	−4.80	—	—	—

　注　平均销售电价不含政府性基金及附加，含税；居民用电平均电价为到户价。

2014、2015 年电网企业政府性基金及附加平均水平统计表

单位：元/MWh，%

地区	2015 年	2014 年	增长率
全国平均	39.25	38.96	0.74
北京	50.01	49.96	0.10
天津	55.96	56.12	−0.29
河北（北网）	33.81	33.48	0.99
河北（南网）	29.15	29.32	−0.58
山西	44.30	44.34	−0.09
山东	37.33	37.59	−0.69
内蒙古（东部）	21.08	40.32	−47.72
内蒙古（西部）	49.1	48.44	1.36
辽宁	31.74	31.97	−0.72
吉林	45.38	45.90	−1.13
黑龙江	23.87	23.96	−0.38
陕西	41.75	42.19	−1.04
甘肃	19.49	19.49	0.00
宁夏	21.77	24.40	−10.78
青海	21.79	21.93	−0.64
新疆	9.02	9.14	−1.31
上海	63.93	63.82	0.17
浙江	40.87	40.94	−0.17
江苏	41.74	41.87	−0.31
安徽	36.66	36.55	0.30
福建	26.28	22.34	17.64
湖北	45.10	47.38	−4.81
河南	35.09	33.32	5.31
湖南	47.25	45.71	3.37
江西	27.69	27.87	−0.65
四川	44.60	45.34	−1.63
重庆	65.20	65.76	−0.85
广东	40.86	41.31	−1.09
广西	42.05	43.17	−2.59
云南	25.3	43.68	−42.08
贵州	17.68	28.4	−37.75
海南	35.54	38.93	−8.71
广州	40.76	40.67	0.22
深圳	40.8	43.16	−5.47

注　电网企业省内售电量口径平均值，含税。

企业风采

企业风采专栏特约编委

江苏华鹏变压器有限公司董事长 钱洪金

中国电力技术市场协会

务实 合作 交流 共赢

中国电力技术市场协会（简称协会）是全国电力行业以及为电力行业服务、从事电力技术市场活动的企业、事业单位的自愿联合组织，是不以营利为目的行业性社会团体，具有独立的社团法人资格。协会成立于1994年6月，在民政部注册登记。电力体制改革后，协会业务主管单位为国务院国有资产监督管理委员会并委托中国电力企业联合会代管。

协会自1994年成立以来，以务实、创新、服务为宗旨，在政府有关部门的指导下，在全体会员单位的共同努力下，依照相关的法律法规和协会章程，充分发挥行业技术协会纽带与桥梁的作用，为促进电力科技成果的转化，做出积极贡献。

协会常设办事机构包括：办公室、财务部、综合业务部。

协会下设火电、电网和水电及新能源发电分会。

2015年6月26日协会被民政部全国性社会组织评估委员会评为2A级协会。

业务范围

民政部和国务院国有资产监督管理委员会认定的业务范围：行业管理、信息交流、业务培训、专业展览、书刊编辑、国际合作、咨询服务。

本届理事会秘书处开展的主要工作

（一）受国家发展改革委委托，组织年度国家认定企业技术中心行业（能源）组，进行申请材料和评价材料的筛选和评审工作；

（二）组织电力行业技术市场"金桥奖"的评审及中国技术市场协会"金桥奖"的申报推荐工作；

（三）组织国家统计局授权中国电力企业联合会开展的电力行业科技统计工作；

（四）承担中国电力企业联合会锅监委电力行业锅炉压力容器安全监督管理工程师考委会秘书处工作；

（五）组织召开有两大电网和五大发电集团公司参加的电力企业科技工作联络会，推进行业科技工作的开展；

（六）组织召开电力科技管理论坛，开展论坛创新成果评选等工作；

（七）为加速企业科技成果（产品）的转化，组织行业科学技术成果的评审工作；

（八）参考国家科技计划项目成果的转移转化机制相关政策及相关网站内容，完善中国电力技术市场协会网站；

（九）会刊《电力科技通讯》的编辑出版工作；

（十）在完善各专业技术委员会的基础上，组织开展全国防治窃电及电力设施保护专业、全国发电厂热工自动化专业、电力行业化学专业等的交流和培训工作；

（十一）组织全国燃气机组技术交流协作会、全国大中型水电厂技术协作网等协作组织，开展技术交流、指标评比和年会等工作。

地址：北京市西城区广安门外大街168号朗琴国际大厦A座五层
邮编：100055

江苏华鹏变压器有限公司
JIANGSU HUAPENG TRANSFORMER CO., LTD.

　　江苏华鹏变压器有限公司是江苏华朋集团的核心企业，始建于1967年，占地29.84万㎡，资产总额54.5亿元，年生产能力120000MVA。2016年公司销售收入达30.15亿元，是常州地区纳税骨干企业。

　　公司产品品种从单一的S9系列10kV级配电变压器，发展到目前电压等级750kV，容量1500MVA，共12个类别30个品种80个系列765种样本标准规格，实际品种达千种以上。

　　公司是国家定点生产电力变压器和特种变压器的专业制造企业，为国家重点高新技术企业、江苏省百家重点培育发展企业、中国机械工业企业核心竞争力100强企业、全国机械工业质量效益型企业、江苏省管理创新示范企业、江苏省两化融合示范企业，建有国家级企业技术中后技术创新中心和江苏省高压智能变压器工程中心、企业院士工作站、博士后科研工作站、博士后技术创新中心和江苏省高压智能变压器工程

国网江苏省电力公司500kV常州政平换流站
283.7MVA 500kV变压器

长江三峡5000kVA 20kV单相干式变压器

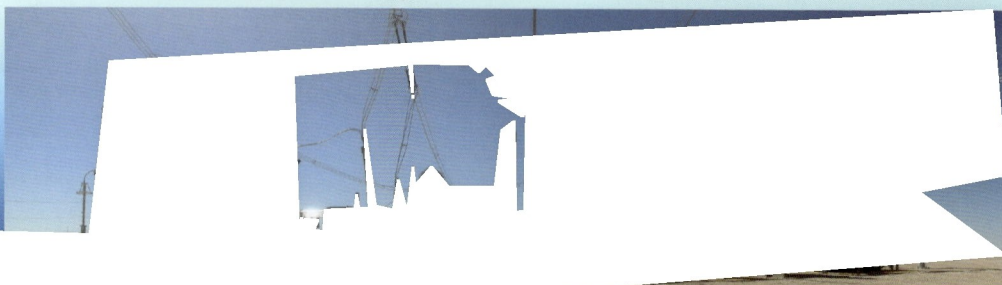

中心、国家地方联合工程研究中心，并率先在行业内建立了完备的质量、环境和职业健康安全三大管理体系。2005～2014公司连续10年被评为"中国工业行业排头兵企业"，2014年荣获中国工业行业排头兵至尊大奖。多年来在全国变压器行业十强企业排名中名列前茅，2009年获得了国内机械行业质量奖的最高奖项——全国机械工业质量奖。

公司自主研发的500kV级超高压电力变压器通过国家级鉴定，其性能水平达国际先进；自主研发的48脉波干式整流变压器技术为国际首创；风电、核电、光伏等新能源产品，220、110kV产品及干式变压器产品产销量均位居全国前列。

华鹏立足国内市场，放眼国际市场，产品不仅广泛用于国内火电、水电、核电、风电、特高压、轨道交通、航空航天、石油化工、高层建筑等各个领域，而且还远销北美、南美、欧洲、东南亚、中东、非洲等50多个国家和地区。

组合式、预装式、一体式变电站

香港中华电力S11高燃点油配电变压器

国家电网公司集□□□□□□□MVA 500kV变压器

附 录

2016 年发布的电力相关国家标准

编号	标准编号	标 准 名 称	代替标准号	实施日期
1	GB/T 12145—2016	火力发电机组及蒸汽动力设备水汽质量	GB/T 12145—2008	2016-09-01
2	GB/T 32506—2016	抽水蓄能机组励磁系统运行检修规程		2016-09-01
3	GB/T 32508—2016	绝缘油中腐蚀性硫（二苄基二硫醚）定量检测方法		2016-09-01
4	GB/T 32510—2016	抽水蓄能电厂标识系统（KKS）编码导则		2016-09-01
5	GB/T 32512—2016	光伏发电站防雷技术要求		2016-09-01
6	GB/T 32518.1—2016	超高压可控并联电抗器现场试验技术规范　第1部分：分级调节式		2016-09-01
7	GB/T 5075—2016	电力金具名词术语	GB/T 5075—2001	2016-11-01
8	GB/T 31960.9—2016	电力能效监测系统技术规范　第9部分：系统检验规范		2016-11-01
9	GB/T 31960.10—2016	电力能效监测系统技术规范　第10部分：电力能效监测终端检验规范		2016-11-01
10	GB/T 31960.11—2016	电力能效监测系统技术规范　第11部分：电力能效信息集中与交互终端检验规范		2016-11-01
11	GB/T 32574—2016	抽水蓄能电站检修导则		2016-11-01
12	GB/T 32575—2016	发电工程数据移交		2016-11-01
13	GB/T 32576—2016	抽水蓄能电站厂用电继电保护整定计算导则		2016-11-01
14	GB/T 32594—2016	抽水蓄能电站保安电源技术导则		2016-11-01
15	GB/T 32672—2016	电力需求响应系统通用技术规范		2016-11-01
16	GB/T 32673—2016	架空输电线路故障巡视技术导则		2016-11-01
17	GB 50150—2016	电气装置安装工程 电气设备交接试验标准		2016-12-01
18	GB 51101—2016	太阳能发电站支架基础技术规范		2016-12-01
19	GB/T 32823—2016	电网节能项目节约电力电量测量和验证技术导则		2017-03-01
20	GB/T 32826—2016	光伏发电系统建模导则		2017-03-01
21	GB/T 32878—2016	可逆式水泵水轮机调节系统运行规程		2017-03-01
22	GB/T 32879—2016	电动汽车电池更换用电池箱连接器通用技术要求		2017-03-01
23	GB/T 32890—2016	继电保护 IEC 61850 工程应用模型		2017-03-01
24	GB/T 32892—2016	光伏发电系统模型及参数测试规程		2017-03-01
25	GB/T 32894—2016	抽水蓄能机组工况转换技术导则		2017-03-01
26	GB/T 32895—2016	电动汽车快换电池箱通信协议		2017-03-01
27	GB/T 32896—2016	电动汽车动力仓总成通信协议		2017-03-01
28	GB/T 32897—2016	智能变电站保护测控一体化装置通用技术条件		2017-03-01
29	GB/T 32898—2016	抽水蓄能发电电动机变压器组继电保护配置导则		2017-03-01
30	GB/T 32899—2016	抽水蓄能机组静止变频启动装置试验规程		2017-03-01
31	GB/T 32900—2016	光伏发电站继电保护技术规范		2017-03-01
32	GB/T 32901—2016	智能变电站继电保护通用技术条件		2017-03-01
33	GB 50169—2016	电气装置安装工程 接地装置施工及验收规范	GB 50169—1992	2017-04-01
34	GB 50287—2016	水力发电工程地质勘察规范	GB 50287—2006	2017-04-01
35	GB/T 33341—2016	电动汽车快换电池箱架通用技术要求		2017-07-01
36	GB/T 33342—2016	分布式光伏发电并网接口技术规范		2017-07-01
37	GB/T 51189—2016	火力发电厂海水淡化工程调试及验收规范		2017-07-01
38	GB/T 51190—2016	海底电力电缆输电工程设计规范		2017-07-01
39	GB/T 51191—2016	海底电力电缆输电工程施工及验收规范		2017-07-01
40	GB/T 51200—2016	高压直流换流站设计规范		2017-07-01

2016 年发布的电力行业标准

序号	标准编号	标 准 名 称	被代替标准号	批准日期	实施日期
1	DL/T 390—2016	县域配电自动化技术导则	DL/T 390—2010	2016-01-07	2016-06-01
2	DL/T 429.2—2016	电力用油颜色测定法	DL 429.2—1991	2016-01-07	2016-06-01
3	DL/T 443—2016	水轮发电机组及其附属设备出厂检验导则	DL/T 443—1991	2016-01-07	2016-06-01
4	DL/T 496—2016	水轮机电液调节系统及装置调整试验导则	DL/T 496—2001	2016-01-07	2016-06-01
5	DL/T 556—2016	水转发电机组振动监测装置设置导则	DL/T 556—1994	2016-01-07	2016-06-01
6	DL/T 563—2016	水轮机电液调节系统及装置技术规程	DL/T 563—2004	2016-01-07	2016-06-01
7	DL/T 582—2016	发电厂水处理用活性炭使用导则	DL/T 582—2004	2016-01-07	2016-06-01
8	DL/T 595—2016	六氟化硫电气设备气体监督导则	DL/T 595—1996	2016-01-07	2016-06-01
9	DL/T 599—2016	城市中低压配电网改造技术导则	DL/T 599—2005	2016-01-07	2016-06-01
10	DL/T 634.5601—2016	远动设备及系统第 5-601 部分：DL/T 634.510 配套标准一致性测试用例		2016-01-07	2016-06-01
11	DL/T 639—2016	六氟化硫电气设备、试验及检修人员安全防护导则	DL/T 639—1997	2016-01-07	2016-06-01
12	DL/T 642—2016	隔爆型电动执行机构	DL/T 642—1997	2016-01-07	2016-06-01
13	DL/T 698.52—2016	电能信息采集与管理系统　第 5-2 部分：远程通信协议一致性测试	DL/T 698—1999	2016-01-07	2016-06-01
14	DL/T 788—2016	全介质自承式光缆	DL/T 788—2001	2016-01-07	2016-06-01
15	DL/T 805.2—2016	火电厂汽水化学导则　第 2 部分：锅炉炉水磷酸盐处理	DL/T 805.2—2004	2016-01-07	2016-06-01
16	DL/T 832—2016	光纤复合架空地线	DL/T 832—2003	2016-01-07	2016-06-01
17	DL/T 836.1—2016	供电系统供电可靠性评价规程　第 1 部分：通用要求	DL/T 836—2012	2016-01-07	2016-06-01
18	DL/T 836.2—2016	供电系统供电可靠性评价规程　第 2 部分：高中压用户		2016-01-07	2016-06-01
19	DL/T 836.3—2016	供电系统供电可靠性评价规程　第 3 部分：低压用户		2016-01-07	2016-06-01
20	DL/T 860.81—2016	电力自动化通信网络和系统　第 8-1 部分：特定通信服务映射（SCSM）——映射到 MMS（ISO 9506-1 和 ISO 9506-2）及 ISO/IEC 8802-3	DL/T 860.81—2006	2016-01-07	2016-06-01
21	DL/T 860.92—2016	电力自动化通信网络和系统　第 9-2 部分：特定通信服务映射（SCSM）——基于 ISO/IEC 8802-3 的采样值	DL/T 860.92—2006	2016-01-07	2016-06-01
22	DL/T 860.801—2016	电力自动化通信网络和系统　第 80-1 部分：应用 DL/T 634.5101 或 DL/T 634.5104 变换基于 CDC 的数据模型信息导则		2016-01-07	2016-06-01
23	DL/T 860.7410—2016	电力自动化通信网络和系统　第 7-410 部分：基本通信结构水力发电厂监视与控制用通信		2016-01-07	2016-06-01
24	DL/Z 860.7510—2016	电力自动化通信网络和系统　第 7-510 部分：基本通信结构水力发电厂建模原理与应用指南		2016-01-07	2016-06-01
25	DL/T 862—2016	水电厂自动化元件（装置）安装和验收规程	DL/T 862—2004	2016-01-07	2016-06-01

序号	标准编号	标 准 名 称	被代替标准号	批准日期	实施日期
26	DL/T 875—2016	架空输电线路施工机具基本技术要求	DL/T 875—2004	2016-01-07	2016-06-01
27	DL/T 890.301—2016	能量管理系统应用程序接口（EMS-API） 第 301 部分：公共信息模型（CIM）基础	DL/T 890.301—2004	2016-01-07	2016-06-01
28	DL/T 890.456—2016	能量管理系统应用程序接口（EMS-API） 第 456 部分：电力系统状态解子集		2016-01-07	2016-06-01
29	DL/T 986—2016	湿法烟气脱硫工艺性能检测技术规范	DL/T 986—2005	2016-01-07	2016-06-01
30	DL/T 998—2016	石灰石-石膏湿法烟气脱硫装置性能验收试验规范	DL/T 998—2006	2016-01-07	2016-06-01
31	DL/T 1009—2016	水电厂计算机监控系统运行及维护规程	DL/T 1009—2006	2016-01-07	2016-06-01
32	DL/T 1014—2016	水情自动测报系统运行维护规程	DL/T 1014—2006	2016-01-07	2016-06-01
33	DL/T 1050—2016	电力环境保护技术监督导则	DL/T 1050—2007	2016-01-07	2016-06-01
34	DL/T 1080.1—2016	电力企业应用集成　配电管理的系统接口　第 1 部分：接口体系与总体要求	DL/T 1080.1—2008	2016-01-07	2016-06-01
35	DL/T 1098—2016	间隔棒技术条件和试验方法	DL/T 1098—2009	2016-01-07	2016-06-01
36	DL/T 1432.2—2016	变电设备在线监测装置检验规范　第 2 部分：变压器油中溶解气体在线监测装置		2016-01-07	2016-06-01
37	DL/T 1432.3—2016	变电设备在线监测装置检验规范　第 3 部分：电容型设备及金属氧化物避雷器绝缘在线监测装置		2016-01-07	2016-06-01
38	DL/T 1473—2016	电测量指示仪表检定规程	SD 110—1983	2016-01-07	2016-06-01
39	DL/T 1492.1—2016	火力发电厂优化控制系统技术导则　第 1 部分：基本要求		2016-01-07	2016-06-01
40	DL/T 1492.2—2016	火力发电厂优化控制系统技术导则　第 2 部分：协调及汽温优化控制系统验收测试		2016-01-07	2016-06-01
41	DL/T 1493—2016	燃煤电厂超净电袋复合除尘器		2016-01-07	2016-06-01
42	DL/T 1494—2016	燃煤锅炉飞灰中氨含量的测定　离子色谱法		2016-01-07	2016-06-01
43	DL/T 1495—2016	火力发电厂脱硫石膏及浆液中水溶性氟离子的测定		2016-01-07	2016-06-01
44	DL/T 1496—2016	电能计量封印技术规范		2016-01-07	2016-06-01
45	DL/T 1497—2016	电能计量用电子标签技术规范		2016-01-07	2016-06-01
46	DL/T 1498.1—2016	变电设备在线监测装置技术规范　第 1 部分：通则		2016-01-07	2016-06-01
47	DL/T 1498.2—2016	变电设备在线监测装置技术规范　第 2 部分：变压器油中溶解气体在线监测装置		2016-01-07	2016-06-01
48	DL/T 1498.3—2016	变电设备在线监测装置技术规范　第 3 部分：电容型设备及金属氧化物避雷器绝缘在线监测装置		2016-01-07	2016-06-01
49	DL/T 1499—2016	电力应急术语		2016-01-07	2016-06-01
50	DL/T 1500—2016	电网气象灾害预警系统技术规范		2016-01-07	2016-06-01
51	DL/T 1501—2016	数字化继电保护试验装置技术条件		2016-01-07	2016-06-01
52	DL/T 1502—2016	厂用电继电保护整定计算导则		2016-01-07	2016-06-01
53	DL/T 1503—2016	变压器用速动油压继电器检验规程		2016-01-07	2016-06-01
54	DL/T 1504—2016	弧光保护装置通用技术条件		2016-01-07	2016-06-01
55	DL/T 1505—2016	大型燃气轮发电机组继电保护装置通用技术条件		2016-01-07	2016-06-01

序号	标准编号	标 准 名 称	被代替标准号	批准日期	实施日期
56	DL/T 1506—2016	高压交流电缆在线监测系统通用技术规范		2016-01-07	2016-06-01
57	DL/T 1507—2016	数字化电能表校准规范		2016-01-07	2016-06-01
58	DL/T 1508—2016	架空输电线路导地线覆冰监测装置		2016-01-07	2016-06-01
59	DL/T 1509—2016	电力系统光传送网（OTN）技术要求		2016-01-07	2016-06-01
60	DL/T 1510—2016	电力系统光传送网（OTN）测试规范		2016-01-07	2016-06-01
61	DL/T 1511—2016	电力系统移动作业 PDA 终端安全防护技术规范		2016-01-07	2016-06-01
62	DL/T 1512—2016	变电站测控装置技术规范		2016-01-07	2016-06-01
63	DL/T 1513—2016	柔性直流输电用电压源型换流阀　电气试验		2016-01-07	2016-06-01
64	DL/T 1514—2016	火力发电厂袋式除尘器用滤料寿命管理与评价方法		2016-01-07	2016-06-01
65	DL/T 1515—2016	电子式互感器接口技术规范		2016-01-07	2016-06-01
66	DL/T 1516—2016	相对介损及电容测试仪通用技术条件		2016-01-07	2016-06-01
67	DL/T 1517—2016	二次压降及二次负荷现场测试技术规范		2016-01-07	2016-06-01
68	DL/T 1518—2016	变电站噪声控制技术导则		2016-01-07	2016-06-01
69	DL/T 1519—2016	变流输电线路架空地线接地技术导则		2016-01-07	2016-06-01
70	DL/T 1520—2016	火电厂烟气中细颗粒物（$PM_{2.5}$）测试技术规范重量法		2016-01-07	2016-06-01
71	DL/T 1521—2016	火力发电厂微米级干雾除尘装置		2016-01-07	2016-06-01
72	DL/T 1522—2016	发电机定子绕组内冷水系统水流量超声波测量方法及评定导则		2016-01-07	2016-06-01
73	DL/T 1523—2016	同步发电机进相试验导则		2016-01-07	2016-06-01
74	DL/T 1524—2016	发电机红外检测方法及评定导则		2016-01-07	2016-06-01
75	DL/T 1525—2016	隐极同步发电机转子匝间短路故障诊断导则		2016-01-07	2016-06-01
76	DL/T 1526—2016	柔性直流输电工程系统试验规程		2016-01-07	2016-06-01
77	DL/T 1527—2016	用电信息安全防护技术规范		2016-01-07	2016-06-01
78	DL/T 1528—2016	电能计量现场手持设备技术规范		2016-01-07	2016-06-01
79	DL/T 1529—2016	配电自动化终端设备检测规程		2016-01-07	2016-06-01
80	DL/T 1530—2016	高压绝缘光纤柱		2016-01-07	2016-06-01
81	DL/T 1531—2016	20kV 配电网过电压保护与绝缘配合		2016-01-07	2016-06-01
82	DL/T 1532—2016	接地网腐蚀诊断技术导则		2016-01-07	2016-06-01
83	DL/T 1533—2016	电力系统雷区分布图绘制方法		2016-01-07	2016-06-01
84	DL/T 1534—2016	油浸式电力变压器局部放电的特高频检测方法		2016-01-07	2016-06-01
85	DL/T 1535—2016	10kV～35kV 干式空心限流电抗器使用导则		2016-01-07	2016-06-01
86	DL/T 1536—2016	电站调节阀选用导则		2016-01-07	2016-06-01
87	DL/T 1537—2016	电站止回阀选型及使用规程		2016-01-07	2016-06-01
88	DL/T 1538—2016	电力变压器用真空有载分接开关使用导则		2016-01-07	2016-06-01
89	DL/T 1539—2016	电力变压器（电抗器）用高压套管选用导则		2016-01-07	2016-06-01

续表

序号	标准编号	标　准　名　称	被代替标准号	批准日期	实施日期
90	DL/T 1540—2016	油浸式交流电抗器（变压器）运行振动测量方法		2016-01-07	2016-06-01
91	DL/T 1541—2016	电力变压器中性点直流限（隔）流装置技术规范		2016-01-07	2016-06-01
92	DL/T 1542—2016	电子式电流互感器选用导则		2016-01-07	2016-06-01
93	DL/T 1543—2016	电子式电压互感器选用导则		2016-01-07	2016-06-01
94	DL/T 1544—2016	电子式互感器现场交接验收规范		2016-01-07	2016-06-01
95	DL/T 1545—2016	燃气发电厂噪声防治技术导则		2016-01-07	2016-06-01
96	DL/T 1546—2016	火力发电厂锅炉袋式除尘器清灰装置技术条件		2016-01-07	2016-06-01
97	DL/T 1547—2016	智能水电厂技术导则		2016-01-07	2016-06-01
98	DL/T 1548—2016	水轮机调节系统设计与应用导则		2016-01-07	2016-06-01
99	DL/T 1549—2016	可逆式水泵水轮机调节系统技术条件		2016-01-07	2016-06-01
100	DL/T 1550—2016	矿物绝缘油中金属铜、铁含量测定法旋转圆盘电极发射光谱法		2016-01-07	2016-06-01
101	DL/T 1551—2016	六氟化硫气体中二氧化硫、硫化氢，氟化硫酰、氟化亚硫酰的测定方法–气质联用法		2016-01-07	2016-06-01
102	DL/T 1552—2016	变压器油储存管理导则		2016-01-07	2016-06-01
103	DL/T 1553—2016	六氟化硫气体净化处理工作规程		2016-01-07	2016-06-01
104	DL/T 1555—2016	六氟化硫气体泄漏在线监测报警装置运行维护导则		2016-01-07	2016-06-01
105	DL/T 1556—2016	火力发电厂PROFIBUS现场总线控制系统技术规程		2016-01-07	2016-06-01
106	DL/T 1557—2016	电动振冲器		2016-01-07	2016-06-01
107	DL/T 1558—2016	大坝安全监测系统运行维护规程		2016-01-07	2016-06-01
108	DL/T 1559—2016	水电站水工技术监督导则		2016-01-07	2016-06-01
109	DL/T 1560—2016	解体运输电力变压器现场组装与试验导则		2016-01-07	2016-06-01
110	DL/T 1561—2016	避雷器监测装置校准规范		2016-01-07	2016-06-01
111	DL/T 1562—2016	容性设备在线监测装置校准规范		2016-01-07	2016-06-01
112	DL/T 1563—2016	中压配电网可靠性评估导则		2016-01-07	2016-06-01
113	DL/T 5727—2016	绝缘子用常温固化硅橡胶防污闪涂料现场施工技术规范		2016-01-07	2016-06-01
114	DL/T 5728—2016	水电水利工程控制性灌浆施工规范		2016-01-07	2016-06-01
115	DL/T 5729—2016	配电网规划设计技术导则		2016-01-07	2016-06-01
116	DL/T 5400—2016	水工建筑物滑动模板施工技术规范	DL/T 5400—2007	2016-01-07	2016-06-01
117	NB/T 31075—2016	风电场电气仿真模型建模及验证规程		2016-01-07	2016-06-01
118	NB/T 31076—2016	风力发电场并网验收规范		2016-01-07	2016-06-01
119	NB/T 31077—2016	风电场低电压穿越建模及评价方法		2016-01-07	2016-06-01
120	NB/T 31078—2016	风电场并网性能评价方法		2016-01-07	2016-06-01
121	NB/T 31079—2016	风电功率预测系统测风塔数据测量技术要求		2016-01-07	2016-06-01
122	NB/T 31080—2016	海上风力发电机组钢制基桩及承台制作技术规范		2016-01-07	2016-06-01
123	NB/T 31081—2016	风力发电场仿真机技术规范		2016-01-07	2016-06-01

序号	标准编号	标 准 名 称	被代替标准号	批准日期	实施日期
124	NB/T 31082—2016	风电机组塔架用高强度螺栓连接副		2016-01-07	2016-06-01
125	NB/T 31083—2016	风电场控制系统功能规范		2016-01-07	2016-06-01
126	NB/T 31084—2016	风力发电工程建设施工监理规范		2016-01-07	2016-06-01
127	NB/T 31085—2016	风电场项目经济评价规范		2016-01-07	2016-06-01
128	NB/T 31086—2016	风电场工程水土保持方案编制技术规范		2016-01-07	2016-06-01
129	NB/T 31087—2016	风电场项目环境影响评价技术规范		2016-01-07	2016-06-01
130	NB/T 31088—2016	风电场安全标识设置设计规范		2016-01-07	2016-06-01
131	NB 31089—2016	风电场设计防火规范		2016-01-07	2016-06-01
132	NB/T 31090—2016	并网型风力发电机组售后服务规范		2016-01-07	2016-06-01
133	NB/T 31091—2016	并网型风力发电机组成套供应规范		2016-01-07	2016-06-01
134	NB/T 31092—2016	微电网用风力发电机组性能与安全技术要求		2016-01-07	2016-06-01
135	NB/T 31093—2016	微电网用风力发电机组主控制器技术规范		2016-01-07	2016-06-01
136	NB/T 31094—2016	风力发电设备　海上特殊环境条件与技术要求		2016-01-07	2016-06-01
137	NB/T 31095—2016	风电电气设备　安全通用要求		2016-01-07	2016-06-01
138	NB/T 25043.5—2016	核电厂常规岛及辅助配套设施建设施工技术规范 第5部分：水处理及制氢系统		2016-01-07	2016-06-01
139	NB/T 25043.7—2016	核电厂常规岛及辅助配套设施建设施工技术规范 第7部分：采暖通风与空气调节		2016-01-07	2016-06-01
140	NB/T 25044.5—2016	核电厂常规岛及辅助配套设施建设施工质量验收规程　第5部分：水处理及制氢系统		2016-01-07	2016-06-01
141	NB/T 25044.7—2016	核电厂常规岛及辅助配套设施建设施工质量验收规程　第7部分：采暖通风与空气调节		2016-01-07	2016-06-01
142	NB/T 25047—2016	核电厂发电机运行维护导则		2016-01-07	2016-06-01
143	NB/T 25048—2016	核电厂汽轮机仿真调试技术导则		2016-01-07	2016-06-01
144	NB/T 25049—2016	压水堆核电厂凝结水泵选型技术条件		2016-01-07	2016-06-01
145	NB/T 25050—2016	压水堆核电厂给水泵选型技术条件		2016-01-07	2016-06-01
146	NB/T 25051—2016	压水堆核电厂常规岛疏水泵选型技术条件		2016-01-07	2016-06-01
147	NB/T 25052—2016	核电厂常规岛热力性能试验导则		2016-01-07	2016-06-01
148	DL/T 438—2016	火力发电厂金属技术监督规程	DL/T 438—2009	2016-08-16	2016-12-01
149	DL/T 505—2016	汽轮机主轴焊缝超声波检测规程	DL/T 505—2005	2016-08-16	2016-12-01
150	DL/T 518.1—2016	电力生产事故分类与代码　第1部分：人身事故	DL/T 518.1—1993、DL/T 518.2—1993、DL/T 518.3—1993	2016-08-16	2016-12-01
151	DL/T 518.2—2016	电力生产事故分类与代码　第2部分：设备事故	DL/T 518.4—1993、DL/T 518.5—1993	2016-08-16	2016-12-01
152	DL/T 567.6—2016	火力发电厂燃料试验方法　第6部分：飞灰和炉渣可燃物测定方法	DL/T 567.6—1995	2016-08-16	2016-12-01
153	DL/T 567.8—2016	火力发电厂燃料试验方法　第8部分：燃油发热量的测定	DL/T 567.8—1995	2016-08-16	2016-12-01

序号	标准编号	标　准　名　称	被代替标准号	批准日期	实施日期
154	DL/T 567.9—2016	火力发电厂燃料试验方法　第 9 部分：燃油中碳和氢元素的测定	DL/T 567.9—1996	2016-08-16	2016-12-01
155	DL/T 698.44—2016	电能信息采集与管理系统　第 4-4 部分：通信协议—微功率无线通信协议	DL/T 698—1999	2016-08-16	2016-12-01
156	DL/T 698.46—2016	电能信息采集与管理系统　第 4-6 部分：通信协议—采集终端远程通信模块接口协议	DL/T 698—1999	2016-08-16	2016-12-01
157	DL/T 698.51—2016	电能信息采集与管理系统　第 5-1 部分：测试技术规范—功能测试	DL/T 698—1999	2016-08-16	2016-12-01
158	DL/T 773—2016	火电厂用 12Cr1MoV 钢球化评级标准	DL/T 773—2001	2016-08-16	2016-12-01
159	DL/T 852—2016	锅炉启动调试导则	DL/T 852—2004	2016-08-16	2016-12-01
160	DL/T 863—2016	汽轮机启动调试导则	DL/T 863—2004	2016-08-16	2016-12-01
161	DL/T 905—2016	汽轮机叶片、水轮机转轮焊接修复技术规程	DL/T 905—2004	2016-08-16	2016-12-01
162	DL/T 939—2016	火力发电厂锅炉受热面管监督技术导则	DL/T 939—2005	2016-08-16	2016-12-01
163	DL/T 955—2016	火力发电厂水、汽试验方法　钢、铁的测定　原子吸收分光光度法	DL/T 955—2005	2016-08-16	2016-12-01
164	DL/T 1033.1—2016	电力行业词汇　第 1 部分：动力工程	DL/T 1033.1—2006	2016-08-16	2016-12-01
165	DL/T 1033.4—2016	电力行业词汇　第 4 部分：火力发电	DL/T 1033.4—2006	2016-08-16	2016-12-01
166	DL/T 1033.10—2016	电力行业词汇　第 10 部分：电力设备	DL/T 1033.10—2006	2016-08-16	2016-12-01
167	DL/T 1034—2016	135MW 级循环流化床锅炉运行导则	DL/T 1034—2006	2016-08-16	2016-12-01
168	DL/T 1592—2016	电能信息采集终端检测装置技术规范		2016-08-16	2016-12-01
169	DL/T 1593—2016	电能信息采集终端可靠性验证方法		2016-08-16	2016-12-01
170	DL/T 1594—2016	循环流化床锅炉滚筒冷渣机技术条件		2016-08-16	2016-12-01
171	DL/T 1595—2016	循环流化床锅炉受热面防磨喷涂技术规范		2016-08-16	2016-12-01
172	DL/T 1596—2016	循环流化床锅炉风机技术条件		2016-08-16	2016-12-01
173	DL/T 1597—2016	电力行业数据灾备系统存储监控技术规范		2016-08-16	2016-12-01
174	DL/T 1598—2016	信息机房（A 级）综合监控技术规范		2016-08-16	2016-12-01
175	DL/T 1599—2016	油中酚类及胺类抗氧化剂含量测定法　伏安线性扫描法		2016-08-16	2016-12-01
176	DL/T 1600—2016	循环流化床锅炉燃烧系统技术条件		2016-08-16	2016-12-01
177	DL/T 1601—2016	光纤复合架空相线施工、验收及运行规范		2016-08-16	2016-12-01
178	DL/T 1602—2016	发电厂纯水脱气氢电导率在线测量方法		2016-08-16	2016-12-01
179	DL/T 1603—2016	奥氏体不锈钢锅炉管内壁喷丸层质量检验及验收技术条件		2016-08-16	2016-12-01
180	DL/T 1604—2016	燃煤电厂碎煤机耐磨件技术条件		2016-08-16	2016-12-01
181	DL/T 1605—2016	联合循环电站气态燃料热值、压缩系数和相对密度的计算方法		2016-08-16	2016-12-01
182	DL/T 1606—2016	燃气轮机烟气排放测量与评估		2016-08-16	2016-12-01
183	DL/T 1607—2016	六氟化硫分解产物的测定　红外光谱法		2016-08-16	2016-12-01
184	DL/T 1608—2016	电能质量数据交换格式规范		2016-08-16	2016-12-01

序号	标准编号	标准名称	被代替标准号	批准日期	实施日期
185	DL/T 1609—2016	架空输电线路除冰机器人作业导则		2016-08-16	2016-12-01
186	DL/T 1610—2016	变电站机器人巡检系统通用技术条件		2016-08-16	2016-12-01
187	DL/T 1611—2016	输电线路铁塔钢管对接焊缝超声波检测与质量评定		2016-08-16	2016-12-01
188	DL/T 1612—2016	发电机定子绕组手包绝缘施加直流电压测量方法及评定导则		2016-08-16	2016-12-01
189	DL/T 1613—2016	光纤复合架空相线及相关附件		2016-08-16	2016-12-01
190	DL/T 1614—2016	电力应急指挥通信车技术规范		2016-08-16	2016-12-01
191	DL/T 1615—2016	碳纤维复合材料芯架空导线运行维护技术导则		2016-08-16	2016-12-01
192	DL/T 1616—2016	火力发电机组性能试验导则		2016-08-16	2016-12-01
193	DL/T 1617—2016	变压器油腐蚀性硫处理设备技术条件		2016-08-16	2016-12-01
194	DL/T 1618—2016	袋式除尘器离线移动清灰技术规范		2016-08-16	2016-12-01
195	DL/T 1619—2016	火力发电厂袋式除尘器用滤袋技术要求		2016-08-16	2016-12-01
196	DL/T 1620—2016	架空输电线路山火风险预报技术导则		2016-08-16	2016-12-01
197	DL/T 1621—2016	发电厂轴瓦巴氏合金焊接技术导则		2016-08-16	2016-12-01
198	DL/T 1622—2016	钎焊型铜铝过渡设备线夹超声波检测导则		2016-08-16	2016-12-01
199	DL/T 1623—2016	智能变电站预制光缆技术规范		2016-08-16	2016-12-01
200	DL/T 5735—2016	1000kV可控并联电抗器设计技术导则		2016-08-16	2016-12-01
201	DL/T 5736—2016	火力发电厂烟囱（烟道）防腐蚀工程施工技术规程		2016-08-16	2016-12-01
202	DL/T 5737—2016	火力发电厂圆形贮煤仓施工技术规范		2016-08-16	2016-12-01
203	DL/T 5738—2016	电力建设工程变形缝施工技术规范		2016-08-16	2016-12-01
204	DL/T 5739—2016	火力发电工程消防施工技术导则		2016-08-16	2016-12-01
205	DL/T 5740—2016	智能变电站施工技术规范		2016-08-16	2016-12-01
206	NB/T 42089—2016	电化学储能电站功率变换系统技术规范		2016-08-16	2016-12-01
207	NB/T 42090—2016	电化学储能电站监控系统技术规范		2016-08-16	2016-12-01
208	NB/T 42091—2016	电化学储能电站用锂离子电池技术规范		2016-08-16	2016-12-01
209	NB/T 25044.8—2016	核电厂常规岛及辅助配套设施建设施工质量验收规程 第8部分：保温及油漆		2016-08-16	2016-12-01
210	NB/T 25056—2016	核电厂常规压力容器焊接修复技术规程		2016-08-16	2016-12-01
211	NB/T 25057—2016	核电厂常规岛有色金属焊接工艺规程		2016-08-16	2016-12-01
212	NB/T 25058—2016	核电厂常规岛阀门焊接修复技术规程		2016-08-16	2016-12-01
213	NB/T 25059—2016	核电厂常规岛焊接热处理技术规程		2016-08-16	2016-12-01
214	NB/T 25060—2016	压水堆核电厂冷机修厂房技术要求		2016-08-16	2016-12-01
215	NB/T 25061—2016	压水堆核电厂汽轮机技术条件		2016-08-16	2016-12-01
216	NB/T 25062—2016	核电厂除氧器技术条件		2016-08-16	2016-12-01
217	NB/T 31099—2016	风力发电场无功配置及电压控制技术规定		2016-08-16	2016-12-01
218	NB/T 31100—2016	电励磁同步风力发电机技术条件		2016-08-16	2016-12-01

序号	标准编号	标 准 名 称	被代替标准号	批准日期	实施日期
219	NB/T 31101.1—2016	风力发电机组 板式冷却器 第1部分：技术条件		2016-08-16	2016-12-01
220	NB/T 31101.2—2016	风力发电机组 板式冷却器 第2部分：试验方法		2016-08-16	2016-12-01
221	NB/T 31102.1—2016	风力发电机组 发电机用烧结电磁线 第1部分：技术条件		2016-08-16	2016-12-01
222	NB/T 31102.2—2016	风力发电机组 发电机用烧结电磁线 第2部分：试验方法		2016-08-16	2016-12-01
223	NB/T 31103—2016	直驱永磁风力发电机组主控制系统软件功能技术规范		2016-08-16	2016-12-01
224	NB/T 25043.4—2016	核电厂常规岛及辅助配套设施施工技术规范 第4部分：热工仪表及控制装置		2016-12-05	2017-05-01
225	NB/T 25043.6—2016	核电厂常规岛及辅助配套设施建设施工技术规范 第6部分：管道		2016-12-05	2017-05-01
226	NB/T 25043.8—2016	核电厂常规岛及辅助配套设施建设施工技术规范 第8部分：保温及油漆		2016-12-05	2017-05-01
227	NB/T 25044.4—2016	核电厂常规岛及辅助配套设施建设施工质量验收规程 第4部分：热工仪表及控制装置		2016-12-05	2017-05-01
228	NB/T 25044.6—2016	核电厂常规岛及辅助配套设施建设施工质量验收规程 第6部分：管道		2016-12-05	2017-05-01
229	NB/T 25063—2016	核电厂安全防范工程安装技术规范		2016-12-05	2017-05-01
230	NB/T 25064—2016	核电厂常规岛及辅助配套设施建设施工质量评价导则		2016-12-05	2017-05-01
231	NB/T 25065—2016	核电厂地质钻探岩芯保管技术规程		2016-12-05	2017-05-01
232	NB/T 31104—2016	陆上风电场工程预可行性研究报告编制规程		2016-12-05	2017-05-01
233	NB/T 31105—2016	陆上风电场工程可行性研究报告编制规程		2016-12-05	2017-05-01
234	NB/T 31106—2016	陆上风电场工程安全文明施工规范		2016-12-05	2017-05-01
235	DL/T 424—2016	发电厂用工业硫酸试验方法	DL/T 424—1991	2016-12-05	2017-05-01
236	DL/T 448—2016	电能计量装置技术管理规程	DL/T 448—2000	2016-12-05	2017-05-01
237	DL/T 460—2016	智能电能表检验装置检定规程	DL/T 460—2005	2016-12-05	2017-05-01
238	DL/T 531—2016	电站高温高压截止阀闸阀技术条件	DL/T 531—1994	2016-12-05	2017-05-01
239	DL/T 567.3—2016	火力发电厂燃料试验方法 第3部分：飞灰和炉渣样品的采取和制备	DL/T 567.3—1995、DL/T 926—2005、DL/T 567.4—1995	2016-12-05	2017-05-01
240	DL/T 587—2016	继电保护和安全自动装置运行管理规范	DL/T 587—2007	2016-12-05	2017-05-01
241	DL/T 611—2016	300MW～600MW级机组煤粉锅炉运行导则	DL/T 611—1996	2016-12-05	2017-05-01
242	DL/T 664—2016	带电设备红外诊断应用规范	DL/T 664—2008	2016-12-05	2017-05-01
243	DL/T 746—2016	电站蝶阀选用导则	DL/T 746—2001	2016-12-05	2017-05-01
244	DL/T 748.2—2016	火力发电厂锅炉机组检修导则 第2部分：锅炉本体检修	DL/T 748.2—2001	2016-12-05	2017-05-01
245	DL/T 748.4—2016	火力发电厂锅炉机组检修导则 第4部分：制粉系统检修	DL/T 748.4—2001	2016-12-05	2017-05-01

序号	标准编号	标准名称	被代替标准号	批准日期	实施日期
246	DL/T 748.10—2016	火力发电厂锅炉机组检修导则 第10部分：脱硫系统检修	DL/T 748.10—2001	2016-12-05	2017-05-01
247	DL/T 750—2016	回转式空气预热器运行维护规程	DL/T 750—2001	2016-12-05	2017-05-01
248	DL/T 795—2016	电力系统数字调度交换机	DL/T 795—2001	2016-12-05	2017-05-01
249	DL/T 809—2016	发电厂水质浊度的测定方法	DL/T 809—2002	2016-12-05	2017-05-01
250	DL/T 840—2016	高压并联电容器使用技术条件	DL/T 840—2003	2016-12-05	2017-05-01
251	DL/T 846.1—2016	高电压测试设备通用技术条件 第1部分：高电压分压器测量系统	DL/T 846.1—2004	2016-12-05	2017-05-01
252	DL/T 846.4—2016	高电压测试设备通用技术条件 第4部分：脉冲电流法局部放电测量仪	DL/T 846.4—2004	2016-12-05	2017-05-01
253	DL/T 846.7—2016	高电压测试设备通用技术条件 第7部分：绝缘油介电强度测试仪	DL/T 846.7—2004	2016-12-05	2017-05-01
254	DL/T 846.10—2016	高电压测试设备通用技术条件 第10部分：暂态地电压局部放电检测仪		2016-12-05	2017-05-01
255	DL/T 846.11—2016	高电压测试设备通用技术条件 第11部分：特高频局部放电检测仪		2016-12-05	2017-05-01
256	DL/T 846.12—2016	高电压测试设备通用技术条件 第12部分：电力电容测试仪		2016-12-05	2017-05-01
257	DL/T 849.6—2016	电力设备专用测试仪器通用技术条件 第6部分：高压谐振试验装置	DL/T 849.6—2004	2016-12-05	2017-05-01
258	DL/T 872—2016	小电流接地系统单相接地故障选线装置技术条件	DL/T 872—2004	2016-12-05	2017-05-01
259	DL/T 922—2016	火力发电用钢制通用阀门订货、验收导则	DL/T 922—2005	2016-12-05	2017-05-01
260	DL/T 923—2016	火力发电用止回阀技术导则	DL/T 923—2005	2016-12-05	2017-05-01
261	DL/T 995—2016	继电保护和电网安全自动装置检验规程	DL/T 995—2006	2016-12-05	2017-05-01
262	DL/T 1011—2016	电力系统继电保护整定计算数据交换格式规范	DL/T 1011—2006	2016-12-05	2017-05-01
263	DL/T 1037—2016	煤灰成分分析方法	DL/T 1037—2007	2016-12-05	2017-05-01
264	DL/T 1039—2016	发电机内冷水处理导则	DL/T 1039—2007	2016-12-05	2017-05-01
265	DL/T 1052—2016	电力节能技术监督导则	DL/T 1052—2007	2016-12-05	2017-05-01
266	DL/T 1075—2016	保护测控装置技术条件	DL/T 1075—2007	2016-12-05	2017-05-01
267	DL/T 1230—2016	电力系统图形描述规范	DL/T 1230—2013	2016-12-05	2017-05-01
268	DL/T 1399.2—2016	电力试验/检测车 第2部分：电力互感器检测车		2016-12-05	2017-05-01
269	DL/T 1624—2016	电力系统厂站和主设备命名规范	SD 240—1987	2016-12-05	2017-05-01
270	DL/T 1625—2016	梯级水电厂集中监控系统基本技术条件		2016-12-05	2017-05-01
271	DL/T 1626—2016	700MW及以上机组水电厂计算机监控系统基本技术条件		2016-12-05	2017-05-01
272	DL/T 1627—2016	水轮发电机励磁系统晶闸管整流桥技术条件		2016-12-05	2017-05-01
273	DL/T 1628—2016	水轮发电机励磁变压器技术条件		2016-12-05	2017-05-01
274	DL/T 1629—2016	火电机组供电煤耗率构成分析技术导则 基于热力学第二定律方法		2016-12-05	2017-05-01

序号	标准编号	标准名称	被代替标准号	批准日期	实施日期
275	DL/T 1630—2016	气体绝缘金属封闭开关设备局部放电特高频检测技术规范		2016-12-05	2017-05-01
276	DL/T 1631—2016	并网风电场继电保护配置及整定技术规范		2016-12-05	2017-05-01
277	DL/T 1632—2016	输电线路钢管塔用法兰技术要求		2016-12-05	2017-05-01
278	DL/T 1633—2016	紧凑型高压并联电容器装置技术规范		2016-12-05	2017-05-01
279	DL/T 1634—2016	高海拔地区输电线路带电作业技术导则		2016-12-05	2017-05-01
280	DL/T 1635—2016	耐热导线输电线路带电作业技术导则		2016-12-05	2017-05-01
281	DL/T 1636—2016	电缆隧道机器人巡检技术导则		2016-12-05	2017-05-01
282	DL/T 1637—2016	变电站机器人巡检技术导则		2016-12-05	2017-05-01
283	DL/T 1638—2016	风力发电机组单元变压器保护测控装置技术条件		2016-12-05	2017-05-01
284	DL/T 1639—2016	变电站继电保护信息以太网 103 传输规范		2016-12-05	2017-05-01
285	DL/T 1640—2016	继电保护定值在线校核及预警技术规范		2016-12-05	2017-05-01
286	DL/T 1641—2016	磁保持继电器可靠性试验通则		2016-12-05	2017-05-01
287	DL/T 1642—2016	环形混凝土电杆用脚扣		2016-12-05	2017-05-01
288	DL/T 1643—2016	电杆用登高板		2016-12-05	2017-05-01
289	DL/T 1644—2016	电力企业合同能源管理技术导则		2016-12-05	2017-05-01
290	DL/T 1645—2016	火力发电厂吸收式热泵工程验收规范		2016-12-05	2017-05-01
291	DL/T 1646—2016	采用吸收式热泵技术的热电联产机组技术指标计算方法		2016-12-05	2017-05-01
292	DL/T 1647—2016	防火电力电容器使用技术条件		2016-12-05	2017-05-01
293	DL/T 1648—2016	发电厂及变电站辅机变频器高低电压穿越技术规范		2016-12-05	2017-05-01
294	DL/T 1649—2016	配电网调度控制系统技术规范		2016-12-05	2017-05-01
295	DL/T 1650—2016	小水电站并网运行规范		2016-12-05	2017-05-01
296	DL/T 1651—2016	继电保护光纤通道检验规程		2016-12-05	2017-05-01
297	DL/T 1652—2016	电能计量设备用超级电容器技术规范		2016-12-05	2017-05-01
298	DL/T 1653—2016	磷酸酯抗燃油氯含量的测定　能量色散X射线荧光光谱法		2016-12-05	2017-05-01
299	DL/T 1654—2016	磷酸酯抗燃油氧化安定性和腐蚀性试验方法		2016-12-05	2017-05-01
300	DL/T 1655—2016	火电厂烟气脱硝装置技术监督导则		2016-12-05	2017-05-01
301	DL/T 1656—2016	火电厂粉煤灰及炉渣中汞含量的测定		2016-12-05	2017-05-01
302	DL/T 1657—2016	活性焦干法脱硫技术规范		2016-12-05	2017-05-01
303	DL/T 1658—2016	35kV 及以下固体绝缘管型母线		2016-12-05	2017-05-01
304	DL/T 1659—2016	电力作业用软梯技术要求		2016-12-05	2017-05-01
305	DL/T 1660—2016	电力系统消息总线接口规范		2016-12-05	2017-05-01
306	DL/T 1661—2016	智能变电站监控数据与接口技术规范		2016-12-05	2017-05-01
307	DL/T 1663—2016	智能变电站继电保护在线监视和智能诊断技术导则		2016-12-05	2017-05-01

续表

序号	标准编号	标 准 名 称	被代替标准号	批准日期	实施日期
308	DL/T 1664—2016	电能计量装置现场检验规程	SD 109—1983	2016-12-05	2017-05-01
309	DL/T 1665—2016	数字化电能计量装置现场检测规范		2016-12-05	2017-05-01
310	DL/T 1666—2016	水电站水调自动化系统技术条件		2016-12-05	2017-05-01
311	DL/T 1667—2016	变电站不锈钢复合材料耐腐蚀接地装置		2016-12-05	2017-05-01
312	DL/T 1668—2016	火电厂燃煤管理技术导则	SD 322—1989	2016-12-05	2017-05-01
313	DL/T 1669—2016	±800kV 直流设备现场直流耐压试验实施导则		2016-12-05	2017-05-01
314	DL/T 1670—2016	火力发电厂直接空冷系统排汽管道施工及验收标准		2016-12-05	2017-05-01
315	DL/T 1671—2016	火力发电厂空冷岛钢结构安装及验收标准		2016-12-05	2017-05-01
316	DL/T 1672—2016	火力发电厂铝制间接空冷管束		2016-12-05	2017-05-01
317	DL/T 1673—2016	换流变压器阀侧套管技术规范		2016-12-05	2017-05-01
318	DL/T 1674—2016	35kV 及以下配网防雷技术导则		2016-12-05	2017-05-01
319	DL/T 1675—2016	高压直流接地极馈电元件技术条件		2016-12-05	2017-05-01
320	DL/T 1676—2016	交流输电线路用避雷器选用导则		2016-12-05	2017-05-01
321	DL/T 1677—2016	电力工程用降阻接地模块技术条件		2016-12-05	2017-05-01
322	DL/T 1678—2016	电力工程接地降阻技术规范		2016-12-05	2017-05-01
323	DL/T 1679—2016	高压直流接地极用煅烧石油焦炭技术条件		2016-12-05	2017-05-01
324	DL/T 1680—2016	大型接地网状态评估技术导则		2016-12-05	2017-05-01
325	DL/T 1681—2016	高压试验仪器设备选配导则		2016-12-05	2017-05-01
326	DL/T 1682—2016	交流变电站接地安全导则		2016-12-05	2017-05-01
327	DL/T 5115—2016	混凝土面板堆石坝接缝止水技术规范	DL/T 5115—2008	2016-12-05	2017-05-01
328	DL/T 5205—2016	电力建设工程工程量清单计算规范 输电线路工程	DL/T 5205—2011	2016-12-05	2017-05-01
329	DL/T 5214—2016	水电水利工程振冲法地基处理技术规范	DL/T 5214—2005	2016-12-05	2017-05-01
330	DL/T 5341—2016	电力建设工程工程量清单计算规范 变电工程	DL/T 5341—2011	2016-12-05	2017-05-01
331	DL/T 5363—2016	水工碾压式沥青混凝土施工规范	DL/T 5363—2006	2016-12-05	2017-05-01
332	DL/T 5369—2016	电力建设工程工程量清单计算规范 火力发电工程	DL/T 5369—2011	2016-12-05	2017-05-01
333	DL/T 5741—2016	水电水利工程截流施工技术规范		2016-12-05	2017-05-01
334	DL/T 5742—2016	水电水利地下工程施工测量规范		2016-12-05	2017-05-01
335	DL/T 5743—2016	水电水利工程土工合成材料施工规范		2016-12-05	2017-05-01
336	DL/T 5744.1—2016	额定电压 66kV～220kV 交联聚乙烯绝缘电力电缆敷设规程 第 1 部分：直埋敷设		2016-12-05	2017-05-01
337	DL/T 5744.2—2016	额定电压 66kV～220kV 交联聚乙烯绝缘电力电缆敷设规程 第 2 部分：排管敷设		2016-12-05	2017-05-01
338	DL/T 5744.3—2016	额定电压 66kV～220kV 交联聚乙烯绝缘电力电缆敷设规程 第 3 部分：隧道敷设		2016-12-05	2017-05-01
339	DL/T 5745—2016	电力建设工程工程量清单计价规范		2016-12-05	2017-05-01

索 引

内 容 索 引

说　明

本索引是全书条目和条目内容的主题分析索引。索引主题按先数字大小，再字母顺序，最后汉语拼音字母的顺序，并辅以汉字笔画、起笔笔形顺序排列。同音时，按汉字笔画由少到多的顺序排列，笔画数相同的按起笔笔形一（横）、丨（竖）、丿（撇）、丶（点）、乛（折，包括𠃌、乚、𡿨等）顺序排列。第一字相同时，同原则按第二字排列，余类推。

A

H

J

Z